A CONCISE ENGLISH–HUNGARIAN DICTIONARY

EDITOR-IN-CHIEF

L. ORSZÁGH

EDITOR

T. MAGAY

AKADÉMIAI KIADÓ · BUDAPEST

ANGOL–MAGYAR KÉZISZÓTÁR

A CONCISE ENGLISH–HUNGARIAN DICTIONARY

ANGOL–MAGYAR KÉZISZÓTÁR

FŐSZERKESZTŐ
ORSZÁGH LÁSZLÓ

SZERKESZTŐ
MAGAY TAMÁS

AKADÉMIAI KIADÓ · BUDAPEST

A tizedik kiadás főmunkatársa:
MENTLNÉ LÁNG ILONA

ISBN 963 05 6906 X

Kiadja az Akadémiai Kiadó, Budapest

Első kiadás: 1948
3. átdolgozott kiadás: 1957
6. függelékkel bővített kiadás: 1971
10. újból átdolgozott kiadás: 1981
Változatlan lenyomat: 1999

A kiadásért felelős az Akadémiai Kiadó Rt., 1999
Felelős vezető: Dr. Sós Péter János elnök-igazgató
A szerkesztésért felelős: Hedvig Olga, Puster János
Gyártásvezető: Kerek Imréné
A fedélterv Németh Zsuzsa munkája
Terjedelem 66 (A/5) ív

Akadémiai Nyomda, Martonvásár – Felelős vezető: Reisenleitner Lajos

BEVEZETÉS

1. Mit tartalmaz a Kéziszótár

Az angol nyelv, főleg az angol szókészlet változása, állandó gazdagodása napjainkra szükségessé tette ennek az első ízben 1948-ban megjelent angol—magyar kéziszótárnak korszerűsítését és átdolgozását is. A jelen tizedik, újból átdolgozott kiadás megszerkesztésében alapelv volt, hogy a kötet lapszáma lehetőleg ne növekedjék, sem ne módosuljon alapvetően a szótár szerkezete, vagyis az ismeretanyagot közlő azon elrendezési módja, melyet a szerkesztőség az 1957-es harmadik kiadásra kialakított.

A minőségi és mennyiségi korszerűsítés kívánalmainak eleget teendő a szótár eme új kiadásába jelentős számban kerültek be olyan köznyelvi angol címszavak, szókapcsolatok, frazeológiai adatok, jelentésváltozatok, melyek az utóbbi harminc évben váltak gyakorivá az Atlanti-óceán mindkét oldalán. Növekedett a szótárban a fontosabb új amerikai nyelvi adatok mennyisége is. Bővítettük a vonzatközlés anyagát is. Ahol erre szükség volt, pontosabbá tettünk korábbi kiadásokban előforduló jó egynéhány magyar egyenértékest is.

Az újonnan a szótárba felvett jelentős mennyiségű nyelvi anyag számára helyet is kellett teremteni. Ezt úgy hajtotta végre a szerkesztőség, hogy a szótár korábbi kiadásainak anyagából törölt több archaizmust, a századunk harmadik harmadára ritkává vált olyan angol címszavakat, ill. angol jelentésváltozatokat és a közhasználatból kikopott olyan divatszókat, melyeket már az 1960 után megjelent hasonló méretű angol egynyelvű vagy kétnyelvű szótárak sem közölnek. Csökkent a száma a csupán szűkebb területen használatos szakterminusoknak, valamint a tulajdonneveknek is (melyeket egyébként csakis kiejtésük közlése céljából szerepeltet a szótár). Itt-ott kisebb mértékben megritkítottuk a magyar egyenértékeseket, s az elavulóban levők helyére korszerűbbek kerültek.

Ugyancsak térnyerés céljából a szótár a több elemű, dőlt betűvel szedett angol szókapcsolatokat csupán az egyik elem szócikkében közli. Ezért, ha valaki a *gird up one's loins* szókapcsolatot keresi, és ha a főnévi elem (*loin*) szócikkében nem találja, keresse tovább az ige (*gird*) alatt. A szókapcsolatok szótári elhelyezésében valamiféle szigorú szabályt vagy „logikát" követni aligha lehetséges. Ne csodálkozzék — és főleg ne bosszankodjék — a használó, ha pl. az *it's no use crying over spilt milk* szókapcsolatot annak utolsó eleme, a *milk* címszó alatt találja meg. A jelzős kapcsolatok általában a melléknév szócikkében szerepelnek, de nem mindig. Így például a *total eclipse* a főnév, vagyis az *eclipse* alatt található meg. A szótárhasználathoz türelem kell.

Eme elvi alapokon indokolható anyagcsökkentést már azért is végrehajthatta a Kéziszótár, mivel 1976 óta rendelkezésre áll egy terjedelmes, kétkötetes, felújított angol—magyar nagyszótár, mely a jelen kéziszótár címszó- és frazeológiaanyagának többszörösét tartalmazza (a kéziszótárból újabban kihagyottakat is). E nagyszótárra a jelen kéziszótár szerkesztősége — egyéb forrásmunkák mellett — messze-menően támaszkodott is.

Az angol nyelv igen gazdag szóképző toldalékokkal alkotott származékszavakban. Címszavaink sorában csak a leggyakoribbakat vagy a legtöbb jelentésűeket közöltük, magyar egyenértékeseikkel együtt. A kéziszótárban térhiány okán nem közölt angol származékok magyar jelentésének megalkotásában (ha az angol alapszó megtalálható címszavaink között) némi segítséget nyújthat a Függelékben található angol képzőtáblázat.

Nem elvi okokból, hanem elsősorban térigényessége folytán kénytelenek voltunk megszüntetni az ábrával való szemléltetésnek az 1957-es kiadásban bevezetett gyakorlatát is. Az 1981 előtti kiadásokban található száz egynéhány képecske túl kevés volt ahhoz, hogy az illusztrálásban rejlő minőségi értéktöbbletet eléggé meggyőzően érzékeltesse.

A Kéziszótár, miként a korábbi kiadásai is, az elemi fokú angol nyelvi tájékozottsággal már bíró s angol tudásukat (főleg olvasmányi élmények alapján) továbbfejleszteni szándékozó magyar anyanyelvűek számára készült. Ezért nem tartalmaz olyan közlést, mely csak angol ajkúak számára volna szükséges (pl. a magyar ekvivalensek kiejtése, ragozási módja). A magyar ajkú szótárhasználók szempontjából fontos nyelvtani tájékoztatást azonban, mint például az angol igék vagy főnevek rendhagyóan képzett alakjait, a szótár törzsanyagában közöljük.

A kéziszótár jelen kiadásában 37 000 vastagbetűs angol címszó található, továbbá a leggyakoribb 200 angol igének szócikke végén határozószókkal vagy elöljárókkal képzett 1310 állandósult kapcsolata, ugyancsak vastag betűkkel szedve (az ún. alcímszók), azonkívül címszószerűen szedett 1400 angol tulajdonnév és 1100 betűrövidítés. — Tartalmaz a szótár ezen felül még a szócikkekbe ágyazva mintegy 20 000 dőlt betűkkel szedett állandósult angol szószerkezetet (frazeológiai adatot), és a címszó nagy-britanniai kiejtésének jelzése után mintegy 4000 esetben az eltérő amerikai (USA) ejtést is.

2. Az írásjelek

A vessző, a pontosvessző, a virgula, a tilde, a kerek és a csúcsos zárójel a Kéziszótár jelen kiadásában ugyanazt a szerepet tölti be, mint az összes előző kiadásban és ugyane szerző kis és nagy angol—magyar szótáraiban. A vessző és pontosvessző használatával kapcsolatban némi módosításra hívjuk fel a figyelmet. A vessző általában a magyar egyenértékeseket választja el egymástól; a pontosvessző ugyanazon jelentésszámon belül a jelentésárnyalatokat különíti el. A félreértések elkerülése végett — kényszerűségből — néha eltekintünk a vessző kitételétől azokban az esetekben, amelyekben azt a magyar helyesírás egyébként megkívánná. — A szögletes zárójelnek [ ] ebben a szótárban kétféle szerepe van. Egyfelől a címszó után annak kiejtését fonetikus átírásban közlő jeleket zárja körül, — másfelől a magyar egyenértékesek sorában a magyar szó használati körét, a tárgyilag vagy fogalmilag korlátozó megjelölést adja meg, ami tartalmilag nem része az ekvivalensnek. Pl. *blue-pencil* = töröl [szövegből], *flea-bitten* pettyes, foltos [ló szőre], *exercise 1.* = gyakorlás [tisztsége], *separate*, ~*s* = egyes darabok [pl. blúz, szoknya].

3. Visszatekintés

A kéziszótár első kiadása, 1948-ban, minden vonatkozásban egyetlen ember munkája volt s az anyaggyűjtést nem számítva két év alatt készült el. Az 1957-es átrendezett harmadik és jelen átdolgozott és bővített új kiadásban a szerkesztő már egy kis munkatársi együttes segítségét vehette igénybe. Meleg köszönetet mond a hét éven át (1973—1979) a jelen kiadáson végzett munka minden menetében fontos és sokoldalú szerepet betöltő *dr. Magay Tamás*nak és *Mentlné Láng Ilon*ának, akiknek kitűnő anyagismerete, nagy lexikográfiai gyakorlata és fáradhatatlan közreműködése jelentős mértékben járult hozzá az új kiadás létrejöttéhez, és sok terhet vett le a szerkesztő válláról. Tagja volt a szerkesztőségnek Brücknerné Bárdos Ágota és Berkáné Danesch Marianne. Egy részterületen hasznos munkát végzett dr. Kontra Miklós. Alkalomszerűen segítséget nyújtott Paul Aston, Peter Sherwood és Nádasdy Ádám. Újból köszönet illeti N. Horton Smith professzor urat, aki a jelen új kiadás előkészítésében is tanácsadóként működött, főleg stiláris és jelentéshelyességi kérdések eldöntésével.

Országh László

A KIEJTÉS JELÖLÉSE

1. A szótár a címszavak kiejtését — szögletes zárójelben — az *Association Phonétique Internationale* átírási rendszere szerint közli.

Helykímélés céljából a többféle kiejtésű szavaknak a legtöbb esetben csak egyféle, a legelterjedtebb ejtését adja meg a szótár. Rendszerszerűen feltünteti azonban a brit angolságtól eltérő a m e r i k a i ejtésváltozatokat, illetőleg azok eltérő elemeit (olykor csak egyetlen hangot), s ezek közül is csupán azt az egyetlen változatot, amelyik az Egyesült Államok területén a legáltalánosabbnak, leggyakoribbnak tekinthető. A brit angolság kiejtésére nézve a D. *Jones* — A. C. *Gimson*-féle *Everyman's English Pronouncing Dictionary* (EPD) 1977-es 14. kiadása, az amerikai angol ejtésváltozatok megállapításához pedig a *Kenyon—Knott*-féle *A Pronouncing Dictionary of American English* (1953), illetőleg a *Barnhart*-féle *The World Book Dictionary* 1972-es kiadása szolgált alapul.

2. A kiejtést nem adja meg a szótár az olyan összetett szavak mellett (pl. *eyebrow* vagy *water-colour*), melyeknél az összetételt alkotó egyes tagok kiejtése az egyes alkotóelemek (*eye* és *brow*, ill. *water* és *colour*) alatt úgyis megtalálható. Kivételt tesz a szótár az olyan összetett szavakkal, amelyekben az összetétel egyik tagjának többféle kiejtése is lehet (pl. *bow* vagy *wind* összetételei), vagy ahol hasonulás folytán, vagy egyéb okból, az összetételt alkotó tagok kiejtése megváltozik, pl. *cupboard* ['kʌbəd], *forehead* ['fɔrɪd] stb.

3. A kiejtés nem közvetlenül a címszó után áll, ha az egyes szófajoknak vagy jelentésváltozatoknak eltérő a kiejtése. Ilyenkor a kiejtés a szócikk belsejében, az egyes római számmal jelzett szófajok vagy arabszámos jelentésváltozatok után található (pl. *digest, graduate, tierce* stb.).

4. A szótár gyakran alkalmaz részkiejtéseket. Erre elsősorban helytakarékossági okokból került sor, de abból a meggondolásból is, hogy — főként az amerikai ejtésváltozatok esetében — az eltérés jobban érzékelhető, ha csak azt a hangot, hangkapcsolatot vagy szótagot tüntetjük fel, amelynek ejtése vagy hangsúlya különbözik a megadott kiejtéstől.

5. Ebben a kiadásban négy kiejtési jel megújításával léptünk tovább: az eddigi [a:], [i], [o] és [u] helyett bevezettük az [ɑ:], [ɪ], [ɔ] és [ʊ] jeleket.

A kiejtési jelek magyarázata

Az egyes hangok leírásában kerültük a tudományos, a fonetikai irodalomban használatos meghatározásokat. Mi itt arra törekedtünk, hogy az általános szótárhasználó számára, éppen ezért laikus, közérthető megfogalmazásban tegyük hozzáférhetővé az egyes hangok minőségét, ejtésmódját. Azoknak, akiket részletesebben érdekel a hangleírás, tanulmányozásra ajánlhatjuk a következő műveket: *Kónya—*

9

Országh, Rendszeres angol nyelvtan (7. kiadás), Terra, Bp. 1976; *András—Stephani-desné, Angol leíró nyelvtan,* I. rész Fonetika, Tankönyvkiadó, Bp. 1964; *A. C. Gimson, An Introduction to the Pronunciation of English* (2nd edition), Edward Arnold, London, 1970.

Magánhangzók

[ɑ:] A magyar *á* és *a* között álló hosszú hang. **Father** ['fɑ:ðə*], **bar** [bɑ:*].

[ɑ] Az előbbinél rövidebb hang az [ɔ] amerikai angol megfelelője. **Dog** [dɑg], **hot** [hɑt].

[æ] Szélesre húzott ajakkal ejtett, teljesen nyílt[1] *e* hang. A magyar anyanyelvűeknek körülbelül egyharmada „az *ember levetette* (a kabátját)" szókban két különböző *e* hangot ejt. Az itt vastag betűvel nyomtatott **e** hang ejtése aránylag közel áll az angol [æ]-hez. **Bad** [bæd], **hat** [hæt].

[e] A röviden ejtett magyar *é*-nek megfelelő hang. **Get** [get], **men** [men].

[ɪ] Az [e]-hez, vagyis a röviden ejtett magyar *é*-hez hasonló hang. **Fish** [fɪʃ], **sit** [sɪt].

[i:] Megfelel a hosszú magyar *í*-nek. **Feel** [fi:l], **peace** [pi:s].

[ə] Elmosódó *ö*-szerű hang, az ún. „sorvadó hang", a „schwa". Csak hangsúlytalan szótagban fordul elő. **The** [ðə], **standard** ['stændəd], **another** [ə'nʌðə*].

[ə:] Hosszan ejtett rövid magyar *öö*-re emlékeztető hang, amelyet — a magyartól eltérően — nem ajakkerekítéssel, hanem szélesre húzott ajakkal ejtünk. **Girl** [gə:l], **her** [hə:*].

[ɔ] A magyar *a* és *o* köze eső hang. **Not** [nɔt], **hot** [hɔt]. Az amerikai angol kiejtésben ennek a hangnak a megfelelőjét többnyire [ɑ]-val jelöltük: **hot** [hɔt; US -ɑ-].

[ɔ:] A magyar *ó*-nál nyíltabb hang. **Saw** [sɔ:], **born** [bɔ:n].

[ʊ] A magyar *u*-nál nyíltabb, inkább az *o*-hoz közelítő hang. **Put** [pʊt], **good** [gʊd].

[u:] A magyar hosszú *ú*-nak megfelelő hang. **Blue** [blu:], **boon** [bu:n].

[ʌ] Széles ajaknyílással ejtett rövid hang, nagyjából megfelel a röviden ejtett magyar *á*-nak, a „palócos" à-nak. **But** [bʌt], **come** [kʌm], **mother** ['mʌðə*].

[y] A magyar *ü*-nek megfelelő hang. A skót *guid* [gyd] és néhány idegen szóban fordul elő.

Kettőshangzók

[aɪ[*Á*-val kezdődő és *j*-ben végződő hang, mint a magyar *máj* szóban. **My** [maɪ], **child** [tʃaɪld].

[eɪ] *É*-vel kezdődő és *j*-ben végződő hang, mint a magyar *mély* szóban. **Day** [deɪ], **table** ['teɪbl].

[eə] A magyar *e*-ből indul és az [ə] felé halad. **Pair** [peə*], **there** [ðeə*].

[ɪə] A magyarnál sokkal nyíltabb rövid *i*-ből indul, és halad az [ə] felé. **Here** ['hɪə*], **dear** [dɪə*].

[ɔɪ] Az *o*-ból indul, és *j*-ben végződik, mint a magyar *fojt* szóban. **Boy** [bɔɪ], **oil** [ɔɪl].

[oʊ] Az *ó*-ból indul, és halad a magyarnál nyíltabb *u* [ʊ] felé. **No** [noʊ], **post** [poʊst]. (A brit angolságban terjed az *ö*-szerű hangból kiinduló ejtés.)

[1] *Nyílt* azt jelenti, hogy alsó vagy a szokásosnál alacsonyabb nyelvállással képzett magánhangzó.

10

[aʊ] A rövid magyar *á*-ból indul, és halad a magyarnál nyíltabb *u* [ʊ] felé. **Now** [naʊ], **out** [aʊt].
[ʊə] A magyarnál nyíltabb *u*-ból indul, és megy át az [ə]-be. **Poor** [pʊə*], **pure** [pjʊə*].

Mássalhangzók

Itt csak azokat az angol hangokat soroljuk fel, amelyeknek nincs megközelítő magyar megfelelőjük, illetőleg amelyek jele eltér a magyar ábécé betűinek hangértékétől.

[θ] A zöngétlen *th* hangja. Kimondásakor a nyelv hegyét a két fogsor közé helyezzük. **Thin** [θɪn], **thank** [θæŋk].
[ð] A zöngés *th* hangja. Kimondásakor a nyelv hegyét a két fogsor közé helyezzük és lágyan *d*-t próbálunk ejteni. **The** [ðə], **then** [ðen], **this** [ðɪs].
[s] Megfelel a magyar *sz* hangnak. **Sell** [sel], **rice** [raɪs].
[ʃ] Megfelel a magyar *s* hangnak. **Ship** [ʃɪp], **fish** [fɪʃ].
[ʒ] Megfelel a magyar *zs* hangnak. **Measure** ['meʒə*[, **usaal** ['juːʒəl].
[w] Kiejtésekor *u*-t készülünk mondani, majd az ajkak érintkezése nélkül átmegyünk a *w* utáni magánhangzóra. **Wall** [wɔːl], **well** [wel].
[ŋ] Megfelel a magyar *ng* hangkapcsolatnak az orrhangon ejtett *lengő* szóban, de a *g* hangot nem formáljuk meg tisztán és önállóan. **Long** [lɔŋ], **singing** ['sɪŋɪŋ].
[r] Az angolok az *r* hangot csak magánhangzó előtt ejtik, de a magyar *r*-nél lágyabban, pergetés nélkül. **Rather** ['rɑːðə*], **correct** [kə'rekt].
     Az amerikaiak mássalhangzó előtt és szóvégi helyzetben is ejtik, de az amerikai *r* hangzásbeli minősége különbözik az angoltól (hátrahajlított nyelvvel képezik). Ebben a szótárban csak olyan esetekben jelöltük (egyszerű [r]-rel), amelyekben egyébként is feltüntettük az amerikaias ejtést, pl. **brazier** ['breɪzjə*; *US* -ʒər], **literature** ['lɪt(ə)rətʃə*; *US* -tʃʊr].
[*] Annak jele, hogy az *r*-ben végződő szavakban az *r* néma, tehát a szó magánhangzóra végződik; ám ha a szó után összefüggő beszédben magánhangzóval kezdődő szó következik, akkor kötőhangként kiejtjük, az *r*-et. Tehát: **for** [fɔː*], de **for instance** [fər'ɪnstəns].
[x] Erősen ejtett *h*, mint a német *ach* vagy a magyar *doh* szóban. **Loch** [lɔx].
[tʃ] Megfelel a magyar *cs* hangnak. **Child** [tʃaɪld], **catch** [kætʃ].
     A félreértések elkerülése végett, ha a **t** és ʃ jel összetételben vagy szótaghatáron kerül egymás mellé, kötőjelet alkalmaz a szótár, pl. **nutshell** ['nʌt-ʃel], **regentship** ['riːdʒnt-ʃɪp].
[dʒ] Megfelel a magyar *dzs* hangnak. **Jam** [dʒæm], **hedge** [hedʒ].

Mellékjelek]

['] Hangsúlyjel: a rá következő szótag hangsúlyos. **Alarm** [ə'lɑːm].
[ː] ʃ Azt jelzi, hogy az előtte álló magánhangzó hosszan ejtendő. **Pea** [piː], **father** ['fɑːðə*].

Zárójelbe tett jelek

Ha zárójelben találunk egy-egy kiejtési jelet (legtöbbször az ə-t), ez azt jelenti, hogy a kérdéses hangzót a gyorsabb ütemű élő beszédben az angolok elnyelik, vagy csak alig ejtik. Pl. **favourable** ['feɪv(ə)rəbl], **fearful** ['fɪəf(ʊ)l].

RÖVIDÍTÉSEK ÉS JELEK

a	adjective	melléknév	
adv	adverb	határozószó	
átv	átvitt értelemben	figuratively	
biz	bizalmas, kötetlen szóhasználat	colloquial usage	
comp	comparative	középfok	
conj	conjunction	kötőszó	
etc	etcetera	stb.	
GB	British usage	brit szóhasználat	
int	interjection	indulatszó	
ír	írországi szóhasználat	Irish usage	
jelzői haszn	jelzői használat	attributive(ly)	
kb.	körülbelül	approximately	
l.	lásd	see (under...)	
n	noun	főnév	
	(utána az igei állítmány egyes számban áll)		
n pl	noun plural	többes számban használt főnév	
	(utána az igei állítmány többes számban áll)		
összet	összetételben	in compounds	
pl	plural	többes szám	
pl.	például	for example, e.g.	
pp	past participle	múlt idejű melléknévi igenév	
pref	prefix	igekötő, előképző	
prep	preposition	elöljáró	
pres part	present participle	jelen idejű melléknévi igenév	
pron	pronoun	névmás	
prop	proper noun	tulajdonnév	
pt	past tense	múlt idő	
rendsz	rendszerint	usually	
sg	something	valami, vm	
sing	singular	egyes szám	
sk	skóciai szóhasználat	Scottish usage, Scotticism	
suff	suffix	képző, rag	
sup	superlative	felsőfok	
sy	somebody	valaki, vk	
szem.	személy	person	
US	American usage, Americanism	amerikai szóhasználat, amerikanizmus	
v	verb	ige	
v.	vagy	or	

v aux	auxiliary verb	segédige
vi	intransitive verb	tárgyatlan ige
v imp	impersonal verb	személytelen ige
vk	valaki	somebody, sy
vm	valami	something, sg
v refl	reflexive verb	visszaható ige
vt	transitive verb	tárgyas ige
vulg	vulgar	durva, bántóan közönséges szóhasználat

□	slang
†	elavult, régies
~	a címszót pótolja
=	ugyanaz mint
→	lásd még (utalás a nyilat közvetlenül megelőző jelentésről)
‖→	lásd még (utalás az előtte levő egész szócikkről)
/	virgula, a vagylagosság jele
( )	szavaknak, szókapcsolatoknak elhagyható eleme
[ ]	1. a 6. lapon
⟨ ⟩	nem a szó fordítása, megfelelője, hanem csupán jelentésének körülírása, értelmezése

Egyes igék szócikkének elején kötőjelek között található két vastag betű (pl. **-pp-)** azt jelenti, hogy az ige végmássalhangzóját a múlt időkben és a jelen idejű melléknévi igenévben megkettőzi. Pl. *drop, dropped, dropping.*

A

A¹, a [eɪ] **1.** A, a (betű); *not to know* ~ *from B* egészen tudatlan **2.** *A1* [eɪ'wʌn] első osztályú, elsőrendű, príma, kitűnő **3.** *US* jeles [osztályzat] **4.** a [zenei hang]; ~ *flat* asz; ~ *major* A-dúr; ~ *minor* a-moll; ~ *sharp* aisz **A.², A** [eɪ] **1.** *adult* ⟨csak 16 éven felülieknek való filmek jelzése⟩ **2.** ~ *level* →*advanced 2.*

a³ [eɪ; gyenge ejtésű alakja: ə] *indefinite article* ⟨az angol határozatlan névelő mássalhangzóval ejtendő szavak előtt:⟩ egy; egy bizonyos; ~ *Mr. Brown* egy bizonyos Brown úr →*an II.*

a- [ə-] ⟨előképző nyomatékosító értelemben egykori *on* előrag maradványaként⟩ ... közben, alatt, -va, -ve; *a-singing* éneklés közben, énekelve

A.A., AA [eɪ'eɪ] *Automobile Association* ⟨angol autóklub⟩; ~ *member* autóklubtag; ~ *patrol* segélykocsi, „sárga angyal"

aback [ə'bæk] *adv* hátra, vissza(felé) [hajós kifejezés]; *be taken* ~ elképed(t), meghökken(t)

abacus ['æbəkəs] *n* (*pl* ~es *v.* abaci ['æbəsai] [iskolai] számológép

abaft [ə'bɑːft; *US* -æ-] *adv* a hajó fara felé

abandon [ə'bændən] **I.** *n* fesztelen viselkedés **II.** *vt* elhagy, felad; letesz (vmről); ~ *oneself to sg* átadja magát vmnek

abandoned [ə'bændənd] *a* elhagyatott

abandonment [ə'bændənmənt] *n* átengedés, elhagyás, lemondás

abase [ə'beɪs] *vt* megaláz, lealacsonyít; ~ *oneself* megalázkodik

abasement [ə'beɪsmənt] *n* megalázás, lealacsonyítás

abash [ə'bæʃ] *vt* megszégyenít; zavarba hoz; *be* ~*ed* zavarban van

abate [ə'beɪt] **A.** *vt* **1.** csökkent, mérsékel, enyhít **2.** véget vet, hatálytalanít **B.** *vi* csökken, enyhül, alábbhagy

abatement [ə'beɪtmənt] *n* **1.** csökkentés, leszállítás **2.** csökkenés

abattoir ['æbətwɑː*; *US* - twɑːr] *n* vágóhíd

abbess ['æbes] *n* apáca-fejedelemasszony, apácafőnöknő

abbey ['æbɪ] *n* apátság; kolostor

abbot ['æbət] *n* apát

abbreviate [ə'briːvɪeɪt] *vt* rövidít

abbreviation [əbriːvɪ'eɪʃn] *n* rövidítés

ABC, abc [eɪbiː'siː] *n* **1.** ábécé, betűrend; ~ *warfare* ABC-hadviselés **2.** vmnek elemei

abdicate ['æbdɪkeɪt] *vt* **1.** lemond, leköszön **2.** felad

abdication [æbdɪ'keɪʃn] *n* **1.** lemondás **2.** feladás

abdomen ['æbdəmen] *n* **1.** has **2.** pótroh

abdominal [æb'dɔmɪnl; *US* -'dɑ-] *a* hasi, hasüregi; ~ *operation* hasműtét

abduct [æb'dʌkt] *vt* erőszakkal megszöktet, elrabol [embert]

abduction [æb'dʌkʃn] *n* erőszakos megszöktetés; ~ *of women* nőrablás

abed [ə'bed] *adv* † (az) ágyban

Abel ['eɪbəl] *prop* Ábel

Aberdeen [æbə'diːn] *prop*

aberration [æbə'reɪʃn] *n* **1.** eltérés, tévelygés **2.** rendellenes fejlődés, aberráció

abet [ə'bet] *vt* -tt- felbujt (vkt), elősegít [bűnös tettet]; *aid and* ~ *sy* bűnrészese és felbujtója vknek

abetment [ə'betmənt] n bűnpártolás; ~
in crime bűnrészesség
abetter [ə'betə*] n bűnsegéd, bűnrészes
abetting [ə'betɪŋ] a felbujtó, bűnpártoló
abettor [ə'betə*] = abetter
abeyance [ə'beɪəns] n in ~ függőben;
leave in ~ függőben hagy, felfüggeszt
abhor [əb'hɔ:*] vt -rr- utál, gyűlöl
(vmt), irtózik, iszonyodik (vmtől)
abhorrence [əb'hɔr(ə)ns; US - hɔ:-] n
undor, utálat
abhorrent [əb'hɔr(ə)nt; US - hɔ:-] a elré-
mítő, iszonyatos, undort keltő
abide [ə'baɪd] v (pt/pp ~d ə'baɪdɪd v.
abode ə'boʊd) A. vi tartózkodik, lakik,
(meg)marad; ~ by sg kitart/megmarad
vm mellett B. vt eltűr, elvisel; I cannot
~ him ki nem állhatom
abiding [ə'haɪdɪŋ] a maradandó
ability [ə'bɪlətɪ] n képesség, tehetség
abject ['æbdʒekt] a nyomorult, alávaló;
~ poverty nagy/sötét nyomor; ~ terror
pánik
abjection [æb'dʒekʃn] n megalázottság;
alávalóság
abjectly ['æbdʒektlɪ] adv nyomorúságo-
san, aljasul; gyáván
abjuration [æbdʒʊə'reɪʃn] n esküvel való
tagadás/lemondás
abjure [əb'dʒʊə*] vt eskü alatt (meg)ta-
gad/lemond
ablaze [ə'bleɪz] a 1. be ~ lángban áll;
set ~ lángba borít 2. izgatott; átv
lángvörös [indulattól]
able ['eɪbl] a 1. képes; alkalmas; be ~ to
do sg tud vmt tenni, tehet vmt 2.
ügyes, tehetséges, rátermett
able-bodied a jó erőben levő, izmos; ka-
tonai szolgálatra alkalmas; ~ seaman
tengerészközlegény
ablution [ə'blu:ʃn] n mosdás, kézöblítés
ably ['eɪblɪ] adv ügyesen; hathatósan
abnegation [æbnɪ'geɪʃn] n (ön)megta-
gadás, lemondás
abnormal [æb'nɔ:ml] a rendellenes, sza-
bálytalan, abnorm(ál)is
abnormality [æbnɔ:'mælətɪ] n 1. rend-
ellenesség, abnormitás 2. szörny(űség)
abnormity [æb'nɔ:mɪtɪ] n = abnormality
aboard [ə'bɔ:d] adv/prep hajón, repülő-
(gépe)n, US vonaton, autóbuszon; go

~ hajóra száll, beszáll; all ~! beszál-
lás!
abode [ə'boʊd] n lakóhely, tartózkodási
hely; take up one's ~ in the country
vidéken telepszik le; of no fixed ~ beje-
lentett lakással nem rendelkező
abolish [ə'bɔlɪʃ; US -ɑ-] vt eltöröl, meg-
szüntet
abolition [æbə'lɪʃn] n 1. eltörlés, meg-
szüntetés 2. (US) (néger) rabszolga-
ság eltörlése
abolitionist [æbə'lɪʃənɪst] n (néger) rab-
szolga-felszabadítás híve, abolíciós
A-bomb n atombomba; ~ ban atomcsend-
egyezmény
abominable [ə'bɔmɪnəbl; US -'bɑ-] a
utálatos; undorító, förtelmes
abominate [ə'bɔmɪneɪt; US -'bɑ-] vt utál,
gyűlöl (vmt), undorodik (vmtől)
abomination [əbɔmɪ'neɪʃn; US -bɑ-] n
utálat, undor; hold sg in ~ irtózik
vmtől
aboriginal [æbə'rɪdʒənl] I. a ősi, eredeti
II. n őslakó
aborigines [æbə'rɪdʒəni:z] n pl őslakók,
bennszülöttek
abort [ə'bɔ:t] vi/vt 1. elvetél; koraszülése
van 2. átv semmi sem lesz belőle
abortion [ə'bɔ:ʃn] n 1. (el)vetélés, abor-
tusz; have/procure an ~ a terhességet
megszakítja; (procured) ~ a terhesség
mesterséges megszakítása, művi veté-
lés 2. torzalak, -szülött 3. kudarc
abortive [ə'bɔ:tɪv] a sikertelen, meddő
abound [ə'baʊnd] vi ~ in/with sg bővel-
kedik vmben; hemzseg vmtől
about [ə'baʊt] I. adv 1. mindenfelé, kö-
rös-körül; nem messze, a közelben;
there was no one ~ senki sem volt a
közelben; ~ here ezen a tájon; be up
and ~ már fenn van, már nincs az ágy-
ban 2. körülbelül, közel, megközelí-
tőleg; körül, táján; be ~ right nagy-
jából igaza van; it is ~ time ideje vol-
na már; ~ midnight éjféltájban 3. be
~ to do sg készül (vmt) tenni, azon a
ponton van, hogy . . .; he's ~ to leave
indulni készül, indulófélben van 4. ~
turn!, (US) ~ face! hátra arc! II. prep
1. -ról, -ről, felől, után, miatt, (vmvel)
kapcsolatban; what is it (all) ~? miről

is van szó?, miről szól?; *what ~ it?*
(1) mit szólsz hozzá? (2) mi közöd
hozzá?, hát aztán?; *well, what ~
it!* na és aztán?, hát aztán !; *how/what
~ ... ?* mit szólna/szólnál hozzá,
ha ..., mi a véleményed ... 2.
vm/vk körül, köré, -nál, -nél; *I have
no money ~ me* nincs nálam pénz
above [ə'bʌv] I. *a* fenti, fent/előbb emlí-
tett; *the ~ book* a fenti könyv II. *adv*
1. felett, felül, fenn; *from ~* felülről,
fentről; *the powers ~* az égi hatalmak
2. fentebb, a fentiekben; *as (stated) ~*
ahogy már említettük, mint fentebb
mondottuk III. *prep* 1. fölé, felett; *~
all* mindenekelőtt, legfőképp 2. több
mint; *it's ~ me* meghaladja képességei-
met; *he is not ~ stealing* a lopást sem
veti meg; *biz be ~ oneself* nem bír
magával jókedvében; *biz get ~ one-
self* felszáll a magas lóra IV. *n the ~* a
fentiek
above-board I. *a* őszinte, nyílt; tisztes-
séges, korrekt II. *adv* őszintén, nyíl-
tan; korrektül, tisztességesen
above-mentioned [-'menʃnd], **-named** *a*
fent említett, fenti, a hivatkozott
abrade [ə'breɪd] *vt* ledörzsöl, lehorzsol;
levakar; lekoptat
Abraham ['eɪrbrəhæm] *prop* Ábrahám
abrasion [ə'breɪʒn] *n* 1. ledörzsölés,
(le)horzsolás 2. lekopás, ledörzsölődés
abrasive [ə'breɪsɪv] I. *a* 1. ledörzsölő;
érdes; *~ paper* csiszolópapír 2. *átv*
nyers(en energikus) [hang, természet],
rámenős [egyéniség] II. *n* csiszoló-
anyag
abreact [æbrɪ'ækt] *vt* lereagál
abreast [ə'brest] *adv* egymás mellett, pár-
huzamosan; *come ~ of sg* felnyomul
vm mellé; *march two~* kettős sorokban
menetel; *be/keep ~ of/with sg* lépést
tart vmvel; *keep ~ of the times* halad a
korral
abridge [ə'brɪdʒ] *vt* (meg)rövidít; lerövi-
dít; *~d edition* rövidített kiadás
abridg(e)ment [ə'brɪdʒmənt] *n* 1. rövidí-
tés, kivonat 2. (jog)korlátozás
abroad [ə'brɔːd] *adv* 1. kinn, külföldön;
külföldre; *go ~* külföldre megy/uta-
zik; *from ~* külföldről 2. széltében-

hosszában; *there's a rumour ~* az a hír
járja 3. *biz be all ~* fogalma sincs a
dologról; zavarban van
abrogate ['æbrəgeɪt] *vt* megszüntet, eltö-
röl, hatályon kívül helyez
abrogation [æbrə'geɪʃn] *n* eltörlés, visz-
szavonás [törvényé]
abrupt [ə'brʌpt] *a* 1. hirtelen, váratlan
2. összefüggéstelen; kapkodó [stí-
lus]; *~ manner* nyers modor 3. meredek
abruptly [ə'brʌptlɪ] *adv* hirtelen(ül)
abscess ['æbsɪs] *n* tályog, kelés
abscond [əb'skɔnd; *US* -ɑ-] *vi* megszö-
kik, elbújik, elrejtőzik
absence ['æbsns] *n* távollét; hiány(zás);
in ~ of hiányában; *~ of mind* szóra-
kozottság; *~ without leave* engedély
nélküli távollét
absent I. *a* ['æbsnt] távollévő; hiányzó;
be ~ hiányzik, nincs jelen; *~ without
leave (AWOL)* engedély nélkül távol-
(levő) II. *v refl* [æb'sent] *~ oneself
(from sg)* távol marad vmtől
absentee [æbsn'tiː] *n* rendszeresen távol
maradó
absenteeism [æbsn'tiːɪzm] *n* rendszeres
távolmaradás (munkahelyről), lógás
absent-minded *a* szórakozott
absent-mindedness [-'maɪndɪdnɪs] *n* szó-
rakozottság
absolute ['æbsəluːt] *a* teljes, feltétlen,
végérvényes, tökéletes, abszolút
absolutely ['æbsəluːtlɪ] *adv* 1. teljesen;
feltétlenül, abszolúte; *~ not* egyálta-
lán nem 2. *biz ~!* úgy van!
absolution [æbsə'luːʃn] *n* felmentés [vád
alól]; feloldozás [bűnök alól]
absolutism ['æbsəluːtɪzm] *n* önkényu-
ralom, abszolutizmus
absolve [əb'zɔlv; *US* -ɑl-] *vt* felment,
feloldoz
absorb [əb'sɔːb] *vt* 1. elnyel, felszív,
abszorbeál 2. *be ~ed in sg* elmerül/el-
mélyed vmben, teljesen leköti vm
absorbent [əb'sɔːbənt] I. *a* felszívó, ab-
szorbens, elnyelő, hangnyelő; *~ cotton*
vatta II. *n* abszorbens (anyag)
absorption [əb'sɔːpʃn] *n* 1. abszorpció
2. (*átv*) elmerülés, elmélyedés
abstain [əb'steɪn] *vi* tartózkodik (*from*
vmtől)

abstainer [əb'steɪnə*] n (total) ~ szeszes italtól tartózkodó, antialkoholista
abstemious [æb'sti:mjəs] a mértékletes
abstention [əb'stenʃn] n tartózkodás
abstinence ['æbstɪnəns] n tartózkodás, önmegtartóztatás; total ~ szeszes italtól (v. alkoholtól) való teljes tartózkodás, antialkoholizmus
abstinent ['æbstɪnənt] a önmegtartóztató; szeszes italtól tartózkodó
abstract I. a ['æbstrækt] elvont; in the ~ elvontan II. n ['æbstrækt] tartalmi kivonat, összefoglalás; ~ of title telekkönyvi kivonat III. vt [æb'strækt] 1. elvon, absztrahál 2. tartalmi kivonatot készít (vmből) 3. biz eltulajdonít, elemel
abstracted [æb'stræktɪd] a 1. elvonatkoztatott 2. szórakozott
abstraction [æb'strækʃn] n 1. elvonás, absztrakció 2. elvontság; elvont fogalom, absztrakció 3. szórakozottság
abstruse [æb'stru:s] a nehezen érthető, homályos, rejtett értelmű
absurd [əb'sə:d] a képtelen, nevetséges, abszurd
absurdity [əb'sə:dətɪ] n képtelenség, abszurdum
abundance [ə'bʌndəns] n 1. bőség, sokaság; in ~ bőven; an ~ of... rengeteg..., egész csomó... 2. bővelkedés, jólét; live in ~ bőségben/jólétben él
abundant [ə'bʌndənt] a bő(séges), kiadós, bőven elég
abuse I. n [ə'bju:s] 1. visszaélés, túlkapás 2. helytelen használat; rongálás 3. gyaláz(kod)ás, mocskolódás; durva bánásmód II. vt [ə'bju:z] 1. visszaél (vmvel) 2. rosszul bánik (vkvel), sérteget, mocskol
abusive [ə'bju:sɪv] a gyalázkodó, sértegető; use ~ language gorombáskodik
abut [ə'bʌt] vi -tt- ~ on (1) határos vmvel (2) felfekszik vmre
abutment[ə'bʌtmənt]n 1. csatlakozó/felfekvési lap; illesztés 2. alátámasztás; (tám)pillér; támfal
abysmal [ə'bɪzml] a feneketlen, mélységes
abyss [ə'bɪs] n szakadék, végtelen mélység/idő

Abyssinia [æbɪ'sɪnjə] prop Abesszínia
Abyssinian [æbɪ'sɪnjən] a/n abesszin
A.C., a.c. [eɪ'si:] alternating current
a/c, A/C account (current) folyószámla, fszla.
acacia [ə'keɪʃə] n akác
academic [ækə'demɪk] I. a 1. akadémiai; egyetemi, főiskolai; ~ year egyetemi tanév 2. tudományos 3. akadémikus, elméleti II. n egyetemi oktató
academical [ækə'demɪkl] I. a főiskolai, egyetemi II. academicals n pl hivatalos egyetemi öltözet
academician [əkædə'mɪʃn; US ækədə-] n akadémikus, akadémiai tag; Royal A~ a Királyi Szépművészeti Akadémia tagja
academy [ə'kædəmɪ] n 1. akadémia, főiskola 2. (tudományos) akadémia; the Royal A~ Királyi Szépművészeti Akadémia
accede [æk'si:d] vi 1. beleegyezik (to vmbe), hozzájárul (to vmhez); ~ to a request kérést teljesít 2. ~ to an office hivatalba lép; ~ to the throne trónra lép
accelerate [æk'seləreɪt] A. vt siettet; gyorsít B. vi gyorsul
acceleration [əkselə'reɪʃn] n 1. gyorsulás 2. siettetés; gyorsítás
accelerator [æk'seləreɪtə*] n gyorsító; ~ (pedal) gázpedál
accent I. n ['æksnt; US -sent] 1. hangsúly 2. ékezet, hangsúlyjel 3. kiejtésmód, akcentus; foreign ~ idegenszerű kiejtés II. vt [æk'sent] hangsúlyoz
accentuate [æk'sentjʊeɪt; US -tʃʊ-] vt (ki)hangsúlyoz, vmre súlyt helyez
accentuation [æksentjʊ'eɪʃn; US -tʃʊ-] n (ki)hangsúlyozás
accept [ək'sept] vt elfogad; ~ delivery of goods árut átvesz; ~ a bill of exchange elfogad váltót
acceptable [ək'septəbl] a elfogadható, szívesen látott, kellemes
acceptance [ək'septəns] n 1. elfogadás, helybenhagyás, beleegyezés; meet with general ~ általános helyeslésre talál; present for ~ elfogadásra bemutat [váltót]; ~ of persons részrehajlás 2. elfogadvány; ~ (bill) elfogadott váltó 3. átvétel [árué]

acceptation [æksep'teɪʃn] n elfogadott/általános/szokásos jelentés [szóé]
acceptor [ək'septə*] n intézvényezett, váltóelfogadó
access ['ækses] n 1. belépés, bemenet, bejárás; ~ road bekötő út; ~ only „átmenő forgalom" [behajtás csak úticéllal]; give ~ to bejáratul/átjáróul szolgál vhová 2. hozzáférhetőség; easy of ~ könnyen hozzáférhető/megközelíthető; have ~ to (szabad) bejárása van (vkhez); (könnyen) hozzáfér/hozzájut (vmhez) 3. (düh)roham
accessibility [æksesə'bɪlətɪ] n hozzáférhetőség, megközelíthetőség
accessible [ək'sesəbl] a hozzáférhető, megközelíthető, elérhető
accession [æk'seʃn] n 1. ~ to throne trónra lépés; ~ to office hivatalba lépés 2. szerzeményezés; gyarapodás [könyvtárban]; növedék; new ~s új szerzemények/beszerzések 3. növekedés
accessory [ək'sesərɪ] I. a mellék(es), járulékos, tartozékos, mellék-, pót- II. n 1. accessories pl kellékek, tartozék(ok), alkatrészek, felszerelés, szerelvények, hozzávaló 2. bűnrészes, bűntárs, cinkostárs; ~ before the fact felbujtó, bűnsegéd; ~ after the fact bűnpártoló, orgazda
accidence ['æksɪdns] n alaktan
accident ['æksɪdnt] n 1. véletlen(ség); by ~ véletlenül, esetleg 2. baleset, szerencsétlenség; fatal ~ halálos (kimenetelű) baleset; motoring ~ autóbaleset; have (v. meet with) an ~ balesetet szenved, baleset éri; ~ insurance balesetbiztosítás; ~ ward baleseti osztály
accidental [æksɪ'dentl] a 1. véletlen, akaratlan, esetleges 2. mellékes, pótaccidentally [æksɪ'dentəlɪ] adv véletlenül, akaratlanul, történetesen
acclaim [ə'kleɪm] vt hangosan üdvözöl/helyesel; vmnek kikiált
acclamation [æklə'meɪʃn] n (lelkes) helyeslés, éljenzés, tetszésnyilvánítás; carried by ~ közfelkiáltással megszavazva
acclimatization [əklaɪmətaɪ'zeɪʃn; US

-tɪ'z-] n 1. meghonosítás, hozzászoktatás, akklimatizálás 2. meghonosodás, akklimatizálódás, akklimatizáció
acclimatize [ə'klaɪmətaɪz] vt meghonosít, megszoktat, akklimatizál; become/get ~d meghonosodik, akklimatizálódik, megszokik (vhol)
acclivity [ə'klɪvətɪ] n meredek domboldal, emelkedő
accolade ['ækəleɪd; US -'leɪd] n 1. lovaggá ütés 2. elismerés, jutalom
accommodate [ə'kɔmədeɪt; US -'kɑ-] vt 1. hozzáalkalmaz (to vmhez); ~ oneself to sg alkalmazkodik vmhez 2. elszállásol, elhelyez, szállást ad (vknek); the hotel can ~ 500 guests a szálloda 500 személy befogadására alkalmas; ~ sy with sg ellát vkt vmvel 3. kiegyenlít, egybehangol
accommodating [ə'kɔmədeɪtɪŋ US -'kɑ-] a alkalmazkodó, engedékeny
accommodation [əkɔmə'deɪʃn; US -kɑ-] n 1. alkalmazkodás 2. elhelyezés, elszállásolás, szállás(hely), férőhely; ~ for 500 persons férőhely 500 személy számára 3. US accommodations pl szállás, lakás 4. kényelem, könnyebbség; ~ ladder külső/leereszthető hajólépcső; US ~ train személyvonat 5. szívesség; ~ bill szívességi váltó
accompaniment [ə'kʌmpənɪmənt] n 1. kíséret 2. kísérő jelenség
accompanist [ə'kʌmpənɪst] n (zenei) kísérő
accompany [ə'kʌmpənɪ] vt 1. kísér; accompanied (at the piano) by ... (zongorán) kíséri ... 2. vele jár [következmény], velejárója, kísérő jelensége (vmnek)
accompanying [ə'kʌmpənɪŋ] a 1. kísérő 2. vele járó, kísérő
accomplice [ə'kʌmplɪs; US -ɑ-] n bűnrészes, cinkostárs, bűntárs
accomplish [ə'kʌmplɪʃ; US -ɑ-] vt bevégez, befejez, megvalósít, teljesít, végrehajt
accomplished [ə'kʌmplɪʃt; US -ɑ-] a 1. tökéletes, kész; an ~ fact befejezett tény 2. művelt 3. kiváló; jártas; rutinos (in vmben)
accomplishment [ə'kʌmplɪʃmənt; US

2

-a-] *n* 1. befejezés, teljesítés 2. teljesítmény; eredmény 3. képesség, jó tulajdonság; *have many ~s* sokoldalúan képzett 4. (társadalmi) csiszoltság accord [ə'kɔ:d] I. *n* 1. egyetértés, összhang; *with one ~* egyhangúlag; *of one's own ~* önszántából; *in ~ with sg* összhangban vmvel 2. megegyezés, egyezség II. A. *vi* összhangban van, (meg-) egyezik (*with* vmvel) B. *vt* nyújt, (meg)ad (vmt vknek)
accordance [ə'kɔ:dns] *n* egyetértés, (meg)egyezés; *in ~ with sg* vm szerint, vmhez képest, vmnek megfelelően; *be in ~ with sg* megfelel vmnek
according [ə'kɔ:dɪŋ] *adv ~ as* amennyiben, úgy . . . amint, aszerint, hogy . . .; *~ to* szerint, vmhez képest, vmnek megfelelően
accordingly [ə'kɔ:dɪŋlɪ] *adv* (ennek) megfelelően, eszerint, tehát, így, következésképpen, éppen ezért
accordion [ə'kɔ:djən] *n* (tangó)harmonika
accost [ə'kɔst; *US* -ɔ:-] *vt* megszólít; [utcán] leszólít
account [ə'kaʊnt] I. *n* 1. számla, elszámolás; *~ current, current ~* folyószámla; *~ holder* számlatulajdonos; *~ rendered* elszámolás szerint; *~ sale* eladás elszámolásra; *charge an ~* számlát megterhel; *be to sy's~* vkt terhel; *have an ~ with the* . . . *Bank* folyószámlája van a . . . *Bankban; open an ~ (with a bank)* számlát nyit (vmely bankban); *put it down to my ~* írja (ezt) az én számlámra; *settle/square an ~* rendez/kifizet számlát; *settle/square ~s with sy* (1) számláját kifizeti/kiegyenlíti, elszámol vkvel (2) *átv* (le)számol vkvel; *have an ~ to settle with sy* van egy kis elintéznivalója vkvel 2. elszámolási kötelezettség; beszámolás; beszámoló, jelentés; *call sy to ~* felelősségre von vkt, számon kér vmt vktől; *give/render an ~ of sg* (1) elszámol, számot ad vmről (2) beszámol(ót tart) vmről; *give a good ~ of oneself* jó eredményt mutat fel; *by his own ~* saját állítása szerint; *leave sg out of ~* számításon kívül hagy vmt; *take sg*

into ~ tekintetbe/figyelembe/számba vesz vmt 3. haszon, előny; *turn/put sg to (good) ~* előnyösen/jól felhasznál vmt, hasznát látja vmnek; *on one's own ~* saját felelősségére/számlájára 4. fontosság; *of little/small ~* nem számottevő; *of no ~* jelentéktelen; *be held in (great) ~* sokra tartják 5. *by all ~s* mindenesetre, feltétlenül; *on ~ of* miatt, következtében; *on this/that ~* ezért, ez okból; *on my ~* a kedvemért, miattam; *on every ~* mindenképp, mindenesetre; *on no ~* semmi esetre sem, semmiképpen II. *vt* tart, tekint (vkt vmnek)
account for *vi* 1. elszámol (vmvel), számot ad (vmről), számol (vmért) 2. magyaráz (vmt), magyarázatul szolgál (vmre), indokol; igazol (vmt); *there's no ~ing for tastes* ízlések és pofonok különbözők
accountable [ə'kaʊntəbl] *a* felelős (*for* vmért, *to* vknek)
accountancy [ə'kaʊntənsɪ] *n* könyvelés, könyvelőség, könyvvitel
accountant [ə'kaʊntənt] *n* könyvelő; könyvvizsgáló, revizor; *chief ~* főkönyvelő
accounting [ə'kaʊntɪŋ] *n* könyvelés, könyvvitel
accoutrements [ə'ku:təmənts] *n pl* (katonai) felszerelés
accredit [ə'kredɪt] *vt* megbízólevéllel ellát, akkreditál (*to* vhová)
accredited [ə'kredɪtɪd] *a* meghatalmazott, akkreditált
accretion [ə'kri:ʃn] *n* 1. növekedés, növedék, gyarapodás 2. áradmány
accrue [ə'kru:] *vi* növekszik, felszaporodik; *~d interest* felszaporodott kamat
accumulate [ə'kju:mjʊleɪt] A. *vt* felhalmoz, (össze)gyűjt B. *vi* felhalmozódik, (fel)gyülemlik
accumulation [əkju:mjʊ'leɪʃn] *n* 1. felhalmozás, összegyűjtés 2. felhalmozódás; *~ of capital* tőkefelhalmozódás
accumulator [ə'kju:mjʊleɪtə*] *n* akkumulátor
accuracy ['ækjʊrəsɪ] *n* pontosság, szabatosság; hitelesség
accurate ['ækjʊrət] *a* pontos, szabatos

accurately ['ækjʊrətlɪ] adv pontosan
accursed [ə'kɔ:sɪd] a átkozott
accusation [ækju:'zeɪʃn] n vád(emelés)
accusative [ə'kju:zətɪv] I. a tárgyesettel járó, accusativusos II. n tárgyeset, accusativus
accuse [ə'kju:z] vt (meg)vádol (sy of sg vkt vmvel); be ~d of sg vmvel vádolják; the ~d a vádlott/terhelt
accuser [ə'kju:zə*] n vádló
accusing [ə'kju:zɪŋ] a vádoló
accustom [ə'kʌstəm] vt hozzászoktat (to vmhez); ~ oneself to sg hozzászokik vmhez; be ~ed to sg hozzá van szokva vmhez, hozzászokott vmhez
accustomed [ə'kʌstəmd] a megszokott, szokásos
ace [eɪs] n 1. ász, disznó [kártyában]; egyes (szám) [kockában, dominóban] 2. kiválóság, sztár, menő [sportban stb.]; mesterpilóta 3. ász [teniszben] 4. (be) within an ~ of... kis híja, hogy...
acerbity [ə'sɔ:bətɪ] n savanyúság, csípősség, fanyarság
acetate ['æsɪteɪt] n ecetsavas só, acetát
acetic [ə'si:tɪk] a ecetes, ecet-; ~ acid ecetsav
acetify [ə'setɪfaɪ] A. vt megsavanyít B. vi megsavanyodik, megecetesedik
acetylene [ə'setɪli:n] n acetilén
ache [eɪk] I. n fájás, fájdalom II. vi fáj
achieve [ə'tʃi:v] vt 1. véghezvisz, teljesít, megvalósít; he will never ~ anything sohasem viszi semmire 2. kivív, elér
achievement [ə'tʃi:vmənt] n 1. teljesítés, véghezvitel 2. teljesítmény, tett; eredmény
Achilles [ə'kɪli:z] prop heel of ~, ~' heel Achilles-sarka (vknek), gyenge/sebezhető oldala (vknek); ~ tendon Achilles-ín
aching ['eɪkɪŋ] a fájó
acid ['æsɪd] I. a savas; savanyú, fanyar; ~ drops savanyúcukor II. n sav; ~ test (1) savpróba (2) átv döntő próba
acidity [ə'sɪdətɪ] n savasság, savtartalom; savanyúság
acid-proof a saválló
ack-ack [æk'æk] □ n légvédelmi ágyú

acknowledge [ək'nɔlɪdʒ; US -ɑ-] vt 1. elismer, beismer, bevall 2. méltányol, elismer 3. nyugtáz; we ~ receipt of your letter igazoljuk levelének vételét
acknowledged [ək'nɔlɪdʒd; US -ɑ-] a 1. elismert; an ~ fact tudott dolog 2. elismert, tekintélyes
acknowledg(e)ment [ək'nɔlɪdʒmənt; US -ɑ-] n 1. elismerés, beismerés, bevallás 2. elismerés, elismervény; ~ of receipt az átvétel elismerése; in ~ of elismeréseképpen 3. acknowledg(e)ments pl köszönetnyilvánítás
acme ['ækmɪ] n tetőpont
acne ['æknɪ] n pattanás [a bőrön]
acolyte ['ækəlaɪt] n 1. ministráns, akolitus 2. hű tanítvány
aconite ['ækənaɪt] n sisakvirág
acorn ['eɪkɔ:n] n makk
acoustic [ə'ku:stɪk] a hallási, akusztikai; hang-, halló-
acoustics [ə'ku:stɪks] n 1. hangtan, akusztika 2. pl akusztika [teremé]
acquaint [ə'kweɪnt] vt 1. megismertet; értesít, tudat; ~ sy with sg (meg)ismertet vkvel vmt, értesít vkt vmről, tudomására hoz vknek vmt; ~ oneself with sg megismerkedik vmvel 2. be ~ed with sy ismer vkt; be ~ed with sg ismer vmt, tudomása van vmről; become/get (v. make oneself) ~ed with sy/sg megismerkedik vkvel/vmvel, megismer vkt/vmt; make sy ~ed with sg megismertet vkt vmvel, ismertet vk előtt vmt
acquaintance [ə'kweɪntəns] n 1. ismeretség; make sy's ~ megismerkedik (v. ismeretséget köt) vkvel; upon further ~... alaposabb ismeretség után... 2. ismerős; ~s ismerősök, ismeretségi kör; an old ~ régi/jó ismerős 3. tudás; he has some ~ with Spanish egy kicsit tud spanyolul
acquaintanceship [ə'kweɪntənʃɪp] n ismeretségi kör
acquiesce [ækwɪ'es] vi beleegyezik, belenyugszik, beletörődik (in vmbe)
acquiescence [ækwɪ'esns] n belenyugvás, hallgatólagos beleegyezés
acquiescent [ækwɪ'esnt] a beleegyező, engedékeny, alkalmazkodó

2*

acquire [ə'kwaɪə*] vt (meg)szerez, szert tesz (vmre); sg is an ~d taste (for sy) rájön vmnek az ízére, megszeret vmt, rákap vmre; whisky is an ~d taste a whiskyhez szokni kell
acquirement [ə'kwaɪəmənt] n 1. = acquisition 2. szerzett képesség
acquisition [ækwɪ'zɪʃn] n (meg)szerzés; beszerzés; szerzemény(ezés)
acquisitive [ə'kwɪzɪtɪv] a kapzsi, szerezni vágyó
acquit [ə'kwɪt] vt -tt- 1. felment, mentesít (sy of/on sg vkt vm alól) 2. kiegyenlít, kifizet [adósságot]; nyugtáz 3. ~ oneself viselkedik
acquittal [ə'kwɪtl] n 1. felmentés, felmentő ítélet 2. teljesítés
acquittance [ə'kwɪtns] n 1. kifizetés, kiegyenlítés 2. nyugta(tvány)
acre ['eɪkə*] n 4840 négyszögyard [kb. 4000 m²]; God's A~ temető
acreage ['eɪkərɪdʒ] n ⟨acre-ben kifejezett földterület⟩
acrid ['ækrɪd] a fanyar, keserű; csípős
acridity [æ'krɪdətɪ] n fanyarság, keserűség, csípősség
acrimonious [ækrɪ'moʊnjəs] a csípős, maró [beszéd]; rosszmájú, harapós [ember]; elkeseredett [küzdelem]
acrimony ['ækrɪmənɪ; US -moʊnɪ] n kesernyésség, csípősség [szavaké]
acrobat ['ækrəbæt] n 1. légtornász, akrobata 2. hintapolitikus
acrobatic [ækrə'bætɪk] a akrobatikus
acrobatics [ækrə'bætɪks] n akrobatika
acronym ['ækrənɪm] n betűszó, mozaikszó
across [ə'krɔs; US -ɔːs] adv/prep át, keresztben, keresztül, odaát, túl; he lives ~ the street az utca másik oldalán (szemben) lakik; US ~ the board mindenkire egyformán vonatkozó, mindenkinek egyenlő arányban
acrostic [ə'krɒstɪk; US -ɔː-] n 1. versfőkbe rejtett szöveg, akrosztichon 2. ⟨egy rejtvényfajta⟩
act [ækt] I. n 1. tett, cselekedet; cselekvés; cselekmény; catch sy in the (very) ~ tetten ér vkt; biz put on an ~ megjátssza magát; the A~s of the Apostles az Apostolok cselekedetei [bibliában]; ~ of God (1) vis maior (2)

⟨olyan baleset, amelyért senki sem felelős⟩ 2. törvény 3. felvonás II. A. vt, játszik, alakít [szerepet]; megjátszik (vmt); ~ the part of sg vmlyen minőségben működik, vmlyen szerepet játszik/betölt B. vi 1. cselekszik; működik, ténykedik; intézkedik 2. működik (vm); hat [gyógyszer] 3. játszik, szerepel [színházban]
    act for vi ~ f. sy vkt helyettesít/képvisel
    act on = act upon
    act up vi ~ up to one's principles elveihez hűen cselekszik
    act upon vi 1. hat(ással van) vmre; ~ (up)on the bowels hat a belekre 2. vm szerint eljár, igazodik vmhez, követ [tanácsot]
acting ['æktɪŋ] I. a helyettes, ügyvezető; ~ manager helyettes igazgató II. n színjátszás, [színpadi, színészi] játék
action ['ækʃn] n 1. tett, cselekedet; man of ~ tettek embere 2. cselekvés, ténykedés, működés; bring into ~, put/set sg in ~ működésbe hoz vmt; come into ~ működésbe lép; take ~ intézkedik, cselekszik, akcióba lép; be in ~ működik, üzemben van; be out of ~ nem működik 3. hatás 4. cselekmény [színdarabé]; mozgás, járás [lóé] 5. kereset, per; bring an ~ against sy pert indít vk ellen, bepöröl vkt; ~ at law, legal ~ per, kereset; no ~ will lie keresetnek nincs helye 6. csata, ütközet; be killed in ~ hősi halált hal, elesik (csatában) 7. mechanika [zongoráé]; szerkezet, óramű 8. ~ painting indulati foltfestészet
actionable ['ækʃnəbl] a perelhető
activate ['æktɪveɪt] vt 1. tevékennyé/hatékonnyá tesz; mozgásba/működésbe hoz 2. aktivál, radioaktívvá tesz
active ['æktɪv] a 1. tevékeny, cselekvő, aktív, élénk; take an ~ part in sg tevékeny részt vesz/vállal vmben; on ~ service tényleges katonai szolgálatban 2. ható, hatékony 3. ~ voice cselekvő (ige)alak
activist ['æktɪvɪst] n aktivista
activity [æk'tɪvətɪ] n tevékenység, ténykedés, aktivitás; elfoglaltság

actor ['æktə*] n színész
actress ['æktrɪs] n színésznő
actual ['æktʃʊəl] a 1. valóságos, tényleges; in ~ fact valójában, valóban 2. jelenlegi, mostani
actuality [æktʃʊ'ælətɪ] n 1. valóság, valódiság 2. actualities pl adott/jelenlegi körülmények
actualize ['æktʃʊəlaɪz] vt valóra vált, megvalósít
actually ['æktʃʊəlɪ] adv való(já)ban, tényleg(esen), tulajdonképpen, sőt
actuary ['æktjʊərɪ; US -tʃ-] n biztosítási statisztikus
actuate ['æktjʊeɪt; US -tʃ-] vt 1. mozgásba/működésbe hoz 2. hatással van vkre, indít (vkt vmre), hajt, visz
acuity [ə'kju:ətɪ] n = acuteness
acumen [ə'kju:men] n eszesség, éles ész, gyors felfogás; business ~ üzleti érzék
acupuncture [ækju'pʌŋktʃə*] n tűgyógyítás, akupunktúra
acute [ə'kju:t] a 1. hegyes; éles (átv is); become more ~ egyre fokozódik/nő; ~ angle hegyesszög; ~ triangle hegyesszögű háromszög; ~ accent éles ékezet; ~ ear jó fül/hallás 2. éles elméjű, ravasz 3. heveny, akut [betegség]; ~ care beds intenzív osztály [kórházban]
acuteness [ə'kju:tnɪs] n 1. élesség, hevesség, erősség 2. éles ész, éleselméjűség; ravaszság
ad [æd] n biz apróhirdetés
A.D., AD [eɪ'di:] Anno Domini (= in the year of our Lord Krisztus után) időszámításunk szerint(i), i. sz.
adage ['ædɪdʒ] n közmondás
Adalbert ['ædlbə:t] prop Adalbert, Béla
Adam ['ædəm] prop Ádám; ~'s apple ádámcsutka; not know sy from ~ fogalma sincs, hogy ki az illető; the old ~ a gyarló ember, az örök ember(i gyarlóság)
adamant ['ædəmənt] I. a gyémántkeménységű; on this point he is ~ ebben a kérdésben hajthatatlan II. n gyémántkeménységű anyag/kő; heart of ~ kőszív
adapt [ə'dæpt] vt 1. hozzá alkalmaz/illeszt, alkalmassá tesz; ~ oneself to sg

alkalmazkodik vmhez; be ~ed to/for sg alkalmas vmre, megfelel (vmlyen célnak) 2. átalakít, átdolgoz; ~ a novel for the stage/screen regényt színpadra/filmre alkalmaz; ~ed from the French francia eredetiből átdolgozta . . .
adaptability [ədæptə'bɪlətɪ] n 1. alkalmazhatóság, felhasználhatóság 2. alkalmazkodóképesség, ruganyosság
adaptable [ə'dæptəbl] a 1. alkalmazható, hozzáilleszthető 2. alkalmazkodó, rugalmas
adaptation [ædæp'teɪʃn] n 1. (hozzá)alkalmazás, hozzáillesztés 2. alkalmazkodás 3. átdolgozás [könyvé, színműé]; (színre, rádióra stb.) alkalmazás
adapter [ə'dæptə*] n 1. átdolgozó 2. betét, illesztődarab, tartó, adapter; csatlakozó, villásdugó
A.D.C., ADC [eɪdi:'si:] aide-de-camp
add [æd] A. vt 1. összead; hozzáad (to vmhez) 2. hozzátesz; he ~ed (1) tette hozzá (2) hozzátette (hogy) B. vi összead
add in vt hozzáír, beleszámít
add to A. vt hozzáad, hozzátesz B. vi hozzájön (vmhez még vm); this ~s to our difficulties ez növeli nehézségeinket
add together vt összead
add up A. vt összead B. vi 1. kijön [számítás]; it just doesn't ~ up ennek semmi értelme sincs, ennek se füle se faika 2. ~ up to (1) kitesz [összeget] (2) világosan mutat; all that this ~s up to is that . . . mindebből nyilvánvaló (v. az derül ki), hogy . . .
addenda [ə'dendə] n függelék, pótlás
addendum [ə'dendəm] n (pl -da -də) kiegészítés, pótlás →addenda
adder ['ædə*] n vipera
addict I. n ['ædɪkt] rabja (vmlyen káros szenvedélynek); a drug ~ kábítószer rabja, narkomániás II. vt [ə'dɪkt] be/become ~ed to sg vmnek a rabja lesz, vmlyen szenvedélynek hódol
addiction [ə'dɪkʃn] n káros szenvedélynek hódolás (to vmnek)
Addison ['ædɪsn] prop
addition [ə'dɪʃn] n 1. hozzáadás, össze_

adás 2. toldás, pótlás; toldalék, kiegészítés; gyarapodás; *in ~ (to)* ráadásul, azonkívül, amellett; *she will be a useful ~ to the staff* vele nyerni fog a testület
additional [ə'dıʃənl] *a* pótlólagos, járulékos, további, újabb, pót-; *~ charge* többletköltség, pótdíj, felár
additionally [ə'dıʃnəlı] *adv* továbbá, azonfelül, ráadásul
additive ['ædıtıv] *n* adalékanyag
addle ['ædl] **A.** *vt* 1. megrohaszt; *~d egg* záptojás 2. megzavar **B.** *vi* 1. megzavarodik 2. megzápul, megromlik
addle-headed/pated *a* tökfejű, zavaros elméjű/fejű
address [ə'dres] **I.** *n* 1. címzés, cím; *form of ~* megszólítás, címzés 2. előadás, beszéd 3. ügyesség 4. viselkedés, (beszéd)modor 5. *pay one's¦ ~es to* udvarol vknek, teszi a szépet vknek **II.** *vt* 1. címez, ír, küld, irányít [levelet, *to* vknek] 2. beszédet intéz [vkhez, hallgatósághoz], beszél, beszédet mond [gyűlésen], üdvözöl [kongresszust stb.] 3. megszólít; (vkt vmnek) szólít; *~ oneself to sg* hozzáfog vmhez
addressee [ædre'si:] *n* címzett
adduce [ə'dju:s; *US* ə'du:s] *vt* felhoz, előhoz [bizonyítékot]; hivatkozik [példára stb.]
adenoids ['ædınɔıdz] *n pl* orrpolip
adept ['ædept] **I.** *a* hozzáértő, ügyes; *be ~ at/in sg* jártas vmben, ért vmhez **II.** *n* szakértő(je vmnek)
adequacy ['ædıkwəsı] *n* megfelelés, megfelelő volta vmnek, alkalmasság
adequate ['ædıkwət] *a* megfelelő, kellő, elegendő, kielégítő, adekvát
adhere [əd'hıə*] *vi* 1. *~ to sg* tapad/ragad vmhez 2. *~ to sy/sg* ragaszkodik vkhez/vmhez, kitart vk/vm mellett; elfogad [tervet]; *~ to a promise* állja az ígéretét
adherence [əd'hıər(ə)ns] *n* 1. tapadás 2. pontos betartás [méreteké stb.] 3. odaadás, ragaszkodás, hűség
adherent [əd'hıər(ə)nt] *n* támogató, híve (vmnek, vknek); *the idea is gaining ~s* az eszme követőkre talál
adhesion [əd'hi:ʒn] *n* 1. (oda)tapadás,

(oda)ragadás; adhézió 2. összenövés, lenövés [orvosilag] 3. támogatás [párté], csatlakozás (vmhez), elfogadás [tervé, határozaté]
adhesive [əd'hi:sıv] **I.** *a* ragadós, tapadó; enyvezett; *~ tape* ragasztószalag **II.** *n* ragasztó(anyag), kötőanyag
ad hoc [æd'hɔk; *US* -'hɑk] *a* erre a célra készült/létesített, ad hoc, alkalmi
adieu [ə'dju:] *int* isten vele!
ad infinitum [æd ınfı'naıtəm] *adv* örökké, megállás nélkül, végtelenségig
ad interim [ædı'ntərım] *adv* átmenetileg, ideiglenesen
adipose ['ædıpoʊs] *a* zsíros; *~ tissue* zsírszövet
adiposity [ædı'pɔsətı; *US*-pɑ-] *n* zsírosság, kóros elhájasodás, kövérség
adit ['ædıt] *n* (bánya)bejárat, táró
adjacent [ə'dʒeısnt] *a* szomszédos, határos, mellette fekvő, közeli
adjectival [ædʒek'taıvl] *a* melléknévi
adjective ['ædʒıktıv] *n* melléknév
adjoin [ə'dʒɔın] *vt/vi* határos, közös határral bír, csatlakozik (vmhez), érintkezik (vmvel)
adjoining [ə'dʒɔınıŋ] *a* szomszédos, határos, csatlakozó, érintkező
adjourn [ə'dʒə:n] **A.** *vt* elnapol, (el)halaszt; berekeszt; *the meeting was ~ed for a week* a gyűlést egy héttel elnapolták/elhalasztották **B.** *vi* 1. *the meeting ~ed at three o'clock* a gyűlést három órakor berekesztették 2. (át-) megy, átvonul *(to* vhová)
adjournment [ə'dʒə:nmənt] *n* elnapolás, elhalasztás; megszakítás
adjudge [ə'dʒʌdʒ] *vt* 1. (meg)ítél, odaítél 2. (el)dönt; kimond; *~ sy guilty* bűnösnek mond ki vkt
adjudicate [ə'dʒu:dıkeıt] **A.** *vt* 1. határozatot/ítéletet hoz [vmely ügyben]; (el)dönt 2. megítél, odaítél; leüt [árverésen vknek] 3. *~ sy bankrupt* vagyonbukottnak nyilvánít vkt **B.** *vi* ítélkezik
adjudication [ədʒu:dı'keıʃn] *n* (bírói) ítélet, döntés; odaítélés; *~ order* csődnyitás; *~ of a claim* kárigény rendezése
adjudicator [ə'dʒu:dıkeıtə*] *n* 1. (döntő)bíró 2. zsüritag

adjunct ['ædʒʌŋkt] n 1. járulék, függelék, kiegészítés 2. segéd, társ 3. (nyelvtani) bővítmény
adjure [ə'dʒʊə*] vt ünnepélyesen felszólít, kér
adjust [ə'dʒʌst] vt 1. elintéz, rendbe hoz, rendez [ügyet stb.]; ~ an account számlát kiegyenlít 2. hozzáigazít; ~ oneself to new conditions alkalmazkodik az új viszonyokhoz 3. beigazít, beállít, beszabályoz; utánállít
adjustable [ə'dʒʌstəbl] a (be)állítható; beszabályozható, beigazítható
adjuster [ə'dʒʌstə*] n kárbecslő [biztosítóé]
adjusting [ə'dʒʌstɪŋ] a ~ screw (be)állítócsavar
adjustment [ə'dʒʌs(t)mənt] n 1. elintézés, (el)rendezés [ügyé]; kiegyenlítés [számláé]; ~ of a loss kárrendezés 2. beigazítás, beszabályozás; beállítás, behangolás
adjutant ['ædʒʊtənt] n 1. szárnysegéd, segédtiszt 2. ~ (bird) marabu, indiai gólya
ad lib [æd'lɪb] adv (= ad libitum) tetszés szerint, amennyi csak kell
ad-lib [æd'lɪb] vi/vt -bb- rögtönöz, bemondást szúr be, improvizál
ad-man n (pl -men) reklámügynök, hirdetési szakember
administer [əd'mɪnɪstə*] vt/vi 1. kormányoz, igazgat, intéz [ügyeket], adminisztrál 2. ~ to (1) vknek vmt nyújt/ad (2) hozzájárul vmhez; ~ medicine to sy orvosságot bead vknek
administration [ədmɪnɪ'streɪʃn] n 1. (köz)igazgatás, ügyintézés, adminisztráció; ~ of justice igazságszolgáltatás; letter of ~ hagyatéki gondnokot kirendelő okirat 2. US kormányzás: kormány(zat), kabinet; államapparátus 3. nyújtás; (be)adás [orvosságé stb.]
administrative [əd'mɪnɪstrətɪv; US -eɪt-] a közigazgatási, adminisztratív; ~ court közigazgatási bíróság
administrator [əd'mɪnɪstreɪtə*] n 1. ügyintéző, adminisztrátor 2. végrendeleti végrehajtó, gyám, (hagyatéki) gondnok
admirable ['ædm(ə)rəbl] a csodálatra méltó, nagyszerű, csodálatos

admiral ['ædm(ə)rəl] n tengernagy, admirális
admiralty ['ædm(ə)rəltɪ] n admiralitás, tengernagyi hivatal; GB the A~ tengerészeti minisztérium; GB First Lord of the A~ (hadi)tengerészetügyi miniszter
admiration [ædmə'reɪʃn] n csodálat, bámulás; be lost in ~ elmerül (vk/vm) csodálatában
admire [əd'maɪə*] vt (meg)bámul, (meg-)csodál; nagyra becsül
admirer [əd'maɪərə*] n bámuló, csodáló, hódoló, udvarló, imádó
admiring [əd'maɪərɪŋ] a csodáló
admiringly [əd'maɪərɪŋlɪ] adv elragadtatással, csodálattal
admissibility [ədmɪsə'bɪlətɪ] n megengedhetőség
admissible [əd'mɪsəbl] a elfogadható; megengedhető
admission [əd'mɪʃn] n 1. belépés; (belépési) engedély; beengedés, bebocsátás; felvétel [iskolába stb.]; (price of) ~ belépti díj, belépődíj; ~ free a belépés díjtalan 2. beismerés, elismerés; make full ~ mindent bevall; by/on his own ~ saját bevallása szerint
admit [əd'mɪt] A. vt -tt- 1. beenged, bebocsát; felvesz [iskolába, kórházba]; children not ~ted gyermekek számára belépni tilos; be ~ted felveszik; (theatre etc.) ~s 500 people (a színház stb.) befogadóképessége 500 fő 2. elismer; megenged; beismer, bevall; it must be ~ted that be kell látni, hogy; it is generally ~ted that ... általánosan elismert/elfogadott tény, hogy ... B. vi ~ of megenged, eltűr; it ~s of no excuse nincs rá mentség
admittance [əd'mɪt(ə)ns] n bemenet; beengedés; belépési engedély; bebocsátás; no ~ belépni tilos
admittedly [əd'mɪtɪdlɪ] adv kétségkívül; bevallottan
admix [əd'mɪks] vt összekever; hozzákever, belekever
admixture [əd'mɪkstʃə*] n 1. hozzáadás, -keverés 2. keverék, hozzákevert anyag, adalék(anyag)
admonish [əd'mɒnɪʃ; US -ɑ-] vt figyelmeztet, (meg)int, megdorgál

admonition [ædmə'nıʃn] n figyelmeztetés, (meg)intés, dorgálás
admonitory [əd'mɔnɪtərɪ; -'mɑnɪtɔ:rɪ] a figyelmeztető, intő
ado [ə'du:] n lárma, hűhó, felhajtás; much ~ about nothing sok hűhó semmiért; without much ~ minden teketória nélkül
adobe [ə'doʊbɪ] n vályog(tégla)
adolescence [ædə'lesns] n serdülőkor
adolescent [ædə'lesnt] I. a serdülő(korú) II. n serdülő, kamasz
Adolphus [ə'dɔlfəs; US -a-] prop Adolf
adopt [ə'dɔpt; US -a-] vt 1. örökbe fogad 2. magáévá tesz, elfogad; felvesz [nevet, szokást]; alkalmaz [módszert]; ~ a resolution határozatot hoz
adopted [ə'dɔptɪd; US -a-] a örökbe fogadott
adoption [ə'dɔpʃn; US -a-] n 1. örökbefogadás; the country of one's ~ második hazája 2. elfogadás
adoptive [ə'dɔptɪv; US -a-] a örökbe fogadó/fogadott
adorable [ə'dɔ:rəbl] a imádni való
adoration [ædə'reɪʃn] n imádás, imádat, rajongás, tisztelet
adore [ə'dɔ:*] vt imád; rajong (vkért, vmért)
adorn [ə'dɔ:n] vt díszít, ékesít
adornment [ə'dɔ:nmənt] n dísz(ítés), ék(esítés)
adrenal [ə'dri:nl] a ~ glands mellékvese
Adriatic [eɪdrɪ'ætɪk] a/n ~ (Sea) Adria(i-tenger)
adrift [ə'drɪft] adv szelek/hullámok játékának kitéve, hányódva; turn sy ~ vkt állásából/otthonából elkerget, sorsára bíz vkt
adroit [ə'drɔɪt] a ügyes
adroitness [ə'drɔɪtnɪs] n ügyesség
adsorption [æd'sɔ:pʃn] n felületi elnyelés, adszorpció, adszorbeálás
adulate ['ædjʊleɪt; US -dʒə-] vt hízeleg vknek
adulation [ædjʊ'leɪʃn; US -dʒə-] n hízelgés, nyalás
adult ['ædʌlt] a/n felnőtt; ~ education felnőttoktatás
adulterate [ə'dʌltəreɪt] vt (meg)hamisít; ~d wine vizezett/pancsolt bor

adulteration [ədʌltə'reɪʃn] n (meg)hamisítás [italé stb.]
adulterer [ə'dʌltərə*] n házasságtörő férfi
adulteress [ə'dʌltərɪs] n házasságtörő nő
adulterous [ə'dʌltərəs] a házasságtörő
adultery [ə'dʌltərɪ] n házasságtörés
adulthood ['ædʌlthʊd] n felnőttkor
adumbrate ['ædʌmbreɪt] vt 1. vázol, körvonalaz 2. sejtet, előreveti árnyékát (vm)
advance [əd'vɑ:ns; US -'væ-] I. n 1. (előre)haladás, előnyomulás; átv haladás, fejlődés, javulás; in ~ előre, előzetesen; előlegképpen; well in ~ jó előre; in ~ of sg vm előtt; make an ~ halad, előrejut; make ~s to sy közelíteni próbál vkhez; ~ in price áremelkedés 2. előleg, kölcsön 3. (jelzői haszn) előzetes; ~ booking helyfoglalás, előjegyzés [szállodai szobáé stb.]; ~ copy műszaki példány [megjelenés előtt álló könyvé]; ~ money/payment előleg, foglaló; ~ party előőrs, élcsapat II. A. vi 1. (átv is) halad, előrejut, előbbre jut, előnyomul; ~ in age öregszik; ~ against megtámad 2. előlép [rangban] 3. emelkedik [ár, költség] B. vt 1. előrehoz [határidőt] 2. elősegít, előmozdít; fellendít; előléptet (vkt) 3. előterjeszt [javaslatot], előad [véleményt] 4. előlegez, kölcsönad [pénzt] 5. (fel)emel [árakat]
advanced [əd'vɑ:nst; US -'væ-] a 1. haladó, progresszív 2. előrehaladott; fejlett; ~ in years öreg, koros; ~ country fejlett (iparral rendelkező) ország; an ~ course haladó tanfolyam, tanfolyam haladóknak; ~ mathematics felsőbb matematika; GB ~ level (= A level) ⟨egyetemi/főiskolai felvételre jogosító középiskolai képesítés, a General Certificate of Education legjobb minősítése⟩
advancement [əd'vɑ:nsmənt; US -'væn-] n 1. haladás, fejlődés; előlépés, előmenetel 2. előléptetés 3. előmozdítás; fellendítés
advantage [əd'vɑ:ntɪdʒ; US -'væn-] I. n 1. előny, fölény; have the ~ over sy előnyben/fölényben van vkvel szem-

ben; have/gain an ~ over sy előnyt szerez (v. előnyben van) vkvel szemben 2. nyereség, haszon; take ~ of sg kihasznál vmt, él vmnek a lehetőségével; take ~ of sy becsap/kihasznál vkt; turn sg to ~ hasznára/előnyére fordít vmt; to the best ~ legelőnyösebben; to my ~ javamra, előnyömre, hasznomra 3. [teniszben] ~ in/server előny az adogatónál; ~ out/striker előny a fogadónál II. vt 1. elősegít 2. hasznára válik (vm), hasznot hajt/hoz

advantageous [ædvən'teɪdʒəs] a előnyös, hasznot hajtó, hasznos

advent ['ædvənt] n 1. megérkezés, megjelenés, eljövetel 2. A~ advent

adventist ['ædvəntɪst] n adventista

adventitious [ædven'tɪʃəs] a véletlen, esetleges; mellékes, nem lényegi

adventure [əd'ventʃə*] I. n kaland, kockázat, merész vállalkozás II. vt/vi mer, megkísérel, (meg)kockáztat

adventurer [əd'ventʃərə*] n kalandor

adventuress [əd'ventʃərɪs] n kalandornő

adventurous [əd'ventʃərəs] a kalandos, merész, vakmerő

adverb ['ædvə:b] n határozószó

adverbial [əd'və:bjəl] a határozói

adversary ['ædvəsərɪ; US -serɪ] n ellenfél; ellenség

adverse ['ædvə:s] a ellenséges, ellentétes, ellenkező, ártalmas; kedvezőtlen [időjárás]; ~ party ellenfél

adversity [əd'və:sətɪ] n szerencsétlenség, csapás, hányattatás

advertise ['ædvətaɪz] vt/vi hirdet, hirdetést tesz közzé; reklámoz; ~ for sg hirdetés útján keres vmt

advertisement [əd'və:tɪsmənt; US ædvə-'taɪz-] n (újság)hirdetés, reklám

advertiser ['ædvətaɪzə*] n hirdető

advertising ['ædvətaɪzɪŋ] n hirdetés, reklámozás;~ agency hirdetőiroda

advice [əd'vaɪs] n 1. tanács; piece of ~ (jó) tanács; take sy's ~ megfogadja vk tanácsát; take legal ~ jogi tanácsot kér, ügyvédhez fordul; take medical ~ orvoshoz fordul 2. értesítés; ~ note, letter of ~ értesítőlevél, avizó, feladási értesítés; as per ~ értesítés szerint; ~s hírek, értesülések

advisability [ədvaɪzə'bɪlətɪ] n vmnek tanácsos volta, ajánlatosság

advisable [əd'vaɪzəbl] a ajánlatos, tanácsos, üdvös

advise [əd'vaɪz] A. vt 1. tanácsot ad (sy vknek), tanácsol, ajánl, javall 2. értesít, tájékoztat, tudósít (of vmről); as ~d mint már közöltük B. vi US tanácskozik (with vkvel)

advisedly [əd'vaɪzɪdlɪ] adv szándékosan, céltudatosan; alapos megfontolás alapján

adviser, US advisor is [əd'vaɪzə*] n tanácsadó

advisory [əd'vaɪzərɪ] a tanácsadó; ~ board tanácsadó testület, kuratórium

advocacy ['ædvəkəsɪ] n pártfogás, támogatás, képviselet [ügyé]

advocate I. n ['ædvəkət] 1. szószóló, védelmező, közbenjáró 2. sk (védő-) ügyvéd; the Faculty of A~s ügyvédi kar; Lord A~ Skócia főügyésze II. vt ['ædvəkeɪt] pártol, támogat, javasol

advt. advertisement

adz(e)[ædz] n (ács)bárd;fejsze; bodnárkés

Aegean [i:'dʒi:ən] a égei-tengeri; the ~ Sea az Égei-tenger

aegis ['i:dʒɪs] n védelem, védőszárny; under the ~ of ... égisze alatt

Aelfric ['ælfrɪk] prop

Aeneid ['i:nɪɪd; US ɪ'ni:ɪd] prop Aeneis

aeon ['i:ən] n mérhetetlen hosszú időegység, eón

aerate ['eɪəreɪt] vt 1. szellőztet, levegőztet 2. szénsavval telít/tölt; ~d water szódavíz

aeration [eɪə'reɪʃn] n 1. szellőztetés 2. szénsavval telítés

aerial ['eərɪəl] I. a 1. légi; ~ attack légitámadás; ~ farming repülőgépes művelés; ~ photograph légi felvétel; ~ railway/ropeway kötélpálya, légpálya 2. légies, fenséges II. n antenna

aerie ['eərɪ] n = eyrie

aero- ['eərou- v. 'eərə-] pref légi-, lég-; repülő-

aerobatics [eərou'bætɪks] n műrepülés

aerodrome ['eərədroum] n repülőtér, légi kikötő

aerodynamics [eəroudaɪ'næmɪks] n légerőtan, aerodinamika

aero-engine *n* repülőgépmotor
aeronaut ['eərənɔ:t] *n* léghajós, pilóta
aeronautic(al) [eərə'nɔ:tɪk(l)] *a* repülés-
(tan)i, légi, repülő-
aeronautics [eərə'nɔ:tɪks] *n* repüléstan
aeroplane ['eərəpleɪn] *n* repülőgép
aerosol ['eərouˈsɔl; *US* -al] *n* aeroszolos
palack
aerospace ['eərouspeɪs] *n* légitér (és vi-
lágűr)
aery ['eərɪ] *n* = *eyrie*
Aesop ['i:sɔp; *US* -ap] *prop* Aiszóposz
(*de:* Ezópus fabulái)
aesthete ['i:sθi:t; *US* 'es-] *n* esztéta
aesthetic(al) [i:s'θetɪk(l); *US* es-] *a* eszté-
tikus, ízléses, jó ízlésű, gusztusos
aesthetics [i:s'θetɪks; *US* es-] *n* esztétika
aestival [i:'staɪvl; *US* 'estɪvəl] *a* nyári
afar [ə'fɑ:*] *adv from* ~ messziről; ~
off messze
affable ['æfəbl] *a* nyájas, barátságos,
előzékeny; beszédes
affair [ə'feə*] *n* 1. ügy, eset, dolog 2. ~
of honour lovagias ügy 3. *have an* ~
with sy viszonya van vkvel ‖ →*state*
affect [ə'fekt] *vt* 1. hat, (ki)hatással van
(vmre); befolyásol; érint (vkt); *be* ~*ed*
by sg vm érint/elszomorít vkt, hatás-
sal van vm (vkre) 2. megtámad [egész-
séget]; *be* ~*ed* meg van támadva
[szerv] 3. színlel, tettet, megjátszik;
felvesz, ölt [alakot]
affectation [æfek'teɪʃn] *n* 1. színlelés,
tettetés 2. szenvelgés, affektálás, af-
fektáltság
affected [ə'fektɪd] *a* 1. mesterkélt, ér-
zelgős, affektált; modoros 2. színlelt,
tettetett 3. érintett, megtámadott
[szerv] 4. hajlandóságú, hajlamú
affecting [ə'fektɪŋ] *a* megindító
affection [ə'fekʃn] *n* szeretet, ragaszko-
dás, vonzalom; *have an* ~ *for sy* gyen-
géd érzelmeket táplál vk iránt, szeret
vkt; *gain/win sy's* ~/elnyeri vk szere-
tetét
affectionate [ə'fekʃnət] *a* szerető, gyengéd
affectionately [ə'fekʃnətlɪ] *adv Yours* ~
szeretettel (ölel) [levélbefejezés]
affiance [ə'faɪəns] *vt* eljegyez
affidavit [æfɪ'deɪvɪt] *n* eskü alatt tett
írásbeli nyilatkozat [közjegyző előtt]

affiliate [ə'fɪlɪeɪt] A. *vt* 1. egyesít, beol-
vaszt; tagként felvesz [társaságba]; *is*
~*d to/with* kapcsolatban van (vmvel),
egyesül (vmvel), beolvad (vmbe); ~*d*
company leányvállalat, fiókvállalat 2.
~ *a child upon sy* [apasági keresetben]
megállapítja, hogy ki a gyermek apja
B. *vi* ~ (*with*) barátkozik (vkvel), kap-
csolatban van (vkvel, vmvel); csatla-
kozik [helyi szervezet országoshoz]
affiliation [əfɪlɪ'eɪʃn] *n* 1. belépés [tár-
saságba], csatlakozás (vmhez); felvé-
tel [tagként] 2. beolvasztás [vállala-
laté] 3. kapcsolat; *US political* ~*s* po-
litikai kapcsolatok/hovatartozás 4. ~
order apaság megállapítása, gyermek-
tartásra kötelezés
affinity [ə'fɪnətɪ] *n* 1. rokonság, rokoni
viszony 2. vonzódás 3. [kémiai] affi-
nitás
affirm [ə'fə:m] *vt* (meg)erősít, helyben-
hagy, (határozottan) állít
affirmation [æfə'meɪʃn] *n* állítás, igen-
lés, megerősítés, jóváhagyás
affirmative [ə'fə:mətɪv] I. *a* megerősítő,
igenlő, állító II. *n* *answer in the* ~
igenlően válaszol
affix I. *n* ['æfɪks] rag, képző, toldalék
II. *vt* [ə'fɪks] 1. hozzáerősít, -ragaszt,
-fűz, rányom, hozzátesz; ~ *a seal to*
pecséttel ellát (vmt); ~ *one's signa-*
ture to (vmt) aláír; ~ *a stamp to* bélye-
get ragaszt (vmre) 2. ráfog (vkre vmt)
afflict [ə'flɪkt] *vt* kínoz [vkt betegség];
(le)sújt, szomorít [hír]
affliction [ə'flɪkʃn] *n* szenvedés, szeren-
csétlenség, csapás; nyomorúság; *the* ~*s*
of old age öregkori nyavalyák
affluence ['æfluəns] *n* bőség, gazdagság;
rise to ~ jómódba kerül, meggazdagszik
affluent ['æfluənt] I. *a* gazdag, bőséges;
the ~ *society* ⟨magas életszínvonalú és
luxuscikkekre is költeni tudó társada-
lom⟩ II. *n* mellékfolyó
afford [ə'fɔ:d] *vt* 1. módjában van, győzi
[költséggel], megteheti; *I căn't* ~ *it*
nem engedhetem meg magamnak!; *I*
can ~ *to wait* várhatok 2. ad, nyújt;
this ~*s me great pleasure* nagy öröm ez
számomra
afforest [ə'fɔrɪst] *vt* (be)erdősít

afforestation [əfɔrɪ'steɪʃn] n erdősítés, fásítás
affranchise [ə'fræntʃaɪz] vt felszabadít
affray [ə'freɪ] n csetepaté, zavargás
affricate ['æfrɪkət] n affrikáta
affront [ə'frʌnt] I. n sértés II. n sértés II. vt megsért, meggyaláz, megszégyenít
Afghan ['æfgæn] a/n afgán
Afghanistan [æf'gænɪstæn] prop Afganisztán
afield [ə'fi:ld] adv 1. mezőn, szabadban 2. távol (hazájától/otthonától); far ~ messze kinn; go (too) far ~ (nagyon) messzire elkalandozik
afire [ə'faɪə*] I. a égő, lángoló, lángban álló II. adv lángban, tűzben; set sg ~ felgyújt vmt
aflame [ə'fleɪm] a/adv = afire
AFL-CIO [eɪefel-si:aɪ'oʊ] American Federation of Labor — Congress of Industrial Organizations Amerikai Munkásszövetség — Ipari Szervezetek Kongresszusa
afloat [ə'floʊt] adv 1. vízen, tengeren; be ~ úszik, lebeg, hajón/tengeren van/utazik; keep ~ nem merül el, fenntartja magát; serve ~ tengerészetnél szolgál; set/get a ship ~ hajót (zátonyról) leszabadít; get sg ~ [folyóiratot, üzleti vállalkozást stb.] beindít, elindít 2. forgalomban, elterjedve; there is a story ~ azt mesélik
afoot [ə'fʊt] I. a gyalogos II. adv 1. mozgásban, folyamatban; there's a plan ~ tervbe vették (, hogy), azt tervezik(, hogy); there's sg ~ vm van készülőben, vm készül(ődik) 2. † gyalog(osan)
afore [ə'fɔ:*] adv/prep előtt
aforementioned a = aforesaid
aforesaid a fent említett; as ~ mint fentebb említettük
aforethought a előre megfontolt
afoul [ə'faʊl] adv fall/run ~ of sy nekitámad vknek
afraid [ə'freɪd] a be ~ of fél (vmtől, vktől); be ~ that... (attól) fél, hogy...; don't be ~! ne félj!; be ~ to do (v. of doing) sg fél (v. nem mer) vmt (meg)tenni; biz I'm ~ (sajnos) attól tartok, hogy; sajnos, félek...

afresh [ə'freʃ] adv újra, elölről
Africa ['æfrɪkə] prop Afrika
African ['æfrɪkən] a/n afrikai
Afrikaans [æfrɪ'kɑ:ns] n afrikaans
Afro-Asian [æfroʊ-] a afroázsiai
aft [ɑ:ft; US æ-] adv (hajó) vége felé, hátul, hajófaron
after ['ɑ:ftə*; US 'æ-] I. a hát(ul)só, utó-, far-; in ~ years később, a jövőben II. adv/prep 1. után, azután; utána; mögött; ~ dinner ebéd/vacsora után; ~ hours munkaidő után; ~ all végül is, mindennek ellenére, különben is, mégis(csak), elvégre; soon ~ rövidesen azután, rövviddel ... után; long ~ jóval utána; for months ~ azután hónapokig; years ~ évekkel azután; US half ~ six fél hét; ~ you! csak Ön után! 2. szerint; [műalkotásról:] ... modorában; ~ a manner egy bizonyos fokig, elég rosszul III. conj miután; ~ all is said and done végül is
after-ages n pl utókor
afterbirth n méhlepény
after-care n utógondozás, utókezelés; ⟨szociális gondoskodás büntetőintézetből kibocsátott egyénről⟩
aftercrop n sarjú
after-days n pl jövendő
after-deck n hátsó fedélzet
after-effect n utóhatás
afterglow n 1. alkonypír 2. utánizzás
after-growth n sarjú
after-life n 1. a későbbi évek; utóélet 2. túlvilág
aftermath ['ɑ:ftəmæθ; US 'æf-] n 1. sarjú 2. következmény, utóhatás
aftermost a leghátulevő, leghátulsó
afternoon I. a délutáni II. n délután; in/ during the ~ délután, a délután folyamán
after-pains n pl (szülési) utófájások
after-taste n utóíz
afterthought n utógondolat
afterwards ['ɑ:ftəwədz; US 'æ-] adv utóbb, később, azután
again [ə'gen] adv újból, újra, megint, ismét; never ~ soha többé; time and ~, ~ and ~ ismételten, újra meg újra; as much/many ~ még egyszer annyi, kétszer annyi; now and ~ hébehóba,

néha(napján), olykor; *but then* ~ *it costs more* viszont többe kerül
against [ə'genst] *prep* ellen; szemben; ellenére; neki-; ~ *a white background* fehér háttér előtt; *as* ~ szemben (vmvel); ~ *a receipt* nyugta ellenében; *exchange it* ~ *eggs* tojásért elcserél; *place the ladder* ~ *the wall* támaszd a létrát a falnak; ~ *his coming* érkezésére készülve
agape [ə'geɪp] *adv* tátott szájjal
agate ['ægət] *n* achát
Agatha ['ægəθə] *prop* Agáta, Ágota
age [eɪdʒ] I. *n* 1. (élet)kor; ~ *limit* korhatár; *what* ~ *are you?*, *what's your* ~? hány éves (vagy)?; *I am twenty years of* ~ 20 éves vagyok; *at the* ~ *of 16* 16 éves kor(á)ban; *full* ~ nagykorú(ság), a törvényes kor; *of full* ~ nagykorú; *come of* ~ nagykorú lesz; *tall for his* ~ korához képest nagy; *they are of an* ~ egykorúak; *I have a daughter your* ~ van egy veled egyidős lányom; *he is of an* ~ *(to/when . . .)* abban a korban van (, hogy. . ./amikor . . .); □ *be your* ~! legyen eszed! 2. kor(szak), emberöltő, generáció; *in our* ~ korunkban; *biz I haven't seen you for* ~*s* ezer éve nem láttalak II. A. *vi* öregszik B. *vt* öregít
aged *a* 1. ['eɪdʒɪd] koros, idős 2. [eɪdʒd] (-)éves, -korú; *kora . . .*; ~ *17* 17 éves
age-group *n* korosztály; évjárat, korcsoport
ageing ['eɪdʒɪŋ] I. *a* öregedő II. *n* öregedés
ageless ['eɪdʒlɪs] *a* időtlen, kortalan; örökifjú; örökkévaló
age-long *a* évszázados
agency ['eɪdʒ(ə)nsɪ] *n* 1. ügynökség; képviselet; iroda 2. tevékenység, működés, hatóerő 3. közbenjárás; *by/through the* ~ *of* segítségével, közreműködésével
agenda [ə'dʒendə] *n* teendők jegyzéke; napirend; *items on the* ~ napirendi pontok
agent ['eɪdʒ(ə)nt] *n* 1. ügynök, képviselő, közvetítő 2. tényező, természeti erő 3. közeg, (ható)anyag; *chemical* ~ vegyi reagens

age-old *a* ősrégi
agglomerate I. *a* [ə'glɒmərət; *US* -ɑ-] felhalmozott, összesült, agglomerált II. *n* [ə'glɒmərət; *US* -ɑ-] breccsa, agglomerátum III. *v* [ə'glɒməreɪt; *US* -ɑ-] A. *vt* felhalmoz, összeragaszt B. *vi* felhalmozódik, összeragad, összeáll
agglomeration [əglɒmə'reɪʃn; *US* -ɑ-] *n* halmaz(at), felhalmozódás, összesülés, összeragadás, agglomeráció
agglutinate [ə'glu:tɪneɪt] A. *vt* 1. öszszeragaszt 2. összeilleszt B. *vi* összeragad
agglutination [əglu:tɪ'neɪʃn] *n* agglutináció
agglutinative [ə'glu:tɪnətɪv; *US* -eɪt-] *a* agglutináló, ragozó [nyelv]
aggrandizement [ə'grændɪzmənt] *n* gazdagodás, hatalmasabbá válás; *he does it all for his own* ~ mindezt azért teszi, hogy a saját jelentőségét/súlyát/hatalmát növelje (v. előtérbe helyezze)
aggravate ['ægrəveɪt] *vt* 1. súlyosbít; *aggravating circumstances* súlyosbító körülmények 2. *biz* bosszant, idegesít
aggravation [ægrə'veɪʃn] *n* 1. súlyosbítás, szigorítás 2. *biz* (fel)bosszantás
aggregate I. *a* ['ægrɪgət] összes, globális II. *n* ['ægrɪgət] 1. összeg; *in the* ~ az egész együttvéve, összesen, globálisan 2. adalékanyag, aggregátum III. *v* ['ægrɪgeɪt] A. *vt* összetömörít, csoportosít, összegyűjt, -állít, -köt; felhalmoz B. *vi* 1. csoportosul, összeáll, -gyűlik, felhalmozódik 2. (számszerűleg) kitesz, (vmlyen összegre) rúg
aggregation [ægrɪ'geɪʃn] *n* 1. felhalmozás 2. (fel)halmozódás, halmaz, tömeg, együttes; egyesülés
aggression [ə'greʃn] *n* támadás, agresszió
aggressive [ə'gresɪv] *a* támadó, veszekedő(s), agresszív
aggressor [ə'gresə*] *n* támadó (fél), agresszor; *the* ~ *nation* a támadó nemzet, az agresszor
aggrieve [ə'gri:v] *vt* bosszant, jogaiban sért; *be/feel* ~*d* megsértődik, megbántva érzi magát (*at/over sg* vm miatt)

aghast [ə'gɑ:st; US -æ-] a megdöbbent, megrémült

agile ['ædʒaɪl; US 'ædʒ(ə)l] a fürge, gyors, agilis

agility [ə'dʒɪlətɪ] n fürgeség, gyorsaság, agilitás

Agincourt ['ædʒɪnkɔ:t] prop

aging ['eɪdʒɪŋ] a/n = ageing

agitate ['ædʒɪteɪt] A. vt 1. (meg)mozgat 2. (fel)kever, felráz 3. átv felkavar, -zavar, -izgat, nyugtalanságot szít B. vi ~ for agitál (vm mellett)

agitated ['ædʒɪteɪtɪd] a izgatott, zavaros

agitation [ædʒɪ'teɪʃn] n 1. (fel)keverés, (fel)rázás; felkavarodás; mozgás 2. izgatás, nyugtalanítás 3. izgalom, nyugtalanság 4. agitáció

agitator ['ædʒɪteɪtə*] n 1. izgató, lázító; agitátor 2. keverő(gép)

agit-prop ['ædʒɪtprɔp] a agitprop(-)

aglow [ə'gloʊ] I. a lángoló, sugárzó, tündöklő II. adv izzóan, lángolóan, kipirulva

Agnes ['ægnɪs] prop Ágnes

agnostic [æg'nɔstɪk; US -ɑ-] a/n agnosztikus

agnosticism [æg'nɔstɪsɪzm; US -ɑ-] n agnoszticizmus

ago [ə'goʊ] a/adv [egy bizonyos idő] előtt; ezelőtt; a few minutes ~ néhány perce, néhány perccel ezelőtt; a year ~ tavaly; long ~ régen

agog [ə'gɔg] a/adv izgatott(an), (örömteli/kíváncsi) várakozásban; be all ~ to . . . izgatottan/alig várja, hogy . . .

agonize ['ægənaɪz] A. vi kínlódik, gyötrődik B. vt kínoz, gyötör

agonized ['ægənaɪzd]a megkínzott; aggodalmas, kétségbeesett; velőtrázó [sikoly]

agonizing ['ægənaɪzɪŋ] a gyötrelmes, fájdalmat okozó

agony ['ægənɪ] n 1. nagy fájdalom, lelki gyötrelem, gyötrődés; suffer agonies pokolian szenved, kínlódik; ~ column ⟨újság apróhirdetéseinek személyi és jótékonysági rovata⟩ 2. haláltusa, agónia

agrarian [ə'greərɪən] I. a 1. mezőgazdasági, agrár 2. földbirtokügyi II. n földreformpárti

agree [ə'gri:] A. vi 1. egyetért (with vmvel), beleegyezik (to vmbe), hozzájárul (to vmhez); I ~ that . . . egyetértek abban, hogy . . .; let us ~ to differ maradjunk annyiban, hogy nem egyezik véleményünk (de ne vitatkozzunk tovább) 2. megegyezik, megállapodik, egyezséget köt (with vkvel, on, about, as to vmben, vmt illetően); we (all) ~d to . . . , we are (all) ~d on/that . . . megegyeztünk/megállapodtunk abban(, hogy . . .); that is ~d ebben megegyeztünk!, helyes!, ez áll!; this was ~d upon ebben megegyeztünk/megállapodtunk; they~d on the terms megegyeztek a feltételeket illetően; have you ~d about the prices? megállapodtak-e az árakban?; as ~d (upon) megállapodás szerint; unless otherwise ~d más értelmű megállapodás híján 3. egyezik, egyező, összhangban áll (with vmvel); megfelel (with vmnek); wine does not ~ with me nem tesz jót nekem a bor, nem bírja a bort a gyomrom; the verb ~s with its subject in number az állítmány egyezik az alannyal számban 4. egyetért, kijön (vkvel); they ~ together kijönnek egymással B. vt egyeztet [számlákat stb.]

agreeable [ə'grɪəbl] a 1. kellemes, szeretetre méltó 2. be ~ to sg hozzájárul vmhez, beleegyezik vmbe; I am ~ hajlandó vagyok, belemegyek

agreeably [ə'grɪəblɪ] adv kellemesen

agreed [ə'gri:d] a kölcsönösen megállapított/megállapodott, megegyezés szerinti, megbeszélt; it is an ~ thing ebben megegyeztek, ebben nincs véleménykülönbség

agreement [ə'gri:mənt] n 1. megállapodás, megegyezés; egyezmény, egyezség; szerződés; come to (v. arrive at) an ~ with sy egyezséget köt vkvel, megegyezik/megállapodik vkvel; conclude (v. enter into) an ~ szerződést/megállapodást köt vkvel 2. egyetértés

agricultural [ægrɪ'kʌltʃ(ə)rəl] a mezőgazdasági; ~ college mezőgazdasági akadémia

agriculture ['ægrɪkʌltʃə*] n 1. földmű-

velés, mezőgazdaság, gazdálkodás 2.
mezőgazdaságtan
agriculturist [ægrɪ'kʌltʃərɪst] *n* mező-
gazda, agronómus
agronomic(al) [ægrə'nɔmɪk(l); *US* -a-]
a agronómiai, mezőgazdaságtani
agronomics [ægrə'nɔmɪks; *US* -a-] *n* =
= *agronomy*
agronomist [ə'grɔnəmɪst; *US*-a-] *n* mező-
gazdasági szakember, agronómus
agronomy [ə'grɔnəmɪ; *US* -a-] *n* mező-
gazdaságtan, agronómia
aground [ə'graʊnd] *adv* zátonyon; *run* ~
zátonyra fut
ague ['eɪgjuː] *n* mocsárláz, malária; *fit*
of ~ hidegrázás, lázroham
ah [aː] *int* ó!, óh!
aha [aː'haː] *int* na ugye!
ahead [ə'hed] *adv* előre, előbbre; elöl;
tovább; '~ *only*' kötelező haladási
irány [KRESZ-ben]; ~ *of sy* vk
előtt/elé; *sg lies* ~ *of sy* vm vár rá (a
jövőben); ~ *of schedule* határidő előtt;
be ~ *of time* (1) idő előtt érkezik (2)
siet [óra]
ahem [m'mm; ə'hm] *int* hmm!
ahoy [ə'hɔɪ] *int* vigyázz!, hopp!; *boat*
~! hé hajós!; *all hands* ~! mindenki a
fedélzetre!
aid [eɪd] I. *n* 1. segítség, segély; ~
station (műszaki) segélyhely; *come to*
sy's ~ vk segítségére siet; *in* ~ *of sg*
vmnek támogatására 2. segédeszköz 3
segéderő, segítőtárs II. *vt* (meg)segít;
támogat; segédkezik; elősegít, előmoz-
dít
aide-de-camp [eɪddə'kɔːŋ; *US*-'kæmp] *n*
(*pl* **aides-de-camp** eɪdzdə'kɔːŋ, *US*
'eɪdzdə'kæmp) szárnysegéd
aid-post *n* (orvosi) segélyhely [katonai]
aigrette ['eɪgret] *n* 1. kócsag 2. tolldísz,
kócsagforgó
ail [eɪl] A. *vt* bánt; *what* ~*s you?* mi
bajod van?, mi fáj? B. *vi* betegeske-
dik, gyengélkedik
aileron ['eɪlərɔn; *US* -an] *n* csűrőlap
[repülőgépen]
ailing ['eɪlɪŋ] *a* fájó, beteg
ailment ['eɪlmənt] *n* betegség, gyengél-
kedés
m [eɪm] I. *n* 1. cél; célzás; *take* ~ cé-

loz; *take* ~ *at sy* megcéloz vkt, célba
vesz vkt; *miss* ~ célt téveszt 2. cél-
(kitűzés), szándék II. *vt/vi* 1. (meg-)
céloz, célba vesz (*at* vkt, vmt); ráirá-
nyít (*at* vmre); irányoz; ~ *sg at sy* vkt
vmvel megcéloz; ~ *a gun at sy* puskát
fog vkre; *be* ~*ed at* (vkre/vme) irányul
2. ~ *at doing sg*, *US* ~ *to do sg* szándé-
kozik/igyekszik/törekszik vmt meg-
tenni; *what are you* ~*ing at?* mire cé-
loz?, hova akar kilyukadni?; ~ *high*
nagyra tör
aimless ['eɪmlɪs] *a* céltalan
ain't [eɪnt] *biz* = *am not, is not, are*
not, have not ‖ →*be, have*
air [eə*] I. *n* 1. levegő, lég; *by* ~ repülő-
gépen, repülővel; *take the* ~ sétál,
levegőzik; *it's in the* ~ (1) hírlik (2)
levegőben lóg, alaptalan; *be on the* ~
a rádióban szerepel; *go off the* ~
„elmegy" [rádióállomás]; *tread on* ~
boldog izgalomban ég; *dissolve into*
thin ~ füstbe megy, semmivé válik
2. (*különféle összetételekben:*) ~ *cooling*
léghűtés; ~ *cover* légi fedezet/biztosí-
tás; ~ *filter* légszűrő(betét); ~ *force*
légierő; *the Royal A*~ *Force* a (brit)
királyi légierő; ~ *hostess* légi utas-
kísérő, stewardess; ~ *letter* (önborité-
koló) légipostai levél; *A*~ *Ministry*
légügyi minisztérium; ~ *passenger*
légi utas; ~ *raid* légitámadás →*air-*
-raid; ~ *rifle* légpuska; ~ *sleeve*
szélzsák; ~ *space* légtér; ~ *terminal*
városi iroda [légitársaságé]; ~ *ticket*
repülőjegy; ~ *transport* légi szállítás/
közlekedés 3. arckifejezés, viselke-
dés; *give oneself* ~*s*, *put on* ~*s*, *take* ~*s*
adja az előkelőt, megjátssza magát
4. *US* □ *hot* ~ üres duma 5. dal(lam),
ária II. *vt* 1. szellőztet, szárít 2. ki-
mond, fitogtat
air-attack *n* légitámadás
air-balloon *n* [játék] léggömb
air-base *n* légi támaszpont
air-bed *n* (felfújható) gumimatrac
air-bladder *n* úszóhólyag [halé]
airborne *a* 1. légi úton szállított 2.
levegőben [repülés közben]; *become* ~
felszáll 3. légi deszant, ejtőernyős
[csapat]

air-brake *n* légfék
airbrush *n* festékszóró/dukkózó pisztoly
airbus *n* légibusz
air-conditioned *a* légkondicionált, klimatizált
air-conditioning [-kən'dɪʃ(ə)nɪŋ] I. *a*
~ *equipment* klímaberendezés II. *n*
légkondicionálás, klimatizálás
air-cooled [-ku:ld] *a* léghűtéses
aircraft *n* (*pl* ~) repülőgép; ~ *carrier*
repülőgép-anyahajó
aircraft(s)man ['eəkrɑ:ft(s)mən] *n* (*pl*
-men -mən) *GB* (fedélzeti) repülőtisztes
air-crew *n* repülőszemélyzet
air-cushion *n* felfújható párna, légpárna
airdrop *n* ejtőernyővel ledobott utánpótlás
air-duct *n* levegőjárat, szellőzőcső
Airedale ['eədeɪl] *n* Airedale-terrier
airer ['eərə*] *n* ruhaszárító keret
airfield *n* repülőtér
air-fight *n* légiharc
air-flow *n* levegőáramlás
airfoil *n* szárnyszelvény [repgépé]
airgun *n* légpuska
air-hole *n* 1. szelelőlyuk, légakna 2.
be nem fagyott terület [jégmezőn]
3. buborék [öntvényen]
airily ['eərəlɪ] *adv* könnyedén, fölényesen, fesztelenül
airiness ['eərɪnɪs] *n* 1. levegősség 2.
könnyedség; fesztelenség
airing ['eərɪŋ] *n* 1. szellőztetés 2. levegőzés; *go for an* ~ sétál egyet, kimegy egy kicsit levegőzni
airless ['eəlɪs] *a* 1. levegőtlen, szellőzetlen 2. nyugodt, csendes [este]
air-lift *n* légihíd
airline *n* 1. repülőjárat, légi útvonal
2. légitársaság; ~ *office* városi iroda
[légitársaságé]
airliner *n* utasszállító repülőgép, utasgép
airlock *n* 1. légkamra, légzsilip, légzsák
2. légbuborék [csőben]
airmail *n* légiposta; *by/via* ~ légipostával; ~ *edition* légipostai kiadás
airman ['eəmən] *n* (*pl* -men -men)
repülő, pilóta
air-minded *a* repülést kedvelő
airplane *n* *US* repülőgép

air-pocket *n* légűr, légtölcsér
airport *n* légi kikötő, repülőtér; ~ *bus*
repülőtéri autóbusz; ~ *fee/tax* repülőtéri illeték
air-pump *n* légszivattyú
air-raid ['eəreɪd] *a* ~ *alarm* légiriadó;
~ *precautions* polgári védelem, [korábban:] légoltalom, légó || →*air I. 2.*
air-route ['eəru:t] *n* légi útvonal
airscrew *n* légcsavar, propeller
air-shaft *n* szelelőakna, szellőzőakna,
légakna
airship *n* léghajó
air-sick *a* légibeteg
air-sickness *n* légibetegség
airstrip *n* (szükség-)felszállópálya, kifutópálya
airtight *a* légmentes(en záródó)
air-to-air *a* levegő-levegő [rakéta]
air-to-ground *a* levegő-föld [rakéta]
airway *n* légi útvonal; ~*s* légitársaság
airwoman *n* (*pl* -women -wɪmɪn) pilótanő, repülőnő
airworthy *a* repülésre alkalmas [gép],
repülőképes
airy ['eərɪ] *a* 1. levegős, szellős 2.
légies 3. könnyed; fesztelen 4. komolytalan [ígérgetés]
aisle [aɪl] *n* 1. oldalhajó [templomé]
2. *US* folyosó [padsorok közt, vonaton stb.]
aitch [eɪtʃ] *n* ⟨a *h* hang angol neve⟩;
drop one's ~*es* nem ejti ki a *h* hangot
(vagy rossz helyen ejti ki s ezzel
elárulja műveletlenségét), kb. suk-sük
nyelven beszél
aitch-bone *n* csípőcsont, marhafartő
ajar [ə'dʒɑ:*] I. *a* félig nyitott II. *adv*
félig nyitva
akimbo [ə'kɪmbou] *adv* *with arms* ~
csípőre tett kézzel
akin [ə'kɪn] *a* rokon (jellegű), hasonló
(*to* vmhez)
Al [æl] *prop* ⟨*Allan* becézett alakja⟩
Ala. *Alabama*
Alabama [ælə'bæmə] *prop*
alabaster ['æləbɑ:stə*; *US* -bæ-] *n/a*
alabástrom
à la carte [ɑ:lɑ:'kɑ:t] *adv* étlap szerint
alack [ə'læk] *int* † óh jaj!
alacrity [ə'lækrətɪ] *n* fürgeség

à la mode [ɑ:lɑ:'moud] adv/a 1. a legutolsó divat szerint(i) 2. fagylalttal (körített)
Alan ['ælən] prop ⟨angol férfinév⟩
alarm [ə'lɑ:m] I. n 1. riadó, vészjel; sound the ~ vészjelet ad 2. riasztóberendezés 3. riadalom, aggodalom, ijedtség; false ~ vaklárma; take ~ at... megrémül vmitől II. vt (fel)riaszt, megijeszt; be ~ed at... aggódik/megrémül vm miatt
alarm-bell n vészcsengő
alarm-clock n ébresztőóra
alarming [ə'lɑ:mɪŋ] a riasztó, aggasztó
alarmist [ə'lɑ:mɪst] n rémlátó
alarm-signal n vészjel
alas [ə'læs] int ó jaj !, sajna !, fájdalom !, haj !
Alas. Alaska
Alaska [ə'læskə] prop Alaszka
alb [ælb] n karing, miseing
Albania [æl'beɪnjə] prop Albánia
Albanian [æl'beɪnjən] a/n albán
Albany [GB, US 'ɔ:lbənɪ; Ausztráliában: 'æl-] prop
albatross ['ælbətrɔs] n albatrosz, viharmadár
albeit [ɔ:l'bi:ɪt] conj habár, noha
Albert ['ælbət] prop Albert; ~ Hall ⟨nagy hangversenyterem Londonban⟩
albino [æl'bi:nou; US -baɪ-] n albínó
Albion ['ælbjən] prop Albion [Anglia költői neve]
album ['ælbəm] n 1. album 2. nagylemez
albumen ['ælbjumɪn] n 1. (tojás)fehérje 2. = albumin
albumin ['ælbjumɪn] n albumin, fehérje
alchemist ['ælkɪmɪst] n aranycsináló, alkimista
alchemy ['ælkɪmɪ] n aranycsinálás, alkímia
alcohol ['ælkəhɔl; US -ɔ:l] n alkohol; szeszes ital; ~ content szesztartalom
alcoholic [ælkə'hɔlɪk; US -'hɔ:-] I. a szeszes; ~ drink szeszes ital II. n alkoholista
alcoholism ['ælkəhɔlɪzm; US -hɔ:-] n iszákosság, alkoholizmus
alcove ['ælkouv] n hálófülke, alkóv
alder ['ɔ:ldə*] n éger(fa)

alderman ['ɔ:ldəmən] n (pl -men -mən) városatya, tanácsnok
Aldwych ['ɔ:ldwɪtʃ] prop
ale [eɪl] n világos sör
Alec(k) ['ælɪk] prop = Alex
ale-house n † ko(r)csma
alert [ə'lə:t] I. a éber, óvatos II. n riadó(készültség); légiriadó; on the ~ készenlétben, ugrásra készen III. vt riadókészültséget rendel, (fel)riaszt
alertness [ə'lə:tnɪs] n éberség
Alex ['ælɪks] prop Sanyi
Alexander [ælɪg'zɑ:ndə*; US -'zæ-] prop Sándor
Alexandrine [ælɪg'zændraɪn] n alexandrinus [versforma], sándorvers
alfalfa [æl'fælfə] n lucerna
Alfonso [æl'fɔnzou] prop Alfonz
Alfred ['ælfrɪd] prop Alfréd
alfresco [æl'freskou] I. a szabadban történő II. adv (kinn a) szabadban
alga ['ælgə] n (pl ~e -dʒi:) alga, moszat
algebra ['ældʒɪbrə] n algebra
algebraic(al) [ældʒɪ'breɪk(l)] a algebrai
algebraically [ældʒɪ'breɪkəlɪ] adv algebrailag, algebrikusan
Algeria [æl'dʒɪərɪə] prop Algéria
Algerian [æl'dʒɪərɪən] a/n algériai
Algernon ['ældʒənən] prop ⟨angol férfinév⟩
Algiers [æl'dʒɪəz] prop Algír
algorithm ['ælgərɪðm] n algoritmus
alias ['eɪlɪæs] I. adv más néven II. n álnév
alibi ['ælɪbaɪ] n máshollét, alibi; biz kifogás; establish/prove an ~ alibit igazol
Alice ['ælɪs] prop Aliz
alien ['eɪlɪən] a/n idegen, külföldi; be ~ to sg vmvel ellenkezik
alienable ['eɪlɪənəbl] a elidegeníthető
alienate ['eɪlɪəneɪt] vt elidegenít
alienation [eɪlɪə'neɪʃn] n 1. elidegenítés; declaration of ~ állampolgárságról lemondás 2. elidegenülés, elidegenedés 3. mental ~ elmebaj
alienist ['eɪlɪənɪst] n 1. elmeorvos 2. US [bírósági] elmeszakértő
alight¹ [ə'laɪt] a égő; catch ~ lángra kap/lobban; set sg ~ vmt felgyújt
alight² [ə'laɪt] vi leszáll (from vmről);

~ *on* sg rászáll vmre; ~ *(up)on* sg vmre ráakad/rátalál

align [ə'laɪn] **A.** *vt* (fel)sorakoztat, sorba állít, egyenesbe hoz **B.** *vi* (fel)sorakozik, sorba áll; ~ *(oneself) with* igazodik/csatlakozik vmhez/vkhez

alignment [ə'laɪnmənt] *n* sorbaáll(ít)ás, felsorakoztatás; csoportosulás, csoportosítás (vmlyen elv szerint); *in* ~ egy sorban (vmvel)

alike [ə'laɪk] **I.** *a* hasonló, egyforma **II.** *adv* egyformán, hasonlóan, ugyanúgy, egyaránt

alimentary [ælɪ'mentərɪ; *US* -terɪ] *a* tápláló; ~ *canal* emésztőcsatorna

alimony ['ælɪmənɪ; *US* -moʊ-] *n* tartásdíj [elvált asszonyé]

aliquot ['ælɪkwɔt] *a* maradék nélkül osztható; ~ *part* aliquot rész

alive [ə'laɪv] *a* **1.** élő, életben (levő); eleven, élénk; *very much* ~ életerős, tevékeny; *keep* ~ ébren tart [érdeklődést]; *look* ~! siess!, mozogj!; *be* ~ *with* sg nyüzsög vmtől; *man* ~! te jó Isten! **2.** *be* ~ *to* sg tudatában van vmnek

alkali ['ælkəlaɪ] *n* alkáli(a), lúg

alkaline ['ælkəlaɪn] *a* alkalikus, lúgos

all [ɔ:l] **I.** *a/pron* egész, összes, mind, minden(féle), valamennyi, mindegyik — **1.** ~ *dogs are animals* minden kutya állat; ~ *five men* mind az öt ember; *he has lived* ~ *his life in Budapest* egész életében Budapesten élt; ~ *the boys* az összes fiú; *with* ~ *speed* teljes sebességgel; ~ *of us* mindannyian, (mi) mindnyájan; *A*~ *Fools' Day* április elseje; *A*~ *Hallows'/Saints' Day* mindenszentek napja (nov. 1.); *A*~ *Souls' Day* halottak napja (nov. 2.) **2.** ~ *whom I met* akivel csak találkoztam; ~ *about Jim* minden(t), ami Jimre vonatkozik; *it was* ~ *he could do* ez volt minden amit tehetett; *that's* ~ *(there is to it)* ennyi az egész, ez a helyzet, ez van; *biz not* ~ *that dear* nem is olyan drága; *it's not so difficult as* ~ *that* nem (is) olyan nehéz; ~ *but* majdnem, csaknem, kivéve; *when* ~ *is said (and done)* egyszóval, mindent összegezve; *and* ~

meg minden; ~ *in* ~ mindent összevéve/egybevetve; *in* ~ összesen **3.** *at* ~ egyáltalá(ba)n; *not at* ~ (1) egyáltalá(ba)n nem (2) [vmt megköszönve] szívesen, szót sem érdemel; *for* ~ *I know* már amennyire tudom; *for* ~ *that* annak ellenére (hogy) **4.** *(we are) five* ~ 5:5-re állunk; *fifteen* ~ 15 egyenlő/mind [teniszben] **II.** *adv* egészen, teljesen; összesen, valamennyien — **1.** ~ *alone* teljesen egyedül; *I'm* ~ *ears* csupa fül vagyok **2.** *biz I am* ~ *for it* teljes mértékben helyeslem, „benne vagyok"; *biz he is* ~ *in* ki van (merülve); *biz* ~ *out* minden erejét igénybe véve, teljes erőbedobással; *go* ~ *out for* sg szívvel-lélekkel küzd vmért, minden erejével azon van, hogy . . . →*all-out;* ~ *over the house* szerte az egész házban, a házban mindenütt; *he is English* ~ *over* minden ízében angol; *that's John* ~ *over* (1) jellemző Jánosra! (2) János most is csak olyan, mint máskor; *it's* ~ *over* már befejeződött/elmúlt, vége (van); *it's* ~ *over/up with him* neki már teljesen vége/befellegzett, „kész" van; *biz he is* ~ *there* feszülten figyel, ott van az esze; *biz he is not* ~ *there* hiányzik egy kereke, kicsit ütődött **3.** ~ *the better* annál jobb; ~ *the same* (1) mindegy (2) mégis, ennek ellenére **III.** *n* az egész, az összes, minden, mindaz (ami); *the A*~ a világmindenség; *my* ~ mindenem; *I will do my* ~ minden tőlem telhetőt megteszek; *lose one's little* ~ egész kis vagyonkáját elveszti

Allah ['æle] *prop* Allah

all-American *a* **1.** egész Amerikát képviselő; *an* ~ *team* amerikai nemzeti válogatott **2.** teljesen/mindenestől amerikai [összeállítású, anyagú]

Allan ['ælən] *prop* ⟨angol férfinév⟩

allay [ə'leɪ] *vt* csillapít, enyhít

all-clear *a* ~ *signal* „légiriadó elmúlt" jelzés

all-day *a* egész napos

allegation [ælɪ'geɪʃn] *n* állítás; *false* ~ valótlan állítás, ürügy

allege [ə'ledʒ] vt 1. állít 2. felhoz [példát stb.]
alleged [ə'ledʒd] a állítólagos
allegedly [ə'ledʒɪdlɪ] adv állítólag
Alleghany ['ælɪgeɪnɪ] prop
allegiance [ə'li:dʒəns] n állampolgári hűség/kötelezettség; oath of ~ állampolgári eskü
allegorical [ælɪ'gɔrɪkl; US -'gɔ:-] a jelképes, képletes, allegorikus
allegory ['ælɪgərɪ; US -gɔ:-] n allegória
allergic [ə'lə:dʒɪk] a allergiás (to vmre, átv is)
allergy ['ælədʒɪ] n allergia
alleviate [ə'li:vɪeɪt] vt enyhít, csillapít, könnyít
alleviation [əli:vɪ'eɪʃn] n enyhítés, könynyítés, csillapítás
alley ['ælɪ] n 1. sikátor, köz; right up his ~ éppen az ő utcájában, ez éppen neki való dolog 2. fasor 3. tekepálya
alley-way n = alley 1.
alliance [ə'laɪəns] n szövetség; enter into an ~ with sy szövetségre lép vkvel
allied ['ælaɪd] a szövetséges; the A~ Powers a szövetséges hatalmak ‖ →ally II.
allies ['ælaɪz] →ally I.
alligator ['ælɪgeɪtə*] n alligátor
all-important a nagy fontosságú
all-in a ~ price mindent magában foglaló ár; ~ wrestling szabadfogású birkózás
all-inclusive a ~ tour (minden költséget magában foglaló) társasutazás
alliteration [əlɪtə'reɪʃn] n betűrím, alliteráció
alliterative [ə'lɪtərətɪv; US -reit-] a betűrímes, alliteráló
all-night a egész éjjel (üzemben levő)
allocate ['æləkeɪt] vt 1. kioszt, kiutal, juttat 2. megállapít, meghatároz [helyet]
allocation [ælə'keɪʃn] n 1. kiosztás, kiutalás, hovafordítás, juttatás 2. elhelyezés
allot [ə'lɔt; US -at] vt -tt- = allocate 1.; time ~ted előírt idő
allotment [ə'lɔtmənt; US -a-] n 1. = allocation 1. 2. GB [juttatott v. b érbe adott] veteményeskert

all-out a ~ effort teljes igyekezet/erőbedobás; ~ warfare totális háború
allow [ə'laʊ] vt 1. (meg)enged, engedélyez, hagy, helyt ad (vmnek); please ~ me to ... engedje meg kérem, hogy ..., legyen szabad ...; be ~ed to ... szabad ...; be not ~ed nincs megengedve, tilos; he was not ~ed out nem engedték ki 2. ad, nyújt; ~ sy £200 a year évi 200 fontot biztosít vknek; ~ 5 per cent interest on deposits betétek után 5% kamatot fizet; ~ 3 per cent 3%-ot levon/leenged; ~ sy a discount vknek (ár)engedményt nyújt 3. elismer
allow for vi 1. figyelembe/tekintetbe/számításba vesz; ráhagy [anyag megmunkálásában]; ~ing f. figyelembe véve ... 2. vmlyen címen levon
allow of vi (meg)enged, hagy; lehetővé tesz (vmt); ~s of no delay nem tűr halasztást
allowable [ə'laʊəbl] a megengedett, megengedhető
allowance [ə'laʊəns] n 1. (ár)engedmény, csökkentés, levonás, kedvezmény; ~ for cash készpénzfizetési engedmény 2. juttatás, térítés, engedélyezett összeg; pótlék; entertainment ~ reprezentációs költség(térítés); personal ~ személyi pótlék/juttatás; travelling ~ úti átalány 3. make ~(s) for sg figyelembe/tekintetbe/számításba vesz vmt 4. [megmunkálási] ráhagyás, tűrés
alloy I. n ['ælɔɪ] ötvözet; ~ steel ötvözött acél, nemesacél; no joy without ~ nincsen öröm üröm nélkül II. vt [ə'lɔɪ] 1. ötvöz, elegyít 2. átv megzavar, megront
all-powerful a mindenható
all-round a sokoldalú, univerzális [szakember, sportoló stb.]
all-rounder [-raʊndə*] n sokoldalú ember, „all-round" sportoló
allspice ['ɔ:lspaɪs] n jamaikai szegfűbors, vegyes fűszer
all-time a 1. ~ high (világ)csúcs, világrekord 2. ~ low az eddig elért legalacsonyabb/legkevesebb [teljesítmény, színvonal stb.]

allude [ə'lu:d] vi ~ to sg hivatkozik/
utal/céloz vmre, említ vmt
All-Union a össz-szövetségi
allure [ə'ljʊə*; US -'lʊr] vt csábít, csa-
logat, vonz
allurement [ə'ljʊəmənt; US -'lʊr-] n
vonzás, vonzóerő, csábítás, varázs,
báj
alluring [ə'ljʊərɪŋ; US -'lʊr-] a vonzó,
csábító
allusion [ə'lu:ʒn] n célzás, utalás, hi-
vatkozás, említés
allusive [ə'lu:sɪv] a célzó, utaló
alluvial [ə'lu:vjəl] a áradmányos, horda-
lékos, alluviális; ~ deposit hordalék,
lerakódás
all-weather a minden időjárásnál hasz-
nálható
ally I. n ['ælaɪ] szövetséges; the Allies
a szövetséges hatalmak II. v [ə'laɪ]
A. vt összeköt, összead, egyesít; be
allied with sy szövetkezik (v. szövet-
ségre lép) vkvel; be allied to sg kap-
csolatos/rokon vmvel, azonos jellegű
vmvel B. vi szövetkezik (with vkvel)
|| →allied
Alma Mater [ælmə'mɑ:tə*] n alma mater
almanac(k) ['ɔ:lmənæk] n naptár; év-
könyv, almanach
almighty [ɔ:l'maɪtɪ] I. a mindenható
II. n the A~ a Mindenható
almond ['ɑ:mənd] n mandula
almoner ['ɑ:mənə*; US 'æl-] n 1. ala-
mizsnaosztó 2. GB kórházi szociális
nővér
almost ['ɔ:lmoʊst] adv majdnem; ~
never szinte soha(sem)
alms [ɑ:mz] n pl alamizsna
alms-house n szegényház, menház
almsman ['ɑ:mzmən] n (pl -men -mən)
szegényházi férfi
aloe ['æloʊ] n 1. áloé 2. aloes pl has-
hajtó
aloft [ə'lɔft; US -ɔ:-] adv 1. fenn, fent
a magasban, felfelé 2. az árbocon,
fent
alone [ə'loʊn] a/adv 1. egyedül; be
left ~ magára maradt; let/leave sy/sg
~ béké(be)n hagy vkt/vmt, nem bánt
vkt/vmt; let ~ ... eltekintve vmtől,
nem is szólva arról (hogy) 2. csak(is),

kizárólag; not in London ~ nemcsak
L-ban
along [ə'lɔŋ; US -ɔ:ŋ] prep/adv 1. men-
té(be)n, hosszában; ~ the road az
út mentén; all ~ (mind)végig, az
egész idő alatt; ~ with együtt (vkvel,
vmvel) 2. tovább, előre; move ~
(tovább)megy
alongside adv/prep hosszában, ... olda-
la mellett/mellé
aloof [ə'lu:f] I. a tartózkodó, zárkózott
II. adv távol; hold/keep ~ elzárkózik,
távoltartja magát
aloofness [ə'lu:fnɪs] n tartózkodó ma-
gatartás, zárkózottság
aloud [ə'laʊd] adv hangosan, fennhangon
alp [ælp] n ~s havasok
alpaca [æl'pækə] n 1. alpaka (juh)
2. alpaka(szövet), lüszter
alpenstock ['ælpɪnstɔk; US -ɑk] n
hegymászóbot, turistabot
alpha ['ælfə] n alfa; ~ particle alfa-ré-
szecske; ~ plus kitűnő [osztályzat]
alphabet ['ælfəbɪt] n ábécé, betűrend
alphabetical [ælfə'betɪkl] a betűrendes,
ábécérendi, alfabetikus; ~ order ábé-
cérend, betűrend
alpine ['ælpaɪn] a alpesi, havasi; ~
events alpesi (verseny)számok; ~
plants havasi növények
alpinist ['ælpɪnɪst] n hegymászó, alpi-
nista
Alps [ælps] prop the ~ az Alpok
already [ɔ:l'redɪ] adv már
Alsace [æl'sæs] prop Elzász
Alsatian [æl'seɪʃjən; US -ʃən] a/n el-
zászi; ~ (dog) német juhászkutya,
farkaskutya
also ['ɔ:lsoʊ] adv is, szintén; ~ run
futottak még, helyezetlenek
Altaic [æl'teɪɪk] a/n altaji
altar ['ɔ:ltə*] n oltár; high ~ főoltár
altar-boy n ministráns
altar-cloth n oltárterítő
altar-piece n oltárkép
alter ['ɔ:ltə*] A. vt (meg)változtat, át-
alakít, módosít B. vi (meg)változik,
átalakul, módosul
alteration [ɔ:ltə'reɪʃn] n 1. (meg)vál-
toztatás, átalakítás, módosítás 2.
(meg)változás, átalakulás, módosulás

altercation [ɔ:ltə'keɪʃn] *n* pörlekedés, veszekedés, civakodás
alternate I. *a* [ɔ:l'tə:nət] változó, váltakozó, kölcsönös, minden második; ~ *angles* váltószög; *US* ~ *member* [bizottsági, testületi] póttag; *on* ~ *days* másodnaponként II. *n* [ɔ:l'tə:nət] *US* helyettes; váltó társ/pár III. *v* ['ɔ:ltəneɪt] A. *vt* 1. váltogat, felváltva használ/végez/stb., váltakoztat 2. váltógazdaságot folytat, váltakozva termeszt B. *vi* váltakozik (*with* vmvel), váltja egymást, cserélődik; ~ *between laughter and tears* felváltva sír és nevet, hol sír hol nevet
alternately [ɔ:l'tə:nətlɪ] *adv* váltakozva, felváltva
alternating current ['ɔ:ltəneɪtɪŋ] *a* váltakozó áram
alternation [ɔ:ltə'neɪʃn] *n* 1. váltakozás 2. váltogatás
alternative [ɔ:l'tə:nətɪv] I. *a* vagylagos, kétféle, alternatív II. *n* választás (kétféle lehetőség közül), alternatíva; (kétféle, többféle) lehetőség
alternatively [ɔ:l'tə:nətɪvlɪ] *adv* vagylagosan
although ['ɔ:lðoʊ] *conj* bár, ámbár, habár, noha, jóllehet
altimeter ['æltɪmi:tə*; *US* æl'tɪmɪtə*] *n* magasságmérő
altitude ['æltɪtju:d; *US* -tu:d] *n* magasság; ~ *sickness* hegyi betegség
alto ['æltoʊ] *n* 1. alt [hang] 2. mélyhegedű
altogether [ɔ:ltə'geðə*] *adv* teljesen, egészen, összesen; egész(é)ben véve, mindent összevéve
altruism ['æltruɪzm] *n* önzetlenség, emberbarátság, altruizmus
altruist ['æltruɪst] *n* önzetlen, emberbarát, altruista
altruistic [æltru'ɪstɪk] *a* önzetlen, emberbaráti, altruista
alum ['æləm] *n* timsó
alumina [ə'lju:mɪnə; *US* -'lu:-] *n* timföld
aluminium [ælju'mɪnjəm; *US* ælə-] *n* alumínium
aluminum [ə'lu:mɪnəm] *n US* alumínium

alumnus [ə'lʌmnəs] *n* (*pl* alumni ə'lʌmnaɪ) *US* volt növendék/diák, öregdiák
alveolar [æl'vɪələ*] *a/n* alveoláris (mássalhangzó)
always ['ɔ:lweɪz] *adv* mindig
am [æm, gyenge ejtésű alakjai: əm, m] →*be*
a.m. [eɪ'em] ante meridiem (= *before noon*) délelőtt, de.
Amabel ['æməbel] *prop* Amábel
amalgam [ə'mælgəm] *n* amalgám
amalgamate [ə'mælgəmeɪt] A. *vt* egybeolvaszt, egyesít B. *vi* 1. egybeolvad, fuzionál, egyesül 2. keveredik
amalgamation [əmælgə'meɪʃn] *n* 1. egyesítés, egybeolvasztás 2. egybeolvadás, egyesülés, fúzió 3. keveredés
amanuensis [əmænjʊ'ensɪs] *n* (*pl* -ses -si:z) titkár, írnok
amaryllis [æmə'rɪlɪs] *n* amarillisz
amass [ə'mæs] *vt* felhalmoz
amateur ['æmətə*; *US* -tʃʊr v. .-tʃər] *n* műkedvelő, amatőr
amateurish [æmə'tə:rɪʃ; *US* -'tʃʊr- v. -'tʊr-] *a* szakszerűtlen, hozzá nem értő, amatőr, kontár
amatory ['æmətərɪ; *US* -tɔ:rɪ] *a* szerelmi; szerelmes; érzéki
amaze [ə'meɪz] *vt* meghökkent, megzavar, ámulatba ejt; *I was* ~*d to hear . . .* elképedve hallottam . . .
amazed [ə'meɪzd] *a* meghökkent, ámuló,
amazement [ə'meɪzmənt] *n* elképedés, meghökkenés, ámulat, meglepetés
amazing [ə'meɪzɪŋ] *a* meglepő, bámu la tos, csodálatos, elképesztő
ambassador [æm'bæsədə*] *n* nagykövet
ambassadress [æm'bæsədrɪs] *n* nagykövetnő
amber ['æmbə*] *n* 1. borostyánkő 2. ~ (*light*) sárga fény [forgalmi jelzőlámpáé]
ambergris ['æmbəgri:s] *n* ámbra
ambidextrous [æmbɪ'dekstrəs] *a* 1. mindkét kézzel egyformán ügyes, kétkezes 2. *átv* kétszínű
ambience ['æmbɪəns] *n* környezet, légkör
ambient ['æmbɪənt] *a* körülvevő, környező
ambiguity [æmbɪ'gju:ɪtɪ] *n* kétértel-

műség, kettős értelem; félreérthető-
ség
ambiguous [æmˈbɪgjʊəs] *a* kétértelmű;
bizonytalan, homályos, félreérthető
ambit [ˈæmbɪt] *n* környék, kiterjedés,
hatáskör
ambition [æmˈbɪʃn] *n* 1. nagyravágyás,
becsvágy, (érvényesülési) törekvés,
ambíció 2. kitűzött cél
ambitious [æmˈbɪʃəs] *a* 1. nagyravá-
gyó, becsvágyó, törekvő, ambiciózus;
be ~ of sg vágyódik vmre; *be ~ to do sg*
legfőbb vágya, hogy vmt tegyen
2. igényes [munka], nagyra törő
[tervek]
ambivalent [æmbɪˈveɪlənt] *a* kétérté-
kű, kétértelmű, ambivalens
amble [ˈæmbl] I. *n* poroszkálás, bakta-
tás II. *vi* poroszkál, baktat, lépked
Ambrose [ˈæmbroʊz] *prop* Ambrus
ambrosia [æmˈbroʊzjə; *US* -oʊʒə] *n*
istenek eledele
ambulance [ˈæmbjʊləns] *n* 1. mentő-
autó, mentőkocsi 2. mentőszolgálat,
a mentők
ambush [ˈæmbʊʃ] I. *n* 1. les(elkedés),
elrejtőzés, lesben állás 2. les(hely),
rejtek(hely); *lie in ~* lesben áll II.
A. *vi* leselkedik, lesben áll/vár B.
vt lesből támad [ellenségre]
ameba [əˈmiːbə] *n* = *amoeba*
Amelia [əˈmiːljə] *prop* Amélia
ameliorate [əˈmiːljəreɪt] A. *vt* (meg)javít,
jobbá tesz, fejleszt B. *vi* (meg)javul,
jobbra fordul
amelioration [əmiːljəˈreɪʃn] *n* 1. (meg-)
javítás 2. javulás, jobbulás
amen [ɑːˈmen] *int* ámen, úgy legyen
amenable [əˈmiːnəbl] *a* 1. irányítható;
megközelíthető; *~ child* könnyen ke-
zelhető gyermek; *be ~ to* ... hajlik
a (tanácsra, okos szóra stb.), fog raj-
ta ... 2. felelős(ségre vonható); *~ to
law* törvényesen felelősségre vonható
3. *~ to sy* vk illetékessége alá tartozó
amend [əˈmend] A. *vt* (meg)javít, jobbít
[erkölcsileg]; *~ one's way of life* meg-
javul, jó útra tér 2. módosít, megvál-
toztat, kiegészít, helyesbít [törvény-
javaslatot stb.] B. *vi* megjavul, jó
útra tér

amendment [əˈmendmənt] *n* módosítás,
helyesbítés, javítás, kiegészítés
amends [əˈmendz] *n pl* kárpótlás, kárta-
lanítás; *make ~ for sg* (1) kártérítést
fizet vmért (2) helyrehoz/jóvátesz vmt
amenity [əˈmiːnətɪ] *n* 1. kellem(esség)
2. *the amenities of life* az életet kelle-
messé/kényelmessé tevő dolgok, ké-
nyelem; *the amenities of a place* egy
hely által nyújtott szórakozási (és
művelődési) lehetőségek
Amer. *American*
America [əˈmerɪkə] *prop* Amerika
American [əˈmerɪkən] *a/n* amerikai; *~
plan* panzió rendszerű szállodai ellá-
tás
Americanism [əˈmerɪkənɪzm] *n* jelleg-
zetesen amerikai szó/kifejezés/szokás,
amerikanizmus
Amerindian [æmərˈɪndjən] *a/n* amerikai
indián
Ames [eɪmz] *prop* ⟨angol férfinév⟩
amethyst [ˈæmɪθɪst] *m* ametiszt
amiability [eɪmjəˈbɪlətɪ] *n* szeretetre-
méltóság, kedvesség; *after a few
amiabilities* néhány barátságos/kedves
szó után
amiable [ˈeɪmjəbl] *a* szeretetre méltó, ba-
rátságos, kedves
amicable [ˈæmɪkəbl] *a* barátságos; bará-
ti; békés
amicably [ˈæmɪkəblɪ] *adv* barátilag; bé-
késen
amid [əˈmɪd] *prep* között, közt, közepet-
te
amidships [əˈmɪdʃɪps] *adv* a hajó köze-
pén
amidst [əˈmɪdst] *adv* = *amid*
amiss [əˈmɪs] *adv/a* helytelenül, rosszul;
take sg ~ rossz néven (v. zokon) vesz
vmt, félremagyaráz vmt; *don't take
it ~!* ne vegye rossz néven (ha . . .)!
amity [ˈæmətɪ] *n* barátság, baráti/jó
viszony
ammeter [ˈæmiːtə*] *n* ampermérő, áram-
mérő
ammonia [əˈmoʊnjə] *n* 1. ammónia 2.
szalmiákszesz
ammoniac [əˈmoʊnɪæk] *a* ammóniás,
ammónia-
ammunition [æmjʊˈnɪʃn] *n* lőszer

amnesia [æm'ni:zjə; US -ʒə] n emléke-
zetvesztés, -kiesés
amnesty ['æmnɪstɪ] n közkegyelem,
amnesztia
amoeba [ə'mi:bə] n amőba, véglény
amoebic [ə'mi:bɪk] a amőbáktól eredő,
amőba okozta
amok [ə'mɔk; US -ʌk] adv = amuck
among(st) [ə'mɔŋ(st)] prep 1. között,
közt; one ~ many egy a sok közül;
from ~ the crowd a tömegből; ~
other things egyebek/többek között
2. közé
amoral [eɪ'mɔr(ə)l; US -'mɔ:-] a erkölcs
nélküli, amorális
amorous ['æmərəs] a szerelmi, szerelmes
amorphous [ə'mɔ:fəs] a formátlan, alak-
talan, amorf
amortization [əmɔ:tɪ'zeɪʃn; US æmətɪ-]
n (le)törlesztés, amortizáció
amortize [ə'mɔ:taɪz; US 'æmə-] vt 1.
(le)törleszt [kölcsönt] 2. holt kéznek
elad
Amos ['eimɔs] prop Ámos
amount [ə'maʊnt] I. n 1. összeg, meny-
nyiség; ~ brought forward áthozat;
to the ~ of ... összeg erejéig; no ~
of ... semmi ... sem; any ~ of
money óriási pénzösszeg(ek); in small
~s kis tételekben, apránkint 2. fon-
tosság, jelentőség; it is of little ~ cse-
kély jelentőségű, nem fontos II. vi ~
to (összegszerűleg) kitesz, elér [össze-
get], felmegy, rúg [összegre]; it ~s to
this/that ez annyit jelent, hogy; he
will never ~ to much sohasem viszi
sokra
amour [ə'mʊə*] n szerelmi ügy/viszony
amp [æmp] n biz amper
ampere ['æmpeə*; US -pɪə*] n amper
amphibian [æm'fɪbɪən] n 1. kétéltű
(állat) 2. kétéltű jármű/repülőgép
amphibious [æm'fɪbɪəs] a kétéltű; ~
operations (vízi és szárazföldi) kombi-
nált hadműveletek, partraszállási had-
műveletek; ~ vehicle kétéltű jármű
amphitheatre, US -theater ['æmfɪθɪ-
ətə*] n 1. amfiteátrum; körszínház
2. félkörben lépcsőzetesen emelkedő
nézőtér/előadóterem, auditórium (ma-
ximum)

ample ['æmpl] a bő(séges), elegendő,
terjedelmes, tágas
amplification [æmplɪfɪ'keɪʃn] n 1. (ki-)
bővítés 2. erősítés
amplifier ['æmplɪfaɪə*] n erősítő
amplify ['æmplɪfaɪ] vt 1. nagyít, (ki-)
bővít; részletez 2. erősít
amplitude ['æmplɪtju:d; US -tu:d] n 1.
nagyság, bőség 2. kilengés, amplitú-
dó
amply ['æmplɪ] adv bőségesen, bőven
ampoule ['æmpu:l] n ampulla
amps [æmps] n pl biz = amperes
amputate ['æmpjʊteɪt] vt csonkol, am-
putál
amputation [æmpjʊ'teɪʃn] n csonkolás,
amputálás
Amsterdam [æmstə'dæm] prop Amszter-
dam
amuck [ə'mʌk] adv run ~ ámokfutást
rendez
amulet ['æmjʊlɪt] n talizmán, amulett
amuse [ə'mju:z] vt szórakoztat, mulat-
tat; ~ oneself szórakozik, jól érzi ma-
gát; be ~d at/by sg mulat/derül vmn,
élvez vmt
amusement [ə'mju:zmənt] n szórakozás,
mulatság, élvezet; szórakoztatás, mu-
lattatás; időtöltés; szórakozási lehe-
tőség; he couldn't hide his ~ nem tudta
megőrizni komolyságát; ~ arcade
⟨játékautomatákkal felszerelt üzlet-
helyiség⟩, játékterem; ~ grounds/park
vidám park, vurstli; ~ pier tengeri
szórakozómóló
amusing [ə'mju:zɪŋ] a szórakoztató,
mulattató, élvezetes
Amy ['eɪmɪ] prop Málcsi, Máli
an[1] [æn; gyenge ejtésű alakja: ən] egy
⟨határozatlan névelő magánhangzó-
val kezdődő szók előtt⟩ ‖→a[3]
an[2] [æn] conj ha, és ha
anachronism [ə'nækrənɪzm] n anakro-
nizmus, kortévesztés; korszerűtlen-
ség
anachronistic [ənækrə'nɪstɪk] a korté-
vesztő, korszerűtlen; anakronisztikus
anaconda [ænə'kɔndə; US -'kɑ-] n
óriáskígyó
anacreontic [ənækrɪ'ɔntɪk] a/n anakreo-
ni (vers)

anaemia [ə'ni:mjə] *n* vérszegénység, anémia
anaemic [ə'ni:mɪk] *a* vérszegény, anémiás; sápadt, erőtlen
anaesthesia [ænɪs'θi:zjə; *US* -ʒə] *n* 1. érzéstelenség, érzéketlenség 2. érzéstelenítés
anaesthetic [ænɪs'θetɪk] I. *a* érzéstelenítő II. *n* érzéstelenítő (szer), anaestheticum; *under the* ~ az érzéstelenítő hatása alatt
anaesthetist [ə'ni:sθətɪst; *US* ə'nes-] *n* érzéstelenítő (szak)orvos, aneszteziológus
anaesthetize [ə'ni:sθətaɪz; *US* ə'nes-] *vt* érzéstelenít
anagram ['ænegræm] *n* anagramma
anal ['eɪnl] *a* végbél-
analgesic [ænæl'dʒi:sɪk] *a/n* fájdalomcsillapító (szer)
analog →*analogue*
analogous [ə'næləgəs] *a* hasonló, rokon, megfelelő, analóg
analogously [ə'næləgəslɪ] *adv* hasonlóság/analógia alapján
analogue, *US* analog ['ænəlog; *US* -ɔ:g] *n* 1. vmnek az analógiája, hasonló/analóg dolog/eset 2. ~ *computer* analóg számítógép
analogy [ə'nælədʒɪ] *n* hasonlóság, megfelelés, analógia; *by* ~ (*with sg*) vmnek az analógiája alapján; *on the* ~ *of* vmnek az analógiájára
analyse, *US* analyze ['ænəlaɪz] *vt* elemez, (meg)vizsgál, analizál
analysis [ə'næləsɪs] *n* (*pl* -ses -si:z) elemzés, vizsgálat, analízis
analyst ['ænəlɪst] *n* 1. elemző; vegyelemző, analitikus vegyész 2. pszichoanalitikus
analytical [ænə'lɪtɪkl] *a* elemző, analitikus; analitikai
anapaest ['ænəpi:st] *n* anapesztus
anapest ['ænəpest] *n US* = *anapaest*
anarchic(al) [æ'nɑ:kɪk(l)] *a* zűrzavaros, anarchisztikus, anarchikus
anarchism ['ænəkɪzm] *n* anarchizmus
anarchist ['ænəkɪst] *n* anarchista
anarchy ['ænəkɪ] *n* anarchia, zűrzavar
anathema [ə'næθəmə] *n* egyházi átok, ünnepélyes kiátkozás, anatéma

anatomic(al) [ænə'tɔmɪk(l); *US* -'ta-] *a* bonctani, anatómiai
anatomist [ə'nætəmɪst] *n* anatómus
anatomy [ə'nætəmɪ] *n* 1. bonctan, anatómia 2. boncolás 3. † taglalat
ancestor ['ænsestə*] *n* ős, ősapa, előd
ancestral [æn'sestr(ə)l] *a* ősi
ancestry ['ænsestrɪ] *n* 1. származás, eredet 2. ősök
anchor ['æŋkə*] I. *n* horgony, vasmacska; *cast/drop the* ~, *come to* ~ horgonyt vet, lehorgonyoz; *lie/ride at* ~ horgonyoz; *weigh* ~ horgonyt felszed II. *vt/vi* 1. (le)horgonyoz, horgonyt vet 2. (le)rögzít, biztosít
anchorage ['æŋkərɪdʒ] *n* 1. horgony(zó)hely 2. horgonyzási díj 3. lehorgonyzás, lerögzítés
anchorite ['æŋkəraɪt] *n* remete
anchovy ['æntʃəvɪ] *n* ajóka; ~ *paste* szardellapaszta
ancient ['eɪnʃ(ə)nt] I. *a* régi, ódon, ősi, antik, ókori; agg; *the* ~ *world* az ókor, az antik világ II. *n the* ~*s* (1) az ókoriak (2) az ókori klasszikusok
ancillary [æn'sɪlərɪ; *US* 'ænsɪlerɪ] *a* alárendelt, mellékes, mellék-, segéd-; *be* ~ *to sg* alá van rendelve vmnek, vmhez tartozik
and [ænd, gyenge ejtésű alakjai: ənd, ən, n] *conj* 1. és, s, meg, valamint; ~ *so on/forth* és így tovább 2. pedig, viszont 3. *nice* ~ *hot* kellemesen meleg; *come* ~ *see me* látogass meg
Andes ['ændi:z] *prop* Andok
andiron ['ændaɪən] *n* tűzbak, tuskóbak [kandallóban]; tűzikutya
Andrew ['ændru:] *prop* András, Endre
Andy ['ændɪ] *prop* Bandi, Andris
anecdote ['ænɪkdoʊt] *n* adoma, anekdota
anemia [ə'ni:mjə] *n US* = *anaemia*
anemometer [ænɪ'mɔmɪtə*; *US* -'ma-] *n* szélmérő
anemone [ə'nemənɪ] *n* szellőrózsa, anemóna
aneroid ['ænərɔɪd] *n* ~ (*barometer*) fémbarométer, aneroid
anesth ... *US* →*anaesth* ...
aneurysm, -ism ['ænjʊərɪzm] *n* ütőértágulás, -daganat

anew [ə'nju:; US ə'nu:] adv újra, újból
angel ['eɪndʒ(ə)l] n angyal
angelic [æn'dʒelɪk] a angyali
angelica [æn'dʒelɪkə] n angyalgyökér
angelus ['ændʒɪləs] n az Úrangyala
(imádság), angyali üdvözlet
anger ['æŋgə*] I. n harag, düh, méreg;
bosszúság II. vt (fel)mérgesít, (fel-)
bosszant; he is easily ~ed könnyen
dühbe gurul
Angevin ['ændʒɪvɪn] prop Anjou
angina pectoris [æn'dʒaɪnə 'pektərɪs] n
a szívkoszorúér betegsége, angina
pectoris
angle¹ ['æŋgl] I. n 1. szög, sarok;
right ~ derékszög; at right ~s merőle-
gesen, derékszögben; ~ of incidence
beesési szög; ~ of reflection visszave-
rődési szög 2. szempont, szemszög
II. vt (egyoldalúan) állít be (vmt),
elferdít [hírt]
angle² ['æŋgl] vi 1. horgászik (for vmre)
2. törekszik, „vadászik" (for vmre)
angle-iron n szögvas
angler ['æŋglə*] n horgász
Angles ['æŋglz] n pl angelek [az ango-
lok germán ősei]
Anglican ['æŋglɪkən] a/n anglikán
anglicise ['æŋglɪsaɪz] vt (el)angolosít
anglicism ['æŋglɪsɪzm] n 1. angliciz-
mus, brit angol nyelvi sajátosság
[más nyelvben] 2. angolos felfogás
angling ['æŋglɪŋ] n horgászás
Anglistics [æŋ'glɪstɪks] n angol filológia,
anglisztika
Anglo-Indian [æŋglou-] n 1. Indiában
született/élő angol 2. aı gol és hindu
szülőktől származott szε nély, angol-
hindu félvér
Anglomania [æŋglou'meɪnjə] n anglomá-
nia, angol dolgokért való rajongás
Anglomaniac [æŋglou'meɪnɪæk] a/n
anglomán, angol dolgokért rajongó
Anglo-Norman [æŋglou-] a anglo-nor-
mann
Anglophile ['æŋgləfaɪl] n angolbarát
Angolophobe ['æŋgləfoub] n angolgyű-
lölő
anglophone ['æŋgləfoun] a angolul be-
szélő, angol ajkú/nyelvű [nem angol
születésű]

Anglo-Saxon [æŋglou-] n/a angolszász
Angola [æŋ'goulə] prop Angola
angrily ['æŋgrɪlɪ] adv haragosan, mér-
gesen
angry ['æŋgrɪ] a 1. mérges, dühös;
be ~ with sy haragszik/mérges vkre;
be ~ at/about sg haragszik/haragos/
bosszús vmért (v. vm miatt); get ~
méregbe jön; don't be ~! ne haragud-
j(ék)! 2. gyulladt, égő [testfelület]
anguish ['æŋgwɪʃ] n kín, gyötrelem,
gyötrődés, aggodalom
angular ['æŋgjulə*] a 1. szögletes 2.
szög-; ~ velocity szögsebesség 3. átv
szögletes, darabos [mozgás]; merev,
esetlen
angularity [æŋgju'lærətɪ] n szögletesség
Angus ['æŋgəs] prop ⟨skót férfinév⟩
aniline ['ænɪli:n] n anilin
animadversion [ænɪmæd'və:ʃn; US -ʒn]
n bírálgatás, rosszallás, gáncs
animadvert [ænɪmæd'və:t] vi bírálgat,
rosszall (on vmt)
animal ['ænɪml] I. a állati, állat-; the
~ kingdom az állatvilág; ~ needs
emberi/testi szükségletek; ~ spirits
jókedv II. n 1. állat 2. élőlény
animate I. a ['ænɪmət] élő, élettel teli
II. vt ['ænɪmeɪt] életet önt (vmbe);
(meg)elevenít; (meg)élénkít; serkent,
lelkesít; ~d cartoon rajzfilm; animációs
film
animation [ænɪ'meɪʃn] n 1. élénkség,
elevenség, vidámság 2. életre keltés;
rajzfilmkészítés
animosity [ænɪ'mɔsətɪ; US -'ma-] n
ellenségeskedés, gyűlölet
animus ['ænɪməs] n gyűlölet
anise ['ænɪs] n ánizs
aniseed ['ænɪsi:d] n ánizsmag
ankh [æŋk] n hurkos kereszt [mint
életszimbólum]
ankle ['æŋkl] n boka; ~ socks bokafix
anklet ['æŋklɪt] n 1. bokaperec 2. ka-
másli 3. bokazokni, -fix
Ann [æn] prop Anna
Annabel ['ænəbel] prop Annabella
annalist ['ænəlɪst] n évkönyvíró, króni-
kás
annals ['ænlz] n pl évkönyvek; krónika
Annapolis [ə'næpəlɪs] prop

Anne [æn] *prop* Anna
anneal [ə'niːl] *vt* hőkezel
annex I. *n* ['æneks] 1. épületszárny, toldalék(épület), melléképület 2. függelék, melléklet, pótlás II. *vt* [ə'neks] 1. (hozzá)csatol, mellékel, hozzáfűz, hozzátold, -épít 2. bekebelez, elfoglal
annexation [ænek'seɪʃn] *n* elfoglalás, bekebelezés, hozzácsatolás
Annie ['ænɪ] *prop* Annus, Anni
annihilate [ə'naɪəleɪt] *vt* megsemmisít
annihilation [ənaɪə'leɪʃn] *n* 1. megsemmisítés 2. megsemmisülés
anniversary [ænɪ'vəːs(ə)rɪ] *n* évforduló
annotate ['ænəteɪt] A. *vt* jegyzetekkel ellát; ~*ed edition* jegyzetekkel ellátott (v. magyarázatos) kiadás B. *vi* jegyzete(ke)t készít (*on* vmről)
annotation [ænə'teɪʃn] *n* magyarázó jegyzet, kommentár
announce [ə'naʊns] *vt* 1. bejelent, kihirdet, közöl 2. bemond [műsort]
announcement [ə'naʊnsmənt] *n* közlemény, hirdetmény, bejelentés
announcer [ə'naʊnsə*] *n* műsorközlő, bemondó
annoy [ə'nɔɪ] *vt* bánt, bosszant, idegesít; *be* ~*ed with sy* haragszik/mérges vkre; *be* ~*ed* (*at sg*) bosszankodik (vm miatt)
annoyance [ə'nɔɪəns] *n* bosszúság, kellemetlenség; zaklatás, nyűg
annoying [ə'nɔɪɪŋ] *a* bosszantó, kellemetlen, zavaró; terhes [vendég]
annual ['ænjʊəl] I. *a* 1. évenkénti, évi 2. egy évi II. *n* 1. évkönyv 2. egynyári növény
annually ['ænjʊəlɪ] *adv* évenként, minden évben
annuitant [ə'njuːɪtənt; *US* -'nuː-] *n* évjáradékban részesülő
annuity [ə'njuːɪtɪ; *US* -'nuː-] *n* évjáradék; *life* ~ életjáradék
annul [ə'nʌl] *vt* -ll- megsemmisít, (el-) töröl, érvénytelenít, visszavon
annular ['ænjʊlə*] *a* gyűrűs, gyűrűannulment [ə'nʌlmənt] *n* megsemmisítés, megszüntetés, érvénytelenítés
annunciate [ə'nʌnʃieɪt; *US* -sɪ-] *vt* bejelent, kihirdet, közhírré tesz
annunciation [ənʌnsɪ'eɪʃn] *n* 1. kihir-

detés, közhírré tétel 2. *the A*~ (1) az Angyali üdvözlet (2) Gyümölcsoltó Boldogasszony (márc. 25)
anode ['ænoʊd] *n* anód
anodyne ['ænədaɪn] *n* fájdalomcsillapító
anoint [ə'nɔɪnt] *vt* felken [személyt]
anomalous [ə'nɒmələs; *US* -'nɑ-] *a* rendellenes, rendhagyó, szabálytalan
anomaly [ə'nɒməlɪ; *US* -'nɑ-] *n* rendellenesség, szabálytalanság, anomália
anon [ə'nɒn; *US* -ɑ-] *adv* † tüstént; *ever and* ~ időnként, újra meg újra
anon. *anonymous* névtelen, ismeretlen, N.N.
anonymity [ænə'nɪmətɪ] *n* névtelenség, ismeretlenség
anonymous [ə'nɒnɪməs; *US* -'nɑ-] *a* névtelen, ismeretlen
anopheles [ə'nɒfɪliːz; *US* -'nɑ-] *n* maláriaterjesztő szúnyog
anorak ['ænəræk] *n* anorák
another [ə'nʌðə*] *a*/*pron* más, (egy) másik, még egy, újabb; *in* ~ *ten years* (további) tíz év múlva; *that is quite* ~ *matter* ez egészen más; *one* ~ egymás(t)
answer ['ɑːnsə*; *US* 'æn-] I. *n* 1. válasz, felelet; *in* ~ *to* válaszul/válaszolva vmre 2. megoldás [példáé, feladványé] II. *vt*/*vi* 1. válaszol, felel (vmre, vknek), megválaszol (vmt); ~ *the door/bell* csengetésre ajtót nyit; ~ *the telephone* felveszi a telefont; ~ *to the name of* ... ... nevre hallgat [kutya]; ~ (*sy*) *back* felesel, visszabeszél; ~ *a bill of exchange* váltót bevált 2. ~ *for* (*sy, sg*) (1) vk helyett válaszol (2) vkért/vmért kezeskedik/ felel/jótáll 3. megfelel (vmnek); ~ *to the description* megfelel a leírásnak; ~ *the purpose* megfelel a célnak 4. ~ *a problem* megoldja a problémát/ feladványt
answerable ['ɑːns(ə)rəbl; *US* 'æn-] *a* 1. felelős 2. megválaszolható; megoldható
answering ['ɑːns(ə)rɪŋ; *US* 'æn-] *a* ~ *to the description* a leírásnak megfelelő; ~ *service* telefonszolgálat
ant [ænt] *n* hangya

antagonism [æn'tægənɪzm] n (kibékíthetetlen) ellentét; ellenséges érzület, antagonizmus
antagonist [æn'tægənɪst] n ellenfél
antagonistic [æntægə'nɪstɪk] a ellentétes, ellenséges; antagonisztikus
antagonize [æn'tægənaɪz] vt ellenszegül, szembeszáll
antarctic [ænt'ɑ:ktɪk] I. a déli-sark(vidék)i; the A~ Ocean a Déli-Jegestenger; A~ Circle Déli-sarkkör II. n the A~ a Déli-sark, a Déli-sarkvidék, Antarktisz
ant-eater n hangyász(medve)
ante-bellum [æntɪ'beləm] a US polgárháború előtti, 1861 előtti
antecedence [æntɪ'si:d(ə)ns] n elsőbbség, prioritás
antecedent [æntɪ'si:d(ə)nt] I. a megelőző, korábbi II. n 1. előzmény 2. előtag [aránypáré] 3. antecedents pl (1) ősök (2) előélet
antechamber ['æntɪtʃeɪmbə*] n előszoba, várószoba
antedate [æntɪ'deɪt] vt 1. korábbra keltez, antedatál 2. időbelileg megelőz
antediluvian [æntɪdɪ'lu:vjən] a özönvíz előtti
antelope ['æntɪloʊp] n antilop
ante meridiem [æntɪmə'rɪdɪəm] adv délelőtt → a.m.
antenatal [æntɪ'neɪtl] a szül(et)és előtti; ~ clinic terhességi tanácsadó
antenna [æn'tenə] n (pl ~e -ni:) 1. csáp, tapintó (szerv) 2. antenna
antepenultimate ['æntɪpɪ'nʌltɪmət] a hátulról a harmadik [szótag]
anterior [æn'tɪərɪə*] a 1. előbbi, megelőző 2. elülső
anteroom ['æntɪrʊm; US -ru:m] n előszoba, várószoba
anthem ['ænθəm] n 1. „anthem" [egyházzenei műfaj]; antifona 2. national ~ (nemzeti) himnusz; GB the National A~ az angol himnusz
anther ['ænθə*] n virágportartó, portok
ant-hill n hangyaboly
anthology [æn'θɒlədʒɪ; US -'θɑ-] n antológia, versgyűjtemény
Anthony ['æntənɪ; US -nθə-] prop = Antony

anthracite ['ænθrəsaɪt] n antracit
anthrax ['ænθræks] n lépfene
anthropoid ['ænθrəpɔɪd] a/n emberszabású (majom)
anthropological [ænθrəpə'lɒdʒɪkl; US -'lɑ-] a embertani, antropológiai
anthropologist [ænθrə'pɒlədʒɪst; US -'pɑ-] n antropológus
anthropology [ænθrə'pɒlədʒɪ; US -'pɑ-] n embertan, antropológia
anthropometry [ænθrə'pɒmɪtrɪ; US -'pɑ-] n [bűnügyi] emberméréstan, antropometria
anthropomorphism [ænθrəpə'mɔ:fɪzm] n antropomorfizmus
anthropomorphous [ænθrəpə'mɔ:fəs] a emberszerű, emberszabású, antropomorf
anthropophagi [ænθrə'pɒfəgaɪ; US -'pɑfədʒaɪ] n pl emberevők, kannibálok
anti- ['æntɪ-] pref ellen-, ... elleni, anti-
anti-aircraft [æntɪ'eəkrɑ:ft] a légvédelmi, légelhárító; ~ defense légvédelem; ~ gun légvédelmi ágyú
antiatomic [æntɪə'tɒmɪk; US -tɑ-] a atomvédelmi
antibaby ['æntɪbeɪbɪ] a ~ pill fogamzásgátló tabletta
antibiotic [æntɪbaɪ'ɒtɪk; US -'ɑt-] n antibiotikum
antibody ['æntɪbɒdɪ; US -bɑ-] n ellenanyag, ellentest
Antichrist ['æntɪkraɪst] prop Antikrisztus
anticipate [æn'tɪsɪpeɪt] vt 1. előre lát, megérez (vmt), előre megfontol; számít (vmre); ~ a surprise (kellemetlen) meglepetésre számít; ~ sy's wishes még a kívánságát is kitalálja vknek, lesi a kívánságát vknek 2. idő előtt (meg)tesz (vmt), megelőz (vkt/vmt), elébe vág (vknek/vmnek), anticipál; ~ one's income előre elkölti jövedelmét; ~ payment lejárat előtt fizet 3. előrebocsát, előre jelez/sejtet 4. siettet, előbbre hoz, korábbra tesz [időpontot]
anticipated [æn'tɪsɪpeɪtɪd] a 1. idő előtti 2. előrelátott, remélt

anticipation [æntɪsɪ'peɪʃn] *n* 1. megelőzés, elébevágás, anticipáció; *in ~* előre; előlegképp(en); *thanking you in ~* előre is köszönve; *in ~ of sg* vmre számítva/várva; *in ~ of your consent* ... hozzájárulására biztosan számítva, utólagos beleegyezésével 2. előrelátás, várakozás, megérzés, előérzet
anticipatory [æn'tɪsɪpeɪtərɪ; *US* -pətɔ:rɪ] *a* előzetes; megelőző; előlegezett; várható
anticlerical [æntɪ'klerɪkl] *a* papságellenes, antiklerikális
anticlimax [æntɪ'klaɪmæks] *n* hirtelen színvonalsüllyedés [irodalmi műben], antiklimax
anti-coagulant *a/n* alvadásgátló (szer)
antics ['æntɪks] *n pl* bohóckodás
anticyclone [æntɪ'saɪkloʊn] *n* anticiklon
anti-dazzle [æntɪ'dæzl] *a* vakításmentes, fénytompító; *~ light* tompított fény
antidote ['æntɪdoʊt] *n* ellenméreg, ellenszer
antifascist [æntɪ'fæʃɪst] *a/n* antifasiszta
antifreeze ['æntɪfriːz] *n* fagyálló (folyadék)
antigen ['æntɪdʒən] *n* ellenanyagképző, antigén
antihalo [æntɪ'heɪloʊ] *a* fényudvarmentes [film]
anti-hero ['æntɪhɪəroʊ] *n* negatív hős
antiknock [æntɪ'nɔk; *US* -ɑk] *n* kopogásgátló (szer)
antilogarithm [æntɪ'lɔgərɪðm; *US* -'lɔ:-] *n* numerus logarithmi, antilogaritmus
antimacassar [æntɪmə'kæsə*] *n* karosszékvédő kézimunka [fej alá és karfán]
antimatter ['æntɪmætə*] *n* ellenanyag
antimony ['æntɪmənɪ] *n* antimon
antipathetic [æntɪpə'θetɪk] *a* ellenszenves, antipatikus
antipathy [æn'tɪpəθɪ] *n* ellenszenv, idegenkedés, antipátia *(to, against* vmvel szemben)
antipodes [æn'tɪpədiːz] *n pl* ellenlábasok
antipyretic [æntɪpaɪ'retɪk] *a/n* lázcsillapító (szer)
antiquarian [æntɪ'kweərɪən] I. *a* régészeti; *~ bookseller* antikvárius II. *n* = *antiquary*

antiquary ['æntɪkwərɪ; *US* -erɪ] *n* 1. régiségbúvár, régész 2. régiségkereskedő 3. régiséggyűjtő
antiquated ['æntɪkweɪtɪd] *a* elavult, régimódi, divatjamúlt, ósdi
antique [æn'tiːk] I. *a* ókori, antik; ódon, régi(es), régimódi II. *n* régiség, ódonság; antik tárgy; *~ dealer* régiségkereskedő; *~ shop* régiségkereskedés
antiquity [æn'tɪkwətɪ] *n* 1. az ókor, ókoriak; *of great ~* ősrégi 2. antiquities *pl* antikvitás, régiség(ek)
antirrhinum [æntɪ'raɪnəm] *n* oroszlánszáj, tátincs
anti-Semite [æntɪ'siːmaɪt; *US* -'sem-] *a/n* zsidógyűlölő, antiszemita
anti-Semitism [æntɪ'semɪtɪzm] *n* zsidógyűlölet, antiszemitizmus
antiseptic [æntɪ'septɪk] I. *a* fertőzésgátló, antiszeptikus II. *n* fertőzésgátló (szer), antiszeptikum
antisocial [æntɪ'soʊʃl] *a* társadalomellenes, antiszociális
antispasmodic [æntɪspæz'mɔdɪk; *US* -ɑd-] *a/n* görcsoldó (szer)
antithesis [æn'tɪθɪsɪs] *n (pl* -ses -siːz) ellentét, antitézis; szembeállítás; különbözőség
antithetic(al) [æntɪ'θetɪk(l)] *a* ellentétes
antitoxin [æntɪ'tɔksɪn; *US* -ɑ-] *n* ellenméreg
antler ['æntlə*] *n* agancs
Antonia [æn'toʊnɪə] *prop* Antónia
Antony ['æntənɪ] *prop* 1. Antal 2. Antonius
antonym ['æntənɪm] *n* ellentétes értelmű szó
antrum ['æntrəm] *n* (test)üreg
Antwerp ['æntwəːp] *prop* Antwerpen
anus ['eɪnəs] *n* végbélnyílás
anvil ['ænvɪl] *m* üllő
anxiety [æŋ'zaɪətɪ] *n* aggodalom, aggódás, aggály; szorongás
anxious ['æŋkʃəs] *a* 1. aggódó, nyugtalan; *be ~ for/about* aggódik (vkért, vm miatt) 2. aggasztó, nyugtalanító 3. vmt nagyon kívánó, sóvár; *be ~ to* ... alig várja (v. ég a vágytól), hogy ...; *I am very ~ that he should come* nagy súlyt helyezek arra, hogy eljöjjön

any ['enɪ] I. a/pron akármi, valami, bármi, bármely(ik); akárki, valaki, bárki; *have you got ~ matches?* van gyufád?; *have you ~ news?* van valami újság/híred?; *not ~* semmi(féle), egy sem; *I haven't got ~* nekem egy sincs; *if ~* ha egyáltalán bármi/valami; *at ~ rate* mindenesetre, legalábbis; *in ~ case* mindenesetre; *~ day* bármely napon/percben; *I expect him ~ minute* minden percben megérkezhet; *~ number/amount* sok II. adv valamivel, [tagadásban:] semmivel; *~ good/use* hasznavehető; *do you feel ~ better?* valamivel/kicsit jobban érzed (már) magad?; *will you have ~ more tea?* parancsol még teát?; *~ longer/further* tovább; *he didn't behave ~ too well* nem valami jól viselkedett
anybody n/pron valaki, akárki, bárki; *not ~* senki; *~ else* bárki más
anyhow adv/conj 1. akárhogy(an), valahogy(an); *feel ~* nem jól érzi magát; *things are all ~* valahogy csak eldöcögnek a dolgok; *all ~* valahogy(an), éppen hogy, jól-rosszul; rendetlenül, összecsapva [végez el vmt] 2. mindenesetre, különben is
anyone n/pron = anybody
anything n/pron bármi, valami; [tagadásban:] semmi; *can I do ~ for you?* miben állhatok rendelkezésére/szolgálatára?; *~ else, madam?* parancsol még valamit, asszonyom?; *hardly ~* szinte semmi; *~ for a quiet life* a nyugalom mindennél többet ér; *she is ~ but rich* minden csak nem gazdag; *~ like* (csak) némileg is, bármily mértékben is; *biz like ~* nagyon, hevesen; *biz it's as easy as ~* úgy megy, mint a karikacsapás
anyway adv/conj 1. valahogy(an), akárhogy(an) 2. mindenesetre, különben is
anywhere adv 1. valahol, bárhol, akárhol; [tagadásban:] sehol; *~ else* bárhol másutt 2. valahová, bárhová, [tagadásban:] sehová
aorta [eɪ'ɔ:tə] n főütőér, aorta
A.P., AP [eɪ'pi:] Associated Press ⟨egy nagy amerikai sajtóügynökség⟩
apace [ə'peɪs] adv gyorsan

apart [ə'pɑ:t] adv félre, vmn kívül, szét, széjjel, külön; *the two houses are 400 metres ~* a két ház 400 m távolságra van egymástól; *~ from sg* eltekintve vmtől; *come ~* szétesik; szejjelmegy; leválik; *live ~* külön élnek
apartheid [ə'pɑ:theɪt] n faji elkülönítés/ megkülönböztetés [Dél-Afrikában]
apartment [ə'pɑ:tmənt] n 1. szoba; *~s* lakosztály 2. US lakás; *~ house* bérház
apathetic [æpə'θetɪk] a fásult, egykedvű, érzéketlen, apatikus
apathy ['æpəθɪ] n fásultság, érzéketlenség, közönyösség, apátia
ape [eɪp] I. n 1. emberszabású (farkatlan) majom 2. átv majom; *play the ~* majmol vkt II. vt majmol, utánoz
aperient [ə'pɪərɪənt] a/n hashajtó
aperture ['æpətjʊə*; US -tʃ-] n nyílás, rés, rekesz; lencsenyílás [fényképezőgépen]
apex ['eɪpeks] n (pl ~es -si:z v. apices 'eɪpɪsi:z) csúcs(pont), tetőpont, hegygerinc
aphasia [ə'feɪzjə; US -ʒə] n beszédzavar, -képtelenség, afázia
aphis ['eɪfɪs] n (pl aphides 'eɪfɪdi:z) levéltetű
aphorism ['æfərɪzm] n velős mondás, aforizma
aphrodisiac [æfrə'dɪzɪæk] n nemi izgatószer, nemi vágyat fokozó szer
apiarist ['eɪpjərɪst] n méhész
apiary ['eɪpjərɪ] n méhészet; méhes
apices →apex
apiculture ['eɪpɪkʌltʃə*] n méhészet, méhészkedés, méhtenyésztés
apiece [ə'pi:s] adv egyenként, darabonként
apish ['eɪpɪʃ] a majomszerű
apocalypse [ə'pɔkəlɪps; US -'pɑ-] n apokalipszis; *the A~* A Jelenések Könyve
apocalyptic [əpɔkə'lɪptɪk; US -pɑ-] a világ végére vonatkozó, apokaliptikus
Apocrypha [ə'pɔkrɪfə; US -'pɑ-] n pl az apokrif könyvek [bibliai korból]
apocryphal [ə'pɔkrɪfl; US -'pɑ-] a 1. apokrif 2. kétes értékű/hitelességű; koholt

apogee ['æpədʒi:] n 1. földtávol [égitesté, űrhajóé stb.]2. átv tetőpont, csúcspont
apologetic [əpɔlə'dʒetɪk; US -pa-] a védekező, apologetikus
apologetics [əpɔlə'dʒetɪks; US -pa-] n hitvédelem, apologetika
apologist [ə'pɔlədʒɪst- US -'pa-] n védő, mentegető; hitvédő, apologéta
apologize [ə'pɔlədʒaɪz; US -'pa-] vi mentegetődzik, kimenti magát, magyarázkodik, elnézést/bocsánatot kér (to vktől, for vmért)
apologue ['æpəlɔg; US -ɔ:g] n tanítómese, példabeszéd
apology [ə'pɔlədʒɪ; US -'pa-] n 1. bocsánatkérés, mentegetődzés, magyarázkodás; make/offer an ~ to sy for sg bocsánatot/elnézést kér vktől vm miatt 2. an ~ for sg vmnek rossz utánzata/pótlása 3. védőirat, apológia
apophthegm ['æpəθem] n velős mondás
apophysis [ə'pɔfɪsɪs; US -'pa-] n (pl -ses -si:z) (csont)nyúlvány, apofízis
apoplectic [æpə'plektɪk] a 1. gutaütéses, szélhűdéses; ~ fit/stroke gutaütés 2. gutaütésre hajlamos, vérmes
apoplexy ['æpəpleksɪ] n szélütés, szélhűdés, gutaütés
apostasy [ə'pɔstəsɪ; US -'pa-] n hitehagyás
apostate [ə'pɔsteɪt; US -'pa-] a/n hitehagyott
apostle [ə'pɔsl; US -'pa-] n apostol
apostolic [æpə'stɔlɪk; US -ta-] a apostoli; pápai
apostrophe [ə'pɔstrəfɪ; US -'pa-] n 1. hiányjel, aposztróf 2. megszólítás
apostrophize [ə'pɔstrəfaɪz; US -'pa-] vt megszólít
apothecary [ə'pɔθək(ə)rɪ; -'paθəkerɪ] n gyógyszerész, patikus
apotheosis [əpɔθɪ'ousɪs; US -pa-] n (pl -ses -si:z) 1. megdicsőülés 2. dicsőítés, (fel)magasztalás
apotheosize [ə'pɔθɪousaɪz; US -'pa-] vt dicsőít; (fel)magasztal
appal, US appall [ə'pɔ:l] vt -ll- megdöbbent, meghökkent, megrémít; be ~led (at sg) megdöbben/megrémül (vmtől)
Appalachians [æpə'leɪtʃjən; US -tʃən is] prop Appalache-hegység

appalling [ə'pɔ:lɪŋ] a megdöbbentő; szörnyű, ijesztő
apparatus [æpə'reɪtəs] n 1. készülék, berendezés; felszerelés; segédeszköz 2. digestive ~ emésztőrendszer 3. ~ criticus ['krɪtɪkəs] kritikai apparátus
apparel [ə'pær(ə)l] † I. n felszerelés, ruházat II. vt -ll- (US -l-) (fel)öltöztet
apparent [ə'pær(ə)nt] a 1. látható, nyilvánvaló, világos, kétségtelen 2. látszólagos
apparently [ə'pær(ə)ntlɪ] adv 1. nyilván(valóan), kétségtelenül, szemmel láthatólag 2. látszólag
apparition [æpə'rɪʃn] n kísértet, jelenés
appeal [ə'pi:l] I. n 1. fellebbezés; fellebbvitel; Court of A~ fellebbviteli bíróság; lodge an ~ fellebbez; an ~ lies fellebbezésnek helye van 2. kérés, felhívás 3. vonz(ó)erő, varázs II. vi 1. fellebbez (from/against vm ellen) 2. folyamodik, fordul (to sy for sg vkhez vmért); felhívást intéz; ~ to sg vmhez folyamodik 3. ~ to sy hatást tesz/gyakorol vkre, tetszik vknek, izgat/vonz vkt; that doesn't ~ to me ez nem érdekel/tetszik, ez hidegen hagy
appealing [ə'pi:lɪŋ] a 1. könyörgő 2. rokonszenves, vonzó, megnyerő
appear [ə'pɪə*] vi 1. megjelenik, jelentkezik, mutatkozik, láthatóvá válik; feltűnik; szerepel (vhol); ~ for sy vkt perben képviscl 2. látszik, tűnik, she ~s sad szomorúnak látszik; so it ~s, so it would ~ úgy látszik; it ~s not úgy látszik, hogy nem; it ~s to me that... nekem úgy tűnik (v. én úgy látom), hogy...
appearance [ə'pɪər(ə)ns] n 1. megjelenés, jelentkezés; make an ~ megjelenik; put in an ~ megjelenik, mutatkozik 2. látszat, külső megjelenés, külszín; to all ~s látszat szerint, minden arra mutat, hogy... in ~ látszatra; for the sake of ~s a forma kedvéért; keep up ~s fenntartja a látszatot
appease [ə'pi:z] vt 1. lecsillapít, lecsendesít, megbékít 2. kielégít, enyhít [kíváncsiságot, éhséget stb.]

appeasement [ə'pi:zmənt] *n* **1.** megbékítés; lecsendesítés **2.** lekenyerezés
appellant [ə'pelənt] *n* fellebbező
appellate [ə'pelət] *a* fellebbviteli
appellation [æpə'leɪʃn] *n* megnevezés, megjelölés, elnevezés
append [ə'pend] *vt* ráakaszt, hozzáfüggeszt, -told, -fűz; mellékel csatol; rátesz [pecsétet]
appendage [ə'pendɪdʒ] *n* **1.** függelék, toldalék **2.** (gép)tartozék
appendectomy [æpen'dektəmɪ] *n* féregnyúlvány eltávolítása, „vakbélműtét"
appendicitis [əpendɪ'saɪtɪs] *n* féregnyúlványlob, „vakbélgyulladás"
appendix [ə'pendiks] *n* (*pl* ~**es** -ɪz v. **appendices** ə'pendɪsi:z) **1.** függelék, toldalék, melléklet **2.** (*vermiform*) ~ féregnyúlvány, „vakbél"
apperception [æpə'sepʃn] *n* **1.** tudatos észlelés, appercepció **2.** tudatosulás
appertain [æpə'teɪn] *vi* ~ *to* tartozik vmhez/vkhez, vonatkozik vmre
appetite ['æpɪtaɪt] *n* **1.** étvágy **2.** vágy, kedv
appetizer ['æpɪtaɪzə*] *n* étvágygerjesztő
appetizing ['æpɪtaɪzɪŋ] *a* kívánatos, étvágygerjesztő
applaud [ə'plɔ:d] **A.** *vi* tapsol **B.** *vt* (meg)tapsol, dicsér; üdvözöl (vmt); *be* ~*ed* megtapsolják, tapsot kap
applause [ə'plɔ:z] *n* taps, tetszésnyilvánítás; dicséret, helyeslés; *round of* ~ dörgő tapsvihar
apple ['æpl] *n* alma; *the* ~ *of one's eye* a szeme fénye; ~ *sauce* (1) almakompót (2) *US biz* badarság, szamárság (3) nyalás
apple-cart *n upset sy's* ~ keresztülhúzza vknek a számításait, felborítja vknek a terveit
apple-pie *n* almáspite; *biz in* ~ *order* példás/mintaszerű rendben
appliance [ə'plaɪəns] *n* **1.** készülék, eszköz, szerkezet, berendezés; *household* ~*s* háztartási gépek **2.** **appliances** *pl* szerelékek, szerelvények, tartozékok
applicable ['æplɪkəbl] *a* alkalmazható
applicant ['æplɪkənt] *n* pályázó, folyamodó, kérelmező, kérvényező

application [æplɪ'keɪʃn] *n* **1.** alkalmazás, felhasználás, használat; *"for external* ~ *only"* „csak külsőleg" **2.** kérvény(ezés), kérelem, folyamodvány; pályázat; ~ *form* kérvényűrlap, jelentkezési (űr)lap; vízumkérőlap; ~ *for visa* vízumkérelem; *make an* ~ *for sg* kérvényez/kérelmez vmt; megpályáz vmt; *samples are sent on* ~ kívánságra mintákat küldünk **3.** szorgalom, igyekezet
applied [ə'plaɪd] *a* alkalmazott; ~ *art* iparművészet; ~ *mathematics* alkalmazott matematika; ~ *science* technológia
apply [ə'plaɪ] **A.** *vt* **1.** alkalmaz; (fel-) használ; fordít (*to* vmre); ~ *the brakes* fékez; *this rule cannot be applied* ez a szabály nem alkalmazható (v. nem érvényes) vmre; ~ *one's mind to sg* vmre összpontosítja figyelmét; ~ *oneself to sg* vmre adja magát **2.** ráilleszt, ráerősít, ráhelyez, felrak (*sg to sg* vmt vmre); felhord [festéket]; ~ *a dressing to* bekötöz [sebet stb.] **B.** *vi* **1.** ~ *to sy for sg* fordul/folyamodik vkhez vmért, kér vktől vmt, kérvényt benyújt vkhez; *where shall I* ~ ? kihez fordulhatok?, hová kell benyújtani a kérelmet? **2.** vonatkozik (*to* vmre, vkre); érvényes; *this does not* ~ *to you* ez nem vonatkozik önre/rád; *delete whichever does not* ~ a nem kívánt rész törlendő
appoint [ə'pɔɪnt] **1.** kinevez (vkt vmvé); kijelöl (vkt vmre) **2.** kijelöl [helyet]; kitűz, megállapít, megjelöl [időpontot] **3.** ~ *that sg shall be done* előír vmt, meghagyja, hogy vmt tegyenek
appointee [əpɔɪn'ti:] *n* kijelölt/kinevezett személy
appointment [ə'pɔɪntmənt] *n* **1.** kinevezés; állás **2.** megbeszélés; megbeszélt időpont/találkozó; randevú; *by* ~ megbeszélés/megállapodás szerint; *make/fix an* ~ *with sy* megbeszél egy időpontot/találkozót vkvel, előzetesen bejelenti magát vknél; *I have an* ~ *with X at 2 p.m.* 2 órára beszéltem meg (a találkozót) X-szel; du. 2-re vagyok bejelentve X-nél **3.** **appoint-**

ments *pl* berendezés(i tárgyak), felszerelés
Appomattox [æpə'mætəks] *prop*
apportion [ə'pɔːʃn] *vt* 1. (arányosan) feloszt, megoszt, szétoszt 2. kiutal, juttat (vmt vk részére)
apportionment [ə'pɔːʃnmənt] *n* 1. felosztás, szétosztás 2. kiutalás
apposite ['æpəzɪt] *a* találó, megfelelő, helyénvaló
apposition [æpə'zɪʃn] *n* értelmező (jelző), appozíció
appraisal [ə'preɪzl] *n* (fel)értékelés, felbecsülés, becslés
appraise [ə'preɪz] *vt* (fel)becsül, megbecsül, értékel
appraiser [ə'preɪzə*] *n* becsüs
appreciable [ə'priːʃəbl] *a* érezhető, észrevehető, észlelhető
appreciably [ə'priːʃəblɪ] *adv* észrevehetően
appreciate [ə'priːʃɪeɪt] **A.** *vt* 1. méltányol, (meg)becsül, értékel; nagyra becsül/értékel; élvez, értékel [műalkotást]; *we should greatly ~ if...* nagyon hálásak lennénk, ha... 2. helyesen ítél meg, tisztán lát; (pontosan) érzékel; *I fully ~ the fact that...* teljesen tisztában vagyok azzal, hogy... **B.** *vi* értékben/árban emelkedik, felmegy az ára
appreciation [əpriːʃɪ'eɪʃn] *n* 1. méltánylás, megbecsülés, (nagyra) értékelés, elismerés; méltatás; *write an ~ of a new novel* méltatást ír egy új regényről 2. élvezés, értékelés [műalkotásé] 3. helyes megítélés, megértés, érzékelés 4. értéknövekedés, áremelkedés
appreciative [ə'priːʃjətɪv; *US* -ʃɪeɪ-] *a* méltányló, megbecsülő, (meg)értő, elismerő; *an ~ audience* hálás/értő közönség
apprehend [æprɪ'hend] *vt* 1. megragad, megért, érzékel, felfog (vmt) 2. fél (vmtől) 3. letartóztat, lefog
apprehensible [æprɪ'hensəbl] *a* megérthető, felfogható
apprehension [æprɪ'henʃn] *n* 1. megértés, értelem; felfogás; *quick of ~* gyors felfogású 2. félelem, aggódás, nyugtalanság, rossz előérzet 3. elfogás, letartóztatás

apprehensive [æprɪ'hensɪv] *a* 1. felfogó, értelmes, jó felfogású 2. félénk; nyugtalan (*of* vm miatt), aggódó; *be ~ of sg* tart/fél vmtől; *be ~ for sy('s safety)* aggódik vkért, félt vkt
apprentice [ə'prentɪs] **I.** *n* tanonc, ipari tanuló; gyakornok; újonc; *bind ~* tanoncnak (v. ipari tanulónak) fogad/szerződtet vkt **II.** *vt* tanoncnak/ tanulónak ad/fogad
apprenticeship [ə'prentɪʃɪp] *n* tanoncság, tanoncidő, tanulóidő
apprise [ə'praɪz] *vt* értesít; *be ~d of sg* tud vmről
approach [ə'proʊtʃ] **I.** *n* 1. közeledés; (meg)közelítés; *make ~es to sy* közeledni próbál vkhez; *easy of ~* könnyen megközelíthető/hozzáférhető; *the nearest ~ to sg* vmhez leginkább hasonló 2. (vhova) be- v. odavezető út, bekötő út, feljáró 3. *átv* megközelítés, felfogás, szemlélet(mód), beállítás; hozzáállás **II. A.** *vt* (meg)közelít; *~ sy on sg* szól vknek egy ügyben; *be ~ing fifty* közel jár az ötvenhez **B.** *vi* közeledik
approachable [ə'proʊtʃəbl] *a* megközelíthető, hozzáférhető
approaching [ə'proʊtʃɪŋ] *a* közeli, közelgő, közeledő
approbation [æprə'beɪʃn] *n* jóváhagyás, helybenhagyás, helyeslés
appropriate I. *a* [ə'proʊprɪət] helyénvaló, alkalmas, megfelelő, illő **II.** *vt* [ə'proʊprɪeɪt] 1. kisajátít, eltulajdonít 2. fordít/félretesz vm célra, előirányoz, kiutal, átutal
appropriation [əproʊprɪ'eɪʃn] *n* 1. kisajátítás; eltulajdonítás 2. ráfordítás, felhasználás 3. költségvetésileg biztosított összeg; hitelkeret
approval [ə'pruːvl] *n* jóváhagyás, helybenhagyás, helyeslés; *goods on ~* megtekintésre küldött áru; *nod ~* beleegyezően bólint
approve [ə'pruːv] **A.** *vt* helyesel, jóváhagy, helybenhagy; *GB ~d school* javítóintézet **B.** *vi ~ of* elismer(ően vélekedik), helyesel, beleegyezik, hozzájárul
approx. *approximate(ly)*

approximate I. a [ə'prɔksımət; US -a-] (meg)közelítő, hozzávetőleges II. vt/ vi [ə'prɔksımeıt; US -a-] (meg-) közelít

approximately [ə'prɔksımətlı; US -a-] adv hozzávetőleg, körülbelül, kb.

approximation [əprɔksı'məıʃn; US -ɒ-] n (meg)közelítés, közeledés; to a first ~ első közelítésre

appurtenance [ə'pə:tınəns] n tartozék; kellék, hozzávaló, járulék

Apr. April április, ápr.

apricot ['eıprıkɔt; US -at] n sárgabarack, kajszibarack

April ['eıpr(ə)l] n április; ~ Fools' Day április elseje

apron ['eıpr(ə)n] n 1. kötény 2. forgalmi előtér [reptéren] 3. ~ stage kiugró proszcénium/előszín [színpadé]

apron-strings n pl be tied to his mother's/ wife's ~ anyai gyámkodás alatt áll, papucs alatt van

apse [æps] n szentély, apszis

apt [æpt] a 1. gyors felfogású, jó eszű/ fejű, értelmes 2. találó, megfelelő, talpraesett [válasz stb.]; alkalmas 3. be ~ to do sg hajlik/hajlamos vmt megtenni; feltehető, hogy megtesz vmt; ~ to break könnyen törik; ~ to be overlooked könnyen átsiklik rajta az ember

aptitude ['æptıtju:d; US -tu:d] n hajlam, adottság, rátermettség; ~ test alkalmassági vizsga

aptly ['æptlı] adv megfelelően; találóan, talpraesetten

aptness ['æptnıs] n alkalmasság

aqualung ['ækwəlʌŋ] n légzőkészülék [könnyűbúváré]

aquamarine [ækwəmə'ri:n] n kékeszöld berill, akvamarin

aquaplane ['ækwəpleın] I. n ⟨hullámlovagláshoz használt, motorcsónak vontatta deszkalap⟩, akvaplán II. vi akvaplánozik

aquarium [ə'kweərıəm] n akvárium

aquatic [ə'kwætık] a vízi; ~ sports vízi sportok

aquatint ['ækwətınt] n foltmaratás

aqua-vitae [ækwə'vaıti:] n pálinka, tömény szesz

aqueduct ['ækwıdʌkt] n vízvezeték

aqueous ['eıkwıəs] a vizes

aquiline ['ækwılaın] a sas-; ~ nose sasorr

ARA [eıa:r'eı] Associate of the Royal Academy a Királyi Szépművészeti Akadémia tagja

Arab ['ærəb] I. a arab II. n 1. arab (ember) 2. arab ló

Arabella [ærə'belə] prop Arabella

Arabia [ə'reıbjə] prop Arábia

Arabian [ə'reıbjən] arábiai; arab; ~ nights Ezeregyéjszaka

Arabic ['ærəbık] I. a arab; a~ numerals arab számok II. n arab (nyelv)

Arabist ['ærəbıst] n arab nyelvész/specialista, arabista

arable ['ærəbl] a szántott, művelhető [föld]

arachnid [ə'ræknıd] n (pl ~a -də) pókféle

Aram ['eərəm] prop ⟨férfi keresztnév⟩

Aramaic [ærə'meıık] a/n arám(i) (nyelv)

arbiter ['a:bıtə*] n 1. (feltétlen) ura/ irányítója vmnek 2. = arbitrator

arbitrament [a:'bıtrəmənt] n döntőbírói ítélet, (bírói) döntés

arbitrary ['a:bıtrərı; US -rerı] a 1. önkényes, korlátlan, önhatalmú 2. tetszés szerinti, tetszőleges

arbitrate ['a:bıtreıt] vt/vi választott bíróilag (v. döntőbíróilag) (el)dönt

arbitration [a:bı'treıʃn] n 1. választottbírói eljárás/döntés, döntőbíráskodás; egyeztető eljárás 2. árkémlés

arbitrator ['a:bıtreıtə*] n döntőbíró, választott bíró

arbor¹ ['a:bə*] n főtengely; orsó

arbor² →arbour

Arbor Day US fák/faültetés napja

arboreal [a:'bɔ:rıəl] a 1. fás, fa jellegű, fa- 2. fán élő

arboretum [a:bə'ri:təm] n arborétum

arbour, US arbor ['a:bə*] n lugas

arc [a:k] n (kör)ív

arcade [a:'keıd] n árkád(sor); tornác

Arcadia [a:'keıdjə] prop Árkádia

arcane [a:'keın; US 'a:r-] a misztikus, titkos hatású, rejtett

arch¹ [a:tʃ] I. n bolthajtás, (bolt)ív

II. A. *vt* (be)boltoz; *the cat ~es its back* a macska púpozza a hátát **B.** *vi* boltívet alkot, boltozódik
arch² [ɑ:tʃ] *a* ravaszkás, pajkos, huncut
arch- [ɑ:tʃ-] *pref* fő-, vezető-
arch(a)eological [ɑ:kɪə'lɔdʒɪkl; *US*-'lɑ-] *a* régészeti, archeológiai
arch(a)eologist [ɑ:kɪ'ɔlədʒɪst; *US* -'ɑ-] *n* régész, archeológus
arch(a)eology [ɑ:kɪ'ɔlədʒɪ; *US* -'ɑ-] *n* régészet, archeológia
archaic [ɑ:'keɪɪk] *a* ódon, régies, elavult
archaism ['ɑ:keɪɪzm] *n* régies kifejezés/szó
archangel ['ɑ:keɪndʒ(ə)l] *n* arkangyal
archbishop [ɑ:tʃ'bɪʃəp] *n* érsek
archbishopric [ɑ:tʃ'bɪʃəprɪk] *n* érsekség
archdeacon [ɑ:tʃ'di:k(ə)n] *n* főesperes
archdiocese [ɑ:tʃ'daɪəsɪs] *n* érsekség (területe)
archduke [ɑ:tʃ'dju:k; *US* -du:k] *n* főherceg
arch-enemy [ɑ:tʃ-] *n* fő ellenség, a sátán
archeol . . . →*arch(a)eol* . . .
archer ['ɑ:tʃə*] *n* íjász
archery ['ɑ:tʃərɪ] *n* íjazás, íjászat
archetypal [ɑ:kɪ'taɪpl] *a* őstípusi
archetype ['ɑ:kɪtaɪp] *n* őstípus, archetípus
Archibald ['ɑ:tʃɪbəld] *prop* Archibald
Archie ['ɑ:tʃɪ] *prop* Arcsi 〈*Archibald* becézett alakja〉
archiepiscopal [ɑ:kɪɪ'pɪskəpl] *a* érseki
Archimedean screw [ɑ:kɪ'mi:djən] archimedesi csavar
Archimedes [ɑ:kɪ'mi:di:z] *prop* Arkhimédész
archipelago [ɑ:kɪ'pelɪgoʊ] *n* szigetvilág
architect ['ɑ:kɪtekt] *n* (tervező) építész, építészmérnök
architectural [ɑ:kɪ'tektʃ(ə)rəl] *a* építészeti
architecture ['ɑ:kɪtektʃə*] *n* építészet, építőművészet
archives ['ɑ:kaɪvz] *n pl* levéltár, archívum
archivist ['ɑ:kɪvɪst] *n* levéltáros
archly ['ɑ:tʃlɪ] *adv* pajkosan, huncutul, ravaszkásan
archness ['ɑ:tʃnɪs] *n* ravasz(kás)ság, pajkosság

arch-support [ɑ:tʃ-] *n* (lúd)talpbetét
archway ['ɑ:tʃweɪ] *n* **1.** bolthajtás alatti átjárás, boltíves folyosó **2.** árkádsor
arc-lamp *n* ívlámpa
arc-light *n* ívfény
arctic ['ɑ:ktɪk] **I.** *a* (északi-)sarki; sarkvidéki; igen hideg [idő]; *the A~ Ocean* az Északi-Jeges-tenger; *A~ Circle* Északi-sarkkör **II.** *n* **1.** *the A~* az Északi-sark(vidék) **2.** *US* **arctics** *pl* hócipő
ardent ['ɑ:d(ə)nt] *a* tüzes; lelkes, buzgó; heves; ~ *spirits* (1) pálinkafélék (2) rajongók
ardour, *US* **ardor** ['ɑ:də*] *n* lelkesedés, buzgalom, hév, tűz
arduous ['ɑ:djʊəs; *US* -dʒʊ-] *a* **1.** meredek **2.** terhes, nehéz, fáradságos
are¹ [ɑ:*, gyenge ejtésű alakja: ə*] →*be*
are² [ɑ:*] *n* ár [100 m²]
area ['eərɪə] *n* **1.** terület; felület, felszín; terep; térség; légtér; ~ *code* körzeti hívószám; *postal* ~ postai körzet/kerület; ~ *bombing* szőnyegbombázás **2.** (kutatási) terület **3.** *GB* 〈utca felőli alagsori világítóudvar〉
arena [ə'ri:nə] *n* küzdőtér, aréna
aren't [ɑ:nt] = *are not* →*be*
'arf [ɑ:f] *a* □ = *half*
Argentina [ɑ:dʒ(ə)n'ti:nə] *prop* Argentína
Argentine¹ ['ɑ:dʒ(ə)ntaɪn; *US* -ti:n] **I.** *prop the* ~ Argentína **II.** *a/n* argentin, argentínai
argentine² ['ɑ:dʒ(ə)ntaɪn; *US* -tɪn] **I.** *a* ezüstszerű, ezüstös **II.** *n* argentin, afrit
Argentinian [ɑ:dʒən'tɪnɪən] *a* argentin, argentínai
arguable ['ɑ:gjʊəbl] *a* vitatható
argue ['ɑ:gju:] **A.** *vt* **1.** (meg)vitat; érvekkel alátámaszt; bizonyít **2.** ~ *sy into doing sg* rábeszél vkt vm megtételére; ~ *sy out of doing sg* lebeszél vkt vm megtételéről **B.** *vi* vitatkozik; érvel (*for* vm mellett, *against* vm ellen); okoskodik
argument ['ɑ:gjʊmənt] *n* **1.** érv, bizonyíték; indok; jogalap; argumentum; *advance an* ~ érvet felhoz **2.** érvelés, okoskodás **3.** vita, vitatkozás; szó-

4

váltás; *it is beyond ~ that*... nem vitás, hogy... **4.** tartalmi összefoglalás **5.** független változó [matematikában] **argumentation** [ɑːgjʊmenˈteɪʃn] *n* fejtegetés, bizonyítás, érvelés, indokolás, okfejtés **argumentative** [ɑːgjʊˈmentətɪv] *a* vitatkozni szerető; okoskodó **aria** [ˈɑːrɪə] *n* ének, dalbetét, ária **arid** [ˈærɪd] *a (átv is)* száraz **aridity** [æˈrɪdɪtɪ] *n* szárazság **aright** [əˈraɪt] *adv* helyesen; jól; *set/put ~* helyrehoz; kiegyenesít **arise** [əˈraɪz] *vi (pt* **arose** əˈroʊz, *pp* **arisen** əˈrɪzn) **1.** keletkezik, támad, felmerül; *new problems ~* új problémák merülnek fel; *should the occasion ~* amennyiben a helyzet úgy alakul, ha (a helyzet) úgy adódnék... **2.** fakad, ered, adódik, származik *(from* vmből); *arising from sg* vmből eredő(en) **3.** † felkel, emelkedik **aristocracy** [ærɪˈstɔkrəsɪ; *US* -ɑk-] *n* főnemesség, arisztokrácia **aristocrat** [ˈærɪstəkræt; *US* əˈrɪs-] *n* főnemes, arisztokrata **aristocratic** [ærɪstəˈkrætɪk] *a* főnemesi; előkelő, *(átv is)* arisztokratikus **Aristotle** [ˈærɪstɔtl; *US* -ɑ-] *prop* Arisztotelész **arithmetic I.** *a* [ærɪθˈmetɪk] = *arithmetical* **II.** *n* [əˈrɪθmətɪk] számtan, aritmetika **arithmetical** [ærɪθˈmetɪkl] *a* számtani, aritmetikai; *~ series* számtani sor/haladvány **Ariz.** *Arizona* **Arizona** [ærɪˈzoʊnə] *prop* **ark** [ɑːk] *n* **1.** bárka; *A~ of the Covenant* frigyszekrény, -láda **Ark.** *Arkansas* **Arlington** [ˈɑːlɪŋtən] *prop* **arm¹** [ɑːm] *n* **1.** kar; *~ action/movement* kartempó; *put an ~ around sy* vkt átkarol; *child in ~s* pólyás, karon ülő (gyerek); *carry sg under one's ~s* a hóna alatt visz vmt; *come to my ~s!* jöjj a keblemre!; *at ~'s length* kartávolságban, kartávolságra; *keep sy at ~'s length* távol tart magától vkt **2.**

ujj [ˈruhaé] **3.** kar [emelőé, mérlegé]; kar(fa) **4.** ág [folyóé, fáé]; elágazás; *~ of the sea* széles torkolat **5.** *átv* ág(azat) **arm²** [ɑːm] **I.** *n* **1.** fegyvernem; *the air ~* a repülők/légierők **2. arms** *pl* fegyver; *small ~s* kézi lőfegyver; *~s race* fegyverkezési verseny; *bear ~s* fegyvert visel, katonáskodik; *in ~s* fegyverben, harcra készen; *under ~s* tényleges katonai szolgálatban; *be up in ~s* méltatlankodva tiltakozik, fel van zúdulva (vk ellen); *take up ~s against sy* fegyvert fog/ragad vk ellen; *lay down ~s* leteszi a fegyvert, megadja magát; *resort to ~s* fegyverhez folyamodik; *present ~s* fegyverrel tiszteleg **II.** *vt* felfegyverez; *~ed to the teeth* állig felfegyverezve **B.** *vi* fegyverkezik **armada** [ɑːˈmɑːdə] *n* hajóhad, armada **Armageddon** [ɑːməˈgedn] *n* döntő csata **armament** [ˈɑːməmənt] *n* **1.** fegyverzet, hadi felszerelés **2.** fegyverkezés; *~s industry* fegyverkezési ipar **armature** [ˈɑːmətjʊə*; *US* -tʃər] *n* **1.** (védő)fegyverzet; felszerelés **2.** armatúra **arm-chair** *n* karosszék; fotel **-armed¹** [-ɑːmd] -karú **armed²** [ɑːmd] *a* fegyveres, felfegyverzett; *~ forces* fegyveres erők, haderő **Armenia** [ɑːˈmiːnjə] *prop* Örményország **Armenian** [ɑːˈmiːnjən] *a/n* örmény **armful** [ˈɑːmfʊl] *a* ⟨amennyit két karral össze lehet fogni⟩, nyalábnyi **arm-hole** *n* karkivágás, karöltő **arm-in-arm** *adv* karonfogva, karöltve (vkvel) **armistice** [ˈɑːmɪstɪs] *n* fegyverszünet; *A~ Day* ⟨az első világháborút befejező fegyverszünet évfordulója, november 11.⟩ **armlet** [ˈɑːmlɪt] *n* **1.** karperec **2.** karszalag **3.** öblöcske **armor(-)** → *armour(-)* **armorial** [ɑːˈmɔːrɪəl] *a* címerrel kapcsolatos, címertani; *~ bearings* címer(pajzs) **armour,** *US* **armor** [ˈɑːmə*] **I.** *n* **1.** fegyverzet, páncél **2.** vasalás, vértezés,

páncél(zat) **3.** páncélos erő [hadosztályé stb.] **II.** *vt* véd, burkol, felfegyverez, páncélzattal ellát, páncéloz
armoured ['ɑ:məd] *a* **1.** páncélos, páncélozott; páncél-; ~ *car* páncél(gép)kocsi; ~ *cruiser* páncélos cirkáló; ~ *train* páncélvonat **2.** páncélkocsikkal ellátott, páncélos; ~ *division* páncélos hadosztály; ~ *troops* páncélos alakulatok, a páncélosok
armourer ['ɑ:mərə*] *n* **1.** fegyverkovács **2.** fegyvermester
armour-plate *n* páncéllemez
armour-plated *a* páncéllemezes, páncélozott
armoury, *US* **armory** ['ɑ:mərı] **1.** fegyver(rak)tár **2.** *US* fegyvergyár
armpit *n* hónalj
arm-rest *n* karfa, kartámasz
arms [ɑ:mz] → *arm²* *I.* *2.*
army ['ɑ:mı] *n* **1.** hadsereg, haderő, katonaság; ~ *corps* ['ɑ:mı kɔ:*, *pl* -kɔ:z] hadtest; *join/enter the* ~ katonának megy; katonai pályára lép; *serve/be in the* ~ katona, katonáskodik, a hadseregben/katonaságnál szolgál; ~ *list* katonai ranglista **2.** *biz* sereg, tömeg
Arnold ['ɑ:n(ə)ld] *prop* Arnold
aroma [ə'roumə] *n* illat; íz, zamat, aroma
aromatic [ærə'mætık] *a* fűszeres illatú/ízű, zamatos, aromás
aromatize [ə'roumətaız] *vt* ízesít
arose → **arise**
around [ə'raund] *adv/prep* **1.** (körös-)körül, minden oldalon/irányban, mindenfelé, közel, *US* itt-ott; *from all* ~ mindenfelől; *he has been* ~ *a lot* sokat tapasztalt/látott (a világból) **2.** *US* körülbelül, táján, felé
arouse [ə'rauz] *vt* **1.** felébreszt [álmából] **2.** (fel)kelt, (fel)ébreszt [vkben érzést stb.]
arr. **1.** *arranged* **2.** *arrival* **3.** *arrives*
arrack ['ærək] *n* rizspálinka
arraign [ə'reın] *vt* bevádol, vádat emel (vk ellen), bíróság elé állít
arraignment [ə'reınmənt] *n* **1.** megvádolás, vád alá helyezés **2.** vádirat
arrange [ə'reındʒ] *A.* *vt* **1.** (el)rendez,

rendbe hoz/tesz [könyveket stb.]; megigazít [hajat] **2.** elintéz; előkészít; (meg)szervez [pl. utazást]; ~ *a marriage between* . . . összehoz vkt vkvel (házasság céljából); ~ *a meeting* megbeszél egy találkozót; ~ *differences* nézeteltéréseket elsimít **3.** átdolgoz, átír, alkalmaz [vmlyen hangszerre, énekkarra stb.] *B.* *vi* **1.** intézkedik; ~ *for sg* vmről gondoskodik/intézkedik, előkészít/megszervez vmt; *I have* ~*d for a car to meet you* intézkedtem, hogy egy kocsi várja önt **2.** megegyezik, egyezségre jut, megállapodik (*with sy for* v. *about sg* vkvel vmben), megbeszél (*with sy to* . . . vkvel, hogy)
arrangement [ə'reındʒmənt] *n* **1.** elrendezés, rendberakás **2.** **arrangements** *pl* előkészületek; intézkedés; *make* ~*s for sg* előkészületeket tesz vmre, intézkedik (vm dologban), elintéz/megbeszél vmt (*with* vkvel); *I'll make* ~*s for John to meet you at the airport* intézkedem, hogy János várjon a repülőtéren **3.** elintézés, elsimítás [vitás ügyé]; megegyezés, megállapodás, egyezség; *by* ~ megegyezés/megállapodás szerint; *come to* (v. *make) an* ~ *with sy* megegyezésre jut vkvel, megállapodik vkvel **4.** ~ *for piano* zongoraátirat
arrant ['ærənt] *a* hírhedt, cégéres
array [ə'reı] *I.* *n* **1.** sor, rend, elrendezés; *in battle* ~ csatarendben **2.** ruha **3.** esküdtszék beiktatása **4.** bemutatás *II.* *vt* **1.** elrendez, sorba állít **2.** (fel)díszít **3.** esküdteket felhív/lajstromoz
arrears [ə'rıəz] *n* *pl* hátralék; lemaradás; *get/fall into* ~ hátralékba kerül; *be in* ~ *with sg* el van maradva vmvel
arrest [ə'rest] *I.* *n* **1.** letartóztatás, őrizetbe vétel; *under* ~ őrizetben **2.** feltartóztatás, megakadályozás; ~ *of judgement* ítélet felfüggesztése **3.** lefoglalás, zár alá vétel *II.* *vt* **1.** feltartóztat, megakadályoz, megakaszt, gátol, lefékez, megállít **2.** letartóztat, lefog, őrizetbe vesz **3.** leköt, megragad [figyelmet] **4.** lefoglal, zár alá vesz
arresting [ə'restıŋ] *a* figyelmet lekötő, érdekes

4*

arrival [ə'raɪvl] n 1. (meg)érkezés; on ~ érkezéskor 2. new ~s újonnan érkezettek, új vendégek [szállodában stb.]; the new ~ a kis jövevény [= újszülött] 3. arrivals pl (újonnan érkezett) szállítmányok; 'arrivals' „érkezik" [pl. hajó, feliratként] arrive [ə'raɪv] vi 1. (meg)érkezik, megjön 2. ~ at elér vmt/vhová, vmre jut; ~ at a decision elhatározásra jut, dönt
arrogance ['ærəgəns] n gőg, önteltség, fennhéjázás
arrogant ['ærəgənt] a gőgös, öntelt, szemtelen, fennhéjázó
arrogate ['ærəgeɪt] vt 1. jogot formál (vmre), követel (vmt) 2. (vmt) vknek tulajdonít
arrow ['æroʊ] n nyíl
arrow-head n nyílhegy
arrowroot n ⟨nyílgyökérből készült erőtáplálék⟩
arse [ɑ:s] n GB vulg ülep, segg
arsenal ['ɑ:sənl] n 1. (lőszer- és) fegyverraktár, arzenál 2. fegyvergyár
arsenic ['ɑ:snɪk] n arzén
arson ['ɑ:sn] n gyújtogatás
art¹ [ɑ:t] n 1. művészet; the fine ~s képzőművészet, szépművészet; ~s and crafts iparművészet; work of ~ műalkotás, műremek 2. (jelzői haszn) művészeti; művészi; mű-; ~ critic műbíráló; ~ exhibiton képzőművészeti kiállítás; tárlat; ~ gallery képtár, képcsarnok, műcsarnok; ~ relic műemlék; ~ school képzőművészeti iskola/akadémia; ~ treasure műkincs; ~ work illusztrációs anyag, grafika [kiadványé] 3. the (liberal) ~s bölcsészet(tudomány); faculty of ~s, ~s faculty/department bölcsészkar, bölcsészet(tudomány)i kar, bölcsészet; ~s student bölcsész(hallgató) 4. furfang, mesterkedés, csel 5. ügyesség, „tudomány"; useful ~s technikai tudományok
art² →be
artefact ['ɑ:tɪfækt] n = artifact
arterial [ɑ:'tɪərɪəl] a 1. ütőéri, artériás 2. ~ road főútvonal
arteriosclerosis [ɑ:tɪərɪoʊskliə'roʊsɪs] n érelmeszesedés

artery ['ɑ:tərɪ] n 1. ütőér, artéria 2. főútvonal; arteries of traffic nagy forgalmú útvonalak, főútvonalak
artesian well [ɑ:'ti:zjen; US -iːʒn] artézi kút
artful ['ɑ:tfʊl] a ügyes, ravasz; ~ dodger agyafúrt kópé
arthritis [ɑ:'θraɪtɪs] n ízületi gyulladás
Arthur ['ɑ:θə*] prop Artúr
Arthurian [ɑ:'θjʊərɪən] a az Artúr-mondakörhöz tartozó
artichoke ['ɑ:tɪtʃoʊk] n articsóka
article ['ɑ:tɪkl] I. n 1. (újság)cikk; leading ~ vezércikk 2. áru(cikk), cikk; ~s of clothing ruházati cikkek; ~s for personal use használati tárgyak/cikkek 3. cikk(ely), szakasz, pont [okiratban, megállapodásban stb.]; under the ~s az alapszabályok szerint/értelmében; ~s of apprenticeship tanoncszerződés, [ma:] ipari tanuló szerződése 4. névelő II. vt 1. szerződést köt [mint alkalmazott]; ~d clerk to a solicitor ügyvédjelölt, joggyakornok 2. részletez [vádpontokat]
articulate I. a [ɑ:'tɪkjʊlət] világos, tiszta, (könnyen) érthető, tagolt [beszéd]; he is not very ~ nem képes kifejezni magát; he is highly ~ kitűnő előadókészsége van, mondanivalóját igen világosan tudja megfogalmazni II. vt/vi [ɑ:'tɪkjʊleɪt] 1. tagoltan/világosan/érthetően ejt/mond ki (v. beszél), jól artikulál 2. izenként összeilleszt, összeköt
articulated [ɑ:'tɪkjʊleɪtɪd] a 1. ízelt [állat] 2. csuklós [jármű] 3. tagolt [beszéd]
articulation [ɑ:tɪkjʊ'leɪʃn] n 1. tagolás, kimondás; tagolt beszéd; (érthető/jó) kiejtés; artikuláció 2. összeillesztés; kapcsolat; ízület
artifact ['ɑ:tɪfækt] n 1. műtermék 2. tárgyi lelet, kezdetleges termék/szerszám/műalkotás
artifice ['ɑ:tɪfɪs] n 1. csel, ravaszság 2. ügyesség, lelemény
artificer [ɑ:'tɪfɪsə*] n = artisan
artificial [ɑ:tɪ'fɪʃl] a 1. mesterséges, mű- 2. mesterkélt
artillery [ɑ:'tɪlərɪ] n tüzérség

artilleryman [ɑ:'tɪlərɪmən] *n* (*pl* -men -mən) tüzér
artisan [ɑ:tɪ'zæn; *US* 'ɑ:rtɪzən] *n* 1. kézműves, iparos, mesterember 2. műszerész, mechanikus
artist ['ɑ:tɪst] *n* 1. művész 2. festő(művész)
artiste [ɑ:'ti:st] *n* 1. énekes, táncos; színész 2. artista
artistic [ɑ:'tɪstɪk] *a* művészi(es); művészeti; artisztikus
artistry ['ɑ:tɪstrɪ] *n* művésziesség, művészi tökély/érzék
artless ['ɑ:tlɪs] *a* mesterkéletlen, egyszerű, természetes; ártatlan
arty ['ɑ:tɪ] *a biz* 1. művésziesnek látszani igyekvő, művész(ies)kedő 2. gicscses
arum ['eərəm] *n* kontyvirág
Aryan ['eərɪən] *a* árja; indoeurópai
as [æz; gyenge ejtésű alakja: əz] *conj/pron/adv* 1. (a)mint, ahogy(an); ~ ... ~ olyan ... mint; ~ far ~ (1) ... ig, egészen ... ig (2) (már) amennyire; ~ far ~ London egészen Londonig; ~ far ~ I am concerned ami engem illet; ~ far ~ I can tell már amennyire én meg tudom mondani/állapítani; ~ far ~ I know tudomásom szerint; ~ early ~ the fifth century már az V. században (is); it costs ~ much ~ ten pounds (éppen) tíz fontba kerül; in so far ~ amennyiben; be so good ~ to come légy szíves gyere; so ~ to (1) ... hogy (2) úgy ... hogy; ~ well ~ (1) éppúgy ... mint (2) valamint, is, és; ~ well szintén, is, hozzá (még), azonkívül; we may ~ well begin at once akár azonnal (el is) kezdhetjük →well²; A is to B ~ C is to D A aránylik B-hez mint C a D-hez; ~ if/though mintha; ~ a rule rendszerint, általában; such ~ úgymint, mint például; such people ~ ... olyanok, akik ...; ~ you were! visszakozz! 2. ~ for/to ami (pedig) ...-t illeti; ~ to you ami (pedig) téged illet; ~ to that ami azt illeti; good ~ it is bármennyire jó is 3. amint (éppen), míg, mialatt; ~ soon ~ mihelyt, amint; not so ... ~ nem olyan ... mint; ~ yet mindeddig,

ezideig, (eddig) még 4. mivel, minthogy, miután
asbestos [æz'bestɔs] *n* azbeszt
ascend [ə'send] *vi/vt* 1. (fel)emelkedik, felszáll; felmegy 2. ~ the throne trónra lép
ascendancy, ascendency [ə'sendənsɪ] *n* fölény, befolyás; gain ~ over sg fölénybe kerül vkvel szemben
ascendant, ascendent [ə'sendənt] I. *a* emelkedő, felszálló; növekvő II. *n* be in the ~ (1) emelkedőben van (2) egyre nagyobb befolyása van
ascension [ə'senʃn] *n* 1. felmászás, felemelkedés 2. the A~ a mennybemenetel; A~ Day áldozócsütörtök
ascent [ə'sent] *n* 1. megmászás; (fel-) emelkedés, felszállás 2. meredek hegyoldal; emelkedő; felvezető út; hegymenet
ascertain [æsə'teɪn] *vt* kiderít, megtud, megállapít; tisztáz
ascetic [ə'setɪk] *a/n* aszkéta
asceticism [ə'setɪsɪzm] *n* aszkézis, önsanyargatás
Ascham ['æskəm] *prop*
ascorbic [ə'skɔ:bɪk] *a* ~ acid aszkorbinsav, C-vitamin
Ascot ['æskət] *prop*
ascribable [ə'skraɪbəbl] *a* vknek tulajdonítható
ascribe [ə'skraɪb] *vt* tulajdonít (to vknek/vmnek)
ascription [ə'skrɪpʃn] *n* tulajdonítás
aseptic [æ'septɪk, *US* ∂-] *a* fertőzésmentes, baktérium nélküli, steril
asexual [eɪ'seksjʊəl; *US* -kʃʊ-] *a* nem nélküli, aszexuális
ash¹ [æʃ] *n* kőris(fa)
ash² [æʃ] *n* hamu; burn to ~es elhamvaszt; be burnt to ~es porig leég(ett); A~ Wednesday hamvazószerda; peace to his ~es béke hamvaira
ashamed [ə'ʃeɪmd] *a* megszégyenítve, megszégyenítő; be ~ of szégyell vmt, szégyelli magát vmért; you ought to be ~ of yourself szégyelld magad!; be ~ for sy szégyelli magát vk miatt/helyett
ash-bin, *US* -can *n* szemétláda
ashen ['æʃn] *a* hamuszerű, hamuszürke

ashlar ['æʃlə*] *n* kváderkő, faragott/vágott kő

Ashmolean [æʃ'mouljən] *prop*

ashore [ə'ʃɔ:*] *adv* parton, partra; *go ~ partra* száll, kiszáll

ashtray *n* hamutartó

ashy ['æʃɪ] *a* hamuszerű

Asia ['eɪʃə; *US* -ʒə] *prop* Ázsia

Asian ['eɪʃn; *US* -ʒn] *n* ázsiai

Asiatic [eɪʃɪ'ætɪk; *US* -ʒɪ-] *a* ázsiai

aside [ə'saɪd] I. *adv* 1. félre(-), el-, oldalt, oldalvást; mellé; *put ~ félretesz; speak ~ félreszól* [színpadon]; *take sy ~ félrehív vkt* a társaságból; *~ from eltekintve vmtől, vmn kívül* 2. [mint színpadi utasítás] félre II. *n* félreszólás [színpadon]

asinine ['æsɪnaɪn] *a* ostoba, szamár

ask [ɑ:sk; *US* æ-] *vt* 1. (meg)kérdez *(sy sg vktől vmt); ~ sy a question* vktől kérdez vmt; *biz ~ me another* mit tudom én; *ne bolondozz* 2. kér *(sy sg v. sg of sy* vktől vmt); *~ sy to do sg* megkér vkt vmre (v. hogy vmt megtegyen); *~ sy to dinner* meghív vkt ebédre; *~ £20 a month* havi 20 fontot kér *(for* vmért); *you can have it for the ~ing* csak kérni kell és megkapod
  ask about/after *vi* kérdezősködik vk után/felől
  ask for *vi* 1. kér (vmt); *~ f. help* segítséget kér; *~ f. a lift* felkéredzkedik kocsira; *biz you ~ed f. it* (1) magadnak köszönheted!, kellett ez neked? (2) ezt (a ziccert) nem hagyhattam ki! 2. keres (vkt); *did anyone ~ f. me?* keresett valaki?
  ask in *vt* behívat, bekéret
  ask out *vt* kihívat
  ask up *vt* felhívat

askance [ə'skæns] *adv look ~ at sy/sg* görbe/ferde szemmel néz vkt/vmt

askew [ə'skju:] *adv* ferdén

aslant [ə'slɑ:nt; *US* -æ-] *adv* lejtősen, keresztbe, rézsút, ferdén

asleep [ə'sli:p] *adv/a* alva, álomban; *be fast ~ mélyen* alszik; *fall ~ elalszik; my foot is ~ elzsibbadt* a lábam

asp [æsp] *n* áspiskígyó

asparagus [ə'spærəgəs] *n* spárga, csirág

aspect ['æspekt] *n* 1. tekintet, arckifejezés; külső, megjelenés; *see sg in its true ~* vmt igazi valójában lát 2. oldal, nézőpont, szempont, szemlélet, szemszög, megvilágítás, aspektus 3. fekvés [házé] 4. igeszemlélet, (igei) aspektus

aspen ['æspən] *n* rezgő nyár(fa)

asperity [æ'sperətɪ] *n* darabosság, durvaság, zordság, nyerseség

aspersion [ə'spə:ʃn; *US* -ʒn] *n* rágalom, rágalmazás

asphalt ['æsfælt; *US* -fɔ:lt] *n* aszfalt

asphyxia [æs'fɪksɪə] *n* fulladás

asphyxiate [əs'fɪksɪeɪt] *vt* megfullaszt, megfojt; *be ~d* megfullad(t)

aspic ['æspɪk] *n* kocsonya, aszpik

aspidistra [æspɪ'dɪstrə] *n* kukoricalevél, aszpidisztra

aspirant [ə'spaɪərənt] *n* pályázó, kérő, folyamodó, törekvő *(to, after, for* vmre)

aspirate I. *n* ['æsp(ə)rət] hehezet, h-hang II. *vt* ['æspəreɪt] 1. hehezetesen ejt, kiejti [a h-t] 2. testből lecsapol, kiszív [váladékot, gázt]

aspiration [æspə'reɪʃn] *n* 1. törekvés, vágy(ódás) 2 hehezetes ejtés

aspire [ə'spaɪə*] *vi* vágyakozik vm után, törekszik/vágyik vmre *(after, to)*

aspiring ['æsp(ə)rɪŋ] *n* aszpirin

aspiring [ə'spaɪərɪŋ] *a* törekvő

Asquith ['æskwɪθ] *prop*

ass[1] [æs] *n* szamár; *make an ~ of oneself* szamárságot követ el; blamálja magát

ass[2] [æs] *n US vulg = arse*

assail [ə'seɪl] *vt* megtámad, megrohamoz, nekiesik

assailant [ə'seɪlənt] *n* támadó

assassin [ə'sæsɪn] *n* orgyilkos

assassinate [ə'sæsɪneɪt] *vt* orvul meggyilkol/megöl

assassination [əsæsɪ'neɪʃn] *n* orgyilkosság

assault [ə'sɔ:lt] I. *n* 1. (meg)támadás, ostromlás; roham; *make an ~ on* rohamot indít vm ellen, megrohamoz vmt; *take by ~* rohammal bevesz; *~ party* rohamcsapat 2. veszélyes fenyegetés; tettlegesség; erőszak [hatósági közeg elleni, nemi stb.]; *~ and battery* testi sértés, tettlegesség II. *vt* 1. megtámad, (meg)rohamoz, ostromol 2. tettleg bántalmaz, erőszakot követ el (vkn)

assay [ə'seɪ] I. *n* 1. (fém)vizsgálás, (finomsági) próba, vizsgálat; meghatározás; ércelemzés 2. elemzési minta II. *vt/vi* megvizsgál, elemez [fémet]
assegai ['æsɪgaɪ] *n* lándzsa
assemblage [ə'semblɪdʒ] *n* 1. gyülekezet; gyülekezés 2. összeszerelés, -állítás
assemble [ə'sembl] A. *vt* 1. összegyűjt, egybegyűjt 2. összerak, -állít, -szerel B. *vi* összegyűlik, gyülekezik
assembly [ə'semblɪ] *n* 1. gyűlés, gyülekezés, összejövetel; *right of ~* gyülekezési jog; *general ~* közgyűlés, nagygyűlés; *~ room* nagyterem, díszterem 2. összeszerelés, -állítás, -illesztés; *~ line* szerelőszalag, futószalag; *~ worker* szerelőmunkás 3. *~ hall* (1) nagyterem, díszterem [iskolában] (2) szerelőcsarnok 4. sorakozó [katonai jeladás]
assent [ə'sent] I. *n* beleegyezés, jóváhagyás; *bow one's ~* beleegyezően bólint; *royal ~* jóváhagyás; *by common ~* közös megegyezés alapján II. *vi* jóváhagy, helyesel, hozzájárul *(to)*
assert [ə'sə:t] *vi* 1. állít, kijelent 2. *~ oneself* (1) jogait hangsúlyozza (2) érvényesülni kíván, előtérbe tolja magát
assertion [ə'sə:ʃn] *n* 1. állítás, kijelentés 2. követelés; igény érvényesítése
assertive [ə'sə:tɪv] *a* 1. bizonyítgató 2. önző, tolakodó, rámenős; nyers
assess [ə'ses] *vt* 1. felbecsül, megállapít [kárt, értéket] 2. előír, kivet [adót]
assessable [ə'sesəbl] *a* adóköteles
assessment [ə'sesmənt] *n* 1. felbecsülés; *~ of damages* kármegállapítás, -felvétel 2. kivetés [adóé] 3. kivetett adó
assessor [ə'sesə*] *n* 1. törvényszéki szakértő; ülnök; társbíró; szavazóbíró 2. adófelügyelő, -becslő 3. kárbecslő
asset ['æset] *n* 1. assets *pl* vagyon(tárgyak); cselekvő vagyon, aktívák; követelések; kinnlevőség; *~s and liabilities* aktívák és passzívák 2. *átv* előny, nyereség; (vknek az) erőssége; *good health is a great ~* a jó egészség nagy kincs
asseverate [ə'sevəreɪt] *vt* ünnepélyesen állít/kijelent

assiduity [æsɪ'dju:ətɪ; *US* -'du:-] *n* szorgalom, serénység; előzékenység
assiduous [ə'sɪdjʊəs; *US* -dʒʊ-] *a* szorgalmas, kötelességtudó; kitartó
assign [ə'saɪn] *vt* 1. kijelöl, megállapít, megjelöl [helyet, időpontot, feladatot stb.]; kinevez, kijelöl [állásra]; beoszt [munkakörbe]; felad [leckét]; *US ~ed counsel* kirendelt védő 2. tulajdonít *(to* vmnek) 3. átad, átenged; átutal; kiutal
assignation [æsɪg'neɪʃn] *n* 1. utalványozás, átruházás 2. kijelölés, megállapítás [időponté, helyé] 3. találka, randevú
assignee [æsɪ'ni:; *US* əsaɪ'n-] *n* 1. zárgondnok 2. engedményes
assignment [ə'saɪnmənt] *n* 1. átruházás, juttatás; kiutalás; engedményezés 2. kijelölés [állásra]; kinevezés; megbízás; beosztás 3. *US* [iskolai] feladat 4. felsorolás [okoké, érveké]
assimilate [ə'sɪmɪleɪt] A. *vt* 1. hasonlóvá tesz, hasonít 2. magába olvaszt, beolvaszt, elnyel 3. [biológiailag] áthasonít, feldolgoz [táplálékot], asszimilál 4. hasonít, asszimilál [hangot]; *be ~d to sg* hasonul/asszimilálódik vmhez B. *vi* 1. hasonlóvá válik, hasonul, asszimilálódik 2. (el)keveredik, beolvad, asszimilálódik 3. [biológiailag] áthasonul; feldolgozódik, asszimilálódik
assimilation [əsɪmɪ'leɪʃn] *n* 1. hasonlóvá tevés, hasonítás; beolvasztás 2. hasonlóvá válás, hasonulás; beolvadás, asszimiláció, asszimilálódás 3. [biológiailag] áthasonítás, asszimilálás, feldolgozás [tápláléké] 4. hasonulás, asszimiláció [hangoké]
assist [ə'sɪst] *vt/vi* 1. támogat, segít, segédkezik, kisegít 2. elősegít, hozzájárul
assistance [ə'sɪst(ə)ns] *n* segítség, támogatás; segély; *be of ~ to sy* segít(ségére van) vknek; *give/lend ~ to sy* segítséget nyújt vknek
assistant [ə'sɪst(ə)nt] I. *a* segéd-, helyettes; pót-; *~ master* középiskolai tanár; *~ pilot* másodpilóta; *US ~ professor* adjunktus II. *n* 1. kisegítő, helyettes 2. alkalmazott; segéd

assize [ə'saɪz] n 1. bírói tárgyalás; court of ~s ⟨vándorbírák vezetése alatt évente kétszer vidéken ülésező esküdtbíróság⟩ 2. bírói határozat Assoc. Association associate I. a [ə'souʃɪət] társ-, tag-, kisegítő; ~ judge kb. bírósági jegyző; US ~ professor kb. docens II. n [ə'souʃɪət] társ, tag, munkatárs; ~s in crime bűntársak III. v [ə'souʃɪeɪt] A. vt társít, összekapcsol, asszociál; be ~d with kapcsolatban van (vkvel, vmvel); ~ oneself with sy in an undertaking társul vkvel vállalkozásban; ~ oneself with sy/sg csatlakozik vkhez/vmhez B. vi társul, szövetkezik, egyesül, érintkezik, barátkozik (with vkvel) association [əsouʃɪ'eɪʃn] n 1. egyesülés, társulás; kapcsolat, érintkezés (vkvel, vmvel) 2. egyesület, egylet, szövetség, társaság, társulat; A~ Football labdarúgás, futball [ellentétben a rögbivel] 3. társítás; asszociáció; ~ of ideas képzettársítás assonance ['æsənəns] n összehangzás; magánhangzós rím, asszonánc assort [ə'sɔːt] A. vt kiválogat, osztályoz B. vi ~ with érintkezik/összefér vkvel assorted [ə'sɔːtɪd] a 1. válogatott, osztályozott 2. összeillő assortment [ə'sɔːtmənt] n 1. választék, készlet, mintagyűjtemény 2. fajta, féleség 3. osztályozás, szortírozás Asst., asst. assistant assuage [ə'sweɪdʒ] vt csillapít, enyhít assume [ə'sjuːm; US ə'suːm] vt 1. elfogad; feltételez, feltesz; assuming (that)... feltéve, hogy... 2. magára vállal/vesz; vállal; átvesz [vezetést stb.] 3. felvesz, (fel)ölt [magatartást, nevet stb.]; tettet, színlel; ~d name álnév assuming [ə'sjuːmɪŋ: US ə'suː-] a elbizakodott, öntelt, szemtelen assumption [ə'sʌm(p)ʃn] n 1. feltevés, feltételezés, előfeltétel 2. felvétel [alaké, jellegé]; tettetés, színlelés [erényé] 3. vállalás [kötelezettségé]; ~ of office hivatalba lépés 4. Mária mennybemenetele, Nagyboldogasszony ünnepe (aug. 15) 5. elbizakodottság

assurance [ə'ʃuər(ə)ns] n 1. (határozott) ígéret, biztosíték, garancia, szavatolás, jótállás; GB life ~ életbiztosítás 2. bizonyosság; to make ~ doubly sure a nagyobb biztonság kedvéért 3. (ön)bizalom, magabiztosság assure [ə'ʃuə*] vt biztosít, meggyőz; you may rest ~ed nyugodt lehet, biztos lehet afelől assuredly [ə'ʃuərɪdlɪ] adv kétségtelenül Assyria [ə'sɪrɪə] prop Asszíria Assyrian [ə'sɪrɪən] a/n asszír aster ['æstə*] n őszirózsa asterisk ['æstərɪsk] n csillag(jel):* astern [ə'stəːn] adv 1. hajó farán, hátul 2. hátra(felé) asthma ['æsmə; US -z-] n asztma asthmatic [æs'mætɪk; US -z-] a asztmás astigmatic [æstɪg'mætɪk] a asztigmatikus [lencse]; asztigmiás [beteg] astigmatism [æ'stɪgmətɪzm] n szemtengelyferdülés, asztigmatizmus astir [ə'stə:*] a/adv 1. fenn [nem ágyban] 2. mozgásban, izgatottan astonish [ə'stɔnɪʃ; US -ɑ-] vt meglep, megdöbbent, bámulatba ejt; be ~ed to see megdöbbenve látja(, hogy) astonishment [ə'stɔnɪʃmənt; US -ɑ-] n csodálkozás, meglepetés; I heard to my ~ that... csodálkozással/megdöbbenéssel értesültem, hogy...; she looked at me in ~ csodálkozva/megdöbbenben nézett rám Astoria [æ'stɔːrɪə] prop astound [ə'staund] vt (igen) meglep, meghökkent, bámulatba ejt astraddle [ə'strædl] a/adv lovaglóülésben astrakhan [æstrə'kæn; US 'æs-] n asztrahán(prém) astral ['æstr(ə)l] a csillag- astray [ə'streɪ] adv téves irányba(n); lead ~ tévútra visz, félrevezet; go ~ eltéved astride [ə'straɪd] adv/prep lovaglóülésben astringent [ə'strɪndʒənt] I. a 1. összehúzó, vérzéselállító 2. csípősen fanyar II. n összehúzó/vérzéselállító szer astrodome ['æstrədoum] n ⟨navigátor átlátszó megfigyelő kupolája⟩ astrologer [ə'strɔlədʒə*; US -ɑ-] n csillagjós

astrology [ə'strɔlədʒɪ; US -ɑ-] n csillag-
jóslás, asztrológia
astronaut ['æstrənɔ:t] n űrhajós, asztro-
nauta
astronautics [æstrə'nɔ:tɪks] n pl űrhajó-
zás, asztronautika
astronomer [ə'strɔnəmə*; US -ɑ-] n csil-
lagász
astronomic(al) [æstrə'nɔmɪk(l); US -'nɑ-]
a (átv is) csillagászati
astronomy [ə'strɔnəmɪ; US -ɑ-] n csilla-
gászat, asztronómia
astrophysics [æstrə'fɪzɪks] n pl asztro-
fizika
astute [ə'stju:t; US ə'stu:t] a ravasz,
ügyes, okos
astuteness [ə'stju:tnɪs; US ə'stu:t-] n
ravaszság, okosság, ügyesség
A-submarine n atom-tengeralattjáró
asunder [ə'sʌndə*] adv 1. szét, ketté 2.
távol
asylum [ə'saɪləm] n 1. men(edék)hely,
menház 2. elmegyógyintézet 3. poli-
tical ~ politikai menedék(jog)
at [æt; gyenge ejtésű alakja: ət] prep 1.
[hely]-on, -en, -ön, -n; -ban, -ben; -nál,
-nél; ~ sea tengeren; ~ school iskolá-
ban; ~ the station az állomáson; ~
Oxford Oxfordban 2. [idő] -kor; ~ 3
o'clock háromkor; ~ Xmas karácsony-
kor; ~ night éjjel; ~ (the age of) 14 14
éves korában; two ~ a time kettesével;
~ first először; ~ last végre 3. [érték,
ár] -ért; buy sg ~ 10p 10 pennyért
vesz (meg) vmt; ~ 30p a pound fon-
tonként 30 pennyért 4. [elfoglaltság]
be ~ work dolgozik, munkában van;
be ~ play játszik; what are you ~ now?
mit csinálsz most?; she is ~ it again!
már megint kezdi! 5. (különféle kife-
jezésekben:) ~ all egyáltalán; not ~ all
egyáltalán nem; ~ least legalább; ~
them! rajta!, neki!, üsd-vágd!; ~ a
sitting egyetlen erőfeszítéssel, egy ülté-
ben
atavism ['ætəvɪzm]n visszaütés [az ősök-
re], atavizmus
atavistic [ætə'vɪstɪk] a atavisztikus
ate →eat
atelier ['ætəlɪeɪ] n műterem, stúdió
atheism ['eɪθɪɪzm] n ateizmus

atheist ['eɪθɪɪst] n ateista
atheistic [eɪθɪ'ɪstɪk] a ateista
Athenaeum [æθɪ'ni:əm] prop
Athenian [ə'θi:njən] a athéni
Athens ['æθɪnz] prop Athén
athlete ['æθli:t] n sportember, sportoló;
atléta; ~'s foot lábujjak közti gomba-
betegség, epidermophytosis
athletic [æθ'letɪk] a 1. atlétikai; ~
meeting atlétikai viadal 2. izmos, ki-
sportolt; ~ body/frame atlétatermet 3.
~ heart sportszív
athletics [æθ'letɪks] n 1. atlétika 2.
sport(olás)
at-home [ət'hoʊm] n fogadónap
athwart [ə'θwɔ:t] adv ferdén, rézsút, ke-
resztben, haránt
atishoo [ə'tɪʃu:] int biz hapci!
Atkins ['ætkɪnz] prop
Atlanta [ət'læntə] prop
Atlantic [ət'læntɪk] I. a atlanti-óceáni
II. n the ~ az Atlanti-óceán
Atlantis [ət'læntɪs] prop Atlantisz
atlas ['ætləs] n térképgyűjtemény, at-
lasz
atmosphere ['ætməsfɪə*] n (átv is) lég-
kör, atmoszféra
atmospheric(al) [ætməs'ferɪk(l)] a lég-
köri; ~ pressure légnyomás
atmospherics [ætməs'ferɪks] n pl légköri
zavarok; recsegés [rádióban]
atoll ['ætɔl; US -ɑl] n (gyűrű alakú)
korallzátony
atom ['ætəm] n 1. atom; ~ bomb atom-
bomba 2. parany; not an ~ (of) egy
szemernyi(t) sem; smash to ~s izzé-
porrá zúz
atomic [ə'tɔmɪk; US -ɑ-] a atom-; ~
bomb atombomba; ~ defence atomvé-
delem; ~ energy atomenergia; A~
Energy Commission atomenergia-bi-
zottság; ~ fission atom(mag)hasadás,
maghasadás; ~ physics atomfizika,
magfizika; ~ pile atommáglya, reak-
tor; ~ power atomenergia; ~ power-
station atomerőmű; ~ theory atomel-
mélet; ~ war(fare) atomháború, nuk-
leáris háború; ~ weapon atomfegyver,
nukleáris fegyver; ~ weight atomsúly
atomize ['ætəmaɪz] vt porrá tör, (el)por-
laszt, atomizál

atomizer ['ætəmaɪzə*] n porlasztókészülék, porlasztó, permetező
atonal [eɪ'toʊnl] a hangnem nélküli, atonális
atone [ə'toʊn] vi ~ for sg vezekel/lakol vmért, jóvátesz vmt
atonement [ə'toʊnmənt] n bűnhődés, jóvátétel, vezeklés; megbékélés
atop [ə'tɔp; US -ap] adv rajta, tetején, legfelül
atrocious [ə'troʊʃəs] a 1. szörnyű, iszonyú; kegyetlen 2. biz pocsék
atrocity [ə'trɔsətɪ; US -a-] n szörnyűség, rémtett, atrocitás
atrophy ['ætrəfɪ] I. n sorvadás, elcsökevényesedés, atrófia II. A. vi elcsökevényesedik, elgyengül, elsorvad B. vt elgyengít, elsorvaszt
attaboy ['ætəbɔɪ] int US pompás!, bravó!, rajta!, gyerünk!
attach [ə'tætʃ] A. vt 1. (hozzá)csatol, hozzákapcsol, -erősít, (rá)köt, hozzáköt(öz), odaköt, (hozzá)fűz, (oda)ragaszt; ~ oneself to sy/sg csatlakozik vkhez/vmhez; house with garage ~ed ház hozzá tartozó garázzsal; ~ed please find . . . csatoltan megküldjük . . .; ~ importance to sg fontosságot tulajdonít vmnek; ~ hopes to sg reményt fűz vmhez, reménykedik vmben; be ~ed to (1) tartozik (vmhez) (2) ragaszkodik (vkhez, vmhez), gyengéd szálak fűzik (vkhez) 2. letartóztat; lefoglal B. vi kapcsolódik, fűződik, tapad
attachable [ə'tætʃəbl] a 1. hozzákapcsolható 2. letartóztatható; lefoglalható
attaché [ə'tæʃeɪ; US ætə'ʃeɪ] n követségi titkár, attasé; ~ case [ə'tæʃɪkeɪs] diplomatatáska
attachment [ə'tætʃmənt] n 1. egybefűzés, hozzákapcsolás, -erősítés 2. tartozék, kellék; függelék 3. ragaszkodás, szeretet; have an ~ for sy gyengéd szálak fűzik vkhez 4. letartóztatás [személyé]; lefoglalás [vagyontárgyé], letiltás
attack [ə'tæk] I. n támadás, roham II. vt megtámad, megrohamoz, megrohan
attain [ə'teɪn] A. vt elér, megvalósít [célt], elnyer, megszerez [tudást stb.] B. vi ~ to sg vmhez jut, elér vmt

attainable [ə'teɪnəbl] a elérhető, megszerezhető
attainder [ə'teɪndə*] n 〈halálbüntetéssel járó megfosztás polgári jogoktól és va­gyontól〉; bill of ~ 〈parlament által bírói tárgyalás nélkül hozott határo­zat polgári jogoktól és vagyontól való megfosztásra〉
attainment [ə'teɪnmənt] n 1. elérés, megszerzés, szerzemény; easy of ~ könnyen elérhető/elsajátítható 2. attainments pl tehetség, tudás, képesség
attar ['ætə*] n rózsaolaj
attempt [ə'tem(p)t] I. n 1. kísérlet, próba, próbálkozás; make an ~ (to, at) kísérletet tesz, megkísérel/megpróbál (vmt tenni) 2. merénylet II. vt 1. megkísérel, megpróbál 2.~ sy's life vk ellen merényletet követ el; ~ed murder gyilkosság kísérlete
attend [ə'tend] A. vt 1. látogat, (meg-) hallgat, megnéz [előadást], részt vesz (vmn), jelen van; ~ school iskolába jár 2. ápol, gondoz, ellát, kezel [beteget], kiszolgál (vkt), vigyáz (vkre, vmre) B. vi 1. figyel; please ~! figyelmet kérek! 2. részt vesz (at vmn), jelen van
attend on vi = attend upon
attend to vi 1. vigyáz, figyel, ügyel (vmre); foglalkozik, törődik (vmvel), elintéz (vmt), gondoskodik (vmről) 2. (meg)hallgat (vkt) figyel (vkre), foglalkozik (vkvel); ~ to a customer vevőt kiszolgál; are you being ~ed to? tetszik már kapni? 3. utánanéz, utánajár (vmnek)
attend upon vi 1. kiszolgál (vkt), szolgálatára áll, segédkezik (vknek); ápol, gondoz (vkt) 2. vele/együtt jár
attendance [ə'tendəns] n 1. ápolás, gondozás, ellátás, kezelés [betegé]; kiszolgálás [szállodában stb.]; medical ~ orvosi kezelés, betegellátás; physician in ~ ügyeletes orvos 2. kíséret; be in ~ upon sy vk mellett teljesít szolgálatot, vk kíséretében van 3. jelenlét, megjelenés, látogatás, részvétel; látogatottság; érdeklődés; ~ at school iskolalátogatás 4. jelenlevők, rész(t)vevők, hallgatóság (száma)

attendant [ə'tendənt] I. a 1. gondozó, kiszolgáló 2. (vmt) kísérő, vele járó, (vmvel) járó 3. jelenlevő, (vmn) részt vevő II. n 1. kísérő, szolga; kezelő, gondozó; jegyszedő; *medical ~* kezelőorvos; *petrol station ~* benzinkútkezelő; *~s* kiszolgáló személyzet 2. látogató, rész(t)vevő 3. velejáró, következmény

attention [ə'tenʃn] n 1. figyelem, vigyázat, gond; *attract ~* felhívja a figyelmet, figyelmet kelt; *call/draw sy's ~ to sg* felhívja vk figyelmét vmre; *give ~ to sg* elintéz vmt; *may I have your ~, please* kérem szíveskedjenek ide figyelni; *pay ~ to sg* figyel/ügyel/vigyáz (v. gondot fordít) vmre; *pay no ~ to sg* nem törődik vmvel, nem ügyel vmre; *"~ Mr X"* X úr kezéhez/figyelmébe [levélben] 2. figyelem, figyelmesség, udvariasság; *show sy ~* figyelmes/előzékeny vkvel szemben; *pay ~s to a lady* udvarol egy hölgynek 3. *~!* vigyázz! [vezényszó]; *stand at ~* vigyázzban áll 4. gondozás, kezelés, karbantartás

attentive [ə'tentıv] a figyelmes; *be ~ to* figyelemmel van (vmre), figyelmes (vkvel)

attenuate [ə'tenjʋeıt] A. vt vékonyít; hígít; gyengít; tompít, csillapít B. vi gyengül; hígul; vékonyul

attest [ə'test] A. vt 1. bizonyít, tanúsít, igazol, hitelesít; *~ed copy* hitelesített másolat; *~ed milk* igazoltan csírátlan tej 2. eskü alatt állít B. vi ~ *to* bizonyít, tanúsít (vmt), tanúskodik (vmről)

attestation [æte'steıʃn] n 1. tanúvallomás, tanúskodás 2. hitelesítés

attic ['ætık] n 1. padlásszoba, manzárd(szoba) 2. oromfal, oromzat

attire [ə'taıə*] I. n ruházat II. vt öltöztet; *~d in* (vmbe) öltözve

attitude ['ætıtjuːd; *US* -tuːd] n 1. (test)tartás, helyzet, póz; *strike an ~* (vmlyen) pózba vágja magát, pózol 2. viselkedés, magatartás, állásfoglalás

attitudinize [ætı'tjuːdınaız; *US* -'tuː-] vi hatásra vadászik, feltűnően viselkedik, pózol, affektál

Attlee ['ætlı] prop

attorney [ə'təːnı] n ügyvéd, meghatalmazott; *letter/power of ~* (ügyvédi) meghatalmazás; *A~ General* (1) *GB* legfőbb államügyész (2) *US* igazságügy-miniszter; *~ at law* ügyvéd; *US district ~* (állam)ügyész

attract [ə'trækt] vt vonz, vonzást gyakorol (vkre); magára von, felkelt [figyelmet]; *feel ~ed to sy* vkhez vonzódik

attraction [ə'trækʃn] n 1. vonzás, vonz(ó)erő, vonzódás, vonzalom; *~ of gravity* tömegvonzás 2. varázs, báj 3. attrakció

attractive [ə'træktıv] a vonzó, bájos

attributable [ə'trıbjʋtəbl] a tulajdonítható (*to* vmnek)

attribute I. n ['ætrıbjuːt] 1. (jellemző) tulajdonság 2. jelző II. vt [ə'trıbjuːt] tulajdonít (*to* vknek/vmnek vmt)

attribution [ætrı'bjuːʃn] n 1. tulajdonítás 2. tulajdonság 3. ráruházott hatalom, hivatal, tekintély

attributive [ə'trıbjʋtıv] I. a jelzői; *~ adjective* melléknévi jelző II. n jelző

attrition [ə'trıʃn] n elkop(tat)ás, elhasznál(ód)ás, ledörzsöl(őd)és; lemorzsolódás; *war of ~* anyagháború

attune [ə'tjuːn; *US* ə'tuːn] vt ~ *to* hozzáhangol

Aubrey ['ɔːbrı] prop ⟨angol férfinév⟩

auburn ['ɔːbən] a aranybarna, vörösesbarna, gesztenyeszínű

auction ['ɔːkʃn] I. n árverés, aukció; *sell by* (v. *US at*) *~* elárverez, árverésen ad el II. vt elárverez

auctioneer [ɔːkʃə'nıə*] n árverésvezető

audacious [ɔː'deıʃəs] a vakmerő, merész; szemtelen, arcátlan

audacity [ɔː'dæsətı] n vakmerőség; arcátlanság

Auden ['ɔːdn] prop

audibility [ɔːdı'bılətı] n hallhatóság

audible ['ɔːdəbl] a hallható

audience ['ɔːdjəns] n 1. kihallgatás, meghallgatás 2. hallgatóság, közönség

audio(-) ['ɔːdıoʋ(-)] a audio-, hang-; *~ frequency* hangfrekvencia; *~ mixer* hangkeverő pult

audio-lingual a ~ *method(s)* audiolingvális módszer(ek) [nyelvoktatásban]

audiometry [ɔːdɪ'ɔmɪtrɪ; US -'ɑ-] n hallásvizsgálat
audio-visual a audiovizuális [eszközök, oktatás]
audit ['ɔːdɪt] I. n rovancsolás, (könyv-) vizsgálat, revízió; ~ office számvevőszék II. vt 1. (meg)vizsgál, ellenőriz, átvizsgál, revideál [könyvelést], rovancsol 2. US (egyetemi) előadásokat látogat [mint vendéghallgató]
audition [ɔː'dɪʃn] I. n 1. hallás, hallóképesség 2. meghallgatás, próbaéneklés, próbajáték II. vt meghallgat [énekest stb.]
auditive ['ɔːdɪtɪv] a hallási
auditor ['ɔːdɪtə*] n 1. könyvszakértő, -vizsgáló, számvevő, revizor 2. US vendéghallgató [egyetemen]
auditorium [ɔːdɪ'tɔːrɪəm] n (pl ~s v. -ria -rɪə) előadóterem; nézőtér
auditory ['ɔːdɪt(ə)rɪ; US -ɔːrɪ] a hallási, hallás-, halló-; ~ nerve hallóideg
Audrey ['ɔːdrɪ] prop ⟨angol női név⟩
AUEW [eɪjuːiː'dʌbljuː] Amalgamated Union of Engineering Workers ⟨egy brit szaksz. szövetség⟩
Aug. August augusztus, aug.
auger ['ɔːgə*] n (ács)fúró, nagy kézifúró
aught [ɔːt] n valami; for ~ I know amennyire értesülve vagyok; for ~ I care felőlem
augment [ɔːg'ment] A. vt növel, gyarapít, nagyobbít; ~ed pay felemelt fizetés B. vi nő, növekszik, nagyobbodik
augmentation [ɔːgmen'teɪʃn] n 1. nagyobbítás, növelés; hosszabbítás 2. nagyobbodás
augur ['ɔːgə*] I. n jövendőmondó; augur II. vt/vi jósol, jövendöl
augury ['ɔːgjʊrɪ] n jövendölés, előjel, sejtelem
August[1] ['ɔːgəst] n augusztus
august[2] [ɔː'gʌst] a magasztos
Augustan [ɔː'gʌstən] a ~ age (1) Augustus császár kora (2) aranykor, fénykor [vmely irodalomé]
Augustus [ɔː'gʌstəs] prop Ágoston
auk [ɔːk] n alka [madár]
auld lang syne [ɔːldlæŋ'saɪn] sk a régi jó idők
aunt [ɑːnt; US æ-] n nagynéni; néni

auntie, aunty ['ɑːntɪ; US 'æ-] n biz (nagy)nénikém, néni(ke)
au pair [oʊ'peə*] a cserealapon (történő), „au pair" alapon [dolgozik, tanul]
aural ['ɔːr(ə)l] a füli, fül-, halló, hallási
Aurelia [ɔː'riːljə] prop Aurélia
Aurelius [ɔː'riːljəs] prop Aurél
auricle ['ɔːrɪkl] n 1. fülkagyló 2. (szív-) pitvar; auricula
auricular [ɔː'rɪkjʊlə*] a füllel kapcsolatos, fül-; ~ confession fülgyónás; ~ nerve hallóideg; ~ witness fültanú
auriferous [ɔː'rɪfərəs] a aranytartalmú
aurist ['ɔːrɪst] n fül(szak)orvos, fülész
auscultation [ɔːsk(ə)l'teɪʃn] n [orvosi] meghallgatás, hallgatózás
auspices ['ɔːspɪsɪz] n pl pártfogás; under the ~ of (vknek/vmnek az) égisze alatt, (vknek a) védnöksége alatt v. támogatásával
auspicious [ɔː'spɪʃəs] a kedvező, sikeres
Aussie ['ɔzɪ; US 'ɑsiː] a biz ausztráliai
Austen ['ɔstɪn] prop
austere [ɔ'stɪə*; US ɔ:-] a szigorú, kemény, egyszerű, mértékletes, szerény
austerity [ɔ'sterətɪ; US ɔ:-] n 1. szigorúság, mértékletesség, egyszerűség 2. (háborús) anyagtakarékosság, megszorítások
Austin ['ɔstɪn] prop
Australia [ɔ'streɪljə; US ɔ:-] prop Ausztrália
Australian [ɔ'streɪljən; US ɔ:-] a ausztráliai
Austria ['ɔstrɪə; US 'ɔ:-] prop Ausztria
Austrian ['ɔstrɪən; US 'ɔ:-] a ausztriai, osztrák
autarchy ['ɔːtɑːkɪ] n korlátlan/abszolút egyeduralom, diktatúra
autarky ['ɔːtɑːkɪ] n nemzeti (gazdasági) önellátás
authentic [ɔː'θentɪk] a hiteles, hitelt érdemlő, autentikus
authenticate [ɔː'θentɪkeɪt] vt hitelesít, okmányokkal igazol, hitelességét megállapítja (vmnek)
authentication [ɔːθentɪ'keɪʃn] n hitelesítés, igazolás
authenticity [ɔːθen'tɪsətɪ] n hitelesség
author ['ɔːθə*] n szerző, író
authoress ['ɔːθərɪs] n írónő

authoritarian [ɔ:θɔrɪ'teərɪən; US ɔθa-]
a tekintélyi elvi (v. elvhez ragaszkodó)
authoritative [ɔ:'θɔrɪtətɪv; US ə'θɑrɪteɪ-]
a 1. nagyon határozott, parancsoló,
ellentmondást nem tűrő 2. irányadó,
hiteles, mérvadó, megbízható
authority [ɔ:'θɔrətɪ; US ə'θɑ-] n 1. ha-
talom, tekintély 2. (fenn)hatóság; the
authorities a hatóságok; the local
authorities a helyi hatóságok/szervek 3
(szak)tekintély, szakértő, forrás(mű);
be a great ~ on sg elismert szaktekin-
tély vmben; have it on good ~ biztos
forrásból tudja; quote one's authorities
felsorolja forrásait 4. meghatalmazás,
felhatalmazás, engedély; act on sy's ~
vknek megbízásából jár el
authorization [ɔ:θ(ə)raɪ'zeɪʃn; US -rɪ'z-]
n felhatalmazás, meghatalmazás, en-
gedély(ezés)
authorize ['ɔ:θəraɪz] vt engedélyez; felha-
talmaz, meghatalmaz, feljogosít; be
~d (to) illetékes (vmre); the A~d Ver-
sion ⟨az 1611-es angol bibliafordítás⟩
authorship ['ɔ:θəʃɪp] n 1. szerzőség 2.
írói pálya/mesterség; take to ~ írói
pályára lép
autistic [ɔ:'tɪstɪk] a 1. autisztikus,
befelé forduló 2. [szépítő értelem-
ben] szellemileg fogyatékos/elmara-
dott [gyermek]
auto ['ɔ:toʊ] n US biz autó, kocsi; ~
laundry kocsimosó [üzem]; ~ lift
kocsiemelő
auto- ['ɔ:tə-] pref ön , auto-, automa-
tikus, önműködő
autobiographic(al) [ɔ:təbaɪə'græfɪk(l)] a
önéletrajzi
autobiography [ɔ:təbaɪ'ɔgrəfɪ; US -'ag-]
n önéletrajz
auto-changer n lemezváltó (automata)
autocracy [ɔ:'tɔkrəsɪ; US -'tɑ-]n önkény-
uralom
autocrat ['ɔ:təkræt] n zsarnok, diktátor
autocratical [ɔ:tə'krætɪkl] a egyedural-
mi, parancsuralmi, zsarnoki
autograph ['ɔ:təgrɑ:f; US -æf] I. n 1.
sajátkezű kézírás/aláírás 2. autogram;
~ album autogramgyűjtemény II. vt
aláír, dedikál; an ~ed copy dedikált
példány

auto-ignition n öngyulladás
Autolycus [ɔ:'tɔlɪkəs; US -'ta-] prop
automat ['ɔ:təmæt] n US automata (ét-
terem, büfé)
automate ['ɔ:təmeɪt] vt automatizál
automatic [ɔ:tə'mætɪk] I. a 1. önmű-
ködő, automata, automatikus, ön-; ~
gear-change automata seb(esség)váltó;
~ pilot robotpilóta; ~ weapon auto-
mata fegyver 2. gépies, önkéntelen II.
n US revolver, önműködő fegyver
automatically [ɔ:tə'mætɪk(ə)lɪ] adv 1.
önműködően, automatikusan 2. gépie-
sen
automation [ɔ:tə'meɪʃn] n automatizá-
lás, automatika
automaton [ɔ:'tɔmətən; US -'tɑmətən]
n (pl ~s -z v. -ta -tə) 1. automata;
robotgép 2. gépies teremtmény
automobile ['ɔ:təməbi:l] n US autó, gép-
kocsi; ~ insurance gépjármű-biztosí-
tás; ~ registration kb. forgalmi enge-
dély
autonomous [ɔ:'tɔnəməs; US ɔ'ta-] a
önkormányzati (joggal felruházott),
önrendelkezésű, autonóm
autonomy [ɔ:'tɔnəmɪ; US -'ta-] n önkor-
mányzat, önrendelkezés, autonómia
autopsy ['ɔ:təpsɪ; US -ta-] n hullaszemle
(boncolással)
auto-suggestion [ɔ:təsə'dʒestʃn] n ön-
szuggesztió
autumn ['ɔ:təm] n 1. ősz; in ~ ősszel;
late ~ késő ősz, őszutó 2. (jelzői
haszn) őszi [idő stb.]
autumnal [ɔ:'tʌmnəl] a őszi(es)
auxiliary [ɔ:g'zɪljərɪ] I. a segéd-, pót-,
kisegítő, kiegészítő; ~ verb segédige
II. n 1. segéd; auxiliaries pl segédcsa-
patok 2. segédige
av. 1. average 2. avoirdupois
AV Authorized Version →authorize
avail [ə'veɪl] I. n haszon, hasznosság; to
no ~, without ~ eredménytelenül,
hiába; of no ~ hasztalan, hiábavaló,
eredménytelen; be of little ~ to sy keve-
set használ vknek, nem sokra megy
(vmvel) II. A. vi segít, hasznára/elő-
nyére van, használ B. vt ~ oneself of
sg vmnek hasznát veszi, igénybe vesz
vmt

availability [əveɪlə'bɪlətɪ] *n* 1. elérhetőség, hozzáférhetőség 2. (fel)használhatóság; érvényesség
available [ə'veɪləbl] *a* 1. rendelkezésre álló, kapható, elérhető, beszerezhető 2. felhasználható, igénybe vehető; érvényes [jegy]; *no longer* ~ érvénytelen, lejárt
avalanche ['ævəlɑ:nʃ; *US* -læntʃ] *n* (hó)görgeteg, *(átv is)* lavina
avarice ['ævərɪs] *n* kapzsiság, fösvénység, fukarság
avaricious [ævə'rɪʃəs] *a* kapzsi, fösvény, fukar
avaunt [ə'vɔ:nt] *int* el innen!
ave ['ɑ:vɪ] *int/n* üdvözlégy
Ave. *Avenue*
avenge [ə'vendʒ] *vt* megbosszul; ~ *oneself on* sy bosszút áll vkn
avenger [ə'vendʒə*] *n* bosszúálló
avenue ['ævənju:; *US* -nu:] *n* 1. fasor; (vhová vezető) út, felhajtó; *átv* út 2. *US* sugárút, (széles) út/utca [városban]
aver [ə'və:*] *vt* -rr- † bizonyít, állít, erősít
average ['æv(ə)rɪdʒ] I. *a* átlagos, közepes, átlag- II. *n* 1. átlag; *on an/the* ~ átlagosan; *above the* ~ átlagon felül(i) 2. hajókár, havária; *adjust the* ~ hajókárt feloszt; *suffer an* ~ hajókárt szenved III. A. *vt* átlagát (ki)számítja (vmnek), átlagol B. *vi* (vmlyen) átlagot elér, átlagosan kitesz; *the rainfall* ~*s*... a csapadékmennyiség évi átlaga...; *he* ~*d 100 miles a day* átlag napi 100 mérföldet tett meg
averse [ə'və:s] *a be* ~ *from/to* sg idegenkedik/irtózik vmtől
averseness [ə'və:snɪs] *n* idegenkedés, irtózás
aversion [ə'və:ʃn; *US* -ʒn] *n* 1. idegenkedés, irtózás 2. az utálat tárgya; *my pet* ~ amitől leginkább iszonyodom
avert [ə'və:t] *vt* 1. elfordít; ~ *one's eyes from* elfordítja tekintetét vmről 2. elhárít
aviary ['eɪvjərɪ; *US* -ɪerɪ] *n* kalitka, madárház
aviation [eɪvɪ'eɪʃn] *n* repülés; légi közlekedés

aviator ['eɪvɪeɪtə*] *n* repülő, pilóta
avid ['ævɪd] *a* mohó, kapzsi
avidity [ə'vɪdətɪ] *n* mohóság, kapzsiság
avitaminosis [eɪvɪtəmɪ'noʊsɪs] *n* vitaminhiány
avocation [ævə'keɪʃn] *n* 1. mellékfoglalkozás; hobbi 2. *biz* foglalkozás
avoid [ə'vɔɪd] *vt* elkerül (vmt); távolmarad (vmtől); kikerül (vmt); kitér (vm/vk elől)
avoidable [ə'vɔɪdəbl] *a* elkerülhető
avoidance [ə'vɔɪd(ə)ns] *n* elkerülés
avoirdupois [ævədə'pɔɪz] *n* ⟨brit súlymértékrendszer a tízes mértékrendszerre való áttérés előtt⟩
Avon ['eɪv(ə)n] *prop* Avon [folyó Angliában]; *the swan of* ~ az avoni hattyú (= Shakespeare)
avow [ə'vaʊ] *vt* elismer, beismer, bevall; ~ *oneself* (vmnek) vallja magát
avowal [ə'vaʊəl] *n* elismerés, bevallás
avowedly [ə'vaʊɪdlɪ] *adv* beismerten
avuncular [ə'vʌŋkjʊlə*] *a* nagybácsihoz illő; öreguras; atyáskodó
await [ə'weɪt] *vt* vár(akozik) (vkre, vmre)
awake [ə'weɪk] I. *a be* ~ ébren van; *be wide* ~ (1) teljesen ébren van (2) éber; *be* ~ *to* sg tudatában van vmnek II. *vi* (*pt* awoke [ə'woʊk, *pp* awoke v. ~d ə'weɪkt) A. *vt* felébreszt B. *vi* 1. felébred 2. ~ *to* ráébred, tudatára ébred (vmnek), felismer (vmt)
awaken [ə'weɪk(ə)n] A. *vt* 1. felébreszt 2. ~ *sy to* sg vmnek a tudatára ébreszt vkt B. *vi* felébred
awakening [ə'weɪknɪŋ] *n* ébredés
award [ə'wɔ:d] I. *n* 1. ítélet, döntés 2. (pálya)díj, jutalom II. *vt* megítél [kártérítést stb. bíróilag]; odaítél [díjat], adományoz [kitüntetést stb.]
aware [ə'weə*] *a be* ~ *of* sg, *be* ~ *that*... tudatában van vmnek, tud(omása van) vmről, tisztában van vmvel; *become* ~ *of the situation* felismeri a helyzetet
awareness [ə'weənɪs] *n* tudatosság
awash [ə'wɔʃ; *US* -əʃ] *a/adv* vízen hányódó; vízzel elárasztott; *the street was* ~ az utca vízben állt
away [ə'weɪ] *adv* 1. el; tovább; messzire; távol; *six miles* ~ 6 mérföldnyi távol-

ságra; be ~ from home nincs otthon, távol van otthonról; far ~ távolban, messze; ~ with you! mars innen! 2. [folyamatosság kifejezésére] rendületlenül [tesz vmt]; work ~ tovább dolgozik, állandóan dolgozik; sing ~! énekelj tovább!
awe [ɔ:] I. n félelem, tisztelet; stand in ~ of sy vkt félve tisztel II. vt megfélemlít
awe-inspiring [-in'spaɪərɪŋ] a félelmetes
awesome ['ɔ:səm] a félelmetes
awe-struck a megfélemlített
awful a 1. ['ɔ:fʊl] borzasztó, rettenetes, szörnyű 2. ['ɔ:fl] biz szörnyű, borzasztó
awfully ['ɔ:flɪ] adv biz szörnyen, borzasztóan, rettenetesen; I'm ~ sorry! végtelenül/borzasztóan sajnálom!; thanks ~! igen szépen köszönöm!
awhile [ə'waɪl; US ə'hw-] adv egy (kis) ideig, rövid ideig
awkward ['ɔ:kwəd] a 1. ügyetlen, félszeg, esetlen; the ~ age kamaszkor 2. kellemetlen, kényelmetlen, kínos; alkalmatlan; an ~ customer kellemetlen pasas, nehéz fickó; at an ~ moment rosszkor; ~ silence kínos csend
awkwardness ['ɔ:kwədnɪs] n 1. ügyetlenség 2. kellemetlenség
awl [ɔ:l] n ár [szerszám]
awn [ɔ:n] n toklász
awning ['ɔ:nɪŋ] n ponyva(tető); (vászon)-ernyő [üzleté, kirakaté]; (ablak fölötti) napellenző

awoke →awake
AWOL [eɪdʌblju:oʊ'el v. 'eɪwɔl] absent without leave →absent
awry [ə'raɪ] I. a fonák, ferde II. adv fonákul, ferdén; go (all) ~ kudarcba fullad, rosszul megy
ax(e) [æks] I. n 1. fejsze, balta; have an ~ to grind önző célja van vmvel 2. biz the ~ leépítés, létszámcsökkentés, bélista; get the ~ leépítik [létszámcsökkentés során elbocsátják] II. vt biz leszállít, csökkent [költségeket, költségvetést]; he has been axed leépítették
axiom ['æksɪəm] n alapigazság, axióma
axiomatic [æksɪə'mætɪk] a megdönthetetlen
axis ['æksɪs] n (pl axes -si:z) 1. [elméleti] tengely 2. the A~ powers a tengelyhatalmak [a II. világháborúban]
axle ['æksl] n tengely [járműé]; ~ weight tengelynyomás
axle-box n kerékagy
axle-tree n tengely
ay [aɪ] n/adv/int = aye¹
ayah ['aɪə] n hindu dada
aye¹ [aɪ] I. n igen-szavazat; the ~s have it meg van szavazva II. adv/int igen
aye² [eɪ] adv for (ever and) ~ örökre, örökkön-örökké
Ayrshire ['eəʃə*] prop
azalea [ə'zeɪljə] n azálea
azure ['æʒə*] I. a azúr(kék), égszínkék II. n 1. kékség; felhőtlen kék égbolt 2. égszínkék (szín)

B

B¹, b [biː] *n* **1.** B, b (betű) **2.** [zenében]
h; *B natural* h; *B flat* b; *B sharp* hisz
3. *US* „jó" [osztályzat]
b²., **b** *born* született, szül., sz.
B.A., BA [biːˈeɪ] **1.** *Bachelor of Arts*
→*bachelor* **2.** *British Academy* **3.**
British Airways ⟨brit légitársaság⟩
baa [bɑː] **I.** *n* bégetés **II.** *vi (pt/pp -ed*
v. ~'d bɑːd) béget
babble [ˈbæbl] **I.** *n* **1.** gagyogás, gügyö-
gés; fecsegés **2.** csobogás [pataké] **II.**
vi **1.** gagyog, gügyög; fecseg **2.** cso-
bog [patak]
babbler [ˈbæblə*] *n* gagyogó, gügyögő;
fecsegő
babe [beɪb] *n* csecsemő, (kis)baba
babel [ˈbeɪbl] *n* zűrzavar, hangzavar
baboo [ˈbɑːbuː] *n* **1.** úr [hindu megszó-
lítás] **2.** elangolosodott hindu [meg-
vetően]
baboon [bəˈbuːn; *US* bæ-] *n* pávián
baby [ˈbeɪbɪ] **I.** *a* **1.** gyer(m)ek-, bébi-;
US ~ *buggy* [ˈbʌgɪ] (összecsukható)
gyer(m)ekkocsi; ~ *talk* gőgicsélés **2.**
kis, miniatűr; ~ *car* kisautó; *US* ~
grand rövid zongora **II.** *n* csecsemő,
(kis)baba; *from a* ~ kisgyermekkora
óta; *biz carry/hold the* ~ tartja a hátát,
övé a felelősség
baby-face *a* lányos képű
babyhood [ˈbeɪbɪhʊd] *n* csecsemőkor,
kisgyermekkor
babyish [ˈbeɪbɪʃ] *a biz* gyerekes, gyer
meteg
baby-sit *vi (pt/pp -sat; -tt-)* más kisgyer-
mekére felügyel/vigyáz [szülők távol-
létében]
baby-sitter *n* gyermekőrző, pótmama
baby-sitting *n* gyermekőrzés

baccalaureate [bækəˈlɔːrɪət] *n* baccalau-
reatus, „bachelor"-i fokozat [leg-
alacsonyabb egyetemi fokozat]
bacchanal [ˈbækənl] *n* tivornya
bacchanalian [bækəˈneɪljən] *a* duhaj
baccy [ˈbækɪ] *n biz* dohány, bagó
bachelor [ˈbætʃələ*] *n* **1.** nőtlen ember,
legényember; *old* ~ agglegény; ~
girl önálló (fiatal) nő; ~ *flat/quarters*
legénylakás **2.** baccalaureus; *B~ of
Arts* a bölcsészettudományok bacca-
laureusa, Baccalaureus Artium; *B~ of
Science* a természettudományok bac-
calaureusa
bachelorhood [ˈbætʃələhʊd] *n* (agg)le-
gényélet, agglegénység
bacillary [bəˈsɪlərɪ] *a* bacilus okozta,
bacilusos
bacillus [bəˈsɪləs] *n (pl -cilli -ˈsɪlaɪ)*
bacilus
back [bæk] **I.** *a* **1.** hátsó, hátulsó; ~ *door*
(1) hátsó ajtó (2) tisztességtelen/
kerülő út →*back-door;* ~ *stairs* hátsó
lépcső →*back-stair(s);* ~ *vowel* hátul
képzett (v. veláris) magánhangzó
2. elmaradt, régi; ~ *number* (1) rég(eb)-
b)i szám [folyóiraté] (2) maradi em-
ber **II.** *adv* **1.** hátra(felé), vissza;
~ *and forth* előre-hátra, ide-oda; ~ *to
the engine* háttal a menetiránynak;
give ~ visszaad; *is he* ~ *yet?* vissza-
jött már?, hazaérkezett már? **2.** há-
tul; *third floor* ~ harmadik emeleti
udvari szárnyon **3.** *US* ~ *in he USA*
otthon/odahaza Amerikában **4.** ez-
előtt; régen; *as far* ~ *as 1914* már/még
1914-ben; *US some years* ~ néhány
éve **III.** *n* **1.** hát (vké); hátulja (vm-
nek); *be at the* ~ *of sg* vm mögött van,

támogat vmt; *be at the* ~ *of sy* támogat vkt; *at the* ~ *of one's mind* tudata/lelke mélyén; *behind his* ~ tudta nélkül; *be on one's* ~ a hátán fekszik; nyomja az ágyat [betegen]; *put one's* ~ *into it* nekigyürkőzik; *put one's* ~ *up* megmakacsolja magát; *put/get sy's* ~ *up* feldüh(ös)ít vkt; *turn one's* ~ *on sy* hátat fordít vknek, cserbenhagy vkt; *with one's* ~ *to the wall* átv szorult/védekező helyzetben 2. hátlap; *on the* ~ a hátlapon 3. hátvéd [sportban] IV. A. *vt* 1. hátirattal ellát 2. támogat 3. fogad [lóra] 4. visszatol(at); ~ *the car* tolat (a kocsival) B. *vi* hátrál, hátrafelé megy
back down *vi* visszakozik, meghátrál, visszatáncol
back out *vi* kihátrál, kivonja/kihúzza magát (*of* vm alól)
back up *vt* támogat, segít
backache ['bækeɪk] *n* hátfájás, derékfájás
back-alley *n* US mellékutca
back-answer *n* biz feleselés
back-bencher *n* ⟨olyan képviselő, aki nem tagja az ellenzéki kormánylistának⟩, nem kormánytag képviselő
backbite ['bækbaɪt] *vt/vi* (*pt* -bit -bɪt, *pp* -bitten -bɪtn) rágalmaz, kibeszél, „fúr" (vkt)
backboard *n* 1. hátlap, támla 2. palánk [kosárlabdában]
backbone *n* (hát)gerinc
back-breaking *a* fárasztó, kimerítő [munka]
backchat *n* biz feleselés
backcloth *n* háttérfüggöny
back-coupling *n* visszacsatolás
back-door *a* titkos, rejtett; hátsó [gondolat] →*back I.*
backdrop *n* háttérfüggöny
-backed [-bækt] hátú
backer ['bækə*] *n* 1. támogató 2. váltókezes; csendestárs
back-field *n* védelem [sportban]
back-fire I. *n* visszagyújtás [motorban], utórobbanás II. *vi* visszafelé sül el
back-formation *n* elvonás [szóalkotás]
background *n* 1. háttér; ~ (*information*) az ügy hátterére vonatkozó tájékoztatás 2. képesítés; *social* ~ származás

back-hand *n* visszakezes/fonák ütés
back-handed *a* ~ *blow* váratlan ütés; ~ *compliment* kétélű bók
backing ['bækɪŋ] *n* 1. hátlap 2. támogatás, támogatók 3. fogadás, tét
backlash *n* 1. hézag, (holt)játék [csavaré, fogaskeréké] 2. *átv* reakció, visszahatás
backlog *n* 1. restancia, hátralék 2. tartalék
backmost *a* leghát(ul)só
back-rest *n* háttámasz, támla
back-room *n* biz ~ *boy* ⟨titkos tudományos kutatást végző személy⟩
back-seat *n* hátsó/kis ülés; *take a* ~ a háttérbe húzódik; *US biz* ~ *driver* fogadatlan prókátor
backside *n* hátsó rész, ülep, far
back-sight *n* irányzék [lőfegyveren]
backslide *vi* (*pt/pp* -**slid**) visszaesik [hibába stb.]
backspace I. *n* visszaváltó [írógépen] II. *vi* visszavált
back-stair(s) *a* rejtett, titkos; ~ *influence* protekció, „kiskapu" ‖→*back I.*
backstays *n pl* patrác(ok)
back-street *n* mellékutca, zugutca
backstroke *n* 1. visszakezes/fonák ütés 2. hátúszás (kartempója)
backtalk *n* feleselés
backtrack *vi* visszalép, -táncol
backward ['bækwəd] I. *a* 1. visszafelé irányuló 2. fejletlen, (fejlődésben) visszamaradt [gyermek, ország] 3. nehézkes, kelletlen II. *adv* = *backwards*
backwardness ['bækwədnɪs] *n* 1. fejletlenség, visszamaradottság [szellemileg] 2. lassúság, restség, kelletlenség
backwards ['bækwədz] *adv* hátra, visszafelé; ~ *and forwards* előre-hátra, ideoda
backwash *n* 1. sodrás; farhullám 2. *átv* utóhatás
backwater *n* 1. holt ág [folyóé] 2. tespedés, stagnálás
backwoods *n pl* 1. őserdő [Amerikában] 2. *biz* isten háta mögötti terület
bacon ['beɪk(ə)n] *n* (angol)szalonna; ~ *and eggs* pirított/sült szalonna/sonka tojással; *biz bring home the* ~ elviszi

5

a pálmát; *save one's* ~ ép bőrrel meg-
ussza; *biz pull a* ~ *at sy* hosszú orrot
mutat vknek
Baconian [ber'koʊnjən] *a* baconi
bacterial [bæk'tɪərɪəl] *a* baktérium okoz-
ta, baktériumos
bacteriologist [bæktɪərɪ'ɔlədʒɪst; *US*
-'a-] *n* bakteriológus
bacteriology [bæktɪərɪ'ɔlədʒɪ; *US* -'a-]
n bakteriológia
bacterium [bæk'tɪərɪəm] *n* (*pl* -ria -rɪə)
baktérium
bad [bæd] I. *a* (*comp* **worse** wə:s, *sup*
worst wə:st) **1.** rossz, gonosz; hibás;
from ~ *to worse* egyre rosszabb, egyre
romlik; *not* (*so*) ~, *it isn't half so* ~
meglehetős, nem is olyan rossz; *be*
~ *at sg* ügyetlen/gyenge vmben;
a ~ *egg* (1) záptojás (2) □ rongyem-
ber; ~ *language* disznó beszéd; *biz*
~ *hat/lot* gazember, semmirekellő em-
ber; *go* ~ elromlik, megromlik, megrot-
had **2.** kellemetlen; ~ *accident* súlyos
baleset; *that's too* ~ ez már baj!,
(nagy) kár!; *have a* ~ *cold* erősen meg-
hűlt, nagyon náthás **3.** beteg(es); *in*
a ~ *way* (1) rossz bőrben [van] (2)
lecsúszva II. *n* az ami rossz; *go to*
the ~ erkölcsileg megromlik; *take the*
~ *with the good* balsorsot és jószeren-
csét egyformán viseli; *I am $ 50 to*
the ~ 50 dollárral vagyok adós, 50 dol-
lár a veszteségem
baddie ['bædɪ] *n biz* rossz fiú, gonosztevő
bade →*bid II.*
badge [bædʒ] *n* **1.** jelvény **2.** *átv* jel-
kép, szimbólum; bélyeg
badger ['bædʒə*] I. *n* borz II. *vt* zaklat,
piszkál, szekál
bad-looking *a biz* rossz kinézésű/külsejű
badly ['bædlɪ] *ad*1 **1.** rosszul; *be doing* ~
rosszul megy (neki); *be* ~ *off* rossz
anyagi helyzetben van, rosszul áll
(anyagilag) **2.** nagyon; ~ *wounded*
súlyosan megsebesült/sérült; *he wants*
it ~ igen nagy szüksége van rá
badminton ['bædmɪntən] *n* tollaslabda
badness ['bædnɪs] *n* rosszaság; silányság
bad-tempered *a* **1.** zsémbes, összeférhe-
tetlen **2.** rosszkedvű
baffle ['bæfl] *vt* **1.** zavarba ejt, megza-

var, összezavar; *it* ~*s description* le-
írhatatlan **2.** meghiúsít, keresztülhúz
[számítást]
baffling ['bæflɪŋ] *a* zavarbaejtő, érthe-
tetlen
bag [bæg] I. *n* **1.** zsák; szatyor, zacskó;
~ *and baggage* (1) cókmók, cucc (2)
mindenestül, cakli-pakli; ~*s of...*
rengeteg, egész csomó...; *he's a* ~ *of*
bones zörögnek a csontjai, csupa csont
és bőr; *whole* ~ *of tricks* az egész hoz-
závaló, teljes felszerelés; *biz it's in*
the ~ már „meg van nyerve", mérget
lehet rá venni **2.** (kézi)táska, retikül;
bőrönd **3.** vadászzsákmány **4. bags**
pl pantalló, hosszúnadrág II. *v* -**gg**-
A. *vt* **1.** zsákba rak **2.** *biz* zsebre tesz,
bezsebel, ellop B. *vi* **1.** kidagad **2.**
lazán csüng
bagatelle [bægə'tel] *n* csekélység
Bagdad [bæg'dæd] *prop*
bagful ['bægfʊl] *n* zsákravaló, zsáknyi
baggage ['bægɪdʒ] *n US* poggyász, cso-
mag; málha; ~ *car* poggyászkocsi;
US ~ *room* poggyászmegőrző
baggage-check *n US* poggyászjegy, fel-
adóvevény
bagger ['bægə*] *n* kotrógép
bagging ['bægɪŋ] *n* zsákvászon
baggy ['bægɪ] *a* lötyögő(s); kitérdelt
[nadrág]; táskás [szem]
bagpipe *n* [skót] duda
bagpiper *n* [skót] dudás
B.Agr(ic). *Bachelor of Agriculture* a me-
zőgazdasági tudományok baccalau-
reusa, okleveles mezőgazda
bagwash *n* zsákos mosás
Bahamas [bə'ha:məz] *prop* Bahama-
-szigetek
bail¹ [beɪl] I. *n* **1.** jótállás, kezesség;
biztosíték; óvadék; *be out on* ~ óva-
dék ellenében szabadlábon van **2.**
jótálló, kezes; *go* ~ *for sy* jótáll vkért;
I'll go ~ *for that* ezért kezeskedem!,
a fejemet teszem rá!; *find* ~ kezest
állít II. *vt* **1.** ~ *out* óvadék ellenében
szabadlábra helyez **2.** letétbe helyez,
megőrzésre átad [árut]
bail² [beɪl] *n* **1.** választórúd [lóistálló-
ban] **2.** krikettpálcika [a wicket te-
tején keresztbe téve]

bail³ [beɪl] *n* fogó, fül [vödöré]
bail⁴ [beɪl] I. *n* merőedény II. A. *vt*
~ *out* kimer [csónakot] B. *vi* ~ *out*
(ejtőernyővel) kiugrik
Baile Atha Cliath ['bwɑːleɪ'ɑːheɪ'klɪɑː]
prop ⟨Dublin ír neve⟩
bailer¹ ['beɪlə*] *n* 1. kezes, óvadékadó
2. letétbe helyező
bailer² ['beɪlə*] *n* vízmerő edény
bailey ['beɪlɪ] *n* 1. külső várudvar/várfal 2. *the Old B*~ a londoni büntetőbíróság épülete
bailiff ['beɪlɪf] *n* 1. törvényszolga, végrehajtó; bírósági kézbesítő 2. tiszttartó
bairn [beən] *n sk* gyermek
bait [beɪt] I. *n* csalétek II. A. *vt* 1. zaklat, gyötör 2. csalogat 3. etet [lovat útközben] B. *vi* 1. csalétket tesz [horogra] 2. pihenőt tart, eszik [ló/ember útközben]
baize [beɪz] *n* vastag szövet [huzatnak], posztó
bake [beɪk] A. *vt* 1. (meg)süt 2. (ki)éget [téglát] B. *vi* süt
baked [beɪkt] *a* (ki)sült, megsült
bakelite ['beɪkəlaɪt] *n* bakelit
baker ['beɪkə*] *n* pék; ~'s péküzlet, pék; ~'s *bread* pékkenyér; ~'s *dozen* 13
Bakerloo [beɪkə'luː] *prop*
bakery ['beɪkərɪ] *n* pékség; péküzlet
baking ['beɪkɪŋ] I. *a* 1. sütő; ~ *soda* szódabikarbóna; sütőpor 2. sülő II. *n* 1. sütés 2. sülés
baking-hot *a* tűzforró
baking-powder *n* sütőpor
baksheesh ['bækʃiːʃ] *n* baksis, borravaló
balance ['bæləns] I. *n* 1. mérleg; *átv turn the* ~ vk javára billenti a mérleget; *biz be/hang in the* ~ függőben van, eldöntetlen, még nem dőlt el; *his life is in the* ~ élete forog kockán 2. egyensúly; ~ *of power* hatalmi egyensúly; ~ *of trade* külkereskedelmi mérleg; *keep one's* ~ megőrzi hidegvérét; *lose one's* ~ elveszti egyensúlyát; *biz throw sy off his* ~ felborítja vk lelki egyensúlyát 3. mérleg, egyenleg, fennmaradó összeg; ~ *due* tartozik-egyenleg; ~ *forward* egyenlegátvitel 4. maradék, fölösleg II. A. *vt* 1. (meg)mér,

lemér 2. *átv* mérlegel 3. egyensúlyba hoz, egyensúlyban tart; kiegyenlít, kiegyensúlyoz B. *vi* 1. egyensúlyban van; egyensúlyoz 2. ingadozik, habozik
balanced ['bælənst] *a* 1. kiegyensúlyozott 2. egyenlő számú; arányos
balance-sheet *n* mérleg
balancing ['bælənsɪŋ] I. *a* 1. egyensúlyozó 2. ingadozó, habozó, mérlegelő II. *n* 1. (ki)egyensúlyozás, egyensúlyban tartás 2. kiegyenlítés [számláké] 3. mérlegelés
balcony ['bælkənɪ] *n* erkély
bald [bɔːld] *a* 1. kopasz, csupasz 2. dísztelen, sivár, szegényes, egyhangú 3. ~ *horse* fehér homlokú ló, hóka (ló)
baldachin ['bɔːldəkɪn] *n* díszmennyezet, dísztető
balderdash ['bɔːldədæʃ] *n* értelmetlen zagyvalék, zagyva beszéd, hanta
bald-head *n* kopasz fej/ember
bald-headed *a* kopasz; *go at it* ~ nekigyürkőzik, (vadul) nekiesik
baldly ['bɔːldlɪ] *adv* nyíltan, kereken, szépítés nélkül
baldness ['bɔːldnɪs] *n* 1. kopaszság 2. kopárság
Baldwin ['bɔːldwɪn] *prop*
bale¹ [beɪl] I. *n* bála, csomag II. *vt* bálába csomagol/sajtol, báláz
bale² [beɪl] *vi* = *bail⁴ II. B.*
baleful ['beɪlful] *a* 1. káros, vészes 2. baljóslatú
Balfour ['bælfə⁺] *prop*
balk [bɔːk] I. *n* 1. mestergerenda 2. akadály, fennakadás, zökkenő 3. mezsgye II. A. *vt* 1. megakadályoz, meghiúsít, (meg)gátol 2. csalódást okoz (vknek) 3. kerül, mellőz [témát]; elszalaszt, elmulaszt [alkalmat] B. *vi* 1. megmakacsolja magát, bokkol, kitör [ló] 2. *US* „lerohad" [autó]
Balkans, the [ðə'bɔːlkənz] *prop* a Balkán (félsziget)
ball¹ [bɔːl] I. *n* 1. labda; *biz play* ~ *with sy* (becsületesen) együttműködik vkvel; *carry the* ~ *for sy* viseli a terhet nagy részét (vk helyett); *the* ~ *is with you* te következel, rajtad a sor; *keep the* ~ *rolling* viszi a társalgást;

start the ~ rolling kezdeményez, elindít, beindít (vmt); have the ~ at one's feet jó kilátásai vannak; biz be on the ~ hivatása magaslatán van; készenlétben van; keep one's eye on the ~ résen van 2. golyó; gömb; gombolyag; the three (golden/brass) ~s zálogház jelvénye/cégtáblája; load with ~ golyóra tölt [puskát] 3. hüvelykujjpárna, thenar 4. biz ~s herék, golyóbisok, tök II. A. vt 1. felgombolyít 2. biz ~ up összezavar, eltéveszt; get ~ed up összezavarodik, belezavarodik B. vi összecsomósodik
ball² [bɔ:l] bál; táncest
ballad ['bæləd] n ballada
ball-and-socket joint ['bɔ:ln'sɔkıt; US -'sɑ-] gömbcsukló
ballast ['bæləst] I. n 1. (hajó)teher, holtsúly, nehezék, fenéksúly, ballaszt 2. [vasúti] kavics(ágy); river ~ folyami kavics 3. (mental) ~ jellemszilárdság II. vt nehezékkel megrak; stabilizál
ballast-road n kavicsút
ball-bearing n golyóscsapágy
ball-boy n labdaszedő fiú
ball-cartridge n éles töltény
ball-cock n golyós szelep
balled [bɔ:ld] a 1. gömbölyű 2. with ~ fist ökölbe szorított kézzel ∥ →ball¹ II.
ballet ['bæleı] n balett, táncjáték
ballet-dancer ['bælı-] n balett-táncos(nő), balerina
ballet-girl ['bælı-] n balett-táncosnő
Balliol ['beıljəl] prop
ballistic [bə'lıstık] a ballisztikus; ~ rocket/missile ballisztikus rakéta
ballistics [bə'lıstıks] n ballisztika
balloon [bə'lu:n] I. n 1. léggömb, léghajó; ballon 2. ⟨képregény bekeretezett szövege⟩ II. A. vt fejfúj B. vi kidagad
balloonist [bə'lu:nıst] n léghajós
ballot ['bælət] I. n 1. szavazógolyó, -cédula 2. titkos választás/szavazás; take a ~ megszavaztatja a lakosságot/jelenlévőket II. vi (titkosan) szavaz (for mellett, against ellen)
ballot-box n választási urna
ballot-paper n szavazólap

ball-pen, ball-point pen n golyóstoll
ballroom n bálterem
ball-valve n golyós szelep
bally ['bælı] a/adv □ irtó (nagy)
ballyhoo [bælı'hu:; US 'bæ-] n biz nagy hűhó
balm [bɑ:m] n 1. balzsam 2. méhfű, mézfű, citromfű 3. átv balzsam, gyógyír, vigasz
Balmoral [bæl'mɔr(ə)l] prop
balmy ['bɑ:mı] a 1. balzsamos, illatos 2. csillapító, gyógyító 3. □ = barmy
balneology [bælnı'ɔlədʒı; US -'ɑ-] n fürdőtan, balneológia
baloney, boloney [bə'loʊnı] n □ halandzsa, süket duma
balsam ['bɔ:lsəm] n balzsam
Baltic ['bɔ:ltık] I. a balti II. prop Baltikum
Baltimore ['bɔ:ltımɔ:*] prop
baluster ['bæləstə*] n karfatartó; mellvédbáb, korlátbáb; ~s lépcsőkorlát
balustrade [bælə'streıd] n karfa, korlát, mellvéd
bamboo [bæm'bu:] n bambusz(nád)
bamboozle [bæm'bu:zl] vt biz rászed, félrevezet, (el)bolondít, lóvá tesz
ban [bæn] I. n 1. kiátkozás, kitiltás, átok; put under a ~ kiközösít 2. megtiltás, (hivatalos) tilalom II. vt -nn- 1. kiközösít, kitilt 2. indexre tesz, (hivatalosan) eltilt, betilt
banal [bə'nɑ:l; US 'beın(ə)l] a elcsépelt, banális
banality [bə'nælətı] n közhely, banalitás
banana [bə'nɑ:nə; US -'næ-] n banán
band ['bænd] I. n 1. szalag, kötés; csík 2. (vas)pánt 3. köteg; sáv; hullámsáv [rádió stb.] 4. csapat, banda; zenekar II. A. vt összeköt B. vi ~ (together) csoportosul, összeverődik
bandage ['bændıdʒ] I. n kötés, kötszer, (seb)pólya II. vt bekötöz
band-aid n ragtapasz, gyorstapasz
bandanna [bæn'dænə] n tarka selyemkendő
b & b, B and B [bi:ən'bi:] bed and breakfast →bed
bandbox ['bæn(d)bɔks] n kalapdoboz; as if he came out of a ~ mintha skatulyából vették volna ki

banderole ['bændəroul] n 1. kis zászló 2. jelmondatos szalag
band-hinge n szalagvaspánt [kapun]
bandit ['bændɪt] n bandita, útonálló
banditry ['bændɪtrɪ] n banditaság
bandmaster n karmester
bandoleer [bændə'lɪə*] n (vállon átvetve viselt) töltényöv
band-saw n szalagfürész
bandsman ['bændzmən] n (pl -men -mən) zenekari tag, zenész
bandstand n zenekari pavilon, kioszk
bandwagon n zenészek kocsija [felvonuláson]; US biz jump on the ~ jól helyezkedik
bandwidth n sávszélesség [rádió]
bandy ['bændɪ] I. n hokiütő II. vt egymásnak ütöget/dobál [labdát]; ~ words with sy vkvel gyors szócsatát folytat
bandy-legged n karikalábú, ó-lábú
bane [beɪn] n 1. csapás, baj, veszedelem, romlás 2. méreg
baneful ['beɪnfʊl] a vészes, káros
bang [bæŋ] I. adv 1. nagy robajjal; go ~ felrobban 2. éppen, pont; he hit me ~ in the eye pont szemen talált II. int bumm!, durr!, zsupsz! III. n 1. csattanás, durranás; csattanó ütés; ütés; US biz go over with a ~ bombasiker 2. US biz izgalom, élvezet, hecc IV. A. vt 1. üt, ver, dönget 2. (el)csattant, (el)durrant 3. bevág, becsap [ajtót] 4. homlokon egyenesre vág, csikófrizurára vág [hajat] B. vi 1. csattan, durran 2. becsapódik [ajtó] 3. dörömböl [ajtón]
Bangladesh [bæŋglə'deʃ] prop Bangladesh
bangle ['bæŋgl] n karperec
Bangor ['bæŋgə*] prop
bang-up a US □ pazar, klassz, „bomba"
banian ['bænɪən] n→banyan
banish ['bænɪʃ] vt száműz; elűz
banishment ['bænɪʃmənt] n száműzetés, száműzés, számkivetés
banister ['bænɪstə*] n karfa, korlát
banjo ['bændʒou] n bendzsó
bank¹ [bæŋk] I. n 1. töltés, földhányás; zátony, homokpad; ~ of snow hótorlasz 2. (folyó)part II. A. vt 1. körül-

gátol, töltéssel körülfog; ~ up feltölt [földdel], felhány, feltorlaszol [havat]; ~ up fire tüzet lefojt/betakar 2. felhalmozódik [hó]; tornyosulnak [felhők] B. vi 1. (fordulóban) bedönt [repgépet] 2. (kanyarban) bedől [repgép]
bank² [bæŋk] I. n 1. bank, pénzintézet; ~ account bankszámla; ~ clerk banktisztviselő; ~ of deposit letétbank; ~ of issue jegybank; ~ rate bankkamatláb; break the ~ robbantja a bankot 2. [orvosi használatban] -bank II. A. vt bankba tesz, betesz [pénzt] B. vi 1. bankot ad [szerencsejátékban] 2. (vmlyen) bankban tartja a pénzét (with vhol); he ~s with the Midland Bank a M. banknál van számlája 3. biz ~ (up)on sy/sg (teljesen) megbízik vkben/vmben, számít vkre/vmre
bank³ [bæŋk] 1. evezőspad [gályán]; ~s of seats (1) üléssorok [lelátón] (2) munkapad [műhelyben] 2. billentyűzet [orgonán]
bank-bill n 1. bankelfogadvány 2. US bankjegy
banker ['bæŋkə*] n bankár
bank-holiday n GB bankszünnap, munkaszüneti nap
banking¹ ['bæŋkɪŋ] n bedőlés, bedöntés [repülőgépé kanyarban]
banking² ['bæŋkɪŋ] n bankügy(let); ~ account csekkszámla, folyószámla; ~ hours nyitvatartás(i idő)
banking-house n pénzintézet, bankház
bank-note n bankjegy
bankroll n US bankjegyköteg
bankrupt ['bæŋkrʌpt] I. a/n csődbe jutott, vagyonbukott; become/go ~ csődbe jut, tönkremegy, megbukik; ~'s estate csődtömeg II. vt csődbe visz/juttat
bankruptcy ['bæŋkrəptsɪ] 1. n csőd, fizetésképtelenség 2. biz bukás, összeomlás
banned [bænd] →ban II.
banner ['bænə*] n 1. zászló, lobogó 2. ~ (headline) szalagcím [újságban] 3. transzparens, tábla [jelszavakkal]
bannock ['bænək] n sk kovásztalan zabkenyér

banns [bænz] n pl házasulandók kihirdetése; publish the ~ házasságot kihirdet
banquet ['bæŋkwɪt] I. n díszebéd, -vacsora, bankett II. A. vt díszebédet ad [vk tiszteletére] B. vi lakomázik
banqueting-hall ['bæŋkwɪtɪŋ-] n különterem [banketthez]
Banquo ['bæŋkwoʊ] prop
banshee [bæn'ʃi:; US 'bæn-] n ⟨családi kísértet, mely sikolyaival előre jelzi egy családtag halálát [Írországban, Skóciában]
bantam ['bæntəm] I. a apró termetű II. n 1. bantambaromfi 2. ⟨apró termetű harcias ember⟩
bantam-weight n harmatsúly [boksz], légsúly [bírkózás, súlyemelés]
banter ['bæntə*] I. n kötekedés, ugratás II. A. vt ugrat, heccel, cukkol B. vi évődik, kötekedik
Banting ['bæntɪŋ] prop
Bantu [bæn'tu:] a/n bantu(néger)
banyan ['bænɪən] n ~ (tree) indiai fügefa
baptism ['bæptɪzm] n keresztség, keresztelés
baptismal [bæp'tɪzml] a keresztelési
baptist ['bæptɪst] n 1. keresztelő; John the B~ Keresztelő (Szent) János 2. B~ baptista
baptist(e)ry ['bæptɪstrɪ] n keresztelőkápolna
baptize [bæp'taɪz] vt megkeresztel
bar [bɑ:*] I. n 1. korlát, keresztfa, (fém)rúd; sorompó; akadály, gát; a ~ of chocolate egy tábla csokoládé; be behind (prison) ~s rács mögött van 2. bírósági tárgylóterem korlátja; vádlottak padja; törvényszék; at ~ bíróság előtt; prisoner at the ~ vádlott 3. the B~ ügyvédi kamara; be called to the B~ (barrister rangú) ügyvéddé avatják; read for the B~ jogot tanul; ügyvédnek/barristernek készül 4. GB csík, sáv [rangjelzés] 5. italmérés, ivó, söntés; (italmérő) pult 6. bár 7. zátony 8. ütem, taktus II. vt -rr- 1. elzár, lezár; ~ out kizár 2. gátol; (meg)akadályoz; ~ sy's way útját állja vknek 3. biz helytelenít, tilta-

kozik (vm ellen); I ~ that ezt nem tűröm 4. (meg)vonalaz
barb [bɑ:b] I. n 1. szakáll [nyílhegyé], horgas vég 2. tollrost II. vt felhorgosít, tüskéssé tesz [drótsövényt]
Barbados [bɑ:'beɪdoʊz] prop
Barbara ['bɑ:b(ə)rə] prop Barbara, Borbála
barbarian [bɑ:'beərɪən] a/n barbár
barbaric [bɑ:'bærɪk] a barbár, műveletlen, durva, primitív
barbarism ['bɑ:bərɪzm] n 1. nyelvrontás, helytelen nyelvhasználat 2. civilizálatlanság, kegyetlenség, barbarizmus
barbarity [bɑ:'bærətɪ] n kegyetlenség, vadság, barbárság
barbarous ['bɑ:b(ə)rəs] a vad, műveletlen, barbár, vandál, kegyetlen
barbecue ['bɑbɪkju:] I. n 1. grillsütő; sütőrostély 2. hússütés a szabadban [roston v. grillsütőn] 3. roston sült hús; grillcsirke stb. II. vt grillsütőben/roston süt
barbed [bɑ:bd] a ~ wire szögesdrót; drótakadály
barbel ['bɑ:bl] n márna
barber ['bɑ:bə*] n borbély, fodrász
barbiturate [bɑ:'bɪtjʊrət; US -tʃə-] n altatószer
Barclay ['bɑ:klɪ] prop
bard [bɑ:d] n [kelta] dalnok, bárd
bardolatry [bɑ:'dɔlətrɪ; US -'dɑ-] n Shakespeare-rajongás
bare [beə*] I. a 1. meztelen, csupasz; kopár; lay ~ lemeztelenít, felfed, megmutat; lay ~ one's fangs kimutatja a foga fehérét 2. dísztelen, puszta 3. alig valami, kevés; puszta; ~ majority igen csekély többség; earn a ~ living éppen csak a száraz kenyerét keresi meg; the ~ idea a puszta gondolat II. vt kitakar, lemeztelenít; with ~d head fedetlen fővel
bareback adv nyereg nélkül, szőrén
barefaced a arcátlan, pimasz
barefoot adv mezítláb
barefooted a mezítlábas
bare-headed I. a fedetlen fejű II. adv fedetlen fővel, hajadonfőtt
bare-legged I. a térdig meztelen, csupasz

lábszárú **II.** *adv* térdig meztelenül, csupasz lábszárral
barely ['beəlɪ] *adv* 1. alig, éppen hogy/ csak 2. szűkösen, hiányosan
bareness ['beənɪs] *n* 1. meztelenség 2. szegénység
bargain ['bɑ:gɪn] **I.** *n* 1. alku, üzlet(kötés); *it's a ~!* áll az alku!; *drive a hard ~ with sy* keményen alkudozik vkvel; *make/strike a ~ with sy* üzletet/ alkut köt vkvel; *make a good ~* olcsón jut vmhez; jó üzletet köt; *make the best of a bad ~* jó képet vág (a rosszhoz), a jobbik oldalát nézi a dolognak 2. (alkalmi) vétel, előnyös vétel; *~ counter* leértékelt áruk, alkalmi áruk osztálya [áruházban]; *~ sale* kiárusítás (alkalmi áron), alkalmi/ filléres vásár **II. A.** *vt* becserél (vmt vmért) **B.** *vi* alkudozik, alkuszik *(for* vmre); *biz he got more than he ~ed for* jól megkapta a magáét
bargain-price *n* alkalmi/leszállított ár
barge [bɑ:dʒ] **I.** *n* 1. uszály 2. (dísz-) bárka 3. másodcsónak [hadihajón] 4. úszó csónakház **II.** *vi ~ about* támolyog, nehézkesen mozog; *biz ~ in* betolakodik; *~ into/against sg* nekiütődik vmnek
bargee [bɑ:'dʒi:] *n* dereglyés, uszálykormányos
bar-iron *n* rúdvas
baritone ['bærɪtoʊn] *n* bariton
barium ['beərɪəm] *n* bárium; *~ meal* báriumkása, kontrasztkása
bark¹ [bɑ:k] **I.** *n* (fa)kéreg **II.** *vt* lekérgez [fát]; *~ one's elbow* lehorzsolja a bőrt könyökéről
bark² [bɑ:k] *n* 1. ⟨„bark" típusú vitorlás⟩ 2. bárka
bark³ [bɑ:k] **I.** *n* ugatás; *biz his ~ is worse than his bite* amelyik kutya ugat, az nem harap; nagyobb a füstje, mint a lángja **II.** *vi* 1. ugat; *~ up the wrong tree* téves irányban támad, rossz helyen kereskedik 2. □ köhög, „ugat" 3. kiált
barkeeper *n* csapos, vendéglős, kocsmáros; büfés
barker ['bɑ:kə*] *n biz* 1. vásári kikiáltó 2. revolver, stukker

barking ['bɑ:kɪŋ] *n* ugatás
barley ['bɑ:lɪ] *n* árpa
barleycorn *n* 1. árpaszem 2. *John B~* alkoholos ital
barley-water *n* árpanyák
barm [bɑ:m] *n* élesztő
barmaid *n* mixer(nő), [női] italmérő
barman ['bɑ:mən] *n (pl* -men -mən) italmérő, [régebben:] csapos
barmy ['bɑ:mɪ] *a* □ ütődött, dilis
barn [bɑ:n] *n* 1. csűr, magtár 2. pajta, szín 3. *US* istálló
barnacle¹ ['bɑ:nəkl] *n* csípővas, pipa [ló fékezésére]
barnacle² ['bɑ:nəkl] *n* 1. [hajó oldalára tapadó] kagyló 2. *biz* kullancs (természetű ember)
barndoor *n* csűrkapu; *cannot hit a ~* igen rosszul lő
barn-floor *n* szérű
barnstorm *vi US biz* 1. korteskörútra megy [politikus] 2. tájol [színtársulat]
barnstormer [-stɔːmə*] *n* 1. tájoló színész 2. ripacs
barn-yard *n* gazdasági udvar; szérű(skert)
barometer [bə'rɒmɪtə*; *US* -'rɑ-] *n* légnyomásmérő, barométer
baron ['bær(ə)n] *n* 1. báró, főúr 2. *US* iparmágnás 3. *~ of beef* dupla hátszín [marhahús]
baroness ['bærənɪs] *n* bárónő, báróné
baronet ['bærənɪt] *n* baronet ⟨legalacsonyabb öröklődő angol nemesi rang⟩
baronetcy ['bærənɪtsɪ] *n* baronetl rang
baronial [bə'roʊnjəl] *a* bárói, főúri
barony ['bærənɪ] *n* báróság, bárói cím/ rang
baroque [bə'rɒk; *US* -roʊk] *a/n* barokk
barouche [bə'ru:ʃ] *n* nyitott hintó
barrack ['bærək] **I.** *n* 1. *rendsz pl* kaszárnya, laktanya; barakk; *confinement to ~s* laktanyafogság 2. bérkaszárnya **II. A.** *vt* 1. laktanyában elhelyez 2. *biz* abcúgol, kifütyül **B.** *vi ~ for sy* szurkol vknek
barrack-room *n ~ language* kaszárnyastílus
barrage ['bærɑ:ʒ; *US* bə'rɑ:ʒ] *n* 1. (folyami) duzzasztógát 2. zárótűz *(mine) ~* aknazár

barratry ['bærətrɪ] n hajórongálás
barred [ba:d] →bar II.
barrel ['bær(ə)l] I. n 1. hordó 2. csörlődob 3. henger, dob [géprész] 4. cső [ágyué, puskáé]; hüvely [töltőtollé] II. vt -ll- (US -l-) hordóba tölt
barrel-organ n verkli
barrel-vault n dongaboltozat
barren ['bær(ə)n] n 1. terméketlen, meddő 2. sivár, kopár
barrenness ['bær(ə)nnɪs] n 1. terméketlenség, meddőség 2. sivárság
Barrett ['bærət] prop
barricade [bærɪ'keɪd] I. n torlasz, barikád II. vt eltorlaszol, elbarikádoz
Barrie ['bærɪ] prop
barrier ['bærɪə*] n 1. akadály 2. korlát, sorompó 3. peronbejárat
barring ['ba:rɪŋ] prep kivéve, nem számítva; ~ none senkit sem véve ki ‖ →bar II.
barrister ['bærɪstə*] n ~(-at-law) barrister ⟨angol ügyvéd bíróságok előtti felszólalási joggal⟩
barrow¹ ['bærəʊ] n sírdomb
barrow² ['bærəʊ] n talicska, taliga; targonca
barrow³ ['bærəʊ] n ártány
barrowful ['bærəʊfʊl] a taligányi
Bart. ['ba:t] Baronet
bartender ['ba:tendə*] n = barman
barter ['ba:tə*] I. n árucsere, cserekereskedelem; ~ transaction kompenzációs üzlet II. A. vt elcserél; ~ away olcsón elveszteget B. vi cserekereskedelmet folytat
Bartholomew [ba:'θɔləmju:; US -al-] prop Bertalan
basal ['beɪsl] a alapvető, alap-, minimális
basalt ['bæsɔ:lt] n bazalt
bascule-bridge ['bæskju:l-] n felnyíló híd
base¹ [beɪs] I. n 1. alap, alapzat, alaplap 2. tám(asz)pont, kiindulópont, bázis; US get to first ~ szerény eredményt ér el; US he won't get to first ~ semmire se fog jutni 3. lúg, bázis 4. szótő, alapszó II. vt alapoz, alapít (on vmre); ~d on facts tényeken nyugszik, tényekre van alapítva

base² [beɪs] a 1. közönséges, aljas, hitvány 2. hamis(ított); ~ metal nem nemes fém
baseball n US baseball [labadajáték]; ~ player baseball-játékos
base-born a † alacsony származású; törvénytelen [gyermek]
baseless ['beɪslɪs] a alaptalan
base-line n alapvonal
basely ['beɪslɪ] adv aljas módon
basement ['beɪsmənt] n 1. alagsor 2. alapozás [házé]
baseness ['beɪsnɪs] n 1. alávalóság, aljasság, hitványság 2. csekélyértékűség
bash [bæʃ] biz I. n erős ütés; biz have a ~ at sg megpróbál vmt II. vt erősen megüt, beüt, bever; ~ in beüt, behorpaszt
bashful ['bæʃfʊl] a 1. szégyenlős, félénk 2. szemérmes
basic ['beɪsɪk] a 1. alapvető, alap-; B~ English ⟨850 szóra csökkentett angol nyelv⟩; ~ industry kulcsipar; ~ research alapkutatás; ~ training alapkiképzés 2. bázikus, lúgos; ~ salt bázikus só
basil¹ ['bæzl] n bazsalikom
Basil² ['bæzl] prop Bazil ⟨angol férfinév⟩
basilisk ['bæzɪlɪsk] n 1. sárkány 2. sárkánygyík
basin ['beɪsn] n 1. medence 2. melence, tál, vájdling 3. mosdótál; mosdó(kagyló) 4. vízgyűjtő terület
basis ['beɪsɪs] n (pl bases -si:z) alap, alapzat, bázis, kiindulási pont; take as a ~ alapul vesz
bask [ba:sk; US -æ-] vi sütkérezik
Baskervill(e) ['bæskəvɪl] prop
basket ['ba:skɪt; US 'bæ-] n kosár; US ~ lunch/dinner piknik
basket-ball n kosárlabda
basket-chair n fonott szék
basket-work n 1. kosárfonás, vesszőfonás 2. kosárárú
Basle [ba:l] prop Bázel
bass¹ [bæs] n (fekete)sügér
bass² [bæs] n 1. amerikai hársfa 2. hársfaháncs
bass³ [beɪs] a/n basszus

bass-clarinet ['beɪs-] n basszusklarinét
basset ['bæsɪt] n borzeb, tacskó
bassinet [bæsɪ'net] n mózeskosár; veszszőből font bölcső
bassoon [bə'su:n] n fagott
bast [bæst] n hársfaháncs
bastard ['bɑ:stəd; US 'bæ-] I. a 1.
házasságon kívül született, törvénytelen [gyermek] 2. nem valódi, hamis;
elfajzott, korcs II. n 1. fattyú 2.
hamisítvány 2. biz hapsi
bastardy ['bɑ:stədɪ; US 'bæ-] n törvénytelen származás
baste¹ [beɪst] vt összefércel
baste² [beɪst] vt zsírral öntöz [sütés közben]
bastion ['bæstɪən; US -tʃən] n bástya
bat¹ [bæt] n denevér; blind as a ~ vaksi,
az orráig se lát; biz have ~s in the
belfry kótyagos, hóbortos, eszelős
bat² [bæt] I. n ütő [krikett stb.]; off
the ~ kapásból; off one's own ~ saját
szakállára, egymaga; he is a good ~
jó krikettjátékos II. vt/vi -tt- 1. üt [krikettverővel] 2. ~ for sy közbenjár
vkért, exponálja magát vkért
bat³ [bæt] n go full ~ igen siet; go on
a ~ berúg
bat⁴ [bæt] vt -tt- not ~ an eyelid szeme
se rebben
batch [bætʃ] n 1. egy sütet/tétel 2. biz
csomó, rakás, halom
bate [beɪt] vt csökkent, elvesz; with ~d
breath visszafojtott lélegzettel, halkan
bath¹ [bɑ:θ; US -æ-; pl -ðz] 1. n 1.
fürdő; take/have a ~ (meg)fürdik
[kádban]; run a ~ for sy fürdővizet
ereszt vknek; public ~s uszoda;
Order of the B~ ⟨angol lovagrend⟩
2. fürdőkád 3. fürdőszoba; room with
(private) ~ szoba fürdőszobával II.
vt (meg)füröszt, (meg)fürdet
Bath² [bɑ:θ; US -æ-] prop Bath; ~
chair tolókocsi [betegnek]; ~ stone
puha mészkő
bathe [beɪð] I. n fürdés, úszás [a szabadban] II. A. vt 1. (meg)füröszt, (meg-)
fürdet 2. áztat, mos B. vi fürdik,
strandol, úszkál
bather ['beɪðə*] n fürdőző, strandoló

bathing ['beɪðɪŋ] n fürdés [szabadban];
~ facilities fürdési lehetőségek; ~
season fürdőidény
bathing-cap n fürdősapka
bathing-costume n fürdőruha
bathing-drawers n pl úszónadrág, fürdőnadrág
bathing-suit n fürdőruha
bathos ['beɪθɔs; US -as] n ⟨lezökkenés
emelkedett stílusból fakó hétköznapiságba⟩, lapos stílus
bathrobe n US fürdőköpeny; frottír háziköntös
bathroom n 1. fürdőszoba 2. vécé, mosdó
bath-sheet n fürdőlepedő
bath-towel n fürdőlepedő
bath-tub n fürdőkád
bath-wrap n fürdőköpeny
bathysphere ['bæθɪsfɪə*] n mélytengeri
kutatógömb
batiste [bæ'ti:st] n batiszt
batman ['bætmən] n (pl -men -mən)
tisztiszolga
baton ['bæt(ə)n; US bæ'tɑn] n 1. (karmesteri) pálca 2. gumibot
batsman ['bætsmən] n (pl -men -mən)
ütőjátékos [krikettben]
battalion [bə'tæljən] n zászlóalj
batted ['bætɪd] →bat² II., bat⁴
batten¹ ['bætn] 1. n léc; szegélyléc,
hézagtakaró deszka/léc; padlódeszka,
palló II. vt léccel megszegez; ~ down
lezár, leszegez, bedeszkáz [fedélzeti
nyílást]
batten² ['bætn] A. vi hízik; ~ on sy vknek
a nyakán élősködik B. vt hizlal
batter¹ ['bætə*] I. n tészta [massza]
II. A. vt 1. (ismételten) üt; dönget;
szétzúz; ~ down lerombol [épületet];
~ in betör [ajtót] 2. lő, ágyúz [várost,
falakat] B. vi ~ at the door döngeti
az ajtót
batter² ['bætə*] n ütőjátékos [krikettben]
battered ['bætəd] a ütött-kopott
battering-ram ['bæt(ə)rɪŋ-] n faltörő
kos
battery ['bætərɪ] n 1. [tüzérségi] üteg
2. [villamos] elem, telep, akku(mulátor); dry ~ szárazelem; storage ~

akkumulátortelep 3. sorozat, készlet [műszereké stb.]

battle ['bætl] I. *n* csata, ütközet; *give ~* megütközik; *~ royal* heves/nagyszabású ütközet II. *vi* harcol, küzd (*against/with* vkvel/vmvel v. vk/vm ellen, *for* vmért)

battle-axe *n* csatabárd

battle-cruiser *n* (páncélos) cirkáló, csatahajó

battledore ['bætldɔ:*] *n* tollaslabdaütő

battle-field *n* csatatér

battlements ['bætlmənts] *n pl* lőréses oromzat, pártázat

battle-piece *n* csatakép

battleship *n* csatahajó

batty ['bætɪ] *a* □ bolond, dilis

bauble ['bɔ:bl] *n* 1. játékszer 2. csecsebecse, zsuzsu

baulk [bɔ:k] *n/v* = *balk*

bauxite ['bɔ:ksaɪt] *n* bauxit

Bavaria [bə'veərɪə] *prop* Bajorország

bawd [bɔ:d] *n* kerítőnő

bawdry ['bɔ:drɪ] *n* ocsmány/trágár beszéd

bawdy ['bɔ:dɪ] *a* erkölcstelen, trágár

bawl [bɔ:l] *vt/vi* ordít, üvölt, rikolt; *US biz ~ sy out* vkt lehord

bay¹ [beɪ] *n* 1. babér 2. *~ rum* ⟨nyugat-indiai hajszesz⟩

bay² [beɪ] *n* öböl

bay³ [beɪ] *n* 1. (ablak)fülke, bemélyedés; oszlopok közti fülke 2. vágányvégződés [fejpályaudvaron] 3. rekesz, rész [repülőgépben, csűrben]

bay⁴ [beɪ] I. *n* csaholás; *be/stand at ~* sarokba szorítva védekezni/harcolni kénytelen; *keep at ~* sakkban tart vkt, védekezésre kényszerít; *bring to ~* döntő küzdelemre kényszerít II. *vi* ugat, csahol

bay⁵ [beɪ] *a/n* pej [ló]

bayonet ['beɪənɪt] I. *n* szurony, bajonett II. *vt* szuronnyal leszúr

bayonet-joint *n* bajonettzár; *~ base* bajonettfoglalat

bayou ['baɪu:] *n US* 1. mellékfolyó 2. mocsaras terület

baytree *n* babérfa

bay-window *n* zárt erkély; kiugró ablakfülke

bay-wood *n* mahagóni

bazaar [bə'zɑ:*] *n* 1. bazár 2. jótékony célú vásár

bazooka [bə'zu:kə] *n* páncélököl

BBC [bi:bi:'si:] *British Broadcasting Corporation* brit rádiótársaság

B.C., BC [bi:'si:] 1. *Before Christ* időszámításunk előtt, i.e. 2. *British Columbia* 3. *British Council*

be [bi:] *vi* (*pt was* wɔz, *US* -ɑ-; gyenge ejtésű alakja: wəz; *were* wə:*, gyenge ejtésű alakja: wə*; *pp been* bi:n, *US* bɪn) (*Ragozott alakok:*) *I am* [æm] én vagyok; *you are* [ɑ:*] te vagy, ön van, ti vagytok, önök vannak; *he/she is* [ɪz] ő van; *it is* (az) van; *we are* mi vagyunk; *they are* ők vannak; *he/she was* ő volt; *we were* mi voltunk. (*Régies alakok:*) *thou art* [ɑ:t] te vagy; *thou wast* [wɔst; *US* -ɑ-], *thou wert* [wə:t] te voltál — 1. van; létezik; *how are you?* hogy van/vagy?; *how is it that...?* hogy lehet(séges) az, hogy...?; *don't ~ long!* ne maradj sokáig!, hamar végezz!; *~ good!* légy jó!, viselkedj rendesen!; *it cannot ~* lehetetlen, nem létezik; *if I were you* ha én volnék a helyedben, ha én neked volnék; *were it not for...* ha... nem volna; *as it were* mintegy, hogy úgy mondjam; *that ~ing the case* miután ez a helyzet 2. (*jelen idejű alakja fordításban gyakran elmarad*) *the house is large* a ház nagy; *it is difficult to do* nehéz megtenni; *what is it?* (1) mi az? (2) mit akarsz? (3) mi baj? 3. megy/jön vhová; *are you for London?* L.-ba mész?; *I have never been to London* sohasem jártam/voltam Londonban; *I must ~ home* haza kell mennem, otthon kell lennem 4. (*a folyamatos igealakok képzésében*) *he is writing a letter* (éppen) levelet ír 5. (*a szenvedő alak képzésében*) *the letter is written* a levél meg van írva, a levél kész 6. (*kötelezettség, szükségesség kifejezésére*) *am I to do it or not?* megcsináljam-e vagy sem?; *I am to go* mennem kell; *I was to have come* el kellett volna jönnöm, úgy volt, hogy eljövök 7. (*szándék, lehetőség*) *who is*

to speak to-night? ki beszél ma este?;
what is to be done? most mi a teendő?,
mit lehet/kell tenni?; *we were to
meet at six* úgy volt, hogy 6-kor talál-
kozunk, 6-kor kellett volna találkoz-
nunk; *it is not to be seen* nem látható
8. *(simuló kérdésekben) He is back.
Is he?* Ő visszajött. Tényleg?; *so
you are back, aren't you?* ugye visz-
szajött(él)?; *he isn't here yet, is he?*
ugye még nincs itt?
   be about ~ *a. to go* menni készül
   be after ~ *a. sy* vkt üldöz/követ
   be back visszajön, visszatér
   be behind →*behind I.*
   be by kéznél van, támogat
   be for ~ *f. sg* vmt pártol; *I am f.
reform* reformpárti vagyok
   be in 1. *he is in* itthon/otthon van,
benn van 2. befutott, megjött [hajó,
vonat] 3. bejön [képviselő], megvá-
lasztják 4. *biz* divatos, divatban van;
bevett; *short skirts are in* a rövid
szoknya a divat 5. ~ *in for sg* vm
fenyegeti, vm vár rá, vm előtt áll;
biz ~ *in for it* nyakig benne van
(a pácban) 6. ~ *in on sg* be van
avatva vmbe; ~ *in on everything*
minden dologgal/üggyel kapcsolata
van, mindent ismer, mindenben érde-
kelt
   be off 1. elmegy, eltávozik; *I'm off*
már megyek 2. távol van 3. vége van
4. ~ *well off* jómódban él, jómódú,
jól megy neki
   be on 1. ég [gáz, villany] 2. *what
is on?* mit adnak? [moziban stb.]
   be out 1. kinn van, házon kívül
van, nincs itthon/otthon 2. *be o. for
sg, be o. to do sg* minden igyekezetével
törekszik vmre, „rámegy" vmre 3.
be o. in sg téved vmben 4. megbukott
a választáson
   be over elmúlt, vége van
   be up 1. fenn van, nem fekszik le
2. *biz what's up?* mi történik/van itt?,
mi (baj) van?, mi újság?; *there is sg
up* vm baj van 3. ~ *up at Oxford*
O.-ban van egyetemen 4. *time is* ~
lejárt az idő || →*up*
be- [bɪ-] *pref* 1. meg-, el-; ~*labour*

megver, eldönget 2. *(főnévből pp-t
képző)* ~*wigged* parókás
beach [bi:tʃ] I. *n* tengerpart, tópart,
part; strand II. *vt* partra húz [hajót]
beach-comber *n* 1. ⟨kikötőben/tenger-
parton heverő holmik gyűjtögetésé-
ből v. alkalmi munkákból élő ember⟩,
„partfésülő" 2. hosszú parti hullám
beach-head *n* hídfő(állás) [inváziós part-
raszállásnál]
beacon ['bi:k(ə)n] *n* 1. jelzőtűz; jelző-
fény, irányfény 2. kiemelkedő terep-
pont
bead [bi:d] I. *n* 1. üveggyöngy, gyöngy-
szem 2. ~*s pl* olvasó, rózsafüzér;
tell one's ~*s* a rózsafüzért mondja
3. gyöngydíszítés, gyöngyléc 4. cél-
gömb; *draw a* ~ *on sg/sy* megcéloz
vmt/vkt II. A. *vt* gyöngyözéssel díszít
B. *vi* gyöngyözik, buborékol
beading ['bi:dɪŋ] *n* gyöngydíszítés
beadle ['bi:dl] *n* 1. (egyetemi) altiszt
2. egyházfi, sekrestyés
beady ['bi:dɪ] *a* gyöngyszerű, gombszerű
beagle ['bi:gl] *n* (rövid lábú) vadászkopó
beak¹ [bi:k] *n* 1. csőr [ragadozó madáré]
2. vágósarkantyú [hajó orrán] 3. *biz*
horgas/kampós orr
beak² [bi:k] *n* □ 1. rendőrbíró 2. tanár
beaked [bi:kt] *a* csőrös; horgas orrú
beaker ['bi:kə*] *n* 1. serleg 2. csőrös
bögre, menzúrás főzőpohár
beam [bi:m] I. *n* 1. gerenda; tartó;
(kocsi)rúd 2. mérlegkar 3. fedélzet-
tartó gerenda, keresztrúd [hajón];
extreme ~ legnagyobb hajószélesség;
broad in the ~ (1) széles fedélzetű
[hajó] (2) *biz* széles csípőjű [személy];
on the ~ keresztirányban [hajón]
4. fénysugár, fényköre, sugár(nya-
láb); *fly/ride the* ~ rádióirányítással
repül; *biz off the* ~ „el van tájolva";
biz on the ~ végre „kapcsolt" II. A.
vi ragyog, sugárzik *(at* vkre, *with*
vmnek következtében, vmtől) B. *vt*
sugároz
beam-ends *n pl biz be on one's* ~ szorult
helyzetben van
beaming ['bi:mɪŋ] *a* 1. sugárzó 2. bol-
dog, vidám
bean [bi:n] *n* 1. bab; *biz be full of* ~*s*

(1) eleven, mozgékony (2) sok pénze/
gubája van; *biz give sy* ~*s* (1) alapo-
san eldönget/elintéz vkt (2) jól lehord
vkt; *biz he hasn't a* ~ egy vasa sincs;
every ~ *has its black* senki sincs hiba
nélkül; □ *spill the* ~*s* kikotyog/elköp
vmt **2.** □ fej, kobak; *old* ~ öreg fickó
bean-feast *n* mulatság, muri
bean-stalk *n* babszár
bear¹ [beə*] **I.** *n* **1.** medve **2.** mogorva
ember **3.** áresésre/besszre spekuláló
tőzsdés, besszjátékos **II.** *vi* áresésre
spekulál
bear² [beə*] *v* (*pl* **bore** bɔ:*, *pp* **borne**
bɔ:n; „szül" értelemben szenvedő
szerkezetben **born** bɔ:n) **A.** *vt* **1.**
hord(oz), visel, (magánál) tart; visz;
~ *oneself* viselkedik **2.** szül; terem,
[gyümölcsöt] hoz; ~ *a child* gyereket
szül; *when were you born?* mikor szü-
lettél? **3.** (el)tűr, elvisel, elszenved;
I cannot ~ *him* ki nem állhatom;
I cannot ~ *to see it* nem bírom nézni
B. *vi* **1.** [gerenda stb.] elég erős, tart
2. (vmerre) tart; ~ (*to the*) *right*
jobbra tart/tér
bear away *vt* elvisz; *be borne a. by*
sg vmnek a hatása alatt van [érzelmi-
leg], elragadja (a(z) indulat/harag),
elragadtatja magát
bear down A. *vt* legyőz; letör [ellen-
állást] **B.** *vi* ~ *d.* (*up*)*on* (1) lecsap
[ellenségre] (2) úton van vm felé
[hajó], vm felé tart
bear in *vi it was gradually borne in*
upon him lassanként belátta
bear off A. *vt* elvisz, elhurcol **B.** *vi*
távolodik [parttól], kifut [a nyílt
tengerre]
bear on/upon *vi* **1.** hatással van
(vmre, vkre), befolyásol (vmt, vkt);
~ *hard on sy* (1) ránehezedik vkre;
súlyosan érint vkt (2) kemény kézzel
bánik vkvel **2.** vonatkozásban/össze-
függésben vn (vmvel), vonatkozik
(vmre), kihatással van vmre; *how*
does this ~ *upon the problem?* milyen
kihatással van ez a problémára?,
milyen összefüggésben áll ez a kérdés-
sel?; *bring one's mind to* ~ (*up*)*on sg*
vmre összpontosítja a figyelmét

bear out *vt* megerősít, igazol
bear up A. *vt* támogat **B.** *vi* **1.** nem
csügged; ~ *up!* ne csüggedj!; ~ *up*
against sg ellenáll vmnek, szembeszáll
vmvel, jól visel/tűr [bajt, csapást]
2. lassan közeledik [vmhez hajó]
bear with *vi* elnéző (vkvel szemben);
if you will ~ *w. me a little longer*
ha volnál szíves még egy kis türelem-
mel lenni (és végighallgatni)
bearable ['beərəbl] *a* tűrhető, elviselhető
bear-baiting *n* medvehecc
beard [bɪəd] **I.** *n* **1.** szakáll **2.** toklász
[kalászé] **II.** *vt* szembeszáll vkvel
bearded ['bɪədɪd] *a* szakállú, szakállas
beardless ['bɪədlɪs] **1.** *a* csupasz állú,
tejfölösszájú **2.** ~ *wheat* tarbúza
bearer ['beərə*] *n* **1.** tulajdonos [útleve-
lé stb.], átadó [levélé], bemutató
[csekké]; *the* ~ *of this letter . . .*
e sorok átadója . . . **2.** koporsóvivő
3. *a good* ~ bőven termő [fa]
bearing ['beərɪŋ] **1.** viselkedés, magatar-
tás; testtartás **2.** súly, fontosság, ki-
hatás, vonatkozás [kérdésé stb.];
consider a question in all its ~*s* min-
den vonatkozás(á)ban/szempontból/
oldaláról megvizsgál egy kérdést;
have ~ *on sg* vonatkozásban/összefüg-
gésben van vmvel; *the* ~(*s*) *of a case*
tényállás **3.** irány, helyzet; tájékozó-
dás; *find/get one's* ~*s* kezdi kiismerni
magát; *lose one's* ~*s* megzavarodik,
zavarba jön; *take the* ~*s* (*of a ship*)
meghatározza (a hajó) helyzetét; *átv*
take one's ~*s* tájékozódik, orientálódik
4. *beyond all* ~ elviselhetetlen **5.** ter-
mőképesség; *in full* ~ javában termő
[fa] **6.** ~(*s*) csapágy **7. bearings** *pl*
címer; *armorial* ~*s* címerpajzs
bearish ['beərɪʃ] *a* **1.** esetlen, mogorva
2. alacsony árfolyamú [tőzsde], lany-
ha [piac]
bear-skin *n* **1.** medvebőr **2.** medvebőr
kucsma [*GB* testőröké]
beast [bi:st] *n* **1.** állat, vadállat, barom;
make a ~ *of oneself* elállatiasodik **2.**
ellenszenves/nehéz pasas
beastliness ['bi:stlɪnɪs] *n* állatiasság,
brutalitás, bestialitás
beastly ['bi:stlɪ] **I.** *a* **1.** állati(as), brutá-

lis 2. mocskos, ronda 3. kellemetlen
II. *adv biz* nagyon, állatian
beat [bi:t] I. *a* 1. legyőzött, megvert
2. „beat" [nemzedék, zene stb.]
II. *n* 1. ütés; (szív)verés, dobbanás;
the ~ of a drum dobpergés 2. ütem,
ritmus 3. őrjárat(i körlet), körjárat(i
útvonal); *be on one's ~* őrjáraton van,
szolgálati úton jár [rendőr]; *be off
one's ~* kívül esik a hatáskörén, nem
tartozik rá 4. □ = *beatnik* III. *v*
(pt **beat** bi:t, *pp* ~en 'bi:tn v. **beat**)
A. *vt* 1. (meg)üt, (meg)ver; porrá
tör; ~ *a carpet* kiporol szőnyeget;
~ *a drum* dobol; ~ *an egg* tojást fel-
ver; *he was ~en* megverték 2. megver,
legyőz; *biz this ~s me* ez rejtély előt-
tem, ez kifogott rajtam, ez nekem ma-
gas; *biz that ~s everything* ez minden-
nek a teteje!, ez mindenen túltesz!;
biz can you ~ it? hallottál már ilyet?
3. □ ~ *it!* tünj el!, kopj le! B. *vi*
1. üt, ver 2. dobog [szív] 3. kopogtat
beat about széllel küzd [hajó]
beat against *vi* nekiverődik; *the
rain was ~ing a. the windows* az eső
verdeste az ablakokat
beat down A. *vt* 1. lerombol, lever;
megdönt [gabonát] 2. leszorít [ára-
kat] B. *vi* letűz [nap]
beat in *vt* 1. betör, bezúz 2. fejébe
ver
beat into *vt* bever (vmbe vmt)
beat off *vt* elhárít
beat out *vt* 1. vékonyra klkalapál
2. kiver
beat up *vt* 1. felver [habot] 2. fel-
hajt, toboroz 3. *US* □ összever (vkt)
beaten ['bi:tn] *a* 1. legyőzött; megvert
2. (ki)vert, kidolgozott, (ki)kalapált
3. *the ~ track* a járt/kitaposott út;
off the ~ track távoli, félreeső 4. *biz*
kimerült
beater ['bi:tə*] *n* 1. verő, ütő; [konyhai]
habverő 2. hajtó [vadászaton]
beatify [bi:'ætɪfaɪ] *vt* boldoggá avat/tesz
beating ['bi:tɪŋ] *n* 1. verés; *give sy a ~*
elagyabugyál vkt 2. legyőz(et)és 3.
hajtás [vadé]
beatitude [bi:'ætɪtju:d; *US* -tu:d] *n*
boldogság, üdvösség

beatnik ['bi:tnɪk] *n* beatnik, hippi
beau [boʊ] I. *a* ~ *ideal* az elképzelhető
legtökéletesebb vmből, eszménykép
II. *n (pl* ~s v. ~x boʊz) piperkőc;
gavallér (vké)
Beaufort scale ['boʊfət] Beaufort-skála
Beaumont ['boʊmənt] *prop*
beauteous ['bju:tjəs] *a* szépséges, gyö-
nyörű
beautician [bju:'tɪʃn] *n US* kozmetikus
beautiful ['bju:təf(ə)l] *a* szép, gyönyörű
beautifully ['bju:təflɪ] *adv* szépen, gyö-
nyörűen, nagyszerűen
beautify ['bju:tɪfaɪ] *vt* szépít, díszít
beauty ['bju:tɪ] *n* szépség; ~ *contest*
szépségverseny; *biz well, you are a
~!* na ezt aztán szépen megcsináltad!
beauty-parlour, *US* **-parlor** *n* kozmetikai
szalon
beauty-shop *n* = *beauty-parlo(u)r*
beauty-sleep *n* éjfél előtti alvás
beauty-spot *n* 1. szép hely/táj 2. szép-
ségtapasz
beaver[1] ['bi:və*] *n* 1. hód 2. hódprém
beaver[2] ['bi:və*] *n* sisakrostély
Beaverbrook ['bi:vəbrʊk] *prop*
becalm [bɪ'ka:m] *vt* lecsendesít; ~*ed
ship* szélcsend miatt veszteglő hajó
became →*become*
because [bɪ'kɔz; *US* -ɔ:z] I. *conj* mert,
mivel II. *prep* ~ *of* miatt, következté-
ben
beck[1] [bek] *n* sziklás medrű patak
beck[2] [bek] *n* jeladás [fejjel, kézzel];
be at sy's ~ and call vknek mindig
rendelkezésére áll
beckon ['bek(ə)n] A. *vi* int, bólint B.
vt odahív [jeladással]
Becky ['bekɪ] *prop* Rébi *(Rebecca* be-
cézett alakja)
become [bɪ'kʌm] *v (pt* **became** bɪ'keɪm,
pp **become** bɪ'kʌm) A. *vi* vmvé lesz/
válik; *he became tired* elfáradt, fáradt
lett; *what's ~ of him?* mi lett/történt
vele?, hova lett? B. *vt* illik vkhez;
it ~s her illik hozzá, jól áll neki
becoming [bɪ'kʌmɪŋ] *a* vkhez illő, jól
álló, kecses, előnyös
bed [bed] I. *n* 1. ágy; ~ *and board*
[bedn'bɔ:d] lakás és ellátás; ~ *and
breakfast* [bedn'brekfəst] szoba regge-

livel; *get out of* ~ *on the wrong side*
bal lábbal kel fel; *go to* ~ lefekszik
(aludni); *biz go to* ~ *with sy* „lefekszik"
vkvel; *make the* ~ megágyaz; *take
to one's* ~ ágyban marad (betegen),
ágynak esik; *be brought to* ~ *of a boy*
fiút szül 2. (virág)ágy, ágyás; *not a* ~
of roses nem fenékig tejföl 3. meder
4. alapzat, (alap)réteg, kavicságy,
alépítmény [úté] **II.** *v* -dd- *vt* 1. be-
ágyaz (vmbe) 2. lefektet (ágyba) 3.
elültet [növényt]
bed down *vt* alommal ellát (állatot)
bed in *vt* be(le)ágyaz vmbe
bed out *vt* kiültet [növényeket]
B.Ed., BEd [bi:i:'di:] *Bachelor of Educa-
tion* kb. okleveles pedagógus
bedaub [bɪ'dɔ:b] *vt* 1. beken, beszeny-
nyez, bemázol, összeken 2. felcico-
máz
bedbug *n US* poloska
bed-chamber *n* hálószoba
bed-clothes *n pl* ágynemű
bedded ['bedɪd] →*bed II.*
bedding ['bedɪŋ] *n* 1. ágynemű, ágy(a-
zat) 2. alom
bedding-out *n* kiültetés [növényeké]
Bede [bi:d] *prop the Venerable* ~ B(a)eda
venerabilis
bedeck [bɪ'dek] *vt* beborít; feldíszít
bedew [bɪ'dju:; *US* -'du:] *vt* harmatossá
tesz
bedfellow *n* hálótárs, ágytárs
Bedfordshire ['bedfədʃə*] *prop*
bedim [bɪ'dɪm] *vt* -mm- elsötétít, elho-
mályosít
bedizen [bɪ'daɪzn] *vt* kicicomáz, kicsi-
csáz
bedlam ['bedləm] *n* tébolyda
bedlamite ['bedləmaɪt] *n* bolond, őrült
bed-linen *n* ágynemű
bed-pan *n* 1. ágytál 2. ágymelegítő
[tál alakú]
bed-plate *n* alaplemez, talplemez
bed-post *n* ágyláb
bedraggled [bɪ'drægld] *a* besározott,
bepiszkított
bed-rest *n* háttámasz [ágyban]
bedridden *a* [betegség miatt] ágyhoz
kötött
bedrock *n* 1. fekükőzet 2. *átv* alap; *get*

down to ~ lehatol az alapvető kérdé-
sekig/tényekig; ~ *price* utolsó ár
bedroom *n* hálószoba; *spare* ~ vendég-
szoba; *double* ~ kétágyas szoba [szál-
lodában]; *single* ~ egyágyas szoba
Beds. [bedz] *Bedfordshire*
bedside *n* ágy oldala; ~ *lamp* éjjeli lám-
pa; ~ *table* éjjeliszekrény; *good* ~
manner betegre előnyös hatású (or-
vosi/ápolói) viselkedésmód
bed-sitter, bed-sitting-room egyszobás
lakás, kb. garzonlakás
bed-sore *n* felfekvés [seb]
bedspread *n* ágytakaró
bedstead *n* ágykeret
bed-table *n* éjjeliszekrény
bedtime *n* lefekvés ideje; *it is* ~ ideje
lefeküdni
bed-wetting *n* ágybavizelés
bee [bi:] *n* 1. méh; *busy as a* ~ hangya-
szorgalmú; *have a* ~ *in one's bonnet*
bogara/rögeszméje van 2. *US* össze-
jövetel közös munkára/versenyre; ka-
láka; *spelling* ~ helyesírási verseny
beebread *n* méhkenyér
beech [bi:tʃ] *n* bükk(fa)
Beecher ['bi:tʃə*] *prop*
beef [bi:f] **I.** *n* 1. marhahús 2. (*pl
beeves* bi:vz) hízómarha, húsmarha,
vágómarha 3. *biz* izomzat, izomerő;
have plenty of ~ izmos, testes; *put
on* ~ hízik **II. A.** *vi* □ panaszkodik **B.**
vt □ ~ *up* feljavít
beefeater *n* testőr [a Towerban]
beefsteak *n* hirtelensült marhahússzelet,
marhabélszín, bifsztek
beeftea *n* erőleves
beefy ['bi:fɪ] *a* húsos, izmos, tagbasza-
kadt
beehive *n* méhkas, kaptár
bee-keeper *n* méhész
bee-line *n* légvonal; *make a* ~ *for sg*
toronyiránt megy/siet vhová
been → *be*
beer [bɪə*] *n* sör; *not all* ~ *and skittles*
nem fenékig tejföl
beery ['bɪərɪ] *a* 1. sörszerű 2. becsípett
[sörtől]
beestings ['bi:stɪŋz] *n pl* föcstej
beeswax ['bi:zwæks] *n* méhviasz
beeswing ['bi:zwɪŋ] *n* pimpó [boron]

beet [bi:t] *n* 1. (cukor)répa 2. *red* ~,
US ~s cékla
beetle¹ ['bi:tl] *n* bogár
beetle² ['bi:tl] *n* sulyok, ütőfa
beetle³ ['bi:tl] ~ *brows* (1) kiugró szem-
öldökcsontok, bozontos szemöldök (2)
komor tekintet
beetle-browed [-'braʊd] *a* kiugró szömöl-
dökcsontú, bozontos szemöldökű
beetroot *n* cékla
beetsugar *n* répacukor
befall [bɪ'fɔ:l] *v* (*pt* -fell -'fel, *pp* ~en
-'fɔ:lən) **A.** *vt* (meg)történik (vkvel
vm), ér (vkt vm) **B.** *vi* előfordul, tör-
ténik
befit [bɪ'fɪt] *vt* -tt- illik (vkhez, vmhez)
befitting [bɪ'fɪtɪŋ] *a* illő, megfelelő
befog [bɪ'fɔg; *US* -ɑ-] *vt* -gg- ködbe
borít, elhomályosít
before [bɪ'fɔ:*] **I.** *adv* 1. (*idő*) előbb,
előtt, azelőtt, előzőleg, korábban,
már; *the day* ~ előző nap, tegnap;
not ~ *Christmas* karácsonyig nem;
I have never seen him ~ még sohasem
láttam; *I have been there* ~ már voltam
ott 2. (*hely*) előtt, előre; *go on* ~
előremegy **II.** *prep* előtt, elé; ~ *my
very eyes* szemem láttára; ~ *long* nem-
sokára, hamarosan; *long* ~ *that* jóval
régebben/korábban; ~ *now* már előbb
(nem most); ~ *Christ* Krisztus (szüle-
tése) előtt; ~ *everything else* minde-
nekelőtt **III.** *conj* mielőtt; inkább
minthogy/semhogy; ~ *you know
where you are* míre észbe kapnál
beforehand *adv* előzőleg, előzetesen,
előre; korábban
befoul [bɪ'faʊl] *vt* bemocskol; ~ *one's
own nest* saját fészkébe piszkít
befriend [bɪ'frend] *vt* pártol, támogat,
segítségére van
befuddled [bɪ'fʌdld] *a* megzavarodott,
borgőzös állapotú
beg [beg] *vt/vi* -gg- 1. kér; *I* ~ *your
pardon!* (1) bocsánatot kérek! (2)
de kérem! [méltatlankodva]; (*I* ~
your) *pardon?* tessék?, nem értettem,
mit tetszett mondani?, kérem?; *we*
~ *to inform you* ... tisztelettel érte-
sítjük ön(öke)t ...; *I* ~ *to remark*
bátorkodom megjegyezni 2. könyörög,

koldul; *go* ~*ging* nem kell senkinek
[áru, állás]
began →*begin*
beget [bɪ'get] *vt* (*pt* -got -'gɔt, *US* -ɑ-,
régies -gat -'gæt, *pp* -gotten -'gɔtn,
US -ɑ-; -tt-) 1. nemz 2. okoz, kelt,
létrehoz
beggar ['begə*] **I.** *n* 1. koldus; ~*s cannot
be choosers* éhes ember nem válogat;
ajándék lónak ne nézd a fogát 2.
little ~ kis huncut/betyár; *lucky* ~
szerencsés fickó **II.** *vt* 1. koldusbotra
juttat 2. felülmúl vmt
beggarly ['begəlɪ] *a* szánalmas, nyomorú-
ságos, szegényes
beggary ['begərɪ] *n* nyomorúság, sze-
génység, koldusbot
begin [bɪ'gɪn] *v* (*pt* began bɪ'gæn, *pp*
begun bɪ'gʌn-; -nn-) **A.** *vt* (el)kezd,
megkezd, hozzáfog **B.** *vi* kezd; (el-)
kezdődik, megkezdődik; *to* ~ *with*
először is
beginner [bɪ'gɪnə*] *n* kezdő
beginning [bɪ'gɪnɪŋ] *n* kezdet; *from the*
~ kezdettől fogva; *from* ~ *to end*
elejétől végig
begone [bɪ'gɔn; *US* -ɔ:-] *int* eredj innen!
begot(ten) →*beget*
begrime [bɪ'graɪm] *vt* bekormoz, be-
mocskol
begrudge [bɪ'grʌdʒ] *vt* irigyel, sajnál
(vmt vktől)
beguile [bɪ'gaɪl] *vt* 1. elámít, rászed
2. kellemesen eltölt [időt]
begun →*begin*
behalf [bɪ'hɑ:f; *US* -æ-] *n in* ~ *of sy* vk
érdekében/kedvéért, vkért; *on* ~ *of sy*,
on sy's ~ vk nevében/helyett/érdeké-
ben
behave [bɪ'heɪv] *vi* viselkedik; ~ *oneself*
viseli magát, viselkedik; ~ *yourself!*
viselkedj rendesen!; *knows how to* ~
jólnevelt
behaviour, *US* **-vior** [bɪ'heɪvjə*] *n* visel-
kedés(mód), magatartás, magaviselet
behavio(u)rism [bɪ'heɪvjərɪzm] *n US*
behaviorizmus
behead [bɪ'hed] *vt* lefejez
beheld →*behold*
behest [bɪ'hest] *n* parancs
behind [bɪ'haɪnd] **I.** *adv* hatul, hátra;

be ~ with (sg) = be behindhand II.
prep mögött, mögé; from ~ mögül,
hátulról; be ~ sy támogat vkt; ~
the beyond isten háta mögött III. n
biz far, ülep; kick sy's ~ fenékbe rúg
vkt
behindhand a/adv be ~ (with v.
in sg) el/le van maradva, lemaradt (vmvel,
vmben); hátralékban van
behold [bɪ'hoʊld] vt (pt/pp beheld bɪ-
'held) megpillant, észrevesz, (meg)lát;
~! íme!, nézd csak!
beholder [bɪ'hoʊldə*] n néző, szemlélő
behoof [bɪ'hu:f] n to/for/on (the) ~ of
sy vk hasznára/javára/előnyére
behove [bɪ'hoʊv] vt it ~s him to ...
őrá tartozik, hogy ...; it does not ~
you to ... nem illik neked ...
beige [beɪʒ] a nyersgyapjú színű
being ['bi:ɪŋ] I. a for the time ~ egyelőre
II. n 1. lét, létezés; come into ~ létre-
jön 2. tartózkodás (vhol) 3. lény, lé-
tező, teremtmény ‖ →be
belabour, US -labor [bɪ'leɪbə*] vt elnás-
pángol, megver, (jól) helybenhagy
(vkt)
belated [bɪ'leɪtɪd] a elkésett; késő(i)
belay [bɪ'leɪ] vt megköt, odaerősít
belch [beltʃ] I. n böffenés, böfögés II.
A. vi böfög B. vt okád [füstöt, tüzet]
beldam(e) ['beldəm] n vén banya
beleaguer [bɪ'li:gə*] vt ostromol
Belfast [bel'fɑ:st] prop
belfry ['belfrɪ] n harangtorony, -láb
Belgian ['beldʒ(ə)n] a/n belgiumi, belga
Belgium ['beldʒəm] prop Belgium
Belgrade [bel'greɪd] prop Belgrád
belie [bɪ'laɪ] vt 1. meghazudtol; megcá-
fol 2. nem vált be/valóra [reményeket
stb.]
belief [bɪ'li:f] n 1. hit, hiedelem; past
all ~ hihetetlen; to the best of my ~
legjobb tudásom/meggyőződésem sze-
rint 2. bizalom
believable [bɪ'li:vəbl] a hihető
believe [bɪ'li:v] A. vt (el)hisz; gondol,
vél; ~ sy hisz vknek; ~ it or not akár
hiszed akár nem; I ~ (that) úgy hi-
szem/gondolom (hogy); make sy ~ sg
elhitet vkvel vmt; make ~ to do sg
színlel vmlyen cselekvést, úgy tesz,

mintha ...; I don't ~ it nem hiszem
(el); Yes, I ~ so azt hiszem, igen;
igen, úgy gondolom; No, I ~ not
azt hiszem, hogy nem, nem hiszem;
he is ~d to be ... úgy tudják (róla),
hogy ...; it is generally ~d that az az
általános nézet, hogy ... B. vi hisz,
bízik (in vkben, vmben); I do not ~
nem hiszek
believer [bɪ'li:və*] n hívő
belittle [bɪ'lɪtl] vt (le)kicsinyel, ócsárol
bell¹ [bel] I. n 1. csengő; harang; there's
the ~! csöngettek!; ring the ~ (1)
csönget (2) harangoz (3) ügyesen végre-
hajt vmt; it rings a ~ ez emlékeztet
vmre, eszébe juttat az embernek vmt
2. bura II. vt csengőt/harangot felköt
vkre/vmre
bell² [bel] I. n szarvasbőgés II. vi bőg
[szarvas]
bell-bottoms n pl trapéznadrág
bellboy n liftesfiú, boy; londiner
bell-buoy n (veszélyt jelző) csengető
bója, harangos bója
belle [bel] n szép nő; the ~ of the ball
bálkirálynő
belles-lettres [bel'letr] n szépirodalom
bell-flower n harangvirág
bellhop n US = bellboy
bellicose ['belɪkoʊs] a harcias
belligerent [bɪ'lɪdʒər(ə)nt] I. a hadvise-
lő II. n hadviselő fél
bellow ['beloʊ] I. n ordítás, bőgés II.
vi/vt ordít, bőg, üvölt, bömböl
bellows ['beloʊz] n pl fújtató
bell-pull n csengőhúzó
bell-push n csengőgomb
bell-ringer n harangozó
bell-tent n félgömb-sátor
bell-wether n 1. vezérürü 2. főkolompos
belly ['belɪ] I. n 1. has 2. kihasasodás
II. A. vt kiduzzaszt, kidagaszt [vitor-
lát] B. vi kidagad, kiduzzad [vitorla]
belly-ache n hasfájás
belly-band n hasló
bellyful ['belɪfʊl] n biz he has had a ~
jól bezabált/belakott; he has had his
~ of ... alaposan kivette a részét
(vmből)
belly-landing n hasleszállás [repgéppel]
belong [bɪ'lɔŋ; US -ɔ:-] vi ~ to vm vké,

vkhez/vhová tartozik; *it ~s to me*
ez az enyém; *I ~ here* idevalósi va-
gyok; *~ in* vhová tartozik/való; *~*
under vmlyen kategória alá esik
belongings [bɪ'lɔŋɪŋz; *US* -ɔ:-] *n pl* hol-
mi, (személyi) tulajdon
beloved I. *pp* [bɪ'lʌvd] *~ by all* közked-
velt II. *a* [bɪ'lʌvd v. -'lʌvɪd] szeretett,
kedvelt III. *n* [bɪ'lʌvd v. -'lʌvɪd]
vknek szíve választottja; *my ~* kedve-
sem, szerelmem
below [bɪ'loʊ] I. *adv* alul, lent; *here ~*
e földi életben; *the passage (quoted) ~*
az alább idézett (v. az alábbi) fejezet;
see ~ lásd alább II. *prep* alatt; alá;
ten degrees ~ zero tíz fok hideg
belt [belt] I. *n* 1. öv; *hit below the ~*
(átv is) övön alul üt 2. (hajtó)szíj,
gépszíj; szalag 3. övezet, sáv; zóna
II. *vt* 1. (fel)övez 2. (nadrág)szíjjal el-
ver
beltway *n US = ring-road*
bemoan [bɪ'moʊn] *vt* megsirat, gyászol;
fájlal
bemuse [bɪ'mjuːz] *vt* elbódít
Ben [ben] *prop* Béni
bench [bentʃ] *n* 1. pad, lóca; *US biz*
~ warmer tartalék (játékos); *warm*
the ~ a kispadon ül; *front ~es* első
padsorok [brit alsóházban volt mi-
niszterek és ellenzéki vezérek részére]
2. bírói szék, bíróság; *be raised to the*
~ kinevezik bírónak; *King's/Queen's*
B ~ (Division) ⟨a legfelső angol bíró-
ság egyik tanácsa⟩ 3. munkaasztal,
munkapad
bencher ['bentʃə*] *n GB* ügyvédi kama-
ra vezetőségi tagja
bench-mark *n* magassági pont; szintjel
bend¹ [bend] I. *n* 1. hajlás, görbület, ka-
nyar, (út)kanyarulat *biz the ~s* ke-
szonbetegség II. *v (pt/pp* bent bent,
néha *~ed* 'bendɪd) A. *vt* 1. (meg-)
hajlít, (el)görbít 2. (meg)feszít 3. irá-
nyít; *~ one's steps homeward* hazafelé
veszi útját B. *vi* 1. (meg)hajlik; meg-
hajol; elgörbül 2. kanyarodik
bend down *vi* lehajol; lehajlik
bend forward *vi* előrehajol
bend on *vt be bent on doing sg* min-
den igyekezete az, hogy vmt megte-

gyen; *be bent on mischief* rosszban
töri a fejét
bend over *vi biz ~ o. backwards*
kezét-lábát töri igyekezetében
bend to *vi ~ to the task* nekilát a
feladatnak
bend² [bend] *n* 1. csomó [kötélen] 2.
~ sinister fattyúzsineg [törvénytelen
származás jele címerpajzson]
bender ['bendə*] *n* 1. hajlító 2. ☐
hatpennys [pénzdarab] 3. *US* ☐
tivornya, vad ivászat; *go on a ~* erő-
sen kirúg a hámból
beneath [bɪ'niːθ] I. *adv* lenn; *from ~*
alulról II. *prep* alatt; alá; *~ me* méltó-
ságomon aluli; *marry ~ one* rangon alul
nősül (v. megy férjhez)
Benedick ['benɪdɪk] *prop* Benedek
Benedict ['benɪdɪkt, 'benɪt] *prop* Benedek
Benedictine *n* 1. [benɪ'dɪktɪn] bencés
szerzetes 2. b~ [benɪ'dɪktiːn] bene-
diktiner [likőr]
benediction [benɪ'dɪkʃn] *n* áldás
benefaction [benɪ'fækʃn] *n* 1. jótett;
adomány 2. jótékonyság
benefactor ['benɪfæktə*] *n* jótevő
benefactress ['benɪfæktrɪs] *n* jótevő (nő)
benefice ['benɪfɪs] *n* egyházi javadalom
beneficence [bɪ'nefɪsns] *n* jótékonyság
beneficent [bɪ'nefɪsnt] *a* jótékony
beneficial [benɪ'fɪʃl] *a* 1. jótékony (ha-
tású), előnyös, hasznos 2. *~ interest*
haszonélvezeti jog
beneficiary [benɪ'fɪʃərɪ; *US* -ʃɪərɪ] *n*
haszonélvező; megajándékozott
benefit ['benɪfɪt] I. *n* 1. jótétemény;
~ performance/match jutalomjáték;
~ society segítő egyesület 2. előny,
haszon; *for the ~ of sy* vk javára/ked-
véért; *give sy the ~ of the doubt* vkről
a legjobbat feltételezi (amíg csak más
ki nem derül); *~ of clergy* ⟨papok és
írástudók egykori kiváltsága, mely
szerint ügyeikben csak egyházi bíró-
ság illetékes⟩ II. *vi ~ by/from sg*
hasznot húz vmből, hasznát látja vm-
nek
Benelux ['benɪlʌks] *prop/n the ~ states*
a Benelux-államok
benevolence [bɪ'nevələns] *n* 1. jóindu-
lat, jóakarat 2. jótékonyság

6

benevolent [bɪ'nevələnt] *a* 1. jóakaratú, jóindulatú, szíves 2. jótékony
B.Eng., BEng *Bachelor of Engineering* **kb.** okleveles mérnök
Bengal [beŋ'gɔ:l] *prop* Bengália
Bengali [beŋ'gɔ:lɪ] *a/n* bengáli
benighted [bɪ'naɪtɪd] *a* 1. (akire) ráesteledett 2. tudatlanságban levő
benign [bɪ'naɪn] *a* jóindulatú, üdvös
benignant [bɪ'nɪgnənt] *a* jóindulatú, kegyes, jóságos
benignity [bɪ'nɪgnətɪ] *n* jóakarat, jóindulat
Benin [be'nɪn] *prop* Benin (azelőtt: *Dahomey*)
Benjamin ['bendʒ(ə)mɪn] *prop* 1. Benjámin, Béni 2. *biz* (a család) Benjáminja
Benny ['benɪ] *prop* Bence
bent [bent] I. *a* hajló, hajlott; *become ~* meghajlik, elgörbül; *meggörnyed* II. *n* hajlam (*for, towards* vmre); *follow one's ~* hajlamait követi ‖ →*bend¹ II.*
Bentham ['bentəm] *prop*
benumb [bɪ'nʌm] *vt* 1. megdermeszt 2. elzsibbaszt, megbénít; *~ed with cold* hidegtől meggémberedett
benzene ['benzi:n] *n* benzol
benzine ['benzi:n] *n* benzin
benzol ['benzol; *US* -oʊl] *n* benzol
Beowulf ['beɪəwʊlf] *prop* ⟨óangol eposz hőse⟩
bequeath [bɪ'kwi:ð] *vt* hagyományoz, örök(ség)ül hagy, ráhagy (vkre vmt)
bequest [bɪ'kwest] *n* hagyaték
berate [bɪ'reɪt] *vt US* lehord
bereave [bɪ'ri:v] *vt* (*pt/pp* **bereft** bɪ'reft v. ~**d** bɪ'ri:vd) megfoszt (*of* vmtől/ vktől); *bereft of hope* reményvesztett(en); *the* ~*d* az elhunyt hozzátartozói
bereavement [bɪ'ri:vmənt] *n* gyász, közeli hozzátartozó elhunyta
bereft →*bereave*
beret ['bereɪ; *US* bə'reɪ] *n* baszksapka, barett, beré
Berkeley ['bɑ:klɪ; *US* 'bə:klɪ] *prop*
Berks. [bɑ:ks] = *Berkshire*
Berkshire ['bɑ:kʃə*] *prop*
Berlin [bɔ:'lɪn; *US város* 'bə:r-] *prop*

Bermuda [bə'mju:də] *prop* Bermuda; *the ~s* Bermuda-szigetek
Bermudian [bə'mju:dɪən] *a/n* bermudai
Bernard ['bə:nəd] *prop* Bernát
berry ['berɪ] I. *n* 1. bogyó 2. halikra, rákikra II. *vt* bogyót gyűjt
berth [bə:θ] I. *n* 1. horgonyzóhely, kikötőhely; *give sy a wide ~* nagy ívben elkerül vkt 2. hálóhely, fekhely, ágy [hajón, hálókocsiban]; *book a ~* hálókocsijegyet rendel/előjegyeztet (v. vált) 3. *biz* hely, állás II. *vt* 1. kiköt/lehorgonyoz (hajót) [rakpart mentén] 2. hálóhelyet biztosít/készít [vk számára]
Bertha ['bə:θə] *prop* Berta
Bertie ['bə:tɪ] *prop* Berci
Bertram ['bə:trəm] *prop* ⟨férfinév⟩
Berwick ['berɪk] *prop*
beryl ['berɪl] *n* berill
beseech [bɪ'si:tʃ] *vt* (*pt/pp* **besought** bɪ'sɔ:t) könyörög, esdekel (vkhez vmért)
beset [bɪ'set] *vt* (*pt/pp* **beset** bɪ'set; -tt-) körülvesz, szorongat; *~ with difficulties* nehézségekkel teli; *~ting sin* megrögz(őd)ött hiba/bűn
beside [bɪ'saɪd] *prep* 1. mellett; mellé 2. vmn kívül; *~ oneself* magánkívül; *~ the point* nem tartozik a tárgyra, lényegtelen
besides [bɪ'saɪdz] I. *adv* azonkívül, amellett; *many more ~* még sok(an) más(ok) II. *prep* (vkn, vmn) kívül; *~ me* rajtam kívül
besiege [bɪ'si:dʒ] *vt* ostromol
besmear [bɪ'smɪə*] *vt* beken, bemaszatol
besmirch [bɪ'smə:tʃ] *vt* bemocskol
besom ['bi:z(ə)m] *n* ágsöprű
besotted [bɪ'sɔtɪd; *US* -ɑ-] *a* eltompult [italtól]; elázott
besought →*beseech*
bespatter [bɪ'spætə*] *vt* 1. befröcsköl [sárral] 2. pocskondiáz
bespeak [bɪ'spi:k] *vt* (*pt* **bespoke** bɪ'spoʊk, *pp* **bespoken** bɪ'spoʊk(ə)n v. **bespoke**) 1. (meg)rendel [ruhát stb.]; (előre) lefoglal 2. vall (vmre), elárul
bespoke [bɪ'spoʊk] *a* mérték után (v. rendelésre) készített [ruha, cipő]; *~ tailor* mértékszabóság

besprinkle [bɪ'sprɪŋkl] *vt* befröcsköl, megöntöz, meghint
Bess [bes] *prop* Bözsi, Erzsi
Bessy ['besɪ] *prop* = *Bess*
best [best] I. *a* legjobb; *biz his ~ girl* barátnője; *~ man* a vőlegény tanúja; *the ~ part of sg* a nagyobbik része/fele vmnek, vmnek a java II. *adv* legjobban; *you had ~ do sg* (a) legjobb/legokosabb volna vmt tenned; *as ~ I could* amennyire tőlem tellett III. *n* a (lehető) legjobb; *at ~* legfeljebb; a legjobb esetben; *in one's Sunday ~* ünneplő ruhában; *the ~ of it is* a legjobb a dologban az . . .; *do one's ~* megtesz minden tőle telhetőt, mindent elkövet; *have the ~ of it* győz, nyer; *make the ~ of sg* (1) beéri vmvel (2) kihasznál vmlyen lehetőséget; *make the ~ of one's time* jól kihasználja idejét; *be at one's ~* brillíroz, felülmúlja önmagát; *to the ~ of one's ability* legjobb tudása/képessége szerint; *look one's ~* a legelőnyösebb színben mutatkozik; *act for the ~* jóhiszeműen cselekszik; *it's all for the ~* jól van ez így IV. *vt* csellel legyőz ‖ →*good*
best-hated [-'heɪtɪd] *a* leggyűlöltebb
bestial ['bestjəl; *US* -tʃəl] *a* állatias, baromi
bestiality [bestɪ'ælətɪ; *US* -tʃɪ-] *n* állatiasság, bestialitás
bestir [bɪ'stə:*] *v refl* -rr- *~ oneself* megmoccan, nekigyürkőzik, nekilódul
bestow [bɪ'stoʊ] *vt* 1. *~ (up)on* ad(ományoz) vknek 2. letesz, elhelyez, letétbe helyez
bestowal [bɪ'stoʊəl] *n* adományozás
bestrew [bɪ'stru:] *vt* (*pt ~ed* bɪ'stru:d, *pp ~ed* v. *~n* bɪ'stru:n) meghint, behint
bestride [bɪ'straɪd] *vt* (*pt* **bestrode** bɪ'stroʊd, *pp* **bestridden** bɪ'strɪdn) 1. átlép; átível 2. terpeszállásban áll/ül vm fölött; megül [lovat]
best-seller *n* nagy könyvsiker, „bestseller", sikerkönyv
bet [bet] I. *n* fogadás; *lay/make a ~* fogad [pénzben] II. *vt/vi* (*pt/pp ~*; -tt-) fogad [pénzben, vmre]; *you ~* biztosra veheted; *I ~ you ten dollars* tíz dollárba fogadok, hogy . . .

betake [bɪ'teɪk] *v refl* (*pt* **betook** bɪ'tʊk, *pp ~n* bɪ'teɪk(ə)n) *~ oneself* (1) elindul vhová (2) vmhez fog/lát
bethel ['beθl] *n* imaház
bethink [bɪ'θɪŋk] *vt* (*pt/pp* **bethought** bɪθ'ɔ:t) † *~ oneself of sg* (1) (el)gondolkozik vmn, fontolgat vmt (2) vmre emlékezik, eszébe jut vm
Bethlehem ['beθlɪhem; *US* -lɪəm] *prop* Betlehem
betide [bɪ'taɪd] *vt/vi* történik (vkvel/vmvel); *whate'er ~* bármi történjék is; *woe ~ him if . . .* jaj neki, ha . . .
betimes [bɪ'taɪmz] *adv* 1. jókor, kellő időben 2. nemsokára
betoken [bɪ'toʊk(ə)n] *vt* 1. előre jelez, jelent 2. *átv* mutat vmre
betook →*betake*
betray [bɪ'treɪ] *vt* 1. elárul; hűtlenül elhagy, cserbenhagy 2. elcsábít; *~ sy into doing sg* vkt vm (bűnös dolog) megtételére csábít/rávesz
betrayal [bɪ'treɪəl] *n* árulás; elhagyás
betroth [bɪ'troʊð] *vt* eljegyez
betrothal [bɪ'troʊðl] *n* eljegyzés, kézfogó
betrothed [bɪ'troʊðd] *a/n* eljegyzett, jegyes; *the ~* a jegyespár
Betsy ['betsɪ] *prop* Erzsi, Betti
better[1] ['betə*] I. *a/adv* 1. jobb; *~ half* házastárs, élete párja; *~ part* nagyobbik része; *no ~ than she should be* nem jobb a Deákné vásznánál; *biz six feet and ~* hat lábnál is magasabb; *think ~ of sg* meggondolja magát (v. a dolgot) 2. jobban; *he is ~* jobban van; *get ~* javul; *get ~!* gyógyulj meg!; *~ and ~* egyre jobban; *be ~ off* jobb (anyagi) körülmények között van; *go one ~ than sy* túltesz vkn 3. jobban, inkább; *~ not* inkább ne; *the ~ I know him the more I like him* minél jobban (meg)ismerem, annál jobban szeretem; *you had ~ . . .* jobban tennéd, ha . . .; inkább . . .; *we had ~ go* jó lesz elindulnunk II. *n* 1. a jobb [dolog]; *change for the ~* javul(ás), jobbra fordul(ás); *get the ~ of sy* fölébe kerekedik vknek; *all the ~*, so much the *~* annál jobb; *for ~ or worse* jóban-rosszban 2. *one's ~s* a felettesek III. A. *vt* megjavít; elősegit, lendít (vmn);

~ oneself, ~ one's circumstances javít (anyagi) helyzetén, boldogul **B.** vi (meg)javul ‖→good
better² ['betə*] n fogadó [ember]
betterment ['betəmənt] n 1. megjavítás 2. javulás 3. értéknövekedés
betting ['betɪŋ]; ~ shop/office fogadóiroda, „totózó" ‖→bet II.
bettor ['betə*] n = better²
Betty ['betɪ] prop Erzsi, Betti
between [bɪ'twi:n] I. prep között; közé; ~ you and me, ~ ourselves magunk között szólva, köztünk maradjon; ~ them they . . . ők ketten . . . **II.** adv között; közé; közben; far ~ (1) nagy időközökben (2) nagy távolságokban; in ~ (1) közbe, közöttük (2) (idő)közben
between-decks n fedélköz
between-season n átmeneti időszak
between-times adv idő(köz)nként, időközökben
betwixt [bɪ'twɪkst] adv/prep között; közé; közben; ~ and between közbül, középütt, átmeneti állapotban
bevel ['bevl] I. n 1. szög, szögben elhajlás; ~ rule derékszögvonalzó, vinkli 2. szögmérő 3. ferde (sz)él; ~ edge ferdére vágott (v. lesarkított) él II. vt -ll- (US -l-) ferdén levág, lesarkít
bevel-gear n kúpfogaskerekes hajtómű
bevel(l)ed ['bevld] a rézsútos, ferde
bevel-wheel n kúpfogaskerék
beverage ['bevərɪdʒ] n ital
bevy ['bevɪ] n 1. csapat, falka 2. csoport; a ~ of girls egy csapat lány
bewail [bɪ'weɪl] vt megsirat, gyászol
beware [bɪ'weə*] vt óvakodik (of vktől/vmtől); ~ of traffic! vigyázat! autó; ~ of trains! vigyázz, ha jön a vonat!
bewilder [bɪ'wɪldə*] vt megzavar
bewilderment [bɪ'wɪldəmənt] n megzavarodás, zavar(odottság)
bewitch [bɪ'wɪtʃ] vt megbabonáz, elbűvöl; ~ing elragadó, elbájoló
beyond [bɪ'jɔnd; US -a-] I. adv/prep (átv is) túl; (vmn) kívül; felett; amott; ~ the seas tengeren túl(i); ~ 11 o'clock 11 óra után, 11 órán túl; that is going ~ a joke ez tréfának már sok; ~ measure mértéken felül, mértéktelenül; it's

(quite) ~ me ez nekem magas, nem értem; (this work) is ~ me (ez a munka) meghaladja képességeimet; he lives ~ his income többet költ, mint amennyit keres II. n at the back of ~ isten háta mögött; the ~ a túlvilág
bezel ['bezl] n csiszolt oldal [drágakőé]
b.f. [bi:'ef] (vulg) bloody fool barom, hülye
b/f, b.f. brought forward áthozat
B-flat a ~ major B-dúr; ~ minor b-moll
biannual [baɪ'ænjʊəl] a félévenkénti
bias ['baɪəs] I. n 1. eltérés egyenes vonaltól, rézsútosság; on the ~ átlósan, ferdén 2. elfogultság, egyoldalúság, előítélet (towards vkvel szemben); without ~ tárgyilagosan, elfogulatlanul 3. hajlam II. vt -s- v. -ss- 1. eltérít, másfelé terel 2. befolyásol; ~(s)ed against sy elfogult vkvel szemben
biathlon [baɪ'æθlən] n biatlon
bib [bɪb] I. n 1. előke, partedli 2. mellrész [kötényé]; biz she puts on her best ~ and tucker kicsípi magát II. vi -bb- iszogat, iddogál
bibber ['bɪbə*] n nagyivó
bibcock n kifolyócsap, falicsap
Bible ['baɪbl] n biblia, szentírás; ~ class hittanóra, bibliaóra
biblical ['bɪblɪkl] a bibliai
bibliographer [bɪblɪ'ɔgrəfə*; US -'a-] n bibliográfus
bibliographic(al) [bɪblɪə'græfɪk(l)] a könyvészeti, bibliográfiai
bibliography [bɪblɪ'ɔgrəfɪ; US -'a-] n könyvészet, bibliográfia, irodalom [vmlyen tárgyról]
bibliomaniac [bɪblɪə'meɪnɪæk]a/n könyvbolond, könyvbarát
bibliophile ['bɪblɪəfaɪl] n könyvbarát
bibulous ['bɪbjʊləs] a 1. iszákos 2. folyadékot felszívó, szivacsos
bicarbonate [baɪ'ka:bənɪt] n ~ of soda szódabikarbóna
bicentenary [baɪsen'ti:nərɪ; US baɪ'sentənerɪ] n kétszázéves évforduló
bicentennial [baɪsen'tenjəl] a/n kétszázéves (évforduló)
biceps ['baɪseps] n bicepsz
bicker ['bɪkə*] vi 1. veszekszik, civódik, pörlekedik 2. csobog [patak]

biconcave [baɪ'kɔnkeɪv; *US* -'ka-] *a* kétszer homorú, bikonkáv
biconvex [baɪ'kɔnveks; *US* -'ka-] *n* kétszer domború, bikonvex
bicycle ['baɪsɪkl] **I.** *n* kerékpár, bicikli **II.** *vi* kerékpározik
bicyclist ['baɪsɪklɪst] *n* kerékpáros
bid [bɪd] **I.** *n* **1.** árajánlat; *make a~ for sg* (1) árajánlatot tesz vmre (2) *US biz* igyekszik megszerezni/elérni vmt **2.** bemondás, licit [kártyában]; *your ~* te licitálsz; *no ~* passz **II.** *v* (*pt* **bid** *v.* **bade** bæd, *pp* **bid** *v.* **~den** ['bɪdn; -dd-] **A.** *vt* **1.** kínál, ajánl, ígér; *~ up* felhajtja az árat; *~ fair* jónak ígérkezik, jóval kecsegtet **2.** megparancsol, meghagy; *~ him come in* mondd meg neki, hogy jöjjön be **3.** meghív **4.** licitál, bemond [kártyában]; *~ 2 hearts* két kőr [bemondás] **B.** *vi* árajánlatot tesz; *~ for sg* árverez/ráígér vmre
biddable ['bɪdəbl] *a US* engedelmes, könnyen kezelhető
bidden →*bid II.*
bidder ['bɪdə*] *n* ajánlattevő; *highest ~* legtöbbet kínáló
bidding ['bɪdɪŋ] *n* **1.** meghívás **2.** meghagyás, parancs **3.** kínálat, ajánlat [árverésen]; *competitive ~* versenytárgyalás **4.** licit(álás) [bridzsben]
bide [baɪd] *vt ~ one's time* kivárja az alkalmas pillanatot
biennial [baɪ'enɪəl] **I.** *a* kétévenkénti, kétéves **II.** *n* **1.** kétnyári növény **2.** biennálé
bier [bɪə*] *n* **1.** Szent Mihály lova **2.** ravatal
biff [bɪf] □ **I.** *n* ütés **II.** *vt* (meg)üt
bifocal [baɪ'foʊkl] *a* bifokális
bifurcate ['baɪfəkeɪt] **I.** *a* elágazó, villás, kettős **II. A.** *vt* kettéválaszt **B.** *vi* kettéágazik
bifurcation [baɪfə'keɪʃn] *n* elágazás, kettéágaz(ód)ás, kettéválás
big [bɪg] *a* (*comp* ~**ger** 'bɪgə*, *sup* ~**gest** 'bɪgɪst) nagy, terjedelmes; *B~ Ben* ⟨a londoni parlament toronyórája⟩; *~ business* nagytőke; □ *~ shot, US ~ noise* „nagyfejű", „nagykutya"; *~ stick* erőszakos intézkedés; *US have a ~ time* remekül érzi magát; *~ top*

cirkusz(i sátor); *look ~* fontoskodik; *~ with child* terhes
bigamist ['bɪgəmɪst] *n* kétnejű
bigamous ['bɪgəməs] *a* bigámiás
bigamy ['bɪgəmɪ] *n* kettős házasság, bigámia
big-bellied nagyhasú
bigger, biggest →*big*
bight [baɪt] *n* **1.** öböl; hajlat **2.** hurok
bigness ['bɪgnɪs] *n* nagyság
bigot ['bɪgət] *n* vakbuzgó személy
bigoted ['bɪgətɪd] *a* vakbuzgó, bigott
bigotry ['bɪgətrɪ] *n* vakbuzgóság
big-time *a US* nagyszabású
big-wig *n* □ „nagyfejű", „fejes"
bijou ['biːʒuː] *n* bizsu, apró ékszer
bike [baɪk] *biz* **I.** *n* bicikli, bringa, bicaj **II.** *vi* kerekezik, biciklizik, bringázik
bikini [bɪ'kiːnɪ] *n* bikini, kétrészes fürdőruha
bilateral [baɪ'læt(ə)rəl] *a* kétoldali, kétoldalú; kölcsönös
bilberry ['bɪlb(ə)rɪ; *US* -berɪ] *n* fekete áfonya
bile [baɪl] *n* **1.** epe **2.** *biz* ingerlékenység, epésség, rosszindulat
bile-stone *n* epekő
bilge [bɪldʒ] *n* **1.** hajóalj, hajófenék **2.** fenékvíz, aljvíz **3.** □ ostoba beszéd
biliary ['bɪljərɪ] *a* epe-
bilingual [baɪ'lɪŋgw(ə)l] *a* kétnyelvű
bilious ['bɪljəs] *a* **1.** epebajos; epe-; *~ attack* epegörcs; *~ patient* epebeteg **2.** *biz* epés, ingerlékeny
bilk [bɪlk] *vt* elbliccel [fizetést]; *~ sy out of the money* kicsal pénzt vktől
bill¹ [bɪl] *n* **1.** alabárd **2.** = *bill-hook*
bill² [bɪl] **I.** *n* **1.** csőr **2.** hegyfok **II.** *vi ~ and coo* enyeleg, turbékol
bill³ [bɪl] *n* **1.** számla; *~ of costs* költségszámla; *foot the ~* (1) vállalja/fizeti a költségeket (2) *átv* vállalja a következményeket; *make out a ~* számlát kiállít; *the ~, please!* fizetek !; *let me settle the ~* engedje meg, hogy én fizessek **2.** jegyzék; bizonyítvány; *~ of delivery* szállítólevél; *~ of fare* étlap; *~ of health* egészségügyi bizonylat [hajó indulási kikötőjéből]; *~ of lading* hajóraklevél, (vasúti) fuvarlevél, rakodójegy; *~ of sale* (1) adásvételi

szerződés (2) ⟨záloglevél adósnál maradó ingóságokról⟩ 3. váltó; kötelezvény; *US* bankjegy; ~ *of exchange* váltó; ~ *drawn, drawn* ~ intézvényezett váltó; ~ *at sight* látra szóló váltó; *fictitious* ~ pinceváltó; *US biz that will fill the* ~ ez megfelel a kívánalmaknak, ez menni fog; *honour a* ~ váltót elfogad/bevált; *meet a* ~ váltót kifizet; *negotiate a* ~ váltót forgat 4. plakát, hirdetmény; *(theatre)* ~ színlap; műsor; *stick no* ~*s!* plakátok felragasztása tilos! 5. törvényjavaslat; ~ *of rights* alkotmánylevél; *pass/carry a* ~ törvényjavaslatot megszavaz; *reject a* ~ törvényjavaslatot elutasít 6. vádirat II. *vt* 1. ~ *sy for sg* számlát küld vknek vmről 2. felszámít 3. plakáton hirdet; közhírré tesz
Bill⁴ [bɪl] *prop* Vili
billboard *n US* hirdetőtábla
billet¹ ['bɪlɪt] *n* tönk, tuskó
billet² ['bɪlɪt] I. *n* 1. beszállásolási utalvány, szállásutalvány 2. beszállásolás 3. **billets** *pl* szállás 4. állás II. *vt* beszállásol, elszállásol
billeting ['bɪlɪtɪŋ] *n* beszállásolás
billfold *n US* levéltárca
bill-hook *n* nyesőkés, kacorkés
billiards ['bɪljədz] *n* billiárd(játék)
billingsgate ['bɪlɪŋzgɪt] *n* 1. mocskos beszéd, szitkozódás 2. *B~* ⟨londoni halpiac⟩
billion ['bɪljən] *n* 1. *GB* billió (10¹²) 2. *US* milliárd (10⁹)
billow ['bɪloʊ] I. *n* nagy hullám II. *vi* hullámzik, feltornyosul
bill-poster *n* plakátragasztó
bill-sticker *n* = *bill-poster*
Billy¹ ['bɪlɪ] *prop* Vili
billy² ['bɪlɪ] *n biz* gumibot
billy-can *n* pléhlábas, csajka
billycock *n GB biz* keménykalap
billygoat *n biz* bakkecske
billy-o(h) ['bɪlioʊ] *adv biz like* ~ szörnyen, nagyon, roppantul
bimetallic strip [baɪmɪ'tælɪk] bimetall
bimetallism [baɪ'metəlɪzm] *n* kétvalutás pénzrendszer
bi-monthly [baɪ'mʌnθlɪ] I. *a* 1. kéthavi; kéthavonként történő/megjelenő

2. havonta kétszeri II. *n* kéthavonként megjelenő folyóirat
bin [bɪn] *n* 1. tartó, láda 2. □ diliház
binary ['baɪnərɪ] *a* kettes számrendszerhez tartozó, binér; ~ *digit* kettes számrendszerbeli szám; ~ *system* kettes számrendszer
binaural [baɪn'ɔːr(ə)l; *US* bɪn-] *a* két füllel kapcsolatos; ~ *stethoscope* binaurális sztetoszkóp/szívhallgató
bind [baɪnd] *v* (*pt/pp* **bound** baʊnd) A. *vt* 1. (össze)köt, megköt(öz) 2. beköt [könyvet]; *bound in cloth* vászonkötésű 3. bekötöz [sebet] 4. kötelez; ~ *oneself to sg* kötelezi magát vmre B. *vi* 1. kötelező ereje van 2. [vakolat stb.] köt; megkeményedik ‖ → *bound⁴*
bind over *vt* kötelez; ~ *sy o. to keep the peace* bíróilag kötelez vkt óvadékkal a tettlegesség elkerülésére
bind up *vt* bekötöz [sebet]
binder ['baɪndə*] *n* 1. könyvkötő 2. kévekötő [munkás, gép] 3. mestergerenda 4. iratgyűjtő 5. kötőanyag
bindery ['baɪndərɪ] *n* könyvkötészet
binding ['baɪndɪŋ] I. *a* 1. kötő 2. kötelező; *legally* ~ jogerős II. *n* kötés
bindweed ['baɪndwiːd] *n* apró szulák
binge [bɪndʒ] *n* □ nagy evészet és muri
bingo ['bɪŋgoʊ] I. *n* tombola; ~ *hall* játékterem II. *int* pompás!
binnacle ['bɪnəkl] *n* iránytűtartó
binoculars [bɪ'nɔkjʊləz; *US* -'nɑ-] *n pl* kétcsövű látcső/távcső
binomial [baɪ'noʊmjəl] I. *a* kéttagú, binom(iális); ~ *theorem* Newton-féle binomiális tétel II. *n* kéttagú/binom egyenlet
biochemical [baɪə'kemɪkl] *a* biokémiai
biochemistry [baɪə'kemɪstrɪ] *n* biokémia
biographer [baɪ'ɔgrəfə*; *US* -'ɑ-] *n* életrajzíró
biographical [baɪə'græfɪkl] *a* életrajzi
biography [baɪ'ɔgrəfɪ; *US* -'ɑ-] *n* életrajz
biological [baɪə'lɔdʒɪkl; *US* -'lɑ-] *a* biológiai; ~ *warfare* baktériumháború
biologist [baɪ'ɔlədʒɪst; *US* -'ɑ-] *n* biológus
biology [baɪ'ɔlədʒɪ; *US* -'ɑ-] *n* biológia
biometry [baɪ'ɔmɪtrɪ; *US* -'ɑ-] *n* biometria

bionic [baɪ'ɔnɪk; US -'ɑ-] a bionikus
biophysics [baɪə'fɪzɪks] n biofizika
biopsy ['baɪɔpsɪ; US -ɑ-] n szövettani
vizsgálat
biosphere ['baɪəsfɪə*] n bioszféra
bipartisan [baɪpɑ:tɪ'zæn; US -'pɑ:tɪzn]
a mindkét párti, pártközi [kétpárt-
rendszerben]
bipartite [baɪ'pɑ:taɪt] a kétrétű, kétol-
dali
biped ['baɪped] a/n kétlábú
biplane ['baɪpleɪn] n kétfedelű repülő-
gép
bipolar [baɪ'poʊlə*] a kétpólusú
birch [bə:tʃ] I. n 1. nyír(fa) 2. nyírfa-
vessző, virgács II. vt megvesszőz
bird [bə:d] n 1. madár; ~ of passage
(átv is) vándormadár; ~ of prey raga-
dozó madár; ~s of a feather (flock
together) madarat tolláról (embert
barátjáról); a ~ in the bush bizony-
talan lehetőség/dolog; a ~ in the hand
(is worth two in the bush) jobb ma egy
veréb (mint holnap egy túzok); biz
give sy the ~ kifütyül vkt; biz get the
~ kifütyülik; kill two ~s with one
stone két legyet (üt agyon) egy csa-
pásra 2. biz alak, pasas, „madár"
bird-cage n madárkalitka
bird-call n 1. madárfütty 2. madárhí-
vogató síp
bird-dog n vadászkutya
bird-fancier n madárkedvelő, -tenyésztő
birdie ['bə:dɪ] n madárka
bird-lime n madárlép
birdman ['bə:dmən] n (pl -men -mən)
1. = fowler 2. biz pilóta
birdseed n madáreleség
bird's-eye view ['bə:dz-] madártávlat
bird's-nest ['bə:dz-] I. n madárfészek II.
vi madárfészket kiszed
bird-watcher n madárfigyelő
Birmingham ['bə:mɪŋəm; US -mɪŋhæm]
prop
Birnam ['bə:nəm] prop
birth [bə:θ] n 1. születés; származás; ~
pill fogamzásgátló tabletta; English
by ~ angol születésű 2. szülés; give ~
to szül, átv létrehoz
birth-certificate n születési anyakönyvi
kivonat

birth-control n születésszabályozás
birthday n születésnap; ~ honours ⟨az
uralkodó születésnapján osztott kitün-
tetések GB-ben⟩; ~ suit ádámkosztüm
birth-mark n anyajegy
birth-place n 1. születési hely 2. szülő-
föld; szülőház
birth-rate n születési arány(szám)
birthright n 1. vkt születésénél fogva
megillető jog 2. elsőszülöttség(i jog)
Biscay ['bɪskeɪ] prop Bay of ~ biszkájai
öböl
biscuit ['bɪskɪt] n 1. keksz; kétszersült;
□ that takes the ~! ez aztán minden-
nek a teteje! 2. US = scone 3. ~
ware biszkvitporcelán
bisect [baɪ'sekt] vt kettévág; felez
bisector [baɪ'sektə*] n felező(vonal)
bisexual [baɪ'seksjʊəl; US -ʃʊ-] a/n
biszexuális
bishop ['bɪʃəp] n 1. püspök 2. futó
[sakkban]
bishopric ['bɪʃəprɪk] n püspökség
bisk [bɪsk] n = bisque
bismuth ['bɪzməθ] n bizmut
bison ['baɪsn] n bölény
bisque [bɪsk] n 1. rákleves; krémleves
2. ⟨tejszínes és diós/mogyorós/man-
dulás fagylalt⟩
bit¹ [bɪt] n 1. zabla; take the ~ between
one's teeth (átv is) megbokrosodik 2
fúró(vég), fúrófej 3. kulcstoll 4. gya-.
luvas
bit² [bɪt] n 1. darab, falat; ~ by ~ aprán-
ként, lassanként; a ~ egy kissé/kicsit;
wait a ~ várj egy percig; not a ~
egyáltalá(ba)n nem; every ~ tökélete-
sen, minden ízében; have a ~ of sg
harap vm kis ennivalót; do one's ~
kiveszi a részét, megteszi a magáét 2.
pénzdarab; three-penny ~ hárompen-
nys (pénzdarab); US two ~s 25 cent 3.
~ (part) nyúlfarknyi szerep
bit³ →bite II.
bit⁴ [bɪt] n bit [számítástechnikában]
bitch [bɪtʃ] I. n 1. szuka 2. vulg szajha;
son of a ~ gazember II. A. vt elfuserál
B. vi vulg zúgolódva morog
bitchy ['bɪtʃɪ] a US □ rosszindulatú
bite [baɪt] I. n 1. harapás; at one ~ egy
harapásra 2. csípés; marás 3. falat; I

haven't had a ~ *all day* egy falatot sem ettem egész nap; (*biz*) *make two* ~*s at a cherry* (1) a kákán is csomót keres, dekáz (2) húzódozik [vm megtételétől] **II.** *vt/vi* (*pt* **bit** bɪt, *pp* **bitten** 'bɪtn) **1.** (meg)harap; (meg)mar, (meg-) csíp; *he got bitten* (1) megharapta [állat] (2) *biz* átejtették; *once bitten twice shy* kit a kígyó megmart, a gyíktól is fél; *be much bitten with sg/sy* bele van gabalyodva vmbe/vkbe **2.** [anyag, hideg] mar, (meg)csíp; *bitten by the frost* megcsípte a dér/fagy **3.** *the wheels do not* ~ nem fognak a kerekek
  bite at *vi* vm után kap
  bite into *vi* beleharap
  bite off *vt* leharap; ~ *off more than one can chew* túl nagy fába vágta a fejszéjét
biter ['baɪtə*] *n* harapós állat; *the* ~ *bit* aki másnak vermet ás maga esik bele
biting ['baɪtɪŋ] *a* csípős, gúnyos
bit-stock *n* furdancs, mellfúró
bitter ['bɪtə*] **I.** *a* **1.** keserű **2.** metsző, zord [szél, hideg]; elkeseredett [küzdelem]; keserves [csalódás]; keserű [szavak]; *to the* ~ *end* a végsőkig **II.** **bitters** ['bɪtəz] *n pl* gyomorkeserű
bittern ['bɪtən] *n* bölömbika
bitterness ['bɪtənɪs] *n* **1.** keserűség **2.** elkeseredettség
bitter-sweet I. *a* keserédes **II.** *n* ebszőlő, kesernyés csucsor
bitts [bɪts] *n pl* kikötőbak [hajón]
bitumen ['bɪtjʊmɪn; *US* bɪ'tuː-] *n* bitumen
bituminous [bɪ'tjuːmɪnəs; *US* -'tuː] *a* bitumenes
bivalent ['baɪveɪlənt] *a* kétvegyértékű
bivouac ['bɪvʊæk] **I.** *n* táborozás szabadban **II.** *vt* (*pt/pp* ~**ked** 'bɪvʊækt) szabadban táboroz
bi-weekly [baɪ'wiːklɪ] *a* **1.** kéthetenkénti **2.** hetenként kétszer megjelenő
bi-yearly [baɪ'jəːlɪ] *a* **1.** kétévenkénti **2.** félévenkénti
biz [bɪz] *n* □ = *business*
bizarre [bɪ'zɑː*] *a* bizarr
bk. *book* könyv
B.L., BL [biː'el] **1.** *Bachelor of Law* a

jogtudományok baccalaureusa **2.** (**b.l., bl** is) *bill of lading* →*bill*[3]
blab [blæb] **I.** *n* **1.** fecsegő **2.** fecsegés **II.** *vi/vt* **-bb-** ~ (*out*) (ki)kotyog, (ki)fecseg
blabber ['blæbə*] *n* = *blab I.*
black [blæk] **I.** *a* **1.** fekete; ~ *cap* ⟨halálos ítéletet hirdető bíró sapkája⟩; ~ *coffee* feketekávé; *the B*~ *Country* füstös-kormos iparvidék [Birmingham körül]; *B*~ *Death* fekete halál, pestis; ~ *eye* véraláfutásos szem, „monokli"; ~ *flag* kalózlobogó; ~ *friar* domonkosrendi szerzetes; ~ *frost* száraz kemény hideg; ~ *letter* gót betű(típus); *biz B*~ *Maria* [mə-'raɪə] rabomobil; ~ *market* feketepiac; ~ *pudding* véreshurka; ~ *sheep* a család szégyene, tisztességes családból való gazember; ~ *tie* (1) fekete nyakkendő (2) szmoking [mint előírt viselet]; ~ *vomit* (1) vérhányás (2) sárgaláz **2.** fekete (bőrű), néger; *US* ~ *belt* néger övezet; *US* ~ *studies* negrológia, negrisztika **3.** *átv* sötét, komor; gonosz; ~ *art* fekete mágia, varázslat; ~ *humour* abszurd humor; ~ *mass* (1) gyászmise (2) szatanista fekete mise; *go* ~ elsötétül; *give sy a* ~ *look* sötét/fenyegető pillantást vet vkre; *look* ~ (1) sötéten/haragosan néz (*at* vkre) (2) rosszul állnak (a dologok) **II.** *n* **1.** fekete szín; *set sg down in* ~ *and white* írásba foglal vmt **2.** fekete ruha; *in* ~ feketében, gyászban **3.** korom(szem) **4.** néger **5.** piszok(folt) **III. A.** *vt* **1.** befeketít **2.** tisztít [cipőt] **3.** ~ *out* (1) kihúz, áthúz [írást] (2) elsötétít; kiolt [lámpákat] **B.** *vi* megfeketedik, elfeketedik
blackamoor ['blækəmʊə*] *n* szerecsen
black-and-white *a* fekete-fehér [film, televízió]; ~ *artist* tusrajzoló
blackball *vt* kigolyóz, kiközösít [közösségből]
black-beetle *n* svábbogár
blackberry ['blækb(ə)rɪ; *US* -berɪ] *n* földi szeder
blackbird *n* feketerigó
blackboard *n* (iskolai) tábla

blackcap *n* barátka [madár]
black-coated worker hivatalnok, tisztviselő, értelmiségi dolgozó
black-cock *n* fajdkakas
black-currant *n* fekete ribiszke
blacken ['blæk(ə)n] A. *vt* 1. feketére fest 2. befeketít B. *vi* megfeketedik
blackguard ['blæɡɑ:d] I. *n* (sötét) gazember II. *vt* legazemberez
blackhead *n* mitesszer
blacking ['blækɪŋ] *n* cipőkrém
blackish ['blækɪʃ] *a* feketés
black-jack *n* 1. kalózlobogó 2. nagy bőrpohár 3. *US* amerikai tölgy 4. *US* gumibot
black-lead [-'led] *n* grafit
blackleg *n* 1. *biz* sztrájktörő, „sárga" 2. csaló
black-list I. *n* 1. feketelista 2. bűnügyi nyilvántartó II. *vt* feketelistára/indexre tesz
blackmail I. *n* zsarolás II. *vt* (meg)zsarol
black-out *n* 1. elsötétítés 2. (pillanatnyi) eszméletvesztés 3. rádió-összeköttetés időleges megszűnése 4. *(news)* ~ hírzárlat
black-rust *n* feketeüszög
blackshirt *n* feketeinges, fasiszta
blacksmith *n* patkolókovács
blackthorn *n* kökény
bladder ['blædə*] *n* 1. hólyag; húgyhólyag 2. *biz* (futball)belső
blade [bleɪd] *n* 1. penge; lap [kardé] 2. lapát [turbináé, ablaktörlőé]; szárny [propelleré]; lap, toll [evezőé] 3. szál [fűé, gabonáé]
-bladed [-bleɪdɪd] 1. (-)lapú 2. (-)pengéjű 3. (-)szárnyú
blah [blɑ:] *n US* □ link duma
blain [bleɪn] *n* gennyes pattanás
Blake [bleɪk] *prop*
blamable ['bleɪməbl] *a* hibáztatható
blame [bleɪm] I. *n* 1. szemrehányás, vád 2. felelősség; *lay the ~ (up)on sy* vkt okol/hibáztat vmért; *the ~ lies with him* ő a hibás II. *vt* 1. hibáztat, okol *(sy for sg* vkt vmért); *who is to ~?* ki a hibás/felelős? 2. *biz ~ sg on sy* vmt ráken vkre
blameless ['bleɪmlɪs] *a* 1. ártatlan, feddhetetlen 2. kifogástalan

blameworthy *a* feddést/gáncsot érdemlő, hibáztatható
blanch [blɑ:ntʃ; *US* -æ-] A. *vt* 1. fehérít 2. ~ *almonds* mandulát hámoz B. *vi* elfehéredik, elsápad; megőszül
blancmange [blə'mɔnʒ; *US* -'mɑ-] *n* édes tejes-rumos zselé
bland [blænd] *a* 1. szelíd, udvarias, nyájas 2. kellemes, enyhe
blandish ['blændɪʃ] *vt* cirógat, becéz; hízeleg, kedveskedik (vknek)
blandishment ['blændɪʃmənt] *n* hízelgés, kedveskedés
blank [blæŋk] I. *a (átv is)* üres; tiszta; kitöltetlen; ~ *bill* biankó váltó; ~ *cartridge* vaktöltény; ~ *cheque* biankó csekk; ~ *credit* fedezetlen/személyi hitel; ~ *despair* sötét kétségbeesés; ~ *endorsement* üres forgatmány; ~ *look* üres/kifejezéstelen tekintet; *look ~* zavarban levőnek látszik; ~ *verse* rímtelen vers [ötös jambusokban]; ~ *wall* csupasz/kopár fal; *my mind went ~* megállt az eszem II. *n* 1. nyomtatvány, blanketta, űrlap 2. célpont, céltábla közepe 3. hiányjel 4. *átv* űr, hiány; *his mind is a complete ~* emlékezete teljesen kihagy 5. nem nyerő sorsjegy/szám; *draw a ~* nem nyerő számot húz, felkopik az álla 6. *fire a ~* vaktöltést elsüt
blanket ['blæŋkɪt] I. *n* 1. takaró, pokróc; ~ *of snow* hótakaró; *biz born on the wrong side of the ~* balkézről való [gyerek] 2. *(jelzői haszn)* mindenre kiterjedő, általános; ~ *formula* általános formula; ~ *order* keretrendelés II. *vt* 1. letakar, betakar 2. elfogja a szelet (más hajó elöl)
blare [bleə*] I. *n* harsogás; trombitaszó II. *vi/vt* harsog; trombitál
blarney ['blɑ:nɪ] *n* hízelgő beszéd
blasé ['blɑ:zeɪ; *US* -'zeɪ] *a* fásult, blazírt
blaspheme [blæs'fi:m] *v/vt* istent káromol, szitkozódik, gyalázkodik
blasphemous ['blæsfəməs] *a* istenkáromló
blasphemy ['blæsfəmɪ] *n* istenkáromlás
blast [blɑ:st; *US* -æ-] I. *n* 1. széllökés, -roham, erős légáramlat 2. [kohászatban] fúvószél, befúvott levegő; *be*

in ~ üzemben van [kohó]; *átv biz at/in full* ~ „gőzerővel" 3. lökésszerű erős hang [fúvóhangszeré]; tülkölés; *sound a* ~ (*on the siren*) megszólaltatja a szirénát 4. légnyomás [robbanáskor]; robban(t)ás [bányában] **II.** *vt* 1. robbant 2. (*átv is*) letarol, elpusztít; tönkretesz; romba dönt [reményeket] 3. □ ~ *it/you!* a fene egye(n) meg!

blasted ['blɑ:stɪd; *US* -æ-] *a* átkozott, istenverte

blast-furnace *n* nagyolvasztó

blasting ['blɑ:stɪŋ; *US* -æ-] *n* 1. robbantás; ~ *agent* robbantóanyag 2. pusztítás

blastoff *n* kilövés (pillanata) [űrrakétáé stb.]

blatant ['bleɪt(ə)nt] *a* 1. zajos, nagyhangú 2. otromba; égbekiáltó

blather ['blæðe*] *n/vi* = *blether*

blaze¹ [bleɪz] **I.** *n* 1. láng(ok), lobogó tűz; *burst into a* ~ lángra lobban; ~ *of anger* dühkitörés 2. ragyogás, tündöklés, fény 3. □ *go to* ~*s!* eredj a pokolba!; ... *like* ~*s* [fut, dolgozik] mint egy őrült **II.** *vi* 1. lángol, lobog 2. ragyog

blaze away A. *vt* elpufogtat [lőszert] B. *vi* ~ *a. at sg* beleveti magát (munkába)

blaze up *vi* 1. lángra lobban 2. dühbe gurul, felfortyan

blaze² [bleɪz] **I.** *n* 1. csillag [ló homlokán] 2. (turista)jelzés [fába vágva] **II.** *vt* útjelzést vág [fába]

blazer ['bleɪzə*] *n* sportkabát, blézer

blazon ['bleɪzn] **I.** *n* címer(pajzs) **II.** *vt* 1. leír, fest [címert] 2. feldíszít

blazonry ['bleɪznrɪ] *n* 1. címerleírás 2. *biz* színpompás díszítés

bleach [bli:tʃ] *vt* 1. (ki)fehérít [ruhát] 2. szőkít [hajat]

bleacher ['bli:tʃə*] *n* 1. fehérítő 2. *US* **bleachers** *pl* fedetlen lelátó

bleaching ['bli:tʃɪŋ] *n* fehérítés; ~ *powder* klórmész

bleak [bli:k] *a* 1. sivár, lakatlan; puszta, kopár 2. zord [időjárás] 3. *átv* sivár [kilátások]; halvány [mosoly]

blear-eyed ['blɪər-] *a* **I.** csipás szemű 2. homályos látású; vaksi, rövidlátó

bleat [bli:t] **I.** *n* bégetés, mekegés **II.** *vi/vt* 1. béget, mekeg 2. nyafog, remegő hangon beszél 3. ostobán beszél

bleed [bli:d] *v* (*pt/pp* **bled** bled) A. *vi* vérzik; ~ *to death* elvérzik B. *vt* 1. vért vesz (vktől), véreztet 2. *biz* megvág (vkt); ~ *white* kiszipolyoz

bleeder ['bli:də*] *n* vérzékeny ember

bleeding ['bli:dɪŋ] **I.** *a* vérző; ~ *heart* szívvirág **II.** *n* vérzés

blemish ['blemɪʃ] **I.** *n* 1. hiba; folt 2. szégyenfolt; *without* ~ feddhetetlen **II.** *vt* 1. beszennyez 2. megrongál

blench [blentʃ] *vi* visszariad, meghökken

blend [blend] **I.** *n* keverék **II.** A. *vt* (össze)kever B. *vi* vegyül, (össze)keveredik; *the colours* ~ *well* a színek jól illenek egymáshoz

blender ['blendə*] *n* turmixgép

Blenheim ['blenɪm] *prop*

bless [bles] *vt* (*pt/pp* ~ed v. **blest** blest) 1. (meg)áld; ~ *me!*, ~ *my soul!* istenem!, ejha!; *God* ~ *you!* (1) áldja meg az Isten! (2) egészségére! [tüsszentéskor]; *biz be* ~*ed with sg* meg van áldva vmvel [javakkal] 2. dicsér, magasztal, imád [Istent] 3. megszentel [főleg ennivalót]

blessed ['blesɪd] *a* áldott; szent; boldog; *The B*~ *Virgin* Szűz Mária; □ *the whole* ~ *lot* az egész (vacak) rakás/csomó

blessing ['blesɪŋ] *n* áldás

blest → *bless*

blether ['bleðə*] **I.** *n* üres/ostoba fecsegés **II.** *vi* összevissza fecseg

blew → *blow²* **II.**

blight [blaɪt] **I.** *n* 1. üszög, penész; [állati, növényi] vész 2. ártalmas hatás, métely **II.** *vt* 1. elharvaszt; kiéget; ~*ed by frost* elfagyott 2. meghiúsít [reményeket]

blighter ['blaɪtə*] *n* □ ipse, semmiházi

Blighty ['blaɪtɪ] *n* † □ Anglia

blimey ['blaɪmɪ] *int vulg* a kutyafáját !, a fene egye meg !

blimp [blɪmp] *n* 1. kis felderítő léghajó 2. *biz* túlzó soviniszta/hazafi

blind [blaɪnd] **I.** *a* 1. vak, világtalan; *in one eye* fél szemére vak; *biz turn a* ~

eye to sg úgy tesz, mintha nem venne észre vmt; *be ~ to sy's faults* nem látja más hibáit 2. *~ alley* zsákutca; *~ date* ⟨randevú ismeretlen fiúval/lánnyal⟩; *~ flying* vakrepülés, műszeres repülés; *~ landing* vakleszállás, műszeres leszállás; *~ letter* hiányosan címzett levél; *biz sy's ~ side* vk gyenge oldala; *~ spot* (1) vakfolt [szemben] (2) ⟨olyan kérdés, amiben az ember tájékozatlan/elfogult⟩; *~ story* csattanó nélküli történet; *~ turning* be nem látható útkanyarulat 3. □ *~ (drunk)* (tök)részeg II. *n* 1. *the ~* a vakok 2. ablakredőny, (vászon)roló 3. ürügy III. *vt* megvakít, elvakít
blindfold ['blaɪndfoʊld] I. *a* 1. bekötött szemű 2. meggondolatlan II. *adv* 1. bekötött szemmel, vaktában 2. elvakultan III. *vt* 1. vknek szemét beköti 2. félrevezet
blind-man's buff [blaɪndmænz'bʌf] szembekötősdi
blindness ['blaɪndnɪs] *n* vakság
blink [blɪŋk] I. *n* 1. pislogás, pislantás, hunyorítás 2. csillámlás, villanás II. A. *vi* 1. pislog, hunyorít 2. pislákol 3. csillan B. *vt* nem vesz tudomásul, szemet huny (vm felett)
blinkers ['blɪŋkəz] *n pl* 1. szemellenző 2. *US* villogó
blinking ['blɪŋkɪŋ] I. *a* 1. pislogó, hunyorgó 2. *biz* átkozott II. *n* = *blink I.*
bliss [blɪs] *n* 1. boldogság 2. üdvösség
blissful ['blɪsfʊl] *a* boldog, áldott
blister ['blɪstə*] I. *n* 1. hólyag [bőrön]; pattanás 2. öntési hiba, hólyag II. A. *vi* felhólyagzik B. *vt* hólyagossá tesz, hólyagot húz (vmn)
blister-beetle *n* kőrisbogár
blithe [blaɪð] *a* vidám, jókedvű
blithering ['blɪðerɪŋ] *a biz* túl sokat locsogó, hülye, „szédült"
blithesome ['blaɪðs(ə)m] *a* = *blithe*
B.Lit(t)., **BLit(t)** [bi:'lɪt] *Bachelor of Literature* az irodalomtudományok baccalaureusa
blizzard ['blɪzəd] *n* hóvihar
bloated ['bloʊtɪd] *a* dagadt, duzzadt
bloater ['bloʊtə*] *n* füstölt sós hering

blob [blɔb; *US* -ɑ-] *n* 1. csöpp 2. paca, folt
block [blɔk; *US* -ɑ-] I. *n* 1. (fa)tuskó, rönk, tőke; féktuskó; *go on the ~* dobra kerül [elárverezik]; *perish on the ~* vérpadon hal meg 2. tömb; kőlap, kőkocka; jegyzettömb; háztömb; (bélyeg)blokk; *~ of flats* (nagy) bérház; *~ of shares* részvénypakett 3. *~ letters* nagybetűk, nyomtatott betűk 4. akadály; eldugulás 5. csiga(sor) 6. (nyomó)dúc, klisé II. *vt* 1. elzár, eltorlaszol, elrekeszt, megakaszt, gátol 2. zárol, befagyaszt [követelést stb.]; *~ed account* zárolt számla 3. *~ in* vázlatosan berajzol, nagy vonalakban (fel)vázol; *~ out* vázlatosan kitervel
blockade [blɔ'keɪd; *US* -ɑ'-] I. *n* ostromzár, blokád; *raise the ~* ostromzárt megszüntet; *run the ~* ostromzáron keresztülhatol II. *vt* 1. körülvesz, elzár 2. ostromzár alá vesz
blockhead *n* tökfejű
blockhouse *n* 1. boronaház 2. kiserőd
blocking ['blɔkɪŋ; *US* -ɑ-] *n* 1. eltorlaszolás, forgalom elakadása 2. *~ (up)* aláékelés
bloke [bloʊk] *n* □ pasas, pofa, alak, hapsi, tag, pacák, krapek
blond(e) [blɔnd; *US* -ɑ-] *a/n* szőke
blood [blʌd] I. *n* 1. vér; *~ alcohol level* véralkoholszint; *draw/let ~* (1) eret vág (vkn) (2) vért vesz (vktől); *his ~ runs cold* megfagy ereiben a vér; *in cold ~* szemrebbenés nélkül, hidegvérrel; *his ~ is up* felforr(t) a vére, fejébe szállt a vér; *hot ~* heves vér; *~ feud* vérbosszú; *biz he is out for ~* vérszomjas; *there is bad/ill ~ between them* harag van közöttük 2. származás; vérrokonság; *blue ~* kék vér [előkelő származás]; *prince of the ~* királyi herceg; *new ~* *átv* friss vér, új erő; *young ~* fiatalember; *it runs in the ~* ez családi vonás (nála); *~ will tell, ~ is thicker than water* vér nem válik vízzé 3. piperkőc II. *vt* 1. vért vesz (vktől) 2. vérhez szoktat [kutyát]
blood-and-thunder ['blʌdən'θʌndə*] I. *a* vérfagyasztó II. *n* rémregény
blood-bank *n* véradó központ, vérbank

bloodcount *n* vérsejtszámlálás
blood-curdling *a* vérfagyasztó
blood-donor *n* véradó
blood-group *n* vércsoport
blood-horse *n* telivér
bloodhound *n* véreb
bloodless ['blʌdlɪs] *a* 1. vértelen; kedélytelen 2. vérontás nélküli
blood-letting *n* vérlebocsátás, véreztetés
blood-money *n* vérdíj
blood-orange *n* vérnarancs
blood-poisoning *n* vérmérgezés
blood-pressure *n* vérnyomás; *high* ~ magas vérnyomás
blood-pudding *n* véreshurka
blood-relation *n* vérrokon
bloodshed *n* vérontás
bloodshot *a* véraláfutásos
bloodstain *n* vérfolt
blood-stream *n* véráram
blood-sucker *n* pióca, vérszopó
blood-test *n* vérvizsgálat
bloodthirsty *a* vérszomjas
blood-transfusion *n* vérátömlesztés
blood-type *n* vércsoport
blood-vessel *n* véredény
bloody ['blʌdɪ] *a* 1. véres 2. gyilkos, kegyetlen 3. *vulg* ronda, szarházi
bloom [blu:m] I. *n* 1. virág(zás); *in full* ~ teljes virágjában; *in the* ~ *of youth* ifjúsága virágjában/teljében 2. hamvasság; szépség II. *vi* virágzik, virul
bloomer ['blu:mə*] *n* GB □ hiba, ballépés
bloomers ['blu:məz] *n pl US* ⟨bokáig érő női nadrág rövid szoknyával⟩
blooming ['blu:mɪŋ] I. *a* 1. virágzó viruló 2. □ nyomorult, vacak II. *n* virágzás, virulás
Bloomsbury ['blu:mzb(ə)rɪ] *prop*
blossom ['blɔs(ə)m; *US* -a-] I. *n* virág(zás) [gyümölcsfáé]; *in* ~ virágzó [fa, bokor] II. *vi* kivirul, virágzik
blot [blɔt; *US* -a-] I. *n* 1. folt, paca 2. szégyenfolt II. *vt* -tt- 1. betintáz, bepacáz; elmaszatol; *(átv is)* bemocskol 2. kitöröl ~ *out* (1) kitöröl (2) elfeledtet (3) eltakar 3. leitat [írást]
blotch [blɔtʃ; *US* -a-] I. *n* 1. gennyes pattanás, pörsenés 2. (tinta)folt II. *vt* foltossá tesz

blotchy ['blɔtʃɪ; *US* -a-] *a* foltos
blotted ['blɔtɪd; *US* -a-] → *blot II.*
blotter ['blɔtə*; *US* -a-] *n* itatós(papír)
blotting-pad ['blɔtɪŋ-; *US* -a-] *n* mappa itatóspapírral
blotting-paper ['blɔtɪŋ-; *US* -a-] *n* itatóspapír
blotto ['blɔtoʊ; *US* -a-] *a* □ tökrészeg
blouse [blaʊz; *US* -s] *n* 1. blúz 2. zubbony
blow¹ [bloʊ] *n* 1. ütés, (ököl)csapás; *strike a* ~ üt; *administer a* ~ *to sy* ütést mér vkre; *exchange* ~*s, come to* ~*s* verekedésre kerül sor; *at one* ~ (1) egyetlen ütéssel (2) egycsapásra 2. csapás, szerencsétlenség
blow² [bloʊ] I. *n* 1. fújás, fúvás; széllökés 2. levegőzés; *go for a* ~ levegőre megy II. *v (pt* blew blu:, *pp* ~n bloʊn) A. *vt* 1. fúj (vmt); ~ *one's nose* kifújja az orrát; ~ *a boiler* kazánt kifúj/kiürít; ~ *sy a kiss* vknek csókot int; ~ *hot and cold* egyszer így beszél, másszor úgy 2. ~ *a fuse* biztosítékot kiéget/kivág 3. □ ~ *it!* a fene egye meg!; *I'll be* ~*ed if . . .* itt süllyedjek el, ha . . .; ~ *the expense* (1) szórja a pénzt (2) fütyülök a kiadásokra! B. *vi* 1. fúj [szél]; *biz* ~ *high,* ~ *low* bármi történjék is, ha törik ha szakad 2. liheg 3. kiolvad [biztosíték]
blow in *vi* 1. befúj 2. (látogatóban) benéz, beállít
blow off A. *vt* 1. elfúj 2. lefúj kienged [gőzt]; kifúvat [kazánt] B. *vi* 1. elrepül [kalap] 2. *biz* henceg
blow out A. *vt* 1. elfúj [gyertyát] 2. felpuffaszt 3. kifúj, kifúvat [csövet]; ~ *one's brains o.* főbe lövi magát B. *vi* 1. kialszik [gyertya] 2. leereszt [gumi] 3. kiég, kiolvad [biztosíték]
blow over A. *vi* 1. elvonul [vihar]; elül 2. feledésbe megy; elsimul B. *vt* feldönt, felborít [szél]
blow up A. *vt* 1. felfúj; felpumpál 2. felrobbant 3. felnagyít [fényképet] 4. *biz* letol, lehord (vkt) B. *vi* 1. felfújódik 2. felrobban 3. *it is* ~*ing up for rain* a szél esőt hoz
blow³ [bloʊ] I. *n* virágzás II. *vi (pt* blew blu:, *pp* blown bloʊn) virágzik

blow-ball *n* pitypang/gyermekláncfű bóbitája
blower ['bloʊə*] *n* 1. fújó, kürtös 2. ventillátor 3. kályhaszelelő lap
blow-fly *n* húslégy, dongó
blow-hole *n* 1. szelelőlyuk, szellőzőnyílás 2. buborék [öntvényben]
blow-lamp *n* forrasztólámpa
blown¹ [bloʊn] *a* 1. kifulladt 2. légybeköpte, romlott [étel] 3. fúvott [üveg] ‖ →*blow²*
blown² [bloʊn] *a* teljesen kinyílt [virág]
blow-out *n* 1. durrdefekt 2. kiégés [biztosítéké] 3. *biz* nagy muri/evészet
blowpipe *n* 1. forrasztócső 2. fúvócső 3. [orvosi] szonda
blow-torch *n* = *blow-lamp*
blow-up *n* 1. robbanás 2. dühroham 3. felnagyított fénykép
blowy ['bloʊɪ] *a* 1. szeles, viharos 2. huzatos
blowzy ['blaʊzɪ] *a* rendetlen/elhanyagolt külsejű [nő]
blubber ['blʌbə*] I. *a* duzzadt (ajkú) II. *n* bálnazsír III. A. *vi* hangosan sír, bőg B. *vt cheeks ~ed with tears* sírástól duzzadt arc
bludgeon ['blʌdʒ(ə)n] I. *n* bunkósbot II. *vt* erősen (meg)ver
blue [blu:] I. *a* 1. kék; ~ *fox* kékróka; *US* ~ *jeans* farmernadrág; *once in a ~ moon* hébe-hóba, nagy ritkán; ~ *ribbon* (1) kék szalag (2) első díj, nagydíj 2. *biz in a ~ funk* igen beijedve; *US* ~ *laws* ⟨kicsinyesen szigorú puritán törvények⟩; ~ *joke/story* malac vicc, pikáns történet; *feel* ~ rosszkedvű, levert, el van kenődve; *till all is* ~ igen sokáig II. *n* 1. kék (szín); *win/get one's* ~ bekerül a válogatott csapatba 2. (kék) ég; (kék) tenger; *out of the* ~ hirtelen, derült égből 3. kékítő 4. *the* ~*s, a fit of* ~*s* rossz hangulat, rosszkedv, lehangoltság; *have the* ~*s* rosszkedvű, mísze van 5. *US* (*Louisiana*) ~*s* „blues" ⟨néger eredetű, melankolikus hangulatú lassú (tánc)dal(ok)⟩ III. *vt* 1. kékít 2. □ elherdál [pénzt]
Bluebeard ['blu:bɪəd] *prop* Kékszakáll
luebell *n* harangvirág

blueberry ['blu:b(ə)rɪ; *US* -berɪ] *n* fekete áfonya
blue-blooded [-'blʌdɪd] *a* előkelő származású, kékvérű
blue-book *n* „kékkönyv": (1) *GB* ⟨a kormány álláspontját igazoló okmányok gyűjteménye⟩ (2) *US* ⟨előkelőségek névkönyve; állami alkalmazottak jegyzéke⟩
bluebottle *n* 1. húslégy, dongó 2. *US* búzavirág
blue-coat boy ⟨a *Christ's Hospital* nevű iskola diákja⟩
blue-collar *a* ~ *workers* fizikai dolgozók
bluejacket *n* (hadi)tengerész, matróz
blue-pencil *vt* -ll- (*US* -l-) cenzúráz, töröl [szövegből], meghúz [kéziratot]
blueprint *n* 1. fénymásolat, kéknyomat 2. terv(rajz); (részletes) tervezet
bluestocking *n* kékharisnya, tudós nő
bluff¹ [blʌf] I. *a* 1. meredek 2. nyers modorú (de egyenes) II. *n* hegyfok, partmeredély
bluff² [blʌf] I. *n* 1. ámítás, becsapás, blöff 2. [kártyában] blöff; *call sy's* ~ (1) vkt színvallásra kényszerít (2) felveszi a kihívást II. A. *vt* becsap, rászed B. *vi* blöfföl
bluish ['blu:ɪʃ] *a* kékes
blunder ['blʌndə*] I. *n* baklövés, mellefogás, hiba II. A. *vi* melléfog, bakot lő B. *vt* rosszul csinál/intéz, eltol, elügyetlenkedik
blunder against/into *vi* beleütközik (vmbe, vkbe)
blunder out *vt* kikotyog [titkot]
blunder (up)on *vi* ráhibázik (vmre)
blunderbuss *n* mordály
blunderer ['blʌndərə*] *n* kétbalkezes
blunt [blʌnt] I. *a* 1. tompa, életlen 2. buta 3. nyers (modorú); *the* ~ *fact* a nyers valóság II. *vt* (le)tompít; kicsorbít
bluntly ['blʌntlɪ] *adv to put it* ~ őszintén szólva
bluntness ['blʌntnɪs] *n* 1. tompaság 2. tompultság, butaság 3. nyerseség
blur [blə:*] I. *n* 1. folt 2. szégyenfolt 3. ködösség, homály(osság), elmosódottság II. *vt* -rr- 1. elmaszatol, elken 2. bemaszatol 3. elhomályosít

blurb [blə:b] *n* fül(szöveg)
blurt [blə:t] *vt* ~ *out* kikottyant, kifecseg
blush [blʌʃ] I. *n* 1. (el)pirulás; (szégyen-)
pír; *spare my* ~*es* ne dicsérj szembe 2.
hajnalpír 3. *at first* ~ első látásra II.
vi 1. elpirul, elvörösödik 2. szégyen-
kezik
blushing ['blʌʃɪŋ] *a* 1. (el)piruló 2. szé-
gyenlős 3. piros(ló)
bluster ['blʌstə*] I. *n* 1. zúgás [szélé];
lárma 2. hetvenkedés, pofázás II. A.
vi 1. zúg, fúj [szél] 2. nagy hangon
beszél, pofázik, hetvenkedik B. *vt*
fennhéjázva (v. nagy hangon) kije-
lent
blusterer ['blʌstərə*] *n* hetvenkedő, nagy-
hangú ember
B.M., BM [bi:'em] 1. *Bachelor of Medi-
cine* az orvostudományok baccalau-
reusa 2. *British Museum*
B.Mus., BMus [bi:'mʌs] = *Mus. B*(*ac.*)
Bn., bn. *battalion*
bo [bou] *int* hess!; *can't say* ~ *to a goose*
igen félénk
B.O., b.o. [bi:'ou] *body odour*
boa ['bouə] *n* 1. boa 2. ~ *constrictor*
óriáskígyó
Boadicea [bouədɪ'sɪə] *prop*
boar [bɔ:*] *n* 1. kan(disznó) 2. vadkan
board [bɔ:d] I. *n* 1. deszka(lap); *go on
the* ~*s* színpadra lép; *take to the* ~*s*
színésznek megy 2. (hirdető)tábla;
karton, kemény papír; *in paper* ~*s*
fűzve, fűzött [könyv] 3. ellátás, élel-
mezés, koszt; „asztal" [mint élelme-
zés]; ~ *and lodging* lakás és ellátás; *full*
~ teljes ellátás/panzió; *sweep the* ~
(1) mindent besöpör/elnyer [kártyás]
(2) mindenkit lehengerel, elsöprő si-
kert arat 4. fedélzet [hajóé]; *on* ~
hajón, fedélzeten [repgép is], *US* vo-
naton; *go on* ~ hajóra száll, *US* beszáll
[vonatba, repgébe], felszáll (-ra, -re);
átv go by the ~ tönkremegy, félredob-
ják, kútba esik 5. tanács(kozó testü-
let), bizottság; *GB B*~ *of Trade* keres-
kedelemügyi minisztérium; *B*~ *of
Directors* (vállalati) igazgatóság; *biz
be on the* ~ igazgatósági tag II. A. *vt*
1. (be)deszkáz 2. kosztot ad (vknek),
élelmez 3. (hajóra) száll, beszáll [vo-

natba stb.], felszáll B. *vi* étkezik,
kosztol
board around *vi US* napokat eszik
board out A. *vt* kosztba ad B. *vi* nem
otthon étkezik
board up *vt* bedeszkáz
boarder ['bɔ:də*] *n* 1. bennlakó diák 2.
kosztos; *take in* ~*s* kosztosokat tart
boarding ['bɔ:dɪŋ] *n* 1. deszkázat; padló
2. hajóraszállás; beszállás; ~ *card* be-
szállókártya [hajó, repgép] 3. étkez-
(tet)és, ellátás
boarding-house *n* panzió
boarding-school *n* bennlakásos iskola,
internátus
board-room *n* tanácsterem
board-wages *n pl* pénzbeni megváltás
[bennlakó alkalmazott élelmezési költ-
ségéé]
boast [boust] I. *n* 1. dicsekvés 2. vknek
a büszkesége II. A. *vi* dicsekszik,
henceg, kérkedik; *that's nothing to* ~
of ezzel nem lehet büszkélkedni B. *vt*
magasztal
boastful ['boustful] *a* kérkedő, dicsekvő,
hencegő
boat [bout] I. *n* 1. csónak; hajó; *be all
in the same* ~ mindnyájan azonos
helyzetben vannak; kezet foghatnak;
when my ~ *comes in/home* majd ha
megütöm a főnyereményt; *burn one's*
~*s* felégeti a hidakat maga mögött
2. (mártásos)csésze II. *vi* csónakái
zik; hajózik; *go* ~*ing* csónakázn-
megy
boater ['boutə*] *n* lapos kemény szalma-
kalap, zsirardi(kalap)
boat-house *n* csónakház
boating ['boutɪŋ] *n* csónakázás
boatload *n* hajórakomány
boatman ['boutmən] *n* (*pl* -men -mən) 1.
csónakos; csónakmester 2. csónak-
bérbeadó, -kölcsönző
boat-race *n* evezősverseny
boatswain ['bousn] *n* vitorlamester, fe-
délzetmester
boat-train *n* vonat hajócsatlakozással
bob[1] [bɔb; *US* -ɑ-] I. *n* 1. súly [ingán];
fityegő; úszó [horgászzsinóron] 2.
kurtított farok [lóé] 3. bubifrizura; ~
of hair konty 4. *US* szántalp II. *v* -bb-

A. *vt* rövidre vág(at) [hajat]; megkurtít [ló farkát] B. *vi* szánkózik
bob² [bɔb; *US* -ɑ-] I. *n* 1. kis lökés/ütődés 2. (fej)biccentés, kis meghajlás II. *vi* -bb- 1. fel-le mozog; ~ *up* felbukkan; felmerül; ~ *up and down in the water* hányódik/táncol a vízen 2. ~ *to sy* meghajlik térdhajtással vk előtt
Bob³ [bɔb; *US* -ɑ-] I. *prop* Robi II. *n dry b*~ krikettjátékos [Etonben]; *wet b*~ evezős [Etonben]
bob⁴ [bɔb; *US* -ɑ-] *n*□ shilling
bobbed [bɔbd; *US* -ɑ-] *a* rövidre vágott →*bob¹ II.*
bobbin ['bɔbɪn; *US* -ɑ-] *n* orsó, cséve, gombolyító; ~ *lace* vert csipke
bobby¹ ['bɔbɪ; *US* -ɑ-] *n biz* ⟨londoni rendőr⟩
bobby² ['bɔbɪ; *US* -ɑ-] *n US* ~ *pin* hullámcsat [hajba]; ~ *socks* = *bobbysox*
Bobby³ ['bɔbɪ; *US* -ɑ-] *prop* Robi, Bobi
bobbysox ['bɔbɪsɔks; *US* -ɑ- -ɑ-] *n pl US* bokazokni
bobbysoxer ['bɔbɪsɔksə*; *US* -ɑ- -ɑ-] *n US biz* bakfis
bob-sled/sleigh *n* bob, kormányos versenyszán
bobtail I. *a* kurta/kurtított farkú II. *n* kurta/kurtított farkú kutya/ló
bode [boʊd] A. *vt* 1. jósol, jövendöl 2. sejtet B. *vi* ~ *ill* rosszat jelent, rossz előjel; ~ *well* jót jelent, jó előjel
bodeful ['boʊdfʊl] *a* baljós(latú)
bodice ['bɔdɪs, *US* -u-] *n* (női) melleny; pruszlik
-bodied [-bɔdɪd; *US* -ɑ-] testű
bodiless ['bɔdɪlɪs; *US* -ɑ-] *a* testetlen
bodily ['bɔdɪlɪ; *US* -ɑ-] I. *a* testi, valóságos; *go about in* ~ *fear* testi épségéért aggódik II. *adv* 1. testben 2. személyesen 3. mind együtt, testületileg
boding ['boʊdɪŋ] *n* előjel; ómen
bodkin ['bɔdkɪn; *US* -ɑ-] *n* 1. ár [szerszám] 2. fűzőtű; hajtű 3. † tőr 4. *sit* ~ két személy közé bepréselve ül
Bodleian [bɔd'liːən] *a* ⟨a Th. Bodley által alapított oxfordi könyvtár⟩
Bodley ['bɔdlɪ] *prop*
body ['bɔdɪ; *US* -ɑ-] *n* 1. test; ~ *linen*

testi fehérnemű, alsóruha; ~ *stocking* (testszínű) trikóruha; *keep* ~ *and soul together* éppen csak tengődik; ~ *odour* testszag, izzadságszag 2. törzs 3. hulla 4. testület; *in a* ~ testületileg; ~ *corporate* jogi személy; ~ *politic* népközösség, állam 5. főrész; tömeg; *large* ~ *of people* nagy (ember)tömeg; *a* ~ *of water* víztömeg; ~ *of troops* csapattest 6. kocsiszekrény, karosszéria
body-guard *n* testőr
body-snatcher *n* hullatolvaj [boncolási célra]
Boer ['boʊə*] *a/n* búr; ~ *War* angol—búr háború (1899—1902)
boffin ['bɔfɪn; *US* -ɑ-] *n* □ tudományos/műszaki szakember
bog [bɔg; *US* -ɑ-] I. *n* mocsár II. *vi/vt* -gg- ~ (*down*), *get* ~*ged* (*down*) megfeneklik, megreked, mocsárba süllyed
bogey ['boʊgɪ] *n* rémkép, kísértet
bogey-man *n* (*pl* -men -men) mumus
boggle ['bɔgl; *US* -ɑ-] *vi* ~ *at sg* (1) viszszariad vmtől (2) meghátrál vm elől, húzódozik vmtől
boggy ['bɔgɪ; *US* -ɑ-] *a* mocsaras
bogie ['boʊgɪ] *n* forgózsámoly
bogus ['boʊgəs] *a US* hamis, nem valódi, ál-, színlelt
bogy ['boʊgɪ] *n* = *bogey*
boh [boʊ] *int* = *bo*
Bohemian [boʊ'hiːmjən] *a* 1. bohém; cigányos 2. cseh(országi)
boil¹ [bɔɪl] *n* kelés, furunkulus
boil² [bɔɪl] I. *n* forrás(pont); *bring to* ~ felforral II. A. *vt* (fel)forral; vízben főz B. *vi* forr, fő; *the kettle is* ~*ing* forr a (tea)víz
 boil down *vt/vi* 1. (be)sűrít, lepárol 2. tömörít, röviden összefoglal; *it* ~*s d. to this* . . . a dolog lényege az, hogy . . .
 boil over *vi* túlforr [folyadék edényből], kifut; ~ *o. with rage* forr benne a düh, tajtékzik a dühtől
boiled [bɔɪld] *a* főtt; párolt; ~ *egg* főtt tojás; *US* ~ *shirt* keményített ingmell
boiler ['bɔɪlə*] *n* 1. forraló, főző 2. kazán 3. melegvíztároló, bojler
boiling ['bɔɪlɪŋ] I. *a* forrásban lévő; *biz*

~ **hot** tűzforró; ~ **point** forráspont II. n forralás, főzés
boisterous ['bɔɪstərəs] a 1. féktelen, szilaj, heves 2. zajos, lármás
bold [bould] a 1. merész, bátor; *make* ~ bátorkodik; *make* ~ *to do sg* (merészen) megenged magának vmt; *make* ~ *with sy* fenntartás nélkül beszél vkvel 2. arcátlan 3. feltűnő, szembeszökő 4. = *boldface*
boldface a/n ~ (*type*) félkövér/fett betű(típus)
boldfaced a 1. arcátlan 2. = *boldface*
boldness ['bouldnɪs] n 1. merészség arcátlanság
bole [boul] n fatörzs
Boleyn ['bulɪn] *prop*
Bolingbroke ['bɔlɪŋbruk] *prop*
Bolivia [bə'lɪvɪə] *prop* Bolívia
Bolivian [bə'lɪvɪən] a bolíviai
boll [boul] n tok(termés) [gyapoté, lené]
bollard ['bɔləd; US -ɑ-] n 1. hajócövek, kikötőbak 2. jelzőoszlop; terelőoszlop 3. korlát
boll-weevil n gyapotmagfúró bogár
boloney [bə'louni] →*baloney*
Bolshevik ['bɔlʃɪvɪk; US 'boulʃevi:k] a/n bolsevik
Bolshevism ['bɔlʃɪvɪzm; US 'boulʃə-] n bolsevizmus
Bolshevist ['bɔlʃɪvɪst; US 'boulʃə-] a/n bolsevista
bolster ['boulstə*] I. n 1. vánkos, párna 2. aljzat; párnafa, ászokfa, nyeregfa II. vt ~ (*up*) alátámaszt, támogat
bolt[1] [boult] I. adv ~ *upright* egyenesen, kihúzva magát, nyársat nyelve II. n 1. tolózár, retesz [ajtón]; (zár)nyelv; závár(zat) 2. csapszeg; (anyás)csavar 3. nyílvessző; *has shot one's* ~ kijátszotta utolsó ütőkártyáját 4. villámcsapás; *biz a* ~ *from the blue* derült égből villámcsapás 5. futás; *make a* ~ *for it* vhová elinal/eliramodik 6. egy vég [vászon] III. A. vt 1. elzár, elreteszel 2. bekap [ételt] 3. kilép [pártból] B. vi elrohan, elinal
bolt[2] [boult] vt 1. szitál 2. megvizsgál
bolter ['boultə*] n ijedős/szilaj ló
bolt-head n csavarfej

bolt-hole n 1. rejtekhely; kibúvó 2. csavarfurat, csapszegfurat
bolus ['boulǝs] n nagy pirula
bomb [bɔm; US -ɑ-] I. n bomba; *release a* ~ bombát ledob II. vt 1. bombáz, bombát vet (vmre) 2. ~ *out* kibombáz 3. ~ *up* bombával felszerel [repgépet]
bombard ['bɔmbɑ:d; US 'bam-] vt 1. bombáz 2. megdobál 3. támad [szidalmakkal]; [kérdésekkel] ostromol
bombardier [bɔmbə'dɪə*; US bam-] n 1. tüzér tisztes 2. bombakioldó [személy repgépen]
bombardment [bɔm'bɑ:dmǝnt; US bam-] n bombázás
bombast ['bɔmbæst; US 'bam-] n dagály, fellengzősség, bombaszt
bombastic [bɔm'bæstɪk; US bam-] a dagályos, bombasztikus
Bombay [bɔm'beɪ; US bɑ-] *prop*
bomb-bay n bombarekesz [repülőgépen]
bomb-carrier n bombázó(gép)
bomb-crater n bombatölcsér
bomb-disposal n bombaeltávolítás, hatástalanítás [fel nem robbant bombáé]
bomber ['bɔmə*; US -ɑ-] n = *bomb-carrier*
bomb-proof a bombabiztos
bomb-shell n gránát; *átv biz this was a* ~ *to us* ez bombaként hatott ránk
bomb-sight n célzókészülék [bombavetőn]
bomb-site n foghíjas telek [bombázás helyén]
bona-fide [bounə'faɪdɪ] I. a jóhiszemű; tisztességes II. adv jóhiszeműen; tisztességesen, komolyan
bonanza [bɔ'nænzə] n US 1. gazdag érclelőhely/telér 2. *átv* szerencsés telet, „aranybánya"; (hirtelen jött) gazdagság; bombaüzlet
bond [bɔnd; US -ɑ-] I. 1. kötelék (*átv is*); bilincs; *biz* ~*s of friendship* baráti kötelékek 2. téglakötés; kötés [molekulában] 3. kötelezettség; óvadék, biztosíték 4. kötvény, kötelezvény, adóslevél 5. vámőrizet; *be in* ~ vámőrizetben/vám(szabad)raktárban van 6. = *bond-paper* II. vt 1. beköt

[téglát falba] 2. vámzár alá helyez, vámszabadraktárban elhelyez 3. elzálogosít
bondage ['bɔndɪdʒ; US -ɑ-] n 1. jobbágyság 2. rabszolgaság 3. fogság
bonded ['bɔndɪd; US -ɑ-] a 1. kötvénnyel/okirattal biztosított; ~ debt kötvényesített kölcsöntartozás 2. vámörizetben/vámraktárban elhelyezett; ~ warehouse vám(szabad)raktár
bondholder n kötvénytulajdonos
bondmaid n † fiatal rabszolganő
bondman ['bɔndmən; US -ɑ-] n (pl -men -mən) 1. rabszolga 2. jobbágy 3. kezes
bond-paper n miniszterpapír, finom írópapír
bondsman ['bɔndzmən; US -ɑ-] n (pl -men -mən) = bondman
bone [boʊn] I. n 1. csont; ~ cancer csontrák; ~ of contention a vita tárgya, Erisz almája; I feel it in my ~s a csontjaimban érzem, biztos vagyok benne; have a ~ to pick with sy elintézni- v. számolnivalója van vkvel; pick a ~ lerág csontot; make no ~s about sg habozás nélkül megtesz vmt, nem sokat teketóriázik, kertelés nélkül megmond vmt; he won't make old ~s nem fog megöregedni 2. (hal)szálka; halcsont 3. bones pl dominó(kockák), játékkockák [kockajátékban] II. vt 1. kicsontoz; (hal)szálkát kiszed (vmből) 2. □ elemel, ellop 3. US biz ~ up magol
boneblack n csontszén
boned [boʊnd] a 1. csontos 2. kicsontozott
bone-dry a 1. csontszáraz 2. biz szomjas
bonehead n US csökönyös ostoba ember
bone-lace n vert csipke
boneless ['boʊnlɪs] a 1. csont/szálka nélküli 2. biz erélytelen, puhány
bone-meal n csontliszt
boner ['boʊnə*] n US □ melléfogás, baklövés, baki
bonesetter n biz csontrakó
bone-shaker n rossz rugózású jármű, tragacs
bonfire ['bɔnfaɪə*; US -ɑ-] n örömtűz; máglya

Boniface ['bɔnɪfeɪs; US 'bɑ-] prop 1. Bonifác 2. b~ jókedvű vendéglős
bonnet ['bɔnɪt; US -ɑ-] n 1. főkötő 2. sapka [perem és ellenző nélkül] 3. GB motorháztető
bonnie, bonny ['bɔnɪ; US -ɑ-] a sk csinos, jóképű
bonus ['boʊnəs] n rendkívüli osztalék, külön juttatás, prémium, nyereségrészesedés
bony ['boʊnɪ] a 1. csontos; szálkás 2. nagy csontú, csontos
boo [bu:] I. int hess!, sicc! II. A. vt kifütyül; lepisszeg B. vi pfujoz
boob [bu:b] n □ = booby
booby ['bu:bɪ] n nagy kamasz, bamba fajankó, mafla; □ ~ hatch diliház
booby-trap n 1. otromba tréfa 2. ⟨aknát robbantó használati tárgy⟩
boodle ['bu:dl] n □ pénz (politikai vesztegetésre)
boogie-woogie ['bu:gɪwu:gɪ] n US bugivugi [tánc]
boohoo [bu:'hu:] I. n jajveszékelés, siránkozás II. vi bőg [sír]
book [bʊk] I. n 1. könyv; ~ club könyvbarátok klubja, könyvklub; ~ jacket borító(lap) [könyvé]; ~ review könyvismertetés; ~ token könyvutalvány; ~ of accounts főkönyv [üzleti]; be in sy's bad/black ~s kegyvesztett vknél, vk feketelistáján van; be in sy's good ~s kegyben áll vknél; bring to ~ elkönyvel; bring sy to ~ (for sg) számon kér vktől (vmt), kérdőre von vkt (vmért); keep the ~s könyvel; speak by the ~ (1) úgy beszél mintha könyvből olvasná (2) tekintélyre hivatkozik; swear by the B~ a Szentírásra esküszik; that will suit my ~ (ez) megegyezik terveimmel 2. ~ of cheques csekkfüzet; ~ of matches lapos gyufacsomag; ~ of needles egy levél (varró-)tű; ~ of stamps bélyegfüzet; ~ of tickets jegyfüzet II. A. vt 1. (el)könyvvel, ben [könyvelési tételt] 2. (le)foglal, előjegyez(tet), megrendel [szobát, jegyet stb.]; ~ in advance (1) lefoglal, előjegyez(tet) (2) előre/elővételben megvált [jegyet]; seats can be ~ed from 10 a.m. to 8 p.m. jegyárusítás

(v. jegyek válthatók) 10—20 óráig; ~ *a tour* befizet egy társasutazásra; *be* *(fully)* ~*ed up* teljesen megtelt, nincs szabad szoba [szállodában]; *biz I am* ~*ed up for this evening* a mai estém foglalt 3. kiad menetjegyet [utasnak] 4. *biz be* ~*ed* (1) megbüntetik [közlekedési szabálysértésért] (2) sárga cédulát kap [játékos] B. *vi* menetjegyet vált; ~ *through* végig megváltja a jegyet
bookable ['bukəbl] *a* (elővételben) (meg-) váltható [jegy]; lefoglalható [szoba]; *all seats* ~ jegyek válthatók
bookbinder *n* könyvkötő
bookbinding *n* könyvkötés
bookcase *n* könyvespolc, könyvszekrény
booked [bukt] *a* lefoglalt
bookends *n pl* könyvtámasz
bookie ['buki] *n biz* = *bookmaker*
booking ['bukıŋ] *n* 1. előjegyzés, helyfoglalás, jegyrendelés; szobafoglalás, szállásfoglalás; *make a* ~ szobát foglal; *make the* ~*s* (el)intézi a hely- és szobafoglalást 2. jegyváltás 3. jegyárusítás 4. *biz get a* ~ sárga cédulát kap [játékos]
booking-clerk *n GB* (vasúti) jegypénztáros
booking-office *n GB* jegypénztár
bookish ['bukıʃ] *a* 1. könyvkedvelő 2. elméleti; tudálékos; könyvszagú
bookkeeper *n* könyvelő
bookkeeping *n* könyvelés, könyvvitel
book-learning *n* elméleti tudás/műveltség
booklet ['buklıt] *n* könyvecske, brosúra, füzet
bookmaker *n* (lóverseny-)fogadóirodás, bukméker, könyves
bookman ['bukmən] *n* (*pl* -**men** -mən) tudós
book-mark(er) *n* könyvjelző, olvasójel
bookmobile *n US* mozgókönyvtár, könyvtárbusz
book-plate *n* ex libris
book-post *n* postai nyomtatvány-díjszabás; *by* ~ nyomtatványként
bookrest *n* könyvállvány, könyvtartó
bookseller *n* könyvkereskedő
bookshelf *n* (*pl* -**shelves**) könyvespolc

bookshop *n* könyvkereskedés, könyvesbolt
bookstall *n* [pályaudvari] könyvárusítóhely, (utcai) könyvárus, könyvesbódé
bookstand *n* = *bookstall*
bookstore *n US* = *bookshop*
bookworm *n* könyvmoly
boom[1] [bu:m] I. *n* 1. alsó vitorlafa, öregfa, „bum" 2. torkolatzár
boom[2] [bu:m] I. *n* 1. zúgás, dörgés, moraj(lás) 2. (üzleti) fellendülés, áremelkedés, konjunktúra; ~ *and bust* konjunktúra és dekonjunktúra II. A. *vi* 1. zúg, dörög, morajlik 2. fellendül, virágzik B. *vt* reklámoz
boomerang ['bu:məræŋ] *n* bumeráng
boon [bu:n] I. *a* 1. kellemes, vidám; ~ *companion* víg cimbora 2. † bőkezű II. *n* 1. áldás, jótétemény 2. adomány
boor [buə*] *n* faragatlan ember, bugris
boorish ['buərıʃ] *a* durva, faragatlan
boost [bu:st] I. *n* 1. reklám(ozás) 2. értékemelkedés [reklám következtében]; fellendülés 3. erősítés, fokozás II. *vt* 1. alulról tol, felemel; ~ *sy into a job* beprotezsál vkt állásba 2. reklámot csinál (vmnek); fellendít 3. erősít, fokoz; feszültséget emel [vezetékben]
booster ['bu:stə*] *n* ~ *rocket* gyorsítórakéta, indító (segéd)rakéta; ~ *stage* indító fokozat
boot[1] [bu:t] I. *n* 1. magas szárú cipő; csizma; *high* ~*s* csizma; *the* ~ *is on the other leg* az igazság éppen az ellenkező oldalon van; □ *get the* ~ kirúgják; □ *give sy the* ~ kirúg vkt [állásából] 2. csomagtartó [gépkocsiban] II. *vt* □ ~ (*out*) kirúg vkt || → *boots*
boot[2] [bu:t] I. *n* előny, haszon; *to* ~ ráadásul II. *vt what* ~*s it to* . . .? mi értelme/haszna van, ha . . .?
bootblack *n US* cipőtisztító [ember]
booted ['bu:tıd] *a* csizmás
bootee ['bu:ti:] *n* kötött babacipő
booth [bu:ð; *US* -θ] *n* 1. (piaci) bódé; sátor, elárusítóhely [vásáron] 2. fülke [szavazó, *US* telefon]
bootjack *n* csizmahúzó
bootlace *n* cipőfűző

bootleg I. *a* csempészett II. *n* 1. csizmaszár 2. csempészett alkohol(os ital)
III. *vt* -gg- csempész [alkoholt]
bootlegger [-legə*] *n US* alkoholcsempész
bootless ['bu:tlıs] *a* hiábavaló, eredménytelen
bootlicker [-lıkə*] *n* talpnyaló
boot-lid *n* csomagtartófedél
boots [bu:ts] *n GB* (szállodai) szolga, londiner
bootstrap *n US* cipőhúzó (fül); *lift/raise oneself by one's ~s* a maga erejéből emelkedik fel
boot-tree *n* sámfa
booty ['bu:tı] *n* zsákmány, préda, martalék; *play ~* (1) cselből veszít játék elején (2) összejátszik vkvel
booze [bu:z] *vulg* I. *n* pia II. *vi* piál
boozy ['bu:zı] *a* részeges, (nagy) piás
bo-peep [boʊ'pi:p] *n* ⟨egy fajta bújócskajáték⟩
bor. *borough* (l. ott!)
border ['bɔ:də*] I. *n* 1. szegély, vm széle 2. határ; *the B~* a skót határ(vidék), a skót végek; *~ station* határállomás II. A. *vt* 1. szegélyez, beszeg 2. határol B. *vi ~ on sg* (1) határos vmvel (2) nagyon közel jár/van/esik vmhez
borderer ['bɔ:dərə*] *n* határvidéki lakos
bordering ['bɔ:dərıŋ] *a* határos
border-land *n* 1. határvidék, -sáv 2. átmenet
border-line *n* határ(vonal); *a ~ case* határeset
bore[1] [bɔ:*] I. *n* 1. furat 2. kallber,belső átmérő II. A. *vt* (ki)fúr [lyukat stb.] B. *vi* fúr(ást végez); fúródik
bore[2] [bɔ:*] I. *n* unalmas ember/dolog II. *vt* untat; *be ~d (to death)* (halálosan) unatkozik (v. unja magát)
bore[3] [bɔ:*] *n* szökőár
bore[4] →*bear*[2]
boredom ['bɔ:dəm] *n* unalom, unatkozás
borer ['bɔ:rə*] *n* 1. fúró(s) [ember] 2. fúróberendezés 3. szúró rovar; hajóféreg
boric ['bɔ:rık] *a ~ acid* bórsav
boring[1] ['bɔ:rıŋ] *n* (talaj)fúrás
boring[2] ['bɔ:rıŋ] *a* unalmas, untató
Boris ['bɔrıs; *US* -a-] *prop* Borisz ⟨férfinév⟩

born [bɔ:n] *a* 1. (vmlyen) születésű 2. (vmre) született || →*bear*[2]
-borne [-bɔ:n] (vm által) szállított || →*bear*[2]
boro' ['bʌrə] *borough* (l. ott!)
boron ['bɔ:rɔn] *n* bór
borough ['bʌrə; *US* 'bə:roʊ] *n* 1. város; törvényhatóság 2. választókerület
borrow ['bɔroʊ; *US* -a-] *vt* kölcsönvesz, kölcsönkér, kölcsönöz; *~ed word* kölcsönszó
borrower ['bɔroʊə*; *US* -a-] *n* kölcsönvevő, kölcsönző
borrowing ['bɔroʊıŋ; *US* -a-] *n* 1. kölcsön(vétel) 2. átvétel [nyelvi]
Borstal ['bɔ:stl] *n* javítóintézet; *~ boy* javítóintézeti növendék
borzoi ['bɔ:zɔı] *n* orosz agár
bosh [bɔʃ; *US* -a-] *n biz* szamárság, buta beszéd
bosky ['bɔskı; *US* -a-] *a* bokros, cserjés
bos'n ['boʊsn] *n* = *boatswain*
bosom ['bʊz(ə)m] *n* kebel, mell; *~ friend* kebelbarát
bosomed ['bʊz(ə)md] *a* 1. keblű 2. szívébe zárt, elrejtett
boss[1] [bɔs; *US* -ɔ:-] *n* gomb, kidudorodás [pajzson stb.], kiemelkedés, domborulat
boss[2] [bɔs; *US* -ɔ:-] *biz* I. *n* 1. főnök, góré, tulaj 2. (kerületi/városi) pártvezér II. *vt* irányít, uralkodik (vmn, vkn); parancsolgat (vknek); *~ the show* az egészet irányítja, ő a góré
boss-eyed *a biz* kancsal
bossy ['bɔsı; *US* -ɔ:-] *a biz* erőszakosan vezető, parancsolgató
Boston ['bɔst(ə)n; *US* 'bɔ:st(ə)n v. -a:-] *prop*
bosun, bo'sun ['boʊsn] *n* = *boatswain*
Boswell ['bɔzw(ə)l] *prop*
Bosworth ['bɔzwəθ] *prop*
botanic(al) [bə'tænık(l)] *a* növénytani, botanikus; *~ garden* botanikus kert, füvészkert
botanist ['bɔtənıst; *US* 'ba-] *n* botanikus
botanize ['bɔtənaız; *US* 'ba-] *vt/vi* növénytannal foglalkozik; növényt gyűjt, botanizál
botany ['bɔtənı; *US* 'ba-] *n* növénytan, botanika

7*

botch [bɔtʃ; US -a-] I. n tákolmány;
kontármunka, fusermunka II. A. vt 1.
~ (up) kontár módon csinál; (ügyet-
lenül) összetákol, -eszkábál 2. elront,
elfuserál B. vi kontárkodik
botfly n bögöly, bagócs
both [bouθ] I. a/pron mindkét, mindket-
tő, mind a kettő; ~ of them mindket-
ten; ~ of us mindegyikünk II. adv
mindketten III. conj ~ ... and
mind ... mind ..., is ... is
bother ['bɔðə*; US -a-] I. n 1. bosszú-
ság, baj, méreg 2. alkalmatlanság,
zaklatás, alkalmatlankodás, nyűg II.
A. vt 1. terhel, nyaggat, háborgat,
zaklat, terhére van, molesztál 2. ~
it! fene ezt a dolgot! B. vi 1. alkalmat-
lankodik 2. nyugtalankodik; ~ a-
bout/with sg vmvel törődik; don't ~
(about it) ne törődj vele!, ne izgasd
magad (miatta)!
botheration [bɔðə'reiʃn; US ba-] n kel-
lemetlenség, bosszúság, alkalmatlan-
ság, nyűg
bothersome ['bɔðəsəm; US 'ba-] a kel-
lemetlen(kedő), bosszantó, terhes
bottle¹ ['bɔtl; US -a-] I. n palack, üveg;
a ~ of wine egy üveg bor II. vt 1. pa-
lackoz, üvegbe tölt; lefejt 2. befőz,
üvegben eltesz/tartósít; ~d fruit be-
főtt 3. ~ up elfojt, magába fojt
[haragot]
bottle² ['bɔtl; US -a-] n GB (széna)köteg
bottle-fed a üvegből/mesterségesen táp-
lált [csecsemő]
bottle-green a palackzöld
bottleneck n 1. útszűkület; torlódás 2.
szűk keresztmetszet
bottle-opener n sörnyitó
bottle-party n ⟨baráti összejövetel, ahová
az italt a vendégek viszik⟩
bottler ['bɔtlə*; US -a-] n palackozó
bottom ['bɔtəm; US -a-] I. a legutolsó,
legalsó; my ~ dollar utolsó vasam; ~
gear első sebesség [gépkocsi]; ~ price
utolsó ár II. n 1. fenék, vmnek alja/vé-
ge; from the ~ of my heart szívem leg-
mélyéről; find ~ again átv újra talpra
áll; knock the ~ out of an argument
halomra dönt [érvelést]; get to the ~
of sg vmnek mélyére hatol; be at the ~

of sg vmért felelős (mint kezdemé-
nyező), ő van vm mögött 2. alap(zat);
at ~ alapjában véve 3. biz fenék,
ülep; kick sy's ~ vkt fenékbe rúg 4.
hajófenék; in British ~s brit hajók-
ban, angol lobogó alatt III. A. vt 1.
fenékkel ellát 2. végére jár (vmnek)
3. alapoz B. vi 1. fenékre süllyed,
feneket ér 2. alapszik (on vmn)
-bottomed [-bɔtəmd; US -a-] fenekű
bottomless ['bɔtəmlis; US 'ba-] a fene-
ketlen; the ~ pit a pokol
bottomry ['bɔtəmri; US 'ba-] n hajóköl-
csön
botulism ['bɔtjulizm; US 'batʃə-] n
konzervmérgezés, kolbászmérgezés
bough [bau] n (nagy fa)ág
bought →buy
bouillon ['bu:jɔ:ŋ] n húsleves
boulder ['bouldə*] n 1. nagy szikladara-
rab 2. vándorkő
boulevard ['bu:lvɑ:*; US -vɑ:rd] n su-
gárút (fasorral)
bounce [bauns] I. n 1. ugrálás, szökel-
lés; visszapattanás, -ugrás 2. ruga-
nyosság, életerő, vitalitás 3. biz het-
venkedés, hencegés 4. hirtelen/erős
ütés 5. US □ kidobás [állásból] II.
A. vi 1. ugrál [labda], ugrándozik 2.
~ in beront 3. biz dicsekszik, hetven-
kedik B. vt 1. ~ into sg beugrat vmbe
2. US □ kidob vkt vhonnan; the
check was ~d a csekket visszadobták
bouncer ['baunsə*] n 1. hencegő 2.
nagy/erős személy/dolog 3. szemér-
metlen hazugság 4. US □ kidobóem-
ber
bouncing ['baunsiŋ] a 1. életerős, vidám
2. ~ lie szemérmetlen hazugság
bound¹ [baund] I. n határ; know no ~s
nem ismer határt; out of ~s megenge-
dett területen kívül(i), tiltott, tiltva;
within the ~s of reason az ésszerűség
határain belül II. vt (el)határol; korlá-
toz
bound² [baund] I. n ugrás; at a ~ egyet-
len ugrással II. vi 1. ugrik, ugrál, ug-
rándozik 2. visszapattan
bound³ [baund] a vhova tartó; ~ for
home útban hazafelé
bound⁴ [baund] a 1. (meg)kötött, össze-

kötött, bekötött; *be ~ up in sg* nagyon érdekli vm, érdekelve van vmben; nagyon el van foglalva/merülve (vmvel, vmben); *they are ~ up in each other* közös minden gondolatuk/tettük, egygyé váltak (lelkileg); *be ~ up with sg* szoros kapcsolatban áll vmvel 2. *(kötelesség, elkerülhetetlenség kifejezésére:) he is ~ to do sg* köteles vmt megtenni; *he's ~ to come* el kell jönnie; *it is ~ to happen* feltétlenül be fog következni, elkerülhetetlen; *I'll be ~* biztos vagyok benne, fogadni mernék ‖ →*bind*
boundary ['baʊndərɪ] *n* határ(vonal)
bounden ['baʊndən] *a it is my ~ duty* szent kötelességem
bounder ['baʊndə*] *n GB biz* modortalan, műveletlen és erőszakos fickó
boundless ['baʊndlɪs] *a* határtalan
bounteous ['baʊntɪəs] *a* 1. bőkezű, nagylelkű, jótékony 2. bőséges, bő
bountiful ['baʊntɪfʊl] *a = bounteous*
bounty ['baʊntɪ] *n* 1. jótékonyság, nagylelkűség 2. (pénz)adomány, pénzjutalom, prémium; államsegély
bouquet [bʊ'keɪ] *n* 1. (virág)csokor 2. zamat, buké [boré]
bourbon ['bə:bən] *n US* amerikai whisky [kukoricából]
bourgeois ['bʊəʒwɑ:] I. *a* polgári, tőkés, burzsoá II. *n* polgár, tőkés, burzsoá
bourgeoisie [bʊəʒwɑ:'zi:] *n* polgárság, burzsoázia
bourn(e) [bʊən; *US* bɔ:rn] *n* † 1. célpont 2. határterület
bout [baʊt] *n* 1. küzdelem, harc 2. roham [betegségé]; *~ of influenza* (heveny) influenzás megbetegedés 3. menet [ökölvívásban], csörte [vívásban] 4. = *drinking-bout*
'bout [baʊt] = *about*
boutique [bu:'ti:k] *n* boutique, butik
bovine ['boʊvaɪn] *a* 1. szarvasmarhaféle, ökör- 2. *biz* nehézkes, tunya, buta
bow¹ [boʊ] I. *n* 1. íj, (kör)ív 2. vonó [hegedűé stb.] 3. keret, szár [szemüvegé] 4. kötött csomó, (szalag)csokor; *~ knot* hurokcsomó II. A. *vt* 1. (meg-)hajlít 2. *how do you ~ that passage?* milyen vonóvezetést alkalmaz ennél a résznél? B. *vi* vezeti a vonót

bow² [baʊ] I. *n* meghajlás, fejbólintás, köszönés; *make a deep/low ~ to sy* mélyen meghajol vk előtt; *make one's ~ to the company* elköszön a társaságtól II. A. *vi* 1. meghajol (*to* vk előtt); bókol; *~ to sy* (oda)köszön vknek 2. megalázkodik (*before* vk előtt); meghajlik (*to* vk/vm előtt), megadja magát, beletörődik (*to* vmbe) B. *vt* 1. meghajt [fejet]; meghajlít 2. *~ sy in* hajlongva bevezet; *~ sy out* ajtóig kísér és elbúcsúzik
bow³ [baʊ] *n* orr [hajóé]; *on the ~* a hajó elején/orrán
bow-compass ['boʊ-] *n* nullkörző, marokkörző, íves körző
bowdlerize ['baʊdləraɪz] *vt* valláserkölcsi célzattal megcsonkít [szellemi alkotást], megtisztít, kiherél [írásművet]
bowel ['baʊəl] *n* bél; *~(s)* (1) belek, belső részek (2) gyengéd érzések; *~ movement* széklet
bower ['baʊə*] *n* 1. női szoba, budoár 2. lugas 3. falusi házikó, kerti ház
bow-hand ['boʊ-] *n* jobb kéz [hegedűsé]
bowie-knife ['boʊɪ-] *n (pl* -knives) *US* vadászkés
bowing¹ ['boʊɪŋ] *n* vonóvezetés
bowing² ['baʊɪŋ] *n* meghajlás, köszönés; *~ acquaintance* futólagos ismeretség; *have a ~ acquaintance with sy* v. *sg* (1) köszönő viszonyban van vkvel (2) vm kis felületes ismerete van [egy tárgykörben]
bowl¹ ['boʊl] *n* 1. [kisebb gömbölyű] tál, (fületlen) ivócsésze; edény 2. † medence 3. pipafej; kanál mélyedése 4. *US* stadion
bowl² [boʊl] I. *n* (fa)golyó; *(game of) ~s* (1) *GB* golyójáték (2) *US* teke(játék), kugli; *play (at) ~s* (1) *GB* golyózik (2) *US* tekézik, kuglizik II. A. *vt* 1. gördít, gurít; hajít [labdát krikettben] 2. *~ out* (1) kizár a játékból [krikettjátékost] (2) *átv* legyőz 3. *~ over* (1) felborít, felfordít (2) tehetetlenné tesz; *he was ~ed over by the news* fejbevágta a hír B. *vi* 1. tekézik 2. labdát dob 3. gördül, gurul
bow-legged ['boʊ-] *a* karikalábú
bowler ['boʊlə*] *n* 1. kuglizó, tekéző 2.

dobó [krikettben] 3. ~ hat keménykalap
bowlful ['boulful] n egy tálnyi
bowline ['boulin] n 1. vitorlafeszítő-kötél 2.
tengerészcsomó
bowling ['boulɪŋ] n golyójáték, US tekézés; ~ alley tekepálya; ~ green gyepes tekepálya
bowman ['boumən] n (pl -men -mən) íjász, nyilas
bowshot ['bou-] n nyíllövés(nyi távolság)
bowsprit ['bousprɪt] n orrárboc
bowstring ['bou-] n íjhúr
bow-tie [bou-] n csokornyakkendő
bow-window [bou-] n íves zárt erkély
bow-wow I. int [bau'wau] vau-vau II. n ['bauwau] vau-vau, kuszi, kutyus
box¹ [bɔks; US -a-] n puszpáng, buxus
box² [bɔks; US -a-] I. n 1. doboz, láda; a ~ of matches egy skatulya gyufa; ~ number ⟨apróhirdetés hivatkozási száma⟩ kb. „jelige"; in the wrong ~ (1) rossz helyre tévedt be (2) kínos helyzetben van 2. páholy, fülke, rekesz; ~ seat páholyülés; prisoner's ~ vádlottak padja 3. bak [kocsin] 4. házikó 5. boksz [lóistállóban] II. vt 1. dobozba/rekeszbe helyez/csomagol; ~ up összezsúfol 2. ~ the compass (1) világtájakat helyes sorrendben elmondja (2) biz visszatér kiindulási pontjához (v. eredeti álláspontjához)
box³ [bɔks; US -a-] I. n ütés; ~ on the ear(s) pofon II. A. vt ~ sy's ear(s) megpofoz vkt B. vi bokszol
box-camera n bokszgép
boxcar n US zárt tehervagon
boxer ['bɔksə*; US -a-] n 1. bokszoló, ökölvívó 2. bokszer [kutya]
boxful ['bɔksful; US 'ba-] a doboznyi
boxing ['bɔksɪŋ; US 'ba-] n bokszolás, ökölvívás
Boxing Day GB karácsony más(od)napja
boxing-gloves n pl bokszkesztyű
box-office n [színházi] jegypénztár; ~ hit kasszadarab, nagy színházi siker
box-wood n = box¹
boy [bɔɪ] n 1. fiú; her ~ friend a fiúja, a fiú akivel jár; from a ~ kisfiú korától kezdve 2. bennszülött inas [gyarmatokon]

boycott ['bɔɪkɔt; US -at] I. n bojkott II. vt bojkottál, kiközösít
boyhood ['bɔɪhud] n gyermekkor, fiúkor
boyish ['bɔɪɪʃ] a kisfiús, fiús
Boyle [bɔɪl] prop
Br. British
BR [bi:'a:*] British Rail(ways) brit államvasutak
bra [bra:] n biz melltartó
brace [breɪs] I. n 1. kapocsvas; merevítő rúd 2. támasz, dúc 3. kapcsos zárójel } 4. ~ and bit (mell)furdancs 5. GB braces pl nadrágtartó 6. (pl ~) egy pár [állat, tárgy] II. vt 1. megerősít, merevít, dúcol 2. ~ sy up megerősít/felfrissít vkt; ~ oneself up öszszeszedi magát, nekigyürkőzik vmnek
bracelet ['breɪslɪt] n karperec, karkötő
bracer ['breɪsə*] n 1. heveder, tartószíj 2. csuklóvédő [íjászé] 3. US szíverősítő; üdítő ital
bracing ['breɪsɪŋ] I. a (fel)üdítő, erősítő [levegő] II. n 1. erősítés, felüdítés, frissítés 2. merevítés
bracken ['bræk(ə)n] n saspáfrány
bracket ['brækɪt] I. n 1. tartó, konzol; polc 2. zárójel; round ~s kerek zárójel (); square ~s szögletes zárójel [] 3. US income ~s jövedelemkategóriák; lower income ~s kisfizetésűek, csekély jövedelműek II. vt 1. zárójelbe tesz 2. összekapcsol 3. biz egy kalap alá vesz
brackish ['brækɪʃ] a kissé sós
bract [brækt] n murva; fedőlevél
brad [bræd] n apró fejű szeg
bradawl ['brædɔ:l] n (szeg)lyukfúró ár
Bradshaw ['brædʃɔ:] n GB ⟨régi brit menetrendkönyv⟩
brae [breɪ] n sk domboldal
brag [bræg] I. n 1. kérkedés, hencegés 2. kérkedő, hetvenkedő, hencegő II. vi -gg- kérkedik, henceg, hetvenkedik
braggadocio [brægə'doutʃɪou] n 1. háryjánoskodás 2. hencegő, „Háry János"
braggart ['brægət] a/n = brag I. 2.
bragged [brægd] →brag II.
bragging ['brægɪŋ] n kérkedés
brahman ['bra:mən] n brahman ⟨legfelső kasztbeli hindu⟩
brahmin ['bra:mɪn] n 1. = brahman 2. US gőgös felső értelmiségi

braid [breɪd] I. n 1. (haj)fonat 2. zsinór, paszomány; szegély II. vt 1. copfba fon, összefon 2. szegélyez, zsinóroz, paszománnyal díszít 3. befon [kábelt]
braille [breɪl] n Braille-írás, vakírás
brain [breɪn] I. n agy(velő); ész; ~(s) trust agytröszt, szakértőcsoport; man of ~s eszes ember; cudgel/rack one's ~s töri a fejét; use your ~s gondolkozz!; more ~ than brawn többet ésszel mint erővel; pick sy's ~s kihasználja vknek a tudását; have sg on the ~ vm izgatja, vm jár a fejében, töpreng vmn; sg has turned his ~ vm elkapatta, vmtől fejébe szállt a dicsőség II. vt fejbe ver, agyonüt
brain-drain n ⟨értelmiség emigrálása⟩, tudóscsábítás
-brained [-breɪnd] -eszű
brain-fag n szellemi kifáradás, (ideg)kimerültség
brain-fever n agyhártyagyulladás; agyvelőgyulladás
brainless ['breɪnlɪs] a esztelen, buta
brainpan n koponya
brain-storm n 1. félrebeszélés, hirtelen elmezavar 2. US biz = brain-wave
brainwash vt (ideológiailag) átnevel
brainwashing n US (ideológiai) átnevelés, agymosás
brain-wave n biz hirtelen jó ötlet, pompás/szenzációs ötlet
brainy ['breɪnɪ] a eszes, okos
braise [breɪz] vt párol, dinsztel [húst]
brake¹ [breɪk] n saspáfrány
brake² [breɪk] n sűrűség, csalitos
brake³ [breɪk] I. n tiló II. vt tilol
brake⁴ [breɪk] I. n fék; ~ lining fékbetét; ~ pedal fékpedál; put on the ~(s) fékez; the ~ is on be van húzva a fék II. vt/vi fékez
brake⁵ →break II.
brake-block n féktuskó
brake-drum n fékdob
brakeman ['breɪkmən] n US (pl -men -mən] = brakesman
brake-shoe n fékpofa
brakesman ['breɪksmən] n (pl -men -mən) vasúti fékező
brake-van n fékezőkocsi

braking ['breɪkɪŋ] n fékezés; ~ distance fékút
bramble ['bræmbl] n földi szeder
bran [bræn] n korpa
branch [brɑːntʃ; US -æ-] I. n 1. ág 2. (átv is) ág(azat); szak(ma); üzletág 3. fiók(üzlet); ~ office fiókiroda, kirendeltség 4. elágazás 5. kar [gyertyatartóé, csilláré]; leágazó cső II. A. vi 1. elágazik 2. ~ out szétágazik; kiterjed; ~ out into sg vm új dologba kezd B. vt szétoszt
branching ['brɑːntʃɪŋ; US -æ-] a elágazó, szétváló
branch-line n [vasúti] szárnyvonal
brand [brænd] I. n 1. parázs, üszök 2. növényi rozsda 3. beégetett bélyeg, megbélyegzés 4. védjegy; márka; (bizonyos áru)fajta 5. † kard II. vt égetéssel megjelöl, bélyeget beéget (vmbe); (átv is) (meg)bélyegez
branding-iron ['brændɪŋ-] n billog
brandish ['brændɪʃ] vt forgat [kardot]
brand-new a vadonatúj
brandy ['brændɪ] n pálinka, borpárlat, konyak
brash [bræʃ] a biz 1. szemtelen, pimasz 2. hetyke; tapintatlan
brass [brɑːs; US -æ-] n 1. sárgaréz; □ ~ hat aranygallérosok, vezérkari tisztek és tábornokok; ~ knuckles bokszer; ~ winds, the ~ rézfúvósok; biz get down to ~ tacks a tárgyra/lényegre tér 2. brasses pl rézedények; rézszerelvények 3. réz síremléklap 4. GB □ pénz, dohány 5. □ szemtelenség, pofátlanság
brass-band n rezesbanda
brasserie ['bræsərɪ] n söröző
brass-founder n rézöntő, rézműves
brassière ['bræsɪə*; US brə'zɪər] n melltartó
brassy ['brɑːsɪ; US -æ-] a 1. rezes, rézből való 2. □ szemtelen, pimasz
brat [bræt] n kölyök, poronty
bravado [brə'vɑːdoʊ] n hősködés
brave [breɪv] I. a 1. bátor, merész; derék 2. mutatós, nagyszerű II. n 1. bátor ember 2. indián harcos III. vt dacol, szembeszáll (vkvel); ~ it out

rágalmakkal nem törődik, gyanú alatt dacosan viselkedik

bravery ['breɪv(ə)rɪ] *n* 1. bátorság 2. pompa

bravo¹ ['brɑ:voʊ] *n* orgyilkos

bravo² [brɑ:'voʊ] *int* bravó!

brawl [brɔ:l] I. *n* 1. lármás veszekedés 2. verekedés II. *vi* 1. civakodik, veszekszik 2. verekszik

brawler ['brɔ:lə*] *n* veszekedős ember

brawn [brɔ:n] *n* 1. izom(erő), testi erő 2. disznósajt

brawny ['brɔ:nɪ] *a* erős, fejlett izomzatú

bray¹ [breɪ] I. *n* 1. szamárordítás 2. trombitaharsogás II. *vi* 1. recseg, harsog [trombita] 2. ordít, iáz [szamár]

bray² [breɪ] *vt* mozsárban tör

braze [breɪz] *vt* keményen forraszt

brazen ['breɪzn] I. *a* 1. rézből való, réz-, bronz- 2. rezes, érces [hang] 3. *brazen-faced* II. *vt* ~ *out* hetykén/magabiztosan csinál

brazen-faced *a* szemtelen, pimasz

brazier ['breɪzjə*; *US* -ʒər] *n* 1. rézműves 2. szénserpenyő 3. kokszkosár

Brazil [brə'zɪl] *prop* Brazília

Brazilian [brə'zɪljən] *a/n* brazíliai, brazil

breach [bri:tʃ] I. *n* 1. megszegés; megsértés; ~ *of contract* szerződésszegés; ~ *of domicile* magánlaksértés; ~ *of faith* hűtlenség; ~ *of the peace* közcsendháborítás, rendbontás, garázdaság; ~ *of promise* (1) szószegés (2) házassági ígéret megszegése 2. (át)törés, rés, hasadás, hullámtörés; *stand in the* ~ kb. sorompóba áll 3. szakítás, viszály, meghasonlás II. *vt* rést üt (vmben), áttör [arcvonalat]

bread [bred] I. *n* kenyér; ~ *roll* zsemle; ~ *and butter* [bredn'bʌtə*] (1) vajas kenyér (2) *átv* megélhetés, „kenyér" → *bread-and-butter; quarrel with one's* ~ *and butter* összevész a kenyéradójával; *maga alatt vágja a fát; earn/make one's* ~ (meg)keresi a kenyerét; *take the* ~ *out of sy's mouth* elveszi vk kenyerét; † *break* ~ *with sy* vkvel együtt eszik; *know on which side one's*

~ *is buttered* tudja mi áll érdekében II. *vt* kiránt, paníroz [húst]

bread-and-butter [bredn'bʌtə*] *a* 1. *US* hétköznapias, prózai 2. ~ *letter* köszönőlevél (szíves látásért) ‖ → *bread I.*

bread-basket *n* 1. kenyérkosár 2. □ *has*

bread-bin *n* kenyértartó

bread-crumb *n* 1. kenyérbél 2. morzsa, prézli

bread-fruit *n* kenyérfa gyümölcse

bread-line *n* sorban állás élelmiszerért v. ingyen ebédért

bread-sauce *n* zsemlemártás

bread-stuffs *n pl* kenyérgabona, -liszt

breadth [bredθ] *n* 1. szélesség 2. ~ *of view* széles látókör, liberalizmus, nagyvonalúság

breadwinner *n* kenyérkereső

break [breɪk] I. *n* 1. törés, hasadás, rés; megszakítás; megszakadás; ~ *of day* hajnalhasadás; ~ *of journey* útmegszakítás; *without* ~ megszakítás nélkül 2. (óraközi) szünet, tízperc; *an hour's* ~ egy óra ebédszünet 3. hirtelen változás; ~ *in the voice* (1) hangváltozás, a hang elváltozása/elcsuklása (2) mutálás [kamaszé]; ~ *in the weather* (hirtelen) időváltozás 4. kihagyás (jele) [szövegben] 5. *US biz* alkalom, sansz, érvényesülési lehetőség 6. *biz* baklövés; nyelvbotlás; *a bad* ~ (1) (csúnya) baklövés (2) (nagy) pech II. *v* (*pt broke* broʊk, † *brake* breɪk, *pp broken* 'broʊk(ə)n, *biz broke* broʊk) A. *vt* 1. (össze)tör; ɹltör; (el-)szakít; ~ *in two* kettétör; ~ *a dollar* felvált egy dollárt; ~ *open* feltör, felfeszít, kibont; *the window is broken* betört az ablak; *átv* ~ *sy* összetör/tönkretesz vkt; ~ *the back of a task* túljut a (munka) nehezén; ~ *cover* kitör rejtekéből [vad]; ~ *sy of a habit* vkt leszoktat vmről; ~ *the news gently to sy* tapintatosan (elsőnek) közöl vkvel hírt; ~ *a record* csúcsot/rekordot (meg)dönt/(meg)javít 2. megszakít, félbeszakít; ~ *one's journey* megszakítja az útját/utazását; ~ *the peace* csendet/közrendet háborít; ~ *the silence* megtöri a csendet 3. betör, belovagol [lovat] 4. megszeg; megsért; ~

one's word megszegi a szavát **B.** *vi* 1.
(össze)törik, eltörik; (meg)hasad;
(meg)szakad 2. felszakad, kifakad
[seb] 3. megváltozik [idő] 4. válto-
zik, mutál [hang] 5. ~ *even* megkeresi
a rezsit/kiadásait, egyenesbe jön 6. ~
from work félbeszakítja a munkát; ~
loose elszökik a pórázról, elszabadul,
kitör
 break away A. *vt* letör, leszakít; el-
szakít (vmtől) **B.** *vi* 1. letörik, leszakad 2. szakít [vmlyen szokással]; el-
szakad [csoporttól] 3. szétválik; ~ *a.!*
oszolj! 4. elmenekül
 break down A. *vt* 1. letör; lerombol,
lebont 2. felbont, lebont [tervet];
lebont [vegyületet] 3. szétszór **B.** *vi*
1. letörik 2. *(átv is)* összeomlik; meg-
betegszik 3. belesül [mondókájába]
4. elromlik, defektet kap; leáll [motor
stb.] 5. könnyekre fakad
 break forth *vi* kitör; kiszökell
 break in A. *vt* 1. betör, feltör [ajtót]
2. betör [lovat] **B.** *vi* 1. betörik, be-
szakad 2. betör [betörő]; ~ *in (up)on*
sy vkre ráront/rátör, félbeszakít [be-
szélgetést]
 break into *vi* 1. betör vhova 2.
vmre fakad, hirtelen vmbe kezd; ~
i. a run nekiiramodik, futni kezd
 break off A. *vt* 1. letör vmt 2. (hir-
telen) megszakít, félbeszakít; abba-
hagy; ~ *o. an engagement* felbont el-
jegyzést **B.** *vi* megszűnik, abbama-
rad
 break out *vi* 1. kitör [háború, jár-
vány, tűz] 2. elszökik 3. ~ *o. into*
pimples pattanások keletkeznek az
arcán
 break through *vt* áttör, áthatol vmn
 break up A. *vt* 1. drabokra tör, szét-
zúz, szétdarabol 2. feloszlat 3. fel-
bont; részeire bont [vegyületet] 4.
feltép, felszed [kövezetet] **B.** *vi* 1.
zajlani kezd [jég] 2. felbomlik; szét-
oszlik, feloszlik 3. elerőtlenedik; *he is*
~*ing up* fogytán az ereje, napjai meg
vannak számlálva 4. bezárja kapuit
[iskola tanév végén]; *we* ~ *up on*
June 20 nálunk június 20-án van vége
a(z) tanításnak/iskolának

 break with *vi* szakít (vkvel); felhagy
(vmvel)
breakable ['breikəbl] *a* törékeny
breakage ['breikɪdʒ] *n* 1. törés; ~ *resist-*
ing törésbiztos 2. eltörött holmi 3.
kártérítés törésért, töréskár
break-away I. *a* szakadár II. *n* elszakadás
break-down *n* 1. üzemzavar; defekt,
műszaki hiba, meghibásodás; leállás,
elakadás; *have a* ~ elromlik [kocsi];
~ *service* autómentő (segély)szolgálat;
~ *gang* (vasúti) üzemzavart megszün-
tető brigád; ~ *lorry/truck/van* autó-
mentő [kocsi] 2. *(nervous)* ~ idegösz-
szeomlás, -kimerülés 3. (terv)felbon-
tás, lebontás 4. lebontás, elemzés
[vegytanban]
breaker[1] ['breikə*] *n* 1. hullámtörés
parton, kicsapó/nagy hullám, bukó-
hullám; ~*s ahead* (1) vigyázat! nagy
hullámok! (2) *átv* a neheze még hátra
van, bajokra van kilátás 2. törő [gép,
ember], zúzómalom
breaker[2] ['breikə*] *n* kis vizeshordó
breakfast ['brekfəst] I. *n* reggeli; *conti-*
nental ~ reggeli [vaj, dzsem, süte-
mény]; *English* ~ angol/komplett reg-
geli [sonka tojással stb.]; *US* ~ *food*
⟨reggelire hidegen/melegen fogyasz-
tott tésztaféle készítmény⟩; *have* ~
reggelizik II. *vi* reggelizik
breaking ['breikɪŋ] *n* 1. (össze)törés 2.
~ *and entering* betörés [házba]
breaking-point *n* töréspont
breakneck I. *a* nyaktörő; *at a* ~ *speed*
őrült sebességgel/iramban II. *n* 1.
nyaktörés 2. meredek hely
break-out *n* kitörés [járványé]
break-through *n* áttörés [arcvonalé]
break-up *n* 1. felbomlás; (szét)szóródás
2. tanév vége 3. időváltozás
breakwater *n* hullámtörő gát, kikötőgát
bream [bri:m] *n* dévérkeszeg
breast [brest] I. *n* 1. mell, kebel; csecs,
emlő; *give the* ~ *to a child* gyereket
megszoptat 2. szügy [lóé]; fehér hús,
mellehúsa [szárnyasé] 3. lélek, lelki-
ismeret; *make a clean* ~ *of sg* őszintén
bevall, tiszta vizet önt a pohárba II.
vt szembeszáll, megküzd vmvel
breast-band *n* szügyelő

breast-deep *a* mellig érő
breast-drill *n* (mell)furdancs, amerikáner
-breasted [-'brestɪd] -mellű
breast-feed *vt* (*pt/pp* **-fed**) anyatejen nevel, szoptat
breast-high *a* mellig érő
breast-pin *n* 1. nyakkendőtű 2. bross, melltű
breast-plate *n* 1. mellvért 2. mell-lap [fúrón]
breast-pocket *n* szivarzseb
breast-strap *n* hámigaszíj
breast-stroke *n* mellúszás; mellúszó (kar-) tempó
breastwork *n* mellvéd, könyöklő
breath [breθ] *n* 1. lélegzet, lehelet; ~ *test* alkoholpróba, (alkohol)szondázás; *be out of* ~ kifulladt; *below/under one's* ~ halkan, suttogva; *in the same* ~ egy lélegzetre, egyszuszra; *catch one's* ~ kifújja magát; *be short of* ~ levegő után kapkod, ki van fulladva, zihál; *take sy's* ~ *away* elállítja lélegzetét, meglepi; *don't waste your* ~ kár a benzinért/szóért; *keep your* ~ *to cool your porridge* okosabban teszed, ha hallgatsz 2. fuvalom; *not a* ~ *of wind* szellő se fúj, (egy) ág se rezdül
breathalyser ['breθəlaɪzə*] *n* alkoholszonda, *biz* szuszogtató
breathe [bri:ð] **A.** *vi* lélegzik, lélegzetet vesz, lehel; ~ *again/freely* fellélegzik, megkönnyebbülten sóhajt fel **B.** *vt* 1. (be)lehel, kilehel; ~ *a sigh* sóhajt 2. suttogva mond; *don't* ~ *a word of it!* egy szót se róla (más előtt)!
breathed [breθt] *a* zöngétlen [hangzó]
breather ['bri:ðə*] *n* 1. lélegző 2. kifullasztó testgyakorlat 3. pihenő (míg az ember kifújja magát), szusszanás
breathing ['bri:ðɪŋ] **I.** *a* lélegző; ~ *space* szünet, pihenő **II.** *n* lélegzés
breathless ['breθlɪs] *a* 1. lélekszakadva (rohanó) 2. izgatott, lázas 3. élettelen, holt
breath-taking *a* lélegzetelállító
bred →*breed II.*
breech [bri:tʃ] **I.** *n* 1. hátsó rész; töltényűr, závárzat 2. **breeches, britches** ['brɪtʃɪz] *pl* (1) (térd alatt gombolt) nadrág, térdnadrág, bricsesz (2) nad-

rág; *she wears the* ~*es* az asszony az úr a háznál; *biz too big for one's* ~*es* szemtelenül beképzelt **II.** *vt* nadrágot húz [gyermekre]
breech-loader [-loʊdə*] *n* hátultöltő puska
breed [bri:d] **I.** *n* 1. fajta, nem 2. költés **II.** *vt/vi* (*pt/pp* **bred** bred) 1. tenyészt 2. nemz; költ 3. okoz, szül, előidéz; ~ *ill blood* rossz vért szül 4. kiképez, nevel
breeder ['bri:də*] *n* tenyésztő
breeding ['bri:dɪŋ] *n* 1. tenyésztés 2. nemzés; ~ *season* tenyészidő, párzási időszak 3. nevelés; *lady of birth and* ~ előkelő származású és modorú hölgy; *good* ~ jólneveltség, jó modor
breeze[1] [bri:z] **I.** *n* 1. szellő, szél 2. *GB biz* civakodás **II.** *vi* 1. szellő fújdogál 2. *she* ~*d in* belibegett
breeze[2] [bri:z] *n* 1. szénpor, dara 2. betonba való rostált salak; ~ *blocks* salakbeton építőelem
breezy ['bri:zɪ] *a* 1. szellős, szeles 2. *biz* fesztelen, élénk 3. lendületes
Bren-gun ['bren-] *n* golyószóró
brer [brə:*] *n* [= *brother* USA néger tájszólásban] pajtás, testvér
brethren ['breðrən] *n* (hit)testvérek, felebarátok || →*brother*
Breton ['bret(ə)n] *a/n* breton, bretagne-i
brevet ['brevɪt] *n* címzetes/tiszteletbeli tiszti rang; ~ *major* címzetes őrnagy
breviary ['bri:vjərɪ] *n* breviárium
brevity ['brevɪtɪ] *n* rövidség
brew [bru:] **I.** *n* 1. főzés [söré, teáé] 2. főzet 3. kotyvalék **II. A.** *vt* 1. főz [sört, italt] 2. *átv* kifőz [tervet]; ~ *mischief* rosszat forral **B.** *vi* 1. forr, fő 2. készül(ődik); *storm is* ~*ing* vihar van készülőben
brewer ['bru:ə*] *n* sörfőző
brewery ['broʊerɪ] *n* sörfőzde
Brian ['braɪən] *prop* ⟨ír férfinév⟩
briar[1] ['braɪə*] *n* tüskebokor, vadrózsa(bokor); *sweet* ~ illatos csipkerózsa/vadrózsa
briar[2] ['braɪə*] *n* 1. fehérhanga-bokor; hanga(gyökér), hangfa 2. hanga(gyökér)pipa
briar-rose *n* vadrózsa

bribe [braɪb] I. *n* megvesztegetés(i összeg), „(meg)kenés" II. A. *vt* 1. megveszteget, „megken", lepénzel 2. édesgetve rávesz vmre B. *vi* veszteget
briber ['braɪbə*] *n* vesztegető
bribery ['braɪbərɪ] *n* vesztegetés
bric-à-brac ['brɪkəbræk] *n* csecsebecse, mütyürke, apró régiségek
brick [brɪk] I. *n* 1. tégla; *drop a* ~ tapintatlan megjegyzést tesz, ostobán elszólja magát; *make* ~*s without straw* nehéz és hiábavaló munkába fog 2. *biz a regular* ~ rendes/derék fickó II. *vt* téglával falaz
brickbat *n* 1. tégladarab 2. *biz* bántó/sértő megjegyzés
brick-field *n* téglagyár
brick-kiln *n* téglaégető kemence
bricklayer *n* falazó kőműves
brickwork *n* téglafal
brickyard *n* téglagyár
bridal ['braɪdl] I. *a* nász-, menyegzői; *the* ~ *party* a násznép
bride [braɪd] *n* 1. menyasszony [az esküvő napján] 2. (pár hetes) fiatalasszony
bride-cake *n* lakodalmi torta
bridegroom ['braɪdgrʊm] *n* 1. vőlegény [az esküvő napján] 2. fiatal férj
bridesmaid ['braɪdzmeɪd] *n* nyoszolyólány, koszorúslány
bridesman ['braɪdzmən] *n* (*pl* -men -mən) † vőfély
bridge¹ [brɪdʒ] I. *n* 1. híd 2. orrnyereg 3. hegedűláb II. *vt* 1. hidat épít/ver 2. áthidal
bridge² [brɪdʒ] *n* bridzs [kártyajáték]
bridgehead *n* hídfő
bridge-player *n* bridzsjátékos
Bridget ['brɪdʒɪt] *prop* Brigitta
bridgework *n* 1. híd [fogé] 2. hídverés, hídépítés
bridle ['braɪdl] I. *n* kantár II. A. *vt* 1. felkantároz [lovat] 2. *átv* megzaboláz, féken tart, (meg)fékez B. *vi* ~ (*up*) gőgösen viselkedik, fenn hordja az orrát
bridle-bit *n* zabla
bridle-path *n* lovaglóút
brief [bri:f] I. *a* 1. rövid, kurta 2. tömör; *in* ~ röviden, egyszóval II. *n* 1. rövid kivonat; *news in* ~ rövid hírek

2. ügyvédi megbízás [bírósági ügyre]; *hold a* ~ *for sy* vkt támogatva érvel, síkra száll vkért 3. tájékoztatás, [katonai] eligazítás III. *vt* 1. ügyvédi megbízást ad vknek 2. eligazít(ást ad) [támadás előtt]; kioktat
brief-case *n* aktatáska
briefing ['bri:fɪŋ] *n* eligazítás
briefness ['bri:fnɪs] *n* rövidség, tömörség
brier ['braɪə*] *n = briar¹, briar²*
brig [brɪg] *n* kétárbocos vitorláshajó
Brig. *Brigadier*
brigade [brɪ'geɪd] *n* 1. dandár 2. brigád
brigadier(-general) [brɪgə'dɪə*(-)] *n* dandártábornok
brigand ['brɪgənd] *n* útonálló, briganti
brigandage ['brɪgəndɪdʒ] *n* útonállás, brigantizmus
brigantine ['brɪgəntaɪn] *n* 1. kétárbocos vitorlás 2. kalózhajó
bright [braɪt] *a* 1. fényes, ragyogó; világos; élénk [szín]; tiszta [idő], derült [ég]; ~ *red* élénk piros; ~ *prospects* nagyszerű kilátások; *see the* ~ *side of things* derülátó 2. okos, eszes, intelligens; *not too* ~ nem nagy ész
brighten ['braɪtn] A. *vt* 1. (ki)fényesít, tisztít 2. felderít, felvidít, derűsebbé tesz B. *vi* kiderül; felderül
brightness ['braɪtnɪs] *n* 1. ragyogás, fényesség, világosság 2. derű, tisztaság 3. gyors észjárás, okosság
Brighton ['braɪtn] *prop*
Bright's disease [braɪts] krónikus vesegyulladás
brilliance ['brɪljəns] *n* 1. fényesség, ragyogás; fényerősség, világosság 2. éleselméjűség
brilliancy ['brɪljənsɪ] *n = brilliance*
brilliant ['brɪljənt] I. *a* ragyogó, pompás, briliáns II. *n* briliáns
brim [brɪm] I. *n* 1. szél [poháré, tengeré], perem; *full to the* ~ csordultig tele 2. karima [kalapé] II. *v* -mm- A. *vi* csordultig telik; ~ *over with sg* vmtől túlcsordul; ~ *over with health* majd kicsattan az egészségtől B. *vt* csordultig tölt
brimful [brɪm'fʊl; *US* '-'-] *a* színültig tele
brimless ['brɪmlɪs] *a* karimátlan

brimmed [brımd] →brim II.
brimstone ['brımstən; US -stoun] n
1. † kénkő 2. harcias nő, sárkány,
hárpia
brindled ['brındld] a 1. tarka, pettyes
2. csíkos
brine [braın] n 1. sósvíz 2. tenger, óceán
bring [brıŋ] vt (pt/pp brought brɔ:t) 1.
hoz 2. ~ pressure to bear on sy befolyást gyakorol vkre; ~ to pass előidéz
3. rávesz; I cannot ~ myself to do it
sehogyan sincs ínyemre ezt tenni, sehogy sem akaródzik megtennem
bring about vt 1. előidéz 2. véghezvisz 3. visszafordít [hajót]
bring along vt elhoz, magával hoz
bring back vt 1. visszahoz 2. emlékezetébe idéz, visszaidéz
bring down vt 1. lehoz 2. leszállít
[árat] 3. vmt (pl. eseménysor leírását) egy bizonyos időbeli pontig
(le)vezet/elbeszél 4. lelő; elejt 5. ledönt, legyengít, elerőtlenít 6. ~ d. the
house viharos tapsot kap, nagy sikert
ér el [színházban]
bring forth vt 1. terem [gyümölcsöt],
szül, világra hoz 2. okoz, előidéz
bring forward vt 1. előhoz; felhoz,
bemutat 2. előrehoz, előbbre hoz 3.
átvitelez, átvisz, áthoz [összeget]
bring in vt 1. behoz, bevezet 2. hoz,
jövedelmez 3. ~ sy in guilty vkt bűnösnek talál; ~ in a verdict döntést
hoz [esküdtszék]
bring into vt 1. ~ i. action működésbe hoz, munkába állít [gépet] 2.
~ i. the world világra hoz
bring off vt 1. elhoz 2. megment,
kiment 3. véghezvisz, sikerre visz
[vállalkozást] 4. lebeszél
bring on vt 1. előidéz, okoz; you
have brought it on yourself magadnak
köszönheted (bajodat) 2. szóba hoz,
felvet
bring out vt 1. kihoz, elővesz 2. kihangsúlyoz; világosan kifejez 3. közzétesz, megjelentet 4. bemutat, első
báljára visz [leányt] 5. szóra bír,
megszólaltat
bring over vt 1. áthoz 2. meggyőz,
megnyer (vm ügynek)

bring round vt 1. elvisz; elhoz, magával hoz 2. magához térít; be brought
~ magához tér, visszanyeri eszméletét
3. rávesz, rábeszél (vmre), megnyer;
4. ~ the conversation r. to a subject
rátereli a beszélgetést vmre
bring through vt 1. átsegít vmn 2.
megment [beteget], áthúz [nagy beteget krízisen]
bring to A. vt 1. magához térít 2.
megállít [hajót] B. vi megáll [hajó]
bring under vt 1. alávet, leigáz 2.
vm csoportba beoszt
bring up A. vt 1. felhoz, előhoz, közelebb hoz 2. felnevel 3. előteremt
[pénzt] 4. kiokád 5. ~ up short hirtelen megállít B. vi horgonyt vet [hajó]
bringing-up ['brıŋıŋ-] n neveltetés, (fel-)
nevelés
brink [brıŋk] n 1. vmnek széle; on the ~
of sg vmhez közel, vmnek a szélén/határán 2. meredek part
briny ['braını] a sós(vízű)
briquet(te) [brı'ket] n brikett
brisk [brısk] a fürge, eleven, mozgékony, élénk, tevékeny; at a ~ pace
fürgén, gyors tempóban
brisket ['brıskıt] n (marha)szegy
bristle ['brısl] I. n sörte II. A. vt felborzol
B. vi 1. ~ (up) (átv is) felborzolódik 2.
hemzseg (with vmtől)
bristly ['brıslı] a szúrós, tüskés, szőrös
Bristol ['brıstl] prop
Brit. 1. Britain 2. British
Britain ['brıtn] prop Nagy-Britannia,
Anglia
Britannia [brı'tænjə] prop Nagy-Britannia 〈jelképes neve〉
Britannic [brı'tænık] a brit
britches →breech I. 2.
British ['brıtıʃ] a brit, angol; the ~ az
angolok, a britek; the ~ Empire a
brit birodalom; ~ Council 〈a brit kulturális kapcsolatok intézete〉
Britisher ['brıtıʃə*] n brit, angol
Briton ['brıtn] n † 1. brit 2. angol
Brittany ['brıtənı] prop Bretagne
brittle ['brıtl] a törékeny
broach [broutʃ] vt 1. szóba hoz, előhoz
[kérdést] 2. csapra ver
broad [brɔ:d] a 1. széles, bő; three foot ~

3 láb széles; ~ *jump* távolugrás; *it is as* ~ *as it is long* egyre megy, egykutya 2. átfogó, tág [szabály, keretek] 3. világos, érthető; *in* ~ *daylight* fényes nappal; ~ *hint* félreérthetetlen célzás 4. durva, nem finom; ~ *accent* parasztos beszéd; ~ *story* sikamlós történet 5. nagylelkű, türelmes; *B*~ *Church* ⟨az anglikán egyház liberális szárnya⟩ broadcast ['brɔ:dkɑ:st; *US* -kæ-] I. *n* (rádió- v. televízió)adás, közvetítés; (rádió)műsor; *outside* ~ külső közvetítés II. A. *vt* (*pt*/*pp* ~) 1. (rádión/televízióban) ad/közvetít/sugároz 2. *biz* közhírré tesz, terjeszt 3. szétszór B. *vi* rádióban/televízióban szerepel broadcasting ['brɔ:dkɑ:stɪŋ; *US* -kæ-] *a*/*n* = *broadcast* I.; ~ *station* adóállomás broadcloth *n* 1. duplaszéles finom (fekete) posztó 2. *US* puplin broaden ['brɔ:dn] A. *vt* szélesít B. *vi* bővül, szélesedik broad-gauge *a* széles nyomtávú broadloom carpet faltól falig szőnyeg, feszített szőnyeg, szőnyegpadló broadly ['brɔ:dlɪ] *adv* ~ *speaking* nagyjában, nagyjából broad-minded *a* liberális gondolkodású; megértő broadsheet *n* egylapos nyomtatvány broadside *n* 1. hajó oldala 2. hajóágyúk sortüze 3. rágalomhadjárat 4. = *broadsheet* broadsword *n* pallos Broadway ['brɔ:dweɪ] *prop* Brobdingnag ['brɔbdɪŋnæg] *prop* brocade [brə'keɪd; *US* broʊ-] *n* brokát broccoli ['brɔkəlɪ; *US* -ɑk-] *n* spárgakel brochure ['broʊʃə*; *US* -'ʃʊr] *n* brosúra brogue¹ [broʊg] *n* bakancs brogue² [broʊg] *n* ír kiejtés [angol nyelvé] broil¹ [brɔɪl] *n* pörlekedés, veszekedés broil² [brɔɪl] A. *vt* roston süt [húst]; ~*ed chicken* grillcsirke B. *vi* 1. roston sül 2. sül a napon vk, nagyon melege van broiler ['brɔɪlə*] *n* 1. villamos grillsütő 2. rántani való csirke, broiler broke [broʊk] *a* □ pénztelen; *I'm* ~

nincs egy vasam se, le vagyok égve; *be dead*/*flat* ~ teljesen le van égve, egy vasa sincs; *go* ~ tönkremegy ‖→ *break II.* broken ['broʊk(ə)n] *a* tört, törött, megtört; *in* ~ *English* tört angolsággal; ~ *ground* egyenetlen talaj; ~ *home* felbomlott család; ~ (*white*) *line* szaggatott vonal, terelővonal; ~ *meat* ételmaradék; ~ *money* aprópénz; ~ *reed* gyenge ember, akire nem lehet hagyatkozni/támaszkodni ‖→*break II.* broken-down *a* 1. letört, munkaképtelen 2. összeomlott, elromlott, hasznavehetetlen broken-hearted *a* reményvesztett, sebzett szívű broken-winded *a* 1. kehes [ló] 2. nehezen lélegző broker ['broʊkə*] *n* 1. alkusz, tőzsdeügynök 2. közvetítő, ügynök brokerage ['broʊkərɪdʒ] *n* alkuszdíj brolly ['brɔlɪ; *US* -ɑ-] *n biz* esernyő bromide ['broʊmaɪd] *n* 1. bróm, idegcsillapító 2. *US* □ unalmas ember 3. □ unalmas közhely bromine ['broʊmi:n] *n* bróm bronchia ['brɔŋkɪə; *US* -ɑ-] *n pl* hörgők bronchial ['brɔŋkjəl; *US* -ɑ-] *a* hörg(ő)-, hörgi bronchitis [brɔŋ'kaɪtɪs; *US* brɑŋ-] *n* hörghurut bronco ['brɔŋkoʊ; *US* -ɑŋ-] *n US* be nem tört ló bronco-buster *n US* lovat betörő csikós/cowboy Brontë ['brɔntɪ] *prop* Bronx cheer [brɔŋks; *US* -ɑ-] *biz* pfujolás bronze [brɔnz; *US* -ɑ-] I. *a*/*n* bronz II. A. *vt* bronzzal bevon B. *vi* (napon) lesül brooch [broʊtʃ] *n* melltű brood [bru:d] I. *n* 1. költés; fészekalja 2. ivadék II. *vi* 1. költ, kotlik, ül [tojáson] 2. ~ *over sg* tűnődik vmn brooder ['bru:də*] *n* 1. kotlós 2. keltető; ~ *stove* műanya brood-mare *n* tenyészkanca broody ['bru:dɪ] *a* 1. kotlós; *go* ~ megkotlik 2. töprengő

brook¹ [bruk] *n* patak, csermely, ér
brook² [bruk] *vt* elszenved, eltűr; *it* ~*s*
no delay nem tűr halasztást
brooklet ['bruklɪt] *n* = *brook¹*
Brooklyn ['bruklɪn] *prop*
broom [bru:m] *n* 1. seprű 2.
rekettye
broomstick ['brum-] *n* seprűnyél; □ *be*
married over the ~ vadházasságban él
Bros. ['brʌðəz] *brothers*
broth [broθ; *US* -ɔ:] *n* zöldséges húsleves
brothel ['broθl; *US* -ɑ-] *n* bordélyház
brothel-keeper *n* bordélyos
brother ['brʌðə*] *n* 1. (fiú)testvér, fivér
2. (*pl* brethren 'breðrən) (hit)testvér,
felebarát
brotherhood ['brʌðəhud] *n* 1. testvériség
2. társulat, szaktestület
brother-in-arms *n* (*pl* brothers-in-arm)
fegyvertárs, bajtárs
brother-in-law *n* (*pl* brothers-in-law)
sógor
brotherlike *n* testvéri(es)
brotherliness ['brʌðəlɪnɪs] *n* testvériesség, segítő jóbarátság
brotherly ['brʌðəlɪ] *a* testvéri(es)
brougham ['bru:əm] *n* csukott kétüléses
hintó [egylovas]
brought [brɔ:t] *a* ~ *forward* áthozat
|| →*bring*
brow [brau] *n* 1. szemöldök; *knit/pucker one's* ~*s* összehúzza a szemöldökét, homlokát ráncolja 2. homlok,
arc(kifejezés) 3. hegyorom, hegyfok
browbeat *vt* (*pt* -beat, *pp* -beaten) 1. megfélemlít 2. lehurrog 3. erőszakoskodik vkvel; ~ *into* belekényszerít
(vmbe)
brown [braun] I. *a* barna; ~ *bear* barnamedve; ~ *bread* barna kenyér; ~ *coal*
barnaszén, lignit; ~ *paper* csomagolópapír; ~ *rice* hántolatlan rizs; ~ *sugar*
nyerscukor; □ *do sy* ~ becsap/átejt
vkt; *in a* ~*study* elgondolkozva, magába mélyedve II. A. *vt* 1. barnít 2.
lesüt, pirít, pörköl 3. □ *be* ~*ed off*
unja a banánt, elege volt B. *vi* lesül,
lebarnul
brownie ['braunɪ] *n* 1. tündérke 2. ⟨8—
11 éves leánycserkész⟩
brownish ['braunɪʃ] *a* barnás

brown-out *n* részleges elsötétítés
browse [brauz] A. *vi* 1. legel(észik) 2.
böngészik, olvasgat B. *vt* (le)legel
Bruce [bru:s] *prop*
bruin ['bru:ɪn] *n* mackó
bruise [bru:z] I. *n* horzsolás, zúzódás,
ütés nyoma II. *vt* 1. (össze)zúz,
(fel)horzsol 2. kékre ver 3. megsebez
[lelkileg]
bruiser ['bru:zə*] *n* (hivatásos) bokszoló, verekedős vagány
bruit [bru:t] *vt* ~ *abroad* elhíresztel
brunch [brʌntʃ] *n US* villásreggeli (reggeli és ebéd helyett)
brunette [bru:'net] *n* barna nő
brunt [brʌnt] *n* lökés, támadás ereje;
bear the ~ *of sg* viseli vmnek a nehezét,
az oroszlánrészét végzi/vállalja vmnek,
tartja a hátát vmért
brush [brʌʃ] I. *n* 1. kefe; *give sg a* ~
kikefél vmt 2. ecset, pamacs 3. bozontos farok [rókáé] 4. csetepaté; ~
with the enemy ütközet 5. sugárnyaláb
6. (áramszedő) kefe 7. sűrűség, csalit(os) II. A. *vt* 1. kefél 2. söpör 3.
gyengén hozzáér B. *vi* fürgén mozog
brush aside *vt* 1. félresöpör, eltávolít
2. elhessent, elhesseget 3. mellőz
brush by *vt* elsiet vk/vm mellett
brush off *vt* 1. lekefél, leráz magáról 2. elűz; elhesseget
brush up *vt* 1. felkefél, kitisztít 2.
felélénkít, felelevenít, felfrissít [tudást]
brush-maker *n* kefekötő
brush-off *n US biz* kerek elutasítás
brush-pen *n* filctoll
brushwood *n* 1. bozót, csalitos 2. ágfa,
rőzse
brush-work *n* festési technika, ecsetkezelés
brushy ['brʌʃɪ] *a* 1. bozontos 2. bozótos
brusque [brusk; *US* -ʌ-] *a* nyers, rideg,
brüszk, goromba
Brussels ['brʌslz] *prop* Brüsszel; ~
sprouts kelbimbó
brutal ['bru:tl] *a* 1. állati, baromi 2.
brutális, durva, kegyetlen
brutality [bru:'tælətɪ] 1. állatiasság 2.
durvaság, kegyetlenség, érzéketlenség
brutalize ['bru:təlaɪz] *vt* 1. lealjasít 2.
kegyetlenül bánik vkvel

brute [bruːt] I. *a* baromi; ~ *force* nyers
erő II. *n* 1. állat, barom 2. kegyetlen/baromi ember
brutish ['bruːtɪʃ] *a* 1. állati(as), baromi
2. érzéketlen, kegyetlen
Brython ['brɪθən] *a/n* nyugat-angliai
kelta
B.S. [biː'es] *US* = *B.Sc.*
B.Sc. [biː'es'siː] *Bachelor of Science*
→*bachelor*
BST [biː'es'tiː] *British Summer Time*
nyári időszámítás
Bt. *Baronet*
bubble ['bʌbl] I. *n* 1. buborék; ~ *bath*
pezsgőfürdő; ~ *gum* (felfújható) rágógumi 2. üres látszat 3. csalás, panama
II. A. *vi* bu(gy)borékol, bugyog, pezseg; ~ *over with sg* vmtől túlhabzik,
vm kibuggyan; ~ *over with joy* túlárad az örömtől B. *vt* becsap, megcsal
bubble-and-squeak [bʌblən'skwiːk] *n*
GB káposzta (benne főtt) hússal
bubbly ['bʌblɪ] I. *a* pezsegő II. *n* □ pezsgő
bubonic plague [bjuː'bɔnɪk; *US* -'bɑ-]
bubópestis
buccaneer [bʌkə'nɪə*] *n* kalóz, martalóc
Buchanan [bjuː'kænən] *prop*
buck¹ [bʌk] I. *n* 1. bak, hím [szarvas,
nyúl stb.] 2. † piperkőc; *old* ~ „öreg
fiú" [mint megszólítás] 3. *US* fűrészbak 4. bak [tornaszer] 5. *US* néger/indián férfi 6. *US* □ ~ *private*
közlegény; ~ *sergeant* szakaszvezető
II. A. *vi* 1. bokkol [ló] 2. akadozva
indul [motor] 3. ellenáll, ellenszegül
(*against* vmnek) B. *vt* ~ *off* ledob
[lovast]
buck² [bʌk] *vi* henceg
buck³ [bʌk] *biz* A. *vt* ~ *sy up* lelkesít/felvidít vkt B. *vi* 1. *US* ~ *for sg* vmt
nagy igyekezettel keres 2. ~ *up* öszszeszedi magát, még jobban nekigyürkőzik; felvidul; ~ *up!* bátorság!,
szedd össze magad!
buck⁴ [bʌk] *n US* □ dollár
buck⁵ [bʌk] *n* osztót jelző zseton [pókerben]; *biz pass the* ~ másra tolja/hárítja a felelősséget
bucked [bʌkt] *a* (*much*) ~ felindult,
lelkes

bucket ['bʌkɪt] I. *n* vödör, csöbör; □
kick the ~ beadja a kulcsot, elpatkol
II. A. *vt* kíméletlenül hajszol [lovat]
B. *vi* 1. *biz* gyorsan lovagol/evez 2.
siet
bucketful ['bʌkɪtfʊl] *a* vödörnyi
bucket-seat *n* kagylóülés [gépkocsiban]
bucket-shop *n US* zugbank
buckeye *n* amerikai (piros virágú) vadgesztenye
Buckingham ['bʌkɪŋəm] *prop*
buckle ['bʌkl] I. *n* csat; kapocs II.A. *vt* 1.
(be)csatol, felcsatol 2. meghajlít, meggörbít B. *vi* 1. ~ (*down*) *to* (komolyan) hozzálát, nekifog (vmnek) 2.
elgörbül, meghajlik; megvetemedik
buckler ['bʌklə*] *n* kis kerek pajzs
buckram ['bʌkrəm] *n* 1. kanavász, bukrám 2. *biz* merev modor, fontoskodás
Bucks. [bʌks] *Buckhinghamshire*
bucksaw *n US* keretfűrész
buckshee ['bʌkʃiː] *a/adv* □ ingyen,
potyán; ~ *ticket* potyajegy
buck-shot *n* „posta", öregszemű sörét
buckskin *n* szarvasbőr; ~*s* szarvasbőrnadrág
buckthorn *n* varjútövis
buck-tooth *n* (*pl* -*teeth*) kiálló fog
buckwheat *n* hajdina
bucolic [bjuː'kɔlɪk; *US* -'kɑ-] I. *a* falusias, bukolikus, pásztori II. *n* ~*s*
pásztorköltemények
bud¹ [bʌd] I. *n* rügy, bimbó, szem; *be in*
~ rügyezik; *átv nip sg in the* ~ csírájában elfojt vmt II. *v* -*dd*- A. *vi* rügyezik, bimbózik, csírázik, sarjad B. *v*
ojt, (be)szemez
bud² [bʌd] *n biz* testvér, pajtás [megszólításban]
Budapest [bjuːdə'pest] *prop*
budded ['bʌdɪd] →*bud¹ II.*
Buddha ['bʊdə] *prop*
Buddhism ['bʊdɪzm] *n* buddhizmus
Buddhist ['bʊdɪst] *a/n* buddhista
budding ['bʌdɪŋ] 1. bimbózó, rügyező 2.
átv kezdő
buddy ['bʌdɪ] *n US biz* 1. pajtás 2.
[megszólításban:] pajti(kám)!, öcskös!
budge [bʌdʒ] A. *vi* moccan, elmozdul; *I
won't* ~ *an inch* tapodtat sem megyek;

he won't ~ rendíthetetlenül ragaszkodik vmhez **B.** *vt* (el)mozdít, mozgat
budgerigar ['bʌdʒərɪgɑ:*] *n* törpepapagáj
budget ['bʌdʒɪt] **I.** *n* (állami) költségvetés, büdzsé; *open the* ~ benyújta a költségvetést; *B~ Day* ⟨az állami költségvetés parlamenti benyújtásának napja⟩ **II.** *vt* 1. ~ *for sg* költségvetést biztosít, költségvetésben előirányoz 2. beoszt, biztosít [időt]
budgetary ['bʌdʒɪt(ə)rɪ; *US* -erɪ] *a* költségvetési
buff [bʌf] **I.** *n* 1. bivalybőr; *in the* ~ anyaszült meztelen(ül); *strip to the* ~ meztelenre vetkőzik 2. barnássárga szín **II.** *vt* (bőrrel) tisztít [fémet]
buffalo ['bʌfəloʊ] *n* 1. bivaly 2. bölény
buffer[1] ['bʌfə*] *n* 1. lökhárító, ütköző [vasúti kocsin] 2. ~ *state* ütközőállam
buffer[2] ['bʌfə*] *n biz (old)* ~ vén salabakter
buffet[1] *n* 1. ['bʌfɪt] pohárszék, tálalóasztal 2. ['bʊfeɪ; *US* -'feɪ] büfé; *cold* ~ hideg felvágott, imbisz; ~ *supper* hideg vacsora; ~ *car* büfékocsi
buffet[2] ['bʌfɪt] **I.** *n* ütés, csapás **II. A.** *vt* üt [kézzel] **B.** *vi* birkózik, megküzd; ~ *with the waves* küzd a hullámokkal [hajó]
buffoon [bə'fu:n; *US* bʌ-] *n* bohóc, pojáca
buffoonery [bə'fu:nərɪ; *US* bʌ-] *n* bohóság, bolondozás, bohóckodás
bug [bʌg] **I.** *n* 1. poloska; *biz big* ~ nagykutya 2. *US* rovar, bogár 3. *biz* rejtett mikrofon, lehallgatókészülék, „poloska" **II.** *vt* -gg- lehallgatókészülékkel felszerel; lehallgat [beszélgetést]
bugaboo ['bʌgəbu:] *n* mumus, rémkép
bugbear *n* = *bugaboo*
bugger ['bʌgə*] *n* 1. pederaszta férfi 2. □ hitvány alak/fickó, gazember
bugging ['bʌgɪŋ] *n biz* felszerelés lehallgatókészülékkel; lehallgatás
buggy[1] ['bʌgɪ] *n* homokfutó, bricska
buggy[2] ['bʌgɪ] *a* poloskás
bug-hunter *n biz* rovarkutató, entomológus
bugle ['bju:gl] **I.** *n* kürt; ~ *call* kürtszó **II.** *vi/vt* kürtöl

bugler ['bju:glə*] *n* kürtös
Buick ['bju:ɪk] *prop*
build [bɪld] **I.** *n* 1. alak, szerkezet, felépítés 2. testalkat **II.** *vt (pt/pp* built bɪlt) épít; *it was built* . . . épült . . .; *I am built that way* én már ilyen vagyok **build in** *vt* beépít **build up** *vt* 1. befalaz, elfalaz 2. beépít 3. *átv* kiépít, felépít **build upon** *vi* épít/alapoz vmre, bízik vkben/vmben
builder ['bɪldə*] *n* építész, építőmester
building ['bɪldɪŋ] *n* 1. építés; ~ *contractor* építési vállalkozó; ~ *and loan association*, ~ *society* lakóházépítő/lakásépítő szövetkezet; ~ *materials* építőanyagok; ~ *operations* építkezés; ~ *permit* építési engedély; ~ *plot/site* (1) építkezési terület (2) házhely, telek 2. épület; ~ *estate* lakótelep
building-trade *n* építőipar
build-up *n* 1. felépítés 2. építmény, konstrukció
built [bɪlt] *a* építésű ‖ →*build II*.
built-in *a* beépített; ~ *kitchen units* beépített konyha(bútorok)
built-up *a* beépített; ~ *area* beépített/lakott terület
bulb [bʌlb] *n* 1. gumó, (virág)hagyma 2. villanykörte, égő 3. üveggömb [hőmérőé]
bulb-holder *n* villanykörte-foglalat
bulbous ['bʌlbəs] *a* gumós
Bulgaria [bʌl'geərɪə] *prop* Bulgária
Bulgarian [bʌl'geərɪən] *a/n* bulgáriai, bolgár
bulge [bʌldʒ] **I.** *n* 1. kihasasodás, kidudorodás; dudor, duzzanat 2. *(population)* ~ demográfiai hullám **II. A.** *vi* kidülled, kidudorodik, kihasasodik, kiduzzad **B.** *vt* kidülleszt, kiduzzaszt
bulging ['bʌldʒɪŋ] *a* kidülledt, duzzadó
bulk [bʌlk] **I.** *n* 1. tömeg, terjedelem; nagy mennyiség; *the* ~ nagyobb része vmnek, vmnek a zöme; ~ *goods* tömegáru, ömlesztett/csomagolatlan áru; ~ *buying/purchase* vásárlás nagy tételekben; *in* ~ (1) nagyban, egy tételben (2) ömlesztve (tárolt); *sell in* ~ nagyban (v. nagy tételben) ad el 2. (hajó)rakomány **II. A.** *vi* kiemelkedik;

~ *large* nagynak tűnik fel; fontos szerepet játszik
bulkhead *n* választófal [hajón]
bulky ['bʌlkɪ] *a* terjedelmes, testes; alaktalan
bull¹ [bʊl] I. *n* 1. bika; *biz take the* ~ *by the horns* bátran megküzd nagy nehézségekkel, egyenesen szembeszáll a veszéllyel; *like a* ~ *in a china shop* mint elefánt a porcelánüzletben, mint bivaly a szőlőben; *John Bull* ⟨Angliát megszemélyesítő jelképes alak⟩ 2. áremelkedésre spekuláló tőzsdejátékos, hossz-játékos II. A. *vi* áremelkedésre spekulál [tőzsdén] B. *vt* ~ *the market* árakat felhajtani igyekszik
bull² [bʊl] *n* bulla
bull³ [bʊl] *n biz Irish* ~ mulatságos fogalmazási önellentmondás [pl. ha nem irok, ne is válaszolj]
bull-calf *n* 1. (*pl* -**calves**) bikaborjú 2. *biz* mafla/mulya ember
bulldog *n* 1. bulldog 2. *biz* szívós/bátor ember 3. *biz* [oxfordi egyetemi] fogdmeg
bulldozer ['bʊldoʊzə*] *n* 1. földtoló (gép), talajgyalu, bulldózer 2. *US* □ ⟨másokat terrorizáló egyén⟩
bullet ['bʊlɪt] *n* golyó, lövedék
bullet-headed *a* 1. kerekfejű 2. *US* csökönyös, ostobán makacs
bulletin ['bʊlɪtɪn] *n* hivatalos jelentés/közlemény; közlöny; *news* ~ hírek, (hír)közlemény [rádióban stb.]; ~ *board* hirdetőtábla
bullet-proof *a* golyóálló
bull-fight *n* bikaviadal
bull-fighter *n* bikaviador, torreádor
bullfinch *n* pirók
bull-frog *n* kecskebéka
bull-headed *a* = *bullish 3.*
bullion ['bʊljən] *n* 1. rúdarany, -ezüst 2. aranyrojt, aranyos sujtás/paszomány
bullish ['bʊlɪʃ] *a* 1. bikaszerű 2. emelkedő árfolyamú 3. bután csökönyös
bull-necked *a* bikanyakú
bullock ['bʊlək] *n* ökör, tulok; *young* ~ tinó
bull-ring *n* (bikaviadali) aréna
bull-session *n US biz we had a* ~ megbeszélésünk volt a fiúkkal

bull's-eye ['bʊlzaɪ] *n* 1. céltábla középpontja, célfekete; tízes (kör) 2. kerek tetővilágító ablak
bully¹ ['bʊlɪ] I. *a US* remek, pompás II. *n* erőszakos verekedő, másokat terrorizáló egyén, zsarnok III. A. *vt* megfélemlít, terrorizál, kínoz [gyengébbeket]; ~ *sy into doing sg* fenyegetésekkel/erőszakkal kényszerít vkt vmnek az elvégzésére B. *vi* erőszakoskodik, zsarnokoskodik
bully² ['bʊlɪ] *n* ~ (*beef*) marhahúskonzerv
bully³ ['bʊlɪ] *n* buli [hokiban]
bullying ['bʊlɪɪŋ] I. *a* erőszakos II. *n* erőszakoskodás, terrorizálás
bulrush ['bʊlrʌʃ] *n* káka, sás
bulwark ['bʊlwək] *n* 1. bástya, védőfal 2. fedélzeti korlát [hajón]
Bulwer-Lytton ['bʊlwə'lɪtn] *prop*
bum¹ [bʌm] *n* fenék, far, ülep
bum² [bʌm] *US biz* I. *a* értéktelen, vacak II. *n* csavargó III. *vi* -**mm**- csavarog
bumble¹ ['bʌmbl] *vi* ügyetlenkedik
bumble² ['bʌmbl] *vi* zümmög
bumble-bee *n* poszméh
bumboat *n* élelmiszerárus csónak [kikötőben]
bummed [bʌmd] →*bum² III.*
bump [bʌmp] I. *n* 1. tompa ütés, ütődés; lökés 2. koccanás [összeütközés] 3. daganat 4. koponyadudor; ~ *for locality* tájékozódási érzék 5. hepehupa 6. emelő légroham II. *int bumm!* III. A. *vt* 1. tompán megüt; ~ *one's head* beüti a fejét (vmbe) 2. *US* □ ~ *off sy* lepuffant vkt B. *vi* megüti magát, összeütközik; beleütközik (*into/against* vmbe); ~ *into sy* összeszalad vkvel
bumper ['bʌmpə*] *n* 1. ütköző; lökhárító; ~ *to* ~ egyik (kocsi) a másikat éri, sűrűn egymás mögött 2. itallal telt serleg 3. ~ *crop(s)* rekordtermés
bumpkin ['bʌmpkɪn] *n* esetlen falusi fajankó, bugris [megvetően]
bumptious ['bʌmpʃəs] *a* fennhéjázó, önhitt, arrogáns
bumpy ['bʌmpɪ] *a* hepehupás, egyenetlen, döcögős; ~ *road* rázós út
bun [bʌn] *n* 1. ⟨édes péksütemény⟩, kb. molnárka 2. konty

8

bunch [bʌntʃ] I. *n* 1. csomó, köteg, nyaláb; *a ~ of grapes* egy fürt szőlő 2. csokor 3. *biz* társaság II. A. *vt* csomóba köt B. *vi* 1. összeverődik, csoportosul 2. összecsomósodik
bundle ['bʌndl] I. *n* csomó, batyu; nyaláb; csomag, köteg II. *vt* 1. batyuba köt, összekötöz, bebugyolál 2. csomóba/nyalábba köt
    bundle into *vt* be(le)gyömöszöl; betuszkol (vmbe)
    bundle off/out A. *vt* elzavar, elkerget, kidob B. *vi* elkullog, meglép
    bundle up *vt* becsomagol, összekötöz
bung [bʌŋ] I. *n* dugasz, dugó [hordóé] II. A. *vt* bedugaszol, bezár B. *vi* bedagad, eltömődik
bungalow ['bʌŋgəlou] *n* 1. (földszintes verandás) családi ház 2. nyaralóház, bungaló
bung-hole *n* szád [hordóé]
bungle ['bʌŋgl] I. *n* kontár munka; *make a ~ of sg* elront/elfuserál/eltol vmt II. A. *vt* elront, eltol, elügyetlenkedik, elfuserál (vmt) B. *vi* kontárkodik, kontár munkát végez
bungler ['bʌŋglə*] *n* ügyetlen ember, kontár, fuser
bungling ['bʌŋglɪŋ] I. *a* kontárkodó II. *n* ügyetlenség, kontárkodás
bunion ['bʌnjən] *n* gyulladásos daganat [nagy lábujjon], nagy bütyök
bunk¹ [bʌŋk] *n* hálóhely [hajón stb.]; *~ bed* emeletes ágy
bunk² [bʌŋk] *n US* □ = *bunkum*
bunker ['bʌŋkə*] *n* 1. szénkamra, üzemanyagtartály [hajón]; rekesz [raktárban] 2. terepakadály [golfpályán] 3. bunker
bunkum ['bʌŋkəm] *n US biz* ostobaság, üres beszéd, maszlag, link duma
bunny ['bʌnɪ] *n* nyuszi
Bunsen burner ['bʊnsn] Bunsen-égő
bunting¹ ['bʌntɪŋ] *n* sármány
bunting² ['bʌntɪŋ] *n* 1. zászló; zászlóanyag, dekorációs textilanyag 2. csuklyás hálózsák [csecsemőnek]
Bunyan ['bʌnjən] *prop*
buoy [bɔɪ] I. *n* bója II. *vt* 1. felszínen tart, fenntart; *~ up átv* fenntart,

gyámolít, bátorít 2. bójákkal kijelöl/ellát
buoyancy ['bɔɪənsɪ] *n* 1. úszóképesség 2. felhajtó erő 3. rugalmasság, elevenség, lendület, virgoncság
buoyant ['bɔɪənt] *a* 1. úszóképes 2. lendületes, élénk, vidám, reménykedő
bur¹ [bə:*] *n* 1. bojtorján 2. nehezen lerázható személy, „kullancs"
bur² [bə:*] *n* (fog)fúró
Burbage ['bə:bɪdʒ] *prop*
Burberry ['bə:bərɪ] *a* börberi kabátszövet/(eső)kabát
burble ['bə:bl] *vi* mormog, csacsog
burden ['bə:dn] I. *n* 1. teher; *be a ~ to sy* terhére van vknek; *beast of ~* igavonó barom, málhás állat; *~ of proof* bizonyítás terhe 2. rakomány, tonnatartalom [hajóé] 3. refrén 4. vmnek a lényege/veleje II. *vt* megterhel, megrak
burdensome ['bə:dns(ə)m] *a* terhes, nehéz
burdock ['bə:dɔk; *US* -ak] *n* bojtorján
bureau ['bjuərou] *n (pl ~x* v. *~s* 'bjuərouz) 1. *GB* íróasztal 2. hivatal, iroda 3. minisztérium 4. *US* (tükrös) fiókos szekrény, komód, sublót
bureaucracy [bjuˈ(ə)'rɔkrəsɪ; *US* -'ra-] *n* 1. közigazgatási hivatali szervezet/gépezet 2. hivatalnoki kar 3. bürokrácia
bureaucrat ['bjuərəkræt] *n* 1. hivatalnok 2. bürokrata
bureaucratic [bjuərə'krætɪk] *a* bürokratikus
burg [bə:g] *n US* város
burgee ['bə:dʒi:] *n* fecskefarkú szalagzászló, árbocszalag [vitorláson]
burgeon ['bə:dʒ(ə)n] *n* bimbó, rügy, hajtás
burgess ['bə:dʒɪs] *n* 1. polgár 2. város/egyetem parlamenti képviselője
burgh ['bʌrə; *US* 'bə:-] *n* = *borough*
burgher ['bə:gə*] *n* (városi) polgár
burglar ['bə:glə*] *n* (éjszakai) betörő
burglary ['bə:glərɪ] *n* (éjszakai) betörés(es lopás)
burgle ['bə:gl] *vt/vi* betör, behatol (vhova) [éjszakai betörőként]
burgomaster ['bə:gəma:stə*] *n* polgármester
Burgundy ['bə:g(ə)ndɪ] I. *prop* Burgundia II. *n* b~ burgundi (vörös) (bor)

burial ['berɪəl] n temetés
burial-ground n temető
burial-service n gyászszertartás
burin ['bjʊərɪn] n rézkarcoló tű
burke [bə:k] vt 1. megfojt 2. biz berekeszt [vitát] 3. agyonhallgat, eltussol
burlap ['bə:læp] n csomagolóvászon, zsákvászon
Burleigh ['bə:lɪ] prop
burlesque [bə:'ləsk] I. n 1. burleszk, bohózat 2. tréfás utánzás, paródia II. vt parodizál
Burlington ['bə:lɪŋtən] prop
burly ['bə:lɪ] a 1. termetes, nagy 2. nyers, rideg
Burma ['bə:mə] prop Burma
Burmese [bə:'mi:z] a/n burmai
burn¹ [bə:n] n patakocska
burn² [bə:n] I. n égés(i seb), égett hely II. v (pt/pp ~t bə:nt v. ~ed bə:nd) A. vt 1. (el)éget, megéget; kiéget; ~ oil olajjal fűt/tüzel; ~ a hole in the carpet kiégeti a szőnyeget; have money to ~ felveti a pénz; ~ one's money szórja a pénzt 2. csíp, éget, mar B. vi 1. ég, elég, megég 2. világít, fénylik 3. csíp
burn away A. vt eléget B. vi elég
burn down vt felgyújt, felperzsel [várost]
burn in vt beéget
burn out A. vt kiéget; ~ itself out (teljesen) leég, kiég, kialszik B. vi elég, kiég, kialszik
burn up A. vi 1. teljesen elég 2. fellobog, fellángol, feltámad [tűz] B. vt 1. (teljesen) eléget, tökéletesen elpusztít 2. US □ dühbe hoz
burner ['bə:nə*] n 1. égető 2. égő; a four-~ oil-stove négylángú olajkályha/olajtűzhely
burning ['bə:nɪŋ] a égető, forró; ~ hot tűzforró; átv ~ question égető kérdés
burnish ['bə:nɪʃ] A. vt fényesre csiszol, políroz B. vi (ki)fényesedik
Burns [bə:nz] prop
burnt [bə:nt] a égetett; ~ sugar égetett cukor, karamell ‖ →burn² II.
burp [bə:p] vi US böfög
burr¹ [bə:*] n 1. csiszolatlan szél [öntvényé], sorja 2. (fog)fúró 3. ropogtatott r hang

burr² [bə:*] n = bur¹
burrow ['bʌrou; US 'bə:-] I. n (földbe ásott) lyuk [nyúlé, rókáé], rókalyuk, vakondlyuk II. A. vt ás [üreget] B. vi (tudományosan) búvárkodik
bursar ['bə:sə*] n GB 1. pénztáros, gazdasági igazgató 2. ösztöndíjas
bursary ['bə:s(ə)rɪ] n GB 1. gazdasági hivatal, pénztár 2. ösztöndíj
burst [bə:st] I. n 1. szétrobbanás, (szét-) repedés 2. kitörés; ~ of anger dühkitörés; ~ of applause tapsvihar; ~ of laughter felharsanó kacagás 3. rohanás, vágta; ~ of activity lázas tevékenység; ~ of speed hajrá II. v (pt/pp ~) A. vt 1. szétrepeszt, szétszakít; ~ a door open feltöri az ajtót 2. kifakaszt [kelést, bimbót] 3. szétrobbant; a ~ tyre durrdefekt B. vi szétreped, -szakad, -robban, -pukkad; ready to ~ (izgatottságtól) majd kubújik a bőréből; ~ing with health majd kicsattan az egészségtől
burst forth vi = burst out
burst in A. vt betör (vmt) B. vi beront (vhová); közbevág [beszélgetésbe]
burst into vi 1. ~ i. bloom virágba borul; ~ i. laughter nevetésbe tör ki; ~ i. tears könnyekre fakad 2. beront [szobába]
burst out vi 1. felkiált; ~ o. laughing hangos nevetésben tör ki 2. kiüt, kitör [betegség, háború]
burst upon vi the sea ~ u. our view a tenger tárult a szemünk elé
bursting ['bə:stɪŋ] n 1. kazánrobbanás 2. kidurranás, kipukkadás
bury ['berɪ] vt (el)temet, elás; ~ a dagger in sy's breast tőrt márt vk kebelébe
burying-ground ['berɪŋ-] n temetkezési hely
bus [bʌs] I. n (pl US ~ses is) (autó-) busz; ~ service autóbuszjárat; ~ shelter autóbuszváróhely; biz miss the ~ lekési a csatlakozást, elszalasztja az alkalmat II. vt/vi -ss- v. -s- buszon visz/megy
bus-boy n US pincértanuló
busby ['bʌzbɪ] n prémes csákó, kucsma
bus-conductor n autóbuszkalauz
bush¹ [buʃ] n 1. bokor, cserje; beat

8*

about the ~ kertel, köntörfalaz, kerülgeti a forró kását **2.** bozót; őserdő; ~ *telegraph* ⟨titkos hírközlési/hírtovábbítási módszer afrikai néptörzseknél⟩ **3.** bozont **4.** borostyánág [vendéglőcégérként] **bush²** [buʃ] **I.** *n* (csapágy)persely **II.** *vt* (ki)bélel, perselyez [csapágyat] **bushel** ['buʃl] *n* véka ⟨gabonamérték: *GB* 36,35 l, *US* 35,24 l⟩ **bush-fighter** *n* gerillaharcos, partizán **bush-hammer** *n* szemcséző/doroszoló kalapács **bushing** ['buʃɪŋ] *n* **1.** szigetelőhüvely **2.** (csapágy)persely **bushman** ['buʃmən] *n* (*pl* -men -mən) **1.** [Dél-Afrikában] busman **2.** [Ausztráliában] ⟨bozótos belső területek lakója⟩ **bushy** ['buʃɪ] *a* **1.** bokros, bozótos **2.** bozontos **busily** ['bɪzɪlɪ] *adv* serényen, szorgalmasan **business** ['bɪznɪs] *n* **1.** üzlet; *course of* ~ üzletmenet; ~ *address* hivatali/üzleti cím; ~ *agent* megbízott képviselő, ügynök; ~ *hours* üzleti/hivatalos órák; ~ *house* cég, üzletház; ~ *machine* irodagép; ~ *manager* vállalatvezető, igazgató ~ *share* üzletrész; ~ *suit/wear* utcai ruha; *on* ~ üzleti/hivatalos ügyben/úton; *do* ~ *with sy* üzletet köt vkvel, elintéz vmt vkvel; *go into* ~ kereskedelmi/üzleti pályára megy/lép; *be in* ~ üzletember, üzleti pályán működik; *enter into* ~ *connections* üzleti összeköttetésbe lép; *set up in* ~ üzletet nyit; ~ *is* ~ az üzlet üzlet; *talk* ~ üzleti/szakmai dolgokról beszél **2.** vállalat, kereskedés, üzlet **3.** foglalkozás, szakma; *line/branch of* ~ szakma, üzletág **4.** ügy, dolog, munka, kötelesség; ~ *of the day* napirend; *get (down) to* ~ a lényegre/tárgyra tér; *go about your* ~ eredj a dolgodra; *this is no* ~ *of yours* semmi közöd hozzá, ne üsd bele az orrod; *mind your own* ~ törődj a magad dolgával; *send sy about his* ~ (1) vkt elküld, leráz vkt a nyakáról (2) vkt rendreutasít; *have* ~ *with sy* dolga van vkvel; *have no* ~

to do sg nincs joga vmt tenni; *how's* ~*?* hogy mennek a dolgok?; *what* ~ *have you to be here?* mi keresnivalód van itt?; *he means* ~ komolyan gondolja, nem tréfál **business-college** *n US* kereskedelmi főiskola **businesslike** *a* **1.** gyakorlatias **2.** üzletszerű **3.** komoly **4.** szakszerű, módszeres; világos, szabatos [stílus] **business-man** *n* (*pl* -men -mən) üzletember, kereskedő **business-woman** *n* (*pl* -women -wimin) üzletasszony **buskin** ['bʌskɪn] *n* **1.** félmagas csizma **2.** koturnus **busman** ['bʌsmən] *n* (*pl* -men -mən) autóbuszvezető; ~*'s holiday* ⟨szabadidő/vakáció melyen vk önként ugyanazt csinálja, mint munkaidejében⟩ **buss** [bʌs] *n biz* cuppanós csók **bussed, busses** →*bus* **bus-stop** *n* (autó)buszmegálló **bust¹** [bʌst] *n* **1.** mellszobor **2.** felsőtest; (női) mell **3.** mellbőség **bust²** [bʌst] **I.** *n* **1.** *US* □ kudarc, (teljes) csőd; *go* ~ tönkremegy **2.** *biz go on the* ~ kirúg a hámból, „züllik" **II.** **A.** *vt* **1.** tönkretesz, kikészít **2.** *US* kipukkaszt **B.** *vi* tönkremegy; ~ *up* (1) beleköp vmbe, elront vmt (2) tönkremegy **bustard** ['bʌstəd] *n* túzok **buster** ['bʌstə*] *n US* **1.** *biz* (kis)fiú, öcskös, öcsi **2.** óriási dolog **3.** mulatás **bustle** ['bʌsl] **I.** *n* sürgés-forgás, nyüzsgés, sietség, tolongás **II.** **A.** *vi* sürgölődik, nyüzsög, tesz-vesz **B.** *vt* ösztökél, siettet **bustling** ['bʌslɪŋ] *a* sürgölődő, fontoskodó **bust-up** *n* **1.** bukás, csőd, összeomlás **2.** összeveszés **busy** ['bɪzɪ] **I.** *a* **1.** elfoglalt; ~ *signal* „mással beszél" jelzés; *"line* ~*"* foglalt [telefon]; *I am* ~ el vagyok foglalva, sok a dolgom, nem érek rá; *be* ~ *with/over sg* vmvel el van foglalva; *be* ~ *doing sg* azzal van elfoglalva, hogy . . . , javában csinál vmt; *get* ~ hozzálát a munkához **2.** serény, tevékeny, szorgalmas, élénk **3.** forgalmas;

a ~ day mozgalmas nap **II.** *n* □ hekus, detektív **III.** *vt ~ oneself* serénykedik, elfoglalja magát (vmvel) **busybody** *n* minden lében kanál, tolakodó/fontoskodó személy **but** [bʌt]; gyenge ejtésű alakja: bət] **I.** *conj* **1.** de, azonban, hanem **2.** *~ that* hacsak/hogy/mintha nem; *who knows ~ that he may come yet* ki tudja, hogy nem jöhet-e még meg; *not ~ that I pity you* nem mintha nem sajnálnálak **II.** *adv* **1.** csak, csupán; *~ yesterday* hiszen csak/még tegnap; *he has ~ a few books left* csak egy pár könyve maradt; *I cannot~* nem tehetek mást, mint hogy **2.** legalább; *had I ~ known* ha legalább tudtam volna azt, hogy; *you can ~ try* legalább próbáld meg **III.** *prep* **1.** kivéve, vmn kívül; *all ~* majdnem; *he all ~ dies of his wound* majdnem belehalt sebébe; *all ~ him* mind az ő kivételével; *last ~ one* utolsó előtti; *anything ~ that* mindent csak azt nem; *not ~ that* nem mintha; *next door ~ one* innen a második ajtó **2.** *~ for him* nélküle, ha ő nem (lett) volna; *~ for that* enélkül, ha ez nem volna; *~ for the rain* ... ha nem esett volna ...; *~ then* (de) viszont **IV.** *vt/n ~ me no ~s* csak semmi de !, ne gyere folyton kifogásokkal és ellenvetésekkel **butane** ['bju:teɪn] *n* butángáz; *~ lighter* gázöngyújtó **butcher** ['bʊtʃə*] **I.** *n* **1.** mészáros; *the ~'s* hentes(üzlet); *~'s meat* húsáru [hal és szárnyas kivételével] **2.** *átv* gyilkos, hóhér **II.** *vt* (le)mészárol, leöl **butcher-bird** *n* tövisszúró gébics **butchery** ['bʊtʃərɪ] *n* **1.** mészáros-/hentesszakma **2.** lemészárlás, vérfürdő **butler** ['bʌtlə*] *n* (fő)komornyik **butt¹** [bʌt] *n* nagy hordó **butt²** [bʌt] *n* **1.** puskatus **2.** vmnek a vastagabb vége **3.** bunkó; fatörzs **4.** céltábla, golyófogó **5.** *~s* lövölde **6.** (cigaretta)csikk **butt³** [bʌt] **I.** *n* **1.** döfés [szarvval] **2.** lökés **II. A.** *vi* **1.** öklel **2.** beleütközik, tülekedik **3.** *~ in* közbevág **B.** *vt* **1.** felöklel **2.** tompán/bütüsen illeszt **butt-edge** *n* bütü

butt-end *n* bunkó, tus, vmnek a vastagabb/boldogabb vége **butter** ['bʌtə*] **I.** *n* **1.** vaj; *clarified/run ~* olvasztott vaj; *sweet ~* teavaj; *he looks as if ~ would not melt in his mouth* olyan mintha kettőig sem tudna számolni **2.** *biz* hízelgés, „nyalás" **II.** *vt* **1.** megvajaz; *~ed eggs* vajas rántotta **2.** *biz ~ sy up* hízeleg/„nyal" vknek **buttercup** *n* boglárka **butter-fingers** *n pl* ügyetlen/kétbalkezes férfi/nő **butterfly** ['bʌtəflaɪ] *n* **1.** lepke, pillangó; *~ bow* csokornyakkendő; *~ nut* szárnyascsavar **2.** *~ (stroke)* pillangóúszás **buttermilk** *n* író [tejtermék] **butternut** *n* amerikai vajdió **butter-scotch** *n* tejkaramella **buttery¹** ['bʌtərɪ] *a* **1.** vajas **2.** hízelgő **buttery²** ['bʌtərɪ] *n* **1.** † éléskamra **2.** büfé, étkezde [egyetemen] **3.** söröző [nagyobb étteremé] **butt-joint** *n* bütüillesztés, tompa illesztés; csatlakozó/összeillő vég **buttock** ['bʌtək] *n* (fél)far; *~s* far, ülep **button** ['bʌtn] **I.** *n* **1.** gomb; *press/push the ~* megnyomja a gombot, megindít [villamos szigetüléket]; *not worth a ~* fabatkát sem ér; *be a ~ short* egy kerékkel kevesebb van neki **2.** *biz ~s* szállodai küldönc, boy **II. A.** *vt* gombol; *~ up* begombol (vmt); *~ up the mouth* lakatot tesz a szájára **B.** *vi* gombolódik **buttonhole** **I.** *n* **1.** gomblyuk **2.** gomblyukba tűzött virág **II.** *vt* **1.** vkt társalgás közben kabátgombjánál fogva tartóztat **2.** gomblyukaz **buttonhook** *n* cipőgomboló **buttress** ['bʌtrɪs] **I.** *n* **1.** támfal, -pillér; dúc, támasztógerenda **2.** *átv* támasz, pillér **II.** *vt* megtámaszt, (alá)dúcol **buxom** ['bʌksəm] *a* testes, pirospozsgás, egészségtől duzzadó [nő] **buy** [baɪ] **I.** *n* *n biz a good ~* jó üzlet/vétel **II.** *vt* (pt/pp bought bɔ:t) (meg)vásárol, (meg)vesz; megvált [jegyet] **buy in** *vt* **1.** árverésen eladó számára visszavásárol **2.** nagyobb tételben beszerez, készleteket halmoz fel

buy off *vt* (pénzzel) megvált (vmt), kivált (vkt); kifizet [zsarolót] **buy out** *vt* vktől mindent/üzletrészt megvásárol; kielégít [vkt anyagilag] **buy up** *vt* felvásárol, összevásárol **buyer** ['baɪə*] *n* vevő, vásárló; anyagbeszerző; ~s' *market* nagy kínálat; *prospective* ~ leendő vevő **buzz** [bʌz] I. *n* 1. zümmögés, dongás, döngicsélés; zúgás, zsongás; búgás, berregés 2. kósza hír II. *vi* 1. zümmög, dong, döngicsél; ~ *about* sürgölődik 2. zúg, susog; *my ears are* ~*ing* csöng/zúg a fülem 3. búg, berreg 4. □ ~ *off* elinal 5. gyorsan és alacsonyan röpül [vm felett repülőgép] **buzzard** ['bʌzəd] *n* ölyv, héja **buzzer** ['bʌzə*] *n* 1. gőzsíp, gyári sziréna 2. berregő, áramszaggató **buzz-saw** *n US* körfűrész **by** [baɪ] I. *prep* 1. *(helyhatározó:)* mellett, közelében, -nál, -nél; át, keresztül; ~ *the river* a folyó mellett; ~ *Dover* Doveron át; *North* ~ *East* északkeletre 2. *(időhatározó:)* (legkésőbb) -ra, -re; ~ *Wednesday* (legkésőbb) szerdára; ~ *now*, ~ *this time* mostanra, mostanig, most már; ~ *the time he arrived* ... amikorra/mire megérkezett ... 3. *(eszközhatározó:)* által; -tól, -től; -val, -vel; vmnél fogva; *made* ~ *hand* kézi, kézi gyártású; *(written)* ~ ... írta ...; *a play* ~ *Shaw* S. darabja; *a lecture on Burns* ~ *X X* előadása B-ről; *he earns his living* ~ *teaching* tanítással keresi kenyerét, tanításból él; ~ *the help of* ... segítségével; *(all)* ~ *oneself* (teljesen) egyedül; *lead sy* ~ *the hand* kézen fogva vezet vkt 4. *(közlekedés:)* ~ *air* repülőgéppel; ~ *bus* (autó)busszal; ~ *car* autóval, kocsival, kocsin; ~ *sea* tengeren, hajóval, hajón; ~ *train/rail* vonattal, vonaton 5. *(mértékhatározó:)* -szám(ra), -val, -vel; ~ *degrees* fokozatosan; ~ *the dozen* tucatszám(ra); *sell* ~ *the pound* fontszám(ra) (v. fontra) árusit; *be paid* ~ *the hour* órabér alapján fizetik; *one* ~ *one* egyenként; *three feet* ~ *two* háromszor két láb (területű); *longer* ~ *three inches*

három hüvelykkel hosszabb 6. szerint; alapján; értelmében; ~ *rights* jog szerint II. *adv* 1. közel; *close/hard* ~ egészen közel; *taking it* ~ *and large* nagyjából, egészben véve 2. félre; *lay/set/put sg* ~ félretesz *(átv is)* 3. ~ *and* ~ nemsokára, idővel; ~ *the* ~/*bye* erről jut eszembe, hogy el ne felejtsem, apropó III. *pref* (**bye** alakban is) másodlagos, mellékes, mellék- **bye** [baɪ] →*by II. 3.* és *III.* **bye-bye** I. *int* pá-pá, viszlát!, szia! II. *n* *go to* ~ hajcsiba/csicsikálni megy **by-effect** *n* mellékhatás **bye-law** *n* = *by-law* **by-election** *n* időközi választás, pótválasztás **bygone** ['baɪgɔn; *US* -ɔːn] *a/n* (rég)múlt; *let* ~*s be* ~*s* borítsunk fátylat a múltra **by-interest** *n* magánérdek **by-law** *n* 1. helyhatósági szabályrendelet 2. társasági alapszabályzat **by-line** *n* 1. szárnyvonal 2. mellékfoglalkozás **bypass** *n* kitérő; kerülő út; terelőút **bypath** *n* mellékösvény, dűlőút **byplay** *n* mellékesemény [színpadon] **byplot** *n* mellékcselekmény **by-product** *n* melléktermék **Byrd** [bəːd] *prop* **byre** ['baɪə*] *n* (tehén)istálló **by-road** *n* mellékút **Byron** ['baɪər(ə)n] *prop* **Byronic** [baɪ'rɔnɪk; *US* -'rɑ-] *a* byroni **bystander** ['baɪstændə*] *n* néző; *the* ~*s* az ott ácsorgók/bámészkodók **bystreet** *n* mellékutca **byway** *n* mellékút, ösvény; ~*s of learning* a tudomány kevésbé művelt mellékterületei **byword** *n* 1. közmondás 2. gúny/közmegvetés tárgya; *he is a* ~ *for meanness* közismerten fukar, a fukarság megtestesítője/prototípusa **by-work** *n* mellékmunka, mellékfoglalkozás; alkalmi munka **Byzantine** [bɪ'zæntaɪn; *US* 'bɪzənti:n v. -taɪn] *a/n* bizánci **Byzantium** [bɪ'zæntɪəm; *US* -ʃɪ-] *prop* Bizánc

C

C¹, c [si:] *n* 1. C, c (betű)2. *US* „közepes" [osztályzat] 3. C [hang]; *c flat* cesz; *C major* C-dúr; *C minor* c-moll; *C sharp* cisz

C²., **C** 1. *Catholic* katolikus 2. *Celsius*, *centigrade* Celsius-fok, C°

c³., **c** 1. *cent*(s) 2. *century* 3. *chapter* 4. = *ca.* 5. *cubic* köb-

C.A., **CA** [si:'eɪ] *Chartered Accountant* → *chartered*

ca., **ca** circa (=*about*) körülbelül, kb.

cab [kæb] I. *n* 1. konflis, bérkocsi 2. taxi 3. mozdonyvezető-állás, sátor; vezetőülés [teherautón]; ház, kezelőfülke [darun] II. *vi* **-bb-** *biz* ~ *it* bérkocsin/konflison/taxin megy, taxizik

cabal [kə'bæl] *n* titkos szövetség, ármány

cabaret ['kæbəreɪ; *US* -'reɪ] *n* 1. kb. kisvendéglő 2. ~ (*show*) (szórakoztató) műsor, kabaré(műsor)

cabbage ['kæbɪdʒ] *n* káposzta; ~ *lettuce* (1) fejes saláta (2) *US* fejes káposzta

cabbed [kæbd] →*cab II.*

cabby ['kæbɪ] *n biz* = *cab-man*

cab-driver *n* = *cabman*

caber ['keɪbə*] *n sk* fatörzs; *tossing the* ~ fatörzsdobás [skót nemzeti játék]

cabin ['kæbɪn] *n* 1. (utas)fülke, kabin; kajüt; ~ *bag* kézitáska; ~ *class* másodosztály [hajón]; ~ *cruiser* kajütös (túra)motorcsónak, jacht 2. kunyhó

cabin-boy *n* hajósinas

cabinet ['kæbɪnɪt] *n* 1. szekrény; vitrin; tárló 2. szekrény, doboz [rádióé stb.] 3. kormány(tanács), kabinet; ~ *council* minisztertanács; *C*~ *Minister* miniszter (aki a kabinet tagja)

cabinet-maker *n* mű(bútor)asztalos

cable ['keɪbl] I. *n* 1. (hajó)kötél, kábel 2. kábel(távirat); ~ *reply* távirati válasz 3. csavart minta [kötött holmin] II. *vi/vt* kábelez, táviratoz

cable-car *n* drótkötélpálya

cablegram [-græm] *n* kábeltávirat

cable-laying *n* kábelfektetés

cable-railway *n* = *cable-car*

cabman ['kæbmən] *n* (*pl* **-men** -mən) 1. bérkocsis 2. taxisofőr, taxis

caboodle [kə'bu:dl] *n US* ☐ *the whole* ~ az egész társaság/kompánia

caboose [kə'bu:s] *n* 1. hajókonyha 2. *US* pályamunkáskocsi; fékezőkocsi

cab-rank *n* taxiállomás

cabriolet [kæbrɪə'leɪ] *n* nyitható tetejű (gép)kocsi, kabriolet

cab-stand *n* = *cab-rank*

cacao [kə'kɑ:oʊ] *n* kakaóbab

cache [kæʃ] I. *n* 1. rejtekhely 2. elrejtett készlet/élelem II. *vt* elrejt, eldug

cachet ['kæʃeɪ; *US* -'ʃeɪ] *n* 1. ostya(tok), kapszula [gyógyszernek] 2. *átv* fémjelzés

cackle ['kækl] I. *n* 1. gágogás, kodácsolás 2. fecsegés; *cut your* ~ fogd be a szád!, elég a dumából! 3. vihogás II. *vi* 1. gágog, kodácsol 2. fecseg 3. vihog

cacophony [kæ'kɔfənɪ; *US* -'kɑ-] *n* hangzavar, rossz hangzás, kakofónia

cactus ['kæktəs] *n* (*pl* ~**es** -sɪz v. **cacti** 'kæktaɪ) kaktusz

cad [kæd] *n* 1. durva ember, fajankó 2. jellemtelen fráter, gazember

cadaver [kə'deɪvə*] *n* hulla, tetem

cadaverous [kə'dæv(ə)rəs] *a* hullaszerű, halálsápadt

caddie ['kædɪ] *n* golfütőket hordó fiú

caddish ['kædıʃ] *a* durva, otromba (viselkedésű); gaz, piszkos
caddy¹ ['kædı] *n* = caddie
caddy² ['kædı] *n* kis teásdoboz
cadence ['keɪd(ə)ns] *n* hanglejtés, ütem, ritmus, mérték, kadencia
cadenza [kə'denzə] *n* kadencia
cadet [kə'det] *n* 1. hadapród, kadét; *GB* ~ *corps* iskolazászlóalj ⟨katonatiszti előképzést nyújtó szervezet egyes középiskolákban⟩ 2. gyakornok 3. kisebbik fiú [családban]
cadge [kædʒ] *vi/vt biz* kunyerál, tarhál
cadger ['kædʒə*] *n* 1. koldus 2. naplopó, ingyenélő 3. házaló
Cadillac ['kædɪlæk] *prop*
cadre ['kɑːdə*] *n* 1. katonai keretszervezet, (pót)keret 2. káder
Caedmon ['kædmən] *prop*
Caesar ['siːzə*] *prop*
Caesarean, *US* Ces- [siː'zeərɪən] *a* ~ *section* császármetszés
caesura [siː'zjʊərə; *US* -'ʒʊə-] *n* sormetszet, cezúra
café ['kæfeɪ; *US* -'feɪ] *n* 1. kávéház 2. *GB* (alkoholmentes) kis étterem
cafeteria [kæfɪ'tɪərɪə] *n* önkiszolgáló vendéglő/étterem, önki
caffeine ['kæfiːn] *n* koffein
cage [keɪdʒ] I. *n* 1. kalitka 2. bekerített terület; hadifogolytábor 3. bányalift II. *vt* kalitkába zár; bezár
cagey ['keɪdʒɪ] *a biz* ravasz, óvatos, gyanakvó
cahoots [kə'huːts] *n* (*US* □) *be in* ~ *with sy* összejátszik vkvel, egy gyékényen árul vkvel
Cain [keɪn] *prop* Káin
Caine [keɪn] *prop*
cairn [keən] *n* kőhalom [síremlék]
Cairo ['kaɪroʊ] *prop* Kairó
caisson [kə'suːn v. (főleg *US*) 'keɪsən] *n* 1. lőszerszekrény 2. süllyesztőszekrény, keszon
cajole [kə'dʒoʊl] *vt* cirógat, levesz a lábáról; ~ *sy into doing sg* rábeszél/rávesz vkt vmnek a megtételére
cajolery [kə'dʒoʊlərɪ] *n* hízelgés, rábeszélés
cake [keɪk] I. *n* 1. sütemény, tészta; *fancy* ~ cukrászkülönlegesség, torta;

small ~*s* teasütemény; ~*s and ale* finom étel és ital, trakta, dínomdánom; *be selling like hot* ~*s* úgy veszik, mintha ingyen adnák; *biz take the* ~ övé a pálma; *cannot eat one's* ~ *and have it* nem lehet, hogy a kecske is jóllakjék és a káposzta is megmaradjon; *biz a piece of* ~ kellemes dolog, „üdülés" 2. (hús)pogácsa; zablepény 3. ~ *of soap* egy darab szappan 4. (takarmány)pogácsa II. **A.** *vt* laposra összenyom/összeprésel; *be* ~*d with mud* vastagon rászáradt a sár **B.** *vi* megalvad; megkeményedik
cake-walk *n* 1. ⟨egy fajta tánc⟩ 2. *biz* könnyű feladat, gyerekjáték
calabash ['kæləbæʃ] *n* lopótök
Calais ['kæleɪ] *prop*
calamitous [kə'læmɪtəs] *a* szerencsétlen, gyászos
calamity [kə'læmətɪ] *n* balsors, csapás, szerencsétlenség
calceolaria [kælsɪə'leərɪə] *n* papucsvirág
calcify ['kælsɪfaɪ] **A.** *vt* elmeszesít **B.** *vi* elmeszesedik
calcine ['kælsaɪn] **A.** *vt* mésszé éget; kiéget **B.** *vi* mésszé ég
calcium ['kælsɪəm] *n* kalcium
calculable ['kælkjʊləbl] *a* kiszámítható; megbízható
calculate ['kælkjʊleɪt] **A.** *vt* 1. kiszámít 2. tekintetbe vesz 3. tervez 4. *US* hisz, vél **B.** *vi US* ~ (*up)on sg* számol vmvel, számít vmre
calculated ['kælkjʊleɪtɪd] *a* kiszámított, szándékos; ~ *risk* tudatos kockázat
calculating ['kælkjʊleɪtɪŋ] *a* 1. számoló; ~ *machine* számológép 2. számító, ravasz
calculation [kælkjʊ'leɪʃn] *n* 1. (ki)számítás 2. költségvetés 3. terv
calculator ['kælkjʊleɪtə*] *n* 1. kalkulátor 2. zsebszámológép
calculus ['kælkjʊləs] *n* (*pl* ~*es* -sɪz *v.* calculi -laɪ) 1. számítás; *differential* ~ differenciálszámítás; *integral* ~ integrálszámítás 2. kő [epe, vese]
Calcutta [kæl'kʌtə] *prop*
caldron → cauldron
Caleb ['keɪleb] *prop* ⟨férfinév⟩

Caledonia [kælɪ'doʊnjə] *prop* Skótország
calendar ['kælɪndə*] *n* 1. naptár; ~
watch naptáros (kar)óra 2. lajstrom
3. *GB* (egyetemi) évkönyv [tan- és
vizsgarenddel]
calender ['kælɪndə*] *vt* kalanderez, mán-
gorol [szövetet]; simít [papírt]
calends ['kælɪndz] *n pl on the Greek* ~
sohanapján
calf¹ [kɑːf; *US* -æ-] *n* (*pl* calves kɑːvz,
US -æ-) 1. borjú; *cow in/with* ~
vemhes tehén; ~'*s teeth* tejfogak 2.
borjúbőr 3. *biz* ~(-)*love* diákszerelem
calf² [kɑːf; *US* -æ-] *n* (*pl* calves kɑːvz;
US -æ-) lábikra
calf-skin *n* borjúbőr
Caliban ['kælɪbæn] *prop* Kalibán
caliber → *calibre*
calibrate ['kælɪbreɪt] *vt* fokbeosztással
ellát, kalibrál, hitelesít
calibration [kælɪ'breɪʃn] *n* (fok)beosztás,
kalibrálás, hitelesítés
calibre, *US* -ber ['kælɪbə*] *n* 1. kaliber,
furat, belső átmérő, űrméret 2. *átv
biz* képesség, rátermettség, kaliber,
formátum, súly, fontosság
calico ['kælɪkoʊ] *n* pamutvászon, kar-
ton, kalikó
Calif. *California*
California [kælɪ'fɔːnjə] *prop* Kalifornia
caliper → *calliper*
calisthenics → *callisthenics*
calk¹ [kɔːk] I. *n* jégszeg [patkón],
jégvas [talpon] II. *vt* jégszeget felver
calk² → *caulk*
call [kɔːl] I. *n* 1. kiáltás; ~ *for help*
segélykiáltás; *within* ~ hívótávolsá-
gon belül 2. madárfütty; [katonai]
hívójel; hívás; függöny elé szólítás;
be on ~ készültségben van; (*s*)*he
took 5* ~*s* ötször tapsolták ki (a füg-
göny elé) 3. (telefon\hívás, telefon-
beszélgetés; ~ *signal* hívójel; szünet-
jel 4. (rövid) látogatás; *make/pay a* ~
on sy meglátogat vkt 5. *átv* hívó szó;
elhivatottság, hivatás(érzet) 6. *there
is no* ~ *to* ... semmi szükség arra,
hogy ... 7. (fizetési) felhívás, fel-
szólítás; *money on* ~ azonnali vissza-
fizetésre felmondható kölcsön; napi
pénz; *payable at* ~ látra fizetendő

[csekk, váltó] 8. kereslet 9. bemon-
dás, licit [kártya] 10. *US that was a
close* ~ szerencsésen megúszta, egy
hajszálon múlt ... II. A. *vt* 1. (ki)kiált
2. hív, nevez; *be* ~*ed* ... -nak/-nek
hívják, ... a neve 3. (oda)hív;
kihív; felhív [telefonon]; ~ *a doctor*
orvost hív 4. bemond, licitál [kár-
tyában] B. *vi* 1. kiált, kiabál; szól;
London ~*ing!* itt London (beszél)!
2. meglátogat (*on* vkt), látogatást
tesz (*at sy's place* vknél); benéz vkhez;
has anyone ~*ed?* volt itt vk?; *I*
~*ed to see you* benéztem hozzád;
I'll ~ *again* újra (el)jövök
call around *vi will you* ~ *a. tomor-
row?* nézzen be holnap
call at *vi* meglátogat; ~ *at a port*
kikötőt érint, kiköt; *the train* ~*s at
every station* a vonat minden állomá-
son megáll
call back A. *vt* 1. (telefonon) újra
felhív 2. visszahív 3. felidéz B. *vi* 1.
visszaszól, visszakiált 2. *I shall* ~ *b.
for it* visszajövet majd beszólok érte
call down *vt* 1. lehív; ~ *d. curses
on sy* megátkoz vkt 2. (*US* □) le-
hord, letol
call for *vt* 1. vmért kiált 2. (meg)-
kíván, igényel; *sg much* ~*ed f.* nagyon
keresett vm 3. érte jön/megy; "*to
be* ~*ed for*" postán maradó (külde-
mény) 4. vmt hozat
call forth *vt* 1. előhív, előcsal, ki-
csal 2. előidéz, eredmenyez, kelt
call in *vt* 1. beszólít, behív; bekér(et)
2. elhív, lakására hív [orvost, szere-
lőt] 3. lehív [követelést]; bevon [vmt
forgalomból]; behajt, bekér [köl-
csönpénzt]
call off *vt* 1. lemond, lefúj 2. elté-
rít [figyelmet]; elhív, elszólít
call on *vi* 1. meglátogat (vkt) 2.
= *call upon*
call out A. *vt* kihív [párbajra is],
kivezényel; sztrájkba szólít B. *vi*
felkiált; ~ *o. to sy* odakiált vknek;
~ *o. for sg* vmért kiált
call over *vt* 1. áthív 2. (fel)olvas
[névsort]
call up *vt* 1. felhív [telefonon] 2.

felidéz, felelevenít 3. felkelt, felébreszt 4. behív [katonának] **call (up)on** *vi* felszólít; *I feel ~ed u. to* ... kötelességemnek érzem, hogy ...; *I now ~ (up)on Mr N to* ... (és) most felkérem N urat (tartsa meg előadását, stb.)
call-box *n* telefonfülke
callboy *n* 1. *US* [szállodai] boy 2. segédügyelő ⟨aki a színészt színpadra szólítja⟩
call-card *n* névjegy
caller ['kɔːlə*] *n* 1. látogató 2. hívó fél
call-girl *n* ⟨telefonon lakásra hívható prostituált⟩, kb. telefonszínésznő
calligraphy [kə'lɪgrəfɪ] *n* szép kézírás
calling ['kɔːlɪŋ] *n* 1. hívás 2. hivatás, (élet)pálya 3. látogatás; *US ~ card* névjegy 4. kiáltás
calliper, *US* **caliper** ['kælɪpə*] *n* (*pair of*) *~s* mérőkörző, kaliberkörző; *~ square* tolómérce, subler
callisthenics, *US* **calisthenics** [kælɪs-'θenɪks] *n* csuklógyakorlat, torna
call-loan *n* azonnali visszafizetésre felmondható kölcsön; napi pénz
callosity [kæ'lɔsətɪ; *US* -'lɑ-] *n* 1. bőrkeményedés 2. érzéketlenség
callous ['kæləs] *a* 1. kérges tenyerű, bőrkeményedéses 2. érzéketlen
callousness ['kæləsnɪs] *n* érzéketlenség, kőszívűség
call-over *n* névsorolvasás
callow ['kælou] *a* 1. tollatlan, kopasz 2. tapasztalatlan, éretlen
call-up *n* (katonai) behívó
callus ['kæləs] *n* bőrkeményedés, tyúkszem
calm [kɑːm] I. *a* 1. csendes, nyugodt; *keep ~* megőrzi nyugalmát 2. *biz* hidegvérű, szenvtelen II. *n* 1. szélcsend 2. csend; nyugalom III. A. *vt* lecsendesít, lecsillapít B. *vi ~ (down)* lecsendesedik, lecsillapul; csilapodik
calmness ['kɑːmnɪs] *n* nyugalom
Calor gas ['kælə*] butángáz
calorie ['kælərɪ] *n* kalória
calorific [kælə'rɪfɪk] *a ~ value* fűtőérték
CalTech, Caltech ['kæltek] *California*

Institute of Technology Pasadenai Műegyetem
calumniate [kə'lʌmnɪeɪt] *vt* (meg)rágalmaz
calumny ['kæləmnɪ] *n* rágalom, rágalmazás
calve [kɑːv; *US* -æ-] *vi* borjazik
calves →*calf¹, calf²*, *calve*
Calvinist ['kælvɪnɪst] *n* kálvinista
calyx ['keɪlɪks] *n* (*pl ~es* -sɪz v. **calyces** 'keɪlɪsiːz) (virág)kehely
cam [kæm] *n* (vezérlő) bütyök
Camb. *Cambridge*
camber ['kæmbə*] *n* hajlás, ív(elés), görbület, hajlat
cambric ['keɪmbrɪk] *n* gyolcs, patyolat
Cambridge ['keɪmbrɪdʒ] *prop* Cambridge; *~ blue* (1) világoskék (2) a cambridge-i sportválogatott tagja
Cambs. [kæmbz] *Cambridgeshire*
came →*come*
camel ['kæml] *n* teve
camel('s)-hair *n* teveszőr
camera ['kæm(ə)rə] *n* 1. fényképezőgép; (*TV*) *~* (tévé)kamera; *~ tube* képfelvevőcső 2. bírói szoba; *in ~* zárt ajtók mögött, nyilvánosság kizárásával
camera-man *n* (*pl* -men -men) (film-) operatőr
cami-knickers [kæmɪ-] *n pl* (női) ingnadrág, nadrágos kombiné
camisole ['kæmɪsoul] *n* † (derékig érő) fűzővédő, „leibchen"
camomile ['kæməmaɪl] *n* kamilla, székfű
camouflage ['kæmʊflɑːʒ] I. *n* álcázás II. *vt* álcáz, rejtőztet
camp¹ [kæmp] I. *n* tábor(hely), sátortábor; *pitch a ~* tábort üt; *strike* (v. *break up*) *a ~* tábor bont II. *vi ~ (out)* táboroz, sátorban alszik/lakik, kempingezik; *go ~ing* kempingezni/táborozni megy
camp² [kæmp] *a* groteszk, abszurd, bizarr
campaign [kæm'peɪn] I. *n* hadjárat; kampány; mozgalom II. *vi* hadjáratban részt vesz
camp-bed *n* kempingágy
camp-chair *n* kempingszék; strandszék
camper ['kæmpə*] *n* 1. táborozó, turista; kempingező 2. *US* lakóautó

camp-fever n tífusz
camp-fire n tábortűz
campground n = campsite
camphor ['kæmfə*] n kámfor
camping ['kæmpɪŋ] n táborozás; kemping(ezés); ~ area (1) kempingezésre használható terület (2) US kemping; ~ warden kempinggondnok
camping-ground n táborhely
campsite n táborhely; kemping
camp-stool n tábori szék; kempingszék
camp-stove n kempingfőző
campus ['kæmpəs] n US a(z) egyetem/főiskola területe
camshaft n vezérműtengely
can¹ [kæn] I. n 1. kanna; □ carry the ~ ő tarthatja a hátát 2. US konzerv(doboz); (bádog)doboz II. vt -nn- befőz, konzervál
can² [kæn; gyenge ejtésű alakjai: kən, kn; k, g előtt: kŋ] v aux (pt could kʊd; gyenge ejtésű alakja: kəd; régies alakok: egyes sz. 2. szem canst [kænst], pt 2. szem. could(e)st [kʊdst]) 1. tud, képes vmre; -hat, -het; cannot ['kænɔt], can't [kɑ:nt, US -æ-] nem tud, nem képes; ~ you swim? tud(sz) úszni?; ~ you see it? látja?, látod?; you ~ go elmehet(sz); how ~ you tell? mit tudod?; I cannot but nem tehetek mást, mint hogy; you cannot but succeed csakis győzhetsz; you ~ but try azért mégis megpróbálhatod; he couldn't come nem tudott (el)jönni; as best I could amennyi tőlem tellett 2. (feltételes mondatokban:) could you bring me ... tud(na) hozni nekem ...
Canaan ['keɪnən] prop Kánaán
Canada ['kænədə] prop Kanada
Canadian [kə'neɪdjən] a kanadai
canal [kə'næl] I. n csatorna II. vt -ll- (US -l-) csatornáz, csatornával ellát
canalization [kænəlaɪ'zeɪʃn; US -lɪ'z-] n csatornázás
canalize ['kænəlaɪz] vt 1. csatornáz 2. irányít
canapé ['kænəpeɪ] n (zsúr)szendvics (pirított kenyérből)
canard [kæ'nɑ:d] n hírlapi kacsa
canary [kə'neərɪ] n kanári(madár)
canasta [kə'næstə] n kanaszta

Canberra ['kænb(ə)rə] prop
cancel ['kænsl] vt -ll- (US -l-) 1. áthúz, (ki)töröl 2. érvénytelenít; lepecsétel [bélyeget]; visszavon, megsemmisít, storníroz 3. levesz a műsorról, töröl [tervből stb.]; (sg) has been ~led [előadás stb.] elmarad; ~ out egymást megsemmisítik [mennyiségtanban], kiesnek
cancellation [kænsə'leɪʃn] n 1. áthúzás, törlés 2. érvénytelenítés; (le)bélyegzés; first-day ~ elsőnapi (le)bélyegzés; ~ stamp postabélyegző
cancer ['kænsə*] n 1. rák [betegség] 2. Tropic of C~ Ráktérítő
cancerous ['kæns(ə)rəs] a rákos
candelabrum [kændɪ'lɑ:brəm] n (pl -bra -brə) (karos) gyertyatartó
candid ['kændɪd] a 1. őszinte, nyílt 2. pártatlan, elfogulatlan
candidate ['kændɪdət; US -eɪt] n jelölt
candidature ['kændɪdətʃə*] n 1. jelöltség 2. jelölés
candidness ['kændɪdnɪs] n őszinteség
candied ['kændɪd] a cukrozott, cukorban eltett
candle ['kændl] n 1. gyertya; burn the ~ at both ends két végén égeti a gyertyát [= nem kíméli erejét, agyondolgozza magát]; cannot hold a ~ to him nem lehet vele egy napon említeni, nyomába se léphet; not worth the ~ nem éri meg a költséget/fáradságot 2. gyertya [fényerősség egysége]
candle-light n gyertyafény
Candlemas ['kændlməs] n Gyertyaszentelő (február 2.)
candle-power n gyertyafény(erő)
candlestick n gyertyatartó
candour, US -dor ['kændə*] n 1. őszinteség, nyíltság 2. elfogulatlanság
candy ['kændɪ] I. n 1. jegeccukor, kandiscukor 2. US cukorka, édesség; ~ store édességbolt II. vt cukorban eltesz, kandíroz; cukorral bevon
cane [keɪn] I. n 1. nád 2. nádpálca, sétabot; get the ~ megverik II. vt 1. megver, megbotoz 2. náddal befon
cane-sugar n nádcukor, nádméz
canine I. a ['keɪnaɪn] kutyaféle, kutya-

II. *n* ['kænaɪn; US 'keɪ-] ~ *(tooth)* szemfog
caning ['keɪnɪŋ] *n* pálcázás, megbotozás
canister ['kænɪstə*] *n* 1. (bádog)doboz 2. kartács
canker ['kæŋkə*] I. *n* 1. üszög, ragya; fekély [főként szájban] 2. rozsda [növényen] 3. *átv* rákfene II. A. *vt* kimar, sebekkel/ fekélyekkel borít; elpusztít B. *vi* megférgesedik, megromlik
cankerous ['kæŋkərəs] *a* 1. üszkös, fekélyes 2. pusztító, maró
canned [kænd] *a* 1. eltett, konzervált, -konzerv; ~ *fish* halkonzerv; ~ *meat* húskonzerv; *biz* ~ *music* gramofonzene, gépzene 2. US □ tökrészeg || →*can¹ II.*
cannery ['kænərɪ] *n* konzervgyár
cannibal ['kænɪbl] *n* emberevő, kannibál
cannibalism ['kænɪbəlɪzm] *n* emberevés
cannibalize ['kænɪbəlaɪz] *vt* kibelez [járművet]
canning ['kænɪŋ] *n* konzerválás, konzervgyártás, befőzés; ~ *industry* konzervipar || →*can¹ II.*
cannon ['kænən] I. *n* 1. ágyú, löveg 2. *GB* karambol [biliárdjátékban] II. *vi* 1. ágyúz 2. *GB* összeütközik
cannonade [kænə'neɪd] *n* ágyúzás, ágyútűz
cannon-ball *n* ágyúgolyó
cannon-fodder *n* ágyútöltelék
cannot →*can² 1.*
canny ['kænɪ] *a* ravasz, okos
canoe [kə'nu:] I. *n* kenu II. *vi* kenuzik
canoeing [kə'nu:ɪŋ] *n* (kajakozás-)kenuzás
canon ['kænən] *n* 1. egyházi törvény, kánon; *C~ of the Mass* a mise változatlan része 2. *átv* szabály, zsinórmérték [jó ízlésé stb.] 3. kánon [hiteles művek] 4. kanonok
canonic(al) [kə'nɒnɪk(l); US -'nɑ-] I. *a* 1. kánoni, kanonikus, hitelesnek elismert 2. egyházi, papi II. *n in full ~s* teljes papi díszben
canonization [kænənaɪ'zeɪʃn; US -nɪ'z-] *n* szentté avatás

canonize ['kænənaɪz] *vt* szentté avat
can-opener *n* konzervnyitó
canopy ['kænəpɪ] *n* mennyezet, markíz
canst →*can²*
cant¹ [kænt] I. *n* 1. ferdeség 2. fordulat; billenés II. A. *vt* lejtőssé tesz, oldalt dönt, megdönt B. *vi* ferdén/rézsútosan áll, lejt, dől
cant² [kænt] I. *n* 1. álszent frázisok 2. nyafogás 3. szakmai nyelv/zsargon, tolvajnyelv; csoportnyelv II. *vi* 1. nyafog 2. álszenteskedik
can't = *cannot* →*can²*
Cantab. ['kæntæb] *a/n* Cantabrigiensis (=*of Cambridge*) cambridge-i (diák)
cantaloup ['kæntəlu:p] US -loupe [-loʊp] *n* sárgadinnye
cantankerous [kən'tæŋk(ə)rəs] *a* 1. civódó, veszekedő 2. rosszindulatú
canteen [kæn'ti:n] *n* 1. kantin [laktanyában]; (üzemi) étkezde, büfé [üzemben, gyárban stb.]; *students' ~* diákmenza, egyetemi étkezde 2. kulacs 3. csajka 4. ~ *of cutlery* evőeszközkészlet (doboza)
canter ['kæntə*] I. *n* könnyű vágta; *win at a ~* kenterben/könnyen győz II. *vi/vt* könnyű vágtában megy/ lovagol
Canterbury ['kæntəb(ə)rɪ] *prop*
canticle ['kæntɪkl] *n* (egyházi) dicsőítő ének, himnusz
cantilever ['kæntɪlɪvə*] *n* tartókar, konzol(os tartó); ~ *bridge* konzolos híd
canto ['kæntoʊ] *n* ének [egy nagyobb költemény részlete]
canton ['kæntɒn; US -ən] *n* kanton [Svájcban]
cantonment [kæn'tu:nmənt] *n* 1. (katonai) beszállásolás 2. szálláskörlet
Cantuarian [kæntjʊ'eərɪən] *a* canterburyi
Canute [kə'nju:t] *prop* Kanut
canvas ['kænvəs] *n* 1. vászon, kanavász; *under ~* (1) sátor alatt [katonaság] (2) felvont vitorlákkal 2. olajfestmény, vászon
canvass ['kænvəs] I. *n* korteskedés II. *vt/vi* 1. megvitat, meghány-vet 2. korteskedik 3. házal

canvasser ['kænvəsə*] *n* 1. kortes 2.
házaló ügynök
canyon ['kænjən] *n* kanyon, szurdok
cap [kæp] I. *n* 1. sapka; ~ *and bells*
csörgősipka; *if the ~ fits(, wear it!*)
akinek nem inge (ne vegye magára);
in ~ and gown egyetemi díszben;
set one's ~ at sy kiveti hálóját vkre
[nő]; *win one's ~* bekerül a válogatott
csapatba 2. fejkötő; fityula 3. kupak,
fedél, sapka, fedő, tető II. *vt* -pp-
1. sapkával ellát 2. felülmúl, lefőz; *to
~ it all* mindennek tetejébe 3. válo-
gatott csapatba bevesz [játékost];
~*ped 17 times* 17-szeres válogatott ...
cap. [kæp] *capital letter*
capability [keɪpə'bɪlətɪ] *n* képesség;
adottság
capable ['keɪpəbl] *a* 1. képes, alkalmas
(*of* vmre) 2. ~ *of misinterpretation*
félreérthető 3. hozzáértő, tehetséges
capacious [kə'peɪʃəs] *a* tág(as), téres,
nagy befogadóképességű
capaciousness [kə'peɪʃəsnɪs] *n* tágasság
capacitate [kə'pæsɪteɪt] *vt* 1. alkalmas-
sá tesz 2. képesnek minősít
capacity [kə'pæsətɪ] *n* 1. térfogat, be-
fogadóképesség, kapacitás; *filled to ~*
zsúfolásig megtelt; *measure of ~*
ürmérték 2. tehetség, képesség, ü-
gyesség 3. minőség; *in the ~ of legal
adviser* jogtanácsosi minőségben
cap-à-pie [kæpə'pi:] *adv* tetőtől talpig
(felfegyverezve)
caparison [kə'pærɪsn] † I. *n* díszes ló-
szerszám, csótár II. *vt* feldíszít, fel-
szerszámoz
cape¹ [keɪp] *n* köpeny, körgallér
cape² [keɪp] *n* hegyfok
caper¹ ['keɪpə*] *n* kapri(bogyó)
caper² ['keɪpə*] I. *n* 1. fickándozás,
bakugrás; *cut ~s* ficánkol, ugrabug-
rál 2. kópéság, csíny II. *vi* ugrál,
szökdécsel
Cape Town ['keɪptaʊn] *prop* Fokváros
capillarity [kæpɪ'lærətɪ] *n* hajszálcsö-
vesség
capillary [kə'pɪlərɪ; *US* 'kæpɪlerɪ] *a*
1. hajszálcsöves; ~ *attraction* hajszál-
csövesség 2. ~ *vessels* hajszálerek
capital ['kæpɪtl] I. *a* 1. fő-, fontos, leg-

főbb; ~ *ship* csatahajó; *of ~ impor-
tance* nagy/döntő fontosságú 2. főben-
járó; ~ *punishment* halálbüntetés 3.
remek, kitűnő II. *n* 1. főváros 2.
~ (*letter*) nagy kezdőbetű, nagybetű
3. tőke; ~ *expenditure* tőkeberuházás;
~ *goods* tőkejavak, termelési eszközök;
~ *levy* vagyondézsma, -váltság; ~
stock alaptőke; *make ~ of sg* tőkét ko-
vácsol vmből 4. oszlopfő
capitalism ['kæpɪtəlɪzm] *n* kapitalizmus
capitalist ['kæpɪtəlɪst] *n* tőkés, kapitalis-
ta
capitalistic [kæpɪtə'lɪstɪk] *a* tőkés, ka-
pitalista
capitalization [kəpɪtəlaɪ'zeɪʃn; *US* -lɪ'z-]
n tőkésítés
capitalize ['kæpɪtəlaɪz] A. *vt* 1. tőkésít
2. (*átv is*) tőkét kovácsol (vmből),
kihasznál, hasznosít (vmt) 3. nagy
kezdőbetűvel (v. nagybetűvel) ír B.
vi ~ *on sg* tőkét kovácsol vmből
capitally ['kæpɪtlɪ] *adv* nagyszerűen
capitation [kæpɪ'teɪʃn] *n* 1. fejadó, fej-
pénz 2. lélekszám
Capitol ['kæpɪtl] *n US* parlamenti épü-
let(ek)
capitulate [kə'pɪtjʊleɪt; *US* -tʃə-] *vi*
megadja magát, kapitulál
capitulation [kəpɪtjʊ'leɪʃn; *US* -tʃə-]
n 1. megadás, feladás, kapituláció
2. felsorolás
capon ['keɪpən; *US* -pɑn] *n* kappan
capped [kæpt] →*cap II.*
caprice [kə'pri:s] *n* 1. szeszély 2. ön-
fejűség 3. caprice, capriccio
capricious [kə'prɪʃəs] *a* 1. szeszélyes
2. önfejű
Capricorn ['kæprɪkɔ:n] *n Tropic of ~*
Baktérítő
caps. [kæps] *capital letters*
capsicum ['kæpsɪkəm] *n* paprika
capsize [kæp'saɪz] A. *vi* felborul [hajó,
autó] B. *vt* felborít [hajót, autót]
capstan ['kæpstən] *n* csörlő, gugora
capsule ['kæpsju:l; *US* 'kæps(ə)l] *n*
1. (mag)tok; gubó, burok 2. kapszula
[orvossághoz]; kupak [palackon]; hü-
vely 3. (*space*) ~ (űr)kabin
Capt. *Captain*
captain ['kæptɪn; *US* -ən] I. *n* 1. száza-

dos 2. kapitány; parancsnok 3. vezér, vezető; ~ *of industry* iparmágnás II. *vt* parancsnoka, kapitánya [alakulatnak, sportcsapatnak stb.]
captaincy ['kæptɪnsɪ; *US* -tən-] *n* 1. századosi/kapitányi rang, kapitányság 2. parancsnokság
caption ['kæpʃn] *n* 1. képszöveg, képaláírás; felirat 2. fej [okiraté]
captious ['kæpʃəs] *a* 1. gáncsoskodó, kákán csomót kereső, szőrszálhasogató 2. furfangos [kérdés]
captivate ['kæptɪveɪt] *vt* meghódít, megnyer, elbájol
captivation [kæptɪ'veɪʃn] *n* elbájolás
captive ['kæptɪv] I. *a* 1. foglyul/rabul ejtett 2. letartóztatott, bebörtönzött 3. rögzített; ~ *balloon* rögzített léggömb II. *n* fogoly, rab; *take* ~ foglyul ejt
captivity [kæp'tɪvətɪ] *n* fogság, rabság
captor ['kæptə*] *n* foglyul ejtő
capture ['kæptʃə*] I. *n* 1. elfogás 2. zsákmány(olás) II. *vt* 1. elfog, foglyul ejt 2. bevesz [várat] 3. megragad [figyelmet]
capturing ['kæptʃərɪŋ] *n* 1. elfogás 2. bevétel [váré]
Capuchin ['kæpjʊʃɪn; *US* -tʃ-] *n* kapucinus
Capulet ['kæpjʊlet] *prop*
car [kɑ:*] *n* 1. kocsi, autó; ~ *aerial* autóantenna; ~ *rental* gépkocsikölcsönzés; *by* ~ kocsival, autóval 2. (vasúti) kocsi, vagon; *US* teherkocsi; kocsi [villamosé] 3. fülke [lifté]; gondola, kosár [léghajóé]
carafe [kə'ræf] *n* üvegkancsó
caramel ['kærəmel] *n* égetett cukor, karamella
carapace ['kærəpeɪs] *n* páncél [állaté]
carat ['kærət] *n* karát
caravan ['kærəvæn] I. *n* 1. karaván 2. lakókocsi; ~ *site* lakókocsitábor II. *vi* -nn- (*US* -n-) lakókocsiban/lakókocsival utazik
caravanner ['kærəvænə*] *n* lakókocsizó
caravanning ['kærəvænɪŋ] *n* utazás lakókocsival/lakókocsiban, lakókocsizás
caravanserai [kærə'vænsəraɪ] *n* karavánszálló

caravel ['kærəvel] *n* gyors kis hajó
caraway ['kærəweɪ] *n* kömény; ~ *seed* köménymag
carbide ['kɑ:baɪd] *n* karbid
carbine ['kɑ:baɪn] *n* karabély
car-body *n* kocsiszekrény, karosszéria
carbohydrate [kɑ:bə'haɪdreɪt] *n* szénhidrát
carbolic acid [kɑ:'bɔlɪk; *US* -'bɑ-] karbolsav
carbon ['kɑ:bən; *US* -ɑn] *n* 1. szén; ~ *dating* radiokarbon-kormeghatározás; ~ *dioxide* [daɪ'ɔksaɪd] széndioxid; szénsav(gáz); ~ *monoxide* szénmonoxid 2. szénrúd [ívlámpában] 3. = *carbon-paper* 4. ~ (*copy*) (indigó-)másolat
carbonaceous [kɑ:bə'neɪfəs] *a* széntartalmú
carbonate I. *n* ['kɑ:bənɪt; *US* -eɪt] karbonát II. *vt* ['kɑ:bəneɪt] szénsavval telít
carbonated ['kɑ:bəneɪtɪd] *a* szénsavas
carbonic [kɑ:'bɔnɪk; *US* -'bɑ-] *a* szén-; ~ *acid* szénsav
carboniferous [kɑ:bə'nɪfərəs] *a* széntartalmú
carbonize ['kɑ:bənaɪz] *vt* elszenesít
carbon-paper *n* indigó, másolópapir
carborundum [kɑ:bə'rʌndəm] *n* karborundum [csiszolóanyag]
carboy ['kɑ:bɔɪ] *n* (sav)ballon
carbuncle ['kɑ:bʌŋkl] *n* 1. gránátkő 2. karbunkulus, „darázsfészek" [kelevény]
carburetor ['kɑ:bəreɪtə*] *n US* = *carburetter*
carburetter, -rettor [kɑ:bjʊ'retə*] *n* karburátor, porlasztó
carcase, carcass ['kɑ:kəs] *n* 1. hulla, tetem, dög; ~ *meat* tőkehús 2. üres váz
carcinogenic [kɑ:sɪnə'dʒenɪk] *a* rákokozó, rákkeltő, karcinogén
carcinoma [kɑ:sɪ'noʊmə] *n* rák, carcinoma
card¹ [kɑ:d] I. *n* kártoló, gyapjúfésű II. *vt* kártol
card² [kɑ:d] *n* 1. kártya, névjegy, kartotéklap; ~ *catalogue* cédulakatalógus [könyvtári]; ~ *file* cédulagyűjtemény

[tudósé]; ~ index (file) kartoték, cédulakatalógus →card-index 2. (játék-) kártya; ~ trick kártyamutatvány; make a ~ ütést csinál; lay/put one's ~s on the table nyílt kártyával játszik; it's in the ~s azt veti ki a kártya; have a ~ up one's sleeve van még egy ütőkártyája; house of ~s kártyavár; play one's ~s well ügyesen intézi a dolgait, jól adminisztrálja magát 3. (levelező)lap; Christmas ~ karácsonyi üdvözlet 4. biz fickó; he is a ~ jópofa, érdekes ember
cardan-shaft ['kɑ:dən-] n kardántengely
cardboard n karton(papír)
card-carrying a tagdíjfizető, tényleges [párttag]
carder ['kɑ:də*] n kártoló
cardia ['kɑ:dɪə] n gyomorszáj
cardiac ['kɑ:dɪæk] a szívvel kapcsolatos [betegség stb.], szív-; ~ murmur szívzörej; ~ failure szívelégtelenség
Cardiff ['kɑ:dɪf] prop
cardigan ['kɑ:dɪgən] n kardigán
cardinal ['kɑ:dɪnl] I. a legfőbb, sarkalatos; ~ number tőszám; the ~ points a négy világtáj II. n bíboros
card-index vt kartotékol, kicéduláz ‖ → card² 1.
card-sharper n hamiskártyás, sipista
care [keə*] I. n 1. gond; free from ~ gondtalan(ul), gond nélkül(i) 2. gond, gondosság, gondoskodás, törődés, aggodalom, igyekezet; take ~ of sg vigyáz vmre, gondját viseli vmnek, gondoskodik vmről; take ~!, have a ~! vigyázz!; "glass with ~" vigyázat törékeny; want of ~ gondatlanság; ~ of Mr B, c/o Mr B B. úr leveleivel/ címén II. vi 1. törődik, gondol (about, for vkvel, vmvel); I don't ~!, what do I ~? bánom is én!; I don't ~ who you are nem érdekel ki vagy; I don't ~ a red cent, I could not ~ less fütyülök rá; I don't ~ if I do lehet róla szó; biz who ~s? ki bánja? 2. szeret(ne); hajlandó (vmt tenni); if/would you ~ to ha volna szíves..., volna-e kedve... szeretne-e...
care about vi törődik vmvel

care for vi 1. törődik vkvel/vmvel; foglalkozik vmvel, vm érdekli; f. all I ~ (én)felőlem (akár)..., énmiattam (ugyan...) 2. vmt szeret; would you ~ f. a drink? óhajt-e v. nincs kedve vmt inni?
careen [kə'ri:n] vt hajót oldalára fordít
career [kə'rɪə*] I. n 1. (élet)pálya, hivatás; pályafutás; karrier; ~ diplomat hivatásos diplomata; ~ girl (hivatásból) dolgozó nő 2. rohanás II. vi vágtat
careerist [kə'rɪərɪst] n karrierista
carefree a gondtalan
careful ['keəf(ʊ)l] a 1. gondos, figyelmes 2. óvatos; be ~! vigyázz!, légy óvatos!
carefully ['keəflɪ] adv 1. gondosan, figyelmesen 2. óvatosan
carefulness ['keəf(ʊ)lnɪs] n gondosság; óvatosság
careless ['keəlɪs] a 1. gondatlan, figyelmetlen 2. gondtalan
carelessness ['keəlɪsnɪs] n gondatlanság
caress [kə'res] I. n cirógatás, dédelgetés, átölelés, csókolás II. vt átölel, cirógat, dédelget
caret ['kærət] n hiányjel (ᴧ)
caretaker n (ház)felügyelő, (ház)gondnok, házgondozó; ~ government ideiglenes kormány, hivatalnokkormány
careworn a gondterhelt, elcsigázott
car-ferry n komp(hajó)
cargo ['kɑ:goʊ] n (pl ~(e)s -oʊz) szállítmány, teher, (hajó)rakomány
Caribbean Sea [kærɪ'bi:ən] prop Karib--tenger
caribou ['kærɪbu:] n rénszarvas
caricature ['kærɪkətjʊə*; US -tʃ-] I. n karikatúra, torzkép II. vt kifiguráz, karikatúrát rajzol (vkről)
caries ['keərɪ:z] n csontszú; (dental) ~ fogszuvasodás, fogszú
carillon ['kærɪljən; US 'kærəlɑn] n harangjáték
carious ['keərɪəs] a szuvas
Carl [kɑ:l] prop Károly
Carlisle [kɑ:'laɪl] prop
Carlton ['kɑ:lt(ə)n] prop
Carlyle [kɑ:'laɪl] prop
Carmelite ['kɑ:mɪlaɪt] n karmelita
carmine ['kɑ:maɪn] a/n karmazsinvörös

carnage ['ka:nɪdʒ] n mészárlás, vérontás
carnal ['ka:nl] a testi, érzéki, nemi; ~
knowledge nemi közösülés
carnation [ka:'neɪʃn] n szegfű
Carnegie [ka:'negɪ; US 'ka:r-] prop
carnival ['ka:nɪvl] n farsang, karnevál
carnivore ['ka:nɪvɔ:*] n húsevő
carnivorous [ka:'nɪv(ə)rəs] a húsevő
carob ['kærəb] n szentjánoskenyér(fa)
carol ['kær(ə)l] I. n vidám ének; Christ-
mas ~ karácsonyi ének; ~ singers
〈akik házról házra járva karácsonyi
éneket énekelnek, mint a mi betlehe-
meseink〉 II. vi/vt -ll- (US -l-) énekel
Caroline ['kærəlaɪn] prop Karolina,
Karola
carom ['kærəm] n US karambol [biliárd]
carousal [kə'rauzl] n mulatás, tivornya,
ivászat
carouse [kə'rauz] vi mulat, dőzsöl, iszik
carousel, US carrousel [kæru:'zel; US
kærə'sel] n 1. lovasjáték, karusszel 2.
US körhinta, ringlispil
carp¹ [ka:p] n ponty
carp² [ka:p] vt ócsárol
carpal ['ka:pəl] a kézfeji
car-park n várakozóhely, parkoló(hely)
Carpathian Mountains [ka:'peɪθjən] prop
Kárpátok
carpenter ['ka:pəntə*] I. n ács II. vt ácsol
carpentry ['ka:pəntrɪ] n ácsmesterség
carpet ['ka:pɪt] I. n szőnyeg; be on the ~
(1) szőnyegen forog/van [kérdés] (2)
dorgálásban részesül II. vt 1. szőnyeg-
gel takar/borít 2. felhint 3. biz össze-
szid, lehord
carpet-bagger n US politikai kalandor;
jöttment; szerencselovag
carpet-slippers n pl szövetpapucs
car-port n fedett autóparkoló, garázsfé-
szer [két oldalán nyitott]
carriage ['kærɪdʒ] n 1. kocsi, jármű;
GB (railway) ~ (vasúti) kocsi, vagon
2. szállítás, fuvarozás; szállítmány, fu-
var; letter of ~ fuvarlevél 3. fuvardíj;
~ forward fuvardíj utánvételezve;
~ free/paid bérmentve, fuvar(díj) fi-
zetve 4. testtartás
carriage-drive n kocsiút [parkban]
carriageway n 1. kocsiút, országút 2.
úttest

Carrie ['kærɪ] prop Lina, Linus, Linács-
ka
carrier ['kærɪə*] n 1. hordár, küldönc
2. fuvaros, bérkocsis; szállítóvállalat,
fuvarozó, szállítmányozó; common ~
(hivatásos) szállító, közfuvarozó 3.
csapatszállító jármű/hajó/stb. 4. ke-
ret, (csomag)tartó 5. (bacilus)hordo-
zó, bacilusgazda 6. hordozóanyag; ~
rocket hordozórakéta
carrier-bag n bevásárlószatyor
carrion ['kærɪən] n dög, hulla
carrion-crow n varjú
Carroll ['kær(ə)l] prop
carrot ['kærət] n 1. sárgarépa; hold out
a ~ to sy elhúzza a mézesmadzagot
vknek a szája előtt 2. biz ~s vörös
hajú ember
carroty ['kærətɪ] a vörös színű [haj]
carrousel →carousel
carry ['kærɪ] I. n 1. hordtávolság [fegy-
veré] 2. röppálya 3. sword at the ~
kivont karddal II. A. vt 1. (el)visz,
(el)szállít; it won't ~ you very far
nem mész vele sokra; ~ things too
far (v. to excess) túlzásba viszi a dolgo-
kat 2. hord, visel; ~ authority/weight
tekintélye/súlya van; ~ interest kama-
tozik; ~ arms! fegyvert vállra!; ~
one's liquor well jól bírja az italt;
~ it high magasan hordja az orrát;
~ oneself badly (1) rossz a tartása
(2) rosszul viselkedik 3. megnyer; el-
foglal; ~ a town beveszi a várost;
~ all/everything before one nagy/el-
söprő sikere van, mindenkit lehenge-
rel; he carried his hearers with him
magával ragadta hallgatóit; ~ one's
point véleményét elfogadtatja; the
bill was carried a törvényjavaslatot
elfogadták/megszavazták 4. von, ve-
zet; ~ a wall round the garden falat
húz a kert köré 5. [számolásban:]
~ two and seven are nine marad kettő
meg hét az kilenc; dot and ~ one
felír és marad B. vi hord [lőfegyver
vmennyire]; the sound carried 3 miles
a hang 3 mérföldre hallható volt
carry away vt elvisz; I got carried a.
elragadtattam magam
carry forward vt átvisz, áthoz [más

lapra]; *carried f.* átvitel [könyvelésben]
carry off *vt* elvisz, elnyer; ~ *it o.* megússza a dolgot; sikerül neki **carry on A.** *vt* folytat **B.** *vi* 1. ~ *on (with one's work etc.)* folytatja (munkáját stb.), tovább dolgozik 2. *biz* ~ *on with sy* flörtöl vkvel, viszonya van vkvel 3. *biz* furcsán viselkedik
carry out *vt* teljesít, végrehajt, kivitelez
carry over *vt* 1. átszállít, átvisz 2. átvisz [könyvelésben]; prolongál [tőzsdén] 3. (vkt) megnyer
carry through *vt* 1. végigcsinál, befejez 2. (nehézségekből baj nélkül) kivezet (vkt)
carry-cot *n* mózeskosár
carrying ['kærɪŋ] *n* 1. vitel, szállítás; ~ *of arms* fegyverviselés; ~ *capacity* (hasznos) szállítótér, teherbírás, hordképesség; ~ *trade* fuvarozás(i vállalat) 2. várbevétel 3. elfogadás [javaslaté]
carryings-on *n pl such* ~*!* micsoda (illetlen) viselkedés!
cart [kɑːt] I. *n* kétkerekű taliga, kordé; *put the* ~ *before the horse* fordított sorrendben csinál vmt; □ *be in the* ~ pácban/kutyaszorítóban van II. *vt* fuvaroz, (el)szállít; hord
cartage ['kɑːtɪdʒ] *n* 1. fuvarozás 2. fuvardíj
cartel [kɑːˈtel] *n* kartell
carter ['kɑːtə*] *n* taligás, fuvaros
Carthage ['kɑːθɪdʒ] *prop* Karthágó
Carthaginian [kɑːθəˈdʒɪnɪən] *a* karthágói
cart-horse *n* igásló
Carthusian [kɑːˈθjuːzjən] I. *a* karthauzi II. *n* karthauzi szerzetes
cartilage ['kɑːtɪlɪdʒ] *n* porc, porcogó
cart-load *n* szekérrakomány
cartographer [kɑːˈtɒgrəfə*; *US* -'tɑ-] *n* térképész
cartography [kɑːˈtɒgrəfɪ; *US* -tɑ-] *n* térképészet
carton ['kɑːtən] *n* 1. kéregpapír, karton 2. kartondoboz
cartoon [kɑːˈtuːn] I. *n* 1. (rajz)vázlat; freskóterv 2. karikatúra, tréfás rajz

3. (*animated*) ~ rajzfilm II. *vt* 1. vázlatot készít (vmről) 2. tréfás képet rajzol, karikatúrát készít (vkről, vmről)
cartoonist [kɑːˈtuːnɪst] *n* gúnyképrajzoló, karikaturista
cartophilist [kɑːˈtɒfɪlɪst; *US* -'tɑ-] *n* képeslapgyűjtő
cartridge ['kɑːtrɪdʒ] *n* 1. töltés, töltény, patron 2. (cserélhető) pick-up, lejátszófej [lemezjátszón] 3. kazetta(töltés)
cartridge-belt *n* töltényöv
cart-road *n* szekérút, földút
cart-wheel *n* 1. kocsikerék 2. *turn* ~*s* cigánykereket hány
cartwright *n* bognár, kocsigyártó
carve [kɑːv] *vt* 1. (fel)vág, szeletel 2. (ki)vés, (ki)farag [szobrot]
carver ['kɑːvə*] *n* 1. képfaragó 2. szeletelőkés
carving ['kɑːvɪŋ] *n* 1. faragás, vésés 2. (fa)faragvány, fafaragás
carving-knife *n* (*pl* -knives) szeletelőkés
cascade [kæˈskeɪd] *n* vízesés, zuhatag
case¹ [keɪs] *n* 1. ügy, eset; *if that's the* ~ ha így áll a dolog; *in no* ~ semmi esetre sem; *in this/that* ~ ebben/abban az esetben; *in* ~ feltéve, hogy...; amennyiben; ha; *just in* ~ arra az esetre, ha netalán; *in* ~ *of...* esetén; *in any* ~ mindenesetre; mindenképpen; *the* ~ *in point* a szóban forgó eset; *a* ~ *in point* hasonló/idevágó eset 2. ügy, eset [jogi]; *state one's* ~ előadja a tényállást, kifejti álláspontját; *make out a* ~ *against sy* vádat emel (v. keresetet indít) vk ellen
case² [keɪs] I. *n* 1. láda, doboz 2. tok, tartó; fiók; táska 3. szekrény 4. *upper* ~ (nyomtatott) nagybetű(k), verzál (betűk); *lower* ~ kisbetű(k), kurrens (betűk, szedés) II. *vt* 1. becsomagol, ládába/tokba tesz/rak, ládáz 2. bevon, behúz, (be)burkol
case-book *n* 1. döntvénytár 2. [orvosi] esetnapló 3. dokumentumgyűjtemény
case-endings *n pl* (nyelvtani) esetragok
case-hardened [-hɑːdnd] *a* 1. (keményre) acélozott; fémfelületű 2. *biz* lelkileg eltompult
case-history *n* kórelőzmény, anamnézis
casein ['keɪsiːɪn] *n* kazein

9

case-law *n* esetjog
casement ['keɪsmənt] *n* ablak(szárny)
casement-window *n* (szárnyas) ablak
case-report *n* kórleírás
case-study *n* esettanulmány
casework *n* esettanulmány
case-worker *n* kb. szociális előadó
cash [kæʃ] I. *n* 1. készpénz; *hard* ~ készpénz; *net* ~ készpénzfizetés engedmény nélkül; *ready* ~ fizetés az áru átvételekor; ~ *and carry* „fizesd és vidd" [eladási feltétel]; ~ *down* készpénz(fizetés) ellenében; ~ *in hand* készpénzállomány, pénztári készlet; *in* ~ készpénzben 2. pénz; *be out of* ~ nincs pénze; *be in* ~ van pénze II. A. *vt* készpénzt kap/ad [csekkért stb.], bevált [csekket]; ~ *in* befizet [pénzt bankba]; *biz* ~ *in (one's checks)* beadja a kulcsot B. *vi US biz* ~ *in on sg* hasznot húz vmből
cash-account *n* pénztárszámla
cash-book *n* pénztárkönyv
cash-box *n* pénzszekrény
cash-desk *n* pénztár
cashew [kæ'ʃu:] *n* kesu(dió)
cashier¹ [kæ'ʃɪə*] *n* pénztáros
cashier² [kə'ʃɪə*] *vt* elbocsát
cashmere [kæʃ'mɪə*] *n* kasmír(szövet)
cash-register *n* pénztárgép
casing ['keɪsɪŋ] *n* 1. burkolat; tömítés; foglalat; tok 2. abroncs [autógumié] 3. *US* □ ~ *the joint* terepszemle [rablás előtt]
casino [kə'si:nou] *n* játékkaszinó
cask [kɑ:sk; *US* -æ-] *n* hordó
casket ['kɑ:skɪt; *US* -æ-] *n* 1. ékszerládika 2. *US* érckoporsó
Caspian Sea ['kæspɪən] *prop* Kaspi-tenger
casque [kæsk] *n* sisak
casserole ['kæsəroʊl] *n* 1. tűzálló tál/ edény; lábas, serpenyő 2. ragu/vagdalék tűzálló tálban
cassette [kə'set] *n* kazetta; ~ *(tape) recorder* kazettás magnó
Cassius ['kæsɪəs; *US* 'kæʃəs] *prop*
cassock ['kæsək] *n* reverenda
cassowary ['kæsəweərɪ; *US* -werɪ] *n* kazuár
cast [kɑ:st; *US* -æ-] I. *a* ~ *iron* öntött

vas →*cast-iron* II. *n* 1. dobás, hajítás; dobás távolsága 2. (kocka)vetés, sors 3. mozgás, irány [szemé]; *have a* ~ *in one's eye* kancsalít 4. minta, öntvény, lenyomat 5. szereposztás 6. színárnyalat 7. összeadás 8. fajta, típus; ~ *of mind* lelkület, észjárás; *a man of his* ~ a magafajta ember III. *vt (pt/pp* cast kɑ:st; *US* -æ-) 1. dob, vet, hajít; ~ *the lead* tengermélységet mér; ~ *loose* szabadjára enged; ~ *a glance at sg* rápillant vmre 2. ledob, levet [ruhát]; elhány, elveszt [fogat, patkót stb.]; *the cow* ~ *its calf* a tehén elvetélt 3. (ki)számol; ~ *figures* számokat összead; ~ *sy in costs* költségekben elmarasztal vkt 4. önt [fémet] 5. [szerepet] kioszt
cast about *vi* ~ *a. for sg* keresgél vmt
cast aside *vt* félredob, félretesz
cast down *vt* lehangol
cast in *vt* ~ *in one's lot with sy* vkvel közös kockázatot vállal, osztozik vk sorsában
cast off *vt* 1. elbocsát; kitaszít (vkt) 2. levet [ruhát, előítéletet], elvet 3. befejez [horgolást]; szemeket fogyaszt [kötésben]
cast on *vi* kötést elkezd; szemet szaporít [kötésen]
cast up *vt* összead [számokat]
castaway ['kɑ:stəweɪ; *US* 'kæ-] *n* 1. hajótörött 2. kitaszított
caste [kɑ:st; *US* -æ-] *n* kaszt; *lose* ~ társadalmi helyzetét elveszti, deklaszszálódik
castellated ['kæstəleɪtɪd] *a* bástyás
castigate ['kæstɪgeɪt] *vt* 1. fenyít, büntet 2. szigorúan (meg)bírál
castigation [kæstɪ'geɪʃn] *n* 1. fenyítés, botozás 2. szigorú bírálat
casting ['kɑ:stɪŋ; *US* -æ-] I. *a* ~ *vote* döntő szavazat II. *n* 1. öntés 2. öntvény
cast-iron *a* 1. öntöttvas *átv* merev, haj(lí)thatatlan
castle [kɑ:sl; *US* -æ-] I. *n* 1. vár, kastély; ~*s in the air,* ~*s in Spain* légvárak; *my house is my* ~ az én házam az én váram 2. bástya [sakkban] II. *vt* sáncol [sakkban]

cast-off I. *a* 1. levetett; kiselejtezett; ~ *clothing* levetett ruhák 2. visszautasított, elvetett [dolog] II. *n* 1. ~*s* levetett ruhák 2. elvetett dolog, viszszautasított személy
castor ['kɑ:stə*; US -æ-] *n* 1. szóró [cukoré, borsé stb.]; ~ *sugar* porcukor 2. gurítókerék [zongora stb. lábán], bútorgörgő
castor-oil *n* ricinusolaj
castrate [kæ'streɪt; US 'kæs-] *vt* kiherél
castration [kæ'streɪʃn] *n* kiherélés
casual ['kæʒjʊel v. -ʒʊ-; US -ʒʊ-] I. *a* 1. véletlen 2. alkalmi; ~ *hand/labourer* alkalmi munkás; † ~ *ward* hajléktalanok menhelye 3. *biz* rendszertelen, nemtörődöm 4. (hét)köznapi, mindennapi, utcai [ruha] II. *n* alkalmi munkás
casualty ['kæʒjʊəltɪ v. -ʒʊ-; US -ʒʊ-] *n* 1. (halálos) baleset; sérülés; háláleset; ~ *ward/department* baleseti osztály [kórházban] 2. halott, sebesült [háborús]; (baleseti) sérült; ~ *list* háborús veszteséglista; *casualties* (1) veszteség [emberben] (2) halálos áldozatok [balesetkor]
casuist ['kæzjʊɪst; US -ʒʊ-] *n* kazuista
cat [kæt] *n* 1. macska; *bell the* ~ bemegy az oroszlán barlangjába; *see which way the* ~ *jumps* kivárja a fejleményeket; *let the* ~ *out of the bag* elárulja a titkot, eljár a szája; *a* ~ *may look at a king* a legkisebbnek is megvannak a jogai; *like a* ~ *on hot bricks* tűkön ül 2. rosszindulatú nő; *she is a regular old* ~ undok/vén boszorka/bestia 3. (kilencágú) korbács; *no room to swing a* ~ olyan szűk a hely, hogy mozdulni/mozogni se lehet (benne)
cataclysm ['kætəklɪzm] *n* 1. özönvíz 2. felfordulás
catafalque ['kætəfælk] *n* ravatal
Catalan ['kætələn] *a* katalán
catalepsy ['kætəlepsɪ] *n* merevkór, „viaszmerevség"
catalogue, *US* -log ['kætələɔg; *US* -ɔːg] I. *n* jegyzék, katalógus II. *vt* lajstromoz, jegyzékbe vesz, katalogizál
Catalonia' [kætə'loʊnjə] *prop*

catalpa [kə'tælpə] *n* szivarfa, katalpa
catamaran [kætəmə'ræn] *n* katamarán
cat-and-dog [kætn'-] *a lead a* ~ *life* kutya-macska barátságban élnek
catapult ['kætəpʌlt] I. *n* 1. parittya, csúzli 2. hajítógép; katapult II. *vt* katapulttal indít/kilő [repgépet, pilótát], katapultál
cataract ['kætərækt] *n* 1. vízesés 2. hályog [szemen]
catarrh [kə'tɑ:*] *n* hurut
catastrophe [kə'tæstrəfɪ] *n* katasztrófa, szerencsétlenség
catastrophic [kætə'strɔfɪk; *US* -ɑf-] *n* szerencsétlen, végzetes, katasztrofális
cat-burglar *n* padláson át besurranó betörő
catcall I. *n* kifütyülés, lehurrogás II. *vt* kifütyül, lehurrog
catch [kætʃ] I. *n* 1. elfogás, elkapás [labdáé] 2. fogás; zsákmány 3. csapda, csel; fogas kérdés; *there's a* ~ *in it* valami gyanús/csalafintaság van a dologban 4. csappantyú, (csapó-) zár; zárnyelv; retesz; tolóka 5. kánon [zenei] II. *v* (*pt/pp* caught kɔ:t) A. *vt* 1. (meg)fog, megragad; elfog, elcsíp; ~ *hold of sg* megragad vmt; ~ *sight of sy* észrevesz vkt; ~ *the bus* eléri/elcsípi a buszt; ~ *fire* meggyullad, tüzet fog; *he caught his finger in the door* becsípte az ujját az ajtóba; *biz you'll* ~ *it!* ki fogsz kapni!, ráfázol még! 2. rajtakap; ~ *sy in the act* rajtakap; ~ *me doing it!* próbálj rajtakapni!, ne félj, nem teszem! 3. felfog, (meg)ért; *I didn't* ~ *what you said* nem értettem, mit mondtál 4. elfog, elkap [tekintetet] 5. megkap, elkap [betegséget]; ~ *cold* megfázik, meghűl 6. *biz* rászed, becsap 7. ~ *sy a blow* behúz vknek egy ütést B. *vi* 1. (meg)akad, fog [fogaskerék stb.], bezáródik [ajtó] 2. ~ (*in the pan*) odaég [étel], lekozmál [tej]
catch at *vi* utánakap, vm után kap
catch on *vi biz* 1. sikere van 2. ért, „kapcsol"; *he hadn't caught on* (1) nem vált be (2) nem érti a célzást/ viccet, „nem kapcsolt"

catch out *vt* rajtakap, tetten ér
catch up A. *vt* 1. ~ *sy up* utolér vkt
2. felfüggeszt 3. elfog 4. közbeszól,
félbeszakít 5. megért B. *vi* ~ *up
with sy* utolér vkt
catch-as-catch-can ['kætʃəzkætʃ'kæn] *n*
szabadfogású birkózás, pankráció
catcher ['kætʃə*] *n* fogó [játékos]
catching ['kætʃɪŋ] I. *a* 1. ragályos, raga-
dós 2. fülbemászó [dallam]
catchment area ['kætʃmənt] *n* vízgyűj-
tő terület
catchpenny I. *a* reklám célú/ízű, feltűnő,
blikkfangos II. *n* mutatós de értékte-
len áru, bóvli
catchphrase *n* divatos szólás
catchword *n* 1. divatos jelszó 2. élőfej
[szótárban] 3. őrszó
catchy ['kætʃɪ] *a* 1. ravasz, fogós 2.
elbájoló 3. fülbemászó
catechism ['kætɪkɪzm] *n* katekizmus, káté
catechize ['kætɪkaɪz] *vt* 1. kérdés és
felelet formájában tanít 2. kikérdez
categorical [kætɪ'gɒrɪkl; US -'gɔː-] *a* fel-
tétlen, kategorikus; határozott
category ['kætɪgərɪ] *n* fogalomkör, osz-
tály, kategória
cater ['keɪtə*] *vi* ~ *for (US: to)* ellát,
élelmez (vkt), gondoskodik (vkről)
cater-cornered [-'kɔːnəd] *a/adv* US át-
lósan szemben(i)
caterer ['keɪtərə*] *n* élelmiszerszállító,
élelmező (vállalat)
catering ['keɪtərɪŋ] I. *a* ~ *department*
élelmiszerosztály [áruházban]; ~ *trade*
vendéglátóipar II. *n* ellátás, élelme-
zés; utasellátás
caterpillar ['kætəpɪlə*] *n* hernyó; ~
tractor hernyótalpas traktor
caterwaul ['kætəwɔːl] *vi* 1. nyivákol,
nyávog, nyervog 2. kornyikál
caterwauling ['kætəwɔːlɪŋ] *n* macska-
zene, nyervogás
catgut ['kætgʌt] *n* bélhúr
Cath. *Catholic*
catharsis [kə'θɑːsɪs] *n* (*pl* -ses -siːz)
lelki megtisztulás, katarzis
cathartic [kə'θɑːtɪk] *a/n* hashajtó
Cathay [kæ'θeɪ] *prop* Kína
cathedral [kə'θiːdr(ə)l] *n* székesegyház;
~ *town* püspöki város

Cather ['kæðə*] *prop*
Catherine ['kæθ(ə)rɪn] *prop* Katalin
catheter ['kæθɪtə*] *n* katéter
Cathleen ['kæθliːn] *prop* Katalin [írül]
cathode ['kæθoʊd] *n* katód
catholic ['kæθəlɪk] I. *a* 1. katolikus,
általános, egyetemes 2. szabadelvű
II. *n* (római) katolikus
catholicism [kə'θɒlɪsɪzm; US -'θɑ-] *n*
katolicizmus
catholicity [kæθə'lɪsətɪ] *n* elfogulatlanság
cat-ice *n* hártyás jég
catkin ['kætkɪn] *n* barka
cat-lap *n* lötty, rossz tea
cat-nap *n* szunyókálás, szundítás
cat-o'-nine-tails [kætə'naɪnteɪlz] *n* *pl*
kilencágú korbács
cat's-cradle *n* levevős játék
cat's-eye *n* macskaszem
Catskill ['kætskɪl] *prop*
cat's-meat *n* macskaeledel
cat's-paw *n* 1. enyhe szellő 2. ⟨beugra-
tott ember, aki másnak „kikaparja
a forró gesztenyét"⟩, „pali"
cat's-tail *n* nádbuzogány
catsup ['kætsəp] *n* = *ketchup*
cattail *n* = *cat's-tail*
cattish ['kætɪʃ] *a* rosszindulatú, ravasz,
alattomos, komisz
cattle ['kætl] *n* marha, (lábas)jószág;
horned ~ szarvasmarha
cattle-show *n* mezőgazdasági kiállítás;
tenyészállatvásár
cattle-truck *n* marhavagon; marhaszál-
lító teherautó
catty ['kætɪ] *a* = *cattish*
cat-walk *n* 1. keskeny gyalogjáró/fu-
tóhíd 2. tetőjáró
Caucasian [kɔː'keɪzjən; US -ʒn] *a* kau-
kázusi
Caucasus ['kɔːkəsəs] *prop* Kaukázus
caucus ['kɔːkəs] *n* 1. pártválasztmány
2. *GB* pártvezetőségi gyűlés
caudal ['kɔːdl] *a* farki, far(o)k-
caught → *catch II.*
caul [kɔːl] *n* 1. magzatburok 2. csep-
lesz
cauldron, US caldron ['kɔːldr(ə)n] *n*
katlan, üst
cauliflower ['kɒlɪflaʊə*; US 'kɔː-] *n*
kelvirág, karfiol

caulk, *US* calk [kɔ:k] *vt* hézagol, duggat [hajó stb. repedéseit, réseit]
causal ['kɔ:zl] *a* okozati, oki, ok-
causality [kɔ:'zælətɪ] *n* okság, okviszony
causative ['kɔ:zətɪv] *a/n* műveltető (ige)
cause [kɔ:z] I. *n* 1. ok 2. ügy 3. pör II. *vt* okoz, előidéz; ~ *sy to do sg* vmt csináltat/tétet vkvel
causeless ['kɔ:zlɪs] *a* oktalan, indokolatlan
causeway ['kɔ:zweɪ] *n* út töltésen, töltés(út) [mocsáron át]
caustic ['kɔ:stɪk] *a* 1. maró, égető 2. *átv* csípős, epés
cauterize ['kɔ:təraɪz] *vt* kiéget
caution ['kɔ:ʃn] I. *n* 1. óvatosság 2. biztosíték, óvadék 3. figyelmeztetés; intés; *he was let off with a* ~ dorgálással megúszta 4. □ különös/furcsa alak/dolog, csodabogár II. *vt* figyelmeztet, óva int
cautionary ['kɔ:ʃ(ə)nərɪ; *US* -erɪ] *a* óva intő
cautious ['kɔ:ʃəs] *a* óvatos
cautiousness ['kɔ:ʃəsnɪs] *n* óvatosság
cavalcade [kævl'keɪd] *n* lovas felvonulás; fogatbemutató
cavalier [kævə'lɪə*] I. *a* fennhéjázó II. *n* 1. lovas; lovag 2. *GB* C~*s* királypártiak [I. Károly hívei]
cavalry ['kævlrɪ] *n* lovasság
cavalryman ['kævlrɪmən] *n* (*pl* -men -mən) huszár
cave¹ [keɪv] I. *n* 1. barlang 2. üreg II. A. *vt* kiváj B. *vi* ~ *in* (1) beomlik (2) megadja magát, beadja a derekát
cave² ['keɪvɪ] *int* vigyázz (jön a tanár)! figyelmeztetés
caveat ['kævɪæt; *US* 'keɪ] *n* óva intés, figyelmeztetés
cave-dweller *n* = *caveman 1.*
caveman *n* (*pl* -men) 1. barlanglakó 2. ösztönember
Cavendish ['kæv(ə)ndɪʃ] *prop*
cavern ['kæv(ə)n] *n* barlang, üreg
cavernous ['kæv(ə)nəs] *a* üreges
caviar(e) ['kævɪa:*] *n* kaviár
cavil ['kævɪl] *vi* -ll- (*US* -l-) gáncsoskodik, szőröz
cavity ['kævətɪ] *n* 1. üreg, odú, lyuk 2. odvasság, szuvasodás [fogé]

cavort [kə'vɔ:t] *vi biz* fickándozik, ugrabugrál
caw [kɔ:] *vi* károg; krákog
Cawdor ['kɔ:də*] *prop*
Caxton ['kækst(ə)n] *prop*
C.B., CB [si:'bi:] 1. *Companion (of the Order) of the Bath* ⟨egy brit kitüntetés⟩
C.B.E., CBE [si:bi:'i:] *Commander (of the Order) of the British Empire* ⟨egy brit kitüntetés⟩
CBS [si:bi:'es] *Columbia Broadcasting System* ⟨egy amerikai rádiótársaság⟩
CC 1. *County Council* megyei tanács 2. *Cricket Club*
cc *cubic centimetre(s)* köbcentiméter, cm³
CD [si:'di:] *Corps Diplomatique* (= *Diplomatic Service/Corps*) a diplomáciai testület, DT
Cdr. *Commander*
Cdre. *Commodore*
C.E., CE [si:'i:] 1. *Church of England* 2. *Civil Engineer*
cease [si:s] I. *n* megállás, szünet; *without* ~ szüntelenül II. A. *vt* abbahagy, megszüntet; ~ *fire!* tüzet szüntess! B. *vi* 1. megszűnik, abbamarad 2. eláll (*from* vmtől, *from doing sg* vmnek a megtételétől)
cease-fire *n* tűzszünet
ceaseless ['si:slɪs] *a* szakadatlan, szüntelen
Cecil ['sesl; *US* 'si:sl] *prop* Cecilián ⌊ˈtertɪnev⌋
Cecilia [sɪ'sɪljə] *prop* Cecília
Cecily ['sɪsɪlɪ] *prop* Cecília, Cili
cedar ['si:də*] *n* cédrus(fa)
cede [si:d] *vt* átenged, felad, engedményez (*to* vkre, vknek); ~ *a right to sy* jogot átenged vknek
Cedric ['si:drɪk] *prop* ⟨angol férfinév⟩
ceiling ['si:lɪŋ] *n* 1. mennyezet, plafon; *US hit the* ~ plafonig ugrik 2. (*price*) ~ maximális ár(szint), plafon 3. maximális emelkedési határ, csúcsmagasság [repgépé]
celandine ['seləndaɪn] *n* 1. (vérehulló) fecskefű 2. salátaboglárka
celebrate ['selɪbreɪt] *vt* 1. (meg)ünnepel 2. dicsőit 3. ~ *Mass* misézik

celebrated ['selɪbreɪtɪd] a híres, ünnepelt
celebration [selɪ'breɪʃn] n 1. (meg)ünneplés 2. dicsőítés
celebrity [sɪ'lebrətɪ] n 1. hírnév 2. híres ember, híresség, kitűnőség
celerity [sɪ'lerətɪ] n gyorsaság, sebesség
celery ['selərɪ] n zeller
celestial [sɪ'lestjəl; US -tʃl] a 1. mennyei, égi; ~ body égitest 2. the C~ Empire a kínai birodalom
Celia ['si:ljə] prop Célia
celibacy ['selɪbəsɪ] n nőtlenség
celibate ['selɪbət] a/n nőtlen
cell [sel] n 1. cella, zárka 2. cella [akkuban] 3. sejt
cellar ['selə*] n pince
cellarage ['selərɪdʒ] n 1. raktározás pincében; pincehelyiség 2. pincebér
cellist ['tʃelɪst] n csellista
cello ['tʃeloʊ] n cselló
cellophane ['seləfeɪn] n celofán
cellular ['seljʊlə*] a 1. sejtes, sejt-; sejt alakú 2. laza szövetű
celluloid ['seljʊlɔɪd] n celluloid
cellulose ['seljʊloʊs] n cellulóz
Celsius ['selsjəs] prop
Celt [kelt; US selt v. kelt] n kelta (ember)
Celtic ['keltɪk; labdarúgócsapat: 'sel-] I. a kelta II. n kelta nyelv
cement [sɪ'ment] I. n 1. cement 2. ragasztószer; (fog)cement 3. átv kötelék II. 1. cementez; (cementtel) öszszeragaszt; ~ed lens ragasztott lencse 2. átv megerősít, megszilárdít
cement-mixer n betonkeverő (gép)
cemetery ['semɪtrɪ; US -əterɪ] n temető
cenotaph ['senətɑ:f; US -æf] n [jelképes] (dísz)síremlék, kenotáfium; The C~ ⟨a két világháború hősi halottainak emlékműve Londonban⟩
cense [sens] vt tömjénez
censer ['sensə*] n tömjénező
censor ['sensə*] I. n 1. cenzor 2. erkölcsbíró II. vt megvizsgál, cenzúráz
censorial [sen'sɔ:rɪəl] a cenzori
censorious [sen'sɔ:rɪəs] a bírálgató, szigorú
censorship ['sensəʃɪp] n 1. cenzori hivatal/tisztség 2. cenzúra

censure ['senʃə*] I. n kifogás, (elítélő/megbélyegző) bírálat, megrovás; vote of ~ bizalmatlanság szavazása II. vt (meg)fedd, megró, elítél, rosszall
census ['sensəs] n népszámlálás; összeírás
cent [sent] n cent [a dollár századrésze]; I haven't got a red ~ nincs egy vasam se
cent. century
centenarian [sentɪ'neərɪən] I. a százéves II. n százéves ember
centenary [sen'ti:nərɪ; US 'sentənerɪ] I. a százéves, századik; centenáriumi II. n százéves/századik évforduló, centenárium
centennial [sen'tenjəl] a/n = centenary
center →centre
centigrade ['sentɪgreɪd] a százas beosztású; ~ thermometer Celsius-hőmérő
centigram(me) ['sentɪgræm] n centigramm
centimetre, US -meter ['sentɪmi:tə*] n centiméter
centipede ['sentɪpi:d] n százlábú
central ['sentr(ə)l] I. a központi, közép-; ~ heating központi fűtés; C~ Europe Közép-Európa II. n US (telefon)központ
centralization [sentrəlaɪ'zeɪʃn; US -lɪ'z-] n központosítás, centralizáció
centralize ['sentrəlaɪz] A. vt központosít, centralizál B. vi központosul
centrally ['sentrəlɪ] adv központilag
centre, US center ['sentə*] I. n 1. középpont, központ; ~ of commerce kereskedelmi gócpont 2. közép(párt) II. A. vt 1. központosít; összpontosít; középpontba állít; be ~d upon vmre összpontosul 2. középre ad [labdát] B. vi ~ (up)on sg vmre összpontosul; ~ round sg vm körül forog
centre-board n svert, fenékuszony
centre-forward n középcsatár
centre-half n (pl -halves) középfedezet
centre-piece n asztaldísz
centrifugal [sen'trɪfjʊgl] a centrifugális, röpítő
centrifuge ['sentrɪfju:dʒ] n centrifuga
centripetal [sen'trɪpɪtl] a centripetális, központkereső

century ['sentʃərɪ] n (év)század
ceramic [sɪ'ræmɪk] a kerámiai
ceramics [sɪ'ræmɪks] 1. n kerámia [ipar],
agyagművesség 2. n pl kerámia, ke-
rámiai termékek
ceramist ['serəmɪst] n keramikus
cereal ['sɪərɪəl] I. a gabonanemű II.
n 1. gabonanemű, -növény, liszttter-
mék; ~s gabonafélék, -neműek 2.
rendsz pl ⟨reggelire tejjel fogyasztott
készétel, pl. zab- v. kukoricapehely⟩
cerebellum [serɪ'beləm] n (pl ~s -z v.
-bella -belə) nyúltagy, kisagy
cerebral ['serɪbr(ə)l] a agyi, agy-; ~
accident/haemorrhage agyvérzés; ~
sclerosis agyérelmeszesedés
cerebrum ['serɪbrəm] n (pl ~s -z v.
-bra -brə) agyvelő, nagyagy
ceremonial [serɪ'moʊnjəl] I. a szertar-
tásos, ünnepélyes II. n szertartás,
ünnepély
ceremonious [serɪ'moʊnjəs] a 1. ünne-
pélyes, szertartásos 2. merev, formá-
lis, körülményes
ceremony ['serɪmənɪ; US -moʊ-] n
szertartás, ünnepély; stand on ~
ragaszkodik a formaságokhoz; without
~ teketória nélkül
cerise [sə'ri:z] a cseresznyepiros
cert¹ [sə:t] n □ biztos dolog, tuti
cert² [sə:t] n biz (iskolai) bizonyítvány,
bizi
cert. certificate(d) oklevél, okleveles,
okl.
certain ['sə:tn] a 1. biztos; for ~ bizto-
san; make ~ of sg (1) megbizonyoso-
dik/meggyőződik vmről (2) biztosít
vmt 2. bizonyos; valami; a ~ egy
bizonyos; a ~ Mr. Brown valami B.
úr, (egy) bizonyos B. úr
certainly ['sə:tnlɪ] adv 1. biztosan 2.
[válaszként] ~! hogyne!, feltétle-
nül!; szívesen!; ~ not! semmi esetre
sem!
certainty ['sə:tntɪ] n biztosság, bizo-
nyosság
certifiable [sə:tɪ'faɪəbl] a igazolható;
biz he is ~ szédült pali, kötözni való
bolond
certificate I. n [sə'tɪfɪkət] 1. bizonyít-
vány; igazolás; igazolvány; bizony-

lat 2. [iskolai] bizonyítvány; okle-
vél; general ~ of education (GCE) kb.
érettségi bizonyítvány II. vt [sə'tɪfɪ-
keɪt] igazol, bizonyít
certificated [sə'tɪfɪkeɪtɪd] a képesített,
okleveles
certified ['sə:tɪfaɪd] a igazolt, hiteles(í-
tett); ~ copy hiteles(ített) másolat;
US ~ public accountant okleveles
könyvvizsgáló ‖ →certify
certify ['sə:tɪfaɪ] A. vt (írásban) igazol,
bizonyít; this is to ~ (that) ezennel
igazolom/igazoljuk (,hogy); biz you
ought to be certified megőrültél? B.
vi ~ to sg tanúskodik (v. igazolást ad)
vmről
certitude ['sə:tɪtjuːd; US -tuːd] n bizo-
nyosság
cerulean [sɪ'ruːljən] a égszínkék
cerumen [sɪ'ruːmen] n fülzsír
cervical [sə:'vaɪkl; US 'sə:vɪkl] a nyaki,
nyak-
Cesarean →Caesarean
cessation [se'seɪʃn] n megszűnés, meg-
szüntetés; ~ of arms fegyverszünet
cession ['seʃn] n lemondás, átengedés
cesspit ['sespɪt] n = cesspool
cesspool ['sespuːl] n pöcegödör, emész-
tőgödör
Ceylon [sɪ'lɔn; US -ɑn] prop = Sri
Lanka
Ceylonese [selə'niːz] a/n ceyloni, szin-
galéz
cf. [kəm'peə*] confer (= compare) lásd,
l., vesd össze, vö.
c/f, c.f. carried forward átvitel
cg centigram(me)(s) centigramm, cg
CGS, cgs [siːdʒiː'es] 1. centimetre-gramme-
-second (system of units) CGS-(mérték-)
rendszer 2. Chief of General Staff
ch. chapter
chafe [tʃeɪf] I. n (fel)horzsolás II. A.
vt 1. (ki)dörzsöl, (fel)horzsol 2. fel-
ingerel, felizgat B. vi felháborodik,
dühöng (at vm miatt)
chaff [tʃɑːf; US -æ-] I. n 1. pelyva,
szecska 2. értéktelen holmi 3. inger-
lés, ugratás II. vt megtréfál, ugrat,
csipked
chaff-cutter n szecskavágó (gép)
chaffinch ['tʃæfɪntʃ] n pinty

chafing ['tʃeɪfɪŋ] n dörzsölés, felhorzsolás
chafing-dish n gyorsforraló
chagrin ['ʃægrɪn; US ʃə'grɪn] I. n 1. bosszúság, kellemetlenség 2. gond, (lelki) fájdalom II. vt bosszant, bánt; be ~ed at sg bántja vm, bosszankodik vm miatt
chain [tʃeɪn] I. n 1. lánc; láncolat; ~ of hotels szállodahálózat; ~ of ideas gondolatsor; ~ (of shops v. US stores) (üzlet)hálózat; US ~ store fiók(üzlet) 2. (főleg pl) lánc, bilincs II. vt leláncol, megláncol, megbilincsel
chain-bridge n lánchíd
chain-gang n US összeláncolt rabok
chain-letter n hólabda (levelezés)
chain-mail n páncéling
chain-reaction n láncreakció
chain-smoker n ⟨aki egyik cigarettáról a másikra gyújt⟩
chain-stitch n láncöltés
chair [tʃeə*] I. n 1. szék; take ιa~~ leül 2. (egyetemi) tanszék 3. elnök(ség) [gyűlésen]; take the ~, be in the ~ elnököl; leave the ~ berekeszti az ülést; ~! rendre! II. vt elnököl [ülésen]
chair-back n széktámla
chair-lift n libegő
chairman ['tʃeəmən] n (pl -men -mən) elnök [gyűlésen]
chaise [ʃeɪz] n hintó, cséza
chalet ['ʃæleɪ; US -'leɪ] n faház, nyaralóház
chalice ['tʃælɪs] n kehely
chalk [tʃɔ:k] I. n 1. kréta; not by a long ~ korántsem, távolról sem; as different as ~ and cheese ég és föld (különbség); □ he walked his ~ meglógott, „olajra lépett" 2. mészkő II. vt 1. bekrétáz, krétával ír/ megjelöl; ~ up sg (eredményt) elér, (pontot) szerez 2. mésszel trágyáz
chalky ['tʃɔ:kɪ] a 1. krétás; krétaszerű; meszes 2. sápadt
challenge ['tʃælɪndʒ] I. n 1. kihívás |párbajra, sportküzdelemre]; alkalom az erőpróbára 2. feladat; érdeklődéskeltés II. vt 1. kihív [párbajra,

küzdelemre]; ellenállásra/ellentmondásra késztet 2. kérdőre/felelősségre von; dacol (vmvel), ellenszegül (vmnek); felszólít 3. kétségbe von; (esküdtek személyét) kifogásolja
challenge-cup n vándordíj
challenger ['tʃælɪndʒə*] n 1. felszólító 2. kihívó
challenging ['tʃælɪndʒɪŋ] a kihívó; állás foglalásra/reagálásra késztető
chamber ['tʃeɪmbə*] n 1. † szoba; terem 2. chambers pl (1) garzonlakás (2) ügyvédi iroda 3. kamara; C~ of Commerce Kereskedelmi Kamara; ~ music kamarazene; ~ orchestra kamarazenekar 4. ház [országgyűlésé] 5. kamra; üreg, (töltény)űr, tölténytartó; revolver with six ~s hatlövetű revolver
chamberlain ['tʃeɪmbəlɪn] n kamarás
chambermaid n szobalány, szobaasszony [szállodában]
chamber-pot n éjjeli(edény)
chamfer ['tʃæmfə*] vt 1. rovátkol; kifúr 2. lesarkít, leélez
chamois ['ʃæmwɑ:; US 'ʃæmɪ] n 1. zerge 2. = chamois-leather
chamois-leather ['ʃæmɪ-] n zergebőr, szarvasbőr, kecskebőr
champ [tʃæmp] vt zajosan rágcsál; ropogtat [abrakot]
champagne [ʃæm'peɪn] n pezsgő
champaign ['tʃæmpeɪn] n síkság
champion ['tʃæmpjən] I. n bajnok II. vt síkra száll (vmért)
championship ['tʃæmpjənʃɪp] n 1. bajnokság 2. síkraszállás [egy ügyért]
chance [tʃɑ:ns; US -æ-] I. n 1. véletlen; by ~ véletlenül 2. eshetőség, lehetőség, esély, valószínűség, (kedvező) alkalom; kilátás; give sy a ~ (korrekt módon) alkalmat ad vknek vmre; have an eye to the main ~ mindenben a maga hasznát keresi, a pénz neki a fő; on the ~ that . . . arra számítva, hogy; on the off ~ abban a valószínűtlen esetben, ha; the ~s are that . . . igen valószínű, hogy . . .; stand a good/fair ~ jó esélye van 3. szerencse; kockázat; game of ~ szerencsejáték; take ~s kockáztat; take one's ~ szerencsét pró-

bál II. A. *vt* megkockáztat; *biz* ~
one's arm megreszkíroz/megkártyáz
vmt, szerencsét próbál B. *vi* 1. ~
to do sg véletlenül tesz vmt; *I ~d to
meet him* véletlenül/éppen (össze)találkoztam vele 2. ~ *upon* (*sy*, *sg*)
belebotlik vkbe, ráakad vmre
chancel ['tʃɑ:nsl; *US* -æ-] *n* [templomi]
szentély
chancellery ['tʃɑ:nsələrɪ; *US* -æn-] *n* 1.
kancellária 2. (nagy)követség(i iroda)
chancellor ['tʃɑ:nsələ*; *US* -æn-] *n* 1.
kancellár 2. *Lord* (*High*) C~ ⟨az angol
felsőház elnöke s Anglia legfőbb bírája⟩, lordkancellár 3. *GB* első titkár
[követségen] 4. *GB* tiszteletbeli rektor [egyes egyetemeké]
chancery ['tʃɑ:ns(ə)rɪ; *US* -æ-] *n* 1.
kancellária 2. fellebbviteli bíróság 3.
(központi) árvaszék 4. *in* ~ (1) csődben, kellemetlen helyzetben (2) bekulcsolva [boksz] 5. = *chancellery* 2.
chancy ['tʃɑ:nsɪ; *US* -æ-] *a* kockázatos
chandelier [ʃændə'lɪə*] *n* csillár
chandler ['tʃɑ:ndlə*; *US* -æ-] *n* 1. †
gyertyaárus 2. szatócs, kereskedő [vegyesboltban]
change [tʃeɪndʒ] I. *n* 1. csere 2. változás; változtatás; változatosság; *for
a* ~ a változatosság kedvéért; ~ *of
voice* mutálás; ~ *of life* klimax 3.
váltás; ~ *of clothes* váltás ruha 4.
(pénz)váltás; (*small*) ~ aprópénz;
keep the ~*!* nem kérek vissza!; *biz
get no* ~ *out of sy* nem megy vele
semmire 5. tőzsde 6. változat; *ring
the* ~*s on sg* (végletekig) variál egy
témát II. A. *vt* 1. (meg)változtat;
módosít; átváltoztat; *he has ~d his
address* lakást cserélt; megváltozott
a címe; ~ *colour* elpirul, elsápad 2.
vált; (ki)cserél; ~ *one's clothes* átöltözik; ~ *gear* sebességet vált; ~ *trains
for . . .* átszáll . . . felé 3. (fel)vált
[pénzt] B. *vi* 1. (meg)változik; módosul; ~ *for the better* jobbra fordul, javul; ~ (*in*)*to sg* átalakul/átváltozik
vmvé, átvált vmbe/vmre 2. átszáll
(*at . . . for* vhol vm felé); *all ~!* végállomás! (átszállás!) 3. átöltözik 4.
cserél (*with* vkvel)

change about *vi* hátraarcot csinál
change down *vi* visszakapcsol
[kisebb sebességre]
change up *vi* nagyobb sebességre
kapcsol
changeable ['tʃeɪndʒəbl] *a* változékony,
ingatag, állhatatlan
changeableness ['tʃeɪndʒəblnɪs] *n* változékonyság, állhatatlanság
changeless ['tʃeɪndʒlɪs] *a* változatlan
changeling ['tʃeɪndʒlɪŋ] *n* (tündérek
által) elcserélt gyermek
change-over *n* 1. (*átv is*) helycsere 2.
(irány)változtatás; átirányítás; áttérés; ~ *period* az áttérés időszaka
changer ['tʃeɪndʒə*] *n* (pénz)váltó
changing ['tʃeɪndʒɪŋ] *a* 1. változó 2.
(meg)változtató
changing-room *n* öltöző
channel ['tʃænl] I. *n* 1. csatorna; meder
2. tengerszoros; *the English* C~ a La
Manche csatorna 3. *átv* út; *through
the usual ~s* a szokásos úton-módon,
szolgálati úton 4. (TV) csatorna II.
vt -ll- (*US* -l-) 1. csatornáz, csatornán elvezet; [folyó] utat talál 2.
rovátkol
chant [tʃɑ:nt; *US* -æ-] I. *n* (egyházi)
ének, zsolozsma II. *vt/vi* énekel
chanticleer [tʃæntɪ'klɪə*; *US* 'tʃæn-] *n*
kakas
chantry [tʃɑ:ntrɪ; *US* -æ-] *n* 1. gyászmise-alapítvány 2. alapítványi kápolna
chanty ['tʃɑ:ntɪ; *US* -æ-] *n* matrózdal,
tengerészmunkadal
chaos ['keɪɒs] *n* káosz, zűrzavar
chaotic [keɪ'ɒtɪk; *US* -'ɑ-] *a* zűrzavaros
chap[1] [tʃæp] I. *n* repedés [kéz bőrén],
kicserepesedés II. *v* -pp- *vi* kicserepesedik, fölrepedezik
chap[2] [tʃæp] *n rendsz pl* állkapocs, pofacsont; toka [állaté]
chap[3] [tʃæp] *n biz* fickó, fiú, pasas, pofa;
old ~ öreg fiú, öregem
chap. *chapter*
chap-book *n* † ponyva; népkönyv
chapel ['tʃæpl] *n* 1. kápolna 2. imaterem,
-ház 3. istentisztelet 4. nyomdászszakszervezet (helyi egysége)
chaperon ['ʃæpəroʊn] I. *n* gardedám
II. *vt* gardíroz, kísér

chap-fallen *a* 1. lógó állú 2. lehangolt, leforrázott
chaplain ['tʃæplɪn] *n* káplán, lelkész
chaplet ['tʃæplɪt] *n* 1. rózsafüzér, olvasó 2. nyaklánc 3. koszorú
Chaplin ['tʃæplɪn] *prop*
chapman ['tʃæpmən] *n* (*pl* -men -mən) † vándorárus, házaló
chapped [tʃæpt] →*chap*[1] *II*.
chapter ['tʃæptə*] *n* 1. fejezet; *give ~ and verse* pontosan megnevezi forrásait 2. káptalan
chapter-house *n* káptalanterem
char[1] [tʃɑ:*] I. *n* 1. alkalmi munka, napszám 2. *biz* takarítónő, bejárónő II. *vi* -rr- takarít; *go out ~ring* napszámba jár (dolgozni, takarítani)
char[2] [tʃɑ:*] *v* -rr- A. *vi* elszenesedik B. *vt* elszenesít, szénné éget
char-à-banc ['ʃærəbæŋ] *n* † társaskocsi
character ['kærəktə*] *n* 1. jelleg, jellemző vonás, saját(os)ság; *in ~ with sg* összhangban vmvel; *out of ~* össze nem egyezően; *in his ~ of* .... minőségében 2. jellem; *man of ~* jellemes ember 3. szolgálati/erkölcsi bizonyítvány; (munkahelyi) vélemény; hír, hírnév; *bear a good ~* jó hírnévnek örvend 4. személy, alak [színdarabban]; *~s* személyek 5. személyiség; sajátságos egyéniség 6. betű; írás
characteristic [kærəktə'rɪstɪk] I. *a* jellemző; jellegzetes; *it's ~ of him* ez jellemző rá II. *n* jellemző tulajdonság, jellegzetesség; ismertetőjel
characterization [kærəktəraɪ'zeɪʃn; *US* -rɪ'z-] *n* jellemzés
characterize ['kærəktəraɪz] *vt* jellemez
characterless ['kærəktəlɪs] *a* 1. jellemtelen 2. jellegtelen
charade(s) [ʃə'rɑ:d(z); *US* -'reɪd(z)] *n* kitalálósdi [társasjáték, kb. „Amerikából jöttünk"]
charcoal ['tʃɑ:koʊl] *n* faszén, állati szén
charcoal-burner *n* faszénégető
chard [tʃɑ:d] *n* (*Swiss*) ~ nagylevelű fehérrépa
charge [tʃɑ:dʒ] I. *n* 1. vád; *bring a ~ against sy* vádat emel vk ellen 2. roham; támadás 3. költség; díj; *~s* költségek, kiadások; *free of ~* költség-

mentesen, díjmentesen, ingyen(es) 4. töltés [lövedékben, akkuban] 5. megbízás, megbízatás; felügyelet, gondoskodás; kötelesség; feladat; *person in ~* gyám, gondnok; felügyelő; *be in ~ of sy/sg* gondjaira van bízva vm/vk; felelős vmért/vkért; *take ~ (of)* gondjaiba vesz (vkt, vmt); *give sy in ~* átad vkt a rendőrségnek 6. teher; *be a ~ on sy* teher(tétel) vk számára II. A. *vt* 1. (meg)vádol (*with* vmvel) 2. (meg)támad, megrohamoz 3. felszámít [költséget], kér [árat]; *how much do you ~ for it?* mennyit kér (v. számít fel) érte? 4. megterhel [számlát]; számlájára ír (vmt) 5. (meg)tölt [puskát], (fel)tölt [akkut] 6. megbíz (*with* vmvel); gondjaira bíz (vkt); *be ~d with sg* megbízást kap vmre, megbízzák vmvel 7. ráparancsol (vmt vkre), felszólít (vkt vmnek a megtételére); *~ the jury* kioktatja az esküdteket [bíró] B. *vi* támad, rohamoz; *~ at sy* ráront vkre, megtámad vkt
chargeable ['tʃɑ:dʒəbl] *a* 1. vádolható 2. tulajdonítható 3. felszámítható
charge-account *n US* folyószámla, hitelszámla
charged [tʃɑ:dʒd] *a* (meg)töltött; feszültség alatt álló; *US ~ water* szódavíz
chargé d'affaires [ʃɑ:ʒeɪdæ'feə*] *n* (*pl* chargés d'affaires ʃɑ:ʒeɪdæ'feə*) diplomáciai/követségi ügyvivő
charger[1] ['tʃɑ:dʒə*] *n* † harci mén
charger[2] ['tʃɑ:dʒə*] *n* † nagy (lapos) tál
charging ['tʃɑ:dʒɪŋ] *n* (árammal) töltés
Charing Cross [tʃærɪŋ'krɔs] *prop*
chariot ['tʃærɪət] *n* [ókori] harci szekér, versenyszekér [kétkerekű]
charioteer [tʃærɪə'tɪə*] *n* kocsihajtó
charisma [kə'rɪzmə] *n* (*pl* -ta -mətə) 1. személyes varázs [vezéré] 2. karizma; természetfeletti képesség
charitable ['tʃærətəbl] *a* jószívű, jótékony(sági), bőkezű
charity ['tʃærətɪ] *n* 1. emberszeretet, jótékonyság, könyörület(esség); *~ ball* jótékony célú táncmulatság/bál 2. jó-

tett; alamizsna; *live on* ~ alamizsnából él
charity-boy *n* † árvaházi fiú
charity-school *n* † árvaház; szegényiskola
charlatan ['ʃɑːlət(ə)n] *n* kuruzsló, sarlatán; csaló, kókler
Charlemagne ['ʃɑːləmeɪn] *prop* Nagy Károly
Charles [tʃɑːlz] *prop* Károly
Charleston ['tʃɑːlstən] *prop*
Charlie, Charley ['tʃɑːlɪ] *prop* Karcsi; *US* □ *Mr Charlie* fehér ember [néger szemszögéből]; *US biz Charley horse* ínrándulás; izomláz
Charlotte¹ ['ʃɑːlət] *prop* Sarolta
charlotte² ['ʃɑːlət] *n* gyümölcspuding, pite
charm [tʃɑːm] I. *n* 1. igézet, varázslat 2. báj, kellem 3. amulett II. *vt* elvarázsol, megbabonáz; elbűvöl; ~ *away* eltüntet; ~*ed to meet you* igen örülök a szerencsének!
charmer ['tʃɑːmə*] *n* 1. bűvész(nő) 2. elbűvölő teremtés; sarmőr
charming ['tʃɑːmɪŋ] *a* bájos, elragadó
charnel-house ['tʃɑːnl-] *n* 1. csontház, csontkamra 2. kripta
charred [tʃɑːd] → *char¹, char²*
chart [tʃɑːt] I. *n* 1. (tengerészeti) térkép 2. diagram; grafikon 3. táblázat II. *vt* 1. térképez 2. grafikonosan ábrázol
charter ['tʃɑːtə*] I. *n* 1. oklevél, szabadalomlevél, okirat, statútum; ~ *member* alapító tag 2. hajóbérlet(i szerződés); ~ *flight* különjárat [bérelt repülőgépe] II. *vt* 1. kibérel, bérbe vesz [tömegszállító járművet] 2. szabadalmaz 3. engedélyez
chartered ['tʃɑːtəd] *a* 1. *GB* ~ *accountant* okleveles könyvvizsgáló; ~ *libertine* ⟨akinek a közvélemény elnézi kicsapongásait⟩ 2. ~ *(air)plane* bérelt repülőgép [kedvezményes árú társasutazásra]
charter-party *n* hajóbérleti szerződés
Chartist ['tʃɑːtɪst] *a/n GB* chartista ⟨az 1838-as People's Charterrel elindított munkásmozgalom tagja⟩
charwoman *n* (*pl* -**women**) takarítónő, bejárónő

chary ['tʃeərɪ] *a* 1. takarékos, szűkmarkú 2. óvatos
Chas. [tʃɑːlz] *Charles* Károly
chase¹ [tʃeɪs] I. *n* 1. vadászat; űzés, üldözés; *give* ~ *to sg* üldöz vmt 2. vadászterület II. *vt* üldöz, kerget; vadászik (vmre)
chase² [tʃeɪs] *vt* vésettel díszít, trébel
chaser ['tʃeɪsə*] *n* 1. vadász, üldöző 2. hajóágyú 3. □ „kísérő" [ital, pl. whisky után sör]
chasm ['kæzm] *n* szakadék; űr
chassis ['ʃæsɪ] *n* (*pl* ~ -sɪz) 1. alváz 2. chassis, sasszi ⟨lemezjátszó, rádió stb. a doboza nélkül⟩; szerelőlap
chaste [tʃeɪst] *a* szemérmes, tiszta, szűzies
chasten ['tʃeɪsn] *vt* 1. fegyelmez, büntet 2. (meg)zaboláz
chastise [tʃæ'staɪz] *vt* 1. megfenyít, megbüntet 2. mérsékel, zaboláz
chastisement ['tʃæstɪzmənt] *n* 1. fenyítés 2. mérséklés
chastity ['tʃæstətɪ] *n* szűz(i)esség, erkölcsösség, tisztaság
chasuble ['tʃæzjʊbl] *n* miseruha
chat [tʃæt] I. *n* beszélgetés, csevegés; *have a* ~ elbeszélget II. *v* -**tt**- A. *vi* (el)beszélget, cseveg, diskurál B. *vt biz* ~ *sy up* beszédbe elegyedik vkvel
Chatham ['tʃætəm] *prop*
Chatsworth ['tʃætswə:θ] *prop*
chatted ['tʃætɪd] → *chat II.*
chattel ['tʃætl] *n* ingó vagyon; *goods and* ~*s* ingóságok, cókmók
chatter ['tʃætə*] I. *n* 1. csicsergés, csiripelés 2. fecsegés, karattyolás II. *vi* 1. csicsereg, csiripel 2. fecseg 3. vacog [fog] 4. zörög, kopog [gép]
chatterbox *n* csacsogó, locsifecsi
chatterer ['tʃætərə*] *n* = *chatterbox*
Chatterton ['tʃætət(ə)n] *prop*
chatty ['tʃætɪ] *a* beszédes, fecsegő
Chaucer ['tʃɔːsə*] *prop*
chauffeur ['ʃoʊfə*; *US* -'fə:r] *n* sofőr
chautauqua [ʃə'tɔːkwə] *n US* előadássorozat ⟨táborozással egybekötve⟩
chaw-bacon ['tʃɔː-] *n* † bugris
cheap [tʃiːp] *a* olcsó, értéktelen; *buy sg* ~ olcsón vásárol/vesz vmt; *biz on the* ~ (1) olcsón (2) kevés fáradság-

gal; *he got off* ~ olcsón megúszta; *biz feel* ~ (1) érzi, hogy helytelenül járt el vkvel, szégyenkezik (2) kutyául érzi magát; *hold sg* ~ nem sokra becsül vmt; *make oneself* ~ rangján alul bratyizik
cheapen ['tʃi:p(ə)n] *vt* olcsóbbá tesz, leszállít [árat]
cheap-jack *n* olcsójános
cheapness ['tʃi:pnɪs] *n* 1. olcsóság 2. gyenge minőség
cheat [tʃi:t] I. *n* 1. csalás, rászedés 2. csaló II. A. *vt* megcsal, rászed; ~ *sy out of sg* kicsal vkből vmt; ~ *the gallows* megússza az ügyet B. *vi* csal
check¹ [tʃek] I. *n* 1. akadály, gátló körülmény 2. hirtelen megállítás/megállás/megtorpanás; (katonai) kudarc 3. ellenőrzés; felülvizsgálat; *hold in* ~ sakkban tart; *keep a* ~ *on sg* ellenőriz vmt, ellenőrzése alatt tart vmt; féken tart [indulatokat] 4. elismervény; ruhatári jegy; feladóvevény [poggyászé]; zseton; *biz hand in one's* ~ beadja a kulcsot, elpatkol 5. *be in* ~ sakkban van [király] 6. *US = cheque* 7. *US* számla [étteremben] 8. „pipa" [kipipálás listán] II. *int* ~*!* sakk! III. A. *vt* 1. ellenőriz; átvizsgál; megjelöl, megpipál [listán]; meggyőződik (vmről) 2. (hirtelen) megakaszt; féken/sakkban tart; visszafojt [haragot stb.]; mérsékel 3. megdorgál 4. sakkot ad [királynak] 5. *US* felad [poggyászt]; ruhatárba tesz, bead (megőrzésre) B. *vi* megáll, megtorpan
check in *vi* 1. jelentkezik [reptéren]; bejelenti magát [szállodában] 2. bélyegez [munkába érkezéskor]
check off *vt* kipipál [neveket listán]
check on *vi* ellenőriz, utánanéz (vmnek)
check out *vi* 1. kijelenti magát, távozik [szállodából] 2. bélyegez [munkából távozáskor] 3. *biz* meghal
check up A. *vt* kivizsgál, felülvizsgál, ellenőriz, utánanéz (vmnek) B. *vi* 1. ~ *up on sg* ellenőriz/megvizsgál vmt utánanéz vmnek; ~ *up on sy*

lepriorál/lekáderez vkt 2. ~ *up with sg* egyezik/egybevág vmvel
check² [tʃek] *n* kockás szövet/minta
checkbook *n US* csekkfüzet
checked [tʃekt] *a* kockás, pepita
checker¹ ['tʃekə*] *n* ellenőr; átvevő
checker² ['tʃekə*] *n US = chequer*
checkers ['tʃekəz] *n US* dámajáték
check-in *n* jelentkezés, megjelenés [reptéren]; bejelentkezés [szállodában]; ~ *desk* jegy- és poggyászkezelés [helye reptéren]; ~ *time* jelentkezési/megjelenési idő [reptéren]
checking ['tʃekɪŋ] *n* 1. ellenőrzés, átvizsgálás 2. *US* (csomag)feladás
check-list *n* névsor, címjegyzék [ellenőrzés céljára]
checkmate I. *n* sakk-matt II. *vt* 1. megmattol, sakk-mattot ad [királynak] 2. *átv* sarokba szorít
check-out *n* 1. pénztár [önkiszolgáló boltban] 2. kijelentkezés [szállodából]; ~ *time* a szoba átadásának időpontja
checkroom *n US* poggyászmegőrző, ruhatár
checkup *n* ellenőrzés; kivizsgálás; felülvizsgálat; *general* ~ általános kivizsgálás
Cheddar ['tʃedə*] *prop* ⟨angol sajtfajta⟩
cheek [tʃi:k] *n* 1. arc, orca; pofa; ~ *by jowl* fej fej mellett, négyszemközt, bizalmasan 2. *biz* szemtelenség, pofátlanság; *have the* ~ *to* van pofája, hogy . . .
cheeky ['tʃi:kɪ] *a biz* szemtelen, pimasz
cheep [tʃi:p] *vi* csipog
cheer [tʃɪə*] I. *n* 1. (jó)kedv, jó hangulat, vidámság; *what* ~*?* hogy (mint) vagy? 2. étel, lakoma; *good* ~ eszem-iszom 3. vigasz(talás); *words of* ~ vigasztaló szavak 4. éljenzés, tapsolás; *three* ~*s for X* háromszoros éljen X-nek; *biz* ~*s!* egészségére! II. A. *vt* 1. ~ (*up*) felvidít 2. (meg)éljenez, megtapsol B. *vi* 1. ~ *up* felvidul; ~ *up!* fel a fejjel!, ne csüggedj! 2. éljenez, tapsol; ~ *for a team* szurkol csapatáért, biztatja csapatát
cheerful ['tʃɪəf(ʊ)l] *a* víg, jókedvű; derűs

cheering ['tʃɪərɪŋ] I. a felvidító, biztató
II. n éljenzés
cheerio [tʃɪərɪ'oʊ] int biz 1. viszontlátásra!, viszlát! 2. egészségére!
cheer-leader n US szurkolókórus vezetője
cheerless ['tʃɪəlɪs] a szomorú, levert
cheery ['tʃɪərɪ] a 1. vidám 2. felvidító
cheese¹ [tʃiːz] n sajt
cheese² [tʃiːz] n □ quite the ~! ez már teszi!, ez az igazi!
cheese-cake n 1. turóslepény 2. US □ ⟨félmeztelen nő fényképe⟩
cheese-cloth n 1. fátyolszövet, tüll 2. túrós zsák
cheese-curd n túró
cheesemonger n sajtkereskedő
cheese-paring n 1. sajthéj 2. zsugoriság, krajcároskodás
cheesy ['tʃiːzɪ] a sajtszerű, sajtszagú
cheetah ['tʃiːtə] n gepárd, vadászleopárd
chef [ʃef] n főszakács, séf
Chelsea ['tʃelsɪ] prop
Cheltenham ['tʃeltnəm] prop
chem. chemical
chemical ['kemɪkl] I. a vegyi, kémiai, vegy- II. chemicals n pl vegyszerek
chemicalize ['kemɪkəlaɪz] vt kemizál
chemise [ʃə'miːz] n † (női) ing
chemist ['kemɪst] n 1. vegyész 2. gyógyszerész; ~'s (shop) gyógyszertár
chemistry ['kemɪstrɪ] n vegytan, kémia
chemotherapy [kemə'θerəpɪ] n gyógyszeres kezelés
cheque [tʃek] n csekk; pay by ~ csekkel fizet
cheque-book n csekkfüzet, csekk-könyv
chequer ['tʃekə*] I. n kockás/tarka minta II. vt 1. kockássá tesz, kockásan mintáz 2. tarkít; ~ed career változatos/eseménydús pályafutás
Chequers ['tʃekəz] prop
cherish ['tʃerɪʃ] vt 1. kedvel, dédelget, babusgat 2. becsben tart, ápol [érzelmet, emléket]; táplál [reményt, illúziókat]; ~ the hope that abban reménykedik (v. ringatja magát), hogy ...
Cherokee [tʃerə'kiː] prop
cheroot [ʃə'ruːt] n vágott végű szivar
cherry ['tʃerɪ] n cseresznye
cherub ['tʃerəb] n 1. (pl ~im -bɪm)

angyal, kerub 2. (pl ~s 'tʃerəbz) kis angyal [gyermek külsejéről], angyalarcú pufók kisgyermek
chervil ['tʃɜːvɪl] n turbolya
Cherwell ['tʃɑːw(ə)l] prop
Chesapeake ['tʃesəpiːk] prop
Cheshire ['tʃeʃə*] prop ⟨egy angol sajtfajta⟩; grin like a ~ cat vigyorog mint a fakutya
chess [tʃes] n sakk(játék)
chess-board n sakktábla
chess-men/pieces n pl sakkfigurák
chest [tʃest] n 1. láda, szekrény; ~ of drawers fiókos szekrény, komód 2. pénztár; university ~ egyetemi pénztár 3. mellkas; cold on the ~ légcsőhurut; □ get it off one's ~ kimondja ami a szívét nyomja, kipakol vmvel
-chested [-tʃestɪd] mellű
Chester ['tʃestə*] prop
chesterfield ['tʃestəfiːld] n 1. felsőkabát 2. támlás dívány (két karfával), szófa
Chesterton ['tʃestətən] prop
chestnut ['tʃesnʌt] I. a gesztenyebarna, gesztenyeszínű, (gesztenye)pej II. n 1. gesztenye(fa); sweet/Spanish ~ szelídgesztenye 2. gesztenyebarna (szín); ~ (horse) pej (ló) 3. biz régi ismert adoma, szakállas vicc
cheval-glass [ʃə'væglɑːs] n nagy forgatható állótükör
Cheviot ['tʃevɪət] prop
Chevrolet ['ʃevrəleɪ] prop
chevron ['ʃevr(ə)n] n ⟨ʌ alakú katonai rangjelzés zubbony ujján⟩, „gerenda"
chevy ['tʃevɪ] vt = chiv(v)y
chew [tʃuː] I. n 1. rágás 2. bagó II. A. vt 1. rág, megrág; □ ~ the rag régi sérelmeken rágódik 2. ~ sg over = chew (up)on sg B. vi 1. kérődzik 2. ~ (up)on sg töpreng vmn, meghány-vet vmt
chewing-gum ['tʃuːɪŋ-] n rágógumi
chic [ʃiːk] n elegancia, sikk
Chicago [ʃɪ'kɑːgoʊ; US -'kɔːgoʊ is] prop
chicanery [ʃɪ'keɪnərɪ] n törvénycsavarás, fondorkodás
Chichester ['tʃɪtʃɪstə*] prop
chick [tʃɪk] n 1. kiscsirke, (napos)csibe 2. kisgyermek 3. □ pipi [lányról]

chicken ['tʃɪkɪn] n csirke, csibe; spring
~ rántani való csirke; biz she is no ~
már nem mai csirke; don't count your
~ before they are hatched ne igyál előre
a medve bőrére
chicken-feed 1. baromfieleség 2. US □
aprópénz
chicken-hearted a félénk, nyúlszívű
chicken-pox n bárányhimlő
chicken-run n baromfiudvar, -kifutó
chick-pea n csicseriborsó
chickweed n tyúkhúr
chicle ['tʃɪkl] n növényi kaucsuk [rágó-
gumi alapanyaga]
chicory ['tʃɪkərɪ] n cikória
chide [tʃaɪd] vt (pt chid tʃɪd, pp chidden
'tʃɪdn) szid, korhol, lehord, pirongat
chief [tʃi:f] I. a fő; legfőbb II. n főnök;
vezér
chiefly ['tʃi:flɪ] adv főleg, elsősorban
chieftain ['tʃi:ftən] n törzsfőnök
chiffon ['ʃɪfɔn; US -ɑn]n〈áttetsző (mű-)
selyem〉
chiffonier [ʃɪfə'nɪə*] n fehérneműszek-
rény, sublót
chilblain ['tʃɪlbleɪn] n fagydaganat, fa-
gyás
child [tʃaɪld] n (pl ~ren 'tʃɪldr(ə)n)
gyer(m)ek; from a ~ gyermekkora
óta; be with ~ terhes, állapotos;
~'s play átv gyerekjáték
child-bearing n szülés
child-bed n gyermekágy
child-birth n szülés
childe [tʃaɪld] n † nemes ifjú, ifjú lovag
Childermas ['tʃɪldəmæs] n aprószentek
napja (dec. 28.)
childhood ['tʃaɪldhʊd] n gyermekkor
childish ['tʃaɪldɪʃ] a gyerekes; gyermeki-
es
childless ['tʃaɪldlɪs] a gyermektelen
childlike a gyermeteg, gyermekded
child-minder n gyermekfelügyelő, pót-
mama
Chile ['tʃɪlɪ] prop Chile
Chilean ['tʃɪlɪən] a/n chilei
chili →chilli
chill [tʃɪl] I. a (átv is) hűvös, hideg,
fagyos II. n 1. hideg; fagy; cast a ~
upon a company lehűti a kedélyeket;
take the ~ off sg vmt kissé felmelegít

2. meghűlés; catch a ~ meghűl, meg-
fázik III. vt 1. (meg)fagyaszt, (le)hűt;
(meg)dermeszt; ~ed to the bone teljesen
átfázott 2. átv megdermeszt, lehűt
(vkt) 3. (lehűtéssel) edz
chilled [tʃɪld] a 1. hűtött, fagyasztott;
~ meat fagyasztott hús 2. ~ steel
edzett acél
chilli, US chili ['tʃɪlɪ] n erős piros papri-
ka, cseresznyepaprika
chilliness ['tʃɪlɪnɪs] n (átv is) hidegség,
hűvösség
chilly ['tʃɪlɪ] a 1. hideg, hűvös; feel ~
fázik, borzong 2. átv hideg, hűvös,
barátságtalan
Chiltern ['tʃɪltən] prop
chime [tʃaɪm] I. n 1. harangjáték,
harangszó 2. összhang, harmónia
[hangszereké] II. A. vt ~ the bells ha-
rangoz, megszólaltatja a harangjáté-
kot/harangokat B. vi 1. cseng-bong;
the bells are chiming szólnak a haran-
gok 2. ~ in közbeszól 3. ~ (in)
with, ~ together összhangban van,
egyetért (vkvel)
chimney ['tʃɪmnɪ] n 1. kémény, kürtő
2. (lamp) ~ lámpaüveg, cilinder
chimney-corner n kandallósarok, kemen-
cepadka
chimney-piece n díszes kandallóborítás,
kandallópárkány
chimney-pot n 1. kéményfej, -toldalék
2. ~ hat cilinder
chimney-stack n (gyár)kéménysor
chimney-sweep n kéményseprő
chimpanzee [tʃɪmpən'zi:] n csimpánz
chin [tʃɪn] n áll; up to the ~ fülig, nyakig
(átv is); biz keep your ~ up! fel a fej-
jel!
China¹ ['tʃaɪnə] prop Kína
china² ['tʃaɪnə] n porcelán (edény)
Chinaman ['tʃaɪnəmən] n (pl Chinamen
-mən) kínai (ember)
Chinatown n kínai negyed
chinaware n porcelán áru/edény
chin-chin ['tʃɪn'tʃɪn] int üdv!, szervusz-
tok!; egészségedre!
chine [tʃaɪn] n 1. hátgerinc 2. bélszín
vesepecsenye
Chinese [tʃaɪ'ni:z] I. a kínai; ~ lantern
lampion II. n kínai (ember/nyelv)

chink¹ [tʃɪŋk] n rés, hasadás
chink² [tʃɪŋk] I. n 1. csengés [üvegé,
fémé] 2. □ (kész)pénz, dohány II.
vt csörget [pénzt], megcsendít [poha-
rakat koccintásnál]
-chinned [-tʃɪnd] -állú
chintz [tʃɪnts] n festett vászon; bútor-
kreton
chin-wagging [-wægɪŋ] n biz locsogás,
traccsolás, dumálás
chip [tʃɪp] I. n 1. forgács, szilánk; a
~ of/off the old block apja fia; have a
~ on one's shoulder kihívóan viselke-
dik, krakélerkedik 2. (ki)csorbulás
[tányéré, pengéé] 3. szelet; GB ~s
hasábburgonya, rósejbni, US burgo-
nyaszirom 4. zseton; □ dohány,
steksz [pénz]; biz when the ~s are
down mikor döntésre kerül II. v -pp-
A. vt 1. vág, farag; apróra/szeletekre
vág 2. letör; kicsorbít B. vi 1. letörik,
kicsorbul 2. ~ at gúnyol; ~ in bele-
szól ~ in with hozzájárul vmvel
chipmunk ['tʃɪpmʌŋk] n amerikai csíkos
földi mókus
chipped [tʃɪpt] a 1. csorba, kicsorbult
2. szeletelt; ~ potatoes burgonyafor-
gács, hasábburgonya, rósejbni
‖ → chip II.
Chippendale ['tʃɪp(ə)ndeɪl] prop/n ⟨egy
XVIII. századi bútorstílus⟩, Chippen-
dale-stílus(ú)
chipper ['tʃɪpə*] a US biz élénk, mozgé-
kony
chippings ['tʃɪpɪŋz] n pl forgács, szilán-
kok, kőtörmelék
chippy ['tʃɪpɪ] n □ csaj, kurva
chiropodist [kɪ'rɔpədɪst; US -'rɑ-] n
lábápoló, pedikűrös
chiropody [kɪ'rɔpədɪ; US -'rɑ-] n láb-
ápolás, pedikűr
chiropractic [kaɪərə'præktɪk] n hátge-
rincmasszázs, chiropraxis
chiropractor ['kaɪərəpræktə*] n hátge-
rincmasszázzsal gyógyító
chirp [tʃɜ:p] I. n c(s)iripelés, csicsergés
II. vi c(s)iripel, csicsereg
chirpy ['tʃɜ:pɪ] a élénk, vidám
chirr [tʃɜ:*] n cir(i)pelés
chirrup ['tʃɪrəp] n 1. csicsergés 2. cset-
tentés a nyelvvel [lóbiztatás]

chisel ['tʃɪzl] I. n 1. véső 2. biz becsapás
II. vt -ll- (US -l-) 1. vés 2. átv csiszol
cizellál [stílust] 3. biz becsap, bepaliz
chisel(l)ed ['tʃɪzld] a finoman kidolgozott,
élesen kirajzolt; cizellált; ~ features
finom metszésű arcvonások
chisel(l)er ['tʃɪzlə*] n US biz csaló, szél-
hámos
chit¹ [tʃɪt] n gyerek, kölyök; a ~ of a
girl csitri
chit² [tʃɪt] n 1. levélke, rövid feljegyzés/
utasítás 2. kötelezvény, váltó
chit-chat ['tʃɪt-tʃæt] n terefere
chitterlings ['tʃɪtəlɪŋz] n pl belsőségek;
hurkafélék
chivalrous ['ʃɪvlrəs] a lovagias, nagylel-
kű, udvarias
chivalry ['ʃɪvlrɪ] n 1. lovagi rend 2.
lovagiasság, udvariasság
chive [tʃaɪv] n metélőhagyma, snidling
chiv(v)y ['tʃɪvɪ] vt 1. űz, hajt, hajszol
2. piszkál(ódik), bosszant
chloroform ['klɔrəfɔ:m] n kloroform
chlorophyl(l) ['klɔrəfɪl] n klorofill, levél-
zöld
chock [tʃɔk; US -ɑ-] I. n (fa)tuskó; ék;
féktuskó; alátét II. vt ~ (up) alátá-
maszt, ékkel kitámaszt, feléhel
chock-a-block [tʃɔkə'blɔk; US -ɑ--ɑ-]adv
összepréselve, szorosan egymás mellett
chock-full a zsúfolt, tömött
chocolate ['tʃɔklət; US -ɑ-] n csokoládé
choice [tʃɔɪs] I. a válogatott, finom,
legjobb minőségű II. n 1. választás;
by/for ~ legszívesebben, ha választani
kell. . . ; have no ~ (in it) nincs más
választása; make/take one's ~ választ
(vmből), kedvére válogat 2. választék
3. vmnek a legjava
choir ['kwaɪə*] n énekkar; kórus
choir-boy n kóristafiú, karénekes
choke [tʃəʊk] I. n 1. megfojtás, megful-
lasztás 2. megfulladás 3. elfojt(ód)ás
4. fojtószelep; szívató II. A. vt 1.
megfojt, fojtogat, (meg)fullaszt 2. el-
fojt, eltöm; (meg)szívat B. vi 1. ful-
lad(ozik), megfullad 2. eltömődik
choke-damp n bányalég
choker ['tʃəʊkə*] n 1. megfojtó, fojtoga-
tó 2. biz nyakkendő 3. biz (igen)
magas gallér, papi gallér

choky¹ ['tʃoʊkɪ] *a* fullasztó, fojtogató
choky² ['tʃoʊkɪ] *n* □ sitt
choler ['kɔlə*; *US* -ɑ-] *n* 1. epe 2.
harag
cholera ['kɔlərə; *US* 'kɑ-] *n* kolera
choleric ['kɔlərɪk; *US* 'kɑ-] *a* hirtelen
haragú, kolerikus
choose [tʃuːz] *v* (*pt* **chose** tʃoʊz, *pp*
chosen 'tʃoʊzn) **A.** *vt* (ki)választ;
kiválogat; *not much to ~ between
them* egyik tizenkilenc, a másik egy
híján húsz; egyik kutya, másik eb
B. *vi* 1. választ 2. elhatározza magát,
dönt; *I cannot ~ but* nem tehetek mást
mint, kénytelen vagyok
choos(e)y ['tʃuːzɪ] *a biz* finnyás, váloga-
tós
chop¹ [tʃɔp; *US* -ɑ-] I. *n* 1. csapás, vágás
2. hússzelet, borda(szelet) [disznóé,
birkáé] II. *vt*-**pp**- 1.'aprít, vagdal, (fel-)
vág, szétdarabol 2. széttagol, elharap
[szavakat]
    chop at *vi* rávág, rácsap [fejszével]
    chop down *vt* kivág [fát]
    chop in *vi* beleszól, közbeszól
    chop off *vt* levág, lehasít
    chop up *vt* feldarabol, felszeletel
chop² [tʃɔp; *US* -ɑ-] *n* toka [disznóé],
állkapocs; *lick one's ~s* megnyalja
a szája szélét; *~s of the Channel*
a La Manche csatorna óceáni bejárata
chop³ [tʃɔp; *US* -ɑ-] I. *n* változás, hul-
lámzás II. *vi* -**pp**- 1. változik, *átv*
hullámzik; *~ and change* forog mint a
szélkakas, véleményét változtatja; *~
about/round* hirtelen megfordul [szél]
chop⁴ [tʃɔp; *US* -ɑ-] *n* 1. hivatali pecsét/
engedély 2. minőség; *first ~* elsőren-
dű minőség
chop-house *n* olcsó étterem
chopper ['tʃɔpə*; *US* -ɑ-] *n* 1. húsvágó
bárd, szakóca 2. szecskavágó 3. *biz*
helikopter
chopping ['tʃɔpɪŋ; *US* -ɑ-] *a ~ board*
húsvágó deszka; *~ block* húsvágó tőke
choppy ['tʃɔpɪ; *US* -ɑ-] *a* 1. változé-
kony, változó irányú [szél] 2. fodro-
zódó [víz]
chop-sticks *n pl* evőpálcikák
chop-suey [-'suːɪ] *n US* ⟨kínai rizses
húsétel⟩

choral ['kɔːr(ə)l] *a* kari, énekkari
chorale [kɔ'rɑːl; *US* -'ræl] *n* korál
chord [kɔːd] *n* 1. húr 2. ívhúr [köré]
3. (hang)szál 4. akkord
chore [tʃɔː*] *n* mindennapi házi munka,
fárasztó (apró)munka
choreographer [kɔrɪ'ɔgrəfə*; *US* kɔːrɪ-
'ɑg-] *n* koreográfus
choreography [kɔrɪ'ɔgrəfɪ; *US* kɔːrɪ-
'ɑg-] *n* koreográfia
chorister ['kɔrɪstə*; *US* 'kɔː-] *n* 1.
karénekes, fiúkórus tagja 2. *US* kar-
nagy
chortle ['tʃɔːtl] *vi* viháncol, kuncog
chorus ['kɔːrəs] *n* 1. énekkar, kórus;
~ master karigazgató 2. karének,
kórus
chorus-girl *n* kórista(lány), (balett)görl
chose →*choose*
chosen ['tʃoʊzn] *a* válogatott, kiválasz-
tott ‖ →*choose*
chough [tʃʌf] *n* csóka
chow¹ [tʃaʊ] *n* csau [kutyafaj]
chow² [tʃaʊ] *n US* □ kaja
chowder ['tʃaʊdə*] *n* amerikai halászlé
chrestomathy [kre'stɔməθɪ; *US* -ɑm-] *n*
szemelvénygyűjtemény
Christ [kraɪst] *prop* Krisztus
christen ['krɪsn] *vt* (meg)keresztel; el-
nevez
Christendom ['krɪsndəm] *n* keresztény-
ség
christening ['krɪsnɪŋ] *n* keresztelő
Christian ['krɪstjən; *v.* (*főleg US*) -tʃ-]
I. *a* keresztény, (*protestáns használat-
ban:*) keresztyén; *~ Science* ⟨egy
amerikai szekta⟩ II. *n* keresztény (em-
ber), hívő
Christianity [krɪstɪ'ænɪtɪ] *n* keresztény-
ség
Christina [krɪs'tiːnə] *prop* Krisztina
Christmas ['krɪsməs] *n* karácsony; *Fa-
ther ~* kb. Mikulás, Télapó; *~ Day*
karácsony (első napja)
Christmas-box *n* karácsonyi (pénz)aján-
dék [postásnak stb.]
Christmas-eve *n* karácsonyest(e), szent-
este
Christmas-tide *n* karácsonytól újévig
terjedő idő, karácsony hete
Christmas-tree *n* karácsonyfa

Christopher ['krɪstəfə*] *prop* Kristóf
chrome [kroum] *n* króm; ~ *steel* króm-
acél
chromium ['kroumjəm] *n* króm; ~
-*plated* krómozott
chromosome ['krouməsoum] *n* kromo-
szóma
chronic ['krɔnɪk; *US* -a-] *a* idült, tartós,
krónikus
chronicle ['krɔnɪkl; *US* -a-] I. *n* króni-
ka; ~ *play* történelmi dráma II. *vt*
krónikában feljegyez
chronicler ['krɔnɪklə*; *US* -a-] *n* króni-
kás
chronologic(al) [krɔnə'lɔdʒɪk(l); *US* -a-
-a-] *a* időrendi, kronologikus
chronology [krə'nɔlədʒɪ; *US* -'na-] *n*
időrend(i tábla/sor), kronológia
chronometer [krə'nɔmɪtə*; *US* -'na-] *n*
precíziós időmérő (óra), kronométer
chrysalis ['krɪsəlɪs] *n* (*pl* ~es -sɪz v.
chrysalides krɪ'sælɪdi:z) báb [rovaré,
lepkéé]; gubó
chrysanthemum [krɪ'sænθ(ə)məm] *n*
krizantém
Chrysler ['kraɪzlə*] *prop*
chub [tʃʌb] *n* fejes domolykó [hal]
chubby ['tʃʌbɪ] *a* pirospozsgás, pufók
chuck¹ [tʃʌk] I. *n* 1. az áll megverege-
tése 2. *biz give sy the* ~ kirúg [állás-
ból]; *get the* ~ kirúgják II. *vt* 1. nyá-
jasan megveget 2. abbahagy, ott-
hagy; *biz* ~ *it!* hagyd abba!, ne hü-
lyéskedjél! 3. eldob
 chuck about *vt* dobálódzik; ~ *one's
weight a.* hányavetin viselkedik
 chuck away *vt biz* eldob
 chuck out *vt* kidob; ~ *o. sy* vkt vhon-
nan kidob
 chuck up *vt* felad, abbahagy; ~
up the sponge feladja a küzdelmet
chuck² [tʃʌk] *n* 1. satu [esztergapadon];
(befogó)tokmány 2. marhatarja
chucker-out [tʃʌkər-] *n* □ kidobóember
chuckle ['tʃʌkl] I. *n* kuncogás, megelé-
gedett nevetés (zárt szájjal) II. *vi*
kuncog
chuckle-head *n* tökfej
chukker ['tʃʌkə*] *n* játékidő, részidő
[lovaspólóban]
chum [tʃʌm] *biz* I. *n* pajtás, cimbora,

haver; *US* szobatárs II. *vi* -mm-
~ *up with sy* összebarátkozik vkvel
chummy ['tʃʌmɪ] *a biz* bizalmas, baráti
chump [tʃʌmp] *n* 1. tuskó, tömb 2.
□ tökfej; *off his* ~ kész bolond
chunk [tʃʌŋk] *n biz* nagy darab
chunky ['tʃʌŋkɪ] *a biz a* ~ *lad* tagba-
szakadt fickó
church [tʃə:tʃ] *n* 1. templom 2. isten-
tisztelet; *go to* ~ istentiszteletre/
templomba megy 3. egyház; *C~ of
England* anglikán egyház; ~ *register*
egyházi anyakönyv; *enter* (v. *go
into*) *the C~* papi/lelkészi pályára
megy
church-goer *n* templomba járó ember
Churchill ['tʃə:tʃɪl] *prop*
churchman ['tʃə:tʃmən] *n* (*pl* -men
-mən) pap, lelkész
churchwarden *n* 1. egyházközségi ta-
nácstag 2. † *biz* csibuk
churchyard *n* temető
churl [tʃə:l] *n* 1. bugris, goromba pok-
róc, modortalan fráter; kellemetlen
alak 2. fukar/fösvény ember
churlish ['tʃə:lɪʃ] *a* 1. neveletlen, fara-
gatlan, bugris 2. fösvény, fukar
churn [tʃə:n] I. *n* köpű II. *vt* 1. köpül;
habot ver 2. túráztat [motort]
chute [ʃu:t] *n* 1. (víz)zuhatag, vízesés
2. csúsztató(pálya), csúszda 3. *biz*
ejtőernyő
chutney ['tʃʌtnɪ] *n* ⟨egy fajta indiai
fűszer/ételízesítő⟩
Chuzzlewit ['tʃʌzlwɪt] *prop*
CIA [si:aɪ'eɪ] *Central Intelligence Agency*
Központi Hírszerző Ügynökség (USA)
CIC [si:aɪ'si:] *Counter Intelligence Corps*
⟨amerikai kémelhárítási szervezet⟩
cicada [sɪ'ka:də; *US* -'keɪ-] *n* énekes
kabóca
cicatrice ['sɪkətrɪs] *n* (seb)forradás, heg
Cicero ['sɪsərou] *prop*
cicerone [tʃɪtʃə'rounɪ] *n* idegenvezető
CID [si:aɪ'di:] *Criminal Investigation
Department* bűnügyi nyomozó hatóság
cider ['saɪdə*] *n* almabor
CIF, c.i.f., cif [si:aɪ'ef] *cost, insurance,
freight* → *cost*
cigar [sɪ'ga:*] *n* szivar
cigarette [sɪgə'ret] *n* cigaretta

10

cigarette-case *n* cigarettatárca
cigarette-holder *n* szipka
C.-in-C., C-in-C [si:in'si:] *Commander-in Chief*
cinch [sɪntʃ] *n US* 1. nyeregheveder 2. □ könnyű dolog/eset 3. *biz* erős fogás
Cincinnati [sɪnsɪ'næti] *prop*
cinder ['sɪndə*] *n* hamu; parázs; salak; *burnt to a* ~ szénné égett
Cinderella [sɪndə'relə] *prop* Hamupipőke
cinder-track *n* salakpálya
cine-camera ['sɪnɪ-] *n* filmfelvevő(gép)
cine-film ['sɪnɪ-] *n* keskenyfilm, mozifilm
cinema ['sɪnəmə] *n* 1. filmszínház, mozi 2. film [mint művészet]
Cinemascope ['sɪnəməskoʊp] *a/n* „kinemaszkóp", szélesvásznú (film)
cinematograph [sɪnə'mætəgrɑːf; *US* -æf] *n* = *cine-projector*
cine-projector ['sɪnɪ-] *n* vetítőgép
Cinerama [sɪnə'rɑːmə] *n* „kineráma", kb. panoráma-szélesvásznú (film)
cinnamon ['sɪnəmən] *n* fahéj
cinq(ue)foil ['sɪŋkfɔɪl] *n* 1. pimpó [virág] 2. ötkaréjos virág/rózsa [díszítmény]
cipher ['saɪfə*] I. *n* 1. zéró, nulla 2. számjegy 3. jelentéktelen ember; *a mere* ~ egy nagy nulla/senki 4. titkosírás, sifre; *a message in* ~ rejtjeles közlés/üzenet 5. monogram II. A. *vt* titkosírással ír, rejtjelez B. *vi biz* számol
circle ['sə:kl] I. *n* 1. kör, körvonal, karika; ~s *round the eyes* karikás szemek 2. (teljes) kör, körpálya; *come full* ~ teljes kört ír le 3. körforgás, ciklus; *the grand* ~ óriásforgás, -kelep [a nyújtón] 4. kerület, körzet 5. erkély [színházban]; *upper* ~ második emeleti erkély 6. [társasági, érdeklődési stb.] kör; ~ *of friends* baráti kör II. A. *vt* 1. körbejár, körüljár, megkerül 2. körülvesz, körülfog, körülkerít; övez (*with* vmvel) B. *vi* körbemegy, kering
circuit ['sə:kɪt] *n* 1. körforgás 2. kerület 3. [bírói] körút 4. áramkör; ~ *diagram* kapcsolási rajz; *short* ~ rövidzárlat

circuitous [sə:'kju:ɪtəs] *a* 1. kerülő 2. körülményes, hosszadalmas
circular ['sə:kjʊlə*] I. *a* kör alakú, kör-; visszatérő; ~ *letter* körlevél; ~ *saw* körfűrész II. *n* körlevél
circularize ['sə:kjʊləraɪz] *vt* körlevélben közöl, köröz(tet)
circulate ['sə:kjʊleɪt] A. *vi* 1. (körben) forog, kering 2. közkézen forog; forgalomban van; terjed B. *vt* körforgásba/forgalomba hoz, terjeszt, köröz
circulating ['sə:kjʊleɪtɪŋ] *a* (körben) forgó, körforgásban/forgalomban levő; ~ *library* kölcsönkönyvtár
circulation [sə:kjʊ'leɪʃn] *n* 1. körforgás, (vér)keringés 2. forgalom, (bankjegy-)forgalom 3. példányszám [sajtótermeké]
circumcise ['sə:kəmsaɪz] *vt* körülmetél
circumcision [sə:kəm'sɪʒn] *n* körülmetélés
circumference [sə'kʌmf(ə)rəns] *n* kerülete vmnek; körméret; széle vmnek
circumflex ['sə:k(ə)mfleks] *n* ~ (*accent*) kúpos ékezet
circumlocution [sə:kəmlə'kju:ʃn] *n* kertelés, mellébeszélés, szószaporítás
circumnavigate [sə:kəm'nævɪgeɪt] *vt* körülhajóz
circumnavigation ['sə:kəmnævɪ'geɪʃn] *n* körülhajózás
circumscribe ['sə:kəmskraɪb] *vt* 1. körülír 2. körülhatárol; korlátoz
circumscription [sə:kəm'skrɪpʃn] *n* 1. körülírás 2. elhatárolás, korlátozás 3. körirat [érmen]
circumspect ['sə:kəmspekt] *a* körültekintő, óvatos
circumspection [sə:kəm'spekʃn] *n* körültekintés, óvatosság
circumstance ['sə:kəmstəns; *US* -æns] *n* 1. **circumstances** *pl* körülmények, viszonyok, helyzet, állapot; *in/under the* ~s ilyen körülmények között; *under no* ~s semmi esetre sem, semmi körülmények között 2. **circumstances** *pl* anyagi viszonyok/körülmények; *be in good/easy* ~s jó anyagi körülmények között él 3. részlet, (tény)körülmény, mozzanat 4. eset, véletlen 5. ceremónia, pompa; *with pomp and* ~ hivatalos dísszel, nagy pompával

circumstantial [sə:kəm'stænʃl] a 1. körülményes; részletes 2. ~ evidence közvetett bizonyíték
circumvent [sə:kəm'vent] vt 1. rászed, megcsal 2. megkerül, kijátszik [törvényt] 3. elgáncsol [tervet]
circus ['sə:kəs] n (pl ~es -sɪz] 1. cirkusz 2. körtér
cirrhosis [sɪ'roʊsɪs] n ~ of the liver májzsugorodás
Cissy ['sɪsɪ] prop Cili ⟨női név⟩
cistern ['sɪstən] n víztartály, -tároló
citadel ['sɪtəd(ə)l] n fellegvár, citadella
citation [saɪ'teɪʃn] n 1. idézés 2. idézet
cite [saɪt] vt 1. idéz 2. megidéz, beidéz
citified ['sɪtɪfaɪd] a elvárosiasodott
citizen ['sɪtɪzn] n 1. állampolgár 2. (városi) polgár 3. polgári személy
citizenry ['sɪtɪznrɪ] n polgárság
citizenship ['sɪtɪznʃɪp] n állampolgárság
citric ['sɪtrɪk] a citrom-; ~ acid citromsav
citron ['sɪtr(ə)n] n 1. cédrátcitrom 2. cukrozott gyümölcshéj
citrus ['sɪtrəs] n citrusfélék
city ['sɪtɪ] n város; the C~ London belvárosa (v. üzleti negyede); he's in ḏhe C~ londoni üzletember; ~ centre városközpont, centrum; ~ editor gazdasági rovatvezető; ~ hall városháza, városi tanácsház; ~ news tőzsdei hírek
city-man n (pl -men) (londoni) üzletember
cityscape ['sɪtɪskeɪp] n városkép
civic ['sɪvɪk] a polgári, városi; ~ centre közigazgatási negyed (középületei); ~ design városépítészet
civics ['sɪvɪks] n állampolgári ismeretek
civies ['sɪvɪz] n pl = civvies
civil ['sɪvl] 1. polgári, civil; polgár-; ~ action polgári per; ~ death polgári jogok elvesztése, polgári halál; C~ Defence polgári védelem, légoltalom, légó; ~ disobedience kb. passzív rezisztencia; ~ engineer általános mérnök, építőmérnök; ~ engineering általános mérnöki (v. építőmérnöki) tanulmány(ok)/szak/munka, mélyépítés; ~ law magánjog; ~ list civillista, az udvartartás költségei; GB ~ list pension állami kegydíj; ~ rights

polgárjogok; ~ rights movement polgárjogi mozgalom/harc; ~ servant köztisztviselő, állami hivatalnok; ~ service (1) közszolgálat (2) közigazgatás (3) köztisztviselői kar; ~ war polgárháború 2. udvarias 3. békés, civilizált
civilian [sɪ'vɪljən] I. a polgári, civil II. n polgári egyén, civil
civility [sɪ'vɪlətɪ] n udvariasság
civilization [sɪvɪlaɪ'zeɪʃn; US -lɪ'z-] n civilizáció; kultúra; művelődés; műveltség
civilize ['sɪvɪlaɪz] vt civilizál, kiművel
civil-spoken a udvarias
civvies ['sɪvɪz] n pl □ civil (ruha)
Civvy Street ['sɪvɪ] □ civil élet
cl., cl 1. centilitre(s) centiliter, cl 2. class
clack [klæk] I. n 1. zörgés; kattogás 2. fecsegés II. vi kattog, csattog; csattan, zörög 2. biz fecseg, locsog
clad [klæd] →clothe
claim [kleɪm] I. n 1. igény, követelés; ~ adjuster biztosítási kárbecslő; ~ for damages kártérítési igény/kereset; lay ~ to sg igényt tart/támaszt vmre, követel/igényel vmt; lay ~ to, put in (v. make) a ~ for (jog)igényét bejelenti vmre, igényt támaszt vmre, kártérítést igényel (vmért) 2. (jog)alap, jogcím 3. US államtól kiigényelt lakó- vagy bányaterület II. vt 1. igényel, követel; jogot formál 2. állít (vmt); he ~s that ... azt állítja, hogy ...
claimant ['kleɪmənt] m igénylő; igényjogosult; felperes
clam [klæm] n 1. ehető kagyló 2. US biz hallgatag ember
clamber ['klæmbə*] I. n kapaszkodás, kúszás II. vi mászik, kúszik; ~ up felmászik, felkapaszkodik
clammy ['klæmɪ] a nyirkos, hideg(en tapadó); nyúlós; ragacsos
clamor →clamour
clamorous ['klæmərəs] a zajos, lármás
clamour, US -or ['klæmə*] I. n zaj, lárma, moraj II. vi 1. lármázik, zúg 2. ~ for sg követel vmt
clamp¹ [klæmp] I. n kapocs; szorító, satu; csíptető; fogó; kampó II. A.

vt összekapcsol, -szorít, -fog, leszorít, lefog **B.** *vi biz* ~ *down on sg* megszigorít/leállít vmt

clamp² [klæmp] *n* burgonyaverem

clan [klæn] *n* klán, (skót) törzs

clandestine [klæn'destɪn] *a* titkos, alattomos

clang [klæŋ] I. *n* 1. csengés, zengés [fegyveré, trombitáé stb.] 2. (madár-) rikácsolás II. **A.** *vi* 1. cseng, zeng 2. rikácsol [madár] **B.** *vt* csenget

clangor → *clangour*

clangorous ['klæŋgərəs] *a* csengő, zengő

clangour, *US* **-gor** ['klæŋgə*] *n* csengés, zörgés

clank [klæŋk] I. *n* (lánc)csörgés II. **A.** *vi* (tompán) cseng, csörög **B.** *vt* csörget, zörget

clannish ['klænɪʃ] *a* 1. klánjához húzó 2. klikkjének érdekeit szolgáló

clansman ['klænzmən] *n* (*pl* **-men** -mən) klán tagja

clap¹ [klæp] I. *n* 1. csattanás, dörgés 2. taps; *give sy a* ~ megtapsol vkt II. *v* **-pp- A.** *vt* 1. megtapsol; ~ *one's hands* tapsol 2. ~ *sy on the back* megveregeti vknek a vállát 3. csattogtat [madár a szárnyát] **B.** *vi* 1. tapsol 2. csattan
 clap in *vt biz* ~ *sy in prison* börtönbe csuk
 clap to *vt* bevág, becsap (ajtót)
 clap up *vt* hirtelen/sietve megköt, tető alá hoz [békét, szerződést]

clap² [klæp] *n vulg* kankó, tripper

clapboard ['klæbɔ:d; *US* 'klæbərd] *n* *US* = *weather-board*

clapper ['klæpə*] *n* 1. kereplő 2. harangnyelv

clapping ['klæpɪŋ] *n* taps(olás)

claptrap *n* népszerűséget hajhászó üres beszéd

Clara ['kleərə] *prop* Klára

Clare [kleə*] *prop* Klára, Klári

Clarence ['klærə)ns] *prop* ⟨férfinév⟩

Clarendon ['klær(ə)ndən] *prop*

claret ['klærət] *n* vörösbor

clarification [klærɪfɪ'keɪʃn] *n* 1. tisztázás 2. derítés, szűrés [folyadéké]

clarify ['klærɪfaɪ] **A.** *vt* 1. tisztít, derít, leszűr 2. tisztáz **B.** *vi* (ki)tisztul

clarinet [klærɪ'net] *n* klarinét

clarion ['klærɪən] *n* harsona

Clarissa [klə'rɪsə] *prop* Klarissza

clarity ['klærətɪ] *n* világosság, tisztaság

Clark(e) [klɑ:k] *prop*

clash [klæʃ] I. *n* 1. csattanás; összeütődés 2. összeütközés, -csapás; ~ *of views* nézeteltérés II. **A.** *vt* összeüt, -csap **B.** *vi* 1. zörög 2. összeütközik 3. ellenkezik; ellentmond 4. ütközik, összeesik [két program stb.]

clasp [klɑ:sp; *US* -æ-] I. *n* 1. kapocs, csat; kampó 2. ölelés 3. fogás, kézszorítás II. *vt* 1. bekapcsol, összekapcsol 2. erősen tart, átfog, átölel, átkarol; ~ *one's hands* összekulcsolja kezét 3. megragad; ~ *sy's hand,* ~ *hands* melegen kezet szorít (vkvel)

clasper ['klɑ:spə*; *US* -æ-] *n* kacs, inda

clasp-knife *n* (*pl* **-knives**) zsebkés, bicska

clasp-pin *n* biztosítótű

class [klɑ:s; *US* -æ-] I. *n* 1. [társadalmi] osztály; ~ *conflict* osztályellentét; ~ *interest* osztályérdek; ~ *struggle/war* osztályharc 2. osztály [rendszertani egység] 3. osztály [iskolában] 4. (tanítási) óra; tanfolyam 5. *US* évfolyam, osztály [tanulóké] 6. osztály [mint minőségi kategória]; *biz no* ~ gyenge (minőségű); *be in a* ~ *by itself* egészen kiváló, külön klasszist képez II. *vt* osztályoz, beoszt, besorol

class-conscious *a* osztály(ön)tudatos

class-fellow *n* osztálytárs; *US* évfolyamtárs

classic ['klæsɪk] I. *a* 1. klasszikus 2. elsőrangú, kitűnő II. *n* 1. remekíró; *the English* ~*s* az angol klasszikusok 2. remekmű, klasszikus mű 3. *the* ~*s* latin és görög nyelv és irodalom

classical ['klæsɪkl] *a* klasszikus

classification [klæsɪfɪ'keɪʃn] *n* osztályozás, beosztás, besorolás

classified ['klæsɪfaɪd] *a* 1. ~ *ad(vertisement)* apróhirdetés; ~ *directory* szaknévsor 2. *US* bizalmas, titkos (jellegű) [közlés stb.]

classify ['klæsɪfaɪ] *vt* osztályoz, besorol

classless ['klɑ:slɪs; *US* -æ-] *a* osztály nélküli

class-mate *n* osztálytárs
classroom *n* tanterem, osztály
classy ['klɑ:sɪ; *US* -æ-] *a biz* finom, príma, klassz, előkelő, divatos
clatter ['klætə*] I. *n* 1. zörgés, csattogás; ~ *of hoofs* lódobogás 2. társalgás zaja, zsibongás II. A. *vi* 1. zörög, csörömpöl 2. fecseg 3. zörömböl, neszez B. *vt* zörget; csörömpöl (vmvel)
clause [klɔ:z] *n* 1. záradék, kikötés, cikkely 2. mellékmondat
clavicle ['klævɪkl] *n* kulcscsont
claw [klɔ:] I. *n* 1. karom; köröm; olló [ráké]; *in sy's* ~s vknek a karmai között 2. szöghúzó fogó/villásvég II. A. *vi* karmol B. *vt* megkarmol; (karmával) megragad
claw-hammer *n* szöghúzó kalapács
clay [kleɪ] *n* 1. agyag 2. *biz* porhüvely; *wet/moisten one's* ~ iszik
clayey ['kleɪɪ] *a* agyagos
clay-pigeon *n* agyaggalamb
clean [kli:n] I. *a* 1. tiszta; ~ *record/sheet* büntetlen/tiszta előélet 2. sima, akadálymentes 3. ügyes; jó; korrekt [játékos stb.] II. *adv* teljesen; *I* ~ *forgot* teljesen elfelejtettem; *cut* ~ *through* teljesen átmetsz; *biz come* ~ töredelmesen bevall III. *vt* (ki)tisztít; (meg-) mos; (le)súrol; (ki)takarít
   clean down *vt* letisztít, lekefél; lecsutakol
   clean out *vt* 1. kitisztít, kitakarít 2. *biz* kifoszt, kirabol 3. kimerít, (f)elhasznál
   clean up *vt/vi* 1. rendbe tesz, (ki-) takarít; megtisztít; eltávolít [szemetet] 2. *biz* zsebre vág [hasznot/nyereséget], besöpör [pénzt]
clean-cut *a* élesen körülhatárolt, világos
cleaner ['kli:nə*] *n* 1. tisztító [szer, gép stb.] 2. takarító(nő) 3. ~s, ~'s ruhatisztító
clean-handed *a* tisztakezű, becsületes
cleaning ['kli:nɪŋ] *n* (ki)tisztítás; takarítás
cleaning-rod *n* puskavessző
clean-limbed *a* jó alakú/lábú, szép termetű
cleanliness ['klenlɪnɪs] *n* tisztaság, rendesség

cleanly I. *a* ['klenlɪ] tiszta, rendes II. *adv* ['kli:nlɪ] tisztán
cleanness ['kli:nnɪs] *n* tisztaság
cleanse [klenz] *vt* tisztít, purgál
clean-shaven *a* 1. simára/frissen borotvált 2. borotvált képű
clean-up *n* 1. razzia, (politikai) tisztogatás 2. *biz* nagy haszon
clear [klɪə*] I. *a* 1. tiszta, világos, áttetsző, átlátszó 2. világos, tiszta, nyilvánvaló, érthető; *as* ~ *as day* világos mint a nap; ~ *majority* abszolút többség; *make sg* ~ megmagyaráz vmt, nyilvánvalóvá/érthetővé tesz vmt; *make oneself* ~ megérteti magát 3. hibátlan, makulátlan 4. szabad, akadálymentes [út]; ~ *signal* szabad útjelzés [gépkocsiknak stb.], zöld út; *the signal "all* ~" *was sounded* lefújták a légiriadót; *road* ~ az út járható; zöld út; *the coast is* ~ nincs veszély, szabad a levegő 5. teljes, egész; *two* ~ *days* két teljes nap 6. *be* ~ *about sg* biztos vmben, bizonyos vm felől II. *adv* 1. teljesen, egészen; *keep/stay/steer* ~ *of sg* elkerül vmt, óvakodik/tartózkodik vmtől; *stand* ~ *of the doorway* félreáll az ajtóból 2. tisztán, világosan, érthetően III. A. *vt* 1. tisztán; ~ *one's throat* torkát köszörüli 2. felment (*of a charge* vád alól), tisztáz 3. kiürít; ~ *the harbour* elhagyja a kikötőt 4. szabaddá tesz [utat] 5. leszed [asztalt] 6. átugrik [árkot, akadályt] 7. kiegyenlít, kifizet [adósságot], lezár [számadást] 8. ~ *ten per cent* tíz százalékot keres vmn; *I* ~*ed my costs* költségeim megtérültek 9. vámkezeltet 10. bevált [csekket] B. *vi* kiderül, megtisztul
   clear away A. *vt* eltávolít, eltakarít; [asztalt] leszed B. *vi* felszáll, feltisztul [köd, időjárás]
   clear off A. *vt* 1. befejez 2. eltávolít 3. kifizet [adósságot] B. *vi biz* meglóg; ~ *off!* takarodj(on)!
   clear out A. *vt* 1. kiürít 2. *biz* tönkretesz [anyagilag] B. *vi biz* meglép, meglóg, lelép
   clear up A. *vt* 1. kitakarít [szobát

stb.] 2. tisztáz, kiderít; megold B. vi kiderül, kitisztul [időjárás stb.]
clearance ['klɪər(ə)ns] n 1. megtisztítás, szabaddá tétel [úté, pályáé] 2. vámkezelés, vámvizsgálat, elvámolás 3. igazolvány, engedély, vámnyugta 4. kiárusítás; ~ sale (szezonvégi) kiárusítás 5. [műszaki értelemben] tér, hézag; szabad mozgás, játék; térköz 6. felszállási/leszállási engedély [repgépé]
clear-cut a 1. éles körvonalú 2. átv világos, tiszta, félreérthetetlen
clearing ['klɪərɪŋ] n 1. kiárusítás 2. elszámolás, kifizetés; klíring(elés) 3. vámolás, vámkezelés 4. (erdei) tisztás 5. megtisztítás, szabaddá tétel [úté, pályáé] 6. tisztázás, felmentés [vád alól]
clearing-house n klíringintézet
clearly ['klɪəlɪ] adv 1. tisztán, világosan, érthetően 2. nyilván(valóan)
clearness ['klɪənɪs] n tisztaság
clearway n 1. gyorsforgalmi út [megállni tilos] 2. [mint jelzőtábla] megállni tilos!
cleat [kli:t] n 1. ék 2. kötélbak, kikötőbak 3. rögzítőléc, vezetőléc
cleavage ['kli:vɪdʒ] n 1. hasadás 2. hasítás
cleave¹ [kli:v] v (pt cleaved kli:vd, cleft kleft, clove klouv, pp cleaved, cleft, cloven 'klouvn) A. vt hasít; ~ (in two) kettéhasít, széthasít; cloven hoof hasított köröm, pata; show the cloven hoof kilátszik a lóláb, megmutatkozik ördögi természete B. vi (szét)hasad
cleave² vi (pt cleaved kli:vd, clove klouv, clave kleɪv, pp cleaved) 1. ragaszkodik (to vkhez, vmhez) 2. tapad (to vmhez)
cleaver ['kli:və*] n hasítóbárd
clef [klef] n (hangjegy)kulcs
cleft¹ [kleft] n hasadék, szakadék
cleft² →cleave¹
clemency ['klemənsɪ] n 1. irgalom, könyörület 2. enyheség [időjárásé]
Clemens ['klemənz] prop
clement¹ ['klemənt] a 1. irgalmas, könyörületes, jóságos 2. enyhe

Clement² ['klemənt] prop Kelemen
Clementine ['kleməntaɪn] prop Klementina
clench [klentʃ] vt 1. összeszorít [fogakat, kezet]; with ~ed hands/fist ökölbe szorított kézzel 2. megragad, megmarkol 3. = clinch II.
Cleopatra [klɪə'pætrə] prop Kleopátra
clerestory ['klɪəstərɪ] n gádorfal, -ablak
clergy ['klɜ:dʒɪ] n papság, klérus
clergyman ['klɜ:dʒɪmən] n (pl -men -mən) [anglikán] pap, lelkész
cleric ['klerɪk] n pap, lelkész
clerical ['klerɪkl] I. a 1. papi 2. írnoki; ~ error elírás; ~ work irodai/írnoki munka 3. klerikális II. n 1. pap, lelkész 2. clericals pl papi ruha
clerk [GB klɑ:k; US -ə:-] n 1. írnok, irodai dolgozó, hivatalnok, tisztviselő 2. US (üzleti) elárusító, eladó
Cleveland ['kli:vlənd] prop
clever ['klevə*] a 1. okos, eszes 2. ügyes, leleményes
cleverness ['klevənɪs] n 1. okosság, intelligencia 2. ügyesség, leleményesség
clew [klu:] I. n 1. gombolyag 2. vitorla alsó csúcsa 3. útmutatás, vezérfonal II. vt ~ up (1) felgöngyöl(ít) [vitorlát] (2) befejez
cliché ['kli:ʃeɪ; US -'ʃeɪ] n közhely, elkoptatott frázis
click¹ [klɪk] I. n kettyenés, kattanás, csattanás; csettintés II. vt csattant; ~ one's heels összevágja a bokáját
click² [klɪk] biz vi 1. összepasszol 2. első látásra „beleesnek" egymásba 3. sikere van, szerencsés, eléri célját
client ['klaɪənt] n 1. ügyfél, kliens 2. (állandó) vevő, vásárló
clientele [kli:ən'tel; US klaɪ-] n (állandó) ügyfelek, vevőkör, klientéla
cliff [klɪf] n szikla, (kő)szirt
climacteric [klaɪ'mæktərɪk] n a változás kora, klimax
climate ['klaɪmɪt] n 1. éghajlat, klíma 2. átv légkör, atmoszféra; ~ of opinion közhangulat
climatic [klaɪ'mætɪk] a éghajlati
climax ['klaɪmæks] n 1. tetőpont 2. klimax [biológiai] 3. orgazmus

climb [klaɪm] **I.** *n* **1.** emelkedés **2.** mászás **II. A.** *vt* megmászik (vmt); felmászik (vmre) **B.** *vi* **1.** emelkedik **2.** mászik, kúszik; ~ *down* (1) leereszkedik (2) enged a 48-ból, alább adja; visszakozik

climber ['klaɪmə*] *n* **1.** mászó, kúszó; emelkedő **2.** törtető **3.** kúszónövény

climbing ['klaɪmɪŋ] **I.** *a* mászó, kúszó **II.** *n* **1.** (hegy)mászás **2.** emelkedés

clime [klaɪm] *n* **1.** éghajlat **2.** táj

clinch [klɪntʃ] **I.** *n* **1.** szögrögzítés **2.** szójáték **3.** átkarolás, lefogás [ökölvívásban] **II.** *vt* **1.** megszegel, összeszegel, (szögekkel) összeerősít **2.** megköt (alkut); eldönt [vitát]

clincher ['klɪntʃə*] *n biz* megdönthetetlen érv, perdöntő bizonyíték

cling [klɪŋ] *vi* (*pt/pp* **clung** klʌŋ) **1.** belekapaszkodik (*to* vkbe, vmbe); csüng (*to* vkn); ragaszkodik (*to* vkhez, vmhez); *they* ~ *together* (1) egymásba kapaszkodnak, egymáshoz simulnak (2) ragaszkodnak egymáshoz **2.** tapad (*to* vmhez)

clingstone peach duránci barack

clinic ['klɪnɪk] *n* **1.** rendelőintézet, szakrendelő **2.** klinika

clinical ['klɪnɪkl] *a* klinikai; ~ *picture* kórkép; ~ *thermometer* orvosi hőmérő, lázmérő

clink[1] [klɪŋk] **I.** *n* csengés, csörgés, csörömpölés **II. A.** *vt* csörget; ~ *glasses* koccint **B.** *vi* csörög

clink[2] [klɪŋk] *n* □ borton, sitt

clinker ['klɪŋkə*] *n* **1.** klinker(tégla) **2.** salak

clinker-built *a* palánkos (építésű) [hajó]

clip[1] [klɪp] **I.** *n* **1.** kapocs, szorító, csíptető, gemkapocs **2.** tölténytár **II.** *vt* **-pp- 1.** csíptet, összekapcsol **2.** körülvesz, körülfog **3.** szorosan tart/fog

clip[2] [klɪp] **I.** *n* **1.** nyírás **2.** lenyírt gyapjú **3.** frizura **4.** *biz* ütés; *hit sy a* ~ behúz neki egyet **5.** *US at a lively* ~ jól kilépve, gyorsan **II.** *vt* **-pp- 1.** (meg)nyír, lenyír, vagdal; ~ *sg out* (*of*) kivág vmt (vmből) **2.** (ki)lyukaszt **3.** ~ *one's words* elharapja a szavakat

clip-board *n* csipeszes írótábla

clip-on *a* rácsíptethető; ~ *brooch* klipsz

clipper ['klɪpə*] *n* **1.** **clippers** *pl* nyírógép, hajvágó gép **2.** klipper ⟨gyors járatú vitorlás hajó⟩ **3.** *biz* remek dolog

clipping ['klɪpɪŋ] *n* **1.** nyírás **2.** nyiradék **3.** (jegy)lyukasztás **4.** újságcikk-kivágás, újságkivágat, lapkivágat

clique [kliːk] *n* klikk, banda

clitoris ['klɪtərɪs; *US* 'klaɪ-] *n* csikló

Clive [klaɪv] *prop*

cloak [kloʊk] **I.** *n* köpönyeg, palást; ~ *and dagger story* romantikus kalandtörténet **II.** *vt* **1.** beborít **2.** leplez

cloak-room *n* ruhatár, csomagmegőrző

clock [klɔk; *US* -ɑ-] **I.** *n* **1.** óra [fali-, álló-]; *round the* ~ 24 órán át, éjjel-nappal; *three* ~ három műszakban [dolgozik]; *put the* ~ *back* (1) visszaigazítja az órát (2) *átv* visszafelé forgatja a történelem kerekét; *work against the* ~ versenyt fut az idővel **2.** *biz* stopper **II. A.** *vt* mér, stoppol, elér [időt versenyen] **B.** *vi* ~ *in/on* bélyegez [munkába érkezéskor]; ~ *out/off* bélyegez [távozáskor]

clock-face *n* számlap [óráé]

clockwise *adv* az óramutató forgásának irányában

clockwork *n* óramű; *with* ~ *precision* óramű pontossággal; *like* ~ [megy] mint a karikacsapás

clod [klɔd; *US* -ɑ-] *n* **1.** rög, göröngy **2.** = **clod-hopper**

clod-hopper *n* **1.** földet túró paraszt **2.** bumfordi ember

clog [klɔg; *US* -ɑ-] **I.** *n* **1.** kölönc, akadály **2.** facipő, klumpa **II.** *v* **-gg- A.** *vt* **1.** akadályoz, gátol **2.** eltöm; *get* ~*ged* eldugul **B.** *vi* **1.** akadozik **2.** eltömődik

cloister ['klɔɪstə*] **I.** *n* **1.** kolostor **2.** kerengő **II.** *vi* (kolostorba) bezár; *lead a* ~*ed life* kolostori/zárkózott életet él

close I. *a* [kloʊs] **1.** zárt, csukott, bekerített **2.** fülledt; levegőtlen **3.** (egész) közeli, hű; ~ *friend* meghitt barát **4.** alapos, pontos; ~ *reasoning* alapos okfejtés; ~ *translation* szöveghű/pontos fordítás; *on* ~*r examination* közelebbről megvizsgálva **5.** sűrű, tömöt:,

tömör, szoros; szűk; ~ order tömött
sorok 6. zárkózott, hallgatag, tartóz-
kodó; titkolózó, titoktartó 7. szűkmar-
kú, zsugori, takarékos 8. tilos; ~
season (vadászati) tilalmi idő 9. zárt
[magánhangzó] II. adv [kloʊs] szoro-
san, szűken; közel; ~ at hand, ~
by/to közvetlenül mellette; (egészen)
közel vmhez; be ~ (up)on 40 40 éves
III. n 1. [kloʊs] elhatárolt földterület,
zárt füves térség [székesegyház körül]
2. [kloʊs] (skót) sikátor, köz 3.
[kloʊz] befejezés; (vmnek a) vége;
draw to a ~ véget ér, befejeződik
IV. v [kloʊz] A. vt 1. bezár; becsuk;
lezár; ~ a hole befoltoz, megstoppol
egy lyukat; ~d to all vehicles minden
jármű forgalma mindkét irányból
tilos; my mouth is ~d lakat van a szá-
mon; the shops are ~d az üzletek zárva
tartanak 2. lezár, befejez B. vi 1.
(be)zárul, záródik, becsukódik 2. (be-)
zár, csuk [zárva tart] 3. végződik,
befejeződik
close down vt bezár [üzemet], be-
szüntet; we are now closing d. adásunk
véget ért
close in vi 1. közeleg [éjszaka]; rö-
vidülnek [a napok] 2. körülvesz; ~ in
on sy körülkerít/bekerít vkt
close round vt körülvesz
close up A. vt 1. összevon 2. bezár
B. vi 1. bezárul 2. közelebb megy
close with vi 1. nekitámad, össze-
csap 2. megállapodásra jut vkvel
close-cropped [kloʊs'krɔpt; US-ɑ], -cut
a tövig lenyírt, nullás géppel nyírott
closed [kloʊzd] a zárt; ~ shop ⟨üzem,
melyben csak szervezett munkások
dolgozhatnak⟩
closed-circuit a ~ television zártláncú/
ipari televízió
close-down ['kloʊz-] n bezárás, leállítás
[üzemé, gyáré]; ~ sale végkiárusítás
close-fisted [kloʊs-] a szűkmarkú, fös-
vény
close-fitting [kloʊs-] a testhezálló
close-grained [kloʊs-] a sűrűn erezett
[fa]; finomszemcsés
close-knit [kloʊs-] a szorosan összetar-
tozó/összefüggő

closely ['kloʊslɪ] adv 1. szorosan 2.
közelről; gondosan; figyelmesen
close-mouthed [kloʊs-] a szűkszavú
closeness ['kloʊsnɪs] n 1. zárkózottság
2. dohosság, fülledtség 3. közelség
4. elzártság 5. pontosság
close-set [kloʊs-] a közel fekvő [szemek
stb.]
closet ['klɔzɪt; US -ɑ-] I. n 1. főleg
US szobácska, fülke; kamra; lomtár
2. † (angol) vécé 3. US faliszekrény;
beépített/járható szekrény II. vt be
~ed with sy vkvel bizalmas megbeszé-
lésre elvonul/összeül
closet-play n könyvdráma
close-up ['kloʊs-] n közeli felvétel, kö-
zelkép, premier plan
closing ['kloʊzɪŋ] I. a befejező, utolsó,
záró; ~ day határidő, az utolsó nap;
~ prices záróárfolyamok; ~ time
üzletzárási idő, záróra II. n befejezés,
zárás
closure ['kloʊʒǝ*] n 1. bezárás 2. zárlat
3. [parlamenti] vitazárás
clot [klɔt; US -ɑ-] I. n 1. (vér)csomó,
rög 2. □ hülye II. vi -tt- csomósodik,
megalvad
cloth [klɔθ; pl klɔθs; US klɔ:θ, pl
klɔ:ðz] n 1. szövet, posztó; vászon;
~ binding vászonkötés; lay the ~
megterít(i az asztalt); ~ of gold
aranybrokát 2. the ~ a papság 3.
invented out of whole ~ elejétől végig
koholt [történet]
clothe [kloʊð] v (pt/pp ~d kloʊðd, †
clad klæd) vt 1. (fel)öltöztet, felruház;
warmly ~d melegen öltözött 2. kife-
jez
clothes [kloʊðz; US kloʊz] n pl 1. ruha,
ruházat; put on one's ~ felöltözik 2.
fehérnemű
clothes-brush n ruhakefe
clothes-hanger n ruhaakasztó, vállfa
clothes-horse n ruhaakasztó, -szárító
clothes-line n ruhaszárító kötél
clothes-peg/pin n ruhaszárító csipesz
clothier ['kloʊðɪǝ*] n szövet- és ruha-
kereskedő
clothing ['kloʊðɪŋ] n 1. öltözet, ruhá-
zat, ruhák; articles of ~ ruházati cik-
kek 2. öltöz(köd)és

clotted ['klɔtɪd; US -ɑ-] →clot II.
cloud [klaʊd] I. n 1. felhő, felleg; be
under a ~ bajban van, rossz szemmel
nézik; have one's head in the ~s álmo-
dozó ember, fellegekben jár; every ~
has a silver lining minden rosszban
van valami jó is, borúra derű 2.
sötétség, árnyék 3. folt; felhő [folya-
dékban]; homály [üvegen] II. A.
vt felhőbe borít B. vi 1. beborul, el-
homályosul; ~ up/over (1) felhősödik
(2) átv elkomorul
cloud-burst n felhőszakadás
cloud-cuckoo-land n felhőkakukkvár,
eszményi világ, légvár
clouded ['klaʊdɪd] a 1. felhős 2. foltos
3. zavaros [folyadék]; ~ mind elborult
elme
cloudless ['klaʊdlɪs] a felhőtlen
cloudy ['klaʊdɪ] a 1. felhős, borús 2.
homályos; zavaros
clout [klaʊt] I. n 1. rongy(darab),
törlőrongy 2. US □ politikai nyomás
3. biz pofon, ütés II. vt biz üt
clove¹ [kloʊv] n szegfűszeg
clove² [kloʊv] n (fokhagyma)gerezd
clove³ →cleave¹, cleave²
cloven →cleave¹
clover ['kloʊvə*] n lóhere; be/live in ~
jól él, gyöngyélete van
cloverleaf n (pl -leaves) lóhere [külön-
színtű csomópont]
clown [klaʊn] I. n 1. bohóc 2. faragatlan
ember II. vi bohóckodik, bolondozik
clownish ['klaʊnɪʃ] a 1. bohóckodó,
bolondos 2. faragatlan
cloy [klɔɪ] vt eltölt [étel]; be ~ed
with sg megcsömörlik vmtől
club [klʌb] I. n 1. bunkósbot 2. golf-
ütő 3. treff; makk [kártya]; ~s
are trump (1) treff az adu (2) átv itt
az erősebb az úr 4. klub, társaság,
zárt kör; (sport)egyesület II. v -bb-
A. vt 1. bunkósbottal (meg)üt 2. egye-
sít (társaságba) B. vi ~ together egye-
sül(nek), összeáll(nak) (társaságba)
club-foot n (pl -feet) tuskóláb, donga-
láb
club-house n egyesületi székház, klub-
helyiség, klubház
club-law n ököljog

club-sandwich n US többemeletes
szendvics
cluck [klʌk] I. n kotyogás II. vi kotyog
[kotlós]
clue [klu:] n 1. nyom, nyomravezető
jel; ~s bűnjelek 2. kulcs [megfejtés-
hez], nyitja (vmnek)
clump [klʌmp] I. n 1. rakás, halom,
csomó 2. (fa)csoport II. A. vt 1. fel-
halmoz 2. csoportosan ültet 3. vas-
tagon megtalpal B. vi nehézkesen
megy
clumsiness ['klʌmzɪnɪs] n esetlenség,
ügyetlenség
clumsy ['klʌmzɪ] a esetlen, ügyetlen
clung →cling
cluster ['klʌstə*] I. n 1. nyaláb, csomó;
csoport 2. fürt 3. raj II. A. vi össze-
gyűlik, csoportosul B. vt csoportba
gyűjt
clutch¹ ['klʌtʃ] I. n 1. megragadás,
(meg)fogás; get into sy's ~es vknek
karmai közé kerül 2. tengelykapcsoló,
kuplung; let in/up the ~ felengedi a
kuplungot; put the ~ out, push/throw
out the ~ kikuplungoz, kinyomja a
kuplungot II. A. vt megragad, megfog
B. vi 1. ~ at every straw minden szal-
maszálba belekapaszkodik 2. kuplun-
goz
clutch² [klʌtʃ] n egy fészekalja [tojás,
csibe]
clutter ['klʌtə*] I. n összevisszaság,
zűrzavar II. A. vt rendetlenséget/
zurzavart teremt; ~ up telezsúfol
[szobát]; everything is ~ed up minden
egymás hegyén-hátán áll
Clyde [klaɪd] prop
clyster ['klɪstə*] n beöntés, allövet
cm centimeter(s) centiméter, cm
Co. [koʊ] Company
C.O. [si:'oʊ] commanding officer
c/o [si:'oʊ] care of... ... leveleivel/
címén
coach [koʊtʃ] I. n 1. hintó, kocsi;
~ and six hatos fogat; drive a ~ and
four through an Act of Parliament a
törvényt kijátssza 2. vasúti (személy-)
kocsi 3. (távolsági) autóbusz; ~ ter-
minal távolsági buszpályaudvar; by
~ autóbusszal 4. magántanító 5. ed-

ző II. *vt* előkészít, felkészít [*for* vizsgára, versenyre]; edz
coach-box *n* bak [kocsis ülése]
coach-builder *n* kocsigyártó, bognár
coach-driving *n* (fogat)hajtás; hajtóverseny
coaching ['kəʊtʃɪŋ] *n* 1. előkészítés, felkészítés (vizsgára, versenyre), trenírozás, edzés 2. *the old ~ days* a régi postakocsis világ
coachman ['kəʊtʃmən] *n* (*pl* -men -mən) kocsis, hajtó
coach-station *n* (autó)buszmegálló
coagulate [kəʊ'ægjʊleɪt] A. *vi* megalvad, összeáll B. *vt* (meg)alvaszt
coagulation [kəʊægjʊ'leɪʃn] *n* 1. megalvadás 2. alvasztás
coal [kəʊl] I. *n* szén; *carry ~s to Newcastle* Dunába vizet hord; *haul sy over the ~s* jól lehord vkt, megmossa vknek a fejét; *heap ~s of fire on sy's head* a rosszat jóval viszonozza vknek II. A. *vt* szénnel ellát B. *vi* szenel, szenet vesz fel [hajó]
coal-bearing *a* széntartalmú
coal-bed *n* szénréteg, széntelep
coalesce [kəʊə'les] *vi* 1. összenő, egyesül 2. szövetkezik, koalícióra lép
coal-field *n* szénmedence
coal-gas *n* világítógáz
coal-heaver *n* szénrakodó munkás
coaling-station ['kəʊlɪŋ-]*n* szenelőállomás
coalition [kəʊə'lɪʃn] *n* szövetkezés, egyesülés, koalíció; *~ government* koalíciós kormány
coal-measure *n* szénréteg
coal-mine *n* szénbánya
coal-pit *n* szénbánya
coal-scoop *n* (szobai) szeneslapát
coal-scuttle *n* szenesvödör
coal-seam *n* szénréteg
coal-tar *n* kőszénkátrány
coarse [kɔ:s] *a* 1. durva [anyag]; vastag, durva [szövet] 2. *átv* durva, közönséges, nyers, goromba
coarse-fibred [-faɪbəd] *a* durva rostos/rostú
coarse-grained *a* durva szemcsés/szemcséjű
coarsen ['kɔ:sn] A. *vt* (el)durvít B. *vi* (el)durvul

coarseness ['kɔ:snɪs] *n* durvaság, nyerseség, gorombaság
coast [kəʊst] I. *n* (tenger)part, partvidék II. *vi* 1. part mentén hajózik 2. (lejtőn szánkóval) lesiklik; szabadonfutóval legurul (lejtőn) [kerékpárral] 3. *biz* vmből megél
coastal ['kəʊstəl] *a* (tenger)parti; *~ trade* partmenti kereskedelem
coaster ['kəʊstə*] *n* 1. parti hajó 2. poháralátét, „szett" 3. *~ brake* kontrafék [kerékpáron]
coast-guard *n* 1. partőr 2. parti őrség
coasting ['kəʊstɪŋ] *n* 1. part(ment)i hajózás 2. lesiklás [lejtőn]; legurulás [lejtőn] szabadonfutóval
coastline *n* partvonal
coastwise I. *a* partmenti II. *adv* part mentén
coat [kəʊt] I. *n* 1. kabát, zakó; (kosztüm)kabát; felöltő; *~ and skirt* kosztüm; *~ of mail* páncéling; *~ of arms* címer(pajzs); *cut one's ~ according to one's cloth* addig nyújtózkodik, ameddig a takarója ér; *turn one's ~* köpönyeget forgat 2. bunda, bőr [állaté] 3. takaró 4. (külső) réteg, festékréteg, bevonat; *ground ~* alapozás [festékkel], alapozófesték II. *vt* bevon [festékkel, fémmel stb.]
coated ['kəʊtɪd] *a* borított, burkolt, (festékkel) bevont; *~ tongue* lepedékes nyelv
coating ['kəʊtɪŋ] *n* 1. bevonás, burkolás; alapozás [festékkel] 2. bevonat, (fedő)réteg 3. kabátszövet
coat-stand *n* (álló) ruhafogas
coax [kəʊks] *vt* csalogat; rábeszél (*into, to* vmre); *~ sg out of sy* (hízelgéssel) kicsikar vkből vmt
cob [kɔb; *US* -ɑ-] *n* 1. kukoricacső 2. kis zömök ló 3. darabos szén; (érc)darab 4. hím hattyú
cobble¹ ['kɔbl; *US* -ɑ-] I. *n* nagy kavics, folyamkavics; macskakő, utcakő II. *vt* (ki)kövez [utcát]
cobble² ['kɔbl; *US* -ɑ-] *vt* összefoltoz
cobbler ['kɔblə*; *US* -ɑ-] *n* 1. foltozóvarga 2. kontár
Cobden ['kɔbdən] *prop*
cobweb *n* pókháló

coca-cola [koʊkə'koʊlə] *n* Coca-Cola, kóla

cocaine [koʊ'keɪn] *n* kokain

cock¹ [kɔk; *US* -ɑ-] **I.** *n* 1. kakas; *biz* ~ *of the walk/school* főkolompos, vezérürü, vezér 2. hím [madaraké] 3. (víz)csap 4. kakas [lőfegyveren]; *at full* ~ felhúzott kakassal 5. *vulg* fark(a vknek), fasz **II.** *vt* felhúzza a kakasát [puskának]

cock² [kɔk; *US* -ɑ-] **I.** *n* gyors mozdulat [felfelé]; hirtelen oldalmozdulat; ~ *of the eye* hunyorítás, szemvillanás **II.** *vt* 1. felállít; ~ *the/its ears* fülét hegyezi; ~ *one's eye at sy* (rá)kacsint vkre; ~ *one's nose* magasan hordja az orrát 2. felgyűr, felhajt; ~ *one's hat* félrecsapja a kalapját; ~*ed hat* háromszögletű kalap; *knock into a* ~*ed hat* tönkrever, kikészít (vkt), halomra dönt [érveket]

cock³ [kɔk; *US* -ɑ-] *n* kis szénaboglya

cockade [kɔ'keɪd; *US* kɑ-] *n* kokárda

cock-a-doodle-do [kɔkədu:dl'du:; *US* kɑ-] *int* kukurikú!

cock-a-hoop [kɔkə'hu:p; *US* kɑ-] **I.** *a* büszkélkedő, beképzelt **II.** *adv* ujjongva

Cockaigne [kɔ'keɪn; *US* kɑ-] *prop* Eldorádó

cock-and-bull story [kɔkən'bʊl; *US* 'kɑ-] hihetetlen történet, dajkamese

cockatoo [kɔkə'tu:; *US* kɑ-] *n* kakadu

cock-boat *n* boci [mentőcsónak]

cockchafer ['kɔktʃeɪfə*; *US* 'kɑ-] *n* cserebogár

cock-crow *n* kakaskukorékolás

cocked [kɔkt; *US* -ɑ-] →*cock² II.*

cocker ['kɔkə*; *US* -ɑ-] *n* (kis angol) spaniel

cockerel ['kɔk(ə)rəl; *US* -ɑ-] *n* fiatal kakas

cock-eyed *a* 1. kancsal 2. □ ferde; furcsa, abszurd

cock-fight(ing) *n* kakasviadal

cockhorse *n* vesszőparipa [gyermeké]; hintaló; *ride a* ~ térden/hintalovon lovagol

cockle¹ ['kɔkl; *US* -ɑ] *n* gabonaüszög, konkoly

cockle² ['kɔkl; *US* -ɑ-] **I.** *n* 1. ehető

szívkagyló 2. ~*s of the heart* a szív legbensőbb érzései 3. ~(*-shell*) lélekvesztő **II. A.** *vt* összeráncol **B.** *vi* összeráncolódik; összepödrődik

cockney ['kɔknɪ; *US* -ɑ-] **I.** *a* londoni születésű, tipikusan londoni [ember, kiejtés] **II.** *n* 1. (tipikusan) londoni (ember) 2. 'cockney' tájszólás/kiejtés

cockpit *n* 1. kakasviadali tér 2. gyakori harcok/háborúk színhelye 3. pilótafülke, -ülés

cockroach ['kɔkroʊtʃ; *US* 'kɑ-] *n* svábbogár

cockscomb ['kɔkskoʊm; *US* 'kɑ-] *n* kakastaraj

cocksure *a* magabiztos, elbizakodott, beképzelt

cocktail *n* koktél; ~*s* koktélparti

cocky ['kɔkɪ; *US* -ɑ-] *a biz* beképzelt; pimasz

coco ['koʊkoʊ] *n* kókusz(pálma)

cocoa ['koʊkoʊ] *n* kakaó; ~ *bean* kakaóbab

coconut ['koʊkənʌt] *n* 1. kókuszdió; ~ *matting* kókuszszőnyeg 2. □ kobak, „kókusz"

cocoon [kə'ku:n] *n* selyemgubó

coco-palm *n* kókuszpálma

cod¹ [kɔd; *US* -ɑ-] *n* tőkehal

cod² [kɔd; *US* -ɑ-] *vt* -**dd**- *biz* becsap, rászed; ugrat

C.O.D. [si:oʊ'di:] *cash* (v. *US collect*) *on delivery* →*delivery*

coddle ['kɔdl; *US* -ɑ-] *vt* elkényeztet, túltáplál

code [koʊd] **I.** *n* 1. törvénykönyv, jogszabálygyűjtemény; kódex 2. jelrendszer, kód; rejtjeles ábécé; ~ *book* jelkódex, rejtjelkulcs; ~ *word* jelige; *break a* ~ titkosírást megfejt **II.** *vt* 1. rejtjelez 2. kódol [programot]

codex ['koʊdeks] *n* (*pl* **codices** 'koʊdɪsi:z) kódex

codger ['kɔdʒə*; *US* -ɑ-] *n biz* furcsa öreg fickó, „pofa", pasas

codices →*codex*

codicil ['kɔdɪsɪl; *US* 'kɑ-] *n* pótvégrendelet, (kiegészítő) záradék

codification [koʊdɪfɪ'keɪʃn; *US* kɑ-] *n* törvényelőkészítés, becikkelyezés, kodifikálás

codify ['koʊdɪfaɪ; US 'kɑ-] vt törvénybe iktat/foglal, becikkelyez, kodifikál
coding ['koʊdɪŋ] n rejtjelezés; kódolás
codling ['kɔdlɪŋ; US -a-] n főzőalma
cod-liver oil csukamájolaj
co-ed [koʊ'ed; US 'koʊed] n biz ⟨diákleány koedukációs iskolában⟩
co-education [koʊedju:'keɪʃn; US -dʒʊ-] n koedukáció
coefficient [koʊɪ'fɪʃnt] n együttható, tényező, koefficiens
coequal [koʊ'i:kv(ə)l] a/n egyenrangú
coerce [koʊ'ə:s] vt 1. kényszerít (into vmre) 2. korlátoz, elnyom
coercion [koʊ'ə:ʃn] n 1. kényszer 2. korlátozás
coercive [koʊ'ə:sɪv] a 1. kényszerítő 2. korlátozó
Coeur de Lion [kə:də'li:ɔ:ŋ] prop Oroszlánszívű Richárd
coeval [koʊ'i:vl] I. a egykorú, egyidejű, kortárs II. n kortárs
coexist [koʊɪg'zɪst] vi egyidejűleg van/ létezik
coexistence [koʊɪg'zɪst(ə)ns] n együttélés, egyidejű létezés, együttlét; peaceful ~ békés egymás mellett élés
coexistent [koʊɪg'zɪstənt] a egyidejűleg létező
C of E [si:əv'i:] Church of England
coffee ['kɔfɪ; US -ɔ:- v. -a-] n kávé; black ~ fekete(kávé); white ~ tejeskávé, kapuciner; ~ bar (esz)presszó, kávézó; ~ break kávészünet [munka folyamán]; ~ table alacsony asztalka
coffee-bean n kávébab, -szem
coffee-cup n kávéscsésze, feketéscsésze
coffee-grounds n pl kávéalj, zacc
coffee-house n kávéház
coffee-mill n kávéőrlő, -daráló
coffee-pot n kávéskanna
coffee-room n 1. kávézó 2. (szállodai) étterem
coffee-spoon n mokkakanál
coffee-stall n mozgó kávébódé
coffee-table book gazdagon illusztrált díszmű
coffer ['kɔfə*; US -ɔ:-] n 1. pénzszekrény 2. kazetta [mennyezeté] 3. = coffer-dam

coffer-dam n 1. jászolgát 2. keszon
coffer-work n kazettás mennyezet
coffin ['kɔfɪn; US -ɔ:-] I. n koporsó II. vt koporsóba tesz
cog [kɔg; US -a-] n 1. fog [fogaskeréké]; ~ railway fogaskerekű vasút
cogency ['koʊdʒ(ə)nsɪ] n hathatósság, kényszer; meggyőző erő [érvé]
cogent ['koʊdʒ(ə)nt] a hathatós, meggyőző [érv stb.]; nyomós [ok]
cogitate ['kɔdʒɪteɪt; US 'kɑ-] A. vi gondolkozik B. vt kigondol; megfontol; ~ mischief rosszban töri a fejét
cogitation [kɔdʒɪ'teɪʃn; US kɑ-] n gondolkodás, megfontolás, töprengés
cognac ['kɔnjæk; US 'koʊ-] n konyak
cognate ['kɔgneɪt; US -a-] I. a rokon (with -val/-vel) II. n 1. (vér)rokon [anyai ágon] 2. rokon szó
cognition [kɔg'nɪʃn; US -a-] n megismerés; észlelés; ismeret
cognitive ['kɔgnɪtɪv; US -a-] a megismerő, észlelő
cognizance ['kɔgnɪz(ə)ns; US -a-] n 1. tudomás; take ~ of sg (hivatalosan) tudomásul vesz (v. megállapít) vmt 2. illetékesség, hatáskör; fall within sy's ~ vknek a hatáskörébe tartozik
cognizant ['kɔgnɪz(ə)nt; US -a-] a be ~ of sg tudomással bír vmről
cog-wheel n fogaskerék
cohabit [koʊ'hæbɪt] vi együtt él [élettársként]
cohabitation [koʊhæbɪ'teɪʃn] n együttélés [élettársi közösségben]
coheir [koʊ'eə*] n örököstárs
cohere [koʊ'hɪə*] vi 1. összetapad 2. összetartozik, -függ
coherence [koʊ'hɪər(ə)ns] n összefüggés
coherency [koʊ'hɪər(ə)nsɪ] n = coherence
coherent [koʊ'hɪər(ə)nt] a összefüggő, -tartozó; következetes
cohesion [koʊ'hi:ʒn] n (össze)tapadás, összetartás; kohézió
cohesive [koʊ'hi:sɪv] a összefüggő, (össze)tapadó; kohéziós
cohort ['koʊhɔ:t] n csapat, (had)sereg
coif [kɔɪf] n † 1. poroszlósapka 2. (apáca)főkötő
coiffure [kwɑ:'fjʊə*] n frizura

coign [kɔɪn] *n* (épület)sarok, kiszögelés || →*vantage*
coil¹ [kɔɪl] I. *n* 1. tekercs, orsó; ~ *spring* tekercsrugó 2. tekercs, tekercselés [villamos] 3. spirál [fogamzásgátlásra] II. A. *vt* felteker, -göngyölít, -csavar B. *vi/vt* 1. ~ (*up*), ~ *itself up* összecsavarodik 2. tekereg, kígyózik felgöngyölödik, -csavarodik
coil² [kɔɪl] *n* † *mortal* ~ a földi élet zűrzavara
coin [kɔɪn] I. *n* érme, pénzdarab II. *vt* 1. ~ *money* pénzt ver; *biz be* ~*ing money* csak úgy dől hozzá a pénz 2. ~ *a new word* új szót alkot
coinage ['kɔɪnɪdʒ] *n* 1. pénzverés 2. törvényes pénz, pénzrendszer 3. új szóalkotás
coincide [koʊɪn'saɪd] *vi* 1. egybevág; összeillik, megegyezik (*with* vmvel); ~ *in opinion* egy nézeten van(nak) 2. [időben] egybeesik, ütközik (*with* vmvel)
coincidence [koʊ'ɪnsɪd(ə)ns] *n* 1. egybevágás, megegyezés 2. egybeesés, ütközés [időben] 3. véletlen
coiner ['kɔɪnə*] *n* 1. pénzverő 2. pénzhamisító 3. szóalkotó
coir ['kɔɪə*] *n* kókuszrost
coition [koʊ'ɪʃn] *n* = *coitus*
coitus ['koʊtəs] *n* közösülés, coitus
coke¹ [koʊk] *n* koksz
coke² [koʊk] *biz* kóla
coke³ [koʊk] *n* □ kokain
col [kɔl; *US* -a-] *n* hegynyereg, hágó
Col. 1. ['kə:nl] *Colonel* ezredes, ezr. 2. *Colorado*
col. *column*
colander ['kʌləndə*] *n* szűrőedény; áttörő szita; szűrőtölcsér
cold [koʊld] I. *a* 1. hideg; ~ *cream* arckrém; ~ *pack* hideg borogatás, priznic; ~ *steel* szúró- és vágófegyverek; ~ *storage* hűtőházi raktározás, mélyhűtés; ~ *store* hűtőház; ~ *wave* vízhullám [fodrászati]; *be/feel* ~ fázik; *grow* ~ kihűl, lehűl; *pour/throw* ~ *water on sg* lehűti a lelkesedést (vm iránt); ellenez vmt; *in* ~ *blood* szemrebbenés nélkül, hidegvérrel; *biz have* ~ *feet* be van gyulladva 2. *átv*

hideg, hűvös, közönyös, barátságtalan; ~ *comfort* gyenge/sovány vigasz; ~ *war* hidegháború; *give sy the* ~ *shoulder* félvállról beszél vkvel, hűvösen kezel vkt II. *n* 1. hideg, fagy; *biz be left out in the* ~ nem törődnek vele, mellőzik; *biz come in from the* ~ kellemetlen/veszélyes helyzete véget ér 2. ~ (*in the head*) (meg)hűlés, nátha; *catch* (*a*) ~ meghűl, megfázik; *have a* ~ náthás, meg van hűlve
cold-blooded [-'blʌdɪd] *a* 1. hidegvérű, érzéketlen 2. előre megfontolt [gonosztett]
cold-chisel *n* hidegvágó
cold-hearted *a* kőszívű
coldness ['koʊldnɪs] *n* hideg(ség)
cole [koʊl] *n* kelkáposzta
Coleridge ['koʊl(ə)rɪdʒ] *prop*
cole-slaw *n* káposztasaláta
colewort *n* kelkáposzta
colic ['kɔlɪk; *US* -a-] *n* bélgörcs, kólika; ~ *belt* haskötő
colitis [kɔ'laɪtɪs; *US* koʊ-] *n* vastagbélgyulladás
Coll., coll. *college*
collaborate [kə'læbəreɪt] *vi* 1. együttműködik, kollaborál, közösen dolgozik (*on* vmn) 2. az ellenséggel együttműködik
collaboration [kəlæbə'reɪʃn] *n* 1. együttműködés, kollaboráció 2. kollaborálás [ellenséggel]
collaborator [kə'læbəreɪtə*] *n* 1. munkatárs, közreműködő 2. kollaboráns
collapse [kə'læps] I. *n* 1. összeomlás 2. kollapszus, ájulás II. *vi* 1. összeomlik 2. összeesik 3. összecsukható
collapsible [kə'læpsəbl] I. *a* összecsukható, összehajtható II. *n* összeállítható gumikajak, faltboot
collar ['kɔlə*; *US* -a-] I. *n* 1. gallér; *biz get hot under the* ~ dühbe gurul; *seize sy by the* ~ nyakon csíp 2. nyaklánc 3. nyakló, hám, nyakörv 4. (fém)gyűrű, bilincs II. *vt* 1. megfog, megragad, galléron ragad 2. [húst sütés előtt] göngyöl(ve átköt) 3. *biz* elcsen
collar-bone *n* kulcscsont
collar-stud *n* inggomb

collar-work *n biz* nehéz munka
collate [kɔ'leɪt] *vt* összehasonlít, egybevet [szövegeket], egyeztet
collateral [kɔ'læt(ə)rəl] *a* 1. párhuzamos 2. mellék-; járulékos, kiegészítő; közvetett; ~ *facts* mellékkörülmények; ~ *relative* oldalági rokon
collation [kɔ'leɪʃn] *n* 1. egybevetés, összeolvasás 2. könnyű étkezés; *cold* ~ hidegvacsora, felvágott
colleague ['kɔli:g; *US* -a-] *n* kartárs, kolléga
collect I. *a* [kə'lekt] utánvételezett; ~ *call* „R" beszélgetés [a hívott fél fizet]; ~ *package* utánvétcsomag II. *adv* [kə'lekt] *send* ~ utánvéttel küld III. *n* ['kɔlekt; *US* -a-] rövid alkalmi ima IV. *v* [kə'lekt] A. *vt* 1. (össze-) gyűjt, összeszed; ~ *stamps* bélyeget gyűjt; ~ *oneself* összeszedi magát 2. beszed, behajt [kinnlevőséget] 3. elhoz [csomagot], érte megy (vmért, vkért) B. *vi* összegyűlik
collected [kə'lektɪd] *a* 1. higgadt, összeszedett, fegyelmezett 2. összegyűjtött
collection [kə'lekʃn] *n* 1. gyűjtés; *take up a* ~ adományokat gyűjt 2. gyűjtemény
collective [kə'lektɪv] I. *a* 1. együttes, közös, kollektív; ~ *(bargaining) agreement* kollektív szerződés; ~ *farm* mezőgazdasági termelőszövetkezet; ~ *ownership* közös tulajdon(jog), társadalmi tulajdon; ~ *property* köztulajdon, társadalmi tulajdon, népvagyon; ~ *security* kollektív biztonság 2. ~ *noun* gyűjtőnév II. *n* kollektíva
collectivism [kə'lektɪvɪzm] *n* kollektivizmus
collectivize [kə'lektɪvaɪz] *vt* társadalmi tulajdonba vesz, társadalmasít
collector [kə'lektə*] *n* 1. gyűjtő; pénzbeszedő; jegyszedő 2. áramszedő
colleen ['kɔli:n; *US* -a-] *n* leány [ír szóhasználat]
college ['kɔlɪdʒ; *US* -a-] *n* 1. kollégium, testület 2. főiskola; kollégium
collegiate [kə'li:dʒɪət] *a* kollégiumi, főiskolai 2. ~ *church* társaskáptalani templom
collide [kə'laɪd] *vi* összeütközik, beleütközik (*with* vmvel, vmbe)

collie ['kɔlɪ; *US* -a-] *n* skót juhászkutya
collier ['kɔlɪə*; *US* -a-] *n* 1. szénbányász, vájár 2. szénszállító hajó
colliery ['kɔljərɪ; *US* -a-] *n* szénbánya
Collins ['kɔlɪnz] *prop*
collision [kə'lɪʒn] *n* (össze)ütközés, karambol; ~ *insurance* baleseti törésbiztosítás; *come into* ~ *with sy/sg* összeütközik vkvel/vmvel
collocation [kɔlə'keɪʃn; *US* ka-] *n* 1. összeállítás 2. (állandósult) szókapcsolat, szószerkezet, kollokáció
colloid ['kɔlɔɪd; *US* 'ka-] *n* kolloid
collop ['kɔləp; *US* -a-] *n* hússzelet
colloquial [kə'loʊkwɪəl] *a* bizalmas/ könnyed/fesztelen társalgási nyelvi
colloquialism [kə'loʊkwɪəlɪzm] *n* bizalmas/fesztelen/társalgási nyelvi kifejezés
colloquially [kə'loʊkwɪəlɪ] *adv* bizalmas/ fesztelen/társalgási stílusban, bizalmas érintkezés nyelvén
colloquy ['kɔləkwɪ; *US* 'ka-] *n* eszmecsere, beszélgetés
collusion [kə'lu:ʒn] *n* összejátszás, csalás; *act in* ~ *with sy* összejátszik vkvel
Colo. *Colorado*
Cologne [kə'loʊn] *prop* Köln
colon[1] ['koʊlən] *n* vastagbél
colon[2] ['koʊlən] *n* kettőspont
colonel ['kɜ:nl] *n* ezredes; ~ *general* vezérezredes
colonial [kə'loʊnjəl] I. *a* 1. gyarmati; *C*~ *Office* gyarmatügyi minisztérium 2. *US* koloniális [építészeti stílus] II. *n* gyarmatos
colonialism [kə'loʊnjəlɪzm] *n* gyarmati rendszer, gyarmatosítás
colonialist [kə'loʊnjəlɪst] *n* gyarmatosítás híve, kolonialista
colonist ['kɔlənɪst; *US* 'ka-] *n* gyarmatos
colonization [kɔlənaɪ'zeɪʃn; *US* kalənɪ'z-] *n* gyarmatosítás
colonize ['kɔlənaɪz; *US* 'ka-] *vt* gyarmatosít
colonizer ['kɔlənaɪzə*; *US* 'ka-] *n* gyarmatosító
colonnade [kɔlə'neɪd; *US* ka-] *n* oszlopsor
colony ['kɔlənɪ; *US* 'ka-] *n* 1. gyarmat

2. kolónia; csoport; *a* ~ *of artists*
művésztelep
color →*colour*
Colorado [kɔlə'rɑːdoʊ; *US* kɑlə'rædoʊ]
prop
coloration [kʌlə'reɪʃn] *n* 1. színezés 2.
színeződés, festődés
colossal [kə'lɔsl; *US* -'lɑ-] *a* óriási,
kolosszális
colostrum [kə'lɔstrəm; *US* -'lɑ-] *n*
föcstej
colour, *US* color ['kʌlə*] I. *n* 1. szín;
~ *bar* faji megkülönböztetés [színesek
és fehérek között]; ~ *film* színes
film; *the* ~ *problem* a négerkérdés; ~
scheme színösszeállítás; ~ *television* (v.
TV) színes televízió/tévé 2. arcszín;
change ~ (1) elvörösödik (2) elsápad;
be/feel/look off ~ nem érzi jól magát;
rossz színben van; *high* ~ élénk arc-
szín 3. színezet, látszat; ürügy; *give/
lend* ~ *to a story* életszerűvé/valószí-
nűvé tesz egy történetet; *under* ~ *of
sg* vm ürügye/leple alatt 4. festék;
paint sg in bright ~*s* rózsaszínű meg-
világításban ecsetel 5. **colours** *pl* nem-
zeti zászló/színek; *call to the* ~*s* behív
katonának; *with flying* ~*s* győz(tes-
ként), lengő zászlókkal; *get/win one's*
~*s* bekerül a válogatott csapatba;
nail one's ~*s to the mast* leszögezi
álláspontját és nem tágít; *show one's
true* ~*s* kimutatja a foga fehérét;
stick to one's ~*s* hű marad elveihez
II. A. *vt* (be)fest, (ki)színez (*átv is*)
B. *vi* 1. (el)színeződik 2. elpirul
colour-bearer *n* zászlóvivő
colour-blind *a* színvak
coloured ['kʌləd] *a* 1. színes; élénk 2.
US néger; ~ *people* színesbőrűek
-coloured [-kʌləd] (-)színű
colourfast *a* színtartó
colourful ['kʌləfʊl] *a* színdús, színpom-
pás, élénk, sokszínű, tarka
colouring ['kʌlərɪŋ] I. *a* színező, festő; ~
matter színező anyag, színezék II.
n 1. színezés; színfelrakás 2. színezet
colourless ['kʌlələs] *a* színtelen, fakó;
unalmas
colourman ['kʌləmən] *n* (*pl* -men
-mən) festékkereskedő

colour-wash *n* színes falfesték
colt[1] [koʊlt] *n* 1. csikó; ~'s *tooth* tejfog
2. *biz* kezdő, zöldfülű
colt[2] [koʊlt] *n* revolver, colt
colter →*coulter*
coltish ['koʊltɪʃ] *a* 1. zöldfülű 2. szele-
burdi, ugrifüles
coltsfoot ['koʊltsfʊt] *n* martilapu
Columbia [kə'lʌmbɪə] *prop*
columbine ['kɔləmbaɪn; *US* 'kɑ-] *n*
harangláb, galambvirág
Columbus [kə'lʌmbəs] *prop* Kolumbusz
column ['kɔləm; *US* 'kɑ-] *n* 1. oszlop;
~ *of figures* számoszlop 2. hasáb,
rovat [újságban stb.]
columnist ['kɔləmnɪst; *US* 'kɑ-] *n US*
rovatvezető, állandó (tárca)cikkíró
coma ['koʊmə] *n* ájulás, kóma
comatose ['koʊmətoʊs] *a* 1. kábult,
eszméletlen 2. aluszékony
comb [koʊm] I. *n* 1. fésű 2. fésülés
3. fésű, gereben 4. lép [méheké] 5.
taraj, taréj [hullámé is]; *cut sy's* ~
letöri a szarvát vknek 6. lóvakaró
[kefe] II. *vt* 1. fésül; *átv* átfésül, át-
vizsgál; ~ *out* (1) kifésül (2) átfésül;
bélistáz 2. fésül, gerebenez, kártol
combat ['kɔmbæt; *US* 'kɑ-] I. *n* küzde-
lem, harc; ~ *plane* vadászrepülőgép;
~ *unit* harci egység II. A. *vi* küzd,
verekszik (*for* vmért), harcol (*against*
vm ellen) B. *vt* 1. legyőz (vkt, vmt);
küzd (vm/vk ellen) 2. megtámad
combatant ['kɔmbət(ə)nt; *US* 'kɑ-] *n* 1.
harcos, küzdő 2. védelmező, szószóló
(*for* vmé)
combative ['kɔmbətɪv; *US* 'kɑ-] *a*
harcias
comber ['koʊmə*] *n* 1. fésülő-, kártoló-,
gerebenezőgép 2. parti hullám
combination [kɔmbɪ'neɪʃn; *US* kɑ-] *n*
1. egyesítés, összetétel, kombináció
2. egyesülés 3. vegyület, vegyülék
4. (szám)kombináció 5. (*pair of*) ~*s*
ingnadrág, kezeslábas [trikó alsóne-
mű] 6. oldalkocsis motorkerékpár
combination-lock *n* kombinációs zár/
lakat
combine I. *n* ['kɔmbaɪn; *US* 'kɑ-] 1.
kartell; érdektársulás 2. ~ (*harvester*)
arató-cséplő gép, kombájn II. *v*

[kəm'baɪn] **A.** *vt* összeköt, összekapcsol; egyesít; ~ *work with pleasure* összeköti a kellemest a hasznossal; ~ *forces* egyesíti az erőket, szövetkezik (*with* vkvel) **B.** *vi* **1.** egyesül; szövetkezik; *everything* ~*ed against him* minden összeesküdött ellene **2.** vegyül, keveredik

combined [kəm'baɪnd] *a* egyesített, kombinált; egyesült; ~ *operations* ⟨vízen, szárazföldön és levegőben egyidejűleg folyó hadműveletek⟩

combings ['koʊmɪŋz] *n pl* kifésült haj

combining form [kəm'baɪnɪŋ] ⟨csak összetételekben előforduló szóalak⟩, előtag [pl. *Anglo-, electro-*]

comb-out *n* átfésülés [területé]

combustible [kəm'bʌstəbl] **I.** *a* **1.** éghető, gyúlékony **2.** izgulékony **II.** *n* gyúlékony tüzelőanyag

combustion [kəm'bʌstʃ(ə)n] *n* **1.** égés, gyulladás **2.** tűzvész **3.** izgalom, felfordulás

come [kʌm] *v* (*pt* **came** keɪm, *pp* **come** kʌm) **A.** *vi* **1.** jön; eljön; megérkezik; következik; ~ *and see me* látogass meg; *easy* ~ *easy go* ebül jött ebül ment; *the time to* ~ a jövendő; *for three months to* ~ még 3 hónapig; *biz a week* ~ *Tuesday* kedden lesz egy hete; *she is coming ten* tíz éves lesz, tizedik évében van **2.** ~ *to know* (1) megtud (2) megismer (vkt); *I came to like him* megszerettem; *I have* ~ *to believe that* ... kezdem azt hinni, hogy ...; *I came to realize that* ... rájöttem, hogy ...; *now that I* ~ *to think of it* jobban meggondolva a dolgot, erről jut eszembe **3.** származik; *where do you* ~ *from?* honnan jön ön?, hová valósi?; *he* ~*s of a good family* jó családból származik **4.** történik; ~ *to pass* (meg)történik; ~ *what may* bármi történjék is **5.** lesz, válik (vmlyenné); *it didn't* ~ *to anything* nem lett belőle semmi; ~ *to nothing* füstbe megy, semmivé lesz; ~ *short of sg* nem sikerül, nem ér fel vmhez **6.** Kifejezésekben: ~*!* ~*!* ugyan-ugyan!, hidegvér!; ~ *now!* ugyan kérlek!; *how* ~*!* furcsa!, hogy

lehetséges? **B.** *vt* megtesz [utat]; ~ *a long way* hosszú utat tesz meg **come about** *vi* **1.** megtörténik; *how did it* ~ *a.?* hogy történt (ez)? **2.** megfordul; irányt változtat

come across *vi* ráakad (vkre, vmre), véletlenül találkozik (vkvel); *it came a. my mind* az jutott eszembe ...

come along *vi* **1.** vele megy; végigmegy; eljön; ~ *a.!* siess!, gyerünk! **2.** fejlődik, halad

come at *vi* **1.** nekiront, nekiesik **2.** elér vmt, hozzáfér vmhez; *difficult to* ~ *at* nehéz megtalálni/hozzáférni

come away *vi* **1.** eljön **2.** letörik, leszakad, leválik

come back *vi* **1.** visszajön, -tér **2.** *it came b. to him* visszaemlékezett rá, újból eszébe jutott

come before *vi* **1.** (vk, vm) elé kerül [ügyirat stb.] **2.** megelőz (vkt)

come down *vi* **1.** lejön (vhonnan); leszáll (vmről); *he has just* ~ *d. from Oxford* most végzett O.-ban **2.** ledől [építmény]; kidől [ember, ló]; *he came d. with the flu* influenzával ágynak esett **3.** esik [eső] **4.** *átv* lecsúszik, lesüllyed [anyagilag, erkölcsileg]; *he has* ~ *d. in the world* igen lecsúszott, valaha jobb napokat látott **5.** *prices are coming d.* az árak esnek **6.** öröklődik, rászáll, (rá)marad [utókorra hagyomány stb.] **7.** *biz he came d. handsomely* gavallérosan fizetett; *he came d. with £5* öt fonttal rukkolt ki **8.** *biz* ~ *d. on sy* (jól) lehord vkt

come forward *vi* **1.** jelentkezik [felhívásra] **2.** előjön [javaslattal]

come in *vi* **1.** bejön, belép (vhová); befut, megérkezik [hajó, vonat]; jön [dagály]; ~ *in!* szabad!, tessék (belépni)!; *he came in second* másodiknak jött/futott be **2.** bejön, befolyik [pénz] **3.** megérik **4.** divatba jön **5.** hatalomra/mandátumhoz jut [párt]; befut [személy] **6.** Különféle kifejezésekben: ~ *in for sg* részt kap vmből, részesül vmben; *biz where do I* ~ *in?* (1) mi a hasznom ebből? (2) mi az én szerepem?; *it may* ~ *in handy*/

useful ez még igen hasznos lehet, ez még jól fog jönni
come into *vi* 1. belép; (be)jut; ~ *i. existence* létrejön, megszületik; ~ *i. power* hatalomra jut 2. ~ *i. sg* örököl vmt
come off *vi* 1. lejön; leesik (vmről); *biz* ~ *o. it!* szűnj meg!, hagyd abba! 2. lejön, leszakad [gomb]; lejön, lemállik [festék] 3. megtörténik, létrejön, végbemegy 4. sikerül; ~ *o. well* jól sikerül; *he came o. badly* rosszul járt, a rövidebbet húzta
come on *vi* 1. *you go first, I'll* ~ *on later* menj előre, én majd követlek/megyek/jövök; ~ *on!* gyerünk!, rajta!; *oh(,)* ~ *on!* ugyan kérlek (hagyd már)! 2. jól fejlődik/nő; halad [tanulmányaiban] 3. jön, közeledik [éjszaka, tél stb.] 4. sorra kerül; ~ *on for trial* bíróság elé kerül, tárgyalja a bíróság 5. belép a színre [színész]
come out *vi* 1. kijön (vk vhonnan, vhová); megjelenik [vk vhol v. könyv], napvilágra kerül, kitudódik [hír] 2. kijön, előtűnik [pecsét ruhán]; kifakul [szín]; kijön, sikerül [fénykép] 3. először lép fel [színpadon]; debütál; ~ *out with sg* kirukkol vmvel; *came out first* első lett [vizsgán] 4. ~ *out (on strike)* sztrájkba lép 5. ~ *out at* jön/kerül vmbe, kitesz [összeget]
come over *vi* 1. átjön 2. átpártol, átáll 3. elfogja vmely érzés; *what has* ~ *o. you?* hát téged mi lelt?; *biz* ~ *o. funny/queer* kezdi magát rosszul érezni
come round *vi* 1. körüljár, megkerül (vmt) 2. átjön; benéz vhova (látogatóba); ~ *r. and see me* gyere el és látogass meg, ugorj át hozzám 3. magához tér 4. jobb belátásra jut; enged; *he has* ~ *r.* belement, -egyezett
come through *vi* 1. átmegy, áthatol 2. átmegy, keresztülmegy (vmn), átesik [betegségen]; megúszik (vmt) 3. beváltja a hozzá fűzött reményeket, megállja helyét 4. jól (be-)jön, jól lehet fogni [rádióadást stb.]
come to *vi* 1. (oda)jön; ~ *to hand*

kézhez kap [levelet], megérkezik [levél]; ~ *to a full stop* teljesen megáll [vm működése] 2. [összegszerűleg] kitesz; *how much does it* ~ *to?* mennyibe kerül?; *your bill* ~*s to $5* számlája 5 dollárt tesz ki 3. *if it* ~*s to that* ha ez megtörténnék, ha arra kerül a sor; [közbevetve:] ~ *to that!* vagy akár; ha úgy vesszük 4. magához tér, visszanyeri eszméletét 5. belemegy, beleegyezik
come under *vi* 1. hatáskörébe tartozik 2. tartozik, be van sorolva [cím alá] 3. ~ *u. sy's influence* vk befolyása alá kerül
come up *vi* 1. ~ *up to sy* odamegy vkhez 2. feljön, felbukkan; megjelenik; felmerül; *his case* ~*s up next week* ügyét jövő héten tárgyalják; *sorry, sg has* ~ *up* sajnálom, vm közbejött 3. kihajt, kikel [növény] 4. ~ *up to sg* felér vmvel; ~ *up to one's expectations* beváltja a hozzá fűzött reményeket 5. ~ *up against sg* (bele)ütközik vmbe [nehézségbe stb.] 6. ~ *up with* (1) elér/utolér (vkt) (2) előhozakodik (vmvel)
come upon *vi* 1. ráakad (vkre), összeakad (vkvel) 2. rátör
come-at-able [kʌm'ætəbl] *a biz* (könnyen) hozzáférhető, elérhető
come-back *n* 1. visszatérés, újra fellendülés, magáhoztérés 2. *biz* visszavágás [szóval]
COMECON, Comecon ['kɔmɪkɔn; *US* -a- -a-] *Council for Mutual Economic Aid* Kölcsönös Gazdasági Segítség Tanácsa, KGST
comedian [kə'miːdjən] *n* 1. vígjátékszínész, komikus 2. vígjátékíró 3. bolondos ember
come-down *n* 1. lecsúszás [anyagilag, erkölcsileg] 2. megalázás
comedy ['kɔmɪdɪ; *US* -a-] *n* vígjáték, komédia
comely ['kʌmlɪ] *a* bájos, kedves, jó megjelenésű, csinos
comer ['kʌmə*] *n* 1. aki jön, érkező 2. jól kezdődő/menő dolog
comestibles [kə'mestɪblz] *n pl* élelmiszerek

comet ['kɔmɪt; US -ɑ-] n üstökös
comeuppance [kʌm'ʌpəns] n US biz
megérdemelt büntetés
comfit ['kʌmfɪt] n édesség
comfort ['kʌmfət] I. n 1. [szellemi,
anyagi] jólét; kényelem [lakásban,
szállodában]; US (public) ~ station
nyilvános illemhely 2. vigasz(talás);
words of ~ vigasztaló szavak; be of
good ~! ne csüggedj! II. vt vigasztal,
felvidít
comfortable ['kʌmf(ə)təbl] a 1. kényel-
mes; make oneself ~ kényelembe he-
lyezi magát 2. kellemes, nyugodt; ~
income szép jövedelem 3. be/feel ~
könnyebben érzi magát [beteg]
comforter ['kʌmfətə*] n 1. vigasztaló 2.
GB sál 3. US tűzdelt paplan 4. cumi
comfortless ['kʌmfətlɪs] a 1. kényelmet-
len 2. vigasztalan, sivár
comfrey ['kʌmfrɪ] n (fekete) nadálytő
comfy ['kʌmfɪ] a biz kényelmes
comic ['kɔmɪk; US -ɑ-] I. a vidám, tré-
fás, komikus; vígjáték ~ opera víg-
opera; ~ strips képregény II. n 1.
komikus, varietészínész 2. comics pl
képregény
comical ['kɔmɪk(ə)l; US -ɑ-] a tréfás,
furcsa, mulatságos, komikus
coming ['kʌmɪŋ] I. a 1. jövő, közelgő,
elkövetkezendő; the ~ year a jövő év;
a ~ man a jövő embere 2. ~ to sy vkt
megillető; he had it ~ to him ezt nem
kerülhette el, számíthatott rá II. n
(el)jövetel, érkezés; ~s and goings jö-
vés-menés ‖ →come
comity ['kɔmɪtɪ; US -ɑ-] n udvariasság;
~ of nations nemzetek kölcsönös jóin-
dulata/jóviszonya, az íratlan nemzet-
közi szabályok
comma ['kɔmə; US -ɑ-] n vessző(,);
inverted ~s idézőjel
command [kə'mɑ:nd; US -'mæ-] I. n 1.
parancs 2. parancsnokság; he is in ~
ő parancsnokol, ő a parancsnok; have
~ of sg uralkodik vmn; take ~ átveszi
a hatalmat; high(er) ~ hadvezetőség;
~ post (1) harcálláspont (2) US hadi-
szállás 3. rendelkezés vmvel; the money
at my ~ a rendelkezésemre álló pénz;
~ of a language nyelvtudás, -ismeret

4. ~ performance udvari díszelőadás 5.
[kibernetikában] utasítás II. vt 1.
(meg)parancsol, elrendel; ~ respect
tiszteletet kelt/parancsol 2. vezényel,
parancsnokol 3. rendelkezik (vkvel,
vmvel); ~ oneself uralkodik (ön)ma-
gán; yours to ~ állok rendelkezésére
4. ~ a fine view szép kilátást nyújt
commandant [kɔmən'dænt; US kɑ-] n
parancsnok
commandeer [kɔmən'dɪə*; US kɑ-] vt
katonai célra igénybe vesz
commander [kə'mɑ:ndə*; US -'mæ-] n
parancsnok
commander-in-chief n fővezér, főpa-
rancsnok
commanding [kə'mɑ:ndɪŋ; US -'mæ-] a
1. parancsnokoló; ~ officer parancs-
nok 2. (tiszteletet stb.) parancsoló 3.
impozáns
commandment [kə'mɑ:ndmənt; US
-'mæ-] n parancs(olat); the Ten C~s
a tízparancsolat
commando [kə'mɑ:ndoʊ; US -'mæ-] n
(pl ~(e)s -oʊz) különítmény, roham-
csapat, kommandó; ~ raid rajtaütés
commemorate [kə'meməreɪt] vt meg-
ünnepel [vk/vm emlékét], megemlé-
kezik (vkről/vmről)
commemoration [kəmemə'reɪʃn] n em-
lékünnep, megemlékezés; in ~ of sy/sg
vk/vm emlékére
commence [kə'mens] A. vt (el)kezd B.
vi (el)kezdődik
commencement [kə'mensmənt] n 1. kez-
det 2. avatási nap [némely egyete-
men tanévzáráskor]
commend [kə'mend] vt 1. rábíz 2. (be-)
ajánl 3. dicsér
commendable [kə'mendəbl] a 1. dicsé-
retes 2. ajánlható
commendation [kɔmen'deɪʃn; US kɑ-]
n 1. (be)ajánlás 2. dicséret
commendatory [kə'mendət(ə)rɪ; US
-tɔ:rɪ] a 1. dicsérő 2. ajánló
commensurable [kə'menʃ(ə)rəbl] a 1.
(össze)mérhető (with, to vmvel) 2.
arányos (to vmvel)
commensurate [kə'menʃ(ə)rət] a össze-
mérhető (with vmvel); be ~ with sg
arányban áll vmvel

comment ['kɔment; US -ɑ-] I. *n* magyarázat, megjegyzés, kommentár; *call for* ~ kritikát kíván; *no* ~*!* nincs semmi megjegyzésem! II. *vi* ~ *on* magyaráz, magyarázó jegyzetekkel ellát (vmt); megjegyzéseket ,tesz (vmre)

commentary ['kɔmənt(ə)rɪ; US 'kɑmənterɪ] *n* 1. magyarázó szöveg, fejtegetés; kommentár 2. (rádió)közvetítés; *running* ~ helyszíni közvetítés

commentator ['kɔmenteɪtə*; US 'kɑ-] *n* 1. (hír)magyarázó, kommentátor 2. (helyszíni) közvetítő, riporter

commerce ['kɔmə:s; US -ɑ-] *n* kereskedelem

commercial [kə'mə:ʃl] I. *a* kereskedelmi; *C*~ *Exchange* árutőzsde; ~ *paper* értékpapír; ~ *traveller* kereskedelmi utazó; ~ *treaty* (nemzetközi) kereskedelmi szerződés II. *n* 1. kereskedelmi utazó 2. reklám [rádió, tévé]

commercialize [kə'mə:ʃəlaɪz] *vt* üzleti alapokra helyez, elüzletiesít

commiserate [kə'mɪzəreɪt] *vi* együttérez (*with* vkvel)

commiseration [kəmɪzə'reɪʃn] *n* szánalom, részvét, együttérzés

commissar [kɔmɪ'sɑ:*; US kɑ-] *n* 1. komisszár, politikai biztos 2. (*people's*) ~ népbiztos

commissariat [kɔmɪ'seərɪət; US kɑ-] *n* 1. hadbiztosság 2. népbiztosság

commissary ['kɔmɪsərɪ; US 'kɑmɪserɪ] *n* 1. biztos, meghatalmazott, komiszszárius 2. népbiztos 3. hadbiztos; ~ *general* főhadbiztos

commission [kə'mɪʃn] I. *n* 1. megbízás; meghatalmazás; rendelkezés; *letter of* ~ megbízólevél 2. bizottság; *Royal C*~ parlamenti vizsgálóbizottság 3. tiszti kinevezés 4. bizomány; ~ *agent* bizományi ügynök; ~ *shop* bizományi üzlet; *goods on* ~ bizományi áru 5. jutalék, bizományi díj; *charge a* ~ jutalékot számít 6. véghezvitel, elkövetés [bűncselekménye] II. *vt* 1. megbíz (vkt vmvel); megrendel [művet]; megrendelést ad [művésznek] 2. felruház, kinevez, megtesz (vmnek) 3. üzembe helyez [gépet]

commissioned [kə'mɪʃnd] *a* megbízott; ~ *officer* (hivatásos) tiszt

commissioner [kə'mɪʃ(ə)nə*] *n* biztos, megbízott; meghatalmazott; ~ *of police* rendőrkapitány; *Lord High C*~ királyi főbiztos

commit [kə'mɪt] *vt* -tt- 1. elkövet 2. rábíz; ~ *oneself* (1) rábízza magát [Istenre stb.] (2) elkötelezi magát, állást foglal, nyilatkozik (*to* vm mellett) (3) kompromittálja magát; ~ *to memory* könyv nélkül megtanul; ~ *to writing* írásba foglal 3. ~ *to prison* előzetes letartóztatásba helyez; ~ *sy for trial* vád alá helyez

commitment [kə'mɪtmənt] *n* 1. elkötelezés, (el)kötelezettség 2. utalás (vhová)

committee [kə'mɪtɪ] *n* bizottság; *be/sit on the* ~ tagja a bizottságnak

commode [kə'moʊd] *n* fiókos szekrény, komód

commodious [kə'moʊdjəs] *a* kényelmes, tágas

commodity [kə'mɔdətɪ; US -'mɑ-] *n* (közszükségleti) árucikk; *household commodities* háztartási cikkek

commodore ['kɔmədɔ:*; US 'kɑ-] *n* 1. sorhajókapitány, (kereskedelmi) hajóskapitány, rangidős kapitány 2. jachtklub vezetője

common ['kɔmən; US -ɑ-] I. *a* 1. közönséges, egyszerű, átlagos, mindennapos, megszokott, gyakori; ~ *man* kisember, átlagember; ~ *people* az egyszerű emberek; *US* ~ *school* elemi/általános iskola; ~ *sense* józan ész; *be* ~ *talk* közbeszéd tárgya; *word in* ~ *use* közhasználatú/közkeletű szó 2. közös, együttes; általános, köz-; ~ *ground* közös (elvi) alap; ~ *law* (1) országos szokásjog (2) magánjog; *C*~ *Market* Közös Piac; ~ *table* közös asztal 3. ~ *denominator* közös nevező; ~ *divisor* közös osztó; *highest* ~ *factor* legnagyobb közös osztó; ~ *fraction* közönséges tört; ~ *noun* köznév 4. közönséges, ordenáré II. *n* 1. az általános, a közös; *have sg in* ~ *with sy* közösek vmben, közös vonásuk . . .; *they have nothing in* ~ mindenben eltérnek egymástól; *in* ~ *with sy* (1) azonos hely-

zetben (2) együtt/közösen vkvel; *out of the* ~ szokatlan 2. közlegelő; *right of* ~ használati jog [földé]
commonalty ['kɔmənltɪ; *US* 'kɑ-] *n* köznép, a polgárság
commoner ['kɔmənə*; *US* 'kɑ-] *n* 1. közember, polgár 2. az angol alsóház tagja
common-law *a* ~ *marriage* élettársi viszony; ~ *wife* élettárs
commonly ['kɔmənlɪ; *US* 'kɑ-] *adv* 1. általában, rendszerint; ~ *called* közkeletű nevén ... 2. közönségesen
commonplace I. *a* 1. elcsépelt, elkoptatott, banális 2. köznapi; szürke II. *n* 1. közhely 2. mindennapos dolog
common-room *n* (*senior*) ~ tanári szoba, társalgó, klubhelyiség
commons ['kɔmənz; *US* 'kɑ-] *n pl* 1. köznép; a nép 2. *the House of C~* az angol alsóház 3. *short* ~ kevés ennivaló, sovány koszt
commonweal *n* a közjó
commonwealth *n* nemzetközösség; *the C~* Brit Nemzetközösség
commotion [kə'moʊʃn] *n* 1. nyugtalanság, izgatottság; zűrzavar; *be in a state of* ~ forrong [tömeg] 2. felkelés
communal ['kɔmjʊnl; *US* 'kɑ-] ɒ 1. közösségi, kommunális 2. községi
commune I. *n* ['kɔmju:n; *US* 'kɑ-] 1. közösség 2. önkormányzat; kommuna II. *vi* [kə'mju:n] 1. tanácskozik 2. = = *communicate B. 1.*
communicable [kə'mju:nɪkəbl] *a* 1. közölhető 2. közlékeny
communicant [kə'mju:nɪkənt] *n* 1. hírközlő; összekötő 2. áldozó; úrvacsorázó
communicate [kə'mju:nɪkeɪt] A. *vt* 1. közöl [hírt]; átad [üzenetet, hőt] 2. megoszt (*sg with sy* vmt vkvel) B. *vi* 1. áldozik; úrvacsorát vesz 2. érintkezik, közlekedik (*with sy* vkvel) 3. [szoba] egymásba nyílik (*with*)
communication [kəmju:nɪ'keɪʃn] *n* 1. (hír)közlés, értesítés; ~ *engineering*, ~*s* híradástechnika, távközlés; ~*s satellite* távközlési műhold 2. hír, értesítés, közlemény 3. közlekedés 4. összeköttetés, érintkezés; kapcsolat; *enter into* ~ érintkezésbe lép

communication cord vészfék
communicative [kə'mju:nɪkətɪv; *US* -keɪ-] *a* közlékeny, beszédes
communion [kə'mju:njən] *n* 1. (lelki) közösség; (bensőséges) kapcsolat; *be of the same* ~ hitsorsos(ok); *hold* ~ *with oneself* lelkiismeret-vizsgálatot (v. önvizsgálatot) tart 2. (*Holy*) *C~* áldozás; úrvacsora
communiqué [kə'mju:nɪkeɪ] *n* hivatalos közlemény, kommüniké
communism ['kɔmjʊnɪzm; *US* 'kɑ-] *n* kommunizmus
communist ['kɔmjunɪst; *US* 'kɑ-] *a/n* kommunista; ~ *party* kommunista párt
community [kə'mju:nətɪ] *n* közösség; ~ *centre* művelődési ház; *US* ~ *chest* jótékonysági alap; ~ *singing* közös ének(lés)
commutable [kə'mju:təbl] *a* 1. (fel)cserélhető 2. átváltoztatható, módosítható
commutation [kɔmju:'teɪʃn; *US* kɑ-] *n* 1. felcserélés 2. átváltoztatás [büntetésé] 3. *US* ~ *ticket* bérlet(jegy)
commutator ['kɔmju:teɪtə*; 'kɑ-] *n* átváltó, -kapcsoló, kommutátor
commute [kə'mju:t] A. *vt* 1. átváltoztat [büntetést] 2. konvertál [járadékot] 3. felcserél, kicserél B. *vi* ingázik
commuter [kə'mju:tə*] *n* ingázó
compact[1] ['kɔmpækt; *US* 'kɑ-] *n* szerződés, megállapodás, egyezség
compact[2] I. *a* [kəm'pækt] tömött, tömör (*átv is*) II. *n* ['kɔmpækt; *US* 'kɑ-] púdertartó III. *vt* [kəm'pækt] tömörít
compactness [kəm'pæktnɪs] *n* tömöttség, tömörség
companion [kəm'pænjən] *n* 1. társ; élettárs; *lady*~ társalkodónő 2. vmnek a párja 3. kézikönyv
companionable [kəm'pænjənəbl] *a* barátságos; barátkozó, társaságkedvelő
companionship [kəm'pænjənʃɪp] *n* baráti kapcsolat; társaság (vké)
companionway *n* kabinlépcső, kabinlejárat [hajón]
company ['kʌmpənɪ] *n* 1. társaság; *be good* ~ jó társalgó; *keep sy* ~ (1) együtt van vkvel, szórakoztat vkt (2) elkísér vkt, vele megy; *biz keep* ~

with sy együtt jár vkvel; *keep good* ~
jó társaságba jár; *part* ~ *with* sy elvá-
lik/elbúcsúzik vktől; *see very little* ~
keveset jár társaságba; *they have* ~
vendégeik vannak 2. [kereskedelmi]
társaság, vállalat 3. (szín)társulat 4.
század; ~ *officer* csapattiszt; *get one's*
~ századossá lép elő 5. csoport; csa-
pat 6. (hajó)legénység
comparable ['kɔmp(ə)rəbl; US 'ka-] *a*
összehasonlítható (*with* vmvel); ha-
sonlítható (*to* vmhez)
comparative [kəm'pærətɪv] I. *a* 1. öz-
szehasonlító 2. viszonylagos II. *n*
középfok [melléknévé]
compare [kəm'peə*] I. *n beyond/without*
~ páratlan, felülmúlhatatlan II. A. *vt*
1. összehasonlít (*sg with sg* vmt vmvel),
hasonlít (*sg to sg* vmt vmhez); ~ *notes*
megfigyeléseiket kicserélik; *not to be*
~*d with sg* nem lehet vele egy napon
említeni; *as* ~*d to/with* vmhez képest
2. [melléknevet] fokoz B. *vi* felér, ver-
senyez (*with* vmvel)
comparison [kəm'pærɪsn] *n* 1. összeha-
sonlítás; *by/in* ~ aránylag, viszonylag;
in ~ *with sg* vmhez képest 2. ~ *of*
adjectives (melléknév)fokozás
compartment [kəm'pɑ:tmənt] *n* sza-
kasz, fülke; rekesz; kamra
compass ['kʌmpəs] I. *n* 1. terjedelem,
kiterjedés; *in a small* ~ kis mérték-
ben/terjedelemben; *beyond his* ~ meg-
haladja értelmi képességeit, „magas"
neki; *fetch a* ~ kerülőt tesz 2. (*a pair*
of) ~*es* körző 3. iránytű, tájoló; ~
card/rose szélrózsa; ~ *saw* lyukfűrész;
points of the ~ világtájak, a szélrózsa
irányai II. *vt* 1. körülvesz, bekerít 2.
megkerül
compassion [kəm'pæʃn] *n* szánalom,
könyörület, részvét (*on* sy vk iránt)
compassionate [kəm'pæʃənət] *a* könyö-
rületes; ~ *leave* családi ügyben adott
rendkívüli szabadság
compatibility [kəmpætə'bɪlətɪ] *n* össze-
egyeztethetőség, összeférhetőség
compatible [kəm'pætəbl] *a* összeegyez-
tethető, összeférhető
compatriot [kəm'pætrɪət; US -'peɪ-] *n*
honfitárs

compeer [kɔm'pɪə*; US ka-]*n* 1. pajtás 2.
egyenrangú (személy), méltó párja
(vknek)
compel [kəm'pel] *vt* -ll- kényszerít
compendious [kəm'pendɪəs] *a* rövid,
velős, tömör
compendium [kəm'pendɪəm] *n* (*pl* ~s -z
v. -dia -dɪə) tömör kivonat, kompen-
dium
compensate ['kɔmpenseɪt; US 'ka-]
vt/vi 1. pótol 2. kiegyenlít, ellensú-
lyoz, kompenzál 3. kártalanít, kár-
pótol, kompenzál (*for* vmért)
compensation [kɔmpen'seɪʃn; US ka-] *n*
1. kártérítés, kárpótlás, kártalanítás,
beszámítás 2. ellensúlyozás 3. viszonzás
compensatory [kəm'pensət(ə)rɪ; US
-tɔ:rɪ] *a* kiegyenlítő, kompenzáló
compère ['kɔmpeə*; US 'ka-] I.*n* bemon-
dó, konferanszié II. *vi/vt* (be)konferál
compete [kəm'pi:t] *vi* 1. versenyez; kon-
kurrál 2. pályázik (*for* vmre)
competence ['kɔmpɪt(ə)ns; US 'ka-] 1.
alkalmasság; szakértelem 2. illetékes-
ség; hatáskör 3. *have a modest* ~ van
egy kis vagyona
competency ['kɔmpɪt(ə)nsɪ; US 'ka-] *n*
= competence
competent ['kɔmpɪtənt; US 'ka-] *a* 1.
elegendő, kellő; ~ *knowledge of Eng-*
lish jó angol nyelvtudás 2. alkalmas;
be ~ *in sg* (jól) ért vmhez, (igen) alkal-
mas vmre 3. illetékes
competition [kɔmpɪ'tɪʃn; US ka-] *n*
verseny; versengés; konkurrencia
competitive [kəm'petətɪv] *a* 1. verseny-;
~ *examination* versenyvizsga, verseny-
pályázat 2. versenyképes; ~ *price*
versenyképes ár
competitor [kəm'petɪtə*] *n* 1. verseny-
ző, induló [versenyen] 2. versenytárs,
konkurrens
compilation [kɔmpɪ'leɪʃn; US ka-] *n* 1.
összeállítás, szerkesztés [szótáré, anto-
lógiáé] 2. különféle forrásokból ösz-
szeállított könyv/gyűjtemény, kompi-
láció
compile [kəm'paɪl] *vt* összeállít, (meg-)
szerkeszt
compiler [kəm'paɪlə*] *n* összegyűjtő;
szerkesztő; összeállító

complacence [kəm'pleɪsns] n önelégültség, (meg)elégedettség
complacency [kəm'pleɪsnsɪ] n = complacence
complacent [kəm'pleɪsnt] a önelégült
complain [kəm'pleɪn] vi panaszkodik (vm miatt), elpanaszol (of vmt)
complainant [kəm'pleɪnənt] n 1. panasztevő 2. felperes
complaint [kəm'pleɪnt] n 1. panasz(kodás); lodge a ~ against sy vkt bepanaszol, panaszt tesz vk ellen 2. reklamáció 3. baj, betegség, bántalom; childish ~s gyermekbetegségek
complaisance [kəm'pleɪz(ə)ns] n 1. előzékenység, udvariasság 2. engedékenység
complaisant [kəm'pleɪz(ə)nt] a 1. előzékeny, udvarias 2. engedékeny; elnéző
complement I. n ['kɔmplɪmənt; US 'kɑ-] 1. kiegészítés, pótlék 2. teljes mennyiség/létszám 3. állítmánykiegészítő II. vt ['kɔmplɪment; US 'kɑ-] kiegészít, (ki)pótol
complementary [kɔmplɪ'ment(ə)rɪ; US kɑ-] a kiegészítő; ~ angles pótszögek
complete [kəm'pli:t] I. a 1. teljes, egész; összes 2. befejezett, elkészült 3. tökéletes II. vt 1. befejez 2. betetőz [boldogságot] 3. kiegészít 4. kitölt [űrlapot]
completely [kəm'pli:tlɪ] adv teljesen
completeness [kəm'pli:tnɪs] n teljesség
completion [kəm'pli:ʃn] n befejezés; elkészülte (vmnek); be in course of ~ befejezéséhez közeledik
complex ['kɔmpleks; US 'kɑ-] I. a [US kɔm'pleks] 1. összetett, komplex; ~ sentence összetett mondat 2. bonyolult, komplikált II. n 1. összetevője, az (összetett) egész 2. lelki gátlás; komplexus; inferiority ~ kisebbrendűségi érzés
complexion [kəm'plekʃn] n 1. arcszín; fresh ~ üde arcszín 2. jelleg; szín(ezet)
complexity [kəm'pleksətɪ] n bonyolultság, összetett volta (vmnek)
compliance [kəm'plaɪəns] n 1. engedékenység; szolgálatkészség; előzékeny-

ség 2. ~ with sg teljesítése vmnek; in ~ with sg vm szerint, vmnek megfelelően
compliant [kəm'plaɪənt] a 1. engedékeny 2. szolgálatkész, előzékeny
complicate ['kɔmplɪkeɪt; US 'kɑ-] vt bonyolít, komplikál
complicated ['kɔmplɪkeɪtɪd; US 'kɑ-] a bonyolult, komplikált
complication [kɔmplɪ'keɪʃn; US kɑ-] n 1. bonyodalom 2. bonyolultság 3. szövődmény
complicity [kəm'plɪsətɪ] n bűnrészesség, bűnpártolás
compliment I. n ['kɔmplɪmənt; US 'kɑ-] 1. bók; pay a ~ to sy bókot mond vknek; angle/fish for ~s bókokra vadászik 2. ~s (pl) üdvözlet; send one's ~s to sy üdvözletét küldi vknek; ~s of the season újévi/karácsonyi üdvözlet; with the author's ~s tisztelete jeléül a szerző II. vt ['kɔmplɪment; US 'kɑ-] 1. dicsér, bókot mond 2. gratulál (sy on sg vknek vmhez)
complimentary [kɔmplɪ'ment(ə)rɪ; US kɑ-] a 1. hízelgő 2. tisztelet-; ~ copy tiszteletpéldány; ~ ticket tiszteletjegy
comply [kəm'plaɪ] vi ~ with (1) teljesít [parancsot stb.], eleget tesz, enged (vmnek) (2) alkalmazkodik (vmhez)
component [kəm'pounənt] I. a ~ part alkotóelem II. n alkatrész;] alkotóelem
comport [kəm'pɔ:t] vt ~ oneself viselkedik
compose [kəm'pouz] vt 1. alkot, képez [részek az egészet]; be ~d of sg áll vmből 2. szerez, komponál [zenét], ír [operát], költ, ír [verset] 3. (ki)szed [szöveget nyomdász] 4. ~ oneself lecsillapodik, összeszedi magát; ~ one's thoughts összeszedi a gondolatait 5. rendez, eldönt [vitát stb.]
composed [kəm'pouzd] a nyugodt, higgadt
composer [kəm'pouzə*] n zeneszerző
composing stick [kəm'pouzɪŋ] szedővas, sorjázó [betűszedéshez]
composite ['kɔmpəzɪt; US kəm'pazɪt] a összetett, vegyes
composition [kɔmpə'zɪʃn; US kɑ-] n 1. összeállítás 2. megfogalmazás; szerzés [zenéé]; elrendezés, kompozíció [mű-

alkotásé] 3. betűszedés 4. összetétel [anyagé, vegyületé] 5. zenemű, szerzemény 6. [iskolai] fogalmazás 7. (lelki) beállítottság, természet

compositor [kəm'pɔzɪtə*; US -'pa-] n (betű)szedő

compos mentis ['kɔmpəs'mentɪs; US 'ka-] beszámítható, épelméjű

compost ['kɔmpɔst; US 'kampoʊst] n keveréktrágya, komposzt

composure [kəm'poʊʒə*] n higgadtság, lélekjelenlét, (lelki) nyugalom

compound[1] I. a ['kɔmpaʊnd; US 'ka-] összetett; ~ fraction emeletes tört; ~ fracture nyílt (csont)törés; ~ interest kamatos kamat; ~ sentence összetett mondat II. n ['kɔmpaʊnd; US 'ka-] 1. összetétel 2. keverék; vegyülék III. v [kəm'paʊnd] A. vt 1. összekever, elegyít; elkészít [orvosságot] 2. összetesz 3. elrendez [vitás ügyet] 4. ~ a felony (pénz ellenében) eláll a feljelentéstől B. vi megállapodik, megegyezik (with vkvel)

compound[2] ['kɔmpaʊnd; US 'ka-] n ⟨kerítéssel körülvett európai lakóház belsőségével Dél- és Kelet-Ázsiában⟩

comprehend [kɔmprɪ'hend; US ka-] vt 1. megért; felfog 2. magába(n) foglal

comprehensible [kɔmprɪ'hensəbl; US ka-] a érthető, felfogható

comprehension [kɔmprɪ'henʃn; US ka-] n felfogás, felfogóképesség, értelem; megértés; is beyond my ~ nem vagyok képes megérteni, ez nekem magas

comprehensive [kɔmprɪ'hensɪv; US ka-] a átfogó, széles körű; minden részletre kiterjedő; ~ dictionary nagyszótár; fully ~ insurance kb. kaszkóbiztosítás; GB ~ school általános középiskola [több tagozattal 11—18 éveseknek]

compress I. n ['kɔmpres; US 'ka-] borogatás II. vt [kəm'pres] összeprésel, -nyom, zsúfol, sűrít; ~ed air sűrített levegő

compressible [kəm'presəbl] a összenyomható, sűríthető

compression [kəm'preʃn] n 1. összeszorítás, -nyomás 2. átv tömörítés, sűrítés

compressor [kəm'presə*] n légsűrítő, kompresszor

comprise [kəm'praɪz] vt tartalmaz, magába(n) foglal; áll (vmből)

compromise ['kɔmprəmaɪz; US 'ka-] I. n kiegyezés, megállapodás, kompromisszum II. A. vt 1. elsimít [vitás ügyet] 2. veszélyeztet; kompromittál B. vi kiegyezik

comptroller [kən'troʊlə*] n számvevő

compulsion [kəm'pʌlʃn] n kényszer, erőszak; under ~ kényszer hatása alatt

compulsive [kəm'pʌlsɪv] a megrögzött, megszállott

compulsory [kəm'pʌls(ə)rɪ] a kötelező; ~ measure kényszerrendszabály; ~ subject kötelező tantárgy

compunction [kəm'pʌŋkʃn] n megbánás, lelkiismeret-furdalás, bűntudat

computation [kɔmpju:'teɪʃn; US kampjə-] n (ki)számítás, kalkuláció (eredménye)

computational [kɔmpju:'teɪʃənl; US kampjə-] a számítási; számítógépes; ~ technology számítástechnika

compute [kəm'pju:t] vt (ki)számít

computer [kəm'pju:tə*] n számítógép

computerize [kəm'pju:təraɪz] vt számítógéppel (v. gépi úton) feldolgoz [adatokat], komputerizál

comrade ['kɔmreɪd; US 'kamræd] n bajtárs, elvtárs; ~s in arms fegyvertársak

comradeship ['kɔmreɪdʃɪp; US 'kamræd-] n bajtársi(as)ság; elvtársiasság

con[1] [kɔn; US -a-] vt -nn- megtanul (könyv nélkül), betanul

con[2] [kɔn; US -a-] vt -nn- kormányoz [hajót]

con[3] [kɔn; US -a-] US □ I. n ~ man szélhámos, beugrató, hilózó II. vt -nn- becsap, rászed

con[4] [kɔn; US -a-] n the pros and ~s az ellene és mellette szóló érvek

concatenation [kɔnkætɪ'neɪʃn; US kan-] n 1. összeláncolás 2. lánc(olat), összefüggés

concave [kɔn'keɪv; US kan-] a homorú konkáv

concavity [kɔn'kævətɪ; US kan-] n homorúság

conceal [kən'si:l] vt 1. elrejt 2. eltit kol

concealment [kən'si:lmənt] *n* 1. elrejtés
2. eltitkolás 3. rejtekhely
concede [kən'si:d] *vt* 1. beleegyezik,
(meg)enged, koncedál 2. megad
conceit [kən'si:t] *n* 1. önteltség, önhittség 2. (bonyolult) szellemes hasonlat
conceited [kən'si:tɪd] *a* beképzelt, önhitt, öntelt
conceivable [kən'si:vəbl] *a* elképzelhető;
the best ~ a lehető legjobb
conceive [kən'si:v] *vt/vi* 1. kigondol,
kieszel 2. ~ (*of*) megért, felfog (vmt);
vélekedik (vmről); *I can't* ~ *why* el
sem tudom képzelni, hogy miért 3.
~ *a dislike for* megutál 4. teherbe
esik; (meg)fogan
concentrate ['kɔns(ə)ntreɪt; *US* 'kɑ-] I.
n sűrítmény, koncentrátum II. A. *vt*
összpontosít, sűrít, koncentrál B. *vi*
összpontosul, koncentrálódik; tömörül; ~ *on* (*doing*) *sg* figyelmét vmre
összpontosítja
concentrated ['kɔns(ə)ntreɪtɪd] *a* összpontosított [tűz]; koncentrált, tömény [oldat]
concentration [kɔns(ə)n'treɪʃn] *n* összpontosítás, sűrítés, koncentrálás; ~
camp koncentrációs tábor; *degree of* ~
töménységi fok, koncentráció
concentric [kən'sentrɪk] *a* közös középpontú, koncentrikus, körkörös
concept ['kɔnsept; *US* 'kɑ-] *n* fogalom
conception [kən'sepʃn] *n* 1. fogamzás 2.
eszme; felfogás, elgondolás; elképzelés; *I haven't the remotest* ~ halvány
sejtelmem sincs; *power of* ~ felfogóképesség, képzelőerő
conceptual [kən'septjuəl; *US* -tʃ-] *a* fogalmi
concern [kən'sə:n] I. *n* 1. kapcsolat,
vonatkozás; érdekeltség; *of high* ~
nagy fontosságú; *no* ~ *of mine* semmi
közöm hozzá 2. gond, törődés; aggodalom, nyugtalanság 3. dolog, ügy 4.
vállalkozás; vállalat; *a paying* ~ jól
jövedelmező vállalkozás II. *vt* 1.
(vkre) tartozik, (vkt) érint, illet, érdekel; vonatkozik (vkre, vmre); *as far as
I am* ~*ed* ami engem illet; ~ *oneself
with sg* foglalkozik vmvel; érdeklődik
vm iránt; *be* ~*ed in sg* érinti vm,

érdekelve van vmben; *the parties* ~*ed*
az érdekelt felek 2. *be* ~*ed for sy*
nyugtalankodik/aggódik vk miatt
concernedly [kən'sə:nɪdlɪ] *adv* nyugtalanul, aggódva
concerning [kən'sə:nɪŋ] *prep* vonatkozólag, illetőleg; ~ *Frank* ami Ferit
illeti
concert I. *n* ['kɔnsət; *US* 'kɑ-] 1. egyetértés, összhang; *in* ~ *with sy* vkvel
egyetértésben 2. hangverseny, koncert; ~ *grand* hangversenyzongora; ~
pitch normál a II. *vt* [kən'sə:t] 1. megbeszél, megállapodik 2. (el)rendez
concerted [kən'sə:tɪd] *a* megbeszélt,
megállapodott, közös; *take* ~ *action*
közös lépéseket tesz
concert-hall *n* hangversenyterem
concertina [kɔnsə'ti:nə] *n* harmonika
concession [kən'seʃn] *n* 1. engedmény;
make a ~ engedményt tesz 2. engedély, koncesszió
concessive [kən'sesɪv] *a* megengedő
conch [kɔŋk; *US* -ɑ-] *n* kagyló
conciliate [kən'sɪlɪeɪt] *vt* 1. kibékít,
kiengesztel 2. (össze)egyeztet
conciliation [kənsɪlɪ'eɪʃn] *n* 1. kiegyezés
2. békéltetés
conciliatory [kən'sɪlɪət(ə)rɪ; *US* -tɔ:rɪ] *a*
1. egyeztető, békéltető 2. békülékeny
concise [kən'saɪz] *a* tömör, velős, rövid;
~ *dictionary* kéziszótár
concision [kən'sɪʒn] *n* tömörség
conclave ['kɔnkleɪv; *US* 'kɑ-] *n* 1. konklávé 2. *biz* zárt ülés
conclude [kən'klu:d] A. *vt* 1. befejez; *to*
~ egyszóval; *to be* ~*d in our next* vége
a következő számban 2. (ki)következtet 3. (meg)köt [szerződést, békét];
elintéz [ügyet] B. *vi* 1. befejeződik,
végződik 2. következtet, következtetésre jut 3. *US* határoz, dönt
conclusion [kən'klu:ʒn] *n* 1. befejezés,
vég; *in* ~ vég(ezet)ül, befejezésül,
egyszóval 2. elhatározás 3. következtetés; *draw a* ~, *come to a* ~ következtetést von le (vmből) 4. *try* ~*s with sy*
összeméri az erejét vkvel
conclusive [kən'klu:sɪv] *a* döntő [bizonyíték], meggyőző [érv]
concoct [kən'kɔkt; *US* -'kɑ-] *vt* 1. ké-

szít, (össze)kotyvaszt [ételt, italt] 2.
kifőz, kiagyal
concoction [kən'kɔkʃn; US -'ka-] n 1.
főzet, készítmény 2. kiagyalás, kiter-
velés 3. kiagyalt dolog/történet
concomitant [kən'kɔmɪtənt; US -'ka-]
I. a vele járó, kísérő II. n velejáró, kí-
sérő jelenség
concord ['kɔŋkɔ:d; US 'ka-] n 1. egyet-
értés; összhang, harmónia 2. egyezés
[nyelvtanilag] 3. szerződés
concordance [kən'kɔ:d(ə)ns] n 1. egyet-
értés, összhang 2. szómutató, kon-
kordancia
concordant [kən'kɔ:d(ə)nt] a (meg)e-
gyező, egybehangzó, összhangban álló
concordat [kɔn'kɔ:dæt; US kan-] n
konkordátum
concourse ['kɔŋkɔ:s; US 'ka-] n 1.
összefutás, -szaladás 2. tömeg, cső-
dület, csoportosulás 3. US (elő)csar-
nok [pályaudvaré]
concrete ['kɔnkri:t; US 'kan-] I. a 1. tö-
mött, szilárd 2. valós, létező, kézzel-
fogható, konkrét II. n beton; ~ mixer
betonkeverő III. A. vt betonoz B. vi
[kən'kri:t; US kan-] megszilárdul,
megkeményedik
concretion [kən'kri:ʃn] n 1. összeállás;
megkeményedés 2. összenövés 3. kő-
(képződés) [emberi testben]
concubine ['kɔŋkjubaɪn] n ágyas
concupiscence [kən'kju:pɪs(ə)ns] n buja-
ság, érzékiség; érzéki/buja vágy
concur [kən'kɔ:*] vi -rr- 1. egybeesik 2.
egyetért (with vkvel)
concurrence [kən'kʌr(ə)ns; US -'kə:-] n
1. egybeesés 2. egyetértés
concurrent [kən'kʌrənt; US -'kə:-] a 1.
(meg)egyező 2. egyidejű
concuss [kən'kʌs] vt be ~ed agyrázkó-
dást szenved
concussion [kən'kʌʃn] n 1. megrázkó-
dás 2. ~ (of the brain) agyrázkódás
condemn [kən'dem] vt 1. (el)ítél; ~
sy to ... vkt ... re ítél; ~ed cell sira-
lomház 2. megbélyegez; kárhoztat
(to vmre)
condemnation [kɔndem'neɪʃn; US ka-]
n 1. elítélés; kárhoztatás; megbélyeg-
zés 2. elutasítás

condensation [kɔnden'seɪʃn; US ka-] n
1. sűrítés; cseppfolyósítás; kondenzá-
lás 2. sűrűsödés, kondenzáció
condense [kən'dens] A. vt 1. sűrít;
cseppfolyósít; kondenzál 2. tömörít,
(össze)sűrít [gondolatokat stb.] B. vi
(össze)sűrűsödik; cseppfolyósodik, le-
csapódik, kondenzálódik
condensed [kən'denst] a (átv is) sűrített;
~ milk sűrített/kondenzált tej
condenser [kən'densə*] n 1. sűrítő/(ké-
szülék); kondenzátor 2. gyűjtőlencse,
kondenzor
condescend [kɔndɪ'send; US ka-] vi átv
leereszkedik, kegyeskedik
condescension [kɔndɪ'senʃn; US ka-] n
átv leereszkedés
condign [kən'daɪn] a megérdemelt
condiment ['kɔndɪmənt; US'ka-] n fűszer
condition [kən'dɪʃn] I. n 1. feltétel; on
~ that azzal a feltétellel, hogy; on no ~
semmilyen körülmények között 2. ál-
lapot; helyzet; change one's ~ megnő-
sül; in good ~ jó állapotban/karban 3.
conditions pl körülmények, viszonyok
4. állás, rang; man of ~ előkelő ember;
all sorts and ~s of men minden rendű
és rangú ember II. vt 1. kiköt, felté-
telhez köt, megszab; meghatároz, sza-
bályoz; be ~ed by sg függ vmtől; if I
were so ~ed ha én volnék ebben a hely-
zetben 2. kondicionál
conditional [kən'dɪʃ(ə)nl] I. a feltételes;
be ~ (up)on sg vmtől függ II. n felté-
teles mód [nyelvtanban]; first ~ fel-
tételes jelen idő; second ~ feltételes
múlt idő
conditioned [kən'dɪʃnd] a ~ reflex felté-
teles reflex
condole [kən'doul] vi ~ with sy on sg
részvétét kifejezi vknek vm miatt
condolence [kən'doulɔns] n részvét(nyil-
vánítás); offer ~s részvétet nyilvánít
condom ['kɔndəm; US 'ka-] n koton
condominium [kɔndə'mɪnɪəm; US ka-]
n 1. [több ország] közös birtoka, kondo-
mínium 2. US öröklakás
condone [kən'doun] vt 1. megbocsát,
elnéz (vmt) 2. jóvátesz, kárpótol
conduce [kən'dju:s; US -'du:s] vi ~ to
sg hozzájárul vmhez, elősegít vmt

conducive [kən'dju:sɪv; US -'du:-] a be
~ to sg = conduce to sg
conduct I. n ['kɔndʌkt; US 'ka-] 1. vezetés, igazgatás 2. magaviselet, -tartás, viselkedés; életvitel II. vt [kən'dʌkt] 1. vezet; ~ed tour [szervezett] társasutazás 2. vezényel; ~ed by vezényel..., karmester... 3. igazgat; irányít 4. ~ oneself viselkedik 5. vezet [elektromosságot, hőt]
conduction [kən'dʌkʃn] n (hő)vezetés; áramvezetés
conductive [kən'dʌktɪv] a vezetőképes
conductivity [kɔndʌk'tɪvətɪ; US ka-] n (fajlagos) vezetőképesség
conductor [kən'dʌktə*] n 1. vezető, kísérő 2. karmester 3. kalauz; vonatkísérő 4. vezető [áramé, hőé]
conduit ['kɔndɪt; US -a-] n 1. (víz)vezeték, csatorna; városi csatornázás 2. kábeltok
cone [koʊn] n 1. kúp 2. toboz 3. (fagylalt)tölcsér
cone-bearing a tobozos
coney ['koʊnɪ] n = cony
confab ['kɔnfæb; US 'ka-] biz I. n = confabulation II. vi -bb- = confabulate
confabulate [kən'fæbjʊleɪt] vi tereferél, beszélget, cseveg, traccsol
confabulation [kənfæbjʊ'leɪʃn] n beszélgetés, terefere, csevegés, traccs
confection [kən'fekʃn] n csemege, édesség
confectioner [kən'fekʃnə*] n cukrász
confectionery [kən'fekʃ(ə)nərɪ; US -nerɪ] n 1. (cukrász)sütemény, édesség 2. cukrászat 3. cukrászda
confederacy [kən'fed(ə)rəsɪ] n 1. (állam)szövetség, konföderáció; US the Southern C~ a déli szakadár államok (1861—1865) 2. összeesküvés
confederate I. a [kən'fed(ə)rət] szövetséges II. n [kən'fed(ə)rət] 1. szövetséges 2. bűntárs III. v [kən'fedərеɪt] A. vt egyesít B. vi szövetkezik
confederation [kənfedə'reɪʃn] n államszövetség
onfer [kən'fə:*] v -rr- A. vt adományoz [címet, tud. fokozatot (up)on vknek] átruház [jogot stb. on, upon vkre] B. vi tanácskozik, tárgyal

conference ['kɔnf(ə)r(ə)ns; US 'ka-] n értekezlet, tanácskozás; konferencia
conferment [kən'fə:mənt] n adományozás [címé, rangé stb.]
confess [kən'fes] A. vt 1. bevall, beismer 2. elismer; megvall [hitet, bűnt]; meggyón [vétket] 3. gyóntat B. vi 1. gyón(ik) 2. ~ to a thing (1) hitet tesz vm mellett (2) bevall/beismer vmt
confessedly [kən'fesɪdlɪ] adv elismerten; nyíltan, bevallottan
confession [kən'feʃn] n 1. beismerés; vallomás 2. gyónás; seal of ~ gyónási titok; hear sy's ~ gyóntat vkt 3. hitvallás
confessional [kən'feʃənl] n gyóntatószék
confessor [kən'fesə*] n 1. gyóntató 2. hitvalló
confetti [kən'fetɪ] n konfetti
confidant [kɔnfɪ'dænt; ka-] n kebelbarát, vknek a bizalmasa
confide [kən'faɪd] A. vt rábíz, bizalmasan közöl B. vi ~ in sy bizalmába avat, megbízik benne
confidence ['kɔnfɪd(ə)ns; US 'ka-] n 1. bizalom; have every ~ in sy teljesen megbízik vkben; in (strict) ~ (egész) bizalmasan; be in sy's ~ bizalmasa vknek; take sy into one's ~ beavat egy titokba 2. magabiztosság; ~ in oneself önbizalom 3. ~ (trick) beugratás, szélhámoskodás 4. bizalmas közlés
confidence-man n (pl -men) US szélhámos, beugrató
confident ['kɔnfɪd(ə)nt; US 'ka-] I. a 1. (maga)biztos; bizakodó; ~ of sg biztos vmben 2. önhitt, beképzelt II. n vknek a bizalmasa
confidential [kɔnfɪ'denʃl; US ka-] a 1. bizalmas, titkos [értesülés stb.] 2. bizalmas; bizalmi; meghitt; ~ clerk bizalmi ember/tisztviselő; ~ secretary magántitkár
confiding [kən'faɪdɪŋ] a jóhiszemű, nem gyanakvó, bizalomteljes
configuration [kənfɪgjʊ'reɪʃn] n 1. alakzat 2. alakítás, képzés
confine [kən'faɪn] vt 1. (be)zár; ~d within the four walls négy fal közé zárva; be ~d to bed az ágyat őrzi/nyomja 2. bebörtönöz, becsuk; ~d to bar-

racks laktanyafogság 3. korlátoz; ~ oneself to sg vmre szorítkozik; be ~d for space helyszűkében van 4. be ~d lebetegszik, szül ‖ → confines
confinement [kən'faɪnmənt] n 1. bezárás; (szoba)fogság; börtön(büntetés); solitary ~ magánzárka 2. kényszerű elszigeteltség 3. lebetegedés, szülés
confines ['kɔnfaɪnz; US 'ka-] n pl (átv is) határok, keretek; within the ~ of sg vmnek a határai/korlátai között ‖ → confine
confirm [kən'fə:m] vt 1. megerősít, megszilárdít [hatalmat stb.] 2. megerősít [hírt stb.]; hitelesít 3. (vissza)igazol [rendelést stb.] 4. érvényesít, megerősít [repülőjegyet]; have sg ~ed érvényesíttet vmt 5. konfirmál; bérmál
confirmation [kɔnfə'meɪʃn; US ka-] n 1. megerősítés; visszaigazolás 2. konfirmáció; bérmálás
confirmed [kən'fə:md] a ~ drunkard megrögzött iszákos
confiscate ['kɔnfɪskeɪt; US 'ka-] vt elkoboz, lefoglal
confiscation [kɔnfɪs'keɪʃn; US ka-] n elkobzás, lefoglalás
conflagration [kɔnflə'greɪʃn; US ka-] n tűzvész
conflict I. n ['kɔnflɪkt; US -a-] összeütközés, viszály, ellentét, ellentmondás, konfliktus II. vi [kən'flɪkt] 1. (össze-)ütközik 2. ellentmondásba kerül, ellenkezik (with vmivel)
conflicting [kən'flɪktɪŋ] a ellentétes, ellenkező, (egymásnak) ellentmondó
confluence ['kɔnfluəns; US 'ka-] n összefolyás, egyesülés
confluent ['kɔnfluənt; US 'ka-] I. a összefolyó, egymásba torkolló, egyesülő II. n mellékfolyó
conform [kən'fɔ:m] A. vt 1. hasonlóvá tesz, hozzáilleszt (to vmhez) 2. ~ oneself to sg alkalmazkodik vmhez B. vi alkalmazkodik (to vmhez)
conformable [kən'fɔ:məbl] a 1. megegyező (to vmvel); összeférő (to vmvel); hozzáillő (to vmhez) 2. engedelmes; alkalmazkodó
conformation [kɔnfɔ:'meɪʃn; US ka-] n 1. (ki)alakulás, alakzat, szerkezet,

struktúra 2. felépítés [emberi testé] 3. alkalmazkodás (to vmhez)
conformist [kən'fɔ:mɪst] n 1. alkalmazkodó/beilleszkedő ember 2. az anglikán egyház híve, konformista
conformity [kən'fɔ:mətɪ] n 1. hasonlóság, összhang, (meg)egyezés 2. alkalmazkodás, beilleszkedés; in ~ with sg vm szerint, vmnek megfelelően, vmhez képest
confound [kən'faʊnd] vt 1. összekever, összezavar, összetéveszt (with vmivel) 2. megzavar, zavarba hoz 3. ~ him! az ördög vigye el!; biz a ~ed long time átkozottul hosszú idő 4. † megsemmisít, szétrombol, elront
confront [kən'frʌnt] vt 1. szembesít 2. szembeszáll, szembe találja magát [nehézséggel stb.] 3. összevet
confrontation [kɔnfrʌn'teɪʃn; US ka-] n szembesítés
Confucian [kən'fju:ʃjən] a konfuciusi, konfuciánus
confuse [kən'fju:z] vt 1. összezavar; zavarba hoz; get ~d megzavarodik, összezavarodik, zavarba jön 2. összetéveszt (sg with sg vmt vmvel)
confused [kən'fju:zd] a 1. zavaros 2. összezavart, zavarban levő (ember)
confusing [kən'fju:zɪŋ] a zavarba hozó/ejtő
confusion [kən'fju:ʒn] n 1. zűrzavar, rendetlenség, összevisszaság; everything was in ~ minden a feje tetején állt; ~ worse confounded a zűrzavar netovábbja 2. összetévesztés; ~ of names névcsere 3. megdöbbenés
confutation [kɔnfju:'teɪʃn; US kan-] n cáfolat
confute [kən'fju:t] vt 1. meggyőz (vkt) tévedéséről 2. (meg)cáfol
congé ['kɔ:nʒeɪ] n 1. távozási engedély, szabadságolás 2. távozás, (udvarias) búcsú
congeal [kən'dʒi:l] A. vi megfagy; megdermed B. vt megdermeszt; átv his blood was ~ed megfagyott ereiben a vér
congenial [kən'dʒi:njəl] a 1. rokon lelkű/szellemű, hasonló beállítottságú 2. alkalmas, kedvező

congenital [kən'dʒenɪtl] *a* vele született
conger ['kɔŋgə*; *US* -əŋ-] *n* angolna
congested [kən'dʒestɪd] *a* 1. zsúfolt, tömött, túlnépesedett [terület] 2. ~
traffic forgalmi torlódás 3. vértolulásos
congestion [kən'dʒestʃn] *n* 1. zsúfoltság,
túlnépesedés 2. (forgalmi) torlódás 3.
vértolulás, vérbőség
conglomerate I. *a* [kən'glɔmərət; *US*
-am-] összehalmozott, összetömörült
II. *n* [kən'glɔmərət; *US* -am-] halom,
rakás III. *v* [kən'glɔməreɪt; *US*-am-]
A. *vt* összehalmoz B. *vi* összeáll; összehalmozódik
conglomeration [kənglɔmə'reɪʃn; *US*
-am-] *n* 1. halom, rakás 2. összehalmozás 3. (kőzet)összeállás
Congo ['kɔŋgou; *US* -əŋ-] *prop* Kongó
Congolese [kɔŋgou'liːz; *US* kaŋ-] *a/n*
kongói
congrats [kən'græts] *int biz* gratulálok!
congratulate [kən'grætjuleɪt; *US* -tʃə-]
vt 1. szerencsét kíván, gratulál (*sy on
sg* vknek vmért); köszönt, üdvözöl
(*on sg* vmnek alkalmából) 2. *you can*
~ *yourself* szerencsésnek nevezheted
magad
congratulation [kəngrætju'leɪʃn; *US* -tʃə-]
n szerencsekívánat, gratuláció; ~*s!*
gratulálok!
congratulatory [kən'grætjulət(ə)rɪ; *US*
-'grætʃələtɔːrɪ] *a* üdvözlő, szerencsét
kívánó, gratuláló
congregate ['kɔŋgrɪgeɪt; *US* 'ka-] A. *vi*
összegyülekezik, összejön, összesereglik B. *vt* összegyűjt, -hív, egybegyűjt
congregation [kɔŋgrɪ'geɪʃn; *US* ka-] *n*
1. gyülekezet, a hivők; egyházközség
2. kongregáció
congregational [kɔŋgrɪ'geɪʃənl; *US* ka-]
a 1. gyülekezeti 2. *C*~ kongregacionalista [egyház]
congress ['kɔŋgres; *US* -əŋ-] *n* 1. nagygyűlés, kongresszus 2. *C*~ az USA
kongresszusa
congressional [kəŋ'greʃənl] *a* kongresszusi
congressman ['kɔŋgresmən; *US* 'ka-] *n*
(*pl* -men -mən) *US* kongresszusi tag,
képviselő
Congreve ['kɔŋgriːv] *prop*

congruent ['kɔŋgruənt; *US* 'ka-] *a*
egybevágó, megegyező; (egymásnak)
megfelelő, összeillő
congruous ['kɔŋgruəs; *US* 'ka-] *a* =
= *congruent*
conic(al) ['kɔnɪk(l); *US* -a-] *a* kúp alakú
~ *section* kúpszelet
conifer ['kɔnɪfə*; *US* -ou-] *n* tobozos,
tűlevelű
coniferous [kə'nɪfərəs] *a* toboztermő, tűlevelű
conjectural [kən'dʒektʃ(ə)rəl] *a* sejtett,
valószínűségen/feltevésen alapuló
conjecture [kən'dʒektʃə*] I. *n* sejtés,
találgatás, feltevés II. *vt* sejt, gyanít,
következtet (vmre)
conjoin [kən'dʒɔɪn] A. *vt* összekapcsol,
összeköt, összeilleszt B. *vi* egyesül
conjoint ['kɔndʒɔɪnt; *US* kən'dʒ-] *a*
egyesített, egyesült; közös; együttes
conjointly ['kɔndʒɔɪntlɪ; *US* kən'dʒ-]
adv egyetemlegesen, együttesen
conjugal ['kɔndʒʊgl; *US* 'ka-] *a* házassági, házastársi
conjugate I. *a* ['kɔndʒʊgɪt; *US* 'ka-] 1.
egyesített; egyesült 2. páros(ított) II.
v ['kɔndʒʊgeɪt; *US* 'ka-] A. *vt* 1. összekapcsol, összeköt 2. párosít 3. [igét]
ragoz B. *vi* egyesül
conjugation [kɔndʒʊ'geɪʃn; *US* kan-] *n*
igeragozás
conjunction [kən'dʒʌŋkʃn] *n* 1. kapcsolat; *in* ~ *with sy* vkvel egyetértésben/együtt 2. kötőszó 3. összetalálkozás [eseményeké], összejátszás [körülményeké]
conjunctive [kən'dʒʌŋktɪv] I. *a* összekötő II. *n* 1. kötőmód 2. kötőszó
conjunctivitis [kəndʒʌŋktɪ'vaɪtɪs] *n* kötőhártya-gyulladás
conjuncture [kən'dʒʌŋktʃə*] *n* a körülmények találkozása, a dolgok állása;
at this ~ a dolgok ilyen állása mellett,
a jelen helyzetben
conjure A. *vt* 1. ['kʌndʒə*] kiűz [ördögöt]; ~ *up* (meg)idéz [szellemet]; felidéz [emléket] 2. ['kʌndʒə*] elővarázsol 3. [kən'dʒuə*] ünnepélyesen
kér/felszólít B. *vi* ['kʌndʒə*] 1. bűvészkedik; varázsol; *a name to* ~ *with*
varázserejű név 2. szellemet idéz

conjurer, -or ['kʌndʒərə*] n varázsló
conk¹ [kɔŋk; US -a-] n □ orr
conk² [kɔŋk; US -a-] vi biz ~ out bedöglik, lerohad, lerobban
conker ['kɔŋkə*; US -a-] n biz vadgesztenye
Conn. Connecticut
Connaught ['kɔnɔ:t] prop
connect [kə'nekt] A. vt 1. ~ (up) összeköt, összekapcsol 2. kapcsolatba/összefüggésbe hoz; be ~ed kapcsolatban/összeköttetésben áll, rokonságban van; be ~ed by marriage sógorságban van B. vi 1. összefügg, összeköttetésben van (with vkvel) 2. csatlakozik, csatlakozása van (with vmhez) 3. egyesül
connected [kə'nektɪd] a összefüggő, kapcsolatban levő; csatlakozó
Connecticut [kə'netɪkət] prop
connecting-rod [kə'nektɪŋ-] n hajtókar
connection [kə'nekʃn] n 1. összekötés; (össze)kapcsolás; wrong ~ téves kapcsolás 2. összefüggés, kapcsolat; in ~ with sy/sg vkvel/vmvel kapcsolatban; in this ~ ebben a(z) összefüggésben/vonatkozásban 3. összeköttetés; kapcsolat 4. csatlakozás [vonatoké stb.] 5. rokoni kapcsolat, rokonság 6. üzletfél; üzletkör 7. (nemi) kapcsolat 8. felekezet
connective [kə'nektɪv] I. a összekötő, -kapcsoló II. n kötőszó
conned [kɔnd; US -a-] →con¹, con², con³
connexion [kə'nekʃn] n = connection
conning¹ ['kɔnɪŋ; US -a-] a ~ tower parancsnoki torony [hadihajóé, tengeralattjáróé]
conning² ['kɔnɪŋ; US -a-] n magolás →con¹
connivance [kə'naɪv(ə)ns] n szemhunyás, elnézés, hallgatólagos beleegyezés
connive [kə'naɪv] vi 1. ~ at szemet huny vm felett, elnéz vmt 2. összejátszik (with vkvel)
connoisseur [kɔnə'sə:*; US ka-] n műértő
connotation [kɔnə'teɪʃn; US ka-] n mellékértelem, hangulati velejáró
connote [kɔ'nout] vt (vmt) jelent, jelen-

tése magában foglalja; másodlagosan jelent
connubial [kə'nju:bjəl; US -'nu:-] a házassági; házastársi
conquer ['kɔŋkə*; US 'ka-] A. vt 1. meghódít; leigáz 2. legyőz B. vi győz
conqueror ['kɔŋkərə*; US 'ka-] n hódító; győztes; William the C~ Hódító Vilmos
conquest ['kɔŋkwest; US 'ka-] n 1. hódítás, legyőzés; the (Norman) C~ a normann hódítás[Angliában 1066-ban] 2. meghódított terület 3. átv make a ~ of sy meghódít vkt
consanguinity [kɔnsæŋ'gwɪnətɪ; US ka-] n vérrokonság
conscience ['kɔnʃ(ə)ns; US 'ka-] n lelkiismeret; in all ~ (1) nyugodt lélekkel (2) igazán, bizonyára; I would not have the ~ to nem vinne rá a lélek; have sg on one's ~ vm nyomja a lelkiismeretét; have no ~ lelkiismeretlen; ~ money ⟨lelkiismeret-furdalás miatt történő névtelen utólagos (adóbe)fizetés⟩
conscience-smitten a lelkiismeret-furdalásos
conscientious [kɔnʃɪ'enʃəs; US ka-] a lelkiismeretes; ~ objector ⟨katonai szolgálatot lelkiismereti okból megtagadó személy⟩
conscious ['kɔnʃəs; US 'ka-] a 1. tudatos 2. öntudaton/eszméleten levő; become ~ visszanyeri az öntudatát, magához tér 3. be ~ of/that tudatában van vmnek
consciousness ['kɔnʃəsnɪs; US 'ka-] n 1. öntudat; regain ~ visszanyeri öntudatát/eszméletét, eszméletre/magához tér 2. tudatosság; tudat
conscript I. a ['kɔnskrɪpt; US 'ka-] besorozott II. n ['kɔnskrɪpt; US 'ka-] besorozott (katona) III. vt [kən'skrɪpt] besoroz
conscription [kən'skrɪpʃn] n sorozás
consecrate ['kɔnsɪkreɪt; US 'ka-] 1. szán, szentel (to vmnek) 2. beszentel, felszentel
consecration [kɔnsɪ'kreɪʃn; US ka-] n felszentelés; beszentelés, megszentelés; felavatás
consecutive [kən'sekjutɪv] a 1. egy-

másra következő; *on three ~ days* három egymást követő napon 2. ~ *clause* következményes mellékmondat
consensus [kən'sensəs] *n* közvélemény, (általános) megegyezés
consent [kən'sent] I. *n* beleegyezés, hozzájárulás; *with one ~* egyhangúlag; *silence gives ~* a hallgatás beleegyezés; *age of ~* törvényes kor [leányé] II. *vi* beleegyezik, hozzájárul, jóváhagy
consequence ['kɔnsɪkwəns; US 'kɑnsɪkwens] *n* 1. következmény; *in ~ of sg* vm miatt/következtében 2. fontosság; *of no ~* jelentéktelen, nem fontos/jelentős
consequent ['kɔnsɪkwənt; US 'kɑnsɪkwent] *a (up)on sg* vmből következő/eredő
consequential [kɔnsɪ'kwenʃl; US kɑ-] *a* 1. = *consequent* 2. fontos (következményekkel járó) 3. nagyképű, fontoskodó
consequently ['kɔnsɪkwəntlɪ; US 'kɑnsɪkwentlɪ] *adv* következésképp(en), tehát
conservancy [kən'sə:v(ə)nsɪ] *n* (vízügyi/erdészeti) felügyelőség
conservation [kɔnsə'veɪʃn] *n* 1. fenntartás, megőrzés; *~ of energy* az energia megmaradásának elve 2. természetvédelem
conservationist [kɔnsə'veɪʃnɪst] I. *a* természetvédelmi II. *n* természetvédő
conservatism [kən'sə:vətɪzm] *n* 1. konzervativizmus 2. óvatosság
conservative [kən'sə:vətɪv] I. *a* 1. konzervatív 2. óvatos II. *n* konzervatív (párti)
conservatoire [kən'sə:vətwɑ:*] *n* konzervatórium, zeneiskola
conservatory [kən'sə:vətrɪ; US -tɔ:rɪ] *n* 1. üvegház, télikert 2. *US* = *conservatoire*
conserve [kən'sə:v] I. *n* befőtt; konzerv II. *vt* 1. megtart, megóv, konzervál 2. tartósít, befőz, eltesz
consider [kən'sɪdə*] *vt* 1. megfontol, fontolóra vesz; *~ed opinion* indokolt/megfontolt vélemény; *not so bad ~ing* aránylag nem is (olyan) rossz 2. tekin-

tetbe/figyelembe vesz; *all things ~ed* mindent összevéve, végre 3. vmnek tekint/tart; *~ it as done* tekintsd megtörténtnek
considerable [kən'sɪd(ə)rəbl] *a* tekintélyes, jelentékeny, számottevő, tetemes
considerably [kən'sɪd(ə)rəblɪ] *adv* jelentékeny mértékben, meglehetősen
considerate [kən'sɪd(ə)rət] *a* figyelmes, tapintatos, előzékeny
consideration [kənsɪdə'reɪʃn] *n* 1. megfontolás; *take into ~* tekintetbe/figyelembe vesz; *leave out of ~* figyelmen kívül hagy 2. szempont, tényező; *on/under no ~* semmi esetre sem 3. előzékenység; *in ~ of, out of ~ for sg* tekintettel vmre 4. ellenszolgáltatás; *for a ~* nem ingyen, díjazás fejében
considering [kən'sɪdərɪŋ] *adv* figyelembe/tekintetbe véve, tekintettel
consign [kən'saɪn] *vt* 1. bizományba ad/küld; elküld [árut] 2. rábíz, átad, kiszolgáltat; *~ to the flames* tűzbe vet; *~ to oblivion* átad a feledésnek 3. letétbe helyez [pénzt bankban] 4. átruház
consignee [kɔnsaɪ'ni:; US kɑ-] *n* 1. bizományos 2. címzett [áruküldeményé]
consigner, -or [kən'saɪnə*] *n* 1. bizományba adó 2. feladó, küldő
consignment [kən'saɪnmənt] *n* 1. (el-)küldés, feladás [áruké] 2. küldemény 3. bizományi áru; *~ note* (1) bizományi számla (2) fuvarlevél; kísérőjegyzék; *on ~* bizományba(n)
consist [kən'sɪst] *vi ~ of* áll vmből; *~ in* áll vmben
consistence [kən'sɪst(ə)ns] *n* 1. állag, összetétel 2. sűrűség, tömörség, konzisztencia 3. állandóság 4. következetesség
consistency [kən'sɪst(ə)nsɪ] *n* = *consistence*
consistent [kən'sɪst(ə)nt] *a* 1. következetes; állhatatos 2. megegyező *(with* vmvel) 3. tömör, sűrű
consistory [kən'sɪst(ə)rɪ] *n* egyházi tanács(ülés), konzisztórium
consolable [kən'souləbl] *a* vigasztalható

consolation [kɔnsə'leɪʃn; US ka-] n vigasz(talás); ~ prize vigaszdíj
consolatory [kən'sɔlət(ə)rɪ; US -'salətɔ:rɪ] a vigasztaló
console¹ ['kɔnsoʊl; US 'ka-] n 1. tartópillér; kiugró gyám; konzol; állvány 2. játékasztal [orgonáé] 3. (zene- és tévé)szekrény 4. kapcsolótábla
console² [kən'soʊl] vt vigasztal
consolidate [kən'sɔlɪdeɪt; US -'sa-] A. vt 1. megerősít, -szilárdít, állandósít 2. egyesít [vállalatokat stb.] 3. állósít, konszolidál; ~d annuities = consols; ~d debt állósított/fundált adósság; ~d funds állami kölcsönkötvények törlesztési alapja B. vi megszilárdul, -keményedik
consolidation [kənsɔlɪ'deɪʃn; US -sa-] n 1. egyesítés 2. egyesülés 3. megszilárdítás; állósítás
consols ['kɔnsəlz; US -a- -a-] n pl GB állami kölcsönkötvények
consommé [kən'sɔmeɪ; US kansə'meɪ] n erőleves, húsleves
consonance ['kɔnsənəns; US 'ka-] n 1. együtthangzás, egybehangzás 2. megegyezés, összhang
consonant ['kɔnsənənt; US 'ka-] I. a egybehangzó II. n mássalhangzó
consort I. n ['kɔnsɔ:t; US 'ka-] 1. hitves, házastárs; the queen ~ a királyné; the prince ~ a királynő férje 2. kísérőhajó II. vi [kən'sɔ:t] ~ with (1) érintkezik/társul (vkvel) (2) összeillik (vmvel); egyetért (vmvel)
consortium [kən'sɔ:tjəm; US -ʃɪ-] n (pl ~s -z v. -tia -tjə, US -ʃɪə) konzorcium
conspectus [kən'spektəs] n 1. áttekintés, szinopszis 2. összefoglalás
conspicuous [kən'spɪkjʊəs] a 1. nyilvánvaló 2. szembetűnő, feltűnő; be ~ by one's absence távollétével tündököl
conspiracy [kən'spɪrəsɪ] n összeesküvés; a ~ of silence agyonhallgatás
conspirator [kən'spɪrətə*] n összeesküvő
conspire [kən'spaɪə*] vi 1. összeesküszik (against vm ellen) 2. hozzájárul [to romlásához]
constable ['kʌnstəbl] n 1. rendőr; biz outrun the ~ eladósodik 2. hadsereg-

parancsnok [a középkorban], királyi várkapitány
constabulary [kən'stæbjʊlərɪ; US -lerɪ] n rendőrség
Constance ['kɔnstəns; US 'ka-] prop 1. Konstancia ⟨női név⟩ 2. Lake of ~ Boden-tó
constancy ['kɔnst(ə)nsɪ; US 'ka-] n 1. állandóság 2. állhatatosság
constant ['kɔnst(ə)nt; US 'ka-] I. a 1. állandó, változatlan 2. kitartó 3. szilárd II. n konstans, állandó
Constantinople [kɔnstæntɪ'noʊpl; US ka-] prop Konstantinápoly (ma: Isztambul)
constellation [kɔnstə'leɪʃn; US ka-] n csillagzat; csillagok állása, konstelláció
consternation [kɔnstə'neɪʃn; US ka-] n megdöbbenés, megrökönyödés, konsternáció
constipate ['kɔnstɪpeɪt; US 'ka-] vt székrekedést okoz; ~d székrekedéses
constipation [kɔnstɪ'peɪʃn; US ka-] n székrekedés, szorulás
constituency [kən'stɪtjʊənsɪ; US -tʃʊ-] n választókerület
constituent [kən'stɪtjʊənt; US -tʃʊ-] I. a 1. alkotó; ~ part alkotórész 2. ~ assembly alkotmányozó (nemzet)gyűlés II. n. 1. alkotórész, -elem 2. választópolgár
constitute ['kɔnstɪtju:t; US 'kanstɪtu:t] vt 1. alkot, alakít, képez 2. kinevez, megtesz vmnek
constitution [kɔnstɪ'tju:ʃn; US kanstɪ'tu:-] n 1. alkotmány 2. szervezet, alkat; mental ~ lelki alkat, beállítottság 3. összetétel 4. alkotás, szervezés 5. alapszabály
constitutional [kɔnstɪ'tju:ʃənl; US kanstɪ'tu:-] I. a 1. alkotmányos 2. szervezeti, alkati II. n biz egészségügyi séta
constitutionalism [kɔnstɪ'tju:ʃnəlɪzm; US kanstɪ'tu:-] n alkotmányosság
constitutive ['kɔnstɪtɪtɪv; US 'kanstɪtu:-] a 1. alkotó 2. lényeges, fontos
constrain [kən'streɪn] vt 1. kényszerít; erőltet 2. szorít 3. korlátoz
constrained [kən'streɪnd] a erőltetett, kényszeredett, nem természetes

constraint [kən'streint] n kényszer; show ~ tartózkodóan viselkedik
constrict [kən'strɪkt] vt összehúz, összeszorít
constriction [kən'strɪkʃn] n 1. összeszorítás, -húzás 2. összehúzódás; szűkület 3. szorító érzés
constrictor [kən'strɪktə*] n összehúzó izom, záróizom
construct [kən'strʌkt] vt 1. (meg-/fel)épít 2. összeállít, alkot, (meg)szerkeszt
construction [kən'strʌkʃn] n 1. építés, építkezés; szerkesztés; ~ worker építőmunkás 2. épület 3. szerkezet, konstrukció 4. értelmezés; put a wrong ~ on sg rosszul értelmez vmt
constructive [kən'strʌktɪv] a 1. építő, alkotó, konstruktív 2. szerkezeti 3. vélelmezhető
construe [kən'stru:] A. vt 1. taglal, elemez [mondatot] 2. értelmez [vk szavait]; magyaráz [vk viselkedését] 3. lefordít B. vi [nyelvtanilag] elemezhető; be ~d with (vmlyen) szerkezettel áll [nyelvtanilag]; it does not ~ nincs értelme
consul ['kɔns(ə)l; US -ə-] n konzul; ~ general főkonzul
consular ['kɔnsjʊlə*; US 'kɑnsələr] a konzuli
consulate ['kɔnsjʊlət; US 'kɑnsəlɪt] n 1. konzulátus 2. konzulság
consult [kən'sʌlt] A. vt 1. tanácsot/irányítást/szakvéleményt/felvilágosítást kér (sy on sg vktől vmre vonatkozóan) 2. utánanéz [szótárban, könyvben] B. vi tanácskozik, értekezik (with vkvel)
consultant [kən'sʌlt(ə)nt] n 1. (szak)tanácsadó, konzultáns; konzultáló orvos 2. tanácskérő
consultation [kɔns(ə)l'teɪʃn; US kɑ-] n 1. tanácskozás, konzultáció 2. tanácskérés 3. (orvosi) konzílium
consultative [kən'sʌltətɪv] a tanácsadó(i), konzultatív
consulting [kən'sʌltɪŋ] a (szak)tanácsadó, szak- [orvos, mérnök]; ~ engineer mérnökszakértő; ~ hours (1) rendelés(i idő) (2) fogadóórák; ~ room rendelő
consume [kən'sju:m; US -'su:m] A. vt 1. (el)fogyaszt [élelmet] 2. felhasznál;

felemészt 3. elpusztít; be ~d with thirst eleped a szomjúságtól B. vi 1. elfogy 2. (el)pusztul
consumer [kən'sju:mə*; US -'su:-] n fogyasztó; ~(s') goods fogyasztási cikkek; ~ research piackutatás; ~ society fogyasztói társadalom
consummate I. a [kən'sʌmɪt] tökéletes, teljes, legmagasabb fokú II. vt ['kɔnsəmeɪt; US 'kɑ-] 1. véghezvisz, teljesít 2. betetőz, tökéletessé tesz 3. elhál [házasságot]
consummation [kɔnsə'meɪʃn; US kɑ-] n 1. beteljesítés, végrehajtás 2. beteljesülés 3. betetőzés [vágyaké] 4. elhálás [házasságé]
consumption [kən'sʌmpʃn] n 1. fogyasztás 2. tüdővész
consumptive [kən'sʌmptɪv] a 1. fogyasztó 2. pusztító 3. tüdővészes
contact ['kɔntækt; US 'kɑn-] I. n 1. érintkezés, kapcsolat; ~ lens kontaktlencse, kontaktszemüveg; make ~ (with) kapcsolatot teremt, érintkezésbe lép (vkvel); ~ print kontaktmásolat 2. [villamosságban] érintkezés; kapcsolás; (villany)kapcsoló II. vt kapcsolatba/érintkezésbe lép (vkvel)
contact-man n (pl -men) közvetítő, kapcsolatszerző, kijáró [hivatalokban]
contact-pin n falidugó
contagion [kən'teɪdʒ(ə)n] n 1. fertőzés 2. fertőző betegség, ragály
contagious [kən'teɪdʒəs] a fertőző, ragályos (átv is)
contain [kən'teɪn] vt 1. tartalmaz, magába(n) foglal 2. fékez, visszatart, feltartóztat, türtőztet; ~ oneself uralkodik magán, türtőzteti magát
container [kən'teɪnə*] n tartály; tartó; konténer
containerize [kən'teɪnəraɪz] vt konténerben szállít
contaminate [kən'tæmɪneɪt] vt (be-)szennyez, (meg)fertőz
contaminated [kən'tæmɪneɪtɪd] a [radioaktív stb. anyagokkal] fertőzött, szennyezett
contamination [kɔntæmɪ'neɪʃn] n 1. (be-)szennyezés 2. szennyeződés, szennyezettség 3. szennyező anyag

contd. *continued*
contemplate ['kɔntempleɪt; *US* 'ka-] A.
vt 1. szemlél 2. megfontol, fontolgat
3. szándékozik B. *vi* elmélkedik
contemplation [kɔntem'pleɪʃn; *US* ka-]
n 1. szemlélődés, elmélkedés, kontempláció 2. szándékolás, tervezés
contemplative ['kɔntempleɪtɪv; *US* 'ka-;
vallási értelemben: kən'templətɪv] *a*
szemlélődő, elmélkedő, kontemplatív
contemporaneous [kəntempə'reɪnjəs] *a*
egyidejű, egykorú; kortárs(i)
contemporary [kən'temp(ə)rərɪ; *US*
-rerɪ] I. *a* 1. egykorú, kortárs(i); ~
literature kortárs irodalom 2. jelenkori, mai II. *n* kortárs
contempt [kən'tempt] *n* megvetés, lenézés, semmibevevés; ~ *of court* (1) bíróság megsértése (2) meg nem jelenés;
in ~ *of sg* vm ellenére
contemptible [kən'temptəbl] *a* megvetendő, hitvány; vacak
contemptuous [kən'temptjuəs; *US* -tʃʊ-]
a megvető, lenéző, gőgös, szemtelen;
be ~ *of sg* semmibe vesz vmt
contend [kən'tend] A. *vi* 1. versenyez,
verseng (*for* vmért) 2. harcol, küzd
(*against* vm ellen) 3. civódik, veszekszik, vitatkozik B. *vt* állít, vitat
content¹ ['kɔntent; *US* 'ka-] *n* 1. contents *pl* tartalom; (*table of*) ~s tartalomjegyzék 2. befogadóképesség, űrtartalom; terjedelem; összetétel
content² [kən'tent] I. *a* 1. (meg)elégedett 2. hajlandó, *be* ~ *to do sg* hajlandó vmt megtenni II. *n* 1. elégedettség,
megelégedés 2. „igen" szavazat III.
vt 1. kielégít, eleget tesz (vmnek); ~
oneself with sg megelégszik/beéri vmvel
2. [kártyában] „tart"
contented [kən'tentɪd] *a* (meg)elégedett
contention [kən'tenʃn] *n* 1. harc, küzdelem 2. vita, pörlekedés, szócsata 3.
versengés, verseny, vetélkedés 4. állítás, erősködés
contentious [kən'tenʃəs] *a* 1. veszekedő,
pörlekedő 2. vitás
contentment [kən'tentmənt] *n* megelégedés
contest I. *n* ['kɔntest; *US* 'ka-] 1. verseny, küzdelem; mérkőzés 2. vita II.

v [kən'test] A. *vt* 1. harcol, küzd; ~
a seat (*in Parliament*) képviselőjelöltként fellép 2. kétségbe von, (el)vitat;
megtámad B. *vi* 1. vitatkozik, veszekszik (vkvel) 2. verseng [díjért]
contestant [kən'testənt] *n* 1. versenyző,
versenytárs, küzdő 2. peres fél
context ['kɔntekst; *US* 'ka-] *n* szövegösszefüggés, -környezet, kontextus
contextual [kən'tekstjuəl; *US* -tʃu-] *a*
szövegre vonatkozó, a szövegtől függő
contiguity [kɔntɪ'gjuːətɪ; *US* ka-] *n* 1.
összefüggés 2. szomszédosság
contiguous [kən'tɪgjuəs] *a* ~ *to* vmvel
határos/érintkező/szomszédos/összefüggő
continence ['kɔntɪnəns; 'ka-] *n* [nemi]
önmegtartóztatás; mértékletesség
continent ['kɔntɪnənt; *US* 'ka-] I. *a* 1.
mértékletes 2. önmegtartóztató II. *n*
1. szárazföld 2. világrész, kontinens 3.
the C~ a kontinens [Európa Nagy-Britannia nélkül]
continental [kɔntɪ'nentl; *US* ka-] *a* 1.
szárazföldi, kontinentális; *C*~ *Divide*
amerikai vízválasztó 2. európai
contingency [kən'tɪndʒ(ə)nsɪ] *n* 1. véletlenség; lehetőség, eshetőség; előre
nem látott esemény 2. *rendsz pl* előre
nem látott kiadás(ok)
contingent [kən'tɪndʒ(ə)nt] I. *a* 1. véletlen, esetleges 2. feltételes; *be* ~
upon sg vm eseménytől függ II. *n* 1.
véletlenség, lehetőség, eshetőség 2.
kontingens; részleg
continual [kən'tɪnjuəl] *a* folytonos, szakadatlan, állandó, örökös
continuance [kən'tɪnjuəns] *n* 1. tartósság, folytonosság 2. folytatás; elhúzódás; tartam 3. elhalasztás, elnapolás
continuation [kəntɪnju'eɪʃn] *n* 1. folytatás; ~ *course* továbbképző tanfolyam 2. folytatódás 3. meghosszabbítás
continue [kən'tɪnju:] A. *vt* 1. folytat; *I*
shall ~ *to* ... én továbbra is ...; *to be*
~*d* folytatása következik 2. meghagy
[állásban] 3. (el)halaszt B. *vi* 1. folytatódik, (el)tart 2. megmarad (állás-

ban stb.); ~ on one's way továbbmegy (útján)
continuity [kɔntɪ'nju:ətɪ; US kantɪ'nu:-] n 1. folytonosság, folyamatosság 2. forgatókönyv
continuous [kən'tɪnjʊəs] a folyamatos, összefüggő, szakadatlan; ~ flight leszállás nélküli repülés; ~ performance folytatólagos előadás; ~ white line (1) GB terelővonal (2) [Magyarországon] záróvonal
contort [kən'tɔ:t] vt kicsavar, eltorzít; elferdít
contortion [kən'tɔ:ʃn] n 1. kicsavarás; eltorzítás 2. eltorzulás
contortionist [kən'tɔ:ʃnɪst] n kígyóember, gumiember
contour ['kɔntʊə*; US 'ka-] n körvonal(ak)
contour-line n magassági vonal, szintvonal [térképen]
contour-map n szintvonalas térkép
contra ['kɔntrə; US 'ka-] I. prep ellen II. n ~ (entry) ellentétel
contraband ['kɔntrəbænd; US 'ka-] n 1. csempészet; run ~ csempészkereskedelmet folytat 2. csempészáru
contrabass [kɔntrə'beɪs; US ka-] n nagybőgő, kontrabasszus
contraception [kɔntrə'sepʃn; US ka-] n fogamzásgátlás; születésszabályozás
contraceptive [kɔntrə'septɪv; US ka-] I. a fogamzásgátló; ~ pill fogamzásgátló tabletta II. n fogamzásgátló (szer), óvszer
contract I. n ['kɔntrækt; US 'ka-] 1. szerződés, megegyezés, -állapodás; ~ note kötjegy; ~ price szerződéses ár; by private ~ magánegyezség útján, szabadkézből; party to the ~ szerződő fél; enter into a ~, make a ~ (with sy) szerződést köt (vkvel) 2. eljegyzés II. v [kən'trækt] A. vt 1. összehúz, összevon 2. vállal [kötelezettséget]; köt [szerződést, házasságot] 3. ~ debts adósságokat csinál 4. megkap [betegséget]; felvesz [szokást] B. vi 1. öszszehúzódik, összemegy 2. szerződik; szerződést/megállapodást köt (for vmre)
contracted [kən'træktɪd] a 1. összehú-

z(ód)ott, összezsugorodott 2. összevont; kivonatos
contractile [kən'træktaɪl; US -t(ə)l] a összehúzódásra képes, összehúzódó
contracting [kən'træktɪŋ] a szerződő; the high ~ parties a magas szerződő felek
contraction [kən'trækʃn] n 1. összehúzás, összevonás 2. összehúzódás 3. (le)rövidítés, rövid összefoglalás 4. ~ of debts adósságcsinálás
contractor [kən'træktə*] n 1. vállalkozó 2. szállító
contractual [kən'træktʃʊəl] a szerződéses, szerződési
contradict [kɔntrə'dɪkt; US ka-] vt ellentmond, (meg)cáfol, tagad
contradiction [kɔntrə'dɪkʃn; US ka-] n ellentmondás, következetlenség; ~ in terms önellentmondás
contradictory [kɔntrə'dɪktərɪ; US ka-] a ellentmondó, ellentétes
contradistinction [kɔntrədɪ'stɪŋkʃn; US ka-] n in ~ to vmvel szemben/ellentétben
contra-indication [kɔntraɪndɪ'keɪʃn; US ka-] n ellenjavallat
contralto [kən'træltoʊ] n alt (hang)
contraption [kən'træpʃn] n biz szerkezet, készülék, szerkentyű
contrapuntal [kɔntrə'pʌntl; US ka-] a ellenpontos, ellenpontozott
contrariety [kɔntrə'raɪətɪ; US ka-] n 1. ellenkezés 2. következetlenség; ellentétesség
contrariness ['kɔntrərɪnɪs; US 'kantrerɪ-] n 1. ellenkezés 2. különcködés
contrariwise ['kɔntrərɪwaɪz; US 'kantrerɪ-] adv 1. ellenkezőleg 2. ellenkezve
contrary ['kɔntrərɪ; US 'kantrerɪ] I. a 1. ellenkező, ellentétes 2. biz makacs, nyakas, akaratos, ellenkező II. adv ~ to sg szemben/ellentétben vmvel, vmtől eltérően; ~ to the rules szabályellenesen III. n ellentét, az ellenkező(je vmnek); by contraries ellentétképpen, várakozással ellentétben; on the ~ (éppen) ellenkezőleg; to the ~ ellenkező értelemben, ellenkezőleg
contrast I. n ['kɔntra:st; US 'kantræst] 1. ellentét; in/by ~ with (vmvel) ellentétben 2. ellentétes dolog; ~ meal

kontrasztpép II. v [kən'trɑ:st; US -æ-] A. vt ellentétbe hoz/állít, szembeállít B. vi elüt, különbözik (with vmtől), ellentétben áll (with vmvel)
contravene [kɔntrə'vi:n; US kɑ-] vt 1. ellenszegül, ellentmond 2. áthág, megszeg, megsért [törvényt stb.]
contravention [kɔntrə'venʃn; US kɑ-] n áthágás, megsértés, megszegés
contretemps ['kɔ:ntrətɑ:ŋ] n pl szerencsétlenség, szerencsétlen körülmény
contribute [kən'trɪbju:t] vt/vi fizet, ad(akozik); hozzájárul (to vmhez); közreműködik (to vmben); ~ newspaper articles újságcikkeket ír
contribution [kɔntrɪ'bju:ʃn; US kɑ-] n 1. hozzájárulás; közreműködés; ~ to knowledge tudományos eredmény 2. közlemény; cikk 3. adó, sarc
contributor [kən'trɪbjʊtə*] n közreműködő; (külső) munkatárs
contributory [kən'trɪbjʊtərɪ; US -bjətɔ:rɪ] a hozzájáruló; közreműködő; ~ negligence vétkes gondatlanság
contrite ['kɔntraɪt; US 'kɑ-] a bűnbánó
contrition [kən'trɪʃn] n töredelem, bűnbánat
contrivance [kən'traɪvns] n 1. feltalálás; kiagyalás; terv 2. szerkezet, eszköz 3. találmány 4. találékonyság
contrive [kən'traɪv] vt 1. kigondol, kieszel, kitalál; feltalál 2. ~ to . . . szerét/módját ejti vmnek; sikerül . . . 3. kijön, megél [kevésből is]
control [kən'trəʊl] I. n 1. fennhatóság; irányítás; felügyelet; ellenőrzés; get under ~ ellenőrzés alá kerül, megfékezik; have ~ over hatalma van (vm) felett, felügyelete alá tartozik; keep under ~ ellenőrzés alatt tart; under government ~ állami ellenőrzés alatt; get out of ~ kitör, (f)elszabadul; ~ experiment ellenőrző próba/kísérlet 2. kormányzás [hajóé]; vezérlés, irányítás [repülés, távközlés]; ~ panel vezérlőasztal; ~ signals közlekedési jelzőberendezés; ~ tower irányítótorony; beyond ~ nem irányítható, kezelhetetlen 3. controls pl vezérlőberendezés, vezér(lő)mű II. vt -ll- 1. irányít, vezé-

rel [gépet stb.]; szabályoz; felügyel 2. megfékez; korlátoz 3. ellenőriz
controllable [kən'trəʊləbl] a 1. vezethető, kormányozható; irányítható 2. ellenőrizhető
controller [kən'trəʊlə*] n 1. ellenőr, felügyelő 2. számvevő
controversial [kɔntrə'və:ʃl; US kɑ-] a 1. vitás, vitatott; ellentmondás/vita zéppontjában álló 2. vitakedvelő
controversialist [kɔntrə'və:ʃəlɪst; US kɑ-] n vitatkozó, polemizáló
controversy ['kɔntrəvə:sɪ; US 'kɑ-] n vita, polémia; beyond ~ vitán felül
controvert ['kɔntrəvə:t; US 'kɑ-] vt elvitat
controvertible [kɔntrə'və:təbl; US kɑ-] a kétségbevonható, megtámadható
contumacious [kɔntju:'meɪʃəs; US kɑntʊ-] a 1. engedetlen; hatóságnak ellenszegülő; rebellis 2. makacs
contumacy ['kɔntjʊməsɪ; US 'kɑntʊ-] n 1. nyakasság, makacsság 2. ellenszegülés (hatóságnak v. bírói döntésnek)
contumely ['kɔntju:mlɪ; US 'kɑntʊməlɪ] n arcátlanság; sértő/megalázó viselkedés
contuse [kən'tju:z; US -'tu:z] vt (össze-) zúz, zúzódást okoz; ~d wound zúzott seb
contusion [kən'tju:ʒn; US -'tu:] n zúzódás
conundrum [kə'nʌndrəm] n találós kérdés, rejtvény; talány
conurbation [kɔnə:'beɪʃn; US kɑ-] n városhalmaz, elvárosiasodott peremtelepülés
convalesce [kɔnvə'les; US kɑ-] vi lábadozik; felépül
convalescence [kɔnvə'lesns; US kɑ-] n lábadozás; gyógyulás; gyógyüdülés
convalescent [kɔnvə'lesnt; US kɑ-] I. a lábadozó; ~ hospital szanatórium, gyógyüdülő II. n lábadozó beteg
convection [kən'vekʃn] n hőáramlás, konvekció; ~ heat áramlási hő
convector [kən'vektə*] n konvektor
convene [kən'vi:n] A. vt 1. összehív 2. megidéz B. vi gyülekezik
convenience [kən'vi:njəns] n 1. kénye-

lem; *at your* ~ amikor önnek megfelel; *at your earliest* ~ mielőbb, mihelyt csak megteheti; *marriage of* ~ érdekházasság 2. (*public*) ~ nyilvános illemhely 3. **conveniences** *pl* kényelem, komfort; *with all modern* ~*s* összkomfortos **convenient** [kən'vi:njənt] *a* 1. kényelmes 2. alkalmas, megfelelő **convent** ['kɔnv(ə)nt; *US* 'kanvent] *n* 1. szerzet 2. zárda, kolostor **convention** [kən'venʃn] *n* 1. egyezmény, megállapodás 2. illem(szabályok), szokás(ok), konvenció; *social* ~*s* társadalmi szokások/szokásformák 3. *US* összejövetel, konferencia; (államelnököt jelölő párt)kongresszus, konvenció **conventional** [kən'venʃənl] *a* 1. szokásszerű, hagyományos, konvencionális 2. stilizált **converge** [kən'və:dʒ] *vi* összefut, összetart, konvergál **convergence** [kən'və:dʒ(ə)ns] *n* összefutás, összetartás, konvergencia **convergent** [kən'və:dʒ(ə)nt] *a* összefutó, konvergáló **conversant** [kən'və:s(ə)nt] *a* ~ *with* (1) jártas (vmben), alaposan ismer (vmt) (2) jól ismer (vkt), jó viszonyban van (vkvel) **conversation** [kɔnvə'seɪʃn; *US* ka-] *n* 1. társalgás, beszélgetés 2. érintkezés 3. ~ *piece* életkép, zsánerkép, enteriőr **conversational** [kɔnvə'seɪʃnl; *US* ka-] *a* 1. társalgási 2. beszédes **converse** I. *a* ['kɔnvə:s; *US* 'ka-] ellentétes, (meg)fordított II. *n* ['kɔnvə:s; *US* 'ka-] beszélgetés III. *vi* [kən'və:s] társalog, beszélget **conversely** ['kɔnvə:slɪ; *US* 'ka-] *adv* kölcsönösen, viszont, fordítva **conversion** [kən'və:ʃn; *US* -ʒn] *n* 1. megtérítés 2. megtérés 3. átalakítás, átváltoztatás; átváltás, konvertálás; ~ *table* átszámítási táblázat 4. átalakulás, átváltozás **convert** I. *n* ['kɔnvə:t; *US* 'ka-] megtért, áttért [személy] II. *vt* [kən'və:t] 1. megtérít; *be* ~*ed* megtér 2. átalakít, átváltoztat, átvált, konvertál (*into* vmvé); ~ *into cash* pénzzé tesz

converter [kən'və:tə*] *n* (áram)átalakító, konverter **convertible** [kən'və:təbl] I. *a* 1. átalakítható, átváltoztatható; ~ *ladder* kis háztartási létra; ~ *top* (fel)nyitható tető [autóé] 2. átváltható, konvertibilis [valuta] II. *n* (fel)nyitható tetejű kocsi, sportkocsi, kabriolet **convex** [kɔn'veks; *US* ka-] *a* domború, konvex **convexity** [kɔn'veksətɪ; *US* ka-] *n* domborúság **convey** [kən'veɪ] *vt* 1. szállít; visz; hoz, hord 2. közvetít, átad, továbbít [üzenetet, levelet]; *these words* ~ *nothing to me* ezek a szavak nem mondanak nekem semmit 3. átruház **conveyance** [kən'veɪəns] *n* 1. szállítás, továbbítás 2. szállítóeszköz, jármű 3. közlés, átadás [híré, gondolaté] 4. átruházás; tulajdonátruházási okirat **conveyer** [kən'veɪə*] *n* = *conveyor* **conveyer-belt** *n* szállítószalag **conveyor** [kən'veɪə*] *n* 1. fuvaros, szállít(mányoz)ó 2. = *conveyer-belt* **convict** I. *n* ['kɔnvɪkt; *US* 'ka-] fegyenc; elítéit II. *vt* [kən'vɪkt] 1. elítél, bűnösnek mond ki 2. ~ *sy of his errors* bebizonyítja vk tévedéseit **conviction** [kən'vɪkʃn] *n* 1. elítélés 2. rábizonyítás 3. meggyőzés; *carry* ~ meggyőző 4. meggyőződés, szilárd hit **convince** [kən'vɪns] *vt* meggyőz (*sy of sg* vkt vmről) **convivial** [kən'vɪvɪəl] *a* 1. ünnepi, víg; ~ *evening* mulatás; ~ *song* bordal 2. kedélyes, társaságot kedvelő **convocation** [kɔnvə'keɪʃn; *US* ka-] *n* 1. egybehívás 2. (egyetemi) tanácsülés; egyház(megye)i gyűlés **convoke** [kən'voʊk] *vt* összehív **convolution** [kɔnvə'lu:ʃn; *US* ka-] *n* 1. tekeredés, csavarodás, felgöngyölődés 2. tekercs, spirálmenet 3. (agy)tekervény **convolvulus** [kən'vɔlvjʊləs; *US* 'va-] *n* szulák, folyondár, hajnalka **convoy** ['kɔnvɔɪ; *US* 'ka-] I. *n* járműkaraván/hajókaraván védőkísérettel, konvoj; kísérőhajó II. *vt* [*US* kən'vɔɪ] fedezettel kísér, védőkíséretet ad

convulse [kən'vʌls] vt megráz(kódtat); ~d with pain fájdalomtól eltorzult arccal; ~d with laughter gurul a nevetéstől
convulsion [kən'vʌlʃn] n 1. rángatódzás, vonaglás; throw into ~s görcsös rohamokat idéz elő 2. (társadalmi) megrázkódtatás; [politikai] felfordulás
convulsive [kən'vʌlsɪv] a 1. rángatódzó, görcsös 2. felforgató
cony ['koʊnɪ] n (pl conies 'koʊnɪz) 1. (üregi) nyúl 2. nyúlbőr, -prém
coo [ku:] I. n turbékolás II. vi turbékol, gügyög
cook [kʊk] I. n szakács(nő) II. A. vt 1. (meg)főz, (meg)süt; elkészít 2. kohol, hamisít; ~ accounts számlát hamisít 3. □ he is ~ed (1) ki van (dögölve) (2) be van csípve B. vi fő; sül; készül [étel]
cookbook n US szakácskönyv
cooker ['kʊkə*] n 1. tűzhely, [gázstb.] főző 2. GB főzni való gyümölcs; rétesalma
cookery ['kʊkərɪ] n főzés, szakácsművészet; ~ book szakácskönyv
cook-general n főzőmindenes
cook-house n nyári/tábori konyha
cookie ['kʊkɪ] n = cooky
cooking ['kʊkɪŋ] n sütés, főzés; ~ facilities főzési lehetőség(ek); do the ~ főz; ~ utensils konyhaedények
cooking-range/stove n tűzhely
cook-shop n kifőzés, étkezde
cooky ['kʊkɪ] n US edestészta, aprósütemény, (édes) keksz 2. sk kb. zsemle
cool [ku:l] I. a 1. hűvös, hideg, friss; it is turning ~ lehűl (a levegő stb.) 2. átv hűvös, közömbös, szenvtelen; biz ~ as a cucumber rendíthetetlen nyugalmú, csigavérű; biz a ~ customer (1) pléhpofa, flegma alak (2) szemtelen pasas; keep ~! hidegvér! 3. biz kerek [összegről] II. n hűvösség; biz keep your ~! nyugi! III. A. vt 1. (le)hűt, hűsít 2. mérsékel, lehűt B. vi (le-) hűl; ~ down/off lehűl
coolant ['ku:lənt] n hűtőfolyadék
cooler ['ku:lə*] n 1. hűtőedény, -eszköz 2. biz „hűvös" [= börtön]

cool-headed a higgadt
Coolidge ['ku:lɪdʒ] prop
coolie ['ku:lɪ] n kuli [Indiában, Kínában]
coolness ['ku:lnɪs] n 1. hűvösség 2. hidegvér
coon [ku:n] n US 1. mosómedve 2. ravasz/dörzsölt fickó 3. néger [megvetően]
coop [ku:p] I. n 1. (tyúk)ketrec 2. halászkosár 3. □ siti II. vt bezár [csirkéket]; ~ up sy beszorít/becsuk vkt
co-op ['koʊɔp; US -ap] n biz 1. szövetkezet 2. szövetkezeti bolt
cooper ['ku:pə*] n kádár, pintér
co-operate [koʊ'ɔpəreɪt; US -'a-] vi együttműködik, szövetkezik
co-operation [koʊɔpə'reɪʃn; US -ap-] n együttműködés, kooperáció
co-operative [koʊ'ɔp(ə)rətɪv; US -'apəreɪ-] a szövetkezeti; ~ society (fogyasztási) szövetkezet; ~ shop/store szövetkezeti bolt
co-opt [koʊ'ɔpt; US -'a-] vt beválaszt tagnak/társnak, kooptál
co-ordinate I. a/n [koʊ'ɔ:dɪnɪt] egyenrangú, egyenlő; ~ clause mellérendelt mondat II. vt [koʊ'ɔ:dɪneɪt] koordinál, összhangba hoz, egymás mellé rendel
co-ordination [koʊɔ:dɪ'neɪʃn] n 1. mellérendelés 2. összhangba hozás, koordinálás, koordináció
coot [ku:t] n vizityúk
cop¹ [kɔp; US -a-] n 1. dombocska 2. cséve, kopsz
cop² [kɔp; US -a-] n □ zsaru, hekus
cop³ [kɔp; US -a-] vt -pp- □ nyakon csíp, elcsíp, elkap
co-partner [koʊ'pa:tnə*] n üzlettárs
co-partnership [koʊ'pa:tnəʃɪp] n üzlettársi kapcsolat, társas viszony
cope¹ [koʊp] n 1. ~ of heaven égbolt 2. papi köpeny, vecsernyepalást, pluviále
cope² [koʊp] vi ~ with sg megbirkózik vmvel, megállja a helyét vmben
copeck ['koʊpek] n kopek
Copenhagen [koʊpn'heɪg(ə)n] prop Koppenhága
coper ['koʊpə*] n lócsiszár
cope-stone n csúcskő, zárókő, fedőkő

co-pilot ['kou'paɪlət] n másodpilóta
coping-stone ['koupɪŋ-] n 1. = cope-
-stone 2. átv csúcspont
copious ['koupjəs] a 1. bőséges, kiadós
2. szóbő; termékeny; terjengős
copped [kɔpt; US -ɑ-] →cop³
copper¹ ['kɔpə*; US -ɑ-] n 1. vörösréz
2. rézedény 3. (egypennys/egycentes)
aprópénz 4. □ have hot ~s gyomoré-
gése van, másnapos
copper² ['kɔpə*; US -ɑ-] n □ zsaru,
hekus
copper-beech n vérbükk
Copperfield ['kɔpəfi:ld] prop
copper-nose n borvirágos/rezes orr
copperplate I. n 1. rézlemez 2. rézmet-
szet; ~ writing kalligrafikus/szép kézí-
rás II. vt rézzel bevon
coppersmith n rézműves
coppice ['kɔpɪs; US -ɑ-] n csalit
copra ['kɔprə; US -ɑ-] n kopra
co-property [kou'prɔpətɪ; US -ɑp-] n
közös tulajdon
co-proprietor [kouprə'praɪətə*] n társ-
tulajdonos
copse [kɔps; US -ɑ-] n = coppice
copula ['kɔpjulə; US 'kɑ-] n kapcsoló-
szó, kopula
copulate ['kɔpjuleɪt; US 'kɑ-] vi közö-
sül; párosodik, párzik
copulation [kɔpju'leɪʃn; US kɑ-] n közö-
sülés; párosodás, párzás
copy ['kɔpɪ; US -ɑ-] I. n 1. másolat,
kópia 2.utánzat 3.példány 4.(nyom-
dába menő) szöveg, kézirat; advertis-
ing ~ reklámszöveg; fair ~ tisztázat;
rough ~ fogalmazvány, piszkozat 5.
(riport)anyag; (cikk)téma II. vt 1.
leír, (le)másol, tisztáz 2. utánoz, le-
másol
copybook n irka, füzet
copyhold n [jobbágyi] örökhaszonbérlet
copyholder n örökhaszonbérlő (jobbágy),
úrbéres
copyist ['kɔpɪɪst; US -ɑ-] n másoló, írnok
copy-reader n US segédszerkesztő [hírlap-
nál]
copyright n 1. szerzői/kiadói jog; ~
reserved minden jog fenntartva 2. jel-
zői haszn szerzői joggal védett II. vt
szerzői jogot biztosít/fenntart

copywriter n 1. reklámszövegíró 2. cikk-
író
coquet [kɔ'ket; US kou-] vi -tt- flörtöl,
kacérkodik
coquetry ['kɔkɪtrɪ; US 'kou-] n kacér-
kodás; kacérság
coquette [kɔ'ket; US kou-] n kacér nő
coquettish [kɔ'ketɪʃ; US kou-] a kacér,
kokett
coral ['kɔr(ə)l; US 'kɔ-:] n/a korall
coral-reef n korallzátony
corbel ['kɔ:b(ə)l] n konzol, falkiugrás,
gyámkő, gyámkar
cord [kɔ:d] I. n 1. kötél, zsineg, zsinór;
fonál 2. öl [famérték: 3,6 m³] 3. bi-
lincs, kötelék II. vt 1. kötéllel megköt
2. ölez [fát]
cordage ['kɔ:dɪdʒ] n kötélzet
corded ['kɔ:dɪd] a 1. átkötött 2. bor-
dázott
Cordelia [kɔ:'di:ljə] prop Kordélia
cordial ['kɔ:djəl; US -dʒ-] I. a 1. szívé-
lyes, barátságos 2. szíverősítő [orvos-
ság, ital stb.] II. n szíverősítő [ital]
cordiality [kɔ:dɪ'ælɪtɪ; US kɔ:'dʒælətɪ]
n szívélyesség, meleg fogadtatás
cordite ['kɔ:daɪt] n füst nélküli lőpor
cordon ['kɔ:dn] I. n 1. (rendőr)kordon
2. rendszalag 3. kordonművelésű
(gyümölcs)fa II. vt ~ off kordonnal
lezár/körülvesz
cords [kɔ:dz] n pl biz = corduroy 2.
corduroy ['kɔ:dərɔɪ] n 1. kordbársony
2. corduroys pl kordbársony nadrág 3.
~ road dorongút
core [kɔ:*] I. n 1. magtok 2. mag 3.
vmnek belseje/magja/veleje/legjava; to
the ~ ízig-vérig; a velejéig; true to the
~ (szín)valódi; in my heart's ~ szívem
mélyén 4. (kábel)ér; three-~ három-
eres [kábel] II. vt kimagoz [gyümöl-
csöt]
co-respondent [kourɪ'spɔndənt; US -ɑn-]
n házasságtörő harmadik fél [váló-
perben]
corgi ['kɔ:gɪ] n ⟨kis walesi kutyafaj⟩
Corinth ['kɔrɪnθ; US 'kɔ:] prop Korin-
thosz
Coriolanus [kɔrɪə'leɪnəs; US kɔ:-] prop
cork [kɔ:k] I. n 1. parafa 2. dugó II.
vt bedugaszol

corker ['kɔ:kə*] *n* 1. érv [vitában] 2. remek/klassz fickó/dolog
corkscrew I. *n* dugóhúzó II. *vi* csigavonalban/spirálisan száll/halad
corky ['kɔ:kɪ] *a* 1. parafaszerű, parafás 2. *biz* élénk, mozgékony, rugalmas; frivol
corm [kɔ:m] *n* gumós gyökér
cormorant ['kɔ:m(ə)rənt] *n* 1. kormorán, kárókatona 2. kapzsi ember
corn¹ [kɔ:n] *n* 1. gabonaszem 2. gabona 3. *GB* búza 4. *US, Ausztrália* kukorica; *C~ Belt* kukoricatermő övezet [az USA-ban Iowa, Illinois és Indiana államok] 5. *ir, sk* zab 6. (só)szemcse
corn² [kɔ:n] *n* tyúkszem
corn-cob *n* kukoricacsutka
corncrake *n* haris
corn-crib *n US* kukoricagóré
cornea ['kɔ:nɪə] *n* szaruhártya
corned [kɔ:nd] *a* besózott; ~ *beef* besózott marhahús(konzerv)
cornel ['kɔ:nəl] *n* som
Cornelia [kɔ:'ni:ljə] *prop* Kornélia
corner ['kɔ:nə*] I. *n* 1. sarok, szöglet; zug; *drive sy into a* ~ sarokba szorít vkt; *turn the* ~ (1) befordul a sarkon (2) túljut a nehezén; *cut* ~*s* (1) „levágja" a kanyart [gyorshajtó autós] (2) *átv* egyszerűsíti az ügyintézést 3. felvásárló szindikátus 3. szöglet(rúgás) [labdarúgásban] II. *vt* 1. sarokba szorít 2. sarokkal ellát 3. (spekulációs célból) felvásárolja az árut; ~ *the market* felvásárlással áruhiányt teremt (a piacon)
corner-kick *n* = corner *I. 3.*
cornerstone *n* sarokkő
cornet ['kɔ:nɪt; *US* -'net] *n* 1. piszton; kornett 2. stanicli, (papír)zacskó 3. (fagylalt)tölcsér
corn-field *n* 1. *GB* búzatábla 2. *US* kukoricatábla
cornflakes *n pl* kukoricapehely
cornflour *n* kukoricaliszt, pudingliszt
corn-flower *n* búzavirág
cornhusk *n US* kukoricacsuhé
cornice ['kɔ:nɪs] *n* 1. párkánykoszorú 2. függönykarnis
Cornish ['kɔ:nɪʃ] *a* cornwalli kelta
cornpone *n US* kukoricalepény, (kukorica)prósza

cornstarch *n US* = *cornflour*
cornucopia [kɔ:nju'koupjə; *US* kɔ:nə-] *n* bőségszaru
Cornwall ['kɔ:nw(ə)l] *prop*
corny¹ ['kɔ:nɪ] *a* 1. gabonában dús 2. □ elcsépelt, elkoptatott, szakállas [vicc]; giccses, érzelgős
corny² ['kɔ:nɪ] *a* tyúkszemes
corollary [kə'rɔlərɪ; *US* 'kɔ:rələrɪ] *n* folyomány, (szükségszerű) következmény
corona [kə'rounə] *n* (*pl* ~s -z v. ~e -ni:) (nap)korona; fényudvar
coronach ['kɔrənək; *US* 'kɔ:rənəx] *n* [skót, ír] gyászdal, -ének
coronary ['kɔrən(ə)rɪ; *US* 'kɔ:rənerɪ] *a* szívkoszorúér-; ~ *artery* szívkoszorúér; ~ *thrombosis* szívkoszorúér-trombózis
coronation [kɔrə'neɪʃn; *US* kɔ:-] *n* koronázás
coroner ['kɔrənə*; *US* 'kɔ:-] *n* halottkém [nem természetes halál esetén]
coronet ['kɔrənɪt; *US* kɔ:rə'net] *n* 1. kis/hercegi/főúri korona 2. diadém, fejék
Corp. [kɔ:p] 1. *Corporal* tizedes 2. *Corporation*
corporal¹ ['kɔ:p(ə)rəl] *a* testi; ~ *punishment* testi fenyíték
corporal² ['kɔ:p(ə)rəl] *n* tizedes, káplár
corporate ['kɔ:p(ə)rət] *a* testületi; ~ *body, body* ~ jogi személy; ~ *responsibility* egyetemleges felelősség
corporation [kɔ:pə'reɪʃn] *n* 1. testület; társaság, jogi személy 2. városi tanács 3. *US* korlátolt felelősségű társaság; vállalat 4. *biz* pocak
corporative ['kɔ:p(ə)rətɪv; *US* -reɪ-] *a* testületi
corporeal [kɔ:'pɔ:rɪəl] *a* 1. testi 2. anyagi, materiális, fizikai
corps [kɔ:*] *n* (*pl* corps kɔ:z) 1. testület 2. [katonai] alakulat
corpse [kɔ:ps] *n* hulla, tetem
corpulence ['kɔ:pjuləns; *US* -pjə-] *n* testesség, kövérség
corpulent ['kɔ:pjulənt; *US* -pjə-] *a* testes, kövér
corpus ['kɔ:pəs] *n* (*pl* corpora 'kɔ:pərə) 1. test; *C~ Christi* úrnapja 2. korpusz ⟨írások/források gyűjteménye⟩

corpuscle ['kɔ:pʌsl; US -pə-] n testecske, részecske, korpuszkula

corral [kɔ:'rɑ:l; US kə'ræl] I. n cserény, karám II. vt -ll- 1. összeterel, -zár 2. US elcsíp

correct [kə'rekt] I. a helyes, hibátlan, kifogástalan, megfelelő, korrekt; it's the ~ thing így illik/helyes II. vt 1. kijavít, kiigazít, helyesbít, korrigál; beigazít [órát] 2. rendreutasít, megbüntet, megfenyít; stand ~ed tévedését/hibáját beismeri 3. ellensúlyoz [káros befolyást]

correction [kə'rekʃn] n 1. (ki)javítás, helyesbítés, kiigazítás, korrigálás; speak under ~ fenntartással nyilvánít véleményt 2. rendreutasítás, megbüntetés, fenyítés; □ house of ~ fegyintézet 3. ellensúlyozás

correctitude [kə'rektɪtju:d; US -tu:d] n korrektség [viselkedésben]

corrective [kə'rektɪv] a ~ training javító-nevelő munka

correctness [kə'rektnɪs] n helyesség, kifogástalanság, korrektség, pontosság

corrector [kə'rektə*] n nyomdai korrektor

correlate ['kɔrəleɪt; US 'kɔ:-] A. vi (kölcsönös) összefüggésben van (with, to vmvel) B. vt összefüggésbe hoz (with vmvel), viszonyít (with, to vmhez)

correlation [kɔrə'leɪʃn; US kɔ:-] n viszonosság, kölcsönösség, kölcsönviszony, korreláció

correlative [kə'relətɪv] a viszonos, kölcsönviszonyban levő, korrelatív

correspond [kɔrɪ'spɔnd; US kɔ:rə-'spand]vi 1.megfelel (to vmnek),(meg-) egyezik, összhangban van (with vmvel) 2. levelez

correspondence [kɔrɪ'spɔndəns; US kɔ:rɪ'spɔ-] n 1. megfelelés, összhang; egyezés; hasonlóság; kapcsolat, összefüggés 2. levelezés; ~ clerk (kereskedelmi) levelező; ~ column levelek a szerkesztőhöz; ~ course levelező oktatás/tagozat

correspondent [kɔrɪ'spɔndənt; US kɔ:-rɪ'spɑ-] n 1. levelező; tudósító; answers to ~s szerkesztői üzenetek 2. (külföldi) levelező, üzletbarát

corresponding [kɔrɪ'spɔndɪŋ; US kɔ:rɪ-'spɑ-] a 1. megfelelő 2. ~ member levelező tag

corridor ['kɔrɪdɔ:*; US 'kɔ:-] n folyosó; GB ~ train oldalfolyosós kocsikból álló szerelvény

corrigenda [kɔrɪ'dʒendə; US kɔ:-] n pl sajtóhibák jegyzéke

corrigible ['kɔrɪdʒəbl; US 'kɔ:-] a javítható

corroborate [kə'rɔbəreɪt; US -'rɑ-] vt megerősít, hitelesít; igazol

corroboration [kərɔbə'reɪʃn; US -rɑ-] n megerősítés, hitelesítés; igazolás

corrode [kə'roʊd] A. vt 1. kimar, megtámad [fémet], korrodál 2. átv szétrág, kikezd B. vi rozsdásodik; korrodálódik

corrosion [kə'roʊʒn] n 1. szétmarás 2. rozsda, rozsdásodás, korrózió

corrosive [kə'roʊsɪv] I. a maró, korróziót okozó II. n maróanyag

corrugate ['kɔrʊgeɪt; US 'kɔ:rə-] vt barázdál, hullámosít, redőz

corrugated ['kɔrʊgeɪtɪd; US 'kɔ:rə-] a ~ cardboard hullámlemez, -papír; ~ iron hullám(vas)lemez

corrugation [kɔrʊ'geɪʃn; US kɔ:rə-] n 1. redő, borda; bordázat 2. redőzés

corrupt [kə'rʌpt] I. a 1. romlott (átv is); ~ practices tisztességtelen üzelmek, vesztegetés 2. megvesztegethető 3. elrontott, meghamisított [szöveg] II. A. vt 1. elront, megrothaszt 2. megveszteget; korrumpál B. vi megromlik, megrothad; romboló hatású

corruptible [kə'rʌptəbl] a megvesztegethető

corruption [kə'rʌpʃn] n 1. romlás, rothadás 2. romlottság 3. (meg)vesztegetés, korrupció

corsage [kɔ:'sɑ:ʒ] n 1. (női) ruhaderék 2. US virág(csokor), mellcsokor

corsair ['kɔ:seə*] n 1. kalóz 2. kalózhajó

cors(e)let ['kɔ:slɪt] n mell- és hátvért

corset ['kɔ:sɪt] n [női] (gyógy)fűző

cortège [kɔ:'teɪʒ] n díszkíséret

cortex ['kɔ:teks] n (pl -tices -tɪsi:z) 1. fakéreg 2. kéreg(állomány) [agyé]

corundum [kə'rʌndəm] n korund

coruscate ['kɔrəskeɪt; US 'kɔ:-] vi
csillog, ragyog, tündöklik, sziporkázik
corvée ['kɔ:veɪ] n robot [munka]
corvette [kɔ:'vet] n 1. † vitorlás hadi-
hajó 2. kísérő naszád, korvett
cos [kɔs; US -ɑ-] = cosine
cosec ['koʊsek] = cosecant
cosecant [koʊ'si:kənt] n koszekáns,
cosec
cosh [kɔʃ; US -ɑ-] n □ gumibot, ólmos-
bot
co-signatory [koʊ'sɪgnət(ə)rɪ; US
-tɔ:rɪ] n társaláíró
cosine ['koʊsaɪn] n koszinusz, cos
cosiness ['koʊzɪnɪs] n barátságosság,
meghittség, melegség
cosmetic [kɔz'metɪk; US kɑ-] I. a
szépítő, kozmetikai II. 'n 1. szépítő-
szer, kozmetikai szer 2. cosmetics pl
kozmetika
cosmic ['kɔzmɪk; US -ɑ-] a kozmikus;
~ speed kozmikus sebesség
cosmogony [kɔz'mɔgənɪ; US kɑz'mɑ-]
n kozmogónia, világeredet-elmélet
cosmonaut ['kɔzmənɔ:t; US 'kɑ-] n
űrrepülő, űrhajós
cosmopolitan [kɔzmə'pɔlɪt(ə)n; US
kɑzmə'pɑ-] I. a kozmopolita II. n
világpolgár
cosmos ['kɔzmɔs; US 'kɑ-] n világegye-
tem
Cossack ['kɔsæk; US 'kɑ-] n kozák
cosset ['kɔsɪt; US 'kɑ-] vt elkényeztet
cost [kɔst; US -ɔ:-] I. n 1. ár; at any ~,
at all ~s bármibe kerül is, minden
áron 2. költség, kiadás; ~ accountant
kalkulátor; ~ price, first ~ önköltségi
ár; ~ of living megélhetési költ-
ségek →cost-of-living; ~, insurance,
freight (c.i.f.) költség, biztosítás,
fuvardíj [a rendeltetési kikötőig az
eladót terheli]; dismiss with ~s
elutasít és költségekben elmarasztal
[panaszost]; to one's ~ saját kárán II.
vi/vt (pt/pp ~) 1. vmbe kerül; ~ what
it may bármibe kerül is 2. kikalkulál-
ja/megállapitja az árát (vmnek), be-
áraz
Costa Rica [kɔstə'ri:kə; US ka-] prop
Costa Rican [kɔstə'ri:kən; US kɑ-]
a/n Costa Rica-i

costermonger ['kɔstə-; US -ɑ-] n GB
utcai gyümölcs- és zöldségárus, kofa
cost-free a díjmentes(en)
costing ['kɔstɪŋ; US -ɔ:-] n árvetés, kal-
kuláció
costive ['kɔstɪv; US -ɑ-] a székrekedéses
costliness ['kɔstlɪnɪs; US -ɔ:-] n költsé-
gesség
costly ['kɔstlɪ; US -ɔ:-] a költséges, drá-
ga
cost-of-living a megélhetési; ~ bonus
drágasági pótlék
costume ['kɔstju:m; US 'kɑstu:m] n 1.
ruha 2. viselet, jelmez; ~ ball jelmez-
bál; ~ jewellery divatékszer; ~ piece/
play jelmezes történelmi (szín)darab
3. kosztüm
costumier [kɔ'stju:mɪə*; US kɑ'stu:-]
n 1. jelmezkészítő, -kölcsönző 2. női
szabó
cosy ['koʊzɪ] I. a kényelmes, barátságos,
meghitt II. n (tea) ~ teababa
cot¹ [kɔt; US -ɑ-] n 1. (juh)akol 2.
kunyhó
cot² [kɔt; US -ɑ-] n 1. gyermekágy
2. US tábori ágy; függőágy [hajón]
cot³ [kɔt; US -ɑ-] = cotangent
cotangent [koʊ'tændʒ(ə)nt] n kotangens,
ctg
co-tenant [koʊ'tenənt] n bérlőtárs
coterie ['koʊtərɪ] n klikk, zárt kör
Cotswolds, The [ðə'kɔtswoʊldz] prop
cottage ['kɔtɪdʒ; US -ɑ-] n házikó; villa;
nyaralóház; ~ cheese (érett) túró;
gomolya, juhsajt; ~ industry házipar;
~ loaf angol házikenyér; ~ piano
pianino
cottager ['kɔtɪdʒə*; US -ɑ-] n 1. GB
[kunyhóban lakó] gazdasági munkás
2. US nyaraló(vendég)
cottar, -ter ['kɔtə*; US -ɑ-] n sk zsellér
cotton ['kɔtn; US -ɑ-] I. n 1. gyapot;
pamut(szövet); karton; ~ cloth pa-
mutszövet; ~ goods pamutáru; ~
yarn pamutfonal, cérna II. vi biz
1. jól megfér, kijön vkvel; ~ (on)
to sy ragaszkodik/vonzódik vkhez;
I don't ~ on to him ki nem állhatom
2. biz ~ up to sy dörgölődzik vkhez
cotton-belt n US gyapottermő vidék/zóna
cotton-gin n gyapotmagtalanító gép

cotton-mill *n* pamutszövöde, -fonoda
cotton-plant *n* gyapotcserje
cottonseed *n* gyapotmag; ~ *oil* gyapot-
magolaj
cottontail *n* *US* amerikai üreginyúl
cottonwood *n* *US* amerikai nyárfa
cotton-wool *n* *GB* vatta
cotyledon [kɔtɪ'liːd(ə)n; *US* kɑ-] *n*
sziklevél
couch [kautʃ] I. *n* 1. dívány, kanapé
2. vacok [vadállaté] II. A. *vt* 1. *be*
~*ed on the ground* a földhöz lapul 2.
szavakba foglal, megfogalmaz B. *vi*
1. fekszik, (meg)lapul, kushad 2. les-
ben áll
couchette [kuː'ʃet] *n* fekvőhely(es kocsi)
couch-grass ['kuːtʃ-] *n* tarackbúza
cougar ['kuːgə*] *n* puma
cough [kɔf; *US* -ɔː-] I. *n* köhögés, kö-
hintés II. A. *vi* köhög B. *vt* 1. ~ *out*
kiköhög 2. ~ *up* (1) felköhög (vmt)
(2) □ kibök, kinyög [titkot stb.]
(3) □ leszúr, kiguberál [pénzt] 3. □
köp [vallatáskor]
cough-drop *n* köhögés elleni cukorka
could [kud] →*can²*
couldn't ['kudnt] (= *could not*) →*can²*
couldst →*can²*
coulter, *US* colter ['koultə*] *n* csoroszlya
[ekéé]
council ['kaunsl] *n* 1. tanács [testület];
~ *estate* lakótelep 2. tanácskozás;
tanácsülés; *be/meet in* ~ tanácskozik;
~ *of war* haditanács
council-house *n* (lakótelepi) bérház
councillor, *US* -cilor ['kaunsələ*] *n*
tanácsos, tanácstag
council-school *n* *GB* városi iskola [szem-
ben a magániskolával]
counsel ['kaunsl] I. *n* 1. tanács 2. ta-
nácskozás; *take* ~ *with sy* (1) tanács-
kozik vkvel (2) tanácsot kér vktől
3. terv, szándék; *keep one's own* ~
nem beszél terveiről, titokban tartja
szándékát 4. jogtanácsos, ügyvéd;
(vállalati) ügyész; ~ *for the defendant*
védőügyvéd; *King's/Queen's C*~ ki-
rályi tanácsos [némely rangidős bar-
rister tiszteletbeli címe] II. *vt* -ll-
(*US* -l-) tanácsol, javasol, ajánl
counsellor, *US* -selor ['kaunslə*] *n* 1.

tanácsadó 2. *US* jogtanácsos; ügyvéd
3. *US* felügyelő [gyermektáborban]
count¹ [kaunt] I. *n* 1. számolás, számí-
tás, (meg)számlálás; *keep* ~ *of sg*
megszámol vmt, számon tart vmt
lose ~ (*of sg*) számolást eltéveszt
2. számlálás/számolás eredménye, vég-
összeg 3. vádpont II. A. *vt* 1. (meg)-
számlál, (meg)számol 2. (bele)számít;
sorol; *not* ~*ing* nem számítva 3.
vmnek tart/tekint (vkt) B. *vi* számol,
számít; *that does not* ~ ez nem számít
count down *vi/vt* visszaszámol
count in *vt* be(le)számít
count on *vi* számít vkre/vmre
count out *vi* 1. kiszámol [pénzt]
2. kiszámol [ökölvívót] 3. *biz you can*
~ *me o. of that* rám ne számíts ebben
(az ügyben)
count upon *vi* = *count on*
count² [kaunt] *n* gróf [nem angol]
countdown *n* visszaszámlálás
countenance ['kauntənəns] I. *n* 1. arc-
(kifejezés), tekintet; *keep one's* ~
uralkodik magán; *put sy out of* ~
zavarba hoz vkt; *stare sy out of* ~
szemtelenül végigmér vkt 2. támoga-
tás II. *vt* eltűr, elnéz
counter¹ ['kauntə*] *n* 1. játékpénz,
zseton 2. pult; (pénztár)ablak
counter² ['kauntə*] I. *n* hárítás [vívás-
ban], visszaütés [bokszban] II. *vt* 1.
ellenáll (vknek, vmnek), szembehe-
lyezkedik (vmvel) 2. hárít visszaüt
counter³ ['kauntə*] *n* kéreg [cipőben]
counter⁴ ['kauntə*] *n* számoló(gép);
számláló(készülék)
counter- [kauntə(r)-] I. *pref* ellen-
II. *adv* ellentétesen, ellentétben
counteract [kauntə'rækt] *vt* ellensú-
lyoz; semlegesít; közömbösít
counteraction [kauntə'rækʃn] *n* kö-
zömbösítés, ellensúlyozás
counterbalance I. *n* ['kauntəbæləns]
ellensúly II. *vt* [kauntə'bæləns] ellen-
súlyoz, kiegyenlít, kompenzál
counterblast ['kauntəblɑːst; *US* -æst] *n*
tiltakozás
countercharge ['kauntətʃɑːdʒ] I. *n* vi-
szonvád II. *vt* viszonvádat emel (vk
ellen)

countercheck ['kaʊntətʃek] n 1. vissza-
hatás, ellenhatás, gátoló hatás 2.
akadály, ellenállás, gát
counterclaim ['kaʊntəkleɪm] n ellen-
igény(lés), viszontkereset
counter-clockwise [kaʊntə'klɔkwaɪz;
US -'klɑk-] adv az óramutató járásá-
val ellenkező irányba(n)
counter-current ['kaʊntəkʌrənt] n ellen-
áram(lás)
counter-draft ['kaʊntədrɑ:ft] n visszvál-
tó [kereskedelmi, pénzügyi]
counter-espionage [kaʊntər'espjənɑ:ʒ] n
kémelhárítás
counterfeit ['kaʊntəfɪt] I. a hamis
[pénz] II. n utánzat III. vt 1. utánoz,
hamisít 2. tettet, szimulál, megját-
szik
counterfoil ['kaʊntəfɔɪl] n szelvény
counter-insurance ['kaʊntərɪnʃuər(ə)ns]
n viszontbiztosítás
counter-intelligence ['kaʊntərɪntelɪ-
dʒəns] n kémelhárítás
counter-jumper ['kaʊntədʒʌmpə*] n
biz boltossegéd, vizesnyolcas
countermand [kaʊntə'mɑ:nd] vt vissza-
szív, visszahív, visszavon
countermarch ['kaʊntəmɑ:tʃ] I. n visz-
szavonulás II. vi ellenirányban mene-
tel
counter-measure ['kaʊntəmeʒə*] n
ellenintézkedés
countermove ['kaʊntəmu:v] n ellenin-
tézkedés
counter-offensive ['kaʊntərəfensɪv] n
ellenoffenzíva, ellentámadás
counter-offer ['kaʊntərɔfə*] n ellen-
ajánlat
counterpane ['kaʊntəpeɪn] n ágytakaró
counterpart ['kaʊntəpɑ:t] n 1. máso(d)-
lat 2. alakmás; hasonmás; ellenpél-
dány 3. = opposite number
counterpoint ['kaʊntəpɔɪnt] n [zenei]
ellenpont, kontrapunkt
counterpoise ['kaʊntəpɔɪz] I. n 1. ellen-
súly 2. egyensúly II. vt egyensúlyba
hoz, egyensúlyoz
counter-poison ['kaʊntəpɔɪzn] n ellen-
méreg
counter-productive [kaʊntəprə'dʌktɪv] a
nemkívánatos eredményre vezető

counter-propaganda ['kaʊntəprɔpəgæn-
də] n ellenpropaganda
counter-reformation ['kaʊntərefə'meɪʃn]
n ellenreformáció
counter-revolution ['kaʊntərevə'lu:ʃn] n
ellenforradalom
counter-security [kaʊntəsɪ'kjuərəti] n
ellenbiztosíték, visszkezes(ség)
countersign ['kaʊntəsaɪn] I. n 1. jelszó
2. ellenjegyzés II. vt ellenjegyez
countersink ['kaʊntəsɪŋk] I. n süllyesz-
tőfúró, frézer II. vt (pt -sank -sæŋk,
pp -sunk -sʌŋk) (be)süllyeszt [csa-
varfejet]; countersunk screw süllyesz-
tett fejű csavar
counter-stroke ['kaʊntəstroʊk] n 1.
visszavágás, -ütés 2. ellentámadás;
ellenlökés
counter-type ['kaʊntətaɪp] n 1. ellen-
típus 2. (vmnek) megfelelő típus
countervail ['kaʊntəveɪl] vt ellensúlyoz,
(kár)pótol
counterweight ['kaʊntəweɪt] n ellensúly
countess ['kaʊntɪs] n grófnő; grófné
counting ['kaʊntɪŋ] n számolás; számlá-
lás
counting-house n iroda, könyvelés
countless ['kaʊntlɪs] a számtalan
countrified ['kʌntrɪfaɪd] a vidékies/falu-
sias (gondokodású)
country ['kʌntri] n 1. vidék, táj 2.
vidék [szemben a várossal]; ~ cousin
vidéki rokon, „falusi kislány Pesten";
~ dance (angol) népi tánc; ~ folk
falusiak, falusi nép/emberek; ~ gentle-
man (vidéki) földesúr; ~ life vidéki
élet; ~ town vidéki város; in the ~
vidéken, falun; to the ~ vidékre, falu-
ra; go up ~ vidékre utazik [várostól
távolra] 3. ország; haza; go to the ~
az országgyűlést feloszlatja és általá-
nos választásokat ír ki
country-club n klubház (sportpályákkal)
[városon kívül]
country-house n vidéki kastély, udvar-
ház, kúria
countryman ['kʌntrɪmən] n (pl -men
-mən) 1. vidéki ember; paraszt 2. föl-
di(je vknek); fellow ~ honfitárs, földi
country-seat n = country-house
countryside n vidéki táj, vidék

county ['kaʊntɪ] n megye; US ~ agent megyei gazdasági felügyelő; † ~ borough megyei (önkormányzatú) választókerület; ~ council megyei tanács; ~ court megyei bíróság, járásbíróság; ~ family dzsentricsalád; ~ town, US ~ seat megyeszékhely
coupé ['ku:peɪ; US -'peɪ] n 1. csukott hintó 2. kétajtós autó, kupé
couple ['kʌpl] I. n pár; in ~s páronként; a ~ of (1) néhány (2) kettő, két; the newly married ~ az ifjú pár II. A. vt 1. összekapcsol 2. párosít B. vi párosul
couplet ['kʌplɪt] n rímes verspár
coupling ['kʌplɪŋ] n (össze)kapcsolás
coupon ['ku:pɒn; US -ɑn] n szelvény, kupon, (élelmiszer)jegy
courage ['kʌrɪdʒ; US 'kə:-] n bátorság; have the ~ of one's convictions ki mer állni meggyőződése mellett; lose ~ elbátortalanodik; take ~, pluck up ~ nekibátorodik
courageous [kə'reɪdʒəs] a bátor
courier ['kʊrɪə*] n 1. futár 2. idegenvezető
course [kɔ:s] I. n 1. menet, folyamat, (le)folyás; in the ~ of sg vm során/folyamán; in the ~ of time idővel; in due ~ kellő időben, a maga idejében; of ~ természetesen, persze; run its ~ lefolyik, lezajlik; let nature take her ~ szabad folyást enged a természetnek 2. (út)irány; ~ correction pályamódosítás [űrhajóé]; steer a ~ vm úton halad; take one's own ~ maga útján jár 3. (verseny)pálya, versenytér 4. tanfolyam, kurzus; a ~ of lectures előadássorozat 5. kezelés, kúra 6. [étel] fogás; four-~ dinner négyfogásos ebéd 7. (tégla)sor 8.
courses pl havibaj II. A. vt 1. üldöz 2. futtat [lovat] B. vi 1. fut, szalad 2. folyik; kering
courser ['kɔ:sə*] n gyors ló, versenyló
coursing ['kɔ:sɪŋ] n falkavadászat
court [kɔ:t] I. n 1. udvar 2. (királyi) udvar(tartás); C~ of St. James's az angol királyi udvar 3. (sport)pálya, teniszpálya 4. bíróság, törvényszék; ~ of honour becsületbíróság; ~ of

justice bíróság, törvényszék; in ~ bíróság előtt; out of ~ peren kívül 5. udvarlás; make/pay ~ to sy udvarol vknek II. vt 1. udvarol vknek 2. átv vmt keres; ~ danger kihívja a veszélyt
court-card n figurás kártya
courteous ['kə:tjəs] a udvarias, előzékeny; szíves
courteousness ['kə:tjəsnɪs] n udvariasság
courtesan [kɔ:tɪ'zæn; US 'kɔ:tɪzən] n kurtizán
courtesy ['kə:tɪsɪ] n udvariasság, előzékenység, szívesség; ~ title ⟨angol főrangúak gyermekeinek szokásszerűen használt főrangú címe⟩; by ~ (of . . .) (vk) szívességéből, ingyenesen
court-house n törvényszék, bíróság [épülete]
courtier ['kɔ:tjə*] n udvaronc
courtliness ['kɔ:tlɪnɪs] n finom magaviselet, finomság, csiszoltság
courtly ['kɔ:tlɪ] a udvarias, finom, arisztokratikus
court-martial I. n (pl courts-martial) hadbíróság, haditörvényszék II. vt -ll- (US -l-) hadbíróság/haditörvényszék elé állít
court-plaster n angoltapasz, ragtapasz
court-room n bírósági tárgyalóterem
courtship ['kɔ:t-ʃɪp] n udvarlás
courtyard n udvar [házé]
cousin ['kʌzn] n unokatestvér; first ~ első(fokú) unokatestvér; first ~ once removed elsőfokú unokatestvér(em) gyermeke; second ~ másodfokú unokatestvér
cove¹ [koʊv] n 1. ívboltozat 2. kis (tenger)öböl 3. vájat, üreg, barlang
cove² [koʊv] n □ fickó, pasi, pacák
covenant ['kʌvənənt] I. n 1. szerződés 2. szövetség, frigy II. A. vi 1. megegyezik, egyezséget köt (with vkvel) 2. kötelezettséget vállal, ígér B. vt (szerződésileg) kiköt, lerögzít
Covent Garden ['kɒv(ə)nt'gɑ:dn] prop ⟨londoni operaház⟩
Coventry ['kɒv(ə)ntrɪ] prop Coventry; send sy to ~ bojkottál vkt
cover ['kʌvə*] I. n 1. fedő [fazéké stb.]

2. takaró; terítő; huzat; *loose* ~ védőhuzat 3. fedél, tábla [könyvé]; ~ *design* kötésterv; ~ *girl* ⟨(szép) nő akinek fényképe folyóirat címlapján jelenik meg⟩; *from* ~ *to* ~ elejétől végig 4. (levél)boríték →*separate* 5. fedél, menedék; védelem; rejtekhely; bozót; *take* ~ menedéket keres; elrejtőzik; *be under* ~ biztonságban van 6. *under* ~ *of sg* vmnek a(z) leple/ürügye alatt; ~ *organization* fedőszerv 7. (pénz)fedezet, biztosíték; biztosítás 8. teríték; ~ *charge* teríték ára; ~*s were laid for five* öt személyre terítettek II. *vt* 1. (be)fed, (be)takar, (be-)borít; leplez, palástol; *stand* ~*ed* kalapot a fején tartja; ~ *one's tracks* (láb)nyomát eltünteti 2. véd(elmez); fedez 3. megtesz [utat, távolságot] 4. magában foglal, felölel (vmt); kiterjed (vmre); érvényes (vmre) 5. tudósít, hírlapi beszámolót ír (vmről); közvetít [vmt rádión, tévén] 6. fedez [költséget],biztosít; *be* ~*ed against fire* tűzkár ellen van biztosítva 7. ~ *sy with a pistol* pisztollyal sakkban tart 8. befedez [kancát]
cover in *vt* betemet; betakar
cover over *vt* 1. befed 2. elterít 3. betemet
cover up *vt* 1. befed, betakar; ~ *up warmly!* jól takaróddzék be! 2. (el)leplez
coverage ['kʌvərɪdʒ] *n* 1. rendszeres tájékoztatás/beszámolás, tudósítás [sajtóban]; közvetítés [rádión, tévén] 2. kiterjedés; terjedelem [pl. biztosításé]
Coverdale ['kʌvədeɪl] *prop*
covered ['kʌvəd] *a* (be)fedett; ~ *wagon* ekhós szekér
covering ['kʌvərɪŋ] *a* 1. fedő 2. fedező 3. ~ *letter* kísérőlevél
coverlet ['kʌvəlɪt] *n* ágytakaró
covert ['kʌvət] I. *a* 1. rejtett, titkolt, burkolt 2. védett, fedezett II. *n* 1. búvóhely; menedék 2. **coverts** *pl* alsó tollazat
covert-coat *n* felöltő
covet ['kʌvɪt] *vt* megkíván, vágyik vmre

covetous ['kʌvɪtəs] *a* nagyon vágyó (*of* vmre)
covetousness ['kʌvɪtəsnɪs] *n* sóvárgás (vm után), mohóság
covey ['kʌvɪ] *n* 1. csapat [fogolymadarakból] 2. társaság, csoport
cow¹ [kaʊ] *n* tehén; *wait till the* ~*s come home* „majd ha fagy", pünkösd után kiskedden
cow² [kaʊ] *vt* megfélemlít
coward ['kaʊəd] *a/n* gyáva
cowardice ['kaʊədɪs] *n* gyávaság
cowardly ['kaʊədlɪ] I. *a* gyáva II. *adv* gyáván
cowbell *n* kolomp [tehén nyakán]
cow-berry *n* áfonya
cowboy *n* US lovas marhapásztor
cow-catcher *n* US vágánykotró, bivalyhárító
cower ['kaʊə*] *vi* 1. leguggol, lekucorodik, meglapul 2. retteg vmtől
cowherd *n* gulyás, csordás
cow-hide *n* 1. tehénbőr 2. US szíjostor, korbács
cowl [kaʊl] *n* 1. kámzsa, csuklya 2. kéménysisak, -toldat
cowling ['kaʊlɪŋ] *n* áramvonalas burkolat [repgépé], motorburkolat
co-worker ['koʊ'wə:kə*] *n* munkatárs
Cowper ['kaʊpə*; *a költő:* 'ku:pə*] *prop*
cow-pox *n* tehénhimlő
cow-puncher *n* US = *cowboy*
cowrie ['kaʊrɪ] *n* kagylópénz
cowslip ['kaʊslɪp] *n* 1. *GB* kankalin 2. *US* mocsári gólyahír
cox [kɔks; *US* -ɑ-] *biz* = *coxswain*
coxalgia [kɔk'sældʒiə; *US* kɑ-] *n* csípőfájás
coxcomb ['kɔkskoʊm; *US* -ɑk-] *n* 1. csörgősapka 2. bolond 3. piperkőc, dendi, gigerli
coxed [kɔkst; *US* -ɑ-] *a* = *coxswained*
coxless ['kɔkslɪs; *US* -ɑ-] *a* = *coxswainless*
coxswain ['kɔkswein, *US* -ɑ-; hajósok nyelvén: 'kɔksn; *US* -ɑ-] I. *n* kormányos [evezős versenyhajón] II. *vt/vi* kormányoz [evezős hajót]
coxswained ['kɔksweind; *US* -ɑ-; hajósok nyelvén: 'kɔksnd; *US* -ɑ-] *a* kormányos

coxswainless ['kɔkswernlɪs, US -ə-; hajósok nyelvén: 'kɔksnlɪs; US -ɑ-] a kormányos nélküli
coy [kɔɪ] a félénk; szemérmes
coyness ['kɔɪnɪs] n félénkség, tartózkodás
coyote ['kɔɪout; US kaɪ-] n US prérifarkas
coypu ['kɔɪpu:] n nutria [állat]
cozen ['kʌzn] vt † ~ sy into (doing) sg beugrat vkt vmbe, csellel rávesz vkt vmre
cozy ['kouzɪ] a/n = cosy
CP [si:'pi:] Communist Party
cp. [kəm'peə*] compare vesd össze, vö.
c.p., cp [si:'pi:] candle-power
C.P.A. CPA [si:pi:'eɪ] Certified Public Accountant →certified
Cpl. Corporal
crab¹ [kræb] n 1. tengeri rák; biz catch a ~ „rákot fog" [evezős] 2. ~ (louse) lapostetű 3. csörlő
crab² [kræb] 1. ~ (apple) vadalma 2. biz savanyú ember
crab³ [kræb] vt -bb- 1.' karmol [sólyom] 2. biz ócsárol
crabbed ['kræbɪd] a 1. mogorva, kellemetlen, rosszindulatú, zsémbes 2. homályos [stílus]; nehezen olvasható [kézírás] || →crab³
crab-pot n rákvarsa, rákcsapda
crab-tree n vadalmafa
crabwise adv rák módjára
crack [kræk] I. a kiváló, elsőrendű; ~ player elsőrendű/nagyszerű játékos, krekk; ~ shot mesterlövész II. n 1. csattanás, durranás; reccsenés; ~ on the head fejbeütés; in a ~ egy pillanat alatt 2. repedés, rés 3. □ szellemes ötlet, „bemondás" 4. biz have a ~ at sg megpróbálkozik vmvel III. int durr!, puff! IV. A. vt 1. csattant, pattant; ~ a joke elsüt/megereszt egy viccet 2. (szét)repeszt, feltör, betör; ~ a bottle with sy vkvel megiszik egy üveg bort; □ ~ a crib betör házba 3. krakkol [kőolajat] B. vi 1. csattan, pattan; recseg-ropog 2. (szét)reped, (szét)pattan; betörik 3. mutál [hang] crack down vi ~ d. on sy vkvel igen szigorúan bánik, „rámászik" vkre

crack on vi vitorlát felvon
crack up vt A. vt agyba-főbe dicsér B. vi 1. összeomlik, összeroppan [testileg, szellemileg] 2. szétzúzódik, öszszetörik; lezuhan [repgép]
crack-brained a bolond, ütődött
crack-down n biz lehordás, (alapos) megleckéztetés, „elkapják az ürgét"
cracked [krækt] a 1. repedt 2. biz dilis, ütődött, bolond
cracker ['krækə*] n 1. ostorhegy, sudár 2. pukkantó [játék] 3. diótörő 4. crackers pl (1) US sós keksz (2) GB □ dilis, ütődött 5. (US megvetően) fehér proletár
cracking ['krækɪŋ] n (meg)repedés; work to the ~ point megszakadásig dolgozik
crackjaw n nyelvtörő (szó)
crackle ['krækl] I. n 1. ropogás 2. repedezés II. vi pattog, ropog; reped(ezik)
crackling ['kræklɪŋ] n 1. recsegés-ropogás 2. ropogósra sült malacbőr
crackpot I. a őrült, bolond [gondolat] II. n ütődött (ember), rögeszmés (bolond)
cracksman ['kræksmən] n (pl -men -mən) biz betörő
crackup n □ 1. lezuhanás [repülőgépé] 2. idegösszeomlás
Cracow ['krækou] prop Krakkó
cradle ['kreɪdl] I. n 1. bölcső 2. lengőállvány II. vt bölcsőben nevel/ringat
craft [krɑ:ft; US -æ-] n 1. ügyesség; mesterségbeli szakértelem 2. ravaszság, fortély, becsapás 3. ipar, szakma, mesterség; ~ union szakmai szakszervezet 4. (pl ~) hajó, vízi/légi jármű
craftiness ['krɑ:ftɪnɪs; US -æ-] n ravaszság
craftsman ['krɑ:ftsmən; US -ræf-] n (pl -men -mən) mesterember, kézműves
craftsmanship ['krɑ:ftsmənʃɪp; US -æf-] n (kiváló) szakmabeli/mesterségbeli tudás
crafty ['krɑ:ftɪ; US -æ-] a ravasz, fortélyos
crag [kræg] n kőszirt, szikla
craggy ['krægɪ] a sziklás, szirtes
crake [kreɪk] n haris
cram [kræm] v -mm- A. vt 1. (tele)töm,

(bele)zsúfol *(into* vmbe); *~med with quotations* idézetekkel teletűzdelt 2. vknek fejébe ver, bemagoltat 3. bemagol **B.** *vi* 1. teletömi magát [étellel] 2. magol
cram-full *a* zsúfolt, csordultig telt
crammer ['kræmə*] *n* vizsgára előkészítő magántanító
cramming ['kræmɪŋ] *n* 1. tömés 2. magolás
cramp [kræmp] **I.** *n* 1. görcs 2. ~ *(iron)* ácskapocs 3. befogópofa **II.** *vt* 1. összeszorít, -kapcsol, -fog; befog [satuba] 2. gátol, akadályoz, görcsöt okoz; *be ~ed for room* szűkében van a helynek
cramped [kræmpt] *a* 1. szűk 2. görcsös [kézírás]
crampon ['kræmpən] *n* 1. kőmarkoló kapocs 2. jégszeg
cranberry ['krænb(ə)rɪ; *US* -berɪ] *n* tőzegáfonya
crane [kreɪn] **I.** *n* daru **II. A.** *vt* 1. daruval felemel 2. kinyújtja/nyújtogatja [a nyakát] **B.** *vi* ~ *at sg* megtorpan vmnél
crane-man *n* (*pl* -men) darukezelő
cranial ['kreɪnjəl] *a* koponyai
cranium ['kreɪnjəm] *n* (*pl* ~s -z v. crania 'kreɪnjə) koponya
crank¹ [kræŋk] **I.** *n* forgattyú, indítókar, kurbli **II.** *vt* ~ *(up)* felkurbliz, kézi forgattyúval beindít [motort]
crank² [kræŋk] *n* 1. bolondos/excentrikus ötlet, bolondéria 2. különc
crank-case *n* forgattyúház, motorteknő, karter
crank-shaft *n* forgattyús tengely, főtengely
cranky ['kræŋkɪ] *a* 1. bizonytalan 2. kanyargós 3. félbolond, excentrikus
cranny ['krænɪ] *n* hasadék, repedés, rés [falban]
crap [kræp] *n vulg* 1. szar 2. hülyeség
crape [kreɪp] *n* fekete krepp
craps [kræps] *n US* kockajáték
crapulous ['kræpjʊləs] *a* 1. iszákos 2. másnapos
crash¹ [kræʃ] **I.** *n* 1. csattanás, robaj, recsegés-ropogás 2. összeomlás, tönkremenés; (ár)zuhanás, pénzügyi krach/

bukás 3. (repülőgép-)lezuhanás, repülőgép-szerencsétlenség 4. ~ *program* rohammunka **II. Á.** *vi* 1. összecsattan, ropog, durran 2. lezuhan; ~ *into* beleszalad (vmbe) **B.** *vt* szétzúz, összezúz
crash² [kræʃ] *n* házivászon
crash-course *n* gyorstalpaló tanfolyam
crash-helmet *n* bukósisak
crash-landing *n* kényszerleszállás (géptöréssel)
crass [kræs] *a (átv is)* vastag, durva
crate [kreɪt] **I.** *n* ládakeret, rekesz **II.** *vt* ládába/fakeretbe/rekeszbe csomagol
crater ['kreɪtə*] *n* 1. kráter 2. bombatölcsér
crave [kreɪv] **A.** *vt* ~ *sg from/of sy* könyörög vknek vmért; ~ *sy's pardon* bocsánatot kér vktől **B.** *vi* ~ *for/after sg* vágyakozik/sóvárog vm után
craven ['kreɪv(ə)n] *a/n* gyáva (ember)
craving ['kreɪvɪŋ] *n* erős vágy, sóvárgás
craw [krɔ:] *n* 1. madárbegy 2. (állati) gyomor
crawl [krɔ:l] **I.** *n* 1. csúszás, mászás, kúszás 2. ˜ gyorsúszás, kallózás **II.** *vi* 1. csúszik, mászik, kúszik 2. vánszorog 3. mászkál 4. nyüzsög *(with* vmtől) 5. *biz* nyal *(to* vknek) 6. kallózik
crawler ['krɔ:lə*] *n* 1. csúszómászó (állat); *biz* tetű 2. talpnyaló 3. játszóruha, tipegő [kisgyermeké] 4. utasra vadászó taxi
crawly ['krɔ:lɪ] *a biz* viszketős
crayfish ['kreɪfɪʃ] *n* folyami rák
crayon ['kreɪən] *n* pasztellkréta, rajzkréta, rajzszén
craze [kreɪz] **I.** *n* divat, mánia, őrület; *it's all the ~ now* most mindenki ezért bolondul **II.** *vt* 1. megőrjít 2. apró repedéseket idéz elő [majolikán]
craziness ['kreɪzɪnɪs] *n* 1. őrület, őrültség 2. roskatagság
crazy ['kreɪzɪ] *a* 1. őrült, bolond, bogaras; *drive/send sy ~* megőrjít; *be ~ about sy* bele van habarodva vkbe; *be ~ about sg* bolondul vmért 2. rozoga, gyenge, düledező
creak [kri:k] **I.** *n* nyikorgás, csikorgás **II.** *vi* csikorog, nyikorog; recseg

creaky ['kri:kı] *a* csikorgós, nyikorgós
cream [kri:m] I. *n* 1. tejszín; *clotted* ~,
Devonshire ~ tejföl; ~ *bun* kb. képviselőfánk 2. krém; ~ *cheese* krémsajt
3. vmnek a legjava (v. színe-java);
~ *of the jest/joke* a történet legmulatságosabb része II. A. *vt* (*átv is*) lefölöz
B. *vi* 1. fölösödik 2. habzik
cream-coloured *a* csontszínű
creamer ['kri:mə*] *n* 1. fölözőgép 2.
fölözőedény; *US* tejszínesedény
creamery ['kri:mərı] *n* 1. tejfeldolgozó
üzem 2. tejcsarnok
creamy ['kri:mı] *a* 1. tejszínszerű, krémes 2. elefántcsontszínű
crease [kri:s] I. *n* ránc, gyűrődés, redő
II. A. *vt* ráncol, redőz; (össze)gyűr B.
vi ráncosodik; (össze)gyűrődik
crease-resisting [-rı'zıstıŋ] *a* nem gyűrődő, gyűrhetetlen
crease-retention *n* éltartóság [nadrágé]
create [kri:'eıt] A. *vt* 1. teremt, alkot;
~ *a part* egy szerepet játszik 2. előidéz; kelt; kivált 3. vmlyen rangra
emel; ~ *sy a knight* vkt lovaggá üt
B. *vi* □ jelenetet csinál/rendez, jelenetez, hisztizik
creation [kri:'eıʃn] *n* 1. teremtés, alkotás 2. teremtmény 3. világ; *the brute*
~ az állatvilág 4. alkotás, mű; (divat)kreáció 5. kinevezés
creative [kri:'eıtıv] *a* alkotó, teremtő;
~ *process* alkotó folyamat
creator [kri:'eıtə*] *n* alkotó, teremtő
creature ['kri:tʃə*] *n* 1. teremtmény
2. teremtés, személy 3. állat 4. vknek
a(z) eszköze/kreatúrája 5. ~ *comforts*
anyagi jólét
crèche [kreıʃ] *n* 1. kb. bölcsőde; óvoda
2. *US* betlehem
credence ['kri:d(ə)ns] *n gain* ~ hitelre
talál, elhiszik; *give/attach* ~ *to sg*
hitelt ad vmnek, elhisz vmt
credentials [krı'denʃlz] *n pl* 1. megbízólevél [követé] 2. igazoló iratok
credibility [kredı'bılətı] *n* hihetőség
credible ['kredəbl] *a* 1. hihető 2. hitelt
érdemlő
credit ['kredıt] I. *n* 1. hitel, bizalom;
give ~ *to sg* elhisz vmt, hitelt ad vmnek 2. [erkölcsi] hitel, becsület; jó

hírnév; *it does him* ~ becsületére válik 3. jó pont/(érdem)jegy [osztályzat]; *pass an examination with* ~ jó
eredménnyel vizsgázik 4. *US* tanulmányi pontszám(érték) 5. hitel; *commercial/commodity* ~ áruhitel; ~
account hitelszámla; ~ *card* hitelkártya; ~ *standing* hitelképesség; ~
union hitelszövetkezet; *accord/grant* ~
hitelt nyújt 6. jóváírás, követelés;
~ *note* jóváírási értesítés; *debit and*
~ „tartozik és követel"; ~ *side* követel oldal; *enter/put a sum to sy's* ~
vknek jóváír (v. számlája javára ír)
egy összeget II. *vt* 1. elhisz; hitelt ad
[hírnek] 2. bízik (vmben) 3. hitelt
ad/nyújt 4. javára ír 5. ~ *sy with*
sg vmt vknek tulajdonít
creditable ['kredıtəbl] *a* 1. dicséretre/
elismerésre méltó 2. hitelképes 3.
megbízható, szavahihető
creditor ['kredıtə*] *n* hitelező
credo ['kri:dou] *n* = *creed*
credulity [krı'dju:lətı; *US* -'du:-] *n*
hiszékenység
credulous ['kredjuləs; *US* -dʒə-] *a*
hiszékeny
creed [kri:d] *n* 1. (apostoli) hitvallás,
krédó, hiszekegy 2. *átv* hitvallás
creek [kri:k] *n* 1. kis öböl 2. *US* patak
creel [kri:l] *n* halászkosár
creep [kri:p] I. *n* 1. csúszás, mászás
2. *the* ~s libabőr, borzongás, hidegrázás; *give sy the* ~s a hátán végigfut a
hideg vmtől II. *vi* (*pt/pp* crept krept)
1. csúszik, mászik, kúszik; lopódzik;
~ *on* odakúszik 2. megalázkodik 3.
borzong; *make one's flesh* ~ libabőrös
lesz (a háta) vmtől
creeper ['kri:pə*] *n* 1. kúszónövény 2.
kúszómadár 3. kotróháló 4. jégvas
[cipőn]
creepy ['kri:pı] *a* hátborzongató; *feel* ~
borzong
creepy-crawly *a* 1. libabőrös, borzongató 2. szolgalelkű
cremate [krı'meıt] *vt* (el)hamvaszt [holttestet]
cremation [krı'meıʃn] *n* (el)hamvasztás
crematorium [kremə'tɔ:rıəm] *n* (*pl* ~s
-z v. -ria -rıə] krematórium

crenel(l)ated ['krenəleitid] *a* csipkézett; lőrésekkel ellátott (oromzatú)
creole ['kri:oʊl] *a/n* kreol
creosote ['kriəsoʊt] *n* karbolsav, kreozot
crêpe, crepe [kreip] *n* 1. krepp; ~ (*rubber*) *sole* krepptalp; ~ *paper* krepp-papír 2. gyászfátyol; gyászkarszalag
crepitate ['krepiteit] *vi* serceg, recseg
crepitation [krepi'teiʃn] *n* sercegés, csikorgás; sistergés
crept →*creep II.*
crepuscular [kri'pʌskjʊlə*; *US* -kjə-] *a* szürkületi, alkony(at)i
crescent ['kresnt] I. *a* 1. növekvő 2. sarló/félhold alakú II. *n* 1. holdsarló, félhold 2. ⟨félkör alakú házsor⟩ 3. *átv* a félhold ⟨a mohamedán vallás, ill. az egykori török birodalom jelképe⟩
cress [kres] *n* zsázsa
Cressida ['kresidə] *prop*
crest [krest] I. *n* 1. (kakas)taraj; bóbita 2. (sisak)forgó 3. dombtető, hullámtaréj 4. címerpajzs 5. *átv* vmnek a teteje (v. legmagasabb foka) II. *vt* 1. tetejére kúszik 2. föléje tornyosul vmnek
crest-fallen *a* csüggedt, levert, elszontyolodott
cretaceous [kri'teiʃəs] *a* 1. krétaszerű 2. krétakori; ~ *age* krétakor
Crete [kri:t] *prop* Kréta (szigete)
cretin ['kretin] *n* hülye, kretén
cretonne [kre'tɔn; *US* -an] *n* kreton
crevasse [kri'væs] *n* gleccserszakadék
crevice ['krevis] *n* rés, hasadék
crew¹ [kru:] *n* 1. legénység, személyzet [járműé] 2. csapat, brigád 3. banda
crew² →*crow² II.*
crew-cut *n* kefehaj
Crewe [kru:] *prop*
crib [krib] I. *n* 1. jászol; betlehem 2. *US* gyerekágy 3. kunyhó, viskó 4. *biz* puska [iskolában] 5. *biz* plágium II. *vt* -bb- 1. bezsúfol, beszorít [szűk helyre] 2. *biz* puskázik; plagizál
cribbage ['kribidʒ] *n* ⟨egy kártyajáték⟩
Crichton ['kraitn] *prop*
crick [krik] I. *n* (izom)rándulás; szaggatás II. *vt* megrándít [nyakát]
cricket¹ ['krikit] *n* tücsök

cricket² ['krikit] *n* krikett [játék]; *biz that's not* ~ ez nem tisztességes eljárás
cricketer ['krikitə*] *n* krikettjátékos
cricket-match *n* krikettmérkőzés
cricket-shirt *n* fehér pólóing
crier ['kraiə*] *n* kikiáltó
crikey ['kraiki] *int biz* azt a kutyafáját!
crime [kraim] *n* 1. bűncselekmény, bűntett; ~ *fiction* bűnügyi regény, krimi 2. vétek, bűn
Crimea [krai'miə] *prop* Krím(-félsziget)
Crimean [krai'miən] *a* krími
criminal ['kriminl] I. *a* 1. bűnös; ~ *conversation* házasságtörés 2. büntetőjogi, bűnvádi; ~ *act* bűntett; ~ *action* bűnvádi eljárás; ~ *code* büntető törvénykönyv; ~ *law* büntetőjog; ~ *offender* bűntettes
criminally ['kriminəli] *adv* 1. bűnösen 2. büntetőeljárás szerint
criminology [krimi'nɔlədʒi; *US* -'na-] *n* kriminológia
crimp [krimp] I. *n* 1. hullámosság [hajé, gyapjué, bádogé] 2. *US* □ *put the* ~ *in* elgáncsol [tervet] II. *vt* hullámosít, ondolál [hajat]
crimson ['krimzn] *a/n* karmazsin(vörös); ~ *rambler* (piros) futórózsa; *turn* ~ elvörösödik, elpirul
cringe [krindʒ] I. *n* hajlongás, szervilizmus II. *vi* megalázkodik, alázatosan hajlong
crinkle ['kriŋkl] I. *n* ránc, redő; ~*d paper* krepp-papír II. A. *vt* (össze)gyűr, ráncol B. *vi* (össze)gyűrődik, ráncolódik
crinkly ['kriŋkli] *a* ráncos, redős, gyűr(ő-d)ött; fodros, göndör
cripple ['kripl] I. *n* nyomorék, béna II. *vt* megbénít, megnyomorít, (*átv is*) tönkretesz
crippled ['kripld] *n* nyomorék, rokkant, béna, mozgásképtelen
crisis ['kraisis] *n* (*pl* -ses -si:z) válság, krízis
crisp [krisp] I. *a* 1. ropogós, porhanyós, omlós 2. göndör, hullámos [haj] 3. erőteljes, eleven [stílus], határozott [modor] 4. éles, metsző [hang], friss, csípős, éles [levegő] II. *n* 1. ~(*s*) burgonyaszirom 2. *biz* (ropogós) bankjegy III. *vt* ropogósra süt

criss-cross ['krıskrɔs; *US* -ɔ:s] I. *a* kereszrezett; cikcakkos II. *adv* keresztül-kasul; összevissza III. *n* keresztvonás IV. *vt* keresztez
criterion [kraɪ'tɪərɪən] *n* (*pl* ~s -z v. -ria -rɪə) ismérv, ismertetőjel, próbakő, kritérium
critic ['krıtık] *n* műbíráló, kritikus
critical ['krıtıkl] *a* 1. bíráló, kritikus; kritikai 2. válságos, kritikus
criticism ['krıtısızm] *n* bírálat, kritika
criticize ['krıtısaız] *vt* (meg)bírál, kritizál
critique [krı'ti:k] *n* kritika, bírálat [írott]
croak [kroʊk] I. *n* 1. brekegés 2. károgás II. *vi* 1. brekeg 2. károg 3. *átv* károg, huhog 4. □ elpatkol
Croatia [kroʊ'eɪʃjə; *US* -ʃə] *prop* Horvátország
Croatian [kroʊ'eɪʃjən; *US* -ʃən] *a/n* horvát
crochet ['kroʊʃeɪ; *US* -'ʃeɪ] I. *n* horgolás II. *vt* (*pt/pp* ~ed 'kroʊʃeɪd, *US* -'ʃeɪd) horgol
crochet-hook ['kroʊʃıhʊk] *n* horgolótű
crock¹ [krɔk; *US* -ɑ-] *n* 1. cserépedény 2. cserépdarab
crock² [krɔk; *US* -ɑ-] *GB* I. *n* 1. □ hasznavehetetlen/,,kikészült'' ember 2. ócska tragacs II. A. *vi* ~ *up* [egészségileg] tönkremegy, lerobban B. *vt* [egészségileg] tönkretesz
crockery ['krɔkərı; *US* -ɑ-] *n* cserépedény, háztartási porcelán- és fajanszedény
crocodile ['krɔkədaıl; *US* -ɑ-] *n* 1. krokodil; ~ *tears* krokodilkönnyek 2. *biz* kettős sorban menetelő diáklányok
crocus ['kroʊkəs] *n* 1. sáfrány; *autumn* ~ kikerics 2. sáfrányszín
Croesus ['kri:səs] *prop* Krőzus (*görögösen:* Kroiszosz)
croft [krɔft; *US* -ɔ:-] 1. telek 2. kis gazdaság; kisbérlet
crofter ['krɔftə*; *US* -ɔ:-] *n* kisgazda, törpebirtokos
croissant ['krwɑ:sɑ:ŋ] *n* kb. kifli
cromlech ['krɔmlek; *US* -ɑ-] *n* ókelta kőemlék

Cromwell ['krɔmw(ə)l] *prop*
crone [kroʊn] *n* vén banya, szipirtyó
crony ['kroʊnı] *n* *biz* (régi) haver
crook [krʊk] I. *n* 1. pásztorbot, püspökbot 2. kampó 3. kanyarulat, görbület 4. *US biz* csaló 5. □ *on the* ~ tisztességtelen úton II. *vt* (be)hajlít, (be-)görbít
crook-back(ed) *a/n* púpos
crooked ['krʊkıd] *a* 1. görbe, hajlott 2. tisztességtelen, nem egyenes 3. [krʊkt] kampós, horgas
croon [kru:n] *vt* halkan dúdol, zömmög
crooner ['kru:nə*] *n* † halkan éneklő sanzonénekes
crop [krɔp; *US* -ɑ-] I. *n* 1. termés; termény; *second* ~ sarjú; *under/in* ~ művelés alatt álló; *out of* ~ parlagon heverő 2. begy, bögy 3. hajvágás; *Eton* ~ Eton-frizura; *give sy a close* ~ kopaszra nyír vkt 4. ostornyél 5. cserzett bőr, színbőr, hátbőr 6. sereg [ember, kérdés stb.] II. *v* -pp- A. *vt* 1. begyűjt [termést] 2. rövidre vág, levág 3. lelegel 4. bevet, megművel B. *vi* 1. terem 2. ~ *up* felbukkan, felmerül
crop-dusting *n* légi permetezés; repülőgépes gyomirtás
crop-eared *a* 1. vágott fülű [kutya] 2. kopaszra nyírt (és ezért elálló fülű)
cropper ['krɔpə*; *US* -ɑ-] *n* 1. *good* ~ jó terméshozamot hozó növény 2. arató 3. golyvás galamb 4. zuhanás; *biz come a* ~ (1) felbukik [lóval]; elvágódik (2) tönkremegy (3) ,,elhúzzák'' [vizsgán]
croquet ['kroʊkeı; *US* -'keı] *n* krokett [játék]
croquette [kroʊ'ket] *n* krokett [étel], ropogós
crosier ['kroʊʒə*] *n* pásztorbot [püspöké]
cross [krɔs; *US* -ɔ:-] I. *a* 1. kereszt irányú, haránt 2. ellentétes, szemben álló, ellentmondó (*to* vmvel, vmnek) 3. *biz* mogorva, ingerült; *be* ~ *with sy* haragszik/mérges vkre; *as* ~ *as two sticks,* ~ *as a bear* harapós kedvében van II. *n* 1. kereszt 2. keresztezés [fajoké] 3. szenvedés, megpróbáltatás; *bear one's* ~ viseli a keresztjét

III. A. *vt* 1. keresztbe tesz/rak; ~ *one's arms* keresztbe teszi a karját; *keep fingers* ~*ed* szorít vmért/vkért 2. ~ *oneself* keresztet vet 3. keresztez [csekket], áthúz 4. átmegy, áthalad [úttesten stb.]; átkel [tengeren]; áthajt [záróvonalon stb.]; *sg* ~*es sy's mind* vm átvillan az agyán, vm eszébe jut 5. (szembe)találkozik (vkvel); ~ *sy's path* keresztezi vknek az útját; ~ *each other* keresztezik egymást 6. keresztülhúz [terveket stb.]; *be* ~*ed in love* szerelmi csalódás érte 7. keresztez [fajtákat] B. *vi* 1. keresztezik egymást [utak, levelek] 2. átkel, átmegy 3. kereszteződnek [fajták]
   cross out *vt* áthúz, töröl, kihúz [szót stb.]
   cross over *vi* 1. átkel, átmegy 2. átkereszteződik
crossbar *n* keresztrúd, -gerenda, -léc
cross-beam *n* keresztgerenda, tartógerenda, kereszttartó; főtefa
cross-bencher *n GB* középpárti/független képviselő
cross-bones *n pl* keresztbe tett lábszárcsontok [halálfej alatt]
crossbow [-boʊ] *n* nyílpuska
cross-breed I. *n* keresztezett fajta, fajkereszteződés, hibrid II. *vt* (*pt/pp* -bred) [fajokat] keresztez
cross-check I. *n* (újra) egyeztetés II. *vt* (újra) egyeztet, újra átvizsgál
cross-country *a* mezei, terep-; ~ *race* (1) terepfutás (2) tereplovaglás
cross-cut *n* 1. harántvágás 2. átvágás; útrövidítés
cross-examination *n* keresztkérdezés, keresztkérdések feltevése
cross-examine *vt* keresztkérdéseket tesz fel (vknek)
cross-eyed *a* kancsal, bandzsa
cross-fertilization *n* keresztbeporzás
crossfire *n* (*átv is*) kereszttűz
cross-grained [-greɪnd] *a* 1. haránt rostú [fa] 2. akaratos, makacs; házsártos
cross-hairs *n pl* fonalkereszt [távcsőben]
cross-hatch *vt* keresztben vonalkáz, sraffoz

cross-head(ing) *n* nagybetűs alcím
crossing ['krɔsɪŋ; *US* -ɔ:-] *n* 1. átkelés [tengeren]; áthaladás [úttesten] 2. útkereszteződés; vasúti átjáró; (*street*) ~ (kijelölt) gyalogátkelőhely; (*border*) ~ *point* határátkelőhely 3. (faj)kereszteződés; keresztbeporzás
cross-legged *a* keresztbe (ve)tett lábakkal ülő
crossness ['krɔsnɪs; *US* -ɔ:-] *n* mogorvaság, zsémbesség, rosszkedv
cross-purpose *n be at* ~*s* (*with sy*) két malomban őrölnek
cross-question I. *n* keresztkérdés II. *vt* = *cross-examine*
cross-reference *n* utalás [könyvben]
cross-road *n* 1. keresztút 2. ~*s* útkereszteződés; *be at the* ~*s* válaszúthoz érkezett
cross-section *n* keresztmetszet
cross-stitch *n* keresztöltés
cross-talk *n* 1. áthallás [telefonban] 2. feleselés, visszabeszélés
cross-tie *n US* vasúti talpfa
crosswalk *n US* gyalogátkelőhely
crosswise *adv* keresztbe(n), haránt
cross-word (puzzle) *n* keresztrejtvény
crotch [krɔtʃ; *US* -ɑ-] *n* 1. villás elágazás [fán] 2. csúzli 3. ⟨az ember lábainak szétválási helye a törzs alján⟩
crotchet ['krɔtʃɪt; *US* -ɑ-] *n* 1. horog, kampó 2. negyed hangjegy 3. rögeszme, bolondos/fantasztikus ötlet, „bogár"
crotchety ['krɔtʃɪtɪ; *US* -ɑ-] *a* rögeszmés, bogaras, dilis [ember]
crouch [kraʊtʃ] I. *n* 1. lekuporodás 2. (alázatos/mély) meghajlás II. *vi* 1. lekuporodik, (meg)lapul, leguggol 2. (alázatosan) meghajol
croup[1] [kru:p] *n* far [lóé]
croup[2] [kru:p] *n* krupp, álhártyás torokgyík
croupier ['kru:pɪə*] *n* krupié, játékvezető [játékkaszinóban]
crow[1] [kroʊ] *n* 1. varjú; *as the* ~ *flies* légvonalban, toronyiránt; *have a* ~ *to pluck with sy* számolnivalója van vkvel; *US eat* ~ kellemetlenséget kell lenyelnie 2. = *crowbar*
crow[2] [kroʊ] I. *n* kukorékolás II. *vi*

(*pt* ~ed kroʊd, † crew kru:, *pp* ~ed)
1. kukorékol 2. (örömében) hangosan kiabál; [csecsemő] gügyög, sikongat; ~ *over* *sg* ujjong vm fölött
crowbar *n* emelőrúd, feszítőrúd, bontóvas
crowd [kraʊd] I. *n* 1. tömeg 2. tolongás 3. *biz* társaság, banda II. A. *vt* 1. teletöm, összezsúfol, (kis helyre) összeszorít 2. ~ *out* kiszorít (vhonnan); *be* ~*ed* *out* (helyszűke miatt) kiszorul(t), kinn reked(t) 3. ~ *on* *sail* felvonja az összes vitorlát B. *vi* tolong; özönlik, csődül (*to* vhová); előrenyomakodik
crowded ['kraʊdɪd] tömött, zsúfolt; ~ *cities* túlnépesedett városok
crown [kraʊn] I. *n* 1. korona; ~ *colony* koronagyarmat; ~ *prince* trónörökös; ~ *princess* trónörökösnő; ~ *witness* koronatanú; *come* *to* *the* ~ trónra lép 2. fejtető, feje búbja; tető, csúcs, korona [fogé, fáé stb.]; ~ *of* *the* *road* az út koronája 3. *half* *a* ~ fél korona, félkoronás [értéke 1971-ig két és fél shilling volt; megfelel 12 és fél új pennynek] II. *vt* 1. megkoronáz 2. betetéz; *to* ~ *all* mindennek a tetejébe; *that* ~*s* *all!* ez aztán a teteje mindennek!
crowning ['kraʊnɪŋ] I. *a* betetőző, végső II. *n* koronázás
crown-land *n* koronabirtok
crow's-feet ['kroʊz-] *n* *pl* szarkalábak [szem körül]
crow's-nest ['kroʊz-] *n* árbockosár
Croydon ['krɔɪdn] *prop*
crozier ['kroʊʒə*] *n* = crosier
crucial ['kru:ʃl] *a* döntő, kritikus, válságos
crucible ['kru:sɪbl] *n* 1. olvasztótégely 2. *átv* tűzpróba
crucifix ['kru:sɪfɪks] *n* feszület
crucifixion [kru:sɪ'fɪkʃn] *n* keresztre feszítés
cruciform ['kru:sɪfɔ:m] *a* kereszt alakú
crucify ['kru:sɪfaɪ] *vt* 1. keresztre feszít 2. sanyargat, kínoz
crude [kru:d] *a* 1. nyers, megmunkálatlan, finomítatlan; éretlen; ~ *oil* nyersolaj 2. *átv* nyers [kidolgozatlan írásmű stb.]; durva [modor]

crudity ['kru:dɪtɪ] *n* nyerseség (*átv* *is*)
cruel [krʊəl] *a* kegyetlen
cruelty ['krʊəltɪ] *n* kegyetlenség
cruet ['kru:ɪt] *n* ~ (*stand*) ecet-olajtartó (üvegkészlet)
Crui(c)kshank ['krʊkʃæŋk] *prop*
cruise [kru:z] I. *n* tengeri utazás [pihenés céljából] II. *vi* 1. cirkál 2. tengeren utazik
cruiser ['kru:zə*] *n* 1. cirkáló 2. = *cabin* *cruiser*
cruising ['kru:zɪŋ] *a* cirkáló; ~ *speed* utazósebesség
crumb [krʌm] I. *n* 1. (*átv* *is*) morzsa 2. kenyérbél 3. *átv* ~ *of* *comfort* egy csöpp vigasz II. *vt* kiránt, paníroz [húst]
crumble ['krʌmbl] A. *vt* szétmorzsol B. *vi* elmorzsolódik; szétporlad, bomlásnak indul
crumbling ['krʌmblɪŋ] *a* omladozó [fal]
crumbly ['krʌmblɪ] *a* törékeny, morzsálódó; omladozó, roskatag
crumpet ['krʌmpɪt] *n* *GB* 1. ⟨melegen fogyasztott teasütemény⟩ 2. □ „kókusz" [fej]; *off* *one's* ~ ütődött
crumple ['krʌmpl] A. *vt* (*up*) összegyűr B. *vi* 1. (össze)gyűrődik 2. ~ *up* (1) összegyűrődik (2) összeomlik
crunch [krʌntʃ] A. *vt* [fogakkal] összeroppant, ropogtat; csikorgat B. *vi* ropog, csikorog
crupper ['krʌpə*] *n* 1. far [lóé] 2. farhám, farmatring
crusade [kru:'seɪd] *n* keresztes hadjárat
crusader [kru:'seɪdə*] *n* keresztes vitéz
cruse [kru:z] *n* † agyagkorsó
crush [krʌʃ] I. *n* 1. összenyomás, szétnyomás, összemorzsolás, szétmorzsolás 2. tolongás, tömeg; ~ *barrier* terelőkorlát 3. kisajtolt gyümölcslé 4. *US* □ *have* *a* ~ *on* *sy* bele van esve vkbe II. A. *vt* 1. szétzúz, összezúz, szétmorzsol, összemorzsol, szétnyom 2. összeprésel, -nyom; kiprésel 3. *átv* szétzúz, felmorzsol [ellenállást] B. *vi* 1. összenyomódik, -megy 2. (össze)gyűrődik 3. tolong, furakodik
crush out *vt* kisajtol, kinyom, kiprésel
crush through ~ *one's* *way* *t.* *the* *crowd* átfurakodik a tömegen

crush up A. *vt* összetör, -zúz, -nyom
B. *vi* összeszorul; *please* ~ *up a little*.
tessék kissé összébb húzódni
crusher ['krʌʃə*] *n* 1. zúzógép 2. *biz*
csapás
crushing ['krʌʃɪŋ] *a* megsemmisítő; lesújtó
Crusoe ['kru:soʊ] *prop*
crust [krʌst] I. *n* 1. kéreg; (kenyér)héj
2. külső réteg; *the upper* ~ felső tíz-
ezer 3. lerakódás 4. heg, var II. A.
vt kéreggel/réteggel bevon B *vi* réteg
képződik (vmn); lerakódik
crustacean [krʌ'steɪʃjən] *n* héjas állat
crusty ['krʌstɪ] *a* 1. héjas, kérges 2.
fanyar, zsémbes, mogorva
crutch [krʌtʃ] *n* 1. (*a pair of*) ~*es*
mankó 2. (*átv is*) támasz; támasztó-
rúd, dúc
crux [krʌks] *n* nehézség, bökkenő
cry [kraɪ] I. *n* 1. kiáltás; *a far* ~ *from*
(1) jó messze vmtől (2) össze sem ha-
sonlítható vmvel; *within* ~ hallótávol-
ságon belül 2. kiabálás, zsivaj, lárma;
much ~ *and little wool* sok hűhó sem-
miért 3. sírás; *have a good* ~ jól ki-
sírja magát II. *v* (*pt/pp* **cried** kraɪd)
A. *vt* 1. (ki)kiabál, (ki)kiált 2. eladás-
ra kínál B. *vi* 1. (fe)kiált, kiabál, ordít
2. sír 3. ugat, csahol
    cry down *vt* leszól, ócsárol
    cry for *vi* sírva kér vmt, esdekel
    vmért
    cry off A. *vi* visszalép, eláll (vmtől)
    B. *vt* visszavon (vmt)
cry-baby *n* 1. nyafka/sírós gyerek 2.
nyafka személy
crying ['kraɪɪŋ] I. *a* 1. síró 2. kiáltó
3. égbekiáltó II. *n* 1. sírás 2. kiáltás
crypt [krɪpt] *n* altemplom
cryptic ['krɪptɪk] *a* 1. kriptaszerű 2.
rejtélyes
crypto- ['krɪptoʊ-] *pref* rejtett, titkos
crypto-communist *a/n* titkos kommu-
nista/párttag
cryptogram ['krɪptəgræm] *n* titkosírás
crystal ['krɪstl] *n* 1. kristály 2. *US*
óraüveg
crystal-gazer [-geɪzə*] *n* kristálygömb-
ből jósoló
crystalline ['krɪstəlaɪn] *a* 1. kristályos
2. kristálytiszta

crystallization [krɪstəlaɪ'zeɪʃn; *US* -lɪ'z-]
n (ki)kristályosodás
crystallize ['krɪstəlaɪz] A. *vt* 1. kristályo-
sít; ~*d fruit* cukrozott gyümölcs
2. *átv* kikristályosít B. *vi* 1. kristályo-
sodik 2. *átv* kikristályosodik
C.S., CS [si:'es] *Civil Service*
CSE [si:es'i:] *Certificate of Secondary
Education* kb. középiskolai végbizo-
nyítvány
cu. *cubic* köb-
cub [kʌb] *n* 1. (állat)kölyök 2. *biz*
tejfölösszájú, tacskó 3. kiscserkész,
farkaskölyök 4. kezdő újságíró/ripor-
ter
Cuba ['kju:bə] *prop* Kuba
cubage ['kju:bɪdʒ] 1. köbtartalom, tér-
fogat 2. köbözés
Cuban ['kju:bən] *a/n* kubai
cubby-hole ['kʌbɪ-] *n* kamrácska, kelle-
mes (kis) zug
cube [kju:b] I. *n* 1. kocka 2. harmadik
hatvány, köb; ~ *root* köbgyök II. *vt*
köbre emel
cub-hunting *n* vadászat rókakölykökre
cubic ['kju:bɪk] *a* 1. kocka alakú 2.
köb-; ~ *measures* űrmértékek 3. har-
madfokú; ~ *equation* harmadfokú
egyenlet
cubical ['kju:bɪkl] *a* = *cubic*
cubicle ['kju:bɪkl] *n* 1. hálófülke, alkóv
2. öltöző, kabin [uszodában]
cubism ['kju:bɪzm] *n* kubizmus
cubist ['kju:bɪst] *n* kubista (festő)
cuckold ['kʌkoʊld; *US* 'kʌkld] I. *n*
megcsalt/felszarvazott férj II. *vt* meg-
csal, felszarvaz [férjet]
cuckoo ['kʊku:] *n* kakukk
cuckoo-clock *n* kakukkos óra
cucumber ['kju:kʌmbə*] *n* uborka
cud [kʌd] *n* felkérődzött táplálék;
chew the ~ (1) kérődzik (2) *átv biz*
rágódik/kérődzik/töpreng vmn
cuddle ['kʌdl] I. *n* ölel(kez)és II. A. *vt*
(át)ölel, megölel, magához ölel B.
vi 1. összekuporodik, összebújik 2.
~ *up to sy* odasimul/odabújik vkhez
cudgel ['kʌdʒ(ə)l] I. *n* fütykös, bunkós-
bot; ~ *play* botpárbaj; *take up the*
~*s for sy* kiáll/síkraszáll vkért II.
vt -ll- (*US* -l-) megbotoz, megver

cue¹ [kju:] *n* 1. végszó [szerepé]; *give sy his/the ~* (1) megadja a végszót vknek (2) utasítást ad vknek 2. utasítás; intés; *take one's ~ from sy* igazodik vkhez, követ vkt
cue² [kju:] *n* 1. (biliárd)dákó 2. copf, hajfonat
cuff¹ [kʌf] *n* 1. kézelő, mandzsetta; *off the ~* rögtönözve, kapásból 2. *US* felhajtás, hajtóka [nadrágé]
cuff² [kʌf] I. *n* pofon II. *vt* pofon üt
cuff-links *n pl* kézelőgombok
cuirass [kwɪ'ræs] *n* mellvért, páncél
cuisine [kwi:'zi:n] *n* konyha
cul-de-sac [kʊldə'sæk v. 'kʌldəsæk; *US* kʌl-] (*pl* culs-de-sac kiejtése változatlan) *n* zsákutca
culinary ['kʌlɪnərɪ; *US* 'kju:lɪnerɪ] *a* konyhai; étkezési; *~ plants* zöldségfélék
cull [kʌl] *vt* 1. választ, kiszemel 2. [virágot] szed
cullender ['kʌlɪndə*] *n = colander*
culminate ['kʌlmɪneɪt] *vi* 1. delel [csillag, nap] 2. tetőfokára hág, tetőz, kulminál
culmination [kʌlmɪ'neɪ(n] *n* 1. delelés, delelőpont 2. *átv* betetőzés, tetőpont, csúcs [pályafutásé, dicsőségé]
culpability [kʌlpə'bɪlətɪ] *n* 1. büntethetőség 2. bűnösség
culpable ['kʌlpəbl] *a* 1. büntetendő 2. bűnös, vétkes
culprit ['kʌlprɪt] *n* 1. bűnös 2. vádlott
cult [kʌlt] *n* vallásos tisztelet, kultusz
cultivate ['kʌltɪveɪt] *vt* 1. művel [földet] 2. (ki)művel, (ki)fejleszt [képességet stb.] 3. gyakorol, művel, kultivál [tudományágat] 4. tart, ápol [barátságot], kultivál [ismeretséget]
cultivated ['kʌltɪveɪtɪd] *a* 1. (meg)művelt [föld]; *~ plant* kultúrnövény 2. művelt, kulturált [ember]
cultivation [kʌltɪ'veɪʃn] *n* 1. (meg)művelés 2. műveltség 3. gyakorlás, kultiválás
cultivator ['kʌltɪveɪtə*] *n* 1. földművelő 2. talajmegmunkáló gép, kapálógép, kultivátor
cultural ['kʌltʃ(ə)rəl] *a* művelődési, kulturális; kultúr-; *~ attaché* kultúrattaché; *~ exchange* kultúrcsere

culture ['kʌltʃə*] *n* 1. művelés 2. művelődés, műveltség, kultúra
cultured ['kʌltʃəd] *a* művelt
culvert ['kʌlvət] *n* vízátvezető cső/csatorna [úttest alatt]; kábelcsatorna
cumber ['kʌmbə*] *vt* 1. terhére van 2. akadályoz 3. megterhel, megrak
cumbersome ['kʌmbəsəm] *a* kényelmetlen, terhes, fáradságos; ormótlan
cumbrous ['kʌmbrəs] *a = cumbersome*
cumin ['kʌmɪn] *n* kömény
cummerbund ['kʌməbʌnd] *n* [indiai] öv
cumulative ['kju:mjʊlətɪv; *US* -leɪ-] *a* 1. fokozódó, növekvő; halmozódó; összesítő 2. felhalmozott
cumulus ['kju:mjʊləs] *n* gomolyfelhő
Cunard [kju:'nɑ:d] *prop*
cuneiform ['kju:nɪfɔ:m] *a* ékírásos; *~ writing* ékírás
cunning ['kʌnɪŋ] I. *a* 1. ravasz, „dörzsölt" 2. ügyes, jártas 3. *US* csinos, aranyos II. *n* ravaszság, fortély
cunt [kʌnt] *n vulg* pina
cup [kʌp] I. *n* 1. csésze; *not my ~ of tea* nem az én esetem 2. (talpas) pohár, serleg, kupa; kehely; *biz in one's ~s* ittas, pityókás 3. (virág)kehely; kehely, köpöly [orvosi] 4. *átv* sors, osztályrész; *a bitter ~* a szenvedések keserű pohara 5. ⟨kb. negyed liter⟩ II. *vt* -pp- köpölyöz, vért vesz
C.U.P., CUP [si:ju:'pi:] *Cambridge University Press* Cambridge-i Egyetemi Nyomda
cup-bearer *n* pohárnok
cupboard ['kʌbəd] *n* (fali)szekrény; konyhaszekrény; *~ love* haszonra vadászó szeretet, érdekszerelem
cup-final *n* kupadöntő
cupful ['kʌpfʊl] *n* csészényi
cupidity [kju:'pɪdətɪ] *n* 1. vágy, kívánság, sóvárgás 2. kapzsiság
cupola ['kju:pələ] *n* kupola
cupped [kʌpt] *→cup II.*
cupping ['kʌpɪŋ] *n* köpölyözés, vérvétel
cup-tie *n* kupamérkőzés
cur [kə:*] *n* 1. korcs [kutya] 2. faragatlan fickó, akasztófavirág
curable ['kjʊərəbl] *a* gyógyítható
curate ['kjʊərət] *n* segédlelkész, káplán; *~ in charge* lelkész, plébános

curative ['kjuərətɪv] *a* gyógyhatású, gyógy-; ~ *power* gyógyhatás
curator [kjʊə'reɪtə*] *n* 1. gondnok 2. múzeumvezető
curb [kə:b] I. *n* 1. zabla, fék 2. *átv* fék, akadály 3. kútkoszorú, kútmellvéd 4. *US* járdaszegély 5. ~ *market* utótőzsde, zugtőzsde, szabadpiac II. *vt (átv is)* megzaboláz, -fékez
curb-bit *n* feszítőzabla
curb-roof *n* megtört tető
curb-stone *n* 1. (járda)szegélykő 2. járdaszegély
curd [kə:d] *n* 1. aludttej (sűrűje) 2. ~ *(cheese)* (tehén)túró
curdle ['kə:dl] A. *vt* 1. megalvaszt; koagulál 2. *átv* megfagyaszt, megdermeszt B. *vi* 1. megalvad 2. *átv* megfagy (a vér az ereiben)
cure [kjʊə*] I. *n* 1. gyógyítás, gyógymód, kezelés, kúra 2. gyógyulás 3. lelkipásztorság 4. pácolás, füstölés [élelmiszeré] II. A. *vt* 1. (meg)gyógyít; ~ *sy of sg* kigyógyít vkt vmből *(átv is)* 2. besóz, füstöl, érlel, pácol B. *vi* 1. (meg)gyógyul 2. gyógyít
cure-all *n* csodaszer
curettage [kjʊə'retɪdʒ] *n* méhkaparás
curfew ['kə:fju:] *n* 1. kijárási tilalom 2. takarodó
curing ['kjʊərɪŋ] *n* 1. gyógyítás 2. besózás, pácolás, füstölés
curio ['kjʊərɪoʊ] *n* ritka/különös/érdekes műalkotás/régiség, ritkaság
curiosity [kjʊərɪ'ɔsəlɪ; *US* -'ɑ-] *n* 1. kíváncsiság 2. érdekesség, ritkaság; *old curiosities* régiségek
curious ['kjʊərɪəs] *a* 1. kíváncsi; *I am* ~ *to know* szeretném tudni 2. furcsa, különös 3. részletekbe menő [vizsgálat]
curiously ['kjʊərɪəslɪ] *adv* ~ *enough* (elég) különös módon
curl [kə:l] I. *n* 1. göndörödő hajfürt 2. csavarodás II. A. *vt* 1. kisüt, göndörít [hajat]; ~ *up* fodorít, besodor 2. csavar, hajlít, görbít; ~ *one's lip* ajkát biggyeszti, gúnyosan elhúzza a száját B. *vi* 1. göndörödik, fürtökbe hull, csavarodik 2. ~ *up* (1) összekuporodik, összegömbölyödik (2) *biz* összeesik

curler ['kə:lə*] *n* (haj)sütővas; hajcsavaró
curlew ['kə:lju:; *US* -lu:] *n* póling [madár]
curlicue ['kə:lɪkju:] *n* cirkalmas írás, cirkalom
curling ['kə:lɪŋ] *n* 1. bodorítás, hajsütés 2. *sk kb.* jégkoronghajítás
curling-irons *n pl* (haj)sütővas
curling-pin *n* hullámcsat, hajcsavaró
curling-tongs *n pl* = *curling-irons*
curly ['kə:lɪ] *a* göndör, fodros, bodros
curmudgeon [kə:'mʌdʒ(ə)n] *n* 1. goromba ember/pokróc 2. fösvény
currant ['kʌr(ə)nt; *US* 'kə:-] *n* 1. ribizli 2. mazsola
currency ['kʌr(ə)nsɪ; *US* 'kə:-] *n* 1. pénznem, valuta; *foreign* ~ külföldi pénznem/fizetőeszköz, deviza; *legal* ~ törvényes fizetési eszköz; ~ *restriction* devizakorlátozás 2. forgalom [pénzé]; közhasználat [szóé]; *gain* ~ elterjed; *give* ~ *to a rumour* (rém)hírt forgalomba hoz 3. érvényesség, lejárati idő
current ['kʌr(ə)nt; *US* 'kə:-] I. *a* 1. forgalomban levő, érvényes [pénz]; közhasználatú [szó]; elterjedt, általános(an elfogadott), divatos [nézet stb.]; *be* ~ elterjedt, általános; *in* ~ *use* közhasználatú [szó, kifejezés] 2. folyó; ~ *account* folyószámla; ~ *assets* forgótőke; ~ *events* aktuális események; ~ *expenses* rezsi(költségek), folyó kiadások; ~ *month* folyó hó; ~ *number/issue* legfrissebb szám [folyóiraté] II. *n* 1. ár, áram(lat); ~ *of air* légáram(lat); *drift with the* ~ úszik az árral, sodródik 2. [villamos] áram; ~ *breaker* árammegszakító; ~ *supply* áramszolgáltatás
currently ['kʌr(ə)ntlɪ; *US* 'kə:-] *adv* jelenleg
curriculum [kə'rɪkjʊləm] *n* (*pl* -la -lə) 1. tanmenet, tananyag 2. ~ *vitae* ['vi:taɪ v. (főleg US)* 'vaɪti:] önéletrajz
currier ['kʌrɪə*; *US* 'kə:-] *n* tímár, bőrkikészítő és festő
curry[1] ['kʌrɪ; *US* 'kə:-] *n* 1. ⟨erős indiai fűszer⟩ 2. ⟨curry-val készített húsétel⟩
curry[2] ['kʌrɪ; *US* 'kə:-] *vt* 1. (le)ápol, (le)csutakol, vakar [lovat] 2. kiké-

szít, cserez [bőrt] 3. elver, elpáhol 4.
~ *favour with sy* igyekszik magát
vknél behízelegni
curry-comb *n* lóvakaró (szerszám)
curry-powder *n = curry*[1] *1.*
curse [kə:s] I. *n* átok II. A. *vt* (meg)át-
koz; káromol; *be ~d with . . .* -vel
verte meg az isten B. *vi* káromkodik,
átkozódik
cursed ['kə:sɪd; *US* kə:st *is*] *a* átkozott,
istenverte
cursing ['kə:sɪŋ] *n* káromkodás, átkozó-
dás
cursive ['kə:sɪv] *a* ~ *handwriting* folyó-
írás
cursory ['kə:s(ə)rɪ] *a* futólagos, felüle-
tes
curt [kə:t] *a* 1. rövid, kurta 2. udvariat-
lan
curtail [kə:'teɪl] *vt* 1. (le)rövidít, (meg-)
kurtít 2. megnyirbál, csökkent 3.
megfoszt (*of* vmtől)
curtailment [kə:'teɪlmənt] *n* csökkentés,
megnyirbálás
curtain ['kə:tn] I. *n* függöny; *fireproof ~*
[színházi] vasfüggöny; *draw the ~s*
összehúzza a függönyöket; *draw a ~*
over sg fátyolt borít vmre II. *vt* 1.
befüggönyöz; ~ *off* elfüggönyöz 2. el-
rejt
curtain-call *n* kitapsolás (a függöny elé)
curtain-fire *n* zárótűz
curtain-raiser *n* előjáték [színdarabé]
curts(e)y ['kə:tsɪ] I. *n* meghajlás [nőké],
bók térdhajtással II. *vi* meghajol
curvature ['kə:vətʃə*; *US* -tʃʊr] *n*
görbület; ~ *of the spine* hátgerincfer-
dülés
curve [kə:v] I. *n* 1. görbület, hajlat
2. görbe, függvényábra, grafikon 3.
kanyar(ulat) II. A. *vt* hajlít, görbít
B. *vi* hajlik, görbül; kanyarodik
curved [kə:vd] *a* görbe, hajlott, hajlí-
tott
Cushing ['kʊʃɪŋ] *prop*
cushion ['kʊʃn] I. *n* párna, vánkos
II. *vt* kipárnáz, párnával ellát
cushy ['kʊʃɪ] *a* □ kényelmes, könnyű
cusp [kʌsp] *n* 1. csúcs, hegy(e vmnek)
2. holdszarv, holdcsúcs
cuspidor |'kʌspɪdɔ:*] *n US* köpőcsésze

cuss [kʌs] *n* 1. átok, káromkodás 2. fic-
kó, (fura/kellemetlen) alak
cussed ['kʌsɪd] *a biz* megátalkodott,
komisz, nyakas
cussedness ['kʌsɪdnɪs] *a biz* rosszindula-
tú makacsság, megátalkodottság, ko-
miszság
custard ['kʌstəd] *n kb.* tejsodó
custard-powder *n* pudingpor
custodian [kʌ'stoʊdjən] *n* őr, gondnok;
múzeumvezető
custody ['kʌstədɪ] *n* 1. felügyelet; őri-
zet, megőrzés; *in safe ~* biztos őrizet-
ben, letétben; *place sy/sg in the ~*
of sy vk őrizetére bíz vkt/vmt 2. őri-
zet(be vétel), letartóztatás; *take sy*
into ~ őrizetbe vesz vkt
custom ['kʌstəm] I. *a US* rendelésre
készült [ruha]; ~ *tailors* mértékszabó-
ság II. *n* 1. szokás; ~ *of trade* keres-
kedelmi szokás/szokvány; *as was his*
~ ahogy szokta (volt), szokása szerint;
it's the ~ of the country errefelé így
szokás 2. vevőkör 3. **customs** *pl* vám;
~*s (duties)* (behozatali) vám; ~*s*
clearance vámkezelés; vámvizsgálat;
~*s declaration* vámnyilatkozat; ~*s*
examination vámvizsgálat; ~*s regula-
tions* vámszabályok
customable ['kʌstəməbl] *a* vámköteles
customary ['kʌstəm(ə)rɪ; *US* -merɪ] *a*
szokásos
custom-built *a* rendelésre készült/gyár-
tott
customer ['kʌstəmə*] *n* 1. vevő, vásár-
ló, fogyasztó, vendég, kuncsaft; ügy-
fél 2. *biz* alak, pofa; *a queer ~* fura
alak/pofa; *rough/ugly ~* nehéz pasas,
kellemetlen fráter
custom-free *a* vámmentes
custom-house *n* vámház, vámhivatal
custom-made *a* rendelésre készült
cut [kʌt] I. *a* 1. vágott, metszett; *low*
~ *dress* mélyen kivágott ruha; ~
and dried (1) száraz, unalmas, lélekte-
len (2) teljesen kész csak fel kell hasz-
nálni 2. leszállított [ár] 3. herélt II.
n 1. vágás, metszés; *biz a ~ above*
sg/sy jobb vmnél/vknél 2. metszet 3.
szabás 4. szelet 5. csökkentés; *a ~*
in salaries fizetéscsökkentés; ~ *in*

prices, price ~ árleszállítás 6. árok
7. kihagyás, (ki)húzás [cikkből, szín-
darabból] 8. *give sy the* ~ *direct* elnéz
vk feje fölött **III.** *v (pt/pp* ~; *-tt-)*
A. *vt* 1. (meg)vág, elvág, levág;
metsz; ~ *in half/two* kettévág, megfe-
lez, kettéoszt; ~ *sy short* félbeszakít/
megállít vkt 2. (le)nyír 3. kiszab [ru-
hát] 4. emel [kártyát] 5. mellőz
(vmt); ~ *sy dead* vkről tudomást sem
vesz; ~ *a class* elmulaszt/elbliccel egy
órát; ~ *the whole business* faképnél
hagyja az egész ügyet 6. csökkent,
leszállít [árat, bért] 7. meghúz [cik-
ket, színdarabot] **B.** *vi* 1. vág; ~ *both
ways* mindkét félre érvényes, kétféle-
képpen értelmezhető, mindkettőjüket
egyaránt érinti; ~ *and come again*
még egyszer vesz [ételből] 2. ~ *and
run* elrohan, eliszkol, elinal
  cut across *vi/vt* átvág
  cut away A. *vt* levág, lenyes **B.**
  vi biz elkotródik
  cut back A. *vt* 1. visszametsz [nö-
  vényt] 2. csökkent; lefarag **B.** *vi*
  [történetben] visszaugrik korábbi ese-
  ményre
  cut down *vt* 1. levág, ledönt 2.
  csökkent, leszállít, lefarag 3. lerövi-
  dít; megrövidít, meghúz [cikket stb.]
  cut in A. *vt* bevág; bevés **B.** *vi*
  1. közbevág 2. elévág [előzés közben
  járműnek] 3. lekér [táncban]
  cut off *vt* 1. levág; elvág 2. szét-
  kapcsol, kikapcsol; megszakít 3. el-
  taszít magától; ~ *sy o. with a shilling*
  kitagad vkt 4. megöl
  cut out *vt* 1. kivág 2. kiszab [ruhát]
  3. kiszorít [versenytársat] 4. eltávolít
  5. *biz be* ~ *o. for sg* vmre rátermett,
  vmre különösen alkalmas; *have one's
  work* ~ *o. for one* jó sok dolga lesz
  (vele), nehéz munka vár rá 6. *biz*
  ~ *it o.!* hagyd abba!, fogd be a szád!
  cut up A. *vt* 1. felszel, felvág 2.
  szétszed, szétrombol 3. *biz* „leránt",
  „levág" [bíráló] 4. *she was* ~ *up about
  it* igen bántotta a dolog **B.** *vi biz* 1.
  ~ *up (well)* [halálakor] nagy vagyont
  hagy hátra 2. ~ *up rough* megsértő-
  dik, „begurul"

cutaneous [kju:'teɪnjəs] *a* bőr-; ~
  disease bőrbetegség
cut-away *n* zsakettkabát
cutback *n* 1. korlátozás, csökkentés;
  leépítés; *US* fizetéscsökkentés 2.
  visszaugrás [korábbi eseményre film-
  ben]
cute [kju:t] *a* 1. *biz* ravasz, agyafúrt
  2. *US biz* csinos, helyes
Cuthbert ['kʌθbət] *prop* ⟨angol férfinév⟩
cuticle ['kju:tɪkl] *n* felhám
cutie ['kju:tɪ] *n US biz* ügyes kis csaj
cutlass ['kʌtləs] *n* 1. rövid (tengerész-)
  kard 2. *US* vadászkés
cutler ['kʌtlə*] *n* késes
cutlery ['kʌtlərɪ] *n* 1. késesáru 2. késes-
  mesterség 3. evőeszköz(ök)
cutlet ['kʌtlɪt] *n* (borda)szelet, kotlett;
  veal ~ borjúszelet
cutoff *n* 1. (út)átvágás, útrövidítés 2.
  folyókanyar-átvágás 3. kikapcsolás
  [áramé]
cutout **I.** *a* kivágott **II.** *n* 1. kivágott/ki-
  vágós minta/rajz 2. (túlterhelési) meg-
  szakító
cutpurse *n* † zsebtolvaj
cut-rate *a* leszállított árú
cutter ['kʌtə*] *n* 1. szabász 2. vágógép;
  (film)vágó 3. nagy csónak 4. egyár-
  bocos hajó, kutter; *US revenue* ~
  parti vámőrhajó
cutthroat I. *a* öldöklő, gyilkos [verseny]
  II. *n* gyilkos
cutting ['kʌtɪŋ] **I.** *a* 1. vágó, metsző,
  éles 2. *átv* metsző, csípős, éles **II.** *n*
  1. vágás, levágás, metszés; szabás 2.
  vágás [filmé] 3. bevágás [domboldal-
  ban] 4. levágott darab, forgács 5.
  dugvány 6. (újság)kivágat 7. csök-
  kentés 8. (kártya)emelés ‖→*cut III.*
cutting-room *n* vágószoba [filmvágás-
  hoz]
cuttle-fish ['kʌtl-] *n* tintahal
cutty ['kʌtɪ] *a sk* rövid, kurta
cutwater *n* jégsarkantyú [hídpillyéré],
  jégtörő él, hajóorrél
C.V.O., CVO [si:vi:'oʊ] *Commander of
  the (Royal) Victorian Order* ⟨brit ki-
  tüntetés⟩
cwt. *hundredweight*
cyanide ['saɪənaɪd] *n* cianid

cybernetic [saɪbə'netɪk] *a* kibernetikai
cybernetics [saɪbə'netɪks] *n* kibernetika
cyclamen ['sɪkləmən] *n* ciklámen
cycle ['saɪkl] I. *n* 1. kör(forgás), ciklus, szakasz; körfolyamat; [motornál] ütem 2. időszak, kor, korszak, ciklus 3. mondakör; (dal)ciklus 4. kerékpár, bicikli; ~ *path* kerékpárút II. *vi* kerékpározik, kerekezik, biciklizik
cyclic(al) ['saɪklɪk(l)] *a* körben mozgó, körkörös, ciklikus, periodikus
cycling ['saɪklɪŋ] *n* kerékpározás, biciklizés
cyclist ['saɪklɪst] *n* kerékpáros, biciklista
cyclometer [saɪ'klɔmɪtə*; *US* -am-] *n* kilométermérő, kerékfordulatszám-mérő
cyclone ['saɪkloʊn] *n* forgószél, ciklon; ~ *cellar* ciklonbiztos pince
cyclopaedia [saɪkloʊ'piːdjə] *n* enciklopédia, lexikon; ismerettár
cyclorama [saɪklə'rɑːmə] *n* 1. körkép, panoráma(kép) 2. körhorizont, körfüggöny [építészetben]
cyclostyle ['saɪkləstaɪl] *n* stenciles sokszorosítógép
cyclotron ['saɪklətrɔn; *US* -an] *n* ciklotron
cygnet ['sɪgnɪt] *n* fiatal hattyú
cylinder ['sɪlɪndə*] *n* henger; ~ *capacity* hengerűrtartalom
cylindric(al) [sɪ'lɪndrɪk(l)] *a* henger alakú; hengeres
cymbal ['sɪmbl] *n* cintányér

Cymbeline ['sɪmbɪliːn] *prop*
Cymric ['kɪmrɪk] *a* walesi
Cynewulf ['kɪnɪwʊlf] *prop*
cynic ['sɪnɪk] *n* cinikus
cynical ['sɪnɪkl] *a* cinikus, kiábrándult
cynicism ['sɪnɪsɪzm] *n* cinizmus; cinikus/maró megjegyzés
cynosure ['sɪnəzjʊə*; *US* 'saɪnəʃʊr] *n* 1. északi sarkcsillag 2. közfigyelem és közcsodálat tárgya
Cynthia ['sɪnθɪə] *prop* Cintia ⟨női név⟩
cypher ['saɪfə*] *n* = *cipher*
cypress ['saɪprəs] *n* ciprus(fa)
Cyprian ['sɪprɪən] *a/n* ciprusi
Cypriot ['sɪprɪət] *n* ciprusi
Cyprus ['saɪprəs] *prop* Ciprus (szigete)
Cyril ['sɪr(ə)l] *prop* Cirill
Cyrillic [sɪ'rɪlɪk] *a* cirillbetűs
Cyrus ['saɪərəs] *prop* ⟨férfinév⟩
cyst [sɪst] *n* ciszta, tömlő, hólyag
cystitis [sɪs'taɪtɪs] *n* hólyaghurut, -gyulladás
cystoscopy [sɪs'tɔskəpɪ; *US* -'tɑ-] *n* hólyagtükrözés
cystotomy [sɪs'tɔtəmɪ; *US* -'tɑ-] *n* hólyagmetszés
cytology [saɪ'tɔlədʒɪ; *US* -'tɑ-] *n* sejttan
czar [zɑ:*] *n* cár
czardas ['tʃɑːdæʃ] *n* csárdás [tánc]
czarevitch ['zɑːrəvɪtʃ] *n* cárevics
Czech [tʃek] *a/n* cseh (ember/nyelv)
Czechoslovak [tʃekə'sloʊvæk] *a/n* csehszlovák (ember)
Czechoslovakia [tʃekəslə'vækɪə] *prop* Csehszlovákia

D

D, d [di:] *n* **1.** D, d (betű) **2.** [zenében]
d [hang] **3.** *US* „elégséges" [osztály-
zat]
d., d 1. denarius (= *penny* v. *pence*)
[1971 előtt] **2.** *died* meghalt, megh.
'd *biz had, should, would* (l. ott!)
D.A [di:'eɪ] *US District Attorney*
dab¹ [dæb] **I.** *n* **1.** megérintés, legyintés
2. folt, darabka, csöppnyi vm **II.**
vt **-bb- 1.** megérint, meglegyint; nyo-
mogat, megtöröl [szemet] **2.** felrak
[festéket]; bepúderoz [arcot]
dab² [dæb] *a biz* hozzáértő, ügyes, szak-
értő [személy]
dab³ [dæb] *n* lepényhal
dabble ['dæbl] **A.** *vt* megnedvesít, meg-
locsol **B.** *vi* **1.** pancsol **2.** ~ *in/at sg*
felületesen (v. amatőr módjára) foglal-
kozik vmvel
dabbler ['dæblə*] *n* kontár
dachshund ['dækshʊnd] *n* borzeb, tacskó
dactyl ['dæktɪl] *n* daktilus
dactyloscopy [dæktɪ'lɔskəpɪ; *US* -'lɑ-]
n daktiloszkópia
dad [dæd] *n biz* apu(ka), papa
daddy ['dædɪ] *n biz* = *dad*
daddy-long-legs [dædɪ'lɔŋlegz] *n* (hosz-
szú lábú) tipolyszúnyog
Daedalus ['di:dələs] *prop* Daidalosz
daffodil ['dæfədɪl] *n* sárga nárcisz
daffy ['dæfɪ] *a biz* ostoba
daft [dɑ:ft; *US* -æ-] *a* **1.** bolond **2.** vi-
dám
dagger ['dægə*] *n* tőr; *be at ~s drawn*
feszült viszonyban van(nak); *look ~s*
at sy gyilkos pillantást vet vkre
dago ['deɪgoʊ] *n US* □ digó [megvető
értelemben]
daguerrotype [də'gerətaɪp] *n* dagerrotípia

dahlia ['deɪljə; *US* 'dæ-] *n* dália
Dahomey [də'hoʊmɪ] *prop* (ma: *Benin*)
Dáil Eireann [daɪl'eərən] ⟨az ír parla-
ment neve⟩
daily ['deɪlɪ] **I.** *a* mindennapos; napon-
ként; napi; ~ *habit* állandó szokás
II. *adv* naponta, naponként, minden-
nap **III.** *n* **1.** napilap **2.** bejárónő
dainty ['deɪntɪ] **I.** *a* **1.** finom, kecses,
gyengéd **2.** ízléses **3.** finnyás **II.** *n*
csemege
dairy ['deərɪ] *n* **1.** tejgazdaság, tejüzem
2. tejcsarnok, tejivó
dairy-farm *n* tehenészet, tejgazdaság
dairymaid *n* fejőlány
dairyman ['deərɪmən] *n* (*pl* -men -mən)
tejes(ember)
dairy-produce *n* tejtermék
dais ['deɪɪs] *n* emelvény
Daisy¹ ['deɪzɪ] *prop* Margit, Dézi
daisy² ['deɪzɪ] *n* **1.** százszorszép, marga-
réta; *push up daisies* alulról szagolja
az ibolyát **2.** klassz dolog
Dak. *Dakota*
Dakar ['dækə*] *prop*
Dakota [də'koʊtə] *prop*
dale [deɪl] *n* völgy
dalesman ['deɪlzmən] *n* (*pl* -men -mən)
völgylakó [Észak-Angliában]
Dallas ['dæləs] *prop*
dalliance ['dælɪəns] *n* enyelgés
dally ['dælɪ] **A.** *vt* elfecsérel **B.** *vi* **1.**
enyeleg, flörtöl **2.** tétlenkedik, időt
elfecsérel
Dalmatia [dæl'meɪʃjə; *US* -ʃə] *prop*
Dalmácia
Dalmatian [dæl'meɪʃjən; *US* -ʃən] **I.** *a*
dalmáciai, dalmát **II.** *n* dalmát eb
dam¹ [dæm] **I.** *n* (védő)gát, völgyzáró

gát, töltés **II.** *vt* **-mm-** duzzaszt [vizet], elzár; gátat emel (vmnek) (*átv is*)
dam² ['dæm] *n* anyaállat
damage ['dæmɪdʒ] **I.** *n* **1.** kár; veszteség **2. damages** *pl* kártérítés; *action for* ~*s* kártérítési kereset **3.** *cause sy* ~ kárt okoz vknek; □ *what's the* ~? mit kóstál? **II.** *vt* megrongál; megkárosít
damaged ['dæmɪdʒd] *a* sérült; hibás
damaging ['dæmɪdʒɪŋ] *a* hátrányos, káros, sérelmes
damask ['dæməsk] **I.** *a* ~ (*rose*) sötét rózsaszín **II.** *n* **1.** damaszt [szövet] **2.** damaszkuszi acél
dame [deɪm] *n* **1.** hölgy 〈női lovagi rang〉 **2.** néni **3.** *US* □ tyúk, csaj
dame-school *n* 〈öreg tanítónő kis magániskolája〉
dammed [dæmd] →*dam¹ II.*
damn [dæm] **I.** *n* átok, káromkodás; *I don't give a* ~! fütyülök rá! **II.** *vt* **1.** (el)átkoz; ~ *it!* a fene egye meg!; *I'll be* ~*ed if* itt süllyedjek el, ha . . . **2.** elítél, lehúz [irod. művet]
damnable ['dæmnəbl] *a* kárhozatos, pocsék, gyalázatos
damnation [dæm'neɪʃn] *n* kárhozat
damned [dæmd] **I.** *a* (el)átkozott; *do one's* ~*est* megteszi ami csak tőle telik **II.** *adv* átkozottul; *biz* ~ *funny* rém vicces
damning ['dæmɪŋ] **I.** *a* elítélő; ~ *evidence* terhelő bizonyíték **II.** *n* kárhoztatás
Damocles ['dæməkliːz] *prop* Damoklész; *sword of* ~ Damoklesz kardja
damp [dæmp] **I.** *a* nyirkos, dohos **II.** *n* **1.** nyirkosság **2.** bányalég **3.** lehangoltság **III.** *vt* **1.** megnedvesít **2.** tompít, elfojt; ~ *sy's spirits* kedvét szegi vknek
damp-course *n* nedvesség elleni szigetelőréteg [falban]
dampen ['dæmp(ə)n] *vt* = *damp III.*
damper ['dæmpə*] *n* **1.** bélyegnedvesítő **2.** hangtompító; *put a* ~ *on a party* lehűti a társaság hangulatát **3.** égésszabályozó [kályhában]
dampness ['dæmpnɪs] *n* nyirkosság

damsel ['dæmzl] *n* leányka
damson ['dæmz(ə)n] *n* † vörös tojásszilva(fa)
dance [dɑːns; *US* -æ-] **I.** *n* **1.** tánc **2.** táncmulatság, bál; *lead sy a* (*fine*) ~ jól megtáncoltat vkt **II. A.** *vi* **1.** táncol **2.** ugrándozik, élénken mozog **B.** *vt* (el)táncol; táncoltat; ~ *attendance on sy* kiszolgál vkt; sürgölődik vk körül
dance-band *n* tánczenekar
dance-hall *n* táncos mulató(hely)
dancing ['dɑːnsɪŋ; *US* -æ-] **I.** *a* táncoló **II.** *n* tánc
dancing-master *n* tánctanár
dandelion ['dændɪlaɪən] *n* pitypang, gyermekláncfű
dander ['dændə*] *n* *biz* *get one's* ~ *up* dühbe gurul
dandle ['dændl] ringat; [térden] lovagoltat
dandruff ['dændrʌf] *n* korpa [fejbőrön]
dandy ['dændɪ] **I.** *a* *US* *biz* remek, pompás, klassz **II.** *n* piperkőc
Dane [deɪn] *n* dán; *Great* ~ dán dog
danger ['deɪndʒə*] *n* veszély; ~! vigyázat!; ~ *money* veszélyességi pótlék; *a* ~ *to sy/sg* veszélyes vkre/vmre, veszélyezet vmt; *be in* ~ veszélyben van; *be out of* ~ túl van a(z élet)veszélyen
dangerous ['deɪndʒ(ə)rəs] *a* veszélyes
dangle ['dæŋgl] **A.** *vt* lógat, lóbál; ~ *sg before sy* csalogat/biztat vkt vmvel **B.** *vi* fityeg; ~ *after a woman* egy nő körül lebzsel
Daniel ['dænjəl] *prop* Dániel
Danish ['deɪnɪʃ] **I.** *a* dán **II.** *n* dán (nyelv)
dank [dæŋk] *a* nyirkos, nedves
Danube ['dænjuːb] *prop* Duna
Daphne ['dæfnɪ] *prop* 〈női név〉
dapper ['dæpə*] *a* **1.** jól öltözött/vasalt **2.** mozgékony [kis ember]
dapple ['dæpl] *vt* tarkít, pettyez
dappled ['dæpld] *a* pettyes, tarka
dapple-grey *a/n* almásszürke
D.A.R. [diːeɪ'ɑː*] *Daughters of the American Revolution* 〈amerikai hazafias nőszövetség〉
dare [deə*] *vt/vi* (*pt/pp* **durst** dəːst v. **dared** deəd) **1.** mer(észel); *don't you*

~ megtiltom, hogy ...; *how ~ you?*
hogy merészel? *I ~ say* merem mondani/állítani (hogy) ... 2. dacol (vkvel);
szembeszáll (vkvel, vmvel) 3. kihív;
felhív; *I ~ you to jump* no lássam,
mersz-e ugrani?
dare-devil *n* fenegyerek
daren't [deənt] = *dare not* nem mer
daring ['deərıŋ] I. *a* merész, vakmerő
II. *n* merészség
Darjeeling [dɑ:'dʒi:lıŋ] *prop*
dark [dɑ:k] I. *a* 1. sötét; ~ *blue* sötétkék; *the ~ races* a sötétbőrűek 2. homályos; sötét, titkos; ~ *ages* sötét
középkor; ~ *horse* ismeretlen képességű vetélytárs; *keep it ~* eltitkol
II. *n* 1. sötétség; sötétedés; *after ~*
besötétedés után 2. tudatlanság; *be
in the ~ (about it)* nem tud róla
darken ['dɑ:k(ə)n] A. *vt* elsötétít; elhomályosít; *don't ~ my door again* be
ne merd hozzám tenni a lábad többé;
~ *counsel* fokozza a zavart B. *vi*
elsötétül
darkling ['dɑ:klıŋ] *a* sötétedő
darkness ['dɑ:knıs] *n* 1. sötétség, homály(osság) 2. gonoszság
dark-room *n* sötétkamra
darky ['dɑ:kı] *n US biz* néger, nigger
[megvető értelemben]
darling ['dɑ:lıŋ] *a/n* kedvenc, kedves;
(my) ~! drágám!, kedvesem!
darn¹ [dɑ:n] I. *n* beszövés, stoppolás
II. *vt* stoppol
darn² [dɑ:n] *int* □ ~ *it!*, ~*ed!* a fene
egye meg!
darning ['dɑ:nıŋ] *n* beszövés, stoppolás
darning-egg *n* stoppolófa
dart [dɑ:t] I. *n* 1. dárda 2. **darts** célbadobós játék 3. szökellés II. A. *vt* hajít,
vet B. *vi* 1. nekilendül *(at* vmnek)
2. szökken; ~ *across to* átszalad vhova
Dartmoor ['dɑ:tmʊə*] *prop*
Dartmouth ['dɑ:tməθ] *prop*
Darwin ['dɑ:wın] *prop*
dash [dæʃ] I. *n* 1. (neki)ütődés; csattanás; *the ~ of oars* evezőcsapások 2.
nekiiramodás; *at a ~* egy csapásra;
make a ~ for sg vm után veti magát;
make a ~ at megrohan (vmt) 3. vágta

[rövidtávfutás] 4. *a ~ of (sg)* egy
(pár) csepp(nyi), gondolatnyi (vmből); *a ~ of pepper* egy csipetnyi bors
5. lendület; mersz; *cut a ~* feltűnést/
hatást kelt 6. gondolatjel; vonás
[morzejel] II. *int ~ it!* a fene egye
meg! III. A. *vt* 1. összetör; ~ *sg
to pieces* darabokra tör, összezúz 2.
meghiúsít 3. (be)fröcsköl 4. hozzákever, elegyít B. *vi* robog, rohan
dash against A. *vi* nekiront (vmnek)
B. *vt* nekivág (vmt vmnek)
dash away *vi* elrohan, elviharzik
dash in(to) *vi* beront (vhová)
dash off *vi* 1. elrohan 2. lefirkant;
sebtében odavet
dash out *vi* kirohan
dashboard *n* 1. sárhányó 2. műszerfal,
szerelvényfal
dashed [dæʃt] *a* istenverte, feneette
dashing ['dæʃıŋ] *a* lendületes; ragyogó
data ['deɪtə] *n* v. *n pl* adat(ok); ~ *bank*
adatbank; ~ *processing* (gépi) adatfeldolgozás ‖ →*datum*
date¹ [deɪt] I. *n* 1. időpont, kelet;
dátum; ~ *of birth* születési idő; ~
of issue kiállítás/kiadás kelte; *up to
~* korszerű, modern; *out of ~* elavult,
korszerűtlen; *to ~* a mai napig; *of
this ~* a naptól, a mai naptól 2.
US biz találka, randevú, randi; *have/
make a ~ with sy* találkája van vkvel
II. A. *vt* keltez; (vmlyen időpontra)
tesz; *your letter ~d from 16 March*
az Ön(0k) március 16-i keltezésű
levele ... B. *vi* 1. ered; ~ *back to,*
~ *from* származik/kelteződik vmely
időből 2. *it is beginning to ~* kezd
korszerűtlen lenni
date² [deɪt] *n* datolya
dated ['deɪtıd] *a* 1. keltezett 2. elavult
dateless ['deɪtlıs] *a* 1. keltezetlen 2.
időtlen
dateline *n* 1. keltezés (helye) 2. határidő; lejárat
dative ['deɪtıv] *n* részeshatározó eset,
dativus
datum ['deɪtəm] *n (pl* **data** 'deɪtə) 1.
adat; adalék 2. méretadat ‖ →*data*
datum-line *n* alapvonal
daub [dɔ:b] I. *n* 1. vakolat; alapréteg

[festéké stb.] 2. mázolás II. *vt* 1. beken (*with* vmvel); ~ *a wall* falat vakol 2. pingál
dauber ['dɔ:bə*] *n* rossz festő
daughter ['dɔ:tə*] *n* l(e)ány(a vknek)
daughter-in-law *n* (*pl* **daughters-in-law**) meny(e vknek)
daunt [dɔ:nt] *vt* megijeszt, megfélemlít; elcsüggeszt; *nothing ~ed* el nem csüggedve, elszántan
dauntless ['dɔ:ntlɪs] *a* rettenthetetlen
davenport ['dævnpɔ:t] *n* 1. szekreter 2. *US* dívány, rekamié
David ['deɪvɪd] *prop* Dávid
Davies ['deɪvɪs] *prop*
davit ['dævɪt] *n* csónakdaru
Davy Jones's locker [deɪvɪ'dʒoʊnzɪz] a tenger feneke; hullámsír
daw [dɔ:] *n* csóka
dawdle ['dɔ:dl] A. *vi* lóg, cselleng B. *vt ~ away the time* elvesztegeti az időt
dawdler ['dɔ:dlə*] *n* piszmogó
dawn [dɔ:n] I. *n* hajnal, virradat II. *vi* virrad, pitymallik, hajnalodik; *it begins to ~ on me* kezdem sejteni, dereng már vm
day [deɪ] *n* 1. nap [időtartam]; ~ *return/ticket* egy napig érvényes menettérti jegy [kedvezményes]; *every ~* mindennap; *every other ~* minden másnap; *twice a ~* kétszer naponta; *all ~ (long)* egész nap(on át); *the ~ before yesterday* tegnapelőtt; *the ~ after tomorrow* holnapután; ~ *in ~ out* látástól vakulásig; ~ *by/after ~* napról napra, nap mint nap; *2 years ago to a ~* éppen 2 éve; *one of these (fine) ~s, some ~* majd egyszer, egy szép napon (majd); *the other ~* a minap, a napokban; *let's call it a ~* tegyük le a lantot, mára elég; *carry/win the ~* győzedelmeskedik, elviszi a pálmát; *man of the ~* a nap hőse; *a ~ off* szabadnap; *a ~'s work* egy napi munka; *it's all in the ~'s work!* megszokott/ mindennapos dolog!; *it's many a ~* igen régen, valaha; *what is the ~ of the month?* hányadika van? 2. nap, nappal; *before ~* virradat előtt; *by ~* nappal; ~ *and night* éjjel-nappal; ~ *letter* levéltávirat; ~ *nursery* óvo-

da; ~ *shift* nappali műszak 3. *in our ~s* manapság, napjainkban; *the good old ~s* a régi jó idők; *in all my born ~s* egész életemben; *in the ~s of Shakespeare* Sh. idején/korában; *in ~s to come* a jövőben
day-boarder *n* félbennlakó [intézetben]
day-boy/girl *n* bejáró [diák]
day-break *n* hajnal(hasadás)
day-dream *n* ábrándozás, álmodozás
day-labourer *n* napszámos
daylight *n* (nappali) világosság, napvilág
daylight-saving time nyári időszámítás
day-room *n* társalgó, klubhelyiség
day-school *n* iskola [bennlakók nélkül]
day-time *n* nappal
day-to-day *a* naponta ismétlődő; n.
Dayton ['deɪtn] *prop*
daze [deɪz] I. *n* kábulat; zavar; *in a ~* kábultan II. *vt* (el)kábít, elbódít; meghökkent
dazzle ['dæzl] I. *n* káprázat II. *vt* elkápráztat, (el)vakít
db, dB *decibel*
D.C., DC [di:'si:] 1. (*d.c.* is) *direct current* 2. *District of Columbia* (USA)
D.C.L., DCL [di:si:'el] *Doctor of Civil Law* a magánjog doktora
D.D., DD [di:'di:] *Doctor of Divinity* hittudományi doktor
D-day ['di:deɪ] ⟨a partraszállás napja, 1944. VI. 6.⟩
DDT [di:di:'ti:] *dichloro-diphenyltrichloroethane* ⟨féregirtó szer⟩, DDT
deacon ['di:k(ə)n] *n* diakónus
deaconess ['di:kənɪs] *n* diakonissza
deactivate [di:'æktɪveɪt] *vt* hatástalanít
dead [ded] I. *a* 1. halott, holt; ~ *and gone* meghalt (és eltemettetett), nincs többé; *legally ~* eltűnt, holttá nyilvánított; ~ *end* zsákutca (*átv is*) →*dead-end;* ~ *heat* holtverseny; ~ *language* holt nyelv; ~ *letter* (1) írott malaszt (2) kézbesíthetetlen levél; ~ *load* holtsúly; ~ *matter* holt/élettelen anyag; ~ *season* holt szezon; ~ *weight* holtsúly 2. érzéketlen (*to* vmvel szemben); ~ *nettle* árvacsalán; *go ~* elzsibbad 3. teljes; ~ *calm* teljes szélcsend; ~ *loss* teljes veszteség;

~ *reckoning* hozzávetőleges számítás; ~ *set* erőszakos támadás; *a* ~ *shot* mesterlövész; *he's* ~ *on time* másodpercre pontos II. *adv* 1. holtan 2. egészen; *in* ~ *earnest* halálosan komolyan; ~ *drunk* holtrészeg; *he's* ~ *against it* mereven ellenzi; ~ *slow!* lépésben (hajts)!; *stop* ~ hirtelen megáll III. *n* 1. *the* ~ a holtak 2. *in the* ~ *of night* az éjszaka közepén; *in the* ~ *of winter* a tél derekán/közepén
dead-alive *a* 1. unalmas, egyhangú 2. kedvetlen
dead-beat *a* holtfáradt
dead-centre, US **-ter** *n* holtpont
deaden ['dedn] A. *vt* tompít, gyengít; csökkent B. *vi* tompul, gyengül; csökken
dead-end *a* ~ *kid* utcagyerek →*dead I.*
dead-head *n biz* potyajegyes; potyautas
dead-line *n* 1. határidő 2. lapzárta
dead-lock *n átv* holtpont
deadly ['dedlɪ] I. *a* halálos; ~ *nightshade* nadragulya II. *adv* halálosan; ~ *dull* halálosan unalmas
dead-march *n* gyászinduló
deadness ['dednɪs] *n* élettelenség; közöny
deadpan *n US* □ pléhpofa
dead-wood *n* 1. elhalt faág 2. hasznavehetetlen/fölösleges dolog
deaf [def] *a* süket; *the* ~ a süketek; ~ *in one ear* fél fülére süket; ~ *as a doorpost* süket mint a nagyágyú; *turn a* ~ *ear to* nem akarja meghallgatni
deaf-aid *n* hallásjavító (készülék)
deaf-and-dumb ['def(ə)ndʌm] *a* süketnéma
deafen ['defn] *vt* 1. (meg)süketít 2. tompít, szigetel [hangot]
deaf-mute *n/a* süketnéma
deafness ['defnɪs] *n* süketség
deal[1] [di:l] I. *n* 1. mennyiség; *a great/good* ~ *(of sg)* jó sok (vmből) 2. (kártya)osztás 3. bánásmód, eljárás; *biz give sy a fair/square* ~ korrektül tisztességesen jár el vkvel szemben; *US New D*~ új gazdasági politika (1932) 4. alku, üzlet; *it's a* ~ áll az alku!; *do a* ~ *with sy* megegyezik vk-

vel; *US biz a big* ~ (1) jó fogás (2) ez is valami? II. *vt* (*pt/pp* **dealt** delt) 1. ad [ütést] 2. oszt [kártyát]
deal at *vi* vknél vásárol
deal by *vi* bánik vkvel
deal in *vi* kereskedik vmvel
deal out *vt* (ki)oszt
deal with *vi* 1. kereskedik vkvel, üzleti összeköttetésben áll vkvel; *man difficult to* ~ *w.* „nehéz" ember; *refuse to* ~ *w. sy* nem akar vkvel többé érintkezni 2. foglalkozik vmvel 3. bánik vkvel
deal[2] [di:l] *n* fenyőfa deszka
dealer ['di:lə*] *n* 1. kereskedő; *plain* ~ nyílt ember 2. (kártya)osztó
dealing ['di:lɪŋ] *n* 1. viselkedés, bánásmód 2. **dealings** *pl* kapcsolat; üzelmek
dealt →*deal*[1] *II.*
dean [di:n] *n* 1. dékán 2. esperes
deanery ['di:nərɪ] *n* dékáni/esperesi állás/lak
dear [dɪə*] I. *a* 1. kedves, drága; *D*~ *Sir,* [levélben:] Tisztelt Uram/Cím! 2. költséges, drága II. *adv* drágán III. *n* kedves; *my* ~ drágám IV. *int* ~ *me!, (oh)* ~*!,* ~*(,)* ~*!* Uram Isten !. te jó ég!
dearness ['dɪənɪs] *n* drágaság
dearth [də:θ] *n* hiány, ínség
death [deθ] *n* 1. halál; *he'll be the* ~ *of me* (még) a sírba fog vinni; *at* ~*'s door* a halál küszöbén; *be in at the* ~ (1) jelen van a vad felkoncolásánál (2) *átv* a kritikus pillanatban jelen van; *you'll catch your* ~ halálra fázol; *do/put sy to* ~ megöl/kivégez vkt; *... to* ~ halálosan [fáradt stb.] 2. halál(eset); ~*s* halálesetek; gyászjelentések [újságban]; *US* ~ *house* siralomház; ~ *penalty* halálbüntetés
death-bed *n* halálos ágy
death-bell *n* lélekharang
death-duty *n* örökösödési illeték
deathless ['deθlɪs] *a* halhatatlan
deathly ['deθlɪ] I. *a* halálos II. *adv* halálosan; ~ *pale* halálsápadt
death-mask *n* halotti maszk
death-notice *n* halálozási hír [újságban]
death-rate *n* halálozási arányszám

death-rattle *n* halálhörgés
death-roll *n* halotti lista
death's-head ['deθs-] *n* halálfej; ~ moth halálfejes lepke
death-trap *n* életveszélyes hely
death-warrant *n* halálos ítélet
débâcle [deɪ'bɑ:kl] *n* átv összeomlás, bukás
debar [dɪ'bɑ:*] *vt* -rr- 1. elzár, kirekeszt 2. megakadályoz
debark [dɪ'bɑ:k] A. *vi* partra száll B. *vt* partra szállít
debarkation [di:bɑ:'keɪʃn] *n* partraszállás
debase [dɪ'beɪs] *vt* 1. lealáz 2. leront [minőséget] 3. leértékel [pénzt]
debasement [dɪ'beɪsmənt] *n* 1. lealacsonyítás 2. leértékelés, devalválás
debatable [dɪ'beɪtəbl] *a* vitatható
debate [dɪ'beɪt] I. *n* vita; *the question under* ~ a vita tárgya II. A. *vt* (meg-)vitat B. *vi* vitatkozik (*with sy on sg* vkvel vmn); *I was debating in my mind* azon tűnődtem; *debating society* nyilvános vitakör
debauch [dɪ'bɔ:tʃ] I. *n* dorbézolás, kicsapongás II. A. *vt* elzülleszt, elcsábít [nőt] B. *vi* dorbézol
debauched [dɪ'bɔ:tʃt] *a* züllött, kicsapongó
debauchery [dɪ'bɔ:tʃ(ə)rɪ] *n* 1. kicsapongás, erkölcstelenség 2. elcsábítás
debenture [dɪ'bentʃə*] *n* adóslevél, kötelezvény
debilitate [dɪ'bɪlɪteɪt] *vt* elgyengít, legyengít
debility [dɪ'bɪlətɪ] *n* gyengeség
debit ['debɪt] I. *n* tartozás; tartozik oldal [könyvelésben]; *credit and* ~ tartozik-követel; *pass to sy's* ~ terhére ír vknek II. *vt* (meg)terhel (*with* vmvel), terhére ír (vknek vmt)
debonair [debə'neə*] *a* udvarias, jókedvű, kedélyes
Deborah ['debərə] *prop* Debóra
debouch [dɪ'baʊtʃ] *vi* beömlik; kiömlik; beletorkollik
debriefing [di:'bri:fɪŋ] *n* kikérdezés, kihallgatás
debris ['deɪbri:; *US* də'bri:] *n* törmelék, roncs

debt [det] *n* adósság, tartozás; *active* ~*s* kinnlevőségek; *bad* ~*s* behajthatatlan követelések; *owe sy a* ~ *of gratitude* hálával tartozik vknek; ~ *of honour* becsületbeli adósság; *pay the* ~ *of nature* meghal; *be in* ~ el van adósodva; *run into* ~ adósságba veri magát; *be out of* ~ rendezte az adósságait; *meet one's* ~*s* adósságát kiegyenlíti
debtor ['detə*] *n* adós
debunk [di:'bʌŋk] *vt US biz* leleplez; illúzióktól megfoszt
debus [di:'bʌs] *v* -ss- A. *vt* kiszállít [autóbuszból] B. *vi* kiszáll [autóbuszból]
début, debut ['deɪbu:; *US* -'bju:] *n* első fellépés, bemutatkozás
débutante, debutante ['debju:tɑ:nt] *n* első bálozó
Dec. *December* december, dec.
dec. *deceased* meghalt, megh., elhunyt
decade ['dekeɪd] *n* (év)tized
decadence ['dekəd(ə)ns] *n* hanyatlás, romlás, dekadencia
decadent ['dekəd(ə)nt] *a* hanyatló, dekadens
Decalogue, *US* -log ['dekəlɔg; *US* -ɔ:g] *n* tízparancsolat
decamp [dɪ'kæmp] *vi* 1. tábort bont, felszedi a sátorfát 2. eloson, elillan
decampment [dɪ'kæmpmənt] *n* 1. táborbontás 2. megfutamodás
decant [dɪ'kænt] *vt* lefejt [bort]; áttölt
decantation [di:kæn'teɪʃn] *n* lefejtés [boré]; áttöltés
decanter [dɪ'kæntə*] *n* asztali (boros-)palack
decapitate [dɪ'kæpɪteɪt] *vt* lefejez
decapitation [dɪkæpɪ'teɪʃn] *n* lefejezés
decarbonize [di:'kɑ:bənaɪz] *vt* széntelenít; koromtalanít
decathlon [dɪ'kæθlɔn; *US* -ɑn] *n* tízpróba
decay [dɪ'keɪ] I. *n* 1. romlás, hanyatlás; *fall into* ~ romba dől, pusztul 2. rothadás; szuvasodás II. *vi* bomlik, romlik, pusztul, korhad, szuvasodik, hanyatlik, fogy, elhal; ~*ed tooth* odvas fog; ~*ed with age* elaggott
decease [dɪ'si:s] I. *n* halál II. *vi* meghal; *the* ~*d* a halott, az elhunyt; *Mr Smith,* ~*d* néhai S. úr

deceit [dɪ'siːt] *n* 1. csalás, megtévesztés 2. csalárdság
deceitful [dɪ'siːtfʊl] *a* csaló; álnok; hamis
deceive [dɪ'siːv] *vt* 1. becsap, megtéveszt; hiteget; *be ~d* téved 2. megcsal [házastársat]
deceiver [dɪ'siːvə*] *n* csaló
decelerate [diː'seləreɪt] *vt* lassit, sebességet csökkent
deceleration [ˈdiːseləˈreɪʃn] *n* sebesség csökken(t)ése
December [dɪ'sembə*] *n* december
decency ['diːsnsɪ] *n* illem, illendőség; tisztességtudás; *the common decencies* (társadalmi) konvenciók, illemszabályok
decennial [dɪ'senjəl] *a* tizévenkénti
decent ['diːsnt] *a* 1. illedelmes, tisztességes 2. meglehetős, tűrhető 3. *biz* rendes; derék [fickó stb.]
decentralization [diːsentrəlaɪ'zeɪʃn; *US* -lɪ'z-] *n* decentralizálás
decentralize [diː'sentrəlaɪz] *vt* decentralizál
deception [dɪ'sepʃn] *n* 1. csalás, fortély 2. csalódás, tévedés
deceptive [dɪ'septɪv] *a* megtévesztő
decibel ['desɪbel] *n* decibel, 0,1 bel
decide [dɪ'saɪd] A. *vt* eldönt; elhatároz; *~ sy's fate* dönt vk sorsáról B. *vi* dönt, határoz; *~ (up)on sg* vmre elhatározza magát; *~ for sg* vm javára dönt
decided [dɪ'saɪdɪd] *a* határozott, kifejezett; *~ difference* szemmel látható különbség
decidedly [dɪ'saɪdɪdlɪ] *adv* határozottan; kifejezetten
deciduous [dɪ'sɪdjʊəs; *US* -dʒʊ-] *a* 1. lombhullató 2. agancsváltó 3. nem állandó; múlékony
decimal ['desɪml] I. *a* tízes; tizedes; *~ currency* tízes pénzrendszer; *~ fraction* tizedes tört; *~ point* tizedespont; *~ system* tízes számrendszer II. *n* tizedes (tört); *correct to five places of ~s* öt tizedesjegy pontosságú
decimalize ['desɪmǝlaɪz] *vt* tízes számrendszert vezet be
decimate ['desɪmeɪt] *vt* (meg)tizedel

decimation [desɪ'meɪʃn] *n* (meg)tizedelés
decipher [dɪ'saɪfə*] *vt* kibetűz, megfejt; megold [rejtjelet]
decipherable [dɪ'saɪf(ə)rəbl] *a* megfejthető, olvasható
decision [dɪ'sɪʒn] *n* 1. döntés, elhatározás; *come to a ~* dönt, határoz, elhatározásra jut 2. határozat, ítélet 3. elszántság
decision-making *n* határozathozatal
decisive [dɪ'saɪsɪv] *a* döntő
deck [dek] I. *n* 1. (hajó)fedélzet; *lower ~* (1) alsó fedélzet (2) tengerészlegénység; *clear the ~s for sg* nekikészül vmnek 2. *US* kártyacsomag II. *vt* 1. befed, beborít 2. díszít; *~ oneself out* kicicomázza magát
deck-chair *n* nyugágy
deck-hand *n* fedélzeti munkás
declaim [dɪ'kleɪm] *vi/vt* szónokol, szaval, deklamál
declamation [deklə'meɪʃn] *n* szavalás, szónoklat; nagyhangú beszéd
declamatory [dɪ'klæmət(ə)rɪ; *US* -tɔːrɪ] *a* nagyhangúan szónokias
declaration [deklə'reɪʃn] *n* nyilatkozat, kimondás, (ki)hirdetés; *~ of war* hadüzenet; *US D~ of Independence* függetlenségi nyilatkozat (1776. július 4.); *~ of value* értékbevallás
declare [dɪ'kleə*] *vt* kijelent, mond, nyilatkozik, üzen; *have you anything to ~?* van valami elvámolnivalója?; *well, I ~!* ejha!; *~ oneself* (1) igazi színében mutatkozik (2) nyilatkozik [vőlegényjelölt]; *~ oneself bankrupt* csődöt kér maga ellen
declaredly [dɪ'kleərɪdlɪ] *adv* nyiltan
declassified [diː'klæsɪfaɪd] *a* (index alól) feloldott
declassify [diː'klæsɪfaɪ] *vt* felold [titkossági tilalom alól]
declension [dɪ'klenʃn] *n* 1. lejtő 2. romlás, hanyatlás 3. (fő)névragozás, deklináció
declination [deklɪ'neɪʃn] *n* elhajlás, eltérés
decline [dɪ'klaɪn] I. *n* hanyatlás; csökkenés; *~ in prices* árcsökkenés; *be on the ~* hanyatlóban van II. A. *vt*

1. gyengül, hanyatlik, romlik; *in one's declining years* élete vége felé, öregkorában 2. (le)ereszkedik **B.** *vt* 1. [udvariasan] elutasít, visszautasít; elhárít; *he ~d to discuss the matter* nem volt hajlandó az ügyet megvitatni 2. ragoz [főnevet stb.]
declivity [dɪ'klɪvətɪ] *n* lejtő, lanka
declutch [di:'klʌtʃ] *vi* kioldja/kinyomja a tengelykapcsolót, kikuplungoz
decoct [dɪ'kɔkt; *US* -'ka-] *vt* lepárol, (ki)főz
decoction [dɪ'kɔkʃn; *US* -'ka-] *n* főzet, kifőzés
decode [di:'koʊd] *vt* dekódol, kirejtjelez
décolleté [deɪ'kɔlteɪ] *n* (nyak)kivágás, dekoltázs
decolonization [di:kɔlənaɪ'zeɪʃn; *US* di:kalənɪ'-] *n* gyarmat(ok) felszabadítása [anyaország által]
decolonize [di:'kɔlənaɪz; *US* -'ka-] *vt* függetlenné tesz [volt gyarmatot]
decolo(u)rization [di:kʌləraɪ'zeɪʃn; *US* -rɪ'z-] *n* színvesztés, fakulás
decolo(u)rize [di:'kʌləraɪz] *vt* színtelenít; fakít
decompose [di:kəm'poʊz] **A.** *vt* szétbont **B.** *vi* felbomlik, szétbomlik; elrothad
decomposition [di:kɔmpə'zɪʃn; *US* -ka-] *n* felbomlás; rothadás, oszlás
decompound [di:kəm'paʊnd] *a* többszörösen összetett
decompressor [di:kəm'presə*] *n* nyomáscsökkentő
decontaminate [di:kən'tæmɪneɪt] *vt* fertőtlenít; sugárzásmentesít
decontamination ['di:kəntæmɪ'neɪʃn] *n* (sugár)fertőtlenítés
decontrol [di:kən'troʊl] *vt* -ll- korlátozást megszüntet, szabaddá tesz
decorate ['dekəreɪt] *vt* 1. (fel)díszít 2. fest; tapétáz [lakást] 3. kitüntet
decoration [dekə'reɪʃn] *n* 1. (fel)díszítés 2. díszítmény, dekoráció 3. szobafestés; tapétázás 4. kitüntetés
decorative ['dek(ə)rətɪv; *US* -reɪ-] *a* díszítő (hatású), dekoratív
decorator ['dekəreɪtə*] *n* 1. szobafestő; tapétázó (mester) 2. lakberendező
decorous ['dekərəs] *a* illő, illedelmes; tisztességes

decorticate [di:'kɔ:tɪkeɪt] *vt* lehántol, lehámoz
decorum [dɪ'kɔ:rəm] *n* illem, tisztesség
decoy [dɪ'kɔɪ] **I.** *n* csalétek **II.** *vt* tőrbe csal, csalogat
decoy-duck *n* 1. csalikacsa 2. beugrató ügynök
decrease I. *n* ['di:kri:s] csökkenés, fogyás **II.** *v* [di:'kri:s] **A.** *vi* fogy, csökken **B.** *vt* fogyaszt; csökkent
decreasing [di:'kri:sɪŋ] *a* csökkenő; fogyó
decreasingly [di:'kri:sɪŋlɪ] *adv* egyre kevésbé
decree [dɪ'kri:] **I.** *n* 1. rendelet 2. végzés; döntés; ~ *nisi* ['naɪsaɪ] ⟨nem jogerős ítélet házassági bontóperben⟩ **II.** *vt* határoz; elrendel
decrepit [dɪ'krepɪt] *a* rokkant, elaggott
decrepitude [dɪ'krepɪtju:d; *US* -tu:d] *n* elaggottság; rozogaság
decrescent [dɪ'kresnt] *a* fogyó [hold]
decry [dɪ'kraɪ] *vt* 1. leszól, becsmérel 2. leértékel
dedicate ['dedɪkeɪt] *vt* 1. (fel)szentel; ~ *oneself to* vmnek szenteli magát 2. ajánlással ellát, dedikál [könyvet]
dedication [dedɪ'keɪʃn] *n* 1. felszentelés; felajánlás 2. dedikálás; dedikáció
dedicatory ['dedɪkət(ə)rɪ; *US* -ɔ:rɪ] *a* ajánló
deduce [dɪ'dju:s; *US* -'du:s] *vt* 1. leszármaztat, levezet 2. következtet (*from* -ból, -ből)
deducible [dɪ'dju:səbl; *US* -'du:-] *a* 1. leszármaztatható, levezethető 2. kikövetkeztethető (*from* -ból, -ből)
deduct [dɪ'dʌkt] *vt* leszámít; levon; *after ~ing* ... levonásával
deduction [dɪ'dʌkʃn] *n* 1. levonás 2. következtetés; levezetés
deductive [dɪ'dʌktɪv] *a* levezető; deduktív [módszer]
deed [di:d] *n* 1. tett, cselekedet 2. tény, valóság; *in ~* való(ság)ban, ténylegesen 3. (közjegyzői) okirat; ~ *of arrangement* egyezségi okirat
deed-box *n* iratláda
deed-poll *n* egyoldalú szerződés(t tartalmazó okirat)
deem [di:m] *vt* vmnek tart/tekint/gon-

dol/ítél; ~ sg necessary vmt szükséges-
nek tart
deep [di:p] I. a 1. (átv is) mély; ~ red
mély vörös, sötétvörös; ~ voice
mély hang; átv in ~ water nehézségek
közepette; ~ sorrow nagy bánat;
biz go off the ~ end dühbe gurul,
„begerjed"; four ~ négyes sorokban
2. alapos; ~ insight into human nature
az emberi természet alapos ismerete
3. álnok; ravasz; □ he's a ~ one
sötét/agyafúrt alak II. adv mélyen;
~ in thought gondolataiba merülve;
drink ~ sokat iszik, a kancsó fenekére
néz; still waters run ~ lassú víz partot
mos III. n 1. mélység; in the ~ of
winter a tél közepén 2. tenger, óceán;
commit to the ~ tengerbe temet
deep-chested a domború mellkasú
deepen ['di:p(ə)n] A. vi 1. mélyebbé
válik 2. erősödik; sötétebbé válik
B. vt 1. (átv is) (ki)mélyít, (ki)szélesít
2. elmélyít; fokoz
deep-felt a mélyen/őszintén átérzett
deep-freeze I. n mélyhűtő II. vt (pt
-froze, pp -frozen) mélyhűt
deep-frozen a mélyhűtött
deep-laid a ravaszul kigondolt
deeply ['di:plɪ] adv mély(séges)en; sigh
~ nagyot sóhajt
deepness ['di:pnɪs] n mélység
deep-rooted a mélyen gyökerező
deep-sea a mélytengeri
deep-seated a = deep-rooted
deep-set a mélyen ülő [szem]
deer [dɪə*] n (pl ~) őz, szarvas, rőt-
vad
deerskin n szarvasbőr, őzbőr
deerstalker n 1. szarvasvadász 2. va-
dászsapka
deface [dɪ'feɪs] vt 1. elcsúfít; megron-
gál 2. olvashatatlanná tesz
defacement [dɪ'feɪsmənt] n 1. elcsúfí-
tás, rongálás 2. olvashatatlanná tétel
de facto [di:'fæktoʊ] ténylegesen, való-
jában
defalcate ['di:fælkeɪt] vi sikkaszt
defalcation [di:fæl'keɪʃn] n 1. sikkasz-
tás 2. elsikkasztott összeg; hiány
defamation [defə'meɪʃn] n rágalmazás,
becsületsértés, becsmérlés

defamatory [dɪ'fæmət(ə)rɪ; US -ɔ:rɪ] a
rágalmazó; becsmérlő
defame [dɪ'feɪm] vt rágalmaz; becsme-
rel, becsületébe gázol (vknek)
defatted [di:'fætɪd] sovány [tej stb.]
default [dɪ'fɔ:lt] I. n 1. hiány; mulasz-
tás; késedelem; nem teljesítés [fize-
tésé]; in ~ of sg vm hiányában;
judgment in ~ mulasztási ítélet;
match won by ~ másik fél távolmaradá-
sa következtében nyert mérkőzés
2. hiba; vétség II. vt/vi 1. elmulaszt;
mulasztást követ el; nem teljesít
2. (fizetést) beszüntet; fizetési köte-
lezettségnek nem tesz eleget 3. idézés-
re nem jelenik meg 4. elmakacsol
(vkt)
defaulter [dɪ'fɔ:ltə*] n 1. szószegő;
mulasztó 2. tárgyaláson meg nem
jelenő fél 3. késedelmes adós 4. sik-
kasztó
defeasance [dɪ'fi:zns] n érvénytelenítés;
hatálytalanítás
defeasible [dɪ'fi:zəbl] a megtámadható
defeat [dɪ'fi:t] I. n 1. vereség; kudarc;
sustain a ~ vereséget szenved 2.
bukás II. vt 1. legyőz, megver 2.
meghiúsít [tervet]; megdönt [kor-
mányt]; be ~ed kisebbségben marad
defeatism [dɪ'fi:tɪzm] n defetizmus, kis-
hitűség
defecate ['defɪkeɪt] A. vt 1. tisztít, de-
rít [folyadékot] 2. ürít B. vi székel
defecation [defɪ'keɪʃn] n székelés; szék-
let
defect I. n ['di:fekt; US dɪ'fekt is]
hiány; hiányosság, tökéletlenség II. vi
[dɪ'fekt] megszökik, elfordul (vktől);
disszidál
defection [dɪ'fekʃn] n elszakadás; el-
pártolás; disszidálás
defective [dɪ'fektɪv] a hiányos, hibás,
tökéletlen; mentally ~ child értelmi-
leg fogyatékos gyermek
defector [dɪ'fektə*] n disszidens
defence [dɪ'fens] n 1. védelem; védeke-
zés; in his ~ védelmére; counsel for
the ~ védőügyvéd; witness for the ~
mentőtanú; best ~ is offence legjobb
védekezés a támadás 2. defences pl
erősítések, védőművek

defenceless [dı'fenslıs] *a* védtelen
defend [dı'fend] *vt/vi* (meg)véd, oltalmaz; ~ *oneself against/from sg* védekezik vm ellen
defendant [dı'fendənt] *n* alperes; vádlott
defender [dı'fendə*] *n* védő
defense [dı'fens] *n US = defence*
defensible [dı'fensəbl] *a* védhető; igazolható
defensive [dı'fensıv] I. *a* védekező; ~ *warfare* védekező hadviselés II. *n* védelem; *be/stand on the* ~ védekezik, védelmi állásba vonul
defer[1] [dı'fə:*] *v* -rr- A. *vt* elhalaszt, halogat, késleltet; *on* ~*red terms* részletfizetésre B. *vi* késlekedik
defer[2] [dı'fə:*] *vi* -rr- *to sg* alkalmazkodik vmhez, belenyugszik vmbe
deference ['def(ə)rəns] *n* 1. alkalmazkodás; belenyugvás 2. tiszteletadás; *with all due* ~ *to you* minden köteles tisztelettem ellenére; *in* ~ *to his wishes* kívánságainak tiszteletbentartásával
deferential [defə'renʃl] *a* hódolatteljes; tiszteletteljes; engedelmes
deferment [dı'fə:mənt] *n* (el)halasztás; haladék
defiance [dı'faıəns] *n* 1. kihívás 2. dac; *bid* ~ *to sy* ujjat húz vkvel; *set sy at* ~ dacol/ellenkezik vkvel; *in* ~ *of the law* fittyet hányva a törvénynek
defiant [dı'faıənt] *a* kihívó; dacos
defiantly [dı'faıəntlı] *adv* kihívó arccal/ hangon
deficiency [dı'fıʃnsı] *n* 1. hiány, elégtelenség; ~ *disease* hiánybetegség 2. hiányosság; tökéletlenség 3. hiány, deficit
deficient [dı'fıʃnt] *a* 1. hiányos, elégtelen 2. (szellemileg) fogyatékos; *mentally* ~ gyengeelméjű
deficit ['defısıt] *n* hiány, deficit; veszteség; *make up the* ~ (költségvetési) hiányt pótol
defile[1] I. *n* ['di:faıl] 1. hegyszoros 2. (katonai) (dísz)elvonulás II. *vi* [dı'faıl] elvonul, ellép [csapat]
defile[2] [dı'faıl] *vt* bemocskol; meggyaláz

defilement [dı'faılmənt] *n* 1. beszennyezés 2. mocsok, tisztátalanság
definable [dı'faınəbl] *a* meghatározható
define [dı'faın] *vt* 1. meghatároz; körülír, értelmez 2. (pontosan) meghatároz, határt szab; korlátoz; ~ *one's position* tisztázza (politikai) álláspontját
definite ['defınıt] *a* 1. határozott; bizonyos, világos; végleges; *a* ~ *answer* határozott/egyértelmű válasz; *at a* ~ *hour* meghatározott időpontban 2. ~ *article* határozott névelő
definitely ['defınıtlı] *adv* feltétlenül, hogyne
definiteness ['defınıtnıs] *n* (meg)határozottság; végérvényesség
definition [defı'nıʃn] *n* 1. meghatározás, definíció 2. képélesség; felbontóképesség [tévéé]
definitive [dı'fınıtıv] *a* 1. végleges 2. döntő
deflate [dı'fleıt] *vt* 1. kienged, kiereszt [gázt, levegőt]; ~*d tyre* kilyukadt/leeresztett gumi(abroncs) 2. (pénzforgalmat) csökkent
deflation [dı'fleıʃn] *n* 1. leengedés; leeresztés [léggömbé, gumié] 2. defláció [pénzé]
deflationary [dı'fleıʃn(ə)rı; *US* -erı] *a* deflációs [politika]
deflect [dı'flekt] A. *vt* elterel, eltérít B. *vi* eltér; elhajlik
deflection, -xion [dı'flekʃn] *n* 1. eltérés; kitérés, kilengés [mutatóé] 2. elhajlítás 3. megvetemedés; behajlás
defloration [di:flɔ:'reıʃn] *n* meggyalázás, deflorálás
deflower [di:'flauə*] *vt* 1. meggyaláz, deflorál [nőt] 2. szépségétől megfoszt
Defoe [dı'fou] *prop*
defoliate [di:'foulıeıt] *vt* lombtalanít
defoliation [di:foulı'eıʃn] *n* 1. lombhullás 2. lombtalanítás
deforest [di:'fɔrıst; *US* -'fɑ-] *vt* kivág [erdőt]
deform [dı'fɔ:m] *vt* eltorzít, elcsúfít; *become* ~*ed* deformálódik
deformation [di:fɔ:'meıʃn] *n* 1. (el-)torzítás, deformálás 2. (el)torzulás; testi fogyatékosság; deformáció; vetemedés

deformed [dɪ'fɔ:md] a eltorzult, nyomorék

deformity [dɪ'fɔ:mətɪ] n 1. testi fogyatékosság; idomtalanság 2. rútság [jelleme is]

defraud [dɪ'frɔ:d] vt becsap, megkárosit

defray [dɪ'freɪ] vt (ki)fizet, fedez, visel [költségeket]

defrayal [dɪ'freɪəl] n költségviselés

defrost [di:'frɔst; US -ɔ:-] vt 1. leolvaszt [hűtőszekrényt] 2. US = demist

defroster [di:'frɔstə*; US -ɔ:-] n US = demister

deft [deft] a ügyes, fürge

deftness ['deftnɪs] n ügyesség, jártasság

defunct [dɪ'fʌŋkt] a elhunyt; kihalt

defuse [di:'fju:z] vt hatástalanit [robbanó szerkezetet]

defy [dɪ'faɪ] vt 1. kihiv 2. ellenszegül, dacol; ~ description leirhatatlan

deg. degree(s) fok(ozat)

degeneracy [dɪ'dʒen(ə)rəsɪ] n elkorcsosulás, degeneráltság

degenerate I. a [dɪ'dʒen(ə)rət] korcs; degenerált II. vi [dɪ'dʒenəreɪt] elkorcsosul; elfajzik; elfajul

degeneration [dɪdʒenə'reɪʃn] n elfajulás; elkorcsosulás

degradation [degrə'deɪʃn] n 1. lefokozás, degradálás 2. lealacsonyodás; lealacsonyítás 3. lekopás, erózió [kőzeteké] 4. elfajzás; degenerálódás

degrade [dɪ'greɪd] A. vt 1. lefokoz, degradál 2. lealacsonyit 3. gyengit; elporlaszt, erodál B. vi lealacsonyodik; elfajzik

degrading [dɪ'greɪdɪŋ] a lealázó; megalázó

degree [dɪ'gri:] n 1. fok; 20 ~s centigrade 20 C°˙ (v. a nemzetközi szabvány szerint: 20 °C), plusz húsz fok (Celsius); ~ of latitude szélességi fok; by ~s fokozatosan, fokonként 2. fokozat; mérték; to a (high) ~ nagymértékben; to a certain ~ bizonyos fokig/mértékig 3. rang; of low ~ alacsony származású 4. take a ~ (egyetemi) diplomát/fokozatot szerez; honorary ~ tiszteletbeli tudományos fokozat [díszdoktorság stb.]

dehumanize [di:'hju:mənaɪz] vt emberi mivoltából kivetkőztet

dehydrate [di:'haɪdreɪt] vt víztelenít; dehidrál; ~d stock levespor; ~d vegetables szárított főzelék/zöldség

de-ice [di:'aɪs] vt jégtelenít

deification [di:ɪfɪ'keɪʃn] n istenítés

deify ['di:ɪfaɪ] vt istenit

deign [deɪn] vt ~ to do sg kegyeskedik/méltóztatik vmt megtenni; he did not ~ to answer még válaszra sem méltatott

deism ['di:ɪzm] n deizmus

deity ['di:ɪtɪ] n istenség

deject [dɪ'dʒekt] vt lehangol, elkedvetlenit

dejected [dɪ'dʒektɪd] a kedvetlen, bús; lehangolt, levert

dejection [dɪ'dʒekʃn] n levertség, csüggedtség

de jure [di:'dʒʊərɪ] jogosan, jog szerint(i)

Del. Delaware

Delaware ['deləweə*] prop

delay [dɪ'leɪ] I. n 1. késlekedés, késés; haladék, késedelem; without further ~ minden további késedelem nélkül 2. késleltetés, hátráltatás II. A. vi késik; késlekedik B. vt 1. elhalaszt, kitol, elodáz 2. késleltet, feltartóztat; akadályoz

delayed [dɪ'leɪd] a késleltetett

delayed-action a időzített; késleltetett működésű

delectable [dɪ'lektəbl] a élvezetes, kellemes

delegate I. n ['delɪgət] meghatalmazott, (ki)küldött követ, képviselő II. vt ['delɪgeɪt] 1. kiküld, megbíz 2. ráruház [hatáskört, jogkört]

delegation [delɪ'geɪʃn] n 1. kiküldetés 2. küldöttség, bizottság, delegáció 3. (jog)átruházás

delete [dɪ'li:t] vt töröl, kihúz; deleál

deleterious [delɪ'tɪərɪəs] a ártalmas, káros

deletion [dɪ'li:ʃn] n törlés, áthúzás

Delhi ['delɪ] prop

Delia ['di:ljə] prop Délia ⟨női név⟩

deliberate I. a [dɪ'lɪb(ə)rət] 1. szándékos 2. megfontolt, körültekintő II. v [dɪ'lɪbəreɪt] A. vt meggondol, meg-

fontol; megtárgyal, megvitat **B.** *vi*
1. tanakodik (magában); ~ *over/on a*
question mérlegel/latolgat egy kérdést
2. tanácskozik
deliberately [dɪ'lɪb(ə)rətlɪ] *adv* **1.** szándékosan, akarattal **2.** megfontoltan
kimérten
deliberateness [dɪ'lɪb(ə)rətnɪs] *n* **1.** szándékosság **2.** megfontoltság
deliberation [dɪlɪbə'reɪʃn] *n* **1.** megfontolás, mérlegelés; *after due* ~ hosszas
gondolkodás után **2.** tanácskozás **3.**
megfontoltság
deliberative [dɪ'lɪb(ə)rətɪv; *US* -reɪ-]
a tanácskozó
delicacy ['delɪkəsɪ] *n* **1.** finomság; gyengédség, tapintat **2.** (alkati) gyengeség, törékenység **3.** (asztali) csemege,
ínyencfalat
delicate ['delɪkət] *a* **1.** ízletes; pompás,
finom **2.** tapintatos **3.** kényes; gyenge
delicatessen [delɪkə'tesn] *n* **1.** csemegeüzlet **2.** csemegeáru
delicious [dɪ'lɪʃəs] *a* gyönyörűséges;
pompás
delight [dɪ'laɪt] **I.** *n* öröm, gyönyörűség;
élvezet; *much to the* ~ *of* (vk) nagy
örömére; *take* ~ *in sg* örül vmnek,
örömét leli vmben **II. A.** *vt* gyönyörködtet, örömöt szerez (vknek); *be*
~*ed at sg* el van ragadtatva vmtől;
be ~*ed with sy/sg* el van ragadtatva
vktől/vmtől; *I shall be* ~*ed* nagy
örömömre fog szolgálni . . .; *I was*
~*ed to hear* (nagy) örömmel hallottam . . . **B.** *vi* ~ *in sg* örömét leli vmben
delightful [dɪ'laɪtfʊl] *n* elragadó, bűbájos; gyönyörűséges, pompás
Delilah [dɪ'laɪlə] *prop* Delila
delimit [di:'lɪmɪt] *vt* körülhatárol (vmt);
határt szab (vmnek)
delimitation [dɪlɪmɪ'teɪʃn] *n* **1.** elhatárolás **2.** *átv* korlát(ozás)
delineate [dɪ'lɪnɪeɪt] *vt* **1.** ábrázol, felrajzol; vázol **2.** körvonalaz, ismertet
[tervet stb.]
delineation [dɪlɪnɪ'eɪʃn] *n* **1.** ábrázolás;
tervrajz; alaprajz **2.** leírás; körvonalazás; felvázolás
delinquency [dɪ'lɪŋkwənsɪ] *n* **1.** köte-

lességmulasztás; vétség; bűncselekmény **2.** bűnözés
delinquent [dɪ'lɪŋkwənt] *a/n* **1.** bűntettes, kötelességmulasztó **2.** bűnöző;
tettes
delirious [dɪ'lɪrɪəs] *a* **1.** félrebeszélő,
eszelős **2.** izgatott; ~ *with joy* örömittas
delirium [dɪ'lɪrɪəm] *n* félrebeszélés;
önkívület; ~ *tremens* ['tri:menz] delirium tremens
deliver [dɪ'lɪvə*] *vt* **1.** (meg)szabadít;
be ~*ed of a child* gyermeket szül;
~ *oneself of an opinion* véleményt
mond **2.** kiszolgáltat, átad, kiad;
~ *sy into the hands of the enemy* az
ellenség kezére ad vkt; ~ *up* tettest
kiad [egyik állam a másiknak]; ~
over (*to sy*) (vknek) átad, (vkre) átruház [jogot stb.] **3.** kézbesít; (le-)
szállít [árut]; ~ *a message* üzenetet
átad **4.** hoz [ítéletet]; mond [beszédet]; tart [előadást]
deliverable [dɪ'lɪv(ə)rəbl] *a* szállítandó;
szállítható; kézbesítendő; átadandó
deliverance [dɪ'lɪv(ə)rəns] *n* **1.** megszabadítás (*from* vmtől) **2.** átadás, leszállítás **3.** (vélemény)nyilvánítás **4.**
† szülés [levezetése]
deliverer [dɪ'lɪv(ə)rə*] *n* **1.** megszabadító **2.** kézbesítő; szállító
delivery [dɪ'lɪv(ə)rɪ] *n* **1.** felszabadítás
2. szülés **3.** átadás, kézbesítés; ~
note szállítójegy; ~ *van* árukihordó
teherautó; *cash/pay* (v. *US collect*)
on ~ szállításkor/átvételkor/utánvéttel fizetendő/fizetve **4.** előadás(mód)
delivery-man *n* (*pl* -men) kézbesítő,
árukihordó
delivery-pipe *n* nyomócső
dell [del] *n* kis erdős völgy
de-lousing [di:'laʊsɪŋ] *n* tetvetlenítés
Delphi ['delfaɪ] *prop* Delphi, Delphoi
delphinium [del'fɪnɪəm] *n* szarkaláb
[növény]
delta ['deltə] *n* **1.** delta [görög betű];
~(-)*wing* deltaszárny(ú) **2.** torkolatvidék, delta [folyóé]
delude [dɪ'lu:d] *vt* becsap, megcsal;
~ *oneself with false hopes* hiú reményekkel áltatja magát

deluge ['delju:dʒ] I. *n* özönvíz, áradat; *the D~* a Vízözön, az Özönvíz II. *vt* eláraszt, elönt (*with* -val/-vel)
delusion [dɪ'lu:ʒn] *n* 1. csalás, megtévesztés 2. káprázat; érzékcsalódás; *be under the ~* abban a tévhitben él; *~ of grandeur* nagyzási hóbort 3. csalódás, tévedés
delusive [dɪ'lu:sɪv] *a* csalfa; megtévesztő
de luxe [də'luks] *a* luxus, osztályon felüli
delve [delv] A. *vt* (ki)ás B. *vi* turkál [zsebben]; kutat (*for* vm után); *~ into sg* vmnek a mélyére hatol
Dem. *Democrat*
demagog(ue) ['deməgɔg; *US* -ɔ:g] *n* népámító, demagóg
demagogy ['deməgɔgɪ; *US* -goʊdʒɪ] *n* népámítás, demagógia
demand [dɪ'mɑ:nd; *US* -æ-] I. *n* 1. követelés; kívánság; kérés; *~ note* adófizetési meghagyás; *on ~* bemutatásra/látra fizetendő [váltó]; bemutatóra szóló [csekk] 2. igény, kereslet; (*much*) *in ~* keresett, kapós; *make great ~s on sg* erősen igénybe vesz II. *vt* 1. kér, követel; *~ to know whether* . . . tudni akarja, hogy . . . 2. megkövetel; igényel; *it ~s skill* ügyességet igényel
demanding [dɪ'mɑ:ndɪŋ; *US* -'mæ-] *a* igényes; megerőltető
demarcation [di:mɑ:'keɪʃn] *n* 1. elhatárolás; határvonal 2. határmegállapítás
demean [dɪ'mi:n] *v refl ~ oneself* lealacsonyítja/lealázza magát
demeanour [dɪ'mi:nə*] *n* viselkedés
demented [dɪ'mentɪd] *a* őrült; háborodott
demerit [di:'merɪt] *n* 1. vétség; hiba 2. érdemtelenség
demesne [dɪ'meɪn] *n* † (ősi) birtok
demi-god ['demɪ-] *n* félisten
demijohn ['demɪdʒɔn; *US* -ɑn] *n* demizson
demilitarization ['di:mɪlɪtəraɪ'zeɪʃn; *US* -rɪ'z-] *n* 1. lefegyverzés 2. katonaság kivonása
demilitarize [di:'mɪlɪtəraɪz] *vt* 1. demilitarizál, lefegyverez 2. katonaságot kivon (vhonnan)
demise [dɪ'maɪz] I. *n* 1. átruházás [ingatlané, jogé] 2. haláleset; *~ of the crown* trón megüresedése II. *vt* átruház [végrendelettel, lemondás útján], hagyományoz, örökül hagy
demission [dɪ'mɪʃn] *n* lemondás, leköszönés [állásról]
demist [di:'mɪst] *vt* jégtelenít, páratlanít [szélvédőt stb.]
demister [di:'mɪstə*] *n* páratlanító, fagymentesítő
demo ['demoʊ] *n biz* tüntetés
demob [di:'mɔb; *US* -ɑb] *vt* -bb- = *demobilize*
demobilization ['di:moʊbɪlaɪ'zeɪʃn; *US* -lɪ'z-] *n* (katonai) leszerelés
demobilize [di:'moʊbɪlaɪz] *vt* leszerel [katonát]
democracy [dɪ'mɔkrəsɪ; *US* -'mɑ-] *n* demokrácia
democrat ['deməkræt] *n* demokrata
democratic [demə'krætɪk] *a* demokratikus; *US D~ Party* demokrata párt
democratize [dɪ'mɔkrətaɪz; *US* -'mɑ-] *vt* demokratizál
demographic [di:mə'græfɪk] *a* demográfiai
demography [di:'mɔgrəfɪ; *US* -'mɑ-] *n* demográfia
demolish [dɪ'mɔlɪʃ; *US* -ɑ-] *vt* 1. lerombol; ledönt; lebont 2. megdönt [elméletet stb.]
demolition [demə'lɪʃn] *n* lebontás [épületeJ; (le)rombolás, (el)pusztítás; *~ bomb* rombolóbomba; *~ work* bontási munka
demon ['di:mən] *n* démon; gonosz szellem; *he's a ~ for work* csak úgy ég a munka a keze alatt
demoniac [dɪ'moʊnɪæk] *a* ördögi
demonstrability [demənstrə'bɪlətɪ] *n* bizonyíthatóság; kimutathatóság
demonstrable ['demənstrəbl] *a* (be-)bizonyítható; kimutatható
demonstrate ['demənstreɪt] A. *vt* 1. (be)bizonyít, kimutat 2. bemutat; szemléltet B. *vi* tüntet, felvonul
demonstration [demən'streɪʃn] *n* 1. (be-) bizonyítás, kimutatás [igazságé] 2. bemutatás; szemléltetés; *~ car* bemu-

tató kocsi 3. (ki)nyilvánítás; ~ of love szeretetmegnyilvánulás 4. tüntetés
demonstrative [dɪ'mɔnstrətɪv; US -'ma-] a 1. meggyőző; (be)bizonyító [érv] 2. nyíltszívű [személy] 3. mutató [névmás] 4. tüntető
demonstrator ['demənstreɪtə*] n 1. tanársegéd, demonstrátor 2. [politikai] tüntető
demoralize [dɪ'mɔrəlaɪz; US -'ma-] vt demoralizál; erkölcsileg megront
demote [di:'mout] vt US 1. lefokoz [katonát] 2. alsóbb osztályba sorol [tanulót]
demur [dɪ'mə:*] I. n habozás; akadékoskodás II. vi -rr- 1. habozik; aggályoskodik 2. akadékoskodik; tiltakozik (at/to vmvel kapcsolatban)
demure [dɪ'mjuə*] a 1. illedelmes; higgadt 2. álszemérmes, negédesen finomkodó
demurred [dɪ'mə:d] →demur II.
den [den] n 1. barlang, odú, tanya 2. biz dolgozószoba, ,,odú"
denationalize [di:'næʃnəlaɪz] vt 1. elnemzetietlenít 2. állampolgárságától megfoszt 3. visszaad [államosított tulajdont]
denaturalize [di:'nætʃrəlaɪz] vt állampolgári jogoktól megfoszt
dengue ['deŋgɪ] n trópusi náthaláz
deniable [dɪ'naɪəbl] a tagadható
denial [dɪ'naɪəl] n 1. (meg)tagadás; visszautasítás 2. tagadás, el nem ismerés
denigrate ['denɪgreɪt] vt befeketít, rossz hírbe hoz
denim ['denɪm] n durva pamutszövet, cajgvászon, farmervászon
Denis ['denɪs] prop Dénes
Denise [də'ni:z] prop Döníz ⟨női név⟩
denizen ['denɪzn] n lakos, lakó; ~s of the forest az erdő lakói [az állatok] 2. honosított külföldi 3. meghonosodott szó/állat/növény
Denmark ['denma:k] prop Dánia
denominate [dɪ'nɔmɪneɪt; US -'na-] vt megnevez; elnevez
denomination [dɪnɔmɪ'neɪʃn; US -na-] n 1. név; megnevezés; elnevezés 2. felekezet 3. névérték, címlet

denominational [dɪnɔmɪ'neɪʃənl; US -nam-] a felekezeti
denominator [dɪ'nɔmɪneɪtə*; US -'na-] n nevező [törté]
denotation [di:nou'teɪʃn] n 1. megjelölés 2. jelentés [szóé] 4. jel
denote [dɪ'nout] vt 1. jelez (vmt), mutat, utal (vmre) 2. [értelmet] kifejez, jelent
dénouement, de- [deɪ'nu:ma:ŋ; US deɪnu:'ma:ŋ] n (vég)kifejlet, kibontakozás
denounce [dɪ'nauns] vt 1. feljelent, denunciál; leleplez [csalót] 2. felmond [szerződést]
dense [dens] a 1. sűrű; tömör; a ~ crowd sűrű tömeg 2. együgyű
densely ['denslɪ] adv sűrűn; ~ populated sűrűn lakott
denseness ['densnɪs] n 1. sűrűség 2. együgyűség, ostobaság
density ['densətɪ] n sűrűség; fajsúly
dent [dent] I. n 1. rovátka 2. horpadás II. vt 1. rovátkáz 2. (be)horpaszt
dental ['dentl] a 1. fogászati, fog-; ~ plate műfogsor, protézis; ~ surgeon (1) fogorvos (2) szájsebész 2. ~ consonant dentális mássalhangzó, foghang
dentate ['denteɪt] a fogazott
dentifrice ['dentɪfrɪs] n 1. fogkrém, -por 2. szájvíz
dentist ['dentɪst] n fogász, fogorvos; ~'s surgery, US ~'s office fogászati rendelő
dentistry ['dentɪstrɪ] n fogászat
dentition [den'tɪʃn] n 1. fogzás 2. fogazat
denture ['dentʃə*] n (mű)fogsor
denudation [di:nju:'deɪʃn; US -nu:-] n 1. csupaszság; kopárság 2. letarolás; erózió 3. le-, megkopasztás
denude [dɪ'nju:d; US -'nu:d] vt lemeztelenít, levetkőztet; ~ed mountains letarolt hegyek
denunciation [dɪnʌnsɪ'eɪʃn] n feljelentés, bevádolás
denunciator [dɪ'nʌnsɪeɪtə*] n vádoló; feljelentő, besúgó, denunciáns
Denver ['denvə*] prop
deny [dɪ'naɪ] vt 1. tagad; ~ the charge tagadja a vádat; there is no ~ing the

fact kétségbevonhatatlan tény 2.
megtagad, visszautasít; *he's not to be
denied* nem lehet neki nemet mondani;
if I am denied ... ha elutasítanak ...;
~ *oneself sg* megtagad magától vmt
Denys ['denɪs] *prop* Dénes
deodorant [di:'oʊdərənt] *a/n* szagtala-
nító; ~ (*stick, spray*) dezodor
deodorize [di:'oʊdəraɪz] *vt* szagtalanít
deoxyribonucleic [di:ɔksɪraɪbənju:'kli:-
ɪk; *US* -ɑksɪraɪboʊnu:-] *a* ~ *acid*
dezoxiribonukleinsav
dep. 1. *departs, departure* indul [menet-
rendben] 2. *deputy*
depart [dɪ'pɑːt] *vi/vt* 1. elutazik, eltá-
vozik, elindul; *you may* ~ elmehet(sz)
2. meghal; ~ *this life* meghal; *the
~ed* az elhunyt(ak) 3. eltér (*from
vmtől*)
department [dɪ'pɑːtmənt] *n* 1. (szak-)
osztály; tagozat; szak(asz); *D~ of
English, English D~* angol tanszék;
this is my ~ ez az én dolgom/szakmám;
ez rám tartozik 2. ~ *store* áruház 3.
US minisztérium
departmental [di:pɑːt'mentl] *a* ágazati
departure [dɪ'pɑːtʃə*] *n* 1. elutazás,
elindulás; (el)távozás; ~ *platform*
indulási vágány; ~*s* induló vonatok;
~ *time* indulási idő(pont); *take one's*
~ elmegy, eltávozik 2. eltérés (*from
vmtől*); *a new* ~ új módszer/eljárás
depend [dɪ'pend] *vi átv* függ; *that ~s!,
it (all) ~s!* attól függ! ~ (*up*)*on sy/sg*
(1) függ vmtől/vktől, múlik vkn/vmn
(2) bízik vkben/vmben, számít vkre/
vmre; (*you may*) ~ *upon it* bízhatsz
benne; *she ~s on her own efforts*
saját erejéből tartja fenn magát
dependable [dɪ'pendəbl] *a* megbízható
dependant [dɪ'pendənt] *n* 1. alattvaló,
alárendelt [személy] 2. **dependants**
pl (1) eltartottak [családtagok] (2)
cselédség
dependence [dɪ'pendəns] *n* 1. függőség;
függés 2. bizalom (*on* vkben, vmben)
dependency [dɪ'pendənsɪ] *n* 1. tarto-
zék 2. gyarmat; *the island is no longer
a ~ of the UK* a sziget már nem tarto-
zik az Egyesült Királysághoz
dependent [dɪ'pendənt] I. *a* 1. függő,

alárendelt 2. ellátatlan, eltartott
[családtag]; *be* ~ *on/upon sy/sg* rá
van utalva vkre/vmre II. *n* = *depen-
dant*
depict [dɪ'pɪkt] *vt* lefest; leír; ábrázol
depilatory [dɪ'pɪlət(ə)rɪ; *US* -ɔːrɪ] *a/n*
szőrtelenítő
deplane [di:'pleɪn] *vi* kiszáll [repülőgép-
ből]
deplete [dɪ'pliːt] *vt* kimerít, kiürít
deplorable [dɪ'plɔːrəbl] *a* szánalomra
méltó, siralmas; sajnálatos
deplore [dɪ'plɔː*] *vt* 1. sajnál, szán 2.
helytelenít
deploy [dɪ'plɔɪ] A. *vi* [katonaság] fel-
fejlődik B. *vt* felvonultat; telepít
deployment [dɪ'plɔɪmənt] *n* felfejlődés
[katonaságé]; telepítés [rakétáké]
deplume [dɪ'pluːm] *vt* megkopaszt
(*átv is*)
deponent [dɪ'poʊnənt] *n* írásban esküt
alatt valló tanú
depopulate [di:'pɔpjʊleɪt; *US* -'pɑ-]
A. *vt* elnéptelenít [vidéket]; kiirt
[erdőt stb.] B. *vi* elnéptelenedik
depopulation [di:pɔpjʊ'leɪʃn; *US* -pɑ-]
n 1. elnéptelenítés; kiirtás [erdőé,
vadállományé] 2. elnéptelenedés, ki-
halás
deport [dɪ'pɔːt] A. *vt* deportál, számki-
vetésbe szállít/küld, kényszerkitele-
pít B. *vi* ~ *oneself* viselkedik
deportation [di:pɔː'teɪʃn] *n* deportálás;
száműzés; kitoloncolás; elhurcolás
deportee [di:pɔː'tiː] *n* deportált/kitele-
pített személy
deportment [dɪ'pɔːtmənt] *n* viselkedés-
mód, magatartás
deposal [dɪ'poʊzl] *n* lemondatás
depose [dɪ'poʊz] A. *vt* 1. lemondat, le-
tesz 2. eskü alatt vall/tanúsít B.
vi tanúskodik; ~ *to having seen* eskü
alatt vallja, hogy látta ...
deposit [dɪ'pɔzɪt; *US* -'pɑ-] I. *n* 1.
letét; betét [bankban]; betét [üveg-
re]; foglaló; előleg 2. üledék, lerakó-
dás; réteg II. *vt* 1. letétbe helyez,
betesz [bankba] 2. lerak [homokot,
üledéket stb.]; *be ~ed* lerakódik
depositary [dɪ'pɔzɪt(ə)rɪ; *US* -'pɑ-] *n*
letéteményes

deposition [depə'zıʃn] n 1. letétel [uralkodóé]; elmozdítás [hivatalból] 2. lerakódás; üledék 3. (tanú)vallomás; tanúskodás
depositor [dı'pɔzıtə*; US -'pa-] n letevő, betevő; ~'s book (takarék)betétkönyv
depository [dı'pɔzıt(ə)rı; US -'pazıtɔ:rı] n raktár; megőrzőhely
depot ['depoʊ] n 1. raktár 2. ezredtörzs 3. ['di:poʊ] US vasútállomás
depravation [deprə'veıʃn] n 1. megrontás 2. erkölcsi romlottság
deprave [dı'preıv] vt megront, elront; lezülleszt
depraved [dı'preıvd] a romlott [ember]; elfajult [ízlés]
depravity [dı'prævətı] n romlottság, gonoszság
deprecate ['deprıkeıt] vt helytelenít; elítél
deprecation [deprı'keıʃn] n 1. helytelenítés, rosszallás 2. könyörgés, esedezés [bocsánatért, vm elhárításáért]
depreciate [dı'pri:ʃıeıt] A. vt 1. leértékel, devalvál [pénzt]; lenyom [árat] B. vi 1. elértéktelenedik, devalválódik 2. becsmérel; lekicsinyel
depreciation [dıpri:ʃı'eıʃn] n 1. elértéktelenedés; értékcsökkenés, devalváció 2. lebecsülés, becsmérlés
depredation [deprı'deıʃn] n 1. pusztítás, rombolás; kifosztás 2. elprédálás
depress [dı'pres] vt 1. lenyom, megnyom 2. elcsüggeszt, elkedvetlenít; pangást idéz elő [kereskedelemben]; csökkent [árat, színvonalat]
depressed [dı'prest] a 1. lapos, (le)nyomott 2. lanyha, pangó [üzletmenet]; ~ area gazdaságilag elmaradt terület 3. lehangolt, levert
depressing [dı'presıŋ] a lehangoló, nyomasztó
depression [dı'preʃn] n 1. horpadás 2. levertség, lehangoltság; depresszió 3. (üzleti) pangás; depresszió 4. alacsony légnyomás(ú légtömegek) 5. (átv is) leszorítás; hanyatlás; süllyedés
depressive [dı'presıv] a lehangoló, leverő

deprival [dı'praıvl] n = deprivation
deprivation [deprı'veıʃn] n 1. megfosztás 2. nélkülözés
deprive [dı'praıv] vt megfoszt (of vmtől)
Dept., dept. department
depth [depθ] n (átv is) mélység; be out of one's ~ (1) mély vízben van (2) vmben nem otthonos, túl nagy fába vágta a fejszéjét; in the ~ of winter tél közepén 2. magasság [vízé]; vastagság [falé]
depth-charge n mélyvízi bomba
deputation [depjʊ'teıʃn; US -pjə-] n küldöttség
depute [dı'pju:t] vt 1. felhatalmaz 2. kiküld, delegál (to do sg vmre)
deputize ['depjʊtaız; US -pjə-] vi helyettesít, képvisel (for vkt)
deputy ['depjʊtı; US -pjə-] n 1. követ; képviselő(házi tag) 2. helyettes; megbízott; by ~ helyettes útján; act as ~ for sy helyettesít vkt
deputy-manager n igazgatóhelyettes, vállalatvezető-helyettes
De Quincey [də'kwınsı] prop
deracinate [dı'ræsıneıt] vt (átv is) gyökerestől kitép
derail [dı'reıl] A. vt be/get ~ed kisiklik [vonat] B. vi kisiklik [vonat]
derailment [dı'reılmənt] n kisiklás
derange [dı'reındʒ] vt 1. széthány [iratokat]; megzavar [működést]; ~ sy's plans felborítja vk terveit 2. őrületbe kerget (vkt); be ~d megháborodott
derangement [dı'reındʒmənt] n 1. működési zavar 2. ~ (of mind) elmezavar
deration [di:'ræʃn] vt jegyrendszert megszüntet, szabadforgalmúvá tesz
Derby¹ [da:bı; US 'də:-] n epsomi lóverseny
derby² ['da:bı; US 'də:-] n US keménykalap
derelict ['derılıkt] I. a 1. gazdátlan, elhagyott 2. US hanyag, kötelességmulasztó II. n gazdátlan hajó/tárgy
dereliction [derı'lıkʃn] n 1. gazdátlanul hagyás 2. hanyagság; ~ of duty kötelességmulasztás
derequisition ['di:rekwı'zıʃn] vt felszabadít, szabaddá tesz [rekvirált dolgot]

deride [dɪ'raɪd] vt kigúnyol, kinevet
derision [dɪ'rɪʒn] n 1. kicsúfolás, kigúnyolás 2. gúny tárgya
derisive [dɪ'raɪsɪv] a gúnyos
derivation [derɪ'veɪʃn] n 1. (le)származtatás 2. származás; eredet 3. származék
derivative [dɪ'rɪvətɪv] I. a 1. leszármaztatott, képzett [szó] 2. derivált [vegyület] II. n 1. származékszó 2. [vegyi] származék 3. differenciálhányados, derivált
derive [dɪ'raɪv] A. vi származik, ered (from vmből) B. vt származtat; nyer (from vmből)
dermatologist [də:mə'tɔlədʒɪst; US -'tɑ-] n bőrgyógyász
dermatology [də:mə'tɔlədʒɪ: US -'tɑ-] n bőrgyógyászat
derogate ['derəgeɪt] vi csorbít, csökkent (from vmt)
derogation [derə'geɪʃn] n 1. csökkentés, megcsorbítás [jogé] 2. becsmérelés
derogatory [dɪ'rɔgət(ə)rɪ; US -'rɑgətɔ:rɪ] a 1. csökkentő, csorbító, korlátozó (from/to vmt); hátrányos, sérelmes [to vk jogaira] 2. méltatlan (to vmhez) 3. (le)kicsinylő; in a ~ sense elítélő értelemben
derrick ['derɪk] n 1. mozgódaru 2. fúrótorony [állványzat] 3. akasztófa
derring-do [derɪŋ'du:] n † merészség, hőstett
descale [di:'skeɪl] vt kazánkőtől megtisztít
descant [dɪ'skænt] vi 1. enekel 2. hosszasan beszél, áradozik (upon vmről)
descend [dɪ'send] A. vi 1. leereszkedik; lemegy 2. leszármazik (from vktől), száll [örökségként on vkre] 3. ~ (up)on sy megrohan vkt B. vt ~ the stairs lemegy a lépcsőn
descendant [dɪ'sendənt] n leszármazott; utód, ivadék
descending [dɪ'sendɪŋ] a lemenő, leszálló; csökkenő; ereszkedő
descent [dɪ'sent] n 1. leszállás, leereszkedés (vhonnan vhová); the D~ (from the Cross) a keresztlevétel [festmény címeként] 2. lejtő, esés 3. [katonai] rajtaütés, deszant 4. (le)származás; családfa 5. öröklés

describable [dɪ'skraɪbəbl] a leírható
describe [dɪ'skraɪb] vt leír, ecsetel
description [dɪ'skrɪpʃn] n 1. leírás; it answers the ~ a leírásnak megfelel 2. fajta, féle; of the worst ~ a legroszszabb fajtájú, a legrosszabb a maga nemében
descriptive [dɪ'skrɪptɪv] a leíró
descry [dɪ'skraɪ] vt felfedez, meglát
Desdemona [dezdɪ'moʊnə] prop Dezdemóna
desecrate ['desɪkreɪt] vt megszentségtelenít
desecration [desɪ'kreɪʃn] n megszentségtelenítés
desegregate [di:'segrɪgeɪt] vt (faji) megkülönböztetést megszüntet [iskolákban stb.]
desegregation [di:segrɪ'geɪʃn] n (faji) megkülönböztetés megszüntetése, deszegregáció
desert¹ [dɪ'zə:t] n 1. érdem; according to his ~s (ki-ki) érdeme szerint 2. deserts pl megérdemelt jutalom/büntetés; get one's ~s megkapja méltó büntetését
desert² I. a ['dezət] lakatlan, puszta [vidék]; sivatagi [növény, állat]; ~ belt sivatagi zóna II. n ['dezət] sivatag; pusztaság III. v [dɪ'zə:t] A. vt elhagy, otthagy [feleséget, pártot stb.] B. vi 1. átáll, átpártol (vhová) 2. megszökik
deserted [dɪ'zə:tɪd] a elhagyott; lakatlan
deserter [dɪ'zə:tə*] n (katona)szökevény
desertion [dɪ'zə:ʃn] n szökés; elhagyás; dezertálás; átállás
deserve [dɪ'zə:v] A. vt (meg)érdemel, kiérdemel; ~ attention figyelemre méltó B. vi ~ well jót érdemel
deservedly [dɪ'zə:vɪdlɪ] adv megérdemelten; jogosan
deserving [dɪ'zə:vɪŋ] a érdemes; (jutalmat/dicséretet/támogatást) érdemlő
desiccate ['desɪkeɪt] A. vt (ki)szárít; B. vi kiszárad
desiccation [desɪ'keɪʃn] n 1. kiszárítás 2. kiszáradás
desideratum [dɪzɪdə'reɪtəm] n (pl -ta

-tə) hiány; megkívánt dolog; kívánalom
design [dı'zaın] I. n 1. tervezet; tervrajz, vázlat 2. elgondolás; tervezés; (meg)szerkesztés 3. kivitel(ezés); konstrukció 4. terv, szándék; by ~ szándékosan; have ~s on sy vmt forral vk ellen; with this ~ e célból 5. minta II. A. vt 1. szándékol; tervez, kigondol 2. (meg)rajzol, (fel)vázol 3. tervez [épületet stb.], (meg)szerkeszt B. vi 1. tervezőként/rajzolóként dolgozik 2. ~ to do sg tervez/szándékozik vmt megtenni
designate I. a ['dezıgneıt v. -nıt] (ki-) jelölt II. vt ['dezıgneıt] 1. kijelöl, kiválaszt; ~ sy as his successor utódjául jelöl ki vkt 2. nevez; mond (vmlyennek)
designation [dezıg'neıʃn] n 1. kijelölés, kinevezés (to vmre) 2. megnevezés; név 3. megjelölés; rendeltetés
designedly [dı'zaınıdlı] adv szándékosan, készakarva
designer [dı'zaınə*] n 1. (műszaki) tervező, szerkesztő; rajzoló 2. cselszövő, intrikus
designing [dı'zaınıŋ] I. a ármányos; ravasz, ügyes II. n (meg)tervezés, (meg)szerkesztés
desirability [dızaıərə'bılətı] n kívánatosság
desirable [dı'zaıərəbl] a kívánatos; it is most ~ jó lenne, ha . . .
desire [dı'zaıə*] I. n vágy; kívánság; óhaj; at sy's ~ vk kívánságára II. vt 1. óhajt, kíván (vmt), vágyik (vmre) 2. kér; követel; what does he ~ me to do? mit kíván, hogy tegyek?
desirous [dı'zaıərəs] a vágyódó, sóvárgó; be ~ of doing sg (nagyon) szeretne vmt megtenni
desist [dı'zıst] vi eláll (from vmtől)
desk [desk] n 1. íróasztal; iskolapad 2. kassza, pénztár; pay at the ~! a pénztárnál tessék fizetni!
Des Moines [dı'mɔın] prop
Desmond ['dezmənd] prop ⟨angol férfinév⟩
desolate I. a ['desələt] elhagy(at)ott; vigasztalan; sivár II. vt ['desəleıt] 1.

elpusztít, elnéptelenít [országot] 2. lehangol, lesújt
desolation [desə'leıʃn] n 1. kipusztulás; elnéptelenedés 2. elhagyatottság; sivárság
despair [dı'speə*] I. n kétségbeesés; the ~ of teachers a tanítók réme [rossz diák]; give way to ~ kétségbeesik II. vi 1. kétségbeesik 2. ~ of sg reményvesztetten felad vmt
despatch [dı'spætʃ] n = dispatch
desperado [despə'rɑ:dou] n (pl ~es -ouz) bandita
desperate ['desp(ə)rət] a 1. reménytelen, kétségbeesett 2. elszánt; a ~ fellow mindenre elszánt fickó
desperately ['desp(ə)rətlı] adv 1. reménytelenül; ~ wounded életveszélyesen megsebesült 2. elszántan, elkeseredetten [küzd] 3. rettenetesen [fél]
desperation [despə'reıʃn] n kétségbeesés, elszántság; drive to ~ vkt végsőkig ingerel; végső kétségbeesésbe hajszol
despicable ['despıkəbl] a megvetendő, alávaló
despise [dı'spaız] vt megvet
despite [dı'spaıt] prep vmnek ellenére, dacára
despiteful [dı'spaıtfʊl] a = spiteful
despoil [dı'spɔıl] vt 1. † kirabol, kifoszt 2. megfoszt (vmtől)
despoliation [dıspoʊlı'eıʃn] n 1. kirablás, kifosztás 2. megfosztás
despondency [dı'spɒndənsı; US -ɑn-] n reménytelenség, csüggedés
despondent [dı'spɒndənt; US -ɑn-] a csüggedt, levert
despot ['despɒt; US -ət] n zsarnok, kényúr, despota
despotic [de'spɒtık; US -ɑt-] a zsarnoki [hatalom]; önkényeskedő [ember]
despotism ['despətızm] n zsarnokság, önkényuralom
desquamate ['deskwəmeıt] vi (le)hámlik [bőr]
dessert [dı'zə:t] n 1. GB gyümölcs [étkezés végén]; US édesség [mint fogás] 2. desszert, csemege; ~ spoon gyermek(evő)kanál
destination [destı'neıʃn] n rendeltetés(i hely), célállomás

destine ['destɪn] vt szán (for vmre); be ~d to/for vmre rendeltetve van, úgy rendelte a sors, hogy ...
destiny ['destɪnɪ] n sors, végzet, rendeltetés
destitute ['destɪtjuːt; US -tuːt] a 1. ~ of sg vmt nélkülöző 2. szűkölködő; nyomorgó
destitution [destɪ'tjuːʃn; US -'tuː-] n szűkölködés, szegénység; nyomor
destroy [dɪ'strɔɪ] vt 1. (el)pusztít, megsemmisít 2. (le)rombol, romba dönt
destroyer [dɪ'strɔɪə*] n (torpedó)romboló
destructible [dɪ'strʌktəbl] a elpusztítható
destruction [dɪ'strʌkʃn] n 1. (le)rombolas, (el)pusztítás, rombadöntés; megsemmisítés 2. romlás, pusztulás; sy's ~ vk veszte
destructive [dɪ'strʌktɪv] a romboló, pusztító, ártalmas (of/to vmre)
desuetude [dɪ'sjuːɪtjuːd; US 'deswətuːd] n elévülés; fall into ~ megszűnik [szokás]
desultory ['des(ə)lt(ə)rɪ; US -ɔːrɪ] a kapkodó, rendszertelen, ötletszerű
detach [dɪ'tætʃ] vt 1. elválaszt, leválaszt; elkülönít 2. kikülönít [katonai egységet stb.]
detachable [dɪ'tætʃəbl] a levehető, lecsavarható; leszerelhető
detached [dɪ'tætʃt] a 1. különálló, elválasztott, elkülönített; ~ house különálló ház 2. tárgyilagos [vélemény, nézet]
detachment [dɪ'tætʃmənt] n 1. leválasztás 2. elkülönülés; (lelki) függetlenség 3. különítmény
detail ['diːteɪl; US dɪ'teɪl is] I. n 1. részlet; részletezés; in ~ részletesen; in every ~ minden részletében; go into ~s részletekbe bocsátkozik 2. (katonai) eligazítás II. vt 1. részletez 2. [osztagot] kirendel; eligazítást kiad
detailed ['diːteɪld; US dɪ't-] a részletes; kimerítő
detain [dɪ'teɪn] vt 1. fogva tart; őrizetbe vesz 2. visszatart; feltart; akadályoz
detainee [diːteɪ'niː] n őrizetbe vett (személy)
detect [dɪ'tekt] vt 1. kinyomoz, leleplez

2. észlel; felfedez; kimutat [hibát, tévedést]
detectable [dɪ'tektəbl] a kideríthető; észlelhető
detection [dɪ'tekʃn] n 1. kiderítés, kinyomozás 2. (hiba)érzékelés, (hiba-) megállapítás
detective [dɪ'tektɪv] n nyomozó, detektív; ~ story/novel detektívregény
detector [dɪ'tektə*] n detektor
détente [deɪ'tɑːŋt] n enyhülés [feszültségé]
detention [dɪ'tenʃn] n 1. visszatartás 2. fogvatartás, letartóztatás
deter [dɪ'tə:*] vt -rr- elrettent, elijeszt
detergent [dɪ'tə:dʒ(ə)nt] n mosószer; tisztítószer
deteriorate [dɪ'tɪərɪəreɪt] A. vt megront B. vi (meg)romlik
deterioration [dɪtɪərɪə'reɪʃn] n rosszabbodás; (el)kopás; értékcsökkenés
determinable [dɪ'tə:mɪnəbl] a meghatározható
determinate [dɪ'tə:mɪnət] a 1. (meg)határozott 2. döntő
determination [dɪtə:mɪ'neɪʃn] n 1. meghatározás 2. elhatározás, (eltökélt) szándék 3. döntés, véghatározat
determinative [dɪ'tə:mɪnətɪv; US -neɪ-] a döntő, elhatározó; meghatározó
determine [dɪ'tə:mɪn] A. vt 1. meghatároz, megállapít 2. eldönt; elhatároz; he is ~d on sg elhatározta magát vmre; irányt szab (vmnek) B. vi 1. határoz, dönt (on vm mellett) 2. véget ér
determined [dɪ'tə:mɪnd] a (el)határozott, eltökélt, elszánt
deterred [dɪ'tə:d] →deter
deterrent [dɪ'ter(ə)nt; US -'tə:-] n elrettentő dolog/eszköz/példa
detest [dɪ'test] vt utál, megvet
detestable [dɪ'testəbl] a utálatos
detestation [diːte'steɪʃn] n utálat
dethrone [dɪ'θrəʊn] vt tróntól megfoszt
dethronement [dɪ'θrəʊnmənt] n trónfosztás, detronizálás
detonate ['detəneɪt] A. vi (fel)robban B. vt (fel)robbant
detonation [detə'neɪʃn] n robbanás, detonáció

detonator ['detəneɪtə*] n gyújtószerkezet; gyutacs
detour ['di:tʊə*] I. n kerülő (út); US terelőút II. vt elterel [forgalmat]
detract [dɪ'trækt] A. vt levon (from vmből); csökkent B. vi értéke/minősége csökken vm által
detractor [dɪ'træktə*] n becsmérlő
detrain [di:'treɪn] A. vt vonatbólkirak/kiszállít B. vi vonatról leszáll, vonatból kiszáll
detriment ['detrɪmənt] n kár, hátrány; to the ~ of sy/sg vk/vm kárára
detrimental [detrɪ'mentl] a káros, hátrányos
detritus [dɪ'traɪtəs] n (kőzet)törmelék
Detroit [də'trɔɪt; US dɪ-] prop
deuce[1] [dju:s; US du:s] n kettes [kártyában, kockajátékban]; negyven mind (40 : 40) [teniszben]
deuce[2] [dju:s; US du:s] n 1. balszerencse 2. biz fene, ördög; play the ~ with sg összezavar, bajt csinál; how the ~! hogy az ördögbe!
deuced [dju:st; US du:-] a átkozott(ul), fene
Deuteronomy [dju:tə'rɔnəmɪ; US du:-tə'rɑ-] n Mózes ötödik könyve
De Valera [dəvə'leərə] prop
devaluation [di:væljʊ'eɪʃn] n leértékelés
devalue [di:'vælju:] vt leértékel
devastate ['devəsteɪt] vt elpusztít, letarol
devastating ['devəsteɪtɪŋ] a 1. pusztító [vihar] 2. biz elsöprő [győzelem]; gyilkos [bírálat]; ellenállhatatlan [szépség]
devastation [devə'steɪʃn] n 1. pusztítás 2. pusztulás
develop [dɪ'veləp] A. vt 1. (ki)fejleszt; kifejt [érveket] 2. kiaknáz [természeti kincseket]; hasznosít, (fel)parcelláz [területet] 3. (meg)kap [betegséget]; he ~ed appendicitis vakbélgyulladást kapott 4. előhív [filmet] B. vi 1. (ki)fejlődik, kibontakozik 2. mutatkozik, jelentkezik 3. US kitudódik; it ~ed today ma (azután) kiderült, hogy ...
developed [dɪ'veləpt] a fejlett; ~ country (iparilag) fejlett ország

developer [dɪ'veləpə*] n előhívó [szer]
developing [dɪ'veləpɪŋ] I. a fejlődő; ~ country fejlődő ország II. n előhívás [fényképé]
development [dɪ'veləpmənt] n 1. (ki-) fejlődés; fejlemény 2. (ki)fejlesztés; ~ project fejlesztési terv 3. kifejtés; kidolgozás 4. előhívás [filmé]
Devereux ['devəru:] prop
deviant ['di:vjənt] a/n normáktól eltérő, deviáns
deviate ['di:vɪeɪt] vi eltér, elhajlik (from vmtől)
deviation [di:vɪ'eɪʃn] n eltérés, elhajlás (from vmtől)
deviationism [di:vɪ'eɪʃənɪzm] n (ideológiai) elhajlás
deviationist [di:vɪ'eɪʃənɪst] n [pártvonaltól] elhajló (személy)
device [dɪ'vaɪs] n 1. eszköz, megoldás [vm elérésére] 2. fogás, trükk 3. szerkezet; készülék 4. terv, elgondolás; leave sy to his own ~s sorsára hagy vkt
devil ['devl] I. n 1. ördög; ~'s books az ördög bibliája; ~'s dozen tizenhárom; go to the ~ tönkremegy; give sy the ~ befűt vknek; give the ~ his due megadja a császárnak ami a császáré; (there'll be) the ~ to pay ennek nagy ára lesz!; play the ~ with sg tönkretesz vmt; raise the ~ (about sg) nagy balhét csap (vm miatt); talk of the ~ ... nem kell az ördögöt a falra festeni ...; the ~ take it! vigye el az ördög!; the ~ take the hindmost hulljon a férgese!; between the ~ and the deep see két tűz között 2. the poor ~ szegény ördög, szerencsétlen flótás 3. tépőfarkas II. v -ll- (US -l-) A. vi „négerezik", albérletben dolgozik (for vknek) B. vt 1. fűszeresen főz/süt [húst] 2. farkasol [rongyot]
devilish ['devlɪʃ] I. a ördögi II. adv ördögien; biz pokolian [csinos stb.]
devil-may-care a nemtörődöm
devilment ['devlmənt] n ördöngösség; gonoszkodás
devilry ['devlrɪ] n = devilment
devious ['di:vjəs] a 1. kanyargós 2. körmönfont, csavaros [észjárás]; by ~ ways mindenféle mesterkedéssel

devise [dɪ'vaɪz] I. *n* végrendelkezés [ingatlan vagyonról] II. *vt* 1. kigondol, kieszel 2. örökül hagy [ingatlant, *to* vknek] 3. (meg)szerkeszt [gépet stb.]
devitalize [di:'vaɪtəlaɪz] *vt* életképtelenné tesz; ideget öl [fogét]
devoid [dɪ'vɔɪd] *a* ment(es) (*of* vmtől); ~ *of sense* értelmetlen
devolution [di:və'lu:ʃn; *US* dev-] *n* 1. átháramlás; áthárítás; átruházás [jogköré stb.] 2. decentralizálás; decentralizáció
devolve [dɪ'vɔlv; *US* -ɑ-] A. *vt* 1. átruház 2. áthárít (*to/upon* vkre) B. *vi* háramlik, rászáll (*on, upon* vkre);*it* ~*s on you* rajtad áll; *the estate* ~*d upon him* ő örökölte a birtokot, a birtok reá szállt
Devon ['devn] *prop*
Devonshire ['devnʃə*] *prop*
devote [dɪ'voʊt] *vt* szentel, szán (*to* vmt vmre)
devoted [dɪ'voʊtɪd] *a* hű, ragaszkodó, odaadó
devotee [devə'ti:] *n* híve/rajongója vmnek
devotion [dɪ'voʊʃn] *n* 1. áhitat; imádság 2. odaadás (*to* vk iránt); rajongás (vmért) 3. szentelés (*to* vmnek)
devotional [dɪ'voʊʃənl] *a* hitbuzgalmi, áhitatos; vallásos
devour [dɪ'vaʊə*] *vt* 1. elnyel, (fel)fal 2. elpusztít; *be* ~*ed by fear* gyötri a félelem
devout [dɪ'vaʊt] *a* 1. ájtatos [ima]; jámbor [lélek] 2. hő [vágy]; őszinte [kívánság]
devoutness [dɪ'vaʊtnɪs] *n* ájtatosság; vallásosság; buzgóság
dew [dju:; *US* du:] I. *n* harmat II. A. *vi* harmatozik B. *vt* harmatossá tesz, megnedvesít
Dewar ['dju:ə*] *prop*
dew-drop *n* harmatcsepp
Dewey ['dju:ɪ; *US* 'du:ɪ] *prop*
dew-fall *n* harmat(hullás)
dewlap *n* lebernyeg [marháé]
dewy ['dju:ɪ; *US* 'du:ɪ] *a* harmatos
dexterity [dek'sterətɪ] *n* (kéz)ügyesség, fürgeség
dexterous ['dekst(ə)rəs] *a* 1. ügyes (*in* vmben) 2. jobbkezes

dextrous ['dekstrəs] *a* = *dexterous*
dhoti ['doʊtɪ] *n* [hindu] ágyékkötő
diabetes [daɪə'bi:ti:z] *n* cukorbaj
diabetic [daɪə'betɪk] *n* cukorbajos, diabetikus; ~ *bread* levegőkenyér
diabolic(al) [daɪə'bɔlɪk(l); *US* -'bɑ-] *a* ördögi
diachronic [daɪə'krɔnɪk; *US* -ɑn-] *a* diakrón, diakronikus
diacritic(al) [daɪə'krɪtɪk(l)] *a* ~ *mark/ sign* diakritikus jel, mellékjel
diadem ['daɪədem] *n* (királyi) korona, diadém; koszorú [fejen]
diagnose ['daɪəgnoʊz] *vt* [betegséget/ kórt] megállapít
diagnosis [daɪəg'noʊsɪs] *n* (*pl* -ses -si:z) kórmeghatározás, diagnózis
diagonal [daɪ'ægənl] I. *a* átlós, rézsútos II. *n* átló
diagram ['daɪəgræm] *n* 1. (sematikus) ábra, diagram 2. grafikon, görbe
diagrammatic [daɪəgrə'mætɪk] *a* vázlatos; diagramszerű
dial ['daɪ(ə)l] I. *n* 1. óralap, számlap, tárcsa [telefoné, műszeré]; ~ *tone* búgó hang, „vonal" [telefonkészülékben] 2. napóra II. *vt/vi* -ll- (*US* -l-) tárcsáz
dialect ['daɪəlekt] *n* tájszólás, nyelvjárás; ~ *dictionary* tájszótár
dialectic [daɪə'lektɪk] *n* dialektika
dialectical [daɪə'lektɪkl] *a* dialektikus; ~ *materialism* dialektikus materializmus
dialectics [daɪə'lektɪks] *n* 1. vitatkozás, okfejtés 2. dialektika
dial(l)ing ['daɪəlɪŋ] *n* tárcsázás; *US* ~ *tone* = *dial tone;* ~ *code* távhívó körzetszám ‖→*dial II.*
dialogue, *US* **-log** ['daɪəlɔg; *US* -ɔ:g] *n* társalgás, párbeszéd
dial-plate *n* számlap
dial-telephone *n* tárcsás telefon
diameter [daɪ'æmɪtə*] *n* átmérő
diametrical [daɪə'metrɪkl] *a* 1. átmérőn fekvő 2. *in* ~ *opposition,* ~*ly opposite/opposed* homlokegyenest ellenkező [nézet stb.]
diamond ['daɪəmənd] *n* 1. gyémánt; *rough* ~ nyers de jószívű ember; ~ *cut* ~ ⟨két ravasz ember túl akar járni egymás eszén⟩, emberére talált; ~

wedding gyémántlakodalom 2. tök, káró [kártyában] 3. rombusz 4. *US* baseballpálya

Diana [daɪ'ænə] *prop* Diána

diaper ['daɪəpə*] *n* 1. *US* pelenka 2. kockamintás lenvászon

diaphanous [daɪ'æfənəs] *a* átlátszó

diaphragm ['daɪəfræm] *n* 1. rekeszizom 2. (fény)rekesz

diarist ['daɪərɪst] *n* naplóíró

diarrh(o)ea [daɪə'rɪə] *n* hasmenés, diaré

diary ['daɪərɪ] *n* napló

diathermy ['daɪəθəːmɪ] *n* diatermia

diatonic [daɪə'tɒnɪk; *US* -'tɑ-] *a* diatonikus [skála]

diatribe ['daɪətraɪb] *n* támadó beszéd/írás

dibber ['dɪbə*] *n* ültetőfa

dibble ['dɪbl] I. *n* ültetőfa II. *vt* (ki)ültet [növényt], palántáz

dibbling ['dɪblɪŋ] *n* (növény)ültetés, palántázás

dibs [dɪbz] *n pl* □ pénz, guba

dice [daɪs] I. *n* 1. játékkocka 2. kockajáték ‖→*die*[1] *1.* II. A. *vt* kockára vág [sárgarépát stb.] B. *vi* kockázik

dice-box *n* kockarázó pohár

Dick [dɪk] *prop* Ricsi

dickens[1] ['dɪkɪnz] *n* ördög, fene; *what the ~?* mi a fene?

Dickens[2] ['dɪkɪnz] *prop*

Dickensian [dɪ'kenzɪən] *a* dickensi

dicker ['dɪkə*] *vi US* alkudozik

Dickinson ['dɪkɪnsn] *prop*

dicky[1] ['dɪkɪ] *n biz* 1. pótülés [autóban] 2. ingmell, plasztron 3. madárka [gyermeknyelven]

dicky[2] ['dɪkɪ] *a* □ gyenge, beteg

dicta →*dictum*

dictaphone ['dɪktəfoʊn] *n* diktafon

dictate I. *n* ['dɪkteɪt] parancs(szó) II. *vt* [dɪk'teɪt; *US* 'dɪk-] 1. tollbamond, diktál 2. parancsol

dictation [dɪk'teɪʃn] *n* 1. tollbamondás, diktálás 2. parancs(olás), utasítás

dictator [dɪk'teɪtə*] *n* diktátor, zsarnok

dictatorial [dɪktə'tɔːrɪəl] *a* 1. parancsoló, erőszakos 2. parancsuralmi, diktatórikus

dictatorship [dɪk'teɪtəʃɪp] *n* parancsuralom, diktatúra

diction ['dɪkʃn] *n* előadásmód, stílus

dictionary ['dɪkʃ(ə)nrɪ; *US* -ʃənerɪ] *n* 1. szótár 2. lexikon

dictum ['dɪktəm] *n* (*pl* ~s -z v. -ta -tə) vélemény, nyilatkozat; szólás(mondás)

did →*do*[1]

didactic [dɪ'dæktɪk] *a* oktató

didactics [dɪ'dæktɪks] *n* oktatástan, didaktika

diddle ['dɪdl] *vt biz* becsap; rászed

didn't ['dɪdnt] = *did not* →*do*[1]

didst [dɪdst] →*do*[1]

die[1] [daɪ] *n* 1. (*pl* **dice** daɪs) játékkocka; *the ~ is cast* a kocka el van vetve →*dice 1. 2.* (*pl* **dies** daɪz) (1) érmesajtoló (szerszám) (2) csavarmenetvágó; *sink a ~* homorúan kivés bélyegzőt/mintát

die[2] [daɪ] *v* (*pt/pp* ~**d** daɪd, *pres part* **dying** 'daɪɪŋ) A. *vi* 1. meghal; *~ by one's own hand* önkezével vet véget életének; *~ by violence* erőszak által leli halálát; *~ from a wound* belehal sebesülésébe; *~ of sg* belehal [betegségbe, bánatba]; *his secret ~d with him* a titkot magával vitte a sírba; *my heart ~d within me* elcsüggedtem, nem volt merszem; *never say ~!* sohase csüggedj! 2. *biz be dying to do sg* (v. *for sg*) ég a vágytól, hogy megtegyen vmt, majd meghal vmért B. *vt ~ an early death* fiatalon hal meg ‖→*dying*

die away *vi* elhalkul, elhal

die down *vi* 1. elenyészik; elalszik [tűz]; lecsillapul [izgalom stb.] 2. elfonnyad [növény]

die off *vi* egyenként elhal/lehull

die out *vi* kihal; kialszik [tűz]

die-casting *n* fröccsöntés

die-hard *n* megátalkodott reakciós

dielectric [daɪɪ'lektrɪk] *a* dielektromos

diesel ['diːzl] *a/n ~* (*engine*) Diesel-motor; *~ oil* Diesel-olaj

die-sinker *n* vésnök

diet[1] ['daɪət] I. *n* étrend; diéta; *go on a ~* diétázni kezd II. A. *vt* diétát ír elő (vknek), diétára fog (vkt) B. *vi* diétát tart, diétázik

diet[2] ['daɪət] *n* dieta, országgyűlés

dietary ['daɪət(ə)rɪ] I. *a* étrendi; diétás II. *n* 1. = *diet*[1] *I.* 2. élelemadag

dietetic [daɪə'tetɪk] I. *a* diétás; étrendi;

táplálkozási II. **dietetics** *n* táplálkozástudomány; dietetika
dietitian, -cian [daɪə'tɪʃn] *n* diétaspecialista, diétás nővér/orvos
differ ['dɪfə*] *vi* 1. különbözik, eltér (*from* vmtől) 2. ~ (*in opinion*) *from/ with sy* nem ért egyet vkvel, más véleményen van mint vk (amiben: *about/on/upon*)
difference ['dɪfr(ə)ns] *n* 1. különbség; különbözet; *it makes no* ~ nem számít; mindegy; *that makes all the* ~ (ez) teljesen megváltoztatja a helyzetet 2. nézeteltérés
different ['dɪfr(ə)nt] *a* 1. különböző; eltérő (*from/to* vmtől); ~ *than* más mint 2. különféle; *in* ~ *colours* különféle/ több színben
differential [dɪfə'renʃl] I. *a* megkülönböztető II. *n* 1. differenciálhányados; ~ *calculus* differenciálszámítás 2. kiegyenlítőmű, differenciál(mű)
differentiate [dɪfə'renʃɪeɪt] *vt/vi* megkülönböztet (*from* vktől/vmtől); elválik; elkülönül (*from* vmtől)
differentiation [dɪfərenʃɪ'eɪʃn] *n* 1. megkülönböztetés 2. elkülönülés, differenciálódás [fajoké stb.]
difficult ['dɪfɪk(ə)lt] *a* nehéz; nehézkes; bajos; *a* ~ *person* nehéz (egy) ember
difficulty ['dɪfɪk(ə)ltɪ] *n* nehézség; akadály; *with* ~ nehezen; *have* ~ *in doing sg* problémája/baja van vmvel; *make/raise difficulties* nehézségeket támaszt
diffidence ['dɪfɪd(ə)ns] *n* félénkség; szerénység
diffident ['dɪfɪd(ə)nt] *a* félénk, bátortalan; magában nem bízó
diffract [dɪ'frækt] *vt* (el)hajlít, eltérít, megtör [fénysugarat]
diffraction [dɪ'frækʃn] *n* (fény)elhajlás, diffrakció
diffuse I. *a* [dɪ'fju:s] terjengős; szétterjedt II. *v* [dɪ'fju:z] A. *vt* áraszt, sugároz; terjeszt B. *vi* árad; terjed
diffused [dɪ'fju:zd] *a* szórt [fény]
diffusion [dɪ'fju:ʒn] *n* szétterjedés; szétszóródás; diffúzió
dig [dɪg] I. *n* 1. *biz* bökés; *give sy a* ~ *in the ribs* oldalba bök vkt; *that's a* ~ *at*

you! ezt sem nekem mondták 2. ásás; ásatás 3. *biz* **digs** *pl* albérlet(i szoba) II. *v* (*pt/pp* **dug** dʌg; **-gg-**) A. *vt* ás, kiás, felás B. *vi* 1. ás 2. *biz* albérleti/bútorozott szobában lakik 3. *US* □ élvez, komál, kedvel
dig for *vi* ~ *f. sg* vm után kutat
dig in *vt/vi* beás(sa magát); beletemetkezik [munkába stb.]; ~ *oneself in* fedezéket ás, beássa magát; ~ *one's toes in* megveti a lábát
dig into *vt/vi* belevág(ódik); belemélyed; ~ *spurs i. one's horse* megsarkantyúzza lovát
dig out *vt* (*átv is*) kiás
dig up *vt* 1. felás [földet]; kiás [fát stb.] 2. (ásatáskor) felszínre hoz 3. összekapar [pénzt]
digest I. *n* ['daɪdʒest] kivonat II. *vt* [dɪ'dʒest] 1. (*átv is*) megemészt [táplálékot, olvasmányt] 2. kivonatol
digestible [dɪ'dʒestəbl] *a* emészthető
digestion [dɪ'dʒestʃ(ə)n] *n* (meg)emésztés
digestive [dɪ'dʒestɪv] I. *a* 1. emésztő; emésztési; ~ *system* emésztőrendszer 2. emésztést elősegítő II. *n* emésztést elősegítő szer
digger ['dɪgə*] *n* 1. földmunkás 2. aranyásó 3. □ ausztráliai (ember)
digging ['dɪgɪŋ] *n* ásás; ásatás
diggings ['dɪgɪŋz] *n pl* 1. aranymező 2. *biz* = *dig I. 3.*
digit ['dɪdʒɪt] *n* 1. ujj [kézen, lábon] 2. (arab) szám(jegy); *a number of 5* ~*s* ötjegyű szám
digital ['dɪdʒɪtl] *a* digitális [számítógép]
dignified ['dɪgnɪfaɪd] *a* méltóságteljes, tiszteletet parancsoló; ~ *style* emelkedett stílus
dignify ['dɪgnɪfaɪ] *vt* † megtisztel; kitüntet
dignitary ['dɪgnɪt(ə)rɪ; *US* -erɪ] *n* (magas) méltóság; dignitárius
dignity ['dɪgnətɪ] *n* 1. méltóság [rang]; *beneath one's* ~ méltóságán aluli 2. magasztosság
digraph ['daɪgrɑ:f; *US* -æf] *n* kétjegyű magán-/mássalhangzó, digramma
digress [daɪ'gres] *vi* elkalandozik (a tárgytól)
digression [daɪ'greʃn] *n* eltérés, elkalandozás, kitérés

digs [dɪgz] →dig 1. 3.
dike [daɪk] I. n 1. védőgát, töltés 2.
árok 3. átv gát II. vt gáttal véd
dilapidated [dɪ'læpɪdeɪtɪd] a rozoga;
ütött-kopott
dilapidation [dɪlæpɪ'deɪʃn] n 1. rozoga
állapot 2. rongálódás
dilatation [daɪleɪ'teɪʃn; US dɪlə-] n 1.
(ki)tágulás, dilatáció; tágulat 2. kitágítás
dilate [daɪ'leɪt] A. vt (ki)nyújt, (ki)tágít
B. vi (ki)tágul; ~ upon sg hosszú lére
ereszt vmt
dilation [daɪ'leɪʃn] n = dilatation
dilatory ['dɪlət(ə)rɪ; US -ɔːrɪ] a késlekedő; halogató; időt húzó
dilemma [dɪ'lemə] n kényszerhelyzet,
dilemma
dilettante [dɪlɪ'tæntɪ] n (pl ~s -z v. -ti
-tiː) dilettáns, műkedvelő
diligence¹ ['dɪlɪdʒ(ə)ns] n szorgalom
diligence² ['dɪlɪdʒ(ə)ns] n gyorskocsi
diligent ['dɪlɪdʒ(ə)nt] a szorgalmas
dill [dɪl] n kapor
dilly-dally ['dɪlɪdælɪ] vi 1. habozik, bizonytalankodik 2. elgatyázza az idejét
diluent ['dɪljʊənt] a/n hígító
dilute [daɪ'ljuːt; US dɪ'luːt] I. a hígított,
feleresztett II. vt hígít, gyengít
dilution [daɪ'luːʃn; US dɪ-] n 1. hígítás
2. híg oldat
diluvial [daɪ'luːvjəl; US dɪ-] a diluviális
dim [dɪm] I. a (comp ~mer 'dɪmə*, sup
~mest 'dɪmɪst) 1. homályos; grow ~
elhomályosul 2. borús, komor; take a
~ view of sg sötét színben lát vmt 3.
tompa, ködös [értelem] II. v -mm- A.
vt elhomályosít, lesötétít; (le)tompít;
~ the headlights tompított fényre vált,
leveszi a fényt; ~ out részlegesen elsötétít B. vi elhomályosul, elhalványodik; megfakul
dime [daɪm] n US tízcentes [pénzdarab]
dime-novel n US olcsó ponyvaregény
dimension [dɪ'menʃn] n kiterjedés, dimenzió, méret; of great ~s (1) hatalmas méretű (2) nagyszabású
dime-store n US filléres áruház
diminish [dɪ'mɪnɪʃ] A. vt csökkent, kisebbít B. vi fogy; csökken

diminished [dɪ'mɪnɪʃt] a 1. csökkentett
2. szűkített [hangköz]
diminution [dɪmɪ'njuːʃn; US -'nuː:-] n 1.
kisebbedés, fogyatkozás, csökkenés 2.
kisebbítés, csökkentés
diminutive [dɪ'mɪnjʊtɪv] a/n 1. pöttöm,
csepp 2. kicsinyítő (képző)
dimmed [dɪmd] a ~ headlights tompított
fényszóró ‖ →dim II.
dimmer, dimmest →dim I.
dim-out n (fokozatos/részleges városi)
elsötétítés
dimple ['dɪmpl] n gödröcske [arcon]
din [dɪn] I. n zaj; lárma II. v -nn- A. vi
lármázik, zajong B. vt hasogat, megsüketít [zaj fület]; ~ sg into sy's ears
(átv is) teleharsogja vknek a fülét
vmvel
Dinah ['daɪnə] prop ⟨női név⟩
dine [daɪn] A. vi étkezik, ebédel; vacsorázik; ~ off sg eszik vmt; ~ out házon
kívül ebédel/vacsorázik B. vt (meg)ebédeltet, (meg)vacsoráztat; megvendégel
diner ['daɪnə*] n étkező(kocsi)
ding-dong [dɪŋ'dɔŋ; US 'dɪ-] n csengés-bongás, harangszó; biz ~ fight
(váltakozó szerencsével folyó) heves
küzdelem
dinghy ['dɪŋgɪ] n 1. (felfújható) gumicsónak 2. dingi
dingle ['dɪŋgl] n erdős völgy
dingo ['dɪŋgoʊ] n ausztráliai vadkutya,
dingó
dingy ['dɪndʒɪ] a piszkos; rendetlen,
kopott, elhanyagolt
dining ['daɪnɪŋ] →dine
dining-car n étkezőkocsi
dining-room n ebédlő, étterem
dining-table n ebédlőasztal
dinky ['dɪŋkɪ] a biz 1. szép kis...,
csinos; cuki 2. US jelentéktelen, harmadrangú
dinned [dɪnd] →din II.
dinner ['dɪnə*] n ⟨a nap főétkezése délben v. este:⟩ ebéd; vacsora; ~ plate
lapostányér
dinner-can n ételhordó
dinner-dance n táncos vacsora
dinner-jacket n GB szmoking
dinner-party n vacsora [meghívott vendégekkel]

dinner-service *n* étkészlet
dinner-time *n* ebédidő; vacsoraidő
dinner-wagon *n* zsúrkocsi
dinosaur ['daɪnəsɔ:*] *n* dinoszaurusz
dint [dɪnt] *n* 1. erő; erőszak; *by* ~ *of* vm segítségével, vmnél fogva 2. ütés helye; horpadás
diocesan [daɪ'ɔsɪsn; *US* -ɑ-] I. *a* egyházmegyei II. *n* megyéspüspök
diocese ['daɪəsɪs] *n* egyházmegye
Diogenes [daɪ'ɔdʒɪni:z; *US* -'ɑ-] *prop* Diógenész
diopter [daɪ'ɔptə*; *US* -'ɑ-] *n* dioptria
dip [dɪp] I. *n* 1. bemártás 2. megmártózás; fürdés 3. mártott gyertya 4. horpadás [földben]; dőlés, lejtősség [teléré, terepé] 5. elhajlás, inklináció [mágnestűé] 6. (hajó)üdvözlés zászlóval; *at the* ~ félárbocra eresztett [zászló] II. *v* -pp- A. *vt* 1. bemárt, (meg-)merít (*into* vmbe); ~ *the sheep* birkát úsztat/füröszt 2. fest [vásznat]; önt, márt [gyertyát]; csáváz [bőrt] 3. (hirtelen) leereszt; ~ *one's flag* zászlóval üdvözöl [hajót]; ~ *the headlights* tompított fényre vált, „leveszi" a fényt B. *vi* 1. (el)merül, megmártja magát, (le)süllyed [vízben] 2. leszáll, lebukik [nap]; elhajlik [iránytű]; lejt, ereszkedik [talaj] 3. (*átv is*) merít, vesz (vmből, vhonnan); belelapoz [könyvbe]; ~ *into one's purse* belenyúl a zsebébe [= fizet] 4. (*átv is*) merít, vesz (*out of, from* vmből, vhonnan)
Dip. *Diploma*
diphtheria [dɪf'θɪərɪə] *n* torokgyík, diftéria
diphthong ['dɪfθɔŋ; *US* -ɔ:ŋ] *n* kettőshangzó, diftongus
diploma [dɪ'ploʊmə] *n* diploma, oklevél
diplomacy [dɪ'ploʊməsɪ] *n* diplomácia
diplomat ['dɪpləmæt] *n* diplomata
diplomatic [dɪplə'mætɪk] *a* 1. diplomáciai; ~ *corps* diplomáciai testület 2. tapintatos, diplomatikus
diplomatist [dɪ'ploʊmətɪst] *n* (*átv is*) diplomata
dipped [dɪpt] *a* ~ *headlights* tompított fényszóró
dipper ['dɪpə*] *n* 1. búvár 2. búvárma-

dár 3. *US* merőkanál 2. *US Big D*~ Göncölszekér
dippy ['dɪpɪ] *a* □ bolond, ütődött
dip-rod *n* olajszintjelző, nívópálca
dipsomania [dɪpsə'meɪnjə] *n* iszákosság
dip-stick *n* = *dip-rod*
diptych ['dɪptɪk] *n* diptichon, kétszárnyú festmény/faragvány
dire ['daɪə*] *a* szörnyű, irtózatos; ~ *necessity* sanyarú/szorongató szükség
direct [dɪ'rekt] I. *a* 1. egyenes; ~ *current* egyenáram; *the* ~ *opposite of sg* szöges ellentéte vmnek; ~ *speech* egyenes beszéd [nyelvtanilag]; ~ *tax* egyenes adó 2. közvetlen [kapcsolat]; nyílt [válasz]; haladéktalan [cselekvés]; ~ *action* közvetlen cselekvés [munkásmozgalomban, pl. sztrájkkal, erőszakkal]; ~ *method* közvetlen/direkt módszer [nyelvtanításban]; ~ *object* közvetlen tárgy [igéé a mondatban]; *the* ~ *road* az egyenes (v. legrövidebb) út II. *adv* = *directly* III. *vt* 1. irányít [munkát stb.]; visz [ügyeket]; utasít (alárendeltet); ~*ed by* ... rendezte ... [színdarabot]; *as* ~*ed* (1) a parancsnak megfelelően (2) utasítás szerint 2. irányít [lépést, figyelmet] 3. irányít, küld (*to* vhova)
direction [dɪ'rekʃn] *n* 1. irány; ~ *sign* (út)irányjelző tábla; *in every* ~ minden irányban 2. irányítás; vezetés, igazgatás; [színpadi] rendezés; *under the* ~ *of* ... irányításával, vezetésével 3. címzés [levélen, csomagon] 4. utasítás; ~*s for* use használati utasítás 5. (vállalat)vezetőség, igazgatóság
direction-finder *n* (rádió)iránymérő, iránykereső
directive [dɪ'rektɪv] I. *a* irányító, irányadó II. *n* utasítás, direktíva
directly [dɪ'rektlɪ] *adv* 1. mindjárt, azonnal 2. egyenesen, közvetlenül; nyíltan
directness [dɪ'rektnɪs] *n* egyenesség, őszinteség
director [dɪ'rektə*] *n* 1. igazgató; *board of* ~*s* igazgatóság 2. rendező [filmé, színdarabé stb.]
directorate [dɪ'rekt(ə)rət] *n* igazgatóság [testület]

15*

director-general *n* főigazgató, vezérigazgató
directorship [dɪ'rektəʃɪp] *n* igazgatóság [állás]
directory [dɪ'rekt(ə)rɪ] *n* 1. címtár 2. telefonkönyv 3. igazgatóság
directress [dɪ'rektrɪs] *n* igazgatónő
direful ['daɪəfʊl] *a* = dire
dirge [də:dʒ] *n* gyászének
dirigible ['dɪrɪdʒəbl] *n* kormányozható léghajó
dirk [də:k] I. *n* tőr II. *vt* leszúr (tőrrel)
dirt [də:t] *n* 1. piszok, szenny, sár; *eat* ~ szidalmakat kell zsebre vágnia; *treat sy like* ~ úgy bánik vele, mint egy ronggyal 2. föld; ~ *floor* földes padló; *US* ~ *road* földút 3. salak, ürülék
dirt-cheap *a* potom olcsó
dirtiness ['də:tɪnɪs] *n* piszkosság, koszosság
dirt-track *n* salakpálya
dirty ['də:tɪ] I. *a* 1. piszkos; szennyes, koszos, sáros; ~ *weather* pocsék/vacak idő 2. erkölcstelen, mocskos; ~ *story* malac vicc 3. aljas, hitvány; ~ *dog* rongy/nyamvadt alak; *give sy a* ~ *look* görbén néz vkre II. A. *vt* bepiszkít; beszennyez B. *vi* (be)piszkolódik; beszennyeződik
disability [dɪsə'bɪlətɪ] *n* 1. alkalmatlanság 2. rokkantság; ~ *pension* rokkantsági nyugdíj
disable [dɪs'eɪbl] *vt* 1. (*átv is*) (munka-) képtelenné tesz, megbénít [embert, ipart, fegyvert stb.] 2. elgyengít
disabled [dɪs'eɪbld] *a* munkaképtelen, nyomorék; ~ *soldier* hadirokkant
disablement [dɪs'eɪblmənt] *n* 1. megbénítás 2. rokkantság; munkaképtelenség
disabuse [dɪsə'bju:z] *vt* kiábrándít [tévedésből, tévhitből]; ~ *sy of prejudices* előítéleteitől megszabadít vkt
disaccustom [dɪsə'kʌstəm] *vt* leszoktat (*sy to do sg* vkt vmről)
disadvantage [dɪsəd'va:ntɪdʒ; *US* -'væn-] *n* 1. hátrány; *at a* ~ hátrányos helyzetben 2. veszteség, kár; *to* ~ veszteséggel [ad el]
disadvantageous [dɪsædva:n'teɪdʒəs] *a* hátrányos, előnytelen

disaffected [dɪsə'fektɪd] *a* 1. elhidegült (*towards* vkvel szemben); elégedetlen (vkvel, vmvel) 2. hűtlen
disaffection [dɪsə'fekʃn] *n* 1. elégedetlenség; elhidegülés 2. hűtlenség
disagree [dɪsə'gri:] *vi* 1. nem egyezik, ellenkezik, ellentétben áll (*with* vmvel); nem ért egyet (*with* vkvel); más véleményen van (*about/over* vmt illetőleg); *I am sorry to* ~ sajnálom de kénytelen vagyok 'ellentmondani 2. nem felel meg, árt (*with* vknek vm); *the climate* ~*s with me* nem bírom az éghajlatot; *wine* ~*s with me* a bor nem tesz jót nekem
disagreeable [dɪsə'grɪəbl] *a* kellemetlen; bosszantó [dolog]; ellenszenves [ember]
disagreement [dɪsə'gri:mənt] *n* 1. nézeteltérés (*with sy about sg* vkvel vm miatt) 2. különbözés (*between* között)
disallow [dɪsə'laʊ] *vt* 1. nem ismer el; nem ad meg [gólt]; elutasít 2. helytelenít
disappear [dɪsə'pɪə*] *vi* eltűnik
disappearance [dɪsə'pɪər(ə)ns] *n* eltűnés
disappoint [dɪsə'pɔɪnt] *vt* 1. kiábrándít, csalódást okoz; *be* ~*ed in* csalódik (vkben/vmben) 2. meghiúsít 3. cserbenhagy
disappointing [dɪsə'pɔɪntɪŋ] *a* kellemetlen, bosszantó
disappointment [dɪsə'pɔɪntmənt] *n* csalódás, kiábrándulás
disapprobation [dɪsæprə'beɪʃn] *n* rosszallás, helytelenítés
disapproval [dɪsə'pru:vl] *n* rosszallás, helytelenítés
disapprove [dɪsə'pru:v] *vt/vi* 1. kifogásol, helytelenít (*of* vmt) 2. nem hagy jóvá, elvet
disarm [dɪs'a:m] A. *vt* (*átv is*) lefegyverez B. *vi* leszerel
disarmament [dɪs'a:məmənt] *n* lefegyverzés, leszerelés
disarming [dɪs'a:mɪŋ] *a* 1. őszinte, nyílt 2. lefegyverező [mosoly]
disarrange [dɪsə'reɪndʒ] *vt* összezavar szétzilál

disarray [dɪsə'reɪ] I. *n* rendetlenség, öszszevisszaság, zűrzavar II. *vt* összezavar
disaster [dɪ'zɑ:stə*; *US* -'zæ-] *n* szerencsétlenség, katasztrófa; súlyos csapás
disastrous [dɪ'zɑ:strəs; *US* -'zæ-] *a* végzetes, katasztrofális
disavow [dɪsə'vaʊ] *vt* 1. nem ismer el, (meg)tagad 2. visszautasít
disavowal [dɪsə'vaʊ(ə)l] *n* el nem ismerés; megtagadás [hité]
disband [dɪs'bænd] A. *vt* szélnek ereszt, feloszlat [alakulatot] B. *vi* felbomlik, szétszóródik [hadsereg]
disbar [dɪs'bɑ:*] *vt* -rr- ügyvédi kamarából kizár
disbelief [dɪsbɪ'li:f] *n* hitetlenség; hinni nem tudás (vmben)
disbelieve [dɪsbɪ'li:v] *vt* 1. nem hisz el (vmt), nem ad hitelt (vmnek), nem hisz (vknek) 2. tagad (vmt)
disburden [dɪs'bə:dn] *vt* 1. könnyít (vk) terhén; ~ *one's mind* (*of sg*) kiönti a szívét 2. kirak
disburse [dɪs'bə:s] *vt* kifizet, kiad [pénzt]
disbursement [dɪs'bə:smənt] *n* kiadás [pénzé]
disc, disk [dɪsk] *n* 1. korong, tárcsa, lemez; ~ *brake* tárcsás fék; ~ *clutch* tárcsás tengelykapcsoló; ~ *wheel* telekerék 2. (hang)lemez; ~ *jockey* lemezbemutató, -lovas, diszkós 3. *biz* porckorong; *slipped* ~ porckorongsérv
discard [dɪs'kɑ:d] *vt* 1. eldob; kiszuperál 2. letesz [kártyát] 3. felhagy (vmvcl) 4. elküld, elbocsát
discern [dɪ'sə:n] *vt* 1. megkülönböztet, különbséget tesz 2. észrevesz; meglát; észlel
discernible [dɪ'sə:nəbl] *a* látható, észrevehető; felismerhető
discerning [dɪ'sə:nɪŋ] *a* 1. éles elméjű, jó ítélőképességű 2. biztos, finom [ízlés]
discernment [dɪ'sə:nmənt] *n* ítélőképesség, judícium; tisztánlátás
discharge [dɪs'tʃɑ:dʒ] I. *n* 1. kirakás; kirakodás [szállítmányé] 2. (villamos) kisülés; lövés, elsülés [fegyveré] 3. kiöntés; kiömlés [vízé]; ömlés [gáZé]; (váladék)kiválasztás; (gennyes)

folyás 4. elbocsátás [állásból, kórházból]; (katonai) leszerelés; szabadlábra helyezés; felmentés 5. teljesítés [kötelességé, feladaté]; megfizetés, kiegyenlítés [adósságé]; *in full* ~ fizetve [számlán, nyugtán] II. A. *vt* 1. kirak [rakományt]; kiürít [tartályt] 2. elsüt [fegyvert]; kilő [nyilat]; kisüt [elemet] 3. elbocsát [állásból; kórházból]; leszerel [katonát]; szabadlábra helyez; felment 4. kibocsát, fejleszt [gázt, gőzt]; kiválaszt [hormont, váladékot stb.] 5. tehermentesít, felold [kötelezettség alól]; teljesít [kötelességet, feladatot]; kifizet, rendez [tartozást, számlát] B. *vi* 1. kirakodik 2. ömlik (*into* vhova) 3. tüzel [puskából, ágyúból] 4. ürül, tisztul [váladék, seb]
disciple [dɪ'saɪpl] *n* tanítvány
disciplinarian [dɪsɪplɪ'neərɪən] *n* fegyelmező (személy)
disciplinary ['dɪsɪplɪn(ə)rɪ; *US* -erɪ] *a* fegyelmi
discipline ['dɪsɪplɪn] I. *n* 1. fegyelem 2. fegyelmezés 3. tudományág II. *vt* 1. nevel, fegyelmez 2. büntet, fenyít
disclaim [dɪs'kleɪm] *vt* 1. nem ismer el; tagad 2. lemond [jogról]; elhárít [felelősséget]
disclaimer [dɪs'kleɪmə*] *n* 1. lemondás, visszautasítás 2. lemondó (személy) 3. cáfolat
disclose [dɪs'kloʊz] *vt* 1. kitakar, felfed 2. elárul; leleplez; felfed, feltár 3. közzétesz
disclosure [dɪs'kloʊʒə*] *n* közzététel; közlés; felfedés, elárulás [gondolaté stb.]
disco ['dɪskoʊ] *n* biz diszkó
discolor →discolour
discolour, *US* -color [dɪs'kʌlə*] A. *vt* elszíntelenít B. *vi* elszíntelenedik; elszíneződik
discolo(u)ration [dɪskʌlə'reɪʃn] *n* elszíntelenedés; elszíneződés
discomfit [dɪs'kʌmfɪt] *vt* 1. legyőz, megver [csatában] 2. kihoz a sodrából; zavarba hoz
discomfiture [dɪs'kʌmfɪtʃə*] *n* 1. legyőzetés, kudarc 2. kellemetlenség, bosszúság, zavar(ba ejtés)

discomfort [dɪs'kʌmfət] *n* kényelmetlenség; rossz érzés
discompose [dɪskəm'poʊz] *vt* 1. összezavar 2. felizgat, sodrából kihoz
discomposure [dɪskəm'poʊʒə*] *n* zavar, nyugtalanság
disconcert [dɪskən'sə:t] *vt* 1. zavarba hoz; lehangol, nyugtalanít 2. megzavar; meghiúsít [tervet]
disconnect [dɪskə'nekt] *vt* szétkapcsol, -választ; kikapcsol, megszakít [áramot stb.]
disconnected [dɪskə'nektɪd] *a* 1. szétválasztott 2. kikapcsolt 3. összefüggéstelen, csapongó [beszéd]
disconsolate [dɪs'kɔns(ə)lət; US -'kɑ-] *a* bús, vigasztalhatatlan
discontent [dɪskən'tent] I. *n* elégedetlenség II. *vt* elégedetlenné tesz, nem elégít ki
discontented [dɪskən'tentɪd] *a* elégedetlen (*with* vmvel)
discontinue [dɪskən'tɪnju:] A. *vt* abbahagy (vmt); felhagy [szokással]; lemond [újságot] B. *vi* megszakad; nem folytatódik
discontinuous [dɪskən'tɪnjʊəs] *a* 1. öszszefüggéstelen 2. szakaszos [mozgás]
discord ['dɪskɔ:d] *n* viszály(kodás) 2. hangzavar 3. disszonancia
discordance [dɪ'skɔ:d(ə)ns] *n* = discord
discordant [dɪ'skɔ:d(ə)nt] *a* 1. nem egyező [vélemények] 2. disszonáns
discothèque ['dɪskətek] *n* diszkó
discount I. *n* ['dɪskaʊnt] árengedmény; leszámítolás; *be at a* ~ parin alul van, nem keresett; ~ *price* kedvezményes ár; ~ *rate, rate of* ~ leszámítolási kamatláb II. *vt* ['dɪskaʊnt v. dɪ'skaʊnt] 1. leszámítol, diszkontál 2. (előre) leszámít [túlzásokat]
discountenance [dɪ'skaʊntɪnəns] *vt* 1. helytelenít, rosszall 2. elriaszt
discourage [dɪ'skʌrɪdʒ; US dɪs'kə:-] *vt* 1. kedvét szegi, elkedvetlenít; *become* ~*d* elkedvetlenedik 2. ellenez, rosszall [tervet]; ~ *sy from (doing) sg* elveszi a kedvét vknek vmtől
discouragement [dɪ'skʌrɪdʒmənt; US dɪs'kə:-] *n* 1. elkedvetlenítés 2. helytelenítés, ellenzés

discourse I. *n* ['dɪskɔ:s] 1. társalgás 2. értekezés, előadás II. *vi* [dɪ'skɔ:s] 1. beszélget 2. értekezik (*on/of* vmről)
discourteous [dɪs'kə:tjəs] *a* udvariatlan
discourtesy [dɪs'kə:tɪsɪ] *n* udvariatlanság
discover [dɪ'skʌvə*] *vt* 1. felfedez; feltalál 2. felfed, feltár, elárul (vmt) 3. észrevesz, rájön (vmre)
discoverer [dɪ'skʌv(ə)rə*] *n* felfedező
discovery [dɪ'skʌv(ə)rɪ] *n* 1. felfedezés 2. leleplezés
discredit [dɪs'kredɪt] I. *n* 1. kétely 2. rossz hírnév; *bring* ~ (*up*)*on* (*sy/sg*) szégyent hoz (vkre/vmre) 3. hitelvesztés II. *vt* 1. kétségbe von 2. rossz hírbe kever, tekintélyét/hitelét rontja
discreditable [dɪs'kredɪtəbl] *a* szégyenletes; méltatlan; becstelen
discreet [dɪ'skri:t] *a* 1. óvatos, megfontolt 2. tapintatos; diszkrét
discrepancy [dɪ'skrep(ə)nsɪ] *n* különbözőség, ellentmondás; eltérés
discrepant [dɪ'skrep(ə)nt] *a* különböző, eltérő (*from* vmtől)
discrete [dɪ'skri:t] *a* 1. különálló, egyedi 2. diszkrét [matematikában]
discretion [dɪ'skreʃn] *n* 1. megítélés, belátás; *at sy's* ~ vknek a belátása/tetszése szerint; *leave to sy's* ~ tetszésére bíz vknek; *use your* ~ tégy belátásod szerint 2. megfontoltság; körültekintés; ~ *is the better part of valour* kb. szégyen a futás de hasznos; *age/years of* ~ nagykorúság
discretionary [dɪ'skreʃən(ə)rɪ; US -erɪ] *a* tetszés szerinti, diszkrecionális
discriminate [dɪ'skrɪmɪneɪt] A. *vt* megkülönböztet (*from* egymástól) B. *vi* különbséget tesz (*between* között); ~ *against sy* elfogult vkvel szemben
discriminating [dɪ'skrɪmɪneɪtɪŋ] *a* 1. megkülönböztető [törvény] 2. jó ítélőképességű [ember] 3. ismertető [jel]
discrimination [dɪskrɪmɪ'neɪʃn] *n* 1. megkülönböztetés; különbségtétel 2. megkülönböztetett bánásmód 3. ítélőképesség, judícium
discriminative [dɪ'skrɪmɪnətɪv; US -neɪ-] *a* = discriminating 1.
discursive [dɪ'skə:sɪv] *a* 1. kalandozó;

csapongó; szaggatott [beszéd, stílus]
2. következtető [képesség, okoskodás]
discus ['dɪskəs] *n* diszkosz; *throwing the*
~ diszkoszvetés
discuss [dɪ'skʌs] *vt* 1. megvitat, (meg-)
tárgyal, megbeszél [kérdést]; fejteget
[témát] 2. *biz* ~ *a bottle* egy üveg bor
mellett beszélget
discussion [dɪ'skʌʃn] *n* vita; tárgyalás,
megbeszélés; *question under* ~ szóban
forgó kérdés; *after much* ~ hosszú vita
után; *come up for* ~ megvitatásra ke-
rül
disdain [dɪs'deɪn] I. *n* lenézés, megvetés
II. *vt* lenéz, megvet; ~ *to* . . . méltósá-
gán alulinak tartja, hogy (vmt megte-
gyen)
disdainful [dɪs'deɪnfʊl] *a* megvető; lenéző
disease [dɪ'ziːz] *n* betegség, kór, baj
diseased [dɪ'ziːzd] *a* beteg; kóros
disembark [dɪsɪm'bɑːk] A. *vi* partra
száll B. *vt* partra szállít/tesz
disembarkation [dɪsembɑː'keɪʃn] *n* part-
raszállás; partra szállítás
disembarrass [dɪsɪm'bærəs] *vt* 1. meg-
szabadít (*of* vmtől) 2. kiszabadítja
magát (*from* vmből) 3. *átv* könnyít
(vkn)
disembodied [dɪsɪm'bɒdɪd; *US* -'bɑ-] *a*
testetlen [szellem]
disembowel [dɪsɪm'baʊəl] *vt* -ll- (*US* -l-)
kibelez, kizsigerel
disenchant [dɪsɪn'tʃɑːnt; *US* -ænt] *vt*
kiábrándít, kijózanít
disendow [dɪsɪn'daʊ] *vt* megfoszt javai-
tól [egyházat, intézményt]
disengage [dɪsɪn'geɪdʒ] A. *vt* 1. kiszaba-
dít (*from* vmből); felold [*from* ígéret
alól] 2. kikapcsol; szétkapcsol, -vá-
laszt; ~ *the clutch* kikuplungoz B. *vi* 1.
kiszabadul; felszabadul 2. kikapcso-
lódik; szétkapcsolódik; elválik
disengaged [dɪsɪn'geɪdʒd] *a* szabad, nem
elfoglalt
disengagement [dɪsɪn'geɪdʒmənt] *n* 1.
kiszabadítás; kiszabadulás 2. kikap-
csol(ód)ás
disentangle [dɪsɪn'tæŋgl] *vt* 1. kibont,
fölfejt [fonalat stb.]; kibogoz [bonyo-
dalmat] 2. kiszabadít, megszabadít
(*from* vmből/vmtől)

disequilibrium [dɪsekwɪ'lɪbrɪəm] *n* egyen-
súlyhiány [politikában stb.]
disestablish [dɪsɪ'stæblɪʃ] *vt* 1. állami
támogatást megvon [egyháztól] 2.
hivatalos jellegétől megfoszt [állami
szervet]
disestablishment [dɪsɪ'stæblɪʃmənt] *n* 1.
egyház és állam szétválasztása 2. meg-
fosztás hivatalos jellegtől, felfüggesz-
tés [állami szervé]
disfavour, *US* **-vor** [dɪs'feɪvə*] *n* 1. kegy-
vesztettség 2. helytelenítés, rosszallás
disfigure [dɪs'fɪgə*; *US* -gjə*] *vt* elrútít;
eltorzít
disfigurement [dɪs'fɪgəmənt; *US* -gjə-] *n*
elrútítás; eltorzítás
disfranchise [dɪs'fræntʃaɪz] *vt* szavazati
jogtól megfoszt
disfranchisement [dɪs'fræntʃɪzmənt] *n*
szavazati jog megvonása; jogfosztás
disgorge [dɪs'gɔːdʒ] A. *vt* 1. kiokád, ki-
hány 2. kiad, visszaad [zsákmányt
stb.] B. *vi* ömlik [folyó vhova]
disgrace [dɪs'greɪs] I. *n* 1. szégyen; *be a*
~ *to* szégyenére válik, szégyenfoltja
[családnak stb.] 2. kegyvesztettség;
fall into ~ (*with sy*) kegyvesztetté vá-
lik (vknél) II. *vt* 1. szégyenére van 2.
megvonja kegyeit (vktől)
disgraceful [dɪs'greɪsfʊl] *a* szégyenletes;
csúfos, botrányos
disgruntled [dɪs'grʌntld] *a* elégedetlen,
zsémbes
disguise [dɪs'gaɪz] I. *n* 1. álöltözet, ál-
ruha; *throw off* ~ leveti az álarcot 2.
tettetés, színlelés II. *vt* 1. álruhába öl-
töztet 2. palástol, elrejt; leplez [érzel-
met]
disgust [dɪs'gʌst] I. *n* undor, utálat
(*at/for* vk/vm iránt) II. *vt* undort/ellen-
szenvet kelt; *be* ~*ed at/by/with sg*
(1) undort kelt benne vm (2) fel van
háborodva vm miatt
disgusting [dɪs'gʌstɪŋ] *a* undorító, för-
telmes; felháborító
dish [dɪʃ] I. *n* 1. tál; *the* ~*es* asztali edé-
nyek; *wash up the* ~*es* elmosogat 2.
étel, fogás; *a* ~ *of vegetables* egy tál
főzelék 3. □ *she is quite a* ~ jó kis csaj
II. *vt* 1. (*átv is*) tálal; ~ *up* feltálal 2.
biz átver, kijátszik (vkt)

dishabille [dɪsæ'bi:l] n in ~ pongyolában, negligzsében
disharmony [dɪs'hɑ:m(ə)nɪ] n diszharmónia
dish-cloth n mosogatórongy
dishearten [dɪs'hɑ:tn] vt elcsüggeszt
dished [dɪʃt] a 1. homorú(ra alakított) 2. □ kimerült, kikészült
dishevelled, US -veled [dɪ'ʃevld] a kócos; borzas; zilált
dishonest [dɪs'ɔnɪst; US -'ɑ-] a nem becsületes; tisztességtelen; becstelen
dishonesty [dɪs'ɔnɪstɪ; US -'ɑ-] n tisztességtelenség, becstelenség
dishonour, US -or [dɪs'ɔnə*; US -'ɑ-] I. n 1. gyalázat, becstelenség 2. becstelen/gyalázatos dolog II. vt 1. megszégyenít; meggyaláz 2. nem fogad el [váltót]; nem vált be [csekket]
dishonourable, US -orable [dɪs'ɔn(ə)rəbl; US -'ɑ-] a tisztességtelen, gyalázatos
dishpan n mosogatódézsa
dish-rack n edényszárító [rács]
dishrag n US = dishcloth
dish-towel n konyharuha
dish-washer n mosogatógép
dish-water n mosogatóvíz
disillusion [dɪsɪ'lu:ʒn] I. n kiábrándulás, csalódás II. vt kiábrándít
disillusioned [dɪsɪ'lu:ʒnd] a kiábrándult
disillusionment [dɪsɪ'lu:ʒnmənt] n kiábrándulás, csalódás
disincentive [dɪsɪn'sentɪv] n [termelékenységet, tőkebefektetést] csökkentő intézkedés
disinclinaton [dɪsɪnklɪ'neɪʃn] n idegenkedés, ellenszenv (for/to vm iránt)
disinclined [dɪsɪn'klaɪnd] a vonakodó; nem hajlandó (to do sg vmt megtenni); nem hajlamos (for vmre)
disinfect [dɪsɪn'fekt] vt fertőtlenít
disinfectant [dɪsɪn'fektənt] n fertőtlenítőszer
disinfection [dɪsɪn'fekʃn] n fertőtlenítés
disingenuous [dɪsɪn'dʒenjʊəs] a hamis, álnok, nem őszinte
disinherit [dɪsɪn'herɪt] vt kitagad, kizár [örökségből]
disintegrate [dɪs'ɪntɪgreɪt] A. vi felbomlik, szétesik [szervezet stb.] B. vt el-

mállaszt; szétporlaszt; felbomlaszt [társadalmat stb.]
disintegration [dɪsɪntɪ'greɪʃn] n szétbomlás, szétesés
disinter [dɪsɪn'tə:*] vt -rr- 1. kiás 2. exhumál
disinterested [dɪs'ɪntrəstɪd] a 1. érdektelen, nem érdekelt, önzetlen 2. pártatlan, elfogulatlan
disinterment [dɪsɪn'tə:mənt] n 1. kiásás 2. exhumálás
disinterred [dɪsɪn'tə:d] →disinter
disjoin [dɪs'dʒɔɪn] vt szétválaszt
disjoint [dɪs'dʒɔɪnt] vt 1. kificamit 2. ízekre szed; feldarabol [szárnyast] 3. taglal, boncol [beszédet]
disjointed [dɪs'dʒɔɪntɪd] a 1. kificamodott 2. összefüggéstelen, csapongó
disjunction [dɪs'dʒʌŋkʃn] n 1. szétválás 2. szétválasztás
disjunctive [dɪs'dʒʌŋktɪv] a (el)választó, szétválasztó
disk [dɪsk] →disc
dislike [dɪs'laɪk] I. n ellenszenv, idegenkedés (of/for/to vmtől); take a ~ to sy megutál vkt II. vt irtózik, idegenkedik (vmtől)
dislocate ['dɪsləkeɪt; US -loʊ-] vt 1. kificamit; be ~ed kificamodik; ~d hip csípőficam 2. elmozdít 3. kizökkent (a kerékvágásból)
dislocation [dɪslə'keɪʃn; US -loʊ-] n 1. kificamodás 2. eltolódás 3. kizökkenés (a kerékvágásból)
dislodge [dɪs'lɔdʒ; US -ɑ-] vt 1. kiűz 2. kimozdít, kiszabadít [beakadt tárgyat]
disloyal [dɪs'lɔɪ(ə)l] a hűtlen, áruló
disloyalty [dɪs'lɔɪ(ə)ltɪ] n hűtlenség
dismal ['dɪzm(ə)l] a komor, szomorú; lehangoló
dismantle [dɪs'mæntl] vt 1. lebont [épületet]; leszerel [erődöt, gyárat] 2. szétszed [gépet]
dismay [dɪs'meɪ] I. n rémület; félelem nagyfokú aggodalom II. vt 1. elcsüggeszt 2. megrémít, megdöbbent
dismember [dɪs'membə*] vt feldarabol [szárnyast]; feloszt, megcsonkít [országot]
dismemberment [dɪs'membəmənt] n feldarabolás

dismiss [dɪs'mɪs] vt 1. elbocsát [alkalmazottat] 2. elenged, távozást engedélyez; feloszlat [gyűlést]; ~! oszolj! 3. elűz, elhesseget [gondolatot]; abbahagy [témát] 4. elutasít [kérelmet]; ~ a case keresetet elutasít
dismissal [dɪs'mɪsl] n 1. elbocsátás 2. elutasítás
dismount [dɪs'maʊnt] A. vi leszáll [lóról] B. vt 1. (nyeregből) kivet 2. leszerel, szétszerel [löveget, gépet]; leszerel [gyárat]
disobedience [dɪsə'biːdjəns] n engedetlenség, szófogadatlanság
disobedient [dɪsə'biːdjənt] a engedetlen
disobey [dɪsə'beɪ] vt 1. megszeg [törvényt, parancsot] 2. nem fogad szót, nem engedelmeskedik (vknek)
disoblige [dɪsə'blaɪdʒ] vt udvariatlanul/sértőn bánik vkvel
disobliging [dɪsə'blaɪdʒɪŋ] a barátságtalan; udvariatlan
disorder [dɪs'ɔːdə*] I. n 1. rendetlenség, (zűr)zavar 2. zavargás 3. rendellenesség, zavar [emberi szervezetben] II. vt 1. összezavar 2. elront [gyomrot]; tönkretesz [egészséget]
disorderly [dɪs'ɔːdəlɪ] a 1. rendetlen; rendzavaró; féktelen; erkölcstelen; ~ conduct rendzavarás; ~ house (1) bordély(ház) (2) kártyabarlang; ~ person rendzavaró személy
disorganization [dɪsɔːɡənaɪ'zeɪʃn; US -nɪ'z-] n. 1 szétzüllesztés 2. (fel)bomlás
disorganize [dɪs'ɔːɡənaɪz] vt bomlaszt, szétzülleszt; become ~d felbomlik, szétesik
disown [dɪs'oʊn] vt megtagad, nem ismer el
disparage [dɪ'spærɪdʒ] vt leszól, becsmérel
disparagement [dɪ'spærɪdʒmənt] n leszólás; lenézés
disparity [dɪ'spærətɪ] n egyenlőtlenség
dispassionate [dɪ'spæʃ(ə)nət] a 1. szenvtelen 2. pártatlan, tárgyilagos
dispatch [dɪ'spætʃ] I. n 1. sietség; with ~ gyorsan 2. sürgöny, értesítés 3. elküldés; feladás; elszállítás; ~ note feladóvevény 4. jelentés; mention in ~es na-

piparancsban elismerően megemlít II. vt 1. elküld [levelet, táviratot]; felad [csomagot]; elindít [csapatot stb.] 2. (gyorsan) elintéz 3. másvilágra küld
dispatch-box/case n irattáska, aktatáska
dispatcher [dɪ'spætʃə*] n forgalomirányító; menetirányító
dispatch-rider n futár, motorkerékpáros küldönc
dispel [dɪ'spel] vt -ll- elűz; eloszlat [felhőt, félelmet]
dispensable [dɪ'spensəbl] a mellőzhető; nélkülözhető
dispensary [dɪ'spens(ə)rɪ] n gyógyszertár
dispensation [dɪspen'seɪʃn] n 1. szétosztás, elosztás [jutalomé, adományé] 2. felmentés, diszpenzáció (from/with vm alól) 3. rendelkezés; döntés
dispense [dɪ'spens] A. vt 1. kioszt, szétoszt 2. igazságot szolgáltat 3. elkészít [gyógyszert] 4. felment (from vm alól) B. vi ~ with nélkülöz/mellőz vmt; eltekint vmtől
dispenser [dɪ'spensə*] n 1. gyógyszerész 2. (adagoló) automata
dispensing [dɪ'spensɪŋ] n 1. szétosztás [alamizsnáé stb.] 2. elkészítés [gyógyszeré]; ~ chemist gyógyszerész; ~ department vénykészítő részleg [gyógyszertárban]
dispersal [dɪ'spɔːsl] n = dispersion
disperse [dɪ'spɔːs] A. vt 1. szétszór; feloszlat [tömeget] 2. elterjeszt [híreket] 3. (szét)szór [fényt] B. vi 1. szétoszlik 2. elterjed 3. (szét)szóródik
dispersion [dɪ'spɔːʃn; US -ʒn] n 1. szétszóródás, szétszórtság; diaszpóra 2. (szét)szórás; diszperzió
dispirit [dɪ'spɪrɪt] vt elcsüggeszt
dispirited [dɪ'spɪrɪtɪd] a csüggedt
displace [dɪs'pleɪs] vt 1. elmozdít [helyéről, állásából] 2. kiszorít [vízmennyiséget]
displaced [dɪs'pleɪst] a elmozdított; ~ person hontalan személy
displacement [dɪs'pleɪsmənt] n 1. elmozdítás 2. vízkiszorítás ‖ → ton 2.
display [dɪ'spleɪ] I. n 1. kirakás; bemutatás [árué stb.]; be on ~ ki van állítva 2. [áru-, divat-] bemutató 3. megnyilatkozás [érzelmeké]; fitogtatás [va-

gyoné, tudásé] 4. kijelző II. *vt* 1. kitesz, kiállít, bemutat [árut] 2. bizonyságot tesz [bátorságról]; elárul [félelmet, tudatlanságot] 3. fitogtat [gazdagságot]; mutogat [bájakat] **displease** [dɪs'pliːz] *vt* nem tetszik, visszatetszik (vknek); *be ~d at/with* elégedetlen vkvel/vmvel
displeasure [dɪs'pleʒə*] *n* 1. visszatetszés, nemtetszés; *incur sy's ~* kihívja vk neheztelését 2. bosszúság
disport [dɪ'spɔːt] *vi* szórakozik, mulat
disposable [dɪ'spoʊzəbl] *a* 1. rendelkezésre álló 2. eldobható [pelenka stb.]
disposal [dɪ'spoʊzl] *n* 1. megszabadulás (vmtől); *waste ~ (service)* szemét- és hulladékeltakarítás, hulladékhasznosítás 2. elrendezés, elintézés; *~ of a difficulty* nehézség megoldása 3. rendelkezés *(of* vm felett); *be at sy's ~* vknek rendelkezésére áll; *for ~* eladó; *have ~ of sg* (szabadon) rendelkezik vmvel [ingatlannal stb.]
dispose [dɪ'spoʊz] **A.** *vt* 1. (el)rendez; elintéz 2. *be ~d to do sg* hajlandó/kész vmt megtenni 3. elrendel, rendelkezik **B.** *vi ~ of* (1) intézkedik, diszponál (vmről) (2) túlad (vkn, vmn), megszabadul (vktől, vmtől); átad, elidegenít (vmt); *easily ~d of* könnyen eladható/értékesíthető
disposed [dɪ'spoʊzd] *a* hajlamos; szándékú; *if you feel so ~* ha arra van kedved; *be well ~ towards sy* kedvel vkt
disposition [dɪspə'zɪʃn] *n* 1. intézkedés; rendelkezés; *make ~s* előkészületeket tesz 2. elrendezés; beosztás 3. hajlam; természet 4. testalkat, diszpozíció
dispossess [dɪspə'zes] *vt* megfoszt *(of* vmtől) [birtoktól stb.]
dispraise [dɪs'preɪz] *vt* lebecsül, leszól
disproof [dɪs'pruːf] *n* cáfolat
disproportion [dɪsprə'pɔːʃn] *n* aránytalanság; egyenlőtlenség *(between* között)
disproportionate [dɪsprə'pɔːʃnət] *a* aránytalan *(to* vmhez viszonyítva)
disprove [dɪs'pruːv] *vt* megcáfol, megdönt
disputable [dɪ'spjuːtəbl] *a* vitatható, vitás; kétségbevonható

disputant [dɪ'spjuːt(ə)nt] *n* vitázó
disputation [dɪspjuː'teɪʃn; *US* -pjʊ-] *n* vita; megvitatás
disputatious [dɪspjuː'teɪʃəs; *US* -pjʊ-] *a* vitázni szerető; bakafántoskodó, kötekedő
dispute [dɪ'spjuːt] **I.** *n* 1. vita, vitatkozás; *beyond ~* vitán felül, vitathatatlan; *the matter in ~* (1) a vita tárgya (2) a szóban forgó ügy 2. veszekedés **II. A.** *vt* 1. (meg)vitat [kérdést]; kétségbe von, vitat [állítást]; elvitat [tulajdont] 2. ellenáll [előnyomulásnak]; harcol [a végsőkig] **B.** *vi* 1. vitatkozik 2. veszekszik
disqualification [dɪskwɔlɪfɪ'keɪʃn; *US* -kwɑ-] *n* 1. alkalmatlanság 2. kizárás, diszkvalifikáció
disqualify [dɪs'kwɔlɪfaɪ; *US* -'kwɑ-] *vt* 1. alkalmatlanná/képtelenné tesz/nyilvánít *(for* vmre) 2. kizár, diszkvalifikál
disquiet [dɪs'kwaɪət] **I.** *n* nyugtalanság; aggódás **II.** *vt* nyugtalanít; aggaszt
disquieting [dɪs'kwaɪətɪŋ] *a* aggasztó, nyugtalanító
disquietude [dɪs'kwaɪətjuːd; *US* -tuːd] *n* nyugtalanság; aggodalom
disquisition [dɪskwɪ'zɪʃn] *n* értekezés *(on* vmről)
Disraeli [dɪs'reɪlɪ] *prop*
disregard [dɪsrɪ'gɑːd] **I.** *n* fitymálás, semmibevevés **II.** *vt* nem vesz figyelembe, elhanyagol [tényt]; fitymál [nehézséget]
disrepair [dɪsrɪ'peə*] *n* elhanyagoltság; megrongáltság; *in ~* rozoga állapotban
disreputable [dɪs'repjʊtəbl; *US* -pjə-] *a* rossz hírű; gyalázatos
disrepute [dɪsrɪ'pjuːt] *n* rossz hírnév; szégyen
disrespect [dɪsrɪ'spekt] *n* tiszteletlenség *(for* vk iránt)
disrespectful [dɪsrɪ'spektfʊl] *a* tiszteletlen; udvariatlan
disrobe [dɪs'roʊb] *vt* 1. levet, lesegít [öltözéket, köntöst] 2. megfoszt vmtől
disrupt [dɪs'rʌpt] *vt* szétszakít, -darabol; szétzülleszt
disruption [dɪs'rʌpʃn] *n* szétszakítás; szétszakadás [birodalomé, egyházé]

disruptive [dɪs'rʌptɪv] *a* bomlasztó [erők]

dissatisfaction ['dɪssætɪs'fækʃn] *n* elégedetlenség (*with/at* vmvel)

dissatisfied [dɪs'sætɪsfaɪd] *n* elégedetlen (*with/at* vm miatt)

dissatisfy [dɪs'sætɪsfaɪ] *vt* nem elégít ki; elégedetlenné tesz

dissect [dɪ'sekt] *vt* 1. felboncol 2. *átv* boncolgat, elemez

dissection [dɪ'sekʃn] *n* 1. felboncolás 2. *átv* boncolgatás, elemzés

dissemble [dɪ'sembl] **A.** *vt* 1. eltitkol, leplez [érzelmet] 2. színlel (vmt); ~ *oneself* tetteti magát **B.** *vi* nem őszinte

dissembler [dɪ'semblə*] *n* képmutató

disseminate [dɪ'semɪneɪt] *vt* 1. szétszór 2. elterjeszt

dissemination [dɪsemɪ'neɪʃn] *n* elterjesztés

dissension [dɪ'senʃn] *n* véleményeltérés; egyenetlenség; széthúzás

dissent [dɪ'sent] **I.** *n* eltérő vélemény; véleményeltérés **II.** *vi* más véleményen van

dissenter [dɪ'sentə*] *n* máshitű, nem anglikán protestáns [Angliában], diszszenter

dissentient [dɪ'senʃɪənt; *US* -ʃənt] *a/n* más véleményen levő (ember)

dissertation [dɪsə'teɪʃn] *n* értekezés, disszertáció (*on/upon* vmről)

disservice [dɪs'sə:vɪs] *n* 1. rossz szolgálat; *do sy a* ~ kárt okoz vknek 2. hátrány, kár (*to* vknek/vmnek)

dissever [dɪs'sevə*] **A.** *vt* elválaszt **B.** *vi* szétválik

dissidence ['dɪsɪd(ə)ns] *n* elvi ellentét; nézeteltérés

dissident ['dɪsɪd(ə)nt] **I.** *a* 1. más véleményű 2. eltérő, külön irányú **II.** *n* 1. más véleményen levő ember 2. szakadár, disszidens

dissimilar [dɪ'sɪmɪlə*] *a* különböző (*to/ from* vktől/vmtől)

dissimilarity [dɪsɪmɪ'lærətɪ] *n* különbözőség (*to* vktől/vmtől)

dissimulate [dɪ'sɪmjʊleɪt] *vt/vi* = *dissemble*

dissimulation [dɪsɪmjʊ'leɪʃn] *n* színlelés, tettetés

dissipate ['dɪsɪpeɪt] **A.** *vt* 1. szétoszlat [felhőket]; elűz [bánatot] 2. elherdál [vagyont, tehetséget] **B.** *vi* kicsapong(ó életet folytat)

dissipation [dɪsɪ'peɪʃn] *n* 1. (el)tékozlás 2. kicsapongás

dissociate [dɪ'soʊʃɪeɪt] *vt* szétválaszt, elkülönít; ~ *oneself from* sg távol tartja magát vmtől

dissociation [dɪsoʊsɪ'eɪʃn] *n* 1. elkülönítés 2. (fel)bontás, disszociáció [vegyületé] 3. tudathasadás

dissoluble [dɪ'sɔljʊbl; *US* -'sɑ-] *a* 1. oldódó, feloldható 2. felbontható [házasság]

dissolute ['dɪsəlu:t] *a* léha, romlott, kicsapongó

dissolution [dɪsə'lu:ʃn] *n* 1. feloldás; feloszlatás [parlamenté]; megsemmisítés [házasságé]; eltörlés [intézményé] 2. (fel)bomlás, pusztulás [élő szervezeté]

dissolve [dɪ'zɔlv; *US* -ɑ-] **A.** *vi* 1. (fel-)olvad, oldódik (vmben) 2. eloszlik [tömeg, felhő] 3. szertefoszlik [ábránd] 4. [filmben] átúszik, átkopírozódik **B.** *vt* 1. (fel)olvaszt, felold (vmt) 2. feloszlat [társaságot, parlamentet]; felbont [házasságot] 3. átúsztat [filmben]

dissolvent [dɪ'zɔlvənt; *US*-'zɑ-]*n*oldószer

dissonance ['dɪsənəns] *n* 1. rossz hangzás, disszonancia 2. egyenetlenkedés

dissonant ['dɪsənənt] *a* 1. nem összecsengő, disszonáns 2. eltérő, nem öszszeillő

dissuade [dɪ'sweɪd] *vt* lebeszél vkt (*from* vmről)

dissuasion [dɪ'sweɪʒn] *n* lebeszélés

dist. *district* kerület, ker., körzet

distaff ['dɪstɑ:f; *US* -æf] *n* guzsaly, rokka; *on the* ~ *side* női ágon

distance ['dɪst(ə)ns] **I.** *n* 1. táv(olság), messzeség; *at a* ~ *of 5 miles* 5 mérföldnyi távolságra (van); *at this* ~ *of time* ennyi idő távlatából/múltán; *keep sy at a* ~ távol tartja magához; *keep one's* ~ tartja a 3 lépés távolságot 2. táv, útszakasz; *no* ~ *at all* egészen közel (van) **II.** *vt* 1. eltávolít 2. térelőnybe kerül

distant ['dıst(ə)nt] a 1. távol(i), messze; ~ look révedező pillantás; ~ relative távoli rokon 2. tartózkodó 3. halvány
distaste [dıs'teıst] n utálat, ellenszenv (for vk iránt)
distasteful [dıs'teıstful] a utálatos, viszszatasztó
distemper¹ [dı'stempə*] I. n 1. állatbetegség [szopornyica, takonykór] 2. lehangoltság, testi/lelki betegség 3. politikai zavar II. vt † beteggé tesz; elkedvetlenít
distemper² [dı'stempə*] n falfesték; tempera
distend [dı'stend] A. vt felfúj [léggömböt, arcot stb.] B. vi felfúvódik; feszül [has]
distension [dı'stenʃn] n 1. felfúvás kitágítás 2. felfúvódás, felpuffadás; tágulat
distich ['dıstık] n párvers, disztichon
distil, US -till [dı'stıl] v -ll- A. vt 1. párol, desztillál 2. csöpögtet 3. átv leszűr B. vi csöpög; szivárog
distillate ['dıstılət] n párlat
distillation [dıstı'leıʃn] n 1. lepár(o)lás; desztilláció 2. párlat
distiller [dı'stılə*] n pálinkafőző [személy, készülék]
distillery [dı'stılərı] n szeszfőzde
distinct [dı'stıŋkt] a 1. különböző, eltérő 2. világos, pontosan kivehető/érthető 3. határozott; ~ improvement határozott javulás
distinction [dı'stıŋkʃn] n 1. megkülönböztetés; make/draw a ~ between különbséget tesz (... között); without ~ megkülönböztetés nélkül 2. kitüntetés 3. kiválóság; hír(név); writer of ~ neves/kitűnő író
distinctive [dı'stıŋktıv] a megkülönböztető [jegy]
distinctness [dı'stıŋktnıs] n 1. világosság, érthetőség 2. különbözőség
distinguish [dı'stıŋgwıʃ] A. vt 1. megkülönböztet (from vmtől) 2. kivesz, meglát [homályban, távolból] 3. kiemel, kitüntet; ~ oneself by ... kitűnik vmvel B. vi különbséget tesz (between vkk/vmk között); ~ing mark ismertetőjel

distinguishable [dı'stıŋgwıʃəbl] a megkülönböztethető
distinguished [dı'stıŋgwıʃt] a 1. kiváló; ~ for sg híres vmről, hírnevet szerzett vmvel 2. előkelő; disztingvált
distort [dı'stɔ:t] vt (átv is) eltorzít; elferdít; kiforgat
distorted [dı'stɔ:tıd] a eltorzult [arc]; torzított [kép, hang]; elferdített [történet]
distortion · [dı'stɔ:ʃn] n 1. eltorzulás (meg)vetemedés; torzulás 2. eltorzítás; elferdítés; (kép)torzítás
distract [dı'strækt] vt 1. eltérít, elvon [figyelmet stb. from vmtől]; szórakoztat 2. megzavar; nyugtalanít; megőrjít
distracted [dı'stræktıd] a 1. őrült 2 zavart, háborgó
distraction [dı'strækʃn] n 1. elterelés elvonás [figyelemé]; (meg)zavará [munkában] 2. szórakozás, kikapcso lódás 3. nyugtalanság, zaklatottság 4 őrület; drive to ~ megőrjít; love sy to ~ az őrülésig szeret vkt
distrain [dı'streın] vi foglal; zár alá ves distraint [dı'streınt] n (le)foglalás, zálogolás
distraught [dı'strɔ:t] a megzavarodott őrült
distress [dı'stres] I. n 1. aggodalom bánat; gyötrelem 2. nyomor; nélkü lözés, ínség 3. baj, szorultság; (végveszély; ~ landing kényszerleszállá 4. = distraint II. vt 1. lehango aggaszt; megszomorít 2. kifáraszt (kellemetlen/szorult helyzetbe) kény szerít 4. zálogol, (le)foglal
distressed [dı'strest] a 1. szomorú, le hangolt 2. kimerült 3. ínséges; ~ areas (gazdasági) válság sújtotta v dék
distribute [dı'strıbju:t] vt 1. kiosz szétoszt, feloszt (among között); k hord [leveleket stb.] 2. eloszt, szét elszór [felületen]; eloszt, szétosz [árut] 3. osztályoz
distribution [dıstrı'bju:ʃn] n 1. elosztá kiosztás; szétosztás 2. eloszlás; me oszlás; disztribúció 3. osztályozás
distributor [dı'strıbjutə*] n 1. szétoszt

elosztó 2. (gyújtás)elosztó [motor-
ban] 3. *US* nagykereskedő; egyed-
árusító
district ['dıstrıkt] *n* 1. kerület; körzet 2.
terület; ~ *court* járásbíróság 3. *US*
választókerület
district-heating *n* távfűtés
district-nurse *n* kb. (kerületi) gondozónő
distrust [dıs'trʌst] I. *n* bizalmatlanság,
gyanakvás II. *vt* nem hisz vknek/vm-
nek, bizalmatlankodik vkvel szemben
distrustful [dıs'trʌstful] *a* bizalmatlan
(*of* vkvel/vmvel szemben)
disturb [dı'stə:b] *vt* 1. (meg)zavar, há-
borgat; *don't* ~ *yourself* kérem ne
zavartassa magát 2. (fel)izgat, nyug-
talanít
disturbance [dı'stə:b(ə)ns] *n* 1. zavarás;
háborgatás 2. zavargás 3. zavar [vm
működésében]
disturbing [dı'stə:bıŋ] *a* nyugtalanító,
zavaró
disunite [dısju:'naıt] A. *vt* 1. elválaszt
2. elidegenít (lélekben) B. *vi* elválik,
szétválik
disuse [dıs'ju:s] *n* használatlanság; *fall
into* ~ kimegy a divatból, elavul
disused [dıs'ju:zd] *a* nem használt; el-
avult
disyllabic [dısı'læbık] *a* kétszótagú
disyllable [dı'sıləbl] *n* két(szó)tagú szó
ditch [dıtʃ] I. *n* (vizes)árok; csatorna; *to
the last* ~ utolsó lehelletéig, a végsőkig
[küzd] II. *vt* 1. árkol 2. *US biz* árokba
fordít [járművet]; kényszerleszállást
végez [repgéppel]; *US* □ *be* ~*ed* ott-
hagyták a slamasztikában
ditch-water *n dull as* ~ unalmas, se íze
se búze
dither ['dıðə*] *biz* I. *n* reszketés, izga-
lom; *have the* ~*s* reszket, citerázik II.
vi 1. reszket 2. *biz* habozik
dithyramb ['dıθıræm] *n* ditirambus
ditto ['dıtou] I. *adv* dettó, ugyancsak II.
n 1. ugyanaz a dolog; *say* ~ hozzájá-
rul 2. ~ (*marks*) 'macskaköröm'
ditty ['dıtı] *n* dalocska
diuretic [daıju(ə)'retık] *a* vizelethajtó
diurnal [daı'ə:nl] *a* 1. (egy)napi [moz-
gás bolygóé] 2. nappali [pillangó
stb.] 3. naponkénti, mindennapos

div. 1. *divide* osztandó 2. *division*
divagation [daıvə'geıʃn] *n* elkalandozás
[tárgytól]
divan [dı'væn; *US* 'daı-] *n* dívány,
kerevet
dive [daıv] I. *n* 1. alámerülés [vízben];
lebukás; fejes(ugrás); műugrás; *high*
~ toronyugrás 2. zuhanórepülés, zu-
hanás 3. *biz* pincehelyiség [vendéglőé];
US □ rossz hírű mulató, lebuj II. *vi* 1.
lemerül, alámerül [tengeralattjáró];
leszáll, lebukik [búvár]; fejest ugrik
2. zuhan [repgép]; ~ *down on the
enemy* lecsap az ellenségre [repülő] 3.
~ *into* mélyen benyúl [zsebbe]; mé-
lyen behatol; belemerül [vm titok
megfejtésébe]
dive-bomb *vt/vi* zuhanóbombázást hajt
végre
diver ['daıvə*] *n* 1. búvár 2. műugró
diverge [daı'və:dʒ] *vi* eltér, elágazik
(*from* vmtől)
divergence [daı'və:dʒ(ə)ns] *n* elágazás;
(*átv is*) eltérés, elhajlás
divergent [daı'və:dʒ(ə)nt] *n* széttartó
[vonalak]; eltérő [vélemények]
divers ['daıvə:z] *a* † különféle, többféle;
~ *of them* többen közülük; *on* ~ *oc-
casions* több alkalommal
diverse [daı'və:s] *a* 1. különböző, eltérő
2. sokféle, változatos
diversify [daı'və:sıfaı] *vt* változatossá
tesz
diversion [daı'və:ʃn; *US* -ʒn] *n* 1. szó-
rakozás, időtöltés 2. elterelés, elveze-
tés [forgalomé, folyóé]; terelőút 3. el-
térítés [figyelemé] 4. elterelő had-
mozdulat
diversionist [daı'və:ʒnıst] *a/n* elhajló
[politikailag], diverzáns
diversity [daı'və:sətı] *n* különféleség;
változatosság
divert [daı'və:t] *vt* 1. eltérít [repgépet,
forgalmat]; elvezet [folyót] 2. eltérít,
elterel [figyelmet]; mulattat, szóra-
koztat
diverting [daı'və:tıŋ] *a* szórakoztató
divest [daı'vest] *vt* megfoszt [ruhától,
hivataltól]; ~ *oneself of sg* megfosztja
magát vmtől; megválik vmtől
divide [dı'vaıd] I. *n US* vízválasztó II.

A. *vt* 1. (fel)oszt; szétoszt (*among/between* között) 2. kettéoszt, megoszt [közösséget]; *opinions are ~d* megoszlanak a vélemények; *~ the House* szavazást rendel el (parlamentben) 3. (el)oszt [számot]; *~ by four* néggyel oszt 4. szétválaszt, elkülönít (*from* vmtől); elválaszt [szót] B. *vi* 1. eloszlik; szétválik (*into* vmre) 2. szavaz [parlamentben]
divide into *vt* -ra/re oszt; *~ i. pieces* darabokra oszt, feldarabol
divide up *vt* feloszt; (ki)adagol; felparcelláz
divided [dɪ'vaɪdɪd] *a* megosztott; fokokra osztott; *US ~ highway* osztottpályás úttest
dividend ['dɪvɪdend] *n* 1. osztalék, jutalék 2. osztandó
dividers [dɪ'vaɪdəz] *n pl* osztókörző
divination [dɪvɪ'neɪʃn] *n* 1. jövendölés 2. (meg)sejtés; jövőbe látás
divine[1] [dɪ'vaɪn] I. *a* 1. isteni; *~ right of kings* az Isten kegyelméből való uralkodás (joga); *~ service* istentisztelet 2. *biz* pompás, isteni II. *n* 1. pap, lelkész 2. hittudós
divine[2] [dɪ'vaɪn] *vt* 1. megjósol 2. megsejt, divinál
diviner [dɪ'vaɪnə*] *n* 1. jós 2. varázsvesszős forráskutató
diving ['daɪvɪŋ] *n* 1. (mű)ugrás; vízbe ugrás 2. lebukás 3. zuhanás, zuhanórepülés
diving-bell *n* búvárharang
diving-board *n* ugródeszka, trambulin
diving-suit *n* búvárruha
divining-rod [dɪ'vaɪnɪŋ-] *n* (forráskutató) varázsvessző
divinity [dɪ'vɪnətɪ] *n* 1. istenség 2. hittudomány, teológia 3. hitoktatás
divisible [dɪ'vɪzəbl] *a* osztható
division [dɪ'vɪʒn] *n* 1. osztás; *~ sign/mark* osztójel 2. felosztás (*into* vmre); *~ of labour* munkamegosztás 3. hadosztály 4. szavazás [parlamentben] 5. véleménykülönbség 6. részleg; osztály; kerület; rész, szakasz 7. választófal
divisor [dɪ'vaɪzə*] *n* osztó [szám]
divorce [dɪ'vɔːs] I. *n* 1. (el)válás [házas

feleké] 2. házassági bontóítélet; *sue for a ~* válópert indít II. *vt* 1. elválik (vktől) 2. elválaszt [házasfeleket] 3. *biz* szétválaszt [dolgokat]
divorced [dɪ'vɔːst] *a* elvált
divorcee [dɪvɔː'siː] *n* elvált férfi/nő
divulgation [daɪvʌl'geɪʃn] *n* kifecsegés, elárulás [titoké]
divulge [daɪ'vʌldʒ] *vt* 1. közzétesz 2. elhíresztel, kifecseg
dixie, dixy ['dɪksɪ] *n* [katonai] csajka
Dixie (Land) ['dɪksɪ] *prop* ⟨az USA egykori rabszolgatartó déli államai⟩
Dixieland ['dɪksɪlænd] *n US* dixie(landstílus) [egy fajta dzsesszstílus]
dizziness ['dɪzɪnɪs] *n* szédülés
dizzy ['dɪzɪ] *a* 1. szédülő; *feel ~* szédül 2. szédítő
DJ [diː'dʒeɪ] 1. *dinner-jacket* 2. *disc jockey*
dl *decilitre(s)* deciliter, dl
D.Litt., DLitt [diː'lɪt] *Doctor of Letters* az irodalomtudományok doktora
dm *decimetre(s)* deciméter, dm
D.N.B., DNB [diː'en'biː] *Dictionary of National Biography* angol életrajzi lexikon
do[1] [duː; gyenge ejtésű alakjai: dʊ, də, d] *v* (*pt* **did** did, *pp* **done** dʌn; jelen idő egyes szám 3. szem. **does** dʌz, gyenge ejtésű alakjai: dəz, dz; *régies alakok:* jelen idő egyes szám 2. szem **doest** 'duːɪst (főige), **dost** dʌst (segédige); 3. szem. **doeth** 'duːɪθ (főige), **doth** dʌθ (segédige); *pt* 2. szem. **didst** dɪdst) I. *Mint főige:* A. *vt* 1. tesz, megtesz, elvégez; *what are you ~ing?* mit csinál(sz most)?; *~ wrong* rosszat tesz; *it isn't done* nem illik; *the car was ~ing sixty* a kocsi 60 mérföldes sebességgel száguldott; *~ what we would* akármit is tettünk/próbáltunk, minden erőfeszítésünk ellenére; *well done!* bravó!, ez már derék!; *what is to be done?* mi a teendő?; *the day is done* vége a napnak; *what ~ you ~ on Sundays?* mit szoktál vasárnap(onként) csinálni?; *~ one's best* megtesz minden tőle telhetőt; *~ one's duty* megteszi a kötelességét; *~ one's time* katonai szolgálatát teljesíti; *~ one's*

work elvégzi/megcsinálja a munkáját; *it does him good* (1) jót tesz neki (2) úgy kell neki; *it does no good to* . . . nem érdemes . . ., nem használ semmit, ha . . .; *he did London in two days* két nap alatt megtekintette L-t 2. (el)készít, (meg)csinál; ~ *a part* (vmlyen) szerepet játszik; ~ *a sum* számtanpéldát megold/megcsinál; ~ *a translation* fordítást csinál 3. rendbe tesz; ~ *a room* szobát kitakarít 4. elbánik vkvel; becsap, rászed; *biz* ~ *sy in the eye*, ~ *sy brown* kitol vkvel, átejt vkt 5. *be done* „kivan"; *I am done* ki vagyok merülve, alig állok a lábamon 6. kiszolgál/ellát vkt; *he does himself well/proud* igen jól él [= étkezik] B. *vi* 1. cselekszik, viselkedik vhogyan; *you'd* ~ *well to* . . . jól tennéd, ha . . .; ~ *well and* ~ *have well* jótettért jót várj; ~ *as you would be done by* amit magadnak akarsz, azt tedd másnak is 2. vmlyen eredményt ér el; vhogyan megy (vknek); *be* ~*ing well* (1) jól megy neki (v. a sora) (2) szépen halad [az iskolában], jól megy neki (a tanulás); *how* ~ *you* ~? ⟨bemutatkozáskor/találkozáskor használt udvariassági formula, amelyre ugyanezekkel a szavakkal szokás válaszolni⟩, kb. jó napot kívánok 3. megfelel; elegendő; *this/that will* ~ (1) ez (így) jó lesz (2) elég lesz (3) elég legyen már ebből; *make* ~ →*make II. B. 2.*; *it doesn't* ~ *to* . . . ncm okos dolog (vmit tenni) 4. végez vkvel/vmvel; *be/have done!* hagyd már abba!; ebből elég volt!; *done!* rendben! megegyeztünk! II. 1. *(mint igepótló:) You like her, don't you?* ugye szereted?; *He likes it, doesn't he?* ugye, (ő) szereti?; *you don't like it,* ~ *you?* ugye nem szereted/tetszik?; *you like her,* ~ *you?* te persze szereted . . .; *so* ~ *I* én is (úgy teszek) 2. *(nyomatékként:) he did go* tényleg elment; ~ *sit down!* tessék leülni!, üljön (már) le! III. *v aux* ~ *you see him?* látod őt?; *I* ~ *not know, I don't know* nem tudom; *she does not* (v. *doesn't*) *play tennis* ő nem teniszezik; *don't go!* ne menj(etek)!; *don't!*

hagyd már abba!; *did you see it?* látta(d)?; *Yes, I did* igen(, láttam); *No, I didn't* nem(, nem láttam) **do away** *vt* eltávolít **do away with** *vi* 1. megszüntet 2. elpusztít **do by** *vi* eljár (vkvel); ~ *well by sy* vkvel jót tesz; ~ *badly by sy* vkvel rosszat tesz ||→ *do¹ I.B.1.* **do for** A. *vt* megöl, tönkretesz; *I am done f.* végem van B. *vi* 1. megfelel vk/vm helyett 2. gondoskodik vkről/ vmről; *what can I* ~ *f. you?* (1) mivel szolgálhatok? [boltban] (2) mivel lehetek szolgálatára? **do in** *vt* □ megöl (vkt); bead (vknek); kicsinál (vkt) **do into** *vt* [más nyelvre] lefordít **do on** *vt/vi* megél (vmn), kijön (vmből) **do out** *vt* kitakarít [helyiséget] **do out of** *vt* kiforgat [vagyonából] **do over** *vt* 1. bevon [festékkel]; áttöröl [ruhával] 2. átdolgoz; felújít **do up** *vt* 1. elrendez; előkészít; kitálal 2. átalakít [ruhát]; rendbe hoz [házat]; kikészít [arcot]; összecsomagol; becsomagol [árut] 3. begombol; bekapcsol [ruhát] 4. kifáraszt, tönkretesz **do with** *vi* 1. elégnek talál, beéri vele 2. elvisel, kibír 3. szüksége van vmre; *I could* ~ *w. a cup of tea* de meginnék egy csésze teát 4. *have to* ~ *w. sy/sg* kapcsolata van vkvel/vmvel; köze van vkhez/vmhez; *have nothing to* ~ *w. sy/sg* semmi köze sincs vkhez/ vmhez, semmi kapcsolata sincs vkvel/ vmvel; *have done w. it!* intézd el végleg!, essünk át rajta!, hagyd abba! **do without** *vi* megvan vk/vm nélkül **do²** [du:] *n biz* 1. felhajtás, cécó, muri 2. csalás 3. ellátás [szállóban stb.] **do.** ['dɪtoʊ] *ditto* **dobbin** ['dɔbɪn; *US* -ɑ-] *n* igásló **doc** [dɔk; *US* -ɑ-] *n* = *doctor* **docile** ['doʊsaɪl; *US* 'dɑsl] *a* tanulékony; kezelhető **docility** [də'sɪlətɪ] *n* tanulékonyság **dock¹** [dɔk; *US* -ɑ-] I. *n* (hajó)dokk; kikötő II. A. *vt* 1. dokkba állít, dokkol

2. összekapcsol [űrhajókat] **B.** vi 1.
kiköt, beáll a dokkba, dokkol 2. össze-
kapcsolódik [két űrhajó]
dock² [dɔk; US -a-] n vádlottak padja
dock³ [dɔk; US -a-] vt 1. megkurtít [ál-
lat farkát] 2. megnyírbál [fizetést stb.]
dockage ['dɔkɪdʒ; US -a-] n 1. dokkdíj
2. dokkba állás, dokkolás
docker ['dɔkə*; US -a-] n dokkmunkás
docket ['dɔkɪt; US -a-] I. n 1. jegyzék,
lista 2. cédula 3. tartalmi kivonat 4.
rendelőlap 5. vámnyugta II. vt 1. tar-
talmat ír 2. feljegyez
dockyard n hajógyár
doctor ['dɔktə*; US -a-] I. n 1. doktor
[egyet. fokozat]; ~'s degree (bölcsész-)
doktori fokozat, doktorátus 2. orvos,
doktor II. **A.** vt 1. orvosol, gyógyít 2.
hamisít [okmányt, adatokat] **B.** vi
orvosi gyakorlatot folytat
doctorate ['dɔkt(ə)rɪt; US 'da-] n dok-
torátus
doctrinaire [dɔktrɪ'neə*; US da-] n dokt-
riner
doctrine ['dɔktrɪn; US -a-] n tan(tétel),
doktrína; (vallási) dogma
document I. n ['dɔkjʊmənt; US 'da-]
okirat, okmány II. vt ['dɔkjʊment;
US 'da-] okmányokkal igazol/bizo-
nyít; dokumentál
documentary [dɔkjʊ'ment(ə)rɪ; US da-]
I. a okirati; okmányszerű; hiteles; ~
film dokumentumfilm II. n dokumen-
tumfilm
documentation [dɔkjʊmen'teɪʃn; US da-]
n bizonyítékokkal való alátámasztás,
dokumentáció
dodder ['dɔdə*; US -a-] vi totyog, cso-
szog; ~ along öregesen megy/bandukol
dodderer ['dɔdərə*; US -a-] n vén trotli
dodge [dɔdʒ; US -a-] I. n 1. félreugrás,
kitérés 2. (ügyes) szerkezet 3. for-
tély, csel II. **A.** vt kikerül [ütést, ne-
hézséget]; kihúzza magát [katonai
szolgálat stb. alól] **B.** vi 1. félreugrik
(vm elől); cselez 2. ravaszkodik, mes-
terkedik
dodger ['dɔdʒə*; US -a-] n svindler
dodo ['dəʊdəʊ] n dodó [egy kihalt csen-
des-óceáni madár]; dead as the ~ ide-
jétmúlt dolog

doe [dəʊ] n 1. őzsuta, dámvadtehén 2.
nőstény nyúl/patkány/menyét
doer ['du:ə*] n tevő, aki tesz
does →do¹
doeskin ['dəʊskɪn] n őzbőr
doesn't ['dʌznt; ha utána szó követke-
zik: dʌzn] = does not →do¹
doest, doeth →do¹
doff [dɔf; US -a-] vt † 1. levet [kala-
pot, ruhát, modort] 2. [kalapot]
emel
dog [dɔg; US -ɔː- v. -a-] I. n 1. kutya,
eb; GB the ~s agárverseny; go to the
~s tönkremegy, rossz sorsra jut; a ~'s
life kutya rossz sors; lead a ~'s life
rossz sora van; every ~ has his day a
szerencse nem kerül el senkit; ~ eats ~
két gazember marakodik; ~ does not
eat ~ holló a hollónak nem vájja ki a
szemét; let sleeping ~s lie ne ébreszd
fel az alvó oroszlánt !, ne játssz a tűz-
zel !; ~ in the manger „irigy kutya";
US biz put on the ~ felvág, nagyképűs-
ködik, fontoskodik 2. fickó; dirty ~
piszok fráter; biz gay/jolly ~ nőcsá-
bász, mulatós ember; a lucky ~ sze-
rencsés fickó 3. hím [egyes emlősöké];
~ fox kan róka 4. vaskapocs; kampó
5. tuskóbak [kandallóban] II. vt -gg-
nyomon követ (vkt)
dog-biscuit n kutyaeledel
dog-cart n 1. kétkerekű kis lovaskocsi
2. kutyafogat
dog-collar n 1. nyakörv 2. □ tiszti/papi
pléhgallér
dog-days n pl kánikula, hőségnapok
dog-eared a szamárfüles [könyv]
dogface n □ 1. regruta, újonc 2. gyalo-
gos, baka
dog-fancier n kutyabarát
dog-fight n közelharc [vadászgépek kö-
zött]
dogged ['dɔgɪd; US -ɔː- v. -a-] a kitar-
tó, makacs; it's ~ does it erős akarat
diadalt arat
doggerel ['dɔg(ə)rəl; US 'dɔː- v. 'da-] n
(páros rímű) fűzfavers, klapancia
doggie ['dɔgɪ; US -ɔː- v. -a-] a/n = doggy
doggish ['dɔgɪʃ; US -ɔː- v. -a-] a 1. ku-
tyaszerű 2. barátságtalan 3. biz ele-
gáns, mutatós

doggo ['dɔgoʊ; US 'dɔ:-] a □ lie ~ lapul, halottnak tetteti magát
doggone [dɔg'gɔn; US -ɔ:--ɔ:-v.-ɑ--ɑ-] a biz istenverte
doggy ['dɔgɪ; US -ɔ:- v. -ɑ-] I. a 1. kutyaszerű 2. jampecos II. n kutyus(ka); ~ bag ⟨zacskó ételmaradék hazavitelére étteremből kutyának⟩
doghouse n US biz kutyaól; in the ~ igen megalázó helyzetben
dog-Latin n konyhalatin(ság)
dog-lead [-li:d] n póráz
dogma ['dɔgmə; US -ɔ:- v. -ɑ-] n hittétel, dogma
dogmatic [dɔg'mætɪk; US dɔ:g- v. dɑg-] a 1. dogmatikus 2. biz ellentmondást nem tűrő, határozott
dogmatics [dɔg'mætɪks; US dɔ:g- v. dɑg-] n dogmatika
dogmatize ['dɔgmətaɪz; US 'dɔ:- v. dɑ-] vi dogmatikus kijelentés(eke)t tesz
do-gooder [du:'gʊdə*] n (biz) ⟨naiv kisstilű emberbarát⟩, jótét lélek
dog-rose n vadrózsa
dog's-ear n szamárfül [könyvben]
dog-show n kutyakiállítás
dog-tag n 1. kutyabárca 2. □ dögcédula
dog-tired a holtfáradt
dogtooth n (pl -teeth) farkasfog [dísz]
dogwatch n őrszolgálat [hajón du. 4—6 vagy este 6—8]
dogwood n som
doily ['dɔɪlɪ] n (kis) zsúrterítő, szet
doing ['du:ɪŋ] n 1. tett 2. **doings** pl üzelmek, mesterkedések; vk viselt dolgai; fine ~s these! szép kis ügy! ‖ → do¹
do-it-yourself [du:ɪtjɔ:'self] a összeállítható, -szerelhető [bútor, játék stb]; „csináld magad"
doldrums ['dɔldrəmz; US 'dɑ-] n pl szélcsend; the ~ (1) rossz hangulat (2) biz (gazdasági) pangás
dole [doʊl] I. n 1. alamizsna 2. biz munkanélküli-segély; be on the ~ munkanélküli-segélyen él II. vt ~ out (szűkösen) kioszt, szétoszt
doleful ['doʊlfʊl] a szomorú, gyászos
doll [dɔl; US -ɑ-] I. n 1. (játék)baba; ~'s house babaház 2. babaarcú (de

nem okos) nő II. vt ~ (oneself) up kicsípi magát
dollar ['dɔlə*; US -ɑ-] n 1. dollár [jele: $]; ~ area dollárövezet; US ~ store filléres áruház, olcsó áruk boltja 2. † tallér
dollop ['dɔləp; US -ɑ-] n tömb, massza
dolly¹ ['dɔlɪ; US -ɑ-] I. n 1. babácska 2. targonca; kamerakocsi [tévé v. film] II. vi kocsizik [kamerakocsival]
Dolly² ['dɔlɪ; US -ɑ-] prop Dóri, Dorka
dolmen ['dɔlmən; US -ɑ-] n dolmen, kőasztal
dolomite ['dɔləmaɪt; US 'dɑ-] n dolomit
dolor → dolour
dolorous ['dɔlərəs; US 'dɑ-] a bús, fájdalmas
dolour, US **-or** ['dɔlə*; US 'doʊ-] n fájdalom, bú
dolphin ['dɔlfɪn; US -ɑ-] n delfin
dolt [doʊlt] n tökfilkó
doltish ['doʊltɪʃ] a ostoba, mafla
domain [doʊ'meɪn] n 1. birtok; vmlyen fennhatóság alatt álló terület; dominium 2. átv (tárgy)kör, tér; [kutatási] terület; it is not in my ~ nem tartozik hatáskörömbe v. érdeklődési körömbe
dome [doʊm] n kupola
domed [doʊmd] a domború; boltozatos
Domesday Book ['du:mzdeɪ] ⟨Anglia földbirtokkönyve [1086-ból]⟩
domestic [də'mestɪk] I. a 1. házi; családi; ~ animal háziállat 2. háztartási; ~ coal háztartási szén; ~ science háztartástan; ~ servant háztartási alkalmazott 3. belföldi, hazai; ~ affairs belügyek [vmely ország]; ~ trade belkereskedelem II. n 1. (házi)cseléd; háztartási alkalmazott 2. **domestics** pl háziipari termékek
domesticate [də'mestɪkeɪt] vt 1. megszelídít [állatot] 2. háziasságra nevel; ~d woman házias nő
domestication [dəmestɪ'keɪʃn] n 1. megszelídítés 2. meghonosítás
domesticity [doʊme'stɪsətɪ] n 1. családi élet(hez való ragaszkodás) 2. háziasság
domicile ['dɔmɪsaɪl; US 'dɑməs(ə)l] n állandó lak(ó)hely/lakás; right of ~ letelepedési jog

domiciliary [dɔmɪ'sɪljərɪ; US damə'sɪlɪerɪ] a házi, ház-; ~ visit házkutatás
dominance ['dɔmɪnəns; US 'dɑ-] n uralkodás, túlsúly; eluralkodás
dominant ['dɔmɪnənt; US 'dɑ-] a 1. uralkodó, túlsúlyban levő, domináns 2. ~ chord domináns (hármas)hangzat; ~ hill a környéket uraló domb
dominate ['dɔmɪneɪt; US 'dɑ-] A. vt uralkodik vkn/vmn B. vi túlsúlyban van
domination [dɔmɪ'neɪʃn; US dɑ-] n uralkodás; uralom (over vm fölött)
domineer [dɔmɪ'nɪə*; US dɑ-] vt/vi zsarnokoskodik (over vkvel)
domineering [dɔmɪ'nɪərɪŋ; US dɑ-] a fennhéjázó; zsarnoki [hang, modor]
Dominican [də'mɪnɪkən] a/n domonkosrendi
dominion [də'mɪnjən] n 1. uralom, uralkodás 2. dominium
domino ['dɔmɪnou; US 'dɑ-] n (pl ~es -z) dominó [játék, jelmez]
don¹ [dɔn; US -ɑ-] n előadó, tanár [angol egyetemeken]
don² [dɔn; US -ɑ-] vt -nn- felvesz, feltesz [ruhát, kalapot]
Donald ['dɔnld; US -ɑ-] prop Donald
donate [dou'neɪt] vt adományoz; ajándékoz
donation [dou'neɪʃn] n adomány, ajándék
done [dʌn] a 1. kimerült, elfáradt 2. becsapott 3. elkészített; sült; főtt [étel] || → do¹
donjon ['dɔndʒ(ə)n; US -ʌ-] n vártorony
donkey ['dɔŋkɪ; US -ɑ-] n 1. szamár; biz for ~'s years igen hosszú ideig, „ezer éve" 2. US a demokrata párt (jelképe)
donkey-engine n (kisegítő) gőzgép [hajón]
donkey-work n gürcölés, kulimunka, gépies munka
Donne [dʌn v. dɔn] prop
donned [dɔnd; US -ɑ-] → don²
donnish ['dɔnɪʃ; US -ɑ-] a 1. (angol) egyetemi tanárra jellemző 2. tanáros
donor ['dounə*] n 1. adományozó 2. donor; ~ of blood véradó, donor
Don Quixote [dɔn'kwɪksət; US dɑnkɪ'houtɪ] prop Don Quijote

don't [dount; ha utána szó következik: doun] = do not → do¹
doodle ['du:dl] vi (szórakozottan) firkál
doom [du:m] I. n 1. balsors, végzet; he met his ~ at ... halálát lelte vhol 2. † ítélet; the day of ~ a végítélet napja; until the crack of ~ ítéletnapig II. vt (el)ítél (to vmre)
doomed [du:md] a kudarcra/halálra ítélt
doomsday ['du:mzdeɪ] n utolsó ítélet; (átv is) till ~ ítéletnapig
door [dɔ:*] n ajtó; kapu; from ~ to ~ háztól házig; next ~ a szomszéd(ban); next ~ to sg majdnem, szinte határos vmvel; out of ~s a szabadban, kint; within ~s otthon; bent; keep within ~s otthon marad; be denied the ~ zárt ajtóra talál; lay sg at sy's ~ hibáztat vkt vmért, vmt vkre ken; show sy the ~ ajtót mutat vknek, kiutasít vkt; show sy to the ~ kikísér vkt; close/shut the ~ to/on sg megakadályoz vmt, beteszi az ajtót vmnek
door-bell n kapucsengő
door-case n ajtótok, ajtókeret
doorjamb n ajtófélfa
door-keeper n kapus
door-knob n kilincsgomb
door-man n (pl -men) kapus, portás
door-mat n lábtörlő
door-nail n ajtó(veret)szeg; dead as a ~ (egészen) halott, már egy szikra élet sincs benne
door-plate n névtábla [ajtón, kapun]
door-post n ajtófélfa
door-scraper n sárlehúzó vas, cipőkaparó [kapu előtt]
door-step n küszöb, lépcső [kapu előtt]
doorway n kapualj; ajtónyílás
dope [doup] I. n 1. biz kábítószer; dopping(szer), ajzószer [sportolóknak stb.]; ~ test doppingvizsgálat 2. lakk, firnisz 3. US □ bizalmas értesülés; pass the ~ leadja a drótot 4. □ hülye alak/pacák II. vt kábítószert ad (be) (vknek); doppingol [lovat, versenyzőt]
dope-fiend n □ kábítószer rabja
dop(e)y ['doupɪ] a □ 1. lassú agymozgású 2. kábult [kábítószertől]
Dora ['dɔ:rə] prop Dóra

Doric ['dɔrɪk; US -ɔ:-] a dór [stílus];
~ order dór oszloprend
dorm [dɔ:m] n biz = dormitory
dormant ['dɔ:mənt] a 1. alvó, szunnyadó 2. rejtett; ~ partner csendestárs
dormer-window ['dɔ:mə-] n manzárdablak, tetőablak
dormitory ['dɔ:mɪtrɪ; US -ɔ:rɪ] n 1.
GB hálóterem 2. US lakópavilon
[főiskolán], diákotthon
dormouse ['dɔ:maʊs] n (pl -mice -maɪs)
pele
Dorothy ['dɔrəθɪ; US -ɔ:-] prop Dorotytya
dorsal ['dɔ:sl] a háton levő, háti
Dorset ['dɔ:sɪt] prop
dory ['dɔ:rɪ] n lapos fenekű csónak
dosage ['doʊsɪdʒ] n 1. adagolás 2. adag
dose [doʊs] I. n adag II. vt 1. adagol
[orvosságot]; ~ out kiadagol [gyógyszert] 2. ~ oneself (with sg) gyógyszereli önmagát (vmvel)
dosser ['dɔsə*; US -a-] n hajléktalan,
éjjeli menedékhely lakója
doss-house ['dɔs-; US -a-] n éjjeli menedékhely
dossier ['dɔsɪeɪ; US -a-] n aktacsomó;
dosszié
dost →do¹
dot¹ [dɔt; US -a-] I. n pont [írásjel];
~s and dashes pont-vonal, pont-vonás,
morzejelek; biz on the ~ hajszálpontosan; □ off one's ~ bolond II. vt
-tt- 1. pontot tesz [betűre]; (ki-)
pontoz; ~ the/one's i's (and cross
the/one's t's) túl pedáns, túl aprólékosan/részletesen ad elő; ~ted line
pontozott vonal 2. tarkít; pettyez;
~ted with (vmvel) tarkított
dot² [dɔt; US -a-] n hozomány
dotage ['doʊtɪdʒ] n 1. aggkori gyengeség 2. majomszeretet
dote [doʊt] vi ~ upon sy majomszeretettel csüng vkn
doth →do¹
doting ['doʊtɪŋ] a 1. túlzottan rajongó
2. szenilis
dotted ['dɔtɪd; US -a-] a ~ line pontozott vonal ‖ →dot¹ II.
dotty ['dɔtɪ; US -a-] a 1. (ki)pontozott
2. biz hülye, eszelős

double ['dʌbl] I. a 1. kétszeres, kettős,
dupla; iker; ~ bedroom kétágyas szoba; ~ chin dupla/nagy toka; ~ standard kétféle nemi erkölcs; ~ the
number kétszer annyi 2. álnok, hamis; ~ game kétszínű játék II. adv
kétszeresen, kétszer annyi(t); ~ as
long (as . . .) kétszer annyi ideig
(mint . . .); bend ~ meghajlít; bent
~ (with pain) a fájdalomtól meggörnyedve III. n 1. kétszerese vmnek,
vmnek a duplája; ~ or quits dupla
vagy semmi; at the ~ futólépésben 2.
hasonmás, alteregó 3. dublőr, dublőz
4. biz kétágyas szoba 5. páros [sportban]; men's ~ férfipáros 6. vargabetű, kerülő út IV. A. vt 1. megkettőz,
megdupláz; ~ one's income duplájára
emeli jövedelmét 2. összehajt; ~
one's fist kezét ökölbe szorítja; ~
the legs keresztbe teszi a lábát 3.
~ a cape hegyfokot körülhajóz/megkerül B. vi 1. megkettőződik, megduplázódik 2. futólépésben megy 3.
visszakanyarodik [folyó stb.]
double back A. vt visszahajt B. vi
1. visszafut; visszakanyarodik 2.
visszahajlik
double down vt behajt [lapot]
double over vi meggörnyed
double up A. vt 1. összehajt(ogat);
kétrét hajt 2. ~ sy up with sy összerak vkt vkvel [egy szobába] B. vi
1. kétrét görnyed, összekuporodik
2. odafut [futólépésben] 3. ~ up
with sy megoszt vkvel [szobát, kabint]
double-barrelled, US -reled [-bær(ə)ld]
a 1. kétcsövű [puska] 2. kétélű [bók]
double-bass n nagybőgő
double-breasted [-'brestɪd] a kétsoros
[kabát]
double-cross vt US biz becsap, átejt
[cinkostársat]
double-dealer n kétszínű/kétkulacsos ember
double-dealing n kétszínűség, kétkulacsosság
double-decker [-'dekə*] n ~ (bus) emeletes autóbusz
double-dyed a minden hájjal megkent

double-entry bookkeeping kettős könyvvitel
double-faced a kétszínű [ember]
double-lock vt kulcsot zárban kétszer megfordít, duplán bezár, kétszer rázár
double-quick adv futólépésben; nagyon gyorsan
doublet ['dʌblɪt] n 1. (szó)pár 2. másolat 3. † zeke
double-talk n kétértelmű beszéd; halandzsa
double-time n futólépés
double-tongued [-'tʌŋd] a kétszínű, hamis [ember]
double-track a 1. kettős vágányú [vasútvonal] 2. kétsávos [magnó]
doubletree n kisafa
double-width cloth duplaszéles szövet
doubly ['dʌblɪ] adv kétszeresen
doubt [daʊt] I. n kétség; beyond/without ~ kétségkívül; in ~ bizonytalanságban, kétségben; no ~ kétségkívül; there is no ~ about that ehhez nem fér kétség; cast ~s on sg kétségbe von vmt II. A. vt kételkedik (vmben), kétségbe von (vmt); I ~ it kétlem B. vi kételkedik; ~ing Thomas hitetlen Tamás
doubtful ['daʊtfʊl] a 1. kétséges, kétes 2. kétes (hírű); gyanús
doubtfulness ['daʊtfʊlnɪs] n bizonytalanság; kétségesség
doubtless ['daʊtlɪs] I. a kétségtelen II. adv kétségtelenül
douche [du:ʃ] I. n zuhany 2. irrigátor II. vi/vt 1. zuhanyoz 2. irrigál, öblít
dough [doʊ] n 1. tészta 2. US □ dohány, guba
doughboy ['doʊbɔɪ] n 1. zsemlegombóc 2. US □ baka, gyalogos (közlegény)
doughnut ['doʊnʌt] n fánk
doughy ['doʊɪ] a 1. tésztás, szalonnás |kenyér]; tésztaszerű 2. fakó [arc]
Douglas ['dʌgləs] prop ⟨skót férfinév⟩
dour |dʊə*] a sk 1. morcos, savanyú; szigorú 2. makacs
douse [daʊs] vt 1. vízbe márt 2. vizet locsol/önt (vkre) 3. gyorsan bevon |vitorlát] 4. kiolt [fényt]
dove [dʌv] n 1. galamb 2. US háborúellenes (politikus)
dovecote ['dʌvkoʊt] n galambdúc

Dover ['doʊvə*] prop
dovetail ['dʌvteɪl] I. n fecskefark(ú illesztés), fecskefarkkötés II. A. vt fecskefarkkal összeilleszt B. vi jól öszszeillik/összepasszol [elgondolás, terv]
dowager ['daʊədʒə*] n főrend özvegye
dowdy ['daʊdɪ] a rosszul öltözött, lompos [nő]
dowel ['daʊəl] n (fa)csap; tipli
dower ['daʊə*] I. n 1. † hozomány, móring 2. özvegyi jog 3. biz (természeti) adomány II. vt 1. † hozományt ad 2. özvegyi jogot biztosít
down¹ [daʊn] I. a lefelé irányuló, le-; alsó; ~ payment első (fizetési) részlet, foglaló; ~ train a fővárosból (Londonból) kifelé induló vonat II. adv 1. le, lefelé; ~! feküdj! [kutyához]; ~ with him! le vele!, abcúg! 2. lent; the blind is ~ a redőny le van húzva; ~ below ott lent; ~ here itt (mifelénk); ~ in the country vidéken; ~ under (1) a világ túlsó végén (2) biz Ausztráliában; be ~ (1) lent van (a földön) (2) megjött az egyetemről [diák] (3) nincs már az egyetemen [diák]; he is not ~ yet még nem jött le (a hálószobájából); ~ with a cold megfázással fekszik; bread is ~ olcsóbb lett a kenyér; he is ~ for $5 5 dollárt jegyzett; he is $5 ~ 5 dollár a hiánya; your tyres are ~ leengedtek a(z autó-) gumijai 3. (sorrend, idő:) ~ to recent times a legújabb időkig; ~ from the 16th century a XVI. század óta 4. átv biz lent, leégve; ~ in the mouth elszontyolodva; ~ and out leégett, lecsúszott [ember]; be ~ on sy pikkel vkre; ~ on one's luck pechje van III. prep 1. lent; ~ town (benn) a városban 2. lefelé; ~ irányában; ~ the river a folyón lefelé; a folyás irányában; ~ the wind a szél irányában IV. n the ups and ~s of life az élet viszontagságai; jó és balsors V. vt 1. legyőz; ~ an aeroplane leszállásra kényszerít repülőgépet 2. letesz; ~ a glass of beer lehajt egy pohár sört; ~ tools sztrájkba lép
down² [daʊn] n pihe, pehely

downcast a 1. lehangolt, levert 2. lesütött [szem]

downfall n 1. (átv is) esés, bukás 2. leesés, lehullás [hóé, esőé]

down-grade I. n 1. lejtő 2. hanyatlás, romlás; on the ~ hanyatlóban II. vt leminősít, áthelyez [alacsonyabb munkakörbe]

down-hearted a lehangolt; elcsüggedt

downhill adv 1. dombról le, völgymenetben 2. go ~ átv biz romlásnak indul, hanyatlik

Downing Street ['daʊnɪŋ] 1. 〈utca a mindenkori angol miniszterelnök hivatalos lakásával〉 2. biz a(z angol) kormány

downmost a legalsó

downpour n felhőszakadás

downright I. a 1. őszinte, egyenes [ember, beszéd] 2. kétségtelen; ~ lie arcátlan hazugság II. adv 1. egyenesen, őszintén 2. határozottan, kétségtelenül

Downs [daʊnz] n pl the ~ 〈két dél-angliai dombsor〉

down-stage adv a színpad elején/előterében

downstairs I. a a lenti/földszinti [szobák] II. adv 1. a földszinten, lent 2. [lépcsőn] lefelé; go ~ lemegy [a földszintre] III. n földszint; lenti/földszinti szobák/lakók

down-stream adv folyás irányában

down-to-earth a gyakorlatias, praktikus; reális, kézzelfogható

downtown US biz I. adv a (bel)városba(n) II. n belváros; üzleti negyed

downtrodden a elnyomott, leigázott [nép]

downward ['daʊnwəd] I. a lefelé irányuló; a ~ path lefelé menő ösvény II. adv = downwards

downwards ['daʊnwədz] adv 1. lefelé; look ~ lefelé néz 2. óta; from the 12th century ~ a XII. század óta

downy[1] ['daʊnɪ] a pelyhes, puha

downy[2] ['daʊnɪ] a dombos

dowry ['daʊərɪ] n hozomány

dowse [daʊz] vi varázsvesszővel vizet/ásványt kutat

dowsing-rod ['daʊzɪŋ-] n = divining-rod

doz. dozen

doze [doʊz] I. n szendergés II. vi szundikál, bóbiskol

dozen ['dʌzn] n tucat; ~s and ~s of times számtalanszor

D.P., DP [diː'piː] Displaced Person

D.Phil., DPhil [diː'fɪl] Doctor of Philosophy

dpt. department

Dr., Dr Doctor doktor, Dr., dr.

dr dram(s)

drab[1] [dræb] n † szajha

drab[2] [dræb] a 1. szürkésbarna 2. biz szürke, örömtelen [élet]

drachm [dræm] n = dram

draft [drɑːft; US -æ-] I. n 1. US biz (katonai) összeírás, sorozás; behívás 2. különítmény 3. intézvény, váltó; ~ at sight látra szóló váltó 4. vázlat, tervrajz 5. fogalmazvány, tervezet; piszkozat [írásműé, levélé stb.] II. vt 1. US besoroz, behív [katonának] 2. kikülönít, kiküld [különítményt] 3. megír, (meg)szerkeszt, (meg)fogalmaz; tervezetet készít (vmről); piszkozatot ír (vmről) || → draught

draftboard n US sorozóbizottság

draftee [drɑːf'tiː; US -æ-] n US 1. besorozott 2. újonc

drafting ['drɑːftɪŋ; US -æ-] n megfogalmazás; vázlatkészítés

draftsman ['drɑːftsmən; US 'dræf-] n (pl -men -mən) 1. fogalmazó 2. műszaki rajzoló

drag [dræg] I. n 1. húzás, vonszolás; walk with a ~ húzza a lábát 2. postakocsi, batár 3. kotró(gép); kotróháló 4. borona 5. (fék)saru; put a ~ on a wheel saruféket tesz a kerékre 6. akadály, kolonc, teher; be a ~ on sy nyűg/teher vk nyakán 7. légellenállás [repülőgépé] 8. □ szippantás, slukk [cigarettából] II. v -gg- A. vt 1. húz, vonszol; ~ one's feet (1) húzza a lábát (2) átv immel-ámmal csinál vmt 2. vontat 3. kotor [folyó/tó feneket]; átkutat (sg for sg vmt vmért); ~ one's brain töri a fejét B. vi 1. vánszorog 2. (el)húzódik; vontatottan folyik [előadás]

drag along vt magával hurcol

drag away vt elhurcol

drag behind *vi* hátramaradozik
drag in *vt* 1. behúz, becipel 2. előráncigál [beszédtémát]
drag out *vt* 1. kikotor [folyót, tavat]
2. kihúz [ágyból]; ~ *the truth o. of sy* kiszedi vkből az igazságot 3. elnyújt [történetet, ügyet]
drag up *vt* 1. felvonszol 2. vízből kihalász; *átv* felhoz [történetet, kérdést] 3. *biz* gondatlanul (v. nem valami jól) nevel
dragbar *n* vonórúd
dragged [drægd] → *drag II.*
draggle ['drægl] *vt* 1. sárban húz [szoknyát] 2. vánszorog
draggled ['drægld] *a* loncsos, lucskos
drag-net *n* fenékháló, vonóháló
dragoman ['drægoʊmən] *n* (*pl* ~s -mənz) keleti tolmács, dragomán
dragon ['dræg(ə)n] *n* sárkány
dragonfly *n* szitakötő
dragoon [drə'gu:n] I. *n* dragonyos II. *vt biz* ~ *sy into doing sg* kierőszakolja, hogy vk megtegyen vmt
drain [dreɪn] I. *n* 1. vízlevezető cső/ csatorna; *throw money down the* ~ kidobja a pénzt az ablakon 2. drains csatornahálózat, kanális, alagcsövezés 3. drén(cső) 4. (erő)elvonás; igénybevétel II. A. *vt* 1. lecsapol; kiszárít; csatornáz 2. kiürít [poharat] 3. kiszipolyoz; elhasznál [erőforrást] B. *vi* 1. elfolyik 2. kimerül, kiszárad
drainage ['dreɪnɪdʒ] *n* 1. lecsapolás; csatornázás, alagcsövezés 2. csatornahálózat 3. szennyvíz
drainage-basin *n* vízgyűjtő medence/ terület
drain-pipe *n* vízlevezető cső, lefolyócső, szennyvízcsatorna, alagcső
drake |dreɪk] *n* gácsér
dram |dræm] *n* 1. dram [súlyegység: 1,77 g] 2. *biz* korty pálinka
drama ['drɑ:mə] *n* 1. színdarab, színmű; dráma (*átv is*) 2. drámaírás; színműirodalom 3. színművészet
dramatic [drə'mætɪk] I. *a* drámai; ~ *art* színművészet; ~ *criticism* színikritika; ~ *performance* színielőadás II. dramatics *n* színművészet; színjátszás; színészi tehetség

dramatist ['dræmətɪst] *n* drámaíró
dramatize ['dræmətaɪz] *vt* 1. dramatizál, színre/színpadra alkalmaz [regényt stb.] 2. *átv* nagy felhajtást csinál (vmből)
drank → *drink II.*
drape [dreɪp] *vt* szövettel bevon
draper [dreɪpə*] *n* szövet(áru-)kereskedő
drapery ['dreɪpərɪ] *n* 1. szövetbolt 2. háztartási textiláruk [függönyök stb.], szövetek
drastic ['dræstɪk] *a* 1. hathatós, alapos 2. erős, drasztikus
drat [dræt] *int* ~ *it!* fene egye meg!
draught [drɑ:ft; *US* -æ-] I. *n* 1. húzás, vonszolás; ~ *animal* igavonó barom 2. (lég)huzat 3. korty; *at a* ~ egy kortyra/cúgra 4. kanalas orvosság 5. csapolás; *beer on* ~, ~ *beer* csapolt sör 6. merülési magasság [hajóé] 7. draughts dáma(játék) 8. = *draft I.* II. *vt* = *draft II.*
draughtboard *n GB* dámatábla ‖ → *draftboard*
draught-horse *n* igásló
draught-screen *n* spanyolfal, paraván
draughtsman ['drɑ:ftsmən; *US* 'dræf-] 1. dámafigura 2. = *draftsman*
draughty ['drɑ:ftɪ; *US* -æ-] *a* huzatos, légvonatos
draw [drɔ:] I. *n* 1. húzás, vontatás; *quick on the* ~ gyorsan fegyverhez kap 2. vonz(ó)erő 3. döntetlen játék/mérkőzés 4. sorshúzás; *a good* ~ jó fogás 5. (kihúzott) nyereménytárgy II. *v* (*pt* drew dru:, *pp* ~n drɔ:n) *vt* 1. (ki)húz [dugót, szöget; kártyát]; von; ~ *sy's teeth* (1) kihúzza vknek a fogát (2) kihúzza vknek a méregfogát; ~ *water* vizet húz [a kútból] 2. vonz [pillantást, tömeget] 3. (be)szív; ~ *breath* (1) lélegzetet vesz (2) *átv* kifújja magát 4. rajzol; vázol; (meg-)fogalmaz; ~ *in ink* tusrajzot készít 5. felvesz [pénzt stb.]; vételez [anyagot, felszerelési cikket, katona fejadagot stb.]; merít [erőt, ihletet, információt] 6. nyer [sorsjátékon]; ~ *lots* sorsot húz 7. hengerel, nyújt [acélt] 8. megereszt [acélt] 9. lecsapol; *átv* ~ *it mild!* lassan a testtel!

~ *tea* leforráz teát 10. intézvényez [váltót]; kiállít [csekket] 11. kibelez [baromfit] **B.** *vi* 1. húzódik; húz; ~ *to sy* vonzódik vkhez 2. közeledik; ~ *to an end* vége felé jár, végéhez közeledik; ~ *near* közeledik, közelít 3. huzata van, húz, szelel [kémény, pipa] 4. színesedik [tea állástól] 5. duzzad, fog, húz [vitorla] 6. döntetlenre végződik [mérkőzés], döntetlent ér el 7. rajzol
    draw across *vt* összehúz [függönyt ablak előtt]
    draw aside *vt* 1. széthúz [függönyt] 2. félrevon (vkt)
    draw back A. *vt* visszahúz **B.** *vi* 1. visszahúzódik; elpártol (vktől) 2. habozik
    draw down *vt* 1. lehúz, behúz [kalapot] 2. jár [vmvel, következménynyel stb.]
    draw in A. *vt* 1. behúz, bevon; beszív [levegőt] 2. bevált [csekket, váltót] 3. csökkent [kiadásokat] **B.** *vi* 1. takarékoskodik 2. rövidülnek [napok]
    draw into A. *vi* begördül [vonat állomásra] **B.** *vt* bevon (vkt vmbe)
    draw off A. *vt* lehúz [kesztyűt] **B.** *vi* eltávolodik, visszavonul
    draw on *vt/vi* 1. felhúz [kesztyűt] 2. igénybe vesz (vmt); merít (vmből); hozzányúl [megtakarított pénzéhez] 3. csalogat 4. intézvényez [váltót] 5. közeledik [éjszaka]
    draw out A. *vt* 1. kihúz (vmt vmből); kivesz [pénzt bankból] 2. beszédre bír (vkt) 3. kinyújt, kihengerel [fémet] 4. kihúz, elnyújt [beszélgetést stb.] **B.** *vi the days are* ~*ing out* a napok hosszabbodnak
    draw up A. *vt* 1. felhúz [redőnyt]; ~ *oneself up* kihúzza magát 2. megfogalmaz, -szövegez; kidolgoz [tervet]; ~ *up minutes* jegyzőkönyvet felvesz; ~ *up an inventory* leltárt készít 3. odahúz [széket asztalhoz] 4. ~ *up (in battle order)* csatarendbe állít [csapatokat] **B.** *vi* 1. előáll, odaáll [kocsi] 2. megáll [kocsi] 3. felsorakozik [csapat]

drawback *n* 1. hátrány (*to sg* vmé) 2. vámvisszatérítés
drawbridge *n* felvonóhíd
drawee [drɔːˈiː] *n* intézvényezett [váltóé]
drawer *n* 1. [ˈdrɔːə*] váltó kibocsátója, intézvényező 2. [ˈdrɔːə*] húzó [személy] 3. [ˈdrɔːə*] rajzoló 4. [drɔː*] fiók 5. **drawers** [drɔːz] *pl* (így is: *a pair of* ~*s*) alsónadrág
drawing [ˈdrɔːɪŋ] I. *a* 1. rajzoló 2. vonó 3. vonzó; ~ *card* nagyhatású műsorszám, kaszadarab 4. ~ *account* csekkszámla II. *n* 1. rajz; rajzolás; *out of* ~ elrajzolt 2. húzás
drawing-board *n* rajztábla; *still on the* ~ még csak a tervek készültek el
drawing-knife *n* (*pl* -knives) vonókés
drawing-pin *n* rajzszeg
drawing-room *n* fogadószoba, társalgó, szalon
drawl [drɔːl] I. *n* vontatott beszéd II. *vi/vt* ~ (*out*) vontatottan mond/beszél
drawn [drɔːn] *a* 1. összehúzott [függöny]; kirántott [kard]; megnyúlt, fáradt [arc] 2. (el)döntetlen [mérkőzés] 3. kihúzott [szál]; ~ *work* szálhúzásos/azsúrozott kézimunka 4. tisztított, kibelezett [baromfi] ∥ →*draw II.*
draw-well *n* húzókút
dray [dreɪ] *n* 1. targonca 2. † söröskocsi; stráfkocsi
dray-horse *n* igásló; söröslő
drayman [ˈdreɪmən] *n* (*pl* -men -mən) fuvaros; söröskocsis
Drayton [ˈdreɪtn] *prop*
dread [dred] I. *n* félelem, rettegés; *be in* ~ *of sy/sg* fél/retteg vktől/vmtől II. *vt* fél, retteg (vmtől); *I* ~ *to think of it* még a gondolattól is borzadok
dreadful [ˈdredf(u)l] *a* 1. félelmes, szörnyű 2. *biz* irtó(zatos); borzasztó
dreadnought [ˈdrednɔːt] *n* ⟨egy brit hadihajótípus a XX. század elején⟩
dream [driːm] I. *n* 1. álom; *have a* ~ álmodik, álmot lát 2. ábránd; vágyálom; *live in a* ~ álomvilágban él II. *v* (*pt/pp* ~ed v. ~t dremt) **A.** *vt* 1. álmodik; *you must have* ~*t it* ezt csak álmodtad 2. ábrándozik (vmről);

~ *away one's life* álmodozással tölti az életét **B.** *vi* 1. álmodik *(about/of* vmről); *I shouldn't* ~ *of doing it* álmomban se jutna eszembe ilyet tenni 2. ábrándozik *(of* vmről)

dreamer ['dri:mə*] *n* álmodozó; fantaszta

dreamland *n* álomország; mesevilág; ábrándvilág

dreamless ['dri:mlɪs] *a* álom nélküli [alvás]

dream-like *a* álomszerű

dreamy ['dri:mɪ] *a* álmodozó; álomszerű

drear [drɪə*] *a* = *dreary*

dreariness ['drɪərɪnɪs] *n* kietlenség; szomorúság

dreary ['drɪərɪ] *a* kietlen [táj]; sivár [jövő]

dredge¹ [dredʒ] I. *n* 1. kotrógép; kotróhajó 2. vonóháló II. *vt/vi* ~ *up/out* (ki)kotor [folyómedret]

dredge² [dredʒ] *vt* (be)hint [cukorral stb.]

dredger¹ ['dredʒə*] *n* = *dredge*¹ *I. 1.*

dredger² ['dredʒə*] *n* cukorszóró

dregs [dregz] *n pl* 1. üledék, alj; *to the* ~ az utolsó cseppig 2. söpredék

Dreiser ['draɪsə*] *prop*

drench [drentʃ] I. *n* orvosság [állatok számára] II. *vt* 1. átáztat *(with* vmvel); *completely* ~*ed* csuromvíz 2. orvossággal megitat [állatot]

drencher ['drentʃə*] *n biz* felhőszakadás, zápor

dress [dres] I. *n* (női) ruha, öltözet; ~ *clothes* díszruha II. A. *vt* 1. (fel-)öltöztet; ~ *oneself, get* ~*ed* öltözködik, felöltözik 2. rendbe hoz, megigazit; (fel)díszít *(with* vmvel); megfésülködik;·~ *a shopwindow* kirakatot rendez;·~ *a ship* hajót fellobogóz 3. bekötöz [sebet] 4. kikészít [bőrt, szövetet] 5. vakar, kefél [lovat] 6. megmetsz [fát]; ~ *the field* megmunkál [talajt] 7. tisztít [szárnyast, halat]; ~ *a salad* salátát elkészít **B.** *vi* 1. öltözködik; *we don't* ~ *(for dinner)* nem öltözünk estélyi ruhába (vacsorához) 2. igazodik [sorban]; *right* ~*!* jobbra igazodj!

dress down *vt* 1. lecsutakol [lovat] 2. *biz* lehord, letol (vkt)

dress out *vt* kicicomáz

dress up A. *vt* felöltöztet; felcicomáz; ~*ed up to the nines* kicsípte magát **B.** *vi biz* kiöltözik, kicsípi magát; felöltözik (vmnek), álruhát ölt

dressage ['dresɑ:ʒ; *US* 'dresɪdʒ] *n* idomítás; ~ *test* díjlovaglás

dress-circle *n* első emeleti páholysor; erkély első sor

dress-coat *n* frakk

dresser ['dresə*] *n* 1. tálalóasztal, konyhaszekrény 2. öltöztető(nő); kirakatrendező 3. jól öltözni szerető ember 4. sebészeti asszisztens 5. *US* = *dressing-table*

dressing ['dresɪŋ] *n* 1. öltöz(köd)és 2. salátaöntet; töltelék 3. elkészítés [sütéshez húsé, szárnyasé] 4. (seb)kötözés; kötszer 5. trágyázás 6. *biz* "fejmosás", letolás 7. appretúra, kikészítés [bőré, textilé]

dressing-case *n* útitáska, neszesszer

dressing-gown *n* hálóköntös

dressing-room *n* öltöző

dressing-station *n* elsősegélyhely

dressing-table *n* toalettasztal, fésülködőasztal

dressmaker *n* varrónő

dress-parade *n* 1. divatbemutató 2. díszszemle

dress-shield *n* izzlap

dress-show *n* divatbemutató

dress-stand *n* próbababa

dress-suit *n* frakk

dressy ['dresɪ] *a* 1. divatosan öltözködő 2. előnyösen álló [ruha], sikkes

drew →*draw II.*

dribble ['drɪbl] I. *n* 1. csepegés, nyáladzás 2. cselezés [futballban] II. A. *vi* 1. csöpög, szivárog 2. nyáladzik 3. cselez [futballban] **B.** *vt* 1. cseppent 2. cselezve vezet [labdát futballban]

driblet ['drɪblɪt] *n* csöpp, kis mennyiség; *by* ~*s* apránként

dried [draɪd] *a* szárított, aszalt ‖→*dry II.*

drier ['draɪə*] I. *a* →*dry I.* II. *n* szárítő

driest ['draɪɪst] *a* →*dry I.*

drift [drıft] **I.** *n* **1.** hajtóerő; hajtás **2.** mozgás, áramlás; sodródás; ~ *of labour* munkaerőáramlás **3.** hajlam; szándék; irány(zat); tendencia; *the* ~ *of his speech* beszédének értelme/ célja **4.** förgeteg; vihar; ~ *of ice* zajló jég; ~ *of snow* hófúvás **5.** hordalék **6.** vágat [bányában] **II. A.** *vi* **1.** úszik; lebeg [vízben, levegőben]; sodródik; ~ *with the current* úszik az árral; *let oneself* ~ elhagyja magát; *let things* ~ szabad folyást enged a dolgoknak **2.** (fel)halmozódik [hó] **3.** irányul, halad (vm felé); ~ *into war* háborúba sodródik **4.** vándorol [frekvencia] **B.** *vt* **1.** sodor; hajt; kerget; úsztat [fát] **2.** (össze)fúj, (össze)terel [felhőket, homokot]

driftage ['drıftıdʒ] *n* **1.** sodródás **2.** sodralék **3.** áttol(ód)ás [talajé]

drifter ['drıftə*] *n* **1.** sodródó [ember]; vándormadár [munkásról] **2.** húzóhálós halászcsónak

drift-ice *n* zajló jég(táblák)

driftless ['drıftlıs] *a* céltalan

drift-net *n* húzóháló

drift-wood *n* **1.** vízsodorta fa(anyag) **2.** úsztatott fa

drill¹ [drıl] **I.** *n* **1.** furó(gép) **2.** vetőbarázda **3.** sorvetőgép **4.** [katonai] gyakorlat(ozás); kiképzés; ~ *ground* gyakorlótér **II. A.** *vt* **1.** (át)fúr, kifúr **2.** gyakorlatoztat; kiképez; begyakoroltat, besulykol (vmt) **3.** sorosan vet [magot] **B.** *vi* gyakorlatozik [katona]

drill² [drıl] *n* pamutzsávoly(szövet)

drill-bit *n* fúrófej

drilling ['drılıŋ] *n* **1.** gyakorlatozás; kiképzés **2.** fúrás

drill-sergeant *n* kiképző altiszt

drily ['draılı] *adv* = *dryly*

drink [drıŋk] **I.** *n* **1.** ital; *have a* ~ iszik vmt/egyet **2.** szeszes ital **3.** ivás; *the worse for* ~, *in* ~ részeg **II.** *v* (*pt* **drank** dræŋk, *pp* **drunk** drʌŋk) **A.** *vt* iszik, vedel; ~ *the waters* ivókúrát tart; ~ *a toast of sy* vknek egészségére iszik **B.** *vi* iszik, italozik; részegeskedik; ~ *like a fish* iszik mint a kefekötő

drink down *vt* felhajt [italt]

drink in *vt* **1.** beszív **2.** *biz* issza vk szavait; nem tud eltelni [szépséggel stb.]

drink off *vt* felhajt, lehajt [italt]

drink to *vi* ~ *to sy* vknek az egészségére iszik

drink up *vt* **1.** az utolsó cseppig üríti (a poharat) **2.** beszív, felszív [nedvességet]

drinkable ['drıŋkəbl] **I.** *a* iható **II. drinkables** *n pl* italféle

drinker ['drıŋkə*] *n* iszákos/italos ember, alkoholista; *hard/heavy* ~ nagy ivó

drinking ['drıŋkıŋ] *n* ivás; részegeskedés

drinking-bout *n* dorbézolás; lumpolás

drinking-fountain *n* (automatikus) ivókút

drinking-song *n* bordal

drinking-trough *n* itatóvályú

drinking-water *n* ivóvíz

drip [drıp] **I.** *n* **1.** csöpögés **2.** csepp, csöpp **3.** eresz, csurgó(kő) **II.** *v* -**pp**- **A.** *vi* csöpög; *be* ~*ping with blood* vértől csöpög **B.** *vt* csöpögtet, cseppent

drip-dry I. *a* csavarás/facsarás nélkül száradó **II.** *vt*/*vi* csavarás/facsarás nélkül szárít/ szárad

dripping ['drıpıŋ] **I.** *a* csöpögő; ~ *wet* csuromvizes **II.** *n* pecsenyelé, szaft; *bread and* ~ zsíros kenyér

dripping-pan *n* serpenyő

dripping-tube *n* csöppszámláló [gyógyszernek]

drive [draıv] **I.** *n* **1.** kocsikázás, autózás; *go for a* ~ kocsikázik egyet; *an hour's* ~ egy órányi (autó)út **2.** (meg)hajtás **3.** hajtómű **4.** kocsiút, -felhajtó **5.** hadjárat; (katonai) támadás **6.** (labda)ütés **7.** mozgalom; *US* (propaganda)kampány **8.** energia; *he has* ~ *and initiative* van benne lendület és kezdeményező kedv **9.** hajtóvadászat; hajtás **II.** *v* (*pt* **drove** drouv, *pp* **driven** 'drıvn) **A.** *vt* **1.** hajt, űz; ~ *to despair* kétségbe ejt **2.** vezet [járművet]; működtet [gépet] **3.** elsodor, útjából kitérít **4.** bever [szeget, cölöpöt]; ~ *sg home* (1) egészen bever/ becsavar vmt (2) bevés vmt (vknek)

az elméjébe 5. ösztönöz; *he was hard
~n* agyonhajszolták 6. üt [labdát]
B. *vi* 1. sodródik [hajó] 2. kocsizik;
vezet, hajt; (autón) megy (vhova);
~ slow(ly) lassan hajt
drive along *vt/vi* végighajt, végigkocsizik
drive at *vi* 1. odaüt (vhova) 2.
céloz vmre; *let ~ at sg* rácéloz vmre;
what are you driving at? hová akarsz
kilyukadni?
drive away A. *vt* elűz **B.** *vi* 1. elhajt
[autóval] 2. *~ a. at one's work* nagy
hévvel dolgozik
drive into *vt* 1. *~ sy i. a corner*
sarokba szorít vkt 2. *~ sg i. sy's
head* vmt a fejébe ver vknek
drive on A. *vt* nógat (vkt) **B.** *vi*
továbbhajt [kocsival]
drive through A. *vi* áthajt [városon]
B. *vt* keresztüldöf [karddal]
drive-in *US* **I.** *a* behajtós, autós-;
~ movie behajtós mozi, autósmozi
II. *n* behajtós vendéglő/mozi/stb, autósvendéglő; autósmozi stb.
drivel ['drɪvl] **I.** *n* 1. (szájból folyó)
nyál 2. *biz* ostoba fecsegés; badar
beszéd **II.** *vi* -ll- (*US* -l-) nyáladzik,
folyik a nyála 2. *biz* ostobaságokat
beszél
drivel(l)er ['drɪvlə*] *n* eszelős ember
driven ['drɪvn] *a* 1. űzött 2. hajtású;
hajtott; *electrically ~* villamos hajtású ‖ →*drive II.*
driver ['draɪvə*] *n* 1. (gépkocsi)vezető,
gépjárművezető; kocsis; *US ~'s licence = driving-licence; ~'s seat* (1)
vezetői ülés (2) *átv* irányító szerep
2. hajtó; hajcsár 3. gépész 4. golfütő
drive-way *n* 1. (mű)út 2. *US* kocsifelhajtó, -behajtó
driving ['draɪvɪŋ] **I.** *a* 1. hajtó; *~ force*
hajtóerő 2. *~ rain* felhőszakadás **II.**
n vezetés; *~ instructor* gyakorlati
oktató [tanuló vezetőé]; *take ~ lessons* gépkocsivezetést tanul; *~ mirror*
visszapillantó tükör; *~ school* autósiskola; *~ test* gépjárművezetői vizsga ‖ →*drive II.*
driving-belt *n* hajtószíj; gépszíj
driving-chain *n* hajtólánc

driving-gear *n* hajtómű
driving-licence *n* vezetői engedély, (gépjárművezetői) jogosítvány
driving-wheel *n* hajtókerék
drizzle ['drɪzl] **I.** *n* szitáló eső **II.** *vi*
permetezik, szitál [eső]
droll [droʊl] *a* bohókás, tréfás; furcsa
drollery ['droʊlərɪ] *n* bohóság; móka
dromedary ['drɒməd(ə)rɪ; *US* 'drɑməderɪ] *n* egypúpú teve, dromedár
drone [droʊn] **I.** *n* 1. here [méh] 2. *biz*
semmittevő 3. döngés, zümmögés 4.
biz távirányított repülőgép **II. A.**
vt monoton hangon elmond **B.** *vi*
1. zúg, búg [gép] 2. zümmög 3. henyél
drool [dru:l] *n/vi* = *drivel*
droop [dru:p] **I.** *n* 1. lekonyulás [fejé]
2. elernyedés; esés **II. A.** *vt* lehorgaszt
[fejet] **B.** *vi* 1. lekonyul; lehervad,
eltikkad [növény] 2. esik [vízszint,
árfolyam] 3. elernyed
drooping ['dru:pɪŋ] *a* lankadt; *~ shoulders* csapott váll(ak)
drop [drɒp; *US* -ɑ-] **I.** *n* 1. csepp, csöpp;
~ by ~ cseppenként; *~ in the bucket*
egy csepp a tengerben; *he has had a
~ too much* többet ivott a kelleténél
2. **drops** *pl* cseppek [mint gyógyszer]
3. cukorka; pirula 4. (le)esés; visszaesés; hanyatlás; *~ in prices* áresés
5. csapóajtó; süllyesztő 6. = *drop--curtain* **II.** *v* -pp- **A.** *vi* 1. csepeg, csöpög 2. összeesik, elesik; *he almost
~ped with surprise* majdnem hanyatt
vágódott a meglepetéstől; *ready to ~*
holtfáradt 3. csökken, süllyed [hőmérséklet] 4. abbamarad, vége lesz
B. *vt* 1. cseppent 2. (le)ejt, elejt;
(le)dob [bombát]; bedob [levelet];
elejt [megjegyzést, ügyet]; *~ me
a line* írj pár sort 3. ellik, borjazik
4. letesz; *I shall ~ you at your door*
elviszem hazáig [autóval] 5. abbahagy, felad (vmt), felhagy (vmvel)
drop around *vi biz* (látogatóban)
benéz vhova
drop away *vi* elmaradozik [látogató]; egymás után meghal; lemorzsolódik [tagság stb.]
drop behind *vi* lemarad, sor végére
marad; lehagyják

drop in vi 1. ~ in on sy benéz vkhez (látogatóba) 2. megérkezik [vonat] **drop into** vi belepottyan vmbe; ~ i: the habit rászokik vmre **drop off** vi 1. leesik, lehull; ~ o. to sleep elalszik; ~ o. like flies úgy hullanak, mint a legyek **drop out A.** vt elhagy [szótagot] **B.** vi kiesik [versenyből, sorból]; kimarad [iskolából]; lemorzsolódik [tanfolyamból]
drop-curtain n felvonásvégi függöny
drop-door n csapóajtó
drop-hammer n ejtőkalapács
drop-head a lehajtható [autótető]
drop-kick n ejtett labda
drop-leaf a ~ table lecsapható lapú asztal
droplet ['drɔplɪt; US -ɑ-] n cseppecske
dropout n lemorzsolódás [iskolából stb.]; kimaradt/lemorzsolódott hallgató/stb.
dropped [drɔpt; US -ɑ-] →drop II.
dropper ['drɔpə*; US -ɑ-] n csöpögtető üveg
dropping ['drɔpɪŋ; US -ɑ-] n 1. csepegés, csöpögés 2. (le)esés 3. elejtés; kihagyás [betűé] 4. **droppings** pl állati ürülék; bogyó(k) || →drop II.
drop-press n = drop-hammer
drop-scene n = drop-curtain
dropsical ['drɔpsɪkl; US -ɑ-] n vízkóros
dropsy ['drɔpsɪ; US -ɑ-] n vízkór
dross [drɔs; US -ɔ:-] n 1. salak 2. átv vacak; ponyva(irodalom)
drought [draʊt] n 1. szárazság, aszály 2. † szomj(úság)
drouth [draʊθ] n US = drought
drove[1] [droʊv] n (mozgó) falka, csorda, nyáj; (ember)tömeg
drove[2] [droʊv] →drive II.
drover ['droʊvə*] n 1. (ökör)hajcsár 2. marhakereskedő
drown [draʊn] **A.** vi vízbe fullad, megfullad **B.** vt 1. vízbe fojt; be ~ed vízbe fullad; ~ oneself vízbe öli magát 2. eláraszt, elönt [földet] 3. elfojt [hangot]
drowse [draʊz] **A.** vt elálmosít **B.** vi szundikál
drowsiness ['draʊzɪnɪs] n álmosság
drowsy ['draʊzɪ] a 1. álmos 2. álmosító
drub [drʌb] vt **-bb-** 1. ütlegel, elpáhol

2. átv ~ sg into sy belever vknek a fejébe vmt; ~ sg out of sy kiver vknek a fejéből vmt
drubbing ['drʌbɪŋ] n ütlegelés; verés
drudge [drʌdʒ] I. n átv kuli, rabszolga II. vi kulizik, robotol; ~ away at sg kínlódva/gyötrődve dolgozik vmn
drudgery ['drʌdʒ(ə)rɪ] n rabszolgamunka, lélekölő munka, robot(olás)
drug [drʌg] I. n 1. gyógyszer; gyógyáru, drog 2. kábítószer; take ~s kábítószert szed 3. biz be a ~ in/on the market eladhatatlan áru II. v **-gg-** A. vt kábítószert ad be (vknek), (el-)bódít **B.** vi kábítószert szed
drug-addict n narkómániás, kábítószer rabja, narkós
drugget ['drʌgɪt] n durva gyapjúszőnyeg
druggist ['drʌgɪst] n US gyógyszerész
drugstore n US ⟨gyógyszertárral kapcsolatos vegyesbolt és büfé⟩
druid ['dru:ɪd] n ókelta pap, druida
drum [drʌm] I. n 1. dob; with ~s beating dobszóval; biz bang the big ~ veri a nagydobot, reklámot csinál 2. dobolás 3. tartály II. vi/vt **-mm-** dobol; ~ (sg) into sy fejébe ver vknek vmt; ~ up (1) toboroz [híveket, vevőket] (2) összedobol, -hív [barátokat]; ~ up trade üzletet felhajt, reklámot csinál
drumbeat n dobpergés
drum-fire n pergőtűz
drumhead n 1. dobbőr; at ~ hirtelenjében, azonnal; ~ court-martial rögtönzött haditörvényszék [arcvonalban]; ~ service tábori istentisztelet 2. dobhártya [fülé]
drum-major n ezreddobos
drummed [drʌmd] →drum II.
drummer ['drʌmə*] n 1. dobos 2. US ügynök, üzletszerző
drumming ['drʌmɪŋ] n 1. dobolás; dobszó 2. zümmögés
Drummond ['drʌmənd] prop
drumstick n 1. dobverő 2. csirkecomb
drunk [drʌŋk] a ittas, részeg; dead ~ tökrészeg; ~ as a lord/fiddler részeg mint a csap, tökrészeg; ~ with joy örömtől mámoros; || →drink II.
drunkard ['drʌŋkəd] n részeges/iszákos ember

drunken ['drʌŋk(ə)n] *a* ittas, részeg
drupe [dru:p] *n* csonthéjas gyümölcs
Drury ['druərɪ] *prop*
dry [draɪ] I. *a (comp* **drier** 'draɪə*, *sup* **driest** 'draɪɪst) 1. száraz; kiszáradt; ~ **dock** szárazdokk; ~ *measure* száraz űrmérték [gabonaféléknek]; *run* ~ kiszárad 2. szárított [gyümölcs]; porított [tojás] 3. *US* ~ *goods* méteráru, rövidáru 4. *biz* szomjas; *be/feel* ~ szomjas 5. *US* ~ *country* szesztilalmas ország; ~ *law* alkoholfogyasztást eltiltó törvény; *go* ~ (1) bevezetik a szesztilalmat (2) leszokik az alkoholról 6. unalmas, száraz [szónok]; fanyar [humor] II. *v (pt/pp* **dried** draɪd) A. *vt* szárít, aszal; ~ *one's eyes* megtörli a szemét B. *vi* (meg)szárad; (ki-) apad, kiszárad
dry up A. *vt* eltörölget [edényt] B. *vi* 1. felszárad; kiszárad 2. *biz* elhallgat; belesül [mondókába]; ~ *up!* fogd be a szád!, szűnj meg!
dryad ['draɪəd] *n* erdei tündér, driád
dryasdust ['draɪəzdʌst] I. *a* száraz, unalmas [ember] II. *n* szobatudós
dry-clean *vt* vegytisztít
dry-cleaning *n* vegytisztítás
Dryden ['draɪdn] *prop*
dryer ['draɪə*] *n* szárító
dry-ice *n* szárazjég
drying ['draɪɪŋ] I. *a* 1. száradó 2. szárító II. *n* szárítás
drying-line *n* teregetőkötél
dryly ['draɪlɪ] *adv* szárazon, unalmasan
dry-nurse *n* szárazdada
dry-rot *n* (száraz) korhadás
dry-shod *adv* száraz lábbal
D.Sc., DSc [di:es'si:] *Doctor of Science*
D.S.C., DSC [di:es'si:] *Distinguished Service Cross* ⟨brit katonai szolgálati érdemkereszt⟩
D.S.O., DSO [di:es'ou] *Distinguished Service Order* ⟨brit katonai tiszti kitüntetés⟩
D.T.('s), DT's, dt's [di:'ti:(z)] delirium tremens
dual ['dju:əl; *US* 'du:-] *a* kettős; ~ *carriageway* osztottpályás úttest; ~ *citizenship* kettős állampolgárság

dualism ['dju:əlɪzm; *US* 'du:-] *n* dualizmus, kételvűség
dub [dʌb] *vt* -bb- 1. ~ *(sy) knight* lovaggá üt 2. *biz* ~ *sy sg* vmnek elnevez vkt 3. [cipőt] bezsíroz 4. szinkronizál [filmet]
dubiety [dju:'baɪətɪ; *US* du:-] *n* bizonytalanság; kétség
dubious ['dju:bjəs; *US* 'du:-] *a* kétes; bizonytalan; *in* ~ *battle* bizonytalan kimenetelű csatában
dubitation [dju:bɪ'teɪʃn; *US* 'du:-] *n* habozás, kételkedés
Dublin ['dʌblɪn] *prop*
ducal ['dju:kl; *US* 'du:-] *a* hercegi
ducat ['dʌkət] *n* dukát; □ ~*s* pénz, dc.hány, guba
duchess ['dʌtʃɪs] *n* hercegnő; hercegné; *biz my old* ~ bé nejem
duchy ['dʌtʃɪ] *n* hercegi uradalom; hercegség
duck[1] [dʌk] *n* 1. kacsa, réce; *like water off the* ~*'s back* mint falra hányt borsó; *takes to it like a* ~ *to water* úgy megy neki, mintha mindig ezt csinálta volna; *play* ~*s and drakes* vizen lapos kővel „békát ugrat", kacsáztat, csesztet; *play* ~*s and drakes with one's money* az ablakon szórja ki a pénzét; *she is a perfect* ~ bájos kis nő; *biz* ~*'s egg* nulla [krikettben] 2. kétéltű csapatszállító bárka [szárazföldi és vízi használatra]
duck[2] [dʌk] I. *n* 1. lebukás 2. alámerülés II. A. *vt* 1. behúzza a nyakát [ütés elől]; lehorgasztja a fejét 2. lemerít, lebuktat [vizbe] B. *vi* 1. alábukik, lemerül 2. kihúzza magát vm alól, dekkol
duck[3] [dʌk] *n* 1. csinvat 2. **ducks** *pl* fehér vászonnadrág
duck-bill *n* csőrös emlős
duck-boards *n pl* [sárba fektetett] palló
ducking ['dʌkɪŋ] *n* 1. vízbe merítés 2. áztatás
duckling ['dʌklɪŋ] *n* kiskacsa
duck-pond *n* kacsaúsztató
duckweed *n* békalencse
Duckworth ['dʌkwəθ] *prop*
ducky ['dʌkɪ] *n biz* drágicám
duct [dʌkt] *n* 1. csatorna, járat, vezeték [élő testben] 2. (cső)vezeték

ductile ['dʌktaıl; US -t(ə)l] a hajlékony; alakítható, nyújtható, képlékeny
ductility [dʌk'tılətı] n hajlékonyság; nyújthatóság, alakíthatóság
ductless ['dʌktlıs] a kifolyás nélküli; ~ glands belső elválasztású mirigyek
dud [dʌd] biz I. a fel nem robbant [bomba] 2. tehetségtelen; ügyetlen [ember]; hamis [bankjegy]; fedezetlen [csekk] II. duds n pl ócska holmi
dude [dju:d; US du:d] n US biz 1. nagyvárosi piperkőc, jampec 2. turista [vadnyugaton]
dude-ranch n US ⟨turistáknak berendezett vadnyugati farm USA-ban⟩
dudgeon ['dʌdʒ(ə)n] n harag; neheztelés; in high ~ rendkívül dühösen
due [dju:; US du:] I. a 1. lejáró, esedékes; ~ date lejárat (napja); be/become/fall ~ esedékessé válik, lejár; the train is ~ at two a vonatnak kettőkor kell megérkeznie 2. is ~ to sy kijár (vknek vm) 3. kellő, megfelelő; in ~ course kellő/megfelelő időben, pontosan; in ~ form kellő formák között; in ~ time kellő időben; idejekorán 4. is ~ to sg vmnek köszönhető/tulajdonítható II. adv pontosan; ~ north egyenesen északra III. n 1. követelés; járandóság; jutalék; give him his ~ (1) megadja neki ami őt illeti (2) elismeri érdemeit 2. jogcím 3. dues pl illeték; adó; díj; tartozás; tagdíj [klubban]
duel ['dju:əl; US 'du:-] I. n párbaj II. vi -ll- (US -l-) párbajozik
duel(l)ist ['dju:əlıst; US 'du:-] n párbajozó
duenna [dju:'enə; US du:-] n gardedám; társalkodónő
duet [dju:'et; US du:-] n duett, kettős
Duff [dʌf] prop
duffel ['dʌfl] n 1. molton; bolyhozott gyapjúszövet; düftin 2. US turistafelszerelés
duffel coat ⟨háromnegyedes csuklyás „duffel" sportkabát⟩
duffer ['dʌfə*] n ostoba fuser
dug¹ [dʌg] n 1. tőgy, emlő 2. csöcs
dug² →dig II.
dug-out n 1. fedezék 2. fatörzsből vájt csónak

duke [dju:k; US du:k] n herceg
dukedom ['dju:kdəm; US 'du:-] n 1. hercegi uradalom/birtok 2. hercegség
dulcet ['dʌlsıt] a édes, dallamos
dulcify ['dʌlsıfaı] vt (meg)édesit
dull [dʌl] I. a 1. unalmas, egyhangú; ~ dog unalmas fickó 2. lassú észjárású, buta 3. tompa [fájdalom, zaj]; ~ knife tompa/életlen kés; ~ of hearing nagyothalló 4. tompa, matt; fakó [szín] 5. lanyha [piac]; ~ season holtszezon II. A. vt 1. (el)tompít; (el)butít 2. tompává tesz [szerszámot] 3. tompít [hangot]; kifakít [színt]; enyhít [fájdalmat] B. vi 1. (el)tompul; elbutul 2. elfakul
dullard ['dʌləd] n tökfej; fajankó
Dulles ['dʌlıs] prop
dullness ['dʌlnıs] n 1. tompaság, unalom 2. pangás, lanyhaság 3. homályosság
dull-witted a nehéz felfogású
Duluth [dju:'lu:θ; US dʊ-] prop
Dulwich ['dʌlıdʒ] prop
duly ['dju:lı; US 'du:-] adv 1. illendően; helyesen, megfelelően 2. pontosan, kellő időben
dumb [dʌm] a 1. néma; ~ as a fish kuka; ~ animals az állatvilág; ~ show némajáték; strike sy ~ elnémít vkt; he was struck ~ elállt a szava a meglepetéstől, elképedt 2. hallgatag; ~ dog szótlan fickó 3. US biz buta
Dumbarton [dʌm'bɑ:tn] prop
dumb-bell ['dʌmbel] n 1. súlyzó 2. US □ hülye alak
dumbfound [dʌm'faʊnd] vt megdöbbent, elnémít
dumbness ['dʌmnıs] n némaság; hallgatás
dumb-waiter n 1. zsúrkocsi 2. US ételszállító lift
dumfound [dʌm'faʊnd] vt = dumbfound
dummy ['dʌmı] n 1. némajátékos, statiszta 2. stróman 3. próbabábu 4. „asztal" [bridzsjátékban] 5. makett; utánzat; ~ cartridge vaktöltény; ~ window vakablak 6. báb, fajankó 7. cucli
dump [dʌmp] I. n 1. lerakodóhely, szemétlerak(od)ó (telep); szeméttelep;

(down) in the ~s szomorú, lehangolt
2. katonai raktár II. vt 1. lerak, le-
zúdít, lehány 2. áron alul exportál,
dömpingel
dumpcart n = dumper
dumper ['dʌmpə*] n billenőkocsi, döm-
per
dumping ['dʌmpɪŋ] n 1. dömping 2. le-
rakás, lehányás
dumping-ground = dump I. 1.
dumpling ['dʌmplɪŋ] n 1. gombóc 2. kis
tömzsi ember
dumpy ['dʌmpɪ] a köpcös, tömzsi
dun¹ [dʌn] I. n 1. türelmetlen hitelező
2. fizetési felszólítás II. vt -nn- pénzt
követel (vktől) [hitelező]
dun² [dʌn] a 1. sötétbarna, szürkésbar-
na 2. sötét, borongós [idő]
Duncan ['dʌŋkən] prop
dunce [dʌns] n nehézfejű/ostoba sze-
mély; fajankó; ~('s) cap ⟨lusta diák
fejére megszégyenítésből tett kúp
alakú papírsüveg⟩
dunderhead ['dʌndə-] n = dunce
dune [dju:n; US du:n] n dűne, homok-
domb, homokbucka
dung [dʌŋ] I. n trágya, ganéj II. vt
trágyáz, ganajoz
dungarees [dʌŋgə'ri:z] n pl munkaruha;
overall
dungeon ['dʌndʒ(ə)n] n 1. vártorony,
donzson 2. (föld alatti) (vár)börtön
dung-hill n trágyadomb
dunk [dʌŋk] vt US mártogat [kávéba
kalácsot stb.], tunkol
Dunkirk [dʌn'kɔ:k] prop Dunkerque
Dunlop ['dʌnlɔp] prop
dunned [dʌnd] →dun¹ II.
dunning (letter) ['dʌnɪŋ] n fizetési fel-
szólítás/meghagyás ‖→dun¹ II.
dunno [dʌ'noʊ] vulg = I don't know
nem tudom
Dunsinane ['dʌnsɪneɪn] prop
duodecimo [dju:oʊ'desɪmoʊ; US du:-]
n tizenkettedrét [könyvméret]
duodenal [dju:oʊ'di:nl; US du:-] a ~
ulcer nyombélfekély
duodenum [dju:oʊ'di:nəm; US du:-]
n patkóbél, nyombél
duologue ['djʊəlɔg; US 'du:əlɔ:g] n pár-
beszéd

dupe [dju:p; US du:p] I. n balek II.
vt becsap, rászed, palira vesz
dupery ['dju:pərɪ; US 'du:-] n becsapás,
svindli
duplex ['dju:pleks; US 'du:-] a kettős;
dupla; kétszeres; US ~ apartment két-
szintes lakás; US ~ house kétlakásos
ház, ikerház; ~ system duplexrend-
szer [távközlésben]
duplicate I. a ['dju:plɪkət; US 'du:-]
kétszeres; dupla; kettős II. n ['dju:-
plɪkət; US 'du:-] 1. másolat, duplum
2. másodpéldány, másodlat; in ~
két példányban III. vt ['dju:plɪkeɪt;
US 'du:-] 1. megkettőz(tet); duplikál
2. másol (vmt); másolatot készít
(vmről) 3. sokszorosít
duplicating-machine ['dju:plɪkeɪtɪŋ-; US
'du:-] n sokszorosítógép
duplication [dju:plɪ'keɪʃn; US du:-]
n 1. megkettőzés, megduplázás 2. má-
so(d)lat
duplicator ['dju:plɪkeɪtə*; US 'du:-]
n sokszorosítógép
duplicity [dju:'plɪsətɪ; US du:-] n
kétszínűség, hamisság
durability [djʊərə'bɪlətɪ; US dʊ-] n
tartósság
durable ['djʊərəbl; US 'dʊ-] a tartós
durableness ['djʊərəblnɪs; US 'dʊ-]
n = durability
duration [djʊ'reɪʃn; US dʊ-] n (idő)tar-
tam; for the ~ of the war amíg a háború
tart
durative ['djʊərətɪv; US 'dʊ-] a tartós
cselekvést kifejező [ige]
durbar ['dɔ:bɑ:*] n udvari ünnepség
[Indiában]
duress [djʊ(ə)'res; US dʊ-] n 1. (fizi-
kai) kényszer; under ~ erőszak/kény-
szer hatására 2. bebörtönzés
Durham ['dʌr(ə)m] prop
during ['djʊərɪŋ; US 'dʊ-] prep [idő]
alatt; közben; folyamán; ~ that time
ezalatt
durst →dare
dusk [dʌsk] n félhomály; szürkület;
alkony
dusky ['dʌskɪ] a 1. sötét; homályos 2.
barna/fekete bőrű
dust [dʌst] I. n 1. por; bite the ~ fűbe

harap; *kick up* ~, *raise* ~ (nagy) port
ver fel; lármát/botrányt csinál; *kiss/
lick the* ~ (1) megalázza magát (vk
előtt) (2) fübe harap; *lay the* ~ öntö-
z(éssel portalanít); *shake the* ~ *from/
off one's feet* (barátságtalan helyről
végleg) eltávozik, fogja magát és
továbbáll 2. *US* □ pénz, steksz 3.
GB (házi) szemét II. *vt* 1. leporol, ki-
porol; *átv* ~ *sy's jacket for him* kipo-
rolja a nadrágját 2. beporoz, behint;
cake ~*ed with sugar* cukorral meghin-
tett sütemény
dust-bin *n* szeméttartó (vödör)
dust-cart *n* szemeteskocsi
dust-coat *n* porköpeny
dust-control *n* portalanítás
dust-cover *n* 1. borítólap, burkoló
[könyvön] 2. védőhuzat [bútoron]
duster ['dʌstə*] *n* 1. poroló 2. portörlő
rongy 3. pongyola [takarításhoz]
4. szóró [só, bors, cukor számára]
dusting ['dʌstɪŋ] *n* 1. behintés [cukor-
ral stb.] 2. porolás; takarítás; por-
törlés 3. sebfertőtlenítő por 4. □
elnadrágolás
dust-jacket *n* = *dust-cover 1.*
dustman ['dʌstmən] *n* (*pl* -men -mən)
1. szemetes [ember] 2. *biz* álomtündér
[mesében]
dust-pan *n* szemétlapát [takarításhoz]
dust-proof *a* pormentes
dust-storm *n* porfelhő
dust-wrap(per) *n* = *dust-cover 1.*
dusty ['dʌstɪ] *a* 1. poros 2. porlepte;
unalmas; □ *it's not so* ~ nem is
olyan rossz 3. porszerű 4. *átv* szürke;
sivár
Dutch [dʌtʃ] I. *a* 1. holland(i); németal-
földi; ~ *clover* fehér lóhere/here; ~
door vízszintesen kettéosztott ajtó 2.
US biz német 3. *biz* furcsa; ál-;
~ *auction* árverés lefelé; ~ *courage*
szeszből merített bátorság; ~ *treat*
ebéd/vacsora/mulatság ki-ki alapon;
go ~ *with sy* ki-ki alapon ebédel/
vacsorázik (v. megy szórakozni) vkvel;
~ *uncle* erkölcsprédikátor II. *n* 1.
the ~ a hollandok; a németalföldiek
2. holland (nyelv); *double* ~ halandzsa
Dutchman ['dʌtʃmən] *n* (*pl* -men -mən)

1. holland férfi 2. *US* □ német (em-
ber)
duteous ['dju:tjəs; *US* 'du:-] *a* 1. enge-
delmes 2. kötelességtudó
dutiable ['dju:tjəbl; *US* 'du:-] *a* vámkö-
teles [áru]
dutiful ['dju:tɪful; *US* 'du:-] *a* 1. kö-
telességtudó 2. engedelmes, szófoga-
dó
duty ['dju:tɪ; *US* 'du:-] *n* 1. kötelesség;
in ~ *bound* kötelességszerűen, becsü-
letbeli kötelességként; *breach of* ~
kötelességszegés; *do one's* ~ teljesíti
a kötelességét 2. engedelmesség 3.
tiszteletadás; *pay one's* ~ *to sy* tiszte-
letét teszi vknél; ~ *call* udvariassági
látogatás 4. vám; adó; illeték; *liable
to* ~ vámköteles; ~ *paid* elvámolva
5. szolgálat; *on* ~ szolgálatban;
officer on ~ ügyeletes tiszt; *off* ~
szolgálaton kívül; *do* ~ *for sg/sy*
helyettesít vmt/vkt; *take up one's
duties* átveszi hivatalát; szolgálatba
lép
duty-free *a* vámmentes
dwarf [dwɔ:f] I. *n* törpe II. *vt* 1. akadá-
lyozza (vmnek a) növését 2. *átv* eltör-
pít; *be* ~*ed by sg* eltörpül vm mellett
dwarfish ['dwɔ:fɪʃ] *a* törpe
dwell [dwel] *vi* (*pt/pp* **dwelt** dwelt)
1. lakik 2. marad; tartózkodik; idő-
zik; ~ (*long*) (*up*)*on sg* (hosszasan)
fejteget vmt v. időzik vmnél; *we will
not* ~ (*up*)*on that* ezt most ne firtassuk
dweller ['dwelə*] *n* lakos
dwelling ['dwelɪŋ] *n* 1. lakóhely, lakás
2. tartózkodás, lakás
dwelling-house *n* lakóház
dwelling-place *n* lakóhely, (állandó)
tartózkodási hely
dwelt →*dwell*
dwindle ['dwɪndl] *vi* ~ (*away*) csökken;
fogy; apad; ~ *to nothing* semmivé lesz
dye [daɪ] I. *n* 1. festék 2. (szín)árnya-
lat; *biz of the deepest* ~ a legrosszabb/
legmegrögzöttebb fajta II. *v pr part*
dyeing ['daɪŋ] A. *vt* (meg)fest [ruhát]
B. *vi* festődik
dyed-in-the-wool ['daɪd-] *a* 1. gyapjú-
ban/szálában festett 2. *átv* teljesen
átitatott, százszázalékos

dyeing ['daɪɪŋ] n (szövet)festés
dyer ['daɪə*] n (ruha)festő, kelmefestő
dye-stuff n festőanyag
dye-works n kelmefestő üzem/műhely
dying ['daɪɪŋ] I. a haldokló [ember];
haldokló [intézmény]; to one's ~ day
holta napjáig; in a ~ voice elhaló
hangon; ~ words (az elhunyt) utolsó
szavai II. n haldoklás; halál; ‖→die²
dyke [daɪk] →dike
Dylan ['dɪlən] prop
dynamic [daɪ'næmɪk] a 1. dinamikai,
dinamikus 2. biz erőteljes, tetterős
dynamics [daɪ'næmɪks] n dinamika, erő-
tan
dynamite ['daɪnəmaɪt] I. n dinamit
II. vt dinamittal (fel)robbant

dynamo ['daɪnəmoʊ] a dinamó, egyen-
áramú generátor
dynamometer [daɪnə'mɒmɪtə*;US-'mɑ-]
n dinamométer, erőmérő
dynast ['dɪnəst; US 'daɪnæst] n uralko-
dó, dinaszta
dynastic [dɪ'næstɪk; US daɪ-] a uralko-
dócsaládhoz tartozó, dinasztikus
dynasty ['dɪnəstɪ; US 'daɪ-] n uralko-
dóház, dinasztia
dysentery ['dɪsntrɪ; US -terɪ] n vérhas
dysfunction [dɪs'fʌŋkʃn] n működési
zavar [emberi szervezetben]
dyspepsia [dɪs'pepsɪə; US 'pepʃə is] n
emésztési zavar
dyspeptic [dɪs'peptɪk] a/n rossz emész-
tésű [ember]

E

E,[1] **e** [iː] *n* 1. E, e (betű) 2. e [hang]; *E flat* esz; *E sharp* eisz 3. *US* elégtelen [osztályzat]

E.,[2] **E** 1. *East* kelet, K 2. *Eastern* keleti, k.

each [iːtʃ] 1. *a* mindegyik, minden (egyes); ~ *one of us* mindegyikünk; *on* ~ *occasion* minden alkalommal II. *pron* 1. mindenki; ki-ki; ~ *of us* mindegyikünk; *we* ~ mi mindannyian; közülünk mindenki; *they cost a penny* ~ darabonkint egy penny 2. ~ *other* egymás(t)

eager ['iːgə*] *a* 1. buzgó, mohó; *biz* ~ *beaver* stréber, túlbuzgó; ~ *to do sg* ég a vágytól, hogy tehessen vmt; *be* ~ *for/about sg* áhítozik vmre 2. ~ *look* sóvár/mohó pillantás

eagerness ['iːgənɪs] *n* vágy; mohóság

eagle ['iːgl] *n* 1. sas 2. *US* arany tizdolláros

eagle-eyed *a* sasszemű, éles szemű

eagle-owl *n* fülesbagoly

eaglet ['iːglɪt] *n* sasfiók

E. & O.E., **E and OE** *errors and omissions excepted* →*error*

ear[1] [ɪə*] *n* 1. fül; ~ *specialist* fülgyógyász; *be all* ~*s* csupa fül; *up to the* ~*s*, *over head and* ~*s* fülig, nyakig; *gain sy's* ~ meghallgatásra talál vknél; *give/lend an* ~ *to sy* meghallgat vkt; *have sy's* ~ módja van vkt tájékoztatni; *keep one's* ~ *open* fülel; *set people by the* ~*s* egymásra uszítja (v. összeveszíti) az embereket; *if it should come to his* ~*s* ha ő ezt megtudná; *were your* ~*s burning?* nem csuklottál? (mert emlegettek) 2. (zenei) hallás; *have no* ~ nincs hallása 3. fogó; fül [edényé]

ear[2] [ɪə*] *n* kalász

ear-ache *n* fülfájás

ear-drop *n* fülönfüggő

ear-drum *n* dobhártya

eared [ɪəd] -fülű, füles

earflap *n* 1. fülkagyló 2. fülvédő [sapkán]

earl [əːl] *n* ⟨angol grófi rang⟩

earldom ['əːldəm] *n* kb. grófság

earliness ['əːlɪnɪs] *n* koraiság

earlobe *n* fülcimpa

early ['əːlɪ] I. *a* 1. korai; ~ *closing (day)* délutáni zárva tartás [üzleteké a hét egy napján]; *biz an* ~ *riser/bird* korán kelő (ember); *the* ~ *bird gets the worm* ki korán kel aranyat lel; *keep* ~ *hours* korán kel és fekszik 2. régi; *the* ~ *Church* az ősegyház; *the* ~ *masters* a primitívek [a festészet történetében]; *an* ~ *Victorian* korai viktoriánus 3. közeli; *an* ~ *reply* mielőbbi válasz; *at an* ~ *date* hamarosan; rövid időn belül; *at the earliest possible moment* minél előbb II. *adv* 1. korán; ~ *enough* nagyon is jókor; *as* ~ *as the fifth century* már az V. században is 2. (túl) korán; idő előtt; *die* ~ fiatalon meghal; *you arrived 5 minutes too* ~ 5 perccel korábban érkeztél 3. ~ *in sg* vmnek a(z) elején/kezdetén; ~ *in the list* a (név-) sor eleje felé; ~ *in the morning* reggel korán; ~ *in the year* (még) az év elején

earmark I. *n* 1. fülbélyeg [tenyészállatoknál] 2. ismertetőjel 3. szamárfül [könyvben] II. *vt* megjelöl; előjegyez; vmlyen célra előirányoz [pénzt]

ear-muff *n US* fülvédő

earn [əːn] *vt* 1. (meg)keres [pénzt]; *he* ~*s his livelihood as a painter* festésből él 2. kiérdemel [dicséretet stb.]

17

earnest¹ ['ə:nɪst] I. *a* komoly; határozott II. *n in* ~ komolyan, igazán; *he is very much in* ~ igen komolyan gondolja a dolgot, nem tréfál
earnest² ['ə:nɪst] *n* 1. ~ (*money*) foglaló, előleg, bánatpénz 2. *átv* zálog; *an* ~ *of his good intentions* jó szándékának záloga
earnestly ['ə:nɪstlɪ] *adv* komolyan
earnestness ['ə:nɪstnɪs] *n* komolyság
earning ['ə:nɪŋ] I. *a* ~ *capacity* keresőképesség II. **earnings** *n pl* kereset; (üzleti) haszon; jövedelem
ear-phone/piece *n* fejhallgató, fülhallgató
ear-piercing *a* = *ear-splitting*
ear-plug *n* füldugó
ear-ring ['ɪərɪŋ] *n* fülbevaló, fülönfüggő
earshot *n* hallótávolság
ear-splitting *a* fülsiketítő, fülsértő [zaj]
earth [ə:θ] I. *n* 1. a Föld; ~ *satellite* mesterséges hold, műhold; *nowhere on* ~ sehol a föld kerekségén; *átv come back to* ~ leszáll a felhőkből; *biz where on* ~ *have you been?* hol a csodában voltál?; *why on* ~ ...? mi a csodának ... ? 2. (száraz)föld; talaj 3. (föld alatti) lyuk; odú; *run/go to* ~ bebújik a vackába [róka]; *run sg to* ~ kiszimatol vmt; nyomára jön [hibának] 4. föld(elés) II. *vt* 1. földdel feltölt; ~ *up* feltölt [növényt] 2. földel [vezetéket] 3. lelő [repgépet]
earth-board *n* ekevas
earthborn *a* 1. földi 2. halandó
earth-bound *a* földhözragadt
earth-circuit *n* földvezeték
earthenware ['ə:θn-] *n* agyagedény, kőedény
earthly ['ə:θlɪ] *a* 1. földi; ~ *possessions* világi/anyagi javak 2. *biz there's no* ~ *reason for* ... az ég-világon semmi értelme ...
earth-nut *n* amerikai mogyoró, földimogyoró
earthquake *n* (*átv is*) földrengés
earth-work *n* földsánc
earthworm *n* földigiliszta
earthy ['ə:θɪ] *a* 1. földi(es), világi; *of the earth* ~ anyagias 2. földszerű; ~ *smell* földszag
ear-trumpet *n* hallócső

ear-wax *n* fülzsír
earwig *n* fülbemászó [bogár]
ear-witness *n* fültanú
ease [i:z] I. *n* 1. nyugalom; jólét; kényelem; *a life of* ~ kényelmes/gondtalan élet; *be at* ~ (1) nyugodt (2) kényelembe helyezkedett; *set sy at* ~ (1) megnyugtat vkt (2) kényelembe tesz/ helyez vkt; *be/feel ill at* ~ zavarban van; kényelmetlenül érzi magát; *stand at* ~! pihenj! [vezényszó] 2. ~ *from pain* fájdalom enyhülése/megszűnése 3. könnyedség; egyszerűség [kezelésé]; *with* ~ könnyedén; játszi könnyedséggel II. A. *vt* 1. enyhít [fájdalmat] könnyít [szenvedésen, vk terhén]; ~ *oneself of a burden* terhét leteszi 2. megszabadít (*of/from sg* vmtől); *biz* ~ *the belly* szükségét elvégzi 3. lazít; tágít; kieraszt; ~ *a jacket* kabátot kienged 4. csendesít; csillapít; megnyugtat; ~ *sy's anxiety* eloszlatja vk aggodalmait; ~ *the tension* csökkenti a feszültséget B. *vi* 1. (meg)enyhül, csillapodik 2. megnyugszik
ease down A. *vt* 1. csökkent [sebességet] 2. könnyít B. *vi* csökken [sebesség]; lankad [erőfeszítés]
ease off A. *vt* meglazít; megereszt [kötelet] B. *vi* 1. felenged [feszültség]; esik [árfolyam] 2. *biz* fél gőzzel dolgozik
ease up A. *vt* 1. kiereszt 2. lassít [sofőr] B. *vi* 1. könnyebbül; enyhül 2. csökken [sebesség, erőfeszítés]
easeful ['i:zfʊl] *a* nyugalmas
easel ['i:zl] *n* festőállvány
easement ['i:zmənt] *n* szolgalom, szolgalmi jog
easily ['i:zɪlɪ] *adv* könnyen, könnyedén
easiness ['i:zɪnɪs] *n* könnyűség, fesztelenség
east [i:st] I. *a* keleti; ~ *wind* keleti szél; *E*~ *End* ⟨London keleti (szegény-) negyedei⟩; *the E*~ *Indies* Kelet-India; *E*~ *Side* ⟨New York-ban a Manhattan sziget keleti fele⟩ II. *adv* kelet felé; keletre III. *n* kelet
Eastbourne ['i:stbɔ:n] *prop*
Easter ['i:stə*] *n* húsvét; ~ (*Sun*)*day* húsvétvasárnap; ~ *egg* húsvéti tojás;

~ *Monday* húsvéthétfő; ~ *week* nagyhét
easterly ['i:stəlɪ] I. *a* keleti [szél, áram]
II. *adv* kelet felé/felől
eastern ['i:stən] *a* keleti; *the E~ Church* a görögkeleti egyház
easterner ['i:stənə*] *n* ⟨az USA keleti partvidékének lakosa⟩, keleti partvidéki
easternmost *a* legkeletibb (fekvésű)
Eastertide *n* húsvét (hete)
eastward ['i:stwəd] I. *a* keleti irányú II.
adv (~s 'i:stwədz is) keletre, kelet felé
east-west *a* kelet-nyugati (irányú)
easy ['i:zɪ] I. *a* 1. könnyű; kényelmes; *it is* ~ *to say*... könnyű (azt) mondani, hogy...; *be an* ~ *first* könnyen győz; ~ *life* gondtalan élet; *biz* ~ *mark* könnyen palira vehető ember, pali; *person* ~ *to get on with* könnyű vele kijönni; *travel by* ~ *stages* kényelmesen/lassan utazik; *on* ~ *terms* részlet(fizetés)re; *feel easier* jobban érzi magát 2. könnyed; fesztelen; *an* ~ *master* (1) nem szigorú főnök (2) elnéző tanár; *of* ~ *virtue* laza erkölcsű; *biz* ~ *on the eye* jóképű, szemrevaló 3. kényelmes [ruha]; *coat of an* ~ *fit* kényelmes szabású kabát 4. *an* ~ *market* lanyha piac II. *adv* könnyen; *easier said than done* könnyebb mondani, mint megtenni; *go* ~ *with sg* óvatosan bánik vmvel; *biz take it* ~ *!* (1) lassan a testtel! (2) nyugi, nyugi!
easy-chair *n* karosszék, fotel
easy-going *a* kényelmes; dolgokat könnyen vevő
eat [i:t] I. *n US* □ **eats** *pl* ennivaló, kaja II. *v* (*pt* ate et, *US* eɪt, *pp* **eaten** 'i:tn) A. *vt* 1. eszik; ~ *one's dinner* megebédel; *good to* ~ ehető, jóízű; ~ *one's words* visszaszívja/visszavonja amit mondott 2. kiesz, kimar [sav stb.] B. *vi* 1. eszik; ~ *well* (1) jó étvágya van (2) jó koszton él 2. *US* étkezik
eat away *vt* 1. kimar [sav] 2. elmos [folyó/tenger földet]
eat off *vt* ~ *its head* *o.* (1) többet eszik, mint amennyit jövedelmez [állat] (2) nem fizetődik ki az üzemben tartása [gépnek]

eat out A. *vt* ~ *one's heart o.* bánkódik/emésztődik vm miatt B. *vi* 1. házon kívül étkezik 2. (*átv is*) ~ *o. of sy's hand* „kezes bárány"
eat up *vt* utolsó falatig mindent megeszik 2. elhasznál; felemészt [készletet] 3. *be* ~*en up with pride* majd felveti a gőg
eatable ['i:təbl] I. *a* ehető II. **eatables** *n pl* étel, ennivaló
eaten →*eat II.*
eater ['i:tə*] *n* evő; *a big* ~ nagyevő
eating ['i:tɪŋ] I. *a* éti; étkezési; ~ *table* étkezőasztal II. *n* 1. evés 2. étel, ennivaló
eating-house *n* étkezde
Eaton ['i:tn] *prop*
eau-de-Cologne [oʊdəkə'loʊn] *n* kölni(víz)
eaves [i:vz] *n pl* eresz, csurgó
eavesdrop ['i:vzdrɔp; *US* -ɑp] *vi* -**pp**- hallgató(d)zik
eavesdropper [-drɔpə*; *US* -ɑ-] *n* hallgató(d)zó
ebb [eb] I. *n* 1. apály; ~ *and flow* apály és dagály 2. hanyatlás, esés; *be at a low* ~ hanyatlóban van [üzlet stb.] II. *vi* 1. apad 2. *biz* hanyatlik, visszaesik; ~ *away* megfogyatkozik
ebb-tide *n* apály
ebonite ['ebənaɪt] *n* ebonit
ebony ['ebənɪ] I. *a* 1. ébenfa- 2. ébenfekete II. *n* 1. ébenfa 2. ébenfekete szín
ebullience [ɪ'bʌljəns] *n* 1. (fel)forrás 2. *átv* forrongás; túlcsordulás [érzelmeké]
ebullient [ɪ'bʌljənt] *a* 1. forró, forrásban levő 2. túláradó [érzések]; forrongó [ifjúság]
ebullition [ebə'lɪʃn] *n* 1. (fel)forrás 2. (érzelem)kitörés
E.C. [i:'si:] *East Central* ⟨London egyik postai kerülete⟩
eccentric [ɪk'sentrɪk] I. *a* 1. különc(ködő), szertelen 2. körhagyó, külpontos II. *n* 1. különc 2. excenter, körhagyó tárcsa
eccentricity [eksen'trɪsətɪ] *n* 1. különcség; szeszély 2. külpontosság, excentricitás

ecclesiastic [ɪkliːzɪ'æstɪk] I. *a* egyházi; papi II. *n* pap
ecclesiastical [ɪkliːzɪ'æstɪkl] *a* egyházi, papi
ECG [iːsiː'dʒiː] *electrocardiogram* elektrokardiogram, EKG
echelon ['eʃələn; *US* -an] I. *n* harclépcső; *high* ~ első harcvonal; *the lower* ~*s* a hátrább/lejjebb levő fokozatok; *fly in* ~ lépcsősen repül II. *vt* 1. lépcsőzetesen oszt el [csapatokat] 2. csúsztat [munkaidőt]
echo ['ekoʊ] I. *n* (*pl* ~*es* -z) visszhang II. *v* (*pt*/*pp* ~**ed** -oʊd) A. *vt* visszhangoz B. *vi* visszhangzik
echoic [e'koʊɪk] *a* hangutánzó, hangfestő
echo-sounder *n* visszhangos mélységmérő
éclat ['eɪklɑː; *US* eɪ'klɑː] *n* átütő siker
eclectic [e'klektɪk] I. *a* válogató, eklektikus II. *n* válogató/eklektikus személy/filozófus
eclecticism [e'klektɪsɪzm] *n* eklekticizmus
eclipse [ɪ'klɪps] I. *n* 1. fogyatkozás [napé, holdé]; *total* ~ teljes napfogyatkozás 2. *átv* elhalványulás; *be in* ~ hanyatlóban van II. *vt* 1. elhomályosít, elsötétít [égitest másikat] 2. *átv* felülmúl, túlszárnyal
ecliptic [ɪ'klɪptɪk] *n* nappálya
eclogue ['eklɔg; *US* -ɔːg] *n* ekloga
ecological [iːkə'lɔdʒɪkl; *US* -'lɑ-] *a* ökológiai
ecology [iː'kɔlədʒɪ; *US* -'kɑ-] *n* ökológia, környezettan
economic [iːkə'nɔmɪk; *US* -'nɑ-] *a* 1. (köz)gazdasági; ~ *science* = *economics* 2. = *economical* 2.
economical [iːkə'nɔmɪkl; *US* -'nɑ-] *a* 1. takarékos, beosztó 2. gazdaságos
economically [iːkə'nɔmɪk(ə)lɪ; *US* -'nɑ-] *adv* 1. takarékosan, beosztással 2. (köz)gazdaságilag
economics [iːkə'nɔmɪks; *US* -'nɑ-] *n* közgazdaságtan, -tudomány
economist [ɪ'kɔnəmɪst; *US* -'kɑ-] *n* 1. közgazdász 2. takarékos/beosztó személy
economize [ɪ'kɔnəmaɪz; *US* -'kɑ-] A. *vt* takarékosan bánik (vmvel), (jól) be-

oszt [időt, pénzt] B. *vi* beosztással él; takarékoskodik (*on*/*in sg* vmvel)
economy [ɪ'kɔnəmɪ; *US* -'kɑ-] *n* 1. takarékosság; ~ *class* turistaosztály [repgépen]; ~ *flight* kedvezményes árú repülőút; *practise* ~ takarékoskodik; *sy's little economies* vk kis félretett/spórolt pénze 2. gazdaságtan 3. (köz)gazdaság; gazdasági élet/rendszer
ecstasy ['ekstəsɪ] *n* elragadtatás, eksztázis; *go into* ~ *over sg* fellelkesedik vmn
ecstatic [ɪk'stætɪk] *n* elragadtatott, eksztatikus
Ecuador ['ekwədɔː*] *prop* Ecuador
Ecuadorian [ekwə'dɔːrɪən] *a* ecuadori
ecumenical [iːkjuː'menɪkl; *US* ekjʊ-] *a* ökumenikus
eczema ['eksɪmə] *n* bőrkiütés, ekcéma
Ed [ed] *prop* Edus, Duci ⟨*Edward* becézett formája⟩
ed. 1. *edited (by)* szerkesztette, szerk. 2. *edition* kiadás, kiad. 3. *editor* szerkesztő, szerk., kiadó
edacious [ɪ'deɪʃəs] *a* falánk
Eddie ['edɪ] *prop* = *Ed*
eddy[1] ['edɪ] I. *n* örvény, forgatag II. *vi* örvénylik
Eddy[2] ['edɪ] *prop* = *Ed*
edema →*oedema*
Eden ['iːdn] *prop* Édenkert, Paradicsom
edentate [iː'denteɪt] *a* fogatlan [állat]
Edgar ['edgə*] *prop* Edgár
edge [edʒ] I. *n* 1. él(e vmnek); *set on* ~ élére állít [téglát]; *set/put an* ~ *on sg* kiélesít/kiköszörül vmt; *take off the* ~ elveszi az élét (vmnek); *take the* ~ *off one's appetite* elveri az éhségét; *US biz have an* ~ *on sy*, *have the upper* ~ előnyben van vkvel szemben 2. *biz be on* ~ ingerült; ideges; *her nerves were all on* ~, *she was on* ~ ideges/izgatott volt 3. szegély, szél, perem; *a book with gilt* ~*s* aranyvágású könyv II. *vt* 1. (ki)élesít 2. szegélyez; beszeg; *road* ~*d with poplars* nyárfákkal szegélyezett út 3. ~ *one's chair nearer* közelebb húzza a széket
edge along *vi* vm mentén halad
edge away *vi* elsomfordál (*from* vhonnan)
edge in A. *vi* besompolyog; befura-

kodik B. *vt* ~ *in a word* sikerül pár szót
közbevetnie [a társalgásba]
edge off A. *vt* leélez [pengét] B. =
= *edge away*
edge on *vt* ösztökél, noszogat
edge out *vt* ~ *sy o. of a job* kitúr vkt
az állásából; megfúr vkt; ~ *one's way
o. of a crowd* kifurakodik tömegből
edged [edʒd] *a* éles; élezett; *-élű; biz
play with* ~ *tools* játszik a tűzzel; *two-~
sword* kétélű kard
edge-tool *n* vágószerszám
edgeways ['edʒweɪz] *adv* oldalvást; *get in
a word* ~ sikerül pár szót közbevetnie
[a társalgásba]
edgewise ['edʒwaɪz] *adv* = *edgeways*
edging ['edʒɪŋ] *n* 1. élezés, élesítés 2.
szegély(ezés)
edging-shears *n pl* fűnyíró olló
edgy ['edʒɪ] *a* 1. éles [kő]; éles vona-
lú/rajzú 2. ideges, ingerült [ember]
edible ['edɪbl] I. *a* ehető, ét- II. **edibles**
n pl élelmiszer(ek); ennivaló
edict ['i:dɪkt] *n* (kormány)rendelet; ki-
áltvány, ediktum
edification [edɪfɪ'keɪʃn] *n* épülés, tanul-
ság; okulás
edifice ['edɪfɪs] *n* épület, építmény
edify ['edɪfaɪ] *vt* tanít, oktat; *be edified*
okul
edifying ['edɪfaɪɪŋ] *a* épületes, tanulságos
Edinburgh ['edɪnb(ə)rə] *prop*
Edison ['edɪsn] *prop*
edit ['edɪt] *vt* 1. sajtó alá rendez; kiad
[szöveget] 2. szerkeszt [lapot, köny-
vet stb.]; ~*ed by* ... (1) sajtó alá ren-
dezte ... (2) szerkesztette ... 3. ösz-
szeállít; összevág [filmet, magnószala-
got] 4. *US* ~ *out* kihagy, kicenzúráz
edit. = *ed. 1., 2.*
Edith ['i:dɪθ] *prop* Edit
edition [ɪ'dɪʃn] *n* kiadás [könyvé]
editor ['edɪtə*] *n* 1. szerkesztő [lapé,
könyvsorozaté stb.]; rovatvezető; ~ *in
chief* főszerkesztő 2. (szöveg)kiadó;
[szövegben:] sajtó alá rendezte ..
editorial [edɪ'tɔ:rɪəl] I. *a* szerkesztői;
szerkesztőségi; ~ *board* szerkesztő bi-
zottság; ~ *office* szerkesztőség [helyi-
ség]; *the* ~ *staff* a szerkesztőség (tag-
jai) II. *n* vezércikk

editorship ['edɪtəʃɪp] *n* szerkesztői tevé-
kenység; *under the* ~ *of* ... ... szer-
kesztésében
Edmund ['edmənd] *prop* Ödön
educate ['edju:keɪt; *US* -dʒʊ-] *vt* 1. ok-
tat; iskoláztat; *he was* ~*d in France*
tanulmányait Franciaországban vé-
gezte 2. kiművel, (ki)fejleszt [ízlést
stb.]
educated ['edju:keɪtɪd; *US* -dʒʊ-] *a* mű-
velt, tanult [ember]
education [edju:'keɪʃn; *US* -dʒʊ-] *n* 1.
nevelés, neveltség, műveltség; *a man
without* ~ tanulatlan ember; *give sy an*
~ taníttat, iskoláztat 2. nevelés(ügy),
oktatás(ügy), közoktatás; *E~ Act* kb.
tankötelezettségi törvény [*GB*-ben];
Board of E~ közoktatásügyi minisztéri-
rium [*GB*-ben] 3. neveléstudomány,
pedagógia 4. idomítás
educational [edju:'keɪʃənl; *US* -dʒʊ-] *a*
nevelési, tan-; oktatási [intézmény];
ismeretterjesztő, oktató [film]; ~ *aids*
tanszerek
educationalist [edju:'keɪʃnəlɪst; *US*
-dʒʊ-] *n* nevelő, pedagógus
educative ['edju:kətɪv; *US* 'edʒʊkeɪ-] *a*
nevelő (hatású)
educator ['edju:keɪtə*; *US* -dʒʊ-] *n* ne-
velő, pedagógus
educe [ɪ'dju:s; *US* i'du:s] *vt* kikövetkez-
tet, levezet (*from* vmből)
eduction [ɪ'dʌkʃn] *n* 1. (vegyi) kiválasz-
tás 2. következtetés; levezetés 3. vála-
dék
Edward ['edwəd] *prop* Edvárd, Eduárd,
Ede
Edwardian [ed'wɔ:djən] *a* VII. Edward
korabeli (1901—1910), századeleji
Edwin ['edwɪn] *prop* Edvin
EEC [i:i:'si:] *European Economic Com-
munity* (= *the Common Market*) Euró-
pai Gazdasági Közösség, EGK
EEG [i:i:'dʒi:] *electroencephalogram* elekt-
roencefalogram, EEG
eel [i:l] *n* angolna
e'en [i:n] *adv/n* = *even¹, even²*
e'er [eə*] *adv* = *ever*
eerie, eery ['ɪərɪ] *a* hátborzongató
efface [ɪ'feɪs] *vt* 1. kitöröl, olvashatat-
lanná tesz [írást]; elfeledtet [emléket]

2. eltöröl a föld színéről 3. háttérbeszorít; ~ *oneself* (szerényen) a háttérben marad
effacement [ɪ'feɪsmənt] *n* kitörlés; megsemmisítés
effect [ɪ'fekt] I. *n* 1. (ki)hatás, következmény, eredmény; *cause and* ~ ok és okozat; *have an* ~ *on sy/sg* hat vkre/vmre, hatást gyakorol vkre/vmre; *be of no* ~, *have no* ~ hatástalan marad 2. hatály; *bring (in)to* ~ végrehajt; megvalósít; *carry into* ~ foganatosít; *come into* ~ hatályba lép; *take* ~ (1) hat(ása van) (2) életbe/hatályba lép (3) megered [oltás]; *of no* ~ (1) hatástalan (2) hatálytalan; *to no* ~ hiába, eredménytelenül 3. (össz)hatás; *it has a good* ~ jól mutat; *meant for* ~ hatásvadászó [szavak] 4. értelem; *to the* ~ *that* ... abban az értelemben, hogy ...; *to the same* ~ ugyanazon értelemben; *to the* ~ (1) azon célból, azzal a szándékkal (2) azzal az eredménnyel; *in* ~ (1) valóságban, valójában (2) hatályban [van] 5. *(personal)* ~*s* (1) ingóságok (2) értékpapír(ok); "*no* ~*s*" „fedezetlen" [jelzés csekken] II. *vt* 1. okoz, eredményez 2. eszközöl; végrehajt, megvalósít; ~ *an entrance* erőszakkal behatol; ~ *an insurance* biztosítást köt; ~ *an order* megbízást teljesít; ~ *payment* fizetést eszközöl; ~ *one's purpose* eléri célját; *communication was* ~*ed* létrejött az összeköttetés
effective [ɪ'fektɪv] I. *a* 1. hatásos; hathatós; hatékony, eredményes; célravezető; 2. hatásos, találó [kifejezés] 3. tényleges, valóságos, effektív 4. *US* hatályban levő, érvényes; *become* ~ hatályba/érvénybe/életbe lép II. **effectives** *n pl* tényleges katonaság
effectively [ɪ'fektɪvlɪ] *adv* 1. eredményesen; hathatósan; hatásosan 2. ténylegesen
effectiveness [ɪ'fektɪvnɪs] *n* 1. hatásosság 2. hatékonyság; hatóerő
effectual [ɪ'fektʃuəl] *a* 1. eredményes; hathatós; hatásos 2. érvényes
effectuate [ɪ'fektʃueɪt; *US* -tʃu-] *vt* megvalósít; létrehoz; végrehajt

effeminacy [ɪ'femɪnəsɪ] *n* elpuhultság, nőiesség
effeminate [ɪ'femɪnɪt] *a* elpuhult, nőies [férfi]
effervesce [efə'ves] *vi* 1. (fel)pezseg, felbuzog [gáz]; gyöngyözik [bor] 2. *átv* pezseg [jókedvtől]
effervescence [efə'vesns] *n* 1. pezsgés, habzás 2. *átv* forrongás
effervescent [efə'vesnt] *a* 1. habzó, (fel-)pezsgő; ~ *bath* pezsgőfürdő 2. forrongó; heveskedő
effete [ɪ'fiːt] *a* 1. † terméketlen, meddő 2. elerőtlenedett, kimerült
efficacious [efɪ'keɪʃəs] *a* hathatós, hatékony; eredményes
efficaciousness [efɪ'keɪʃəsnɪs] *n* = *efficacy*
efficacy ['efɪkəsɪ] *n* hathatósság, hatásosság, hatóerő; hatásfok; teljesítmény [gépé]
efficiency [ɪ'fɪʃ(ə)nsɪ] *n* 1. hathatósság, hatékonyság; eredményesség; hatóerő [orvosságé stb.] 2. hatásfok, teljesítmény; termelékenység 3. alkalmasság, rátermettség; eredményes működés
efficient [ɪ'fɪʃ(ə)nt] *a* 1. hathatós, hatékony [módszer]; eredményes [munka]; termelékeny [gép] 2. tevékeny, gyakorlatias, expeditív; *an* ~ *man* kitűnő munkaerő
effigy ['efɪdʒɪ] *n* kép(más); *hang/burn in* ~ jelképesen felakaszt/eléget
efflorescence [eflɔː'resns] *n* 1. virágzás (ideje) 2. (vegyi) kivirágzás, rozsda 3. bőrkiütés
efflorescent [eflɔː'resnt] *a* (ki)virágzó
effluence ['efluəns] *n* kifolyás, kiömlés
effluent ['efluənt] I. *a* kifolyó, kiömlő II. *n* kiömlő folyó(víz)
efflux ['eflʌks] *n* 1. kifolyás, kiáramlás 2. kiáramló folyadék/gáz
effort ['efət] *n* 1. erőkifejtés, erőfeszítés, erőlködés, fáradozás; *bend every* ~ megtesz minden tőle telhetőt; *make an* ~ erőfeszítést tesz, összeszedi minden erejét; *he spares no* ~ nem sajnálja a fáradságot; *use every* ~ minden erejét megfeszíti; minden követ megmozgat; *it was a great* ~ *to* ... ne

héz volt... 2. *biz* munka, mű; *it was a good* ~ jól sikerült
effortless ['efətlıs] *a* 1. könnyű, megerőltetés nélküli 2. passzív [ember]
effrontery [ı'frʌntərı] *n* arcátlanság
effulgence [ı'fʌldʒ(ə)ns] *n* sugárzás, fénylés
effulgent [ı'fʌldʒ(ə)nt] *a* ragyogó, fénylő, sugárzó
effuse [ı'fju:z] **A.** *vt* kiönt [folyadékot]; ont [fényt] **B.** *vi* kiömlik, kifolyik, kiáramlik
effusion [ı'fju:ʒn] *n* 1. kiömlés, kifolyás; ontás [véré] 2. ömlengés
effusive [ı'fju:sıv] *a* 1. kiömléses; effúziós [kőzet] 2. ömlengő, dagályos [stílus]; kitörő [öröm]
effusiveness [ı'fju:sıvnıs] *n* 1. kiömlés 2. ömlengősség, túláradó érzés
EFL [i:ef'el] *English as a foreigh language* az angol mint idegen nyelv
eftsoon(s) [eft'su:n(z)] *adv* † 1. azon nyomban 2. újból
e.g., eg [i:'dʒi:; f(ə)rıg'za:mpl] *exempli gratia* (*for example*) például, pl.
egad [ı'gæd] *int* † ejnye!
egalitarian [ıgælı'teərıən] *n* egyenlőségre törekvő [személy]
egalitarianism [ıgælı'teərıənızm] *n* egyenlősdi
Egbert ['egbə:t] *prop* Egbert
egg[1] [eg] *n* 1. tojás; *put all one's* ~*s into one basket* mindent egy lapra tesz fel; *biz as sure as* ~*s is* ~*s* olyan biztos mint kétszeı kettő négy; *in the* ~ kezdeti stádiumban, a kezdet kezdetén 2. pete
egg[2] [eg] *vt* ~ *on* noszogat, ösztökél
egg-cup *n* tojástartó
egg-flip *n* tojáslikőr
egg-head *n biz* tojásfejű, értelmiségi, entellektüel
egg-nog *n* tojáslikőr
egg-plant *n* tojásgyümölcs, padlizsán
egg-shake *n* kb. turmix
egg-shell *n* tojáshéj; ~ *china* átlátszó porcelán
egg-timer *n* (hárompcrces) homokóra
egg-whisk *n* habverő
egg-white *n* tojásfehérje
eglantine ['eglantaın] *n* vadrózsa

egocentric [egoʊ'sentrık; *US* i:-] *a* önző, egocentrikus
egoism ['egoʊızm; *US* 'i:-] *n* önzés, egoizmus
egoist ['egoʊıst; *US* 'i:-] *n* önző ember, egoista
egotism ['egətızm; *US* 'i:-] *n* beképzeltség, önzés
egotist ['egətıst; *US* 'i:-] *n* 1. önző 2. önmagával eltelt ember
egregious [ı'gri:dʒəs] *a* minden képzeletet felülmúló; hallatlan; szörnyű [hiba, ostobaság stb.]
egregiousness [ı'gri:dʒəsnıs] *n* példátlanság
egress ['i:gres] *n* 1. kijárat; kivezető út; ~ *and regress* szabad mozgás, ki-be járás 2. kiáramlás; leadás [hőé] 3. *átv* kiút
egret ['i:gret] *n* 1. nemes kócsag 2. kócsagtoll
Egypt ['i:dʒıpt] *prop* Egyiptom
Egyptian [ı'dʒıpʃn] *a/n* egyiptomi
eh [eı] *int* hogy mondod?; ugye?
eider ['aıdə*] *n* ~ (*duck*) dunnalúd
eiderdown *n* 1. (lúd)pehely 2. dunyha; pehelypaplan
eight [eıt] **I.** *a* nyolc **II.** *n* 1. nyolc(as); *a boy of* ~ nyolcéves fiú; *at* ~ nyolckor; *page* ~ nyolcadik oldal; *biz he has had one over the* ~ többet ivott a kelletténél 2. nyolcas, nyolcevezős (hajó)
eighteen [eı'ti:n] *a/n* tizennyolc
eighteenth [eı'ti:nθ] *a/n* tizennyolcadik
eightfold ['eıtfoʊld] *a/adv* nyolcszoros(an)
eighth [eıtθ] **I.** *a* nyolcadik **II.** *n* nyolcad
eight-hour *a* nyolcórás [munkanap]
eightieth ['eıtııθ] *a/n* nyolcvanadik
eighty ['eıtı] *a/n* nyolcvan; *the eighties* a nyolcvanas évek
Eileen ['aıli:n] *prop* Helén
Eire ['eərə] *prop* Írország
Eisenhower ['aıznhaʊə*] *prop*
eisteddfod [aıs'teðvɔd] *n* ⟨walesi irodalmi és dalosverseny⟩
either ['aıðə*; *US* 'i:-] **I.** *a/pron* 1. egyik, valamelyik (a kettő közül); ~ *of them* egyik(et)/valamelyik(et) (a kettő közül); *I don't believe* ~ *of you* egyikteknek se hiszek 2. akármelyik, bárme-

lyik (a kettő közül); ~ *of them will do* akármelyik megteszi; ~ *way* akár így, akár úgy **3.** mindkét, mindkettő; *on* ~ *side* mindkét oldalon **II.** *conj/adv* ~ . . . *or* vagy . . . vagy, akár . . .akár; *nor I* ~ én sem; *if you don't go I shall not* ~ ha te nem mész, én sem megyek; *I don't want the money, and I don't want the book,* ~ nem kell a pénz és a könyv sem (kell)

ejaculate [ɪ'dʒækjʊleɪt; *US* -kjə-] *vt* **1.** (ki)lövell, ejakulál **2.** felkiált

ejaculation [ɪdʒækjʊ'leɪʃn; *US* -kjə-] *n* **1.** (ki)lövellés, magömlés, ejakuláció **2.** (fel)kiáltás

eject [ɪ'dʒekt] *vt* **1.** kilövell, szór [lángot]; kivet [idegen anyagot] **2.** kidob, elűz (vhonnan); kilakoltat; birtokától megfoszt **3.** (hivatalából) elmozdít

ejection [ɪ'dʒekʃn] *n* **1.** kivetés, kilövellés; ~ *seat* katapultülés **2.** kilakoltatás; birtokfosztás; elmozdítás [hivatalból]

ejector [ɪ'dʒektə*] *n* (töltény)kivető [szerkezet]; ~ *seat* katapultülés

eke¹ [i:k] *vt* ~ *out* kiegészít, kipótol (*with* vmvel); ~ *out a livelihood* nagy nehezen összekaparja a megélhetéshez szükségeset

eke² [i:k] *adv* † is, szintén

elaborate I. *a* [ɪ'læb(ə)rət] **1.** gondosan kidolgozott/megmunkált; alapos; választékos **2.** bonyolult, körülményes **II.** *vt* [ɪ'læbəreɪt] (részleteiben) alaposan/gondosan kidolgoz/kialakít

elaborately [ɪ'læb(ə)rətlɪ] *adv* gondosan kidolgozva; választékosan

elaborateness [ɪ'læb(ə)rətnɪs] *n* **1.** gondosság, alaposság [munkáé] **2.** bonyolultság [gépé stb.]

elaboration [ɪlæbə'reɪʃn] *n* (részletes) kidolgozás

Elaine [e'leɪn] *prop* Ilona, Helén

élan [eɪ'lɑ:ŋ] *n* lendület, hév, elán

eland ['i:lənd] *n* jávorszarvas, jávorantilop

elapse [ɪ'læps] *vi* (el)múlik, (el)telik [idő]

elastic [ɪ'læstɪk] **I.** *a* **1.** ruganyos, rugalmas; ~ *band* gumiszalag **2.** *átv biz* rugalmas [gondolkodásmód]; tág [lelkiismeret] **II.** *n* gumiszalag, -zsinór

elasticity [elæ'stɪsətɪ; *US* ɪ-] *n* (*átv is*) rugalmasság

elastic-sides *n pl biz* cúgos cipő

elastoplast [ɪ'læstəplɑ:st; *US* -æst] *n* gyorstapasz

elated [ɪ'leɪtɪd] *a* emelkedett hangulatban (levő), megmámorosodott

elation [ɪ'leɪʃn] *n* fellelkesedés; emelkedett hangulat; áradó jókedv

elbow ['elboʊ] **I.** *n.* **1.** könyök; *be at sy's* ~ keze ügyében van; *be up to the* ~*s* nyakig ül a munkában; *out at the* ~*s* lerongyolódott; □ *crook the* ~, *lift one's* ~ ürítgeti a poharát **2.** kanyar(ulat) [úté, folyóé]; görbület, hajlat **II.** *vt/vi* lök(dös), tolakodik, könyököl; ~ *sy out of sg* kiszorít/kisemmiz vkt vmből; ~ *one's way through a crowd* átfurakodik a tömegen

elbow-grease *n biz* megerőltető házimunka; *put a bit of* ~ *into it!* no erőltesd meg magad egy kicsit !

elbow-rest *n* karfa [széké], kartámasz

elbow-room *n* működési lehetőség, mozgástér

elder¹ ['eldə*] **I.** *a* **1.** idősebb [kettő közül]; *my* ~ *brother* a bátyám **2.** rangidős; ~ *statesman* tekintélyes idős politikus **II.** *n* **1.** idősebb/tekintélyes ember **2.** presbiter

elder² ['eldə*] *n* bodza(fa)

elder-berry *n* bodza(bogyó); ~ *jam* bodzalekvár

elderly ['eldəlɪ] *a* koros(odó), öreges, öregedő

eldest ['eldɪst] *a* legidősebb; ~ *hand* induló, kezdő [kártyajátékos]

El Dorado [eldə'rɑ:doʊ] eldorádó

Eleanor ['elɪnə*] *prop* Eleonóra, Leonóra

elect [ɪ'lekt] **I.** *a* **1.** (ki)választott **2.** válogatott **II.** *n* **1.** *the* ~ a (ki)választottak **2.** *US* ⟨megválasztott de még nem hivatalba lépett személy⟩ **III.** *vt* **1.** (meg)választ; ~ *sy a member* taggá választ vkt **2.** ~ *to do sg* elhatározza magát vmre; *he* ~*ed to stay* a maradás mellett döntött

election [ɪ'lekʃn] *n* választás; *general* ~ általános választás, országos képviselőválasztás; *call* ~*s* választásokat kiír

electioneering [ɪlekʃə'nɪərɪŋ] n korteskedés; választási agitáció/kampány
elective [ɪ'lektɪv] a 1. választási; választásra jogosult 2. US szabadon választható [tantárgy], fakultatív
elector [ɪ'lektə*] n 1. választó, szavazó [polgár]; elektor 2. † választófejedelem
electoral [ɪ'lekt(ə)rəl] a választási, választói; elektori; US ~ college elnökválasztó testület/kollégium
electorate [ɪ'lekt(ə)rət] n 1. választók; választókerület 2. választófejedelemség
Electra [ɪ'lektrə] prop Elektra
electric [ɪ'lektrɪk] a villamos, elektromos; ~ blue acélkék; ~ chair villamosszék; ~ current villamos áram; ~ eye fotocella; ~ fence villanypásztor; ~ iron villanyvasaló; ~ light villany(fény), villanyvilágítás; ~ shock áramütés
electrical [ɪ'lektrɪkl] a villamos, elektromos, elektro-; ~ engineer villamosmérnök, elektromérnök; ~ engineering elektrotechnika; ~ fitter villanyszerelő
electrician [ɪlek'trɪʃn] n villanyszerelő
electricity [ɪlek'trɪsətɪ] n villamosság, elektromosság, villany(áram); ~ supply villamosenergia-szolgáltatás/ellátás; ~ works elektromos művek
electrification [ɪlektrɪfɪ'keɪʃn] n 1. villamosítás 2. átv (fel)villanyozás
electrify [ɪ'lektrɪfaɪ] vt 1. villamossággal feltölt, elektrifikál 2. villamosít 3. átv felvillanyoz
electro- [ɪ'lektrou- v. ɪ'lektrə-] (összetételekben:) elektro-, villamos-
electrocardiogram [-'kɑːdɪəgræm] n elektrokardiogram, EKG
electro-chemistry n elektrokémia
electrocute [ɪ'lektrəkjuːt] vt 1. villamosszékben kivégez 2. be ~d (1) halálos áramütést szenved (2) villamosszékben kivégzik
electrocution [ɪlektrə'kjuːʃn] n 1. kivégzés villamosszékben 2. halálos áramütés
electrode [ɪ'lektroud] n elektróda
lectro-dynamics n elektrodinamika

electroencephalogram n elektroencefalogram, EEG
electrolysis [ɪlek'trɔlɪsɪs; US -rɑ-] n elektrolízis
electrolyte [ɪ'lektrəlaɪt] n elektrolit
electrolytic [ɪlektrə'lɪtɪk] a elektrolitikus
electro-magnet n elektromágnes
electrometer [ɪlek'trɔmɪtə*; US -ɑ-] n elektrométer
electro-motor n villamos motor, elektromotor
electron [ɪ'lektrɔn; US -ɑn] n elektron; ~ microscope elektronmikroszkóp; ~ tube elektroncső
electronic [ɪlek'trɔnɪk; US -ɑ-] a elektronikus; ~ computer elektronikus számítógép
electronics [ɪlek'trɔnɪks; US -ɑ-] n elektronika
electroplate [ɪ'lektrəpleɪt] vt galvanizál; ~d galvánozott, ezüstözött
electrotype [ɪ'lektrətaɪp] n elektrotípia
eleemosynary [elɪiː'mɔsɪnərɪ; US elə-'mɑsɪnərɪ] a 1. jótékonysági 2. jótékonyságból élő
elegance ['elɪgəns] n elegancia, finomság, választékosság
elegant ['elɪgənt] a 1. elegáns, finom, előkelő 2. US biz kitűnő, klassz
elegiac [elɪ'dʒaɪək] a 1. elégikus; ~ couplet disztichon 2. gyászos (hangulatú)
elegy ['elɪdʒɪ] n elégia, gyászdal
element ['elɪmənt] n 1. elem; be in one's ~ elemében van; brave the ~s dacol az elemekkel 2. (alkotó)elem; alkatrész; tényező; ~ of uncertainty bizonytalansági tényező; the personal ~ az emberi tényező 3. elements pl alapfogalmak, elemi ismeretek 4. elemi rész
elemental [elɪ'mentl] a 1. elemi [erő] 2. elsődleges; alapvető; szerves [rész]; ~ truths alapigazságok
elementary [elɪ'ment(ə)rɪ] a 1. elemi, alapvető, alapfokú, alap-; ~ school elemi/általános iskola 2. kezdetleges, alapvető [tudás]
elephant ['elɪfənt] n 1. elefánt; a white ~ (1) fehér elefánt (2) ⟨igen terjedelmes, haszontalan s ezért kényelmetlen tárgy⟩ 2. US ⟨a republikánus párt címerállata⟩

elephantiasis [elɪfən'taɪəsɪs] n elefantiázis, elefántkór
elephantine [elɪ'fæntaɪn; US -tɪn] a elefántszerű, óriási, ormótlan
elevate ['elɪveɪt] vt 1. (átv is) (fel)emel 2. (fel)magasztal 3. előléptet
elevated ['elɪveɪtɪd] a 1. felemelt, magas; US ~ railroad magasvasút 2. emelkedett, magasztos; ~ personage előkelőség 3. biz emelkedett [hangulat]; be slightly ~ kissé kapatos, spicces
elevating ['elɪveɪtɪŋ] a (fel)emelő
elevation [elɪ'veɪʃn] n 1. emelés; ~ of the Host úrfelmutatás 2. emelkedés, domb, magaslat; tengerszint fölötti magasság 3. homlokrajz; homlokzat 4. emelkedettség; fennköltség [jellemé]; magasztosság [gondolaté]
elevator ['elɪveɪtə*] n 1. elevátor, emelő(gép) 2. magassági kormány [repgépen] 3. US lift, felvonó; ~ attendant liftes 4. US gabonaraktár
eleven [ɪ'levn] a/n 1. tizenegy 2. tizenegy [futball- v. krikettcsapat]
elevenses [ɪ'levnzɪz] n pl GB tízórai
eleventh [ɪ'levnθ] a/n tizenegyedik; at the ~ hour a tizenkettedik órában, az utolsó percben
elf [elf] n (pl elves elvz) tündér, manó, törpe
elfin ['elfɪn] a 1. tündérszerű, apró 2. pajkos; incselkedő; ~ laugh csúfondáros nevetés
elfish ['elfɪʃ] a = elfin
Elgar ['elgə*] prop
Elgin ['elgɪn] prop
Elia ['i:ljə] prop
Elias [ɪ'laɪəs] prop Illés
elicit /[ɪ'lɪsɪt] vt kicsal, kiszed [titkot] (from vkből); kiderít [igazságot]; ~ an answer válaszra bír
elide [ɪ'laɪd] vt kihagy [hangot]
eligibility [elɪdʒə'bɪlətɪ] n 1. (ki)választhatóság, alkalmasság 2. partiképesség
eligible ['elɪdʒəbl] a 1. választható (to vmvé) 2. alkalmas; megfelelő; an ~ young man jó parti, partiképes fiatalember
Elijah [ɪ'laɪdʒə] prop Illés
eliminate [ɪ'lɪmɪneɪt] vt 1. kiküszöböl, kirekeszt, eliminál; kihagy [nevet

listáról]; eltávolít 2. megsemmisít, felszámol 3. (ki)selejtez [sportban]; e-liminating heats selejtezők, előfutamok; become ~d kiesik [versenyből]
elimination [ɪlɪmɪ'neɪʃn] n 1. kiküszöbölés, kirekesztés, kizárás; elimináció 2. kiesés [versenyből]; ~ race/tournament kieséses verseny
Elinor ['elɪnə*] prop Eleonóra
Eliot ['eljət] prop
Elisabeth [ɪ'lɪzəbəθ] prop Erzsébet
Elisha [ɪ'laɪʃə] prop Illés
elision [ɪ'lɪʒn] n hangzókihagyás
élite [eɪ'li:t] n színe-java, virágja (of vmnek); elit
elixir [ɪ'lɪksə*] n elixír; varázsital
Eliza [ɪ'laɪzə] prop El(i)za
Elizabeth [ɪ'lɪzəbəθ] prop Erzsébet
Elizabethan [ɪlɪzə'bi:θn] I. a Erzsébet--kori (1558—1603) II. n Erzsébet korabeli (személy/dolog)
elk [elk] n jávorszarvas
ell [el] n rőf [= 45 inch/hüvelyk = = 114,30 cm]
Ella ['elə] prop Ella
ellipse [ɪ'lɪps] n 1. ellipszis 2. = ellipsis
ellipsis [ɪ'lɪpsɪs] n (pl -ses -si:z) (szó)kihagyás
elliptic(al) [ɪ'lɪptɪk(l)] a 1. tojásdad, elliptikus 2. (szó)kihagyásos, elliptikus [szerkezet]
elm [elm] n szilfa
Elmer ['elmə*] prop Elemér
elocution [elə'kju:ʃn] n 1. ékesszólás, szónoki képesség 2. előadásmód
elocutionist [elə'kju:ʃ(ə)nɪst] n 1. szónoklattantanár 2. előadóművész
elongate ['i:lɔŋgeɪt; US ɪ'lɔ:ŋ-] A. vt (meg)hosszabbít, (ki)nyújt B. vi (meg-) nyúlik
elongation [i:lɔŋ'geɪʃn; US ɪlɔ:ŋ-] n 1. (meg)hosszabbítás; (meg)hosszabbodás 2. toldalék 3. legnagyobb kitérés [bolygópályán]; szögtávolság
elope [ɪ'loʊp] vi megszökik (with) [szeretőjével]
elopement [ɪ'loʊpmənt] n (meg)szökés
eloquence ['eləkw(ə)ns] n ékesszólás; szónoki képesség
eloquent ['eləkw(ə)nt] a ékesszóló; an ~ look sokatmondó pillantás

eloquently ['eləkw(ə)ntlɪ] *adv* ékesszólóan; kifejezően, sokatmondóan

else [els] *adv* 1. vagy, különben; *or* ~ vagy pedig, (más)különben 2. *(határozatlan* v. *kérdő névnévmással:)* egyéb, más; *anybody* ~ akárki/bárki más; *anything* ~ akármi/bármi más; *anything* ~, *Madam/Sir?* mivel szolgálhatok még asszonyom/uram?; *nothing* ~ semmi más(t); *what* ~ mi más(t), még mi(t); *he drinks little* ~ *than water* alig iszik mást, mint vizet; *anywhere* ~ akárhol/bárhol másutt; *nowhere* ~ sehol (másutt)

elsewhere *adv* 1. másutt, máshol 2. máshová

Elsie ['elsɪ] *prop* Erzsi

Elsinore [elsɪ'nɔ:*] *prop* Helsingőr

lucidate [ɪ'lu:sɪdeɪt] *vt* megmagyaráz, megvilágít; tisztáz, értelmez

lucidation [ɪlu:sɪ'deɪʃn] *n* magyarázat, tisztázás, helyes értelmezés

elucidatory [ɪ'lu:sɪdeɪt(ə)rɪ; *US* -dətɔ:rɪ] *a* megmagyarázó, megvilágító

lude [ɪ'lu:d] *vt* kitér, megmenekül (vm elől); egéruta nyer; ~ *sy's grasp* kisiklik vk karmai közül

lusive [ɪ'lu:sɪv] *a* nehezen megfogható; meghatározhatatlan; *an* ~ *reply* kitérő válasz

elves [elvz] →*elf*

Ely ['i:lɪ] *prop*

maciate [ɪ'meɪʃɪeɪt] *vt* lesoványít, lefogyaszt [betegség]

maciation [ɪmeɪsɪ'eɪʃn; *US* -ʃɪ-] *n* (beteges) soványság, girhesség

manate ['eməneɪt] A. *vt* kisugároz [fényt]; áraszt [illatot] B. *vi* (ki)árad, (ki)ömlik; ered *(from* vhonnan)

manation [emə'neɪʃn] *n* kiáradás, kisugárzás, emanáció

mancipate [ɪ'mænsɪpeɪt] *vt* felszabadít, emancipál

mancipation [ɪmænsɪ'peɪʃn] *n* felszabadítás; emancipáció

mancipator [ɪ'mænsɪpeɪtə*] *n* felszabadító

masculate I. *a* [ɪ'mæskjʊlɪt] = *emasculated* II. *vt* [ɪ'mæskjʊleɪt] 1. kiherél 2. *átv* erejétől megfoszt; elpuhít

emasculated [ɪ'mæskjʊleɪtɪd] *a* 1. herélt 2. *átv* elpuhult; nőies; erőtlen [stílus]

emasculation [ɪmæskjʊ'leɪʃn] *n* 1. kiherélés 2. elerőtlenedés, elpuhulás 3. elerőtlenítés; megcsonkítás [irodalmi műé]; elszegényítés [nyelvé]

embalm [ɪm'bɑ:m] *vt* 1. bebalzsamoz 2. illatosít; illatos kenetekkel bedörzsöl

embank [ɪm'bæŋk] *vt* gáttal körülvesz; töltéssel véd

embankment [ɪm'bæŋkmənt] *n* 1. (védő)gát; (vasúti) töltés 2. kiépített rakpart

embargo [em'bɑ:goʊ] I. *n* (*pl* ~es -oʊz) 1. hajózár, hajózási tilalom 2. kiviteli/behozatali tilalom, embargó 3. lefoglalás, elkobzás II. *vt* 1. embargó alá helyez [hajót]; zárol, szállítási tilalom alá von [árut] 2. elkoboz, lefoglal [hajót, árut]

embark [ɪm'bɑ:k] A. *vt* hajóba berak, behajóz B. *vi* 1. hajóra száll, behajóz 2. nekilát *(upon/on* vmnek), belefog; ~ *upon a venture* vállalkozásba fog

embarkation [embɑ:'keɪʃn] *n* hajóra száll(ít)ás, behajózás

embarras [ɪm'bærəs] *vt* 1. gátol, akadályoz 2. zavarba hoz; *be* ~*ed* zavarban van

embarrassed [ɪm'bærəst] *a* 1. zavart, zavarban levő 2. megszorult; ~ *estate* adóssággal megterhelt birtok

embarrassment [ɪm'bærəsmənt] *n* 1. zavar 2. kínos/szorult helyzet; pénzzavar

embassy ['embəsɪ] *n* 1. nagykövetség 2. *on an* ~ diplomáciai (ki)küldetésben

embattled [ɪm'bætld] *a* csatarendbe felállott

embed [ɪm'bed] *vt* -dd- beágyaz (vmbe); lerak [kábelt]; bevés [emlékezetébe]

embellish [ɪm'belɪʃ] *vt* díszít, szépít; kiszínez [elbeszélést]

embellishment [ɪm'belɪʃmənt] *n* 1. (fel-)díszítés 2. ékítmény

ember days ['embə*] *n pl* kántorböjt

embers ['embəz] *n pl* parázs, zsarátnok

embezzle [ɪm'bezl] *vt* (el)sikkaszt

embezzlement [ɪm'bezlmənt] *n* (el)sikkasztás

embezzler [ɪm'bezlə*] *n* sikkasztó

embitter [ɪm'bɪtə*] *vt* el-, megkeserít

embittered [ɪm'bɪtəd] a elkeseredett
emblazon [ɪm'bleɪzn] vt 1. (fel)magasztal, dicsőít 2. díszít, címerrel ékesít
emblem ['embləm] n jelkép(es ábrázolás), embléma
emblematic(al) [emblɪ'mætɪk(l)] a jelképes; képletes, szimbolikus
embodiment [ɪm'bɔdɪmənt; US -'bɑ-] n
1. megtestesítés 2. megtestesülés; the
~ of kindness (maga) a megtestesült jóság
embody [ɪm'bɔdɪ; US -ɑ-] vt 1. megtestesít 2. magában foglal
embolden [ɪm'boʊld(ə)n] vt (fel)bátorít
embolism ['embəlɪzm] n embólia
embonpoint [ɔ:mbɔ:m'pwæŋ] n pocakosság, kövérkésség
emboss [ɪm'bɔs; US -ɔ:s] vt domborművel díszít, trébel, domborít
embossed [ɪm'bɔst; US -ɔ:-] a domborított, dombornyomásos
embrace [ɪm'breɪs] I. n ölelés; in sy's
~s vknek a karjaiban II. A. vt 1.
(meg)ölel; átölel, karjaiba zár 2. megragad [alkalmat], magáévá tesz [ügyet];
~ Christianity keresztény hitre tér 3.
magába foglal; átv felölel; ~ with a
glance egyetlen pillantással áttekint
B. vi megölelik egymást
embrasure [ɪm'breɪʒə*] n 1. lőrés 2. ablakmélyedés; ajtómélyedés
embrocate ['embrəkeɪt] vt bedörzsöl
embrocation [embrə'keɪʃn] n 1. bedörzsölés 2. kenet, gyógyír
embroider [ɪm'brɔɪdə*] vt 1. (ki)hímez
2. átv díszít, szépít, kiszínez [elbeszélést]
embroidery [ɪm'brɔɪd(ə)rɪ] n hímzés, kézimunka
embroil [ɪm'brɔɪl] vt 1. belekever, -sodor (in vmbe); ~ a country in war országot háborúba sodor 2. összezavar
[ügyet]
embryo ['embrɪoʊ] n magzat, embrió;
in ~ csírá(já)ban
embryonic [embrɪ'ɔnɪk; US -'ɑ-] a kezdetleges, embrionális
emcee [em'si:] US I. n konferanszié, műsorvezető II. vt/vi (be)konferál
emend [i:'mend] vt (ki)javít, helyreigazít
[szöveget]

emendation [i:men'deɪʃn] n (szöveg)ja-
vítás; helyreigazítás
emerald ['emər(ə)ld] n smaragd(zöld)
the E~ Isle Írország
emerge [ɪ'mə:dʒ] vi 1. felbukkan, kiemelkedik [vízből]; előbukkan (from
behind vm mögül); felmerül, jelentkezik [probléma] 2. kiderül; nyilván
valóvá válik (from vmből); from
these facts it ~s that ... e tényekből
kitűnik, hogy ... 3. kikerül [bajból]
kiemelkedik, felemelkedik [nyomor
ból]
emergence [i:'mə:dʒ(ə)ns] n 1. felbuk
kanás, előbukkanás (from vhonnan) 2
átv kiemelkedés [nyomorból]; felmerü
lés, jelentkezés [problémáé]; érvénye
sülés
emergency [ɪ'mə:dʒ(ə)nsɪ] n 1. szük
ségállapot; kényszerhelyzet; vélet
len/váratlan esemény; rise to the ~
helyzet magaslatára emelkedik; i
case of ~ veszély/szükség esetén; i
this ~ ebben a kritikus/válságos hely
zetben 2. szükség-; vész-; ~ brak
vészfék; ~ decree szükségintézkedés
~ exit vészkijárat; ~ landing kény
szerleszállás; ~ meeting rendkívü
ülés; ~ telephone segélykérő telefon
emergent [i:'mə:dʒ(ə)nt] a 1. keletkező
létrejövő, kialakuló 2. függetlenné vá
ló [ország]
emeritus [ɪ'merɪtəs] a 1. kiérdemesül
2. nyugalmazott; ~ professor, profes
sor ~ nyugalmazott egyetemi tanár
Emerson ['eməsn] prop
emery ['emərɪ] n csiszoló(por), korun
emery-cloth n csiszolóvászon
emery-paper n dörzspapír, csiszolópapír
smirgli(papír)
emery-wheel n csiszolókorong
emetic [ɪ'metɪk] a/n hánytató(szer)
emigrant ['emɪgr(ə)nt] n kivándorló
emigráns
emigrate ['emɪgreɪt] vi kivándorol, emig
rál (from to vhonnan vhová)
emigration [emɪ'greɪʃn] n kivándorlás
emigráció
Emilia [ɪ'mɪlɪə] prop Emília
Emily ['emɪlɪ] prop Emília
eminence ['emɪnəns] n 1. magaslat

hegycsúcs 2. kitünőség, kiválóság [jellemé]; magas állás/méltóság; rise to ~ magas rangra emelkedik 3. your ~ eminenciád [bíboros megszólítása] **minent** ['emɪnənt] a kiemelkedő, kiváló **minently** ['emɪnəntlɪ] adv 1. rendkívül(i módon), a legnagyobb mértékben 2. legfőképpen
mir [e'mɪə*] n emír
mirate [e'mɪərət] n emirátus
missary ['emɪs(ə)rɪ; US -erɪ] n (ki)küldött; (titkos) megbízott
mission [ɪ'mɪʃn] n 1. kibocsátás, kiáramlás, kisugárzás [hőé, fényé stb.]; emisszió; (rádió)adás, sugárzás 2. kisugárzott fény/hő stb.
mit [ɪ'mɪt] vt -tt- 1. kibocsát, kiáraszt, kisugároz [hőt, fényt]; áraszt [szagot]; kiad [hangot]; lead, sugároz [műsort] 2. kibocsát, forgalomba hoz [pénzt]
mma ['emə] prop Emma
mmanuel [ɪ'mænjuəl] prop Emánuel, Manó
mollient [ɪ'mɔlɪənt; US -'mɑ-] I. a lágyító II. n bőrápoló krém stb.
molument [ɪ'mɔljumənt; US -'mɑ-] n haszon, nyereség; ~s fizetés, illetmény(ek), jövedelem
motion [ɪ'mouʃn] n érzelem, indulat; with deep ~ elérzékenyülve, megindultan
motional [ɪ'mouʃənl] a 1. érzelmi 2. érzelmes, lobbanékony
motionless [ɪ'mouʃnlɪs] a érzéketlen; szenvtelen
motive [ɪ'moutɪv] a 1. érzelmi 2. érzelemfelidéző, affektív, érzelmileg színezett
mpanel [ɪm'pænl] vt -ll- (US -l-) ~ a juror esküdtek jegyzékébe felvesz
mpathize ['empəθaɪz] vi beleéli magát (vknek a lelkiállapotába)
mpathy ['empəθɪ] n beleélés, beleérzés, [művészeti] átélés, empátia
mperor ['emp(ə)rə*] n császár
mphasis ['emfəsɪs] n (pl -ses -si:z) nyomaték, hangsúly; lay/place ~ on sg kihangsúlyoz vmit; (különös) súlyt helyez vmre
mphasize ['emfəsaɪz] vt (ki)hangsúlyoz, átv aláhúz, kiemel

emphatic [ɪm'fætɪk] a nyomatékos, emfatikus [stílus]; határozott [mozdulat stb.]; világos, érthető, kifejező
emphatically [ɪm'fætɪk(ə)lɪ] adv nyomatékosan; határozottan; félreérthetetlenül
empire ['empaɪə*] n 1. birodalom; the E~ (1) a brit birodalom (2) a német--római birodalom 2. uralom, hatalom 3. E~ Day május 24-e ⟨angol nemzeti ünnep⟩; US E~ State New York állam 4. (jelzőként:) E~ empire [bútor, ruha, stílus]
empiric(al) [em'pɪrɪk(l)] a tapasztalati, empirikus
empirically [em'pɪrɪk(ə)lɪ] adv empirikusan, empirikus/tapasztalati módszerrel
empiricism [em'pɪrɪsɪzm] n empirizmus
empiricist [em'pɪrɪsɪst] n empirista
emplacament [ɪm'pleɪsmənt] n 1. elhelyezés 2. ágyúállás
emplane [ɪm'pleɪn] A. vi repülőgépbe száll B. vt repülőgépbe rak/ültet
employ [ɪm'plɔɪ] I. n alkalmazás, szolgálat; be in sy's ~ vk alkalmazásában/szolgálatában áll, dolgozik vknek/vknél II. vt 1. alkalmaz, foglalkoztat, dolgoztat; be ~ed at/in dolgozik vhol, alkalmazásban van vhol; be ~ed in doing sg vmvel el van foglalva 2. (fel)használ (vmt), alkalmaz [eszközt]
employable [ɪm'plɔɪəbl] a (fel)használható, alkalmazható
employee [emplɔɪ'i:] n alkalmazott, tisztviselő, (értelmiségi) dolgozó; munkavállaló
employer [ɪm'plɔɪə*] n munkaadó, munkáltató
employment [ɪm'plɔɪmənt] n alkalmaz(tat)ás; szolgálat; elfoglaltság, foglalkozás; állás; full ~ teljes foglalkoztatottság; be out of ~ állástalan, munka nélkül van; ~ agency/bureau munkaközvetítő iroda; E~ Exchange (állami) munkaközvetítő hivatal
emporium [em'pɔ:rɪəm] n (pl ~s -z v. -ria -rɪə) 1. kereskedelmi központ 2. áruház
empower [ɪm'pauə*] vt 1. meghatalmaz;

felhatalmaz, feljogosít 2. képessé tesz
(*to do sg* vm megtételére)
empress ['emprɪs] *n* császárnő; császárné
emptiness ['emptɪnɪs] *n* üresség, űr
empty ['emptɪ] I. *a* (*átv is*) üres; *to be
taken on an ~ stomach* éhgyomorra
(veendő be); *biz feel ~* éhes; *go ~ away*
üres kézzel távozik II. **empties** *n pl*
üres ládák/kosarak, göngyöleg III. A.
vt (ki)ürít; kifolyat; kiborít [rako-
mányt] B. *vi* 1. (ki)ürül, megüresedik;
elnéptelenedik 2. ömlik, torkollik (*in-
to* vmbe) [folyó]
empty-handed *a* üreskezű; *return ~* dol-
gavégezetlenül tér vissza
empty-headed *a* üresfejű; széllelbélelt
empyrean [empaɪ'riːən] I. *a* égi, mennyei
II. *n* 1. a mennyország legmagasabb
köre 2. égbolt
emu ['iːmjuː] *n* emu [madár]
emulate ['emjuleɪt] *vt* versenyez, ver-
seng, vetélkedik (*sy* vkvel), felülmúlni
igyekszik (vkt)
emulation [emju'leɪʃn] *n* 1. versengés,
vetélkedés 2. (szocialista) munkaver-
seny
emulsify [ɪ'mʌlsɪfaɪ] *vt* emulg(e)ál
emulsion [ɪ'mʌlʃn] *n* emulzió
enable [ɪ'neɪbl] *vt* 1. lehetővé tesz; *~ sy
to do sg* (1) lehetővé teszi vknek vm
megtételét, módot ad vknek vmre (2)
képessé tesz vkt vmre 2. feljogosít;
felhatalmaz; *Enabling Bill/Act* ⟨felha-
talmazási törvény⟩
enact [ɪ'nækt] *vt* 1. elrendel, törvénybe
iktat; *as by law ~ed* ahogy a törvény
előírja/kimondja; *~ing clause* végre-
hajtási utasítás [törvényé] 2. eljátszik,
előad [szerepet, darabot] 3. *where the
murder was ~ed* ahol a gyilkosság
(meg)történt
enactment [ɪ'næktmənt] *n* 1. törvény;
rendelet 2. törvényerőre emel(ked)és
enamel [ɪ'næml] I. *n* zománc, máz, lakk;
~ paint zománcfesték II. *vt* -ll- (*US
-l-*) zománcoz, lakkoz, fényez; *~led*
saucepan zománcedény
enamel(l)ing [ɪ'næm(ə)lɪŋ] *n* 1. zománco-
zás, emailírozás 2. zománcfestés, lak-
kozás
enamel-ware *n* zománcedény, -áru

enamour, *US* **-mor** [ɪ'næmə*] *vt be ~ɛ
of sy* szerelmes vkbe
encamp [ɪn'kæmp] A. *vi* letáboroz, tɛ
bort üt B. *vt be ~ed* táboroz
encampment [ɪn'kæmpmənt] *n* 1. tábɾ
rozás 2. tábor(hely)
encapsulate [ɪn'kæpsjuleɪt; *US* -səl-] A
vi betokosodik B. *vt* tokba zár/foglɛ
encase [ɪn'keɪs] *vt* tokba zár
encash [ɪn'kæʃ] *vt* pénzt beszed, inkasɛ
szál, behajt
encaustic [en'kɔːstɪk] *a* beégetett
enceinte [ɑːŋ'sæŋt] *a* † állapotos, terhɛ
encephalitis [enkefə'laɪtɪs; *US* -se-]
agyvelőgyulladás
encephalogram [en'sefələgræm] *n* agɣ
röntgenkép, encefalogram
enchain [ɪn'tʃeɪn] *vt* 1. megláncol, lelár
col 2. *átv* leköt, lebilincsel
enchant [ɪn'tʃɑːnt; *US* -æ-] *vt* 1. meɡ
babonáz; elvarázsol 2. *átv* elbájo
magával ragad
enchanter [ɪn'tʃɑːntə*; *US* -æ-] *n* varázsl
enchanting [ɪn'tʃɑːntɪŋ; *US* -æ-] *a* vɛ
rázslatos; elbűvölő
enchantment [ɪn'tʃɑːntmənt; *US* -æ-]
1. varázslás 2. varázslat 3. *átv* bűvɾ
let, varázs
enchantress [ɪn'tʃɑːntrɪs; *US* -æ-] *n* igɾ
ző nő
encircle [ɪn'sɜːkl] *vt* körülkerít, -vesɛ
-fog; bekerít
encirclement [ɪn'sɜːklmənt] *n* bekeritɛ
[katonai, politikai]
encl. *enclosed* mellékelve, mellékelterı
mell.
enclave ['enkleɪv] *n* (idegen országba
beékelt terület
enclitic [ɪn'klɪtɪk] *a/n* simuló/enklitiku
(szó)
enclose [ɪn'kloʊz] *vt* 1. bekerít; körül
kerit, -zár (*with* vmvel); bezár (*ir
vmbe) 2. mellékel, csatol; *~d here
with please find . . .* mellékelve tiszte
lettel megküldöm . . .
enclosure [ɪn'kloʊʒə*] *n* 1. bekerítés
körülkerítés 2. kerítés, sövény 3. be
kerített/körülzárt hely; *GB* † bekeritɛ
⟨közlegelőből való kisajátítás⟩; *pris
oner of war ~* hadifogolytábor 4. mel
léklet

encode [en'koʊd] vt (be)kódol
encomium [en'koʊmɪəm] n (pl ~s -z v.
-mia -mɪə) dicsőítő beszéd/írás
encompass [ɪn'kʌmpəs] vt körülfog,
-vesz, bekerít
encore [ɔŋ'kɔ:*] I. n 1. újrázás 2. megismétlés; ráadás II. int hogy volt! III.
megismételtet, megújráztat
encounter [ɪn'kaʊntə*] I. n 1. (össze)találkozás 2. összeütközés, -csapás; ~ of
wits szellemi párviadal II. vt 1. (össze-)
találkozik, összeakad (vkvel) 2. összecsap, megmérkőzik [ellenféllel]
encourage [ɪn'kʌrɪdʒ; US -'kə:-] vt 1.
(fel)bátorít; ösztökél, serkent, buzdít,
biztat 2. támogat; előmozdít [fejlődést]
encouragement [ɪn'kʌrɪdʒmənt; US
-'kə:-] n 1. bátorítás; buzdítás 2. támogatás
encroach [ɪn'kroʊtʃ] vi be(le)avatkozik;
betolakodik; ~ on sy's authority sérti
vk tekintélyét, beavatkozik vk hatáskörébe; ~ (up)on sy's property másét
bitorolja; ~ on sy's rights csorbítja/korlátozza vk jogait
encroachment [ɪn'kroʊtʃmənt] n beavatkozás, túlkapás; ~ (up)on sy's rights
jogsérelem
encrust [ɪn'krʌst] A. vt 1. kéreggel bevon, beborít 2. kirak [drágakövekkel]
B. vi kéregként lerakódik
encumber [ɪn'kʌmbə*] vt 1. (meg)terhel; ~ed estate adósággal megterhelt
birtok 2. (meg)akadályoz, meggátol
encumbrance [ɪn'kʌmbr(ə)ns] n 1. teher, jelzálog 2. megterhelés; nyűg, kellemetlenség
encyclic(al) [en'sɪklɪk(l)] ~ (letter) a/n
enciklika, pápai körlevél
encyclop(a)edia [ensaɪklə'pi:djə] n lexikon, enciklopédia, ismerettár
encyclop(a)edic [ensaɪklə'pi:dɪk] a enciklopédikus
end [end] I. n 1. vég, befejezés, végződés, befejező rész; határ, végpont; ~
use végső felhasználás; come to an ~
véget ér, befejeződik; make an ~ of sg,
put an ~ to sg véget vet vmnek, megszüntet vmt; make both ~s meet addig
nyújtózik amíg a takarója ér; be at an

~ (1) vége van (2) kimerül [készlet];
begin/start at the wrong ~ rosszul fog
neki vmnek; in the ~ a végén, végül
is; on ~ (1) felállítva; élére állítva (2)
egyfolytában; hours on ~ órák hosszat; 2 hours on ~ 2 óra hosszat egyfolytában; set one's hair on ~ égnek
áll tőle a(z ember) haja; ~ on végével/hátuljával vm felé; ~ to ~ szorosan egymás mögött →end-to-end;
from ~ to ~ az elejétől a végéig; no ~
of . . . végtelenül sok, rengeteg sok;
think no ~ of sy rendkívül nagyra
tart vkt; at the ~s of the earth a világ
végén; the ~ tries all végén csattan az
ostor 2. vég [halál]; come to a bad ~
gyászos/rossz vége lesz; meet one's ~
meghal, eléri végzete 3. (vég)cél; gain
one's ~ eléri célját; an ~ in itself öncél; to the ~ that azon célból, hogy;
with this ~ in view mindezt szem előtt
tartva . . .; ezen célból; the ~ justifies
the means a cél szentesíti az eszközt
4. maradék; vég [szöveté] II. A. vt
befejez; bevégez; véget vet (vmnek),
megszüntet (vmt) B. vi befejeződik,
véget ér, (be)végződik; megszűnik
end in vi ~ in sg vmben végződik;
vmre vezet
end up vi ~ up (with) (be)végez; we
had fruit to ~ up with (és) gyümölcscsel fejeztük be [az étkezést]; he will
~ up in prison börtönben fogja végezni
endanger [ɪn'deɪndʒə*] vt veszélyeztet,
kockáztat
endear [ɪn'dɪə*] vt megkedveltet, megszerettet (to vkvel); ~ oneself to sy
megkedvelteti magát vkvel
endearing [ɪn'dɪərɪŋ] a megnyerő [modor]; gyengéd, kedveskedő, nyájas
endearment [ɪn'dɪəmənt] n gyengédség;
kedveskedés
endeavour, US -or [ɪn'devə*] I. n törekvés, igyekezet, erőfeszítés II. vi ~ to
do sg igyekszik/törekszik vmre, azon
van (hogy) . . .
endemic [en'demɪk] I. a helyi (jellegű),
endemikus [betegség] II. n helyi járvány/betegség; népbetegség
endgame n végjáték [sakk stb.]

ending ['endɪŋ] n 1. befejezés, vég [darabé, könyve] 2. befejeződés; végződés 3. halál 4. rag, képző, végződés

endive ['endɪv; US -daɪv] n endívia(saláta)

endless ['endlɪs] a 1. (térben:) végtelen (hosszú) 2. (időben:) végtelen; szűnni nem akaró

endo- ['endoʊ- v. 'endə-] (csak összetételekben:) bel-, belső

endorse [ɪn'dɔːs] vt 1. hátirattal ellát; forgat(mányoz), zsirál [váltót]; have one's licence ~d [közlekedési szabálysértésért] feljelenti/megbírságolja a rendőr 2. átv hozzájárul(ását adja) (vmhez); jóváhagy, helyesel; I do not ~ it nem azonosítom magam ezzel az állásponttal

endorsee [endɔː'siː] n forgatmányos

endorsement [ɪn'dɔːsmənt] n 1. hátirat; forgatmány(ozás), zsiró; have an ~ [közlekedési szabálysértésért] feljelenti/megbírságolja a rendőr 2. átv jóváhagyás; hozzájárulás

endorser [ɪn'dɔːsə*] n forgató [váltóé]

endow [ɪn'daʊ] vt 1. adományoz; alapít, alapítványt tesz 2. kiházasit [leányt]; járadékot biztosít (vknek) 3. felruház [tehetséggel]

endowment [ɪn'daʊmənt] n 1. alapítványozás; dotálás; kiházasítás 2. alapítvány; dotáció; ~ insurance/policy határidős életbiztosítás 3. tehetség; (természeti) adottság

end-paper n előzék(lap) [könyvé]

end-product n végtermék; készáru

end-to-end a egymáshoz illesztett, csatlakozó végű; tompa [illesztés] →end I. 7.

endue [ɪn'djuː; US -'duː] vt megáld [tehetséggel], vmvel felruház

endurable [ɪn'djʊərəbl; US -'dʊ-] a elviselhető

endurance [ɪn'djʊərəns; US -'dʊ(ə)r-] n 1. állóképesség; kitartás; beyond/past ~ elviselhetetlen, kibírhatatlan; ~ test (1) fárasztópróba, terhelési próba [gépé stb.] (2) megbízhatósági verseny [sportban] 2. üzemképességi időtartam 3. eltűrés, (béke)tűrés 4. maradandóság [műé]

endure [ɪn'djʊə*; US -'dʊ(ə)r] A. vt kiáll (vmt), elvisel, elszenved, kibír; I can't ~ him ki nem állhatom B. vi 1. fennmarad; his fame will ~ for ever híre örökké élni fog 2. kitart [bajban]; ~ to the end a végsőkig kitart

enduring [ɪn'djʊərɪŋ; US -'dʊ(ə)r-] a 1. tartós, maradandó 2. kitartó, állhatatos

endways ['endweɪz] adv 1. végével előre 2. felállítva 3. hosszában

endwise ['endwaɪz] adv = endways

E.N.E., ENE east-north-east kelet-északkelet

enema ['enɪmə] n beöntés, allövet

enemy ['enəmɪ] I. a ellenséges II. n ellenség; ellenfél; biz how goes the ~? hány óra?, mennyi az idő?

energetic [enə'dʒetɪk] a erélyes, energikus

energetics [enə'dʒetɪks] n energetika, energiagazdálkodás

energize ['enədʒaɪz] A. vt 1. erőt ad, felvillanyoz, stimulál 2. áram alá helyez [gépet] B. vi erélyesen működik

energy ['enədʒɪ] n 1. életerő, tetterő, erély 2. energia

energy-supply n energiaellátás

enervate I. a [ɪ'nɜːvɪt] elerőtlenedett, enervált II. vt ['enɜːveɪt] elgyengít, elerőtlenít

enervation [enɜː'veɪʃn] n 1. elerőtlenítés 2. elerőtlenedés, enerváltság

enfeeble [ɪn'fiːbl] vt elgyengít

enfeoff [ɪn'fef] vt † hűbérül ad

enfilade [enfɪ'leɪd] I. n hosszan tartó tüzelés II. vt [géppuskatűzzel] végigpásztáz

enfold [ɪn'foʊld] vt 1. beburkol (in vmbe), beborít (with vmvel) 2. ~ sy in one's arms karjaiba veszi/ölel vkt

enforce [ɪn'fɔːs] vt 1. kierőszakol, kikényszerít; ~ sg (up)on sy rákényszerít vkre vmt 2. érvényre juttat [rendelkezést]; végrehajt [törvényt]; ~ one's rights érvényesíti jogait

enforceable [ɪn'fɔːsəbl] a érvényesíthető [követelés]; alkalmazható [törvény]

enforcement [ɪn'fɔːsmənt] n 1. kikényszerítés 2. végrehajtás [törvényé]; ~ order végrehajtási végzés

enfranchise [ɪn'fræntʃaɪz] *vt* **1.** felszabadít [rabszolgát] **2.** választójogot ad **enfranchisement** [ɪn'fræntʃɪzmənt] *n* **1.** felszabadítás [rabszolgáé] **2.** felszabadulás [rabszolgáé] **3.** választójoggal felruházás **Eng.** *English* **engage** [ɪn'geɪdʒ] **A.** *vt* **1.** lefoglal; *be* ~*d (in)* el van foglalva (vmvel), dolgozik (vmn); ~ *sy in conversation* beszédbe elegyedik vkvel; (*line*) ~*d* mással beszél, foglalt (a vonal); ~ *a room* szobát foglal (le); *this seat is* ~*d* ez a hely foglalt **2.** kötelez(ettséget vállal); ~ *oneself to do sg* kötelezi magát vmre **3.** felvesz, alkalmaz; szerződtet **4.** eljegyez (vkt); *Tom and Anne are* ~*d, Tom is* ~*d to Anne* T. és A. jegyesek, T. eljegyezte magát A.-val **5.** ~ *the enemy* megtámadja az ellenséget **6.** ~ *the first gear* első sebességbe kapcsol; ~ *the clutch* fölengedi/visszaengedi a kuplungot **B.** *vi* **1.** ~ *for sg* kezeskedik vmért **2.** ~ *in sg* vmt (foglalkozásszerűen) elkezd; vmhez kezd, foglalkozik vmvel; ~ *in politics* politikára adja magát **3.** szembeszáll, támad; *the orders are*(,) ~ *at once* a parancs: azonnal támadni **4.** összekapcsolódnak [fogaskerekek] **engaged** [ɪn'geɪdʒd] *a* **1.** (el)foglalt; ~ *signal* „foglalt" jelzés [telefonban] **2.** ~ *couple* jegyespár **3.** harcban álló [csapatok] **4.** összekapcsolódott [fogaskerekek] **engagement** [ɪn'geɪdʒmənt] *n* **1.** alkalmazás, szerződ(tet)és; állás, elfoglaltság **2.** kötelezettség, ígéret; megbeszélés, megbeszélt találkozó; program; *have an* ~ el van foglalva, programja van; ~ *book* kb. előjegyzési naptár; *meet one's* ~*s* kötelezettségeinek eleget tesz; *owing to a previous* ~ mivel korábban már elígérkezett vhová **3.** eljegyzés; ~ *ring* jegygyűrű **4.** ütközet **5.** összekapcsolódás [fogaskerekeké] **engaging** [ɪn'geɪdʒɪŋ] *a* megnyerő; rokonszenves; kellemes **engender** [ɪn'dʒendə*] *vt* **1.** nemz **2.** előidéz, okoz

engine ['endʒɪn] *n* **1.** motor; gép; szerkezet; ~ *failure* motorhiba; (*steam-*)~ gőzgép **2.** mozdony **3.** † eszköz -**engined** [-'endʒɪnd] -motoros; *twin-*~ kétmotoros **engine-driver** *n* mozdonyvezető; gépész **engineer** [endʒɪ'nɪə*] **I.** *n* **1.** mérnök; *mechanical* ~ gépészmérnök **2.** gépész, gépkezelő; *US* mozdonyvezető **3.** műszaki katona **II.** *vt* **1.** tervez; épít, konstruál **2.** *biz* mesterkedik (vmben/vmn), forral [tervet] **engineering** [endʒɪ'nɪərɪŋ] *n* **1.** mérnöki munka/tudomány(ok), műszaki tudományok, technika; gépészet; ~ *college* (1) gépipari műszaki főiskola (2) műszaki egyetem; (*mechanical*) ~ gépészet; ~ *industry* gépipar; ~ *worker* gépipari munkás/dolgozó **2.** mérnöki pálya, mérnökség **3.** (meg)tervezés, (meg)konstruálás **engine-fitter** *n* géplakatos; motorszerelő **engine-house** *n* gépház; gépterem; fűtőház **engine-oil** *n* gépolaj; motorolaj **engine-room** *n* gépterem **engine-shed** *n* gépszín **England** ['ɪŋglənd] *prop* Anglia **English** ['ɪŋglɪʃ] **I.** *a* angol **II.** *n* **1.** *the* ~ az angolok, az angol nép **2.** angol (nyelv); *speak* ~ tud/beszél angolul; *in* ~ angolul; *Old* ~ óangol; *the King's/Queen's* ~ helyes angolság **3.** angol (nyelv)tudás; *his* ~ *is poor* gyengén tud angolul **Englishman** ['ɪŋglɪʃmən] *n* (*pl* -**men** -**mən**) angol ember/férfi **English-speaking** *a* angol ajkú/anyanyelvű; angolul beszélő; *the* ~ *world* az angolszász világ, az angolul beszélő világ **Englishwoman** *n* (*pl* -**women**) angol nő **engraft** [ɪn'grɑːft; *US* -'græ-] *vt* **1.** beolt [fát] **2.** beültet [bőrt] **3.** *átv* becsepegtet, beolt (*in sy* vk szívébe) **engrain** [ɪn'greɪn] *vt* **1.** színtartóan fest [fonalat] **2.** *átv* (meg)rögzít [szokást], bevés; ~*ed habits* megrögzött szokások **engrave** [ɪn'greɪv] *vt* **1.** bevés, metsz; gravíroz **2.** *átv* ~ *upon one's memory* emlékezetébe vés

18

engraver [ɪn'greɪvǝ*] n 1. vésnök; rézmetsző 2. véső; gravírozógép
engraving [ɪn'greɪvɪŋ] n 1. metszés; vésés 2. (réz-/fa)metszet; véset 3. maratott klisé
engross [ɪn'grous] vt 1. kiállít; lemásol [okiratot], letisztáz 2. leköt, lefoglal [figyelmet]; be ~ed in one's work elmélyed munkájában
engrossment [ɪn'grousmǝnt] n 1. tisztázat; másolat 2. belemerülés, elmélyedés (in vmbe)
engulf [ɪn'gʌlf] vt elnyel, beborít
enhance [ɪn'hɑ:ns; US -'hæ-] vt növel, emel [árat]; kiemel, kihangsúlyoz [érdemet]; erősít, fokoz [érzést]
Enid ['i:nɪd] prop ⟨walesi női név⟩
enigma [ɪ'nɪgmǝ] n rejtvény, talány
enigmatic(al) [enɪg'mætɪk(l)] a rejtélyes, titokzatos
enjoin [ɪn'dʒɔɪn] vt 1. (meg)parancsol; lelkére köt; utasít; ~ silence on sy hallgatásra int/bír vkt; ~ that . . . azt parancsolja, hogy . . . 2. US megakadályoz, eltilt (from vmtől)
enjoy [ɪn'dʒɔɪ] vt 1. élvez (vmt); tetszik (vknek vm); szívesen tesz (vmt); ~ oneself jól érzi magát, jól szórakozik 2. élvez, bír [vagyont, bizalmat]; ~ good health jó egészségnek örvend
enjoyable [ɪn'dʒɔɪǝbl] a élvezetes, kellemes
enjoyment [ɪn'dʒɔɪmǝnt] n 1. élvezet, gyönyör(űség); take ~ in sg örömét leli vmben 2. élvezés [jogoké]; haszonélvezet
enkindle [ɪn'kɪndl] vt felszít, felgerjeszt [tüzet, szenvedélyt]
enlarge [ɪn'lɑ:dʒ] A. vt (fel)nagyít [fényképet]; (meg)nagyobbít [házat]; kienged, leenged [ruhát]; kiterjeszt, kitágít, növel [ismereteket, hatáskört] B. vi 1. (meg)növekedik, (ki)szélesedik; nagyobbodik, kiterjed; ~ well jól nagyítható [fénykép] 2. ~ (up)on sg hosszasan fejteget vmt
enlarged [ɪn'lɑ:dʒd] a (meg)növelt; (ki-)bővített; (fel)nagyított [kép]; ~ edition bővített kiadás; ~ heart szívnagyobbodás
enlargement [ɪn'lɑ:dʒmǝnt] n 1. (meg-)

nagyobbítás; gyarapítás; nagyítás 2. (meg)nagyobbodás; tágulás [szervé]
3. nagyítás, nagyított kép
enlarger [ɪn'lɑ:dʒǝ*] n nagyítógép
enlighten [ɪn'laɪtn] vt felvilágosít (sy on sg vkt vmről)
enlightened [ɪn'laɪtnd] a felvilágosult
enlightenment [ɪn'laɪtnmǝnt] n 1. felvilágosítás 2. felvilágosodás; age of ~ a felvilágosodás kora
enlist [ɪn'lɪst] A. vt 1. besoroz [katonának]; get ~ed besorozzák 2. toboroz, megnyer [híveket]; ~ the services of sy vknek közreműködését igénybe veszi B. vi 1. beáll/felcsap katonának 2. hívéül szegődik; zászlaja alá áll
enlisted [ɪn'lɪstɪd] a ~ man (köz)katona, legénységi állományú katona
enlistment [ɪn'lɪstmǝnt] n (be)sorozás; toborzás
enliven [ɪn'laɪvn] vt (fel)élénkít, felvillanyoz [társaságot]; felderít, felvidít
en masse [ɑ:ŋ'mæs] adv tömegesen; mind
enmesh [ɪn'meʃ] vt behálóz; kelepcébe csal
enmity ['enmǝtɪ] n ellenségeskedés, gyűlölködés; be at ~ with sy ellenséges viszonyban van vkvel
ennoble [ɪ'noubl] vt 1. nemesi rangra emel (vkt) 2. (meg)nemesít, nemessé tesz [jellemet]
ennui [ɑ:'nwi:] n unalom, közöny
Enoch ['i:nɔk] prop Énok
enormity [ɪ'nɔ:mǝtɪ] n szörnyűség; iszonyúság; gazság
enormous [ɪ'nɔ:mǝs] a roppant (nagy); óriási; hatalmas; ~ success szédületes siker
enormously [ɪ'nɔ:mǝslɪ] adv rendkívüli módon; roppantul
enough [ɪ'nʌf] I. a/n elég, elegendő; I've had ~ of it elég volt belőle; more than ~, ~ and to spare bőven elég II. adv eléggé, meglehetősen; be kind/good ~ légy/legyen olyan jó, légy/legyen szíves; well ~ elég jól, meglehetősen; you know well ~ what I mean tudod te nagyon jól, mire gondolok
enplane [ɪn'pleɪn] v = emplane
enquire [ɪn'kwaɪǝ*] v = inquire
enquiry [ɪn'kwaɪǝrɪ] n = inquiry

enrage [ɪn'reɪdʒ] vt felbőszít

enrapture [ɪn'ræptʃə*] vt elbájol, elragadtat

enrich [ɪn'rɪtʃ] vt 1. gazdagít, gyarapít [gyűjteményt, ismereteket]; feljavít [ételt, talajt] 2. dúsít, koncentrál

enrichment [ɪn'rɪtʃmənt] n 1. gazdagítás; javítás 2. (meg)gazdagodás 3. dúsítás

enrol, US enroll [ɪn'roʊl] v -ll- A. vt 1. beiktat, bejegyez, beír [hivatalosan] 2. besoroz; felvesz [tanulót, munkást]; have sy ~ed beírat vkt B. vi beiratkozik [iskolába, egyetemre]; beáll [katonának]

enrol(l)ment [ɪn'roʊlmənt] n 1. besorozás [katonáé]; felvétel [tanulóé, munkásé] 2. beiratkozottak (száma)

en route [ɑ:ŋ'ru:t] adv úton, útban (to/for vhova)

ensconce [ɪn'skɔns; US -ɑ-] vt ~ oneself in a corner behúzódik a sarokba; ~ oneself in an armchair betelepszik a karosszékbe

ensemble [ɑ:n'sɑ:mbl] n 1. együttes [zenei, tánc- stb.] 2. több részes női ruha, együttes

enshrine [ɪn'ʃraɪn] vt kegyelettel gondoz/őriz

enshroud [ɪn'ʃraʊd] vt (be)borít; (be)burkol; elrejt [szem elől]

ensign ['ensaɪn] n 1. (nemzeti) zászló; white/red ~ ⟨az angol hadi, ill. kereskedelmi tengerészet zászlaja⟩ 2. † zászlótartó (tiszt) 3. ['ensən] US kb. (tengerész)zászlós

ensilage ['ensɪlɪdʒ] I. n 1. silózás 2. silótakarmány II. vt silóz

enslave [ɪn'sleɪv] vt (átv is) rabszolgává tesz; rabul ejt; leigáz

enslavement [ɪn'sleɪvmənt] n rabigába döntés; elnyomás [népé]

ensnare [ɪn'sneə*] vt (átv is) 1. tőrbe csal 2. elcsábít

ensue [ɪn'sju:; US -'su:] vi következik, származik (on/from vmből); silence ~d csend állt be

ensuing [ɪn'sju:ɪŋ; US -'su:-] a (rá)következő; (vmt) követő; the ~ debate az ezt követő vita

ensure [ɪn'ʃʊə*] vt 1. biztosít (against,

from vm ellen); I can ~ you that... biztosíthatom (arról), hogy ... 2. biztosít [eredményt]; gondoskodik (vmről)

entablature [ɪn'tæblətʃə*] n koronapárkányzat

entail [ɪn'teɪl] I. n 1. hitbizomány 2. ősiség II. vt 1. ~ en estate on sy kb. hitbizományul hagy vkre 2. vele jár [mint következmény]; maga után von 3. ró, ráró (sg on sy vkre vmt)

entangle [ɪn'tæŋgl] vt (átv is) belekever; összekuszál; összezavar; get ~d in a suspicious business gyanús ügybe keveredik

entanglement [ɪn'tæŋglmənt] n 1. belekeveredés (in vmbe) 2. nehéz/bonyolult ügy 3. (harctéri) drótakadály

entente [ɑ:ŋ'tɑ:ŋt] n megegyezés [államok között]; antant

enter ['entə*] A. vt 1. belép [országba, házba]; bemegy [szobába]; behatol (vm vhova); it never ~ed my mind soha eszembe se jutott 2. beír (vhová), bejegyez, feljegyez; felvesz [névsorba] 3. ~ an action against sy keresetet/pert indít vk ellen; ~ a protest írásban tiltakozik 4. idomítani kezd [kutyát] B. vi 1. belép; bejön; bemegy; ~ Lear L. belép 2. benevez [versenyre]
enter for A. vt benevez [lovat versenyre] B. vi benevez [versenyre], indul [versenyen]
enter into vi 1. belekezd, belebocsátkozik (vmbe); ~ i. a contract szerződést köt; ~ i. a debate vitába száll; ~ i. details részletekbe bocsátkozik; ~ i. relations with sy kapcsolatba lép vkvel 2. részt vesz, osztozik (vmben); ~ i. sy's feelings együttérez vkvel
enter on A. vt ~ a name on a list nevet névsorba felvesz B. vi = enter upon
enter up vt ~ up an item in the ledger tételt főkönyvbe bejegyez
enter upon vi 1. megkezd [működést]; elindul [életpályán]; (be)lép [életévbe, háborúba]; (bele)bocsátkozik [tárgyalásba]; ~ u. one's duties megkezdi hivatali funkcióját 2. ~ u. an inheritance örökséget birtokba vesz

18*

enteric [en'terɪk] *a* bél-; ~*fever* (has)tífusz
enteritis [entə'raɪtɪs] *n* bélhurut
enterprise ['entəpraɪz] *n* 1. vállalkozás; *private* ~ magánvállalkozás 2. vállalkozó szellem/kedv 3. *US* vállalat
enterprising ['entəpraɪzɪŋ] *a* vállalkozó szellemű
entertain [entə'teɪn] **A.** *vt* 1. szórakoztat 2. vendégül lát 3. foglalkozik [gondolattal]; táplál [érzelmeket]; ~ *doubts* kétségei vannak; ~ *a proposal* foglalkozik egy javaslattal **B.** *vi he* ~*s a great deal* sokszor fogad vendégeket
entertainer [entə'teɪnə*] *n* 1. szórakoztató 2. vendéglátó, házigazda
entertaining [entə'teɪnɪŋ] *a* szórakoztató, mulatságos
entertainment [entə'teɪnmənt] *n* 1. szórakozás, mulatság 2. szórakoztatás; *give an* ~ műsoros estét rendez; ~ *tax* vigalmi adó 3. megvendégelés, vendéglátás; *extra pay* (v. *allowance*) *for* ~ *purposes* reprezentációs költségek
enthral, *US* **enthrall** [ɪn'θrɔːl] *vt* -ll- elbűvöl, *átv* rabjává tesz
enthralling [ɪn'θrɔːlɪŋ] *a* lenyűgöző
enthrone [ɪn'θroʊn] *vt* trónra emel, megkoronáz
enthronement [ɪn'θroʊnmənt] *n* trónra emelés, megkoronázás
enthuse [ɪn'θjuːz; *US* -'θuːz] *vi biz* ~ *over sg* lelkesedik/rajong vmért
enthusiasm [ɪn'θjuːzɪæzm; *US* -'θuː-] *n* lelkesedés, rajongás (*for/about* vmért)
enthusiast [ɪn'θjuːzɪæst; *US* -'θuː-] *n* rajongó(ja vmnek); *a sports* ~ sportrajongó
enthusiastic [ɪnθjuːzɪ'æstɪk; *US* -θuː-] *a* lelkes(ült), rajongó; *become* ~ *over sg* fellelkesül vmn
entice [ɪn'taɪs] *vt* (el)csábít
enticement [ɪn'taɪsmənt] *n* 1. (el)csábítás 2. csábítás, vonzerő
enticing [ɪn'taɪsɪŋ] *a* csábító [ajánlat]
entire [ɪn'taɪə*] *a* 1. teljes, egész 2. hibátlan, ép; *no window was left* ~ egy ablak sem maradt épen
entirely [ɪn'taɪəlɪ] *a* teljesen; *you are* ~ *mistaken* egyáltalán nincs igazad
entirety [ɪn'taɪətɪ] *n* egésze vmnek, teljesség; *in its* ~ teljes egészében

entitle [ɪn'taɪtl] *vt* 1. címez (vkt vmnek) 2. címet ad [könyvnek stb.]; *a book* ~*d* ... ... című könyv 3. feljogosít; *be* ~*d to sg* joga van vmhez
entity ['entɪtɪ] *n* lényeg; lét, valóság
entomb [ɪn'tuːm] *vt* 1. eltemet [halottat] 2. befogad [sír halottat]
entombment [ɪn'tuːmmənt] *n* elföldelés, eltemetés
entomological [entəmə'lɒdʒɪkl; *US* -'lɑ-] *a* rovartani
entomology [entə'mɒlədʒɪ; *US* -'mɑ-] *n* rovartan
entourage [ɒntʊ'rɑːʒ] *n* kíséret [diplomáciai látogatásban]
entr'acte ['ɒntrækt] *n* 1. szünet 2. közjáték
entrails ['entreɪlz] *n pl* belek, belső részek
entrain [ɪn'treɪn] **A.** *vt* vonatba rak, bevagoníroz [katonaságot] **B.** *vi* vonatba száll
entrance[1] ['entr(ə)ns] *n* 1. belépés, bemenetel; ~ *examination* felvételi vizsga; *make one's* ~ belép; *no* ~*!* belépni/behajtani tilos! 2. bejárat; *main* ~ főbejárat
entrance[2] [ɪn'trɑːns; *US* -æ-] *vt* elbájol, elragad
entrance-fee *n* 1. belépti díj 2. beiratkozási/belépési díj [klubba stb.]
entrance-money *n* belépti díj
entrancing [ɪn'trɑːnsɪŋ; *US* -'træn-] *a* elbűvölő
entrant ['entr(ə)nt] *n* 1. belépő, (pálya-) kezdő 2. jelentkező [vizsgára, versenyre]
entrap [ɪn'træp] *vt* -pp- (*átv is*) tőrbe csal/ejt; beugrat (vkt vmbe)
entreat [ɪn'triːt] *vt* 1. kér, esedezik, könyörög; *I* ~ *your indulgence* elnézéséért esedezem 2. † bánik vkvel
entreaty [ɪn'triːtɪ] *n* esedezés, könyörgés; folyamodás; *look of* ~ könyörgő pillantás
entrée ['ɒntreɪ; *US* 'ɑːn-] *n* 1. belépés 2. előétel 3. *US* főétel
entrench [ɪn'trentʃ] *vt* elsáncol; *átv* ~ *oneself behind/in sg* beássa magát vm mögé, beletemetkezik vmbe
entrenchment [ɪn'trentʃmənt] *n* lövészárok, fedezék

entrepôt ['ɔntrəpoʊ; US 'ɑːn-] *n* (köz-) raktár

entrepreneur [ɔntrəprə'nəː*; US ɑːn-] *n* vállalkozó

entrust [ɪn'trʌst] *vt* megbíz (*sy with sg* vkt vmvel); rábíz (*sg to sy* vmt vkre)

entry ['entrɪ] *n* 1. belépés, bevonulás; belépő [színészé]; *make one's* ~ belép; *no* ~! (1) (idegeneknek) belépni tilos! (2) behajtani tilos! 2. bejárat [barlangé, kikötőé] 3. bejegyzés, feljegyzés, beírás; (szótári) címszó 4. *bookkeeping by double* ~ kettős könyvvitel; *single* ~ egyszerű könyvvitel; *credit* ~ jóváírás; *debit* ~ megterhelés 5. (be)nevezés [versenyre] 6. birtokbavétel

entry-form *n* jelentkezési lap

entry-word *n* (szótári) címszó

entwine [ɪn'twaɪn] *vt* körülfon; egymásba fon

enumerate [ɪ'njuːməreɪt; US ɪ'nuː-] *vt* felsorol, elszámlál

enumeration [ɪnjuːmə'reɪʃn; US -nuː-] felsorolás

enunciate [ɪ'nʌnsɪeɪt] *vt* 1. kiejt, artikulál [hangot] 2. kihirdet, kijelent, enunciál

enunciation [ɪnʌnsɪ'eɪʃn] *n* 1. kiejtés, artikulálás [hangé] 2. kihirdetés, kinyilatkoztatás

envelop [ɪn'veləp] *vt* beburkol, beborít

envelope ['envəloʊp] *n* (levél)boríték

envenom [ɪn'venəm] *vt* 1. megmérgez 2. *átv* elmérgesít [vitát]; elkeserít [életet]

enviable ['envɪəbl] *a* irigylésre méltó

envious ['envɪəs] *a* irigy (*of* vmre)

environ [ɪn'vaɪərən] *vt* körülvesz; övez

environment [ɪn'vaɪərənmənt] *n* környezet, miliő; *protection of the* ~ környezetvédelem

environmental [ɪnvaɪərən'mentl] *a* környezeti, környezet-

environmentalist [ɪnvaɪərən'mentəlɪst] *n* környezetvédelmi szakember

environs [ɪn'vaɪərənz] *n pl* környék; vidék; külső övezet [városé]

envisage [ɪn'vɪzɪdʒ] *vt* 1. szembenéz, számol [veszéllyel] 2. elképzel; előre lát; kitűz [célt]

envoy[1] ['envɔɪ] *n* követ, küldött; ~ *extraordinary* rendkívüli követ

envoy[2] ['envɔɪ] *n* † ajánló vers

envy ['envɪ] I. *n* 1. irigység (*at/of* vm felett); *green with* ~ sárga az irigységtől 2. irigység tárgya II. *vt* irigyel (*sy* sg vmt vktől)

enwrap [ɪn'ræp] *vt* -pp- beborít, beburkol (*in* vmbe)

enzyme ['enzaɪm] *n* enzim

epaulet(te) ['epəlet] *n* [katonai] váll-lap, vállpánt

épée [eɪ'peɪ] *n* párbajtőr

ephemeral [ɪ'femər(ə)l] *a* tiszavirág életű, múló, röpke, efemer

epic ['epɪk] I. *a* epikai, epikus; hősies II. *n* eposz, hősköltemény

epicure ['epɪkjʊə*] *n* 1. epikureus 2. ínyenc

epidemic [epɪ'demɪk] I. *a* járványos II. *n* járvány

epidiascope [epɪ'daɪəskoʊp] *n* epidiaszkóp

epigram ['epɪgræm] *n* epigramma

epigrammatic [epɪgrə'mætɪk] *a* epigrammatikus, rövid, velős

epilepsy ['epɪlepsɪ] *n* epilepszia

epileptic [epɪ'leptɪk] *a* epileptikus

epilogue, US -log ['epɪlɔg; US -ɔːg] *n* utószó, epilógus

Epiphany [ɪ'pɪfənɪ] *n* vízkereszt (jan. 6.)

episcopal [ɪ'pɪskəpl] *a* 1. *GB* püspöki, epsizkopális 2. *US* anglikán

episcopate [ɪ'pɪskəpət] *n* püspökség

episode ['epɪsoʊd] *n* epizód, (mellék)esemény

episodic [epɪ'sɔdɪk; US -'sɑ-] *a* epizódszerű; mellék-

epistemology [ɪpɪstiː'mɔlədʒɪ; US -stə-'mɑ-] *n* ismeretelmélet

epistle [ɪ'pɪsl] *n* 1. *biz* levél 2. (apostoli) levél; ~ *side* leckeoldal [oltáré]

epistolary [ɪ'pɪstələrɪ; US -erɪ] *a* levélbeli; ~ *novel* levélregény

epitaph ['epɪtɑːf; US -æf] *n* sírfelirat

epithet ['epɪθet] *n* jelző

epitome [ɪ'pɪtəmɪ] *n* kivonat, rövid foglalat

epitomize [ɪ'pɪtəmaɪz] *vt* kivonatol, összefoglal

epoch ['i:pɔk; US 'epək] n kor(szak)
epoch-making a korszakalkotó
Epsom ['epsəm] prop
equable ['ekwəbl] a egyenletes, egyforma
equal ['i:kw(ə)l] I. a 1. egyenlő, azonos (to/with vmvel); all other things being ~ ha a többi feltétel megegyezik, ceteris paribus; ~ pay for ~ work egyenlő munkáért egyenlő bér(t); with ~ ease ugyanolyan könnyen; get ~ with sy leszámol vkvel 2. be ~ to (sg) megállja a helyét (vmben), megbirkózik (vmvel) 3. † kiegyensúlyozott, higgadt [vérmérséklet] II. n 1. egyenrangú [ember]; he met his ~ emberére akadt; your ~s a veled egyenrangúak/egyívásúak 2. azonos/egyenlő mennyiség; ~(s) sign egyenlőségjel III. vt -ll- (US -l-) 1. egyenlő (vmvel), felér/megegyezik (vkvel/vmvel in vmben); not to be ~led páratlan 2. beállít [csúcsot sportban]
equality [i:'kwɔlətı; US -al-] n egyenlőség, egyformaság; egyöntetűség; in case of ~ egyenlő pontszám esetén
equalization [i:kwələr'zeıʃn; US -lı'z-] n 1. kiegyenlítés 2. kiegyenlítődés
equalize ['i:kwəlaız] A. vt kiegyenlít B. vi 1. kiegyenlítődik 2. (ki)egyenlít [sportban]
equalizer ['i:kwəlaızə*] n 1. (ki)egyenlítő gól 2. □ revolver
equalled ['i:kw(ə)ld] →equal III.
equally ['i:kwəlı] adv egyaránt; egyformán
equanimity [ekwə'nımətı] n 1. nyugalom 2. egykedvűség
equate [ı'kweıt] vt egyenlővé tesz, kiegyenlít (to/with vmvel); ~d account kamatoskamat-számla
equation [ı'kweıʒn] n 1. kiegyenlítés 2. egyenlet; solve an ~ egyenletet megold
equator [ı'kweıtə*] n egyenlítő
equatorial [ekwə'tɔ:rıəl] a egyenlítői
equerry [ı'kwerı] n 1. † lovászmester 2. udvaronc
equestrian [ı'kwestrıən] I. a lovas-, lovaglási; ~ events lovaglás [olimpiai szám]; ~ sports lovassport(ok); ~ statue lovasszobor II. n lovas

equidistant [i:kwı'dıst(ə)nt] a egyenlő távolságra levő (from vmtől)
equilateral [i:kwı'læt(ə)rəl] a egyenlő oldalú
equilibrist [i:'kwılıbrıst] n kötéltáncos, egyensúlyozó művész; akrobata
equilibrium [i:kwı'lıbrıəm] n egyensúly
equine ['ekwaın; US 'i:-] a ló-, lovas
equinoctial [i:kwı'nɔkʃl; US -'na-] a napéjegyenlőségi
equinox ['i:kwınɔks; US -na-] n napéjegyenlőség
equip [ı'kwıp] vt -pp- 1. felszerel, fegyverrel ellát 2. felszerel, berendez [házat stb.]; ~ sy with sg ellát vkt vmvel
equipage ['ekwıpıdʒ] n 1. felszerelés(i tárgyak), tartozék(ok) 2. † díszfogat
equipment [ı'kwıpmənt] n felszerelés(i tárgyak), berendezés; szerelvények
equipoise ['ekwıpɔız] n egyensúly(i állapot)
equipped [ı'kwıpt] →equip
equitable ['ekwıtəbl] a igazságos, méltányos; pártatlan
equity ['ekwətı] n 1. méltányosság, jogosság 2. ~ stock (törzs)részvény
equivalence [ı'kwıvələns] n egyenértékk(űség), ekvivalencia
equivalent [ı'kwıvələnt] I. a egyenértékű, azonos értékű (to vmvel) II. n 1. egyenérték 2. megfelelő, egyenértékes, ekvivalens [szóé]
equivocal [ı'kwıvəkl] a 1. kétértelmű 2. kérdéses, bizonytalan; kétes (értékű)
equivocate [ı'kwıvəkeıt] vi kétértelműen beszél; mellébeszél; köntörfalaz
E.R. [i:'a:*] 1. Edwardus Rex (= King Edward) Edward király 2. Elizabetha Regina (= Queen Elizabeth) Erzsébet királynő
era ['ıərə] n kor(szak), éra; mark an ~ korszakot alkot/jelent
eradiation [ıreıdı'eıʃn] n (ki)sugárzás
eradicate [ı'rædıkeıt] vt 1. kipusztít, kiirt, megsemmisít 2. átv gyökerestől kitép
eradication [ırædı'keıʃn] n átv kiirtás, megsemmisítés
erase [ı'reız; US -s] vt 1. kitöröl, kiradíroz, kivakar [írást]; töröl [hangfelvételt] 2. átv kitöröl [emléket]

eraser [ɪ'reɪzə; US -sər] n vakaró; radír-(gumi)
erasure [ɪ'reɪʒə*; US -ʃər] n törlés, kivakarás
ere [eə*] adv/prep (mi)előtt; ~ night mielőtt beesteledik; ~ long nemsokára; ~ now eddig, máig
erect [ɪ'rekt] I. a egyenes, egyenesen álló; függőleges; with head ~ emelt fővel II. vt 1. (fel)állít, emel [épületet, szobrot] 2. összeállít, összeszerel; ~ing shop szerelőműhely 3. létesít, felállít [elméletet, intézményt]
erection [ɪ'rekʃn] n 1. (fel)állítás, emelés [szoboré, épületé], összeszerelés [gépé] 2. épület, építmény 3. felállítás, létesítés [intézményé] 4. erekció
erectness [ɪ'rektnɪs] n egyenes tartás
eremite ['erɪmaɪt] n remete
eremitic(al) [erɪ'mɪtɪk(l)] a remeteszerű
ergot ['ə:gət] n anyarozs
Eric ['erɪk] prop Erik
Erie ['ɪərɪ] prop
Erin ['ɪərɪn] prop † Írország
ermine ['ə:mɪn] n hermelin, hölgymenyét
Ernest ['ə:nɪst] prop Ernő
erode [ɪ'roʊd] vt kimar, szétrág [sav, rozsda]; kimos, elhord [víz], erodál
erosion [ɪ'roʊʒn] n lepusztulás, kimarás, erózió
erotic [ɪ'rɔtɪk; US -'rɑ-] a erotikus, érzéki
eroticism [ɪ'rɔtɪsɪzm; US -'rɑ-] n erotika, érzékiség
err [ə:*] vi 1. téved; hibázik; to ~ is human tévedni emberi dolog 2. vétkezik, tévelyeg
errand ['er(ə)nd] n megbízás, küldetés; go on an ~, run ~s megbízásokat bonyolít le, komissiózik; fool's ~ hiábavaló út
errand-boy n kifutó(fiú), küldönc
errant ['er(ə)nt] a 1. kóbor, vándor(ló) 2. tévelygő, megtévedt [ember]
errata → erratum
erratic [ɪ'rætɪk] a 1. vándorló [fájdalom]; rendetlen, akadozó [működés]; egyenetlen 2. szeszélyes, kiszám ítha tatlan [ember]
erratum [e'rɑ:təm] n (pl errata e'rɑ:tə)

1. sajtóhiba 2. **errata** pl (sajtó)hibajegyzék, errata [könyvben]
erroneous [ɪ'roʊnjəs] a hibás; téves
error ['erə*] n 1. hiba, tévedés; make/ commit an ~ hibát csinál/ejt, hibát követ el, hibázik; be in ~ téved; ~s and omissions excepted kihagyások és tévedések fenntartásával 2. eltévelyedés, erkölcsi botlás
Erse [ə:s] a/n írországi gael/kelta (nyelv)
erstwhile ['ə:stwaɪl] adv † ezelőtt, hajdan(ában)
eructation [i:rʌk'teɪʃn] n 1. böfögés 2. füstokádás [tűzhányóé]
erudite ['eru:daɪt; US -ru-] a tudós; tanult; nagytudású, -műveltségű
erudition [eru:'dɪʃn; US -ru-] n műveltség, tudományos képzettség; man of ~ tudós ember
erupt [ɪ'rʌpt] vi 1. kitör [vulkán] 2. kinő, kibújik [fog]
eruption [ɪ'rʌpʃn] n 1. kitörés [tűzhányóé, járványé, indulaté stb.] 2. kitörés, erupció [bőrkiütésé] 3. fogzás; fogáttörés
eruptive [ɪ'rʌptɪv] a kitörő, vulkáni eredetű
erysipelas [erɪ'sɪpɪləs] n orbánc
escalate ['eskəleɪt] A. vt kiterjeszt, fokoz B. vi kiterjed, erősödik
escalation [eskə'leɪʃn] n eszkaláció, kiterjesztés [háborúé stb.]
escalator ['eskəleɪtə*] n mozgólépcső
escapade [eskə'peɪd] n kaland, csíny
escape [ɪ'skeɪp] I. n 1. (meg)szökés, (meg)menekülés; make one's ~ megmenekül, megszökik; 2. átv [szellemi, érzelmi] menekülés; ~ literature szórakoztató/könnyű olvasmány 3. elszivárgás [gázé, folyadéké] 4. = fire-escape 5. ~ velocity szökési (v. második kozmikus) sebesség [űrhajóé] II. A. vt 1. elkerül [veszélyt, figyelmet]; ~ notice elkerüli a figyelmet; ~ pursuit megszökik üldöző elől; his name ~d me nem jutott eszembe a neve 2. an oath ~d him káromkodás szaladt ki a száján B. vi 1. elmenekül, elszökik, megszökik; megmenekül 2. kiömlik, elillan, szökik [gáz]
escapee [eskeɪ'pi:] n szökevény

escapement [ɪ'skeɪpmənt] *n* gátlómű
[óráé]
escapism [ɪ'skeɪpɪzm] *n* eszképizmus,
légvárépítés
escapist [ɪ'skeɪpɪst] *a/n* a valóságtól
menekülő, eszképista
escarpment [ɪ'skɑ:pmənt] *n* 1. (meredek) rézsűzés 2. meredek lejtő [erőd
falánál]
escheat [ɪs'tʃi:t] I. *n* 1. háramlás [államra] 2. (államra) háramlott vagyon II.
vi háramlik, visszaszáll [örökség államra]
eschew [ɪs'tʃu:] *vt* elkerül (vmt), tartózkodik (vmtől)
escort I. *n* ['eskɔ:t] 1. (védő)kíséret, fedezet 2. kísérő(k), kíséret II. *vt* [ɪ'skɔ:t]
(el)kísér; kísér(get) [leányt]
escritoire [eskri:'twɑ:*] *n* kb. szekreter
escutcheon [ɪ'skʌtʃ(ə)n] *n* 1. † címer-
(pajzs); *a blot on his* ~ folt/csorba a
becsületén, családi szégyenfolt 2. kulcslyukpajzs
E.S.E., ESE *east-south-east* kelet-délkelet
Eskimo ['eskɪmoʊ] *a/n* eszkimó [ember,
nyelv]
Esmé ['ezmɪ] *prop* ⟨férfinév⟩
Esmond ['ezmənd] *prop*
esoph... →oesoph...
esoteric [esə'terɪk] *a* titkos, rejtett, *átv*
csak beavatottak számára érthető,
ezoterikus
esp. *especially*
especial [ɪ'speʃl] *a* különleges; sajátságos; *of* ~ *importance* elsőrendű fontosságú; *in* ~ legfőként
especially [ɪ'speʃ(ə)lɪ] *adv* főleg, különösen, nagy mértékben; ~ *as* annál is
inkább, mert...
espionage [espɪə'nɑ:ʒ; *US* 'espɪənɪdʒ] *n*
kémkedés
esplanade [esplə'neɪd] *n* sétány, korzó
espousal [ɪ'spaʊzl] *n* 1. † kézfogó 2. támogatás [ügyé]
espouse [ɪ'spaʊz] *vt* 1. † eljegyez; nőül
vesz 2. támogat, magáévá tesz [ügyet]
espresso [e'spresoʊ] *n* 1. gépkávé 2.
eszpresszógép 3. ~ (*bar*) eszpresszó
[helyiség]
espy [ɪ'spaɪ] *vt* észrevesz; meglát

Esq. *esquire*
esquire [ɪ'skwaɪə*; *US* e's-] *n* 1. *GB* úr
(röv. *Esq.*) [levélcímzésben] 2. nemes-
(ember)
essay I. *n* ['eseɪ] 1. kísérlet (*at* vmre) 2.
tanulmány, esszé II. *vt* [e'seɪ] megpróbál, megkísérel, kísérletet tesz vmre
essayist ['eseɪɪst] *n* tanulmányíró, esszéista
essence ['esns] *n* 1. lényeg; (rövid) foglalat 2. kivonat, eszencia 3. illatszer
essential [ɪ'senʃl] I. *a* 1. lényeges 2.
alapvető, nélkülözhetetlen; *it is* ~
that... elengedhetetlen, hogy... II.
essentials *n pl* lényeg; nélkülözhetetlen követelmények
essentially [ɪ'senʃ(ə)lɪ] *adv* lényegében;
elsősorban; alapjában véve
Essex ['esɪks] *prop*
est. *established*
E.S.T. [i:es'ti:] *US Eastern Standard
Time*
establish [ɪ'stæblɪʃ] *vt* 1. (meg)alapít,
létesít; felállít; létrehoz, kiépít; meghonosít [szokást]; ~ *oneself in business* üzletkört épít ki; ~ *precedent*
precedenst teremt 2. megállapít; kimutat; *it was* ~*ed that*... megállapították, hogy...
established [ɪ'stæblɪʃt] *a* megalapozott;
E~ *Church* (anglikán) államegyház; ~
custom bevett szokás; ~ *fact* elfogadott
tény
establishment [ɪ'stæblɪʃmənt] *n* 1. létesítés; alapítás [üzletháze, társaságé] 2.
intézmény; létesítmény; szervezet;
testület; háztartás; *he is on the* ~ a
személyzethez tartozik 3. megerősítés
[végrendeleté]; megállapítás [tényé]
4. tényleges (katonai) létszám; *peace* ~
békelétszám 5. *GB the E*~ az angol
uralkodó osztály
estate [ɪ'steɪt] *n* 1. (föld)birtok; vagyon; *personal* ~ ingó vagyon 2. hagyaték; ~ *duty* örökösödési illeték 3.
(társadalmi) rend; *third* ~ (a) harmadik rend, polgárság 4. rang; *of low* ~
alacsony/egyszerű származású 5. állapot; kor [emberé]; *reach man's* ~ férfivá serdül 6. ~ (*car*) kombi [gépkocsi] 7. (lakó/gyár/ipar)telep

estate-agent *n* ingatlanügynök
esteem [ɪ'sti:m] I. *n* 1. tisztelet, (nagyra)becsülés; *hold sy in high* ~ nagyra becsül vkt 2. vélemény; *in my* ~ nézetem/véleményem szerint II. *vt* 1. tisztel, megbecsül, nagyra tart; *your* ~*ed favour* nagybecsű sorai 2. értékel, tart (*sg as sg* vmt vmnek); ~ *oneself happy* boldognak tartja magát
Esther ['estə*] *prop* Eszter
Est(h)onia [e'stoonjə] *prop* Észtország
Est(h)onian [e'stoonjən] *a/n* észt
estimable ['estɪməbl] *a* becses, tiszteletre méltó
estimate I. *n* ['estɪmət] 1. becslés; felbecsülés; *in my* ~ véleményem/nézetem szerint 2. költségvetés, előirányzat; árvetés; *The E*~*s* állami költségvetés-előirányzat; *put in an* ~ költségvetést benyújt II. *vt* ['estɪmeɪt] 1. felbecsül; értékel; felmér 2. előirányoz [költséget]
estimation [estɪ'meɪʃn] *n* 1. becslés, vélemény, megítélés; *in my* ~ becslésem/véleményem szerint 2. (nagyra-) becsülés; *hold sy in* ~ nagyra becsül/ tart vkt
estrange [ɪ'streɪndʒ] *vt* elidegenít; *become* ~*d from sy* elidegenedik/elhidegül vktől
estrangement [ɪ'streɪndʒmənt] *n* 1. elidegenítés 2. elidegenedés
estrus → *oestrus*
estuary ['estjʊərɪ; *US* -tʃʊerɪ] *n* (folyó-) torkolat, tölcsértorkolat
et al. [et'æl] et alii (= *and others*) és mások
etc. [ɪt'set(ə)rə] et cetera (= *and the rest/others, and so on/forth*) stb.
etch [etʃ] *vt* marat, karcol, gravíroz
etcher ['etʃə*] *n* rézkarcoló, -metsző
etching ['etʃɪŋ] *n* 1. maratás, rézkarcolás; gravírozás 2. rézkarc
eternal [i:'tə:nl] *a* 1. örök(ös), örökkévaló 2. *biz* szüntelen
eternally [i:'tə:nəlɪ] *adv* folytonosan; örökké
eternity [i:'tə:nətɪ] *n* örökkévalóság
Ethel ['eθl] *prop* Etelka
Ethelbert ['eθlbə:t] *prop* ⟨férfinév⟩

Ethelberta [eθl'bə:tə] *prop* ⟨női név⟩
ether ['i:θə*] *n* éter
ethereal [i:'θɪərɪəl] *a* éteri, könnyed, légies; tündéri
ethic ['eθɪk] *n* erkölcs, etika
ethical ['eθɪkl] *a* erkölcsi, etikai
ethics ['eθɪks] *n* erkölcstan, etika
Ethiopia [i:θɪ'oʊpjə] *prop* Etiópia, (régebben: Abesszínia)
Ethiopian [i:θɪ'oʊpjən] *a* etióp(iai)
ethnic(al) ['eθnɪk(l)] *a* 1. etnikai, faji; ~ *group* népcsoport 2. (összehasonlító) néprajzi, etnológiai
ethnographer [eθ'nɔgrəfə*; *US* -'nɑ-] *n* néprajztudós, etnográfus
ethnography [eθ'nɔgrəfɪ; *US* -'nɑ-] *n* néprajz, etnográfia
ethnologist *n* [eθ'nɔlədʒɪst; *US* -'nɑ-] etnológus
ethnology [eθ'nɔlədʒɪ; *US* -'nɑ-] *n* összehasonlító néprajz, etnológia
ethos ['i:θɔs; *US* -ɑs] *n* étosz, erkölcsi világkép
ethyl ['eθɪl] *n* etil [gyök, csoport]; ~ *alcohol* (etil)alkohol
etiolate ['i:tɪəleɪt] *vt* elhervaszt, elsápaszt
etiology [i:tɪ'ɔlədʒɪ; *US* -'ɑ-] *n* kórok-(tan); etiológia
etiquette ['etɪket] *n* etikett
Eton ['i:tn] *prop*
Etonian [i:'toʊnjən] I. *a* etoni II. *n* etoni diák
Etruscan [ɪ'trʌskən] *a/n* etruszk
etymologic(al) [etɪmə'lɔdʒɪk(l)]; *US* -'lu-] *a* szófejtő, etimológiai
etymology [etɪ'mɔlədʒɪ; *US* -'mɑ-] *n* szófejtés, etimológia
eucalyptus [ju:kə'lɪptəs] *n* eukaliptusz
Eucharist ['ju:kərɪst] *n* 1. oltáriszentség 2. úrvacsora
Euclid ['ju:klɪd] *prop* Eukleidész
Euclidean [ju:'klɪdɪən] *a* euklideszi [geometria]
Eugene [ju:'ʒeɪn, 'ju:dʒi:n] *prop* Jenő
Eugénia [ju:'dʒi:njə] *prop* Eugénia
eugenics [ju:'dʒenɪks] n fajegészségtan, eugenetika
eulogize ['ju:lədʒaɪz] *vt* magasztal, dicsőít
eulogy ['ju:lədʒɪ] *n* dicsérő beszéd, dicshimnusz

eunuch ['juːnək] *n* herélt, eunuch
euphemism ['juːfɪmɪzm] *n* eufémizmus,
szépítő kifejezés
euphemistic [juːfɪ'mɪstɪk] *a* eufemisztikus, szépített
euphony ['juːfənɪ] *n* jóhangzás, eufónia
euphoria [juː'fɔːrɪə] *n* eufória, jóérzés
Euphrates [juː'freɪtiːz] *prop* Eufrátesz
euphuism ['juːfjuːɪzm] *n* barokk prózastílus, nyelvi finomkodás
Eurasia [jʊə'reɪʒə v. -ʃə] *prop* Eurázia v.
Eurázsia
Eurasian [juː(ə)'reɪʒn v. -ʃn] *a/n* euráz(s)iai (ember)
eureka [juː(ə)'riːkə] *int* heuréka!, megvan!
eurhythmics [juː'rɪðmɪks] *n* ritmikus
torna, mozdulatművészet
eurhythmy [juː'rɪðmɪ] *n* euritmia, kellemes ritmus, (művészi) arányosság
Europe ['jʊərəp] *prop* Európa
European [jʊərə'piːən] *a/n* európai
Eurovision ['jʊərəvɪʒn] *n* Eurovízió
Eustace ['juːstəs] *prop* ⟨férfinév⟩
Eustachian tube [juː'steɪʃjən; US -'steɪkɪən v. -ʃən] Eustach-kürt
Euston ['juːst(ə)n] *prop*
euthanasia [juːθə'neɪzjə; US -ʒə] *n*
fájdalommentes/könyörületi halál
Eva ['iːvə] *prop* Éva
evacuate [ɪ'vækjʊeɪt] *vt* 1. kiürít, evakuál [várost stb.] 2. kiürít [beleket]
evacuation [ɪvækjʊ'eɪʃn] *n* 1. kiürítés,
evakuálás [várose stb.] 2. kiürítés
[beleké]
evacuee [ɪvækjuː'iː] *n* kiürítéskor kitelepített személy, evakuált
evade [ɪ'veɪd] *vt* 1. kitér (vm elől); kihúzza magát (vm alól); ~ *the law* kijátssza
a törvényt 2. elkerül [veszélyt]
evaluate [ɪ'væljʊeɪt] *vt* megbecsül, (ki-)
értékel
evaluation [ɪvæljʊ'eɪʃn] *n* becslés; kiértékelés; kalkuláció
evanescent [iːvə'nesnt] *a* tűnő, elenyésző, múló
evangelical [iːvæn'dʒelɪkl] I. *a* 1. evangéliumi 2. evangélikus; protestáns II.
n evangélikus; protestáns
evangelist [ɪ'vændʒəlɪst] *n* 1. evangélista 2. evangelizátor
evangelize [ɪ'vændʒəlaɪz] A. *vt* hirdeti

az evangéliumot/igét (vknek), (meg-)
térít (vkt) B. *vi* evangelizál
Evans ['ev(ə)nz] *prop*
evaporate [ɪ'væpəreɪt] A. *vi* (*átv is*)
(el)párolog, elillan B. *vt* 1. (el)párologtat, elgőzölögtet 2. ~ (*down*) bepárol, (be)sűrít; ~*d milk* sűrített/
kondenzált tej
evaporation [ɪvæpə'reɪʃn] *n* 1. (el)párolgás; kigőzölés 2. elpárologtatás; bepárlás, besűrítés
evasion [ɪ'veɪʒn] *n* 1. kikerülés, kitérés
[ütés stb. elől]; kijátszás, megkerülés
[törvényé]; *tax* ~ adócsalás 2. kifogás; ürügy
evasive [ɪ'veɪsɪv] *a* kitérő [válasz]
eve¹ [iːv] *n* előest; *Christmas* ~ karácsonyest(e), szenteste; *New Year's
E*~ szilveszter(est); *átv on the* ~ *of sg*
vm előestéjén/küszöbén
Eve² [iːv] *prop* Éva
Eveline, Evelyn ['iːvlɪn] *prop* Evelin
[férfi- és női név]
even¹ ['iːvn] *n* † este
even² ['iːvn] I. *a* 1. egyenes, egyenletes,
sík, sima, lapos; *biz break* ~ *átv*
egyenesbe jön; *get/be* ~ *with sy* leszámol vkvel, bosszút áll vkn; *make*
~ elegyenget, elsimít; *make* ~ *with
the ground* földdel egyenlővé tesz
2. egyenlő [súly, méret, esély]; ~
bargain jó/méltányos alkú; ~ *bet/money/chance* egyenlő esély; *of* ~ *date*
ugyanazon keletű 3. páros [szám];
~ *numbers* páros számok; *odd or* ~
páratlan vagy páros 4. egyenletes,
szabályos; ~ *temper* kiegyensúlyozott/higgadt kedély II. *adv* 1. (*összehasonlításban:*) még a; (*tagadásban:*
még csak . . . sem; ~ *if* még akkor is
ha; *not* ~ még akkor sem; ~ *more*
még inkább; ~ *now* (1) még most
is/sem (2) éppen most; *I never* ~
saw it még csak nem is láttam soha;
~ *the cleverest* még a legokosabb . . .
is/sem; ~ *so* mégis, ennek ellenére
2. éppen, egészen; ~ *as* éppen úgy
(mint); ~ *then* éppen akkor III. *vt*
(ki)egyenesít, kiegyenlít; *that'll* ~
things up ez majd helyrehozza/kiegyenlíti a dolgot

even-handed *a* 1. elfogulatlan, pártatlan; igazságos, méltányos 2. pari [fogadás]
evening ['i:vnɪŋ] I. *a* esti; ~ *classes* esti tanfolyam/tagozat, dolgozók (esti) iskolája; ~ *gown* estélyi ruha [női]; ~ *paper* esti lap/újság; ~ *primrose* csészekürt [virág]; ~ *train* esti vonat II. *n* 1. est(e); *this* ~ ma este; ~ *falls* beesteledik; ~ *of life* az élet alkonya 2. este [összejövetel, előadás]
evening-dress *n* estélyi ruha/öltözet
evening-out *n* esti kimaradás
evening-school *n* esti iskola/tagozat
evening-star *n* esthajnalcsillag
evenly ['i:vnlɪ] *adv* 1. egyformán; egyenletesen 2. pártatlanul, méltányosan
evenness ['i:vnnɪs] *n* 1. szabályosság, egyenletesség [mozgásé]; simaság [felületé] 2. higgadtság, kiegyensúlyozottság [kedélyé]
evensong *n* esti ima/istentisztelet
event [ɪ'vent] *n* 1. eset; *at all* ~*s* mindenesetre; bármi történjék is; *in the* ~ végül is; *in the* ~ *of his death* halála esetén 2. esemény; *it is quite an* ~ eseményszámba megy 3. sportesemény; (verseny)szám
even-tempered *a* kiegyensúlyozott (kedélyű), higgadt
eventful [ɪ'ventfʊl] *a* eseménydús
eventide ['i:vntaɪd] *n* este
eventless [ɪ'ventlɪs] *a* eseménytelen, egyhangú
eventual [ɪ'ventʃʊəl] *a* végső; végleges
eventuality [ɪventʃʊ'ælətɪ] *n* eshetőség
eventually [ɪ'ventʃʊəlɪ] *adv* végül (is), végső fokon
ever ['evə*] *adv* 1. valaha, valamikor; *now if* ~ *is the time* most vagy soha; *hardly* ~ alig valamikor, szinte soha 2. mindig, egyre, örökké; ~ *since* . . . (a)mióta csak . . ., . . . óta (mindig); *they lived happy* ~ *after* boldogan éltek míg meg nem haltak; *for* ~ (mind-) örökre; *England for* ~! éljen Anglia!; ~ *and again* újra meg újra; *Yours* ~ őszinte barátsággal, baráti szeretettel [levél végén] 3. *(nyomatékként:) what* ~ *shall we do now?* na most aztán mi

lesz?; *we are the best friends* ~ a lehető legjobb barátok vagyunk; ~ *so* bármennyire is; *be it* ~ *so good* bármilyen jó legyen is; ~ *so many* nagyon sokan; ~ *so much* nagyon, igen, sokkal; *thank you* ~ *so much* igen szépen köszönöm
Everest ['evərɪst] *prop*
evergreen *a/n* örökzöld
everlasting I. *a* 1. örökkévaló, maradandó 2. *biz* örökös, szünni nem akaró II. *n* örökkévalóság; *from* ~ öröktől fogva, mindig
evermore *adv* mindig, örökké
every ['evrɪ] *a* 1. mind(en); ~ *day* mindennap →*everyday*; ~ *other/ second* minden második; ~ *now and then/again* hébe-hóba, néha; ~ *time* minden alkalommal, kivétel nélkül 2. ~ *one* mind(enki); mindegyik; valahány; ~ *man for himself!* fusson ki merre lát!; ki-ki (gondoskodjék) magáról!
everybody *pron* mindenki; ~ *else* mindenki más, a többiek (mind)
everyday *a* 1. mindennapi; ~ *occurrence* mindennapos esemény 2. megszokott [látvány]; hétköznapi || →*every*
everyone *pron* mindenki →*every*
everything *n* minden
everywhere *adv* mindenütt, mindenhol
evict [ɪ'vɪkt] *vt* 1. kilakoltat (*from* vhonnan) 2. (birtokot) megszerez
eviction [ɪ'vɪkʃn] *n* kilakoltatás
evidence ['evɪd(ə)ns] I. *n* 1. nyilvánvalóság (vmé); *biz be in* ~ látható 2. bizonyíték, (tanú)bizonyság; *bear/ give* ~ *of sg* tanúskodik vmről; ~*s of sg* nyomai/bizonyítékai vmnek; *in the face of* ~ a bizonyítékok ellenére 3. tanú; ~ *for the prosecution* a vád tanúja; ~ *for the defence* a védelem tanúja; *call sy in* ~ vkt tanúként beidéz; *King's/Queen's* ~, *US State's* ~ bűntársai ellen valló vádlott; *turn King's/Queen's* ~ (v. *State's*) ~ rávall bűntársára II. *vt* bizonyít; *as* ~*d by sg* ahogy vm bizonyítja/ igazolja
evident ['evɪd(ə)nt] *a* nyilvánvaló, kézzelfogható, evidens

evil ['iːvl] I. *a* 1. rossz; *an* ~ *day* szerencsétlen/végzetes nap; *fall on* ~ *days* rossz sorsra jut 2. gonosz; *the E*~ *One* a Sátán, a gonosz lélek; ~ *eye* szemmel verés II. *n* gonoszság, bűn, rossz; *speak* ~ *of sy* rossz hírét kelti vknek; *wish sy* ~ rosszat kíván vknek
evil-doer *n* gonosztevő
evil-looking *a* rossz/gonosz külsejű
evil-minded *a* rosszindulatú
evil-smelling *a* rossz szagú, büdös
evince [ɪ'vɪns] *vt* kimutat, tanúsít, bizonyít
eviscerate [ɪ'vɪsəreɪt] *vt* (*átv is*) kizsigerel, kibelez
evocation [evoʊ'keɪʃn] *n* 1. felidézés [emléké] 2. előidézés
evocative [ɪ'vɔkətɪv; *US* ɪ'va-] *a* felidéző; előidéző
evoke [ɪ'voʊk] *vt* 1. megidéz [szellemet]; felelevenít, -idéz [emléket] 2. kivált [reakciót]; ~ *a smile* mosolyt kelt
evolution [iːvə'luːʃn; *US* evə-] *n* 1. (ki)fejlődés, kialakulás, evolúció 2. felfejlődés [csapatoké], ' helyzetváltoztatás 3. gyökvonás; görbe lefejtése
evolutionary [iːvə'luːʃnərɪ; *US* evə-] *a* evolúciós, fejlődési
evolve [ɪ'vɔlv; *US* -ɑ-] A. *vt* 1. kialakít, kifejleszt 2. kifejt, levezet [tételt] (*from* vmből) 3. felszabadít; fejleszt [hőt] B. *vi* 1. kialakul, kibontakozik, (ki)fejlődik 2. felszabadul, szabaddá válik [gáz, hő]
ewe [juː] *n* anyajuh
ewer ['juːə*] *n* vizeskancsó
ex¹ [eks] *pref* volt; ~-*President* volt elnök
ex² [eks] *prep* ~ *interest* kamat nélkül; ~ *officio* [eksə'fɪʃioʊ] hivatalból; ~ *ship* hajón átvéve
exacerbate [ek'sæsəbeɪt] *vt* 1. elkeserít; (fel)bőszít 2. súlyosbít, növel
exact [ɪg'zækt] I. *a* pontos, szabatos, precíz, egzakt; *the* ~ *word* a találó kifejezés, a helyes megjelölés II. *vt* 1. követel, behajt [adót, pénzt]; kicsikar [ígéretet] 2. (meg)követel, megkíván [engedelmességet, gondos munkát]

exacting [ɪg'zæktɪŋ] *a* szigorú, sokat követelő; munkaigényes, nehéz
exaction [ɪg'zækʃn] *n* 1. megerőltető elfoglaltság 2. kierőszakolás; kierőszakolt összeg
exactitude [ɪg'zæktɪtjuːd; *US* -tuːd] *n* hajszálpontosság, precizitás
exactly [ɪg'zæktlɪ] *adv* 1. pontosan; *not* ~ nem egészen; *it is* ~ *five* pontosan öt óra van 2. ~! úgy van!, ahogy mondja!
exactness [ɪg'zæktnɪs] *n* pontosság, precizitás
exaggerate [ɪg'zædʒəreɪt] *vt* (el)túloz, (fel)nagyít
exaggeration [ɪgzædʒə'reɪʃn] *n* túlzás, nagyítás
exalt [ɪg'zɔːlt] *vt* 1. felemel, magas rangra emel 2. (fel)magasztal, (fel)dicsér; ~ *sy to the skies* egekig magasztal vkt
exaltation [egzɔː'teɪʃn] *n* 1. átv felemelés; (fel)magasztalás 2. túlfűtöttség, egzaltáció
exalted [ɪg'zɔːltɪd] *a* 1. ~ *personage* magas rangú személy(iség) 2. emelkedett [érzelem] 3. túlfűtött, egzaltált
exam [ɪg'zæm] *n biz* = *examination 1.*
examination [ɪgzæmɪ'neɪʃn] *n* 1. vizsga; ~ *paper* (vizsga)dolgozat; ~ *question* vizsgakérdés; *enter for an* ~ vizsgára jelentkezik; *sit for an* ~, *take an* ~ vizsgázik 2. vizsgálat, megvizsgálás; ellenőrzés; áttanulmányozás [iratoké stb.]; *under* ~ kivizsgálás alatt; *undergo a medical* ~ orvosi vizsgálatra kerül 3. kihallgatás [tanúé, vádlotté]
examine [ɪg'zæmɪn] A. *vt* 1. (meg)vizsgál; felülvizsgál; tanulmányoz; *have oneself* ~*d* megvizsgáltatja magát [orvossal] 2. vizsgáztat, kikérdez 3. kihallgat [tanút]; vizsgálatot tart [egy ügyben] B. *vi* ~ *into sg* alaposan megvizsgál vmt
examinee [ɪgzæmɪ'niː] *n* vizsgázó, jelölt
examiner [ɪg'zæmɪnə*] *n* 1. vizsgáló 2. vizsgáztató
example [ɪg'zɑːmpl; *US* -'zæ-] *n* példa; *for* ~, *by way of* ~ például; *make an*

~ of sy példásan megbüntet vkt; set an ~ példát mutat
exasperate [ɪg'zæsp(ə)reɪt] vt felbőszít, elkeserít
exasperating [ɪg'zæspəreɪtɪŋ] a bosszantó, idegesítő
exasperation [ɪgzæspə'reɪʃn] n 1. elkeseredés; drive sy to ~ a végsőkig felingerel vkt 2. felbosszantás
excavate ['ekskəveɪt] vt kiás, kiváj; feltár [romokat]
excavation [ekskə'veɪʃn] n 1. kiásás; ásatás, feltárás 2. üreg
excavator ['ekskəveɪtə*] n 1. kubikos 2. kotrógép, exkavátor
exceed [ɪk'siːd] A. vt felülmúl, meghalad, túltesz (sy in sg vkn vmben); túllép [jogot stb.]; ~ the speed-limit a megengedettnél nagyobb sebességgel halad [gépkocsi] B. vi kiemelkedik, kimagaslik
exceedingly [ɪk'siːdɪŋlɪ] adv rendkívül; nagyon; kiválóan
excel [ɪk'sel] v -ll- A. vi kitűnik, kiemelkedik B. vt túltesz (vkn, in vmben)
excellence ['eks(ə)ləns] n 1. kiválóság, kitűnőség (vmé) 2. érdem; felsőbbrendűség (vké, vmé)
excellency ['eks(ə)lənsɪ] n 1. = excellence 2. Your E~ Kegyelmes Uram; His/Her E ~ Őexcellenciája, Őkegyelmessége
excellent ['eks(ə)lənt] a kitűnő, kiváló
excelsior [ek'selsɪɔ:*] n US fagyapot
except [ɪk'sept] I. vt kivesz, kivételt tesz; present company ~ed a jelenlévők kivételével II. prep kivéve; kivételével; ~ him kivéve őt, az ő kivételével; ~ for kivéve ha III. conj † hacsak nem; ~ that . . . kivéve hogy . .
excepting [ɪk'septɪŋ] prep kivéve; ~ him kivéve őt, az ő kivételével
exception [ɪk'sepʃn] n 1. kivétel; an ~ to a rule kivétel a szabály alól 2. kifogás; take ~ to sg kifogásol vmt
exceptionable [ɪk'sepʃnəbl] a kifogásolható
exceptional [ɪk'sepʃənl] a kivételes
exceptionally [ɪk'sepʃnəlɪ] adv 1. kivételesen 2. rendkívül, mód felett

excerpt ['eksə:pt] n 1. szemelvény 2. kivonat
excess [ɪk'ses] n 1. túl sok (of vmből); in ~ of vmt meghaladó; több mint; drink to ~ mérték nélkül iszik 2. felesleg, többlet; ~ weight/baggage poggyásztúlsúly; ~ profits tax jövedelemtöbblet-adó 3. túlzás, mértéktelenség, kicsapongás; commit ~es mértéktelenül viselkedik, végletekbe megy; kegyetlenkedik
excessive [ɪk'sesɪv] a túlzott, túlságos, szertelen
exchange [ɪks'tʃeɪndʒ] I. n 1. csere, csereüzlet; (ki)cserélés; ~ of letters levélváltás; in ~ for cserébe (vmért); ~ transfusion vércsere 2. pénzváltás 3. (érték)tőzsde; the Royal E~ ⟨a londoni tőzsde(palota)⟩; rate of ~, ~ rate (1) (tőzsdei) árfolyam (2) devizaárfolyam; foreign ~ deviza; valuta; ~ law váltójog 4. (telephone) ~ telefonközpont 5. ~ officer parancsnokhelyettes II. vt kicserél; elcserél; vált [szót, levelet]; ~ sg for sg vmt vmre cserél; kicserél, becserél
exchangeable [ɪks'tʃeɪndʒəbl] a kicserélhető
exchange-value n csereérték
exchequer [ɪks'tʃekə*] n the E~ (1) (állam)kincstár (2) GB pénzügyminisztérium; GB Chancellor of the E~ pénzügyminiszter; GB ~ bill kincstári jegy
excise¹ ['eksaɪz] I. n fogyasztási adó II. vt (meg)adóztat
excise² [ek'saɪz] vt kivág, kimetsz
exciseman n (pl -men) pénzügyőr, finánc
excision [ek'sɪʒn] n kivágás
excitability [ɪksaɪtə'bɪlətɪ] n izgulékonyság; ingerlékenység
excitable [ɪk'saɪtəbl] a izgulékony; ingerlékeny
excitation [eksɪ'teɪʃn] n 1. (fel)izgatás, ingerlés 2. izgatottság, izgalmi állapot 3. gerjesztés [villamosságban]
excite [ɪk'saɪt] vt 1. (fel)izgat, (fel)idegesít; get ~d felizgul, izgalomba jön; don't get ~d! ne izgulj! 2. gerjeszt [villamosságban]

excitement [ɪk'saɪtmənt] n izgatottság, izgalom; izgalmi állapot; *cause great* ~ nagy izgalmat kelt
exciting [ɪk'saɪtɪŋ] a 1. érdekfeszítő, izgalmas; izgató 2. gerjesztő; ~ *current* gerjesztő áram
exclaim [ɪk'skleɪm] vi/vt 1. (fel)kiált 2. ~ *against* tiltakozik vm ellen
exclamation [eksklə'meɪʃn] n (fel)kiáltás; *US* ~ *mark/point* felkiáltójel
exclamatory [ek'sklæmət(ə)rɪ; *US* -ɔ:rɪ] a (fel)kiáltó
exclude [ɪk'sklu:d] vt kizár, kirekeszt, kiűz (*from* vhonnan); *excluding* ... ... kizárásával, ... kivételével
exclusion [ɪk'sklu:ʒn] n kizárás, kirekesztés (*from* vhonnan/vmből); *to the* ~ *of sg* vmnek a kizárásával
exclusive [ɪk'sklu:sɪv] a 1. kizárólagos [jog]; ~ *sale* egyedáruság 2. zártkörű, exkluzív [társaság, klub stb.]; előkelő, tartózkodó [személy] 3. ~ *of* nem számítva; ... nélkül; *price of dinner* ~ *of wine* a menü ára bor nélkül
exclusiveness [ɪk'sklu:sɪvnɪs] n zártkörűség; kizárólagosság
excogitate [eks'kɔdʒɪteɪt; *US* -'ka-] vt kigondol vmt
excommunicate [ekskə'mju:nɪkeɪt] vt kiközösít [egyházból]
excommunication [ekskəmju:nɪ'keɪʃn] n kiközösítés, egyházi átok
excoriate [eks'kɔ:rɪeɪt] vt 1. feldörzsöl, -horzsol [bőrt] 2. élesen megbírál
excrement ['ekskrɪmənt] n ürülék; trágya
excrescence [ɪk'skresns] n kinövés
excreta [ɪk'skri:tə] n pl kiválasztott anyagok [vizelet, ürülék stb.], salakanyagok
excrete [ɪk'skri:t] vt kiválaszt
excretion [ɪk'skri:ʃn] n 1. kiválasztás 2. kiválasztott anyag; váladék
excruciating [ɪk'skru:ʃɪeɪtɪŋ] a kínzó, gyötrő; gyötrelmes; ~ *pain* szörnyű fájdalom
exculpate ['ekskʌlpeɪt] vt felment; menteget; igazol
exculpation [ekskʌl'peɪʃn] n felmentés; igazolás [személyé]
excursion [ɪk'skə:ʃn; *US* -ʒ(ə)n] n 1. ki-

rándulás; ~ *train* kirándulóvonat, turistavonat; *go on an* ~, *make an* ~ kirándul 2. *biz* elkalandozás [tárgytól]
excursionist [ɪk'skə:ʃ(ə)nɪst; *US* -ʒ(ə)n-] n turista, kiránduló
excusable [ɪk'skju:zəbl] a megbocsátható, menthető
excuse I. n [ɪk'skju:s] 1. mentség; *in* ~ *of* (vmnek) mentségére/igazolására; *it admits of no* ~ nem ment(eget)hető 2. ürügy, kifogás; *by way of* ~ mentségül II. vt [ɪk'skju:z] 1. megbocsát, elnéz (vknek vmt); ~ *my being late* bocsánat a késésért; *if you will* ~ *the expression* pardon a kifejezésért; ~ *me!* pardon!, bocsánat!; elnézést (kérek)!; ~ *me (for not) getting up* bocsánat, hogy nem kelek fel 2. felment (*sy from sg* vkt vm alól); elenged [bírságot]
execrable ['eksɪkrəbl] a utálatos, pocsék
execrate ['eksɪkreɪt] vt 1. utál 2. átkoz
execration [eksɪ'kreɪʃn] n 1. utálat (*of* vmé) 2. átkozódás, káromkodás
execute ['eksɪkju:t] vt 1. végrehajt [parancsot]; teljesít, elvégez [munkát, kötelességet]; megvalósít [tervet] 2. eljátszik, előad [zenedarabot] 3. kivégez [elítéltet]
execution [eksɪ'kju:ʃn] n 1. végrehajtás, teljesítés [parancsé, tervé]; megvalósítás [szándéké]; ~ *of duty* kötelesség teljesítése; *carry/put sg into* ~ megvalósít/keresztülvisz vmt 2. előadás(mód) [zenedarabé] 3. kivégzés
executioner [eksɪ'kju:ʃnə*] n hóhér, ítéletvégrehajtó
executive [ɪg'zekjʊtɪv; *US* -kjə-] I. a végrehajtási, végrehajtó, adminisztratív, közigazgatási; ~ *ability* szervezőképesség; ~ *committee* végrehajtó bizottság; ~ *council* minisztertanács; ~ *decree* kormányrendelet II. n 1. végrehajtó hatalom/szerv; *the Chief E*~ az Egyesült Államok elnöke 2. főelőadó; *US* vezető, igazgató
executor [ɪg'zekjʊtə*; *US* -kjə-] n (végrendeleti) végrehajtó
exegesis [eksɪ'dʒi:sɪs] n szövegmagyarázat, exegézis

exemplar [ɪg'zemplə*] n példa, minta-(példány)
exemplary [ɪg'zemplərɪ] a 1. példaadó, példaszerű 2. példát statuáló, elrettentő [büntetés]
exemplification [ɪgzemplɪfɪ'keɪʃn] n 1. szemléltetés [példákkal] 2. példa
exemplify [ɪg'zemplɪfaɪ] vt 1. példáz, szemléltet 2. másolatot készít; exemplified copy hitelesített másolat
exempt [ɪg'zempt] I. a mentes, felmentett (from vm alól) II. vt ~ sy (from sg) felment/mentesít vkt [adófizetés, katonai szolgálat alól]
exemption [ɪg'zempʃn] n 1. felmentés (from vm alól) 2. mentesség
exequies ['eksɪkwɪz] n pl gyászszertartás
exercise ['eksəsaɪz] I. n 1. gyakorlás [tisztségé]; in the ~ of one's duties hivatalos kötelessége teljesítése közben 2. gyakorlat; gyakorlás; feladat 3. testgyakorlás, (testgyakorlati) testmozgás; lack of ~ mozgás hiánya; take ~ sétát tesz 4. US exercises pl ünnepély II. A. vt 1. gyakorol, űz, folytat [jogot, mesterséget]; ~ an influence upon sy befolyásol vkt; ~ a right jogot érvényesít 2. gyakorol(tat), gyakorlatoztat 3. ~ sy's patience vk türelmét próbára teszi; greatly ~d about sg aggódik vm miatt B. vi 1. edz(i magát); gyakorlatozik 2. sétál, mozog (kicsit)
exercise-book n (iskolai) füzet, irka
exert [ɪg'zə:t] vt 1. fáradozik, igyekszik; ~ oneself erőlködik 2. gyakorol [hatást, benyomást stb.]
exertion [ɪg'zə:ʃn] n 1. erőfeszítés; megerőltetés 2. felhasználás [erőé, képességé]
Exeter ['eksɪtə*] prop
exeunt ['eksɪʌnt] vi el [színpadi utasítás]
exfoliate [eks'fəʊlɪeɪt] A. vi lehámlik, leválik B. vt (le)hánt, levet
exhalation [ekshə'leɪʃn] n 1. kigőzölgés, kipárolgás 2. kilégzés
exhale [eks'heɪl] A. vt kilehel, kibocsát [gőzt, szagot] B. vi kigőzölög, elpárolog
exhaust [ɪg'zɔ:st] I. n 1. kipufogás

2. ~ (pipe) kipufogó(cső) 3. kipufogógáz II. vt 1. kimerít, felhasznál [erőt], kifáraszt [személyt] 2. kimerít [tárgykört, témát] 3. elfogyaszt, felél 4. kiszív, kiürít
exhausted [ɪg'zɔ:stɪd] a 1. kimerült 2. üres
exhausting [ɪg'zɔ:stɪŋ] a fárasztó, kimerítő
exhaustion [ɪg'zɔ:stʃn] n 1. kipufogás, kiürülés 2. kiszivattyúzás, kiürítés 3. kimerítés, elhasználás 4. (state of) ~ kimerültség
exhaustive [ɪg'zɔ:stɪv] a kimerítő, alapos
exhibit [ɪg'zɪbɪt] I. n 1. kiállított tárgy 2. (jogi) bizonyíték, adat; bűnjel 3. kiállítás, bemutatás [árué stb.] II. vt 1. bemutat, [szemlére] kiállít 2. bizonyságot tesz [bátorságról stb.], kimutat [tulajdonságot] 3. bead, benyújt [kérvényt]
exhibition [eksɪ'bɪʃn] n 1. kiállítás, bemutató [árué stb.]; ~ case üvegszekrény, tárló; ~ room bemutatóterem 2. mutatvány; make an ~ of oneself nevetségessé teszi magát 3. bemutatás [filmé stb.] 4. (egyetemi) ösztöndíj
exhibitioner [eksɪ'bɪʃ(ə)nə*] n ösztöndíjas
exhibitionism [eksɪ'bɪʃ(ə)nɪzm] n magamutogatás, exhibicionizmus
exhibitionist [eksɪ'bɪʃ(ə)nɪst] n magamutogató, exhibicionista
exhibitor [ɪg'zɪbɪtə*] n kiállító
exhilarate [ɪg'zɪləreɪt] vt felvidít, felderít, felüdít
exhilaration [ɪgzɪlə'reɪʃn] n vidámság, derültség, jókedv; felvidítás
exhort [ɪg'zɔ:t] vt 1. figyelmeztet, int 2. buzdít, serkent (sy to do sg vkt vm megtételére) 3. lelkére beszél (vknek)
exhortation [egzɔ:'teɪʃn] n 1. figyelmeztetés, intés 2. buzdítás
exhortatory [ɪg'zɔ:tət(ə)rɪ; US -ɔ:rɪ] a 1. intő 2. buzdító
exhumation [ekshju:'meɪʃn] n sírfelbontás, exhumálás
exhume [eks'hju:m; US eg'zju:m is] vt kiás [holttestet], exhumál
exigence ['eksɪdʒ(ə)ns] n szükség; szo-

rultság, kényszerhelyzet; *be reduced to* ~ nagy szükségben/nyomorban él
exigency ['eksɪdʒənsɪ] *n* = *exigence*
exigent ['eksɪdʒ(ə)nt] *a* 1. sürgős, égető 2. követelődző, igényes
exiguous [eg'zɪgjʊəs] *a* csekély, jelentéktelen
exile ['eksaɪl; *US* -gz-] I. *n* 1. száműzetés, számkivetés; *go into* ~ száműzetésbe megy; *send sy into* ~ száműz vkt 2. száműzött, számkivetett 3. *the E~* a babilóniai fogság [zsidóké] II. *vt* száműz, számkivet (*from* vhonnan)
exist [ɪg'zɪst] *vi* 1. létezik, él, van; *such things do not* ~ ilyesmi nem létezik 2. fennáll
existence [ɪg'zɪst(ə)ns] *n* lét(ezés), fennállás; *come into* ~ létrejön
existent [ɪg'zɪst(ə)nt] *a* létező, ma is meglévő
existentialism [egzɪs'tenʃəlɪzm] *n* egzisztencializmus
existentialist [egzɪs'tenʃəlɪst] *a/n* egzisztencialista
exit ['eksɪt; *US* -gz-] I. *n* 1. kijárat 2. (el)távozás, lelépés; *make one's* ~ (1) távozik, lelép (2) *biz* távozik az élők sorából 3. kiutazás; ~ *permit* kiutazási engedély II. *vi* 1. (*színpadi utasítás:*) ~ *Lear* L. el (a színről) 2. meghal
exodus ['eksədəs] *n* kivonulás; *E~* Mózes második könyve
exonerate [ɪg'zɒnəreɪt; *US* 'zɑ-] *vt* felment, tisztáz [vád alól]; megszabadít [tehertől]
exoneration [ɪgzɒnə'reɪʃn; *US* -zɑ-] *n* felmentés, megszabadítás [vád alól]; (teher)mentesítés
exorbitance [ɪg'zɔ:bɪt(ə)ns] *n* túlzottság, mértéktelenség [áré stb.]
exorbitant [ɪg'zɔ:bɪt(ə)nt] *a* túlzó, túlzott; ~ *price* uzsoraár
exorcise ['eksɔ:saɪz] *vt* 1. kiűz, kifüstöl [ördögöt] 2. felidéz [gonosz szellemet]
exorcism ['eksɔ:sɪzm] *n* ördögűzés
exorcist ['eksɔ:sɪst] *n* ördögűző
exotic [ɪg'zɒtɪk; *US* -'zɑ-] *a* idegen, egzotikus
expand [ɪk'spænd] A. *vt* 1. kiterjeszt,

megnövel [határokat] 2. kifejleszt, kibővít, kitágít, kiszélesít [ismereteket, kapcsolatot] 3. felold(va kiír) [rövidítést] B. *vi* 1. (ki)terjed; kibővül, kiszélesedik 2. (ki)feszül, dagad [vitorla] 3. felenged, beszédes lesz
expander [ɪk'spændə*] *n (chest)* ~ expander
expanse [ɪk'spæns] *n* 1. kiterjedés, terjedelem 2. nagy terület
expansible [ɪk'spænsəbl] *a* kiterjeszthető, (ki)nyújtható, nyúlékony
expansion [ɪk'spænʃn] *n* 1. kiterjesztés, kitágítás; (meg)növelés 2. (ki)bővítés, növelés; fejlesztés [üzemé] 3. kiterjedés, tágulás, expanzió 4. terjeszkedés
expansionist [ɪk'spænʃ(ə)nɪst] *a* terjeszkedő hajlamú
expansive [ɪk'spænsɪv] *a* 1. terjedő; kiterjedt, széles körű 2. feszülő 3. beszédes, közlékeny
expatiate [ek'speɪʃɪeɪt] *vi* terjengősen ír/beszél (*upon* vmről), nagy feneket kerít vmnek
expatriate [eks'pætrɪeɪt; *US* -'peɪ-] *vt* hazájából száműz; ~ *oneself* (1) kivándorol (2) lemond állampolgárságáról
expatriation [ekspætrɪ'eɪʃn; *US* -peɪ-] *n* 1. száműzés 2. száműzetés 3. kivándorlás 4. állampolgárságról való lemondás
expect [ɪk'spekt] *vt* 1. vár (vkt, vmt); valószínűnek tart (vmt), számít (vmre); *I knew what to* ~ tudtam mit várhatok; *it is hardly to be* ~*ed that* kevés a valószínűsége annak, hogy . . .; *I don't* ~ so nem tartom valószínűnek 2. ~ *sg from sy* elvár vmt vktől; *I* ~ *you to be punctual* elvárom, hogy pontos legyen 3. *biz* gondol, hisz; *I* ~ *so* azt/úgy hiszem (igen) 4. *biz she is* ~*ing* gyermeket vár
expectancy [ɪk'spekt(ə)nsɪ] *n* várakozás, kilátás; remény
expectant [ɪk'spekt(ə)nt] I. *a* várakozó, leendő, jövendőbeli; ~ *mother* állapotos asszony II. *n* várományos [örökségé]
expectation [ekspek'teɪʃn] *n* 1. várako-

zás; remény; ~ of life várható élettartam; live/come up to ~s beváltja a hozzá fűzött reményeket 2. expectations pl (1) várható örökség (2) kilátások; contrary to all ~s minden várakozás ellenére
expected [ık'spektıd] a várt; remélt
expectorant [ek'spektər(ə)nt] n köptető (szer)
expectorate [ek'spektəreıt] vt köp, kiköhög
expectoration [ekspektə'reıʃn] n 1. köpködés, köpés 2. köpet
expedience [ık'spi:djəns] n hasznosság, célszerűség
expediency [ık'spi:djənsı] n = expedience
expedient [ık'spi:djənt] I. a alkalmas, ajánlatos, hasznos, célszerű II. n 1. kisegítő eszköz 2. kiút; (fél)megoldás
expedite ['ekspıdaıt] I. a 1. gyors, pontos 2. akadálytalan II. vt 1. siettet, sürget 2. előmozdít 3. (el)szállít, (el-)küld
expedition [ekspı'dıʃn] n 1. hadjárat; felfedező út, expedíció 2. (az) expedíció (tagjai) 3. gyorsaság, fürgeség; for the sake of ~ a gyors elintézés érdekében
expeditionary [ekspı'dıʃnrı; US -ʃənerı] a ~ force idegen földön állomásozó/harcoló haderő
expeditious [ekspı'dıʃəs] a gyors, eredményes, expeditív
expel [ık'spel] vt -ll- kiűz, kikerget [ellenséget]; kicsap [iskolából]
expend [ık'spend] vt 1. kiad, költ [pénzt]; ráfordít [pénzt, energiát]; ~ time on sg időt áldoz/fordít vmre 2. (fel)használ
expendable [ık'spendəbl] a felhasználható, feláldozható; fogyó [eszköz stb.]
expenditure [ık'spendıtʃə*] n 1. kiadás, költség 2. fogyasztás, felhasználás; kiadás [pénzé stb.] 3. ráfordítás
expense [ık'spens] n 1. költség, kiadás; ~ account reprezentációs költség(ek); put sy to ~ költségekbe ver vkt; meet the ~s fedezi/viseli a költségeket;

running ~s üzemelési költség 2. kár, teher; at the ~ of azon az áron (hogy), vk/vm kárára/rovására; at sy's ~ (1) vk költségére (2) vk kárára/kárán/rovására; at no ~ ingyen, díjtalanul
expensive [ık'spensıv] a költséges, drága
experience [ık'spıərıəns] I. n 1. tapasztalat, tapasztalás 2. élmény 3. jártasság, ismeret; practical ~ gyakorlat, praxis II. vt 1. átél (vmt), átesik (vmn) 2. (ki)tapasztal (vmt), tapasztalatot szerez (vmben)
experienced [ık'spıərıənst] a tapasztalt; gyakorlott, jártas (in vmben)
experiment I. n [ık'sperımənt] kísérlet, próba; as an ~, by way of ~ kísérletképpen II. vi [ık'sperıment] kísérletezik, próbálgat
experimental [eksperı'mentl] a kísérleti, próba-; ~ farm kísérleti gazdaság
experimentally [eksperı'mentəlı] adv 1. tapasztalatilag 2. kísérletezés alapján 3. próbaképpen
experimentation [eksperımen'teıʃn] n kísérletezés
expert I. a ['ekspə:t; US ek'spə:t] ügyes, jártas, szakértő, szakavatott (in/at vmben); ~ opinion szakvélemény II. n ['ekspə:t] szakember, szakértő; ~'s report szakvélemény
expertise [ekspə:'ti:z] n 1. szakvélemény 2. szakértelem, szaktudás
expertly ['ekspə:tlı] adv ügyesen; szakszerűen
expertness ['ekspə:tnıs] n jártasság; szakértelem
expiate ['ekspıeıt] vt lakol, (meg)bűnhődik; levezekel (vmt)
expiation [ekspı'eıʃn] n (meg)bűnhődés, (le)vezeklés
expiatory ['ekspıətərı; US -ɔ:rı] a vezeklő, (ki)engesztelő
expiration [ekspı'reıʃn] n 1. kilehelés, kilégzés; kipárolgás, kigőzölgés 2. lejárat [határidőé]; esedékesség; vége vmnek
expire [ık'spaıə*] A. vt (ki)lélegzik, (ki)lehel B. vi 1. letelik; lejár [szerződés, határidő] 2. kialszik [tűz], elenyészik [remény] 3. kimúlik, kileheli a lelkét

expiry [ɪkˈspaɪərɪ] n lejárat; megszűnés; befejezés

explain [ɪkˈspleɪn] vt (meg)magyaráz, kifejt; indokol; ~ oneself világosabban fejti ki nézetét; magyarázkodik; ~ away kimagyaráz (vmt)

explainable [ɪkˈspleɪnəbl] a megmagyarázható; indokolható, igazolható [viselkedés]

explanation [ekspləˈneɪʃn] magyarázat, megfejtés; értelmezés

explanatory [ɪkˈsplænət(ə)rɪ; US -ɔːrɪ] a (meg)magyarázó, értelmező

expletive [ekˈspliːtɪv; US ˈeksplətɪv] I. a kitöltő, kiegészítő [szó] II. n 1. töltelékszó 2. biz káromkodás

explicable [ɪkˈsplɪkəbl; US ˈek-] a (meg)magyarázható

explicate [ˈeksplɪkeɪt] vt kifejt, megmagyaráz; fejteget [eszmét stb.]

explication [eksplɪˈkeɪʃn] n magyarázat

explicit [ɪkˈsplɪsɪt] a 1. világos, határozott, kifejezett 2. szókimondó, nyílt(an beszélő)

explicitly [ɪkˈsplɪsɪtlɪ] adv határozottan, világosan, félreérthetetlenül

explicitness [ɪkˈsplɪsɪtnɪs] n világosság, szabatosság [nyelvé]; határozottság

explode [ɪkˈsploud] A. vt 1. felrobbant; levegőbe röpít 2. megdönt [elvet stb.]; ~d notion túlhaladott álláspont B. vi 1. felrobban; levegőbe röpül 2. átv kirobban, kitör [düh, nevetés]

exploit I. n [ˈeksplɔɪt] tett, hőstett II. vt [ɪkˈsplɔɪt] 1. kiaknáz, hasznosít, kitermel [természeti kincset] 2. kizsákmányol, kihasznál [személyt]

exploitable [ɪkˈsplɔɪtəbl] a kiaknázható, hasznosítható

exploitation [eksplɔɪˈteɪʃn] n 1. kiművelés, kiaknázás, kitermelés, hasznosítás 2. kizsákmányolás

exploitative [ɪkˈsplɔɪtətɪv] a kizsákmányoló jellegű

exploiter [ɪkˈsplɔɪtə*] n 1. kiaknázó, hasznosító 2. kizsákmányoló

exploration [ekspləˈreɪʃn] n 1. (ki)kutatás, felderítés, feltárás 2. felfedező út

exploratory [ekˈsplɔrət(ə)rɪ; US -ɔːrətɔː-rɪ] a kutató, felderítő; ~ drilling próbafúrás

explore [ɪkˈsplɔː*] vt 1. kutató/felfedező utat tesz 2. (átv is) (ki)kutat, felderít, megvizsgál; ~ the ground kikémleli a terepet; tájékozódik

explorer [ɪkˈsplɔːrə*] n felfedező, kutató

explosion [ɪkˈsplouʒn] n 1. (fel)robbanás; ~ stroke munkalöket 2. robbanás, detonáció 3. biz kirobbanás, kitörés [dühé, nevetésé]

explosive [ɪkˈsplousɪv] I. a robbanó [anyag]; átv heves, lobbanékony [természetű ember] II. n robbanószer, -anyag; high ~ nagy erejű robbanószer

expo [ˈekspou] n biz = exposition 3.

exponent [ekˈspounənt] n 1. magyarázó, fejtegető 2. képviselő 3. (hatvány)kitevő, exponens

exponential [ekspouˈnenʃl] a exponenciális

export I. n [ˈekspɔːt] 1. kivitel, export; ~ duty kiviteli vám; ~ trade külkereskedelem 2. exports pl (1) export-cikkek (2) kivitel, export [országé] II. vt [ekˈspɔːt] kivisz, exportál

exportable [ekˈspɔːtəbl] a exportálható, exportképes

exportation [ekspɔːˈteɪʃn] n (áru)kivitel, export(álás)

exporter [ekˈspɔːtə*] n exportőr

expose [ɪkˈspouz] vt 1. kitesz (to vm hatásának); ~ to danger veszélynek tesz ki 2. megvilágít, exponál [filmet] 3. leleplez, felfed [visszaélést stb.] 4. kiállít; közszemlére tesz; mutogat

exposé [ekˈspouzeɪ; US ekspouˈzeɪ] n ismertetés, expozé

exposed [ɪkˈspouzd] a 1. kitett [természeti erőknek; veszélynek]; szabadon álló, védtelen 2. kiállított [áru] 3. leleplezett, feltárt [visszaélés stb.] 4. exponált [film]

exposition [ekspəˈzɪʃn] n 1. megvilágítás, (meg)magyarázás, kifejtés 2. (szöveg)magyarázat; ismertetés [tervé, elméleté] 3. nemzetközi (ipari) vásár

expostulate [ɪkˈspɔstjuleɪt; US -ˈspɑstʃə-] vi helytelenítően/tiltakozva vitatkozik vkvel (about/(up)on sg vmről); ~ with sy szemrehányást tesz vknek

expostulation [ɪkspɔstjuˈleɪʃn; US -pɑs-

tʃə-] *n* tiltakozás; szemrehányás; figyelmeztetés
expostulatory [ɪk'spɔstjʊlət(ə)rɪ; *US* -'spɑstʃələtɔ:rɪ] *a* tiltakozó; szemrehányó, intő [írás, beszéd]
exposure [ɪk'spoʊʒə*] *n* **1.** kitevés, kitettség [természeti erőknek, veszélynek]; *die of* ~ (1) halálra fagy (2) szomjan hal **2.** megvilágítás(i idő), expozíció [filmé]; ~ *meter* megvilágításmérő, fénymérő **3.** leleplezés, felfedés **4.** kiállítás [árué] **5.** fekvés [házé]
əxpound [ɪk'spaʊnd] *vt* (meg)magyaráz, kifejt [álláspontot]; értelmez
express [ɪk'spres] **I.** *a* **1.** nyílt, világos; pontos, tüzetes; kifejezett; *for this* ~ *purpose* kifejezetten erre a célra **2.** gyors; expressz; *US* ~ *company* szállítóvállalat; ~ *elevator/lift* gyorslift; ~ *goods* gyorsáru; ~ *train* gyorsvonat, expressz **II.** *adv go* ~ sürgősen/ azonnal megy; *send* ~ gyorsáruként küld [csomagot]; *travel* ~ gyorsvonattal utazik **III.** *n* **1.** gyorsvonat, expressz **2.** gyorsfutár **3.** gyorsküldemény **IV.** *vt* **1.** kifejez, kimond [véleményt]; kifejezésre juttat [érzelmet, kívánságot]; ~ *oneself* kifejezi magát **2.** kiprésel, kisajtol [olajat stb.] *(from, out of* vmből) **4.** *US* expressz küld/szállít
expressed [ɪk'sprest] *a* **1.** kifejezett; határozott [kívánság] **2.** kisajtolt
expressible [ɪk'spresəbl] *a* kifejezhető
expression [ɪk'spreʃn] *n* **1.** kifejezés, kinyilvánítás [gondolaté, érzése stb.]; *beyond/past* ~ kimondhatatlan, leírhatatlan; *give* ~ *to one's gratitude* kifejezésre juttatja (v. kimutatja) a háláját; *sing with* ~ érzéssel énekel **2.** kifejezés, szóhasználat **3.** arckifejezés
expressionism [ɪk'spreʃ(ə)nɪzm] *n* expresszionizmus
expressionless [ɪk'spreʃnlɪs] *a* kifejezéstelen, üres
expressive [ɪk'spresɪv] *a* kifejező *(of* vmt), beszédes, kifejezésteljes
expressly [ɪk'spreslɪ] *adv* határozottan; kifejezetten
expressway *n US* autópálya

expropriate [eks'proʊprɪeɪt] *vt* kisajátít, elvesz [birtokot]
expropriation [eksproʊprɪ'eɪʃn] *n* kisajátítás, eltulajdonítás [birtoké]
expulsion [ɪk'spʌlʃn] *n* kiűzés; kiutasítás; eltávolítás
expunge [ek'spʌndʒ] *vt* kitöröl, kihúz [írást]; megsemmisít [csekket stb.]
expurgate ['ekspə:geɪt] *vt* megtisztít [könyvet erkölcstelen részektől], cenzúráz
expurgation [ekspə:'geɪʃn] *n* megtisztítás, cenzúrázás [szövegé]
exquisite ['ekskwɪzɪt v. ek'skwɪ-] *a* **1.** kitűnő; tökéletes, remek(be készült) [mű] **2.** maradéktalan [öröm]; éles, átható [fájdalom]; ~ *torture* válogatott kínzás
exscind [ek'sɪnd] *vt* † kivág, kiirt
ex-serviceman *n (pl* -men) volt/leszerelt katona
ext. 1. *extension* mellék(állomás), m. **2.** *external* külső
extant [ek'stænt; *US* 'ekstənt] *a* (még) létező, meglevő, fennálló, fennmaradt
extemporaneous [ekstempə'reɪnjəs] *a* rögtönzött; alkalmi
extempore [ek'stempərɪ] **I.** *a* rögtönzött **II.** *adv* rögtönözve
extemporize [ɪk'stempəraɪz] *vt/vi* rögtönöz
extend [ɪk'stend] **A.** *vt* **1.** meghosszabbít; megnagyobbít; *(átv is)* kiterjeszt; növel; ~ *shorthand* gyorsírást átír/áttesz (folyóírásba) **2.** (meg)ad, nyújt [segítséget]; ~ *a welcome to sy* szívélyesen fogad vkt **3.** meghosszabbít, prolongál [határidőt] **4.** ~ *a horse* hajszol (v. vágtára kényszerít) lovat **B.** *vi* **1.** (ki)terjed, elterül; ~ *as far as the river* egészen a folyóig (el)húzódik **2.** érvényben marad, folytatódik **3.** *átv* nő, terjed [hatáskör]
extended [ɪk'stendɪd] *a* **1.** kiterjedt; *átv* megnövekedett, kiszélesített [kapcsolatok] **2.** kinyújtott [végtag]; kifeszített [kötél]; ~ *order* csatárlánc **3.** hosszan tartó; meghosszabbított, prolongált
extensible [ɪk'stensəbl] *a* kiterjeszthető, kinyújtható

extension [ɪk'stenʃn] n 1. (ki)nyújtás [karé] 2. (térben és időben:) kiterjesztés, meghosszabbítás; (ki)bővítés; növelés; fejlesztés; ~ bag tágítható bőrönd; ~ cord/wire hosszabbító zsinór; ~ ladder tolólétra; ~ table kihúzható asztal; ~ of time haladéknyújtás 3. kinyúlás; megnyúlás; kiterjedés, terjedelem, tágulás, (ki)bővülés 4. nyúlvány, épülettoldalék, hozzáépítés 5. (university) ~ kb. (egyetemi) levelező oktatás; ~ course továbbképző tanfolyam 6. mellék(állomás) [telefoné]

extensive [ɪk'stensɪv] a 1. kiterjedt, terjedelmes 2. külterjes 3. széles körű, átfogó; alapos [tudás stb.]

extensively [ɪk'stensɪvlɪ] adv alaposan; use sg ~ nagymértékben használ vmt

extent [ɪk'stent] n 1. kiterjedés, terjedelem, nagyság, méret 2. mérték, fok; to a certain ~ egy bizonyos fokig/ mértékig; to such an ~ that ... oly mértékben, hogy ...; to the ~ of ... ... [összeg] erejéig

extenuate [ek'stenjʊeɪt] vt enyhít, szépít [hibát stb.]; extenuating circumstances enyhítő körülmények

extenuation [ekstenjʊ'eɪʃn] n 1. szépítés, enyhítés, mentegetés [hibáé] 2. enyhítő körülmény 3. csökkentés, hígítás

exterior [ek'stɪərɪə*] I. a 1. külső (elhelyezésű) (to vmhez viszonyítva) 2. távoli, idegen; külföldi II. n külső, megjelenés (vmé, vké); külsőség; on the ~ kifelé, a látszat szerint

exterminate [ɪk'stɜ:mɪneɪt] vt kiirt, kipusztít, megsemmisít

extermination [ɪkstɜ:mɪ'neɪʃn] n kiirtás, kipusztítás, megsemmisítés

exterminator [ɪk'stɜ:mɪneɪtə*] n 1. irtószer 2. irtó egyén

extern [ek'stɜ:n] n bejáró [nem bentlakó]

external [ek'stɜ:nl] I. a 1. külső(leges); külszíni; for ~ application/use külsőleg [használandó gyógyszer] 2. külföldi, külországi, kül-; ~ trade külkereskedelem II. n 1. külső(ség), külső megjelenés 2. externals pl formaságok;

külsőségek; judge by ~s külszín után ítél

exterritorial ['eksterɪ'tɔ:rɪəl] a területen kívüli, exterritoriális

exterritoriality ['eksterɪtɔ:rɪ'ælətɪ] n területenkívüliség

extinct [ɪk'stɪŋkt] a 1. kialudt, elhamvadt [tűz, szenvedély]; már nem működő [vulkán] 2. kihalt, letűnt [faj] 3. hatályon kívül helyezett [törvény]

extinction [ɪk'stɪŋkʃn] n 1. kialvás [tűzé]; kihalás [fajé] 2. kioltás, eloltás [tűzé, életé]; kiirtás [népé]; eltörlés [törvényé]; semmivé válás [reményé]

extinguish [ɪk'stɪŋgwɪʃ] vt 1. kiolt, elolt [tüzet]; kiöl [érzést, reményt]; kiirt [fajt]; kiolt [életet] 2. megszüntet, eltöröl [törvényt] 3. letörleszt [adósságot]

extinguisher [ɪk'stɪŋgwɪʃə*] n 1. tűzoltó készülék 2. koppantó; put the ~ on sy belefojtja a szót vkbe

extirpate ['ekstə:peɪt] vt (átv is) gyökerestől kiirt

extirpation [ekstə:'peɪʃn] n kiirtás

extirpator ['ekstə:peɪtə*] n (gyom)irtó

extol [ɪk'stoʊl] vt -ll- magasztal, dicsőít

extort [ɪk'stɔ:t] vt kicsikar, kierőszakol, kikényszerít (sg from sy vktől vmt)

extortion [ɪk'stɔ:ʃn] n 1. (ki)zsarolás, kierőszakolás 2. kikényszerítés [vallomásé stb.]

extortionate [ɪk'stɔ:ʃ(ə)nət] a (ki)zsaroló [személy]; uzsora [ár]

extortioner [ɪk'stɔ:ʃ(ə)nə*] n = extortionist

extortionist [ɪk'stɔ:ʃ(ə)nɪst] n zsaroló

extra ['ekstrə] I. a 1. többlet-; külön, mellék-; ~ charge külön díjazás, felár; ~ fare [vasúti] pótdíj; ~ pay fizetéskiegészítés 2. rendkívüli, különleges II. adv külön; rendkívül; ~ fine quality különlegesen jó minőség; wine ~ a bor külön (fizetendő) III. n 1. rendkívüli kiadás [újságé] 2. ráadás, műsoron kívüli szám 3. US (film-) statiszta 4. többletkiadás 5. melléktantárgy

extract I. n ['ekstrækt] 1. kivonat; párlat, eszencia; ~ of beef húskivonat 2. (tartalmi) kivonat; szemelvény

II. *vt* [ɪk'strækt] 1. kitép, kihúz, eltávolít (vmt vmből); ~ *a tooth* fogat (ki)húz 2. kicsikar, kiszed [pénzt, vallomást] 3. kivon, lepárol, extrahál 4. kivonatol [könyvet, számlát] 5. *átv* merít (from vmből); ~ *pleasure from sg* örömét leli vmben 6. ~ *the root of* ... gyököt von (vmből)
extraction [ɪk'strækʃn] *n* 1. kihúzás, kitépés, eltávolítás; ~ *of a tooth* foghúzás 2. kivonás, kinyerés, extrahálás; ~ *of stone* kőfejtés 3. kivonat, párlat 4. származás, eredet; *of foreign* ~ idegen eredetű/származású
extracurricular [-kə'rɪkjələ*] *a* iskolán/tananyagon kívüli
extradite ['ekstrədaɪt] *vt* kiszolgáltat, kiad [bűnöst saját országa hatóságának]
extradition [ekstrə'dɪʃn] *n* kiadatás
extramarital [ekstrə'mærɪtl] *a* házasságon kívüli [viszony]
extramural [extrə'mjʊər(ə)l] *a* 1. a város határán/falain kívüli 2. ~ *department/studies* szabadegyetemi oktatás/tagozat [egyetemen]
extraneous [ek'streɪnjəs] *a* idegen, külső, tárgyhoz nem tartozó
extraordinarily [ɪk'strɔ:dnrəlɪ; *US* -dənerɪlɪ] *adv* rendkívül(i módon)
extraordinary [ɪk'strɔ:dnrɪ; *US* -dənerɪ] *a* rendkívüli; ritka, furcsa, szokatlan
extrapolate [ek'stræpəleɪt] *vt átv* (kikövetkeztetve) kivetít; extrapolál
extrasensory [ekstrə'sensərɪ] *a* (normális) érzékelés körén kívül eső
extra-special *a* egészen rendkívüli
extraterritorial ['ekstrəterɪ'tɔ:rɪəl] *a* = *exterritorial*
extravagance [ɪk'strævəgəns] *n* 1. szertelenség, különcködés 2. tékozlás, pazarlás
extravagant [ɪk'strævəgənt] *a* 1. szertelen; túlzó; tékozló 2. túl magas [ár]
extravaganza [ekstrævə'gænzə] *n* fantasztikusan szertelen zenei/drámai mű
extreme [ɪk'stri:m] I. *a* 1. végső, utolsó; ~ *penalty* halálbüntetés; ~ *unction* utolsó kenet 2. szélsőséges, túlzó, szertelen; ~ *right* szélső jobboldal(i) [politikailag]; *hold* ~ *opinions* szélső-

séges nézeteket vall II. *n* 1. véglet, szélsőség; túlzás; *go from one* ~ *to the other* egyik szélsőségből a másikba esik; *in the* ~ végtelenül 2. *be reduced to* ~*s* kétségbeejtő helyzetben van, *go to* ~*s, be driven to* ~*s* végső eszközökhöz nyúl 3. szélső érték
extremely [ɪk'stri:mlɪ] *adv* rendkívül(i módon); nagyon, szerfelett
extremist [ɪk'stri:mɪst] *n* szélsőséges irányzatú/beállítottságú ember
extremity [ɪk'stremətɪ] *n* 1. szélsőség, véglet; vmnek tetőfoka; *be driven to extremities* kénytelen a legszigorúbb eszközökhöz folyamodni 2. **extremities** *pl* végtagok 3. nyomor(úság), szorultság
extricate ['ekstrɪkeɪt] *vt* kiszabadít (*from* vmből)
extrication [ekstrɪ'keɪʃn] *n* kiszabadítás
extrinsic [ek'strɪnsɪk] *a* külső(leges), kívül álló
extrovert ['ekstrəvə:t] *n* extrovertált (v. kifelé forduló) ember
extrude [ek'stru:d] **A.** *vt* 1. kidug, kitol 2. kihajt, kiűz, kitaszít (*from* vmből/vhonnan) **B.** *vi* kiáll
extrusion [ek'stru:ʒn] *n* 1. kilökés, kitaszítás 2. (vulkanikus eredetű) kibukkanás
exuberance [ɪg'zju:b(ə)rəns; *US* -'zu:-] *n* bőség; gazdagság [növényzeté]; túláradás [érzelmeké]
exuberant [ɪg'zju:b(ə)rənt; *US* -'zu:-] *a* bő, dús, gazdag [növényzet]; túláradó [érzelem]; kicsattanó [egészség]
exudation [eksju:'deɪʃn] *n* 1. izzadás 2. izzadság, izzadmány
exude [ɪg'zju:d; *US* -'zu:d] **A.** *vi* kiválik [izzadság, nedv] **B.** *vt* (ki)izzad, kiválaszt [izzadságot, nedvet]
exult [ɪg'zʌlt] *vi* örvendez, ujjong (*at/in sg* vmn)
exultant [ɪg'zʌlt(ə)nt] *a* örvendő, ujjongó; diadalittas
exultation [egzʌl'teɪʃn] *n* örvendezés, diadalittasság
eye [aɪ] I. *n* 1. szem [emberé, állaté]; *átv* „szem", érzék (vmhez); *biz my* ~*!* no de ilyet!; *have an* ~ *for sg* jó szeme van vmhez; *if you had half*

an ~ csak ne volnál olyan vak(si); *keep one's* ~ *skinned/peeled/open* nyitva tartja a szemét; *make* ~*s at sy* szerelmes pillantásokat vet vkre; *open sy's* ~*s to sg* vmt vknek igaz valójában megmutat; *put out sy's* ~ kiszúrja vknek a szemét, megvakít vkt; *close/shut one's* ~*s to sg* szemet huny vm fölött/előtt; ~ *to* ~ szemtől szembe; *up to the* ~*s in sg* fülig/nyakig ül [munkában, adósságban] 2. tekintet, pillantás; figyelés; *be all* ~*s* csupa szem; *give an* ~ *to sg* szemmel tart vmt; *as far as the* ~ *can reach* ameddig csak a szem ellát; *have one's* ~*s on sy, keep an* ~ *on sy* rajta tartja a szemét vkn, szemmel tart vkt; *cast/ run one's* ~ *over sg* futó pillantást vet vmre; gyorsan átfut/átlapoz vmt; *clap/set one's* ~*s on sy/sg* megpillant vkt/vmt; *catch/strike the* ~ magára vonja a figyelmet; *have an* ~ *to everything* mindenre kiterjed a figyelme; *before/under one's very* ~*s* az ember szeme láttára; *with an* ~ *to the future* a jövőre is gondolva 3. vélemény, nézet; *in my* ~ az én véleményem/nézetem szerint; *in the* ~ *of the law* a törvény előtt; *be very much in the public* ~ sokat szerepel a nyilvánosság előtt 4. (tű)fok; lyuk; kapocsszem; hurok 5. rügy; csíraszem [burgonyán] 6. ~*s right!* jobbra nézz! [vezényszó] II. *vt* megnéz; szemmel tart; ~ *sy up and down* (tetőtől talpig) végigmér vkt
eye-ball *n* szemgolyó
eyebrow *n* szemöldök; *knit one's* ~*s* összeráncolja a homlokát

eye-catcher *n* blikkfang, vm amin megakad a szem
eye-catching *a* szembetűnő, blikkfangos
-eyed [-aɪd] -szemű
eyeful ['aɪfʊl] *n biz* szemrevaló nő
eye-glass *n* 1. cvikker 2. **eye-glasses** *pl* szemüveg
eyehole *n* 1. nézőlyuk, kémlelőnyílás 2. fűzőlyuk [cipőn]
eye-lash *n* szempilla
eyeless ['aɪlɪs] *a* vak, világtalan
eyelet ['aɪlɪt] *n* 1. fűzőlyuk, -karika 2. kémlelőnyílás
eyelid *n* szemhéj; *biz hang on by the* ~*s* csak egy hajszál tartja; *does not stir an* ~ arcizma sem rándul
eye-lotion *n* szemvíz
eye-opener *n* 1. meglepetés; *that was an* ~ *(for him)* erre lehullott a szeméről a hályog 2. *US biz* egy pohár pálinka, szíverősítő [reggel]
eyepiece *n* szemlencse
eye-shade *n* szemellenző
eye-shadow *n* szemhéjfesték
eyeshot *n* szemhatár, látótávolság; *within* ~ látótávolságon belül; *out of* ~ látótávolságon kívül
eyesight *n* látóképesség, látás
eyesore *n* szemet sértő [látvány]; *be an* ~ bántja az ember szemét
eye-specialist *n* szemspecialista, szemorvos
eye-strain *n* szemmegerőltetés
eye-tooth *n (pl -teeth)* szemfog
eye-wash *n* 1. szemvíz 2. *biz that's all* ~ ez csak olyan porhintés (az ember szemébe)
eyewitness *n* szemtanú
eyrie, eyry ['aɪərɪ; *US* 'eərɪ] *n* sasfészek

F

F, f [ef] *n* **1. F, f** (betű) **2.** f [hang]; *F sharp* fisz; *F flat* fesz; *F major* F-dúr; *F minor* f-moll

F, F. 1. *Fahrenheit* **2.** *Fellow*

F.A., FA [ef'eɪ] *Football Association* (brit) labdarúgó-szövetség

Faber ['feɪbə*] *prop*

Fabian ['feɪbjən] *a/n* **1.** óvatos, halogató [politika] **2.** *GB the ~ Society* a Fábiánus Társaság

fable ['feɪbl] *n* **1.** [tanító] mese; állatmese **2.** mítosz, mesevilág **3.** mese(beszéd), valótlanság

fabled ['feɪbld] *a* mesebeli; legendás

fabric ['fæbrɪk] *n* **1.** szövet(anyag), anyag **2.** szövedék, textúra **3.** épület, építmény **4.** szerkezet; felépítés; öszszetétel

fabricate ['fæbrɪkeɪt] *vt* **1.** gyárt; készít; összetákol **2.** kitalál, kohol [vádat stb.]

fabrication [fæbrɪ'keɪʃn] *n* **1.** gyártás, készítés **2.** kitalálás; koholmány

fabulist ['fæbjʊlɪst] *n* meseíró

fabulous ['fæbjʊləs] *a* **1.** mesés; *~ wealth* mesébe illő vagyon **2.** legendás [hős]

façade [fə'sɑːd] *n* **1.** (épület)homlokzat **2.** *átv* arculat, külszín

face [feɪs] **I.** *n* **1.** (*átv is*) arc; *~ to ~* szemtől szembe; *biz have the ~ to* van képe/mersze (hogy)...; *lose ~* elveszti a tekintélyét, presztízsveszteséget szenved; *make/pull ~s* (v. *a ~*) arcokat/grimaszokat vág, arcát fintorgatja; *pull a long ~* savanyú képet vág; *put a good/bold ~ on sg* jó képet vág vmhez; *save one's face* megőrzi a tekintélyét; *set one's ~ against sg* szembeszáll vmvel, ellenez vmt; *in (the) ~*

of szembe(n) vmvel, vm ellenére; *in the ~ of danger* veszélyes helyzetben; *to his/her ~* nyíltan a szemébe (mond) ... **2.** arculat, külszín, látszat; *on the ~ of it* ránézésre, első pillantásra; látszólag **3.** fej(oldal) [érméé]; szín(oldal) [szöveté]; számlap [óráé]; *~ up(ward)* lapjával fölfelé; *~ value* névérték **4.** homlokzat **5.** felszín **II. A.** *vt* **1.** szembeszáll, dacol (*sy/sg* vkvel/vmvel); *~ the music* a bírálatot/következményeket bátran vállalja **2.** szembenéz, számol [tényekkel stb.]; *the problem that ~s us* az előttünk álló probléma **3.** néz (vmre, vm felé); *the statue ~s the park* a szobor a parkra néz; *seat facing the engine* menetirányban való ülés; *picture facing page 10* a 11. oldalon levő ábra **4.** burkol, borít; vakol; *coat ~d with silk* selyemhajtókás kabát **B.** *vi* **1.** *the house ~s north* a ház északra néz (v. északi fekvésű) **2.** *US ~ right!* jobbra át!

face about *vi* hátrafordul, megfordul; *US ~ a.!* hátra arc!

face down *vt* lehurrog

face out *vt ~ a matter o., ~ it o.* (vakmerően) kitart nehéz helyzetben; kierőszakol vmt

face up *vi ~ up to sg* szembeszáll vmvel

face-ache *n* arcidegzsába

face-card *n* figurás kártya

face-cloth *n* mosdókesztyű

-faced [-feɪst] (-)arcú

face-flannel *n* arctörlő

faceless ['feɪslɪs] *a* ismeretlen, névtelen

face-lifting *n* **1.** fiatalító műtét [arcon] **2.** *átv biz* kozmetikázás

facer ['feɪsə*] n 1. hirtelen nehézség 2. biz pofon
face-saving I. a presztízsmentő II. n presztízsmentés
facet ['fæsɪt] n 1. csiszolt felület/lap [drágakövön] 2. átv oldal
facetious [fə'si:ʃəs] a tréfás, bohókás
facial ['feɪʃl] I. a 1. arc- 2. homlok- II. n US biz arcápolás, -masszázs
facile ['fæsaɪl; US -s(ə)l] a 1. könnyű [győzelem stb.] 2. ügyes; gyors (de felületes) [ember, munka] 3. engedékeny, alkalmazkodó
facilitate [fə'sɪlɪteɪt] vt (meg)könnyít, előmozdít, elősegít
facility [fə'sɪlɪtɪ] n 1. könnyűség, könnyedség 2. képesség, adottság, tehetség 3. facilities pl (megfelelő komfortbeli, szórakozási) lehetőség(ek)/berendezés; szolgáltatás(ok); sports facilities sportolási lehetőségek
facing ['feɪsɪŋ] n 1. borítás, burkolat [falé] 2. facings pl hajtóka; paroli 3. fordulás [jobbra, balra]
facsimile [fæk'sɪmɪlɪ] n hasonmás, fakszimile
fact [fækt] n 1. tény; an accomplished ~ befejezett tény, megtörtént dolog; look ~s in the face számol a tényekkel; owing to the ~ that . . . annak következtében, hogy . . .; stick to ~s a tényekhez ragaszkodik; the ~ is . . . a helyzet az (hogy) . . ., tény az (hogy) . . . 2. valóság; ~ and fiction ábránd és valóság; in ~ való(já)ban; sőt; tulajdonképpen
fact-finding a ténymegállapító [bizottság]
faction ['fækʃn] n 1. párt, klikk, frakció 2. (párt)viszály
factious ['fækʃəs] a széthúzó, frakciózó
factitious [fæk'tɪʃəs] a mesterkélt, mesterséges, hamis, tettetett
factor ['fæktə*] n 1. tényező, (alkotó-) elem; the human ~ az emberi elem 2. ügynök, bizományos 3. (szorzó)tényező, együttható; greatest/highest common ~ legnagyobb közös osztó
factory ['fækt(ə)rɪ] n gyár, üzem; ~ worker gyári munkás; F~ Acts ipartörvény

factory-hand n gyári munkás
factotum [fæk'toʊtəm] n mindenes (ember), tótumfaktum
factual ['fæktʃʊəl] a tényeket tartalmazó, tényleges, valóságos
faculty ['fæklti] n 1. képesség, tehetség 2. US biz ügyesség, rátermettség 3. (egyetemi) kar, fakultás 4. US tantestület
fad [fæd] n vesszőparipa, (divat)hóbort
faddish ['fædɪʃ] a hóbortos
faddist ['fædɪst] n bogaras ember
fade [feɪd] A. vi 1. (el)hervad, elvirágzik; elenyészik 2. megfakul, (el)halványul [szín]; kifakul [anyag]; guaranteed not to ~ szavatoltan színtartó 3. (el)halkul [hang], (fokozatosan) eltűnik [kép], elhomályosodik B. vt 1. (átv is) elhervaszt 2. kiszívja a színét [anyagnak], elhomályosít
fade away vi 1. eltűnik 2. elenyészik
fade in A. vt fokozatosan előtérbe hoz [képet] B. vi előtűnik, fokozatosan kivilágosodik [kép]
fade into A. vt ~ one scene into another fokozatosan átúsztat egyik képből a másikba B. vi egymásba olvad, beleolvad (vmbe)
fade out A. vt fokozatosan elhalványít [képet] B. vi eltűnik [kép]
fade-in n előtűnés, fokozatos kivilágosodás [képé], képmegjelenés
fadeless ['feɪdlɪs] a színtartó [anyag]
fade-out n (lassú) eltűnés, elsötétedés [képé]
fading ['feɪdɪŋ] n fakulás, elhalkulás, elhalványulás, gyengülés, féding
faeces, US feces ['fi:si:z] n pl ürülék
fag [fæg] I. n 1. lélekölő munka, robot; what a ~! micsoda kulizás! 2. biz ⟨alsós diák aki felsőst kiszolgál⟩ dárdás, fika 3. □ cigi II. v -gg- A. vi 1. robotol, kulizik; agyondolgozza magát 2. ~ for a senior kiszolgál felsős diákot B. vt kifáraszt (nehéz munkában); be ~ged out, get ~ged kimerül, kifárad
fag-end n 1. vmnek a maradéka 2. biz (cigaretta)csikk
fagged [fægd] →fag II.
fagging ['fægɪŋ] n 1. küszködés, kulizás 2. diákszolgarendszer

faggot ['fægət] n 1. rőzse(nyaláb); veszszőköteg 2. kötegelt vas(rudak)
Fahrenheit ['fær(ə)nhaɪt] a Fahrenheit [hőmérőfok, átszámítását →a Függelékben]
fail [feɪl] I. n without ~ (1) haladéktalanul (2) feltétlenül, minden bizonnyal II. A. vi 1. hiányzik, elmarad; nem üti meg a mértéket; the potato crop has ~ed this year az idén rossz volt a burgonyatermés 2. (le)romlik [egészség]; hanyatlik [ember]; his sight is ~ing romlik/gyengül a látása 3. elromlik, meghibásodik; the engine ~ed a motor elromlott 4. mulasztást követ el, nem tesz eleget (vmnek); ~ in one's duty nem teljesíti a kötelezettségét/kötelességét; ~ to do sg nem tesz meg vmt; he ~ed to appear nem jelent meg, elmulasztott megjelenni; don't ~ to let me know el ne felejtsd velem közölni 5. nem sikerül, nem válik be; megbukik; kudarcot vall, felsül; I ~ to see why nem értem, miért (nem); our hopes ~ed reményeink nem váltak valóra; ~ in an examination vizsgán megbukik; the experiment ~ed of success a kísérlet nem járt sikerrel 6. csődbe megy/jut; ~ for a million csődbe megy egymilliós tartozással B. vt 1. elhagy, cserbenhagy; his heart ~ed him nem volt mersze, inába szállt a bátorsága; words ~ me nem találok szavakat 2. megbuktat [vizsgán]
failing ['feɪlɪŋ] I. prep vm nélkül; ~ which ellenkező esetben II. n gyengeség, gyarlóság; he has a ~ for drink az ital a gyengéje
failure ['feɪljə*] n 1. hiány, elégtelenség; ~ of crop rossz termés 2. kudarc, balsiker, (meg)bukás, csőd; it was a ~ nem sikerült; the play was a (complete) ~ a darab megbukott; court ~ bukást kihív 3. (el)mulasztás 4. (le)romlás [egészségé]; (szervi) elégtelenség 5. hiba, meghibásodás; elromlás 6. pályatévesztett [ember]
fain [feɪn] adv † örömest; I would ~ do it szívesen megtenném
faint [feɪnt] I. a 1. (átv is) gyenge, bágyadt, erőtlen; ~ hope halvány re-

mény; I haven't the ~est idea halvány sejtelmem sincs 2. bátortalan, félénk II. n ájulás; eszméletlenség; fall down in a ~ elájul III. vi elájul
faint-hearted a bátortalan, félénk
faintness ['feɪntnɪs] n gyengeség
fair¹ [feə*] n vásár; biz come a day after the ~ túl későn jön
fair² [feə*] I. a 1. becsületes, tisztességes, korrekt; igazságos, pártatlan; ~ play korrekt/tisztességes eljárás/viselkedés; strict but ~ szigorú de igazságos; ~ wages tisztességes bérek; as is only ~ ahogy illik/igazságos/méltányos; ~ and square méltányos(an) és igazságos(an); tisztességes(en) 2. meglehetős, (elég) jó, kedvező; a ~ name jó hírnév; a ~ number (of) meglehetős sok(an) 3. szőke [haj]; világos [arcszín] 4. szép(séges), tetszetős; the ~ sex a szépnem 5. kedvező [szél, kilátás]; ~ weather szép/jó idő; be in a ~ way to a legjobb úton van vmhez 6. ~ copy tisztázat II. adv 1. tisztességesen, korrektül, helyesen; speak ~ of sy kedvezően beszél vkről 2. jól; pontosan
Fairfax ['feəfæks] prop
fair-haired a szőke (hajú)
fairly ['feəlɪ] adv 1. becsületesen, korrektül; méltányosan 2. elég(gé), egész(en), meglehetősen [jól stb.]; she speaks English ~ well elég/meglehetősen jól beszél angolul
fair-minded a igazságos; elfogulatlan, pártatlan
fairness ['feənɪs] n 1. korrektség, becsületesség; méltányosság; in all ~ to him hogy méltányosak legyünk vele szemben 2. tökéletesség; szépség
fair-sized a jókora
fair-spoken a jó modorú; udvarias
fairway n 1. hajózható csatorna/út 2. ⟨golfpálya akadálymentes része⟩
fair-weather a ~ friend érdekbarát
fairy ['feərɪ] I. a tündéri, tündér- II. n tündér
fairyland n tündérország
fairy-tale n tündérmese
faith [feɪθ] n 1. hit, bizalom (in vkben); have/put ~ in sy bízik vkben; upon

my ~ *!* szavamra!; *pin one's* ~ *on sy* vkbe veti minden reményét 2. hit(vallás); *the Christian* ~ a keresztény hit/vallás 3. hűség, becsület; *good* ~ jóhiszeműség; *do sg in all good* ~ jóhiszeműen cselekszik 4. ígéret; *keep* ~ *with sy* állja a szavát, megtartja vknek tett ígéretét; *break* ~ *with* szavát szegi
faithful ['feɪθfʊl] I. *a* 1. hű(séges) 2. hű, pontos [másolat] II. *n the* ~ (1) a hivők (2) az igazhitűek [mohamedánok]
faithfully ['feɪθfʊlɪ] *adv* hűségesen; (*I am*) ~ *yours, yours* ~ őszinte híve(d) [levélzáradékban]
faith-healing *n* gyógyítás imádsággal
faithless ['feɪθlɪs] *a* 1. hitetlen 2. hűtlen, szószegő, csaló
faithlessness ['feɪθlɪsnɪs] *n* 1. hitetlenség 2. hűtlenség, szószegés
fake¹ [feɪk] I. *n* 1. hamisítvány [iraté]; utánzat [műtárgyé]; koholmány 2. csalás; csel II. *vt* (meg)hamisít [szöveget, műtárgyat]; kohol [vádat]
fake² [feɪk] *n* kötélgyűrű [összetekert hajókötél]
faker ['feɪkə*] *n* hamisító; szédelgő
faking ['feɪkɪŋ] *n* 1. hamisítás, csalás 2. cselezés
fakir ['feɪkɪə*; US fəˈkɪr] *n* fakír
falchion ['fɔ:ltʃ(ə)n] *n* pallos
falcon ['fɔ:lkən] *n* sólyom
falconer ['fɔ:lkənə*] *n* solymár
falconry ['fɔ:lk(ə)nrɪ] *n* solymászat
Falkland Islands ['fɔ:lklənd] *prop* Falkland-szigetek
fall [fɔ:l] I. *n* 1. (le)esés, (le)hullás; *a* ~ *in prices* áresés; *deal for a* ~ áresésre spekulál; *have a* ~ elesik; *biz try a* ~ *with sy* erejét összeméri vkvel 2. vk veszte; (el)bukás; tönkrejutás; *the F*~ a bűnbeesés; *the* ~ *of Troy* Trója eleste 3. esés [hőmérsékleté], csökkenés 4. **falls** *pl* vízesés 5. csapadék (mennyisége) 6. *US* ősz II. *vi* (*pt* **fell** fel, *pp* ~**en** 'fɔ:l(ə)n) 1. (le)esik, lehull; *let* ~ elejt, leejt; *the curtain* ~*s* a függöny legördül; ~ *to the ground* (1) leesik a földre (2) *átv* füstbe megy [terv]; *her eyes fell* lesütötte a szemét;

his face fell leesett az álla 2. elesik; elbukik; ~ *a victim to sg* áldozatául esik vmnek; *the Government has* ~*en* megbukott a kormány 3. esik, süllyed [barométer]; csillapodik [szél]; csökken [ár] 4. beomlik [épület] 5. ⟨vmlyen állapotba kerül⟩; ~ *sick* megbetegszik; ~ *vacant* megüresedik; *night is* ~*ing* alkonyodik
fall among *vi* † *he fell* a. *thieves* rablók kezébe került/esék
fall away *vi* 1. elpártol 2. lesoványodik, hanyatlik 3. elmarad
fall back *vi* 1. hanyatt esik; visszaesik 2. visszavonul, meghátrál 3. ~ *b.* (*up*)*on sy/sg* vkre/vmre szorul, kénytelen beérni vkvel/vmvel; *you can always* ~ *b. on me* (szükség esetén) rám mindig számíthatsz
fall behind *vi* hátramarad, lemaradozik
fall down *vi* 1. leesik, lezuhan; ~ *d. before sy* térdre hull vk előtt 2. beomlik, bedől [épület]
fall for *vi biz* beleszeret/-esik vkbe
fall in *vi* 1. beomlik 2. sorakozik; ~ *in* (*line*) (fel)sorakozik; ~ *in!* sorakozz! 3. lejár [bérlet] 4. ~ *in with sy* (1) véletlenül találkozik vkvel (2) megegyezik vkvel
fall into *vi* 1. (*átv is*) beleesik vhova/vmbe; kerül [vhova, állapotba stb.]; ~ *i. sy's hands* vk kezébe (v. karmai közé) kerül; ~ *i. a habit* megszokik vmt, szokásává válik vm; ~ *i. a rage* dühbe gurul 2. (fel)oszlik [részekre] 3. ömlik (vhova) [folyó]
fall off *vi* 1. leesik 2. elhagy, cserbenhagy; elmarad, lemorzsolódik 3. csökken, fogy [bevétel, hallgatóság stb.] 4. hanyatlik, romlik, [egészség]
fall on *vi* 1. (rá)esik; *his eyes fell on her* szeme rá esett; *it* ~*s on me...* rám hárul; ~ *on sy's neck* nyakába borul; ~ *on one's sword* kardjába dől 2. nekiesik, nekitámad; ~ *on the enemy* ellenséget megtámad; ~ *on one's food* nekiesik az ételének 3. (vmre) esik; jut
fall out *vi* 1. kiesik (*of* vhonnan) 2. sorból kilép [katona]; ~ *o.!* oszolj! 3.

603 - 463 - 7779   Fax - Black
michalacka@compuserve.com e-mail

cerdei@oki1. johoki.hu
Zsuzs@korinthy.hu

Fab4@networkpolsa.net - Lynn Heiniger

mmheiniger@hotmail.com
U.S. Embassy

B+N – L'invitée (Eng)
Mem. ⁹ Dut. Daug. – (Eng?)
Fernole –

1conijeand @ iutang. univ- poitiers.fr

podnorgn @ ocps. k12. pl. us

Hung arozancion

Zakar csalad (Zakar Family)

Sdavis@nhs.pvt.riz.nh.us

William Addai
453 Broadway
Somerville MA 02145

Inform.
198-

~ *o. with sy* összevész vkvel **4.** (meg-) történik; *things fell o. badly* a dolgok rosszul ütöttek ki
fall over *vi* **1.** felborul, felbukik **2.** ráesik, ráhull [haj vállra stb.] **3.** ~ *o. oneself* (1) elbukik/elbotlik siettében (2) *átv* kezét-lábát töri igyekezetében; *they are ~ing o. themselves* túltesznek egymáson (és önmagukon)
fall through *vi* kudarcba fúl; *the scheme fell th.* nem lett semmi a tervből
fall to *vi* **1.** nekiesik, nekilát (vmnek); *biz* ~ *to!* lássatok hozzá! [evéshez] **2.** becsapódik [ajtó] **3.** rámarad, (rá)háramlik [kötelesség stb.]
fall under *vi* **1.** (vmely csoportba/ osztályba) tartozik **2.** ~ *u. suspicion* gyanúba kerül
fall upon *vi* = *fall on*
fallacious [fə'leɪʃəs] *a* csaló(ka); megtévesztő, félrevezető
fallacy ['fæləsɪ] *n* **1.** megtévesztés **2.** téves következtetés; *a popular* ~ széles körökben elterjedt téveszme
fallen ['fɔ:l(ə)n] I. *a* ~ *arch* bokasüllyedés; ~ *leaves* lehullott falevelek; ~ *woman* bukott nő II. *n the* ~ a hősi halottak ‖ → *fall II.*
fallibility [fælə'bɪlətɪ] *n* **1.** tévedhetés, tévedhetőség **2.** esendőség, gyarlóság
fallible ['fæləbl] *a* esendő, gyarló
falling-sickness ['fɔ:lɪŋ-] *n* eskór, epilepszia
fall-off *n* csökkenés; hanyatlás
fall-out *n* **1.** radioaktív pereső/csapadék, atomcsapadék **2.** következmény
fallow[1] ['fæloʊ] I. *a* parlagon fekvő II. *n* ugar III. *vt* ugaroltat [földet]
fallow[2] ['fæloʊ] *a* fakó, kese
fallow-deer *n* dámvad
false [fɔ:ls] I. *a* **1.** téves, helytelen, hamis; ál-; ~ *alarm* vaklárma; ~ *rib* álborda; ~ *step* (1) (meg)botlás (2) *átv* ballépés **2.** megtévesztő; valótlan, hamis; *sail under* ~ *colours* (1) idegen lobogó alatt fut [haj jogtalanul] (2) *biz* hamis színben tünteti fel önmagát **3.** hűtlen, csalfa, csalárd; *she is* ~ *to her husband* megcsalja a férjét **4.** nem valódi/igazi, hamis [haj, fog, ékszer] II. *adv play sy* ~ elárul vkt; becsap vkt

falsehood ['fɔ:lshʊd] *n* **1.** hamisság **2.** csalás, hazugság
falsely ['fɔ:lslɪ] *adv* **1.** tévesen, hamisan **2.** csalárdul
falsetto [fɔ:l'setoʊ] *n* fejhang
falsification [fɔ:lsɪfɪ'keɪʃn] *n* hamisítás
falsify ['fɔ:lsɪfaɪ] *vt* **1.** hamisít **2.** rácáfol
falsity ['fɔ:lsətɪ] *n* **1.** hamisság **2.** csalárdság
Falstaff ['fɔ:lstɑ:f] *prop*
falter ['fɔ:ltə*] A. *vt* ~ *out sg* kinyög, akadozva elmond vmt B. *vi* **1.** botladozik, bizonytalanul mozog **2.** habozik, tétovázik
fame [feɪm] *n* hír(név); *of good/ill* ~ jó/rossz hírű; *win* ~ híressé lesz
famed [feɪmd] *a* híres, nevezetes (*for* vmről)
familial [fə'mɪljəl] *a* családi [jelleg, vonás]
familiar [fə'mɪljə*] *a* **1.** családi(as), meghitt, bizalmas; intim; *be* ~ *with sy, be on* ~ *terms with sy* bizalmas/meghitt viszonyban van vkvel **2.** fesztelenül bizalmaskodó; közvetlen stílusú **3.** (jól) ismert, gyakori, megszokott, ismerős; ~ *to sy* ismert vk előtt/által **4.** *be* ~ *with sg* otthonos/jártas vmben; (jól) ismer vmt; *make oneself* ~ *with a language* nyelvet megtanul
familiarity [fəmɪlɪ'ærətɪ] *n* **1.** bizalmasság, meghittség; bizalmaskodás; ~ *breeds contempt* a bizalmaskodás tiszteletlenséget szül **3.** *familiarities* *pl* bizalmaskodás **4.** jártasság (*with* vmben)
familiarize [fə'mɪljəraɪz] *vt* hozzászoktat vmhez, megismer(ked)tet vmvel/vkvel, jártassá tesz vmben (*with*)
family ['fæm(ə)lɪ] *n* **1.** család; *man of good* ~ jó családból való ember; *be one of the* ~ a családhoz tartozik; *he has a large* ~ sok gyereke van; *it runs in the* ~ családi vonás; *in a* ~ *way* formaságok nélkül, családiasan; *she is in the* ~ *way* másállapotban van, gyereket vár **2.** ~ *allowance* családi pótlék; ~ *doctor* háziorvos; ~ *man* (1) családapa (2) otthonülő ember; ~ *planning* családtervezés; ~ *tree* családfa

famine ['fæmɪn] n éhség, éhínség; *die of* ~ éhenhal; ~ *prices* uzsoraárak
famish ['fæmɪʃ] A. *vt* (ki)éheztet B. *vi* 1. éhezik; *biz be* ~*ing* farkaséhes 2. *a* ~*ing winter* dermesztően hideg tél
famished ['fæmɪʃt] *a* kiéhezett
famous ['feɪməs] *a* 1. híres, nevezetes, jól ismert 2. *biz* nagyszerű, pompás; *that's* ~*!* ez pompás!; *make a* ~ *dinner* remek ebédet készít
famously ['feɪməslɪ] *adv biz* remekül; *get on* ~ *with one's work* kitűnően megy neki a munka
fan¹ [fæn] I. *n* 1. legyező 2. szellőztető készülék, ventillátor 3. gabonarosta II. *v* -nn- A. *vt* 1. legyez(get); ~ *(up) the fire* tüzet szít; ~ *a quarrel* veszekedést szít 2. (ki)rostál [gabonát] B. *vi* ~ *out* legyezőszerűen szétterjed
fan² [æn] *n biz* rajongója vmnek/vknek, szurkoló; ~ *mail* rajongók levelei
fanatic(al) [fə'nætɪk(l)] *a/n* fanatikus, rajongó
fanaticism [fə'nætɪsɪz(ə)m] *n* fanatizmus
fancier ['fænsɪə*] *n* (állat)kedvelő
fanciful ['fænsɪfʊl] *a* 1. képzeletszőtte, irreális 2. szeszélyes; különös
fancy ['fænsɪ] I. *a* 1. képzeletbeli; ~ *name* fantázianév; ~ *price* fantasztikus ár 2. különleges; luxus; díszes; tarka; ~ *dress* jelmez →*fancy-dress;* ~ *goods* (1) díszműáru (2) luxuscikkek; ~ *work* kézimunka, hímzés 3. ~ *man* (1) szívszerelem (2) □ selyemfiú, strici II. *n* 1. képzelet, képzelőerő 2. elképzelés, ábránd 3. képzelődés, (alaptalan) feltevés; *I have a* ~ *that . . .* az az érzésem, hogy . . . 4. kedv; tetszés, vágy; gusztus (vmre); *take a* ~ *to sg* kedvet kap vmhez; *take/catch the* ~ *of . . .* megtetszik neki; *as the* ~ *takes him* ahogy kedve tartja; *that suits my* ~ ez kedvemre való 5. (múló) szeszély; *passing* ~ pillanatnyi szeszély 6. *the* ~ vmlyen kedvtelés rajongói III. *vt* 1. elképzel, elgondol; *I can't* ~ *him as a soldier* nem tudom katonának elképzelni; ~ *now!,* ~ *(that)!* képzeld csak! 2. gondol, hisz; képzel; *I* ~ *he is out* azt hiszem nincs otthon 3. ~

oneself sokra tartja magát 4. tetszik vm, kedvére van (vm vknek)
fancy-dress ball jelmezbál, álarcosbál
fancy-fair *n* bazár
fancy-free *a be* ~ nem szerelmes
fancy-shop *n* díszműáru-kereskedés, ajándékbolt
fanfare ['fænfeə*] *n* harsonaszó fanfár
fang [fæŋ] *n* 1. agyar; méregfog; tépőfog 2. karom
fan-light *n* felülvilágító(s) ablak [félkör alakú]
fanned [fænd] →*fan¹ II.*
fanny¹ ['fænɪ] *n US* □ fenék, popsi
Fanny² ['fænɪ] *prop* Fanni, Fáni
fan-tail *n* 1. legyező alakú végződés/rész 2. pávafarkú galamb
fantastic [fæn'tæstɪk] *a* 1. különös, fantasztikus 2. különcködő, hóbortos
fantasy ['fæntəsɪ] *n* 1. képzelet, képzelőerő, fantázia 2. képzelődés, látomás, agyrém
fan-tracery/vaulting *n* legyezőboltozat
FAO [efeɪ'oʊ] *Food and Agriculture Organization* az ENSZ Élelmezési és Mezőgazdasági Szervezete
far [fɑ:*] (*comp* farther 'fɑ:ðə* és further 'fə:ðə*, *sup* farthest 'fɑ:ðɪst és furthest 'fə:ðɪst) I. *a* távoli; messzi; *the F~ East* a Távol-Kelet; *the F~ West* a Távol-Nyugat [az USA-ban]; *at the* ~ *end of the street* az utca túlsó végén/oldalán; *a* ~ *cry* (1) messze (2) nem hasonlítható össze vele II. *adv* 1. messze, távol, messzire; ~ *away/off* messze (kint); *how* ~? meddig?; milyen messze?; *how* ~ *is it from X to Y?* milyen messze van X-től Y-ig?; *how* ~ *have you got?* mennyire jutottál?; ~ *into the night* késő éjszakáig; ~ *and wide* széltében-hosszában, mindenütt; ~ *from it!* korántsem!; ~ *from happy* korántsem boldog; ~ *be it from me* távol legyen tőlem a szándék, eszem ágában sincs; ~ *back in the past* igen régen; *as* ~ *back as 1910* már 1910-ben; *go* ~ (1) messze megy (2) sikere van; *he made his money go* ~ jól használta ki a pénzét; *go too* ~, *carry sg too* ~ túl messzire megy, túlzásba visz vmt; *so* ~ a mai napig,

(mind)eddig; *not so* ~ (1) nem olyan messze (2) eddig még nem; *so* ~ *and no farther* eddig és ne tovább; *so* ~ *so good* eddig rendben van/volnánk; *in so* ~ *as* amennyiben; amennyire; *as* ~ *as* (1) (valamedd)ig, egészen . . . ig (2) már amennyire; *as* ~ *as I can tell* már amennyire én meg tudom állapítani/ mondani 2. nagyon, sokkal, jóval; ~ *better* sokkal jobb; ~ *and away the best* kiemelkedően/messze a legjobb III. *n from* ~ messziről; *by* ~ *the best* messze/kiemelkedően a legjobb

farad ['færəd] *n* farad [kapacitás]

Faraday ['færədı] *prop*

far-away *a* távoli, messzi; *a* ~ *look* révedező pillantás

far-between *a* ritka; *his visits were few and* ~ igen ritkán jött el

farce [fɑ:s] *n* komédia

farcical ['fɑ:sıkl] *a* nevetséges; abszurd

fardel ['fɑ:dl] *n* † teher

fare¹ [feə*] *n* 1. viteldíj; útiköltség; ~*s please!* jegyeket kezelésre kérem!; ~ *stage* (vonal)szakasz [buszon stb.] 2. utas [bérkocsiban] 3. ellátás, koszt, étel; *good* ~ jó konyha

fare² [feə*] *vi* 1. † utazik; ~ *forth* elutazik 2. boldogul [ember]; sikerül, halad [dolog]; ~ *well* (1) jól megy sora (2) jól kosztol; ~ *ill* (1) rosszul/pórul jár (2) rosszul sikerül, balul végződik (vm); *it* ~*d well with me* jól ment nekem; ~ *thee well!* Isten vele(d)! 3. eszik, étkezik

farewell I. *a* búcsú; ~ *party* búcsúest; ~ *speech* búcsúbeszéd II. *int* Isten vele(d)! III. *n* istenhozzád, búcsú; *bid* ~ *to sy* vknek istenhozzádot mond, elbúcsúzik vktől; *take one's* ~ *of sy* vktől elbúcsúzik

far-famed *a* hírneves

far-fetched [-'fetʃt] *a* erőltetett [példa], túlzott [hasonlat]

far-flung *a* kiterjedt

far-gone *a* 1. előrehaladott (állapotban levő); ~ *with child* előrehaladott terhes 2. nagyon beteg/részeg 3. eladósodott

farinaceous [færı'neıʃəs] *a* lisztes, liszttartalmú

farm [fɑ:m] I. *n* major, tanya, gazdaság, farm, kisbirtok; *state* ~ állami gazdaság II. A. *vi* gazdálkodik B. *vt* 1. (meg)művel [földet] 2. kosztba/tartásra ad/vállal [gyermeket] 3. (haszon)bérbe ad/vesz; ~ *out* (1) bérbe ad [földet, munkaerőt] (2) albérletbe kiad [munkát]

farmer ['fɑ:mə*] *n* gazda, farmer; ~*s' cooperative* termelőszövetkezet

farm-hand *n* mezőgazdasági munkás

farm-house *n* tanyaház, lakóház [tanyán]

farming ['fɑ:mıŋ] I. *a* (mező)gazdasági; földművelő; ~ *implements* gazdasági felszerelés II. *n* gazdálkodás

farm-labourer *n* mezőgazdasági munkás

farm-stead *n* tanya(ház) [a hozzátartozó gazdasági épületekkel]

farm-wagon *n* szekér

farm-yard *n* gazdasági udvar, szérűskert

far-off *a* = *far-away*

Farquhar ['fɑ:kwə*] *prop*

farrago [fə'rɑ:goʊ] *n* (*pl* ~(e)s -z) zagyvaság

far-reaching [-'ri:tʃıŋ] *a* messzeható, -menő

farrier ['færıə*] *n* 1. patkolókovács 2. † lódoktor

farriery ['færıərı] *n* 1. kovácsmesterség 2. † lódoktorkodás

farrow ['færoʊ] I. *n* egyhasi malacok II. *vi/vt* malacozik, ellik [disznó]

far-seeing *a* = *far-sighted* 2.

far-sighted *a* 1. távollátó 2. előrelátó, körültekintő

fart [fɑ:t] *vulg* I. *n* fing II. *vi* fingik

farther ['fɑ:ðə*] I. *a* 1. további, távolabbi; *on the* ~ *bank of the river* a folyó túlsó partján 2. későbbi ‖→*far* II. *adv* ~ (*off*) tovább, távolabb, meszszebb; ~ *on* távolabb; *wish sy* ~ pokolba kíván vkt; *I can go no* ~ nem tudok tovább menni

farthermost *a* legtávolabbi

farthest ['fɑ:ðıst] I. *a* legmesszebbi, legtávolabbi; *at* (*the*) ~ (1) legtávolabb (2) legkésőbb(en) (3) legfeljebb II. *adv* legmesszebb(re) ‖→*far*

farthing ['fɑ:ðıŋ] *n* ⟨forgalomban nem

levő angol aprópénz, a régi penny egynegyed része〉, kb. krajcár; *I haven't got a* ~ egy krajcárom/vasam sincs
farthingale ['fɑːðɪŋgeɪl] *n* abroncsos szoknya, krinolin
f.a.s., **fas** [efeɪ'es] *free alongside ship* →*free*
fascia *n* **1.** ['fæʃɪə] orvosi kötés, (seb-) pólya **2.** ['feɪʃə] párkány(lemez); homlokdeszka; cégtábla **3.** ['fæʃɪə] izomburok **4.** ['feɪʃə] *GB* műszertábla, szerelvényfal [gépkocsiban]
fascicle ['fæsɪkl] *n* **1.** nyaláb, köteg **2.** füzet [kiadványé]
fascinate ['fæsɪneɪt] *vt* **1.** megbűvöl; megigéz **2.** *biz* elbájol, elkápráztat
fascinating ['fæsɪneɪtɪŋ] *a* elbűvölő, elragadó, megragadó
fascination [fæsɪ'neɪʃn] *n* **1.** megbűvölés, megigézés **2.** *biz* vonzerő, varázs **3.** elragadtatás
fascism ['fæʃɪzm] *n* fasizmus
fascist ['fæʃɪst] *n/a* fasiszta
fashion ['fæʃn] **I.** *n* **1.** mód, szokás; *after a* ~ úgy-ahogy; *in a strange* ~ különös módon; *as was his* ~ ahogy ő szokta; *go out of* ~ kimegy a szokásból/divatból **2.** divat; *it is (all) the* ~ ez ma a divat; *in* ~ divatos; *come into* ~ divatba jön; *out of* ~ divatjamúlt; *set the* ~ divatot csinál/teremt; *a man of* ~ társaságbeli ember **3.** szabás, fazon [ruháé] **II.** *vt* **1.** készít (*out of* vmből) **2.** alakít, megformál (*sg from sg* vmt vmből), megmunkál
fashionable ['fæʃnəbl] *a* divatos, elegáns; előkelő [társaság]
fashion-book *n* divatlap
fashion-plate *n* divatkép
fashion-show *n* divatbemutató
fast¹ [fɑːst; *US* -æ-] **I.** *n* böjt; *break one's* ~ (1) † böjtöt megszeg (2) reggelizik **II.** *vi* **1.** böjtöl **2.** koplal; *to be taken* ~*ing* éhgyomorra veendő be
fast² [fɑːst; *US* -æ-] **I.** *a* **1.** gyors, sebes; ~ *train* gyorsvonat; *my watch is 5 minutes* ~ az órám 5 percet siet **2.** szilárd, rögzített, erős; (be)zárt; *make* ~ (1) (le)rögzít (2) odaköt **3.** *átv* szi-

lárd, megbízható, igaz; ~ *friends* jó barátok **4.** tartós, színtartó [textília] **5.** kicsapongó, könnyűvérű; ~ *woman* ledér nő; *the* ~ *set* a nagy lábon (v. zajosan) élők **6.** ~*er film* nagyobb érzékenységű film **II.** *adv* **1.** gyorsan; *go* ~ gyorsan megy; *it is raining* ~ zuhog az eső **2.** erősen, szilárdan; *hold* ~ nem szorosan/erősen fog/tart; *stand* ~ nem mozdul, nem hátrál; *stick* ~ jól (meg)ragad; *play* ~ *and loose with sy* bolondít vkt [nő férfit stb.] **3.** *live* ~ könnyelmű/kicsapongó életet folytat
ast-day *n* böjtnap
fasten ['fɑːsn; *US* -æ-] **A.** *vt* **1.** megerősít, rögzít; megköt, odaköt; ~ (*up*) *a parcel with a string* csomagot zsineggel átköt; ~ *a crime on sy* bűnt másra ken; ~ *one's eyes on sg* szemét rászegezi vmre **2.** bezár, elreteszel [ajtót]; megköt [cipőfűzőt]; bekapcsol, begombol [biztonsági övet, ruhaneműt] **B.** *vi* **1.** ~ (*up*)*on sy/sg* megragad vkt/vmt; *he* ~*ed on me as his prey* lecsapott rám mint áldozatra **2.** zár(ódik); kapcsolódik, gombolódik, csukódik [ruha]
fastener ['fɑːsnə*; *US* -æ-] *n* **1.** retesz, kallantyú, tolózár **2.** kapocs; csat [ruhán, táskán]
fastening ['fɑːsnɪŋ; *US* -æ-] *n* **1.** rögzítés; odaerősítés **2.** kapcsolás, gombolás [ruhán] **3.** (toló)zár; retesz
fastidious [fə'stɪdɪəs; *US* fæ-] *a* finnyás, válogatós, kényes
fasting ['fɑːstɪŋ; *US* -æ-] *n* **1.** böjt **2.** koplalás
fastness ['fɑːstnɪs; *US* -æ-] *n* **1.** gyorsaság **2.** szilárdság **3.** színtartóság **4.** erőd, vár **5.** szabadosság, könnyűvérűség
fat [fæt] **I.** *a* (*comp* ~*ter* 'fætə*, *sup* ~*test* 'fætɪst] **1.** kövér, hájas [ember]; kövér, zsíros [hús]; vastag [erszény]; *get/grow* ~ meghízik **2.** termékeny, kövér [föld]; bőséges [készlet]; *biz* zsíros [állás]; *a* ~ *chance you have* arra ugyan várhatsz; *biz a* ~ *lot you care* törődsz is te azzal (hogy) **II.** *n* **1.** háj; zsír, zsiradék; *biz the* ~ *is in the fire* a baj megtörtént!; *put on* ~

(meg)hízik; *run to* ~ elhízik 2. vmnek a java; *live on the* ~ *of the land* jólétben/bőségben él **III.** *v* **-tt- A.** *vt* hizlal **B.** *vi* hízik; *kill the* ~*ted calf* nagy lakomát csap (vk érkeztének örömére)
fatal ['feɪtl] *a* végzetes, halálos, fatális
fatalism ['feɪtəlɪzm] *n* fatalizmus
fatalist ['feɪtəlɪst] *n* fatalista
fatalistic [feɪtə'lɪstɪk] *a* fatalista
fatality [fə'tælətɪ] *n* 1. balsors, balvégzet 2. halálos végű szerencsétlenség; haláleset; *fatalities* a halálos áldozatok (száma)
fatally ['feɪtəlɪ] *adv* halálosan; tragikusan [végződött]
fate [feɪt] *n* 1. scrs, végzet; *the F~s* a sors istennői, a Párkák; *leave sy to his* ~ sorsára hagy vkt; *as sure as* ~ holtbiztos 2. halál, vég; *he met his* ~ *in 1944* 1944-ben halt meg
fated ['feɪtɪd] *a* 1. végzetes, elkerülhetetlen 2. vmre szánt/kijelölt; ~ *to faiι* bukásra ítélt
fateful ['feɪtful] *a* végzetes, életbevágó
fat-head *n biz* hájfejű, ostoba, tökfilkó
father ['fɑː:ðə*] **I.** *n* 1. apa, atya; *Yes,* ~*!* igen, apám!; *from* ~ *to son* apáról fiúra; *the wish is* ~ *to the thought* vágyaink vezérlik gondolatainkat 2. *our* ~*s* atyáink, őseink 3. páter; atya [katolikus pap megszólítása]; ~ *confessor* gyóntató, lelkiatya **II.** *vt* 1. nemz [gyermeket]; *biz* feltalál, kigondol (vmt) 2. örökbe fogad 3. apaságot/szerzőséget clismer/vállal 4. apaságot/szerzőséget tulajdonít (vknek); ~ *a child on sy* egy gyermek apaságát vknek tulajdonítja
fatherhood ['fɑː:ðəhʊd] *n* apaság
father-in-law *n* (*pl* **fathers-in-law**) após
fatherland *n* haza, szülőföld
fatherless ['fɑː:ðəlɪs] *a* apátlan
fatherly ['fɑː:ðəlɪ] *a* atyai
fathom ['fæðəm] **I.** *n* öl ⟨hosszmérték: 6 láb = 182,9 cm, tengermélység és famennyiség mérésére⟩ **II.** *vt* 1. mélységet mér 2. *átv* mélyére hatol (vmnek)
fathomless ['fæðəmlɪs] *a* mérhetetlen, feneketlen; *átv* megfejthetetlen
fatigue [fə'tiːg] **I.** *n* 1. fáradtság, kime-

rültség; *drop with* ~ összeesik a kimerültségtől 2. fáradság, vesződség 3. kifáradás [anyagé]; ~ *test* fárasztópróba 4. = *fatique-duty* **II.** *vt* (ki)fáraszt
fatigue-duty *n* soros munka [katonaságnál]
fatigue-party *n* munkakülönítmény
fatiguing [fə'tiːgɪŋ] *a* fárasztó
fatness ['fætnɪs] *n* 1. kövérség, zsírosság 2. termékenység [földé]
fatted ['fætɪd] *a* hizlalt, hizott →*fat III.*
fatten ['fætn] **A.** *vt* ~ (*up*) (meg)hizlal **B.** *vi* (meg)hízik
fattening ['fætnɪŋ] **I.** *a* hizlaló **II.** *n* 1. hízás 2. hizlalás
fatter, fattest →*fat I.*
fatty ['fætɪ] **I.** *a* zsíros; (*átv is*) hájas **II.** *n* gömböc, „pufi", „dagi", dagadt
fatuity [fə'tjuːətɪ; *US* -'tuː-] *n* butaság, ostobaság
fatuous ['fætjʊəs; *US* -tʃ-] *a* buta, ostobán önelégült
faucet ['fɔːsɪt] *n* 1. (hordó)csap 2. *US* vízcsap
Faulkner ['fɔːknə*] *prop*
fault [fɔːlt] *n* 1. hiba, hiányosság, fogyatékosság; *find* ~ *with* (1) kifogásol, hibásnak talál (vmt) (2) gáncsoskodik (vkvel); bírál (vkt) 2. hiba, vétség; mulasztás; *be at* ~ (1) hibás, hibázik (2) zavarban van, nem igazodik el; *the* ~ *lies with you* a te hibád, te vagy a hibás; *to a* ~ túlságosan is 3. (geológia) vetődés
fault-finder *n* 1. szőrszálhasogató [ember] 2. hibakereső [készülék]
fault-finding **I.** *a* szőrszálhasogató, kicsinyes **II.** *n* szőrszálhasogatás, kicsinyesség
faultiness ['fɔːltɪnɪs] *n* hibásság
faultless ['fɔːltlɪs] *a* hibátlan
faulty ['fɔːltɪ] *a* hibás
faun [fɔːn] *n* faun
fauna ['fɔːnə] *n* állatvilág, fauna
favour, *US* **favor** ['feɪvə*] **I.** *n* 1. kegy, jóindulat, pártfogás; *be in* ~ *with sy* vk jóindulatát/pártfogását élvezi; *find* ~ *with sy* vk kegyeit élvezi; *be out of* ~ (1) kegyvesztett (2) nem divatos 2. szívesség; *ask a* ~ *of sy* szívességet

kér vktől; *do sy a* ~ szívességet tesz vknek; *your* ~ *of the 15th* 15-i (becses) sorai; *by your* ~ szíves engedelmével; *by* ~ *of* . . . vk jóvoltából **3.** kedvezés, részrehajlás, támogatás; *be in* ~ *of sg* vm mellett van, támogat vmt; *in* ~ *of sy* vk javára/érdekében; *has everything in his* ~ minden mellette szól; *under* ~ *of the night* az éj leple alatt **4.** jelvény, csokor **II.** *vt* **1.** helyesel, támogat, pártfogol; *I don't* ~ *the idea* nem tetszik nekem a gondolat **2.** kitüntet, megtisztel (*with* vmvel) **3.** előnyben részesít; *which colour do you* ~ melyik színt választja, melyik szín tetszik (jobban)? **4.** kedvez (vmnek); elősegít (vmt); ~*d by fortune* a szerencse/sors jóvoltából **5.** *biz* hasonlít (vkre); *the child* ~*s his father* a gyerek az apjára hasonlít
favourable, *US* **-vor-** ['feɪv(ə)rəbl] *a* **1.** kedvező, előnyös; *on* ~ *terms* kedvező feltételek mellett **2.** előzékeny [fogadtatás]; jó [hír]
favourably, *US* **-vor-** ['feɪv(ə)rəblɪ] *adv* kedvezően; szerencsésen; *speak* ~ *of sy* kedvezően nyilatkozik vkről
favoured, *US* **favored** ['feɪvəd] *a* szerencsés; kiváltságos, előnyös; *most* ~ *nation clause* legnagyobb kedvezmény záradéka
favourite, *US* **-vor-** ['feɪv(ə)rɪt] **I.** *a* kedvenc, legkedvesebb **II.** *n* **1.** kedvenc, kegyenc **2.** esélyes, favorit
favouritism, *US* **-vor-** ['feɪv(ə)rɪtɪzm] *n* **1.** kivételezés, részrehajlás **2.** protekcionizmus
fawn[1] [fɔ:n] **I.** *a* őzbarna, (világos) sárgásbarna **II.** *n* fiatal őz; őzborjú, szarvasborjú
fawn[2] [fɔ:n] *vi* ~ (*up*)*on sy* (1) hízelkedőn farkát csóválja [kutya] (2) hízeleg (vk vknek)
fawn-colour(ed) *a* = **fawn**[1] *I.*
fawning ['fɔ:nɪŋ] *a* hízelgő
fay [feɪ] *n* tündér
F.B.A., FBA [efbi:'eɪ] *Fellow of the British Academy* a Brit Akadémia tagja
F.B.I., FBI [efbi:'aɪ] *Federal Bureau of Investigation* szövetségi (bűnügyi) nyomozóiroda (USA)

fc(a)p. *foolscap*
fealty ['fi:(ə)ltɪ] *n* **1.** hűbéreskü **2.** *átv* hűség, lojalitás
fear [fɪə*] **I.** *n* **1.** félelem, rettegés; aggodalom; *have no* ~*!* ne félj!; *biz no* ~*!* ne félj!, attól ugyan nem kell tartani; *there's no* ~ *of rain* nem kell esőtől tartani; *go in* ~ *of sy* fél/tart vktől; *go in* ~ *of one's life* félti az életét; *without* ~ *or favour* részrehajlás nélkül, pártatlanul; *have* ~*s for sy* aggódik vkért; *for* ~ *of* (1) attól félve (hogy) (2) nehogy . . .; *for* ~ *we should forget* nehogy elfelejtsük **2.** (törvény-) tisztelet; ~ *of God* istenfélelem; *put the* ~ *of God into sy* megtanít vkt kesztyűbe dudálni **II. A.** *vt* **1.** ~ *sy/sg* fél/tart vktől/vmtől, aggódik vm miatt; ~ *the worst* a legrosszabbtól tart; † *I* ~ *me* (nagyon) félek; *it is to be* ~*ed that* félni/tartani lehet attól, hogy; félő(s), hogy **2.** (félve) tisztel **B.** *vi* fél, aggódik; *never* ~*!* ne aggódjál!; ~ *for sy* retteg/aggódik vk életéért, félt vkt
fearful ['fɪəf(ʊ)l] *a* **1.** félelmes **2.** *biz* szörnyű, borzalmas; *a* ~ *mess* szörnyű rendetlenség **3.** félénk, ijedős
fearless ['fɪəlɪs] *a* bátor, rettenthetetlen
fearsome ['fɪəsəm] *a* ijesztő, rémséges
feasibility [fi:zə'bɪlətɪ] *n* **1.** megvalósíthatóság, vm lehetséges volta **2.** valószínűség
feasible ['fi:zəbl] *a* **1.** lehetséges, keresztülvihető, megvalósítható **2.** valószínű, lehetséges; alkalmas
feast [fi:st] **I.** *n* **1.** ünnep(nap) **2.** ünnepség; (ünnepi) lakoma; vendégség **II. A.** *vt* **1.** megvendégel **2.** gyönyörködtet [szemet, fület stb.] **B.** *vi* vendégeskedik, lakomán részt vesz, dőzsöl
feat [fi:t] *n* **1.** (hős)tett; ~ *of arms* fegyvertény **2.** látványos/merész mutatvány
feather ['feðə*] **I.** *n* **1.** (madár)toll; *light as a* ~ pehelykönnyű; *show the white* ~ gyáván viselkedik; *that's a* ~ *in his cap* becsületére válik, erre büszke lehet; *you might have knocked me down with a* ~ leesett az állam a csodálkozástól; *crop sy's* ~*s* megnyírbálja vk szárnyait **2.** tollazat; *fine* ~*s* (*do not*)

make fine birds (nem a) ruha teszi az embert 3. *be in high* ~ széles jókedvében van II. A. *vt* 1. (fel)tollaz; *biz* ~ *one's nest* megszedi magát, megtollasodik; *tar and* ~ *sy* vkt szurokkal beken és tollban meghengerget 2. lapjára fordít [evezőt] B. *vi* tollasodik
feather-bed I. *n* derékalj, dunyha II. *vt* **-dd-** kedvezményekkel elkényeztet, agyontámogat
feather-brained *a* szeleburdi; ostoba
feather-edge *n* finom él, hajszálél
feather-headed *n* = *feather-brained*
feathering ['feðərɪŋ] *n* tollazat
feather-stitch *n* halszálkaöltés
feather-weight I. *a* pehelysúlyú II. *n* pehelysúly
feathery ['feðərɪ] *a* tollas, tollszerű
feature ['fi:tʃə*] I. *n* 1. arcvonás; (jellemző) vonás, jellemvonás; ~s arc(vonások) 2. sajátság, tulajdonság, (külső) jellegzetesség; ~s *of the ground* terepviszonyok, domborzat 3. fő szám/ attrakció [műsorban]; ~ (*film*) játékfilm, nagyfilm; *US* ~ *story* színes riport II. *vt* 1. jellemez; felvázol 2. kiemel; fő helyen közöl; (feltűnően) szerepeltet; *featuring N.N.* N.N.-nel a főszerepben
-featured [-'fi:tʃəd] -arcú, -vonású
Feb. *February* február, febr.
febrifuge ['febrɪfju:dʒ] *n* lázcsillapító (szer)
febrile ['fi:braɪl; *US* 'fi:brəl] *a* lázas
February ['februərɪ; *US* -erɪ] *n* február
feces →*faeces*
feckless ['feklɪs] *a* 1. gondatlan, felelőtlen 2. gyenge, tehetetlen
fecund ['fi:kənd] *a* termékeny
fecundate ['fi:kəndeɪt] *vt* termékennyé tesz, megtermékenyít
fecundation [fi:kən'deɪʃn] *n* megtermékenyítés
fecundity [fɪ'kʌndətɪ] *n* termékenység
fed →*feed¹* II.
Fed. 1. *Federal* 2. *Federated* 3. *Federation*
federal ['fed(ə)rəl] *a* 1. szövetségi [állam, kormány stb.] 2. *US* államszövetségi, központi
federalism ['fed(ə)rəlɪzm] *n* föderalizmus, szövetségi államrendszer

federalist ['fed(ə)rəlɪst] *US* I. *a* föderalista, Észak-párti *US* II. *n* föderalista, Észak-párti [az 1861—65. polgárháború idején]
federate ['fedəreɪt] *vt/vi* államszövetséget alkot; államszövetségben egyesít
federation [fedə'reɪʃn] *n* (állam)szövetség, föderáció, szövetségi állam
fee [fi:] I. *n* 1. díj, tiszteletdíj, honorárium; illeték; *school* ~s tandíj; *examination* ~ vizsgadíj; *draw one's* ~s tiszteletdíjban részesül 2. hűbér(birtok) II. *vt* (*pt/pp* ~**d** fi:d) díjaz vkt
feeble ['fi:bl] *a* gyenge, erőtlen; gyarló
feeble-minded *a* gyengeelméjű
feebleness ['fi:blnɪs] *n* gyöngeség
feebly ['fi:blɪ] *adv* gyöngén; erőtlenül
feed¹ [fi:d] I. *n* 1. etetés, táplálás; *be out at* ~ kihajtották legelni 2. táplálék, eleség, takarmány, abrak; ~ *of oats* zababrakadag 3. *biz* evés, táplálkozás; *have a good* ~ jól beeszik; *I'm off my* ~ nincs étvágyam 4. tölt(öget)és, adagolás, etetés, táplálás [gépé] II. *v* (*pt/pp* **fed** fed) A. *vt* 1. táplál, etet; élelmez, takarmányoz (*with* vmvel); *biz* ~ *the fishes* (1) tengeribeteg (2) vízbe fúl 2. tápot ad (vmnek) 3. tölt, adagol, [anyagot gépbe], etet [gépet stb.] B. *vi* táplálkozik, eszik (*on* vmt); ~ *out of sy's hand* tenyeréből eszik
feed into *vt* betáplál [számítógépbe]
feed (up)on *vi* él (vmn), táplálkozik (vmvel)
feed up *vt* (fel)hizlal, ⬜ *I'm fed up with this* torkig vagyok vele
feed² [fi:d] *a* díjazott →*fee* II.
feedback *n* visszacsatolás
feed-bag *n* abrakos tarisznya
feeder ['fi:də*] *n* 1. evő 2. etető [mint gép is], tápláló, adagoló, töltögető 3. előke, partedli 4. cuclisüveg 5. mellékfolyó 6. szárnyvonal; tápvezeték; ~ *line/railway* szárnyvasút; ~ *road* betorkolló út
feeding ['fi:dɪŋ] I. *a* ~ *mechanism* etető/ adagoló szerkezet II. *n* 1. táplálás, etetés; élelmezés, takarmányozás 2. táplálkozás; evés, zabálás
feeding-bottle *n* cuclisüveg
feed-pipe *n* tápvezeték, tápcső

20

feel [fi:l] I. *n* 1. tapintás, fogás (vmé); *rough to the* ~ érdes tapintású 2. érzék(elés), érzet; *the* ~ *of the meeting* a gyűlés hangulata II. *v* (*pt*/*pp* **felt** felt) A. *vt* 1. érez, érzékel; megérez; *begins to* ~ *his feet* kezdi kiismerni magát, kezd önbizalmat nyerni; ~ *it necessary to* . . . szükségesnek tartja, hogy . . .; *I felt it in my bones that* . . . valami azt súgta nekem, hogy . . . 2. (meg)tapint, érint, kitapogat; ~ *sy's pulse* kitapintja vk érverését; ~ *one's way* (1) tapogatózva halad (2) óvatosan jár el 3. *make sg felt* éreztet vmt B. *vi* 1. érez, érzi magát (vhogy); ~ *well*/*happy* jól/kitűnően érzi magát; ~ *all the better for it* jobban érzi magát (vm hatására) 2. vél; ~ *as if*/*though* úgy véli/gondolja, mintha; *biz* ~ *like doing sg* kedve van vmhez, kedve támad vmre; *I don't* ~ *like* . . . nincs kedvem . . .; *how*/*what does it* ~ *like* (*doing sg*)? milyen érzés (vmt csinálni)? 3. érzik (vmlyennek); ~ *hard* kemény tapintású; *how cold your hands* ~ milyen hideg a kezed 4. (tapogatva) keres, kotorász; ~ *in one's pockets* zsebében keres(gél)
 feel about *vi* tapogatózva keres; *he felt a. in the dark* a sötétben tapogatózva kereste az utat
 feel for *vi* 1. ~ *f. sg* (tapogatva) keresgél vmt 2. ~ *f. sy in his sorrow* együttérez vkvel bánatában
 feel out *vt*/*vi* kitapogat, kipuhatol [lehetőséget stb.]
 feel up *vi* ~ *up to* (*doing*) *sg* alkalmasnak érzi magát vmre
 feel with *vi* együttérez (vkvel)
feeler ['fi:lə*] *n* 1. tapogató, csáp [rovaré] 2. tapogató(d)zás; *throw out a* ~ kipuhatolja a helyzetet
feeling ['fi:lɪŋ] I. *a* érző; *a* ~ *heart* érző kebel II. *n* 1. (*sense of*) ~ tapintóérzék, tapintás 2. érzet, érzékelés; *a* ~ *of cold* hidegérzet; *have no* ~ *in one's arm* elzsibbadt a karja; *a* ~ *of danger* a veszély (elő)érzete 3. érzés, érzelem; *I had a* ~ *that* . . . az volt az érzésem, hogy . . .; *good* ~ jóindulat; *a man of* ~ érző (szívű) ember; *have you no* ~*s*?

hát nincs lelke? 4. hangulat; *the* ~ *of the meeting* a gyűlés hangulata
fee-simple *n* szabad tulajdon
feet →*foot I.*
fee-tail *n* † elidegeníthetetlen birtok
feign [feɪn] *vt*/*vi* 1. színlel, tettet(i magát); ~ *death* halottnak tetteti magát 2. † kitalál, kohol
feigned [feɪnd] *a* 1. kitalált; ~ *name* álnév 2. színlelt, tettetett
feint [feɪnt] I. *n* 1. csel(fogás); tettetés; *biz make a* ~ *of doing sg* úgy tesz, mintha csinálna vmt 2. színlelt támadás II. *vi* színlelt támadást indít
feldspar ['feldspɑ:*] *n* földpát
Felicia [fə'lɪsɪə] *prop* Felícia
felicitate [fə'lɪsɪteɪt] *vt* ~ *sy* (*up*)*on sg* szerencsét kíván vknek (vmhez)
felicitation [fəlɪsɪ'teɪʃn] *n* jókívánság, szerencsekívánat, gratuláció; *offer sy one's* ~*s* gratulál vknek
felicitous [fə'lɪsɪtəs] *a* 1. † szerencsés, boldog 2. alkalmas, találó, helyénvaló [kifejezés]
felicity [fə'lɪsətɪ] *n* 1. boldogság; szerencse 2. szerencsés/találó kifejezés; *express oneself with* ~ ügyesen/jól fejezi ki magát
feline ['fi:laɪn] *a* 1. macskaféle, macska- 2. *átv* macskaszerű, macskatermészetű
Felix ['fi:lɪks] *prop* Bódog, Félix
fell[1] [fel] *n* (nyers)bőr, szőrme
fell[2] [fel] *n* kopár hegyoldal
fell[3] [fel] *a* 1. kegyetlen, vad 2. könyörtelen
fell[4] [fel] *vt* 1. ledönt [fát]; leüt [embert]; letaglóz [marhát] 2. beszeg [ruhát]
fell[5] →*fall II.*
feller ['felə*] *n biz* = *fellow 2.*
felloe ['feloʊ] *n* keréktalp
fellow ['feloʊ] *n* 1. társ; ~*s in crime* bűntársak; *we were* ~*s at school* iskolatársak voltunk 2. *biz* pajtás, fickó, pasas; *decent* ~ rendes ember; *a good* ~ jó pajtás/cimbora; *my dear* ~*!, old* ~*!* édes öregem!; *poor* ~*!* szegény ördög!, szegény feje!; *why can't you let a* ~ *alone!* miért nem hagyod békén az embert?!; *a* ~ *can't work all day*

long az ember nem tud egész nap dolgozni 3. vmnek a párja; *he has no* ~ *(in sg)* párját ritkítja (vmben); *the* ~ *of this shoe* ennek a cipőnek a párja 4. kb. kutató ösztöndíjas ⟨angol egyetem/főiskola kiválóan végzett tagja⟩ 5. tag [angol tudományos társaságé, egyetemi tantestülete]
fellow-being *n* embertárs
fellow-citizen *n* polgártárs
fellow-countryman *n* (*pl* -men) honfitárs, földi
fellow-creature *n* embertárs
fellow-feeling *n* együttérzés, rokonszenv
fellow-passenger *n* (*átv is*) útitárs
fellowship ['feloʊʃɪp] *n* 1. (*good*) ~ (jó) barátság 2. szövetség, egyesület, (baráti) társaság; közösség; *the* ~ *of men* az emberi közösség 3. tagság [tudományos társaságban] 4. diákság, hallgatóság [főiskoláé, egyetemé] 5. (egyetemi) ösztöndíj [végzett hallgatóknak]
fellow-soldier *n* bajtárs
fellow-student *n* tanulótárs
fellow-traveller *n* (*átv is*) útitárs; szimpatizáns [politikai mozgalomé]
fellow-worker *n* munkatárs, szaktárs
felon ['felən] *n* bűnös, gonosztevő
felonious [fə'loʊnjəs] *a* bűnös; büntetendő; gonosz
felony ['felənɪ] *n* (főbenjáró) bűn, bűntett, bűncselekmény
felspar ['felspɑː*] *n* földpát
felt¹ [felt] I. *n* nemez, filc II. *vi* 1. összefilcesedik [pulóver stb.] 2. összetapad [haj stb.]
felt² →*feel II.*
felt-tip(ped) pen filctoll
fem. [fem] *feminine*
female ['fiːmeɪl] I. *a* női (nemhez tartozó); nőstény [állat]; bibés [virág]; ~ *sex* női nem II. *n* 1. nő, asszony 2. nőstény (állat); bibés (növény) 3. *biz* nőszemély, nőmber
feminine ['femɪnɪn] *a* 1. nőnemű; ~ *ending* az utolsó előtti szótag hangsúlya [verstanban]; ~ *gender* nőnem [nyelvtanban]; ~ *rhyme* nőrím 2. női(es)
feminism ['femɪnɪzm] *n* feminizmus
feminist ['femɪnɪst] *n* feminista

femur ['fiːmə*] *n* (*pl* ~s -z v. **femora** 'femərə) combcsont
fen [fen] *n* mocsár, láp; *the F*~*s* keletangliai mocsaras vidék
fen-berry *n* vörös áfonya
fence [fens] I. *n* 1. kerítés, sövény; *sit on the* ~ várakozó álláspontot foglal el, nem foglal állást 2. kardforgatás, (kard)vívás 3. orgazda II. A. *vt* bekerít, körülvesz (*in*); elkerít (*off*) B. *vi* 1. vív 2. kertel; ~ *with a question* kitér a kérdés elől
fencer ['fensə*] *n* vívó
fencing ['fensɪŋ] *n* 1. vívás; ~ *with swords* kardvívás 2. ~ (*in*) elkerítés [területé] 3. kerítés
fencing-bout *n* csörte, asszó
fencing-master *n* vívómester
fencing-school *n* vívóterem
fend [fend] A. *vt* ~ *off* (*a blow*) elhárít [ütést] B. *vi* ~ *for sy* gondoskodik vkről; ~ *for himself* gondoskodik önmagáról, megáll a saját lábán
fender ['fendə*] *n* 1. lökhárító; *US* sárhányó, -védő; *US* ~ *bender* koccanás [autóval] 2. kandallórács, kályhaellenző
Fenimore ['fenɪmɔː*] *prop*
fennel ['fenl] *n* édeskömény
feoff [fef] *n* = *fief*
Ferdinand ['fəːdɪnənd; *US* -nænd] *prop* Nándor, Ferdinánd
Fergus ['fəːgəs] *prop* ⟨skót férfinév⟩
Ferguson ['fəːgəsn] *prop*
ferment I. *n* ['fəːment] 1. erjesztő (anyag), kovász 2. erjedés [folyadéké] 3. *biz* forrongás [népé], zavargás II. *v* [fə'ment] A. *vt* 1. (meg)erjeszt [folyadékot] 2. felizgat [tömeget] B. *vi* (meg)erjed [folyadék]
fermentation [fəːmen'teɪʃn] *n* 1. erjedés 2. erjesztés [folyadéké]; forrás [boré] 3. (fel)izgatás 4. *biz* forrongás, izgalom; zavar(gás)
fern [fəːn] *n* páfrány
ferocious [fə'roʊʃəs] *a* vad; kegyetlen; vérengző
ferocity [fə'rɒsɪtɪ; *US* -'rɑ-] *n* vadság, kegyetlenség
ferret ['ferɪt] I. *n* vadászmenyét; ~ *eyes* (*átv is*) hiúz szemek II. A. *vi*

menyéttel vadászik B. *vt* ~ *out* kifürkész
Ferris-wheel ['ferɪs-] *n* óriáskerék [vurstliban]
ferroconcrete [ferou'kɔŋkriːt; *US* -'kɑ-] *n* vasbeton
ferrous ['ferəs] *a* vastartalmú
ferruginous [fe'ruːdʒɪnəs] *a* 1. vastartalmú 2. rozsdavörös
ferrule ['feruːl] *n* vaskarika, szorítópánt [boton, nyélen]
ferry ['ferɪ] I. *n* komp; rév; *cross the* ~ átkel a réven II. A. *vt* ~ *sy/sg (across)* átszállít (vkt/vmt) hajón/kompon B. *vi* ~ *across/over* átkel kompon
ferry-boat *n* komp(hajó)
ferryman ['ferɪmən] *n* (*pl* -**men** -mən] révész
fertile ['fəːtaɪl; *US* -t(ə)l] *a* 1. termékeny, bőven termő; ~ *imagination* élénk fantázia 2. szapora; szaporodásra képes 3. gazdag (*in* vmben)
fertility [fə'tɪlətɪ] *n* termékenység
fertilization [fəːtɪlaɪ'zeɪʃn; *US* -lɪ'z-] *n* 1. (meg)termékenyítés 2. trágyázás
fertilize ['fəːtɪlaɪz] *vt* 1. (meg)termékenyít 2. trágyáz
fertilizer ['fəːtɪlaɪzə*] *n* (*artificial*) ~ (mű)trágya
ferule ['feruːl] *n* nádpálca
fervent ['fəːv(ə)nt] *a* (*átv is*) forró, heves; buzgó
fervid ['fəːvɪd] *a* = *fervent*
fervour, *US* -**vor** ['fəːvə*] *n* 1. forróság 2. buzgalom; szenvedély
festal ['festl] *a* 1. ünnepi 2. ünneplő [közönség]
fester ['festə*] I. *n* kelés, fekély, gennyedés II. *vi* 1. gennyed, meggyűlik 2. gerjed, gyűlik [harag stb.]
festival ['festəvl] *n* 1. ünnep(ség) 2. ünnepi játékok, fesztivál
festive ['festɪv] *a* 1. ünnepi(es); ~ *board* ünnepi asztal; *the* ~ *season* karácsony; *in a* ~ *mood* ünnepi hangulatban 2. vidám
festivity [fe'stɪvətɪ] *n* 1. ünnep(ség) 2. vidámság
festoon [fe'stuːn] I. *n* girland, füzérdíszítés II. *vt* füzérrel díszít
etch [fetʃ] I. *n* 1. csel, trükk 2. (meg-

teendő) út, távolság; *it is still a far* ~ *to London* még jó darab út L-ig II. A. *vt* 1. érte megy és elhoz; *go and* ~ *a doctor!* eredj (és) keríts (elő) egy orvost!; ~ *it here!* hozd ide! [kutyához]; ~ *and carry for sy* (apróbb) szolgálatokat végez vk számára; ~ *up* (1) felhoz (2) kiokád [ételt] 2. ~ *a high price* jó árat ér el 3. *biz* elragadtat, elbájol; *that'll* ~ *him!* ez el fogja bűvölni! 4. *biz* ~ *sy a blow* leken/odasóz egyet vknek B. *vi* megérkezik (vhova), kikötőbe ér [hajó]
fetching ['fetʃɪŋ] *a* *biz* elragadó, elbájoló
fête [feɪt] I. *n* ünnep(ség) II. *vt* ünnepel
fête-day *n* 1. névnap 2. ünnepnap
fetid ['fetɪd] *a* büdös
fetish ['fiːtɪʃ] *n* fetis, bálvány
fetlock ['fetlɔk; *US* -ɑk] *n* csüdszőrzet [ló lábán]
fetter ['fetə*] I. *n* béklyó, lábbilincs; *in* ~*s (átv is)* bilincsbe verve II. *vt* béklyóz, (meg)bilincsel
fettle ['fetl] *n* állapot; *in fine/good* ~ jó/pompás formában
fetus →*foetus*
feud¹ [fjuːd] *n* ellenségeskedés, (családi) viszály; *at* ~ *with sy* harcban/ellenségeskedésben vkvel
feud² [fjuːd] *n* hűbérbirtok
feudal ['fjuːdl] *a* feudális, hűbéri; ~ *tenure* hűbér
feudalism ['fjuːdəlɪzm] *n* hűbériség, feudalizmus
feudalist ['fjuːdəlɪst] *n* feudális rendszer híve
feudalistic [fjuːdə'lɪstɪk] *a* feudális, hűbéri
fever ['fiːvə*] *n* 1. láz; ~ *heat* erős/magas láz; *she has not much* ~ nincs magas láza 2. hév, izgatottság; *throw sy into a* ~ lázba hoz vkt; *in a* ~ *of excitement* lázas izgalomban; *at/to* ~ *pitch* robbanásig feszült (hangulatban)
fevered ['fiːvəd] *a* *(átv is)* lázas
feverfew *n* kerti székfű
feverish ['fiːvərɪʃ] *a* *(átv is)* lázas; heves
few [fjuː] *a/n* 1. kevés, nem sok; *one of the* ~ *people who* egyike azon kevesek-

nek, akik . . . ; *in* ~ *words* kevés szóval, röviden; *our days are* ~ napjaink meg vannak számlálva; *with* ~ *exceptions* kevés kivétellel 2. *a* ~ (egy)néhány; *some* ~, *a good* ~, *quite a* ~ jó egynéhány(an), szép számmal; *during the next* ~ *days* a következő pár nap folyamán; *every* ~ *days* 2—3 naponként 3. *the* ~ a kisebbség, a kevesek
fewer ['fju:ə*] *a* kevesebb; *no* ~ *than* nem kevesebb(en), mint
fewest ['fju:ɪst] *a* legkevesebb
fewness ['fju:nɪs] *n* kis/csekély szám (vmé)
fey [feɪ] *a* 1. halálraszánt, a vég közeledtét (meg)érző 2. eufóriás 3. *biz* kótyagos
fez [fez] *n* fez
ff. *following pages* és a következő lapokon, kk.
fiancé [fɪ'ɑːnseɪ; *US* -'seɪ] *n* vőlegény
fiancée [fɪ'ɑːnseɪ; *US* -'seɪ] *n* menyaszszony
fiasco [fɪ'æskoʊ] *n* (*pl* ~s -z) kudarc, fiaskó
fiat ['faɪæt] *n* parancs; rendelet
fib [fɪb] I. *n biz* füllentés, lódítás II. *vi* -bb- *biz* füllent, hazudik
fibre, *US* -ber ['faɪbə*] *n* 1. rost(szál), rostanyag, (elemi) szál; ~ *pen* rosttoll; ~ *plant* rostnövény 2. (ideg)rost, (izom)rost; *man of coarse* ~ nyers (modorú) ember; *our moral* ~ erkölcsi természetünk
fibreboard, *US* fiber- *n* farostlemez
fibreglass, *US* fiber- *n* üvegszál
fibrositis [faɪbroʊ'saɪtɪs] *n* kötőszövetgyulladás, izomreuma
fibrous ['faɪbrəs] *a* szálas, rostos
fibula ['fɪbjʊlə] *n* (*pl* ~s -z v. ~e -li:) 1. szárkapocscsont 2. ókori dísztű/melltű
fickle ['fɪkl] *a* ingatag; állhatatlan
fickleness ['fɪklnɪs] *n* ingatagság; állhatatlanság
fiction ['fɪkʃn] *n* 1. képzelgés, kitalálás; ~ *of law* jogi feltevés 2. (*works of*) ~ regényirodalom; *light* ~ szórakoztató regény, könnyű olvasmány
fictitious [fɪk'tɪʃəs] *a* 1. képzelt, kitalált, költött 2. alaptalan, koholt
fid [fɪd] *n* 1. (kereszt)rúd [hajón] 2.

(tartó)pecek, rögzítőék, kötélbontó tövis
Fid. Def. Fidei Defensor (= *Defender of the Faith*) a hit védelmezője ⟨angol uralkodói cím⟩
fiddle ['fɪdl] I. *n biz* hegedű, „szárazfa"; *play second* ~ (*to sy*) alárendelt helyzetben van (vkvel szemben); *fit as a* ~ makkegészséges; *have a face as long as a* ~ savanyú képet vág II. *vi/vt* 1. *biz* hegedül 2. *biz* játszadozik, babrál vmvel; ~ *away one's time* idejét elfecsérli
fiddle-bow [-boʊ] *n* (hegedű)vonó
fiddle-case *n* hegedűtok
fiddle-de-dee [fɪdldɪ'diː] *int* buta beszéd!, ostobaság!
fiddle-faddle [-fædl] *biz* I. *n* jelentéktelen apróság II. *int* butaság!, buta beszéd! III. *vi* piszmog, szöszmötöl
fiddler ['fɪdlə*] *n* hegedűs
fiddlestick *n* (hegedű)vonó
fiddlesticks *int* szamárság!, buta/ostoba beszéd!
fiddling ['fɪdlɪŋ] *a* haszontalan, hiábavaló [munka]
fidelity [fɪ'delətɪ] *n* 1. hűség (vk/vm iránt) 2. hűség, pontosság [fordításé]; valószerűség [ábrázolásé]; hanghűség
fidget ['fɪdʒɪt] I. *n* 1. *the* ~s nyugtalanság, izgés-mozgás 2. nyugtalan ember II. A. *vi* nyugtalanul jön-megy; izeg-mozog, idegesen babrál B. *vt* idegesít, nyugtalanít (vkt)
fidgety ['fɪdʒɪtɪ] *a* nyugtalan, ideges
fiduciary [fɪ'djuːʃjərɪ; *US* -'duː-] I. *a* bizalmas, bizalmi; ~ *loan* biztosíték nélküli kölcsön II. *n* megbízott
fie [faɪ] *int* pfuj!
fief [fiːf] *n* hűbérbirtok
field [fiːld] I. *n* 1. mező, szántóföld 2. tér, terület 3. ~ (*of battle*) csatatér; *take the* ~ harcba száll; *in the* ~ (1) háborúban, hadiszolgálatban; harctéren (2) a helyszínen, terepen *hold the* ~ tartja magát, állja a sarat 4. pálya, mezőny [sportban]; ~ *events* dobó- és ugrószámok; ~ *sports* terepsportok [vadászat, halászat] 5. *átv* tér, terület; ~ *of activity* működési kör/terület; ~ *of interest* érdeklődési

kör; ~ of vision látótér, látómező 6. (erő)tér, mező [villamosságban, fizikában]; ~ of force erőtér 7. háttér [képé]; képmező [tévében] II. vt/vi 1. ~ (a team) összeállít (csapatot) 2. megfog és visszadob [labdát krikettben/baseballban] 3. mezőnyben játszik
field-allowance n hadipótdíj
field-artillery n tábori tüzérség
field-bed n tábori ágy
field-day n 1. katonai gyakorlónap 2. nagy nap; have a ~ (1) igen elfoglalt (2) nagy napja van, ő a nap hőse
fielder ['fi:ldə*] n 1. mezőnyjátékos 2. pályaszéli játékos [baseball, krikett]
fieldfare n fenyvesmadár
field-glasses n pl látcső, messzelátó
field-gun n tábori ágyú
field-hospital n tábori kórház
field-marshal n tábornagy
field-officer n (fő)tiszt, [azelőtt:] törzstiszt
field-piece n = field-gun
fieldsman ['fi:ldzmən] n (pl -men -mən) = fielder
field-work n 1. külső munka, terepmunka 2. kiszállás [a helyszínre] 3. (iskolai) gyakorlat [gyárban, gazdaságban]
fiend [fi:nd] n 1. ördög, gonosz lélek 2. biz vmnek a megszállottja/rabja
fiendish ['fi:ndɪʃ] a pokoli; ördögien gonosz
fierce [fɪəs] a heves, tüzes; vad, ádáz
fieriness ['faɪərɪnɪs] a átv tüzesség; hév
fiery ['faɪərɪ] a 1. tüzes (átv is); ~ red tűzvörös 2. heves, szenvedélyes 3. gyúlékony
fiesta [fɪ'estə] n ünnep; (templom)búcsú
fife [faɪf] n síp, kisfuvola
fifteen [fɪf'ti:n] a/n tizenöt
fifteenth [fɪf'ti:nθ] a tizenötödik
fifth [fɪfθ] I. a ötödik; ~ column ötödik hadoszlop; ~ wheel (1) pótkerék (2) átv ötödik kerék, felesleges vm/vk II. n ötöd
fifthly ['fɪfθlɪ] adv ötödször, ötödsorban
fiftieth ['fɪftɪɪθ] a/n ötvenedik
fifty ['fɪftɪ] a/n ötven; the fifties az ötvenes évek

fifty-fifty a/adv fele-fele arányban; biz go ~ with sy felez/mutyizik vkvel; a ~ chance 50 százalékos esély
fig¹ [fɪg] n 1. füge(fa); green ~s friss füge; pulled ~s aszalt füge 2. biz füge, csipisz; I don't care a ~ for it fütyülök rá
fig² [fɪg] biz n in full ~ teljes díszben
fig. 1. figurative 2. figure
fight [faɪt] I. n 1. küzdelem, harc; ütközet; verekedés 2. harcképesség; küzdeniakarás; show ~ harci kedvet mutat 3. bokszmérkőzés II. v (pt/pp fought fɔ:t) A. vi (átv is) harcol, küzd, verekszik; ~ for one's own hand saját érdekeit védi; they began to ~ verekedni kezdtek; ~ shy of sg kitér vm elől, húzódozik vmtől B. vt 1. ~ sy vk ellen küzd; ~ a battle csatát vív; ~ a duel párbajozik; ~ a fire tüzet olt; ~ one's way küzdelmesen boldogul 2. ~ an action (at law) perben védekezik
　fight back vt leküzd (vmt)
　fight down vt leküzd [szenvedélyt, érzést]
　fight out vt ~ it o. végigküzd/kiharcol vmt
fighter ['faɪtə*] n 1. harcos 2. bokszoló; verekedő 3. vadász(repülő)gép
fighting ['faɪtɪŋ] I. a harcos, harcoló; küzdő; a ~ chance csöppnyi lehetőség/remény még van (ha erejét megfeszíti); ~ forces hadrakelt sereg; ~ line arcvonal; ~ men harcosok; ~ service fegyvernem II. n 1. harc, csata 2. (boksz)mérkőzés
fighting-top n hadihajó páncéltornya
fig-leaf n (pl -leaves) (átv is) fügefalevél
figment ['fɪgmənt] n koholmány; képzelt dolog
fig-tree n fügefa
figurative ['fɪgjʊrətɪv; US -gjə-] a képletes, jelképes, átvitt; in a ~ sense átvitt/képes értelemben
figure ['fɪgə*; US -gjər] I. n 1. szám(jegy); in round ~s kerek számban; fetch a high ~ drágán kel el; reach three ~s három számjegyre rúg; biz what's the ~? mennyibe jön?, mennyi lesz? 2. **figures** pl számolás, számtan; a poor hand at ~s gyönge szá-

moló 3. alak, megjelenés, termet; alakzat; *have a fine* ~ jó megjelenésű/alakú; *cut a poor/sorry* ~ (1) siralmas látványt nyújt (2) siralmasan/gyengén szerepel **4.** ábra, illusztráció; diagramm **5.** ~ (*of speech*) szókép, metafora **II. A.** *vt* **1.** elképzel; képet alkot magának **2.** *US biz* becsül, vél **B.** *vi* **1.** gondol, vél, *átv* számol (vmvel) **2.** szerepel; *his name* ~*s in the paper* neve szerepel/látható az újságban **figure on** *vi US* számít (vmre); kalkulál (vmvel) **figure out** *vt* kiszámít, kigondol, kiókumlál (vmt) **figure up** *vt* = *figure out* **figure-head** *n* **1.** orrszobor [hajón] **2.** névleges vezető **figure-skating** *n* műkorcsolyázás **figurine** ['fɪgjuːriːn; *US* -gjə-] *n* szobrocska **Fiji** [fiː'dʒiː] *prop* Fidzsi-szigetek **filament** ['fɪləmənt] *n* **1.** rost; (elemi) szál **2.** izzószál **filbert** ['fɪlbət] *n* mogyoró **filch** [fɪltʃ] *vt* (el)csen, (el)lop **file**[1] [faɪl] **I.** *n* reszelő, ráspoly **II.** *vt* reszel, ráspolyoz **file**[2] [faɪl] **I.** *n* **1.** akta, iratcsomó **2.** kartoték; iratgyűjtő; ~ *copy* másolati házipéldány; *on* ~ lerakva, írásban le van fektetve **3.** aktafűző zsinór **4.** sor [emberekből stb.]; oszlop; *in single* ~ libasorban **5.** adatállomány [számítógépnél] **II. A.** *vt* **1.** iktat; irattároz, irattárba helyez, lerak **2.** ~ *a petition* kérelmet nyújt be **B.** *vi* menetel [egyesével]; ~ *in* bevonul [sorban]; ~ *off* egyes sorban elvonul **file-closer** [-kloʊzə*] *n* sereghajtó **filial** ['fɪljəl] *a* gyermeki [kötelesség] **filibuster** ['fɪlɪbʌstə*] *US* **I.** *n* **1.** obstrukcionista **2.** obstrukció **II.** *vi* obstruál [parlamentben] **filigree** ['fɪlɪgriː] *n* finom fémmunka, áttört ötvösmunka **filing**[1] ['faɪlɪŋ] *n* **1.** reszelés **2.** filings *pl* reszelék **filing**[2] ['faɪlɪŋ] *n* **1.** iktatás, irattározás [iratoké] **2.** beadás [kérvényé stb.] →*file*[2] *II.*

filing-cabinet *n* irattár; iratgyűjtő [szekrény] **filing-case** *n* iratborító, iratgyűjtő **filing-clerk** *n* segédhivatali tisztviselő; iktató; irattáros **Filipino** [fɪlɪ'piːnoʊ] *a/n* Fülöp-szigeteki, filippíno **fill** [fɪl] **I.** *n* bőség/elég vmből; *biz have one's* ~ *of sg* (1) jól teleette magát vmvel (2) elege van belőle **II. A.** *vt* **1.** tölt, betölt; megtölt (*with* vmvel); *átv* betölt [állást, szerepet]; ~ (*up*) *a vacancy* állást/üresedést betölt; ~ *a part* szerepet betölt/játszik **2.** (be)töm [fogat] **3.** teljesít [rendelést]; eleget tesz [kívánalomnak]; elkészít [receptet]; ~ *every requirement* minden kívánalomnak eleget tesz **B.** *vi* **1.** (meg-) telik **2.** dagad [vitorla] **fill in** *vt* **1.** betölt [hiányt stb.] **2.** betemet, betöm **3.** kitölt, kiállít [űrlapot stb.]; ~ *in the date* kitölti a dátumot **fill out A.** *vt US* = *fill in* 3. **B.** *vi* kitelik; meghízik; *her cheeks are* ~*ing o.* arca kigömbölyödik **fill up A.** *vt* **1.** teletölt, megtölt; ~ *her up, please* tele kérem [tankoláskor] **2.** = *fill in* 3. **3.** *átv* betölt [állást, szerepet] **B.** *vi* megtelik; feltöltődik **filler** ['fɪlə*] *n* **1.** tölcsér **2.** töltőanyag **fillet** ['fɪlɪt] *n* **1.** (hajlekötő) szalag/pánt **2.** szelet [húsból, halból], filé **filling** ['fɪlɪŋ] **I.** *a* laktató [étel] **II.** *n* **1.** (be)töltés, feltöltés **2.** (fog)tömés **3.** töltelék [ételfélében] **4.** vetülékfonal **filling-station** *n* töltőállomás, benzinkút **fillip** ['fɪlɪp] **I.** *n* **1.** pattintás [ujjal]; fricska **2.** *biz* ösztönzés; serkentés **3.** (enyhe) izgatószer **II.** *vt* **1.** fricskát ad **2.** serkent **filly** ['fɪlɪ] *n* **1.** kancacsikó **2.** *biz* fruska **film** [fɪlm] **I.** *n* **1.** hártya, vékony réteg **2.** film; ~ *rights* filmre alkalmazás joga; *shoot a* ~ filmez, filmet forgat **II. A.** *vt* **1.** bevon [réteggel, hártyával stb.] **2.** filmez; filmre alkalmaz **B.** *vi* **1.** hártyásodik (*over* vm) **2.** *she* ~*s well* jól mutat filmen **film-fan** *n* mozirajongó **film-star** *n* filmcsillag, filmsztár

filmstrip n diafilm
filmy ['fɪlmɪ] a hártyás; fátyolszerű
filter ['fɪltə*] I. n szűrő; ~ cigarette füstszűrős cigaretta II. A. vt (át)szűr, filtrál B. vi (be)szivárog [új eszme stb.];
~ through (átv is) átszűrődik; kiszivárog
filter-tip(ped) a füstszűrős [cigaretta]
filth [fɪlθ] n 1. piszok, szenny 2. erkölcstelenség
filthiness ['fɪlθɪnɪs] n szennyesség
filthy ['fɪlθɪ] a 1. (átv is) piszkos, szennyes, mocskos 2. erkölcstelen
filtrate ['fɪltreɪt] I. n szűrlet, szűredék II. v = filter II.
filtration [fɪl'treɪʃn] n 1. (át)szűrés 2. átszivárgás
fin [fɪn] n 1. uszony 2. függőleges vezérsík [repülőgépen] 3. ventillátorszárny 4. □ tip us your ~ nyújtsd ide a praclidat
final ['faɪnl] I. a 1. végső, befejező; ~ examination záróvizsga; ~ goal végcél; put the ~ touches to sg utolsó simításokat végzi vmn 2. döntő; ~ judgment megfellebbezhetetlen/jogerős ítélet II. n rendsz pl 1. döntő (mérkőzések) 2. záróvizsga, államvizsga
finale [fɪ'nɑːlɪ] n befejezés, finálé [zenében]
finality [faɪ'nælətɪ] n véglegesség, visszavonhatatlanság
finalize ['faɪnəlaɪz] vt végső formát ad (vmnek), végső formába önt
finally ['faɪnəlɪ] adv 1. végül is 2. véglegesen
finance [faɪ'næns; US fɪ-] I. n 1. pénzügy; Ministry of F~ pénzügyminisztérium; ~ office gazdasági hivatal 2. finances pl államháztartás; pénzügyek; his ~s are low rosszul áll pénzügyileg II. vt pénzel, finanszíroz
financial [faɪ'nænʃl; US fɪ-] a pénzügyi; ~ standing hitelképesség; ~ year költségvetési év
financier [faɪ'nænsɪə*; US fɪnən'sɪr] n pénzember; bankár; tőkés társ
finch [fɪntʃ] n pinty(őke)
find [faɪnd] I. n 1. felfedezés 2. talált tárgy; (értékes) lelet II. v (pt/pp found faʊnd) A. vt 1. (meg)talál, (meg)lel;

not to ~ it in one's heart to do sg nincs szíve megtenni vmt; ~ oneself (1) vhol/vhogyan találja/érzi magát (2) magára talál, felismeri célját; ~ time (for sg) időt szakít (vmre); ~ one's way home hazatalál; ~ one's way about kiismeri magát; (not) to be found (nem) található 2. megállapít; vmlyennek talál; this letter, I ~, arrived yesterday úgy látom, ez a levél tegnap érkezett; it has been found that . . . megállapították, hogy . . . 3. ellát, felszerel; the ship is well found a hajó jól fel van szerelve minden szükségessel; wages $80, all found a fizetés 80 dollár és teljes ellátás B. vi ~ for sy vk javára dönt
find out vt 1. megtud(akol), megérdeklődik 2. rajtakap [tolvajt]; megállapít [hibát]; felfedez, kiderít [rejtélyt, titkot stb.]; ~ sy o. kiismer vkt
finder ['faɪndə*] n kereső [fényképezőgépen]
finding ['faɪndɪŋ] n 1. (meg)találás, felfedezés 2. lelet, talált tárgy 3. findings pl (1) (tény)megállapítás (2) hozzávalók
fine¹ [faɪn] I. n 1. bírság; impose a ~ on sy megbírságol vkt 2. † vég; in ~ végül, egyszóval II. vt megbírságol, pénzbüntetéssel sújt
fine² [faɪn] I. a 1. finom, szép; kitűnő (minőségű) 2. derült, szép [idő]; one ~ day egy szép napon 3. jó, nagyszerű; we had a ~ time kitűnően éreztük magunkat; that's ~! nagyszerű!; that's all very ~ but . . . ez mind nagyon szép, de . . . 4. tiszta, finom(ított), szennyeződésektől mentes; ~ gold színarany 5. divatos, elegáns 6. éles, hegyes; ~ edge éles szél (vmé); a ~ pencil kemény ceruza; not to put too ~ a point on it kertelés nélkül 7. finom, előkelő; a ~ gentleman előkelő úr(iember); appeal to sy's ~r feelings vk nemeslelkűségéhez apellál II. adv 1. finomra, apróra; chop meat ~ húst apróra vagdal; cut/run it (rather) ~ hajszálra kiszámítva tesz meg vmt, a maximális kockázatot vállalja 2. I am ~ kitűnően/jól érzem magam III.

A. vt ~ (down) derít, tisztít [bort, sört]; finomít, dúsít [ércet] B. vi 1. kitisztúl, leülepszik [folyadék] 2. kiderül [idő] fine-darning n mű(be)szövés fine-draw vt (pt -drew, pp -drawn) 1. vékonyra kihúz [sodronyt] 2. mű(be-) szövést végez (vmn) fine-drawn a 1. kifinomított, elvékonyított 2. finoman formált finely ['faɪnlɪ] adv 1. jól, remekül, kitűnően, nagyszerűen 2. apróra, finomra fineness ['faɪnnɪs] n 1. finomság, tisztaság 2. kitűnőség 3. szépség finery ['faɪnərɪ] n pipere, cicoma, pompa; decked out in all her ~ teljes pompában kiöltözve, teljes díszben finesse [fɪ'nes] I. n 1. ravaszság, fortély 2. impassz [bridzsben] II. vi 1. ravaszkodik, fortélyt alkalmaz 2. impasszol Fingal ['fɪŋg(ə)l] prop finger ['fɪŋgə*] I. n 1. ujj; first ~ mutatóujj; third ~ gyűrűsujj; have a ~ in every pie mindenbe beleüti az orrát, minden lében kanál; he wouldn't lift/stir a ~ a kisujját se mozdítaná; I forbid you to lay a ~ on her megtiltom, hogy kezet emelj rá!; put the ~ on sg rátapint a baj gyökerére, felismeri a dolog lényegét; they are ~ and thumb egy húron pendülnek; excuse my ~s bocsánat, hogy gyalog adom [kenyeret asztalnál]; his ~s are all thumbs kétbalkezes; have sg at one's ~s' ends kisujjában van; look through one's ~s at sy elnéz vk feje fölött; my ~s itch alig várom, hogy (megtehessem) 2. retesz, tolóka, kallantyú 3. (óra)mutató 4. index, nyíl 5. rudacska, stangli II. A. vt hozzányúl, megtapogat; kézbe vesz; ~ the piano zongorán kalimpál/klimpíroz B. vi tapogat, fogdos finger-alphabet n süketnéma-ábécé finger-board n billentyűzet [zongorán]; fogólap [hegedűn] finger-bowl n (asztali) kézöblítő csésze fingered ['fɪŋgəd] a ujjú; ujjas fingering ['fɪŋgərɪŋ] n 1. (meg)tapogatás, kézbevétel 2. ujjrend [zenében] finger-mark n ujjnyom

finger-nail n köröm; to the ~s teljesen, tökéletesen finger-plate n ajtóvédő lap finger-post n útirányjelző tábla finger-print n ujjlenyomat; ~ identification daktiloszkópia finger-stall n ujjvédő kötés fingertip n ujjhegy; to the ~s ízig-vérig, egészen, teljesen; have at one's ~s kisujjában van finical ['fɪnɪkl] a kényes, válogatós, szőrszálhasogató finicking ['fɪnɪkɪŋ] a = finical finicky ['fɪnɪkɪ] a = finical finish ['fɪnɪʃ] I. n 1. vég, befejezés; the ~ hajrá [verseny finise]; be in at the ~ a végső pillanatokban jelen van; fight it to a ~ harcol a döntésig 2. felület, simaság [papíré, szöveté] 3. jó kidolgozás/kivitelezés; kikészítés II. A. vt 1. befejez, bevégez; have you ~ed it? befejezted?, elkészült?, készen van? 2. tökéletesít; elsimít, kidolgoz [felületet]; kikészít [anyagot]; eldolgoz [ruhadarabot] B. vi 1. befejeződik, bevégződik 2. végez; I've ~ed with you! végeztem veled!; ~ fourth negyedikének végez finish off vt 1. ~ sy o. elintéz vkt 2. befejez (vmt), végez [munkával] 3. megesz(ik) (vmt) finished ['fɪnɪʃt] a 1. befejezett; kikészített; kidolgozott; ~ goods készáru 2. tökéletes, kiváló finisher ['fɪnɪʃə*] n 1. kikészítő [munkás, eszköz]; útegyengető gép 2. biz kegyelemdöfés finishing ['fɪnɪʃɪŋ] I. a 1. befejező, végső; ~ touches utolsó simítások 2. kikészítő II. n 1. befejezés, bevégzés 2. kikészítés, kidolgozás finishing-school n ⟨társasági életre nevelő leányiskola jómódú szülők gyermekei számára⟩ finite ['faɪnaɪt] a 1. befejezett; elhatárolt; véges 2. ~ verb verbum finitum, ragozott ige; ~ forms of a verb ragozott igealakok Finland ['fɪnlənd] prop Finnország Finlander ['fɪnləndə*] n finn (ember) Finn [fɪn] n = Finlander

Finnish ['fɪnɪʃ] I. *a* finn II. *n* finn (nyelv)
Finno-Ugrian [fɪnoʊ'juːgrɪən] *a/n* finn-ugor
Fiona [fɪ'oʊnə] *prop* ⟨ír férfinév⟩
fir [fəː*] *n* (erdei)fenyő; *silver* ~ ezüstfenyő; *Scotch* ~ erdeifenyő; ~ *wood* fenyőfa [anyag]
fir-apple/cone *n* fenyőtoboz
fire ['faɪə*] I. *n* 1. tűz; *US* ~ *department* tűzoltóság; *be on* ~ ég, lángokban áll; *get on like a house on* ~ megy, mint a karikacsapás; *catch/take* ~ meggyullad; *lay/light/make a* ~ tüzet rak; *play with* ~ a tűzzel játszik; *set* ~ *to sg*, *set sg to* ~, *set sg on* ~ meg-/felgyújt vmt; *he won't set the Thames on* ~ nem ő találta fel a puskaport; *no smoke without* ~ nem zörög a haraszt, ha a szél nem fújja; *through* ~ *and water* tűzön-vízen át 2. tűzvész; tűzeset, tűz(kár); *insure against* ~ tűz(kár) ellen (be)biztosít 3. tűz, tüzelés [ágyúból, puskából]; *open* ~ tüzet nyit; *(be) under* ~ tűz alatt áll; *with* ~ *and sword* tűzzel-vassal 4. hév, szenvedély II. A. *vt* 1. (meg)gyújt, felgyújt 2. éget [téglát] 3. fűt [mozdonyt] 4. elsüt, kilő [ágyút, puskát]; robbant; *without firing a shot* puskalövés nélkül; ~ *a gun* elsüt puskát; ~ *a gun at sg* rálő vmre; ~ *a question at sy* hirtelen kérdést tesz fel vknek 5. lelkesít, hevít 6. *biz* elbocsát [állásból] B. *vi* 1. meggyullad, kigyullad, tüzet fog 2. kipirul, hevül 3. elsül [puska, ágyú]; gyújt, robban [motor]; *the pistol failed to* ~ nem sült el a pisztoly; *the engine* ~*s evenly* a motor egyenletesen gyújt 4. tüzel, lő
fire at *vt/vi* rálő (vkre)
fire away *vt* 1. ellövöldöz [lövedéket] 2. *biz* ~ *a.!* ki vele!, mondd ki ami a bögyödben van!
fire into *vi* belelő [tömegbe stb.]
fire off *vt* elsüt [puskát]; ~ *o. a question at sy* váratlan kérdést szegez vknek
fire on *vt/vi* rálő vkre/vmre
fire up *vi* indulatba jön; felfortyan
fire upon *vi* = *fire on*
fire-alarm *n* tűzjelző [készülék]
fire-arm *n* lőfegyver

fire-ball *n* 1. meteor 2. tűzgolyó [atomrobbantásnál]
fire-bird *n* amerikai sárgarigó
fire-bomb *n* gyújtóbomba
fire-box *n* tűzszekrény
fire-brand *n* 1. zsarátnok 2. lázító, izgató
fire-break *n* 1. védősáv [erdőtűz ellen] 2. tűzgát
fire-brick *n* tűzálló tégla, samott
fire-brigade *n* tűzoltóság
fireclay *n* tűzálló agyag, samott
fire-damp *n* bányalég
fire-dog *n* tűzbak [kandallóban]
fire-drill *n* tűzoltási gyakorlat
fire-eater *n* 1. tűzevő 2. izgága ember
fire-engine *n* tűzoltóautó
fire-escape *n* 1. vészkijárati vaslépcső 2. mentőlétra
fire-extinguisher *n* kézi tűzfecskendő, poroltó
fire-fighting *n* tűzoltás
fire-fly *n* szentjánosbogár
fire-guard *n* védőrostély [kandallónál]
fire-hose *n* tűzoltócső, -tömlő
fire-insurance *n* tűzbiztosítás
fire-irons *n pl* kandallószerszámok [csípővas, piszkavas, lapát]
fire-lighter *n* (alá)gyújtós
fireman ['faɪəmən] *n* (*pl* **firemen** -mən) 1. tűzoltó 2. kazánfűtő
fireplace *n* kandalló
fireplug *n US* tűzcsap
fire-power *n* (katonai) tűzerő
fireproof *a* tűzálló, tűzbiztos
fire-raising *n* gyújtogatás
fire-resisting *a* tűzálló
fire-service *n* tűzoltóság
fireside 1. kandallósarok 2. *átv* az otthon
fire-station *n* tűzoltóállomás
fire-stone *n* kemencekő
fire-tongs *n pl* csípővas, szénfogó
fire-trap *n US* tűzveszélyes épület
fire-walker *n* mezítláb parázson járó fakír
fire-watcher *n* tűzőr
firewood *n* tűzifa
firework *n* 1. tűzijáték 2. **fireworks** *pl átv* sziporkázás [szellemé]
fire-worship *n* tűzimádás

firing ['faɪərɪŋ] n 1. tüzelés; fűtés 2. (ki)égetés [tégláé] 3. gyújtás; robbantás [bányában stb.]; gyújtás [motorban]; order of ~ gyújtási ütem/sorrend; 4. lövés; tűz, elsütés [fegyveré]; ~ pin gyúszeg 5. tüzelőanyag, fűtőanyag

firing-line n tűzvonal

firing-party/squad n 1. kivégző osztag 2. díszlövést leadó szakasz

firkin ['fə:kɪn] n kis hordó, bödön

firm¹ [fə:m] n cég; üzletház

firm² [fə:m] I. a szilárd; kemény; erős; biztos; határozott; ~ belief szilárd meggyőződés; ~ chin kemény áll; ~ ground (1) szárazföld (2) szilárd talaj; be on ~ ground biztos talajt érez a lába alatt; ~ offer fix ajánlat; ~ as a rock sziklaszilárd; rule with ~ hand vaskézzel kormányoz II. adv határozottan; szilárdan; hold sg ~ erősen tart vmt; hold ~ to sg szilárdan kitart vm mellett III. A. vt (meg)szilárdít, (meg)erősít B. vi megszilárdul, megerősödik

firmament ['fə:məmənt] n égbolt

firmly ['fə:mlɪ] adv határozottan, szilárdan

firmness ['fə:mnɪs] n keménység, határozottság; szilárdság

first [fə:st] I. a első; ~ aid elsősegély; ~ base kiindulópont [baseball-játékban]; átv get to ~ base jól startol/indul; ~ class első osztály [vonaton stb.]; ~ cost önköltségi ár; at ~ hand első kézből; ~ lady ⟨az USA elnökének felesége⟩; ~ name keresztnév, utónév; ~ night színházi bemutató; ~ offender büntetlen előéletű letartóztatott; in the ~ place először is; at ~ sight első látásra; I don't know the ~ thing about it nem is konyítok a dologhoz; I'll do it ~ thing tomorrow első dolgom lesz holnap (reggel); ~ things ~ mindent a maga idejében, kezdjük a lényeggel II. adv 1. először; ~ of all (leg)először is, mindenekelőtt, elsősorban; ~ and foremost mindenekelőtt; ~ and last egészben véve; ~, last and all the time a leghatározottabban, egyszer s mindenkorra; ~ come ~ served aki

előbb jön, előbb eszik 2. inkább; I'd die ~! inkább meghalok! III. n 1. the ~ (of the month) (a hónap) elseje 2. ötös [osztályzat] 3. kezdet; at ~ először, kezdetben; from the ~ kezdettől fogva; from ~ to last elejétől végig

first-born a/n elsőszülött

first-class a első osztályú, elsőrendű

first-degree a 1. első fokú [égési seb] 2. US ~ murder előre megfontolt szándékkal elkövetett emberölés, gyilkosság

firstling ['fə:stlɪŋ] n 1. firstlings (pl) zsenge, első termék/termés, primőrök 2. elsőszülött

firstly ['fə:stlɪ] adv először

first-rate a = first-class

firth [fə:θ] n (folyó)torkolat

fir-tree n (erdei)fenyő

fiscal ['fɪskl] I. a kincstári; ~ year költségvetési év II. n 1. jogtanácsos 2. sk főállamügyész

fish¹ [fɪʃ] I. n (pl ~ v. ~es -ɪz) hal; ~ and chips ⟨zsírban sült halszeletek zsírban sült burgonyaszeletekkel, angol népeledel⟩, sült hal hasábburgonyával; ~ fingers (US sticks) kirántott halszeletek; I've other ~ to fry más dolgom is van, más jár az eszemben; like a ~ out of water mint a hal szárazon; neither ~ nor flesh se hideg se meleg; there's as good ~ in the sea as ever came out of it senki/semmi sem pótolhatatlan II. A. vi halászik, horgászik (for vmire), ~ in troubled waters zavarosban halászik B. vt ~ up/out kifog [halat], kihalász (vmt)

fish² [fɪʃ] n 1. kötőlap; csatlakozó lemez; sínheveder 2. árboctámasztó

fishball n halropogós

fishbone n halszálka

fishcake n halropogós, -pogácsa

fish-carver n halszeletelő kés

fisher ['fɪʃə*] n † halász

fishermen ['fɪʃəmən] n (pl -men -mən) halász

fishery ['fɪʃərɪ] n 1. halászat 2. halászati jog 3. halászterület

fish-glue n halenyv

fish-hook n (horgász)horog

fishing ['fɪʃɪŋ] n halászat

fishing-line n horgászzsinór
fishing-rod n horgászbot
fishing-tackle n halászfelszerelés; horgászfelszerelés
fish-knife n (pl -knives) halkés
fishmonger n halkereskedő
fishplate n = fish² 1.
fishpond n halastó
fish-slice n halkés [evőeszköz]
fishwife n (pl -wives) halaskofa
fishy ['fɪʃɪ] a 1. halszerű, hal- 2. biz gyanús, kétes
fissile ['fɪsaɪl; US -s(ə)l] a hasítható, hasadó; ~ material hasadóanyag
fission ['fɪʃn] n 1. osztódás [sejté] 2. (mag)hasadás; (mag)hasítás; ~ bomb atombomba; ~ product (mag)hasadási termék; ~ reaction hasadási reakció
fissionable ['fɪʃ(ə)nəbl] a hasadó; hasítható; hasadásra képes
fissiparous [fɪ'sɪpərəs] a osztódással szaporodó
fissure ['fɪʃə*] I. n repedés, hasadás; hasadék, rés II. vt repeszt; hasít
fist [fɪst] n 1. ököl; shake one's ~ at sy ököllel fenyeget vkt; biz give us your ~ add a praclidat 2. biz kézírás; write an ugly ~ csúnya írása van
fisted ['fɪstɪd] a ökölbe szorított [kéz]
fistful ['fɪstfʊl] a maréknyi
fisticuffs ['fɪstɪkʌfs] n pl biz ökölharc; bunyó
fistula ['fɪstjʊlə; US -tʃ-] n fekély, gennyedés
fit¹ [fɪt] n 1. roham, görcs; ~ of anger dühroham; ~ of laughter nevetőgörcs; biz have a ~ dühbe gurul; fall into a ~ rohamot kap 2. szeszély; by ~s and starts ötletszerűen, rapszodikusan
fit² [fɪt] a (comp ~ter -tə*, sup ~test -tɪst) 1. megfelelő, alkalmas, használható, jó (for vmre); ~ for service (katonai) szolgálatra alkalmas; ~ for nothing hasznavehetetlen; ~ to eat ehető 2. helyes, illendő, illő; célszerű; think/see ~ (to do sg) (1) célszerűnek tart vmt (2) elhatároz vmt; do as you think ~ tégy ahogy legjobbnak látod 3. egészséges, „fitt"; be/feel ~ jó erőnlétben/kondícióban van, „fitt";

keep ~ jó kondícióban tartja magát; I am ~ to drop teljesen ki vagyok merülve; □ laughed ~ to burst majdnem megpukkadt a nevetéstől
fit³ [fɪt] I. n a perfect ~ tökéletesen szabott/áll [ruha] II. v -tt- A. vt 1. megfelel, alkalmas, jó (sg vmre) illik vkre/vmre/vmhez, jól áll [ruha]; key that ~s the lock a zárba illő kulcs; this coat ~s me ez a ruha jó(l áll) nekem; ~ like a glove tökéletesen passzol 2. illeszt; go to the tailor's to be ~ted próbára megy a szabóhoz B. vi 1. ~ (together) összeillik, beleillik, odaillik, hozzáillik 2. elfér; belefér
  fit for vt ~ sy f. sg előkészít/kiképez vkt vmre
  fit in A. vt 1. összeilleszt, beilleszt, egymásba illeszt 2. összeegyeztet [vallomásokat] B. vi megfelel vmnek, odaillik; ~ in with sg megegyezik vmvel, összhangban van vmvel; biz he didn't ~ in (well) nem tudott beilleszkedni (a társaságba)
  fit on vt 1. (fel)próbál, rápróbál [ruhát] 2. ráilleszt, rászerel (to vmre)
  fit out vt felszerel, ellát
  fit up vt berendez, felszerel, ellát
  fit with vt ellát, felszerel (vmvel)
fitch [fɪtʃ] n görény
fitful ['fɪtfʊl] a 1. görcsös 2. szeszélyes, rapszodikus
fitment ['fɪtmənt] n 1. berendezés, beépíthető (bútor)darab 2. szerelék
fitness ['fɪtnɪs] n 1. alkalmasság, megfelelés (fcr vmre) 2. helyesség 3. (physical) ~ (1) jó egészség/kondició/ erőnlét (2) állóképesség; ~ camp edzőtábor
fitted ['fɪtɪd] a ~ carpet szőnyegpadló ||→fit³ II.
fitter¹ ['fɪtə*] n szerelő; géplakatos
fitter², fittest →fit²
fitting ['fɪtɪŋ] I. a 1. illő, alkalmas, megfelelő; ~ answer talpraesett válasz 2. testhezálló [ruha] II. n 1. felszerelés, illesztés 2. ~ (on) próba [ruháé]; ~ room próbaterem 3. felszerelés, berendezés; szerelvény 4. **fittings** pl alkatrészek, felszerelési cikkek, szerelvények, kellékek

Fitzgerald [fɪts'dʒer(ə)ld] prop
five [faɪv] I. a öt II. n 1. ötös (szám)
2. fives ⟨labdajáték⟩
fivefold ['faɪvfoʊld] a ötszörös
fiver ['faɪvə*] n biz ötdolláros/ötfontos
bankjegy, (egy) ötös
five-year a ~ plan ötéves terv
fix [fɪks] I. n biz 1. szorultság, nehéz
helyzet; in a (bad) ~ nehéz/kellemet-
len helyzetben, pácban, csávában;
get oneself into a ~ belemászott a
csávába 2. helyzetpont-meghatáro-
zás 3. □ kábítószer-injekció II. A.
vt 1. (meg)erősít; felerősít; rögzít
2. US kijavít, megjavít, rendbe hoz;
megcsinál; ~ sy a drink italt készít/
kever vknek 3. megszab; rögzít [árat];
megállapít, kitűz [időpontot]; ~ sg
in one's mind (jól) emlékezetébe vés
vmt 4. fixál [vegyi úton] 5. biz
elintéz, ártalmatlanná tesz (vkt);
I'll ~ him majd ellátom a baját
B. vi 1. megalszik, megalvad 2.
(vhol) megmarad; letelepszik
fix on A. vt felerősít, ráerősít;
they ~ed the blame on him rákenték a
hibát B. vi elhatároz; kijelöl; megálla-
podik (vmnél)
fix out vt felszerel, ellát (vmt vmvel)
fix up A. vt biz 1. elhelyez (vkt
vhol); elkészít [szállást]; I'll ~ you
up majd elhelyezlek 2. = fix II. A.
2. 3. megszervez [találkozót]; kijelöl
[időpontot]; elrendez; I ~ed him up
with a job szereztem neki munkát;
~ up a quarrel nézeteltérést elsimít
4. biz = fix II. A. 5. B. vi US kiöltöz-
ködik
fixation [fɪk'seɪʃn] n 1. rögzítés; tar-
tósítás 2. megállapítás 3. (lelki) fi-
xáció, komplexus
fixative ['fɪksətɪv] n rögzítőszer, fixáló
fixed [fɪkst] a állandó; rögzített; szi-
lárd; mozdulatlan, változatlan, fix;
~ assets (1) állóeszközök (2) befekte-
tett tőke; ~ idea kényszerképzet;
~ prices szabott árak; ~ star állócsillag
fixer ['fɪksə*] n 1. ezermester 2. rög-
zítőszer, fixáló 3. US □ (rendőrségi)
kijáró [bűnözőké] 4. US □ kábító-
szerárus

fixing ['fɪksɪŋ] I. a rögzítő, fixáló II.
n 1. rögzítés, fixálás 2. elintézés 3.
fixings pl US kellékek; hozzávalók
fixity ['fɪksətɪ] n szilárdság
fixture ['fɪkstʃə*] n 1. tartozék; alkat-
rész, hozzávaló, kellék 2. fixtures pl
(beépített) felszerelési/berendezési tár-
gyak 3. verseny, mérkőzés [kitűzött
időpontja] 4. átv biz régi bútordarab
[emberről]
fizz [fɪz] I. n 1. sistergés 2. pezsgő
II. vi sistereg, pezseg
fizzle ['fɪzl] I. n 1. sistergés, pezsgés
2. biz kudarc II. vi 1. sistereg, pezseg
2. ~ out gyengén végződik
fizzy ['fɪzɪ] a szénsavas, pezsegő [víz]
fl. 1. floor emelet, e. 2. floruit (= flour-
ished) virágzott, működött 3. fluid
Fla. Florida
flabbergast ['flæbəgɑːst; US -gæst] vt
biz megdöbbent, meghökkent
flabby ['flæbɪ] a 1. petyhüdt, ernyedt
2. átv elpuhult, gyenge
flaccid ['flæksɪd] a = flabby
flag¹ [flæg] I. n 1. zászló, lobogó;
US F~ Day ⟨Jún. 14., az amerikai
nemzeti lobogó 1777-es törvénybe ik-
tatásának emléknapja⟩ →flag-day;
~ of truce, white ~ fehér zászló, béke-
zászló; lower/strike the ~ megadja ma-
gát; fly a ~ (1) zászlót kitűz (2) lo-
bogó alatt hajózik; with ~s flying
(1) lobogó zászlókkal (2) átv diadalma-
san 2. hosszúszőrű angol vizsla farka
II. vt -gg- 1. fellobogóz 2. zászlóje-
l(eke)t ad (le); ~ (down) a train vona-
tot megállít
flag² [flæg] n nőszirom, írisz
flag³ [flæg] I. n = flagstone II. vt -gg-
kikövez
flag⁴ [flæg] vi -gg- 1. (ernyedten) lelóg,
lekonyul; csapkod [vitorla] 2. átv
(el)lankad, elbágyad, elgyengül
flag-boat n jelzőcsónak
flag-captain n vezérhajó parancsnoka
flag-day n (jótékony célú) utcai gyűjté-
si nap ‖ →flag¹
flagellate ['flædʒəleɪt] vt ostoroz, kor-
bácsol
flagellation [flædʒə'leɪʃn] n ostorozás,
korbácsolás

flageolet [flædʒə'let] n csőrfuvola
flagged [flægd] →flag¹ és flag³. II., flag⁴
flagitious [flə'dʒɪʃəs] a gonosz, gyalázatos, undok
flag-lieutenant n tengernagy segédtisztje
flag-officer n admirális, tengernagy
flagon ['flægən] n (fedeles) kancsó
flagpole n zászlórúd
flagrancy ['fleɪgr(ə)nsɪ] n botrányos volta vmnek
flagrant ['fleɪgr(ə)nt] a botrányos, kirívó, égbekiáltó; hírhedt(en bűnös)
flagship n parancsnoki hajó
flagstaff n zászlórúd
flag-station n feltételes megálló
flagstone n kőlap; járdakő, tipegőkő
flail [fleɪl] I. n csép(hadaró) II. A. vt csépel B. vi csapkod, hadonászik
flair [fleə*] n 1. (átv is) szimat; have ~ for sg jó „orra" van, jól megérez vmt 2. hajlam, érzék (for vmhez)
flake [fleɪk] I. n pehely, pihe; (vékony) réteg; lemez, pikkely II. vi rétegesen leválik (off vmről)
flaky ['fleɪkɪ] a 1. pelyhes 2. réteges; ~ pastry leveles tészta
flamboyant [flæm'bɔɪənt] a 1. lángszerű 2. késői gót [stílus] 3. színpompás, rikító
flame [fleɪm] I. n 1. láng; be in ~s láng(ok)ban áll, lángol; burst into ~s kigyullad; commit to the ~s eléget vmt 2. fényesség, ragyogás 3. (szerelmi) lángolás, szenvedély; fan the ~ szítja/ felkorbácsolja vk szenvedélyét 4. biz (vknek a) szerelme(se) II. vi (fel)lángol; átv ég, lobog [szenvedély]
  flame up vi 1. meggyullad, lángra lobban 2. dühbe gurul 3. elpirul
flame-thrower n lángszóró
flamingo [flə'mɪŋgoʊ] n flamingó
flammable ['flæməbl] a gyúlékony, tűzveszélyes
flan [flæn] n kb. gyümölcskosárka
Flanders ['flɑːndəz] US -æn-] prop Flandria
flange [flændʒ] n karima, perem
flank [flæŋk] I. n 1. lágyék [emberé]; horpasz [állaté] 2. szárny, oldalszárny [épületé] 3. szárny [hadseregé] II. A. vt 1. szegélyez (with vmvel) 2.

oldalról megkerül B. vi szomszédos (on vmvel)
flannel ['flænl] n 1. flanell 2. flannels pl kasanadrág; flanellnadrág 3. (törlő)ruha
flap [flæp] I. n 1. zsebfedő, -hajtóka; fül [sapkáé, könyvborítóé stb.]; karima [kalapé] 2. (szárny)csapkodás 3. biz izgalom; get into (v. be in) a ~ begyullad 4. csapódeszka [asztalé stb.] II. v -pp- A. vt 1. lebegtet 2. megcsap B. vi lebeg, csapkod; ~ away elhessent [legyeket stb.]
flapjack n 1. palacsinta 2. pudrié
flapped [flæpt] →flap II.
flapper ['flæpə*] n 1. légycsapó; cséphadaró; kereplő 2. uszony 3. biz bakfis, csitri
flare [fleə*] I. n 1. fellobbanás, lobogó láng 2. jelzőfény, (világító)rakéta 3. felfortyanás, dühkitörés 4. kihasasodás, kiöblösödés; kiszélesedés [szoknyáé, nadrágé]; ~s trapéznadrág II. A. vt kiszélesít; kiöblösít B. vi 1. lobog(va ég) 2. öblösödik; (harang alakban) bővül, kiszélesedik
  flare up vi 1. lángra lobban; felvillan 2. átv felfortyan [ember]; kitör [indulat]
flared [fleəd] a kiszélesedő; ~ skirt harangszabású szoknya, harangszoknya; ~ trousers trapéznadrág
flare-up n 1. fellobbanás, felvillanás [tűzé, fényé] 2. felfortyanás, felzúdulás
flash¹ [flæʃ] I. n 1. (fel)villanás, fellobbanás, felvillanó fény; a ~ in the pan „szalmaláng"; ~ of lightning villám; a ~ of wit szellemi sziporka; ötletes bemondás 2. pillanat; it happened in a ~ egy pillanat alatt történt 3. = flashlight 4. (news) ~ gyorshír 5. hadosztályjelvény [egyenruhán] II. A. vt 1. (fel)villant, fellobbant; villogtat 2. (hirtelen) megvilágít; rávilágít 3. lead [hírt távírón, rádión] B. vi 1. (fel)villan, fellobban; csillog; felragyog 2. (el)surran, száguld, átcikázik; it ~ed upon me, it ~ed across my mind átvillant az agyamon

flash² [flæʃ] a biz = flashy
flashback n visszaugrás, visszapillantás
[korábbi cselekményrészletre v. eseményre filmben/regényben]
flashbulb n villanólámpa [égő]
flashgun n villanó(fény)lámpa, vaku
flash-house n biz borbély
flashlight n 1. jelzőfény, fény(jelzés) [világítótoronyé stb.] 2. villanófény, vaku [fényképezéshez] 3. US (villamos) zseblámpa
flash-point n gyulladáspont
flashy ['flæʃɪ] a mutatós, feltűnő, csiricsáré, rikító
flask [flɑːsk; US -æ-] n 1. (lapos) palack, flaska 2. † lőportülök 3. lombik 4. öntőformakeret
flat¹ [flæt] I. a 1. lapos; sík; sima, egyenletes; ~ country sík vidék; ~ race síkfutás; as ~ as a pancake tükörsima; fall ~ dugába dől, kudarcba fullad [terv, vállalkozás]; megbukik [színdarab]; nincs hatása/sikere [viccnek stb.]; go ~ (1) leenged [autógumi] (2) kimerül [elem]; a ~ tyre gumidefekt 2. kifejezett, határozott; egyenes, nyílt; and that is ~ ez (pedig) az utolsó szavam; ~ refusal kerek visszautasítás/el- 3. sekélyes [elme], szürke, egyhangú, unalmas [élet]; ~ market lanyha/üzlettelen piac; ~ rate átalánydíj(tétel), átalányár, egységes díjszabás 4. tompa, fakó [szín, hang]; állott [íz, ital] 5. félhanggal leszállított [hang]; A ~ asz; the piano is ~ a zongora lehangolódott II. adv 1. laposan; lapjával 2. biz nyíltan, kereken, határozottan; go ~ against orders nyíltan ellene szegül a parancsnak; I told him ~ kereken megmondtam neki III. n 1. lap(os felület); the ~ of the hand tenyér 2. síkság; lapály, alföld 3. homokzátony; sziklazátony 4. gumidefekt 5. állódíszlet, színfal 6. b, bé [módosító jel zenében]
flat² [flæt] n GB (főbérleti) lakás
flat-boat n lapos fenekű csónak/hajó
flatcar n US pőrekocsi
flat-fish n lepényhal
flat-foot n 1. lúdtalp 2. US □ zsaru, hekus

flat-footed a lúdtalpú, lúdtalpas
flat-iron n 1. vasaló 2. pántvas, laposvas
flatly ['flætlɪ] adv 1. laposan 2. kereken, határozottan [elutasít]
flatness ['flætnɪs] n 1. laposság 2. egyhangúság
flatten ['flætn] A. vt 1. (le)lapít, laposra formál; kikalapál; ~ oneself against a wall a fal mellé lapul; ~ out (1) kisimít [papírt] (2) átv kikészít (vkt) 2. ellaposít, unalmassá tesz 3. félhanggal leszállít [zenében] B. vi lelapul, kisimul; leereszt [autógumi]
flatter ['flætə*] vt 1. hízeleg; hízelgő (vm vkre nézve); ~ sy's vanity legyezgeti vk hiúságát; the picture ~s her a kép nagyon előnyös színben tünteti fel; ~ oneself on sg büszke vmre 2. kecsegtet, áltat; he ~s himself that he will win abban a hitben ringatja magát, hogy győzni fog
flatterer ['flætərə*] n hízelgő
flattering ['flætərɪŋ] a hízelgő
flattery ['flætərɪ] n hízelgés
flattop n US biz repülőgép-anyahajó
flatulence ['flætjʊləns; US -tʃə-] n 1. felfúvódás; szélszorulás 2. dagályosság
flatulent ['flætjʊlənt; US -tʃə-] a 1. felfúvódott 2. dagályos
flaunt [flɔːnt] A. vt fitogtat B. vi 1. büszkélkedik, hivalkodik 2. [büszkén] leng
flautist ['flɔːtɪst] n fuvolás
flavour, US -vor ['fleɪvə*] I. n 1. íz, zamat; illat, aroma 2. ízesítő/illatosító anyag 3. átv különleges/jellemző tulajdonság; sajátosság; légkör II. A. vt (meg)ízesít, fűszerez B. vi ~ of sg (1) vmlyen íze/zamata/illata van (2) vk/vm stílusára emlékeztet
flavouring, US -voring ['fleɪv(ə)rɪŋ] n 1. ízesítés 2. ízesítő anyag
flavourless, US -vorless ['fleɪvəlɪs] a ízetlen
flaw [flɔː] I. n 1. hiba [áruban]; repedés, hasadás 2. folt [jellemen]; hiba, hiányosság, tévedés II. A. vt 1. (meg-)repeszt 2. elront B. vi (meg)reped, (el)hasad

flawless ['flɔ:lɪs] a hibátlan
flax [flæks] n len
flaxen ['flæksn] a 1. lenből való, len-
2. biz lenszőke
flaxen-haired a lenhajú, szöszke
flax-seed n lenmag
flay [fleɪ] vt 1. (meg)nyúz [állatot]
2. leránt, erősen megbírál
flayer ['fleɪə*] n 1. nyúzó 2. sintér
flea [fli:] n bolha; send sy away with a
~ in his ear jól odamond vknek
flea-bite n bolhacsípés
flea-bitten a 1. bolhacsípett 2. pettyes,
foltos [ló szőre]
fleck [flek] I. n 1. petty, pötty; szeplő
2. darabka II. vt pettyez, tarkít
fled →flee
fledged ['fledʒd] a kinőtt tollú, repülni
tudó [madár]
fledg(e)ling ['fledʒlɪŋ] n 1. fiatal madár
2. zöldfülű, kezdő
flee [fli:] vt/vi (pt/pp fled fled) (el)mene-
kül, elszökik, megfutamodik (from
vhonnan, before vk/vm elől); ~ one's
creditors menekül a hitelezői elől
fleece [fli:s] I. n gyapjú [állaton] II.
vt 1. (meg)nyír [birkát stb.] 2. biz
kifoszt, „megvág" (vkt)
fleecy ['fli:sɪ] a gyapjas [haj]; pelyhes
[gyapjú]; fodros [felhő]
fleet¹ [fli:t] n 1. flotta, hajóhad, -raj;
~ of motor cars autóállomány, -park
fleet² [fli:t] I. a gyors, fürge, szapora;
~ of foot gyors lábú II. vi gyorsan el-
röppen/elszalad [idő]
fleet-footed a gyors lábú
fleeting ['fli:tɪŋ] a múló, elröppenő;
mulandó; a ~ visit rövid látogatás
Fleet Street [fli:t] ⟨az angol újságírás/
sajtó (londoni központja)⟩
Fleming ['flemɪŋ] n flamand (ember)
Flemish ['flemɪʃ] I. a flamand II. n
flamand (nyelv)
flesh [fleʃ] I. n hús [emberé, állaté,
gyümölcsé]; ~ and blood (1) az emberi
test (2) az emberi természet; one's
own ~ and blood vérrokon, vk saját
vére; go the way of all ~ elmegy a
minden élők útján, meghal; in the ~
életnagyságban; testi mivoltában;
appear in the ~ személyesen megjele-

nik; lose ~ (le)fogy; it makes one's
~ creep borsódzik tőle az ember háta;
biz have/demand one's pound of ~
adóstól a teljes összeget könyörtele-
nül követeli; after the ~ gyarló ember
módjára; the pleasures of the ~ testi
gyönyörök; the spirit is willing but
the ~ is weak a lélek kész, de a test
erőtelen II. vt 1. vérszomjassá tesz
[kutyát stb.] 2. hizlal [állatot] 3.
[húsba kardot] be(le)döf 4. lehúsol, le-
vakar [bőrt]
flesh-brush n frottírkefe
flesh-colour(ed) a testszín(ű)
fleshings ['fleʃɪŋz] n pl feszes testszínű
trikó, balett-trikó
fleshly ['fleʃlɪ] a 1. érzéki, testi; világias
2. = fleshy
flesh-pot n húsosfazék (átv is)
flesh-tights n pl = fleshings
fleshy ['fleʃɪ] a húsos, kövér, jó húsban
levő
Fletcher ['fletʃə*] prop
fleur-de-lis [flə:də'li:] n 1. nőszirom 2.
Bourbon liliom [címeren]
flew →fly² II.
flex [fleks] n I. (szigetelt) huzal, villany-
zsinór II. vt feszít, hajlít [izmot]
flexibility [fleksə'bɪlətɪ] n átv is hajlé-
konyság, hajlíthatóság
flexible ['fleksəbl] a (átv is) hajlékony,
hajlítható; rugalmas
flexion ['flekʃn] n 1. hajlítás 2. hajlás
3. ragozás
flick [flɪk] I. n 1. pöccintés, fricska;
(meg)legyintés 2. csettintés, pattintás
3. □ the ~s mozi II. vt megpöccint,
megcsap [lovat]; ~ sg away/off le-
fricskáz/elhessent vmt
flicker ['flɪkə*] I. n lebegés; lobbanás;
a ~ of light (kis) reszkető fény II.
vi 1. lebeg; rezeg; vibrál [fény];
villog [tv-kép]; pislákol [tűz] 2. (fel-)
lobban; lobog
flick-knife n (pl ~knives) rugós tőr/kés
flier ['flaɪə*] n = flyer
flies [flaɪz] →fly¹, fly²
flight¹ [flaɪt] n 1. repülés; költözés,
húzás [madaraké]; in ~ repülés
közben, a levegőben; take/wing its ~
szárnyra kap 2. átv szárnyalás, csa-

pongás [képzeleté] 3. berepült távolság; röppálya 4. [légi] járat; légi vonal; ~ number repülőjárat száma, járatszám 5. repülőút 6. (madár)sereg; a ~ of arrows nyílzápor; be in the first ~ a legmagasabb/legjobb osztályban van 7. US repülőraj 8. a ~ of stairs egy lépcsősor, lépcsőforduló; two ~s up két emelettel/lépcsősorral feljebb

flight² [flaɪt] n menekülés, megfutamodás; take to ~ megfutamodik; put to ~ megfutamít; in full ~ hanyatt--homlok menekülve

flight-deck n felszállófedélzet [repülőgép-anyahajón]

flightiness ['flaɪtɪnɪs] n szelesség, felületesség; léhaság

flight-lieutenant n repülőszázados

flighty ['flaɪtɪ] a könnyelmű, léha, felületes; állhatatlan, ingatag

flimsiness ['flɪmɪzɪnɪs] n 1. könnyűség [szöveté stb.] 2. gyengeség

flimsy ['flɪmzɪ] I. a 1. könnyű, laza, vékony [szövet] 2. átv gyenge, gyarló II. n másolópapír; selyempapír

flinch [flɪntʃ] vi 1. (meg)hátrál, visszavonul 2. megrándul [arc]; without ~ing szemrebbenés nélkül

fling [flɪŋ] I. n 1. dobás, hajítás; vetés, lendítés; have a ~ at sg megpróbál vmt; in full ~ teljes üzemben/lendületben 2. kirúgás [lóé]; hirtelen heves mozdulat 3. have one's ~ kimulatja/kitombolja magát 4. ⟨skót tánc⟩ II. v (pt/pp flung flʌŋ) A. vt hajít, dob [követ]; levet [lovast]; leterít, földhöz vág; ~ open hirtelen kitár/kivág [ajtót, ablakot] B. vi rúgkapál; csapkod [karral]

fling about A. vt szétdobál, széthajigál; ~ one's arms a. hevesen gesztikulál B. vi dobálja magát; rugdalódzik

fling at vt hozzávág

fling into vt beledob; ~ oneself i. sg beleveti magát vmbe

fling on vt ~ on one's clothes magára kapkodja ruháit

fling out A. vt kihajít, kidob; ~ one's money o. of the window szórja a

pénzt B. vi 1. kirúg [ló] 2. kirohan, elszáguld

fling round vt ~ one's arms r. sy's neck nyakába borul vknek

fling up vt 1. feldob, felhajít, levegőbe dob/hajít; ~ up the heels kirúg [ló] 2. biz ~ up one's job otthagyja az állását

flint [flɪnt] n kova(kő), kvarckavics; tűzkő; biz have a heart of ~ kőszívű

flint-lock n kovás puska

flinty ['flɪntɪ] a 1. kovás 2. kemény [szívű]

flip¹ [flɪp] I. n 1. fricska, pattintás 2. legyintés; feldobás; the ~ side hátoldal [hanglemezé] II. vt -pp- 1. megfricskáz, elfricskáz; feldob [pénzdarabot] 2. hirtelen megránt; pattogtat, pattint [ostort]

flip² [flɪp] n flip [ital]

flippancy ['flɪpənsɪ] n komolytalanság; nyegleség

flippant ['flɪpənt] a komolytalan; nyegle; nyelves

flipped [flɪpt] →flip¹ II.

flipper ['flɪpə*] n 1. uszony, úszó [halaké stb.]; (láb)uszony [békaemberé] 2. □ kéz

flirt [fləːt] I. n kacér nő II. A. vt lobogtat; csapkod [madár] B. vi kacérkodik, flörtöl (with vkvel)

flirtation [fləːˈteɪʃn] n kacérkodás, flört

flit [flɪt] vi -tt- 1. ~ away elhurcolkodik [titokban] 2. röpköd, szálldos [madár] 3. suhan [idő]; (át)villan [gondolat]

flitch [flɪtʃ] n (sertés)oldalas

flitted ['flɪtɪd] →flit

flitter-mouse n (pl -mice) denevér

flitting ['flɪtɪŋ] I. a röpke II. n 1. lebbenés 2. gyors elköltözés [titokban]

flivver ['flɪvə*] n US □ ócska autó, tragacs

float [fləʊt] I. n 1. tutaj, kikötőhíd 2. (parafa)úszó [horogzsinóron]; úszógömb [víztartályban] 3. stráfkocsi, kerekeken vontatott dobogó [felvonulási menetben] 4. rivaldafény II. A. vi úszik, lebeg; felszínen marad; [vízen] sodródik; száll(dos) [levegőben] B. vt 1. úsztat [fát] 2. felszínen tart

[víz hajót]; sodor [szél] 3. vízre bocsát [hajót] 4. forgalomba hoz; ~ a company vállalatot alapít; ~ a loan kölcsönt kibocsát; ~ a rumour hírt terjeszt
floatation [flou'teɪʃn] n = flotation
float-board n keréklapát [vízikeréké]
floater ['floutə*] n 1. úszó fatörzs 2. alapító [kereskedelmi társaságé] 3. US választási csaló 4. „vándormadár"
floating ['floutɪŋ] I. a 1. úszó, lebegő; ~ bridge pontonhíd; ~ dock úszódokk 2. változékony, változó, mobil; ~ capital forgótőke, mozgótőke; ~ debt függő adósság; ~ kidney vándorvese; ~ policy átalánybiztosítás; ~ population változó számú népesség; ~ rib álborda II. n 1. úszás, lebegés [víz felszínén] 2. úsztatás 3. vízre bocsátás [hajóé] 4. elárasztás [vízzel] 5. alapítás [kereskedelmi társaságé]; kölcsönkibocsátás 6. munkásvándorlás
float-needle n úszótű [porlasztóban]
flock¹ [flɔk; US -ɑ-] n 1. gyapjú(hulladék) 2. pihe, pehely, pamat
flock ² [flɔk; US -ɑ-] I. n 1. nyáj; falka; raj; sereg, csapat; ~ of sheep juhnyáj 2. (ember)tömeg; flower of the ~ a csoport büszkesége II. vi ~ (together) összesereglik, -csődül; csoportosul, gyülekezik
floe [flou] n úszó jégtábla
flog [flɔg; US -ɑ-] vt -gg- korbácsol; ostoroz; ~ a dead horse kb. falra borsót hány
flogging ['flɔgɪŋ; US -ɑ-] n 1. korbácsolás; fenyítés 2. flóderozás
flood [flʌd] I. n 1. ár, dagály; átv at the ~ kedvező pillanatban 2. ár(adás), árvíz; the F~ a vízözön, az özönvíz II. A. vi (ki)árad, kiönt [folyó] B. vt eláraszt, elönt
flood-basin n ártér
flooded ['flʌdɪd] a elárasztott, elöntött
flood-gate n zsilip
floodlight I. n reflektorfény; díszkivilágítás II. vt (pt/pp ~ed v. -lit -lɪt) kivilágít
floodlit a kivilágított
flood-tide n dagály
floor [flɔ:*] I. n 1. padló 2. emelet;

first ~ (1) GB első emelet (2) US földszint 3. (tenger)fenék; (hajó)fenék; talp, szint [bányában] 4. dobogó; ~ show kb. esztrádműsor 5. ülésterem; have/take the ~ felszólal, hozzászól; US ~ leader a képviselőházi pártcsoport vezetője 6. ~ (price) (legalacsonyabb) ár(szint), „padló" II. vt 1. burkol [padlót]; parkettáz 2. földhöz vág, leteper; legyőz; he was completely ~ed szóhoz sem tudott jutni, zavarban volt 3. biz megbuktat [vizsgázót]; leültet [iskolást]
floor-board n padlódeszka
floor-cloth n felmosórongy
flooring ['flɔ:rɪŋ] n 1. padlózás 2. padló(zat); padlóburkolat 3. földhöz vágás, leterítés
floor-polish n padlófénymáz
floor-tile n padlóburkoló (mozaik)lap
floor-walker n = shopwalker
floozy ['flu:zɪ] n □ ócska kurva
flop [flɔp; US -ɑ-] I. adv fall ~ zsupsz leesik/lepottyan; go ~ megbukik [pl. színdarab] II. n 1. pottyanás, esés 2. (tompa) puffanás [hangja] 3. □ bukás III. vt -pp- A. vt (le)csap, lepottyant, leejt B. vi 1. (le)pottyan, lezöttyen; ~ (down) leroskad, lerogy 2. □ kudarcot vall, megbukik; rosszul megy [üzlet] IV. int zsupsz!
flop-house n US népszálló
flopped [flɔpt; US -ɑ-] →flop III.
floppy ['flɔpɪ; US -ɑ-] a lógó; laza
flora ['flɔ:rə] n növényvilág, flóra
floral ['flɔ:r(ə)l] a virágos, virág-
Florence ['flɔr(ə)ns; US -ɔ:-] prop 1. Firenze 2. Flóra, Florencia
florescence [flɔ:'resns] n virágzás
floriculture ['flɔ:rɪkʌltʃə*] n virágkertészet
florid ['flɔrɪd; US -ɔ:-] a 1. virágdíszes, túl díszes 2. pirospozsgás
Florida ['flɔrɪdə; US -ɔ:r-] prop
florin ['flɔrɪn; US -ɔ:-] n 1. kétshillinges [ezüst érme GB-ben, 1971 óta nem használatos] 2. forint
florist ['flɔrɪst; US -ɔ:-] n 1. virágárus 2. virágkertész
floss [flɔs; US -ɔ:-] n 1. hernyóselyem 2. pihe, pehely; kukoricahaj

flotation [flou'teɪʃn] *n* 1. kibocsátás [kölcsöné] 2. alapítás [kereskedelmi vállalaté] 3. lebegtetés [devizáé]
flotilla [flə'tɪlə] *n* kis hajóraj, flottilla
flotsam ['flɔtsəm; US -at-] *n* ~ *and jetsam* víz színén hányódó törmelék
flounce[1] [flauns] I. *n* 1. hirtelen gyors mozdulat 2. ficánkolás II. *vi* 1. hánykolódik, dobálja magát 2. türelmetlen mozdulatot tesz
   flounce out *vi* kirohan; ~ *o. of the room* kipenderül a szobából
flounce[2] [flauns] *n* fodor [ruhán]
flounder[1] ['flaundə*] *n* lepényhal
flounder[2] ['flaundə*] *vi* 1. evickél, bukdácsol 2. ügyetlenül intéz dolgokat; belezavarodik [beszédbe]
flour ['flauə*] I. *n* liszt II. *vt* belisztez, liszttel behint
flourish ['flʌrɪʃ; US 'flə:-] I. *n* 1. cikornya; cifrázat; szóvirág 2. széles mozdulat; hadonászás [karddal, bottal] 3. (zenei) ékítés; harsonaszó II. A. *vi* 1. virágzik, virul 2. virágkorát éli 2. tevékenykedik 3. hadonászik, gesztikulál 4. szóvirágokkal beszél 5. harsog, szól [trombita] B. *vt* lenget, lobogtat [zászlót]; ~ *a sword* karddal hadonászik
lourishing ['flʌrɪʃɪŋ; US 'flə:-] *a* 1. pompás kondícióban levő 2. virágzó, jól menő
lour-mill *n* malom
lour-paste *n* csiriz, kovász
lout [flaut] A. *vt* (ki)gúnyol, (ki)csúfol; ~ *sy's advice* semmibe veszi vk jó tanácsait B. *vi* gúnyolódik, csúfolódik (*at sy* vkvel)
low [flou] I. *n* 1. folyás, ömlés, áramlás; ~ *of spirits* jókedv; ~ *of words* szóáradat 2. dagály, ár, áradat II. *vi* 1. folyik, ömlik, hömpölyög, áramlik [levegő]; kering [vér]; ~ *like water* bőven ömlik 2. származik, ered (*from* vmből)
lower ['flauə*] I. *n* 1. virág; ~ *garden* virágoskert; ~*s of speech* szóvirágok 2. virágzás; *in* ~ virágzó; *burst into* ~ virágba borul 3. (vmnek a) legjava; *the* ~ *of the nation* a nemzet díszevirága II. *vi* (ki)virul

flower-bed *n* virágágy
flowered ['flauəd] *a* virágos; virágú; ~ *material* virágmintás anyag
flower-girl *n* virágáruslány
flowering ['flauərɪŋ] I. *a* virágzó, virágos II. *n* 1. virágzás 2. virágminta
flower-piece *n* virágcsendélet
flower-pot *n* virágcserép
flower-show *n* virágkiállítás
flowery ['flauərɪ] *a* (*átv is*) virágos
flowing ['flouɪŋ] *a* 1. folyó, ömlő; folyékony 2. (le)omló; lengő 3. folyékony, folyamatos
flown [floun] →*fly[2] II.*
fl. oz. *fluid ounce*
flu [flu:] *n* biz influenza
fluctuate ['flʌktjuert; US -tʃ-] *vi* ingadozik; változik; hullámzik
fluctuating ['flʌktjuertɪŋ; US -tʃ-] *a* ingadozó; változó, hullámzó
fluctuation [flʌktju'eɪʃn; US -tʃ-] *n* ingadozás; változás, hullámzás
flue[1] [flu:] *n* kémény, kürtő, füstcső
flue[2] [flu:] *n* pihe, pehely
fluency ['flu:ənsɪ] *n* folyékonyság, könnyedség, gördülékenység [beszédé stb.]; tárgyalóképesség [vmely idegen nyelven]
fluent ['flu:ənt] *a* 1. folyékony, könnyed, gördülékeny [beszéd, stílus stb.]; *speak* ~ *English* folyékonyan beszél angolul 2. kecses [vonalak]
fluff [flʌf] I. *n* 1. pehely, pihe; bolyh 2. *do a* ~ belesül a szerepébe II. *vt* 1. felborzol, bolyhoz, bolyhosít 2. ~ *one's part* belesül a szerepébe [színész]
fluffy ['flʌfɪ] *a* pihés, vattaszerű; bolyhos; pelyhes
fluid ['flu:ɪd] I. *a* 1. folyékony, cseppfolyós; gáznemű 2. *átv* cseppfolyós állapotban levő, ki nem alakult 3. könnyed, gördülékeny [stílus] II. *n* folyadék; ~ *ounce* ⟨= 28,4 m³⟩
fluidity [flu:'ɪdətɪ] *n* 1. folyékony halmazállapot; folyékonyság, cseppfolyósság 2. változékonyság, ingatagság 3. gördülékenység [stílusé]
fluke[1] [flu:k] *n* 1. lepényhal 2. métely
fluke[2] [flu:k] *n* 1. horgonyhegy, horogkarom 2. fark(uszony) [bálnáé]

21*

fluke³ [flu:k] *n biz* (véletlen) szerencse, „mázli"
flummery ['flʌmərɪ] *n* 1. tojáskrém, tejkrém 2. zabkása 3. *biz* halandzsa, sületlenség
flummox ['flʌməks] *vt biz* meghökkent, zavarba hoz
flung →*fling II.*
flunk [flʌŋk] *US biz* A. *vi* megbukik, elhasal [iskolában] B. *vt* megbuktat, elhúz
flunkey ['flʌŋkɪ] *n* lakáj
fluorescence [fluə'resns] *n* fluoreszkálás, fluoreszcencia
fluorescent [fluə'resnt] *a* fluoreszkáló; ~ *lamp* fénycső
flurry ['flʌrɪ; *US* 'flə:-] I. *n* 1. szélroham, -lökés; ~ *of snow* hózápor 2. izgalom, izgatottság; *all in a* ~ izgatottan II. *vt* (fel)izgat, (fel)idegesít; *get flurried* elveszti a fejét, zavarba jön
flush¹ [flʌʃ] I. *n* 1. áradás, áradat 2. tisztítás [vízsugárral]; ~ *toilet* vízöblítéses vécé 3. (ki)pirulás, elvörösödés; felhevülés, fellobbanás; ~ *of victory* győzelmi mámor; *in the* ~ *of youth* ifjúi hévvel II. A. *vt* 1. (el)áraszt, (el)önt; öblít [vécét]; vízsugárral kitisztít 2. pirulásra késztet 3. hevít, lelekesít B. *vi* 1. felszökik, feltör; sugárban ömlik 2. elpirul, elvörösödik; (fel)hevül; *her face* ~*ed* elpirult
flush out *vt* kiöblít, kimos
flush² [flʌʃ] I. *a* 1. csordultig telt, kicsorduló; túláradó 2. egy síkban/vonalban/szinten levő/fekvő (*with* vmvel) 3. bővelkedő, bőséges; *be* ~ *with money* felveti a pénz II. *vt* egy szintre hoz; síkba állít
flush³ [flʌʃ] *n* flöss, szín [kártyában]
flush⁴ [flʌʃ] I. *n* felriasztott/felvert madárcsapat II. A. *vi* felrebben, -száll, -repül B. *vt* felriaszt, -ver, -hajt [szárnyas vadat]
Flushing ['flʌʃɪŋ] *prop* Vlissingen
fluster ['flʌstə*] I. *n* 1. izgalom, nyugtalanság II. A. *vt* 1. (fel)izgat, (fel)idegesít 2. (meg)zavar B. *vi* 1. idegeskedik, nyugtalankodik 2. megzavarodik, kapkod

flute [flu:t] I. *n* 1. fuvola; furulya 2. rovátka, barázda, vájat, horony II. A. *vi* fuvolázik B. *vt* 1. fuvolán (el-)játszik (vmt) 2. rovátkol, barázdál; (ki)hornyol
fluted ['flu:tɪd] *a* hornyolt [oszlop]
fluting ['flu:tɪŋ] *n* 1. fuvolázás 2. hornyolás, barázdálás
flutist ['flu:tɪst] *n* fuvolás, flótás
flutter ['flʌtə*] I. *n* 1. szárnycsapkodás, -verdesés 2. lebegés; (szem)rebbenés 3. (gyors/szabálytalan) szívdobogás; nyugtalanság, szorongás, remegés; *be* (*all*) *in a* ~ (lázas) izgalomban van II. A. *vt* 1. csapkod [szárnyat] 2. lebegtet [zászlót] 3. *biz* (fel)izgat, (fel)idegesít, nyugtalanít, izgalomba hoz; ~ *the dovecotes* megrémíti a félénk embereket B. *vi* 1. (szárnyaival) csapkod 2. lebeg, lobog [zászló] 3. gyorsan/szabálytalanul dobog/ver [szív] 4. remeg, reszket
fluvial ['flu:vjəl] *a* folyami, folyóflux [flʌks] *n* 1. folyás [vére, gennyé stb.] 2. áram(lás), körfolyás, keringés; folyadékmozgás; ~ *and reflux* ár és apály 3. (*átv is*) áradat, özön 4. állandó mozgás/változás; *in a state of* ~ állandóan változva, cseppfolyós állapotban 5. folyósító szer, salakosító adalék(anyag)
fly¹ [flaɪ] *n* légy; ~ *in the ointment* üröm az örömben; ~ *on the wheel* fontoskodó/nagyképű fráter; *rise to the* ~ bekapja a csalétket/legyet, lépre megy; *he would not hurt a* ~ még a légynek sem árt(ana); *catch flies* (szájtátva) bámészkodik; *biz they died like flies* tömegesen hullottak el; □ *there are no flies on him* nem esett a feje lágyára
fly² [flaɪ] I. *n* 1. † egylovas kocsi, konflis 2. (rejtett) hasíték, slicc, gombolás [nadrágon]; gomblyukfedő lebeny 3. sátorlap(fedő) 4. *the flies* zsinórpadlás 5. billegő [óráé], szabályozó kar, himba(kar) II. *v* (*pt flew* flu:, *pp flown* floun) A. *vi* 1. repül, száll(dos); ~ *high* (1) magasan repül (2) nagyra/magasra tör; ~ *low* meglapul, óvatosan jár el; *let* ~ (1) kiröppent, kirö-

pít, kilő; vet, dob (2) elsüt [viccet]; megereszt [gorombaságot]; *make the feathers/fur* ~ botrányt csap, kellemetlen jelenetet rendez; *make the money* ~ szórja a pénzt; *biz send sy ~ing* földhöz vág vkt; *send things ~ing* szétdobálja a dolgokat; *the door flew open* felpattant/kivágódott az ajtó **2.** siet, rohan; (el)fut, elmenekül, (meg)szökik; ~ *for one's life* futással menekül; *biz the bird has/is flown* meglépett a jómadár; *biz my watch has flown* ugrott az órám **3.** lebeg, lobog [haj, zászló stb.] **B.** *vt* **1.** elereszt, felröpít [sólymot] **2.** vezet [repgépet]; repülőgépen/fedélzetén visz/szállít; ~ *the Atlantic* átrepüli az A.-óceánt **3.** elmenekül, megszökik [országból]
fly about *vi* ide-oda röpdös; szálldos
fly at *vi* ~ *at sy* (1) ráveti magát, rátámad (vkre) (2) ráförmed, kirohan (vk ellen); ~ *at sy's throat* a torkának ugrik
fly in *vi* **1.** repülőgépen (meg)érkezik vhová **2.** ~ *in pieces* széttörik, összetörik **3.** ~ *in the face of* (1) nekitámad (vknek), rátámad (vkre) (2) szöges ellentétben áll (vmvel), szembeszáll, dacol (vmvel)
fly into *vi* ~ *i. a rage/passion/temper* dühbe gurul
fly off *vi* **1.** elrepül, elszáll [madár] **2.** szélsebesen elrohan [személy] **3.** leszakad, lepattan [gomb]
fly to *vi* ~ *to arms* fegyverhez kap; ~ *to sy's assistance* segítségére siet
fly³ [flaɪ] *a* □ fortélyos, agyafúrt
fly-away *a* könnyelmű, meggondolatlan
fly-bill *n* **1.** röplap, röpcédula **2.** reklámcédula [falon]
fly-blown *a* légypiszkos
fly-by-night I. *a US* bizonytalan (anyagi alapozású), nem komoly, gyanús [anyagilag] **II.** *n* ⟨lakásból lakbérfizetés nélkül titokban kihurcolkodó személy⟩
fly-catcher *n* légyfogó
flyer ['flaɪə*] *n* **1.** repülő, pilóta **2.** *biz* gyors lábú ember/állat **3.** ugrás neki-

futásból; repülőrajt **4.** röplap, prospektus
fly-fish I. *n* műlégy [horgászatban] **II.** *vi* műléggyel horgászik
fly-flap *n* légycsapó
flying ['flaɪɪŋ] **I.** *a* repülő [madár]; levegőben úszó [szál stb.]; gyors, rohanó; rövid, röpke, futó; ~ *bomb* repülőbomba; ~ *corps* repülőhadosztály; ~ *deck* repülőfedélzet [repülőgép-anyahajón]; *the F~ Dutchman* a bolygó hollandi; ~ *field* (katonai) repülőtér; ~ *fortress* repülőerőd; ~ *jump* ugrás nekifutással; ~ *saucer* repülő csészealj; *the F~ Scotsman* a london—edinburghi expressz(vonat); *take a ~ shot at sg* kapásból lő rá vmre; ~ *sickness* légibetegség; ~ *squad* rendőrségi gyorsjárőr, országúti járőrkocsi; ~ *start* repülőrajt; *átv* kitűnő start; ~ *visit* villámlátogatás **II.** *n* **1.** repülés **2.** menekülés, szökés
flying-boat *n* vízi repülőgép, hidroplán
flying-buttress *n* külső támív
flying-fish *n* repülőhal
fly-leaf *n* (*pl* -**leaves**) előzéklap [könyvé]
fly-over *n* felüljáró
fly-paper *n* légypapír
fly-past *n* légi szemle, repülőfelvonulás [díszszemlén]
fly-sheet *n* röpcédula, röplap
fly-speck *n* légypiszok, -köpés
flyweight *n* légsúly; *light* ~ papírsúly
fly-wheel *n* lcnd(itő)kerék
F.M., FM [ef'em] **1.** *Field-Marshal* **2.** *Frequency Modulation*
F.O., FO [ef'oʊ] *Foreign Office*
foal [foʊl] **I.** *n* csikó; *mare in/with* ~ hasas kanca **II.** *vt* csikózik, ellik [csikót]
foam [foʊm] **I.** *n* hab, tajték; ~ *rubber* habgumi **II.** *vi* habzik, tajtékzik; ~ *at the mouth* (*átv is*) habzik a szája; ~ *with rage* dühöng, tajtékzik a dühtől
fob [fɔb; *US* -ɑ-] **I.** *n* † órazseb [nadrágon] **II.** *vi* -**bb**- ~ *sy* (*off*) megcsal/megtéveszt vkt; ~ *sg off on sy* rásóz/rátukmál vkre vmt
f.o.b., fob [efoʊ'biː] *free on board* →*free*

focal ['foʊkl] a gyújtóponti; ~ distance/ length gyújtótávolság; ~ point gyújtópont
fo'c's̓le ['foʊksl] n = forecastle
focus ['foʊkəs] I. n (pl foci 'foʊsaɪ v. ~es -sɪz) 1. gyújtópont, fókusz; out of ~ nem éles [kép]; bring into ~ (1) élesre állít [lencsét] (2) átv éles megvilágításba helyez 2. köz(ép)pont, góc(pont) II. v -ss- (US -s-) A. vt 1. összpontosít, koncentrál; all eyes were ~sed on him minden szem rászegeződött 2. gyújtópontba/fókuszba/élesre állít [lencsét, képet stb.], fókuszol B. vi összefut, konvergál, összpontosul (on vmre)
fodder ['fɔdə*; US -ɑ-] I. n takarmány, abrak II. vt takarmányoz, abrakol(tat), etet
foe [foʊ] n ellenség, ellenfél
foeman ['foʊmən] n (pl -men -mən) † ellenség, ellenfél
foetal, US fetal ['fi:tl] a magzati
foetus, US fetus ['fi:təs] n magzat
fog [fɔg; US -ɑ-] I. n 1. köd; átv in a ~ sötétben (van/tapogatódzik) 2. homály, fátyol [negatívon] II. v -gg- A. vt (átv is) ködbe borít, elködösít, elhomályosít B. vi ködbe borul, (el)ködösül, elhomályosul
fogbank n ködréteg
fogbound a ködben veszteglő [hajó]
fogey ['foʊgɪ] n = fogy
foggy ['fɔgɪ; US -ɑ-] a ködös, homályos, elmosódott; I haven't the foggiest idea halvány sejtelmem sincs
fog-horn n ködsziréna, ködkürt
foglamp n ködlámpa
fog-signal n robbanójelző [vasúti sínen], durrantyú
fogy ['foʊgɪ] n biz (old) ~ régimódi/ maradi ember
foible ['fɔɪbl] n gyarlóság, gyengeség
foil¹ [fɔɪl] n 1. vékony fémlap/fémlemez; fólia 2. kontraszt; ellentét
foil² [fɔɪl] I. n vadcsapás, nyom II. vt meghiúsít, megbuktat [támadást]
foil³ [fɔɪl] n (vívó)tőr; ~ fencing tőrvívás
foison ['fɔɪzn] n † bőség, gazdagság
foist [fɔɪst] vt ~ (off) rásóz (sg on sy

vmt vkre); ~ oneself on sy rátukmálja magát vkre, nyakába varrja magát vknek
fol. folio
fold¹ [foʊld] I. n 1. (átv is) karám, akol 2. nyáj [juhoké, hivőké] II. vt karámba zár/terel
fold² [foʊld] I. n 1. ránc, gyűrődés; redő, berakás [ruhán] 2. gyűrődés, talajegyenetlenség II. A. vt (össze-) hajt(ogat); behajt; betakar; ~ one's arms karját összefonja; ~ one's hands kezét összekulcsolja B. vi behajlik; meghajlik; összehajlik; összecsukódik
fold back A. vt behajt, visszahajt B. vi visszahajlik; the shutters ~ b. a spaletta összecsukódik/összecsukható
fold in vt 1. becsomagol, begöngyöl (vmbe) 2. belekever (könnyedén)
fold up A. vt összecsuk; összehajtogat B. vi 1. összeomlik [ellenállás stb.] 2. véget ér; tönkremegy, bezár, felszámol [üzlet] 3. it ~s up összecsukható [ernyő]
-fold [-foʊld] suff -szoros(an), -szeres(en); repay sy tenfold tízszeresen visszafizet
folder [foʊldə*] n 1. hajtogató 2. prospektus; leporelló 3. iratgyűjtő, dosszié
folding ['foʊldɪŋ] I. a összecsukható, -hajtható; lehajtható; felhajtható; ~ bed összecsukható/tábori ágy; ~ door több szárnyú tolóajtó; ~ rule összehajtható mérővessző, colstok; ~ screen spanyolfal; ~ shutters spaletta; ~ table összecsukható asztal, csapóasztal II. n 1. összehajtás; hajtogatás 2. begöngyölés 3. gyűrődés [talajé]
foliage ['foʊlɪdʒ] n lomb(ozat)
folio ['foʊlɪoʊ] n 1. ívrét alakú könyv; fóliáns 2. ívrét, fólió
folk [foʊk] n 1. nép, emberek 2. biz folks pl hozzátartozók, szülők; család; my ~s családom, enyéim
folk-dance n népi tánc
Folkestone ['foʊkstən] prop
folklore ['foʊklɔ:*] n folklór; folklorisztika
folk-music n népzene
folk-song n népdal

folksy ['fouksı] *a biz* 1. népies(kedő)
2. közvetlen modorú
follow ['fɔlou; *US* 'fɑ-] **A.** *vt* követ
[sorrendben, térben időben], folytat,
űz [vmlyen foglalkozást]; ~ *sy's
advice* vk tanácsát megfogadja/meg-
szívleli 2. ~ *a conversation* figye-
lemmel kíséri a beszélgetést; ~ *the
fashion* a divatnak hódol; ~ *one's
nose* orra után (előre) megy; ~ *the
plough* (1) szánt (2) mezőgazdasági
munkát végez, földműves ~ *the sea*
tengerészkedik; ~ *suit* követ, utánoz
(vkt vmben); ~ *a trade* vm pályán/
szakmában működik; *I don't quite
~ you* nem egészen értem (v. tudom
követni) amit mond **B.** *vi* következik;
utána jön; utána megy; *as ~s* a
következő(képpen), így; *it ~s that* . . .
ebből következik az, hogy . . .; *it
does not ~ that* . . . ebből nem követ-
kezik az, hogy . . .
  follow about *vt* ~ *sy a.* mindenhová
követ vkt
  follow after *vi* vk/vm után követ-
kezik
  follow from *vi* vmből következik
(vm); *it ~s f. this* ebből következik
(hogy)
  follow in *vi* → *footstep*
  follow out/through *vt* végigcsinál
(vmt), megvalósít
  follow up *vt* 1. nyomon követ;
ellenőriz 2. kihasznál [előnyt, győ-
zelmet stb.] 3. végigcsinál vmt
follower ['fɔlouə*; *US* 'fɑ-] *n* 1. kísérő,
követő, hű/bizalmas embere vknek
2. tanítvány, tisztelő
following ['fɔlouıŋ; *US* 'fɑ-] **I.** *a* (utána)
következő; *(on) the ~ day* a következő
napon, másnap; *two days ~* (1) két
egymást követő napon (2) két nap
múlva **II.** *n* 1. üldözés, követés (vké)
2. követők, (párt)hívek; kíséret
follow-up **I.** *a* 1. második, vmt követő;
~ *letter* emlékeztető levél; ~ *order*
utánrendelés 2. utólagos; ~ *care* utó-
kezelés **II.** *n* 1. követés 2. második
reklámlevél/prospektus 3. utókezelés
folly ['fɔlı; *US* -ɑ-] *n* 1. ostobaság, bu-
taság 2. könnyelműség

foment [fə'ment] *vt* 1. borogat, melegít
2. elősegít, ösztökél, szít [egyenet-
lenséget, gyűlöletet stb.]
fomentation [foumen'tɑıʃn] *n* 1. (me-
leg) borogatás 2. elősegítés, ösztön-
zés, szítás [gyűlöleté stb.]
fond [fɔnd; *US* -ɑ-] *a* 1. † szerető,
gyöngéd; (túl) engedékeny; *a ~
mother* szerető/gyöngéd édesanya 2.
kedvenc, dédelgetett [elképzelés]; ~
belief kedvenc rögeszme 3. *be ~ of
sg/sy* szeret/kedvel vmt/vkt
fondle ['fɔndl; *US* -ɑ-] *vt* dédelget, ci-
rógat, (meg)simogat
fondly ['fɔndlı; *US* -ɑ-] *adv* 1. szeretően,
szeretettel 2. hiszékenyen, naivan
fondness ['fɔndnıs; *US* -ɑ-] *n* 1. (ké-
nyeztető) szeretet, gyengédség 2. elő-
szeretet (*for* vm iránt); elfogultság
font[1] [fɔnt; *US* -ɑ-] *n* keresztelőkút,
-medence; szenteltvíztartó
font[2] [fɔnt; *US* -ɑ-] *n US* = *fount*[2]
food [fu:d] *n* 1. táplálék, eleség, élelem;
ennivaló; ~ *product* élelmicikk; ~
value tápérték; *articles of ~* élelmi-
szer(ek); *be off one's ~* nincs étvágya;
it gave me ~ for thought gondolkodóba
ejtett 2. abrak, takarmány, eleség
food-poisoning *n* ételmérgezés
food-rationing *n* élelmiszerjegy-rendszer,
élelmiszer-adagolás
food-stuff *n* élelmiszer
food-supply *n* 1. élelmiszerkészlet 2.
élelmiszer-ellátás
fool[1] [fu:l] **I.** *n* 1. bolond, együgyű
(ember); *he is no ~* nem esett a feje
lágyára; ~*'s paradise* (1) eldorádó,
csodaország (2) boldog tudatlanság;
All F~'s Day április elseje; *play the
~* bolondozik, ostoba tréfákat űz;
play the ~ with sy becsap, rászed vkt;
make a ~ of oneself nevetségessé teszi
magát; *make a ~ of sy* bolonddá tesz
vkt, becsap vkt 2. (udvari) bohóc;
~*'s cap* csörgősipka, bohócsapka **II.**
A. *vt* a bolondját járatja (vkvel),
becsap, lóvá tesz (vkt) **B.** *vi* bolondozik
  fool about *vi* 1. elbolondozza az
időt; csatangol, kószál 2. hülyéskedik
  fool around *vi US* = *fool about*
  fool away *vt* elpocsékol [pénzt, időt]

fool into vt ~ sy i. doing sg „behúz"
vkt vmbe
fool out vt ~ sy o. of sg kiforgat vkt
vmjéből
fool with vi bolondozik/játszadozik
vkvel/vmvel
fool² [fu:l] n gyümölcskrém
foolery ['fu:ları] n 1. bolondozás, bohóckodás 2. fooleries pl bolondság(ok)
fool-hardy a vakmerő, merész
foolish ['fu:lıʃ] a bolond, buta; nevetséges
foolproof a üzembiztos
foolscap ['fu:lskæp; US -zk-] n ⟨kb.
43 × 34 cm méretű írópapír⟩
foot [fʊt] I. n (pl feet fi:t) 1. láb(fej);
on ~ (1) gyalog (2) állva, talpon
(3) folyamatban; be on one's feet
(1) talpon van (2) szólásra emelkedik
(3) átv (ismét) talpon/jól van [betegség után]; fall on one's feet biz (1)
talpra esik (2) feltalálja magát;
find one's feet átv talpra áll, egyenesbe jön; get cold feet meghátrál; put
one's best ~ foremost megtesz minden
tőle telhetőt; biz put one's ~ down
sarkára áll; biz put one's ~ in beleavatkozik; put one's ~ in it szamárságot csinál/mond; set sg on ~ elindít
[mozgalmat stb.]; sweep/carry sy off
his feet leveszi a lábáról, ámulatba
ejt; under ~ a földön, az ember lába
alatt 2. láb(azat), talp(azat) [poháré,
oszlopé]; láb [hegyé]; alsó rész;
at the ~ of the page a lap alján 3. láb
⟨mint hosszmérték = 30,48 cm⟩;
three feet six inches három láb és hat
hüvelyk; he is six ~ two 188 cm magas
4. gyalogság; ~ and horse gyalogság
és lovasság 5. versláb 6. (pl ~s)
iszap, lerakódás II. vt ~ it gyalogol,
kutyagol; ~ the floor táncol; ~ up
(1) összesen kitesz (2) összegez, összead
footage ['fʊtıdʒ] n hosszúság, terjedelem [lábakban]
foot-and-mouth disease száj- és körömfájás
football ['fʊtbɔ:l] n 1. futball-labda
2. labdarúgás, futball; ~ ground
futballpálya; ~ pool totó

footballer ['fʊtbɔ:lə*] n labdarúgó, futballista, játékos
footboard n 1. lábtámasz, lábtartó 2.
lépcsődeszka, hágcsó
foot-brake n lábfék
foot-bridge n gyaloghíd, palló
foot-candle n gyertyaláb
footed ['fʊtıd] a 1. lábú, patájú [állat]
2. járású; light-~ könnyű léptű
footer ['fʊtə*] n 1. biz foci 2. biz
a six-~ hat láb magas (v. jól megtermett) ember, colos fickó
footfall n lépés [hangja]
foot-fault n lábhiba [teniszben]
foot-gear n lábbeli, cipő
foot-hills n pl előhegység
foothold n talpalatnyi hely; get/gain a ~
megveti a lábát; lose one's ~ elveszti
a talajt a lába alól
footing ['fʊtıŋ] n 1. lábtartás 2. talpalatnyi hely; gain/get a ~ megveti a
lábát 3. helyzet, állapot; körülmények, viszonyok; on an equal ~ with
sy egyenlő elbánásban vkvel; on a
good ~ jó módban 4. belépés, felvétel
[társaságba] 5. alap(zat), lábazat
footle ['fu:tl] vi biz ~ about ostobaságokkal tölti idejét
footlights n pl rivaldafény
footlocker n US katonaláda
footloose a helyhez nem kötött, szabad
footman ['fʊtmən] n (pl -men -mən)
(urasági) inas, lakáj, szolga
foot-mark n lábnyom
foot-note n lapalji jegyzet, lábjegyzet
foot-pace n gyalogtempó; poroszkálás;
at a ~ lépésben
footpad n † útonálló
foot-passenger n gyalogos
foot-path n gyalogösvény, gyalogút
foot-plate n dobogó [mozdonyon]; ~
men mozdonyszemélyzet
foot-pound n láb-font ⟨energiamennyiség, mely 1 fontnyi súlyt 1 láb magasságra emel = 0,138 méterkilogramm⟩
foot-print n lábnyom
foot-race n futóverseny, síkfutás
foot-rule n (láb és hüvelyk beosztású)
mérőléc
foot-soldier n gyalogos (katona)
footsore a fájós lábú, lábfájós

footstep n 1. lépés 2. átv nyomdok; follow in sy's ~s vknek a nyomdokába lép, vknek a nyomdokait követi
foot-stone n 1. alapkő 2. sírkőlap
footstool n zsámoly
foot-wear n lábbeli, cipő
footwork n lábmunka [sportban]
fop [fɔp; US -ɑ-] n piperkőc, jampec
foppish ['fɔpɪʃ; US -ɑ-] a hiú, jampecos
for [fɔ:*; gyenge ejtésű alakja: fə*] I. prep 1. miatt, -ért, helyett, végett, kedvéért, okáért, okából, céljából, -ra, -re, érdekében, mellett, vk/vm részéről, esetén; sold it ~ much sok pénzért adta el; ~ sale eladó; he is writing ~ me helyettem ír; he took me ~ my brother összetévesztett a bátyámmal; Member of Parliament ~ Liverpool L. képviselője; he is ~ free trade a szabad kereskedelem mellett van; desire ~ peace békevágy; what ~? mi célból?, miért?, minek?; what is this ~? minek ez?; jump ~ joy örömében felpattan; as ~ me ami engem illet; as ~ that ami ezt/azt illeti 2. részére, számára, -nak, -nek, célra, -ul, -ül, -ként; ~ you to protest is a shame nem szép tőled, hogy tiltakozol; ~ example például; it is not ~ you to ... neked nem illik ..., nem a te dolgod; game ~ Hungary! a játszmát Magyarország nyerte; was sold ~ a slave rabszolgának adták el 3. -ra, -re, -ig [időben], (időn) át; ~ three days három napja/napig/napra; ~ years évek óta, évekig; he was away ~ a year egy évig volt távol 4. felé, irányában, iránt; train ~ London L-ba menő vonat 5. képest; he is tall ~ his age korához képest magas 6. Kifejezésekben: were it not ~ Judy ... ha Jutka nem lett volna (akkor . ⁀.), ha nem Jutkáról volna szó ...; but ~ her, I should have died őnéküle meg is halhattam volna; I ~ one én például II. conj mert, mivel, minthogy
f.o.r. [efoʊ'ɑ:*] free on rail →free
forage ['fɔrɪdʒ; US -ɔ:-] I. n 1. takarmány, abrak 2. takarmányozás II. A. vt 1. takarmánnyal ellát 2. foszto-

gat, feldúl [országot] B. vi 1. takarmányoz, takarmányt gyűjt 2. biz ~ for sg kutat vm után
forage-cap n gyakorlósapka
forasmuch [fɔr(ə)raz'mʌtʃ] adv ~ as mivelhogy; tekintettel arra, hogy; amennyiben
foray ['fɔreɪ; US -ɔ:-] I. n (fosztogató) behatolás II. A. vt fosztogat, kifoszt B. vt betör, behatol [országba]
forbade →forbid
forbear[1] ['fɔ:beə*] n ős, előd; our ~s őseink
forbear[2] [fɔ:'beə*] v (pt -bore -'bɔ:*, pp -borne -'bɔ:n) A. vt tartózkodik (vmtől); kerül, nem vesz igénybe (vmt) B. vi 1. tartózkodik (from vmtől) 2. tűr; ~ with sy türelmes/elnéző vkvel szemben, eltűr vkt; he cannot ~ to nem állhatja meg, hogy ne ...
forbearance [fɔ:'beər(ə)ns] n 1. ~ of/from sg, ~ from doing sg tartózkodás vmtől 2. türelem; béketűrés; elnézés
forbearing [fɔ:'beərɪŋ] a türelmes, béketűrő; elnéző
forbid [fə'bɪd] vt (pt -bade -'bæd, pp ~den -'bɪdn; -dd-) 1. (meg)tilt, eltilt, kitilt; ~ sy to do sg megtiltja vknek vm megtételét; God ~ (that) Isten őrizz(en attól, hogy); I am ~den tobacco eltiltottak a dohányzástól 2. biz megakadályoz (vmt)
forbidden [fə'bɪdn] a tiltott; ~ fruit tiltott gyümölcs || →forbid
forbidding [fə'bɪdɪŋ] I. a félelmes, fenyegető; vésztjósló; visszataszító II. n el-, meg-, be-, letiltás
forbore →forbear[2]
forborne →forbear[2]
force [fɔ:s] I. n 1. erő(szak), kényszer, kényszerítés; by (main) ~ erőszakkal; of ~ szükségszerűen; resort to ~ erőszakhoz folyamodik, erőszakot alkalmaz; yield to ~ enged az erőszaknak; join ~s with erejét egyesíti vkvel 2. erő(kifejtés), erőfeszítés; erősség; energia; the ~ of the blow az ütés ereje; the ~s of nature a természet erői 3. [katonai, tengeri, légi] hatalom, erő; join the F~s bevonul katonának;

in ~ nagy erővel/számban; *in full*
~ teljes létszámban; *turn out in* ~
nagy számban jelennek meg 4. ér-
vény(esség); *be in* ~ érvényben/hatály-
ban van; *come into* ~ érvénybe/ha-
tályba lép; *put into* ~ (1) hatályba
léptet (2) alkalmaz [törvényt] II.
vt 1. erőltet; (ki)kényszerít, (ki)erő-
szakol; megerőszakol [nőt]; ~ *a door*
(*open*) feltör ajtót; ~ *sy's hand* (1)
akaratát ráerőszakolja/rákényszeríti
vkre (2) siettet/sürget vkt; ~ *a*
pupil tanulót serkent/túlterhel; *I'm*
~*d to do so* kénytelen vagyok így ten-
ni; ~ *one's way* utat tör magának
2. üvegházban termeszt/nevel/hajtat
force back *vt* visszakényszerít; ~
b. one's tears visszafojtja könnyeit
force down *vt* lenyom, leszorít [árat]
force from *vt* ~ *sg f. sy* kicsikar vmt
vktől; *they* ~*d a confession f. him*
beismerő vallomást csikartak ki tőle
force into *vt* 1. ~ *sy i. doing sg*
vkt vmnek a megtételére kényszerít
2. ~ *sg i. sg* beleerőszakol vmt vmbe
force out *vt* 1. kinyom, kiprésel
2. kikényszerít
force upon *vt* ~ *sg u. sy* rákény-
szerít vkre vmt
forced [fɔːst] *a* 1. kikényszerített, ki-
erőltetett, kényszerből megtett; ~
labour kényszermunka; ~ *landing*
kényszerleszállás; ~ *loan* kényszer-
kölcsön; ~ *march* erőltetett menet
2. hajtatott [növény]; ~ *fruit* meleg-
házi gyümölcs
forceful ['fɔːsfʊl] *a* erős, erőteljes; eré-
lyes, energikus
force-meat *n* vagdalthús [mint töltelék]
forceps ['fɔːseps] *n* fogó, csipesz; ~
delivery fogós szülés
force-pump *n* nyomószivattyú
forcible ['fɔːsəbl] *a* 1. kierőszakolt 2.
erőteljes, energikus, hathatós
forcing ['fɔːsɪŋ] *n* 1. felfeszítés [záré
stb.] 2. erőszak [elkövetése] 3. haj-
tatás [növényé] 4. serkentés [diáké]
forcing-bed *n* melegágy
forcing-house *n* üvegház
ford [fɔːd] I. *n* gázló, sekély II. *vt* át-
gázol [folyón]

fordable ['fɔːdəbl] *a* átgázolható
Fordham ['fɔːdəm] *prop*
fore [fɔː*] I. *a* elöl levő, elülső, első
II. *adv* 1. előre; elöl; ~ *and aft*
(a hajó) teljes hosszában; elejétől
végig [hajón] →*fore-and-aft* III. *n*
1. hajó orra/eleje; *at the* ~ a hajó or-
rán, az előárbocnál 2. *to the* ~ szem
előtt, előtérben, feltűnő helyen,erőtel-
jesen IV. *int* vigyázat elöl!
fore-and-aft *a* hosszanti, hosszirányú;
~ *sail* hosszvitorla →*fore II.*
forearm[1] ['fɔːrɑːm] *n* alsókar, alkar
forearm[2] [fɔːr'ɑːm] *vt* 1. előre felfegy-
verez 2. támadást/védekezést előké-
szít
forebode [fɔː'boʊd] *vt* 1. megjósol, elő-
re jelez [bajt] 2. előre megsejt/meg-
érez
foreboding [fɔː'boʊdɪŋ] *n* 1. rossz elő-
jel/előérzet 2. előre megsejtés; *have*
~*s* balsejtelmek gyötrik
forecast ['fɔːkɑːst; *US* -kæ-] I. *n* 1. elő-
relátás; megsejtés 2. jóslás, jóslat,
előrejelzés; prognózis II. *vt* (*pt/pp* ~ *v.*
~*ed* -ɪd) 1. előre lát, becsül, megjósol
2. előre jelez (vmt)
forecastle ['foʊksl] *n* 1. előfedélzet fel-
építménye, hajó előrésze 2. személy-
zeti szállás [kereskedelmi hajón]
foreclose [fɔː'kloʊz] *vt* 1. kizár 2. ~
the mortgage zálogjogot érvényesít
ingatlanon
foreclosure [fɔː'kloʊʒə*] *n* zálogjog ér-
vényesítése
forecourt ['fɔːkɔːt] *n* előudvar
foredoom [fɔː'duːm] *vt* 1. előre elítél
2. előre elrendeli [vk sorsát]; ~*ed to*
failure eleve kudarcra ítélt, eleve el-
hibázott 3. előre megmond, megjö-
vendöl
forefather ['fɔːfɑːðə*] *n* ős(apa), előd
forefinger ['fɔːfɪŋgə*] *n* mutatóujj
forefoot ['fɔːfʊt] *n* (*pl* -feet -fiːt) mellső/
első láb [állaté]
forefront ['fɔːfrʌnt] *n* 1. † (vmnek az)
eleje 2. *biz* előtér; *in the* ~ az előtér-
ben, legelöl
forego[1] [fɔː'goʊ] *vt* (*pt* -went -'went,
pp -gone -'gɔn, *US* -'gɔːn) vm előtt
megy, előtte jár/halad, megelőz

forego² [fɔ:'gou] *vt* = *forgo*
foregoing [fɔ:'gouıŋ] *a* megelőző, előbb említett; *from the* ~ *it is clear* (*that*) a mondottakból/megelőzőkből világos (hogy)
foregone [fɔ:'gɔn; *US* -'gɔ:n] *a a* ~ *conclusion* előre eldöntött ügy ‖→ *forego*¹
foreground ['fɔ:graund] *n* előtér
forehand ['fɔ:hænd] *n* **1.** tenyeres [ütés] **2.** ⟨ló elülső része⟩
forehead ['fɔrıd; *US* -ɔ:-] *n* homlok
foreign ['fɔrən; *US* -ɔ:-] *a* **1.** idegen, külföldi; ~ *affairs* külügy(ek); ~ *bill* (1) deviza (2) külföldi váltó; ~ *currency* külföldi pénznem, valuta; *GB F*~ *Office* (az angol) külügyminisztérium; ~ *parts* külföld; ~ *policy* külpolitika; *GB F*~ *Secretary* külügyminiszter; ~ *trade* külkereskedelem **2.** átv ~ *to/from sg* vmtől távol álló; *it is* ~ *to me* nem ismerem **3.** idegen [test]
foreigner ['fɔrənə*; *US* -ɔ:-] *n* külföldi, idegen (ember)
foreknowledge [fɔ:'nɔlıdʒ; *US* -'na-] *n* előre tudás, sejtés
foreland ['fɔ:lənd] *n* **1.** hegyfok **2.** előhegység
foreleg ['fɔ:leg] *n* mellső láb
forelock ['fɔ:lɔk; *US* -ak] *n* üstök; *take time by the* ~ él az alkalommal, üstökön ragadja a szerencsét
foreman ['fɔ:mən] *n* (*pl* -men -mən) **1.** előmunkás, pallér; művezető; csoportvezető, brigádvezető **2.** esküdtszék elnöke
foremast ['fɔ:mɑ:st; *US* -æst] *n* előárboc
foremost ['fɔ:moust] I. *a* legelső, legelülső II. *adv* elsőnek, elsőként
forename ['fɔ:neım] *n* keresztnév, utónév
forenoon ['fɔ:nu:n] *n* délelőtt
forensic [fə'rensık] *a* bírósági, törvényszéki; ~ *medicine* törvényszéki orvostan
foreordain [fɔ:rɔ:'deın] *vt* előre elrendel/meghatároz
forepart ['fɔ:pɑ:t] *n* vmnek az eleje, elülső rész

forerunner ['fɔ:rʌnə*] *n* **1.** előfutár, (elő)hírnök **2.** előjel [betegségé stb.]
foresail ['fɔ:seıl] *n* (elő)törzsvitorla
foresee [fɔ:'si:] *vt* (*pt* -saw -'sɔ:, *pp* -seen -'si:n) előre lát; (meg)sejt; megjósol
foreshadow [fɔ:'ʃædou] *vt* előreveti (vm) árnyékát; előre jelez, sejtet
foreshore ['fɔ:ʃɔ:*] *n* parti sáv, partszegély
foreshorten [fɔ:'ʃɔ:tn] *vt* rövidülésben/skurcban fest/rajzol/ábrázol
foresight ['fɔ:saıt] *n* **1.** jövőbe látás **2.** előrelátás, gondoskodás; körültekintés; *due* ~ kellő körültekintés **3.** célgömb [puskán]
foreskin ['fɔ:skın] *n* fityma, előbőr
forest ['fɔrıst; *US* -ɔ:-] I. *n* **1.** erdő(ség); *a* ~ *of masts* árbocerdő **2.** ~ *fire* erdőtűz II. *vt* erdősít, fásít
forestall [fɔ:'stɔ:l] *vt* **1.** megelőz; gátat vet, elébe vág (vmnek) **2.** (spekulációra) felvásárol [földet, árut]
forestation [fɔrı'steıʃn; *US* fɔ:-] *n* = *afforestation*
forester ['fɔrıstə*; *US* -ɔ:-] *n* **1.** erdőőr, -kerülő, erdész **2.** erdei munkás **3.** erdőlakó [ember]
forestry ['fɔrıstrı; *US* -ɔ:-] *n* **1.** erdészet **2.** erdőség
foreswear [fɔ:'sweə*] *vt* = *forswear*
foretaste ['fɔ:teıst] *n* ízelítő (*of* vmből)
foretell [fɔ:'tel] *vt* (*pt/pp* -told -'tould) előre megmond/jelez, megjósol
forethought ['fɔ:θɔ:t] *n* **1.** előre megfontolt szándék **2.** előrelátás, gondoskodás
foretold →*foretell*
foretop ['fɔ:tɔp; *US* -ap] *n* előárbockosár
forever [fə'revə*] *adv* örökre
forewarn [fɔ:'wɔ:n] *vt* (előre) figyelmeztet, óva int
forewent →*forego*
foreword ['fɔ:wə:d] *n* előszó
forfeit ['fɔ:fıt] I. *a* † elkobzott [vagyon]; eljátszott [jog] II. *n* **1.** bánatpénz, pönálé; ~ *clause* bánatpénzkikötés **2.** (pénz)bírság; büntetés **3.** zálog [játékban]; *game of* ~*s* zálogosdi [játék] **4.** = *forfeiture* III. *vt* eljátszik; elveszít [jogot, becsületet]; *become* ~*ed* elévül, lejár

forfeiture ['fɔ:fɪtʃə*] n 1. elkobzás [vagyoné] 2. elvesztés, eljátszás [jogé stb.]

forgather [fɔ:'gæðə*] vi összejön, -gyűlik; ~ with sy összejár vkvel

forgave →forgive

forge¹ [fɔ:dʒ] I. n 1. kovácsműhely 2. kovácstűzhely 3. † kohó, vasgyár II. A. vt 1. kovácsol; kalapál 2. kitalál, kohol [kifogást, rágalmat] 3. hamisít [aláírást stb.] B. vi ~ well jól kovácsolható

forge² [fɔ:dʒ] vi ~ ahead előretör, teljes gőzzel halad [hajó]

forged [fɔ:dʒd] a 1. kovácsolt [vas] 2. hamisított [aláírás stb.]

forger ['fɔ:dʒə*] n 1. kovács(oló) 2. (bankjegy)hamisító

forgery ['fɔ:dʒ(ə)rɪ] n 1. hamisítás 2. hamisítvány; hamis okirat 3. koholmány

forget [fə'get] v (pt -got -'gɔt, US -'gat, pp -gotten -'gɔtn, US -'gatn; -tt-) A. vt 1. elfelejt, nem emlékszik vmre, nem jut eszébe; ~ (about) it! (1) eszébe ne jusson! (2) ne törődj(ön) vele!; hagyjuk ezt!; biz and don't you ~ it! aztán el ne felejtsd!; never to be forgotten felejthetetlen 2. megfeledkezik (vmről, vkről); ~ all about sg teljesen megfeledkezik vmről; ~ to do sg megfeledkezik vmről, elfelejt/elmulaszt vmt megtenni 3. ottfelejt, elhagy [ernyőt stb.] 4. ~ oneself (1) megfeledkezik magáról, elragadtatja magát (2) nem törődik a saját érdekével B. vi elfeledkezik (about vmről); I ~ nem jut eszembe

forgetful [fə'getfʊl] a 1. feledékeny 2. hanyag, figyelmetlen

forgetfulness [fə'getfʊlnɪs] n 1. feledékenység 2. hanyagság

forget-me-not [fə'getmɪnɔt; US -at] n nefelejcs

forgivable [fə'gɪvəbl] a megbocsátható; bocsánatos [bűn]

forgive [fə'gɪv] vt/vi (pt -gave -'geɪv, pp -given -'gɪvn) 1. ~ sy (for doing sg) megbocsát vknek (vmért); ~ and forget! felejtsük el!, borítsunk fátylat a múltra! 2. elenged [adósságot]

forgiveness [fə'gɪvnɪs] n 1. megbocsátás, bocsánat; elnéző jóindulat; ask sy's ~ bocsánatot kér vktől 2. elengedés [adósságé]

forgiving [fə'gɪvɪŋ] a megbocsátó; elnéző, engedékeny

forgo [fɔ:'goʊ] vt (pt -went -'went, pp -gone -'gɔn, US -'gɔ:n) lemond (vmről), tartózkodik (vmtől), nem vesz igénybe (vmt)

forgot, forgotten →forget

fork [fɔ:k] I. n 1. villa; vasvilla 2. elágazás [úté, folyóé stb.] II. A. vt vasvillával hány B. vi szétágazik, elágazik; ~ right for York az útelágazásnál fordulj jobbra Y. felé
  fork out/up vt biz kiguberál, előkotor [pénzt]

forked [fɔ:kt] a villa alakú, villás; kétágú, elágazó

fork-lift n emelővilla; ~ truck emelővillás targonca

forlorn [fə'lɔ:n] a 1. elhagyatott, elhanyagolt; szánalmas 2. biz kétségbeesett; ~ hope reménytelen vállalkozás

form [fɔ:m] I. n 1. alak, forma; take ~ alakot ölt; kialakul; ~ of government kormányforma 2. alakiság, formaság, formalitás; as a matter of ~ a forma kedvéért; defect of ~ alaki hiba 3. viselkedés, modor; the rules of good ~ illemszabályok; it is good ~ úgy illik (hogy); it is bad ~ nem illik, neveletlenség 4. űrlap, blanketta; fill in/up a ~ űrlapot kitölt 5. erőnlét, forma, kondíció; be in capital ~ kitűnő kondícióban van; he was in great ~ formában volt 6. osztály [iskolában]; sixth ~ érettségiző osztály [angol középiskola legmagasabb osztálya]; ~ master osztályfőnök [iskolában] 7. (támla nélküli) pad, lóca, iskolapad II. A. vt 1. (ki)alakít formál, készít; ~ sg out of sg vmt vmből csinál/formál/készít 2. alakít, szervez; ~ a government kormányt alakít; they ~ed themselves into a committee bizottsággá alakultak 3. alkot, képez; ~ part of sg vmnek részét képezi 4. létrehoz [kapcsolatot]; képez [szót,

nyelvtani alakot]; kialakít, formál [véleményt] **5.** ~ *fours* négyes sorokba fejlődik **B.** *vi* alakul; ~ *into line* felsorakozik; ~ *up* alakzatban feláll **formal** ['fɔ:ml] *a* **1.** alaki, formai, formális; előírásos, hivatalos; *make a* ~ *speech* rövid (hivatalos) beszédet mond **2.** szertartásos, udvariassági; ~ *bow* mély meghajlás; ~ *call* udvariassági látogatás; ~ *dinner* estélyi ruhás vacsora; ~ *garden* franciakert, díszkert
formalism ['fɔ:məlɪzm] *n* formalizmus
formality [fɔ:'mælətɪ] *n* **1.** külsőség; alakiság, formaság **2.** szertartásosság, ceremónia
formally ['fɔ:məlɪ] *adv* hivatalosan, előírásosan, formailag
format ['fɔ:mæt] *n* alak, ívnagyság, formátum [könyvé]; *of great* ~ nagy kaliberű [ember]
formation [fɔ:'meɪʃn] *n* **1.** (ki)alakulás, képződés, keletkezés **2.** (meg)alakítás, létrehozás, alapítás **3.** alakulat, harcrend **4.** képződmény
formative ['fɔ:mətɪv] *a* (ki)alakító, formáló; *in his* ~ *years* a fejlődés éveiben
former ['fɔ:mə*] *a* **1.** előbbi, korábbi, (meg)előző; régi, azelőtti, egykori, hajdani; ~ *times* a múlt **2.** előbbi, előbb említett
formerly ['fɔ:məlɪ] *adv* azelőtt, régebben, hajdanában, valamikor, egykor
formic ['fɔ:mɪk] *a* ~ *acid* hangyasav
formidable ['fɔ:mɪdəbl] *a* **1.** félelme(te)s **2.** nagyarányú, nehéz
formless ['fɔ:mlɪs] *a* alaktalan, formátlan
formula ['fɔ:mjʊlə] *n* (*pl* ~e 'fɔ:mjʊli: *v.* ~s -əz) **1.** minta, formula, szabály **2.** recept, előírás **3.** képlet **4.** *US* folyékony csecsemőtápszer
formulate ['fɔ:mjʊleɪt] *vt* **1.** megfogalmaz, megszövegez, szabályba foglal **2.** kifejezésre juttat
formulation [fɔ:mjʊ'leɪʃn] *n* **1.** megszövegezés, szabályokba foglalás **2.** kifejezésre juttatás
fornicate ['fɔ:nɪkeɪt] *vi* bujálkodik, paráználkodik
fornication [fɔ:nɪ'keɪʃn] *n* paráználkodás, fajtalankodás

forsake [fə'seɪk] *vt* (*pt* -*sook* -'sʊk, *pp* ~n -'seɪk(ə)n) **1.** elhagy, cserbenhagy; **2.** lemond (vmről), elpártol [ügytől]
forsaken [fə'seɪk(ə)n] *a* elhagy(at)ott; ~ *by all* mindenkitől elhagyatva
forsooth [fə'su:θ] *adv* † valóban, igazán, csakugyan
forswear [fɔ:'sweə*] *vt* (*pt* -*swore* -'swɔ:*, *pp* -*sworn* -'swɔ:n) **1.** esküvel (le-) tagad, vmről ünnepélyesen lemond **2.** ~ *oneself* hamisan esküszik
Forsyte ['fɔ:saɪt] *prop*
forsythia [fɔ:'saɪθjə; *US* -'sɪ-] *n* aranyvirág, forzécia
fort [fɔ:t] *n* erőd(ítmény)
forte[1] ['fɔ:teɪ] *n* vknek az erős oldala (*v.* fő erőssége)
forte[2] ['fɔ:tɪ] *a/adv/n* forte [zenében]
forth [fɔ:θ] *adv* **1.** előre, ki; *back and* ~ oda-vissza **2.** tovább; *from this time* ~ mostantól kezdve; *and so* ~ és így tovább
forthcoming [fɔ:θ'kʌmɪŋ] *a* **1.** közeledő, közelgő, (el)következő; ~ *books* rövidesen megjelenő könyvek **2.** (rövidesen) rendelkezésre álló **3.** *biz* készséges
forthright ['fɔ:θraɪt] **I.** *a* egyenes, őszinte, nyílt **II.** *adv* kereken, nyíltan, őszintén
forthwith [fɔ:θ'wɪθ] *adv* azonnal, haladéktalanul
fortieth ['fɔ:tɪθ] *a/n* negyvenedik
fortification [fɔ:tɪfɪ'keɪʃn] *n* **1.** megerősítés, megszilárdítás **2.** erőd(ítmény), sánc
fortify ['fɔ:tɪfaɪ] *vt* (*átv is*) megerősít
fortitude ['fɔ:tɪtju:d; *US* -tu:d] *n* állhatatosság, bátorság, (lelki)erő
fortnight ['fɔ:tnaɪt] *n* két hét; *this day* ~, *a* ~ *today* mához két hétre
fortnightly ['fɔ:tnaɪtlɪ] **I.** *a* kéthetenkénti, ketheti **II.** *adv* kéthetenként [megjelenő]
fortress ['fɔ:trɪs] *n* erőd(ítmény)
fortuitous [fɔ:'tju:ɪtəs; *US* -'tu:-] *a* véletlen, váratlan
fortuity [fɔ:'tju:ɪtɪ; *US* -'tu:-] *n* véletlenség, vakeset
fortunate ['fɔ:tʃnət] *a* szerencsés, kedvező; *be* ~ *in* sg szerencsés vmben

fortunately ['fɔ:tʃnətlɪ] adv 1. szerencsére 2. szerencsésen
fortune ['fɔ:tʃu:n; US -tʃən] n 1. szerencse, véletlen; by good ~ szerencsére; try one's ~ szerencsét próbál; the ~s of war hadiszerencse 2. sors, végzet; tell ~s jövendőt mond [kártyából], jósol 3. jólét, gazdagság; vagyon; man of ~ gazdag ember; a small ~ ~ tekintélyes összeg; come into a ~ nagy vagyont örököl; make a ~ meggazdagszik; marry a ~ gazdagon nősül 4. siker
fortune-hunter n hozományvadász
fortune-teller n jövendőmondó, jós(nő)
forty ['fɔ:tɪ] I. a negyven; biz ~ winks ebéd utáni alvás/szundítás II. n the forties a negyvenes évek
forty-niner [-'naɪnə*] n US ⟨az 1849-es aranyláz részvevője⟩
forum ['fɔ:rəm] n (átv is) fórum
forward ['fɔ:wəd] I. a 1. elülső, előre irányuló/haladó; ~ and backward movement előre és hátra mozgás; ~ planning (előre) tervezés 2. korai; idő előtti; koraérett 3. haladó (szellemű) 4. készséges, buzgó 5. arcátlan, pimasz 6. határidős [szállítás] II. adv 1. előre; elöl 2. tovább; from that day ~ attól a naptól fogva III. n csatár [futballban stb.] IV. vt 1. továbbít, (el)küld, szállít(mányoz), expediál; "to be ~ed", "~ please" továbbítandó, kérem utána küldeni 2. előmozdít, -segít; hajtat [gyümölcsöt], gyorsít [beérést]
forwarder ['fɔ:wədə*] n szállítmányozó
forwarding ['fɔ:wədɪŋ] n 1. szállítmányozás, szállítás; ~ agent szállítmányozó; ~ instructions szállítási utasítás 2. továbbítás, utána küldés [levélé, csomagé]
forwardness ['fɔ:wədnɪs] n 1. haladás, előrehaladottság 2. koraérettség [gyermeké]; korai beérés [gyümölcsé] 3. pimaszság 4. serénység, buzgóság
forwards ['fɔ:wədz] adv = forward II.
forwent →forgo
fosse [fɔs; US -ɑ-] n sáncárok
fossil ['fɔsl; US -ɑ-] n 1. kövület; őskori lelet 2. biz régimódi/maradi ember

foster ['fɔstə*; US -ɔ:-] vt 1. felnevel; táplál 2. átv elősegít, -mozdít; táplál [érzelmet, hitet stb.]
foster-brother n 1. tejtestvér [fiú] 2. fogadott fivér
foster-child n (pl -children) fogadott/ nevelt gyermek
foster-father n nevelőapa
foster-mother n nevelőanya
foster-sister n 1. tejtestvér [leány] 2. fogadott nővér
fought →fight II.
foul [faʊl] I. a 1. rossz szagú, undorító, visszataszító; ~ breath kellemetlen szájszag; ~ taste rossz íz 2. ocsmány [beszéd] 3. aljas, alávaló [tett]; tisztességtelen, tiltott; ~ blow övön aluli ütés [bokszban]; ~ deed becstelenség, aljasság, gaztett; ~ play (1) tisztességtelen játék/eljárás; csalás (2) árulás (3) gazság, becstelenség; ~ weather rossz időjárás 4. piszkos, koszos; piszoktól eldugult; ~ linen szennyes fehérnemű; ~ sparking-plug elkormozódott gyújtógyertya; ~ water zavaros/szennyes víz II. adv fall ~ of (1) nekimegy [hajó egy másiknak] (2) összevész (vkvel); fall ~ of the law összeütközésbe kerül a törvénnyel III. n 1. szabálysértés, szabálytalanság [sportban] 2. through ~ and fair tűzön-vízen át, jóban-rosszban (egyaránt) IV. A. vt 1. (átv is) bemocskol, bepiszkít; beszennyez 2. eldugaszol, elzár, összegubancol [kötelet] 3. összeütközik [másik hajóval] 4. szabálytalanságot követ el [vk ellen, sportban] B. vi 1. eldugul [cső stb.], beakad [horgony stb.], összegabalyodik [kötél] 2. összeütközésbe [két hajó]
foully ['faʊlɪ] adv piszkosan, aljasul
foul-mouthed a mocskos szájú
foulness ['faʊlnɪs] n 1. tisztátalanság, szennyezettség [levegőé] 2. ocsmányság, durvaság, trágárság 3. alávalóság
found¹ [faʊnd] vt 1. alapít, létesít [intézményt stb.] 2. (átv is) alapoz (on vmre); be ~ed on facts tényeken alapul
found² [faʊnd] vt olvaszt, önt [ércet]

found³ →find I.
foundation [faʊn'deɪʃn] n 1. alapítás; ~ member alapító tag 2. alapítvány 3. alap(zat), alapozás; without ~ alaptalan 4. ~ (garment) fűző (és melltartó); ~ cream alapozókrém
foundation-scholar n alapítványi ösztöndíjas
foundation-school n alapítványi iskola
foundation-stone n лapkő
founder¹ ['faʊndə*] n alapító, adományozó; ~'s day alapító évi emlékünnepe; ~ member alapító tag; ~'s shares törzsrészvény
founder² ['faʊndə*] n olvasztár, öntő-(munkás)
founder³ ['faʊndə*] vi 1. lesántul [ló] 2. elsüllyed, elmerül, megfeneklik [hajó]
Founding Fathers ['faʊndɪŋ] US Honszerző Atyák [az 1776-os Függetlenségi Nyilatkozat aláírói]
foundling ['faʊndlɪŋ] n lelenc, talált gyermek; ~ hospital lelencház
foundress ['faʊndrɪs] n alapítónő
foundry ['faʊndrɪ] n (fém)öntöde
fount¹ [faʊnt] n (átv is) forrás, kút(fő)
fount² [faʊnt] n (nyomdai) nyelvén: fɔnt] n (nyomdai) betűkészlet
fountain ['faʊntɪn] n forrás, kút; szökőkút; ivókút
fountain-head n forrás, eredet [folyóé, tudásé]
fountain-pen n töltőtoll
four [fɔ:*] I. a négy; she is ~ négyéves; to the ~ winds a szélrózsa minden irányába II. n 1. négyes (szám); a coach and ~ négyes fogat; on all ~s négykézláb; it does not go on all ~s sántít a dolog, nincs egészen rendjén 2. négyes [sportban, kártyában]
four-flusher [-flʌʃə*] n □ US nagyhangú (ígérgető)
fourfold a/adv négyszeres(en)
four-footed a négylábú (állat)
four-in-hand n négyes fogat
four-letter a ~ word illetlen szó
four-part a négyszólamú [dallam]
fourpenny ['fɔ:pənɪ] a négypennys; biz I'll give you a ~ one kapsz egy frászt

four-poster n mennyezetes ágy
fourscore a nyolcvan
four-seater n négyüléses gépkocsi
foursome ['fɔ:səm] n páros/négyszemélyes játszma [főleg golfban]
four-square a 1. négyszögletes, négyszögű 2. becsületes, tisztességes, egyenes
fourteen [fɔ:'ti:n] a/n tizennégy
fourteenth [fɔ:'ti:nθ] a tizennegyedik
fourth [fɔ:θ] I. a negyedik II. n 1. negyedik(e); US F~ of July július negyedike ⟨az 1776-os Függetlenségi Nyilatkozat kiadásának napja, nemzeti ünnep⟩ 2. negyed(rész) 3. negyed (hangköz), kvart
fourthly ['fɔ:θlɪ] adv negyedszer(re), negyedsorban
four-wheel a négykerekű; ~ brake négykerékfék
four-wheeler n négykerekű kocsi, hintó
fowl [faʊl] I. n 1. † szárnyas, madár 2. baromfi II. vi szárnyasra vadászik
fowler ['faʊlə*] n madarász
fowl-house n baromfiól; tyúkól
fowling ['faʊlɪŋ] n szárnyasvadászat
fowling-piece n (könnyű) vadászpuska
fowl-run n baromfiudvar, -kifutó
fox [fɔks; US -a-] I. n 1. róka; set the ~ to watch the geese kecskére bízza a káposztát; ~ and geese farkas és bárány (játék) 2. biz ravasz ember; csaló II. A. vt biz becsap, kitol, kibabrál (vkvel) B. vi 1. ravaszkodik, fortélyoskodik 2. megfoltosodik, megsárgul [papír]
fox-brush n rókafarok
fox-earth n rókalyuk
fox-glove n gyűszűvirág
foxhole n biz rókalyuk, egyszemélyes fedezék
foxhound n kopó
fox-hunt(ing) n rókavadászat, falkavadászat
foxing ['fɔksɪŋ; US -a-] n 1. biz ravaszkodás 2. megsárgulás [papirosé]
fox-tail n 1. rókafarok 2. ecsetpázsit
fox-terrier n foxterrier, foxi
foxtrot n 1. rövid ügetés [lóé] 2. foxtrott [tánc]
foxy ['fɔksɪ; US -a-] a 1. ravasz, fortélyos, furfangos 2. rőt, vöröses(barna)

foyer ['fɔɪeɪ; US -ər] n 1. előcsarnok, foyer [színházban] 2. társalgó, hall [szállóban]

Fr. 1. Father páter, atya 2. France Franciaország, F 3. French francia, fr.

fr. franc(s)

fracas ['fræka:; US 'freɪkəs] n (pl ~ 'fræka:z, US ~es 'freɪkəsɪz) lármás civakodás, perpatvar

fraction ['frækʃn] n 1. törés 2. töredék, törtrész; hányad 3. tört(szám) 4. frakció

fractional ['frækʃənl] a 1. töredékes; szakaszos 2. törtszerű, törtalakú, tört-

fractious ['frækʃəs] a 1. ingerlékeny, civakodó; akaratos; durcás 2. csökönyös [szamár]; könnyen megbokrosodó [ló]

fracture ['fræktʃə*] I. n 1. (csont)törés; set a ~ (csont)törést helyretesz 2. törés, vetődés [földrétegeké] II. A. vt eltör [csontot]; roncsol; be ~d eltörik B. vi (el)törik; betörik; összetörik

fragile ['frædʒaɪl; US -dʒ(ə)l] a 1. törékeny 2. gyenge [egészségű], beteges [személy]

fragility [frə'dʒɪlətɪ] n 1. törékenység 2. gyengeség

fragment I. n ['frægmənt] töredék; rész(let), levált darab, tört rész II. vi [fræg'ment] darabokra hullik, szétreped

fragmentary ['frægmənt(ə)rɪ; US -erɪ] a töredékes, foszlányos

fragmentation [frægmen'teɪʃn] n 1. szilánkosodás; repeszhatás; ~ bomb repeszbomba, -gránát 2. szétrepedés, -zúzódás

fragrance ['freɪgr(ə)ns] n kellemes illat/ szag

fragrant ['freɪgr(ə)nt] a illatos, jó szagú/ illatú

frail¹ [freɪl] a 1. törékeny, gyenge (egészségű) 2. gyarló, esendő

frail² [freɪl] n gyékénykosár, fonott gyümölcskosár

frailty ['freɪltɪ] n 1. törékenység; mulandóság 2. gyarlóság, esendőség

frame [freɪm] I. n 1. (átv is) keret; ráma; ~ aerial keretantenna 2. (tartó)szerkezet, váz; alváz [járműé]; váz [ernyőé, motoré]; gerendázat [épületé]; (gép)állvány, (hajó)bordázat; US ~ house favázas épület 3. szerkezet, rendszer, forma; ~ of reference koordinátarendszer; ~ of society társadalmi rendszer, a társadalom felépítése/szerkezete; ~ of mind kedélyállapot, hangulat 4. (test)alkat, szervezet; he has a strong ~ erős testalkatú 5. filmkocka; képmező II. A. vt 1. összeállít, (meg)szerkeszt, (meg-)alkot; formál [véleményt]; képez [hangot] 2. tervez, készít [vmt vm célra] 3. (be)keretez, keretbe foglal 4. biz ~ (up) hamisan megvádol/meggyanúsít B. vi ~ well jól fejlődik frame into vt ~ sg i. sg alakít/idomít illeszt vmt vmhez

frame up vt US = frame II. A. 4.

frameless ['freɪmlɪs] a keret nélküli

framer ['freɪmə*] n 1. tervező, alkotó; szerkesztő 2. (kép)keretező

frame-saw n keretfűrész

frame-up n biz 1. koholt/hamis vád; előre kitervelt gonosztett 2. megrendezett ügy/komédia

framework n 1. (átv is) szerkezet, váz, keret 2. ácsolat, gerendázat

framing ['freɪmɪŋ] n 1. alakítás, szerkesztés; formálás, megfogalmazás 2. bekeretezés [képé] 3. koholás [vádé]; kitalálás [rágalomé]

franc [fræŋk] n frank [pénznem]

France [fra:ns; US -æ-] prop Franciaország

Frances ['fra:nsɪs; US -æ-] prop Franciska

franchise ['fræntʃaɪz] n 1. választójog; polgárjog; szabadság(jog) 2. US kiváltság; koncesszió

Francis ['fra:nsɪs; US -æ-] prop Ferenc

Franco- ['fræŋkoʊ-] a francia-

frangible ['frændʒɪbl] a törékeny

frank¹ [fræŋk] a őszinte, nyílt; egyenes, becsületes; to be quite ~ őszintén szólva

frank² [fræŋk] I. n bérmentesítő jelzés [levélen] II. vt bérmentesít [levelet]

Frank [fræŋk] prop Ferenc, Feri

frankfurter ['fræŋkfə:tə*] n kb. debreceni

frankincense ['fræŋkɪnsens] *n* tömjén
franking-machine ['fræŋkɪŋ-] *n* bérmentesítő gép
franklin ['fræŋklɪn] *n* kisbirtokos [Angliában a középkorban]
frankly ['fræŋklɪ] *adv* őszintén, nyíltan
frankness ['fræŋknɪs] *n* őszinteség, nyíltság; egyenesség, becsületesség
frantic ['fræntɪk] *a* 1. őrjöngő; eszeveszett; ~ *efforts* kétségbeesett erőfeszítés(ek); *be* ~ *with anger* magánkívül van a dühtől; *drive sy* ~ megőrjít vkt 2. tomboló, viharos, frenetikus [siker]
fraternal [frə'tə:nl] *a* testvéri, felebaráti
fraternity [frə'tə:nətɪ] *n* 1. testvéri(es)ség, testvéri együttérzés 2. baráti társaság, egyesülés, szövetség; *US* diákszövetség
fraternization [frætənaɪ'zeɪʃn; *US* -nɪ'z-] *n* összebarátkozás, bratyizás *(with vkvel)*
fraternize ['frætənaɪz] *vi* barátkozik, pajtáskodik, bratyizik *(with* vkvel)
fratricide ['frætrɪsaɪd] *n* 1. testvérgyilkos 2. testvérgyilkosság
fraud [frɔ:d] *n* 1. csalás; rászedés; fondorlat 2. csaló; szélhámos, szédelgő 3. becsapás, svindli [dologról]
fraudulence ['frɔ:djʊləns; *US* -dʒə-] *n* csalás; csalárdság
fraudulent ['frɔ:djʊlənt; *US* -dʒə-] *a* 1. csaló, csalárd 2. tisztességtelen, csalással szerzett
fraudulently ['frɔ:djʊləntlɪ; *US* -dʒə-] *adv* csalárd módon, fondorlatosan
fraught [frɔ:t] *a* teli, telve; ~ *with danger* vészterhes, veszéllyel járó; ~ *with risks* kockázatos
fray[1] [freɪ] *n* üsszetűzés; *be ready/eager for the* ~ kész a küzdelemre
fray[2] [freɪ] A. *vi* kirojtosodik, elkopik, kikopik B. *vt* lekoptat; elnyű; *biz my nerves are* ~*ed out* tönkrementek az idegeim; ~ *sy's nerves* idegeire megy vknek
frazzle ['fræzl] *n* 1. (ki)rojtosodás, (ki-)rongyosodás 2. □ *beat to a* ~ félholtra/laposra ver
freak [fri:k] I. *n* 1. szeszély(es ötlet); csíny, tréfa 2. furcsaság; ~ *(of nature)*

szörnyszülött, torzszülött; *he is a* ~ furcsa szerzet, csodabogár II. *vi* □ ~ *(out)* kiborul [megrázó kábítószeres élmény következtében]
freakish ['fri:kɪʃ] *a* 1. szeszélyes; bogaras; furcsa, bizarr, groteszk 2. rémes, borzalmas, torz
freckle ['frekl] I. *n* szeplő; petty, folt II. A. *vt* pettyez, szeplőssé tesz B. *vi* tele lesz szeplőkkel, megszeplősödik
freckled ['frekld] *a* szeplős; foltos, pettyes
Fred(dy) ['fred(ɪ)] *prop* Frédi, Frici
Frederick ['fredrɪk] *prop* Frigyes
free [fri:] I. *a (comp freer* 'fri:ə*, sup freest* 'fri:ɪst) 1. szabad, független, korlátlan; *F~ Church* (1) szabadegyház (2) nonkonformista egyház; ~ *fall* szabadesés; ~ *fight* általános verekedés; ~ *kick* szabadrúgás; ~ *labour* szervezetlen munkaerő/munkások; ~ *pass* szabadjegy [vasúton stb.]; ~ *port* szabadkikötő; ~ *speech* szólásszabadság; ~ *will* szabad akarat →*free-will; of one's own* ~ *will* önszántából, önként; *get* ~ kiszabadul; *give sy a* ~ *hand* szabad kezet ad vknek; *you are* ~ *to do so* jogod van ezt tenni; *make/set* ~ (1) szabadlábra helyez, kiszabadít (2) felold ígéret/kötelezettség alól, szabaddá tesz; *make* ~ *with sg* szabadon/korlátlanul használ vmt; *make* ~ *with sy* bizalmaskodik vkvel, sok mindent megenged magának vkvel szemben; *make sy* ~ *of one's house* szabad bejárást biztosít házába vknek; ~ *and easy* kedvesen közvetlen, fesztelen, könnyed; *lead a* ~ *and easy life* könnyen él, bohéméletet él 2. ingyenes; ment(es); ~ *(of charge)* ingyen(es); *delivery* ~ ingyenes házhoz szállítás; ~ *copy* tiszteletpéldány [könyvből]; *biz (get sg) for* ~ (ingyen) kap vmt; ~ *from sg* ment vmtől; ~ *of sg* (1) távol vmtől, túl vmn (2) ment vmtől; ~ *of duty, duty/custom* ~ vámmentes(en); ~ *alongside ship (f.a.s.)* költségmentesen a hajó oldala mellé szállítva; ~ *on board (f.o.b.)* költségmentesen

22

hajóba rakva; ~ *on rail* (*f.o.r.*) költségmentesen vagonba rakva **3.** nem (el)foglalt, szabad; *is this table* ~? szabad ez az asztal?; ~ *time* szabad idő **4.** bőkezű; ~ *with one's money* szórja a pénzt **5.** nyílt, akadálytalan **II.** *vt* megszabadít, szabaddá tesz, felszabadít (*from/of* vmtől)

freebooter [-bu:tə*] *n* martalóc, kalóz

freeborn *a* szabadnak született

freedman ['fri:dmæn] *n* (*pl* -men -men) felszabadított rabszolga

freedom ['fri:dəm] *n* **1.** szabadság, függetlenség; ~ *of speech* szólásszabadság **2.** ~ *from sg* vmtől való mentesség; ~ *from fear* félelem nélküli élet **3.** könnyedség, közvetlenség, nyíltság, fesztelenség; *speak with* ~ szabadon beszél; *take* ~s *with sy* tiszteletlenül viselkedik vkvel **4.** (elő)jog; ~ *of the city* díszpolgárság; ~ *of association* társulási jog

free-for-all *n* általános verekedés

freehand *a* ~ *drawing* szabadkézi rajz

free-handed *a* bőkezű, nagylelkű

freehold *n* szabad tulajdon/birtok

freeholder *n* (örök tulajdont élvező) földbirtokos

freelance *n* szabadúszó

free-liver *n* eszem-iszom ember

freeman ['fri:mən] *n* (*pl* -men -mən) **1.** szabad ember/polgár; ~ *of a city* díszpolgár **2.** céhtag, céhmester

freemason *n* szabadkőműves

freemasonry *n* szabadkőművesség

freer ['fri:ə*] **I.** *a* szabadabb **II.** *n* szabadító ‖→*free I. 1.*

free-spoken *a* szókimondó, őszinte (beszédű)

freest ['fri:ɪst] *a* legszabadabb ‖→*free I. 1.*

freestone *n* **1.** terméskő, épületkő **2.** magvaváló gyümölcs

freestyle *a/n* ~ (*swimming*) gyorsúszás; ~ *wrestling* szabadfogású birkózás

free-thinker *n* szabadgondolkodó

free-trade *n* szabad kereskedelem

free-trader *n* a szabad kereskedelem híve

freeway *n US* autópálya

free-wheel I. *n* szabadonfutó kerék **II.** *vi* szabadon fut

free-will *a* önkéntes; ~ *offering* önkéntes adomány ‖→*free I. 1.*

freeze [fri:z] **I.** *n* **1.** fagy(ás) **2.** befagyasztás [követeléseké]; rögzítés [béreké stb.] **II.** *v* (*pt* **froze** frouz, *pp* **frozen** 'frouzn) **A.** *vi* (meg)fagy, megdermed; *it* ~s fagy (van); ~ *to death* megfagy [személy]; *I'm freezing* majd megfagyok; *his face froze* hideg arckifejezést öltött magára **B.** *vt* **1.** (be)fagyaszt; mélyhűt(őbe tesz) [élelmiszert]; *make one's blood* ~ (*in one's veins*), ~ *one's blood* a vért megfagyasztja (az erekben) **2.** befagyaszt [követelést]; rögzít [árat, bért]; *frozen assets* behajthatatlan követelések

freeze in A. *vt* befagyaszt **B.** *vi* befagy

freeze on A. *vt* ráfagyaszt **B.** *vi* **1.** ráfagy **2.** □ ~ *on to sy* hozzátapad vkhez, vk nyakán lóg; □ ~ *on to sg* makacsul ragaszkodik vmhez

freeze out *vt* □ **1.** kiüldöz, elmar (vkt vhonnan) **2.** kiszorít, kiüt a nyeregből [versenytárat]

freeze over *vi the pond froze o.* befagyott a tó; *when hell* ~s *o.* majd ha fagy!

freeze-dried *a* liofilizált

freezer ['fri:zə*] [háztartási] fagyasztószekrény, mélyhűtő (rész); ~ *bag* hűtőtáska

freezing-mixture ['fri:zɪŋ-] *n* hűtőkeverék

freezing-point ['fri:zɪŋ-] *n* fagypont

freight [freɪt] **I.** *n* **1.** teher(áru), fuvar, szállítmány; *US* ~ *car* tehervagon; *US* ~ *train* tehervonat; *bill of* ~ fuvarlevél **2.** teherszállítás **3.** fuvardíj; ~ *paid* fuvar fizetve **II.** *vt* **1.** fuvaroz, szállít **2.** megrak, megterhel [hajót] ‖→*ton 2.*

freightage ['freɪtɪdʒ] *n* **1.** (áru)szállítás, (hajó)fuvar **2.** fuvardíj

freighter ['freɪtə*] *n* **1.** teherhajó **2.** teherszállító repülőgép **3.** fuvarozó, szállítmányozó

French [frentʃ] **I.** *a* francia; ~ *bean* zöldbab, vajbab; ~ *chalk* szabókréta; ~ *cuff* visszahajtott kettős kézelő; ~ *dressing* salátaöntet; *US* ~ *fried potatoes*, ~ *fries* rósejbni, sült burgonyaszeletek, hasábburgonya; ~ *horn* vadászkürt; ~ *ice-cream* ⟨tojássárgájával és tejszínnel készített fagylalt⟩; *take ~ leave* angolosan távozik; *biz ~ letter* (gumi) óvszer, koton; ~ *window* üvegezett erkélyajtó II. *n* 1. francia (nyelv) 2. *the ~ pl* a franciák 3. francia nyelvtudás

Frenchify ['frentʃɪfaɪ] *vt* (el)franciásít

Frenchman ['frentʃmən] *n* (*pl* -men -mən) francia (férfi)

Frenchwoman *n* (*pl* -women) francia nő

frenetic [frə'netɪk] *a = frantic*

frenzied ['frenzɪd] *a* dühöngő, őrjöngő; ~ *efforts* kétségbeesett erőfeszítés(ek)

frenzy ['frenzɪ] *n* őrjöngés, dühöngés; *in a ~ of despair* félőrülten a kétségbeeséstől

frequency ['fri:kwənsɪ] *n* 1. gyakoriság 2. frekvencia, rezgésszám; *high ~* nagyfrekvencia; *low ~* kisfrekvencia; ~ *modulation* frekvenciamoduláció

frequent I. *a* ['fri:kwənt] gyakori, ismétlődő; ~ *pulse* gyors érverés II. *vt* [frɪ'kwent] gyakran ellátogat, jár (vhová)

frequentative [frɪ'kwentətɪv] *a/n* gyakorító (ige)

frequenter [frɪ'kwentə*] *n* gyakori látogató, törzsvendég

frequently ['fri:kwəntlɪ] *adv* gyakran, sűrűn

fresco ['freskoʊ] *n* (*pl* ~(e)s -z) falfestmény, freskó

fresh [freʃ] I. *a* 1. friss, új; frissen szedett/készült 2. friss, üde; élénk; *any ~ news?* van vm újabb/friss hír?; *it is still ~ in my memory* még igen jól emlékszem rá; ~ *as a daisy* üde; *put ~ courage into sy* bátorságot önt vkbe; *in the ~ air* jó/szabad levegőn; ~ *water* (1) friss víz (2) édesvíz →*freshwater* 3. tapasztalatlan, kezdő 4. *US* szemtelen 5. *biz* spicces, makszos II. *adv* frissen; újonnan; *it blows ~* élénken fúj a szél III. *n* 1. hűvösség, frisseség; *in the ~ of the morning* a friss hajnali/reggeli levegőben 2. vízáradat

fresh-coloured *a* élénk/üde arcszínű

freshen ['freʃn] A. *vt* felfrissít, -üdít, -vidít B. *vi* felfrissül, lehűl

freshet ['freʃɪt] *n* 1. tengerbe ömlő patak 2. árvíz, áradat (*átv is*)

freshman ['freʃmən] *n* (*pl* -men -mən) újonc, elsőéves (egyetemista), gólya

freshness ['freʃnɪs] *n* 1. vm új volta, frisseség; üdeség 2. naivitás, tapasztalatlanság 3. *US* szemtelenség

freshwater *a* 1. édesvízi 2. tapasztalatlan, ügyetlen; ~ *sailor* (1) belvízi hajós (2) tapasztalatlan hajós 3. *US biz* ~ *college* kis (kaliberű) vidéki egyetem

fret¹ [fret] *vt* -tt- faragással/berakással díszít

fret² [fret] I. *n* izgatottság, nyugtalanság, ingerültség; *be in a ~* mérgelődik, bosszankodik II. *v* -tt- A. *vt* 1. dörzsöl, koptat, kimar, szétmar, rág [rozsda]; *the horse ~s its bit* ló a zablát rágja 2. izgat, bosszant, nyugtalanít 3. fodrosít, felzavar [vizet] B. *vi* ~ (*oneself*) bosszankodik, rágódik (vmn), izgul, idegeskedik; *she ~s and fumes* dúl-fúl

fret³ [fret] *n* érintő [húros hangszeren]

fretful ['fretfʊl] *a* bosszús, mérges; ingerlékeny; nyűgös

fret-saw *n* lombfűrész

fretted ['fretɪd] →*fret*,¹ *fret*² *II*.

fretwork *n* 1. faragott/berakott díszítés 2. lombfűrészmunka

Freudian ['frɔɪdjən] *a* freudi; ~ *slip* elszólás

Fri. *Friday*

friability [fraɪə'bɪlətɪ] *n* omlósság, porlékonyság

friable ['fraɪəbl] *a* omlós, morzsálódó

friar ['fraɪə*] *n* szerzetes, barát

friary ['fraɪərɪ] *n* klastrom, rendház

fricassee ['frɪkəsi:] *n* becsinált, frikasszé

fricative ['frɪkətɪv] *a/n* réshang, frikatíva

friction ['frɪkʃn] *n* 1. (*átv is*) súrlódás 2. (be)dörzsölés, széjjeldörzsölés; ~ *gloves* frottírkesztyű, dörzskesztyű

friction-gear(ing) *n* 1. dörzshajtómű 2. dörzshajtás

Friday ['fraɪdɪ v. -deɪ] *n* péntek; *Man ~* (1) Péntek [Robinson Crusoe szolgája] (2) *biz* elválhatatlan/hűséges segítőtárs/kísérő, jobbkeze vknek

22*

fridge [frɪdʒ] *n biz* frizsider
fried [fraɪd] *a* sült; ~ *eggs* tükörtojás; ~
potatoes zsírban sült burgonyaszeletek, rósejbni
friend [frend] *n* 1. barát; *a* ~ *of mine*
egy barátom; *be/keep* ~*s with sy* barátja vknek, jóban van vkvel; *make*
~*s with sy* összebarátkozik vkvel; *make* ~*s again* kibékül vkvel; *a* ~ *in
need is a* ~ *indeed* a bajban mutatkozik meg, ki az igazi barát 2. barátja/
pártolója vmnek; pártfogó, jóakaró;
he is no ~ *of mine* nem jóakaróm/barátom 3. *F*~ kvéker; *Society of F*~*s* a
kvékerek
friendless ['frendlɪs] *a* elhagyatott, társtalan
friendliness ['frendlɪnɪs] *n* jóakarat;
nyájasság
friendly ['frendlɪ] *a* 1. barátságos, kedves, nyájas, baráti, jóindulatú; *be on*
~ *terms with sy* jó/baráti viszonyban
van vkvel; ~ *society* segélyegylet 2.
kedvező, alkalmas; ~ *winds* kedvező
szelek
friendship ['frendʃɪp] *n* barátság
frier ['fraɪə*] *n* = *fryer*
frieze[1] [fri:z] *n* 1. szegélydísz, szegélyléc [tapétán] 2. párkánymező, fríz
[épületen]
frieze[2] [fri:z] *n* csomós daróc
frigate ['frɪgɪt] *n* fregatt
fright [fraɪt] I. *n* 1. ijed(t)ség; ijedelem,
rémület; riadalom; *be in a* ~ fél, meg
van ijedve; *die of* ~ szörnyethal ijedtében; *give sy a* ~ ráijeszt; *take a* ~
(*at sg*) megrémül (vmtől) 2. *biz* rút
alak, madárijesztő [nőről] II. *vt* =
frighten
frighten ['fraɪtn] *vt* megijeszt, megrémít;
be/feel ~*ed* fél, meg van ijedve/rémülve
frighten away/off *vt* elriaszt, elijeszt
frighten out *vt* ~ *sy o. of his wits*
halálra rémít vkt
frightened ['fraɪtnd] *a* ijedt, rémült;
easily ~ ijedős
frightening ['fraɪtnɪŋ] *a* ijesztő, rémítő;
félelmetes
frightful ['fraɪtf(ʊ)l] *a* 1. szörnyű, borzasztó 2. *biz* rémes, pokoli
frightfully ['fraɪtflɪ] *adv* 1. ijesztően 2.

biz szörnyen, borzasztóan, rettenetesen; *I am* ~ *sorry* borzasztóan sajnálom
frigid ['frɪdʒɪd] *a* 1. fagyos, hideg, jeges
2. *átv biz* rideg, kimért, jeges 3. frigid
frigidity [frɪ'dʒɪdətɪ] *n* 1. hidegség 2.
közöny, ridegség 3. frigiditás
frill [frɪl] *n* 1. fodor [ruhán] 2. frills *pl*
modorosság, póz, affektálás; *put on* ~*s*
pózol; nagyképűsködik
frilled [frɪld] *a* fodros
fringe [frɪndʒ] I. *n* 1. rojt, bojt 2. szegély, perem; *the outer* ~(*s*) *of London*
London külvárosai/peremvidéke 3. ~
benefits járulékos juttatás(ok)/kedvezmények 4. frufru; *Newgate* ~ körszakáll, Kossuth-szakáll II. *vt* 1. rojttal
beszeg, rojtoz 2. szegélyez (*with* vmvel)
frippery ['frɪpərɪ] *n* cicoma, mütyürke,
sallang, üres cifraság
Frisco ['frɪskoʊ] *prop biz* San Francisco
frisk [frɪsk] **A.** *vi* ugrándozik, szökdécsel **B.** *vt* 1. csóvál [farkat kutya] 2.
megmotoz [fegyvert keresve]
frisky ['frɪskɪ] *a* vidám, játékos kedvű
fritter[1] ['frɪtə*] *n apple* ~ bundás alma,
alma pongyolában
fritter[2] ['frɪtə*] *vt* 1. apróra darabol/vág/tör 2. ~ *away* elapróz, elfecsérel, elpazarol [időt, pénzt, energiát]
frivol ['frɪvl] *v* -ll- (*US* -l-) **A.** *vt* ~
away elfecsérel, elherdál, elpazarol
[időt, pénzt stb.] **B.** *vi* haszontalanságokkal tölti az idejét, léháskodik
frivolity [frɪ'vɒlətɪ; *US* -'vɑ-] *n* 1. könnyelműség, komolytalanság, frivolság
2. haszontalanság
frivolous ['frɪvələs] *a* léha, könnyelmű,
komolytalan; frivol
frizz [frɪz] *vt/vi* = *frizzle*
frizzle ['frɪzl] **A.** *vt* fodorít, göndörít, bodorít [hajat] **B.** *vi* göndörödik, kunkorodik [haj]
frizzy ['frɪzɪ] *a* göndör, bodros [haj]
fro [froʊ] *adv/a and* ~ ide-oda
frock [frɒk; *US* -ɑ-] *n* 1. (női) ruha 2.
barátcsuha 3. (munka)köpeny
frock-coat *n* Ferenc József-kabát, szalonkabát
frog[1] [frɒg; *US* -ɑ-] *n* 1. béka; *have a* ~

in the throat rekedt 2. □ francia (ember) [megvető értelemben]
frog² [frɔg; *US* -ɑ-] *n* 1. mentezsinór; sujtás 2. markolatszíj, szuronypapucs
frog³ [frɔg; *US* -ɑ-] *n* (vasúti) sínkeresztezés
frogman ['frɔgmən; *US* -ɑ-] *n* (*pl* -men -mən) békaember
frolic ['frɔlɪk; *US* -ɑ-] I. *n* pajkoskodás; bolondozás, mókázás II. *vi* (*pt/pp* ~ked -kt) bolondozik, mókázik; csintalankodik
frolicking ['frɔlɪkɪŋ; *US* -ɑ-] *n* szórakozás, mulatás; csintalankodás
frolicsome ['frɔlɪksəm; *US* -ɑ-] *a* bolondos kedvű, mókás; pajkos
from [frɔm; *US* -ɑ-; gyenge ejtésű alakja: frəm] *prep* 1. (*térbeli, időbeli kiindulópont jelzésére:*) -ból, -ből, -tól, -től, -ról, -ről; óta, fogva, kezdődőleg; *a letter ~ my mother* levél anyámtól; ~ : ... Feladó: ..., Küldi: ...; *tell him that ~ me* azt üzenem neki, hogy ...; *as ~ Tuesday* keddtől fogva; ~ *a child* gyerekkora óta; ~ *henceforth* mától fogva; *five years ~ now* mához öt évre; ~ *time to time* időről időre 2. (*forrás, eredet, származás; kiindulás, ok jelzésére:*) -ból, -ből; -tól, -től; -ról, -ről; miatt, következtében, alapján, szerint, után; ~ *conviction* meggyőződésből; *absence ~ illness* távollét betegség miatt; *die ~ hunger* éhenhal; *painted ~ nature* természet után (ábrázolva); *a quotation ~ Shakespeare* idézet Sh-ből; ~ *what I heard* értesülésem szerint; *where do you come ~?* honnan jössz?, hová való (vagy)?; *he is ~ Kansas* k-i (származású) 3. (*más elöljárókkal:*) ~ *above* felülről, fentről; ~ *afar* messziről; ~ *behind* hátulról, mögül; ~ *beneath* alulról, alól; ~ *of old* régóta, ősidők óta; ~ *outside* kívülről
frond [frɔnd; *US* -ɑ-] *n* 1. pálmalevél 2. páfránylevél
front [frʌnt] I. *a* el(ül)ső, mellső; ~ *garden* előkert; ~ *line* arcvonal, front; ~ *page* első oldal, címoldal; címlap →*front-page* II. *n* 1. homlok; arc; ~ *to ~* szemtől szembe 2. előrész, elülső

rész, eleje vmnek, homlokzat; *shirt ~* ingmell; *in ~* (1) elöl (2) előre; *in ~ of* előtt, szemben, átellenben; *come to the ~* előtérbe/felszínre kerül, híressé lesz, közismertté válik 3. (h)arcvonal, első vonal, front; *átv* mozgalom, front; *at the ~, up ~* elöl az arcvonalban 4. [időjárási] front 5. fedőszerv, -név 6. parti sétány 7. viselkedés, magatartás, kiállás; *present an unbroken ~* töretlen harci kedvet mutat, bátran kiáll; *put on a bold ~* határozottságot mutat; *he likes to put up a ~* szeret nagyzolni/hencegni; *have the ~ to do sg* van mersze/képe vmt tenni III. A. *vt* 1. vmre néz [ház stb.]; *windows that ~ the street* utcára néző ablakok 2. szembeszáll, -néz, szembenáll [ellenséggel, veszéllyel] 3. ~ *sy with sy* szembesít vkt vkvel 4. homlokzatot kiképez; *house ~ed with stone* kővel burkolt (homlokzatú) ház B. *vi* 1. ~ (*up*)*on/towards sg* vmre néz [ház stb.] 2. arcvonalba fejlődik/sorakozik
frontage ['frʌntɪdʒ] *n* 1. homlokzat [épületé]; kirakat, portál [üzleté] 2. útmenti/folyóparti telek(rész)
frontal ['frʌntl] *a* 1. homlok- [csont] 2. homlokzati, homloknézeti 3. frontális; arcvonalbeli
front-design *n* homlokkiképzés
front-door *n* bejárati ajtó, főbejárat, utcai kapu
front-drive *n* elsőkerék-meghajtás
frontier ['frʌntɪə*; *US* -'tɪr] *n* 1. (ország)határ 2. (*átv is*) határterület
frontiersman ['frʌntɪəzmən; *US* -'tɪrz-] *n* (*pl* -men -mən) határszéli lakos
frontispiece ['frʌntɪspiːs] *n* 1. címlapkép, címkép [könyvben] 2. homlokzat, orom(zat)
frontlet ['frʌntlɪt] *n* homlokszalag
front-page *a* ~ *news* nagy jelentőségű (v. fontos) hír, szenzáció(s hír)
front-rank *a* élvonalbeli
front-row *n* első/elülső sor
front-view *n* elölnézet, homloknézet
frost [frɔst; *US* -ɔ:-] I. *n* 1. fagy; *ten degrees of ~* tíz fok hideg; *white ~* dér, zúzmara 2. hidegség, fagyosság 3. *biz* bukás, kudarc; *the play was a (dead) ~*

a darab (csúnyán) megbukott II. *vt* 1. lefagyaszt; dermeszt; zúzmarával/jégvirággal von be [ablakot] 2. cukorral behint; cukormázzal bevon
frost-bite *n* fagyás [testen]
frost-bitten *a* megfagyott [testrész]; *become* ~ elfagy(ott)
frosted glass ['frɔstɪd; *US* -ɔ:-] tejüveg
frostiness ['frɔstɪnɪs; *US* -ɔ:-] *n* fagyosság, fagyos modor
frosting ['frɔstɪŋ; *US* -ɔ:-] *n* cukormáz
frost-proof *a* fagyálló
frost-shoe *n* jégpatkó
frost-work *n* jégvirág [ablakon]
frosty ['frɔstɪ; *US* -ɔ:-] *a* 1. *(átv is)* fagyos, hideg, hűvös, jeges 2. zúzmarás, jégvirágos
froth [frɔθ; *US* -ɔ:-] I. *n* 1. hab, tajték 2. *biz* üres fecsegés II. *vi* habzik, tajtékzik, gyöngyözik; ~ *at the mouth* habzik a szája
froth-blower *n biz* sörivó
frothy ['frɔθɪ; *US* -ɔ:-] *a* habos; habzó
froward ['frouəd] *a* makacs, konok
frown [fraʊn] I. *n* 1. szemöldökráncolás 2. rosszalló/helytelenítő arckifejezés/tekintet II. *vi* 1. szemöldököt ráncol/összehúz 2. rosszall, helytelenít, elítél *(at/upon sg* vmt)
frowning ['fraʊnɪŋ] *a* rosszalló, fenyegető [tekintet]
frowsty ['fraʊstɪ] *a GB biz* áporodott, fülledt, büdös [szobalevegő]
frowzy ['fraʊzɪ] *a* 1. áporodott, fülledt 2. mosdatlan, elhanyagolt, ápolatlan
frozen ['frouzn] *a* fagyasztott, mélyhűtött, mirelit ‖ →*freeze II.*
F.R.S., FRS [efɑ:r'es] *Fellow of the Royal Society* a Királyi Természettudományi Akadémia tagja
fructiferous [frʌk'tɪfərəs] *a* gyümölcstermő, gyümölcsöző
fructification [frʌktɪfɪ'keɪʃn] *n* 1. megtermékenyítés 2. megtermékenyülés 3. gyümölcsözés
fructify ['frʌktɪfaɪ] A. *vt* megtermékenyít B. *vi* 1. gyümölcsöt terem 2. gyümölcsözik, jövedelmez
frugal ['fru:gl] *a* 1. mértékletes; igénytelen, takarékos, beosztó [személy] 2. egyszerű, frugális [étkezés]

frugality [fru:'gælətɪ] *n* 1. takarékosság; mértékletesség; igénytelenség [személyé] 2. egyszerűség, frugalitás [étkezésé]
fruit [fru:t] I. *n* 1. gyümölcs, termény; *dried* ~ aszalt/szárított gyümölcs; *bear* ~ (1) gyümölcsöt terem (2) meghozza gyümölcsét; eredménye van 2. eredmény, következmény II. *vi* gyümölcsözik, gyümölcsöt terem
fruit-cake *n* gyümölcskenyér
fruiterer ['fru:tərə*] *n* gyümölcsárus, gyümölcskereskedő
fruit-fly *n* gyümölcslégy; musli(n)ca
fruitful ['fru:tful] *a* 1. termékeny [föld, fa, állat stb.] 2. gyümölcsöző; eredményes; produktív [munka]
fruitfulness ['fru:tfulnɪs] *n* 1. termékenység 2. produktivitás
fruition [fru:'ɪʃn] *n* teljesülés, megvalósulás [vágyaké]; *bring to* ~ valóra vált, megvalósít; *come to* ~ valóra válik, megvalósul
fruit-knife *n (pl* -knives) gyümölcskés
fruitless ['fru:tlɪs] *a* 1. terméketlen, meddő 2. eredménytelen; hiábavaló
fruit-sugar *n* gyümölcscukor, levulóz
fruit-tree *n* gyümölcsfa
fruity ['fru:tɪ] *a* 1. gyümölcs ízű, zamatos *(átv is)* 2. *biz* vaskos, nyers [humor stb.]
frump [frʌmp] *n* madárijesztő [nőről]
frustrate [frʌ'streɪt; *US* 'frʌs-] *vt* 1. meghiúsít [tervet], útját állja (vmnek) 2. ~ *sy* csalódást okoz vknek
frustration [frʌ'streɪʃn] *n* 1. meghiúsulás [tervé]; bukás [vállalkozásé] 2. csalódás; csalódottság; kielégületlenség
frustum ['frʌstəm] *n (pl* ~s -z v. -ta -tə) ~ *of a cone* csonka kúp
fry¹ [fraɪ] A. *vt* (olajban/zsírban) süt B. *vi* (olajban/zsírban) sül; *biz* ~ *in one's own grease* saját zsírjában sül, megeszi amit főzött
fry² [fraɪ] *n* 1. halivadék, apróhal 2. *biz small* ~ (1) kisemberek (2) apróságok, gyerekek
fryer ['fraɪə*] *n US* sütni való csirke
frying-pan ['fraɪɪŋ-] *n* tepsi, serpenyő; *out of the* ~ *into the fire* csöbörből vödörbe

ft., ft *foot, feet*
fuchsia ['fju:ʃə] *n* fukszia
fuck [fʌk] *vulg* I. *int* a fene (egye meg)!, bassza meg a...! II. *vt/vi* (meg-) basz(ik); ~ *off!* menj az anyád...!
fucker ['fʌkə*] *n vulg* balfácán
fucking ['fʌkɪŋ] *a vulg* szaros, kurva
fuddle ['fʌdl] *vt* megrészegít [ital]; *get ~d* berúg
fuddy-duddy ['fʌdɪdʌdɪ] *n biz* régimódi szőrszálhasogató ember
fudge [fʌdʒ] I. *int* mesebeszéd!, ostobaság! II. *n* 1. mesebeszéd, ostobaság 2. lapzárta utáni hír [újságban] 3. *kb.* tejkaramella
fuel [fjʊəl; *US* -ju:-] I. *n* üzemanyag, fűtőanyag, tüzelő(anyag); *add ~ to the fire/flames* olajat önt a tűzre II. *v* -ll- (*US* -l-) A. *vt* fűtőanyaggal/üzemanyaggal ellát/táplál B. *vi ~ (up)* tankol
fuelling-station ['fjʊəlɪŋ-; *US* -ju:-] *n* üzemanyagtöltő állomás, benzinkút
fug [fʌg] I. *n biz* rossz levegő, áporodott szag [szobában] II. *vi* -gg- □ *sit ~ging in the house* mindig a szobában ül és nem megy ki a szabad levegőre
fuggy ['fʌgɪ] *a biz* áporodott [levegő]; szellőzetlen, levegőtlen [szoba]
fugitive ['fju:dʒɪtɪv] I. *a* 1. menekülő 2. múló, múlékony, rövid életű II. *n* 1. menekülő 2. számkivetett, hontalan, menekült 3. (katona)szökevény
fugue [fju:g] *n* fúga
fulcrum ['fʌlkrəm] *n* (*pl ~s* -z v. *-cra* -krə) 1. támaszpont, alátámasztási pont, forgáspont 2. alátámasztás
fulfil, *US* -fill [fʊl'fɪl] *vt* -ll- teljesít, végrehajt [parancsot]; elvégez [feladatot]; bevált [reményt]; eleget tesz [kívánságnak stb.]
fulfilment, *US* -fill- [fʊl'fɪlmənt] *n* 1. beteljesülés, megvalósulás 2. teljesítés
full [fʊl] I. *a* 1. tele, teli, telt (*of* vmivel); *it is ~ up* teljesen megtelt; ~ *up!* megtelt!; ~ *day* elfoglalt nap; ~ *house* telt ház [színházban]; ~ *moon* telihold; *be ~ of sg* (1) tele/teli van vmvel (*átv is*) (2) el van telve vmvel, áthatja vm; *be ~ of his own impor-*

tance el van telve a saját fontosságával; *eat till one is ~* teleeszi magát 2. telt; kövér(kés); ~ *lips* telt ajak; ~ *voice* erőteljes/telt/öblös hang 3. teljes, hiánytalan; bőséges, kiadós; ~ *brother/sister* édestestvér; *in ~ cry* teljes erőből üldözve; ~ *dress* estélyi ruha, díszruha, -öltözet →*full-dress*; ~ *employment* teljes foglalkoztatottság; ~ *fare* egész jegy [vasúton]; ~ *meal* bőséges/kiadós étkezés; ~ *member* teljes jogú (v. rendes) tag [egyesületben]; ~ *pay* teljes fizetés; ~ *session* teljes ülés; *at ~ speed* teljes sebességgel/gőzzel; ~ *text* teljes/csorbítatlan szöveg; *in ~ uniform* teljes (katonai) díszben; ~ *wine* testes bor 4. bő [ruha], buggyos [ujj] II. *adv* 1. † teljesen, nagyon, egészen; ~ *many a time* jó (egy)néhányszor, nagyon sokszor; *I know it ~ well* nagyon/igen jól tudom 2. pont(osan), éppen; ~ *in the middle* pont a közepén III. *n* teljesség; *the moon is at the* ~ holdtölte van; *to the* ~ teljesen, a legnagyobb mértékben; *in* ~ teljes terjedelemben/terjedelmében/egészében; *name in* ~ teljes név; *payment in* ~ teljes összegben való kifizetés, teljes kiegyenlítés
full-back *n* hátvéd [futballban]
full-blooded *a* 1. telivér 2. erőteljes, életerős, vérmes
full-blown *a* ~ *rose* teljesen kinyílt rózsa
full-bodied *a* testes, zamatos [bor]
full-bred *a* telivér, faj(ta)tiszta
full-chested *a* nagy/telt keblű, széles mellkasú
full-dress *a* ~ *rehearsal* (jelmezes) főpróba; ~ *debate* megrendezett/nagyszabású vita ‖ →*full I.*
fuller ['fʊlə*] *n* kallós, ványoló, nemezelő
full-fledged *a* = *fully-fledged*
full-grown *a* teljesen kifejlett
full-length *a* 1. teljes nagyságú; életnagyságú [kép]; normál/teljes terjedelmű [regény stb.] 2. szabvány méretű [bútor stb.]
ful(l)ness ['fʊlnɪs] *n* 1. teltség, telítettség; *out of the* ~ *of his heart he told us...* túláradó szívvel így szólt... 2.

teljesség, bőség; *in the ~ of time* az idők végeztével
full-page *a ~ illustration* egész oldalas illusztráció
full-rigged [-'rɪgd] *a* teljes vitorlázatú [hajó]
full-scale *a* eredeti méretű/nagyságú; teljes fokú
full-size *a* teljes nagyságú/méretű; teljesen kifejlett
full-time *a* 1. teljes munkaidejű [dolgozó] 2. egész napi, állandó [munka]
fully ['fʊlɪ] *adv* teljesen, teljes mértékben/terjedelemben, részletesen, kimerítően; *~ paid* teljesen kifizetve; *it takes ~ 2 hours* 2 teljes óráig/órát eltart
fully-fledged *a* 1. teljes tollazatú, röpős [madár] 2. *átv* kész [orvos stb.]
fulminate ['fʌlmɪneɪt] *vi* 1. durran, robban 2. (menny)dörög 3. (hevesen) kifakad, kikel *(against* ellen)
fulness →*fullness*
fulsome ['fʊlsəm] *a* édeskés, mézes-mázos; émelyítő, túlzó
Fulton ['fʊlt(ə)n] *prop*
fumble ['fʌmbl] **A.** *vi* motoszkál, kotorászik, turkál *(for* vmért); *~ with sg* ügyetlenkedik vmvel **B.** *vt* 1. ügyetlenül kezel, összevissza turkál (vmt) 2. *~ one's way* tapogatja/keresi az útját, botorkál
fumbler ['fʌmblə*] *n* kétbalkezes/ügyefogyott ember, balfácán
fume [fju:m] **I.** *n* 1. füst; gőz; pára; *petrol ~s* benzingőz 2. *biz* izgalom; dühroham, felindulás **II. A.** *vt* 1. füstöl, gőzöl(ögtet), párologtat 2. pácol [gőzzel fát] **B.** *vi* 1. füstöl, füstöt/gőzt bocsát ki 2. *biz* bosszankodik, füstölög magában, eszi a méreg, dúl-fúl
fumigate ['fju:mɪgeɪt] *vt* (meg)füstöl
fumigation [fju:mɪ'geɪʃn] *n* (ki)füstölés, fertőtlenítés
fun [fʌn] *n* tréfa, móka, mulatság; *have ~* szórakozik, mulat; *it was great ~* remek mulatság/szórakozás volt; *for ~*, *for the ~ of it* a tréfa/hecc kedvéért; *make ~ of sy, poke ~ at sy* tréfát űz vkből, kigúnyol/megtréfál vkt; *he is great ~* vicces/mókás ember, remek pofa

function ['fʌŋkʃn] **I.** *n* 1. hivatás, rendeltetés, feladat, szerep, funkció 2. működés, funkció; tisztség, kötelesség; *discharge one's ~s* hivatalos kötelességét teljesíti/végzi 3. összejövetel, gyűlés, estély; *a social ~* társadalmi esemény/alkalom [fogadás, estély] 4. függvény **II.** *vi* 1. működik; ténykedik, ellátja hivatalát [személy] 2. jár, üzemben van, működik [gép]
functional ['fʌŋkʃənl] *a* 1. működési, működéshez tartozó, funkcionális; *~ disorder* működészavar [szervé] 2. gyakorlati 3. hivatalos
functionary ['fʌŋkʃ(ə)nərɪ; *US* -erɪ] *n* közhivatalnok, tisztviselő; hivatalos személy; funkcionárius
fund [fʌnd] **I.** *n* 1. anyagi alap; (pénz-) alap; tőke; *a relief ~* segélyezési alap 2. **funds** *pl* (1) aktíva, anyagi eszközök (2) állampapírok; *biz be out of ~s* nincs egy vasa se; *raise ~s* anyagi alapot teremt; *put in ~s* fedezettel ellát; *~s in hand* mobil tőke 3. *átv* forrás, készlet **II.** *vt* tőkésít; konszolidál [államadósságot], befektet állampapírokba
fundamental [fʌndə'mentl] **I.** *a* alapvető, sarkalatos, alap- **II.** *n* 1. alaphang 2. **fundamentals** *pl* alapelemek, -ismeretek, -tételek
fundamentally [fʌndə'mentəlɪ] *adv* alapvetően; alapjában (véve)
funded ['fʌndɪd] *a* 1. *~ capital* befektetett tőke 2. *~ property* kötvényvagyon
fund-holder *n* tőkés, tőkepénzes
funeral ['fju:n(ə)rəl] *n* 1. temetés; *biz that's your ~* ! ez a te ügyed! 2. gyászkíséret, halottas menet
funereal [fju:'nɪərɪəl] *a* 1. halottas, temetési 2. gyászos, komor, sötét, síri
fun-fair *n* vidám park, vurstli
fungous ['fʌŋgəs] *a* gombaszerű; gombás; szivacsos
fungus ['fʌŋgəs] *n (pl ~es* -ız v. **fungi** 'fʌŋgaɪ)* 1. gomba(féle) 2. tapló
funicular [fju:'nɪkjʊlə*] *a ~ railway* drótkötélpálya, sikló
funk [fʌŋk] *biz* **I.** *n* 1. félelem, rémület, drukk 2. gyáva/beszari alak **II. A.** *vi*

fél, be van gyulladva B. *vt* ~ *sg/sy*
fél/tart vmtől/vktől
funnel ['fʌnl] I. *n* 1. tölcsér 2. kémény
[mozdonyé, hajóé] 3. szellőztetőcső,
-kürtő II. *vt/vi* -ll- (*US* -l-) tölcsérrel
önt/tölt
funnily ['fʌnɪlɪ] *adv* 1. tréfásan, viccesen,
komikusan 2. különösen, furcsán; ~
enough furcsa módon, az a furcsa/kü-
lönös, hogy . . .
funny ['fʌnɪ] I. *a* 1. mulatságos, tréfás,
vicces, komikus; ~ *man* bohóc, ko-
mikus (színész) 2. különös, furcsa,
nem mindennapi, bizarr; *there's
something* ~ *about it* nem egészen egye-
nes ügy ez; *I feel* ~ különösen (v. nem
jól) érzem magam
funny-bone *n* villanyozó ín [könyöknél]
fur [fəː*] I. *n* 1. szőrme, prém; szőr-
(zet), bunda [állaté]; ~ *coat* bunda,
szőrmekabát; ~ *and feather* négylá-
búak és madarak; *make the* ~ *fly* vere-
kednek 2. seprő, üledék; kazánkő,
vízkő 3. lepedék [nyelven] II. *v* -rr-
A. *vt* 1. prémez, prémmel bélel/díszít
2. kazánkővel von be 3. lepedékessé
tesz [nyelvet] B. *vi* 1. vízkővel/ka-
zánkővel bevonódik 2. lepedékessé
válik [nyelv]
furbelow ['fəːbɪloʊ] *n* 1. fodor [női ru-
hán] 2. **furbelows** *pl* cicoma, cifra-
ság
furbish ['fəːbɪʃ] *vt* 1. kifényesít, csiszol
2. rendbe hoz; újjáalakít; felújít
fur-cap *n* kucsma, prémsapka
furious ['fjʊərɪəs] *a* dühös, mérges,
haragvó; tomboló [szél]; ádáz [harc];
be ~ *with sy* dühöng vkre; *at a* ~ *pace*
vad iramban
furiously ['fjʊərɪəslɪ] *adv* dühösen, mér-
gesen, őrjöngve; vadul, ádázul
furl [fəːl] A. *vt* összecsuk [sátrat]; össze-
sodor, felgöngyöl [zászlót stb.], felte-
ker, bevon [vitorlát] B. *vi* ~ (*up*) ösz-
szegöngyölödik, felgöngyölödik, fel-
csavarodik
fur-lined *a* prémbélésű
furlong ['fəːlɔŋ; *US* -ɔːŋ] *n* ⟨távolság-
mérték: 220 yard = 201,16 méter⟩
furlough ['fəːloʊ] I. *n GB* [katonai] tá-
vozási engedély, szabadság; *on* ~ sza-

badságon, szabadságra II. *vt* szabadsá-
got ad (vknek)
furnace ['fəːnɪs] *n* 1. kemence, kohó 2.
kazán
furnish ['fəːnɪʃ] *vt* 1. ellát, felszerel
(*with* vmvel), juttat, ad (*sy with sg*
vknek vmt); ~ *an answer* választ ad,
válaszol; ~ *information to sy* felvilágo-
sítással szolgál vknek 2. berendez,
bebútoroz
furnished ['fəːnɪʃt] *a* bútorozott [lakás]
furnisher ['fəːnɪʃə*] *n* 1. bútorkeres-
kedő 2. lakberendező (cég)
furnishings ['fəːnɪʃɪŋz] *n pl* lakberende-
zés
furniture ['fəːnɪtʃə*] *n* 1. bútor(zat);
piece of ~ bútor(darab); ~ *van* bútor-
szállító kocsi 2. felszerelés, berende-
zés; tartozék
furor ['fjuːrɔːr] *n US* = *furore*
furore [fjʊ(ə)'rɔːrɪ; *US* 'fjuːrɔːr] *n*
izgalom, rajongó bámulat; óriási izga-
lom; túlzott lelkesedés
furred [fəːd] *a* 1. prémes [kabát] 2. ~
tongue lepedékes nyelv ‖ →*fur II.*
furrier ['fʌrɪə*; *US* 'fəː-] *n* szűcs; szőr-
mekereskedő
furriery ['fʌrɪərɪ; *US* 'fəː-] *n* 1. prém-
áru, szőrmeáru 2. szőrmeüzlet
furrow ['fʌroʊ; *US* 'fəː-] I. *n* 1. barázda
2. vájat, hornyolás 3. ránc [arcon]
II. *vt* szánt, barázdát húz, barázdál,
(ki)hornyol
furry ['fəːrɪ] *a* 1. bolyhos; szőrös 2.
vízköves 3. lepedékes
further ['fəːðə*] I. *a* 1. távolabbi,
messzebbi 2. újabb, további, más;
without ~ *ado* minden további nélkül;
upon ~ *consideration* újabb megfonto-
lás/mérlegelés után; *awaiting your* ~
orders várva további intézkedéseit/
rendeléseit II. *adv* 1. ~ (*off*) tovább,
messzebb, távolabb; *until you hear* ~
további értesítésig; *go* ~ *into sg* job-
ban belemélyed vmbe; ~ *back* (1)
régebben (2) hátrább; ~ *on* később,
a továbbiakban, a későbbiekben 2.
különben, továbbá III. *vt* elősegít, elő-
mozdít; támogat
furtherance ['fəːð(ə)rəns] *n* támogatás,
előmozdítás, elősegítés

furtherer ['fə:ðərə*] n támogató; előmozdító

furthermore [fə:ðə'mɔ:*] adv azonkívül, továbbá; ráadásul

furthermost ['fə:ðəmoʊst] a legtávolabbi, legmesszebb fekvő

furthest ['fə:ðɪst] I. a legtávolabbi, legmesszebb eső II. adv legtávolabb(ra), legmesszebb(re) ‖→farthest

furtive ['fə:tɪv] a titkos, lopott, lopva ejtett [pillantás]

fury ['fjʊərɪ] n 1. düh, dühöngés, tombolás, őrjöngés; szenvedély; get into a ~ dühbe jön/gurul 2. fúria; work like a ~ dolgozik mint egy megszállott 3. the Furies pl a Fúriák [római mitológiában]

furze [fə:z] n rekettye

fuse [fju:z] I. n 1. (US fuze) gyutacs, gyújtó(zsinór), kanóc 2. (safety) ~ (olvadó)biztosító; the ~ went kiégett a biztosíték; ~ wire olvadóbiztosító-drót II. A. vt 1. (US fuze) gyújtókészülékkel ellát [lövedéket] 2. (össze)olvaszt [fémet] B. vi 1. megolvad, összeolvad [fém]; kiég [biztosíték]; the light has ~d kiégett a biztosíték 2. egyesül, egybeolvad, fuzionál

fuselage ['fju:zɪlɑ:ʒ] n repülőgéptörzs

fusible ['fju:zəbl] a olvasztható, olvadékony

fusilier [fju:zɪ'lɪə*] n gyalogos (katona), puskás, lövész

fusillade [fju:zɪ'leɪd] n † puskatűz, sortűz; tűzharc, sortüzelés

fusion ['fju:ʒn] n 1. beolvadás, összeolvadás [fémeké stb.]; ~ point olvadáspont 2. (mag)fúzió; ~ bomb hidrogénbomba; ~ power fúziós energia; ~ reactor fúziós/termonukleáris reaktor 3. egyesülés, szövetkezés, fúzió, fuzionálás [intézményeké]

fuss [fʌs] I. n 1. zaj, zsivaj, lárma 2. hűhó, fontoskodás, faksznizás; make (a) ~, kick up (a) ~ nagy hűhót csap, fontoskodik; don't make a ~! ne

izgulj/vacakolj/fontoskodjál; US ~ and feathers sok hűhó semmiért II. vi kicsinyeskedik, akadékoskodik, okvetetlenkedik, fontoskodik; ~ about/ round tesz-vesz, sűrgölődik, fontoskodik

fussiness ['fʌsɪnɪs] n kicsinyesség, aprólékosság

fussy ['fʌsɪ] a 1. kicsinyeskedő, aggodalmas(kodó); nyűgös; fontoskodó [személy] 2. túl díszes, csicsás [ruha]; keresett, cikornyás [stílus]

fustian ['fʌstɪən; US -tʃən] n 1. barhent, parget 2. dagályosság, fellengzősség [stílusé]

fustiness ['fʌstɪnɪs] n dohos/penészes/áporodott szag, penészesség

fusty ['fʌstɪ] a 1. dohos, penészes, áporodott [szag] 2. régimódi, idejétmúlt [nézet stb.]

futile ['fju:taɪl; US -t(ə)l] a 1. felületes, jelentéktelen, haszontalan [személy] 2. eredménytelen, hatástalan, hiábavaló [dolog]

futility [fju:'tɪlətɪ] n 1. értelmetlenség, jelentéktelenség 2. hiábavalóság; dőreség

future ['fju:tʃə*] I. a jövő(beli); my ~ wife leendő feleségem, jövendőbelim; ~ tense jövő idő II. n 1. jövő, jövendő; in the ~ a jövőben, ezután 2. jövő idő [nyelvtanban]; ~ perfect befejezett jövő (idő) 3. futures pl határidő-üzlet, határidőügylet

futurity [fju:'tjʊərətɪ; US -'tʊə-] n 1. a jövendő, jövő 2. jövőidejűség

futurology [fju:tʃə'rɔlədʒɪ; US -'rɑ-] n jövőkutatás, futurológia

fuze [fju:z] →fuse

fuzz [fʌz] n 1. bolyh, pihe, pehely; sűrű bodros haj 2. □ zsaruk, jard

fuzzy ['fʌzɪ] a 1. borzas; göndör; bolyhos, rojtos 2. homályos, életlen [körvonal, kép] 3. spicces, pityókos

fwd. forward

fylfot ['fɪlfɔt; US -ɑt] n horogkereszt

G

G¹, g [dʒi:] *n* 1. G, g (betű) 2. g [hang]; *G flat* gesz; *G clef* g-kulcs, violinkulcs
g² *gram(me)(s)* gramm, g
Ga. *Georgia* (USA)
gab [gæb] *biz* I. *n* fecsegés; *have the gift of the* ~ jó beszélőkéje/dumája van; □ *stop your* ~! fogd be a szád! II. *v* -bb- *vt/vi* = *gabble II.*
gabardine ['gæbədi:n] *n* gabardin
gabble ['gæbl] I. *n* locsogás, fecsegés II. A. *vt* elhadar, ledarál [leckét, imát] B. *vi* 1. hadar 2. fecseg, locsog
gabbler ['gæblə*] *n* fecsegő/szószátyár ember
gaberdine ['gæbədi:n] *n* 1. = *gabardine* 2. kaftán
gabion ['geɪbjən] *n* sánckas, -kosár; rőzsehenger, -kosár
gable ['geɪbl] *n* orom(zat), oromfal
gabled ['geɪbld] *a* nyeregtetejű
Gabriel ['geɪbrɪəl] *prop* Gábor
gad [gæd] *vi* -dd- csavarog, kódorog
gadabout ['gædəbaʊt] *n* csavargó, naplopó
gadfly *n* 1. bögöly 2. kellemetlen ember
gadget ['gædʒɪt] *biz* (ügyes kis) eszköz; szerkentyű
gadgetry ['gædʒɪtrɪ] *n* újfajta szerelékek/készülékek/bigyók
Gael [geɪl] *n* gael, skót kelta [ember]
Gaelic ['geɪlɪk] *n* gael, skót kelta
gaff¹ [gæf] *n* szigony, halászkampó
gaff² [gæf] □ *blow the* ~ eljár a szája, köp
gaffe [gæf] *n* ügyetlenség, baklövés; *commit a* ~ tapintatlanságot követ el
gaffer ['gæfə*] *n biz* † 1. (öreg)apó, öreg 2. munkavezető, előmunkás
gag [gæg] I. *n* 1. szájpecek 2. (parlamenti) klotűr 3. (színpadi) bemondás, rögtönzés, gag II. *v* -gg- A. *vt* 1. betöm, felpeckel [szájat] 2. *átv* elnémít, elhallgattat B. *vi* bemondást rögtönöz [színpadon]
gaga ['gɑːgɑː] *a* □ (vén) hülye, szenilis
gage¹ [geɪdʒ] I. *n* 1. zálog 2. *throw down the* ~ *to sy* kesztyűt dob vk lába elé [kihívásként] II. *vt* elzálogosít
gage² [geɪdʒ] →*gauge*
gage³ [geɪdʒ] *n* ringló
gagged [gægd] →*gag II.*
gaggle ['gægl] I. *n* 1. libafalka 2. *biz* fecsegő lányok/asszonyok II. *vi* gágog, hápog
gagman *n* (*pl* -men) hivatásos bemondáskészítő [kabaré stb. számára]
gaiety ['geɪətɪ] *n* 1. vidámság, jókedv 2. **gaieties** *pl* vigalom, mulatozás
gaily ['geɪlɪ] *adv* vidáman, boldogan
gain [geɪn] I. *n* 1. nyereség, haszon; előny 2. **gains** *pl* nyereség, haszon, profit 3. gyarapodás [összegé] II. A. *vt* 1. nyer [időt]; elnyer, megnyer [tetszést]; szerez [tapasztalatot]; keres [pénzt]; ~ *the day* felülkerekedik, győz; ~ *strength* megerősödik 2. siet [óra] 3. hízik; *he* ~*ed two pounds* (*in weight*) két fontot hízott 4. elér [célt stb.]; megérkezik vhová B. *vi* 1. előnyére/hasznára van, hasznot húz (*by* vmből) 2. nyer, gyarapszik; ~ *in prestige* növekszik a tekintélye
gain over *vt* ~ *sy o.* meggyőz/-nyer vkt [magának, ügynek]
gain (up)on *vi* 1. (*átv is*) tért hódít; *the sea* ~*s u. the land* a tenger egyre többet hódít el a szárazföldből 2. *it* ~*s on one* erőt vesz az emberen 3. utolér [versenytársat]

gainer ['geɪnə*] n nyerő
gainful ['geɪnfʊl] a jövedelmező, hasznos;
~ occupation kereső foglalkozás
gainfully ['geɪnfʊlɪ] adv ~ employed kereső
gainings ['geɪnɪŋz] n pl = gain I. 2.
gainsay [geɪn'seɪ] vt (pt/pp -sayed v.
-said -'seɪd) tagad; it cannot be gainsaid
nem lehet letagadni; there is no ~ing it
mi tagadás, ez így van
Gainsborough ['geɪnzb(ə)rə] prop
'gainst [genst] prep = against
gait [geɪt] n járásmód, testtartás
gaiter ['geɪtə*] n lábszárvédő; kamásni
Gaitskell ['geɪtskəl] prop
gal [gæl] n biz = girl
gal. gallon(s)
gala ['gɑ:lə; US 'geɪ-] I. a dísz-, ünnepi;
gála-; in ~ dress (ünnepi) díszben;
II. n díszünnepély
galactic [gə'læktɪk] a tejúti, galaktikai
Galahad ['gæləhæd] prop
galantine ['gæləntiːn] n galantin, kocsonya
galaxy ['gæləksɪ] n 1. tejút(rendszer),
galaktika; the G~ a Tejút 2. biz ragyogó/fényes gyülekezet
gale [geɪl] n erős szél; it blows a ~ viharos szél fúj
Galilee ['gælɪliː] prop Galilea
galipot ['gælɪpɔt; US -ɑt] n fenyőgyanta
gall¹ [gɔːl] n 1. epe; ~ bladder epehólyag 2. keserűség, rosszindulat, malícia; vent one's ~ on sy mérgét kitölti
vkn 3. biz have the ~ to . . . van pofája . . .
gall² [gɔːl] I. n törés, horzsolás II.
vt 1. felhorzsol, feltör [bőrt] 2. biz
bosszant, (meg)sért
gall³ [gɔːl] n gubacs
gall. gallon(s)
gallant ['gælənt] I. a 1. bátor, hősies;
lovagias 2. pompás 3. [US gə'lænt]
udvarias, gáláns II. n 1. aranyifjú;
elegáns/finom ember/úr 2. udvarló,
gavallér
gallantry ['gæləntrɪ] n 1. bátorság, hősiesség 2. udvariasság, lovagiasság
[nőkkel szemben] 3. † szerelmi ügy,
nőügy
galleon ['gælɪən] n gálya

gallery ['gælərɪ] n 1. karzat, erkély;
play to the ~ a karzatnak játszik
2. fedett folyosó, tornác 3. képtár,
műcsarnok, galéria 4. aknafolyosó
[bányában]
galley ['gælɪ] n 1. gálya 2. hajókonyha
galley-proof n kefelevonat, hasáblevonat
galley-slave n gályarab
gall-fly n gubacsdarázs
Gallic ['gælɪk] a gall, francia
Gallicism ['gælɪsɪzm] n gallicizmus
galling ['gɔːlɪŋ] a bosszantó, sértő,
nyugtalanító; ~ fire heves (ágyú)tűz
gallivant [gælɪ'vænt] vi nők után fut
gallon ['gælən] n gallon ⟨űrmérték Angliában: 4,54 1.; Amerikában: 3,78 1.⟩
gallop ['gæləp] I. n vágta, galopp; at a
~ vágtában; full ~ teljes vágta;
go for a ~ kivágtat II. vi 1. vágtat, vágtázik; ~ing consumption heveny tüdővész 2. ~ through sg gyorsan elolvas/elhadar vmt
gallows ['gæloʊz] n akasztófa, bitó;
have a ~ look betörőpofája van
gallows-bird n biz akasztófavirág
gallows-tree n akasztófa
gallstone n epekő
Gallup poll ['gæləp] közvélemény-kutatás
gall-wasp n gubacsdarázs
galore [gə'lɔː*] adv bőven; fruit and
flowers ~ rengeteg gyümölcs és virág
galoshes, go- [gə'lɔʃɪz; US -'lɑ-] n pl sárcipő, kalocsni
Galsworthy ['gɔːlzwəːðɪ] prop
galumph [gə'lʌmf] vi peckesen feszít
galvanic [gæl'vænɪk] a galvános
galvanism ['gælvənɪzm] n galvánosság
galvanization [gælvənaɪ'zeɪʃn; US -nɪ-]
n 1. galvanizálás 2. felvillanyozás,
-élénkítés
galvanize ['gælvənaɪz] vt 1. galvanizál,
fémmel bevon 2. felvillanyoz; ~ into
action (hirtelen) tevékenységre serkent
galvanometer [gælvə'nɔmɪtə*; US -'nɑ-]
n galvanométer
gambit ['gæmbɪt] n 1. gyalogáldozattal
történő nyitás [sakkban] 2. átv lépés,
„húzás"
gamble ['gæmbl] I. n 1. szerencsejáték,

hazárdjáték 2. kockázatos vállalkozás/ügy **II. A.** *vt* ~ *away/off* eljátszik [vagyont], elkártyáz **B.** *vi* (pénzben) játszik, kártyázik; ~ *on the Stock Exchange* a tőzsdén játszik, tőzsdézik; *biz you may* ~ *on that* biztosra veheted
gambler ['gæmblə*] *n* kártyás, játékos
gambling ['gæmblıŋ] *n* (szerencse)játék, hazárdjáték; ~ *den* játékbarlang
gamboge [gæm'bu:ʒ; *US* -'boʊdʒ] *n* gumigutti [sárga festék]
gambol ['gæmbl] **I.** *n* ugrándozás **II.** *vi* -ll- (*US* -l-) szökell, ugrál
game¹ [geım] **I.** *a* **1.** bátor, határozott; *a* ~ *fellow* kemény legény; ~ *for anything* semmi jónak nem elrontója; *die* ~ bátran küzdve hal meg **2.** vadászati, vadász-; ~ *bag* vadásztáska; ~ *laws* vadászati törvények **II.** *n* **1.** mulatság; játék; tréfa; *have a* ~ *with sy* bolonddá tesz vkt; *make* ~ *of sy* gúnyt űz vkből **2.** játék, gém [teniszben]; [egyéb:] játszma; *the* ~ *is four all* 4:4 a játékállás; ~*s master* sportvezető, testnevelési tanár; *the* ~ *is on* a játék/játszma folyik; *the* ~ *is up* a játéknak vége, a játszma elveszett; *be off one's* ~ rossz (játék)formában van; *play the* ~ megtartja a játékszabályokat, korrektül játszik (*átv is*); *play a good* ~ jó játékos **3.** vállalkozás, terv, *átv* játszma; *play sy's* ~ (akaratlanul) vk szekerét tolja; *spoil sy's* ~ meghiúsítja vknck a tervét; *none of your little* ~*s!* elég volt kisded játékaidból!; *see through sy's* ~*s* átlát vk ravaszkodásain **4.** vad [állat]; *big* ~ nagyvad; *fair* ~ vadászható/lőhető vad; *small* ~ apróvad; ~ *(p)reserve* vadaskert; vadrezervátum **5.** vadpecsenye; ~ *pie* vadpástétom; *eat* ~ vadpecsenyét eszik **III.** *vi* = *gamble II. B.*
game² [geım] *n a* ~ *leg* béna láb
game-bird *n* szárnyas vad
gamecock *n* vívókakas
gamekeeper *n* vadőr
game-licence *n* vadászati engedély
gameness ['geımnıs] *n* bátorság
gamesmanship ['geımzmənʃıp] *n* ⟨nye-

rés a pszichológiai eszközök kihasználásával⟩
gamesome ['geımsəm] *a* víg, játékos
gamester ['geımstə*] *n* kártyás (ember)
gaming-debt ['geımıŋ-] *n* játékadósság
gaming-room *n* játékterem
gaming-table *n* játékasztal
gamma ['gæmə] *n* gamma [görög betű]; ~ *rays* gamma-sugarak/sugárzás
gammer ['gæmə*] *n* † jó öreganyó
gammon¹ ['gæmən] **I.** *n* füstölt sonka **II.** *vt* füstöl [sonkát]
gammon² ['gæmən] † *n* humbug; becsapás; *that's all* ~ *and spinach* ez csak mese habbal
gamp [gæmp] *n biz* régimódi nagy esernyő
gamut ['gæmət] *n* **1.** hangskála, -terjedelem **2.** *átv the whole* ~ *of feeling* az érzelmek teljes skálája
gamy ['geımı] *a* vadas ízű, vadízű
gander ['gændə*] *n* gúnár
Gandhi ['gændi:] *prop*
gang [gæŋ] **I.** *n* **1.** csoport, (munkás-) brigád **2.** (gengszter)banda **3.** szerszámkészlet **II.** *vi* ~ *up* bandába verődik, összeáll (vkikkel)
gang-board *n* kikötőhíd, stég
ganger ['gæŋə*] *n* csoportvezető, brigádvezető, előmunkás
Ganges ['gændʒi:z] *prop* Gangesz
gangling ['gæŋglıŋ] *a* nyakigláb
ganglion ['gæŋglıən] *n* (*pl* -glia -glıə v. ~s -z) **1.** idegdúc, ganglion **2.** *átv* (tevékenységi) központ
gang-plank *n* kikötőhíd, stég
gangrene ['gæŋgri:n] **I.** *n* üszkösödés, gangréna **II.** *vi* (el)üszkösödik
gangrenous ['gæŋgrınəs] *a* üszkös, gangrénás
gangster ['gæŋstə*] *n* gengszter, bandita
gangway *n* **1.** folyosó [ülések között] **2.** kikötőhíd
gannet ['gænıt] *n* (tengeri) szula
gantry ['gæntrı] *n* **1.** állványzat; (*signal*) ~ szemaforhíd **2.** portáldaru felső része **3.** hordóállvány
Ganymede ['gænımi:d] *prop*
gaol [dʒeıl] **I.** *n* börtön, fegyház **II.** *vt* bebörtönöz

gaol-bird *n* börtöntöltelék
gaoler ['dʒeɪlə*] *n* börtönőr
gaol-fever *n* tífusz
gap [gæp] *n* 1. rés, hasadék, nyílás
2. *átv* hézag, kiesés [emlékezetben]; hiány [műveltségben]; szakadék, űr; *fill/stop a* ~ (1) rést betöm, hiányt pótol (2) pótolja a mulasztottakat; *stand in the* ~ helytáll vk helyett, helyettesít vkt 3. *US* (hegy)szoros
gape [geɪp] I. *n* 1. ásítás 2. szájtátás 3. *the* ~*s* (1) légcsőférgesség [baromfinál] (2) ásítási roham II. *vi* 1. tátja a száját 2. tátott szájjal bámul (*at* vmt), bámészkodik; *make people* ~ elkápráztatja az embereket 3. ásít, ásítozik 4. tátong
gaper ['geɪpə*] *n* 1. bámészkodó 2. ásítozó
gaping ['geɪpɪŋ] *a* 1. tátongó 2. tátogató, szájtáti
gap-toothed *a* foghíjas
garage ['gærɑ:dʒ; *US* gə'rɑ:ʒ] I. *n* garázs II. *vt* garázsban elhelyez, garazsíroz
garb [gɑ:b] I. *n* öltözet, viselet II. *vt* öltöztet; ~ *oneself* öltözik; ~*ed in black* fekete öltözetben
garbage ['gɑ:bɪdʒ] *n* (konyhai) hulladék; (házi) szemét; *US* ~ *can* szemétvödör; *US* ~ *truck* kuka
garbageman [-mən] *n* (*pl* -men -mən) *US* szemetes
garble ['gɑ:bl] *vt* elferdít [hírt, szöveget]; meghamisít; ~*d account* meghamisított beszámoló
garden ['gɑ:dn] I. *n* 1. kert; ~ *city/ suburb* kertváros; *biz lead sy up the* ~ *path* becsap/félrevezet vkt 2. gardens *pl* park II. *vi* kertészkedik
gardener ['gɑ:dnə*] *n* kertész
garden-frame *n* melegágy(i ablakkeret)
garden-gate *n* kertkapu
gardening ['gɑ:dnɪŋ] *n* kertészkedés; ~ *tools* kerti szerszámok
garden-party *n* kerti fogadás/ünnepély
garden-plot *n* kb. zártkert
garden-produce *n* kerti termény
garden-seat *n* kerti pad
gargantuan [gɑ:'gæntjʊən; *US* -tʃʊ-] *a* óriási, rettentő nagy

gargle ['gɑ:gl] I. *n* toroköblítő (víz) II. *vt/vi* gargarizál, torkot öblít
gargoyle ['gɑ:gɔɪl] *n* vízköpő
garish ['geərɪʃ] *a* feltűnő, rikító
garishness ['geərɪʃnɪs] *n* feltűnőség, rikítóság
garland ['gɑ:lənd] I. *n* 1. virágfüzér, girland 2. versfüzér, antológia II. *vt* megkoszorúz, füzérrel díszít
garlic ['gɑ:lɪk] *n* fokhagyma; *clove of* ~ fokhagymagerezd
garment ['gɑ:mənt] *n* ruha; öltözet; *the* ~ *trade* konfekcióipar
garner ['gɑ:nə*] I. *n* 1. csűr, hombár 2. (*átv is*) tárház II. *vt* ~ (*in/up*) összegyűjt, betakarít [gabonát]
garnet ['gɑ:nɪt] *n* gránát(kő)
garnish ['gɑ:nɪʃ] I. *n* 1. körítés, köret, garnírung 2. stílusbeli cifraság, szóvirág II. *vt* 1. díszít, körít (*with* vmvel) 2. letilt [fizetést]
garnishee [gɑ:nɪ'ʃi:] *n* ~ *proceedings* fizetésletiltási eljárás; *put a* ~ *on sy's pay* letilt(at)ja vk fizetését
garret ['gærət] *n* padlásszoba, manzárd
garret-window *n* manzárdablak
Garrick ['gærɪk] *prop*
garrison ['gærɪsn] I. *n* helyőrség II. *vt* 1. helyőrséget helyez el (vhol) 2. beszállásol
garrotte, *US* garrote [gə'rɔt; *US* -ɑt] I. *n* 1. kivégzés nyakszorító vassal 2. csavarófa [kötél megszorítására] II. *vt* nyakszorító vassal kivégez; megfojt
garrulity [gæ'ru:lətɪ] *n* locsogás, bőbeszédűség, szószátyárság
garrulous ['gærʊləs] *a* bőbeszédű
garter ['gɑ:tə*] *n* harisnyakötő; *knight of the (Order of) the G*~ a térdszalagrend lovagja
garth [gɑ:θ] *n* kolostorkert
gas [gæs] I. *n* 1. gáz; *the* ~ *is laid on* be van vezetve a gáz; *turn on the* ~ meggyújtja a gázt; ~*natural* ~ földgáz; ~ *attack* gáztámadás; ~ *chamber* gázkamra; ~ *fire* gázkályha, -kandalló 2. *US biz* benzin; *step on the* ~ teljes gázt ad 3. *biz* halandzsa, duma II. *v* -ss- A. *vt* 1. gázzal ellát/tölt/vi-

lágít 2. elgázosít, megmérgez (gázzal)
B. *vi biz* fecseg, halandzsázik
gas-bag *n* 1. gáztartály 2. *biz* nagyszájú, szószátyár
gas-burner *n* gázégő
gascon(n)ade [gæskə'neɪd] *n* (nagyszájú) hencegés, háryjánoskodás
gas-cooker *n* gáztűzhely, (gáz)resó
gas-drum *n US* benzineshordó
gas-engine *n* gázmotor
gaseous ['gæsjəs] *a* gáz halmazállapotú, gáznemű
gas-fitter *n* gázszerelő
gas-fittings *n pl* gázberendezés [lakásban]
gash [gæʃ] I. *n* mély vágás, seb II. *vt* megvág, bevág, összeszabdal
gas-helmet *n* gázálarc
gas-holder *n* = *gasometer*
gasification [gæsɪfɪ'keɪʃn] *n* 1. gázképződés, elgázosodás 2. elgázosítás
gasify ['gæsɪfaɪ] A. *vt* elgázosít, gázt fejleszt B. *vi* elgázosodik
gas-jet *n* gázláng
gasket ['gæskɪt] *n* 1. tömítés 2. vitorlafűző kötél
gas-light *n* gázlámpa
gas-lighter *n* 1. gázgyújtó 2. gázöngyújtó
gas-main *n* gázfővezeték
gas-man *n* (*pl* -men) 1. gázszerelő 2. gázleolvasó
gas-mantle *n* gázharisnya
gas-mask *n* gázálarc
gas-meter *n* gázóra
gasoline, gasolene ['gæsəli:n] *n* 1. gazolin 2. *US* benzin
gasometer [gæ'sɔmɪtə*; *US* -'sa-] *n* (gyári) gáztartály, gazométer
gas-oven *n* gáztűzhely, -sütő; *put one's head in the* ~ gázzal lesz öngyilkos
gasp [gɑ:sp; *US* -æ-] I. *n* zihálás, kapkodás levegőért; *be at one's last* ~ az utolsókat leheli, a végét járja II. A. *vt* ~ *out sg* zihálva elmond *vmt* B. *vi* 1. ~ *for breath* levegő után kapkod, zihál 2. eláll a lélegzete [meglepetéstől stb.]
gasping ['gɑ:spɪŋ; *US* -æ-] I. *a* levegő után kapkodó II. *n* zihálás
gas-pipe *n* gázcső

gas-proof *a* gázbiztos, gázhatlan
gas-range *n* gáztűzhely
gas-ring *n* gázresó
gassed [gæst] *a* elgázosított, gázzal mérgezett ‖→*gas II.*
gas-station *n US* benzinkút; ~ *attendant* benzinkutas, benzinkútkezelő
gas-stove *n* 1. gázkályha 2. gáztűzhely
gassy ['gæsɪ] *a* 1. gáznemű 2. *biz* bőbeszédű, dumás
gas-tight *a* gázbiztos, gázt át nem eresztő
gastric ['gæstrɪk] *a* gyomor-; ~ *juice* gyomornedv; ~ *ulcer* gyomorfekély
gastritis [gæ'straɪtɪs] *n* gyomorhurut, gasztritisz
gastronomic [gæstrə'nɔmɪk; *US* -'na-] *a* konyhaművészeti, gasztronómiai
gastronomy [gæ'strɔnəmɪ; *US* -ɑn-] *n* konyhaművészet, gasztronómia
gasworks *n* v. *n pl* gázgyár, gázművek
gat [gæt] *n US* □ stukker
gate [geɪt] I. *n* 1. kapu, bejárat; kijárat [reptéren]; □ *US* *give sy the* ~ kiteszi *vk* szűrét 2. látogatók/nézők száma [meccsen] 3. ~ (*money*) bevétel [meccsen] 4. zsilipkapu II. *vt GB* kimeneteli tilalommal sújt [főiskolai diákot]
gatecrash *vt* betolakodik [hívatlan vendégként vhova]
gatecrasher [-kræʃə*] *n* hívatlan vendég
gate-house *n* kapuslakás
gate-keeper *n* kapus
gate-legged table lehajtható lapú asztal, csapóasztal
gate-post *n* kapufélfa; *between you and me and the* ~ magunk között szólva
gateway *n* kapualj, -bejárat, -szín
gather ['gæðə*] A. *vt* 1. (össze)szed, (össze)gyűjt; ~ *dust* porosodik; ~ *ground* tért nyer; ~ *speed* (fel)gyorsul; *be* ~*ed to one's fathers* megtér őseihez; ~ *all one's strength* minden erejét összeszedi 2. begyűjt, betakarít [termést], leszed [virágot]; ~ *information* értesüléseket szerez 3. összehúz, behúz [szövetet stb.]; ~ *one's brow* összehúzza a szemöldökét 4. követ-

keztet, kivesz (*from* vmből); *I ~ from the papers* úgy látom/értesülök az újságból ... **B.** *vi* **1.** gyülekezik, csoportosul; *a crowd ~ed* egész tömeg verődött össze **2.** összegyűlik, felgyülemlik; *a storm is ~ing* vihar készül **3.** növekszik, erősödik, fokozódik [szél, sötétség stb.] **4.** meggyűlik [ujj]; ~ *to a head* megérik [kelevény; *átv* helyzet, ügy]
gather round *vi* ~ *r.* sy/sg vk/vm köré gyűlik
gather up *vt* ~ *up sg* felszed/összeszed vmt; ~ *up the skirt* szoknyát felfog; ~ *up the hair in a knot* kontyot csinál
gathered ['gæðəd] *a* **1.** húzott [szoknya]; puffos [ruhaujj] **2.** meggyűlt [ujj]
gatherer ['gæðərə*] *n* gyűjtő; gyümölcsszedő
gathering ['gæð(ə)rɪŋ] *n* **1.** összejövetel **2.** gennyedés **3.** ~ (*in*) *of the crop* termésbetakarítás
G.A.T.T., **GATT** [gæt] *General Agreement on Tariffs and Trade* Általános Tarifaés Kereskedelmi Egyezmény
gauche [gouʃ] *a* esetlen, félszeg
gaucherie ['gouʃəri:; *US* -'ri:] *n* esetlenség; tapintatlanság
gaucho ['gautʃou] *n* **1.** ⟨dél-amerikai félvér tehénpásztor/cowboy⟩ **2.** csizmanadrág
gaudily ['gɔ:dɪlɪ] *adv* **1.** cifrán, tarkán **2.** ünnepiesen
gaudiness ['gɔ:dɪnɪs] *n* díszesség, cifraság
gaudy¹ ['gɔ:dɪ] *a* tarka, cifra, rikító
gaudy² ['gɔ:dɪ] *n* ⟨öregdiákok évi összejövetele⟩
gauge, *US* **gage** [geɪdʒ] **I.** *n* **1.** mérték; méret; űrtartalom; *take the ~ of sg* felbecsül vmt; *biz take sy's ~* leméri vk képességeit **2.** nyomtáv **3.** idomszer, kaliber, sablon **4.** mérőeszköz, mérce **II.** *vt* **1.** megmér [folyadékszintet, szélsebességet]; akóz [hordót]; kalibrál [idomszerrel] **2.** *átv* ~ *sy's capacities* felméri vk képességeit
gauging, *US* **gaging** ['geɪdʒɪŋ] *n* **1.** mérés; szabványosítás; hitelesítés **2.** adagolás

Gaul [gɔ:l] *prop* Gallia
gaunt [gɔ:nt] *a* **1.** ösztövér, sovány [ember] **2.** sivár, kísérteties; komor [táj]
gauntlet¹ ['gɔ:ntlɪt] *n* hosszú szárú kesztyű; *throw down the ~ to sy* kesztyűt dob vk lába elé [kihívásként]; *take up the ~* fölveszi a(z odadobott) kesztyűt
gauntlet² ['gɔ:ntlɪt] *n* (*átv is*) *run the ~* vesszőt fut
gauze [gɔ:z] *n* fátyolszövet, géz
gauzy ['gɔ:zɪ] *a* fátyolszerű, átlátszó
gave →*give*
gavel ['gævl] *n* elnöki/árverezői kalapács
Gawain ['gɑ:weɪn] *prop*
gawk [gɔ:k] *n* ügyefogyott/esetlen ember
gawkiness ['gɔ:kɪnɪs] *n* esetlenség, ügyefogyottság
gawky ['gɔ:kɪ] *a* ügyetlen, esetlen
gay [geɪ] *a* **1.** vidám, jókedvű **2.** élénk [színű], tarka **3.** élvhajhászó [életmód]; rossz erkölcsű [nő] **4.** *biz* homoszexuális, „homokos"
gayly ['geɪlɪ] *adv* = *gaily*
gayness ['geɪnɪs] *n* = *gaiety*
Gaza ['gɑ:zə] *prop* Gáza
gaze [geɪz] **I.** *n* nézés, bámulás **II.** *vi* hosszasan/mereven néz, bámul (*at/on/upon* vmre)
gazebo [gə'zi:bou] *n US* kilátóerkély, filagória [szép kilátású helyen]
gazelle [gə'zel] *n* gazella
gazette [gə'zet] **I.** *n* hivatalos lap **II.** *vt* hivatalos lapban közzétesz
gazetteer [gæzə'tɪə*] *n* **1.** földrajzi lexikon **2.** helységnévtár
gazing ['geɪzɪŋ] *a* kíváncsi, bámész
G.B., **GB** [dʒi:'bi:] *Great Britain* Nagy-Britannia
G.B.S. [dʒi:bi:'es] *George Bernard Shaw*
GCE [dʒi:si:'i:] *General Certificate of Education* →*certificate*
G.C.V.O. [dʒi:si:vi:'ou] *Knight Grand Cross of the Royal Victorian Order* ⟨brit kitüntetés⟩
Gdn(s). *Garden(s)*
GDR [dʒi:di:'ɑ:*] *German Democratic Republic* Német Demokratikus Köztársaság, NDK

gear [gɪə*] I. n 1. felszerelés, szerelvény; holmi 2. biz szerelés 3. fogaskerék 4. készülék; szerkezet 5. működés, üzem; be out of ~ (1) ki van kapcsolva [motor stb.] (2) felmondta a szolgálatot [gép, szerkezet] 6. sebesség; bottom/ first/low ~ első sebesség; top (v. US high) ~ negyedik sebesség, direkt; go into second ~ második sebességbe kapcsol; change/shift ~ (1) sebességet vált (2) átv átnyergel, pártot változtat II. vt 1. bekapcsol [fogaskereket, hajtóművet]; ~ down csökkent [fordulatszámot, átv tempót stb.]; ~ up (1) növel [fordulatszámot] (2) átv fokoz [tempót stb.] 2. ~ to sg függővé tesz vmtől; igazít/arányosít vmhez; vm függvényévé tesz
gear-box/case n 1. sebességváltó(mű), sebváltó 2. fogaskerékház
gearing ['gɪərɪŋ] n fogaskerékmű
gear-lever n sebességváltó kar
gear-ratio n áttételi arány
gearshift n US = gear-lever
gear-wheel n fogaskerék, hajtókerék
gee¹ [dʒi:] int gyí! [ló biztatására]
gee² [dʒi:] int US biz jé!; ~ your pants look great! hű de klassz nadrágod van!
gee-gee ['dʒi:dʒi:] n paci
geese →goose
gee-up int gyí te!
geezer ['gi:zə*] n □ old ~ „öreg szivar"
Geiger-counter ['gaɪgə-] n GM-számláló
geisha ['geɪʃə] n gésa
gel [dʒel] I. n gél II. vi II- megkocsonyásodik
gelatine [dʒelə'ti:n], US -tin ['dʒelətɪn] n zselatin
gelatinous [dʒə'lætɪnəs] a kocsonyás
geld [geld] vt (ki)herél
gelding ['geldɪŋ] n herélt ló
gem [dʒem] I. n 1. drágakő, ékkő 2. átv gyöngyszem; the ~ of the collection a gyűjtemény legszebb darabja II. vt -mm- drágakövekkel kirak/díszít
geminate ['dʒemɪneɪt] a páros, iker
gemmed [dʒemd] a drágakövekkel kirakott ‖ →gem II.
gen [dʒen] n eligazítás
Gen. General tábornok

gendarme ['ʒɑ:ndɑ:m] n csendőr
gendarmerie [ʒɑ:n'dɑ:məri:] n csendőrség
gender ['dʒendə*] I. n nem [nyelvtani értelemben] II. vt nemz, szül
gene [dʒi:n] n gén
genealogical [dʒi:njə'lɔdʒɪkl; US -'lɑ-] a nemzedékrendi, leszármazási; ~ tree családfa
genealogist [dʒi:nɪ'ælədʒɪst] n genealógus
genealogy [dʒi:nɪ'ælədʒɪ] n 1. nemzedékrend, leszármazás(i rend) 2. származástan, genealógia
genera →genus
general ['dʒen(ə)rəl] I. a 1. általános; közös, köz-; ~ election képviselőválasztás; ~ opinion általános vélemény, közvélemény; ~ pardon közkegyelem, amnesztia; the ~ public a nagyközönség; as a ~ rule, in ~ terms általánosságban, általában véve 2. általános, nem specializált; US ~ delivery postán maradó küldemény; GB ~ practitioner általános orvos, med. univ.; ~ servant mindenes; ~ store vegyeskereskedés 3. fő; ~ headquarters főhadiszállás; ~ staff vezérkar II. n 1. in ~ általánosságban, általában véve 2. tábornok
generalissimo [dʒen(ə)rə'lɪsɪmoʊ] n fővezér, generalisszimusz
generality [dʒenə'rælətɪ] n 1. általánosság 2. nagy/túlnyomó többség
generalization [dʒen(ə)rəlaɪ'zeɪʃn; US -lɪ'z-] n általánosítás
generalize ['dʒen(ə)rəlaɪz] vt/vi 1. általánosít 2. elterjeszt [szokást]; kiterjeszt [törvényt, eljárást]
generally ['dʒen(ə)rəlɪ] adv 1. általában (véve), rendszerint; ~ speaking általánosságban szólva 2. általánosan; he is ~ esteemed közmegbecsülésnek örvend
general-purpose a univerzális [gép stb.]
generalship ['dʒen(ə)rəlʃɪp] n 1. tábornoki állás, tábornokság 2. hadvezetés, hadászat
generate ['dʒenəreɪt] vt 1. létrehoz, előállít; fejleszt, termel [áramot, gőzt] 2. okoz; előidéz, kivált

23

generation [dʒenə'reɪʃn] n 1. nemzedék, generáció; *the rising* ~ az ifjú nemzedék; *the* ~ *gap* generációs ellentét, nemzedékek közötti nézetkülönbség 2. (*átv is*) létrehozás, alkotás 3. fejlesztés [hőé, áramé stb.]
generative ['dʒenərətɪv; US -reɪ-] a 1. nemző, alkotó; létrehozó 2. termelő; fejlesztő 3. ~ *grammar* generatív nyelvtan
generator ['dʒenəreɪtə*] n 1. áramfejlesztő (gép), generátor 2. alkotó, létrehozó
generic [dʒɪ'nerɪk] a 1. nemi, nem-, genus-, generikus 2. általános
generosity [dʒenə'rɔsətɪ; US -'rɑ-] n 1. bőkezűség 2. nagylelkűség; *fit of* ~ nagylelkűségi roham
generous ['dʒen(ə)rəs] a 1. nagylelkű; ~ *to a fault* túlságosan jószívű 2. bőkezű 3. bőséges, kiadós [étkezés stb.]
generousness ['dʒen(ə)rəsnɪs] n 1. nagylelkűség 2. bőkezűség
genesis ['dʒenɪsɪs] n keletkezés, eredet, származás; (*Book of*) G~ Mózes első könyve
genetic [dʒɪ'netɪk] a genetikai, örökléstani
genetics [dʒɪ'netɪks] n örökléstan, genetika
Geneva [dʒɪ'niːvə] prop Genf; ~ *cross* vöröskereszt; ~ *gown* palást [ref. lelkészé]
Genghis Khan [dʒeŋgɪs'kɑːn] prop Dzsingisz kán
genial ['dʒiːnjəl] a 1. enyhe, kellemes [éghajlat] 2. derűs, barátságos, szívélyes [egyéniség] 3. közvetlen [modor], természetes, mesterkéletlen [viselkedés]
geniality [dʒiːnɪ'ælətɪ] n 1. enyheség [éghajlaté] 2. barátságosság, szívélyesség
genie ['dʒiːnɪ] n dzsinn, tündér
genital ['dʒenɪtl] I. a nemző; nemi, ivar- II. genitals n pl nemi szervek, ivarszervek
genitive ['dʒenɪtɪv] a/n ~ (*case*) birtokos eset, genitivus
genius ['dʒiːnjəs] n (pl ~es -ɪz v. genii

'dʒiːnɪaɪ) 1. őrszellem, nemtő; *sy's evil* ~ vk rossz szelleme 2. (vmnek a) szelleme [koré, helyé, nyelvé] 3. tehetség, rendkívüli képesség; *man of* ~ zseniális ember; ~ *for mathematics* nagy matematikai tehetség 4. lángelme, zseni
genocide ['dʒenəsaɪd] n fajirtás
genre ['ʒɑːŋr(ə)] n 1. zsáner 2. ~ (*painting*) életkép
gent [dʒent] n 1. *vulg* (= *gentleman*) úr, úriember 2. ~s'... férfi- [üzletekben] 3. *GB biz* gents férfiak [nyilvános illemhely felirata]
genteel [dʒen'tiːl] a 1. finomkodó, előkelősködő 2. † finom, úri; ~ *poverty* cifra nyomorúság
gentian ['dʒenʃɪən] n tárnics, gencián
gentile ['dʒentaɪl] n nem zsidó; (idegen) nép [bibliában]
gentilitial [dʒentɪ'lɪʃl] a nemzetiségi
gentility [dʒen'tɪlətɪ] n 1. nemesi származás 2. (felső) középosztály 3. előkelőség, finomság
gentle ['dʒentl] a 1. nemes; *of* ~ *birth* nemesi/előkelő származású 2. szelíd, finom [ember]; udvarias, nyájas [modor]; enyhe [éghajlat]; gyengéd [pillantás, érintés]; ~ *reader* nyájas olvasó; *the* ~(*r*) *sex* a gyengébb nem
gentlefolk(s) n pl úriemberek; előkelő emberek
gentleman ['dʒentlmən] n (pl -men -mən) 1. úr, úriember; ~ *commoner* nemes diák [Oxf.-ban és Cambr.-ben egykor]; ~ *farmer* gazdálkodó úr; ~ *of leisure* magánzó; *gentlemen's agreement* becsületbeli megegyezés 2. úr, férfi; *a* ~ *has called* egy úr kereste (önt); *Gentlemen* (1) *US* Tisztelt Uraim! [levélmegszólítás] (2) *GB* férfiak [illemhely felirata]; *gentlemen's* ... férfi- [üzletben] 3. nemes úr; ~ *in waiting* szolgálattevő kamarás [királyi udvarnál]
gentleman-at-arms n (pl -men-) *GB* † udvaronc, nemesi díszőrség tagja
gentlemanlike ['dʒentlmənlaɪk] n úri; úriemberhez méltó
gentlemanly ['dʒentlmənlɪ] a = *gentlemanlike*

gentleness ['dʒentlnıs] n finomság, kedvesség
gentlewoman n (pl -women) 1. úrinő 2. † udvarhölgy
gently ['dʒentlı] adv finoman, gyengéden; nyájasan; óvatosan; ~ does it! csak óvatosan/finoman!
gentry ['dʒentrı] n köznemesség; dzsentri
genuflect ['dʒenju:flekt] vi térdet hajt
genuflection [dʒenju:'flekʃn] n térdhajtás
genuine ['dʒenjʊın] a 1. eredeti, valódi; hiteles 2. őszinte, nyílt
genuineness ['dʒenjʊınnıs] n 1. hitelesség, eredetiség, valódiság 2. őszinteség, nyíltság
genus ['dʒi:nəs] n (pl genera 'dʒenərə) 1. [állati, növényi] nem, nemzetség, genus 2. biz faj(ta)
Geo. George György
geocentric [dʒi:oʊ'sentrık] a geocentrikus, földközponti
geodesic(al) [dʒi:oʊ'desık(l)] a = geodetic(al)
geodesy [dʒi:'ɔdısı; US -'a-] n földméréstan, geodézia
geodetic(al) [dʒioʊ'detık(l)] a földméréstani, geodéziai
Geoffrey ['dʒefrı] prop Gotfrid
geographer [dʒı'ɔgrəfə*; US -'a-] n földrajztudós
geographical [dʒıə'græfıkl] a földrajzi; ~ latitude földrajzi szélesség
geography [dʒı'ɔgrəfı; US -'a-] n földrajz
geological [dʒıə'lɔdʒıkl; US -'la-] a földtani, geológiai
geologist [dʒı'ɔlədʒıst; US -'a-] n geológus
geology [dʒı'ɔlədʒı; US -'a-] n földtan, geológia
geometric(al) [dʒıə'metrık(l)] a mértani, geometriai; ~ progression mértani haladvány
geometry [dʒı'ɔmətrı; US -'a-] n mértan, geometria
geophysical [dʒi:oʊ'fızıkl] a geofizikai
geophysics [dʒi:oʊ'fızıks] n geofizika
George [dʒɔ:dʒ] prop György; by ~! a kutyafáját!

georgette [dʒɔ:'dʒet] n zsorzsett
Georgia ['dʒɔ:dʒjə; US -dʒə] prop
Georgian ['dʒɔ:dʒjən] a 1. ⟨a Hannoveri Házból származó I., II., III. és IV. György királyok uralkodásának idejéből való (1715—1830)⟩ 2. XVIII. századi 3. [US 'dʒɔ:dʒən] georgiai
Georgiana [dʒɔ:dʒı'a:nə] prop Györgyike
Gerald ['dʒer(ə)ld] prop Gellért
Geraldine ['dʒer(ə)ldi:n] prop Zseraldina
geranium [dʒı'reınjəm] n muskátli
Gerard ['dʒera:d] prop Gellért
gerfalcon ['dʒə:fɔ:lkən] n vadászsólyom
geriatric [dʒerı'ætrık] a geriátriai
geriatrics [dʒerı'ætrıks] n geriátria
germ [dʒə:m] n 1. (átv is) csíra 2. baktérium; ~ warfare baktériumháború
german[1] ['dʒə:mən] a első fokú [rokon]; cousin ~ első fokú unokatestvér
German[2] ['dʒə:mən] I. a német; ~ Democratic Republic Német Demokratikus Köztársaság; ~ Federal Republic Német Szövetségi Köztársaság II. n 1. német (ember) 2. német (nyelv) 3. német (nyelv)tudás
germane [dʒə:'meın] a vonatkozó (to vmre); tárgyhoz tartozó
Germanic [dʒə:'mænık] a germán
Germany ['dʒə:m(ə)nı] prop Németország; biz West ~ Nyugat-Németország
germ-carrier n bacilusgazda
germicide ['dʒə:mısaıd] n fertőtlenítő(szer)
germinal ['dʒə:mınl] a 1. csíra- 2. kezdeti, csírájában levő
germinate ['dʒə:mıneıt] A. vt csíráztat [magot] B. vi (átv is) csírázik, sarjad
germination [dʒə:mı'neıʃn] n (ki)csírázás
germ-killer n fertőtlenítő(szer)
gerontology [dʒerɔn'tɔlədʒı; US -'ta-] n gerontológia
gerrymander ['dʒerımændə*] US n 1. ⟨választási kerületek önkényes megváltoztatása [politikai célokból]⟩ 2. választási csalás
Gertrude ['gə:tru:d] prop Gertrúd
Gerty ['gə:tı] prop Trudi

23*

gerund ['dʒer(ə)nd] *n* gerundium
Gervase ['dʒə:vəs] *prop* ⟨angol férfinév⟩
gestation [dʒe'steɪʃn] *n* viselősség, terhesség
gesticulate [dʒe'stɪkjʊleɪt] *vi* gesztikulál, taglejtésekkel beszél
gesticulation [dʒestɪkjʊ'leɪʃn] *n* gesztikulálás; taglejtés
gesture ['dʒestʃə*] **I.** *n* **1.** taglejtés, gesztus **2.** *átv* gesztus **II. A.** *vt* taglejtésekkel kifejez/jelez **B.** *vi* gesztikulál; int
get [get] *v* (*pt* **got** gɔt, *US* -ɑ-, *pp* **got**, *US* és † **gotten** 'gɔtn, *US* -ɑ-; -tt-) **A.** *vt* **1.** kap; nyer, szerez; *I got your letter* megkaptam levelét; *the bullet got him* a golyó eltalálta; *where did you ~ that book?* hol szerezted ezt a könyvet?; *~ the measles* kanyarót kap; *he got five years* öt évet kapott; □ *~ it* (*hot*) megkapja a magáét; *~ sg to eat* kap vm ennivalót **2.** vesz, vásárol; beszerez; (meg)szerez; szert tesz (vmre); *~ sg for sy,* *~ sy sg* (meg)szerez vknek vmt; *I got it cheap* olcsón kaptam; *how much did you ~ for it* mennyit kaptál érte; *not to be got* nem kapható [üzletben]; *~ one's living* megkeresi a kenyerét; *~ me a cup of tea!* csinálj/ hozz nekem egy csésze teát! **3.** elejt [vadat]; elfog, elkap (vkt); *~ a station* fog egy állomást [rádión]; *biz we'll ~ them yet!* még elcsípjük őket!; *what's got him?* mi baja van?, mi ütött belé? **4.** *biz have got* van neki; *I haven't got any* nekem egy sincs; *have you got a match?* van gyufája? **5.** *biz have got to . . .* kell, muszáj; *you've got to do it* (feltétlenül) meg kell tenned **6.** rávesz, rábír (vkt vmre); elvégeztet (vmt vkvel); *~ him to read it* olvastasd el vele; *~ sg done* megcsinál(tat) vmt; *~ one's hand burnt* megégeti a kezét; *~ thee gone* takarodj!, mars!, kotródj! **7.** *biz* (meg)ért; felfog; *I don't ~ you!* nem értem (mit akar mondani)!; *got it?* érti?, megértette?; *~ by heart* könyv nélkül megtanul; *you've got it wrong* (ön) félreértette a dolgot **8.** (vmlyen állapotba v.

vhova) (el)juttat; *~ breakfast ready* elkészíti a reggelit; *~ sy home* hazavisz vkt; *~ a woman with child* teherbe ejt [nőt] **B.** *vi* **1.** (el)jut, kerül vhova; *~ abroad* elterjed [hír]; *biz ~ there* sikert ér el, beérkezik; *shall we ~ there in time?* odaérünk idejében?; *he is ~ting nowhere* nem megy semmire; *where has that book got to?* hova került az a könyv?, hova tették azt a könyvet? **2.** lesz, válik (vmvé, vmlyenné); *~ old* megöregszik; *~ ready* el(ő)készül; *~ tired* elfárad; *~ used to sg* hozzászokik vmhez, megszokik vmt; *~ well* helyrejön, meggyógyul **3.** hozzáfog (vmhez); *~ to know sy/sg* megismer vkt/ vmt, megtud vmt; *you will ~ to like it in time* idővel megszereted; *~ to work* munkának nekifog, dolgozni kezd
get about *vi* **1.** terjed [hír] **2.** *~ a. again* lábadozik, talpra áll [beteg]
get across A. *vt* keresztülvisz; sikerre visz; *biz ~ sg a. to sy* elfogadtat/ megértet vmt vkvel **B.** *vi* **1.** átkel, átjut (vmn) **2.** sikere van [színdarabnak] **3.** *~ a. sy* összevész vkvel
get ahead *vi biz* boldogul; *~ a. of sy* lehagy vkt; túltesz vkn
get along *vi* **1.** előrejut **2.** boldogul; *~ a. with sy* összefér, „kijön" vkvel
get around *vi US = get round*
get at *vi* **1.** hozzáfér (vmhez); *biz what are you ~ting at?* mit akarsz ezzel mondani? **2.** kifakad (vk ellen)
get away A. *vi* eltávozik; *~ a. with sg* (1) elszökik vmvel (2) „megúszik" vmt; *there's no ~ting a. from it* nem lehet figyelmen kívül hagyni **B.** *vt* eltávolít (*from* vhonnan)
get back A. *vt* visszakap, -szerez; *biz ~ b. one's own* bosszút áll **B.** *vi* visszatér, -ér
get by *vi* **1.** elhalad (vk/vm mellett) **2.** *átv* elmegy, elcsúszik (vm); *it ~s somehow by* valahogy csak elcsúszik **3.** megél (vhogyan, vmből)
get down A. *vt* **1.** levesz **2.** *~ sg d.* (*on paper*) feljegyez (vmt) **3.** le-

nyel [ételt stb.] 4. *biz* ~ *sy d.* lehangol/elkedvetlenít vkt B. *vi* 1. leszáll, lejön; ~ *d. on one's knees* letérdel 2. ~ *d. to sg* rátér vmre; foglalkozni kezd vmvel; ~ *d. to facts* a tárgyra tér, a dolog érdemi részére tér; ~ *d. to work* munkához lát
get in A. *vt* 1. hív(at); hozat [mesterembert] 2. betakarít [termést]; behajt [adót, kinnlevőséget] 3. bevisz; beszerez 4. *biz* ~ *a blow in* behúz egyet (vknek) B. *vi* 1. bejut (vhova); beszáll [járműbe] 2. beérkezik, befut [vonat] 3. megválasztják, bejut [képviselőként a parlamentbe]; *the Labour Party got in* a Munkáspárt győzött (a választáson)
get into A. *vt* ~ *sg i. sg* beletesz/ -gyömöszöl vmt vmbe B. *vi* 1. bejut, bekerül (vhova); beszáll [járműbe]; ~ *i. bad company* rossz társaságba keveredik 2. jut, kerül [vmlyen állapotba]; ~ *i. a rage* dühbe gurul 3. felvesz [ruhát]; belebújik [kabátba, cipőbe]; ~ *i. a bad habit* (vmlyen) rossz szokást vesz fel
get off A. *vt* 1. levesz; letesz; ~ *o. one's clothes* leveti ruháit 2. elküld [levelet, csomagot]; túlad vmn [árun]; ~ *sg o. one's hand* megszabadul vmtől; ~ *one's daughter o. (one's hands)* férjhez adja a lányát; ~ *the baby o. (to sleep)* elaltatja a kisbabát 3. megment; felment [vádlottat]; *her youth got her o.* fiatalsága szolgált mentségéül B. *vi* 1. leszáll, kiszáll [járműből]; leszáll, lelép (vmről) 2. elindul 3. elmegy, elmenekül; *he got o. cheaply/light(ly)* (jó) olcsón megúszta/*he got o. with a fine* pénzbüntetéssel megúszta 4. ~ *o. to sleep* elalszik 5. *biz I told him where he got o.* megmondtam neki a magamét 6. *biz* ~ *o. with sy* (1) véletlenül megismerkedik vkvel (2) viszonyt kezd vkvel
get on A. *vt* felvesz [ruhát] B. *vi* 1. felszáll [járműre]; felül [lóra, kerékpárra]; ~ *on one's feet* (1) feláll (2) *átv* lábra áll; ~ *on sy's nerves* vk idegeire megy 2. továbbmegy; *she*

is ~*ting on in years* öregszik; *she is* ~*ting on for 70* 70 felé jár 3. ~ *on (in life)* boldogul (az életben); *how are you* ~*ting on?* hogy vagy?, hogy megy a sorod?; ~ *o. with sg* halad/ boldogul vmvel; ~ *on (well) with sy* (jól) megvan/megfér vkvel 4. ~ *on to sy* (1) érintkezésbe lép vkvel (2) *biz* kiismer vkt
get out A. *vt* 1. kihúz [fogat, szöget stb.]; kivesz [foltot]; kihoz, kivesz; ~ *a secret o. of sy* vkből titkot kicsal; *I cannot* ~ *it o. my mind* nem tudom elfelejteni 2. *he could hardly* ~ *o. a word* alig tudott egy szót is kinyögni B. *vi* kiszáll (*of* vmből); kiszabadul, kijut, kimegy; ~ *o. (of) one's car* kiszáll a kocsijából; ~ *o. (of here)!* mars ki!; ~ *o. of sg* (v. *of doing sg*) (1) kibújik vm (megtétele) alól (2) felhagy (vmvel), abbahagy (vmt)
get over A. *vt* 1. befejez [nehéz feladatot]; ~ *sg o.* végez vmvel; *let's* ~ *it o.!* essünk túl rajta! 2. megnyer (vkt) B. *vi* 1. legyőz [nehézséget]; túlteszi magát (vmn), kihever (vmt); ~ *o. an illness* meggyógyul betegségből; ~ *o. it* nem tudja elfelejteni/leküzdeni 2. *the play didn't* ~ *o.* a darabnak nem volt sikere
get round *vi* 1. befordul [utcasarkon]; megkerül [akadályt] 2. ~ *r. the law* kijátssza a törvényt; ~ *r. sy* (1) megkerül/kijátszik vkt (2) levesz vkt a lábáról, leszerel vkt; híre jár; *the story got r.* a dolognak híre futott 4. ~ *r. to sg* (v. *to doing sg*) sort kerít vmre (v. vm elvégzésére); *I'll* ~ *r. to everybody* mindenkire sort kerítek
get through A. *vt* átjuttat; *get sy t. (an exam)* átsegít vkt (vizsgán); ~ *a bill t.* Parliament törvényjavaslatot megszavaz(tat) B. *vi* 1. átjut, átvergődik (vmn); eljut (vhova); *the news got t .to them* a hír eljutott hozzájuk; ~ *t. an examination* vizsgát letesz, átmegy a vizsgán; ~ *t. an illness* kilábal betegségből 2. *I couldn't* ~ *t. to him* nem tudtam vele összeköttetést létesíteni, nem tudtam őt elérni (telefonon) 3. végére jut (vmnek),

befejez (vmt); végez (vmvel); *he has got t. his money* minden pénzét elköltötte/elverte
get to *vi* eljut/elér vhova
get together A. *vt* összeszed, -hív **B.** *vi* összejön, gyülekezik
get under *vt* elfojt, megfékez [lázadást, tüzet]
get up A. *vt* 1. feljuttat, felvisz, felsegít (vhova) 2. felkelt, felébreszt 3. összeállít; szervez; rendez [ünnepélyt, összejövetelt] 4. tetszetős külsőt/formát ad vmnek; ~ *oneself up* kiöltözik, kicicomázza magát; *he got himself up as a woman* nőnek öltözött 5. adjusztál [árut]; ~ *up a shirt* inget kimos és kivasal **B.** *vi* 1. felmegy, felmászik (vhova); ~ *up the ladder* létrára felmászik 2. felkel [ágyból] 3. feláll; talpra áll 4. ~ *up to sg* (1) elér (vhova); eljut (vmeddig) (2) vmben töri a fejét; ~ *up to sy* utolér vkt 5. feltámad [szél]; elharapódzik [tűz]
get-at-able [get'ætəbl] *a biz* hozzáférhető
getaway ['getəweɪ] *n* (el)menekülés [bűnözőé]; *he made his* ~ meglépett
Gethsemane [geθ'semənɪ] *prop* [katolikusoknál:] Getszemáni [major], [protestánsoknál:] Gecsemáné [kert]
getter ['getə*] *n* 1. szerző 2. rendező
getting ['getɪŋ] →*get*
get-together *n* baráti összejövetel
Gettysburg ['getɪzbə:g] *prop*
get-up *n* 1. ruha, öltözék; álruha 2. kikészítés; kivitel; kiállítás [könyvé]; adjusztálás [árué]
gewgaw ['gju:gɔ:] *n* limlom, mütyürke
geyser *n* 1. ['gaɪzə*] gejzír 2. ['gi:zə*] vízmelegítő, autogejzír
GFR [dʒi:ef'ɑ:] *German Federal Republic* Német Szövetségi Köztársaság, NSZK
Ghana ['gɑ:nə] *prop* Ghána
Ghanaian [gɑ:'neɪən] *a/n* ghánai
ghastliness ['gɑ:stlɪnɪs; *US* 'gæ-] *n* kísértetiesség, halálsápadtság
ghastly ['gɑ:stlɪ; *US* 'gæ-] *a/adv* 1. rettenetes, szörnyű, rémes 2. holtsápadt, kísérteties

gherkin ['gə:kɪn] *n* apró uborka [savanyításra]; *pickled* ~*s* ecetes uborka [az apró fajtából]
ghetto ['getoʊ] *n* 1. gettó, zsidónegyed 2. *átv* gettó, külön városrész [színes bőrűeknek]
ghost [goʊst] **I.** *n* 1. lélek; *give up the* ~ kileheli lelkét; *the Holy G*~ Szentlélek 2. szellem, kísértet; ~ *town* teljesen elnéptelenedett/kihalt város 3. *vm* nyoma; *not the* ~ *of a chance* a leghalványabb remény sem 4. = *ghost-writer* 5. ~ *(image)* szellemkép [tv-képernyőn] **II.** *vt/vi* négerez *(for* vknek); *his memoirs were ably* ~*ed* emlékiratait nagyon ügyesen írták meg (számára)
ghostly ['goʊstlɪ] *a* 1. kísérteties 2. papi, lelki
ghost-story *n* kísértethistória
ghost-write *vt/vi* (*pt* -**wrote**, *pp* -**written**) négerez
ghost-writer *n* (irodalmi) néger
ghoul [gu:l] *n* vámpír; hullarabló szellem
ghoulish ['gu:lɪʃ] *a* hátborzongató
GHQ [dʒi:eɪtʃ'kju:] *General Headquarters* főhadiszállás
G.I., GI [dʒi:'aɪ] *a/n US* (= *government issue)* (*pl* **GI's**) 1. kincstári (holmi), „kincstári komisz" 2. (amerikai) közlegény, kiskatona
giant ['dʒaɪənt] **I.** *a* óriási **II.** *n* óriás
giantess ['dʒaɪəntes] *n* óriásnő
gibber ['dʒɪbə*] *vi* badarul/összevissza beszél
gibberish ['dʒɪbərɪʃ] *n* érthetetlen/összevissza beszéd
gibbet ['dʒɪbɪt] **I.** *n* 1. akasztófa 2. (fel)akasztás **II.** *vt* 1. felakaszt (vkt) 2. kipellengérez
gibbon ['gɪbən] *n* gibbon [majom]
gibbous ['gɪbəs] *a* púpos; telő [hold]
gibe [dʒaɪb] *n* = *jibe*
giblets ['dʒɪblɪts] *n pl* szárnyasaprólék
Gibraltar [dʒɪ'brɔ:ltə*] *prop* Gibraltár
Gibraltarian [dʒɪbrɔ:l'teərɪən] *a/n* gibraltári
Gibson ['gɪbsn] *prop*
giddiness ['gɪdɪnɪs] *n* 1. szédülés 2. könnyelműség; hebehurgyaság
giddy ['gɪdɪ] *a* 1. szédülő; *be/feel/turn* ~

(el)szédül; *átv be ~ with success* fejébe szállt a dicsőség 2. szédítő [mélység stb.] 3. szeles; könnyelmű; *a ~ young thing* könnyelmű fiatal teremtés
Gideon ['gɪdɪən] *prop* Gedeon
Gielgud ['giːlgʊd] *prop*
Gifford ['gɪfəd] *prop*
gift [gɪft] *n* 1. ajándék; adomány; *make a ~ of sg to sy* vknek vmt adományoz, vknek ajándékba ad vmt; *~ coupon* ajándékutalvány; *~ parcel* ajándékcsomag, szeretetcsomag 2. adományozás/kinevezés joga; kegyúri jog; *have in one's ~* joga van vmt adományozni; kegyúri jogot gyakorol vm fölött; *the post is in the ~ of the Minister* az állásról a miniszter dönt 3. tehetség; *a ~ for languages* nyelvtehetség
gifted ['gɪftɪd] *a* tehetséges
gift-horse *n never look a ~ in the mouth* ajándék lónak ne nézd a (csikó)fogát
gig¹ [gɪg] *n* 1. kétkerekű lovaskocsi 2. ⟨egy fajta evezős csónak⟩
gig² [gɪg] *n* több ágú szigony
gigantic [dʒaɪ'gæntɪk] *a* óriási, gigantikus
giggle ['gɪgl] I. *n* vihogás, kuncogás II. *vi* vihog, kacarászik
gigolo ['ʒɪgəloʊ; *US* 'dʒ-] *n* 1. parketttáncos 2. selyemfiú
gila ['hiːlə] *n US* mérges óriásgyík
Gilbert ['gɪlbət] *prop* ⟨angol férfinév⟩
gild [gɪld] *vt (pt/pp ~ed* -ɪd, néha gilt gɪlt] 1. bearanyoz, díszít; *~ed youth* aranyifjúság 2. *átv* bearanyoz, szépít; *~ the lily* agyondíszít vmt; *~ the pill* megédesíti a keserű pirulát
gilder ['gɪldə*] *n* aranyozó (munkás)
gilding ['gɪldɪŋ] *n* 1. aranyozás 2. szépítés
Giles [dʒaɪlz] *prop* Egyed
gill¹ [gɪl] *n* kopoltyú; *look green about the ~s* sápadt, rossz színben van [ember]
gill² [dʒɪl] *n* ⟨ürmérték: 1/4 pint⟩
Gill³ [dʒɪl] *prop* Juli, Julcsa
gilled [gɪld] *a* kopoltyús
Gillette [dʒɪ'let] *prop*
gillie ['gɪlɪ] *n sk* vadászinas
gillyflower ['dʒɪlɪ-] *n* gránátszegfű

gilt [gɪlt] I. *a* aranyozott II. *n* aranyozás ‖ →*gild*
gilt-edge(d) *a* 1. aranymetszésű [könyv] 2. *~ stocks/securities* elsőrangú/értékálló értékpapírok
gimcrack ['dʒɪmkræk] *a* csiricsáré; *~ ornaments* csecsebecse, mütyürke
gimlet ['gɪmlɪt] *n* kézi fúró, csaplyukfúró; *~ eyes* szúrós/kutató szemek
gimmick ['gɪmɪk] *n biz* 1. készülék, masinéria, szerkentyű 2. ötlet, ravasz trükk, csel, átejtés 3. propaganda(fogás) [figyelem felkeltésére]
gimp [gɪmp] *n* paszomány, zsinór
gin¹ [dʒɪn] *n* borókapálinka, gin
gin² [dʒɪn] *n* 1. csapda, kelepce [vadnak] 2. csörlő, emelő 3. gyapotmagtalanító gép
ginger ['dʒɪndʒə*] I. *a* vörösessárga; vörös(esszőke) [szín] II. *n* 1. gyömbér 2. *biz* lendület, élénkség III. *vt* doppingol; *~ sy up* felélénkít/-villanyoz vkt
ginger-ale/beer *n* gyömbérsör
gingerbread *n* 1. (mézeskalácsszerű) gyömbérkenyér 2. csiricsáré (díszítés)
ginger-haired *a* vörös hajú
gingerly ['dʒɪndʒəlɪ] *a/adv* csínján, óvatos(an)
gingham ['gɪŋəm] *n* tarka mintás pamutszövet
gin-palace *n* fényűző(en berendezett) kocsma/italbolt
ginseng ['dʒɪnseŋ] *n* ginszeng
gipsy ['dʒɪpsɪ] *a/n* cigány
giraffe [dʒɪ'rɑːf; *US* -'ræʃ] *n* zsiráf
gird¹ [gəːd] *vt (pt/pp* ed -ɪd v. girt gəːt) 1. (fel)övez; *~ on one's sword* kardot köt; *~ up one's loins* összeszedi magát, nekigyürkőzik 2. *átv* övez, körülvesz *(with* vmvel)
gird² [gəːd] *vi ~ at sy* csúfolódik/gúnyolódik vkvel
girder ['gəːdə*] *n* mestergerenda, kötőgerenda(-tartó), T-gerenda
girdle¹ ['gəːdl] I. *n* 1. öv 2. csípőszorító; fűző 3. *átv* koszorú; övezet II. *vt ~ (about/around/with)* övez, körülvesz (vmvel)
girdle² ['gəːdl] *n sk* sütőlap
girl [gəːl] *n* 1. l(e)ány; kislány; *when I was a ~* (kis)l(e)ány koromban 2.

G~ *Guide* cserkészl(e)ány 3. szolgáló(lány); elárusítónő
girl-friend *n* barátnő
girlhood ['gə:lhʊd] *n* leánykor
girlish ['gə:lɪʃ] *a* l(e)ányos
girt →*gird*
girth [gə:θ] I. *n* 1. kerület, körméret 2. heveder [lószerszámon] 3. övgerenda II. *vt* övez
Girton ['gə:tn] *prop*
Gissing ['gɪsɪŋ] *prop*
gist [dʒɪst] *n* vmnek a veleje/magja/lényege
give [gɪv] I. *n* rugalmasság II. *v* (*pt* **gave** geɪv, *pp* **given** 'gɪvn) A. *vt* 1. ad; odaad; ajándékoz; *it was ~n to me* ajándékba kaptam; ~ *me one*, ~ *one to me!* adj nekem egyet, adj egyet nekem!; ~ *a dinner* vacsorát rendez/ad; ~ *sy a kick* megrúg vkt; ~ *sg a* (*queer/dirty*) *look* (furcsa/gonosz) pillantást vet vmre; ~ *a sigh* sóhajt egyet; *I'll* ~ *you that* ezt elismerem; ~ *me Keats every time!* legjobban K. költőt szeretem; *I* ~ *you our host!* a házigazda egészségére ürítem poharam!; *I* ~ *you joy of it!* minden jót kívánok hozzá; ~ *or take a few hundreds* plusz mínusz pár száz; *I would* ~ *anything* (*to*) sokért nem adnám (ha); *I'll* ~ *it to you!*, □ *I'll* ~ *you what for* majd adok én neked!; ~ *as good as one gets* hasonlót hasonlóval viszonoz 2. átad [üdvözletet stb.]; ~ *her my love* szeretettel üdvözlöm 3. okoz [bajt, fájdalmat, problémát] 4. közöl, (meg)mond, értésére ad; ~ *judg(e)ment* ítéletet mond; ~ *the time of the day* jó napot/reggelt/stb. kíván; ~ *sy to understand* értésére ad vknek (vmt); ~ *sy to believe* (*that*) azt hiteti el vkvel (hogy) B. *vi* 1. enged, hajlik; *to* ~ *but not to break* hajolni de nem törni 2. felenged [fagy]; *the weather* ~*s* az idő megenyhül 3. nyúlik 4. megvetemedik ‖ →*given*
give away *vt* 1. odaad, elajándékoz; ~ *a. the bride* a menyasszonyt az oltárhoz vezeti és ott átadja a vőlegénynek 2. elárul; *his accent gave him a.* kiejtése elárulta

give back *vt* visszaad
give forth *vt* 1. kibocsát [szagot, hangot] 2. közöl, közzétesz, nyilvánít
give in A. *vt* bead; ~ *in one's name* nevét bemondja B. *vi* enged; meghátrál; megadja magát
give off *vt* kibocsát [szagot, hőt]
give on *vi* vhová nyílik [ajtó, ablak]; *the window* ~*s on the garden* az ablak a kertre néz
give out A. *vt* 1. kiad, kioszt [élelmet]; kibocsát [hőt, fényt] 2. ~ *oneself o. for sg* kiadja magát vmnek 3. kihirdet; közhírré tesz B. *vi* elfogy, kimerül [készlet stb.]
give over A. *vt* 1. ~ *sg o. to sy* átad/átenged vmt vknek; ~ *sy o. to sy* kiszolgáltat vkt vknek 2. abbahagy 3. *be* ~*n o. to* *sg* (1) vmnek van szentelve (2) átadja magát vm szenvedélynek B. *vi* abbamarad; *the rain is giving o.* eláll az eső
give up A. *vt* 1. átad, átenged; ~ *up one's seat to sy* átadja ülőhelyét vknek 2. abbahagy (vmt); lemond (vmről); felad (vmt); ~ *up smoking* abbahagyja a dohányzást; *I* ~ *it up* feladom; ~ *sy up for lost* elveszettnek tekint vkt; *I have* ~*n you up* már azt hittem nem is jössz! 3. kiszolgáltat [bűnözőt stb.]; ~ *oneself up* feljelenti önmagát B. *vi* alábbhagy, megszűnik
give-and-take [gɪv(ə)n'teɪk] *n* kölcsönös engedmény(ek), kompromisszum
give-away *n* 1. kikottyantás, (akaratlan) elárulás; áruló jel/nyom 2. potya/könnyű dolog/feladat 3. ráadás [vásárláshoz reklámként]; *at* ~ *prices* szinte ingyen
given ['gɪvn] I. *a* 1. (meg)adott; ~ *any 2 points* felvéve tetszés szerinti 2 pontot; *at a* ~ *time and place* a megadott/megállapodott időben és helyen; *US* ~ *name* keresztnév, utónév 2. hajlamos (*to* vmre); *I am not* ~ *that way* ez nekem nem szokásom II. *n the* ~*s* az adottságok, az adott helyzet/dolgok ‖ →*give II.*
giver ['gɪvə*] *n* 1. adakozó, adományozó 2. váltókibocsátó

giving ['gɪvɪŋ] →give
gizzard ['gɪzəd] n zúza; biz it sticks in
my ~ ezt nem veszi be a gyomrom
glacial ['gleɪsjəl; US -ʃəl] a 1. jeges,
megfagyott; átv fagyos [modor] 2.
jégkori; the ~ epoch jégkorszak
glacier ['glæsjə*; US 'gleɪʃər] n gleccser,
jégmező, jégár
glad [glæd] a 1. boldog, örvendező,
vidám; I am very ~ of it igen örülök
neki; □ give sy the ~ eye kihívóan/bá-
torítóan néz [nő férfira]; □ give sy
the ~ hand szívélyesen (v. tárt ka-
rokkal) fogad vkt 2. kellemes, ör-
vendetes [hír, esemény stb.]; ~ tid-
ings jó hírek 3. □ ~ rags ünneplő/
estélyi ruha
gladden ['glædn] vt megörvendeztet,
felvidít
glade [gleɪd] n tisztás [erdőben]
gladiator['glædɪeɪtə*]ngladiátor,bajvívó
gladiolus [glædɪ'oʊləs] n (pl -li -laɪ
v. ~es -sɪz) kardvirág, gladiólusz
gladly ['glædlɪ] adv örömmel; szívesen
gladness ['glædnɪs] n öröm; boldogság
gladsome ['glædsəm] a vidám, örömteli
Gladstone ['glædstən] prop † ~ (bag)
kézitáska, könnyű útitáska
Gladys ['glædɪs] prop ⟨angol női név⟩
Glamis [glɑːmz] prop
glamor →glamour
glamorous ['glæmərəs] a elbűvölő
glamour, US -or ['glæmə*] n 1. varázs-
lat, bűbáj; cast a ~ over sg bűbájossá
tesz 2. varázslatos szépség/báj; ~
girl ragyogó nő
glance [glɑːns; US -æ-] I. n 1. hirtelen
felcsillanás/felvillanás, csillámlás, ra-
gyogás 2. gyors/futó pillantás; at a ~
egyetlen pillantásra II. vi 1. csillog,
ragyog; felvillan 2. pillant(ást vet)
    glance at vi 1. rápillant (vkre, vmre)
2. belekukkant (vmbe) 3. gúnyos cél-
zást tesz (vmre)
    glance down vt = glance over
    glance off vi félrecsúszik [kard];
lepattan [golyó]
    glance over vt futólag végigpillant/
átnéz
    glance round vi (futólag) körülnéz
[szobában stb.]

glance through vt = glance over
gland [glænd] n 1. mirigy 2. (torok-)
mandula
glanders ['glændəz] n pl takonykór
glandular ['glændjʊlə*; US -dʒə-] a
mirigy- [-daganat, -duzzanat stb.]
glare [gleə*] I. n 1. vakító fény, ragyo-
gás; in the full ~ of the sun a tűző
napsütésben 2. átható pillantás, me-
rev nézés, fixírozás II. vi 1. fénylik,
ragyog; tűz [nap] 2. rikít [szín]
3. ~ at/upon sy (1) mereven bámul
vkt (2) ellenséges tekintettel méreget
vkt
glaring ['gleərɪŋ] a 1. vakító, ragyogó
[fény] 2. rikító [szín]; kirívó, szembe-
szökő; ~ injustice (égbe)kiáltó igazság-
talanság
Glasgow ['glɑːsgoʊ] prop
glass [glɑːs; US -æ-] I. n 1. üveg;
~ eye üvegszem; ~ fibre (v. US
fiber) üvegszál; ~ shade üvegbura;
~ wool üveggyapot 2. pohár; (table) ~
pohárkészlet; a ~ of water egy pohár
víz; he had a ~ too many felöntött
a garatra 3. (looking-)~ tükör 4.
(weather-)~ barométer; the ~ is fall-
ing esik a barométer 5. glasses pl
szemüveg; csíptető II. vt ~ in be-
üvegez
glass-blower n üvegfújó
glass-case n üvegszekrény, vitrin
glassed-in ['glɑːst-; US -æ-] a beüvege-
zett
glassful ['glɑːsfʊl; US -æ-] a pohárnyi
glasshouse n üvegház; people who live in
~s should not throw stones akinek vaj
van a fején ne menjen a napra
glassman ['glɑːsmən; US 'glæ-] n (pl
-men -mən) üvegkereskedő, üveges
glass-paper n dörzspapír, üvegpapír
glassware n üvegáru
glass-works n üveghuta
glasswort ['glɑːswəːt; US 'glæ-] n
ballagófű
glassy ['glɑːsɪ; US -æ-] a 1. üveges,
üvegszerű 2. kifejezéstelen; élettelen
[tekintet stb.]
Glastonbury ['glæst(ə)nb(ə)rɪ] prop
Glaswegian [glæs'wiːdʒjən] a/n glas-
gow-i (lakos)

glaucoma [glɔ:'koʊmə] *n* zöld hályog, glaukóma
glaucous ['glɔ:kəs] *a* 1. szürkészöld, kékesszürke 2. hamvas [levél, szőlő stb.]
glaze [gleɪz] I. *n* (üveg)máz, zománc II. A. *vt* 1. (be)üvegez 2. fényesít, fényez 3. mázzal bevon, zománcoz; ~*d* earthenware (1) fajanszáru (2) mázas kőedény; ~*d* tile csempe B. *vi* ~ (over) megüvegesedik [szem]
glazer ['gleɪzə*] *n* fényező
glazier ['gleɪzjə*; *US* -ʒər] *n* üvegező, üveges
gleam [gli:m] I. *n* 1. felcsillanás [fényé] 2. *átv* megvillanás [képességé, gondolaté stb.]; *a* ~ of hope reménysugár II. *vi* 1. felvillan [fény] 2. fénylik
gleaming ['gli:mɪŋ] *a* csillogó, ragyogó
glean [gli:n] *vt* 1. (kalászt) szed 2. szorgalmasan gyűjt, tallóz, böngész(ik)
gleaner ['gli:nə*] *n* gyűjtő, tallózó
gleanings ['gli:nɪŋz] *n pl* 1. böngészet, tallózás 2. összeszedett adatok
glebe [gli:b] *n* 1. † rög, hant 2. (termő-) föld, talaj
glee [gli:] *n* 1. vidámság; in high ~ széles jókedvben 2. ⟨három v. több szólamú dal férfihangra⟩
glee-club *n* ⟨dalegylet a glee ápolására⟩, kb. dalárda
gleeful ['gli:fʊl] *a* jókedvű, vidám
gleeman ['gli:mən] *n* † (*pl* -men -mən) trubadúr, vándor dalos
glen [glen] *n* völgy, szurdok
glengarry [glen'gærɪ] *n* skót katonasapka
glib [glɪb] *a* folyékony beszédű, sekélyesen bőbeszédű; have a ~ tongue jól fel van vágva a nyelve
glide [glaɪd] I. *n* 1. csúszás; csúszó lépés [táncnál] 2. siklás 3. surranás II. *vi* 1. (el)suhan; (el)surran; the years ~ past/by az évek tovasuhannak 2. siklik [madár]; sikló repüléssel repül [repgép]
glider ['glaɪdə*] *n* vitorlázó repülőgép
gliding ['glaɪdɪŋ] *n* 1. siklás 2. sikló repülés
glimmer ['glɪmə*] I. *n* 1. halvány fény, pislákolás; fel-felvillanás [fényé stb.]

2. *átv* felcsillanás; ~ of hope reménysugár II. *vi* pislákol, halványan fénylik
glimpse [glɪmps] I. *n* futó pillantás; futó kép; catch a ~ of sg megpillant vmt II. *vt* megpillant; fé lszemmel (meg)lát
glint [glɪnt] I. *n* villanás, csillogás, csillogó fény II. A. *vi* 1. (fel)csillan, villog 2. tükröződik, visszaverődik [fény] B. *vt* tükröz, visszaver [fényt]
glisten ['glɪsn] I. *n* csillogás, ragyogás II. *vi* csillog, ragyog, fénylik
glistening ['glɪsnɪŋ] *a* csillogó; fénylő
glitter ['glɪtə*] I. *n* szikrázó/csillogó fény, csillogás, ragyogás II. *vi* fénylik, csillog, ragyog; all is not gold that ~s nem mind arany, ami fénylik
gloaming ['gloʊmɪŋ] *n* szürkület, alkonyat
gloat [gloʊt] *vi* ~ upon/over (1) kárörvendő tekintettel néz, kárörömmel gondol (vmre) (2) mohó/kéjsóvár tekintettel bámul
global ['gloʊbl] *a* 1. világ-; az egész világra kiterjedő 2. teljes, globális
globe [gloʊb] *n* 1. golyó, gömb 2. (terrestrial) ~ földgömb; (celestial) ~ éggömb 3. lámpabura
globe-trotter *n* világjáró
globular ['glɔbjʊlə*; *US* 'glɑ-] *a* 1. gömb/golyó alakú 2. gömböcskékből álló
globule ['glɔbju:l; *US* 'glɑ-] *n* 1. gömböcske 2. pirula 3. csöpp
gloom [glu:m] *n* 1. homály, sötétség 2. lehangoltság, szomorúság, mélabú; komor/gyászos hangulat; cast a ~ over sy rossz kedvre hangol vkt
gloominess ['glu:mɪnɪs] *n* 1. sötétség, homály 2. komorság, lehangoltság
gloomy ['glu:mɪ] *a* 1. sötét, homályos 2. (méla)bús, komor; nyomasztó [légkör]
glorification [glɔ:rɪfɪ'keɪʃn] *n* dicsőítés, felmagasztalás
glorify ['glɔ:rɪfaɪ] *vt* 1. dicsőít; the glorified spirits a megdicsőült lelkek 2. *biz* (fel)dicsér; (meg)szépít
glorious ['glɔ:rɪəs] *a* 1. dicső(séges), fényes [győzelem stb.] 2. ragyogó, tündöklő [nap, kilátás stb.] 3. *biz*

pompás, remek; *we had a ~ time* remekül éreztük magunkat; *~ mess* szép kis zűrzavar/kalamajka
glory ['glɔːrɪ] I. *n* 1. dicsőség; *~ to God in the highest* dicsőség a magasságban Istennek 2. ragyogás, tündöklés 3. dicsfény, glória II. *vi ~ in sg* örül vmnek, büszkélkedik vmvel
glory-hole *n biz* lomtár
Glos. [glɔs; *US* -ɑ-] *Gloucestershire*
gloss[1] [glɔs; *US* -ɔ:-] I. *n* 1. máz, felületi fény 2. *átv* máz, (megtévesztő) látszat; *put a ~ on the truth* szépítgeti a valóságot, elkendőzi az igazságot II. *vt* 1. simít, fényesít 2. *átv ~ over sg* elkendőz, szépítget
gloss[2] [glɔs; *US* -ɔ:-] I. *n* 1. széljegyzet, glossza 2. magyarázat, kommentár II. *vt* 1. magyarázó jegyzetekkel ellát, glosszál [szöveget] 2. magyaráz, kommentál [beszédet]
glossary ['glɔsərɪ; *US* -ɑ-] *n* glosszárium, (magyarázatos) szójegyzék
glossy ['glɔsɪ; *US* -ɔ:-] *a* sima, fényes (felületű); *~ magazine* (divatos) szórakoztató képes folyóirat
glottal ['glɔtl; *US* -ɑ-] *a* hangrés-; *~ stop* hangszalag-zárhang
glottis ['glɔtɪs; *US* -ɑ-] *n* hangrés [gégében]
Gloucester ['glɔstə*] *prop*
Gloucestershire ['glɔstəʃə*] *prop*
glove [glʌv] I. *n* kesztyű; *be hand in ~ with sy* igen jó viszonyban van vkvel; *handle sy without ~s, take off the ~s to sy* durván/keményen bánik vkvel II. *vt* kesztyűvel ellát; kesztyűt felhúz (vkre)
glove-compartment *n* kesztyűtartó
glove-maker *n* kesztyűs; kesztyűkészítő
glover ['glʌvə*] *n = glove-maker*
glove-stretcher *n* kesztyűtágító
glow [gloʊ] I. *n* 1. izzás, parázslás 2. kihevülés, felhevülés; *(all) in a ~* felhevülten; kipirultan II. *vi* 1. izzik, parázslik; *átv* sugárzik, ragyog; *~ing with health* majd kicsattan az egészségtől 2. *átv* izzik, lángol (*with* vmtől)
glower ['glaʊə*] *vi* haragosan néz (*at* vkre)

glowing ['gloʊɪŋ] *a (átv is)* izzó, ragyogó; *paint in ~ colours* lelkes szavakkal ecsetel; *speak in ~ terms of sy* magasztaló hangon beszél vkről
glow-worm *n* szentjánosbogár
glucose ['gluːkoʊs] *n* szőlőcukor, glükóz
glue [gluː] I. *n* enyv, ragasztószer II. *vt* 1. ragaszt, enyvez; *~ together* összeragaszt 2. *biz her face was ~d to the window* arca rátapadt az ablaküvegre
gluey ['gluːɪ] *a* ragacsos, enyves
glug-glug ['glʌgglʌg] *n* kotyogás [folyadéké palackban]
glum [glʌm] *a (comp ~mer* 'glʌmə*, *sup ~mest* 'glʌmɪst) rosszkedvű; komor; *look ~* savanyú/morcos arcot vág
glume [gluːm] *n* toklász, pelyva
glummer, glummest →*glum*
glumness ['glʌmnɪs] *n* komorság
glut [glʌt] I. *n* 1. bőség 2. jóllakottság 3. árubőség II. *vt* -tt- 1. (fel)fal, megzabál 2. kielégít [étvágyat, vágyat]; *~ one's revenge* bosszúját kitölti 3. eláraszt, túltelít [piacot]
gluten ['gluːtən] *n* sikér, glutin
glutinous ['gluːtɪnəs] *a* ragadós, nyúlós
glutton ['glʌtn] *n* 1. falánk/nagybélű/ nagyevő ember 2. *he's a ~ for work* csak úgy ég a munka a keze alatt; *he is a ~ for punishment* jól bírja/ állja a csapásokat 3. rozsomák
gluttonous ['glʌt(ə)nəs] *a* nagybélű, falánk, torkos
gluttony ['glʌt(ə)nɪ] *n* torkosság, falánkság; zabálás
glycerin ['glɪsərɪn] *n US = glycerine*
glycerine ['glɪsəriːn; *US* -ɪn] *n* glicerin
G.M., GM [dʒiː'em] *General Motors* ⟨az egyik legnagyobb amerikai autógyár⟩
gm., gm *gram(me)(s)* gramm, g
G-man *n (pl -men) biz (= Government man) US* ⟨az FBI nyomozója⟩
G.M.T., GMT [dʒiːem'tiː] *Greenwich Mean Time* greenwichi középidő
gnarl [nɑːl] *n* bütyök, csomó, gö(r)cs
gnarled [nɑːld] *a* 1. bütykös, csomós 2. bütykös, elformátlanodott [kéz]
gnash [næʃ] *vt ~ one's teeth* fogát csikorgatja

gnat [næt] *n* 1. szúnyog 2. *biz strain at a* ~ semmiségeken lovagol
gnaw [nɔ:] *v* (*pt* ~**ed** nɔ:d, *pp* ~**ed** v. ~n nɔ:n) A. *vt* 1. rág(csál); ~ *away/off* lerág 2. gyötör, emészt [éhség, kín stb.] B. *vi* ~ *at* rág, rágcsál; ~*ing pains of hunger* gyötrő éhség
gnome [noʊm] *n* manó, törpe, gnóm
GNP [dʒi:en'pi:] *Gross National Product* → *gross*
gnu [nu:] *n* gnú [antilopfajta]
go [goʊ] I. *n* (*pl* goes goʊz) *biz* 1. menés; mozgás; *be on the* ~ úton van; tevékenykedik, sürög-forog 2. próbálkozás, kísérlet; *at one* ~ egy csapásra; *have a* ~ *at sg* megpróbál/elkezd vmt; *no* ~*!* kár a benzinért/gőzért!; *make a* ~ sikert arat; *that was a near* ~ egy hajszálon múlt 3. tetterő, lendület; *full of* ~ csupa tűz/tetterő 4. divat; *it's all the* ~ ezért bolondul mindenki, ez most a divat 5. vizsga; *great* ~ szigorlat [cambridge-i egyetemen]; *little* ~ alapvizsga [cambridge-i egyetemen] 6. üzlet, alku; *is it a* ~? áll az alku? II. *v* (*pt* **went** went, *pp* **gone** gɔn, *US* -ɔ:-; egyes szám 3. szem.: **goes** goʊz) A. *vi* 1. megy; halad; *come and* ~ jön-megy; *get* ~*ing* lendületbe jön, megindul; *let us* ~, *let's get* ~*ing* menjünk!, (na) gyerünk!; *he has gone to London* L.-ba utazott; *who goes there?* állj! ki vagy?; *how goes it?* hogy megy (a darab)?; *it goes hard with him* rosszul megy neki; ~ (*very*) *far* (1) nagyon soká elég/tart [készlet, pénz] (2) sokra viszi [vk az életben]; *that is* ~*ing too far* ez már több a soknál; ~ *as/so far as to* . . . odáig megy, hogy (azt mondja/javasolja . . .) 2. elmegy, elindul; *one*(,) *two*(,) *three*(,) ~*!* egy, kettő, három, rajt!; *be gone!* hordd el magad!; *he is gone* (1) elment hazulról, nincs otthon (2) meghalt; *let me* ~*!* engedjen el(menni)!; *let oneself* ~ elenged/elhagyja magát; *biz where do we* ~ *from here?* na és most mi lesz?; ~ *walking*, ~ *for a walk* sétálni megy 3. működik [gép]; jár [óra stb.]; *keep sg* ~*ing* mozgásban tart vmt; *set sg* ~*ing* elindít, mozgásba/működésbe

hoz vmt 4. vmvé válik; ~ *bad* megromlik; ~ *blind* megvakul; ~ *slow* lassítja a munkatempót, amerikázik; ~ *wrong* (1) téved (vm dologban) (2) elromlik, felmondja a szolgálatot (3) balul üt ki; *her face went red* elvörösödött, elpirult 5. múlik, telik [idő]; *another three weeks to* ~ még három hét (van hátra); *biz how goes the time/enemy?* hány óra van?; *it is/has gone four* (éppen) négy óra múlt; *she is gone fifty* túl van az ötvenen 6. érvényes; *that goes without saying* ez magától értetődő; *what I say goes* az történik, amit én mondok 7. elkel; ~*ing like hot cakes* igen kapós, úgy veszik mintha ingyen adnák; ~*ing!* ~*ing!* *gone!* először, másodszor, senki többet harmadszor! 8. eltűnik; elvész; *my hat has/is gone* elveszett a kalapom; *her sight is* ~*ing* látása egyre romlik; *his teeth are gone* egy foga sincs már 9. szól [történet, mondás stb.]; *I forget how the words* ~ a dal szövegére már nem emlékszem; *the story goes that* . . . az a hír járja, hogy . . .; ~ *bang* (nagyot) szól, durran 10. *be* ~*ing to do sg* fog/szándékozik vmt csinálni; *is* ~*ing to write* készül írni 11. halad, folyik; ~ (*well*) sikerül, jól megy; *as things/times* ~ ahogy a dolgok manapság állnak, amilyen világot élünk; *biz how goes it?, how goes the world with you?* hát neked hogy megy dolgod?; (*I found it*) *tough* ~*ing* nehéz ügy(nek találtam) 12. belemegy (vhova, vmbe); való (vhova); *where does this book* ~? hova való ez a könyv? 13. *biz don't* ~ *and make a fool of yourself* aztán nehogy vm szamárságot csinálj; □ *he has gone and done it* (na és aztán) jól eltolta a dolgot B. *vt* 1. megy; ~ *halves/shares with sy* felez/mutyizik vkvel 2. *biz I can't* ~ *such talk* nem tűröm az ilyen beszédet 3. kockáztat (vmt); fogad (vmbe); *he is* ~*ing it* megkockáztatja 4. bemond, licitál [bridzsben]; *he went three clubs* három treffet mondott (be) || → gone

go about *vi* 1. járkál; *there's a rumour* ~*ing a. that* . . . az a hír járja,

hogy ... 2. hozzáfog (vmhez), nekilát (vmnek); ~ a. one's work/task végzi a munkáját/dolgát; if you ~ a. it the right way ha megfelelő módon fogsz hozzá 3. megfordul [hajó]
go across vi átmegy [hídon stb.]
go after vi 1. követ 2. utánajár
go against vi 1. ellenkezik (vmvel) 2. ellene fordul [szerencse stb.]
go ahead vi előremegy, folytat; ~ a.! (1) indulj!, kezdd el! (2) folytasd csak!, ne zavartasd magad!
go along vi 1. ~ a. sg végigmegy vmn (v. vm mentén); he found it easier as he went a. (de) azután egyre könnyebbnek találta 2. ~ a. with sy (1) elkísér vkt (vmeddig) (2) átv egyetért vkvel
go at vi 1. nekimegy, rátámad 2. hozzálát, nekilát (vmnek); ~ at it hard belead apait-anyait (a dologba)
go back vi 1. visszamegy 2. visszanyúlik [időben] 3. ~ b. (up)on visszavon [ígéretet]; there is no ~ing b. on it ezt nem lehet visszacsinálni; he went b. on his word megszegte a szavát; she won't ~ b. on her friends nem fogja barátait cserbenhagyni; my eyes are ~ing b. on me romlik a látásom
go before vi 1. ~ b. sy vk előtt megy 2. megelőz (vkt vmt)
go behind vi 1. behatóan megvizsgál 2. megcsal, becsap
go beyond vi túlmegy [célon stb.]; that is ~ing b. a joke ez már nem tréfa
go by vi 1. elmegy, elhalad vm mellett 2. (el)múlik; the years have gone by elmúltak az évek 3. igazodik, tartja magát (vmhez); I have nothing to ~ by nincs ami irányíthatna 4. ítél (vm után); if that is anything to ~ by ha ebből következtetni lehet vmre 5. ~ by the name of ... (vmlyen) névre hallgat [állat] 6. ~ by car autón/kocsival megy; ~ by train vonaton/vonattal megy/utazik
go down vi 1. lemegy; ~ d. on the knees letérdel 2. ~ d. from Oxford oxfordi egyetemi tanulmányok befejeztével távozik; egyetemről szabadságra megy; he has gone d. in the world

jobb napokat látott; he will ~ d. (posterity) a traitor az utókor mint árulóról fog megemlékezni róla 3. elsüllyed [hajó] 4. lenyugszik [nap]; lemegy [hold] 5. that won't ~ d. with me ezt nem vagyok hajlandó elfogadni/elhinni/lenyelni
go for vi 1. elmegy (vkért, vmért) 2. (szóban, írásban) megtámad 3. [pénzösszegért] elkel 4. (vm pályára) lép 5. vm számba megy, tartják (vmnek); this goes f. you too ez rád is vonatkozik
go forward vi előremegy; halad
go in vi 1. be(le)megy 2. ~ in for sg vm pályára megy/lép, vmvel foglalkozik, vm iránt érdeklődik; ~ in for sports sportol
go into vi 1. bemegy (vhova, vmbe); 6 i. 12 goes twice 6 a 12-ben megvan kétszer; ~ i. the army katonai pályára lép 2. belemerül, -bocsátkozik (vmbe); I don't want to ~ i. that erről most nem kívánok részletesen szólni
go off vi 1. elmegy; Macbeth goes o. M. el(távozik) [színről] 2. letér, eltér (vmtől); ~ o. the rails kisiklik [vonat] 3. felrobban, elsül 4. végbemegy; the performance went o. well az előadás jól sikerült 5. elkel [áru] 6. megromlik [élelmiszer, bor] 7. elveszti eszméletét; ~ o. (to sleep) elalszik, álomba merül; he went o. his head bedilizett 8. felhagy [dohányzással stb.] 9. ~ o. with sy/sg meglép/megszökik vkvel/vmvel
go on vi 1. továbbmegy; folytat(ódik); ~ on to the next item áttér a következő pontra; he went on to say that ... azzal folytatta, hogy ...; ~ on with sg, ~ on doing sg tovább csinál vmt, folytat vmt; ~ on (with it)! folytasd csak!, rajta!, gyerünk!; if you ~ on like this ... ha így folytatod ... 2. ~ on! no ne mondd! 3. folyik, tart; what is ~ing on here? hát itt meg mi történik/megy?; this has gone on for years már évek óta így megy 4. biz viselkedik; you must not ~ on like this nem szabad így viselked-

ned; *I don't like the way she goes on* nem tetszik a viselkedése **5.** színre lép; (ő) következik **6.** ~ *on foot* gyalog megy; ~ *on horseback* lóháton megy **7.** rámegy (vm vmre); *these shoes won't* ~ *on my feet* ez a cipő nem megy a lábamra **8.** *he is* ~*ing on (for)* 50 50 felé jár **9.** elkezd (vmt); elkezdődik (vm); *the lights* ~ *on* kigyúlnak a lámpák
go out *vi* **1.** kimegy; ~ *o. of fashion* kimegy a divatból; ~ *o. of one's way to* ... nem restelli a fáradságot csak hogy ...; *my heart goes o. to sy* szeretettel/részvéttel vagyok iránta **3.** sztrájkba lép **4.** társaságba jár
go over *vi* **1.** átmegy, átkel [folyón stb.] **2.** átpártol **3.** átgondol; átolvas; átvizsgál; ~ *o. the ground* átvizsgálja a terepet; *he went o. his lesson* átismételte a leckéjét **4.** *biz it will* ~ *o. big* nagy sikere lesz; *how does it* ~ *o.?* hogyan fogadják?
go round *vi* **1.** kerülő úton megy (vhova); megkerül (vmt) **2.** *biz* ~ *r. to see sy* benéz vkhez **3.** forog; *my head is* ~*ing r.* szédülök **4.** körben jár, kézről kézre jár; *not enough to* ~ *r.* nem jut/futja mindenkinek
go through *vi* **1.** átmegy, keresztülmegy; *the bill has gone t.* a törvényjavaslatot elfogadták/megszavazták;*you don't know what I had to* ~ *t.* te nem tudod, min mentem keresztül **2.** átvizsgál, átkutat **3.** átismétel, átvesz; *let's* ~ *t. the plan again* menjünk végig még egyszer az egész terven **4.** elver [pénzt] **5.** létrejön; *the deal did not* ~ *t.* az alku nem jött létre **6.** ~ *t. (with)* elvégez, véghezvisz, végigcsinál (vmt)
go to *vi* **1.** megy (vkhez, vhová); ~ *to the bar* ügyvédi pályára megy; ~ *to prison* bebörtönzik; ~ *to school* iskolába jár **2.** ~ *to!* ugyan kérlek!, menj a fenébe! **3.** *4 quarts* ~ *to a gallon* egy gallonban négy quart van **4.** jut (vknek); *the estates will* ~ *to my eldest son* birtokaimat legidősebb fiam örökli
go together *vi* összeillik; ~ *well t.* jól összeillenek

go under *vi* **1.** elmerül **2.** *átv* megbukik [vállalkozás]; tönkremegy, elpusztul
go up *vi* **1.** felmegy [hegyre, létrára stb.]; ~ *up to sy* vkhez odalép **2.** emelkedik [ár, hőmérséklet] **3.** épül; *new houses are* ~*ing up everywhere* mindenfelé új házak épülnek/emelkednek **4.** a levegőbe repül; ~ *up in flames* kigyullad **5.** felszáll; *a cry went up from the crowd* a tömeg felkiáltott **6.** ~ *up to town* bemegy a városba; ~ *up to the university* egyetemre megy; ~ *up for an exam* vizsgázni megy
go with *vi* **1.** elmegy (vkvel, vmvel); elkísér (vkt, vmt); ~ *w. a girl* jár egy lánnyal **2.** (vele, vmvel) jár, együtt jár (vmvel) **3.** *I can't* ~ *w. you in everything* nem értek egyet veled mindenben **4.** ~ *(well) w. sg* illik vmhez; *this hat does not* ~ *w. your hair* ez a kalap nem illik a hajadhoz
go without *vi* megvan vm nélkül; vmt nélkülöz; ~ *w. food* koplal
goad [goʊd] **I.** *n* ösztöke **II.** *vt* ösztökél, noszogat (*on* vmre)
go-ahead ['goʊəhed] **I.** *a biz* erélyes; vállalkozó szellemű; rámenős **II.** *n* **1.** rámenősség; erély **2.** *biz* engedély, jóváhagyás [vm elindítására/megkezdésére]
goal [goʊl] *n* **1.** cél; *his* ~ *in life* élete célja **2.** kapu [sportban] **3.** gól; *score/kick a* ~ gólt rúg/lő
goalie ['goʊlɪ] *n biz* = *goalkeeper*
goalkeeper *n* kapuvédő, kapus [sportban]
goal-line *n* alapvonal
goal-post *n* kapufa [sportban]
goat [goʊt] *n* **1.** kecske; *separate the sheep from the* ~*s* szétválasztja a jókat a gonoszoktól **2.** □ *get sy's* ~ boszszant/ingerel vkt
goatee [goʊ'tiː] *n* kecskeszakáll
goat-herd *n* kecskepásztor
goatish ['goʊtɪʃ] *a* **1.** kecskeszerű **2.** buja, kéjvágyó
goatskin *n* kecskebőr
goatsucker *n* kecskefejő [madár], lappantyú

gob¹ [gɔb; US -ɑ-] n vulg 1. nyál, köpet 2. pofa, száj; shut/stop your ~ fogd be a szád!

gob² [gɔb; US -ɑ-] n □ US tengerész

gobbet ['gɔbɪt; US -ɑ-] n nagy darab/falat (hús)

gobble¹ ['gɔbl; US -ɑ-] vt/vi ~ (up) (fel)fal, (be)zabál

gobble² ['gɔbl; US -ɑ-] I. n hurukkolás [pulykakakasé] II. vi hurukkol

gobbledygook ['gɔbldɪgʊk; US 'gɑ-] n nagyképű halandzsa, bürokrata/hivatalos nyelv(ezet)

gobbler¹ ['gɔblə*; US -ɑ-] n falánk/zabálós ember

gobbler² ['gɔblə*; US -ɑ-] n US (fiatal) pulykakakas

go-between n közvetítő, közbenjáró

goblet ['gɔblɪt; US -ɑ-] n 1. talpas pohár 2. † serleg

goblin ['gɔblɪn; US -ɑ-] n gonosz szellem, manó, kobold

go-by n biz he gave me the ~ köszönés nélkül ment el mellettem

go-cart n 1. kézikocsi 2. (összecsukható) gyer(m)ekkocsi 3. † járóka || →go-kart

god [gɔd; US -ɑ-] n 1. isten; thank G~ hála Isten(nek)!; would to G~ . . . bár adná az Isten . . .; G~ Almighty Mindenható Isten; biz ye ~s (and little fishes)! Jesszus-Mária! [csodálkozáskor]; G~ willing ha Isten is úgy akarja; G~ forbid! Isten őrizz! 2. isten; bálvány; feast (fit) for the ~s isteni lakoma; make a ~ of money isteníti a pénzt 3. biz the ~s kakasülő, karzat [színházban]

god-child n (pl -children) keresztgyermek

god-dam(n) ['gɔddæm; US 'gɑ-] a istenverte, feneette, átkozott

goddaughter n keresztl(e)ány

goddess ['gɔdɪs; US -ɑ-] n istennő

godfather n keresztapa

godfearing [-fɪərɪŋ] a istenfélő

godforsaken a 1. istenverte, nyomorult 2. isten háta mögötti [hely]

godhead n istenség

godless ['gɔdlɪs; US -ɑ-] a istentelen

godlessness ['gɔdlɪsnɪs; US -ɑ-] n istentelenség

godlike a istenhez hasonló; isteni

godly ['gɔdlɪ; US -ɑ-] a istenes, jámbor, istenfélő

godmother n keresztanya

godparent n keresztszülő

godsend n váratlan szerencse, vm ami kapóra jön

godson n keresztfiú

godspeed † bid/wish sy ~ szerencsés utat kíván vknek

goer ['gɔʊə*] n menő, (gyalog)járó

goes →go II.

goffer ['gɔʊfə*] vt ráncol, guvríroz, pliszíroz

go-getter n biz erőszakos/rámenős ember

goggle ['gɔgl; US -ɑ-] I. n 1. kidülledt szem 2. goggles pl motorszemüveg, védőszemüveg II. A. vi 1. kidülled a szeme 2. majd kiesik a szeme (úgy bámul) B. vt ~ one's eyes szemét mereszti

goggle-eyed a kidülledt szemű

Goidelic [gɔɪ'delɪk] a/n gael

going ['gɔʊɪŋ] I. a menő, haladó (átv is); it is a ~ concern jól menő vállalkozás/dolog II. n 1. rough ~ rossz út(test); átv tough ~ nehéz ügy/eset 2. menés, haladás; while the ~ is good amíg a helyzet kedvező; fine/nice ~! bravó!, kitűnő! || →go II.

going-over n biz (alapos) átnézés, átvizsgálás; vizsgálat

goings-on ['gɔʊɪŋz-] n pl biz ügy(let)ek; I heard of your ~ hallottam viselt dolgaidról

goitre, US -ter ['gɔɪtə*] n golyva

goitrous ['gɔɪtrəs] a golyvás

go-kart ['gɔʊkɑ:t] n go-kart

gold [gɔʊld] I. a arany-; ~ lace aranyrojt, -paszomány, (arany)sujtás; ~ watch arany karóra II. n 1. arany; heart of ~ aranyszívű 2. aranypénz 3. arany(sárga) szín

goldbrick n □ US 1. hamisítvány; sell sy a ~ elsóz vknek [értéktelen dolgot] 2. szimuláns, lógós [katonaságnál]

gold-digger n 1. aranyásó 2. US biz ⟨gazdag férfiak pénzén élő nő⟩

gold-dust n aranypor

golden ['gɔʊld(ə)n] a 1. aranyból való, arany-; the ~ calf az aranyborjú 2.

aranytartalmú 3. aranysárga, -fényű 4. ~ *age* aranykor; ~ *fleece* aranygyapjú; *the* ~ *mean* az arany középút; *a* ~ *opportunity* kitűnő/ritka alkalom; ~ *rule* aranyszabály; ~ *wedding* aranylakodalom
golden-rod *n* aranyvessző
gold-fever *n* aranyláz
gold-field *n* aranymező
goldfinch *n* sármány, tengelice
goldfish *n* aranyhal
gold-foil *n* aranyfüst, -fólia, -lemez
goldilocks ['goʊldɪlɔks; *US* -lɑks-] *n* aranyfürtös lány/fiú
gold-leaf *n* (*pl* **-leaves**) = *gold-foil*
goldmine *n* (*átv is*) aranybánya
gold-plate *n* 1. arany evőkészlet 2. aranyveret
gold-rimmed *a* aranykeretes [szemüveg]
gold-rush *n* aranyláz
goldsmith *n* aranyműves
gold-tipped *a* aranyhegyű, -végű
golf [gɔlf; *US* -ɑ-] I. *n* golf [játék] II. *vi* golfozik
golf-club *n* 1. golfütő 2. golfklub
golf-course *n* golfpálya
golfer ['gɔlfə*; *US* -ɑ-] *n* golfjátékos
golfing ['gɔlfɪŋ; *US* -ɑ-] *n* golfozás
golf-links *n* *pl* golfpálya
Golgotha ['gɔlgəθə; *US* 'gɑ-] *prop* Golgota
Goliath [gə'laɪəθ] *prop* Góliát
golly ['gɔlɪ; *US* -ɑ-] *int* *biz* *US* a kutyafáját!
goloshes →*galoshes*
gonad ['goʊnæd] *n* ivarmirigy, gonád
gondola ['gɔndələ; *US* 'gɑ-] *n* 1. gondola 2. kabin [drótkötélpályán] 3. † léghajókosár 4. gondola [árupolc üzletben]
gondolier [gɔndə'lɪə*; *US* gɑ-] *n* gondolás
gone [gɔn; *US* -ɔ:-] *a* 1. elveszett; reménytelen; □ *a* ~ *coon* tönkrement ember; *he's a* ~ *man* elveszett ember 2. *he won't be* ~ *long* nem marad el soká 3. (*far*) ~ előrehaladott →*fargone*; *she is seven months* ~ (*with child*) a nyolcadik hónapban van 4. halott 5. *biz* ~ *on sy* nagyon bele van habarodva/esve vkbe ‖ →*go II.*

goner ['gɔnə*; *US* -ɔ:-] *n* □ tönkrement/elveszett ember
Goneril ['gɔnərɪl] *prop*
gong [gɔŋ; *US* -ɔ:-] I. *n* gong II. *vt* *biz* megállít autóst [rendőrség gongjelzéssel]
gonna ['gɔnə; *US* -ɔ:-] = *going to* fog/készül vmt tenni →*go II. 10.*
gonorrh(o)ea [gɔnə'rɪə; *US* gɑ-]*n* gonorrea, tripper
goo [gu:] *n* □ 1. ragacs(os anyag) 2. érzelgősség
good [gʊd] (*comp* **better** 'betə*, *sup* **best** best) I. *a* 1. jó; *do a* ~ *turn* jót tesz; ~ *humour* (1) jókedv (2) jó természet; ~ *morning* (1) jó reggelt! (2) jó napot (kívánok)!; ~ *afternoon* jó napot (kívánok)!; ~ *evening* jó estét!; ~ *night* jó éjszakát; *have a* ~ *time* jól mulat, jól érzi magát; *it is very* ~ *of you* nagyon kedves öntől; *be* ~ *enough to . . .*, *be so* ~ *as to . . .* legyen szíves (vmt megtenni . . .); ~ *luck!* sok szerencsét! 2. tetszetős, szép; *look* ~ jónak látszik; *biz that's a* ~ *one!* (ez) nem rossz! [történet stb.]; *too* ~ *to be true* túl szép ahhoz, hogy igaz lehessen 3. jó, kedves; derék; *that's a* ~ *boy/dog!* jó kis fiú/kutya! [elismerés kifejezésére]; *her* ~ *man* a férje; *his* ~ *lady* a neje; *my* ~ *sir!* (nagy) jó uram 4. *be* ~ *at sg* jó vmben, jól ért vmhez; *be* ~ *at English* jól tud angolul 5. alkalmas, megfelelő; ~ *to eat* ehető; *keep* ~ eláll [étel] 6. jó, örvendetes; ~ *news* jó hír(ek); ~ *for you!* jó neked! 7. *be* ~ *for sg* jó/szolgál vmre; *drink more than is* ~ *for one* többet iszik a kelleténél; ~ *for nothing* semmire sem jó, semmit sem ér →*good-for-nothing* 8. (*nyomatékosítóan:*) *a* ~ *deal* (1) jó sok (2) sokkal, jóval; *a* ~ *many* sok(an); *I shall need a* ~ *hour* egy jó/bő óra kell nekem ahhoz, hogy . . . 9. érvényes; ~ *for 2 months* 2 hónapig érvényes; *it still holds* ~ még érvényes/áll 10. *as* ~ *as* szinte, jóformán; *it is as* ~ *as done* majdnem kész; *as* ~ *as new* majdnem új; *be as* ~ *as one's word* szavát tartja, állja a szavát, megbízható; *so far so* ~ ennyire már volnánk 11.

make ~ (1) boldogul (az életben); jól keres (2) jóvátesz, orvosol [hibát, igazságtalanságot stb.]; pótol [hiányt] (3) igazol [állítást]; bevált [reményt]; teljesít [ígéretet] (4) érvényesít [jogot]; *not* ~ rossz, nem jó 12. *G~ Friday* nagypéntek; ~ *God!* te jó isten! **II.** *n* **1.** *do* ~ jót tesz; *it will do you* ~ használni fog (neked), jót fog tenni, nem fog megártani; *much* ~ *may it do you!* váljék egészségedre [gúnyosan]; ebből sem lesz sok hasznod; *no* ~ hasznavehetetlen; *no* ~ *talking about it* kár a szót vesztegetni rá; *he is up to no* ~ vm rosszban töri a fejét, vm rosszra készül; *it will come to no* ~ nem lesz jó vége 2. előny, haszon, vknek a java; *for the* ~ *of sy* vknek a javára, vk érdekében; *the common* ~ a közjó; *for the* ~ *of the country* a haza/nemzet javára; *what's the* ~ *of it?* ugyan mi értelme van? 3. *it's all to the* ~ tiszta haszon!; *he came off 10 dollars to the* ~ 10 dollárt keresett rajta 4. **goods** *pl* javak, ingóságok; *his* ~*s and chattels* minden ingósága 5. **goods** *pl* áru(cikkek); ~*s on hand* árukészlet; *deliver the* ~*s* (1) árut leszállít (2) teljesíti kötelezettségét; ~*s lift* teherlift; ~*s train* tehervonat; *send by* ~*s train* teheráruként küld; ~*s waggon* (vasúti) teherkocsi; □ *US have the* ~*s on sy* (1) vkvel szemben előnyben van (2) vkvel kapcsolatban terhelő adatok birtokában van 6. *for* ~ *(and all)* végleg(esen), egyszer s mindenkorra, örökre

goodby(e) [gʊd'baɪ] **I.** *int* Isten vele(d)/ veletek!; ~ *for the present!* viszontlátásra! **II.** *n* istenhozzád; *say* ~ elbúcsúzik

good-fellowship *n* 1. kollegialitás, bajtársiasság 2. társaságkedvelés

good-for-nothing ['gʊdfənʌθɪŋ] **I.** *a* értéktelen, haszontalan **II.** *n* mihaszna, semmirekellő ember

good-humoured [-'hju:məd] *a* 1. jókedvű 2. jóindulatú; kedélyes

goodish ['gʊdɪʃ] *a* 1. elég jó, tűrhető 2. elég sok; jókora

good-looking *a* csinos, jóképű

goodly ['gʊdlɪ] *a* 1. csinos; jó megjelenésű/növésű 2. terjedelmes; kiadós, jókora

good-natured *a* jószívű, jóindulatú

goodness ['gʊdnɪs] *n* 1. (szív)jóság; *have the* ~ *to step in* szíveskedjék befáradni 2. jóság, jó minőség 3. *my* ~*!* te jó isten!; *thank* ~ hála Isten(nek)!; ~ *only knows* a jó isten tudja

goods [gʊdz] *n pl* →*good II. 4., 5.*

good-sized *a* jókora, jó nagy

good-tempered *a* jó természetű/kedélyű

goodwife *n* (*pl* -**wives**) háziasszony

goodwill *n* 1. jóakarat 2. vevőkör; klientéla 3. *a* ~ *delegation* jószolgálati küldöttség

goody[1] ['gʊdɪ] *n biz* édesség, nyalánkság

goody[2] ['gʊdɪ] *a/n* szenteskedő (ember)

Goodyear ['gʊdjə:*] *prop*

goody-goody [gʊdɪ'gʊdɪ] *a/n* = *goody*[2]

gooey ['gu:ɪ] *a biz* 1. ragacsos 2. érzelgős

goof [gu:f] **I.** *n* □ 1. fajankó, tökfilkó 2. baklövés **II. A.** *vi* ~ *off* ellógja az időt **B.** *vt* ~ *up* eltolja/elszarja a kalapácsnyelet

goon [gu:n] *n* □ tökfilkó, fajankó

goose [gu:s] *n* (*pl* **geese** gi:s) 1. liba, lúd; *green* ~ fiatal liba; ~ *grease* libazsír; *all his geese are swans* ami az övé azt mind tökéletesnek tartja; *can't say boo to a* ~ még a légynek sem tud(na) ártani; *cook sy's* ~ keresztülhúzza vk számítását; *kill the* ~ *that lays the golden eggs* kb. eladja az örökségét egy tál lencséért 2. buta liba 3. szabóvasaló

gooseberry ['gʊzb(ə)rɪ; *US* 'gu:sberɪ] *n* 1. egres 2. *biz* gardedám, „elefánt"

gooseflesh *n* libabőr(özés)

goose-foot *n* (*pl* ~**s**) libatop

goose-herd *n* libapásztor

goose-step *n* (katonai) díszlépés

G.O.P., GOP [dʒi:oʊ'pi:] *US biz Grand Old Party* ⟨a köztársasági párt⟩

gopher ['goʊfə*] *n US* hörcsög, pocok

Gordian knot ['gɔ:djən] gordiuszi csomó

Gordon ['gɔ:dn] *prop*

gore[1] [gɔ:*] **I.** *n* alvadt vér **II.** *vt* megsebesít [szarvval, agyarral]

gore[2] [gɔ:*] *n* cvikli

gorge [gɔ:dʒ] **I.** *n* 1. torok, gége 2. *my*

24

~ *rises at sg* émelygek (vm láttán) **3.** völgytorok, szurdok **II.** *vt/vi* ~ *(oneself)* lakmározik, bezabál

gorgeous ['gɔːdʒəs] *a* nagyszerű, ragyogó, pompás

gorgeousness ['gɔːdʒəsnɪs] *n* nagyszerűség

gorilla [gə'rɪlə] *n* gorilla

gormandize ['gɔːməndaɪz] *vi* zabál, fal

gormless ['gɔːmlɪs] *a GB biz* hülye, ütődött, marha

gorse [gɔːs] *n* tövises rekettye

gory ['gɔːrɪ] *a* véres, alvadt vérrel borított

gosh [gɔʃ; *US* -ɑ-] *int (by)* ~ a mindenit !, a kutyafáját !

gosling ['gɔzlɪŋ; *US* -ɑ-] *n* **1.** *(átv is)* kisliba **2.** barka [fűzfán]

go-slow *n* munkalassítás

gospel ['gɔspl; *US* -ɑ-] *n* evangélium; *take sg for* ~ szentírásnak tekint vmt

gossamer ['gɔsəmə*; *US* -ɑ-] *n* **1.** ökörnyál **2.** finom fátyolszövet

gossip ['gɔsɪp; *US* -ɑ-] **I.** *n* **1.** pletyka **2.** pletykafészek **3.** *biz* csevegés, kroki [újságban]; ~ *column* (társasági) pletykarovat **II.** *vi* pletykál, tereferél

gossipy ['gɔsɪpɪ; *US* -ɑ-] *a* pletykás

got →*get*

Goth [gɔθ; *US* -ɑ-] *n* **1.** gót **2.** barbár, vandál

Gotham *prop* **1.** ['goʊtəm] *kb.* Rátót **2.** ['goʊθəm; *US* 'gɑ-] *biz* New York City

Gothic ['gɔθɪk; *US* -ɑ-] **I.** *a* gót [nép stb.]; gótikus; ~ *novel* rémregény [a XVIII. században] **II.** *n* **1.** gót (nyelv) **2.** gót(ikus) stílus, gótika **3.** gót [betűtípus]

gotten →*get*

got-up *a* **1.** *a well/nicely* ~ *book* szép kiállítású könyv **2.** *US* □ *it's a* ~ *job* megrendezett dolog

gouache [gʊ'ɑːʃ] *n* áttetsző vízfesték, gouache

gouge [gaʊdʒ] **I.** *n* homorú véső, vájóvéső **II.** *vt* **1.** ~ *(out)* (ki)vés, kiváj **2.** kiszúr, kinyom [szemet]

goulash ['guːlæʃ] *n* gulyás [étel]

gourd [gʊəd] *n* **1.** (dísz)tök **2.** tökhéjpalack

gourmand ['gʊəmənd] *n* ínyenc

gourmet ['gʊəmeɪ] *n* ínyenc

gout [gaʊt] *n* **1.** köszvény **2.** (vér)csepp

gouty ['gaʊtɪ] *a* köszvényes

Gov. 1. *Government* **2.** *Governor*

govern ['gʌvn] *vt* **1.** kormányoz, vezet, irányít, igazgat; uralkodik (vmn) **2.** vonz [nyelvtani esetet]

governance ['gʌvnəns] *n* † kormányzás, vezetés, irányítás

governess ['gʌvnɪs] *n* nevelőnő

governing ['gʌvnɪŋ] *a* kormányzó; vezető; irányító; ~ *body* kormányzó testület, igazgató tanács [intézményé stb.]; ~ *principle* irányelv

government ['gʌvnmənt] *n* **1.** irányítás, vezetés **2.** kormány(zat), végrehajtó hatalom; *the G~* a kormány/kabinet; *form of* ~ kormányforma; *form a* ~ kormányt alakít; *a* ~ *of laws* jogállam **3.** közigazgatás **4.** kormányzati, kormány-, állami; ~ *agency* állami szerv; ~ *offices* kormányhivatalok; minisztériumok **5.** ~ *securities* állampapírok

governmental [gʌvn'mentl] *a* kormányzati, kormány-; állami; hivatalos

governor ['gʌvənə*] *n* **1.** kormányzó, vezető **2.** kormányzó [tartományáé, gyarmaté stb.]; helytartó **3.** (börtön-) igazgató **4.** igazgató tanács (v. intéző testület) tagja, választmányi tag **5.** (sebesség)szabályozó [szelep] **6.** *biz (the) G~* (1) főnök, góré (2) az öreg, a „fater" (3) [megszólításban] uram !

Governor-General *n* főkormányzó; alkirály

governorship ['gʌvənəʃɪp] *n* kormányzóság [állás]

Govt. *government*

Gower ['gaʊə*] *prop*

gown [gaʊn] *n* **1.** talár [bírói, egyetemi, papi] **2.** (hosszú) női ruha **3.** köntös, köpönyeg

gowned [gaʊnd] *a* talárt viselő

gownsman ['gaʊnzmən] *n (pl* **-men** -mən) egyetem tagja

G.P., GP [dʒiː'piː] *general practitioner*

GPO [dʒiːpiː'oʊ] *General Post Office* főposta

gr. 1. *grain(s)* szemer [súlymérték] **2.** *gram(me)(s)* gramm, g **3.** *gross* tizenkét tucat (144 db)

G.R. Georgius Rex (= *King George*)
György király
grab [græb] **I.** *n* **1.** (hirtelen) megragadás; *make a ~ at sg* odakap vmhez, vm után kap **2.** markoló(gép) **II.** *vt* -bb- ~ *at/for sg* megragad/megmarkol/fog vmt; ~ *a job* megkaparint állást
grabber ['græbə*] *n* **1.** (áru)halmozó **2.** haszonleső/pénzéhes ember
grab-crane *n* markolós daru
grace [greɪs] **I.** *n* **1.** báj, kellem, kecsesség, grácia; *do sg with ~* szépen/elegánsan csinál vmt; *do sg with a good ~* szívesen tesz vmt; *he had the ~ to apologize* volt benne annyi jóérzés/tisztesség, hogy bocsánatot kérjen **2.** *the three G~s* a három grácia [mitológiában] **3.** kegy, jóindulat; *an act of ~* szívesség; *get into sy's good ~s* vknek a kegyeibe kerül **4.** [isteni] kegyelem, malaszt; *in the year of ~ 1526* az Úr 1526. évében **5.** kegyelem, megkegyelmezés; *days of ~* (fizetési) haladék **6.** *His G~* őkegyelmessége, őfőméltósága; *Your G~* főméltóságod, főmagasságod **7.** asztali ima/áldás; *say ~* asztali imát mond **II.** *vt* **1.** díszít, felékesít **2.** megtisztel, kitüntet
graceful ['greɪsfʊl] *a* **1.** kecses, elegáns, könnyed **2.** méltóságteljes
gracefully ['greɪsfʊlɪ] *adv* bájosan, kecsesen, elegánsan
gracefulness ['greɪsfʊlnɪs] *n* kecsesség; kellem, elegancia
graceless ['greɪslɪs] *a* **1.** bájtalan, esetlen **2.** udvariatlan
Gracie ['greɪsɪ] *prop* ⟨női név⟩
gracile ['græsɪl] *a* karcsú, törékeny, graciőz
gracious ['greɪʃəs] *a* **1.** kegyes, szíves, barátságos; leereszkedő; *our ~ Queen* kegyes királynőnk **2.** könyörületes, irgalmas **3.** *good/goodness/my ~!*, ~ *me!* te jó isten!
grad [græd] *n biz* = *graduate I.*
gradate [grə'deɪt] *vt* **1.** fokokra oszt **2.** fokozatosan egymásba árnyal[színeket]
gradation [grə'deɪʃn] *n* **1.** fokozódás **2.** fokozat, fokozatosság **3.** árnyalat **4.** osztályozás, rangsor **5.** hangzóváltozás, ablaut

grade [greɪd] **I.** *n* **1.** fokozat, rang, kategória **2.** minőség **3.** *US* (elemi/általános iskolai) osztály; ~ *school* elemi/általános iskola **4.** [iskolai] osztályzat; *biz make the ~* megüti a mértéket, sikerül neki [vm teljesítmény], boldogul **5.** *US* lejtő; emelkedő [úté, vasúté]; ~ *crossing* = *level crossing* **II.** *vt* **1.** osztályoz, minősít; kiválogat, különválaszt; *US* ~ *papers* dolgozato(ka)t (ki)javít **2.** fokonként nehezebbé tesz; ~*d tax* progresszív adó(zás) **3.** planíroz, elegyenget **4.** ~ *up* feljavít, keresztez [állattenyésztő]
grader ['greɪdə*] *n* útgyalu, talajgyalu
gradient ['greɪdjənt] *n* lejtősség(i szög)
grading ['greɪdɪŋ] *n* **1.** osztályozás **2.** planírozás, (talaj)egyengetés
gradual ['grædʒʊəl] *a* fokozatos
gradually ['grædʒʊəlɪ] *adv* fokozatosan
graduate I. *a/n* ['grædʒʊət] (egyetemet) végzett, diplomás (ember) **II.** *v* ['grædʒʊeɪt; *US* -dʒ-] **A.** *vt* **1.** fokbeosztással ellát, fokokra oszt **2.** fokozatossá tesz, fokonként nehezebbé tesz [gyakorlatokat stb.] **3.** *US* diplomát/végbizonyítványt ad **B.** *vi* **1.** ~ *into (sg)* fokozatosan átmegy (vmbe) **2.** (el)végez [egyetemet, középiskolát], végbizonyítványt/diplomát szerez [egyetemen, főiskolán]; *he ~d from Oxford* tanulmányait Oxfordban végezte; *he ~d in law* jogot végzett
graduation [grædʒʊ'eɪʃn; *US* -dʒ-] *n* **1.** fokozatokra osztás **2.** egyetemi avatás [tanulmányok befejezésével]; *US* (*high-school*) ~ kb. érettségi; *US* ~ (*ceremony*) bizonyítványkiosztási/diplomaosztó ünnepség
graft[1] [grɑ:ft; *US* -æ-] **I.** *n* **1.** oltóág; oltvány **2.** oltás **3.** átültetés [bőré, testszöveté stb.] **4.** átültetett (test-)szövet **II.** *vt* **1.** szemez, olt **2.** átültet [testszövetet]
graft[2] [grɑ:ft; *US* -æ-] *n US biz* korrupció, vesztegetés
Graham ['greɪəm] *prop* ⟨férfinév⟩
grail [greɪl] *prop the Holy G~* a (Szent) Grál
grain [greɪn] **I.** *n* **1.** szem [por, homok, gabona, cukor]; szem(cse); szemcsés-

ség; ~ *crop* szemtermés, gabona; ~ *imports* gabonabehozatal; *small/close* ~ finom szemcséjű 2. egy szemernyi; *take with a ~ of salt* fenntartással fogad 3. szemer ⟨súlyegység: 0,0648 g⟩ 4. erezet iránya, szálirány [fáé]; *átv against the* ~ ke*ď*ve ellenére (van vm), nem szívesen; *man of coarse* ~ faragatlan ember II. *vt* 1. szemcséz 2. barkáz [bőrt]
grained [greɪnd] *a* 1. erezett 2. -szemcsés, szemcséjű
grainline *n* szálirány [szöveté]
grainy ['greɪnɪ] *a* szemcsés
gram [græm] *n* = *gramme*
grammar ['græmə*] *n* nyelvtan; *bad* ~ nyelvtani hiba; *write/speak bad* ~ nyelvtanilag hibásan ír/beszél; *good* ~ nyelvileg/nyelvtanilag helyes
grammarian [grə'meərɪən] *n* nyelvész, nyelvtaníró
grammar-school *n GB* kb. gimnázium
grammatical [grə'mætɪkl] *a* nyelvtani
gramme [græm] *n* gramm
gramophone ['græməfoʊn] *n* gramofon; ~ *record* hanglemez
granary ['grænərɪ] *n* magtár, hombár
grand [grænd] I. *a* 1. nagy, fő; *G~ Hotel* nagyszálló; ~ *jury* esküdtszék; ~ *tour* (1) nagy túra (2) tanulmányút 2. ~ *piano* hangversenyzongora 3. nemes, előkelő; ~ *duchess* nagyhercegnő, főhercegnő; ~ *duke* nagyherceg, főherceg; ~ *old man* a nagy **Öreg** 4. *biz* nagyszerű, remek; *a* ~ *fellow* remek fickó II. *n* 1. *biz* hangversenyzongora 2. *US* □ ezer dollár, egy „lepedő"
grandam ['grændæm] *n* nagyanyó
grand-aunt *n* nagynéni [szülő nagynénje]
grandchild ['græn-] *n* (*pl* -**children**) unoka
grand-dad ['græn-] *n* nagyapó
granddaughter ['græn-] *n* (leány)unoka
grandee [græn'di:] *n* (spanyol) grand
grandeur ['grændʒə*] *n* nagyszerűség, kiválóság
grandfather *n* nagyapa; ~'*s clock* padlón álló ingaóra
grandiloquence [græn'dɪləkwəns] *n* fellengzősség

grandiloquent [græn'dɪləkwənt] *a* fellengzős, dagályos
grandiose ['grændɪoʊs] *a* nagyszerű, grandiózus
grandma ['grænmɑ:] *n* nagymama
grandmother ['græn-] *n* nagyanya
grandnephew ['græn-] *n* unokaöcs/unokahúg fia
grandness ['grændnɪs] *n* nagyszerűség
grandniece ['græn-] *n* unokaöcs/unokahúg leánya
grandpa ['grænpɑ:] *n* nagypapa
grandparent ['græn-] *n* nagyszülő
grandsire ['grænsaɪə*] *n* 1. ős 2. nagyapa
grandson ['græn-] *n* (fiú)unoka
grand-stand *n* tribün, lelátó
grand-uncle *n* nagybácsi [szülő nagybátyja]
grange [greɪndʒ] *n* udvarház, majorság
granite ['grænɪt] *n* gránit
granny, grannie ['grænɪ] *n* nagymama, „nagyi"; *granny's knot* vénasszony-bog
grant [grɑ:nt; *US* -æ-] I. *n* 1. megadás [engedélyé stb.], engedélyezés 2. adományozás, átruházás; *a post in sy's* ~ vk által adományozható állás 3. átruházási/engedményezési okirat 4. pénzsegély; szubvenció; *state* ~ államsegély II. *vt* 1. engedélyez, megenged, megad [engedélyt]; ~ *permission* engedélyt ad 2. meghallgat [imát]; teljesít [kérést], eleget tesz (vmnek); ~ *a request* kérést teljesít 3. adományoz, átruház, engedményez 4. folyósít, nyújt [kölcsönt]; kiutal [segélyt]; ~ *a loan* kölcsönt nyújt 5. elfogad, elismer; *I* ~ *that* ... megengedem, hogy ... 6. *take sg for* ~*ed* természetesnek vesz vmt, biztosan számít vmre
grantee [grɑ:n'ti:; *US* græn-] *n* 1. kedvezményezett 2. megajándékozott
granular ['grænjʊlə*] *a* szemcsés
granulate ['grænjʊleɪt] *vi* szemcséz
granulated ['grænjʊleɪtɪd] *a* szemcsés; ~ *sugar* kristálycukor
granulation [grænjʊ'leɪʃn] *n* szemcsézés, (meg)darálás
granule ['grænju:l] *n* szemcse
granulous ['grænjʊləs] *a* szemcsés

grape [greɪp] n szőlő; bunch/cluster of ~s szőlőfürt
grapefruit n citrancs, grépfrút
grape-shot n † kartács
grape-stone n szőlőmag
grape-sugar n szőlőcukor
grapevine n 1. szőlőtő(ke) 2. szájról szájra terjedő hír; suttogó hírközlés; „drót" graph [græf] n grafikon, diagram; ~ paper milliméterpapír
graphic ['græfɪk] I. a 1. élénk, festői [leírás] 2. grafikus [ábrázolás]; ~ arts képzőművészet; ~ artist grafikus II. n 1. grafika [a mű] 2. ábra, illusztráció 3. graphics grafika
graphically ['græfɪk(ə)lɪ] adv 1. grafikusan, szemléletesen [ábrázol] 2. élénken [ecsetel]
graphite ['græfaɪt] n grafit
graphologist [græ'fɔlədʒɪst; US -'fɑ-] n grafológus
graphology [græ'fɔlədʒɪ; US -'fɑ-] n grafológia
grapnel ['græpnl] n kis (kutató)horgony
grapple ['græpl] vi 1. ~ with sy dulakodik/viaskodik vkvel; ~ with sg küszködik/birkózik vmvel
grappling-iron ['græplɪŋ-] n = grapnel
Grasmere ['grɑːsmɪə*] prop
grasp [grɑːsp; US -æ-] I. n 1. (erős) fogás, megragadás; be in sy's ~ vk hatalmában/markában van; escape from sy's ~ kisiklik vk markából/hatalmából 2. felfogóképesség; has a good/thorough ~ (of sg) (1) jó felfogású, könynyen és gyorsan megért/felfog (vmt) (2) alaposan/jól ismer (vmt), jól tájékozott (vm tárgykörben); be beyond one's ~ meghaladja vk képességeit, „magas" neki II. A. vt 1. megfog, megragad; ~ sy's hand megragadja vk kezét; ~ all lose all aki sokat markol keveset fog 2. megért, felfog B. vi ~ at sg (1) kap vm után (2) átv kap vmn [alkalmon stb.]; ~ at a straw szalmaszálba kapaszkodik
grasping ['grɑːspɪŋ; US -æ-] a kapzsi, telhetetlen, mohó
grass [grɑːs; US -æ-] I. n 1. fű; ~es pázsitfűfélék; blade of ~ fűszál; go to ~ (le)pihen, szabadságra megy; not

let the ~ grow under one's feet nem késlekedik (megtenni vmt); put under ~ befüvesít 2. legelő; be at ~ (1) kicsapták a legelőre (2) biz munka nélkül lézeng; turn out to ~ kienged legelni 3. gyep, pázsit 4. □ marihuána, „fű" II. vt 1. (be)füvesít 2. □ beköp [bűntársat]
grass-green a fűzöld
grass-grown a fűvel benőtt, füves
grasshopper n szöcske
grassland n füves terület/táj
grassplot n gyepes terület
grassroots [-'ruːts] n pl biz 1. kb. a széles néprétegek, a választók 2. átv gyökerek, fundamentum
grass-snake n vízisikló
grass-widow n szalmaözvegy [nő]
grass-widower n szalmaözvegy [férfi]
grassy ['grɑːsɪ; US -æ-] a füves, gyepes
grate¹ [greɪt] n 1. (tűz)rostély 2. (ablak)rács
grate² [greɪt] A. vt 1. reszel [sajtot] 2. ~ one's teeth fogát csikorgatja 3. ráspolyoz B. vi csikorog, nyikorog; ~ on the ear bántja/hasogatja a fület [zaj]; ~ on sy's nerves idegeire megy vknek
grateful ['greɪtfʊl] a 1. hálás (to sy for sg vknek vmért) 2. kellemes
gratefulness ['greɪtfʊlnɪs] n hála
grater ['greɪtə*] n (konyhai) reszelő
gratification [grætɪfɪ'keɪʃn] n 1. kielégítés 2. kielégülés, elégtétel 3. öröm, kedvtelés; for one's own ~ saját passziójára, kedvtelésként (tesz vmt) 4. jutalom
gratify ['grætɪfaɪ] vt 1. kielégít; eleget tesz (vmnek); ~ one's passions kiéli szenvedélyeit 2. örömet okoz; elégtételül szolgál (vknek)
grating ['greɪtɪŋ] n rács(ozat)
gratis ['greɪtɪs] a/adv ingyen, grátisz
gratitude ['grætɪtjuːd; US -tuːd] n hála
gratuitous [grə'tjuːɪtəs; US -'tuː-] a 1. ingyenes, díjtalan; ~ service díjtalan szolgáltatás 2. alaptalan, indokolatlan; a ~ lie fölösleges hazugság
gratuity [grə'tjuːətɪ; US -'tuː-] n 1. pénzjutalom; prémium 2. borravaló
grave¹ [greɪv] I. n sír; from beyond the ~

a másvilágról II. *vt* (*pt* ~d greɪvd, *pp*
~d és ~n 'greɪvn) 1. kiváj, kifarag
2. (*átv is*) (be)vés
grave² [greɪv] *a* 1. súlyos [vád]; nehéz
[helyzet stb.] 2. komoly, megfontolt;
ünnepélyes; *look* ~ szigorú/komoly
képet ölt 3. [grɑːv; *US* greɪv] ~
(*accent*) tompa ékezet
grave-clothes *n pl* halotti ruha
grave-digger *n* sírásó
gravel ['grævl] I. *n* 1. kavics(hordalék);
föveny, durva homok; ~ *road* kavi-
csolt út 2. vesehomok II. *vt* -ll- (*US*
-l-) 1. kavicsoz, fövenyez 2. *biz* za-
varba hoz
gravelly ['græv(ə)lɪ] *a* 1. fövenyes, fö-
venyszerű 2. veseköves 3. recsegő/ér-
des hangú
gravel-pit *n* kavicsbánya
gravely ['greɪvlɪ] *adv* komolyan; ünne-
pélyesen
graven ['greɪvn] *a* vésett; ~ *image* „fa-
ragott kép"
graver ['greɪvə*] *n* 1. = *engraver* 2.
gravírozószerszám
gravestone *n* sírkő
graveyard *n* temető
gravid ['grævɪd] *a* terhes [nő]
graving-dock ['greɪvɪŋ-] *n* szárazdokk
gravitate ['grævɪteɪt] *vi* 1. nehézségi
erő hatására elmozdul/mozog 2. *átv*
vonzódik (*towards* vmhez), húz, gravi-
tál (*to* vm felé)
gravitation [grævɪ'teɪʃn] *n* 1. = *gravity*
2. 2. átv vonzódás (*towards* vmhez)
gravity ['grævətɪ] *n* 1. súly; *centre of* ~
súlypont 2. (*force of*) ~ nehézségi erő,
gravitáció 3. súlyosság [vádé stb.];
komolyság 4. megfontoltság
gravure [grə'vjʊə*] *n* = *photogravure*
gravy ['greɪvɪ] *n* 1. pecsenyelé, szaft;
mártás, szósz 2. □ könnyű kereset;
get on the ~ *train* jól fizető melót csíp
el, a húsosfazék közelébe férkőzik
gravy-boat *n* mártásoscsésze
gray [greɪ] *a US* = *grey*
graze¹ [greɪz] A. *vt* legeltet B. *vi* legel
graze² [greɪz] I. *n* horzsolás II. *vt* hor-
zsol, súrol [golyó]
grazier ['greɪzjə*; *US* -ʒər] *n* tehénpász-
tor, gulyás

grazing ['greɪzɪŋ] *n* legel(tet)és
grazing-ground/land *n* legelő
grease I. *n* [griːs] 1. (olvasztott) zsír,
zsiradék 2. (kenő)zsír, kenőanyag II.
vt [griːz] 1. zsíroz, olajoz (meg)ken
[gépet] 2. bezsíroz; kiken [edényt] 3.
biz megveszteget, megken (vkt)
grease-box *n* zsírzószelence
grease-cock *n* kenőcsap
grease-cup *n* zsírzó(fej)
grease-gun *n* zsírzóprés
grease-paint *n* [színpadi] (arc)festék
grease-proof *a* zsírhatlan; ~ *paper* zsír-
papír
greaser ['griːzə*] *n* kenő, olajozó, zsír-
zó (munkás)
greasiness ['griːzɪnɪs] *n* zsírosság
greasy ['griːzɪ] *a* 1. zsíros 2. olajfoltos,
(zsír)pecsétes 3. síkos, csúszós [út] 4.
kenetteljes [modor]
great [greɪt] I. *a* 1. nagy, terjedelmes,
jókora; *a* ~ *big man* jól megtermett
ember; *G*~ *Bear* Göncölszekér, Nagy-
medve; *G*~ *Britain* Nagy-Britannia
2. † ~ *with child* várandós [asszony]
3. nagy, jelentékeny, számottevő; ~
majority nagy/túlnyomó többség; *a* ~
while ago nagyon/jó régen; *the* ~ *thing
is that* . . . a lényeg az, hogy . . .; *to a*
~ *extent* nagymértékben; *a* ~ *deal/
many* jó sok 4. nagy, kiváló, kimagas-
ló, nagyszerű; *Alexander the G*~ Nagy
Sándor; *the G*~ *Powers* a nagyhatal-
mak; *GB the G*~ *War* az első világ-
háború 5. előkelő, magasztos [lélek
stb.] 6. *be* ~ *at* sg kiváló/nagyszerű
vmben; *be* ~ *on* sg nagyon (jól) ért
vmhez 7. *biz* nagyszerű, remek;
wouldn't it be ~? hát nem lenne
nagyszerű?; *it was a* ~ *joke* remek vicc
volt II. *n* 1. nagy dolog 2. *the* ~ a(z)
előkelőségek/nagyfejűek 3. **Greats** *pl*
(1) irodalmi tagozat [oxfordi egyete-
men] (2) betejező vizsgák [oxfordi
egyetem nyelvszakán]
great-aunt *n* = *grand-aunt*
great-coat *n* télikabát
great-grand *a* déd-; ~ *child* dédunoka
greatly ['greɪtlɪ] *adv* nagyon, igen, nagy-
mértékben; *it is* ~ *to be feared that* . . .
attól kell tartani, hogy . . .

greatnephew *n* = *grandnephew*
greatness ['greɪtnɪs] *n* nagyság
greatniece *n* = *grandniece*
great-uncle *n* = *grand-uncle*
greaves [gri:vz] *n pl* töpörtyű, pörc
grebe [gri:b] *n* búbos vöcsök
Grecian ['gri:ʃn] *a* görög(ös), hellén; ~
nose görög(ös) orr; ~ *urn* görög váza
Greece [gri:s] *prop* Görögország
greed [gri:d] *n* 1. kapzsiság 2. mohóság
greediness ['gri:dɪnɪs] *n* = *greed*
greedy ['gri:dɪ] *a* 1. kapzsi 2. mohó,
falánk (*of*/*for* vmre)
Greek [gri:k] I. *a* görög; ~ *Church* görög-
keleti egyház II. *n* 1. görög (férfi/nő)
2. görög (nyelv); *modern* ~ újgörög;
biz it's ~ *to me* ebből egy szót se értek
3. görög nyelvtudás
green [gri:n] I. *a* 1. zöld; *grow* ~ kizöl-
dül; ~ *bacon* kövesztett szalonna; ~
belt zöldövezet [város körül] ~ *light*
(1) zöld fény (2) *átv* zöld út; ~ *Christ-
mas* fekete karácsony; *have* ~ *fingers*
(v. *a* ~ *thumb*) ért a növényekhez,
szeret kertészkedni 2. zöld; éretlen; ~
fruit éretlen gyümölcs; ~ *manure* zöld
trágya; ~ *pepper* zöldpaprika 3. ta-
pasztalatlan, éretlen, zöld(fülű) 4.
friss, életerős; ~ *old age* öreg de nem
vén ember; *keep sy's memory* ~ emlé-
két ápolja/őrzi 5. sápadt zöldes [arc-
szín]; ~ *with envy* sárga az irigységtől;
~ *eye* irigy/féltékeny pillantás II. *n*
1. zöld [szín]; *biz is there any* ~ *in my
eye?* hülyének nézel engem?; *biz
they are still in the* ~ még nagyon
zöldek/éretlenek/fiatalok 2. greens *pl*
zöldfőzelék; zöldség(félék) 3. pázsit,
gyep 4. rét, legelő 5. golfpálya
greenback *n US biz* ⟨dollárbankjegy⟩
greenbottle *n* húslégy
greenery ['gri:nərɪ] *n* 1. növényzet,
lomb 2. = *greenhouse*
green-eyed *a* 1. zöld szemű 2. irigy, fél-
tékeny
greengage ['gri:ngeɪdʒ] *n* ringló
greengrocer *n* zöldség- és gyümölcsárus
greenhorn *n biz* zöldfülű
greenhouse *n* üvegház, melegház
greenish ['gri:nɪʃ] *a* zöldes
Greenland ['gri:nlənd] *prop* Grönland

greenness ['gri:nnɪs] *n* 1. zöldellés 2.
frisseség, életerő 3. éretlenség, ta-
pasztalatlanság
green-room *n* [színházi] művésszoba,
társalgó
green-sickness *n* sápkór
greensward ['gri:nswɔ:d] *n* gyep(sző-
nyeg), pázsit
Greenwich ['grɪnɪdʒ] *prop* →*G.M.T.*
greenwood *n* zöld erdő, liget
greet [gri:t] *vt* 1. üdvözöl, köszönt 2.
fogad
greeting ['gri:tɪŋ] *n* üdvözlet, köszöntés
gregarious [grɪ'geərɪəs] *a* 1. nyájban
élő [állat] 2. társaságot kedvelő
Gregorian [grɪ'gɔ:rɪən] *a* 1. gregorián
[zene]; ~ *chant* gregorián ének 2. ~
calendar Gergely-naptár [1582-től]
Gregory ['gregərɪ] *prop* Gergely
gremlin ['gremlɪn] *n* gonosz szellem
[pilóta ellensége a II. világháborúban]
grenade [grɪ'neɪd] *n* (kézi)gránát
grenadier [grenə'dɪə*] *n* 1. † gránátos
[katona] 2. *G*~ *Guards* ⟨egy angol
gyalogezred⟩
grenadine [grenə'di:n] *n* grenadin
Gresham ['greʃəm] *prop*
Gretna Green ['gretnə'gri:n] *prop*
grew →*grow*
grey [greɪ] I. *a* 1. szürke; *G*~ *Friars*
ferencesek; ~ *matter* szürkeállomány
[agyban]; *go*/*turn* ~ (1) megőszül (2)
elsápad; *grow* ~ *in harness* munkában
megőszül 2. borongós [idő]; sötét,
gyászos [hangulat] II. *n* szürke [szín]
III. A. *vt* megőszít B. *vi* megőszül,
-szürkül
greybeard *n* öreg ember
grey-haired *a* ősz hajú
greyhound *n* agár; ~ *racing* agárverseny
greyish ['greɪɪʃ] *a* szürkés
greyness ['greɪnɪs] *n* szürkeség
grid [grɪd] *n* 1. rács(ozat); rácskerítés;
2. (országos) áramhálózat 3. (térkép-)
hálózat 4. = *gridiron*
gridded ['grɪdɪd] *a* kockás, hálózatos
[térkép]
griddle ['grɪdl] *n* 1. serpenyő 2. rosta
griddle-cake *n* palacsinta
gridiron ['grɪdaɪən] *n* 1. sütőrostély 2.
US futballpálya; rögbipálya

grief [gri:f] *n* szomorúság, bánat, fájdalom; baj, szerencsétlenség; *bring sy to* ~ bajba sodor vkt; *bring sg to* ~ meghiúsít vmt; *come to* ~ bajba kerül; balul végződik
grief-stricken *a* bánatos
grievance ['gri:vns] *n* sérelem, panasz
grieve [gri:v] **A.** *vt* elszomorít, bánt, fájdalmat okoz (vknek); *we are* ~*d to learn* sajnálattal értesülünk, hogy . . . **B.** *vi* búsul, bánkódik, szomorkodik (*at/about* miatt; *for* után; *over* vmn)
grievous ['gri:vəs] *a* **1.** fájdalmas, szomorú [hír stb.] **2.** súlyos [tévedés, baleset stb.]
griff *n* ['grɪfɪn] *n* griffmadár
Griffith ['grɪfɪθ] *prop*
griffon ['grɪfən] *n* drótszőrű vadászkutya
grig [grɪg] *n* **1.** tücsök **2.** *merry as a* ~ vidám
grill [grɪl] **I.** *n* **1.** rács, rostély; grill **2.** roston sült hús/étel; rostonsült **3.** = = *grill-room* **II.** *vt* **1.** roston süt **2.** (erőszakosan) vallat [rendőrség stb.]
grille [grɪl] *n* védőrács; rostély
grilled [grɪld] *a* **1.** rácsos **2.** roston sült; grill-
grill-room *n* roston sült húsokat felszolgáló vendéglő
grim [grɪm] *a* (*comp* ~*mer* 'grɪmə*, *sup* ~*mest* 'grɪmɪst) zord, félelmetes; *hold on like* ~ *death* elkeseredetten/görcsösen kapaszkodik
grimace [grɪ'meɪs] **I.** *n* fintor, grimasz **II.** *vi* fintorokat/grimaszokat vág
grimalkin [grɪ'mælkɪn] *n* vén macska
grime [graɪm] *n* szenny, korom, mocsok [főleg testen]
Grimes [graɪmz] *prop*
grimmer, grimmest →*grim*
grimly ['grɪmlɪ] *adv* ádázul, elkeseredetten; zordul
grimness ['grɪmnɪs] *n* marconaság, félelme(te)sség
Grimsby ['grɪmzbɪ] *prop*
grimy ['graɪmɪ] *a* koszos, maszatos
grin [grɪn] **I.** *n* vigyorgás **II.** *vi* -nn- vigyorog; ~ *and bear it* fájdalmat mosolyogva tűr
grind [graɪnd] **I.** *n* **1.** csikorgás **2.** őrlés, darálás **3.** *biz* nehéz/lélekölő munka;

the daily ~ a mindennapi robot **4.** *biz* magolás, biflázás **II.** *v* (*pt/pp* ground graund) **A.** *vt* **1.** őröl, darál, porrá tör; ~ (*down*) *to dust* apróra őröl; ~ *sg under one's heel* (1) sarkával széttapos vmt (2) *átv* elnyom **2.** elnyom, sanyargat; ~ *down* (v. *the faces of*) *the poor* elnyomja és kizsákmányolja a szegényeket **3.** köszörül, élesít; ~ *a lens* lencsét köszörül **4.** ~ *one's teeth* fogát csikorgatja **5.** keményen megdolgoztat (vkt); (be)paukol [tanítványt] **B.** *vi* **1.** csikorog; ~ *to a halt* csikorogva megáll **2.** *biz* gürcöl, melózik; ~ *for an exam* vizsgára magol; ~ *away at Latin* latint magol
grinder ['graɪndə*] *n* **1.** őrlőkészülék; daráló **2.** őrlőfog, zápfog **3.** köszörűs
grinding ['graɪndɪŋ] *a* **1.** ~ *sound* csikorgó hang **2.** (fel)őrlő, nyomasztó [gondok]
grindstone *n* malomkő; csiszolókő, köszörűkő; *hold/keep sy's nose to the* ~ keményen megdolgoztat vkt, agyonhajt vkt
grinned [grɪnd] →*grin II.*
grinning ['grɪnɪŋ] **I.** *a* vigyorgó **II.** *n* vigyorgás
grip [grɪp] **I.** *n* **1.** (meg)fogás, megragadás; (meg)markolás; *be at* ~*s with sy* dulakodik vkvel; *come to* ~*s* (*with sy*) ölre megy vkvel; *átv come/get to* ~*s with sg* küszködik/birkózik vmvel; *átv have a* ~ *on an audience* magával ragadja a hallgatóságot; *let go one's* ~ elereszt (vmt) **2.** markolat **3.** befogópofa, -fej **4.** felfogóképesség; *have a good* ~ *of a subject* egy tárgyat/kérdést jól ismer **5.** *US biz* = *gripsack* **II.** *vt* -**pp**- **1.** megmarkol, -ragad, (meg-) fog; *the brake did not* ~ a fék nem fogott **2.** *átv* elfog, megragad; magával ragad; *fear* ~*ped him* elfogta a félelem; ~ *the audience* magával ragadja a hallgatóságot **3.** befog [szerszámot stb.]
gripe [graɪp] *n* **1.** *the* ~*s* kólika, hascsikarás **2.** *US biz* zúgolódás
griping ['graɪpɪŋ] **I.** *a* ~ *pains* hascsikarás **II.** *n US biz* zúgolódás, morgolódás

grippe [grɪp] *n* influenza
gripped [grɪpt] →*grip II*.
gripping ['grɪpɪŋ] *a átv* izgalmas, megkapó; *a ~ story* megragadó történet ‖ →*grip II*.
gripsack *n US* utazótáska, kézitáska
grisly ['grɪzlɪ] *a* hátborzongató, szörnyű, rémes
grist [grɪst] *n* 1. őrlendő gabona; *it brings ~ to the mill* jövedelmet hoz; *all is ~ that comes to his mill* mindent a maga hasznára tud fordítani 2. őrlemény, (árpa)dara
gristle ['grɪsl] *n* porcogó
gristly ['grɪslɪ] *a* porcos, porcogós
grit [grɪt] I. *n* 1. föveny 2. kőpor; homokkő; *put ~ in the bearings* homokot szór a fogaskerekek közé [= fékezi/akadályozza a munkát], szabotál 3. határozottság, jellemszilárdság; *man of ~* karakán legény II. *v* -tt- A. *vi* csikorog B. *vt* 1. csikorgat; *~ the teeth* fogat csikorgat 2. homokkal/kaviccsal beszór
grits [grɪts] *n pl* búzadara, zabdara; derce
gritstone *n* éles szemcséjű homokkő
gritted ['grɪtɪd] →*grit II*.
gritty ['grɪtɪ] *a* 1. kavicsos [talaj]; daraszerű 2. *biz* karakán
grizzle ['grɪzl] *biz* I. *n* nyafogás II. *vi* nyűgösködik, nyafog
grizzled ['grɪzld] *a* ősz(es), őszülő [haj]
grizzly ['grɪzlɪ] *n ~ (bear)* (amerikai) szürkemedve
groan [groʊn] I. *n* nyögés, sóhajtás II. *vi* nyög, sóhajt; *the table ~ed with food* az asztal roskadozott a sok ennivaló alatt
groat [groʊt] *n* 1. garas, fitying 2. ⟨4 penny értékű angol ezüstpénz 1662 előtt⟩
groats [groʊts] *n pl* dara
grocer ['groʊsə*] *n* fűszeres
groceries ['groʊs(ə)rɪz] *n pl* fűszeráru, élelmiszeráru
grocery ['groʊs(ə)rɪ] *n (US ~ store* is) fűszerüzlet, élelmiszerbolt
groceteria [groʊsə'tɪərɪə] *n US* önkiszolgáló élelmiszerüzlet, önki
grog [grɔg; *US* -ɑ-] *n* grog

groggy ['grɔgɪ; *US* -ɑ-] *a* lábán bizonytalanul álló, tántorgó
groin [grɔɪn] I. *n* 1. ágyék 2. keresztboltozatok metszésvonala II. *vt* boltoz; *~ed vault* bordás boltozat
grommet ['grɔmɪt; *US* -ɑ-] *n* fűzőkarika, fűzőlyuk, ringli [cipőn, sátron]
groom [gru:m] I. *n* 1. lovász; inas 2. *GB* (királyi) kamarás 3. vőlegény II. *vt* 1. ellát, ápol [lovat] 2. ápol [testet] 3. *biz ~ sy for sg* előkészít vkt vmre [állásra, hivatásra stb.]
groomsman ['gru:mzmən] *n (pl* -men -mən) 1. vőfély 2. násznagy
groove [gru:v] I. *n* 1. rovátka, barázda; vájat; árok, horony 2. *biz* rutin, megszokás; *get out of the ~* kizökken a kerékvágásból; *get into a ~* (1) sablonossá/gépiessé válik (2) munkakörbe beleszokik II. *vt* kiváj, barázdál, hornyol; vájatot készít ‖ →*tongue-and--groove joint*
grooved [gru:vd] *a* rovátkolt, hornyolt, barázdált
groovy ['gru:vɪ] *a* □ klassz; menő
grope [groʊp] *vi/vt ~ for/after (sg)* tapogatózva keres (vmt); *~ one's way* (a sötétben) tapogatózva keresi az utat
gross [groʊs] I. *a* 1. vaskos, goromba, durva; *~ error* vaskos tévedés; *~ mistake* öreg hiba; *~ negligence* vétkes gondatlanság 2. trágár 3. kövér, hájas [ember]; zsíros, nehéz [étel] 4. burjánzó, buja [növényzet] 5. bruttó, teljes, összes; *~ national product (GNP)* társadalmi/nemzeti össztermék, bruttó nemzeti termék; *~ proceeds* bruttó hozam; *~ receipts* bruttó bevétel; *~ weight* bruttó súly, elegysúly ‖ →*ton 1.* II. *n (pl ~)* 1. vmnek a zöme; *in ~, by the ~* egyben, nagyban, tömegében 2. tizenkét tucat (144); *great ~* 12 nagytucat (1728) III. *vt* (bruttó bevételként) hoz
grossness ['groʊsnɪs] *n* 1. vaskosság 2. *(átv is)* durvaság
Grosvenor ['groʊvnə*] *prop*
grot [grɔt; *US* -ɑ-] *n* grotta, barlang
grotesque [groʊ'tesk] I. *a* furcsa, groteszk II. *n* furcsa/groteszk dolog/tárgy

grotesqueness [grou'tesknıs] n furcsaság, groteszkség
grotto ['grɔtou; US -a-] n (pl ~(e)s -z) (díszes) barlang, grotta
grouch [grautʃ] I. n 1. morgás, mogorvaság, rosszkedv 2. mogorva ember II. vi biz zsémbel, morog
grouchy ['grautʃı] a biz morgó, zsörtölődő [ember]
ground¹ [graund] I. n 1. talaj, föld; above ~ (1) a föld színén (2) még életben; to the ~ földre, földhöz; on the ~ földön; break fresh/new ~ szűz talajt tör fel, úttörő munkát végez (átv is); clear the ~ for sg előkészíti a talajt vm számára (átv is); cover (much) ~ (1) nagy utat/távolságot tesz meg (2) átv sok kérdést/témát ölel fel; cut the ~ from under sy's feet kihúzza a talajt vk lába alól; fall to the ~ összeomlik, szertefoszlik [terv, remény stb.]; down to the ~ tökéletesen; teljesen 2. terület, terep, tér; ~ crew/staff repülőtéri személyzet; gain ~ tért hódít; lose/give ~ hátrál, visszavonul; hold/keep/stand one's ~ állja a sarat, nem enged/tágít 3. (tenger)fenék; touch ~ megfeneklik [hajó] 4. alap; ok; indíték; on good ~s indokoltan; on the ~(s) of...... alapján;... okán; upon what ~s? milyen alapon/jogcímen?; give ~s for complaint panaszra ad okot; shift one's ~ taktikát változtat 5. alap(ozás) [festménye, vakolaté] 6. grounds pl üledék, zacc 7. grounds pl sportpálya 8. grounds pl liget, berek; kert; belsőség [a ház körül] 9. föld(elés) II. A. vt 1. földre tesz/fektet/dob; ~ arms! fegyvert lábhoz! 2. megfeneklet [hajót] 3. felszállást lehetetlenné tesz (v. letilt) [repgépét] 4. alapoz (on sg vmre) 5. ~ sy in sg vmnek alapelemeire megtanít vkt 6. földel [vezetéket] B. vi megfeneklik, zátonyra fut
ground² [graund] a őrölt [kávé stb.]; ~ glass homályos üveg, tejüveg ‖ →grind II.
ground-bait n csalétek [víz fenekén]
ground-clearance n talajelőkészítés
ground-colour n 1. alapszín 2. alapozás [festékkel]

ground-connection n földelés
grounded ['graundıd] a megalapozott; alapos [gyanú]
ground-floor n földszint; biz get in on the ~ az elsők között kapcsolódik be vmbe
ground-game n nem repülő apróvad
ground-hog day US gyertyaszentelő (február 2.)
grounding ['graundıŋ] n 1. alap(ozás) 2. have a good ~ in sg jó előképzettséggel rendelkezik vmben 3. földelés
groundless ['graundlıs] a 1. alaptalan 2. feneketlen
ground-lights n pl repülőtéri jelzőfény
groundling ['graundlıŋ] n 1. földszinti néző 2. közönséges ízlésű ember
groundnut n amerikai mogyoró, földimogyoró
ground-plan n alaprajz
ground-plot n telek
ground-rent n telekbér, földbér
groundsel ['graunsl] n aggófű
ground-sheet n sátorfenék; ponyvaalja
groundsman ['graundzmən] n (pl -men -mən) pályamester [sportpályán]
ground-swell n hosszú guruló hullámok [vihar után]
ground-to-air a föld-levegő [rakéta]
ground-to-ground a föld-föld [rakéta] •
ground-water n talajvíz
ground-work n (átv is) alap(ozás)
group [gru:p] I. n csoport(ozat); in ~s csoportonként; ~ therapy csoportterápia II. A. vt csoportosít B. vi csoportosul
group-captain n GB ezredes [légierőnél]
grouping ['gru:pıŋ] n 1. csoportosítás 2. csoportozat
grouse¹ [graus] n (pl ~) nyírfajd
grouse² [graus] biz I. n zúgolódás II. vi dörmög, zúgolódik
grout [graut] n 1. darált étel 2. cementhabarcs
grove [grouv] n liget, berek, erdőcske; orange ~ narancsliget, -ültetvény
grovel ['grɔvl; US -ʌ-] vi -ll- (US -l-) 1. arccal a porban/földön fekszik, hason csúszik 2. megalázkodik (before/to vk előtt)
grovel(l)ing ['grɔvlıŋ; US -ʌ-] a 1. talp-

nyaló, csúszó-mászó [ember] 2. hitvány, aljas
grow [grou] *v* (*pt* **grew** gru:, *pp* **grown** groun) **A.** *vi* **1.** nő, növekszik; terem; *stop ~ing* már nem nő (tovább) **2.** nő, fejlődik; ~ *in wisdom* bölcsességben gyarapszik **3.** válik (vmvé); ~ *angry* megharagszik, dühös lesz; *it is ~ing dark* sötétedik; ~ *hot* felmelegszik; ~ *old* megöregszik; ~ *tall* nagyra nő; *I've ~n to think that* . . . kezdem azt hinni, hogy . . .; ~ *weary of sg* megun vmt **B.** *vt* **1.** termeszt, termel **2.** növeszt [szakállt stb.]
grow down *vi* összezsugorodik, kisebbedik
grow on *vi a habit ~s on sy* vm szokás rabjává válik; *that picture ~s on me* egyre jobban tetszik nekem ez a kép
grow out of *vi* **1.** kinő [ruhát, szokást] **2.** ered vmből
grow up *vi* **1.** felnő **2.** (ki)fejlődik, kialakul [barátság stb.]
grow upon *vi* = *grow on*
grower ['grouə*] *n* termelő, termesztő
growing ['grouiŋ] *a* **1.** növekvő; ~ *pains* (1) végtagfájás [gyerekeké], növekedési fájdalmak (2) kezdeti nehézségek **2.** termő; ~ *crops* lábon álló termés **3.** termelő; ~ *weather* (gyümölcsöt, gabonát) érlelő időjárás
growl [graul] **I.** *n* morgás, dörmögés **II.** *vt/vi* dörmög, morog
grown [groun] *a* megnőtt, növekedett; *a ~ man* felnőtt férfi ‖ →*grow*
grown-up *a/n* felnőtt; *the ~s* a felnőttek, a nagyok
growth [grouθ] *n* **1.** növ(eked)és, (ki)fejlődés; *attain full ~* teljesen kifejlődik **2.** gyarapodás; növekedés; szaporulat **3.** hajtás; termés **4.** termelés **5.** daganat, tumor
groyne [grɔin] *n* hullámtörő gát
grub [grʌb] **I.** *n* **1.** hernyó, lárva **2.** □ kaja **II.** *v* -bb- **A.** *vt* **1.** (fel)ás, feltúr **2.** (gyökerestől) kiirt; gyökerektől megtisztít [talajt] **3.** (*átv is*) kiás; felkutat, kikutat **B.** *vi* **1.** ás **2.** *biz* gürcöl, melózik (*for* vmért) **3.** *biz* biflázik, magol

grubbing-hoe ['grʌbiŋ-] *n* irtókapa
grubby ['grʌbi] *a* **1.** piszkos; mosdatlan **2.** kukacos, férges
Grub-Street ['grʌb-] *prop/n* ircdalmi napszámosok, firkászok
grudge [grʌdʒ] **I.** *n* **1.** neheztelés, harag; ellenszcnv; *bear/owe sy a ~* neheztel vkre; haragot táplál vkvel szemben; *pay off a ~* bosszút áll **2.** irigység **II.** *vt* irigyel/sajnál vktől vmt; ~ *oneself sg* megtagad magától vmt
grudgingly ['grʌdʒiŋli] *adv* vonakodva, kelletlenül; irigykedve
gruel [gruəl; *US* -u:-] **I.** *n* zabkása(leves); *biz* † *have/get one's ~* megkapja a magáét **II.** *vt* -ll- (*US* -l-) kifáraszt, kidögleszt [ellenfelet]
gruel(l)ing ['gruəliŋ; *US* -u:-] *a* kimerítő, nehéz; fárasztó
gruesome ['gru:səm] *a* hátborzongató, rémítő; szörnyű
gruff [grʌf] *a* **1.** mogorva, nyers, barátságtalan **2.** rekedtes, mély hangú
gruffly ['grʌfli] *adv* mogorván, nyersen
gruffness ['grʌfnis] *n* **1.** mogorvaság **2.** nyers modor, nyerseség
grumble ['grʌmbl] **I.** *n* morgás, zúgolódás; *without a ~* mukkanás nélkül **II.** *vi* **1.** korog [gyomor] **2.** morog, zúgolódik (*at/about/over sg* vm miatt); *I mustn't ~* nincs okom panaszra **3.** dörög [ég]
grumbling ['grʌmbliŋ] **I.** *a* zsémbes, morgó **II.** *n* **1.** dörmögés, morgás, zsémbelés **2.** elégedetlenkedés, zúgolódás
grummet ['grʌmit] *n* = *grommet*
grumpy ['grʌmpi] *a* ingerlékeny, rosszkedvű, zsémbes
Grundy ['grʌndi] *prop what will Mrs. ~ say?* mit fognak hozzá szólni az emberek?
grunt [grʌnt] **I.** *n* **1.** röfögés **2.** morgás [emberé] **II. A.** *vi* **1.** röfög, röffen **2.** morog, felmordul **B.** *vt* ~ *out sg* morog vmt
grunter ['grʌntə*] *n* disznó, coca
gr. wt. *gross weight* →*gross I. 5.*
gryphon ['grifn] *n* = *griffin*
gs. *guineas*
G-string *n* g-húr

G-suit *n* űrruha, szkafander
Gt. *Great*
guano ['gwɑ:noʊ] *n* madártrágya, guanó
guarantee [gær(ə)n'ti:] I. *n* 1. kezes;
jótálló; *go ~ for sy* jótáll vk helyett 2.
kezesség; szavatolás, jótállás, garancia(levél) *(against* vmért/vkért); *a
year's ~* egy évi jótállás(i idő) 3. biztosíték, óvadék II. *vt* 1. szavatol,
kezeskedik, jótáll, garanciát vállal
(vmért) 2. biztosít; megígér, garantál
guaranteed [gær(ə)n'ti:d] *a* szavatolt,
garantált
guarantor [gær(ə)n'tɔ:*] *n* = *guarantee
I. 1.*
guaranty ['gær(ə)ntɪ] *n* = *guarantee I.
2., 3.*
guard [gɑ:d] I. *n* 1. védekező (test)állás
[sportban] 2. (elő)vigyázat, elővigyázatosság, éberség; *be/stand on ~* résen
van/áll; *be off one's ~* nem vigyáz,
elővigyázatlan; *throw sy off his ~*
vknek az éberségét elaltatja 3. őr,
őrség; *change ~* leváltja az őrséget;
keep/stand ~ őrt áll; *on ~* őrség(b)en
4. GB *The G~s* gárdaezred, (királyi)
testőrség; *one of the old ~* régi vágású
ember 5. GB vonatvezető; főkalauz;
vonatkísérő 6. fogházőr 7. védő(szerkezet), biztosító berendezés; védőrács; kandallórács 8. markolatkosár
[kardé] II. A. *vt* 1. őriz, óv, védelmez
2. kordában tart [nyelvét, gondolatait
stb.]; *~ one's tongue* ügyel a nyelvére
B. *vi ~ against sg* védekezik vm ellen
guard-boat *n* őrhajó
guard-chain *n* óralánc, biztonsági lánc-
(ocska)
guarded ['gɑ:dɪd] *a* óvatos (beszédű),
megfontolt, tartózkodó
guardedly ['gɑ:dɪdlɪ] *adv* tartózkodóan,
óvatosan
guard-house *n* 1. őrház(ikó) 2. őrszoba
3. katonai fogda
guardian ['gɑ:djən] *n* gyám, gondnok;
~ angel őrangyal; *Board of G~s* árvaszék, gyámhatóság
guardianship ['gɑ:djənʃɪp] *n* gyámság,
gondnokság
guard-rail *n* karfa, védőkorlát
guardroom *n* = *guardhouse*

guard-ship *n* őrhajó
guardsman ['gɑ:dzmən] *n* (*pl* -men -mən)
testőr(ség tagja)
Guatemala [gwætɪ'mɑ:lə] *prop* Guatemala
Guatemalan [gwætɪ'mɑ:lən] *a* guatemalai
guava ['gwɑ:və] *n* guajáva(fa)
gudgeon[1] ['gʌdʒ(ə)n] *n* 1. (fenékjáró)
küllő; (tengeri) géb 2. *biz* balek, pali
gudgeon[2] ['gʌdʒ(ə)n] *n* 1. csapszeg, tengelycsap 2. forgópánt
guelder-rose [geldə'roʊz-] *n* labdarózsa
guer(r)illa [gə'rɪlə] *n* gerilla(harcos)
guess [ges] I. *n* 1. találgatás; *it's anybody's ~* szabadon lehet találgatni 2.
feltételezés; becslés; *at a ~, by ~* találomra, becslés szerint; *it's pure ~ ez*
csak feltevés, merő találgatás II. *vt/vi*
1. *~ at sg* találgat, igyekszik kitalálni (vmt); *~ed right!* kitaláltad!; eltaláltad!; *~ a riddle* rejtvényt megfejt 2. *US* hisz; *I ~ you are right* azt
hiszem, igazad van
guess-work *n* feltevés; becslés
guest [gest] *n* 1. vendég, látogató 2.
vendég [szállodában stb.]
guest-house *n* panzió, vendégház
guest-room *n* vendégszoba
guffaw [gʌ'fɔ:] I. *n* röhögés, hahotázás
II. *vi* röhög, hahotázik
guidance ['gaɪdns] *n* 1. irányítás, vezetés; vezérlés 2. tanács(adás); útmutatás; *for your ~* tájékoztatására
guide [gaɪd] I. *n* 1. vezető; idegenvezető; kalauz 2. útikönyv 3. útmutató,
ismertető; *railway ~* vasúti menetrend 4. (*girl*) *~* leánycserkész 5. példa(mutatás), vezérfonal 6. (vezeték-)
sín II. *vt* vezet, irányít; kalauzol; *~
the way for sy* utat mutat vknek
guidebook *n* útikönyv, -kalauz
guided ['gaɪdɪd] *a* 1. vezetett; *~ tour*
csoportos utazás, társasutazás 2. *~
missile* irányított (rakéta)lövedék
guide-dog *n,* vakvezető kutya
guide-line(s) *n* (*pl*) irányelv(ek), vezérfonal, program
guide-post *n* (út)irányjelző tábla
guiding ['gaɪdɪŋ] *a* vezető; *~ principle*
vezérelv; *~ star* vezércsillag

Guido ['gwi:doʊ] *prop* Gujdó
guild [gɪld] *n* céh, ipartestület; egyesület, szövetség
Guildenstern ['gɪldənstə:n] *prop*
guilder ['gɪldə*] *n* (holland) forint
guildhall *n* városháza, tanácsháza
guildsman ['gɪldzmən] *n* (*pl* -men -mən) céhtag
guile [gaɪl] *n* 1. ravaszság, fortély 2. csalárdság, árulás
guileful ['gaɪlfʊl] *a* ravasz, fondorlatos
guileless ['gaɪllɪs] *a* 1. jámbor 2. nyílt, őszinte 3. gyanútlan, naiv
guillotine [gɪlə'ti:n] I. *n* 1. nyaktiló 2. papírvágó gép [könyvkötészetben] 3. mandulakacs 4. klotűr [országgyűlésben] II. *vt* lenyakaz [nyaktilóval]
guilt [gɪlt] *n* 1. bűnösség, vétkesség 2. bűncselekmény 3. bűntudat
guiltless ['gɪltlɪs] *a* ártatlan (*of* vmben), bűntelen
guilty ['gɪltɪ] *a* 1. bűnös, vétkes (*of* vmben); *find sy ~* vk bűnösségét megállapítja, vkt bűnösnek talál; *find sy not ~* vk ártatlanságát megállapítja; *plead ~* bűnösségét beismeri; *plead not ~* nem ismeri be bűnösségét, nem érzi magát bűnösnek 2. büntetendő 3. bűntudatos, bűnbánó; *a ~ conscience* rossz lelkiismeret
guinea[1] ['gɪnɪ] *n* 1. ⟨régi angol aranypénz, 1813 óta nincs forgalomban⟩ 2. 105 (új) penny
Guinea[2] ['gɪnɪ] *prop* Guinea
guinea-fowl *n* gyöngytyúk
Guinean ['gɪnɪən] *a/n* guineai
guinea-pig *n* 1. tengerimalac 2. *átv* kísérleti alany/nyúl
Guinevere ['gwɪnɪvɪə*] *prop* ⟨angol női név⟩
Guinness ['gɪnɪs] *n* keserű barna sör
guise [gaɪz] *n* 1. † (külső) megjelenés 2. látszat; *in/under the ~ of friendship* barátságot színlelve 3. álruha, álöltözet
guitar [gɪ'tɑ:*] *n* gitár
gulch [gʌlʃ] *n US* szakadék, szurdok
gulf [gʌlf] *n* 1. öböl 2. (*átv is*) szakadék 3. örvény 4. *the G~ Stream* a Golfáram
gull[1] [gʌl] *n* sirály

gull[2] [gʌl] I. *n* balek, pali II. *vt* rászed, becsap, bepaliz
gullet ['gʌlɪt] *n* garat—nyelőcső
gullibility [gʌlə'bɪlətɪ] *n* hiszékenység, rászedhetőség
gullible ['gʌləbl] *a* (könnyen) becsapható, hiszékeny, naiv
Gulliver ['gʌlɪvə*] *prop*
gully ['gʌlɪ] *n* 1. (kis) vízmosás 2. víznyelő akna
gully-hole *n* (utcai) víznyelő akna nyílása
gulp [gʌlp] I. *n* 1. nyelés, korty, „slukk" 2. nagy falat II. *vt* 1. mohón elnyel/lenyel 2. *biz she ~ed back/down her tears* visszafojtotta könnyeit
gum[1] [gʌm] *n* íny, foghús
gum[2] [gʌm] I. *n* 1. (ragasztó)gumi, mézga; ragasztó(szer); *~ arabic* arab mézga; *~ elastic* gumi, ruggyanta 2. (*chewing*) *~* rágógumi 3. gumicukor 4. csipa [szemben] 5. *US gums pl* gumicsizma, hócsizma 6. = *gum-tree* II. *v* -mm- A. *vt* 1. gumiz 2. (meg)ragaszt B. *vi ~ (up)* eldugul, besül [dugattyú stb.]
gum[3] [gʌm] *int by ~!* tyűha!
gumboil *n* fogínytályog
gum-boots *n pl* gumicsizma, hócsizma
gummed [gʌmd] *a* 1. ragasztószerrel bevont; enyvezett hátú 2. gumizott →*gum*[2] *II.*
gummy ['gʌmɪ] *a* 1. ragadós, nyúlós 2. mézgás [fa] 3. csipás [szem] 4. dagadt, puffadt [boka]
gumption ['gʌmpʃn] *n biz* józan ész; leleményesség, életrevalóság
gum-shoes *n pl US* 1. hócipő, sárcipő 2. □ detektív
gum-tree *n* gumifa; □ *be up a ~* kutyaszorítóban van
gun [gʌn] I. *n* 1. löveg; ágyú; *biz big/great ~* nagyágyú, tekintélyes személy; *it blows great ~s* dühöng a szél, vihar tombol; *biz son of a ~* haszontalan fráter; *stick to one's ~s* nem enged a negyvennyolcból 2. puska; lőfegyver 3. *US* revolver, pisztoly 4. vadász; *party of 6 ~s* hat vadászból/puskásból álló (vadász)társaság 5. ágyúlövés 6. szórópisztoly II. *vt* -nn- *~ sy (down)* lelő vkt

gun-barrel *n* puskacső, ágyúcső
gun-boat *n* ágyúnaszád
gun-carriage *n* ágyútalp
gun-cotton *n* lőgyapot
gun-dog *n* vadászkutya, vizsla
gun-fire *n* ágyúzás
gun-lock *n* závárzat
gunman ['gʌnmən] *n* (*pl* -men -mən)
fegyveres bandita
gun-metal *n* ágyúbronz
gunner ['gʌnə*] *n* tüzér
gunnery ['gʌnərɪ] *n* 1. ballisztika 2. lő-
gyakorlat 3. tüzérség
gunny ['gʌnɪ] *n* juta, zsákvászon
gunpowder *n* lőpor, puskapor; *G~ Plot*
lőporos összeesküvés (1605)
gun-room *n* 1. fegyverterem 2. tiszti ét-
kezde [hadihajón]
gun-runner *n* fegyvercsempész
gun-running *n* fegyvercsempészés
gun-shot *n* 1. ágyúlövés 2. puskalövés;
~ *wound* lőtt seb; *within* ~ lőtávolon
belül
gun-smith *n* puskaműves, fegyverkovács
gun-stock *n* puskatus, -agy
gunwale ['gʌnl] *n* hajóperem, -korlát
gurgle ['gə:gl] I. *n* 1. csobogás 2. bu-
gyogás II. *vi* 1. csörgedezik, csobog 2.
gagyog [kisbaba]; ~ *with laughter*
bugyborékolva kacag
Gurkha ['gə:kə] *prop*
Gus [gʌs] *prop* Guszti
gush [gʌʃ] I. *n* 1. felbugyogás [forrásé];
kilövellés; (*átv is*) áradat 2. ömlengés,
áradozás II. *vi* 1. (vastag sugárban)
ömlik, dűl [folyadék vmből]; ~ *forth*
kibuggyan, feltör [víz] 2. ömleng,
áradozik (*over* vmről)
gusher ['gʌʃə*] *n* 1. *US* (gazdagon ömlő
természetes) kőolajforrás 2. ömlen-
gő/áradozó személy
gushy ['gʌʃɪ] *a* ömlengős, áradozós
gusset ['gʌsɪt] *n* 1. bekötőlemez, sarok-
lemez 2. ereszték, pálha [kesztyűn
stb.]
gusset-plate *n* = *gusset 1.*
gust [gʌst] *n* 1. ~ (*of wind*) szélroham;
~ (*of rain*) futó zápor 2. (*átv is*) (hirte-
len) kitörés [indulaté stb.]
gustatory ['gʌstət(ə)rɪ] *a* ízlelő [ideg
stb.]

Gustavus [gʊ'stɑ:vəs] *prop* Gusztáv
gusto ['gʌstoʊ] *n* (*pl* ~es -z) 1. ízlés,
gusztus 2. élvezet; *do sg with* ~ élvezet-
tel/örömmel csinál vmt
gusty ['gʌstɪ] *a* szeles, viharos
gut [gʌt] I. *n* 1. bél 2. guts *pl* belek;
zsigerek; □ *hate sy's* ~*s* szívből utál
vkt 3. guts *pl biz* vmnek a veleje/lé-
nyege 4. guts *pl biz* energia, rámenős-
ség; mersz 5. bélhúr 6. utcaszűkület,
folyószűkület II. *vt* -tt- 1. kibelez,
kizsigerel [állatot] 2. *houses* ~*ted by
fire* kiégett házak
gutless ['gʌtlɪs] *a biz* pipogya
gutstring *n* bélhúr
gutter ['gʌtə*] I. *n* 1. (esővíz)csatorna,
csorgó [ereszen]; csatorna, kanális,
vízlevezető árok 2. *átv* kültelki sze-
génynegyed; *born in the* ~ nyomorban
született; *the* ~ *press* zugsajtó; szenny-
lapok II. *vi* csöpögve ég [gyertya]
guttersnipe *n* utcagyerek
guttural ['gʌt(ə)rəl] I. *a* gutturális, to-
rok- II. *n* torokhang, gutturális
guv(nor) ['gʌv(nə*)] *n GB* □ főnök,
tulaj; tata, fater, az öreg(em)
guy[1] [gaɪ] *n* feszítőkötél; merevítőtartó
guy[2] [gaɪ] I. *n* 1. (nevetséges) bábu;
madárijesztő; *she looks a regular* ~
olyan mintegy madárijesztő 2. □
pasas, hapsi, krapek II. *vt biz* kigú-
nyol, kifiguráz; ugrat, húz (vkt)
Guy[3] [gaɪ] *prop* Vid, Vitus
Guyana [gaɪ'ænə] *prop* Guyana
Guy Fawkes [gaɪ'fɔ:ks] *prop*
guzzle ['gʌzl] *vt/vi biz* 1. zabál; vedel 2.
részegeskedik
guzzler ['gʌzlə*] *n* iszákos/haspárti em-
ber
Gwendolyn ['gwendəlɪn] *prop* ⟨angol
női név⟩
gym [dʒɪm] *n biz* 1. = *gymnasium* 2. =
gymnastics
gymkhana [dʒɪm'kɑ:nə; *US* -'kænə] *n*
sportünnepély
gymnasium [dʒɪm'neɪzjəm] *n* (*pl* ~s -z
v. -sia -zjə) tornaterem, -csarnok
gymnastic [dʒɪm'næstɪk] I. *a* torna-,
testedző, gimnasztikai II. gymnastics
n torna; *do* ~*s* torná(s)zik
gym-shoes *n pl* tornacipő

gym-slip *n* tornatrikó, -ruha
gym-suit *n* tornaruha
gyn(a)ecological [gaınıkə'lɔdʒıkl; *US* -'lɑ-] *a* nőgyógyászati
gyn(a)ecologist [gaını'kɔlədʒıst; *US* -'kɑ-] *n* nőgyógyász
gyn(a)ecology [gaını'kɔlədʒı; *US* -'kɑ-] *n* nőgyógyászat
gyp [dʒıp] *n* ☐ *give sy* ~ leszid/lehord vkt
gypsum ['dʒıpsəm] *n* gipsz

gypsy ['dʒıpsı] *a/n* cigány
gyrate [dʒaı(ə)'reıt; *US* 'dʒaıə-] *vi* forog, pörög
gyration [dʒaı(ə)'reıʃn] *n* (kör)forgás, pörgés
gyratory ['dʒaı(ə)rət(ə)rı] *a* forgó, pörgő; ~ *traffic system* körforgalom
gyro ['dʒaıərou] *n biz* = *gyroscope*
gyroscope ['dʒaıərəskoup] *n* pörgettyű, giroszkóp
gyves [dʒaıvz] *n pl* † bilincs, béklyó

H

H¹, h [eɪtʃ] *n* H, h (betű); *drop one's h's* ⟨a szó eleji h-hangot nem ejti ki és ezzel elárulja hiányos műveltségét⟩, kb. suk-sük nyelven beszél
H² *hydrogen* hidrogén
h.³, h *hour*(s) óra, ó
ha [hɑ:] *int* ah!, ha(h)!
ha. *hectare*(s) hektár, ha
habeas corpus [heɪbjəs'kɔ:pəs] *n* (*writ of*) ~ ⟨törvénytelenül őrizetben tartott személy szabadon bocsátására vonatkozó bírósági határozat⟩
haberdasher ['hæbədæʃə*] *n* 1. rőfös, rövidáru-kereskedő 2. *US* férfidivatárus
haberdashery ['hæbədæʃərɪ] *n* 1. rövidáru 2. *US* férfidivatáru
habiliments [hə'bɪlɪmənts] *n pl* 1. díszes öltözet 2. [tréfásan] ruha, ruházat
habit ['hæbɪt] *n* 1. szokás; *by* ~ megszokásból; *fall/get into the* ~ (*of sg*) rászokik vmre; *get out of the* ~ leszokik vmről; *force of* ~ a szokás hatalma 2. (külső) megjelenés, (test)alkat; habitus 3. magatartás, viselkedés; ~ *of mind* észjárás, gondolkodásmód 4. ruha
habitable ['hæbɪtəbl] *a* lakható
habitat ['hæbɪtæt] *n* előfordulási hely [növényé, állaté]
habitation [hæbɪ'teɪʃn] *n* 1. lakás 2. lakóhely, tartózkodási hely
habit-forming *a* addiktív, ⟨használóját rabjává tevő⟩ [szer, anyag]
habitual [hə'bɪtjʊəl; *US* -tʃʊ-] *a* 1. szokásos, megszokott 2. megrögzött [hazudozó stb.]
habitually [hə'bɪtjʊəlɪ; *US* -tʃʊ-] *adv* szokásszerűen; *he is* ~ *late* állandóan (el)késik

habituate [hə'bɪtjʊeɪt; *US* -tʃʊ-] *vt* szoktat (*to* vmhez)
hack¹ [hæk] I. *n* 1. csákány, kapa 2. vágott seb 3. száraz köhögés II. A. *vt* 1. csapkod, vagdal; összevág; ~ *one's way through* utat tör magának [tömegben, erdőben] 2. sípcsonton rúg [labdarúgót] B. *vi* köhög, köhécsel
hack² [hæk] I. *n* 1. bérelhető hátasló 2. *US* bérkocsi 3. zugíró, bértollnok; kuli; *publisher's* ~ kiadói alkalmazott/kuli II. A. *vt* agyoncsépel [szót, érvet] B. *vi* lovagol; poroszkál
hacking ['hækɪŋ] *a* ~ *cough* erős (száraz) köhögés
hackle ['hækl] I. *n* 1. gereben 2. nyaktoll [baromfié]; *when his* ~*s are up* amikor mérges II. *vt* gerebenez
hackman ['hækmən] *n* (*pl* -men -mən) *US* bérkocsis
hackney ['hæknɪ] *n* 1. hátasló 2. ~ (*carriage*) bérkocsi
hackneyed ['hæknɪd] *a* *átv* elcsépelt
hack-saw *n* fémfűrész
hack-work *n* irodalmi/szellemi napszámosmunka
had → *have* II.
haddock ['hædək] *n* tőkehal
hadn't ['hædnt] = *had not* → *have* II.
Hadrian ['heɪdrɪən] *prop* 1. Hadrianus 2. Adorján
hadst → *have* II.
hae [heɪ] *sk* = *have*
h(a)emoglobin [hi:mə'gloʊbɪn] *n* vörös vérfesték, hemoglobin
h(a)emophilia [hi:mə'fɪlɪə] *n* vérzékenység
h(a)emophilic [hi:mə'fɪlɪk] *a* vérzékeny
h(a)emorrhage ['hemərɪdʒ] *n* vérzés

h(a)emorrhoids ['hemə rɔɪdz] n pl aranyér
haft [hɑ:ft; US -æ-] n nyél, fogantyú
hag [hæg] n (átv is) boszorkány
haggard ['hægəd] a 1. szikár, ösztövér,
sovány 2. elkínzott, elgyötört [arc]
haggis ['hægɪs] n ⟨skót nemzeti étel
birka belsőségeiből⟩
haggle ['hægl] vi ~ with sy over sg
alkudozik vkvel vmn
hagiography [hægɪ'ɔgrəfɪ; US -'ɑ-] n
szentek élete
Hague, the [ðə'heɪg] prop Hága
ha-ha¹ [hɑ:'hɑ:] I. int ha-ha-ha! II. n
hahotázás
ha-ha² ['hɑ:hɑ:] n süllyesztett kerítés
hail¹ [heɪl] I. n 1. jégeső 2. átv zápor
[ütésekből stb.] II. A. vt zúdít [köve-
ket, átkokat] B. vi 1. it is ~ing jég-
(eső) esik 2. bullets were ~ing on us
golyók záporoztak ránk
hail² [heɪl] I. n köszöntés, üdvözlés; H~
Mary az Üdvözlégy; within ~ hallótá-
volságon belül II. A. vt 1. üdvözöl
he was ~ed as a hero hősként üdvözöl-
ték/fogadták 2. (oda)kiált (vknek);
rákiált (vkre); ~ a taxi taxit hív B.
vi biz where do you ~ from? hát te
hova való(si) vagy?
hail-fellow-well-met a be ~ with sy
szívélyes jó viszonyban van vkvel,
pajtáskodik vkvel
hailstone n jég(eső)szem
hailstorm n jégesős zivatar
hair [heə*] n 1. haj; do one's ~ megfésül-
ködik, frizurát csinál; have/get one's
~ cut megnyiratkozik; head of ~
hajzat; lose one's ~ (1) megkopaszodik
(2) biz dühbe gurul; make one's ~
stand on end égnek áll tőle az ember
haja; □ keep your ~ on őrizd meg
nyugalmadat!, nyugi!; to a ~ hajszál-
nyira; without turning a ~ szemreb-
benés nélkül; by a ~'s breadth egy
hajszálon (függ, múlik); take/let one's
~ down (1) haját kibontja (2) biz
őszintén nyilatkozik; felenged 2. szőr-
(szál); ~s szőrök, szőrzet
hairbreadth I. a hajszálnyi; ha had a
~ escape csak egy hajszálon múlt,
hogy ép bőrrel megúszta II. n = hair's
breadth →hair 1.

hairbrush n hajkefe
haircloth n lószőrvászon, szitavászon
hair-curler n hajcsavaró
hair-cut n 1. nyiratkozás, hajvágás 2.
frizura [férfié]
hair-do n biz frizura [nőé]
hair-dresser n fodrász
hair-dressing n 1. frizura 2. fésülés
3. fodrászat [szakma]
hair-dye n hajfesték
-haired [-heəd] -hajú; -szőrű
hairless ['heəlɪs] a kopasz, szőrtelen,
sima
hairline a hajszálvonal
hairnet n hajháló
hairpin n hajtű; ~ bend hajtűkanyar
hairpiece n hajpótlás, tupé
hair-raising a hajmeresztő
hair-remover n szőrtelenítő
hair-restorer n hajnövesztő
hair-shirt n szőrcsuha, cilicium
hair-slide n hajcsat
hair-splitting I. a szőrszálhasogató II.
n szőrszálhasogatás
hair-spray n hajlakk
hair-spring n hajszálrugó
hair-style n frizura, hajviselet
hair-trigger n érzékeny ravasz [fegyve-
ré]; US biz ~ mind (borotva)éles ész
hairy ['heərɪ] a szőrös
Haiti ['heɪtɪ] prop Haiti
Haitian ['heɪʃjən; US -tɪən] a/n haiti
hake [heɪk] n tőkehal
Hal [hæl] prop ⟨Henrik beceformája⟩
halation [hə'leɪʃn] n fényudvar [filmen]
halberd ['hælbə:d] n alabárd
halberdier [hælbə'dɪə*] n alabárdos
halcyon days ['hælsɪən] békés jólét,
szép idők
hale¹ [heɪl] a egészséges; ~ and hearty
erős és egészséges
hale² [heɪl] vt húz, vonszol, hurcol
half [hɑ:f; US -æ-] I. a fél; US ~ note
félhang [zenei]; II. adv félig; biz ~
dead félholt; ~ full félig tele; ~ as
big again másfélszer akkora; □ not
~ nagyon is!, mi az hogy! III. n
(pl halves hɑ:vz, US -æ-) 1. fél,
vmnek a fele; ~ a dozen fél tucat;
~ an hour (egy) fél óra; ~ past four,
US ~ after four fél öt; ~ a pound fél

font; *at* ~ *the price* féláron; *in* ~ ketté, két részre; *go halves with sy* felez vkvel; *do things by halves* félmunkát végez; *too clever by* ~ nagyon is ravasz 2. félidő 3. fedezet [játékos] **half-and-half** [ha:f(ə)nd'ha:f; *US* -æ- -æ-] I. *a* 1. fele(s) arányú 2. középutas II. *n* (*pl* ~s) kevert sör
half-back *n* fedezet [futballban]
half-baked *a biz* 1. sületlen 2. kezdetleges, tökéletlen, éretlen
half-blood *a/n* félvér
half-boot *n* rövid csizma
half-bred *a* félvér, korcs
half-breed *n* 1. félvér 2. keresztezett fajta [állaté, növényé]
half-brother *n* féltestvér [férfi]
half-caste *a/n* félvér
half-cloth I. *a* félvászon II. *n* félvászon--kötés
half-cock *n at* ~ biztosított [puska]; *biz átv go off at* ~ hebehurgyán cselekszik
half-crown *n* = *crown I. 3.*
half-hearted *a* 1. kishitű, bátortalan 2. lagymatag
half-holiday *n* (délutáni) félnapos szünet/ünnep
half-hourly I. *a* félórás, félórai, félóránkénti II. *adv* félóránként
half-length *n* mellkép
half-life *n* felezési idő
half-light *n* szürkület
half-mast I. *n* félárboc II. *adv* félárbocra eresztve
half-pay *n* fél zsold/fizetés [szolgálaton kívüli nyugdíjas katonatiszté]
halfpenny, ha'penny ['heipni] *n* (*pl* **halfpence, ha'pence** 'heip(ə)ns; **halfpennies** 'heipniz) fél penny [1971 előtt: ¹/₂d, ma: ¹/₂p, ejtése: ha:fə'pi: v. ə'ha:f'pi:]
halfpennyworth ['heipniwə:θ] *n/a* fél penny érték(ű)
half-price *n* félár; ~ *ticket* félárú jegy, féljegy; *at* ~ féláron
half-seas-over *a biz* félig részeg
half-sister *n* féltestvér [nő]
half-size *n* félnagyság, félszám [cipőben stb.]
half-timbered house *a* favázas ház

half-time *n* 1. *work* ~ félállásban dolgozik, félnapos elfoglaltsága van 2. félidő, szünet [sportban]
half-tone *a/n* ~ (*engraving*) autotípia
half-track *a* félhernyótalp
half-truth *n* féligazság
half-way I. *a* félúton levő; ~ *measures* félmegoldások II. *adv* középen, félúton
half-wit *a* féleszű, hülye
half-witted *a* gyengeelméjű, hülye
half-yearly I. *a* félév(enként)i, félévenként esedékes II. *adv* félévenként
halibut ['hælibət] *n* óriási laposhal
Halifax ['hælifæks] *prop*
halitosis [hæli'tousis] *n* rossz szájszag
hall [hɔ:l] *n* 1. (nagy)terem; csarnok 2. [vidéki] kastély 3. előcsarnok, hall [szállodáé]; osztószoba [lakásé] 4. (*dining*-)~ közös ebédlő [kollégiumban] 5. ~ (*of residence*) kollégium [egyetemé]
hallelujah [hæli'lu:jə] *int/n* halleluja
hallmark *n* fémjelzés, (finomsági) próba
hallo(a) [hə'lou] I. *int* 1. hé! 2. szervusz(tok)!, szia!; ~ *everybody!* szervusztok! II. *n* „halló" kiáltás
halloo [hə'lu:] I. *n* „halló" (kiáltás); hujjogatás [vadászkutyák serkentésére] II. *int* hé!, halló! III. *vi/vt* hallózik, „halló"-t kiált; kiáltással biztat [vadászkutyát]
hallow ['hælou] I. *n All H*~*s* mindenszentek napja II. *vt* megszentel
hallowed ['hæloud] *a* megszentelt; ~ *be thy name* szenteltessék meg a te neved; ~ *ground* megszentelt föld, temető
Hallowe'en [hælou'i:n] *n US* v. *sk* mindenszentek napjának előestéje (okt. 31.)
Hallowmas ['hæloumæs] *n* mindenszentek napja
hall-stand *n* ruhafogas [előszobában]
hallucinate [hə'lu:sineit] *vi* hallucinál
hallucination [həlu:si'neiʃn] *n* érzékcsalódás, hallucináció
hallucinatory [hə'lu:sinət(ə)ri; *US* -ɔ:ri] *a* hallucinációs
hallucinogenic [həlu:sinə'dʒenik] *a* hallucinogén, hallucinációt előidéző [anyag]

hallway *n US* 1. folyosó 2. előcsarnok, hall
halo ['heɪloʊ] *n (pl ~(e)s -z)* 1. napgyűrű; holdudvar 2. dicsfény, glória
halt¹ [hɔ:lt] I. *n* 1. megállás; rövid pihenő; szünet; *come to a ~* megáll, megakad; *call a ~* pihenőt ad 2. megálló(hely) [vasúté, villamosé] II. A. *vt* megállít B. *vi* megáll; *~!* állj!
halt² [hɔ:lt] I. *a* † sánta, béna II. *vi* tétovázik, habozik
halter ['hɔ:ltə*] *n* 1. kötőfék 2. akasztófakötél
halting ['hɔ:ltɪŋ] *a* 1. nehézkes, vontatott 2. † béna, sánta
halve [hɑ:v; *US* -æ-] *vt* 1. megfelez 2. felére csökkent [költséget stb.]
halves →*half III.*
halyard ['hæljəd] *n* felhúzó kötél [hajón]
ham [hæm] I. *n* 1. sonka; *~ and eggs* sonka tojással; *~ roll* sonkás zsemle 2. comb (hátsó része); *the ~s* alfél, tompor, fenék 3. □ ripacs 4. *biz* rádióamatőr II. *vi/vt* **-mm-** *biz* ripacskodik; túljátszik [szerepet]
hamburger ['hæmbɜ:gə*] *n US* ⟨zsírban sült vagdalthúspogácsa zsemlében⟩, hamburger
ham-fisted *a* 1. lapátkezű 2. kétbalkezes
Hamilton ['hæmlt(ə)n] *prop*
Hamish ['heɪmɪʃ] *prop sk* Jakab
hamlet ['hæmlɪt] *n* falucska
hammer ['hæmə*] I. *n* 1. kalapács; pöröly; ütő; *biz go at it ~ and tongs* (1) teljes erőből nekifog (2) nagy garral/zajjal vitázik/küzd; *come under the ~* kalapács alá (v. árverésre) kerül; *throwing the ~* kalapácsvetés 2. kakas [puskán] 3. kalapács(csont) [fülben] II. A. *vt* 1. (ki)kalapál; kovácsol 2. *biz* tönkrever, tönkrezúz B. *vi* kalapál, kopácsol
hammer at *vi biz ~ at sg* dörömböl [ajtón stb.]
hammer away at *vi* (1) vmt püföl/dönget (2) megfeszített erővel dolgozik vmn
hammer in *vt* 1. bever [szöget] 2. besulykol [tudnivalót]

hammer into *vt* 1. be(le)ver [szöget fába/stb.] 2. *átv ~ sg i. sy's head* vmt belever vk fejébe
hammer on *vi biz ~ on a door* ajtón dörömböl
hammer out *vt* 1. kikalapál 2. *átv* kieszel [tervet stb.]
hammer-smith *n* kovács
hammer-toe *n* kalapácsujj
hammock ['hæmək] *n* függőágy
Hampden ['hæmpdən] *prop*
hamper¹ ['hæmpə*] *n* 1. fedeles kosár 2. *get a ~ from home* hazait kap [diák]
hamper² ['hæmpə*] *vt* akadályoz, gátol
Hampshire ['hæmpʃə*] *prop*
Hampstead ['hæmpstɪd] *prop*
hamster ['hæmstə*] *n* hörcsög
hamstring *vt (pt/pp ~ed* v. **-strung)** 1. térdínt átvág 2. *átv* megbénít; lehetetlenné tesz
hand [hænd] I. *n* 1. kéz; *at ~* kéznél, (a) közelben; *by ~* (1) kézzel [készült] (2) kézbesített [levél]; *bring up by ~* mesterségesen táplál/nevel [gyermeket, állatot]; *from ~ to ~* kézről kézre [ad]; *from ~ to mouth* máról holnapra [tengődik]; *fight ~ to ~* közelharcot vív; *in ~* (1) készenlétben, tartalékban (2) munkában (van); *have in ~* dolgozik vmn; *the matter in ~* a szóban forgó dolog; *~ in ~* kéz a kézben, kézen fogva; *átv go ~ in ~ with sg* együtt jár vmvel; *have a ~ in sg* benne van a keze a dologban, része van benne; *my ~ is in* jó formában vagyok, gyakorlatban vagyok; *take sy/sg in ~* kézbe/kezelésbe vesz vkt/vmt; *off ~* rögtön, kapásból; *on ~* kaphat, raktáron van; *out of ~* (1) készpénzben (2) azonnal; *get out of ~* (1) elvadul [gyermek stb.] (2) elszabadul [jármű]; *~ over fist* játszva, könnyedén; *~ over head* meggondolatlanul; *~ over ~* kúszva, kapaszkodva; *come to ~* megérkezik [levél]; *just to ~* éppen most érkezett meg; *ask for sy's ~* megkéri vk kezét; *(átv is) bind sy ~ and foot* kezét-lábát megköti vknek; *serve sy ~ and foot* buzgón (ki)szolgál vkt; *átv eat/feed*

out of sy's ~ vk tenyeréből eszik;
give one's ~ *on sg* kezet ad vmre;
give/bear/lend a ~ (*with sg*) segítséget
nyújt, segít (vmben); (*átv have a free*
~ szabad keze van (vmben); (*átv is*)
not lift a ~, *not do a* ~'s *turn* a kis-
ujját sem mozdítja; *lift/raise one's* ~
against sy kezet emel vkre; *take a* ~
in sg részt vállal vmben; *win sy's* ~
elnyeri vk kezét [kérő] 2. **hands** *pl*
kéz, vk kezei; (*átv is*) *be in good* ~s
jó kezekben van; *change* ~s gazdát
cserél; ~s *off!* el a kezekkel!; ~s *up!*
fel a kezekkel!; *have one's* ~s *full*
tele van a keze (munkával), nagyon
el van foglalva; *have off one's* ~s
megszabadul vmtől, letud vmt; *have*
sg on one's ~s felelősséggel tartozik
vmért, rá (v. a gondjaira) van bízva
vm; *lay* ~s *on sg* (1) vmt megfog/
megragad (2) eltulajdonít vmt; *play*
into sy's ~s vknek a kezére játszik;
shake ~s kezet fog; *átv wash one's*
~s *of sg* mossa a kezét (vmtől); *win*
~s *down* játszva győz 3. *be a great*
~ *at sg* igen ügyes vmben; *he's an old*
~ *at it* tapasztalt vén róka ő ebben;
get one's ~ *in sg* beledolgozza magát
vmbe; *keep one's* ~ *in* vmben való jár-
tasságát megőrzi; *set/turn one's hand*
to doing sg nekikezd vmnek; *try one's*
~ *at sg* megpróbálkozik vmvel 4.
kézírás; *he writes a good* ~ szép (kéz-)
írása van 5. aláírás; *set one's* ~ *to sg*
aláírásával ellát vmt 6. (segéd)mun-
kás; napszámos; *all* ~s *on deck!* min-
denki a fedélzetre!; *take on* ~s mun-
kásokat vesz fel 7. (kártya)leosztás;
játszma; *hold one's* ~ (1) (jó lappal)
kivár (2) tartózkodóan viselkedik;
átv throw in one's ~ feladja a játszmát
8. játékos [kártyában] 9. mutató
[óráé, jelzőkészüléké]; útjelző (tábla)
10. *on every/either* ~, *on all* ~s min-
denütt, mindenfelé; *on the one* ~ egy-
részt; *on the other* ~ másrészt 11.
taps; *get/give sy a big/good* ~ jól meg-
tapsol vkt II. *vt* 1. (át)ad, átnyújt
(*to* vknek) 2. kézbesít
   hand about *vt* kézről kézre ad
   hand down *vt* 1. lead 2. lesegít

3. az utókorra hagy 4. ~ *d. an*
opinion jogi szakvéleményt ad [írás-
ban]
   hand in *vt* bead, benyújt
   hand on *vt* továbbad [hírt, hagyo-
mányt]
   hand out *vt* 1. kioszt 2. kisegít
[kocsiból]
   hand over *vt* átruház, átad
   hand round *vt* körbe ad, köröz
   hand to *vt* 1. ~ *sg to sy* vmt vknek
átad 2. *biz* ~ *it to sy* vk fölényét elis-
meri
   hand up *vt* feladogat
hand-bag *n* kézitáska, retikül
handball *n* kézilabda
handbell *n* kézicsengő
handbill *n* röplap
handbook *n* kézikönyv
handbrake *n* kézifék
h. & c., **h and c** *hot and cold water*
hideg és meleg víz
handcart *n* kézikocsi
handcuff I. *n* bilincs II. *vt* megbilincsel
-handed [-hændɪd] -kezű, -kezes
hand-fed *a* cuclisüvegen felnevelt, cuc-
lisüveggel táplált [gyerek]
handful ['hændful] *n* 1. (tele) maréknyi
2. *biz that child is a* ~ nehezen kezel-
hető ez a gyerek
hand-gallop *n* könnyű/rövid vágta
hand-glass *n* 1. kézitükör 2. (kézi) na-
gyító(üveg)
hand-grenade *n* kézigránát
handgrip *n* 1. kézszorítás 2. fogantyú
3. **handgrips** *pl* közelharc
hand-gun *n* kézifegyver, marokfegyver
hand-hold *n* fogódzó
handicap ['hændɪkæp] I. *n* 1. ~ (*race*)
előnyverseny 2. *átv* akadály, hátrány,
hendikep II. *vt* -pp- hátrányos hely-
zetbe hoz; *physically* ~*ped children*
testileg fogyatékos gyermekek
handicraft ['hændɪkrɑːft; *US* -æft] *n*
kézművesség; kisipar, kézműipar
handily ['hændɪlɪ] *adv* 1. könnyen, ügye-
sen 2. kényelmesen
handiwork ['hændɪwəːk] *n sy's* ~ vknek
a keze munkája
handkerchief ['hæŋkətʃɪf] *n* 1. zsebken-
dő 2. kendő, keszkenő

handle ['hændl] I. *n* 1. fogantyú, fül [táskáé]; nyél [szerszámé]; *biz fly/go off the* ~ dühbe gurul 2. kilincs 3. alkalom, ürügy; *give a* ~ *to* alkalmat/ürügyet szolgáltat/ad vmre II. *vt* 1. hozzányúl (vmhez) 2. kezel; irányít; intéz 3. bánik (vkvel, vmvel); kezel (vkt); *he is hard to* ~ nehezen kezelhető 4. foglalkozik (vmvel) 5. kereskedik (vmvel) 6. kezez [labdát]
handlebar *n* kormány [kerékpáré]
handling ['hændlıŋ] *n* kezelés; ~ *charges* kezelési költségek
hand-luggage *n* kézipoggyász
hand-made *a* kézzel gyártott, kézi
handmaid *n* † szolgáló(leány)
hand-me-down *n* US *biz* 1. használt ruha 2. készruha, konfekció
hand-operated *a* kézzel hajtott, kézi működésű/kapcsolású
hand-organ *n* kintorna, verkli
hand-out *n* 1. US ételadomány, pénzadomány, alamizsna 2. (sokszorosított) sajtótájékoztatás; [konferencián stb. kiosztott] anyag 3. röplap
hand-picked *a* gondosan (ki)válogatott
hand-rail *n* karfa, korlát
handset *n* kézibeszélő
hand-set *a* kézi szedésű [nyomdai anyag]
handshake *n* kézfogás, kézszorítás
handsome ['hænsəm] *a* 1. csinos, jóképű 2. bőkezű, gavallér; ~ *is as* ~ *does* kb. nem a származás, hanem a viselkedés teszi az embert 3. tekintélyes, jelentékeny [összeg, vagyon]
handsomely ['hænsəmlı] *adv* 1. szépen, elegánsan [öltözik] 2. nagyvonalúan, gavallérosan [ad stb.]
handspike *n* feszítővas, emelővas
handstand *n* kéz(en)állás
hand-to-hand *a* közvetlen közeli; ~ *fight* kézitusa
hand-to-mouth *a* máról holnapra (élő), bizonytalan [életmód]
handwork *n* vknek a keze munkája; kézi munka [nem gépi]
handwriting *n* kézírás
handy ['hændı] *a* 1. kéznél levő 2. alkalmas, könnyen kezelhető [dolog] 3. ügyes, jártas [ember]
handy-man *n* (*pl* -**men**) ezermester

hang [hæŋ] I. *n* 1. állás [ruháé]; esés 2. lejtés 3. *biz get the* ~ *of it* kitanulja a csínját-bínját, beletanul vmbe 4. *biz I don't care a* ~ fütyülök rá II. *v* (*pt/pp* hung hʌŋ) A. *vt* 1. (fel)akaszt, (fel)függeszt [függönyt, ajtót]; felakaszt [húst]; ~ *wallpaper* tapétáz 2. (*pt/pp* ~**ed** hæŋd) felakaszt [bűnöst]; ~ *it!* vigye el az ördög!; ~*ed if I know* halvány gőzöm sincs róla 3. *biz* lógat, lehorgaszt; ~ *the head* fejét lehorgasztja B. *vi* 1. függ, lóg; ~ *by a hair* hajszálon függ 2. *biz let things go* ~ nem törődik a dolgokkal; ~ *fire* (1) csütörtököt mond [puska] ~ (2) függőben marad
hang about *vi* 1. kószál, cselleng, ólálkodik 2. csoportosul
hang around *vi* = *hang about*
hang back *vi* 1. hátramarad 2. *biz* habozik
hang down *vi* lelóg
hang on *vi* 1. (bele)kapaszkodik (*to* vmbe); megfogódzik (*to* vmben); *biz* ~ *on* (*a minute*)! kérem tartsa a vonalat! 2. függ vmtől; *everything* ~*s on his answer* minden a válaszán múlik 3. ragaszkodik (*to* vmhez), kitart (*to* vm mellett)
hang out A. *vt* kiakaszt [zászlót], kitereget [ruhát] B. *vi* 1. kilóg 2. □ *where do you* ~ *o.?* hol lakol?
hang over *vi* kinyúlik, kiugrik [szikla stb. vm fölé]
hang together *vi* 1. összefügg; egybevág; összhangban van [adatok stb.] 2. *they* ~ *t.* összetartanak
hang up *vt* 1. felakaszt; ~ *up the receiver* leteszi a telefonkagylót; *be hung up* csalódott, gátlása van; vmbe bele van gabalyodva 2. függőben tart; feltartóztat; *the car was hung up in transit* a kocsi elakadt a forgalomban
hangar ['hæŋə*] *n* hangár
hangdog *a* sunyi, alattomos, bűnbánó [pofa]
hanger ['hæŋə*] *n* 1. akasztó 2. horog 3. vállfa 4. tengerészkard 5. † hóhér
hanger-on *n* (*pl* **hangers-on**) lógós, élősdi

hanging ['hæŋɪŋ] I. a 1. ~ matter főbenjáró dolog 2. ~ garden függőkert II. n 1. akasztás [bűnösé] 2. hangings pl függöny, drapéria
hangman ['hæŋmən] n (pl -men -mən) hóhér
hangnail n körömház bőre, körömszálka
hangout n biz szokásos tartózkodási hely
hang-over n 1. maradvány, csökevény [babonáé stb.] 2. biz macskajaj, másnaposság
hang-up n biz bosszantó akadály; csalódás (érzése)
hank [hæŋk] n 1. motring [fonalból] 2. vasgyűrű [vitorlakötélen]
hanker ['hæŋkə*] vi ~ after/for sg vágyódik vmre, sóvárog vm után
hankering ['hæŋkərɪŋ] n vágyódás, sóvárgás
hankie, hanky ['hæŋkɪ] n biz zsebkendő
hanky-panky [hæŋkɪ'pæŋkɪ] n biz hókuszpókusz, gyanús trükk
Hannah ['hænə] prop Hanna
Hanover ['hænoʊvə*] prop Hannover
Hansard ['hænsɑːd] n GB parlamenti napló
hansel ['hænsl] n = handsel
hansom ['hænsəm] n ~ (cab) egyfogatú kétkerekű kocsi
Hants. [hænts] Hampshire
hap [hæp] I. n † véletlen, vakeset II. vi -pp- megesik, történik
ha'pence, ha'penny →halfpenny
haphazard [hæp'hæzəd] I. a véletlen, esetleges II. adv véletlenül III. n at/by ~ vaktában, találomra
hapless ['hæplɪs] a szerencsétlen, boldogtalan
haply ['hæplɪ] adv † 1. véletlenül, esetleg 2. talán
ha'p'orth ['heɪpəθ] a biz fél penny értékű
happed [hæpt] →hap II.
happen ['hæp(ə)n] vi 1. (meg)történik, megesik; adódik; what has ~ed to him? mi történt/lett vele?; such things will ~ megesik az ilyesmi 2. ~ upon sy véletlenül találkozik vkvel; ~ upon sg vmre akad/bukkan; ~ to do sg véletlenül (éppen) csinál vmt; he ~ed to be at home ·then ő akkor éppen/történe-

tesen/véletlenül otthon volt; as it ~s éppen, történetesen
happening ['hæp(ə)nɪŋ] n 1. történés; esemény 2. „happening", rendhagyó rendezvény
happily ['hæpɪlɪ] adv 1. szerencsére 2. boldogan; and they lived ~ ever after és még most is élnek, ha meg nem haltak
happiness ['hæpɪnɪs] n 1. boldogság 2. szerencse
happy ['hæpɪ] a 1. boldog, megelégedett; I was ~ in a son a sors egy fiúval áldott meg; be ~ to do sg szívesen/ örömmel tesz meg vmt 2. ügyes, szerencsés, találó [kifejezés stb.]; a ~ thought jó gondolat/ötlet
happy-go-lucky a nemtörődöm, valahogyan-majd-csak-lesz
Hapsburg ['hæpsbəːg] prop Habsburg
harangue [hə'ræŋ] I. n nagyhangú szónoklat II. vt/vi nagy beszédet mond [tömegnek]
harass ['hærəs] vt 1. molesztál, bosszant, zaklat 2. ismétlődő támadásokkal nyugtalanít [ellenséget]
harassment ['hærəsmənt] n zaklatás; bosszantás
harbinger ['hɑːbɪndʒə*] n előhírnök; előjel
harbour, US -bor ['hɑːbə*] I. n 1. kikötő 2. szállás, menedék II. vt 1. szállást/menedéket ad; rejteget 2. táplál [gyanút]; ~ revenge bosszút forral
harbourage, US -bor- ['hɑːbərɪdʒ] n szállás, menedék
harbour-dues n pl kikötődíjak
hard [hɑːd] I. a 1. kemény; ~ court salakos teniszpálya; as ~ as nails acélizmú, keménykötésű 2. nehéz, fáradságos; kemény; ~ labour kényszermunka [mint büntetés]; ~ work (1) kemény munka (2) hálátlan feladat; ~ of hearing nagyothalló; it is ~ to beat alig múlható felül; ~ to come at nehéz hozzájutni; ~ to please nehéz a kedvére tenni; ~ to understand nehéz megérteni ...; try one's ~est megkísérel minden tőle telhetőt 3. átv kemény; éles [hang]; ~ drink/liquor

rövid/tömény ital; ~ *drugs* (erős)
kábítószerek 4. szigorú, rideg; kegyetlen; ~ *fact* rideg tény; *no ~ feelings!*
szent a béke!, nincs harag!; ~ *master*
szigorú tanár/mester; ~ *words* haragos beszéd; *be ~ on sy* szigorú/igazságtalan vkvel szemben 5. kedvezőtlen, nehéz, rossz [idők stb.]; ~ *bargain*
rossz vásár; *have a ~ time of it* nehéz
dolgokon megy át; *the ~ way* keservesen, a saját kárán [okul] 6. zord,
kemény [tél]; erős [csapás]; ~ *frost*
erős fagy 7. szilárd [árfolyam, piac];
~ *currency* kemény valuta II. *adv*
1. erősen, keményen; keményre; *boil
an egg ~* keményre főz tojást; *work
~* keményen/szorgalmasan dolgozik
2. nehezen [él, alkot]; *die ~* (1) nehezen hal meg (2) *átv* sokáig tartja magát [nézet]; *be ~ up* (anyagi) nehézségekkel küzd; ~ *earned* nehezen megkeresett; jól kiérdemelt 3. erősen
[havazik]; gyorsan [fut] 4. ~ *by*
közvetlen közel(é)ben
hard-and-fast [hɑ:d(ə)n'fɑ:st; *US* -'fæ-]
a szigorú, merev [szabály]
hardback *a/n* kemény kötésű [könyv]
hard-bitten *a* 1. makacs 2. keménykötésű, szívós
hard-boiled *a* 1. keményre főtt; ~ *egg*
kemény tojás 2. viharedzett, szívós
hardbound *a* = *hardback*
hardcore *a US* megrögzött, makacs
hardcover *a/n* = *hardback*
harden ['hɑ:dn] A. *vt* 1. (meg)keményít,
megedz [acélt stb.] 2. megedz, hozzászoktat; ~ *oneself against sg* hozzászoktatja magát vmhez 3. hajthatatlanná/rideggé tesz; *be ~ed to*
(*sg*) érzéketlen (vmvel szemben) B.
vi 1. (meg)keményedik, megköt [cement stb.] 2. megedződik (vmvel
szemben), hozzászokik (vmhez)
hard-featured *a* durva arcvonású
hard-fisted *a* fukar
hard-handed *a* 1. (munkától) kérges
kezű 2. *átv* erős kezű
hard-hat *n* 1. *US biz* építőmunkás 2.
reakciós
hard-headed *a* 1. keményfejű, konok
2. gyakorlatias, nem érzelgős

hard-hearted *a* kemény szívű
hardihood ['hɑ:dɪhʊd] *n* bátorság, merészség
hardiness ['hɑ:dɪnɪs] *n* = *hardihood*
hard-liner *n* merev/kemény álláspontot
képviselő, az erőpolitika híve
hardly ['hɑ:dlɪ] *adv* 1. alig, aligha;
nemigen; *I need ~ say* mondanom sem
kell 2. nehezen, fáradságosan
hard-mouthed *a* 1. kemény szájú [ló]
2. nehezen kezelhető, akaratos [ember]
hardness ['hɑ:dnɪs] *n* 1. keménység
2. nehézség [kérdésé] 3. szigorúság
[szabályé]
hard-pan *n* kemény altalaj
hard-set *a* 1. kemény, merev, szilárd
[talaj]; megmerevedett 2. makacs,
hajthatatlan [ember] 3. *biz* farkaséhes
hardship ['hɑ:dʃɪp] *n* 1. nehézség, viszontagság 2. nélkülözés, baj
hardtop *n* keménytetős (személy)autó
hardware *n* 1. vasáru, fémáru; acéláru
2. hardware [számítástechnikában]
hard-wearing *a* tartós [szövet]
hardwood *n* keményfa
hardy ['hɑ:dɪ] *a* 1. bátor, merész 2.
szívós, edzett; ~ *annual* évelő sza
badföldi növény
hare [heə*] I. *n* (mezei) nyúl; ~ *and
hounds* ⟨egy fajta fogócska⟩; *first
catch your ~* ne igyál előre a medve
bőrére; *run with the ~ and hunt with
the hounds* kétkulacsoskodik; *átv biz
start a ~* vitát mellékvágányra visz
II. *vi* lélekszakadva rohan
harebell *n* harangvirág
hare-brained *a* kelekótya, bolondos
hare-lip *n* nyúlszáj
harem ['hɑ:ri:m; *US* 'heərəm] *n* hárem
haricot ['hærɪkoʊ] *n* 1. ~ (*bean*) karóbab, paszuly 2. birkagulyás (babbal
és répával)
hark [hɑ:k] *vi* 1. hallgat(ódzik); *biz
~ to/at him!* no hallgasd csak miket
mond! 2. ~ *back to sg* visszatér vmhez/vmre [társalgás közben]
harken ['hɑ:k(ə)n] *vi* = *hearken*
Harlem ['hɑ:ləm] *prop*
harlequin ['hɑ:lɪkwɪn] *n* 1. paprikajancsi, harlekin 2. tréfacsináló

harlequinade [hɑːlɪkwɪ'neɪd] n bohócko-
dás
Harley Street ['hɑːlɪ] prop ⟨londoni utca,
ahol a leghíresebb szakorvosok rende-
lője van⟩
harlot ['hɑːlət] n † szajha, kurva
harlotry ['hɑːlətrɪ] n szajhaság, kurvál-
kodás
harm [hɑːm] I. n kár; sérelem, bánta-
lom, ártalom; do sy ~, do ~ to sy
árt vknek; it will do you no ~ nem
fog megártani neked; I meant no ~
semmi rosszat nem akartam, senkit
nem akartam megbántani; ~ watch
~ catch aki másnak vermet ás, maga
esik bele; there's no ~ in... nincs
abban semmi rossz, ha...; out of
~s way biztonságban II. vt árt, bajt
okoz (vknek); sért [érdeket]
harmful ['hɑːmfʊl] a ártalmas (to
vknek/vmnek)
harmless ['hɑːmlɪs] a 1. ártalmatlan
(to vkre/vmre) 2. ártatlan [szórakozás]
harmonic [hɑː'mɔnɪk; US -'mɑ-] I.
a összehangzó, egybehangzó, harmo-
nikus; arányos; ~ motion harmonikus
mozgás II. n 1. (harmonikus) felhang
[zenében] 2. ~(s) üveghang
harmonica [hɑː'mɔnɪkə; US -'mɑ-] n
harmonika
harmonious [hɑː'moʊnjəs] a 1. össz(e)-
hangzó, harmonikus; egyező 2. egyet-
értő, harmonikus [család] 3. kelle-
mes/jó hangzású
harmonium [hɑː'moʊnjəm] n harmó-
nium
harmonize ['hɑːmənaɪz] A. vi össz-
hangban van, harmonizál [szín, hang];
egyetért, jól megfér [egymással] B. vt
1. összehangol, egyeztet [véleménye-
ket] 2. (zenei) kíséretet szerez [dal-
lamhoz], hangszerel
harmony ['hɑːmənɪ] n 1. összhang,
egyetértés, harmónia [személyek kö-
zött]; in ~ with... -val/-vel össz-
hangban/megegyezően/egyetértésben
2. [zenei] összhang, harmónia
harness ['hɑːnɪs] I. n lószerszám, hám; die
in ~ munka közben hal meg II. vt
1. felszerszámoz, befog [lovat] 2. (ipa-
ri célra) hasznosít [energiát]

Harold ['hær(ə)ld] prop ⟨férfinév⟩
harp [hɑːp] I. n hárfa II. vi 1. hárfázik
2. biz ~ on sg folyton ugyanazon (a
témán) lovagol
harpist ['hɑːpɪst] n hárfás, hárfaművész
harpoon [hɑː'puːn] I. n szigony II.
vt megszigonyoz
harpsichord ['hɑːpsɪkɔːd] n csembaló
harpy ['hɑːpɪ] n 1. hárpia 2. kapzsi
harridan ['hærɪd(ə)n] n vén boszorkány
harrier ['hærɪə*] n 1. kopó [nyúlva-
dászaton] 2. mezei futó
Harriet ['hærɪət] prop Henrietta
Harriman ['hærɪmən] prop
Harris ['hærɪs] prop
Harrovian [hə'roʊvjən] n harrow-i diák
harrow ['hæroʊ] I. n borona; be under
the ~ rájár a rúd II. vt 1. boronál
2. ~ sy's feelings vknek az érzelmei-
be gázol, szívét szaggatja vknek
harrowing ['hæroʊɪŋ] a szívszaggató
[történet]; szívettépő [kiáltás]
Harry¹ ['hærɪ] prop Harri; old ~ az ör-
dög, a sátán
harry² ['hærɪ] vt 1. elpusztít, kirabol
[országot] 2. zaklat, nyugtalanít [el-
lenséget]; kínoz, zaklat [adóst]
harsh [hɑːʃ] a 1. érdes [tapintású];
fanyar [íz]; éles, rikácsoló [hang]
2. nyers, szigorú, kemény [bánás-
mód, ítélet, büntetés]
hart [hɑːt] n szarvasbika
Harte [hɑːt] prop
harum-scarum [heərəm'skeərəm] a/n
biz hebehurgya, szeles
Harvard ['hɑːvəd] prop
harvest ['hɑːvɪst] I. n 1. aratás, beta-
karítás [gabonáé]; szüret [almáé stb.];
~ home aratási ünnep; ~ moon hold-
tölte [szeptember végén] 2. (átv is)
termés, gyümölcs; the ~ is in a ter-
més be van takarítva; reap the ~ of
his work élvezi/learatja munkája gyü-
mölcsét II. vt arat, betakarít [gabo-
nát]; (le)szüretel, leszed [almát stb.]
harvester ['hɑːvɪstə*] n 1. arató 2.
aratógép
harvestman n (pl -men) arató
Harvey ['hɑːvɪ] prop
Harwich ['hærɪdʒ] prop
has →have II.

has-been n biz **1.** lecsúszott/levitézlett ember **2.** divatjamúlt dolog
hash [hæʃ] **I.** n **1.** vagdalék, vagdalthús, hasé **2.** felmelegített dolog **3.** zagyvalék; biz make a ~ of sg elront/eltol vmt; biz settle sy's ~ ellátja vk baját, elintéz vkt **4.** biz hasis [kábítószer] **II.** vt ~ (up) (össze)vagdal, fasíroz [húst]
hashish ['hæʃiːʃ] n hasis [kábítószer]
hasn't ['hæznt] = has not →have II.
hasp [hɑːsp; US -æ-] n hevederpánt [lakathoz], retesz
hassle ['hæsl] n US biz szóváltás, vita, veszekedés
hassock ['hæsək] n térdeplőpárna [templomban]
hast →have II.
haste [heɪst] n sietség; make ~ siess!; igyekezz!; be in great ~ nagyon siet; more ~ less speed lassan járj, tovább érsz
hasten ['heɪsn] **A.** vi siet; igyekszik; ~ to do sg siet vmt megtenni **B.** vt siettet; sürget; előmozdít
hastily ['heɪstɪlɪ] adv gyorsan, sietve
hastiness ['heɪstɪnɪs] n **1.** sietség **2.** elhamarkodottság [elhatározásé stb.] **3.** hevesség
Hastings ['heɪstɪŋz] prop
hasty ['heɪstɪ] a **1.** sietős, gyors [távozás]; futó [pillantás] **2.** meggondolatlan, elhamarkodott **3.** hirtelen [természet]
hat [hæt] n kalap; ~ trick mestcrhármas [sportban]; ~ in hand levett kalappal, alázatosan; pass round the ~ tányéroz, gyűjtést rendez; raise one's ~ to sy kalapot emel vk előtt; biz take off one's ~ to sy elismeri vk felsőbbrendűségét; ~s off! le a kalappal!; □ my ~! ni csak!, no nézd!; □ talk through one's ~ halandzsázik, hetet-havat összehord
hat-band n kalapszalag
hat-box n kalapskatulya
hatch¹ [hætʃ] **I.** n (ki)költés, tyúkalja **II.** **A.** vt **1.** (ki)költ [tojást, csirkét] **2.** kieszel, forral [tervet] **B.** vi kikel
hatch² [hætʃ] **I.** n **1.** fedélzeti nyílás, lejáró [hajón]; (fal)nyílás; under ~es

(1) fedélzet alatt, hajófenéken (2) elnyomva, félretéve **2.** ⟨vízszintesen osztott ajtó alsó fele⟩, félajtó **3.** tolóajtó, -ablak **II.** vt ráccsal lezár
hatch³ [hætʃ] vt vonalkáz, sraff(ír)oz
hatchery ['hætʃərɪ] n halkeltető (hely)
hatchet ['hætʃɪt] n fejsze, bárd; bury the ~ elássa a csatabárdot; dig/take up the ~ (újra) kiássa a csatabárdot
hatchet-faced a markáns profilú (és keskeny fejű)
hatching ['hætʃɪŋ] v vonalkázás [rajzon]
hatchway n = hatch² I. 1.
hate [heɪt] **I.** n gyűlölet **II.** vt **1.** gyűlöl, utál **2.** I should ~ to be late nem szeretnék elkésni
hateable ['heɪtəbl] a gyűlöletes
hateful ['heɪtfʊl] a gyűlöletes, förtelmes, utálatos
hath → have II.
Hathaway ['hæθəweɪ] prop
hatless ['hætlɪs] a fedetlen fejű
hat-pin n kalaptű
hat-rack n kalaptartó
hatred ['heɪtrɪd] n gyűlölet, utálat
hat-stand n kalapfogas
hatted ['hætɪd] a kalapos
hatter ['hætə*] n kalapos
haughtiness ['hɔːtɪnɪs] n gőg, fennhéjázás
haughty ['hɔːtɪ] a gőgös, dölyfös, fennhéjázó
haul [hɔːl] **I.** n **1.** húzás, vontatás **2.** távolság **3.** (hal)fogás; at one ~ egyetlen fogásra; (dtv is) make a good ~ jó fogást csinál **4.** US szállítás **5.** nye. reség **II.** **A.** **1.** vt húz, hurcol, von(tat) **2.** szállít(mányoz), fuvaroz **B.** vi **1.** húz **2.** irányt változtat [szél, hajó] haul down vt levon; leenged; ~ d. the colours (1) zászlót levon (2) megadja magát
haul in vt behúz; bevontat
haul up vt felvon, -húz [zászlót]; odavontat; biz ~ sy up for (doing) sg kérdőre von vkt vmért
haulage ['hɔːlɪdʒ] n **1.** húzás, vontatás **2.** szállítás [tengelyen], szállítmányozás; ~ contractor szállítmányozó **3.** szállítási költségek
hauler ['hɔːlə*] n = haulier

haulier ['hɔ:ljə*] *n* fuvaros, fuvarozó, szállító
haulm [hɔ:m] *n GB* 1. fűszál, növény szára 2. szalma
haunch [hɔ:ntʃ] *n* 1. csípő; hátsó rész [emberé, állaté]; comb [mint húsétel] 2. ívváll
haunt [hɔ:nt] I. *n* 1. törzshely, tartózkodási hely 2. tanya, odú [állaté] II. *vt* 1. gyakran látogat, frekventál [helyet] 2. kísért [szellem, gondolat]; *the place is ~ed* itt kísértetek járnak
haunting ['hɔ:ntɪŋ] *a* gyakran visszatérő, kísérő [emlék stb.]
hautboy ['oʊbɔɪ; *US* 'hoʊ-] *n* oboa
have [hæv] I. *n biz the ~s and the ~-nots* a gazdagok és a szegények II. *v* [hæv; gyenge ejtésű alakjai: həv, əv, v] (jelen idő egyes szám 3. szem. has hæz, gyenge ejtésű alakjai: həz, əz, z; *pt/pp* had hæd, gyenge ejtésű alakjai: həd, əd, d; *régies alakok*: 2. szem. hast hæst; 3. szem. hath hæθ; *pt* 2. szem. hadst hædst) 1. van (vknek vmje), bír (vmt); rendelkezik (vmvel); *she has (got) brown eyes* barna szeme van; *she hasn't a good memory* nincs jó emlékezőtehetsége 2. kap, szerez; ~ *a child* gyereket szül; ~ *a cold* meghűlt, náthás; *I ~ little French* (csak) keveset tudok franciául; ~ *news from sy* vktől hírt kap; *let me ~ your keys* add ide a kulcsaidat; *what will you ~?* mit parancsol [ebédre stb.]?; *it is to be had in this shop* ebben az üzletben kapható 3. elfogyaszt, elkölt [ételt]; ~ *breakfast* reggelizik; ~ *supper* vacsorázik; ~ *tea with sy* vkvel teázik 4. ~ *a walk* sétálni megy; ~ *a wash* megmosakodik 5. mond, állít; *as Shakespeare has it* amint Sh. mondja; *he will ~ it that* azt állítja, hogy . . . 6. (el)tűr, (meg-) enged; *I won't ~ it* erről hallani sem akarok; *I will not ~ my son do such things* nem fogom tűrni, hogy a fiam ilyen dolgokat tegyen 7. ~ *to do sg* vmt meg kell (v. muszáj) tennie; *I've (got) to go* mennem kell; *I don't ~ to go* nem kell elmennem; *you ~n't (got) to go to school* nem kell iskolába

menned 8. ~ *sg done* vmt (meg-) csináltat/elvégeztet; ~ *one's hair cut* (meg)nyiratkozik; *I had my watch stolen* ellopták az órámat 9. ~ *sy to do sg* elvégeztet vmt vkvel; *I would* ~ *you know* kívánom, hogy vedd tudomásul; *what would you ~ me do?* mit óhajtasz hogy csináljak?; ~ *it your own way* tégy ahogy akarsz 10. *biz* túljár az eszém (vknek), kitol (vkvel); *you've been had!* téged becsaptak/átejtettek!; *you ~ me there!* itt most megfogtál engem! 11. *biz you ~* (v. *you've*) *had it* megkaptad a magadét!; kellett ez neked!; ezt jól kifogtad! 12. *I had better say nothing* jobb ha nem mondok semmit; *I had as soon stay here* jobb(an) szeretnék itt maradni 13. *I ~ lived in London for three years* három éve élek Londonban 14. *had I known* (= *if I had known*) ha tudtam volna; *as ill luck would* ~ *it* a balszerencse úgy akarta
have down *vt* lehív(at), lehozat
have in *vt* 1. ~ *sy in* (1) behív vkt, meghív vkt [ebédre stb.] (2) hívat [orvost, szerelőt stb.] 2. ~ *sg in* (1) beszerez vmt [előre] (2) vmvel el van látva
have off *vt* 1. levet [ruhát] 2. ~ *the afternoon o.* szabad a délutánja
have on *vt* 1. ~ *sg on* (1) hord/visel vmt (2) vm dolga/elfoglaltsága van; ~ *nothing on* meztelen 2. ~ *another one on* me igyék még egy pohárral a költségemre/egészségemre
have out *vt* 1. ~ *sg o.* vmt eltávolíttat; ~ *a tooth o.* fogat húzat 2. ~ *it o. with sy* vmt megvitat és tisztáz vkvel
have up *vt* 1. (fel)hívat, magához rendel 2. *biz* ~ *sy up* törvény elé idéz(tet) vkt; beperel vkt
haven ['heɪvn] *n* 1. kikötő 2. menedékhely
have-not *n* nincstelen, koldus
haven't ['hævnt] = *have not* →*have II.*
haversack ['hævəsæk] *n* tarisznya, oldalzsák
having ['hævɪŋ] *n* 1. birtok(lás) 2. vagyon ‖ →*have II.*

havoc ['hævək] *n* pusztulás; pusztítás, rombolás; *cry* ~ szabad rablást enged(élyez); *play* ~ *with sg* tönkretesz vmt

haw[1] [hɔ:] *n* galagonya(bogyó)

haw[2] [hɔ:] I. *int* hm! II. *n* hümmögés III. *vi* hümmög, hebeg

Hawaii [hə'waɪi:] *prop* Hawaii

Hawaiian [hə'waɪɪən] *a/n* hawaii

haw-haw ['hɔ:hɔ:] *n* 1. hahota 2. finomkodó kiejtés/beszédmód

hawk[1] [hɔ:k] I. *n* 1. héja, karvaly; *know a* ~ *from a handsaw* különbséget tud tenni dolgok között, józan ítélőképessége van 2. „héja", háború(s)párti (ember) II. *vi* solymászik

hawk[2] [hɔ:k] *vi* krákog

hawk[3] [hɔ:k] *vt* 1. [áruval] házal, ügynökösködik 2. *átv* terjeszt [hírt, pletykát]

hawk[4] [hɔ:k] *n* simítólap [kőművesé]

hawker ['hɔ:kə*] *n* (vándorló) utcai árus; *no* ~*s* a házalás tilos

hawk-eyed *a* sasszemű

hawk-nosed *a* sasorrú, karvalyorrú

hawser ['hɔ:zə*] *n* hajókötél

hawthorn ['hɔ:θɔ:n] *n* galagonya(bokor)

Hawthorne ['hɔ:θɔ:n] *prop*

hay[1] [heɪ] *n* széna; ~ *fever* szénanátha; *make* ~ szénát kaszál/forgat; *make* ~ *of sg* összezavar vmt; *make* ~ *while the sun shines* addig üsd a vasat, amíg meleg; □ *hit the* ~ lefekszik (aludni), ledöglik

hay[2] [heɪ] *n* körtánc

haycock *n* szénaboglya

hay-fork *n* szénaforgató villa

hayloft *n* szénapadlás

haymaker *n* 1. szénakaszáló 2. □ jól irányzott (boksz)ütés

haymaking *n* szénakaszálás, -gyűjtés

hay-seed *n* 1. fűmag: szénapor 2. *US biz* parasztos/faragatlan ember, falusi (ember)

haystack *n* szénaboglya

haywire I. *a biz* zavaros, összekuszált; *go* ~ becsavarodik, bedilizik [személy]; félresikerül, összezavarodik [terv] II. *n* szénakötöző huzal

hazard ['hæzəd] I. *n* 1. kockajáték 2. lehetőség, eshetőség, sansz 3. kockázat, rizikó, veszély; *at all* ~*s* bármely/minden áron; *run the* ~ (meg-) kockáztat 4. véletlen, vakeset II. *vt* kockáztat; kockára tesz; merészel megtenni [megjegyzést]

hazardous ['hæzədəs] *a* kockázatos, veszélyes

haze[1] [heɪz] *n* 1. köd, pára 2. *átv* homály; (szellemi) zűrzavar

haze[2] [heɪz] *vt* 1. túldolgoztat, kimerít 2. *US* (durván) megtréfál, lehúz [diákot]

hazel ['heɪzl] *n* 1. mogyoró(bokor) 2. mogyoróbarna [szín]

hazel-nut *n* mogyoró

haziness ['heɪzɪnɪs] *n* ködösség, homályosság

hazing ['heɪzɪŋ] *n US* lehúzás [diáké]

Hazlitt ['hæzlɪt; *the Gallery:* 'hæzlɪt] *prop*

hazy ['heɪzɪ] *a* 1. ködös, párás 2. *átv* homályos, bizonytalan

H.B.M., HBM [eɪtʃbi:'em] *His/Her Britannic Majesty* →*majesty*

H-bomb ['eɪtʃbɔm; *US* -am] *n* hidrogénbomba

H.C., HC [eɪtʃ'si:] *House of Commons*

H.C.F., h.c.f. *highest common factor* →*common*

he [hi:; gyenge ejtésű alakjai: hɪ, ɪ] I. *pron* ő [hímnemű]; az illető, az; ~ *that/who* (az) aki II. *n* 1. férfi, hímnemű személy; ~ *man* férfias férfi 2. hím (állat); ~ *bear* hím meave II.E., **HE** *His/Her Excellency*

head [hed] I. *n* 1. (*átv is*) fej; ~ *and shoulders above sy* messze felülmúl vkt; *US be out of one's* ~ bedilizett, megőrült; *come into one's* ~ eszébe jut; *fall* ~ *first* fejjel lefelé/előre esik; *get sg into one's* ~ fejébe vesz vmt; *get sg into sy's* ~ vk fejébe ver vmt; *give sy his* ~ enged vknek, szabad kezet ad vknek; *go off one's* ~ megbolondul; *go to one's* ~ fejébe száll [ital, dicsőség stb.]; *have a good* ~ (*on one's shoulders*) jó feje van, helyén van az esze; *keep one's* ~ nem veszti el a fejét; *lose one's* ~ elveszti a fejét; *put/lay their* ~*s together* összedugják a fejüket; *put sg out of sy's* ~ kiver

vmt vk fejéből; *stand on one's ~* fejen áll; *take it into one's ~* fejébe vesz vmt; *talk sy's ~ off* lyukat beszél vk hasába; *talk over sy's ~* vk számára érthetetlenül beszél; *turn sy's ~* elcsavarja vk fejét; *sg has turned his ~* vm a fejébe szállt, vm elkapatta; *weak in the ~* kicsit ütődött; *work one's ~ off* agyondolgozza magát; *~ over ears* fülig, nyakig; *~ over heels* hanyatt-homlok; *be ~ over heels in love with sy* fülig szerelmes vkbe 2. fő, darab [emberről, állatról]; *per ~* fejenként; *six ~ of cattle* hat (darab) szarvasmarha 3. fej [káposztáé, salátáé]; kalász [búzáé]; fejrész [szegé, szerszámé] 4. fej(rész) [érmén]; *~s or tails* fej vagy írás; *I can't make ~ or tail of this* ebből nem tudok kiokoskodni 5. vezető [vállalaté, osztályé stb.]; igazgató [iskoláé]; feje [családnak, vállalkozásnak stb.]; *jelzői haszn* fő-; *~ of department* osztályvezető; *~ office* központi iroda 6. elülső rész; vmnek az eleje/éle; *at the ~ of the list* a lista élén 7. vmnek felső része/vége 8. kiindulópont 9. tetőpont, csúcspont; kifejlés; *bring a matter to a ~* dűlőre viszi a dolgot; *come/gather to a ~* (1) tetőpontjára ér, válságossá válik (2) (el)gennyed; *make ~* halad 10. rovat, rubrika; fejezet; *under separate ~s* külön rovatokban, külön tételek alatt II. A. *vt* 1. vezet, élén áll vmnek; *~ the list* a névsor élén van 2. fejjel ellát 3. felirattal ellát 4. fejel [labdát] B. *vi* megy, halad; igyekszik, útban van *(for* vhová); *~ for a place* vhova igyekszik; *~ East* kelet felé indul/halad
head off *vt* 1. eltérít [irányból, szándéktól]; lebeszél *(from* vmről) 2. elhárít [veszélyt, vitát]
headache *n (átv is)* fejfájás
headachy [-eɪkɪ] *a* 1. fejfájós 2. fejfájást okozó
headband *n* 1. homokszalag, hajlekötő szalag 2. fejléc [könyvben]
headboard *n* fejrész, fejdeszka [ágyé]
head-dress *n* 1. frizura, hajviselet 2. fejdísz, fejfedő; fityula

headed ['hedɪd] *a* 1. fejű, fejes 2. megérett 3. felirattal ellátott; *~ notepaper* cégjelzéses levélpapír
header ['hedə*] *n* 1. *biz* fejes(ugrás) 2. kötőtégla 3. (labda)fejelés; fejes
headgear *n* 1. fejfedő, -dísz 2. kantár
head-hunter *n* fejvadász
headiness ['hedɪnɪs] *n* 1. meggondolatlanság, hevesség 2. részegítő volta [bornak]
heading ['hedɪŋ] *n* 1. felzet, címsor; fejszöveg 2. rovat; (könyvelési) tétel 3. (haladási) irány 4. (labda)fejelés 5. kötőtégla
headlamp *n* = *headlight*
headland ['hedlənd] *n* 1. hegyfok 2. előhegység
headless ['hedlɪs] *a* 1. fejetlen, fej nélküli 2. vezető nélküli
headlight *n* fényszóró [autón]; jelzőlámpa [mozdonyon], orrlámpa [repgépen] || →*dim(med), dip(ped)*
headline *n* címfej, főcím; alcím [újságban, könyvben]; *here are the ~s* főbb híreink [rádióban]
headlong I. *a* heves, hirtelen; meggondolatlan II. *adv* 1. gyorsan, hanyatt-homlok 2. fejjel előre; *fall ~* fejjel előre esik
headman *n (pl -men)* 1. törzsfőnök 2. előmunkás, munkavezető
headmaster *n* igazgató [iskolában]
headmistress *n* igazgatónő [iskolában]
head-money *n* 1. fejadó 2. vérdíj
headmost *a* élen haladó, legelső [hajó]
head-on I. *a* frontális [ütközés] II. *adv* fejjel előre/neki; frontálisan
headphone *n* fejhallgató
headpiece *n* 1. sisak 2. fejléc; fejezetdísz 3. *biz* fej; ész, értelem
headquarters *n pl* főhadiszállás; központ; *~ staff* törzskar, vezérkar
headrest *n* fejtámasz
headroom *n* belvilág, belső magasság
headset *n* fejhallgató
headship ['hedʃɪp] *n* vezető állás/szerep; vezérszerep
headsman ['hedzmən] *n (pl -men -mən)* hóhér
headspring *n (átv is)* (fő) forrás

headstone n 1. sírkő [fejnél levő része] 2. zárókő [boltozaté]
headstrong a makacs, nyakas, önfejű
headwaiter n főpincér
headwaters n pl US forrásvidék [folyóé], felső folyás
headway n 1. (átv is) (előre)haladás; make ~ halad, boldogul, fejlődik 2. térköz
headwind n ellenszél
headword n címszó
head-work n 1. szellemi munka 2. (labda)fejelés
heady ['hedɪ] a 1. heves; meggondolatlan; szenvedélyes 2. részegítő, erős [bor]; mámorító [siker]
heal [hi:l] A. vt (meg)gyógyít (of vmt) B. vi (meg)gyógyul, (be)gyógyul [seb]
healer ['hi:lə*] n gyógyító
healing ['hi:lɪŋ] I. a gyógyító; ~ ointment sebkenőcs II. n 1. gyógyítás 2. gyógyulás
health [helθ] n 1. egészség; have/enjoy ~, be in good ~ egészséges, jó egészségnek örvend; drink the ~ of sy vknek az egészségére iszik 2. egészségügy; ~ centre orvosi rendelő(intézet); GB National H~ Service (NHS) kb. társadalombiztosítás, SZTK; ~ certificate orvosi bizonyítvány; ~ insurance betegségi biztosítás; ~ officer tisztiorvos; ~ resort üdülőhely, fürdőhely
healthful ['helθful] a egészséges, gyógyhatású, jó hatású, átv üdvös
health-giving a gyógyító hatású, éltető [levegő]
healthily ['helθɪlɪ] adv egészségesen
healthy ['helθɪ] a egészséges
heap [hi:p] I. n 1. halom, rakás; knock/strike sy all of a ~ megdöbbent/meghökkent/elképeszt vkt 2. tömeg, nagy mennyiség; a ~ of sg nagyon sok vmből; ~s of times számtalanszor II. vt 1. ~ (up) felhalmoz, halomba rak/hord 2. elhalmoz (with vmvel) 3. megrak, telerak (with vmvel)
heaped [hi:pt] a felhalmozott; ~ measure púpozott mérték
hear [hɪə*] v (pt/pp ~d hə:d) A. vt 1. (meg)hall; I have ~d it said, biz

I have ~d tell hallottam, hogy..., azt/úgy beszélik, hogy...; I could hardly make myself ~d (a nagy zajban) alig tudtam magam megértetni; ~! ~! (1) halljuk!, halljuk! (2) úgy van, úgy van! 2. (meg)hallgat; ~ sy out vkt végighallgat; ~ a child his lesson kikérdezi a leckét (a gyerektől) 3. (le)tárgyal [bíróság ügyet]; ~ the witnesses kihallgatja a tanúkat 4. megtud (vmt); értesül (vmről); from what I ~ a hírek (v. értesülésem) szerint, úgy értesülök B. vi 1. hall 2. hall, értesül (of/about sy/sg vkről/vmről); he won't ~ of it hallani sem akar róla; ~ from sy levelet/hírt/üzenetet kap vktől; hoping to ~ from you (szíves) válaszát várva; you will ~ from me majd írok neked, majd értesítelek
heard [hə:d] a hallott; →hear
hearer ['hɪərə*] n hallgató
hearing ['hɪərɪŋ] n 1. hallás; ~ aid hallásjavító készülék 2. meghallgatás; gain a ~ meghallgatást nyer; give me a ~ hallgasson meg 3. kihallgatás (vknél) 4. (bírósági) tárgyalás 5. hallótávolság; in my ~ fülem hallatára; within ~ hallótávolságon belül
hearken ['hɑ:k(ə)n] vi 1. hallgat, hallgató(d)zik 2. figyel (to vmre)
hearsay ['hɪəseɪ] n hallomás, mendemonda; I have it only from ~ csak hallomásból tudom
hearse [hə:s] n halottaskocsi
hearse-cloth n gyászlepel
Hearst [hə:st] prop
heart [hɑ:t] I. n 1. szív; artificial/mechanical ~ műszív; ~ attack szívroham; at ~ szíve mélyén; at ~ he is not bad alapjában véve nem rossz ember; sy after one's own ~ kedvére való ember; by ~ könyv nélkül, kívülről; get sg off by ~ könyv nélkül megtanul vmt, szóról szóra bevág vmt; break sy's ~ összetöri vk szívét; die of a broken ~ bánatában hal meg, megszakad a szíve; to the (v. one's) ~'s content kedvére, szíve szerint; do one's ~ good örömet okoz vknek; not find it in one's ~ to nincs kedve/bátorsága

megtenni (vmt); *have one's* ~ *in sg*
szívvel-lélekkel csinál vmt; *in my* ~
of ~*s* szívem mélyén; *lose one's* ~ *to*
sy beleszeret vkbe; *open one's* ~ *to sy*
kiönti a szívét vknek; *search the* ~
lelkiismeret-vizsgálatot tart; *set one's*
~ *at rest* megnyugszik; *set one's* ~ *on*
sg vmre vágyakozik; *speak one's* ~
őszintén/magyarán beszél; *take sg to*
~ szívére/lelkére vesz vmt; *talk with*
sy ~ *to* ~ nyíltan/őszintén beszél
vkvel; *wear one's* ~ *on one's sleeve*
ami a szívén az a száján; *win sy's* ~
megnyeri vk szívét; *with* ~ *and hand*
szívvel-lélekkel 2. belső rész, mag;
ér [kábelé]; szív [salátáé]; *in the* ~
of sg vm kellős közepén; *the* ~ *of the*
matter a dolog lényege/veleje; *biz*
~ *of oak* derék/egyenes ember 3. bá-
torság; lelkiállapot; *have one's* ~ *in*
one's boots inába száll(t) a bátorsága;
lose ~ elcsügged; *in good* ~ jó (egész-
ségi, kedély)állapotban; *put* ~ *into sy*
lelket ver vkbe; *take* ~ felbátorodik
4. *rendsz pl* kőr [szín kártyajátékban];
queen of ~*s* kőr dáma **II.** *vi* ~ *(up)*
fejbe borul, fejesedik [káposzta, saláta]
heart-ache *n átv* szívfájdalom
heartbeat *n* szívverés, -dobogás
heart-break *n* nagy szomorúság
heart-breaking *a* szívettépő, szívfacsaró
heart-broken *a* megtört szívű
heartburn *n* gyomorégés
heart-burning *n* irigység; féltékenység
heart-disease *n* szívbaj
-hearted ['hɑːtɪd] -szívű
hearten ['hɑːtn] **A.** *vt* 1. (fel)bátorít
2. buzdít, új erőt ad **B.** *vi* ~ *(up)* fel-
bátorodik
heart-failure *n* szívbénulás, -szélhűdés
heartfelt *a* őszinte, szívből jövő
heart-free *a* nem szerelmes, szabad a
szíve
hearth [hɑːθ] *n* 1. kandalló, tűzhely
2. *átv* család(i tűzhely), otthon
hearth-rug *n* kandalló előtti szőnyeg
hearthstone *n* 1. kandalló lapja 2. sú-
rolókő
heartily ['hɑːtɪlɪ] *adv* 1. szívélyesen 2.
bőségesen, jó étvággyal [eszik] 3. *biz*
alaposan

heartiness ['hɑːtɪnɪs] *n* 1. szívélyesség,
melegség [fogadtatásé] 2. erőteljes-
ség [étvágyé, munkakedvé]
heartless ['hɑːtlɪs] *a* szívtelen
heartlessness ['hɑːtlɪsnɪs] *n* szívtelenség
heart-rending [-rendɪŋ] *a* szívszaggató,
szívet tépő
heart's-blood *n* 1. élet 2. legdrágább
kincs
heart's-ease *n* vadárvácska
heart-sick *a* lelkibeteg, kedélybeteg
heart-strings *n pl* legmélyebb érzések
heart-to-heart *a* bizalmas, őszinte
heart-transplant *n* szívátültetés
heart-whole *a* nem szerelmes
heart-wood *n* (fa)geszt
hearty ['hɑːtɪ] **I.** *a* 1. szívélyes, szívből
jövő, őszinte 2. erős, erőteljes, jó
erőben lévő 3. tápláló, bőséges; *a* ~
meal bőséges étkezés **II.** *n* 1. *my*
hearties! cimborák! [tengerészek meg-
szólításaként] 2. derék/bátor ember
heat [hiːt] **I.** *n* 1. hő(ség), forróság,
izzás; *the* ~ *of the sun* a nap heve;
US ~ *lightning* villódzás [az ég alján]
2. láz 3. felindulás, hév; *get into a* ~
indulatba jön; *in the* ~ *of the moment*
a pillanat hevében; *biz put the* ~ *on sg*
rákapcsol vmre 4. verseny; (elő)fu-
tam 5. sárlás [kanca], folyatás [te-
hén], tüzelés [szuka], búgás [koca];
be in/on/at ~ [általában:] üzekedik
[nőstény]; sárlik [kanca], folyat [te-
hén], tüzel [szuka], búg [koca] **II.**
A. *vt* 1. (be)fűt [szobát]; (meg)mele-
gít [ételt]; hevít [fémet] 2. felizgat,
tűzbe hoz (vkt) **B.** *vi* 1. fűlik; meleg-
szik 2. felgerjed [érzelem]
heated ['hiːtɪd] *a* 1. forró, tüzes 2. he-
ves; ~ *debate* heves vita
heater ['hiːtə*] *n* 1. fűtőkészülék 2. fű-
tőtest; hősugárzó 3. (étel)melegítő,
reső 4. vízmelegítő, bojler
heath [hiːθ] *n* 1. pusztaság 2. hanga,
erika
heath-cock *n* (nyír)fajdkakas
heathen ['hiːðn] *a/n* pogány; *the* ~ *a*
pogányok
heathenish ['hiːðənɪʃ] *a* pogány, barbár
heathenism ['hiːðənɪzm] *n* pogányság
heather ['heðə*] *n* hanga, erika, csarab

heating ['hi:tɪŋ] I. a fűtő II. n fűtés
heat-proof a hőálló, tűzálló
heat-rash n lázkiütés, hőpörsenés
heat-shield n hőpajzs [űrrepülésben]
heat-stroke n hőguta
heat-wave n hőhullám
heave [hi:v] I. n 1. (fel)emelés, (felfelé)
lökés 2. emelkedés, dagadás [kebelé]
3. dobás; lökés [sportban] II. v
(pt/pp ~d hi:vd v. hove hoʊv) A. vt 1.
(fel)emel; húz; ~ (up) the anchor
felhúzza a horgonyt 2. dob, hajít;
~ the lead mélységet mér [hajóról];
~ sg overboard hajóról a vízbe dob
3. ~ a deep sigh nagyot sóhajt B. vi
1. dagad, emelkedik 2. háborog [ten-
ger] 3. zihál, liheg 4. öklendezik
heave at vi ~ at a rope (hajó)kötelet
megfeszít
heave down vt oldalára dönt [hajót]
heave in A. vt bevon [kötelet] B. vi
~ in sight (a láthatáron) feltűnik
heave to vt/vi ⟨a vitorlát úgy rende-
zi, hogy a hajó egy helyen marad⟩;
lavíroz; be hove to vesztegel [hajó]
heave up vt →heave II. A. 1.
heave(-)ho int hórukk!
heaven ['hevn] n 1. menny, ég; for
H~'s sake az isten szerelmére!, az
istenért!; Good H~s! jóságos ég!;
would to ~ bár adná az ég 2. the ~s
az égbolt
heavenly ['hevnlɪ] a 1. mennyei; égi;
~ body égitest 2. biz pompás, csodás
heaven-sent a égből pottyant
heavenward(s) ['hevnwəd(z)] adv az
ég felé
heavier-than-air craft [hevɪə-] levegő-
nél nehezebb [repülőgép]
heavily ['hevɪlɪ] adv 1. súlyosan; na-
gyon; lose ~ sokat veszít [kártyán
stb.]; ~ underlined vastagon aláhúzva
2. lassan, nehézkesen
heaviness ['hevɪnɪs] n 1. súly(osság)
[teheré]; nehézség, vmnek nehéz vol-
ta; nehezen emészthetőség [ételé] 2.
levertség, rosszkedv 3. nehézkesség,
(szellemi) renyheség
Heaviside layer ['hevɪsaɪd] n Heavi-
side-réteg
heavy ['hevɪ] a 1. (átv is) nehéz, súlyos;

a ~ blow (1) erős ütés (2) súlyos csa-
pás; ~ food nehéz étel; lie ~ on sg
ránehezedik vmre; ~ oil gázolaj
2. nehéz, kemény, terhes [munka]; ~
day nehéz/zsúfolt/fárasztó/mozgalmas
nap; find sg ~ going nehezen halad
vmvel 3. fáradt, kimerült, álmos
[szem] 4. heves [vihar]; viharos [ten-
ger]; sötét, beborult [égbolt] 5. erős;
nagy; jelentős; ~ artillery nehéztüzér-
ség; ~ crops bő termés; ~ traffic
(1) nagy forgalom (2) teherforgalom;
~ type vastag/kövér betű 6. buta,
unalmas
heavy-armed a nehéz fegyverzetű
heavy-duty a nagy teherbírású/teljesít-
ményű [gép]; strapabíró [ruhada-
rab stb.]
heavy-handed a 1. vaskezű, zsarnoki
2. ügyetlen, esetlen
heavy-hearted a szomorú, búslakodó
heavy-laden a 1. (erősen) megterhelt,
megrakott 2. átv gondterhes
heavyweight I. a nehézsúlyú II. n
nehézsúly; light ~ félnehézsúly
hebdomadal [heb'dɔmədl; US -'da-]
a heti
he-bear n hím medve
Hebraic [hi:'breɪɪk] a héber
Hebrew ['hi:bru:] I. a héber, izraelita,
zsidó II. n 1. héber/izraelita/zsidó
ember 2. héber (nyelv)
Hebrides ['hebrɪdi:z] prop Hebridák
heck [hek] n □ fene
heckle ['hekl] vt 1. gerebenez 2. kel-
lemetlen kérdéseket intéz [szónok-
hoz közbeszólásként]
heckler ['heklə*] a zavart keltő (sze-
mély) [aki közbeszólásokkal megza-
varja az előadót]
hectare ['hekta:*; US -eər] n hektár
hectic ['hektɪk] a biz izgatott, lázas,
nyugtalan [ember]; mozgalmas [na-
pok]
hector ['hektə*] A. vi henceg, szájhős-
ködik B. vt megfélemlít, terrorizál
Hecuba ['hekjʊbə] prop
he'd [hi:d] = he had, he would/should
hedge [hedʒ] I. n 1. élősövény, sövény-
kerítés; be on the ~ nem dönt, hatá-
rozatlan; over ~ and ditch árkon-bok-

ron túl 2. sorfal [rendőröké, katonaságé], kordon II. A. *vt* 1. sövénnyel bekerít, beültet; ~ *in* (1) bekerít, körülkerít (2) *átv* korlátoz, behatárol [hatáskört stb.] 2. nyír [sövényt] 3. bebiztosít, lefedez [fogadást, spekulációt] B. *vi biz* nem vall színt
hedgehog ['hedʒ(h)ɔg; *US* -hɑg] *n* 1. sündisznó 2. [katonai] sündisznóállás
hedge-hopping [-hɔpıŋ; *US* -hɑ-] *n* mélyrepülés
hedger ['hedʒə*] *n* 1. sövénynyeső, -ültető [kertész] 2. *biz* habozó, ,,óvatos duhaj"
hedgerow *n* élősövény
hedonist ['hi:dənıst] *n* hedonista
heebie-jeebies ['hi:bı'dʒi:bız] *n pl* □ izgatott várakozás
heed [hi:d] I. *n* figyelem, óvatosság; *give/pay* ~ *to* figyelmet szentel vmnek, megszívlel vmt; *take* ~ *of sg* vigyáz vmre, őrizkedik vmtől II. *vt* gondosan figyel vmre, vigyáz vmre, törődik vmvel
heedful ['hi:dfʊl] *a* gondos, óvatos
heedless ['hi:dlıs] *a* figyelmetlen, elővigyázatlan, meggondolatlan
hee-haw [hi:'hɔ:] I. *n* 1. iázás, szamárordítás 2. röhögés II. *vi* iázik
heel¹ [hi:l] I. *n* 1. sarok [lábé, cipőé]; *kick/cool one's* ~*s* megvárakoztatják; *come on the* ~*s* nyomon követ; *come to* ~ meghunyászkodik; *down at the* ~ elhanyagolt/kopottas külsejű; *to-pis; kick up the* ~*s* kirúg a hámból; *take to one's* ~*s, show a clean pair of* ~*s* kereket old, elinal; *under the* ~ elnyomva 2. pata 3. *US biz* undok fráter II. *vt* 1. megsarkal [cipőt] 2. nyomon követ, sarkában van (vknek) 3. táncol [sarokkal kopogva] 4. *US biz* felfegyverez
heel² [hi:l] A. *vi* ~ (*over*) oldalára dől/ hajol (hajó) B. *vt* oldalára dönt/állít [hajót]
heel-ball *n* cipészszurok
heeled [hi:ld] *a* 1. -sarkú 2. *US* revolveres 3. *US biz* (*well*-)~ gazdag, pénzes
heel-tap *n* italmaradék [pohárban]; *no* ~*s!* ex! [iváskor]

heft [heft] *US* I. *n* súly II. *vt* megemeléssel súlyt becsül
hefty ['heftı] *a biz* 1. izmos, tagbaszakadt, erős 2. meglehetősen nehéz
hegemony [hı'gemənı] *n* vezető szerep, fensőbbség, hegemónia
Hegira ['hedʒırə] *n* hedzsra ⟨Mohamed futása 622-ben⟩
he-goat *n* bakkecske
heifer ['hefə*] *n* üsző
heigh [heı] *int* hé!
heigh-ho [heı'hoʊ] *int* 1. jaj!, ah! 2. rajta!, hej! 3. ejha!
height [haıt] *n* 1. magasság; *5 feet in* ~ 5 láb magas 2. magaslat, hegy 3. tetőpont, csúcspont; *vm* netovábbja; *in the* ~ *of fashion* legutolsó divat szerint; *in the* ~ *of summer* nyár derekán
heighten ['haıtn] A. *vt* 1. magasra emel, felemel 2. fokoz, növel [örömet]; súlyosbít [bajt]; kiemel, kihangsúlyoz [szépséget, ellentéteket]; ~*ed colour* élénk szín, pirulás B. *vi* fokozódik, növekszik, emelkedik, nő
heinous ['heınəs] *a* szörnyű, förtelmes [bűn]
heir [eə*] *n* örökös; ~ *apparent* törvényes örökös; ~ *apparent to the throne* a trón várományosa, trónörökös; ~ *presumptive* prezumptív/feltételezett (trón)örökös; *be* ~ *to sy* örököl vktől
heiress ['eərıs] *n* örökösnő
heirloom ['eəlu:m] *n* családi ékszer/ bútor
held →*hold*¹ *II.*
Helen ['helın] *prop* Helén
Helena ['helınə] *prop* Heléna, Ilona
helical ['helıkl] *a* csigavonalú
helicopter ['helıkɔptə*; *US* -kɑ-] *n* helikopter
heliport ['helıpɔ:t] *n* helikopter-repülőtér
helium ['hi:ljəm] *n* hélium
helix ['hi:lıks] *n* (*pl* ~**es** -sız v. **helices** 'helısi:z) 1. csavarvonal, csigavonal, spirálvonal 2. (fül)karima
hell [hel] *n* 1. pokol; *GB biz* ~*'s angel* őrült módra rohangáló fiatal motor-

kerékpáros; *between* ~ *and high-water* két tűz között, nehéz helyzetben; *go to* ~ *!* menj a fenébe !; *give sy* ~ vkt „jól megtáncoltat", vkt jól letol; ~ *breaks loose* elszabadul(t) a pokol 2. *biz* fene; *what the* ~ *are you doing?* mi a fenét csinálsz?; *for the* ~ *of it* csak úgy mulatságból/heccből; ~ *of a noise* szörnyű lárma, pokoli zsivaj; *like* ~ kétségbeesetten, nagyon, fenemód; *ride* ~ *for leather* teljes erőből vágtat 3. játékbarlang; kártyabarlang
he'll [hi:l] = *he will/shall*
hell-bent I. *a US biz* elszánt, kíméletlen, gátlástalan; *be* ~ *for sg* teljes erővel (v. gátlás nélkül) tör vmre II. *adv* elszántan
hell-cat *n* boszorkány
hellebore ['helɪbɔ:*] *n* hunyor [növény]
Hellene ['heli:n] *n* görög/hellén ember
Hellenic [he'li:nɪk] *a* görög, hellén
hellenist ['helɪnɪst] *n* 1. görögül beszélő nem görög (ember) 2. görög kultúra tudósa, hellenista
hell-fire *n* pokol tüze/kínja
hell-hound *n* sátán kutyája, pokolfajzat
hellion ['heljən] *n biz* komisz kölyök
hellish ['helɪʃ] *a* pokoli, ördögi
hello [hə'loʊ] *int/n* = *hallo(a)*
helluva ['heləvə] *a US* □ 1. pokoli 2. remek 3. óriási
helm¹ [helm] *n* 1. kormányrúd; *the man at the* ~ kormányos 2. kormányzás, vezetés, irányítás [államé stb.]
helm² [helm] *n* † sisak
helmet ['helmɪt] *n* sisak; bukósisak
helmeted ['helmɪtɪd] *a* sisakos
helmsman ['helmzmən] *n (pl* -men -mən) kormányos
helot ['helət] *n* 1. helóta [ókori Spártában] 2. *biz* rabszolga
help [help] I. *n* 1. segítség, segély, támogatás; *by the* ~ *of sg* vm által/ segítségével; *be past* ~ menthetetlen, nem lehet rajta segíteni 2. *US* (háztartási) alkalmazott; bejárónő II. **A.** *vt* 1. segít; ~ *!,* ~ *!* segítség !; ~ *sy to do sg* segít vknek vmben; *may I* ~ *you?* szabad segítenem?; *biz go* ~

wash up segíts elmosogatni; *can't be* ~*ed* menthetetlen, elkerülhetetlen; *so* ~ *me God!* Isten engem úgy segéljen ! 2. elősegít; *that doesn't* ~ *much* ez nem sokat használ 3. orvosol 4. *can't* ~ *doing sg* kénytelen vmt megtenni; nem tudja megállni, hogy ne tegyen vmt; *I can't* ~ *it* (1) nem tehetek róla (2) meg nem állhatom, hogy ne...; *I can't* ~ *thinking* akaratlanul is az jár az eszemben; *don't be away longer than you can* ~ *it* ne maradj tovább mint okvetlenül muszáj 5. kiszolgál; felszolgál [étkezésnél]; ~ *to sg* (1) vmhez juttat (2) vmvel kínál/kiszolgál ͵[étkezésnél]; ~ *sy to soup* vknek levest ad/mer; ~ *yourself* tessék hozzálátni !, tessék venni [a tálból]!; ne kínáltasd magad!; *can I* ~ *you?* mit parancsol? [üzletben] **B.** *vi* segít
help down *vt* lesegít [vkt járműről]
help in *vt* felsegít [járműre], besegít [kocsiba]
help out *vt* 1. kisegít (vkt vmvel) 2. segít vknek kijutni vhonnan
helper ['helpə*] *n* segítő; pártfogó
helpful ['helpfʊl] *a* 1. segíteni kész, szolgálatkész [személy] 2. hasznos [tanács]
helping ['helpɪŋ] *n* (étel)adag; *have a second* ~ kétszer vesz, repetál
helpless ['helplɪs] *a* 1. gyámoltalan, tehetetlen, ügyefogyott; támasz/gyámol nélküli [árva stb.] 2. haszontalan
helpmate, helpmeet *n* segítőtárs, hitvestárs
helter-skelter [heltə'skeltə*] I. *adv* öszszevissza, rendetlenül II. *n* csúszka [Vidám Parkban]
helve [helv] *n* (szerszám)nyél; *throw the* ~ *after the hatchet* ami kevés megmaradt, azt is veszni hagyja
Helvetia [hel'vi:ʃjə] *prop* Svájc
Helvetian [hel'vi:ʃjən] *a/n* helvét, svájci
hem¹ [hem] I. *n* 1. szegés, szegély, felhajtás [szoknyavégé], korc II. *vt* -mm- 1. (be)szeg, felhajt [ruhadarab végét varrással] 2. ~ *in* körülzár, bekerít; ~*med about/round by small houses* kis házak veszik körül

hem² [hem] I. *int* hm! II. *vi* -mm- hümmög; ~ *and haw* hümmög, hímez-hámoz
he-man ['hi:mæn] *n (pl* -men -men) *US* férfias férfi
Hemingway ['hemɪŋweɪ] *prop*
hemiplegia [hemɪ'pli:dʒɪə] *n* féloldali bénulás, hemiplegia
hemisphere ['hemɪsfɪə*] *n* félgömb, félteke; *the northern* ~ az északi félteke
hemline *n* ruha széle/szegélye/hossza
hemlock ['hemlɔk; *US* -ɑk] *n* bürök
hemmed [hemd] →*hem¹* és *hem²* *II*
hemo- [hi:mə-] →*haemo-*
hemp [hemp] *n* kender; *(Indian)* ~ hasis
hempen ['hempən] *a* kenderből való
hempseed *n* kendermag
hemstitch *n* azsúrozás, szálhúzás
hen [hen] *n* 1. tyúk, tojó 2. nőstény [madáré]
henbane *n* beléndek
hen-bird *n* tojó
hence [hens] *adv* 1. ezentúl, mától fogva; *a week* ~ mához egy hétre 2. ennélfogva, ezért 3. † innen
henceforth, henceforward *adv* ezentúl, mától fogva; a továbbiakban
henchman ['hentʃmən] *n (pl* -men -mən) 1. csatlós, szolga 2. vknek (politikai) híve/bérence
hen-coop *n* tyúkketrec
hen-house *n* tyúkól
Henley ['henlɪ] *prop*
henna ['henə] *vt (pt/pp* ~ed 'henəd) hennáz [hajat]
hen-party *n* asszonyzsúr
henpecked ['henpekt] *a* papucs [férj]
Henrietta [henrɪ'etə] *prop* Henrietta
hen-roost *n* tyúkülő
Henry ['henrɪ] *prop* Henrik
hepatic [hɪ'pætɪk] *a* 1. máj- 2. egészséges a májnak 3. májszínű
hepatica [hɪ'pætɪkə] *n* májkökörcsin; májfű
hepatitis [hepə'taɪtɪs] *n* májgyulladás
Hephzibah ['hefsɪbə] *prop* ⟨női név⟩
heptagon ['heptəgən; *US* -gɑn] *n* hétszög
heptagonal [hep'tægənl] *a* hétszögű
her [hə:*; gyenge ejtésű alakjai: ə:*, hə*] *pron* 1. őt [nőnemben]; *to* ~ neki

2. (az ő)... (j)a,... (j)e,... (j)ai,... (j)ei; ~ *husband* (az ő) férje ‖ →*hers*
Heracles ['herəkli:z] *prop* Héraklész, (latinosan: Herkules)
herald ['her(ə)ld] I. *n* 1. hírnök, herold 2. híradó [mint újságcím] 3. *the H~s' College* a Címerügyi Testület [Londonban] 4. *biz* előfutár, hírnök II. *vt* előre jelez/bejelent, beharangoz
heraldic [he'rældɪk] *a* címertani
heraldry ['her(ə)ldrɪ] *n* címertan
herb [hə:b; *US* ə:rb] *n* 1. fű(féle) 2. (gyógy)növény
herbaceous [hə:'beɪʃəs] *a* fűszerű, lágy szárú [növények]
herbage ['hə:bɪdʒ; *US* 'ə:r-] *n* 1. fűnövényzet; legelő 2. legeltetési jog
herbal ['hə:bl] I. *a* füvekből álló/készített [ital] II. *n* füvészkönyv
herbalist ['hə:bəlɪst] *n* 1. gyógyfűkereskedő 2. növénygyűjtő
herbarium [hə:'beərɪəm] *n (pl* -s -z v. **herbaria** hə:'beərɪə) növénygyűjtemény
Herbert ['hə:bət] *prop* Herbert
herbicide ['hə:bɪsaɪd] *n* vegyszeres gyomirtó(szer)
herbivorous [hə:'bɪvərəs] *a* növényevő [állat]
Herculean [hə:kju'li:ən] *a* herkulesi [erőfeszítés stb.]
Hercules ['hə:kjʊli:z] *prop* Herkules (görögösen: Héraklész)
herd [hə:d] I. *n* 1. csorda, gulya, nyáj, falka; *the* ~ *instinct* nyájösztön 2. nagy embertömeg 3. csordás, gulyás, pásztor II. A. *vt* 1. összeterel, -gyűjt 2. őriz, legeltet [nyájat] B. *vi* 1. pásztorkodik 2. ~ *together* falkába verődik, gulyában/csordában él 3. ~ *with* csatlakozik, sereglik, társul [párthoz stb.]
herdsman ['hə:dzmən] *n (pl* -men -mən) csordás, gulyás
here [hɪə*] *adv* 1. itt; ide; *come* ~! gyere ide!; ~ *you are!* (1) no végre hogy itt vagy! (2) *biz* tessék! 2. ~ *goes!* nos hát!, na gyerünk!; ~'s *to you* kedves egészségedre! [iváskor] 3. *my friend* ~ *will tell you* majd ez a barátom

megmondja 4. ~ *and there* itt-ott, hébe-hóba; ~, *there and everywhere* itt is, ott is és mindenütt; *biz that's neither ~ nor there* nem tartozik a dologra, ez nem fontos

hereabout(s) ['hɪərəbaʊt(s)] *adv* errefelé, ezen a tájon

hereafter [hɪər'ɑːftə*] I. *adv* ezentúl, a jövőben; a továbbiakban II. *n* a másvilág

hereat [hɪər'æt] *adv* † 1. emiatt, ezen 2. erre (fel)

hereby [hɪə'baɪ] *adv* ezáltal; ezennel

hereditament [herɪ'dɪtəmənt] *n* örökség, örökölhető vagyon/tárgy/dolog

hereditary [hɪ'redɪt(ə)rɪ; *US* -erɪ] *a* 1. örökletes, örökös 2. öröklött

heredity [hɪ'redətɪ] *n* (át)öröklés, öröklékenység

Hereford ['herɪfəd] *prop*

herein [hɪər'ɪn] *adv* ebben, itt; *enclosed ~* mellékelten

hereinafter [hɪərɪn'ɑːftə*] *adv* lejjebb, az alábbiakban, a következőkben [okményben stb.]

hereof [hɪər'ɔv; *US* -ʌv] *adv* † ebből, ettől

hereon [hɪər'ɔn; *US* -'ɑn] *adv* = *hereupon*

heresy ['herəsɪ] *n* eretnekség

heretic ['herətɪk] *n* eretnek

heretical [hɪ'retɪkl] *a* eretnek

hereto [hɪə'tuː] *adv* *attached ~* idecsatolva, mellékelve

heretofore [hɪətʊ'fɔː*] *adv* ez ideig

hereunder [hɪər'ʌndə*] *adv* 1. a(z) alábbiakban/továbbiakban 2. jelen törvény/rendelet/okmány értelmében/szerint

hereupon [hɪərə'pɔn; *US* -ɑn] *adv* erre, ezután, ennek következtében

herewith [hɪə'wɪð] *adv* ezzel, ezennel; ezúttal; *I am sending you ~* mellékelve küldök Önnek

heritable ['herɪtəbl] *a* 1. öröklődő, örökölhető [hajlam, betegség] 2. öröklőképes; örökölhető [vagyon]

heritage ['herɪtɪdʒ] *n* örökség; örökrész

heritor ['herɪtə*] *n* örökös

hermaphrodite [həː'mæfrədaɪt] *a/n* kétnemű, hímnős, hermafrodita

hermetic [həː'metɪk] *a* 1. légzáró, her-

metikus(an/szorosan záródó) 2. titokzatos; ~ *philosophy* titkos tan

hermit ['həːmɪt] *n* remete

hermitage ['həːmɪtɪdʒ] *n* remetelak

hernia ['həːnjə] *n* sérv

hero ['hɪərəʊ] *n* (*pl* ~ es -z) hős, dalia

Herod ['herəd] *prop* Heródes

heroic [hɪ'rəʊɪk] I. *a* hősi, hősies, emberfölötti; ~ *remedy* drasztikus gyógyszer; ~ *poem* hősi eposz; ~ *verse* ötlábas jambus II. **heroics** *n pl* 1. hősi versek 2. nagyhangú/hősködő viselkedés és beszéd

heroical [hɪ'rəʊɪkl] *a* = *heroic I.*

heroically [hɪ'rəʊɪk(ə)lɪ] *adv* hősiesen

heroin ['herəʊɪn] *n* heroin

heroine ['herəʊɪn] *n* hősnő

heroism ['herəʊɪzm] *n* hősiesség, bátorság, vitézség

heron ['her(ə)n] *n* gém

heronry ['her(ə)nrɪ] *n* gémtanya

hero-worship *n* hőskultusz

herpes ['həːpiːz] *n* sömör, herpesz

herpetic [həː'petɪk] *a* sömörös

herring ['herɪŋ] *n* hering; *red ~* (1) füstölt hering (2) *biz* elterelő kísérlet/manőver; *draw a red ~ across the path* a társalgást más irányba téríti, a figyelmet eltereli a lényegről/tárgyról

herring-bone *n* halszálkaminta

hers ['həːz] *pron* az övé, az övéi [nőnemű lényről]; *a friend of ~* egyik barátja

herself [həː'self] *pron* 1. (ön)maga, saját maga [nő]; (*all*) *by ~* (1) (teljesen) egyedül [van, él] (2) saját maga, egymaga; *beside ~* magánkívül; *she cut ~* megvágta magát 2. ő maga; *she told me ~*, *she ~ told me* ő maga mondta nekem

Hertfordshire ['hɑːfədʃə*] *prop*

Herts. [hɑːts] *Hertfordshire*

he's [hiːz; gyenge ejtésű alakjai: hɪz, ɪz] *he is, he has →be, have*

hesitancy ['hezɪt(ə)nsɪ] *n* habozás

hesitant ['hezɪt(ə)nt] *a* habozó; tétovázó

hesitate ['hezɪteɪt] *vi* habozik, tétovázik; vonakodik

hesitation [hezɪ'teɪʃn] *n* határozatlanság, tétovázás, habozás; *without (the slightest)* ~ (minden) tétovázás nélkül

het [het] *a* □ ~ *up* izgatott, ideges
heterodox ['het(ə)rədɔks; *US* -aks] *a* 1.
tévhitű; eretnek 2. elhajló [nézetű]
heterodoxy ['het(ə)rədɔksɪ; *US* -ak-] *n*
1. tévhit, eretnekség 2. eltévelyedés,
elhajlás
heterogeneous [hetərə'dʒi:njəs] *a* különböző (eredetű/fajú), heterogén
heterosexual [hetərə'seksjʊəl; *US* -ʃʊ-] *a*
a másik nemhez vonzódó; másnemű,
heteroszexuális
Hetty ['hetɪ] *prop* ⟨*Henrietta* becézve⟩
hew [hju:] *vt* (*pt* ~ed hju:d, *pp* ~ed v.
~n hju:n) 1. (ki)vág; dönt, vagdal
[fát]; levág [fejszével]; *biz* ~ *the
enemy to pieces* tönkreveri az ellenséget 2. kinagyol [követ, tuskót] 3. *átv*
kialakít
  hew down *vt* levág, lenyes [ágakat]
  hew out *vt* kivág [lyukat]; kinagyol
  [szobrot]
hewer ['hju:ə*] *n* 1. favágó; ~*s of wood
and drawers of water* nehéz testi munkát végzők 2. kőfaragó 3. (réselő) vájár
hewn [hju:n] →*hew*
hexagon ['heksəgən; *US* -gɑn] *n* hatszög
hexagram ['heksəgræm] *n* hatágú csillag
hexahedron [heksə'hedr(ə)n; *US* -'hi:-]
n hatlap, hexaéder, kocka
hexameter [hek'sæmɪtə*] *n* hexameter,
hatlábú versor
hexametrical [heksə'metrɪkl] *a* hexameteres
hey [heɪ] *int* 1. hé!, halló! 2. rajta!; ~
for sg éljen (vm)!; ~ *presto!* hókuszpókusz!
heyday¹ ['heɪdeɪ] *n* csúcspont,tetőfok
[dicsőségé, mulatságé]; virágkor [fiatalságé, vidámságé, hatalomé stb.]
hey-day² *int* tyuhaj! sose halunk meg!
HF [eɪtʃ'ef] *high frequency*
H.G., HG *His/Her Grace* Őfőméltósága
H.H., HH 1. *His/Her Highness* 2. *His
Holiness*
hhd. *hogshead*
hi [haɪ] *int* 1. hé!, halló! 2. *US* szia!
hiatus [haɪ'eɪtəs] *n* (*pl* ~es -ɪz) 1. hézag,
folytonossági hiány; kihagyás 2.hangrés, hiátus

Hiawatha [haɪə'wɔθə; *US* -'wɑ-] *prop*
hibernate ['haɪbəneɪt] *vi* téli álmot alszik, áttelel
hibernation [haɪbə'neɪʃn] *n* téli álom/alvás; áttelelés, hibernálás
Hibernia [haɪ'bə:njə] *prop* † Írország
Hibernian [haɪ'bə:njən] *a/n* ír
hiccough, hiccup ['hɪkʌp] I. *n* csuklás
II. *vi* csuklik
hick [hɪk] *n US biz* bugris, bunkó
hickory ['hɪkərɪ] *n* hikorifa
hid →*hide² II.*
hidden ['hɪdn] *a* rejtett →*hide² II.*
hide¹ [haɪd] I. *n* (*átv is*) bőr, irha; *save
one's* ~ menti az irháját II. *vt biz* elver,
elpáhol
hide² [haɪd] I. *n* leshely II. *v* (*pt* hid hɪd,
pp hid v. hidden 'hɪdn) A. *vt* 1. (el-)
rejt, eldug; eltakar, beburkol; ~ *sg
from sy* elrejt/eltitkol vmt vk elől; ~
yourself! bújj el! 2. (el)takar, (el)rejt;
the future is hidden from us a jövő rejtve van előttünk B. *vi* (el)rejtőzik,
(el)bújik
hide-and-seek *n* bújócska
hide-away *n biz* búvóhely, rejtekhely
hide-bound *a* maradi, konvenciókhoz ragaszkodó
hideous ['hɪdɪəs] *a* 1. csúnya, visszataszító 2. undok; rettenetes, förtelmes
hide-out *n* = *hide-away*
hiding¹ ['haɪdɪŋ] *n biz* elverés, elpáholás
hiding² ['haɪdɪŋ] *n* 1. rejtőzés; *be in* ~,
go into ~ elrejtőzik 2. rejtek(hely)
hiding-place *n* rejtekhely, búvóhely
hierarchic(al) [haɪə'rɑ:kɪk(l)] *a* 1. rangsor szerinti 2. főpapi, hierarchikus
hierarchy ['haɪərɑ:kɪ] *n* hierarchia
hieroglyph ['haɪərəglɪf] *n* 1. képírás jele, hieroglifa 2. *átv* nehezen olvasható
írás, hieroglifa
hieroglyphic [haɪərə'glɪfɪk] I. *a* 1. képírású, képírásos, hieroglif(ikus) 2. titokzatos II. hieroglyphics *n pl* hieroglifák
Hieronymus [haɪə'rɔnɪməs; *US* -'rɑ-]
prop Jeromos
hi-fi [haɪ'faɪ] I. *a* (= *high-fidelity*) Hi-Fi
II. *n* Hi-Fi berendezés
higgledy-piggledy ['hɪgldɪ'pɪgldɪ] *a/adv*
rendetlen(ül), összevissza

high [haɪ] **I.** *a* **1.** magas; felső; *six feet* ~ hat láb magas; ~ *comedy* kitűnő jellemvígjáték; ~ *dive* toronyugrás; ~ *jump* magasugrás; ~ *latitude* sarki övezet; *főleg US* ~ *school* középiskola; ~ *water* ár, dagály **2.** magasztos; felemelő; *H*~ *Church* ⟨az anglikán egyháznak a róm. kat. egyházhoz legközelebb álló szárnya⟩; ~ *ideals* magasztos eszmék **3.** fő-; leg-; *of the* ~*est importance* rendkívül fontos; ~ *priest* főpap; ~ *season* főszezon; *H*~ *Street* Fő utca **4.** gőgös, dölyfös; önkényeskedő; ~ *and mighty* gőgös, dölyfös; *átv be/get on one's* ~ *horse* felül a magas lóra; *with a* ~ *hand* önkényesen **5.** erős, heves [szavak]; nagy(fokú) [megbecsülés stb.]; ~ *respect* mély tisztelet; *set a* ~ *value on sg* nagyra értékel vmt; ~ *wind* szélvész, orkán **6.** vezető, fő; előkelő; ~ *life* az előkelő világ **7.** előrehaladott [idő]; ~ *noon* dél; ~ *tea* uzsonna-vacsora, ucsora; *it's* ~ *time* legfőbb ideje, ideje már **8.** szélsőséges, túlzott [nézet, beállítottság]; ~ *jinks* dorbézolás, mulatozás **9.** erős, világos; élénk; rikító [szín]; hangos, éles [lárma, hang], magas [hang]; magas [árak]; ~ *temperature* magas hőmérséklet/láz **10.** romlásnak induló [hús] **11.** ~ *and dry* (1) megfeneklett, zátonyra futott [hajó] (2) elmaradott; *leave sy* ~ *and dry* cserbenhagy vkt **12.** *biz* kapatos; □ (kábítószertől) kábult **II.** *adv* **1.** magasan, magasra; fent; ~ *and low* mindenütt; *play* ~ nagy tétben játszik **2.** nagyon, erősen, nagymértékben **III.** *n* **1.** előkelő személy **2.** magasan fekvő hely, magaslat **3.** *US* magas szint/szám, rekordszám

highball *n US* whisky jeges szódával (magas pohárban)

high-blown *a biz* fennhéjázó, beképzelt

high-born *a* előkelő származású

highboy *n* ⟨magas lábú fiókos szekrény⟩

high-bred *a* **1.** előkelő származású/születésű **2.** jó nevelésű

highbrow **I.** *a* kifinomult ízlésű, nagy kultúrájú **II.** *n* **1.** entellektüel **2.** kultúrsznob

highchair *n* etetőszék

high-class *a* elsőrendű minőségű, első osztályú [áru]

high-coloured *a* **1.** élénk színű [festmény stb.] **2.** pirospozsgás, piros arcú **3.** túlzott, kiszínezett [elbeszélés]

higher ['haɪə*] **I.** *a* magasabb, felsőbb; *the* ~ *animals* a felsőbbrendű állatok; ~ *education* felsőfokú/főiskolai/egyetemi oktatás; ~ *posts* vezető szolgálati beosztások **II.** *adv* ~ *up the river* a feljebb levő folyásszakaszon

higher-ups *n pl biz* nagyfejűek

highfalutin [haɪfə'lu:tɪn] *a biz* dagályos, fellengzős

high-fidelity *a* Hi-Fi, nagyfokú hang- ill. képhűségű, torzításmentes (hangviszszaadású)

high-flown *a* **1.** szertelen, hóbortos [ember] **2.** dagályos, fellengzős

high-flyer *n* magasra törő személy

high-flying *a biz* nagyra törő, ambiciózus [ember]

high-frequency *a* nagyfrekvenciás

high-grade *a* kiváló minőségű

high-handed *a* önkényes, erőszakos

high-hat **I.** *a/n* előkelősködő, fölényeskedő (ember) **II.** *vt* -tt- magas lóról beszél (vkvel), lekezel (vkt)

highjack *vt* = *hijack*

highland ['haɪlənd] *n* felvidék; *The H*~*s* a skót felvidék, Felső-Skócia

highlander ['haɪləndə*] *n* **1.** hegyi lakos; felvidéki **2.** felső-skóciai ember

high-level *a* magas színvonalú, magas szintű [tárgyalások stb.]

highlight **I.** *n* **1.** világos rész [festményen, fényképen] **2.** vmnek fontos (jellem)vonása, kiemelkedő mozzanat/részlet; *the* ~(*s*) *of the performance* az előadás fénypontja(i); *the* ~*s of the day's events* a nap legfontosabb eseményei [hírösszefoglalóban] **II.** *vt* éles megvilágításba helyez, (ki)hangsúlyoz

highly ['haɪlɪ] *adv* **1.** nagyon, nagymértékben; ~ *amusing* igen mulatságos **2.** magasan; ~ *descended* előkelő származású; ~ *paid* jól fizetett [állás] **3.** kedvezően; *think* ~ *of sy* nagyra becsül vkt

highly-strung *a* = *high-strung*

high-minded *a* 1. emelkedett gondolkodású, fennkölt 2. † büszke, gőgös
highness ['haɪnɪs] *n* 1. magasság 2. fenségesség, magasztosság, kiválóság 3. hevesség, erősség [szélé] 4. *His/Her H~* őfelsége [megszólításként]
high-octane *a* nagy oktánszámú
high-pitched *a* 1. éles, magas [hang] 2. meredek, magas [tetőszerkezet]
high-power(ed) *a* 1. nagy teljesítményű [motor stb.] 2. *átv* nagy munkabírású, dinamikus [ember]
high-pressure *a* 1. nagyfeszültségű, nagynyomású 2. *átv* rámenős [ember]
high-priced *a* drága, borsos árú
high-principled *a* fennkölt gondolkodású, magasztos elvű
high-ranking *a* magas rangú/állású
high-rise *a* sokemeletes [épület]; *~ building* toronyház, magasház
highroad *n* 1. főút(vonal) 2. *átv* egyenes út [vm eléréséhez]
high-sounding *a* hangzatos
high-speed *a* nagy sebességű; gyors
high-spirited *a* 1. fennkölt 2. bátor, rettenthetetlen 3. tüzesvérű [ló]
high-strung *a* ideges, túlfeszített (idegzetű); egzaltált
high-tension *a* nagyfeszültségű
high-toned *a* 1. magas nívójú/színvonalú; magasztos 2. *US* elegáns
high-up *n biz* magas állásban levő személy, nagyfejű
high-water mark 1. legmagasabb vízállás szintje 2. tetőfok, -pont [pályafutásé stb.]
highway *n* 1. országút, közút; főútvonal; *H~ Code* KRESZ 2. *átv* egyenes/legrövidebb út
highwayman ['haɪweɪmən] *n* (*pl* -men -mən) útonálló
hijack ['haɪdʒæk] *vt* 1. (feltartóztat és) kirabol [teherautót] 2. elrabol [járművet szállítmányával együtt] 3. eltérít [repgépet]
hijacker ['haɪdʒækə*] *n* 1. útonálló, gengszter 2. géprabló, repülőgép-eltérítő, légi kalóz
hijacking ['haɪdʒækɪŋ] *n* 1. útonállás 2. géprablás, repülőgép-eltérítés
hike [haɪk] *biz* I. *n* (gyalog)túra, kirándulás; természetjárás II. *vi* gyalogol, turistáskodik, (gyalog)túrázik
hiker ['haɪkə*] *n* turista, természetjáró
hiking ['haɪkɪŋ] *n* túrázás → *hike I.*
hilarious [hɪ'leərɪəs] *a* túláradóan vidám
hilarity [hɪ'lærətɪ] *n* vidámság, jókedv
Hilary ['hɪlərɪ] *prop* 1. Vidor 2. *~ term* januári ülésszak/évnegyed [bíróságon, egyetemen]
Hilda ['hɪldə] *prop* Hilda
hill [hɪl] I. *n* 1. domb, (kis) hegy; *go down the ~* (1) dombról lemegy (2) hanyatlik, gyengül 2. halom [kőé stb.] 3. emelkedő, kaptató 4. *US the H~* ⟨a Capitolium Washingtonban, az amerikai törvényhozás/kongresszus⟩ II. *vt* [burgonyát stb.] feltöltöget
hillbilly *a/n US biz* bugris, mucsai
hilliness ['hɪlɪnɪs] *n* dombosság
hillock ['hɪlək] *n* halmocska, dombocska
hilly ['hɪlɪ] *a* dombos
hilt [hɪlt] *n* (kard)markolat, nyél; *up to the ~* tövig, teljesen
him [hɪm; gyenge ejtésű alakja: ɪm] *pron* őt [hímnemben]; *to ~* neki; *that's ~* ez ő!
Himalayas [hɪmə'leɪəz] *prop* Himalája
himself [hɪm'self] *pron* 1. (ön)maga, saját maga [férfi]; (*all*) *by ~* (1) (teljesen) egyedül [van, él] (2) saját maga, egymaga; *beside ~* magánkívül; *he cut ~* megvágta magát 2. ő maga; *he told me ~, he ~ told me* ő maga mondta nekem
hind¹ [haɪnd] *n* szarvastehén
hind² [haɪnd] *a* hátsó, hátulsó; *~ legs* hátsó lábak; *~ quarters* hátsó fertály [állaté]
hinder¹ ['haɪndə*] *a* hátsó, hátulsó
hinder² ['hɪndə*] *vt* 1. feltart, akadályoz (*in* vmben) 2. megakadályoz, meggátol (vmben); visszatart (*from* vmtől)
Hindi ['hɪndiː] *a/n* hindi (nyelv)
hindmost ['haɪndmoʊst] *a* leghátulsó; *everybody for himself and the devil take the ~* meneküljön ki ahogy tud
hindrance ['hɪndr(ə)ns] *n* 1. gát, akadály; gátló körülmény 2. (meg)akadályozás, (meg)gátlás
hindsight *n* utólagos előrelátás/bölcsesség

Hindu [hɪn'du:] a/n hindu
Hinduism ['hɪndu:ɪzm] n hinduizmus
Hindustan [hɪndʊ'stɑ:n] prop Hindusztán
Hindustani [hɪndʊ'stɑ:nɪ] n hindusztáni (nyelv)
hinge [hɪndʒ] n 1. csuklóspánt, forgópánt, zsanér; sarokvas; be off the ~s kifordult sarkából 2. átv sarkalatos pont II. A. vt 1. sarkaiba beakaszt [ajtót] 2. zsanérokat tesz (vmre) B. vi 1. forog, fordul (on vm körül) 2. átv függ, múlik (on, upon vmtől, vmn)
hint [hɪnt] I. n 1. célzás, utalás; nyom; give/drop sy a ~ célzást tesz vmre 2. útmutatás, útbaigazítás; (hasznos) tudnivalók II. A. vt ~ to sy that . . . vknek értésére adja, hogy . . . B. vi ~ at sg céloz(gat) vmre
hinterland ['hɪntəlænd] n hátország, mögöttes terület
hip¹ [hɪp] n 1. csípő; smite ~ and thigh tönkrever vkt 2. tetőél, élszarufa
hip² [hɪp] n csipkebogyó
hip³ [hɪp] biz I. n rosszkedv; have the ~ lehangolt II. vt -pp- elszomorít, lehangol
hip⁴ [hɪp] int ~, ~, hurrah! éljen!, hip! hip! hurrá!
hip-bath n ülőfürdő
hip-bone n csípőcsont
hip-flask n lapos pálinkásüveg
hipped [hɪpt] a rosszkedvű, lehangolt, deprimált; → hip³ II.
hippie, hippy ['hɪpɪ] n biz hippi
hippish ['hɪpɪʃ] a = hipped
hippo ['hɪpoʊ] n biz víziló
hip-pocket n farzseb
hippodrome ['hɪpədroʊm] n cirkusz, aréna
hippopotamus [hɪpə'pɔtəməs; US -'pɑ-] n (pl ~es -ɪz v. -mi -maɪ) víziló
hippy → hippie
hip-roof n kontytető
hip-shot a csípőficamos
hipster ['hɪpstə*] n US biz 1. ⟨újdonságokért rajongó, a legmodernebb dolgokban jártas személy⟩ 2. dzsesszrajongó 3. csípőnadrág
Hiram ['haɪərəm] prop ⟨férfinév⟩
hire ['haɪə*] I. n 1. szerződtetés; alkal-

mazás 2. (ki)bérelés, bérbevétel; bérlet; for ~ bérbead(and)ó; „szabad" [taxi]; boats on ~ csónakok bérelhetők 3. fizetés, díjazás; bér(összeg) II. vt 1. (ki)bérel, bérbe vesz 2. szerződtet, alkalmaz; ~ oneself out elszegődik; US ~d man állandó napszámos 3. ~ out bérbe ad
hireling ['haɪəlɪŋ] n bérenc, zsoldos
hire-purchase system részletfizetés(i rendszer); buy on the ~ részletre vásárol
hirer ['haɪərə*] n bérlő
Hiroshima [hɪ'rɔʃɪmə; US -'rɑ-] prop Hirosima
hirsute ['hə:sju:t; US -su:t] a szőrös, bozontos
his [hɪz; gyenge ejtésű alakja: ɪz] pron 1. (az ő) . . . (j)a, . . .(j)e, . . .(j)ai, . . . (j)ei [férfiról]; ~ hat (az ő) kalapja 2. az övé, az övéi [hímnemben]; a friend of ~ egyik barátja
hiss [hɪs] I. n 1. sziszegés [kígyóé stb.] 2. pisszegés [színházban stb.] II. A. vi 1. sziszeg 2. (ki)pisszeg (at vkt) B. vt 1. lepisszeg, kifütyül [színészt]; ~ sy off the stage kifütyül a színpadról 2. sziszegve mond
hist [s:t] int † pszt!, csitt!
histology [hɪ'stɔlədʒɪ; US -tɑ-] n szövettan
historian [hɪ'stɔ:rɪən] n történész
historic [hɪ'stɔrɪk; US -ɔ:-] a 1. történelmi, sorsdöntő [esemény]; ~ landmark történelmi nevezetességű hely; ~ times történelmi/nagy idők 2. the ~ present elbeszélő jelen (igeidő)
historical [hɪ'stɔrɪkl; US -ɔ:-] a 1. történelmi, történeti; ~ materialism történelmi materializmus 2. történelmi [regény, festmény stb.]
history ['hɪst(ə)rɪ] n 1. történelem; recorded ~ írott történelem 2. történet 3. múlt; nation with a ~ nagy múltú nemzet 4. történettudomány; történetírás
histrionic(al) [hɪstrɪ'ɔnɪk(l); US -'ɑ-] a 1. színészi 2. színpadias, mesterkélt
histrionics [hɪstrɪ'ɔnɪks; US -'ɑ-] n pl 1. színművészet 2. komédiázás, színészkedés
hit [hɪt] I. n 1. célba találó ütés/csapás;

találat 2. találó kifejezés; telitalálat 3. gúnyos/éles megjegyzés; *that's a ~ at you* ez magának szólt, ezt (jól) megkapta 4. siker; sláger; *it's a great ~* nagy sikere van; *~ parade* slágerparádé II. *v (pt/pp ~;* -tt-) A. *vt* 1. (meg)üt; (el)talál;nekiütődik (vmnek); elüt (vkt); *be ~ (by a bullet)* találat érte; *(átv is) ~ the mark/target* célba talál, eléri a (kitűzött) célt 2. (el)talál; (ki)talál [megoldást]; rátalál, ráakad (vmre); *you've ~ it!* eltaláltad!; *it ~s my fancy* tetszik nekem 3. érint (vm vhogyan), sújt; *be hard ~* (1) érzékenyen érint [veszteség stb.] (2) nagy csapás számára 4. elér [eredményt]; (oda)ér (vhova); *biz ~ the road* útra kel [csavargó/stb. gyalog] B. *vi* üt, lök; *~ or miss* vagy sikerül vagy nem **hit against** *vt/vi ~ a. sg* nekiüt(ődik) vmnek
  hit off *vi ~ it o. with sy* jól megfér/kijön vkvel; *biz ~ o. a likeness* jól eltalál hasonlatosságot
  hit out *vi (átv is) ~ o. (against)* erőteljesen támad
  hit (up)on *vi* rátalál/rálel vmre
hit-and-run *a ~ accident* cserbenhagyásos baleset; *~ raid* rajtaütésszerű támadás (és gyors menekülés)
hitch [hɪtʃ] I. *n* 1. (meg)rántás, húzás 2. horog, hurok 3. hirtelen megállás (menés közben) 4. (váratlan) akadály, nehézség; *without a ~* simán, nehézség nélkül II. A. *vt* 1. ránt, húz 2. odaköt *(to* vmhez); ráerősít, ráhurkol (vmre); *~ a team (of horses)* (lovakat) befog; *~ one's wagon to a star* nagy célokat tűz maga elé 3. *biz ~ a ride* stoppot kér, autóstoppal utazik B. *vi* 1. beleakad *(on/to* vmbe); összeakad 2. *(biz)* egyezik, összevág
  hitch up *vt* 1. felránt, felhúz [nadrágot stb.] 2. felerősít, ráerősít
hitch-hike ['hɪtʃhaɪk] I. *n* autóstop(pal utazás) II. *vi* autóstoppal utazik
hitch-hiker ['hɪtʃhaɪkə*] *n* autóstoppal utazó, (autó)stopos
hitch-hiking *n* = *hitch-hike I.*
hither ['hɪðə*] *adv* † ide, erre; *~ and thither* ide-oda, erre-arra

hitherto [hɪðə'tu:] *adv* eddig, (mind) ez ideig
hive [haɪv] I. *n* 1. kaptár, (méh)kas 2. méhraj 3. *átv* nyüzsgés, hangyaboly; rajzó tömeg II. A. *vt* 1. [méheket] bekaptároz 2. kényelmesen elhelyez (vkt) 3. (fel)halmoz, (össze)gyűjt [élelmet stb.] B. *vi* 1. elfoglal kaptárt [méhraj] 2. közösségben él/lakik
hives [haɪvz] *n pl* csalánkiütés
hl *hectolitre(s)* hektoliter, hl
h'm [hm] *int* hm!
H.M., **HM** *His/Her Majesty*
H.M.S. *His/Her Majesty's Ship* Őfelsége hadihajója
H.M.S.O., **HMSO** [eɪtʃemes'oʊ] *His/Her Majesty's Stationery Office →stationery*
ho [hoʊ] *int* 1. hé!, állj! 2. *westward ~* nyugatra, nyugat felé
hoar [hɔ:*] I. *a = hoary* II. *n* dér
hoard [hɔ:d] I. *n* (titkos) készlet; kincs II. *vt/vi ~ (up)* felhalmoz; összehord
hoarder ['hɔ:də*] *n* (áru)halmozó
hoarding ['hɔ:dɪŋ] *n* 1. deszkafal, -kerítés, védőpalánk 2. falragasztábla
hoar-frost *n* dér, zúzmara
hoarse [hɔ:s] *a* rekedt [hang]
hoary ['hɔ:rɪ] *a* 1. fehér, ősz, deres [haj] 2. (ős)régi; *of ~ antiquity* igen régi
hoax [hoʊks] I. *n* megtévesztés; tréfa, beugratás; kacsa [újságban] II. *vt* becsap, rászed, megtréfál
hob[1] [hɔb; *US* -ɑ-] *n* fajankó
hob[2] [hɔb; *US* -ɑ-] *n* kandallóállvány [melegítésre]
Hobbes [hɔbz] *prop*
hobble ['hɔbl; *US* -ɑ-] I. *n* 1. bicegés 2. béklyó [lónak] II. A. *vi* biceg B. *vt* 1. megbéklyóz [lovat] 2. zavarba hoz
hobbledehoy [hɔbldɪ'hɔɪ; *US* hɑ-] *n biz* esetlen kamasz
hobble-skirt *n* bukjelszoknya
hobby ['hɔbɪ; *US* -ɑ-] *n* hobbi, szenvedély, kedvenc foglalkozás/időtöltés
hobby-horse *n* 1. vesszőparipa 2. faló, hintaló
hobgoblin ['hɔbgɔblɪn; *US* -ɑ- -ɑ-] *n* manó
hobnail *n* bakancsszeg, jancsiszeg
hobnob ['hɔbnɔb; *US* -ɑ- -ɑ-] *vi* -bb- bratyizik *(with* sy vkvel)

hobo ['houbou] *n* (*pl* ~(e)s -z) *US biz*
csavargó
Hobson's choice ['hɔbsnz; *US* -a-] *n*
nincs más választás, eszi nem eszi nem
kap mást
hock¹ [hɔk; *US* -a-] *n* csánk, térdízület
[lóé, marháé]
hock² [hɔk; *US* -a-] *n* rajnai fehér bor
hock³ [hɔk; *US* -a-] I. *n* □ zálog; *in* ~
zaciban II. *vt* zaciba csap
hockey ['hɔkɪ; *US* -a-] *n* hoki [gyeplab-
da v. jégkorong]; *US field* ~ gyeplab-
da [játék]; *ice* ~ jéghoki, jégkorong; ~
stick hokiütő
hocus-pocus [houkəs'poukəs] *n* hókusz-
pókusz; szemfényvesztés
hod [hɔd; *US* -a-] *n* **1.** habarcstartó/tég-
lahordó saroglya **2.** szenesláda
hodge-podge ['hɔdʒpɔdʒ; *US* -a- -a-]
n = *hotchpotch*
hoe [hou] I. *n* kapa; *Dutch* ~ saraboló
II. *vt* kapál, sarabol
hog [hɔg; *US* -a-] I. *n* **1.** disznó, sertés;
biz go the whole ~ apait-anyait belead
2. önző/kapzsi disznó (ember)
Hogarth ['hougɑ:θ] *prop*
hoggish ['hɔgɪʃ; *US* -a-] *a* **1.** mocskos,
disznó **2.** falánk, kapzsi **3.** önző
hogmanay ['hɔgmənei; *US* -a-] *n sk*
szilveszter (este)
hogshead ['hɔgzhed; *US* 'hɑ-] *n* **1.** ⟨űr-
mérték: 52 ¹/₂ gallon = 238.5 l; *US*
63 gallon = 234,5 l⟩ **2.** nagy hordó
hogwash *n* **1.** moslék **2.** *átv* szamárság,
sületlenség
hoist [hɔɪst] I. *n* **1.** felvonás, felhúzás,
emelés; *give sy a* ~ segít vknek a fel-
kapaszkodásban **2.** emelő(gép); fel-
vonógép II. *vt* ~ (*up*) felvon, felhúz
[csónakot, vitorlát]
hoity-toity [hɔɪtɪ'tɔɪtɪ] I. *int* ugyan-
ugyan! II. *a biz* nagyképű, fontoskodó
hokum ['houkəm] *n US* □ **1.** giccses
film/színdarab **2.** halandzsa
Holborn ['houbən] *prop*
hold¹ [hould] I. *n* **1.** fogás; *get/lay/catch/
take* ~ *of sg* (1) megragad/megfog vmt
(2) elkap, megkaparint vmt; *let go* (v.
lose) one's ~ *of sg* elenged/elereszt vmt
2. befolyás, hatalom; *have a* ~ *on/over
sy* a markában/hatalmában tart vkt

3. fogás [birkózásban] II. *v* (*pt/pp*
held held) A. *vt* **1.** tart, (meg)fog
[kézzel, kézben] **2.** tart, hord; (meg-)
tart **3.** (vissza)tart; ~ *one's breath* visz-
szafojtja a lélegzetét; ~ *one's hand*
visszatartja magát, uralkodik ma-
gán; ~ *one's peace/tongue* csendben
marad, hallgat; *there was no* ~*ing
him* nem lehetett visszatartani **4.**
tartalmaz [edény]; (*átv is*) (magában)
rejt; *what does the future* ~ *for us?* mit
tartogat a jövő számunkra? **5.** birto-
kol; van (vmje); ~ *shares in a com-
pany* részvényese egy vállalatnak **6.**
~ *the road well* jó az úttartása [gépjár-
műnek]; ~ *the line!* (kérem) tartsa a
vonalat! **7.** leköt [figyelmet stb.] **8.**
tart, becsül; ~ *sg cheap* kevésre be-
csül; ~ *sy in high esteem* nagyra becsül
vkt **9.** (birtokában) tart; megvéd;
(*átv is*) ~ *one's ground/own* állja a sa-
rat, nem hátrál **10.** tart, rendez [gyű-
lést stb.]; (meg)ül [ünnepet] B. *vi* **1.**
(ki)tart, tartósnak bizonyul; ~ *firm/
tight* erősen fog/tart **2.** igaznak bizo-
nyul, érvényes, vonatkozik; *the argu-
ment still* ~*s* (*good/true*) a(z) érvelés/bi-
zonyítás még áll/érvényes (v. fennáll)
hold against *vt* ~ *sg a. sy* felró vknek
vmt
hold aloof *vi* távol marad, tartózko-
dóan viselkedik
hold back A. *vt* **1.** visszatart, -fojt
[érzelmeket] **2.** eltitkol [igazságot
stb.] B. *vi* **1.** habozik **2.** tartózkodik,
visszahúzódik
hold by *vi* ragaszkodik vmhez; ki-
tart vm mellett
hold down *vt* **1.** lefog **2.** elnyom [né-
pet]; féken tart; ~ *prices d.* leszorítja
az árakat **3.** *biz* ~ *d. a job* állást
betölt
hold forth A. *vi* szónokol, előad
(vmről) B. *vt* = *hold out A.* **2.**
hold in A. *vt* visszafog; mérsékel B.
vi uralkodik magán
hold off A. *vt* távol marad; elhárít B.
vi távol marad; elmarad; kés(leked)ik
hold on *vi* **1.** kitart, helytáll **2.** ~
on! (1) (meg)állj! (2) várj(on) (csak)!
(3) kérem tartsa a vonalat! **3.** ~ *on to*

sg (1) megkapaszkodik vmben (2) ragaszkodik vmhez
hold out A. *vt* **1.** kinyújt, (oda)tart **2.** kecsegtet vmvel **B.** *vi* kitart [harcban]; *I can't ~ o. much longer* már nem sokáig bírom
hold over *vt* **1.** (el)halaszt, elnapol **2.** ~ *sg o. sy* sakkban tart vkt
hold to A. *vt* ~ *sy to sg* kényszerít vkt vm megtartására/betartására **B.** *vi* **1.** ragaszkodik (vmhez); kitart (vm mellett) **2.** irányt tart [hajó]
hold together A. *vt* összetart **B.** *vi* együtt marad; *the story doesn't ~ t.* nem stimmel a dolog
hold up A. *vt* **1.** (fel)emel, feltart [a magasba] **2.** fenntart, támogat **3.** feltart(óztat), akadályoz; megállít **4.** *átv* vmnek kitesz; ~ (*sy*) *up as a model* példának állít (vkt) **5.** feltartóztat és kirabol [személyt, járművet, bankot] **B.** *vi* **1.** nem csügged, tartja magát **2.** tartós [az időjárás]
hold with *vi* egy véleményen van (vkvel), helyesel (vmt)
hold² [hoʊld] *n* hajóűr, raktárhelyiség [hajón]
hold-all *n* (nagy) útitáska
holdback *n* akadály
holder ['hoʊldə*] *n* **1.** tartó, fogantyú **2.** birtokos, tulajdonos; viselő [címé]; ~ *of (a) scholarship* ösztöndíjas
holdfast *n* kapocs, csíptető; rögzítőkampó
holding ['hoʊldɪŋ] *n* **1.** megfogás, alátámasztás **2.** birtok(olt készlet), tulajdon **3.** rész(esedés), vagyon(rész), tőkerészesedés **4.** ~ *company* holding--társaság
holdover *n US* maradvány
hold-up *n* **1.** forgalmi akadály **2.** fegyveres rablótámadás; útonállás
hole [hoʊl] **I.** *n* **1.** gödör; *biz be in a ~* csávában/kutyaszorítóban van **2.** lyuk, szakadás; üreg, mélyedés; *make a ~ in sg* (1) kilyukaszt vmt (2) *biz* jócskán (fel)használ vmt; *pick ~s in sg* hibát keres/talál vmben **3.** vacok, odú [állaté]; *biz* nyomorúságos odú [emberé] **4.** lyuk [golfban] **II. A.** *vt* **1.** (ki)lyukaszt, kiváj; ~ *a ship* léket üt a hajón

2. lyukba üt [golflabdát] **B.** *vi* kilyukad [harisnya]
hole-and-corner *a biz* titokzatos, sötét [üzelmek]
holiday ['hɔlədɪ; *US* 'hɑlədeɪ] *n* **1.** ünnep, munkaszüneti nap **2.** ~(*s*) szünidő, szabadság, vakáció; ~ *camp* vakációs telep, üdülőtábor, kemping; ~ *home* üdülő; ~ *resort* üdülőhely; *be on ~, be on one's ~s* szabadságon van; *take a ~, go on a ~* szabadságra megy
holiday-maker *n* **1.** turista, kiránduló **2.** üdülő, nyaraló
holiness ['hoʊlɪnɪs] *n* **1.** szentség **2.** *His H~* őszentsége
Holinshed ['hɔlɪnʃed] *prop*
Holland¹ ['hɔlənd; *US* 'hɑ-] *prop* Hollandia
holland² ['hɔlənd; *US* 'hɑ-] *n* **1.** nyersvászon **2. Hollands** borókapálinka
holler ['hɔlə*; *US* -ɑ-] *vi* kiabál, ordítozik
hollo(a) ['hɔloʊ; *US* he'loʊ] **I.** *int* † = *hallo(a)* **II.** *vt/vi* halihózik [vadászaton]
hollow ['hɔloʊ; *US* 'hɑ-] **I.** *a* **1.** üre(ge)s; lyukas; ~ *tooth* odvas fog **2.** homorú, beesett [orca]; ~ *eyes* mélyen ülő szemek **3.** tompa [hang]; *in a ~ voice* síri hangon **4.** üres, hamis [szavak] **5.** éhes, üres [gyomor]; *feel ~* éhes **II.** *adv beat sy ~* laposra ver vkt **III.** *n* **1.** üreg, mélyedés; vájat **2.** medence, völgy **3.** ~ *of the hand* tenyér **IV.** *vt* ~ (*out*) (ki)váj, üregessé tesz
hollow-cheeked [-'tʃiːkt] *a* beesett arcú
hollow-eyed *a* mélyen ülő szemű
hollow-ware *n* üreges fém v. porcelán (háztartási) edényáru
holly ['hɔlɪ; *US* 'hɑ-] *n* magyal, krisztustövis
hollyhock *n* mályvarózsa
Hollywood ['hɔlɪwʊd; *US* 'hɑ-] *prop*
holm [hoʊm] *n* **1.** kis sziget [folyón] **2.** síkság
Holmes [hoʊmz] *prop*
holocaust ['hɔləkɔːst; *US* 'hɑ-] *n* (tűz-) áldozat
holograph ['hɔləɡrɑːf; *US* 'hɑləɡræf] *a/n* saját kezűleg írt (okmány)
hols [hɔlz; *US* -ɑ-] *n pl biz* = *holidays*
holster ['hoʊlstə*] *n* pisztolytáska

holy ['hoʊlɪ] I. a 1. szent(séges); megszentelt; *holier than thou* erkölcsi gőgtől áthatott; *the H~ Land* a Szentföld; *H~ Week* nagyhét 2. jámbor
Holyrood ['hɔlɪruːd] *prop*
homage ['hɔmɪdʒ; US 'hɑ-] n 1. hódolat, mély tisztelet; *do/pay ~ to sy* hódolattal adózik vknek 2. hűbéri eskü
Homburg hat ['hɔmbəːg; US 'hɑ-] n (férfi) puhakalap (felhajló karimával)
home [hoʊm] I. a 1. hazai, belföldi, bel-; ~ *affairs* belügyek; ~ *forces* anyaországbeli hadsereg; *GB H~ Guard* polgárőrség; ~ *market* belföldi piac; *GB H~ Office* (az angol) belügyminisztérium; ~ *products* hazai termék; *H~ Rule* önkormányzat, autonómia; *GB H~ Secretary* belügyminiszter; ~ *trade* belkereskedelem 2. családi [élet stb.]; otthoni, ház(tartásbel)i; hazai, saját; ~ *address* lakáscím; *the H~ Counties* a London környéki hat megye; ~ *economics* háztartástan; ~ *lessons* házi feladat; ~ *match* mérkőzés hazai pályán; *US ~ run* hazafutás [baseballban]; ~ *side* a helyi csapat; ~ *stretch/straight* célegyenes; ~ *town* szülőváros 3. találó [vágás stb.]; az eleven(j)ére tapintó [kérdés]; *tell sy a few ~ truths* jól beolvas vknek II. *adv* 1. haza; *on his way ~* (útban) hazafelé; *go ~* hazamegy; *see sy ~* hazakísér vkt 2. a célba, az eleven(j)ére; *bring sg ~ to sy* megértet vmt vkvel; *come ~ to sy* (1) érzékenyen érint vkt (2) rájön/ráeszmél vmre; *drive sg ~* (1) egészen bever/becsavar vmt (2) megértet vmt (vkvel); *hit/strike ~* az eleven(j)ére tapint; *the thrust got ~* a megjegyzés talált; a szúrás ült III. n 1. otthon, lakás; ház; *at ~* (1) otthon (2) saját/hazai pályán [sportban]; *be at ~ on Thursday* csütörtökön fogad [vendégeket, látogatókat]; *be 'not at ~'* to sy nem fogad vkt; *make/feel oneself at ~* otthonosan viselkedik; *feel/be at ~ in sg* otthonos/jártas vmben 2. (átv is) haza 3. lakhely; lelőhely [állaté, növényé]
home-baked a házi sütésű

homebody n US biz otthonülő ember
home-bred a 1. hazai termésű, házi készítésű 2. egyszerű, szimpla
home-coming n hazatérés
home-grown a hazai/belföldi termésű
home-keeping a otthonülő
homeland n szülőföld; anyaország
homeless ['hoʊmlɪs] a (ott)hontalan
homelike ['hoʊmlaɪk] a otthonias, meghitt
homely ['hoʊmlɪ] a 1. otthonias 2. egyszerű, mesterkéletlen 3. US nem szép, bájtalan
home-made a 1. otthon készült, házi(lag készült) 2. hazai, belföldön készült
homemaker n US háztartásbeli
homeo ... →homoeo ...
homer[1] ['hoʊmə*] n postagalamb
Homer[2] ['hoʊmə*] *prop* Homérosz
Homeric [hə'merɪk] a homéroszi
homesick a hazavágyódó; *be ~* honvágya van
homesickness n honvágy
homespun I. a 1. otthon/belföldön/házilag szőtt, házi szövésű 2. biz egyszerű, keresetlen, mesterkéletlen II. n háziszőttes
homestead ['hoʊmsted] n 1. tanya 2. US (letelepülőknek) juttatott föld
homesteader['hoʊmstedə*] n US telepes
homeward ['hoʊmwəd] a hazafelé menő/vezető; ~ *bent* hazafelé igyekvő; ~ *bound* útban hazafelé; ~ *journey* hazautazás, hazaút
homewards ['hoʊmwədz] adv hazafelé
homework n 1. házi munka 2. [iskolai] házi feladat
homey ['hoʊmɪ] a US biz otthonias
homicidal [hɔmɪ'saɪdl; US hɑ-] a emberölő, gyilkos
homicide ['hɔmɪsaɪd; US 'hɑ-] n 1. gyilkos 2. emberölés
homily ['hɔmɪlɪ; US 'hɑ-] n szentbeszéd
homing ['hoʊmɪŋ] I. a önvezérléses [irányított lövedék]; ~ *beacon* iránysávadó, leszállásjelző; ~ *device* önvezérlő szerkezet II. n önvezérlés
hominy ['hɔmɪnɪ; US 'hɑ-] n US kukoricamálé
homoeopath, US **homeo-** ['hoʊmjəpæθ] n homeopata orvos

homoeopathic, US homeo- [houmjə-'pæθɪk] a hasonszenvi, homeopatikus
homoeopathy, US homeo- [houmɪ'ɔpəθɪ; US -'a-] n hasonszenvi gyógymód, homeopátia
homogeneity [hɔmədʒe'ni:ətɪ; US hou-] n egyneműség, hasonneműség
homogeneous [hɔmə'dʒi:njəs; US hou-] a egynemű, hasonnemű, homogén
homogenize [hə'mɔdʒənaɪz; US -'ma-] vt homogenizál [tejet stb.]
homonym ['hɔmənɪm; US 'ha-] n homonima
homosexual [hɔmə'seksjuəl; US houmə-'sekʃu-] a homoszexuális
homosexuality [hɔməseksju'æIətɪ; US houməsekʃu-] n homoszexualitás
homy ['houmɪ] a = homey
Hon., hon. 1. Honourable 2. honorary
Honduran [hɔn'djuərən; US han'dur-] a hondurasi
Honduras [hɔn'djuərəs; US han'dur-] prop Honduras
hone [houn] I. n fenőkő II. vt fen, élesít [borotvát kövön]
honest ['ɔnɪst; US 'a-] I. a 1. becsületes, tisztességes 2. őszinte, nyílt; an ~ face nyílt arc(kifejezés) 3. igazi, valódi; hamisítatlan 4. derék, rendes II. adv igazán, becsületemre
honestly ['ɔnɪstlɪ; US 'a-] adv 1. becsületesen 2. nyíltan, őszintén 3. ~! isten bizony!, becsületszavamra!
honest-to-goodness a valódi, hiteles
honesty ['ɔnɪstɪ; US 'a-] n 1. becsület(esség), tisztesség 2. egyenesség, őszinteség; in all ~ teljesen őszintén
honey ['hʌnɪ] n 1. méz 2. átv nyájasság 3. édesem!, drágám! [megszólításként]
honeybee n mézelő méh
honey-cake n mézeskalács
honeycomb ['hʌnɪkoum] I. n 1. lép, méhsejt 2. lyuggatott díszítés, sejtdíszítés II. vt átlyuggat
honeycombed ['hʌnɪkoumd] a átlyuggatott; vmvel át- meg átszőtt
honeydew n 1. mézharmat 2. édesített dohány
honeyed ['hʌnɪd] a 1. mézes 2. biz édeskés, mézesmázos

honeymoon I. n mézeshetek; ~ (trip) nászút II. vi nászutazik
honeysuckle n lonc, szulák
Hong Kong [hɔŋ'kɔŋ; US -a- -a-] prop Hongkong
honk ['hɔŋk; US -a-] I. n 1. vadlibagágogás 2. autóduda [hangja] II. vi 1. gágog 2. dudál (egyet)
honky-tonk ['hɔŋkɪtɔŋk; US -a- -a-] n US □ lebuj
honor(...) →honour(...)
honorarium [ɔnə'reərɪəm; US a-] n (pl ~s -z v. -ria -rɪə) tiszteletdíj, honorárium
honorary ['ɔn(ə)rərɪ; US 'anərerɪ] a tiszteletbeli, dísz- [elnök, doktor stb.]; ~ degree tiszteletbeli tudományos fokozat [díszdoktorság stb.]
honorific [ɔnə'rɪfɪk; US a-] n díszítő [jelző]; megtisztelő [cím]
honour, US honor ['ɔnə*; US 'a-] I. n 1. becsület, becsületesség; be in ~ bound to ... becsületbeli kötelessége, hogy ...; on/upon my ~ becsületszavamra; point of ~ becsületbeli kérdés 2. megbecsülés, tisztelet; in ~ of sy vk tiszteletére 3. méltóság; (magas) rang; Your H~ bíró/elnök úr! 4. dísz, büszkeség; be an ~ to one's country hazájának becsületére válik 5. megtiszteltetés; I have the ~ to ... van szerencsém ...; Mr. X requests the ~ of the company of Mr. Y. X úr tisztelettel meghívja Y urat 6. honours pl kitüntetés; érdemjel 7. honours pl tiszteletadás; pay last ~s to sy megadja a végtisztességet vknek; do the ~s (of the house) a háziasszony/házigazda szerepét tölti be 8. honours pl kitüntetés [egyetemi vizsgán]; ~s degree ⟨megnehezített vizsgán kitüntetéssel szerzett egyetemi fokozat⟩; take an ~s degree, pass with ~s kitüntetéssel végez [egyetemen] 9. figura, honőr [kártyajátékban] II. vt 1. tisztel, (meg)becsül 2. kitüntet 3. elfogad [váltót]; kifizet, bevált [csekket]
honourable, US -or- ['ɔn(ə)rəbl; US 'a-] a 1. tiszteletre méltó; my H~ friend (tisztelt) képviselőtársam 2. tisztességes, becsületes

hood¹ [hʊd] *n* **1.** csuklya, kámzsa; kapucni **2.** ⟨tóga vállrésze egyetemi fokozat jelzésével angol egyetemeken⟩ **3.** autótető **4.** *US* motorháztető; motorburkolat
hood² [hʊd] *n US* □ = *hoodlum*
hooded ['hʊdɪd] *a* **1.** csuklyás **2.** fedett
hoodlum ['hu:dləm] *n* □ gengszter
hoodoo ['hu:du:] *US* **I.** *n* balszerencsét hozó dolog **II.** *vt* balszerencsét hoz (vkre)
hoodwink ['hʊdwɪŋk] *vt biz* rászed, becsap
hooey ['hu:ɪ] *n* □ *US* svindli, halandzsa
hoof [hu:f] **I.** *n* (*pl* ~s -s v. **hooves** hu:vz) pata; ~ *and mouth disease* száj- és körömfájás; *on the* ~ élősúlyban **II. A.** *vt* **1.** patával/lábbal megrúg **2.** □ ~ *out* kirúg vkt **B.** *vi biz* ~ (*it*) gyalogol
hook [hʊk] **I.** *n* **1.** kampó, horog; ~ *nail* kampósszeg; *biz be on the* ~ szorult helyzetben van; *biz by* ~ *or by crook* mindenáron, ha törik ha szakad **2.** (horgas) kapocs [ruhán, cipőn]; ~*s and eyes* horog és kapocs [ruhán] **3.** halászhorog; *átv* ~, *line and sinker* mindenestől, szőröstül-bőröstül [bevesz történetet stb.] **4.** sarló **5.** éles kanyar [folyóé] **6.** horog(ütés) **II. A.** *vt* **1.** begörbít [ujjat] **2.** kampóval megfog/odahúz;horoggal (meg)fog [halat] **3.** felakaszt; ráakaszt (*to* vmre) **4.** bekapcsol [ruhát] **5.** *biz* elemel, megcsap [tolvaj] **6.** *biz* megfog [férfit férjnek] **7.** behúz [horogütést] **B.** *vi* **1.** meggörbül **2.** ~ *on sy* belekarol vkbe; csatlakozik vkhez **3.** □ ~ *it* meglép
hook up *vt* **1.** felakaszt, ráakaszt (*to* vmre) **2.** bekapcsol [ruhát] **3.** *biz* bekapcsol, beköt [telefont, gázt stb.]
hookah ['hʊkə] *n* vízipipa, nargilé
hooked [hʊkt] *a* **1.** kampós; görbe **2.** □ *be* ~ *on sg* rabja vmnek [kábítószernek, szenvedélynek]
hook-nose *n* horgas orr
hook-up *n* **1.** kapcsolat(létesítés) **2.** *nation-wide* ~ ⟨a műsort minden adóállomás közvetíti⟩
hooky ['hʊkɪ] *n US* □ *play* ~ iskolát kerül, lóg (az iskolából)

hooligan ['hu:lɪgən] *n* huligán
hooliganism ['hu:lɪgənɪzm] *n* huliganizmus; huligánkodás
hoop¹ [hu:p] **I.** *n* **1.** abroncs; gyűrű; karika; ~ *skirt* krinolin **2.** kapu [krokettjátékban] **II.** *vt* abroncsoz [hordót]
hoop² [hu:p] *n/v* = *whoop*
hooper ['hu:pə*] *n* kádár, bodnár
hoop-la ['hu:plɑ:] *n* karikadobás [játék]
hoopoe ['hu:pu:] *n* búbos banka
hooray [hʊ'reɪ] *int* hurrá!
hoosegow ['hu:sgoʊ] *n US* □ börtön, sitt
Hoosier ['hu:ʒər] *n US* Indiana állambeli lakos
hoot [hu:t] **I.** *n* **1.** huhogás [bagolyé] **2.** tülkölés [autóé]; sípolás [mozdonyé]; bőgés [szirénáé] **3.** kiabálás, pisszegés; □ *not care a* ~ fütyül rá **II. A.** *vi* **1.** huhog [bagoly] **2.** kiabál, pisszeg **3.** dudál, tülköl [autó]; sípol [mozdony]; szirénázik **B.** *vt* kifütyül, abcúgol
hooter ['hu:tə*] *n* **1.** gyári kürt/sziréna **2.** autóduda
hoots [hu:ts] *int* ugyan!, szamárság!
hoove [hu:v] *n* felfúvódás [marháé]
Hoover ['hu:və*] **I.** *n* [egy fajta] porszívó **II.** *vt/vi* (ki)porszívóz
hooves [hu:vz] → *hoof I.*
hop¹ [hɔp; *US* -ɑ-] **I.** *n* komló **II.** *vi* -pp- komlót szed
hop² [hɔp; *US* -ɑ-] **I.** *n* **1.** szökdelés, szökdécselés, ugrálás; ~, *skip* (v. *step*) *and jump* hármasugrás; *biz on the* ~ nyüzsg(ölőd)ő, nyughatatlan; *catch sy on the* ~ készületlenül ér vkt **2.** *biz* táncmulatság **3.** szakasz [hosszú repülőúté] **II.** *v* -pp- **A.** *vi* **1.** szökdécsel, ugrál **2.** □ ~ *it* meglóg **3.** *biz* táncol **B.** *vt* **1.** átugrik **2.** □ ~ (*the twig/stick*) (1) meglóg (2) elpatkol
hope [hoʊp] **I.** *n* remény; *US* ~ *chest* kelengyeláda; *hold out little* ~ (*of sg*) kevés reménnyel kecsegtet (vm); *past/beyond* ~ (1) menthetetlen [beteg] (2) reménytelen [dolog]; *in the* ~ *of*... abban a reményben (,hogy...) **II. A.** *vt* remél **B.** *vi* reménykedik, bízik (*for* vmben); ~ *against* ~ reménytelen helyzetben is remél; *let's* ~ *for the best* reméljük a legjobbat; *I* ~ *to*

see you soon remélem, hogy hamarosan viszontlátom; *I* ~ *so* remélem (,úgy lesz); *I* ~ *not* remélem, nem (következik be)
hopeful ['hoʊpfʊl] I. *a* 1. reménykedő, bizakodó 2. reményteljes; sokat ígérő II. *n young* ~ nagy reményekre jogosító ifjú
hopefully ['hoʊpfʊlɪ] *adv* remélhetőleg
hopeless ['hoʊplɪs] *a* reménytelen
hop-garden *n* komlóföld
Hopkins ['hɒpkɪnz; *US* -ap-] *prop*
Hop-o'-my-thumb [hɒpəmɪ'θʌm] *n* Hüvelyk Matyi, törpe
hopped [hɒpt; *US* -a-]→*hop¹* és *hop² II.*
hopper¹ ['hɒpə*; *US* -a-] *n* 1. ugráló/szökdécselő (személy) 2. bolha 3. fenékürítő kocsi 4. (töltő)garat
hopper² ['hɒpə*; *US* -a-] *n* komlószedő
hop-picker *n* komlószedő
hop-pole *n* komlókaró
hop-scotch *n* ugróiskola [játék]
Horace ['hɒrəs] *prop* Horatius
Horatian [hə'reɪʃjən; *US* -ʃən] *a* horatiusi
Horatio [hə'reɪʃɪoʊ] *prop*
horde [hɔːd] *n* horda, csorda
horehound ['hɔːhaʊnd] *n* orvosi pemetefű, pöszérce
horizon [hə'raɪzn] *n* 1. látóhatár, szemhatár, horizont 2. *átv* látókör
horizontal [hɒrɪ'zɒntl; *US* hɔːrɪ'zɑ-] I. *a* vízszintes, horizontális; ~ *bar* nyújtó [tornaszer] II. *n* vízszintes
hormone ['hɔːmoʊn] *n* hormon
horn [hɔːn] I. *n* 1. szarv, agancs; *draw in one's* ~*s* behúzza a farkát 2. csáp, tapogató [rovaré] 3. szaru; ~ *comb* szarufésű 4. szarv alakú tartó/serleg; ~ *of plenty* bőségszaru 5. *átv on the* ~*s of a dilemma* válaszúton, dilemmában 6. kürt [zenei] 7. kürt, (autó)duda II. A. *vt* 1. felszarvaz [házastársat] 2. szarvával felnyársal B. *vi US* □ ~ *in (on)* befurakodik
hornbeam *n* gyertyánfa
horned [hɔːnd] *a* szarvas; szarvú
horner ['hɔːnə*] *n* szaruműves
hornet ['hɔːnɪt] *n* lódarázs; ~*'s nest* (1) darázsfészek (2) kellemetlen ügy
horn-mad *n US biz* felbőszült, dühöngő

hornpipe *n* ⟨angol hajóstánc⟩
horn-rimmed *a* szarukeretes
hornswoggle ['hɔːnzwɒgl; *US* -wɑ-] *vt US* □ átver
horny ['hɔːnɪ] *a* 1. szarus, szaru- 2. kemény, bőrkeményedéses; ~ *handed* kérges tenyerű
horology [hɒ'rɒlədʒɪ; *US* -'rɑ-] *n* 1. időmérés 2. órakészítés
horoscope ['hɒrəskoʊp; *US* 'hɑ-] *n* horoszkóp; *cast the* ~ horoszkópot készít
horrendous [hə'rendəs] *a* iszonyú, borzasztó, rettentő
horrible ['hɒrəbl; *US* 'hɔː-] *a* 1. iszonyú, rettenetes 2. *biz* szörnyű, borzasztó; ~ *weather* szörnyű/borzasztó idő
horribly ['hɒrəblɪ; *US* 'hɔː-] *adv biz* borzasztóan, szörnyen; *I'm* ~ *sorry* nagyon sajnálom
horrid ['hɒrɪd; *US* 'hɔː-] *a* 1. = *horrible* 2. *biz* ronda, utálatos [idő stb.]
horrific [hɒ'rɪfɪk; *US* hɔː-] *a biz* ijesztő, rettentő
horrify ['hɒrɪfaɪ; *US* 'hɔː-] *vt* megdöbbent, (el)rettent; megborzaszt
horror ['hɒrə*; *US* 'hɔː-] *n* 1. rémület, rettegés; *to my* ~ (legnagyobb) rémületemre 2. irtózás, iszonyat (*of* vmtől) 3. rémség, borzalom [háborúé stb.] 4. rém- [történet, dráma stb.]
horror-stricken/struck *a* rémült, halálra ijedt
hors-d'oeuvre [ɔː'dəːvr(ə)] *n* előétel
horse [hɔːs] I. *n* 1. ló; *the (Royal) H*~ *Guards* lovas testőrség; *a* ~ *of another colour* egészen más ügy; *biz* (*straight*) *from the* ~*'s mouth* első kézből [tud meg vmt]; *take* ~ lóra ül 2. lovasság; *light* ~ könnyű lovasság 3. bak, ló [tornaszer] 4. tartó, állvány 5. *biz* ló [sakkban] II. A. *vt* 1. lóval/lovakkal ellát 2. lóra ültet 3. a hátán visz vkt, hátára vesz vkt B. *vi* lóra ül, lovagol
horseback *n on* ~ lóháton; *beggar on* ~ felkapaszkodott ember
horsecar *n* 1. lóvasút 2. lószállító teherkocsi
horse-chestnut *n* vadgesztenye
horse-drawn *a* lóvontatású, lófogatú

horse-flesh *n* **1.** lóhús **2.** *biz* lovak
horse-fly *n* bögöly
horsehair *n* lószőr
horse-laugh *n* röhögés
horseman ['hɔːsmən] *n* (*pl* -men -mən) lovas
horsemanship ['hɔːsmənʃɪp] *n* lovaglás mestersége/művészete
horse-play *n* durva tréfa/játék
horse-pond *n* lóitató
horsepower *n* lóerő
horse-race *n* lóverseny
horse-radish *n* torma
horse-sense *n biz* (természetes) józan ész
horseshoe ['hɔːʃʃuː; *US* 'hɔːrs-] *n* patkó
horse-show ['hɔːʃʃoʊ; *US* 'hɔːrs-] *n* **1.** lókiállítás, lóbemutató **2.** lovasbemutató
horse-towel *n* végtelen törülköző
horsewhip I. *n* lovaglóostor II. *vt* -pp- megkorbácsol
horsewoman *n* (*pl* -women) lovasnő; lovarnő
Horsham ['hɔːʃ(ə)m] *prop*
horsy ['hɔːsɪ] *a* **1.** lókedvelő; lóversenyre járó **2.** lovas módra öltöző/viselkedő
hortative ['hɔːtətɪv] *a* = hortatory
hortatory ['hɔːtət(ə)rɪ] *a* buzdító, intő
horticultural [hɔːtɪ'kʌltʃ(ə)rəl] *a* kertészeti; ~ show kertészeti kiállítás
horticulture ['hɔːtɪkʌltʃə*] *n* kertművelés, kertészet
horticulturist [hɔːtɪ'kʌltʃ(ə)rɪst] *n* műkertész; kertészeti szakértő
Horton ['hɔːtn] *prop*
hosanna [hə'zænə] *int/n* hozsánna
hose [hoʊz] I. *n* **1.** *pl* hosszú harisnya **2.** (gumi)tömlő, (kerti) öntözőcső **3.** † testhez álló (térd)nadrág II. *vt* ~ (down) (tömlővel) megöntöz [kertet]; (tömlővel) lemos [autót stb.]
hose-pipe *n* = hose *I.* 2.
hosier ['hoʊzɪə*; *US* -ʒər] *n* harisnyaés kötöttáru-kereskedő
hosiery ['hoʊzɪərɪ; *US* -ʒərɪ] *n* **1.** harisnyaáru, kötöttáru **2.** harisnyabolt, kötöttáru-kereskedés
hospice ['hɔspɪs; *US* 'hɑ-] *n* **1.** menedékház **2.** (szociális) otthon

hospitable ['hɔspɪtəbl; *US* 'hɑ-] *a* vendégszerető
hospital ['hɔspɪtl; *US* 'hɑ-] *n* **1.** kórház **2.** *Christ's H*~ ⟨egy régi angol középiskola Horshamben⟩
hospitality [hɔspɪ'tælətɪ; *US* hɑ-] *n* vendégszeretet; vendéglátás
hospitalization [hɔspɪtəlaɪ'zeɪʃn; *US* hɑspɪtəlɪ'z-] *n* **1.** kórházba utalás/felvétel **2.** kórházi ápolás
hospitalize ['hɔspɪtəlaɪz; *US* 'hɑ-] *vt* **1.** kórházba szállít **2.** kórházba beutal/felvesz
hospitaller ['hɔspɪt(ə)lə*; *US* 'hɑ-] *n* máltai lovag
hoss [hɔːs] *n biz* ló
host¹ [hoʊst] *n* **1.** vendéglátó, házigazda, háziúr **2.** vendéglős, (vendég)fogadós; *reckon without one's* ~ gazda nélkül csinálja (meg) a számítását
host² [hoʊst] *n* **1.** sereg, tömeg, sokaság; ~*s of, a* ~ *of* sok, temérdek **2.** † (had)sereg; *The Lord God of H*~*s* a seregek Ura
hostage ['hɔstɪdʒ; *US* 'hɑ-] *n* **1.** túsz; kezes; *take sy* ~ túszként fogva tart vkt **2.** zálog, biztosíték
hostel ['hɔstl; *US* -ɑ-] *n* **1.** otthon; szálló **2.** turistaház **3.** (vendég)fogadó
hostelry ['hɔstlrɪ; *US* 'hɑ-] *n* † vendégfogadó
hostess ['hoʊstɪs] *n* **1.** háziasszony **2.** vendéglősné, kocsmárosné **3.** → *air I.* 2.
hostile ['hɔstaɪl; *US* 'hɔst(ə)l] *a* **1.** ellenséges **2.** rosszindulatú **3.** *be* ~ *to sg* ellenez vmt
hostility [hɔ'stɪlətɪ; *US* hɑ-] *n* **1.** ellenséges érzelem; rosszindulat (*to/toward* vk iránt) **2.** ellenséges viszony; viszály **3.** hostilities *pl* ellenségeskedések; háborús cselekmények
hostler ['ɔslə*; *US* 'ɑ-] *n* lovász
hot [hɔt; *US* -ɑ-] I. *a* (*comp* ~ter 'hɔtə*, *sup* ~test 'hɔtɪst) **1.** forró; *be very* ~ (1) nagyon forró/meleg (vm) (2) nagyon melege van (vknek) (3) nagyon meleg (idő) van; *I'm* ~ melegem van; ~ *air* üres beszéd; ~ *dog* ⟨forró virsli zsemlében⟩, hot dog; ~ *water* (1) meleg víz (2) *átv* kellemetlenség, kutya-

szorító; *get into ~ water* bajba jut; *run ~* hőn fut 2. heves, szenvedélyes; indulatos; *get ~* indulatba jön; *give it (to) sy ~* alaposan lehord vkt 3. csípős, erős [paprika, stb.] 4. felgerjedt [nemileg] 5. friss, legújabb [hír]; *news ~ off the press* legfrissebb kiadás [újságé], legújabb [hírek]; *~ line* forró drót; *~ scent/trail* friss nyom 6. veszélyes, kellemetlen [hely]; □ *~ goods* (1) csempészáru (2) lopott holmi; *make things/it too ~ for sy* jól befűt vknek 7. élénk, rikító [szín] 8. „hot" [dzsessz] **II.** *adv* 1. forrón 2. hevesen; mérgesen; alaposan **III.** *vt/vi* -tt- *~ (up)* (1) felmelegít; felhevít (2) forróvá válik [dolog, helyzet]

hotbed *n biz (átv is)* melegágy

hot-blooded *a* forróvérű, tüzes

hotchpotch ['hɔtʃpɔtʃ; *US* -ɑ- -ɑ-] *n* összevisszaság, zagyvaság

hotel [hoʊ'tel] *n* szálloda, szálló, hotel; *~ accommodation* szállodai elhelyezés

hotelier [hoʊ'telɪeɪ] *n =* *hotel-keeper*

hotel-keeper *n* szállodás, fogadós

hotfoot *adv* lóhalálában

hothead *n* meggondolatlan/hirtelen ember

hot-headed *a* lobbanékony, heves

hothouse *n* üvegház, melegház

hotly ['hɔtlɪ; *US* 'hɑ-] *adv* 1. szenvedélyesen [vitat] 2. ingerülten, indulatosan

hotness ['hɔtnɪs; *US* 'hɑ-] *n* 1. forróság 2. hevesség

hotplate *n* 1. tányérmelegítő; meleg(ítő)-pult [étteremben] 2. (villamos) főzőlap

hot-pot *n* rakott burgonya sok hússal

hot-seat *n* 1. *US* □ villamosszék [kivégzéshez] 2. *átv* kritikus/válságos helyzet

hotspur ['hɔtspə:*; *US* 'hɑ-] *n* meggondolatlan/hirtelen ember

hotter, hottest →*hot I.*

hot-tempered *a* indulatos; ingerlékeny

hot-water bottle *n* ágymelegítő, termofor

hough [hɔk; *US* -ɑ-] *n =* *hock¹*

hound [haʊnd] **I.** *n* 1. vadászkutya, kopó; *ride to ~s, follow the ~s* falkavadászatra megy 2. hitvány ember **II.** *vt* 1. vadászkutyával vadászik 2. *~ sy (down/out)* (ki)üldöz vkt (vhonnan)

hour ['aʊə*] *n* 1. óra [idő]; *keep good ~s* korán fekszik (és korán kel); *keep late ~s* későn fekszik/kel; *after ~s* zárás/ munkavégzés után; *at all ~s* a nap minden órájában; *by the ~* óránként [fizet]; *on the ~* (minden) órakor [indul] 2. *book of ~s* breviárium

hour-glass *n* homokóra

hour-hand *n* kismutató [az órán]

hourly ['aʊəlɪ] **I.** *a* 1. óránkénti 2. gyakori; szüntelen **II.** *adv* 1. óránként, minden órában 2. folytonosan; szünet nélkül

house I. *n* [haʊs] (*pl ~s* 'haʊzɪz) 1. (lakó)ház; épület; *move ~* költöz(kö)d)ik, hurcolkodik 2. *the H~* a Ház [= képviselőház]; *GB H~ of Commons* képviselőház, alsóház; *GB H~ of Lords* felsőház, főrendiház; *US H~ of Representatives* képviselőház, az amerikai parlament alsóháza 3. háztartás; *keep ~* háztartást vezet 4. család; dinasztia 5. üzlet(ház); *biz on the ~* a tulaj fizet(i az italokat) 6. színház; hallgatóság **II.** *v* [haʊz] **A.** *vt* elszállásol, elhelyez; befogad **B.** *vi* lakik

house-agent *n GB* lakásügynök

houseboat *n* folyami lakóhajó

housebound *a átv* házhoz kötött

housebreak *vt* (*pt* -broke, *pp* -broken) szobatisztaságra nevel [állatot]

housebreaker *n* 1. betörő 2. bontási vállalkozó

housebroken *a* szobatiszta [állat]

housecleaning *n* nagytakarítás

house-craft *n GB* háztartás(tan)

housedog *n* házőrző kutya

houseflag *n* hajóstársaság zászlaja

housefly *n* (házi)légy

houseful ['haʊsfʊl] *a* háznyi, házra való

household ['haʊshoʊld] *n* 1. háztartás; háznép; család(hoz tartozók); *~ expenses* háztartási kiadások; *~ word* általánosan elterjedt szó, jól ismert fogalom 2. udvartartás; *H~ troops* a királyi testőrség

householder *n* 1. családapa 2. házbérlő, -tulajdonos

housekeeper *n* 1. házvezető(nő), gazdasszony 2. háziasszony

housekeeping *n* házvezetés; háztartás

housemaid *n* szobalány; ~'s *knee* apácatérd
housemaster *n GB* internátusi felügyelő tanár
house-mother *n* gondnoknő [nevelőintézetben]
house-party *n* (több napra) meghívott vendégek [vidéki kastélyban]
house-physician *n* (bennlakó) kórházi (fő)orvos
house-proud *a* otthonát szerető, otthonára büszke
house-search *n* házkutatás
house-sparrow *n* háziveréb
house-surgeon *n* (bennlakó) kórházi sebész (főorvos)
housetop *n* háztető; *cry/proclaim from the* ~s elhíresztel, világgá kürtöl
house-trained *a* szobatiszta [állat]
house-warming *n* házszentelés
housewife *n* 1. ['haʊswaɪf] (*pl* **-wives** -waɪvz) háziasszony 2. † ['hʌzɪf] (*pl* ~s 'hʌzɪfs v. **-wives** 'hʌzɪvz) varrókészlet
housework *n* házi/háztartási munka
housing ['haʊzɪŋ] *n* 1. ház; lakás; menedék, szállás 2. lakásépítés, lakásügy; ~ *estate/project* lakótelep; ~ *problem* lakáskérdés 3. ház, burkolat [motoré stb.]
Housman ['haʊsmən] *prop*
Houston ['hu:stən; *US város:* 'hju:stən] *prop*
Houyhnhnm ['hʊɪhn(ə)m] *n* [Gulliverben] ⟨a yahoo-embereken uralkodó bölcs lovak⟩, Nyihaha
hove →*heave II.*
hovel ['hɔvl; *US* -ʌ-] *n* kunyhó, kalyiba
hover ['hɔvə*; *US* -ʌ-] *vi* 1. lebeg 2. ~ *about* álldogál, lézeng 3. habozik
hovercraft ['hɔvəkrɑ:ft; *US* 'hʌvərkræft] *n* légpárnás hajó/jármű
how [haʊ] I. *adv* 1. hogy(an), mi módon, miképp(en)?; ~ *are you?* hogy van/vagy?, hogy szolgál az egészsége(d)?; ~ *do you do?* [haʊdjʊ'du:] kb. jó napot (kívánok)! [köszönés, melyre ugyanúgy válaszolnak]; ~ *else* hogyan másképp; ~ *is it that* . . . hogyan lehetséges az, hogy . . .; *biz* ~ *come* hogyan van/lehet az (hogy . . .); ~

so?, ~'s *that?* hogyhogy; mi az?; ~ *to do sg* hogyan lehet vmt tenni; *he forgot* ~ *to swim* elfelejtett úszni; □ *all you know* ~ ahogyan csak tőled telik. 2. mennyire, milyen mértékben; ~ *old is she?* hány éves?, milyen idős (ő)? 3. [felkiáltásban] milyen, mennyire; ~ *kind of you!* milyen/igazán kedves (öntől/tőled)! II. *n* mód, módozat, cselekvés mikéntje
Howard ['haʊəd] *prop*
howbeit [haʊ'bi:ɪt] *conj* † bár, noha, jóllehet
howdah ['haʊdə] *n* (fedett) ülés [elefánt hátán]
how-d'ye-do [haʊdjə'du:] *n biz here's a pretty* ~ szép kis kalamajka
however [haʊ'evə*] *adv* 1. bármennyire, akárhogyan 2. azonban, mégis, mindamellett, viszont, ám
howitzer ['haʊɪtsə*] *n* mozsárágyú, tarack
howl [haʊl] I. *n* 1. üvöltés, vonítás [állaté]; bömbölés, ordítás; *a* ~ *of laughter* harsogó nevetés 2. mellékzörej(ek), fütyülés [rádióban, stb.] II. *vi/vt* 1. vonít/üvölt [állat]; ordít, bömböl 2. harsogva nevet, hahotázik; ~ *down* lehurrog [szónokot]
howler ['haʊlə*] *n* 1. üvöltő (személy) 2. *biz* nevetséges baklövés; vaskos tévedés, leiterjakab
howling ['haʊlɪŋ] *a* □ ordító, roppant [hiba stb.]; ~ *injustice* égbekiáltó igazságtalanság
howsoever [haʊsoʊ'evə*] *adv* bármennyire (is), akárhogyan (is)
hoyden ['hɔɪdn] *n* neveletlenül pajkos lány; fiús lány
H.P., HP [eɪtʃ'pi:] 1. *half-pay* 2. (h.p., hp is) *hire-purchase* 3. (h.p., hp is) *horsepower* lóerő, LE
h.p., hp [eɪtʃ'pi:] *high-pressure*
HQ [eɪtʃ'kju:] *headquarters*
hr. *hour* óra, ó
H.R. [eɪtʃ'ɑ:*] *House of Representatives* →*house I. 2.*
H.R.H., HRH *His/Her Royal Highness* Ő királyi felsége/fensége
hrs. *hours*
hub [hʌb] *n* 1. kerékagy 2. középpont; *biz the* ~ *of the universe* a világ közepe

27

Hubbard ['hʌbəd] *prop*
hubble-bubble ['hʌblbʌbl] *n* 1. nargilé,
vízipipa 2. bugyborékoló hang
hubbub ['hʌbʌb] *n* lárma, zaj, zűrzavar
hubby ['hʌbɪ] *n GB biz* férj
hubcap *n* keréksapka, dísztárcsa, keréktárcsa [gépkocsin]
Hubert ['hju:bət] *prop* Hubertus
hubris ['hju:brɪs] *n* önhittség, arrogancia
huckleberry ['hʌklb(ə)rɪ; *US* -berɪ] *n*
áfonya
huckster ['hʌkstə*] *n* 1. vásári árus;
házaló (árus) 2. *(átv is)* kufár
huddle ['hʌdl] I. *n* 1. zűrzavar, összevisszaság 2. *biz go into a* ~ bizalmas
értekezletet tart(anak) II. A. *vt* 1. ~
things up/together (1) halomba hány,
összedobál, -zsúfol (dolgokat) (2) öszszecsap [munkát stb.] 2. ~ *(oneself)*
up összekuporodik 3. gyorsan és felületesen csinál B. *vi* 1. ~ *together* öszszecsődül 2. ~ *up against sy* összebújik/-simul vkvel
Hudibras ['hju:dɪbræs] *prop*
Hudson ['hʌdsn] *prop*
hue¹ [hju:] *n* (szín)árnyalat
hue² [hju:] *n* ~ *and cry* (1) lármás üldözés (2) kiabálás (3) körözőlevél
hued [hju:d] *a* (vmlyen) színű
huff [hʌf] I. *n* hirtelen harag; *be in a* ~
megnehesztel, -sértődik *(about sg* vm
miatt) II. *vi* 1. dúl-fúl, dühöng 2. liheg, fúj(tat)
huffiness ['hʌfɪnɪs] *n* 1. érzékenykedés;
sértődöttség 2. hirtelen harag
huffish ['hʌfɪʃ] *a* = *huffy*
huffy ['hʌfɪ] *a* (meg)sértődött; rosszkedvű; érzékenykedő
hug [hʌg] I. *n* átkarolás; megölelés II.
vt -gg- 1. átkarol, megölel, kebléhez
szorít 2. ölelget, dédelget; ~ *oneself*
meg van elégedve magával 3. ragaszkodik vmhez 4. ~ *the shore* közel marad a parthoz [hajó]
huge [hju:dʒ] *a* hatalmas, óriási, igen
nagy/sok; temérdek
hugely ['hju:dʒlɪ] *adv* roppantul, mérhetetlenül, határtalanul
hugeness ['hju:dʒnɪs] *n* vmnek óriás
volta, roppant nagyság; mérhetetlenség

hugger-mugger ['hʌgəmʌgə*] I. *a* 1. titkos, rejtett 2. zavaros, összevissza II.
adv 1. titokban, lopva 2. rendetlenül; zavarosan; kapkodva III. *n* 1.
titokzatosság 2. zűrzavar, rendetlenség; *in* ~ (1) titkon (2) fejetlenül
Hugh [hju:] *prop* Hugó
Hughes [hju:z] *prop*
Hugo ['hju:goʊ] *prop* Hugó
Huguenot ['hju:gənɒt; *US* -ɑt] *a/n* hugenotta
hulk [hʌlk] *n* 1. [leszerelt] hajótest 2.
† hajóbörtön 3. nagy darab/melák
ember
hulking ['hʌlkɪŋ] *a* nehézkes, esetlen; *big*
~ *creature* nagy behemót alak
hull [hʌl] I. *n* 1. héj, hüvely [borsóé,
babé stb.] 2. (hajó)test; törzs [repülőgépé]; ~ *down* hajótest láthatár alatt
II. *vt* (ki)fejt, (le)hámoz, hüvelyez,
hántol
hullabaloo [hʌləbə'lu:] *n* hűhó; zsivaj
hullo [hə'loʊ] *int* = *hallo(a)*
hum [hʌm] I. *n* 1. zümmögés, döngicsélés 2. zúgás, moraj, mormogás [motoré, társalgásé stb.] II. *v* -mm- A. *vi* 1.
zümmög, bong, döngicsél 2. zúg, morog, morajlik 3. hümmög; ~ *and haw*
(1) hümmög (2) tétovázik, hímez-hámoz 4. *biz* serénykedik, sürög-forog;
make things ~ fellendíti/felpezsdíti a
dolgokat 5. □ megbüdösödik [hús
stb.] B. *vt* 1. zümmög, dúdol [dalt]
2. mormol (vmt)
human ['hju:mən] I. *a* emberi; ~ *nature*
az emberi természet; *to err is* ~ tévedni
emberi dolog II. *n* ember
humane [hju:'meɪn] *a* 1. emberséges,
emberszerető, humánus 2. humán
humanely [hju:'meɪnlɪ] *adv* emberségesen, emberien; humánusan
humaneness [hju:'meɪnnɪs] *n* emberségesség, emberszeretet
humanism ['hju:mənɪzm] *n* humanizmus
humanist ['hju:mənɪst] *n* humanista
humanitarian [hju:mænɪ'teərɪən] *a* emberbaráti
humanity [hju:'mænətɪ] *n* 1. az emberiség, az emberi nem 2. emberi természet 3. emberiesség 4. *(the)* humanities *pl* humán tárgyak

humanize ['hju:mənaɪz] vt/vi emberivé/emberségessé tesz/válik, erkölcsösít
humankind [hju:mən'kaɪnd] n az emberiség
humanly ['hju:mənlɪ] adv 1. emberileg 2. emberhez méltóan, emberségesen
Humber ['hʌmbə*] prop
humble ['hʌmbl] I. a 1. alázatos; átv biz eat ~ pie megalázkodik, visszaszívja kijelentését 2. szerény, egyszerű; alacsony [származás]; my ~ self csekélységem II. vt megaláz; megszégyenít; lealacsonyít; ~ oneself megalázkodik (before sy vk előtt)
humble-bee n poszméh
humbleness ['hʌmblnɪs] n alázatosság
humbly ['hʌmblɪ] adv 1. alázatosan 2. szerényen; ~ born egyszerű származású
humbug ['hʌmbʌg] I. int (that's all) ~! ez (mind csak) szemfényvesztés/humbug II. n 1. szélhámosság, csalás, humbug 2. szélhámos, csaló 3. nagyzoló III. vt -gg- becsap, rászed, megtéveszt
humdrum ['hʌmdrʌm] a unalmas, egyhangú, sivár [élet, munka]
Hume [hju:m] prop
humerus ['hju:mərəs] n (pl -ri -raɪ) felkarcsont
humid ['hju:mɪd] a nyirkos, nedves
humidity [hju:'mɪdətɪ] n nyirkosság, nedvesség; páratartalom
humiliate [hju:'mɪlɪeɪt] vt megaláz, lealacsonyít
humiliation [hju:mɪlɪ'eɪʃn] n megalázás, lealacsonyítás; sértés
humility [hju:'mɪlətɪ] n 1. alázatosság 2. szerény helyzet/körülmények
hummed [hʌmd] →hum II.
humming ['hʌmɪŋ] → hum II.
humming-bird n kolibri
humming-top n búgócsiga [játék]
hummock ['hʌmək] n dombocska, magaslat
humor →humour
humorist ['hju:mərɪst] n 1. humorista 2. mulatságos/tréfás ember
humorous ['hju:m(ə)rəs] a tréfás, mulatságos, humoros
humour, US humor ['hju:mə*] I. n 1.

hangulat, kedv, kedély(állapot); be in good ~ jókedvében van; out of ~ rosszkedvű, kedvetlen; be in the ~ to do sg kedve van vmt tenni 2. humor; komikum; vicc; for the ~ of it tréfából, a hecc kedvéért 3. † comedy of ~s ⟨különcöket/jellemszélsőségeket szerepeltető vígjáték⟩ 4. † testnedv II. vt ~ sy vknek kedvére tesz, alkalmazkodik vkhez
hump [hʌmp] I. n 1. púp; have a ~ púpos 2. (kis) dombocska; (vasúti) gurítódomb 3. □ have the ~ lehangolt II. vt 1. púpossá/görbévé/domborúvá tesz; ~ (up) the shoulders behúzza fejét a vállai közé 2. □ lehangol, deprimál
humpback n púpos ember
humpbacked a púpos
humped [hʌmpt] a púpos; go ~ görnyedten jár
humph [(h)mm, hmf, hʌmf] I. int hmm! II. vi hümmög
Humphr(e)y ['hʌmfrɪ] prop ⟨angol férfinév⟩
humpy ['hʌmpɪ] a 1. púpos 2. dombos
humus ['hju:məs] n televényföld, humusz
Hun [hʌn] n 1. hun 2. barbár pusztító
hunch [hʌntʃ] I. n 1. púp; kinövés, dudor 2. nagy darab [kenyér, sajt] 3. US biz gyanú, előérzet, ösztön; I have a ~ that ... az a gyanúm/érzésem, hogy . . . II. vt púpossá/görbévé/domborúvá tesz; sit ~ed up összegörnyedve ül
hunchback n 1. púp 2. púpos ember
hundred ['hʌndrəd] I. a száz II. n 1. száz(as szám); by the ~(s) százával. † járás [angol megyéé]
hundredfold I. a százszoros II. adv százszorosan
hundred-per-center [-sentər] n US amerikai soviniszta
hundredth ['hʌndrədθ] I. a századik II. n század(rész)
hundredweight n ⟨súlymérték: GB 112 font = 50,802 kg; US 100 font = = 45,359 kg⟩
hung →hang II.
Hungarian [hʌŋ'geərɪən] I. a magyar; ~ People's Republic Magyar Népköz-

társaság **II.** *n* 1. magyar (ember) 2. magyar (nyelv) 3. magyar nyelvtudás
Hungaro- ['hʌŋgərə-] magyar-
Hungary ['hʌŋgərɪ] *prop* Magyarország
hunger ['hʌŋgə*] **I.** *n* 1. éhség; ~ *is the best sauce* legjobb szakács az éhség; *die of* ~ éhen hal 2. vágyódás (*for/after* vm után) **II.** *vi* 1. éhezik, koplal 2. vágyódik, sóvárog (*for/after* vm után)
hunger-strike *n* éhségsztrájk
hungry ['hʌŋgrɪ] *a* 1. éhes, éhező; *go* ~ koplal, éhesen marad; éhezik 2. éhséget okozó/előidéző 3. *átv* éhes, szomjas (vmre); vágyódó; *be* ~ *for knowledge* szomjúhozza a tudást 4. terméketlen, sovány [föld] 5. szegény(es)
hunk [hʌŋk] *n* 1. nagy darab [kenyér] 2. púp
hunkers ['hʌŋkəz] *n pl biz on one's* ~ guggolva, kuporogva
hunks [hʌŋks] *n* zsugori/fösvény ember
hunky ['hʌŋkɪ] *n US* □ cseh/szlovák/magyar származású segédmunkás
hunky-dory [-'dɔːrɪ] *a US* □ klassz, oltári (jó), frankó
hunt [hʌnt] **I.** *n* 1. vadászat 2. (*átv is*) üldözés; keresés; hajtóvadászat, hajsza 3. vadászterület 4. vadásztársaság **II. A.** *vt* 1. űz, üldöz [vadat]; vadászik (*átv is*); ~ *a thief* tolvajt üldöz/kerget 2. átkutat, felkutat [helyet] 3. ~ *a horse* lóháton vadászik **B.** *vi* 1. vadászik 2. keres, kutat
  hunt after *vt* keres, kutat
  hunt down *vt* 1. fáradhatatlanul üldöz [vadat, tettest] 2. kézre kerít [bűnözőt]
  hunt for *vi* keres, kutat (vkt vmt)
  hunt out *vt* felkutat, kinyomoz, kiszimatol
  hunt up *vt* felhajszol; sok fáradsággal előkeres/előteremt
hunter ['hʌntə*] *n* 1. vadász [ember, kutya, ló] 2. [régimódi] fedeles zsebóra
hunting ['hʌntɪŋ] **I.** *a* vadász-, vadászó **II.** *n* 1. vadászat; falkavadászat 2. *átv* vadászat (vm után); keresés
hunting-box *n* vadászlak
hunting-ground *n* vadászterület

hunting-horn *n* vadászkürt
huntress ['hʌntrɪs] *n* vadásznő
huntsman ['hʌntsmən] *n* (*pl* -men -mən) 1. vadász 2. vadászlegény
hurdle ['həːdl] **I.** *n* 1. gát, akadály; ~*s* gátfutás, akadályverseny 2. karám, cserény **II. A.** *vt* 1. karámot készít, karámmal elkerít 2. átugrik [gáton, akadályon] **B.** *vi* gátfutásban vesz részt; akadályversenyen ugrat
hurdler ['həːdlə*] *n* gátfutó
hurdle-race *n* gátfutás; akadályverseny
hurdy-gurdy ['həːdɪgəːdɪ] *n* kintorna, verkli
hurl [həːl] **I.** *n* hajítás, heves/erőteljes ellökés/dobás **II.** *vt* (oda)hajít, odalök; ~ *oneself at sy* ráveti magát vkre; *biz* ~ *abuse at sy* sértéseket vág vk fejéhez
hurling ['həːlɪŋ] *n* 1. hajítás 2. hokizás [Írországban]
hurly-burly ['həːlɪbəːlɪ] *n* zűrzavar, zenebona, felfordulás
Huron ['hjʊər(ə)n] *prop*
hurrah [hʊ'rɑː; *US* hə-] **I.** *int* éljen!, hurrá! **II.** *n* éljenzés **III.** *vi/vt* (meg)éljenez
hurray [hʊ'reɪ; *US* hə-] *int/n/v* = *hurrah*
hurricane ['hʌrɪkən; *US* 'həːrɪkeɪn] *n* forgószél, orkán, hurrikán; ~ *lamp* viharlámpa
hurried ['hʌrɪd; *US* 'hə:-] *a* (el)sietett, kutyafuttában végzett [dolog]; sietős
hurry ['hʌrɪ; *US* 'hə:-] **I.** *n* 1. sietség; *be in a* ~ siet, sürgős dolga van; *there is no* ~ nem kell (vele) sietni, nem sürgős 2. sürgés-forgás **II. A.** *vt* siettet, hajszol; sürget; ~ *up sy* siettet vkt **B.** *vi* 1. siet, igyekszik (vmvel); ~ *off* elsiet, elrohan, sietve elmegy/(el)távozik 2. siet(ve megy); ~ *up* (fel)siet, sietve felmegy; ~ *up!* siess!, csak gyorsan!
hurt [həːt] **I.** *n* 1. felsértés, seb(esülés), sérülés 2. kár, ártalom **II.** *v* (*pt/pp* ~) **A.** *vt* 1. megsért, -sebesít; *get* ~ (1) megsérül (2) megsértődik; *did you* ~ *yourself* megsérültél?, megütötted magad? 2. *átv* megsért, megbánt (vkt), fájdalmat okoz (vknek); ~ *sy's feelings* megbánt vkt 3. árt, megkárosít, kárt okoz **B.** *vi biz* fáj

hurtful ['hə:tful] a 1. sértő, bántó 2. ártalmas, káros; hátrányos (to vmre)
hurtle ['hə:tl] vi 1. ~ into sg összeütközik vmvel, nekicsapódik/-ütközik vmnek 2. ~ down (le)zuhan 3. ~ along zörögve/csörömpölve tovaszáguld
husband ['hʌzbənd] I. n férj II. vt (jól) gazdálkodik (vmvel), takarékoskodik (vmvel); ~ one's resources takarékoskodik erejével
husbandman ['hʌzbəndmən] n (pl -men -mən) † gazdaember, földműves
husbandry ['hʌzbəndrɪ] n 1. mezőgazdaság; animal ~ állattenyésztés 2. gazdálkodás (vmvel vhogy)
hush [hʌʃ] I. int [ʃ:] pszt, csitt II. n csend, hallgatás III. A. vt 1. lecsendesít, elhallgattat 2. megnyugtat 3. ~ up agyonhallgat, eltussol B. vi hallgat, csendben van
hush-hush [hʌʃ'hʌʃ] a biz titkos; szigorúan bizalmas
hush-money n hallgatási pénz/díj
husk [hʌsk] I. n hüvely; burok; héj; tok 2. átv burkolat, külső II. vt lehámoz; lehántol; hüvelyez
huskiness ['hʌskɪnɪs] n rekedtség
husking bee ['hʌskɪŋ] kukoricafosztás
husky¹ ['hʌskɪ] I. a 1. héjas, tokos, hüvelyes; csupa hüvely 2. rekedt [hang] 3. biz tagbaszakadt, vállas, erős, izmos II. n biz tagbaszakadt/erős ember
husky² ['hʌskɪ] n eszkimó kutya
hussar [hʊ'za:*] n huszár
hussy ['hʌsɪ] n 1. ringyó 2. szemtelen nő(személy)
hustings ['hʌstɪŋz] n 1. választási hadjárat/kampány 2. szónoki emelvény
hustle ['hʌsl] I. n 1. lökdösődés, taszigálás 2. sietség; sürgés-forgás 3. biz erélyesség, rámenősség II. A. vi 1. tolakodik, lökdösődik 2. furakodik, utat tör 3. US sürgölődik, tevékenykedik B. vt 1. lökdös, taszigál; ~ out kituszkol (vhonnan) 2. belevisz (into vkt vmbe)
hustler ['hʌslə*] n 1. lökdösődő (ember) 2. US rámenős (üzlet)ember 3. US □ csaló, szélhámos 4. US □ strichelő kurva

hut [hʌt] n kunyhó, bódé; (katonai) barakk
hutch [hʌtʃ] n ketrec, láda, ól [nyulaknak]
hutments ['hʌtmənts] n pl (katonai) barakktábor
Huxley ['hʌkslɪ] prop
huzza [hʊ'za:] int éljen!
H.W.M., HWM high-water mark
hyacinth ['haɪəsɪnθ] n jácint
hyaena [haɪ'i:nə] n = hyena
hybrid ['haɪbrɪd] I. a 1. hibrid, keresztezett [növény, állat], korcs [állat] 2. keverék [szó, nyelv] II. n korcs, keverék, hibrid
hybridize ['haɪbrɪdaɪz] A. vt keresztez, hibridizál B. vi kereszteződik; korcs/hibrid alakot hoz létre
Hyde Park [haɪd 'pa:k] prop
Hyderabad ['haɪd(ə)rəbæd] prop
hydra ['haɪdrə] n 1. sokfejű mitológiai kígyó, hidra 2. vízikígyó
hydrangea [haɪ'dreɪndʒə] n hortenzia
hydrant ['haɪdr(ə)nt] n (utcai) tűzcsap
hydrate ['haɪdreɪt] I. n hidrát II. A. vt hidratál B. vi hidratálódik
hydraulic [haɪ'drɔ:lɪk] a 1. folyadéknyomásos, hidraulikus 2. víz alatt kötő [cement] 3. vízműtani
hydraulics [haɪ'drɔ:lɪks] n vízerőtan, vízműtan, hidraulika
hydro ['haɪdroʊ] n biz gyógyszálló
hydrocephalic [haɪdrəse'fælɪk] a vízfejű
hydroelectric [haɪdrəɪ'lektrɪk] a ~ power plant vízerőmű
hydrofoil ['haɪdrəfɔɪl] n szárnyashajó
hydrogen ['haɪdrədʒ(ə)n] n hidrogén; ~ bomb hidrogénbomba; ~ peroxide hidrogén-peroxid
hydrographer [haɪ'drɔgrəfə*; US -ra-] n vízépítési mérnök
hydrography [haɪ'drɔgrəfɪ; US -ra-] n vízrajz
hydro-hotel n gyógyszálló
hydrolysis [haɪ'drɔlɪsɪs; US -ra-] n vízbontás, hidrolízis
hydrometer [haɪ'drɔmɪtə*; US -ra-] n hidrométer
hydropathic [haɪdrə'pæθɪk] a vízgyógyászati; ~ establishment vízgyógyintézet

hydrophobia [haɪdrə'foʊbjə] *n* víziszony; veszettség

hydroplane ['haɪdrəpleɪn] *n* **1.** vízi repülőgép, hidroplán **2.** ~ *(motor boat)* siklócsónak

hydroponics [haɪdrə'pɔnɪks; *US* -'pɑ-] *n* hidropon(ikus) növénytermesztés

hydrotherapy [haɪdrə'θerəpɪ] *n* vízgyógyászat, hidroterápia

hyena [haɪ'i:nə] *n* hiéna

hygiene ['haɪdʒi:n] *n* higiénia, egészségügy, egészségtan

hygienic [haɪ'dʒi:nɪk; *US* haɪdʒɪ'enɪk] *a* egészségügyi; higiénikus

hygrometer [haɪ'grɔmɪtə*; *US* -rɑ-] *n* légnedvességmérő, higrométer

hygroscope ['haɪgrəskoʊp] *n* = *hygrometer*

hygroscopic [haɪgrə'skɔpɪk; *US* -kɑ-] *a* nedvszívó, higroszkópos, -kopikus

hymen ['haɪmen] *n* **1.** szűzhártya, hímen **2.** házasság, nász

hymn [hɪm] **I.** *n* (egyházi) ének; zsolozsma **II.** *vt* énekszóval dicsőít

hymnal ['hɪmn(ə)l] *n* (egyházi) énekeskönyv

hymn-book *n* = *hymnal*

hypacidity [haɪpə'sɪdətɪ] *n* savhiány

hyperacidity [haɪpərə'sɪdətɪ] *n* gyomorsavtúltengés

hyperbola [haɪ'pə:bələ] *n* hiperbola

hyperbole [haɪ'pə:bəlɪ] *n* túlzás, nagyítás

hypercritical [haɪpə'krɪtɪkl] *a* túl szigorúan bíráló, hiperkritikus

hypermarket ['haɪpəmɑ:kɪt] *n* (nagy) bevásárlóközpont [külvárosban]

hypersonic [haɪpə'sɔnɪk; *US* -'sɑ-] *a* hangsebességen felüli, hiperszonikus

hypertension [haɪpə'tenʃn] *n* magas vérnyomás, hipertónia

hyphen ['haɪfn] **I.** *n* kötőjel **II.** *vt* = = *hyphenate*

hyphenate ['haɪfəneɪt] *vt* kötőjellel összekapcsol/ír, kötőjelez

hypnosis [hɪp'noʊsɪs] *n* (*pl* -ses -si:z) **1.** hipnózis **2.** hipnotikus állapot

hypnotic [hɪp'nɔtɪk; *US* -'nɑ-] *a* hipnotikus

hypnotism ['hɪpnətɪzm] *n* hipnotizálás, hipnotizmus

hypnotist ['hɪpnətɪst] *n* hipnotizőr

hypnotize ['hɪpnətaɪz] *vt* hipnotizál; megigéz

hypochondria [haɪpə'kɔndrɪə; *US* -'kɑ-] *n* képzelt betegség, képzelődés, hipochondria

hypochondriac [haɪpə'kɔndrɪæk; *US* -'kɑ-] **I.** *a* képzelődő, hipochondriás **II.** *n* képzelt beteg, hipochonder

hypocrisy [hɪ'pɔkrəsɪ; *US* -'pɑ-] *n* képmutatás, álszenteskedés, hipokrízis

hypocrite ['hɪpəkrɪt] *n* képmutató, álszent, hipokrita

hypocritical [hɪpə'krɪtɪkl] *a* képmutató, álszent(eskedő), hipokrita

hypodermic [haɪpə'də:mɪk] **I.** *a* bőr alatti, bőr alá fecskendezett; ~ *injection* bőr alá adott injekció; ~ *syringe* injekciós fecskendő **II.** *n* bőr alá adott injekció

hypophysis [haɪ'pɔfɪsɪs; *US* -'pɑ-] *n* hipofízis, agyalapi mirigy

hypotension [haɪpə'tenʃn] *n* alacsony vérnyomás

hypotenuse [haɪ'pɔtənju:z; *US* -'pɑtə-nu:s] *n* átfogó [derékszögű háromszögé]

hypothesis [haɪ'pɔθɪsɪs; *US* -'pɑ-] *n* (*pl* -ses -si:z) feltevés, vélelem, hipotézis

hypothetical [haɪpə'θetɪkl] *a* feltételes, feltételezett, hipotetikus

hyssop ['hɪsəp] *n* (kerti) izsóp

hysteria [hɪ'stɪərɪə] *n* hisztéria

hysteric(al) [hɪ'sterɪk(l)] *a* hisztérikus

hysterics [hɪ'sterɪks] *n pl* hisztériás roham/kitörés; *go/fall into* ~ idegrohamot kap

I

I¹, i [aɪ] n I, i (betű)

I² [aɪ] pron én; it is I én vagyok (az);
I for one ... ami engem illet

Ia. Iowa

Iago [ɪ'ɑ:goʊ] Jágó

iamb ['aɪæmb] n = iambu

iambic [aɪ'æmbɪk] I. a jamoikus, jam-
busos II. n jambikus/jambusi költe-
mény; jambus

iambus [aɪ'æmbəs] n jambus [versláb]

Ian [ɪən] prop sk János

ib. = ibid.

Iberia [aɪ'bɪərɪə] prop Ibéria(i-félszi-
get)

Iberian [aɪ'bɪərɪən] a/n ibériai

ibex ['aɪbeks] n kőszáli kecske

ibid. ['ɪbɪd] ibidem (= in the same place)
ugyanott, uo.

ibidem [ɪ'baɪdem] adv →ibid.

ibis ['aɪbɪs] n ibisz [madár]

IBM [aɪbi:'em] International Business
Machines ⟨iroda- és számítógépeket
gyártó nemzetközi konszern⟩

ICBM [aɪsi:bi:'em] intercontinental
ballistic missile →intercontinental

ice [aɪs] I. n 1. jég; átv break the ~
megtöri a jeget; cut no ~ nincs jelen-
tősége; átv skate on thin ~ veszélyes
területen mozog 2. fagylalt II. vt
1. be ~d over/up (1) befagy (2) be-
zúzmarásodik 2. (jégben) hűt 3. cu-
kormázzal bevon

ice-age n jégkorszak

ice-axe n jégcsákány

iceberg [-bə:g] n úszó jéghegy

ice-boat n jégvitorlás

ice-bound a befagyott [hajó, kikötő]

icebox n 1. jégszekrény 2. US hűtő-
szekrény

icebreaker n jégtörő

icecap n jégtakaró

ice-cream n fagylalt

ice-cube n jégkocka

iced [aɪst] a 1. jégbe hűtött 2. cukor-
mázzal bevont

icefield n jégmező

ice-float/floe n úszó jégtábla

Iceland ['aɪslənd] prop Izland

Icelander ['aɪsləndə*] a/n izlandi (em-
ber)

Icelandic [aɪs'lændɪk] a/n izlandi (nyelv)

ice-lolly [-lɔlɪ; US -ɑ-] n jégkrém
[nyalóka]

iceman n (pl -men) jegesember

icepack n 1. jégtorlasz 2. jégtömlő

icepick n jégcsákány

icerink n (mű)jégpálya

ice-show n jégrevü

ice-skate I. n korcsolya II. vi korcsolyá-
zik

ICI [aɪsi:'aɪ] Imperial Chemical Indus-
tries ⟨a legnagyobb brit vegyipari
vállalat⟩

icicle ['aɪsɪkl] n jégcsap

iciness ['aɪsɪnɪs] n jegesség, hűvösség

icing ['aɪsɪŋ] n 1. cukorbevonat, -máz;
~ sugar (finom) porcukor 2. jégkép-
ződés, zúzmaraképződés

icon, ikon ['aɪkɔn; US -ɑn] n ikon

iconoclasm [aɪ'kɔnəklæzm; US -'kɑ-]
n képrombolás

iconoclast [aɪ'kɔnəklæst; US -'kɑ-]
1. képromboló 2. átv tekintélyromboló

icy ['aɪsɪ] a (átv is) jeges, hideg

I'd [aɪd] = I should/would/had

Ida ['aɪdə] prop Ida

Ida. Idaho

Idaho ['aɪdəhoʊ] prop

idea [aɪ'dɪə] n 1. eszme, ötlet, gondolat, idea; get ~s into one's head mindenféle elképzelései vannak; the ~! mi jut eszedbe!; what's the big ~? hát ez meg mi?, hátrább az agarakkal! 2. elgondolás, elképzelés; I haven't the faintest ~ halvány sejtelmem sincs; I had no ~ that ... sejtelmem/fogalmam sem volt róla, hogy ... 3. fogalom, kép(zet); general ~ átfogó kép 4. terv; he is full of ~s tele van tervekkel 5. the young ~ a gyermeki értelem

ideal [aɪ'dɪəl] I. a 1. eszményi, ideális 2. képzeletbeli; elméleti II. n ideál; példakép, eszménykép

idealism [aɪ'dɪəlɪzm] n idealizmus

idealist [aɪ'dɪəlɪst] n idealista

idealistic [aɪdɪə'lɪstɪk] a idealista

idealize [aɪ'dɪəlaɪz] vt idealizál, eszményít

idem ['aɪdem] a/n ugyanaz; ugyanott

identical [aɪ'dentɪkl] a 1. azonos; ugyanaz 2. megegyező; ugyanolyan (mint) 3. ~ twins egypetéjű ikrek

identification [aɪdentɪfɪ'keɪʃn] n 1. azonosítás 2. személyazonosság megállapítása; ~ disk/tag azonossági jegy, „dögcédula" [katonáé]

identify [aɪ'dentɪfaɪ] vt 1. azonosságot megállapít; felismer (vkt, vmt) 2. azonosít (with vkvel, vmvel); ~ oneself with sg azonosságot/szolidaritást vállal vmvel

identikit [aɪ'dentɪkɪt] n mozaikkép [körözött személyről]

identity [aɪ'dentətɪ] n 1. azonosság 2. személyazonosság; ~ card személyi/személyazonossági igazolvány; ~ check (rendőri) igazoltatás; prove one's ~ igazolja magát

ideogram ['ɪdɪəgræm] n képírásjel, ideogramma

ideograph ['ɪdɪəgrɑːf; US -æf] n = ideogram

ideological [aɪdɪə'lɒdʒɪkl; US -'lɑ-] a ideológiai

ideologist [aɪdɪ'ɒlədʒɪst; US -'ɑ-] n ideológus

ideology [aɪdɪ'ɒlədʒɪ; US -'ɑ-] n világnézet, ideológia

ides [aɪdz] n pl idus; the I~ of March március 15/idusa

idiocy ['ɪdɪəsɪ] n hülyeség, butaság

idiom ['ɪdɪəm] n 1. (sajátos) kifejezés-(mód), szólás(mód), idiomatizmus, idióma 2. (nép)nyelv 3. nyelvezet, stílus

idiomatic(al) [ɪdɪə'mætɪk(l)] a egy bizonyos nyelvre jellemző, idiomatikus; speak ~ English zamatos/tőrőlmetszett angolsággal beszél; ~ expression = idiom 1.

idiosyncrasy [ɪdɪə'sɪŋkrəsɪ] n 1. egyéni/jellemző sajátosság 2. idioszinkrázia

idiot ['ɪdɪət] n biz idióta, hülye, ostoba

idiotic [ɪdɪ'ɒtɪk; US -'ɑ-] a hülye, ostoba

idle ['aɪdl] I. a 1. henye, lusta 2. elfoglaltság/munka nélküli, tétlen 3. nem működő [üzem]; üres [járat]; holt [tér] 4. haszontalan, üres II. A. vt ~ one's time away semmittevéssel tölti az idejét B. vi 1. henyél, lopja a napot 2. üresen jár [gép]

idleness ['aɪdlnɪs] n 1. semmittevés, tétlenség 2. hiábavalóság, haszontalanság (vmé)

idler ['aɪdlə*] n naplopó, semmittevő

idol ['aɪdl] n bálvány

idolater [aɪ'dɒlətə*; US -'dɑ-] n 1. bálványimádó 2. tisztelő, imádó (vké)

idolatrous [aɪ'dɒlətrəs; US -'dɑ-] n bálványimádó, bálványozó

idolatry [aɪ'dɒlətrɪ; US -'dɑ-] n 1. bálványimádás 2. átv bálványozás

idolize ['aɪdəlaɪz] vt bálványoz

idyl(l) ['ɪdɪl; US 'aɪ-] n 1. átv idill 2. pásztorköltemény

idyllic [aɪ'dɪlɪk] a idillikus

i.e. [aɪ'iː; ðæt'ɪz] id est (= that is) azaz, úgymint, úm.

if [ɪf] conj 1. ha; feltéve hogy; as ~ mintha; even ~ még ha; ~ only (1) ha másért nem is (2) óh bár, bárcsak; he is 50 ~ a day legalább 50 éves; ~ I were you (én) a te helyedben; it was hot ~ anything nagyon is meleg volt 2. vajon; do you know ~ Jack is at home? nem tudja, (hogy) itthon van-e J.?

igloo ['ɪgluː] n [eszkimó] jégkunyhó

Ignatius [ɪg'neɪʃjəs] prop Ignác

igneous ['ɪgnɪəs] a vulkáni eredetű
ignis-fatuus [ɪgnɪs'fætjuəs; US -tʃu-]
n lidércfény
ignite [ɪg'naɪt] A. vt meggyújt B. vi
meggyullad, tüzet fog
igniter [ɪg'naɪtə*] n gyújtószerkezet
ignition [ɪg'nɪʃn] n 1. gyújtás 2. rob-
banás, terjeszkedés(i ütem) [motor-
hengerben] 3. gyújtószerkezet; ~ key
indítókulcs, slusszkulcs; switch on the
~ bekapcsolja/ráadja a gyújtást
ignoble [ɪg'noʊbl] a 1. nemtelen, aljas
2. † alantas származású
ignominious [ɪgnə'mɪnɪəs] a meg(gy)a-
lázó; megszégyenítő; becstelen, aljas
ignominy ['ɪgnəmɪnɪ] n 1. szégyen,
gyalázat 2. becstelenség, aljasság
ignoramus [ɪgnə'reɪməs] n tudatlan
ember
ignorance ['ɪgnərəns] n tudatlanság
ignorant ['ɪgnərənt] a tudatlan; be ~
of sg nincs vmről tudomása, járatlan
vmben
ignore [ɪg'nɔ:*] vt nem vesz tudomásul,
semmibe vesz, mellőz
ikon →icon
ilex ['aɪleks] n téli magyalfa
Iliad ['ɪlɪəd] prop Iliász
ilk [ɪlk] a sk fajta; of that ~ (1) ugyan-
azon helyről való (2) biz hasonszőrű
I'll [aɪl] = I shall/will
ill [ɪl] I. a (comp worse wə:s, sup worst
wə:st) 1. beteg; ~ health gyenge
egészség, gyengélkedés; fall ~, be
taken ~ megbetegszik 2. rossz; átv
~ blood rossz vér, viszálykodás;
~ breeding modortalanság, rossz mo-
dor; ~ feeling neheztelés; ~ fortune/
luck balszerencse, balsors; do sy an
~ turn rossz szolgálatot tesz vknek
3. kellemetlen 4. káros; ~ will rossz-
akarat, -indulat II. adv rosszul; nem
jól/kielégítően; it ~ becomes you to . . .
nem illik hozzád (,hogy . . .); take sg
~ megsértődik vmn III. n 1. rossz;
speak ~ of sy rosszat mond vkről
2. ills pl baj, csapás, szerencsétlenség
Ill. Illinois
ill-advised [-əd'vaɪzd] a meggondolat-
lan
ill-bred a neveletlen(ül viselkedő)

ill-considered [-kən'sɪdəd] a meggondo-
latlan
ill-disposed a rosszindulatú
illegal [ɪ'li:gl] a törvénytelen, jogtalan,
illegális
illegality [ɪli:'gælətɪ] n 1. jogtalanság,
törvénytelenség 2. illegalitás
illegibility [ɪledʒɪ'bɪlətɪ] n olvashatat-
lanság
illegible [ɪ'ledʒəbl] a olvashatatlan
illegitimacy [ɪlɪ'dʒɪtɪməsɪ] n törvényte-
lenség, jogtalanság
illegitimate [ɪlɪ'dʒɪtɪmət] a 1. törvény-
telen, jogtalan 2. házasságon kívül
született
ill-fated a balvégzetű, szerencsétlen
ill-favoured, US -favored a 1. nem csi-
nos 2. visszatetsző
ill-gotten a ebül szerzett; ~ gains sel-
dom prosper ebül szerzett jószág ebül
vész el
ill-humoured, US -humored [-'hju:məd]
a ingerlékeny, rosszkedvű
illiberal [ɪ'lɪb(ə)rəl] ő 1. szűk látókörű,
korlátolt 2. † szűkmarkú, kicsinyes
3. közönséges, neveletlen
illicit [ɪ'lɪsɪt] a 1. tiltott, meg nem en-
gedett 2. jogtalan
illimitable [ɪ'lɪmɪtəbl] a határtalan, kor-
látlan
ill-informed [-ɪn'fɔ:md] a rosszul tájé-
kozott, tájékozatlan
illiteracy [ɪ'lɪt(ə)rəsɪ] n 1. írni-olvasni
nem tudás, analfabetizmus 2. tanu-
latlanság
illiterate [ɪ'lɪt(ə)rət] a/n 1. írástudatlan,
analfabéta 2. tanulatlan
ill-mannered a modortalan, rossz modo-
rú
ill-matched [-'mætʃt] a össze nem illő
ill-natured a barátságtalan, harapós
(modorú); komisz
illness ['ɪlnɪs] n betegség
illogical [ɪ'lɔdʒɪkl; US -'lɑ-] a nem ész-
szerű, illogikus, logikátlan
ill-omened [-'oʊmend] a baljós(latú)
ill-starred a rossz csillagzat alatt szü-
letett, szerencsétlen
ill-tempered a ingerlékeny, mogorva
ill-timed a rosszkor történő, időszerűtlen
ill-treat vt rosszul/durván bánik (vkvel)

ill-treatment *n* rossz/embertelen bánásmód; bántalmazás
illuminate [ɪ'lju:mɪneɪt; *US* -'lu:-] *vt* 1. megvilágít, kivilágít 2. megvilágít, megmagyaráz 3. színes iniciálékkal/kezdőbetűkkel díszít
illumination [ɪlju:mɪ'neɪʃn; *US* -lu:-] *n* 1. (meg)világítás; kivilágítás 2. ~s *of a manuscript* kézirat díszes iniciáléi 3. felvilágosultság
illuminator [ɪ'lju:mɪneɪtə*; *US* -'lu:-] *n* 1. kivilágító 2. kiszínező, festő
ill-use *vt* = *ill-treat*
illusion [ɪ'lu:ʒn] *n* 1. (érzék)csalódás, káprázat 2. illúzió, ábránd; *be under an* ~ tévhitben leledzik
illusionist [ɪ'lu:ʒənɪst] *n* bűvész
illusive [ɪ'lu:sɪv] *a* csalóka, látszólagos, hiú (vm)
illusory [ɪ'lu:s(ə)rɪ] *a* = *illusive*
illustrate ['ɪləstreɪt] *vt* 1. ábrázol, illusztrál, szemléltet 2. megvilágít, megmagyaráz
illustrated ['ɪləstreɪtɪd] *a* képes, illusztrált; ~ *paper* képes újság
illustration [ɪlə'streɪʃn] *n* 1. szemléltetés; illusztrálás; *by way of* ~ példaként, magyarázatképpen 2. illusztráció, ábra, kép
illustrative ['ɪləstrətɪv; *US* ɪ'lʌ-] *a* magyarázó, szemléltető, illusztráló
illustrator ['ɪləstreɪtə*] *n* rajzoló, illusztrátor
illustrious [ɪ'lʌstrɪəs] *a* jeles, kiváló, híres; előkelő
I'm [aɪm] = *I am* →*be*
image ['ɪmɪdʒ] I. *n* 1. (faragott) kép, szobor; kép(más); hasonmás; *the child is the very/spitting* ~ *of his father* ez a gyerek egészen/szakasztott az apja 2. arcmás; tükörkép 3. összkép, kép, elképzelés; képzet 4. hasonlat, (költői) kép, szókép II. *vt* 1. visszatükröz 2. ábrázol, lefest
imagery ['ɪmɪdʒ(ə)rɪ] *n* 1. ábrázolás 2. szobrok, képek 3. szóképek, hasonlatok
imaginable [ɪ'mædʒɪnəbl] *a* elképzelhető
imaginary [ɪ'mædʒɪn(ə)rɪ; *US* -erɪ] *a* 1. képzeletbeli 2. imaginárius [szám]
imagination [ɪmædʒɪ'neɪʃn] *n* 1. képze-

let, képzelőtehetség, fantázia 2. képzelődés, kitalálás
imaginative [ɪ'mædʒɪnətɪv] *a* 1. nagy képzelőtehetségű 2. képzeletből eredő, (el)képzelt
imagine [ɪ'mædʒɪn] *vt* 1. (el)képzel, (el)gondol; *just* ~ képzeld csak; *as may be* ~*d* ahogy gondolható is volt 2. vél, hisz
imbalance [ɪm'bæləns] *n* kiegyensúlyozatlanság, egyensúlyhiány
imbecile ['ɪmbɪsi:l; *US* -bəs(ə)l] *a*/*n* gyengeelméjű, hülye
imbecility [ɪmbɪ'sɪlətɪ] *n* gyengeelméjűség, hülyeség
imbibe [ɪm'baɪb] *vt* 1. magába szív, felszív 2. iszik
imbroglio [ɪm'brəʊlɪəʊ] *n* bonyolultság, zavar; bonyodalom
imbue [ɪm'bju:] *vt* (vmlyen érzés) eltölt, hevít; ~ *with hatred* gyűlölettel tölt el
IMF [aɪem'ef] *International Monetary Fund* Nemzetközi Valuta Alap (ENSZ)
imitate ['ɪmɪteɪt] *vt* utánoz, másol, majmol
imitation [ɪmɪ'teɪʃn] *n* 1. utánzás; követés; *in* ~ *of sg* vm utánzásaként; *in* ~ *of sy* vk példáját követve 2. utánzat, hamisítvány 3. mesterséges, mű-; ~ *leather* műbőr
imitative ['ɪmɪtətɪv; *US* -teɪ-] *a* 1. utánzó; ~ *word* hangutánzó szó 2. utánzott (*of* vmről)
imitator ['ɪmɪteɪtə*] *n* utánzó
immaculate [ɪ'mækjʊlət] *a* 1. szeplőtlen 2. hibátlan; makulátlan
immanent ['ɪmənənt] *a* benne rejlő, immanens
Immanuel [ɪ'mænjʊəl] *prop* Emánuel, Manó
immaterial [ɪmə'tɪərɪəl] *a* 1. testetlen 2. lényegtelen
immature [ɪmə'tjʊə*; *US* -'tʃʊr] *a* éretlen; kiforratlan [jellem stb.]; fejletlen
immaturity [ɪmə'tjʊərətɪ; *US* -'tʃʊ-] *n* éretlenség; fejletlenség, tökéletlenség
immeasurable [ɪ'meʒ(ə)rəbl] *a* mérhetetlen, határtalan, óriási

immediacy [ɪ'mi:djəsɪ] n 1. közvetlenség 2. azonnaliság, sürgősség
immediate [ɪ'mi:djət] a 1. közvetlen 2. azonnali, sürgős
immediately [ɪ'mi:djətlɪ] I. adv 1. azonnal; ~ after rögtön utána 2. közvetlenül II. conj amint, mihelyt
immemorial [ɪmɪ'mɔ:rɪəl] a időtlen, ősrégi; from time ~ időtlen idők óta, ősidőktől fogva
immense [ɪ'mens] a óriási, mérhetetlen, roppant, tömérdek
immensely [ɪ'menslɪ] adv nagyon, roppantul
immensity [ɪ'mensətɪ] n (vmnek) óriási volta, roppant terjedelem
immerse [ɪ'mɔ:s] vt be(le)márt, bemerít, alámerít; ~ oneself in sg belemélyed/ elmerül vmben
immersion [ɪ'mɔ:ʃn; US -ʒn] n 1. be(le)-merítés, be(le)mártás, alámerítés; ~ heater merülőforraló 2. elmerülés, elmélyedés (in vmben)
immigrant ['ɪmɪgr(ə)nt] a/n bevándorló
immigrate ['ɪmɪgreɪt] vi bevándorol
immigration [ɪmɪ'greɪʃn] n bevándorlás; GB ~ officer útlevélkezelő
imminence ['ɪmɪnəns] n fenyegető közelség/veszély
imminent ['ɪmɪnənt] a küszöbön álló, közelgő, közelítő; fenyegető
immobile [ɪ'moʊbaɪl; US -b(ə)l] a 1. mozdulatlan 2. megmozdíthatatlan, rögzített
immobility [ɪmə'bɪlɪtɪ] n 1. mozdulatlanság 2. állhatatosság, szilárdság
immobilization [ɪmoʊbɪlaɪ'zeɪʃn; US -lɪ'z-] n 1. rögzítés [törésé]; megbénítás 2. immobilizálás, befektetés[tőkéé]
immobilize [ɪ'moʊbɪlaɪz] vt 1. mozdulatlanságra kárhoztat; rögzít [törést] 2. leköt [ellenséget, tőkét]; befagyaszt [követelést]
immoderate [ɪ'mɔd(ə)rət; US -'mɑ-] a mértéktelen, túlzott; szertelen
immodest [ɪ'mɔdɪst; US -ɑ-] a 1. szerénytelen; elbizakodott; szemtelen 2. szemérmetlen [viselkedés stb.]
immodesty [ɪ'mɔdɪstɪ; US -ɑ-] n 1. szerénytelenség; elbizakodottság; szemtelenség 2. szemérmetlenség

immolate ['ɪmɔleɪt] vt feláldoz
immoral [ɪ'mɔr(ə)l; US -ɔ:-] a erkölcstelen
immorality [ɪmə'rælətɪ] n erkölcstelenség
immortal [ɪ'mɔ:tl] a halhatatlan
immortality [ɪmɔ:'tælətɪ] n halhatatlanság
immortalize [ɪ'mɔ:təlaɪz] vt halhatatlanná tesz, megörökít
immovable [ɪ'mu:vəbl] I. a 1. mozdíthatatlan; szilárd, rendíthetetlen; ~ feast állandó ünnep 2. ~ property/ estate ingatlan vagyon II. n ingatlan
immune [ɪ'mju:n] a 1. ment(es) (vmtől) 2. nem fogékony, immúnis [betegséggel szemben]
immunity [ɪ'mju:nətɪ] n 1. mentesség (from vm alól) 2. mentelmi jog, immunitás 3. immunitás, védettség [betegséggel szemben]
immunization [ɪmju:naɪ'zeɪʃn; US -nɪ'z-] n 1. védőoltás, immunizálás 2. mentesítés
immunize ['ɪmju:naɪz] vt immúnissá/ ellenállóvá tesz [betegséggel szemben]
immunology [ɪmju:n'ɔlədʒɪ; US -'ɑ-] n immunológia
immure [ɪ'mjʊə*] vt 1. (fallal) körülkerít 2. bezár, elzár; ~ oneself elzárkózik
immutability [ɪmju:tə'bɪlətɪ] n (meg-)változhatatlanság, állandóság
immutable [ɪ'mju:təbl] a (meg)változhatatlan, állandó
imp [ɪmp] n 1. kis ördög, manó 2. huncut kölyök
impact ['ɪmpækt] n 1. ütközés, nekiütődés 2. hatás; kihatás, behatás, befolyás (on vmre)
impair [ɪm'peə*] vt elront, megrongál; ~ed health megrendült egészség
impairment [ɪm'peəmənt] n 1. megromlás, gyengülés, kár(osodás) 2. (meg-) rongálás; megrontás
impale [ɪm'peɪl] vt karóba húz
impalpable [ɪm'pælpəbl] a 1. (ki)tapinthatatlan 2. megfoghatatlan
impanel [ɪm'pænl] vt -ll- (US -l-) = empanel
impart [ɪm'pɑ:t] vt 1. részesít, juttat

2. közöl, tudat (to vkvel), tudomására hoz (to vknek vmt)
impartial [ɪm'pɑ:ʃl] a pártatlan, részrehajlás nélküli, elfogulatlan
impartiality ['ɪmpɑ:ʃɪ'ælətɪ] n pártatlanság, elfogulatlanság
impassable [ɪm'pɑ:səbl; US -'pæ-] a járhatatlan
impasse [æm'pɑ:s; US ɪm'pæs] n átv zsákutca, holtpont
impassioned [ɪm'pæʃnd] a szenvedélyes, tüzes, lelkes
impassive [ɪm'pæsɪv] a 1. közömbös, egykedvű 2. érzéketlen
impassivity [ɪmpæ'sɪvətɪ] n 1. közömbösség 2. érzéketlenség
impatience [ɪm'peɪʃns] n türelmetlenség
impatient [ɪm'peɪʃnt] a türelmetlen
impeach [ɪm'pi:tʃ] vt (be)vádol, felelősségre von
impeachment [ɪm'pi:tʃmənt] n (alkotmányjogi) felelősségre vonás, vádemelés
impeccability [ɪmpekə'bɪlətɪ] n 1. feddhetetlenség 2. kifogástalanság
impeccable [ɪm'pekəbl] a 1. feddhetetlen 2. kifogástalan
impecunious [ɪmpɪ'kju:njəs] a pénztelen, kispénzű
impede [ɪm'pi:d] vt (meg)akadályoz, (meg)gátol; feltartóztat
impediment [ɪm'pedɪmənt] n akadály, gát; ~ in speech beszédhiba, dadogás
impedimenta [ɪmpedɪ'mentə] n pl málha, poggyász, felszerelés
impel [ɪm'pel] vt -ll- 1. ösztökél, hajt, űz 2. rávisz [bűnre stb.]
impending [ɪm'pendɪŋ] a küszöbön álló, közelgő, közelítő; fenyegető [veszély]
impenetrable [ɪm'penɪtrəbl] a 1. áthatolhatatlan 2. átláthatatlan, felderíthetetlen
impenitence [ɪm'penɪt(ə)ns] n megátalkodottság, bűnbánat hiánya
impenitent [ɪm'penɪt(ə)nt] a megátalkodott, bűnbánat nélküli
imperative [ɪm'perətɪv] I. a 1. ~ mood parancsoló/felszólító mód 2. parancsoló, ellentmondást nem tűrő 3. sürgető, kényszerítő; it is ~ for us all to... mindnyájunk kötelessége,

hogy... II. n parancsoló/felszólító mód, imperativus
imperceptible [ɪmpə'septəbl] a nem/alig észlelhető; nem érzékelhető; fokozatos
imperfect [ɪm'pə:fɪkt] I. a 1. tökéletlen; befejezetlen; hiányos, hézagos 2. ~ tense = II. n II. n elbeszélő/folyamatos múlt idő, imperfectum
imperfection [ɪmpə'fekʃn] n 1. tökéletlenség 2. befejezetlenség; hiány(osság)
imperial [ɪm'pɪərɪəl] I. a 1. császári; birodalmi; His/Her I~ Majesty ő császári felsége 2. az Egyesült Királyságban használt [súlyok, mértékek] 3. fenséges, nagyszerű II. n kecskeszakáll
imperialism [ɪm'pɪərɪəlɪzm] n imperializmus
imperialist [ɪm'pɪərɪəlɪst] a/n imperialista
imperialistic [ɪmpɪərɪə'lɪstɪk] a imperialista
imperil [ɪm'per(ə)l] vt -ll- (US -l-) veszélyeztet
imperious [ɪm'pɪərɪəs] a 1. parancsoló, zsarnoki; dölyfös 2. sürgős, kényszerítő
imperishable [ɪm'perɪʃəbl] a (el)múlhatatlan, hervadhatatlan; maradandó
impermanent [ɪm'pə:mənənt] a nem állandó/tartós
impermeability [ɪmpə:mjə'bɪlətɪ] n 1. áthatolhatatlanság 2. vízhatlanság
impermeable [ɪm'pə:mjəbl] a 1. áthatolhatatlan 2. vízhatlan
impersonal [ɪm'pə:sn(ə)l] a 1. személytelen 2. egyéniség nélküli
impersonate [ɪm'pə:səneɪt] vt megszemélyesít (vkt); (vmlyen) szerepet alakít
impersonation [ɪmpə:sə'neɪʃn] n megszemélyesítés; (színészi) alakítás
impertinence [ɪm'pə:tɪnəns] n arcátlanság, szemtelenség, pimaszság
impertinent [ɪm'pə:tɪnənt] a 1. arcátlan, szemtelen, pimasz 2. nem a tárgyhoz tartozó
imperturbability ['ɪmpətə:bə'bɪlətɪ] n rendíthetetlenség; higgadtság

imperturbable [ɪmpə'tə:bəbl] *a* 1. rendíthetetlen 2. higgadt; nyugodt
impervious [ɪm'pə:vjəs] *a* 1. áthatolhatatlan; ~ *to water* vízhatlan 2. érzéketlen
impetigo [ɪmpɪ'taɪɡoʊ] *n* var(asodás), csecsemőőtvar
impetousity [ɪmpetjʊ'ɔsətɪ; *US* -tʃʊ'a-] *n* hevesség
impetuous [ɪm'petjʊəs; *US* -tʃ-] *a* heves, indulatos; rámenős; elhamarkodott
impetus ['ɪmpɪtəs] *n* 1. lendítőerő, ösztönzés 2. lendület
impiety [ɪm'paɪətɪ] *n* 1. istentelenség 2. kegyelettelenség
impinge [ɪm'pɪndʒ] *vi* 1. ~ *(up)on (sg)* összeütközik (vmvel), nekiütközik (vmnek); hatást gyakorol (vmre) 2. túlkapást követ el
impious ['ɪmpɪəs] *a* 1. istentelen 2. kegyelet nélküli
impish ['ɪmpɪʃ] *a* huncut(kodó)
implacability [ɪmplækə'bɪlətɪ] *n* engesztelhetetlenség, kérlelhetetlenség
implacable [ɪm'plækəbl] *a* engesztelhetetlen, kérlelhetetlen
implant [ɪm'plɑ:nt; *US* -æ-] *vt (átv is)* beolt; beültet
implausible [ɪm'plɔ:zəbl] *a* valószínűtlen
implement I. *n* ['ɪmplɪmənt] 1. eszköz, szerszám 2. felszerelés II. *vt* ['ɪmplɪment] végrehajt, keresztülvisz, teljesít
implementation [ɪmplɪmen'teɪʃn] *n* végrehajtás, kivitelezés, teljesítés
implicate ['ɪmplɪkeɪt] *vt* belebonyolít, belekever (*in* vmbe)
implication [ɪmplɪ'keɪʃn] *n* 1. belevonás; belekeveredés 2. beleértés; burkolt célzás; *by* ~ (1) közvetve (2) hallgatólagosan
implicit [ɪm'plɪsɪt] *a* 1. beleértett; magától értetődő, hallgatólagos 2. fenntartás nélküli
implicitly [ɪm'plɪsɪtlɪ] *adv* beleértődően; értelemszerűen; *trust sy* ~ fenntartás nélkül bízik vkben
implore [ɪm'plɔ:*] *vt* könyörög, kér, esedezik
imply [ɪm'plaɪ] *vt* 1. beleért, magában

foglal, értelmileg tartalmaz 2. burkoltan céloz, utal (vmre)
impolite [ɪmpə'laɪt] *a* udvariatlan
impolitic [ɪm'pɔlətɪk; *US* -'pa-] *a* nem politikus, nem célravezető, célszerűtlen
imponderable [ɪm'pɔnd(ə)rəbl; *US* -an-] I. *a* 1. kiszámíthatatlan, le nem mérhető 2. súlytalan II. **imponderables** *n pl* imponderábiliák
import I. *n* ['ɪmpɔ:t] 1. árubehozatal, import; ~ *duty* behozatali vám 2. **imports** *pl* importáruk, behozott/külföldi áruk 3. értelem 4. fontosság, horderő II. *vt* [ɪm'pɔ:t] behoz, importál [árut]
importance [ɪm'pɔ:tns] *n* fontosság, jelentőség; *of great* ~ nagy jelentőségű
important [ɪm'pɔ:tnt] *a* fontos, jelentős
importation [ɪmpɔ:'teɪʃn] *n* behozatal, import(álás)
importer [ɪm'pɔ:tə*] *n* importőr
importunate [ɪm'pɔ:tjʊnət; *US* -tʃə-] *a* 1. tolakodó, okvetetlenkedő 2. sürgető, sürgős
importune [ɪm'pɔ:tju:n; *US* -'tu:n] *vt* zaklat; nyakára jár, (erőszakosan) könyörög
importunity [ɪmpɔ:'tju:nətɪ; *US* -'tu:-] *n* alkalmatlankodás, háborgatás; sürgető kérés
impose [ɪm'poʊz] A. *vt* 1. ~ *(tax/duty) (up)on sg* (adót/vámot) vet ki vmre; ~ *sg (up)on sy* (1) előír vknek vmt (2) rásóz vkre vmt; ~ *oneself on sy* vk nyakába varrja magát 2. [szedést] tördel B. *vi* ~ *(up)on sy* (1) becsap, rászed vkt (2) visszaél vk bizalmával/jóságával
imposing [ɪm'poʊzɪŋ] *a* impozáns, hatásos; tiszteletet parancsoló
imposition [ɪmpə'zɪʃn] *n* 1. kivetés, kiszabás [büntetésé, adóé] 2. megterhelés; teher(tétel) 3. büntetés(i feladat) 4. csalás; visszaélés
impossibility [ɪmpɔsə'bɪlətɪ; *US* -pa-] *n* lehetetlenség; képtelenség
impossible [ɪm'pɔsəbl; *US* -'pa-] *a* lehetetlen; képtelen
impostor [ɪm'pɔstə*; *US* -'pa-] *n* csaló, szélhámos, imposztor

imposture [ɪm'pɔstʃə*; US -'pɑ-] n csalás, szédelgés
impotence ['ɪmpət(ə)ns] n 1. tehetetlenség, gyengeség 2. impotencia
impotent ['ɪmpət(ə)nt] a 1. tehetetlen, gyenge 2. impotens
impound [ɪm'paʊnd] vt lefoglal, zár alá vesz
impoverish [ɪm'pɔv(ə)rɪʃ; US -'pɑ-] vt 1. elszegényít 2. kimerít [talajt stb.]
impoverishment [ɪm'pɔv(ə)rɪʃmənt; US -'pɑ-] n 1. elszegényítés 2. elszegényedés
impracticability [ɪmpræktɪkə'bɪlətɪ] n 1. megvalósíthatatlanság, kivihetetlenség 2. járhatatlanság
impracticable [ɪm'præktɪkəbl] a 1. kivihetetlen, teljesíthetetlen 2. járhatatlan [út]; nem célravezető [módszer stb.]
impractical [ɪm'præktɪkl] a 1. = unpractical 2. = impracticable
imprecate ['ɪmprɪkeɪt] vt ~ curses on sy átkokat szór vkre
imprecation [ɪmprɪ'keɪʃn] n 1. átkozódás; elátkozás 2. átok, szitok(szó)
imprecise [ɪmprɪ'saɪs] a nem pontos
impregnable [ɪm'pregnəbl] a legyőzhetetlen, bevehetetlen [erőd stb.]
impregnate ['ɪmpregneɪt; US ɪm'pr-] vt 1. telít, átitat (with vmvel) 2. (átv is) megtermékenyít
impregnation [ɪmpreg'neɪʃn] n 1. telítés, átitatás 2. telítődés, átitatódás 3. megtermékenyítés 4. megtermékenyülés
impresario [ɪmprɪ'sɑːrɪoʊ] n hangversenyrendező; impresszárió
impress I. n ['ɪmpres] 1. bélyeg(ző), impresszum, ismertetőjel 2. átv nyom, bélyeg II. vt [ɪm'pres] 1. ~ sg upon sg rányom/rábélyegez vmt vmre; ~ sg upon the mind elmébe/emlékezetbe vés vmt 2. be ~ed by sg nagy hatással van rá vm; I am not ~ed hidegen hagy, nem hat meg
impression [ɪm'preʃn] n 1. benyomás, hatás; I am under the ~ that az a benyomásom, hogy; make an ~ nagy hatással van, mély benyomást kelt

2. (nyomdai) levonat, lenyomat 3. (változatlan) utánnyomás; példányszám 4. nyom(tat)ás
impressionable [ɪm'preʃ(ə)nəbl] a fogékony; befolyásolható
impressionism [ɪm'preʃ(ə)nɪzm] n impresszionizmus
impressionist [ɪm'preʃ(ə)nɪst] a/n impresszionista
impressive [ɪm'presɪv] a hatásos
imprint I. n ['ɪmprɪnt] 1. lenyomat; nyom [bélyegzőé stb.] 2. cégjelzés, könyvkiadó neve, impresszum II. vt [ɪm'prɪnt] ~ sg on sg (bele)nyom/ (bele)vés vmt vmbe (átv is)
imprison [ɪm'prɪzn] vt bebörtönöz
imprisonment [ɪm'prɪznmənt] n 1. bebörtönzés 2. börtönbüntetés
improbability [ɪmprɔbə'bɪlətɪ; US -ɑb-] n valószínűtlenség
improbable [ɪm'prɔbəbl; US -ɑb-] a valószínűtlen
impromptu [ɪm'prɔmptjuː; US -'prɑmptuː] I. a rögtönzött II. adv rögtönözve III. n rögtönzés, improvizáció
improper [ɪm'prɔpə*; US -ɑp-] a 1. helytelen; nem odavaló 2. téves 3. ízléstelen; illetlen 4. ~ fraction áltört
impropriety [ɪmprə'praɪətɪ] n 1. illetlenség 2. helytelenség
improve [ɪm'pruːv] A. vt 1. megjavít, tökéletesít; (tovább)fejleszt 2. kihasznál [alkalmat] B. vi javul; átv halad, fejlődik; ~ (up)on sg megjavít/ tökéletesít vmt; (tovább)fejleszt; ~ (up)on sy túlszárnyal vkt
improvement [ɪm'pruːvmənt] n 1. javítás, tökéletesítés; fejlesztés 2. javulás; haladás; fejlődés; be an ~ on felülmúl vkt/vmt, tökéletesebb vmnél 3. improvements pl hasznos változtatások; beruházási munkálatok
improvidence [ɪm'prɔvɪd(ə)ns; US -ɑv-] n vigyázatlanság; előrelátás hiánya; könnyelműség
improvident [ɪm'prɔvɪd(ə)nt; US -ɑv-] a vigyázatlan, nem előrelátó; könnyelmű, előre nem gondoskodó
improvisation [ɪmprəvaɪ'zeɪʃn; US -prɑvɪ'z-] n rögtönzés, improvizáció

improvise ['ımprəvaız] *vt* rögtönöz; hevenyészve összeüt
imprudence [ım'pru:d(ə)ns] *n* meggondolatlanság
imprudent [ım'pru:d(ə)nt] *a* meggondolatlan
impudence ['ımpjʊd(ə)ns] *n* szemtelenség, arcátlanság
impudent ['ımpjʊd(ə)nt] *a* szemtelen, arcátlan, pimasz
impugn [ım'pju:n] *vt* (meg)támad, kétségbe von, vitat
impulse ['ımpʌls] *n* 1. lökés, indítás, impulzus 2. ösztönzés, indíték 3. ihlet, sugallat; *man of* ~ impulzív ember
impulsive [ım'pʌlsıv] *a* 1. ösztönző, ösztökélő 2. lobbanékony, impulzív 3. ~ *force* hajtóerő
impunity [ım'pju:nətı] *n* büntetlenség; *with* ~ szabadon, büntetlenül
impure [ım'pjʊə*] *a* 1. tisztát(a)lan, szennyes 2. kevert, nem tiszta
impurity [ım'pjʊərətı] *n* 1. tisztát(a)lanság, erkölcstelenség 2. **impurities** *pl* szennyeződés, szennyező anyagok
imputable [ım'pju:təbl] *a* felróható, tulajdonítható *(to* vknek/vmnek)
imputation [ımpju:'teıʃn] *n* 1. tulajdonítás *(to* vmnek) 2. gyanúsítás
impute [ım'pju:t] *vt* tulajdonít, felró *(to* vmnek/vknek)
in [ın] I. *prep* 1. -ban, -ben; -on, -en, -ön; -ba, -be; ~ *Europe* Európában; ~ *the country* vidéken; ~ *the picture* a képen; ~ *the street* az utcán 2. -képpen, módon; szerint; ~ *my opinion* véleményem szerint; ~ *reply* válaszképpen; ~ *writing* írásban; *paint* ~ *oil* olajjal fest; *write* ~ *ink* tintával ír 3. -ban, -ben; alatt, idején; ~ *1980* 1980-ban; ~ *the future* a jövőben; ~ *summer* nyáron; ~ *the reign of Queen Elizabeth* Erzsébet királynő uralkodása idején 4. alatt, folyamán miközben, mialatt; *working* ~ *the field* míg a mezőn dolgozott ...; ~ *three hours* (1) három óra alatt; három órán belül (2) három óra múlva; ~ *a little while* hamarosan; ~ *crossing the river* miközben a folyón

átkelt(ünk) 5. közül; -ként; *one* ~ *ten* minden tizedik, tíz közül egy; *blind* ~ *one eye* fél szemére vak II. *adv* 1. benn, bent, belül; *be* ~ (1) otthon van (2) befutott, megérkezett [vonat, hajó stb.] (3) divatban van; *the Tories were* ~ a konzervatívok voltak kormányon/uralmon; *the harvest is* ~ a termés be van takarítva; *strawberries are* ~ most van az eperszezon ‖ →*be in* 2. ~ *and out* (1) ki-be (járkál) (2) kívül-belül (ismer); *I know him* ~ *and out* tökéletesen ismerem; *day* ~ *day out* nap nap után III. *n the* ~*s and outs* a hatalmon levő párt és az ellenpárt; *the* ~*s and outs of sg* vmnek a csínja-bínja
in. *inch(es)*
inability [ınə'bılətı] *n* ~ *(to do sg)* képtelenség, tehetetlenség (vmre)
inaccessibility ['ınæksesə'bılətı] *n* hozzáférhetetlenség
inaccessible [ınæk'sesəbl] *a* hozzáférhetetlen, megközelíthetetlen
inaccuracy [ın'ækjʊrəsı] *n* 1. pontatlanság 2. tévedés; hiba
inaccurate [ın'ækjʊrət] *a* 1. pontatlan 2. hibás, téves; helytelen
inaction [ın'ækʃn] *n* tétlenség
inactive [ın'æktıv] *a* tétlen
inactivity [ınæk'tıvətı] *n* tétlenség
inadequacy [ın'ædıkwəsı] *n* 1. alkalmatlanság 2. elégtelenség, meg nem felelő volta (vmnek)
inadequate [ın'ædıkwət] *a* 1. elégtelen, nem kielégítő 2. alkalmatlan, meg nem felelő, inadekvát
inadmissible [ınəd'mısəbl] *a* meg nem engedhető; el nem fogadható
inadvertence [ınəd'və:t(ə)ns] *n* 1. figyelmetlenség, gondatlanság 2. elnézés
inadvertent [ınəd'və:t(ə)nt] *a* 1. figyelmetlen, gondatlan 2. nem szándékos
inadvertently [ınəd'və:t(ə)ntlı] *adv* véletlenül, elnézésből
inadvisable [ınəd'vaızəbl] *a* nem tanácsos/célszerű; célszerűtlen
inalienable [ın'eıljənəbl] *a* elidegeníthetetlen
inane [ı'neın] *a* 1. ostoba 2. üres
inanimate [ın'ænımət] *a* élettelen

inanition [ɪnə'nɪʃn] n éhségtől való kimerültség, kiéhezettség
inanity [ɪ'nænətɪ] n 1. ostobaság 2. semmiség, haszontalanság
inapplicable [ɪn'æplɪkəbl] a nem alkalmazható/használható (to vmre)
inappreciable [ɪnə'priːʃəbl] a alig észrevehető, jelentéktelen
inappropriate [ɪnə'prouprɪət] a alkalmatlan (to vmre); nem helyénvaló
inapt [ɪn'æpt] a alkalmatlan, nem megfelelő (to vmre)
inaptitude [ɪn'æptɪtjuːd; US -tuːd] a 1. alkalmatlanság 2. oda nem illőség
inarticulate [ɪnɑː'tɪkjʊlət] a 1. tagolatlan, tökéletlenül kiejtett 2. összefüggéstelen [beszéd] 3. ízület nélküli
inartistic [ɪnɑː'tɪstɪk] a művészietlen
inasmuch as [ɪnəz'mʌtʃæz] conj 1. amennyiben 2. mivel, minthogy
inattention [ɪnə'tenʃn] n 1. figyelmetlenség 2. hanyagság
inattentive [ɪnə'tentɪv] a 1. hanyag 2. figyelmetlen
inaudible [ɪn'ɔːdəbl] a nem hallható, halk
inaugural [ɪ'nɔːgjʊr(ə)l] I. a beköszöntő, székfoglaló [beszéd]; fölavató [ünnepség] II. n megnyitó/ünnepi beszéd
inaugurate [ɪ'nɔːgjʊreɪt] vt 1. felavat; beiktat; leleplez [szobrot stb.] 2. bevezet, kezdeményez [új rendszert/korszakot]
inauguration [ɪnɔːgjʊ'reɪʃn] n 1. felavatás 2. beiktatás 3. bevezetés
inauspicious [ɪnɔː'spɪʃəs] a kedvezőtlen, baljós(latú)
inborn [ɪn'bɔːn] a vele született
inbred [ɪn'bred] a 1. vele született 2. beltenyésztésű
Inc. incorporated →incorporate II. 3.
Inca ['ɪŋkə] a/n inka
incalculable [ɪn'kælkjʊləbl] a kiszámíthatatlan; felmérhetetlen
incandescent [ɪnkæn'desnt] a ~ lamp izzó(lámpa)
incantation [ɪnkæn'teɪʃn] n 1. varázsige 2. varázslat
incapability [ɪnkeɪpə'bɪlətɪ] n képtelenség, alkalmatlanság (of vmre)
incapable [ɪn'keɪpəbl] a 1. tehetetlen; képtelen (of vmre) 2. cselekvőképtelen

incapacitate [ɪnkə'pæsɪteɪt] vt képtelenné/alkalmatlanná tesz (for vmre)
incapacity [ɪnkə'pæsətɪ] n 1. tehetetlenség, (cselekvő)képtelenség 2. alkalmatlanság (for vmre)
incarcerate [ɪn'kɑːsəreɪt] vt bebörtönöz
incarnadine [ɪn'kɑːnədaɪn] vt vörösre fest
incarnate I. a [ɪn'kɑːneɪt; US -ɪt] megtestesült II. vt ['ɪnkɑːneɪt; US -'kɑː-] megtestesít
incarnation [ɪnkɑː'neɪʃn] n megtestesülés; testté válás
incautious [ɪn'kɔːʃəs] a (elő)vigyázatlan
incendiary [ɪn'sendjərɪ; US -erɪ] I. a 1. gyújtó [bomba] 2. bujtogató, lázító II. n 1. gyújtogató, piromániás 2. bujtogató, lázító 3. gyújtóbomba
incense I. n ['ɪnsens] 1. tömjén, füstölő 2. átv tömjénezés II. vt [ɪn'sens] dühbe hoz, felháborít
incentive [ɪn'sentɪv] I. a ösztönző II. n ösztönzés; indíték; material ~ anyagi ösztönző
inception [ɪn'sepʃn] n kezdet
incertitude [ɪn'səːtɪtjuːd; US -tuːd] n bizonytalanság
incessant [ɪn'sesnt] a folytonos, szakadatlan, szüntelen
incest ['ɪnsest] n vérfertőzés
incestuous [ɪn'sestjʊəs; US -tʃ-] a vérfertőző
inch [ɪntʃ] I. n hüvelyk ⟨mértékegység: 2,54 cm⟩; ~ by ~, by ~es apránként; every ~ teljesen, minden ízében, tetőtől talpig; thrash sy within an ~ of his life félholtra ver; at an ~ hajszálnyira II. vt/vi ~ (along) lassan mászik/halad
inchoate ['ɪnkoueɪt; US ɪn'kouɪt] a 1. megkezdett; kezdeti 2. kezdetleges
inchoative ['ɪnkouetɪv; US -'kouətɪv] a kezdeti [stádium]; ~ verb kezdő ige
incidence ['ɪnsɪd(ə)ns] n 1. elterjedtség, előfordulás 2. (véletlen) esemény
incident ['ɪnsɪd(ə)nt] I. a ~ to vmvel járó, vmt kísérő II. n 1. váratlan/közbejött esemény 2. kellemetlen/zavaró eset, incidens

incidental [ɪnsɪ'dentl] a 1. esetleges, mellékes; ~ expenses előre nem látott kiadások 2. ~ to vmvel járó, vmt kísérő; ~ music kísérőzene; színpadi zene incidentally [ɪnsɪ'dent(ə)lɪ] adv 1. mellékesen (megjegyezve) 2. esetleg incinerate [ɪn'sɪnəreɪt] vt eléget, elhamvaszt incineration [ɪnsɪnə'reɪʃn] n elhamvasztás incinerator [ɪn'sɪnəreɪtə*] n 1. szeméthamvasztó gép 2. US krematórium incipient [ɪn'sɪpɪənt] a kezdő, kezdeti incise [ɪn'saɪz] vt bemetsz, bevág; bevés incision [ɪn'sɪʒn] n (be)metszés, bevágás incisive [ɪn'saɪsɪv] a (átv is) metsző, éles incisor [ɪn'saɪzə*] n metszőfog incite [ɪn'saɪt] vt 1. ösztönöz, bátorít (to vmre) 2. felbújt (to vmre) incitement [ɪn'saɪtmənt] n 1. bátorítás, ösztönzés 2. izgatás, felbujtás 3. ösztönzés, indíték incivility [ɪnsɪ'vɪlətɪ] n udvariatlanság incl. including, inclusive inclemency [ɪn'klemənsɪ] n zord(on)ság, barátságtalanság [időjárásé] inclement [ɪn'klemənt] a szigorú [tél], zord; ~ weather csúnya időjárás inclination [ɪnklɪ'neɪʃn] n 1. hajlam, hajlamosság, hajlandóság (to vmre) 2. meghajtás; ~ of the head fejbólintás 3. lejtő, lejtés incline I. n [ɪn'klaɪn; US 'ɪn-] lejtő; ~ railway sikló II. v [ɪn'klaɪn] A. vi 1. lejtősödik, lejt 2. hajlik, hajlandóságot érez (to vmre) B. vt 1. (le)hajt 2. elhajlít 3. késztet, indít; ~ one's steps to a place vmerre irányítja lépteit inclined [ɪn'klaɪnd] a 1. lejtős; ~ plane ferde sík 2. hajlamos (to vmre); I am ~ to think that ... azt hiszem, hogy ..., úgy vélem ... include [ɪn'kluːd] vt 1. tartalmaz, magába(n) foglal 2. beleért, -vesz, -számít including [ɪn'kluːdɪŋ] prop beleértve, ... vel együtt inclusion [ɪn'kluːʒn] n belefoglalás inclusive [ɪn'kluːsɪv] a 1. beleértett, -számított; ~ of ... ... beleértve, ... beleszámítva; ~ terms minden költséget magába foglaló ár 3. ... bezárólag

incog. incognito incognito [ɪn'kɒgnɪtoʊ; US -'kɑ-] I. a rangrejtett II. adv rangrejtve, álnéven, inkognitóban incoherence [ɪnkə'hɪər(ə)ns] n összefüggéstelenség incoherent [ɪnkə'hɪər(ə)nt] a összefüggéstelen, zavaros incombustible [ɪnkəm'bʌstəbl] a éghetetlen, nem égő/gyulladó income ['ɪŋkʌm] n jövedelem; ~ bracket jövedelemkategória income-tax n jövedelemadó; ~ return jövedelemadó-bevallás; ~ brackets jövedelemadó-kategória incoming ['ɪnkʌmɪŋ] a bejövő, beérkező; ~ tide dagály incommensurate [ɪnkə'menʃ(ə)rət] a 1. egyenlőtlen, aránytalan (with/to vmvel) 2. összemérhetetlen incommode [ɪnkə'moʊd] vt háborgat, zavar; alkalmatlanságot okoz incommunicado [ɪnkəmjuːnɪ'kɑːdoʊ] érintkezési lehetőségtől elzárt incomparable [ɪn'kɒmp(ə)rəbl; US -əm-] a össze nem hasonlítható (to/with vmvel); hasonlíthatatlan, egyedülálló incompatibility ['ɪnkəmpætə'bɪlətɪ] n összeférhetetlenség incompatible [ɪnkəm'pætəbl] a összeférhetetlen, -egyeztethetetlen incompetence [ɪn'kɒmpɪt(ə)ns; US -əm-] n 1. illetéktelenség 2. (szakmai) hozzá nem értés incompetency [ɪn'kɒmpɪt(ə)nsɪ; US -əm-] n = incompetence incompetent [ɪn'kɒmpɪt(ə)nt; US -əm-] a 1. illetéktelen 2. (szakmailag) nem hozzáértő incomplete [ɪnkəm'pliːt] a nem teljes, befejezetlen, hiányos incomprehensibility [ɪnkɒmprɪhensə'bɪlətɪ; US -əm-] n érthetelenség, megfoghatatlanság incomprehensible [ɪnkɒmprɪ'hensəbl; US -əm-] a érthetetlen, megfoghatatlan incompressible [ɪnkəm'presəbl] a összenyomhatatlan inconceivable [ɪnkən'siːvəbl] a 1. elkép-

zelhetetlen 2. *biz* alig hihető; hihetetlen
inconclusive [ɪnkən'klu:sɪv] *a* nem döntő/meggyőző; hatástalan
incongruity [ɪnkɔŋ'gru:ətɪ] *n* össze nem illőség, meg nem felelés (*with* vmvel)
incongruous [ɪn'kɔŋgrʊəs; *US* -aŋ-] *a* össze nem illő, összhangban nem álló (*with* vmvel)
inconsequence [ɪn'kɔnsɪkwəns; *US* -an-] *n* 1. következetlenség 2. lényegtelenség
inconsequent [ɪn'kɔnsɪkwənt; *US* -an-] *a* 1. következetlen, logikátlan 2. nem összefüggő
inconsequential [ɪnkɔnsɪ'kwenʃl; *US* -an-] *a* 1. = inconsequent 1., 2. 2. lényegtelen, jelentéktelen
inconsiderable [ɪnkən'sɪd(ə)rəbl] *a* jelentéktelen, figyelemre nem méltó; csekély
inconsiderate [ɪnkən'sɪd(ə)rət] *a* 1. tapintatlan 2. meggondolatlan, elhamarkodott
inconsistency [ɪnkən'sɪst(ə)nsɪ] *n* következetlenség, (belső) ellentmondás
inconsistent [ɪnkən'sɪst(ə)nt] *a* 1. nem következetes/összeillő 2. összeegyeztethetetlen; ellentmondó (*with* vmvel)
inconsolable [ɪnkən'soʊləbl] *a* vigasztal(hatatl)an
inconspicuous [ɪnkən'spɪkjʊəs] *a* nem feltűnő, alig észrevehető
inconstancy [ɪn'kɔnst(ə)nsɪ; *US* -an-] *n* 1. állhatatlanság 2. változékonyság
inconstant [ɪn'kɔnst(ə)nt; *US* -an-] *a* 1. állhatatlan 2. változékony
incontestable [ɪnkən'testəbl] *a* (el)vitathatatlan; megdönthetetlen
incontinence [ɪn'kɔntɪnəns; *US* -an-] *n* 1. mértéktelenség; bujaság 2. önkéntelen vizelés
incontinent [ɪn'kɔntɪnənt; *US* -an-] *a* 1. mértéktelen; buja 2. vizeletét visszatartani nem tudó
incontrovertible [ɪnkɔntrə'və:təbl; *US* -an-] *a* (el)vitathatatlan; megdönthetetlen
inconvenience [ɪnkən'vi:njəns] I. *n* alkalmatlanság; kellemetlenség; kényelmetlenség; hátrány II. *vt* zavar

(vkt), alkalmatlankodik, terhére van (vknek)
inconvenient [ɪnkən'vi:njənt] *a* 1. nem megfelelő; alkalmatlan 2. kellemetlen, terhes
inconvertible [ɪnkən'və:təbl] *a* át nem váltható, inkonvertibilis
incorporate I. *a* [ɪn'kɔ:p(ə)rət] egyesült II. *v* [ɪn'kɔ:pəreɪt] A. *vt* 1. egyesít (*with* vmvel) 2. megtestesít 3. bekebelez, cégjegyzékbe bejegyez; ~*d company* (1) *GB* bejegyzett cég (2) *US* részvénytársaság 4. felölel, magába foglal B. *vi* egyesül, fuzionál
incorporation [ɪnkɔ:pə'reɪʃn] *n* 1. egyesítés, fuzionálás (*with* vmvel) 2. bekebelezés (*in/into* vmbe)
incorporeal [ɪnkɔ:'pɔ:rɪəl] *a* testetlen, anyagtalan
incorrect [ɪnkə'rekt] *a* nem helyes/pontos/tisztességes; hibás, helytelen
incorrigible [ɪn'kɔrɪdʒəbl; *US* -'kɔ:-] *a* javíthatatlan; megrögzött
incorruptible [ɪnkə'rʌptəbl] *a* 1. meg nem rontható; megvesztegethetetlen 2. nem rothadó; elpusztíthatatlan
increase I. *n* ['ɪnkri:s] 1. növelés, fokozás; szaporítás 2. növekedés; fokozódás; szaporodás; ~ *in price* áremelkedés 3. szaporulat 4. többlet, haszon II. *v* [ɪn'kri:s] A. *vt* növel, fokoz, emel; szaporít B. *vi* növekedik, szaporodik; fokozódik; emelkedik
increasingly [ɪn'kri:sɪŋlɪ] *adv* egyre inkább, mindinkább
incredible [ɪn'kredəbl] *a* hihetetlen
incredulity [ɪnkrɪ'dju:lətɪ; *US* -'du:-] *n* kétkedés, hitetlenség
incredulous [ɪn'kredjʊləs; *US* -dʒə-] *a* hitetlen, kétkedő
increment ['ɪnkrɪmənt] *n* 1. növedék, szaporulat, hozadék 2. haszon, nyereség, profit
incriminate [ɪn'krɪmɪneɪt] *vt* 1. gyanúba kever 2. hibáztat; vádol
incriminating [ɪn'krɪmɪneɪtɪŋ] *a* ~ *evidence* terhelő bizonyíték; bűnjel
incrustation [ɪnkrʌs'teɪʃn] *n* 1. kéreggel való bevonás 2. lerakódás; kazánkő(képződés) 3. kéreg, héj 4. *átv biz* megcsontosodás

incubate ['ɪnkjʊbeɪt] A. *vi* 1. kotlik 2. lappang [betegség] B. *vt* (ki)költ incubation [ɪnkjʊ'beɪʃn] *n* 1. kotlás, (ki)költés 2. (ki)keltetés 3. lappangás, inkubáció; *period of* ~ lappangási idő [betegségé] incubator ['ɪnkjʊbeɪtə*] *n* 1. keltetőgép 2. inkubátor [koraszülötteknek] incubus ['ɪŋkjʊbəs] *n* (*átv is*) lidércnyomás inculcate ['ɪnkʌlkeɪt; US -'kʌl-] *vt* ~ *sg in sy* eszébe/lelkébe vés vknek vmt; belenevel vkbe vmt inculpate ['ɪnkʌlpeɪt; US -'kʌl-] *vt* vádol, gáncsol; hibáztat incumbency [ɪn'kʌmbənsɪ] *n* 1. egyházi javadalom élvezése 2. kötelesség incumbent [ɪn'kʌmbənt] I. *a* háruló, tartozó; *be* ~ (*up*)*on sy* vkre hárul [kötelesség] II. *n* 1. egyházi javadalom élvezője; plébános 2. hivatal betöltője incur [ɪn'kə:*] *vt* -rr- magára von [haragot]; kiteszi magát [veszélynek]; ~ *debts* adósságba veri magát incurable [ɪn'kjʊərəbl] *a/n* gyógyíthatatlan (beteg) incurious [ɪn'kjʊərɪəs] *a* közömbös, nem érdeklődő incursion [ɪn'kə:ʃn; US -ʒn] *n* portyázás; betörés, (hirtelen) behatolás incurved [ɪn'kə:vd] *a* befelé hajló Ind. 1. *independent* 2. *India*(*n*) 3. *Indiana* indebted [ɪn'detɪd] *a* 1. eladósodott 2. lekötelezett (*to sy for sg* vknek vmért) indebtedness [ɪn'detɪdnɪs] *n* 1. eladósodottság 2. lekötelezettség indecency [ɪn'di:snsɪ] *n* 1. illetlenség 2. trágárság indecent [ɪn'di:snt] *a* 1. trágár 2. nem illő, illetlen indecipherable [ɪndɪ'saɪf(ə)rəbl] *a* kibetűzhetetlen indecision [ɪndɪ'sɪʒn] *n* határozatlanság indecisive [ɪndɪ'saɪsɪv] *a* 1. határozatlan, bizonytalan, tétovázó 2. dönteni nemtudó indecorous [ɪn'dekərəs] *a* nem ildomos, illetlen

indeed [ɪn'di:d] *adv* valóban, tényleg, csakugyan; *if* ~ ha ugyan; *yes* ~*!* (1) hogyne! (2) de bizony!, igenis! indefatigable [ɪndɪ'fætɪgəbl] *a* fáradhatatlan indefensible [ɪndɪ'fensəbl] *a* tarthatatlan, nem védhető/igazolható indefinable [ɪndɪ'faɪnəbl] *a* meghatározhatatlan indefinite [ɪn'defɪnət] *a* 1. határozatlan, bizonytalan 2. korlátlan 3. ~ *article* határozatlan névelő indelible [ɪn'deləbl] *a* (*átv is*) kitörölhetetlen; ~ *pencil* tintaceruza; ~ *ink* vegytinta indelicacy [ɪn'delɪkəsɪ] *n* 1. illetlenség, neveletlenség 2. tapintatlanság indelicate [ɪn'delɪkət] *a* 1. neveletlen, illetlen 2. tapintatlan indemnification [ɪndemnɪfɪ'keɪʃn] *n* 1. kártalanítás; jóvátétel (*for* vmért) 2. kártérítés(i összeg) indemnify [ɪn'demnɪfaɪ] *vt* 1. kárpótol, kártalanít (*for* vmért) 2. biztosít (*from/against* ellen) indemnity [ɪn'demnətɪ] *n* 1. jótállás, biztosíték 2. kártérítés(i összeg), jóvátétel 3. hadisarc indent I. *n* ['ɪndent] 1. rovátka, bevágás 2. *GB* tengerentúli árurendelés 3. hatósági igénybevétel 4. szerződés II. *v* [ɪn'dent] A. *vt* 1. rovátkol; mélyen belevág [víz partba] 2. bekezdéssel ír/szed 3. tengerentúlról rendel [árut] 4. szerződtet [tanoncot] 5. rekvirál 6. perforál B. *vi* 1. behorpad 2. ~ *on sy for sg* rendelést ad fel vknek vmre indentation [ɪnden'teɪʃn] *n* 1. rovátkolás, bemetszés 2. horpadás 3. = *indention 1.* indention [ɪn'denʃn] *n* 1. bekezdés [írásban, szedésben] 2. horpadás 3. = *indentation 1.* indenture [ɪn'dentʃə*] I. *n* 1. tanoncszerződés(i okirat); *take up one's* ~*s* megkapja a segédlevelét 2. bemetszés; bemélyedés II. *vt* tanulónak/tanoncnak szerződtet independence [ɪndɪ'pendəns] *n* 1. függetlenség (*from* vmtől/vktől), szabad-

ság; *US I~ Day* július negyedike
⟨amerikai nemzeti ünnep⟩
independent [ɪndɪ'pendənt] I. *a* 1. független (*of* vmtől/vktől); önálló; *man of ~ means* anyagilag független ember 2. független, szabad [ország]; párton kívüli II. *n* pártonkívüli
in-depth *a* elmélyedő, részletekbe menő, nagyon alapos
indescribable [ɪndɪ'skraɪbəbl] *a* leírhatatlan
indestructible [ɪndɪ'strʌktəbl] *a* elpusztíthatatlan
indeterminable [ɪndɪ'tə:mɪnəbl] *a* 1. meghatározhatatlan 2. eldönthetetlen [vita]
indeterminacy [ɪndɪ'tə:mɪnəsɪ] *n* meghatároz(hat)atlanság
indeterminate [ɪndɪ'tə:mɪnət] *a* 1. határozatlan, bizonytalan 2. eldöntetlen [vita]
index ['ɪndeks] I. *n* (*pl ~es* -ɪz; a 4. és 5. jelentésben: **indices** 'ɪndɪsi:z) 1. ~ (*finger*) mutatóujj 2. mutató [műszeré]; irányjelző, index [autón] 3. [betűrendes] névmutató, tárgymutató; *put on the I~* indexre tesz [könyvet] 4. ~ (*number*) jelzőszám, mutatószám, index(szám) 5. (hatvány)kitevő II. *vt* 1. tárgymutatóval/ névmutatóval ellát 2. tartalomjegyzékbe iktat/felvesz
India ['ɪndjə] *prop* India; ~ *paper* biblianyomó papír, bibliapapír; ~ *Office* (volt) India-ügyi Minisztérium
Indiaman ['ɪndjəmæn] *n* (*pl* -men -men) † indiai vizeken járó kereskedelmi hajó
Indian ['ɪndjən] *a* 1. indiai; hindu; ~ *ink* tus 2. (*American/Red*) ~ indián; *US ~ corn* kukorica; *in ~ file* libasorban; ~ *summer* vénasszonyok nyara, nyárutó
Indiana [ɪndɪ'ænə] *prop* Indiana (állam)
India-rubber *n* radír(gumi)
indicate ['ɪndɪkeɪt] *vt* 1. jelez, mutat, feltüntet 2. javall; indokolttá tesz
indication [ɪndɪ'keɪʃn] *n* 1. feltüntetés; utalás 2. (elő)jel, (vmre utaló) jel; *by every ~, according to all ~s* minden jel szerint 3. javallat

indicative [ɪn'dɪkətɪv] I. *a* 1. *be ~ of* azt jelzi, arra utal (hogy) 2. jelentő [mód] II. *n* jelentő mód
indicator ['ɪndɪkeɪtə*] *n* 1. mutató; jelzőtábla 2. jelzőkészülék
indices →*index I.*
indict [ɪn'daɪt] *vt* vádol (*on/for* vmvel)
indictable [ɪn'daɪtəbl] *a* vádolható; büntethető; ~ *offence* büntetendő cselekmény
indictment [ɪn'daɪtmənt] *n* vád(irat)
Indies ['ɪndɪz] *prop pl* India
indifference [ɪn'dɪfr(ə)ns] *n* közöny, közömbösség
indifferent [ɪn'dɪfr(ə)nt] *a* 1. közömbös, érzéketlen (*to/towards* szemben); *it is quite ~ to me whether* . . . teljesen közömbös/érdektelen számomra (az), hogy . . . 2. középszerű; elég gyenge [minőségű] 3. nem fontos/lényeges 4. nem részrehajló, elfogulatlan
indigence ['ɪndɪdʒ(ə)ns] *n* szegénység, szűkölködés, ínség
indigenous [ɪn'dɪdʒɪnəs] *a* 1. bennszülött, hazai 2. vele született
indigent ['ɪndɪdʒ(ə)nt] *a* nélkülöző, szegény, ínséges
indigestible [ɪndɪ'dʒestəbl] *a* (meg-) emészthetetlen, nehezen emészthető
indigestion [ɪndɪ'dʒestʃ(ə)n] *n* emésztési zavar; *have ~* rossz a gyomra
indignant [ɪn'dɪgnənt] *a* méltatlankodó, felháborodott
indignation [ɪndɪg'neɪʃn] *n* felháborodás; méltatlankodás; megbotránkozás
indignity [ɪn'dɪgnətɪ] *n* méltatlanság; megaláz(tat)ás
indigo ['ɪndɪgoʊ] *n* indigó
indirect [ɪndɪ'rekt] *a* nem egyenes, közvetett; ~ *object* szereshatározó
indirection [ɪndɪ'rekʃn] *n* kerülő út
indirectly [ɪndɪ'rektlɪ] *adv* közvetve
indiscernible [ɪndɪ'sə:nəbl] *a* 1. felismerhetetlen, meg nem különböztethető 2. szabad szemmel nem/alig látható
indiscipline [ɪn'dɪsɪplɪn] *n* fegyelmezetlenség
indiscreet [ɪndɪ'skri:t] *a* tapintatlan, tolakodó
indiscretion [ɪndɪ'skreʃn] *n* tapintatlanság, neveletlenség; tolakodás

indiscriminate [ɪndɪ'skrɪmɪnət] a válogatás nélküli, összevissza
indispensability ['ɪndɪspensə'bɪlətɪ] n nélkülözhetetlenség
indispensable [ɪndɪ'spensəbl] a nélkülözhetetlen, elengedhetetlen (to vmhez)
indisposed [ɪndɪ'spoʊzd] a be/feel ~ gyengélkedik
indisposition [ɪndɪspə'zɪʃn] n 1. idegenkedés; have an ~ for sg idegenkedik vmtől 2. gyengélkedés
indisputable [ɪndɪ'spju:təbl] a vitathatatlan; kétségtelen
indissoluble [ɪndɪ'sɔljʊbl; US -əl-] a 1. oldhatatlan [anyag] 2. felbonthatatlan [kötelék]
indistinct [ɪndɪ'stɪŋkt] a nem világos/kivehető, homályos
indistinguishable [ɪndɪ'stɪŋgwɪʃəbl] a megkülönböztethetetlen
indite [ɪn'daɪt] vt fogalmaz, szerkeszt [írást]
individual [ɪndɪ'vɪdjʊəl; US -dʒ-] I. a 1. egyéni, individuális 2. sajátos; egyes; egyedi II. n 1. egyén, egyed 2. biz alak [személyről]
individuality ['ɪndɪvɪdjʊ'ælətɪ; US -dʒ-] n egyéniség
individualize [ɪndɪ'vɪdjʊəlaɪz; US -dʒ-] vt egyénít
individually [ɪndɪ'vɪdjʊəlɪ; US -dʒ-] adv 1. egyénileg 2. egyénenként, egyedenként
indivisible [ɪndɪ'vɪzəbl] a oszthatatlan
indocile [ɪn'doʊsaɪl; US-'dɑs(ə)l]a 1.nem tanulékony/irányítható 2. csökönyös
indocility [ɪndoʊ'sɪlətɪ] n 1. tanulékonyság/irányíthatóság hiánya 2. csökönyösség
indoctrinate [ɪn'dɔktrɪneɪt; US -ɑk-] vt ~ sy with belenevel, -sulykol vkbe [felfogást stb.]
indoctrination [ɪndɔktrɪ'neɪʃn; US -ɑk-] n belenevelés, -sulykolás
Indo-European ['ɪndoʊ-] a/n indoeurópai
indolence ['ɪndələns] n nemtörődömség, hanyagság
indolent ['ɪndələnt] a hanyag, nemtörődöm; lusta, tétlen
indomitable [ɪn'dɔmɪtəbl; US -ɑm-] a rettenthetetlen, hajthatatlan

Indonesia [ɪndə'ni:zjə; US -ʒə] prop Indonézia
Indonesian [ɪndə'ni:zjən; US -ʒn] a/n indonéz(iai)
indoor ['ɪndɔ:*] a szobai, szoba-, házi; ~ games (1) teremsport (2) társasjáték(ok); ~ plant szobanövény
indoors [ɪn'dɔ:z] adv 1. otthon; keep ~ otthon marad 2. a házban, benn; go ~ bemegy (a házba)
indorse [ɪn'dɔ:s] vt = endorse
indubitable [ɪn'dju:bɪtəbl; US -'du:-] a kétségtelen, elvitathatatlan
induce [ɪn'dju:s; US -'du:s] vt 1. ~ sy to do sg rábír/rávesz vkt vmre 2. előidéz, okoz 3. gerjeszt, indukál [áramot]
inducement [ɪn'dju:smənt; US -'du:-] n 1. indítás, inger 2. mozgatóerő, indíték
induct [ɪn'dʌkt] vt 1. beiktat [állásba] 2. (ünnepélyesen) bevezet (to vkt vmbe/vhova) 3. US besoroz, behív [katonának]
induction [ɪn'dʌkʃn] n 1. beiktatás 2. bevezetés 3. rávezetés, következtetés, indukció 4. adatelemzés 5. (elektromos) áramgerjesztés, indukció; ~ coil indukciós tekercs
inductive [ɪn'dʌktɪv] a 1. induktív [következtetés] 2. áramgerjesztő, indukciós
inductor [ɪn'dʌktə*] n áramfejlesztő készülék, induktor
indulge [ɪn'dʌldʒ] A. vt 1. elkényeztet [gyermeket stb.]; kedvébe jár (vknek); ~ oneself (1) megenged magának vmt (2) belemerül vmbe 2. kielégít B. vi ~ in sg (1) megenged magának [élvezetet, szórakozást] (2) átadja magát vmnek, belemerül vmbe
indulgence [ɪn'dʌldʒ(ə)ns] n 1. elnézés, engedékenység 2. belemerülés, élvezet 3. búcsú [bűnbocsánati]
indulgent [ɪn'dʌldʒ(ə)nt] a elnéző; engedékeny
industrial [ɪn'dʌstrɪəl] a ipari; ~ revolution ipari forradalom
industrialism [ɪn'dʌstrɪəlɪzm] n indusztrializmus
industrialist [ɪn'dʌstrɪəlɪst] n 1. (nagy-)iparos, gyáros 2. indusztrializmus híve

industrialize [ɪn'dʌstrɪəlaɪz] vt iparosít
industrious [ɪn'dʌstrɪəs] a szorgalmas,
iparkodó
industry ['ɪndəstrɪ] n 1. ipar(ág) 2.
szorgalom
inebriate I. a/n [ɪ'ni:brɪət] részeg, iszákos II. vt [ɪ'ni:brɪeɪt] megrészegít
inebriety [ɪni:'braɪətɪ] n részegség
inedible [ɪn'edɪbl] a ehetetlen
ineffable [ɪn'efəbl] a kimondhatatlan
ineffective [ɪnɪ'fektɪv] a 1. hatástalan,
hiábavaló 2. tehetetlen; erőtlen
inefficiency [ɪnɪ'fɪʃnsɪ] n 1. eredménytelenség, elégtelenség, hatástalanság 2.
szakszerűtlenség
inefficient [ɪnɪ'fɪʃnt] a 1. hatástalan,
eredménytelen 2. szakszerűtlen; használhatatlan, nem megfelelő
inelastic [ɪnɪ'læstɪk] a (átv is) nem rugalmas
inelegant [ɪn'elɪgənt] a nem elegáns/
választékos; csiszolatlan
ineligible [ɪn'elɪdʒəbl] a 1. megválasztásra nem számbajöhető 2. szolgálatra/állásra alkalmatlan
inept [ɪ'nept] a 1. alkalmatlan; nem
helyénvaló 2. ostoba
ineptitude [ɪ'neptɪtjuː:d; US -tuː:d] n
1. alkalmatlanság (for vmre) 2. ostobaság, együgyűség
inequality [ɪnɪ'kwɔlətɪ; US -ɑl-] n 1.
egyenlőtlenség 2. változékonyság
inequitable [ɪn'ekwɪtəbl] a méltánytalan
ineradicable [ɪnɪ'rædɪkəbl] a kiirthatatlan
inert [ɪ'nəː:t] a 1. tunya, tétlen 2. tehetetlen; élettelen [anyag stb.] 3.
(vegyileg) közömbös; ~ gas semleges
gáz
inertia [ɪ'nəː:ʃ(j)ə] n 1. tehetetlenség;
moment of ~ tehetetlenségi nyomaték
2. tunyaság, tétlenség 3. élettelenség
inertness [ɪ'nəː:tnɪs] n = inertia
inescapable [ɪnɪ'skeɪpəbl] a elkerülhetetlen
inestimable [ɪn'estɪməbl] a felbecsülhetetlen
inevitable [ɪn'evɪtəbl] a 1. elkerülhetetlen 2. biz elmaradhatatlan
inexact [ɪnɪg'zækt] a pontatlan, nem
helyes/pontos/szabatos

inexactitude [ɪnɪg'zæktɪtjuː:d; US -tuː:d]
n pontatlanság; megbízhatatlanság
inexcusable [ɪnɪk'skjuː:zəbl] a megbocsáthatatlan
inexhaustible [ɪnɪg'zɔ:stəbl] a 1. kimeríthetetlen 2. fáradhatatlan
inexorable [ɪn'eks(ə)rəbl] a kérlelhetetlen; hajthatatlan; engesztelhetetlen
inexpediency [ɪnɪk'spiː:djənsɪ] a alkalmatlanság; célszerűtlenség
inexpedient [ɪnɪk'spiː:djənt] a alkalmatlan; nem célszerű/politikus
inexpensive [ɪnɪk'spensɪv] a olcsó, nem
drága/költséges
inexperienced [ɪnɪk'spɪərɪənst] a tapasztalatlan, járatlan
inexpert [ɪn'ekspəː:t] a nem hozzáértő,
járatlan
inexpiable [ɪn'ekspɪəbl] a 1. jóvá nem
tehető 2. engesztelhetetlen
inexplicable [ɪnɪk'splɪkəbl] a megmagyarázhatatlan; érthetetlen
inexpressible [ɪnɪk'spresəbl] a kimondhatatlan, leírhatatlan
inextinguishable [ɪnɪk'stɪŋgwɪʃəbl] a
(átv is) (ki)olthatatlan
inextricable [ɪn'ekstrɪkəbl] a kibogozhatatlan, megoldhatatlan; ~ difficulties
legyőzhetetlen akadályok
infallibility [ɪnfælə'bɪlətɪ] n csalhatatlanság, tévedhetetlenség
infallible [ɪn'fæləbl] a csalhatatlan;
biztos (hatású)
infamous ['ɪnfəməs] a becstelen, aljas,
gyalázatos; rossz hírű
infamy ['ɪnfəmɪ] n becstelenség, aljasság
infancy ['ɪnfənsɪ] n 1. csecsemőkor,
(kis)gyermekkor 2. vmnek a kezdeti
szakasza 3. kiskorúság
infant ['ɪnfənt] n 1. csecsemő, kisgyermek; ~ mortality csecsemőhalandóság;
~ school kb. óvoda [5—7 éves gyermekek számára] 2. új(onc), kezdő;
kiskorú
infanticide [ɪn'fæntɪsaɪd] n 1. gyermekgyilkosság 2. gyermekgyilkos
infantile ['ɪnfəntaɪl] a 1. gyermekes,
gyermeki 2. fejlődésben visszamaradt, infantilis
infantry ['ɪnf(ə)ntrɪ] n gyalogság

infantryman ['ɪnf(ə)ntrɪmən] *n* (*pl* -men -mən) gyalogos (katona)
infatuate [ɪn'fætjʊeɪt; *US* -tʃ-] *vt* elbolondít; *become* ~*d with sy* belehabarodik/beleszeret vkbe
infatuation [ɪnfætjʊ'eɪʃn; *US* -tʃ-] *n* belebolondulás (vkbe, vmbe)
infect [ɪn'fekt] *vt* (*átv is*) (meg)fertőz, megmételyez
infection [ɪn'fekʃn] *n* 1. fertőzés 2. ragály 3. káros befolyás
infectious [ɪn'fekʃəs] *a* (*átv is*) ragályos; fertőző; ragadós
infer [ɪn'fə:*] *vt* -rr- 1. következtet (*sg from sg* vmből vmre) 2. bizonyít 3. magával von
inference ['ɪnf(ə)rəns] *n* 1. következtetés; *draw the* ~ következtetést levon 2. következmény
inferential [ɪnfə'renʃl] *a* feltételezhető; (ki)következtetett
inferior [ɪn'fɪərɪə*] I. *a* 1. alábbvaló, alsóbbrendű, rosszabb minőségű (*to* vmnél); *in no way* ~ *to sg* semmivel sem rosszabb vmnél; ~ *to sy* alárendeltje vknek 2. alacsonyabban/lejjebb fekvő/levő II. *n* alárendelt; beosztott
inferiority [ɪnfɪərɪ'ɔrətɪ; *US* -'ɔ:-] *n* 1. alsóbbrendűség; ~ *complex* kisebb(rendű)ségi érzés 2. rossz minőség
infernal [ɪn'fə:nl] *a* pokoli
inferno [ɪn'fə:noʊ] *n* pokol
inferred [ɪn'fə:d] →*infer*
infertile [ɪn'fə:taɪl; *US* -t(ə)l] *a* terméketlen
infertility [ɪnfə:'tɪlətɪ] *n* terméketlenség
infest [ɪn'fest] *vt* eláraszt, ellep, megrohan; ~*ed with* . . . ellepték/elárasztották a . . . [poloskák stb.]
infidel ['ɪnfɪd(ə)l] *a/n* hitetlen
infidelity [ɪnfɪ'delətɪ] *n* 1. hitetlenség 2. hűtlenség [házastársé]
infighting ['ɪnfaɪtɪŋ] *n* belharc [ökölvívásban]
infiltrate ['ɪnfɪltreɪt] A. *vi* 1. beszivárog, beszűrődik (*into* vmbe) 2. *átv* beszivárog [eszme stb.]; beépül [szervezetbe] B. *vt* beszivárogtat [folyadékot]; *átv* átitat
infiltration [ɪnfɪl'treɪʃn] *n* (*átv is*) beszivárgás

infinite ['ɪnfɪnət] *a* 1. végtelen, határtalan; *verb* ~ az ige névszói alakjai 2. óriási
infinitesimal [ɪnfɪnɪ'tesɪml] *a* végtelenül kicsi, elenyésző
infinitive [ɪn'fɪnətɪv] *n* főnévi igenév
infinitude [ɪn'fɪnɪtjuːd; *US* -tuːd] *n* végtelen(ség)
infinity [ɪn'fɪnətɪ] *n* = *infinitude*
infirm [ɪn'fə:m] *a* 1. gyenge, beteges 2. ~ (*of purpose*) határozatlan
infirmary [ɪn'fə:mərɪ] *n* 1. kórház 2. betegszoba
infirmity [ɪn'fə:mətɪ] *n* 1. (alkati) gyengeség, fogyatékosság 2. határozatlanság
infix ['ɪnfɪks] *n* szóbelseji rag, infixum
inflame [ɪn'fleɪm] A. *vt* 1. meggyújt, lángra lobbant 2. fellelkesít; feldühösít 3. gyulladást okoz; ~*d* gyulladt, gyulladásos B. *vi* 1. meggyullad, lángra lobban 2. izgalomba/dühbe jön; fellobban 3. gyulladásba jön, elmérgesedik
inflammable [ɪn'flæməbl] *a* 1. gyúlékony 2. lobbanékony, ingerlékeny
inflammation [ɪnflə'meɪʃn] *n* gyulladás [szervé, sebé]
inflammatory [ɪn'flæmət(ə)rɪ; *US* -ɔ:rɪ] *a* 1. *átv* gyújtó (hatású) 2. gyulladást okozó
inflatable [ɪn'fleɪtəbl] *a* felfújható
inflate [ɪn'fleɪt] *vt* 1. felfúj; (fel)puffaszt 2. elbizakodottá/beképzeltté tesz (vkt) 3. ~ *the currency* inflációt okoz
inflated [ɪn'fleɪtɪd] *a* 1. felfújt [léggömb stb.] 2. pöffeszkedő 3. terjengős, dagályos 4. inflációs [ár]
inflater [ɪn'fleɪtə*] *n* biciklipumpa
inflation [ɪn'fleɪʃn] *n* 1. felfújás 2. felpuffadás 3. infláció
inflationary [ɪn'fleɪʃnərɪ; *US* -erɪ] *a* inflációs; ~ *spiral* inflációs spirális
inflect [ɪn'flekt] A. *vt* 1. befelé hajlít 2. ragoz; ~*ed language* hajlító/ragozó/ flektáló nyelv B. *vi* ragozódik
inflection [ɪn'flekʃn] *n* = *inflexion*
inflectional [ɪn'flekʃənl] *a* = *inflexional*
inflexibility [ɪnfleksə'bɪlətɪ] *n* 1. hajlíthatatlanság 2. *átv* hajthatatlanság, nyakasság

inflexible [ɪn'fleksəbl] a 1. nem hajlékony 2. *átv* hajthatatlan, makacs
inflexion [ɪn'flekʃn] n 1. (meg)hajlítás, görbítés 2. ragozás 3. rag(ozott alak)
inflexional [ɪn'flekʃənl] a ragozó
inflict [ɪn'flɪkt] vt 1. kiró [büntetést *on* vkre] 2. [fájdalmat] okoz (*on* vknek); ~ *a blow* (*up*)*on sy* ütést mér vkre 3. ~ *oneself upon sy* ráerőszakolja magát vkre
infliction [ɪn'flɪkʃn] n 1. kiszabás [büntetésé] 2. okozás [fájdalomé]
inflorescence [ɪnflə'resns] n 1. virágzás 2. virágzat
inflow ['ɪnfloʊ] n (*átv is*) befolyás, beáramlás
influence ['ɪnfluəns] I. n 1. hatás 2. befolyás; *bring every* ~ *to bear* minden követ megmozgat; *have* ~ (1) protekciója van (2) tekintélye/befolyása van II. vt 1. befolyásol; rábír (vkt vmre) 2. (ki)hat (vmre/vkre)
influential [ɪnflʊ'enʃl] a 1. befolyásos 2. befolyásoló, (vmre) ható
influenza [ɪnflʊ'enzə] n influenza
influx ['ɪnflʌks] n 1. beömlés, beáramlás 2. beözönlés
info ['ɪnfoʊ] n *biz* = *information*
inform [ɪn'fɔːm] A. vt 1. ~ *sy* (*of sg, that . . .*) értesít, tudósít, tájékoztat (vkt/vmről), közöl (vmt vkvel) 2. ~ *sy on/about sg* felvilágosítást nyújt vknek vmről; *keep sy* ~*ed* (*of v. as to*) folyamatosan tájékoztat vkt (vmről) B. vi ~ *against/on sy* feljelent/besúg vkt
informal [ɪn'fɔːml] a 1. nem előírásos/hivatalos 2. keresetlen, kötetlen, fesztelen, közvetlen; hétköznapi
informality [ɪnfɔː'mælətɪ] n 1. formaszerűség hiánya 2. keresetlenség, fesztelenség
informant [ɪn'fɔːmənt] n 1. tudósító, tájékoztató 2. [nyelvi] adatközlő
information [ɪnfə'meɪʃn] n 1. felvilágosítás, értesítés, tájékoztatás, információ; ~ *bureau* tájékoztató iroda/hivatal, tudakozó 2. értesülés, hír; közlemény; *piece of* ~ (egy) hír; 3. feljelentés
informative [ɪn'fɔːmətɪv] a tájékoztató, felvilágosító, informatív

informer [ɪn'fɔːmə*] n feljelentő; (rendőrségi) besúgó, spicli; *turn* ~ árulóvá válik
infra ['ɪnfrə] adv lejjebb, alább
infraction [ɪn'frækʃn] n megszegés, áthágás
infra dig. [ɪnfrə'dɪg] infra dignitatem (= *beneath one's dignity*) méltóságán aluli
infra-red a infravörös, vörösön inneni
infrastructure n infrastruktúra, közlétesítmény-hálózat
infrequent [ɪn'friːkwənt] a ritka, nem gyakori
infringe [ɪn'frɪndʒ] vt (és *vi* ~ *on*) megszeg, áthág, sért [jogot stb.]
infringement [ɪn'frɪndʒmənt] n megszegés, áthágás [törvényé stb.]
infuriate [ɪn'fjʊərɪeɪt] vt dühbe hoz
infuse [ɪn'fjuːz] vt 1. (*átv is*) beletölt, beleönt 2. leforráz [teát]
infusion [ɪn'fjuːʒn] n 1. leforrázás [teáé stb.] 2. forrázat, főzet 3. infúzió, beömlesztés
ingenious [ɪn'dʒiːnjəs] a ügyes; találékony; szellemes
ingenuity [ɪndʒɪ'njuːətɪ; US -'nuː-] n leleményesség; ügyesség
ingenuous [ɪn'dʒenjʊəs] a nyílt, mesterkéletlen, őszinte, egyenes
ingest [ɪn'dʒest] vt magához vesz, elfogyaszt; lenyel
ingle-nook ['ɪŋgl-] n kandallósarok, kemencepadka
inglorious [ɪn'glɔːrɪəs] a dicstelen
ingoing ['ɪngoʊɪŋ] a befelé menő, beköltöző
ingot ['ɪŋgət] n öntecs, buga
ingrain [ɪn'greɪn] vt = *engrain*
ingrained [ɪn'greɪnd] a 1. beleivódott 2. megrögzött, meggyökeresedett [szokás]
ingratiate [ɪn'greɪʃɪeɪt] vt ~ *oneself with sy* megkedvelteti magát vkvel
ingratitude [ɪn'grætɪtjuːd; US -tuːd] n hálátlanság
ingredient [ɪn'griːdjənt] n alkotórész; tartozék, kellék; hozzávaló
ingress ['ɪngres] n bejárás, bemenetel
ingrown ['ɪngroʊn] a 1. benőtt 2. megrögzött

inhabit [ɪn'hæbɪt] vt (benn) lakik, tartózkodik [házban stb.]
inhabitable [ɪn'hæbɪtəbl] a lakható
inhabitant [ɪn'hæbɪt(ə)nt] n lakó, lakos
inhalation [ɪnhə'leɪʃn] n belélegzés, belehelés
inhale [ɪn'heɪl] vt belehel, belélegzik
inhaler [ɪn'heɪlə*] n inhalálókészülék
inharmonious [ɪnhɑ:'moʊnjəs] a 1. nem összhangzó 2. viszálykodó
inherent [ɪn'hɪər(ə)nt] a benne rejlő; vele járó; be ~ in sg rejlik vmben
inherit [ɪn'herɪt] vt (meg)örököl
inheritable [ɪn'herɪtəbl] a 1. örökölhető 2. örökletes
inheritance [ɪn'herɪt(ə)ns] n 1. örökség, hagyaték 2. öröklés
inheritor [ɪn'herɪtə*] n örökös
inhibit [ɪn'hɪbɪt] vt ~ sy from sg megátol/(meg)akadályoz vkt vmben
inhibited [ɪn'hɪbɪtɪd] a gátlásokkal küzdő, gátlásos
inhibition [ɪnhɪ'bɪʃn] n 1. tilalom 2. gátlás
inhospitable [ɪn'hɒspɪtəbl; US -ɑs-] a nem vendégszerető; barátságtalan, zord
inhuman [ɪn'hju:mən] a embertelen, kegyetlen
inhumanity [ɪnhju:'mænətɪ] n embertelenség, kegyetlenség
inimical [ɪ'nɪmɪkl] a ellenséges; kedvezőtlen
inimitable [ɪ'nɪmɪtəbl] a utánozhatatlan; utolérhetetlen
iniquitous [ɪ'nɪkwɪtəs] a gonosz
iniquity [ɪ'nɪkwətɪ] n romlottság, gonoszság, bűn
initial [ɪ'nɪʃl] I. a kezdő, kezdeti II. n kezdőbetű, iniciálé III. vt -ll- (US -l-) kézjeggyel ellát
initiate I. a/n [ɪ'nɪʃɪət] beavatott (személy) II. vt [ɪ'nɪʃɪeɪt] 1. elindít; kezdeményez 2. beavat (sy in sg vkt vmbe)
initiation [ɪnɪʃɪ'eɪʃn] n 1. bevezetés 2. beavatás; felavatás 3. kezdet, kezdeményezés
initiative [ɪ'nɪʃɪətɪv] I. a bevezető, kezdeményező; kezdő, kezdeti II. n kezdeményezés, iniciatíva

initiatory [ɪ'nɪʃɪət(ə)rɪ; US -ɔ:rɪ] a 1. = initiative I. 2. beavatási
inject [ɪn'dʒekt] vt befecskendez
injection [ɪn'dʒekʃn] n befecskendezés, injekció; ~ moulding fröccsöntés
injudicious [ɪndʒu:'dɪʃəs] a meggondolatlan
injunction [ɪn'dʒʌŋkʃn] n 1. parancs, meghagyás 2. (bírói tiltó) végzés
injure ['ɪndʒə*] vt 1. árt, kárt okoz (vknek, vmnek) 2. megsebesít, megsért (vkt); bánt(almaz) (vkt); be/get ~d megsérül, sérülést szenved 3. kárt tesz (vmben), megrongál (vmt)
injured ['ɪndʒəd] n 1. (meg)sértett, megkárosított 2. (meg)sebesült; (meg-)sérült; fatally ~ halálosan megsebesült; halálos végű balesetet szenvedett; the ~ a sérültek 3. (meg)romlott; megrongálódott [áru stb.]
injurious [ɪn'dʒʊərɪəs] a 1. ártalmas, káros 2. sértő
injury ['ɪndʒ(ə)rɪ] n 1. kár(osodás); sérelem; hátrány 2. (meg)sértés 3. sérülés, sebesülés 4. kártétel, (meg-)rongálás
injustice [ɪn'dʒʌstɪs] n igazságtalanság
ink [ɪŋk] I. n tinta; in ~ tintával II. vt 1. tintával megjelöl/(be)piszkít 2. nyomdafestékkel beken; festékez 3. ~ in/over tussal kihúz
inkling ['ɪŋklɪŋ] n 1. sejtelem, gyanú 2. célzás
ink-pad n festékpárna
inkstand, ink-well n tintatartó
inky ['ɪŋkɪ] a 1. tintás 2. (tinta)fekete, koromsötét
inlaid [ɪn'leɪd] jelzőként rendsz: 'ɪnleɪd] a berakásos, intarziás →inlay II.
inland I. a ['ɪnlənd] 1. belső, (az ország) belsejéből való; ~ navigation belvízi hajózás; ~ waters belvizek 2. belföldi, hazai; ~ produce hazai termék; ~ revenue állami adók, adóbevételek; the I~ Revenue biz az államkincstár; ~ trade belkereskedelem II. adv [ɪn'lænd] az ország belsejébe/szívébe III. n ['ɪnlənd] az ország belseje
in-laws ['ɪnlɔ:z] n pl biz my ~ a férjem/feleségem családja
inlay I. n ['ɪnleɪ] (fa)berakás, intarzia

II. vt [ɪn'leɪ] (pt/pp -laid -'leɪd) berak [díszítést]
inlet ['ɪnlet] n 1. bejárat(i nyílás) 2. keskeny öböl
inmate ['ɪnmeɪt] n bennlakó; ~s of the prison a börtönlakók
inmost ['ɪnmoʊst] a legbelső
inn [ɪn] n vendéglő; the I~s of Court GB ⟨londoni jogászkollégiumok⟩
innards ['ɪnədz] →inward III.
innate [ɪ'neɪt] a vele született
innavigable [ɪ'nævɪgəbl] a hajózhatatlan
inner ['ɪnə*] a 1. belső; the ~ man a lelkiismeret; ~ tube tömlő, belső [kerékabroncsé] 2. titkos
innermost ['ɪnəmoʊst] a legbelső
innings ['ɪnɪŋz] n (pl ~) 1. az egyik fél ütési joga [krikettben, baseballban] 2. hivatal/tisztség időtartama
innkeeper n fogadós, vendéglős
innocence ['ɪnəs(ə)ns] n ártatlanság
innocent ['ɪnəsnt] I. a 1. ártatlan; ártalmatlan 2. naiv, tudatlan 3. biz ~ of Latin egy árva szót sem tud latinul II. n ártatlan/jámbor ember; Holy I~s aprószentek
innocuous [ɪ'nɔkjʊəs; US -ɑk-] a ártalmatlan
innovate ['ɪnəveɪt] vt újít
innovation [ɪnə'veɪʃn] n újítás; új szokás
innovative ['ɪnəveɪtɪv] a újító (szándékú/jellegű)
innovator ['ɪnəveɪtə*] n újító
innuendo [ɪnju:'endoʊ] n (pl ~(e)s -z) (rosszindulatú) célozgatás, burkolt gyanúsítás
innumerable [ɪ'nju:m(ə)rəbl; US -'nu:-] a számtalan
inoculate [ɪ'nɔkjʊleɪt; US -ɑk-] vt 1. beolt (against ellen) 2. szemez [növényt]
inoculation [ɪnɔkjʊ'leɪʃn; US -ɑk-] n oltás
inoffensive [ɪnə'fensɪv] a ártalmatlan; nem bántó/kellemetlen
inoperable [ɪn'ɔp(ə)rəbl; US -'ɑ-] a nem operálható [beteg(ség)]
inoperative [ɪn'ɔp(ə)rətɪv; US -'ɑpəreɪ-] a 1. tétlen 2. hatástalan; üzemképtelen 3. érvénytelen

inopportune [ɪn'ɔpətju:n; US -ɑpə'tu:n] a nem időszerű, időszerűtlen, alkalmatlan
inordinate [ɪ'nɔ:dɪnət] a 1. szertelen, mértéktelen 2. rendezetlen
inorganic [ɪnɔ:'gænɪk] a 1. szervetlen 2. szervezetlen
in-patient ['ɪnpeɪʃnt] n (benn) fekvő beteg [kórházban]
input ['ɪnpʊt] n 1. anyagfelhasználás [gépé] 2. ráfordítás 3. bemenet; bemenő jel; betáplált információ/adat
inquest ['ɪnkwest] n vizsgálat, nyomozás; coroner's ~ halottkémi szemle
inquire [ɪn'kwaɪə*] vt/vi kérdez(ősködik), érdeklődik, tudakozódik (of sy after/about/concerning sg/sy vktől vm/ vk iránt); ~ for sg kérdezősködik vm miatt, keres vmt; ~ into sg megvizsgál vm ügyet, vizsgálatot folytat, nyomoz [egy ügyben]; ~ within tessék bent érdeklődni
inquiry [ɪn'kwaɪərɪ] n 1. érdeklődés, tudakozódás, kérdezősködés; ~ office információs iroda, felvilágosítás, tudakozó(hely); make inquiries about/after sy/sg érdeklődik/tudakozódik vk/vm után 2. vizsgálat, nyomozás (into vm ügyben)
inquisition [ɪnkwɪ'zɪʃn] n 1. alapos vizsgálat 2. the I~ az inkvizíció
inquisitive [ɪn'kwɪzətɪv] a (tolakodóan) kérdezősködő, kíváncsi
inquisitor [ɪn'kwɪzɪtə*] n 1. vizsgáló(bíró) 2. inkvizítor
inquisitorial [ɪnkwɪzɪ'tɔ:rɪəl] a 1. vizsgálóbírói 2. tolakodóan kíváncsi
inroad ['ɪnroʊd] n 1. támadás, roham 2. erős igénybevétel
inrush ['ɪnrʌʃ] n berohanás, berontás
insalubrious [ɪnsə'lu:brɪəs] a egészségtelen [klíma, hely]
insane [ɪn'seɪn] a őrült; elmebeteg, elmebajos
insanitary [ɪn'sænɪt(ə)rɪ; US -erɪ] a egészségtelen
insanity [ɪn'sænətɪ] n őrület, őrültség; elmebaj, elmezavar
insatiable [ɪn'seɪʃjəbl; US -ʃə-] a kielégíthetetlen; telhetetlen
inscribe [ɪn'skraɪb] vt 1. ráír, bevés

2. (be)ír, felír; előjegyez 3. berajzol
4. ajánl, dedikál [könyvet]
inscription [ın'skrıpʃn] n 1. felírás, felirat 2. ajánlás, dedikáció
inscrutable [ın'skru:təbl] a kifürkészhetetlen; rejtélyes
inseam ['ınsi:m] n belső varrás
insect ['ınsekt] n rovar, féreg
insecticide [ın'sektısaıd] n rovarirtó
insectivorous [ınsek'tıvərəs] a rovarevő
insect-powder n rovarirtó (por)
insecure [ınsı'kjʊə*] a 1. nem biztos, bizonytalan 2. veszélyes; megbízhatatlan
insecurity [ınsı'kjʊərətı] n bizonytalanság
insemination [ınsemı'neıʃn] n megtermékenyítés
insensate [ın'senseıt] a 1. érzéketlen, érzéstelen 2. esztelen [düh stb.]
insensibility [ınsensə'bılətı] n érzéketlenség
insensible [ın'sensəbl] a 1. öntudatlan, eszméletlen 2. érzéketlen (to vm iránt), közömbös 3. alig észrevehető
insensitive [ın'sensətıv] a érzéketlen; fásult, közönyös
inseparable [ın'sep(ə)rəbl] a elválaszthatatlan
insert I. n ['ınsə:t] beillesztés; melléklet [könyvben, folyóiratban] II. vt [ın'sə:t] 1. behelyez, beilleszt 2. közzétesz [újsághirdetést]
insertion [ın'sə:ʃn] n 1. beszúrás 2. közzététel 3. betét [ruhában]
inset I. n ['ınset] 1. betétlap(ok) 2. melléktérkép; szövegközi ábra 3. betét, beállítás [női ruhán] II. vt [ın'set] (pt/pp ~) beékel, beiktat, beszúr
inshore [ın'ʃɔ:*] a/adv part menti; a part mentén/felé
inside [ın'saıd] I. a belső, benn levő; ~ information bizalmas értesülés; ~ left/right bal-, ill. jobbösszekötő; biz the ~ track (1) belső kör [sportban] (2) átv előnyös helyzet II. n 1. vmnek belseje; turn ~ out teljesen kifordít; know sg ~ out tövéről hegyire ismer 2. biz emésztőszervek III. adv 1. benn; biz walk ~! tessék besétálni! 2. vmn belül; biz ~ of three

days három napon belül 3. GB □ be ~ hűvösön/sitten van, ül IV. prep belül, benn, belsejében
insider [ın'saıdə*] n beavatott
insidious [ın'sıdıəs] a alattomos; ármányos
insight ['ınsaıt] n 1. bepillantás 2. éleselméjűség, éleslátás
insignia [ın'sıgnıə] n pl 1. jelvény(ek), kitüntetés(ek) 2. ismertetőjel(ek)
insignificance [ınsıg'nıfıkəns] n jelentéktelenség
insignificant [ınsıg'nıfıkənt] a jelentéktelen
insincere [ınsın'sıə*] a nem őszinte; őszintétlen, kétszínű
insincerity [ınsın'serətı] n kétszínűség, hamisság
insinuate [ın'sınjʊeıt] vt 1. befurakszik; ~ oneself into sy's favour beférkőzik vk kegyeibe 2. célozgat (vmre); (burkoltan) állít (vmt)
insinuating [ın'sınjʊeıtıŋ] a 1. behízelgő 2. célzatos, burkolt(an célzó)
insinuation [ınsınjʊ'eıʃn] n 1. gyanúsító célzás 2. behízelgés
insipid [ın'sıpıd] a 1. ízetlen 2. unalmas
insist [ın'sıst] vi ~ (on/upon/that) ragaszkodik (vmhez); kitart (vm mellett), súlyt helyez (vmre)
insistence [ın'sıst(ə)ns] n ragaszkodás vmhez, kitartás vm mellett
insistent [ın'sıst(ə)nt] a vmhez ragaszkodó, rendíthetetlen; kitartó
in situ [ın'sıtju:] eredeti helyzetben/helyén
insofar [ınsoʊ'fɑ:*] adv ~ as US amennyiben; amennyire
insole ['ınsoʊl] n 1. talpbélés 2. talpbetét
insolence ['ınsələns] n szemtelenség, arcátlanság
insolent ['ınsələnt] a arcátlan, szemtelen; sértő
insoluble [ın'sɔljʊbl; US -əl-] a 1. oldhatatlan 2. megoldhatatlan
insolvable [ın'sɔlvəbl; US -əl-] a = insoluble 2.
insolvency [ın'sɔlv(ə)nsı; US -əl-] n 1. fizetésképtelenség 2. csőd
insolvent [ın'sɔlv(ə)nt; US -əl-] a fizetésképtelen

insomnia [ɪn'sɔmnɪə; US -ɑm-] n álmatlanság

insomuch [ɪnsoʊ'mʌtʃ] adv 1. olyannyira (that/as hogy) 2. mivelhogy

inspect [ɪn'spekt] vt 1. megszemlél 2. (hivatalosan) megvizsgál; ellenőriz

inspection [ɪn'spekʃn] n 1. szemle, megtekintés 2. megvizsgálás; vizsgálat

inspector [ɪn'spektə*] n felügyelő; ellenőr; ~ general főfelügyelő

inspectorate [ɪn'spekt(ə)rət] n felügyelőség

inspectorship [ɪn'spektəʃɪp] n = inspectorate

inspectress [ɪn'spektrɪs] n felügyelőnő

inspiration [ɪnspə'reɪʃn] n 1. belélegzés 2. ihlet; sugalmazás, inspiráció

inspire [ɪn'spaɪə*] vt 1. belélegez 2. eltölt (with vmvel) 3. megihlet 4. sugalmaz, inspirál 5. ösztönöz, lelkesít

inst. [ɪnst v. 'ɪnstənt] instant folyó hó, f. hó; on the 5th ~ f. hó 5-én

instability [ɪnstə'bɪlətɪ] n (átv is) ingatagság; változékonyság

install [ɪn'stɔ:l] vt 1. beiktat 2. elhelyez 3. bevezet [villanyt stb.]

installation [ɪnstə'leɪʃn] n 1. beiktatás 2. bevezetés; berendezés; felszerelés

instalment, US -stall- [ɪn'stɔ:lmənt] n 1. részlet(fizetés) 2. folytatás [regényé]

instance ['ɪnstəns] I. n 1. kérelem, folyamodás; court of first ~ első fokú bíróság; in the first ~ először is 2. eset; példa; for ~ például II. vt példaként felhoz; hivatkozik, utal (vmre)

instant ['ɪnstənt] I. a 1. sürgős; azonnali; ~ coffee oldható (v. azonnal oldódó) kávé, neszkávé 2. fenyegető; sürgető 3. folyó hó →inst. II. n pillanat

instantaneous [ɪnst(ə)n'teɪnjəs] a azonnali; pillanatnyi

instead [ɪn'sted] I. prep ~ of sg vm helyett II. adv helyette; inkább

instep ['ɪnstep] n lábfej felső része, rüszt; ~ raiser (lúd)talpbetét

instigate ['ɪnstɪgeɪt] vt uszít; felbujt (to do sg vmre); szít [lázadást]

instigation [ɪnstɪ'geɪʃn] n uszítás; felbujtás

instigator ['ɪnstɪgeɪtə*] n felbujtó

instil, US instill [ɪn'stɪl] vt 1. † belecsepegtet 2. belenevel [érzést stb.] (into vkbe)

instinct I. a [ɪn'stɪŋkt] ~ with sg áthatva vmtől II. n ['ɪnstɪŋkt] 1. ösztön 2. hajlam

instinctive [ɪn'stɪŋktɪv] a ösztönös

institute ['ɪnstɪtjuːt; US -tuːt] I. n 1. intézet 2. intézmény II. vt 1. alapít; szervez 2. megindít [eljárást stb.]

institution [ɪnstɪ'tjuːʃn; US -'tuː-] n 1. intézmény 2. alapítás; megalakítás 3. folyamatba tétel, megindítás 4. szokás 5. intézet, létesítmény

instruct [ɪn'strʌkt] vt 1. oktat, tanít 2. utasít 3. útbaigazít, tájékoztat

instruction [ɪn'strʌkʃn] n 1. oktatás, tanítás 2. utasítás; parancs; ~ sheet, book of ~ használati/kezelési utasítás

instructive [ɪn'strʌktɪv] a tanulságos, tanító

instructor [ɪn'strʌktə*] n 1. tanító, oktató 2. US egyetemi előadó

instrument ['ɪnstrʊmənt] n 1. (átv is) eszköz 2. szerszám, műszer; ~ board/panel kapcsolótábla, műszerfal 3. hangszer 4. okirat; negotiable ~ forgatható okirat/értékpapír

instrumental [ɪnstrʊ'mentl] a 1. közreműködő; hozzájáruló (vmhez); be ~ in sg közreműködik vmben, (jelentős) szerepe van vmben 2. műszeres [vizsgálat stb.] 3. hangszeres

instrumentalist [ɪnstrʊ'mentəlɪst] n zenész, zenekari tag

instrumentality [ɪnstrʊmen'tælətɪ] n közbenjárás, segítség; közreműködés

insubordination ['ɪnsəbɔːdɪ'neɪʃn] n engedetlenség; fegyelemsértés

insubstantial [ɪnsəb'stænʃl] a 1. lényeg nélküli 2. testetlen

insufferable [ɪn'sʌf(ə)rəbl] a kibírhatatlan

insufficiency [ɪnsə'fɪʃnsɪ] n elégtelenség

insufficient [ɪnsə'fɪʃnt] a elégtelen

insular ['ɪnsjʊlə*; US -səl-] a 1. szigeti, sziget- 2. szűk látókörű

insularism ['ɪnsjʊlərɪz(ə)m; US -səl-] n szűklátókörűség

insularity [ɪnsjʊ'lærətɪ; US -sə'l-] n = insularism

insulate ['msjʊleɪt; US -sə-] vt 1. elszigetel, elkülönít (from vmtől) 2. szigetel
insulation [ɪnsjʊ'leɪʃn; US -sə-] n 1. (el)szigetelés 2. szigetelő(anyag)
insulator ['msjʊleɪtə*; US -sə-] n szigetelő(anyag)
insulin ['msjʊlɪn; US -sə-] n inzulin
insult I. n ['msʌlt] sértés; add ~ to injury igazságtalanságot sértéssel tetéz, sértést sértésre halmoz II. vt [ɪn-'sʌlt] megsért, sérteget
insuperable [ɪn'sju:p(ə)rəbl; US -'su:-] a legyőzhetetlen, leküzdhetetlen
insupportable [ɪnsə'pɔ:təbl] a kibírhatatlan; tűrhetetlen
insurance [ɪn'ʃʊər(ə)ns] n biztosítás; ~ agent/broker biztosítási ügynök; ~ assessor kárbecslő; ~ company biztosítótársaság; ~ policy biztosítási kötvény; state ~ társadalombiztosítás
insurant [ɪn'ʃʊər(ə)nt] n a biztosító (fél)
insure [ɪn'ʃʊə*] vt biztosít (against ellen)
insured [ɪn'ʃʊəd] I. a (be)biztosított [vagyontárgy stb.] II. n the ~ a biztosított/kedvezményezett
insurer [ɪn'ʃʊərə*] n the ~ a biztosító (fél)
insurgent [ɪn'sə:dʒ(ə)nt] a/n felkelő, lázadó
insurmountable [ɪnsə'maʊntəbl] a leküzdhetetlen
insurrection [ɪnsə'rekʃn] n felkelés, lázadás
insurrectionist [ɪnsə'rekʃ(ə)nɪst] n felkelő, lázadó
intact [ɪn'tækt] a 1. érintetlen 2. ép, sértetlen
intake ['ɪnteɪk] n 1. szellőzőjárat [bányában] 2. felvétel [anyagé, tápláléké] 3. felvett létszám
intangibility [ɪntændʒə'bɪlətɪ] n felfoghatatlanság
intangible [ɪn'tændʒəbl] a 1. felfoghatatlan 2. nem tapintható, nem érzékelhető
integer ['ɪntɪdʒə*] n 1. egész szám 2. csorbítatlan egész
integral ['ɪntɪgr(ə)l] I. a 1. ép, egész 2. szerves(en hozzátartozó), lényeges, nélkülözhetetlen 3. egész számú II. n integrál

integrate ['ɪntɪgreɪt] vt 1. kiegészít 2. egységbe rendez, koordinál (with vmvel) 3. integrál
integrated ['ɪntɪgreɪtɪd] a 1. egységbe rendezett; ~ personality harmonikus egyéniség 2. teljes (faji) egyenjogúságot biztosító 3. integrált [áramkör]
integration [ɪntɪ'greɪʃn] n 1. egységbe rendezés; teljessé tevés 2. egyesülés; (társadalmi) beilleszkedés; integráció, integrálás; racial ~ teljes faji egyenjogúság (biztosítása)
integrationist [ɪntɪ'greɪʃnɪst] n faji egyenjogúságért küzdő
integrity [ɪn'tegrətɪ] n 1. sértetlenség 2. becsületesség, tisztesség
intellect ['ɪntəlekt] n ész, értelem
intellectual [ɪntə'lektjʊəl; US -tʃ-] I. a szellemi, észbeli, intellektuális II. n értelmiségi
intelligence [ɪn'telɪdʒ(ə)ns] n 1. értelem, felfogás, ész 2. értelmesség, intelligencia; ~ quotient intelligenciahányados 3. hír, értesülés, információ; ~ service hírszerző szolgálat
intelligent [ɪn'telɪdʒ(ə)nt] a értelmes, intelligens
intelligentsia [ɪntelɪ'dʒentsɪə] n értelmiség
intelligibility [ɪntelɪdʒə'bɪlətɪ] n érthetőség
intelligible [ɪn'telɪdʒəbl] a érthető
intemperance [ɪn'temp(ə)rəns] n 1. mértéktelenség 2. részegeskedés
intemperate [ɪn'temp(ə)rət] a 1. mértéktelen 2. részeges
intend [ɪn'tend] vt 1. szándékozik; tervez; my ~ed jövendőbelim 2. szán (vmt vknek)
intense [ɪn'tens] a 1. nagyfokú 2. erős, heves
intensify [ɪn'tensɪfaɪ] A. vt (fel)erősít, fokoz B. vi erősödik, fokozódik
intensity [ɪn'tensətɪ] n erősség, intenzitás
intensive [ɪn'tensɪv] a 1. erősítő, nyomatékosító [szó] 2. beható, alapos, intenzív [kutatás]; belterjes [gazdálkodás]; ~ care unit intenzív szoba/osztály [kórházban]
intent [ɪn'tent] I. a 1. megfeszített 2. be ~ on (doing sg) (feltett) szándéka,

hogy..., vmre törekszik II. *n* szándék, cél; *to all ~s and purposes* (1) minden tekintetben (teljesen) (2) szemmel láthatólag
intention [ɪn'tenʃn] *n* 1. (feltett) szándék, törekvés 2. cél(zat)
intentional [ɪn'tenʃənl] *a* szándékos
intentness [ɪn'tentnɪs] *n* figyelmesség, megfeszítettség
inter [ɪn'tə:*] *vt* -rr- eltemet, elhantol, elás
interact [ɪntər'ækt] *vi* egymásra hat
interaction [ɪntər'ækʃn] *n* kölcsönhatás
inter alia [ɪntər'eɪlɪə] többek között
interbreed [ɪntə'bri:d] *v* (*pt/pp* -bred -'bred) A. *vt* keresztez [fajokat] B. *vi* kereszteződik
intercalary [ɪn'tə:kələrɪ; *US* -erɪ] *a* 1. közbeékelt 2. szökő [nap]
intercede [ɪntə'si:d] *vi* közbenjár (*with sy for sy* vknél vkért)
intercept [ɪntə'sept] *vt* 1. feltartóztat 2. elfog [levelet] 3. elkoboz
interceptor [ɪntə'septə*] *n* elfogó vadászrepülőgép
intercession [ɪntə'seʃn] *n* 1. közbenjárás 2. könyörgő ima
interchange I. *n* ['ɪntətʃeɪndʒ] 1. kicserélés; csere 2. váltakozás 3. (különszintű) csomópont 4. ~ (*station*) átszállóhely II. *v* [ɪntə'tʃeɪndʒ] A. *vt* 1. (ki)cserél 2. felcserél B. *vi* váltakozik
interchangeable [ɪntə'tʃeɪndʒəbl] *a* felcserélhető
intercollegiate [ɪntəkə'li:dʒɪət] *a* kollégiumok közötti
intercom ['ɪntəkɔm; *US* -ɑm] *n* biz 1. duplex távbeszélőrendszer 2. házi telefon
intercommunicate [ɪntəkə'mju:nɪkeɪt] *vi* 1. egymással érintkezik 2. egymásba nyílik
intercommunication ['ɪntəkəmju:nɪ'keɪʃn] *n* összeköttetés; kapcsolat, kölcsönös érintkezés
interconnected [ɪntəkə'nektɪd] *a* kölcsönösen összekapcsolt
intercontinental ['ɪntəkɔntɪ'nentl; *US* -kɑn-] *a* interkontinentális, világrészek közötti; ~ *ballistic missile* interkontinentális ballisztikus rakéta

intercourse ['ɪntəkɔ:s] *n* 1. érintkezés 2. (*sexual*) ~ közösülés
interdependence [ɪntədɪ'pendəns] *n* egymásrautaltság
interdependent [ɪntədɪ'pendənt] *a* kölcsönösen egymástól függő
interdict I. *n* ['ɪntədɪkt] 1. tilalom 2. egyházi kiközösítés II. *vt* [ɪntə'dɪkt] 1. eltilt 2. kiközösít
interest ['ɪntrɪst] I. *n* 1. érdekeltség, részesedés 2. érdek; *in sy's* ~ vk érdekében; *of general* ~ közérdekű; *public* ~ a közérdek 3. érdeklődés; *take* ~ *in sy/sg* érdeklődik vk/vm iránt; *lose* ~ *in sg* kiábrándul vmből 4. érdekesség; jelentőség; *be of* ~ *to sy* jelentősége/fontossága van vk számára 5. kamat; ~ *on* ~ kamatos kamat; *bear/carry* ~ kamatozik; *átv repay with* ~ kamatostul/busásan megfizet II. *vt* 1. érdekeltté tesz (vkt); *be* ~*ed in sg* (1) érdekelve van vmben (2) érdeklődik vm iránt, érdekli vm 2. felkelt/leköt érdeklődést; érdekel vkt
interested ['ɪntrɪstɪd] *a* 1. érdekelt [felek] 2. érdeklődő
interesting ['ɪntrɪstɪŋ] *a* érdekes
interfere [ɪntə'fɪə*] *vi* 1. beavatkozik (*in sg* vmbe) 2. ~ *with* (1) gátol, megbolygat (vmt); ~ keresztezi [vknek a terveit] (2) erőszakoskodik [nővel] 3. megakadályoz [ügyek menetét]; ütközik (vmvel)
interference [ɪntə'fɪər(ə)ns] *n* 1. beavatkozás 2. interferencia, [rádió- stb.] vételi zavar
interim ['ɪntərɪm] I. *a* ideiglenes, átmeneti; ~ *report* évközi/előzetes jelentés II. *n* időköz; *in the* ~ egyelőre, ideiglenesen, addig is
interior [ɪn'tɪərɪə*] I. *a* 1. belső; ~ *decoration* belsőépítészet; ~ *decorator* belsőépítész; lakberendező 2. belföldi; ~ *trade* belkereskedelem II. *n* 1. vmnek a belseje 2. belföld, ország belső része; *US Department of the I*~ belügyminisztérium
interject [ɪntə'dʒekt] *vt* közbevet
interjection [ɪntə'dʒekʃn] *n* 1. közbevetés 2. indulatszó
interlace [ɪntə'leɪs] A. *vt* 1. összefűz,

egybeköt 2. átsző B. *vi* összefűződik, -szövődik
interlard [ɪntə'lɑːd] *vt* (*átv is*) megspékel, (meg)tűzdel
interleave [ɪntə'liːv] *vt* [könyv lapjai közé] üres lapokat köt/illeszt; ~*d copy* belőtt példány
interlinear [ɪntə'lɪnɪə*] *a* sorközi
interlink [ɪntə'lɪŋk] A. *vt* összefűz, (össze)kapcsol B. *vi* összefűződik, -kapcsolódik
interlock [ɪntə'lɔk; *US* -ak] A. *vt* egymásba illeszt; összekapcsol B. *vi* egymásba kapcsolódik; összekapcsolódik
interlocutor [ɪntə'lɔkjʊtə*; *US* -'lɑ-] *n* párbeszédben részt vevő, beszélő
interloper ['ɪntəloʊpə*] *n* 1. betolakodó, beavatkozó 2. csempész; zugárus
interlude ['ɪntəluːd] *n* közjáték; felvonásköz
intermarriage [ɪntə'mærɪdʒ] *n* összeházasodás [különböző fajbelieké v. rokonoké]
intermarry [ɪntə'mærɪ] *vi* összeházasodik [más fajúval v. rokonnal]
intermediary [ɪntə'miːdjərɪ; *US* -erɪ] I. *a* 1. közvetítő 2. közbenső II. *n* közvetítő
intermediate [ɪntə'miːdjət] *a/n* 1. közbeeső; közbenső 2. közvetítő (közeg) 3. középfokú [oktatás stb.]
interment [ɪn'tɜːmənt] *n* temetés
intermezzo [ɪntə'metsoʊ] *n* intermezzo, közjáték
interminable [ɪn'tɜːmɪnəbl] *a* végeérhetetlen
intermingle [ɪntə'mɪŋgl] A. *vt* összevegyít, -kever B. *vi* vegyül, (össze)keveredik
intermission [ɪntə'mɪʃn] *n* 1. félbeszakítás, szünet 2. felvonásköz
intermittent [ɪntə'mɪt(ə)nt] *a* 1. megszakított 2. váltakozó; ~ *fever* váltóláz
intern I. *n* ['ɪntɜːn] 1. *US* [kórházban] bentlakó (segéd)orvos 2. internált II. *vt* [ɪn'tɜːn] internál, fogva tart
internal [ɪn'tɜːnl] *a* 1. belső 2. belföldi, bel-
internal-combustion engine belsőégésű motor, robbanómotor

international [ɪntə'næʃənl] I. *a* nemzetközi, internacionális; ~ *law* nemzetközi jog II. *n I~* internacionálé
Internationale [ɪntənæʃə'nɑːl] *n the* ~ az Internacionálé
internationalism [ɪntə'næʃ(ə)nəlɪzm] *n* nemzetköziség, internacionalizmus
internecine [ɪntə'niːsaɪn; *US* -sən] *a* 1. † gyilkos 2. egymást pusztító
internee [ɪntə:'niː] *n* internált
internist [ɪn'tɜːnɪst] *n US* 1. belgyógyász 2. általános orvos
internment [ɪn'tɜːnmənt] *n* internálás
interpellate [ɪn'tɜːpeleɪt]*vt* interpellál
interplanetary [ɪntə'plænɪt(ə)rɪ] *a* bolygóközi
interplay ['ɪntəpleɪ] *n* kölcsönös hatás
Interpol ['ɪntəpɔl; *US* -al] *International Criminal Police Commission* Bűnügyi Rendőrség Nemzetközi Szervezete, INTERPOL
interpolate [ɪn'tɜːpəleɪt] *vt* 1. beszúr [szót stb.] 2. interpolál
interpolation [ɪntɜːpə'leɪʃn] *n* 1. beszúrás, betoldás [szóé stb.] 2. interpoláció
interpose [ɪntə'poʊz] A. *vt* 1. közbevet; ~ *one's veto* tiltakozik (vm ellen), vétójogot gyakorol 2. közbeszól [beszélgetésbe] B. *vi* közbelép, közbeveti magát
interposition [ɪntəpə'zɪʃn] *n* 1. közvetítés 2. közbeékelés 3. közbelépés, -jövetel
interpret [ɪn'tɜːprɪt] *vt* 1. értelmez, interpretál, magyaráz 2. előad, interpretál [szerepet, zenedarabot] 3. tolmácsol, fordít [beszédet stb.]
interpretation [ɪntɜːprɪ'teɪʃn] *n* 1. értelmezés, magyarázat 2. előadás [zenedarabé]; interpretáció [színészé] 3. tolmácsolás, fordítás
interpreter [ɪn'tɜːprɪtə*] *n* tolmács
interracial [ɪntə'reɪʃjəl; *US* -ʃl] *a* különböző fajok közötti [házasság stb.]
interred [ɪn'tɜːd] → *inter*
interregnum [ɪntə'regnəm] *n* trónüresedés, interregnum
interrelation [ɪntərɪ'leɪʃn] *n* kölcsönös vonatkozás/kapcsolat
interrogate [ɪn'terəgeɪt] *vt* (ki)kérdez; kihallgat; vallat

interrogation [ɪntərə'geɪʃn] n 1. (ki)kérdezés, vizsgáztatás; kihallgatás, vallatás 2. note/mark of ~ kérdőjel
interrogative [ɪntə'rɔgətɪv; US -'rɑ-] I. a kérdő [hang stb.] II. n kérdőszó
interrupt [ɪntə'rʌpt] vt 1. félbeszakít 2. megakaszt
interruption [ɪntə'rʌpʃn] n 1. félbeszakítás, szétkapcsolás 2. közbevágás 3. szünetelés; without ~ szakadatlanul
intersect [ɪntə'sekt] A. vt átvág, (át-) metsz B. vi kereszteződik
intersection [ɪntə'sekʃn] n 1. metszőpont 2. átvágás 3. útkereszteződés; csomópont
intersperse [ɪntə'spə:s] vt belevegyít, tarkít (with vmvel)
interstate [ɪntə'steɪt] a US államok közötti
interstellar [ɪntə'stelə*] a bolygóközi
interstice [ɪn'tə:stɪs] n köz, rés, hézag
intertwine [ɪntə'twaɪn] A. vt egybefon B. vi egybefonódik
interurban [ɪntər'ə:bən] a városok közötti; helyi(érdekű) [vasút]
interval ['ɪntəvl] n 1. időköz; at ~s időnként; hellyel-közzel; bright ~s átmeneti derült idő 2. GB szünet [színházban stb.], tízperc [iskolai]; ~ signal szünetjel 3. [zenei] hangköz, intervallum
intervene [ɪntə'vi:n] vi 1. közbejön, -esik 2. közbenjár (on behalf of sy vkért) 3. közbelép (in vmbe)
intervention [ɪntə'venʃn] n 1. beavatkozás, intervenció; közbejötte (vmnek) 2. közbelépés; közbenjárás
interview ['ɪntəvju:] I. n 1. megbeszélés, tárgyalás 2. beszélgetés, interjú II. vt 1. megbeszélést folytat, értekezik (vkvel) 2. meginterjúvol (vkt); kikéri (vk) véleményét
interwar ['ɪntəwɔ:*] a két (világ)háború közötti
interweave [ɪntə'wi:v] v (pt -wove -'woʊv, pp -woven -'woʊvn) A. vt összefon, egybefűz B. vi összefonódik, egybefűződik
interzonal [ɪntə'zoʊnl] a zónaközi
intestate [ɪn'testeɪt] a végrendelet nélkül(i)

intestinal [ɪn'testɪnl] a béllel kapcsolatos, bél-
intestine [ɪn'testɪn] I. a bel(ső) II. n bél; large ~ vastagbél; small ~ vékonybél
intimacy ['ɪntɪməsɪ] n 1. meghittség, bizalmasság 2. nemi kapcsolat [házasságon kívül]; ~ took place közösültek
intimate I. a ['ɪntɪmət] meghitt, bizalmas II. n ['ɪntɪmət] benső barát, kebelbarát III. vt ['ɪntɪmeɪt] 1. közöl, tudtul ad 2. sejtet, célozgat
intimation [ɪntɪ'meɪʃn] n 1. értesítés, tudtul adás, közlés 2. (burkolt) célzás
intimidate [ɪn'tɪmɪdeɪt] vt megfélemlít
intimidation [ɪntɪmɪ'deɪʃn] n megfélemlítés
into ['ɪntʊ; mássalhangzó előtt: 'ɪntə] prep -ba, -be, bele 1. (mozgást v. irányt jelzően:) fall ~ sy's hands vknek kezébe/fogságába jut 2. (változásra v. eredményre vonatkozóan:) grow ~ a man felnő, férfivá nő; change sg ~ sg vmt vmvé változtat 3. 4 ~ 20 goes 5 times négy a húszban megvan ötször
intolerable [ɪn'tɔl(ə)rəbl; US -ɑl-] a tűrhetetlen
intolerance [ɪn'tɔlər(ə)ns; US -ɑl-] n türelmetlenség (of vkvel/vmvel szemben)
intolerant [ɪn'tɔlər(ə)nt; US -ɑl-] a 1. türelmetlen 2. be ~ of nem tűr [vmlyen gyógyszert stb.]
intonation [ɪntə'neɪʃn] n hangvétel; hanglejtés, intonáció
intone [ɪn'toʊn] vt/vi 1. énekelni kezd; megadja a hangot 2. zsolozsmáz
in toto [ɪn'toʊtoʊ] teljes egészében
intoxicant [ɪn'tɔksɪkənt; US -ɑk-] a mámorító [ital]
intoxicate [ɪn'tɔksɪkeɪt; US -ɑk-] vt (átv is) (meg)részegít, mámorossá tesz
intoxication [ɪntɔksɪ'keɪʃn; US -ɑk-] n részegség; mámor
intractable [ɪn'træktəbl] a 1. makacs, hajthatatlan, konok 2. engedetlen
intramural [ɪntrə'mjʊər(ə)l] a 1. városon/falakon belüi levő 2. egyetemen/kollégiumon belüli; ~ competition házi verseny

intramuscular [ɪntrə'mʌskjʊlə*] a izomba adott [injekció]
intransigence [ɪn'trænsɪdʒ(ə)ns] n meg nem alkuvás
intransigent [ɪn'trænsɪdʒ(ə)nt] a/n meg nem alkuvó
intransitive [ɪn'trænsɪtɪv] a tárgyatlan
intra-uterine [ɪntrə'juːtəraɪn] a méhen belüli; ~ (contraceptive) device méhen belüli fogamzásgátló eszköz
intravenous [ɪntrə'viːnəs] a intravénás
intrepid [ɪn'trepɪd] a rettenthetetlen, merész
intrepidity [ɪntrɪ'pɪdətɪ] n merészség
intricacy ['ɪntrɪkəsɪ] n bonyolultság
intricate ['ɪntrɪkət] a bonyolult, komplikált; tekervényes; zavaros
intrigue [ɪn'triːg] I. n 1. cselszövés, intrika 2. szerelmi viszony II. A. vi 1. intrikál, áskálódik (against vk ellen); ~ with sy cselt sző vkvel 2. (szerelmi) viszonyt folytat B. vt érdekel, kíváncsivá tesz; izgat (vkt)
intriguing [ɪn'triːgɪŋ] a 1. ármánykodó 2. érdekes
intrinsic [ɪn'trɪnsɪk] a benső; valódi, lényeges
introduce [ɪntrə'djuːs; US -'duːs] vt 1. bevezet 2. betesz, beilleszt 3. bevezet, meghonosít; divatba hoz 4. bemutat (to vknek)
introduction [ɪntrə'dʌkʃn] n 1. bevezetés; bemutatás; letter of ~ ajánlólevél 2. előszó, bevezetés 3. [elemi] kézikönyv, bevezetés [tantárgyba] 4. betevés, behelyezés; behozatal [árué]
introductory [ɪntrə'dʌkt(ə)rɪ] a bevezető
introspection [ɪntrə'spekʃn] n 1. betekintés 2. szemlélődés, önelemzés
introspective [ɪntrə'spektɪv] a önelemző, befelé néző
introvert ['ɪntrəvəːt] n befelé forduló egyén
introverted [ɪntrə'vəːtɪd] a befelé forduló
intrude [ɪn'truːd] A. vt ráerőszakol (sg on/upon sg/sy vmt vmre/vkre) B. vi 1. tolakodik 2. behatol, befurakodik (vhova); ~ upon sy alkalmatlankodik vknek, zaklat vkt
intruder [ɪn'truːdə*] n (be)tolakodó

intrusion [ɪn'truːʒn] n 1. betolakodás, benyomulás 2. ráerőszakolás
intrusive [ɪn'truːsɪv] a 1. tolakodó, alkalmatlankodó 2. hiátustöltő [hang]
intuit [ɪn'tjuːɪt; US -'tuː-] vt ösztönösen megérez/megért (vmt)
intuition [ɪntjuː'ɪʃn; US -tʊ-] n intuíció, ösztönös megérzés; előérzet
intuitive [ɪn'tjuːɪtɪv; US -'tuː-] a intuitív
intumescence [ɪntjuː'mesns; US -tuː-] n (meg)nagyobbodás; daganat, duzzanat
inundate ['ɪnʌndeɪt] vt eláraszt, elönt
inundation [ɪnʌn'deɪʃn] n árvíz, elárasztás
inure [ɪ'njʊə*] vt hozzáedz (to vmhez), megedz (to vmvel szemben)
invade [ɪn'veɪd] vt 1. betör, beront [ellenség vmely országba], megrohan, előzönöl [országot stb.] 2. bitorol [jogot]
invader [ɪn'veɪdə*] n támadó, erőszakkal betolakodó; jogbitorló
invalid[1] [ɪn'vælɪd] a érvénytelen; semmis
invalid[2] I. a ['ɪnvəlɪd] beteg; rokkant; ~ chair tolószék II. n ['ɪnvəlɪd] rokkant, munkaképtelen III. vt ['ɪnvəliːd] ~ sy out (of the army) rokkantság miatt leszerel/kiszuperál (vkt)
invalidate [ɪn'vælɪdeɪt] vt érvénytelenít, hatálytalanít
invalidation [ɪnvælɪ'deɪʃn] n érvénytelenítés, hatálytalanítás
invalidism ['ɪnvəlɪdɪzɪn] n (hosszas) betegeskedés; rokkantság
invalidity [ɪnvə'lɪdətɪ] n érvénytelenség
invaluable [ɪn'væljʊəbl] a felbecsülhetetlen(ül értékes)
invariable [ɪn'veərɪəbl] a változhatatlan, állandó, változatlan
invariably [ɪn'veərɪəblɪ] adv mindig; változatlanul
invasion [ɪn'veɪʒn] n betörés, invázió, megrohanás, (erőszakos) betolakodás
invective [ɪn'vektɪv] n förmedvény, kirohanás (vk ellen)
inveigh [ɪn'veɪ] vi kirohan (against vk ellen)
inveigle [ɪn'veɪgl; US -'viː-] vt (fondorlatosan) rábír (into vmre)

29

invent [ɪn'vent] vt feltalál; kigondol; kitalál
invention [ɪn'venʃn] n 1. feltalálás; kiagyalás 2. találékonyság, invenció 3. találmány 4. álhír, koholmány
inventive [ɪn'ventɪv] a leleményes, találékony, invenciózus
inventor [ɪn'ventə*] n feltaláló
inventory ['ɪnvəntrɪ; US -ɔ:rɪ] I. n leltár II. vt leltároz
Inverness [ɪnvə'nes] prop
inverse [ɪn'və:s] I. a ellenkező, megfordított; in ~ ratio/proportion to sg vmvel fordított arányban II. n vmnek fordítottja/ellenkezője
inversion [ɪn'və:ʃn; US -ʒn] n 1. megfordítás 2. (meg)fordítottság 3. fordított szórend
invert I. n ['ɪnvə:t] homoszexuális II. vt [ɪn'və:t] megfordít; felcserél; ~ed commas idézőjel(ek)
invertebrate [ɪn'və:tɪbrət] I. a 1. gerinctelen [állat] 2. átv gerinctelen, pipogya [ember] II. n gerinctelen állat
invest [ɪn'vest] vt 1. (átv is) felruház (with vmvel); ~ sy with an office hivatali állásba beiktat vkt 2. beruház, befektet [pénzt stb.] (in vmbe) 3. bekerít, körülzár [erődöt stb.]
investigate [ɪn'vestɪgeɪt] vt (meg)vizsgál; kivizsgál, tanulmányoz, nyomoz, kutat
investigation [ɪnvestɪ'geɪʃn] n vizsgálat, nyomozás, kutatás
investigator [ɪn'vestɪgeɪtə*] n nyomozó; kutató
investiture [ɪn'vestɪtʃə*; US -tʃʊr] n átv felruházás, beiktatás
investment [ɪn'vestmənt] n 1. befektetés, beruházás 2. átv beiktatás, felruházás
investor [ɪn'vestə*] n tőkés, invesztáló
inveterate [ɪn'vet(ə)rət] a megrögzött, meggyökeredzett
invidious [ɪn'vɪdɪəs] a bántó, bosszantó
invigilate [ɪn'vɪdʒɪleɪt] vi GB őrködik, felügyel [írásbeli vizsgán]
invigorate [ɪn'vɪgəreɪt] vt erősít, élénkít, felpezsdít; erőt ad, éltet
invincibility [ɪnvɪnsɪ'bɪlətɪ] n (le)győzhetetlenség

invincible [ɪn'vɪnsəbl] a (le)győzhetetlen, leküzdhetetlen
inviolable [ɪn'vaɪələbl] a sérthetetlen
inviolate [ɪn'vaɪələt] a sértetlen; érintetlen
invisibility [ɪnvɪzə'bɪlətɪ] n láthatatlanság
invisible [ɪn'vɪzəbl] a láthatatlan; ~ exports szellemi export; ~ mending műbeszövés
invitation [ɪnvɪ'teɪʃn] n 1. meghívás 2. felszólítás, felhívás (vmre)
invite [ɪn'vaɪt] vt 1. meghív 2. felszólít, felhív; ~ entries for a competition pályázatot ír ki; questions are ~d tessék/lehet hozzászólni 3. kihív, provokál
inviting [ɪn'vaɪtɪŋ] a hívogató, csábító, vonzó
invocation [ɪnvə'keɪʃn] n könyörgés, segítségül hívás, invokáció
invoice ['ɪnvɔɪs] I. n [kereskedelmi] számla; árujegyzék; settle an ~ számlát kiegyenlít II. vt számláz
invoke [ɪn'vəʊk] vt 1. segítségül hív; esdekel 2. (meg)idéz [szellemet]
involuntary [ɪn'vɔlənt(ə)rɪ; US -'valəntərɪ] a akaratlan, önkéntelen
involute ['ɪnvəlu:t] a 1. befelé csavarodó [levél stb.] 2. bonyolult
involution [ɪnvə'lu:ʃn] n 1. bonyolultság 2. bonyolult/kuszált dolog
involve [ɪn'vɔlv; US -a-] vt 1. begöngyöl, becsavar 2. (bele)bonyolít, belekever; get ~d in sg belekeveredik vmbe 3. magába(n) foglal, magával hoz, maga után von 4. hatványoz
involved [ɪn'vɔlvd; US -a-] a 1. bonyolult 2. eladósodott
invulnerable [ɪn'vʌln(ə)rəbl] a sebezhetetlen, sérthetetlen
inward ['ɪnwəd] I. a 1. benső, belső 2. lelki 3. bensőséges II. adv befelé III.
inwards ['ɪnədz] n pl belek, zsigerek
inwardly ['ɪnwədlɪ] adv belsőleg; benn
inwardness ['ɪnwədnɪs] n 1. igazi/belső mivolta (vmnek), szellemiség 2. bensőségesség
inwards ['ɪnwədz] adv befelé; belsőleg || →inward III.
inwrought [ɪn'rɔ:t] a 1. beleszőtt, mintával átszőtt 2. átv szorosan összefüggő

IOC [aɪouˈsiː] *International Olympic Committee* Nemzetközi Olimpiai Bizottság, NOB
iodine [ˈaɪədiːn] *n* jód
ion [ˈaɪən] *n* ion
Iona [aɪˈounə] *prop*
Ionic [aɪˈɔnɪk; *US* -ˈɑ-] *a* jón; ~ *order* jón oszloprend
ionize [ˈaɪənaɪz] *vt* ionizál
ionosphere [aɪˈɔnəsfɪə*; *US* -ˈɑ-] *n* ionoszféra
iota [aɪˈoutə] *n* 1. ióta [görög „i" betű] 2. jottányi, szemernyi; *not an* ~ jottányit/tapodtat sem
IOU [aɪouˈjuː] (= *I owe you*) adós(ság)-levél, elismervény [adósságról]
Iowa [ˈaɪouə; *US* ˈaɪəwə] *prop*
IPA [aɪpiːˈeɪ] *International Phonetic Association* (v. *Alphabet*) Nemzetközi Fonetikai Társaság (ill. jelrendszere)
Ipswich [ˈɪpswɪtʃ] *prop*
I.Q., IQ [aɪˈkjuː] *intelligence quotient*
IRA [aɪɑːrˈeɪ] *Irish Republican Army* Ír Köztársasági Hadsereg
Iran [ɪˈrɑːn; *US* rendsz. aɪˈræn] *prop* Irán [korábban: Perzsia]
Iranian [ɪˈreɪnjən; *US* aɪ- *is*] *a/n* iráni
Iraq [ɪˈrɑːk] *prop* Irak
Iraqi [ɪˈrɑːkɪ] *a/n* iraki
irascible [ɪˈræsəbl] *a* hirtelen haragú, ingerlékeny
irate [aɪˈreɪt] *a* haragos, dühös
ire [ˈaɪə*] *n* harag, düh
Ireland [ˈaɪələnd] *prop* Írország
Irene [aɪˈriːnɪ] v. ˈaɪriːn] *prop* Irén
iridescence [ɪrɪˈdesns] *n* színjátszás, irizálás
iridescent [ɪrɪˈdesnt] *a* szivárványszínekben játszó, irizáló
iridium [aɪˈrɪdɪəm] *n* iridium
iris [ˈaɪərɪs] *n* 1. szivárványhártya 2. nőszirom, írisz
Irish [ˈaɪ(ə)rɪʃ] I. *a* ír; ~ *Republic* Ír Köztársaság; ~ *setter* ír szetter; ~ *stew* ürügulyás II. *n* 1. ír (nyelv) 2. *the* ~ az írek, az ír nép
Irishman [ˈaɪ(ə)rɪʃmən] *n* (*pl* -men -mən) ír ember
Irishry [ˈaɪ(ə)rɪʃrɪ] *n* ír nép/bennszülöttek/tulajdonság
Irishwoman *n* (*pl* -women) ír nő

irk [əːk] *vt* bosszant, fáraszt; *it* ~*s me to* . . . kellemetlen számomra, hogy . . ., nehezemre esik . . .
irksome [ˈəːksəm] *a* bosszantó, fárasztó, kellemetlen
iron [ˈaɪən; *US* -rn] I. *n* 1. vas; *I*~ *Age* vaskor(szak); ~ *curtain* vasfüggöny; ~ *lung* vastüdő; ~ *ration* vastartalék; *have (too) many* ~*s in the fire* több vasat tart a tűzben; *strike while the* ~ *is hot* addig üsd a vasat, amíg meleg 2. *irons pl* bilincs 3. vasaló 4. kard II. *vt* 1. vasal [ruhát]; ~ *out* (1) kivasal (2) elsimít [nehézséget] 2. megvasal [ajtót stb.]
ironbound *a* 1. megvasalt 2. sziklás 3. hajthatatlan
ironclad I. *a* páncélos, páncéllal borított II. *n* páncélos (hajó)
ironic(al) [aɪˈrɔnɪk(l); *US* -ɑn-] *a* ironikus, gúnyos
ironically [aɪˈrɔnɪk(ə)lɪ; *US* -ˈrɑ-] *adv* ironikusan, gúnyosan; ~ . . . a sors iróniája, hogy . . .
ironing [ˈaɪənɪŋ] *n* 1. vasalás [ruháé] 2. (meg)vasalás
ironing-board *n* vasalódeszka
ironmonger *n* vaskereskedő
ironmongery [-mʌŋg(ə)rɪ] *n* 1. vaskereskedés 2. vasáru
iron-mould, *US* -mold *n* rozsdafolt
ironshod *a* megpatkolt; megvasalt [lábbeli]
ironsides [-saɪdz] *n pl* 1. vasakaratú ember 2. *I*~ Cromwell katonái
ironwork *n* vasszerkezet; vasalás; lakatosáru
ironworker *n* vasmunkás
ironworks *n* vasmű
irony [ˈaɪərənɪ] *n* irónia, gúny
Iroquois [ˈɪrəkwɔɪ, *pl* -z] *a/n* irokéz
irradiate [ɪˈreɪdɪeɪt] *vt* 1. megvilágít, beragyog 2. érthetővé tesz 3. sugárzóvá tesz [arcot] 4. sugárral kezel, besugároz
irrational [ɪˈræʃənl] *n* 1. irracionális, okszerűtlen 2. oktalan, alaptalan
irreconcilable [ɪˈrekənsaɪləbl] *a* 1. összeegyeztethetetlen 2. (ki)engesztelhetetlen
irrecoverable [ɪrɪˈkʌv(ə)rəbl] *a* pótolha-

tatlan; jóvátehetetlen; behajthatatlan

irredeemable [ɪrɪ'di:məbl] *a* 1. jóvátehetetlen; behajthatatlan; beválthatatlan [pénz] 2. javíthatatlan [gazfickó]

irreducible [ɪrɪ'dju:səbl; *US* -'du:-] *a* 1. nem csökkenthető 2. nem egyszerűsíthető [tört stb.]; helyre nem igazítható

irrefutable [ɪ'refjʊtəbl] *a* megdönthetetlen, megcáfolhatatlan

irregular [ɪ'regjʊlə*] I. *a* 1. szabálytalan; nem rendes, rendellenes; rendhagyó 2. egyenetlen II. **irregulars** *n pl* irreguláris csapatok, partizáncsapatok

irregularity [ɪregjʊ'lærətɪ] *n* 1. szabálytalanság, rendellenesség 2. egyenetlenség

irrelevance [ɪ'reləvəns] *n* 1. lényegtelenség, jelentéktelenség 2. nem a tárgyhoz tartozóság

irrelevant [ɪ'reləvənt] *a* 1. lényegtelen, jelentéktelen 2. nem helytálló; nem a tárgyhoz tartozó, irreleváns

irreligious [ɪrɪ'lɪdʒəs] *a* 1. vallástalan 2. vallásellenes

irremediable [ɪrɪ'mi:djəbl] *a* jóvátehetetlen, orvosolhatatlan

irremovable [ɪrɪ'mu:vəbl] *a* elmozdíthatatlan

irreparable [ɪ'rep(ə)rəbl] *a* helyrehozhatatlan, jóvátehetetlen; pótolhatatlan

irreplaceable [ɪrɪ'pleɪsəbl] *a* pótolhatatlan

irrepressible [ɪrɪ'presəbl] *a* elfojthatatlan, el nem nyomható, fegyelmezetlen

irreproachable [ɪrɪ'prəʊtʃəbl] *a* feddhetetlen, hibátlan

irresistible [ɪrɪ'zɪstəbl] *a* ellenállhatatlan

irresolute [ɪ'rezəlu:t] *a* határozatlan, tétovázó, bizonytalan

irresolution ['ɪrezə'lu:ʃn] *n* határozatlanság, habozás, tétovázás

irrespective [ɪrɪ'spektɪv] *a* független, (vmt) tekintetbe nem vevő; ~ *of sg* tekintet nélkül vmre

irresponsibility ['ɪrɪspɒnsə'bɪlətɪ; *US* -ɑn-] *n* felelőtlenség; meggondolatlanság

irresponsible [ɪrɪ'spɒnsəbl; *US* -ɑn-] *a* felelőtlen, felelőssé nem tehető, meggondolatlan

irresponsive [ɪrɪ'spɒnsɪv; *US* -ɑn-] *a* 1. flegmatikus, érzéketlen, zárkózott 2. nem válaszoló/reagáló

irretrievable [ɪrɪ'tri:vəbl] *a* jóvátehetetlen, visszaszerezhetetlen; pótolhatatlan

irreverence [ɪ'rev(ə)rəns] *n* tiszteletlenség; *be held in* ~ nem tisztelik

irreverent [ɪ'rev(ə)rənt] *a* tiszteletlen

irreversible [ɪrɪ'və:səbl] *a* 1. megmásíthatatlan, visszavonhatatlan 2. meg/vissza nem forgatható 3. irreverzibilis, maradandó

irrevocable [ɪ'revəkəbl] *a* megmásíthatatlan, visszavonhatatlan

irrigate ['ɪrɪgeɪt] *vt* 1. (meg)öntöz 2. (ki)öblít [sebet]

irrigation [ɪrɪ'geɪʃn] *n* 1. öntözés [földeké] 2. öblítés; beöntés; irrigálás

irritability [ɪrɪtə'bɪlətɪ] *n* ingerlékenység; érzékenység

irritable ['ɪrɪtəbl] *a* ingerlékeny; érzékeny

irritableness ['ɪrɪtəblnɪs] *n* = *irritability*

irritant ['ɪrɪt(ə)nt] *a/n* izgató, ingerlő (szer)

irritate ['ɪrɪteɪt] *vt* 1. felingerel, felbosszant 2. izgat, ingerel [szemet stb.]

irritating ['ɪrɪteɪtɪŋ] *a* 1. bosszantó, idegesítő 2. izgató (hatású)

irritation [ɪrɪ'teɪʃn] *n* 1. ingerültség; bosszúság 2. izgalmi állapot 3. ingerlés, izgatás, irritálás

irruption [ɪ'rʌpʃn] *n* berontás, betörés

Irving ['ə:vɪŋ] *prop*

is [ɪz] gyenge ejtésű alakjai: z, s] →*be*

Isaac ['aɪzək] *prop* Izsák

Isabel ['ɪzəbel] *prop* Izabella

Isaiah [aɪ'zaɪə] *prop* Ézsaiás, Izsaiás

Iscariot [ɪ'skærɪət] *prop* Iskáriótes

Isherwood ['ɪʃəwʊd] *prop*

Isidore ['ɪzɪdɔ:*] *prop* Izidor

isinglass ['aɪzɪŋglɑ:s; *US* -æs] *n* 1. halenyv, zselatin 2. csillám, máriaüveg

Isis ['aɪsɪs] *prop* Ízisz

Islam ['ɪzlɑ:m; *US* 'ɪsləm] *n* iszlám

Islamic [ɪz'læmɪk; *US* ɪs-] *a* iszlám, mohamedán

island ['aɪlənd] I. *n* sziget; (*safety/traffic*) ~ járdasziget II. *vt* elszigetel, izolál

islander ['aɪləndə*] *n* szigetlakó
isle [aɪl] *n* sziget
islet ['aɪlɪt] *n* szigetecske
ism ['ɪzm] *n* izmus
isn't ['ɪznt] = *is not* →*be*
isobar ['aɪsəbɑ:*] *n* izobár
isolate ['aɪsəleɪt] *vt* elszigetel, izolál, elkülönít
isolation [aɪsə'leɪʃn] *n* 1. elszigetelés, izoláció, elkülönítés 2. magány, elvonultság; ~ *hospital* járványkórház; ~ *ward* elkülönítő
isolationism [aɪsə'leɪʃ(ə)nɪzm] *n* elszigetelődési politika
isolationist [aɪsə'leɪʃ(ə)nɪst] *n/a* az elszigetelődési politika híve
isosceles [aɪ'sɔsɪli:z; *US* -'sɑ-] *a* egyenlő szárú
isotherm ['aɪsəθə:m] *n* izoterma
isotope ['aɪsətoʊp] *n* izotóp
Israel ['ɪzreɪ(ə)l; *US* 'ɪzrɪəl] *prop* Izrael
Israeli [ɪz'reɪlɪ] *a/n* izraeli
Israelite ['ɪzrɪəlaɪt] *a* izraelita
issue ['ɪʃu:] I. *n* 1. kiadás; megjelenés [könyvé]; kibocsátás; forgalomba hozatal [bankjegyé, bélyegé stb.]; *government* ~ kincstári tulajdon 2. kiadvány, példány(szám) [folyóiraté] 3. kifolyás; (folyó)torkolat 4. kimenet, kijárat 5. utód, ivadék 6. (vég)eredmény, következmény, kimenet(el) 7. vitapont, kérdés, téma; *question at* ~ szőnyegen levő kérdés; *face the* ~ szembenéz a tényekkel; *raise an* ~ gondolatot/kérdést felvet; *join/take* ~ *with sy on sg* vitába száll vkvel vmt illetően 8. kiosztás, kiutalás [élelmiszereké stb.] II. A. *vt* 1. kiad, megjelentet [újságot, könyvet]; kibocsát, forgalomba hoz 2. kioszt [élelmiszert]; kiad [útlevelet, jegyet] 3. ellát, felszerel (*with sg* vmvel) B. *vi* 1. ~ (*out*) kifolyik, kiömlik 2. keletkezik, származik, ered (*from* vhonnan/vmből) 3. ~ *in sg* vmt eredményez, vmre vezet 4. nyílik (vhová)
issueless ['ɪʃu:lɪs] *a* gyermektelen, utód nélküli
Istanbul [ɪstæn'bu:l; *US* ɪstɑ:n-] *prop* Isztambul
isthmus ['ɪsməs] *n* földszoros

it [ɪt] *pron* az, azt; ~ *is I* én vagyok (az); *how is* ~ *with him?* hogy van ő?; *that's* ~ *!* ez az !; *who is* ~ *?* ki az?; *I haven't got* ~ *in me* nem vagyok rá képes; *there's nothing for* ~ *but to run* nem lehet mást tenni mint meglépni; *I had a bad time of* ~ kellemetlen volt; *the worst of* ~ *is that* az benne a legrosszabb, hogy; *how is* ~ *that* hogy(an) lehet az, hogy; ~ *is said that* azt mondják, hogy; *far from* ~ egyáltalán nem, távolról sem
ITA [aɪti:'eɪ] *Independent Television Authority* ⟨brit magántelevíziós társaság⟩
ital. *italics*
Italian [ɪ'tæljən] I. *a* olasz II. *n* 1. olasz (ember) 2. olasz (nyelv) 3. olasz nyelvtudás
italic [ɪ'tælɪk] I. *a* dőlt (betű), kurzív (szedés) II. **italics** *n pl* dőlt/kurzív betű/szedés; *my* ~*s*, ~*s mine* kiemelés tőlem
italicize [ɪ'tælɪsaɪz] *vt* dőlt betűvel szed, kurzivál
Italy ['ɪtəlɪ] *n* Olaszország, Itália
itch [ɪtʃ] I. *n* 1. viszketés, viszketegség 2. rüh(össég), ótvar 3. vágyódás vmre II. *vi* 1. viszket 2. *biz* ~ *for sg* türelmetlenül/nyugtalanul vágyódik vmre; *have an* ~*ing palm* kapzsi
itchy ['ɪtʃɪ] *a* 1. viszketős 2. rühes
it'd ['ɪtəd] = *it had/would*
item ['aɪtəm] I. *adv* hasonlóképpen, detto; ugyancsak, továbbá II. *n* 1. tétel, adat 2. (hír)cikk 3. hír [újságban]
itemize ['aɪtəmaɪz] *vt* tételenként részletez [számlát]
iterate ['ɪtəreɪt] *vt* ismétel(get), hajtogat
iteration [ɪtə'reɪʃn] *n* ismételgetés, hajtogatás [mondókáé]
iterative ['ɪtərətɪv; *US* -reɪ-] *a* ismétlődő
itinerant [ɪ'tɪnərənt; *US* aɪ-] *a* kóborló, vándor(ló) [színész, zenész]
itinerary [aɪ'tɪn(ə)rərɪ; *US* -erɪ] I. *a* utazási, úti II. *n* 1. útikönyv 2. útiterv, úti program 3. útvonal
it'll ['ɪtl] = *it shall/will*
its [ɪts] *pron/a* (annak a) . . . -a, . . . -e . . . -ja, . . . -je

it's [ɪts] = it is →be
itself [ɪt'self] pron (ő) maga, az maga;
őt/azt magát; all by ~ (teljesen) egye-
dül; in ~ önmagában véve
ITV [aɪti:'vi:] Independent Television
⟨brit magántelevízió⟩
I.U.(C.)D., IU(C)D [aɪju:(si:)'di:] intra-
-uterine (contraceptive) device →intra-
-uterine
Ivan ['aɪv(ə)n] prop Iván
Ivanhoe ['aɪv(ə)nhoʊ] prop

I've [aɪv] = I have →have
ivied ['aɪvɪd] a repkénnyel/borostyánnal
borított
Ivor ['aɪvə*] prop ⟨férfinév⟩
ivory ['aɪv(ə)rɪ] I. a elefántcsontszínű
II. n elefántcsont; I~ Coast Elefánt-
csontpart; black ~ néger rabszolga; ~
tower elefántcsonttorony
ivy ['aɪvɪ] n repkény, borostyán; poison
~ szömörce

J

J, j [dʒeɪ] *n* J, j (betű)
jab [dʒæb] **I.** *n* **1.** döfés; ütés **2.** *biz* injekció **II.** *vt* -bb- döf, lök, üt
jabber ['dʒæbə*] **I.** *n* fecsegés, csacsogás; hadarás **II.** *vt/vi* fecseg, csacsog; hadar
Jack¹ [dʒæk] *prop* Jancsi, Jankó; ~ *Frost* kb. Télapó; *before you could say* ~ *Robinson* egy pillanat alatt; ~ *of all trades* ezermester; ~ *Ketch* hóhér; † ~ *Tar* matróz, tengerész; ~ *in office* nagyképű bürokrata; *every man* ~ mindenki kivétel nélkül
jack² [dʒæk] **I.** *n* **1.** alsó, filkó; búb, bubi [kártyában] **2.** hím (állat) **3.** kocsiemelő **4.** orrárboczászló **II.** *vt* ~ *up* felemel
jackal ['dʒækɔ:l] *n* sakál
jackanapes ['dʒækəneɪps] *n* **1.** kis csibész/kópé **2.** *biz* szemtelen fráter
jackass *n* **1.** ['dʒækæs] hím szamár **2.** ['dʒæku:s] szamár [emberről]
jack-boots *n pl* térden felül érő csizma
jackdaw *n* csóka
jacket ['dʒækɪt] *n* **1.** kabát, zakó; zubbony, ujjas **2.** (gyümölcs)héj; *potatoes cooked in their* ~ héjában főtt burgonya **3.** borító(lap) [könyvé] **4.** burok, köpeny [hűtőé, melegvíztárolóé]
jack-in-the-box *n* krampusz a dobozban
jackknife I. *n* (*pl* -knives) zsebkés, bicska **II.** *vi* összecsukódik
jack-o'lantern ['dʒækəlæntən] *n* **1.** lidércfény **2.** ⟨kivájt tökből készült emberfej-lámpás⟩
jackplane *n* nagyoló gyalu
jackpot *n hit the* ~ megüti a főnyereményt, öttalálatosa van
jack-screw *n* emelőcsavar, törpe emelő

Jackson ['dʒæksn] *prop*
jack-straw *n* **1.** ~(*s*) marokkó [játék] **2.** szalmabáb
Jacob ['dʒeɪkəb] *prop* Jákob; Jakab
Jacobean [dʒækə'bi:ən] *a* I. Jakab korabeli (1603—1625)
Jacobin ['dʒækəbɪn] *a/n* jakobinus
Jacobite ['dʒækəbaɪt] *a/n* Stuart-párti, jakobita
jade¹ [dʒeɪd] **I.** *n* **1.** gebe **2.** szajha **II.** *vt* kimerít, agyonhajszol
jade² [dʒeɪd] *n* zöld nefrit, jade
jaded ['dʒeɪdɪd] *a* **1.** holtfáradt, elcsigázott **2.** eltompult, megcsömörlött
jag [dʒæg] **I.** *n* rovátka, fog; (szabálytalan) csipkézet **II.** *vt* -gg- rovátkol, fogaz; (meg)szaggat
jagged ['dʒægɪd] *a* csipkézett, szaggatott [szél, vonal]
jaguar ['dʒægjʊə*] *n* jaguár
jail [dʒeɪl] *n/v US = gaol*
jailbird *n US = gaol-bird*
jailer ['dʒeɪlə*] *n US = gaoler*
jakes [dʒeɪks] *n* (*pl* ~) *US* árnyékszék
jalopy [dʒə'lɔpɪ; *US* -'lɑ-] *n US* □ tragacs [autóról, repgépről]
jam¹ [dʒæm] **I.** *n* **1.** gyümölcsíz, lekvár **2.** ~ *session* ⟨alkalomszerűen összegyűlő zenészek rögtönzött dzsesszmuzsikálása⟩
jam² [dʒæm] **I.** *n* **1.** tolongás, (forgalmi) torlódás **2.** beszorulás [gépalkatrészé stb.] **3.** □ kellemetlen helyzet; *be in a* ~ benne van a pácban **II.** *v* -mm- **A.** *vt* **1.** zsúfol, présel; ~ *on the brakes* hirtelen befékez **2.** beékel, megakaszt [szerkezetet, forgalmat] **3.** (össze)zúz **4.** zavar [rádióadást] **B.** *vi* akadozik, (el)akad

Jamaica [dʒə'meɪkə] *prop* Jamaica
Jamaican [dʒə'meɪkən] *a* jamaicai
jamb [dʒæm] *n* ajtófélfa, ablakfélfa, ajtódúc, ablakdúc
jamboree [dʒæmbə'ri:] *n* dzsembori
James [dʒeɪmz] *prop* Jakab
jammed [dʒæmd] → *jam² II.*
jamming ['dʒæmɪŋ] *n* zavarás [rádió-adásé] ||→ *jam² II.*
jampacked *a* zsúfolásig tele
jam-pot *n* lekvárosüveg
Jan. *January* január, jan.
Jane¹ [dʒeɪn] *prop* Janka, Zsanett
jane² [dʒeɪn] *n* □ nőcske, csaj
Janet ['dʒænɪt] *prop* Janka, Zsanett
jangle ['dʒæŋgl] I. *n* 1. csörömpölés 2. civódás, pörlekedés II. A. *vi* csörög, zörög B. *vt* csörget, zörget; ~*d nerves* idegesség
janitor ['dʒænɪtə*] *n* portás, kapus; házfelügyelő
January ['dʒænjʊərɪ; *US* -erɪ] *n* január
Jap [dʒæp] *a/n biz* japán
Japan¹ [dʒə'pæn] *prop* Japán
japan² [dʒə'pæn] *n* 1. (japáni) lakkmunka 2. (japán)lakk
Japanese [dʒæpə'ni:z] I. *a* japán(i) II. *n* 1. japán (ember) 2. japán (nyelv)
japanned [dʒə'pænd] *n* lakkozott
jar¹ [dʒɑ:*] *n* korsó, bögre; lekvárosüveg
jar² [dʒɑ:*] *v* -rr- A. *vi* 1. csikorog, nyikorog, fülsértő hangot ad; sért [*on* érzékeket stb.]; ~ *on the nerves* idegekre megy 2. ~ *against/on* csörömpöl, csörögve nekiütődik 3. rezeg, vibrál 4. veszekszik, összezördül, civódik; *colours that* ~ egymást ütő színek; ~ *with sg* élesen elüt vmtől B. *vt* 1. sért [fület] 2. meglök, megtaszít
jar³ [dʒɑ:*] *n on the* ~ félig nyitva
jargon ['dʒɑ:gən] *n* 1. zsargon, szakmai nyelv 2. értelmetlen beszéd
jarred [dʒɑ:d] →*jar²*
Jas. [dʒeɪmz] *James*
jasmine ['dʒæsmɪn] *n* jázmin
Jasper¹ ['dʒæspə*] *prop* Gáspár
jasper² [dʒæspə*] *n* jáspiskő
jaundice ['dʒɔ:ndɪs] *n* 1. sárgaság 2. irigység, kajánság
jaundiced ['dʒɔ:ndɪst] *a* 1. sárgaságban megbetegedett 2. irigy, kaján

jaunt [dʒɔ:nt] I. *n* kirándulás, séta II. *vi* kirándulást tesz
jauntiness ['dʒɔ:ntɪnɪs] *n* vidámság, könnyedség
jaunting-car ['dʒɔ:ntɪŋ-] *n* ⟨egy fajta írországi bricska⟩
jaunty ['dʒɔ:ntɪ] *a* 1. könnyed, vidám 2. hetyke
Java ['dʒɑ:və] I. *prop* Jáva II. *n*, (*US*) □ (fekete)kávé
Javanese [dʒɑ:və'ni:z; *US* dʒæ-] *a/n* jávai (ember, nyelv)
javelin ['dʒævlɪn] *n* gerely, dárda; *throwing the* ~ gerelyvetés
jaw [dʒɔ:] I. *n* 1. állkapocs 2. jaws *pl* (völgy)torkolat; tátongó nyílás 3. (befogó)pofa [féké, satué] 4. □ szövegelés, duma; *hold your* ~ fogd be a pofádat II. *vt/vi* □ pofázik, szövegel
jaw-bone *n* állkapocscsont
jaw-breaker *n* nyelvtörő (szó)
jawed [dʒɔ:d] *a* állkapcsú
jay [dʒeɪ] *n* 1. szajkó [madár] 2. fecsegő (ember)
jay-walker *n US biz* vigyázatlanul közlekedő gyalogos
jazz [dʒæz] I. *n* 1. dzsessz(zene) 2. zajos zenebona II. A. *vt* 1. dzsessz-stílusban játszik (vmt) 2. *átv* ~ *up* (fel-)élénkít, derűsebbé tesz; tarkabarkává tesz; kicsicsáz B. *vi* dzsesszt játszik
jazz-band *n* dzsesszzenekar
jazzy ['dʒæzɪ] *a biz* 1. dzsessz-szerű 2. vadul élénk; rikító
jealous ['dʒeləs] *a* 1. féltékeny (*of* vkre) 2. irigy 3. gyanakvó
jealousy ['dʒeləsɪ] *n* 1. féltékenység 2. féltékenykedés
jean [dʒi:n v. dʒeɪn] *n* sávolykötésű pamutszövet
jeans [dʒi:nz] *n pl* 1. szerelőruha, -nadrág 2. farmer(nadrág)
jeep [dʒi:p] *n US* dzsip, terepjáró gépkocsi
jeer [dʒɪə*] I. *n* gúnyolódás, sértő hang(nem) II. A. *vi* ~ *at sy* (1) kigúnyol vkt (2) lehurrog [szónokot stb.] B. *vt* kigúnyol
Jefferson ['dʒefəsn] *prop*
Jeffrey ['dʒefrɪ] *prop* = *Geoffrey*
Jehovah [dʒɪ'hoʊvə] *prop* Jehova

jejune [dʒɪ'dʒu:n] 1. unalmas, érdektelen 2. terméketlen, meddő
Jekyll ['dʒi:kɪl; *J. and Hyde:* 'dʒekɪl] *prop*
jell [dʒel] *vi biz* kocsonyásodik, megalvad; *átv* (ki)alakul
jelly ['dʒelɪ] I. *n* zselé, kocsonya II. A. *vi* (meg)kocsonyásodik B. *vt* (meg)kocsonyásít
jelly-fish *n* medúza
Jemima [dʒɪ'maɪmə] *prop* ⟨női név⟩
jemmy ['dʒemɪ] *n* (rövid) feszítővas
Jenner ['dʒenə*] *prop*
Jenny¹ ['dʒenɪ] *prop* Janka, Zsanett
jenny² ['dʒenɪ] *n* 1. nőstény (állat); ~ wren ökörszem [madár] 2. mozgókocsis fonógép
jeopardize ['dʒepədaɪz] *vt* veszélyeztet, kockáztat
jeopardy ['dʒepədɪ] *n* veszély, kockázat
jeremiad [dʒerɪ'maɪəd] *n* panaszkodás, siralmak
Jeremiah [dʒerɪ'maɪə] *prop* Jeremiás
Jeremy ['dʒerɪmɪ] *prop* Jeremiás
Jericho ['dʒerɪkoʊ] *prop* Jerikó
jerk [dʒə:k] I. *n* 1. (hirtelen) rántás, lódítás, lökés, taszítás 2. (hirtelen) rándulás, (meg)rázkódás; zökkenés 3. rángatódzás, (meg)rándulás; *physical* ~s csuklógyakorlat II. A. *vt* 1. (meg)ránt, (meg)lök, lódít, taszít 2. kilök magából [szavakat] B. *vi* ráng(atódzik)
jerkin ['dʒə:kɪn] *n* † zeke, ujjatlan mellény
jerky ['dʒə:kɪ] *a* rázkódó, döcögős; szaggatott, egyenetlen
Jerome [dʒə'roʊm] *prop* Jeromos
Jerry ['dʒerɪ] 1. ⟨*Gerald* becézett alakja⟩ 2. *biz* német (katona) 3. *biz* bili
jerry-building *n* silány építkezés
jerry-can *n* marmonkanna
jersey ['dʒə:zɪ] *n* 1. ~ (*wool*) finom gyapjúfonal 2. ujjas gyapjúmellény 3. jersey [szövet] 4. mez [sportolóé]
Jerusalem [dʒə'ru:s(ə)ləm] *prop* Jeruzsálem
Jesse ['dʒesɪ] *n* ⟨férfinév⟩
Jessie ['dʒesɪ] *n* ⟨skót női név⟩
jest [dʒest] I. *n* 1. tréfa, móka; viccelődés; *in* ~ tréfából 2. nevetség tárgya II. *vi* mókázik; gúnyol(ódik)

jester ['dʒestə*] *n* udvari bolond
jesting ['dʒestɪŋ] *a* tréfás, vicces
Jesuit ['dʒezjʊɪt; *US* -ʒʊ-] *a/n* jezsuita
Jesus ['dʒi:zəs] *n* Jézus
jet¹ [dʒet] *n* szurokszén, gagát
jet² [dʒet] I. *n* 1. (víz-/gőz-/gáz)sugár 2. fúvóka, kiáramlónyílás 3. ~ (*engine*) (gáz)sugárhajtómű; ~ *propulsion* sugárhajtás 4. ~ (*aircraft*/*plane*) sugárhajtású (repülő)gép; ~ *set* divatos üdülőhelyeket látogató gazdagok 5. gázégő II. *v* -tt- A. *vt* kilövell [sugárban] B. *vi* 1. kilövell, kiszökken [sugárban] 2. sugárhajtású (repülő-) géppel repül
jet-black *a* koromfekete
jet-propelled *a* sugárhajtású, lökhajtásos
jetsam ['dʒetsəm] *n* tengerbe dobott rakomány [hajóterhelés csökkentésére]
jettison ['dʒetɪsn] *vt* 1. (hajóból) könnyítésül kidob 2. vmtől megszabadul
jetty ['dʒetɪ] *n* móló, kikötőgát
Jew [dʒu:] *n* zsidó
Jew-baiting [-beɪtɪŋ] *n* pogrom
jewel ['dʒu:əl] I. *n* 1. ékszer; ékkő; *a* ~ *of a secretary* a titkárnők gyöngye 2. kő [órában] II. *vt* -ll- (*US* -l-) ékszerrel/ékkővel díszít
jewel(l)ed ['dʒu:əld] *a* 1. ékesített, felékszerezett 2. köves [óraszerkezet]
jeweller, *US* jeweler ['dʒu:ələ*] *n* ékszerész
jewellery ['dʒu:əlrɪ] *n* 1. ékszerek 2. ékszer(ész)bolt
jewelry ['dʒu:əlrɪ] *n US* = *jewellery*
Jewess ['dʒu:ɪs] *n* zsidónő
Jewish ['dʒu:ɪʃ] *a* zsidó(s)
Jewry ['dʒʊərɪ] *n* 1. zsidóság 2. gettó
Jew's-harp *n* doromb
Jezebel ['dʒezəbl] *n* ledér nő
jib¹ [dʒɪb] *n* 1. orrvitorla; *boom*/*standing* ~ orrvitorla; *flying* ~ külső orrvitorla; *biz the cut of his* ~ képe/külseje vknek 2. darukar, darugém
jib² [dʒɪb] *vi* -bb- 1. csökönyösködik, nyugtalankodik 2. habozik; megmakacsolja magát
jib-boom *n* ormányrúd, orrvitorlarúd
jibe [dʒaɪb] A. *vt* (ki)gúnyol, semmibe vesz B. *vi* gúnyolódik (*at* vkn)

jiff(y) ['dʒɪf(ɪ)] n biz pillanat; in a ~ egy szempillantás alatt
jig [dʒɪg] I. n 1. dzsigg [tánc]; biz the ~ is up vége a komédiának 2. rázás II. v -gg- A. vi 1. dzsiggel 2. rázkódik B. vt ráz; szitál
jigger¹ ['dʒɪgə*] n 1. dzsiggtáncos 2. rosta 3. □ bigyó 4. tatvitorla 5. tatvitorlás halászbárka
jigger² ['dʒɪgə*] n 1. homoki bolha 2. adagolópohár [italkeveréshez]
jiggered ['dʒɪgəd] vt 1. biz I'll be ~! a kutyafáját! 2. kimerült
jiggle ['dʒɪgl] vi ugrál, ingadozik, himbálódzik
jigsaw n 1. homorítófűrész, lombfűrész 2. ~ puzzle mozaikrejtvény, mozaikjáték [lombfűrésszel kivágott részekből]
Jill [dʒɪl] prop Juli, Julcsa
jilt [dʒɪlt] I. n kacér nő II. vt elhagy, dob, faképnél hagy [szerelmest]
Jim [dʒɪm] prop ⟨James férfinév becézett formája⟩; US ~ Crow néger [elítélően]
Jimmy¹ ['dʒɪmɪ] prop = Jim
jimmy² ['dʒɪmɪ] n US = jemmy
jingle ['dʒɪŋgl] I. n 1. csilingelés, csörgés 2. összecsengés [rímeké, hangzóké] II. A. vi 1. csilingel, csörög 2. rímel; alliterál B. vt csörget
jingo ['dʒɪŋgoʊ] I. n soviniszta II. int by ~! a kutyafáját/teremtésit!
jingoism ['dʒɪŋgoʊɪzm] n sovinizmus, harcias hazafiaskodás
jingoist ['dʒɪŋgoʊɪst] n soviniszta
jinks [dʒɪŋks] n pl biz high ~ (1) tivornya, kirúgás a hámból (2) vidám szórakozás, mókázás
jinnee [dʒɪ'ni:] n szellem, dzsinn
jinri(c)ksha [dʒɪn'rɪkʃə] n [japán] riksa
jinx [dʒɪŋks] n □ balszerencsét hozó dolog/személy, átok
jism ['dʒɪzm] n vulg geci
jitney ['dʒɪtnɪ] n US biz 1. † ötcentes (pénzdarab) 2. filléres autóbusz(járat), munkásjárat 3. olcsó áru
jitters ['dʒɪtəz] n pl US biz cidrizés, trémázás; have the ~ be van gyulladva, frásza van
jittery ['dʒɪtərɪ] a US biz ideges, ijedős; izgulós

jiu-jitsu [dʒju:'dʒɪtsu:] n dzsiu-dzsicu, cselgáncs
Joan [dʒoʊn] prop Johanna, janka
job¹ [dʒɔb; US -a-] I. n 1. munka, dolog, tennivaló; biz be on the ~ dolgozik, el van foglalva; by the ~ darabszámra; make a ~ of it jól megcsinál vmt, jó munkát végez; I had a ~ to do it nehéz munka volt; it is a good ~ that szerencse, hogy 2. biz állás, foglalkozás; be out of ~ nincs állása/munkája II. v -bb- A. vt 1. akkordba/órabérbe vállal [munkát] 2. akkordba/órabérbe kiad [munkát] 3. ~ sy into a post állást szerez vknek B. vi 1. alkalmi munkákat végez 2. spekulál [tőzsdén] 3. üzérkedik
Job² [dʒoʊb] prop Jób
jobber ['dʒɔbə*; US -a-] n 1. tőzsdeügynök 2. darabbérben dolgozó munkás
jobless ['dʒɔblɪs; US -a-] a/n munkanélküli
job-lot n vegyes árutétel
job-printer n akcidensszedő, -nyomda
job-work n akkordmunka, darabmunka
Jock [dʒɔk] prop
jockey ['dʒɔkɪ; US -a-] I. n zsoké, lovas II. vt/vi 1. csal 2. átv helyezkedik; ~ for sg vm megszerzésén mesterkedik
jockstrap n szuszpenzor
jocose [dʒə'koʊs] a vidám, tréfás
jocosity [dʒə'kɔsətɪ; US -'ka-] n vidámság, tréfa, tréfás kedv
jocular ['dʒɔkjʊlə*; US -ak-] a vidám, víg, tréfás
jocularity [dʒɔkjʊ'lærətɪ; US -ak-] n vidámság, tréfa, tréfás kedv
jocund ['dʒɔkənd; US -a-] a vidám, jókedvű, derűs
jodhpurs ['dʒɔdpəz; US -a-] n pl lovaglónadrág
Joe [dʒoʊ] prop Józsi, Jóska
jog [dʒɔg; US -a-] I. n 1. lökés, rázás 2. lassú séta/ügetés; kocogás II. v -gg- A. vt 1. meglök, megtaszít; ~ sy's memory felfrissíti vk emlékezetét 2. felráz, összezötyköl B. vi 1. elmegy, továbbmegy; we must be ~ging along/on tovább kell ballagnunk 2. kocog
joggle¹ ['dʒɔgl; US -a-] vt könnyedén (meg)ráz

joggle² ['dʒɔgl; US -a-] I. n csapolás, illesztés II. vt összecsapol
jog-trot n 1. lassú ügetés 2. monoton munka(menet)
John¹ [dʒɔn; US -a-] prop János; ~ Bull (1) az angolok (mint nemzet) (2) tipikus angol (ember)
john² [dʒɔn; US -a-] n US biz árnyékszék, vécé
Johnny ['dʒɔnɪ; US -a-] I. prop Jancsi II. n biz j~ fickó, krapek
Johnson ['dʒɔnsn; US -a-] prop
join [dʒɔɪn] I. n illesztés(i pont) II. A. vt 1. (össze)kapcsol; (össze)illeszt; egyesít, egybeköt 2. csatlakozik vmhez/vkhez; belép [klubba, pártba stb.]; ~ the colours felcsap katonának 3. beletorkollik; találkozik [ösvény úttal] B. vi (össze)kapcsolódik, csatlakozik; összeforr
join in vi részt vesz (vmben); csatlakozik [társasághoz]
join together vt összerak; egyesít
join up A. vt (össze)illeszt; összeköt B. vi biz katonának megy
join with vi összefog, egyesül [in vm elvégzésére]
joiner ['dʒɔɪnə*] n asztalos
joinery ['dʒɔɪnərɪ] n 1. asztalosmunka 2. asztalosmesterség
joint [dʒɔɪnt] I. a közös, együttes; társ-; ~ account közös számla; ~ and several egyetemleges II. n 1. csukló, ereszték 2. ízület; out of ~ kificamodott [végtag] 3. (roast) ~ egybesült hús, pécsenye; ~ of beef bélszín [nyers állapotban] 4. □ lebuj 5. □ kábítószeres/marihuánás cigaretta III. vt 1. összeköt, összeilleszt [csöveket stb.] 2. felvág; ízekre bont
jointed ['dʒɔɪntɪd] a csuklós
jointly ['dʒɔɪntlɪ] adv együttesen, egyetemlegesen [felelős stb.]
joint-stock company részvénytársaság
jointure ['dʒɔɪntʃə*] n özvegyi eltartás
joist [dʒɔɪst] n (födém)gerenda
joke [dʒoʊk] I. n tréfa, móka; no ~! tréfán kívül; the ~ was on him az ő kárára mulattak; crack a ~ tréfálkozik, megereszt egy viccet; make a ~ of/about sg tréfának vesz vmt II. vi

tréfál, mókázik; joking apart tréfán kívül
joker ['dʒoʊkə*] n 1. mókás ember 2. dzsóker [kártya] 3. □ pasas
jollification [dʒɔlɪfɪ'keɪʃn; US -al-] n vigalom, mulatozás
jollity ['dʒɔlətɪ; US -al-] n vidámság, móka
jolly¹ ['dʒɔlɪ; US -a-] I. a 1. vidám, jókedvű; J~ Roger kalózlobogó 2. spicces 3. biz kedves, rendes II. adv GB biz nagyon; ~ good nagyon jó, ragyogó; ~ well (1) igen, nagyon (2) bizony; it serves him ~ well right úgy kellett!, megérdemelte!
jolly², jolly-boat ['dʒɔlɪ(-); US -a-] n [hajóhoz tartozó] kis csónak
jolt [dʒoʊlt] I. n zökkenés, lökés II. A. vt zökkent; lökdös B. vi zökken, döcög
jolt-head n buta ember
Jonah ['dʒoʊnə] prop 1. Jónás 2. bajt hozó ember
Jonathan ['dʒɔnəθ(ə)n; US -a-] n 1. Jonatán 2. jonatánalma 3. GB biz Brother ~ amerikai ember
Jones [dʒoʊnz] prop
Jonson ['dʒɔnsn; US -a-] prop
Jordan ['dʒɔ:dn] prop 1. Jordánia 2. Jordán [folyó]
Joseph ['dʒoʊzɪf] prop József
Josephine ['dʒoʊzɪfi:n] prop Jozefina, Jozefa, Józsa
Josephus [dʒoʊ'si:fəs] prop József
Joshua ['dʒɔʃwə; US -a-] prop Jósua, Józsué
Josiah [dʒə'saɪə] prop Józiás
josser ['dʒɔsə*; US -a-] n GB □ pasas, pofa
joss-stick ['dʒɔs-;US -a-] n füstölő rudacska
jostle ['dʒɔsl; US -a-] A. vt tol, lök(dös) B. vi 1. tolakodik, lökdösődik 2. öszszeütközik
jot [dʒɔt; US -a-] I. n jottányi; not a ~ semmi(t) sem II. vt -tt- firkál, jegyez; ~ down lefirkant, lejegyez
jottings ['dʒɔtɪŋz; US -a-] n pl jegyzet(ek), feljegyzés(ek)
joule [dʒu:l] n joule [egység fizikában]
journal ['dʒə:nl] n 1. napló 2. folyóirat; (napi)lap

journalese [dʒə:nə'li:z] *n* újságíróstílus
journalism ['dʒə:nəlizm] *n* újságírás
journalist ['dʒə:nəlist] *n* újságíró
journalistic [dʒə:nə'listik] *a* újságírói;
hírlapi
journey ['dʒə:ni] I. *n* utazás, út II. *vi*
utazik
journeyman ['dʒə:nimən] *n* (*pl* -men
-mən) 1. iparossegéd 2. napszámos
joust [dʒaʊst] I. *n* lovagi torna, bajvívás
II. *vi* lovagi tornán vesz részt
Jove [dʒoʊv] *prop* Jupiter; *GB by ~!* a
kutyafáját!
jovial ['dʒoʊvjəl] *a* kedélyes, vidám, jo-
viális
joviality [dʒoʊvi'æləti] *n* kedélyesség,
vidámság
jowl [dʒaʊl] *n* 1. (alsó) állkapocs 2. or-
ca, pofa
joy [dʒɔi] *n* öröm, vidámság
joyful ['dʒɔifʊl] *a* örömteli, vidám;
örvendetes
joyless ['dʒɔilis] *a* szomorú, örömtelen
joyous ['dʒɔiəs] *a* vidám, örömteli
joy-ride *n biz* sétakocsikázás [lopott ko-
csival]
joy-stick *n biz* botkormány
J.P., JP [dʒei'pi:] *Justice of the Peace*
békebíró
Jr. *junior* ifjabb, ifj.
jubilant ['dʒu:bilənt] *a* örvendező, ujjon-
gó
jubilate ['dʒu:bileit] *vi* örvendezik, uj-
jong
jubilation [dʒu:bi'leiʃn] *n* örvendezés;
mulatozás
jubilee ['dʒu:bili:] *n* évforduló, jubi-
leum; *silver ~* huszonöt éves évfordu-
ló; *golden ~* ötvenéves évforduló;
diamond ~ hatvanéves évforduló
Judas ['dʒu:dəs] *n* 1. Júdás 2. *j~* áruló
Jude [dʒu:d] *prop*
judge [dʒʌdʒ] I. *n* 1. bíró 2. szakértő
II. A. *vt* 1. (el)ítél, ítéletet mond [ügy-
ben] 2. felbecsül, ítél, gondol; véle-
ményt alkot B. *vi* 1. ítélkezik 2. kö-
vetkeztet (*by sg* vmből); *~ for your-
self* győződjék meg saját maga
judg(e)ment ['dʒʌdʒmənt] *n* 1. ítélet,
döntés; *~ day* ítéletnap, végítélet;
pass ~ ítéletet mond; *sit in ~ on sy*

vk fölött ítélkezik 2. ítélőképesség,
judícium 3. vélemény, nézet, megíté-
lés; *in my ~* véleményem szerint
judicature ['dʒu:dikətʃə*] *n* 1. igazság-
szolgáltatás; *court of ~* bíróság, tör-
vényszék 2. bírói testület
judicial [dʒu:'diʃl] *a* 1. bírósági, bírói 2.
jó ítélőképességű 3. pártatlan
judiciary [dʒu:'diʃiəri; *US* -eri] I. *a* bí-
rói, jogi II. *n* bíróság; bírói testület
judicious [dʒu:'diʃəs] *a* józan eszű/íté-
letű, megfontolt, judíciummal rendel-
kező
judo ['dʒu:doʊ] *n* cselgáncs
Judy ['dʒu:di] *prop* Jutka, Juditka
jug [dʒʌg] I. *n* 1. kancsó, korsó 2. □
börtön II. *vt* -gg- 1. párol [húst] 2. □
bedutyiz, bekasztliz
juggernaut ['dʒʌgənɔ:t] *n* 1. könyörte-
len pusztító erő 2. *biz* kamion
juggle ['dʒʌgl] A. *vi* szemfényvesztést
űz, bűvészkedik (*with* vmvel) B. *vt*
manipulál [számokat stb.], kicsal,
kiügyeskedik (*sg out of sy* vktől vmt)
juggler ['dʒʌglə*] *n* 1. bűvész; zsonglőr
2. csaló, kalandor
jugglery ['dʒʌgləri] *n* szemfényvesztés;
bűvészkedés
Jugoslav [ju:goʊ'sla:v] *a/n* jugoszláv
Jugoslavia [ju:goʊ'sla:vjə] *prop* Jugo-
szlávia
jugular ['dʒʌgjʊlə*] *a* nyaki, torok-
juice [dʒu:s] *n* 1. lé; nedv; gyümölcslé
2. *biz* (villany)áram, ,,szaft" 3. □ ben-
zin
juiciness ['dʒu:sinis] *n* lédússág, leves-
ség
juicy ['dʒu:si] 1. lédús, leves 2. *biz* ér-
dekes, pikáns
ju-jitsu [dʒu:'dʒitsu:] *n* = *jiu-jitsu*
ju-ju ['dʒu:dʒu:] *n* 1. amulett, fetis;
zsuzsu 2. tabu, tiltó varázslat
jujube ['dʒu:dʒu:b] *n* gumicukorka
juke-box ['dʒu:k-] *n* wurlitzer
Jul. *July* július, júl.
julep ['dʒu:lep] *n* 1. szirup(os orvosság)
2. szirupos/fodormentás üdítő ital
Julia ['dʒu:ljə] *prop* Júlia
Julian ['dʒu:ljən] I. *a* Julius Caesar-féle;
Julianus-; *~ calender* Julián-naptár
II. *prop* Gyula

Juliet ['dʒuːljət] *prop* Júlia
Julius ['dʒuːljəs] *prop* 1. Gyula 2. ~ *Caesar* ['siːzə*]
July [dʒuːˈlaɪ] *n* július
jumble ['dʒʌmbl] I. *n* zagyvalék, összevisszaság II. A. *vt* ~ (*up*) összezagyvál, -kever B. *vi* összekeveredik, -kuszálódik
jumble-sale *n* használt tárgyak vására/boltja [jótékony célra]
jumbo ['dʒʌmboʊ] *a* óriás(i méretű); *biz* ~ *jet* óriás-jet, óriásgép
jump [dʒʌmp] I. *n* 1. ugrás; ~ *in prices* hirtelen áremelkedés 2. felpattanás; megriadás; *that gave me a* ~ erre hirtelen összerezzentem; *biz have the* ~*s* idegesen mocorog, töri a frász 3. ugróakadály, ugrató II. A. *vt* átugrik (vmt, vmm); ~ *the gun* (1) jeladás előtt rajtol (2) *átv* elhamarkodja a dolgot; *biz* ~ *a claim* más bányakutatási jogát bitorolja; ~ *the rail/tracks* kisiklik [vonat] B. *vi* 1. ugrik; ~ *clear* félreugrik 2. felugrik; *her heart* ~*ed* szíve repesett [örömében]
  jump at *vi* két kézzel kap vmn
  jump for *vi* ~ *f. joy* örömében majd kiugrik a bőréből
  jump out *vi* ~ *o. of the skin* halálra rémül
  jump to *vi* ~ *to a conclusion* (túl gyorsan) levonja a következtetést
  jump upon *vi* megrohan, lehord
jumper ['dʒʌmpə*] *n* 1. ugró 2. tengerészzubbony, matrózblúz; *GB* (női kötött) blúz, dzsömper 3. *US* kötényruha
jumpiness ['dʒʌmpɪnɪs] *n* idegesség, izgatottság
jumping-off ['dʒʌmpɪŋ-] *a* ~ *place* (1) kiindulópont (2) *US biz* isten háta mögötti hely
jumping-pole ['dʒʌmpɪŋ-] *n* ugrórúd
jumpy ['dʒʌmpɪ] *a* ideges, izgatott; izgulékony
Jun. 1. *June* június, jún. 2. *Junior* = *Jr.*
junction ['dʒʌŋkʃn] *n* 1. összekapcsolás, -illesztés 2. útkeresztezés; csomópont; (vasúti) elágazás
juncture ['dʒʌŋktʃə*] *n* 1. egyesülés (helye); ereszték, csukló 2. összetalálkozás, egybeesés 3. fordulat, helyzet,

krízis; *at this* ~ ebben a (kritikus) helyzetben, a dolgok ilyen állása mellett
June [dʒuːn] *n* június
jungle ['dʒʌŋgl] *n* dzsungel, őserdő; ~ *fever* mocsárláz, malária; ~ *gym* mászóka [játszótéren]
junior ['dʒuːnjə*] *a/n* 1. ifjabb, fiatalabb; fiatal, ifjú; ifjúsági; *he is my* ~ *by two years* két évvel fiatalabb nálam; ~ *event* ifjúsági versenyszám 2. alacsonyabb beosztású; kezdő; ~ *clerk* fiatal/kezdő tisztviselő/alkalmazott [vállalaté, üzemé], gyakornok 3. *US* harmadéves (hallgató) [főiskolán]
juniper ['dʒuːnɪpə*] *n* boróka
Junius ['dʒuːnjəs] *prop*
junk[1] [dʒʌŋk] *n* 1. limlom, hulladék, ócskaság 2. □ heroin
junk[2] [dʒʌŋk] *n* kínai vitorlás(hajó), dzsunka
junket ['dʒʌŋkɪt] I. *n* 1. kb. gyümölcsjoghurt 2. *US* társas kirándulás 3. *US* szórakozás államköltségen II. *vi* mulat, szórakozik
junkie ['dʒʌŋkɪ] *n* □ kábítószerélvező, narkós
junkman ['dʒʌŋkmən] *n* (*pl* -men -mən) ócskás, ószeres
junky ['dʒʌŋkɪ] *n* = *junkie*
junta ['dʒʌntə] *n* junta
Jupiter ['dʒuːpɪtə*] *prop*
juridical [dʒʊəˈrɪdɪkl] *a* bírói, törvénykezési, törvényes [forma, eljárás]; ~ *days* törvénykezési napok
jurisdiction [dʒʊərɪsˈdɪkʃn] *n* 1. törvénykezés, igazságszolgáltatás 2. hatáskör, illetékesség
jurisprudence [dʒʊərɪsˈpruːd(ə)ns] *n* jogtudomány
jurist ['dʒʊərɪst] *n* jogász, jogtudós
juror ['dʒʊərə*] *n* [esküdtszéki] esküdt
jury ['dʒʊərɪ] *n* 1. esküdtszék 2. versenybíróság, zsüri
jury-box *n* esküdtek padja
juryman ['dʒʊərɪmən] *n* (*pl* -men -mən) esküdt(széki tag)
just [dʒʌst] I. *a* 1. igazságos, jogos 2. igaz, becsületes [ember]; *sleep the sleep of the* ~ az igazak álmát alussza 3. ésszerű II. *adv* 1. épp(en), egészen,

pont(osan); *not ready* ~ *yet* még
nincs készen, azonnal kész lesz; ~ *the
same* (1) ugyanaz (2) mindegy; ~ *now*
(1) éppen most (2) pár perce; ~ *so*
pontosan így; *it's* ~ *about it* körül-
belül így van; ~ *as you please* ahogy
parancsolja; ~ *sit down, please* tes-
sék csak helyet foglalni 2. csaknem,
majdnem, alig 3. éppen most, nem
régen; ~ *out* éppen most jelent meg
[könyv]
justice ['dʒʌstɪs] *n* 1. igazság, igazsá-
gosság, pártatlanság, méltányosság;
in ~ *to sy* igazság szerint, hogy igazsá-
gosak legyünk, ha méltányosak aka-
runk lenni vkvel szemben; *administer*
~ igazságot szolgáltat; *bring to* ~ bíró-
ság elé állít; *do* ~ *to sg* eleget tesz
vmnek; *do* ~ *to sy* igazságot szolgál-
tat vknek 2. (törvényszéki) bíró; *GB*
~ *of the peace* békebíró; *the Chief J*~
a legfelsőbb bíróság elnöke; *Lord Chief
J*~ ⟨legmagasabb angol bírói méltó-
ság⟩, kb. lordfőbíró
justiciary [dʒʌ'stɪʃɪərɪ; *US* -erɪ] I. *a*
bíráskodó II. *n Court of J*~ legfelsőbb
büntetőtörvényszék [Skóciában]

justifiable ['dʒʌstɪfaɪəbl] *a* igazolható,
indokolható; jogos
justification [dʒʌstɪfɪ'keɪʃn] *n* 1. meg-
okolás, indokolás, igazolás; mentség 2.
(nyomdai) sorkizárás
justificatory ['dʒʌstɪfɪkeɪtərɪ] *a* igazoló,
bizonyító; mentő [tanúvallomás]
justify ['dʒʌstɪfaɪ] *vt* 1. igazol; indokol;
megokol, véd [magatartást stb.] 2.
felold(oz), felment 3. kizár [sortnyom-
dában]; egyenget [betűket]
justness ['dʒʌstnɪs] *n* 1. vmnek igaz(sá-
gos) volta 2. helyesség, jogosság
jut [dʒʌt] *vi* -tt- ~ (*out*) kiáll, kiugrik,
kiszögellik
jute¹ [dʒuːt] *n* juta
Jute² [dʒuːt] *n/a* jüt (nép)
juvenile ['dʒuːvənaɪl; *US* -nəl] I. ifjú-
sági, fiatalkori, fiatal(os); ~ *offender*
quency fiatalkori bűnözés; ~ *offender*
fiatalkorú bűnöző II. *n* ifjú
juvenilia [dʒuːvɪ'niːljə] *n pl* ifjúkori írá-
sok/írásművek, zsengék
juxtapose [dʒʌkstə'pouz] *vt* egymás
mellé helyez
juxtaposition [dʒʌkstəpə'zɪʃn] *n* 1. egy-
más mellé helyezés 2. határosság

K

K, k [keɪ] n K, k (betű)
Kaffir ['kæfə*] a/n 1. kaffer 2. (színes
  bőrű) afrikai [megvetően]
kail [keɪl] n = kale
kailyard n sk konyhakert
kale [keɪl] n 1. kel(káposzta); curly ~
  fodorkel 2. US □ pénz, dohány
kaleidoscope [kə'laɪdəskoʊp]n kaleidosz-
  kóp
kaleidoscopic [kəlaɪdə'skɔpɪk; US -ɑp-]
  a gyorsan változó, tarkabarka
Kampuchea [kæm'puːtʃɪə] prop Kam-
  bodzsa
Kampuchean [kæm'puːtʃɪən] a/n kam-
  bodzsai
kangaroo [kæŋgə'ruː] n kenguru
Kans. Kansas
Kansan ['kænzən] a/n kansasi
Kansas ['kænzəs] prop
karat ['kærət] n karát
Kashmir [kæʃ'mɪə*] prop Kasmír
Kate [keɪt] prop Kata, Kati
Katharine ['kæθ(ə)rɪn] prop Katalin
Kathleen ['kæθliːn] prop Katalin [irül]
Katie ['keɪtɪ] prop Kata, Kati
Katrine ['kætrɪn] prop sk Katalin
kayak ['kaɪæk] n kajak
kayo ['keɪoʊ] n biz kiütés [bokszkban]
K.B., KB [keɪ'biː] King's Bench →bench
K.C. [keɪ'siː] King's Counsel →counsel
Keats [kiːts] prop
keck [kek] vi öklendezik
keel [kiːl] I. n (hajó)gerinc; tőkesúly;
  lay down a ~ hajót kezd építeni; on an
  even ~ nyugodtan, egyenletesen II. A.
  vt oldalára fektet/fordít [hajót] B. vi
  ~ over felborul [hajó]
keelboat n US ⟨folyami lapos fedett te-
  herszállító bárka⟩

keelson ['kelsn] n (belső) gerinc [hajóé]
keen [kiːn] a 1. éles (átv is), metsző,
  hegyes, szúró, csípős 2. buzgó, lelkes;
  be ~ on sg (1) nagyon szeretne . . . (v.
  szeretné ha . . .), azon van, hogy . . .
  (2) lelkesedik (v. él-hal) vmért; be ~
  on sy (nagyon) szeret/kedvel vkt 3.
  élénk, heves, intenzív
keen-edged a metsző élű, éles
keenness ['kiːnnɪs] n 1. élesség 2. heves
  vágy, hevesség
keen-sighted a éles szemű/látású
keen-witted a éles elméjű
keep [kiːp] I. n 1. eltartás, létfenntar-
  táshoz szükséges élelem; earn one's ~
  a létfenntartáshoz szükségeset megke-
  resi, megkeresi a rezsijét 2. biz for ~s
  örökbe, örökre 3. vártorony II. v
  (pt/pp kept kept) A. vt 1. (meg)tart;
  ~ it to yourself (1) tartsa meg magá-
  nak! (2) köztünk maradjon!; don't
  let me ~ you nem akarom feltartani
  önt 2. őriz; ~ one's bed ágyban marad
  [beteg]; ~ the goal (ő a) kapus, véd
  [futballban] 3. ápol, gondoz 4. vezet
  [könyvet, háztartást] 5. megtart [tör-
  vényt, ünnepet stb.], teljesít [ígére-
  tet] 6. eltart [családot] 7. tart [rak-
  táron] B. vi 1. tartózkodik; marad;
  van; ~ quiet csendben/nyugton van/
  marad, hallgat; be ~ing well jól van 2.
  ⟨~ +-ing végű igei alak = vmt foly-
  ton/folyamatosan tesz⟩; ~ going foly-
  tat(ódik), tovább csinál; nem hagy-
  ja/marad abba; ~ smiling mindig mo-
  solyog(j) 3. eláll, nem romlik meg
  [ennivaló]; butter that will ~ tartós(i-
  tott) vaj 4. (vmerre) tart, halad; ~
  left balra tart/hajt

keep at A. *vt* ~ *sy at it* rászorít vkt (vmre) **B.** *vi* vmnél marad, vmt folytat; ~ *at it* megállás nélkül csinál, nem hagy abba (vmt)
keep away A. *vt* távol tart **B.** *vi* távol marad
keep back A. *vt* **1.** távol tart; viszszatart **2.** elhallgat (vmt) **B.** *vi* távol marad, háttérben marad
keep down *vt* **1.** hatalmában tart, elnyom **2.** lefog **3.** leszorít [mennyiséget, árakat]
keep from A. *vt* **1.** visszatart (vmtől), (meg)akadályoz (vmben vkt) **2.** eltitkol, elhallgat (vmt vk elől) **B.** *vi* tartózkodik vmtől; *I couldn't* ~ *f. laughing* nem álltam meg nevetés nélkül
keep in A. *vt* **1.** benn tart, visszatart vhol; bezár [gyereket iskolában] **2.** fékez **3.** ~ *the fire in* nem hagyja kialudni a tüzet **B.** *vi* **1.** ~ *in with sy* jó viszonyban marad vkvel **2.** *the fire* ~*s in* a tűz nem alszik ki
keep off A. *vt* távol tart; elhárít **B.** *vi* **1.** távol marad; félrehúzódik (vk); elhúzódik [eső]; ~ *o. the grass!* fűre lépni tilos! **2.** elkerül [témát]
keep on A. *vt* **1.** magán tart, nem vet le [ruhaneműt] **2.** megtart [alkalmazottat] **B.** *vi* **1.** folytat (vmt); ~ *on doing sg* tovább csinál vmt; *it kept on raining* tovább esett **2.** továbbhalad, folytatja útját
keep out A. *vt* kizár; távol tart; nem enged be **B.** *vi* távol marad, kinn marad
keep to *vi* **1.** ragaszkodik (vmhez), tartja magát (vmhez); nem tér el [tárgytól] **2.** ~ *(oneself) to oneself* nem érintkezik senkivel **3.** ~ *to the left* balra tart(s)/hajt(s)
keep together A. *vt* együtt tart **B.** *vi* együtt marad
keep under *vt* féken tart, megfékez, elfojt; elnyom
keep up A. *vt* **1.** fenntart; ~ *up your courage* fel a fejjel! **2.** nem hagy (este) lefeküdni **3.** folytat; ~ *it up!* csak így tovább! **B.** *vi* **1.** fennmarad, nem fekszik le (este) **2.** ~ *up with sy* lépést

tart vkvel, nem akar elmaradni másoktól
keeper ['ki:pə*] *n* **1.** őr, őrző, felügyelő **2.** tartós holmi, nem romlandó dolog
keeping ['ki:pɪŋ] *n* **1.** tartás, élelmezés, táplálás **2.** őrzés **3.** *be in* ~ *with sg* összhangban van vmvel
keepsake ['ki:pseɪk] *n* emlék(tárgy)
keg [keg] *n* kis hordó [5—10 gallonos]
Keith [ki:θ] *prop* ⟨skót férfinév⟩
kelp [kelp] *n* tengeri moszat/hínár
Kelvin ['kelvɪn] *prop*
ken [ken] I. *n* látókör, látóhatár; ismeretkör II. *vt sk* ismer, tud, lát
Kenilworth ['ken(ə)lwə:θ] *prop*
Kennedy ['kenədɪ] *prop*
kennel ['kenl] *n* **1.** kutyaól **2.** (kutya-) falka; kutyatenyészet **3.** viskó
Kenneth ['kenɪθ] *prop* ⟨férfinév⟩
Kensington ['kenzɪŋtən] *prop*
Kent [kent] *prop*
Kentucky [ken'tʌkɪ] *prop*
Kenya ['kenjə v. 'ki:n-] *prop* Kenya
Kenyan ['kenjən v. 'ki:n-] *a/n* kenyai
kept [kept] *a* ~ *woman* kitartott nő ‖→*keep II.*
keratitis [kerə'taɪtɪs] *n* szaruhártya--gyulladás
kerb [kə:b] *n* járdaszegély
kerbstone *n* járdaszegély(kő)
kerchief ['kə:tʃɪf] *n* kendő, fejkendő
kernel ['kə:nl] *n* **1.** belső rész, bél [csonthéjasé] **2.** mag **3.** lényeg, magva/veleje vmnek
kerosene ['kerəsi:n] *n US* petróleum, kerozin
kestrel ['kestr(ə)l] *n* vörös vércse
ketch [ketʃ] *n* ⟨kis kétárbocos vitorláshajó⟩
ketchup ['ketʃəp] *n* ketchup ⟨asztali ételízesítő⟩
kettle ['ketl] *n* **1.** üst, katlan; *a pretty* ~ *of fish* szép kis ügy/história **2.** (teavízforraló) kanna
kettledrum *n* üstdob
Kew [kju:] *prop*
key[1] [ki:] I. *n* **1.** kulcs; ~ *cutting* kulcskészítés, -másolás; ~ *industry* kulcsipar; ~ *man* kulcspozícióban levő ember; kulcsember; ~ *position* kulcspozíció **2.** *átv the* ~ *to sg* vmnek a nyit-

ja/kulcsa 3. megoldás(ok), kulcs [nyelv-
könyvben stb.] 4. jelmagyarázat 5.
billentyű 6. kapocs; pecek; csap [fá-
ban] 7. hangnem; kulcs; *out of* ~ *with*
sg nincs összhangban vmvel; *off* ~ ha-
misan (énekel); *touch the right* ~ he-
lyes hangot üt meg II. *vt* 1. ~ *(up)*
(fel)hangol [hangszert] 2. ~ *up* feliz-
gat, felajz, felcsigáz; *he is* ~*ed up* izga-
tott 3. kulccsal bezár 4. rögzít, kiékel
5. *átv* rögzít *(to* vmhez), (vmvel) kap-
csolatba hoz (vmt)
key² [ki:] *n* korallsziget
keyboard *n* 1. billentyűzet, klaviatúra 2.
kulcstábla
keyhole *n* kulcslyuk
keyless ['ki:lıs] *a* nem kulcsra járó
key-money *n GB* lelépés(i díj) [lakásért]
Keynes [keınz] *prop*
keynote *n* 1. (*átv is*) alaphang, hang-
nem; ~ *speech* kb. vitaindító előadás
2. alapeszme, -elgondolás
key-ring *n* kulcskarika
keystone *n* 1. zárókő 2. *átv* talpkő,
alappillér
key-word *n* kulcsszó
K.G., KG [keı'dʒi:] *Knight of the (Order
of the) Garter* →*garter*
kg *kilogram(s)* kilogramm, kg
khaki ['kɑ:kı; *US* -æ- v. -ɑ:-] I. *a* khakiszí-
nű II. *n* 1. khaki(szövet) 2. katonaruha
khan [kɑ:n] *n* kán [keleti népeknél]
Khyber ['kaıbə*] *prop*
kibosh ['kaıbɔʃ; *US* -aʃ] *n* □ *put the* ~
on sg (1) véget vet vmnek (2) kikészít,
fejbe ver
kick [kık] I. *n* 1. rúgás; *biz get the* ~
kirúgják [állásából] 2. lökés, rúgás
[puskáé stb.] 3. erő, energia, ellen-
állás (vkben); erő [italban] 4. *biz get
a* ~ *out of sg* élvezetet talál vmben; *do
sg for* ~*s* csak heccből tesz vmt II. A.
vt 1. (meg)rúg; *biz* ~ *sy upstairs* fel-
felé buktat vkt 2. *US* kritizál B. *vi*
1. rúg, rugdalódzik, rúgkapál 2. (visz-
sza)rúg, üt [puska stb.]
      kick against *vi* kapálódzik/rugda-
lódzik vm ellen
      kick back *vt/vi* visszarúg, visszaüt
      kick off A. *vt* lerúg [cipőt] B. *vi*
kezd(őrúgást tesz) [futballban]

      kick over *vt* felrúg (vmt)
      kick up *vt* felrúg [levegőbe]; felver
[port]
kickback *n* 1. visszarúgás 2. hátulütő 3.
US □ sáp, jutalék
kicking ['kıkıŋ] I. *a* rúgó; *alive and* ~
nagyon is eleven II. *n* (vissza)rúgás
[puskáé]
kickoff *n* kezdőrúgás [futballban]
kickshaw *n* 1. fantasztikus holmi 2. kü-
lönleges/furcsa étel
kick-start(er) *n* berúgó [motoron]
kid¹ [kıd] *n* 1. gödölye 2. kecskebőr; ~
gloves glaszékesztyű 3. *biz* kölyök, srác
kid² [kıd] *vt* -dd- ugrat, heccel, húz
(vkt); *no* ~*ing!* nem viccelek!; vicc
nélkül!
kiddy ['kıdı] *n* gyerek, kölyök
kidnap ['kıdnæp] *vt* -pp- (*US* -p-) elrabol
[gyermeket, embert]; elhurcol
kidnap(p)er ['kıdnæpə*] *n* gyermek-
rabló, emberrabló
kidney ['kıdnı] *n* vese; ~ *machine* mű-
vese; *biz people of the same* ~ hason-
szőrű emberek
kidney-bean *n* veteménybab; spanyolbab
kidney-potato *n* kiflikrumpli
kike [kaık] *n US* □ zsidó [megvető ér-
telemben]
Kilimanjaro [kılımən'dʒɑ:roʊ] *prop* Kili-
mandzsáró
kill [kıl] I. *n* 1. elejtés [vadé] 2. elejtett
vad II. *vt* 1. (meg)öl, (meg)gyilkol; *be
~ed* életét veszti [balesetben]; elesik
[háborúban]; ~ *with kindness* kedves-
kedéssel agyonhalmoz; ~ *off* kiirt, el-
pusztít; ~ *time* agyonüti az időt 2.
megbuktat, leszavaz [törvényjavasla-
tot] 3. hatástalanít; (agyon)üt [szín
másik színt]; semlegesít
killer ['kılə*] *n* 1. gyilkos 2. vágó(le-
gény)
killing ['kılıŋ] I. *a* 1. gyilkos, ölő 2. *biz*
elbűvölő, elragadó 3. *US biz* halá-
los(an mulatságos/nevetséges) II. *n* ölés,
gyilkolás; *biz he made a* ~ jól beütött
neki
kill-joy *n* ünneprontó
kiln [kıln] *n* égetőkemence, szárítóke-
mence
kilo ['ki:loʊ] *n biz* kiló

kilo- ['kɪlə-] kilo-
kilocycle ['kɪləsaɪkl] n kilociklus
kilogramme ['kɪləgræm] n kilogramm
kilometre, US -meter ['kɪləmi:tə*] n
kilométer
kilowatt ['kɪləwɔt] n kilowatt
kilt [kɪlt] n skót szoknya [férfié]
kilted ['kɪltɪd] a skótszoknyás; ~ regi-
ment skót gyalogezred [szoknyában]
kimono [kɪ'moʊnoʊ; US -nə] n kimonó
kin [kɪn] a/n rokon(ság); no ~ to me nem
rokonom; near ~ közeli rokon; next of
~ legközelebbi hozzátartozó
kind [kaɪnd] I. a kedves, szíves; very ~
of you igen kedves öntől; give him my
~ regards adja át neki szívélyes üdvöz-
letemet, szeretettel üdvözlöm; be so ~
as to legyen olyan szíves... II. n 1.
faj(ta), válfaj; all ~s of, of all ~s sok-
féle, mindenféle; what ~ of miféle,
milyen; nothing of the ~ semmi ilyes-
féle; sg of the ~ ilyesmi; of a ~ vala-
miféle, afféle, vm ... féle; he felt a ~
of compunction bizonyos fokú lelkiis-
meretfurdalást érzett; biz ~ of (olyas-)
valahogy; I ~ of expected it mintha
megéreztem volna 2. in ~ természet-
ben(i) 3. jelleg; in both ~s két szín
alatt [úrvacsorázik]
kindergarten ['kɪndəgɑ:tn] n óvoda
kind-hearted a jószívű, jólelkű
kindle ['kɪndl] A. vt 1. meggyújt 2. (fel-)
gerjeszt, fellelkesít; felkelt [érdeklő-
dést] B. vi 1. meggyullad, fellángol 2.
átv fellelkesedik, fellángol; her eyes ~d
felcsillant a szeme
kindliness ['kaɪndlɪnɪs] n jóság, kedves-
ség, jóindulat, szívesség; do a ~ to sy
szívességet tesz vknek
kindling ['kɪndlɪŋ] n 1. meggyújtás 2.
meggyulladás, fellángolás 3. (pl ~)
gyújtós, aprófa
kindly ['kaɪndlɪ] I. a kedves, barátságos,
jóindulatú II. adv 1. kedvesen, szívé-
lyesen; please will you ~ tell me the
time legyen olyan szíves megmondani
hány óra van
kindness ['kaɪndnɪs] n 1. kedvesség 2.
szívesség
kindred ['kɪndrɪd] I. a rokon II. n 1.
rokonság 2. rokon jelleg; hasonlóság

kine [kaɪn] n pl † tehenek
kinetic [kaɪ'netɪk; US kɪ-] a mozgási,
mozgástani, kinetikus
kinetics [kaɪ'netɪks; US kɪ-] n kinetika
king [kɪŋ] n király; K~ Charles's head
rögeszme, fixa idea; † ~'s evil skro-
fula, görvélykór; K~'s speech trónbe-
széd
king-bolt n forgócsap, királycsap
king-cup n boglárka
kingdom ['kɪŋdəm] n 1. királyság, biro-
dalom; biz ~ come másvilág 2. -világ
[pl. növényvilág]
kingfisher n jégmadár
kinghood ['kɪŋhʊd] n királyság
kinglike ['kɪŋlaɪk] a királyi, fenséges
King-of-Arms [kɪŋəv'ɑ:mz] n címerki-
rály
king-pin n 1. = king-bolt 2. biz vezér-
férfiú
king-post n királyoszlop, székoszlop, csá-
szárfa
kingship ['kɪŋʃɪp] n királyi rang, király-
ság
king-size(d) a extra méretű/nagy
kink [kɪŋk] I. n 1. hurok, csomó, görcs,
bog 2. szeszély, rögeszme II. A. vt
összecsomóz, -bogoz B. vi összeguban-
colódik
kinky ['kɪŋkɪ] a 1. csomós 2. göndör 3.
biz szeszélyes, bogaras; perverz
kinsfolk ['kɪnzfoʊk] n pl (összes) rokon-
ság, rokonok
kinship ['kɪnʃɪp] n atyafiság, rokonság
kinsman ['kɪnzmən] n (pl -men -mən)
férfirokon
kinswoman n (pl -women) nőrokon
kiosk ['ki:ɔsk; US -'ɑsk] n 1. kerti ház;
pavilon 2. újságosbódé 3. telefonfülke
Kipling ['kɪplɪŋ] prop
kipper ['kɪpə*] n 1. (sózott és) füstölt
hering 2. lazac
kirk [kə:k] n sp 1. templom 2. egyház
Kirkpatrick [kə:k'pætrɪk] prop
kismet ['kɪsmet] n végzet
kiss [kɪs] I. n csók; ~ of life szájonléle-
geztetés [élesztési mód] II. vt/vi csó-
kol(ódzik); ~ and be friends kibékül;
~ it better bibit megpuszilja; ~ the
book eskü alatt vall; ~ one's hand to
sy csókot int vknek

kissproof a csókálló
kit¹ [kɪt] n 1. katonai felszerelés, (egyéni) szerelvény 2. felszerelés; (szerszám)készlet 3. utazózsák, málhazsák 4. (fa) bödön
Kit² [kɪt] prop ⟨Kristóf becézett alakja⟩
kit-bag n (katonai) szerelvényzsák, málhazsák, utazózsák
kitchen ['kɪtʃɪn] n konyha; ~ cabinet (1) US ⟨az államfő nem hivatalos tanácsadói⟩ (2) konyhakredenc; ~ garden konyhakert; ~ unit beépített konyha(bútor), konyhafal; ~ utensils konyhaedények
kitchener ['kɪtʃɪnə*] n 1. (nagy konyhai) tűzhely 2ʹ. konyhafőnök
kitchenette [kɪtʃɪnet] n teakonyha, főzőfülke
kitchen-maid n konyhalány
kitchen-range n takaréktűzhely
kitchenware n konyhaedények, konyhai felszerelés
kite [kaɪt] n 1. héja 2. (papír)sárkány; fly a ~ (1) sárkányt ereget (2) „kísérleti léggömböt" ereszt fel 3. biz uzsorás 4. □ fedezetlen csekk
kith [kɪθ] n rokonság; ~ and kin az összes rokonok és barátok
kit-inspection n szerelvényvizsgálat
kitten ['kɪtn] I. n kismacska, cica II. vt/vi (meg)kölykezik [macska]
kittenish ['kɪt(ə)nɪʃ] a játékos
kitty¹ ['kɪtɪ] n kiscica, cicus
kitty² ⌊'kɪtɪ⌋ n pinka, kassza, talon ⌊kártyában⌋
Kitty³ ['kɪtɪ] prop Kati, Katinka
kiwi ['ki:wi:] n kiwi(madár)
KKK [keɪkeɪ'keɪ] Ku-Klux-Klan
klaxon ['klæksn] n autókürt
kleenex ['kli:neks] n papírzsebkendő; arctörlő
kleptomania [kleptə'meɪnjə] n kleptománia
kleptomaniac [kleptə'meɪnɪæk] a kleptomániás
klieg light [kli:g] n jupiterlámpa
km kilometre(s) kilométer, km
knack [næk] n fortély, ügyesség, (mű)fogás, trükk; get the ~ of it rájön a nyitjára
knacker ['nækə*] n 1. dögnyúzó [kivén-

hedt lovak mészárosa] 2. bontási vállalkozó
knag [næg] n görcs, csomó, ágcsonk [fán]
knapsack ['næpsæk] n hátizsák
knar [nɑ:*] n csomó, görcs [fában]
knave [neɪv] n 1. gazfickó, csibész, kópé 2. = jack² 1.1.
knavery ['neɪvərɪ] n 1. gazság 2. kópéság
knavish ['neɪvɪʃ] a aljas, becstelen
knead [ni:d] vt 1. dagaszt, gyúr [tésztát] 2. gyúr, masszíroz
kneading-trough ['ni:dɪŋ-] n dagasztóteknő
knee [ni:] n 1. térd; be on one's ~s térdel; go down on one's ~s letérdel; on bended ~s térden állva; give a ~ to sy segít vknek; ~ jerk térdreflex 2. könyökcső
knee-breeches n pl bricsesz
knee-cap n 1. térdkalács 2. térdvédő
-kneed [-ni:d] -térdű
knee-deep/high a térdig érő; be ~ térdig ér
knee-joint n térdízület
kneel [ni:l] vt (pt/pp knelt nelt) térdel; ~ down letérdel
knee-pad n térdvédő, térdpárna
knell [nel] n lélekharang (szava); toll the ~ megkondítja a lélekharangot
knelt → kneel
knew → know I.
knickerbockers ⌊'nɪkəbɔkəz; US -bɑ-⌋ pl buggyos térdnadrág, golfnadrág
knickers ['nɪkəz] n pl 1. bugyi 2. = knickerbockers
knick-knack ['nɪknæk] n csecsebecse, mütyürke; nipp; semmiség, apróság
knife [naɪf] I. n (pl knives naɪvz) kés; tőr; war to the ~ késhegyig menő harc; biz get one's ~ into sy élesen bírál vkt, ledöf vkt II. vt 1. megkésel 2. US megfúr (vkt)
knife-board n késtisztító smirglideszka
knife-edge n késél
knife-rest n asztali evőeszköztámasz, késtartó
knight [naɪt] I. n 1. lovag 2. ló [sakkfigura] II. vt lovaggá üt
knight-errant n kóbor lovag

knighthood ['naɪthʊd]*n* lovagi rang/rend; *confer* ~ *on sy* lovaggá üt, lovagi rangra emel vkt
knightly ['naɪtlɪ] *a* lovaghoz illő/méltó, lovagias
knit [nɪt] I. *a* kötött II. *v* (*pt*/*pp* ~ v. ~ted 'nɪtɪd; -tt-) A. *vt* 1. köt [kötőtűvel]; ~ *up* (1) megköt (2) kötéssel kijavít; ~*ted goods* kötöttáru 2. összefűz, összehúz, tömörít, (szorosan) egyesít; ~ *the brows* összevonja a szemöldökét B. *vi* összefűződik, összehúzódik, tömörül, (szorosan) egyesül
knitter ['nɪtə*] *n* 1. kötő(nő) 2. kötőgép
knitting ['nɪtɪŋ] *n* kötés [kötőtűvel]
knitting-machine *n* kötőgép
knitwear *n* kötöttáru, kötszövött áru
knives →*knife I*.
knob [nɔb; *US* -ɑ-] *n* 1. gomb 2. fogantyú 3. daganat; dudor, csomó, bütyök 4. □ fej, „kókusz" 5. darabka [szén stb.]
knobkerrie ['nɔbkerɪ; *US* -ɑ-] *n* bunkósbot
knobly ['nɔblɪ; *US* -ɑ-] *a* göcsös, bütykös
knobstick *n* bunkósbot
knock [nɔk; *US* -ɑ-] I. *n* 1. ütés; koccanás [autóké] 2. kopogás; *there was a* ~ kopogtak 3. kopogás [motorban] 4. □ ledorongolás II. A. *vt* 1. (meg)üt, (meg)lök; (meg)kopogtat, (meg)zörget; ~ *to pieces* szétzúz 2. *US* □ leszól, ócsárol B. *vi* 1. kopog(tat) [*at* ajtón] 2. kopog [motor]
   knock about A. *vi* kóborol, csavarog B. *vt* összever
   knock against *vt*/*vi* 1. nekiüt(ődik), beleütközik 2. összetalálkozik (vkvel)
   knock down *vt* 1. leüt, kiüt, földhöz vág; *be* ~*ed d. by sg* elüti, elütötte [jármű] 2. lerombol, lebont; szétszed, szétszerel 3. [árverésen] odaítél (*to sy* vknek) 4. leszorít [árat]
   knock in *vt* bever
   knock into A. *vt* be(le)ver B. *vi* nekiütődik, nekikoccan
   knock off *vt* 1. leüt 2. abbahagy, befejez 3. enged [vmt árból] 4. *biz* összecsap (vmt); levág [egy cikket]

knock on *vt* ~ *on the head* (1) agyonüt (2) véget vet vmnek
knock out *vt* kiüt; kiver
knock over *vt* feldönt
knock up A. *vt* 1. felver (álmából) 2. összecsap, -tákol, -üt; ~ *up a century* 100 pontot csinál [krikettben] 3. *biz* kifáraszt; *be* ~*ed up* (teljesen) kivan [kimerült] 4. *vulg* felcsinál [lányt] B. *vi* 1. kifárad 2. ~ *up against* (1) beleütközik (vkbe) (2) nekiütközik (vmnek)
knock-about *a* 1. ~ *comedian* ⟨aki a bohózatban az ütéseket kapja⟩ 2. strapa-
knock-down *a* 1. kiütő, leütő; ~ *blow* erőteljes kiütő ütés; ~ *price* reklámár, végső ár 2. szétszedhető
knocker ['nɔkə*; *US* -ɑ-] *n* (ajtó)kopogtató
knock-kneed *a* iksz-lábú
knockout *n* 1. kiütés, leütés; ~ *blow* kiütés [bokszban] 2. *US* □ feltűnő dolog/személy
knoll [nəʊl] *n* domb(tető)
knot [nɔt; *US* -ɑ-] I. *n* 1. csomó, göb, bog; bütyök, görcs; ~ *of hair* konty 2. bonyodalom, nehézség; *tie oneself up into* ~*s* nehéz helyzetbe kerül 3. csoport 4. csomó [óránként 1 tengeri mérföld = 1852 m/óra] II. *v* -tt- A. *vt* (össze)csomóz, összeköt B. *vi* összegubancolódik
knotty ['nɔtɪ; *US* -ɑ-] *a* 1. csomós, bütykös 2. *biz* nehéz, bonyolult
knout [naʊt] *n* kancsuka
know [nəʊ] I. *n biz be in the* ~ jól értesült, beavatott II. *vt*/*vi* (*pt* knew nju:, *US* nu:; *pp* known nəʊn) 1. tud; ismer (vmt, vkt); ~ *about*/*of sg* tud vmről, tudomása van vmről; *get*/*come to* ~ (1) megtud (vmt) (2) megismer (vkt); *for all I* ~, *as far as I* ~ amennyire én tudom; *you ought to* ~ *better than* okosabbat is tehetnél, mint; *I would have you* ~ vedd tudomásul, hogy; *I have* ~*n it happen* tudok ilyesmi előfordulásáról; *please let me* ~ kérem értesítsen; *there is no* ~*ing* mit lehet tudni; *become* ~*n* (1) ismertté válik (2) tudomására jut (*to sy* vknek);

~n as ...... néven ismert, ... hívják/nevezik; ~n to sy vk által ismert 2. ért vmhez, járatos vmben
knowable ['noʊəbl] a megtudható, megismerhető
know-how n hozzáértés, szakértelem, mit-hogyan, technikai tudás; know-how; gyártási eljárás
knowing ['noʊɪŋ] a 1. tájékozott, értelmes 2. ravasz, ügyes; a ~ look sokatmondó pillantás
knowledge ['nɔlɪdʒ; US -a-] n 1. tudomás; come to one's ~ tudomására jut; to my ~ tudomásom szerint, tudtommal; without my ~ tudtom nélkül; to the best of my ~ legjobb értesülésem/tudomásom szerint; matter of common ~ tudott dolog, köztudomású (,hogy ...) 2. tudás; tudomány, ismeret(ek); ~ of French francia nyelvtudás
knowledgeable ['nɔlɪdʒəbl; US 'na-] a értelmes, jól informált/tájékozott
known [noʊn] a (köz)ismert, tudott, ismeretes ‖ →know II.
Knox [nɔks] prop
knuckle ['nʌkl] I. n ujjízület, ujjper(e)c II. vi ~ down to alaposan nekilát, nekigyürkőzik (vmnek); ~ under beadja a derekát, megadja magát
knuckle-bone n 1. ujjízület csontja 2. játszócsontocska [birka lábából kockajátékhoz]
knuckle-duster n bokszer
knurl [nə:l] n bütyök, görcs [fában]
K.O., KO [keɪ'oʊ] I. n (= knockout)

kiütés [ökölvívásban] II. vt (pt/pp KO'd) kiüt (vkt)
koala [koʊ'ɑ:lə] n ~ (bear) (ausztráliai) macskamedve, koala
kodak ['koʊdæk] n Kodak-gép
Koh-i-noor ['koʊɪnʊə*] prop
kohlrabi [koʊl'rɑ:bɪ] n kalarábé
kola ['koʊlə] n kóladió
Kongo ['kɔŋgoʊ; US -aŋ-] prop Kongó
kooky ['kʊkɪ] a US □ furcsa, fantasztikus
Koran [kɔ'rɑ:n; US kɔ:-] prop Korán
Korea [kə'rɪə] prop
Korean [kə'rɪən] a/n koreai
kosher ['koʊʃə*] a kóser
kowtow [kaʊ'taʊ], kotow [koʊ'taʊ] vi megalázkodik, mélyen meghajol
k.p.h. kilometres per hour óránként ... km, km/óra
kraft [krɑ:ft; US -æ-] n csomagolópapír
Krishna ['krɪʃnə] prop
Kt. Knight
kudos ['kju:dɔs; US -as] n dicsőség, hírnév
Ku-Klux-Klan [kju:klʌks'klæn] n ⟨amerikai titkos társaság zsidók, katolikusok, négerek és idegenek ellen⟩
Kuwait [kʊ'weɪt] prop Kuvait
Kuwaiti [kʊ'weɪtɪ] a kuvaiti
kW, kw kilowatt(s) kilowatt, kW
kWh, kwhr. kilowatt-hour(s) kilowattóra, kWó
Ky. Kentucky
kyle [kaɪl] n sk tengerszoros, keskeny öböl

L

L¹, 1 [el] *n* L, l (betű)
L² [el] 1. *US biz elevated railway* magasvasút 2. *learner(-driver)* tanuló vezető, T
l³., 1 1. *left* bal(ra) 2. *line* 3. *litre(s)* liter, l.
£ *libra* (= *pound*) font (sterling)
la [lɑː] *n* la [a diatonikus skála hatodik hangja]
La. *Louisiana*
lab [læb] *n biz* labor
Lab., Lab [læb] *Labour party*
label ['leɪbl] I. *n* címke, árujegy, cédula; felirat II. *vt* -ll- (*US* -l-) 1. címkével ellát, címkéz; megjelöl 2. osztályoz, besorol; minősít; *átv* vmnek elnevez/kikiált
labial ['leɪbjəl] I. *a* ajakhangú, ajak-, labiális II. *n* ajakhang
labor → *labour*
laboratory [lə'bɔrət(ə)rɪ; *US* 'læbərətɔːrɪ] *n* laboratórium
laborious [lə'bɔːrɪəs] *a* 1. fáradságos, nehéz 2. nehézkes 3. szorgalmas
labour, *US* labor ['leɪbə*] I. *n* 1. munka, dolog; ~ *camp* munkatábor; ~ *service* munkaszolgálat; ~ *of love* szívesen végzett munka 2. munkaerő, munkás; munkásosztály, munkások; munkás-; *L~ Day* a munka ünnepe [az USA-ban szeptember első hétfőjén]; *GB L~ Exchange* munkaközvetítő hivatal; ~ *force* munkaerő, munkáslétszám; *GB L~ leaders* (1) munkáspárti vezetők (2) szakszervezeti vezetők; ~ *market* munka(erő)piac; *GB L~ party* munkáspárt; ~ *piracy* munkaerő-csábítás; ~ *relations* munkaviszony; ~ *supply* munkaerő-kínálat;

~ *troubles* munkások és munkaadók közötti ellentétek; *US* ~ *union* (munkás)szakszervezet 3. szülés(i fájdalmak), vajúdás II. A. *vi* 1. dolgozik, munkálkodik, fáradozik (*at* vmn) 2. nehezen mozog/működik (v. halad előre) (vk, vm); bukdácsol, küszködik a hullámokkal [hajó] 3. kínlódik, szenved; vajúdik; ~ *under a delusion* tévedésben leledzik, tévhitben él; ~ *under a difficulty* nehézséggel küzd B. *vt* kidolgoz; megmunkál; *not* ~ *the point* nem foglalkozik részletesen a kérdéssel, nem erőlteti a kérdést
laboured, US -bored ['leɪbəd] *a* nehéz(kes), erőltetett
labourer, *US* -borer ['leɪbərə*] *n* (kétkezi) munkás; (fizikai) dolgozó
labouring, *US* -bor- ['leɪb(ə)rɪŋ] *a* 1. (*the*) ~ *class* a munkásosztály 2. ~ *breath* nehéz légzés
labour-intensive *a* munkaigényes
labourite ['leɪbəraɪt] *n GB* munkáspárti (politikus)
labour-saving *a* emberi munkát megtakarító [gép stb.]; ~ *devices* háztartási gépek
Labrador ['læbrədɔː*] *prop*
laburnum [lə'bɜːnəm] *n* aranyeső
labyrinth ['læbərɪnθ] *n* útvesztő, labirintus
labyrinthine [læbə'rɪnθaɪn] *a* bonyolult, szövevényes, labirintszerű
lac [læk] *n* (nyers) sellak, lakkmézga
lace [leɪs] I. *n* 1. csipke; zsinór, paszomány; ~ *collar* csipkegallér 2. (cipő-) fűző; ~ *boots* fűzős cipő II. A. *vt* 1. ~ (*up*) befűz [cipőt, derékfűzőt] 2. csipkéz 3. *biz* elnáspángol, elver

4. *biz* ízesít [italt szesszel] **B.** *vi*
1. összefűződik 2. fűzőt visel
laced [leɪst] 1. befűzött 2. csipkés 3.
~ *coffee* rumos fekete
lace-maker *n* csipkeverő
lacerate ['læsəreɪt] *vt* 1. széttép, -szaggat, -marcangol 2. kínoz, gyötör
laceration [læsə'reɪʃn] *n* 1. (szét)szakítás, letépés; kínzás, gyötrés 2. felszakadás [sebé]; zúzott seb
lace-work *n* csipke(áru)
lachrymal ['lækrɪml] *a* könny-; ~ *gland* könnymirigy
lachrymose ['lækrɪmoʊs] *a* 1. könnyes, sírós 2. könnyfakasztó, érzelgős
lacing ['leɪsɪŋ] *n* 1. csipke, zsinór, paszomány 2. (be)fűzés 3. *biz* verés
lack [læk] I. *n* hiány; *for* ~ *of sg* vm hiányában II. A. *vt* hiányol (vmt), hiányzik (vmje) B. *vi be* ~*ing* hiányzik, nincs (meg); *be* ~*ing in courage* nincs bátorsága; ~ *for sg* híján van vmnek, nélkülöz vmt
lackadaisical [lækə'deɪzɪkl] *a* affektáltan érzelgős, ábrándos
lackey ['lækɪ] *n* lakáj
lacking ['lækɪŋ] *a* hiányzó [dolog]
Lackland ['læklænd] *prop John* ~ Földnélküli János
lack-lustre *a* fakó, fénytelen, tompa, matt
laconic [lə'kɒnɪk; *US* -'kɑ-] *a* lakonikus, szűkszavú, tömör, velős
lacquer ['lækə*] I. *n* lakk, fénymáz, politúr II. *vt* (be)lakkoz, politúroz
lacrosse [lə'krɒs; *US* -'krɔ:s] *n* ⟨kanadai labdajáték⟩
lactic ['læktɪk] *a* tej-; ~ *acid* tejsav
lactiferous [læk'tɪfərəs] *a* 1. tejben gazdag 2. tejelő, tejtermő
lacuna [lə'kju:nə] *n* (*pl* ~*e* -ni:) hézag, hiány, üres tér, űr
lacy ['leɪsɪ] *a* csipkés, csipkézett, csipkeszerű
lad [læd] *n* fiú, ifjú, legény
ladder ['lædə*] I. *n* 1. létra; ~ *of success* a siker lépcsőfokai 2. lefutó szem [a harisnyán] II. *vi* leszalad a szem [harisnyán]
ladderproof *a* szembiztos [harisnya]
laddie ['lædɪ] *n sk* fiúcska, legényke

lade [leɪd] *vt* (*pt* ~*d* 'leɪdɪd, *pp* ~*n* 'leɪdn) megrak, megterhel; *trees* ~*n with fruit* gyümölcstől roskadó fák
laden ['leɪdn] *a* megrakott, megterhelt
la-di-da [lɑ:dɪ'dɑ:] *a biz* affektáló, szenvelgő
lading ['leɪdɪŋ] *n* teher, rakomány; *bill of* ~ hajóraklevél, (vasúti) fuvarlevél
ladle ['leɪdl] I. *n* mer(ít)őkanál II. *vt* ~ *out* kimer, kioszt
ladleful ['leɪdlfʊl] *n* mer(ít)őkanálnyi
lady ['leɪdɪ] *n* 1. úrnő; hölgy; *ladies and gentlemen!* hölgyeim és uraim! 2. *Our L*~ Miasszonyunk; *L*~ *Day* Gyümölcsoltó Boldogasszony (márc. 25.); *L*~ *chapel* Mária-kápolna 3. *L*~ ⟨arisztokrata felesége v. leánya, arisztokráciához tartozó (nő) címe⟩ 4. asszony, nő; -nő; *"Ladies"* (1) nők [felirat] (2) női vécé; ~ *doctor* doktornő; *ladies' wear* női divat(áru) 5. *biz* feleség
lady-bird *n* katicabogár
lady-in-waiting *n* udvarhölgy
lady-killer *n biz* nőcsábász
ladylike *a* nőies; előkelő hölgyhöz illő
ladyship ['leɪdɪʃɪp] *n your* ~ kb. méltóságos asszonyom; *her* ~ kb. őméltósága [nőről]
lady's-maid *n* komorna
Laertes [leɪ'ə:ti:z] *prop*
lag[1] [læg] *n* késés, késedelem, lemaradás II. *vi* -**gg**- késlekedik; ~ *behind* elmarad(ozik), lemarad, hátramarad
lag[2] [læg] *n* ☐ rab, börtöntöltelék
lager ['lɑ:gə*] *n* világos sör
laggard ['lægəd] *a/n* lusta, tunya, késedelmes (ember), elmarad(oz)ó
lagoon [lə'gu:n] *n* lagúna
Lahore [lə'hɔ:*] *prop*
laic ['leɪɪk] *a/n* világi, laikus (személy)
laicize ['leɪɪsaɪz] *vt* elvilágiasít, laicizál
laid → *lay*[3]
lain → *lie*[2] *II*.
lair [leə*] *n* odú, vacok, búvóhely [vadállaté]
laird [leəd] *n sk* földesúr
laity ['leɪətɪ] *n* a világiak/laikusok
lake [leɪk] *n* tó
lake-dwelling *n* cölöpház, cölöpépítmény

lam [læm] v -mm- A. vt elagyabugyál, elpáhol B. vi 1. ~ into sy jól elver vkt 2. meglóg, olajra lép
lama ['lɑ:mə] n láma [buddhista pap]
lamb [læm] I. n bárány II. vt bárányt ellik
lambaste [læm'beɪst] vt biz alaposan elver
lambent ['læmbənt] a 1. kis lánggal égő, nyaldosó [láng] 2. csillogó, ragyogó [szem]; könnyed [stílus]
lambkin ['læmkɪn] n kisbárány, bari
lamb-like ['læmlaɪk] a szelíd
lambskin ['læmskɪn] n báránybőr
lame [leɪm] I. a 1. béna, sánta; be ~ in one leg egyik lábára sántít; biz ~ duck (1) ügyefogyott ember (2) US hatalmát vesztett politikus 2. gyenge, gyatra; ~ excuse átlátszó/gyenge kifogás II. vt megbénít, rokkanttá tesz
lameness ['leɪmnɪs] n bénaság, sántaság
lament [lə'ment] I. n panasz, sirám, lamentáció II. A. vt (meg)sirat, nagyon sajnál, fájlal B. vi panaszkodik, lamentál, siránkozik (for/over miatt/felett)
lamentable ['læməntəbl] a 1. siralmas, szánalmas 2. sírós, panaszos
lamentation [læmen'teɪʃn] n siránkozás, jajveszékelés, lamentáció
laminate ['læmɪneɪt] A. vt lemezekre választ/hengerel, lemezel B. vi lemezekre/rétegekre válik
laminated ['læmɪneɪtɪd] a rétegelt, réteges; lemezelt
Lammas ['læməs] n augusztus elseje [mint egyházi/aratási ünnep]
lammed [læmd] →lam
lamp [læmp] n lámpa
lamp-black n korom
lamp-chimney n lámpaüveg, cilinder
lamplight n lámpafény
lamplighter n lámpagyújt(ogat)ó
lampoon [læm'pu:n] I. n gúnyirat II. vt (ki)gúnyol [írásban]
lamp-post n lámpaoszlop
lamprey ['læmprɪ] n orsóhal, ingola
lamp-shade n lámpaernyő
lamp-stand n állólámpa
Lancashire ['læŋkəʃə*] prop

Lancaster ['læŋkəstə*] prop
Lancastrian [læŋ'kæstrɪən] a lancasteri, Lancaster-párti
lance [lɑ:ns; US -æ-] I. n lándzsa, dárda 2. = lancet II. vt 1. lándzsával/dárdával átszúr 2. (sebészkéssel) felvág
lance-corporal n GB őrvezető
Lancelot ['lɑ:nslət; US 'læn-] n ⟨férfinév⟩
lanceolate ['lɑ:nsɪəlɪt; US 'læn-] a lándzsa alakú
lancer ['lɑ:nsə*; US 'læn-] n lándzsás, pikás
lancet ['lɑ:nsɪt; US -æ-] n 1. sebészkés, szike; gerely 2. ~ arch keskeny csúcsív; ~ window csúcsíves ablak
lancinating ['lɑ:nsɪneɪtɪŋ; US 'læn-] a szúró, szaggató, hasogató [fájdalom]
Lancs. [læŋks] Lancashire
land [lænd] I. n 1. föld, szárazföld, talaj; ~ forces szárazföldi hadsereg; ~ rover terepjáró gépkocsi; by ~ szárazföldön; by ~ and sea szárazon és vízen, szárazföldön és tengeren; see how the ~ lies terepszemlét tart, kitapasztalja a helyzetet; make ~ partot ér 2. föld(birtok); ~ certificate kb. telekkönyvi kivonat; the ~ question az agrárkérdés; go on the ~ földművelésre adja magát 3. ország, vidék, táj II. A. vt 1. partra szállít/tesz; hajóból kirak 2. „letesz" [repgépet] 3. biz vmlyen helyzetbe hoz/juttat vkt; ~ sy in prison börtönbe juttat; ~ sy in difficulty vkt nehéz helyzetbe hoz 4. kihúz, kifog [halat vízből]; biz ~ a job állást szerez 5. oszt, ad [ütést]; ~ a blow on sy's nose orron üt B. vi 1. partra száll, kiszáll [utas]; kiköt [hajó]; leszáll, földet ér [repgép] 2. biz ~ on one's feet talpra esik; ~ up vhol találja magát
land-agent n 1. ingatlanügynök 2. GB jószágigazgató
landau ['lændɔ:] n négyüléses hintó, landauer
landed ['lændɪd] a földbirtokos, földbirtok-; ~ interest földbirtokosi érdekeltség, földbirtokosság; ~ property földbirtok; ~ proprietor földbirtokos; ~ security jelzálogi értékpapírok

landfall *n* szárazföld megpillantása [hajóról]; partraérés
landholder *n* földbirtokos
landing ['lændıŋ] I. *a* partra szálló; leszálló II. *n* 1. partraszállás; kikötés; leszállás, földreszállás [repülőé]; ~ *card* kiszállókártya [reptéren]; *happy* ~*!* szerencsés (repülő)utat! 2. rak(odó)part 3. (lépcső)pihenő
landing-craft *n* 1. partra szálló jármű 2. leszálló egység
landing-field *n* = *landing-strip*
landing-gear *n* futószerkezet, futómű
landing-place *n* kikötő(hely)
landing-stage *n* kikötőhíd; kikötő(hely)
landing-strip *n* leszállópálya
landlady ['lænleıdı] *n* 1. háziasszony; szállásadó 2. vendéglősné
land-locked [-lɔkt; *US* -a-] *a* szárazfölddel körülvett; szárazföldi, kontinentális [aminek nincs tengerpartja]
landlord ['lænlɔ:d] *n* 1. háziúr, házigazda 2. vendéglős 3. földbirtokos
land-lubber *n biz* ,,szárazföldi patkány"
landmark *n* határkő (*átv is*); feltűnő tereptárgy; iránypont
land-mine *n* szárazföldi akna
land-office business *US biz* bombaüzlet
Landor ['lændɔ:*] *prop*
landowner *n* földbirtokos
landrail *n* haris
land-register *n* telekkönyv
landscape ['læn(d)skeıp] *n* tájkép; (festői) táj; ~ *architecture/gardening* tájkertészet; ~ *painter* tájképfestő
landscaping ['læn(d)skeıpıŋ] *n* tereprendezés, parkosítás
landslide ['læn(d)slaıd] *n* (*átv is*) földcsuszamlás
landslip *n* földcsuszamlás, -omlás
land-tax *n* földadó
landward ['lændwəd] *adv* szárazföld felé
lane [leın] *n* 1. keskeny út; köz, átjáró; sikátor; *it is a long* ~ *that has no turning* lesz még szőlő lágy kenyérrel, jönnek majd még jobb napok is 2. (*traffic*) ~ (forgalmi) sáv; *inside/nearside* ~ külső sáv; *outside/offside* ~ belső sáv; *change* ~*s* sávot változtat [úttesten]; *four-*~ *traffic* közlekedés

négy forgalmi sávon 3. pálya [futóé, úszóé]
language ['læŋgwıdʒ] *n* 1. nyelv; ~ *laboratory* nyelvi labor(atórium) 2. nyelvezet; beszéd(mód); *strong* ~ erős/durva szavak, káromkodás
languid ['læŋgwıd] *a* bágyadt, lanyha, erőtlen, ernyedt, vontatott
languish ['læŋgwıʃ] *vi* (el)lankad, (el)bágyad; hervadozik; ~ *for sg* epekedik/sóvárog vm után
languor ['læŋgə*] *n* lankadtság, bágyadtság; epekedés
languorous ['læŋgərəs] *a* lankadt, bágyadt; epekedő, sóvárgó
lank [læŋk] *a* karcsú, hosszú, vékony-(dongájú); ~ *hair* sima/egyenes haj
lanky ['læŋkı] *a* nyurga, hórihorgas
lanoline ['lænəli:n] *n* lanolin
lantern ['læntən] *n* 1. lámpás; ~ *lecture* vetítettképes előadás 2. bevilágító, ablakos kupola
lantern-jawed *a* beesett arcú (és hosszú vékony állcsontú)
lantern-slide *n* diapozitív
lanyard ['lænjəd] *n* 1. feszítőkötél [vitorláson] 2. elsütőzsinór [ágyúé] 3. nyakbavető (késtartó) zsinór [matrózokon]
Laos ['lɑ:ɔs] *prop* Laosz
Laotian ['laʊʃıən] *a/n* laoszi
lap¹ [læp] I. *n* 1. lebernyeg, szárny [ruháé]; szegély 2. (fül)cimpa 3. öl; *átv* kebel; *in the* ~ *of luxury* jólétben 4. (át)fedés; takarás 5. kör, futam [sportban]; ~ *of honour* tiszteletkör II. *v* -pp- A. *vt* 1. átlapol, átfed, betakar, beborít, föléje tesz 2. körülvesz, felcsavar, felteker B. *vi* 1. feltekeredik, felcsavarodik 2. fekszik (vm alatt v. vm mellett)
lap over A. *vt* átlapol, átfed (vmt), túlnyúlik (vmn) B. *vi* fedik egymást
lap² [læp] I. *n* 1. nyalakodás 2. hullámverés II. *v* -pp- A. *vt* 1. nyal, nyaldos, szürcsöl; lefetyèl; ~ *up* (1) felnyal (2) két kézzel kap rajta 2. csapkod, csapdos, verdes B. *vi* verődik, csapódik (vmhez)
lap-dog *n* öleb
lapel [lə'pel] *n* hajtóka [kabáté]

lapful ['læpfʊl] *a* egy ölre/kötényre való, jó csomó
lapidary ['læpɪdərɪ; *US* -erɪ] I. *a* 1. kőbe vésett 2. kőfaragói 3. rövid és velős [fogalmazás] II. *n* drágakőcsiszoló
lap-joint *n* átfedő/lapolt illesztés, egybelapolás, lapkötés
Lapland ['læplænd] *prop* Lappföld
Laplander ['læplændə*] *n* lapp
Lapp [læp] *a/n* lapp (ember, nyelv)
lapped [læpt] →*lap¹* és *lap² II.*
lappet ['læpɪt] *n* 1. legombolható/lehajtható ruharész; hajtóka; (lógó) szárny [ruháé] 2. (fül)cimpa
lapping ['læpɪŋ] I. *a* nyaló II. *n* 1. nyal(dos)ás 2. fedés, borítás 3. csapkodás [hullámoké]
lapse [læps] I. *n* 1. (el)csúszás; botlás, hiba; kihagyás [emlékezeté]; ~ *of the pen* íráshiba; ~ *of the tongue* nyelvbotlás; ~ *from duty* kötelességszegés 2. múlás [időé], időköz 3. megszűnés, elévülés [jogé]; lejárat [határidőé] II. *vi* 1. hibázik, botlik, téved; ~ *into* visszasüllyed (vmbe) 2. (el)múlik [idő] 3. elévül, érvényét veszti [jog]; lejár [határidő]
Laputa [lə'pju:tə] *prop*
lapwing *n* bíbic
larboard ['la:bəd] *n* bal oldal [hajóé]
larceny ['la:sənɪ] *n* lopás, tolvajlás; *compound* ~ minősített lopás; *petty* ~ kis lopás
larch [la:tʃ] *n* vörösfenyő
lard [la:d] I. *n* (disznó)zsír II. *vt* 1. megzsíroz; (szalonnával) megtűzdel, (meg-)spékel 2. *átv* teletűzdel [idézetekkel stb.]
larder ['la:də*] *n* (élés)kamra
large [la:dʒ] I. *a* 1. nagy (méretű), terjedelmes; *as* ~ *as life* életnagyságú; *in a* ~ *measure* nagymértékben; *on a* ~ *scale* nagy arányokban, nagyban, nagyszabásúan; *on the* ~ *side* elég/meglehetősen/túl nagy 2. széles körű, átfogó; nagyvonalú; ~ *powers* széles körű hatalom 3. bőkezű, kegyes, nagylelkű; ~ *views* liberális felfogás II. *adv by and* ~ nagyjából III. *n at* ~ (1) szabadlábon, szabadlábra

(2) részletesen, hosszadalmasan (3) általában (4) vaktában; *the people at* ~ a nagyközönség; *talk at* ~ hetet-havat összehord, hasal
large-hearted *a* nagylelkű, jószívű, megértő
largely ['la:dʒlɪ] *adv* 1. nagy részben, jórészt, túlnyomóan, főként 2. nagy arányokban/méretekben
large-minded *a* liberális, nagylelkű
largeness ['la:dʒnɪs] *a* 1. nagyság, nagy terjedelem, terjedelmesség 2. széles látókör, liberális/megértő felfogás; megértés; nagyvonalúság
large-scale *a* 1. nagyarányú, nagyméretű, nagymérvű, nagyszabású 2. nagy méretarányú
large-sized *a* nagyméretű
largess(e) [la:'dʒes; *US* [la:dʒɪs] *n* † 1. bőkezű adomány 2. bőkezűség
largish ['la:dʒɪʃ] *a* meglehetősen nagy
lariat ['lærɪət] *n* lasszó
lark¹ [la:k] *n* pacsirta; *rise with the* ~ a tyúkokkal kel
lark² [la:k] I. *n* tréfa II. *vi* mókázik, bolondozik
larkspur ['la:kspə:*] *n* szarkaláb [növény]
larky ['la:kɪ] *a* mókázó, tréfáló, tréfás
larva ['la:və] *n* (*pl* ~e 'la:vi:) lárva
laryngeal [lærɪn'dʒi:əl] *a* gégelaryngitis [lærɪn'dʒaɪtɪs] *n* gégegyulladás
laryngoscope [lə'rɪŋgəskoʊp] *n* gégetükör
larynx ['lærɪŋks] *n* gége(fő)
Lascelles ['læslz] *prop*
lascivious [lə'sɪvɪəs] *a* buja
laser ['leɪzə*] *n* lézer
lash [læʃ] I. *n* 1. ostor, korbács 2. ostorcsapás; *the* ~ megkorbácsolás 3. szempilla II. A. *vt* 1. (meg)korbácsol, üt, vɛr, csap, csapkod; ~ (*against*) *the windows* veri az ablakot [eső]; ~ *out* (1) kirúg [ló] (2) kirobban [dühtől], kirohan (*at* vk ellen) 2. hevesen megtámad, szid 3. (fel)izgat, hajszol 4. megerősít; megköt; ~ *down* leköt, leszíjaz B. *vi* 1. csapódik (vmnek), zuhog, csattan, nekivágódik; csapkod
lashing ['læʃɪŋ] I. *a* maró [kritika], ostorozó (*átv is*) II. *n* 1. ostorozás, korbácsolás 2. *biz* ~*s of sg* nagy bőség vmből, rengeteg . . .

lass [læs],lassie ['læsı] *n sk* 1. lány(ka) 2. barátnő, kedvese (vknek)
lasso [læ'su:; *US* 'læsoʊ] I. *n* lasszó, pányva II. *vt (pt/pp* ~ed læ'su:d; *US* 'læsoʊd) (meg)lasszóz
last¹ [lɑ:st; *US* -æ-] I. *a* 1. (leg)utolsó; végső; *US* ~ *name* vezetéknév; *next to* ~, ~ *but one* utolsó előtti; ~ *but not least* utoljára de nem utolsósorban 2. múlt, legutóbbi; ~ *week* múlt hét(en); ~ *Tuesday* múlt kedden; *this day* ~ *year* ma egy éve 3. legújabb, legfrissebb 4. döntő, végleges; *of the* ~ *importance* rendkívül fontos II. *adv* utoljára, utolsónak; vég(ezet)ül III. *n* az utolsó; utója, vége (vmnek); *in my* ~ utolsó levelemben; *near one's* ~ végét járja; *at (long)* ~ végre; *to/till the* ~ mindvégig
last² [lɑ:st; *US* -æ-] *vi/vt* 1. tart, fennáll, fennmarad, megmarad; ~ *sy out* túlél vkt; *he won't* ~ *long* már nem sokáig él 2. ~ *(out)* kitart, elég, eltart
last³ [lɑ:st; *US* -æ-] *n* kaptafa; *stick to one's* ~ marad a kaptafánál
last-ditcher ['dɪtʃə*] *n* körömszakadtáig ellenálló
lasting ['lɑ:stɪŋ; *US* -æ-] *a* tartós, maradandó
lat. *latitude*
latch [lætʃ] I. *n* kilincs; zár(nyelv); tolózár, retesz; *be on the* ~ kilincsre van csukva, nincs bezárva [kívülről kulccsal nyitható] II. A. *vt* kilincsre (be)csuk/zár, elreteszel [ajtót] B. *vi* ~ *on to sg* (1) csatlakozik vmhez, bekapcsolódik vmbe (2) tudatára ébred vmnek
latchkey *n* kapukulcs; lakáskulcs
late [leɪt] I. *a (comp* later 'leɪtə*, latter 'lætə*, *sup* latest 'leɪtɪst, last lɑ:st, *US* -æ-) 1. késő; *it is* ~ késő van; *it is getting* ~ későre jár; *be* ~ (el)késik; *be* ~ *for sg* lekésik vmt/vmről 2. kései, késői; *in the* ~ *eighties* a nyolcvanas évek vége felé 3. egykori, volt; néhai 4. legutóbbi, (leg)újabb; *of* ~ *(years)* újabban, az utóbbi időben/években II. *adv (comp* later 'leɪtə*, *sup* last lɑ:st, *US* -æ-) 1. későn; elkésve; ~ *in the day* elég/túl későn (a nap fo-

lyamán); ~ *in life* előrehaladott korban; ~ *of London* utoljára/azelőtt londoni lakos 2. későig; *sit/stay up* ~ sokáig/későig fennmarad 3. nemrég, legutóbb
late-comer *n* későn jövő
lately ['leɪtlı] *adv* az utóbbi időben, nemrég, mostanában, újabban
latency ['leɪt(ə)nsı] *n* ~ *(period)* lappangás(i idő)
lateness ['leɪtnıs] *n* elkésettség
latent ['leɪt(ə)nt] *a* lappangó, rejtett, látens, szunnyadó
later ['leɪtə*] I. *a* később II. *adv* később, utóbb; ~ *on* később, a későbbiek folyamán; *see you* ~*!* viszontlátásra !; *no* ~ *than yesterday* csak tegnap ‖ → *late*
lateral ['læt(ə)rəl] *a* oldalsó, oldallaterally ['læt(ə)rəlı] *adv* oldalról, oldalt
latest ['leɪtıst] I. *a* legutolsó, legutóbbi; *at (the)* ~ legkésőbb; *the* ~ *news* a legfrisseb hírek; *the* ~ *thing* a legutolsó/legfrissebb divat/szenzáció; *have you heard his* ~? hallottad, hogy újabban meg mit művelt/mondott? II. *adv* legutoljára, legutóbb ‖ → *late*
latex ['leɪteks] *n* gumitej, latex
lath [lɑ:θ; *US* -æ-] I. *n* léc II. *vt* lécel, (meg)lécez
lathe [leɪð] *n* eszterga(pad)
lather ['lɑ:ðə*; *US* -æ-] I. *n* szappanhab II. A. *vt* 1. beszappanoz 2. *biz* megruház, elpáhol B. *vi* habzik, habos lesz
lathe-turned *a* esztergályozott
lath-nail *n* drótszeg
Latin ['lætın; *US* 'lætn] I. *a* latin; ~ *America* Latin-Amerika II. *n* 1. latin (nyelv); *Low* ~ késői/vulgáris latin (nyelv); *Late* ~ ezüstkori latinság 2. latin nyelvtudás; *he has no* ~ nem tud latinul
latish ['leɪtıʃ] *a* kissé késő(i)
latitude ['lætıtju:d; *US* -tu:d] *n* 1. (földrajzi) szélesség; szélességi fok 2. terjedelem, kiterjedés *(átv is)*, mozgási tér
latitudinal [lætı'tju:dınl; *US* -'tu:-] *a* (földrajzi) szélességi
latitudinarian [lætıtju:dı'neərıən; *US* -tu:-] *a* liberális (vallási elveket valló)
latrine [lə'tri:n] *n* latrina, illemhely

latter ['lætə*] *a* 1. későbbi 2. [kettő
közül] az utóbbi; második
latter-day *a* mai, korunkbeli, új, modern;
L~ Saint mormon
lattice ['lætɪs] I. *n* rács, rostély; ~ *frame*
rácskeret; ~ *window* rácsos ablak II.
vt rácsoz, rostélyoz
lattice-work *n* rácsozat, rácsmű
Latvia ['lætvɪə] *prop* Lettország
Latvian ['lætvɪən] *a/n* lett (ember,
nyelv)
laud [lɔːd] *vt* dicsér, magasztal
laudable ['lɔːdəbl] *a* dicséretre méltó
laudanum ['lɔdnəm; *US* 'lɔː-] *n* ópiumol-
dat
laudatory ['lɔːdət(ə)rɪ; *US* -ɔːrɪ] *a*
dicsőítő
laugh [laːf; *US* -æ-] I. *n* nevetés, kaca-
gás; *raise a* ~ megnevettet; derültsé-
get kelt; *have/get the* ~ *of/on sy* nevet-
ségessé tesz vkt; *have the* ~ *on one's
side* győz, felülkerekedik II. A. *vi* 1.
nevet, kacag; ~ *to oneself* kuncog, be-
felé/magában nevet; ~ *up one's
sleeve* markába nevet; ~ *on the other/
wrong side of his mouth* csalódott/
keserű képet vág, kényszeredetten
nevet; *he* ~*s best who* ~*s last* az nevet
legjobban, aki utoljára nevet 2. csil-
log, ragyog [víztükör] B. *vt* nevetve
mond/tesz
  laugh at *vi* 1. nevet (vmn) 2. ki-
  nevet (vkt); *get* ~*ed at* kinevetik
  laugh away *vt* nevetéssel elintéz/elűz
  laugh down *vt* nevetségessé tesz
  laugh off *vt* tréfának vesz
  laugh out *vt* ~ *o. of sg* nevetéssel
  lebeszél vmről, tréfálkozással jókedv-
  re hangol
laughable ['laːfəbl; *US* -æ-] *a* nevetsé-
ges
laughing ['laːfɪŋ; *US* -æ-] I. *a* 1. nevető,
kacagó; ~ *jackass* óriás kacagó, nevető
jégmadár 2. nevetős II. *n* nevetés; *it's
no* ~ *matter* ez nem nevetnivaló/tréfa-
dolog
laughing-gas *n* kéjgáz
laughing-stock *n* nevetség tárgya
laughter ['laːftə*; *US* -æ-] *n* nevetés,
kacagás; hahota; *burst into* ~ harsogó
nevetésbe tör ki

Launcelot ['laːnslət] *prop*
launch¹ [lɔːntʃ] *n* (kisebb) motoros hajó
launch² [lɔːntʃ] I. *n* vízre bocsátás II.
A. *vt* 1. dob, hajít 2. vízre bocsát
[hajót]; kilő, indít, felbocsát [rakétát,
űrhajót] 3. elindít, kezdeményez [vál-
lalkozást stb.] B. *vi* 1. tengerre száll,
vízre ereszkedik 2. ~ *out on an enter-
prise* vállalkozásba kezd
launching ['lɔːntʃɪŋ] *n* 1. vízre bocsátás
2. indítás, kilövés [rakétáé, űrhajóé]
launching-pad/site *n* kilövőpálya, -hely,
indítóállás
launder ['lɔːndə*] A. *vt* (ki)mos és vasal
[fehérneműt] B. *vi it* ~*s well* jól mos-
ható
launderette [lɔːndə'ret] *n* (önkiszolgáló)
mosószalon, gyorstisztító szalon
laundress ['lɔːndrɪs] *n* mosónő
laundromat ['lɔːndrəmæt] *n US =
launderette*
laundry ['lɔːndrɪ] *n* 1. mosoda 2. szeny-
nyes 3. kimosott fehérnemű
Laura ['lɔːrə] *prop* Laura
laureate ['lɔːrɪət] *a* (babér)koszorús;
GB poet ~ koszorús/udvari költő
laurel ['lɔr(ə)l; *US* -ɔː-] *n* babér; *win/
reap* ~*s* dicsőséget szerez; *look to
one's* ~*s* félti a babérait
Laurence ['lɔr(ə)ns; *US* -ɔː-] *prop*
Lőrinc
lava ['laːvə] *n* láva
lavage [læ'vaːʒ; *US* 'lævɪdʒ] *n* mosás,
öblítés [szervé]
lavatory ['lævət(ə)rɪ; *US* -ɔːrɪ] *n* mosdó,
vécé
lave [leɪv] *vt* mos(ogat), fürdet; áztat
lavender ['lævəndə*] *n* levendula
lavish ['lævɪʃ] I. *a* 1. pazarló, bőkezű;
be ~ *in/of sg* bőkezűen ad vmt 2.
pazar; bőséges II. *vt* pazarol, tékozol,
túlzóan ad (*on* vmre), elhalmoz (*sg on
sy* vmvel vkt)
law [lɔː] *n* 1. törvény; jogszabály;
lay down the ~ véleményt diktatóriku-
san kimond; *be above the* ~ felette áll
a törvénynek 2. jog; ~ *agent* ügyvéd
[perben]; ~ *costs/expenses* perköltsé-
gek; ~ *student* joghallgató; *read* ~
jogot tanul; *go to* ~ jogorvoslatot ke-
res, a bírósághoz fordul; *be at* ~ perben

áll (vkvel); *have the* ~ *on sy* bepöröl vkt; *take the* ~ *into one's own hands* önhatalmúan cselekszik 3. ~*s of a game* játékszabályok
law-abiding *a* törvénytisztelő
law-breaker *n* törvényszegő
law-court *n* bíróság, törvényszék
lawful ['lɔ:fʊl] *a* törvényes, törvényszerű; jogos, jogszerű
law-giver *n* törvényhozó
lawless ['lɔ:lɪs] *a* 1. törvényellenes, jogtalan 2. féktelen, vad, a törvénnyel szembehelyezkedő 3. törvény nélküli
law-lord *n GB* felsőház jogtanácsosa és tagja
law-maker *n* törvényhozó
lawn[1] [lɔ:n] *n* [nyírott] gyep, pázsit; ~ *tennis* tenisz [gyeppályán]
lawn[2] [lɔ:n] *n* (len)batiszt, patyolat
lawn-mower *n* fűnyíró gép
Lawrence ['lɔr(ə)ns; *US* -ɔ:-] *prop* Lőrinc
lawsuit *n* per; kereset; *bring a* ~ *against sy* pert indít vk ellen
lawyer ['lɔ:jə*] *n* jogász, ügyvéd
lax [læks] *a* 1. laza, ernyedt, petyhüdt 2. *átv* laza, fegyelmezetlen, hanyag 3. feslett, laza erkölcsű
laxative ['læksətɪv] *n* hashajtó
laxity ['læksətɪ] *n* 1. lazaság, ernyedtség, petyhüdtség 2. *átv* lazaság, fegyelmezetlenség, hanyagság 3. feslettség
lay[1] [leɪ] *n* dal, ballada
lay[2] [leɪ] *a* laikus, nem hivatásos
lay[3] [leɪ] **I.** *n* 1. fekvés; helyzet 2. *vulg* partner [közösüléshez] **II.** *v* (*pt/pp* **laid** leɪd) **A.** *vt* 1. (le)fektet, helyez, (fel)tesz; (fel)terít; ~ *the fire* tüzet rak; ~ *the cloth/table* terít, megterít(i az asztalt); ~ *flat/low* tönkretesz, lealacsonyít; ~ *open* (1) leleplez (2) lemeztelenít; ~ *oneself open to* kiteszi magát vmnek; ~ *waste* elpusztít; letarol; ~ *siege to* megostromol 2. csillapít, nyugtat, elcsendesít; ~ *a ghost/spirit* kísértetet elűz 3. tervez, kitervel, elrendez 4. kivet, kiró, kiszab 5. előad, előterjeszt [javaslatot] 6. tojik [tojást] 7. [fogadást] tesz; *I'll* ~ *you £10* 10 fontba fogadok veled . . .

8. *vulg* lefekszik [nővel] **B.** *vi* 1. fogad [pénzben] 2. tojik [tyúk] 3. fekszik
lay about *vi* vagdalkozik, üt-vág
lay aside *vt* 1. félretesz, megtakarít [pénzt] 2. abbahagy, felhagy (vmvel); letesz [könyvet]
lay by *vt* = *lay aside*
lay down *vt* 1. letesz; lefektet; ~ *oneself d.* lefekszik; ~ *d. a ship* hajót kezd építeni 2. lemond vmről, felhagy vmvel; ~ *d. one's life* életét feláldozza 3. lefektet; leszögez; megállapít
lay in *vt* beszerez, felhalmoz [készletet]
lay off A. *vt* 1. elkormányoz vhonnan [hajót] 2. elbocsát, elküld [munkást] **B.** *vi* leáll, nem dolgozik; abbahagyja a munkát
lay on *vt/vi* 1. bevezet [gázt stb. lakásba]; *with water laid on* folyóvízzel 2. felrak, felhord [festéket]; *biz* ~ *it on thick* (v. *with a trowel*) (1) nyal vknek (2) erősen túloz; *biz* ~ *it on* nem éppen kesztyűs kézzel bánik vkvel 3. kivet, kiró [adót]
lay out *vt* 1. elrendez; megtervez; kijelöl 2. kiterít, felravataloz [halottat] 3. kiad, befektet [pénzt] 4. *biz* leterít, kiüt; harcképtelenné tesz 5. □ kinyír 6. ~ *oneself out to* . . . törekszik vmre, felkészül vmre
lay to *vi* szél irányába(n) áll [hajó]
lay up *vt* 1. felhalmoz, beszerez, félretesz 2. ágyhoz köt; *be laid up* (*with*) nyomja az ágyat (vmvel)
lay[4] [leɪ] →*lie*[2] *II.*
layabout *n* naplopó, csavargó
lay-by *n GB* kitérő, pihenő(hely), parkoló(hely) [autópálya mellett]; leállósáv
lay-days *n pl* (hajóki)rakodási idő
layer ['leɪə*] *n* 1. réteg; ~ *cake* (réteges) torta 2. csőfektető/sínfektető munkás 3. tojó 4. bujtás, bujtvány 5. fogadó
layette [leɪ'et] *n* babakelengye
lay-figure *n* 1. próbababa 2. báb, jelentéktelen figura
laying ['leɪɪŋ] *n* 1. (le)fektetés, lerakás 2. tojásrakás
layman ['leɪmən] *n* (*pl* **-men** -mən) laikus, nem szakember; nem egyházi ember

lay-off *n* 1. létszámcsökkentés, elbocsátás 2. uborkaszezon
layout *n* 1. elrendezés, (tér)beosztás; terv(ezet), tervrajz, alaprajz; kitűzés 2. szedéstükör; beosztás 3. szerkezet; felszerelés
laze [leɪz] *vi* 1. lustálkodik, henyél, tétlenkedik 2. cselleng, lófrál
laziness ['leɪzɪnɪs] *n* lustaság
lazy ['leɪzɪ] *a* lusta, henyélő, tunya
lazy-bones *n pl* lusta ember
lazy-tongs *n pl* távfogó, távcsipesz
lb., lbs *pound*(s) font [súlyegység]
l.c., L/C *letter of credit* hitellevél
L.C.J. [elsi:'dʒeɪ] *Lord Chief Justice* →*justice*
LCM [ēlsi:'em] *least common multiple* →*multiple*
Ld. *Lord*
L-driver *n* tanuló vezető
L.E., LE [el'i:] *Labo(u)r Exchange*
lea [li:] *n* legelő, rét
leach [li:tʃ] A. *vt* 1. kilúgoz; ~ *out/away* lúgozással kivon 2. átáztat; átszűr; átmos, öblít B. *vi* 1. átszűrődik 2. átázik 3. kilúgozódik
Leacock ['li:kɔk] *prop*
lead¹ [led] I. *n* 1. ólom; ~ *poisoning* ólommérgezés; ~ *shot* sörét; *GB* □ *swing the* ~ „lóg" 2. mélységmérő ón, mérőón 3. grafit, ceruzabél; ~ *pencil* grafitceruza 4. ólomzár, plomba 5. *GB* ólomcsík [üvegezésnél] 6. sorköz [szedésben] II. *vt* 1. ólmoz, ólommal fed/tölt/zár 2. ritkít(va szed), sorközt tágít
lead² [li:d] I. *n* 1. vezetés; *take (over) the* ~ (1) átveszi a vezetést (2) kezdeményez; *follow sy's* ~ követ vkt; követi vk útmutatását 2. elsőség, főszerep, vezető szerep 3. mesterséges folyómeder, tápcsatorna 4. (kábel-) vezeték 5. hívás (joga) [kártyában] 6. póráz II. *v* (*pt/pp* led led) A. *vt* 1. vezet; irányít; ~ *captive* foglyul ejt; ~ *the way* előre/elöl megy (és mutatja az utat); ~ *the field* vezeti a mezőnyt [versenyen] 2. rábír, rávesz; késztet; *I was led to the conclusion that* arra a következtetésre jutottam, hogy ... 3. ~ *a life* ... vmlyen éle-

tet él, vmlyen sora van 4. vezényel [zenekart] 5. kezd, hív [kártyában] B. *vi* 1. elöl megy/van, uralkodik, vezető szerepe van 2. vhová visz/ vezet [út]; vezet (*to* vm vmre); *one word led to another* szó szót követett 3. [kártyában] (elsőnek) hív
  lead away *vt* elvezet
  lead off A. *vt* elvezet B. *vi* (meg-) kezd, (meg)nyit vmt
  lead on *vt* 1. előremegy, vezet, utat mutat (vknek) 2. *biz* ~ *sy on* beleloval/belevisz vkt vmbe
  lead up to A. *vt* vhová elvezet B. *vi* vhová kilyukad
leaded ['ledɪd] *a* ólmozott, ólmos
leaden ['ledn] *a* 1. ólom(ból való), ólomszínű, ólom- 2. nyomasztó; nehéz(kes), tompa
leader ['li:də*] *n* 1. vezető; vezér 2. karvezető, karmester; hangversenymester 3. vezércikk 4. vezérhajtás, vezérág 5. befűzővég [filmé] 6. ostorhegyes
leadership ['li:dəʃɪp] *n* 1. vezetés, vezérlet 2. vezetői képesség [emberé]
leading ['li:dɪŋ] *a* vezető; vezérlő; fő-; *GB* ~ *case* döntvény, elvi jelentőségű (bírói) határozat; ~ *lady* női főszereplő, primadonna; *biz* ~ *light* kiválóság [személy]; ~ *man* (1) fő ember, kiválóság (2) főszereplő; ~ *part* vezérszerep, főszerep; ~ *question* rávezető/ irányító kérdés
leading-strings *n pl* póráz, járószalag (*átv is*)
lead-off ['li:d-] *n* kezdés, kezdet
lead-ore ['led-] *n* ólomérc
leaf [li:f] I. *n* (*pl* leaves li:vz) 1. levél [növényen]; *in* ~ lombos, kilombosodott; *come into* ~ kilombosodik, kizöldül 2. lap [könyvé]; *turn over a new* ~ új életet kezd, megjavul; *take a* ~ *out of sy's book* követi vknek a példáját 3. szárny [ablaké, ajtóé]; (lehajtható) asztallap, asztaltoldat 4. fémfüst, fólia II. *vi* 1. (ki)lombosodik, kilevelesedik 2. lapoz [könyvben]; ~ *through a book* átlapoz könyvet
leaf-bud *n* levélrügy
leafless ['li:flɪs] *a* kopár, lombtalan

leaflet ['li:flɪt] n 1. falevelecske, levélke
2. röplap, röpirat; reklámcédula
leaf-mould n növényi trágya, komposzt
leaf-stalk n levélnyél, -szár
leafy ['li:fɪ] a leveles, lombos
league¹ [li:g] I. n szövetség, liga; the L~
of Nations a Népszövetség (1919—
1946) II. vi szövetkezik, szövetséget
köt
league² [li:g] n ⟨angol hosszmérték:
kb. 3 mérföld, 4,8 km⟩
Leah [lɪə] prop Lea
leak [li:k] I. n 1. lék, hasadék, hézag;
spring a ~ léket kap [hajó]; stop a ~
léket betöm 2. (el)szivárgás, kiszivár-
gás (átv is); kicsepegés; [elektromos]
vezetékhiba 3. biz do/take a ~ pisil
II. A. vi 1. szivárog, (ki)folyik, át-
ereszt; ~ out kiszivárog [hír] 2. léket
kap B. vt átv kiszivárogtat
leakage ['li:kɪdʒ] n 1. (el)szivárgás, ki-
szivárgás (átv is), kifolyás, kicsurgás
2. lyuk, tömítetlenség, áteresztés 3.
súlyveszteség
leaky ['li:kɪ] a lyukas, léket kapott,
áteresztő, folyató
lean¹ [li:n] I. a 1. sovány, ösztövér,
vézna, szikár 2. száraz, aszott, ter-
méketlen; ~ year szűkös/sovány esz-
tendő B. üres, tartalmatlan, unalmas
II. n a hús soványa
lean² [li:n] I. n (el)hajlás; lejtő; esés II.
v (pt/pp ~t lent v. ~ed lent v. li:nd)
A. vi 1. hajol, hajlik; nekidől, támasz-
kodik (átv is) 2. hajlama van; alkal-
mazkodik, hajlik (to vmre) 3. ferdén/
rézsútosan áll B. vt (neki)támaszt
lean against A. vt nekitámaszt (vmt
vmnek) B. vi támaszkodik (vmre),
nekidől (vmnek)
lean forward vi előrehajol, -dől
lean (up)on vi támaszkodik (vmre,
átv vkre), (vkre) bízza magát
lean out (of) vi kihajol [ablakon]
lean over vi áthajlik, áthajol (vmn);
biz ~ o. backwards kezét-lábát töri,
hogy . . .
leaning ['li:nɪŋ] I. a 1. hajló, ferde 2.
támaszkodó II. n hajlam, vonzalom
leanness ['li:nnɪs] n soványság
leant → lean² II.

lean-to n 1. fészer, szín, toldaléképület
2. fél(nyereg)tető
leap [li:p] I. n ugrás; átv a great ~ forward
nagy előrelépés/haladás; by ~s and
bounds rohamosan, ugrásszerűen; take
a ~ ugrik (egyet); a ~ in the dark
sötétbe ugrás; his heart gave a ~
megdobbant a szíve II. v (pt/pp ~t
lept és ~ed lept) A. vi ugrik, szökell;
~ at sg kap vmn [ajánlaton stb.];
~ for joy majd kiugrik a bőréből örö-
mében B. vt ugrat; átugrik (vmt)
leap-frog n bakugrás
leapt → leap II.
leap-year n szökőév
Lear [lɪə*] prop
learn [lə:n] vt (pt/pp ~t lə:nt és ~ed
lə:nt) 1. (meg)tanul 2. értesül (vm-
ről), megtud
learned ['lə:nɪd] a tanult, művelt, ala-
posan jártas (vmben), tudós; tudomá-
nyos; ~ journal tudományos (szak-)
folyóirat; ~ profession tudós pálya;
my ~ friend kb. (igen) tisztelt kollé-
gám [bírósági tárgyaláson]
learner ['lə:nə*] n 1. tanuló 2. ~
(-driver) tanuló vezető
learning ['lə:nɪŋ] n 1. tudás; tudomány;
man of great ~ nagy tudású ember;
seat of ~, institution of higher ~ tudo-
mányos intézmény/központ 2. tanu-
lás
lease [li:s] I. n 1. (haszon)bérlet; take
by/on ~ bérbe vesz; take a new ~ of
(US: on) life megifjul, újjászületik
2. (haszonbérleti) szerződés 3. (ha-
szon)bérlet időtartama II. vt 1. ~
out bérbe ad 2. bérbe vesz, kibérel
leasehold ['li:shoʊld] n (haszon)bérlet
leaseholder ['li:shoʊldə*] n (haszon)bérlő
leash [li:ʃ] I. n 1. póráz 2. a ~ of . . .
három [kutya stb.] II. vt pórázon ve-
zet, pórázra köt
least [li:st] a legkisebb, legkevesebb,
legcsekélyebb, legjelentéktelenebb; at
~ legalább; ~ of all legkevesebb (min-
denek közül); not in the ~ egyáltalán
nem; the ~ said the better jobb erről
nem beszélni; ~ said soonest mended
ne szólj szám, nem fáj fejem; beszél-
ni ezüst, hallgatni arany; to say the

~ *of it* nem akarok túlozni; enyhén szólva; *that's the* ~ *of my cares* legkisebb gondom is nagyobb annál **leastways** ['li:stweɪz] *adv biz* legalábbis, mindenesetre **leastwise** ['li:stwaɪz] *adv* = *leastways* **leather** ['leðə*] I. *n* [kikészített] bőr; *American* ~ viaszosvászon; *upper* ~ cipőfelsőrész; ~ *goods* bőrdíszműáru; *biz nothing like* ~ (1) a mi holmink a legjobb! (2) maga hazabeszél! II. *vt* 1. bőröz 2. (szíjjal, korbáccsal) elver, megkorbácsol **leatherette** [leðə'ret] *n* bőrutánzat, műbőr **leatherneck** *n US* □ tengerész **leather-work** *n* 1. bőripar 2. bőrkárpitozás **leathery** ['leðərɪ] *a* 1. bőrszerű 2. rágós **leave** [li:v] I. *n* engedély; eltávozás(i engedély), szabadság; búcsú; *by your* ~ (szíves) engedelmével; *take* ~ *of sy* elbúcsúzik vktől; *beg* ~ *to do sg* engedélyt kér vmre; *thirty days'* ~ egyhavi szabadság; *be on* ~ szabadságon van; ~ *of absence* szabadság; eltávozás II. *v* (*pt/pp* **left** left) A. *vt* 1. (el)hagy; hátrahagy, visszahagy; otthagy; ~ *hold of sg* ereszt vmt; *biz* ~ *go* ereszt; ~ *sy to himself* magára hagy vkt; *let us* ~ *it at that* hagyjuk ennyiben a dolgot 2. *be left* (meg)marad; *only two are left* már csak kettő van/maradt; *it was left unfinished* befejezetlen maradt; *nothing was left to me but* nem tehettem mást, mint 3. rábíz, átad; ráhagy, örökül hagy; *I* ~ *it to you* rád bízom 4. hagy, enged [tenni vmt] 5. elmegy, elutazik (vhonnan); ~ *the table* felkel az asztaltól; ~ *one's bed* felkel; ~ *London* elutazik L.-ból B. *vi* elmegy, elutazik; (el)indul **leave about** *vt* elszórva/rendezetlenül hagy **leave behind** *vt* elhagy, hátrahagy, otthagy, ottfelejt **leave for** *vi* elutazik/elmegy vhová **leave off** A. *vt* abbahagy; felhagy [szokással]; letesz, nem hord többet [ruhát] B. *vi* abbamarad, megszűnik; eláll [eső]

leave out *vt* kihagy, kifelejt **leave over** *vt* elhalaszt, későbbre halaszt **leaved** [li:vd] *a* -levelű, leveles **leaven** ['levn] I. *n* élesztő, kovász (*átv is*) II. *vt* 1. (meg)keleszt, erjeszt 2. *biz* átformál; befolyásol **leaves** →*leaf* **leave-taking** *n* elbúcsúzás, búcsú **leaving** ['li:vɪŋ] I. *a* távozó II. *n* 1. távozás; ~ *certificate* középiskolai végbizonyítvány, kb. érettségi bizonyítvány 2. **leavings** *pl* maradék(ok), maradvány, meghagyott dolgok **leaving-off time** üzemzárási idő **Lebanese** [lebə'ni:z] *a* libanoni **Lebanon** ['lebənən] *prop* Libanon **lecher** ['letʃə*] *n* buja ember, kéjenc **lecherous** ['letʃ(ə)rəs] *a* buja, kéjvágyó **lechery** ['letʃərɪ] *n* bujálkodás, kéjelgés **lectern** ['lektə:n] *n* pulpitus, olvasópolc **lecture** ['lektʃə*] I. *n* 1. előadás (*on* vmről), felolvasás 2. feddés, intés; *read sy a* ~ vkt megpirongat, megleckéztet II. A. *vi* előad (*on* vmről), előadás(oka)t tart B. *vt* 1. tanít, oktat 2. *biz* (meg)int, (meg)leckéztet **lecture-hall** *n* előadóterem **lecturer** ['lektʃ(ə)rə*] *n* 1. előadó 2. *kb.* adjunktus; *senior* ~ *kb.* (tanszékvezető) docens; *assistant* ~ *kb.* tanársegéd **lectureship** ['lektʃəʃɪp] *n* (egyetemi) előadói állás, docentúra **led** [led] *a* ~ *horse* vezetékló ‖ →*lead*² *II.* **ledge** [ledʒ] *n* 1. párkány; lépcsőzet; polc 2. él, szél, szegély 3. szirt **ledger** ['ledʒə*] *n* 1. főkönyv 2. keresztgerenda(-kötés) 3. lapjára fektetett kőtábla, sírkő(lap) 4. álló/állandó dolog **lee** [li:] *n* széltől mentes hely, szélárnyék; ~ *shore* szél alatti irányban fekvő part; ~ *side* szél alatti (v. szélmentes) oldal; ~ *tide* szélirányba folyó árapály **leech** [li:tʃ] *n* (*átv is*) pióca; *stick like a* ~ olyan mint a pióca, nem lehet lerázni **Leeds** [li:dz] *prop* **leek** [li:k] *n* póréhagyma; *biz eat the* ~ lenyeli a sértéseket/békát

leer [lɪə*] I. *n* 1. kacsintás 2. ravasz/vágyódó/rosszindulatú rábámulás, fixírozás II. *vi* ~ *at* *sy* (1) kacsint vkre (2) rábámul vkre, fixíroz vkt
lees [liːz] *n* *pl* üledék, vmnek az alja, zacc, seprő; *drink to the* ~ fenékig üríti a poharat
leeward ['liːwəd]; hajósok nyelvén: 'luː-əd] I. *a* szél alatti, szélárnyékos II. *adv* széltől védett helyre/oldalra III. *n* széltől védett (v. szél alatti) oldal/hely
leeway *n* 1. eltérés szélirányba 2. késés, elmaradás; *make up* ~ a hátrányt behozza, bepótol mulasztást
left¹ [left] I. *a* bal, bal oldali, bal kézre eső; ~ *hand* bal kéz →*left-hand;* *L~ Wing* balszárny [politikai ért.] II. *adv* balra, bal felé III. *n* 1. bal kéz/oldal 2. baloldal, ellenzék
left² [left] →*leave II.*
left-hand *a* 1. bal oldali, bal kéz felőli; balkezes; ~ *side* bal oldal 2. balmenetes [csavar stb.]
left-handed *a* balkezes (*átv is*), ügyetlen, suta; ~ *compliment* kétes értékű bók
left-hander [-'hændə*] *n* balkezes ember/ütés
leftist ['leftɪst] *a/n* baloldali (érzelmű), baloldali (politikai párthoz tartozó); balos; ~ *deviation* baloldali elhajlás
left-luggage *a* ~ *locker* poggyászmegőrző automata/rekesz; ~ *office* (pályaudvari) ruhatár, poggyászmegőrző
left-off *a* ~ *clothing* levetett (ócska) ruhák
left-over *n* maradék, maradvány
leftward ['leftwəd] *a/adv* bal felé, balra (tartó)
left-wing *a* baloldali, haladó, progresszív
leg [leg] I. *n* 1. láb(szár); comb; *be carried off one's* ~*s* leveszik a lábáról; ~ *of mutton* ürücomb →*leg-of-mutton; feel/find one's* ~*s* megáll a lábán, magára talál, talpra áll; *take to one's* ~*s* elinal; *on one's last* ~*s* a végét járja; *alig áll a lábán; give sy a* ~ *up* vknek a hóna alá nyúl, kisegít vkt [nehézségből]; *pull sy's* ~ ugrat/húz/

heccel vkt; *biz shake a* ~ táncol, „ráz"; *biz get a* ~ *in* behízelgi magát 2. szár [nadrágé, harisnyáé] 3. (út-) szakasz 4. ☐ csaló, hazardőr II. *vt* -gg- ~ *it* gyalogol, kutyagol
legacy ['legəsɪ] *n* örökség, hagyaték, ingó hagyomány; *come into a* ~ örököl
legal ['liːgl] *a* 1. törvényes, jogos, jogszerű 2. jogi; ~ *adviser* jogtanácsos, jogi tanácsadó; ~ *aid* (ingyenes) jogsegély; ~ *entity* jogi személy; ~ *fiction* jogi feltevés/fikció; ~ *force* joghatály, jogerő
legalism ['liːgəlɪzm] *n* ragaszkodás a törvény betűjéhez
legalistic [liːgə'lɪstɪk] *a* jogászias
legality [liː'gælətɪ] *n* törvényesség, jogszerűség
legalize ['liːgəlaɪz] *vt* 1. hitelesít; okiratilag igazol/bizonyít 2. törvényesít
legally ['liːgəlɪ] *adv* törvényesen, jogosan, legálisan
legate ['legɪt] *n* pápai nuncius
legatee [legə'tiː] *n* végrendeleti örökös, hagyományos
legation [lɪ'geɪʃn] *n* követség
legator [lɪ'geɪtə*] *n* örökhagyó
legend ['ledʒ(ə)nd] *n* 1. legenda, monda, rege 2. felirat [érmén, címeren, emlékműn], (kép)szöveg; jelmagyarázat [térképen]
legendary ['ledʒ(ə)nd(ə)rɪ; *US* -erɪ] I. *a* mesebeli, monda(bel)i, legendás II. *n* legendagyűjtemény
legerdemain [ledʒədə'meɪn] *n* bűvészkedés; bűvészmutatvány; szemfényvesztés (*átv is*)
-legged [-legd] lábú; →*leg II.*
leggings ['legɪŋz] *n* *pl* lábszárvédő
leggy ['legɪ] *a* hosszú lábú
Leghorn I. *prop* [leg'hɔːn] Livorno II. *n* l~ 1. ['leghɔːn] szalmakalap 2. [le'gɔːn; *US* 'leghɔːn] leghorn [baromfifajta]
legibility [ledʒɪ'bɪlətɪ] *n* olvashatóság
legible ['ledʒəbl] *a* olvasható, kibetűzhető, világos, tiszta
legion ['liːdʒ(ə)n] *n* 1. légió, csapat, hadtest; *Foreign L~* idegenlégió; *L~ of Honour* a Becsületrend 2.

31

sokaság, tömérdek ember; *their number is* ~ rengetegen vannak
legionary ['li:dʒənərɪ; *US* -erɪ] **I.** *a* légió-; légiós **II.** *n* légió tagja, legionárius
legislate ['ledʒɪsleɪt] *vi* törvényt hoz/ alkot
legislation [ledʒɪs'leɪʃn] *n* törvényhozás
legislative ['ledʒɪslətɪv; *US* -leɪ-] *a* törvényhozó(i)
legislator ['ledʒɪsleɪtə*] *n* törvényhozó
legislature ['ledʒɪsleɪtʃə*] *n* törvényhozás; törvényhozó testület
legitimacy [lɪ'dʒɪtɪməsɪ] *n* törvényesség; jogosultság, legitimitás; legalitás
legitimate I. *a* [lɪ'dʒɪtɪmət] törvényes, szabályszerű, legitim, jogos **II.** *vt* [lɪ'dʒɪtɪmeɪt] törvényesít, legalizál, igazol
legitimation [lɪdʒɪtɪ'meɪʃn] *n* törvényesítés, legalizálás, igazolás, hitelesítés
legitimatize [lɪ'dʒɪtɪmətaɪz] *vt* törvényesít
legless ['leglɪs] *a* lábatlan
leg-of-mutton *a* ~ *sail* háromszögvitorla; ~ *sleeve* sonkaujj [ruhán]
leg-pull(ing) *n biz* ugratás
leguminous [le'gju:mɪnəs] *a* hüvelyes [növény]
lei ['leɪɪ:] *n* hawaii virágfüzér
Leicester ['lestə*] *prop*
Leicestershire, Leics. ['lestəʃə*] *prop*
Leigh [li:] *prop*
leisure ['leʒə*; *US* 'li:-] **I.** *a* szabad, pihenő, ráérő; ~ *hours* üres órák/ idő; pihenőórák, -idő; ~ *time* szabadv. ráérő idő **II.** *n* szabadidő, ráérő idő; *be at* ~ szabad ideje van, ráér; *at one's* ~ vknek a kedve szerint, ha ideje/kedve van; *people of* ~ magánzók, munka nélkül vagyonukból élők
leisured ['leʒəd; *US* 'li:-] *a* kényelmes, henyélő, tétlen, munka nélkül jól élő; *the* ~ *classes* a vagyonos osztályok
leisurely ['leʒəlɪ; *US* 'li:-] **I.** *a* ráérő, kényelmes, lassú, komótos, nyugodt, megfontolt **II.** *adv* kényelmesen, nyugodtan, lassan, megfontoltan
Leman ['lemən] *prop Lake* ~ Genfi-tó
lemon ['lemən] *n* **1.** citrom; □ *hand sy*

a ~ becsap vkt [üzletkötésnél] **2.** *GB* □ csúnya és csacsi lány
lemonade [lemə'neɪd] *n* limonádé
lemon-drop *n* (citromízű) savanyú cukor
lemon-juice *n* citromlé
lemon-sole *n* lepényhal
lemon-squash *n GB* limonádé [szódavízzel]
lemon-squeezer *n* citromnyomó
Lemuel ['lemjʊəl] *prop* ⟨angol férfinév⟩
lemur ['li:mə*] *n* maki(majom)
lend [lend] *vt (pt/pp* lent lent) **1.** kölcsönöz, kölcsönad **2.** *átv* ad, nyújt, kölcsönöz; ~ *a hand* segít; ~ *an ear* meghallgat *(to sy* vkt); ~ *itself for sg* alkalmas vmre; ~ *oneself to sg* belemegy vmbe
lender ['lendə*] *n* kölcsönadó, kölcsönző
lending ['lendɪŋ] *n* kölcsönadás, kölcsönzés; ~(-)*library* kölcsönkönyvtár
lend-lease *n* kölcsönbérlet
length [leŋθ] *n* **1.** hosszúság, vmnek hossza; *full* ~ életnagyságú, teljes hosszúságú; *at full* ~ (1) egész hosszában/terjedelmében (2) hosszadalmasan; *5 feet in* ~ 5 láb hosszú; *go to any* ~(s) mindent elkövet, nem kímél fáradságot, semmitől sem riad vissza **2.** (idő)tartam; *at* ~ (1) végre, végül is (2) alaposan, hossza(sa)n, részletesen, hosszadalmasan; *for some* ~ elég sokáig/hosszasan
lengthen ['leŋθ(ə)n] **A.** *vt* (meg)hosszabbít, (ki)nyújt, elnyújt **B.** *vi* hosszabbodik, nyúlik, kiterjed
lengthways ['leŋθweɪz] **I.** *a* hosszirányú **II.** *adv* hosszában, hosszant
lengthwise ['leŋθwaɪz] *adv =* lengthways
lengthy ['leŋθɪ] *a* **1.** hosszadalmas, terjengős, szószátyár **2.** (eléggé) hosszú, hosszúkás
leniency ['li:njənsɪ] *n* elnézés, enyheség, szelídség
lenient ['li:njənt] *a* elnéző, enyhe, szelíd, nem szigorú
Leningrad ['lenɪngræd] *prop* Leningrád
Leninism ['lenɪnɪzm] *n* leninizmus
Leninist ['lenɪnɪst] *a/n* lenini, leninista
lenitive ['lenɪtɪv] **I.** *a* enyhítő, csillapító **II.** *n* fájdalomcsillapító (szer), enyhe nyugtató/hashajtó

lenity ['lenətɪ] n kegyelem; elnézés
Lenore [lə'nɔ:*] prop Eleonóra
lens [lenz] n [optikai] lencse
Lent¹ [lent] n nagyböjt; ~ term harmadik szemeszter [tanévé]
lent² → lend
Lenten ['lentən] a (nagy)böjti
lenticular [len'tɪkjʊlə*] a lencse alakú
lentil ['lentɪl] n lencse [növényi termés]
Leo ['li:oʊ] prop Leó
Leonard ['lenəd] prop Lénárd
leonine ['li:ənaɪn] a oroszlánszerű
Leonora [li:ə'nɔ:rə] prop Eleonóra, Leonóra
leopard ['lepəd] n leopárd, párduc; American ~ jaguár
Leopold ['lɪəpoʊld] prop Lipót
leotard ['li:ətɑ:d] n balett-trikó
leper ['lepə*] n leprás, bélpoklos
lepidopter [lepɪ'dɔptə*; US -'dɑ-] n (pl ~a lepɪ'dɔptərə v. ~s -z) lepkefélék
leprechaun ['leprəkɔ:n] n manó [ír néphitben], kobold
leprosy ['leprəsɪ] n lepra
leprous ['leprəs] n leprás, bélpoklos
Lesbian ['lezbɪən] I. a leszboszi II. n homoszexuális/„meleg" nő, leszbia
lesion ['li:ʒn] n 1. sérülés, horzsolás, seb; kóros elváltozás 2. sértés; sérelem
Leslie ['lezlɪ; US -s-] prop kb. László
less [les] I. a 1. kisebb, csekélyebb, kevesebb; grow ~ kisebbedik; ~ than six months hat hónapnál rövidebb ideig 2. alantasabb; no ~ person than the President nem kisebb személy, mint az elnök II. adv kevésbé, kisebb mértékben, nem annyira; even/still ~ (1) még kevesebb (2) még kevésbé; ~ and ~ egyre kevésbé; any the ~ annak ellenére (sem); none the ~ (1) mindazonáltal (2) annak ellenére(, hogy); the ~ annál kevésbé ... III. prep mínusz; levonva; 5 pounds ~ 3 pence 3 penny híján 5 font IV. n kevesebb; ~ than an hour nem egészen egy óra alatt
lessee [le'si:] n (haszon)bérlő
lessen ['lesn] A. vi kisebbedik, csökken, fogy B. vt kisebbít, csökkent, redukál, leszállít

lesser ['lesə*] a kisebb(ik), csekélyebb, kevesebb
lesser-known a kevéssé ismert
lesson ['lesn] n 1. lecke, feladat; hear the ~ kikérdezi a leckét, feleltet 2. tanítás, (tanítási) óra; take ~s in English angolórákat vesz 3. tanulság; let that be a ~ to you szolgáljon ez neked tanulságul; read sy a ~ vkt megleckéztet; draw a ~ from sg levonja a tanulságot vmből 4. szentlecke
lessor [le'sɔ:*] n bérbeadó
lest [lest] conj nehogy, hogy ... ne; ~ we forget hogy el ne felejtsük
let¹ [let] I. n bérbeadás, bérlet II. v (pt/pp ~; -tt-) A. vt 1. hagy, enged; ~ fall elejt; ~ go elereszt; ~ sy know sg tudat, tudtul ad, értesít vkt (vmről); please ~ me know legyen szíves értesíteni/tudatni (,hogy ...); ~ oneself go átadja magát egy érzelemnek, nekivadul; ~ pass elszalaszt [alkalmat] 2. bérbe ad, kiad; house to ~ kiadó ház B. vi GB bérbe adják; the rooms ~ well a szobákat könnyű bérbe adni III. v aux ⟨a felszólító mód 1. és 2. személy kifejezésére⟩; ~ us (v. let's) go! menjünk!, induljunk (el)!, gyerünk!; ~ there be light legyen világosság; ~ me see! (1) hadd lássam csak!, mutasd! (2) várjunk csak!; ~ AB be equal to CD tegyük fel, hogy AB egyenlő CD-vel || → alone
let by vt elenged maga mellett
let down vt 1. leenged, leereszt 2. becsap, felültet, átejt; cserbenhagy
let in vt 1. bereszt, beenged; ~ sy in on a secret vkt beavat titokba; ~ oneself in for sg vmre adja magát, vmbe hagyja magát berántani/beugratni 2. becsap, beránt (vkt bajba/vmbe); be ~ in for sg berántják/beugratják vmbe
let into vt 1. = let in 2. beavat [titokba] 3. betold [ruhába]; [ajtót] vág/illeszt a falba
let off vt 1. elfolyat, kienged [folyadékot] 2. elsüt [lőfegyvert]; kilő, felröpít [rakétát] 3. megbocsát, el-

enged, ereszt; *be ~ off with a fine* pénzbírsággal megússza
let on *vt* továbbmond, elárul, bevall
let out A. *vt* 1. kiereszt, kienged (vkt) 2. kifecseg [titkot], elárul 3. elenged, kienged, megszöktet 4. kienged, (ki)bővít [ruhát] 5. bérbe ad **B.** *vi ~ o.* *at sy* (1) nekiesik vknek (és veri) (2) *átv* nekimegy vknek, kirohan vk ellen
let through *vt* átenged, átereszt
let up *vi US* csökken, enyhül
let² [let] *n* 1. akadály; *without ~ or hindrance* (minden) akadály nélkül, teljesen szabadon 2. semmis ütés [teniszadogatásban]
let-down *n* 1. csökkenés, visszaesés 2. csalódás 3. (megalázó) cserbenhagyás, átejtés
lethal ['li:θl] *a* halálos; *~ dose* halálos adag
lethargic(al) [le'θɑ:dʒɪk(l)] *a* letargikus, tespedt, fásult, apatikus
lethargy ['leθədʒɪ] *n* letargia, közöny
Lethe ['li:θi:] *prop* Léthé
Letitia [lɪ'tɪʃɪə] *prop* Letícia
let's [lets] →*let¹ II.*
Lett [let] *n* lett (ember/nyelv)
letter ['letə*] I. *n* 1. betű; *to the ~* betűhíven, szó szerint 2. levél; irat; *~ of advice* feladási értesítés, avizó, értesítő levél; *~ of credence* megbízólevél; *~ of credit* hitellevél 3. **letters** *pl* irodalom(tudomány); *man of ~s* író(ember); irodalmár; tudós II. *vt* betűt rajzol
letter-balance *n* levélmérleg
letter-box *n* levélszekrény
letter-card *n* zárt levelezőlap
letter-carrier *n US* postás, (levél)kézbesítő
lettered ['letəd] *a* 1. művelt, irodalmilag képzett 2. felirattal ellátott
letter-file *n* levélrendező, irattartó
letterhead *n* cégjelzés, fejléc [levélpapíron]
lettering ['letərɪŋ] *n* 1. felirat; szöveg 2. betűtípus 3. betűvetés
letter-lock *n* kombinációs zár
letter-pad *n* (levélpapír)blokk, írótömb

letter-perfect *a* 1. betűhű 2. szerepét/leckéjét szó szerint tudó
letter-press *n* 1. szöveg(rész), (magyarázó) szöveg [képeké] 2. *~ (printing)* magasnyomás
letter-weight *n* levélnehezék
letting ['letɪŋ] *n* bérbeadás; bérlet; *furnished ~* bútorozva bérbe adott lakás/ház || →*let¹ II.*
Lettish ['letɪʃ] *a/n* lett (nyelv)
lettuce ['letɪs] *n* (fejes) saláta
let-up *n* abbahagyás, szünet, megállás, enyhülés
leucocyte ['lju:kəsaɪt] *n* fehér vérsejt
leuk(a)emia [lju:'ki:mɪə] *n* fehérvérűség
levee¹ ['levɪ] *n* a király délutáni fogadása [férfiak számára]
levee² ['levɪ] *n US* védőgát
level ['levl] I. *a* 1. sík, egyszintű, vízszintes; *~ with sg* (1) azonos magasságú/színvonalú vmvel (2) egy szinten/magasságban vmvel; *GB ~ crossing* szintbeni vasúti átjáró (v. útkereszteződés) 2. egyenlő, egyforma, azonos szinten levő; *do one's ~ best* megtesz minden tőle telhetőt; *~ tone* egyenletes hang 3. kiegyensúlyozott, nyugodt II. *n* 1. szint; vízszintes felület; felszín; *on a ~ with sg* vmvel egy szinten (*átv* színvonalon); *out of ~* egyenetlen 2. *átv* szint; színvonal; *of his own ~* egyenrangú, magaféle; *rise to the ~ of sy* vknek a színvonalára emelkedik; *biz on the ~* becsületes(en), egyenes(en); *biz I tell you this on the ~* igazán mondom ... 3. (víz)szintező III. *vt* -ll- (*US* -l-) 1. szintez, vízszintessé tesz, elegyenget 2. egy szintre hoz, kiegyenlít (*átv is*) 3. lerombol, földdel egyenlővé tesz 4. ráirányít; rászegez [fegyvert] (*at* vkre); *~ accusations against sy* vk ellen vádat emel; *~ a blow at sy* ütést mér vkre
level down *vt* 1. lesimít 2. alacsonyabb színvonalra leszállít
level off A. *vt* kiegyenlít **B.** *vi* kiegyenlítődik, egyenletessé válik
level up *vt* magasabb színvonalra emel
leveler →*leveller*

level-headed *a* higgadt, kiegyensúlyozott, megfontolt, nyugodt
leveling →*levelling*
leveller, *US* **-eler** ['lev(ə)lə*] *n* a társadalmi egyenlőség híve, egyenlőségpárti
levelling, *US* **-eling** ['lev(ə)lɪŋ] I. *a* szintező II. *n* szintezés, planírozás
level(l)ing-rod *n* szintezőléc
lever ['li:və*; *US* 'le-] I. *n* 1. emelő(rúd), emeltyű, emelőkar; kar; fogantyú 2. = *leverage* II. *vt/vi* ~ (*up*) emelővel (meg)emel
leverage ['li:v(ə)rɪdʒ; *US* 'le-] *n* 1. emelőerő, emelőhatás 2. eszköz [cél elérésére], befolyás, hatalom
leveret ['levrɪt] *n* ɪ yulacska, fiatal nyúl
Levi ['li:vaɪ] *prop* [bibliai] Lévi
leviathan [lɪ'vaɪəθn] *n* 1. vízi szörnyeteg 2. óriáshajó; szörnyű nagy dolog
Levi's, Levis ['li:vaɪz] *n pl* farmernadrág, -ruha, farmer
levitate ['levɪteɪt] *vi* lebeg
levitation [levɪ'teɪʃn] *n* lebegés
Leviticus [lɪ'vɪtɪkəs] *n* Mózes harmadik könyve
levity ['levətɪ] *n* 1. könnyűség 2. léhaság, komolytalanság
levy[1] ['levɪ] I. *n* 1. adószedés, (le)foglalás, zálogolás, rekvirálás 2. sorozás; besorozott katonák 3. befizetett/behajtott adó II. *vt* 1. beszed, behajt [adót stb.]; lefoglal, elkoboz 2. kiró, kivet, kiszab [bírságot stb.] 3. soroz 4. ~ *wur on* háborút indít (vk/vm ellen)
Levy[2] ['li:vɪ; *US* város: 'li:vaɪ] *prop*
lewd [lu:d] *a* buja, léha, züllött, feslett, fajtalan
Lewis ['lu:ɪs] *prop* 1. Lajos 2. ~ *gun* géppuska, golyószóró
lexical ['leksɪkl] *a* lexikális, szókészleti; szótári; ~ *unit* lexikai egység
lexicographer [leksɪ'kɒgrəfə*; *US* -'kɑ-] *n* 1. szótáríró, szótárszerkesztő, lexikográfus 2. lexikonszerkesztő
lexicography [leksɪ'kɒgrəfɪ; *US* -'kɑ-] *n* szótárírás; szótártan; lexikográfia
lexicology [leksɪ'kɒlədʒɪ; *US* -'kɑ-] *n* szó(készlet)tan, lexikológia
lexicon ['leksɪkən] *n* 1. [latin, görög, héber] szótár 2. szókészlet; szókincs

Lexington ['leksɪŋtən] *prop*
lexis ['leksɪs] *n* = *lexicon* 2.
LF [el'ef] *low frequency*
L.I. *Long Island* (USA)
liability [laɪə'bɪlətɪ] *n* 1. felelősség, kötelezettség; ~ *insurance* szavatossági biztosítás; (gépjármű-)felelősségbiztosítás; *Employers' L~ Act* munkásbiztosítási törvény; ~ *for military service* hadkötelezettség 2.
liabilities *pl* tartozások, teher, passzívák; *meet one's liabilities* fizetési kötelezettségeinek eleget tesz 3. *átv biz* teher(tétel) 4. hajlam
liable ['laɪəbl] *a* 1. felelős (*for* vmért), köteles (*for* vmre); ~ *to duty* vámköteles 2. hajlamos (*to* vmre) 3. *be* ~ *to sg* ki van téve vmnek; *difficulties are* ~ *to occur* nehézségek felmerülhetnek
liaison [li:'eɪzɔ:ŋ; *US* -'zɑn] *n* 1. összeköttetés, kapcsolat; ~ *officer* [li:'eɪz(ə)n] összekötő tiszt 2. (szerelmi) viszony
liar ['laɪə*] *n* hazug, hazudozó (ember)
Lib. [lɪb] *Liberal party*
libation [laɪ'beɪʃn] *n* 1. italáldozat 2. *biz* ivás, ivászat
libel ['laɪbl] I. *n* 1. rágalmazás, becsületsértés; *action for* ~ rágalmazási per 2. förmedvény, gúnyirat II. *vt* **-ll-** (*US* **-l-**) (meg)rágalmaz
libel(l)er ['laɪb(ə)lə*] *n* rágalmazó, becsületsértő
libel(l)ous ['laɪb(ə)ləs] *a* rágalmazó, becsületsértő
liberal ['lɪb(ə)rəl] I. *a* 1. bőséges; bőkezű, nagylelkű, nagyvonalú 2. szabadelvű, liberális; *L~ party* liberális párt 3. megértő, őszinte, elfogulatlan 4. *the* ~ *arts* kb. bölcsészettudomány II. *n* liberális (párt tagja)
liberalism ['lɪb(ə)rəlɪzm] *n* szabadelvűség, liberalizmus
liberality [lɪbə'rælətɪ] *n* 1. bőkezűség, nagylelkűség, nagyvonalúság 2. nagylelkű ajándék 3. pártatlanság; széles látókör
liberate ['lɪbəreɪt] *vt* felszabadít, megszabadít, felment
liberation [lɪbə'reɪʃn] *n* felszabadítás; felszabadulás; megszabadítás

liberator ['lɪbəreɪtə*] n felszabadító
Liberia [laɪ'bɪərɪə] prop Libéria
Liberian [laɪ'bɪərɪən] a/n libériai
libertine ['lɪbəti:n] a/n feslett (erkölcsű),
kicsapongó; excentrikus, különc
liberty ['lɪbətɪ] n 1. szabadság; be at
~ (to do sg) szabadságában/jogában
áll (vmt tenni); set at ~ kiszabadít,
kienged [börtönből]; ~ of the press
sajtószabadság; ~ of speech szólás-
szabadság; take the ~ to do sg bátorko-
dik tenni vmt; take liberties with sy
megenged magának vmt vkvel szem-
ben, szemtelenkedik; biz this is L~
Hall érezze otthonosan magát 2.
liberties pl előjogok, kiváltságok
libidinous [lɪ'bɪdɪnəs] a érzéki, buja
libido [lɪ'bi:doʊ] n libidó
Lib-Lab ['lɪb'læb] a/n a liberális párttal
kapcsolatot tartó munkáspárt(i)
libra ['laɪbrə] n font [súly]
librarian [laɪ'breərɪən] n könyvtáros
librarianship [laɪ'breərɪənʃɪp] n könyv-
tárosság
library ['laɪbrərɪ; US -erɪ] n könyvtár;
public ~ nyilvános könyvtár, köz-
könyvtár
librettist [lɪ'bretɪst] n szöveg(könyv)író
libretto [lɪ'bretoʊ] n szövegkönyv, lib-
rettó [operáé stb.]
Libya ['lɪbɪə] prop Líbia
Libyan ['lɪbɪən] a/n líbiai
lice [laɪs] →louse
licence, US -se ['laɪs(ə)ns] n 1. [ható-
sági] engedély, felhatalmazás, ipar-
engedély; jogosítvány, vezetői enge-
dély; ~ holder előfizető [tv, rádió] 2.
licenc; koncesszió 3. szabadosság
license ['laɪs(ə)ns] I. n US = licence; US
~ plate rendszámtábla II. vt (licence
is) engedélyez (vmt), engedélyt/jogo-
sítványt ad (vknek)
licensed ['laɪs(ə)nst] a 1. engedélyezett;
engedéllyel rendelkező; ~ house ható-
ságilag engedélyezett italmérés; ~
victualler italmérési engedéllyel ren-
delkező vendéglős 2. okleveles, képe-
sített
licensee [laɪs(ə)n'si:] n (ipar)engedélyes;
italmérési engedély birtokosa
licentiate [laɪ'senʃɪət] n ⟨a licenciátusi

fokozatot elnyert személy⟩, licenciá-
tus
licentious [laɪ'senʃəs] a kicsapongó,
szabados, féktelen, buja
lichen ['laɪkən] n 1. zuzmó 2. sömör
Lichfield ['lɪtʃfi:ld] prop
lich-gate ['lɪtʃ-] n temetőkapu [fedett]
licit ['lɪsɪt] a megengedett, törvényes
lick [lɪk] I. n 1. nyalás; biz a ~ and a
promise (1) cicamosdás (2) tessék-
lássék munka 2. □ at full ~ teljes
gőzzel II. vt 1. (meg)nyal; nyaldos
2. biz elver, eldönget; legyőz; that ~s
me ez nekem magas
lick into vt ~ i. shape (1) kipofoz,
helyrepofoz (vmt) (2) embert farag
(vkből)
lick off vt lenyal (vmt)
lick up vt felnyal (vmt)
licking ['lɪkɪŋ] n 1. nyalás 2. biz vere-
ség; (el)verés
lickspittle n tányérnyaló
licorice ['lɪkərɪs] n = liquorice
lid [lɪd] n 1. fedő, fedél; □ that puts the
~ on it! még csak ez hiányzott!,
ez mindennek a teteje! 2. szemhéj
lido ['li:doʊ] n strand(fürdő)
lie¹ [laɪ] I. n hazugság; tell a ~ hazudik;
give the ~ to (1) hazugsággal vádol
(2) meghazudtol; white ~ ártatlan
hazugság II. vi (pt/pp ~d laɪd, pres
part lying 'laɪŋ) hazudik
lie² [laɪ] I. n 1. fekvés, helyzet; the ~
of the land (1) terepviszonyok (2)
átv a dolgok állása, a (pillanatnyi)
helyzet 2. tanya, vacok [állaté] II.
vi (pt lay leɪ, pp lain leɪn, pres part
lying 'laɪŋ) 1. fekszik, hever; here
lies ... itt nyugszik; ~ at the mercy
of sy ki van szolgáltatva vk kényé-
nek; ~ at sy's door vknek a lelkén
szárad; as far as in me ~s amennyire
tőlem függ; sg ~s heavy on sg (1)
vm megfekszi (a gyomrát) (2) vm
nyomja (a lelkiismeretét); time ~s
heavy on his hands unatkozik, nem
tud idejével mit kezdeni 2. fekszik,
elterül [város stb.] 3. horgonyoz,
vesztegel [hajó] 4. [kereset, fellebbe-
zés stb.] fenntartható, elfogadható;
an appeal ~s fellebbezésnek helye

van; *the appeal does not* ~ nincs helye
a fellebbezésnek
lie about *vi* szanaszét hever
lie back *vi* hátradől
lie by *vi* **1.** pihen, nyugszik, hasz-
nálatlanul hever **2.** kéznél van
lie down *vi* **1.** lefekszik [ágyra],
leheveredik **2.** ~ *d.* (*under*), *take* (*sg*)
lying d. lenyel, zsebre vág, (zok)szó
nélkül eltűr [sértést]
lie in *vi* **1.** gyermekágyban fekszik
[asszony], vajúdik **2.** ágyban marad
[lustálkodásból]
lie off *vi* **1.** munkát abbahagy;
vmtől távol marad **2.** a parttól távol
horgonyoz
lie over *vi* elhalasztódik [későbbi
döntésre]; *let sg* ~ *o.* elhalaszt vmt
lie to *vi* vesztegel [hajó]
lie under *vi* vm alatt fekszik/seny-
ved, vmnek ki van téve
lie up *vi* **1.** ágyban marad [betegen]
2. leáll, dokkba megy [hajó]
lie with *vi* **1.** *it* ~*s w. you* (1) tőled
függ, te döntesz (2) a te hibád **2.** †
hál (vkvel)
lie-abed ['laɪəbed] *a|n* lustálkodó, hét-
alvó, későn kelő
lie-detector *n US* hazugságmérő készü-
lék
lief [li:f] *adv* † szíves(ebb)en; *I had|*
would as ~ én inkább . . .
liege [li:dʒ] *a* ~ *lord* hűbérúr
liegeman *n* (*pl* -**men**) hűbéres, vazallus
lien [lɪən] *n* visszatartási jog, zálogjog
lieu [lju: v. lu:] *n in* ~ *of sg* vm helyett
Lieut. *Lieutenant*
lieutenancy [*GB* hadseregben lef'ten-
ənsɪ, *GB* tengerészetnél lə't- v.
le't-; *US* lu:'t-] *n GB* főhadnagyi rang
lieutenant [*GB* hadseregben lef'tenənt,
GB tengerészetnél lə't- v. le't-; *US*
lu:'t-] *n* **1.** *GB* főhadnagy; *US* had-
nagy; *US first* ~ főhadnagy; *GB US*
second ~ hadnagy **2.** helyettes; *Lord*
L~ főispán
lieutenant-colonel *n* alezredes
lieutenant-general *n* altábornagy
life [laɪf] *n* (*pl* **lives** laɪvz) **1.** élet;
true to ~ élethű; *such is* ~ ilyen az
élet; *bring to* ~ feléleszt; *come to* ~

magához tér; *draw from* ~ természet
után ábrázol/rajzol; *drawn to the* ~
élethűen ábrázolva; *run for* (*dear*) ~
(futva) menti az irháját; *seek the* ~
of sy vknek az életére tör; *take one's*
own ~ öngyilkosságot követ el;
tired of ~ életunt; *upon my* ~! becsü-
letszavamra!; *not on your* ~ semmi
esetre sem; *not for the* ~ *of me* a vi-
lágért sem, ha agyonütnek sem . . .
2. élet(tartam), élethossz; ~ *annuity|*
rent életjáradék; ~ *assurance|insur-*
ance életbiztosítás; ~ *estate* élet-
fogytig tartó haszonélvezet; ~ *expec-*
tancy valószínű élettartam; ~ *member*
örökös tag [egyesületben]; *for* ~
életfogytiglan **3.** életerő, éltető erő,
energia **4.** ~ (*story*) élettörténet, élet-
rajz **5.** az élet, a nagyvilág; *see* ~
világot lát
life-belt *n* mentőöv
life-blood *n* **1.** az élet fenntartásához
szükséges vér **2.** erőforrás, életerő;
éltető elem
life-boat *n* mentőcsónak
life-bouy *n =* *life-belt*
life-giving *a* életadó, éltető, erősítő
life-guard *n* **1.** testőr **2.** *US* strandőr,
mentő [tengerparton]
life-interest *n* életfogytiglani haszonél-
vezet; életjáradék
life-jacket *n* mentőmellény
lifeless ['laɪflɪs] *a* élettelen
life-like *a* élethű
life-line *n* **1.** mentőkötél **2.** búvárkötél
3. biztosítókötél [hajó peremén] **4.**
létfontosságú utánpótlási vonal
lifelong *a* egész életen át tartó, életre
szóló
life-preserver *n* **1.** mentőkészülék, -mel-
lény **2.** *GB* ólmosbot, gumibot
lifer ['laɪfə*] *n biz* életfogytiglanra ítélt
(rab)
life-saver *n* **1.** (élet)mentő **2.** mentőöv
life-sized *a* életnagyságú
life-style *n* életvitel
life-table *n* élettartam-táblázat [bizto-
sítóé]
lifetime *n* élet(tartam); *in our* ~ a mi
életünk tartama alatt, a mi időnkben,
korunkban

life-work *n* életmű
Liffey ['lɪfɪ] *prop*
lift [lɪft] **I.** *n* **1.** (fel)emelés **2.** (fel)emelkedés **3.** *GB* lift, felvonó **4.** *biz* segítség; *give sy a* ~ (1) felvesz vkt a kocsijára, elvisz vkt (egy darabon) (2) „feldob" vkt [vm örömteli dolog] **II. A.** *vt* **1.** (fel)emel; ~ *up one's eyes* felnéz (vmből v. vhova); ~ *up one's head* (1) felemeli a fejét (2) összeszedi magát; ~ *potatoes* krumplit szed [földből]; ~ *the receiver* felveszi a kagylót/telefont **2.** *have one's face* ~*ed* felvarratja a ráncait [nő], fiatalító műtétet végeztet **3.** felold, megszüntet; ~ *controls* korlátozást megszüntet **4.** *biz* elemel, ellop **B.** *vi* (fel)emelkedik, kiemelkedik; felszáll; ~ *off* felemelkedik, felszáll [űrhajó]
lift-attendant/boy *n* liftkezelő, liftes
lifting ['lɪftɪŋ] *n* emelés
lift-man *n* (*pl* -men) = *lift-attendant*
lift-off *n* felszállás, felemelkedés [űrhajóé]
ligament ['lɪgəmənt] *n* **1.** kötelék (*átv is*); kötőzőszalag **2.** (ín)szalag
ligature ['lɪgətʃʊə*] *n* **1.** kötés; érlekötő fonal **2.** elkötés, lekötés [éré] **3.** ikerbetű, ligatúra **4.** kötőív [zenében]
light¹ [laɪt] **I.** *a* **1.** világos, jól megvilágított **2.** ragyogó, csillogó, tiszta **3.** sápadt, halvány (színű) **4.** szőke **II.** *n* **1.** fény, világosság; megvilágítás (*átv is*); *the* ~ *of day* napfény, nappali világosság; *come to* ~ napvilágra kerül; *bring to* ~ kiderít; *biz he was beginning to see* ~ kezdett derengeni előtte a dolog; elővette jobbik eszét; *in the* ~ *of sg* vmnek fényében/figyelembevételével; *sit in one's own* ~ fénynek háttal ül; *according to one's* ~*s* belátása/ismeretei szerint; *throw new* ~ *upon sg* vmt új megvilágításba helyez; *I do not look upon it in that* ~ én nem így látom (a dolgot) **2.** fény(forrás); lámpa; *the* ~*s* világítás; *turn the* ~*s on* meggyújtja a villanyt; bekapcsolja a világítást; ~*s out* lámpaoltás **3.** tűz; láng; *give a* ~ tüzet ad; *strike a* ~ gyufát gyújt; *set* ~ *to sg* meggyújt vmt **4.** ablak-

(nyílás) **III.** *v* (*pt*/*pp* ~*ed* 'laɪtɪd v. lit lɪt) **A.** *vt* **1.** (meg)gyújt [tüzet, lámpát]; begyújt [gázt]; ~ *a cigarette* rágyújt (egy cigarettára) **2.** (meg-)világít; ~*ed*/*lit by electricity* villanyvilágítású **B.** *vi* **1.** meggyullad [tűz, lámpa] **2.** kiderül, kivilágosodik **light up A.** *vt* **1.** kivilágít [szobát, utcát stb.]; bevilágít [térséget]; *be lit up* (1) ki van világítva (2) □ részeg **2.** derűssé tesz **B.** *vi* **1.** villanyt/lámpát gyújt; bekapcsolja a világítást **2.** kigyullad; kivilágosodik **3.** *biz* rágyújt [dohányos] **4.** felderül, felragyog [arc]
light² [laɪt] **I.** *a* **1.** (*átv is*) könnyű; ~ *horse* könnyűlovasság; ~ *sleeper* éberen alvó; ~ *reading* könnyű olvasmány; *biz make* ~ *of sg* nem csinál nagy dolgot vmből, könnyen vesz vmt **2.** könnyed, elegáns **3.** szelíd, finom, tapintatos **4.** jelentéktelen; gyenge [szellő, fagy]; enyhe [betegség, büntetés]; nem hangsúlyos [szótag] **5.** léha, könnyelmű; ~ *woman* könnyű fajsúlyú (v. feslett) nő **II.** *adv* **1.** könnyen; *sleep* ~ éberen alszik; *travel* ~ kevés csomaggal utazik **2.** könnyedén; *biz get off* ~ enyhe büntetéssel megússza **3.** üresen [jár motor] **III.** *vi* **1.** leszáll [lóról, kocsiról]; ~ *on one's feet* talpra esik **2.** rászáll, felszáll (*on*/*upon* vmre) **3.** ~ (*up*)*on sg* rátalál/rábukkan/(rá-)akad vmre ∥ → *lights*
light-coloured *a* világos (színű), halvány
lighten¹ ['laɪtn] **A.** *vt* megvilágít, kivilágít **B.** *vi* **1.** villámlik, szikrázik **2.** megvilágosodik, kivilágosodik, kiderül
lighten² ['laɪtn] **A.** *vt* **1.** könnyebbít, csökkenti a terhelését **2.** felvidít **B.** *vi* **1.** könnyebbedik **2.** megkönnyebbül; felvidul
lighter¹ ['laɪtə*] *n* **1.** (lámpa)gyújtó **2.** öngyújtó
lighter² ['laɪtə*] *n* kirakó-, átrakóhajó, uszály
lighterage ['laɪtərɪdʒ] *n* átrakodási díj
lighter-than-air craft léghajó, léggömb (a repülőgéppel ellentétben)

light-fingered *a* 1. könnyű kezű 2. *biz the* ~ *gentry* a zsebtolvajok, a zsebesek
light-footed *a* fürge, gyors lábú
light-handed *a* könnyű kezű
light-headed *a* 1. könnyelmű, feledékeny, szórakozott 2. bolond, gyengeelméjű, dilinós
light-hearted *a* vidám, gondtalan
light-house *n* világítótorony
lighting ['laɪtɪŋ] *n* 1. (meg)gyújtás 2. (meg)világítás; ~ *effects* fényhatások
lighting-up time lámpagyújtás ideje
lightish[1] ['laɪtɪʃ] *a* meglehetősen világos
lightish[2] ['laɪtɪʃ] *a* meglehetősen könnyű
lightly ['laɪtlɪ] *adv* 1. könnyen, könnyedén; ~ *come* ~ *go* könnyen szerzett jószág könnyen is vész el 2. fürgén, könnyedén 3. felszínesen, könnyelműen
light-meter *n* fénymérő
light-minded *a* könnyelmű
lightning ['laɪtnɪŋ] *n* villám(lás); *summer/corn* ~ száraz villám, villódzás az ég alján; *US* ~ *bug* szentjánosbogár; *with* ~ *speed, like greased* ~ villámgyorsan
lightning-conductor/rod *n* villámhárító
lights [laɪts] *n pl* tüdő, pejsli [hentesáru]
lightship ['laɪt-ʃɪp] *n* világító-/fényjelző hajó [világítótoronyként]
lightsome ['laɪtsəm] *a* 1. fürge, könnyed, kecses 2. vidám, derűs
lightweight *a/n* könnyűsúly(ú)
lightwood *n US* gyújtós
light-year *n* fényév
ligneous ['lɪgnɪəs] *a* fás, faszerű
lignite ['lɪgnaɪt] *n* lignit, barnaszén
likable ['laɪkəbl] *a* = likeable
like[1] [laɪk] I. *a* 1. hasonló; *what is he* ~? hogy néz ki?, milyen (forma) ember ő?; *what is it* ~? milyen?, hogy néz ki?; *whom is he* ~? kihez hasonlít?; *biz ah, that's something* ~! ez már teszi!, ezt már teszem!; *something* ~ *ten pounds* körülbelül/ úgy tíz font; *there is nothing* ~ *sg* nincs párja, mindennél többet ér 2. ugyanolyan, jellemző, (vkre/vmre) valló; *just* ~ *you!* ez jellemző rád!; ~ *master* ~ *man* amilyen az úr olyan a szolga; ~ *father* ~ *son* az alma nem

esik messze a fájától 3. hajlandó/hajlamos vmre, hangulata/kedve van (vmt csinálni); *I feel* ~ *working* kedvem van dolgozni II. *adv/prep/ conj* 1. hasonlóan vmhez, mint, úgy amint; *do not talk* ~ *that* ne beszélj így 2. valószínűleg; ~ *enough,* ~ *as not* igen valószínű(en) III. *n* hasonmás, hasonló; *biz for the* ~*s of me* magamfajta (szegény) embernek; *and the* ~ és még hasonlók; és így tovább
like[2] [laɪk] I. *n* ~*s and dislikes* rokonszenvek és ellenszenvek II. *vt* 1. szeret, kedvel; tetszik; *as you* ~ ahogy tetszik/parancsolja; *how do you* ~ *it?* hogy tetszik?; *biz I* ~ *that!* ez aztán a teteje mindennek!, ejha! 2. akar, óhajt, kíván; *if you* ~ ha akarja, ha úgy tetszik; *I should* ~ *to . . .* szeretnék . . .; szeretném [tudni]; *I would* ~ *a cup of tea* szeretnék/kérek egy csésze teát
-like[3] [-laɪk] -szerű
likeable ['laɪkəbl] *a* szeretetre méltó, rokonszenves, kedves
likelihood ['laɪklɪhʊd] *n* valószínűség
likely ['laɪklɪ] I. *a* 1. valószínű, hihető; *it is* ~ *to rain* valószínűleg esni fog, eső várható; *it is* ~ *to happen* könnyen megeshetik, számítani lehet rá, várható 2. megfelelő, sokat ígérő; *a* ~ *young fellow, a* ~ *lad* belevaló gyerek II. *adv (most/very)* ~ valószínűleg; *as* ~ *as not* meglehet, amennyire tudom/ gondolom, alighanem
like-minded *a* hasonló gondolkodású
liken ['laɪk(ə)n] *vt* összehasonlít (*to*-val)
likeness ['laɪknɪs] *n* 1. hasonlóság 2. arckép, képmás
likewise ['laɪkwaɪz] *adv* hasonlóképpen, éppúgy, ugyanúgy, szintén
liking ['laɪkɪŋ] *n* szeretet, tetszés; *to one's* ~ kedve szerint; *have a* ~ *for sy/sg* szeret/kedvel vkt/vmt; *take a* ~ *for/to sy* megszeret/megkedvel vkt
lilac ['laɪlək] *n* 1. orgona [virág] 2. lila szín
Lilian ['lɪlɪən] *prop* Lili(ána)
Lilliput ['lɪlɪpʌt] *prop* Liliput
Lilliputian [lɪlɪ'pju:ʃjən; *US* -ʃən] *a* liliputi, törpe, apró

lilt [lɪlt] I. n 1. ritmus; lendület 2. élénk/ vidám dal II. vt/vi dallamosan/lendületesen énekel
lily ['lɪlɪ] n liliom; ~ hand hófehér kéz; ~ of the valley gyöngyvirág
lily-livered [-'lɪvəd] n gyáva, nyúlszívű
lily-white n liliomfehér
limb [lɪm] n 1. (vég)tag; ~ of the law rendőr; jogász 2. (vastag) faág, főág; biz out on a ~ hátrányos/kockázatos helyzetbe(n) 3. rossz kölyök; ~ of Satan pokolfajzat
-limbed [-lɪmd] végtagú, -kezű, -lábú
limber¹ ['lɪmbə*] I. n 1. ágyútaliga, (löveg)mozdony 2. kocsirúd II. vt ~ (up) taligához köt, felmozdonyoz [löveget]
limber² ['lɪmbə*] I. a hajlékony, rugalmas; ruganyos, fürge II. vi/vt ~ up bemelegít, lazít
limbo ['lɪmboʊ] n 1. a pokol tornáca 2. börtön 3. elfeledettség
lime¹ [laɪm] I. n mész II. vt 1. meszez [talajt] 2. léppel fog [madarat]
lime² [laɪm] n lime ⟨apró zöld citromfajta⟩
lime³ [laɪm] n hársfa
lime-burner n mészégető
lime-juice n limonádé, citromlé
lime-kiln n mészégető kemence
lime-light n rivaldafény, reflektorfény; in the ~ az érdeklődés középpontjában/homlokterében, a nyilvánosság rivaldafényében
limen ['laɪmen] n [lélektani] küszöb
lime-pit n 1. mészkőbánya 2. meszesgödör
limerick ['lɪmərɪk] n ⟨ötsoros vidám abszurd vers „aabba" rímképlettel⟩
limestone n mészkő
lime-tree n hársfa
lime-twig n lép(es)vessző
lime-wash I. n meszelés II. vt (be)meszel
limit ['lɪmɪt] I. n határ, korlát; US off ~s (1) megengedett területen kívüli (2) tilos terület; set a ~ to sg határt szab vmnek; within ~s bizonyos fokig, bizonyos határok között; biz that's the ~! ez aztán már sok a jóból! II. vt korlátoz, megszorít
limitation [lɪmɪ'teɪʃn] n 1. korlátozás,

(el)határolás; have one's ~s megvannak a maga korlátai 2. elévülés; term of ~ elévülési határidő
limited ['lɪmɪtɪd] n meghatározott, korlátolt, korlátozott; ~ edition számozott példányszámú kiadás; GB ~ (liability) company (Ltd.) korlátolt felelősségű társaság (Kft.); ~ monarchy alkotmányos királyság
limitless ['lɪmɪtlɪs] a határtalan, korlátlan, végtelen
limn [lɪm] vt † (le)rajzol, ábrázol, lefest
limousine ['lɪmuːziːn] n zárt karosszériájú autó, limuzin
limp¹ [lɪmp] I. n bicegés, sántítás, sántikálás; walk with a ~ = limp¹ II. II. vi biceg, sántít, sántikál
limp² [lɪmp] a 1. puha; hajlékony 2. erőtlen, gyenge, petyhüdt
limpet ['lɪmpɪt] n tapadó tengeri csiga; stick like a ~ olyan mint a pióca/kullancs
limpid ['lɪmpɪd] a tiszta, átlátszó
limpidity [lɪm'pɪdətɪ] n tisztaság [vízé, stílusé]
limpness ['lɪmpnɪs] n 1. puhaság; hajlékonyság 2. erőtlenség, gyengeség, petyhüdtség
limy ['laɪmɪ] a 1. enyves, ragadós 2. meszes
linage ['laɪnɪdʒ] n sorok száma (szerinti díjazás)
linaria [laɪ'neərɪə] n gyújtoványfű, oroszlánszáj
linchpin ['lɪntʃpɪn] n 1. tengelyszög 2. átv összetartó kapocs
Lincoln ['lɪŋkən] prop
Lincolnshire ['lɪŋkənʃə*] prop
Lincs. [lɪŋks] Lincolnshire
linden (tree) ['lɪndən] n hársfa
Lindisfarne ['lɪndɪsfɑːn] prop
line [laɪn] I. n 1. vonal, egyenes; ~ diagram/drawing vonalas rajz, vázlat; ~ of danger veszélyzóna; ~ of houses házsor; in ~ with sg (1) párhuzamosan/kapcsolatban vmvel (2) US vmvel összhangban; keep in ~ with sy lépést tart vkvel 2. vezeték [villamos]; zsinór; vonal [telefon] 3. (vasút)vonal, útvonal, járat; pálya; down the ~ lefelé [fővárosból]; up the ~ felfelé [főváros

felé] 4. körvonal; vonal [ruháé stb.]
5. határ(vonal); *draw the ~ at sg* vhol
megvonja a határt, vmt már nem
tűr/néz el 6. (irány)vonal [politikailag]; *take a strong ~* erélyesen lép fel
7. sor; *~ of cars* kocsisor; *stand in ~*
sorban áll; *fall into ~ with* (1) beáll a
sorba (2) csatlakozik (vkhez), felzárkózik (vkhez) 8. csatasor, arcvonal;
go up the ~ előremegy az arcvonalba,
kimegy a frontra 9. sor [írott, nyomtatott]; *biz it's hard ~s!* ez nagy pech !;
~s pl (1) írásbeli büntetés [iskolában]
(2) szerep [színészé] 10. *biz* tájékoztatás; *give sy a ~ on sg* tájékoztat vkt
vmről 11. (származási) ág, leszármazás; *in direct ~* egyenes ágon; *come
from a long ~ of teachers* régi tanítói
családból származik 12. foglalkozás(i ág), szakma; *what's your ~?* mi
a szakmája/foglalkozása?, mivel foglalkozik?; *that's not in my ~* ehhez
nem értek, ez nem az én szakmám 13.
~ (of goods) árufajta, árucikk 14. vonás [egy *inch* 12-ed része] II. *vt* 1.
(meg)vonalaz, vonala(ka)t húz, vonalkáz 2. (fel)sorakoztat, sorba állít 3.
(ki)bélel; megtöm, (meg)tölt; *have
one's pockets well ~d* tele van a
zsebe (pénzzel) 4. szegélyez
line off/out *vt* vonalakkal elválaszt/megjelöl
line through *vt* áthúz, kihúz [egy
vonással]
line up A. *vt* sorba állít/rak, felsorakoztat **B.** *vi* 1. felsorakozik; sorba áll
(*for* vmért) 2. *~ up with sy* egyetért
vkvel, közös állásponton van vkvel;
US vk mellé áll
lineage ['lɪnɪɪdʒ] *n* (le)származás, felmenő/lemenő ág, családfa
lineal ['lɪnɪəl] *a* 1. vonalas, egyenes 2.
egyenes ági
lineament ['lɪnɪəmənt] *n* arcvonás, ismertető/megkülönböztető vonások
linear ['lɪnɪə*] *a* vonalas, lineáris, egyenes irányú, hosszirányú; *~ dimension*
hosszméret; *~ equation* elsőfokú egyenlet; *~ measure* hosszmérték
lined [laɪnd] *a* 1. vonalas, (meg)vonalazott 2. barázdás [arc] 3. bélelt

line-engraving *n* 1. rézmetszés 2. rézmetszet
line-fishing *n* horgászat
lineman ['laɪnmən] *n* (*pl -men -mən*) 1.
(vasúti) pályaőr, vonalvizsgáló [pl.
telefonvezetéké] 2. (gyalogos) közkatona 3. = *linesman*
linen ['lɪnɪn] *n* vászon, fehérnemű
linen-draper *n* fehérnemű-kereskedő
liner ['laɪnə*] *n* 1. (óceán)járó, (menetrendszerű) személyszállító hajó 2.
(*air-*)*~* utasszállító (repülő)gép
linesman ['laɪnzmən] *n* (*pl -men -mən*)
1. vonalbíró, pontjelző [sportban] 2.
= *lineman 1.*
line-up *n* 1. feláll(ít)ás [futballcsapaté]
2. műsor [rádióban, tévében]
ling¹ [lɪŋ] *n* gadóchal
ling² [lɪŋ] *n* hanga, erika
linger ['lɪŋɡə*] *vi* 1. időzik, kés(leked)ik;
habozik; *~ about/around* őgyeleg 2. elnyúlik [időben]; *~ on* tovább él [szokás]
lingerie ['læŋʒəri:; *US* -'ri:] *n* női fehérnemű
lingering ['lɪŋɡərɪŋ] *a* 1. hosszadalmas;
lassú lefolyású 2. késlekedő, habozó
3. sóvár, epedő
lingo ['lɪŋɡoʊ] *n* (*pl ~es -z*) 1. nyelvjárás; (szak)zsargon 2. (idegen) nyelv
3. halandzsa, zagyva beszédmód
lingual ['lɪŋgw(ə)l] *a* nyelvi-, nyelv-
linguist ['lɪŋgwɪst] *n* 1. nyelvész 2.
nyelveket tudó
linguistic [lɪŋ'gwɪstɪk] *a* nyelvi; nyelvészeti, nyelvtudományi
linguistics [lɪŋ'gwɪstɪks] *n* nyelvészet,
nyelvtudomány
liniment ['lɪnɪmənt] *n* híg kenőcs
lining ['laɪnɪŋ] *n* bélés, szigetelés; *every
cloud has a silver ~* minden rosszban
van vm jó is, borúra derű
link¹ [lɪŋk] I. *n* 1. láncszem, (lánc)tag;
összekötő rész/kapocs; *missing ~*
hiányzó láncszem 2. ⟨hosszmérték:
20,1 cm⟩ 3. kézelőgomb 4. csukló,
ízület II. A. *vt* összeláncol; összeköt,
-kapcsol, -fűz; *they ~ed arms* karon
fogták egymást B. *vi ~ up* összekapcsolódik (vmvel); társul (vkvel)‖ → *links*
link² [lɪŋk] *n* fáklya

linkage ['lɪŋkɪdʒ] n 1. (erőátviteli) kapcsolószerkezet 2. kapcsolat, kapcsolódás
linkboy n † fáklyavivő
linkman ['lɪŋkmən] n (pl -men -mən) 1. küldönc, kifutó 2. = linkboy
links [lɪŋks] n golfpálya
link-up n 1. összeköttetés, csatlakozás 2. összekapcsolódás
linnet ['lɪnɪt] n kenderike
lino ['laɪnoʊ] n linóleum
lino-cut n linóleummetszet
linoleum [lɪ'noʊljəm] n linóleum
linotype ['laɪnətaɪp] n sorszedőgép
linseed ['lɪnsiːd] n lenmag; ~ cake lenmagpogácsa; ~(-)oil lenolaj
lint [lɪnt] n tépés [sebkötéshez]
lintel ['lɪntl] n szemöldökfa
lion ['laɪən] n 1. oroszlán; ~'s share oroszlánrész; beard the ~ in his den bemerészkedik az oroszlánbarlangba 2. híres ember; make a ~ of sy ünnepel vkt
Lionel ['laɪənl] prop ⟨férfinév⟩
lioness ['laɪənɪs] n nőstény oroszlán
lion-hearted a oroszlánszívű, bátor
lion-hunter n 1. oroszlánvadász 2. biz híres emberekkel kapcsolatot kereső (személy)
lionize ['laɪənaɪz] vt (mint híres embert) ünnepel (vkt)
lip [lɪp] n 1. ajak; bite one's ~s ajkát harapdálja; keep a stiff upper ~ arcizma sem rezdül; shave the upper ~ (le)borotválja a bajuszát 2. szegély, szél, perem; száj, ajak, csőr [kancsóé stb.] 3. □ fecsegés, szemtelenség, pofázás; none of your ~! pofa be!
lip-deep a nem mély/őszinte [érzelem]
-lipped [lɪpt] ajkú
lip-read vt/vi (pt/pp -read) szájról olvas
lip-reading n szájról olvasás
liprounding n ajakkerekítés
lip-service n álhűség, nem őszinte tiszteletadás
lipstick n ajakrúzs
liquefaction [lɪkwɪ'fækʃn] n 1. cseppfolyósítás, megolvasztás 2. cseppfolyósodás, (meg)olvadás 3. olvadt/cseppfolyós állapot
liquefy ['lɪkwɪfaɪ] A. vt cseppfolyósít, elfolyósít B. vi cseppfolyóssá válik

liquescent [lɪ'kwesnt] a cseppfolyósodó, olvadó
liqueur [lɪ'kjʊə*; US -'kəːr] n likőr
liquid ['lɪkwɪd] I. a 1. folyékony, cseppfolyós; híg; ~ air folyékony levegő; ~ eyes csillogó szemek; ~ glass vízüveg 2. tiszta, sima, átlátszó 3. kellemes, tiszta [hang] 4. átv cseppfolyós állapotban levő; változékony 5. likvid, folyósítható; ~ assets likvid tőke II. n folyadék; ~ measure űrmérték
liquidate ['lɪkwɪdeɪt] A. vt 1. felszámol, likvidál 2. kiegyenlít [tartozást] 3. eltesz az útból, kivégez, likvidál B. vi felszámol
liquidation [lɪkwɪ'deɪʃn] n 1. felszámolás, csőd; go into ~ csődbe jut 2. elszámolás, kiegyenlítés
liquidator ['lɪkwɪdeɪtə*] n felszámoló
liquidizer ['lɪkwɪdaɪzə*] n (kézi) keverőgép, turmixgép
liquor ['lɪkə*] n 1. szeszes ital; US égetett szeszes ital; be in ~, the worse for ~ részeg 2. folyadék, lé 3. (gyógyszer)oldat
liquorice, US licorice ['lɪkərɪs] n édesgyökér, medvecukor
Lisbeth ['lɪzbəθ] prop Erzsi
Lisbon ['lɪzbən] prop Lisszabon
lisp [lɪsp] I. n selypítés II. vt/vi selypít
lissom(e) ['lɪs(ə)m] a hajlékony, ruganyos; fürge, mozgékony
list[1] [lɪst] I. n 1. jegyzék, névsor, lista, lajstrom; be on the active ~ tényleges szolgálatban van; ~ price árjegyzéki ár; make a ~ of sg jegyzéket készít vmről 2. lists pl küzdőtér; enter the ~s felveszi a küzdelmet, sorompóba lép 3. GB szegély, posztószél II. A. vt 1. jegyzékbe vesz, besorol; † besoroz 2. bevarr, bevon (posztóval) B. vi † katonának áll
list[2] [lɪst] vt † tetszik, kedvére van; ye who ~ to hear ti akik meg akarjátok hallgatni
list[3] [lɪst] I. n oldalra dőlés [hajóé] II. vi oldal(á)ra dől
listen ['lɪsn] vi 1. ~ (to) (meg)hallgat (vmt), figyel (vmre); ~ to music zenét hallgat; ~ in (to) (1) rádiót hallgat, (meg)hallgat (vmt) a rádióban (2) le-

hallgat, kihallgat [telefonbeszélgetést stb.]; *biz* ~ *!* ide figyelj !, hallgass ide ! 2. ~ *to sy* hallgat vkre
listener ['lɪsnə*] *n* 1. hallgatózó 2. (rádió)hallgató
listless ['lɪstlɪs] *a* kedvetlen, közömbös
lit [lɪt] →*light¹ III.*
lit. 1. *literal(ly)* 2. *literary* 3. *literature* 4. *litre* liter, l.
litany ['lɪtənɪ] *n* litánia, vecsernye
liter →*litre*
literacy ['lɪt(ə)rəsɪ] 1. írni-olvasni tudás 2. műveltség, olvasottság
literal ['lɪt(ə)rəl] *a* 1. betű/szó szerinti; ~ *error* sajtóhiba, gépelési hiba, íráshiba; *in the* ~ *sense of the word* szó szerint, a szó szoros értelmében 2. prózai(as)
literally ['lɪt(ə)rəlɪ] *adv* szó/betű szerint
literary ['lɪt(ə)rərɪ; *US* -erɪ] *a* irodalmi; ~ *history* irodalomtörténet; ~ *language* irodalmi nyelv; ~ *man* irodalmár; ~ *property* szerzői jog
literate ['lɪtərət] *a* 1. írni-olvasni tudó 2. tanult, olvasott
literature ['lɪt(ə)rətʃə*; *US* -tʃʊr] *n* irodalom
lithe [laɪð] *a* ruganyos, hajlékony, karcsú
lithograph ['lɪθəgrɑːf; *US* -æf] *n* kőnyomat
lithography [lɪ'θɔgrəfɪ; *US* -ɑg-] *n* kőnyom(tat)ás, kőrajz, litográfia
Lithuania [lɪθju:'eɪnjə] *n* Litvánia
Lithuanian [lɪθju:'eɪnjən] *a/n* litván
litigant ['lɪtɪgənt] *n* pereskedő
litigate ['lɪtɪgeɪt] A. *vi* pereskedik, perel B. *vt* pert folytat (vmért), perel (vmt)
litigation [lɪtɪ'geɪʃn] *n* per(eskedés)
litigious [lɪ'tɪdʒəs] *a* 1. peres, vitás 2. pereskedő, pörlekedő, zsémbes
litmus paper ['lɪtməs] lakmuszpapír
litre, *US* -ter ['liːtə*] *n* liter
litter ['lɪtə*] I. *n* 1. hordszék 2. hordágy 3. alom(szalma) 4. szemét, hulladék 5. rendetlenség 6. egyszerre szült kölykök, alom II. *vt* 1. széjjelhány; teleszór [szobát limlommal stb.] 2. ~ *(down)* almoz, almot készít [állatnak] 3. kölykezik
little ['lɪtl] I. *a (comp* **less** les, *sup* **least** liːst) 1. kis, kicsi(ny); kevés, csekély;

the ~ *ones* a gyerekek; *the* ~ *people/folk* a tündérek; ~ *money* kevés pénz; *a* ~ *money* egy kis pénz; ~ *or nothing* szinte semmi; *be it ever so* ~ bármily kicsi/kevés legyen is; *for a* ~ *time/while* egy kis ideig 2. jelentéktelen II. *n* kevés, nem sok, kicsi (mennyiség); kicsiség; *in* ~ kicsiben; ~ *by* ~ apránként, lassanként; *I had* ~ *to do with it* kevés közöm volt hozzá, kevés dolgom volt vele; *for a* ~ *time/while* egy kis ideig; *come to* ~ nem sok eredményre vezet III. *adv* kevéssé; *a* ~ *(bit)* egy kissé/kicsit; *not a* ~ nem kevéssé, nagyon; *he* ~ *knows* alig(ha) tudja, nem (is) sejti
littleness ['lɪtlnɪs] *n* 1. kicsi(ny)ség 2. jelentéktelenség
littoral ['lɪtər(ə)l] *a* parti, littorális
liturgical [lɪ'tə:dʒɪkl] *a* liturgikus
liturgy ['lɪtədʒɪ] *n* liturgia
live I. *a* [laɪv] 1. élő; eleven; élénk 2. tüzes, izzó; ~ *coals* izzó parázs 3. működő; valódi; ~ *cartridge* éles lövedék; ~ *weight* élősúly [állaté]; ~ *wire* (1) áram/feszültség alatt levő huzal/vezeték (2) *átv biz* mozgékony/nyughatatlan ember 4. egyenes, élő [adás, közvetítés] II. *adv* [laɪv] egyenes/élő adásban, élőben, egyenesben [közvetít] III. *v* [lɪv] A. *vi* 1. él, létezik; *long* ~ *the king!* éljen a király !; ~ *and learn* (1) a jó pap holtig tanul (2) mindig tanul az ember ! 2. lakik, tartózkodik; *where do you* ~*?* hol lakik/lakol?; *house not fit to* ~ *in* lakhatatlan ház B. *vt* 1. él (vmlyen életet); ~ *a happy life* boldogan él 2. megél/megér vmt; *we shan't* ~ *to see it* nem fogjuk megérni
live by *vi* 1. közel lakik 2. vmből él
live down *vt* 1. [lelkileg] túlél/kihever vmt [botrányt stb.] 2. idővel elfeledtet vmt [életmódjával], kiköszörüli a csorbát
live in *vi* bent lakik [szolgálati helyén], bennlakó
live off *vi* ~ *o. the country* helyszíni beszerzésből él
live on *vi* 1. tovább él 2. vmből/ vmn él; ~ *on others* mások nyakán él

live out A. *vt* túlél B. *vi* nem lakik bent, nem bennlakó, bejáró

live through *vt* átél, túlél; *he cannot* ~ *t. the winter* nem éri meg a tavaszt

live together *vi* együtt él (vkvel)

live up to *vi* 1. vmnek megfelelően él, vmhez alkalmazkodik 2. megfelel [várakozásnak]; méltó vmre, felér vkhez

live-bait ['laɪv-] *n* élő csalétek [halnak]

livebearer ['laɪv-] *a* elevenszülő

live-birth ['laɪv-] *n* élveszületés

-lived [-lɪvd] -életű

livelihood ['laɪvlɪhʊd] *n* megélhetés

liveliness ['laɪvlɪnɪs] *n* élénkség

livelong ['lɪvlɔŋ; *US* -lɔːŋ] *a* hosszadalmas; *the* ~ *day* (az) egész áldott nap

lively ['laɪvlɪ] *a* élénk, fürge, eleven, vidám; *step* ~! tessék igyekezni!, szedd a lábad!; *biz make things* ~ *for sy* „megtáncoltat" vkt

liven ['laɪvn] A. *vt* ~ (*up*) felélénkít, felvidít, megélénkít B. *vi* ~ *up* felélénkül, megélénkül

liver¹ ['lɪvə*] *n* máj; *biz have a* ~ (1) májbajos (2) rosszkedvű

liver² ['lɪvə*] *n* 1. aki él; *loose/fast* ~ dorbézoló ember 2. lakos

liveried ['lɪvərɪd] *a* egyenruhás, libériás

liverish ['lɪvərɪʃ] *a biz* 1. májbajos 2. epebajos, „epés" 3. rosszkedvű

Liverpool ['lɪvəpuːl] *prop*

liverwurst ['lɪvəwəːst] *n US* májashurka; kenőmájas

livery ['lɪvərɪ] *n* 1. egyenruha, libéria 2. átruházás, átadás 3. istállózás [lovaké]; ~ *stable* béristálló 4. ~ *company* londoni céh

liveryman ['lɪvərɪmən] *n* (*pl* -men -mən) 1. libériás inas 2. béristálló tulajdonosa; istállószolga 3. londoni céhtag

lives →*life* és *live III.*

live-stock ['laɪv-] *n* állatállomány, lábasjószág, haszonállatok

Livia ['lɪvɪə] *prop* Lívia

livid ['lɪvɪd] *a* 1. hamuszínű, ólomszínű, kékes 2. ~ *with anger* dühtől elsápadt/elkékült

living ['lɪvɪŋ] I. *a* élő; eleven; *the* ~ *image of sy* vknek az élethű mása; *within* ~ *memory* (még) eleven emlékezetben

(élő) II. *n* 1. élet(mód); megélhetés; *earn one's* ~ megkeresi a megélhetéshez szükségeset, (meg)keresi a kenyerét; *earn/make a good* ~ jó megélhetése van, jól keres; *make one's* ~ *as . . . . . .* -ként keresi kenyerét, *. . .* -ból él meg; ~ *expenses, cost of* ~ létfenntartási költségek; ~ *wage* létminimum; *standard of* ~, ~ *standard* életszínvonal 2. egyházi javadalom, plébánia (javadalma) 3. *the* ~ az élők

living-room *n* nappali (szoba)

Livingstone ['lɪvɪŋstən] *prop*

Livy ['lɪvɪ] *prop* (Titus) Livius

lizard ['lɪzəd] *n* gyík

Lizzie ['lɪzɪ] *prop* Erzsi

'll [-l] = *shall, will*

L.L. [el'el] *Lord Lieutenant*

L.L.B., LLB [elel'biː] *Bachelor of Laws* a jogtudományok baccalaureusa

LL.D., LLD [elel'diː] *Doctor of Laws* a jogtudományok doktora

Llewel(l)yn [luːˈelɪn] *prop*

Lloyd's [lɔɪdz] *n* Lloyd ⟨londoni hajóbiztosító-társaság⟩; ~ *Register* Lloyd--hajólajstrom

lo [loʊ] *int* íme!, lám!

load [loʊd] I. *n* 1. teher, rakomány; *a* ~ *off my mind* nagy kő (esett le) a szívemről; *biz* ~*s of . . .* rengeteg, igen sok 2. nyomás; súly; terhelés; ~ *test* terhelési próba 3. (fegyver)töltet II. A. *vt* 1. megterhel, (meg)rak; ~ *up* megrak [járművet] 2. megtölt [fegyvert]; betölt [filmet fényképezőgépbe] 3. nyom, nehezebbé tesz 4. elhalmoz, eláraszt (vkt vmvel) 5. (meg)hamisít [bort, játékkockát stb.] B. *vi* ~ *up* rakodik [jármű]

loaded ['loʊdɪd] *a* 1. (meg)terhelt, megrakott; ~ *cane* ólmos végű bot 2. hamis(ított); ~ *dice* cinkelt játékkocka; ~ *question* beugrató kérdés 3. *GB* □ pénzes 4. *US* □ részeg

loading ['loʊdɪŋ] *n* 1. berakás, rakodás 2. (meg)terhelés 3. megtöltés

load-line *n* merülési szintvonaljelzés [hajó oldalán]

loadstar *n* vezércsillag; sarkcsillag

loadstone *n* (természetes) mágnes, mágnesvasérc

loaf¹ [loʊf] n (pl loaves loʊvz) cipó, egész kenyér; half a ~ is better than no bread ha ló nincs szamár is jó
loaf² [loʊf] A. vi ~ (about) csavarog, cselleng, őgyeleg, lézeng, lóg B. vt ~ away one's time ellógja az idejét
loafer ['loʊfə*] n 1. léhűtő, lézengő, őgyelgő 2. US papucscipő
loafing ['loʊfɪŋ] n lézengés, őgyelgés
loaf-sugar n süvegcukor
loam [loʊm] n 1. agyag(os föld); vályog(talaj) 2. termőtalaj
loan [loʊn] I. n kölcsön(adás); ~ translation tükörfordítás, tükörszó II. vt kölcsönad, kölcsönöz
loan-word n jövevényszó, kölcsönszó
loath [loʊθ] a be ~ to do sg nem szívesen (v. vonakodva v. kelletlenül) tesz meg vmt; nothing ~ szívesen, önként, habozás nélkül
loathe [loʊð] vt utál, gyűlöl, undorodik (vmtől), ki nem állhat
loathing ['loʊðɪŋ] n utálat, undor
loathsome ['loʊðsəm] a utálatos, gyűlöletes, undorító
loaves → loaf¹
lob [lɔb; US -ɑ-] I. n 1. fajankó 2. magas labda, átemelés [teniszben] II. vi/vt -bb- 1. átemel [labdát teniszben] 2. beível [futballban]
lobby ['lɔbɪ; US -ɑ-] I. n 1. előcsarnok, hall 2. (parlamenti) folyosó 3. US ⟨befolyást gyakorló érdekcsoport⟩ II. vi/vt 1. előszobázik, protekciót keres 2. protekciót/nyomást gyakorol [parlamenti képviselőkre], befolyásol(ni igyekszik) [törvényhozókat]
lobe [loʊb] n lebernyeg, fülcimpa
lobster ['lɔbstə*; US -ɑ-] n tengeri rák, homár
lobster-pot n homárfogó kosár
local ['loʊkl] I. a hely(bel)i; ~ anaesthetic helyi érzéstelenítő; ~ colour sajátos helyi jellegzetesség/színezet; ~ doctor körzeti orvos; GB ~ government (törvényhatósági) önkormányzat; ~ railway/train helyiérdekű vasút/vonat II. n 1. helyi hír 2. US helyi fiók [szakszervezeté] 3. GB biz a legközelebbi kocsma
locale [lə'kɒːl] n színhely, helyszín, terep

localism ['loʊkəlɪzm] n 1. helyi jelleg/szokás 2. lokálpatriotizmus
locality [lə'kælətɪ] n 1. hely(ség); helyszín, terep; sense of ~ tájékozódási képesség 2. fekvés 3. lelőhely
localization [loʊkəlaɪ'zeɪʃn; US -lɪ'z-] n helyhez kötés, helymeghatározás, lokalizálás, lokalizáció
localize ['loʊkəlaɪz] vt korlátoz, helyhez köt, lokalizál; elszigetel
locally ['loʊkəlɪ] adv helyileg
locate [loʊ'keɪt] vt 1. elhelyez, telepít; be ~d somewhere fekszik/elterül/található vhol 2. helyét megállapítja/meghatározza (vmnek)
location [loʊ'keɪʃn] n 1. elhelyezés, fekvés, helyzet 2. hely; helyszín; terület; on ~ külső (film)felvétel 3. (hely-)meghatározás
loc. cit. [lɔk'sɪt] loco citato/ (= in the place mentioned/cited) idézett helyen, i. h.
loch [lɔk, sk lɔx; US -ɑ-] n sk tó
loci → locus
lock¹ [lɔk; US -ɑ-] n 1. hajfürt 2. gyapjúpihe
lock² [lɔk; US -ɑ-] I. n 1. zár; lakat; under ~ and key jól elzárva; ~ stock and barrel mindenestül, cakompakk; GB ~ hospital nemibetegkórház 2. torlasz, elakadás 3. hajózsilip(szakasz) 4. závárzat [fegyveré] 5. kormányzóhatósági szög [autóé] II. A. vt 1. bezár, (kulccsal) becsuk; elreteszel; ~ in one's arms karjaiba zár 2. zsilippel elzár 3. (be)zsilippel, átzsilipel [hajót] B. vi 1. (be)zárul, záródik, (kulccsal) csukódik; ~ into each other összekapcsolódik 2. zsilipen áthalad
lock away vt elzár
lock in vt bezár; ~ oneself in bezárkózik
lock out vt 1. kicsuk, kizár [szobából] 2. kizár [sztrájkolókat üzemből]
lock up vt 1. (kulccsal) becsuk, bezár; ~ oneself up bezárkózik 2. biz becsuk, lecsuk (vkt)
lockage ['lɔkɪdʒ; US -ɑ-] n 1. zsilipmagasság; zsilipsorozat 2. zsilipdíj
locker ['lɔkə*; US -ɑ-] n 1. (kulcsra)

zárható szekrény/láda; (öltöző)szekrény [uszodában]; ~ *room* szekrényes öltöző 2. raktár [hajón]
locket ['lɔkɪt; *US* -ɑ-] *n* medalion, (nyitható-csukható) nyakérem
lock-gate *n* zsilipkapu
lock-jaw *n* 1. rágóizomgörcs, szájzár 2. *biz* tetanusz
lock-keeper *n* zsilipkezelő
lock-out *n* munkáskizárás [üzemből]
locksmith *n* (zár)lakatos
lock-up I. *a* bezárható, (el)zárható II. *n* 1. fogda, dutyi 2. bezárás
locomotion [loʊkə'moʊʃn] *n* helyváltoztatás
locomotive ['loʊkəmoʊtɪv] *n* mozdony
locum ['loʊkəm] *n biz* helyettes; helytartó
locus ['loʊkəs] *n* (*pl* loci 'loʊsaɪ) hely; ~ *sigilli* pecsét helye
locust ['loʊkəst] *n* sáska
locust-tree *n* 1. fehér akác 2. szentjánoskenyérfa
locution [lə'kju:ʃn] *n* 1. (állandósult) szókapcsolat, szólás(mód) 2. beszédmód, kifejezésmód
lode [loʊd] *n* ércér, telér
lodestar *n* = *loadstar*
lodestone *n* = *loadstone*
lodge [lɔdʒ; *US* -ɑ-] I. *n* 1. házikó, kunyhó; lak 2. portásfülke, kapusfülke; portáslakás 3. szabadkőműves-páholy II. A. *vt* 1. elszállásol, elhelyez, szállást ad (vknek) 2. benyújt [vmt írásban]; ~ *a complaint* panaszt emel; ~ *the estimate* költségvetést benyújt; ~ *information against sy* feljelent vkt 3. letesz, elhelyez (*in* vhol *with* vknél); ~ *money* pénzt letétbe helyez; ~ *credit* hitelt nyit 4. beledöf [lándzsát]; beleereszt [golyót] 5. megakaszt, megköt, odaragaszt, -tapaszt B. *vi* 1. lakik, megszáll, tartózkodik 2. behatol; megakad; belefúródik [golyó]
lodg(e)ment ['lɔdʒmənt; *US* 'lɑ-] *n* 1. szállás 2. beszállásolás 3. lerakódás 4. letétbe helyezés 5. kérvénybenyújtás
lodger ['lɔdʒə*; *US* -ɑ-] *n* albérlő; *take in* ~s albérlőket tart, szobá(ka)t ad ki

lodging ['lɔdʒɪŋ; *US* -ɑ-] *n* 1. szállás 2. **lodgings** *pl* (1) bútorozott szoba, lakás (2) = *lodging-house*
lodging-house *n* ⟨ház, melyben bútorozott szobák kaphatók⟩
loess ['loʊɪs] *n* lösz [talaj]
loft [lɔft; *US* -ɔ:-] *n* 1. padlás(szoba); padlástér 2. [templomi] karzat 3. galambdúc 4. emelőütés [golfban]
loftiness ['lɔftɪnɪs; *US* -ɔ:-] *n* 1. fennköltség, emelkedettség, szárnyalás 2. gőg, fensőbbség 3. magas volta vmnek
lofty ['lɔftɪ; *US* -ɔ:-] *a* 1. fennkölt, emelkedett, szárnyaló 2. gőgös, fensőbbséges, büszke, fennhéjázó 3. magas
log[1] [lɔg; *US* -ɔ:-] I. *n* 1. tuskó, fatörzs, szálfa; hasábfa; *King L*~ bábkirály 2. sebességmérő orsó [hajóé]; *patent* ~ sebességmérő 3. = *log-book 1.* 4. *biz* = *log-book 2.* II. *vt* -**gg**- 1. szálfát vág 2. hajónaplóba beír
log[2] [lɔg; *US* -ɔ:-] *n* logaritmus
loganberry ['loʊgənb(ə)rɪ; *US* -berɪ] *n US* ⟨szeder és málna keresztezése⟩
logarithm ['lɔgərɪð(ə)m; *US* 'lɔ:-] *n* logaritmus
logarithmic [lɔgə'rɪðmɪk; *US* lɔ:-] *a* logaritmikus, logaritmus-; ~ *table* logaritmustábla
log-book *n* 1. hajónapló, menetnapló 2. *GB* forgalmi engedély [gépkocsié]
log-cabin *n* fakunyhó, blokkház
logger ['lɔgə*; *US* -ɔ:-] *n* favágó, rönkölő
loggerhead *n be at* ~s *with sy* civakodik vkvel
logging ['lɔgɪŋ; *US* -ɔ:-] *n* rönkölés, fakitermelés
logic ['lɔdʒɪk; *US* -ɑ-] *n* logika
logical ['lɔdʒɪkl; *US* 'lɑ-] *a* logikus, észszerű
logic-chopper *n* szőrszálhasogató, akadékoskodó
logician [lə'dʒɪʃn] *n* 1. logikatanár 2. logikusan érvelő személy
logistic [lə'dʒɪstɪk] *a* munkaszervezési
logistics [lə'dʒɪstɪks] *n* szállásmesteri/anyagutánpótlási munkakör
log-jam *n* szálfatorlódás [folyón]
log-rolling *n US* 1. kölcsönös dicsé-

ret/reklámozás [irodalmi körökben] 2.
„kéz kezet mos" [politikában]
logwood *n* börzsönyfa, kampisfa, kékfa
loin [lɔɪn] *n* 1. ágyék, lágyék 2.
bélszín; ~ *of mutton* ürü eleje
loin-chop *n* vesepecsenye-szelet
loin-cloth *n* ágyékkötő
loiter ['lɔɪtə*] *vi/vt* álldogál, lézeng, ténfereg, lebzsel; időz
loll [lɔl; *US* -ɑ-] *vi/vt* 1. ~ *about* ácsorog; lebzsel, henyél, lustálkodik 2. ~
out (1) kilóg [a nyelve] (2) kilógat
[nyelvet]
Lollard ['lɔləd; *US* -ɑ-] *n* Wycliffe követője
lollipop ['lɔlɪpɔp; *US* -ɑ- -ɑ-] *n* nyalóka
Lombardy ['lɔmbədɪ; *US* 'lɑ-] *prop*
Lombardia; ~ *poplar* jegenyenyárfa
London ['lʌndən] *prop*
Londoner ['lʌndənə*] *n* londoni (ember)
lone [loʊn] *a* magányos, egyedüli, elhagy(at)ott; *play a* ~ *hand* senkivel
sem közösködik, saját szakállára csinál vmt
loneliness ['loʊnlɪnɪs] *n* magányosság,
egyedüllét, elhagy(at)ottság
lonely ['loʊnlɪ] *a* magányos, egyedülálló, elhagy(at)ott; *feel* ~ egyedül érzi
magát
lonesome ['loʊns(ə)m] *a* magányos
long¹ [lɔŋ; *US* -ɔ:-] I. *a* 1. hosszú [térben]; *have a* ~ *arm* messzire elér a
keze; *a* ~ *dozen* tizenhárom; *a* ~
drink ⟨magas pohárban sör vagy bor⟩;
~ *family* nagy/népes család; *a* ~ *figure*
borsos ár; ~ *hundred* tíz tucat; ~
jump távolugrás; ~ *measure* hosszmérték; *have a* ~ *tongue* sokat beszél,
jól fel van vágva a nyelve; ~ *wave*
hosszúhullám; *a* ~ *way about* nagy
kerülő; *have a* ~ *wind* bírja tüdővel
‖→*ton* 1. 2. hosszú [időben]; hosszan
tartó, tartós; *the* ~ *home* a sír; *in the* ~
run (1) végtére, végül/végre is (2)
hosszú távon/távra; *to make a* ~ *story*
short rövidre fogva a dolgot, hogy rövid legyek; *a* ~ *time ago* (jó) régen;
for a ~ *time* hosszú ideig, sokáig; *be* ~
in doing sg sokáig/lassan csinál meg
vmt; *don't be* ~! ne maradj sokáig!,
hamar végezz! II. *adv* hosszú ide-

je/ideig, hosszú idő**n** át, hosszasan,
sokáig; ~ *ago* régen; *as/so* ~ *as* (1)
ameddig (2) mindaddig amíg, (a)míg
(3) feltéve, hogy ...; amennyiben;
~ *before* jóval... előtt; már régen;
not ~ *before* kevéssel azelőtt; *all day* ~
egész napon át; *how* ~? mennyi
ideig?, meddig?; *biz so* ~! viszontlátásra!, viszlát!, szia!; ~ *since* régóta,
hosszú idő óta, régen; *no* ~*er* már/
többé/tovább nem; *I can't wait any*
~*er* tovább nem várhatok III. *n* 1.
hosszú idő(köz), sok idő; *for* ~ sokáig,
hosszú ideig; *I had only* ~ *enough to*
csak annyi időm volt, hogy; *before/ere*
~ nemsokára, hamarosan; *at (the)*
~*est* legfeljebb 2. hossz(a vmnek); *the*
~ *and short of it is* egy szó mint száz,
egyszóval
long² [lɔŋ; *US* -ɔ:-] *vi* vágyódik (*for/after*
vm után), szeretne, akarna; *I* ~ *to see*
her bárcsak láthatnám őt
long. *longitude*
long-boat *n* nagy csónak [hajón]
longbow [-boʊ] *n draw the* ~ nagyokat
mond, elveti a sulykot
long-dated *a* hosszú lejáratú
long-distance *a* 1. hosszú távú [futó] 2.
távolsági [beszélgetés, autóbuszjárat]
long-drawn *a* hosszadalmas, hosszúra
nyújtott
longer ['lɔŋə*; *US* -ɔ:-] I. *a* hosszabb II.
adv hosszabbra; hosszabban ‖→ *long¹*
longest ['lɔŋgɪst; *US* -ɔ:-] *a/adv* leghosszabb(an) ‖→*long¹*
longevity [lɔn'dʒevətɪ] *n* hosszú élet
Longfellow ['lɔŋfeloʊ] *prop*
long-haired *a* hosszú hajú
longhand *n* folyóírás, kézírás
long-headed *a* 1. keskeny fejű 2. éles
eszű; számító
longing ['lɔŋɪŋ; *US* -ɔ:-] I. *a* vágyódó,
vágyakozó, sóvárgó II. *n* vágyódás,
sóvárgás
longish ['lɔŋɪʃ; *US* -ɔ:-] *a* hosszúkás,
meglehetősen hosszú
longitude ['lɔndʒɪtju:d; *US* 'lɑndʒɪtu:d]
n (földrajzi) hosszúság
longitudinal [lɔndʒɪ'tju:dɪnl; *US* lɑndʒɪ'tu:-] *a* hosszanti, hosszirányú;
hosszúsági

long-lived *a* hosszú életű; hosszan tartó; állandó(sult)
long-play cassette 90 perces (magnó)kazetta
long-playing record mikrolemez, nagylemez
long-range *a* hosszú távú/lejáratú, távlati [terv stb.]; távolsági; nagy hatósugarú; ~ *weather forecast* távprognózis
longshoreman ['lɔŋʃɔ:mən; US 'lɔ:-] *n* (*pl* -men -mən) kikötőmunkás
long-short (story) *n* kisregény, nagynovella
long-sighted *a* 1. távollátó, messzelátó 2. *átv* előrelátó
long-standing *a* régóta fennálló
long-term *a* hosszú lejáratú/távú, hosszú időre szóló
longways ['lɔŋweɪz; US -ɔ:ŋ-] *adv* hosszában, hosszirányban
long-winded *a* 1. hosszadalmas; nem kifulladó 2. szószátyár, bőbeszédű
longwise ['lɔŋwaɪz; US 'lɔ:-] *adv* = *longways*
loo [lu:] *n GB biz* vécé
loofah ['lu:fə] *n* luffasziivacs
look [lʊk] I. *n* 1. tekintet; pillantás; *have a ~ at sg* megnéz/megvizsgál vmt; *take a good ~ at sy* alaposan megnéz vkt; *angry ~* dühös pillantás 2. arckifejezés 3. külső; *good ~s* csinos arc/külső; *judge by ~s* külső alapján ítél; *new ~* (1) az új vonal [divatban] (2) modern külső II. A. *vi* 1. néz, tekint; ~ (*here*)*!* ide figyelj(en)!; ~ *the other way* másfelé néz; ~ *before you leap* ne ugorj a vaksötétbe, először gondolkodj, aztán cselekedj 2. látszik, tűnik (vmnek); *how did he ~?* milyennek látszott/tűnt?; ~ *like sg* olyan mint vm, vmlyennek látszik/tűnik/„kinéz"; *he ~s as if . . .* úgy néz ki, mintha . . .; *it ~s like rain* esőre áll, alighanem eső lesz; *it ~s to me* (*like* v. *as if*) . . . úgy tűnik nekem (mintha) . . .; ~ *well* jó színben van, „jól néz ki" B. *vt* 1. (meg)néz; ~ *sy in the face* szemébe néz vknek 2. tekintetével kifejez (vmt); *she ~ed her best* legelőnyösebben „nézett ki"; *she ~s her age* annyinak látszik, mint amennyi

look about *vi* 1. ~ *a. one* körülnéz 2. ~ *a. for sg* keres vmt
look after *vi* 1. vk/vm után néz, utánanéz (vknek, vmnek) 2. gondoz (vkt, vmt), gondoskodik (vkről)
look ahead *vi* 1. előrenéz 2. gondol a jövőre
look at *vi* (meg)néz, megvizsgál, megszemlél; *not much to ~ at* nem sok látnivaló, semmi különös; *good to ~ at* jó ránézni; *she will not ~ at him* hallani se akar róla
look away *vi* elfordul, másfelé néz
look back *vi* visszanéz, visszatekint; *never ~ b.* állandó fejlődést mutat
look down *vi* 1. lefelé néz; ~ *d. a list* átnézi a névsort 2. ~ *d. on sy* lenéz vkt
look for *vi* 1. keres; ~ *f. trouble* keresi a bajt, bajt kever 2. vár
look forward to *vi* előre örül vmnek, alig/örömmel vár vmt
look in *vi* benéz; ~ *in on sy* vkhez benéz/bekukkant
look into *vi* 1. belenéz 2. megvizsgál; kivizsgál; tanulmányoz
look on *vi* 1. végignéz [vmt mint néző] 2. = *look upon* 3. ~ *on to* vhová/vmerre néz [épület, szoba stb.]
look out A. *vi* 1. kinéz; ~ *o. of the window* kinéz az ablakon 2. ~ *o. on* vhova/vmerre néz [szoba stb.] 3. ~ *o. for sg* (1) vár vmre (2) keres vmt 4. óvakodik, vigyáz; ~ *o.!* vigyázz! B. *vt* kikeres [magának vmt]
look over *vt* 1. átnéz, átvizsgál, megvizsgál 2. elnéz, nem vesz észre
look round *vi* körülnéz; hátranéz
look through *vt* átnéz, átvizsgál
look to *vi* 1. vigyáz/ügyel vmre; ~ *to it that . . .* ügyeljen arra, hogy . . . 2. ~ *to sy for sg* vktől vár vmt 3. vhová/vmerre néz [ház stb.]
look towards *vi* 1. vm felé néz 2. *biz* vknek egészségére iszik
look up A. *vi* 1. felnéz; ~ *up old chap!* fel a fejjel öreg fiú! 2. ~ *up to sy* tisztelettel néz fel vkre 3. *business is ~ing up* javul az üzletmenet B. *vt* 1. utánanéz (vmnek); ~ *it up in the dictionary* megnézi a szótárban 2. fel-

keres, meglátogat (vkt); *I'll ~ you up*
meg foglak látogatni 3. *~ sy up and
down* végigmér vkt
look upon *vi* vmlyennek tekint/tart
(vkt, vmt)
looker-on [lʊkər'ɔn; *US* -'ɑn] *n* (*pl
lookers-on* lʊkəz'ɔn) néző
look-in *n* rövid látogatás
looking ['lʊkɪŋ] *a* vmlyennek látszó
looking-glass *n* tükör
lookout *n* 1. figyelés, őrködés; *be on the
~, keep a ~* figyel; őrségen van; lesben
áll; ~ *post* figyelőhely; ~ *service* figye-
lőszolgálat 2. (meg)figyelő (személy)
3. őrhely, őrtorony 4. kilátás(ok)
look-say method globális módszer [isko-
lában]
loom¹ [lu:m] *n* 1. szövőszék 2. evező-
nyél
loom² [lu:m] *vi* 1. homályosan látha-
tóvá válik, dereng 2. kiemelkedik;
nagyobbnak látszik, mint amilyen
loon¹ [lu:n] *n* † fajankó; senkiházi
loon² [lu:n] *n* búvármadár, jeges búvár
loony ['lu:nɪ] *a* □ bolond, félcédulás; ~
bin bolondokháza
loop [lu:p] I. *n* 1. hurok, csomó, kötés
[kötélen stb.]; (kabát)akasztó 2. hu-
rok(vágány) 3. fül [edényé]; karika,
kampó, fogantyú 4. bukfenc [műre-
pülésben]; hurok [műkorcsolyában]
5. *biz* méhhurok [fogamzásgátló] II.
vt (össze)hurkol, hurokkal megerősít;
~(*ing*) *the* ~ bukfencet csinál, hurok-
repülést végez
loophole *n* 1. kém(le)lőnyílás; lőrés 2.
menekülési lehetőség, kiút vmből;
kibúvó (*átv is*)
loop-line *n* hurokvágány
loopy ['lu:pɪ] *a* 1. hurkos 2. □ ütődött
loose [lu:s] I. *a* 1. laza, tág, bő, sza-
bad(on lógó/álló), lötyögő; ömlesztett
[rakomány]; ~ *bowels* könnyű szé-
kelés; ~ *cash* aprópénz; ~ *cough*
slejmos köhögés; ~ *end* vmnek meg
nem erősített vége; *be at a ~ end* el-
foglaltság nélkül van, bizonytalan
helyzetben van; ~ *milk* kannatej; ~
part pótalkatrész; *come/get* ~ megla-
zul, kibomlik; *let the dog* ~ szabadjára
ereszti a kutyát; *go on the* ~ sétál,

kószál; *work* ~ meglazul 2. zavaros,
szabados, összefüggéstelen, pontatlan,
laza 3. feslett, erkölcstelen, könnyel-
mű, kicsapongó; ~ *life/living* feslett
életmód; *biz be on the* ~ csavarog; nők
után szalad; laza életmódot folytat II.
vt 1. felold, elold, kiold, megold(oz),
kibont; ~ *hold of sg* elereszt vmt 2.
elsüt [fegyvert]
loose-box *n* boksz [istállóban]
loose-fitting *a* bő (szabású), laza
loose-leaf *a* kivehető/cserélhető lapokból
álló [album, könyv stb.]
loosen ['lu:sn] A. *vt* 1. kibont; meglazít
2. (meg)hajt [hasat]; old [köhögést]
B. *vi* felbomlik, kibomlik; kitágul;
meglazul; oldódik [pl. köhögés]
loosen up *vi/vt* bemelegít, lazít
looseness ['lu:snɪs] 1. lazaság; (meg)la-
zulás 2. petyhüdtség 3. pontatlanság
loot [lu:t] I. *n* 1. fosztogatás 2. zsák-
mány II. *vt/vi* 1. fosztogat, zabrál 2.
zsákmányol; kifoszt
looter ['lu:tə*] *n* fosztogató, zabráló
looting ['lu:tɪŋ] *n* fosztogatás, zabrálás
lop [lɔp; *US* -ɑ-] *vt* -**pp**- lenyes, levág; ~
off lenyisszant
lope [loʊp] *vi* üget, szökell
lop-eared *a* lelógó fülű
loppings ['lɔpɪŋz; *US* -ɑ-] *n pl* lenyesett
gallyak, nyesedék
lop-sided *a* féloldalra dűlő, aszimmetrikus
loquacious [lə'kweɪʃəs] *a* fecsegő, bőbe-
szédű
loquacity [lə'kwæsətɪ] *n* fecsegés, szó-
szátyárság, bőbeszédűség
loquat ['loʊkwæt] *n* japán naspolya
lord [lɔ:d] I. *n* 1. úr, fejedelem; *live like
a* ~ főúri módon él 2. lord ⟨főnemesi
cím, felsőház tagjainak és egyes fő-
méltóságoknak a címe⟩; *my* ~ [mɪ-
'lɔ:d] ⟨főnemesek, püspökök, főbírák,
a felsőházi tagok és egyes főméltóságok
megszólítása⟩; *L~ Chancellor* lord-
kancellár; *L~ Mayor* (fő)polgármes-
ter 3. *the L~* az Úr [Isten; Krisztus];
in the year of our L~ Urunk/időszámí-
tásunk .... évében; *Good L~* Uram
Isten!; *L~'s Prayer* miatyánk, az Úr
imája; *L~'s supper* úrvacsora 4. mág-
nás, földesúr II. *vt* ~ *it over sy* hatal-

maskodik/fölényeskedik vkvel, parancsolgat vknek
lord-in-waiting n szolgálattevő kamarás
lordly ['lɔ:dlɪ] a 1. nagyúri, méltóságteljes, fennkölt 2. gőgös, kevély
lordship ['lɔ:dʃɪp] n 1. uralom, hatalom, felsőbbség 2. (föld)birtok, uradalom 3. your ~ méltóságod, lord uram; his ~ őlordsága
lore [lɔ:*] n tudomány, tan
lorgnette [lɔ:'njet] n lornyon
lorn [lɔ:n] a elveszett; elhagyott
Lorraine [lɔ'reɪn] prop Lotaringia
lorry ['lɔrɪ; US -ɔ:-] n GB tehergépkocsi, teherautó
lory ['lɔ:rɪ] n lóri (papagáj)
Los Angeles [lɔs'ændʒɪli:z; US lɔ:s'æŋgələs v. -'ændʒələs] prop
lose [lu:z] v (pt/pp lost lɔst, US -ɔ:-] A. vt 1. elvesz(í)t; ~ strength gyengül; ~ value elértéktelenedik; ~ money by sg ráfizet vmre; ~ weight lefogy; ~ one's way, get lost eltéved; ~ oneself in sg, be lost in sg elmerül vmben, belemélyed vmbe; ~ one's Latin kijön a latinból 2. (el)veszteget, elpocsékol [időt stb.]; be lost upon sy nincs hatással vkre; the joke was lost (up)on him nem értette meg a viccet 3. lekésik/lemarad vmről; ~ count eltéveszti a számolást; ~ one's train lekésik a vonatról 4. elveszít [mérkőzést, pert stb.]; the motion was lost az indítványt elutasították 5. késik [óra]; my watch ~s two minutes két percet késik az órám 6. that lost him the match ezen múlt, hogy elvesztette a mérkőzést B. vi 1. veszít, vereséget szenved, kikap 2. ~ by/on sg ráfizet vmre, veszít vmn 3. be losing késik [óra]
loser ['lu:zə*] n vesztes; be a bad ~ nehezen viseli el a vereséget
losing ['lu:zɪŋ] a vesztésre álló [játszma]
loss [lɔs; US -ɔ:-] n 1. elvesztés; ~ of sight megvakulás 2. veszteség, kár; meet with heavy ~es súlyos veszteségeket szenved; sell at a ~ veszteséggel ad el 3. be at a ~ zavarban van, tanácstalan; be at a ~ to understand képtelen megérteni; at a ~ for words nem talál szavakat

lost [lɔst; US -ɔ:-] a elveszett; elvesz(í)tett; ~ cause elveszett/reménytelen ügy; ~ property office talált tárgyak osztálya ‖→lose
lot [lɔt; US -ɑ-] n 1. sorshúzás; sors; osztályrész, juss; draw/cast ~s sorsot húz; cast/throw in one's ~ with sy sorsát hozzáköti vkhez, sorsközösséget vállal vkvel; fall to sy's ~ vknek osztályrészül jut 2. telek, parcella 3. (áru-)tétel 4. biz the ~ az egész; that's the ~ ez minden 5. biz nagy mennyiség; a ~ of, ~s of sok, rengeteg; quite a ~ elég sok(at) 6. biz ~s (v. a ~) better sokkal jobban; a (fat) ~ you care! sokat törődsz is vele!
loth [loʊθ] a = loath
Lothario [loʊ'θɑ:rɪoʊ] n a gay ~ vidám nőcsábász
lotion ['loʊʃn] n arclemosó víz; arcvíz
lottery ['lɔtərɪ; US 'lɑ-] n 1. sorsjáték, lottó; ~ ticket sorsjegy; lottószelvény 2. átv lutri
lotus ['loʊtəs] n lótusz
lotus-eater [-i:tə*] n ábrándozó semmittevő
loud [laʊd] I. a 1. hangos, lármás 2. feltűnő, rikító színű II. adv hangosan; ~er hangosabban
loud-mouth n hangoskodó
loudness ['laʊdnɪs] n 1. hangosság 2. feltűnőség
loud-speaker n hangszóró
lough [lɔk v. lɔx; US -ɑ-] n ír 1. tó 2. keskeny tengeröböl, fjord
Louis ['lu:ɪ v. 'lu:ɪs] prop Lajos
Louisa [lu:'i:zə] prop Lujza
Louisiana [lu:i:zɪ'ænə] prop
lounge [laʊndʒ] I. n 1. lebzselés, henyélés; őgyelgés, kószálás 2. hall; előcsarnok; társalgó [helyiség]; US ~ car szalonkocsi [vasúti] II. vi lebzsel, henyél; őgyeleg, kószál
lounge-chair n klubfotel
lounge-lizard n □ jampec, bártöltelék, zsúrfiú, gigoló
lounger ['laʊndʒə*] n naplopó, henyélő
lounge-suit n utcai ruha [férfié]
louring ['laʊərɪŋ] a fenyegető, borús, komor
louse [laʊs] n (pl lice laɪs) tetű

lousy ['lauzɪ] *a* 1. tetves 2. *biz* pocsék, vacak, nyamvadt 3. □ ~ *with sg* tele/dugig vmvel
lout [laut] *n* faragatlan fickó, fajankó
loutish ['lautɪʃ] *a* esetlen, faragatlan
louver, louvre ['lu:və*] *n* zsalu
louver-boards *n pl* zsalu
lovable ['lʌvəbl] *a* szeretetre méltó, kedves
love [lʌv] I. *n* 1. szeretet; *for the* ~ *of God!* az Isten szerelmére!; *for the* ~ *of it* kedvtelésből [tesz vmt]; *send one's* ~ *to sy* szívélyes üdvözletét küldi vknek; *there is not much* ~ *lost between them* nem szívlelik egymást; *it cannot be had for* ~ *or money* semmi áron nem eladó 2. szerelem; *be in* ~ *with sy* szerelmes vkbe; *fall in* ~ *with sy* beleszeret vkbe; *make* ~ *to sy* (1) udvarol vknek (2) szeretkezik vkvel; *marry for* ~ szerelemből nősül; ~ *in a cottage* szerelmi házasság [anyagi megalapozottság nélkül]; *"L~'s Labour's Lost"* „Felsült szerelmesek" [Shakespeare vígjátéka], [újabban:] „Lóvá tett lovagok" 3. semmi [teniszben]; ~ *game* sima játék II. *vt* szeret (vkt); szerelmes (vkbe); élvezetet talál (vmben); *will you come with me? I should* ~ *to* elkísérsz? ezer örömmel!
loveable ['lʌvəbl] *a* = lovable
love-affair *n* (szerelmi) viszony, szerelmi kapcsolat/ügy
love-apple *n* † paradicsom
love-bird *n* afrikai törpepapagáj
love-child *n (pl* ~ren) szerelemgyer-(m)ek
love-feast *n* szeretetvendégség
love-in-idleness *n* vad árvácska
Lovelace ['lʌvleɪs] *n* nőcsábász
loveless ['lʌvlɪs] *a* szeretetlen, szeretet/szerelem nélküli
love-letter *n* szerelmeslevél
love-lies-bleeding *n* csüngő amaránt [virág]
loveliness ['lʌvlɪnɪs] *n* szeretetreméltóság, kedvesség
lovelock *n* huncutka, csáb(ász)fürt
lovelorn *a* reménytelenül szerelmes, szerelmében csalódott
lovely ['lʌvlɪ] I. *a* 1. csinos, bájos, szép;

kedves, szeretetre méltó 2. *biz* nagyszerű, pompás, remek, finom II. *n biz* csinos nő, szép lány
love-making *n* 1. udvarlás 2. szeretkezés
love-match *n* szerelmi házasság
love-philtre/potion *n* szerelmi bájital
lover ['lʌvə*] *n* 1. szerető, kedves 2. lovers *pl* szerelmespár, szerelmesek 3. ~ *of sg* kedvelője vmnek, -kedvelő
lovesick *a* 1. fülig szerelmes 2. szerelme miatt szenvedő, epekedő
love-song *n* szerelmes/szerelmi dal
love-story *n* szerelmi történet
love-token *n* szerelmi zálog
loving ['lʌvɪŋ] *a* szerető; kedves
loving-cup *n* bujdosó pohár
loving-kindness *n* nyájasság, szeretet
low[1] [lou] I. *a* 1. alacsony; mély; kis; csekély; alsó [helyzetben levő]; *the L~ Countries* Németalföld; ~ *dress* (mélyen) kivágott ruha; ~ *gear* első sebesség [gépkocsié]; ~ *German* alnémet; ~ *latitudes* az egyenlítő tájéka; ~ *pressure* kis nyomás; ~ *price* alacsony ár; *at a* ~ *price* olcsón; ~ *speed* kis sebesség; ~ *temperature* alacsony hőmérséklet; ~ *tide/water* apály; alacsony vízállás; *biz be in* ~ *water* szűken áll pénz dolgában 2. alacsony [származású, rangú]; alacsonyrendű; ~ *birth* alacsony származás; ~ *comedy* bohózat; *bring sy* ~ megaláz vkt 3. alsóbbrendű, alantas, közönséges; aljas; ~ *blow átv* övön aluli ütés; ~ *company* rossz társaság; ~ *fellow* hitvány/züllött alak; ~ *language* közönséges/durva beszéd; ~ *woman* közönséges nő 4. gyenge, erőtlen, rossz [állapot]; lehangolt, rosszkedvű; ~ *pulse* gyenge érverés; *feel* ~ gyengén (v. nem jól) érzi magát; lehangolt; *be laid* ~ megen fekszik 5. halk, csendes, mély [hang]; *in a* ~ *key* visszafogottan, halkra hangszerelve 6. *L~ Church* ⟨az anglikán egyháznak a református egyházhoz közelebb álló ága⟩ II. *adv* 1. alacsonyan, mélyen; *lie* ~ lapul, rejtőz(köd)ik; *run* ~ fogytán van, kifogy [készlet stb.] 2. *buy* ~ olcsón vásárol; *play* ~ kicsiben játszik 3. halkan,

mély hangon 4. gyengén; *feed* ~ sovány koszton él
low² [loʊ] I. *n* tehénbőgés II. *vi* bőg [tehén]
low-born *a* alacsony/egyszerű származású
lowboy *n* alacsony sokfiókos asztalka, díner
low-bred *a* modortalan, nyers modorú
lowbrow *biz* I. *a* nyárspolgári, nem intelligens, nem kifinomult ízlésű II. *n* nyárspolgár, filiszter
low-down *biz* I. *a* aljas, alantas, becstelen II. *n* bizalmas közlés
Lowell ['loʊəl] *prop*
lower¹ ['loʊə*] I. *a* alacsonyabb; alsó; *the* ~ *classes* az alsó társadalmi osztályok, a munkásosztály; *L*~ *House* [parlamenti] alsóház, képviselőház; *the* ~ *world* az alvilág II. A. *vt* 1. leenged, leereszt, lebocsát; lesüllyeszt, mélyít 2. kisebbít, leszállít, csökkent 3. lehalkít, tompít [hangot] 4. megaláz, lealáz; ~ *oneself* (le)alacsonyodik, arra vetemedik (,hogy . . .) B. *vi* sülylyed; csökken, leszáll
lower² ['laʊə*] *vi* beborul
lowering ['laʊərɪŋ] *a* = *louring*
lowermost ['loʊəmoʊst] *a* (leges)legalsó
lowest ['loʊɪst] *a* legalsó
low-grade *a* rossz minőségű, silány
lowing ['loʊɪŋ] *n* tehénbőgés
low-key *a* halkra fogott, visszafogott
Lowlander ['loʊləndə*] *n* 1. alföldi ember 2. dél-skóciai ember
lowlands ['loʊləndz] *n pl* alföld; *the L*~ *of Scotland* a skót síkság, Dél-Skócia
lowliness ['loʊlɪnɪs] *n* alázatosság, szerénység
lowly ['loʊlɪ] I. *a* 1. alacsony, mély(en fekvő) 2. egyszerű, szerény, alázatos II. *adv* egyszerűen, szerényen, alázatosan
low-minded *a* alantas gondolkodású
low-necked *a* mély kivágású [ruha]
lowness ['loʊnɪs] *n* alacsonyság; aljasság
low-pressure *a* kisnyomású
low-priced *a* olcsó
low-relief *n* síkdombormű, féldombormű
low-spirited *a* lehangolt, bátortalan
low-tension *a* kisfeszültségű

low-water mark legalacsonyabb vízállás; apályszint
loyal ['lɔɪ(ə)l] *a* hű, kitartó, lojális
loyalist ['lɔɪəlɪst] *n* kormányhű, királyhű, lojalista
loyalty ['lɔɪ(ə)ltɪ] *n* hűség, lojalitás
lozenge ['lɔzɪndʒ; *US* 'lɑ-] *n* 1. rombusz, ferde négyszög 2. szögletes pasztilla/cukorka
LP [el'pi:] *long-playing record*
L-plate *n* T (betű) [= tanuló vezető jelzése]
Lsd, £sd [eles'di:] librae, solidi, denarii (= *pounds, shillings, pence*) font, shilling és penny
LSD [eles'di:] hallucinogén anyag [erős kábítószer], LSD
Lt. *Lieutenant*
Ltd. ['lɪmɪtɪd] *limited*
lubber ['lʌbə*] *n* esetlen fickó
lubberly ['lʌbəlɪ] *a* esetlen, ügyetlen
lubricant ['lu:brɪkənt] *n* kenőanyag
lubricate ['lu:brɪkeɪt] *vt* ken, olajoz, zsíroz
lubrication [lu:brɪ'keɪʃn] *n* kenés, olajozás, zsír(o)zás
lubricator ['lu:brɪkeɪtə*] *n* olajozó, kenőberendezés
lubricity [lu:'brɪsətɪ] *n* 1. síkosság, kenhetőség 2. sikamlósság, bujaság
Lucas ['lu:kəs] *prop* Lukács
lucerne [lu:'sɜ:n] *n GB* lucerna
Lucia ['lu:sjə] *prop*, Lúcia, Luca
lucid ['lu:sɪd] *a* 1. világos; tiszta 2. érthető, értelmes
lucidity [lu:'sɪdətɪ] *n* 1. világosság; tisztaság 2. érthetőség
luck [lʌk] *n* véletlen, szerencse; *try one's* ~ szerencsét próbál; *down on one's* ~ peches, bajban van, rosszul áll; *hard* ~ pech, balszerencse; *have hard* ~ nincs szerencséje, pechje van; *by* ~ véletlenül; *as* ~ *would have it* a sors úgy akarta; *be in* ~ szerencséje van; *bit of* ~ mázli
luckily ['lʌkɪlɪ] *adv* szerencsére
luckless ['lʌklɪs] *a* peches, szerencsétlen
Lucknow ['lʌknaʊ] *prop*
luck-penny *n GB* szerencsepénz
lucky ['lʌkɪ] *a* szerencsés, mázlis; ~ *bag*

kucséberzacskó; ~ strike szerencsés
lelet [arany, olaj]
lucrative ['lu:krətɪv] a hasznot hajtó,
lukratív
lucre ['lu:kə*] n haszon; nyerészkedés
Lucrece [lu:'kri:s] prop
Lucretia [lu:'kri:ʃjə; US -ʃə] prop Lukré-
cia
Lucy ['lu:sɪ] prop Lúcia, Luca
Luddite ['lʌdaɪt] n gépromboló [Angliá-
ban a XIX. század elején]
Ludgate ['lʌdgɪt] prop
ludicrous ['lu:dɪkrəs] a nevetséges
luff [lʌf] I. n széloldal II. A. vt szél
irányába fordít [hajót] B. vi szél
irányába fordul [hajó], szélnek vitor-
lázik
lug¹ [lʌg] n 1. fül, fogó, fogantyú [edé-
nyen] 2. tűfok
lug² [lʌg] I. n rángatás, rántás, teher II.
vt -gg- húz, hurcol; vonszol, cipel; átv
~ in hajánál fogva előráncigál [érvet]
luggage ['lʌgɪdʒ] n poggyász, csomag;
personal ~ kézipoggyász
luggage-label n poggyászcímke
luggage-locker n = left-luggage locker
luggage-porter n hordár
luggage-rack n csomagtartó, poggyász-
tartó
luggage-van n poggyászkocsi, (vasúti)
málhakocsi
lugged [lʌgd] →lug² II.
lugsail ['lʌgseɪl; hajósok nyelvén: 'lʌgsl]
n négyszögletes vitorla, lugvitorla
lugubrious [lu:'gu:brɪəs] a gyászos, si-
ránkozó, panaszos, siralmas, komor
Luke [lu:k] prop Lukács
lukewarm ['lu:kwɔ:m] a 1. langyos 2.
átv langymeleg, se hideg se meleg,
közömbös
lull [lʌl] I. n szélcsend, átmeneti nyuga-
lom II. A. vt (dúdolással) elaltat; le-
csendesít, megnyugtat B. vi eláll, elül
[szél], lecsillapodik, lecsendesedik [vi-
har]
lullaby ['lʌləbaɪ] n altatódal
lumbago [lʌm'beɪgoʊ] n lumbágó
lumbar ['lʌmbə*] a ágyék(táj)i, ágyék-
lumber¹ ['lʌmbə*] I. n 1. ócska bútor,
felesleges holmi, limlom 2. US = tim-
ber 1. II. A. vt felhalmoz; összehány;

limlommal telerak B. vi US 1. erdőt
kitermel, fát dönt 2. gömbfát feldol-
goz
lumber² ['lʌmbə*] vi 1. nehézkesen cso-
szog, baktat, vánszorog 2. zörög-
ve/zúgva/dörömbölve halad, dübörög
lumberjack n favágó; fatelepi dolgo-
zó/munkás
lumberman ['lʌmbəmən] n (pl -men
-mən) = lumberjack
lumbermill n fűrésztelep
lumber-room n kacattár, lomtár
lumber-yard n fatelep
luminary ['lu:mɪnərɪ; US -erɪ] n 1. (vi-
lágító) égitest 2. nagy elme, szellemi
nagyság
luminescent [lu:mɪ'nesnt] a foszforesz-
káló, ragyogó, fénylő
luminosity [lu:mɪ'nɔsətɪ; US -'nɑ-] n
fényesség, fényerősség
luminous ['lu:mɪnəs] a 1. ragyogó,
fénylő, világító, kivilágított; ~ clock
világító számlapú óra; ~ paint világító
festék 2. világos, érthető
luminousness ['lu:mɪnəsnɪs] n világos-
ság (átv is), fényesség
lump¹ [lʌmp] I. n 1. göröngy, rög, da-
rab; (idomtalan) tömeg, rakás, egy
csomó; ~ of sugar egy kocka cukor; ~
sugar kockacukor; have a ~ in one's
throat gombóc van a torkában 2. kidu-
dorodás, kinövés, púp, daganat 3. ~
sum (1) átalány(összeg) (2) kerek
összeg; in a ~ egy tételben, egyben,
egészben 4. biz nagydarab ember II.
A. vt 1. összehalmoz, -hord, -dobál 2.
~ together egészben vesz, egy kalap alá
vesz; összevon [tételeket] B. vi 1.
darabosan összeáll; csomós lesz 2. ~
along nehézkesen baktat; ~ down le-
tottyan, lezuppan
lump² [lʌmp] vt biz if you don't like it you
can ~ it eszi nem eszi nem kap mást
lumpish ['lʌmpɪʃ] a 1. idomtalan, ne-
hézkes, ügyetlen, darabos 2. nehéz-
fejű
lumpy ['lʌmpɪ] a 1. darabos, görön-
gyös, csomós 2. fodros, hullámos [víz]
lunacy ['lu:nəsɪ] n 1. elmebaj 2. biz
őrültség, bolondság
lunar ['lu:nə*] a hold-; ~ flight holdre-

püdés; ~ *module* holdkomp; ~ *month* holdhónap; ~ *orbit* hold körüli pálya
lunatic ['lu:nətɪk] *n* 1. elmebajos, elmebeteg; őrült; bolond; ~ *asylum* elmegyógyintézet; ~ *fringe* ⟨mozgalomnak/pártnak nevetségesen/eszelősen szélsőséges elemei⟩ 2. holdkóros
lunch [lʌntʃ] I. *n* ebéd; löncs; ~ *break* ebédszünet; *be at* ~, *have* ~ ebédel II. *vt/vi* ebédel; löncsöl
luncheon ['lʌntʃ(ə)n] *n* = *lunch I.;* ~ *meat* löncshús; ~ *voucher* [üzemi] ebédjegy
luncheonette [lʌntʃə'net] *n* 1. US könnyű étkezés [időn kívül] 2. falatozó(hely)
lunch-room *n* étkezde, kisvendéglő
lunette [lu:'net] *n* lunetta
lung [lʌŋ] *n* tüdő; ~ *trouble* tüdőbaj; *inflammation of the* ~s tüdőgyulladás
lunge¹ [lʌndʒ] I. *n* vezetőszár, futószár II. *vt* vezetőszárral futtat, lonzsol [lovat]
lunge² [lʌndʒ] I. *n* hirtelen szúrás; kitörés, támadás [vívásban] II. *vi* 1. kitöréssel támad, hirtelen szúr 2. előrelendül
lungwort *n* orvosi tüdőfű
luniform ['lu:nɪfɔ:m] *a* hold alakú
lunule ['lu:nju:l] *n* holdacska [köröm tövén]
lupin ['lu:pɪn] *n* farkasbab
lurch¹ [lə:tʃ] I. *n* megingás, megdőlés; megtántorodás II. *vi* hirtelen oldalirányba lódul/billen; tántorog, megtántorodik; dülöngél
lurch² [lə:tʃ] *n leave in the* ~ cserbenhagy, benne hagy a szószban/pácban
lurcher ['lə:tʃə*] *n* 1. orvvadász; tolvaj, szélhámos 2. *GB* orvvadász kutyája
lure [ljʊə*; *US* lʊər] I. *n* csalétek *(átv is)*, csáb(ítás), vonzerő II. *vt* csábít, csalogat, odacsal
lurid ['ljʊərɪd; *US* 'lʊ-] *a* 1. ragyogó, égő színű, rikító (színű) 2. rémes, szörnyű-(séges); szenzációs
lurk [lə:k] *vi* 1. leselkedik, lesben áll 2. bujkál, ólálkodik, lappang
lurking-place ['lə:kɪŋ-] *n* les(hely), rejtekhely
luscious ['lʌʃəs] *a* 1. ízes, zamatos; fű-

szeres; (méz)édes 2. édeskés, émelygős [stílus stb.] 3. érzéki, buja
lush [lʌʃ] *a* nedves, friss, buja [növényzet]
lust [lʌst] I. *n* 1. testi/nemi vágy; bujaság, kéjelgés 2. ~ *for power* hatalomszomj, hatalomvágy II. *vi* epekedik, testi vágyat érez *(for/after* után)
luster →*lustre*
lustful ['lʌstful] *a* kéjvágyó, buja
lustily ['lʌstɪlɪ] *adv* erősen, tele tüdőből
lustiness ['lʌstɪnɪs] *n* erő, frisseség, ragyogó egészség
lustre, *US* -**ter** ['lʌstə*] I. *n* 1. fény(lés), zománcos/fémes csillogás 2. lüsztermáz [üveg- és agyagárukon] 3. hírnév 4. csillár 5. *GB* lüszter [szövet] II. *vt* fényt ad [szövetnek], mercerizál, fényez
lustreless ['lʌstəlɪs] *a* fénytelen, fakó
lustrous ['lʌstrəs] *a* fénylő, fényes, csillogó, ragyogó
lusty ['lʌstɪ] *a* erős, izmos, életerős, egészségtől/élettől duzzadó
lutanist ['lu:tənɪst] *n* lantos
lute¹ [lu:t] *n* lant
lute² [lu:t] I. *n* 1. ragasztószer, tömítőanyag, kitt 2. tömítés II. *vt* összetapaszt, betöm, beragaszt, kittel
Luther ['lu:θə*] *prop*
Lutheran ['lu:θ(ə)rən] *a/n* lutheránus, evangélikus
lutist ['lu:tɪst] *n* lantos
Lutyens ['lʌtʃ(ə)nz] *prop*
luxation [lʌk'seɪʃn] *n* kificamodás, ficam
Luxemb(o)urg ['lʌks(ə)mbə:g] *prop* Luxemburg
luxuriance [lʌg'zjʊərɪəns; *US* -'ʒʊ-] *n* bőség, termékenység *(átv is)*, bujaság, gazdagság, szertelenség
luxuriant [lʌg'zjʊərɪənt; *US* -'ʒʊ-] *a* bőséges, termékeny *(átv is)*, túláradó, gazdag, buja, szertelen
luxuriate [lʌg'zjʊərɪeɪt; *US* -'ʒʊ-] *vi* 1. buján nő, burjánzik 2. élvez, odaadja magát (vmnek), kéjeleg vmben, pazarul él; ~ *in sg* tobzódik vmben
luxurious [lʌg'zjʊərɪəs; *US* -'ʒʊ-] *a* fényűző, pazar, luxus-
luxury ['lʌkʃ(ə)rɪ] *n* 1. fényűzés, luxus 2. fényűzési cikk, luxuscikk 3. *(összetételekben :)* luxus-; ~ *flat* luxuslakás

lych-gate ['lɪtʃgeɪt] *n* = *lich-gate*
lychnis ['lɪknɪs] *n* mécsvirág
Lycidas ['lɪsɪdæs] *prop*
Lydia ['lɪdɪə] *prop* Lídia, Lidi
lye [laɪ] *n* lúg
lying[1] ['laɪɪŋ] I. *a* hazudó(s) II. *n* hazugság ‖→*lie*[1] *II*.
lying[2] ['laɪɪŋ] I. *a* fekvő II. *n* 1. fekvés 2. fekvőhely ‖→*lie*[2] *II*.
lying-in *n* szülés, vajúdás; ~ *hospital* szülőotthon
lymph [lɪmf] *n* 1. nyirok, limfa 2. kristálytiszta folyadék/víz
lymphatic [lɪm'fætɪk] I. *a* 1. limfatikus, lymphaticus, nyirok-, nyirokkiválasztó; ~ *gland* nyirokmirigy; ~ *vessel* nyirokér 2. halvány, vértelen, petyhüdt, ernyedt, lomha II. *n* nyirokedény

lymphocyte ['lɪmfəsaɪt] *n* nyiroksejt
lymphocita
lynch [lɪntʃ] *vt* (meg)lincsel
lynch-law *n* lincselés
lynx [lɪŋks] *n* hiúz
lynx-eyed *a* éles szemű, sasszemű
lyre ['laɪə*] *n* líra, lant
lyre-bird *n* lantmadár
lyric ['lɪrɪk] I. *a* lírai II. *n* 1. lírai költemény 2. **lyrics** *pl* (dal)szöveg
lyrical ['lɪrɪkl] *a* 1. lírai 2. *biz* érzelgős (hangon elmondott/megírt)
lyricism ['lɪrɪsɪzm] *n* líraiság; érzelmesség, érzelgősség
lyricist ['lɪrɪsɪst] *n* 1. (dal)szövegíró 2. lírai költő, lírikus
Lysander [laɪ'sændə*] *prop*
lysol ['laɪsɔl; *US* -soʊl] *n* lizol [fertőtlenítőszer]
Lytton ['lɪtn] *prop*

M

M, m [em] *n* M, m (betű)
m. 1. *married* **2.** *metre(s)* méter, m **3.** *mile(s)* **4.** *million* **5.** *minute(s)* perc, p
'm = *am*
ma [mɑ:] *n biz* mama, anyu
M.A., MA [em'eɪ] Magister Artium (= *Master of Arts*) →*master*
ma'am [mæm] *n biz* **1.** asszonyom, madame **2.** *US* tanárnő
Mab [mæb] *prop*
Mabel ['meɪbl] *prop* Mabella
Mac¹ [mæk; nevek elején rendsz. hangsúlytalan; mək-] *prop* ⟨skót eredetű nevek elején: -fi⟩
mac² [mæk] *n biz* = *mackintosh*
macabre [mə'kɑ:br(ə)] *a* hátborzongató
macadam [mə'kædəm] *n ~ road* makadámút
macadamize [mə'kædəmaɪz] *vt* makadámoz, makadámmal burkol
macaroni [mækə'roʊnɪ] *n* csőtészta, makaróni
macaronic [mækə'rɔnɪk; *US* -'rɑ-] *a* idegen [latin] szavakkal megtűzdelt [tréfás vers], makaróni stílusú
macaroon [mækə'ru:n] *n kb.* mandulás csók
MacArthur [mə'kɑ:θə*] *prop*
Macartney [mə'kɑ:tnɪ] *prop*
Macaulay [mə'kɔ:lɪ] *prop*
macaw [mə'kɔ:] *n* arapapagáj
Macbeth [mək'beθ] *prop*
MacCarthy [mə'kɑ:θɪ] *prop*
MacCoy [mə'kɔɪ] *n □ that's the real ~* ez a(z) igazi/hamisítatlan
MacDonald, Macdonald [mək'dɔn(ə)ld] *prop*
Macduff [mək'dʌf] *prop*

mace¹ [meɪs] *n* **1.** buzogány **2.** jogar, kormánypálca
mace² [meɪs] *n* szerecsendió
mace-bearer *n* pálcamester; jogarvivő
Macedonia [mæsɪ'doʊnjə] *prop* Macedónia
Macedonian [mæsɪ'doʊnjən] *a* macedón(iai)
macerate ['mæsəreɪt] *vt* **1.** (be)áztat, puhít, foszlat [vegyileg] **2.** *átv* lesoványít
Mach [mɑ:k] *prop ~ number* Mach-szám
machete [mə'tʃetɪ; *US* -'ʃe-] *n* széles pengéjű kés
machicolation [mætʃɪkə'leɪʃn] *n* lőréses gyilokjáró
machiavellian [mækɪə'velɪən] *a* machiavellisztikus
machination [mækɪ'neɪʃn] *n* machináció, intrika, fondorlat
machine [mə'ʃi:n] **I.** *n* **1.** gép, gépezet, munkagép; *(összetételekben:)* gépi, gép-; *~ minder* gépkezelő; *~ shop* gépterem; *~ tool* szerszámgép; *~ translation* gépi fordítás **2.** *(party) ~* pártapparátus **II.** *vt* géppel készít/varr; gépen megmúnkál
machine-gun *n* géppuska, -fegyver; *light ~* golyószóró
machine-made *a* géppel készített/gyártott, gépi, gép-
machine-operator *n* gépkezelő
machinery [mə'ʃi:nərɪ] *n* **1.** gépezet, szerkezet, gépi felszerelés **2.** *átv* szervezet, gépezet, mechanizmus
machinist [mə'ʃi:nɪst] *n* gépész, gépkezelő; gépszerelő
mack [mæk] *n* = *mackintosh*
Mackenzie [mə'kenzɪ] *prop*

mackerel ['mækr(ə)l] *n* (*pl* ~) mak-
réla
mackerel-sky *n* bárányfelhős ég
mackintosh ['mækɪntɔʃ; *US* -aʃ] *n GB*
esőkabát
Macleod [məˈklaʊd] *prop*
Macmillan [məkˈmɪlən] *prop*
Macpherson [məkˈfəːsn] *prop*
macrobiotic [mækroʊbaɪˈɔtɪk; *US* -ˈa-] *a*
életmeghosszabbító
macrocosm ['mækrəkɔzm; *US* -azm] *n*
világegyetem, makrokozmosz
macula ['mækjʊlə] *n* (*pl* ~e -liː) 1. folt
[bőrön stb.] 2. napfolt
mad [mæd] *a* (*comp* ~der 'mædə*, *sup*
~dest 'mædɪst) 1. őrült; ~ *dog* veszett
kutya; *as* ~ *as a March hare* (v. *a*
hatter) sült bolond, őrült spanyol, di-
lis; *drive sy* ~ megőrjít vkt; *go* ~ (1)
megőrül (2) *biz* begerjed [mérgében];
biz like ~ eszeveszetten, mint az őrült
2. *biz be* ~ *about*/*after*/*on sg* bolondul/
megőrül vmért; *be* ~ *about sy* bele van
esve vkbe; *be* ~ *with pain* majd megő-
rül a fájdalomtól 3. dühös, haragszik
(*with* vkre; *at*/*about* vm miatt)
madam ['mædəm] *n* 1. (*mint megszólí-
tás:*) asszonyom; tanárnő (kérem),
néni (kérem) 2. úrhölgy
madcap *a*/*n* féktelen, vad(óc)
madden ['mædn] A. *vt* megőrjít B. *vi*
megőrül, megbolondul
maddening ['mædnɪŋ] *a* őrjítő, dühítő
madder¹ ['mædə*] *n* 1. festőbuzér 2.
buzérvörös
madder², maddest →*mad*
madding ['mædɪŋ] *a* 1. lármás, őrjöngő
2. őrjítő
made [meɪd] *a* 1. megcsinált, (el)készí-
tett, kész, (el)készült; ~ *in England*
angol áru 2. *átv* befutott; *a* ~ *man*
beérkezett ember; ‖ →*make II.*
Madeleine ['mædlɪn] *prop* Magda(léna)
made-to-measure *a* mérték után készült
made-up *a* 1. kitalált, kiagyalt 2. össze-
állított, elkészített 3. kifestett, kiké-
szített, sminkelt [arc]
Madge [mædʒ] *prop* Margitka
mad-house *n* bolondokháza (*átv is*)
Madison ['mædɪsn] *prop*
madly ['mædlɪ] *adv* őrülten, vadul

madman ['mædmən] *n* (*pl* -men -mən)
bolond, elmebajos, őrült
madness ['mædnɪs] *n* őrület, őrültség
(*átv is*)
madonna [məˈdɔnə; *US* -ˈda-] *n* ma-
donna
Madras [məˈdraːs; *US* -æs] *prop*
madrigal ['mædrɪgl] *n* madrigál
madwoman *n* (*pl* -women) bolond/elme-
bajos/őrült nő
madwort *n* ternyefű
Mae [meɪ] *prop* ⟨női név⟩
Maecenas [miːˈsiːnæs; *US* -əs] *n* mecé-
nás, (gazdag) műpártoló
maelstrom ['meɪlstrɔm; *US* -əm] *n*
(*átv is*) örvény, vad forgatag
maenad ['miːnæd] *n* bacchánsnő
maf(f)ia ['mæfɪə; *US* 'maːfɪa;] *n* maffia
mag [mæg] *n biz* = *magazine 4.*
magazine [mægəˈziːn] *n* 1. (fegyver)rak-
tár; lőszerraktár 2. tölténytár 3. (film-)
kazetta 4. (képes) folyóirat, képeslap,
magazin
Magdalen(e) *prop* 1. ['mægdəlɪn] Mag-
dolna 2. ['mɔːdlɪn] ⟨*Magdalen* egy
oxfordi és *Magdalene* egy cambridge-i
kollégium neve⟩
magenta [məˈdʒentə]*n* bíborvörös (szín),
fukszin, magenta (festék)
Maggie ['mægɪ] *prop* Margitka
maggot ['mægət] *n* 1. kukac, bogár, fé-
reg, nyű 2. *biz* szeszély
maggoty ['mægətɪ] *a* 1. kukacos, nyü-
ves 2. *biz* szeszélyes, bogaras, kukacos
magi →*magus*
magic ['mædʒɪk] I. *a* varázslatos, bűvös,
mágikus; ~ *eye* varázsszem [elektroni-
kában]; ~ *lantern* állóképes vetítő-
gép, laterna magica II. *n* bűvészet,
varázslat, mágia; *black* ~ ördöngösség,
fekete mágia; *act like* ~ varázshatású
magical ['mædʒɪkl] *a* = *magic I.*
magician [məˈdʒɪʃn] *n* bűvész, varázsló
magisterial [mædʒɪˈstɪərɪəl] *a* 1. ható-
sági, hivatali 2. mesteri, magisztrális
3. parancsoló, ellentmondást nem tűrő
magistracy ['mædʒɪstrəsɪ] *n* elöljárói
rang/hivatal; bírósági/közigazgatási
hivatal
magistrate ['mædʒɪstreɪt] *n* elöljáró,
rendőrbíró

Magna C(h)arta [mægnə'kɑ:tə] *n* Magna
Charta 〈Földnélküli János 1215-ben
kiadott alkotmánylevele〉
magnanimity [mægnə'nɪmətɪ] *n* nagy-
lelkűség
magnanimous [mæg'nænɪməs] *a* nagy-
lelkű, nemes gondolkodású, önzetlen
magnate ['mægneɪt] *n* mágnás, főúr
magnesia [mæg'ni:ʃə] *n* magnéziumoxid
magnesium [mæg'ni:zjəm; *US* -ʃɪəm] *n*
magnézium
magnet ['mægnɪt] *n* mágnes
magnetic [mæg'netɪk] *a* 1. mágneses; ~
field mágneses mező; ~ *needle* mág-
nestű; ~ *tape* magnószalag 2. vonzó,
elragadó
magnetism ['mægnɪtɪzm] *n* 1. mágneses-
ség; mágneses erő 2. vonz(ó)erő; *per-
sonal* ~ egyéni varázs
magnetize ['mægnɪtaɪz] *vt* 1. mágnesez
2. hipnotizál 3. vonz(ó)erőt gyakorol
(vkre), megbűvöl, vonz (vkt)
magneto [mæg'ni:toʊ] *n* elektromágnes,
gyújtómágnes
magnification [mægnɪfɪ'keɪʃn] *n* nagyí-
tás, nagyobbítás
magnificence [mæg'nɪfɪsns] *n* nagyszerű-
ség, pompa, ragyogás
magnificent [mæg'nɪfɪsnt] *a* nagyszerű,
pazar, fönséges, pompás
magnifier ['mægnɪfaɪə*] *n* nagyítóüveg
magnify ['mægnɪfaɪ] *vt* 1. (fel)nagyít,
kinagyít 2. (el)túloz, felfúj
magnifying glass ['mægnɪfaɪɪŋ] nagyító-
üveg
magniloquence [mæg'nɪləkwəns] *n* fel-
lengzősség; nagyzolás, kérkedés
magniloquent [mæg'nɪləkwənt] *a* felleng-
zős; kérkedő
magnitude ['mægnɪtju:d; *US* -tu:d] *n*
1. nagyság, terjedelem 2. fontosság,
jelentőség 3. (csillag)fényesség, fény-
rend
magnolia [mæg'noʊljə] *n* magnólia
magnum ['mægnəm] *n* nagy palack
[kb. 2 1/2 literes]
magpie ['mægpaɪ] *n* 1. szarka 2. fecsegő
magus ['meɪgəs] *n* (*pl* **magi** 'meɪdʒaɪ)
mágus, varázsló; *the Three Magi* a
három királyok
Magyar ['mægjɑ:*] *a/n* magyar

maharaja(h) [mɑ:hə'rɑ:dʒə] *n* maha-
radzsa
maharanee [mɑ:hə'rɑ:ni:] *n* maharad-
zsa felesége
mahjong(g) [mɑ:'dʒɔŋ] *n* kínai dominó-
játék, madzsong
mahogany [mə'hɔgənɪ; *US* -'hɑ-] *n*
mahagóni
Mahomet [mə'hɔmɪt; *US* -'hɑ-] *prop*
Mohamed
Mahometan [mə'hɔmɪt(ə)n; *US* -'hɑ-]
a/n mohamedán
mahout [mə'haʊt] *n* elefánthajcsár
maid [meɪd] *n* 1. fiatal lány, hajadon;
† szűz; *old* ~ vénkisasszony 2. szol-
gáló, (cseléd)lány; ~ *of all work* min-
denes 3. ~ *of honour* udvarhölgy
maiden ['meɪdn] I. *a* 1. hajadon; szű-
zi(es); ~ *name* leánykori név 2. első;
~ *speech* szűzbeszéd; ~ *trip/voyage* első
út [hajóé] 3. nyeretlen [ló] II. *n* leány,
hajadon
maidenhair *n* vénuszhaj [növény]
maidenhead *n* 1. szüzesség 2. szűzhártya
maidenhood ['meɪdnhʊd] *n* hajadon álla-
pot, szüzesség
maidenlike ['meɪdnlaɪk] *a* leányos, szű-
zi(es)
maidenly ['meɪdnlɪ] *a* = maidenlike
maidservant *n* szolgálólány
mail¹ [meɪl] I. *n* 1. *n* posta; ~ *order* postai
árurendelés →*mail-order* II. *vt US*
postára ad, bedob [levelet stb.]
mail² [meɪl] I. *n* vértezet, páncél(ing) II.
vt páncéloz
mailbag *n* postazsák
mail-boat *n* postahajó
mailbox *n US* postaláda, levélszekrény
mail-carrier *n US* levélhordó
mail-clad *a* páncélos
mail-coach *n* postakocsi
mailed [meɪld] *a* ~ *fist* az erős kéz (poli-
tikája), erőszak
mailing-list ['meɪlɪŋ-] *n* címjegyzék [aki-
nek rendszeresen küldenek árjegyzé-
ket stb.]
mail-man *n* (*pl* **-men**) *US* levélkézbesítő,
postás
mail-order *a* ~ *business/house* 〈árjegyzék
alapján postán rendelt árut elküldő
áruház〉, csomagküldő áruház

mail-van *n* (vasúti) postakocsi
maim [meɪm] *vt* megcsonkít, megbénít
main [meɪn] I. *a* fő-, legfőbb, legfonto-
sabb; ~ *clause* főmondat; ~ *deck* felső
fedélzet, főfedélzet; *by* ~ *force* erőszak-
kal; teljes erővel; *the* ~ *point* a lénye-
g(es kérdés) II. *n* 1. fővezeték; főcsa-
torna; fővonal 2. mains *pl* hálózat; ~*s*
set hálózati készülék 3. *in the* ~ álta-
lában, nagyrészt
main-brace *n* főkeresztvitorla fordító-
kötele; *splice the* ~ (1) iszik egyet,
berúg (2) extra rumadagot oszt
Maine [meɪn] *prop*
mainland ['meɪnlənd] *n* szárazföld
mainly ['meɪnlɪ] *adv* főleg, többnyire
mainmast ['meɪnmɑ:st; hajósok nyelvén:
'meɪnməst] *n* főárboc
mainsail ['meɪnseɪl; hajósok nyelvén:
'meɪnsl] *n* fő(árboc-)törzsvitorla
mainspring *n* 1. főrugó 2. *biz* hajtóerő,
fő indíték
mainstay *n* 1. főárboctarcs 2. *átv* tá-
masz, fő erősség, oszlop
mainstream *n* főáram, az ár(amlat) kö-
zepe
maintain [meɪn'teɪn] *vt* 1. fenntart; kar-
bantart 2. (el)tart, ellát 3. fenntart
[álláspontot] 4. támogat; megvéd [jo-
gait stb.]
maintainable [meɪn'teɪnəbl] *a* fenntart-
ható, védhető
maintenance ['meɪntənəns] *n* 1. fenntar-
tás; karbantartás, kezelés, szervíz; ~
man karbantartó munkás 2. (el)tar-
tás, ellátás; ~ *order* tartási kötelezett-
ség
Maisie ['meɪzɪ] *prop sk, US* Margitka
maison(n)ette [meɪzə'net] *n* kislakás
maize [meɪz] *n* kukorica, tengeri
Maj. *Major* őrnagy, őrgy.
majestic(al) [mə'dʒestɪk(l)] *a* fenséges,
magasztos, méltóságteljes
majesty ['mædʒəstɪ] *n* 1. felség; *Your*
M~ Felség! [megszólításban]; *His/*
Her M~ Ofelsége, Ofensége; *His/Her*
Britannic M~ ő brit felsége; *On*
His/Her M~'s Service (1) Ofelsége
szolgálatában (2) hivatalból portó-
mentes/díjátalányozva 2. fenség, ma-
gasztosság

majolica [mə'jɔlɪkə; *US* -'jɑ-] *n* majo-
lika
major¹ ['meɪdʒə*] *n* őrnagy
major² ['meɪdʒə*] I. *a* 1. nagyobb, fon-
tosabb; fő-; ~ *premise* főtétel [logiká-
ban]; ~ *road* főútvonal 2. idősebb,
nagykorú; *Smith* ~ az idősebb Smith
[a két Smith fivér közül] 3. dúr
[hangnem]; ~ *scale* dúr skála II. *n US*
főtantárgy, szaktárgy III. *vi US* ~ *in*
sg főtantárgynak/szaktárgynak vá-
laszt vmt, specializálja magát vmre
major-general *n* kb. vezérőrnagy
majority [mə'dʒɔrətɪ; *US* -'dʒɔ:-] *n* 1.
többség; szótöbbség; szavazattöbb-
ség; *biz join the* ~ meghal 2. nagyko-
rúság 3. őrnagyi rang
majuscule ['mædʒəskju:l; *US* mə'dʒʌ-
skju:l] *n* nagy kezdőbetű
make [meɪk] I. *n* 1. gyártmány, márka,
készítmény; kivitel; *our own* ~ házi
gyártmány 2. *be on the* ~ mindig a
hasznon/üzletelésen jár az esze 3.
zárás [áramköré] II. *v* (*pt/pp* made
meɪd) 1. csinál, készít; gyárt; *be made*
of sg vmből készült/való/van 2. (meg-)
teremt, létrehoz 3. tesz vkt/vmt vmvé;
~ *sy rich* gazdaggá tesz vkt; ~ *oneself*
useful hasznosítja magát; *it will* ~ *you*
or break you vagy sikerül vagy rajta-
vesztesz; *it made me angry* dühbe ho-
zott 4. rábír, kényszerít, késztet
(vmre); okoz; -tat, -tet; ~ *sy laugh*
megnevettet vkt; ~ *sy do sg* kénysze-
rít vkt, hogy megtegyen vmt; *what*
~*s him do it?* mi készteti őt erre?; ~
the engine start megindítja a motort; ~
sg known tudat vmt, közhírré tesz
vmt; ~ *himself heard* eléri, hogy
meghallják/meghallgassák; ~ *oneself*
understood megérteti magát 5. keres
[pénzt]; ~ *... pounds a week* heti ...
fontot keres 6. megtesz [távolságot];
elér [helységet, vonatot]; jut (vhová);
~ *the train* eléri a vonatot; ~ *a price*
jó árat ér el; ~ *the team* bekerül a
(válogatott) csapatba; *the ship made*
bad weather a hajó viharba került 7.
becsül, tesz (vmt vmre); *he* ~*s the*
distance 10 miles tíz mérföldre te-
szi/becsüli a távolságot 8. kitesz

(vmennyit); *2 and 2 ~ 4* kettő meg
kettő az négy 9. lesz, válik belőle; *he
will ~ a good doctor* jó orvos lesz belőle;
will you ~ one of us? akar(sz) hoz-
zánk csatlakozni?, velünk tart(asz)?
B. *vi* 1. ~ *as if/though* úgy tesz mintha
2. ~ *do with sg* beéri/megelégszik
vmvel; ~ *do on sg* megél/kijön vmből
make after *vi* vk után ered (v. veti
magát)
make at *vi* nekiront, nekimegy
make away with *vi* 1. magával visz,
elhurcol, meglép (vmvel) 2. fölemészt;
eltékozol [vagyont stb.] 3. eltesz láb
alól; ~ *a. w. oneself* végez magával
make for *vi* 1. vhová igyekszik/tart
2. nekitámad, nekiront (vknek) 3.
hasznára van, szolgál vmre, hozzájárul
vmhez
make of *vt* 1. vmből készít vmt; *it
is made of iron* vasból van 2. vhogyan
ért, magyaráz, gondol; *what do you ~
of it?* te mit veszel ki belőle?; *he can
~ nothing of it* nem ért belőle semmit
make off *vi* elszalad, elmenekül, elil-
lan; meglép (vmvel)
make out A. *vt* 1. [szemével] kivesz,
megkülönböztet 2. megért; *I can't ~
it o.* nem tudok rajta eligazodni 3. fel-
ismer, kiismer (vkt) 4. értelmez, kibe-
tűz 5. elkészít [okmányt]; kiállít
[csekket] 6. állít; *how do you ~ that
o.?* milyen alapon állítod ezt?; *he is
not such a fool as people ~ o.* nem
olyan bolond amilyennek tartják **B.** *vi*
halad, boldogul; *how are things making
o.?* hogy mennek/alakulnak a dolgok?
make over *vt* 1. átruház 2. átalakít
make up A. *vt* 1. kiegészít, kikerekít
[összeget]; (ki)pótol [hiányt]; kárpó-
tol (vkt); ~ *it up to sy for sg* kárpó-
tol/kártalanít vkt vmért; ~ *it up (with
sy)* kibékül (vkvel), elintézi (a dolgot)
(vkvel) 2. összeállít [ruhát]; összecso-
magol [árut]; elkészít [orvosságot] 3.
(be)tördel [oldalt] 4. kitalál 5. rendbe
rak/tesz, kitakarít [szobát]; ~ *up a
bed* beágyaz, tiszta ágyat húz; ~ *up
the fire* (rá)rak a tűzre 6. alkot, képez;
be made up of . . . áll vmből 7. kiké-
szít, kifest [arcot, magát] **B.** *vi* 1. ~

up for sg pótol/behoz vmt 2. ~ *up on
sy* utolér vkt 3. ~ *up to sy* (1) közele-
dik vkhez (2) „udvarol"/hízeleg vknek
4. tördel [nyomda] 5. sminkel, kifesti
magát
make-believe I. *a* színlelt, hamis **II.** *n*
színlelés, látszat(keltés)
make-do I. *a* ideiglenes [megoldás] **II.** *n*
szükségmegoldás
makepeace *n* békéltető
maker ['meɪkə*] *n* 1. alkotó, teremtő 2.
gyáros, készítő
makeshift *n* ideiglenes tákolmány, kise-
gítő megoldás
make-up *n* 1. összeállítás, elrendezés 2.
kikészítés, smink 3. alkotóelemek; al-
kat, lelki konstitúció 4. kárpótlás;
kiegészítés 5. tördelés
make-weight *n* pótlék, ráadás, súlykie-
gészítés
making ['meɪkɪŋ] *n* 1. gyártás, (el)ké-
szítés; *be in the ~* készülőben/munká-
ban van; *it was the ~ of him* ez tette
naggyá, ennek köszönhette szerencsé-
jét/sikerét 2. **makings** *pl* (1) adott-
ság(ok) (2) kellék(ek), hozzávaló
malachite ['mæləkaɪt] *n* malachit
maladjusted [mælə'dʒʌstɪd] *a* 1. hibásan
beállított 2. rosszul alkalmazkodó
maladjustment [mælə'dʒʌstmənt] *n* 1.
hibás beállítás 2. összhangtalanság,
(környezettől való) meghasonlottság;
rossz viszonyulás 3. rossz megoldás
maladministration ['mælədmɪnɪ'streɪʃn]
n rossz kormányzás/igazgatás
maladroit [mælə'drɔɪt] *a* ügyetlen, ta-
pintatlan
malady ['mælədɪ] *n* betegség, baj
malapropism ['mæləprɒpɪzm; *US* -ɑp-]
n ⟨hasonló hangzású v. hangzatos
szavak téves használata⟩; *make ~s*
összekeveri az allegóriát a fitagóriával
malaria [mə'leərɪə] *n* malária
malarial [mə'leərɪəl] *n* maláriás
Malawi [mə'lɑ:wɪ] *prop* Malawi
Malawian [mə'lɑ:wɪən] *a/n* malawi
Malay [mə'leɪ] *a/n* maláj
Malaya [mə'leɪə] *n* Malájföld
Malaysia [mə'leɪzɪə; *US* -ʒə]*prop*Malaysia
Malaysian [mə'leɪzɪən; *US* -ʒən] *a/n*
malaysiai; maláj

Malcolm ['mælkəm] *prop* ⟨skót férfinév⟩
malcontent ['mælkəntent] *a/n* elégedetlen, zúgolódó
male [meɪl] I. *a* hímnemű; ~ *choir* férfikar II. *n* hím
malediction [mælɪ'dɪkʃn] *n* átok
maledictory [mælɪ'dɪkt(ə)rɪ] *a* (meg)átkozó; átkozódó
, malefactor ['mælɪfæktə*] *n* gonosztevő
maleficent [mə'lefɪsnt] *a* 1. ártalmas, káros 2. gonosz, rossz
malevolence [mə'levələns] *n* rosszakarat
malevolent [mə'levələnt] *a* rosszindulatú, rosszakaratú; kaján, kárörvendő
malfeasance [mæl'fi:zns] *n* jogellenes cselekmény, hivatali visszaélés
malformation [mælfɔ:'meɪʃn] *n* idomtalanság, hiba, deformáltság
Mali ['mɑ:lɪ] *prop* Mali
malice ['mælɪs] *n* rosszakarat, -indulat, -hiszeműség; *with* ~ *aforethought* előre megfontolt (rossz) szándékkal; *bear* ~ *to sy, bear sy* ~ rosszindulattal viseltetik vk iránt, vknek a rosszakarója
malicious [mə'lɪʃəs] *a* 1. kaján, rosszhiszemű, -indulatú, gonosz, fondorlatos 2. szándékos; vétkes, bűnös
malign [mə'laɪn] I. *a* rosszindulatú, veszedelmes, ártalmas II. *vt* megrágalmaz, befeketít, becsmérel
malignancy [mə'lɪgnənsɪ] *n* 1. rosszakarat, rosszindulat, ellenségesség 2. rosszindulatúság [betegségé]
malignant [mə'lɪgnənt] *a* 1. rosszakaratú, -indulatú, gyűlölködő, ellenséges; veszélyes 2. rosszindulatú [daganat stb.]
maligner [mə'laɪnə*] *n* rágalmazó
malignity [mə'lɪgnətɪ] *n = malignancy*
malinger [mə'lɪŋgə*] *vt* szimulál, betegnek tetteti magát
malingerer [mə'lɪŋgərə*] *n* szimuláns; lógós
mall¹ [mɔ:l *v.* mæl] *n* árnyas sétány; sétálóutca
Mall² [mæl] *prop*
mallard ['mælɑ:d] *n* vadkacsa
malleability [mælɪə'bɪlətɪ] *n* kovácsolhatóság, nyújthatóság, hajlíthatóság
malleable ['mælɪəbl] *a* 1. kovácsolható,

nyújtható, hajlítható, képlékeny 2. fogékony, alakítható [jellem]
mallet ['mælɪt] *n* 1. (fa)kalapács, sulyok, döngölő 2. ütő [krokett, póló]
malleus ['mælɪəs] *n* kalapács(csont) [fülben]
mallow ['mæloʊ] *n* mályva
malnutrition [mælnju:'trɪʃn; *US* -nu:-] *n* 1. hiányos/rosszul tápláltság 2. hiányos táplálkozás
malodorous [mæl'oʊdərəs] *a* rossz szagú, büdös
Malone [mə'loʊn] *prop*
Malory ['mælərɪ] *prop*
malpractice [mæl'præktɪs] *n* szabálytalanság; (vétkes) gondatlanság, mulasztás, hűtlen kezelés; *medical* ~ orvosi műhiba
malt [mɔ:lt] I. *n* maláta; ~ *liquor* sör II. *vt* malátáz, csíráztat [árpát]; ~*ed milk* malátával kevert tej
Malta ['mɔ:ltə] *prop* Málta
Maltese [mɔ:l'ti:z] *a* máltai
malt-house *n* malátacsíráztató (helyiség)
Malthus ['mælθəs] *prop*
Malthusian [mæl'θju:zjən; *US* -'θu:ʒn] *a* malthusi(ánus)
malting ['mɔ:ltɪŋ] *n* malátázás
maltreat [mæl'tri:t] *vt* rosszul bánik vkvel, gyötör, bánt(almaz)
maltreatment [mæl'tri:tmənt] *n* rossz bánásmód, kínzás, bántalmazás
maltster ['mɔ:ltstə*] *n* malátakészítő, malátázó (személy)
Malvern ['mɔ:lvən] *prop*
Malvolio [mæl'voʊljoʊ] *prop*
mama →*mamma*
mamillary ['mæmɪlərɪ] *a* 1. emlőszerű, emlő- 2. emlős
mamma [mə'mɑ:; *US* 'mɑ:mə] *n* mama
mammal ['mæml] *n* emlős(állat)
mammalia [mæ'meɪljə] *n pl* emlősök
mammary ['mæmərɪ] *a* ~ *gland* tejmirigy
mammon ['mæmən] *n* mammon, gazdagság
mammoth ['mæməθ] I. *a* óriási, igen nagy, óriás-, mammut- II. *n* mammut
mammy ['mæmɪ] *n* 1. anyuka, mama 2. *US* néger dajka
man [mæn; összetétel második tagja-

ként rendsz.: -mən] I. *n* (*pl* men men)
1. ember; az ember; *every* ~ mindenki;
no ~ senki; *any* ~ bárki; *no* ~'*s land*
senki földje; *men say that*. . . azt
mondják, hogy . . .; *the* ~ *in the street*
az átlagember 2. férfi; *a* ~'*s* ~ talpig
férfi; *men's* férfi . . . [ruha, mosdó
stb.]; ~ *and boy* gyermekkorától fog-
va; *to a* ~, *to the last* ~ az utolsó szálig,
egytől egyig; *it takes a* ~ *to* (*do it*) eh-
hez férfi kell; *be one's own* ~ a maga
ura; *he is not the* ~ *to* . . . nem az a
fajta ember aki; ~ *of the world* világfi;
he's an Oxford ~ Oxfordban végzett
ember, oxfordi diák 3. fő; £5 *per* ~
5 font fejenként 4. férj 5. inas; hűbé-
res 6. (köz)katona; [sportban] játé-
kos, ember 7. (sakk)figura, báb 8.
összet hajó II. *vt* -nn- 1. legénységgel
ellát 2. ~ *oneself* megembereli magát,
nekibátorodik
manacle ['mænəkl] I. *n* (kéz)bilincs II.
vt bilincsbe ver, megbilincsel
manage ['mænɪdʒ] A. *vt* 1. kezel; irá-
nyít, igazgat, vezet; intéz, ellát [ügye-
ket] 2. sikerül [vmt csinálni], megbir-
kózik, boldogul (vmvel); ~ *to do sg*
sikerül vmt megtenni; *I shall* ~ *it*
majd valahogy elintézem/megcsiná-
lom; *I can't* ~ *it* nem boldogulok vele;
can you ~ *it?* megy a dolog?; £10 *is*
the most I can ~ 10 fontnál többet nem
bírok összehozni/rászánni B. *vi* (vho-
gyan) gazdálkodik; boldogul; *we'll* ~
somehow valahogy majd csak megle-
szünk; *perhaps we can* ~ *with that*
ebből talán ki tudunk jönni
manageable ['mænɪdʒəbl] *a* kezelhető,
engedékeny, vezethető
management ['mænɪdʒmənt] *n* 1. keze-
lés, bánásmód 2. vezetés, igazgatás,
ügyvitel 3. vezetőség, igazgatóság
manager ['mænɪdʒə*] *n* 1. igazgató,
(ügy)vezető; *deputy* ~ helyettes igaz-
gató, igazgatóhelyettes; *general* ~
vezérigazgató; *joint* ~ társigazgató 2.
menedzser 3. (fő)edző [sportcsapaté]
manageress [mænɪdʒə'res] *n* üzletveze-
tőnő, igazgatónő, direktrisz
managerial [mænə'dʒɪərɪəl] *a* vezető,
vezetési, igazgatói, igazgatási

managership ['mænɪdʒəʃɪp] *n* igazgatói
állás, igazgatóság
managing ['mænɪdʒɪŋ] *a* 1. vezető,
igazgató; ~ *clerk* cégvezető, osztály-
vezető; ~ *director* ügyvezető igazgató
2. erélyes; ~ *man* erélyes ember, jó
adminisztrátor
man-at-arms [mænət'ɑ:mz] *n* (*pl* men-
-at-arms men-) [középkori] felfegyver-
zett (lovas) katona
manatee [mænə'ti:] *n* lamantin
Manchester ['mæntʃɪstə*] *prop*
man-child *n* (*pl* -children) fiúgyermek
Manchu [mæn'tʃu:] *a/n* mandzsu
Manchuria [mæn'tʃʊərɪə] *prop* Man-
dzsúria
Manchurian [mæn'tʃʊərɪən] *a* mandzsu
Mancunian [mæŋ'kju:njən] *a/n* man-
chesteri
mandarin ['mændərɪn] *n* 1. [kínai] man-
darin 2. kínai nyelv 3. ~ (*orange*)
mandarin
mandatary ['mændət(ə)rɪ] *n* megbízott,
meghatalmazott
mandate ['mændeɪt] I. *n* 1. megbízás,
mandátum; meghatalmazás, felhatal-
mazás 2. (bírói) utasítás II. *vt* megbíz,
mandátum alá helyez; ~*d territory*
nemzetközi megbízás (v. mandátum)
alapján kormányzott területek
mandatory ['mændət(ə)rɪ] I. *a* elrendelő,
kötelező; ~ *sign* utasítást adó jelző-
tábla; ~ *writ* végzés II. *n* = *manda-*
tary
mandible ['mændɪbl] *n* 1. (alsó) állka-
pocs 2. csőrkáva
mandibular [mæn'dɪbjʊlə*] *a* (alsó) áll-
kapcsi, állkapocs-
mandolin ['mændəlɪn] *n* mandolin
mandragora [mæn'drægərə] *n* mandra-
góra
mandrake ['mændreɪk] *n* = *mandragora*
mandrel ['mændrɪl] *n* tövis, (eszterga-)
tüske, fúrótengely [esztergapadon]
mandrill ['mændrɪl] *n* mandrill [pávián-
féle]
mane [meɪn] *n* sörény
man-eater *n* 1. emberevő állat 2. ember-
evő, kannibál
manège [mæ'neɪʒ] *n* 1. lóidomítás; a
lovaglás művészete 2. lovaglóiskola

manes ['mɑːneɪz] *n pl* az ősök szellemei
maneuver →*manoeuvre*
Manfred ['mænfred] *prop* Manfréd
manful ['mænfʊl] *a* férfias, bátor, határozott
manganese ['mæŋgəniːz] *n* mangán; ~ *steel* mangánacél
mange [meɪndʒ] *n* rüh, kosz [kutyabőrbaj]
mangel-wurzel ['mæŋglwəːzl] *n* takarmányrépa
manger ['meɪndʒə*] *n* jászol
manginess ['meɪndʒɪnɪs] *n* rühösség, koszosság
mangle¹ ['mæŋgl] I. *n* mángorló II. *vt* mángorol
mangle² ['mæŋgl] *vt* 1. széttép, -roncsol, szétmarcangol; megcsonkít 2. elferdít [szöveget], (rossz kiejtéssel) eltorzít [szavakat]
mango ['mæŋgoʊ] *n (pl* ~es -z) mangófa; mangó(gyümölcs)
mangrove ['mæŋgroʊv] *n* mangrove
mangy ['meɪndʒɪ] *a* 1. koszos, rühes 2. vacak, pocsék, lompos, ócska
manhandle ['mænhændl] *vt* 1. kézi erővel mozgat/szállít 2. *biz* durván bánik (vkvel), bántalmaz
Manhattan [mæn'hætn] I. *prop* ⟨New York város magva/belvárosa⟩ II. *n* ⟨vermutból és whiskyből készült koktél⟩
man-hole *n* búvólyuk, -nyílás, kábelakna
manhood ['mænhʊd] *n* 1. férfikor 2. férfiasság; bátorság 3. férfiak (összessége)
man-hour *n* munkaóra
man-hunter *n* fejvadász
mania ['meɪnjə] *n* 1. mániás elmezavar, őrjöngés 2. *biz* szenvedély, mánia
maniac ['meɪnɪæk] *n* 1. dühöngő őrült 1. *biz* bolondja (vmnek)
maniacal [mə'naɪəkl] *a* őrült, őrjöngő; mániákus (*átv is*)
manicure ['mænɪkjʊə*] I. *n* körömápolás, kézápolás, manikűr II. *vt* manikűröz
manicurist ['mænɪkjʊərɪst] *n* manikűrös, kéz-, körömápoló
manifest ['mænɪfest] I. *a* nyilvánvaló, szemmel látható, leplezetlen II. *n* rako-

mányjegyzék [hajóé] III. *vt* 1. világosan megmutat, kimutat; elárul; ~ *itself* megnyilvánul, nyilvánvalóvá válik, (meg)mutatkozik 2. bizonyít, tanúsít
manifestation [mænɪfe'steɪʃn] *n* 1. megnyilatkozás, manifesztálódás 2. kinyilvánítás
manifesto [mænɪ'festoʊ] *n* kiáltvány, manifesztum, nyilatkozat
manifold ['mænɪfoʊld] I. *a* sokféle, sokfajta, változatos, különféle, sokrétű; ~ *paper* vékony átütőpapír II. *n* 1. sokszorosított irat 2. elosztócső; többcsonkos csőidom III. *vt* sokszorosít, sokszoroz
manifoldness ['mænɪfoʊldnɪs] *n* változatosság, sokféleség
manikin ['mænɪkɪn] *n* 1. emberke, törpe 2. kirakati öltöztetőbaba, próbababa 3. tanbábu [képzőműv. ill. anatómiai célokra]
manipulate [mə'nɪpjʊleɪt] *vt* 1. kezel (vkt, vmt), bánik (vkvel, vmvel); irányít; ~ *the market* alakítja a piacot 2. *biz* manipulál, mesterkedik (vmvel)
manipulation [mənɪpjʊ'leɪʃn] *n* 1. kezelés 2. manipulálás, manipuláció; ~ *of prices* árfolyamok mesterséges befolyásolása
manipulator [mə'nɪpjʊleɪtə*] *n* 1. kezelő 2. befolyásoló 3. manipulátor
Manitoba [mænɪ'toʊbə] *prop*
mankind *n* 1. ['mænkaɪnd] férfinem, férfiak 2. [mæn'kaɪnd] emberiség, emberi nem
manlike ['mænlaɪk] *a* 1. férfias 2. emberhez hasonló
manliness ['mænlɪnɪs] *n* férfiasság
manly ['mænlɪ] *a* férfias, határozott
man-made *a* mesterséges, műman-month *n* egy ember havi munkaideje/elfoglaltsága; (egy) személy per hó(nap)
manna ['mænə] *n* manna
manned [mænd] *a* ember vezette; ~ *flight* pilótás repülés ‖ →*man II.*
mannequin ['mænɪkɪn] *n* 1. manöken 2. próbababa
manner ['mænə*] *n* 1. mód, módszer; *in this* ~ ilyen módon, így; *in a* ~

bizonyos fokig/értelemben; *by no ~ of means* semmi esetre sem 2. **manners** *pl* modor; *good ~s* jó modor, jólneveltség; *bad ~s* rossz modor, modortalanság; *it is bad ~s to* ... nem illik ... 3. viselkedés, magatartás 4. **manners** *pl* erkölcs(ök); szokások; életmód; *comedy of ~s* társadalmi vígjáték 5. stílus [irodalomban, művészetben] 6. fajta, féle; *all ~ of people* minden rendű és rangú ember; *what ~ of a man is he?* miféle ember ő?; *no ~ of doubt* semmiféle kétség

mannered ['mænəd] *a* 1. modorú 2. illedelmes 3. mesterkélt, modoros

mannerism ['mænərızm] *n* 1. mesterkéltség, modorosság 2. manierizmus [művészetben]

mannerless ['mænəlıs] *a* modortalan

mannerly ['mænəlı] *a* udvarias, jó modorú

mannish ['mænıʃ] *a* férfias

manoeuvre, *US* **maneuver** [mə'nu:və*] I. *n* hadmozdulat, hadművelet, manőver (*átv is*) II. A. *vt* 1. mozgat [csapatokat]; *~ one's car into (a parking space)* ügyesen beáll kocsijával (parkolóhelyre); *biz ~ oneself into a good job* jó állásba ügyeskedi be magát 2. működtet, kezel, irányít, intéz B. *vi* manőverez; mesterkedik, ravaszkodik; *biz ~ for position* helyezkedik

man-of-war [mænəv'wɔ:*] *n* (*pl* **men-of--war** men-) hadihajó

manometer [mə'nɔmıtə*; *US* -'na-] *n* nyomásmérő, feszmérő, manométer

manor ['mænə*] *n* uradalom, nemesi földbirtok

manor-house *n* udvarház, vidéki/nemesi kastély

manorial [mə'nɔ:rıəl] *a* földesúri

man-power *n* 1. emberi/kézi erő 2. munkaerő; munkáslétszám; munkásanyag; [katonai] élőerő; *~ management* munkaerő-gazdálkodás

mansard ['mænsɑ:d] *n* 1. *~ (roof)* manzárdtető 2. manzárd(szoba), padlásszoba

manse [mæns] *n sk* parókia

man-servant *n* (*pl* **men-servants**) szolga, inas

mansion ['mænʃn] *n* 1. nemesi kúria; urasági kastély; palota 2. **mansions** *pl* bérpalota, lakóháztömb

mansion-house *n* 1. = *mansion 1.* 2. *the M~* ⟨a londoni polgármester palotája⟩

man-sized *a* 1. egész embert igénylő 2. ember nagyságú

manslaughter *n* [gondatlanságból v. erős felindulásban elkövetett] emberölés

mantel ['mæntl] *n* 1. kandallóburkolat 2. kandallópárkány

mantelpiece *n* = *mantel 2.*

mantissa [mæn'tısə] *n* mantissza

mantle ['mæntl] I. *n* 1. (ujjatlan bő) köpeny, köpönyeg 2. *átv* takaró, lepel, palást 3. gázharisnya II. A. *vt* beburkol, eltakar, elborít B. *vi* 1. habzik 2. (el)pirul; ég, lángol (pírtól) [arc]

man-trap *n* csapda

manual ['mænjʊəl] I. *a* kézi, kézzel történő, manuális; *~ exercises* puskafogások; *~ labour* fizikai munka; *~ training* gyakorlati foglalkozás; *~ worker* fizikai munkás II. *n* 1. kézikönyv 2. billentyűzet, manuál

manufactory [mænjʊ'fækt(ə)rı] *n* 1. gyár(telep), üzem 2. manufaktúra

manufacture [mænjʊ'fæktʃə*] I. *n* 1. gyártás, előállítás 2. gyártmány, készítmény; *~s* gyári/ipari áruk 3. gyáripar II. *vt* gyárt, készít, előállít

manufactured [mænjʊ'fæktʃəd] *a* gyárilag előállított; *~ goods* készáruk, iparcikkek

manufacturer [mænjʊ'fæktʃ(ə)rə*] *n* gyáros, gyártó

manufacturing [mænjʊ'fæktʃ(ə)rıŋ] I. *a* 1. gyári, ipari; *~ industry* gyáripar; feldolgozó ipar; *~ town* gyárváros 2. gyártó, készítő, előállító II. *n* gyártás, előállítás

manumission [mænjʊ'mıʃn] *n* szabadon bocsátás [rabszolgáé]

manure [mə'njʊə*; *US* -'nʊr] I. *n* trágya, ganéj; *chemical/artificial ~* műtrágya; *~ heap* trágyadomb II. *vt* trágyáz

manuscript ['mænjʊskrıpt] *n* kézirat

man-week *n* (egy) személy per hét

Manx [mæŋks] I. *a* Man-szigeti II. *n* manx [Man-szigeti nyelv]
Manxman ['mæŋksmən] *n* (*pl* -men -mən) Man-szigeti ember
many ['menɪ] I. *a* (*comp* **more** mɔ:*, *sup* **most** moʊst) sok, számos; *how* ~? hány?, mennyi?; ~ *a man* sok ember; ~'*s the time I've heard that* jó néhányszor hallottam ezt; ~ *of us* sokan közülünk; *one too* ~ eggyel több a kelleténél; *he was one too* ~ *for me* nem bírtam vele, túljárt az eszemen; *twice as* ~ kétszer annyi; *in so* ~ *words . . .* szóról szóra, részletesen; ~ *a time,* ~ *times* sokszor; ~ *a one* sok ember; *as* ~ ugyanannyi; *as* ~ *as 10 people saw it* tízen is látták; *too* ~ *by half* jóval több a szükségesnél/kelleténél II. *n* nagy mennyiség (vmé); *the* ~ a tömeg/sokaság; *a great/good* ~ sok(an)
manyheaded *a* sokfejű, ezerfejű
manyplies ['menɪplaɪz] *n pl* százrétű gyomor [kérődzőké]
many-sided *a* sokoldalú
Maori ['maʊrɪ] I. *a* maori II. *n* 1. új-zélandi v. maori bennszülött 2. maori (nyelv)
map [mæp] I. *n* térkép; *put on the* ~ ismertté/híressé tesz; *biz off the* ~ isten háta mögött(i) II. *vt* -**pp**- (fel)térképez, térképet készít (vmről); ~ *out* kitervez, kidolgoz; beoszt [időt]
maple ['meɪpl] *n* juhar(fa); jávor(fa); ~ *syrup* juharszörp
map-maker *n* térképész, kartográfus
map-making *n* térképkészítés
mar [mɑ:*] *vt* -**rr**- megrongál, elront, tönkretesz
Mar. *March* március, márc.
marabou ['mærəbu:] *n* marabu(toll)
marathon ['mærəθn; *US* -ɑn] *n* 1. maratoni futás 2. verseny a végkimerülésig
maraud [mə'rɔ:d] *vi* fosztogat, (zsákmányolva) portyázik, zabrál
marauder [mə'rɔ:də*] *n* martalóc
marble ['mɑ:bl] I. *n* 1. márvány 2. **marbles** *pl* márványszobrok 3. színes játékgolyó; *play* ~s golyózik 4. *vulg* **marbles** *pl* herék, golyók II. *vt* márványoz
marbled ['mɑ:bld] *a* márványozott

marble-edged *a* márványos metszésű [könyv]
marbling ['mɑ:blɪŋ] *n* márványozás
marc [mɑ:k] *n* törköly
marcasite ['mɑ:kəsaɪt] *n* markazit
March[1] [mɑ:tʃ] *n* március
march[2] [mɑ:tʃ] I. *n* 1. menet(elés), gyaloglás; *on the* ~ menet közben, menetelve; ~ *past* díszszemle 2. gyalogtávolság 3. haladás; *the* ~ *of time* az idők múlása 4. induló II. **A.** *vt* menetel, megy, gyalogol, masíroz; ~ *in* bemasíroz, bevonul; ~ *off* elvonul, elmegy; ~ *by/past* elvonul/elléptet vk előtt; ~ *at attention!* lépést tarts!; ~! in-dulj! **B.** *vt* meneteltet, masíroztat; ~ *sy off* elvezet vkt
march[3] [mɑ:tʃ] I. *n* határ(vidék); *the* M~es ⟨Anglia és Wales/Skócia határvidéke a középkorban⟩ II. *vi* határos (*on, upon* vmvel)
marcher[1] ['mɑ:tʃə*] *n* menetelő
marcher[2] ['mɑ:tʃə*] *n* határvidéki lakos
marching ['mɑ:tʃɪŋ] *n* menetelés; ~ *orders* menetparancs; *in* ~ *order* menetöltözetben, menetkészen
marchioness ['mɑ:ʃ(ə)nɪs] *n* márkinő; márkiné
marchpane ['mɑ:tʃpeɪn] *n* marcipán
Mardi gras ['mɑ:dɪ'grɑ:] *n* húshagyókedd (karneválja)
mare [meə*] *n* kanca; ~'*s nest* (1) vaklárma; zűrzavar; hírlapi kacsa (2) alapos tévedés
Margaret ['mɑ:g(ə)rɪt] *prop* Margit
margarine [mɑ:dʒə'ri:n; *US* 'mɑ:dʒərɪn] *n* margarin
marge [mɑ:dʒ] *n biz* margarin
Margery ['mɑ:dʒ(ə)rɪ] *prop* Margit
margin ['mɑ:dʒɪn] I. *n* 1. szegély, (lap)szél, margó, perem; *on the* ~ (1) lapszélen, margón (2) mellesleg 2. eltérés, különbözet; határ [teljesítőképessége]; tűrés, tolerancia, mozgástér; *allow sy some* ~ némi mozgási szabadságot engedélyez vknek; ~ *of error* (megengedett) hibahatár; ~ *for safety, safety* ~ biztonsági ráhagyás 3. árkülönbözet, árrés II. *vt* 1. szegélyez, szegéllyel ellát 2. széljegyzetel, széljegyzetekkel ellát

marginal ['mɑ:dʒɪnl] a 1. lapszéli; ~ note széljegyzet 2. csekély jelentőségű, mellékes

margrave ['mɑ:greɪv] n őrgróf

marguerite [mɑ:gə'ri:t] n margaréta

Maria [mə'raɪə, mə'rɪə] prop Mária

Marie ['mɑ:rɪ, mə'ri:] prop Mária

marigold ['mærɪgoʊld] n 1. körömvirág 2. bársonyvirág, büdöske 3. gólyahír

marihuana, marijuana [mærɪ'hwɑ:nə] n marihuána [kábítószer]

marina [mə'ri:nə] n US kishajó-kikötőmedence

marinade [mærɪ'neɪd] vt mariníroz

marine [mə'ri:n] I. a 1. tengeri; ~ insurance hajókár-biztosítás; ~ stores hajófelszerelési cikkek 2. tengerészeti II. n 1. tengerész(gyalogos); Royal M~s brit tengerészgyalogság; tell that to the (horse) ~s nekem ezt ne akarja bemesélni, meséld ezt az öreganyádnak 2. tengerészet

mariner ['mærɪnə*] n tengerész

marionette [mærɪə'net] n (átv is) marionett, (zsinóron rángatott) báb(u)

marital ['mærɪtl] a házastársi, házassági; ~ status családi állapot

maritime ['mærɪtaɪm] a 1. tengeri; ~ law tengeri jog, tengerjog 2. tengerparti, tengermelléki

marjoram ['mɑ:dʒ(ə)rəm] n majoránna

Marjory ['mɑ:dʒ(ə)rɪ] prop Margitka

mark¹ [mɑ:k] I. n 1. jel, nyom, jegy; vonás; as a ~ of my esteem tiszteletem jeléül 2. cél(tábla), célpont; (that's) beside the ~ nem érinti a lényeget, nem tartozik a tárgyhoz; melléfogás; be wide of the ~ (1) célt téveszt, elhibáz, melléfog (2) messze jár a valóságtól; biz be an easy ~ könnyen bepalizható, balek; hit the ~ (célba) talál; miss the ~ célt téveszt 3. márka, (gyári) jel, (megkülönböztető) jelzés; bélyeg 4. kézjegy 5. osztályzat, jegy; bad ~ rossz osztályzat, „fa" 6. fontosság; make one's ~ hírnévre tesz szert; man of ~ tekintélyes/híres ember 7. mérték, szint; be up to the ~ (1) megüti a mértéket (2) jó kondícióban van; not feel up to the ~ nem érzi magát vm jól 8. rajtvonal, start-; on your ~s, get set, go! elkészülni, vigyázz, rajt! II. vt 1. megjelöl, jelzéssel lát el, nyomot hagy (vmn); bélyegez; ~ the price árcédulával ellát, áraz [cikket] 2. osztályoz [dolgozatokat] 3. jelez, jellemez [vonás, tulajdonság]; jelent; ~ an era (új) korszakot nyit, korszakalkotó; ~ time (1) helyben jár (2) átv egy helyben topog, húzza az időt 4. észrevesz, (meg)figyel; megjegyez [intelmet]; ~ my words! figyelj(en) szavamra! mark down vt 1. leszállít [árat]; lepontoz [sportolót] 2. beír, felvesz [jegyzékbe]

mark off vt kijelöl; elhatárol

mark out vt 1. kijelöl [útvonalat, pályát, határt] 2. ~ sy o. for sg vkt vmre szán/kijelöl/kiszemel

mark up vt felemel [árat]

mark² [mɑ:k] n márka

Mark³ [mɑ:k] prop Márk(us)

mark-down n árleszállítás

marked [mɑ:kt] a 1. megjelölt 2. észrevehető, feltűnő; kifejezett

markedly ['mɑ:kɪdlɪ] adv feltűnően, szemmel láthatóan, határozottan

marker ['mɑ:kə*] n 1. markőr, pontjelző, találatjelző [játékban, sportban] 2. játékpénz, zseton 3. jelzőtáblácska, -zászló 4. olvasójel, könyvjelző

market ['mɑ:kɪt] I. n piac; vásár; piactér; vásártér; flat/slack/dull ~ lanyha/üzlettelen piac; ~ hall vásárcsarnok; ~ value piaci érték/ár; be in the ~ for sg vmre vevőnek jelentkezik; put on the ~ piacra dob; be on the ~ kapható; the ~ has risen az árfolyamok emelkednek; play the ~ tőzsdézik II. A. vt piacra/vásárra visz, elad, értékesít B. vi 1. piacon vásárol 2. piacon árul; vásároz

marketable ['mɑ:kɪtəbl] a eladható, értékesíthető, piacképes

market-cross n piactér közepén álló kereszt

market-day n 1. piacnap, vásárnap 2. tőzsdei nap

market-garden n piacra termelő kertészet

marketing ['mɑ:kɪtɪŋ] n 1. értékesítés,

piacra vitel 2. piacszervezés, marketing; ~ *research* piackutatás
market-place *n* piactér, vásártér
market-price *n* piaci/napi/forgalmi ár
market-town *n* mezőváros (vásártartási joggal)
marking ['mɑːkɪŋ] *n* 1. (meg)jelölés; jelzés; ~ *ink* fehérneműjelző vegytinta 2. **markings** *pl* csíkozás, mintázat [állat szőréé]
marksman ['mɑːksmən] *n* (*pl* -men -mən) (mester)lövész
marksmanship ['mɑːksmənʃɪp] *n* lövészet, jó céllövő képesség
mark-up *n* 1. haszonkulcs, árrés 2. áremelés [százaléka]
marl [mɑːl] I. *n* márga II. *vt* [talajt] márgáz
Marlborough ['mɔːlb(ə)rə; *US* 'mɑːrl-] *prop*
marline-spike ['mɑːlɪn-] *n* bújtatófa, kötélbontó vas
Marlowe ['mɑːloʊ] *prop*
marl-pit *n* márgabánya
marly ['mɑːlɪ] *a* márgás
marmalade ['mɑːməleɪd] *n* narancsdzsem, -lekvár
marmoreal [mɑːˈmɔːrɪəl] *a* márvány-, márványszerű
marmoset ['mɑːməzet] *n* selyemmajom
marmot ['mɑːmət] *n* mormota
maroon¹ [məˈruːn] I. *a* gesztenyebarna II. *n* petárda
maroon² [məˈruːn] I. *n* nyugat-indiai szökevény rabszolga (leszármazottja) II. A. *vt* lakatlan/elhagyott szigetre kitesz B. *vi* lődörög, ődöng
marquee [mɑːˈkiː] *n* 1. nagy sátor, lacikonyha (stb.) sátra 2. = *marquise* 2.
marquess ['mɑːkwɪs] *n* márki, őrgróf
marquetry ['mɑːkɪtrɪ] *n* berakás, intarzia
marquis ['mɑːkwɪs] *n* = *marquess*
marquise [mɑːˈkiːz] *n* 1. márkinő; márkiné 2. eresztető [épületbejárat felett]
marred [mɑːd] → *mar*
marriage ['mærɪdʒ] *n* 1. házasság; ~ *broker* házasságközvetítő; ~ *certificate*, *biz* ~ *lines* házassági anyakönyvi kivonat; ~ *portion* hozomány; ~ *settlement* házassági szerződés; *give sy in* ~ (*to sy*) férjhez ad (vkhez); *contract a* ~

with sy házasságot köt vkvel; ~ *to sy* vkvel kötött házasság 2. házasságkötés, lakodalom 3. egyesülés, szoros kapcsolat
marriageable ['mærɪdʒəbl] *a* házasulandó korú, eladó [leány]; partiképes
married ['mærɪd] *a* házas, nős, férjezett; ~ *couple* házaspár; ~ *life* házasélet ‖ → *marry¹*
marron ['mærən] *n* 1. gesztenye, maróni 2. gesztenyeszín
marrow ['mæroʊ] *n* 1. velő 2. *átv* (vmnek a) veleje 3. (*vegetable*) ~ tök
marrowbone *n* velőscsont; *biz on your* ~*s!* térdelj le!
marrowfat *n* 1. velőborsó 2. *US* velő
marrowy ['mæroʊɪ] *a* velős (*átv is*)
marry¹ ['mærɪ] A. *vt* 1. feleségül vesz, elvesz (vkt); férjhez megy (vkhez); *get married* (1) megnősül, megházasodik (2) férjhez megy 2. férjhez ad, hozzáad (*to* vkhez); ~ *off* férjhez ad 3. összead, (össze)esket 4. összekapcsol B. *vi* egybekel, házasságot köt, megházasodik
marry² ['mærɪ] *int* † a kutyafáját!; ~ *come up!* mi a fene?!
Marseilles [mɑːˈseɪlz] *prop* Marseille
marsh [mɑːʃ] *n* mocsár
marshal ['mɑːʃl] I. *n* 1. tábornagy, marsall 2. udvarmester 3. *US* bírósági tisztviselő; rendőrbíró II. *vt* -ll- (*US* -l-) 1. (el)rendez; rendbe szed 2. vezet; ~ *sy in* szertartásosan bevezet
marshal(l)ing-yard ['mɑːʃ(ə)lɪŋ-] *n* rendező pályaudvar
marsh-fever *n* mocsárláz
marsh-gas *n* mocsárgáz
marsh-hen *n* vízityúk
marshland ['mɑːʃlənd] *n* mocsaras terület, mocsár(vidék), láp
marsh-mallow *n* 1. orvosi ziliz, fehérmályva 2. mályvacukor
marsh-marigold *n* mocsári gólyahír
marshy ['mɑːʃɪ] *a* 1. mocsaras, posványos 2. mocsári
marsupial [mɑːˈsjuːpjəl; *US* -ˈsuː-] *a/n* erszényes (állat)
mart [mɑːt] *n* 1. vásárközpont, árverési csarnok 2. piactér
marten ['mɑːtɪn] *n* nyuszt, nyest

Martha ['mɑ:θə] *prop* Márta
martial ['mɑ:ʃl] *a* 1. harcias, katonás
2. hadi, harci; ~ *law* hadijog, rögtönítélő bíráskodás, statárium; ~ *music* katonazene
Martian ['mɑ:ʃjən] I. *a* mars-, mars(bel)i
II. *n* Mars-lakó
martin[1] ['mɑ:tɪn; *US* -ən] *n* házifecske
Martin[2] ['mɑ:tɪn; *US* -ən] *prop* Márton
martinet [mɑ:tɪ'net] *n* túl szigorú fegyelmező, paragrafusrágó (személy)
martingale ['mɑ:tɪŋgeɪl] *n* orrszegőszár [lóé]
martini [mɑ:'ti:nɪ] *n* martini [ital]
Martinmas ['mɑ:tɪnməs] *n* Márton-nap [november 11.]
martyr ['mɑ:tə*] I. *n* vértanú, mártír; *be a ~ to sg* vmnek szenvedő áldozata
II. *vt* (vértanúhalállal) megöl, halálra kínoz
martyrdom ['mɑ:tədəm] *n* vértanúság, mártíromság, vértanúhalál
martyrize ['mɑ:təraɪz] *vt* 1. vértanúhalállal megöl, vértanút csinál (vkből)
2. agyonkínoz
marvel ['mɑ:vl] I. *n* 1. csoda; csodálatos dolog 2. csodálat, csodálkozás; *no ~ then if* . . . nem lehet tehát csodálkozni azon, ha . . . II. *vi* -ll- (*US* -l-) csodálkozik, bámul
marvel(l)ous ['mɑ:v(ə)ləs] *a* csodálatos, bámulatos, hihetetlen
Marxian ['mɑ:ksjən] *a/n* marxi, marxista
Marxism ['mɑ:ksɪzm] *n* marxizmus
Marxist ['mɑ:ksɪst] *a/n* marxista
Mary ['meərɪ] *prop* Mária; □ *little ~* has, gyomor
Maryland ['meərɪlænd; *US* -lənd] *prop*
Marylebone ['mær(ə)ləbən] *prop*
marzipan [mɑ:zɪ'pæn] *n* = *marchpane*
mascot ['mæskət] *n* 1. talizmán, szerencsetárgy, kabala 2. üdvöske
masculine ['mæskjʊlɪn] *a* 1. férfias 2. hímnemű [névszó] 3. ~ *rhyme* egyszótagos rím, hímrím
Masefield ['meɪsfi:ld] *prop*
mash [mæʃ] I. *n* 1. pép; nedves darakeverék [mint takarmány] 2. keverék 3. *biz* krumplipüré II. *vt* 1. (össze)zúz, áttör 2. összekever [korpát vízzel]

mashed [mæʃt] *a* 1. (össze)tört; pépes, -pép; ~ *potatoes* burgonyapüré 2. □ *be ~ on sy* bele van esve vkbe
masher ['mæʃə*] *n* nőcsábász
mashie ['mæʃɪ] *n* fémfejű golfütő
mask [mɑ:sk; *US* -æ-] I. *n* 1. álarc, maszk; *throw off the ~ átv* leveti az álarcát 2. (védő)álarc; (védő)maszk 3. maszk [fotomunkában] 4. álarcos személy, maszka 5. ürügy, kibúvó, kifogás 6. pofa, fej [rókáé] II. *vt* 1. álarcoz, maszkíroz 2. álcáz, leplez
masked [mɑ:skt; *US* -æ-] *a* álarcos; ~ *ball* álarcobál
masker ['mɑ:skə*; *US* -æ-] *n* álarcos
masochism ['mæsəkɪzm] *n* mazochizmus
mason ['meɪsn] 1. kőműves 2. szabadkőműves
Mason-Dixon line ['meɪsn'dɪksn] Pennsylvania és Maryland határvonala [az egykori határvonal az USA szabad és rabszolgatartó államai között]
masonic [mə'sɒnɪk; *US* -'sɑ-] *a* szabadkőműves
masonry ['meɪsnrɪ] *n* 1. kőművesmesterség; kőművesmunka; falazás 2. falazat 3. szabadkőművesség
masque [mɑ:sk; *US* -æ-] *n* † látványos zenés játék; álcajáték
masquerade [mæskə'reɪd] I. *n* 1. álarcos/jelmezes mulatság, álarcosbál 2. maskara, álöltözet 3. *átv* komédia, képmutatás II. *vi* 1. maskarán/álarcosbálon vesz részt 2. szerepet színlel/játszik
mass[1] [mæs] I. *n* 1. tömeg; ~ *media* (*of communication*) tömegkommunikációs/-hírközlő eszközök; ~ *meeting* tömeggyűlés; ~ *production* tömegtermelés; *the ~es* a széles (nép)tömegek 2. tömeg, halom, (nagy) csomó, rakás 3. *the great ~* fő rész, zöm, többség II. A. *vt* (össze)halmoz, összegyűjt, összehord B. *vi* 1. összecsődül, tömegbe verődik, összegyűl 2. tornyosul [felhő]
mass[2] [mæs] *n* mise; *low ~* csendes mise; *high ~* nagymise; *attend/hear ~* misét hallgat; *go to (hear) ~* misére megy; *say ~* misét mond
Mass. *Massachusetts*
Massachusetts [mæsə'tʃu:sɪts] *prop*

massacre ['mæsəkə*] I. *n* mészárlás, öldöklés, vérfürdő II. *vt* (le)mészárol. halomra öl
massage ['mæsɑ:ʒ; *US* mə'sɑ:ʒ] I. *n* masszázs, masszírozás, gyúrás II. *vt* masszíroz, gyúr
masseur [mæ'sə:*] *n* masszőr, gyúró
Massinger ['mæsɪndʒə*] *prop*
massive ['mæsɪv] *a* nagy, masszív
massiveness ['mæsɪvnɪs] *n* tömörség, súlyosság, masszívság
mass-produce *vt* tömegesen/szériában gyárt; ~d *article* tömegcikk
massy ['mæsɪ] *a* masszív
mast¹ [mɑ:st; *US* -æ-] I. *n* 1. árboc *sail/serve before the* ~ tengerészközlegény(ként szolgál) 2. antennatorony II. *vt* árboccal ellát; *three* ~ed *ship* háromárbocos hajó
mast² [mɑ:st; *US* -æ-] I. *n* (bükk)makk [sertéstakarmány] II. *vt* makkoltat
master ['mɑ:stə*; *US* -æ-] I. *n* 1. úr [vm fölött]; *be one's own* ~ a maga ura; *be* ~ *of oneself* uralkodik önmagán; *make oneself* ~ *of sg* vm fölött úrrá lesz, vmt elsajátít; *be* ~ *of the situation* a helyzet ura (marad); *remain* ~ *of the field* veretlen marad; *meet one's* ~ emberére talál 2. főnök; mester; kapitány [hajóé]; ~ *of the house* házigazda; *an old* ~ régi nagy festő (műve); ~ *hand* mesterkéz; szakértő; ~ *builder* építőmester; ~ *carpenter* ácsmester; ~ *mason* kőművesmester; ~ *mechanic* főművezető; ~ *mariner* kereskedelmi hajó kapitánya 3. tanár; tanító 4. igazgató [egyes brit kollégiumokban] 5. *M~ of Ceremonies* (1) szertartásmester (2) konferanszié; *M~ of foxhounds* falkamester 6. *M~ of Arts* a bölcsészettudományok magisztere, kb. bölcsészdoktor(átus); *M~ of Science* a természettudományok magisztere 7. (*megszólításban:*) fiatalúr; ~ *John* Jani fiatalúr II. *vt* 1. felülkerekedik (vmn), megfékez, úr (vm felett), úrrá válik (vm felett) 2. alaposan/ tökéletesen megtanul/elsajátít vmt, jól tud, mester(e vmnek)

master-copy *n* alappéldány, eredeti példány
masterful ['mɑ:stəfʊl; *US* 'mæ-] *a* 1. hatalmaskodó, parancsoló, zsarnoki 2. mesteri, remek
masterhood ['mɑ:stəhʊd; *US* 'mæ-] *n* uralkodás
master-key *n* tolvajkulcs, álkulcs
masterly ['mɑ:stəlɪ; *US* 'mæ-] *a* mesteri, ügyes
mastermind I. *n* vezető elme II. *vt US* a háttérből irányít
masterpiece *n* mestermű, remekmű
master-sergeant *n US* törzsőrmester
mastership ['mɑ:stəʃɪp; *US* 'mæ-] *n* 1. tanári állás 2. uralkodás, fölény
master-stroke *n* mesterfogás
mastery ['mɑ:stə(ə)rɪ; *US* 'mæ-] *n* 1. uralom, hatalom, fölény; *get the* ~ *over sg* hatalmába kerít vmt, felülkerekedik vmn 2. kiválóság, ügyesség; alapos/beható ismerete (vmnek)
mast-head *n* árboctető, -csúcs; *be at the* ~ éjszakai őrségen van [hajón]
mastic ['mæstɪk] *n* ragasztómézga; masztix
masticate ['mæstɪkeɪt] *vt* 1. (meg)rág 2. pépesít; megdarál
mastication [mæstɪ'keɪʃn] *n* 1. rágás 2. (takarmány)pépesítés, (meg)darálás
masticator ['mæstɪkeɪtə*] *n* (hús)darálógép
mastiff ['mæstɪf] *n* szelindek
mastitis [mæ'staɪtɪs] *n* emlőgyulladás
mastodon ['mæstədɒn] *n* masztodon
mastoid ['mæstɔɪd] *n* csecsnyúlvány [a sziklacsonton]
masturbate ['mæstəbeɪt] *vi* nemi önkielégítést végez, onanizál, maszturbál
masturbation [mæstə'beɪʃn] *n* nemi önkielégítés, maszturbáció
mat¹ [mæt] I. *n* 1. gyékényfonat; lábtörlő; gyékényszőnyeg; birkózószőnyeg 2. = *table-mat* 3. összetapadt hajcsomó II. *v* -tt- A. *vt* összegabalyít, -gubancol; ~*ted hair* csapzott haj B. *vi* összecsomósodik, -gubancolódik
mat², matt [mæt] I. *a* tompa, fénytelen, matt II. *n US* paszpartu
match¹ [mætʃ] I. *n* 1. párja vknek/ vmnek [értékben, nagyságban, minő-

ségben]; *be a ~ for sy* (1) méltó ellenfele vknek (2) kiáll vele, legyőz vkt; *be more than a ~ for sy* különb vknél, felülmúl vkt; *find/meet one's ~* emberére talál; *be no ~ for sy* nem versenyezhet vkvel, könnyen el tud bánni vele; *has no ~* nincsen párja 2. mérkőzés, meccs 3. házasság; parti; *make a ~ (of it)* házasságot köt; *make a good ~* jó partit csinál; *he is an excellent ~* remek parti **II. A.** *vt* 1. összemér, szembeállít; *~ sy against sy* vkt szembeállít (küzdelemben) vkvel 2. felér, vetekszik (vkvel, vmvel) 3. férjhez ad (*with* vkhez), összehasonlít 4. összeilleszt, összepasszít; vmhez illőt/passzolót talál; *can you ~ me this silk* tudna ehhez a selyemhez illőt/passzolót találni? 5. (össze-) illik, összepasszol, megy (vmhez); *the carpets ~ the wall-paper* a szőnyegek illenek a tapétához **B.** *vi* 1. megfelelő/méltó vetélytársnak/ellenfélnek bizonyul 2. összeillik, -passzol, megfelel (egymásnak); *colours to ~* összeillő színek; *these ribbons do not ~* ezek a szalagok nem illenek egymáshoz
match² [mætʃ] *n* gyufa; *strike a ~* gyufát gyújt
match-board(ing) *n* hornyolt padló
match-box *n* gyufaskatulya
matching ['mætʃiŋ] **I.** *a* hozzáillő, -való **II.** *n* (össze)illesztés, összepasszítás
matchless ['mætʃlis] *a* páratlan, egyedülálló
matchlock *n* † kovás puska
match-maker¹ *n* házasságszerző
match-maker² *n* gyufagyáros
matchplay *n* döntő játszma/mérkőzés
match-point *n* a mérkőzést eldöntő pont, meccslabda
match-stick *n* gyufaszál
matchwood *n* 1. gyufafa 2. aprófa, szilánk
mate¹ [meit] **I.** *n* 1. pajtás, társ; (*workman's*) ~ szaktárs, szaki 2. *biz* élettárs, élete párja, házastárs 3. pár [madaraké] 4. segéd, legény; *driver's ~* kocsikísérő; *surgeon's ~* asszisztens, műtős 5. másodkapitány; első tiszt [kereskedelmi hajón]

6. tiszthelyettes [hadihajón] **A.** *vt* párosít; összeházasít; pároztat, fedeztet **B.** *vi* párosodik, párzik
mate² [meit] **I.** *n* matt [sakkban] **II.** *vt* megmattol, mattot ad (vknek)
mater ['meitə*] *n* □ *the ~* a mutterom
material [mə'tiəriəl] **I.** *a* 1. anyagi; tárgyi, dologi; testi, fizikai; érzéki; *the ~ world* az anyagi világ; *~ expenditure* dologi kiadás; *~ needs* az anyagi javak, a létfenntartás szükségletei 2. anyagias 3. lényeges, fontos; lényegbevágó **II.** *n* 1. (*átv is*) anyag 2. **materials** *pl* hozzávaló, felszerelés, eszközök; *writing ~s* íroszerek
materialism [mə'tiəriəlizm] *n* materializmus, anyagelvűség
materialist [mə'tiəriəlist] *n* materialista
materialistic [mətiəriə'listik] *a* materialista, materiális
materialization [mətiəriəlai'zeiʃn; *US* -lı'z-] *n* megvalósulás
materialize [mə'tiəriəlaiz] **A.** *vt* megvalósít **B.** *vi* 1. testet ölt, érzékelhetővé válik 2. megvalósul
maternal [mə'tə:nl] *a* anyai
maternity [mə'tə:nəti] *n* anyaság; *~ hospital* szülőotthon; *~ leave* szülési szabadság; *~ nurse* szülésznő; *~ ward* szülészet(i osztály)
matey ['meiti] *a biz* barátkozó(s), barátságos, cimboráló, bizalmaskodó
math [mæθ] *n US biz* = **maths**
mathematical [mæθ(ə)'mætikl] *a* menynyiségtani, matematikai
mathematician [mæθ(ə)mə'tiʃn] *n* matematikus
mathematics [mæθ(ə)'mætiks] *n* matematika, mennyiségtan
Mathias [mə'θaiəs] *prop* Mátyás
maths [mæθs] *n biz* matek
Matilda [mə'tildə] *prop* Matild
matin ['mætin; *US* -ən] →**matins**
matinée ['mætinei; *US* mætə'nei] *n* délutáni előadás; *~ idol* nők bálványa [színész]
mating ['meitiŋ] *n* párosodás, párzás; *~ season* párzási időszak
matins ['mætinz; *US* -ənz] *n pl* hajnali zsolozsma

matriarch ['meɪtrɪɑːk] *n* matriarcha
matriarchal [meɪtrɪ'ɑːkl] *a* matriarchális, anyajogi
matriarchy ['meɪtrɪɑːkɪ] *n* matriarchátus, anyajogú társadalom/rendszer
matric [mə'trɪk] *n biz* = *matriculation*
matrices →*matrix*
matricide ['meɪtrɪsaɪd] *n* 1. anyagyilkosság 2. anyagyilkos
matriculate [mə'trɪkjʊleɪt] A. *vt* egyetemre felvesz/beír(at) [diákot] B. *vi* felvételizik; beiratkozik [egyetemre]
matriculation [mətrɪkjʊ'leɪʃn] *n* 1. egyetemi beiratkozás/felvétel; egyetem anyakönyvébe bejegyzés 2. felvételi (vizsga)
matrimonial [mætrɪ'moʊnjəl] *a* házassági; ~ *causes* házassági perek
matrimony ['mætrɪmənɪ; *US* -moʊnɪ] *n* házasság
matrix ['meɪtrɪks] *n* (*pl* ~es -ɪz v. matrices 'meɪtrɪsiːz) 1. (anya)méh 2. sejtközi állomány 3. anyaérc, -kőzet 4. anyaminta, matrica 5. mátrix
matron ['meɪtr(ə)n] *n* 1. férjes asszony, családanya 2. házvezetőnő; felügyelőnő, gondnoknő 3. főnővér
matronly ['meɪtr(ə)nlɪ] *a* 1. idősebb asszonyhoz méltó/illő 2. házvezetőnői, gondnoknői
matt →*mat²*
matted ['mætɪd] →*mat¹ II.*
matter ['mætə*] I. *n* 1. anyag 2. tárgy, téma, tartalom 3. ügy, dolog; kérdés; *a* ~ *of course* magától értetődő dolog →*matter-of-course*; ~ *of fact* tényálladék, ténykérdés →*matter-of-fact*; *as a* ~ *of fact* tényleg, valóban, tulajdonképpen, valójában, ami azt illeti, voltaképpen; ~ *of taste* ízlés dolga/kérdése; *a* ~ *of time* (csak) idő kérdése; *for that* ~ ami azt illeti, egyébként; *in the* ~ *of sg* vmre vonatkozóan, vmnek a kérdésében/dolgában; *it's no(t) great* ~ nem nagy ügy/dolog; *as* ~*s stand* a dolgok jelenlegi állása mellett 4. fontos dolog, lényeg; *no* ~ ... nem számít (milyen), mindegy (hogy) ...; *no* ~ *how* bármilyen is, mindegy, hogyan; mindegy, (hogy) milyen 5. baj; *what's the* ~? mi a baj?, mi történt?; *what's the* ~ *with you?* mi bajod?, mi van veled? 6. *a* ~ *of* ... összesen, körülbelül 7. kézirat; szedendő anyag, szedés 8. genny, váladék II. *vi* 1. fontos, lényeges, számít; *what does it* ~? mit számít?; *it doesn't* ~ nem számít; *it* ~*s a lot* nagyon fontos 2. gennyezik
matter-of-course *a* természetes, magától értetődő
matter-of-fact *a* 1. gyakorlati(as); tárgyilagos; prózai, száraz, unalmas 2. tényleges, tárgyi
Matthew ['mæθjuː] *prop* Máté
Matthias [mə'θaɪəs] *prop* Mátyás
matting ['mætɪŋ] *n* 1. gyékényfonat; nádfonat; gyékényszőnyeg 2. gubanc
mattock ['mætək] *n* bontócsákány, (széles) bányászcsákány
mattress ['mætrɪs] *n* 1. ágybetét, matrac 2. rőzsegát
maturation [mætjʊ'reɪʃn; *US* -tʃ-] *n* 1. megérlelés 2. megérés
mature [mə'tjʊə*; *US* -tʃʊr] I. *a* 1. érett 2. megfontolt, meggondolt, átgondolt; *after* ~ *deliberation* alapos megfontolás után 3. esedékes, lejárt II. A. *vt* megérlel B. *vi* 1. megérik 2. esedékessé válik, lejár
maturity [mə'tjʊərətɪ; *US* -tʃʊr-] *n* 1. érettség, kifejlettség 2. esedékesség, lejárat
matutinal [mætju:'taɪnl; *US* mə'tuː-tənəl] *a* hajnali
Maud [mɔːd] *prop* Magda
maudlin ['mɔːdlɪn] *a* 1. érzelgős, siránkozó 2. érzelgősen részeg
Maugham [mɔːm] *prop*
maul [mɔːl] *vt* (szét)marcangol; durván bánik vmvel/vkvel; ~ *sy about* ide-oda rángat vkt
maulstick ['mɔːlstɪk] *n* festőpálca
maunder ['mɔːndə*] *vi* 1. összevissza fecseg, szórakozottan beszél 2. kószál, kóborol
Maundy Thursday ['mɔːndɪ] nagycsütörtök
Maureen ['mɔːriːn] *prop* ⟨ír női név⟩
Maurice ['mɔrɪs; *US* -ɔ:-] *prop* Mór(ic)
Mauritania [mɔrɪ'teɪnjə] *prop* Mauritánia

Mauritanian [mɔrɪ'teɪnjən] a mauritániai

Mauritius [mə'rɪʃəs] prop

mausoleum [mɔ:sə'lɪəm] n síremlék, mauzóleum

mauve [moʊv] a mályvaszínű

maverick ['mæv(ə)rɪk] n US 1. fiatal marha [tulajdonos besütött jegye nélkül] 2. párton kívüli (v. ellenzéki) képviselő 3. maga útján járó ember, szabadúszó

mavis ['meɪvɪs] n énekes rigó

maw [mɔ:] n gyomor, bendő, begy

mawkish ['mɔ:kɪʃ] a émelyítő, édeskés, érzelgős, ömlengő, szenvelgő

Max [mæks] prop Miksa

max. maximum

maxi ['mæksɪ] n biz maxi (szoknya stb.)

maxim ['mæksɪm] n életelv, alapelv; aforizma, velős mondás

maximal ['mæksɪml] a legnagyobb, maximális; maximum-

Maxim gun ['mæksɪm] maxim (géppuska)

maximize ['mæksɪmaɪz] n maximálisan kihasznál [lehetőségeket]; maximalizál

maximum ['mæksɪməm] I. a = maximal II. n legfelső fok/határ, csúcsérték, maximum

may¹ [meɪ] v aux (pt might maɪt) szabad, lehet, -hat, -het; he ~ not be hungry talán nem is éhes; ~ I come in? bejöhetek?; ~ I? szabad (lesz)?; if I ~ say so ha szabad megjegyeznem, ha szabad így mondanom; be that as it ~ akármi legyen is a helyzet, bárhogy álljon is (ez) a dolog; it ~/might be that... lehet(séges), hogy; you might as well... legjobb lesz, ha..., nem marad más hátra, mint hogy; run as he might akárhogyan futott is; ~ he rest in peace nyugodjék békében

may² [meɪ] n galagonya

May³ [meɪ] n május; ~ Day május elseje

maybe ['meɪbi:] adv talán, lehet(séges), esetleg

maybeetle, maybug n cserebogár

Mayfair ['meɪfeə*] prop ⟨a londoni West End előkelő negyede⟩

mayflower n 1. havasi kankalin 2. galagonya 3. kakukktorma

may-fly n 1. kérész, tiszavirág 2. műlégy [horgászáshoz]

mayhap ['meɪhæp] adv talán

mayhem ['meɪhem] n 1. US (meg-)csonkítás, súlyos testi sértés 2. commit a ~ on sy összever vkt

mayonnaise [meɪə'neɪz] n majonéz-(mártás)

mayor [meə*; US 'meɪər] n polgármester

mayoralty ['meər(ə)ltɪ; US 'meɪərəltɪ] n polgármesteri tisztség

mayoress ['meərɪs; US 'meɪ-] 1. polgármesterné 2. polgármesternő

maypole n májusfa

maze [meɪz] n 1. útvesztő, labirintus 2. (zűr)zavar, zavarodottság

mazy ['meɪzɪ] a zűrzavaros, bonyolult

M.C., MC [em'si:] 1. Master of Ceremonies →master 2. Member of Congress →member 3. Military Cross hadiérdemkereszt

Mc... →Mac...

MCC [emsi:'si:] Marylebone Cricket Club ⟨a legismertebb londoni krikettklub⟩

McCarthy [mə'kɑ:θɪ] prop

McDonald [mək'dɒn(ə)ld] prop

McGill [mə'gɪl] prop

McIntosh ['mækɪntɒʃ] prop

McKinley [mə'kɪnlɪ] prop

McLeod [mə'klaʊd] prop

M.D., MD [em'di:] Medicinae Doctor (= Doctor of Medicine) orvosdoktor

Md. Maryland

me [mi:; gyenge ejtésű alakja: mɪ] pron 1. engem; (to) ~ nekem; I'll lay ~ down lefekszem 2. biz én; it's ~ én vagyok az

Me. Maine

mead¹ [mi:d] n mézsör

mead² [mi:d] n † rét, mező

meadow ['medoʊ] n rét, mező, legelő

meadow-grass n réti perje

meadow-saffron n őszi kikerics

meadow-sweet n gyöngyvessző, bakszakáll

meagre, US -ger ['mi:gə*] a 1. vézna, sovány 2. átv sovány, csekély

meal¹ [mi:l] *n* **1.** étkezés; *main* ~ fő étkezés **2.** étel
meal² [mi:l] *n* **1.** korpa; (durva) liszt [rozs, kukorica, zab] **2.** [csont- stb.] liszt
mealies ['mi:lız] *n pl* kukorica
meal-time *n* étkezés szokásos ideje, étkezési idő, ebédidő
mealy ['mi:lı] *a* korpaszerű, lisztszerű
mealy-mouthed *a* mézesmázos, finomkodó
mean¹ [mi:n] I. *a* középértékű, közepes, közép-; átlagos; ~ *price* átlagár; ~ *time* középidő II. *n* **1.** középút **2.** átlag, középérték **3.** (számtani) középarányos **4. means** *pl* (v. *sing*) eszköz(ök); ~s *of transportation* szállítóeszköz(ök); *find a* ~s *to* . . . szerét/módját ejti, hogy . . .; *by all* ~s feltétlenül, mindenesetre; *by no* ~s semmi esetre; *by* ~s *of sg* vm segítségével, vm által/révén; *by some* ~s *or other* valahogyan csak; *by any* ~s, *by fair* ~s *or foul* mindenáron, ha törik ha szakad **5. means** *pl* anyagi eszközök; vagyon; *a man of* ~s vagyonos ember; *live beyond one's* ~s tovább nyújtózkodik, mint ameddig a takarója ér; ~s *test* az anyagi helyzet felmérése [segélyhez]
mean² [mi:n] *a* **1.** egyszerű, szegény sorsú; szegényes [külsejű]; *of* ~ *birth* egyszerű családból való, alacsony származású **2.** hitvány, silány, vacak; aljas; *he is no* ~ *scholar* komoly tudós; *a* ~ *trick* aljas csel **3.** fukar, szűkmarkú
mean³ [mi:n] *v* (*pt/pp* ~t ment) A. *vt* **1.** jelent [vm értelme van]; *what does it* ~?, *what is* ~t *by* . . . mit jelent . . .?; ~ *sg to sy* jelent(ősége van) vk számára; *what is this to* ~? ez (meg) mit jelentsen? **2.** (vhogyan) gondol, ért (vmt); céloz (vmre); *what do you* ~ *by* (*saying*) *that?* mit akar(sz) ezzel mondani?, hogy érti ezt?; *you know what I* ~? (ugye) tudja/tudod, mire gondolok (v. mit akarok mondani)?; *do you really* ~ *it?* komolyan gondolod/mondod?; *I* ~ *it* komolyan gondolom/mondom **3.**

szándékozik, akar; *what do you* ~ *to do?* mit szándékozik/akar csinálni?; *he didn't* ~ *it* (v. ~ *to*) nem akarta; nem komolyan gondolta; *I* ~ *to be obeyed* elvárom az engedelmességet **4.** szán (*for* vmre/vknek); *the remark was* ~t *for you* a megjegyzés önnek/neked szólt **B.** *vi* ~ *well* jót akar; javát akarja (*by sy* vknek)
meander [mı'ændə*] *vi* **1.** kanyarog, kígyózik **2.** kóborol, bolyong
meandering [mı'ændərıŋ] *a* **1.** kanyargó **2.** elkalandozó, összefüggéstelen [beszéd]
meaning ['mi:nıŋ] I. *a* **1.** jelentő, kifejező **2.** szándékú; *well* ~ jó szándékú II. *n* **1.** jelentés, értelem [szóé] **2.** szándék; *what's the* ~ *of this?* mit jelentsen ez? **3.** *look full of* ~ sokatmondó pillantás
meaningful ['mi:nıŋfʊl] *a* értelmes, sokatmondó; jelentéssel bíró
meaningless ['mi:nıŋlıs] *a* értelmetlen, semmitmondó
meanness¹ ['mi:nnıs] *n* közepesség, átlagosság
meanness² ['mi:nnıs] *n* **1.** aljasság, hitványság **2.** fukarság, szűkmarkúság
means [mi:nz] →*mean¹*, *mean³*
meant →*mean³*
meantime [mi:n'taım] *adv* (idő)közben; *in the* ~ időközben, ezalatt
meanwhile [mi:n'waıl; *US* -'hw-] *adv* = *meantime*
measles ['mi:zlz] *n* **1.** kanyaró; *German* ~ rubeola **2.** sertésborsókakór
measly ['mi:zlı] *a biz* vacak, ócska
measurable ['meʒ(ə)rəbl] *a* (le)mérhető
measure ['meʒ*] I. *n* **1.** méret, nagyság; *made to* ~ rendelés szerint, mérték után; *take sy's* ~ (1) mértéket vesz vkről (2) *átv* (*get the* ~ *of sy* változatban is) felmér/végigmér vkt, tisztába akar jönni vkvel **2.** mérték(egység); *liquid* ~ űrmérték; *give full* ~ jól megméri; *for good* ~ ráadásul; ~ *for* ~ szemet szemért **3.** mérő(edény), mérőüveg; mérőrúd, mérő- szalag **4.** osztó; *greatest common* ~ legnagyobb közös osztó **5.** *átv* mérték, fok, határ; *in some* ~ bizonyos mér-

tékben/fokig; *beyond* ~ végtelenül; *a* ~ *of* némi 6. ütem, versmérték 7. intézkedés, rendszabály; lépés; *take* ~*s* lépéseket tesz, intézkedik [vm ügyben] II. A. *vt* 1. (meg)mér, kimér, lemér, felmér; ~ *one's length* elvágódik, elesik; ~ *swords with sy* megküzd vkvel; ~ *sy with one's eye* végigmér vkt 2. mértéket vesz (vkről) 3. *átv* felbecsül B. *vi* vmlyen méretű; *the room* ~*s 4 metres by 4* a szoba négyszer négyméteres
measure off *vt* lemér [szövetet]
measure out *vt* kimér, kiporcióz
measure up to *vi US* megfelel [várakozásnak]; ~ *up to one's task* hivatása magaslatán áll, felnő a feladatához
measured ['meʒəd] *a* 1. megmért, lemért 2. ütemes, ritmikus, egyenletes mozgású/járású 3. kimért, megfontolt
measureless ['meʒəlɪs] *a* mérhetetlen
measurement ['meʒəmənt] *n* 1. mérték 2. felmérés, megmérés 3. méret; *take sy's* ~*s* mértéket vesz vkről
meat [mi:t] *n* 1. hús; *GB* ~ *tea* tea húsétellel; *biz make (cold)* ~ *of sy* vkt eltesz láb alól, „hidegre" tesz vkt 2. étel, élelem; *átv biz this was* ~ *and drink to them* ez volt éltető elemük, ez nagy gyönyörűséget okozott nekik 3. *átv* velő, lényeg; *full of* ~ tartalmas
meatball *n* húsgombóc, fasírozott
meatless ['mi:tlɪs] *a* hústalan
meatman ['mi:tmən] *n (pl* -**men** -mən) mészáros, hentes
meat-pie *n* húspástétom
meat-safe *n* ételszekrény [szellőztetővel]
meaty ['mi:tɪ] *a* 1. húsos 2. *átv* velős, tartalmas
Mecca ['mekə] *prop* Mekka
mechanic [mɪ'kænɪk] *n* szerelő, műszerész, mechanikus; *motor* ~ autószerelő
mechanical [mɪ'kænɪkl] *a* 1. mechanikai; gépi, mechanikus; ~ *engineer* gépészmérnök; ~ *engineering* gépészet; ~ *power* gépi erő; ~ *transport* gépi szállítás 2. *átv* gépies, mechanikus; önkéntelen
mechanics [mɪ'kænɪks] *n* mechanika

mechanism ['mekənɪzm] *n* szerkezet; gépezet, mechanizmus
mechanization [mekənaɪ'zeɪʃn; *US* -nɪ'z-] *n* gépesítés
mechanize ['mekənaɪz] *vt* 1. gépesít 2. elgépiesít, gépiessé tesz
medal ['medl] *n* érem; *the reverse of the* ~ az érem másik oldala
medallion [mɪ'dæljən] *n* 1. emlékérem, nagyobb érem 2. kerek dombormű
medallist ['med(ə)lɪst] *n* 1. éremkészítő 2. éremnyertes, éremtulajdonos
meddle ['medl] *vi* 1. be(le)avatkozik, beleártja magát *(in, with* vmbe) 2. ~ *with sg* babrál vmvel, piszkál vmt
meddler ['medlə*] *n* mindenbe beleavatkozó személy
meddlesome ['medlsəm] *a* beavatkozó, tolakodó, minden lében kanál
meddling ['medlɪŋ] *n* beavatkozás
Medea [mɪ'dɪə] *prop* Médeia
media ['mi:djə] *n plthe* ~ tömegkommunikációs/-hírközlő eszközök || → *medium*
mediaeval → *medieval*
medial ['mi:djəl] *a* 1. középső 2. közepes, átlagos (nagyságú/kiterjedésű)
median ['mi:djən] I. *a* középső; ~ *strip* középső elválasztó sáv [autópályán] II. *n* 1. centrális érték, medián 2. oldalfelező, középvonal
mediate ['mi:dɪeɪt] *vi* 1. közvetít, közbelép, közbenjár 2. összekapcsol
mediation [mi:dɪ'eɪʃn] *n* közvetítés, közbelépés, közbenjárás
mediator ['mi:dɪeɪtə*] *n* közvetítő, közbenjáró
medic ['medɪk] *n biz* 1. orvostanhallgató, medikus 2. doki 3. egészségügyi (katona)
medical ['medɪkl] I. *a* 1. orvostudományi, orvosi; egészségügyi; ~ *board* egészségügyi tanács; ~ *corps* egészségügyi csapat/alakulat/szolgálat; ~ *examination* orvosi vizsgálat; ~ *jurisprudence* törvényszéki orvostan; ~ *man* orvos; ~ *officer* (1) tisztiorvos (2) katonaorvos; ~ *school* orvosi egyetem; ~ *student* orvostanhallgató 2. belgyógyászati II. *n* = *medic 1.*
medicament [me'dɪkəmənt] *n* orvosság, gyógyszer

Medicare ['medɪkeə*] *n US* ⟨öregkori állami betegbiztosítás⟩
medicate ['medɪkeɪt] *vt* 1. gyógyít, gyógykezel 2. gyógyszerel 3. gyógyanyaggal telít
medication [medɪ'keɪʃn] *n* 1. gyógyszeres kezelés, gyógyszerelés; gyógykezelés 2. gyógyszerbevétel, gyógyszeralkalmazás 3. gyógyszer
medicinal [me'dɪsɪnl] *a* gyógyító, gyógyhatású, gyógy-
medicine ['medsɪn; *US* dəs(ə)n] *n* 1. orvostudomány, orvostan 2. orvosság, gyógyszer; ~ *cabinet* házipatika; ~ *chest* orvosszeres láda, mentőláda 3. belgyógyászat 4. varázs(lat), boszorkányság [vad népeknél]
medicine-man *n* (*pl* -**men**) kuruzsló, vajákos (ember)
medick ['medɪk] *n* lucerna
medico ['medɪkoʊ] *n biz* 1. orvos, doki 2. medikus
medieval (**mediaeval** is) [medɪ'i:vl] *a* középkori
mediocre [mi:dɪ'oʊkə*] *a* középszerű, közepes
mediocrity [mi:dɪ'ɔkrətɪ; *US* -'ɑk-] *n* középszer, középszerűség
meditate ['medɪteɪt] **A.** *vt* 1. tervez, szándékol 2. fontolgat, latolgat **B.** *vi* elmélkedik, meditál
meditation [medɪ'teɪʃn] *n* elmélkedés
meditative ['medɪtətɪv; *US* -teɪ-] *a* elmélkedő
Mediterranean [medɪtə'reɪnjən] *a/prop* földközi-tengeri; ~ (*Sea*) Földközi-tenger
medium ['mi:djəm] **I.** *a* közepes, közép-; átlagos; ~ *wave* középhullám **II.** *n* (*pl* ~**s** -z v. **media** 'mi:djə) 1. közép(út) 2. közeg (*átv is*); közvetítő eszköz; *through the* ~ *of sg* vmnek a közvetítésével; *through the* ~ *of the press* a sajtó útján 3. médium [hipnózisban, szellemidézésben] ‖ →*media*
medium-sized *a* középnagyságú, közepes méretű/nagyságú
medlar ['medlə*] *n* naspolya, lasponya
medley ['medlɪ] *n* 1. keverék 2. egyveleg, „vegyes felvágott"

meed [mi:d] *n* 1. jutalom 2. érdem
meek [mi:k] *a* 1. szelíd, szende 2. nyájas 3. szerény 4. alázatos, béketűrő
meekness ['mi:knɪs] *n* 1. szelídség 2. megadás, beletörődés
meerschaum ['mɪəʃəm] *n* 1. tajték, habkő 2. tajtékpipa
meet¹ [mi:t] **I.** *n* 1. vadászati összejövetel 2. verseny, találkozó **II.** *v* (*pt/pp* **met** met) **A.** *vt* 1. találkozik (vkvel); *go to* ~ *sy* elébe megy vknek; ~ *sy at the station* kimegy vk elé az állomásra; *the bus* ~*s all trains* az autóbusz minden vonathoz kimegy; ~ *sy halfway* engedékeny vkvel 2. vkre/vmre talál/akad; *he met his death* halálát lelte, meghalt; *what a scene met my eyes* micsoda látvány tárult fel szemeim előtt; *there is more in it than* ~*s the eye* több van itt, mint ami szemmel látható 3. megismerkedik (vkvel); *US* ~ *Mr. Smith* bemutatom Smith urat; *US pleased to* ~ *you* örülök/örvendek a szerencsének 4. összecsap (vkvel), összeméri az erejét (vkvel) 5. eleget tesz (vmnek), megfelel [követelményeknek]; fedez, visel [költséget] **B.** *vi* 1. találkozik; *happen to* ~ összetalálkozik; *our eyes met* összenéztünk 2. összejár/összejön vkvel [társadalmilag érintkeznek] 3. összeül, ülésezik 4. ~ *with* (rá)akad, (rá)bukkan (vmre, vkre); ~ *with an accident* baleset éri 5. összeér [két vége vmnek]; egyesül [több tulajdonság]
meet² [mi:t] *a* illő, alkalmas; *as was* ~ ahogy illett
meeting ['mi:tɪŋ] *n* 1. találkozás 2. összejövetel, gyűlés; ülés; értekezlet; *public* ~ népgyűlés 3. verseny, találkozó
meeting-house *n* (kvéker) imaház
meeting-place *n* találkozóhely
Meg [meg] *prop* Margitka, Manci
megacycle ['megəsaɪkl] *n* megaciklus
megalith ['megəlɪθ] *n* megalit
megalithic [megə'lɪθɪk] *a* megalitikus
megalomania [megələ'meɪnjə] *n* nagyzási hóbort

megaphone ['megəfoʊn] *n* hangszóró, megafon
megaton ['megətʌn] *n* megatonna
megrim ['miːgrɪm] *n* † **1.** migrén, ideges fejfájás **2.** *the ~s* búskomorság
melancholic [melən'kɔlɪk; *US* -'kɑ-] *a* búskomor
melancholy ['melənkəlɪ; *US* -kɑ-] I. *a* **1.** búskomor **2.** szomorú II. *n* búskomorság
Melanesia [melə'niːzjə; *US* -ʒə] *prop* Melanézia
melba ['melbə] *n* fagylalt Melba módra
Melbourne ['melbən] *prop*
meliorate ['miːljəreɪt] A. *vt* megjavít B. *vi* (meg)javul
melioration [miːljə'reɪʃn] *n* **1.** javítás **2.** javulás
mellifluous [me'lɪfluəs] *a* mézes, mézédes
mellow ['meloʊ] I. *a* **1.** érett, puha [gyümölcs] **2.** dús, telt, gazdag **3.** ó [bor] **4.** meleg, lágy, finom [szín] **5.** kedélyes, vidám **6.** *biz* spicces II. A. *vt* **1.** (meg)érlel **2.** fellazít [talajt stb.] **3.** (meg)lágyít, tompít [színt] B. *vi* **1.** megérik **2.** (meg)lágyul
mellowness ['meloʊnɪs] *n* **1.** érettség, teltség, lágyság, puhaság **2.** kiérleltség [boré]
melodic [mɪ'lɔdɪk; *US* -'lɑ-] *a* dallamos, melodikus
melodious [mɪ'loʊdjəs] *a* dallamos, jól hangzó, fülbemászó
melodrama ['melədrɑːmə] *n* melodráma; rémdráma
melodramatic [melədrə'mætɪk] *a* melodrámai
melody ['melədɪ] *n* **1.** dal, ének **2.** dallam, melódia
melon ['melən] *n* dinnye; □ *cut up the ~* osztozik (a nyereségen), osztalékot kioszt
melt [melt] *v* (*pt ~ed* 'meltɪd, *pp ~ed* v. **molten** 'moʊlt(ə)n) A. *vt* **1.** (meg-)olvaszt; elolvaszt **2.** meghat, elérzékenyít B. *vi* **1.** (meg)olvad, elolvad; *be ~ing* majd elolvad (a hőségtől); *biz money ~s in his hands* minden pénz kifolyik a kezéből **2.** *átv* ellágyul, elérzékenyül **3.** *átv* elpárolog [bátorság]

melt away *vi* **1.** elolvad **2.** eloszlik [felhő]; szétszéled [tömeg]
melt down A. *vt* beolvaszt, megolvaszt B. *vi* szétfolyik
melt into A. *vt* beolvaszt B. *vi* be(le)olvad (vmbe), egybeolvad (vmvel), fokozatosan átmegy (vmbe); ~ *i. tears* könnyekben tör ki, sírva fakad
melting ['meltɪŋ] I. *a* **1.** olvadó, olvadékony **2.** megindító, megható **3.** lágy II. *n* **1.** olvasztás **2.** olvadás
melting-point *n* olvadáspont
melting-pot *n* olvasztótégely; *go into the ~* teljesen átalakul/megváltozik
Melville ['melvɪl] *prop*
member ['membə*] *n* **1.** testrész, (vég-)tag **2.** tag [egyesülete stb.] **3.** *M~ of Parliament*, *US M~ of Congress* országgyűlési képviselő
membership ['membəʃɪp] *n* tagság; ~ *card* tagsági igazolvány
membrane ['membreɪn] *n* hártya, membrán
membraneous [mem'breɪnjəs] *a* hártyás, hártyaszerű, hártyavékony
memento [mɪ'mentoʊ] *n* emlékeztető
memo ['memoʊ] *n biz* (= *memorandum*) (emlékeztető) feljegyzés, jegyzet
memoir ['memwɑː*] *n* **1.** (rövid) életrajz **2.** tanulmány **3.** memoirs *pl* emlékiratok
memo-pad *n* (feljegyzési) blokk, jegyzettömb
memorable ['mem(ə)rəbl] *a* emlékezetes, híres
memorandum [memə'rændəm] *n* (*pl -da* -də v. *~s* -z) jegyzet, feljegyzés; memorandum, emlékirat; diplomáciai jegyzék; jelentés; ~ *book* előjegyzési naptár, notesz; ~ *pad* jegyzettömb, blokk
memorial [mɪ'mɔːrɪəl] I. *a* emlékeztető; *US M~ Day* háborús hősök emléknapja [május 30.]; ~ *service* búcsúztatás [temetőben]; ~ *tablet* emléktábla II. *n* **1.** emlékmű **2.** feljegyzés; (diplomáciai) jegyzék **3.** beadvány, előterjesztés **4.** ⟨peranyag összefoglalása perbeli képviselő részére⟩ **5.** memorials *pl* emlékiratok, emlékezések
memorize ['meməraɪz] *vt* **1.** betanul,

könyv nélkül megtanul, memorizál 2. feljegyez 3. tárol [számítógép]
memory ['memərɪ] n 1. emlékezet, emlékezőtehetség; *loss of* ~ emlékezetkiesés; *to the best of my* ~ legjobb emlékezetem szerint 2. emlék; emlékezés; *to the* ~ *of* emlékére 3. ~ *(unit)* memóriaegység [számítógépé]
memsahib ['memsɑ:(hɪ)b] n úrnő ⟨európai hölgy megszólítása Indiában bennszülött részéről⟩
men [men] →*man I.*
menace ['menəs] I. n fenyegetés; veszély II. *vt* fenyeget; veszélyeztet
menacingly ['menəsɪŋlɪ] *adv* fenyegetően
ménage [me'nɑ:ʒ] n háztartás
menagerie [mɪ'nædʒərɪ] n állatsereglet
mend [mend] I. n 1. megjavítás, kijavítás 2. javítás helye, folt 3. *on the* ~ javulóban II. A. *vt* 1. (meg)javít; kijavít; ~ *one's ways* megjavul, jó útra tér; ~ *matters* helyrehozza a dolgokat/helyzetet; ~ *the fire* felszítja a tüzet; ~ *one's pace* meggyorsítja lépteit 2. megfoltoz B. *vi* (meg)javul; *be* ~*ing* javul(óban van), gyógyul(ófélben van)
mendacious [men'deɪʃəs] a hazug, hazudozó
mendacity [men'dæsətɪ] n hazudozás; hazugság
mender ['mendə*] n javító, foltozó
mendicancy ['mendɪkənsɪ] n kéregetés
mendicant ['mendɪkənt] I. a kolduló II. n koldus
mending ['mendɪŋ] I. a javuló II. n foltozás, stoppolás
menfolk n pl biz a férfiak [a családban], férfinép
menial ['mi:njəl] I. a szolgai, alantas [munka] II. n szolga, cseléd
meningitis [menɪn'dʒaɪtɪs] n agyhártyagyulladás
meniscus [me'nɪskəs] n (pl -sci -saɪ) meniszkusz [folyadék felszíngörbülete]
menopause ['menəpɔ:z] n klimax, a változás kora [nőknél]
menses ['mensi:z] n pl havi vérzés, havibaj, menstruáció
menstruate ['menstrʊeɪt] vi menstruál

menstruation [menstrʊ'eɪʃn] n havi vérzés, menstruáció
mensurable ['menʃʊrəbl; US -ʃər-] a mérhető
mensuration [mensjʊə'reɪʃn; US -ʃə'r-] n mérés
mental ['mentl] a észbeli, elmebeli, szellemi, gondolati; agy-, elme-; ~ *age* szellemi fok; ~ *arithmetic* fejszámolás; ~ *case* elmebeteg, -bajos; ~ *deficiency* elmegyengeség; szellemi fogyatékosság; ~ *home/hospital* elmegyógyintézet; ~ *hygiene* mentálhigiénia; ~ *patient* elmebeteg; ~ *reservation* hátsó/elhallgatott gondolat; ~ *specialist* elmegyógyász; ~ *test* képességvizsgálat
mentality [men'tælətɪ] n lelki alkat, gondolkodásmód, mentalitás
menthol ['menθɔl] n mentol
mentholated ['menθəleɪtɪd] a mentolos
mention ['menʃn] I. n (meg)említés; ~ *must be made* meg kell említeni; *honourable* ~ elismerés, dicséret II. *vt* (meg)említ, idéz, szóvá tesz; *don't* ~ *it!* szóra sem érdemes!; [„köszönömre" válaszolva:] kérem!, szívesen!; *not to* ~ nem is említve/beszélve . . .
mentor ['mentɔ:*] n tanácsadó, mentor
menu ['menju:] n étlap, étrend
mephitic [me'fɪtɪk] a bűzhödt, dögletes
mercantile ['mə:k(ə)ntaɪl; US -tɪl] a kereskedelmi; ~ *marine* kereskedelmi hajózás/flotta
mercenary ['mə:sɪn(ə)rɪ; US -erɪ] I. a kalmárszellemű, pénzsóvár II. n zsoldos (katona)
mercer ['mə:sə*] n selyemáru-kereskedő
mercerize ['mə:səraɪz] vt fényesít, mercerizál [pamutfonalat]
merchandise ['mə:tʃ(ə)ndaɪz] I. n áru II. A. vi kereskedik B. vt elad
merchant ['mə:tʃ(ə)nt] I. a kereskedelmi; ~ *marine* kereskedelmi hajózás/flotta; ~ *service* kereskedelmi hajózás; ~ *tailor* szabó (aki szövetet is tart) II. n 1. GB (nagy)kereskedő 2. US (kis)kereskedő, boltos
merchantable ['mə:tʃ(ə)ntəbl] a kelendő, értékesíthető, eladható, piacképes
merchantman ['mə:tʃ(ə)ntmən] n (pl

-men -mən) 1. kereskedő 2. kereskedelmi hajó
merchant-seaman n (pl -men) kereskedelmi tengerész/matróz
merchant-ship n kereskedelmi hajó
merciful ['mə:sɪfʊl] a irgalmas
mercifulness ['mə:sɪfʊlnɪs] n irgalmasság, könyörületesség
merciless ['mə:sɪlɪs] a irgalmatlan
mercurial [mə:'kjʊərɪəl] a 1. élénk, fürge, mozgékony 2. higanytartalmú
mercury ['mə:kjʊrɪ] n 1. higany 2. higanyoszlop [hőmérőé] 3. hírnök
Mercutio [mə:'kju:ʃjoʊ] prop
mercy ['mə:sɪ] n 1. irgalom, kegyelem, könyörületesség; ~ killing könyörületi halál, euthanasia; have ~ on sy megkönyörül vkn; at the ~ of (vknek) hatalmában, (vk/vm) szeszélyének/kényének kiszolgáltatva/kitéve; be left to the tender mercies of sy ki van szolgáltatva vk kénye-kedvének; works of ~ karitatív cselekedetek 2. jótétemény, áldás, szerencse; it's a ~ that . . . szerencse, hogy . . .
mere¹ [mɪə*] n tó
mere² [mɪə*] a puszta, merő, egyszerű; a ~ boy (még) csak egy fiú; the ~ thought (már) maga a gondolat
Meredith ['merədɪθ] prop
merely ['mɪəlɪ] adv csupán, pusztán
meretricious [merɪ'trɪʃəs] a hamis, talmi, mesterkélt, giccses
merge [mə:dʒ] A. vt 1. bemerít, lemerít 2. egybeolvaszt, egyesít; be ~d into beolvad [más vállalatba] B. vi 1. elsüllyed, elmerül 2. egyesül, fuzionál; ~ into be(le)olvad (vmbe)
merger ['mə:dʒə*] n egyesülés, fúzió [vállalatoké]
meridian [mə'rɪdɪən] I. a 1. déli 2. átv tetőpontján levő II. n 1. délkör, meridián 2. dél 3. delelő 4. átv csúcspont, tetőpont
meridional [mə'rɪdɪənl] a 1. déli [időben] 2. déli, délköri
meringue [mə'ræŋ] n (sült) cukros tojáshab [süteményen]
merino [mə'ri:noʊ] n 1. (~-sheep is) merinó(i) juh 2. merinógyapjú
merit ['merɪt] I. n érdem; certificate of ~

kb. elismerő oklevél [díjkiosztásnál]; the ~s of a case az ügy érdemi része; decide (the case) on the ~s érdemben határoz II. vt (ki)érdemel, megérdemel
meritocracy [merɪ'tɔkrəsɪ; US -'tɑ-] n ⟨érdem/előmenetel alapján való alkalmazás/előléptetés rendszere⟩
meritorious [merɪ'tɔ:rɪəs] a érdemes, érdemdús, dicséretes, jó szándékú
mermaid ['mə:meɪd] n hableány, sellő
merman ['mə:mæn] n (pl -men -men) férfisellő
merrily ['merəlɪ] adv vidáman
merriment ['merɪmənt] n vidámság, mulatság
merriness ['merɪnɪs] n vidámság, jókedv
merry ['merɪ] a vidám, jókedvű; make ~ mulat, jó kedve van; make ~ over/with sg mulat vmn; ~ Christmas! boldog karácsonyi ünnepeket!; ~ England a régi jó idők Angliája; ~ monarch II. Károly (angol király)
merry-go-round n körhinta, ringlispíl
merry-making n mulatás, mulatság, vidámság, vigalom
merrythought n mellcsont, húzócsont [szárnyasé]
Mersey ['mə:zɪ] prop
Merton ['mə:tn] prop
mescaline ['meskəlɪn] n meszkalin [kábítószer]
meseems [mɪ'si:mz] vi † azt hiszem, nekem úgy tűnik
mesh [meʃ] I. n 1. (háló)szem 2. háló 3. lyukbőség 4. **meshes** pl hálózat 5. fogaskerekek egymásba kapcsolódása; in ~ bekapcsolva, üzemben; be out of ~ nincs szinkronban II. A. vt 1. hálóval fog [halat] 2. behálóz, tőrbe ejt B. vi összekapcsolódnak [fogaskerekek]
meshed [meʃt] a hálószerű, szitaszerű
mesmerism ['mezmərɪzm] n hipnózis
mesmerize ['mezməraɪz] vt megigéz, hipnotizál, delejez
meson ['mi:zɔn; US 'mesɑn] n mezon
Mesopotamia [mes(ə)pə'teɪmjə] prop Mezopotámia
Mesozoic [mesə'zoʊɪk] a földközépkori
mess¹ [mes] I. n 1. (egy tál/adag) étel, fogás 2. étkezde, kantin II. vi ~ (together) együtt étkezik

mess² [mes] I. *n* 1. rendetlenség, össze-visszaság; szemét, piszok; *make a ~ of sg* (1) elront/eltol/elfuserál vmt (2) bepiszkít/összemaszatol vmt 2. *biz* kellemetlenség; *be in a (bad) ~* bajban van, (nyakig) benne van a pácban II. *vt* 1. bepiszkít, összemaszatol 2. öszszekuszál, elront
mess about *vi* 1. babrál, tesz-vesz, piszmog 2. durván bánik (vkvel)
mess up *vt* eltol, elfuserál, elront
message ['mesıdʒ] *n* 1. üzenet, közlés, értesítés; *go on a ~* üzenetet visz; *run ~s* megbízásokat elintéz/teljesít 2. tanítás, mondanivaló [íróé, műé]
messenger ['mesındʒə*] *n* hírnök
Messiah [mı'saıə] *prop* Messiás
Messianic [mesı'ænık] *a* messiási
messing ['mesıŋ] *n* közös étkezés; *~ allowance* étkezési pótlék
messmate *n* asztaltárs
mess-room *n* = *mess¹ I. 2.*
Messrs., Messrs ['mesəz] (= *Messieurs*) urak [cégmegjelölésben]
mess-tin *n* csajka
messuage ['meswıdʒ] *n* házas ingatlan
mess-up *n biz* 1. zűr(zavar), összevisszaság 2. maszat
messy ['mesı] *a* rendetlen; mocskos
mestizo [mes'ti:zoʊ] *a/n* mesztic
met¹ →*meet¹ II.*
Met² [met] *n biz* 1. (= *meteorological*) *~ Office* meteorológiai intézet 2. (= = *Metropolitan*) a New York-i Metropolitan Operа(ház)
metabolism [me'tæbəlızm] *n* anyagcsere; *basal ~ test* alapanyagcsere-vizsgálat
metacarpal [metə'kɑ:pl] *a* kézközépi
metacarpus [metə'kɑ:pəs] *n (pl -pi -paı)* kézközép
metal ['metl] I. *n* 1. fém 2. érc 3. *(road) ~* zúzott kő 4. metals *pl* (vasúti) sínek, pálya; *leave/jump the ~s* kisiklik [vonat] II. *vt* -ll- (*US* -l-) 1. fémmel bevon 2. makadámoz
metal-bearing *a* fémtartalmú
metalled ['metld] *a ~ road* kövezett út, makadámút
metallic [mı'tælık] *a* 1. fémes, fémből való, fém- 2. érces (*átv is*), ércből való, érc- 3. fémesen csillogó

metallurgic(al) [metə'lə:dʒık(l)] *a* 1. kohászati 2. fémipari
metallurgist [me'tælədʒıst; *US* 'metələ:dʒıst] *n* kohász; fémmunkás
metallurgy [me'tælədʒı; *US* 'metələ:dʒı] *n* 1. kohászat, fémgyártás 2. fémipar
metal-work *n* fémmunka
metal-worker *n* fémmunkás
metamorphose [metə'mɔ:foʊz] *vt* átváltoztat, átvarázsol (*into* vmvé)
metamorphosis [metə'mɔ:fəsıs] *n (pl -ses* -si:z) átalakulás, metamorfózis
metaphor ['metəfə*] *n* szókép, metafora
metaphorical [metə'fɔrıkl; *US* -'fɑ-] *a* átvitt/képes értelmű, képletes, metaforikus
metaphysical [metə'fızıkl] *a* metafizikai
metaphysics [metə'fızıks] *n* metafizika
metatarsus [metə'tɑ:səs] *n (pl -si* -saı) lábközép(csont)
metathesis [me'tæθəsıs] *n (pl -ses* -si:z) hangátvetés, metatézis
mete [mi:t] *vt ~ out* kioszt, kimér [jutalmat]; kiszab [büntetést]; szolgáltat [igazságot]
meteor ['mi:tjə*] *n* meteor
meteoric [mi:tı'ɔrık; *US* -'ɔ:-] *a* 1. meteorikus, meteor- 2. meteorszerű, tüneményes 3. légköri
meteorite ['mi:tjəraıt] *n* meteorkő
meteorological [mi:tjərə'lɔdʒıkl; *US* '-lɑ-] *a* meteorológiai; *M~ Office* meteorológiai intézet
meteorologist [mi:tjə'rɔlədʒıst; *US* -'rɑ-] *n* meteorológus
meteorology [mi:tjə'rɔlədʒı; *US* -'rɑ-] *n* meteorológia, időjárástan
meter ['mi:tə*] *n* 1. [gázmérő, villanystb.] óra, mérőóra; *~ cancellation* gépi (postai) bérmentesítés 2. *US* = *metre*
methane ['mi:θeın] *n* metán
methinks [mı'θıŋks] *vi (pt* methought mı'θɔ:t) † azt hiszem, úgy gondolom/rémlik
method ['meθəd] *n* 1. módszer, eljárás; mód(ozat) 2. rendszer(esség)
methodical [mı'θɔdıkl; *US* -'θɑ-] *a* módszeres; rendszeres; tervszerű
Methodism ['meθədızm] *n* metodizmus
Methodist ['meθədıst] *n/a* metodista

34

methodology [meθə'dɔlədʒɪ; US -'dɑ-] n
módszertan
methought →methinks
meths [meθs] n pl biz spiritusz
Methuen ['meθjʊɪn; US város: mɪ'θjʊɪn]
prop
Methuselah [mɪ'θju:z(ə)lə; US -'θu:]
prop Matuzsálem
methyl ['meθɪl] n metil; ~ alcohol faszesz
methylate ['meθɪleɪt] vt metilez;~d spirit
denaturált szesz
meticulosity [mɪtɪkjʊ'lɔsɪtɪ; US -'lɑ-] n
aprólékosság, túlzott gondosság
meticulous [mɪ'tɪkjʊləs] a aprólékos-
(kodó), (kínosan) pedáns
metonymy [mɪ'tɔnɪmɪ; US -'tɒ-] n me-
tonímia, fogalomcsere
metre, US meter ['mi:tə*] n 1. versmér-
ték, ütem 2. méter [= 39,37 inch]
metric ['metrɪk] a méter rendszerű; ~
system méterrendszer ǁ →ton 1.
metrical ['metrɪkl] a időmértékes
metrication [metrɪ'keɪʃn] n áttérés mé-
terrendszerre
metrics ['metrɪks] n verstan, metrika
metronome ['metrənoʊm] n metronóm
metropolis [mɪ'trɔpəlɪs; US -ɑp-] n 1.
főváros, világváros 2.
metropolitan [metrə'pɔlɪt(ə)n; US -'pɑ-]
I. a fővárosi II. n 1. érsek 2. fővárosi
lakos
mettle ['metl] n vérmérséklet, bátorság;
man of ~ bátor fickó; be on one's ~ (1)
kitesz magáért (2) próbára van téve
mettlesome ['metlsəm] a tüzes, heves,
lelkes, bátor
mew¹ [mju:] n sirály
mew² [mju:] I. n sólyomkalitka II. vt ~
(up) elzár, bezár [kalitkába, dutyiba]
mew³ [mju:] I. n nyávogás II. vi nyávog,
miaukol
mewl [mju:l] vi nyivákol, nyafog, sír-rí
mews [mju:z] n 1. istállósor 2. sikátor, köz
Mexican ['meksɪk(ə)n] a/n mexikói
Mexico ['meksɪkoʊ] prop Mexikó
mezzanine ['metsəni:n; US -z-] n féle-
melet
mezzo-soprano [medzoʊsə'prɑːnoʊ] n
mezzoszoprán
mezzotint ['medzoʊtɪnt; US -ts-] n bor-
zolás, mezzotinto

mg milligram(s) milligramm, mg
M.I. [em'aɪ] military intelligence
Miami [maɪ'æmɪ] prop
miaow [mi:'aʊ] I. n nyávogás II. vi nyá-
vog
miasma [mɪ'æzmə] n ártalmas kigőzöl-
gés
mica ['maɪkə] n csillám(pala), máriaüveg
Micawber [mɪ'kɔ:bə*] prop
mice →mouse
Mich. Michigan
Michael ['maɪkl] prop Mihály
Michaelmas ['mɪklməs] n Szent Mihály-
-nap (szept. 29.); ~ daisy őszirózsa; ~
term első harmad [iskolaévé]
Michigan ['mɪʃɪgən] prop
mickle ['mɪkl] I. a sok, nagy II. n nagy
mennyiség; many a little makes a ~
sok kicsi sokra megy
microbe ['maɪkroʊb] n mikroba
microbiology [maɪkroʊbaɪ'ɔlədʒɪ; US
-'ɑ-] n mikrobiológia
micro-card ['maɪkroʊ-] n mikrokártya
[szöveg tárolására]
microcosm ['maɪkrəʊkɔzm; US -kɑ-] n
mikrokozmosz, kis világ
microfilm ['maɪkroʊ-] I. n mikrofilm II.
vt mikrofilmez
micrometer [maɪ'krɔmɪtə*; US -'krɑ-] n
mikrométer
micron ['maɪkrɔn] n mikron
micro-organism [maɪkroʊ-] n mikroor-
ganizmus
microphone ['maɪkrəfoʊn] n mikrofon
microphotograph ['maɪkroʊ-] n mikro-
fénykép
microscope ['maɪkrəskoʊp] n mikrosz-
kóp
microscopic(al) [maɪkrə'skɔpɪk(l); US
-ɑp-] a mikroszkopikus, parányi
microwave ['maɪkrə-] n mikrohullám,
ultrarövid hullám
micturate ['mɪktjʊ(ə)reɪt; US -tʃə-] vi
vizel
mid [mɪd] a közép(ső), középen levő,
közötti; in ~ air a levegőben, ég és
föld között; in ~ Atlantic az Atlanti-
-óceán közepén
midbrain n középagy
midday I. a déli; ~ meal ebéd II. n dél-
(idő)

midden ['mɪdn] *n* trágyadomb; szemétdomb
middle ['mɪdl] I. *a* középső, közép-; *the* M~ *Ages* a középkor; ~ *class* középosztály →*middle-class; take a ~ course* középutat (v. közbenső megoldást) választ; *the* M~ *East* Közel-Kelet [Egyiptomtól Iránig]; ~ *school* kb. középiskola; ~ *watch* kutyaőrség [0—4 óra között hajón]; M~ *West* Közép-Nyugat [USA-ban a Sziklás-hegység és az Alleghany között] 2. közvetítő 3. középszerű II. *n* 1. a közép, vmnek a közepe 2. *biz* derék [a testrész] III. *vt* 1. középre tesz/helyez 2. megfelez; középen összehajt(ogat)
middle-age(d) *a* középkorú [ember]
middle-class *a* középosztálybeli
middleman *n* (*pl* -men) közvetítő, alkusz, ügynök
middlemost *a* leginkább (a) középen levő, kellős közepén levő
middle-of-the roader ['mɪdləvðə'roʊdə*] *n* középutas, harmadikutas
Middlesex ['mɪdlseks] *prop*
Middleton ['mɪdltən] *prop*
middleweight *n* középsúly; *light* ~ nagyváltósúly
middling ['mɪdlɪŋ] I. *a* közepes II. *adv* közepesen III. **middlings** *n pl* középfinom áru [pl. liszt]
Middx. *Middlesex*
middy ['mɪdɪ] *biz* = *midshipman*
midfield player középpályás (játékos)
midge [mɪdʒ] *n* muslica; szúnyog
midget ['mɪdʒɪt] I. *a* apró, törpe II. *n* 1. törpe [apró termetű személy] 2. apró dolog
midland ['mɪdlənd] I. *a* az ország középső részéből való, belországi II. *n* az ország középső része (v. belterülete); *the* M~*s* Közép-Anglia
midmost I. *a* = *middlemost* II. *adv* pont a közepen
midnight *n* éjfél; *burn the* ~ *oil* a késő éjszakai órákig tanul/dolgozik
midriff *n* rekeszizom
midship *n* hajó közepe
midshipman ['mɪdʃɪpmən] *n* (*pl* -men -mən] tengerészkadét
midships ['mɪdʃɪps] *adv* a hajó közepén

midst [mɪdst] *n* közép(pont); *in the* ~ *of* közepette, közepén, közben; *in our* ~ közöttünk, nálunk
midstream *n in* ~ a folyó közepén/árjában
midsummer *n* 1. nyárközép 2. M~('s) *Day* Szent Iván napja (június 24-e); *A* M~ *Night's Dream* Szentivánéji álom
mid-Victorian *a* a viktoriánus korszak (1837—1901) középső szakaszabeli
midway *adv* feleúton, félúton
Midwest *n* = *Middle West*
midwife *n* (*pl* -wives) bába, szülésznő
midwifery ['mɪdwɪf(ə)rɪ] *n* szülészet
midwinter *n* 1. télközép, a tél dereka 2. téli napforduló [dec. 21.]
mien [miːn] *n* arckifejezés, arc; magatartás
miff [mɪf] *biz* I. *n* összezördülés II. *vt/vi be* ~*ed at sg,* ~ *at sg* megsértődik vm miatt
might[1] [maɪt] *n* erő, hatalom; *with* ~ *and main* minden/teljes erővel
might[2] →*may*[1]
mightiness ['maɪtɪnɪs] *n* erősség, hatalmasság
mighty ['maɪtɪ] I. *a* erős, hatalmas II. *adv biz* igen, nagyon
mignonette [mɪnjə'net] *n* rezeda
migraine ['miːgreɪn] *n* migrén
migrant ['maɪgr(ə)nt] I. *a* vándorló II. *n* 1. (*átv is*) vándormadár 2. vándor
migrate [maɪ'greɪt; *US* 'maɪ-] *vi* (el-)vándorol, költözik; kivándorol
migration [maɪ'greɪʃn] *n* (el)költözés, (ki)vándorlás
migratory ['maɪgrət(ə)rɪ; *US* -ɔːrɪ] *a* vándorló; nomád [nép]; költöző, vándor [madár]
mike[1] [maɪk] *n biz* mikrofon
Mike[2] [maɪk] *prop* Misi, Miska; *biz for the love of* ~ az isten szerelmére
milady [mɪ'leɪdɪ] *n* † hölgy
Milan *prop* 1. [mɪ'læn] Milánó 2. *US* város: ['maɪlən]
milch-cow ['mɪltʃ-] *n* (*átv is*) fejőstehén
mild [maɪld] *a* 1. enyhe; ~ *ale* nem keserű sör 2. szelíd, mérsékelt; *biz draw it* ~*!* ne hencegj!, lassan a testtel! 3. kedves, jóindulatú 4. könnyű, gyenge [cigaretta] 5. ~ *steel* lágyacél

mild-and-bitter *a* ⟨édeskés és keserű sörök keveréke⟩
mildew ['mɪldju:; *US* -du:] I. *n* 1. penész 2. rozsda, üszög [növényeken] II. A. *vt* (meg)penészít; rozsdát/üszögöt okoz [növényen] B. *vi* megpenészedik
mildewy ['mɪldju:ɪ; *US* -du:ɪ] *a* penészes; üszögös [növény]
mildly ['maɪldlɪ] *adv* 1. enyhén; *to put it* ~ enyhén szólva 2. szelíden
mildness ['maɪldnɪs] *n* 1. szelídség 2. enyheség
Mildred ['mɪldrɪd] *prop* ⟨angol női név⟩
mile [maɪl] *n* mérföld; *statute/British* ~ angol mérföld (= 1760 yard = 1609,33 m); *nautical/sea* ~ tengeri mérföld (= 2025 yard = 1852 m); *square* ~ négyzetmérföld (= 259 ha = 2,59 km²)
mileage ['maɪlɪdʒ] *n* 1. mérföldek száma; mérföldtávolság, -teljesítmény 2. mérföldpénz, kilométerpénz
mileometer [maɪ'lɔmɪtə*; *US* -'lɑ-] *n* kilométeróra
mile-post *n* távolságjelző tábla
miler ['maɪlə*] *n biz* egymérföldes futó
Miles [maɪlz] *prop* ⟨angol férfinév⟩
milestone *n* mérföldkő, határkő (*átv is*)
milfoil ['mɪlfɔɪl] *n* cickafark(kóró)
miliary fever ['mɪlɪərɪ] köleshimlő
militancy ['mɪlɪt(ə)nsɪ] *n* harciasság
militant ['mɪlɪt(ə)nt] I. *a* harcos, harcoló II. *n* aktivista, aktíva
militarism ['mɪlɪtərɪzm] *n* militarizmus
militarist ['mɪlɪtərɪst] *n* militarista
militarization [mɪlɪtəraɪ'zeɪʃn; *US* -rɪ'z-] *n* militarizálás
militarize ['mɪlɪtəraɪz] *n* militarizál
military ['mɪlɪt(ə)rɪ; *US* -erɪ] I. *a* katonai, hadi; *of* ~ *age* hadköteles/katonaköteles korú; ~ *intelligence* katonai hírszerzés; ~ *police* tábori csendőrség II. *n the* ~ a hadsereg/katonaság
militate ['mɪlɪteɪt] *vi* 1. harcol, küzd (*átv is*) 2. ~ *against sg* ellene szól vmnek, ellentmond vmnek
militia [mɪ'lɪʃə] *n* polgárőrség, nemzetőrség, milícia
militiaman [mɪ'lɪʃəmən]*n* (*pl* -men -mən) nemzetőr, polgárőr, milicista

milk [mɪlk] I. *n* tej; *it's no use crying over spilt* ~ késő bánat ebgondolat; ~ *of magnesia* magnéziatej [gyomorégés elleni szer és hashajtó]; *turn the* ~ (1) tejet megsavanyít (2) *biz* hamisan énekel II. A. *vt* 1. fej 2. „megfej" (vkt) 3. □ lehallgat [telefonbeszélgetést] B. *vi* tejel
milk-and-water ['mɪlkən'wɔ:tə*] *a* unalmas, üres, lapos [előadás stb.]
milk-bar *n* tejcsárda, tejbüfé
milk-can *n* tejeskanna
milker ['mɪlkə*] *n* 1. fejő 2. [jól, roszszul] tejelő [tehén]
milking ['mɪlkɪŋ] *n* fejés
milking-machine *n* fejőgép
milk-loaf *n* (*pl* -loaves) kb. kalács
milkmaid *n* fejőlány
milkman ['mɪlkmən] *n* (*pl* -men -mən) tejesember; tejárus
milkpail *n* fejődézsa, zséter, (fejő)sajtár
milk-powder *n* tejpor
milk-pudding *n* rizsfelfújt
milk-shake *n* kb. (vanília)turmix
milksop *n* anyámasszony katonája
milk-tooth *n* (*pl* -teeth) tejfog
milkweed *n* csorbóka
milky ['mɪlkɪ] *a* 1. tejes, tejszerű; *M*~ *Way* tejút 2. szelíd, jóságos
mill [mɪl] I. *n* 1. malom; *go through the* ~ (1) kálváriát jár (2) kiállja a próbát 2. őrlő, daráló 3. gyár, üzem 4. *biz* bunyó, hirig II. A. *vt* 1. őröl, darál; zúz 2. kallóz 3. recéz; ~*ed edge* gyöngyös/recés szél [érmén] 4. [hengerrel] nyújt, hengerel 5. *mar* 6. *biz* elver, elpáhol B. *vi* kavarog [tömeg, csorda]
millboard *n* kéregpapír, dekli
mill-dam *n* malomgát
millenary [mɪ'lenərɪ] I. *a* ezredéves II. *n* ezredév
millennial [mɪ'lenɪəl] *a* ezredéves
millennium [mɪ'lenɪəm] *n* (*pl* -nia -nɪə) 1. ezredév, millennium 2. eljövendő boldog kor
millepede ['mɪlɪpi:d] *n* százlábú
miller ['mɪlə*] *n* 1. molnár 2. őrlőgép 3. marós
millet ['mɪlɪt] *n* köles
mill-girl *n* (fonodai) munkáslány

mill-hand *n* 1. gyári munkás 2. molnárlegény
milliard ['mɪljɑ:d] *n GB* milliárd
Millicent ['mɪlɪsnt] *prop* ⟨angol női név⟩
milligram(me) ['mɪlɪgræm] *n* milligramm
millilitre, *US* -liter ['mɪlɪli:tə*] *n* milliliter
millimetre, *US* -meter ['mɪlɪmi:tə*] *n* milliméter
milliner ['mɪlɪnə*] *n* női kalapos, kalaposnő; divatárusnő
millinery ['mɪlɪn(ə)rɪ] *n* 1. (női) kalapszalon 2. női divatáru(-kereskedés)
milling ['mɪlɪŋ] *n* 1. őrlés 2. recézés 3. kallózás 4. hengerlés 5. marás
million ['mɪljən] *n* millió
millionaire [mɪljə'neə*] *n* milliomos
millionth ['mɪljənθ] *a* milliomodik
millipede ['mɪlɪpi:d] *n* = *millepede*
mill-owner *n* 1. molnár, malomtulajdonos 2. gyáros
mill-pond *n* malomtó; *like a* ~ tükörsima
mill-race *n* malomárok; zúgó [malomnál]
millstone *n* malamkő
mill-wheel *n* malomkerék
millwright *n* malomépítő, -tervező
milometer [maɪ'lɔmɪtə*; *US* -'lɑ-] *n* = *mileometer*
milord [mɪ'lɔ:d] *n* 1. angol úr 2. [megszólításként kb.] uram
milt [mɪlt] *n* 1. lép [szerv] 2. halikra
Milton ['mɪlt(ə)n] *prop*
Milwaukee [mɪl'wɔ:ki:; *US* -kɪ] *prop*
mime [maɪm] I. *n* 1. némajáték, pantomim 2. pantomimszínész, mímes II. *vt* némajátékkal ábrázol, mímel
mimeograph ['mɪmɪəgrɑ:f] I. *n* (stenciles) sokszorosítógép II. *vt* (stenciles géppel) sokszorosít, stencilez
mimetic [mɪ'metɪk] *a* utánzó, mimikris
mimic ['mɪmɪk] I. *a* 1. utánzó; ~ *warfare* hadgyakorlat 2. mesterkélt, megjátszott II. *n* utánzó (személy) III. *vt* (*pt/pp* ~ked 'mɪmɪkt] utánoz, majmol
mimicry ['mɪmɪkrɪ] *n* 1. utánzás; arcjáték, mimika 2. alakutánzás, mimikri

min. 1. *minimum* 2. *minute(s)* perc, p
minaret ['mɪnəret] *n* minaret
minatory ['mɪnət(ə)rɪ; *US* -ɔ:rɪ] *a* fenyegető
mince [mɪns] I. *n* vagdalék, vagdalt hús; hasé II. A. *vt* 1. apróra vagdal, darál [húst] 2. szépítget; *not to* ~ *matters* (v. *one's words*) nyíltan kimond, nem kertel; ~ *one's words* finomkodva beszél, megválasztja a szavait B. *vi* finomkodik, finomkodva beszél/lépked
mincemeat *n* 1. ⟨mazsolás, befőttes, rumos töltelék *mince-pie*-ba⟩ 2. *GB* † apróra vagdalt hús; *biz make* ~ *of* ízekreszed, tönkre zúz
mince-pie *n* ⟨*mincemeat*-et tartalmazó pite/kosárka⟩, kb. gyümölcskosár
mincer ['mɪnsə*] *n* 1. húsdaráló 2. finomkodó/pipiskedő személy 3. vmt szépítgető személy
mincing ['mɪnsɪŋ] I. *a* 1. vagdaló, őrlő; ~ *machine* húsdaráló 2. finomkodó, affektált II. *n* 1. vagdalás 2. szépítgetés; finomkodás, affektálás
mind [maɪnd] I. *n* 1. értelem, elme, ész; (*be*) *sound of* ~ épelméjű; *be in one's right* ~ helyén az esze, józan; *be out of one's* ~ elvesztette józan eszét, nincs észnél; *come (in)to one's* ~ eszébe jut; *have sg in* ~ vmre gondol, vmt forgat a fejében; *keep one's* ~ *on sg* vmre összpontosítja figyelmét; *lose the/one's* ~, *go out of one's* ~ megőrül, *put it out of your* ~ ne törődj vele, ne gondolj rá 2. emlékezet; *bear/keep sg in* ~ gondol vmre, nem feledkezik meg vmről; *call sg to* ~ emlékezetébe idéz vmt; *go/pass out of* ~ feledésbe merül; *put sy in* ~ *of sg* vkt vmre emlékeztet 3. érzület; gondolkodásmód; lélek; szellem; *frame of* ~ hangulat; életfelfogás; *state of* ~ lelkiállapot; *absence of* ~ szórakozottság; *in his* ~*'s eye* lelki szemei előtt; *have sg on one's* ~ vm nyomja a lelkét 4. kedv; akarat, szándék; elhatározás; *much to my* ~ nagyon kedvemre való; *have a good/great* ~ *to* . . . (nagy) kedve volna vmhez; *have half a* ~ *to* . . . hajlandó volna vmre; *be in two* ~*s about sg* nem tud dönteni

vm felől; *change one's* ~ meggondolja
magát, másként dönt; *know one's own*
~ tudja hogy mit akar; *make up one's*
~ elhatározza magát; *set one's* ~ *on sg*
vmt igen határozottan akar 5. vélemény; *to my* ~ véleményem szerint,
szerintem; *be of a* ~, *be of the same* ~
egy véleményen van (vkvel); *give sy
a bit/piece of one's* ~ megmondja
vknek a magáét, jól beolvas vknek;
keep an open ~ nem foglal véglegesen
állást II. *vt* 1. törődik (vmvel); figyel
(vmre, vkre); figyelembe vesz (vmt);
vigyáz (vmre); *never* ~ *!* ne törődj(ék)
vele!, nem számít/fontos!, sebaj!; ~
what I say figyeljen a szavaimra; ~
the step! vigyázat, lépcső!; ~ *one's
p's and q's* igen megfontolja, mit
mond/cselekszik, igen óvatos; ~ *you!*
jegyezze meg!, el ne felejtse!, vigyázzon arra! 2. kifogásol, ellenez; *I don't*
~ nem bánom, nekem mindegy; *biz I
don't* ~ *if I do* hát jó, nem bánom,
lehet róla szó; *I don't* ~ *telling you*
igenis nyíltan megmondom neked; *I
shouldn't* ~ *a cup of tea* szívesen (meg-)
innék egy csésze teát; *if you don't* ~
ha nincs kifogása ellene; *do/would you*
~ *(if)* .. megengedné kérem, hogy
én...; *lenne olyan szíves...; would
you* ~ *my opening the window* megengedi, hogy kinyissam az ablakot? 3.
felügyel, vigyáz [gyerekre]
minded ['maɪndɪd] *a* 1. hajlandó; *if you
are so* ~ ha úgy óhajtja 2. (*összetételekben:*) hajlamú, gondolkodású; érdeklődésű; beállítottságú
minder ['maɪndə*] *n* őr(ző), kezelő, felügyelő
mindful ['maɪndfʊl] *a* figyelmes, gondos; *be* ~ *of sg* törődik vmvel, tekintetbe vesz vmt
mindless ['maɪndlɪs] *a* 1. figyelmetlen,
gondatlan; *be* ~ *of sg* nem törődik
vmvel 2. buta, esztelen, értelmetlen
mind-reader *n* gondolatolvasó
mine¹ [maɪn] I. *n* 1. bánya; *biz a* ~ *of
information* az adatok tárháza/kincsestára 2. akna; *lay a* ~ aknát (le)rak
II. A. *vt* 1. bányászik, fejt [ércet];
[bányát] művel 2. aláaknáz (*átv is*);

elaknásít B. *vi* 1. bányászik (*for
vmt*) 2. aknát rak, aknásít
mine² [maɪn] *pron* enyém; *a friend of* ~
egy barátom
mine-detector *n* aknakereső
minefield *n* aknamező
mine-layer *n* aknarakó (hajó)
miner ['maɪnə*] *n* 1. bányász, bányamunkás 2. aknász
mineral ['mɪn(ə)rəl] I. *a* ásványi, ásványos; ásvány; *the* ~ *kingdom* az ásványvilág; ~ *oil* ásványolaj; ~ *water*
ásványvíz II. *n* 1. ásvány 2. **minerals**
pl ásványvíz
mineralogist [mɪnə'rælədʒɪst] *n* ásványtudós, mineralógus
mineralogy [mɪnə'rælədʒɪ] *n* ásványtan
mine-shaft *n* (bánya)akna, tárna
mine-sweeper *n* aknaszedő (hajó)
mingle ['mɪŋgl] A. *vt* (össze)kever, vegyít
B. *vi* 1. (össze)keveredik, vegyül 2. ~
with the crowd elvegyül a tömegben
mingled ['mɪŋgld] *a* kevert, vegyes; *with*
~ *feelings* vegyes érzelmekkel
mini- ['mɪnɪ-] *pref* mini-
miniature ['mɪnətʃə*; *US* -nɪə-] I. *a* kis
méretű, miniatűr; ~ *camera* kisfilmes
fényképezőgép; ~ *film* kisfilm, normálfilm [35 mm-es] II. *n* miniatúra,
miniatűr; *sg in* ~ vm kicsinyített
mása
miniaturist ['mɪnətjʊərɪst; *US* 'mɪnɪətʃərɪst] *n* miniatűrfestő, miniaturista
minibus *n* minibusz
minicab *n* kistaxi, minitaxi
minicar *n* kisautó
minim ['mɪnɪm] *n* 1. csepp/parányi dolog 2. fél hangjegy
minimal ['mɪnɪml] *a* elenyésző, minimális
minimize ['mɪnɪmaɪz] *vt* 1. a lehetséges
legkisebbre (v. minimálisra) csökkent
2. lekicsinyel
minimum ['mɪnɪməm] I. *a* minimális, (a
lehető) legkisebb; minimum-; ~ *wage*
bérminimum II. *n* (*pl* **minima** 'mɪnɪmə)
a legkisebb/legalacsonyabb/legkevesebb, minimum
mining ['maɪnɪŋ] *n* 1. bányászat; ~
engineer bányamérnök 2. fejtés, bányászás 3. aláaknázás; (el)aknásítás

minion ['mɪnjən] n 1. kegyenc 2. tányérnyaló, talpnyaló; ~s of the law poroszló(k), végrehajtó közeg
miniskirt n miniszoknya
minister ['mɪnɪstə*] I. n 1. miniszter 2. követ; the British M~ in Budapest a budapesti brit/angol követ 3. lelkész, lelkipásztor, pap II. vi 1. szolgál 2. segít (to vkn, vmn) 3. szertartást végez
ministerial [mɪnɪ'stɪərɪəl] a 1. miniszteri; ~ benches (1) kormánypárt oldala [parlamentben] (2) miniszteri padsor [angol parlamentben] 2. végrehajtó; szolgálati 3. segítő, segélyt nyújtó 4. lelkészi, lelkipásztori, papi
ministration [mɪnɪ'streɪʃn] n 1. szolgálat, közreműködés, segédkezés 2. lelkészkedés
ministry ['mɪnɪstrɪ] n 1. minisztérium 2. miniszterség 3. kormány 4. lelkészi/papi pálya/hivatás, lelkészség
miniver ['mɪnɪvə*] n hermelin
mink [mɪŋk] n 1. nyérc; American ~ vidramenyét 2. nercszőrme, -prém
Minn. Minnesota
Minneapolis [mɪnɪ'æpəlɪs] prop
Minnesota [mɪnɪ'soʊtə] prop
Minnie ['mɪnɪ] prop ⟨angol női név, gyakran a Mária beceneve⟩
minnow ['mɪnoʊ] n fürge cselle [hal]
minor ['maɪnə*] I. a 1. kisebb, csekélyebb; Asia M~ Kisázsia 2. kicsi, jelentéktelen, alárendelt; ~ injury könnyű sérülés; ~ orders alsóbb rendek; ~ road mellékútvonal, alsóbbrendű út 3. kiskorú; fiatalabbik; Jones ~ ifjabb Jones [a két Jones fivér közül] 4. moll [hangnem]; átv in a ~ key lehangoltan, szomorúan II. n 1. kiskorú gyermek 2. moll (hangnem) 3. US melléktantárgy
minority [maɪ'nɔrətɪ; US -'nɔ:-] n 1. kisebbség; (összetételekben:) kisebbségi; ~ report különvélemény 2. kiskorúság
minster ['mɪnstə*] n 1. apátsági templom 2. székesegyház, katedrális, dóm
minstrel ['mɪnstr(ə)l] n lantos, kobzos, regös, vándorénekes
minstrelsy ['mɪnstr(ə)lsɪ] n 1. (nép)dal-

gyűjtemény; (népdal)költészet 2. dalnokság
mint¹ [mɪnt] I. n 1. pénzverde, pénzverő; in ~ condition verdefényű, vadonatúj(an) 2. átv forrás, eredet 3. biz a ~ of money rengeteg pénz II. vt 1. [pénzt] ver 2. kieszel, kiagyal, alkot, gyárt [szót stb.]
mint² [mɪnt] n menta
minuet [mɪnjʊ'et] n menüett
minus ['maɪnəs] I. a kevesebb, mínusz; negatív; ~ sign mínusz(jel) II. prep 1. mínusz 2. biz nélkül; he came back ~ his arm egyik karját elvesztette [a háborúban]
minuscule ['mɪnəskju:l; US mɪ'nʌs-] I. a apró, pici II. n kis/apró betű
minute¹ ['mɪnɪt] I. n 1. perc; on/to the ~ percnyi pontossággal, pontban 2. pillanat; wait a ~ várj egy percig, egy pillanat türelmet; the ~ he arrives amint megérkezik; ~ steak gyorsan kisüthető vékony hússzelet 3. szögperc, ívperc 4. jegyzet, feljegyzés, memorandum; make a ~ of sg jegyzeteket készít vmről 5. minutes pl jegyzőkönyv II. vt 1. percnyi pontossággal mér, stoppol [időt] 2. feljegyez, lejegyez (vmt) 3. jegyzőkönyvet vesz fel (v. vezet) (vmről)
minute² [maɪ'nju:t; US -'nu:t] a 1. parányi, apró 2. pontos, aprólékos
minute-book ['mɪnɪt-] n jegyzőkönyv
minute-glass ['mɪnɪt-] n (percrendszerű) homokóra
minute-guns ['mɪnɪt-] n pl ágyúlövések egyperces közökkel
minute-hand ['mɪnɪt-] n percmutató
minuteman ['mɪnɪtmən] n pl -men -mən] US polgárőr [amerikai szabadságharcban]
minuteness [maɪ'nju:tnɪs; US -'nu:t-] n 1. parányiság 2. aprólékos pontosság
minutiae [maɪ'nju:ʃɪ:; US mɪ'nu:-] n pl aprólékos részletek
minx [mɪŋks] n dévaj/kokett leány
miracle ['mɪrəkl] n csoda; ~ play mirákulum ⟨középkori dráma szentek életéből⟩
miraculous [mɪ'rækjʊləs] a csodálatos, természetfeletti

mirage ['mɪrɑːʒ; US mɪ'rɑːʒ] n délibáb, káprázat (átv is)
Miranda [mɪ'rændə] prop
mire ['maɪə*] I. n 1. sár 2. pocsolya 3. be in the ~ benne van a pácban; drag sy (v. sy's name) through the ~ bemocskol/meghurcol vkt II. vt 1. besároz 2. bemocskol
Miriam ['mɪrɪəm] prop Mirjam
mirror ['mɪrə*] I. n 1. tükör 2. példakép II. vt (vissza)tükröz
mirth [məːθ] n vidámság, jókedv
mirthful ['məːθfʊl] a vidám, jókedvű
mirthless ['məːθlɪs] a örömtelen, szomorú, zord
miry ['maɪərɪ] a sáros
misadjustment [mɪsə'dʒʌstmənt] n 1. rossz (össze)illesztés; helytelen beállítás 2. hibás arány
misadventure [mɪsəd'ventʃə*] n baleset, szerencsétlenség; balszerencse; by ~ véletlenül, balszerencse folytán
misadvise [mɪsəd'vaɪz] vt rossz tanácsot ad, tévútra vezet, félrevezet
misalliance [mɪsə'laɪəns] n rangon aluli házasság
misanthrope ['mɪz(ə)nθroʊp] n embergyűlölő, emberkerülő (személy)
misanthropic(al) [mɪz(ə)n'θrɔpɪk(l); US -'θrɑ-] a embergyűlölő, emberkerülő
misanthropist [mɪ'zænθrəpɪst] n embergyűlölő, emberkerülő (személy)
misanthropy [mɪ'zænθrəpɪ] n embergyűlölet, emberkerülés
misapplication ['mɪsæplɪ'keɪʃn] n 1. helytelen/rossz alkalmazás/használat 2. jogellenes felhasználás
misapply [mɪsə'plaɪ] vt 1. hibásan/rosszul alkalmaz/használ 2. jogellenesen használ fel, hűtlenül kezel
misappreciate [mɪsə'priːʃɪeɪt] vt félreismer, félremagyaráz
misapprehend ['mɪsæprɪ'hend] vt rosszul ért (meg), félreért
misapprehension ['mɪsæprɪ'henʃn] n félreértés; under ~ tévedésből
misappropriate [mɪsə'proʊprɪeɪt] vt (el-)sikkaszt, hűtlenül kezel
misappropriation ['mɪsəproʊprɪ'eɪʃn] n (el)sikkasztás, hűtlen kezelés
misbecome [mɪsbɪ'kʌm] vt (pt -became

-bɪ'keɪm, pp ~ -bɪ'kʌm) nem illik hozzá, nem áll jól neki
misbegotten ['mɪsbɪɡɔtn; US -ɡɑ-] a 1. házasságon kívül született, törvénytelen [gyermek]; korcs 2. biz értéktelen
misbehave [mɪsbɪ'heɪv] vi ~ oneself illetlenül/neveletlenül viselkedik
misbehaviour, US -ior [mɪsbɪ'heɪvjə*] n neveletlenség, illetlen viselkedés
misbelief [mɪsbɪ'liːf] n tévhit
miscalculate [mɪs'kælkjʊleɪt] A. vt hibásan számít (ki) B. vi elszámítja magát, téved
miscalculation ['mɪskælkjʊ'leɪʃn] n hibás számítás, számítási hiba, tévedés
miscall [mɪs'kɔːl] vt 1. rosszul/helytelenül nevez meg 2. becsmérel
miscarriage [mɪs'kærɪdʒ] n 1. kudarc, felsülés, balsiker 2. jogellenes cselekmény; ~ of justice justizmord, súlyos bírói tévedés 3. (el)vetélés; koraszülés; have a ~ elvetél, abortusza van 4. téves kézbesítés, elkallódás [levélé stb.]
miscarry [mɪs'kærɪ] vi 1. kudarcot vall, nem sikerül, rosszul sül el, célt téveszt 2. elvetél, abortál 3. elvész, idegen kézbe jut, elkallódik [levél stb.]
miscegenation [mɪsɪdʒɪ'neɪʃn] n fajkeveredés
miscellaneous [mɪsɪ'leɪnjəs] a különféle, vegyes
miscellany [mɪ'selənɪ; US 'mɪsəleɪnɪ] n 1. egyveleg 2. miscellanies pl vegyes írások/művek
mischance [mɪs'tʃɑːns] n balszerencse
mischief ['mɪstʃɪf] n 1. kár; baj; do ~ (1) rosszalkodik (2) bajt csinál; kárt okoz; get into ~ bajba keveredik 2. gonoszkodás; csíny, rossz tréfa; be up to ~ rosszat forral; make ~ (1) = do ~ (2) viszályt szít 3. biz bajcsináló, bajkeverő
mischief-maker n bajcsináló, bajkeverő
mischievous ['mɪstʃɪvəs] a 1. kártékony, ártalmas 2. csintalan, pajkos
misconception [mɪskən'sepʃn] n félreértés, tévképzet, téves értelmezés
misconduct I. n [mɪs'kɔndʌkt; US -'kɑ-] 1. rossz igazgatás 2. rossz viselkedés, neveletlenség 3. házasságtörés II. vt

[mɪskən'dʌkt] 1. rosszul vezet/igazgat 2. ~ *oneself* rosszul viselkedik; ~ *oneself with sy* viszonya van vkvel
misconstruction [mɪskən'strʌkʃn] *n* félremagyarázás, téves értelmezés
misconstrue [mɪskən'stru:] *vt* rosszul/tévesen értelmez, félremagyaráz
miscount [mɪs'kaunt] **I.** *n* rossz számolás, számolási hiba **II.** *vt* rosszul/hibásan számol (meg)
miscreant ['mɪskrɪənt] *n* † gonosztevő, gazember, bűnös
misdate [mɪs'deɪt] *vt* rosszul keltez
misdeed [mɪs'di:d] *n* bűn, gaztett
misdelivery [mɪsdɪ'lɪvərɪ] *n* téves kézbesítés
misdemeanour, *US* **-nor** [mɪsdɪ'mi:nə*] *n* 1. vétség 2. † rossz viselkedés
misdirect [mɪsdɪ'rekt] *vt* 1. rosszul irányít/címez 2. rosszul céloz 3. félrevezet
misdirection [mɪsdɪ'rekʃn] *n* 1. rossz/hibás irányítás/címzés 2. téves felvilágosítás, félrevezetés
misdoing [mɪs'du:ɪŋ] *n* bűn, gaztett
misentry [mɪs'entrɪ] *n* téves bejegyzés
miser ['maɪzə*] *n* fösvény, zsugori
miserable ['mɪz(ə)rəbl] *a* 1. szánalmas, nyomorult, szerencsétlen, siralmas 2. alávaló 3. gyatra
miserably ['mɪz(ə)rəblɪ] *adv* 1. szánalmasan, nyomorultan, siralmasan, szerencsétlenül 2. gyatrán
miserliness ['maɪzəlɪnɪs] *n* fösvénység
miserly ['maɪzəlɪ] *a* fukar, fösvény
misery ['mɪzərɪ] *n* boldogtalanság, nyomor(úság), baj, szenvedés; *put an animal out of* ~ megadja a kegyelemdöfést egy állatnak
misfire [mɪs'faɪə*] **I.** *n* hibás gyújtás, kihagyás [motorban] **II.** *vi* nem sül el, csütörtököt mond; *(átv is)* rosszul sül el 2. nem gyújt [motor], kihagy [gyújtás]
misfit ['mɪsfɪt] *n* 1. rosszul álló ruha 2. környezetéhez alkalmazkodni képtelen ember, aszociális egyén
misfortune [mɪs'fɔ:tʃ(ə)n] *n* balszerencse, szerencsétlenség, baj, csapás
misgivings [mɪs'gɪvɪŋz] *n pl* aggodalom, kétség, rossz előérzet

misgovern [mɪs'gʌvən] *vt* rosszul kormányoz
misgovernment [mɪs'gʌvənmənt] *n* rossz kormányzás
misguided [mɪs'gaɪdɪd] *a* 1. félrevezetett 2. megfontolatlan [magatartás]; céltalan [lelkesedés]
mishandle [mɪs'hændl] *vt* rosszul bánik/kezel
mishap ['mɪshæp] *n* 1. baleset, szerencsétlenség 2. balsors, balszerencse
mishear [mɪs'hɪə*] *vt (pt/pp ~d* -'hə:d) rosszul hall (vmt)
mish-mash ['mɪʃmæʃ] *n* zagyvalék
misinform [mɪsɪn'fɔ:m] *vt* rosszul tájékoztat, félrevezet
misinformation ['mɪsɪnfɔ:'meɪʃn] *n* félrevezető tájékoztatás, rossz információ
misinterpret [mɪsɪn'tə:prɪt] *vt* rosszul értelmez, félreért, félremagyaráz
misinterpretation ['mɪsɪntə:prɪ'teɪʃn] *n* hibás értelmezés, félremagyarázás
misjudge [mɪs'dʒʌdʒ] *vt* rosszul/tévesen ítél meg (v. becsül); lebecsül
misjudg(e)ment [mɪs'dʒʌdʒmənt] *n* téves megítélés, tévítélet
mislay [mɪs'leɪ] *vt (pt/pp* **-laid** -'leɪd) eltesz vhová úgy, hogy nem találja; elveszt
mislead [mɪs'li:d] *vt (pt/pp* **-led** -'led) félrevezet, becsap, megtéveszt
mismanage [mɪs'mænɪdʒ] *vt* rosszul vezet/bánik/gazdálkodik/kezel
mismanagement [mɪs'mænɪdʒmənt] *n* rossz vezetés/gazdálkodás/kezelés
misname [mɪs'neɪm] *vt* hibásan nevez meg/el
misnomer [mɪs'noʊmə*] *n* helytelen elnevezés, nem alkalmas leírás/jelző
misogamist [mɪ'sogəmɪst; *US* -'sɑ-] *a* házasság gyűlölője
misogynist [mɪ'sɔdʒɪnɪst; *US* -'sɑ-] *n* nőgyűlölő
misogyny [mɪ'sɔdʒɪnɪ; *US* -'sɑ-] *n* nőgyűlölet
misplace [mɪs'pleɪs] *vt* 1. rossz helyre tesz; elhány 2. *he* ~d *his confidence* bizalmát méltatlanra pazarolta
misprint ['mɪsprɪnt] *n* sajtóhiba
mispronounce [mɪsprə'naʊns] *vt* rosszul ejt ki

mispronunciation ['mɪsprənʌnsɪ'eɪʃn] n rossz kiejtés

misquotation [mɪskwoʊ'teɪʃn] n helytelen/pontatlan idézet

misquote [mɪs'kwoʊt] vt rosszul/hibásan idéz [szöveget]

misread [mɪs'ri:d] vt (pt/pp -read -'red) 1. rosszul olvas 2. félreért, -magyaráz; rosszul magyaráz

misreckon [mɪs'rek(ə)n] vt/vi rosszul számít/számol

misreport [mɪsrɪ'pɔ:t] vt/vi rosszul számol be, tévesen jelent

misrepresent ['mɪsreprɪ'zent] vt elferdítve ad elő, hamisan ír le

misrepresentation ['mɪsreprɪzen'teɪʃn] n elferdítés, megtévesztés, hamis beállítás

misrule [mɪs'ru:l] I. n 1. rossz kormányzás 2. zűrzavar 3. Lord of M~ ⟨karácsonyi vigasságok tréfacsináló mestere⟩ II. vt = misgovern

miss¹ [mɪs] n 1. kisasszony, ifjú hölgy; M~ Smith Smith kisasszony 2. leányka [-kabát stb.]

miss² [mɪs] I. n 1. elhibázás, eltévesztés, elvétés; hiba, tévedés; give sy a ~ vkt szándékosan nem vesz észre, vkt kerül; give sg a ~ kihagy vmt 2. hiány, veszteség II. A. vt 1. elhibáz, eltéveszt, elvét [célt, utat]; he ~ed it nem találta el; ~ the point nem érti meg a lényeget; ~ one's way eltéved 2. elmulaszt, elszalaszt, lemarad (vmről); ~ the train lekésik a vonatról; you haven't ~ed much nem sokat mulasztottál 3. ~ out kihagy [szót olvasás közben, ételfogást stb.] 4. nélkülöz, hiányol; I ~ you igen hiányzol nekem B. vi 1. nem talál [lövedék célba stb.], mellémegy 2. be ~ing (1) hiányzik (2) elveszett; eltűnt 3. rosszul/nem sikerül, balul üt ki

Miss. Mississippi

missal ['mɪsl] n misekönyv

misshapen [mɪs'ʃeɪp(ə)n] a torz (alakú), idomtalan, alaktalan

missile ['mɪsaɪl; US 'mɪs(ə)l] n lövedék; rakéta(lövedék); ~ site indítóállás, kilövőállás

missing ['mɪsɪŋ] a hiányzó; elveszett, eltűnt

mission ['mɪʃn] n 1. küldetés, megbízás 2. küldöttség, misszió 3. (hit)térítés 4. [harci] feladat 5. ~ in life élethivatás

missionary ['mɪʃ(ə)n(ə)rɪ; US -erɪ] n hittérítő, misszionárius

missis ['mɪsɪz] n biz 1. asszony; háziasszony 2. feleség, nej

missish ['mɪsɪʃ] a kényeskedő, affektáló; fiatallányos [modor]

Mississippi [mɪsɪ'sɪpɪ] prop

missive ['mɪsɪv] n levél

Missouri [mɪ'zʊərɪ] prop

misspell [mɪs'spel] vt (pt/pp -spelt -'spelt) helyesírási hibával ír, rosszul ír (le) [nevet stb.]

misspent [mɪs'spent] a elpazarolt, rosszul eltöltött/elköltött; a ~ youth eltékozolt ifjúság

misstate [mɪs'steɪt] vt tévesen álít/mond

misstatement [mɪs'steɪtmənt] n téves állítás

missus ['mɪsɪz] n = missis

missy ['mɪsɪ] n biz kisasszony(ka)

mist [mɪst] I. n 1. köd; Scotch ~ permetező eső 2. homály, fátyol [könnyes szem előtt stb.] II. A. vt 1. ködbe borít 2. elhomályosít B. vi ködbe borul; ~ over beparásodik; elhomályosodik

mistakable [mɪ'steɪkəbl] a félreérthető

mistake [mɪ'steɪk] I. n hiba; tévedés; botlás; make a ~ hibát követ el, elhibáz, téved; by ~ tévedésből; biz and no ~ kétségtelenül, nem vitás II. v (pt -took mɪ'stʊk, pp -taken mɪ'steɪk(ə)n) A. vt összetéveszt (sy/sg for sy/sg vkt/vmt vkvel/vmvel); eltéveszt (vmt); be ~n téved(ésben van); there's no mistaking it nem lehet eltéveszteni/félreérteni B. vi téved; if I ~ not ha nem tévedek

mistaken [mɪ'steɪk(ə)n] a téves, helytelen; ~ identity személycsere (tévedésből)

mister ['mɪstə*] n 1. úr [rövidítve Mr.]; Mr. Chairman Elnök Úr 2. biz uram

mistime [mɪs'taɪm] vt alkalmatlan időben tesz, rosszul időzít (vmt)

mistiness ['mɪstɪnɪs] n 1. ködösség 2. homályosság

mistitle [mɪs'taɪtl] vt helytelenül címez/ nevez

mistletoe ['mɪsltoʊ] n fagyöngy

mistook →mistake II.

mistranslate [mɪstræns'leɪt] vt rosszul/tévesen fordít

mistranslation [mɪstræns'leɪʃn] n rossz/ helytelen fordítás; fordítási hiba

mistress ['mɪstrɪs] n 1. úrnő 2. háziaszszony 3. tanárnő 4. szerető, kitartott nő 5. (rövidítve Mrs. ['mɪsɪz]) -né; Mrs. Smith Smithné

mistrial [mɪs'traɪəl] n szabálytalan bírói tárgyalás

mistrust [mɪs'trʌst] I. n bizalmatlanság II. vt nem bízik (vkben, vmben)

mistrustful [mɪs'trʌstfʊl] a bizalmatlan, gyanakvó

mistune [mɪs'tjuːn; US -'tuːn] vt rosszul hangol; rosszul állít be [rádiót]

misty ['mɪstɪ] a (átv is) ködös; homályos

misunderstand [mɪsʌndə'stænd] vt (pt/pp -stood -'stʊd) félreért

misunderstanding [mɪsʌndə'stændɪŋ] n 1. félreértés 2. nézeteltérés

misuse I. n [mɪs'juːs] 1. rossz (célra való) felhasználás 2. visszaélés II. vt [mɪs-'juːz] 1. visszaél (vmvel), rossz célra használ fel (vmt) 2. tévesen/helytelenül használ [szót] 3. bántalmaz

M.I.T. [emar'tiː] Massachusetts Institute of Technology Bostoni Műegyetem

mite [maɪt] n 1. fillér, picula 2. szerény hozzájárulás; offer one's ~ hozzájárul vmhez 3. kicsi/parányi dolog; pici gyerek 4. atka; (sajt)kukac

miter →mitre

mitigate ['mɪtɪgeɪt] vt 1. enyhít, csillapít 2. mérsékel

mitigation [mɪtɪ'geɪʃn] n enyhítés, csillapítás

mitre, US miter ['maɪtə*] I. n 1. püspöksüveg 2. püspökség, püspöki tisztség 3. 45°-os szög II. vt 1. püspöksüveggel ellát 2. félderékszögben összeilleszt

mitred ['maɪtəd] a 1. püspöksüveges 2. sarokkötéssel illesztett

mitre-joint n ferde illesztés/összeeresztés, sarokkötés

mitre-square n félderékszögmérő, 45°-os szögmérő

mitt [mɪt] 1. = mitten 1. 2. US baseball-kesztyű; biz bokszkesztyű

mitten ['mɪtn] n 1. egyujjas/ujjatlan kesztyű; get the ~ (1) kosarat kap (2) kidobják [állásából] 2. biz mittens pl bokszkesztyű

mix [mɪks] I. n 1. keverék 2. zűrzavar, felfordulás II. A. vt 1. (össze)kever, vegyít, elegyít; készít [salátát, orvosságot] 2. ~ up összekever, -zavar, -téveszt; be/get ~ed up in sg belekeveredik/-zavarodik vmbe; ~ sy up in sg vmbe belekever vkt B. vi 1. keveredik, vegyül 2. érintkezik, összejár (with vkvel); ~ in society társaságba jár, társaságban forog

mixed [mɪkst] a 1. kevert, vegyes; ~ feelings vegyes érzelmek; ~ grill kb. fatányéros; ~ metaphor képzavar; ~ number vegyes tört/szám; ~ school vegyes/koedukációs iskola 2. biz összezavart, megzavarodott, konfúzus

mixer ['mɪksə*] n 1. keverő (ember, gép); (food) ~ (háztartási) robotgép 2. biz good ~ ⟨aki jól beletalálja magát minden társaságba⟩, könnyen barátkozó ember

mixture ['mɪkstʃə*] n 1. keverék, elegy 2. orvosság

mix-up n zűrzavar, rendetlenség, felfordulás, kavarodás

miz(z)en ['mɪzn] n ~ royal hátsó(árboc)-felsősudárvitorla; ~ staysail hátsó tarcsvitorla; ~ topgallant hátsó(árboc)-sudárvitorla; ~ lower topsail hátsó(árboc)-derékvitorla; ~ upper topsail hátsó(árboc)-felsőderékvitorla

miz(z)en-mast n hátsó árboc, keresztárboc

miz(z)en-sail n farvitorla, tatvitorla

mizzle ['mɪzl] I. n permetező eső II. vi szemerkél, szitál [eső]

ml 1. mile(s) 2. millilitre(s)

mm millimetre(s) milliméter, mm

Mme Madame

mnemonic [niː'mɒnɪk; US -'mɑ-] a emlékezeterősítő

mnemonics [niː'mɒnɪks; US -'mɑ-] n mnemonika, emlékezeti munka megkönnyítése

mo [moʊ] n (= moment) □ half a ~!
egy pillanat!
mo. month
Mo. Missouri
M.O., MO [em'oʊ] 1. medical officer 2.
money-order
moan [moʊn] I. n nyögés, sóhaj II. A. vi
1. nyög, sóhajt 2. siránkozik, kesereg
3. jajgat B. vt siránkozva elpanaszol
moat [moʊt] n várárok, sáncárok
moated ['moʊtɪd] a körülárkolt, várá-
rokkal körülvett
mob [mɔb; US -ɑ-] I. n tömeg, csőcselék;
~ law lincselés, népítélet II. v -bb- A;
vt megrohan, nekitámad B. vi össze-
csődül
mob-cap n † fejkötő, főkötő
mobile ['moʊbaɪl; US -b(ə)l] a 1. moz-
gatható; mozgó; ~ home lakókocsi 2.
mozgékony 3. állhatatlan, változékony
mobility [mə'bɪlətɪ] n 1. mozgékonyság
2. állhatatlanság
mobilization [moʊbɪlaɪ'zeɪʃn; US -lɪ'z-]
n mozgósítás; ~ orders általános moz-
gósítás
mobilize ['moʊbɪlaɪz] vt/vi mozgósít
moccasin ['mɔkəsɪn; US -'mɑ-] n indián
őzbőr saru, mokasszin
mocha ['moʊkə; US 'moʊkə]n mokkakávé
mock [mɔk; US -ɑ-] I. a utánzott, ha-
mis, ál-; mű-; látszat-; -utánzat; ~
modesty álszerénység II. n † 1. gúny;
make ~ of sy gúny tárgyává tesz vkt,
kigúnyol/kicsúfol vkt 2. kigúnyolás 3.
utánzás III. A. vt 1. (ki)gúnyol, kine-
vet, kicsúfol 2. becsap, lóvá tesz;
meghiúsít 3. utánoz B. vi gúnyolódik,
csúfolódik; ~ at sy kigúnyol/kicsúfol
vkt
mocker ['mɔkə*; US -ɑ-] n 1. gúnyoló
2. utánzó
mockery ['mɔkərɪ; US -ɑ-] n 1. (ki)gú-
nyolás, (ki)csúfolás, csúfolódás 2. gúny
tárgya 3. utánzás, majmolás 4. nevet-
séges utánzat, megtévesztés, hamis
látszat, porhintés
mock-heroic I. a komikus eposzi II. n
komikus/szatirikus eposz
mockingbird ['mɔkɪŋ-; US -ɑ-] n US
sokszavú poszáta
mock-sun n melléknap

mock-turtle soup hamis teknősbékaleves,
borjúfejleves
mock-up n modell, mintadarab, makett
modal ['moʊdl] a alaki, módbeli
mod cons [mɔd'kɔnz] modern conveni-
ences → convenience
mode [moʊd] n 1. mód 2. divat, szokás
3. [nyelvtani] igemód 4. eljárás 5.
hangnem
model ['mɔdl; US -ɑ-] I. n 1. minta,
modell, sablon; ~ farm mintagazda-
ság; ~ T (1) elavult típus (2) régi
Ford (autó); on the ~ of sy vk után (ké-
szítve), vknek a mintájára 2. minta-
kép 3. maneken II. vt -ll- (US -l-) 1.
(meg)mintáz, képez, formál, alakít 2.
modellál; ~ oneself on sy vkt minta-
képül vesz
modeller, US modeler ['mɔdlə*; US -ɑ-]
n mintakészítő, mintázó
modelling, US modeling ['mɔdlɪŋ; US
-ɑ-] n (meg)mintázás, mintakészítés,
formálás
moderate I. a ['mɔd(ə)rət; US 'mɑ-] 1.
mérsékelt, nyugodt, higgadt, józan 2.
közepes; szerény II. v ['mɔdəreɪt; US
'mɑ-] A. vt 1. mérsékel, enyhít 2. visz-
szatart B. vi 1. mérséklődik, enyhül 2.
elnököl
moderateness ['mɔdrətnɪs; US 'mɑ-] n
1. mérséklet, higgadtság 2. középsze-
rűség
moderation [mɔdə'reɪʃn; US mɑ-] n 1.
mérséklet; in ~ mértékkel 2. mérsék-
lés, csökkentés 3. moderations pl első
szigorlat [Oxfordban]
moderator ['mɔdəreɪtə*; US 'mɑ-] n 1.
közvetítő 2. mérséklő 3. elnök [skót
presbiteri egyházé, vizsgabizottságé];
vitavezető
modern ['mɔd(ə)n; US -ɑ-] a korszerű,
modern, újabb kori, mai; ~ languages
élő nyelvek; ~ history újabb kori
(v. újkori) történelem; the ~ side of a
school az iskola természettudományos
tagozata
modernism ['mɔdənɪzm; US 'mɑ-] n
mai/modern szokás/nézet/felfogás/i-
rányzat/kifejezés/fogalom
modernity [mɔ'də:nətɪ; US mə-] n
modernség, korszerűség

modernize ['mɔdənaɪz; US 'mɑ-] vt/vi
korszerűsít, modernizál
modest ['mɔdɪst; US -a-] a 1. szerény,
igénytelen, egyszerű 2. mérsékelt
modesty ['mɔdɪstɪ; US 'mɑ-] n 1. sze-
rénység, egyszerűség, igénytelenség 2.
mérséklet
modicum ['mɔdɪkəm; US 'mɑ-] n kis
mennyiség, egy kevés
modification [mɔdɪfɪ'keɪʃn; US mɑ-] n
1. módosítás, változ(tat)ás 2. köze-
lebbi meghatározás
modify ['mɔdɪfaɪ; US 'mɑ-] vt 1. módo-
sít; megváltoztat 2. mérsékel 3. kö-
zelebbről meghatároz
modish ['moʊdɪʃ] a divatos
modishness ['moʊdɪʃnɪs] n divatosság
mods [mɔdz; US -a-] n pl = moderation 3.
modular ['mɔdjʊlə*; US 'mɑdʒʊ-] a
előregyártott elemekből készült; ~
furniture kb. variabútor
modulate ['mɔdjʊleɪt; US 'mɑdʒʊ-] A.
vt 1. árnyal, színez [hangot]; modulál
2. szabályoz, vmnek megfelelően ala-
kít, változtat, hozzáidomít, -igazít B.
vi változik
modulation [mɔdjʊ'leɪʃn; US mɑdʒʊ-] n
moduláció; hangnemváltozás
module ['mɔdjuːl; US 'mɑdʒ-] n 1.
[építészetben stb.] modul; (építő-)
elem; egység 2. egység [űrhajó része]
modulus ['mɔdjʊləs; US 'mɑdʒ-] n (pl
-li -laɪ) 1. arányszám, modulus 2. té-
nyező, együttható
mogul ['moʊgʌl] n főember, „nagy-
kutya", „fejes"
mohair ['moʊheə*] n angóragyapjú-szö-
vet, mohair, moher
Mohammedan [moʊ'hæmɪdən v. mə-]
a/n mohamedán
Mohawk ['moʊhɔːk] n mohikán (indián)
Mohican ['moʊɪkən] a/n mohikán (in-
dián)
moiety ['mɔɪətɪ] n 1. felerész, fele
(vmnek) 2. osztályrész
moil [mɔɪl] vi toil and ~ gürcöl
Moira ['mɔɪ(ə)rə] prop ⟨ír női név⟩
moire [mwɑ:*] n moaré(szövet), moaré-
selyem
moiré ['mwɑːreɪ] n = moire
moist [mɔɪst] a nyirkos, nedves

moisten ['mɔɪsn] A. vt megnedvesít,
benedvesít B. vi megnedvesedik
moisture ['mɔɪstʃə*] n nedvesség, nyir-
kosság, páratartalom; csapadék; nedv
moke [moʊk] n □ szamár
molar ['moʊlə*] I. a őrlő [fog] II. n őrlő-
fog, zápfog
molasses [mə'læsɪz] n melasz
mold →mould
mole¹ [moʊl] n anyajegy, májfolt, szeplő
mole² [moʊl] n móló, kikötőgát, hullám-
törő
mole³ [moʊl] n vakond
molecular [mə'lekjʊlə*] a molekuláris,
molekula-
molecule ['mɔlɪkjuːl; US 'mɑ-] n mole-
kula
mole-hill n vakondtúrás; make a moun-
tain out of a ~ szúnyogból/bolhából
elefántot csinál
moleskin n 1. vakondprém 2. (finom)
barhent, pamutbársony 3. moleskins
pl pamutbársony nadrág
molest [mə'lest] vt zaklat, molesztál
molestation [moʊle'steɪʃn] n háborgatás,
zaklatás, molesztálás
Moll¹ [mɔl; US -a-] prop = Molly
moll² [mɔl; US -a-] n vulg □ szajha,
lotyó; csaj
mollification [mɔlɪfɪ'keɪʃn; US mɑ-] n
enyhítés, meglágyítás
mollify ['mɔlɪfaɪ; US -a-] vt 1. meglá-
gyít [szívet]; lecsillapít (vkt) 2. eny-
hít, csillapít
mollusc, US mollusk is ['mɔləsk; US
-a-] n puhatestű [állat]
Molly ['mɔlɪ; US -a-] prop Mari, Maris,
Mariska
mollycoddle ['mɔlɪkɔdl; US -a- -a-] I.
n anyámasszony katonája II. vt (el-)
kényeztet, babusgat
molt →moult
molten ['moʊlt(ə)n] a olvadt; olvasztott
‖ →melt
moment ['moʊmənt] n 1. pillanat, idő-
pont; the ~ that abban a pillanatban,
amint; in a ~ azonnal; at this ~ (1)
pillanatnyilag (2) akkor; the very ~
(éppen) abban a pillanatban; for the ~
pillanatnyilag; not for a ~ soha(sem)
2. erő, nyomaték; indíték; bending ~

hajlító nyomaték 3. jelentőség; *be of*
~ fontos; *of no* ~ jelentéktelen
momentary ['moʊmənt(ə)rɪ; *US* -erɪ] *a*
1. pillanatnyi 2. futólagos 3. hirtelen
momentous [mə'mentəs] *a* fontos, nagy
jelentőségű, jelentős
momentum [mə'mentəm] *n* (*pl* -ta -tə)
1. mozgásmennyiség, nyomaték, im-
pulzus(momentum) 2. hajtóerő, len-
dület; *gather* ~ lendületbe jön; *lose* ~
lelassul, akadozni kezd 3. mozzanat
Mon. *Monday*
Monaco ['mɔnəkoʊ; *US* 'mɑ-] *prop*
monarch ['mɔnək; *US* -ɑ-] *n* (egyed-)
uralkodó, fejedelem
monarchic(al) [mɔ'nɑːkɪk(l); *US* mɑ-] *a*
uralkodói; egyeduralmi, monarchikus
monarchist ['mɔnəkɪst; *US* 'mɑ-] *n*
monarchista, királypárti
monarchy ['mɔnəkɪ; *US* 'mɑ-] 1. *n* mo-
narchia, egyeduralom 2. birodalom
monastery ['mɔnəst(ə)rɪ; *US* 'mɑnəs-
terɪ] *n* kolostor, zárda
monastic [mə'næstɪk] *a* szerzetesi, kolos-
tori
Monday ['mʌndɪ v. = deɪ] *n* hétfő
monetary ['mʌnɪt(ə)rɪ; *US* -erɪ] *a* pénz-
beli, pénzügyi, valutaügyi, pénz-; ~
system pénzrendszer; ~ *unit* pénzegy-
ség
money ['mʌnɪ] *n* 1. pénz; ~ *down* (1)
készpénz (2) előleg; ~ *of account* elszá-
molási pénznem; *be out of* ~ kikölte-
kezett, nincs pénze; *come into* ~
örököl (vagyont); □ *be in the* ~ dögi-
vel van pénze; *make* ~ pénzt keres;
marry ~ gazdagon nősül, gazdagon
megy férjhez, érdekházasságot köt,
benősül; *time is* ~ az idő pénz 2.
pénz(összeg); *public* ~*s* közpénzek
money-bag *n* (*átv is*) pénzeszsák
money-bill *n* költségvetési (v. pénzügyi
intézkedéseket tartalmazó) törvény
money-box *n* persely
money-changer *n* pénzváltó
moneyed ['mʌnɪd] *a* 1. gazdag, pénzes
2. pénz-; *the* ~ *interest* a tőkések
money-grubber *n* pénzsóvár ember, zsu-
gori
money-grubbing *n* pénzhajhászás, anya-
giasság

moneylender *n* pénzkölcsönző
money-market *n* pénzpiac
money-order *n* postautalvány, pénzes-
utalvány
money-wort *n* pénzeslevelű lizinka
monger ['mʌŋgə*] *n* 1. kereskedő, árus
2. vmt koholó/kitaláló személy
mongering ['mʌŋgərɪŋ] *n* kereskedés,
árusítás
Mongol ['mɔŋgɔl; *US* 'mɑŋgəl] *a/n* mon-
gol
Mongolia [mɔŋ'goʊljə; *US* mɑŋ-] *prop*
Mongólia
Mongolian [mɔŋ'goʊljən; *US* mɑŋ-] *a/n*
mongóliai, mongol
mongoose ['mɔŋguːs; *US* 'mɑ-] *n* indiai
menyét
mongrel ['mʌŋgr(ə)l] *a/n* korcs [kutya
stb.]
Monica ['mɔnɪkə; *US* 'mɑ-] *prop* Mónika
monition [mə'nɪʃn] *n* figyelmeztetés
monitor ['mɔnɪtə*; *US* -ɑ-] I. *n* 1. (felső-
osztályos) felügyelő (diák) 2. folyami
hadihajó, monitor 3. külföldi híra-
nyag/adások lehallgatója 4. megfi-
gyelő/vészjelző berendezés; ~ (*screen*)
monitor [tévében] II. *vt* külföldi hír-
anyagot/adást lehallgat
monk [mʌŋk] *n* szerzetes, barát; *black* ~
bencés; *white* ~ cisztercita
monkey ['mʌŋkɪ] I. *n* 1. majom; ~ *busi-
ness* gyanús dolog; szamárkodás, osto-
baság; □ *get one's* ~ *up* dühbe gurul,
begurul; □ *put sy's* ~ *up* dühbe gurít
vkt 2. cölöpverő kos, sulyok 3. □
500 font/dollár II. A. *vt* majmol B. *vi*
babrál vmvel, vacakol; bolondozik
vkvel/vmvel
monkey-engine *n* cölöpverő gép (mo-
torja)
monkey-jacket *n* spencer
monkey-nut *n* amerikai mogyoró
monkey-puzzle *n* araukária, szobafenyő
monkey-wrench *n* állítható csavarkulcs,
franciakulcs; *biz throw the* ~ *into the
machine* beleköp a számításba
monkish ['mʌŋkɪʃ] *a* szerzetesi, csuhás
monkshood ['mʌŋkshʊd] *n* sisakvirág
Monmouth ['mɔnməθ] *prop*
mono ['mɔnoʊ; *US* -ɑ-] I. *a* mono [nem
sztereó] II. *n* biz mono lemez

monocarp ['mɔnəka:p; US 'ma-] n egynyári/egyszertermő növény

monochrome ['mɔnəkroʊm; US 'ma-] I. a egyszínű II. n 1. egyszínű festmény/kép 2. egyszínű nyomás/eljárás

monocle ['mɔnəkl; US -a-] n monokli

monocotyledon ['mɔnəkɔtɪ'li:d(ə)n; US 'manəka-] n egyszikű növény

monody ['mɔnədɪ; US 'ma-] n gyászdal

monoecious [mə'ni:ʃəs] a egylaki

monogamic [mɔnə'gæmɪk; US ma-] a egynejű

monogamous [mɔ'nɔgəməs; US -'na-] a egynejű, monogám

monogamy [mɔ'nɔgəmɪ; US -'na-] n egynejűség

monogram ['mɔnəgræm; US 'ma-]n névjel, monogram

monograph ['mɔnəgra:f; US 'manəgræf] n monográfia

monographer [mɔ'nɔgrəfə*; US -'na-] n monográfiaíró, monográfia szerzője

monolingual [mɔnə'lɪŋgw(ə)l; US ma-] a egynyelvű

monolith ['mɔnəlɪθ; US 'ma-] n monolit [egy kőből vágott oszlop]

monolithic [mɔnə'lɪθɪk; US ma-] a 1. egy darab kőből készült; monolit 2. átv masszív, egységes szervezetű

monologize [mɔ'nɔlədʒaɪz; US -'na-] (egy)maga beszél, monologizál

monologue, US monolog is ['mɔnəlɔg; US 'manəlɔ:g] n monológ, magánbeszéd

monomania [mɔnə'meɪnjə; US ma-] n rögeszme, monománia

monomaniac [mɔnə'meɪnɪæk; US ma-] a rögeszmés, monomániás

monophthong ['mɔnəfθɔŋ; US 'ma-] n egyszerű magánhangzó

monoplane ['mɔnəpleɪn; US 'ma-] n egyfedelű repülőgép, monoplán

monopolist [mə'nɔpəlɪst; US -'na-] n egyedárus, monopolista

monopolize [mə'nɔpəlaɪz; US -'na-] vt monopolizál, kisajátít magának, maga rendelkezik vele; ~ the conversation nem hagy mást szóhoz jutni

monopoly [mə'nɔpəlɪ; US -'na-] n egyedáruság, monopólium

monorail ['mɔnəreɪl; US 'ma-] n egysínű vasút

monosyllabic [mɔnəsɪ'læbɪk; US ma-] a egy(szó)tagú, egyszótagos; ~ answer kurta válasz

monosyllable ['mɔnəsɪləbl; US 'ma-] n egytagú szó; answer in ~s kurtán felelget

monotheism ['mɔnəθi:ɪzm; US 'ma-] n egyistenhit

monotheist ['mɔnəθi:ɪst; US 'ma-] n egyistenhívő

monotone ['mɔnətoʊn; US 'ma-] n egyhangúság

monotonous [mə'nɔt(ə)nəs; US -'na-] a egyhangú

monotony [mə'nɔt(ə)nɪ; US -'na-] n egyhangúság

monotype ['mɔnətaɪp; US 'ma-] n monotype/monó szedőgép/szedés

monoxide [mɔ'nɔksaɪd; US ma'na-] n monoxid

Monroe [mən'roʊ] prop

monsoon [mɔn'su:n; US -a-]n monszun

monster ['mɔnstə*; US -a-] n 1. szörnyeteg 2. óriás(i)

monstrance ['mɔnstr(ə)ns; US -a-] n szentségtartó, monstrancia

monstrosity [mɔn'strɔsətɪ; US -a- -a-] n 1. szörnyűség, gonoszság 2. szörny, óriás

monstrous ['mɔnstrəs; US 'ma-] a 1. szörnyű 2. óriási, éktelen (nagy)

Mont. Montana

montage [mɔn'ta:ʒ; US 'ma-] n montázs

Montagu(e) ['mɔntəgju:] prop

Montana [mɔn'tænə; US man-] prop

Montenegro [mɔntɪ'ni:groʊ; US man-] prop Montenegró

Montgomery [mənt'gʌm(ə)rɪ; US ma-] prop

month [mʌnθ] n hónap; current/this ~ folyó/e hó(ban) ; last ~ múlt hó(ban); this day ~ mához egy hó(nap)ra; by the ~ (1) hónaponként (2) hónapszám; a ~ of Sundays egy örökkévalóság

monthly ['mʌnθlɪ] I. a havi, havonkénti II. n 1. havi folyóirat 2. monthlies pl havibaj, menstruáció

Montreal [mɔntrɪ'ɔ:l; US ma-] prop

monument ['mɔnjʊmənt; *US* 'mɑnjə-] *n*
emlékmű; *ancient* ~ műemlék
monumental [mɔnjʊ'mentl; *US* mɑ-] *a*
1. emlékművi; ~ *mason* síremlékké-
szítő, sírkőfaragó 2. hatalmas, nagy-
szabású; ~ *ignorance* hajmeresztő tu-
datlanság
moo [mu:] I. *n* tehébőgés II. *vi* bőg [te-
hén]
mooch [mu:tʃ] □ A. *vi* ~ *about* csava-
rog, lődörög B. *vt* ellop, elcsen
moo-cow *n* boci
mood¹ [mu:d] *n* (ige)mód
mood² [mu:d] *n* hangulat, kedélyálla-
pot; *man of* ~*s* hangulatember; *be in
the* ~ *for sg* hangulata van vmre; *I'm
in no laughing* ~ nem vagyok nevető
kedvemben
moody ['mu:dɪ] *a* rosszkedvű, kedvet-
len, szeszélyes
moon [mu:n] I. *n* 1. hold; ~ *flight* hold-
utazás; *full* ~ telihold, holdtölte; *new*
~ újhold; *bay at the* ~ ugatja a holdat,
tutul [kutya]; *cry for the* ~ lehetetlen
dolgot kíván; *GB* □ *shoot the* ~ ⟨lak-
bérfizetés elől éjjel holmijával együtt
távozik⟩ 2. hónap II. A. *vi* ~ *(about)*
tűnődik, (el)ábrándozik B. *vt* ~ *away
one's time* időt semmiséggel eltölt
moonbeam *n* holdsugár, -fény
mooncalf *n* (*pl* -calves) 1. tökfilkó, tök-
fej 2. szörnyeteg
mooncraft *n* holdjármű, -kocsi
moonflower *n* százszorszép
moon-landing *n* holdraszállás
moonlight *n* holdfény, -világ
moonlit [-lɪt] *a* holdsütötte, -világos
moonshine *n* 1. *biz* süket duma, blabla;
fantazmagória 2. *US* □ becsempé-
szett szesz
moonstruck *a* hülye, ütődött
moony ['mu:nɪ] *a biz* ábrándozó
moor¹ [mʊə*] *n* mocsár, láp, ingovány
moor² [mʊə*] *vt* kiköt, lehorgonyoz [ha-
jót]
Moor³ [mʊə*] *n* mór, szerecsen
moorage ['mʊərɪdʒ] *n* 1. kikötési díj 2.
kikötőhely
moor-cock *n* fajdkakas
Moore [mʊə*] *prop*
moor-fowl/game *n* nyírfajd

moor-hen *n* fajdtyúk
mooring ['mʊərɪŋ] *n* 1. kikötés [hajóé];
~ *mast* kikötőárboc [léghajóé] 2.
moorings *pl* (1) kikötési kötél/hor-
gony/cölöp (2) kikötőhely
moorish¹ ['mʊərɪʃ] *a* mocsaras, ingová-
nyos, lápos
Moorish² ['mʊərɪʃ] *a* mór
moorland ['mʊələnd] *n* mocsaras terület
moose [mu:s] *n* jávorszarvas
moot [mu:t] I. *a* ~ *point/question* vitás
kérdés/pont II. *vt* felvet, megvitat
[kérdést]
mop [mɔp; *US* -ɑ-] I. *n* 1. nyeles súroló-
rongy, mosogatórongy, mop 2. haj-
csomó II. *vt* -pp- súrol, megtöröl, letö-
röl; ~ *up* (1) feltöröl, -tisztogat (2) fele-
mészt [hasznot] (3) megtisztít [ellen-
ségtől], felszámol [ellenállást]
mope [moʊp] I. *n* 1. búslakodó/le-
vert/unatkozó ember 2. *the* ~*s* levert-
ség, depresszió II. *vi* búslakodik, szo-
morkodik, unatkozik
moped ['moʊped] *n* moped
mopish ['moʊpɪʃ] *a* levert, mélabús
moppet ['mɔpɪt; *US* -ɑ-] *n* 1. rongy-
baba 2. kislány 3. ölebecske
mopping-up ['mɔpɪŋ-; *US* -ɑ-] *n* 1. fel-
törlés 2. befejezés, felszámolás 3. (ka-
tonai) tisztogatás
mop-up *n* felszámolás
moraine [mɔ'reɪn; *US* mə-] *n* moréna
moral ['mɔr(ə)l; *US* -ɔ:-] I. *a* 1. er-
kölcsi; ~ *courage* erkölcsi bátorság; ~
insanity erkölcsi beszámíthatatlanság; ~
philosophy erkölcstan, etika 2. er-
kölcsös II. *n* 1. tanulság 2. morals *pl*
(1) erkölcs(ök), viselkedés, morál (2)
erkölcstan, etika 3. = *morale*
morale [mɔ'rɑ:l; *US* mə'ræl] *n* (köz)szel-
lem, hangulat
moralist ['mɔrəlɪst; *US* 'mɔ:-] *n* 1. er-
kölcstanító, -bíró 2. erkölcsösen élő
ember
morality [mə'rælətɪ] *n* 1. erkölcstan 2.
erkölcs(iség), erkölcsi felfogás, erény
~ *(play)* moralitás [allegorikus színmű]
moralize ['mɔrəlaɪz; *US* 'mɔ:-] A. *vt* 1.
erkölcsileg magyaráz, erkölcsi tanul-
ságra tanít/oktat 2. erkölcsössé tesz B.
vi moralizál

morass [mə'ræs] n mocsár, posvány, ingovány
moratorium [mɔrə'tɔ:rɪəm; US mɔ:-] n (pl -ria -rɪə v. ~s -z) (fizetési) haladék
Moravia [mə'reɪvjə] prop Morvaország
morbid ['mɔ:bɪd] a 1. beteges, kóros; ~ anatomy kórbonctan 2. szörnyű, rettenetes, félelmetes
morbidity [mɔ:'bɪdətɪ] n 1. betegesség, betegeskedés 2. megbetegedések száma [adott helyen]
morbidness ['mɔ:bɪdnɪs] n betegesség, betegeskedés
mordacity [mɔ:'dæsətɪ] n (átv is) csípősség
mordancy ['mɔ:dənsɪ] n = mordacity
mordant ['mɔ:d(ə)nt] I. a (átv is) maró, csípős II. n marószer
more [mɔ:*] I. a 1. több; and what is ~ (sőt) mi több; one ~ még egy(et); have some ~ wine! igyék még egy kis bort; I have no ~ money nincs több pénzem; no ~ (. . . thank you) köszönöm, elég; a little ~ még egy kevés, még vmvel több; is there any ~? van még (belőle)? 2. -abb, -ebb [középfok képzője]; ~ difficult nehezebb II. adv 1. többé; (not) any ~ többé nem, még egyszer nem; never ~ soha többé (nem); once ~ még egyszer; no ~ többé nem; be no ~ nem létezik többé 2. jobban, inkább, többet; ~ and ~ egyre inkább; of which ~ anon amiről bővebben majd később; the ~ . . . the ~ minél inkább . . . annál inkább; ~ or less többé-kevésbé, meglehetősen 3. so much the ~ annál is inkább III. n a több; let's see ~ of you lássunk benneteket többször
morel¹ [mɔ'rel] n kucsmagomba
morel² [mɔ'rel] n ebszőlő
morello [mə'reloʊ] n meggy
moreover [mɔ:'roʊvə*] adv azonfelül, azonkívül, sőt, ráadásul
morganatic [mɔ:gə'nætɪk] a rangon aluli, morganatikus [házasság]
morgue [mɔ:g] n hullaház, tetemnéző
moribund ['mɔrɪbʌnd; US 'mɔ:-] a haldokló
Mormon ['mɔ:mən] a/n mormon
morn [mɔ:n] n † reggel

morning ['mɔ:nɪŋ] n 1. reggel, délelőtt; this ~ ma reggel/délelőtt; the ~ after másnap reggel; first thing in the ~ az első teendő aznap; good ~! jó reggelt/napot!; a ~ off szabad délelőtt; biz the ~ after the night before másnaposság, macskajajos érzés 2. jelzői haszn reggeli, délelőtti; ~ coat zsakett; ~ dress (1) pongyola (2) utcai ruha; ~ star hajnalcsillag; ~ sickness terhességi hányinger
morning-glory n 1. kerti folyondár 2. hajnalka
morning-room n nappali (szoba)
Moroccan [mə'rɔkən; US -'rɑ-] a/n marokkói
Morocco [mə'rɔkoʊ; US -'rɑ-] I. prop Marokkó II. n m~ maroken, szatytyánbőr
moron ['mɔ:rɔn] n idióta, hülye
moronic [mə'rɔnɪk; US -'rɑ-] a US hülye, gügye
morose [mə'roʊs] a mogorva, morózus
morpheme ['mɔ:fi:m] n morféma
morphia ['mɔ:fjə] n = morphine
morphine ['mɔ:fi:n] n morfin, morfium
morphinist ['mɔ:fɪnɪst] n morfinista
morphology [mɔ:'fɔlədʒɪ; US -'fɑ-] n alaktan, morfológia
Morris chair ['mɔrɪs; US -ɔ:-] állítható támlájú karosszék
morris-dance [mɔrɪs-; US -ɔ:-] n ⟨jelmezes drámai tánc szabadban⟩
morrow ['mɔroʊ; US 'mɔ:-] n † 1. holnap 2. reggel; good ~! jó reggelt! 3. on the ~ of World War II közvetlenül a második világháború befejezése után
Morse [mɔ:s] prop ~ code morzeábécé, -írás
morsel ['mɔ:sl] n morzsa, darabka, falat
mortal ['mɔ:tl] I. a 1. halandó; his ~ remains földi maradványai 2. halálos, végzetes; halállal kapcsolatos, halál-; ~ agony haláltusa; ~ enemy halálos/ádáz ellenség; ~ fear halálfélelem 3. biz igen nagy; in a ~ hurry lóhalálában 4. biz halálosan unalmas; ~ hours unalmas órák 5. biz any ~ thing akármi az égvilágon II. n ember, halandó

mortality [mɔ:'tælətɪ] n 1. halandóság; halálozás; ~ rate halálozási arány(szám); ~ tables halandósági táblák 2. vmnek halálos mivolta
mortar ['mɔ:tə*] I. n 1. mozsár [porításhoz] 2. mozsárágyú 3. habarcs, vakolat, malter II. vt vakol; habarccsal megköt
mortar-board n 1. habarcstartó (deszka-) lap 2. [egyetemi viselethez tartozó] négyszögletű kalap
mortgage ['mɔ:gɪdʒ] I. n 1. jelzálog, teher; jelzálogkölcsön; raise a ~ jelzálogkölcsönt vesz fel 2. betáblázás II. vt jelzáloggal terhel [ingatlant], jelzálogot betábláztat [ingatlanra]
mortgagee [mɔ:gə'dʒi:] n jelzálogos hitelező, jelzálog-tulajdonos
mortgagor [mɔ:gə'dʒɔ:*] n jelzálogos adós
mortician [mɔ:'tɪʃn] n US temetkezési vállalkozó
mortification [mɔ:tɪfɪ'keɪʃn] n 1. (ön-) sanyargatás 2. üszkösödés; elhalás [testrészé] 3. lealázás, sérelem
mortify ['mɔ:tɪfaɪ] A. vt 1. sanyargat [testet]; elöl [vágyat] 2. lealáz, megsért B. vi elhal, üszkösödik
mortise ['mɔ:tɪs] I. n csaplyuk; furat; horony; ~ lock bevésett zár II. vt 1. csaplyukat vés (vmbe), hornyol 2. csappal összeköt, összeilleszt
mortised ['mɔ:tɪst] a ~ hole vésett csaplyuk
mortising ['mɔ:tɪsɪŋ] n csapos kötés
mortuary ['mɔ:tjʊərɪ; US -tʃʊərɪ] n 1. halottasház, hullakamra, tetemnéző 2. gyászmisedíj
mosaic¹ [mə'zeɪɪk] n mozaik
Mosaic² [mə'zeɪɪk] a mózesi
Moscow ['mɔskoʊ; US 'mɑ-] prop Moszkva
Moses ['moʊzɪz] prop Mózes
Moslem ['mɔzlem; US 'mɑ-] a/n mohamedán
mosque [mɔsk; US -ɑ-] n mecset
mosquito [mə'ski:toʊ] n (pl ~es -z) moszkitó, szúnyog; ~ craft hadiflotta kis könnyű egységei; ~ net szúnyogháló
moss [mɔs; US -ɔ:-] n 1. moha 2. mocsár

moss-back n US □ ókonzervatív/reakciós ember
moss-grown a mohos, mohlepte
moss-hag n tőzegtelep
moss-rose n moharózsa
moss-trooper n ⟨17. századbeli skót martalóc⟩
mossy ['mɔsɪ; US -ɔ:-] a mohás, mohos, mohlepte
most [moʊst] I. a legtöbb; ~ people legtöbb ember; for the ~ part a legtöbb esetben, legnagyobbrészt, legtöbbnyire II. adv 1. leg... bb [melléknév felsőfoka]; the ~ beautiful a legszebb 2. leginkább, legjobban; nagyon, igen, rendkívül; ~ likely nagyon/igen valószínű(en); ~ of all leginkább, legfőképpen 3. US majdnem III. n a legtöbb, a legnagyobb rész, a többség; ~ of them legnagyobb részük, legtöbbjük; at (the) ~ legföljebb; make the ~ of sg jól kihasznál/hasznosít vmt
mostly ['moʊstlɪ] adv leginkább, legtöbbnyire, főként, legnagyobbrészt
mote [moʊt] n porszemecske; behold the ~ in the brother's eye más szemében a szálkát is észreveszi
motel [moʊ'tel] n motel
moth [mɔθ; US -ɔ:-] n 1. pille, éjjeli lepke 2. (ruha)moly
moth-ball n molyirtó(szer), naftalin; US ~ fleet tartalékflotta; in ~s tartalékban megóvásra eltéve [hajókat stb.]
moth-eaten a 1. molyette, molyos 2. régi, elavult, ósdi
mother ['mʌðə*] I. n 1. anya, mama; every ~'s son minden emberfia; US M~'s Day anyák napja [május második vasárnapja] 2. anya-; ~ country (1) haza (2) anyaország; ~ earth anyaföld; M~ Hubbard bő női pongyola; ~ naked anyaszült meztelen; ~ ship anyahajó; ~ tongue anyanyelv; ~ wit természetes ész 3. M~ Superior a főnökasszony/fejedelemasszony 4. létrehozó, forrás, szülőanyja (vmnek) 5. ~ of vinegar ecetágy II. vt 1. anyai gondját viseli (vknek), anyáskodik (vk felett) 2. szülöttjének vállalja

mothercraft *n* 1. anyai gondoskodás 2. csecsemőápolás; gyermekgondozás

motherhood ['mʌðəhʊd] *n* anyaság

mother-in-law *n* (*pl* **mothers-in-law**) anyós

motherless ['mʌðəlɪs] *a* anyátlan (árva)

motherly ['mʌðəlɪ] *a* anyai, anyáskodó, gyengéd

mother-of-pearl *n* gyöngyház

moth-proof I. *a* molyálló II. *vt* molyállóvá tesz, molytalanít

mothy ['mɔθɪ; *US* -ɔ:-] *a* 1. molyos, molylepte 2. molyette, molyrágott

motif [moʊ'ti:f] *n* 1. [zenei, irodalmi] motívum, alapgondolat 2. ismétlődő minta, díszítőelem

motility [mə'tɪlətɪ] *n* mozgásképesség

motion ['moʊʃn] I. *n* 1. mozgás, helyváltoztatás; *put in* ~ mozgásba hoz; ~ *picture* mozgókép, film →*motion--picture* 2. mozdulat; *make a* ~ megmozdul [→*motion 4.*]; *biz go through the* ~*s* úgy tesz, mintha . . . 3. indíték, motívum, szándék; *of one's own* ~ önszántából 4. indítvány, javaslat; *carry a* ~ elfogad/megszavaz egy javaslatot; *make a* ~ indítványt/javaslatot tesz 5. székelés, ürülés II. *vt/vi* 1. int, (kézmozdulattal) jelt ad (vknek) 2. indítványoz, javasol, indítványt/javaslatot tesz

motionless ['moʊʃnlɪs] *a* mozdulatlan

motion-picture *n* ~ *camera* filmfelvevő (gép), mozigép ‖→*motion I. 1.*

motivate ['moʊtɪveɪt] *vt* megindokol, okadatol; motivál

motivation [moʊtɪ'veɪʃn] *n* indokolás, megokolás; motáviáció

motive ['moʊtɪv] I. *a* 1. mozgató; ~ *power* hajtóerő 2. indító II. *n* 1. ok, indíték, motívum 2. = *motif 1.*

motiveless ['moʊtɪvlɪs] *a* céltalan

motley ['mɔtlɪ; *US* -ɑ-] I. *a* 1. tarkabarka 2. vegyes, zavaros, zagyva II. *n* 1. bohócruha 2. zagyvaság

motocross ['moʊtoʊkrɔs; *US* -ɔ:s] *n* gyorsasági terepverseny [motorkerékpároké]

motor ['moʊtə*] I. *n* 1. motor 2. (*jelzői haszn*) autó(s)-, motoros; ~ *pool*

gépkocsipark; ~ *show* autókiállítás; ~ *tour* autótúra 3. mozgató/motorikus izom/ideg II. *vi* motorozik, gépkocsizik, autózik

motor-assisted [-ə'sɪstɪd] *a* segédmotoros

motor-bike *n* = *motor-cycle*

motor-boat *n* motorcsónak

motor-bus *n* autóbusz

motorcade ['moʊtəkeɪd] *n* gépkocsikíséret, autófelvonulás

motor-car *GB* (gép)kocsi, autó

motor-coach *n* (távolsági) autóbusz

motor-cycle *n* motorkerékpár, -bicikli

motor-cyclist *n* motor(kerékpár)os

motor-driven *a* motor (meg)hajtású, motorral hajtott, motoros

motoring ['moʊtərɪŋ] *n* gépkocsizás, autózás; *school of* ~ autósiskola

motorist ['moʊtərɪst] *n* gépkocsizó, autós

motorization [moʊtəraɪ'zeɪʃn; *US* -rɪ'z-] *n* motorizálás, motorizáció

motorize ['moʊtəraɪz] *vt* motorizál, géperőre rendez be, gépesít

motor-lorry *n* teherautó, -gépkocsi

motorman *n* (*pl* -men) 1. gépkocsivezető 2. mozdonyvezető 3. villamosvezető

motor-scooter *n* robogó

motor-vehicle *n* gépjármű, gépkocsi

motorway *n* autópálya

motory ['moʊtərɪ] *a* mozgató [ideg]

mottled ['mɔtld; *US* -ɑ-] *a* tarka, pettyes, márványozott, márványos

motto ['mɔtoʊ; *US* 'mɑ-] *n* (*pl* ~**es** -z) jelige, jelmondat, mottó

mould¹, *US* **mold** [moʊld] I. *n* televényföld, humusz; *man of* ~ földi halandó II. *vt* földdel beborít, feltöltöget

mould², *US* **mold** [moʊld] I. *n* forma, öntőminta; *cast in a heroic* ~ hősies jellem, fennkölt II. *vt* 1. (meg)mintáz, (meg)formál; formába önt; ~ *sy's character* alakítja vk jellemét 2. képlékennyé tesz 3. dagaszt

mould³, *US* **mold** [moʊld] I. *n* penész(folt) II. *vi* penésze(se)dik

mouldboard, *US* **mold-** *n* ekevas

moulded, *US* **molded** ['moʊldɪd] *a* megformált; öntött; ~ *brick* profiltégla

moulder[1], *US* **molder** ['mooldə*] *n* alakító, mintázó; (öntő)mintakészítő (munkás)

moulder[2], *US* **molder** ['mooldə*] *vi* (el)porlad, széttöredezik, széthull, szétmállik (*átv is*)

mouldiness, *US* **moldiness** ['mooldınıs] *n* penészesség

moulding, *US* **molding** ['mooldıŋ] *n* 1. öntőminta 2. alakozás, formázás, mintázás; öntés 3. öntvény, forma 4. szegély, bordűr, párkányszelvény, párkányzat; díszléc

mouldy[1], *US* **moldy** ['mooldı] *a* 1. penészes; virágos [bor] 2. régimódi, ósdi, vacak 3. □ unalmas, fárasztó; értéktelen, nyamvadt

mouldy[2], *US* **moldy** ['mooldı] *n* porhanyós [föld]

moult, *US* **molt** [moolt] I. *n* vedlés II. *vi* vedlik; bőrt vált

mound[1] [maond] *n* domb(ocska), bucka, (föld)halom

mound[2] [maond] *n* országalma

mount [maont] I. *n* 1. hegy 2. hátasló 3. keret, foglalat; paszpartu 4. emelvény; állvány, tartó II. A. *vt* 1. felmegy, felmászik [hegyre, létrára], megmászik [hegyet]; felhág (vmre); ~ *the throne* trónra lép 2. (fel)ül [lóra, kerékpárra]; felszáll (vmre); ~ *guard* őrségbe megy 3. felültet [lóra], nyeregbe segít; lovasít [csapatot] 4. felállít [ágyút]; felszerel [állványra], ráerősít; montíroz; felragaszt, (fel)kasíroz; tárgylemezre tesz; bekeretez [diát]; befoglal [drágakövet]; befog [fűrész pengéjét] 5. beállít, színre hoz, színpadra állít [darabot] 6. meghág [nőstényt] 7. ~ *an offensive* támadást indít B. *vi* 1. (fel)emelkedik, felszáll 2. lóra ül 3. ~ *up* emelkedik, növekszik, nő [összeg stb.]; ~ *(up) to* vmennyire rúg, kitesz (vmennyit) [összeg]

mountain ['maontın; *US* -tən] *n* 1. hegy; ~ *ash* veres berkenye; ~ *chain*/*range* hegylánc; *biz* ~ *dew* kisüsti (whisky); ~ *lion* puma 2. **mountains** *pl* hegység 3. nagy tömeg/halom/rakás; ~ *of difficulties* tömérdek nehézség

mountaineer [maontı'nıə*] *n* 1. hegylakó 2. hegymászó, alpinista

mountaineering [maontı'nıərıŋ] *n* hegymászás, alpinizmus

mountainous ['maontınəs] *a* 1. hegyes 2. hegymagasságú; óriási

mountebank ['maontıbæŋk] *n* szédelgő, kókler; szélhámos, sarlatán

mounted ['maontıd] *a* lovas(ított)

mounter ['maontə*] *n* szerelő, montőr

Mountie ['maontı] *n* *biz* (kanadai) lovascsendőr

mounting ['maontıŋ] *n* 1. felszállás [lóra stb.] 2. felszerelés, montírozás 3. talapzat; kasírozás; állvány; foglalat

mourn [mɔ:n] A. *vt* (meg)gyászol, (meg)sirat B. *vi* ~ (*for*/*over*) gyászol (vkt), búsul (vm miatt)

mourner ['mɔ:nə*] *n* gyászoló

mournful ['mɔ:nfol] *a* gyászos, szomorú, siralmas

mourning ['mɔ:nıŋ] *n* 1. gyász; *be in* ~ *for sy* gyászol vkt; *in deep* ~ mély gyászban; *go into* ~ gyászt ölt 2. gyászruha

mourning-band *n* gyász(kar)szalag

mourning-paper *n* gyászkeretes levélpapír

mouse I. *n* [maos] (*pl* **mice** maıs) 1. egér; *field* ~ mezei egér 2. *biz* félénk ember 3. bog [kötélen] 4. „monokli" [ütéstől bedagadt szem] II. *v* [maoz] A. *vt* felkutat, lázasan keres, kiszimatol B. *vi* 1. egerészik 2. leselkedik

mouse-ear *n* nefelejcs

mouse-hole *n* egérlyuk

mouser ['maozə*] *n* egerész

mousetrap *n* egérfogó

mousie ['maosı] *n* egérke

mousse [mu:s] *n* hab [étel]

moustache, *US* **mustache** [mə'sta:ʃ; *US* 'mʌstæf] *n* bajusz

mousy ['maosı] *a* 1. egérszerű 2. egérszürke 3. nagyon csendes 4. tele egerekkel

mouth I. *n* [maoθ; *pl* -ðz] 1. száj; *down in the* ~ lehangolt; *have a* ~ (1) rossz a szája íze (2) mocskos szája van, rossznyelvű; *it makes the* ~ *water* összefut tőle az ember nyála; *one's*

~ *waters for sg* csorog a nyála vmért; *make a* ~ elhúzza a száját, arcát fintorgatja; *put one's foot in one's* ~ ostobán elszólja magát; *stop sy's* ~ befogja/betömi a száját vknek; *a useless* ~ kenyérpusztító haszontalan ember 2. nyílás, lyuk, száj 3. torkolat [folyóé], bejárat [kikötőé] **II.** *vi/vt* [mauð] 1. hangosan beszél, szónokol 2. szájába vesz, szájával érint 3. arcot/fintort vág

mouthed [mauðd] *a* szájú

mouthful ['mauθful] *n* egy falás/harapás [étel], falat; korty; *swallow sg at a* ~ egyszerre nyel le (v. fal be) vmt

mouth-organ *n* szájharmonika

mouthpiece *n* 1. csutora, szopóka; szájrész, fúvóka [fúvós hangszeren] 2. *átv* szócső, szószóló

mouth-wash *n* szájvíz

movable ['mu:vəbl] **I.** *a* 1. mozgatható, mozdítható 2. ingó [vagyon] 3. változó [ünnep] **II. movables** *n pl* ingóságok, ingó vagyon

move [mu:v] **I.** *n* 1. mozdulat, mozgás; lépés [sakkban]; *make a* ~ (1) elindul (2) lép [sakkban]; *be on the* ~ mozgásban/úton van; *be always on the* ~ folyton jön-megy, sürög-forog; *biz get a* ~ *on!* mozgás!, gyerünk! 2. *átv* sakkhúzás, lépés, eljárás 3. költözködés **II. A.** *vt* 1. (meg)mozgat, (el)mozdít, megmozdít, mozgásba hoz 2. megindít, meghat, megrendít; ~ *sy to pity* szánalmat ébreszt vkben; *be* ~*d to tears* könnyekig meg van hatódva 3. rábír, sarkall; *when the spirit* ~*s me* amikor kedvem van hozzá 4. javasol, indítványoz; ~ *a resolution* indítványt tesz **B.** *vi* 1. (el)mozdul, megmozdul, mozog, megy; forog [vmlyen társaságban]; *don't* ~ ne moccanj!; *keep moving!* mozgás!, menjenek tovább!, oszoljanak! [rendőri felszólítás] 2. lép [sakkban] 3. megy, halad [munka] 4. mozgásba jön [hadsereg, tömeg] 5. költözködik, hurcolkodik 6. javaslatot/indítványt tesz; ~ *that ...* azt javasolja/indítványozza, hogy ... 7. eljár, lépéseket tesz [ügyben], intézkedik

move for *vi* javaslatot/indítványt tesz

move in *vi* beköltözik

move off *vi* 1. elhordja magát, elkotródik 2. elköltözik

move on *vi* előremegy, továbbmegy, odébbáll; halad; ~ *on!* gyerünk előbbre/odébb!, tessék továbbmenni!

move out *vi* kiköltözik

moveable ['mu:vəbl] *a/n* = movable

movement ['mu:vmənt] *n* 1. mozgás, mozdulat 2. mozgalom 3. mozgalmasság, lendület; élénkség 4. tétel [zeneműé] 5. működés [szerkezeté], mozgató szerkezet 6. = *motion I. 5.*

mover ['mu:və*] *n* 1. mozgató 2. indítványozó

movie ['mu:vɪ] *n US* (mozi)film; ~ *camera* filmfelvevő (gép), mozigép; ~ *projector* vetítőgép; *the* ~*s* (1) mozi (2) a film [ipar]; ~ (*house*) mozi

moving ['mu:vɪŋ] *a* 1. mozgó, mozgásban levő; ~ *pictures* (1) mozgókép, film (2) mozi; ~ *staircase* mozgólépcső 2. mozgató, mozgásba hozó; *the* ~ *spirit* lelke/mozgatója vmnek 2. megható, megindító

mow [mou] *vt* (*pt* ~*ed* moud, *pp* ~*n* moun) 1. (le)kaszál, lenyír [füvet] 2. ~ *down/off* lekaszál, lekaszabol

mower ['mouə*] *n* 1. kaszáló, arató 2. kaszálógép, aratógép, fűnyírógép

Mowgli ['mauglɪ] *prop* Maugli

mowing-machine ['mouɪŋ-] *n* = mower 2.

mown → *mow*

Mozambique [mouzəm'bi:k] *prop* Mozambik

M.P., MP [em'pi:] 1. *Member of Parliament* → *member* 2. *military police*

m.p. [em'pi:] *melting-point*

mpg [empi:'dʒi:] *miles per gallon* gallon(fogyasztás) mérföldenként

mph [empi:'eɪʃ] *miles per hour* óránként ... mérföld

Mr., Mr ['mɪstə*] *Mister* úr

Mrs., Mrs ['mɪsɪz] *Mistress* asszony, -né

MS [em'es] *manuscript*

M.S. [em'es] *US* = M.Sc.

Ms., Ms [mɪz, məz] ⟨családi állapotot nem feltüntető női cím/megszólítás⟩

M.Sc. [emes'si:] *Master of Science* →*master*
MSS [emes'es] *manuscripts*
Mt. [maʊnt] *Mount*
much [mʌtʃ] **I.** *a* sok; *how* ~? (1) mennyi?, mennyibe kerül? (2) menynyire?; *not* ~ *of a sg* nem sokat ér (mint vm); *this/that* ~ ennyi; *too* ~ túl sok; *too* ~ *by half* túl sok (a jóból); *so* ~ (1) ennyi, annyi (2) ennyire, annyira; *so/as* ~ *as* (1) annyi mint (2) ugyanannyira/ugyanúgy mint; *he went away without so* ~ *as saying good-bye* elment és még csak el sem köszönt; *he doesn't so* ~ *as*... még csak nem is... (tesz vmt); *I thought as* ~ ezt gondoltam is; *as* ~ *as to say* (annyi) mintha azt akarná mondani hogy; *be too* ~ *for sy* (1) túl sok vknek, kifog vkn (2) felülmúl vkt **II.** *adv* **1.** sokkal; ~ *less could I go* sokkal kevésbé mehetnék én; *ever so* ~ *better* sokszorosan jobb **2.** nagyon; *thank you very* ~ igen szépen köszönöm; ~ *as* bármennyire is; ~ *too small* túl kicsi; ~ *the largest* lényegesen nagyobb (a többinél); ~ *to my astonishment* legnagyobb meglepetésemre; *so* ~ *so that* olyannyira hogy **3.** majdnem; ~ *the same* körülbelül ugyanaz **III.** *n* **1.** sok, nagy tömeg; *do you see* ~ *of him?* gyakran találkozol vele? **2.** *make* ~ *of sg* nagy dolgot csinál vmből, nagyra/sokra tart vmt; *it's not up to* ~ nem sokat ér, nem nagy dolog; *I am not* ~ *of a dancer* nem vagyok valami jó táncos
much-admired [-əd'maɪəd] *a* köztiszteletben álló
much-loved [-'lʌvd] *a* igen/hőn szeretett
muchness ['mʌtʃnɪs] *n* nagy mennyiség/terjedelem; *much of a* ~ körülbelül egyforma; egyik kutya, másik eb
mucilage ['mju:sɪlɪdʒ] *n* **1.** nyálka **2.** ragasztószer
mucilaginous [mju:sɪ'lædʒɪnəs] *a* nyálkás, ragadós
muck [mʌk] **I.** *n* **1.** trágya, ganéj **2.** piszok, szemét, rondaság, szar **II.**

vt **1.** megtrágyáz **2.** beszennyez, bepiszkít, bemocskol **3.** □ = *muck up* **muck about** *vi* □ **1.** lófrál **2.** elvacakol
muck out *vt* kiganajoz
muck up *vt* □ elfuserál, eltol, ellő, elszar
mucker ['mʌkə*] *n* □ **1.** nagy (le)esés, elhasalás, elbotlás (*átv is*); *come/go a* ~ (1) leesik [lóról stb.], elhasal (2) pórul jár, pofára esik **2.** *US* közönséges/durva fráter, „disznó"
muck-heap *n* trágyadomb
muckiness ['mʌkɪnɪs] *n* mocskosság
muckle ['mʌkl] *a/n* = *mickle*
muckrake I. *n* trágyagereblye **II.** *vi US* panamákat leleplez
muckraker [-reɪkə*] *n biz* botrányleleplező
mucky ['mʌkɪ] *a* trágyás, piszkos
mucosity [mju:'kɔsətɪ; *US* -'kɑ-] *n* nyálkásság
mucous ['mju:kəs] *a* nyálkás, nyálkamucus** ['mju:kəs] *n* nyálka
mud [mʌd] *n* sár; iszap; ~ *pie* homokpogácsa; *fling/throw* ~ *at sy* megrágalmaz/bemocskol vkt; *US biz* ~ *in your eyes!* egészségére! [koccintás helyett]
mud-bank *n* homokzátony
mud-barge *n* iszapkotró hajó
mud-bath *n* iszapfürdő
muddied ['mʌdɪd] *a* sáros; iszapos; →*muddy II.*
muddiness ['mʌdɪnɪs] *n* **1.** iszaposság **2.** *átv* zavarosság
muddle ['mʌdl] **I.** *n* zűrzavar, rendetlenség; *get into a* ~ (1) bajba jut (2) belegabalyodik vmbe; *make a* ~ *of sg* összezavar/összegabalyít vmt **II. A.** *vt* **1.** zavarossá tesz (*átv is*) **2.** = *muddle up* **3.** vknek az agyát elködösíti (itallal) **B.** *vi* **1.** iszapban/sárban turkál, piszkos munkát végez **2.** zavarossá válik, zavart lesz [vak italtól] **3.** ügyetlenül viselkedik
muddle along/on *vi* eldöcög/eltengődik vhogyan
muddle through *vi* (valahogy) jól-rosszul átevickél
muddle up *vt* összezavar, -kever,

-zagyvál, elront, elfuserál; *get ~d up*
összezavarodik
muddle-headed *a* zavaros fejű, tökkel-
ütött
muddy ['mʌdɪ] I. *a* 1. sáros, iszapos
2. *(átv is)* zavaros II. A. *vt* 1. besároz
2. zavarossá tesz, felkavar B. *vi* zava-
rossá válik, eliszaposodik
mud-flat *n* iszapos lapály
mudguard *n* sárhányó, sárvédő
mud-hut *n* vályogkunyhó
mudlark *n* utcagyerek, srác
mud-pack *n* iszappakolás
mud-slinging *n biz* rágalmazás
muezzin [mu:'ezɪn; *US* mju:-] *n* müez-
zin
muff¹ [mʌf] *n* muff, karmantyú
muff² [mʌf] I. *n* melléfogás II. *vt* el-
hibáz, elvét, elügyetlenkedik, eltol
muffin ['mʌfɪn] *n* ⟨meleg vajas tea-
sütemény⟩
muffle¹ ['mʌfl] *n* orr, száj [marháé]
muffle² ['mʌfl] *n* 1. egyujjas/ujjatlan
kesztyű 2. tokos/porcelánégető ke-
mence
muffle³ ['mʌfl] I. *n* burkolat, bevonat
II. *vt* 1. bebugyolál, betakar 2. [do-
bot] bevon; [hangot] tompít
muffler ['mʌflə*] *n* 1. sál 2. hangtom-
pító 3. egyujjas kesztyű; bokszkesztyű
mufti ['mʌftɪ] *n* 1. mohamedán jog-
tudós, mufti 2. polgári ruha [kato-
náé]; *in ~* civilben
mug¹ [mʌg] *n* 1. bögre, korsó 2. □ arc,
pofa 3. □ balek, pali; mafla alak
mug² [mʌg] I. *n* magoló II. *vt/vi* -gg-
magol, bifláz; *~ sg up* bemagol vmt
mug³ [mʌg] *vt* -gg- *biz* megtámad és
kirabol
mugging ['mʌgɪŋ] *n biz* utcai rablótá-
madás
muggy ['mʌgɪ] *a* fülledt, nyomott
mugwort *n* fekete üröm
mugwump ['mʌgwʌmp] *n US biz* 1.
nagyfejű, nagykutya 2. pártonkívüli
(politikus)
Muhammadan [mə'hæmɪdən] *a/n* =
Mohammedan
Muir [mjʊə*] *prop*
mulatto [mju:'lætoʊ; *US* mə'l-] *n* (*pl*
~es -z) mulatt

mulberry ['mʌlb(ə)rɪ; *US* -berɪ] *n*
eperfa; [termése:] faeper; szeder(fa)
mulch [mʌltʃ] *n* talajtakarás [fagy
ellen]
mulct [mʌlkt] I. *n* (pénz)bírság II. *vt*
1. megbírságol 2. megfoszt (*of* vmtől)
mule¹ [mju:l] *n* 1. öszvér 2. makacs/
csökönyös/buta ember
mule² [mju:l] *n* szegedi/sarkatlan pa-
pucs, mamusz
mule-driver *n* öszvérhajcsár
muleteer [mju:lɪ'tɪə*] *n* öszvérhajcsár
mulish ['mju:lɪʃ] *a* csökönyös
mull¹ [mʌl] *n* mull(szövet), muszlin
mull² [mʌl] I. *n* zűrzavar, felfordulás,
rendetlenség II. A. *vt* összezavar,
-zagyvál B. *vi* töpreng, rágódik (*over*
vmn)
mull³ [mʌl] *vt* forral (és fűszerez) [bort];
~ed wine forralt bor
mull⁴ [mʌl] *n sk* hegyfok
mull⁵ [mʌl] I. *n* tubákszelence II. *vt*
apróra tör
mullein ['mʌlɪn] *n* ökörfarkkóró
mulligatawny [mʌlɪgə'tɔ:nɪ] *n* ⟨curry-
val fűszerezett indiai rizsleves⟩
mulligrubs ['mʌlɪgrʌbz] *n pl biz* 1.
rosszkedv 2. hascsikarás
mullion ['mʌlɪən] *n* ablakborda, ablak-
osztó, függőleges ablakosztás
multi- [('ˈ)mʌltɪ-] sok-, több
multi-coloured *a* sokszínű, tarka
multi-engined *a* többmotoros
multifarious [mʌltɪ'fɛərɪəs] *a* sokféle,
változatos
multiform *a* sokalakú, különféle
multi-lateral *a* többoldalú, sokoldalú,
multilaterális
multilingual *a* soknyelvű, több nyelvű
multimillionaire *n* többszörös milliomos
multiple ['mʌltɪpl] I. *a* sokszoros, sok-
részű, összetett; *~(-)choice* ⟨több-
féléből választást lehetővé tevő⟩;
~-choice questions/test feladatlap(os
vizsga/teszt), teszt, tesztkérdések; *~
meaning* több/sok jelentés; *~ store/
shop* fiók(üzlet) [üzlethálózaté]; *~
voting* többszörös (aktív) választójog
(gyakorlása) II. *n* (számtani) több-
szörös; *least/lowest common ~* leg-
kisebb közös többszörös

multipliable ['mʌltɪplaɪəbl] *a* szorozható, sokszorosítható
multiplicand [mʌltɪplɪ'kænd] *n* szorzandó
multiplication [mʌltɪplɪ'keɪʃn] *n* **1.** szorzás; ~ *table* egyszeregy, szorzótábla **2.** sokszorosítás
multiplicity [mʌltɪ'plɪsətɪ] *n* **1.** sokféleség, sokszerűség **2.** sokaság
multiplier ['mʌltɪplaɪə*] *n* **1.** sokszorosító **2.** szorzó **3.** elektronsokszorozó
multiply ['mʌltɪplaɪ] **A.** *vt* **1.** sokszorosít, (meg)sokszoroz, szaporít **2.** szoroz, (meg)szoroz **B.** *vi* **1.** sokasodik, (meg)sokszorozódik, szaporodik **2.** terjed
multi-racial *a* sokfajú, soknemzetiségű
multistage *a* többlépcsős, -fokozatú [rakéta]
multi-storey *a* sokemeletes, többmultitude ['mʌltɪtju:d; *US* -tu:d] *n* **1.** nagy mennyiség, sokaság **2.** tömeg
multitudinous [mʌltɪ'tju:dɪnəs; *US* -'tu:-] *a* **1.** nagyszámú, tömeges **2.** sokféle
mum¹ [mʌm] **I.** *int* hallgass!, csitt!; ~'s *the word!* pszt!, egy szót se! **II.** *a* néma, hallgatag; *keep* ~ *about sg* mélyen hallgat vmről
mum² [mʌm] *n* mama
mumble ['mʌmbl] *vi/vt* **1.** mormog, motyog, dörmög **2.** majszol
mumbo-jumbo [mʌmboʊ'dʒʌmboʊ] *n* bálvány
mummer ['mʌmə*] *n* némajátékos
mummery ['mʌmərɪ] *n* **1.** némajáték **2.** nevetséges ceremónia, hókuszpókusz
mummification [mʌmɪfɪ'keɪʃn] *n* bebalzsamozás
mummify ['mʌmɪfaɪ] **A.** *vt* bebalzsamoz **B.** *vi* összeaszik, múmiává válik
mummy¹ ['mʌmɪ] *n* múmia
mummy² ['mʌmɪ] *n* anyu, mami
mumps [mʌmps] *n pl* **1.** fültőmirigylob, mumpsz **2.** rosszkedv
munch [mʌntʃ] *vt/vi* csámcsogva rág(csál)
mundane [mʌn'deɪn] *a* földi, evilági
Munich ['mju:nɪk] *prop* München
municipal [mju:'nɪsɪpl] *a* városi, községi, törvényhatósági

municipality [mju:nɪsɪ'pælətɪ] *n* törvényhatóság(i joggal felruházott város)
munificence [mju:'nɪfɪsns] *n* bőkezűség, adakozó kedv
munificent [mju:'nɪfɪsnt] *a* bőkezű, adakozó
muniments ['mju:nɪmənts] *n pl* okiratok, okmányok; okmánytár, irattár
munition [mju:'nɪʃn] **I.** *n* hadianyag, lőszer **II.** *vt* hadianyaggal ellát
mural ['mjʊər(ə)l] **I.** *a* fali **II.** *n* falfestmény, freskó
murder ['mə:də*] **I.** *n* gyilkosság, (előre kitervelt módon elkövetett) emberölés; *commit* ~ gyilkosságot követ el; ~ *will out!* az igazság előbb-utóbb kiderül!; *biz cry blue* ~ eszeveszetten kiabál ‖ →*fist-degree, second-degree* **II.** *vt* **1.** meggyilkol **2.** *biz* kerékbe tör [nyelvet], tönkretesz [zeneművet]
murderer ['mə:dərə*] *n* gyilkos
murderess ['mə:dərɪs] *n* gyilkosnő
murderous ['mə:d(ə)rəs] *a* gyilkos
Muriel ['mjʊərɪəl] *prop* ⟨angol női név⟩
murk [mə:k] *n* homály, sötétség
murkiness ['mə:kɪnɪs] *n* homályosság, sötétség
murky ['mə:kɪ] *a* homályos, sötét, borongós; sűrű [homály]
murmur ['mə:mə*] **I.** *n* **1.** moraj(lás), mormogás, mormolás **2.** morgás, zúgolódás **II. A.** *vi* **1.** mormol, morajlik **2.** morog, zúgolódik (*at, against* vm miatt) **B.** *vt* dörmögve mond, elmormol
murphy ['mə:fɪ] *n* □ krumpli
murrain ['mʌrɪn] *n* marhavész
Murray ['mʌrɪ] *prop*
Mus. B. [mʌz'bi:], **Mus. Bac.** [mʌz'bæk] *Bachelor of Music* a zenetudományok baccalaureusa
muscatel [mʌskə'tel] *n* muskotály(bor)
muscle ['mʌsl] **I.** *n* **1.** izom; *man of* ~ erős/izmos ember **2.** izomerő **II.** *vi biz* ~ *in* beférkőzik, befurakodik
muscle-bound *a* túlfejlett s merev izomzatú
muscle-man *n* (*pl* -men) izomember

muscular ['mʌskjölə*] *a* 1. izom; ~ *system* izomzat; ~ *tissue* izomszövet 2. izmos, erős

muscularity [mʌskjö'lærətɪ] *n* izmosság, fejlett izomzat

musculature ['mʌskjölətʃə*] *n* izomzat

muse[1] [mju:z] *n* múzsa

muse[2] [mju:z] *vi* (el)tűnődik, elmélkedik, (el)mereng, (el)méláz (*on, upon* vmn, vm felett)

museologist [mju:zɪ'ɔlədʒɪst; *US* -'ɑ-] *n* muzeológus

museology [mju:zɪ'ɔlədʒɪ; *US* -'ɑ-] *n* muzeológia

musette [mju:'zet] *n* ~ *bag* (katonai) kenyérzsák

museum [mju:'zɪəm] *n* múzeum; ~ *piece* muzeális tárgy/darab

mush [mʌʃ] *n* 1. pép 2. *US* kukoricakása, puliszka 3. *biz* beteges érzelgősség; giccs 4. sercegés [rádióban]

mush-ice *n* kásás jég

mushroom ['mʌʃröm; *US* -ru:m] I. *n* 1. [ehető] gomba 2. *biz* hirtelen/gyorsan feltörő személy, parvenü 3. *biz* gomba alakú tárgy [ernyő, női kalap stb.]; ~ *cloud* gomba alakú felhő [atombomba robbanásakor] II. *vi* 1. gombászik 2. gombaszerűen szétlapul 3. gomba módra szaporodik; gyorsan terjed/nő [tűz stb.]

mushy ['mʌʃɪ] *a* 1. pépszerű, puha 2. *US* érzelgős, szirupos; giccses

music ['mju:zɪk] *n* 1. zene, muzsika; *US* ~ *box* zenélődoboz; ~ *centre* sztereóberendezés, (Hi-Fi) sztereó szett; ~ *of the spheres* szférák zenéje; *put/set to* ~ megzenésít 2. kotta 3. zeneművek

musical ['mju:zɪkl] I. *a* 1. zenei, zenés; ~ *box* zenélődoboz; ~ *chairs* ⟨angol zenés társasjáték⟩ kb. „székfoglaló"; ~ *comedy* zenés játék, musical; ~ *instrument* hangszer 2. jól hangzó, dallamos 3. muzikális; zenekedvelő II. *n* zenés játék/film, musical

music-hall *n* 1. zenés kabaré, varieté 2. mulatóhely

musician [mju:'zɪʃn] *n* 1. zenész 2. zeneértő, zenetudós

music-lover *n* zenebarát, zenerajongó

musicology [mju:zɪ'kɔlədʒɪ; *US* -'kɑ-] *n* zenetudomány

music-paper *n* kottapapír

music-roll *n* darabhenger [villanyzongoráé]

music-seller *n* zeneműkereskedő

music-stand *n* kottatartó

music-stool *n* zongoraszék

musing ['mju:zɪŋ] I. *a* álmodozó, mélázó II. *n* tűnődés, álmodozás

musk [mʌsk] *n* pézsma

musk-deer *n* pézsmaszarvas

musket ['mʌskɪt] *n* † muskéta

musketeer [mʌskɪ'tɪə*] *n* † muskétás

musketry ['mʌskɪtrɪ] *n* 1. † muskétások 2. puskatűz 3. lövészet; ~ *instruction* lőiskola, lőkiképzés

musk-melon *n* sárgadinnye, kantalup-(dinnye)

musk-ox *n* (*pl* -oxen) pézsmatulok

musk-rat *n* pézsmapatkány

musk-rose *n* pézsmarózsa

musky ['mʌskɪ] *a* pézsmaszagú, -illatú

Muslim ['mʊslɪm; *US* 'mʌzləm] *n* muzulmán, mohamedán

muslin ['mʌzlɪn] *n* muszlin

musquash ['mʌskwɔʃ] *n* = *musk-rat*

muss [mʌs] *US biz* I. *n* zűrzavar, felfordulás II. *vt* ~ (*up*) összezagyvál

mussel ['mʌsl] *n* kagyló; ~ *bank* kagylótelep

Mussulman ['mʌslmən] *n* = *Muslim*

must[1] [mʌst, gyenge ejtésű alakja: məst] I. *v aux* kell, muszáj; *I* ~ *go* mennem kell; *you* ~ *not* (v. *mustn't*) *go* nem szabad menned, nem mehetsz; *it* ~ *have been good* kellemes lehetett; *he* ~ *have missed the train* bizonyára lekésett a vonatról; *there's a ring, it* ~ *be the doctor* csöngettek: ez az orvos lesz II. *n biz it is a* ~ ez elkerülhetetlenül szükséges, ennek muszáj meglenni

must[2] [mʌst] *n* must

must[3] [mʌst] *n* penészesség, dohosság

mustache →*moustache*

mustang ['mʌstæŋ] *n* ⟨amerikai félvad ló⟩, musztáng

mustard ['mʌstəd] *n* mustár

mustard-gas *n* mustárgáz

mustard-plaster *n* mustártapasz

mustard-seed *n* mustármag
muster ['mʌstə*] I. *n* 1. szemle, mustra; *pass* ~ kiállja a próbát, elfogadható 2. gyülekezet 3. ~ *(roll)* nyilvántartási jegyzék 4. minta II. A. *vt* 1. megszemlél, mustrál [csapatot]; ~ *out* kimustrál, kiszuperál 2. ~ *(up)* összeszed, összegyűjt, felvonultat [csapatokat, személyeket]; ~ *(up) one's courage* összeszedi a bátorságát B. *vi* gyülekezik
mustiness ['mʌstɪnɪs] *n* dohosság, penészesség
mustn't ['mʌsnt] = *must not* →*must*[1]
musty ['mʌstɪ] *a* 1. dohos, penészes 2. elavult, idejétmúlt
mutability [mju:tə'bɪlətɪ] *n* változékonyság
mutable ['mju:təbl] *a* változékony, változó; ingatag, állhatatlan
mutation [mju:'teɪʃn] *n* 1. változás, eltérés; mutáció 2. umlaut
mute [mju:t] I. *a* néma II. *n* 1. néma ember/szereplő 2. hangfogó, szordínó 3. néma hangzó III. *vt* 1. elnémít 2. letompít; hangfogót tesz (vmre)
muted ['mju:tɪd] *a* 1. elnémított 2. (el)tompított
muteness ['mju:tnɪs] *n* némaság
mutilate ['mju:tɪleɪt; *US* -t(ə)l-] *vt* megcsonkít
mutilation [mju:tɪ'leɪʃn; *US* -tə-] *n* (meg)-csonkítás; *voluntary* ~ öncsonkítás
mutineer [mju:tɪ'nɪə*; *US* -tə-] *n* lázadó, zendülő, bujtogató
mutinous ['mju:tɪnəs; *US* -t(ə)n-] *a* lázadó, zendülő, forrongó
mutiny ['mju:tɪnɪ; *US* -tə-] I. *n* lázadás, zendülés II. *vi* fellázad, zendül
mutt [mʌt] *n* □ hülye, tökfej, tökfilkó
mutter ['mʌtə*] A. *vi* 1. motyog, mor-(m)og 2. dörmög, morog (*at* vm miatt) 3. morajlik B. *vt* 1. halkan mormol [szavakat]; ~ *threats* fojtott hangon fenyegetőzik 2. titokban mond
muttering ['mʌt(ə)rɪŋ] I. *a* mormogó II. *n* 1. dörmögés, mor(mo)gás 2. mormolás, motyogás
mutton ['mʌtn] *n* ürühús, birkahús
mutton-chop *n* ürüszelet; ~ *whiskers* Ferenc József-szakáll, pofaszakáll

mutton-head *n biz* tökfej, hülye
mutton-stew *n* birkagulyás
mutual ['mju:tʃʊəl] *a* kölcsönös, viszonos; *our* ~ *friend* közös barátunk
mutuality [mju:tjʊ'ælətɪ; *US* -tʃʊ-] *n* kölcsönösség, viszonosság
muzzle ['mʌzl] I. *n* 1. orr, pofa [állaté] 2. szájkosár 3. száj, csőtorkolat, nyílás; ~ *fire* torkolattűz; ~ *velocity* kezdősebesség [lövedéké] II. *vt* 1. szájkosarat rak fel (-ra, -re) 2. elnémít, elhallgattat (vkt) 3. (vitorlát) bevon
muzzle-loading *a* elöltöltő [puska]
muzzy ['mʌzɪ] *a* 1. unalmas, egyhangú 2. zavaros, ostoba 3. kábult [italtól]
MW 1. *medium wave* középhullám, KH 2. *megawatt(s)*
my [maɪ] *pron* (az én) -m, -am, -em, -om, -öm; ~ *book* a(z én) könyvem; ~*!* a kutyafáját!, úristen!
myalgia [maɪ'ældʒɪə] *n* izomfájdalom
mycology [maɪ'kɔlədʒɪ; *US* -'kɑ-] *n* gombatan, mikológia
myelitis [maɪə'laɪtɪs] *n* gerincvelő-gyulladás
myocarditis [maɪəkɑ:'daɪtɪs] *n* szívizomgyulladás
myopia [maɪ'oʊpɪə] *n* rövidlátás
myopic [maɪ'ɔpɪk; *US* -'ɑ-] *a* rövidlátó
myriad ['mɪrɪəd] *a/n* 1. számtalan, miriád 2. tízezer
myriapod ['mɪrɪəpɔd; *US* -ɑd] *a/n* százlábú
myrmidon ['mə:mɪdən; *US* -ɑn] *n* feltétlenül engedelmes szolga/eszköz, poroszló, fogdmeg
myrrh [mə:*] *n* mirha
myrtle ['mə:tl] *n* mirtusz
myself [maɪ'self] *pron* (én/saját) magam, (engem/saját) magamat; *I am not* ~ nem vagyok egészen magamnál; *by* ~ magam; *as for* ~ ami engem illet
mysterious [mɪ'stɪərɪəs] *a* rejtélyes, titokzatos, misztikus
mystery[1] ['mɪst(ə)rɪ] *n* 1. rejtély, rejtelem, titokzatos dolog, misztérium 2. hittitok 3. titokzatosság 4. titkolózás 5. ~ *(play)* misztériumjáték, -dráma

mystery² ['mɪst(ə)rɪ] *n* † **1.** szakma **2.** céh
mystic ['mɪstɪk] **I.** *a* titokzatos, misztikus **II.** *n* misztikus
mystical ['mɪstɪkl] *a* misztikus, titokzatos
mysticism ['mɪstɪsɪzm] *n* misztika, miszticizmus
mystification [mɪstɪfɪ'keɪʃn] *n* ámítás, megtévesztés, félrevezetés

mistify ['mɪstɪfaɪ] *vt* **1.** rejtelmessé tesz **2.** zavarba ejt, megtéveszt
myth [mɪθ] *n* **1.** mítosz, hitrege **2.** képzelt/koholt dolog/személy
mythical ['mɪθɪkl] *a* képzelt, mitikus
mythological [mɪθə'lɔdʒɪkl; *US* -'lɑ-] *a* hitregei, mondabeli, mitológiai
mythology [mɪ'θɔlədʒɪ; *US* -'θɑ-] *n* mitológia

N

N, n [en] *n* N, n (betű) ‖ →*nth*
N. *North(ern)* észak, É
N.A.A.F.I., NAAFI, Naafi ['næfɪ] *Navy, Army and Air Force Institutes* ⟨brit katonai kantin és szórakoztató szervezet⟩
nab [næb] *vt* -bb- □ elcsíp, fülön fog, elkap
nabob ['neɪbɔb; *US* -ab] *n* nábob
nacelle [næ'sel] *n* gondola [repülőgép-hajtóműé, léghajóé]
nacre ['neɪkə*] *a* gyöngyház
nacreous ['neɪkrɪəs] *a* gyöngyházszínű, -fényű
nadir ['neɪdɪə*] *n* nadír, mélypont (*átv is*)
naevus ['niːvəs] *n* (*pl* **naevi** 'niːvaɪ) anyajegy; lencse
nag¹ [næg] *n biz* 1. póni 2. gebe
nag² [næg] *vi/vt* -gg- zsémbeskedik; ~ (*at*) *sy* korhol/szekál/gyötör vkt, állandóan kifogásolni valót talál vkben
nagging ['nægɪŋ] *a* zsémbes, civódós
naiad ['naɪæd] *n* najád, hableány
nail [neɪl] I. *n* 1. szeg; *French* ~ drótszeg; *hit the* ~ *on the head* fején találja a szeget; *drive a* ~ *in sy's coffin* sírba visz vkt, megrövidíti vknek az életét 2. köröm; karom; *pay on the* ~ azonnal fizet (az utolsó fillérig) II. *vt* 1. (rá)szegez, odaerősít; ~ *a lie to the counter* vmnek hazug voltát kimutatja/leleplezi; ~ *down* (1) leszegez (2) vkt vmnek megtartására kényszerít; ~ *up* felszegez 2. □ elfog, elkap (vkt, vmt)
nail-brush *n* körömkefe
nail-claw *n* szeghúzó, harapófogó
nail-clippers *n pl* körömcsipesz

nail-drawer *n* = *nail-claw*
nail-file *n* körömreszelő, -ráspoly
nail-polish *n* körömlakk; ~ *remover* körömlakklemosó
nail-scissors *n pl* körömolló
nail-varnish *n* = *nail-polish*
nail-wrench *n* szeghúzó, harapófogó
nainsook ['neɪnsʊk] *n* nanszu, pamutvászon, ágyneművászon
Nairobi [naɪ'roʊbɪ] *prop*
naive [heɪv], **naïve** [nɑ:'iːv] *a* naiv, gyermeteg, mesterkéletlen
naivety [nɑ:'iːvtɪ] *n* naivitás, természetesség, ártatlanság
naked ['neɪkɪd] *a* meztelen, csupasz (*átv is*); *with the* ~ *eye* puszta szemmel; ~ *light* nyílt láng; ~ *sword* kivont kard; ~ *truth* leplezetlen igazság, rideg valóság
nakedness ['neɪkɪdnɪs] *n* meztelenség, csupaszság
namby-pamby [næmbɪ'pæmbɪ] I. *a* érzelgős, szentimentális; finomkodó, negédes II. *n* érzelgős/szentimentális vers/írás/beszéd
name [neɪm] I. *n* 1. név; elnevezés; *full* ~ teljes név; *by* ~ név szerint, névről, ... nevű; *in* ~ névleg; *put down* (v. *enter*) *one's* ~ *for sg* feliratkozik vmre, beiratkozik vhová; *send in one's* ~ bejelent(et)i magát, benevez; *what* ~ *shall I say?* kit jelenthetek (be)?; *to one's* ~ ami az övé; *lend one's* ~ *to sg* nevét (oda)adja vmhez; *call sy* ~*s* sérteget (v. gorombaságokkal illet) vkt 2. hírnév; *have a* ~ *for sg* híres vmről; *make a* ~ *for oneself* hírnévre tesz szert 3. híres ember, (nagy) név II. *vt* 1. nevet ad (vknek,

vmnek), (el)nevez; ~ after (US for) sy vkről elnevez 2. megnevez; megjelöl 3. kitűz, megállapít, megjelöl [időpontot, összeget stb.] 4. ajánl, javasol, jelöl 5. kinevez (sy for sg vkt vmre)
-named [neɪmd] nevezett; nevű
name-day n névnap
name-dropping n ⟨fontos emberek nevének emlegetése, mintha a beszélő barátja lenne⟩, dobálódzás nevekkel
nameless ['neɪmlɪs] a 1. névtelen 2. ismeretlen 3. leírhatatlan
namely ['neɪmlɪ] adv ugyanis, azaz, tudniillik; mégpedig, név szerint
name-part n címszerep
name-plate n névtábla
namesake ['neɪmseɪk] n névrokon
Namibia [nə'mɪbɪə] prop Namíbia
Nancy¹ ['nænsɪ] prop Annus
nancy² ['nænsɪ] GB □ 1. nőies férfi 2. buzi
nankeen [næŋ'kiːn] n 1. nanking [szövet] 2. nankeens pl nanking-nadrág
Nanny¹ ['nænɪ] prop Annus
nanny² ['nænɪ] n dada
nanny-goat n nőstény kecske
Nantucket [næn'tʌkɪt] prop
Naomi ['neɪəmɪ] prop Noémi
nap¹ [næp] I. n szundikálás II. vi -pp- szundít, szundikál; catch sy ~ping vkt rajtakap, alváson kap rajta vkt
nap² [næp] I. n csomó, bolyhosság [szöveten] II. vt -pp- bolyhosít, felkefél
napalm ['neɪpɑːm] n napalm
nape [neɪp] n tarkó, nyakszirt
naphtha ['næfθə] n szolvens nafta, könnyűbenzin
naphthalene ['næfθəliːn] n naftalin
Napier ['neɪpɪə*] prop
napkin ['næpkɪn] n 1. szalvéta 2. pelenka
Naples ['neɪplz] prop Nápoly
napped [næpt], napping ['næpɪŋ] →nap¹ és nap² II.
nappy ['næpɪ] n biz 1. előke [kisgyermeké], partedli 2. pelenka
narcissus [nɑː'sɪsəs] n (pl -si -saɪ) nárcisz
narcosis [nɑː'koʊsɪs] n kábultság, narkózis

narcotic [nɑː'kɔtɪk; US -'kɑ-] I. a bódító, altató; ~ drug kábítószer II. n 1. kábítószer, altatószer 2. narkomániás, kábítószer rabja, biz narkós
narcotize ['nɑːkətaɪz] vt narkotizál, bódít, elkábít, elaltat
nard [nɑːd] n 1. nárdus 2. nárdusolaj
narghile ['nɑːgɪlɪ] n vízicsibuk, vízipipa
nark [nɑːk] n GB □ (rendőr)spicli
narrate [nə'reɪt] vt elbeszél, elmond
narration [nə'reɪʃn] n elbeszélés
narrative ['nærətɪv] I. a elbeszélő II. n elbeszélés, beszámoló
narrator [nə'reɪtə*] n elbeszélő, mesemondó; narrátor
narrow ['næroʊ] I. a 1. szűk, keskeny; grow ~ (össze)szűkül 2. szűk, korlátozott; csekély; ~ circumstances szűkös anyagi körülmények; (s)he had a ~ escape egy hajszálon múlt, hogy megmenekült; ~ majority csekély többség 3. = narrow-minded 4. pontos, alapos, figyelmes [vizsgálat] II. narrows n pl (hegy)szoros, tengerszoros III. A. vt 1. (be)szűkít, keskenyít 2. csökkent, korlátoz B. vi (össze)szűkül
narrow-gauge railway keskeny nyomtávú/vágányú vasút
narrowly ['næroʊlɪ] adv 1. szűken, alig, majdnem; he ~ missed being run over hajszálon múlt, hogy el nem gázolták 2. szigorúan; behatóan, gondosan
narrow-minded a szűk látókörű, kicsinyes, elfogult, korlátolt
narrowness ['næroʊnɪs] n 1. keskenység 2. korlátozottság; szűklátókörűség
nary ['neərɪ] adv US □ soha, semmi
NASA ['næsə] National Aeronautics and Space Administration Országos Repülésügyi és Űrkutatási Hivatal (USA)
nasal ['neɪzl] I. a orral kapcsolatos, orr-; ~ bone orrcsont; ~ sound orrhang II. n 1. orrhang 2. orrcsont 3. orrvédő [sisakon]
nasality [neɪ'zælətɪ] n orrhangú kiejtés
nasalize ['neɪzəlaɪz] vt orrhangon ejt ki, nazalizál
nascent ['næsnt] a születő, keletkező; fejlődő

nastily ['nɑ:stılı; US -æ-] adv 1. csúnyán 2. aljasul
nastiness ['nɑ:stınıs; US -æ-] n 1. piszkosság 2. undokság, kellemetlenség 3. komiszság, aljasság; trágárság
nasturtium [nə'stə:ʃ(ə)m] n 1. sarkantyúvirág 2. böjtfű
nasty ['nɑ:stı; US -æ-] a 1. piszkos 2. kellemetlen, csúnya [időjárás]; undok [ember]; komisz (to vkvel szemben) 3. trágár 4. veszélyes [kanyar stb.]
Nat. 1. national 2. natural
natal ['neıtl] a születési
Natalie ['nætəlı] prop Natália
natality [nə'tælətı] n születési arányszám
natation [nə'teıʃn] n úszás
Nathaniel [nə'θænjəl] prop Nátán
nation ['neıʃn] n nemzet
national ['næʃənl] I. nemzeti; ~ bank nemzeti bank; ~ economy nemzetgazdaság; népgazdaság; US N~ Guard nemzetőrség; N~ Health Service (NHS) ⟨a nagy-britanniai társadalombiztosítási szervezet⟩, kb. az angol „SZTK"; ~ income nemzeti jövedelem; ~ park nemzeti park; GB ~ service kötelező katonai szolgálat 2. országos; állami, állam-; ~ debt államadósság II. n állampolgár
nationalism ['næʃnəlızm] n nacionalizmus
nationalist ['næʃnəlıst] n nacionalista
nationality [næʃ(ə)'nælətı] n 1. nemzetiség 2. állampolgárság
nationalization [næʃnəlaı'zeıʃn; US -lı'z-] n 1. államosítás 2. honosítás
nationalize ['næʃnəlaız] vt 1. államosít 2. honosít
nationwide a országos
native ['neıtıv] I. a 1. születési, szülő-; hazai, honi; ~ land szülőföld, haza; ~ language anyanyelv; ~ place szülő-; hely; ~ speaker of English angol ajkú/anyanyelvű (egyén) 2. (ott) született, bennszülött; ~ to . . . vhol honos/élő [állat, növény]; go ~ alkalmazkodik a helyi (kezdetleges) szokásokhoz [távolabbról jött magasabb civilizációjú ember] 3. egyszerű, természetes, eredeti; vele született 4.

termés- [arany stb.] II. n 1. bennszülött; őslakó; a ~ of England angol születésű (személy) 2. őshonos/hazai állat/növény
nativity [nə'tıvətı] n 1. the N~ Krisztus születése; N~ Play karácsonyi misztérium(játék) 2. születés 3. csillagjóslás; cast sy's ~ vknek felállítja a horoszkópját
NATO ['neıtou] North Atlantic Treaty Organization Észak-atlanti Szerződés Szervezete
natrium ['neıtrıəm] n nátrium
natron ['neıtrən] n (kristály)szóda
natter ['nætə*] vi GB biz szakadatlanul fecseg/locsog
natty ['nætı] a biz 1. csinos, elegáns, takaros 2. ügyes
natural ['nætʃr(ə)l] I. a 1. természeti, természet-; ~ forces természeti erők; ~ gas földgáz; ~ history természetrajz; ~ law természeti törvény; † ~ philosopher természettudós; † ~ philosophy természettudomány; ~ resources természeti kincsek; ~ science természettudomány 2. természetes; ~ child házasságon kívül született (v. természetes) gyermek 3. vele született, természetes, magával hozott; a ~ poet született költő; it comes ~ to him természetes (v. magától értetődő) számára 4. természetes [skála]; előjegyzés nélküli [hangjegy]; B ~ h II. n 1. félkegyelmű, hülye 2. előjegyzés nélküli (v. feloldott) hang(jegy) 3. feloldójel [zenében]
naturalism ['nætʃrəlızm] n 1. ösztönös cselekvés, természetesség 2. naturalizmus
naturalist ['nætʃrəlıst] n 1. természettudós, természetbúvár 2. naturalista
naturalistic [nætʃrə'lıstık] a természethű; naturalista; naturalisztikus
naturalization [nætʃrəlaı'zeıʃn; US -lı'z-] n honosítás, állampolgárság megszerzése
naturalize ['nætʃrəlaız] A. vt 1. honosít (vkt), állampolgárságot ad (vknek) 2. meghonosít; be ~d meghonosodik, polgárjogot nyer
naturally ['nætʃrəlı] adv 1. természeté-

nél/természettől fogva 2. természetesen
nature ['neɪtʃə*] n 1. természet; ~
reserve természetvédelmi terület; ~
study természetrajz; debt of ~ halál; in
a state of ~ meztelenül; draw from ~
természet után rajzol 2. átv természet; sajátosság; by ~ természeténél
fogva; good ~ jóindulat, előzékenység;
it is in the ~ of things that a dolgok
természetéből következik, hogy; it is
against ~ természetellenes 3. jelleg,
minőség, fajta; in the ~ of vmlyen
-szerű/-fajta; of this ~ ilyenfajta
-natured [-'neɪtʃəd] természetű, fajta,
indulatú; good-~ jóindulatú
naturism ['neɪtʃərɪzm] n nudizmus
naught [nɔ:t] n 1. semmi; bring to ~
meghiúsít; come to ~ nem sikerül; set
at ~ semmibe (sem) vesz, lekicsinyel
2. nulla, zéró
naughty ['nɔ:tɪ] a pajkos, csintalan,
rossz; merész, illetlen
nausea ['nɔ:sjə; US -ʃə] n émelygés,
hányinger
nauseate ['nɔ:sɪeɪt] A. vt 1. émelyít 2.
undorodik (vmtől) B. vi 1. hányingere van, émelyeg 2. undorodik (at
vmtől)
nauseating ['nɔ:sɪeɪtɪŋ] a = nauseous
nauseous ['nɔ:sjəs; US -ʃəs] a émelyítő,
undorító
nautch-girl ['nɔ:tʃ-] n indiai táncosnő,
bajadér
nautical ['nɔ:tɪkl] a tengeri; tengerészeti,
(tenger)hajózási
nautilus ['nɔ:tɪləs] n (pl -li -laɪ v. ~es -ɪz)
kagylós fejlábú állat
naval ['neɪvl] a (hadi)tengerészeti, flotta-; ~ academy (hadi)tengerészeti
(tisztképző) akadémia; ~ base flottabázis, -támaszpont; ~ battle tengeri
ütközet; ~ officer tengerésztiszt; ~
port hadikikötő
nave¹ [neɪv] n (templom)hajó, főhajó,
hosszhajó
nave² [neɪv] n kerékagy
navel ['neɪvl] n köldök
navel-string n köldökzsinór
navigability [nævɪgə'bɪlətɪ] n hajózhatóság

navigable ['nævɪgəbl] a 1. hajózható 2.
kormányozható [léggömb stb.]
navigate ['nævɪgeɪt] A. vi hajózik B. vt
1. behajóz, (hajón) bejár [tengert] 2.
kormányoz, navigál [hajót, repgépet]
navigation [nævɪ'geɪʃn] n 1. hajózás 2.
kormányzás, navigálás, navigáció
navigator ['nævɪgeɪtə*] n 1. tengerész,
hajós 2. navigátor, navigációs tiszt
navvy ['nævɪ] n GB 1. kubikos, földmunkás, napszámos 2. kotrógép, exkavátor
navy ['neɪvɪ] n 1. hajóhad, hajóraj,
flotta 2. haditengerészet; ~ blue sötétkék, matrózkék; ~ yard haditengerészeti dokk és anyagraktár
nay [neɪ] adv 1. nem 2. sőt
Nazarene [næzə'ri:n] a/n nazarénus
Nazareth ['næzərəθ] prop Názáret
Nazi ['nɑ:tsɪ] a/n náci
Nazism ['nɑ:tsɪzm] n nácizmus
N.B., NB [en'bi:] 1. New Brunswick 2.
(n.b., nb is) nota bene (= note well,
take notice) megjegyzendő, N.B.
n.b.g. [enbi:'dʒi:] (vulg) no bloody good
nem ér kutyát se, szart sem ér, vacak
N.C. [en'si:] North Carolina
NCB [ensi:'bi:] National Coal Board
⟨brit állami szénügyi központ⟩
NCO [ensi:'oʊ] non-commissioned officer
n.d. no date év nélkül, é. n.
N.Dak. North Dakota
N.E., NE [en'i:] 1. New England 2.
north-east északkelet, ÉK
neap [ni:p] I. n ~ (tide) legkisebb dagály, vakár II. vt be ~ed apály miatt
zátonyon
Neapolitan [nɪə'pɔlɪt(ə)n; US -'pɑ-] a/n
nápolyi; ~ ice-cream ⟨színes rétegekben készített fagylalt⟩
near [nɪə*] I. a 1. közeli, közel fekvő
[térben, időben]; the N~ East a Közel-Kelet 2. közeli [rokonság], meghitt, szoros, intim [barátság] 3. bal
oldali [járda stb.]; the ~ horse bal
oldali ló, nyerges; ~ side járda felőli
oldal →nearside 4. hajszálon múló;
have a ~ escape, it was a ~ thing éppen/alig hogy megmenekült/megúszta;
it was a ~ miss (ez) majdnem talált 5.
~ translation pontos/hű fordítás 6. †

fukar 7. közelről érintő **II.** *adv/prep*
közel; ~ *by* közel, közvetlen közelé-
ben →*nearby; come* ~ *to doing sg*
majdnem megtesz vmt; ~ *and far* kö-
zel(ben) és távol(ban), mindenütt; *as*
~ *as* amilyen közel csak..., ameny-
nyire...; ~ *at hand* (közvetlen) közel-
ben; ~ *the station* közel az állomáshoz,
az állomás közelében; ~ *(up)on ten*
majdnem tíz **III.** *vt/vi* ~ *(to)* (meg)kö-
zelít, közeledik (vkhez/vmhez)
nearby *a* közeli, szomszédos
nearly ['nɪəlɪ] *adv* **1.** majdnem, csak-
nem; közel; *not* ~ egyáltalán nem,
távolról sem **2.** közel(ről); *be* ~ *related*
közeli rokonságban van(nak)
nearness ['nɪənɪs] *n* **1.** közelség, szom-
szédosság **2.** rokoni/baráti közelség **3.**
fösvénység
nearside *a* járda felőli, *GB* bal oldali; ~
lane külső sáv [autópályán]
near-sighted *a* rövidlátó
neat[^1] [ni:t] *n* † szarvasmarha
neat[^2] [ni:t] *a* **1.** takaros, csinos, rendes,
elegáns **2.** ügyes **3.** világos, tömör
[stílus]; talpraesett [válasz] **4.** tiszta,
nem kevert [ital]
'neath [ni:θ] *prep* = *beneath*
Nebr. *Nebraska*
Nebraska [nɪ'bræskə] *prop*
nebula ['nebjʊlə; *US* -bjə-] *n* (*pl* ~e
-li:) ködfolt, ködfátyol, csillagköd
nebular ['nebjʊlə*; *US* -bjə-] *a* ködfoltos
nebulosity [nebjʊ'lɔsətɪ; *US* nebjə'la-]
n **1.** ködfolt(osság) **2.** homályosság,
ködösség
nebulous ['nebjʊləs; *US* -bjə-] *a* **1.** köd-
foltszerű **2.** ködös, homályos
necessarily ['nesəs(ə)rəlɪ; *US* -serə-] *adv*
szükségszerűen, szükségképpen
necessary ['nesəs(ə)rɪ; *US* -serɪ] **I.** *a* **1.**
szükséges, nélkülözhetetlen (*for* vknek,
vk számára, *to* vmhez) **2.** szükségsze-
rű, szükségképpeni **II.** *n* **1.** szükséges
dolog **2.** *rendsz pl* életszükséglet(ek),
szükségleti cikkek
necessitate [nɪ'sesɪteɪt] *vt* **1.** szükségessé
tesz, (meg)kíván, (meg)követel **2.**
kényszerít
necessitous [nɪ'sesɪtəs] *a* szűkölködő
necessity [nɪ'sesətɪ] *n* **1.** kényszer(űség),

szükség(szerűség), szükségesség; *be
under the* ~ *(of doing sg)* kénytelen
vmre; *by/of* ~ szükségszerűen, termé-
szetszerűleg **2.** szükséges/elkerülhetet-
len dolog, kellék; szükséglet; *the
necessities of life* életszükségletek **3.**
szükség, nyomor
neck [nek] **I.** *n* **1.** nyak; ~ *and* ~ fej fej
mellett; ~ *and crop* mindenestül,
szőröstül-bőröstül; ~ *or nothing* (1)
vagy... vagy... (2) dupla vagy sem-
mi; *break one's* ~ nyakát szegi/töri;
break the ~ *of sg* túljut a nehezén; *biz
breathe down sy's* ~ vknek fenyegetően
a nyomában van; □ *get it in the* ~
kihúzza a lutrit, megkapja a magáét;
save one's ~ megmenti a bőrét; *biz
stick one's* ~ *out* veszélyes dolgot koc-
káztat **2.** gallér, ingnyak, (ruha-)
nyak; *low* ~ mély kivágás **3.** nyak
(alakú rész), (üveg)nyak; (tenger)szo-
ros; ~ *of land* földnyelv **II.** *vi* □ csó-
kolódzik, smárol
neck-band *n* **1.** gallér **2.** nyakbőség
neckcloth *n* nyakkendő
-necked [-nekt] nyakú
neckerchief ['nekətʃɪf] *n* † sál
necking ['nekɪŋ] *n* **1.** oszlopnyak **2.** □
csókolódzás, smárolás
necklace ['neklɪs] *n* nyaklánc, nyakék
necklet ['neklɪt]*n* **1.**nyaklánc **2.** (prém-)
gallér, boa
neckline *n* (nyak)kivágás
necktie *n* nyakkendő; *fur* ~ szőrmegal-
lér, boa
neckwear *n* nyakravaló [gallér, kendő,
sál]
necromancer ['nekrəmænsə*] *n* **1.** szel-
lemidéző **2.** bűvész, varázsló
necromancy ['nekrəmænsɪ] *n* **1.** szel-
lemidézés **2.** bűvészet, varázslás
necropolis [ne'krɔpəlɪs; *US* -ɑp-] *n* te-
mető
necrosis [ne'krousɪs] *n* (szövet)elhalás
nectar ['nektə*]*n* **1.** nektár **2.** virágméz
nectarine ['nekt(ə)rɪn] *n* sima héjú őszi-
barack
N.E.D. [eni:'di:] *New English Dictiona-
ry* = *O.E.D.*
née [neɪ] *a* született, sz. [asszony lány-
nevének megadásakor]

[^1]: neat¹
[^2]: neat²

need [ni:d] I. *n* 1. szükség; *if ~ be* szükség esetén, ha a szükség úgy hozza magával; *there is no ~ for (sg)* (v. *to do sg)* nincs szükség (vmre v. vm megtételére), nem kell (vm v. vmt megtenni); *stand in ~ of sg* szüksége van vmre, vmre rászorul 2. **needs** *pl* szükséglet(ek), igények 3. baj, nehéz/súlyos helyzet; *in times of ~* nehéz időkben 4. szűkölködés, szükség, szegénység, ínség; *be in ~* szűkölködik II. *vt (pt/pp ~ed* 'ni:dıd, egyes szám 3. szem. *~s* ni:dz) 1. szüksége van (vkre/vmre); megkíván, megkövetel, igényel; *you ~ a haircut* meg kéne, nyiratkoznod 2. szükséges, kell; *he didn't ~ to be told twice* nem kellett neki kétszer mondani; *you only ~ed to ask* csak kérned kellett (volna) III. *v aux* (egyes szám 3. szem. *~* ni:d) kell; *~ he go?* el kell-e mennie?; *you ~ not (needn't* ['ni:dnt]) *wait long* nem kell sokáig várnod ǁ *→needs*
needful ['ni:df(ə)l] *a* szükséges; □ *the ~* pénz, ,,dohány"
needle ['ni:dl] I. *n* 1. (varró)tű; horgolótű, kötőtű; *look for a ~ in a haystack* szénaboglyában akar egy tűt megtalálni 2. (irány)tű, mutató 3. tű [gramofon-, injekciós stb.] 4. fenyőtű 5. tű alakú szikla 6. obeliszk 7. □ *the ~* idegesség II. *vt* 1. varr (vmt), tűvel dolgozik (vmn), átszúr 2. keresztülfurakodik, atfurakodık [tömegen]
needle-case *n* tűtok
needlecord *n* mikrokord
needle-lace *n* varrott csipke
needle-point *n* tűhegy
needless ['ni:dlıs] *a* szükségtelen, fölösleges
needlewoman *n (pl* **-women**) varrónő
needlework *n* varrás, hímzés, kézimunka
needn't ['ni:dnt] *→need III.*
needs [ni:dz] *adv* szükségképpen; *I must ~ obey* kénytelen vagyok engedelmeskedni; *if ~ must* ha muszáj ǁ *→need*
needy ['ni:dı] *a* szűkölködő, szegény
ne'er [neə*] *adv* (= *never)* soha
ne'er-do-well ['neədu:wel] *a/n* semmirekellő, mihaszna, léhűtő
nefarious [nı'feərıəs] *a* gyalázatos

negation [nı'geıʃn] *n* tagadás
negative ['negətıv] I. *a* 1. tagadó, nemleges, elutasító, negatív 2. ellentett (előjelű), negatív; *~ sign* mínuszjel II. *n* 1. tagadószó, tagadás; *answer in the ~, return a ~* tagadó választ ad 2. negatív tulajdonság, negatívum 3. negatív [kép, film] 4. negatív mennyiség III. *vt* 1. tagad 2. megcáfol, bebizonyítja az ellenkezőjét 3. elutasít, leszavaz 4. semlegesít
neglect [nı'glekt] I. *n* 1. elhanyagolás 2. hanyagság, gondatlanság 3. elhanyagoltság, elhagyátottság II. *vt* 1. elhanyagol, elmulaszt 2. mellőz 3. lenéz (vkt)
neglected [nı'glektıd] *a* elhanyagolt, elhagyatott
neglectful [nı'glektfʊl] *a* hanyag, közömbös, gondatlan, nemtörődöm
negligence ['neglıdʒ(ə)ns] *n* 1. gondatlanság, hanyagság 2. nemtörődömség, közömbösség, lenézés
negligent ['neglıdʒ(ə)nt] *a* hanyag, gondatlan, nemtörődöm, felületes; *be ~ of one's duties* nem törődik kötelességeivel; *be ~ in one's work* hanyagul végzi munkáját
negligible ['neglıdʒəbl] *a* elhanyagolható, jelentéktelen
negotiable [nı'gouʃjəbl; *US* -ʃə-] *a* 1. átruházható, forgatható, tőzsdeképes [csekk, váltó] 2. forgalomba hozható, forgalomképes [áru] 3. járható [terep], legyőzhető [akadály]
negotiate [nı'gouʃıeıt] A. *vi* tárgyal, tárgyalás(oka)t folytat *(with* vkvel) B. *vt* 1. tárgyalással elér/keresztülvisz, megtárgyal 2. forgalomba hoz, elad, leszámítol 3. átjut (vmn), legyőz [nehézséget]; vesz [kanyart]
negotiation [nıgouʃı'eıʃn] *n* 1. tárgyalás 2. forgalomba hozás 3. [nehézségek stb.] ügyes legyőzése
negotiator [nı'gouʃıeıtə*] *n* tárgyaló fél, közvetítő
Negress ['ni:grıs] *n* néger nő
Negro ['ni:grou] *n (pl ~es* -z) néger
Negroid ['ni:grɔıd] *a* negroid, négerszerű
Nehru ['neəru:] *prop*

neigh [neɪ] I. *n* nyerítés II. *vi* nyerít
neighbour, *US* -bor ['neɪbə*] I. *n* 1.
szomszéd 2. felebarát II. A. *vi* határos, szomszédos (*upon* vmvel) B. *vt*
szomszédja (vknek)
neighbourhood, *US* -bor- ['neɪbəhʊd] *n*
1. szomszédság, környék; *in the ~ of*
10 pounds körülbelül/mintegy 10 font
2. a szomszédok
neighbouring, *US* -bor- ['neɪb(ə)rɪŋ] *a*
szomszédos, közeli
neighbourly, *US* -bor- ['neɪbəlɪ] *a* barátságos, lekötelező, szíves, udvarias; jószomszédi [viszony]
Neil [niːl] *prop* ⟨angol férfinév⟩
neither ['naɪðə*; *US* 'niː-] I. *a/pron*
egyik sem (a kettő közül); *~ of them*
knows egyikük sem tudja II. *adv/conj*
sem, se; *~ shall I, ~ do I* én sem;
~ ... nor sem ... sem
Nellie, Nelly ['nelɪ] *prop* Nelli
Nelson ['nelsn] *prop*
nem. con. [nem'kɔn; *US* -an] *adv* (= nemine contradicente) egyhangúlag
neo-classicism [niːoʊ'klæsɪsɪzm] *n* újklasszicizmus
neo-colonialism [nɪoʊkə'loʊnɪəlɪzm] *n*
neokolonializmus
neo-Greek [niːoʊ'griːk] *a/n* újgörög
neo-Latin [niːoʊ'lætɪn] *a/n* újlatin
neolith ['niːəlɪθ] *n* neolit
neolithic [niːə'lɪθɪk] *a* neolit (korból
származó)
neologism [niː'ɔlədʒɪzm; *US* -'ɑ-] *n*
nyelvi újítás, új keletű szó, neologizmus
neon ['niːən] *n* neon; *~ lights* neonfények; *~ sign* neon fényreklám; *~ tube*
neoncső
neophyte ['niːəfaɪt] *n* új megtért, neofita
Nepal [nɪ'pɔːl] *prop* Nepál
Nepalese [nepɔ'liːz] *a/n* nepáli
nepenthe [ne'penθɪ] *n* búfelejtő ital
nephew ['nevjuː; *US* -fj-] *n* unokaöcs
nephritis [ne'fraɪtɪs] *n* vesegyulladás
nephrolith ['nefrəlɪθ] *n* vesekő
nephrotomy [ne'frɔtəmɪ; *US* -at-] *n*
vesekő-eltávolítás
nepotism ['nepətɪzm] *n* atyafiságpártolás, nepotizmus
Neptune ['neptjuːn; *US* -tuːn] *prop*
Neptunus

nereid ['nɪərɪɪd] *n* sellő, hableány
Nero ['nɪəroʊ] *prop* Néró
nervate ['nɜːveɪt] *a* erezett
nervation [nɜː'veɪʃn] *n* erezet
nerve [nɜːv] I. *n* 1. ideg; *have ~s of iron*
vasidegzete van; *she is all ~s* csupa
ideg; *get on sy's ~s* idegeire megy
vknek; *war of ~s* idegháború 2.
nerves *pl* idegesség; *fit of ~s* idegroham 3. erő, magabiztosság, bátorság;
vakmerőség; *man of ~* erős bátor
ember; *lose one's ~* elveszti hidegvérét;
have the ~ to (1) van mersze (ahhoz,
hogy) (2) van képe/pofája, hogy ... 4.
† in; *strain every ~ to* minden erejét/idegszálát megfeszíti (hogy) 5. erezet [levélé] II. *vt* erősít, bátorít; *~
oneself to* összeszedi magát (hogy)
nerve-cell *n* idegsejt
nerveless ['nɜːvlɪs] *a* 1. erélytelen, erőtlen, gyenge 2. ideg nélküli
nerve-patient *n* idegbeteg
nerve-racking *a* idegtépő, idegesítő
nervous ['nɜːvəs] *a* 1. ideg-; *~ breakdown* idegösszeroppanás; *~ system*
idegrendszer 2. ideges (*about* vm miatt); *feel ~* ideges, izgatott; *be ~ of
doing sg* kissé fél vmt tenni 3. erős,
izmos
nervousness ['nɜːvəsnɪs] *n* idegesség
nervy ['nɜːvɪ] *a* 1. ideges, izgulékony 2.
biz arcátlan, pimasz, vakmerő 3. *biz*
idegkimerítő
ness [nes] *n* hegyfok
nest [nest] I. *n* 1. fészek 2. tanya [állatoké] 3. *átv* fészek, tanya, rejtekhely, búvóhely; meghitt/meleg otthon
4. az egész társaság/banda/sereg 5. *~
of drawers* sokfiókos szekrény; *~ of
tables* egybetolható teaasztalkák II. *vi*
1. fészkel, fészket rak 2. letelepedik
3. madárfészket kiszed
nest-box *n* tojóláda [tyúknak]
nest-egg *n* 1. palozsna 2. eldugott/félretett pénzecske
nestful ['nestfʊl] *n* fészekalja
nesting ['nestɪŋ] I. *a* fészkenülő II. *n* 1.
fészkelés 2. kotlás
nestle ['nesl] *vi/vt* 1. fészkel, fészket rak
2. befészkeli magát, kényelmesen letelepedik/pihen/fekszik; *~ (up) to* hoz-

zásimul, -bújik, odasimul, -bújik **3.** gyöngéden ápol; (el)ringat
Nestlé ['nesl] *prop*
nestling ['neslɪŋ] *n* **1.** madárfióka **2.** kisgyermek
net¹ [net] **I.** *n* **1.** háló; *marketing* ~ bevásárlószatyor **2.** kelepce, csapda, háló; *fall into the* ~ kelepcébe esik **3.** rece **4.** muszlin, tüll **5.** hálózat **II.** *vt/vi* **-tt-** **1.** hálóval fog [halat], halászik (hálóval) **2.** hálóval borít/befed; behálóz **3.** hálót köt
net² [net] **I.** *a* nettó, tiszta [súly, ár stb.]; ~ *weight* tiszta/nettó súly **II.** *vt* **-tt-** **1.** tiszta hasznot húz, tisztán keres/bevesz **2.** tiszta hasznot hajt/jövedelmez
net-bag *n* szatyor
net-ball *n* **1.** ⟨egy kosárlabdaszerű játék⟩ **2.** necclabda [teniszben]
nether ['neðə*] *a* alsó; ~ *garments* nadrág; ~ *world/regions* alvilág, pokol
Netherlander ['neðələndə*] *n* németalföldi ember, holland(us)
Netherlands, The [ðə'neðələndz] *prop* Hollandia
nethermost ['neðəmoʊst] *a* legalsó
nett [net] *a/vt* = *net²*
netting ['netɪŋ] *n* **1.** háló(zat) **2.** hálókészítés **3.** halászás hálóval
nettle ['netl] **I.** *n* csalán; *grasp the* ~ bátran nekivág veszélyes/kellemetlen vállalkozásnak **II.** *vt* **1.** (csalánnal) üt, szúr, éget **2.** *biz* bosszant, ingerel, mérgesít ‖→*dead*
nettle-rash *n* csalánkiütés
network *n* hálózat (*átv is*)
neu ... az e betűcsoporttal kezdődő szavak *GB* ejtése rendsz. [njʊə . . .], *US* kiejtése azonban többnyire [nʊ . . .]
neural ['njʊər(ə)l; *US* 'nʊ-] *a* ideg-
neuralgia [njʊə'rældʒə; *US* nʊ-] *n* idegfájdalom, idegzsába, neuralgia
neuralgic [njʊə'rældʒɪk; *US* nʊ-] *a* idegzsábás, neuralgiás
neurasthenia [njʊərəs'θiːnjə; *US* nʊ-] *n* neuraszténia, (alkati) ideggyengeség
neurasthenic [njʊərəs'θenɪk; *US* nʊ-] *a* neuraszténiás, ideggyenge, gyenge idegzetű

neuritis [njʊə'raɪtɪs; *US* nʊ-] *n* ideggyulladás
neurological [njʊərə'lɔdʒɪkl; *US* nʊrə'la-] *a* ideggyógyászati, neurológiai
neurologist [njʊə'rɔlədʒɪst; *US* nʊ'ra-] *n* ideggyógyász, -orvos, neurológus
neurology [njʊə'rɔlədʒɪ; *US* nʊ'ra-] *n* ideggyógyászat, neurológia
neuropath ['njʊərəpæθ; *US* 'nʊ-] *n* idegbeteg (ember), neuropata
neurosis [njʊə'roʊsɪs; *US* nʊ-] *n* (*pl* -ses -siːz) idegbetegség, neurózis
neurosurgery ['njʊərə-; *US* 'nʊ-] *n* idegsebészet
neurotic [njʊə'rɔtɪk; *US* nʊ'ra-] **I.** *a* idegbajos, gyenge idegzetű, neurotikus **II.** *n* idegbajos/idegbeteg/neurotikus személy
neuter ['njuːtə*; *US* 'nuː-] **I.** *a* semleges (nemű) **2.** nem nélküli; herélt **II.** *n* **1.** semleges nem **2.** herélt (állat)
neutral ['njuːtr(ə)l; *US* 'nuː-] **I.** *a* **1.** semleges; pártatlan; közömbös; ~ *gear* üresjárat [sebváltóé]; *be in* ~ (*gear*) üresben van **2.** homályos, meghatározatlan **3.** nem nélküli **II.** *n* semleges ország
neutrality [njuː'trælətɪ; *US* nuː-] *n* semlegesség; pártatlanság; közömbösség
neutralization [njuːtrəlaɪ'zeɪʃn; *US* nuːtrəlɪ'z-] *n* semlegesítés, közömbösítés
neutralize ['njuːtrəlaɪz; *US* nuː-] *vt* semlegesít, közömbösít, hatástalanít
neutron ['njuːtrɔn; *US* 'nuː-] *n* neutron
Nev. *Nevada*
Nevada [ne'vɑːdə; *US* nə'væ-] *prop*
never ['nevə*] *adv* soha(sem); ~ *yet* még soha; *biz tomorrow come* ~ borjúnyúzó kiskedden, majd ha fagy; *better late than* ~ jobb későn mint soha; *the N~ N~ land* álomország; *GB biz on the* ~ ~ részletletagadásra; *be it* ~ *so good* bármily jó legyen is; *well, I* ~ ! no de ilyet !
never-ending *a* véget nem érő, végeérhetetlen, szűntelen
never-failing *a* mindig bevált
nevermore *adv* soha többé
nevertheless [nevəðə'les] *adv* mindamellett, mindazonáltal, azonban

36*

Neville ['nevɪl] *prop*
new [nju:; *US* többnyire: nu:] *a* új;
friss; újszerű; mai, modern; ~ *bread*
friss kenyér; ~ *moon* újhold; *the N~*
World az Újvilág [Amerika]; *N~*
Year's Eve szilveszter(est); *see the N~*
Year in szilveszterezik; *it is* ~ *to me*
még nem ismerem, szokatlan szá-
momra; ~ *from school* most végzett
Newark ['nju:ək; *US* 'nu:- v. 'nju:-]
prop
new-blown *a* frissen kinyílott [virág]
new-born *a* újszülött
Newcastle ['nju:kɑ:sl] *prop*
newcomer *n* újonnan érkezett ember,
újonc, jövevény, idegen
new-drawn *a* frissen csapolt/lefejtett
newel ['nju:əl; *US* 'nu:- v. 'nju:-] *n*
lépcsőorsó, korlátpillér, orsópillér
new-fallen *a* frissen hullott [hó]
new-fangled [-fæŋgld] *a* újmódi, újke-
letű, újdivatú, hipermodern
new-fledged *a* ~ *doctor* kezdő orvos
Newfoundland ['nju:fəndlənd; *US* 'nu:-
v. 'nju:-] **I.** *prop* Új-Fundland **II.** *n*
újfundlandi (kutya)
Newgate ['nju:gɪt] *prop*
New Haven [nju:'heɪvn; *US* nu:- v.
nju:-] *prop*
newish ['nju:ɪʃ; *US* többnyire: 'nu:-] *a*
meglehetősen új
new-laid *a* friss(en tojt) [tojás]
newly ['nju:lɪ; *US* többnyire: 'nu:-] *adv*
1. újonnan 2. nemrég, minap 3. újra,
újból
newly-weds [-wedz] *n pl* fiatal házasok,
az ifjú pár
new-made *a* újonnan készült, újdonsült,
friss
newness ['nju:nɪs; *US* többnyire: 'nu:-]
n 1. új(don)ság, vmnek új volta 2.
gyakorlatlanság, tapasztalatlanság, é-
retlenség
New Orleans [nju:'ɔ:lɪənz; *US* nu:- v.
nju:-] *prop*
news [nju:z; *US* többnyire: nu:z] *n* 1.
hír, újság, tudósítás; közlemény; *a*
piece of ~ (egy) hír; ~ *analyst* hírma-
gyarázó; ~ *blackout* hírzárlat; ~
flash gyorshír; ~ *headlines/summary*
hírösszefoglaló; ~ *items* (vegyes) hí-

rek; *a sad piece of* ~ rossz hír; *be in*
the ~ sokat emlegetik (a lapok); ~
in brief rövid hírek; *no* ~ *is good* ~
már az is jó hír, ha nincs semmi hír;
that's ~ *to me* ez újság számomra;
what's the ~? mi újság? 2. hírek
[rádióban]; (tévé)híradó; *here is the* ~
híreket mondunk; ~ *cinema/theatre*
híradó mozi
news-agency *n* hírügynökség
news-agent *n* újságárus
news-boy *n* újságárus, rikkancs
newscast **I.** *n* 1. hírközlés, híradás [rá-
dió, tévé] 2. hírek **II.** *vt* híreket közöl
newscaster *n* hírközlő; hírmagyarázó
newsdealer *n US* újságárus
newshawk *n US biz* riporter
newsletter *n* ⟨magánjellegű rendszeres
hírközlés és hírmagyarázat folyóirat-
alakban⟩
newsman ['nju:zmən; *US* többnyire:
'nu:-] *n (pl* -men -mən) 1. újságárus
2. újságíró
newsmonger *n* hírharang, pletykafészek
New South Wales [nju:sauθ'weɪlz] *prop*
Új-Dél-Wales [Ausztrália]
newspaper *n* újság, hírlap; napilap; ~
man (1) újságárus (2) újságíró
newsprint *n* újságnyomó papír
newsreel *n* filmhíradó
news-room *n* 1. folyóirat-olvasó [te-
rem] 2. hírközvetítő/hírbeolvasó stú-
dió [rádió, tévé]
news-sheet *n* újság, hírlap
news-stand *n* újságárusbódé, újságosbódé
newsvendor *n* újságárus
newsworthy *a* újságban való közlésre al-
kalmas (hír)
newt [nju:t; *US* többnyire: nu:t] *n* tara-
jos gőte
Newton ['nju:tn; *US* 'nu:- v. 'nju:-]
prop
New York [nju:'jɔ:k; *US* nu:- v. nju:-]
prop
New Zealand [nju:'zi:lənd; *US* nu:- v.
nju:-] *prop* Új-Zéland
New Zealander [-'zi:ləndə*] *n* új-zélandi
next [nekst] **I.** *a* 1. legközelebbi; szom-
széd(os), közvetlen mellette fekvő; ~
to sy/sg (közvetlenül) vk/vm mellett;
she sat ~ *to me* mellettem ült; ~ *to*

nothing úgyszólván/majdnem semmi
2. következő; ~ *best thing* második
legjobb megoldás (ha az első nem si-
kerül); ~ *day* másnap; ~ *day but one*
harmadnap; *the* ~ *time* legközelebb;
~ *week* a következő hét(en); ~ *year*
jövőre, következő év(ben); *on Friday*
~ jövő pénteken; *this day* ~ *year* má-
hoz egy évre **II.** *adv* azután; *what* ~*?*
és még (mi jöhet)?, és most mi lesz?,
mi a csoda?; *who comes* ~*?* ki követ-
kezik? **III.** *prep* közvetlenül (vk/vm)
mellett/után; *the thing* ~ *my heart* ami
nekem legkedvesebb **IV.** *n* **1.** legkö-
zelebb álló személy [rokon, férj stb.]
2. a következő levél, következő szám
[folyóiraté]; *in my* ~ legközelebbi le-
velemben; *to be continued in our* ~
folytatása a következő számban
nexus ['neksəs] *n* összefüggés, kapcsolat
N.F., **NF** *Newfoundland*
N.H. *New Hampshire*
NHS [eneɪtʃ'es] *National Health Service*
kb. (a brit) SZTK
Niagara [naɪ'ægərə] *prop*
nib [nɪb] *n* **1.** tollhegy **2.** hegy, él, csúcs
[szerszámé stb.] **3.** (madár)csőr
nibbed [nɪbd] hegyű
nibble ['nɪbl] **I.** *n* **1.** majszolás, harapás
2. falat **II. A.** *vt* **1.** majszol, harapdál,
rágcsál **2.** leharap, lelegel **B.** *vi* ~ *at*
(1) harapdál/rágcsál vmt (2) *biz* bírál
vmt, kifogásolnivalót keres vmn
niblick ['nɪblɪk] *n* ⟨egy fajta golfütő⟩
Nicaragua [nɪkə'rægjöə] *prop* Nicaragua
Nicaraguan [nɪkə'rægjöən] *a/n* nicara-
guai
nice [naɪs] *a* **1.** kellemes, barátságos,
helyes, kedves; ~ *and warm* kelleme-
sen meleg; ~ *and sweet* jó édes; *be* ~ *to*
sy kedves vkhez; *it is* ~ *of you to* . . .
szép tőled, hogy . . . **2.** csinos, szép
[lány]; jó, finom [étel]; szép [szín,
szövet]; *a* ~ *mess* [ironikusan] szép
kis helyzet **3.** apró, csekély, finom;
érzékeny; *a* ~ *distinction* finom meg-
különböztetés **4.** kényes, igényes, vá-
logatós; *be* ~ *about/in sg* pedáns vmben
5. szabatos, pontos
nicely ['naɪslɪ] *adv* **1.** pontosan, szaba-
tosan **2.** *biz* (nagyon) jól

nicety ['naɪs(ə)tɪ] *n* pontosság; finom
különbség/részlet/árnyalat; *to a* ~ egy
hajszálra, pontosan
niche [nɪtʃ] *n* fülke, falmélyedés
Nicholas ['nɪkələs] *prop* Miklós
Nick[1] [nɪk] *prop* Miki; *Old* ~ az ördög
nick[2] [nɪk] **I.** *n* **1.** bemetszés, rovátka,
karcolás **2.** csorba **3.** *in the* ~ *of time*
éppen jókor **II. A.** *vt* **1.** rovátkol, meg-
karcol, bemetsz **2.** lerövidít **3.** kitalál,
helyesen megfejt; ~ *it* fején találja a
szöget **4.** □ elcsíp [vonatot, betörőt]
5. □ becsap **B.** *vi* **1.** találatot ér el **2.**
~ *in* hirtelen/jókor érkezik
nickel ['nɪkl] **I.** *n* **1.** nikkel **2.** *US* öt-
centes [pénzdarab] **II.** *vt* -ll- (*US* -l-)
nikkelez
nickel-plate *vt* (be)nikkelez
Nickleby ['nɪklbɪ] *prop*
nick-nack ['nɪknæk] *n* = *knick-knack*
nickname **I.** *n* **1.** gúnynév, csúfnév
2. becenév **II.** *vt* gúnynevet ad (vknek*)*;
becenevén/-néven szólít (vkt)
Nicolas ['nɪkələs] *prop* Miklós
nicotine ['nɪkəti:n] *n* nikotin
nictitate ['nɪktɪteɪt] *vi* pillog, pislog,
hunyorog
niece [ni:s] *n* unokahúg
nifty ['nɪftɪ] *a* □ **1.** remek, klassz, ele-
gáns **2.** büdös **3.** fürge
Nigel ['naɪdʒ(ə)l] *prop* ⟨angol férfinév⟩
Niger *prop* **1.** [ni:'ʒeə*] Niger **2.** [a
folyó:] ['naɪdʒə*]
Nigeria [naɪ'dʒɪərɪə] *prop* Nigéria
Nigerian [naɪ'dʒɪərɪən] *a/n* nigériai
niggard ['nɪgəd] *n* fösvény, zsugori
niggardly ['nɪgədlɪ] *a* fukar, zsugori
nigger ['nɪgə*] *n* néger, nigger [megvető
értelmű szó]; □ ~ *in the woodpile*
gyanús körülmény, vm disznóság
(készül)
niggle ['nɪgl] *vi* aprólékoskodik, pepe-
csel; semmiségeken nyargal
nigh [naɪ] *adv/prep* † közel
night [naɪt] *n* **1.** éjszaka, éj, éjjel, este;
at ~ éjjel, éjszaka; *by* ~ éjjel, az éj-
szaka folyamán; éjjelente; *good* ~*!* jó
estét/éjszakát!; *in the* ~ az éj folya-
mán; *last* ~ (1) tegnap este (2) (az
el)múlt éjjel/éjszaka; ~ *before* előző
este; ~ *and day* éjjel-nappal, szünte-

lenül; *it is his* ~ *out* ez a szabad/kimenő estéje [alkalmazottnak]; *make a* ~ *of it* átmulatja az éjszakát; *work* ~*s* éjjeles, éjszakás; *o'* ~*s* éjjel(ente) **2.** [jelzőként] éjjeli, éjszakai; ~ *life* éjszakai élet; ~ *porter* éjszakai portás; ~ *school* esti iskola/tagozat; ~ *shift* éjszakai műszak; ~ *train* éjszakai vonat
night-bird *n* **1.** bagoly; fülemüle **2.** éjjel járkáló gyanús alak
night-cap *n* **1.** hálósapka, gyerekcsináló sapka **2.** ⟨lefekvés előtt ivott utolsó pohár szeszes ital⟩
nightclub *n* éjszakai mulató(hely)
nightdress *n* [női] hálóing
nightfall *n* alkony, szürkület
nightgown *n* [női] hálóing
nightie ['naɪtɪ] *n biz* hálóing
nightingale ['naɪtɪŋgeɪl] *n* fülemüle, csalogány
night-jar *n* kecskefejő [madár]
night-letter *n US* (éjszaka továbbított) levéltávirat
night-light *n* éjjeli mécses/lámpa
night-long *a* egész éjszakán át tartó
nightly ['naɪtlɪ] **I.** *a* éjjeli, éjszakai; éjszakánkénti **II.** *adv* éjjelenként, éjszakánként, minden éjjel
nightmare ['naɪtmeə*] *n* rémkép, lidércnyomás)
nightshade *n* (*black*) ~ fekete csucsor
nightshirt *n* [férfi] hálóing
night-soil *n* pöcegödörkihordott tartalma
night-stick *n US* gumibot
night-table *n* éjjeliszekrény
night-time *n* éjszaka (ideje), éjjel
night-walker *n* **1.** éjszaka mászkáló ember [betörő, prostituált stb.] **2.** = *sleepwalker*
night-watch *n* éjszakai őrség
night-watchman *n* (*pl* -men) éjjeliőr
nighty ['naɪtɪ] *n biz* hálóing
nihilism ['naɪɪlɪzm] *n* nihilizmus
nihilist ['naɪɪlɪst] *n* nihilista
nihilistic [naɪɪ'lɪstɪk] *a* nihilista
nil [nɪl] *n* semmi, nulla, null; *3 goals to* ~*, 3—0* [olvasd: three-nil] 3 null(a)
Nile [naɪl] *prop* Nílus
nimble ['nɪmbl] *a* **1.** fürge **2.** gyors felfogású; éles [ész]

nimble-witted *a* gyors észjárású
nimbus ['nɪmbəs] *n* (*pl* ~*es* -sɪz v. -*bi* -baɪ) **1.** nimbusz, fénykoszorú, dicsfény **2.** esőfelhő
niminy-piminy [nɪmɪnɪ'pɪmɪnɪ] *a* affektáló, finomkodó
nincompoop ['nɪnkəmpuːp] *n* együgyű/szamár/tökfejű ember, tökfilkó
nine [naɪn] **I.** *a* kilenc; *have* ~ *lives* nem lehet agyonütni **II.** *n* a kilenc(es szám); *biz dress up to the* ~*s* kicsípi magát
ninefold *a* kilencszeres
ninepence ['naɪnpəns] *n* kilenc penny
ninepins [-pɪnz] *n* kugli, teke(játék); *play at* ~ tekézik
nineteen [naɪn'tiːn] *a/n* tizenkilenc; *talk* ~ *to the dozen* folyton fecseg, be nem áll a szája
nineteenth [naɪn'tiːnθ] *a/n* tizenkilencedik
ninetieth ['naɪntɪθ] *a/n* kilencvenedik
ninety ['naɪntɪ] *a/n* kilencven; *the nineties* a kilencvenes évek
ninny ['nɪnɪ] *n* = *nincompoop*
ninth [naɪnθ] *a* kilencedik
Niobe ['naɪəbɪ] *prop* Niobé
nip[1] [nɪp] **I.** *n* **1.** megcsípés **2.** levágás, lemetszés **3.** lemetszett darab, szeletke **4.** maró gúny, szarkazmus **5.** enyhe fagy **6.** *US* ~ *and tuck* (1) fej fej mellett (2) minden lehetséges **II.** *v* -**pp-** **A.** *vt* **1.** becsíp(tet), beszorít; *get* ~*ped* beszorul **2.** lecsíp, levág, lemetsz **3.** megcsíp [fagy]; elpusztít, megsemmisít (*átv is*) **4.** elcsíp **5.** □ elcsen, elcsór **B.** *vi* **1.** csíp **2.** fáj **3.** fürgén mozog
nip along *vi biz* siet, szalad
nip away *vt* gyorsan elvesz/elragad *vmt*
nip in *vi biz* beugrik egy pillanatra
nip off A. *vt* = *nip*[1] *II.* 2. **B.** *vi biz* meglép
nip up *biz* **A.** *vt* gyorsan felkap/megragad *vmt* **B.** *vi* fürgén felmászik
nip[2] [nɪp] *biz* **I.** *n* korty **II.** *vt/vi* -**pp-** hörpint, kortyolgat
nipper ['nɪpə*] *n* **1.** **nippers** *pl biz* (1) csipesz, (csípő)fogó (2) orrcsíptető, cvikker **2.** olló [ráké] **3.** metszőfog [lóé] **4.** *biz* kis srác
nipping[1] ['nɪpɪŋ] **I.** *a* csípős [szél] **II.** lemetszés, lecsípés

nipping² ['nɪpɪŋ] n kortyolgatás
nipple ['nɪpl] n 1. csecsbimbó 2. (gumi-) cucli [cuclisüvegen] 3. bütyök, vastagodás, kidudorodás [bőrön, üvegen, fémen stb.] 4. csőkapcsoló karmantyú; greasing ~ zsírzófej
Nippon ['nɪpɔn] prop Japán
nippy ['nɪpɪ] biz a 1. éles, metsző, csípős [levegő] 2. csipkelődő 3. fürge, mozgékony; look ~! fürgén!, mozgás!
nisi →decree I.
nit [nɪt] n sörke, tetűtojás
niter →nitre
nit-picking n szőrözés, szőrszálhasogatás
nitrate ['naɪtreɪt] n salétromsavas só, fémnitrát
nitre, US niter ['naɪtə*] n salétrom
nitric ['naɪtrɪk] a salétromsavas; ~ acid salétromsav
nitrogen ['naɪtrədʒən] n nitrogén
nitrogenous [naɪ'trɔdʒɪnəs; US -adʒ-] a nitrogénes
nitro-glycerine [naɪtrə'glɪsəri:n] n nitroglicerin [robbanóanyag]
nitrous ['naɪtrəs] a salétromos; ~ oxid kéjgáz
nitwit ['nɪtwɪt] n biz hülye, tökfej, tökfilkó, hólyag
nix¹ [nɪks] int □ vigyázat!, pszt!
nix² [nɪks] n □ semmi
Nixon ['nɪks(ə)n] prop
N.J. New Jersey
N.Mex. New Mexico
NNE north-north-east
NNW north-north west
no [nou] I. a 1. semmiféle, semmi; have ~ money nincs (semmi) pénze; ~ one senki; at ~ time soha 2. jelentéktelen; it is ~ distance nincs (is) messze; in ~ time igen hamar, szinte rögtön II. adv 1. [mondat tagadására:] nem; Is it cold? No, it isn't. Hideg van? Nem, nincs hideg (v. egyszerűen: Nincs.) 2. nem; whether you want it or ~ akár akarod akár nem III. n (pl ~es nouz) 1. a „nem" szócska, tagadás, visszautasítás 2. noes pl nemmel szavazók; the ~es have it le van szavazva
No. ['nʌmbə*] number szám(ú)
Noah ['nouə] prop Noé; ~'s ark Noé bárkája

nob¹ [nɔb; US -ɑ-] n □ fej, kókusz
nob² [nɔb; US -ɑ-] n □ előkelő ember
Nobel prize [nou'bel] Nobel-díj
nobility [nə'bɪlətɪ] n nemesség
noble ['noubl] I. a 1. nemes, nemesi származású 2. nemes gondolkozású, nagylelkű 3. csodálatos, ragyogó; the ~ art ökölvívás II. n nemes(ember)
nobleman ['noublmən] n (pl -men -mən) főnemes, nemesember
noble-minded a nemes lelkű, fennkölt gondolkodású
nobly ['noublɪ] adv 1. nemesen, nagylelkűen 2. nagyszerűen
nobody ['noub(ə)dɪ] n 1. senki; ~ else senki más; there was ~ about egy lélek sem volt ott 2. jelentéktelen ember, senkiházi, (nagy) senki
noctambulist [nɔk'tæmbjulɪst; US nɑk-] n alvajáró, holdkóros
nocturnal [nɔk'tə:nl; US nɑk-] a éjjeli, éji
nocturne ['nɔktə:n; US -ɑ-] n nocturne
nod [nɔd; US -ɑ-] I. n biccentés, (fej)bólintás; előrebillenés [fejé elszundításkor]; give sy a ~ odabiccent vknek; Land of N~ álomország II. v -dd- A. vi 1. bólint, biccent; ~ to sy (1) vkt biccentéssel üdvözöl (2) biccentéssel jelt ad vknek, (fejével) int vknek 2. bóbiskol, szundikál 3. mellefog, kihagy az agya B. vt fejbólintással jelez; ~ one's head megbiccenti a fejét, bólint a fejével; ~ assent igent/helyeslőleg bólint
nodal ['noudl] a csomóponti
nodding ['nɔdɪŋ; US -ɑ-] a bólintó; ~ acquaintance futólagos ismeretség, köszönő viszony ‖ →nod II.
noddle ['nɔdl] n biz fej, kobak
node [noud] n 1. csomó, bütyök 2. csomópont
nodule ['nɔdju:l; US 'nɑdʒ-] n (kis) göröngy, csomó(cska)
Noel ['nouəl] prop Noel ⟨angol férfinév⟩
noggin ['nɔgɪn; US -ɑ-] n 1. kiskancsó 2. másfél deci
nohow adv biz sehogy
noise [nɔɪz] I. n 1. zaj, lárma; ~ injury/pollution zajártalom; ~ level zajszint; make ~ zajong, lármáz, zajt csinál 2. feltűnés 3. feltűnés tárgya II. vt elhíresztel

noiseless ['nɔɪzlɪs] a zajtalan, nesztelen
noisily ['nɔɪzɪlɪ] adv zajosan
noisiness ['nɔɪzɪnɪs] n zajosság
noisome ['nɔɪsəm] a 1. kellemetlen 2.
rossz szagú 3. undorító
noisy ['nɔɪzɪ] a 1. zajos, lármás, hangos
2. feltűnő, rikító, kiabáló [szín stb.]
nomad ['noʊmæd] a/n nomád
nomadic [noʊ'mædɪk] a nomád
no-man's-land n senki földje
nomenclature [noʊ'menkletʃə*; US
'noʊmənkleɪtʃər] n szakkifejezések
(összessége), nómenklatúra, nevezék-
tan
nominal ['nɔmɪnl; US -a-] a 1. névle-
ges; ~ value névérték 2. névszói
nominate ['nɔmɪneɪt; US 'na-] vt 1. je-
löl, ajánl, javasol (for vmre) 2. kine-
vez (for. vmnek)
nomination [nɔmɪ'neɪʃn; US na-] n 1.
jelölés, ajánlás 2. kinevezés
nominative ['nɔmɪnətɪv; US 'na-] I. a
alanyeseti II. n alanyeset, nominati-
vus
nominee [nɔmɪ'ni:; US na-] n 1. jelölt
2. életjáradék-tulajdonos
non- [nɔn-; US -a-] pref nem- [tagadó
értelmű előképző]
non-acceptance n el nem fogadás
nonage ['noʊnɪdʒ; US 'nan-] n kiskorú-
ság
nonagenarian [noʊnədʒɪ'neərɪən] a/n ki-
lencvenéves (ember)
non-aggression n meg nem támadás; ~
pact megnemtámadási szerződés
non-alcoholic a ~ drinks alkoholmentes
(üdítő) italok
non-aligned [-ə'laɪnd] a el nem kötele-
zett [ország]
non-alignment n el nem kötelezettség
non-appealable [-ə'pi:ləbl] a megfelleb-
bezhetetlen, jogerős
non-appearance n meg nem jelenés, meg-
jelenés elmulasztása
non-arrival n meg nem érkezés
non-attendance n meg nem jelenés, tá-
vollét, távolmaradás
nonce [nɔns; US -a-] n for the ~ most az
egyszer
nonce-word n alkalmi(lag alkotott) szó/
kifejezés, hapax

nonchalance ['nɔnʃ(ə)ləns; US 'nan-] n
(kényelmes) hanyagság, nemtörődöm-
ség
nonchalant ['nɔnʃ(ə)lənt; US 'nan-] a
nemtörődöm, kényelmes, hanyag
non-combatant a/n segédszolgálatos, nem
harcoló
non-commissioned officer tiszthelyettes
non-comittal [-kə'mɪtl] a állást nem
foglaló, semleges, diplomatikus
non-committed [-kə'mɪtɪd] a el nem kö-
telezett
non-completion n be nem fejezés
non compos mentis [nɔn'kɔmpɔs'mentɪs;
US -a- -a- -a-] nem beszámítható,
gyengeelméjű
non-conductor n nem/rossz vezető, szi-
getelő
nonconformist [nɔnkən'fɔ:mɪst; US
nan-] n 1. GB vallási disszidens ⟨az
anglikán egyházat el nem fogadó pro-
testáns⟩ 2. nonkonformista
nonconformity [nɔnkən'fɔ:mətɪ; US
nan-] n nem alkalmazkodás, nonkon-
formizmus
non-content n GB (a Lordok Házában)
nemmel szavazó
non-co-operation n együtt nem működés,
az együttműködés megtagadása
non-corrosive a rozsadamentes
non-crushable [-'krʌʃəbl] a nem gyűrő-
dő, gyűrhetetlen
non-dazzle a tompított fényű [autó-
reflektor]
non-delivery n átadás/szállítás elmulasz-
tása
nondescript ['nɔndɪskrɪpt; US 'nan-] a
nehezen meghatározható/leírható/be-
sorolható, bizonytalan (jellegű), keve-
rék-
none [nʌn] I. pron 1. egyik sem; ~ of
them came egyik sem jött el közülük 2.
senki, semmi; I will have ~ of it nem
kérek belőle, nem tűröm; it is ~ of
your business semmi közöd hozzá II. a
semmi(lyen); home she had ~ semmi-
lyen otthona sem volt III. adv semmi-
képpen, egyáltalán nem; I feel ~ the
better semmivel sem érzem jobban
magam; I am ~ the wiser for it ettől
nem lettem okosabb; ~ but csakis; ~

the less mindazonáltal; ~ *too* nem nagyon/túl, egyáltalán nem; ~ *too soon* éppen (v. nagyon is) jókor
nonentity [nɔ'nentətɪ; *US* nɑ-]*n* **1.** jelentéktelen személy/dolog **2.** nem létezés, nemlét
nonesuch ['nʌnsʌtʃ] *a/n* = *nonsuch*
non-existence *n* nem létezés; nemlét
non-existent *a* nem létező
non-ferrous *a* ~ *metals* színes fémek
non-fiction *n* prózairodalom (a regény kivételével)
non-figurative *a* = *non-representational*
non-flammable *a* nem gyúlékony, éghetetlen
non-interference/intervention *n* be nem avatkozás
non-iron *a* neva [ing], nem vasalandó
non-legal *a* jogi vonatkozással nem bíró
non-member *n* nem tag, kültag, meghívott vendég
non-nuclear *a* ~ *zone* atomfegyvermentes övezet
non-observance *n* be nem tartás, figyelmen kívül hagyás
nonpareil ['nɔnp(ə)rəl; *US* nɑnpə'rel] **I.** *a* páratlan, párját ritkító; ~ *type* = *II*. **2. II.** *n* **1.** páratlan ember/dolog **2.** nonpareille (betű) [6 pontos]
non-party *a* párton kívüli
non-payment *n* nem fizetés, fizetés elmulasztása
non-performance *n* nem teljesítés, teljesítés elmulasztása
non-person *n* nem létezőnek tekintett személy, félreállított személy
nonplus [nɔn'plʌs; *US* nɑn-] *vt* **-ss-** zavarba hoz, meghökkent, elképeszt; *J was ~ sed* paff voltam
non-political *a* apolitikus, politikailag közömbös; politikamentes
non-productive *a* **1.** nem termelő **2.** terméketlen
non-professional *a* nem hivatásos/hivatásbeli, műkedvelő
non-profit(-making) *a* **1.** nem haszonra dolgozó, altruista [vállalkozás] **2.** nem nyereséges
non-proliferation *n* ~ *agreement* atomsorompó-egyezmény

non-representational [-reprɪzen'teɪʃənl] *a* absztrakt, nem figurális [művészet]
non-resident *a/n* nem helybenlakó/bennlakó
nonsense ['nɔns(ə)ns; *US* 'nɑnsens] *n* ostobaság, képtelenség, badarság, szamárság; *no ~!* elég az ostobaságból!, szűnjetek meg!; *talk* ~ hetet-havat összehord; ~ *verses* halandzsavers
nonsensical [nɔn'sensɪkl; *US* nɑn-] *a* képtelen, abszurd
non-skid(ding) *a* csúszásgátló; csúszás mentes [gumi]
non-smoker *n* **1.** nem dohányos **2.** nem dohányzó (fülke stb.)
non-stick *a* teflon [edények]
non-stop **I.** *a* megszakítás nélküli, folytatólagos; ~ *flight* leszállás nélküli repülés; ~ *train to . . .* a vonat . . . -ig nem áll meg **II.** *adv* megállás/leszállás nélkül
nonsuch ['nʌnsʌtʃ] **I.** *a* páratlan, párját ritkító **II.** *n* páratlan (v. párját ritkító) személy/dolog
nonsuit [nɔn'suːt; *US* 'nɑn-] *vt* keresetét elutasítja (vknek)
non-transferable *a* át nem ruházható
non-U [nɔn'juː; *US* nɑn-] *biz* = *not upper class; not in vogue; vulgar*
non-union *a* szakszervezetbe nem tartozó
noodle[1] ['nuːdl] *n* tökfej, tökfilkó
noodle[2] ['nuːdl] *n rendsz pl* metélt (tészta), csipetke, galuska, nudli
nook [nʊk] *n* zug, sarok, szöglet
noon [nuːn] *n* dél; *at* ~ délben
noonday, noontide *n* délidő
noose [nuːs] **I.** *n* (csúsztatható) hurok, siklóhurok; *hangman's* ~ hóhér kötele **II.** *vt* **1.** hurkot készít **2.** hurokkal fog **3.** felakaszt vkt
nope [noʊp] *int* □ nem, dehogyis
nor [nɔː*] *conj* sem; *neither . . . ~* se(m) . . . se(m); *he can't do it,* ~ *can I* nem tudja megcsinálni, és/de én sem (tudom)
nor'- [nɔː*] = *north*
Nora(h) ['nɔːrə] *prop* Nóra
Nordic ['nɔːdɪk] *a/n* északi (germán)
Norfolk ['nɔːfək] *prop*
norm [nɔːm] *n* minta, szabály, zsinórmérték, norma

normal ['nɔːml] I. *a* 1. szabályos, szabályszerű, természetszerű, szabványos, rendes, közönséges, normális; normál; ~ *school* tanítóképző intézet (gyakorlóiskolája) 2. merőleges *(to* vmre) II. *n* 1. merőleges (vonal) 2. átlagos/szokásos mennyiség/színvonal/állapot; *get back to* ~ a helyzet normalizálódik

normalcy ['nɔːmlsɪ] *n* normális idők/állapot

normality [nɔːˈmælətɪ] *n* szabályszerűség, szabályosság, természetszerűség

normalize ['nɔːməlaɪz] *vt* normalizál, szabályossá tesz

normally ['nɔːməlɪ] *adv* rendes körülmények között

Norman ['nɔːmən] *a/n (pl* ~s -z) normann; ~ *architecture/style* angliai román építészeti stílus ‖ →*conquest*

Normandy ['nɔːməndɪ] *prop* Normandia

normative ['nɔːmətɪv] *a* normatív, irányadó, előíró, előírásos

Norse [nɔːs] I. *a* norvég(iai), skandináv II. *n* a norvég nyelv

north [nɔːθ] I. *a* északi, észak-; *N~ America* Észak-Amerika; *N~ American* észak-amerikai; *the N~ Country* Észak-Anglia; *N~ Sea* Északi-tenger II. *adv* észak felé, északra, északi irányba(n); ~ *of sg* vmtől északra III. *n* 1. észak 2. északi rész [országé] 3. északi szél

Northamptonshire [nɔːˈθæmptənʃə*]*prop*

Northants. [nɔːˈθænts] *Northamptonshire*

northeast I. *adv* északkelet felé, északkeletre II. *n* északkelet

northeaster *n* északkeleti szél

northeasterly, northeastern *a* északkeleti

northerly ['nɔːðəlɪ] I. *a* északi II. *adv* észak felől/felé

northern ['nɔːðn] I. *a* északi; *N~ Ireland* Észak-Írország; ~ *lights* északi fény II. *n* 1. északi lakos 2. északi szél

northerner ['nɔːð(ə)nə*] *n* északi lakos

northernmost ['nɔːðnmoʊst] *a* legészakibb

Northman ['nɔːθmən] *n (pl* -men -mə) viking, skandináv

north-north-east I. *a* észak-északkeleti II. *adv* észak-északkelet felé/felől

north-north-west I. *a* észak-északnyugati II. *adv* észak-északnyugat felé/felől

Northumberland [nɔːˈθʌmbələnd] *prop*

Northumbria [nɔːˈθʌmbrɪə] *prop*

northwards ['nɔːθwədz] *adv* észak felé

northwest I. *a* északnyugati; *N~ Passage* északnyugati átjáró II. *adv* északnyugat felé, északnyugatra III. *n* északnyugat

northwester [-ˈwestə*] *n* északnyugati szél

northwesterly, northwestern *a* északnyugati

Norway ['nɔːweɪ] *prop* Norvégia

Norwegian [nɔːˈwiːdʒ(ə)n] *a/n* norvég (ember, nyelv)

Norwich ['nɔrɪdʒ] *prop*

Nos. ['nʌmbəz] *numbers*

nose [noʊz] I. *n* 1. orr; *under his* ~ az orra előtt; *lead by the* ~ orránál fogva vezet; *make a long* ~ *at sy* hosszú orrot (v. szamárfület) mutat vknek; *pay through the* ~ borsos árat fizet; *turn up the* ~ felhúzza az orrát, orrát fintorítja 2. szaglás, szimat II. **A.** *vt* 1. (ki)szaglász, kifürkész; megszagol 2. orrával nyom/érint/dörzsöl 3. orrán keresztül beszél **B.** *vi* 1. szagol, szaglász 2. fürkész, nyomoz
nose about *vi* szaglász, fürkész, nyomoz
nose after *vi* nyomoz/kutat/fürkész vm után
nose down *vi* zuhanórepülést hajt végre, (lefelé) zuhan [repgép]
nose for *vi* = *nose after*
nose into *vi* beleüti az orrát (vmbe)
nose out *vt* kiszimatol, kiderít

nose-bag *n* abrakos tarisznya

nose-bleed(ing) *n* orrvérzés

-nosed [-noʊzd] orrú

nose-dive *n* zuhanórepülés

nosegay ['noʊzgeɪ] *n* (virág)csokor

nose-ring *n* orrkarika

nosey ['noʊzɪ] *a biz* 1. kíváncsi; *a N~ Parker* minden lében kanál személy 2. nagy orrú 3. büdös

no-show *n* meg nem jelenés [reptéren]

nostalgia [nɔˈstældʒɪə; *US* nɑˈstældʒə] *n* honvágy, nosztalgia

nostalgic [nɔ'stældʒɪk; *US* nɑ-] *a* nosztalgikus
nostril ['nɔstr(ə)l; *US* 'nɑ-] *n* orrlyuk
nostrum ['nɔstrəm; *US* 'nɑ-] *n* csodaszer
nosy ['nouzɪ] *a* = *nosey*
not [nɔt; *US* -ɑ-] *adv* nem; ~ *at all* [nɔtə'tɔːl; *US* nɑ-] (1) egyáltalán nem (2) [megköszönés után:] szívesen!, kérem!, szóra sem érdemes!; *I think* ~ azt hiszem, (hogy) nem; ~ *that* nem mintha; *I do* ~ (v. *don't*) *go* nem megyek; ~ *even in London* még L-ban sem
notability [noutə'bɪlətɪ] *n* 1. előkelőség, híres ember, notabilitás 2. vmnek figyelemre méltó mivolta, jelentőség
notable ['noutəbl] *a* figyelemre méltó, nevezetes, jelentős
notary ['noutərɪ] *n* ~ (*public*) közjegyző
notation [nou'teɪʃn] *n* 1. jelölés 2. jelzésrendszer, jelölési mód/rendszer; jelmagyarázat; átírás
notch [nɔtʃ; *US* -ɑ-] I. *n* 1. rovátka, bevágás, bemetszés 2. horony 3. *US* hegyszoros, szurdok II. *vt* 1. bevág, rovátkol 2. hornyol 3. ró 4. összeilleszt [gerendát]
note [nout] I. *n* 1. hangjegy 2. [zenei] hang 3. hang(nem); *change one's* ~ hangnemet változtat, más hangon kezd beszélni; *strike the right* ~ megtalálja a helyes hangot, jó hangot üt meg 4. jegyzet; *make/take* ~*s* (*of sg*) jegyzeteket készít (vmről), jegyzetel 5. megjegyzés, széljegyzet, magyarázat 6. feljegyzés; jegyzék [diplomáciai]; rövid levél, néhány sor 7. ~ (*of hand*) adóslevél, kötelezvény 8. bankjegy 9. *man of* ~ neves ember 10. figyelem; *worthy of* ~ figyelemre méltó, érdemes megjegyezni; *take* ~ *of sg* megjegyez vmt, figyel vmre II. *vt* 1. megjegyez, megfigyel, figyelembe/tudomásul vesz; *be* ~*d for sg* vmről híres 2. ~ *down* feljegyez, lejegyez, felír 3. jegyzetekkel ellát
note-book *n* notesz, jegyzetfüzet; jegyzetkönyv
note-case *n* levéltárca, pénztárca
noted ['noutɪd] *a* híres (*for* vmről), neves

note-paper *n* levélpapír
noteworthy *a* figyelemre méltó, nevezetes
nothing ['nʌθɪŋ] I. *n* 1. semmi; *all that goes for* ~ ez mind nem számít semmit; *come to* ~ füstbe megy, meghiúsul, abbamarad; *for* ~ (1) ingyen (2) hiába (3) ok nélkül; *he has* ~ *to his name* nincs semmije ami az övé; *have* ~ *to do with sg* semmi köze vmhez, nincs kapcsolatban vmvel; *it is not for* ~ *that* nem ok nélkül van az úgy, hogy; *make* ~ *of sg* (1) semmibe se vesz vmt (2) nem ért vmt; ~ *but* csak; ~ *could be simpler* mi sem egyszerűbb; ~ *doing* nincs mit tenni, tárgytalan; nem megy, nincs értelme; ~ *if not* rendkívüli, nagyon; ~ *less than* nem egyéb/csekélyebb mint; ~ *much* nem valami nagy dolog; ~ *venture* ~ *have/win/gain* aki mer az nyer; *there is* ~ *like sg* mindennél többet ér, nincsen párja vmnek; *with* ~ *on* tiszta meztelenül 2. nulla, zéró 3. jelentéktelen dolog/esemény/személy, semmiség II. *adv* egyáltalán nem, semmit (sem)
nothingness ['nʌθɪŋnɪs] *n* 1. = *non-existence* 2. értéktelenség 3. értéktelen/jelentéktelen dolog, semmiség
notice ['noutɪs] I. *n* 1. értesítés, bejelentés; ~ *is hereby given* (*that*) közhírré tétetik; *until further* ~ további értesítésig 2. előzetes értesítés, felszólítás; figyelmeztetés; felmondás; *at a moment's* ~ azonnal; *at short* ~ rövid határidőre, pillanatokon belül; *előzetes bejelentés nélkül; *a week's* ~ egyheti felmondás; *give sy* ~ *of sg* vkt vmről előre értesít; *give* ~ *to sy* felmond vknek 3. tudomás, figyelem; *bring sg to sy's* ~ felhívja vmre vk figyelmét; *come to sy's* ~ tudomására jut vknek; *take* ~ *of sg* tudomásul/figyelembe vesz vmt; *take no* ~ *of sg* figyelmen kívül hagy vmt, nem vesz tudomásul vmt 4. rövid újságcikk, közlemény II. *vt* 1. megfigyel, észrevesz, tudomásul vesz, figyelemre méltat 2. megemlít, megjegyez
noticeable ['noutɪsəbl] *a* 1. észrevehető 2. figyelemre méltó

notice-board *n* hirdetőtábla
notifiable ['noʊtɪfaɪəbl] *a* kötelező bejelentés alá eső [betegség stb.]
notification [noʊtɪfɪ'keɪʃn] *n* bejelentés, tudtul adás, közlés
notify ['noʊtɪfaɪ] *vt* bejelent, értesít (*sy of sg* vkt vmről), közöl, tudtul ad
notion ['noʊʃn] *n* 1. fogalom, eszme, elképzelés, kép 2. vélemény 3. hajlandóság, szándék, kedv 4. notions *pl US* rövidáru
notional ['noʊʃənl] *a* 1. fogalmi; képzeletbeli 2. spekulatív [tudomány] 3. képzelődő [személy]
notoriety [noʊtə'raɪətɪ] *n* 1. hírhedtség; közismertség 2. közismert személy
notorious [noʊ'tɔ:rɪəs] *a* 1. közismert 2. hírhedt
Nottingham(shire) ['nɒtɪŋəm(ʃə*)] *prop*
Notts. [nɒts; *US* -ɑ-] *Nottinghamshire*
notwithstanding [nɒtwɪθ'stændɪŋ; *US* nɑtwɪð-] I. *prep* (vmnek) ellenére, dacára II. *adv* mégis, mindamellett III. *conj* ~ *that* jóllehet, habár
nougat ['nu:gɑ:; *US* 'nu:gət] *n* nugát
nought [nɔ:t] *n* = *naught*
noun [naʊn] *n* főnév
nourish ['nʌrɪʃ; *US* 'nə:-] *vt* 1. táplál 2. *átv* táplál, fenntart; elősegít
nourishing ['nʌrɪʃɪŋ; *US* 'nə:-] *a* tápláló
nourishment ['nʌrɪʃmənt; *US* 'nə:-] *n* 1. táplálék, étel 2. táplálás, táplálkozás
nous [naʊs] *n* ész
Nov. *November* november, nov.
Nova Scotia [noʊvə'skoʊʃə] *prop* Új-Skócia
novel ['nɒvl; *US* -ɑ-] I. *a* újszerű, újfajta, szokatlan II. *n* regény
novelette [nɒvə'let; *US* nɑ-] *n* kisregény
novelist ['nɒvəlɪst; *US* 'nɑ-] *n* regényíró
novelistic [nɒvə'lɪstɪk] *a* regényszerű
novelty ['nɒvltɪ; *US* -ɑ-] 1. újdonság 2. vmnek új volta, újszerűség
November [noʊ'vembə*] *n* november
novice ['nɒvɪs; *US* -ɑ-] *n* 1. papnövendék, novícius 2. kezdő, újonc
noviciate [nə'vɪʃɪət] *n* 1. noviciátus 2. novícius 3. tanoncévek, kezdőség
novocaine ['noʊvəkeɪn] *n* novokain

now [naʊ] I. *adv* 1. most, jelenleg; ~ *and then/again* hébe-hóba, olykor, néha; ~ *or never* most vagy soha; *even* ~ még most is/sem; *by* ~ mostanára; *not* ~ (1) már nem (2) most nem; *just* ~ (1) éppen most, pár perce, az imént (2) nemrég 2. azonnal 3. (ugyan)akkor, nemsokára (azután) 4. hát, pedig; *come* ~*!* ugyan kérlek/már!; ~*! ~!* na-na!, ugyan már!, ugyan-ugyan!; ~ ... ~ majd ... majd; hol ... hol; ~ *hot* ~ *cold* hol meleg, hol hideg; ~ *then* (1) hát ezek után!, na már most! (2) na(hát)!, figyelem!, na most rajta! II. *conj* ~ (*that*) most hogy III. *n* a jelen (pillanat); *from* ~ *on* mostantól kezdve, mától fogva; *in three days from* ~ mához három napra; *up to* ~ mostanáig
nowadays ['naʊədeɪz] *adv* mostanában, mostanság, manapság, a mai világban
noways ['noʊweɪz] *adv* sehogyan, semmi esetre sem
nowhere ['noʊweə*; *US* -hw-] *adv* sehol; sehova; ~ *near* távolról sem; *it got* ~ egyáltalán nem sikerült/boldogult
nowise ['noʊwaɪz] *adv* † semmiképpen, sehogyan sem
noxious ['nɒkʃəs; *US* -ɑ-] *a* ártalmas, kártékony, veszedelmes
nozzle ['nɒzl; *US* -ɑ-] *n* csővég; szórófej; fúvóka [porlasztóé]
N.P. [en'pi:] *Notary Public*
N.S. [en'es] 1. *New Style* → *style* 2. *new series* új folyam 3. *Nova Scotia*
N.S.W. *New South Wales*
N.T., NT 1. *New Testament* Újszövetség(i Szentírás) 2. *Northern Territory* [Ausztrália]
nth [enθ] *a* 1. x-edik; *for the* ~ *time* ikszedszer, x-edszer 2. *to the* ~ *power/degree* az n-edik hatványra
nuance [nju:'ɑ:ns; *US* nu:-] *n* árnyalat
nub [nʌb] *n* 1. kis darab/rög 2. csomó, gumó, kinövés 3. *biz* lényeg, csattanó [történeté]
nubile ['nju:baɪl; *US* 'nu:b(ə)l] *a* férjhezadó korban levő, anyányi [lány]
nuclear ['nju:klɪə*; *US* 'nu:-] *a* nukleáris, mag-, atom-; ~ *energy* magenergia, atomenergia; ~ *fission* (atom)mág-

hasadás; ~ *physics* magfizika ~ *power*
(1) atomenergia (2) atomhatalom; ~
power plant/station atomerőmű; ~
research atom(mag)kutatás, magkutatás; ~ *test* kísérleti (atom)robbantás,
nukleáris fegyverkísérlet; ~ *test ban*
atomcsend(egyezmény); ~ *war(fare)*
atomháború, nukleáris háború/hadviselés; ~ *weapon* nukleáris fegyver,
atomfegyver
nuclear-powered *a* atomhajtású, atomerővel hajtott; ~ *rocket* atomrakéta
nuclear-proof *a* atombiztos
nucleonics [nju:klɪ'ɔnɪks; US nu:-] *n*
magtechnika, nukleonika
nucleus ['nju:klɪəs; US 'nu:-] *n* (*pl*
nuclei ['nju:klɪaɪ; US 'nu:-) 1. középpont, lényeg, mag 2. atommag
nude [nju:d; US nu:d] I. *a* meztelen;
~ *stockings* testszínű harisnya II. *n*
akt; *in the* ~ meztelen(ül); *draw from
the* ~ aktot rajzol
nudge [nʌdʒ] I. *n* gyengéd oldalba lökés
(könyökkel) II. *vt* (könyökkel) gyengén oldalba lök [figyelmeztetésül]
nudism ['nju:dɪzm; US 'nu:-] *n* nudizmus
nudist ['nju:dɪst; US 'nu:-] *n* nudista
nudity ['nju:dətɪ; US 'nu:-] *n* mezítelenség, pőreség
nugatory ['nju:gət(ə)rɪ; US 'nu:gətɔ:rɪ]
a 1. hiábavaló, hatástalan 2. jelentéktelen, értéktelen
nugget ['nʌgɪt] *n* 1. aranyrög 2. rög,
csomó
nuisance ['nju:sns; US 'nu:-] *n* 1. kellemetlenség, alkalmatlanság; *what a*
~ *!* ja de kellemetlen!; *commit no* ~
[feliratként] (1) itt vizelni tilos (2) a
személérakodás tilos 2. kellemetlenkedő/terhes/alkalmatlankodó személy;
he is a ~ folytonosan alkalmatlankodik; *be a* ~ *to sy* terhére van (v. idegeire megy) vknek; *make a* ~ *of oneself* lehetetlenül viselkedik, kellemetlenkedik, másoknak terhére van
null [nʌl] *a* 1. semmis, érvénytelen; ~
and void semmis 2. semmitmondó, jelentéktelen
nullification [nʌlɪfɪ'keɪʃn] *n* érvénytelenítés, hatálytalanítás

nullify ['nʌlɪfaɪ] *vt* megsemmisít, érvénytelenít, hatálytalanít
nullity ['nʌlətɪ] *n* 1. semmisség, érvénytelenség 2. nem létezés; a semmi, semmiség
numb [nʌm] I. *a* dermedt, zsibbadt, érzéketlen; *fingers* ~ *with cold* hidegtől meggémberedett ujjak II. *vt* elzsibbaszt, megdermeszt, érzéketlenít
number ['nʌmbə*] I. *n* 1. szám; ~
theory számelmélet; *any* ~ *of* bármennyi, egy egész sereg; *a* ~ *of sg* sok,
számos; *a large* ~ *of people* igen sok
ember; *his* ~ *is up* vége van, el van
veszve; *without* ~ számtalan, töméntelen; *times without* ~ számtalanszor,
x-szer; *six in* ~ szám szerint hat(an)
2. (ház)szám, sorszám; ~ *one* (1) egyes
szám; első (2) önmaga (3) *biz* kisdolog,
pisilés; *take care of* ~ *one* csak magával
törődik 3. szám, nagyság [cipőé stb.]
4. szám [folyóiraté]; zeneszám 5.
[nyelvtani] szám 6. **numbers** *pl* (1)
ütem, ritmus (2) vers, költemény 7.
numbers *pl* számtan; *good at* ~*s* jó
számtanos 8. **Numbers** *pl* Mózes negyedik könyve 9. *US* ~*s pool* ⟨egy
fajta tiltott lottójáték⟩ II. *vt* 1. (meg-)
számlál, megszámol; *his days are* ~*ed*
meg vannak számlálva a napjai 2.
besorol; ~ *sy among one's friends* barátjai közé számít vkt 3. (meg)számoz 4. [egy mennyiséget] kitesz 5. *he*
~*s twenty years* húsz éves
numbered ['nʌmbəd] *a* 1. számozott,
számokkal ellátott 2. megszámlált
numberless ['nʌmbəlɪs] *a* számtalan
number-plate *n* rendszámtábla
numbness ['nʌmnɪs] *n* zsibbadtság, dermedtség
numeral ['nju:m(ə)rəl; US 'nu:-] I. *a* számokból álló II. *n* 1. szám 2. számjegy
numerate I. *a* ['nju:mərət; US 'nu:-]
számolni tudó II. *vt* ['nju:məreɪt; US
'nu:-] megszámol, elszámol
numeration [nju:mə'reɪʃn; US nu:-] *n*
1. számolás 2. (meg)számozás
numerator ['nju:məreɪtə*; US 'nu:-] *n*
számláló [törté]
numerical [nju:'merɪkl; US nu:-] *a*
számszerű, szám szerinti, numerikus

numerous ['nju:m(ə)rəs; US 'nu:-] a számos, nagyszámú, sok

numismatic [nju:mɪz'mætɪk; US nu:-] a éremtani

numismatics [nju:mɪz'mætɪks; US nu:-] n éremtan, numizmatika

numismatist [nju:'mɪzmətɪst; US nu:-] n numizmatikus, érmész

nummulite ['nʌmjʊlaɪt] n nummulit, Szt.

László-pénze

numskull ['nʌmskʌl] n tökfej, tökfilkó

nun [nʌn] n apáca

nuncio ['nʌnʃɪoʊ] n pápai követ/nuncius

nunnery ['nʌnərɪ] n (apáca)zárda

nuptial ['nʌpʃl] a lakodalmi, menyegzői, nász-

nuptials ['nʌpʃlz] n pl lakodalom, menyegző

Nuremberg ['njʊərəmbə:g] prop Nürnberg

nurse [nə:s] I. n 1. dajka, dada; gyermekgondozó; dry ~ szárazdajka; (wet-)~ szoptatós dajka 2. (beteg-) ápoló, ápolónő, nővér II. vt 1. szoptat 2. dajkál 3. felnevel 4. ápol; ~ back to health gondos ápolással kigyógyít; ~ one's cold nátháját (otthon) gyógyít(gat)ja 5. átv ápol, gondoz [birtokot, növényeket stb.]; táplál [reményt, érzést], érlel magában [tervet]; ~ one's public ápolja népszerűségét

nurseling ['nə:slɪŋ] n = nursling

nursemaid n gyermeklány, dada

nursery ['nə:s(ə)rɪ] n 1. gyermekszoba; ~ governess (1) gyermekgondozónő (2) nevelőnő, „kisasszony"; ~ rhyme(s) gyermekvers(ek), gyermekdal(ok); ~ school óvoda; ~ tale dajkamese 2. ~ (garden) (1) műkertészet (2) faiskola; ~ man (1) műkertész (2) faiskola-tulajdonos, csemetekertész

nursing ['nə:sɪŋ] n 1. szoptatás; ~ bottle cuclisüveg 2. nevelés, gondozás, ápolás [növénye is] 3. (beteg)ápolás; take up ~ (as a career) ápolónőnek megy

nursing-home n US 1. szanatórium 2. elfekvő(kórház)

nursling ['nə:slɪŋ] n 1. szopós gyermek, csecsemő 2. nevelt gyermek 3. fiatal palánta

nurture ['nə:tʃə*] I. n 1. táplálkozás 2. gondozás, nevelés II. vt 1. táplál 2. felnevel

nut [nʌt] n 1. dió; hard ~ to crack kemény dió (átv is) 2. anya(csavar) 3. □ fej, kókusz; off one's ~ elment az esze, bedilizett 4. □ pasas 5. US □ be (dead) ~s about (egészen) odavan vkért/vmért, bele van esve vkbe; ~s! marhaság!, szamárság!

nut-brown a gesztenyebarna

nutcake n US fánk

nut-crackers n pl diótörő

nutgall n gubacs

nuthatch ['nʌthætʃ] n csuszka [madár]

nutmeg n szerecsendió

nutria ['nju:trɪə; US 'nu:-] n nutria

nutrient ['nju:trɪənt; US 'nu:-] a tápláló

nutriment ['nju:trɪmənt; US 'nu:-] n 1. táplálék, élelem, étel 2. szellemi táplálék

nutrition [nju:'trɪʃn; US nu:-] n 1. táplálás, élelmezés 2. táplálkozás 3. táplálék, élelem

nutritional [nju:'trɪʃnl; US nu:-] a táplálkozási; ~ value tápérték

nutritious [nju:'trɪʃəs; US nu:-] a tápláló, tápértékű

nutritive ['nju:trətɪv; US 'nu:-] a tápláló, tápértékű, erősítő, táp-

nutshell ['nʌt-ʃel] n dióhéj; in a ~ dióhéjban, pár szóban

nutting ['nʌtɪŋ] n dióverés, diószedés

nutty ['nʌtɪ] a 1. dióban gazdag 2. dióízű 3. □ szerelmes, belebolondult 4. □ dilis

nuzzle ['nʌzl] A. vt orrával érint, orrát beleüti, ormányával túr B. vi 1. szaglász 2. kényelmesen fészkelődik/fekszik 3. ~ up (to) odakuporodik, -simul

NW [en'dʌblju:] north-west északnyugat, ÉNy

N.Y.(C.) New York (City)

Nyasaland [naɪ'æsəlænd] prop Nyaszaföld (ma: Malawi)

nylon ['naɪlən; US -ɑn] n 1. nylon 2. nylons pl nylonharisnya

nymph [nɪmf] n nimfa, fiatal lány

nymphomania [nɪmfə'meɪnɪə] n nimfománia

N.Z. New Zealand

O

0,[1] o [oʊ] *n* O, o (betű)

o[2] [oʊ] *n* **1.** zérus, nulla **2.** karika, kör

o[3] [oʊ] *int* **1.** ó!, óh! **2.** ejnye!

0[4] [oʊ] ~ *level* →*ordinary*

O' [oʊ- v. ə-] *pref* [ír nevek előtt jelentése:] -fi; *O'Hara* ⟨Hara nemzetségbeli⟩

o' [ə] *prep* = *of*

o/a *on account (of)* számlájára

oaf [oʊf] *n* (*pl* **oafs** oʊfs v. **oaves** oʊvz) mamlasz, fajankó

oafish ['oʊfɪʃ] *a* ostoba, bamba

oak [oʊk] *n* **1.** tölgy(fa) **2.** *GB* külső tölgyfaajtó [angol kollégiumi szobákon]; *sport one's* ~ a külső ajtót beteszi [s ezzel jelzi hogy, nem fogad látogatót]

oak-apple *n* tölgyfagubacs

oaken ['oʊk(ə)n] *a* tölgyfából való, tölgy-(fa-)

oak-gall *n* tölgyfagubacs

oakum ['oʊkəm] *n* csepű, kóc [tömítésnek]

oar [ɔ:*] I. *n* **1.** evezőlapát; *pull at the* ~*s* evez; *pull a good* ~ jól evez, jó evezős; *rest on one's* ~*s* (1) evezés közben pihen (2) *átv* pihen a babérain; *biz put/shove one's* ~ *in* beleüti az orrát vmbe **2.** evezős [ember] II. *vt/vi* evez **-oared** [ɔ:d] -evezős

oarlock *n US* = *rowlock*

oarsman ['ɔ:zmən] *n* (*pl* **-men** -mən) evezős [személy]

OAS [oʊeɪˈes] *Organization of American States* Amerikai Államok Szervezete

oasis [oʊˈeɪsɪs] *n* (*pl* **-ses** -si:z) oázis

oast(-house) ['oʊst-] *n* komlószárító, dohányszárító

oat [oʊt] *n rendsz pl* zab; *sow one's wild*

~*s* kitombolja magát [fiatal ember]; *biz feel one's* ~*s* (1) tudatában van fontosságának (2) kitűnő hangulatban van; *biz be off its* ~*s* beteg, étvágytalan

oatcake *n sk* zabpogácsa

oath [oʊθ; *pl* -ðz] *n* **1.** eskü; fogadalom; *on/under* ~ eskü alatt; *administer the* ~ *to sy* vktől kiveszi az esküt; *make/ swear/take an* ~ esküt (le)tesz, esküszik; *biz on my* ~ esküszöm **2.** káromkodás

oatmeal *n sk* zabliszt, zabdara

ob. *obiit he died* meghalt, megh., elhunyt

obduracy ['ɔbdjʊrəsɪ; *US* 'ɑbdər-] *n* makacsság, konokság

obdurate ['ɔbdjʊrət; *US* 'ɑbdər-] *a* **1.** makacs, konok **2.** kemény (szívű)

O.B.E., OBE [oʊbiːˈiː] *Officer of the* (*Order of the*) *British Empire* ⟨egy brit kitüntetés⟩

obedience [əˈbiːdjəns] *n* engedelmesség, szófogadás

obedient [əˈbiːdjənt] *a* engedelmes, szófogadó, kötelességtudó; *GB your* ~ *servant* alázatos szolgája [levél befejezéseként]

obeisance [əˈbeɪs(ə)ns] *n* hódolat, bókolás, meghajlás, főhajtás

obelisk ['ɔbəlɪsk; *US* 'ɑ-] *n* **1.** obeliszk **2.** [utalás jegyzetre:] †

obese [əˈbiːs] *a* elhízott, hájas

obesity [əˈbiːsətɪ] *n* hájasság, elhízottság

obey [əˈbeɪ] *vt* engedelmeskedik, szót fogad (vknek, vmnek)

obfuscate ['ɔbfʌskeɪt; *US* 'ɑb-] *vt* **1.** elhomályosít; összezavar **2.** elkábít, elbódít

obiter ['ɔbɪtə*; *US* 'ɑ-] *adv* ~ *dicta* vélemények és megjegyzések

obituary [ə'bɪtjʊərɪ; US -tʃʊerɪ] a/n ~ (notice) gyászjelentés, nekrológ
object I. n ['ɔbdʒɪkt; US 'ab-] 1. tárgy, dolog; ~ glass/lens tárgylencse 2. ~ of/for sg tárgya/alanya vmnek 3. cél, szándék; feladat; with this ~ ezért, e célból; succeed in one's ~ eléri célját 4. akadály; no ~ nem számít/akadály, mellékes 5. nevetséges (v. szánalomra méltó) ember/dolog II. vt/vi [əb'dʒekt] 1. kifogásol, ellenez (to vmt), tiltakozik, óvást emel (to vm ellen); I ~ to being treated like this tiltakozom ellene, hogy így bánjanak velem 2. ~ sg to sy szemére vet/hány vknek vmt
objection [əb'dʒekʃn] n 1. kifogás, ellenvetés, tiltakozás, ellenzés; take ~ to sg kifogásol vmt; have no ~ to sy/sg nincs kifogása vk/vm ellen 2. akadály
objectionable [əb'dʒekʃnəbl] a kifogásolható; kellemetlen, nem kívánatos
objective [əb'dʒektɪv] I. a 1. tárgyi, nem alanyi; ~ case tárgyeset 2. tárgyilagos, objektív, elfogulatlan II. n 1. tárgy 2. cél(pont) 3. tárgylencse, objektív
objectivity [ɔbdʒek'tɪvətɪ; US ab-] n tárgyilagosság
objectless ['ɔbdʒɪktlɪs; US 'ab-] a tárgytalan, céltalan
object-lesson n 1. szemléltető óra/példa 2. intő példa
objector [əb'dʒektə*] n tiltakozó
objurgation [ɔbdʒə:'geɪʃn; US ab-] n korholás
oblate ['ɔbleɪt; US 'ab-] a összelapított, sarkain benyomott [gömb]; ellipszoid
oblation [ə'bleɪʃn] n áldozat
obligation [ɔblɪ'geɪʃn; US ab-] n 1. (le-) kötelezettség; kötelesség; lekötelezés; put/place sy under an ~ lekötelez vkt; be under an ~ (to) le van kötelezve (vknek), elkötelezte magát; fulfil/meet one's ~s teljesíti kötelességét 2. tartozás, kötelem, szerződés(es kötelezettség), kötvény, adóslevél
obligatory [ə'blɪgət(ə)rɪ; US -ɔ:rɪ] a kötelező
oblige [ə'blaɪdʒ] vt 1. kötelez, kényszerít; be ~d to do sg köteles/kénytelen vmt megtenni 2. lekötelez, kedvére

tesz, szívességből csinál (sy by/with sg vknek vmt); be ~d to sy hálás vknek; full particulars will ~ részletes tájékoztatást kérünk; I am much ~d igen hálás vagyok, igen szépen köszönöm; I should be very much ~d to you if you would kindly . . . nagyon lekötelezne, ha volna szíves (vmt tenni)
obligee [ɔblɪ'dʒi:; US ab-] n hitelező
obliging [ə'blaɪdʒɪŋ] a lekötelező, udvarias, előzékeny
oblique [ə'bli:k] a 1. ferde, rézsútos; ~ angle ferdeszög 2. burkolt, homályos, indirekt 3. ~ oration függő beszéd
obliterate [ə'blɪtəreɪt] vt kitöröl, eltöröl, elmos, kipusztít, kiirt
obliteration [əblɪtə'reɪʃn] n eltörlés, kiirtás
oblivion [ə'blɪvɪən] n feledés, elfelejtés; sink/fall into ~ feledésbe merül; Act/Bill of O~ amnesztia
oblivious [ə'blɪvɪəs] a feledékeny, hanyag, megfeledkező (of vmről)
oblong ['ɔblɔŋ; US 'ablɔ:ŋ] I. a téglalap alakú, hosszúkás II. n téglalap
obloquy ['ɔbləkwɪ; US 'ab-] n becsmérlés; szégyen, gyalázat; fall into ~ rossz hírbe kerül
obnoxious [əb'nɔkʃəs; US -'na-] a kellemetlen, ellenszenves, visszataszító
oboe ['oʊboʊ] n oboa
oboist ['oʊboʊɪst] n oboajátékos, oboás
O'Brien [ə'braɪən] prop
obscene [əb'si:n] a trágár, obszcén
obscenity [əb'senətɪ] n trágárság, ocsmányság, illetlenség, sikamlósság
obscurantism [ɔbskjʊə'ræntɪzm] n maradiság, lelki/szellemi sötétség
obscure [əb'skjʊə*] I. a 1. sötét, homályos; zavaros 2. tompa [szín], bizonytalan, határozatlan 3. ismeretlen, jelentéktelen, tizedrangú 4. kétes hírű II. vt 1. elhomályosít 2. elfed
obscurity [əb'skjʊərətɪ] n 1. sötétség, homály(osság), bizonytalanság 2. ismeretlenség, visszavonultság
obsequies ['ɔbsɪkwɪz; US 'ab-] n pl temetés, gyászszertartás
obsequious [əb'si:kwɪəs] a alázatos, alkalmazkodó; hajlongó, szolgalelkű
observable [əb'zə:vəbl] a 1. észlelhető, megfigyelhető 2. figyelembe veendő

observance [əb'zə:vns] *n* 1. megtartás, betartás, figyelem(bevétel) 2. szertartás, rítus 3. előírás, szabály [szerzetesrendé]

observant [əb'zə:vnt] *a* 1. figyelmes, megfigyelő 2. engedelmes; *be ~ of sg* tiszteletben tart vmt

observation [ɔbzə'veɪʃn; *US* ab-] *n* 1. megfigyelés; észlelés; *~ balloon* megfigyelőléggömb; *~ car* (vasúti) kilátókocsi; *~ post* [katonai] megfigyelőállás; *escape ~* elkerüli a figyelmet; *take an ~* meghatározza a hajó helyzetét 2. megjegyzés, észrevétel; *~s* megállapítások, észrevételek, tapasztalat(ok)

observatory [əb'zə:vətrɪ; *US* -ɔ:rɪ] *n* csillagvizsgáló (intézet), obszervatórium

observe [əb'zə:v] **A.** *vt* 1. megfigyel, észlel; észrevesz, felfedez 2. betart, megtart; *~ a holiday* ünnepet megül; *~ a law* törvényt megtart; *~ silence* hallgat, nem szól 3. észrevételt/megjegyzést tesz (vmre), megjegyez **B.** *vi* figyel, figyelmes

observer [əb'zə:və*] *n* 1. (meg)figyelő; *the observed of all ~s* az érdeklődés középpontja 2. megtartó, betartó

obsess [əb'ses] *vt be ~ed by fear* félelem gyötri; *be ~ed with an idea* egy gondolat megszállottja

obsession [əb'seʃn] *n* megszállottság, rögeszme, mánia

obsessive [əb'sesɪv] *a* mániákus, megszállott

obsidian [ɔb'sɪdɪən]*n* obszidián, vulkáni üveg

obsolescence [ɔbsə'lesns; *US* ab-] *n* elavulás

obsolescent [ɔbsə'lesnt; *US* ab-] *a* elavulófélben levő

obsolete ['ɔbsəli:t; *US* 'ab-] *a* elavult, régies, idejétmúlt, ósdi

obstacle ['ɔbstəkl; *US* 'ab-] *n* akadály, gát; *~ race* akadályverseny; *put ~s in sy's way* akadályokat gördít vk útjába

obstetric(al) [ɔb'stetrɪk(l); *US* ab-] *a* szülészeti; *~ ward* szülészet [kórházi osztály]

obstetrician [ɔbste'trɪʃn; *US* ab-] *n* szülész

obstetrics [ɔb'stetrɪks; *US* ab-] *n* szülészet

obstinacy ['ɔbstɪnəsɪ; *US* 'ab-] *n* önfejűség, makacsság, konokság, nyakasság

obstinate ['ɔbstənət; *US* 'ab-] *a* önfejű, csökönyös, makacs

obstipation [ɔbstɪ'peɪʃn] *n* makacs székrekedés

obstreperous [əb'strep(ə)rəs] *a* 1. zajos, lármás 2. fegyelmezetlen; duhaj

obstruct [əb'strʌkt] **A.** *vt* 1. akadályoz, gátol, eltakar [kilátást]; *~ sy's path* elállja vk útját 2. eltöm, eldugaszol, elzár, eltorlaszol 3. obstruál **B.** *vi* eltömődik, eldugul

obstruction [əb'strʌkʃn] *n* 1. (el)dugulás, eltömődés 2. akadály(ozás), elakadás, (forgalmi) torlódás 3. obstrukció

obstructionist [əb'strʌkʃənɪst] *n* obstruáló [személy, képviselő]

obtain [əb'teɪn] **A.** *vt* (meg)kap, (meg)szerez, elér, kieszközöl (vmt), hozzájut (vmhez), elnyer **B.** *vi* fennáll, érvényben van

obtainable [əb'teɪnəbl] *a* kapható, megszerezhető, elérhető

obtrude [əb'tru:d] **A.** *vt* rátukmál, ráerőszakol (vmt vkre); *~ oneself* tolakszik; *~ oneself upon sy* ráakaszkodik vkre, nyakába varrja magát vknek **B.** *vi* tolakszik

obtrusion [əb'tru:ʒn] *n* ráerőszakolás, (be)tolakodás, erőszakoskodás

obtrusive [əb'tru:sɪv] *a* 1. tolakodó, erőszakos 2. átható [szag]; feltűnő, szembeötlő [dolog]

obtuse [əb'tju:s; *US* -'tu:s] *a* 1. tompa; *~ angle* tompaszög 2. korlátolt, buta

obverse ['ɔbvə:s; 'ab-] **I.** *a* szemben levő, másik [oldal]; kiegészítő; ellentétes **II.** *n* fejoldal, előlap [éremé], a másik oldal, megfelelője/ellentéte vmnek

obviate ['ɔbvɪeɪt; *US* 'ab-] *vt* elhárít, elkerül (vmt), elejét veszi (vmnek)

obvious ['ɔbvɪəs; *US* 'ab-] *a* nyilvánvaló, magától értetődő, kézenfekvő, szembeszökő

obviously ['ɔbvɪəslɪ; US 'ab-] adv nyilván(valóan), magától értetődően
O'Casey [ə'keɪsɪ] prop
occasion [ə'keɪʒn] I. n 1. alkalom; as ~ serves ahogy alkalom nyílik rá (v. adódik); rise to the ~ a helyzet magaslatára emelkedik; on ~ alkalmilag; on the ~ of sg vm alkalmából; take ~ to do sg felhasználja/megragadja az alkalmat vmre 2. ok; avoid all ~s of quarrel minden okot elkerül a veszekedésre 3. go about one's lawful ~s hivatalos ügyei után jár II. vt előidéz, okoz (vmt), alkalmat/okot ad (vmre)
occasional [ə'keɪʒənl] a alkalmi, véletlen; esetenkénti; ~ showers szórványos záporok; ~ table ide-oda helyezhető asztal
occasionally [ə'keɪʒnəlɪ] adv alkalmilag, néha, alkalomadtán; véletlenül
occident ['ɔksɪd(ə)nt; US 'a-] n nyugat
occidental [ɔksɪ'dentl; US a-] a nyugati
occipital [ɔk'sɪpɪtl; US ak-] a ~ bone nyakszirtcsont
occiput ['ɔksɪpʌt; US 'a-] n nyakszirt
occlusion [ɔ'klu:ʒn] n 1. elzárás, eltömés 2. elzáródás, eltömődés 3. elnyelés, abszorpció
occult [ɔ'kʌlt] a rejtett, titkos, ismeretlen, okkult
occultism ['ɔk(ə)ltɪzm; US 'a-] n okkultizmus
occupancy ['ɔkjʊpənsɪ; US 'akjə-] n 1. elfoglalás [állásé]; birtokbavétel [ingatlané] 2. birtoklás
occupant ['ɔkjʊpənt; US 'akjə-] n birtokos, birtokló; lakó, bérlő
occupation [ɔkjʊ'peɪʃn; US akjə-] n 1. birtokbavétel, lefoglalás, beköltözés; kibérlés 2. megszállás, elfoglalás 3. birtoklás 4. foglalkozás, elfoglaltság, hivatás
occupational [ɔkju:'peɪʃənl; US akjə-] a foglalkozással kapcsolatos; ~ disease foglalkozási betegség; ~ hazard foglalkozással járó kockázat/veszély; ~ therapy munkaterápia, -gyógymód
occupier ['ɔkjʊpaɪə*; US 'akjə-] n lakó, bérlő, birtokló
occupy ['ɔkjʊpaɪ; US 'akjə-] vt 1. elfoglal, birtokba vesz; megszáll; birtokban

tart; this seat is occupied ez a hely foglalt 2. betölt [állást] 3. elvesz, igénybe vesz [időt]; lefoglal, leköt; be occupied el van foglalva, nem ér rá; ~ oneself elfoglalja magát
occur [ə'kə:*] vi -rr- 1. előfordul, megtörténik, megesik, bekövetkezik; ~ again megismétlődik 2. akad, felbukkan 3. it ~s to me eszembe jut
occurrence [ə'kʌr(ə)ns; US ə'kə:-] n esemény, előfordulás, eset
ocean ['oʊʃn] n 1. óceán, tenger; ~ liner óceánjáró; the German O~ Északi-tenger 2. biz tengernyi/rengeteg mennyiség (vmből)
ocean-going a óceánjáró
Oceania [oʊʃɪ'eɪnjə] prop Óceánia
oceanic [oʊʃɪ'ænɪk] a 1. óceáni 2. biz rengeteg, tengernyi
oceanography [oʊʃjə'nɔgrəfɪ; US -'na-] n tengerkutatás, oceanográfia
ocelot ['oʊsɪlɔt; US -at] n ocelot, párducmacska
ochre, US rendsz ocher ['oʊkə*] n okker (sárga)
o'clock [ə'klɔk; US -ak] adv óra(kor); it is six ~ hat óra (van); biz like one ~ mint a karikacsapás
O'Connell [ə'kɔnl] prop
O'Connor [ə'kɔnə*] prop
Oct. October október, okt.
octagon ['ɔktəgən; US 'aktəgan] n nyolcszög, oktogon
octagonal [ɔk'tægənl; US ak-] a nyolcszögű
octahedron [ɔktə'hedr(ə)n; US ak-] n oktaéder, nyolclap(ú test)
octane ['ɔkteɪn; US 'a-] n oktán; ~ number oktánszám
octave ['ɔktɪv; US 'a-] n oktáv(a)
octavo, 8vo [ɔk'teɪvoʊ; US ak-] n nyolcadrét, oktáv papírméret
octet(te) [ɔk'tet; US ak-] n oktett
October [ɔk'toʊbə*; US ak-] n október
octogenarian [ɔktoʊdʒɪ'neərɪən; US ak-] a/n nyolcvanéves
octopus ['ɔktəpəs; US 'ak-] n (pl ~es -sɪz) polip
octoroon [ɔktə'ru:n; US ak-] n nyolcadvér [akinek egyik dédszülője néger]

octosyllabic [ɔktoʊsı'læbık; US ɑk-] a nyolc szótagú/szótagos
ocular ['ɔkjʊlə*; US 'ɑkjə-] I. a 1. szemmel kapcsolatos, szem- 2. (szemmel) látható; kézzelfogható II. n szemlencse
oculist ['ɔkjʊlıst; US 'ɑkjə-] n szemész, szemorvos
odalisque ['oʊdəlısk] n háremhölgy, odaliszk
odd [ɔd; US ɑd] a 1. nem páros, páratlan; ~ number páratlan szám; ~ months 31 napos hónapok; an ~ glove fél pár kesztyű 2. szám feletti; alkalmi; mellékes; ~ jobs alkalmi munkák; ~ man out magányos ember, nem közösségi ember; ~ moments szabad percek 3. valamivel több mint; twenty-~ years húsz-egynéhány év; 3 pounds ~ 3 font és pár penny; keep the ~ money megtartja a visszajáró pénzt 4. szokatlan, furcsa, különös ‖ →odds
oddity ['ɔdıtı; US 'ɑ-] n furcsaság, különlegesség; különcség
oddly ['ɔdlı; US 'ɑ-] adv különösképp(en), különös módon; furcsán; ~ enough különös módon
oddments ['ɔdmənts; US 'ɑ-] n pl maradékok, egyes darabok
odds [ɔdz; US ɑdz] n pl 1. valószínűség; esély; the ~ are that . . . az esélyek szerint . . .; the ~ are against him nem sok esélye van 2. különbség; biz what's the ~? mi a különbség?, nem mindegy?, számít az?; it makes no ~ nem tesz semmit 3. ~ and ends maradékok, apró-cseprő holmik 4. be at ~ with sy hadilábon áll vkvel 5. lay the ~ fogad vkvel ‖ →odd
ode [oʊd] n óda
odious ['oʊdjəs] a utálatos, gyűlöletes
odium ['oʊdjəm] n gyűlölet(esség), gyalázat, ódium
odontology [ɔdɔn'tɔlədʒı; US oʊdɑn'tɑ-] n fogászat
odorous ['oʊdərəs] a illatos, szagos
odour, US **odor** ['oʊdə*] n illat, szag; be in bad ~ rossz híre van; die in the ~ of sanctity szentség hírében hal meg

odourless, US **odor-** ['oʊdəlıs] a szagtalan
Odysseus [ə'dısju:s] prop Odüsszeusz
Odyssey ['ɔdısı; US 'ɑ-] I. prop Odisszea II. n o~ kalandos utazás, odisszea
oeco . . . →eco . . .
oecumenical [i:kju:'menıkl; US ekjʊ-] a = ecumenical
OED [oʊi:'di:] Oxford English Dictionary ⟨az angol nyelv oxfordi nagyszótára⟩
oedema, US **ed-** [i:'di:mə] n vizenyő, ödéma
Oedipus ['i:dıpəs] prop Oidipusz; ~ complex Ödipusz-komplexum
o'er ['oʊə*] = over
oesophagus US **es-** [i:'sɔfəgəs; US -'sɑ-] pl) **-gi** (-gaı) n bárzsing, nyelőcső
oestrus, US **es-** ['i:strəs] n koslatás, üzekedés, tüzelés
of [ɔv; US ɑv; gyenge ejtésű alakjai: əv, v, f] prep 1. -ból, -ből, közül; well, and what ~ it? na és aztán?, hát aztán?; US five minutes ~ one 5 perc múlva 1 óra; two ~ them kettő közülük; what do you do ~ a Sunday? mit csinálsz vasárnap?; ~ old régen, azelőtt, hajdan; ~ all things mindenekelőtt; he ~ all men elsősorban/pont ő 2. -tól, -től; it is very kind ~ you igen kedves öntől/tőled; ~ all booksellers minden könyvkereskedésben kapható; within a mile ~ London egy mérföldre Londontól 3. -ról, -ről; speak ~ books könyvekről beszél 4. -vmből való/álló; made ~ wood fából készült 5. [vmnek a része, mennyiség:] a piece ~ furniture bútor(darab); a pound ~ . . . egy font . . . 6. [minőség/milyenség kifejezője:] child ~ ten tízéves gyermek; swift ~ foot gyors lábú 7. [a birtokviszony kifejezője:] the works ~ Shakespeare S. művei; a friend ~ mine egyik barátom
off [ɔf; US ɔ:f] I. a 1. távoli, messzi 2. szabad, nem elfoglalt; ~ day szabadnap; this is one of his ~ days rossz napja van II. aáv/prep 1. el; félre; le; távol, messze; he is ~ to London elutazott L-ba; be ~ távozik,

elmegy; *be ~!* mars innen!; *~ we go!*
na gyerünk!; *they're ~!* elindultak
[versenylovak stb.]; *the concert is
~* a hangverseny elmarad; *be well ~*
jómódban él; *~ and on* időnként;
right/straight ~ azonnal, rögtön; *have
a day ~* szabadnapja van; *be ~ duty*
nincs szolgálatban; *be ~ one's food*
nincs étvágya; *be ~ colour* nincs jó
színben, rossz bőrben van *→off-col-
our; ~ the point* lényegtelen, nem
a tárgyhoz tartozó; *you are ~ on that
point* elkalandoztál a témától, el-
tértél a tárgytól 2. lezárva, elzárva,
kikapcsolva [fűtés, villany stb.], ki
[műszeren]; *the gas is ~* el van zárva
a gáz 3. *be a bit ~* nem egészen friss
[húsról stb.]
offal ['ɔfl; *US* 'ɔ:-] *n* 1. hulladék, sze-
mét 2. belsőség(ek) [állaté]
off-beat *a biz* nem a megszokott, nem
sablonos
off-chance *n* csekély valószínűség
off-colour *a* 1. gyengélkedő, rossz álla-
potban levő 2. rosszabb minőségű,
kétes 3. kifakult, elszíneződött 4.
sikamlós, pikáns [tréfa]
offence, *US* **-se** [ə'fens] *n* 1. (meg-)
sértés, támadás; sérelem; *~ against
sg* vmnek a megsértése; *~ against the
law* törvénysértés; *give ~ to sy* meg-
sért vkt; *take ~ at sg* megsértődik
vmn; *no ~ (was meant)!* nem akartam
megbántani!, bocsánat! 2. vétek, bűn
offend [ə'fend] **A.** *vt* 1. (meg)bánt,
megsért; kellemetlenül érint; *be ~ed
at/by/with sg* megsértődik vm miatt
2. sért [szemet, fület] **B.** *vi* 1. *~
against* megszeg, megsért [törvényt
stb.] 2. † vétkezik
offender [ə'fendə*] *n* bűnöző; bűntet-
tes; *old ~* büntetett előéletű bűnöző
offending [ə'fendɪŋ] *a* bántó, sértő
offense *→offence*
offensive [ə'fensɪv] **I.** *a* 1. támadó 2.
visszataszító, kellemetlen [szag, lát-
vány]; sértő, durva, goromba [sza-
vak stb.] **II.** *n* támadás, offenzíva;
take the ~, act on the ~ támadólag
lép fel
offer ['ɔfə*; *US* 'ɔ:-] **I.** *n* ajánlat, kí-

nálat; *make an ~* ajánlatot tesz **II.**
A. *vt* 1. (fel)ajánl, (fel)kínál (*sg to sy*
vmt vknek); *~ to do sg* ajánlkozik
vmnek a megtételére; *~ itself* adó-
dik, kínálkozik; *~ an opinion* véle-
ményt mond; *~ a remark* megjegyzést
tesz; *~ resistance* ellenáll 2. nyújt
B. *vi* kínálkozik, adódik [alkalom];
as occasion ~s amint alkalom adódik
offering ['ɔf(ə)rɪŋ; *US* 'ɔ:-] *n* 1. fel-
ajánlás 2. ajándék; *~s* adakozás
[templomban]
offertory ['ɔfət(ə)rɪ; *US* 'ɔ:fərtɔ:rɪ] *n*
1. felajánlás, offertórium 2. [temp-
lomi] perselyezés; (összegyűjtött)
adomány
off-hand **I.** *a* 1. rögtönzött, spontán 2.
fesztelen; fölényes **II.** *adv* 1. kapásból
2. fesztelenül; fölényesen
office ['ɔfɪs; *US* 'ɔ:-] *n* 1. hivatal,
szolgálat, állás; tisztség; *come into
~, take ~* hivatalba lép; *be in ~, hold
~* (1) állást betölt (2) hatalmon van
[kormány] 2. iroda, hivatal(i helyi-
ség); *US* rendelő [orvosé]; *~ girl*
tisztviselőnő; *~ hours* hivatalos idő
3. istentisztelet, szertartás; *~ for
the Dead* gyászmise 4. **offices** *pl* (1)
mellékhelyiségek [lakásban] (2) gaz-
dasági épületek, melléképületek 5.
through the good ~s of sy vk szíves
segítségével/közbenjárásával 6. *GB*
minisztérium 7. □ jelzés, figyelmez-
tetés; *give/take the ~* jelt ad, figyel-
meztet
office-bearer *n* hivatal/állás betöltője,
tiszt(ség)viselő
office-block *n* irodaház
office-boy *n* irodai kifutófiú
office-holder *n = office-bearer*
officer ['ɔfɪsə*; *US* 'ɔ:-] *n* 1. (katona-)
tiszt 2. *= official* 3. ⟨angol rendőr
megszólítása⟩ kb. biztos úr!
official [ə'fɪʃl] **I.** *a* 1. hivatalos, szol-
gálati; *~ receiver* zárgondnok 2. hi-
teles **II.** *n* hivatalnok, tisztviselő
officialdom [ə'fɪʃldəm] *n* hivatalnoki kar
officialese [əfɪʃə'li:z] *n* bürokratikus/
hivatalos nyelv
officially [ə'fɪʃəlɪ] *adv* hivatalosan; hi-
vatalból

officiate [ə'fɪʃɪeɪt] vi működik, ténykedik; ~ as host a házigazda szerepét tölti be

officious [ə'fɪʃəs] a fontoskodó, túlbuzgó, túlzottan szolgálatkész

offing ['ɔfɪŋ; US 'ɔ:-] n 1. nyílt tenger 2. be in the ~ kilátásban/készülőben van

offish ['ɔfɪʃ; US 'ɔ:-] n biz tartózkodó, kimért

off-key a US hamis [zenében]

off-licence n GB 1. italmérés utcán át 2. palackozott italok boltja

off-peak a csúcsforgalmon kívüli; ~ period elő- és utószezon

off-print n különlenyomat

off-putting a elkedvetlenítő

off-scourings ['ɔfskaʊərɪŋz; US 'ɔ:-] n pl hulladék, söpredék, szemét

off-season n holt idény/szezon

offset ['ɔfset; US 'ɔ:-] I. n 1. ~ (process) ofszetnyomás; ~ press ofszetgép 2. = offshoot 1. 3. kárpótlás; ellensúly; viszonzás 4. ordináta II. vt ellensúlyoz, kiegyenlít, kárpótol

offshoot ['ɔfʃu:t; US 'ɔ:-] n 1. sarj, (törzs)hajtás; elágazás 2. származék

off-shore I. a parti, part menti II. adv a parttól nem messze

offside ['ɔf'saɪd; US ɔ:-] I. a 1. les-[határ, szabály stb.] 2. belső [sáv] II. adv be ~ lesen van [játékos]

offspring ['ɔfsprɪŋ; US 'ɔ:-] n (pl ~) 1. leszármazott(ak), ivadék, sarj(adék), vk „csemetéje" 2. eredmény

off-street n mellékutca

off-the-record a nem hivatalos, bizalmas [közlés]

off-white a piszkosfehér

oft [ɔft; US ɔ:-] adv gyakran, gyakorta

often ['ɔfn; US 'ɔ:-] adv gyakran, sokszor, sűrűn; how ~? hányszor?; milyen sűrűn?; as ~ as not igen gyakran; once too ~ a kelleténél többször

oft-times adv † gyakran

ogee ['oʊdʒi:] n ~ arch szamárhátív

ogival [oʊ'dʒaɪvl] a csúcsíves, gótikus

ogive ['oʊdʒaɪv] n csúcsív, gótikus ív

ogle ['oʊgl] vi/vt fixíroz (vkt), szemez (vkvel)

ogre ['oʊgə*] n emberevő óriás

ogress ['oʊgrɪs] n emberevő óriásnő

oh [oʊ] int = o^3

Ohio [ə'haɪoʊ] prop

ohm [oʊm] n ohm [egység]

O.H.M.S., OHMS [oʊeɪtʃem'es] On His/Her Majesty's Service →majesty

oil [ɔɪl] I. n olaj; ~ refinery olajfinomító; ~ slick →slick III. 1.; paint in ~ olajjal fest; pour ~ on troubled waters lecsillapítja a kedélyeket; strike ~ (1) olajra bukkan (2) biz jó fogást csinál, sikere van II. vt (meg)olajoz, ken, zsíroz; átv ~ sy's palm megkeni vknek a tenyerét; átv ~ the wheels keni a kereket; ~ one's tongue hízelegve beszél; ~ up megolajoz

oil-bearing a (kő)olaj tartalmú [réteg stb.], olajtermő

oilcake n olajpogácsa

oil-can n olajozókanna

oilcloth n viaszosvászon, linóleum

oil-colours n pl olajfesték

oiler ['ɔɪlə*] n 1. olajozókanna 2. olajozó [személy] 3. olajszállító hajó

oil-field n olajmező

oil-gauge n olajszintmutató

oilily ['ɔɪlɪlɪ] adv 1. olajosan 2. kenetteljesen

oiliness ['ɔɪlɪnɪs] n 1. olajosság 2. kenetteljesség

oilman ['ɔɪlmən] n (pl -men -mən) olaj-(festék-)kereskedő

oil-painting n olajfestmény

oil-press n olajsatu, -ütő, -prés

oil-rig n fúrótorony, -sziget

oilskin(s) n 1. olajjal impregnált anyag 2. vízhatlan tengerészköpeny

oilstone n köszörűkő, fenőkő

oil-tanker n olajszállító hajó, tankhajó

oil-well n olajkút

oily ['ɔɪlɪ] a 1. olajos, zsíros 2. átv sima, hízelkedő, kenetes, kenetteljes

ointment ['ɔɪntmənt] n kenőcs, ír, balzsam, pomádé

O.K., OK, okay [oʊ'keɪ] biz I. int/adv rendben van, helyes, el van intézve II. n give one's OK beleegyezik, hozzájárul III. vt (OK'ing oʊ'keɪɪŋ, pt/pp OK'd oʊ'keɪd) helybenhagy, jóváhagy, beleegyezik; szignál

okapi [oʊˈkɑːpɪ] *n* okapi
okay [oʊˈkeɪ] →*O.K.*, *OK*
Okie [ˈoʊkɪ] *n US* **1.** oklahomai (lakos)
2. (Oklahomából szárazság miatt elköltözött) vándormunkás
Okla. *Oklahoma*
Oklahoma [oʊkləˈhoʊmə] *prop*
Olaf [ˈoʊləf] *prop* Olaf
old [oʊld] **I.** *a* (*comp* **older** ˈoʊldə*,
sup* **oldest** ˈoʊldɪst) **1.** öreg, vén, idős; *grow* ~ megöregszik, megvénül; *three years* ~ hároméves; ~ *age* öregkor, aggkor, vénség →*old-age*; *how* ~ *are you?* mennyi idős vagy?, hány éves (vagy)?; *an* ~ *friend of mine* régi jó barátom; *as* ~ *as the hills* öreg mint az országút; *an* ~ *boy* öreg fiú, öregdiák, vén diák; *an* ~ *hand at sg* (tapasztalt) vén róka [mesterségében]; *goodbye* ~ *man* Isten veled öreg fiú!; □ *your* ~ *man* a faterod, az öreged/ősöd; □ *my* ~ *man* férjem, uram **2.** régi, ó; *the* ~ *country* az óhaza; *US O~ Glory* az amerikai zászló; ~ *gold* óarany; *biz* ~ *hat* idejétmúlt, ósdi; ~ *masters* régi festők (festményei); *biz have a fine/good* ~ *time* jól érzi magát, jól szórakozik **II.** *n of* ~ hajdan(i); *in days of* ~ hajdanán, a régi időkben
old-age *a* öregkori, öregségi ‖ →*old I.*
old-clothesman [-ˈkloʊðzmæn] *n* (*pl* **-men** **-men**) ószeres
olden [ˈoʊld(ə)n] *a* régi, hajdani
older [ˈoʊldə*] *a* öregebb, régibb →*old I.*
oldest [ˈoʊldɪst] *a* legöregebb, legrégibb →*old I.*
old-established *a* régóta fennálló, régi
old-fashioned [-ˈfæʃnd] *a* régimódi, ódivatú, divatjamúlt, idejétmúlt, régies
oldish [ˈoʊldɪʃ] *a* öreges, öregecske
old-maidish [-ˈmeɪdɪʃ] *a* vénkisasszonyos
oldster [ˈoʊldstə*] *n biz* öregember
old-timer *n* **1.** veterán **2.** „öreg fiú", régi ember (vhol, vmben)
old-womanish [-ˈwʊmənɪʃ] *a* öregasszonyos
old-world *a* régi (világbeli), óvilági, ódivatú
oleaginous [oʊlɪˈædʒɪnəs] *a* **1.** olajos, olajtartalmú, zsíros **2.** *átv* kenetes

oleander [oʊlɪˈændə*] *n* oleánder
oleograph [ˈoʊlɪəɡrɑːf; *US* -æf] *n* olajnyomat
olfactory [ɔlˈfækt(ə)rɪ; *US* ɑl-] *a* szagló- (szervi)
Olga [ˈɔlɡə] *prop* Olga
oligarch [ˈɔlɪɡɑːk; *US* ˈɑ-] *n* oligarcha
oligarchical [ɔlɪˈɡɑːkɪkl; *US* ɑ-] *a* oligarchikus
oligarchy [ˈɔlɪɡɑːkɪ; *US* ˈɑ-] *n* oligarchia
olivaceous [ɔlɪˈveɪʃəs; *US* ɑ-] *a* olajzöld
olive [ˈɔlɪv; *US* ˈɑ-] **I.** *a* olívzöld, olajzöld **II.** *n* **1.** olajfa **2.** olajbogyó, olíva
olive-branch *n* olajág
olive-drab **I.** *a* barnászöld (színű); kincstári színű **II.** *n* katonai egyenruha
olive-green *a* = *olive I.*
olive-oil *n* olívaolaj, faolaj
Oliver [ˈɔlɪvə*; *US* ˈɑ-] *prop* Olivér
Olivia [ɔˈlɪvɪə] *prop* Olívia
ology [ˈɔlədʒɪ; *US* ˈɑ-] *n biz* tudomány
olympiad [əˈlɪmpɪæd] *n* olimpiász [négyéves időköz két ógörög olimpiai játék között]
Olympian [əˈlɪmpɪən] *a/n* olimposzi
Olympic [əˈlɪmpɪk] **I.** *a* olimpiai; ~ *games* olimpia(i játékok) **II.** **Olympics** *n pl* olimpia(i játékok)
Olympus [əˈlɪmpəs] *prop* Olimposz
O.M., OM [oʊˈem] *Order of Merit* 〈magas brit polgári kitüntetés〉
Omaha [ˈoʊməhɑː] *prop*
Oman [əˈmɑːn] *prop* Omán
Omar Khayyam [ˈoʊmɑːkaɪˈɑːm] *prop* Omár Khájjám
ombudsman [ˈɔmbʊdzmən; *US* ˈɑ-] *n* (*pl* **-men** **-mən**) 〈magánszemélyeknek a közhivatalok bürokratikus túlkapásai ellen tett panaszait kivizsgáló állami tisztviselő〉
omelet(te) [ˈɔmlɪt; *US* -m(ə)l-] *n* omlett, tojáslepény
omen [ˈoʊmen] **I.** *n* ómen, (elő)jel **II.** *vt* előre jelez, megjósol
ominous [ˈɔmɪnəs; *US* ˈɑ-] *a* baljós- (latú), rosszat jelentő, ominózus
omission [əˈmɪʃn] *n* kihagyás, elhagyás; (el)mulasztás; *sin of* ~ mulasztási vétek
omit [əˈmɪt] *vt* **-tt-** elhagy, kihagy, mellőz; kifelejt; elmulaszt; ~ *to do sg* vmt

nem tesz meg, elmulaszt/elfelejt vmt megtenni; *he ~ted to provide for his family* nem gondoskodott családjáról; *not ~ to do sg* nem mulaszt el vmt megtenni
omnibus ['ɔmnɪbəs; *US* 'ɑ-] *n* 1. † autóbusz 2. ~ *volume* gyűjteményes kötet [egy író műveiből]
omnipotent [ɔm'nɪpət(ə)nt; *US* ɑm-] *a* mindenható
omnipresent [ɔmnɪ'preznt; *US* ɑm-] *a* mindenütt jelenvaló
omniscient [ɔm'nɪsɪənt; *US* ɑm'nɪʃ(ə)nt] *a* mindentudó
omnivorous [ɔm'nɪv(ə)rəs; *US* ɑm-] *a* mindenevő
on [ɔn; *US* ɑn] **I.** *prep* **1.** -on, -en, -ön, -n, vmn, vm mellett, -nál, -nél; *this is ~ me* ezt én fizetem; ~ *duty* szolgálatban; ~ *holiday* szabadságon; ~ *purpose* szándékosan; ~ *tap* csapra verve; ~ *sale* eladó; ~ *the cheap* olcsón; *the house is ~ the road* a ház az út mentén van; *have you a match ~ you?* van nálad gyufa? **2.** (*kelet/dátum/nap meghatározásánál:*) -án, -én, -n; ~ *or about the fifth* ötödikén vagy ötödike körül/táján; ~ *the 5th of May* május ötödikén; ~ *Sunday* vasárnap; ~ *Xmas eve* karácsony estéjén **3.** -ra, -re; -ról, -ről; *curse ~ him* átok reá; *a book ~ . . . . . . -ról* szóló könyv; *he lectures ~ finances* a pénzügyekről ad elő **4.** -hoz, -hez, -höz, felé; *march ~ London* L. felé halad/nyomul/menetel **5.** közben, pontosan akkor (amikor . . .), rögtön azután, hogy . . . ; vmnek eredményeképpen; ~ *entering the room* a szobába lépve, ahogy a szobába lépett; ~ *the instant* tüstént, azon nyomban; ~ *a sudden* hirtelen; ~ *examination I found . . .* vizsgálatom eredményeképpen úgy találtam . . .; ~ *the minute* pontosan **II.** *adv* **1.** tovább; iránta; feléje; *well ~ in years* előrehaladott korú; ~ *and ~* úgy mint eddig, tovább, folyvást; ~ *and off* hébe-hóba, időnként **2.** *be ~* (1) színpadon van [színész] (2) fut, játsszák [filmet, színdarabot]; *what's ~?* mit játszanak/adnak?; *Macbeth is ~* M. van műsoron,

M-t játsszák; *the show is ~* az előadás folyik **3.** kinyitva, bekapcsolva [gáz, villany stb.], be [műszeren]; *the tap is ~* nyitva van a csap [folyik a víz/gáz]; *the light is ~* ég a lámpa, meg van gyújtva a lámpa; *the hand-brake is ~* be van húzva a kézifék **4.** *what has she got ~?* mibe van öltözve?, mi van rajta?; □ *a bit ~* kissé spicces **5.** *biz be ~* benne van vmben **6.** *be ~ to sy* (1) tisztában van vkvel (2) nyaggat, bosszant
onanism ['ɔnənɪzm] *n* onánia, nemi önkielégítés [férfié]
once [wʌns] **I.** *adv* **1.** egyszer, egy ízben; ~ *more* még egyszer, újra; ~ *for all* egyszer s mindenkorra; *for (this)* ~ ez egyszer; ~ *in a while* néha, ritkán; ~ *or twice* párszor, néhányszor **2.** egykor, valaha; ~ *upon a time* egyszer volt hol nem volt **3.** *at ~* (1) azonnal, nyomban (2) egyszerre; ugyanakkor; *all at ~* egyszerre csak, hirtelen **II.** *conj* mihelyt, ha egyszer; ~ *you do it* ha (már) egyszer megteszed
once-over *n US biz give sg the ~* (gyorsan) átnéz, átfut (vmt), futó pillantást vet vmre
oncology [ɔŋ'kɔlədʒɪ; *US* ɑŋ'kɑ-] *n* onkológia
on-coming **I.** *a* közelítő; közeledő; ~ *traffic* szembejövő forgalom **II.** *n* közeledés
one [wʌn] **I.** *a* **1.** egy; egyik; ~ *day* egy (szép) napon; ~ *Mr Smith* egy bizonyos Smith úr; ~ *and only* páratlanul álló; *it's all* ~ mindegy; ~ *and all* egytől egyig, mind kivétel nélkül; ~ *and six* egy shilling hat penny **2.** *book* ~ első könyv/ének [eposzban] **3.** egyetlen; ugyanaz, egyesített; *become* ~, *be made* ~ egyesül, összeházasodik; *remains for ever* ~ mindig ugyanaz marad; *the ~ way to do it* az egyetlen járható út, az egyetlen módja ennek **II.** *pron* **1.** ~ *another* egymás(t); ~ *by ~* egyenként; ~ *after the other* egymás után, sorban; ~ *of us* egyikünk; ~ *of them* egyikük; *make ~ of us* tarts velünk; ~ *and all* mind kivétel nélkül, egytől egyig; *the ~ who* az aki . . .; *he*

is the ~ ő az 2. [főnévhelyettesítő] *which pencil do you want?* (*I want*) *the black* ~ Melyik ceruzát kéred? A feketét (kérem); *which* ~*?* melyiket?
3. [általános alany] az ember, valaki; ~ *cannot always be right* az ember néha téved; ~*'s* (az ő) . . . -*a/-e; do* ~*'s duty* megteszi kötelességét III. *n* 1. egy [ember, dolog]; *no* ~ senki; *all in* ~ mind együtt, összesítve; ~ (*up*) *for us* egy pont a javunkra, egy null a javunkra 2. *the little* ~*s* a kicsinyek, a kisgyerekek
one-act *a* ~ *play* egyfelvonásos (színdarab)
one-armed *a* egykarú, félkarú; *US* □ ~ *bandit* kb. flipper
one-course *a* ~ *dish* egytálétel
one-day *a* ~ *return ticket* egynapos kirándulójegy [oda-vissza]
one-eyed *a* egyszemű, félszemű
one-horse *a* 1. egyfogatú 2. *US biz* silány, kisszerű, „piti"; *a* ~ *town* kb. Mucsa
O'Neil(l) [ə'ni:l] *prop*
one-legged *a* egylábú, féllábú
one-man *a* egyszemélyes
oneness ['wʌnnɪs] *n* egység, azonosság
one-piece *a* egyrészes [fürdőruha]
one-price *a* egységárú [üzlet]
oner ['wʌnə*] *n* □ vm nagyszabású dolog; páratlan ember (a maga nemében)
onerous ['ɔnərəs; *US*'ɑ-] *a* súlyos, terhes
onerousness ['ɔnərəsnɪs; *US* 'ɑ-] *n* súlyosság, terhesség
one's [wʌnz] →*one II.*
oneself [wʌn'self] *pron* (ön)maga, (ön-) magát, magának; *of* ~ magától, önként; *look after* ~ gondoskodik magáról; *come to* ~ magához tér
one-sided *a* egyoldalú, féloldalas, elfogult, igazságtalan
one-storied *a* földszintes
one-time *a* egykori, hajdani
one-track *a* 1. egyvágányú 2. egyoldalú [gondolkodás]
one-way *a* egyirányú; ~ *street* egyirányú utca; *US* ~ *ticket* egyszeri utazásra szóló jegy
ongoing ['ɔngouɪŋ; *US* 'ɑn-] *a* folyamatban levő

onion ['ʌnjən] *n* (vörös)hagyma; ~ *pickles* hagymasaláta
onion-skin *n* vékony fényes papír, hártyapapír
onlooker ['ɔnlukə*; *US* 'ɑn-] *n* néző
only ['ounlɪ] I. *a* egyetlen, egyedüli; *an* ~ *child* egyetlen gyerek II. *adv* csak, csupán; ~ *too* nagyon is; ~ *just* éppen hogy; ~ *to think of it* csak erre gondolni is; ~ *yesterday* csupán tegnap; *you* ~ *can guess* csak te tudod kitalálni; *you can* ~ *guess* csak találgatni tudsz/lehet III. *conj* csak éppen, kivéve hogy, azonban; ~ *that* . . . kivéve hogy, csak ne lenne . . .
onomatopoeia [ɔnəmætə'pi:ə; *US* ɑ-] *n* hangutánzás, hangfestés
onomatopoeic [ɔnəmætə'pi:ɪk; *US* ɑ-] *a* hangutánzó, hangfestő
onrush ['ɔnrʌʃ; *US* 'ɑn-] *n* támadás, rárohanás; hirtelen ömlés
onset ['ɔnset; *US* 'ɑn-] *n* 1. roham, támadás 2. kezdet; *from the* ~ kezdettől fogva
onside [ɔn'saɪd] *a/adv be* ~ nincs lesen
onslaught ['ɔnslɔ:t; *US* 'ɑn-] *n* támadás
Ont. *Ontario*
Ontario [ɔn'teərɪou; *US* ɑn-] *prop*
onto ['ɔntu; *US* 'ɑn-] *prep* -ra, -re; felé
ontological [ɔntə'lɔdʒɪkl; *US* ɑntə'lɑ-] *a* ontológiai, lételméleti
ontology [ɔn'tɔlədʒɪ; *US* ɑn'tɑ-] *n* ontológia, lételmélet
onus ['ounəs] *n* súly, teher, felelősség
onward ['ɔnwəd; *US* 'ɑn-] *a* előrehaladó
onwards ['ɔnwədz; *US* 'ɑn-] *adv* előre, tovább; *from this time* ~ ettől fogva
onyx ['ɔnɪks; *US* 'ɑ-] *n* ónix
oof [u:f] *n* □ pénz, dohány
oomph [u:mf] *n* □ nemi vonzóerő
oops [ups] *int* zsupsz!
ooze [u:z] I. *n* 1. szivárgás, lassú kiáramlás 2. iszap, sár II. *vi* 1. szivárog, átszűrődik, csöpög, izzad, gyöngyözik 2. ~ *out* kiszivárog [titok] 3. ~ *away* elpárolog [bátorság]
op [ɔp; *US* ɑp] *a* (= *optical*); ~ *art* op művészet
op. *opus* mű
o.p., OP [ou'pi:] *out of print* elfogyott (könyv), már nem kapható

opacity [oʊ'pæsətɪ] n átlátszatlanság, homályosság
opal ['oʊpl] n opál
opalescent [oʊpə'lesnt] a opálos, opálfényű, opalizáló, színeket játszó
opaque [oʊ'peɪk] a 1. átlátszatlan 2. tudatlan, nehézfejű
op. cit. [ɔp'sɪt] opere citato in the work cited az idézett műben, i. m.
OPEC ['oʊpek] Organization of Petroleum Exporting Countries Kőolajexportáló Országok Szervezete
open ['oʊp(ə)n] I. a 1. nyitott, nyílt; break ~ feltör, kibont; cut ~ felvág; throw ~ kitár; the door is ~ az ajtó nyitva van/áll; (policy of) the ~ door „nyitott kapu" elve 2. szabad, nyílt; nyilvános; in the ~ air a szabadban; in ~ country nyílt terepen, lakott területen kívül; in ~ court nyilvános tárgyaláson; keep ~ house nyílt házat visz; ~ road szabad út; the ~ sea a nyílt tenger; the ~ season vadászidény; GB O~ University ⟨levelező rendszerű egyetem⟩; it is ~ to you to do sg szabadságodban áll vmt tenni; ~ to the public a közönség számára nyitva 3. egyenes, őszinte, nyílt, világos, közlékeny; be ~ with sy őszinte vkvel 4. eldöntetlen; leave the matter ~ függőben hagyja a dolgot; have an ~ mind liberális gondolkodású, elfogulatlan; ~ question nyílt/nyitott kérdés; ~ contract még nem teljesített szerződés, határidős kötés 5. vmnek alávetve; be ~ to advice szívesen fogad tanácsot; ~ to criticism bírálható, kritizálható; ~ to doubt kérdéses, vitatható II. n in the ~ a szabadban; come out into the ~ nyilvánosságra jut III. A. vt 1. (fel-)nyit, kinyit, megnyit, (ki)bont, felbont; kitár; kitát; ~ oneself kiönti a szívét 2. (meg)kezd, indít, bevezet; ~ hearts kőrrel/pirossal kezd [kártyában]; ~ fire tüzet nyit B. vi 1. (ki)nyílik, megnyílik, kitárul; the door ~s into a passage az ajtó folyosóra nyílik; the window ~s on to the garden az ablak a kertre néz/nyílik 2. kezdődik, indul; (el)terjed 3. fakad, rügyezik [virág]
open out A. vt kinyit, kitár, kibont

B. vi 1. kinyílik, kitárul(kozik) 2. kifejlődik, kibontakozik
open up A. vt 1. megnyit, hozzáférhetővé tesz, feltár 2. felvág 3. fiókot nyit B. vi megnyílik, hozzáférhetővé válik
open-air a szabadtéri, szabad ég alatti, nyitott; ~ school erdei iskola; ~ treatment légkúra
open-cast a külszíni fejtésű
open-ended [-'endɪd] a többféle megoldást lehetővé tevő, nem lezárt, nyitva hagyott
opener ['oʊp(ə)nə*] n nyitó, bontó
open-eyed a szemfüles, óvatos; with ~ astonishment a meglepetéstől tágra nyílt szemekkel
open-faced a nyílt arcú
open-handed a bőkezű
open-hearted a nyíltszívű, őszinte, nemes szívű
open-heart surgery nyitott szívműtét
opening ['oʊpnɪŋ] I. a (meg)nyitó; ~ night bemutató (előadás); ~ paragraph első bekezdés II. n 1. nyílás, rés 2. kezdet, kezdés; ~ hours nyitvatartás(i idő); ~ time nyitás [üzleté] 3. alkalom, esély 4. üresedés, álláslehetőség 5. átv kilátás 6. US tisztás [erdőben]
openly ['oʊp(ə)nlɪ] adv nyíltan, szabadon; nyilvánvalóan
open-minded a liberális gondolkodású, elfogulatlan
open-mouthed a 1. tátott szájú 2. falánk, ragadozó
open-necked a nyitott gallérú
openness ['oʊp(ə)nnɪs] n nyíltság
open-work n 1. áttört kötés 2. külfejtés, külszíni fejtés [bányában]
opera ['ɔp(ə)rə; US 'ɑ-] n opera
operable ['ɔpərəbl; US 'ɑ-] a 1. működtethető, kezelhető 2. operálható
opera-cloak n (báli) belépő
opera-glasses n pl színházi látcső
opera-hat n rugós cilinder, klakk
opera-house n operaház
operate ['ɔpəreɪt; US 'ɑ-] A. vi 1. működik, üzemel 2. hat(ással van) (vmre) 3. operál; ~ on sy megoperál/megműt vkt 4. hatályos, érvényes

B. *vt* 1. működtet, üzemben tart
[gépet]; ~*d by electricity* villamos
(meg)hajtású 2. (meg)operál; *be* ~*d
on* megoperálják 3. okoz, előidéz;
befolyásol
-operated [-əpəreɪtɪd; *US* -əp-] mű-
ködésű, hajtású
operatic [ɔpə'rætɪk; *US* ɑ-] *a* operai,
opera-
operating ['ɔpəreɪtɪŋ; *US* 'ɑ-] *a* 1. ope-
ráló, műtői, műtő- 2. működtető;
üzemi
operating-room *n* műtő
operating-table *n* műtőasztal
operating-theatre *n* (demonstrációs)
műtő(terem)
operation [ɔpə'reɪʃn; *US* ɑ-] *n* 1. mű-
ködés, cselekvés; üzem(elés); *be in
~* működik, üzemben van, üzemel;
put in ~ működésbe hoz, üzembe
helyez; *in full ~* teljes üzemben/
üzemmel 2. műtét, operáció; *undergo
an ~* megoperálják, megműtik 3. jog-
hatás, érvény(esség), hatály; *come
into ~* érvénybe lép 4. eljárás; mű-
velet 5. hadművelet; *European the-
atre of ~s* európai hadszíntér
operational [ɔpə'reɪʃənl; *US* ɑ-] *a* 1.
hadműveleti 2. ~ *costs* üzemeltetési
költség(ek) 3. ~ *research* operáció-
kutatás
operative ['ɔp(ə)rətɪv; *US* 'ɑpəreɪ-]
I. *a* 1. hatásos, döntő, leglényegesebb,
fontos; ~ *word* döntő/lényeges szó
2. hatályos, érvényes; *become ~* ha-
tályba lép, működni/üzemelni kezd
3. műtéti II. *n* munkás, dolgozó,
alkalmazott
operator ['ɔpəreɪtə*; *US* 'ɑ-] *n* 1. gé-
pész, műszerész, (gép)kezelő; tele-
fonos 2. sebész
operetta [ɔpə'retə; *US* ɑ-] *n* operett
Ophelia [ɔ'fiːljə] *prop* Ofélia
ophthalmia [ɔf'θælmɪə; *US* ɑf-] *n*
szemgyulladás
ophthalmic [ɔf'θælmɪk; *US* ɑf-] *a*
szem-
ophthalmological [ɔfθælmə'lɔdʒɪkl; *US*
ɑfθælmə'la-] *a* szemészeti
ophthalmology [ɔfθæl'mɔlədʒɪ; *US*
ɑfθæl'mɑ-] *n* szemészet

ophthalmoscope [ɔf'θælməskoʊp; *US*
ɑf-] *n* szemtükör
opiate ['oʊpɪət] *n* ópium tartalmú al-
tatószer/kábítószer
opine [ə'paɪn] *vt/vi* 1. gondol, vél,
gyanít 2. (vmlyen) véleményen van,
véleményt nyilvánít (vmről)
opinion [ə'pɪnjən] *n* 1. vélemény (*of*
vkről, *on* vmről); ~ *leader* hangadó,
közvéleményt formáló személy; *in
my ~* véleményem szerint; *matter of
~* felfogás dolga/kérdése; *public ~*
közvélemény; *have a high ~ of sy*
nagyra tart vkt; *have a low ~ of sy*
kevésre becsül vkt; *be of the ~ that*
azon a véleményen van, hogy; *az a*
felfogása, hogy 2. szakvélemény
opinionated [ə'pɪnjəneɪtɪd] *a* vélemé-
nyéhez makacsul ragaszkodó; nagy-
képű, fontoskodó
opium ['oʊpjəm] *n* ópium
opium-eater *n* ópiumszívó
opossum [ə'pɔsəm; *US* -'pɑ-] *n* oposz-
szum
opp. *opposite*
opponent [ə'poʊnənt] *n* ellenfél, ver-
senytárs
opportune ['ɔpətjuːn; *US* ɑpər'tuːn]
a alkalomszerű, időszerű, alkalmas
opportunism ['ɔpətjuːnɪzm; *US* ɑpər-
'tuː-] *n* megalkuvás, opportunizmus
opportunist ['ɔpətjuːnɪst; *US* ɑpər'tuː-]
n megalkuvó, opportunista
opportunity [ɔpə'tjuːnətɪ; *US* ɑpər'tuː-]
n (kedvező) alkalom (*for sg, of doing
sg, to do sg* vmre); alkalmas idő;
seize an ~ megragadja az alkalmat
oppose [ə'poʊz] *vt* 1. szembeállít 2.
ellenáll (vknek), szembehelyezkedik
(vkvel, vmvel), ellenez (vmt); *be
~d to sy/sg* szemben áll vkvel, ellenez
vmt
opposed [ə'poʊzd] *a* ellentétes, szemben
álló, szembeállított; *as ~ to sg* szem-
ben/összehasonlítva vmvel
opposite ['ɔpəzɪt; *US* 'ɑ-] I. *a* ellentétes,
szemben levő, ellenkező; szemközti;
túlsó; *one's ~ number* vknek a [kül-
földi] kollégája II. *adv/prep* szemben,
átellenben III. *n* ellentéte, ellenkezője
(*of* vknek, vmnek)

opposition [ɔpə'zɪʃn; US ɑ-] n 1. szembenállás, ellenzés, oppozíció, ellenállás 2. ellenzék 3. ellentét
oppress [ə'pres] vt 1. elnyom, sanyargat, nyomorgat 2. (le)nyom, ránehezedik, terhel 3. deprimál, lehangol
oppression [ə'preʃn] n 1. elnyomás, zsarnokság 2. lehangoltság
oppressive [ə'presɪv] a 1. elnyomó 2. súlyos, terhes, nyomasztó [érzés], tikkasztó [hőség]
oppressor [ə'presə*] n zsarnok, kényúr, elnyomó
opprobrious [ə'prou브rɪəs] a gyalázatos, megszégyenítő, szégyenletes
opprobrium [ə'proubrɪəm] n szégyen, gyalázat
oppugn [ɔ'pjuːn] vt 1. megtámad (vmt), ellenszegül (vmnek) 2. vitat, kétségbe von (vmt); ellentmond (vmnek)
opt [ɔpt; US ɑ-] vi választ (for sg két dolog közül vmt); ~ out of sg ,,kiszáll" vmből
optative ['ɔptətɪv; US 'ɑ-] a/n ~ (mood) óhajtó mód, optativus
optic ['ɔptɪk; US 'ɑ-] a látási, látó-, szem-; ~ nerve látóideg
optical ['ɔptɪkl; US 'ɑ-] a látási, látó-, szem-; optikai; ~ illusion optikai csalódás
optician [ɔp'tɪʃn; US ɑp-] n látszerész, optikus
optics ['ɔptɪks; US 'ɑ-] n fénytan, optika
optimism ['ɔptɪmɪzm; US 'ɑ-] n derűlátás, optimizmus
optimist ['ɔptɪmɪst; US 'ɑ-] n derűlátó, optimista
optimistic [ɔptɪ'mɪstɪk; US ɑp-] a derűlátó, optimista, bizakodó
optimum ['ɔptɪməm; US 'ɑ-] n (jelzői haszn) legjobb, legelőnyösebb, optimális
option ['ɔpʃn; US 'ɑ-] n 1. (szabad) választás, a választás lehetősége; elővételi jog, opció; soft ~ a könnyebbik megoldás (választása); have no ~ nincs más választása 2. díjügylet, prémiumügylet
optional ['ɔpʃənl; US 'ɑ-] a szabadon választható, nem kötelező, fakultatív [tárgy], tetszőleges

opulence ['ɔpjʊləns; US 'ɑ-] n bőség, gazdagság, vagyon
opulent ['ɔpjʊlənt; US 'ɑ-] a 1. dúsgazdag; pazar, fényűző 2. bő(séges), dús
or [ɔ:*] conj vagy; either ... ~ vagy ... vagy; ~ so körülbelül; mintegy, vagy így; in a day ~ two egy-két nap alatt
oracle ['ɔrəkl; US 'ɔ:-] n 1. jóslat, nagy bölcsesség 2. jóshely, orákulum; GB □ work the ~ a kulisszák mögött működik 3. jós, nagy bölcs
oracular [ɔ'rækjʊlə*; US ɔ:'r-] a 1. jóslatszerű; rejtett értelmű; kétértelmű 2. magát csalhatatlannak képzelő
oral ['ɔ:r(ə)l] a 1. szóbeli; ~ examination szóbeli (vizsga) 2. szájon át történő, (per)oralis; száj-
orally ['ɔ:rəlɪ] adv 1. szóban 2. szájon át, orálisan
orange ['ɔrɪndʒ; US 'ɔ:-] n narancs; ~ drink narancsszörp, [szintetikus] narancsital; ~ juice narancslé; ~ pekoe ['piːkoʊ] ⟨indiai apró levelű fekete tea⟩
orangeade [ɔrɪndʒ'eɪd; US ɔ:-] n narancsszörp, oranzsád
orange-blossom n narancsvirág
Orangeman ['ɔrɪndʒmən; US 'ɔ:-] n (pl -men -mən) ⟨észak-írországi protestáns unionista⟩
orange-peel n narancshéj
orangery ['ɔrɪndʒərɪ; US 'ɔ:-] n melegház narancsfáknak
orang-outang, -utan [ɔ:ræŋu:'tæŋ, -'tæn; US oʊ'ræŋ-] n orangután
oration [ɔ:'reɪʃn] n 1. szónoklat, nyilvános beszéd 2. direct ~ egyenes beszéd; indirect ~ függő beszéd
orator ['ɔrətə*; US 'ɔ:-] n szónok
oratorical [ɔrə'tɔrɪkl; US ɔ:rə'tɔ:-] a 1. szónoki 2. nagyhangú
oratorio [ɔrə'tɔ:rɪoʊ; US ɔ:-] n oratórium
oratory ['ɔrət(ə)rɪ; US 'ɔ:rətə:rɪ] n 1. ékesszólás, szónoklástan 2. imaház, (magán)kápolna, oratórium
orb [ɔ:b] n 1. gömb; égitest 2. szem(golyó) 3. országalma

orbit ['ɔːbɪt] I. *n* 1. pálya [égiteste];
űrpálya; *put in(to)* ~ (űr)pályára
állít 2. hatáskör, működési terület
3. szemgödör, szemüreg II. *vi* kering
[űrhajó]
orbital ['ɔːbɪtl] *a* 1. szemüregi 2. pálya-
menti, orbitális, pálya-; ~ *speed*
pályamenti sebesség; ~ *velocity* első
kozmikus sebesség
orbiter ['ɔːbɪtə*] *n* űrhajó, mesterséges
űrbolygó
orchard ['ɔːtʃəd] *n* gyümölcsös(kert)
orchestra ['ɔːkɪstrə] *n* 1. zenekar; ~
pit zenekari árok; ~ *stalls* zenekari
ülés, zsöllye 2. *US* zsöllye, földszint
[színházban]
orchestral [ɔːˈkestr(ə)l] *a* zenekari
orchestrate ['ɔːkɪstreɪt] *vt* zenekarra
feldolgoz, hangszerel
orchestration [ɔːkeˈstreɪʃn] *n* hangsze-
relés
orchid ['ɔːkɪd] *n* orchidea, kosbor
orchitis [ɔːˈkaɪtɪs] *n* heregyulladás
ordain [ɔːˈdeɪn] *vt* 1. pappá szentel,
felszentel, 2. elrendel, meghagy
ordeal [ɔːˈdiːl] *n* istenítélet, megpróbál-
tatás; ~ *by fire* tűzpróba
order ['ɔːdə*] I. *n* 1. rend; rendszer;
sorrend; *be in* ~ rendben van; *be
in good/working* ~ jól működik; *be
out of* ~ rossz állapotban van, nem
működik; *put out of* ~ elront; *set
in* ~ rendbe tesz; *in (the)* ~ *of sg*
vmnek sorrendjében; ~ *of battle* csa-
tarend; ~ *of magnitude* nagyságrend;
of the ~ *of* ... nagyságrendű; *the
old* ~ *of things* a régi világ/rendszer;
the motion is not in ~ az indítvány
nem tartozik a tárgyhoz; ~*!* ~*!* tér-
jen a tárgyra !; ~ *of the day* napirend;
considerations of quite another ~ egé-
szen más természetű megfontolások;
call to ~ (1) rendreutasít (2) *US* meg-
nyit [ülést]; *public* ~ közrend; *law and*
~ jogrend 2. rendelet, határozat;
szabály; parancs, utasítás; ~*s are*
~*s* a parancs parancs, a szabály az
szabály; *by* ~ *of sy* vk parancsára/
rendeletére; *O*~ *in Council* királyi
(titkos tanácsi) rendelet 3. (meg-)
rendelés; megbízás; *export* ~ külföldi

rendelés; *place an* ~ *with sy* (meg-)
rendel vktől (vmt); *fill/execute an* ~
rendelést teljesít; *made to* ~ rendelésre
készült; *biz that's a tall/large* ~*!* ez
már sok a jóból !, mindennek van
határa ! 4. utalvány; ~ *on a bank*
banknak adott meghatalmazás/meg-
bízás 5. *in* ~ *to* ... azon célból,
(v. azért,) hogy ... 6. érdemrend,
rendjel 7. rend, rang, (társadalmi)
osztály; (szerzetes)rend, lovagrend;
the clerical ~ a papság, klérus; *holy*
~*s* egyházi/papi rend; *all* ~*s & degrees
of men* minden rangú és rendű ember
8. [élővilágban] rend II. *vt* 1. (el-)
rendel, (meg)parancsol; vezényel; ~
arms! fegyvert lábhoz ! 2. (meg-)
rendel [árut stb.] 3. előír, rendel
[orvos] 4. (el)rendez, igazgat 5. pap-
pá szentel, felszentel
order about *vt* parancsolgat vknek,
ide/oda rendel/rángat/küldözget
order in *vt* berendel
order off *vt* 1. elparancsol, elküld
2. kiállít [játékost]
order out *vt* kiparancsol
order-book *n* megrendelési könyv
ordered ['ɔːdəd] *a* rendezett
order-form *n* 1. megrendelőlap, rendelé-
si űrlap 2. (könyvtári) kérőlap
ordering ['ɔːd(ə)rɪŋ] *n* 1. (el)rendezés
2. szabályozás
orderliness ['ɔːdəlɪnɪs] *n* 1. szabályos-
ság, szép rend 2. jó magaviselet;
rendszeretet
orderly ['ɔːdəlɪ] I. *a* 1. szabályos, ren-
des; *in an* ~ *fashion* szép rendben
2. rendszerető, szófogadó 3. szolgá-
latban levő, szolgálatos; ~ *book* pa-
rancskönyv; ~ *officer* parancsőrtiszt,
napos tiszt; ~ *room* századiroda,
ezrediroda II. *n* 1. tiszti küldönc
2. (kórházi) beteghordozó, műtős
ordinal ['ɔːdɪnl] I. *a* sorrendi, rend-,
sor-; ~ *number* sorszám(név) II. *n*
sorszámnév
ordinance ['ɔːdɪnəns] *n* 1. (szabály-)
rendelet, előírás 2. szertartás(i sza-
bály)
ordinarily ['ɔːd(ə)nrəlɪ; *US* 'ɔːdənerəlɪ]
adv szokásos módon, szokásszerűen

ordinary ['ɔ:d(ə)nrɪ; *US* -dənerɪ] I. *a*
rendes, szokásos, általános, hétköz-
napi, közönséges, átlagos; ~ *level*,
O level közepes előmenetelű; *in the*
~ *way* rendes körülmények között II.
n 1. a szokásos, a rendes kerékvágás;
out of the ~ a szokásostól eltérő,
rendkívüli 2. vendéglő 3. (table
d'hôte) menü 4. mise változatlan
része, rituálé
ordinate ['ɔ:d(ɪ)nət] *n* ordináta
ordination [ɔ:dɪ'neɪʃn] *n* 1. elrendezés,
intézkedés 2. pappá szentelés, fel-
szentelés
ordnance ['ɔ:dnəns] *n* 1. löveg, ágyú;
piece of ~ löveg 2. hadianyag 3. tü-
zérség; ~ *map* katonai térkép; *GB*
~ *survey* (katonai) térképészeti szol-
gálat
ordure ['ɔ:djʊə*; *US* -dʒər] *n* 1. trágya,
rondaság, szenny, mocsok 2. trágár
beszéd, trágárság
ore [ɔ:*] *n* érc
Oreg. *Oregon*
Oregon ['ɒrɪgən; *US* 'ɔ:rɪgɑn] *prop*
organ ['ɔ:gən] *n* 1. szerv, érzékszerv
2. † emberi hang, orgánum 3. szerv
[intézményé stb.]; hírközlő szerv,
(sajtó)orgánum 4. orgona; *American*
~ harmónium
organdie, *US* -**dy** ['ɔ:gəndɪ] *n* organtin
organ-grinder *n* kintornás
organic [ɔ:'gænɪk] *a* 1. szervi [baj
stb.] 2. szerves (*átv is*), organikus;
~ *chemistry* szerves kémia; *US* ~
~ *gardening* műtrágya nélküli ker-
tészkedés; *an* ~ *whole* összefüggő egész
organically [ɔ:'gænɪk(ə)lɪ] *adv* 1. szer-
vesen 2. szervileg 3. szervezetten,
rendszeresen; szervezetileg
organism ['ɔ:gənɪzm] *n* szervezet, orga-
nizmus
organist ['ɔ:gənɪst] *n* orgonista
organization [ɔ:gənaɪ'zeɪʃn; *US* -nɪ'z-]
n 1. szervezet, organizáció, organiz-
mus 2. (meg)szervezés, elrendezés,
organizálás 3. (organikus) alkat, (em-
beri) szervezet
organize ['ɔ:gənaɪz] A. *vt* (meg)szervez,
organizál; (meg)rendez B. *vi* organi-
zálódik, alakul

organized ['ɔ:gənaɪzd] *a* (meg)szerve-
zett; ~ *labour* szervezett munkásság
organizer ['ɔ:gənaɪzə*] *n* szervező, ren-
dező, organizátor
organ-loft *n* orgonakarzat
organ-pipe *n* orgonasíp
organ-stop *n* (orgona)regiszter
orgasm ['ɔ:gæzm] *n* orgazmus
orgiastic [ɔ:dʒɪ'æstɪk] *a* orgiába fúló,
tobzódó
orgy ['ɔ:dʒɪ] *n* orgia, tobzódás
oriel ['ɔ:rɪəl] *n* konzolos zárt erkély;
[falsíkból] kiugró ablakfülke
orient I. *a* ['ɔ:rɪənt] 1. keleti 2. ragyo-
gó, fénylő, csillogó 3. felkelő, emel-
kedő II. *n* ['ɔ:rɪənt] 1. (nap)kelet
2. hajnal III. *v* ['ɔ:rɪent] *US* = *orien-
tate*
oriental [ɔ:rɪ'entl] *a* keleti
orientalism [ɔ:rɪ'entəlɪzm] *n* 1. keleti
szokás/életforma 2. orientalisztika
orientalist [ɔ:rɪ'entəlɪst] *n* orientalista
orientate ['ɔ:rɪenteɪt] A. *vt* 1. kelet
felé tájol, betájol, keletel 2. ~ *one-
self* tájékozódik, orientálódik B. *vi*
igazodik (*to* vkhez)
orientation [ɔ:rɪen'teɪʃn] *n* 1. tájéko-
zódás, orientáció, eligazodás 2. tájé-
koztatás, eligazítás 3. kelet felé for-
dulás, keletelés 4. (politikai) irány,
orientáció
orienteering [ɔ:rɪen'tɪərɪŋ] *n* tájfutás,
tájékozódási futás
orifice ['ɒrɪfɪs; *US* 'ɔ:-] *n* nyílás; száj-
(nyílás)
origin ['ɒrɪdʒɪn; *US* 'ɔ:-] *n* eredet,
forrás, kiindulás, kiindulópont; szár-
mazás
original [ə'rɪdʒənl] I. *a* 1. eredeti, ősi,
ős-; ~ *sin* eredendő bűn 2. eredeti,
újszerű; egyéni, sajátos; rendkívüli
[ember] II. *n* 1. ősök 2. eredeti
[példány, nyelv], (vmnek az) ere-
detije; *in the* ~ eredetiben
originality [ərɪdʒə'nælətɪ] *n* eredetiség
originally [ə'rɪdʒənəlɪ] *adv* eredetileg,
első ízben
originate [ə'rɪdʒəneɪt] A. *vt* teremt,
létrehoz, létesít B. *vi* ered, származik
(*in/from* vmből, *from/with* vktől),
visszavezethető (*in* vmre)

originator [ə'rɪdʒəneɪtə*] *n* kezdeményező, (értelmi) szerző, alkotó, létrehozó
oriole ['ɔːrɪoʊl] *n* (*golden*) ~ sárgarigó
Orkney Islands ['ɔːknɪ], Orkneys ['ɔːknɪz] *prop* Orkney-szigetek
Orlando [ɔː'lændoʊ] *prop*
orlop ['ɔːlɔp] *n* legalsó fedélzet [hajóé]
ormolu ['ɔːməluː] *n* aranyutánzat [rézből]
ornament I. *n* ['ɔːnəmənt] dísz(ítmény), díszítés, ékesség; dísztárgy II. *vt* ['ɔːnəment] (fel)díszít, ékesít
ornamental [ɔːnə'mentl] *a* díszítő; ~ *piece* dísztárgy
ornamentation [ɔːnəmen'teɪʃn] *n* 1. díszítés 2. díszítmények
ornate [ɔː'neɪt] *a* díszes, gondosan feldíszített, választékos
ornery ['ɔːnərɪ] *a US biz* nehezen kezelhető, makacs; komisz
ornithological [ɔːnɪθə'lɔdʒɪkl; *US* -'lɑ-] *a* madártani, ornitológiai
ornithologist [ɔːnɪ'θɔlədʒɪst; *US* -'θɑ-] *n* madártudós, ornitológus
ornithology [ɔːnɪ'θɔlədʒɪ; *US* -'θɑ-] *n* madártan, ornitológia
orotund ['ɔrətʌnd; *US* 'ɔː-] *a* 1. zengzetes 2. dagályos
orphan ['ɔːfn] *a/n* árva
orphanage ['ɔːfənɪdʒ] *n* 1. árvaház 2. árvaság
orphaned ['ɔːfnd] *a* árva, elárvult
Orpheus ['ɔːfjuːs] *prop* Orpheus
orris ['ɔrɪs; *US* 'ɔː-] *n* (flórenci) nőszirom
orthochromatic [ɔːθəkrə'mætɪk] *a* ortokromatikus
orthodontist [ɔːθə'dɔntɪst; *US* -'dɑ-] *n* fogszabályozó (szakorvos)
orthodox ['ɔːθədɔks; *US* -aks] *a* 1. ortodox, óhitű; *O~ Church* görögkeleti egyház 2. bevett, hagyományos, ortodox
orthodoxy ['ɔːθədɔksɪ; *US* -ak-] *n* 1. óhitűség, igazhitűség 2. hagyományokhoz való merev ragaszkodás
orthographic(al) [ɔːθə'græfɪk(l)] *a* helyesírási
orthography [ɔː'θɔgrəfɪ; *US* -'θɑ-] *n* helyesírás

orthop(a)edic [ɔːθə'piːdɪk] *a* ortopéd(iai)
orthop(a)edics [ɔːθə'piːdɪks] *n* ortopédia
ortolan ['ɔːtələn] *n* sármány
O.S. [oʊ'es] 1. *Old Style* →*style* 2. *ordinary seaman*
Osborne ['ɔzbən] *prop*
Oscar ['ɔskə*; *US* 'ɑ-] *prop/n* 1. Oszkár 2. Oscar-díj
oscillate ['ɔsɪleɪt; *US* 'ɑ-] *vi* 1. leng, rezeg, oszcillál 2. ingadozik, vacillál, habozik
oscillating ['ɔsɪleɪtɪŋ; *US* 'ɑ-] *a* rezgő, oszcilláló; ~ *circuit* rezgőkör
oscillation [ɔsɪ'leɪʃn; *US* ɑ-] *n* 1. ingás, lengés, rezgés, oszcillálás 2. ingadozás, vacillálás, habozás
oscillator ['ɔsɪleɪtə*; *US* 'ɑ-] *n* oszcillátor, rezgéskeltő
osculate ['ɔskjʊleɪt; *US* 'ɑskjə-] A. *vt* 1. több ponton érint 2. csókol B. *vi* csókolódzik
osculatory ['ɔskjʊlət(ə)rɪ; *US* 'ɑskjələtɔːrɪ] *a* 1. érintő, érintkező 2. csókoló(dzó)
osier ['oʊʒə*] *n* 1. nemes fűz 2. fűzfavessző
Oslo ['ɔzloʊ; *US* 'ɑ-] *prop*
Osmanli [ɔz'mænlɪ; *US* ɑz-] *a/n* oszmán-török, oszmánli
osmosis [ɔz'moʊsɪs; *US* ɑz-] *n* átszivárgás, ozmózis
osprey ['ɔsprɪ; *US* ɑ-] *n* 1. halászsas 2. kócsagtoll
osseous ['ɔsɪəs; *US* 'ɑ-] *a* csontos; csont-; csontszerű
Ossian ['ɔsɪən; *US* 'ɑʃən v. 'ɑsɪən] *prop* Osszián
Ossianic [ɔsɪ'ænɪk; *US* ɑʃɪ- v. ɑsɪ-] *a* ossziáni
ossification [ɔsɪfɪ'keɪʃn; *US* ɑ-] *n* csontképződés, csontosodás
ossify ['ɔsɪfaɪ; *US* 'ɑ-] A. *vi* 1. elcsontosodik, csonttá válik 2. (*átv is*) megcsontosodik, megkeményedik B. *vt* elcsontosít; megkeményít (*átv is*)
ossuary ['ɔsjʊərɪ; *US* 'ɑsjʊerɪ] *n* csontház, -kamra
Ostend [ɔ'stend; *US* ɑ-] *prop* Ostende
ostensible [ɔ'stensəbl; *US* ɑ-] *a* állítólagos, látszólagos
ostentation [ɔsten'teɪʃn; *US* ɑ-] *n*

tüntetés (vmvel), kérkedés, mutogatás(a vmnek)
ostentatious [ɔsten'teɪʃəs; US ɑ-] *a* kérkedő, hivalkodó, (vmvel) tüntető, hencegő
osteology [ɔstɪ'ɔlədʒɪ; US ɑstɪ'ɑ-] *n* csonttan
osteopath ['ɔstɪəpæθ; US 'ɑ-] *n* hátgerincmasszőr; csontrakó
osteopathy [ɔstɪ'ɔpəθɪ; US ɑ-] *n* osteopathia, hátgerincmasszázs
ostler ['ɔslə*; US 'ɑ-] *n* lovász
ostracism ['ɔstrəsɪzm; US 'ɑ-]*n* 1. cserépszavazás 2. száműz(et)és; kiközösítés
ostracize ['ɔstrəsaɪz; US 'ɑ-] *vt* 1. cserépszavazással száműz 2. *átv* kiközösít, (jó) társaságból kizár/kiutál
ostrich ['ɔstrɪtʃ; US 'ɑ-] *n* strucc
Oswald ['ɔzw(ə)ld; US 'ɑ-] *prop* Oszvald
O.T., OT *Old Testament* Ószövetség(i Szentírás)
otalgia [oʊ'tældʒɪə] *n* fülfájás
OTC [oʊti:'si:] *Officers' Training Corps* tisztképző tanfolyam
Othello [ə'θeloʊ, oʊ-] *prop* Otelló
other ['ʌðə*] I. *a/pron* más; másik; különböző; többi; további; egyéb; *the ~ day* a minap, a napokban; *~ people* mások; *the ~s* a többiek; *in ~ words* más szavakkal; *~ things being equal* egyéb feltételek egyezése esetén; *~ days ~ ways* más idők más emberek; *one after the ~* egyik a másik után, egymás után, sorban; *I could do no ~ than* nem tehettem mást, mint; ... *or ~* (1) vagy mi, egy és más (2) vagy hogyan; *some day or ~* majd egyszer; *somehow or ~* valahogy(an); *someone or ~* valaki; *the ~ world* a másvilág; *any person ~ than yourself* rajtad kívül bárki más; *I do not wish him ~ than he is* nem kívánom, hogy más legyen II. *adv* másképp; *I can't do ~ than to* ... nem tehetek egyebet/mást, mint ...
otherness ['ʌðənɪs] *n* különbözőség, vmnek más volta
otherwise *adv* másképp(en), (más)különben, egyébként
otherworldly *a* túlvilági, nem e világra való, más világban élő

otic ['oʊtɪk] *a* halló-, fül-
otiose ['oʊʃɪoʊs] *a* céltalan, haszontalan
otitis [ə'taɪtɪs] *n* fülgyulladás; *~ media* ['mi:dɪə] középfülgyulladás
otolaryngology ['oʊtəlærɪŋ'gɔlədʒɪ; US -'gɑ-] *n* fül-orr-gégészet
otology [oʊ'tɔlədʒɪ; US -'tɑ-] *n* fülgyógyászat, fülészet
Ottawa ['ɔtəwə; US 'ɑ-] *prop*
otter ['ɔtə*; US 'ɑ-] *n* vidra
ottoman ['ɔtəmən; US 'ɑ-] *n* dívány, ottomán
ouch [aʊtʃ] *int* jaj!
ought [ɔ:t] *v aux* kellene, illene; *you ~ to have seen it* látnod kellett volna; *~n't* ['ɔ:tnt] *he* (v. *~ he not*) *to see a doctor?* nem kellene orvoshoz mennie?
ounce[1] [aʊns] *n* uncia; *avoirdupois ~ =* 28,35 g; *troy ~ =* 31,10 g; *fluid ~ =* 28,4 cm³
ounce[2] [aʊns] *n* hópárduc
O.U.P., OUP [oʊju:'pi:] *Oxford University Press* Oxfordi Egyetemi Nyomda
our ['aʊə*] *a/pron* -unk, -ünk, -nk, -aink, -jaink, -eink, -jeink; *~ house* a házunk
ours ['aʊəz] *pron* mienk, mieink; *it is not ~ to* nem a mi dolgunk, hogy
ourself [aʊə'self] *pron* mi(nket) magunkat, mi magunk [fejedelmi többesben]
ourselves [aʊə'selvz] *pron* mi magunk; magunkat; □ *(all) by ~* mi magunk teljesen egyedül
ousel ['u:zl] *n = ouzel*
oust [aʊst] *vt* elűz, kiűz; kitúr *(from* vmből)
out [aʊt] I. *adv* 1. ki, kifelé; kinn; *~ and ~* (1) teljes(en), kimondott(an), leghatározottabb(an) (2) agyafúrt; *he is ~ and about again* már (meggyógyult és) újra kijár; *day ~* szabadnap [háztartási alkalmazotté]; *~ there* ott kinn, arra; *be ~ after sg* vmt el akar érni; *be ~ for sg* teljes erővel törekszik vmre; *be ~ to* (1) az a célja/szándéka, hogy (2) nekifogott, hogy; *the book is ~* a könyv megjelent; *the workers are ~* a munkások sztrájkolnak; *the secret is ~* a titok kiszivárgott/kiderült; *~ with it!* nyögd már ki!, ki vele!; *he is five pounds ~* öt fonttal elszámította magát; *lights ~!* lámpákat leoltani!;

before the week is ~ még a hét vége
előtt; *the Tories are* ~ a konzervatív
párt megbukott az utolsó választáson;
the fire is ~ a tűz kialudt; ~ *and away*
sokkal (inkább), összehasonlíthatat-
lanul 2. *prep* ~ *of* (vhonnan, vmből)
ki; (vmből) kinn; (vmn) kívül; -ból,
-ből; *is* ~ *of sight* nem látszik; *get* ~
of here menj/takarodj ki; *be* ~ *of sg*
(1) kifogyott vmből, elfogyott/hiány-
zik vmje (2) kimarad(t) vmből; *it
happened* ~ *of Persia* Perzsián kívül
történt, nem Perzsiában történt; ~ *of
respect for you* Ön iránti tiszteletből
II. *n the ins and* ~*s* →*in* III. *vt* 1.
kiüt 2. *biz* kirak (vkt)
outbalance [aʊt'bæləns] *vt* = *outweigh*
outbid [aʊt-'bɪd] *vt* (*pt* **-bid** -'bɪd, *pp* **-bid**
-'bɪd v. **-bidden** -'bɪdn; **-dd-**) 1. túl-
licitál, vknél többet ígér 2. *biz* felülmúl
outboard ['aʊtbɔːd] *a/adv* ~ *motor* far-
motor [csónaké]
out-boarder ['aʊtbɔːdə*] *n* kinnlakó,
bejáró (diák)
outbound ['aʊtbaʊnd] *a* kifelé tartó
[hajó]
outbreak ['aʊtbreɪk] *n* 1. kitörés 2.
zendülés
outbuilding ['aʊtbɪldɪŋ] *n* melléképület
outburst ['aʊtbɜːst] *n* kitörés, kirobbanás
outcast ['aʊtkɑːst; *US* -kæ-] *a/n* 1. ki-
közösített, kitaszított, száműzött 2.
csavargó
outcaste ['aʊtkɑːst; *US* -kæ-] *a/n* kaszt-
jából kiközösített, pária
outclass [aʊt'klɑːs; *US* -'klæs] *vt* klasz-
sziskülönbséggel legyőz; klasszisokkal
jobb (vknél)
outcome ['aʊtkʌm] *n* eredmény, követ-
kezmény, kimenetel, folyomány
outcrop ['aʊtkrɒp; *US* -ɑp] I. *n* kibúvás
[rétegé felszínre] II. *vi* **-pp-** kibúvik,
napfényre kerül, felszínre jut
outcry ['aʊtkraɪ] *n* 1. felkiáltás; lárma
2. felzúdulás, felháborodás
outdated [aʊt'deɪtɪd] *a* idejétmúlt, divat-
jamúlt, elavult
outdistance [aʊt'dɪstəns] *vt* megelőz, le-
hagy, elhagy
outdo [aʊt'duː] *vt* (*pt* **-did** -'dɪd, *pp*
-done -'dʌn) felülmúl, túltesz (vkn)

outdoor ['aʊtdɔː:*] *a* szabadban történő,
külső, házon kívüli; szabadtéri; ~
clothes utcai ruha; ~ *life* sportos élet-
mód; ~ *museum* szabadtéri múzeum/
gyűjtemény
outdoors [aʊt'dɔːz] *adv* kinn, házon kí-
vül, a szabadban, a szabad ég alatt
outer ['aʊtə*] *a* 1. külső; ~ *garments*
felsőruha; *the* ~ *man* az ember külső
megjelenése (v. külseje) 2. ~ *space*
világűr
outermost ['aʊtəmoʊst] *a* 1. legkülső 2.
legtávolabbi, legtávolabb levő
outface [aʊt'feɪs] *vt* 1. megfélemlít, kihí-
vóan néz rá, leterrorizál 2. szembeszáll
(vkvel)
outfall ['aʊtfɔːl] *n* 1. kifolyónyílás, kive-
zetőnyílás; torkolat [folyóé] 2. kifolyás
outfield ['aʊtfiːld] *n* külső játéktér [kri-
kettben], külső mezőny [baseballban]
outfit ['aʊtfɪt] *n* 1. felszerelés, szerel-
vény; készlet, berendezés 2. *US biz*
társaság, csapat
outfitter ['aʊtfɪtə*] *n* 1. *gentlemen's* ~
férfidivatáru-kereskedő 2. (úti- és)
sportfelszerelés-kereskedő
outfitting ['aʊtfɪtɪŋ] *n* felszerelés, kista-
firozás; ~ *department* konfekcióosztály,
férfidivatáru-osztály
outflank [aʊt'flæŋk] *vt* 1. átkarol (el-
lenséget] 2. túljár az eszén (vknek)
outflow ['aʊtfloʊ] *n* kifolyás, kiáramlás
outgeneral [aʊt'dʒen(ə)rəl] *vt* **-ll-** (*US*
-l-) kifog rajta; jobb hadvezérnek bizo-
nyul (vknél)
outgoing ['aʊtgoʊɪŋ] I. *a* 1. kifelé tartó,
kimenő; távozó 2. társaságot kedvelő
II. **outgoings** *n pl* kiadás(ok), ráfordí-
tás(ok), költségek
outgrow [aʊt'groʊ] *vt* (*pt* **-grew** -'gruː,
pp **-grown** -'groʊn) 1. gyorsabban/na-
gyobbra nő 2. kinő (vmből)
outgrowth ['aʊtgroʊθ] *n* 1. kinövés 2.
eredmény, következmény, folyomány
out-herod [aʊt'herəd] *vt* Heródesen is
túltesz kegyetlenségben
outhouse ['aʊthaʊs] *n* 1. külső épület,
melléképület 2. *US* árnyékszék, budi
outing ['aʊtɪŋ] *n* kirándulás, séta
outlandish [aʊt'lændɪʃ] *a* külföldies,
idegenszerű, szokatlan, furcsa

outlast [aʊt'lɑːst; US -æ-] *vt* túlél (vmt), tovább tart (vmnél)
outlaw ['aʊtlɔː] I. *n* 1. számkivetett, földönfutó, törvényen kívüli 2. zsivány, betyár II. *vt* 1. száműz, törvényen kívül helyez (vkt) 2. megtilt, eltilt (vmt)
outlay ['aʊtleɪ] *n* kiadás(ok), költség(ek)
outlet ['aʊtlet] *n* 1. kivezető nyílás, kifolyó; kivezetés; kijárat 2. megnyilvánulási alkalom; ~ *for one's energy* fölös energia levezetője
outline ['aʊtlaɪn] I. *n* 1. körvonal, kontúr, vázlat; *in* ~ körvonalakban, vázlatosan 2. áttekintés, vázlat; *an* ~ *of phonetics* bevezetés a fonetikába II. *vt* körvonalaz, (fel)vázol
outlive [aʊt'lɪv] *vt* túlél
outlook ['aʊtlʊk] *n* 1. kilátás, remény; *further*₁ ~: *dry and sunny* várható időjárás: száraz napos idő 2. szemléletmód; ~ *on life* életszemlélet
outlying ['aʊtlaɪɪŋ] *a* kívül fekvő; távoli, félreeső, központtól távol eső
outman [aʊt'mæn] *vt* -nn- = *outnumber*
outmanoeuvre, US -neuver [aʊtmə'nuː-və*] *vt* túljár az eszén (vknek)
outmarch [aʊt'mɑːtʃ] *vt* gyorsabban menetel (vknél), lehagy (vkt), elébe vág (vknek)
outmoded [aʊt'moʊdɪd] *a* = *outdated*
outmost ['aʊtmoʊst] *a* = *outermost*
outnumber [aʊt'nʌmbə*] *vt* számbelileg/létszámban felülmúl, számbeli fölényben/többségben van (vkvel szemben)
out-of-date [aʊtəv'deɪt] *a* 1. idejétmúlt, elavult, divatjamúlt 2. lejárt
out-of-doors [aʊtəv'dɔːz] *adv* = *outdoors*
out-of-pocket [aʊtəv'pɒkɪt; US 'pɑ-] *a* ~ *expenses* készkiadások
out-of-the-way [aʊtəvðə'weɪ] *a* 1. félreeső, távoli, isten háta mögötti 2. szokatlan, nem mindennapi
outpace [aʊt'peɪs] *vt* = *outmarch*
outpatient ['aʊtpeɪʃnt] *n* járó beteg
outplay [aʊt'pleɪ] *vt* jobban játszik (vknél); legyőz [sportban]
outpoint [aʊt'pɔɪnt] *vt* pontozással legyőz

outpost ['aʊtpoʊst] *n* előőrs, előretolt állás/őrszem
outpourings ['aʊtpɔːrɪŋz] *n pl* áradozás, ömlengés; kiáradás [érzelmeké]
output ['aʊtpʊt] *n* 1. termelés(i eredmény), teljesítmény, hozam 2. (kimenő) teljesítmény 3. kimenet, output
outrage ['aʊtreɪdʒ] I. *n* 1. erőszak(oskodás); merénylet 2. gyalázat; gaztett II. *vt* durván megsért, (meg)gyaláz, (be)mocskol
outrageous [aʊt'reɪdʒəs] *a* gyalázatos, felháborító, sértő, szörnyű
outrange [aʊt'reɪndʒ] *vt* 1. messzebbre hord [fegyver], nagyobb hatókörű (vmnél) 2. túltesz (vkn)
outride [aʊt'raɪd] *vt (pt* -rode -'roʊd, *pp* -ridden -'rɪdn) gyorsabban lovagol (vknél), lóháton megelőz
outrider ['aʊtraɪdə*] *n* 1. csatlós 2. motorkerékpáros kísérő [személygépkocsi mellett]
outrigger ['aʊtrɪgə*] *n* 1. árbocág, támaszfa 2. külvillás versenycsónak/hajó 3. külvilla 4. ~ (*canoe*) ⟨kivetővel ellátott polinéziai vitorlás csónak⟩
outright I. *a* ['aʊtraɪt] őszinte, nyílt, leplezetlen, egyenes II. *adv* [aʊt'raɪt] 1. őszintén, nyíltan, egyenesen 2. teljesen, egészen; egészében; készpénzért 3. azonnal, rögtön, azon nyomban
outrun [aʊt'rʌn] *vt (pt* -ran -'ræn, *pp* -run -'rʌn; -nn-) megelőz (vkt), gyorsabban szalad (vknél), elhagy, lehagy
outseam ['aʊtsiːm] *n* külhossz, külvarrat [nadrágszáré]
outset ['aʊtset] *n* kezdet; *at the* ~ kezdetben, az elején; *from the* ~ kezdettől fogva
outshine [aʊt'ʃaɪn] *vt (pt/pp* -shone -'ʃɒn, *US* -'ʃoʊn) 1. túlragyog, ragyogóbb (vmnél) 2. *átv* elhomályosít, felülmúl
outside [aʊt'saɪd] I. *a* 1. külső; ~ *broadcast* helyszíni közvetítés; ~ *measurements* külméretek; ~ *worker* bedolgozó (munkás) 2. legnagyobb, végső; ~ *price* maximális ár; *biz it was an* ~ *chance* egész csekély valószínűsége volt II. *adv* kívül, kinn, kint; *ride* ~ (nyílt) tetőn utazik [autóbuszon]; ~

of sg vmn kívül III. *n* 1. vmnek a külseje, külső (oldal, felület); ~ *left* balszélső [futballban]; *at the* ~ legfeljebb 2. külszín, látszat; *judge from the* ~ a látszat után ítél IV. *prep* kívül; *that's* ~ *the question* ez nem tartozik a kérdéshez

outsider [aʊt'saɪdə*] *n* 1. nem bennfentes/szakmabeli, kívülálló; autszájder 2. nem esélyes

outsize ['aʊtsaɪz] I. *a* különleges/rendkívüli méretű [ruha stb.] II. *n* különleges/rendkívüli/extra méret

outskirts ['aʊtskə:ts] *n pl* külváros, külterület, kültelkek, külső övezet, peremkerületek

outsmart [aʊt'smɑ:t] *vt biz* túljár az eszén (vknek)

outspoken [aʊt'spoʊk(ə)n] *a* őszinte, nyílt, egyenes, szókimondó

outspread [aʊt'spred] *a* kiterjesztett; széttárt; szétterpesztett

outstanding [aʊt'stændɪŋ] *a* 1. kiemelkedő, kimagasló, kiváló 2. kifizetetlen, el nem intézett; ~ *debts* kinnlevőségek; ~ *liabilities* fedezetlen kötelezettségek

outstay [aʊt'steɪ] *vt* ~ *one's welcome* tovább marad/vendégeskedik a kelleténél

outstretched [aʊt'stretʃt] *a* kiterített, kinyújtott, kiterjesztett, kitárt

outstrip [aʊt'strɪp] *vt* -pp- gyorsabban halad (vknél), megelőz; *átv* felülmúl

outvote [aʊt'voʊt] *vt* leszavaz vkt, több szavazatot kap (mint más); *be* ~*d* leszavazzák

outward ['aʊtwəd] *a* 1. külső 2. kifelé tartó; ~ *bound* kifelé tartó/induló; ~ *journey* kiutazás, odautazás

outwardly ['aʊtwədlɪ] *adv* külsőleg, kívülről, látszólag

outwards ['aʊtwədz] *adv* kifelé

outwear [aʊt'weə*] *vt* (*pt* -wore -'wɔ:*, *pp* -worn -'wɔ:n) 1. elkoptat, elhord 2. tovább tart (vm másnál)

outweigh [aʊt'weɪ] *vt* többet nyom, túlsúlyban van; ellensúlyoz; súlyosabb/befolyásosabb másnál

outwit [aʊt'wɪt] *vt* -tt- túljár vk eszén

outwork ['aʊtwə:k] *n* 1. külső bástya 2. bedolgozómunka

outworn [aʊt'wɔ:n] *a* idejétmúlt, túlhaladott, elavult ‖ →*outwear*

ouzel ['u:zl] *n* feketerigó

ova →*ovum*

oval ['oʊvl] *a/n* tojásdad, ovális [idom]

ovaritis [oʊvə'raɪtɪs] *n* petefészek-gyulladás

ovary ['oʊvərɪ] *n* 1. petefészek 2. magház

ovate ['oʊveɪt] *a* tojás alakú, tojásdad

ovation [oʊ'veɪʃn] *n* lelkes üdvözlés, éljenzés, ünneplés, ováció

oven ['ʌvn] *n* 1. sütő [gáz, villany]; *cook in a gentle* ~ lassú/gyenge tűzön süt 2. kemence

oven-ready *a* konyhakész

ovenware *n* tűzálló edények

over ['oʊvə*] I. *a* 1. felső 2. többlet- II. *adv* 1. át, keresztül; *ask sy* ~ áthívat vkt; ~ *here* itt (nálunk), (erre) mifelénk; ~ *there* ott, odaát 2. elmúlt, vége; *the storm is* ~ a viharnak vége; *let's have it* ~ *with* essünk át rajta! 3. ismételten; *ten times* ~ tízszer egymás után; ~ *again* újra, még egyszer, elölről; ~ *and* ~ *again* újra meg újra 4. több mint, felül, túl; *6 metres and a bit* ~ 6 méternél vmvel több/magasabb; *3 into 7 goes twice and one* ~ három a hétben megvan kétszer és még marad egy; ~ *and above* ráadásul, azonfelül, vmn felül III. *prep* 1. vm fölött/fölé, vmn felül, rá; *átv* ~ *sy's head* vk háta mögött; *sit* ~ *the fire* a tűznél melegedik, a tűz mellett ül; *laugh* ~ *the absurdity of a statement* nevet a képtelen állításon 2. mindenütt; *all* ~ *the world* az egész világon, világszerte 3. (vmn) át, keresztül; vmn túl; ~ *the road* a túloldalon, a túlsó oldalon; *he fell* ~ *the edge* átbukott/átesett a peremen; ~ *against sg* szemben/átellenben vmvel 4. felül; túl [időben]; ~ *100 Fts* 100 forinton felül; *for* ~ *an hour* több mint egy órán át; *stay* ~ *the weekend* itt tölti(k) a hétvégét

over- [(')oʊvə(r)-] *pref* túl-, túlságosan

overabundant [oʊv(ə)rə'bʌndənt] *a* túlságosan bőséges

overact [oʊvər'ækt] *vt* túloz, túljátszik [szerepet]

over-age [oʊvər'eɪdʒ] a túlkoros
overall I. a ['oʊvərɔ:l] átfogó, teljes,
általános; össz-; ~ *efficiency* összhatásfok; ~ *measurements* külső főméretek II. adv [oʊvər'ɔ:l] teljes hosszában/szélességében; mindenütt, általában III. n ['oʊvərɔ:l] munkaköpeny,
otthonka [háziasszonyé], iskolaköpeny ‖ →*overalls*
overalls ['oʊvərɔ:lz] n pl szerelőruha,
overall, kezeslábas; munkanadrág
[mellrésszel]
overarm ['oʊvərɑ:m] a ~ *stroke* pillangóúszás
overawe [oʊvər'ɔ:] vt megfélemlít
overbalance [oʊvə'bæləns] A. vt 1. feldönt, felborít 2. több/súlyosabb vmnél; átv felülmúl vmt B. vi feldől, elveszti egyensúlyát, felborul
overbear [oʊvə'beə*] vt (pt -bore -'bɔ:*,
pp -borne -'bɔ:n) 1. lenyom, legyőz,
letör 2. basáskodik (vkvel)
overbearing [oʊvə'beərɪŋ] a hatalmaskodó, basáskodó, erőszakos
overbid [oʊvə'bɪd] vt (pt ~ -'bɪd,
pp ~ -'bɪd v. -bidden -'bɪdn; -dd-)
túllicitál, többet ígér vmnél
overblown [oʊvə'bloʊn] a elvirágzott,
teljesen kinyílt [virág]
overboard ['oʊvəbɔ:d] adv a hajó oldalán át, hajóból ki; *throw* ~ (1) hajóról kidob, tengerbe dob (2) elvet, elutasít, ejt (vkt); *fall* ~ tengerbe esik;
man ~*!* ember a vízben!
overbore, overborne →*overbear*
overburden [oʊvə'bə:dn] vt túlterhel
overcast I. a [oʊvə'kɑ:st; US 'oʊvəkæst] 1. felhős, borult [égbolt] 2.
lehangolt II. n ['oʊvəkɑ:st; US
-kæst] felhős égbolt III. vt [oʊvə-
'kɑ:st; US 'oʊvəkæst] (pt/pp ~) 1.
beborít, elhomályosít, elsötétít 2. beszeg
overcharge [oʊvə'tʃɑ:dʒ] I. n 1. túlságosan nagy ár/követelés 2. túlterhelés; túltöltés II. vt 1. túlfizettet, túl sokat kér (vmért) 2. túltöm;
túlterhel; túltölt
overclothes ['oʊvəkloʊðz; US -kloʊz] n
pl felsőruhák
overcloud [oʊvə'klaʊd] A. vt 1. felhők-

kel borít 2. átv elsötétít B. vi 1. beborul 2. átv elsötétedik, elborul
overcoat ['oʊvəkoʊt] n felöltő, felsőkabát
overcome [oʊvə'kʌm] vt (pt -came
-'keɪm, pp ~) legyőz, úrrá lesz (vmn);
erőt vesz (vkn/vmn); *be* ~ *by/with* sg
vm erőt vesz vkn; hatalmába keríti
vm
overcrowd [oʊvə'kraʊd] vt túlzsúfol;
~*ed* túlzsúfolt, túlnépesedett
overcrowding [oʊvə'kraʊdɪŋ] n túlzsúfoltság, túlnépesedés
overdevelop [oʊvədɪ'veləp] vt 1. túlságosan kifejleszt 2. túlhív [negatívot]
overdo [oʊvə'du:] vt (pt -did -'dɪd, pp
-done -'dʌn) 1. eltúloz, túlzásba visz;
~ *it* (1) túlzásba viszi (2) agyonhajszolja magát 2. agyonsüt, túlsüt,
agyonfőz
overdone [oʊvə'dʌn] a túlsütött, agyonsütött [hús]
overdose ['oʊvədoʊs] n túl nagy adag
[orvosságból], halálos adag
overdraft ['oʊvədrɑ:ft; US -æft] n
hiteltúllépés; számlahitel; technikai
hitel
overdraw [oʊvə'drɔ:] v (pt -drew -'dru:,
pp -drawn -'drɔ:n) vt 1. (el)túloz 2.
~ *one's account* hiteltúllépést követ
el, fedezet nélküli csekket állít ki;
an ~*n account* túldiszponált számla
overdress I. n ['oʊvədres] huzatruha
II. vt/vi [oʊvə'dres] túlságosan kiöltözik
overdrive I. n ['oʊvədraɪv] gyorsító
áttétel II. v [oʊvə'draɪv] vt (pt
-drove -'droʊv, pp -driven -'drɪvn)
túlhajt, túlerőltet, agyonhajszol
overdue [oʊvə'dju:; US -'du:] a rég
esedékes, megkésett; lejárt [váltó
stb.]; *be* ~ késik [vonat stb.]
overeat [oʊvər'i:t] vt/vi (pt -ate -et,
US -eɪt, pp -eaten -'i:tn) ~ *oneself*
túl sokat eszik, bezabál
over-emphasize [oʊvər'emfəsaɪz] vt
túlhangsúlyoz
over-estimate [oʊvər'estɪmeɪt] vt túlbecsül, túlértékel
overexertion [oʊv(ə)rɪg'zɔ:ʃn] n túlterhelés, agyonhajszolás

overexposure [oʊv(ə)rɪk'spoʊʒə*] n túlexponálás

overextend [oʊvərɪk'stend] vt ~ oneself v. one's resources túl sokat vállal

overfatigue [oʊvəfə'ti:g] vt túlságosan kifáraszt, agyonhajszol

overfed [oʊvə'fed] a túltáplált

overflow I. n ['oʊvəfloʊ] 1. túlcsordulás, túlfolyás 2. túlfolyó folyadék; ~ pipe túlfolyó(cső) 3. felesleg; ~ meeting pótgyűlés [az elsőről kiszorultak részére]; ~ of population túlnépesedés II. v [oʊvə'floʊ] (pt/pp -ed -'floʊd) A. vt 1. túlcsordul (vmn), túlfolyik; ~ its banks kilép a medréből, kiárad [folyó] 2. átv eláraszt; ~ the barriers áttör a kordonon [tömeg] B. vi 1. túlfolyik, túlcsordul, kiárad; full to ~ing zsúfolásig/csordultig tele 2. bővelkedik (with vmben), csordultig van (with vmvel)

overgrow [oʊvə'groʊ] vt (pt -grew -'gru:, pp -grown -'groʊn) 1. nagyobbra nő (vmnél) 2. benő (vmt)

overgrown [oʊvə'groʊn] a 1. korához képest túl nagy, felnyurgult 2. ~ with sg vmvel benőtt

overgrowth ['oʊvəgroʊθ] n 1. túlnövés; túlburjánzás 2. bozót

overhand ['oʊvəhænd] a = overarm

overhang I. n ['oʊvəhæŋ] túlnyúlás, kiálló rész II. vt/vi [oʊvə'hæŋ] (pt/pp -hung -hʌŋ) 1. kinyúlik, túlnyúlik, kiugrik, kiáll (vm felett) 2. fenyeget [veszély]

overhaul I. n ['oʊvəhɔ:l] 1. nagyjavítás, generáljavítás [motoré] 2. biz kivizsgálás [betegé] II. vt [oʊvə'hɔ:l] 1. alaposan átvizsgál/kijavít; nagyjavítást végez [járműn], generáloz 2. utolér

overhead I. a ['oʊvəhed] 1. felső; ~ aerial magasantenna; ~ crossing felüljáró; ~ projector írásvetítő; ~ railway magasvasút; ~ wire felső vezeték, légvezeték 2. ~ charges/ expenses általános költségek, rezsiköltségek; ~ price átalányár II. adv [oʊvə'hed] felül, a magasban; danger, works ~! vigyázat! a tetőn

dolgoznak! III. n ['oʊvəhed] ~s = ~ charges/expenses

overhear [oʊvə'hɪə*] vt (pp/pt ~d -'hə:d) véletlenül/hallgatózással meghall

overheat [oʊvə'hi:t] A. vt túlfűt, túlhevít B. vi túlmelegszik, hőnfut

over-indulge [oʊv(ə)rɪn'dʌldʒ] vt/vi túl sokat megenged (másoknak v. magának), túlságosan elkényeztet

overjoyed [oʊvə'dʒɔɪd] a be ~ magánkívül van az örömtől, igen boldog, el van ragadtatva

overkill ['oʊvəkɪl] n ⟨a győzelemhez szükségesnél jóval több ellenfél elpusztítása pl. hidrogénbombával⟩

overladen [oʊvə'leɪdn] a túlterhelt

overland I. a ['oʊvəlænd] szárazföldi II. adv [oʊvə'lænd] szárazföldi úton

overlap I. n ['oʊvəlæp] átfedés II. vt/vi [oʊvə'læp] -pp- 1. részben fed, átfed; ~ one another átfedik egymást 2. egybevág, egybeesik

overlapping [oʊvə'læpɪŋ] a átfedő, egymást (részben) fedő

overlay I. n ['oʊvəleɪ] 1. borítás, rátét, felső lap, burkolat 2. ágytakaró 3. kis (asztal)terítő II. vt [oʊvə'leɪ] (pt/pp -laid -'leɪd) befed, (be)takar, ráborít, beborít

overleaf [oʊvə'li:f] adv a hátlapon/ túloldalon

overlie [oʊvə'laɪ] vt (pt -lay -'leɪ, pp -lain -'leɪn) 1. ráfekszik; rajta fekszik; eltakar 2. agyonnyom

overload I. n ['oʊvəloʊd] túlterhelés, súlytöbblet II. vt [oʊvə'loʊd] túlterhel

overlong [oʊvə'lɔŋ] a túl hosszú

overlook [oʊvə'lʊk] vt 1. vmre néz/ nyílik [ablak stb.] 2. elkerüli a figyelmét 3. elnéz; szemet huny (vm fölött)

overlord ['oʊvəlɔ:d] n feljebbvaló, legfőbb úr, hűbérúr

overly ['oʊvəlɪ] adv nagyon is, túlságosan

overman I. n ['oʊvəmæn] (pl -men -men) munkavezető, művezető II. vt [oʊvə'mæn] -nn- túl sok főt alkalmaz

overmaster [oʊvə'mɑ:stə*] vt legyőz, hatalmába kerít

overmuch [oʊvə'mʌtʃ] I. a túl sok II. adv nagyon is (sokat), szerfölött

overnight [oʊvə'naɪt] I. a az éjszaka folyamán történő, éjszakai II. adv 1. hirtelen, máról holnapra 2. előző éjjel/este; egész éjjel, az éjszaka folyamán, reggelig; stay ~ ott marad éjszakára

overpass ['oʊvəpɑ:s; US -pæs] n felüljáró

overpay [oʊvə'peɪ] vt (pt/pp -paid -'peɪd) túlfizet (vkt)

overpopulated [oʊvə'pɔpjʊleɪtɪd; US -'pɑ-] a túlnépesedett, túlzsúfolt

overpower [oʊvə'paʊə*] vt legyőz, lebír

overpowering [oʊvə'paʊərɪŋ] a ellenállhatatlan, túlerejű, hatalmas, erős

overpraise [oʊvə'preɪz] vt túldicsér

overprint [oʊvə'prɪnt] vt 1. többet nyom 2. felülnyom [bélyeget], túlkopíroz [fényképet]

overproduction [oʊvəprə'dʌkʃn] n túltermelés

overrate [oʊvə'reɪt] vt túlbecsül, túlértékel

overreach [oʊvə'ri:tʃ] vt 1. túlterjed (vmn), tovább ér (vmnél) 2. kijátszik, rászed (vkt), túljár (vknek) az eszén; ~ oneself (1) másnak vermet ás és maga esik bele (2) túlbecsüli képességeit

overrefinement [oʊvərɪ'faɪnmənt] n túlfinomultság

override [oʊvə'raɪd] vt (pt -rode -'roʊd, pp -ridden -'rɪdn) 1. átgázol (vmn), legázol (vkt) 2. megsemmisít, hatálytalanít; semmibe vesz; ~ one's commission visszaél (hivatali) hatalmával 3. agyonhajszol [lovat]

overriding [oʊvə'raɪdɪŋ] a nagy jelentőségű, kiemelkedő; of ~ interest kiemelkedően a legérdekesebb

overripe [oʊvə'raɪp] a túlérett

overrule [oʊvə'ru:l] vt hatályon kívül helyez, érvénytelenít [ítéletet]; elutasít [kárigényt stb.]; megmásít [döntést]

overrun [oʊvə'rʌn] v (pt -ran -'ræn, pp -run -'rʌn; -nn-) vt 1. eláraszt, elözönöl; lerohan; be ~ with hemzseg vmtől 2. elborít, befed, benő, belep 3. túllép, áthág [határt]; overran the time allotted tovább tartott a megszabott időnél [beszéd] 4. futásban lehagy 5. legázol, eltapos 6. túlfut (vmn)

oversea(s) [oʊvə'si:(z)] I. a tengeren túli; külföldi II. adv tengeren túl; külföldön

oversee [oʊvə'si:] vt (pt -saw -'sɔ:, pp -seen -'si:n) felügyel, ellenőriz; irányít

overseer ['oʊvəsɪə*] n felügyelő, gondnok; munkavezető; művezető

overset [oʊvə'set] v (pt/pp ~; -tt-) A. vt feldönt, -fordít, -borít B. vi feldől, -fordul, -borul

overshadow [oʊvə'ʃædoʊ] vt 1. beárnyékol, árnyékba borít 2. háttérbe szorít, felülmúl, elhomályosít

overshoe ['oʊvəʃu:] n sárcipő, hócipő

overshoot [oʊvə'ʃu:t] vt (pt/pp -shot -'ʃɔt, US -ɑ-) 1. fölötte átlő; ~ the mark túllő a célon (átv is) 2. túlfut [leszállópályán] 3. túl sok vadat lő ki [állományból]

overshot [oʊvə'ʃɔt; US -ɑt] a ~ wheel felülcsapó vízikerék

oversight ['oʊvəsaɪt] n 1. (vigyázatlanságból eredő) tévedés, elnézés; through an ~ tévedésből, figyelmetlenségből 2. felügyelet

oversize ['oʊvəsaɪz] n túlméret, rendkívüli méret

oversleep [oʊvə'sli:p] vi/vt (pt/pp -slept -'slept) elalussza az időt, (túlságosan) későn ébred

overspend [oʊvə'spend] vi (pp/pt -spent -'spent) túlköltekezik

overstatement [oʊvə'steɪtmənt] n túlzott állítás, túlzás

overstay [oʊvə'steɪ] vt = outstay

overstep [oʊvə'step] vt -pp- túllép vmt/vmn

overstock [oʊvə'stɔk; US -ɑk] vt 1. (áruval) telít [piacot] 2. túl nagy készlettel/állatállománnyal lát el

overstrain I. n ['oʊvəstreɪn] túlerőltetés II. vt [oʊvə'streɪn] túlerőltet; ~ oneself agyondolgozza magát

overstrung *a* 1. [oʊvə'strʌŋ] túlfeszített [idegállapot] 2. ['oʊvəstrʌŋ] kereszthúros [zongora] oversubscribe [oʊvəsəb'skraɪb] *vt* túljegyez [kölcsönt stb.] overt ['oʊvəːt] *a* nyilvánvaló, nyílt overtake [oʊvə'teɪk] *vt* (*pt* -took -'tʊk, *pp* -taken -'teɪk(ə)n) 1. utolér; (meg-) előz; *no overtaking* előzni tilos 2. meglep, ráront 3. legyőz overtax [oʊvə'tæks] *vt* 1. túladóztat 2. túlságosan igénybe vesz overthrow I. *n* ['oʊvəθroʊ] 1. megdöntés [hatalomé], megbuktatás [kormányé] 2. bukás, vereség II. *vt* [oʊvə'θroʊ] (*pt* -threw -'θruː, *pp* -thrown -'θroʊn) 1. felfordít, ledönt 2. megbuktat [kormányt], megdönt [hatalmat]; legyőz [ellenfelet] overtime ['oʊvətaɪm] *n* túlóra, túlórázás; *work* ~ túlórázik overtly ['oʊvəːtlɪ] *adv* nyíltan overtone ['oʊvətoʊn] *n* 1. felhang 2. *rendsz pl* mellékértelem, -zönge overtook →*overtake* overtop [oʊvə'tɔp; *US* -ɑp] *vt* -pp- kimagaslik (vm fölött), magasabb (vknél, vmnél); felülmúl overtrump ['oʊvətrʌmp] *vt* felüllop [kártyában] overture ['oʊvətjʊə*; *US* -tʃʊr] *n* 1. nyitány 2. *rendsz pl* ajánlat, barátságos közeledés; *make* ~s *to sy* kezdeményező lépéseket tesz vk felé overturn [oʊvə'təːn] A. *vt* 1. feldönt, -fordít, -borít 2. megdönt; legyőz B. *vi* feldől, -fordul, -borul overview ['oʊvəvjuː] *n* áttekintés overweening [oʊvə'wiːnɪŋ] *a* elbizakodott, gőgös, beképzelt, arrogáns overweight I. *a* [oʊvə'weɪt] túlsúlyú, a megengedettnél nehezebb II. *n* ['oʊvəweɪt] túlsúly, súlytöbblet III. *vt* [oʊvə'weɪt] túlságosan megterhel, túlterhel overwhelm [oʊvə'welm; *US* -'hw-] *vt* 1. eláraszt, elnyom 2. megsemmisít, legyőz, eltipor; erőt vesz rajta overwhelming [oʊvə'welmɪŋ; *US* -'hw-] *a* ellenállhatatlan, nyomasztó [fö-

lény]; megsemmisítő [csapás], elsöprő [győzelem] overwork I. *n* 1. [oʊvə'wəːk] túlterhelés [munkával], túlfeszített munka 2. ['oʊvəwəːk] túlmunka II. *v* [oʊvə'wəːk] A. *vt* 1. túldolgoztat, agyondolgoztat; ~ *oneself* agyondolgozza magát 2. *átv* elcsépel (vmt) B. *vi* túl sokat dolgozik overwrought [oʊvə'rɔːt] *a* 1. agyondolgozott, kimerült 2. túlfeszített 3. igen izgatott over-zealous [oʊvə'zeləs] *a* túlbuzgó Ovid ['ɔvɪd] *prop* Ovidius oviduct ['oʊvɪdʌkt] *n* petevezeték; méhkürt oviparous [oʊ'vɪpərəs] *a* tojásról/petéről szaporodó, tojásrakó ovoid ['oʊvɔɪd] *a* tojás alakú ovulation [ɔvjʊ'leɪʃn; *US* oʊvjə-] *n* peteérés ovum ['oʊvəm] *n* (*pl* ova 'oʊvə) pete owe [oʊ] *vt* ~ *sy sg* tartozik vknek vmvel, köszön vmt vknek; ~ *allegiance to sy* hűséggel tartozik vknek; *I* ~ *my life to you* neked köszönhetem, hogy még élek; *to what do I* ~ *this honour?* minek köszönhetem ezt a megtiszteltetést? ‖ →*IOU* Owen ['oʊɪn] *prop* owing [oʊ'ɪŋ] *a* 1. tartozó, adós, hátralékban levő 2. fizetendő, járó (*to* vknek); *there is* £*200* ~ *to you* 200 font jár Önöknek 3. köszönhető (*to* vknek/vmnek); ~ *to sg* vm következtében, vm miatt owl [aʊl] *n* bagoly; *US* ~ *train* éjszakai vonat owlet ['aʊlɪt] *n* baglyocska owlish ['aʊlɪʃ] *a* 1. bagolyszerű 2. fontoskodó own [oʊn] I. *a* saját, tulajdon; ~ *brother* édes fivér/testvér; ~ *material* hozott anyag [ruhához]; *for reasons of his* ~ megvan az oka rá, ő tudja miért; *a style all one's* ~ egyéni/eredeti stílus; *come into one's* ~ megkapja jogos tulajdonát, *átv* megkapja az őt megillető helyet; *do sg on one's* ~ (1) egyedül/egymaga csinál vmt (2) a saját szakállára csinál vmt; *I am

on my ~ *today* ma a magam ura vagyok, ma teljesen egyedül vagyok; *hold one's* ~ megállja a sarat **II.** *vt/vi*
1. (tulajdonul) bír **2.** elismer; beismer, bevall; *I* ~ *I was wrong* beismerem, hogy tévedtem/hibáztam; ~ *sy as a brother* fivérének elismer/tekint; ~ *up (to sg)* beismer, bevall (vmt)
owner ['oʊnə*] *n* tulajdonos, gazda
owner-driver *n* magánautós, úrvezető
ownership ['oʊnəʃɪp] *n* tulajdon(jog); *'under new* ~' „új vezetés alatt"
ox [ɔks; *US* 'ɑ-] *n (pl* ~en 'ɔks(ə)n, *US* 'ɑ-) ökör
oxalate ['ɔksəleɪt; *US* 'ɑ-] *n* sóskasav sója
oxalic [ɔk'sælɪk; *US* ɑk-] *a* ~ *acid* sóskasav
oxbow [-boʊ] *n* **1.** ökörjárom, -iga, kumét **2.** patkó alakú folyókanyar
Oxbridge ['ɔksbrɪdʒ; *US* 'ɑ-] *prop* ⟨Oxford és Cambridge egyetemei(nek világa)⟩
oxcart *n* ökrös szekér
oxen →*ox*
ox-eye *n* ~ *daisy* papvirág, margitvirág, margaréta
Oxford¹ ['ɔksfəd; *US* 'ɑ-] *prop* **1.** Oxford **2.** ~ *bags* bő szárú pantalló; ~ *shoe(s)* (fűzős) félcipő
oxford² ['ɔksfəd; *US* 'ɑ-] *n* **1.** *US* (fűzős) félcipő **2.** oxford inganyag
oxide ['ɔksaɪd; *US* 'ɑ-] *n* oxid

oxidizable ['ɔksɪdaɪzəbl; *US* 'ɑ-] *a* oxidálható
oxidize ['ɔksɪdaɪz; *US* 'ɑ-] **A.** *vt* oxidál **B.** *vi* oxidálódik
Oxon. ['ɔksn; *US* 'ɑ-] *a/n* Oxoniensis (= *from Oxford*) oxfordi (diák)
Oxonian [ɔk'soʊnjən; *US* ɑk-] *a/n* oxfordi (diák)
ox-tail *n* ökörfark; ~ *soup* ököruszályleves
oxyacetylene [ɔksɪə'setɪliːn; *US* ɑk-] *n* oxiacetilén; ~ *blowpipe* autogénvágó, autogénhegesztő pisztoly; ~ *welding* autogénhegesztés
oxygen ['ɔksɪdʒ(ə)n; *US* 'ɑ-] *n* oxigén; ~ *tent* oxigénsátor
oxygenate [ɔk'sɪdʒəneɪt; *US* ɑk-] *vt* oxigénnel telít, oxidál
oyes, oyez [oʊ'jes; *US* 'oʊjes] *int* hallgassatok (ide)!
oyster ['ɔɪstə*] *n* osztriga
oyster-bed/field *n* osztrigatelep
oyster-knife *n (pl* -knives) osztrigabontó kés
oysterman ['ɔɪstəmən] *n (pl* -men -mən) **1.** osztrigaárus; osztrigahalász **2.** osztrigagyűjtő csónak
oyster-shell *n* osztrigahéj
oz. [aʊns] *ounce(s)*
ozone ['oʊzoʊn] *n* ózon
ozonizer ['oʊzənaɪzə*] *n* ózonfejlesztő készülék
ozs. ['aʊnsɪz] *ounces*

P

P,¹ p [pi:] *n* P, *p* (betű)
P² [pi:] *Parking* parkoló(hely), P
p.³ *page* lap, l.
p⁴ [pi:] *(new) penny, pence*
pa [pɑ:] *n biz* papa
p.a. *per annum* (= *by the year, per year*) évenként
pabulum ['pæbjʊləm; *US* -bjə-] *n* táplálék
pace¹ [peɪs] **I.** *n* **1.** lépés, lépéshossz; *keep ~ with sy* lépést tart vkvel **2.** (menet)sebesség, iram; *at a lively ~* élénken; *go the ~* (1) nagy iramban halad (2) nagy lábon él; *set/make the ~* tempót/iramot diktál (*for sy* vknek) **3.** járás(mód); *put sy through his ~s* (alaposan megdolgoztatva) próbára tesz vkt **II. A.** *vi* **1.** lépked **2.** lépésben megy; poroszkál [ló] **B.** *vt* **1.** tempót/iramot diktál **2.** kilép, lelép [távolságot] **3.** nagy léptekkel ró [utcát, termet stb.]
pace² ['peɪsɪ] *prep* vk engedelmével, ha vk nem ellenzi
-paced [-peɪst] -léptű, -járású
pacemaker *n* **1.** iramot diktáló versenyző [sportban] **2.** szívritmus-szabályozó
pacer ['peɪsə*], **pace-setter** *n* = *pacemaker 1.*
pachyderm ['pækɪdə:m] *n* vastagbőrű(ek)
pacific [pə'sɪfɪk] *a/n* békés; csendes; nyugalmas; *the P~ (Ocean)* a Csendes-óceán
pacifier ['pæsɪfaɪə*] *n* **1.** békéltető **2.** *US* cucli, cumi
pacifism ['pæsɪfɪzm] *n* pacifizmus
pacifist ['pæsɪfɪst] *n* pacifista
pacify ['pæsɪfaɪ] *vt* kibékít, lecsendesít

pack [pæk] **I.** *n* **1.** csomag, poggyász; batyu, málha **2.** falka [kutya-, farkas-] **3.** tömeg [ember] **4.** *biz* csomó, halom, rakás; *a ~ of lies* csupa hazugság **5.** pakli [kártya]; doboz [cigaretta] **6.** (úszó) jégtorlasz **7.** (hideg) borogatás **II. A.** *vt* **1.** (be)csomagol, bepakol; összepakol **2.** beletöm, belezsúfol; megrak; *the train was ~ed* a vonat zsúfolva volt **3.** tömít **4.** konzervál; dobozol **5.** összeszed, összegyűjt [állatokat]; összeválogat [személyeket, tárgyakat]; ⟨egy társaság/csoport tagjait úgy szedi össze, hogy azok rá előnyös döntést hozzanak⟩; *~ a jury* részrehajló esküdtszéket állít össze **B.** *vi* **1.** összeáll, tömörödik [hó, föld] **2.** összeverődnek [állatok]; összecsődülnek [emberek]; cimborálnak **3.** *articles that ~ well* jól/könnyen csomagolható/tárolható árucikkek **4.** *biz send sy ~ing* elzavar vkt
  pack in *vt/vi* becsomagol
  pack off A. *vi* eltakarodik, elkotródik **B.** *vt* elküld, elzavar (vkt); *~ a child o. to bed* ágyba dugja a gyereket
  pack up A. *vt* becsomagol, összepakol **B.** *vi* **1.** *biz* fájrontot csinál, leteszi a vakolókanalat **2.** □ bedöglik, lerohad [gép]
package ['pækɪdʒ] **I.** *n* csomag; *biz ~ (deal/offer)* csomagterv; *~ tour* csomagtúra **II.** *vt* (be)csomagol
packaging ['pækɪdʒɪŋ] *n US* csomagolás
pack-animal *n* málhás állat
Packard ['pækɑ:d] *prop*
packer ['pækə*] *n* **1.** csomagoló(gép) **2.** *US* konzervgyáros

packet ['pækɪt] n 1. (kis) csomag 2. *GB* □ *catch/get/stop a ~* súlyos/halálos sebet kap [katona] 3. □ *a ~of money* nagy csomó pénz
packet-boat n postahajó
pack-horse n málhás ló
pack-ice n (úszó) jégtorlasz
packing ['pækɪŋ] n 1. (be)csomagolás, bepakolás; ~ *included* csomagolás bérmentve 2. tömítés; ~ *ring* tömítőgyűrű 3. burkoló-, tömítőanyag, csomagolópapír 4. konzerválás, tartósítás; *US ~ house* konzervgyár
packing-case n csomagolóláda
packing-needle n zsákvarrótű
pack-saddle n málhanyereg
pack-thread n csomagolózsineg
pact [pækt] n szerződés, egyezmény
pad¹ [pæd] I. n 1. párna; párnázás; töm(ít)és 2. nyeregpárna 3. jegyzettömb, blokk; írómappa 4. lábszárvédő; mellvédő 5. [állati] láb, mancs 6. ujjbegy 7. □ kégli II. vt -dd- 1. kibélel, kipárnáz, kitöm 2. *biz* terjengőssé tesz [írást]
pad² [pæd] v -dd- vi kutyagol, gyalogol
padded ['pædɪd] a bélelt, párnázott; ~ *cell* párnázott falú cella [dühöngő őrülté] →*pad¹, pad²*
padding ['pædɪŋ] n 1. bélés, tömés; vattázás (*átv is*) 2. helykitöltő fecsegés [írásműben] || → *pad¹, pad²*
Paddington ['pædɪŋtən] prop
paddle¹ ['pædl] I. n 1. kajakevező; lapát [vízikeréké] 2. úszóhártyás láb 3. sulykoló II. A. vi (kajakevezővel) evez,,,kanalaz" B.vt hajt [csónakot];*biz ~ one's own canoe* a saját erejéből boldogul
paddle² ['pædl] vi lubickol, pacskol [vízben]
paddle-wheel n lapátkerék
paddling-pool ['pædlɪŋ-] n lubickolómedence
paddock ['pædək] n 1. bekerített kifutó [istálló mellett] 2. nyergelő [lóversenypályán]
paddy¹ ['pædɪ] n hántolatlan rizs
paddy² ['pædɪ] n biz be in a ~ dühös
Paddy³ ['pædɪ] prop 1. ⟨*Patrick* becézett alakja⟩ 2. biz ír (ember) 3. *US* □ ~(*-waggon*) rabomobil

paddy-field n rizsföld
padlock ['pædlɔk; *US* -ak] I. n lakat II. vt belakatol
padre ['pɑ:drɪ; *US* -eɪ] n tábori lelkész
paean ['pi:ən] n diadalének
paediatr ... →*pediatr* ...
pagan ['peɪgən] n (*átv is*) pogány
paganism ['peɪgənɪzm] n pogányság
page¹ [peɪdʒ] I. n 1. apród 2. ~ (*boy*) (szállodai) boy II. vt kerestet [boyjal szállodában]
page² [peɪdʒ] I. n lap, oldal II. vt lapszámoz
pageant ['pædʒ(ə)nt] n 1. látványosság, nagy felvonulás (élőképekkel) 2. üres pompa
pageantry ['pædʒ(ə)ntrɪ] n 1. pompa, fény 2. látványosság, látványos felvonulás
Paget ['pædʒɪt] prop
paginate ['pædʒɪneɪt] vt lapszámoz
pagination [pædʒɪ'neɪʃn] n lapszámozás
paging ['peɪdʒɪŋ] n lapszámozás
pagoda [pə'goʊdə] n pagoda
paid [peɪd] → *pay¹ II.*
pail [peɪl] n vödör, csöbör
pailful ['peɪlfʊl] n vödörnyi
pain [peɪn] I. n 1. fájdalom, szenvedés; kín; *be in (great)* ~ (nagy) fájdalmai vannak; *give* ~ fájdalmat okoz; ~*s pl* vajúdás; *put an animal out of its* ~ megadja egy állatnak a kegyelemdöfést 2. *pains pl* fáradozás, fáradság; *take* ~*s* nem sajnálja a fáradságot, fáradozik 3. kellemetlenség, bosszúság; □ *a* ~ *in his neck* szálka a szemében, kellemetlen a számára 4. † büntetés; *under/(up)on* ~ büntetés terhe mellett; *on* ~ *of death* halálbüntetés terhe alatt II. A. vt fájdalmat okoz, gyötör, kínoz B. vi fáj
Paine [peɪn] prop
pained [peɪnd] a 1. fájdalmas, megsértődött [arckifejezés] 2. bánatos
painful ['peɪnf(ʊ)l] a 1. fájdalmas, fájós 2. kínos, kellemetlen
pain-killer n fájdalomcsillapító
painless ['peɪnlɪs] a fájdalommentes
painstaking ['peɪnzteɪkɪŋ] a gondos, lelkiismeretes; alapos

paint [peɪnt] I. n 1. festék; coat of ~ festékréteg 2. arcfesték, rúzs II. vt 1. lefest, (meg)fest 2. (be)fest, (be)mázol, beken; ~ with iodine bejódoz 3. (szavakkal) leír, lefest
paint-box n festékdoboz
paint-brush n (festő)ecset
painter¹ ['peɪntə*] n 1. festő(művész) 2. szobafestő, mázoló
painter² ['peɪntə*] n hajókikötő-kötél; cut the ~ (1) elvágja a hajókötelet (2) biz elszakad [gyarmat]; végleg megszabadul vmtől
painting ['peɪntɪŋ] n 1. festmény 2. festés, festészet
paintress ['peɪntrɪs] n festőművésznő
pair [peə*] I. n 1. (egy) pár; where is the ~ to this sock? hol van ennek a zokninak a párja?; a ~ of trousers nadrág, pantalló; the ~ of you ti ketten; in ~s párosával 2. fogat; carriage and ~ kétlovas hintó 3. (házas)pár 4. ⟨két szemben álló párthoz tartozó képviselő, akik kölcsönös megállapodással tartózkodnak a szavazástól⟩ II. A. vt párosít, párosával összerak B. vi 1. párosodik, párzik 2. ⟨egy ellenpárti képviselővel együtt távol marad a szavazástól⟩
pair off A. vt kettesével elrendez B. vi 1. kettesével elvonul 2. biz összeházasodik (with vkvel)
pajamas → pyjamas
Pakistan [pɑ:kɪ'stɑ:n] prop Pakisztán
Pakistani [pɑ:kɪ'stɑ:nɪ] a/n pakisztáni
pal [pæl] □ I. n pajtás, cimbora, haver II. vi -ll- ~ up with sy összebarátkozik/összehaverkodik vkvel
palace ['pælɪs] n palota; ~ revolution palotaforradalom
palace-car n US szalonkocsi
paladin ['pælədɪn] n lovag, levente
palaeographer, US paleo- [pælɪ'ɔgrəfə*; US peɪlɪ'ɑ-] n paleográfus
palaeography, US paleo- [pælɪ'ɔgrəfɪ; US peɪlɪ'ɑ-] n paleográfia
palaeolithic, US paleo- [pælɪə'lɪθɪk; US peɪ-] a őskőkori
palaeontology, US paleon- [pælɪɔn'tɔlədʒɪ; US peɪlɪɑn'tɑ-] n őslénytan, paleontológia

palanquin [pælən'ki:n] n fedett gyaloghintó
palatable ['pælətəbl] a ízletes; kellemes
palatal ['pælətl] n ínyhang, palatális (hang)
palatalize ['pælətəlaɪz] vt palatalizál
palate ['pælət] n 1. íny, szájpadlás; cleft ~ farkastorok 2. ízlés, gusztus
palatial [pə'leɪʃl] a 1. palotaszerű 2. fejedelmi, nagyszabású, fényűző
palatinate [pə'lætɪnət] n palotagrófi/nádori méltóság; The P~ Pfalz
palatine ['pælətaɪn] n palotagróf, nádor
palaver [pə'lɑ:və*; US -'læ-] I. n 1. [bennszülöttekkel folytatott] (hosszadalmas) tárgyalás 2. biz üres beszéd, fecsegés II. vi 1. (bennszülöttekkel) tárgyal 2. locsog, fecseg
pale¹ [peɪl] n 1. karó, hegyes léc; palánk 2. beyond/outside the ~ kívül esik vm (pl. az illem) határán
pale² [peɪl] I. a sápadt, hal(o)vány; színtelen, fakó; ~ ale világos sör; ~ blue halványkék; grow/turn ~ elsápad II. A. vi elsápad, elhalványodik B. vi elsápaszt
pale-face n sápadt arcú
paleness ['peɪlnɪs] n sápadtság, halványság
paleo ... → palaeo ...
Palestine ['pæləstaɪn] prop Palesztina
Palestinian [pælə'stɪnɪən] a/n palesztin(ai)
palette ['pælət] n (festő)paletta
palette-knife n (pl -knives) palettaparó kés
palimpsest ['pælɪmpsest] n palimpszeszt
palindrome ['pælɪndroʊm] n tükörmondat, palindroma
paling ['peɪlɪŋ] n 1. palánk, (hegyes) léckerítés 2. karó(k)
palisade [pælɪ'seɪd] I. n 1. palánk(kerítés) 2. US meredek sziklafal [folyó mentén] II. vt körülpalánkol
palish ['peɪlɪʃ] a kissé halvány
pall¹ [pɔ:l] n 1. koporsólepel, szemfedél 2. lepel, takaró; a ~ of smoke füstfátyol
pall² [pɔ:l] vi unalmassá válik, ellaposodik
pall-bearer n gyászoló [aki a koporsót oldalt kíséri]

palled [pæld] →pal II.
pallet ['pælɪt] n szalmazsák, priccs
palliasse ['pælıæs; US -'æs] n szalmazsák
palliate ['pælıeɪt] vt 1. átmenetileg enyhít/csillapít/könnyít 2. menteget
palliation [pælı'eɪʃn] n 1. átmeneti csillapítás/enyhítés/könnyítés 2. mentegetés, szépítés
palliative ['pælıətɪv; US -eɪt-] a/n csillapító(szer)
pallid ['pælıd] a sápadt, fakó; fénytelen
Pall Mall [pæl'mæl] prop
pallor ['pælə*] n sápadtság
pally ['pælı] a biz barátkozó, haverkodó; I'm ~ with him jó haverom
palm¹ [pɑːm] n pálma; carry off the ~ elnyeri a pálmát/győzelmet; P~ Sunday virágvasárnap
palm² [pɑːm] I. n 1. tenyér; grease/oil sy's ~ „megken" vkt 2. horgonyköröm 3. korona [szarvasagancsé] 4. tenyérszélesség, -hossz II. vt 1. tenyérbe rejt 2. ~ sg off on sy elsóz vmt vknek, rátukmál/rásóz vkre vmt; ~ oneself off as sg vmnek kiadja magát 3. biz „megken"
palmate ['pælmɪt; US -eɪt] a tenyér alakú
palmer ['pɑːmə*] n (a Szentföldről pálmaággal hazatért) zarándok
Palmerston ['pɑːməst(ə)n] prop
palmetto [pæl'metoʊ‖ n törpe legyezőpálma
palm-grove n pálmaliget
palmist ['pɑːmɪst] n tenyérjós
palmistry ['pɑːmɪstrı] n tenyérjóslás
palm-oil n 1. pálmaolaj 2. GB biz „kenés", csúszópénz
palmy ['pɑːmı] a 1. pálmás 2. átv virágzó, boldog
palpability [pælpə'bılətı] n 1. érzékelhetőség, (ki)tapinthatóság 2. nyilvánvaló volta (vmnek)
palpable ['pælpəbl] a 1. érzékelhető, (ki)tapintható 2. kézzelfogható, nyilvánvaló
palpate ['pælpeɪt] vt (meg)tapogat, kitapogat, kitapint [orvosilag]
palpitate ['pælpɪteɪt] vt 1. dobog, lüktet, ver [szív] 2. remeg, reszket

palpitation [pælpı'teɪʃn] n 1. (szív)dobogás 2. remegés, reszketés
palsied ['pɔːlzɪd] a szélütött, bénult
palsy ['pɔːlzı] I. n szélütés, -hűdés; bénulás II. vt megbénít
palter ['pɔːltə*] vi köntörfalaz, mellébeszél; ~ with sg könnyedén vesz/kezel vmt
paltering ['pɔːlt(ə)rıŋ] n kifogás, ürügy
paltriness ['pɔːltrınıs] n értéktelenség; jelentéktelenség, silányság
paltry ['pɔːltrı] a értéktelen; jelentéktelen, vacak, rongyos
Pamela ['pæmələ] prop Paméla
Pamirs, The [ðəpə'mɪəz] prop a Pamír
pampas ['pæmpəs] n pl pampa [dél-amerikai füves síkság]
pampas-grass n pampaszfű
pamper ['pæmpə*] vt (el)kényeztet
pamphlet ['pæmflıt] n 1. vékony fűzött könyv, [nyomtatott] füzet 2. röpirat; brosúra, pamflet
pamphleteer [pæmflə'tıə*] n röpiratíró
pan¹ [pæn] I. n 1. serpenyő, tepsi, lábas; pots and ~s konyhaedények 2. mérlegcsésze 3. (serpenyő alakú) talajmélyedés, horpadás 4. koponya felső része 5. □ pofa, ábrázat II. v -nn- A. vt 1. ~ (out, off) (ki)mos [aranyat] 2. főz, párol [ételt] 3. biz lehord, lekritizál B. vi ~ out (1) ad, hoz [aranyat] (2) végződik/sikerül vhogyan
pan² [pæn] vt/vi -nn- pásztáz, (film)felvevőgéppel követ
panacea [pænə'sıə] n csodaszer
panache [pə'næʃ] n magabiztosság
Panama [pænə'mɑː; US főleg 'pæ-] prop Panama
Panamanian [pænə'meɪnjən] a/n panamai
Pan-American [pænə'merıkən] a pánamerikai
pancake ['pænkeɪk] n palacsinta; ~ day húshagyókedd; ~ (landing) futómű nélküli kényszerleszállás, hasra szállás, haslesszállás [repgépé]
panchromatic [pænkrə'mætık] a pankromatikus
Pancras ['pæŋkrəs] prop Pongrác
pancreas ['pæŋkrıəs] n hasnyálmirigy
pancreatic [pæŋkrı'ætık] a hasnyálmirigy-

panda ['pændə] *n* 1. (tibeti) macskamedve, panda 2. *GB P~ car* URHkocsi; *P~ crossing* sávozott gyalogátkelőhely [ahol a jelzőlámpát a gyalogos kezeli]
pandemic [pæn'demɪk] *n* országos járvány
pandemonium [pændɪ'moʊnjəm] *n* pokoli lárma, zűrzavar
pander ['pændə*] I. *n* 1. kerítő 2. cinkos(társ) II. A. *vt* 1. kerítő szerepét játssza 2. cinkosként segít B. *vi* 1. kerít(éssel foglalkozik) 2. ~ *to sy* cinkosa vknek
pane [peɪn] *n* 1. ~ (*of glass*) (üveg-) tábla, táblaüveg 2. (osztás)mező
panegyric [pænɪ'dʒɪrɪk] *n* dicshimnusz
panegyrize ['pænɪdʒɪraɪz] *vt* dicsőít
panel ['pænl] I. *n* 1. (fa)tábla; (fal)mező [mennyezeten, falon stb.]; ablaktábla; ajtótábla; ~ *painting* táblakép 2. panel [építőelem] 3. (*instrument*) ~ műszerfal 4. esküdtnévsor, -szék 5. *GB* ⟨társadalombiztosítási szolgálatban részt vevő körzeti orvosok jegyzéke⟩; *be on the* ~ kb. körzeti orvos 6. munkaközösség; bizottság 7. ~ (*discussion*) fórum [tévében] II. *vt* -ll- (*US* -l-) 1. táblákra/mezőkre oszt 2. faburkolattal ellát, burkol [falat]
panel-doctor *n GB* kb. körzeti orvos, SZTK-orvos
panelled ['pænld] *a* faburkolatú; ~ *door* betétes ajtószárny
panelling ['pæn(ə)lɪŋ] *n* fa(l)burkolat, lambéria
panel-patient *n GB* kb. SZTK-beteg
pang [pæŋ] *n* 1. nyilalló/szaggató fájás 2. *átv* kín, (szív)fájdalom
panhandle ['pænhændl] *US* I. *n* földnyelv II. *vi biz* koldul
panic ['pænɪk] I. *n* pánik II. *vi* (*pt/pp* -ked* 'pænɪkt) pánikba esik
panicky ['pænɪkɪ] *a* pánikra hajlamos, könnyen rémüldöző
panic-monger *n* pánikkeltő, -terjesztő
panic-stricken *a* megrémült, fejvesztett
panjandrum [pæn'dʒændrəm] *n biz* nagyfejű, fejes
Pankhurst ['pæŋkhə:st] *prop*
panned [pænd] →*pan¹ II., pan²*

pannier ['pænɪə*] *n* (nagy) (málhás)kosár [málhás állaton, kerékpáron]
pannikin ['pænɪkɪn] *n* 1. kis fémpohár/fémcsésze 2. kis pohárnyi ital
panning ['pænɪŋ] *n* panorámafelvétel, „úsztatás" [filmfelvevőgéppel] ‖ →*pan¹ II., pan²*
panoply ['pænəplɪ] *n* (*átv is*) teljes vértezet
panorama [pænə'rɑ:mə*; *US* -'ræ-] *n* 1. körkép, látkép; panoráma 2. akadálytalan kilátás, körkilátás
panoramic [pænə'ræmɪk] *a* panorámaszerű, panoráma-; ~ *camera* nagylátószögű fényképezőgép; ~ *view* (1) körkilátás (2) *átv* átfogó kép (vmről)
pan-pipe ['pæn-] *n* pánsíp
Pan-Slavism [pæn'slɑ:vɪzm] *n* pánszlávizmus
pansy ['pænzɪ] *n* 1. árvácska 2. *biz* homokos [férfi]
pant [pænt] *vi* 1. liheg, zihál, levegő után kapkod, piheg 2. hevesen dobog, ver [szív] 3. ~ *for/after sg* vágyódik vm után
pantaloons [pæntə'lu:nz] *n pl US* pantalló, hosszúnadrág [férfié]
pantechnicon [pæn'teknɪkən] *n GB* bútorszállító kocsi
pantheism ['pænθi:ɪzm] *n* panteizmus
pantheist ['pænθi:ɪst] *n* panteista
pantheistic(al) [pænθi:'ɪstɪk(l)] *a* panteista, panteisztikus
pantheon ['pænθɪən; *US* -ɑn] *n* panteon
panther ['pænθə*] *n* fekete leopárd, *US* puma
panties ['pæntɪz] *n pl biz* 1. gyermeknadrág 2. bugyi, női (alsó)nadrág
pantile ['pæntaɪl] *n* hullámos cserépzsindely
panting ['pæntɪŋ] *a* lihegő, ziháló, dobogó ‖ →*pant*
pantograph ['pæntəgrɑ:f; *US* -æf] *n* pantográf, gólyaorr
pantomime ['pæntəmaɪm] *n* 1. pantomim, némajáték 2. látványos tündérrevü
pantry ['pæntrɪ] *n* 1. éléskamra 2. tálaló(helyiség)
pants [pænts] *n pl biz* 1. hosszúnadrág, pantalló; ~ *suit* nadrágkosztüm; *biz*

kick in the ~ fenékbe rúg 2. *GB* alsónadrág; *with the* ~ *down* (1) *biz* letolt gatyával (2) *átv* □ készületlenül, zavarba hozó helyzetben 3. = *panties*
panty-hose ['pæntɪ-] *n* harisnyanadrág
panzer ['pæntzə*] *a/n* páncélos
pap [pæp] *n* 1. pép, kása; papi 2. *US* igénytelen/nívótlan olvasmány
papa [pə'pɑ:] *n* papa, apuka
papacy ['peɪpəsɪ] *n* pápaság
papal ['peɪpl] *a* pápai
papaw [pə'pɔ:] *n* papaja(fa gyümölcse)
paper ['peɪpə*] I. *n* 1. papír; *commit sg to* ~, *put sg down on* ~ papírra vet vmt, írásba foglal vmt; *on* ~ papíron, elméletben 2. **papers** *pl* írás(ok), (személyi) okmány, iratok, igazolvány; *send in one's* ~*s* lemond (tiszti) rangjáról 3. értekezés, tanulmány; dolgozat; *deliver/present/read a* ~ előadást tart/felolvas 4. [iskolai] dolgozat; írásbeli (vizsga) 5. újság, (hír)lap 6. ~ *money* papírpénz, bankjegy II. *vt* 1. tapétáz 2. (papírosba) becsomagol; *átv biz* ~ *over the cracks* elfedi/szépíti a hibákat 3. □ vattáz [színházat]
paperback *n* fűzött könyv, zsebkönyv
paper-bag *n* papírzacskó, -zsák
paperboy *n* lapkihordó
paper-chase *n* ⟨tréfás hajtóvadászat elszórt papírdarabok nyomán⟩
paper-clip *n* gemkapocs, iratkapocs
paper-hanger *n* tapétázó
paper-knife *n* (*pl* -**knives**) papírvágó kés
paper-mill *n* papírmalom ,-gyár
paper-weight *n* levélnehezék
paperwork *n* aktázás, irodai munka
papery ['peɪpərɪ] *a* papírszerű
papier-mâché [pæpjeɪ'mæʃeɪ] *n* papírmasé
papist ['peɪpɪst] *n* pápista
papoose [pə'pu:s] *n* 1. *US* indián csecsemő 2. gyermekhordozó hátizsák
paprika ['pæprɪkə] *n* (piros) paprika
Papuan ['pɑ:pʊən] *a/n* pápuai, Pápua Új-Guinea-i
Papua New Guinea ['pɑ:pʊə] *prop* Pápua Új-Guinea
papyrus [pə'paɪrərəs] *n* (*pl* -**ri** -raɪ) papirusz
par[1] [pɑ:*] *n* névérték, egyenérték, pari

árfolyam; *up to* ~ színvonalas; *below* ~ (1) névérték alatt (2) *átv* nívótlan, átlagon aluli; *biz feel below* ~ nem érzi jól magát, nincs formában; *at* ~ parin
par[2] [pɑ:*] *n biz* 1. paragrafus 2. kis újságcikk
parable ['pærəbl] *n* példabeszéd, példázat
parabola [pə'ræbələ] *n* parabola
parabolic(al) [pærə'bɔlɪk; *US* -'bɑ-] *a* 1. példabeszédbe burkolt 2. parabolikus
parachute ['pærəʃu:t] I. *n* ejtőernyő; ~ *flare* ejtőernyős rakéta; ~ *mine* ejtőernyővel ledobott akna; ~ *troops* ejtőernyős alakulat II. *vi* ejtőernyővel leszáll
parachutist ['pærəʃu:tɪst] *n* ejtőernyős
parade [pə'reɪd] I. *n* 1. dísz, pompa, parádé 2. (dísz)szemle; *on* ~ (1) szemlén (2) gyakorlótéren 3. sétány 4. *make a* ~ *of sg* kérkedik/hivalkodik vmvel II. A. *vt* 1. fitogtat, kérkedik (vmvel) 2. (dísz)szemlét tart B. *vi* 1. parádézik, díszeleg 2. szemlére vonul
parade-ground *n* gyakorlótér
paradigm ['pærədaɪm; *US* -dɪm v. -daɪm] *n* (ragozási) minta, paradigma
paradise ['pærədaɪs] *n* paradicsom(kert); mennyország; *bird of* ~ paradicsommadár; *P*~ *Lost* A paradicsom elvesztése
paradisiac [pærə'dɪsɪæk] *a* paradicsomi, mennyei
paradisiacal [pærədɪ'saɪəkl] *a* = *paradisiac*
paradox ['pærədɔks; *US* -ɑks] *n* paradoxon, látszólagos ellentmondás
paradoxical [pærə'dɔksɪkl; *US* -'dɑ-] *a* paradox
paraffin ['pærəfɪn] *n* 1. paraffin; *liquid* ~ paraffinolaj 2. *GB* kőolaj, petróleum; ~ *lamp* petróleumlámpa; ~ *oil* (1) paraffinolaj (2) petróleumpárlat
paragon ['pærəgən; *US* -ɑn] *n* minta(kép), eszménykép
paragraph ['pærəgrɑ:f; *US* -æf] I. *n* 1. paragrafus, szakasz, cikk(ely) 2. (új) bekezdés 3. paragrafus(jel) 4. újsághír, (rövid) cikk II. *vt* paragrafusokra/bekezdésekre oszt

Paraguay ['pærəgwaɪ] *prop* Paraguay
Paraguayan [pærə'gwaɪən] *a/n* paraguayi
parakeet ['pærəki:t] *n* arapapagáj
parallax ['pærəlæks] *n* parallaxis
parallel ['pærəlel] I. *a* 1. párhuzamos *(with/to* vmvel); ~ *bars* korlát [szertornában]; ~ *ruler* párhuzamvonalzó 2. megfelelő, hasonló II. *n* 1. párhuzamos (vonal); *draw a* ~ (1) párhuzamost von (2) *átv* párhuzamba állít; párhuzamot von *(between* két dolog között) 2. ~ *(of latitude)* (földrajzi) szélességi kör/vonal 3. hasonlóság, párhuzam 4. *in* ~ párhuzamosan kapcsolt 5. vmnek párja; *without* ~ példátlan, páratlan III. *vt* -ll- *(US* -l-) 1. párhuzamba állít, egybevet [két dolgot] 2. vmnek megfelel, vmvel megegyezik 3. párhuzamos (vmvel)
parallelism ['pærəlelɪzm] *n* párhuzam(osság), hasonlóság, megfelelés
parallelogram [pærə'leləgræm] *n* egyenköz, paralelogramma
paralyse, *US* -lyze ['pærəlaɪz] *vt* (meg-)bénít; ~*d with fear* félelemtől dermedt(en)
paralysing, *US* -lyz- ['pærəlaɪzɪŋ] *a* bénító
paralysis [pə'rælɪsɪs] *n* 1. megbénítás 2. (meg)bénulás, hűdés, paralízis 3. *átv* tehetetlenség, cselekvésképtelenség
paralytic [pærə'lɪtɪk] *a/n* bénult, béna, paralitikus; tehetetlen (ember)
parameter [pə'ræmɪtə*] *n* paraméter, segédváltozó
paramilitary [pærə'mɪlɪtərɪ; *US* -erɪ] *a* katonai jellegű
paramount ['pærəmaʊnt] *a* legfőbb
paramour ['pærəmʊə*] *n* † szerető, kedves
paranoia [pærə'nɔɪə] *n* nagyzási/üldözési mánia, paranoia
parapet ['pærəpɪt] *n* 1. mellvéd, könyöklőfal 2. karfa, (híd)korlát
paraph ['pærəf] I. *n* kacskaringó [névaláírásé] II. *vt* kézjeggyel ellát, parafál
paraphernalia [pærəfə'neɪljə] *n pl biz* 1. felszerelés, kellék(ek) 2. holmi, cókmók

paraphrase ['pærəfreɪz] I. *n* magyarázó körülírás, parafrázis II. *vt* kifejt, részletez, körülír, más szavakkal elmond
paraplegia [pærə'pli:dʒə] *n* kétoldali végtagbénulás (a deréktól lefelé)
paras ['pærəz] *n pl biz* = *paratroopers*
parasite ['pærəsaɪt] *n* élősdi, élősködő, parazita
parasitic [pærə'sɪtɪk] *a* élősködő
parasol ['pærəsɔl; *US* -sɔ:l] *n* napernyő
paratrooper ['pærətru:pə*] *n* ejtőernyős
paratroops ['pærətru:ps] *n pl* ejtőernyős csapatok
paratyphoid [pærə'taɪfɔɪd] *n* paratífusz
parboil ['pɑ:bɔɪl] A. *vt* előfőz B. *vi átv* túlságosan felhevül
parcel ['pɑ:sl] I. *n* 1. (posta)csomag; ~ *post* csomagposta 2. *biz* csomó, rakás; ~ *of lies* egy csomó hazugság 3. telek(rész), parcella 4. *part and* ~ *of sg* vmnek szerves alkatrésze II. *vt* -ll- *(US* -l-) 1. ~ *(out)* feloszt, (fel)parcelláz 2. ~ *(up)* becsomagol
parcel-gilt *a* részben aranyozott
parch [pɑ:tʃ] A. *vt* 1. (el)szárít,kiszárít, fonnyaszt, aszal 2. éget, perzsel B. *vi* 1. elszárad, elfonnyad 2. szomjazik
parchment ['pɑ:tʃmənt] *n* pergamen
pard [pɑ:d] *n* † leopárd
pardon ['pɑ:dn] I. *n* 1. bocsánat; *ask for* ~ bocsánatot kér; *I beg your* ~*!* (1) pardon bocsánat! (2) de kérem! [méltatlankodva]; *(I beg your)* ~*?* tessék?, mit tetszett mondani?, nem értettem! 2. bűnbocsánat, búcsú II. *vt* 1. megbocsát, elnéz *(sy sg* vknek vmt); ~ *me!* bocsánat! 2. megkegyelmez (vknek)
pardonable ['pɑ:dnəbl] *a* megbocsátható, menthető
pardoner ['pɑ:dnə*] *n* † bűnbocsánatárus
pare [peə*] *vt* nyes; vág [körmöt]; (meg)hámoz [gyümölcsöt]; ~ *away/off* levág, lenyír; *átv* ~ *down* csökkent, lefarag
parent ['peər(ə)nt] *n* 1. szülő; ős; ~ *concern* anyaintézet 2. forrás, kútfő
parentage ['peər(ə)ntɪdʒ] *n* 1. származás 2. szülők, ősök; család
parental [pə'rentl] *n* szülői, atyai

parenthesis [pə'renθɪsɪs] *n* (*pl* -ses -si:z)
1. (kerek) zárójel 2. közbevetett megjegyzés/mondat
parenthetic(al) [pær(ə)n'θetɪk(l)] *a* közbevetett, zárójelbe tett
parent-teacher association kb. szülői munkaközösség
parget ['pɑ:dʒɪt] *vt* (durván) bevakol, díszít
parhelion [pɑ:'hi:ljən] *n* (*pl* -lia -ljə) melléknap
pariah ['pærɪə] *n* pária [Indiában]; *átv* társadalomból kitaszított ember
paring ['peərɪŋ] *n* 1. hámozás 2. parings *pl* (fa)hulladék, forgács; héj
paring-knife *n* (*pl* -knives) dikics, kacorkés, fejtőkés; hámozókés
Paris ['pærɪs] *prop* Párizs
parish ['pærɪʃ] *n* 1. plébánia, egyházközség, parókia; ~ *church* plébániatemplom; ~ *clerk* sekrestyés, templomszolga; egyházfi; ~ *priest* plébános; ~ *register* (községi) anyakönyv 2. (*civil*) ~ község; ~ *council* községi tanács; *biz go on the* ~ köztartásban részesül, szociális otthonba kerül
parishioner [pə'rɪʃənə*] *n* egyházközséghez tartozó ember, egyháztag
Parisian [pə'rɪzjən; *US* -ʒən] *a/n* párizsi
parity ['pærətɪ] *n* 1. egyenlőség, egyenértékűség, paritás 2. megfelelés, egyezés
park [pɑ:k] I. *n* 1. park, díszkert; vadaskert 2. katonai anyagraktár 3. (gépkocsi)telephely; (*car*) ~ parkolóhely II. *vt* 1. körülkerít; parkosít 2. parkol [gépkocsit] 3. *biz* lerak; elhelyez [csomagot stb.]
parka ['pɑ:kə] *n US* csuklyás anorák
parking ['pɑ:kɪŋ] *n* 1. parkolás, várakozás; ~ *attendant* parkolási díjbeszedő, parkolóőr; ~ *meter* parkolóóra; ~ *lot/area/place* parkolóhely; *no* ~! parkolni tilos! 2. parkoló(hely)
parking-ticket *n* bírságcédula tilos parkolásért
parkland *n* kb. liget(es vidék)
parlance ['pɑ:ləns] *n* beszéd(mód), szólásmód; *in common* ~ hétköznapi nyelven; *in legal* ~ jog(ász)i nyelven
parley ['pɑ:lɪ] I. *n* vita, tárgyalás; egyez-

kedés II. *vi* tárgyalásokba bocsátkozik, egyezkedik
parliament ['pɑ:ləmənt] *n* országgyűlés, parlament
parliamentarian [pɑ:ləmen'teərɪən] I. *a* parlamenti II. *n* 1. országgyűlési képviselő 2. *GB* † Stuart-ellenes [a 17. sz.-ban]
parliamentary [pɑ:lə'ment(ə)rɪ] *a* parlamenti, országgyűlési, parlamentáris; *P~ Commissioner* = *ombudsman*; ~ *election* képviselő-választás
parlour, *US* -lor ['pɑ:lə*] *n* 1. nappali (szoba); szalon; ~ *game* társasjáték 2. társalgó, fogadószoba 3. különszoba, különterem [kocsmáé, vendéglőé] 4. *US* (elegáns) üzlethelyiség, (-)szalon
parlo(u)r-car *n US* szalonkocsi
parlo(u)r-maid *n* (felszolgáló) szobalány
parlous ['pɑ:ləs] *a* † veszélyes, merész
Parnell [pɑ:'nel] *prop*
parochial [pə'roʊkjəl] *a* 1. egyházközségi 2. helyi; szűk látókörű
parochialism [pə'roʊkjəlɪzm] *n* helyi elfogultság, lokálpatriotizmus
parodist ['pærədɪst] *n* paródiaíró
parody ['pærədɪ] I. *n* 1. paródia; kifigurázás 2. (silány/gyenge) utánzat, travesztia II. *vt* parodizál, kifiguráz
parole [pə'roʊl] *n* becsületszó; *prisoner on* ~ ⟨szabadlábra helyezett fogoly, aki becsületszavát adja, hogy nem szökik meg⟩; *break one's* ~ szökési kísérletet tesz [ideiglenesen szabadlábra helyezett fogoly]
parotid [pə'rɒtɪd; *US* -'rɑ-] *n* fültőmirigy
parotitis [pærə'taɪtɪs] *n* fültőmirigy-gyulladás, mumpsz
paroxysm ['pærəksɪzm] *n* kitörés, roham [nevetésé, dühé]
parquet ['pɑ:keɪ; *US* -'keɪ] *n* 1. parkett(a) 2. *US* földszint(i ülések), zsöllye
parquetry ['pɑ:kɪtrɪ] *n* parkett(a); parkettmunka
parricide ['pærɪsaɪd] *n* apagyilkos(ság)
parrot ['pærət] *n* 1. papagáj; ~ *disease/fever* papagájkór 2. szajkó (módon utánzó ember)
parry ['pærɪ] I. *n* kivédés, (el)hárítás

[ütésé, kérdésé] II. *vt* (*átv is*) kivéd, elhárít (vmt), kitér (vm elől); védekezik (vm ellen)
parse [pɑːz] *vt* (mondatot) elemez
parsimonious [pɑːsɪˈmoʊnjəs] *a* 1. takarékos 2. fösvény, zsugori
parsimony [ˈpɑːsɪmənɪ; *US* -moʊnɪ] *n* 1. takarékosság 2. fösvénység, zsugoriság
parsing [ˈpɑːzɪŋ] *n* mondatelemzés
parsley [ˈpɑːslɪ] *n* petrezselyem
parsnip [ˈpɑːsnɪp] *n* paszternák
parson [ˈpɑːsn] *n* 1. plébános 2. *biz* pap, lelkész; ~'s *nose* püspökfalat
parsonage [ˈpɑːsnɪdʒ] *n* plébánia, paplak
part [pɑːt] I. *n* 1. (alkotó)rész, darab, tag; *the* ~*s of the body* a test részei; *in* ~ részben, némileg, valamennyire; *in* ~*s* (1) részletekben (2) füzetenként, kötetenként [jelenik meg]; *biz three* ~*s drunk* meglehetősen be van rúgva 2. alkatrész 3. ~ *of speech* beszédrész, szófaj 4. füzet; kötet [sorozatból] 5. vidék; *be a stranger in these* ~*s* nem ismerős ezen a vidéken/tájon 6. oldal, párt [vitás kérdésekben stb.]; *take sy's* ~ pártját fogja vknek, vk pártjára áll; *for my* ~ ... részemről ..., ami engem illet ...; *on the one* ~ egyrészt; *on the* ~ *of sy, on sy's* ~ vk részéről; *on the* ~ *of Brown* B. részéről; *for the most* ~ többnyire, a legtöbb esetben 7. (*átv is*) szerep; *Hamlet's* ~ H. szerepe; *each one did his* ~ mindenki megtette a magáét/kötelességét; *take* (*a*) ~ *in sg* sg részt vesz vmben, közreműködik vmben 8. [zenei] szólam 9. *take sg in good* ~ jó néven vesz vmt, nem sértődik meg vmn 10. † **parts** *pl* adottság, képesség; *man of good* ~*s* tehetséges ember II. *adv* részben; *it is made* ~ *of iron and* ~ *of wood* félig vasból (és) félig fából készült/van III. A. *vt* 1. elválaszt, (szét)választ; *till death do us* ~ mindhalálig, holtomiglan-holtodiglan 2. kettéoszt; ~ *one's hair* elválasztja a haját B. *vi* 1. szétválik; felbomlik, feloszlik 2. elbúcsúzik, elválik; elmegy; *let us* ~ *friends* váljunk el mint jóba-

rátok; ~ *from sg* megválik vmtől; ~ *with sg* (1) megválik vmtől (2) felad vmt, lemond vmről
partake [pɑːˈteɪk] *vi* (*pt* -*took* -ˈtʊk, *pp* -taken -ˈteɪkn) 1. részesül, részt vesz (*in/of* vmben) 2. eszik, iszik (*of* vmből) 3. ~ *of sg* vmnek tulajdonságaival bír
parterre [pɑːˈteə*] *n* 1. virágokkal beültetett (kert)rész 2. földszinti zsöllye
Parthian [ˈpɑːθjən] *a* ~ *shot/shaft* (éles) megjegyzés távozáskor/búcsúzóul
partial [ˈpɑːʃl] *a* 1. részleges, parciális 2. elfogult, részrehajló (*to/towards* vk iránt, vkvel szemben) 3. *biz be* ~ *to sy/sg* különösen szeret/kedvel vkt/vmt
partiality [pɑːʃɪˈælətɪ] *n* 1. elfogultság, részrehajlás (*for sy/sg* vk/vm iránt) 2. előszeretet (*for sy/sg* vk/vm iránt)
participant [pɑːˈtɪsɪpənt] *a/n* rész(t)vevő
participate [pɑːˈtɪsɪpeɪt] *vi* részt vesz, közreműködik (*in sg* vmben); hozzájárul [költségekhez]
participation [pɑːtɪsɪˈpeɪʃn] *n* részvétel, részesedés; részesség
participial [pɑːtɪˈsɪpɪəl] *a* (melléknévi) igenévi, participiumi, participiális
participle [ˈpɑːtɪsɪpl] *n* melléknévi igenév, participium
particle [ˈpɑːtɪkl] *n* 1. (elemi) részecske, parány, szemcse, csipetnyi; *there is not a* ~ *of truth in it* szemernyi igazság sincs benne 2. viszonyszó
particoloured, *US* -**colored** [ˈpɑːtɪ-] *a* különböző színű, tarka
particular [pəˈtɪkjʊlə*; *US* -kjə-] I. *a* 1. külön(ös), különleges, saját(ság)os, sajátlagos, egyéni; *in this* ~ *case* ebben a konkrét esetben 2. szabatos, pontos; részletes 3. aprólékos, körülményes; finnyás, válogatós; *be* ~ *about sg* válogatós vmben, finnyás(kodik); *don't be too* ~ (*about it*) nem kell olyan aprólékosnak lenni, ne merülj el a részletekben 4. rendkívüli, szokatlan 5. részbeli, részleges, partikuláris II. *n* rész(let), (közelebbi) adat; ~*s* személyi adatok; *in* ~ különösen, főleg, főként; *go/enter into* ~*s* részletekbe bocsátkozik; *full* ~*s* összes részletek, részletes adatok; *with full* ~*s* részletesen; *give full* ~*s* részletez

particularity [pətɪkjʊ'lærətɪ; US -kjə-]
n 1. saját(os)ság, különlegesség 2.
pontosság, szabatosság; aprólékosság
particularize [pə'tɪkjʊləraɪz; US -kjə-]
vt részletez
particularly [pə'tɪkjʊləlɪ; US -kjə-] adv
1. főleg, különösen 2. részletesen,
részletekbe menően
particulate [pə'tɪkjəleɪt] a apró szem-
cséjű, részecskékből álló
parting ['pɑ:tɪŋ] I. a ~ kiss búcsúcsók
II. n 1. elválás, búcsú, eltávozás 2.
elválasztás, hajválaszték 3. útelága-
zás, szétszakadás; ~ of the ways (1)
útelágazás (2) biz válaszút
partisan [pɑ:tɪ'zæn; US 'pɑ:rtɪzən] n 1.
pártfél, vknek/vmnek fanatikus híve
2. partizán
partisanship [pɑ:tɪ'zænʃɪp; US 'pɑ:rtɪ-
zən-] n 1. pártosság, részrehajlás 2.
párthűség
partition [pɑ:'tɪʃn] I. n 1. felosztás, szét-
választás; elkülönítés 2. válaszfal 3.
fülke, rekesz II. vt 1. feloszt, szét-
oszt, szétválaszt 2. ~ off elkülönít,
fallal elválaszt, leválaszt [szobát stb.]
partitive ['pɑ:tɪtɪv] a/n részelő (eset)
partly ['pɑ:tlɪ] adv részben, részint
partner ['pɑ:tnə*] I. n 1. társ(nő), part-
ner 2. részes, üzlettárs 3. társ, part-
ner [sportban]; táncpartner II. vt
partnerként szerepel; társul (vkvel)
partnership ['pɑ:tnəʃɪp] n 1. társi sze-
rep, társas viszony; enter into ~ with
sy társul vkvel 2. (kereskedelmi) tár-
saság
partook → partake
part-owner n résztulajdonos, társtulaj-
donos
partridge ['pɑ:trɪdʒ] n fogoly [madár]
part-song n kórusmű, énekkari mű
part-time I. a részidős; félnapos [mun-
ka]; ~ job/post (1) részfoglalkozás (2)
mellékfoglalkozás, másodállás II. adv
részlegesen, nem teljes munkaidőben
[foglalkoztat]
parturition [pɑ:tjʊ(ə)'rɪʃn; US -tʊ-] n
vajúdás, szülés
party ['pɑ:tɪ] n 1. párt; ~ card pártiga-
zolvány; ~ meeting pártgyűlés; ~
member párttag; join the ~ belép a

pártba 2. (társas) összejövetel, társa-
ság, vendégség, zsúr; he's the life of
the ~ ő a társaság lelke; make one of
the ~ csatlakozik a társasághoz; give
(v. US throw) a ~ zsúrt/estélyt ad
3. csapat, brigád; (katonai) különít-
mény, osztag 4. (ügy)fél; interested ~
érdekelt fél; third ~ harmadik/kívül-
álló személy 5. részes (vmben); bűn-
részes; be a ~ to sg érdekelve van, ré-
szes vmben 6. biz (az) illető; alak,
pasas
party-colo(u)red a = particoloured
party-line n 1. ikertelefon, -vonal 2.
pártvonal
party-man n (pl -men) pártember, párt-
tag
party-spirit n pártszellem
parvis ['pɑ:vɪs] n előtér [templomé]
Pasadena [pæsə'di:nə] prop
paschal ['pɑ:sk(ə)l] a húsvéti
pasha ['pɑ:ʃə] n pasa, basa
pasque-flower ['pɑ:sk-] n kökörcsin,
anemóna
pass [pɑ:s; US -æ-] I. n 1. (hegy)szoros,
hágó 2. igazolvány; engedély; free ~
(1) szabadjegy (2) szabad átkelés/átjá-
rás 3. sikeres letétel [vizsgáé], levizs-
gázás; ~ degree elégséges osztályzatú
oklevél; ~ mark elégséges/közepes
eredmény [egyetemi vizsgán] 4. bring
to ~ előidéz; have things come to such
a ~? hát idáig jutottak/fajultak a dol-
gok? 5. leadás, passz [futballban];
kitörés, passz [vívásban] 6. kézmoz-
dulat [bűvészé] 7. biz make a ~ (at a
woman) kikezd (egy nővel) 8. passzo-
lás [kártyában] II. A. vi 1. megy;
(el)halad, továbbhalad, (el)vonul; át-
megy; let sy ~ elenged vkt maga mel-
lett; let it ~! hagyjuk ezt! 2. átmegy
[vizsgázó] 3. határozatba megy; that
won't ~! ezt nem lehet elfogadni! 4.
(meg)történik, előfordul; did nothing ~
between you? semmi sem történt köz-
tetek? 5. (el)múlik (el)telik, eltűnik;
time ~es rapidly röpül az idő; his
remarks ~ed unnoticed megjegyzéseit
senki sem vette figyelembe 6. eltűnik,
elmúlik; meghal; he ~ed from among
us itt hagyott bennünket 7. passzol

39

[kártyában] **B.** *vt* **1.** áthalad (vmn); elhalad, elmegy (vk/vm mellett); (meg)előz [járművet]; *no food has ~ed my lips* egy falatot sem ettem **2.** átmegy, keresztülmegy [vizsgán, vizsgálaton stb.]; ~ *an examination* levizsgázik; ~ *the test* kiállja a próbát **3.** nem vesz észre, átsiklik (vmn); elszalaszt, elpasszol (vmt) **4.** túlhalad, túljut (vmn); meghalad, felülmúl (vmt); *it ~es my comprehension* nekem ez magas **5.** átad; továbbad [labdát stb.]; ~ *the bread please!* kérlek, add ide a kenyeret! **6.** elfogadtat, továbbad [hamis bankjegyet] **7.** bevezet, elkönyvel [tételt] **8.** ~ *judgment* ítéletet mond **9.** (el)tölt [időt]; ~ *the time of day* pár szót vált (vkvel) **10.** elfogad, megszavaz [törvényjavaslatot]; jóváhagy, engedélyez [számlát] **11.** ~ *water* vizel **12.** elvonultat, elléptet [csapatokat]
pass across *vi* átmegy, keresztülmegy
pass along *vi* végigmegy [utcán], elmegy vm mellett
pass away A. *vi* **1.** meghal **2.** eltűnik; szétoszlik **3.** elmúlik; eltelik [idő] **B.** *vt* eltölt, elpocsékol [időt]
pass by A. *vi* továbbmegy, elhalad vm mellett **B.** *vt* **1.** mellőz, figyelmen kívül hagy **2.** elnéz [hibát]
pass down *vt* ~ *sg d. to sy* vkre hagy vmt [örökségként]
pass for *vi* vmnek tartják/gondolják
pass in *vt* **1.** benyújt, bead **2.** = *pass into* 2.
pass into *vi* **1.** vmvé válik/átalakul, tulajdonost/gazdát cserél **2.** belép, bejut (vhova); felvételt nyer (vhol)
pass off A. *vi* **1.** lezajlik, lefolyik [per stb.] **2.** elmúlik [fájdalom stb.] **B.** *vt* **1.** *he ~ed himself o. as my servant* szolgámnak adta ki magát **2.** ~ *o. a bad coin* elsóz/elsüt egy hamis pénzdarabot
pass on A. *vi* **1.** továbbmegy, továbbhalad **2.** meghal **B.** *vt* továbbad, továbbít; ~ *remarks on sy* megjegyzéseket tesz vkre
pass out A. *vi* **1.** kimegy; ~ *o. of*

sight eltűnik (a látótérből) **2.** (végleg) elhagyja az iskolát, végez **3.** *biz* elájul, elveszti eszméletét **4.** meghal **B.** *vt* kiad; kioszt
pass over A. *vi* **1.** átmegy/átsuhan vmn **2.** átsiklik (vmn), mellőz (vmt); ~ *o. sg in silence* elnéz vmt, hallgat vmről **B.** *vt* **1.** átad **2.** *they ~ed him o.* mellőzték (az előléptetésnél) **3.** ~ *your eye o. this letter* fussa át ezt a levelet
pass round *vt* **1.** körbejár; megkerül (vmt) **2.** körbead
pass through A. *vi* **1.** átmegy, áthalad (vmn) **2.** átél (vmt) **B.** *vt* áttör, átpasszíroz [szitán stb.]
pass to A. *vt* ~ *sg to sy* vmt vknek (el)juttat **B.** *vi the estate ~ed to his heirs* a birtok örököseire szállt
pass up *vt biz* lemond vmről, felad (vmt); elmulaszt, elszalaszt [lehetőséget]
pass upon *vt* **1.** ~ *a sentence u. sy* ítéletet mond vk felett, elítél vkt **2.** ~ *sg u. sy as/for sg* vmt vm gyanánt rásóz vkre
passable ['pɑːsəbl; *US* 'pæ-] *a* **1.** elfogadható, tűrhető, meglehetős **2.** járható [út]; hajózható [folyó]
passage ['pæsɪdʒ] *n* **1.** átkelés, áthaladás, átutazás; *no ~ here!* tilos az átjárás! **2.** utazás, (hajó)út; *I had a bad ~* az átkelés viharos volt **3.** vezeték, cső [emberi testben] **4.** átjáró, folyosó **5.** menetjegy **6.** szakasz, rész, kitétel, hely [irodalmi/zenei műben] **7.** ~ *of a Bill* törvényjavaslat elfogadása/ megszavazása **8.** (*átv is*) ~ *of arms* párviadal, megütközés **9. passages** *pl* kapcsolat, (emberi) érintkezés; *angry ~s* dühös szóváltás
passageway *n* átjáró, folyosó
passbook *n* takarékkönyv
passenger ['pæsɪndʒə*] *n* utas; ~ *train* személyvonat
passe-partout ['pæspɑːtuː; *US* -pɑːr'tuː] *n* **1.** papírkeret **2.** szabadjegy **3.** álkulcs
passer-by [pɑːsə'baɪ; *US* pæ-] *n* (*pl* **passers-by** pɑːsəz'baɪ) járókelő, arra menő

passim ['pæsɪm] *adv* itt-ott (többször)
passing ['pɑ:sɪŋ; *US* -æ-] I. *a* 1. elmenő,
arra menő 2. futó(lagos) II. *adv* † igen,
nagyon; ~ *fair* igen szép III. *n* 1. el-
haladás, elvonulás 2. (el)múlás, eltű-
nés; halál
passing-bell *n* lélekharang
passion ['pæʃn] *n* 1. szenvedély; *ruling*
~ fő szenvedély, hobbi; *have a ~ for sg*
vmt igen kedvel, vm a szenvedélye 2.
indulat, düh(kitörés); *fit of* ~ (düh-)
roham; *fly into a* ~ dühbe gurul 3. *P*~
passió, Jézus kínszenvedése; *P~ Week*
nagyhét
passionate ['pæʃənət] *a* szenvedélyes,
heves
passion-flower *n* golgotavirág
passionless ['pæʃnlɪs] *a* szenvtelen, hű-
vös, érzéketlen
passion-play *n* passiójáték
passive ['pæsɪv] I. *a* 1. tétlen, passzív;
~ *resistance* passzív rezisztencia 2. ~
voice szenvedő alak 3. ~ *debts* pasz-
szívák II. *n* szenvedő (alak)
passiveness ['pæsɪvnɪs] *n* tétlenség,
passzivitás, passzív magatartás
passivity [pæ'sɪvətɪ] *n* = *passiveness*
pass-key *n* 1. (kapu)kulcs 2. álkulcs, tol-
vajkulcs
passman *n* (*pl* -men -men) elégséges
eredményt elérő vizsgázó
Passover ['pɑ:souvə*] *n* (zsidó) húsvét
passport ['pɑ:spɔ:t; *US* 'pæs-] *n* útlevél
password *n* jelszó [táboré]
past¹ [pɑ:st; *US* -æ-] I. *a* 1. (el)múlt,
régi; *for some time* ~ (már) egy ideje,
egy idő óta; ~ *week* (a) múlt héten 2.
múlt; ~ *participle* múlt idejű mellék-
névi igenév; ~ *perfect* (*tense*) befeje-
zett múlt (idő), régmúlt; ~ *tense* múlt
idő II. *n* 1. a múlt; történelem; *it is
a thing of the* ~ a múlté 2. előélet,
múlt; *she is a woman with a* ~ ennek
az asszonynak múltja van 3. múlt
(idő)
past² [pɑ:st; *US* -æ-] I. *prep* 1. túl
(vmn); el (vm mellett) 2. után, túl
[időben]; *quarter* ~ *four* negyed öt;
half ~ *four* fél öt; *five* (*minutes*) ~ *four*
öt perccel múlt négy (óra) 3. ~ (*all*)
danger túl van a veszélyen; ~ *endur-*

ance tűrhetetlen; *be* ~ *one's work* túl
öreg a munkához; *biz I would not put
it* ~ *him that* kitelik tőle, hogy . . . ,
képes rá, hogy . . . II. *adv* mellett(e el);
go/march/walk ~ *sy* elmegy/elvonul/el-
sétál vk mellett
paste [peɪst] I. *n* 1. tészta(massza) 2.
paszta, kenőcs; csiriz 3. pástétom,
krém 4. strassz, drágakőutánzat II.
vt (fel)ragaszt, csirizel; ~ *up* felra-
gaszt, kiragaszt [plakátot]; beragaszt
pasteboard *n* kartonpapír, papundekli
pastel [pæ'stel; *jelzői haszn* 'pæstl] I. *a*
pasztell [színárnyalatok] II. *n* 1.
pasztellkréta; *draw in* ~ pasztellképet
fest/készít 2. pasztellkép
pastel(l)ist ['pæstəlɪst] *n* pasztellfestő
pastern ['pæstə:n] *n* csüd [lóé]
pasteurize ['pæstəraɪz; *US* -tʃə-] *vt*
pasztőröz, pasztőrizál
pastille ['pæst(ə)l; *US* -'sti:l] *n* pasztilla
pastime ['pɑ:staɪm; *US* 'pæ-] *n* időtöl-
tés, szórakozás
pasting ['peɪstɪŋ] *n biz* bunyó, hirig
past-master *n biz* szakértő, nagymester
(vmben)
pastor ['pɑ:stə*; *US* 'pæ-] *n* lelkész,
lelkipásztor
pastoral ['pɑ:st(ə)rəl; *US* 'pæ-] I. *a* 1.
pásztori, pásztor-; ~ *tribes* pásztor-
kodó néptörzsek 2. lelkészi, (lelki-)
pásztori; ~ *care* lelkigondozás; ~ *letter*
pásztorlevél II. *n* 1. pásztorkölte-
mény, -dal, pásztorál 2. pásztorlevél
pastry ['peɪstrɪ] *n* cukrászsütemény,
édes tészta
pastry-cook *n* cukrász
pastry-shop *n* cukrászda
pasturage ['pɑ:stjʊrɪdʒ; *US* 'pæstʃə-] *n*
1. legeltetés 2. legelő
pasture ['pɑ:stʃə*; *US* 'pæ-] I. *n* legelő
II. A. *vt* 1. legeltet 2. lelegel B. *vi*
legel
pasture-land *n* legelő, rét
pasty I. *a* ['peɪstɪ] 1. tésztás, tészta-
szerű; pépszerű, pépes 2. puha II. *n*
['pæstɪ; *US* 'peɪ-] pástétom
pasty-faced ['peɪstɪ-] *a* sápadt, savóképű
pat¹ [pæt] *n* 1. gyengéd ütés, legyin-
tés, veregetés; ~ *on the back* vállvere-
getés 2. darabka [vaj] II. *vt/vi* -tt-

(meg)vereget, (meg)cirógat; ~ *on the back* vállát veregeti (jóindulatúan)
pat² [pæt] *adv* épp jókor, kapóra; *stand* ~ nem enged a negyvennyolcból
Pat³ [pæt] *prop* ⟨*Patrick* becézett alakja⟩
patch [pætʃ] I. *n* 1. folt; toldás; *not a* ~ *on sy* a nyomába sem léphet vknek 2. tapasz, flastrom; *eye* ~ szemkötő 3. folt, darabka; parcella; *cabbage* ~ káposztaföld; *hit/strike a bad* ~ rájár a rúd 4. szépségtapasz II. *vt* 1. (meg-)foltoz, kijavít; ~ *up* (1) kijavít, összetákol (2) elsimít [nézeteltérést] 2. szépségtapaszt ragaszt [arcra]
patchiness ['pætʃɪnɪs] *n* foltosság; toldozott-foldozott kinézés
patch-pocket *n* rávarrt zseb
patchwork *n* 1. darabokból összeállított munka 2. fércmű, tákolmány
patchy ['pætʃɪ] *a* 1. foltozott 2. szedett-vedett
pate [peɪt] *n biz* fej, koponya
pâté ['pæteɪ] *n* pástétom, [máj- stb.] krém
-pated [-peɪtɪd] -fejű
patella [pə'telə] *n* térdkalács
paten ['pæt(ə)n] *n* kehelytányér
patent ['peɪt(ə)nt; *US* 'pæ-] I. *a* 1. [*US* 'peɪ-] nyilvánvaló, kétségtelen 2. szabadalmazott; ~ *medicine* (1) szabadalmazott gyógyszerkészítmény (2) kétes csodaszer 3. *biz* újszerű; különleges; ~ *fastener* patentkapocs; ~ *leather* lakkbőr 4. *letters* ~ ['pæt(ə)nt] kiváltságlevél, pátens, szabadalomlevél II. *n* 1. kiváltságlevél 2. (találmányi) szabadalom, patent; ~ *agent* szabadalmi ügyvivő; ~ *office* ['pæt(ə)nt] szabadalmi hivatal; ~ *rights* szabadalmi jogok 3. szabadalmazott találmány/eljárás
patentee [peɪt(ə)n'tiː:; *US* pæ-] *n* szabadalmas, szabadalom tulajdonosa
patently ['peɪt(ə)ntlɪ] *adv* világosan; nyilvánvalóan
pater ['peɪtə*] *n* □ fater, az öreg(em)
paterfamilias [peɪtəfə'mɪlɪæs] *n biz* családapa, családfő
paternal [pə'tə:nl] *a* apai, atyai; apai ágon örökölt/rokon

paternalistic [pətə:nə'lɪstɪk] *a* atyáskodó
paternity [pə'tə:nətɪ] *n* 1. apaság 2. származás [apai ágon] 3. *biz* származás, eredet
paternoster [pætə'nɔstə*; *US* -'nɑ-] *n* miatyánk
path [pɑ:θ, *pl* -ðz; *US* -æ-] *n* 1. ösvény, (gyalog)út; (*átv is*) *beat a* ~ utat tör; *beaten* ~ járt út 2. útvonal
pathetic [pə'θetɪk] *a* 1. szánalmas 2. érzelmes, patetikus; ~ *fallacy* ⟨emberi érzelmek tulajdonítása érzéketlen tárgyaknak⟩
path-finder *n* 1. úttörő 2. felderítő [repülőgép]
pathless ['pɑ:θlɪs; *US* -æ-] *a* úttalan, járatlan
pathological [pæθə'lɔdʒɪkl; *US* -'lɑ-] *n* patologikus, beteges, kóros
pathologist [pə'θɔlədʒɪst; *US* -'θɑ-] *n* patológus
pathology [pə'θɔlədʒɪ; *US* -'θɑ-] *n* patológia, kórtan
pathos ['peɪθɔs; *US* -ɑs] *n* (szónoki) indulat, hév, pátosz
pathway *n* 1. (gyalog)ösvény 2. gyalogjáró, járda
patience ['peɪʃns] *n* 1. türelem; *have no* ~ *with, be out of* ~ *with sy* idegeire megy vk 2. pasziansz [kártyajáték]
patient ['peɪʃnt] I. *a* türelmes II. *n* beteg, páciens
patina ['pætɪnə] *n* patina, nemes rozsda
patio ['pætɪoʊ] *n* kis zárt fedetlen belső udvar
patriarch ['peɪtrɪɑ:k] *n* pátriárka
patriarchal [peɪtrɪ'ɑ:kl] *a* patriarkális
Patricia [pə'trɪʃə] *prop* Patrícia
patrician [pə'trɪʃn] I. *a* patrícius(i), nemes(i) II. *n* patrícius
Patrick ['pætrɪk] *prop* Patrik ⟨ír férfinév⟩
patrimonial [pætrɪ'moʊnjəl] *a* apától öröklött, patrimoniális
patrimony ['pætrɪmənɪ; *US* -moʊnɪ] *n* 1. apai örökség, patrimónium 2. egyházi vagyon
patriot ['pætrɪət; *US* 'peɪ-] *n* hazafi, patrióta
patriotic [pætrɪ'ɔtɪk; *US* peɪtrɪ'ɑ-] *a* hazafias, hazafiúi; honvédő

patriotism ['pætrɪətɪzm; US 'peɪ-] n hazafiasság, hazaszeretet
patrol [pə'troʊl] I. n 1. járőr 2. őrjárat; ~ car (1) [rendőrségi] URH-kocsi (2) segélykocsi, „sárga angyal"; ~ service segélyszolgálat 3. őrs [cserkész, úttörő] II. vi/vt -ll- cirkál, őrjáratot tart
patrol-boat n őrnaszád
patrolman [pə'troʊlmən] n (pl -men -mən) őrszemes rendőr
patron ['peɪtr(ə)n] n 1. pártfogó, védnök, patrónus; ~ saint védőszent 2. állandó vevő/kuncsaft
patronage ['pætrənɪdʒ; US 'peɪ-] n 1. pártfogás; védnökség 2. (állandó) vevőkör 3. GB kegyuraság 4. fölényeskedés; an air of ~ leereszkedő/fölényeskedő magatartás/modor
patroness ['peɪtrənɪs] n védnöknő
patronize ['pætrənaɪz; US 'peɪ-] vt 1. támogat, pártfogol, patronál 2. rendszeresen vásárol [vmely üzletben]; törzsvendég [vmely étteremben stb.] 3. leereszkedő vkvel szemben; patronizing tone leereszkedő modor
patronymic [pætrə'nɪmɪk] I. a apa nevéből képzett [családnév] II. n apai név [pl. Sándorffy, Johnson], patronimikon
patted ['pætɪd] →pat¹ II.
patten ['pætn] n facipő
patter¹ ['pætə*] I. n (halk) kopogás; (halk) dobogás II. vi kopog, dobol
patter² ['pætə*] I. n 1. tolvajnyelv 2. halandzsa [bűvészé]; gyors duma II. A. vt elhadar B. vi fecseg, locsog
pattern ['pætən] I. n 1. minta(kép) 2. minta, sablon, séma; mód(szer); motívum; verb ~s igés szerkezeti sémák 3. mintázat [kelmén stb.] 4. szabásminta; áruminta 5. átv (kialakult) rend(szer); new ~ of family life a családi élet új formája/rendje II. vt mintát vesz vmről, megmintáz
pattern-book n mintagyűjtemény [szövetből]
pattern-shop n öntőminta-készítő műhely
patting ['pætɪŋ] →pat¹ II.
patty ['pætɪ] n ⟨húspástétomos aprósütemény⟩

paucity ['pɔːsətɪ] n kis mennyiség, csekély volta vmnek; szűkösség
Paul [pɔːl] prop Pál
Pauline¹ [pɔː'liːn] prop Paula
Pauline² ['pɔːlaɪn] a Pál apostolra vonatkozó; the ~ epistles a páli levelek
paunch [pɔːntʃ] n pocak
paunchy ['pɔːntʃɪ] a pocakos, potrohos
pauper ['pɔːpə*] n szegény
pauperism ['pɔːpərɪzm] n általános szegénység, tömegnyomor
pauperize ['pɔːpəraɪz] vt elszegényít
pause [pɔːz] I. n 1. szünet(elés), megszakítás; megállás; give ~ to sy habozásra/megállásra kényszerít vkt 2. korona [zenében] II. vi szünetet tart, megáll; időzik
pave [peɪv] vt kikövez, burkol [utat]; ~ the way for sg vmnek útját egyengeti
pavement ['peɪvmənt] n 1. US útburkolat, kövezet 2. GB gyalogjáró, járda; ~ artist ⟨gyalogjáróra pasztellképet festő személy⟩
paver ['peɪvə*] n kövező(munkás)
pavilion [pə'vɪljən] n 1. kerti ház; pavilon 2. sportklubház
paving ['peɪvɪŋ] n 1. kövezés 2. kövezet
paving-block/stone n kövezőkő
paw [pɔː] I. n 1. mancs [állaté] 2. biz (emberi) mancs, pracli II. vt 1. ~ the ground a földet kapálja [ló] 2. biz fogdos, tapogat, grejfol
pawky ['pɔːkɪ] a sk ravasz, furfangos
pawl [pɔːl] n 1. (megakasztó) kilincs 2. (záró)pecek, rögzítőkampó
pawn¹ [pɔːn] I. n zálog, biztosíték II. vt 1. elzálogosít, zálogba ad 2. kockáztat
pawn² [pɔːn] n 1. gyalog, paraszt [sakkban] 2. be sy's ~ vknek eszköze/játékszere
pawnbroker n zálogkölcsönző
pawnshop n zálogház, zaci
pawn-ticket n zálogjegy, -cédula
pay¹ [peɪ] I. n 1. fizetés, fizetség, illetmény, bér; US ~ envelope = pay-packet; in the ~ of sy vknek a szolgálatában 2. US ~ dirt/gravel aranytartalmú föveny/áradmány II. v (pt/pp paid peɪd) A. vt 1. fizet, kifizet, kie-

gyenlít; ~ *sy for sg* fizet vknek vmért;
~ *sg to sy* kifizet (vmely összeget)
vknek; *biz what's to* ~? mibe kerül?;
~ *one's/its way* (1) megáll a saját lábán
(2) kifizetődik; *biz put paid to* (1) meg-
fizet vknek (2) *biz* végleg elintéz vkt
(3) *biz* végleg lezár [ügyet] 2. megté-
rít; viszonoz (vmt) **B.** *vi* 1. fizet 2.
kifizetődik; *it doesn't* ~ nem fizetődik
ki, nem érdemes; *it will* ~ *you to* . . .
nem bánja meg, ha . . .
pay back *vt* visszafizet; ~ *sy b. in his
own coin átv* visszafizeti a kölcsönt
vknek
pay down *vt* 1. lefizet 2. ~ *sg d.*
leelőlegez vmt
pay for *vi* 1. (meg)fizet (vmért),
megfizet (vmt) 2. lakol, bűnhődik
(vmért)
pay in *vt* befizet
pay off A. *vt* 1. kifizet, kiegyenlít 2.
bosszút áll 3. elbocsát [alkalmazot-
tat] **B.** *vi US* kifizetődik, beválik
pay out *vt* 1. kifizet; ~ *sy o.* (1) kifi-
zet vkt (2) *átv biz* megfizet vknek 2.
kиereszt, utánaenged [kötelet]
pay up *vt/vi* kifizeti tartozását
pay² [peɪ] *vt* kátrányoz [hajót]
payable ['peɪəbl] *a* 1. fizethető; fize-
tendő, esedékes; ~ *to bearer* bemutató-
ra szóló 2. kifizetődő, jövedelmező
pay-as-you-earn (P.A.Y.E. pi:ɜwɑˈi:) *n*
⟨adót a fizetésből a folyósításkor le-
vonó eljárás⟩
pay-day *n* (bér)fizetési nap
payee [peɪˈi:] *n* rendelvényes [váltóé];
bemutató [csekké]
payer ['peɪə*] *n* fizető, aki fizet
paying ['peɪɪŋ] *a* 1. fizető; ~ *guest* fize-
tővendég [magánházban] 2. kifizető-
dő, jövedelmező
payload *n* hasznos súly/teher
paymaster *n* fizetőtiszt; *P*~ *General* fő-
hadbiztos
payment ['peɪmənt] *n* 1. fizetés; *in* ~
for . . . . . . kiegyenlítésére 2. fizetség,
tiszteletdíj, bér
paynim ['peɪnɪm] *n* † pogány
pay-off *n* 1. elszámolás; leszámolás 2.
(vég)eredmény; győzelem
pay-packet *n* bérfizetési boríték

pay-roll *n* bérlista, fizetési jegyzék; *be on
the* ~ *of sy* vk alkalmazásában áll
pay-sheet *n* = *pay-roll*
P.C. [pi:'si:] 1. *Police Constable* 2. *Privy
Councillor*
p.c. [pi:'si:] 1. *per cent* százalék 2.
postcard lev(elező)lap
pd. *paid* fizetve
p.d.q. [pi:di:'kju:] □ *pretty damn quick*
de gyorsan aztán!, szedd a lábad!
PE [pi:'i:] *physical education*
pea [pi:] *n* borsó; *they are as like as two
~s* úgy hasonlítanak egymásra, mint
két tojás
peace [pi:s] *n* béke; ~ *movement* béke-
mozgalom; ~ *offensive* békeoffenzíva,
-harc; ~ *pact* békeegyezmény; ~
struggle/fight békeharc; *World P*~
Council Béke-világtanács; *the King's/
Queen's* ~ közrend; *keep the* ~ tiszte-
letben tartja a közrendet, békében
marad; *at* ~ *with sg* megbékélve vmvel;
~ *of mind* lelki nyugalom; *make* ~ *with
sy* kibékül vkvel
peaceable ['pi:səbl] *a* békés, békeszerető
peace-feeler *n* béketapogatódzás
peace-fighter *n* békeharcos
peaceful ['pi:sfʊl] *n* 1. békés, csendes,
nyugodt 2. békeszerető; ~ *change* bé-
kés revízió
peace-loving *a* békeszerető
peacemaker *n* békéltető, békeszerző
peace-march *n* békemenet
peace-offering *n* engesztelő áldozat
peace-pipe *n* békepipa
peacetime *n* béke(idő)
peace-treaty *n* békeszerződés
peach¹ [pi:tʃ] *n* 1. őszibarack 2. *biz* üde
fiatal lány, édes pofa 3. *biz* remek do-
log, tündéri (vm)
peach² [pi:tʃ] *vi* □ ~ *against/on sy* be-
súg vkt, spicliskedik vkre
peach-blow *n* barackvirágszín
peach-brandy *n* barackpálinka
peacher ['pi:tʃə*] *n* □ spicli, besúgó
pea-chick *n* pávacsirke
peach-tree *n* őszibarackfa
peachy ['pi:tʃɪ] *a* üde, hamvas [arc]
peacock ['pi:kɔk; *US* -kɑk] **I.** *n* páva-
(kakas); ~ *blue* pávakék **II.** *vi* pávás-
kodik

peafowl *n* páva
pea-green *a/n* borsózöld
peahen *n* pávajérce
pea-jacket *n* vastag gyapjú matrózzubbony
peak [pi:k] *n* 1. csúcs, orom, vmnek hegye 2. *átv* tetőfok, maximum, csúcsérték; ~ *hours* csúcsforgalmi órák, csúcsforgalom 3. szemellenző [sapkán] 4. rekesz, rész [hajóé]
peaked [pi:kt] *a* hegyes, csúcsos
peak-load *n* csúcsterhelés
peaky¹ ['pi:kɪ] *a* hegyes; csúcsos
peaky² ['pi:kɪ] *a* sovány, vézna, göthös
peal [pi:l] I. *n* 1. harangzúgás, harangjáték, harangszó 2. dörej, zengés; ~ *of laughter* nagy hahota 3. harangsor II. A. *vt* meghúz [harangot] B. *vi* 1. megkondul, megcsendül; kong [harang] 2. zeng; visszhangzik, dörög, morajlik
peanut ['pi:nʌt] *n* amerikai mogyoró, földimogyoró; ~ *butter* amerikaimogyoró-vaj
pea-pod *n* borsóhüvely
pear [peə*] *n* körte(fa)
pearl [pə:l] I. *n* 1. gyöngy; (*átv is*) gyöngyszem 2. gyöngyház II. A. *vi* 1. gyöngyözik 2. gyöngyre halászik B. *vt* gyönggyel díszít/hímez
pearl-barley *n* árpagyöngy, gersli
pearl-diver/fisher *n* gyöngyhalász
pearl-grey *a/n* gyöngyszürke (szín)
pearlies ['pə:lɪz] *n pl* ⟨gyöngyházgombos ruhájú londoni utcai árus⟩
pearl-oyster *n* gyöngykagyló
pearly ['pə:lɪ] *a* 1. gyöngyszerű 2. gyöngyházból való 3. gyöngyökkel díszített
Peary ['pɪərɪ] *prop*
peasant ['peznt] *n* paraszt; földműves
peasantry ['pezntrɪ] *n* parasztság
pease [pi:z] *n* † borsó
pea-shooter *n* kis fúvócső
pea-soup *n* borsóleves
pea-souper [-'su:pə*] *n biz* ⟨vastag sárga londoni köd⟩
peat [pi:t] *n* tőzeg, turfa
peat-bog/moss *n* tőzegtelep
pebble ['pebl] *n* 1. kavics 2. hegyikristály 3. barkázás [bőré]
pebbly ['peblɪ] *a* kavicsos

pecan [pɪ'kæn] *n US* hikoridió, pekandió
peccadillo [pekə'dɪloʊ] *n* (*pl* ~es -z) gyarlóság, kis hiba/vétek
peck¹ [pek] *n* 1. ⟨ űrmérték: 2 gallon v. 1/4 bushel = 9,08 liter⟩ 2. halom, csomó
peck² [pek] I. *n* 1. csípés [csőrrel] 2. *biz* puszi II. A. *vt* 1. csíp, csipked [csőrrel]; csipeget, szemelget; ~ *out sy's eyes* kivájja vk szemét 2. *biz* csipeget [ember ételt], (kis darabot) bekap 3. megpuszil B. *vi* ~ *at sg* megvág/megcsíp/csipeget vmt [csőrrel]; *biz* ~ *at sy* piszkál vkt [megjegyzésekkel], csipkelődik vkvel
pecker ['pekə*]*n* 1. harkály, fakopá(n)cs 2. *GB* ☐ csőr, orr; *keep your* ~ *up* fel a fejjel!
pecking ['pekɪŋ] *n* 1. csipegetés 2. csipkedés, akadékoskodás; ~ *order* (1) ⟨egymást csipkedve kialakított erőszak-hierarchia [baromfiaknál]⟩ (2) ⟨társadalmi rangsorolás erőviszonyok alapján [embereknél]⟩
peckish ['pekɪʃ] *a biz* éhes
pectoral ['pektər(ə)l] I. *a* mellső, mell-; ~ *cross* mellkereszt [főpapé]; ~ *fin* melluszony II. *n* papi melldísz
peculate ['pekjʊleɪt; *US* -kjə-] *vi/vt* (el)sikkaszt, hűtlenül kezel
peculation [pekjʊ'leɪʃn; *US* -kjə-] *n* sikkasztás
peculiar [pɪ'kju:ljə*] *a* 1. saját(ság)os, jellemző (*to* vkre); *expressions* ~ *to Americans* amerikaiakra jellemző kifejezések 2. különleges, speciális 3. furcsa, különös
peculiarity [pɪkju:lɪ'ærətɪ] *n* 1. különlegesség, saját(os)ság 2. jellemző vonás; furcsaság; *special peculiarities* különös ismertetőjel [személyleírásban]
peculiarly [pɪ'kju:ljəlɪ] *adv* 1. főképpen, különösen, nagymértékben; kivált 2. egyénileg, személy szerint
pecuniary [pɪ'kju:njərɪ] *a* pénzügyi, anyagi
pedagogic(al) [pedə'gɒdʒɪk(l); *US* -'gɑ-] *a* 1. neveléstani, pedagógiai 2. nevelői, pedagógusi

pedagogue ['pedəgɔg; US -gɑg] n 1.
pedagógus, nevelő, oktató 2. tudálékos/pedáns tanár
pedagogy ['pedəgɔdʒɪ; US -goʊ-] n
pedagógia, neveléstan, -tudomány
pedal ['pedl] I. n pedál II. vi/vt -ll- (US
-l-) 1. pedáloz, pedált tapos 2. biciklizik
pedant ['ped(ə)nt] n fontoskodó/tudálékos ember; doktriner
pedantic [pɪ'dæntɪk] a tudálékos; pedáns, kínosan aprólékos
pedantry ['ped(ə)ntrɪ] n tudálékosság;
pedantéria, kicsinyes szőrszálhasogatás
peddle ['pedl] vi/vt házal; biz ~ gossip
pletykát terjeszt
peddler ['pedlə*] n US házaló
pederast ['pedəræst] n homoszexuális
(férfi), pederaszta
pederasty ['pedəræstɪ] n homoszexualitás, pederasztia
pedestal ['pedɪstl] n talapzat, piedesztál;
put/set sy on a ~ vkt piedesztálra emel
pedestal-table n (kerek) egylábú asztal
pedestrian [pɪ'destrɪən] I. a 1. gyalogos, gyalogjáró, gyalog- 2. lendület
nélküli, prózai, unalmas II. n gyalogos, gyalogjáró; ~ crossing (kijelölt)
gyalogátkelőhely; ~ precinct csak gyalogos forgalom számára kijelölt terület [belvárosban], sétálóutca
p(a)ediatrician [pi:dɪə'trɪʃn] n gyermekorvos, gyermekgyógyász
p(a)ediatrics [pi:dɪ'ætrɪks] n gyermekgyógyászat
pedicure ['pedɪkjʊə*] n pedikűr, lábápolás
pedigree ['pedɪgri:] n családfa, származás, pedigré; ~ animal fajállat, törzskönyvezett állat; ~ dog fajkutya
pediment ['pedɪmənt] n háromszögű
oromfal, timpanon
pedlar ['pedlə*] n házaló; ~'s French
tolvajnyelv
pedometer [pɪ'dɔmɪtə*; US -'dɑ-] n
lépésszámláló készülék, lépésmérő
pee [pi:] vi biz pisil
peek [pi:k] vi kandikál, kukucskál
peek-a-boo [pi:kə'bu:] n bújócska
peel [pi:l] I. n (gyümölcs)héj II. A. vt 1.
(meg)hámoz; (le)hánt 2. biz ~ off

one's coat leveti a kabátját B. vi 1. ~
(off) lehámlik [bőr]; lemállik, lepattogzik [vakolat, festék] 2. biz levetkőzik
peeler¹ ['pi:lə*] n hámozókés; hántoló
(szerszám)
peeler² ['pi:lə*] n 1. GB † □ rendőr,
zsaru 2. US □ sztriptíztáncosnő
peeling ['pi:lɪŋ] n 1. hámozás, hántás 2.
hámlás 3. peelings pl héj, hulladék
peen [pi:n] n kalapácsfej éle
peep¹ [pi:p] I. n kukucskálás, (be)kukkantás; at ~ of day virradatkor, hajnalban II. vi 1. kandikál; ~ at sy
odales vkre; ~ in bekukucskál; ~
through the keyhole bekukucskál a
kulcslyukon; ~ing Tom kíváncsi/indiszkrét ember 2. ~ out kikandikál,
kibújik
peep² [pi:p] I. n csipogás; cincogás II.
vi csipog, cincog
peep-bo ['pi:pboʊ] I. int kukucs! II. n
bújócska
peeper ['pi:pə*] n 1. leskelődő/kíváncsiskodó ember 2. □ peepers pl szem
peep-hole n kémlelőnyílás
peep-show n kukucskálós panoráma
peer¹ [pɪə*] I. n 1. GB főnemes, főrend;
~ of the realm brit főrend; life ~
⟨nem öröklődő rangú brit főrend⟩ 2.
egyenrangú; has no ~ páratlan (a
maga nemében) II. vi/vt egyenrangú
(with vkvel/vmvel)
peer² [pɪə*] vi pillant, mereven néz; ~
at sy/sg megbámul vmt
peerage ['pɪərɪdʒ] n 1. főnemesség,
arisztokrácia; raise sy to the ~ vknek
főnemességet adományoz 2. főnemesi
évkönyv
peeress ['pɪərɪs] n főrangú nő
peerless ['pɪəlɪs] a páratlan, egyedülálló
peeve [pi:v] vt biz idegesít, bosszant
peeved [pi:vd] a biz duzzogó, (meg)sértődött; get ~ megsértődik
peevish ['pi:vɪʃ] a kedvetlen, durcás,
ingerlékeny
peewit ['pi:wɪt] n bíbic [madár]
peg [peg] I. n 1. (fa)szeg; (fa)ék, pecek,
csap; dugó; biz a square ~ in a round
hole nem megfelelő beosztásban/munkakörben levő ember 2. karó, cölöp,

pózna, cövek 3. ruhafogas; *buy off the* ~ készruhát vesz 4. (létra)fok; *biz come down a* ~ leszáll a magas lóról, alább adja; *biz take sy down a* ~ (*or two*) leszállít vkt a magas lóról; megaláz vkt 5. *biz* alkalom; ürügy; *a* ~ *to hang on* jó alkalom/ürügy vmre 6. kulcs, húrfeszítő csavar [húros hangszeren] 7. *US biz* pohárka szódavizes whisky/brandy 8. □ láb(fej) II. *vt* -**gg**- 1. faszeggel megszegel/rögzít 2. rögzít [árat, bért] **peg at** *vi/vt* 1. megcéloz, célba vesz 2. (meg)dobál **peg away** *vi biz* ~ *a.* (*at sg*) kitartóan foglalatoskodik/munkálkodik vmn **peg down** *vt* 1. lecövekel 2. *átv* korlátoz, meghatároz; leköt, kötelez **peg out** *vt* A. *vt* kicövekel, kijelöl [határt]; ~ *o. a claim* (négy cölöp beverésével) szabályszerűen birtokba veszi az igényelt földet [aranybányászás/ olajkutatás stb. céljára] B. *vi biz* beadja a kulcsot
pegged [pegd], **pegging** ['pegɪŋ] →*peg II.*
Peggotty ['pegətɪ] *prop*
Peggy ['pegɪ] *prop* Margitka, Manci
peg-leg *n biz* faláb
peg-top *n* hajtócsiga [játékszer]
pejorative ['pi:dʒ(ə)rətɪv v. pɪ'dʒɔ-; *US* -'dʒa-] *a* rosszalló, pejoratív
Pekingese [pi:kɪŋ'i:z] I. *a* pekingi II. *n* 1. pekingi (lakos) 2. pekingi öleb
Pekinese [peki'ni:z] *a/n* = *Pekingese*
pekoe ['pi:kou] *n* ⟨finom fekete tea⟩, pekkótea
pelagic [pe'lædʒɪk] *a* nyílt tengeri
pelargonium [pelə'gounjəm] *n* muskátli
pelf [pelf] *n* gazdagság, vagyon
pelican ['pelɪkən] *n* pelikán
pelisse [pe'li:s] *n* † bunda; mente
pellet ['pelɪt] *n* 1. galacsin, golyócska 2. sörét 3. labdacs, pirula
pell-mell [pel'mel] I. *a/adv* összevissza II. *n* összevisszaság
pellucid [pe'lju:sɪd; *US* -'lu:-] *a* átlátszó, kristálytiszta
pelmet ['pelmɪt] *n* (karnis)drapéria
Peloponnese ['peləpəni:s] *prop* Peloponnészosz
pelt¹ [pelt] *n* irha; (nyers)bőr

pelt² [pelt] I. *n* 1. megdobás 2. *at full* ~ teljes iramban II. A. *vt* 1. megdobál, -hajigál 2. *átv* eláraszt [kérdésekkel, szidalmakkal] B. *vi* 1. dobál 2. zuhog, verdes [eső]
peltry ['peltrɪ] *n* irhák, szőrmeáru
pelvic ['pelvɪk] *a* medence-
pelvis ['pelvɪs] *n* medence [az altestben]
Pembroke ['pembrʊk] *prop*
pemmican ['pemɪkən] *n* 1. szárított hús, erőtáplálék 2. kivonat
pen¹ [pen] I. *n* 1. toll [íráshoz]; ~ *sketch* tollrajz; *put/set one's* ~ *to paper* írni kezd 2. *átv* toll, írás; *he made a living with his* ~ írással kereste kenyerét; ~ *and ink* íróeszközök, -szerek II. *vt* -**nn**- megír; írásba foglal
pen² [pen] I. *n* 1. ketrec, karám, akol 2. = *playpen* II. *vt* -**nn**- ~ (*up/in*) bekerít, karámba zár
pen³ [pen] *n* nőstényhattyú
P.E.N. [pen] (*International Association of*) *Poets, Playwrights, Essayists, Editors, and Novelists* Pen Club
penal ['pi:nl] *a* 1. büntető; ~ *code* büntető törvénykönyv; † ~ *colony/settlement* fegyenctelep [gyarmaton]; ~ *law* büntetőjog; † ~ *servitude* kényszermunka 2. büntethető; büntetendő
penalize ['pi:nəlaɪz] *vt* 1. megbüntet, büntetéssel sújt 2. büntetendőnek nyilvánít
penalty ['penltɪ] *n* 1. büntetés; *under* ~ *of death* halálbüntetés terhe alatt 2. ~ *area* büntetőterület; ~ (*kick*) büntető(rúgás), tizenegyes [futballban] 3. (pénz)büntetés, bírság; kötbér; *pay the* ~ megbűnhődik 4. hátrány, hendikep 5. hibapont
penance ['penəns] *n* bűnbánat, töredelem; *do* ~ vezekel
pence →*penny 2.*
penchant ['pɑ:nʃɑ:ŋ; *US* 'pentʃənt] *n* (erős) hajlam; előszeretet (*for sg* vm iránt)
pencil ['pensl] I. *n* 1. ceruza; *write in* ~ ceruzával ír 2. rudacska 3. ~ *of light rays* keskeny sugárköve 4. kis/hegyes ecset II. *vt* -**ll**- (*US* -**l**-) ceruzával rajzol/ír/jelöl; ~ *one's eyebrows* kihúzza a szemöldökét

pencil-sharpener n ceruzahegyező
pendant ['pendənt] n 1. függő, fülbevaló; zsuzsu 2. csillár 3. = pennant
4. vmnek párja/kiegészítője
Pendennis [pen'denɪs] prop
pendent ['pendənt] a 1. függő, lógó, felfüggesztett 2. kinyúló, kiálló 3. függőben levő
pendentive [pen'dentɪv] n csegely
pending ['pendɪŋ] I. a függőben levő, el nem döntött II. prep 1. alatt, folyamán; ~ the negotiations a tárgyalások (időtartama) alatt 2. amíg, várva vmre, -ig; ~ his return visszajöveteléig 3. vmtől függően
pendragon [pen'drægən] n † (walesi) törzsfőnök
pendulous ['pendjʊləs; US -dʒə-] a 1. függő, lelógó 2. lengő, ingó
pendulum ['pendjʊləm; US -dʒə-] n inga
Penelope [pɪ'neləpɪ] prop
penetrability [penɪtrə'bɪlətɪ] n 1. áthatolhatóság 2. érzékenység
penetrable ['penɪtrəbl] a áthatolható
penetrate ['penɪtreɪt] A. vt 1. áthatol; behatol, benyomul 2. áthat, átjár (vmt); eltölt (with vmvel); be ~d with sg átjárja/eltölti vm 3. megért, felfog (vmt), átlát (vmn) B. vi ~ into behatol (vhova); ~ through keresztülhatol (vmn); ~ to eljut (vmeddig)
penetrating ['penɪtreɪtɪŋ] a 1. átható, metsző 2. éles [fájdalom stb.] 3. éles [elme]
penetration [penɪ'treɪʃn] n 1. áthatolás, behatolás; térfoglalás 2. éleslátás, éleselméjűség
penetrative ['penɪtrətɪv; US -reɪ-] a átható, mélyreható; éles
pen-friend n levelezőtárs
penguin ['peŋgwɪn] n pingvin
penholder n tollszár
penicillin [penɪ'sɪlɪn] n penicillin
peninsula [pɪ'nɪnsjʊlə; US -sələ] n félsziget
peninsular [pɪ'nɪnsjʊlə*; US -səl-] a félszigeti; P~ War ⟨Napóleon 1808—14-i spanyolországi hadjárata⟩
penis ['piːnɪs] n hímvessző
penitence ['penɪt(ə)ns] n bűnbánat, vezeklés, töredelem, penitencia

penitent ['penɪtənt] a/n bűnbánó, vezeklő
penitential [penɪ'tenʃl] a bűnbánati
penitentiary [penɪ'tenʃərɪ] I. a büntető II. n 1. gyóntató [pap] 2. US fegyház, börtön 3. javítóintézet
penknife n (pl -knives) zsebkés, bicska
penlight battery n ceruzaelem
penman ['penmən] n (pl -men -mən) 1. író, szerző 2. szép kézírású személy
penmanship ['penmənʃɪp] n 1. szépírás 2. írásművészet
Penn [pen] prop
Penna. Pennsylvania
pen-name n írói álnév
pennant ['penənt] n árbocszalag; (jelző-) zászló
penned [pend] →pen¹, és pen² II.
pen-nib n tollhegy
penniless ['penɪlɪs] a nincstelen, szegény, pénztelen
pennon ['penən] n = pennant
penn'orth ['penəθ] n = pennyworth
Pennsylvania [pensɪl'veɪnjə] prop
penny ['penɪ] n 1. (pl pennies 'penɪz) penny [a font századrésze]; egypennys (pénzérme); he gave me my change in pennies pennykben adott vissza; fourpenny nails négypennys szögek; biz ~ dreadful rémregény, ponyva(regény); biz ~ pincher krajcároskodó/zsugori alak; turn an honest ~ becsületesen keresi a pénzt; biz spend a ~ ⟨nyilvános illemhelyet vesz igénybe⟩; pretty ~ szép summa, szép kis összeg; a ~ for your thoughts min jár az eszed?; not have a ~ to bless oneself with nincs egy (büdös) vasa sem; in for a ~ in for a pound aki át mondott, mondjon bét us; ~ wise (and) pound foolish kis dolgokban takarékos és a nagy dolgokban pazarol 2. (pl pence pens) penny ⟨angol pénzegység: † a shilling 1/12 része, röv.: d; 1971 óta a font sterling 1/100 része, röv.: p [piː]⟩; new ~ (új) penny; I paid fourteen pence 14 pennyt fizettem; take care of the pence and the pounds will take care of themselves aki a garast nem becsüli, a forintot nem érdemli 3. (US és Kanada) cent

penny-farthing (bicycle) ⟨régimódi magas kerekű bicikli⟩
penny-in-the-slot *a* pénzbedobós [automata]
penny-piece *n* egypennys pénzdarab
penny-ride *n* egypennys autóbuszút
penny-royal *n* csobormenta
penny-weight *n* kb. másfél gramm
penny-wort *n* köldökfű
pennyworth ['penəθ] *n* egy penny értékű (mennyiség)
pen-pal *n* levelezőtárs
pen-pusher *n* □ firkász, tintanyaló
pension I. *n* 1. ['penʃn] nyugdíj; *retirement ~, † old-age ~* öregkori biztosítás, öregségi járadék; *retire on a ~* nyugdíjba megy 2. ['pɑ:ŋsiɔ:ŋ; *US* pɑ:ŋsi'oʊn] panzió, penzió II. *vt* ['penʃn] nyugdíjban részesít (vkt); *~ sy off* nyugdíjaz vkt
pensionable ['penʃ(ə)nəbl] *a* nyugdíjjogosult, nyugdíjazható
pensionary ['penʃənɪ; *US* -erɪ] *n* nyugdíjas
pensioner ['penʃənə*] *n* nyugdíjas
pensive ['pensɪv] *a* gondolkodó, töprengő, tépelődő
pensiveness ['pensɪvnɪs] *n* elgondolkodás, töprengés, tépelődés
penstock *n* zsilip
pent [pent] *a* bezárt; *~(-)up* (1) bezárt (2) felgyülemlett, elfojtott [érzelem stb.]
pentagon ['pentəgən; *US* -ɑn] *n* 1. ötszög 2. *US the P~* ⟨az Egyesült Államok hadügyminisztériuma, Washingtonban⟩
pentagram ['pentəgræm] *n* ötágú csillag
pentameter [pen'tæmɪtə*] *n* ötlábú verssor
Pentateuch ['pentətjuːk; *US* -tuːk] *n* Mózes öt könyve [a bibliában]
pentathlon [pen'tæθlən] *n* (*modern*) ~ öttusa
pentathlonist [pen'tæθlənɪst] *n* öttusázó
Pentecost ['pentɪkɔst; *US* -kɔːst] *n* pünkösd
penthouse *n* 1. előtető, tetőtoldat, toldaléktető 2. *US* ⟨felhőkarcoló lapos tetejére épített házikó⟩ 3. védőtető, fé(l)szer

pent-roof *n* eresz; félnyeregtető
pent-up *a* →*pent*
penult(imate) [pe'nʌlt(ɪmət)] *a/n* utolsó előtti (szótag)
penumbra [pɪ'nʌmbrə] *n* félárnyék
penurious [pɪ'njʊərɪəs; *US* -'nʊ-] *a* 1. szegény(es); silány 2. fösvény, zsugori
penury ['penjʊrɪ; *US* -jə-] *n* nyomor(úság), szegénység, ínség
peon *n* 1. ['piːən] [Latin-Amerikában] mexikói földmunkás; rabszolgasorba taszított adós 2. [pjuːn] [Indiában] gyalogos katona; szolga, kifutó
peony ['pɪənɪ] *n* pünkösdi rózsa, peónia
people ['piːpl] I. *n* (*pl* peoples 'piːplz) nép; *~'s republic* népköztársaság; *a man of the ~* a népből való ember; *the chosen ~* a választott nép, a zsidók II. *n pl* 1. nép(esség), lakosság; *the ~ of London* L. lakossága, a londoniak; *the (common) ~* a köznép 2. alkalmazottak; alárendeltek; munkások; *twenty ~ are working* 20 ember dolgozik, húszan dolgoznak 3. emberek; *many ~ sok ember; the ~ at large* a nagyközönség; *az emberek általánosságban véve; young ~* az ifjúság; *what do you think?* maguk mit gondolnak emberek?; *Jones of all ~!* pont J. mindenki közül! 4. az ember [mint általános alany]; *~ say* azt mondják 5. *biz* rokonok, család; *my ~* a szüleim/családom, az enyéim, a hozzátartozóim 6. *the little/good ~* a tündérek III. *vt* benépesít (*with* vmvel); *densely ~d country* sűrűn lakott ország
pep [pep] I. *n* □ *US* energia, életerő, rámenősség; lelkesedés; *~ pill* stimuláló/élénkítő szer; *~ talk* buzdító beszéd, propagandabeszéd II. *vt -pp- ~ sy (up)* felélénkít/felráz vkt
pepper ['pepə*] I. *n* 1. bors 2. (*red*) ~ (piros) paprika II. *vt* 1. borssal meghint, megborsoz 2. (*átv is*) megsörétez 3. *biz* elver (vkt)
pepper-and-salt *n* milpoen, fehérpettyes fekete szövet
pepper-box/castor *n* borsszóró
peppercorn *n* 1. borsszem 2. *átv* ~ *rent* névleges bérösszeg
pepper-mill *n* borsdaráló

peppermint *n* 1. bors(os)menta 2. mentacukorka

peppery ['pepərɪ] *a* 1. borsos (ízű) 2. ingerlékeny, lobbanékony, indulatos

peppy ['pepɪ] *a* □ *US* életerős, rámenős, energikus [ember]

pepsin ['pepsɪn] *n* pepszin

peptic ['peptɪk] *a* emésztési, emésztő; ~ *glands* emésztőmirigyek

Pepys [*Samuel:* piːps; *mások:* 'pepɪs] *prop*

per [pə:*; gyenge ejtésű alakja: pə*] *prep* által, útján, révén, át, -val, -vel, -ként, -kint; *as* ~ szerint; ~ *annum* évenként; ~ *capita* ['kæpɪtə] fejenként(i), egy főre eső; ~ *cent* (1) százalék(ban) (2) százanként; ~ *day* naponként; ~ *diem* [daɪem] (1) naponként (2) napidíj; *sixty miles* ~ *hour* óránként 96 km; ~ *week* hetenként

peradventure [p(ə)rəd'ventʃə*] † I. *adv* véletlenül, netalán II. *n* véletlen; *beyond (a)* ~ kétségtelenül

perambulate [pə'ræmbjʊleɪt; *US* -bjə-] A. *vt* bejár; körüljár B. *vi* (föl s alá) sétál

perambulator [pə'ræmbjʊleɪtə*; *US* -bjə-] *n* gyermekkocsi

perceive [pə'siːv] *vt* 1. észrevesz, meglát, észlel 2. felfog, megért

percent, per cent [pə'sent] *n* százalék →*per*

percentage [pə'sentɪdʒ] *n* 1. százalék-(arány); ~ *of alcohol* szesztartalom 2. rész, hányad

perceptible [pə'septəbl] *a* észrevehető, érezhető; érzékelhető, megfigyelhető; ~ *to the (naked) eye* szabad szemmel látható

perception [pə'sepʃn] *n* 1. érzékelés, észlelés, percepció 2. felfogóképesség, érzékenység

perceptive [pə'septɪv] *a* 1. észrevevő; (gyorsan) érzékelő 2. figyelmes, jó/éles ítélőképességű/szemű

Perceval ['pə:sɪvl] *prop*

perch¹ [pə:tʃ] I. *n* 1. ág; (ülő)rúd [madaraknak] 2. *biz* jó/magas állás, pozíció; biztos állás; *biz knock sy off his* ~ elintéz/legyőz/megsemmisít vkt 3. (kocsi)rúd 4. ⟨hosszmérték: 5,5 yard⟩

II. A. *vi* leszáll [madár ágra]; letelepszik; elül (baromfi) B. *vt* magas helyre tesz; *town* ~*ed on a hill* dombon épült város

perch² [pə:tʃ] *n* folyami sügér

perchance [pə'tʃɑːns; *US* -æ-] *adv* † netalán; véletlenül

percipient [pə'sɪpɪənt] I. *a* felfogó (képességű), észrevevő; észlelő II. *n* telepatikus médium

percolate ['pə:kəleɪt] A. *vi* 1. átszűrődik, átszivárog 2. kicsepeg [kávé kávéfőzőből] B. *vt* 1. átszűr [folyadékot]; átcsepegtet, kávéfőzőn főz [kávét] 2. átjár (vmt), áthatol (vmn)

percolation [pə:kə'leɪʃn] *n* 1. átszűrődés, átszivárgás 2. átszűrés

percolator ['pə:kəleɪtə*] *n* 1. szűrő 2. eszpresszógép, kávéfőző (gép)

percuss [pə'kʌs] *vt* megkopogtat [orvos mellkast]

percussion [pə'kʌʃn] *n* 1. ütés, lökés; ~ *cap* gyutacs, kapszli [puskán]; ~ *pin* gyúszeg 2. ~ *instrument* ütőhangszer 3. (orvosi) kopogtatás

percussionist [pə'kʌʃ(ə)nɪst] *n* ütőhangszer-játékos, ütőjátékos

percussive [pə'kʌsɪv] *a* (össze)csapódó, üt(köz)ő; csappantyús

Percy ['pə:sɪ] *prop*

perdition [pə'dɪʃn] *n* 1. elkárhozás, kárhozat 2. (el)pusztulás, végromlás

peregrination [perɪgrɪ'neɪʃn] *n* vándorlás, utaz(gat)ás; kóborlás

peremptory [pə'rempt(ə)rɪ] *a* 1. döntő, végérvényes; ~ *writ* idézőlevél 2. feltétlen, ellentmondást nem tűrő 3. önkényes

perennial [pə'renjəl] I. *a* 1. állandó; örökké tartó 2. egész éven át tartó 3. évelő [növény] II. *n* évelő (növény)

perfect I. *a* ['pə:fɪkt] 1. tökéletes, kifogástalan, hibátlan; ~ *number* tökéletes szám; ~ *power* teljes hatvány 2. *biz* teljes, kész 3. ~ *tense* befejezett ideg II. *n* ['pə:fɪkt] befejezett igealak, perfektum; (*present*) ~ befejezett jelen (idő) III. *vt* [pə'fekt] 1. tökéletesít 2. bevégez, befejez

perfectible [pə'fektəbl] *a* tökéletesíthető

perfection [pə'fekʃn] *n* 1. befejezés, el-

végzés 2. tökéletesítés; *bring to* ~ tökéletesít 3. tökéletesség, tökély 4. ~ *in sg* jártasság vmben; alapos tudás
perfectionist [pə'fekʃ(ə)nıst] *n* tökéletesre törő, maximalista
perfectly ['pə:fıktlı] *adv* teljesen, tökéletesen
perfervid [pə:'fə:vıd] *a* igen buzgó, heves, lelkes
perfidious [pə'fıdıəs] *a* álnok, hitszegő
perfidiousness [pə'fıdıəsnıs] *n* álnokság, hitszegés
perfidy ['pə:fıdı] *n* = *perfidiousness*
perforate ['pə:fəreıt] A. *vt* 1. átlyukaszt, kilyukaszt, átfúr, perforál 2. áthatol (*sg* vmn) B. *vi* átfúródik; ~ *into/ through sg* behatol vmbe
perforation [pə:fə'reıʃn] *n* 1. átlyukasztás, kilyukasztás 2. átfúródás 3. lyuk(sorozat), perforáció
perforce [pə'fɔ:s] *adv* † szükségképpen, okvetlenül
perform [pə'fɔ:m] A. *vt* 1. megtesz, véghezvisz, végrehajt, teljesít, (el)végez 2. előad [színművet], (el)játszik [szerepet] B. *vi* játszik, szerepel
performance [pə'fɔ:məns] *n* 1. előadás [műé]; eljátszás [szerepé] 2. véghezvitel, teljesítés 3. teljesítmény; ~ *test* teljesítményvizsgálat
performer [pə'fɔ:mə*] *n* 1. (előadó-)művész 2. szereplő; szín(műv)ész
perfume I. *n* ['pə:fju:m] 1. illat, szag 2. illatszer, parfüm II. *vt* [pə'fju:m] illatosít
perfumier [pə'fju:mıə*] *n* illatszerárus
perfumery [pə'fju:m(ə)rı] *n* 1. illatszertár 2. illatszergyár 3. illatszerek
perfunctory [pə'fʌŋkt(ə)rı] *a* felületes, hanyag
pergola ['pə:gələ] *n* fedett kerti lugas
perhaps [pə'hæps; néha: præps] *adv* talán, tán, (meg)lehet; ~ *so* ~ *not* lehet, hogy igen, lehet, hogy nem
pericarditis [perıka:'daıtıs] *n* szívburokgyulladás
Pericles ['perıkli:z] *prop* Periklész
perigee ['perıdʒi:] *n* földközel
perihelion [perı'hi:ljən] *n* napközel
peril ['per(ə)l] I. *n* veszély, veszedelem; *at your* ~ saját felelősségedre; *in* ~ *of*

one's life életveszélyben, élete kockáztatásával II. *vt* -ll- (*US* -l-) veszélyeztet
perilous ['perələs] *a* veszélyes
perimeter [pə'rımıtə*] *n* kerület [idomé]
period ['pıərıəd] I. *a* 1. korabeli, stíl-; ~ *furniture* (1) antik bútor (2) stílbútor; ~ *piece* (1) stílbútor (2) antik holmi (3) kosztümös (szín)darab 2. történelmi [regény stb.]; ~ *dress* korhű jelmez; ~ *play* kosztümös (szín)darab II. *n* 1. (idő)tartam 2. (idő)szak 3. kor(szak); *the* ~ a jelenkor, a ma; *the girl of the* ~ a mai lány 4. ismétlődő/visszatérő időköz; szakasz; fázis; ciklus, keringési idő, periódus; (lezajlási) idő 5. **periods** *pl* menstruáció 6. (kör)mondat, periódus 7. pont [írásjel]; *put a* ~ *to sg* pontot tesz vmre 8. (tanítási) óra
periodic [pıərı'ɔdık; *US* -'ɑ-] *a* 1. időszaki, időszakos, periodikus; szakaszos, időnként ismétlődő, visszatérő; ~ *law* periódusos törvény; ~ *table* periódusos rendszer (táblázata) [elemeké] 2. ~ *style* körmondatokban gazdag stílus
periodical [pıərı'ɔdıkl; *US* -'ɑ-] I. *a* időszaki, időnkénti, periodikus II. *n* folyóirat
periodicity [pıərıə'dısətı] *n* időszakiság, időszakosság, szakaszosság
periostitis [perıɔ'staıtıs] *n* csonthártyagyulladás
peripatetic [perıpə'tetık] *a/n* peripatetikus; járkáló
peripheral [pə'rıfər(ə)l] *a* külső, kerületi, periferikus
periphery [pə'rıfərı] *n* 1. kerület, külső szél 2. külterület, periféria
periphrasis [pə'rıfrəsıs] *n* (*pl* -**ses** -si:z) körülírás, perifrázis
periphrastic [perı'fræstık] *a* 1. körülíró 2. segédigével szerkesztett
periscope ['perıskoup] *n* periszkóp
perish ['perıʃ] A. *vi* 1. elpusztul, elvész; ~ *by/with hunger* éhenhal; ~ *by/with cold* megfagy 2. megromlik B. *vt* elpusztít, tönkretesz; ~ *the thought!* erre még gondolni sem szabad!; *we were* ~*ed with cold* majd megfagytunk
perishable ['perıʃəbl] I. *a* romlandó II. **perishables** *n pl* romlandó áru

perisher ['perɪʃə*] *n* □ pasas, pacák
perishing ['perɪʃɪŋ] *a/adv GB biz* átkozott(ul) [hideg stb.]
peristalsis [perɪ'stælsɪs] *n* gyomor- és bélmozgás
peristyle ['perɪstaɪl] *n* oszlopsor; oszlopcsarnok
peritonitis [perɪtə'naɪtɪs] *n* hashártyagyulladás
periwig ['perɪwɪg] *n* paróka
periwinkle¹ ['perɪwɪŋkl] *n* meténg
periwinkle² ['perɪwɪŋkl] *n* (ehető) (tenger)parti csiga
perjure ['pə:dʒə*] *v refl ~ oneself* hamisan esküszik
perjurer ['pə:dʒ(ə)rə*] *n* hamisan esküvő
perjury ['pə:dʒ(ə)rɪ] *n* hamis eskü
perk¹ [pə:k] A. *vi ~ up* magához tér, új erőre kap [betegség után] B. *vt ~ sy up* felélénkít/felüdít vkt [ital stb.]; *~ up the ears* hegyezi a fülét
perk² [pə:k] *vt/vi biz* kávét főz [kávéfőzőgépen]
perkily ['pə:kɪlɪ] *adv* szemtelenül, hetykén
perks [pə:ks] *n pl biz = perquisite*
perky ['pə:kɪ] *a* 1. élénk; csintalan, szeles 2. öntelt, hetyke, szemtelen
perm [pə:m] *biz* I. *n* dauer II. *vt* daueroltat
permafrost ['pə:məfrost; *US* -ɔ:st] *n* altalaj állandóan fagyott rétege [sarkkörön túl]
permanence ['pə:m(ə)nəns] *n* tartósság, állandóság
permanency ['pə:m(ə)nənsɪ] *n* 1. = *permanence* 2. állandó alkalmazás
permanent ['pə:m(ə)nənt] *a* állandó, tartós, marad(and)ó, permanens; *~ address* állandó lakhely; *~ wave* tartós hullám [hajban]; *~ way* vasúti pályatest
permanganate [pə:'mæŋgəneɪt] *n* hipermangán
permeability [pə:mjə'bɪlətɪ] *n* áteresztő képesség
permeable ['pə:mjəbl] *a* áthatolható, átjárható, áteresztő; átbocsátóképes
permeate ['pə:mɪeɪt] A. *vt* 1. keresztülhatol, áthat(ol), átjár (vmt) 2. behatol (vmbe), szétterjed (vmben) B. *vi* 1.

áthatol, keresztülhatol (*through* vmn); behatol (*into* vmbe) 2. elterjed (*among* között)
permeation [pə:mɪ'eɪʃn] *n* áthatolás; behatolás; elterjedés
permissible [pə'mɪsəbl] *a* megengedhető; szabad
permission [pə'mɪʃn] *n* 1. engedély 2. beleegyezés, hozzájárulás
permissive [pə'mɪsɪv] *a* 1. megengedő 2. engedékeny, türelmes, elnéző; *~ society* liberális társadalom [erkölcsi szempontból]
permit I. *n* ['pə:mɪt] engedély; *take out a ~* engedélyt szerez II. *v* [pə'mɪt] -tt- A. *vt* (meg)enged, engedélyez, engedélyt ad (vmre); *~ me to remark* legyen szabad megjegyeznem; *is ~ted* megengedett, meg van engedve, szabad; *not ~ted* nem engedélyezett, tilos B. *vi* 1. enged 2. *~ of* lehetővé tesz, helyt ad (vmnek), megenged (vmt)
permutation [pə:mju:'teɪʃn] *n* fölcserélés, sorrendváltoztatás; permutáció
permute [pə'mju:t] *vt* megcserél, felcserél; permutál
pernicious [pə'nɪʃəs] *a* ártalmas, veszedelmes, káros; *~ an(a)emia* vészes vérszegénység
pernickety [pə'nɪkətɪ] *a biz* aprólékoskodó; válogatós, finnyás; kényes
peroration [perə'reɪʃn] *n* szónoklat befejező része, peroráció
peroxide [pə'rɒksaɪd; *US* -'rɑ-] *n* (hi-) peroxid; szuperoxid; *a ~ blonde* egy nő szőkére festett hajjal
perpendicular [pə:pən'dɪkjulə*] I. *a* függőleges, merőleges; *~ style* függélyes stílus [az angol gótika utolsó szakasza] II. *n* 1. függőleges/merőleges vonal/sík; *out of the ~* nem függőleges 2. mérőón, függélyező
perpetrate ['pə:pɪtreɪt] *vt* elkövet; *~ a joke* tréfát űz, megtréfál (vkt)
perpetration [pə:pɪ'treɪʃn] *n* elkövetés
perpetrator ['pə:pɪtreɪtə*] *n* elkövető
perpetual [pə'petʃuəl] *a* 1. örök(ké tartó) 2. *biz* örökös, állandó, szakadatlan 3. *~ motion* örökmozgás, perpetuum mobile; *~ watch* önfelhúzó óra

perpetually [pə'petʃʋəlɪ] adv 1. örökösen, állandóan 2. örökre
perpetuate [pə'petʃʋeɪt] vt 1. megörökít 2. állandósít, állandóvá tesz
perpetuation [pəpetʃʋ'eɪʃn] n 1. megörökítés 2. állandósítás
perpetuity [pə:pɪ'tju:ətɪ; US -'tu:-] n 1. örökkévalóság, folytonosság; in ~ örökké, örökre 2. elidegeníthetetlenség 3. életjáradék
perplex [pə'pleks] vt 1. zavarba hoz; megzavar, meghökkent 2. összegabalyít
perplexing [pə'pleksɪŋ] a 1. zavarba hozó; zavaró 2. összezavart
perplexity [pə'pleksətɪ] n 1. zavar(odottság), megrökönyödöttség 2. tanácstalanság
per pro(c). per procurationem (= by proxy) megbízásból
perquisite ['pə:kwɪzɪt] n 1. mellékjövedelem, -kereset, mellékes 2. illetéktelen haszon
perry ['perɪ] n körtebor
persecute ['pə:sɪkju:t] vt 1. üldöz 2. zaklat, gyötör [kérdésekkel stb.]
persecution [pə:sɪ'kju:ʃn] n 1. üldözés; zaklatás 2. üldöztetés; ~ complex/mania üldözési mánia
persecutor ['pə:sɪkjuːtə*] n üldöző
perseverance [pə:sɪ'vɪər(ə)ns] n állhatatosság, kitartás
persevere [pə:sɪ'vɪə*] vi kitart (in vm mellett); kitartóan csinál/végez (with vmt)
persevering [pə:sɪ'vɪərɪŋ] a kitartó, állhatatos
Persia ['pə:ʃə; US -ʒə] n † Perzsia
Persian ['pə:ʃn; US -ʒ(ə)n] n I. a perzsa; ~ carpet/rug perzsaszőnyeg II. n 1. perzsa/iráni ember 2. (új)perzsa nyelv
persiflage [pə:sɪ'flɑ:ʒ] n kigúnyolás, nevetségessé tétel; ugratás
persimmon [pə:'sɪmən] n datolyaszilva
persist [pə'sɪst] vi 1. ~ in sg kitart vm mellett, állhatatos vmben; ~ in doing sg kitartóan/rendületlenül (tovább) csinál vmt 2. folytatódik
persistence [pə'sɪst(ə)ns] n 1. kitartás, állhatatosság, szívósság 2. konokság
persistency [pə'sɪst(ə)nsɪ] n = persistence

persistent [pə'sɪst(ə)nt] a 1. állhatatos, kitartó 2. folytatódó, ismétlődő 3. állandó, tartós, örök
person ['pə:sn] n 1. személy; in ~ személyesen; 3rd ~ singular egyes szám harmadik személy; artificial ~ jogi személy 2. egyén, ember; valaki; no ~ senki 3. szereplő, személy [színdarabban]
personable ['pə:snəbl] a kellemes külsejű/megjelenésű; csinos
personage ['pə:s(ə)nɪdʒ] n befolyásos személy(iség); kiválóság
personal ['pə:snl] I. a 1. egyéni, individuális; átv ~ equation egyéni álláspont/hozzáállás 2. személyes, saját; ~ interview személyes megbeszélés; ~ safety személyi biztonság; articles for ~ use személyes használati tárgyak 3. magán-; ~ letter magánlevél 4. személyeskedő; ~ remarks személyeskedő megjegyzések; be/become ~ személyeskedik 5. személy-, személyi; ~ data személyi adatok; ~ estate/property ingó vagyon; személyi tulajdon; ~ hygiene testápolás 6. ~ pronoun személyes névmás II. n személyi hír(ek) [újságcikk]
personality [pə:sə'nælətɪ] n 1. személy(iség); egyéniség 2. personalities pl személyeskedés; indulge in personalities személyeskedik 3. kimagasló személyiség; ~ cult személyi kultusz
personalize ['pə:snəlaɪz] vt egyénivé tesz [monogram/név alkalmazásával]
personally ['pə:snəlɪ] adv 1. személy szerint, személyesen 2. részünkről, részemről, ami engem illet
personalty ['pə:sn(ə)ltɪ] n ingóság(ok); ingó vagyon
personate ['pə:səneɪt] vt 1. megszemélyesít, (meg)játszik [szerepet] 2. kiadja magát (vknek, vmnek)
personation [pə:sə'neɪʃn] n alakítás, megszemélyesítés; utánzás
personification [pə:sɔnɪfɪ'keɪʃn; US -sɑ-] n 1. megszemélyesítés 2. megtestesülés
personify [pə:'sɔnɪfaɪ; US -'sɑ-] vt 1. megszemélyesít 2. megtestesít
personnel [pə:sə'nel] n személyzet, alkalmazottak

perspective [pə'spektɪv] *n* 1. távlati ábrázolás 2. távlati hatás, térszerűség 3. távlat, perspektíva; *see things in (its right)* ~ dolgokat igazi valójukban (következményeikkel együtt) látja; *out of* ~ hibás perspektívájú [kép] 4. (*átv is*) kilátás, látvány

perspicacious [pə:spɪ'keɪʃəs] *a* éles eszű, eszes, okos

perspicacity [pə:spɪ'kæsətɪ] *n* eszesség, tisztánlátás, jó judícium

perspicuity [pə:spɪ'kju:ətɪ] *n* 1. világosság, áttekinthetőség; szabatosság 2. nyilvánvalóság (vmé)

perspicuous [pə'spɪkjʊəs] *a* tiszta, áttekinthető, könnyen érthető

perspiration [pə:spə'reɪʃn] *n* 1. izzadás 2. izzadság, veríték

perspire [pə'spaɪə*] *vi/vt* izzad, verítékezik

perspiring [pə'spaɪərɪŋ] *a* izzadt, izzadó, verítékező

persuade [pə'sweɪd] *vt* 1. ~ *sy to do sg* rábeszél/rávesz vkt vmre; ~ *sy out of sg* lebeszél vkt vmről 2. meggyőz (*of* vmről); *I am ~d of his honesty* meg vagyok győződve becsületességéről

persuasion [pə'sweɪʒn] *n* 1. rábeszélés, meggyőzés 2. meggyőződés 3. vallás(os meggyőződés), hit 4. *biz* faj(ta)

persuasive [pə'sweɪsɪv] *a* 1. meggyőző 2. (rosszra) csábító

pert [pə:t] *a* szemtelen, hetyke

pertain [pə:'teɪn] *vi* 1. tartozik (*to* vhová) 2. vonatkozik (*to* vmre)

pertinacious [pə:tɪ'neɪʃəs] *a* 1. állhatatos, rendületlen 2. makacs, önfejű

pertinacity [pə:tɪ'næsətɪ] *n* 1. állhatatosság 2. makacsság, önfejűség

pertinence ['pə:tɪnəns] *n* 1. helytállóság, helyesség 2. (dologra/tárgyra) tartozás

pertinent ['pə:tɪnənt] *a* 1. helyes, (oda-) illő, találó, helyénvaló, alkalomszerű 2. tartozó, vonatkozó (*to* vmre)

pertly ['pə:tlɪ] *adv* hetykén, szemtelenül

pertness ['pə:tnɪs] *n* hetykeség, szemtelenség

perturb [pə'tə:b] *vt* háborgat, megzavar, összezavar

perturbation [pə:tə'beɪʃn] *n* 1. izgatottság, zavar; izgalom 2. zavarkeltés, zavarás

Peru [pə'ru:] *prop* Peru

peruke [pə'ru:k] *n* paróka

perusal [pə'ru:zl] *n* (gondos) átolvasás

peruse [pə'ru:z] *vt* gondosan elolvas/átolvas/átvizsgál

Peruvian [pə'ru:vjən] *a/n* perui

pervade [pə'veɪd] *vt* (*átv is*) áthat, átjár

pervasive [pə'veɪsɪv] *a* mindent átható

perverse [pə'və:s] *a* 1. fonák, természetellenes, rendellenes, visszás 2. romlott, perverz 3. önfejű

perverseness [pə'və:snɪs] *n* = perversity

perversion [pə'və:ʃn; *US* -ʒn] *n* 1. elferdítés, kiforgatás 2. fajtalanság, perverzió

perversity [pə'və:sətɪ] *n* 1. természetellenesség, romlottság 2. fajtalanság, perverzitás 3. önfejűség, makacsság

pervert I. *n* ['pə:və:t] 1. hitehagyott 2. fajtalan/pervertált nemi életű egyén II. *vt* [pə'və:t] 1. (erkölcsileg) megront 2. kiforgat, elferdít; csűr-csavar

peseta [pə'seɪtə] *n* pezeta

pesky ['peskɪ] *a US biz* bosszantó, kellemetlen; idegesítő

peso ['peɪsoʊ] *n* pezó

pessary ['pesərɪ] *n* méhgyűrű, pesszárium

pessimism ['pesɪmɪzm] *n* borúlátás, pesszimizmus

pessimist ['pesɪmɪst] *n* borúlátó, pesszimista

pessimistic [pesɪ'mɪstɪk] *a* borúlátó, pesszimista

pest [pest] *n* 1. † dögvész 2. *biz* nyűg, istencsapása 3. kártevő [rovar, állat]

pester ['pestə*] *vt* zaklat, háborgat

pest-house *n* járványkórház

pesticide ['pestɪsaɪd] *n* féregirtó/rovarirtó szer

pestiferous [pe'stɪf(ə)rəs] *a* 1. dögletes, fertőző 2. *átv* veszedelmes

pestilence ['pestɪləns] *n* dögvész, pestis

pestilent ['pestɪlənt] *a* 1. dögletes, kárhozatos, átkos, ártalmas 2. *biz* boszszantó, kellemetlen

pestilential [pestɪ'lenʃl] *a* 1. dögvészes 2. fertőző 3. *átv* ártalmas, mérgező

pestle ['pesl] I. *n* mozsártörő II. *vt* mozsárban összezúz/megtör
pet¹ [pet] I. *a* kedvenc; ~ *dog* öleb; ~ *name* becenév II. *n* 1. dédelgetett háziállat; ~ *shop* állatkereskedés 2. kedvenc III. *vt* -tt- 1. becéz, dédelget,- kényeztet 2. *US* cirógat, csókolgat
pet² [pet] *n* hirtelen harag; *be in a* ~ dühös, morcos
petal ['petl] *n* szirom(levél)
petal(l)ed ['petld] *a* szirmú, szirmos
petard [pe'tɑ:d] *n* 1. petárda; *hoist with his own* ~ saját fegyverével veri meg, aki másnak vermet ás, maga esik bele 2. rakéta, petárda [tűzijátékban]
Pete [pi:t] *prop* Peti
peter¹ ['pi:tə*] *vi biz* ~ *out* (1) lassan kifogy/kimerül [készlet] (2) elmúlik, elenyészik, megszűnik
Peter² ['pi:tə*] *prop* Péter; *rob* ~ *to pay Paul* (1) egyiktől elvesz, hogy a másiknak adhasson (2) egyik adósságból a másikba zuhan; *blue* ~ ⟨indulást jelző hajózászló⟩; ~'*s pence,* ~ *penny* péterfillér
petersham ['pi:təʃəm] *n* nehéz gyapjúszövet
pet-food *n* kutya-, macskaeledel
petition [pɪ'tɪʃn] I. *n* 1. kérelem, kérés 2. kérvény, folyamodvány, petíció; *make a* ~ kérvényt bead/benyújt 3. kereset; ~ *for a divorce* válókereset II. *vt/vi* kér(elmez), kérvényt benyújt (*for vmért*); kérelemmel fordul (vkhez)
petitioner [pɪ'tɪʃ(ə)nə*] *n* 1. folyamodó, kérvényező 2. felperes (válóperben)
Petrarch ['petrɑ:k] *prop* Petrarca
petrel ['petr(ə)l] *n* viharmadár; *stormy* ~ (1) viharmadár (2) *átv* bajkeverő
petrifaction [petrɪ'fækʃn] *n* 1. megkövesedés 2. kövület
petrify ['petrɪfaɪ] A. *vt* 1. megkövesít, elkövesít 2. megdermeszt, megdöbbent; *petrified with fear* félelemtől dermedt(en), megkövült(en) B. *vi* 1. megkövesedik, megkövül 2. *átv* kővé mered
petrochemical [petrou'kemɪk(ə)l] *a* petrolkémiai
petrography [pɪ'trɔgrəfɪ; *US* -ɑg-] *n* kőzettan, petrográfia

petrol ['petr(ə)l] *n GB* benzin; ~ *station* benzinkút; ~ *tank* üzemanyagtartály, benzintartály
petrol-can *n GB* benzinkanna
petroleum [pɪ'trouljəm] *n* kőolaj, nyersolaj, ásványolaj; ~ *jelly* vazelin
petrology [pɪ'trɔlədʒɪ; *US* -rɑ-] *n* kőzettan
petrous ['petrəs] *a* 1. megkövesedett 2. köves, sziklás
Petruchio [pɪ'tru:kɪoʊ] *prop*
petted ['petɪd] →*pet¹ III.*
petticoat ['petɪkoʊt] *n* (alsó)szoknya; ~ *government* nőuralom
petties ['petɪz] *n pl* különféle (apró) kiadások
pettifogger ['petɪfɔgə*; *US* -fɑ-] *n* törvénycsavaró, zugügyvéd
pettifogging ['petɪfɔgɪŋ; *US* -fɑ-] *a* kicsinyes(kedő), jelentéktelen
petting ['petɪŋ] *n* ölelgetés, cirógatás, dédelgetés; *US biz* smárolás ‖ →*pet¹ III.*
pettish ['petɪʃ] *a* bosszús, ingerlékeny, szeszélyes
petty ['petɪ] *a* 1. jelentéktelen, bagatell, piti; ~ *larceny* apró tolvajlás 2. kicsinyes, kisszerű; ~ *bourgeois* kispolgár, nyárspolgár; ~ *cash* (1) kiskassza, készpénzkassza (2) apróbb kiadásokra félretett pénz; ~ *farmer* kisbirtokos; ~ *monarch* kiskirály; ~ *officer* tengerészaltiszt
petulance ['petjʊləns; *US* -tʃə-] *n* ingerültség, türelmetlenkedés
petulant ['petjʊlənt; *US* -tʃə-] *a* ingerlékeny, veszekedős, sértődékeny
petunia [pɪ'tju:njə; *US* -'tu:-] *n* petúnia
pew [pju:] *n* 1. (templomi) pad 2. *biz* ülőhely
pewit ['pi:wɪt] *n* bíbic
pewter ['pju:tə*] *n* 1. ónötvözet 2. cintárgy, ónedény
Pfc. *private first class* őrvezető, őrv.
P.G., **PG** [pi:'dʒi:] *paying guest*
phaeton ['feɪtn; *US* 'feɪətn] *n* † könnyű futókocsi
phagocyte ['fægəsaɪt] *n* falósejt
phalanstery ['fælənst(ə)rɪ] *n* falanszter
phalanx ['fælæŋks; *US* 'feɪ-] *n* (*pl* ~**es** -sɪz *v.* **-langes** -'lændʒi:z) 1. falanx 2. ujjper(e)c

phallic ['fælɪk] a fallikus
phallus ['fæləs] n fallosz
phantasm ['fæntæzm] n agyrém, rém-
kép, káprázat, fantazma
phantasmagoric [fæntæzmə'gɒrɪk; US
-'gɔ:-] a csalóka, képzelet szőtte
phantasmal [fæn'tæzml] a agyrémszerű,
jelenésszerű, fantomszerű
phantasy ['fæntəsɪ] n = fantasy
phantom ['fæntəm] I. a képzeletbeli;
ál-, fantom- II. n 1. kísértet, jelenés,
fantom 2. ábrándkép, rémkép; agy-
rém; káprázat
Pharaoh ['feəroʊ] n fáraó
pharisaic(al) [færɪ'seɪɪk(l)] a farizeusi,
szenteskedő, álszent
Pharisee ['færɪsi:] n 1. farizeus 2. p~
álszent, képmutató
pharmaceutic(al) [fɑ:mə'sju:tɪk(l); US
-'su:-] a gyógyszerészeti, gyógyszer-;
~ goods gyógyszeráru
pharmaceutics [fɑ:mə'sju:tɪks; US -'su:-]
n gyógyszertan; gyógyszerészet
pharmacist ['fɑ:məsɪst] n gyógyszerész
pharmacology [fɑ:mə'kɒlədʒɪ; US
-'kɑ-] n gyógyszertan
pharmacop(o)eia [fɑ:məkə'pi:ə] n gyógy-
szerkönyv
pharmacy ['fɑ:məsɪ] n 1. gyógyszerészet
2. gyógyszertár, patika
pharyngitis [færɪn'dʒaɪtɪs] n garathurut,
torokgyulladás
pharynx ['færɪŋks] n (pl ~es -sɪz) garat
phase [feɪz] I. n 1. (fejlődési) fok, mozza-
nat, szakasz, fázis II. vt szakaszait
meghatározza (vmnek); ~ out kivon
[forgalomból]; fokozatosan meg-
szüntet
Ph.D., PhD [pi:eɪtʃ'di:] Doctor of Phi-
losophy bölcsészdoktor
pheasant ['feznt] n fácán
Phebe ['fi:bɪ] prop
phenol ['fi:nɒl; US -al] n karbolsav,
fenol
phenomena →phenomenon
phenomenal [fə'nɒmɪnl; US -'nɑ-] a 1.
érzékelhető jelenségek körébe tartozó
2. tüneményes, rendkívüli, fenomená-
lis
phenomenon [fə'nɒmɪnən; US -'na-
mənən] n (pl -na -nə) 1. tünet,

jelenség; the phenomena of nature
természeti jelenségek 2. csodálatos do-
log/ember, nagy tehetség; tünemény
phew [fju:] int pfuj!, puff!
phial ['faɪ(ə)l] n fiola, üvegcse
Phila. Philadelphia
Philadelphia [fɪlə'delfɪə] prop
philander [fɪ'lændə*] vi flörtöl, szerel-
meskedik, nők után fut(kos)
philanderer [fɪ'lændərə*] n szoknyabo-
lond
philanthropic [fɪlən'θrɒpɪk; US -ap-]
a emberbaráti, filantróp
philanthropist [fɪ'lænθrəpɪst] n emberba-
rát, filantrópus
philanthropy [fɪ'lænθrəpɪ] n embersze-
retet, -barátiság, filantrópia
philatelic [fɪlə'telɪk] a bélyeggyűjtő
philatelist [fɪ'lætəlɪst] n bélyeggyűjtő,
filatelista
philately [fɪ'lætəlɪ] n bélyeggyűjtés,
filatélia
philharmonic [fɪla:'mɒnɪk; US fɪlha:r-
'ma-] a filharmonikus, zenekedvelő,
zenebarát(i)
philhellene ['fɪlheli:n] a/n görögbarát
Philip ['fɪlɪp] prop Fülöp
Philippi [fɪ'lɪpaɪ] prop Philippi, Filippi
philippic [fɪ'lɪpɪk] n filippika, támadó
beszéd
Philippine ['fɪlɪpi:n] a Fülöp-szigeteki
Philippines ['fɪlɪpi:nz] prop Fülöp-szige-
tek
Philistine ['fɪlɪstaɪn; US fə'lɪstɪn v.
'fɪlɪsti:n] a 1. filiszteus 2. p~ nyárs-
polgári II. n 1. filiszteus 2. p~ nyárs-
polgár, filiszter
philological [fɪlə'lɒdʒɪkl; US -'la-] a 1.
nyelvészeti 2. filológiai
philologist [fɪ'lɒlədʒɪst; US -'la-] n 1.
nyelvész 2. filológus
philology [fɪ'lɒlədʒɪ; US -'la-] n 1.
nyelvtudomány, nyelvészet 2. filológia
philosopher [fɪ'lɒsəfə*; US -'la-] n 1.
filozófus 2. bölcs; ~'s stone bölcsek
köve
philosophical [fɪlə'sɒfɪkl; US -'sa-] a 1.
bölcseleti, filozófiai; filozofikus 2. jó-
zan, higgadt, bölcs
philosophize [fɪ'lɒsəfaɪz; US -'la-] vi
bölcselkedik, elmélkedik, filozofál

philosophy [fɪ'lɔsəfɪ; US -'la-] n 1. bölcselet, filozófia 2. életfelfogás, -szemlélet, -filozófia
philtre, US -ter ['fɪltə*] n bájital
phiz [fɪz] n biz arc(kifejezés), „pofa"
phlebitis [flɪ'baɪtɪs] n visszérgyulladás; érhártyagyulladás
phlegm [flem] n 1. nyálka, váladék, vulg turha 2. flegma, hidegvér, közöny
phlegmatic [fleg'mætɪk] a közönyös, flegmatikus
phlox [flɔks; US -a-] n lángvirág, flox
phobia ['foʊbjə] n beteges félelem, szorongás, fóbia
Phoebe ['fi:bɪ] prop
Phoenicia [fɪ'nɪʃɪə; US -ʃə] prop Fönícia
Phoenician [fɪ'nɪʃɪən; US -ʃən] a/n föníciai
phoenix ['fi:nɪks] n főnix
phonation [foʊ'neɪʃn] n hangképzés
phone [foʊn] biz I. n telefon II. A. vi telefonál B. vt felhív [telefonon]
phoneme ['foʊni:m] n fonéma
phonemic [fə'ni:mɪk] a fonemikus
phonemics [fə'ni:mɪks] n fonológia
phonetic [fə'netɪk] a 1. kiejtési 2. fonetikus; fonetikai, hangtani; ~ speeling fonetikus írás; ~ transcription fonetikus átírás
phonetician [foʊnɪ'tɪʃn] n fonetikus
phonetics [fə'netɪks] n fonetika, hangtan
phoney ['foʊnɪ] a □ hamis
phonogram ['foʊnəgræm] n fonogram
phonograph ['foʊnəgrɑːf; US -æf] n 1. fonográf 2. US gramofon
phonologic(al) [foʊnə'lɔdʒɪk(l); US -'la-] a fonológiai; fonologikus
phonology [fə'nɔlədʒɪ; US -'na-] n fonológia
phony ['foʊnɪ] a = phoney
phooey ['fʊɪ] int pfuj!
phosphate ['fɔsfeɪt; US 'fa-] n foszfát
phosphoresce [fɔsfə'res; US fa-] vi foszforeszkál
phosphorescence [fɔsfə'resns; US fa-] n foszforeszkálás, villogás, villódzás
phosphorescent [fɔsfə'resnt; US fa-] a foszforeszkáló, sötétben villódzó
phosphoric [fɔs'fɔrɪk; US fas'fɔ:-] a = phosphorous

phosphorous ['fɔsf(ə)rəs; US 'fa-] a foszforos, foszfortartalmú, foszfor-
phosphorus ['fɔsf(ə)rəs; US 'fa-]n foszfor
photo ['foʊtoʊ; összetételben rendsz.: foʊtə-] n biz fénykép, fotó; ~ finish célfotó
photocopy I. n fotokópia II. vt/vi fotokópiát készít (vmről)
photoelectric [foʊtoʊɪ'lektrɪk] a fényelektromos; ~ cell fotocella
photo-engraving n 1. autotípia 2. klisékészítés
photoflash a ~ lamp villanólámpa, vaku
photogenic [foʊtoʊ'dʒenɪk] a jól fényképezhető, fotogén
photograph ['foʊtəgrɑːf; US -æf] I. n fénykép; have one's ~ taken lefényképezteti magát II. A. vt (le)fényképez, levesz B. vi ~ well jó fényképarca van; jól mutat fényképen
photographer [fə'tɔgrəfə*; US -'ta-] n fényképész
photographic [foʊtə'græfɪk] a fényképészeti, fényképező, fénykép-
photography [fə'tɔgrəfɪ; US -'ta-] n fényképezés, fényképészet
photogravure n (raszter)mélynyomás
photometer [foʊ'tɔmɪtə*; US -'ta-] n fénymérő, fotométer
photomural [foʊtə'mjʊər(ə)l] n gigantposzter
photon ['foʊtɔn; US -an] n foton
photo-offset n fotomechanikai ofszeteljárás
photosensitive [foʊtə'sensɪtɪv] a fényérzékeny
photostat ['foʊtəstæt] I. n ~ (copy) fotokópia, fénymásolat II. vt -tt- (US -t-) fotokópiát/fénymásolatot készít (vmről)
photosynthesis [foʊtoʊ'sɪnθɪsɪs] n fotoszintézis
phototype ['foʊtətaɪp] n fénymásolat, fénynyomat; fototípia
phototypesetting [foʊtə'taɪpsetɪŋ] n [nyomdai] fényszedés
phrasal ['freɪzl] a ~ verb határozós—elöljárós (vonzatú) ige
phrase [freɪz] I. n 1. mondás, szólás(mód), kitétel; as the ~ goes ahogy mondani szokás 2. üres szavak/szó-

lam, frázis; *we have had enough* ~*s* elég volt a (szép) szavakból **3.** állandósult szókapcsolat; kifejezés, (nyelvi) fordulat **4.** [zenei] mondat, frázis **II.** *vt* kifejez, szavakba foglal
phrase-book *n* szólásgyűjtemény
phrase-monger *n* frázisember
phraseological [freɪzɪə'lɔdʒɪkl; *US* -'la-] *a* frazeológiai
phraseology [freɪzɪ'ɔlədʒɪ; *US* -'a-] *n* kifejezésmód, frazeológia
phrenetic [frɪ'netɪk] *a* vad, eszeveszett
phrenology [frɪ'nɔlədʒɪ; *US* -'na-] *n* koponyatan, frenológia
phthisis ['θaɪsɪs] *n* tüdővész, sorvadás
phut [fʌt] *adv* fuccs; *biz go* ~ tönkremegy, elromlik, megbukik, bedöglik
phylactery [fɪ'læktərɪ] *n* **1.** imaszíj [zsidóknál] **2.** amulett
Phyllis ['fɪlɪs] *prop* ⟨női név⟩
physic ['fɪzɪk] **I.** *n* **1.** *biz* orvosság; hashajtó **2.** † orvostudomány **II.** *vt* (*pt/pp* ~**ked** 'fɪzɪkt) orvosol, kúrál (vkt)
physical ['fɪzɪkl] *a* **1.** fizikai; ~ *geography* fizikai földrajz; *a* ~ *impossibility* fizikai lehetetlenség **2.** fizikai, testi; ~ *education/training* testnevelés, testedzés; ~ *examination* általános egészségügyi vizsgálat; ~ *exercises, biz* ~ *jerks* torna(gyakorlatok), testgyakorlat, -edzés
physician [fɪ'zɪʃn] *n* orvos
physicist ['fɪzɪsɪst] *n* fizikus
physics ['fɪzɪks] *n* fizika, természettan
physiognomy [fɪzɪ'ɔnəmɪ; *US* -'ag-] *n* **1.** arc, arckifejezés, arcvonás(ok) **2.** jellegzetesség, külső megjelenés, jelleg **3.** fiziognómia, arcismeret
physiological [fɪzɪə'lɔdʒɪkl; *US* -'la-] *a* élettani, fiziológiai
physiologist [fɪzɪ'ɔlədʒɪst; *US* -'a-] *n* fiziológus
physiology [fɪzɪ'ɔlədʒɪ; *US* -'a-] *n* élettan, fiziológia
physiotherapy [fɪzɪə'θerəpɪ] *n* fizikoterápia
physique [fɪ'zi:k] *n* testalkat, (testi) szervezet, fizikum
pi [paɪ] *n* **1.** pi [görög betű] **2.** Ludolf-féle szám (3,14)

pianist ['pɪənɪst; *US* pɪ'æn-] *n* zongorista
piano[1] [pɪ'ænoʊ] *n* zongora; *upright* ~ pianínó; ~ *accordion* tangóharmonika; ~ *concerto* zongoraverseny; ~ *organ* gépzongora
piano[2] ['pjɑ:noʊ; *US* pi:'ɑ:-] *adv* halkan, piano
pianoforte [pjænə'fɔ:tɪ] *n* zongora
pianola [pɪə'noʊlə] *n* villanyzongora
piazza [pɪ'ætsə] *n* **1.** köztér **2.** *US* veranda
pibroch ['pi:brɔk, *sk* -ɔx] *n* ⟨skót harci dal dudára⟩
pica ['paɪkə] *n* ciceró betű [12 pontos]
picaresque [pɪkə'resk] *a* selyma, selma; ~ *novel* sel(y)maregény, pikaró/pikareszk regény
picayune [pɪkə'ju:n] *n US* **1.** ötcentes (pénzdarab) **2.** *biz* értéktelen apróság
Piccadilly [pɪkə'dɪlɪ, 'pɪ] *prop*
piccalilli ['pɪkəlɪlɪ] *n* ⟨mustáros ecetbe rakott zöldség⟩
piccaninny ['pɪkənɪnɪ] *n* **1.** † néger bébi **2.** apróság
piccolo ['pɪkəloʊ] *n* pikoló, kisfuvola
pick[1] [pɪk] *n* **1.** csákány; ~ *and shovel* man földmunkás, kubikos **2.** fogpiszkáló
pick[2] [pɪk] **I.** *n* **1.** vmnek a java/színe (-virága); *the* ~ *of the bunch* vmnek a legjava **2.** (ki)válogatás **II. A.** *vt* **1.** csipked; szúr, váj **2.** (ki)szed, (ki-) piszkál; ~ *one's teeth* fogát piszkálja; ~ *a lock* zárat feltör; ~ *sy's pocket* kilop/kicsen vmt vk zsebéből; ~ *a quarrel with sy* beleköt vkbe, összevész vkvel **3.** (le)szed, (le)tép [virágot, gyümölcsöt]; kopaszt [baromfit]; ~ *to pieces* darabokra/ízekre szed **4.** gondosan megválogat/kiválaszt; kikeres, kiszemel; ~ *one's step/way* óvatosan lépked; ~ *one's words* megválogatja a szavait; ~ *and choose* aprólékos gonddal (ki)válogat; válogatós, finnyás-(kodik) **5.** *US* ~ *a banjo* bendzsón játszik **B.** *vi* **1.** csipeget, szedeget **2.** *biz* eszeget, csipeget [ember] ‖ →*bone*
pick at *vi biz* ~ *at one's food* csipeget az ételből; *biz* ~ *at sy* beleköt vkbe; piszkál vkt
pick off *vt* **1.** leszed, letép **2.** egyenként lelő/leszed

pick on *vi biz* **1.** kiszemel/kiszúr vkt/vmt **2.** utazik/pikkel vkre
pick out *vt* **1.** kiválaszt, kiválogat, kiszemel **2.** megkülönböztet, felismer **3.** kivesz [értelmet], kiolvas, kiókumlál **4.** kiszínez; színezéssel kiemel **5.** hallás után eljátszik [dallamot]
pick over *vt* átválogat [gyümölcsöt]
pick up A. *vt* **1.** felcsákányoz **2.** felszed, felvesz, felkap; felcsíp; *I'll ~ you up at your house* majd érted megyek **3.** szerez, talál, keres vmt; *~ up information* értesülést szerez **4.** *~ oneself up* (1) feláll [esés után] (2) öszszeszedi magát; *~ up courage* visszanyer bátorságot; *~ up health* visszanyeri egészségét, összeszedi magát [betegség után]; *~ up speed* gyorsul; *that'll ~ you up* ettől majd rendbe jössz **5.** szert tesz (vmre); (gyorsan) elsajátít (vmt); *he will ~ up the language easily* könnyen bele fog jönni a nyelvbe **6.** *biz* összeismerkedik (vkvel); *~ up new friends* új barátokra tesz szert **B.** *vi* **1.** javul, erősödik, összeszedi magát; nekilendül [üzlet stb.] **2.** *biz ~ up with sy* összeismerkedik vkvel, ismeretséget köt vkvel
pickaback ['pɪkəbæk] *adv* hátán, vállán
pickax(e) ['pɪkæks] *n* csákány
picked [pɪkt] *a* válogatott, szemelt; →*pick²* II.
picker ['pɪkə*] *n* **1.** szedő, gyűjtő, válogató [munkás] **2.** osztályozógép **3.** ütőfej, vetőfej, ostorkalapács [szövőszéken] **4.** álkulcsos tolvaj
pickerel ['pɪkər(ə)l] *n* kis csuka
picket ['pɪkɪt] I. *n* **1.** karó, cövek **2.** őrszem; (katonai) különítmény; járőr **3.** sztrájkőr(ség) II. *vt* **1.** körülkerít, bepalánkol **2.** karóhoz köt [lovat] **3.** őrséget állít **4.** (nem sztrájkolókat) munkahelyről távol tart, sztrájkőrséget állít; sztrájolók mellett hangulatot csinál
picket-boat *n* kis torpedónaszád
picketing ['pɪkɪtɪŋ] *n* sztrájkőrállítás
picking ['pɪkɪŋ] *n* **1.** szedés; kicsipkedés, (meg)válogatás **2.** *~ and stealing* lop(kod)ás **3.** **pickings** *pl* (1) (nem tisztességes) mellékkereset, zugkereset

(2) maradék(ok), hulladék(ok) ‖ →*pick²* II.
pickle ['pɪkl] I. *n* **1.** ecetes lé, pác; *have a rod in ~ for sy* büntetést tartogat vk számára **2.** **pickles** *pl* ecetes savanyúság **3.** kellemetlenség, kínos helyzet, „pác"; *be in a (sad) ~* benne van a pácban, kínos helyzetben van **4.** *biz* kópé, kis ördögfióka II. *vt* besavanyít; ecetbe rak; sós lében pácol, besóz
pickled ['pɪkld] *a* **1.** ecetes (lében eltett); sós; pácolt; *~ cucumber* ecetes uborka; *~ herring* sós herring **2.** □ részeg, berúgott
picklock *n* **1.** tolvaj **2.** tolvajkulcs
pickman *n* (*pl* -men) csákányozó (munkás)
pick-me-up *n* szíverősítő
pickpocket *n* zsebtolvaj
pick-up *n* **1.** felszedés **2.** véletlen/alkalmi ismeretség **3.** (motor)gyorsulás **4.** fogás, vétel [rádióadásé] **5.** lejátszófej, hangszedő, pickup [lemezjátszóé] **6.** ~ (*tube*) (televíziós) képfelvevő cső **7.** ~ (*truck*) könnyű teherautó
Pickwick ['pɪkwɪk] *prop*
Pickwickian [pɪk'wɪkɪən] *a* nem szó szerinti értelemben vett
picnic ['pɪknɪk] I. *n* **1.** (társas) kirándulás [piknik alapon] **2.** *biz* kellemes időtöltés, jó szórakozás; *no ~* nem gyerekjáték II. *vi* (*pt/pp* ~**ked** 'pɪknɪkt) (társasággal) kirándul (és szabadban étkezik)
picnicker ['pɪknɪkə*] *n* kiránduló
Pict [pɪkt] *n* pikt [nép]
pictorial [pɪk'tɔːrɪəl] I. *a* **1.** képi, képes **2.** képszerű; festői II. *n* képeslap, képes újság/folyóirat
picture ['pɪktʃə*] I. *n* **1.** kép; *~ of health* a megtestesült egészség; *be out of the ~* nem számít; *put sy in the ~* tájékoztat vkt (vmről); *~ hat* széles karimájú (női) kalap, florentin kalap **2.** film(darab); *the ~s* mozi **3.** (tévé)kép; *~ area* képmező; *~ tube* képcső II. *vt* **1.** ábrázol, lefest; *átv* leír, érzékeltet **2.** *~ to oneself* elképzel
picture-book *n* képeskönyv
picture-card *n* figurás kártya
picture-gallery *n* képtár

picture-goer *n* mozijáró, -látogató
picture-house/palace *n* filmszínház, mozi
picture-puzzle *n* képrejtvény, képes fejtörő
picturesque [pɪktʃə'resk] *a* 1. festői 2. eleven, színes, szemléletes
picture-theatre *n* filmszínház, mozi
picture-writing *n* képírás
piddle ['pɪdl] *vi biz* pisil
piddling ['pɪdlɪŋ] *a* vacak
pidgin ['pɪdʒɪn] *n* ~ (*English*) 〈csendesóceáni kikötők kereskedelmi életében használatos tört angolság〉
pie¹ [paɪ] *n* 1. pástétom 2. vajastészta, pite 3. gyümölcstorta; *have a finger in the* ~ köze van hozzá 4. □ *as easy as* ~ gyerekjáték; ~ *in the sky* paradicsomi állapot, toronyóra lánccal
pie² [paɪ] *n* szarka
piebald ['paɪbɔːld] *a* tarkánfoltos [ló]
piece [piːs] I. *n* 1. darab; ~ *of furniture* bútor(darab) 2. munkadarab; árucikk; ~ *by* ~ darabonként, darabszám; *by the* ~ darabszám, darabonként, darabáruként; *work by the* ~ darabbérben dolgozik 3. (alkat)rész; *be all of a* ~ *with sg* összeillik, összhangban van (vmvel); *break to* ~*s* darabokra tör; *come/fall/go to* ~*s* szétesik, darabokra törik; *átv biz she went all to* ~*s* (idegileg) összeomlott, összeroppant; *take to* ~*s* szétszed; *in* ~*s* darabokban, összetörve 4. vég [szövet]; tekercs [tapéta] 5. (szín)darab; (zene)darab, kompozíció 6. műtárgy; ritka példány; *átv* példa; ~ *of work* munka(darab); feladat; *a fine* ~ *of work* szép munka, remekmű; *a nasty* ~ *of work* piszok alak; *a wonderful* ~ *of navigation* a hajózásnak egy nagyszerű példája/hőstette 7. pénzdarab [érme] II. *vt* 1. (meg)foltoz, toldoz III. *vt* hozzátold, megtold
  piece out *vt* 1. kitold, kiegészít 2. *átv* összerak
  piece together *vt* 1. kiegészít 2. összeállít, -illeszt, -rak, -told(oz)
  piece up *vt* helyrehoz, kijavít
piece-goods *n pl* darabáru, végáru
piece-job *n* darabmunka
piecemeal ['piːsmiːl] *a/adv* darabonként

piece-rate *n* darabbér, teljesítménybér
piece-wages *n pl* darabbér, teljesítménybér
piece-work darabszámra fizetett munka, akkordmunka
pie-crust *n* tésztahéj
pied [paɪd] *a* tarka, színes, pettyes
pieplant *n US* rebarbara
pier [pɪə*] *n* 1. kikötő(gát), móló, hullámtörő gát 2. hídpillér 3. pilaszter, támpillér, gyámoszlop
pierce [pɪəs] A. *vt* 1. (át)szúr; átfúr, kifúr; (át)lyukaszt, (ki)lyukaszt; keresztüldöf 2. behatol (vmb), átjár, áttör (vmt); hasogat [fület, szívet] 3. meghat, elérzékenyít B. *vi* átszúródik, átfúródik; kibújik [fog]; ~ *into* behatol (vmbe); ~ *through* áthatol, átmegy
piercing ['pɪəsɪŋ] *a* 1. átható, szúrós [tekintet] 2. éles, metsző [szél] 3. fülsértő [hang]
pier-glass *n* nagy állótükör
pier-head *n* móló (külső) végpontja
Piers [pɪəz] *prop* † Péter
pig [pɪg] I. *n* 1. disznó, sertés; ~ *in a poke* zsákbamacska; *sleep like a* ~ alszik, mint a bunda 2. (kis)malac; *roast* ~ malacpecsenye 3. *biz* mocskos/faragatlan fráter, disznó; *make a* ~ *of oneself* fal mint egy disznó 4. = *pig-iron* 5. □ zsaru II. *v.* -gg- A. *vt/vi* malacozik B. *vi biz* ~ *it/together* (zsúfoltan) mocsokban él(nek)
pigeon ['pɪdʒɪn; *US* -dʒən] *n* 1. galamb; *carrier/homing* ~ postagalamb 2. *biz* balek, pali
pigeon-breasted/chested *a* csirkemellű
pigeon-hearted *a* nyúlszívű, galamblelkű
pigeonhole I. *n* 1. galambdúc 2. rekesz [íróasztalé stb.] II. *vt* 1. osztályoz 2. irattárba tesz, (későbbi használatra) félretesz, ad acta tesz [iratot]; elskatulyáz
pigeon-loft *n* galambdúc
pigeonry ['pɪdʒɪnrɪ; *US* -dʒən-] *n* galambdúc
pigeon-toed *a* gacsos lábú
pig-eyed *a* apró szemű
pig-farm *n* disznóhizlalda
piggery ['pɪgərɪ] *n* 1. disznóól 2. = *pig-farm*

piggish ['pɪgɪʃ] a 1. disznószerű 2. falánk; piszkos
piggy ['pɪgɪ] biz I. a mohó; falánk II. n kismalac
piggyback n US = pickaback
piggy-bank n szerencsemalac [persely]
piggy-wig n biz kismalac, malacka, röfike
pig-headed a makacs, csökönyös, önfejű
pig-iron n (olvasztott) nyersvas (tömb), öntecs
piglet ['pɪglɪt] n kismalac
pigman ['pɪgmən] n (pl -men -mən) kondás, kanász
pigment ['pɪgmənt] n 1. festőanyag, színezőanyag 2. bőrfesték, pigment [vérben]
pigmentation [pɪgmən'teɪʃn] n 1. színezés pigmenttel 2. pigmentlerakódás, (el)színeződés
pigmy ['pɪgmɪ] n törpe
pig-pail n moslékosdézsa
pigskin n disznóbőr
pigsticker n 1. böllér 2. biz disznóölő kés, böllérbicska
pigsticking n 1. vaddisznóvadászat lándzsával 2. dizsnóölés
pigsty ['pɪgstaɪ] n (átv is) disznóól
pigswill n = pigwash
pigtail n copf, varkocs
pigwash n moslék
pigweed n libatop
pi-jaw ['paɪdʒɔ:] n □ lelki fröccs
pike¹ [paɪk] n 1. pika, lándzsa, dárda 2. (bányász)csákány 3. GB hegycsúcs 4. csuka
pike² [paɪk] n US 1. vámút 2. vámsorompó; sorompórúd 3. útvám 4. = turnpike (road)
pikeman¹ ['paɪkmən] n (pl -men -mən) lándzsás, dárdavívő
pikeman² ['paɪkmən] n (pl -men -mən) vámőr
pikestaff n dárdanyél; plain as ~ nyilvánvaló, világos mint a vakablak, egyszerű
pilaf(f) ['pɪlæf; US pɪ'lɑːf] n piláf; rizseshús
pilaster [pɪ'læstə*] n pilaszter; falkiugrás
Pilate ['paɪlət] prop Pilátus
pilau [pɪ'laʊ; US -'lɔː] n = pilaf(f)

pilchard ['pɪltʃəd] n szardínia, szardina
pile¹ [paɪl] I. n cölöp, karó II. vt cölöpöz; besulykol
pile² [paɪl] I. n 1. halom, rakás 2. köteg, nyaláb; ~s of sg egész csomó (vmből) 3. máglya(rakás) 4. nagy épület, épületcsoport 5. biz nagy vagyon; make one's ~ megszedi magát 6. szárazelem II. A. vt (fel)halmoz, megrak; ~ arms fegyvert gúlába rak B. vi felhalmozódik
pile on A. vt felhalmoz, rárak, megrak; ~ it on túloz, nagyzol B. vi biz ~ on the agony halmozza a kellemetlen/fájó részleteket
pile out vi kiözönlik
pile up A. vt 1. (fel)halmoz, összegyűjt, megrak [tányért stb.] B. vi 1. felhalmozódik, összegyűlik; felszaporodik 2. egymásba ütközik [több autó] 3. zátonyra fut, megfeneklik
pile³ [paɪl] n bolyh(osság)
pile-driver n cölöpverő gép/kos
pile-dwelling n cölöpépítmény
piles [paɪlz] n pl aranyér
pile-up n tömeges autószerencsétlenség/összeütközés, összecsúszás
pilewort n salátaboglárka
pilfer ['pɪlfə*] vt elcsen, ellop
pilferage ['pɪlfərɪdʒ] n 1. tolvajlás, dézsmálás 2. lopott holmi
pilferer ['pɪlfərə*] n tolvaj; fosztogató
pilgrim ['pɪlgrɪm] n zarándok; P~ Fathers Zarándok Atyák ⟨Új-Angliát Amerikában 1620-ban megalapító puritánok⟩
pilgrimage ['pɪlgrɪmɪdʒ] n zarándoklat
pill [pɪl] n 1. pirula, labdacs, golyó; sugar the ~ megédesíti a keserű pirulát; swallow the bitter ~ lenyeli a békát 2. biz the ~ fogamzásgátló tabletta/pirula; go/be on the ~ (fogamzásgátló) tablettát szed
pillage ['pɪlɪdʒ] I. n 1. fosztogatás 2. zsákmány II. vt rabol, fosztogat
pillager ['pɪlɪdʒə*] n fosztogató
pillar ['pɪlə*] n 1. oszlop, pillér; from ~ to post Ponciustól Pilátusig 2. átv támasz
pillar-box n GB levélszekrény, postaláda
pillared ['pɪləd] a oszlopos

pillbox *n* 1. pirulás doboz 2. *biz* gépfegyveres kiserőd/bunker
pillion ['pɪljən] *n* 1. nyeregvánkos 2. pótülés [nyergen, motorkerékpáron]
pillion-rider *n* pótülés utasa
pillory ['pɪlərɪ] I. *n* pellengér II. *vt* kipellengérez, pellengérre állít
pillow ['pɪloʊ] I. *n* párna, vánkos; *take counsel of one's* ~ alszik rá egyet II. *vt* vánkosra letesz, lepihentet
pillow-case/slip *n* párnahuzat
pilot ['paɪlət] I. *a* kísérleti, próba-; ~ *lot* nullszéria; ~ *plant* kísérleti üzem; ~ *scheme* kísérleti eljárás II. *n* 1. kormányos; *(licensed)* ~ révkalauz 2. pilóta; *GB* ~ *officer* ⟨legalacsonyabb tiszti rang a brit légierőben⟩ 3. *átv* kalauz, vezető III. *vt* 1. kormányoz, vezet 2. *(átv is)* kalauzol, irányít
pilotage ['paɪlətɪdʒ] *n* révkalauzolás; ~ *(dues)* révkalauzi díj
pilot-balloon *n* próbaléggömb
pilot-boat *n* rév(kalauz)hajó
pilot-cloth *n* vastag posztó
pilot-engine *n* elölfutó mozdony [pályaellenőrzésre]
pilot-fish *n* kalauzhal
pilot-flame *n* gyújtóláng, őrláng
piloting ['paɪlətɪŋ] *n* kalauzolás
pilot-lamp *n* (áramellenőrző) jelzőlámpa
pilotless ['paɪlətlɪs] *a* pilóta nélküli, távirányítású [repgép stb.]
pilot-light *n* 1. = *pilot-flame* 2. = *pilot-lamp*
pilot-print *n* próbanyomat
pilule ['pɪlju:l] *n* pirula
pimento [pɪ'mentoʊ] *n* spanyol paprika
pimp [pɪmp] *n* kerítő, strici
pimpernel ['pɪmpənel] *n* tikszem, pimpinella
pimple ['pɪmpl] *n* pörsenés, pattanás; kiütés
pimpled ['pɪmpld] *a* pörsenéses, pattanásos, kiütéses
pimply ['pɪmplɪ] *a* = *pimpled*
pin [pɪn] I. *n* 1. tű, gombostű; *be on* ~*s and needles* (1) tűkön ül (2) zsibbad; *not care a* ~ *for sg* mit sem törődik vmvel; *you could have heard a* ~ *drop* még egy légy döngését is hallani lehetett volna 2. *(főleg összet.)* -tű 3. szeg,

szögecs, cövek, pecek 4. (húrfeszítő) kulcs [hegedűn stb.] 5. *biz* pins *pl* láb(ak), mankó(k) II. *vt* -nn- 1. (meg-) tűz 2. odaszegez; megszegez 3. bezár, leszorít; megfog
pin back *vt* hátratűz; *you'll get your ears* ~*ned back* majd hátrakötik a sarkadat!, ezért még szorulsz!
pin down *vt* 1. lezár, leszorít, lerögzít; leszögez *(átv is)* 2. ~ *sy d. to his word* szaván fog vkt
pin on *vt* 1. rátűz; feltűz; kitűz; megtűz 2. hozzáerősít, rászegez; ~ *sg on sy* vkre tol [hibát, felelősséget]; ~ *oneself on sy* vknek nyakába varrja magát
pin together *vt* összetűz [tűvel]
pin up *vt* feltűz, kitűz
pinafore ['pɪnəfɔ:*] *n* (gyermek)kötény; ~ *(dress)* kötényruha
pinball *n* tívoli [játék]
pince-nez ['pænsneɪ] *n* cvikker, orrcsíptető
pincers ['pɪnsəz] *n pl* 1. *(a pair of)* ~*s* csipesz; harapófogó 2. rákolló
pinch [pɪntʃ] I. *n* 1. becsípés; megcsípés 2. csipet(nyi); *a* ~ *of salt* egy csipetnyi só 3. *átv* szorongató helyzet; *at/in a* ~ szükség esetén, ha minden kötél szakad 4. □ lopás II. A. *vi* 1. csíp, szorít; *where the shoe* ~*es* hol szorít a cipő/csizma 2. ~ *and scrape* szűkösen él B. *vt* 1. csíp; be(le)csíp 2. *átv* megszorít; ~ *oneself* megvon magától vmt; *be* ~*ed for money* pénzzavarban szenved 3. □ (el)lop, (el)csen 4. □ elfog, nyakoncsíp [tolvajt stb.]; *get* ~*ed* elkapják
pinchbeck *n* talmi arany
pinched [pɪntʃt] *a* elgyötört [arc]; szűkös [helyzet]
pinch-hit *vi* (*pt/pp* ~) *US* beugrik [egy szerepbe]; kisegít (vkt)
pinching ['pɪntʃɪŋ] *a* 1. csípős [hideg] 2. zsugori
pincushion ['pɪnkʊʃn] *n* tűpárna
pine[1] [paɪn] *n* fenyő(fa)
pine[2] [paɪn] *vi* 1. ~ *away* emésztődik 2. epekedik; sóvárog *(for* vm után); ~ *to do sg* ég a vágytól, hogy vmt megtehessen

pineal ['pɪnɪəl] a toboz alakú, toboz-
pineapple ['paɪnæpl] n ananász
pine-cone n fenyőtoboz
pine-grove n fenyves
pine-needle n tűlevél [fenyőé]
pine-wood n 1. fenyőfa [faanyag] 2. fe-
nyőerdő
pin-feather n tokos toll
ping [pɪŋ] I. n fütyülés, sivítás [golyóé]
II. vi sivít, fütyül [golyó]
ping-pong ['pɪŋpɔŋ] n asztalitenisz,
pingpong
pin-head n 1. gombostűfej 2. parány,
csipetnyi 3. biz tökfej
pinhole n 1. (tűhegynyi) lyuk 2. pecek-
nyílás, csapnyílás
pining ['paɪnɪŋ] →pine²
pinion¹ ['pɪnjən] I. n 1. szárnytoll 2. átv
szárny II. vt 1. szárnyát megnyesi
[madárnak] 2. leköt öz, megkötöz,
megbilincsel; odaköt (to vmhez)
pinion² ['pɪnjən] n közlőfogaskerék;
fogazott hajtótengely
pink¹ [pɪŋk] I. a 1. rózsaszín(ű) 2. biz
mérsékelten baloldali II. n 1. rózsaszín
2. szegfű 3. the ~ of perfection a meg-
testesült tökéletesség; in the ~ (of
health) majd kicsattan az egészségtől;
biz in the ~ elég/egész jól; □ strike me
~! hihetetlen!
pink² [pɪŋk] n fiatal lazac
pink³ [pɪŋk] vt 1. átszúr, átdöf [karddal]
2. ~ (out) fogaz,(ki)lyuggat, (ki)csipkéz
pink⁴ [pɪŋk] vi kopog [motor]
pinkish ['pɪŋkɪʃ] a rózsaszín(ű), pirosas
pin-money n tűpénz, dugi pénz
pinnace ['pɪnɪs] n naszád
pinnacle ['pɪnəkl] n 1. orom, csúcs 2.
átv tetőpont 3. dísztornyocska
pinnate ['pɪnɪt], pinnated ['pɪneɪtɪd]
a szárnyas(an összetett) [levél]
pinned [pɪnd], pinning ['pɪnɪŋ] → pin II.
pin-point I. a hajszálpontos; ~ bombing
(cél)pontbombázás; ~ target pontcél
II. n tűhegy III. vt hajszálpontosan
eltalál/rögzít/megállapít
pin-prick n átv is tűszúrás
pin-stripe n hajszálcsík, krétacsík [szö-
vetmintában]
pint [paɪnt] n pint ⟨űrmérték: GB 0,568
l, US 0,473 l⟩, kb. fél liter

pinta ['paɪntə] n fél liter tej
pin-table n tivoli [játék]
pintle ['pɪntl] 1. ékszeg, rögzítő csap-
szeg, zárószeg 2. kis tű
pin-up n biz falra tűzött női kép
pin-wheel n 1. forgó [színes papírból]
2. turn ~s cigánykereket hány
pioneer [paɪə'nɪə*] I. n 1. (átv is) úttörő,
előharcos, pionír 2. utász II. A. vi út-
törő munkát végez B. vt utat tör/
egyenget
pious ['paɪəs] a jámbor, istenfélő, kegyes
pip¹ [pɪp] n 1. píp [madárbetegség]
2. □ rosszkedv; that gives me the ~
ebből elegem volt, ez betett nekem
pip² [pɪp] n (gyümölcs)mag
pip³ [pɪp] n 1. GB biz csillag [tiszti
rangjelzés]2.(egy) pont [kártyán stb.]
pip⁴ [pɪp] n ~s sípjel, -szó
pip⁵ [pɪp] vt -pp- GB biz 1. golyót ereszt
vkbe 2. legyőz, lever 3. elvág [vizsgán]
pipe [paɪp] I. n 1. cső, csővezeték 2.
pipa; biz put it in your ~ and smoke it
jól rágd meg, aludj rá egyet II. A. vi
1. sípol; furulyázik, tilinkózik; dudál;
sípjelet ad [hajó]; sipít [ember];
sivít [szél]; dalol [madár] B. vt 1. csö-
vön/csővezetéken át továbbít; ~d
water vízvezetéki víz 2. (hajó)síppal
összehív [legénységet] 3. sípon/furu-
lyán/tilinkón eljátszik [dallamot] 4. ~
one's eyes itatja az egereket 5. zsinór-
ral beszeg, paszpoloz [ruhát]
   pipe down vi alább adja, lecsendese-
dik; biz ~ d.! kuss!, pofa be!
   pipe up vt/vi rázendít [dalra];
belefog [mondókába]; vékony hangon
megszólal
pipe-clay n 1. pipaagyag, tajtékpor 2.
biz kapcáskodó katonai elöljáró
pipedream n biz vágyálom
pipe-fitter n csőszerelő
pipeful ['paɪpfʊl] n pipáravaló, pipányi
pipe-laying n csőfektetés, csőlerakás
pipe-light n fidibusz
pipeline n csővezeték; biz in the ~ folya-
matban van/levő
piper ['paɪpə*] n sípos, dudás; he who
pays the ~ calls the tune aki fizet, az
petyegtet; pay the ~ vállalja a költsé-
geket, fizeti a cechet

pipe-rack *n* pipatórium
piping ['paɪpɪŋ] I. *a* éles, metsző, magas, sipító; ~ *times of peace* boldog békeidő II. *adv* ~ *hot* tűzforró III. *n* 1. csövek, csővezeték, csövezés 2. sípolás, furulyázás 3. vékony hang; madárének 4. szegélyezés, paszpolozás, paszomány, szegőzsinór 5. díszítés [tortán]
pipkin ['pɪpkɪn] *n* cseréplábas
pippin ['pɪpɪn] *n* ranettalma
pipsqueak *n* □ jelentéktelen alak, mitugrász
piquancy ['pi:kənsɪ] *n* pikantéria
piquant ['pi:kənt] *a* pikáns
pique [pi:k] I. *n* neheztelés, sértődés; *take a* ~ *against sy* megneheztel vkre II. *vt* 1. megsérti vk büszkeségét; *be* ~*d at sg* neheztel vm miatt 2. felkelt [érdeklődést]
piqué ['pi:keɪ; *US* pɪ'keɪ] *n* piké [anyag]
piquet [pɪ'ket] *n* pikét [kártyajáték]
piracy ['paɪərəsɪ] *n* 1. kalózság, kalózkodás 2. szerzői jogbitorlás; szabadalombitorlás, kalózkodás
pirate ['paɪərət] I. *n* 1. kalóz 2. kalózhajó 3. (irodalmi) kalóz II. A. *vt* 1. kirabol, megrabol 2. kalózkiadásban megjelentet B. *vi* kalózkodik (*átv is*)
piratical [paɪ'rætɪkl] *a* 1. kalózkodó 2. jogbitorló; ~ *edition* kalózkiadás
pirouette [pɪrʊ'et] I. *n* perdülés, piruett II. *vi* perdül, piruettezik
piscary ['pɪskərɪ] *n* halászati jog
piscatorial [pɪskə'tɔːrɪəl] *a* halászati, halász-
pish [pɪʃ] I. *int* ugyan !, á !, nem ér semmit ! II. *vi* lefitymál
piss [pɪs] *vulg* I. *n* húgy, vizelet II. *vi/vt* pisál
pissed [pɪst] *a* □ részeg
pistachio [pɪ'stɑːʃɪoʊ] *n* 1. pisztácia 2. pisztáciazöld [szín]
pistil ['pɪstɪl] *n* termő [növényé], bibe
pistillate ['pɪstɪlɪt] *a* termős, bibés, nőivarú [növény]
pistol ['pɪstl] *n* pisztoly
pistol-grip *n* pisztolyagy
pistol-shot *n* pisztolylövés
pistol-whip *vt* -pp- pisztoly agyával ver
piston ['pɪstən] *n* dugattyú; ~ *valve* dugattyús tolattyú/szelep

piston-rod *n* dugattyúrúd
pit¹ [pɪt] I. *n* 1. gödör, üreg; árok; szakadék 2. mélyedés; ~ *of the stomach* gyomorszáj 3. (sír)gödör; *fly the* ~ feladja a harcot 4. tárnalejárat, akna; bánya 5. *GB* földszinti zsöllye [nézőtéren] 6. himlőhely, ragya 7. tőr, csapda; állatfogó verem 8. *US* gabonatőzsde 9. *the* ~ a pokol 10. (*orchestra*) ~ zenekari árok II. *vt* -tt- 1. (el-)vermel 2. himlőhelyessé tesz 3. ~ *sy against sy* szembeállít vkt vkvel, egymás ellen uszít
pit² [pɪt] *US* I. *n* (csonthéjas) mag [gyümölcsé] II. *vt* -tt- kimagoz [gyümölcsöt]
pit-a-pat [pɪtə'pæt] I. *adv* tipegve-topogva; ketyegve; pötyögve II. *n* tipegés-topogás; ketyegés
pitch¹ [pɪtʃ] I. *n* szurok; *dark as* ~ szuroksötét, koromsötét II. *vt* bekátrányoz, (be)szurkoz
pitch² [pɪtʃ] I. *n* 1. dobás, hajítás 2. csúcs(pont), tetőfok, magaslat; *to such a* ~ *that* olyan mértékig, hogy; *fly a high* ~ magasan repül 3. hangmagasság 4. lejtősség, lejtés; hajlás(szög); dőlés; tetőhajlás 5. elárusítóhely, bódé, stand [utcai árusé]; *queer sy's* ~ felborítja/meghiúsítja vk terveit 6. bukdácsolás, hányódás [hajóé] 7. fogosztás, osztóköz 8. ⟨krikettpálya középső része⟩ II. A. *vt* 1. (fel)állít, (fel)üt [sátrat, tábort] 2. földbe szúr/ver 3. meghatároz, hangot vmhez mér; ~ *a tune too low* túl alacsonyan kezdi a dallamot 4. dob, hajít; (villával) hány [szénát stb.] 5. kövez [utat], kővel bélel 6. □ ~ *a yarn* mesél; □ ~ *it strong* felvág B. *vi* 1. esik, előre bukik [személy, állat] 2. dob [krikettben] 3. ~ (*and toss*) bukdácsol, hányódik [hajó] 4. lejt(ősödik), ereszkedik 5. táborozik
  pitch in *vi biz* nekifog, hozzálát [munkához], rákapcsol
  pitch into *vi/vt biz* 1. bedob 2. nekitámad (vknek), leszid (vkt) 3. = *pitch in*
  pitch out *vt* kidob, kihajít
  pitch (up)on *vi* rátalál/rábukkan vmre/vkre

pitch-and-toss [pɪtʃən'tɔs; US -ɔ:s] n kb. snúrozás

pitch-black a koromfekete, szurokfekete, szuroksötét

pitch-blende n uránszurokérc

pitched [pɪtʃt] a 1. kikövezett 2. ~ battle (1) szabályos ütközet (2) ádáz harc

pitcher¹ ['pɪtʃə*] n korsó, kancsó; little ~ have long ears gyerek füle mindent meghall (amit nem kell)

pitcher² ['pɪtʃə*] n dobó (játékos) [baseball-ban]

pitch-faced a durva felületű [terméskő]

pitchfork I. n 1. vasvilla, szénavilla 2. † hangvilla II. vt 1. villával dob, villáz 2. biz benyom [vkt állásba]

pitch-pine n szurokfenyő

pitch-pipe n hang(oló)síp

pitchy ['pɪtʃɪ] a szurkos; koromfekete

piteous ['pɪtɪəs] a szánalmas, siralmas

pitfall n (átv is) csapda, kelepce

pith [pɪθ] n 1. (fa)bél, szárbél; ~ helmet/ hat trópusi sisak 2. belső (fehér) héj [narancsé] 3. † gerincvelő 4. (vm) veleje, gerince, magva 5. energia, (élet-) erő

pit-head n tárnalejárat, aknalejárat; ~ frame aknatorony

pithiness ['pɪθɪnɪs] n tömörség, velősség

pithy ['pɪθɪ] a 1. velős, tömör 2. szárbeles [növény]; fás [kalarábé stb.]

pitiable ['pɪtɪəbl] a 1. szánalomra méltó 2. szánalmas, megvetendő

pitiful ['pɪtɪfʊl] a 1. könyörületes, szánakozó 2. megindító, szánalomra méltó 3. megvetendő, alávaló

pitiless ['pɪtɪlɪs] a könyörtelen, irgalmatlan

pitman ['pɪtmən] n (pl -men -mən) bányász, vájár

pit-prop n bánya(tám)fa

pitsaw n hasítófűrész, hosszfűrész

pit-stall n 1. zenekari ülés 2. földszinti zsöllye

Pitt [pɪt] prop

pittance ['pɪt(ə)ns] n csekély illetmény, éhbér; nyomorúságos alamizsna

pitted ['pɪtɪd] a 1. himlőhelyes, ripacsos 2. kimagozott 3. rozsdafoltos, kimart 4. gödrös, üreges; lyukacsos 5. lepattogzott; ‖ →pit¹ és pit² II.

Pittsburg(h) ['pɪtsbə:g] prop

pituitary [pɪ'tjʊrt(ə)rɪ; US -'tu:-] I. a agyalapi; ~ gland agyalapi mirigy, hipofízis II. n = ~ gland

pity ['pɪtɪ] I. n 1. szánalom, könyörület, irgalom; have/take ~ on sy megkönyörül vkn; feel ~ for sy szán/sajnál vkt; out of ~ for sy könyörületből vk iránt; for ~'s sake! az Isten szerelmére! 2. kár; what a ~! jaj de kár!; the ~ is that ... az a kár, hogy ..., a sajnálatos az, hogy ...; it's a thousand pities... nagy kár, hogy...; more's the ~ annál rosszabb/sajnálatosabb II. vt megszán, (meg)sajnál; he is (much) to be pitied szánalomra méltó

pivot ['pɪvət] I. n 1. tengelyvégcsap, forgócsap; ~ lathe csúcseszterga 2. átv sarkalatos pont [érvelésé stb.] II. A. vi ~ on (meg)fordul vmn B. vt 1. forgócsapra szerel; forgócsappal lát el 2. (átv is) be ~ed on sg vm körül forog/fordul

pivotal ['pɪvətl] a 1. forgó; forgócsapos 2. sarkalatos [kérdés]; kulcs- [pozíció stb.]

pixie ['pɪksɪ] n tündér

pixilated ['pɪksɪleɪtɪd] a US hóbortos, ütődött

pixy ['pɪksɪ] n tündér

pizzle ['pɪzl] n vulg bikacsök

Pl. Place →place I. 4.

placard ['plækɑ:d] I. n plakát, falragasz II. vt [US plə'kɑ:rd] kiplakátoz, hirdet

placate [plə'keɪt; US pleɪ-] vt kiengesztel, kibékít

place [pleɪs] I. n 1. hely, terület; give/ make ~ (1) helyet! (2) helyt ad (vknek, vmnek) (3) vm helyébe lép; felvált vmt; take ~ (1) helyet foglal; elfoglalja helyét (2) megtörténik, lefolyik, végbemegy; in his ~ az ő helyében; in ~ of helyett; put sy in his ~ rendreutasít vkt; it is out of ~ (1) nem helyénvaló, nem odaillő (2) időszerűtlen; this is no ~ for you (1) ez nem neked való hely (2) itt nincs semmi keresnivalód; wide open ~ a szabad természet 2. hely(ség); város; ~ of birth születési hely(e); ~ of residence lakhely; all over the ~ (szét-

szórva) mindenütt; *go ~s (and see things)* (sokfelé) utazgat (és megnézi a nevezetességeket) 3. otthon, lakás; ház; *come round to my ~* jöjjön el hozzám, látogasson meg; *no ~ like home* mindenütt jó, de legjobb otthon 4. [helymegjelölésben:] tér 5. megillető hely; rang; *in high ~s* előkelő körökben; *and Oxford of all ~s!* és éppen/pont Oxford!? 6. állás, (hivatali) beosztás, tisztség; hivatás; *win a ~ at the university* felveszik az egyetemre 7. helyezés [versenyen] 8. rész hely, passzus [könyvben, zenében II *vt* 1. (el)helyez, tesz; rendez (vmt); *~ in order* rendbe tesz/rak 2. alkalmaz (vkt) 3. felad, eszközöl [rendelést]; *~ an order* (meg)rendel [árut]; *difficult to ~* nehezen eladható/elhelyezhető [áru] 4. kihelyez [pénzt] 5. rábíz (vmt vkre); *~ sy in command* parancsnokká nevez ki vkt 6. felismer [helyet stb.]; *I can't ~ you* nem tudom hová tegyem [emlékezetemben]; *~ on record* (1) jegyzőkönyvbe vétet (1) előjegyez
place-bet *n* fogadás helyre [lóversenyen]
placebo [plə'si:boʊ] *n* látszatgyógyszer, placebo
place-hunter *n* álláskereső
place-kick *n* kezdőrúgás, kirúgás
placeless ['pleɪslɪs] *a* állástalan
placeman ['pleɪsmən] *n (pl* -men -mən) 1. karrierista, törtető 2. hivatalnok
place-mat *n* tányéralátét, szet
placement ['pleɪsmənt] *n* 1. elhelyezés, kinevezés 2. állás
place-name *n* hely(ség)név
placenta [plə'sentə] *n (pl ~e* -ti:) méhlepény, placenta
placer ['pleɪsə*] 1. elhelyező 2. alluviális telep/lelőhely
placid ['plæsɪd] békés; higgadt; nyugodt, szelíd
placidity [plæ'sɪdətɪ] *n* higgadtság, nyugodtság, szelídség
placket ['plækɪt] *n* 1. bevágott szoknyazseb 2. nyílás, slicc [szoknyán]
plage [plɑ:ʒ] *n* (természetes) strand
plagiarism ['pleɪdʒərɪzm; *US* -dʒə-] *n* plágium; plagizálás

plagiarist ['pleɪdʒjərɪst; *US* -dʒə-] *n* plagizáló, plagizátor, ollózó
plagiarize ['pleɪdʒjəraɪz; *US* -dʒə-] *vt* plagizál, ollóz
plagiary ['pleɪdʒjərɪ *US* -dʒə-] *n* 1. plágium 2. plagizátor
plague [pleɪg] I. *n* 1. pestis, dögvész, döghalál 2. (sors)csapás, szerencsétlenség; † *a ~ on you!* a fene egyen meg!; *biz what a ~ this child is!* milyen idegesítő ez a gyerek! II. *vt biz* gyötör, bosszant (*with* vmvel)
plague-spot *n* 1. pestisfolt 2. pestisfészek
plague-stricken *a* pestises, pestis sújtotta
plagu(e)y ['pleɪgɪ] *a biz* bosszantó, kellemetlen
plaice [pleɪs] *n* lepényhal
plaid [plæd] *n* skót kockás (szövet)kendő; pléd
plain [pleɪn] I. *a* 1. tisztán látható/hallható/kivehető 2. világos, (köz)érthető; *it is ~* nyilvánvaló; *in ~ English* magyarán; *~ language* nem rejtjelezett [távirat stb.]; *make one's meaning ~* félreérthetetlenül megmondja, hogy mit gondol; *as ~ as day* (v. *as a pikestaff*) világos, mint az egyszeregy 3. egyenes, szókimondó, őszinte; *be ~ with sy* őszinte/nyílt valakivel; *~ dealing* becsületes eljárás; *~ speech* őszinte/nyílt beszéd 4. egyszerű, sima; köznapi; *in ~ clothes* civilben; *~ cooking* polgári konyha, házikoszt 5. nem csinos II. *adv* világosan, érthetően III. *n* 1. síkság, alföld, lapály 2. sima (szem) [kötésnél]
plain-clothes man (*pl* -men) nyomozó, detektív
plainly ['pleɪnlɪ] *adv* 1. világosan; nyilvánvalóan 2. őszintén, kereken 3. egyszerűen
plainness ['pleɪnnɪs] *n* 1. nyíltság; őszinteség 2. egyszerűség
plainsman ['pleɪnzmən] *n (pl* -men -mən) alföldi ember
plainsong *n* gregorián ének
plain-spoken *a* szókimondó, őszinte, nyílt
plaint [pleɪnt] *n* 1. panasz, sirám 2. *GB* panasztétel, kereset

plaintiff ['pleɪntɪf] n felperes
plaintive ['pleɪntɪv] a panaszos, szomorú
plait [plæt; US -eɪ-] I. n copf, hajfonat
II. vt sodor; összefon; befon
plan [plæn] I. n 1. terv; according to ~
tervszerűen, terv szerint 2. tervrajz;
alaprajz; felülnézet; kisléptékű térkép
3. terv(ezet), elgondolás II. vt -nn- 1.
(meg)tervez; ~ned economy tervgazdaság, tervgazdálkodás; ~ to do sg szándékában áll vmt tenni, készül vmt
tenni 2. vázol, tervrajzot/alaprajzot
készít
plane¹ [pleɪn] I. a sík, sima II. n 1. sík-
(felület), (sík)lap; ~ geometry síkmértan 2. színvonal 3. biz (repülő)gép
III. vi siklórepüléssel száll
plane² [pleɪn] n platán(fa)
plane³ [pleɪn] I. n gyalu II. vt 1. (le)gyalul 2. planíroz, kiegyenget
planet ['plænɪt] n bolygó
plane-table n mérőasztal, előrajzoló asztal
planetarium [plænɪ'teərɪəm] n (pl ~s
-z v. -ria -rɪə) planetárium
planetary ['plænɪt(ə)rɪ; US -erɪ] a 1.
bolygó- 2. földi, evilági
planet-pinion/wheel n (kis) bolygókerék
planish ['plænɪʃ] vt simára kalapál
planisphere ['plænɪsfɪə*] n síkban ábrázolt gömbfelület
plank [plæŋk] I. n 1. széles deszka,
palánk, palló 2. elvi platform, programpont [politikai párté] II. vt 1. (be-)
deszkáz, pallóz 2. biz ~ down leszúr
[pénzt]; ~ oneself down leül, letelepszik
plank-bed n priccs
planking ['plæŋkɪŋ] n 1. padlózat 2.
deszkakerítés
planless ['plænlɪs] a tervszerűtlen
planned [plænd] →plan II.
planner ['plænə*] n tervező
planning ['plænɪŋ] n (meg)tervezés;
tervkészítés; →plan II.
plant [plɑːnt; US -æ-] I. n 1. növény;
palánta; ~ life növényzet, flóra 2.
üzem, gyár(telep) 3. (gépi) felszerelés/berendezés, géppark 4. □ svindli,
trükk II. vt 1. (el)ültet, vet, palántál;
~ out kiültet, pikíroz 2. átv elültet,

plántál [eszmét] 3. beüt, bever; üt; ~
one's fist in sy's face vkt pofon üt 4.
(le)telepít, elhelyez; ~ oneself in front
of sy odaáll vk elé 5. □ elrejt [lopott
holmit stb.] (vknél)
Plantagenet [plæn'tædʒ(ə)nɪt] prop
plantain¹ ['plæntɪn; US -t(ə)n] n útifű,
útilapu
plantain² ['plæntɪn; US -t(ə)n] n pizang
plantation [plæn'teɪʃn] n 1. ültetvény
2. gyarmat
plant-eater n növényevő
planter ['plɑːntə*; US -æ-] n 1. ültető
(ember); ültetőgép 2. ültetvényes, telepes
plant-louse n (pl -lice) levéltetű
plaque [plɑːk; US -æ-] n emléktábla,
dísztábla
plaquette [plæ'ket] n plakett
plash [plæʃ] I. n 1. pocsolya 2. csobbanás II. A. vt pacskol [vizet] B. vi
csobog [víz]; loccsan
plasm ['plæzm] n (proto)plazma
plasma ['plæzmə] n vérsavó, (vér)plazma
plaster ['plɑːstə*; US -æ-] I. n 1. vakolat; ~ (of Paris) gipsz 2. tapasz, flastrom; (adhesive) ~ leukoplaszt, ragtapasz; ~ (cast) (1) gipszöntvény (2)
gipsz(kötés) [törött végtagra] II. vt
1. bevakol, bepucol; ~ up (1) begipszel
[rést] (2) (átv is) rendbe hoz, elsimít 2.
betapaszt [flastrommal] 3. beken,
megken; vastagon beborít (with vmvel)
plastered ['plɑːstəd; US -æ-] a 1. bevakolt 2. betapasztott 3. biz részeg,
beszívott
plasterer ['plɑːstərə*; US -æ-] n vakoló-
(munkás), fehérmunkás
plaster-work n vakolat
plastic ['plæstɪk] I. a 1. alakítható,
képlékeny, formálható; ~ art szobrászművészet, plasztika 2. plasztikai
[műtét]; ~ surgery plasztikai sebészet
II. n plasztik, műanyag
plastic-bomb n plasztikbomba
plasticine ['plæstɪsiːn] n plasztilin, gyurma
plasticity [plæ'stɪsətɪ] n formálhatóság,
képlékenység
plastics ['plæstɪks] n pl 1. műanyagok
2. plasztika(i sebészet)

plate 638 play

plate [pleɪt] I. n 1. tányér 2. ezüst(nemű); fémétkészlet, fémtálak; biz hand on a ~ (arany) tálcán nyújt (át) vknek 3. lemez, lap [fémből, üvegből] 4. nyomódúc, -lemez, klisé 5. [fényképező] lemez 6. tábla, egészlapos ábra 7. számtábla; névtábla 8. versenydíj, kupa 9. műfogsor (tartólemeze) 10. akkulemez; anód II. vt 1. fémlapokkal fed, lemezel 2. nemesfémmel befuttat/bevon, galvanizál 3. klisíroz
plate-armour n (hajó)páncél, páncéllemez
plateau ['plætoʊ; US plæ'toʊ] (pl ~s v. ~x -z) n fennsík
plate-basket n GB evőeszköztartó (kosár)
plated ['pleɪtɪd] a 1. lemez borítású, lemezelt 2. fémmel bevont, galvanizált
plateful ['pleɪtfʊl] a tányérnyi, tányérra való
plate-glass n táblaüveg, tükörüveg
plate-holder n lemezkazetta, -tartó
plate-iron n vasbádog, vaslemez
platelayer n vasúti pályamunkás
plate-mark n fémjelzés
platen ['plæt(ə)n] n 1. nyomólemez 2. írógéphenger
plate-powder n fémtisztító (por)
plater ['pleɪtə*] n 1. galvanizáló (munkás) 2. másodrendű versenyló
plate-rack n edényszárító (rács)
plate-tracery n áttört kődíszítés
platform ['plætfɔ:m] n 1. emelvény, dobogó, pódium; US ~ car pőrekocsi 2. vágány, peron; ~ ticket peronjegy; which ~ does the Brighton train leave from? melyik vágányról indul a brightoni vonat? 3. politikai program, platform
plating ['pleɪtɪŋ] n 1. fémmel/lemezzel való burkolás; páncélozás 2. galvanizálás, aranyozás, ezüstözés 3. fémbevonat 4. klisírozás
platinize ['plætɪnaɪz] vt platinával bevon
platinum ['plætɪnəm] n platina; biz ~ blonde platinaszőke
platitude ['plætɪtjuːd; US -tuːd] n közhely, elkoptatott frázis
platitudinize [plætɪ'tjuːdɪnaɪz; US -'tuː-] vi közhelyeket mond

Plato ['pleɪtoʊ] prop Platón
Platonic [plə'tɔnɪk; US -'tɑ-] a plátói
platoon [plə'tuːn] n szakasz [katonai]
platter ['plætə*] n US 1. tál 2. biz nagylemez
platypus ['plætɪpəs] n (pl ~es -sɪz) csőrös emlős
plaudits ['plɔːdɪts] n pl taps
plausibility [plɔːzə'bɪlətɪ] n valószínűség, elfogadhatóság
plausible ['plɔːzəbl] a 1. valószínű, elfogadható, elhihető 2. ⟨megejtő modorú, de nem megbízható⟩
play [pleɪ] I. n 1. játék; szórakozás; be at ~ játszik; the ball is in ~ a labda játékban van; say sg in ~ tréfából mond vmt; ~ on words szójáték 2. (szerencse)játék; the ~ runs high nagy tétben játszanak 3. (szín)darab; go to the ~ színházba megy 4. működés; bring into ~ megindít; come into ~ működésbe lép; give free ~ szabadjára ereszt; in full ~ teljes üzemben 5. átv játék, gyors váltakozás; ~ of light a fény játéka/váltakozása II. A. vi 1. játszik 2. szerepel [színpadon] B. vt 1. játszik (vmt); ~ ball labdázik; ~ ball with sy korrektül együttműködik vkvel, nem labdázik vkvel; ~ cards kártyázik; ~ a card kijátszik egy kártyát 2. játszik [hangszeren]; ~ the piano zongorázik 3. előad, (el)játszik (vmt); ~ the idiot megjátssza a hülyét; ~ a part szerepet játszik 4. viselkedik/bánik vkvel; ~ sy false cserbenhagy/becsap vkt; ~ a joke on sy megtréfál vkt 5. ráirányít, megcéloz (vmt) [puskával, fecskendővel] 6. (ki)fáraszt [halat]
play at vi játszik (vmt); ~ at soldiers katonásdit játszik
play away vt eljátszik/elherdál vmt
play back vt visszajátszik, lejátszik, lehallgat [hangfelvételt]
play down vt csekély jelentőségűnek tüntet fel, háttérbe szorít (vmt)
play for vi 1. játszik (vmért, vmben); ~ f. money pénzben játszik
play into vi ~ i. sy's hands vk kezére játszik
play off vt 1. ~ sy o. against sy vkt

vk ellen kijátszik 2. rossz színben tüntet fel (vkt) 3. újrajátszat [mérkőzést döntetlen után] play on *vi* 1. tovább játszik 2. játszik [hangszeren] 3. kihasznál [hiszékenységet stb.] play out *vt* 1. végigjátszik 2. zeneszóval búcsúztat 3. *biz be* ~*ed o.* (1) kimerült (2) hasznavehetetlen, idejétmúlt play up A. *vi* 1. minden erejét beleveti a játékba 2. ficánkol, bolondozik 3. ~ *up with sy* „falaz" vknek, összejátszik vkvel 4. ~ *up to sy* (1) alájátszik vknek [színész] (2) *biz* hízeleg vknek B. *vt biz* 1. ~ *up sg* nagy ügyet csinál vmből, túlhangsúlyoz vmt 2. ~ *sy up* bosszant/ugrat vkt; kellemetlenkedik vknek play upon *vi* = *play on* play with *vi* (*átv is*) játszik vkvel/vmvel

play-acting *n biz* (*átv is*) színészkedés
play-actor *n* színész, komédiás
play-back *n* visszajátszás, lejátszás [film, magnó]
playbill *n* színlap
play-book *n* szövegkönyv [színdarabé]
playboy *n* ⟨gazdag aranyifjú, aki csak a szórakozással törődik⟩
play-day *n* szünnap
play-debt *n* kártyaadósság
player ['pleɪə*] *n* 1. játékos 2. színész 3. előadó [zeneműé], zenész; ~ *piano* villanyzongora 4. hivatásos sportoló, profi; *gentlemen versus* ~*s* amatőrök a profik ellen (játszanak)
playfellow *n* = *playmate*
playful ['pleɪfʊl] *a* 1. játékos 2. vidám, bohó, pajkos
playfulness ['pleɪfʊlnɪs] *n* játékosság, enyelgés
playgoer *n* (gyakori) színházlátogató
playground *n* játszótér
playhouse *n* színház
playing ['pleɪɪŋ] *n* 1. játék, játszás 2. színjátszás 3. előadás [zeneműé]
playing-card *n* (játék)kártya
playing-field *n* sportpálya
playlet ['pleɪlɪt] *n* rövid színdarab, egyfelvonásos
playmate *n* játszópajtás, játszótárs

play-off *n* újrajátszott mérkőzés [döntetlen után], újrajátszás
playpen *n* járóka [kisgyereké]
play-room *n US* játszószoba [gyerekeknek]
play-school *n* kb. bölcsőde
play-street *n* játszóutca
playsuit *n* játszóruha [gyerekeknek]
plaything *n* (*átv is*) játékszer
playtime *n* [iskolai] szünet
playwright ['pleɪraɪt] *n* drámaíró
plaza ['plɑːzə] *n* köztér
plea [pliː] *n* 1. kifogás, ellenvetés 2. védekezés, védőbeszéd; *common* ~ polgári per 3. kérelem, előterjesztés (*for sg* vm érdekében)
plead [pliːd] (*pt/pp* ~*ed* 'pliːdɪd; *US* pled [pled] is) A. *vt* 1. képvisel [ügyet bíróság előtt]; *biz* ~ *sy's cause with sy* vk érdekében közbenjár vknél 2. állít, felhoz (vmt); hivatkozik (vmre); ~ *ignorance* tudatlanságára hivatkozik 3. *biz* mentségül/ürügyként felhoz B. *vi* 1. perbeszédet mond/tart (*for* mellett; *against* ellen) 2. ~ *for sg* esedezik vmért 3. *biz* ~ *with sy for sy/sg* szót emel vknél vk/vm érdekében; ~ *with sy to do sg* (igyekszik) rávenni vkt vm megtételére ‖ →*guilty*
pleader ['pliːdə*] *n* (védő)ügyvéd
pleading ['pliːdɪŋ] *n* 1. védekezés 2. perbeszéd; védőbeszéd; *biz special* ~ elfogult/megtévesztő érvelés 3. közbenjárás (*for* vkért)
pleasance ['plezns] *n* 1. vidámság, szórakozás 2. mulatókert, díszkert
pleasant ['pleznt] *a* kellemes
pleasantness ['plezntnɪs] *n* kellemesség
pleasantry ['plezntrɪ] *n* 1. vidámság, jókedv 2. tréfás megjegyzés
please [pliːz] A. *vt* 1. örömet okoz/szerez (vknek); *hard to* ~ nehéz kedvére tenni; ~ *God!* ha Isten is úgy akarja!; *there's no pleasing him* nem lehet kedvére tenni; ~ *yourself* tégy ahogy jólesik/tetszik 2. *be* ~*ed with sg* meg van elégedve vmvel; kedvére van vm; ~*d to see/meet you!* örvendek a szerencsének B. *vi* 1. tetszik (vknek); *just as you* ~ ahogy akarod; *do as one* ~*s* úgy tesz, ahogy kedve tartja 2. *if you*

~ tessék!, ha volna szíves, szíves engedelmével; *and now, if you ~, he expects me to pay for it* és most, szólj hozzá, azt akarja, hogy fizessek érte; *and in his pocket, if you ~, was the letter!* és ha akarod tudni, a zsebében volt a levél 3. *May I?* ~ *do!* Szabad lesz? Hogyne, csak tessék!; ~ *don't forget the key* kérlek ne feledkezzél meg a kulcsról; *coffee for two,* ~ két kávét legyen szíves, két kávét kérek; *Would you like a cup of coffee? (Yes,)* ~ Kér egy csésze kávét? (Igen,) kérek; *come in,* ~ legyen szíves jöjjön be, tessék befáradni ‖ →*pleased*

pleased [pli:zd] *a* (meg)elégedett; *look* ~ elégedettnek látszik ‖ →*please A. 2.*

pleasing ['pli:zɪŋ] *a* kellemes, megnyerő

pleasurable ['pleʒ(ə)rəbl] *a* kellemes, élvezetes

pleasure ['pleʒə*] *n* 1. öröm, gyönyörűség, élvezet; *with* ~! szívesen, boldogan, (legnagyobb) örömmel; *take/find* ~ *in sg* kedve telik vmben, örömét leli vmben; *it gives me much* ~ ... nagy örömömre szolgál ...; *I have much* ~ *in informing you* örömmel közlöm/tudatom/jelentem; *we request the* ~ *of your company to dinner* tisztelettel meghívjuk ebédre/vacsorára 2. szórakozás, kedvtelés; ~ *resort* üdülőhely, fürdőhely; ~ *trip* kéjutazás; (hajó)kirándulás 3. gyönyör, kéj; *man of* ~ élvhajhász ember 4. kedv, tetszés, óhaj; *at (his own) pleasure* tetszése szerint, kénye-kedve szerint; *during the King's* ~ életfogytiglan

pleasure-boat *n* kirándulóhajó, sétahajó

pleasure-ground *n* szórakozóhely

pleasure-loving *a* szórakozni/mulatni vágyó

pleasure-seeker *n* szórakozni vágyó

pleat [pli:t] I. *n* 1. ránc, redő 2. berakás, pliszé II. *vt* berak, redőz, pliszíroz

pleb [pleb] *n biz* proli

plebeian [plɪ'bi:ən] I. *a* 1. plebejus, köznépből való 2. alantas, közönséges II. *n* plebejus

plebiscite ['plebɪsɪt; *US* -saɪt] *n* népszavazás

plebs [plebz] *n pl* köznép, plebsz

pled [pled] →*plead*

pledge [pledʒ] I. *n* 1. biztosíték, zálog; *átv* ~ *of good faith* jóhiszeműség bizonyítéka 2. fogadalom, ígéret; *make a* ~ felajánlást tesz 3. áldomás, tószt 4. *US* tagjelölt [klubban stb.] II. *vt* 1. elzálogosít, zálogba ad 2. elkötelez; ~ *one's word* (becsület)szavát adja 3. megígértet, megfogadtat 4. *US* tagjelöltnek felvesz [klubba stb.] 5. (vk) egészségére iszik

pledgee [ple'dʒi:] *n* zálogtartó, zálogos

Pleiad ['plaɪəd] *n (pl ~s* -z v. ~*es* -di:z) Plejádok, Fiastyúk

plenary ['pli:nərɪ] *a* teljes, összes, plenáris

plenipotentiary [plenɪpə'tenʃ(ə)rɪ; *US* -ʃɪerɪ] I. *a* teljhatalmú; *minister* ~ meghatalmazott miniszter II. *n* meghatalmazott

plenitude ['plenɪtju:d; *US* -tu:d] *n* 1. teljesség 2. bőség

plenteous ['plentjəs] *a* 1. bőséges 2. termékeny

plentiful ['plentɪfʊl] *a* 1. bő, bőséges 2. gazdag; termékeny

plenty ['plentɪ] I. *n* 1. bőség; ~ *(of sg)* sok vmből; (bőven) elég; *we have* ~ *of time* bőven van időnk, rengeteg időnk van; *in* ~ bőven, bőségesen, bőséggel; *there is/are* ~ *(more) (of)* van még sok/bőven (vm); *has* ~ *to go upon* bőven van mindene 2. jólét, gazdagság; *land of* ~ tejjel-mézzel folyó ország II. *adv biz* eléggé; *it is* ~ *large enough* jó/elég nagy

pleonasm ['plɪənæzm] *n* szószaporítás, szóhalmozás

pleonastic [plɪə'næstɪk] *a* szószaporító

plethora ['pleθərə] *n* túltengés

pleura ['plʊərə] *n (pl ~e* -ri:) mellhártya

pleurisy ['plʊərəsɪ] *n* mellhártyagyulladás

plexiglass ['pleksɪ-] *n* plexiüveg

plexus ['pleksəs] *n* 1. góc, szövedék 2. idegközpont 3. *biz* hálózat

pliability [plaɪə'bɪlətɪ] *n* 1. hajlékonyság, rugalmasság 2. *átv* simulékonyság

pliable ['plaɪəbl] *a* 1. hajlítható, hajlékony, rugalmas 2. *átv* simulékony; rugalmas; könnyen befolyásolható; engedékeny

pliant ['plaɪənt] *a* = *pliable*

plied [plaɪd] →*ply²*

pliers ['plaɪəz] *n pl* (lapos)fogó, kombinált fogó

plight¹ [plaɪt] *n* (nehéz) állapot, helyzet

plight² [plaɪt] *vt* 1. megígér, szavát adja; ~*ed word* adott szó 2. eljegyez; ~*ed lovers* jegyesek

Plimsoll ['plɪms(ə)l] *n* ~ *line/mark* Plimsoll-vonal, merülési vonal

plimsolls ['plɪms(ə)lz] *n pl GB* gumitalpú vászoncipő

plinth [plɪnθ] *n* oszloptalp

Pliny ['plɪnɪ] *prop* Plinius

plod [plɔd; *US* -ɑ-] *v* -**dd**- **A.** *vi* 1. ~ *along* cammog, vánszorog 2. ~ *away* vesződik, küszködik, fáradozik **B.** *vt* ~ *one's way* nehezen boldogul, küszködik

plodder ['plɔdə*; *US* -ɑ-] *n* 1. gürcölő 2. *biz* magoló

plodding ['plɔdɪŋ; *US* -ɑ-] *n* robotolás, gürcölés; →*plod*

plonk [plɔŋk; *US* -ɑ-] *n/v* = *plunk*

plop [plɔp; *US* -ɑ-] **I.** *int* zsupsz, puff **II.** *adv* pottyanva, huppanva **III.** *n* zuppanás **IV.** *vi* -**pp**- pottyan, huppan

plosive ['plousɪv] *n* zárhang

plot [plɔt; *US* -ɑ-] **I.** *n* 1. földdarab, telek, parcella 2. (titkos) terv; összeesküvés, cselszövés 3. cselekmény, tartalom [regénye, drámáé] 4. tervrajz **II.** *v* -**tt**- **A.** *vt* 1. tervez, kifőz, kitervel, kieszel 2. térképez 3. (meg)szerkeszt, ábrázol [görbét stb.]; ~*ted against sg* vm szerint/függvényében ábrázolva **B.** *vi* összeesküszik (*against* vk ellen)

plotter ['plɔtə*; *US* -ɑ-] *n* 1. összeesküvő 2. térképező, térképszerkesztő

plotting ['plɔtɪŋ; *US* -ɑ-] *n* 1. cselszövés, cselszövény; összeesküvés 2. helyszínrajz-készítés, térképezés; terepfelvétel 3. grafikus ábrázolás; ~ *paper* milliméterpapír

plough, *US* **plow** [plaʊ] **I.** *n* 1. eke; *follow the* ~ (1) szánt (2) mint földműves dolgozik; *put one's hand to the* ~ megfogja az eke szarvát, vmlyen vállalkozásba fog 2. szántás, felszántott föld 3. *the P*~ a Göncölszekér **II. A.** *vt* 1. (fel)szánt; ~ *the sands* hiábavaló munkát végez; ~ *a lonely furrow* segítség nélkül dolgozik 2. □ elhúz, elvág [vizsgán] **B.** *vi* szánt

plough back *vt* 1. beszánt 2. *átv biz* reinvesztál [hasznot]

plough down *vt* alászánt, beszánt

plough in *vt* beszánt [trágyát]

plough through *vt/vi* (erővel) áthatol, átvergődik (vmn)

plough under *vt* 1. alászánt, beszánt 2. □ legyőz és végleg elintéz

plough up *vt* felszánt

plough-beam *n* ekegerendely

plough-boy *n* szántó lovat vezető fiú

plough-handle *n* ekeszarv

plough-horse *n* igásló

ploughing ['plaʊɪŋ] *n* szántás

plough-land *n* 1. szántóföld 2. *GB* † kb. 100–120 acre

ploughman ['plaʊmən] *n* (*pl* -**men** -mən) szántóvető, földműves

plough-share *n* ekevas

plough-sole *n* eketalp

plough-tail *n* ekeszarv

plover ['plʌvə*] *n* lile [madár]; ~*'s eggs* bíbictojás

plow →*plough*

ploy ['plɔɪ] *n* 1. időtöltés, elfoglaltság 2. huncutság, húzás, trükk

pluck [plʌk] **I.** *n* 1. tépés, rántás 2. zsiger, belsőség [állaté] 3. bátorság, mersz **II. A.** *vt* 1. húz, ránt, (le)tép, (le)szakít; ~ *out/up* kitép; ~ *up one's courage* összeszedi a bátorságát, nekibátorodik 2. (meg)kopaszt, meleszt 3. *biz* megbuktat, elvág [vizsgán] 4. □ megrabol, kifoszt, megvág (vkt) **B.** *vi* ~ *at* megránt, rángat

plucky ['plʌkɪ] *a* bátor, merész

plug [plʌg] **I.** *n* 1. dugó 2. (villás)dugó, (csatlakozó)dugasz 3. gyertya [autóé] 4. tűzcsap 5. vízöblítő [vécéé] 6. préselt dohánytömb; bagó 7. □ *US* gebe 8. □ hirdetésszöveg [rádióban, tévében] **II.** *v* -**gg**- **A.** *vt* 1. ~ (*up*) bedug(aszol), betöm; tömít; ~ *in* bekapcsol [áramot stb.], bedug [csat-

lakozódugót] 2. □ golyót ereszt (vkbe) 3. □ *US* hirdet, reklámoz [árut, eszmét rádióban/tévében] 4. □ behúz (vknek) B. *vi* ~ *(away) at sg* makacsul/kitartóan dolgozik vmn
plugger ['plʌgə*] *n* dugasz(oló)
plug-hat *n US biz* cilinder
plug-hole *n* kifolyólyuk, -nyílás [fürdőkádé]
plug-ugly *n* □ *US* gengszter
plum [plʌm] *n* 1. szilva(fa) 2. mazsola 3. vmnek a legjava; zsíros állás
plumage ['plu:mɪdʒ] *n* tollazat
plumb [plʌm] I. *a* 1. függőleges 2. igaz 3. *US biz* merő, teljes; ~ *nonsense* teljes képtelenség II. *adv* 1. függőlegesen 2. □ teljesen, tisztára, egész(en) 3. *biz* pont(osan) III. *n* 1. függőón; mérőón, mélységmérő ón 2. függőlegesség; *out of* ~ nem függőleges IV. A. *vt* 1. mérőónnal mér; mélységet mér 2. *átv* mélyére lát, kivizsgál 3. szerel [vízvezetéket] B. *vi* vízvezetéket szerel
plumbago [plʌm'beɪgoʊ] *n* grafit
plumber ['plʌmə*] *n* víz(vezeték)- és gázszerelő; ~*'s friend/helper* = *plunger 4.*
plumbing ['plʌmɪŋ] *n* 1. víz(vezeték)- és gázszerelés 2. csőhálózat, csővezeték [épületé] 3. ólomművesség
plumb-line *n* függőón/mérőón (zsinórja)
plumb-rule *n* függőónvonalzó
plum-cake *n* ⟨mazsolás süteményfajta⟩
plum-duff *n* mazsolás puding
plume [plu:m] I. *n* 1. toll, tollazat; *borrowed* ~*s* idegen tollak 2. tollforgó 3. szőrcsomó, hajcsomó II. *vt* 1. tollakkal díszít; ~ *itself* tollászkodik [madár] 2. ~ *oneself on sg* nagyra van, kérkedik vmvel
plummet ['plʌmɪt] I. *n* 1. = *plumb III. 1. 2.* ólom, nehezék [horgászzsinóron] II. *vi* (egyenesen) (le)zuhan, (le)esik
plummy ['plʌmɪ] *a* 1. szilvás; mazsolás 2. *biz* kívánatos, előnyös 3. *biz* zsíros [hang]
plump[1] [plʌmp] I. *a* kövér(kés), jó húsban levő, telt II. A. *vt* hízlal; puffaszt B. *vi* ~ *(out, up)* kigömbölyödik, meghízik

plump[2] [plʌmp] I. *a* egyenes, határozott [tagadás] II. *adv* 1. hirtelen, zsupsz 2. nyíltan, egyenesen; *I told him* ~ kereken megmondtam neki III. *n* 1. huppanás, puffanás 2. *biz summer* ~ nyári zápor IV. A. *vi* 1. (le)pottyan, (le)zöttyen, lezuhan, zuppan 2. ~ *for a candidate* (csak) egy jelöltre szavaz B. *vt* (le)pottyant; ~ *sy/sg down* odacsap/odavág vmt
plumpness ['plʌmpnɪs] *n* kövér(kés)ség, teltség
plum-pudding *n* (karácsonyi) mazsolás puding
plum-tree *n* szilvafa
plunder ['plʌndə*] I. *n* 1. fosztogatás, kifosztás, rablás 2. zsákmány, rablott holmi II. A. *vt* zsákmányol, rabol, kifoszt B. *vi* fosztogat
plunderer ['plʌnd(ə)rə*] *n* fosztogató, rabló
plunge [plʌndʒ] I. *n* 1. fejesugrás, vízbemerülés; *take the* ~ fejest ugrik vmbe, rászánja magát (vmre) 2. bemerítés II. A. *vt* 1. alámerít; belemárt, belemerít (vmt vmbe) 2. *átv* taszít, dönt; ~ *into war* háborúba sodor; ~ *into poverty* nyomorba dönt B. *vi* 1. vízbe/fejest ugrik, beleveti magát (*into* vmbe) 2. hirtelen ereszkedik/lejt [út] 3. ~ *into the room* beront a szobába 4. megbokrosodik, megugrik [ló] 5. hazardíroz, hazárdjátékot űz, nagyban játszik [szerencsejátékot]
plunger ['plʌndʒə*] *n* 1. búvár 2. biz hazardőr 3. búvárdugattyú; szelepszár [gumitömlőben] 4. (gumi)pumpa [lefolyócső tisztítására]
plunk [plʌŋk] I. *n* 1. erős/éles pengetés [húros hangszeré] 2. *US biz* váratlan ütés II. A. *vt* 1. hirtelen lelök, lepottyant 2. *US biz* váratlanul megüt 3. penget [húros hangszert] B. *vi* 1. lepottyan, zuppan 2. peng
pluperfect [plu:'pə:fɪkt] *a/n* régmúlt (ideidő)
plural ['plʊər(ə)l] I. *a* 1. többszörös; ~ *voter* többszörös szavazati joggal rendelkező (személy) 2. többes számú II. *n* többes (szám)
pluralism ['plʊərəlɪzm] *n* 1. pluralizmus

2. álláshalmozás; (egyházi) javadalomhalmozás
pluralistic [plʊərə'lɪstɪk] *a* többelvű(séget megengedő)
plurality [plʊə'rælətɪ] *n* 1. többség 2. álláshalmozás; javadalomhalmozás
plus [plʌs] I. *prep* meg, és, plusz, hozzáadva II. *a* 1. több, többlet-, külön, plusz; *on the ~ side* (számla) követel oldalán; *for boys 12 ~ 12* éves és idősebb fiúk számára 2. pozitív III. *n* 1. összeadásjel, pluszjel 2. többlet
plus-fours *n pl* golfnadrág
plush [plʌʃ] I. *a biz* osztályon felüli, klassz II. *n* plüss
Plutarch ['plu:tɑ:k] *prop* Plutarkhosz
plutocracy [plu:'tɔkrəsɪ; *US* -'tɑ-] *n* 1. pénzuralom, plutokrácia 2. vagyonos osztály, a gazdagok
plutocrat ['plu:təkræt] *n* pénzes ember, plutokrata
plutocratic [plu:tə'krætɪk] *a* pénzuralmi, plutokrata
plutonium [plu:'toʊnjəm] *n* plutónium
ply[1] [plaɪ] *n* 1. hajtás, redőzés, rétegezés 2. fonat, sodrat 3. hajlás, görbület
ply[2] [plaɪ] A. *vt* 1. alkalmaz, használ; forgat 2. dolgozik, folytat, űz [foglalkozást]; *~ a trade* foglalkozást űz 3. ellát, elhalmoz; *~ sy with food* ellát/elhalmoz vkt élelemmel; *~ sy with questions* kérdésekkel ostromol/zaklat vkt B. *vi* 1. (rendszeresen) közlekedik; *ships ~ing between Europe and South America* Európa és Dél-Amerika között (rendszeresen) közlekedő hajók 2. munkára vár [hordár, taxisofőr stb.]; *~ for hire* bérfuvarozást bonyolít le [közforgalmi jármű]
Plymouth ['plɪməθ] *prop*
ply-wood *n* furnérlemez
P.M., PM [pi:'em] 1. *Prime Minister* 2. *Provost Marshal*
p.m. [pi:'em] *post meridiem* (= *afternoon*) délután, du.
PMG [pi:em'dʒi:] *Postmaster-General*
pneumatic [nju:'mætɪk; *US* nu:-] I. *a* sűrített levegővel működő, pneumatikus, lég-, préslég-; *~ brake* légfék; *~ dispatch* csőposta; *~ drill* préslégfúrógép *~ hammer* préslégkalapács; *~*

tyre/tire gumiabroncs, pneumatik II. *n* gumiabroncs, pneu(matik)
pneumonia [nju:'moʊnjə; *US* nu:-] *n* tüdőgyulladás
pneumonic [nju:'mɔnɪk; *US* nu:'mɑ-] *a* tüdő-
po [poʊ] *n biz* bili
P.O., POB [pi:'oʊ] 1. *Petty Officer* 2. *postal order* 3. *post office*
poach[1] [poʊtʃ] *vt/vi* orvvadászik, orvhalászik, oroz, tilosban jár; *~ on sy's preserve* tilosban/idegenben vadászik/halászik
poach[2] [poʊtʃ] *vt* buggyant [tojást]; *~ed egg* buggyantott tojás
poacher ['poʊtʃə*] *n* vadorzó, orvvadász, orvhalász
poaching ['poʊtʃɪŋ] *n* orvvadászat, orvhalászat
P.O.B., POB [pi:oʊ'bi:] = *PO Box*
PO Box [pi:oʊ'bɔks; *US* -bɑks] *Post Office Box* postafiók, pf.
pock [pɔk; *US* -ɑ-] *n* himlő
pocket ['pɔkɪt; *US* -ɑ-] I. *a* zseb-; *~ battleship* zsebcsatahajó; *~ dictionary* zsebszótár, kisszótár; *~ handkerchief* zsebkendő; *~ sized* zseb- [méretű] II. *n* 1. zseb; *be five shillings in ~* keresett/nyert 5 shillinget; *be out of ~* (1) ki van fogyva a pénzből (2) veszített [üzleten]; *biz have sy in one's ~* hatalmában (v. befolyása alatt) tart vkt; *biz line one's ~s* megszedi magát; *put one's hand in one's ~* (átv is) belenyúl a zsebébe; *put one's feelings in one's ~* elfojtja érzéseit; *biz put one's pride in one's ~* félreteszi büszkeségét 2. érclencse, zseb [kőzetben] 3. lyuk [biliárdasztalban] 4. (pofa)zacskó 5. teknő(södés), [katonai] katlan III. *vt* 1. zsebre vág/tesz, bezsebel 2. „zsebre vág" [sértést stb.]
pocket-book *n* 1. jegyzetfüzet, notesz 2. pénztárca, levéltárca 3. zsebkönyv
pocket-edition *n* zsebkiadás
pocketful ['pɔkɪtfʊl; *US* 'pɑ-] *n* zsebnyi, zsebrevaló
pocket-knife *n* (*pl* -knives) zsebkés, bicska
pocket-money *n* zsebpénz
pocket-picking *n* zsebtolvajlás

pocket-pistol *n* 1. zsebpisztoly 2. *biz* zsebflaska
pock-mark *n* hímlőhely
pock-marked *a* hímlőhelyes
pod [pɔd; *US* -ɑ-] I. *n* 1. hüvely, tok 2. gubó 3. □ has II. *v* -dd- G. *vt* [borsót, babot] hüvelyez B. *vi* ~ (*up*) dagad, telik [mag]
P.O.D. [pi:oʊ'di:]*pay on delivery*→*delivery*
podginess ['pɔdʒɪnɪs; *US* -ɑ-] *n* pocakosság
podgy ['pɔdʒɪ; *US* -ɑ-] *a* kövér, köpcös, zömök, vastag
podiatry [pə'daɪətrɪ] *n* lábápolás
podium ['poʊdɪəm] *n* emelvény, dobogó, pódium
Poe [poʊ] *prop*
poem ['poʊɪm] *n* vers, költemény
poesy ['poʊɪzɪ] *n* † költészet
poet ['poʊɪt] *n* költő
poetaster [poʊɪ'tæstə*] *n* fűzfapoéta
poetess ['poʊɪtɪs] *n* költőnő
poetic(al) [poʊ'etɪk(l)] *a* költői; *poetic justice* költői igazságszolgáltatás; *poetic licence* költői szabadság; *poetical works* költői művek
poetics [poʊ'etɪks] *n* költészettan
poetry ['poʊɪtrɪ] *n* 1. költészet; költemények; *piece of* ~ vers, költemény, költői mű 2. költői(es)ség
po-faced *a* *vulg* seggfejű
pogrom ['pɔgrəm; *US* poʊ'grɑm] *n* pogrom, üldözés [szektáé, fajé]
poignancy ['pɔɪnənsɪ] *n* 1. él, csípősség 2. hevesség [érzelemé]; élesség [fájdalomé]
poignant ['pɔɪnənt] *a* 1. csípős, éles 2. megrendítő, szívszaggató, szívbe markoló
poinsettia [pɔɪn'setɪə] *n* karácsonyi csillag [virág], mikulásvirág
point [pɔɪnt] I. *n* 1. pont; *three* ~ *five* három egész öt tized; ~ *of reference* szintjel, alappont, vonatkozási pont; ~ *of view* szempont, szemszög; *at all* ~*s* minden ponton/tekintetben; *be on the* ~ *of doing sg* (már éppen) azon (a ponton) van, hogy megtegyen vmt 2. pont, kérdés [vitában]; ~ *by/for* ~ pontról pontra; *in* ~ *of sg* vmre nézve, vm tekintetében; *in* ~ *of fact*

valójában, tulajdonképpen; *on this* ~ ebben a kérdésben; *carry one's* ~ érvényesíti akaratát/elgondolását; *make one's* ~ jól érvel; *make a* ~ *of (doing sg)* elvi kérdést csinál vmből, súlyt helyez vmre 3. *the* ~ a lényeg/kérdés; *that's the* ~*!* ez itt a lényeg!; *I can't see the* ~ *of it* nem látom értelmét; *what is the* ~ *of sg?* mi értelme van (ennek)?; *no* ~ *about it* nincs értelme; (*wander*) *off/away from the* ~ eltér/elkalandozik a tárgytól; *beside the* ~, *not to the* ~ nem tartozik a tárgyhoz; *come to the* ~ rátér a tárgyra; *miss the* ~ nem érti meg a lényeget, nem kapcsol 4. pont, (jellem)vonás; *his weak* ~ a gyenge oldala/pontja; *have one's good* ~*s* megvannak a jó oldalai 5. pont(eredmény), pontérték [vizsgaeredménynél, sportban]; *win by* ~*s* pontozással győz 6. pont, egység; *the shares rose 5* ~*s yesterday* tegnap 5 ponttal emelkedtek a részvények [a tőzsdén]; ~ *goods* jegyes áru; *be off* ~*s* szabadon vásárolható 7. pont [nyomdai betűnagyság egysége] 8. él, csattanó, poén [tréfáé] 9.*GB* fali csatlakozó, konnektor 10. **points** *pl* kitérővágány; váltó II. **A.** *vt* 1. hegyez [ceruzát stb.] 2. (meg)mutat, kimutat; ~ *a moral* az erkölcsi tanulságot aláhúzza; ~ *out sg to sy* rámutat vmre vk előtt, vknek vmt kimutat; *let me* ~ *out that . . .* hadd hívjam fel a figyelmüket arra, hogy 3. irányít; ~ *a gun* puskát ráfog (vmre), megcéloz (vmt) 4. = *punctuate 1.* 5. kihézagol [falat], fugáz **B.** *vi* 1. mutat [óra, iránytű]; ~ *at* ujjal mutat (vmre) 2. állja a vadat [kutya]
point-blank *a* 1. közvetlen közelből leadott [lövés] 2. egyenes, közvetlen, félreérthetetlen II. *adv* 1. közvetlen lőtávolságban 2. egyenesen, félreérthetetlenül, kereken
point-duty *n* őrszolgálat; *policeman/constable on* ~ őrszemes rendőr, rendőrőrszem
pointed ['pɔɪntɪd] *a* 1. hegyes, éles; csúcsos; ~ *arch* csúcsív 2. félreérthetetlen, nyílt [célzás]; tömör, velős

pointedly ['pɔɪntɪdlɪ] *adv* 1. csípősen; nyomatékkal 2. félreérthetetlenül
pointedness ['pɔɪntɪdnɪs] *n* csípősség; félreérthetetlenség [megjegyzésé]
pointer ['pɔɪntə*] *n* 1. mutató, mérlegnyelv, index 2. *biz* figyelmeztetés, jótanács 3. (vadász)vizsla
point-lace *n* tűcsipke, horgolt/velencei csipke
pointless ['pɔɪntlɪs] *a* 1. ponteredmény nélküli [mérkőzés] 2. céltalan, értelmetlen; eredménytelen
pointsman ['pɔɪntsmən] *n* (*pl* -**men** -mən) 1. váltóőr, -kezelő 2. őrszemes rendőr, rendőrőrszem
point-to-point I. *a* helyközi II. *n* tereplovaglás, -futás
poise [pɔɪz] I. *n* 1. egyensúly 2. nyugalom, higgadtság; *man of ~* kiegyensúlyozott ember 3. tartás [testé, fejé] II. A. *vt* (ki)egyensúlyoz, egyensúlyba hoz B. *vi* (egy helyben) lebeg [madár]
poison ['pɔɪzn] I. *n* méreg II. *vt* megmérgez; *~ sy's mind* megmételyezi vk lelkét; *~ed wound* elmérgesedett seb
poisoner ['pɔɪznə*] *n* méregkeverő
poison-gas *n* mérgesgáz, harcgáz
poison-gland *n* méregmirigy
poisoning ['pɔɪznɪŋ] *n* (meg)mérgezés
poison-ivy *n* mérges szömörce
poisonous ['pɔɪznəs] *a* 1. mérges, mérgező 2. *átv* mérgező, ártalmas
poison-pen letter nevtelen level
poke¹ [poʊk] I. *n* lökés, döfés II. *vt*/*vi* döf, lök(dös), taszigál, piszkál; *~ the fire* megpiszkálja a tüzet; *~ one's head* előredugja a fejét; *~ one's nose into sg* beleüti az orrát vmbe; *~ about for sg* vmt tapogatózva keresgél
poke² [poʊk] *n* zsák
poker¹ ['poʊkə*] *n* piszkavas
poker² ['poʊkə*] *n* póker [kártyajáték]
poker-face *n* *biz* pléhpofa
poker-work *n* beégetés [bőrbe, fába]
poke-weed *n* alkörmös
pok(e)y ['poʊkɪ] *a* szegényes; dohos; vacak
Poland ['poʊlənd] *prop* Lengyelország
polar ['poʊlə*] *a* 1. sarki, poláris, sark-; *~ bear* jegesmedve; *~ circle*

sarkkör; *~ lights* északi/sarki fény 2. (homlokegyenest) ellenkező
polarity [pə'lærətɪ] *n* polaritás, ellentettség
polarization [poʊləraɪ'zeɪʃn; *US* -rɪ'z-] *n* sarkítás, polarizáció, polarizál(ód)ás
polarize ['poʊləraɪz] *vt* 1. sarkít, polároz 2. *átv* kiélez [ellentéteket stb.]
pole¹ [poʊl] *n* 1. rúd, pózna; árboc; □ *be up the ~* (1) dilis, bolond (2) pácban van; *under bare ~s* leeresztett/levont vitorlákkal 2. mérőrúd ⟨mint hosszmérték: 5,03 méter⟩
pole² [poʊl] *n* 1. sark(pont); *be ~s apart/asunder* poláris ellentétek; ég és föld (távolságra egymástól) 2. sarok, pólus; *positive ~* pozitív pólus; anód; *negative ~* negatív pólus; katód
Pole³ [poʊl] *n* lengyel (ember)
pole-ax(e) I. *n* 1. csatabárd 2. mészárosbárd 3. csáklya [tengerészé] II. *vt* letaglóz
polecat *n* *GB* görény
pole-horse *n* rudas (ló)
polemic [pɒ'lemɪk] I. *a* vitatkozó, vitázó, polemikus II. *n* (irodalmi) vita, tollharc, polémia
polemics [pɒ'lemɪks] *n* 1. (hit)vita, polémia, polemizálás 2. vitairodalom
pole-star *n* sarkcsillag
pole-vault(ing) *n* rúdugrás
police [pə'li:s] I. *n* 1. rendőrség; *the ~ are standing by* a rendőrség készenletben all; *~ commissioner* rendőrfelügyelő; *~ constable* (köz)rendőr; *~ force* rendőrség, karhatalom; *~ intelligence* rendőri hírek; *~ state* rendőrállam; *~ superintendent* rendőrkapitány 2. = **policeman** II. *vt* fenntartja/biztosítja a rendet [országban]
police-court *n* rendőrbíróság
police-magistrate *n* rendőrbíró
policeman [pə'li:smən] *n* (*pl* -**men** -mən) (köz)rendőr
police-office *n* rendőrkapitányság
police-officer *n* (köz)rendőr
police-station *n* (rendőr)őrszoba, rendőrőrs
police-van *n* rabszállító kocsi
policewoman *n* (*pl* -**women**) női rendőr, rendőrnő

policy¹ ['pɔləsɪ; US 'pɑ-] n 1. politika,
államvezetés; irányvonal; (vezér)elv;
cél(kitűzés); adopt a ~ álláspontot
kialakít 2. politika, előrelátás [ügyek
intézésében], eljárás(mód)
policy² ['pɔləsɪ; US 'pɑ-] n biztosítási
kötvény; take out a ~ biztosítást köt
policy-holder n biztosítási kötvény bir-
tokosa, biztosított (személy)
polio ['poʊlɪoʊ] n = poliomyelitis
poliomyelitis [poʊlɪəmaɪə'laɪtɪs] n
gyermekbénulás, -paralízis
polish¹ ['pɔlɪʃ; US -ɑ-] I. n 1. fény,
ragyogás; fényezés, fénymáz 2. fénye-
zőanyag, fénymáz, fényesítő 3. csi-
szoltság, jó modor II. A. vt 1. (ki-)
fényesít; (ki)tisztít; fényez; políroz;
~ up (1) kifényesít (2) felfrissít
[nyelvtudást] 2. ~ off (1) befejez,
összecsap [munkát] (2) elpucol [ételt]
3. átv (ki)csiszol, kifinomít B. vi this
wood won't ~ ezt a fát nem lehet fé-
nyezni
Polish² ['poʊlɪʃ] a/n lengyel (ember,
nyelv)
polished ['pɔlɪʃt; US -ɑ-] a 1. csiszolt,
fényes; fényezett 2. csiszolt; válasz-
tékos
polisher ['pɔlɪʃə*; US -ɑ-] n csiszoló,
fényező
politburo ['pɔlɪtbjʊəroʊ; US pə'lɪt-] n
politikai bizottság [kommunista párté]
polite [pə'laɪt] a 1. udvarias, előzékeny
2. művelt; finom; ~ learning/letters
szépirodalom; ~ society (1) a művelt
emberek társasága (2) az előkelő világ
politeness [pə'laɪtnɪs] n udvariasság
politic ['pɔlɪtɪk; 'pɑ-] a 1. ügyes, okos;
furfangos 2. körültekintő, politikus
[ember, viselkedés]
political [pə'lɪtɪkl] a politikai; ~ economy
politikai gazdaságtan, közgazdaság-
tan; ~ science államtudomány
politician [pɔlɪ'tɪʃn; US pɑ-] n politikus
politics ['pɔlɪtɪks; US 'pɑ-] 1. n poli-
tika; party ~ pártpolitika; go into
~ politikai pályára megy 2. n pl
politikai meggyőződése/elvei (vknek)
polity ['pɔlətɪ; US 'pɑ-] n 1. államigaz-
gatás 2. (állam)közösség
polka ['pɔlkə] n polka

polka-dot a babos, pettyes [minta]
poll¹ [poʊl] I. n 1. † fej(tető) 2. választói
névjegyzék 3. szavazás 4. szavazat-
számlálás 5. szavazat; heavy ~ nagy-
számú szavazat 6. szavazóhelyiség;
go to the ~s szavaz, urnához járul
7. (opinion) ~ közvéleménykutatás
II. A. vt 1. levág [hajat, szarvat, fa
tetejét] 2. leszavaz(tat) 3. elnyer, kap
[szavazatot jelölt] B. vi (le)szavaz
poll² [pɔl; US -ɑ-] n ~ (parrot) papagáj
Poll³ [pɔl; US -ɑ-] prop Mari(ska)
pollard ['pɔləd; US 'pɑ-] I. n 1. meg-
nyesett fa; ~ willow visszanyesett
fűzfa 2. szarvatlan állat II. vt le-
gallyaz, megnyes, visszanyes [fát]
polled [poʊld] a szarvatlan, szarv nélkü-
li; levágott szarvú
pollen ['pɔlən; US -ɑ-] n virágpor,
hímpor
pollinate ['pɔləneɪt; US 'pɑ-] vt bepo-
roz [növényt]
pollination [pɔlɪ'neɪʃn; US pɑ-] n
beporzás, megtermékenyítés [virágé]
polling ['poʊlɪŋ] n szavazás, választás;
~ booth szavazófülke; ~ place/station
szavazóhely(iség)
pollster ['poʊlstə*] n US közvélemény-
kutató
poll-tax n † fejadó
pollutant [pə'lu:t(ə)nt] n (természeti
környezetet) szennyező anyag/hatás
pollute [pə'lu:t] vt 1. (be)szennyez,
megfertőz [vizet, levegőt] 2. bemocs-
kol, (be)szennyez, megszentségtelenít
3. megront, megfertőz [erkölcsileg]
polluted [pə'lu:tɪd] a szennyezett [le-
vegő, víz stb.]
pollution [pə'lu:ʃn] n (be)szennyezés;
szennyeződés; air ~ levegőszennyezés,
-szennyeződés, szennyezett levegő
Polly ['pɔlɪ; US -ɑ-] prop Mariska
pollywog ['pɔlɪwɔg; US -ɑ- -ɑ-] n ebihal
polo ['poʊloʊ] n (lovas)póló
polo-neck n garbónyak
Polonius [pə'loʊnjəs] prop
polony [pə'loʊnɪ] n kb. szafaládé
polo-shirt n pólóing
polo-stick n pólóütő
poltroon [pɔl'tru:n; US pɑl-] n gyáva
ember

poly ['pɔlɪ; US -ɑ-] n biz = poly-
technic II.
poly- [pɔlɪ-; US -ɑ-] pref sok-, több-,
poli-
polyandrous [pɔlɪ'ændrəs; US pɑ-] a
1. sokférjű, többférjű 2. sok porzós
[növény]
polyandry ['pɔlɪændrɪ; US 'pɑ-] n
sokférjűség, többférjűség
polybasic [pɔlɪ'beɪsɪk; US pɑ-] a több-
bázisú
polychromatic a sokszínű, több színű
polyester [pɔlɪ'estə*; US pɑ-] n poliészter
polyethylene [pɔlɪ'eθɪliːn; US pɑ-] n
polietilén
polygamist [pə'lɪgəmɪst] n több nejű
ember
polygamous [pə'lɪgəməs] a több nejű
polygamy [pə'lɪgəmɪ] n többnejűség,
poligámia
polyglot ['pɔlɪglɔt; US -ɑ- -ɑ-] I. a
soknyelvű, több nyelvű II. n több
nyelvű könyv
polygon ['pɔlɪgən; US -ɑ- -ɑ-] n sok-
szög, poligon
polygonal [pɔ'lɪgənl] a sokszögű, poligo-
nális
polygonum [pə'lɪgənəm] n keserűfű
polyhedral [pɔlɪ'hedrl; US pɑlɪ'hiːdr(ə)l]
a soklapú
polyhedron [pɔlɪ'hedr(ə)n; US pɑlɪ'hiː-]
n soklap(ú test), poliéder
polymath ['pɔlɪmæθ; US 'pɑ-] n poli-
hisztor
polymer ['pɔlɪmə*; US 'pɑ-] n polimer
polymeric [pɔlɪ'merɪk; US pɑ-] a
polimer(ikus)
polymorphic [pɔlɪ'mɔːfɪk; US pɑ-] a
sokalakú, sokoldalú, polimorf
polymorphous [pɔlɪ'mɔːfəs; US pɑ-]
a = polymorphic
Polynesia [pɔlɪ'niːzjə; US pɑlə'niːʒə]
v. -ʃə] prop Polinézia
Polynesian [pɔlɪ'niːzjən; US pɑlə'niː-
ʒən v. -ʃən] a/n polinéziai
polynomial [pɔlɪ'noʊmjəl; US pɑlə-]
a több tagú II. n több tagú (algebrai)
kifejezés, polinom
polyp ['pɔlɪp; US -ɑ-] n tintahal, polip
polyphonic [pɔlɪ'fɔnɪk; US -ɑ- -ɑ-]
a több szólamú, polifón

polyphony [pə'lɪfənɪ] n többszólamú-
ság, polifónia
polypody ['pɔlɪpədɪ; US 'pɑ-] n páfrány
polypus ['pɔlɪpəs; US 'pɑ-] n (pl ~es
-sɪz v. -pi -paɪ) polip, kocsányos da-
ganat
polysemantic [pɔlɪsɪ'mæntɪk; US pɑ-]
a több jelentésű
polystyrene [pɔlɪ'staɪriːn; US pɑ-] n
polisztirol
polysyllabic [pɔlɪsɪ'læbɪk; US pɑ-] a
több (szó)tagú
polysyllable ['pɔlɪsɪləbl; US 'pɑ-] n
több (szó)tagú szó
polytechnic [pɔlɪ'teknɪk; US pɑ-] I.
a műszaki II. n műszaki főiskola/
egyetem
polytheism ['pɔlɪθiːɪzm; US 'pɑ-] n
többistenhit, politeizmus
polytheistic [pɔlɪθiː'ɪstɪk; US pɑ-] a
politeista
polythene ['pɔlɪθiːn; US 'pɑ-] n polietilén
polyurethane [pɔlɪ'jʊərɪθeɪn; US pɑ-]
n poliuretán
pom [pɔm; US -ɑ-] n spicc [kutya]
pomace ['pʌmɪs] n 1. almatörköly 2.
halolajpogácsa
pomade [pə'mɑːd; US -'meɪd] I. n haj-
kenőcs, pomádé II. vt bepomádéz
pomegranate ['pɔmɪgrænɪt; US 'pɑm-
grænɪt] n gránátalma
Pomeranian [pɔmə'reɪnjən; US pɑ-]
a/n pomerániai; ~ dog spicc [kutya]
pommel ['pʌml] I. n 1. kardgomb 2.
nyeregkápagomb II. vt -ll- (US -l-)
püföl, ököllel ver
pommy ['pɔmɪ; US -ɑ-] n biz angol
(bevándorló) [Ausztráliában]
pomology [pə'mɔlədʒɪ; US -'mɑ-] n
gyümölcstermesztés(tan), pomológia
pomp [pɔmp; US -ɑ-] n pompa, fény
Pompeii [pɔm'peɪiː] prop Pompeji
Pompey ['pɔmpɪ] prop Pompeius
pomposity [pɔm'pɔsətɪ; US -ɑ- -ɑ-]
n = pompousness
pompous ['pɔmpəs; US -ɑ-] a 1. nagy-
képű 2. dagályos, fellengzős
pompousness ['pɔmpəsnɪs; US -ɑ-] n
1. nagyképűség 2. dagályosság
ponce [pɔns; US -ɑ-] n GB □ strici,
selyemfiú; kerítő

poncho ['pɔntʃoʊ; US 'pɑ-] n poncsó
pond [pɔnd; US -ɑ-] n kis (mesterséges) tó
ponder ['pɔndə*; US -ɑ-] A. vt latolgat, mérlegel [kérdést] B. vi (el)tűnődik, (el)mereng (over/on vmn)
ponderable ['pɔnd(ə)rəbl; US -ɑ-] a 1. mérhető 2. mérlegelhető
ponderous ['pɔnd(ə)rəs; US -ɑ-] a 1. súlyos, nehéz 2. nehézkes, esetlen
pone [poʊn] n US kukoricamálé, prósza
poniard ['pɔnjəd; US -ɑ-] n gyilok, tőr
Pontic ['pɔntɪk; US -ɑ-] a † fekete--tengeri
pontiff ['pɔntɪf; US -ɑ-] n 1. † főpap, püspök 2. pápa
pontifical [pɔn'tɪfɪkl; US pɑn-] I. a 1. főpapi 2. pápai 3. méltóságteljes II. n 1. ~s főpapi ornátus 2. szertartáskönyv
pontificate I. n [pɔn'tɪfɪkɪt; US pɑn-] főpapi méltóság II. vi [pɔn'tɪfɪkeɪt; US pɑn-] 1. főpapi misét pontifikál 2. biz nagyképüsködik
Pontius ['pɔntjəs; US 'pɑntʃəs] prop Poncius
pontoon[1] [pɔn'tuːn; US pɑn-] n 1. ponton, hídtag 2. keszon
pontoon[2] [pɔn'tuːn; US pɑn-] n huszonegyes [kártyajáték]
pontoon-bridge n hajóhíd, pontonhíd
pontoon-corps n pontonos alakulat
pony ['poʊnɪ] n 1. póni(ló) 2. kis tolatómozdony 3. GB □ 25 font (sterling) 4. US □ puska [iskolai]
pony-skin n csikóbunda
pony-tail n lófarokfrizura
poodle ['puːdl] n uszkár
pooh [puː] int ugyan!, csak ennyi?
pooh-bah [puː'bɑː] n GB biz 1. álláshalmozó 2. nagyképű személy
pooh-pooh [puː'puː] vt lefitymál
pool[1] [puːl] n 1. tó, tavacska, folyó széles és mély része; the P~ (of London) a Temze teherkikötője [Londonban] 2. tócsa, pocsolya; ~ of blood vértócsa
pool[2] [puːl] I. n 1. össztét; (szerencsejáték-)fogadás; the ~s totó 2. közös alap/készlet 3. közös állomány; motor ~ gépkocsipark 4. érdekszövetség;

„pool" 5. US ⟨biliárdjáték egy fajtája⟩ II. A. vt 1. összegyűjt [közös alapba]; összead, összedob [pénzt] 2. érdekszövetségbe tömörít B. vi erőiket egyesítik
pool-room n US játékterem, biliárdterem
poop[1] [puːp] I. n hajófar, tat II. vt 1. hajófaron átcsap [hullám] 3. hátulról lök/felszáll
poop[2] [puːp] vi vulg fingik
poor [pʊə*] I. a 1. szegény, szerencsétlen; ~ law szegényügyi törvény; ~ thing szegényke; US ~ white fehér agrárproletár; ~ you! na te szegény! 2. gyenge, rossz (minőségű), silány; have a ~ opinion of sy nem jó véleménnyel van vkről; ~ stuff gyenge dolog, gyengus II. the ~ a szegények
poor-box n persely [szegényeknek]
poor-house n szegényház
poorish ['pʊərɪʃ] a 1. szegényes 2. gyenge (minőségű), gyengus
poorly ['pʊəlɪ] I. a be/feel ~ gyengén/rosszul érzi magát II. adv 1. gyengén, rosszul 2. szegény(es)en; be ~ off rossz anyagi körülmények között van/él; think ~ of sy nincs nagy véleménye vkről
poorness ['pʊənɪs] n 1. szegénység 2. silányság
poor-rate n ínségadó
poor-relief n szegénygondozás
poor-spirited a félénk, bátortalan
pop[1] [pɔp; US -ɑ-] I. adv hirtelen, váratlanul II. inf puff, pukk; go ~ (1) pukkan (2) tönkremegy; meghal III. n 1. pukkanás, durranás 2. szénsavas ital 3. □ lövés 4. □ zálog; be in ~ zaciban van 5. próbálkozás; have/take a ~ at sg megpróbál vmt IV. -pp- A. vi pukkan B. vt 1. elsüt [fegyvert]; biz ~ the question megkéri a kezét [nőnek] 2. gyorsan/hirtelen megy/dug/tesz 3. □ zálogba/zaciba csap 4. US ~ (corn) pattogtat (kukoricát)
pop at vi rálő
pop in A. vi bekukkant, betoppan, benéz (vkhez, vhová) B. vt bedug
pop into A. vt ~ sg i. sg (gyorsan)

betesz/bedug vmt vmbe/vhová **B.**
vi ~ *i. bed* gyorsan bebújik az ágyba
pop off *vi biz* **1.** elsül [fegyver] **2.**
2. elszalad, elkotródik **3.** kinyiffan
pop out *vi biz* **1.** hirtelen kiszalad;
his eyes were ~*ping o. of his head*
majd kiugrott a szeme **2.** = *pop off 3.*
pop over *vi biz* ~ *o. to sy* átszalad/
bekukkant vkhez
pop round *vi* ~ *r. to the grocer*
átszalad a fűszereshez
pop up *vi* felbukkan
pop² [pɔp; *US* -a-] *biz a* népszerű, pop-
[énekes stb.]; ~ *art* popművészet;
~ *festival* popfesztivál; ~ *music* pop-
zene
pop³ [pɔp; *US* -a-] *n US biz* papa, fater
popcorn *n* pattogatott kukorica
pope [poʊp] *n* **1.** pápa; pópa **2.** ~*'s
head* hosszúnyelű kefe [mennyezet
tisztítására]; ~*'s nose* püspökfalat
popedom ['poʊpdəm] *n* pápaság
popery ['poʊpərɪ] *n* pápistaság
pop-eyed *a US biz* kidülledt szemű
pop-gun *n* játékpuska
popinjay ['pɔpɪndʒəɪ; *US* 'pa-] *n* **1.**
† papagáj **2.** üresfejű léha fiatalember,
piperkőc
popish ['poʊpɪʃ] *a* pápista
poplar ['pɔplə*; *US* -a-] *n* nyár(fa)
poplin ['pɔplɪn; *US* -a-] *n* puplin
poppa ['pɔpə; *US* -a-] *n US biz* papa
popped [pɔpt; *US* -a-] →*pop¹ IV.*
poppet ['pɔpɪt; *US* -a-] *n* baba, babuska
popping ['pɔpɪŋ; *US* -a-] →*pop¹ IV.*
popple ['pɔpl; *US* -a-] *vi* **1.** buzog;
fodrozódik [víz] **2.** lebeg, ringatózik
[hullámzó vízen]
poppy ['pɔpɪ; *US* -a-] *n* **1.** pipacs **2.**
mák
poppycock *n* □ üres beszéd, duma, sza-
márság
poppy-head *n* mákgubó
poppy-seed *n* mákszem; ~ *cake* mákos
kalács
pop-shop *n* □ zálogház, zaci
populace ['pɔpjʊləs; *US* 'pa-] *n the*
~ a lakosság, a (nép)tömeg; a köznép
popular ['pɔpjʊlə*; *US* 'pa-] *a* **1.** népi-
(es), nép~; ~*front* népfront **2.** népszerű;
közkedvelt; *he is* ~ *with his men*

alárendeltjei szeretik, népszerűségnek
örvend emberei körében; ~ *error*
köztudatba begyökerezett téveszme
3. népszerű, könnyen érthető; ~
edition népszerű/olcsó kiadás [köny-
vé]
popularity [pɔpjʊ'lærətɪ; *US* papjə-] *n*
1. népszerűség **2.** népiesség
popularization [pɔpjʊlərəɪ'zeɪʃn; *US*
papjələrɪ'z-] *n* népszerűsítés
popularize ['pɔpjʊləraɪz; *US* 'papjə-]
vt népszerűsít
populate ['pɔpjʊleɪt; *US* 'papjə-] *vt*
benépesít; *densely* ~*d* sűrűn lakott
population [pɔpjʊ'leɪʃn; *US* papjə-] *n*
1. lakosság, népesség; ~ *explosion*
demográfiai robbanás; ~ *statistics* né-
pességi/népesedési statisztika; *fall in*
~ a lakosság számának csökkenése
2. benépesítés
populist ['pɔpjʊlɪst; *US* 'pɔpjə-] *n*
amerikai néppárti
populous ['pɔpjʊləs; *US* 'papjə-] *a* né-
pes; sűrűn lakott
porcelain ['pɔːs(ə)lɪn] *n* porcelán
porcelain-clay *n* kaolin
porch [pɔːtʃ] *n* **1.** előcsarnok **2.** *US*
tornác, veranda
porcine ['pɔːsaɪn] *a* disznó(szerű)
porcupine ['pɔːkjʊpaɪn] *n* (tarajos) sül
pore¹ [pɔː*] *n* pórus, likacs
pore² [pɔː*] *vi* ~ *over sg* vmre figyelmét
összpontosítja, elmélyül vmben; ~
over a book elmélyülten hajol a könyv
fölé
Porgy ['pɔːgɪ] *prop*
pork [pɔːk] *n* disznóhús, sertéshús;
~ *chop* sertéskaraj, -szelet
pork-barrel *n US biz* állami anyagi
támogatás [politikai célzattal]
pork-butcher *n* hentes
porker ['pɔːkə*] *n* hízott disznó, hízó
porkling ['pɔːklɪŋ] *n* malac
pork-pie *n* ⟨tésztába sütött vagdalt
disznóhús hidegen⟩, húsos pite; ~
hat lapos kerek nemezkalap
porky ['pɔːkɪ] *a* **1.** disznószerű **2.** *biz*
túl kövér
porn [pɔːn] *n biz* pornó
pornographic [pɔːnə'græfɪk] *a* pornog-
ráf, szeméremsértő

pornography [pɔ:'nɔrəfɪ; *US* -'nɑ-] *n* pornográfia, trágár irodalom/könyv/ stb.

porosity [pɔ:'rɔsətɪ; *US* -'rɑ-] *n* lyukacsosság, porozitás

porous ['pɔ:rəs] *a* likacsos, lyukacsos, szivacsos, porózus

porousness ['pɔ:rəsnɪs] *n* = *porosity*

porphyry ['pɔ:fɪrɪ] *n* porfír

porpoise ['pɔ:pəs] *n* delfin

porridge ['pɔrɪdʒ; *US* 'pɑ-] *n* zabkása

porringer ['pɔrɪndʒə*; *US* 'pɑ-] tálka [zabkásának stb.]

port¹ [pɔ:t] *n* 1. kikötő, rév; ~ *of call* (menetrendszerű) kikötő; pihenőkikötő; *naval* ~ hadikikötő; ~ *charges* kikötői illeték; *put into* ~ befut a kikötőbe; *biz any* ~ *in storm* szükség törvényt bont 2. kikötőváros

port² [pɔ:t] *n* 1. kapu 2. (raktár)nyílás 3. hajóablak

port³ [pɔ:t] I. *n* † viselkedés(mód) II. *vt* ~ *arms!* puskát vizsgára!

port⁴ [pɔ:t] I. *n* bal oldal [hajóé]; *put the helm to* ~ balra fordítja a kormányt II. A. *vt* ~ *the helm* balra fordítja a kormányt B. *vi* balra fordul [hajó]

port⁵ [pɔ:t] *n* (o)portói/vörös bor

portability [pɔ:tə'bɪlətɪ] *n* szállíthatóság

portable ['pɔ:təbl] *a* hordozható, szállítható; ~ *radio* táskarádió; ~ *railway* ideiglenes tábori vasút(vonal); ~ *typewriter* táskaírógép

portage ['pɔ:tɪdʒ] *n* 1. szállítás 2. fuvardíj

portal ['pɔ:tl] *n* bejárat, portál

portcullis [pɔ:t'kʌlɪs] *n* csapórács [várkapun], hullórostély

Porte [pɔ:t] *prop the Sublime* ~ a török szultán udvara, a Magas Porta

portend [pɔ:'tend] *vt* előre jelez, megjövendöl; előreveti árnyékát

portent ['pɔ:tent] *n* 1. (baljós) előjel, ómen 2. csodálatos dolog, csodajel

portentous [pɔ:'tentəs] *a* 1. baljós(latu), vészjósló 2. csodálatos, rendkívüli

porter¹ ['pɔ:tə*] *n* portás, kapus; ~'s *lodge* portásfülke

porter² ['pɔ:tə*] *n* 1. hordár 2. barna sör 3. *US* hálókocsi-kalauz; szalonkocsipincér

porterage ['pɔ:tərɪdʒ] *n* 1. szállítás 2. szállítási költség

porter-house steak finom bélszínszelet

portfolio [pɔ:t'fouljou] *n* 1. aktatáska, irattáska, mappa 2. (miniszteri) tárca; *minister without* ~ tárca nélküli miniszter

porthole *n* (kerek) hajóablak

Portia ['pɔ:ʃjə; *US* -ʃə] *prop*

portico ['pɔ:tɪkou]*n* (*pl* ~(e)s -z) (oszlop-) csarnok

portion ['pɔ:ʃn] I. *n* 1. adag; rész, porció; részlet, darab 2. ~ (*of inheritance*) örökrész 3. osztályrész, sors II. *vt* 1. ~ (*out*) kioszt, szétoszt 2. kelengyével ellát, kiházasít

portionless ['pɔ:ʃnlɪs]*a* hozomány nélküli

Portland cement ['pɔ:tlənd] portlandcement

portliness ['pɔ:tlɪnɪs] *n* 1. pocakosság 2. méltóságteljesség

portly ['pɔ:tlɪ]*a* 1. pocakos 2. méltóságteljes

portmanteau [pɔ:t'mæntou] *n* (*pl* ~s v. ~x -touz) 1. bőrönd, útitáska 2. ~ *word* vegyülékszó [mint ucsora]

Porto Rico [pɔ:tə'ri:kou] = *Puerto Rico*

portrait ['pɔ:trɪt] *n* 1. arckép, képmás, portré; *half-length* ~ mellkép, -szobor 2. élethű (személy)leírás, portré

portraitist ['pɔ:trɪtɪst] *n* arcképfestő (művész), portretista

portraiture ['pɔ:trɪtʃə*]*n* 1. arcképfestés 2. arckép, portré 3. élethű leírás

portray [pɔ:'treɪ] *vt* 1. lefest vkt, megfesti vk arcképét 2. leír, ábrázol [jelenetet stb.] 3. alakít, játszik [szerepet]

portrayal [pɔ:'treɪəl] *n* 1. ábrázolás, (élethű) leírás 2. alakítás, jellemábrázolás

portrayer [pɔ:'treɪə*] *n* 1. ábrázoló, lefestő 2. leíró

Portsmouth ['pɔ:tsməθ] *prop*

port-town *n* kikötőváros

Portugal ['pɔ:tjugl; *US* -tʃ-] *prop* Portugália

Portuguese [pɔ:tju'gi:z; *US* pɔ:tʃə-] *a/n* portugál

port-wine *n* (o)portói/vörös bor

pose¹ [pouz] I. *n* 1. testtartás, póz 2. pózolás, színlelés II. A. *vi* 1. pózol, affektál 2. színlel; kiadja magát (*as vmnek*) 3. modellt ül/áll (*for sy vknek*) B. *vt* elrendez, beállít [modellt stb.]

pose² [pouz] *vt* feltesz [kérdést]; felvet [problémát]; kérdéssel zavarba ejt

poser¹ ['pouzə*] *n* pozoló személy, pozőr

poser² ['pouzə*] *n* zavarbaejtő kérdés

posh [pɔʃ; *US* -a-] *a biz* 1. elegáns, sikkes, fess; menő 2. flancos

posit ['pɔzıt; *US* -a-] *vt* rögzít, posztulál

position [pə'zıʃn] I. *n* 1. helyzet, állás, állapot; *in* ~ megfelelő helyen; *out of* ~ meg nem felelő helyen, rossz helyen; *put yourself in my* ~ képzeld magadat a helyembe; *be in* ~ *to do sg* abban a helyzetben van hogy vmt megtehet; ~ *paper* helyzetfelmérés, álláspont-ismertetés; ~ *closed* „zárva" [pl. vasúti jegypénztár ablaka] 2. hely(zet), fekvés [városé stb.]; *fix one's* ~ meghatározza (hajó) helyzetét 3. (had)állás 4. állás; tisztség; hivatal, pozíció; társadalmi helyzet/rang/állás; *hold a* ~ állást/pozíciót betölt; *in high* ~ magas rangban/állásban; *man of* ~ tekintélyes ember; *people of* ~ előkelőségek, az előkelőek 5. álláspont, állásfoglalás; *his* ~ *on this question* állásfoglalása ebben a kérdésben 6. testtartás; *sit in an uncomfortable* ~ kényelmetlen testtartással ül II. *vt* 1. elhelyez [megfelelő helyre] 2. helyet meghatároz 3. ~ *oneself* helyezkedik [csoportban]

positive ['pɔzətıv; *US* 'pa-] *a* 1. pozitív, határozott, kifejezett; igenlő; állító, helyeslő; *a* ~ *answer* igenlő válasz 2. feltétlen, biztos; *it is a* ~ *fact* kétségtelen tény; *I am* ~ meg vagyok róla győződve, biztos vagyok benne; *biz he is a* ~ *nuisance* teljesen kibírhatatlan alak 3. valós, tényeken alapuló 4. pozitív (előjelű) [szám]; pozitív [lelet]; ~ *charge* pozitív töltés; ~ *sign* (1) pozitív előjel, pluszjel (2) összeadási jel 5. pozitív [kép] 6. alapfokú [melléknév]; ~ *degree* alapfok II. *n* 1. pozitív (fény)kép; diapozitív 2. alapfok [melléknévé] 3. pozitív mennyiség 4. *answer in the* ~ igenlő válasz

positively ['pɔzətıvlı; *US* 'pa-] *adv* 1. tényleg, valóban 2. igenlően 3. határozottan, kifejezetten

positiveness ['pɔzətıvnıs; *US* 'pa-] *n* 1. határozottság, biztonság 2. ténylegesség, valóság

positivism ['pɔzıtıvızm; *US* 'pa-] *n* pozitivizmus

positivist ['pɔzıtıvıst; *US* 'pa-] *n* pozitivista

positivistic [pɔzətı'vıstık; *US* pa-] *a* pozitivista

posse ['pɔsı; *US* -a-] *n* 〈törvény nevében toborzott fegyveres tömeg〉

possess [pə'zes] *vt* 1. birtokában van, bír (vmt), birtokol, van vmje, rendelkezik vmvel; *be* ~*ed of sg* birtokában van vmnek 2. vmlyen képessége/adottsága van; ~ *several languages* több nyelven beszél/tud 3. † ~ *oneself of sg* (1) vmt megszerez (2) bitorol vmt 4. hatalmába kerít, megszáll [vkt indulat/szenvedély]; *what* ~*ed him to do it?* mi vitte őt rá erre?; *be* ~*ed by* vm hatalmában tartja; ~*ed by the devil* ördöngös, az ördögtől megszállott; ~*ed with an idea* egy gondolat megszállottja

possession [pə'zeʃn] *n* 1. birtoklás; *take* ~ *of sg, come/enter into* ~ *of sg* vmt birtokába vesz, megszerez vmt; *put into* ~ birtokba helyez; *be in* ~ *of sg* birtokában van vmnek, birtokon belül van; *in full* ~ *of his faculties* szellemi képességeinek teljes birtokában; *house to let with vacant* ~ azonnal beköltözhető kiadó ház; ~ *is nine points of the law* akié a hatalom, azé a jog; nehéz kimozdítani azt, aki birtokon belül van 2. **possessions** *pl* (1) vagyon, javak (2) gyarmatok; *a man of great* ~*s* vagyonos ember 3. megszállottság

possessive [pə'zesıv] I. *a* 1. birtokosi 2. birtokos; ~ *case* birtokos eset, genitivus; ~ *pronoun* birtokos névmás 3. hatalmában tartani vágyó II. *n the* ~ birtokos eset, genitivus

possessor [pə'zesə*] *n* birtokos, tulajdonos

posset ['pɔsıt; *US* -a-] *n kb.* forralt bor tejjel

possibility [pɔsə'bɪlətɪ; US pɑ-] n lehetőség; eshetőség, kilátás; *if by any ~ ha úgy adódnék*
possible ['pɔsəbl; US 'pɑ-] I. *a* lehetséges, lehető; *it is ~* lehet(séges); *the best ~* a lehető legjobb; *as early as ~* amilyen korán csak lehet; *as far as ~* amennyire csak lehet II. *n* a lehetséges; *do one's ~* megteszi a tőle telhetőt
possibly ['pɔsəblɪ; US 'pɑ-] *adv* 1. talán, lehet hogy; *I cannot ~ do it* sehogy sem tudom megtenni; *it can't ~ be!* de hiszen ez lehetetlen!; *all he can ~ do* ami csak tőle telik; *I will come as soon as I ~ can* jövök, mihelyt tudok; *~!* talán!, meglehet! 2. igazán?, valóban?
possum ['pɔsəm; US -ɑ-] *biz* = opossum; *play ~* (1) halottnak tetteti magát (2) lapít
post¹ [poʊst] I. *n* 1. posta; *send by ~* postán küld; *general ~* (1) helycserés társasjáték (2) reggeli postakézbesítés; *~ code →postcode* 2. *~ (office)* posta(hivatal); *General P~ Office* főposta; *P~ Office Box* postafiók, pf.; *P~ Office Savings Bank* posta-takarékpénztár 3. = postbox 4. † postakocsi; *ride ~* váltott lovakkal utazik/lovagol II. A. *vt* 1. felad, bedob [levelet]; postán küld, postáz, postára ad 2. értesít; *keep sy ~ed* vkt rendszeresen értesít/tájékoztat 3. elkönyvel; *~ up the ledger* főkönyvbe átvezet B. *vi* 1. postakocsin utazik 2. *biz* gyorsan jár/utazik
post² [poʊst] I. *n* 1. cölöp, (jelző)karó 2. oszlop, pillér 3. ajtófélfa II. *vt* 1. kiragaszt, plakatíroz; *~ no bills!* falragaszok felragasztása tilos! 2. közzétesz
post³ [poʊst] I. *n* 1. őrhely; őrszem; *be on ~* őrségen van 2. megerősített (katonai) állás; erőd; *US ~ exchange* helyőrségi üzlet, kantin 3. állás, elhelyezkedés; *take up one's ~* elfoglalja állását/hivatalát II. *vt* 1. (fel)állít [őrszemet] 2. (parancsnoki tisztségre) kinevez; *be ~ed to a ship* egy hajóra kap beosztást

post⁴ [poʊst] *n first ~* első takarodó; *last ~* utolsó takarodó
post- [poʊst-] utó(lagos), utáni; *~-war* háború utáni
postage ['poʊstɪdʒ] *n* portóköltség, bérmentesítés; postaköltség; *~ stamp* levélbélyeg; *~ paid* bérmentve
postal ['poʊst(ə)l] *a* postai, posta-; *~ code = postcode; ~ matter* postai küldemény; *~ order* postautalvány; *~ tariff* postai díjszabás; *~ tuition* levelező oktatás
post-bag *n* postazsák
postbox *n* (utcai) levélgyűjtő szekrény
postcard *n* (postai) levelezőlap; *(picture) ~* képes levelezőlap, képeslap
post-chaise *n* † postakocsi
postcode *n* GB postai irányítószám
post-date *vt* későbbre keltez
post-entry *n* utólagos elkönyvelés/bevezetés
poster ['poʊstə*] *n* plakát, falragasz, poszter
poste restante [poʊst'restɑ:nt] postán maradó
posterior [pɔ'stɪərɪə*; US pɑ-] I. *a* 1. hát(ul)só 2. későbbi, utólagos II. *n* alfél; *kick the ~* fenékbe rúg
posterity [pɔ'sterətɪ; US pɑ-] *n* 1. utókor 2. leszármazottak
postern ['poʊstə:n] *n ~ (door)* kiskapu, hátsóajtó
post-free I. *a* díjmentes, bérmentes(ített), portómentes II. *adv* bérmentve, frankó
post-glacial *a* jégkorszak utáni
postgraduate [poʊst'grædjʊət; US -dʒ-] *a* egyetemi tanulmányok befejezése utáni [tanulmányok], posztgraduális; *~ course* tudományos továbbképzés, posztgraduális képzés [egyetemen]
post-haste *adv* lóhalálában; *~ work* postamunka
post-horn *n* postakürt
post-horse *n* (gyors) postaló
post-house *n* † posta(kocsi-)állomás
posthumous ['pɔstjʊməs; US 'pɑstʃə-] *a* 1. halál utáni, posztumusz, hátrahagyott [mű] 2. utószülött [gyermek]
postil(l)ion [pə'stɪljən; US poʊ-] *n* (lovon ülő) postakocsis

postman ['poʊstmən] *n* (*pl* -men -mən) postás, levélhordó
postmark I. *n* postabélyegző, keletbélyegző II. *vt* lebélyegez
postmaster *n* postamester; *GB The P~-General* postaügyi miniszter
post meridiem [poʊstmə'rɪdɪəm] *adv* délután (röv.: **p.m.** pi:'em)
postmistress *n* postamesternő
post-mortem [poʊst'mɔ:tem] *n ~* (*examination*) halottszemle, -kémlés
post-natal [poʊst'neɪtl] *a* születés utáni
postnuptial [poʊst'nʌpʃl] *a* esküvő utáni
post-office *a* posta- →*post¹* I. 2.
postpaid *a/adv* = *post-free*
postpalatal [poʊst'pæIətl] *a* veláris, posztpalatális [hang]
postpone [poʊst'poʊn] *vt* elhalaszt, kitol [dátumot]; későbbre tesz
postponement [poʊst'poʊnmənt] *n* (el-) halasztás
postposition [poʊstpə'zɪʃn] *n* 1. utántétel 2. névutó, posztpozíció
postprandial [poʊst'prændɪəl] *a* ebéd/étkezés utáni
postscript ['poʊsskrɪpt] *n* 1. utóirat (röv. **P.S.** pi:'es) 2. utószó
postulate I. *n* ['pɔstjʊlət; *US* 'pɑstʃə-] követelmény, kívánság, kívánalom, posztulátum II. *vt* ['pɔstjʊleɪt; *US* 'pɑstʃə-] 1. kíván, előzetes követelményként állít fel 2. alapul tekint, (posztulátumként) feltesz, posztulál
posture ['pɔstʃə*; *US* 'pɑ-] I. *n* 1. testtartás, (test)helyzet 2. magatartás, kedély 3. póz II. A. *vt* beállít, elhelyez B. *vi* vm szerepet/magatartást/pózt vesz fel, vm színben mutatkozik, pózol
post-war [poʊst'wɔ:*] *a* háború utáni
posy ['poʊzɪ] *n* kis csokor/bokréta
pot [pɔt; *US* -ɑ-] I. *n* 1. fazék; edény; virágcserép; *~s of money* rengeteg pénz; *the ~ calling the kettle black* bagoly mondja verébnek nagyfejű; □ *go to ~* tönkremegy, veszendőbe megy; *keep the ~ boiling* valahogy megkeresi a létfenntartáshoz szükségest 2. *biz a big ~* nagyfejű, fejes 3. *biz* lövés; *take a ~ at a bird* közelről lő rá a madárra 4. *biz* kupa, serleg

[győztesé] 5. □ marihuána II. *vt* -tt-1. fazékba tesz 2. befőz, konzervál 3. *biz* lyukba lök [biliárdgolyót], lövöldöz; rálő (*at* vkre/vmre) 4. cserépbe ültet 5. *biz ~ the baby* biliszteti a gyereket
potable ['poʊtəbl] *a* iható
potash ['pɔtæʃ; *US* 'pɑ-] *n* hamuzsír; *caustic ~* lúgkő, kálilúg
potassium [pə'tæsjəm] *n* kálium; *~ cyanide* ciánkáli; *~ permanganate* káliumpermanganát
potation [pə'teɪʃn] *n* 1. ivás, ivászat 2. ital
potato [pə'teɪtoʊ] *n* (*pl ~es* -toʊz) burgonya, krumpli; *baked ~* sült burgonya; *boiled ~* főtt burgonya; *fried ~* hasábburgonya, zsírban sült burgonyaszeletek; *~ crisps, US ~ chips* burgonyaszirom; *biz hot ~* kényes/kellemetlen ügy; □ *small ~* jelentéktelen ember
potato-ball *n* burgonyakrokett, -ropogós
potato-beetle *n* koloródóbogár
potato-masher *n* burgonyatörő, krumplinyomó
potato-spirit *n* burgonyaszesz
potato-starch *n* burgonyakeményítő
potato-trap *n* □ száj, „etető"
pot-bellied [-belɪd] *a biz* pocakos, nagyhasú
pot-belly *n biz* pocak
pot-boiler *n biz* ⟨anyagi haszonért írott csekély értékű irodalmi mű (szerzője)⟩
pot-boy *n* pikoló, italos (pincér)
poteen [pɔ'ti:n; *US* poʊ-] *n* ⟨engedély nélkül párolt ír whisky⟩
potency ['poʊt(ə)nsɪ] *n* 1. erő, hatóság 2. befolyás, tekintély 3. potencia
potent ['poʊt(ə)nt] *a* 1. erős; hatásos, hathatós 2. potens, közösülőképes [férfi]
potentate ['poʊt(ə)nteɪt] *n* nagyúr; nagy tekintély, potentát
potential [pə'tenʃl] I. *a* 1. lappangó, rejtett, lehetséges 2. helyzeti, potenciális; *~ energy* helyzeti/potenciális energia 3. feltételes [mód] II. *n* 1. lehetőség 2. helyzeti/potenciális energia 3. villamos potenciál, feszültség

potentiality [pətenʃɪ'ælətɪ] *n* lehetségesség, lappangó lehetőség, rejtett képesség

potentially [pə'tenʃəlɪ] *adv* belső lehetőség szerint, virtuálisan, potenciálisan

potentiate [pə'tenʃɪeɪt] *vt* lehetővé tesz, elősegít, felszabadít [erőt]

potentiometer [pətenʃɪ'ɔmɪtə*; *US* -'ɑ-] *n* feszültségmérő, potenciométer

pother ['pɔðə*; *US* -ɑ-] *n* hűhó, izgalom, zavar(gás); csődület

pot-herb *n* konyhanövény, zöldség

pot-hole *n biz* gödör, kátyú [úton]

pot-hook *n* 1. edényakasztó kampó 2. (vonalak és) kampók [írni tanuló gyerekek írásgyakorlataiban]

pot-house *n* kocsma, pejzli; ~ *manners* útszéli viselkedés/modor

pot-hunter *n* profi (szellemű) versenyző

potion ['poʊʃn] *n* ital, korty, adag

pot-luck *n biz take* ~ azt eszik, amit éppen talál/kap

potman ['pɔtmən; *US* -ɑ-] *n* (*pl* -men -mən) 1. csaposlegény 2. pincér

Potomac [pə'toʊmək] *prop*

potpourri [poʊ'pʊri:; *US* -'ri:] *n* egyveleg

pot-roast I. *n* párolt marhasült II. *vt* párol [marhasültet]

potsherd ['pɔt-ʃə:d; *US* 'pɑt-] *n* törött cserép

pot-shot *n* közelről való lövés

pot-still *n* kisüst

potstone *n* fazekas agyag

pottage ['pɔtɪdʒ; *US* -ɑ-] *n kb.* gulyásleves; *mess of* ~ (a bibliai) egy tál lencse

potted ['pɔtɪd; *US* -ɑ-] *a* 1. befőzött, konzervált 2. rövidített, sűrített [kivonat írásműé] ‖→*pot II.*

potter¹ ['pɔtə*; *US* -ɑ-] *n* fazekas, gölöncsér, cserepes; ~*'s clay* fazekasagyag; *US* ~*'s field* szegények temetője; ~*'s lathe* fazekaspad; ~*'s wheel* fazekaskorong

potter² ['pɔtə*; *US* -ɑ-] *vi/vt* 1. ~ (*about*) pepecsel, piszmog; ~ *away* (*one's time*) elfecsérli az idejét 2. fontoskodik

pottery ['pɔtərɪ; *US* 'pɑ-] *n* 1. cserépedény, agyagáru; *a piece of* ~ egy

kőedény 2. fazekasműhely; *The Potteries* a staffordshire-i kőedénygyárak (városai)

potting ['pɔtɪŋ; *US* -ɑ-] *n* 1. befőzés 2. edénykészítés 3. cserépbe ültetés ‖→*pot II.*

potty¹ ['pɔtɪ; *US* -ɑ-] *a biz* 1. vacak; nyavalyás 2. könnyű, egyszerű 3. hőbörödött, dilis; *he is* ~ *about that girl* egészen bele van esve abba a lányba

potty² ['pɔtɪ; *US* -ɑ-] *n biz* bili

pouch [paʊtʃ] I. *n* 1. zacskó, erszény; (övre akasztott) tasak 2. erszény [erszényes állaté] 3. táska [szem alatt] II. A. *vt* 1. zsebre vág, bezsebel 2. buggyosra varr B. *vi* kidudorodik

pouf(fe) [pu:f] *n* puff [ülőhely]

poulterer ['poʊlt(ə)rə*] *n* baromfi- és vadkereskedő 2. tikász, tyukász

poultice ['poʊltɪs] *n* (forró) lenmaglisztes borogatás

poultry ['poʊltrɪ] *n* baromfi, szárnyas

poultry-farm *n* tyúkfarm, baromfitenyészet

poultry-yard *n* baromfiudvar

pounce¹ [paʊns] I. *n* 1. (hirtelen) lecsapás 2. karom [ragadozó madáré] II. *vi* ~ (*up*)*on* lecsap (vmre), megragad (vmt)

pounce² [paʊns] I. *n* 1. tajtékkőpor, habkő 2. kékpor [kézimunkaminta átmásolására] II. *vi/vt* 1. mintát másol [kékporral] 2. csiszol [porral]

pound¹ [paʊnd] *n* 1. font [súlymérték = 453,6 g, jele *lb*]; *by the* ~ fontonként 2. font [pénzegység, jele £]; ~ *sterling* font (sterling); *this cost me ten* ~*s* ez tíz fontomba került; ~ *foolish* →*penny*

pound² [paʊnd] *I. n* ól, karám II. *vt* karámba zár; bezár; elkerít

pound³ [paʊnd] A. *vt* 1. apróra tör, zúz; ~*ed sugar* porcukor 2. ököllel ver, üt; zörög; ~ *the piano* klimpíroz, veri a zongorát 3. lövet [tüzérséggel] B. *vi* ~ *at/on sg* erősen rávág vmre; ~ *at the door* erősen kopogtat ajtón; veri az ajtót; *his heart was* ~*ing* kalapált a szíve; ~ *along* cammogva/zörögve halad

poundage¹ ['paʊndɪdʒ] *n* alkuszdíj; végrehajtói díj, súlyvám
poundage² ['paʊndɪdʒ] *n* elkobzás; letétbe helyezés
pound-cake *n* egyensúlytészta
pounder¹ ['paʊndə*] *n* zúzó, kölyű, mozsár(törő)
-pounder² ['paʊndə*] *n* összet. 1. ...
súlyú; *two-~* két font súlyú 2. *five-~* ötfontos [bankjegy]
pour [pɔ:*] A. *vt* önt; ömleszt; *átv ~ oil on troubled waters* lecsillapítja a kedélyeket B. *vi* ömlik, omlik, folyik, zuhog; *it is ~ing (with rain)* zuhog (az eső), szakad az eső; *átv it never rains but it ~s* a baj nem jár egyedül
   pour down *vi the rain came ~ing d.* csak úgy ömlött az eső
   pour forth A. *vt* kiönt B. *vi* kiözönlik, kiárad
   pour in A. *vt* beönt B. *vi* beömlik, beözönlik
   pour off *vt* leszűr
   pour on *vt* ráönt
   pour out A. *vt* 1. beönt, betölt [teát csészébe] 2. *~ o. sg of sg* kiönt vmt vmből 3. *átv* kiönt [szívet, bánatot] B. *vi* 1. asztalfőn ül [és kitölti a teát stb.] 2. ömleng 3. kiözönlik
pout [paʊt] I. *n* ajakbiggyesztés II. *vi* 1. ajkat biggyeszt, duzzog 2. felfújja magát [galamb]
pouter ['paʊtə*] *n* bögyös galamb
poverty ['pɔvətɪ; *US* 'pɑ-] *n* szegénység, nyomor
poverty-stricken *a* nyomorgó
P.O.W., POW [pi:oʊ'dʌblju:] *prisoner of war*
powder ['paʊdə*] I. *n* 1. por; *reduce to ~* porrá tör 2. lőpor, puskapor; *(átv is) ~ keg* puskaporos hordó; *biz keep one's ~ dry* résen van 3. rizspor, púder II. *vt* 1. behint · (*with* vmvel); bepúderoz, beporoz 2. porrá tör, porít; *~ed sugar* porcukor; *~ed milk* tejpor
powder-flask/horn *n* † lőportartó, -tülök
powderiness ['paʊdərɪnɪs] *n* 1. porszerűség, porhanyósság 2. porosság

powder-magazine *n* lőpor(rak)tár
powder-room *n biz* (női) mosdó, toalett
powdery ['paʊdərɪ] *a* 1. porszerű, porhanyó(s) 2. poros
Powell ['poʊəl] *prop*
power ['paʊə*] I. *n* 1. hatalom, képesség, erő (vm megtételére); *it lies in my ~ to do sg* hatalmamban/módomban van/áll vmt megtenni; *it is beyond my ~* meghaladja erőimet, nem áll módomban; *be in ~* hatalmon/uralmon van; *come into ~* hatalomra jut; *full ~s* teljhatalom; *go beyond one's ~s* túllépi hatáskörét/jogkörét; *have ~ over sy* hatalmában tart vkt; *~ politics* erőpolitika; *the ~s that be* a létező/mindenkori hatalmasságok 2. képesség; *~ of mind* szellemi képesség; *~ of vision* látóképesség; *~ of will* akaraterő 3. (testi) erő; *biz more ~ to your elbow!* (1) nosza rajta! (2) sok sikert! 4. erő, energia; gépi erő; *under ~* üzemben, működésben, gőz alatt [gép]; *under its own ~* saját erejéből; *~ steering* szervokormányzás 5. (elektromos/villamos) áram, energia; *US ~ plant* erőmű; *~ point = point I. 9; turn off the ~* kikapcsolja az áramot 6. teljesítmény [gépé stb.]; nagyítás [lencséé] 7. hatvány; *to the nth ~* az n-edik hatványra; *the third ~ of 2 is 8* 2-nek a harmadik hatványa 8 8. *biz* nagy; sok; *a ~ of people* hatalmas embertömeg II. *vt* áramot ad [gépnek stb.]
power- 1. gépi, motoros 2. teljesítmény-; áram-
power-boat *n* motorcsónak
power-cut *n* 1. áramkorlátozás 2. áramhiány
power-dive *n* zuhanórepülés [gázzal]
power-driven *a* gépi hajtású, géperejű, motoros
powered ['paʊəd] *a* 1. géperejű, motoros 2. energiát termelő 3. *(összetételben)* -hajtású
powerful ['paʊəf(ʊ)l] *a* 1. erős, erőteljes 2. hatalmas, hathatós, nyomós; *biz a ~ lot of* rengeteg
power-hammer *n* gépkalapács

powerhouse *n* = *power-station*
powerless ['pauəlıs] *a* 1. erőtlen 2. tehetetlen
powerlessness ['pauəlısnıs] *n* tehetetlenség, gyengeség
power-line *n* (nagyfeszültségű) távvezeték
power-loom *n* gépi szövőszék
power-operated *a* gépi hajtású
power-output *n* (leadott) teljesítmény
power-station *n* erőmű; *nuclear* ~ atomerőmű
power-stroke *n* munkalöket [dugattyúé]
power-supply *n* energiaellátás, áramellátás
pow-wow ['pauwau] I. *n* tanácskozás [indiánokkal]; *átv biz* értekezlet, megbeszélés II. *vi* tanácskozik
Powys ['pouıs; *sk és londoni tér :* 'pauıs] *prop*
pox [poks; *US* -α-] *n* 1. himlő; ~ *on you!* a fene/rosseb egyen meg! 2. *biz* vérbaj, szifilisz
pp., pp *pages* lapokon, kk.
p.p., pp = *per pro(c).*
PR [pi:'α:*] 1. *proportional representation* 2. *Public Relations*
pr. 1. *pair* 2. *price* ár(a)
PRA [pi:α:r'eı] *President of the Royal Academy* a Királyi Szépművészeti Akadémia elnöke
practicability [præktıkə'bılətı] *n* 1. használhatóság, járhatóság 2. megvalósíthatóság
practicable ['præktıkəbl] *a* 1. használható, gyakorlati; ~ *window* valóságos/ nyitható (és nem festett) ablak [színpadon] 2. megvalósítható, keresztülvihető
practical ['præktıkl] *a* 1. gyakorlati(as), tapasztalati, alkalmazott [módszer]; megvalósítható [eljárás, terv] 2. célszerű, ügyes, praktikus [használati cikk] 3. valóságos, tényleges; ~ *joke* durva/otromba tréfa; *with* ~ *unanimity* úgyszólván egyhangúlag
practically *adv* 1. ['præktıklı] tulajdonképpen, voltaképpen; úgyszólván 2. ['præktıkəlı] gyakorlatilag
practice ['præktıs] I. *n* 1. gyakorlat, szokás; *the* ~ *of the courts* bírói jog-

gyakorlat; *be in* ~ (1) gyakorlatot folytat, gyakorol (2) gyakorlott vmben; *make a* ~ *of doing sg, make it a* ~ szokásává tesz vmt, rászokik vmre 2. gyakorlás; edzés, trenírozás; *be in* ~ (1) gyakorlatban/formában van (2) járatos, gyakorlott; *be out of* ~ kijött a gyakorlatból, nincs formában; ~ *match* edzőmérkőzés; ~ *makes perfect* gyakorlat teszi a mestert 3. gyakorlati alkalmazás; *put into* ~ megvalósít 4. praxis; pacientúra; klientéla; *Dr. Brown has a large* ~ B. doktornak sok betege van, B. doktor igen keresett orvos 5. **practices** *pl* üzelmek II. *vt/vi US* = *practise*
practiced →*practised*
practise, *US* -ice is ['præktıs] A. *vt* 1. gyakorol; alkalmaz, gyakorlatba átvisz [elvet stb.]; űz, folytat [mesterséget]; ~ *law* ügyvédi gyakorlatot folytat; ~ *medicine* orvosi pályán működik 2. próbál [zeneművet stb.]; ~ *the violin* hegedűt gyakorol 3. szoktat (*in* vmre); gyakoroltat (vkvel vmt) B. *vi* 1. gyakorol(ja magát) 2. gyakorlatot folytat [foglalkozási ágban], praktizál
practised, *US* -ced ['præktıst] *a* gyakorlott, szakavatott; jártas (vmben)
practising ['præktısıŋ] *a* gyakorló
practitioner [præk'tıʃnə*] *n* gyakorló orvos/ügyvéd ‖ →*general*
pragmatic [præg'mætık] *a* 1. pragmatikus, gyakorlati 2. oknyomozó, okfejtő 3. fontoskodó; dogmatikus
pragmatical [præg'mætıkl] *a* = *pragmatic 1., 3.*
pragmatics [præg'mætıks] *n* pragmatika
pragmatism ['prægmətızm] 1. pragmatizmus; oknyomozó módszer 2. fontoskodás
Prague [prα:g] *prop* Prága
prairie ['preərı] *n* préri [Észak-Amerikában]; ~ *chicken* prérityúk; ~ *dog* (társas) prérikutya; *US* ~ *schooner* ekhós szekér; ~ *wolf* prérifarkas
praise [preız] *n* 1. dicséret, dicsérés; *in* ~ *of sg* vmről elismerőleg szólva; *beyond all* ~ pompás, felülmúlhatat-

lan; *everyone was loud in his ~s* mindenki hangosan nyilvánította tetszését, mindenki róla áradozott (v. őt dicsérte); ~ *be to God* hála Istennek! 2. hálaadó istentisztelet II. *vt* dicsér, magasztal, dicsőít praiseworthy ['preɪzwə:ðɪ] *a* dicséretre méltó, dicséretes pram [præm] *n* gyermekkocsi, babakocsi prance [prɑ:ns; *US* -æ-] *vi* 1. ágaskodik [ló] 2. büszkén jár-kel prancing ['prɑ:nsɪŋ; *US* -æ-] *n* táncolás, ágaskodás [lóé] prandial ['prændɪəl] *a* étkezési prank [præŋk] *n* csíny, kópéság prankster ['præŋkstə*] *n* kópé, tréfacsináló prate [preɪt] *vi/vt* csacsog, fecseg, locsog prattle ['prætl] I. *n* csacsogás, gagyogás [gyereké]; fecsegés, locsogás [vénasszonyoké] II. *vi* csacsog [gyermek]; fecseg, pletykál [nő] prattler ['prætlə*] *n* fecsegő prawn [prɔ:n] *n* scampi, garnélarák pray [preɪ] A. *vt* 1. kér (vmt) 2. kérlel (vkt); ~ *sy for sg*, ~ *sy to do sg* vkt vmnek a megtételére kér, kér vktől vmt; (*I*) ~ (*you*) kérem; *what will that help*, ~? ugyan mondd, mit fog ez segíteni? B. *vi* 1. könyörög, imádkozik; ~ *for sg* könyörög/esedezik/ imádkozik vmért; *he is past* ~*ing for* rajta már az imádság se segít 2. *tell me the reason*, ~ adja okát, könyörgöm prayer ['preə*] *n* 1. imádság, ima, könyörgés; *put up a* ~ imádkozik; *say one's* ~*s* imádkozik; *GB Book of Common P~* ⟨hivatalos anglikán ima- és liturgiakönyv⟩ 2. kérés, kérelem; könyörgés prayer-book *n* imakönyv prayerful ['preəfʊl] *a* imádságos prayer-mat *n* = prayer-rug prayer-meeting *n* közös imaóra prayer-rug *n* imaszőnyeg prayer-stool *n* imazsámoly prayer-wheel *n* (buddhista) imagép praying ['preɪŋ] I. *a* kérő, könyörgő; imádkozó; ~ *mantis* ájtatos manó II. *n* imádkozás

praying-desk imazsámoly pre- [pri:-] előtti, (vmt) megelőző, előpreach [pri:tʃ] *vt/vi* 1. prédikál, szentbeszédet mond, igét hirdet 2. ~ *at sy* (1) kiprédikál vkt (2) *biz* „prédikál" vknek; *biz* ~ *to sy* „prédikál" vknek, megleckéztet vkt; ~ *up* feldicsér preacher ['pri:tʃə*] *n* hitszónok, prédikátor, igehirdető preachify ['pri:tʃɪfaɪ] *vi biz* „prédikál", erkölcsprédikációt tart preamble [pri:'æmbl] *n* 1. előszó, bevezetés 2. indokolás [törvénycikké] pre-arrange [pri:ə'reɪndʒ] *vt* előre/előzetesen elrendez/megbeszél pre-arrangement [pri:ə'reɪndʒmənt] *n* előzetes elrendezés/megbeszélés pre-atomic [pri:ə'tɔmɪk; *US* -'tɑ-] *a* atomkorszak előtti, 1945 előtti prebend ['prebənd] *n* káptalani javadalommal járó prebendal [prɪ'bendl] *a* káptalani (javadalmi) prebendary ['prebənd(ə)rɪ] *n* kanonok, káptalani javadalmas precarious [prɪ'keərɪəs] *a* 1. bizonytalan, ingatag, kétes; *make a* ~ *living* megélhetése bizonytalan; ~ *life* veszéllyel teli élet precaution [prɪ'kɔ:ʃn] *n* 1. elővigyázat, óvatosság 2. (*measure of*) ~ óvintézkedés precautionary [prɪ'kɔ:ʃnərɪ] *a* elővigyázatból tett; óvatossági precede [pri:'si:d] A. *vt* megelőz, előtte megy B. *vi* elsőbbsége van precedence [pri:'si:d(ə)ns] *n* 1. megelőzés, első(bb)ség; *have* ~ *of sy* vkt (rangban) megelőz; *ladies take* ~ hölgyeké az első(bb)ség 2. első(bb)ségi jog precedent ['presɪd(ə)nt] *n* példa, irányadó eset, precedens; *create/set a* ~ (*for sg*) precedenst képez; *according to* ~ a szokásnak megfelelően, hagyományosan; *without* ~ példa nélkül álló, példátlan preceding [pri:'si:dɪŋ] *a* (meg)előző, előbbi precentor [pri:'sentə*] *n* előénekes (pap) precept ['pri:sept] *n* 1. tan, szabály, elv 2. hivatali utasítás

42

preceptor [prɪ'septə*] *n* nevelő, tanító
precession [prɪ'seʃn] *n* precesszió, előrehaladás [állócsillagoké]
precinct ['pri:sɪŋkt] *n* 1. bekerített terület [épületé stb.] 2. precincts *pl* (közvetlen) környék [városé]; *within the city* ~s a város határain/falain belül 3. körzet; zóna; *US* kerület
preciosity [preʃɪ'ɔsɪtɪ; *US* -'ɑ-] *n* mesterkéltség, modorosság
precious ['preʃəs] I. *a* értékes, drága, becses; ~ *metals* nemesfémek; ~ *stones* drágakövek 2. finnyás, mesterkélt II. *adv biz* nagyon, roppantul; ~ *little* édeskevés
preciousness ['preʃəsnɪs] *n* 1. drágaság, értékesség 2. modorosság
precipice ['presɪpɪs] *n* szakadék, mélység
precipitance [prɪ'sɪpɪt(ə)ns] *n* sietség; meggondolatlanság
precipitant [prɪ'sɪpɪt(ə)nt] I. *a* = *precipitate I.* II. *n* (vegyi) lecsapószer
precipitate I. *a* [prɪ'sɪpɪtət] meggondolatlan, kapkodó; elhamarkodott II. *n* [prɪ'sɪpɪteɪt] csapadék, üledék; *form a* ~ lecsapódik, kicsapódik [anyag] III. *v* [prɪ'sɪpɪteɪt] A. *vt* 1. (be)letaszít, levet [mélységbe]; ~ *the country into war* háborúba sodorja az országot 2. siettet, sürget, meggyorsít [eseményt] 3. kicsap, lecsap, leülepít 4. kivált [következményt] B. *vi* 1. lebukik, lezuhan 2. lecsapódik, leülepedik
precipitation [prɪsɪpɪ'teɪʃn] *n* 1. [légköri] csapadék, üledék 2. kapkodás; meggondolatlanság 3. kiváltás [következményé]
precipitous [prɪ'sɪpɪtəs] *a* hirtelen esésű, meredek
precipitousness [prɪ'sɪpɪtəsnɪs] *n* meredekség
précis ['preɪsi:] *n* (*pl* ~ -si:z) tartalmi/rövid kivonat
precise [prɪ'saɪs] *a* 1. pontos, szabatos, precíz 2. pedáns
precisely [prɪ'saɪslɪ] *adv* pontosan; ~ *so!* pontosan (így van)
preciseness [prɪ'saɪsnɪs] *n* 1. pontosság, precízség 2. pedantéria
precision [prɪ'sɪʒn] *n* pontosság, szabatosság; ~ *bombing* pontbombázás;

~ *instruments/tools* precíziós műszerek; ~ *mechanics* finommechanika
preclude [prɪ'klu:d] *vt* eleve kizár; elejét veszi, megakadályoz, meggátol; *be* ~*d from doing sg* eleve lehetetlen számára, hogy vmt (meg)tegyen
precocious [prɪ'kouʃəs] *a* korai [gyümölcs]; koraérett [gyerek]
precociousness [prɪ'kouʃəsnɪs] *n* koraérettség
precocity [prɪ'kɔsɪtɪ; *US* -'kɑ-] *n* = *precociousness*
precognition [pri:kɔg'nɪʃn; *US* -kɑg-] *n* előzetes ismeret
pre-Columbian [pri:kə'lʌmbɪən] *a* Kolumbusz előtti
preconceive [pri:kən'si:v] *vt* előre kialakít [véleményt]; ~*d idea* előítélet
preconception [pri:kən'sepʃn] *n* előre kialakult vélemény; előítélet
precondition [pri:kən'dɪʃn] *n* előfeltétel
precook [pri:'kuk] *vt* előfőz [húst stb.]
precursor [pri:'kə:sə*] *n* előfutár; (hivatali) előd
precursory [pri:'kə:sərɪ] *a* 1. előzetes 2. előre jelző; ~ *symptoms* (1) előjelek (2) előtünetek
predacious [prɪ'deɪʃəs] *a* = *predatory*
predate [pri:'deɪt] *vt* antedatál, előre keltez
predator ['predətə*] *n* ragadozó
predatory ['predət(ə)rɪ; *US* -ɔ:rɪ] *a* ragadozó, zsákmányra vadászó; rabló, zsákmányoló
predecease [pri:dɪ'si:s] *vt* előbb hal meg (vknél)
predecessor ['pri:dɪsesə*; *US* 'pre-] *n* előd; ~ *in title* jogelőd
predestinate [pri:'destɪneɪt] *vt* előre kijelöl/kiválaszt, predesztinál (*to* vmre); eleve elrendel
predestination [pri:destɪ'neɪʃn] *n* 1. eleve elrendelés, predesztináció 2. sors, végzet
predestine [pri:'destɪn] *vt* = *predestinate*
predetermination ['pri:dɪtə:mɪ'neɪʃn] *n* 1. előre megfontolt szándék 2. predesztináció
predetermine [pri:dɪ'tə:mɪn] *vt* előre elrendel/elhatároz/meghatároz

predicament [prɪ'dɪkəmənt] n 1. kellemetlen/kínos/nyomasztó helyzet; baj; *we're in a fine ~!* na jól nézünk ki! 2. kategória [logikában]
predicate I. n ['predɪkət] 1. állítmány 2. állítás II. vt ['predɪkeɪt] 1. állít, kimond (vmt vmről) 2. US alapoz
predicative [prɪ'dɪkətɪv; US 'predɪkeɪ-] a 1. állító 2. állítmányi; ~ *adjective* melléknévi állítmány
predict [prɪ'dɪkt] vt megjósol, előre megmond
predictable [prɪ'dɪktəbl] a 1. előre látható 2. megjósolható
prediction [prɪ'dɪkʃn] n jóslás, jövendölés
predictive [prɪ'dɪktɪv] a jósló, jövendölő
predilection [pri:dɪ'lekʃn] n előszeretet; részrehajlás (*for* iránt)
predispose [pri:dɪ'spoʊz] vt hajlandóvá/fogékonnyá tesz vmre, prediszponál
predisposition ['pri:dɪspə'zɪʃn] n fogékonyság, hajlam (*to* vmre)
predominance [prɪ'dɒmɪnəns; US -'dɑ-] n túlsúly; fölény, uralkodás (*over* vm fölött)
predominant [prɪ'dɒmɪnənt; US -'dɑ-] a túlsúlyban levő, túlnyomó
predominate [prɪ'dɒmɪneɪt; US -'dɑ-] vi túlsúlyban van, érvényesül (*over* vmvel szemben)
pre-eminence [pri:'emɪnəns] n kitűnőség, kiemelkedés; kiválóság
pre-eminent [pri:'emɪnənt] a kimagasló, kiemelkedő, kitűnő
pre-eminently [pri:'emɪnəntlɪ] adv kiváltképp; mindenekelőtt
pre-empt [pri:'empt] vt elővételi jogon vásárol/elfoglal [földet]
pre-emption [pri:'empʃn] n 1. elővétel, elővételi jog 2. elővásárlás
pre-emptive [pri:'emptɪv] a 1. elővételi [jog] 2. megelőző; ~ *strike* megelőző támadás/csapás
preen [pri:n] vt tollászkodik; ~ *oneself* csinosítja magát
preexistent [pri:ɪg'zɪst(ə)nt] a előbb létező
Pref. *preface*
prefab ['pri:fæb; US -'fæb] a/n előre gyártott (épületelem)

prefabricate [pri:'fæbrɪkeɪt] vt előre gyárt; ~*d* [-ɪd] előre gyártott
prefabrication ['pri:fæbrɪ'keɪʃn] n előregyártás
preface ['prefɪs] I. n előszó, bevezetés II. vt előszót ír (vmhez), bevezet(éssel ellát)
prefatory ['prefət(ə)rɪ; US -ɔ:rɪ] a bevezető
prefect ['pri:fekt] n 1. elöljáró, prefektus 2. felügyelő, szenior [angol iskolában]
prefectorial [pri:fek'tɔ:rɪəl] a elöljárói, prefektusi
prefer [prɪ'fə:*] vt -rr- 1. ~ (*sg to sg*), ~ *sg rather than sg* vmt vmnél jobban szeret, előnyben részesít vmt vmvel szemben; ~ *water to wine* jobban szereti a vizet a bornál; *I ~ to wait* inkább várok 2. előad [panaszt]; benyújt [keresetet]; ~ *a claim* követelést érvényesít 3. kinevez; előléptet
preferable ['pref(ə)rəbl] a kívánatosabb; jobb, többre becsülhető (*to* aminél)
preferably ['pref(ə)rəblɪ] adv inkább
preference ['pref(ə)rəns] n 1. előny(ben részesítés), kedvezés; *in* ~ inkább; *give sy ~ over sy* előnyben részesít vkt vkvel szemben 2. kedvezmény 3. elsőbbségi jog
preferential [prefə'renʃl] a kedvezményes; ~ *tariff* kedvezményes (vám-) tarifa
preferment [prɪ'fə:mənt] n 1. előléptetés 2. kedvezés, kedvezményben részesítés
preferred [prɪ'fə:d] a előnyben részesített; ~ *stock* elsőbbségi részvény ‖ → *prefer*
prefix I. n ['pri:fɪks] előképző, prefixum II. vt [pri:'fɪks] eléje tesz/told/beszúr
pregnancy ['pregnənsɪ] n 1. terhesség 2. tartalmasság; horderő
pregnant ['pregnənt] a 1. terhes, állapotos; vemhes, hasas 2. bővelkedő (*with* vmben); sokatmondó, jelentős; ~ *with consequences* (súlyos) következményekkel járó
preheat [pri:'hi:t] vt előmelegít
prehensile [prɪ'hensaɪl; US -s(ə)l] a fogó, kapaszkodó [ujj, farok stb.]

42*

prehistoric(al) [pri:hɪ'stɔrɪk(l); US -'stɔ:-] a történelem előtti
prehistory [pri:'hɪst(ə)rɪ] n őstörténet
prejudge [pri:'dʒʌdʒ] vt 1. eleve megítél 2. elébevág, előre dönt
prejudice ['predʒʊdɪs; US -dʒə-] I. n 1. előítélet, elfogultság (against/for vk/vm iránt) 2. hátrány, sérelem; without ~ (to my right) jogfenntartással, kötelezettség nélkül II. vt 1. elfogulttá tesz, befolyásol (against vk ellen; for vk érdekében) 2. károsan befolyásol, kárt okoz [ügynek]
prejudiced ['predʒʊdɪst; US -dʒə-] a elfogult, előítéletes
prejudicial [predʒʊ'dɪʃl; US -dʒə-] a 1. hátrányos, sérelmes; káros 2. előítéletet keltő; elfogult vmvel szemben
prelacy ['prelǝsɪ] n főpapi méltóság; the ~ a főpapság
prelate ['prelɪt] n főpap, prelátus
prelim ['pri:lɪm v. prɪ'lɪm] n biz felvételi (vizsga) || → prelims
preliminary [prɪ'lɪmɪnǝrɪ; US -erɪ] I. a előzetes, bevezető; ~ examination felvételi vizsga II. n 1. bevezetés, bevezető 2. preliminaries pl előzetes intézkedések/tárgyalások
prelims ['pri:lɪmz v. prɪ'lɪmz] n pl címnegyed
prelude ['prelju:d] n 1. [zenei] előjáték, prelúdium 2. bevezetés; előzmény (to vmhez)
premature [premǝ'tjʊə*; US pri:mǝ-'tʃʊr] a 1. koránérő, koraérett 2. idő előtti, (túl) korai; ~ birth koraszülés
premeditate [pri:'medɪteɪt] vt előre megfontol/elhatároz
premeditated [pri:'medɪteɪtɪd] a előre megfontolt, szándékos
premeditation [pri:medɪ'teɪʃn] n előre megfontolás, megfontoltság
premier ['premjǝ*; US prɪ'mɪ(ǝ)r] I. a első(rangú), legfontosabb II. n miniszterelnök
première ['premɪeǝ*; US prɪ'mɪ(ǝ)r] n bemutató (előadás), premier
premiership ['premjǝʃɪp; US prɪ'mɪ(ǝ)r-] n miniszterelnöki állás; miniszterelnökség
premise I. n ['premɪs] 1. előtétel, pre-

missza 2. premises pl helyiség, épület [üzleté stb.]; ház [telekkel]; on the ~s a helyszínen; off ~s utcán át (fogyasztható) [ital] II. v [prɪ'maɪz] 1. előrebocsát, bevezetésként megemlít 2. premisszaként feltesz/feltételez
premium ['pri:mjǝm] n 1. felár, felpénz, jutalék; sell at a ~ felárral kel/ad el; stand at ~ parin felül áll 2. jutalom, prémium; be at ~ nagy a kelete; set/put a ~ on lying (valósággal) buzdít a hazudozásra 3. biztosítási díj(részlet) 4. díj [szakoktatási, lelépési] 5. ~ bond nyereménybetétkönyv
premonition [pri:mǝ'nɪʃn] n 1. előzetes figyelmeztetés 2. előérzet
premonitory [prɪ'mɔnɪt(ǝ)rɪ; US -'manɪtɔ:rɪ] a előzetesen jelentkező [tünet]; ~ sign előjel; ~ signs of sg vmnek az előszele
prenatal [pri:'neɪtl] a szül(et)és előtti; ~ care terhesgondozás
prentice ['prentɪs] n tanonc; ~ hand kezdő/tapasztalatlan ember
preoccupation [pri:ɔkjʊ'peɪʃn; US -akjǝ-] n 1. belefeledkezés, belemélyedés (with vmbe) 2. (greatest) ~ egyetlen gondolat, fő gond
preoccupied [pri:'ɔkjʊpaɪd; US -'akjǝ-] a gondolatokba (el)merült, vmbe belefeledkezett
preoccupy [pri:'ɔkjʊpaɪ; US -'a-] vt kizárólagosan foglalkoztat, figyelmét egészen leköti (vknek)
pre-ordain [pri:ɔ:'deɪn] vt előre elrendel/megállapít/kijelöl
prep [prep] n biz 1. (= preparation) készülés 2. házi feladat, „háef" 3. ~ school →preparatory
prepacked [pri:'pækt] a előre csomagolt, kiszerelt
prepaid [pri:'peɪd] a előre kifizetett, bérmentesített; answer ~ válasz fizetve; || →prepay
preparation [prepǝ'reɪʃn] n 1. készülés [másnapi órára, vizsgára stb.]; előkészület, felkészülés; make ~s for sg készülődik (v. előkészületeket tesz) vmre 2. (el)készítés; in ~ készül [étel stb.] 3. készítmény, preparátum

preparatory [prɪ'pærət(ə)rɪ; US -ɔːrɪ] a előkészítő; ~/prep school kb. előkészítő (magán)iskola [GB public school-ba, US főiskolára való felvételre]; ~ to vmt megelőzően
prepare [prɪ'peə*] A. vt 1. (el)készít; kikészít 2. előkészít; be ~d to do sg kész/hajlandó megtenni vmt; be ~d légy résen! [cserkészköszönés]; ~ oneself felkészül vmre B. vi készül(ődik) (for vmre)
preparedness [prɪ'peədnɪs] n felkészültség, készenlét
prepay [priː'peɪ] vt (pt/pp -paid -'peɪd) 1. előre fizet 2. bérmentesít
prepayment [priː'peɪmənt] n 1. előrefizetés 2. bérmentesítés
prepense [prɪ'pens] a of malice ~ kártevő/ártó szándékkal
preponderance [prɪ'pɒnd(ə)rəns; US -'pɑ-] n túlsúly, nagyobb befolyás (over vm fölött)
preponderant [prɪ'pɒnd(ə)rənt; US -'pɑ-] a túlnyomó, túlsúlyban levő, uralkodó
preponderate [prɪ'pɒndəreɪt; US -'pɑ-] vi jobban érvényesül, túlsúlyban van (over vm felett)
preposition [prepə'zɪʃn] n elöljáró, prepozíció
prepositional [prepə'zɪʃənl] a elöljárói; ~ phrase elöljárós/prepozíciós (szó-) szerkezet
prepossess [priːpə'zes] vt 1. elfogulttá tesz; ~ sy in favour of sy/sg vkt elfogulttá tesz vk/vm javára; be ~ed by sy elfogult vk javára 2. áthat, eltölt (with vmvel); hatással van rá; I was ~ed by his manners megnyerőnek találtam modorát
prepossessing [priːpə'zesɪŋ] a megnyerő, rokonszenves
prepossession [priːpə'zeʃn] n elfogultság, részrehajlás
preposterous [prɪ'pɒst(ə)rəs; US -'pɑ-] a 1. abszurd, felháborítóan nevetséges 2. oktalan, ostoba
preposterousness [prɪ'pɒst(ə)rəsnɪs; US -'pɑ-] n 1. nevetségesség 2. abszurditás
prepuce ['priːpjuːs] n fityma, előbőr
prerequisite [priː'rekwɪzɪt] n előfeltétel, nélkülözhetetlen kellék

prerogative [prɪ'rɒgətɪv; US -'rɑ-] n előjog, kiváltság; (royal) ~ felségjog
Pres. president
presage ['presɪdʒ] I. n 1. előérzet, sejtelem 2. előjel, ómen II. vt (meg)jósol; előre jelez; (előre) megérez
presbyter ['prezbɪtə*] n presbiter
presbyterian [prezbɪ'tɪərɪən] a/n presbiteriánus
presbytery ['prezbɪt(ə)rɪ] n 1. templomi szentély 2. katolikus plébánia, paplak 3. presbitérium
pre-school [priː'skuːl] a iskoláskor előtti
prescience ['presɪəns; US 'priːʃɪ-] n előre tudás, megsejtés; (bölcs) előrelátás
prescribe [prɪ'skraɪb] A. vt 1. előír, elrendel 2. rendel [orvosságot/gyógymódot betegnek], felír [gyógyszert] B. vi 1. utasítást ad 2. ~ for sy (1) kezelést ír elő vknek (2) receptet ír fel vk számára
prescript ['priːskrɪpt] n előírás
prescription [prɪ'skrɪpʃn] n 1. előírás 2. elévülés; positive ~ elbirtoklás 3. rendelvény, recept 4. (felírt) gyógyszer
prescriptive [prɪ'skrɪptɪv] a 1. előíró 2. szokáson alapuló 3. ~ right elbirtoklási jog
presence ['prezns] n 1. jelenlét; előfordulás [növényé]; your ~ is requested szíves megjelenését kérjük; ~ of mind lélekjelenlét 2. GB uralkodó jelenléte [fogadáson stb.] 3. viselkedés, megjelenés [személyé]; a man of good ~ jó fellépésű/megjelenésű ember
presence-chamber n királyi fogadószoba
present¹ ['preznt] I. a 1. jelenlevő; be ~ jelen/ott van (vhol); those ~ a jelenlevők 2. jelen, jelenlegi, mostani; the ~ writer e sorok írója, a jelen szerző; at the ~ time jelenleg; the ~ government a jelenlegi kormány 3. ~ participle jelen idejű melléknévi igenév; ~ perfect (tense) befejezett jelen (idő); ~ tense jelen idő [nyelvtani] 4. azonnali II. n 1. jelen (pillanat); at ~ jelenleg, most; for the ~ egyelőre; no time like the ~ most vagy soha, az a legjobb alkalom 2. jelen (idő) [nyelvtani] 3. by these ~s ezen okmánnyal; ezennel
present² I. n ['preznt] ajándék; as a ~

ajándékként; *make sy a ~ of sg* megajándékoz vkt vmvel II. *v* [prɪ'zent] **A.** *vt* 1. bemutat; *~ sy to sy* bemutat vkt vknek; *~ a play* színdarabot előad/bemutat; *~ oneself* jelentkezik 2. nyújt [vmlyen látványt]; kelt [vmlyen benyomást]; *~ a fine appearance* jól fest; *it ~s some difficulty* (ez) némi nehézséget okoz; *an idea ~s itself* felmerül egy ötlet; *a good opportunity ~s itself* kedvező alkalom kínálkozik 3. bemutat [váltót]; benyújt [számlát]; bead [keresetet]; előad [kérést]; *~ my respects* adja át tisztelettel üdvözletemet 4. ajándékoz; *~ sy with sg* megajándékoz vkt vmvel; *~ sg to sy* vknek vmt (oda)ajándékoz

presentable [prɪ'zentəbl] *a* 1. szalonképes 2. tisztességes (külsejű) 3. ajándékozásra alkalmas

presentation [prez(ə)n'teɪʃn] *n* 1. bemutatás 2. átnyújtás, átadás, beterjesztés; előterjesztés 3. beállítás, „tálalás" [kérdésé, tárgyé] 4. ajándék(tárgy); *~ copy* tiszteletpéldány

present-day *a* mai, jelenlegi

presenter [prɪ'zentə*] *n* műsorvezető

presentiment [prɪ'zentɪmənt] *n* előérzet, (bal)sejtelem

presently ['prezntlɪ] *adv* 1. mindjárt, rögtön; *I'll be here ~* rögtön jövök 2. *US* jelenleg, most

presentment [prɪ'zentmənt] *n* 1. bemutatás 2. előadás 3. látszat, ábrázolás, leírás 4. vádhatározat [esküdtszéké]

preservation [prezə'veɪʃn] 1. megőrzés 2. kondíció, konzerváltság; *in a good state of ~* jó állapotban/karban 3. befőzés; konzerválás, tartósítás

preservative [prɪ'zə:vətɪv] I. *a* megőrző, óvó II. *n* tartósító szer

preserve [prɪ'zə:v] I. *n* 1. befőtt; lekvár 2. természetvédelmi terület, rezervátum 3. kizárólagos (vadász)terület 4. **preserves** *pl* védőszemüveg, autószemüveg II. *vt* 1. megőriz, megvéd (*from* vmtől); megtart, megment; fenntart [műemléket]; *~ appearances* a látszatot megőrzi 2. tartósít, befőz, konzervál

preserved [prɪ'zə:vd] *a* 1. konzervált 2. megőrzött; karbantartott

preserver [prɪ'zə:və*] *n* 1. megőrző, megmentő 2. konzerváló szer

preset [pri:'set] *vt* (*pt/pp ~*; -tt-) előre beállít

preshrunk [pri:'ʃrʌŋk] *a* (előre) beavatott, zsugorodásmentes

preside [prɪ'zaɪd] *vi* 1. elnököl (*at/over* vm fölött) 2. asztalfőn ül

presidency ['prezɪd(ə)nsɪ] *n* elnöklés; elnökség, elnöki méltóság/tisztség

president ['prezɪd(ə)nt] *n* 1. elnök 2. *US* (egyetemi) rektor

presidential [prezɪ'denʃl] *a* 1. elnöki 2. elnökválasztási

presiding [prɪ'zaɪdɪŋ] *a* elnöklő

press¹ [pres] I. *n* 1. nyomás 2. prés 3. sajtó; könyvnyomtatás, (könyv-)nyomda; *have a good ~* jó sajtója van; *go to ~* nyomdába kerül; *in the ~* nyomás/sajtó alatt; *~ conference* sajtókonferencia; *~ release* sajtóközlemény 4. tolongás, szorongás, tömeg, csődület 5. hajsza; *~ of business* sürgős munka/elfoglaltság 6. (ruhás)szekrény, fehérneműs szekrény II. **A.** *vt* 1. (meg)nyom, összenyom; (ki)sajtol, (ki)présel 2. (meg)szorít; (át)ölel 3. (ki)vasal; *have one's suit ~ed* kivasaltatja öltönyét 4. kényszerít, sürget, siettet; *~ an attack* erőteljesen támad; *~ sy hard* szutyongat vkt **B.** *vi* 1. nyomul, tolong, szorong; *~ close to sg* közel húzódik vmhez, odahúzódik vmhez 2. sürgős, sietős; *time ~es* sürget az az idő 3. befolyással/hatással van

press against *vt* nekitámaszkodik **press down** *vt* 1. lenyom [pedált, gombot] 2. lesimít **press for** *vt* erőteljesen sürget, követel; *~ f. an answer* sürgeti a választ; *be ~ed f. money* pénzszűkében van; *be ~ed f. time* időzavarral/-hiánnyal küzd → *pressed*

press forward A. *vi* előreözönlik [tömeg] **B.** *vt* siettet, sürget, unszol **press on A.** *vt* 1. ráprésel, ráerősít 2. ráerőltet 3. siettet, sürget, unszol **B.** *vi* 1. előretódul 2. eltökélten folytatja útját/munkáját 3. *his respon-*

sibilities ~ *heavily on him* súlyos felelősség nehezedik rá
press upon = *press on A. 1., 2., B. 3.*
press² [pres] *vt* erőszakkal besoroz, verbuvál
press-agent *n* sajtóügynök
press-box *n* sajtópáholy
press-button *n* patentgomb, nyomógomb
press-campaign *n* sajtóhadjárat
press-clipping *n* újságkivágás, -kivágat
press-copy *n* sajtópéldány
press-correspondent *n* sajtótudósító, levelező
press-cutting *n* újságkivágás, -kivágat
pressed [prest] *a* 1. sajtolt; préselt; vasalt [ruha] 2. ~ *for space* helyszűke (miatt); *be hard* ~ nyomasztó helyzetben van 3. hajszolt, űzött, sürgetett ‖ →*press¹ II.*, *press for*
press-gallery *n* sajtókarzat
press-gang *n* † erőszakkal verbuváló őrjárat
pressing ['presiŋ] I. *a* sürgős, sürgető, halasztást nem tűrő II. *n* 1. nyomás; préselés 2. **pressings** *pl* kisajtolt nedv [gyümölcsé, húsé] 3. vasalás; mángorlás 4. sürgetés, nógatás
pressman ['presmæn] *n* (*pl* -men -mən) 1. nyomdász 2. újságíró 3. *US* (nyomdai) gépmester
press-mark *n GB* katalógusszám [könyvé könyvtárban]
press-stud *n GB* nyomókapocs, patent(kapocs)
press-up *n* fekvőtámasz
pressure ['preʃə*] *n* 1. nyomás; *high* ~ nagy nyomás →*high-pressure*; *at high* ~ (1) nagy nyomással (2) nagy sebességgel; ~ *cabin* túlnyomásos utasfülke [repgépen]; ~ *suit* túlnyomásos pilótaöltöny, űrruha 2. *átv* nyomás (vmre); ~ *group* nyomást gyakorló érdekszövetség 3. sanyarúság, szükség 4. kényszer; sürgősség; *under* ~ kényszer(űség)ből
pressure-cooker *n* kukta(fazék)
pressure-gauge *n* nyomásmérő, manométer
pressurize ['preʃəraiz] *vt* túlnyomást létesít; ~*d cabin* túlnyomásos utasfülke [repgépen]

prestige [pre'sti:ʒ] *n* tekintély, erkölcsi súly, presztízs
prestigious [pre'stidʒəs] *a* tekintélyes, köztiszteletben álló, rangos
presto ['prestou] *adv* gyorsan
prestressed [pri:'strest] *a* előfeszített [betonelem]
presumable [prɪ'zju:məbl; *US* -'zu:-] *a* feltételezhető, feltehető; gyanítható; valószínű
presume [prɪ'zju:m; *US* -'zu:m] A. *vt* 1. feltesz, feltételez, gyanít, vél, sejt; *Doctor Livingstone I* ~? Ugyebár Dr. L.-hoz van szerencsém? 2. ~ *to do sg* bátorkodik/mer(észel) vmt (meg)tenni; ~ *too much* sokat enged meg magának B. *vi* ~ (*up*)*on sg* számít vmre, (túl sokat) vár vmtől; ~ (*up*)*on sy's friendship* visszaél vk barátságával
presumed [prɪ'zju:md; *US* -'zu:-] *a* feltételezett, valószínű
presuming [prɪ'zju:mjŋ; *US* -'zu:-] *a* 1. elbizakodott, beképzelt 2. tapintatlan, tolakodó
presumption [prɪ'zʌmpʃn] 1. feltételezés, vélelem 2. valószínűség, elbizakodottság, önteltség
presumptive [prɪ'zʌmptɪv] *a* 1. valószínű 2. vélelmezett ‖ →*heir*
presumptuous [prɪ'zʌmptjuəs; *US* -tʃʊ-] *a* 1. merész 2. önhitt 3. szemtelen, hepciás
presuppose [pri:sə'pouz] *vt* előre feltesz, feltételez, vélelmez
pretence, *US* -**tense** [prɪ'tens] *n* 1. ürügy; igény, jogcím; *under the* ~ *of friendship* barátságot színlelve 2. látszat, színlelés, szerepjátszás; *there's no* ~ *about him* természetes ember, nem pózol, önmagát adja 3. ámítás, fondorlat; *on/under false* ~*s* csalárd fondorlattal
pretend [prɪ'tend] A. *vt* 1. tettet, mímel, színlel, úgy tesz, mintha; megjátssza, hogy; szimulál; *let's* ~ *to be robbers* játsszuk azt, hogy rablók vagyunk B. *vi* igényel, igényt tart vmre
pretender [prɪ'tendə*] *n* igénylő; igényt tartó (*to* vmre); trónkövetelő
pretense →*pretence*

pretension [prɪ'tenʃn] n 1. kifogás, ürügy 2. (jog)igény, követelés 3. önhittség, elbizakodottság; *man of no* ~(s) igénytelen/szerény ember
pretentious [prɪ'tenʃəs] a 1. követelőző; nagyratörő 2. elbizakodott, nagyhangú
pretentiousness [prɪ'tenʃəsnɪs] n 1. = *pretension 3.* 2. követelőzés
preterit(e) ['pret(ə)rɪt] a/n múlt (idő), praeteritum
preternatural [pri:tə'nætʃrəl] a természetfölötti
pretext ['pri:tekst] n ürügy, kifogás; *on/under the* ~ *of* vmnek örve alatt
Pretoria [prɪ'tɔ:rɪə] prop Pretória
prettify ['prɪtɪfaɪ] vt csinosít(gat)
prettily ['prɪtɪlɪ] adv kedvesen; kecsesen; csinosan
prettiness ['prɪtɪnɪs] n 1. csinosság, kedvesség 2. finomkodás
pretty ['prɪtɪ] I. a 1. csinos, bájos, szép 2. meglehetős; a ~ *state of affairs!* szép kis ügy (mondhatom)! II. adv 1. eléggé, meglehetősen; ~ *well* (1) elég jól (2) jóformán; ~ *much* eléggé, meglehetősen; ~ *much the same* nagyjából ugyanaz; *biz* ~ *near* majdnem 2. *biz be sitting* ~ kitűnő/biztos helyzetben van III. n my ~! kis bogaram! drágaságom!
pretty-pretty a finomkodó; affektáló
prevail [prɪ'veɪl] vi 1. uralkodik (*over* vk fölött), győzedelmeskedik, érvényesül (*over/against* vkvel szemben) 2. ~ (*up)on* sy *to do* sg rábeszél/rábír vkt vmnek a megtételére 3. uralkodik, túlsúlyban van, dominál
prevailing [prɪ'veɪlɪŋ] a 1. fennálló, uralkodó, általános, érvényes; ~ *winds* uralkodó szelek 2. hatásos
prevalence ['prevələns] n túlsúly, gyakoriság, elterjedtség
prevalent ['prevələnt] a uralkodó, túlsúlyban levő, gyakori, elterjedt
prevaricate [prɪ'værɪkeɪt] vi nem beszél nyíltan, kertel
prevarication [prɪværɪ'keɪʃn] n nem őszinte beszéd, kertelés
prevent [prɪ'vent] vt (meg)akadályoz, meghiúsít; ~ sy *from doing* sg megakadályoz vkt vm megtételében

prevention [prɪ'venʃn] n 1. megakadályozás, meggátolás 2. megelőzés, elhárítás, prevenció; ~ *of accidents* balesetelhárítás
preventive [prɪ'ventɪv] I. a 1. megakadályozó, meggátló, elhárító 2. megelőző,preventív [intézkedés stb.]; ~ *detention* internálás; ~ *medicine* profilaxis; ~ *officer* parti vámőr II. n preventív gyógyszer
preview ['pri:vju:] I. n sajtóbemutató, szakmai bemutató [filmé] II. vt sajtóbemutatón/előre megtekint
previous ['pri:vjəs] I. a 1. (meg)előző, előzetes, előbbi; ~ *question* halasztási indítvány [előzetes kérdés eldöntése címén] 2. *biz* túl korai, elsietett II. adv ~ *to* előbb, vmt megelőzően, vm előtt; ~ *to my departure* elutazásomat megelőzően
previously ['pri:vjəslɪ] adv azelőtt, korábban; előzetesen
prevision [pri:'vɪʒn] n előrelátás
pre-war [pri:'wɔ:*; *jelzői haszn* 'pri:-] a háború előtti
prexy ['preksɪ] n US biz elnök, rektor [főiskoláé, egyetemé]
prey [preɪ] I. n préda, zsákmány; áldozat; *be/fall* ~ *to* (1) áldozatul esik (2) szenved (vm miatt) II. vi ~ (*up)on* sg (1) leselkedik vmre (2) zsákmányul ejt vmt, megragad vmt; ~ (*up)on* sy (1) élősködik vkn (2) bánt/emészt vkt; sg *is* ~*ing on his mind* vm emészti
price [praɪs] I. n 1. ár; árfolyam: ~ *current* = *price-list*; ~ *cut* árleszállítás; *at any* ~ mindenáron; *set a high* ~ *on* sg vmt nagyra értékel; *above/beyond/without* ~ megfizethetetlen, felbecsülhetetlen; *biz what* ~ ...? (1) mi a valószínűsége? (2) mibe kerül? (3) mit ér ... [gúnyosan]; *biz what* ~ *glory?* drágán vásárolt dicsőség [a háborús győzelem]; *every man has his* ~ minden ember megvásárolható 2. jutalom, díj; *set/put a* ~ *on sy's head* díjat tűz ki vk fejére II. vt 1. árat megállapít, (be)áraz 2. becsül, értékel
price-control n árellenőrzés
priced [praɪst] a 1. (vmlyen) árú 2. árral megjelölt

price-index *n* árindex
priceless ['praɪslɪs] *a* (*átv is*) megfizethetetlen, megbecsülhetetlen
price-level *n* árszint
price-list *n* ár(folyam)jegyzék, árlap
price-tag *n* árcédula
prick [prɪk] I. *n* 1. (tű)szúrás (helye); *biz* ~*s of conscience* lelkiismeretfurdalás 2. tüske; tövis 3. ösztöke; vmnek a hegye; *kick against the* ~*s* oktalanul makrancosokodik 4. *vulg* fasz, fark(a vknek) II. A. *vt* 1. (meg)szúr; felszúr, kibök; ~ *one's finger* megszúrja az ujját 2. ~ *up one's ears* fülét hegyezi 3. ~ *out* kiültet [palántát] B. *vi* 1. bizsereg 2. † lóháton megy, lovagol
prick-eared *a* hegyes fülű
pricker ['prɪkə*] *n* (pontszúró) tű, pikírozófa, ár
pricking ['prɪkɪŋ] *n* 1. szúrás; kipontozás; ~ *wheel* szabórádli 2. zsibongás, bizsergés
prickle ['prɪkl] I. *n* 1. tüske, tövis 2. bizsergés II. A. *vt* bök, szúr B. *vi* bizsereg
prickly ['prɪklɪ] *a* 1. tövises, szúrós; ~ *pear* fügekaktusz 2. kényes [kérdés] 3. bizsergő, viszkető, csiklandó, csípő; ~ *heat* hőkiütés 4. *biz* tüskés, ingerlékeny [ember]
pride [praɪd] I. *n* 1. büszkeség; önérzet; *take* ~ *in sg* büszke vmre 2. gőg, kevélység; ~ *goes before a fall* aki felmagasztalja magát megaláztatik 3. tetőfok; *in the* ~ *of years* élete virágjában/teljében II. *vt* ~ *oneself on sg* büszkélkedik/kérkedik vmvel
pried [praɪd] →*pry¹* és *pry²* II.
priest [pri:st] *n* (áldozó)pap; lelkész
priesthood ['pri:sthʊd] *n* papság
Priestley ['pri:stlɪ] *prop*
priestlike *a* papi, papos
priestly ['pri:stlɪ] *a* papi, paphoz illő
priest-ridden *a* papság által elnyomott
prig [prɪg] *n* smokk; beképzelt/öntelt/szenteskedő ember
priggish ['prɪgɪʃ] *a* 1. önhitt 2. kényeskedő
priggishness ['prɪgɪʃnɪs] *n* 1. fontoskodás, önhittség 2. kényeskedés
prim [prɪm] *a* 1. kimért, mesterkélt, pedáns 2. prűd, szemérmes 3. csinos

primacy ['praɪməsɪ] *n* 1. érsekség, prímásság 2. elsőbbség, felsőbbség
primaeval →*primeval*
prima facie [praɪmə'feɪʃi:] *a/adv* első látásra elfogadható(an)
primal ['praɪml] *a* 1. első, eredeti, ős- 2. első, fő, legfőbb
primarily ['praɪm(ə)rəlɪ] *adv* elsősorban; eredetileg
primary ['praɪmərɪ; *US* -erɪ] I. *a* 1. első, elsődleges, eredeti, fő(-); *of* ~ *importance* alapvető fontosságú 2. elemi; ~ *colours* alapszín(ek); ~ *education* elemi oktatás; ~ *school* kb. általános iskola (alsó tagozata) II. *n* 1. fődolog 2. *US* (elnök)jelölő helyi előválasztás
primate ['praɪmət] *n* prímás [egyházi]
primates [praɪ'meɪti:z] *n pl* főemlősök
prime [praɪm] *a* 1. első(rendű), fő(-); ~ *cost* beszerzési/előállítási ár; ~ *minister* miniszterelnök; ~ *mover* (1) erőgép (2) *átv* lelke/mozgatója vmnek; ~ *necessity* elsőrangú fontosságú dolog 2. legjobb, kiváló, elsőrendű minőségű; ~ *cut* java rész [húsé] 3. eredeti, ős-, elsődleges; ~ *number* törzsszám II. *n* 1. kezdet, tavasz; *in the* ~ *of life, in one's* ~ élete virágjában; *past one's* ~ kenyere javát megette 2. vmnek színe-java, tökéletesség, vmnek tetőfoka 3. *prima* (hora) [reggeli imádság(idő)] III. *vt* 1. (meg)tölt [üzemanyaggal, lőporral]; telít [szivattyút stb.]; ~ *the pump* (1) szivattyúba vizet tölt (2) *biz* anyagilag támogat 2. *biz* itat; etet; *be well* ~*d* borközi állapotban van 3. kitanít, kioktat, (be)paukol 4. alapoz [festés alá]
primer¹ ['praɪmə*; *US* 'prɪ-] *n* 1. ábécéskönyv, elsős olvasókönyv 2. bevezetés, bevezető [könyv]; alapelemek
primer² ['praɪmə*] *n* 1. gyutacs 2. alapozó; alapréteg [festék]
prim(a)eval [praɪ'mi:vl] *a* ősi, eredeti
priming ['praɪmɪŋ] →*prime III*.
primitive ['prɪmɪtɪv] *a* 1. ősi, eredeti, ős-; ~ *man* ősember 2. kezdetleges, egyszerű, primitív[művészet, irányzat]
primitiveness ['prɪmɪtɪvnɪs] *n* egyszerűség, kezdetlegesség, primitívség

primly ['prɪmlɪ] adv 1. mesterkélten, erőltetetten 2. kimérten, pedánsan
primness ['prɪmnɪs] n 1. prűdség, mesterkéltség, erőltetettség 2. pedánsság, pedantéria
primogeniture [praɪmoʊ'dʒenɪtʃə*] n 1. elsőszülöttség 2. hitbizományi rendszer
primordial [praɪ'mɔːdjəl] a 1. ősi, eredeti, legelső 2. alapvető (fontosságú)
primp [prɪmp] vi/vt = prink
primrose ['prɪmroʊz] n kankalin; biz the ~ path élvezetekkel teli élet(út), a lejtő
primula ['prɪmjʊlə; US -mjə-] n kerti kankalin
primus¹ ['praɪməs] a idősebb
primus² ['praɪməs] ~ (stove) hordozható olajtűzhely
prince [prɪns] n 1. herceg; P~ Consort (angol) királynő férje; P~ Regent régensherceg; P~ of Wales a walesi herceg 2. uralkodó; fejedelem; the ~ of darkness a sátán
princedom ['prɪnsdəm] n hercegség
princely ['prɪnslɪ] a fejedelmi, hercegi
princess [prɪn'ses; US 'prɪn-] n hercegnő; hercegné; P~ Royal ⟨angol király legidősebb lánya⟩
Princeton ['prɪnstən] prop
principal ['prɪnsəpl] I. a fő, legelső, legfontosabb; ~ parts (of a verb) az ige törzsalakjai/averbója II. n 1. igazgató; főnök, elöljáró, felettes, principális 2. megbízó 3. (kölcsön)tőke; ~ and interest tőke és kamatok 4. (közvetlen) tettes, elkövető [bűncselekményé] 5. párbajozó fél 6. szarufa, mestergerenda
principality [prɪnsɪ'pælətɪ] n fejedelemség; the P~ Wales
principally ['prɪnsəplɪ] adv főként, leginkább; elsősorban
principle ['prɪnsəpl] n (alap)elv, alap; in ~ általában, elvben; on ~ elvből; high ~s emelkedett erkölcsi szempontok; matter of ~ elvi kérdés
principled ['prɪnsəpld] a 1. vmlyen elvű 2. elvi alapon álló
prink [prɪŋk] vi/vt ~ (oneself) up cicomázza/kicsípi magát

print [prɪnt] I. n 1. nyomdatermék; nyomat; nyom(tat)ás; metszet; in ~ (1) nyomás alatt, nyomtatásban (2) kapható; out of ~ kifogyott, nem kapható [könyv] 2. (nyomdai) betű(típus); large ~ nagy betű 3. fénykép(másolat), kópia 4. lenyomat (vmé); (láb)nyom 5. nyomott pamutszövet 6. kiadás, kinyomtatás; nyomtatvány; US újság II. A. vt 1. ~ (off) nyom, (ki)nyomtat, kinyomat; ~ out kiír [adatokat számítógép] 2. fényképmásolatot készít (off vmről) 3. nyomtatott betűkkel ír 4. (rá)nyom; (le)bélyegez 5. nyom [szövetet] B. vi the book is ~ing a könyvet nyomják
printable ['prɪntəbl] a 1. (ki)nyomható 2. nyomdafestéket elbíró 3. nyomtatásra kész
printed ['prɪntɪd] a nyom(tat)ott; ~ circuit nyomtatott áramkör; ~ cloth nyomott pamutszövet; "~ matter", "~ papers" „nyomtatvány" [postai jelzés]
printed-paper rate nyomtatványdíjszabás
printer ['prɪntə*] n nyomdász; nyomdai) gépmester; ~'s devil nyomdai tanonc, nyomdászinas; ~'s error sajtóhiba; ~'s ink nyomdafesték; ~'s reader nyomdai korrektor
printing ['prɪntɪŋ] n 1. nyom(tat)ás 2. másolás; ~ frame másolókeret
printing-house n nyomda
printing-machine n nyomógép, nyomdagép
printing-office n nyomda
printing-out paper napfénypapír
printing-press n = printing-machine
printout n nyomtatott eredmény, kiírás [adatfeldolgozásban]
print-room n metszetgyűjtemény
print-seller n metszetárus
print-shop n metszetkereskedés
prior¹ ['praɪə*] n házfőnök, perjel
prior² [praɪə*] I. a előbbi, korábbi (to vknél/vmnél) II. adv ~ to (vmt) megelőzően; ~ to that korábban
prioress ['praɪərɪs] n (zárda)főnöknő
priority [praɪ'ɔrətɪ; US -'ɔːr-] n elsőbbség; top ~ mindent/mindenkit mege-

lőző elsőbbség(i jog); ~ sign „főútvonal" jelzőtábla; have/take ~ elsőbbséggel bír, elsőbbsége van (over előtt); have low ~ nem sürgős
priory ['praɪərɪ] n szerzetház, zárda [perjel vezetése alatt]
prism ['prɪzm] n 1. hasáb, prizma 2. prisms pl a színkép színei
prismatic [prɪz'mætɪk] a 1. hasáb alakú, prizmás 2. ~ colours szivárványszínek
prison ['prɪzn] n börtön, fogház; break (out of) ~ megszökik a börtönből; put sy in ~ börtönbe vet vkt
prison-breaking n megszökés börtönből
prisoner ['prɪznə*] n 1. rab, rabnő, fogoly; ~ of war hadifogoly; be taken ~ foglyul esik/ejtik 2. letartóztatott; vizsgálati fogoly; ~'s base kb. „adj király katonát . . ." [fogójáték]
prison-yard n börtönudvar
prissy ['prɪsɪ] a US biz fontoskodó, finomkodó
pristine ['prɪstaɪn; US -tiːn] a hajdani, régi, ősi, eredeti
prithee ['prɪðɪ] int † (kérve) kérlek
privacy ['prɪvəsɪ; US 'praɪ-] n 1. magányosság; magánélet; elvonultság, magány 2. titok(tartás)
private ['praɪvɪt] I. a 1. magántermészetű, magán-; ~ patient magánbeteg; in ~ life a magánéletben 2. titkos, bizalmas; for your ~ ear (egészen) bizalmasan [közlöm]; keep sg ~ titokban tart vmt 3. nem nyilvános, zártkörű; ~ dance zártkörű táncmulatság; the funeral will be ~ a temetésen csak a legszűkebb családtagok vesznek részt; "~" (1) „magánterület"; „belépni tilos" (2) különjárat [buszfelirat] 4. ~ parts (külső) nemi szervek 5. ~ soldier közkatona II. n 1. magányosság, egyedüllét; in ~ (1) a magánéletben, bizalmas körben (2) titokban, bizalmasan 2. közkatona; US ~ first class őrvezető
privateer [praɪvə'tɪə*] I. n 1. partizánhajó 2. partizánhajó kapitánya/tengerésze II. vi kalózkodik
privately ['praɪvɪtlɪ] adv 1. titkosan, bizalmasan 2. személyesen; ~ owned magántulajdonban levő

privation [praɪ'veɪʃn] n 1. nyomor, szűkölködés 2. megfosztás
privet ['prɪvɪt] n fagyal(bokor)
privilege ['prɪvɪlɪdʒ] I. n 1. kiváltság, előjog, privilégium; parliamentary ~ mentelmi jog 2. megtiszteltetés; it's a great ~ to me to . . . nagy tisztességemre szolgál az, hogy . . . II. vt kiváltsággal felruház, előjogot biztosít
privileged ['prɪvɪlɪdʒd] a 1. kiváltságos; the ~ classes a kiváltságos osztályok 2. szabadalmas
privy ['prɪvɪ] I. a 1. ~ to sg tudomása van vmről, részes/cinkos vmben 2. titkos; magán; ~ parts nemi szervek 3. GB P~ Council Titkos Tanács, Királyi Államtanács; P~ Councillor a Királyi Államtanács tagja, belső titkos tanácsos; Lord P~ Seal Lordpecsétőr; P~ Purse az uralkodó magánpénztára, civillista II. n 1. érdektárs 2. US árnyékszék
prize¹ [praɪz] I. n 1. díj, nyeremény, jutalom 2. (jelzői haszn) díjazott, díjnyertes; ~ dog díjnyertes kutya II. vt becsül vmre, nagyra becsül, értékel
prize² [praɪz] I. n † (hadi)zsákmány II. vt zsákmányul ejt
prize³ [praɪz] vt ~ open/out feltör, felfeszít; ~ (up) emelővel felemel (vmt)
prize-fight n (hivatásos) ökölvívómérkőzés
prize-fighter n hivatásos bokszoló/ökölvívó
prize-giving n jutalomkiosztás
prize-list n jutalmazottak/győztesek névsora
prizeman ['praɪzmən] n (pl -men -mən) díjnyertes, jutalmazott
prize-ring n szorító [ökölvívóké]
prize-winner n = prizeman
pro¹ [prəʊ] I. prep mellett, -ért; ~ rata [prəʊ'rɑːtə] arányosan; ~ tem(pore) [prəʊ'tem(pərɪ)] ideiglenesen, átmenetileg; ~ forma [prəʊ'fɔːmə] a forma/látszat kedvéért; ~ forma invoice előzámla II. n the ~s and cons a mellette és ellene szóló érvek/szempontok
pro² [prəʊ] a/n biz profi, hivatásos
pro- [prəʊ] pref/a 1. -támogató, -barát; ~-Communist kommunistabarát

2. *biz he is very* ~ nagyon támogatja, mellette van

P.R.O., PRO [pi:a:r'oʊ] *public relations officer* →*public*

probability [prɔbə'bɪlətɪ; *US* prɑ-] *n* valószínűség; eshetőség, esély

probable ['prɔbəbl; *US* -ɑ-] I. *a* valószínű, lehetséges; *a* ~ *winner* esélyes, favorit II. *n* esélyes [jelölt stb.]

probably ['prɔbəblɪ; *US* 'prɑ-] *adv* valószínűleg; talán

probate ['proʊbeɪt] I. *n* 1. hiteles érvényesítés/jóváhagyás [végrendeleté] 2. örökösödési eljárás; *P*~ *Court* hagyatéki bíróság; ~ *duty* hagyatéki adó 2. bíróilag hitelesített végrendelet-másolat II. *vt US* ~ *a will* végrendeletet bíróilag megerősít

probation [prə'beɪʃn; *US* proʊ-] *n* 1. feltételes szabadlábra helyezés; ~ *officer* ⟨feltételesen szabadlábra helyezettek felügyeletével megbízott rendőrtiszt⟩; ~ *system* próbaidőre való szabadlábra helyezés (módszere) 2. próba(idő); *be on* ~ (1) gyakorlati idejét tölti (2) feltételesen szabadlábon van

probational [prə'beɪʃənl] *a* próbaidős, próbaidejét töltő, gyakorlóéves

probationary [prə'beɪʃn(ə)rɪ; *US* -erɪ] *a* = *probational*

probationer [prə'beɪʃnə*] *n* 1. novícius; próbaéves, gyakorlóéves; újonc 2. próbaidőre szabadlábra helyezett

probe [proʊb] I. *n* 1. szonda, kutasz; *lunar* ~ holdszonda 2. alapos/mélyreható vizsgálat II. *vt* 1. szondáz; kitapogat [orvos] 2. kutat, (alaposan) megvizsgál

probity ['proʊbətɪ] *n* feddhetetlenség, becsületesség

problem ['prɔbləm; *US* -ɑ-] *n* 1. probléma, kérdés, feladat; ~ *child* nehezen nevelhető gyerek; ~ *play* tételes dráma, iránydráma 2. (mennyiségtani) feladat, példa

problematic(al) [prɔblə'mætɪk(l); *US* prɑ-] *a* problematikus, kérdéses, kétséges, vitatható

proboscis [prə'bɔsɪs; *US* -'bɑ-] *n* 1. ormány 2. szívószerv [rovaré]

pro-British [proʊ'brɪtɪʃ] *a* angolbarát

procedural [prə'si:dʒər(ə)l] *a* ügyrendi

procedure [prə'si:dʒə*] *n* 1. eljárás(mód), művelet; *legal* ~ bírói eljárás 2. ügyrendi szabályzat [gyűlésen]

proceed [prə'si:d] *vi* 1. halad, előremegy, folytatódik, tovább megy; ~ *to/towards a place* vhová megy/halad; ~ *to* (1) elkezd/folytat vmt, hozzáfog vmhez (2) (vmt követően) tesz vmt; ~ *to blows* verekedésre kerül a sor 2. folytatódik, folyamatban van; *proceed!* folytasd!, tovább!; ~ *with sg* folytat vmt 3. ered, kiindul (*from* vmből) 4. eljár [hivatalosan]; ~ *against sy* (jogi) eljárást indít vk ellen, beperel vkt ‖ →*proceeds*

proceeding [prə'si:dɪŋ] *n* 1. eljárás(mód) 2. **proceedings** *pl* bírósági eljárás; *costs of the* ~*s* perköltség 3. **proceedings** *pl* jegyzőkönyv [gyűlésé]; *P*~*s of the Academy* az Akadémia közleményei/aktái; (*written*) ~*s* akták, iratok

proceeds ['proʊsi:dz] *n pl* bevétel; haszon, hozadék; jövedelem; *net* ~ tiszta haszon

process[1] ['proʊses; *US* 'prɑ-] I. *n* 1. folyamat; eljárás; fejlődés; *in* ~ *of construction* építés alatt 2. per, kereset; bírósági idézés 3. kinövés, nyúlvány II. *vt* 1. feldolgoz; megmunkál; vm eljárást végez vmn, kikészít [textil stb.]; tartósít [húst] 2. kidolgoz [filmet] 3. klisíroz; lenyomtat 4. (be-) perel

process[2] [prə'ses] *vi biz* (fel)vonul

processed ['proʊsest] *a* feldolgozott; ~ *cheese* ömlesztett sajt

procession [prə'seʃn] *n* processzió, felvonulás, körmenet

processional [prə'seʃənl] *a* körmeneti

process-printing *n* háromszínnyomás

process-server *n* bírósági kézbesítő

proclaim [prə'kleɪm] *vt* 1. kihirdet, kikiált, kinyilvánít 2. ~ *war* hadat üzen

proclamation [prɔklə'meɪʃn; *US* prɑ-] *n* kiáltvány, nyilatkozat

proclitic [prə'klɪtɪk] *a/n* hangsúlytalan, simuló (szó)

proclivity [prə'klɪvətɪ; *US* proʊ-] *n* (rossz irányú erkölcsi) hajlam

proconsul [prou'kɔns(ə)l; *US* -'kɑ-] *n* prokonzul, gyarmati kormányzó

procrastinate [prə'kræstɪneɪt] *vi* halogat, késlekedik

procrastination [prəkræstɪ'neɪʃn] *n* halogatás, késlekedés

procreate ['prouukrɪeɪt] *vt* nemz; alkot, létrehoz

procreation [prouukrɪ'eɪʃn] *n* nemzés, teremtés; létrehozás

proctor ['prɔktə*; *US* -ɑ-] 1. *GB* egyetemi fegyelmi felügyelő 2. *US* vizsgafelügyelő

procumbent [prou'kʌmbənt] *a* 1. hason fekvő 2. kúszó

procurable [prə'kjuərəbl] *a* kapható, megszerezhető

procuration [prɔkjʊ(ə)'reɪʃn; *US* prakjə-] *n* 1. megszerzés, beszerzés 2. ügyvitel 3. meghatalmazás; cégjegyzés; *per* ~ megbízásból 4. ~ *fee/money* ügynöki díj

procurator ['prɔkjʊ(ə)reɪtə*; *US* 'prakjə-] *n* meghatalmazott

procure [prə'kjuə*] *vt* 1. (meg)szerez, beszerez; kieszközöl 2. † okoz, előidéz 3. kerít [nőt]

procurement [prə'kjuəmənt] *n* 1. = *procuration 1.* 2. közbenjárás 3. kerítés [nőt]

procurer [prə'kjuərə*] *n* 1. vásárló 2. kijáró, felhajtó 3. kerítő(nő)

procuress [prə'kjuərɪs] *n* kerítőnő

prod [prɔd; *US* -ɑ-] I. *n* 1. ösztöke 2. döfés, lökés II. *vt* -dd- 1. döf, piszkál, taszít 2. ösztökél, sarkall

prodigal ['prɔdɪgl; *US* 'prɑ-] *a/n* bőkezű; pazarló; ~ *son* tékozló fiú; *be* ~ *of sg* bőkezűen bánik vmvel

prodigality [prɔdɪ'gælətɪ; *US* prɑ-] *n* bőkezűség; pazarlás

prodigious [prə'dɪdʒəs] *a* óriási; bámulatos; csodálatos

prodigy ['prɔdɪdʒɪ; *US* 'prɑ-] *n* csoda; csodálatos esemény/tehetség; *infant* ~ csodagyer(m)ek

produce I. *n* ['prɔdju:s; *US* 'prɑdu:s] termény, termék, termés(hozam); *P*~ *Exchange* árutőzsde; *farm* ~ mezőgazdasági termény(ek) II. *v* [prə'dju:s; *US* -'du:s] A. *vt* 1. terem [gyümöl-

csöt]; szül [ivadékot]; hoz [kamatot]; létrehoz, létesít; előállít, termel, gyárt 2. előidéz, okoz; ~ *a sensation* feltűnést/szenzációt kelt 3. bemutat, színre hoz [színdarabot]; kiad [könyvet] 4. felmutat [jegyet stb.] B. *vi* 1. terem 2. termel [üzem] 3. alkot [író stb.]

producer [prə'dju:sə*; *US* -'du:-] *n* 1. termelő; ~(*s*') *goods* termelési javak 2. (*gas*) ~ gázfejlesztő készülék 3. gyártásvezető, producer [filmé]; színrehozó

product ['prɔdʌkt; *US* 'prɑ-] *n* 1. termék; termény; készítmény, gyártmány; *secondary* ~ melléktermék 2. szorzat

production [prə'dʌkʃn] *n* 1. termelés, feldolgozás, előállítás, gyártás; *cost of* ~ termelési/előállítási költség; ~ *line* (1) futószalag (2) gépsor 2. termék, gyártmány 3. (irodalmi) mű, alkotás 4. felmutatás, megmutatás 5. színrehozás, rendezés [színdarabé]

productive [prə'dʌktɪv] *a* 1. termő, termékeny; hasznot hajtó, gyümölcsöző; eredményes 2. termelő; ~ *forces* termelőerők

productiveness [prə'dʌktɪvnɪs] *n* 1. termelékenység, termőképesség 2. (*átv is*) termékenység

productivity [prɔdʌk'tɪvətɪ; *US* prou-] *n* = *productiveness*

proem ['prouem] *n* előszó, előhang

pro-English [prou'ɪŋglɪʃ] *a* angolbarát

Prof. [prɔf; *US* -ɑ-] *Professor*

profane [prə'feɪn] I. *a* 1. világi(as), profán; beavatatlan; pogány 2. szentségtörő; ~ *words* káromkodás, istentelen beszéd II. *vt* megszentségtelenít; meggyaláz

profanity [prə'fænətɪ] *n* 1. szentségtörés, profanitás 2. **profanities** *pl* káromkodás, istenkáromlás

profess [prə'fes] A. *vt* 1. vall; kijelent, állít; ~ *friendship* barátságot hangoztat; ~ *Christianity*, ~ *oneself Christian* kereszténynek vallja magát 2. gyakorol, űz [foglalkozást] 3. előad, tanít [vmt egyetemen] B. *vi* 1. előad, tanít [egyetemen] 2. szerzetesi fogadalmat tesz

professed [prə'fest] a 1. meggyőződéses; bevallott; kifejezett 2. állítólagos 3. hivatásos 4. szerzetesi fogadalmat tett professedly [prə'fesıdlı] adv 1. nyíltan, bevallottan; nyilvánvalóan 2. állítólag(osan) 3. látszólag
profession [prə'feʃn] n 1. (élet)hivatás, (szellemi) foglalkozás, mesterség, szakma(beliek összessége); by ~ he is a ... foglalkozására nézve ő... 2. ~ (of faith) hitvallás 3. (szerzetesi) fogadalom 4. nyilatkozat
professional [prə'feʃənl] I. a 1. szakmai, szakmabeli, szakértő(i); take ~ advice on sg (1) szaktanácsot kér (2) ügyvédi/orvosi tanácsot kér 2. szakszerű 3. hivatásos, profi 4. szabad foglalkozású; ~ classes diplomások, szellemi pályán levők; ~ man (1) szabad foglalkozású (ember) (2) diplomás II. n 1. hivatásos, profi [művész, sportoló] 2. diplomás 3. szakember
professionalism [prə'feʃnəlızm]n 1. szakszerű hivatásgyakorlás 2. profirendszer [sportban]
professor [prə'fesə*] n 1. egyetemi/főiskolai tanár, professzor 2. † (hit)valló
professorial [prɔfɪ'sɔːrɪəl; US pra-] a 1. tanári, professzori 2. tanáros, professzoros
professorship [prə'fesəʃɪp] n egyetemi tanszék, katedra
proffer ['prɔfə*; US -a-] I. n ajánlat II. vt (fel)ajánl, kínál
proficiency [prə'fɪʃnsı] n 1. szakértelem, jártasság 2. előmenetel; ~ in English (jó) angol nyelvtudás; ~ examination kb. nyelvvizsga
proficient [prə'fɪʃnt] a jártas, gyakorlott (in vmben)
profile ['prəufaɪl] I. n 1. profil, arcél; oldalnézet; körvonal 2. idom, profil; szelvény; ~ iron idomvas 3. rövid életrajz, (jellem- és) pályakép [személyről nyomtatásban] 4. átv low ~ hangsúlyosságot kerülő jelleg, tartózkodás II. vt oldalnézetben/metszetben ábrázol
profit ['prɔfɪt; US -a-] I. n 1. haszon, nyereség, előny; to my ~ előnyömre, hasznomra; turn to ~ hasznára fordít,

hasznot húz (vmből) 2. nyereség, profit; ~ and loss account nyereség— veszteség számla; sell at ~ nyereséggel ad el; loss of ~ elmaradt nyereség; narrow margin of ~ csekély haszon II. A. vt hasznára van/válik B. vi tanul, haszna van, hasznot húz (from/by sg vmből)
profitable ['prɔfɪtəbl; US 'pra-] a hasznos; jövedelmező; előnyös; rentábilis
profiteer [prɔfɪ'tɪə*; US pra-] I. n nyerészkedő II. vi nyerészkedik, feketézik
profiteering [prɔfɪ'tɪərɪŋ; US pra-] n 1. üzérkedés, haszonlesés 2. kalmárszellem
profitless ['prɔfɪtlɪs] a nem jövedelmező, hiábavaló
profit-margin n haszonkulcs
profit-sharing n nyereségrészesedés, haszonmegosztás
profligacy ['prɔflɪgəsı; US 'pra-] n 1. kicsapongás, feslett élet 2. tékozlás
profligate ['prɔflɪgət; US 'pra-] a/n 1. feslett, erkölcstelen, kicsapongó 2. tékozló (személy)
profound [prə'faund] a 1. (átv is) mély(séges) 2. alapos, beható
profoundly [prə'faundlı] adv 1. nagyon, mélységesen 2. alaposan, behatóan
profoundness [prə'faundnıs] n mélység
profundity [prə'fʌndətı] n mélység
profuse [prə'fjuːs] a 1. bő(séges), pazar(ló) 2. bőkezű (in vmben)
profusely [prə'fjuːslı] adv bőségesen
profuseness [prə'fjuːsnıs] n pazar bőség, gazdagság (of/in vmben)
profusion [prə'fjuːʒn] n = profuseness
prog [prɔg; US -a-] □ n GB egyetemi fegyelmi felügyelő
progenitor [prə'dʒenɪtə*] n ős, előd
progeniture [prə'dʒenɪtʃə*] n 1. ivadék(ok) 2. nemzés
progeny ['prɔdʒənı; US 'pra-] n 1. ivadék(ok), utód(ok), leszármazott(ak) 2. eredmény, folyomány
prognosis [prɔg'nəusıs; US prag-] n (pl -ses -siːz) prognózis; kórjóslat; (időjárás-)előrejelzés
prognostic [prɔg'nɔstık; US -a- -a-] I. a előre jelző, jós- II. n 1. (meg)jövendölés 2. előjel

prognosticate [prɔg'nɔstɪkeɪt; *US* prag-'na-] *vt* (meg)jósol, (meg)jövendöl, (előre) jelez
program(me) ['prougræm] I. *n* 1. műsor, tárgysorozat, munkarend, napirend, program, tervezet; ~ *music* programzene 2. (nyomtatott) tájékoztató [iskola tanulmányi rendjéről stb.] 3. program [számítógépé]; ~ *control* programvezérlés II. *vt* 1. programot csinál, tervet készít; műsort összeállít 2. [kibernetikában] (be)programoz
programmed ['prougræmd] *a* programozott
programmer ['prougræmə*] *n* programozó
progress I. *n* ['prougres, *US* 'pra-] haladás, előmenetel; *work in* ~ munkában levő mű; *make* ~ (jól) halad; ~ *of time* az idő múlása II. *vi* [prə'gres] 1. halad, múlik [idő] 2. halad, fejlődik; javul
progression [prə'greʃn] *n* 1. haladás, előmenetel 2. haladó mozgás 3. haladvány, számtani/mértani sor
progressive [prə'gresɪv] I. *a* 1. haladó [mozgás] 2. haladó (szellemű), progresszív 3. kifejlődő, súlyosbodó [betegség] 4. progresszív [adózás stb.] 5. folyamatos [alak, idő] II. *n* haladó szellemű politikus
progressively [prə'gresɪvlɪ] *adv* 1. fokozatosan, progresszíve 2. haladó szellemben
prohibit [prə'hɪbɪt; *US* prou-] *vt* 1. (meg)tilt; ~ *sy from doing sg* eltilt vkt vmtől; *smoking is* ~*ed* tilos a dohányzás 2. (meg)akadályoz
prohibition [prouɪ'bɪʃn] *n* 1. tilalom 2. *US* szesztilalom
prohibitionist [prouɪ'bɪʃ(ə)nɪst] *n US* szesztilalom híve
prohibitive [prə'hɪbɪtɪv; *US* prou-] *a* tiltó, korlátozó; ~ *price* megfizethetetlen ár
project I. *n* ['prɔdʒekt; *US* 'pra-] 1. terv(ezet); tervrajz 2. (nagyméretű) beruházás 3. (kutatási) téma, feladat II. *v* [prə'dʒekt] A. *vt* 1. tervez, kigondol, vázol 2. dob, vet, hajít; kirepít; kilő [lövedéket stb.] 3. vetít

[fényt, képet] 4. (ki)vetít, vetületet készít [rajzban] 5. átél [lélekben]; beleképzeli magát [jövőbe stb.] B. *vi* kiáll, kinyúl(ik) || → *housing*
projectile [prə'dʒektaɪl; *US* -t(ə)l] I. *a* hajító [erő] II. *n* lövedék
projecting [prə'dʒektɪŋ] *a* kiugró, kinyúló, kiszögellő
projection [prə'dʒekʃn] *n* 1. hajítás; kilövés [lövedéké] 2. vetítés [fénysugáré]; ~ *room* vetítőfülke 3. kivetítés [síkba] 4. vetület, projekció 5. kinyúlás, kiugrás, kiszögellés; nyúlvány
projector [prə'dʒektə*] *n* vetítőgép
prolapse ['proulæps; *US* -'læps] *n* elő-(re)esés, süllyedés [méhé stb.]
prole [proul] *a/n biz* proli
prolegomena [proulə'gɔmɪnə; *US* -'ga-] *n pl* bevezetés, előismeretek
proletarian [proulɪ'teərɪən] *a/n* proletár
proletariat [proulɪ'teərɪət] *n* proletariátus
proliferate [prə'lɪfəreɪt] *vt* 1. osztódással szaporodik 2. *átv* burjánzik, (el-) szaporodik
proliferation [prəlɪfə'reɪʃn] *n* 1. osztódás útján való szaporodás 2. *átv* (el)burjánzás
proliferous [prə'lɪfərəs] *a* sarjadzó
prolific [prə'lɪfɪk] *a* szapora, termékeny
prolix ['proulɪks; *US* -'lɪks] *a* szószátyár, szószaporító
prolixity [prə'lɪksətɪ] *n* terjengősség, szószátyárság, szószaporítás
prologue, *US* **prolog** ['proulɔg; *US* -lɔːg] *n* prológus, előszó, előjáték
prolong [prə'lɔŋ; *US* -lɔːŋ] *vt* meghoszszabbít, prolongál
prolongation [proulɔŋ'geɪʃn; *US* -lɔːŋ-] *n* 1. meghosszabbítás, prolongálás 2. toldalék
promenade [prɔmə'naːd; *US* prɔmə'neɪd] I. *n* 1. sétálás; sétalovaglás; sétakocsikázás 2. sétány; ~ *concert* sétahangverseny [állóhelyes hangversenyteremben]; ~ *deck* sétafedélzet II. A. *vi* sétál, korzózik B. *vt* 1. végigsétál [utcán stb.] 2. körülvezet, sétára visz
promenader [prɔmə'naːdə*; *US* prɔmə'neɪdər] *n* sétáló
Prometheus [prə'miːθjuːs] *prop* Prométheusz

prominence ['prɔmɪnəns; US 'pra-] n 1. kiemelkedés 2. kiválóság
prominent ['prɔmɪnənt; US 'pra-] a 1. kiemelkedő, feltűnő 2. kiváló, kitűnő
prominently ['prɔmɪnəntlɪ; US 'pra-] adv kiemelkedően; kimagaslóan
promiscuity [prɔmɪ'skju:ətɪ; US pra-] n 1. összevisszaság 2. szabad szerelem
promiscuous [prə'mɪskjʊəs] a 1. kuszált, összevissza, válogatás nélküli; ~ bathing közös fürdés; she's rather a ~ girl ez a lány fűvel-fával lefekszik 2. biz esetleges, véletlen
promise ['prɔmɪs; US -a-] I. n 1. ígéret; make a ~ megígér vmt; the land of ~ az ígéret földje; keep one's ~ megtartja a szavát 2. remény, kilátás (of vmre); youth of great ~ sokat ígérő ifjú; hold out a ~ to sy vkt szép reményekkel kecsegtet II. A. vt ~ sy sg, ~ sg to sy (meg)ígér vmt vknek; ~ oneself sg bizakodik vmben, számít vmre B. vi ígérkezik; the crops ~ well a termés jónak ígérkezik
promised ['prɔmɪst; US -a-] a (meg-)ígért; the P~ Land az ígéret földje
promising ['prɔmɪsɪŋ; US -a-] a biztató, sokat ígérő
promissory ['prɔmɪsərɪ; US 'pramɪsɔ:rɪ] a ígérő; ~ note saját váltó, kötelezvény, ígérvény
promontory ['prɔməntrɪ; US 'praməntɔ:-rɪ] n hegyfok
promote [prə'moʊt] vt 1. előléptet 2. előmozdít, (elő)segít; támogat 3. ~ a company vállalatot alapít
promoter [prə'moʊtə*] n 1. kezdeményező, támogató 2. alapító, szervező [vállalkozásé stb.]
promotion [prə'moʊʃn] n 1. előléptetés 2. elősegítés, előmozdítás; hírverés, reklámozás
prompt [prɔmpt; US -a-] I. a gyors; haladéktalan, azonnali; ~ reply válasz postafordultával II. 1. súgás 2. fizetési felszólítás/határidő III. vt 1. buzdít, sarkall; felbujt; feel/be ~ed to speak indíttatva érzi magát, hogy beszéljen 2. súg [színházban, iskolában]
prompt-book n = prompt-copy
prompt-box n súgólyuk

prompt-copy n súgópéldány
prompter ['prɔmptə*; US -a-] n 1. súgó; opposite ~ súgótól jobbra [színpadon] 2. felbujtó
prompting ['prɔmptɪŋ; US -a-] n 1. súgás; no ~! ne súgj! 2. buzdítás, ösztökélés (to vmre)
promptitude ['prɔmptɪtju:d; US 'pramptɪtu:d] n 1. gyorsaság 2. (szolgálat-)készség
promptness ['prɔmptnɪs; US -a-] n = promptitude
prompt-note n fizetési határidőre figyelmeztető értesítés
prompt-side n színpad bal oldali része, balfenék
promulgate ['prɔmlgeɪt; US 'pra-] vt 1. (ki)hirdet; közhírré tesz 2. életbe léptet [törvényt stb.]
promulgation [prɔml'geɪʃn; US pra-] n 1. kihirdetés, közhírré tétel 2. életbe léptetés
prone [proʊn] a 1. elterült, hason fekvő; lie ~ hason fekszik 2. be ~ to sg diszponált, hajlamos vmre
proneness ['proʊnnɪs] n 1. hajlam(osság) 2. elterültség, földreborultság
prong [prɔŋ; US -ɔ:-] n 1. (vas)villa 2. villafog 3. agancshegy
-pronged [-prɔŋd; US -ɔ:-] ágas, -ágú; two-~ kétágú [villa]
pronominal [prə'nɔmɪnl; US -'na-] a névmási
pronoun ['proʊnaʊn] n névmás
pronounce [prə'naʊns] vt 1. (ki)ejt, kimond 2. kijelent, mond [ítéletet, beszédet]; ~ in favour of sy vk mellett állást foglal 3. (vmnek) nyilvánít
pronounceable [prə'naʊnsəbl] a (ki)ejthető
pronounced [prə'naʊnst] a kifejezett, hangsúlyozott, kimondott
pronouncement [prə'naʊnsmənt] n kijelentés, nyilatkozat
pronunciation [prənʌnsɪ'eɪʃn] n kiejtés
proof [pru:f] I. a 1. ~ against sg vmnek ellenálló 2. -mentes, -biztos; bomb-~ ʋombabiztos; shower-~ esőálló, vízhatlan; water-~ vízhatlan II. n 1. bizonyíték, bizonyság; in ~ of sg vmnek bizonyítékaképp; give ~ of sg

bizonyítékát/tanújelét adja vmnek; 2. próba, kísérlet; *has stood the* ~ kiállta a próbát; *of* ~ kipróbált, megbízható; *put sg to the* ~ kipróbál vmt 3. korrektúra; *read* ~s korrektúrát olvas, korrektúrázik; *pass the* ~s *(for press)* imprimál [levonatot] 4. lenyomat [metszeté] 5. szeszfok; ~ *spirit* előírásos fokú szesz [*GB* 57%-os, *US* 50%-os alkoholtartalom] **III.** *vt* 1. vízhatlanít, impregnál 2. lenyomatot készít
proofing ['pru:fɪŋ] *n* 1. vízhatlanítás, impregnálás 2. impregnáló szer 3. korrigálás
proof-read *vi/vt (pt/pp* ~) korrigál, korrektúrát olvas, korrektúrázik
proof-reader *n* (nyomdai) korrektor
proof-reading *n* korrektúra(-olvasás), korrektúrázás
proof-sheet *n* korrektúra(ív), kefelevonat
prop¹ [prɔp; *US* -ɑ-] **I.** *n* 1. támasz, dúc, gyámfa 2. *átv* oszlop, támasz **II.** *vt* **-pp-** 1. ~ *(up)* (meg)támaszt 2. karóz [növényt] 3. dúcol 4. gyámolít
prop² [prɔp; *US* -ɑ-] *n biz* (színházi) kellék
prop³ [prɔp; *US* -ɑ-] *n biz* propeller
propaganda [prɔpə'gændə; *US* prɑ-] *n* hírverés, propaganda; *make* ~ *for sg* hangulatot csinál/kelt vm mellett
propagandist [prɔpə'gændɪst; *US* prɑ-] *n* propagandista
propagandize [prɔpə'gændaɪz; *US* prɑ-] *vt* propagál, propagandát csinál (vmnek)
propagate ['prɔpəgeɪt; *US* 'prɑ-] **A.** *vt* 1. (el)terjeszt; propagál, népszerűsít 2. szaporít, tenyészt; ~ *oneself* szaporodik **B.** *vi* szaporodik
propagation [prɔpə'geɪʃn; *US* prɑ-] *n* 1. terjesztés, propagálás, népszerűsítés 2. szaporítás 3. szaporodás
propagator ['prɔpəgeɪtə*; *US* 'prɑ-] *n* 1. terjesztő; propagátor, propagandista 2. szaporító
propane ['proʊpeɪn] *n* propán(gáz)
propel [prə'pel] *vt* **-ll-** *(átv is)* (előre-) hajt, mozgat
propellant [prə'pelənt] **I.** *a* hajtó; ~ *power* hajtóerő **II.** *n* hajtóanyag, üzemanyag

-propelled [prə'peld] hajtott, hajtású; *jet-*~ sugárhajtású
propeller [prə'pelə*] *n* haj(t)ócsavar; légcsavar, propeller; ~ *blade* (lég-) csavarszárny; ~ *shaft* (lég)csavartengely
propelling [prə'pelɪŋ] *a* (meg)hajtó; ~ *force* hajtóerő; ~ *pencil* töltőceruza
propensity [prə'pensətɪ] *n* hajlam, hajlandóság *(to/towards* vmre), vonzalom
proper ['prɔpə*; *US* -ɑ-] *a* 1. helyes, megfelelő, helyénvaló, illő; igazi; *in the* ~ *sense of the word* a szó igazi értelmében; *at the* ~ *time* a kellő időben/pillanatban; *do the* ~ *thing by sy* korrektül viselkedik vkvel szemben; *keep in* ~ *condition* jó karban tart 2. sajátos, jellemző *(to* vmre) 3. a szó szoros értelmében vett, szűkebb értelemben vett, tulajdonképpeni, valódi, eredeti; *one's* ~ *country* szűkebb hazája vknek; *within the sphere of architecture* ~ a szorosabb/szűkebb értelemben vett építészet területén belül; ~ *fraction* valódi tört 4. saját, tulajdon-; ~ *motion* saját mozgás [csillagé]; ~ *noun/name* tulajdonnév 5. *biz* hamisítatlan, „komplett"
properly ['prɔpəlɪ; *US* -ɑ-] *adv* 1. illően, megfelelően, helyesen; *behave* ~ úgy viselkedik, ahogy illik 2. ~ *speaking* tulajdonképp(en); ~ *so called* tulajdonképpeni 3. *biz* alaposan
propertied ['prɔpətɪd; *US* -ɑ-] *a* vagyonos, birtokos [osztály]
property ['prɔpətɪ; *US* -ɑ-] *n* 1. tulajdon, vagyon; *public* ~ köztulajdon; ~ *tax* vagyonadó; ingatlanadó; *man of* ~ vagyonos ember 2. ingatlan, birtok; ~ *register* (telekkönyvi) ingatlanjegyzék 3. tulajdonság, sajátság 4. (színpadi) kellék
property-man ['prɔpətɪmən; *US* -ɑ-] *n (pl* -men -mən) kellékes
property-room *n* kelléktár
prophecy ['prɔfɪsɪ; *US* -ɑ-] *n* 1. jóslat, jövendölés 2. prófécia
prophesy ['prɔfɪsaɪ; *US* -ɑ-] *vt/vi* (meg-) jövendöl, (meg)jósol
prophet ['prɔfɪt; *US* -ɑ-] *n* 1. jós, látnok, jövendőmondó 2. próféta

prophetess ['prɔfɪtɪs; US -ɑ-] n 1. jósnő 2. prófétanő

prophetic(al) [prə'fetɪk(l)] a 1. jósló, jövendőmondó, látnoki 2. prófétai

prophylactic [prɔfɪ'læktɪk; US prɑ-] a (betegséget) megelőző, profilaktikus

prophylaxis [prɔfɪ'læksɪs; US prɑ-] n megelőzés, profilaxis

propinquity [prə'pɪŋkwətɪ] n közelség

propitiate [prə'pɪʃɪeɪt] vt kiengesztel, megbékít

propitiation [prəpɪʃɪ'eɪʃn] n kiengesztelés; vezeklés

propitious [prə'pɪʃəs] a kedvező (to vkre nézve, for vmre); jóindulatú, kegyes (to vkvel szemben)

propjet n ~ aircraft turbólégcsavaros repülőgép

proportion [prə'pɔ:ʃn] I. n 1. arány(osság), viszony; in ~ to arányban vmvel, viszonyítva vmhez; in ~ as abban az arányban, ahogy; be out of ~ (1) nem áll arányban (with vmvel) (2) aránytalan, rosszul tagolt; have an eye for ~ van arányérzéke 2. arány(pár) 3. rész, hányad 4. proportions pl méretek [gépé stb.] II. vt 1. arányosít, arányba állít (vmvel) 2. méretez [gépet stb.] 3. kioszt

proportional [prə'pɔ:ʃənl] a arány(la-g)os, megfelelő; be directly ~ to sg egyenes arányban van vmvel; inversely ~ to fordítva arányos vmvel; ~ representation arányos képviselet [parlamenti választáson]

proportionate [prə'pɔ:ʃnət] a = proportional

proportionately [prə'pɔ:ʃnətlɪ] adv arányosan

proposal [prə'pouzl] n 1. indítványozás, előterjesztés 2. javaslat, indítvány; make a ~ javaslatot tesz 3. házassági ajánlat, leánykérés

propose [prə'pouz] A. vt 1. indítványoz, javasol, ajánl; ~ marriage házassági ajánlatot tesz; megkéri a kezét (to vknek); the object I ~ to myself... kitűzött célom; ~ the health of sy vknek egészségére emeli poharát 2. feltesz [kérdést] 3. ~ to do sg, ~ doing sg szándékozik/akar vmt tenni B. vi

1. tervez; man ~s God disposes ember tervez Isten végez 2. házassági ajánlatot tesz; ~ to a girl megkéri a leány kezét

proposer [prə'pouzə*] n ajánló [egyesületben új tagé]; javaslattevő

proposition [prɔpə'zɪʃn; US prɑ-] n 1. =proposal 1—2. 2. biz ügy, üzlet, vállalkozás, feladat, probléma; paying ~ jövedelmező dolog; biz he is a tough ~ nehéz pasas/eset

propound [prə'paund] vt 1. felvet, előad, javasol [kérdést] 2. elismerésre perel [végrendeletet]

propped [prɔpt] →prop¹ II.

proprietary [prə'praɪət(ə)rɪ; US -erɪ] I. a 1. szabadalmazott; ~ article szabadalmazott/márkás cikk ~ name védett/bejegyzett név [árué] 2. tulajdonosi; ~ classes vagyonos osztályok; ~ rights tulajdonjog II. n tulajdonos, birtokos

proprietor [prə'praɪətə*] n tulajdonos

proprietorship [prə'praɪətəʃɪp] n tulajdon(jog)

proprietress [prə'praɪətrɪs] n tulajdonosnő

propriety [prə'praɪətɪ] n 1. illem, illendőség, helyesség; szabályszerűség, korrektség 2. proprieties pl illemszabályok, (társadalmi) konvenciók; observe the proprieties tartja magát a konvenciókhoz 3. † tulajdon, birtok; marriage of ~ érdekházasság

propulsion [prə'pʌlʃn] n (előre)hajtás, propulzió; jet ~ lökhajtás

propulsive [prə'pʌlsɪv] a 1. (előre)hajtó, mozgató 2. serkentő

pro rata →pro¹

prorogation [prourə'geɪʃn] n elnapolás, berekesztés [parlamenti ülésszaké]

prorogue [prə'roug] vt elnapol, berekeszt

prosaic [prou'zeɪk] a prózai(as), száraz; unalmas

pros and cons →pro¹ II.

proscenium [prə'si:njəm] n (pl ~s -z v. -nia -njə] előszín(pad), proszcénium; ~ box proszcéniumpáholy

proscribe [prə'skraɪb] vt 1. száműz, törvényen kívül helyez 2. megtilt, eltilt

proscription [prə'skrɪpʃn] n 1. számű-

zetés, száműzés, törvényen kívül helyezés 2. eltiltás, betiltás
proscriptive [prə'skrɪptɪv] *a* 1. száműző 2. eltiltó, betiltó
prose [prouz] I. *a* prózai; ~ *writer* prózaíró II. *n* 1. próza 2. (unalmas) hétköznapiság, prózaiság III. *vi biz* unalmasan beszél
prosecute ['prɔsɪkjuːt; *US* 'pra-] *vt* 1. feljelentést tesz; vádat emel (vk ellen); beperel (vkt); *be* ~*d for sg* eljárás folyik ellene vm miatt; ..., *prosecuting*, ... a vád képviseletében 2. folytat [tanulmányt stb.]
prosecution [prɔsɪ'kjuːʃn; *US* pra-] *n* 1. bűnvádi eljárás; *start a* ~ *against sy* beperel vkt 2. (köz)vád 3. *the P*~ a vád képviselője; az ügyész(ség); *witness for the* ~ terhelő tanú 4. folytatás [vm mesterségé/foglalkozásé]
prosecutor ['prɔsɪkjuːtə*; *US* 'pra-] *n* vádló, feljelentő; *Public P*~ (1) (állam)ügyész, közvádló (2) ügyészség, vádhatóság
proselyte ['prɔsɪlaɪt; *US* 'pra-] I. *n* áttért ember, új hívő, prozelita II. *vt US* megtérít
proselytism ['prɔsɪlɪtɪzm; *US* 'pra-] *n* térítői buzgalom
prose-poem *n* prózában írt költemény
proser ['prouzə*] *n* prózai/száraz/unalmas ember
prosiness ['prouzɪnɪs] *n* prózaiság
prosody ['prɔsədɪ; *US* -a-] *n* verstan
prospect I. *n* ['prɔspekt; *US* -a-] 1. kilátás; látvány 2. (*átv*) kilátás; lehetőség; távlat; ~*s* kilátások, remény; *the* ~*s of the harvest are excellent* a termés kitűnőnek ígérkezik 3. érclelőhely; ~ *hole* kutatóakna, -fúrás, próbagödör 4. lehetséges vevő/(üzlet)fél, esetleges jelölt II. *v* [prə'spekt; *US* 'pra-] A. *vt* kutat [terepet stb.] B. *vi* kutat (*for* vm után)
prospective [prə'spektɪv] *a* leendő, jövendőbeli; ~ *buyer* lehetséges/várható vevő
prospector [prə'spektə*] *n* talajkutató, bányakutató
prospectus [prə'spektəs] *n* tájékoztató, ismertetés, prospektus

prosper ['prɔspə*; *US* -a-] A. *vi* boldogul, virágzik, prosperál, jól megy [üzlet] B. *vt* felvirágoztat; kegyel; *may God* ~ *you* Isten vezéreljen
prosperity [prɔ'sperətɪ; *US* pra-] *n* jólét, jómód; boldogulás; konjunktúra
prosperous ['prɔsp(ə)rəs; *US* 'pra-] *a* 1. kedvező, előnyös (*to* vmre) 2. jól menő; sikeres, virágzó
prostate ['prɔsteɪt; *US* -a-] *n* ~ (*gland*) prosztata, dülmirigy
prosthesis ['prɔsθɪsɪs; *US* 'pra-] *n* protézis; fogpótlás; művégtag
prostitute ['prɔstɪtjuːt; *US* 'prastɪtuːt] I. *n* prostituált II. *vt* (*átv is*) prostituál, áruba bocsát [testet, tehetséget]
prostitution [prɔstɪ'tjuːʃn; *US* prastɪ'tuː-] *n* 1. prostitúció 2. becstelen áruba bocsátás
prostrate I. *a* ['prɔstreɪt; *US* 'pra-] 1. elterült, leborult, hason csúszó 2. lesújtott; megsemmisített 3. elesett, kimerült II. *vt* [prɔ'streɪt; *US* 'pras-] 1. földre terít, leterít; ~ *oneself* földre borul (vk előtt) 2. ellankaszt, kimerít
prostration [prɔ'streɪʃn; *US* pra-] *n* 1. földre borulás, megalázkodás 2. letörtség, levertség; kimerültség
prosy ['prouzɪ] *a* prózai(as), száraz, unalmas
Prot. *Protestant*
protagonist [prou'tægənɪst] *n* főszereplő, főhős [színdarabé]; *átv* bajnok
protean [prou'tiːən] *a* ezerarcú, változatos, változó, mozgalmas
protect [prə'tekt] *vt* 1. (meg)véd, oltalmaz, megóv (*against/from* vmtől) 2. védővámmal véd [hazai ipart]
protecting [prə'tektɪŋ] *a* védő, oltalmazó
protection [prə'tekʃn] *n* 1. megvédés (vké); védekezés (vm ellen) 2. védelem, oltalom 3. menedék 4. menlevél 5. védővám(rendszer)
protectionism [prə'tekʃənɪzm] *n* védővámrendszer, protekcionizmus
protectionist [prə'tekʃənɪst] *n* védővámrendszer híve
protective [prə'tektɪv] *a* védő, védelmező, oltalmazó; ~ *arrest/custody* védőőrizet; ~ *clothing* védőöltözet; ~

colouring a környezethez alkalmazkodó szin(ezet) [egyes állatoké]; terepszín; ~ *food* védőételt; ~ *tariff* védővám
protector [prə'tektə*] *n* 1. védő, oltalmazó; pártfogó 2. védő(berendezés) 3. *GB* † kormányzó, régens
protectorate [prə'tekt(ə)rət] *n* védnökség, protektorátus
protégé ['proʊteʒeɪ] *n* védenc, pártfogolt
protein ['proʊti:n] *n* protein, fehérje
pro tem [proʊ'tem] pro tempore (= *temporarily*) ideiglenesen, átmenetileg
protest I. *n* ['proʊtest] tiltakozás; óv(atol)ás; *under* ~ (1) fenntartás mellett (2) kényszerből; *make/lodge a* ~ bejelenti tiltakozását **II.** *v* [prə'test] **A.** *vi* tiltakozik, protestál, óvást emel (*against* vm ellen) **B.** *vt* hangoztat, ünnepélyesen kijelent; ~ *one's innocence* ártatlanságát hangoztatja
Protestant ['prɔtɪst(ə)nt; *US* 'prɑ-] *a/n* protestáns
Protestantism ['prɔtɪst(ə)ntɪzm; *US* 'prɑ-] *n* protestantizmus
protestation [proʊte'steɪʃn; *US* prɑtə-] *n* 1. tiltakozás; óvás(emelés) 2. (ünnepélyes) kijelentés
protester [prə'testə*] *n* tiltakozó
protocol ['proʊtəkɔl; *US* -ɑl] *n* protokoll [jegyzőkönyv; diplomáciai formaságok]
proton ['proʊtɔn; *US* -ɑn] *n* proton
protoplasm ['proʊtəplæzm] *n* protoplazma
prototype ['proʊtətaɪp] *n* ősalak, prototípus
protozoa [proʊtə'zoʊə] *n pl* véglény, protozoa
protract [prə'trækt; *US* proʊ-] *vt* kihúz, elnyújt; halaszt, késleltet
protraction [prə'trækʃn; *US* proʊ-] *n* kihúzás, elnyújtás, húzás-halasztás
protractor [prə'træktə*; *US* proʊ-] *n* szögmérő [eszköz]
protrude [prə'tru:d; *US* proʊ-] **A.** *vt* kinyújt, előretol **B.** *vi* kinyúlik, kiáll, kiugrik
protruding [prə'tru:dɪŋ; *US* proʊ-] *a* kiálló, kiugró

protrusion [prə'tru:ʒn; *US* proʊ-] *n* 1. kiugrás, kiállás, kiemelkedés; kidülledés 2. kiálló rész; dudor
protuberance [prə'tju:b(ə)rəns; *US* proʊ-'tu:-] *n* 1. kidudorodás 2. protuberancia, napkitörés
protuberant [prə'tju:b(ə)rənt; *US* proʊ-'tu:-] *a* kidudorodó; kiugró
proud [praʊd] *a* 1. büszke (*of* vmre); *I am* ~ *of knowing him I am* ~ *to know him* igen megtisztelő rám, hogy ismerhetem 2. öntelt, önhitt 3. pompás, remek; *biz do sy* ~ (1) megtisztel vkt (2) pompásan megvendégel vkt 4. ~ *flesh* sarjadzó hús [gyógyuló seben]; vadhús; ~ *nail* kiálló szeg
provable ['pru:vəbl] *a* bizonyítható
prove [pru:v] *v* (*pt* ~d pru:vd, *pp* ~d v. † ~n 'pru:vn) **A.** *vt* 1. (be)bizonyít; igazol 2. próbára tesz, kipróbál 3. érvényesít [végrendeletet] 4. ~ *oneself* (*to be*) *sg* vmlyennek mutatkozik/bizonyul **B.** *vi* bizonyul; *it* ~*d* (*to be*) *false* hamisnak bizonyult
proven ['pru:vn] *a* † (be)bizonyított; *not* ~ bizonyíték hiányában [felmentő ítélet]
provenance ['prɔvənəns; *US* -ɑv-] *n* származás(i hely), eredet
provender ['prɔvɪndə*; *US* -ɑv-] *n* 1. tartomány 2. *biz* elemózsia
proverb ['prɔvə:b; *US* -ɑ-] *n* közmondás; *he is a* ~ *for inaccuracy* pontatlansága közismert, pontatlansága már valóságos szállóigévé vált; *the Book of P*~*s* Példabeszédek könyve [a bibliában]
proverbial [prə'və:bjəl] *a* közmondásos; *his unreliability is* ~ közismerten megbízhatatlan
provide [prə'vaɪd] **A.** *vt* 1. (be)szerez (*for* vk részére) 2. ellát, felszerel (*with* vmvel) 3. *átv* gondoskodik (vmről), nyújt, ad, szolgáltat; biztosít (vmt vk számára); *accommodation will be* ~*d* elhelyezésről/szállásról gondoskodunk **B.** *vi* 1. gondoskodik (*for* vmről); ~ *against sg* vmnek elhárításáról gondoskodik, felkészül vm ellen 2. intézkedik, rendelkezik [törvény stb.] 3. ~ *for sy* gondoskodik vkről;

be ~d for megvan a biztos megélhetése, el van látva
provided [prə'vaɪdɪd] *conj ~ (that)* feltéve, ha/hogy
providence ['prɔvɪd(ə)ns; *US* -ɑv-] *n* 1. előrelátás; óvʌtosság 2. takarékosság 3. P~ (isteni) gondviselés
provident ['prɔvɪd(ə)nt; *US* -ɑv-] *a* 1. előrelátó, körültekintő 2. takarékos
providential [prɔvɪ'denʃl; *US* -ɑv-] *a* gondviselésszerű; szerencsés
provider [prə'vaɪdə*] *n* gondoskodó, ellátó
providing [prə'vaɪdɪŋ] *conj biz ~ (that)* = *provided*
province ['prɔvɪns; *US* -ɑ-] *n* 1. tartomány 2. *in the ~s* vidéken 3. *átv* terület; működési kör; szakma; *not (within) my ~* nem tartozik hozzám (v. hatáskörömbe), nem az én szakmám (v. érdeklődési területem)
provincial [prə'vɪnʃl] I. *a* 1. vidéki(es), helyi (jellegű) 2. szűk látókörű, provinciális 3. tartományi II. *n* vidéki
provincialism [prə'vɪnʃəlɪzm] *n* 1. vidékiesség, provincializmus 2. lokálpatriotizmus
provision [prə'vɪʒn] I. *n* 1. gondoskodás *(for* vmről); *~ against sg* óvintézkedés vm ellen 2. ellátás *(with* vmvel) 3. **provisions** *pl* élelmiszerek 4. intézkedés, rendelkezés [törvényé stb.] 5. = *proviso* II. *vt* élelmiszerekkel ellát
provisional [prə'vɪʒənl] *a* feltételes; ideiglenes, átmeneti, provizórikus
provisionally [prə'vɪʒnəlɪ] *adv* átmenetileg, ideiglenesen
provisioning [prə'vɪʒ(ə)nɪŋ] *n* élelmezés, ellátás
proviso [prə'vaɪzou] *n (pl ~(e)s* -zouz) kikötés, feltétel, fenntartás; klauzula
provisory [prə'vaɪz(ə)rɪ] *a* = *provisional*
provocation [prɔvə'keɪʃn; *US* -ɑv-] *n* ingerlés, felizgatás, kihívás, provokáció; *act under ~* erős felindulásban cselekszik
provocative [prə'vɔkətɪv; *US* -'vɑ-] *a* 1. kihívó, provokatív; bosszantó 2. *~ of* vmt keltő/előidéző

provoke [prə'vouk] *vt* 1. ingerel, bosszant, kihív, provokál 2. előidéz, okoz; kivált; *~ a smile* mosolyra késztet
provoking [prə'voukɪŋ] *a* kihívó, bosszantó
provost ['prɔvəst; *US* -ɑ-] *n* 1. *sk* polgármester 2. *GB* (kollégiumi) igazgató 3. *~ marshal* [prəvou'mɑ:ʃl; *US* prouvou-] *a* tábori csendőrség parancsnoka
prow [prau] *n* hajóorr
prowess ['prauɪs] *n* bátorság, vitézség
prowl [praul] I. *n* portyázás, kószálás; *US ~ car* (rendőrségi) URH-kocsi; *be on the ~* (állandóan) lesen áll II. *vi/vt* portyázik, zsákmány után jár, csavarog
prowler ['praulə*] *n* csavargó
prox. *proximo*
proximate ['prɔksɪmət; *US* 'prɑ-] *a* 1. legközelebbi; közvetlen (közelében levő) 2. megközelítő
proximity [prɔk'sɪmətɪ; *US* prɑ-] *n* közelség, szomszédság; *~ fuse* célzelben robbanó (automatikus) gyújtószerkezet
proximo ['prɔksɪmou; *US* 'prɑ-] *adv* a jövő/következő hónapban
proxy ['prɔksɪ; *US* -ɑ-] *n* 1. helyettes, megbízott, meghatalmazott; *marriage by ~* távházasság 2. meghatalmazás; *by ~* megbízásból
P.R.S., PRS [pi:ɑ:r'es] *President of the Royal Society* a Királyi Természettudományi Akadémia elnöke
prude [pru:d] *n* álszemérmes, prűd
prudence ['pru:dns] I. *n* okosság; óvatosság; körültekintés, eszélyesség II. *prop P~* ⟨női név⟩
prudent ['pru:dnt] *a* okos(an óvatos), körültekintő
prudential [pru'denʃl] *a* okos, meggondolt; tapintatos
prudery ['pru:dərɪ] *n* álszemérem, prüdéria; kényeskedés
prudish ['pru:dɪʃ] *a* álszemérm(et)es(kedő), prűd; kényeskedő
Prue [pru:] *prop* ⟨*Prudence* becézett alakja⟩
prune[1] [pru:n] *n* aszalt szilva; *~s and prism(s)* affektált beszédmód

prune² [pru:n] *vt* nyes, megmetsz [fát]; ~ *(away, down)* eltávolít; (meg-) tisztít

pruning ['pru:nɪŋ] *n* fanyesés, fametszés; ~ *hook* ágnyesŐ kés; ~ *knife* kis kertészkés, kacorkés; ~ *shears* kerti olló, metszŐolló

prurience ['prʊərɪəns] *n* 1. buja/fajtalan vágy 2. viszketegség

prurient ['prʊərɪənt] *a* érzéki, buja; fajtalan

Prussia ['prʌʃə] *prop* Poroszország

Prussian ['prʌʃən] *a* porosz; ~ *blue* berlini kék

prussic ['prʌsɪk] *a* ~ *acid* kéksav

pry¹ [praɪ] I. *n* kíváncsi ember II. *vi* 1. kukucskál, kandikál 2. kíváncsiskodik, orrát beleüti *(into* vmbe)

pry² [praɪ] I. *n* emelŐrúd II. *vt* 1. (emelŐvel) emel 2. ~ *open* felfeszít

P.S. [pi:'es] *postscript* utóirat, Ui.

psalm [sɑ:m] *n* zsoltár

psalmist ['sɑ:mɪst] *n* zsoltáríró

psalmody ['sælmədɪ v. 'sɑ:m-] *n* 1. zsoltároskönyv 2. zsoltáréneklés

psalter ['sɔ:ltə*] *n* zsoltároskönyv

pseudo- ['sju:doʊ; *US* 'su:-] *pref* hamis, ál-, pszeudo-

pseudonym ['sju:dənɪm; *US* 'su:-] *n* (írói) álnév

pshaw [pʃɔ:] I. *int* ugyan kérlek! II. A. *vt* lefitymál B. *vi* becsmérlŐen nyilatkozik *(at* vmrŐl)

psht [pʃ:t] *int* pszt!

psittacosis [psɪtə'koʊsɪs] *n* papagájkór

psst [ps] *int* pszt!

Psyche ['saɪkɪ] I. *prop* Pszükhé II. *n p~* lélek, szellem, psziché

psychedelic [saɪkɪ'delɪk] *a* tudatot kitágító, pszichedelikus [állapot, szer]

psychiatric [saɪkɪ'ætrɪk] *a* elmegyógyászati, pszichiátrikus

psychiatrist [saɪ'kaɪətrɪst] *n* elmeorvos, pszichiáter

psychiatry [saɪ'kaɪətrɪ] *n* elmegyógyászat, pszichiátria

psychic ['saɪkɪk] I. *a* pszichikai, szellemi, lelki II. *n* médium

psychical ['saɪkɪkl] *a* = *psychic* I.

psycho ['saɪkoʊ] *biz* I. *a* = *psychopathic* II. *n* = *psychopath*

psychoanalysis [saɪkoʊə'næləsɪs] *n* lélekelemzés, pszichoanalízis

psychoanalyst [saɪkoʊ'ænəlɪst] *n* lélekelemzŐ, pszichoanalitikus

psychological [saɪkə'lɔdʒɪkl; *US* -'la-] *a* lélektani, pszichológiai

psychologist [saɪ'kɔlədʒɪst; *US* -'ka-] *n* pszichológus; lélekbúvár

psychology [saɪ'kɔlədʒɪ; *US* -'ka-] *n* lélektan, pszichológia

psychopath ['saɪkoʊpæθ] *n* kóros lelki alkatú egyén, pszichopata

psychopathic [saɪkoʊ'pæθɪk] *a* kóros lelki alkatú, pszichopata

psychosis [saɪ'koʊsɪs] *n* (*pl* **-ses** -si:z) pszichózis, elmezavar, elmebaj

psychosomatic [saɪkoʊsə'mætɪk] *a* pszichoszomatikus

psychotherapy [saɪkoʊ'θerəpɪ] *n* lelki gyógymód, pszichoterápia

pt. 1. *part* rész, r. 2. *pint(s)* 3. *point*

PTA [pi:ti:'eɪ] *Parent-Teacher Association* kb. SzülŐi Munkaközösség, SZMK

ptarmigan ['tɑ:mɪgən] *n* hófajd

Pte. *private (soldier)*

PTO [pi:ti:'oʊ] *please turn over* tessék fordítani!, fordíts!

ptomaine ['toʊmeɪn] *n* ptomain; ~ *poisoning* ételmérgezés

pub [pʌb] *n biz* kocsma, (kis)vendéglŐ

pub-crawling [-krɔ:lɪŋ] *n biz* kocsmáról kocsmára járás, kocsmázás

puberty ['pju:bətɪ] *n* serdülés, serdülŐkor, pubertás

pubescent [pju:'besnt] *a* 1. serdülŐ 2. bolyhos [növény]

pubic ['pju:bɪk] *a* ágyéki, szemérem-; ~ *hair* fanszŐr

public ['pʌblɪk] I. *a* nyilvános, általános; közös(ségi); köz-; ~ *body* nyilvános szerv, intézmény; ~ *company* részvénytársaság; ~ *conveyance/vehicle* tömegközlekedési eszköz; ~ *debt* államadósság; ~ *enemy* közellenség; ~ *holiday* törvényes ünnep; ~ *house* kocsma, vendéglŐ; ~ *library* közkönyvtár; ~ *life* közélet; ~ *nuisance* közháborítás; ~ *opinion* közvélemény; ~ *ownership* köztulajdon; társadalmi tulajdon; ~ *prosecutor* közvádló; ~ *relations* közönségszolgálat

(köz)kapcsolatszervezés, propaganda; ~ *relations office* kb. tájékoztató szerv, sajtóiroda; ~ *relations officer/ man* kb. propagandista; (köz)kapcsolatszervező; sajtófőnök; ~ *school* (1) *GB* ⟨előkelő zártkörű bennlakásos középiskola⟩ (2) *US* ⟨nyilvános ingyenes bejáró általános vagy középiskola⟩; ~ *servant* közalkalmazott; ~ *spirit* közösségi szellem; ~ *works* (1) közművek (2) középületek; *for* ~ *use* közhasználatra; *make* ~ nyilvánosságra hoz II. *n* 1. nyilvánosság; *in* ~ nyilvánosan, nyilvánosság előtt 2. közönség; *the* ~ *at large* a nagyközönség
public-address system hangosító berendezés
publican ['pʌblɪkən] *n* 1. kocsmáros, vendéglős 2. † vámszedő
publication [pʌblɪ'keɪʃn] *n* 1. közzététel, közhírré tétel 2. kiadás [könyvé] 3. kiadvány
publicist ['pʌblɪsɪst] *n* 1. újságíró, közíró, publicista 2. közjogász
publicity [pʌb'lɪsətɪ] *n* 1. nyilvánosság 2. hírverés, reklám(ozás), hirdetés; népszerűsítés; ~ *agent/man* hirdetési ügynök, reklámszakember; ~ *department* sajtóosztály, reklámosztály
publicly ['pʌblɪklɪ] *adv* nyilvánosan; ~ *owned* köztulajdonban lévő
public-minded/spirited *a* a közjóért küzdő, a közérdeket szem előtt tartó
publish ['pʌblɪʃ] *vt* 1. közzétesz 2. kiad, megjelentet [könyvet]; *just* ~*ed* most jelent meg
publisher ['pʌblɪʃə*] *n* (könyv)kiadó
puce [pjuːs] *a/n* vörösbarna, bolhaszínű
puck¹ [pʌk] *n* korong [jégkoronghoz]
Puck² [pʌk] *n* ⟨pajkos tündér neve⟩
pucker ['pʌkə*] I. *n* ránc II. *vt* (össze-)ráncol [arcot, ruhát]; összegyűr; ~ *up one's lips* elhúzza a száját
puckering ['pʌkərɪŋ] *n* ráncolás; arcfintor
puckish ['pʌkɪʃ] *a* csintalan, pajkos, dévaj
pudding ['pʊdɪŋ] *n* 1. puding 2. hurka
pudding-face *n biz* nagy lapos kifejezéstelen arc
pudding-head *n* tökfej, mamlasz

pudding-stone *n* kavicsos kőzet, konglomerátum
puddle ['pʌdl] I. *n* 1. tócsa, pocsolya 2. vízálló agyag-homok keverék 3. *biz* zűrzavar, összevisszaság II. A. *vt* 1. vízálló pépet készít/felrak 2. buzgat, kever [acélt] 3. felkavar [vizet] B. *vi* tócsában gázol
puddler ['pʌdlə*] *n* kavarómunkás [vasgyártásnál]
puddle-steel *n* buzgatott acél
puddling-furnace ['pʌdlɪŋ-] *n* kavarókemence
pudgy ['pʌdʒɪ] *a* kövér(kés)
pueblo [pʊ'ebloʊ] *n* pueblo [mexikói/arizónai indián falu/ház]
puerile ['pjʊəraɪl; *US* -r(ə)l] *a* gyer(m)ekes, gyermekded
puerility [pjʊə'rɪlətɪ] *n* gyer(m)ekesség; együgyű tett/mondás
puerperal [pjuː'əːpər(ə)l] *a* gyermekágyi
Puerto Rico [pwəːtoʊ'riːkoʊ] *prop* Puerto Rico
Puerto Rican [pwəːtoʊ'riːkən] *a/n* Puerto Ricó-i
puff [pʌf] I. *n* 1. lehelet, fuvalom 2. pöfékelés 3. (könnyű) felfújt [tészta] 4. puff(os ruhaujj) 5. púderpamacs 6. (túlzó) reklám, agyondicsérés II. A. *vi* 1. szuszog, pöfékel 2. felpuffad, kidagad 3. pöffeszkedik B. *vt* 1. felfúj, kidagaszt 2. reklámoz, agyondicsér

puff away A. *vt* elfúj [gyertyát] B. *vi* elpöfög [mozdony]
puff out A. *vt* 1. elfúj 2. kidagaszt; *he* ~*ed o. his chest with pride* büszkén kidüllesztette a mellét B. *vi* kipöfög [mozdony]
puff up A. *vi* felfúvódik, felpuffad B. *vt* felfúj; ~ (*oneself*) *up* felfuvalkodik, pöffeszkedik
puff-ball *n* 1. pöfeteg(gomba), vénasszonyposz 2. pitypangbóbita
puff-box *n* púderdoboz
puffed [pʌft] *a* 1. felfújt; ~ *up* felfuvalkodott, felfújt, dagályos; ~ *rice* pattogatott rizs 2. puffos, dudoros
puffer ['pʌfə*] *n* 1. reklámozó 2. árfelhajtó [árverésen] 3. *biz* mozdony, töf-töf [gyermeknyelven]

puffin ['pʌfɪn] n északi lunda [sarki madár]
puffiness ['pʌfɪnɪs] n puffadtság
puff-pastry n leveles tészta
puffy ['pʌfɪ] a 1. dagadt, puffadt; kövér 2. kifulladt
pug¹ [pʌg] n 1. mopszli 2. pisze orr 3. P~ róka koma 4. † majom
pug² [pʌg] I. n 1. agyagpép 2. hangszigetelő habarcs II. vt -gg- gyur, [agyagot], [agyaggal] kitapaszt
pug³ [pʌg] n lábnyom [tigrisé stb.]
pug⁴ [pʌg] n biz bokszoló, öklöző
pug-dog n mopszli
pugged [pʌgd] →pug² II.
pugging ['pʌgɪŋ] n 1. agyaggyúrás 2. tapasztás agyaggal 3. = pug² I. 2.
pugilism ['pju:dʒɪlɪzm] n bokszolás, ökölvívás
pugilist ['pju:dʒɪlɪst] n bokszoló, (hivatásos) ökölvívó
pug-mill h habarcskeverő gép
pugnacious [pʌg'neɪʃəs] a harcias
pugnacity [pʌg'næsətɪ] n harciasság
pug-nosed a pisze orrú
puisne ['pju:nɪ] a ~ judge szavazóbíró
puissance]['pju:ɪsns] n kitartásos ugratás
puissant ['pju:ɪsnt] a † hatalmas
puke [pju:k] vt/vi biz hány, okád(ik)
pukka ['pʌkə] a biz igazi, valóságos
pule [pju:l] vi nyafog, nyöszörög
Pulitzer [US kiadó: 'pʊlɪtsə*; díj: 'pju:lɪtsə*] prop
pull [pʊl] I. n 1. húzás, rántás; give a ~ meghúz, megránt 2. vonzás; vonzóerő 3. evezés; evezőcsapás 4. (nagy) korty, „slukk" [italból, cigarettából] 5. (húzó)fogantyú 6. előny 7. kefelevonat 8. biz have a ~ with sy jó összeköttetése/protekciója van vknél II. A. vt 1. (meg)húz, (meg)ránt; von; ~ a boat evez; ~ the trigger meghúzza a ravaszt 2. húz, cibál [hajat stb.]; ~ one's weight (1) teljes erejéből evez (2) jól kiveszi részét a munkából; biz ~ a fast one vmlyen trükkel becsap (vkt) 3. kihúz, kiránt; ~ a tooth fogat húz 4. húz, vontat [kocsit stb.] 5. tép, szakít, szed; (átv is) ~ to pieces ízekre szed, darabokra tép B. vi 1. húz [ruha stb.] 2. evez

pull about vt 1. ode-oda ráncigál 2. biz rosszul bánik vkvel
pull apart/asunder vt szétszakít; szétválaszt
pull at vi 1. húz (vmn) 2. húz, szippant (vmből); ~ at one's pipe szívogatja pipáját
pull away A. vt elhúz, széthúz B. vi elevez
pull back A. vt 1. visszahúz B. vi visszavonul
pull down vt 1. lerombol, lebont 2. legyengít [betegség]; átv lever, letör 3. leenged, lehúz [függönyt]
pull in A. vt 1. behúz 2. csökkent, leszállít [költséget stb.]; összébb húzza magát; ~ oneself in behúzza a hasát 3. meghúz [gyeplőt] 4. biz how much money is he ~ing in mennyi pénzt/gubát keres? 5. biz letartóztat B. vi 1. beevez 2. befut [vonat az állomásra]
pull off A. vt 1. lehúz, levesz 2. vmt sikerre juttat 3. megnyer B. vi elevez (vhonnan)
pull on vt ráhúz; felhúz
pull out A. vt 1. kihúz [fogat] 2. kinyújt, elnyújt B. vi 1. kievez 2. kigördül [állomásról vonat]
pull over A. vt föléje húz B. vi [autó] áthajt (a másik oldalra); átevez (máshová)
pull round A. vt meggyógyít, talpraállít B. vi meggyógyul, talpraáll
pull through A. vt 1. átsegít (vkt vmn) 2. = pull round A. B. vi 1. = pull round B. 2. megállja a helyét, győz
pull to vt becsuk [ajtót]
pull together A. vt összehúz; ~ oneself t. összeszedi magát B. vi együttműködik (vkvel)
pull up A. vt 1. felhúz 2. kitép [növényt, hajszálat] 3. megállít, visszatart 4. kérdőre von B. vi 1. megáll; ~ up short hirtelen megáll 2. ~ up with/to sy utolér vkt
pull-back n 1. visszahúzás, akadály, gát 2. visszavonulás
puller ['pʊlə*] n 1. húzó; evező [személy] 2. jól húzó ló

pullet ['pʊlɪt] *n* jérce
pulley ['pʊlɪ] *n* (emelő)csiga
pulley-block *n* csigasor
pull-in *n* = *pull-up 2.*
pulling ['pʊlɪŋ] *n* 1. húzás; evezés 2. kefelevonat
Pullman ['pʊlmən] *n* ~ (*car*) (1) szalonkocsi (2) hálókocsi
pull-on *a* bebújós [ruhadarab]
pull-out I. *a* kihúzható II. *n* 1. kinyitható képes melléklet [könyvben], leporelló 2. kivonás [katonai alakulatoké]
pullover *n* pulóver
pullulate ['pʌljʊleɪt] *vi* nyüzsög, szaporodik; csírázik, burjánzik
pullulation [pʌljʊ'leɪʃn] *n* nyüzsgés, hemzsegés; burjánzás
pull-up *n* 1. hirtelen megáll(ít)ás 2. *GB* autóscsárda 3. *US* fekvőtámasz
pulmonary ['pʌlmənərɪ; *US* -erɪ] *a* tüdő-; ~ *artery* tüdőverőér; ~ *disease* tüdőbaj
pulp [pʌlp] I. *n* 1. pép, kása; *biz beat sy to* ~ laposra ver vkt 2. gyümölcspép 3. ~ *magazine* ponyvairodalmi folyóirat [újságpapírra nyomva] II. *vt* megőröl, péppé zúz, pépesít
pulping ['pʌlpɪŋ] *n* péppé zúzás/őrlés; ~ *machine* papírzúzda, -malom
pulpit ['pʊlpɪt] *n* 1. szószék 2. prédikálás
pulpy ['pʌlpɪ] *a* pépszerű, kocsonyás, kásás, szotyakos [gyümölcs]
pulsar ['pʌlsə*] *n* pulzár [csillag]
pulsate [pʌl'seɪt; *US* 'pʌl-] *vi* lüktet, ver, dobog [szív]
pulsatilla [pʌlsə'tɪlə] *n* kökörcsin
pulsation [pʌl'seɪʃn] *n* lüktetés, dobogás; (ér)verés
pulse¹ [pʌls] I. *n* érverés, pulzus, ütőér; *feel sy's* ~ (1) kitapintja vknek a pulzusát (2) *biz* puhatolódzik II. *vi* lüktet, dobog, ver
pulse² [pʌls] *n* hüvelyesek
pulverize ['pʌlvəraɪz] A. *vt* 1. porrá tör, porlaszt; porít 2. *átv* szétzúz B. *vi* szétporlad
puma ['pjuːmə] *n* puma
pumice ['pʌmɪs] *n* tajtékkő, habkő
pummel ['pʌml] *vt* -ll- (*US* -l-) öklöz/püföl

pump¹ [pʌmp] I. *n* szivattyú, pumpa; kút II. A. *vt* 1. szivattyúz, pumpál; ~ *out* (1) kiszivattyúz (2) kifáraszt; ~ *up* (1) felszivattyúz (2) felpumpál, felfúj; ~ *air into a tyre* levegőt fúj/pumpál tömlőbe; *biz* ~ *hands* kezet ráz (hosszasan) 2. *biz* kikérdez, firtat B. *vi* szivattyúz, pumpál
pump² [pʌmp] *n* papucscipő
pump-dredger *n* szívókotró
pumping ['pʌmpɪŋ] *n* szivattyúzás
pumpkin ['pʌmpkɪn] *n* tök
pump-room *n* ivócsarnok [gyógyfürdőben]
pun¹ [pʌn] I. *n* szójáték II. *vi* -nn- szójátékot csinál
pun² [pʌn] *vt* -nn- döngöl
punch¹ [pʌntʃ] I. *n* 1. lyukasztó(gép); ár; pontozó; ~ *card* lyukkártya 2. lyuggató minta II. *vt* (ki)lyukaszt, átüt; ~ *in* árral lyukaszt [szeg helyét]; ~ *out* (1) kilyukaszt [jegyet] (2) kiránt [szeget]
punch² [pʌntʃ] I. *n* 1. ökölcsapás; ütés; ~ *line* csattanó [viccé]; *biz pull one's* ~*es* (1) kíméletesen üt (2) kesztyűs kézzel bánik (vkvel); mérsékli magát 2. *biz* energia, (ütő)erő II. *vt* (meg)üt
punch³ [pʌntʃ] *n* puncs
punch⁴ [pʌntʃ] *n* paprikajancsi: *P*~ *and Judy show* bábszínház; *pleased as P*~ igen megelégedett, hízik a mája
punch-bowl *n* 1. puncsostál 2. kerek vápa [hegyoldalban]
punch-drunk *a* ütésektől kábult/tántorgó [bokszoló]
punched [pʌntʃt] *a* ~ *card* lyukkártya; ~ *tape* lyukszalag
puncheon ['pʌntʃ(ə)n] *n* 1. ár; lyukasztó minta 2. gyámfa
punching ['pʌntʃɪŋ] *n* (ki)lyukasztás
punching-bag *n* homokzsák [bokszoléó]
punching-ball *n* verőlabda [bokszoléó]
punch-mark *n* 1. lyukasztás helye 2. megjelölés
punctilio [pʌŋk'tɪliʊ] *n* szertartásosság; teketória
punctilious [pʌŋk'tɪliəs] *a* szertartásos, aprólékoskodó, szőrszálhasogató
punctual ['pʌŋktjʊəl; *US* -tʃʊ-] *a* pontos; szabatos

punctuality [pʌŋktjʊ'ælətɪ; US -tʃʊ-] *n* pontosság; szabatosság

punctually ['pʌŋktjʊəlɪ; US -tʃʊ-] *adv* pontosan, kellő időben

punctuate ['pʌŋktjʊeɪt; US -tʃʊ-] *vt* 1. írásjelekkel ellát 2. meg-megszakít; kihangsúlyoz

punctuation [pʌŋktjʊ'eɪʃn; US -tʃʊ-] *n* írásjelek kitevése, központozás, interpunkció

puncture ['pʌŋktʃə*] I. *n* (fel)szúrás, átlyukasztás, lyuk, gumidefekt; *have a ~* (gumi)defektet kap II. A. *vt* 1. kilyukaszt [gumit] 2. felszúr [kelevényt] 3. *átv* lelohaszt [öntel]tséget stb.] B. *vi* kilyukad, kipukkad

puncture-proof *a* defektmentes [autógumi]

pundit ['pʌndɪt] *n* (hindu) tudós

pungency ['pʌndʒ(ə)nsɪ] *n* 1. csípősség, pikáns íz 2. élesség [fájdalomé]; maró/metsző él [gúnyé, stílusé]

pungent ['pʌndʒ(ə)nt] *a* 1. csípős; pikáns [íz] 2. metsző, átható [fájdalom]; éles, metsző [gúny] 3. stimuláló

punish ['pʌnɪʃ] *vt* 1. (meg)büntet (*sy for sg* vkt vmért) 2. *biz* bántalmaz, összever 3. *biz* alaposan nekilát [ételnek, italnak]

punishable ['pʌnɪʃəbl] *a* büntethető, büntetendő

punishment ['pʌnɪʃmənt] *n* 1. (meg-)büntetés 2. *biz* megverés, összeverés

punitive ['pju:nətɪv] *a* büntető, fenyítő

punk¹ [pʌŋk] I. *a* □ vacak, pocsék II. *n* 1. *US* tapló 2. □ vacak (dolog) 3. □ kb. csöves

punk² [pʌŋk] *n GB* † szajha

punkah ['pʌŋkə] *n* ⟨kézzel hajtott nagy szobalegyező tropikus területeken⟩

punned [pʌnd] →*pun¹*, *pun²*

punner ['pʌnə*] *n* verőkos, döngölő

punster ['pʌnstə*] *n* szójátékcsináló

punt¹ [pʌnt] I. *n* lapos fenekű csónak II. *vi/vt* rúddal hajt [csónakot]

punt² [pʌnt] I. *n* kézből rúgás [futballban] II. *vt/vi* kézből rúg/lő [labdát]

punt³ [pʌnt] *vi* 1. tétet hazardíroz [bank ellen] 2. kicsiben tőzsdézik

punter¹ ['pʌntə*] csónakázó [rúddal hajtott ladikon]

punter² ['pʌntə*] *n* hazardőr

punt-pole *n* csónaktaszító rúd

puny ['pju:nɪ] *a* apró, kistermetű, kicsi, vézna

pup [pʌp] *n* kölyökkutya; *in ~* vemhes [szuka]; *biz sell sy a ~* becsap vkt

pupa ['pju:pə] *n* (*pl ~e* -pi:) lárva

pupil ['pju:pl] *n* 1. tanítvány, növendék 2. pupilla, szembogár

pupil(l)age ['pju:pɪlɪdʒ] *n* kiskorúság

puppet ['pʌpɪt] *n* 1. báb(u), baba 2. *átv* báb; *~ government* bábkormány

puppet-show *n* bábszínház, -játék

puppy ['pʌpɪ] *n* 1. kölyökkutya 2. *biz* önhitt fiatalember; taknyos kölyök

purblind ['pə:blaɪnd] *n* vaksi, elvakult

purchase ['pə:tʃəs] I. *n* 1. (meg)vásárlás; vétel; bevásárlás; *GB ~ tax* forgalmi adó; *make (some) ~s* bevásárol 2. megvásárolt dolog/holmi/áru; szerzemény 3. (évi) hozam; *at 20 years' ~* az évi hozam hússzorosáért 4. *átv* könnyítés, előny 5. emelőrúd; emelő-(szerkezet) 6. támasz(pont); fogás; *get a ~ on sg* jó fogást biztosít magának vmn; *take ~ on* támaszkodik vmre II. *vt* 1. (meg)vásárol, (meg)vesz; beszerez, megszerez 2. felemel [emelőszerkezettel]

purchase-money/price *n* vételár

purchaser ['pə:tʃəsə*] *n* (be)vásárló; vevő

purdah ['pə:dɑ:] *n* 1. függöny 2. lefátyolozás [hindu nőké]

pure [pjʊə*] *a* 1. tiszta, vegyítetlen, finom 2. tiszta, szeplőtlen, szűzies 3. (*átv is*) igazi, hamisítatlan; *out of ~ malice* merő rosszindulatból

pure-blood(ed)/bred *a* faj(ta)tiszta

purée, puree ['pjʊəreɪ; US pjʊ'reɪ] *n* pép, püré

purely ['pjʊəlɪ] *adv* tisztán, teljesen

purgation [pə:'geɪʃn] *n* 1. megtisztítás 2. megtisztulás 3. hashajtás

purgative ['pə:gətɪv] *a*/*n* 1. (meg)tisztító 2. hashajtó

purgatory ['pə:gət(ə)rɪ; US -ɔ:rɪ] *n* (*átv is*) tisztítótűz, purgatórium

purge [pə:dʒ] I. *n* 1. (ki)tisztítás, hashajtás 2. hashajtó 3. erkölcsi tisztaság teremtése; (párt)tisztogatási akció, tisztogatás II. *vt* 1. kitisztít; (meg)tisztít; ~ *out* kiirt 2. (meg)hajt, kiürít [beleket] 3. leszűr [folyadékot] 4. *átv* megtisztít [erkölcsöket]; tisztogatást végez **purging** ['pə:dʒɪŋ] I. *a* tisztító, hashajtó II. *n* 1. (ki)tisztítás; (meg)tisztulás 2. *átv* megtisztítás **purification** [pjʊərɪfɪ'keɪʃn] *n* 1. tisztítás, derítés [folyadéké stb.] 2. (meg-)tisztulás **purify** ['pjʊərɪfaɪ] *vt* (meg)tisztít; (meg-)szűr; derít; *átv* tisztáz **purifying** ['pjʊərɪfaɪɪŋ] I. *a* tisztító II. *n* (meg)tisztítás; derítés; (meg-)tisztulás **purist** ['pjʊərɪst] *n* purista **Puritan, p~** ['pjʊərɪt(ə)n] *a/n* puritán **puritanical** [pjʊərɪ'tænɪkl] *a* puritán(kodó), merev erkölcsi felfogású **puristanism** ['pjʊərɪtənɪzm] *n* 1. puritanizmus 2. szigorú erkölcsi felfogás, puritánság **purity** ['pjʊərətɪ] *n* tisztaság **purl¹** [pə:l] I. *n* 1. arany/ezüst hímzőszál, csipkeszegély 2. fordított szem [kötésben] II. *vt/vi* 1. csipkével szegélyez 2. fordított szemet köt; *knit one,* ~ *one* egy sima, egy fordított **purl²** [pə:l] I. *n* csörgedezés, mormogás [pataké] II. *vi* csörgedezik, mormog **purlieus** ['pə:lju:z; *US* -lu:z] *n pl* környék, vidék, kültel(k)ek **purlin** ['pə:lɪn] *n* szelemen(gerenda) **purloin** [pə:'lɔɪn] *vt* elcsen, ellop **purple** ['pə:pl] I. *a* bíbor(piros); *turn* ~ elvörösödik [dühtől]; *US P~ Heart* sebesülési érem; ~ *patches* kiemelkedően szép részletek [nagyobb irodalmi műé]; ~ *wood* bíborfa, paliszanderfa II. *n* 1. bíbor(szín) 2. *átv* bíbor(palást); *born in the* ~ bíborban született; *be raised to the* ~ bíborosi/császári méltóságra emelkedik 3. **purples** *pl* vörheny **purplish** ['pə:plɪʃ] *a* bíborba játszó **purport** I. *n* ['pə:pət; *US* -pɔ:rt] 1. értelem, jelentés 2. szándék, cél; tartalom II. *vt* ['pə:pət; *US* -'pɔ:rt] tartalmaz, jelent **purpose** ['pə:pəs] I. *n* szándék, cél, terv;

beside the ~ céltalan; *on* ~ szándékosan; *on* ~ *to . . .* a célból (v. azon szándékkal), hogy . . .; *for the* ~ *of* avégett; *to no* ~ hiába; *to the* ~ célszerű, hasznos; *serve one's* ~ megfelel céljának; *of set* ~ szándékosan II. *vt* szándékol, tervez **purposeful** ['pə:pəsfʊl] *a* 1. szándékos; céltudatos; tervszerű 2. jelentős **purposeless** ['pə:pəslɪs] *a* céltalan, hiábavaló **purposely** ['pə:pəslɪ] *adv* 1. szándékosan, készakarva 2. azon célból, hogy **purposive** ['pə:pəsɪv] *a* = *purposeful* 7. **purr** [pə:*] I. *n* dorombolás II. *vi* dorombol, fon [macska] **purring** ['pə:rɪŋ] I. *a* doromboló II. *n* dorombolás **purse** [pə:s] I. *n* 1. erszény, pénztárca; *you cannot make a silk* ~ *out of a sow's ear* kutyából nem lesz szalonna 2. pénzügy(ek); *a light* ~ üres erszény; szegénység; *a long/heavy* ~ tömött erszény; gazdagság; *the public* ~ államkincstár; *put/take up a* ~ nagyobb pénzösszeget gyűjt össze és ajánl fel [sportmérkőzés díjául stb.]; *be beyond one's* ~ meghaladja anyagi erejét; *live within one's* ~ kijön/megél a fizetéséből/jövedelméből 3. *US* (női) kézitáska, retikül II. *vt* összehúz, összeráncol [homlokot]; ~ (*up*) bigygyeszt [ajkat] **purse-bearer** *n* kincstáros; főpecsétőr **purseful** ['pə:sfʊl] *n* erszényre való (sok pénz) **purse-proud** *a* vagyonára gőgös **purser** ['pə:sə*] *n* pénztáros [hajón] **purse-strings** *n pl* 1. pénzeszsák kötője 2. *átv she holds the* ~ ő a pénzügyminiszter a családban; *tighten the* ~ összehúzza a nadrágszíjat **purslane** ['pə:slɪn; *US* -leɪn] *n* porcsin, portulakka [növény] **pursuance** [pə'sjʊəns; *US* -'su:-] *n in* ~ *of* vm szerint, vmnek véghezvitele során, vmnek értelmében **pursuant** [pə'sjʊənt; *US* -'su:-] *adv* ~ *to sg* vmnek értelmében, vm szerint **pursue** [pə'sju:; *US* -'su:] *vt* 1. üldöz, űz 2. követ, folytat, űz; ~ *a profession*

vm foglalkozást űz; ~ *studies* tanulmányokat folytat 3. törekszik vmre; ~ *pleasures* hajszolja az élvezeteket
pursuer [pə'sju:ə*; US -'su:-] *n* 1. üldöző 2. folytató 3. ügyész, közvádló
pursuit [pə'sju:t; US -'su:t] *n* 1. üldözés, űzés, keresés; ~ *plane* vadászrepülőgép 2. törekvés (*of* vmre); *the* ~ *of happiness* törekvés a boldogságra; *in* ~ *of sg* vmnek keresésében/követésében 3. tevékenység, elfoglaltság; működés
pursuivant ['pə:sɪvənt; US -swə-] *n GB* † kísérő; futár
purulence ['pjʊərələns] *n* genny(edés)
purulent ['pjʊərələnt] *a* gennyes
purvey [pə'veɪ] *vt/vi* szállít, élelmiszerrel ellát; *this firm* ~*s for the navy* ez a vállalat a haditengerészet szállítója
purveyance [pə'veɪəns] *n* élelmiszerbeszerzés, -ellátás
purveyor [pə'veɪə*] *n* (élelmiszer-)szállító; ~ *by appointment* udvari szállító
purview ['pə:vju:] *n* 1. hatáskör, működési kör 2. rendelkező rész [törvényé]
pus [pʌs] *n* genny
push [pʊʃ] I. *n* 1. lökés, taszítás, tolás; döfés 2. szorult helyzet, válságos pillanat; *at a* ~ végszükség esetén; □ *be in the* ~ benne van a dologban/ buliban 3. erőfeszítés, igyekezet; energia; *have plenty of* ~ rámenős, energikus; *man of* ~ *and go* rámenős ember; *make a* ~ (1) beleadja az erejét (2) támadást indít 4. □ elbocsátás; *get the* ~ kirúgják az állásából 5. protekció II. A. *vt* 1. tol, lök, taszít; ~ *the door to* bevágja az ajtót; ~ *bar to open* tolni! [felírás lengőajtón] 2. (meg)nyom; ~ *the button* megnyomja a gombot 3. hajt, sürget; ~ *oneself* tolakszik; ~ *one's way* (1) boldogul (az életben) (2) *átv* törtet, „könyököl"; ~ *one's way through the crowd* átvergődik a tömegen; *biz* ~ *a person* protezsál vkt, közbenjár vkért; ~ *an advantage* kihasználja az előnyt; *I am* ~*ed for time* időszűkében vagyok, sürget az idő; *biz I'm rather* ~*ed today* nagy hajtásban vagyok ma 4. *biz* feldicsér,

reklámoz [árucikket]; ~ *an article* terjeszt egy árucikket B. *vi* törekszik, törtet, erélyeskedik
push along *vi biz* továbbsiet, -megy
push around *biz* erőszakoskodik (vkvel)
push aside *vt* félrelök
push back *vt* visszatol, -lök, -nyom
push by *vi* vm mellett előrenyomul
push forward *vt* ~ *oneself f.* (1) tolakszik (2) törtet
push in A. *vt* benyom; belök; betol B. *vi* behatol, benyomul
push off A. *vt* eltol, eltaszít [csónakot stb.] B. *vi* 1. ellöki a csónakot a parttól 2. *biz time to* ~ *o.* ideje (haza)menni
push on A. *vi* 1. ~ *on with sg* folytat/(előre)halad vmvel 2. = *push off* B. 2. B. *vt* siettet, sürget, hajt
push out A. *vi* rügyezik, gyökeret hajt B. *vt* 1. kidug, kihajt [rügyet] 2. = *push off A.*
push over *vt* feldönt, felborít
push through A. *vt* (sikeresen) véghezvisz B. *vi* 1. áttolakszik 2. előbújik
push up A. *vt* feltol; *biz* ~ *up the daisies* alulról szagolja az ibolyát 2. felnyom [árat]
push-ball *n* 〈futballjáték 180 cm átmérőjű labdával〉
push-bike *biz* (rendes) kerékpár, bringa
push-button I. *a* 1. nyomógombos 2. gombnyomásra működő, távirányított [rakéta] II. *n* nyomógomb, kapcsoló
push-cart *n* kézi targonca
push-chair *n* (összecsukható) gyer(m)ekkocsi
push-door *n* tolóajtó
pusher ['pʊʃə*] *n* 1. törtető ember 2. □ kábítószer-kereskedő 3. tolóka
pushing ['pʊʃɪŋ] *a* rámenős, törtető
push-off *n* ellökés a parttól
pushover *n US biz* könnyű dolog; *it's a* ~ *!* gyerekjáték az egész !
pushup *n* = *press-up*
pushy ['pʊʃɪ] *a* = *pushing*
pusillanimity [pju:sɪlə'nɪmətɪ] *n* félénkség, kishitűség
pusillanimous [pju:sɪ'lænɪməs] *a* félénk, kishitű, csüggeteg; gyáva

puss [pʊs] *n* 1. cica; *P~ in Boots* Csizmás kandúr; *~ in the corner* (1) komámasszony hol az olló? (2) háttérből ható befolyás 2. *biz* (kis)lány
pussy ['pʊsɪ] *n* 1. cica, cicus 2. barka; *~ willow* (1) fűzfa (2) fűzbarka
pussy-cat *n* cica(mica), cicus
pussyfoot *vi* macska módján megy, puhán lépdel (mint a macska)
pustule ['pʌstjuːl; *US* -tʃ-] *n* gennyes pattanás
put¹ [pʊt] I. *n* dobás, lökés, vetés [súlyé] II. *vt (pt/pp* put pʊt; -tt-) 1. (oda)tesz, helyez; *it stays ~* megmarad azon a helyen ahova teszik; *~ a field under wheat* búzával vet be egy táblát/földet 2. *átv* (fel)tesz [kérdést]; helyez [bizalmat/stb. vmbe]; visz [vmt vk elé] 3. becsül (vmre); *I ~ his income at £5000 a year* évi ötezer fontra becsülöm a jövedelmét 4. dob, vet; *~ the weight* súlyt dob/lök [sportban] 5. megfogalmaz, kifejez (vmt); *as Shakespeare ~s it* ahogy Sh. mondja 6. feltételez; † *~ (the) case (that)* tegyük fel (hogy)
put about A. *vt* 1. elterjeszt, elhíresztel 2. zaklat; zavarba ejt B. *vi* irányt változtat [hajó]
put across *vt* 1. keresztbe tesz 2. *~ sg a.* nyélbe üt vmt, sikerre visz vmt 3. elhitet; elfogadtat (vkvel vmt); *US you can't ~ that a. me* ebbe nem fogsz engem beugratni, ebben Tamás vagyok
put aside *vt* 1. félretesz 2. mellőz (vmt)
put away *vt* 1. félretesz, eltesz (vmt) 2. *biz* dilinázba dug (vkt) 3. felhagy (vmvel); lemond (vmről) 4. † elkerget [feleséget] 5. *biz* eltesz láb alól (vkt)
put back A. *vt* 1. visszatesz 2. késleltet 3. megtagad, elutasít 4. akadályoz; visszavet 5. visszaigazít [mutatót, órát] B. *vi ~ b. to port* visszatér a kikötőbe [hajó]
put by *vt* 1. félretesz, megtakarít, tartalékol 2. kitér (vm elől) 3. félretol, mellőz 4. felfog [ütést]
put down A. *vt* 1. letesz 2. csökkent, leszállít [árakat] 3. lever, el-

nyom [lázadást] 4. letromfol, elhallgattat 5. leír; *~ d. in writing* írásba foglal; *~ sy d. for sg* vkt előjegyez vmre; *~ me d. for $55* dollárt jegyzek/megajánlok 6. gondol, vél, elkönyvel (vmnek); *I ~ him d. for an Englishman* angolnak néztem 7. *~ sg d. to sg* vmt vmnek tulajdonít 8. összehajt [esernyőt] B. *vi* leszáll, landol [repgép]
put forth A. *vt* 1. kinyújt 2. működésbe hoz; (ki)fejleszt 3. megfeszíti [erejét] 4. kiad [könyvet] 5. hajt [rügyet, ágat] B. *vi* 1. elindul [hajó] 2. kicsírázik, kihajt [növény]
put forward *vt* 1. előretesz; előretol; előreigazít; *~ one's best foot f.* (1) igyekszik, jól kilép (2) legjobb oldaláról mutatkozik; *~ oneself f.* magát túlságosan előtérbe tolja 2. javasol [jelöltet] 3. előterjeszt [tervet stb.]
put in A. *vt* 1. betesz; beszúr; behelyez; *~ in force* életbe léptet; *~ in hand* kézbe vesz; elkezd (vmit); *~ in practice* használatba vesz; *~ yourself in my place* képzeld magadat az én helyembe; *~ sy in his place* rendreutasít vkt 2. közbevet, közbeszól 3. bead, előterjeszt [iratot]; *~ in a claim for damages* kártérítési igényt jelent be; *~ sy in evidence* vkt tanúként állít B. *vi* 1. bejelenti igényét (vmre); *~ in for a post* megpályáz egy állást 2. befut, beérkezik [hajó]
put into A. *vt* 1. *(átv is)* beletesz; belefektet [pénzt, munkát stb.] 2. lefordít, átültet [vmlyen nyelvre] B. *vi* befut [hajó kikötőbe]
put off A. *vt* 1. *(átv is)* félretesz; levet [ruhát, kétséget stb.] 2. elhalaszt, elnapol 3. kitér (vm elől); leszerel (vkt vmvel); *I will not be ~ o. any longer* engem nem hiteget tovább (az biztos) 4. félrevezet, ámít (vkt); rászed, becsap (vkt) 5. (meg)akadályoz; megzavar, kizökkent (vkt vmből) 6. visszataszít, undorít; *~ sy o. (his appetite)* elveszi vknek az étvágyát 7. ellök [csónakot parttól] B. *vi* elhagyja a kikötőt, elindul
put on A. *vt* 1. feltesz, rátesz 2. fel-

vesz [ruhadarabot]; *átv* felölt [arcki-fejezést stb.]; színlel, tettet (vmt); ~ *it on* (1) henceg, adja a bankot (2) borsos árat számít; □ ~ *it on thick* otrombán hízeleg 3. tulajdonít (vknek vmt) 4. üzembe helyez, működésbe hoz (vmt); ~ *on the light* meggyújtja a lámpát/villanyt; ~ *on a train* beállít vonatot [menetrendbe]; *I shall* ~ *you on to Mr. Smith* átkapcsolom Smith úrhoz 5. munkába állít (vkt) 6. színre, hoz, bemutat [darabot] 7. rászed, becsap (vkt) 8. kimér (vkre vmt); megszorít (vkt, vmt); ~ *sy on good behaviour* vkt jó magaviseletre int; ~ *sy on diet* diétára fog vkt 9. hozzáad; növel; emel [árat]; fokoz [sebességet]; ~ *on flesh/weight* (meg-)hízik 10. előretol, előreigazít [órát] 11. pénzt tesz, fogad [lóversenyen] 12. felszólít, felhív [tanulót felelésre] B. *vi* (el)siet
   put out A. *vt* 1. kitesz; kidob; kitűz [zászlót]; kihajt [rügyet], kinyújt [kezet stb.] 2. kificamít 3. kiad [munkát]; kikölcsönöz, befektet [pénzt]; ~ *work o.* házimunkába kiad 4. kikapcsol, elolt [villanyt, tüzet] 5. bosszant, felizgat; zavar(ba hoz) 6. kiad, közzétesz 7. előállít, termel B. *vi* kihajózik, elindul ‖ →*put to B.*
   put over A. *vt* 1. föléje tesz/helyez 2. utasít (vkt vkhez) 3. átszállít [csónakon stb.] 4. *US* sikerre juttat [színdarabot, filmet] B. *vi* átmegy [a másik partra hajó]
   put through *vt* 1. befejez, végrehajt 2. átnyom; keresztüljuttat; *he* ~ *me t. college* az ő anyagi támogatásával végeztem el a főiskolát 3. ~ *sy t. to sy* vkt vkvei összeköttetésbe hoz [telefonon stb.]; ~ *me t. to the manager* kérem kapcsolja az igazgatót
   put to A. *vt* 1. hozzáad, hozzátesz; ~ *one's name to it* támogat [erkölcsileg] 2. késztet (vkt vmre); ~ *to bed* lefektet; ~ *to school* iskolába ad/járat; ~ *to silence* elhallgattat; ~ *to sleep* elaltat 3. vmnek kitesz/alávet (vkt); korlátoz, megszorít; ~ *to it* zavar; szorít, szorongat; *he was hard* ~ *to it* nem volt

könnyű neki 4. összekapcsol (vmt vmvel); befog [lovat] 5. vk elé terjeszt (vmt); ~ *it to him nicely* közölje vele (a dolgot) kíméletesen; *I* ~ *it to you whether* ... azt kérdem öntől, hogy ... 6. vmlyen pályára ad B. *vi* ~ *(out) to sea* (1) kifut a nyílt tengerre [hajó] (2) tengerre/hajóra száll
   put together *vt* 1. összetesz, -rak; összeszerel; *they* ~ *their heads t.* összedugták a fejüket 2. *biz* ~ *two and two t.* levonja a (nyilvánvaló) következtetést 3. *átv* összeszed, -állít; ~ *one's thoughts t.* összeszedi a gondolatait
   put up A. *vt* 1. felemel [kezet stb.]; felhúz [ablakot, zászlót]; kinyit [ernyőt]; feltesz [képet, függönyt]; ~ *up one's hair* feltűzi a haját, kontyot csinál; ~ *up one's hands* feltartja a kezét, megadja magát 2. felver [vadat] 3. ajánl, felléptet [jelöltet] 4. ~ *sg up for sale* áruba bocsát vmt; ~ *sg up for auction* elárvereztet vmt 5. felver [árakat] 6. (be)csomagol; elrak [télire stb.] 7. ~ *up the money for sg* előteremti a pénzt vmhez 8. (fel)épít [házat]; (fel)állít [emlékművet stb.] 9. visszatesz, -helyez; becsuk [zsebkést]; ~ *up your sword* dugd hüvelyébe a kardod 10. bezár, beszüntet [üzemet]; ~ *up the shutters* (1) lehúzza a redőnyöket [üzletben] (2) *átv* bezárja a boltot 11. kifejt [ellenállást stb.]; ~ *up a good fight* derekasan küzd; ~ *up a stout resistance* makacsul ellenáll 12. elszállásol vkt, szállást ad vknek; elhelyez 13. kitervez, kifőz [tréfát, gaztettet stb.]; *biz* ~ *up a job* cselt sző; ~ *sy up to sg* (1) tájékoztat vkt vmről, beavat vkt vmbe (2) utasítást ad vknek vmre vonatkozólag (3) rábeszél/rábír vkt vmre B. *vi* 1. ~ *up for sg* (1) igényt támaszt vmre (2) folyamodik vmért 2. megszáll vhol; ~ *up at a(n) hotel* szállodába(n) száll (meg) 3. ~ *up with sg* belenyugszik vmbe
   put upon A. *vt* 1. rátesz 2. ráerőszakol 3. elnyom B. *vi* fejére nő
put² [pʌt] *n/vt* = *putt*

putative ['pju:tətɪv] *a* vélelmezett, vélt
put-off *n* 1. halasztás 2. ürügy, kifogás
put-on *a* színlelt, tettetett [viselkedés stb.]
putrefaction [pju:trɪ'fækʃn] *n* rothadás, feloszlás
putrefactive [pjʊtrɪ'fæktɪv] *a* rothasztó, korhasztó
putrefy ['pju:trɪfaɪ] A. *vt* (meg)rothaszt B. *vi* 1. (meg)rothad; korhad; oszlásnak indul 2. gennyesedik, üszkösödik
putrescence [pju:'tresns] *n* rothadás, korhadás
putrescent [pju:'tresnt] *a* rothadó, poshadó, bűzös
putrid ['pju:trɪd] *a* rothadt, korhadó; bűzös, orrfacsaró; ~ sore throat gennyes torokgyulladás/mandulagyulladás
putt [pʌt] I. *n* (be)gurítás [golflabdáé lyukba] II. *vt* gurít [golflabdát lyuk felé]
puttee ['pʌtɪ] *n* lábszárvédő, lábtekercs
putter¹ ['pʌtə*] I. *n* 1. ⟨egy fajta golfütő⟩ 2. az aki lök
putter² ['pʌtə*] *US vi* pepecsel, piszmog
putting¹ ['pʊtɪŋ] *n* 1. (el)helyezés; (le-) tevés 2. ~ the shot/weight súlydobás, súlylökés; ‖ →put¹ II.
putting² ['pʌtɪŋ] *n* ⟨golflabda begurítása lyukba⟩ →putt II.
putting-green ['pʌtɪŋ-] *n* ⟨golfpálya lyuk körüli sima pázsitja⟩
putty ['pʌtɪ] I. *n* gitt, ragacs II. *vt* betapaszt, betöm (gittel), begittel
put-up *a a* ~ job kicsinált dolog, kiszámított trükk
puzzle ['pʌzl] I. *n* 1. rejtvény, türelemjáték, fejtörő 2. nehézség, zavar; be in a ~ zavarban van II. A. *vt* 1. zavarba hoz, nyugtalanít 2. összebonyolít; ~ out kibogoz, megfejt [titkot stb.] B. *vi* zavarban van; töri a fejét, tépelődik (about/over vmn)

puzzler ['pʌzlə*] *n* fogas kérdés
puzzling ['pʌzlɪŋ] *a* rejtélyes
PVC [pi:vi:'si:] *polyvinyl chloride* polivinilklorid, PVC
Pvt, pvt. *US private (solider)*
P.X., PX [pi:'eks] *post exchange*
pycnometer [pɪk'nɔmɪtə*; *US* -'na-] *n* fajsúlymérő, sűrűségmérő
Pygmalion [pɪg'meɪljən] *prop*
pygmy ['pɪgmɪ] *a/n* törpe
pyjamas, *US* pajamas [pə'dʒɑ:məz] *n pl* pizsama
pylon ['paɪlən; *US* -ɑn] *n* távvezetékoszlop, pilon
pylorus [paɪ'lɔ:rəs] *n* (*pl* -ri -raɪ) gyomorkapu
pyorrh(o)ea [paɪə'rɪə] *n* (gennyfolyásos) fogínysorvadás
pyramid ['pɪrəmɪd] *n* 1. gúla 2. piramis
pyramidal [pɪ'ræmɪdl] *a* gúla alakú
Pyramus ['pɪrəməs] *prop*
pyre ['paɪə*] *n* halotti máglya
Pyrenees [pɪrə'ni:z] *prop* Pireneusok
Pyrex ['paɪreks] *n* tűzálló edény
pyrexia [paɪ'reksjə] *n* láz(as betegség)
pyrites [paɪ'raɪti:z] *n* pirit
pyritic [paɪ'rɪtɪk] *a* pirites
pyromania [paɪrə'meɪnɪə] *n* pirománia, gyújtogatás
pyrometer [paɪ'rɔmɪtə*; *US* -'rɑ-] *n* magas fokú hőmérő, pirométer
pyrotechnical [paɪrə'teknɪkl] *a* pirotechnikai
pyrotechnics [paɪrə'teknɪks] *n* tűzijáték; pirotechnika
Pythagoras [paɪ'θægəræs] *prop* Püthagorasz; ~' theorem = Pythagorean t.
Pythagorean theorem [paɪθægə'rɪən] Pitagorasz-tétel, P. tétele
python ['paɪθn; *US* -θɑn] *n* óriáskígyó
pyx [pɪks] *n* † szentségtartó
pyxis ['pɪksɪs] *n* (*pl* pyxides 'pɪksɪdi:z) 1. toktermés 2. ízületi gödör

Q

Q¹, q [kju:] *n* Q, q (betű)
Q². 1. *quarto* 2. *Quebec* 3. (q is) *question*
Q.C. [kju:'si:] *Queen's Counsel* →*counsel*
QED [kju:i:'di:] *quod erat demonstran-dum* (= *which was to be demonstrated*) amit bizonyítani kellett
QM [kju:'em] *quarter-master*
QMG [kju:em'dʒi:] *quarter-master general*
qr. *quarter*(s) negyed
qt. *quart*(s) →*quart¹*
q.t. [kju:'ti:] →*quiet II. 2.*
qu *query, question*
qua [kweɪ] *conj* mint
quack¹ [kwæk] I. *n* hápogás II. *vi* hápog
quack² [kwæk] *n* ~ (*doctor*) kuruzsló, sarlatán
quackery ['kwækərɪ] *n* kuruzslás, szélhámosság
quad [kwɔd; *US* -ɑ-] *n* 1. = *quadrangle* 2. 2. **quads** *pl* négyes ikrek
quadragenarian [kwɔdrədʒɪ'neərɪən; *US* -ɑd-] *a/n* megvenéves (ember)
quadrangle ['kwɔdræŋgl; *US* -ɑd-] *n* 1. négyszög 2. [négyszögű zárt belső] udvar [kollégiumé stb.]
quadrangular [kwɔ'dræŋgjʊlə*; *US* kwɑ-] *a* négyszögű, négyszögletes
quadrant ['kwɔdr(ə)nt; *US* -ɑ-] *n* 1. körnegyed, 90° 2. kvadráns [műszer]
quadratic [kwɔ'drætɪk; *US* kwɑ-] *a* ~ *equation* másodfokú egyenlet
quadrilateral [kwɔdrɪ'læt(ə)rəl; *US* kwɑ-] I. *a* négyoldalú II. *n* négyszög
quadrille [kwə'drɪl] *n* francia négyes
quadrillion [kwɔ'drɪljən; *US* kwɑ-] *n* GB milliószor trillió (10²⁴), *US* ezer trillió (10¹⁵)
quadroon [kwɔ'dru:n; *US* kwɑ-] *n*

negyedvér [fehér és mulatt keverék csak egy néger nagyszülővel]
quadruped ['kwɔdrʊped; *US* 'kwɑ-] *a/n* négylábú
quadruple ['kwɔdrʊpl; *US* 'kwɑ-] *a/n* négyszeres(e vmnek)
quadruplets ['kwɔdrʊplɪts; *US* 'kwɑ-] *n* *pl* négyes ikrek
quadruplicate [kwɔ'dru:plɪkət; *US* kwɑ-] I. *a* négyszeres, négy példányban készült II. *n in* ~ négy példányban
quaff [kwɑ:f] *vt* † nagyokat kortyol
quagmire ['kwægmaɪə*] *n* ingovány
quail¹ [kweɪl] *n* fürj
quail² [kweɪl] *vi* csügged, meghunyászkodik, elszáll [bátorsága]
quaint [kweɪnt] *a* 1. furcsa, különös 2. régies 3. érdekes, eredeti
quake [kweɪk] *vi* 1. remeg, reszket 2. borzong 3. reng
Quaker ['kweɪkə*] *n* kvéker
qualification [kwɔlɪfɪ'keɪʃn; *US* kwɑ-] *n* 1. képesítés, képzettség; végzettség 2. módosítás; korlátozás; *without* ~ fenntartás nélkül 3. minősítés
qualified ['kwɔlɪfaɪd; *US* -ɑl-] *a* 1. képesített; képzett; alkalmas (*for* vmre) 2. módosított, korlátozott 3. feltételes
qualify ['kwɔlɪfaɪ; *US* -ɑl-] A. *vt* 1. ~ *sy for sg* (v. *to do sg*) vkt vmre (v. vm megtevésére) képesít; alkalmassá tesz; *be qualified to teach English* angoltanári képesítése van 2. feljogosít (*for* vmre) 3. minősít 4. módosít; korlátoz B. *vi* 1. képesítést szerez; jogot nyer (*for* vmre) 2. továbbjut [versenyben]; ~ *for the finals* bejut a döntőbe
qualifying ['kwɔlɪfaɪɪŋ; *US* -ɑl-] *a* 1. ké-

pesítő; ~ examination képesítővizsga; ~ match selejtező mérkőzés; ~ heat/ round előfutam 2. módosító
qualitative ['kwɔlɪtətɪv; US 'kwɑlɪteɪ-] a minőségi
quality ['kwɔlətɪ; US -al-] n 1. minőség; (of) poor ~ gyenge minőségű; ~ car márkás autó; ~ check(ing) meó(zás) 2. (emberi) tulajdonság; képesség; he has many good qualities sok jó oldala/ tulajdonsága van vknek 3. † people of ~ előkelő emberek
qualm [kwɑ:m] n 1. lelkiismeret-furdalás, aggály; have no ~s about sg nincs skrupulusa vmt illetően 2. émelygés
qualmish ['kwɑ:mɪʃ] a 1. lelkifurdalástól gyötört 2. émelygő(s)
quandary ['kwɔndərɪ; US -ɑn-] n zavar, dilemma, bizonytalanság
quanta →quantum
quantification [kwɔntɪfɪ'keɪʃn; US -ɑn-] n mennyiségi meghatározás
quantify ['kwɔntɪfaɪ; US -ɑn-] vt mennyiségileg meghatároz
quantitative ['kwɔntɪtətɪv; US 'kwɑntɪteɪ-] a mennyiségi
quantity ['kwɔntətɪ; US -ɑn-] n 1. mennyiség; ~ surveyor építési ellenőr, anyagmennyiség-becslő; a ~ of sg igen sok vmből; in ~ nagy tömegben 2. időmérték, (idő)tartam
quantum ['kwɔntəm; US -ɑn-] n (pl -ta -tə] 1. mennyiség, tömeg; ~ theory kvantumelmélet 2. adag
quarantine ['kwɔr(ə)nti:n; US -ɔ:-] I. n vesztegzár II. vt vesztegzár alá helyez, elkülönít
quarrel ['kwɔr(ə)l; US -ɔ:-] I. n veszekedés, vita; have a ~ (with sy about sg) veszekedik, összevész (vkvel vm miatt); have ~ with sy kifogása van vk ellen, elvi vitába száll vkvel; have no ~ with/against sy nincs kifogása vk ellen; make up a ~ vitát/nézeteltérést elsimít II. vi -ll- (US -l-) 1. veszekedik; vitatkozik (with sy about/over sg vkvel vm miatt) 2. ~ with sg hibát talál vmben, kifogásol vmt
quarrel(l)ing ['kwɔrəlɪŋ; US -ɔ:-] I. a veszekedő II. n veszekedés

quarrelsome ['kwɔr(ə)lsəm; US -ɔ:-] a veszekedő(s), civakodó, házsártos
quarry¹ ['kwɔrɪ; US -ɔ:-] n (vadász-) zsákmány, konc
quarry² ['kwɔrɪ; US -ɔ:-] I. n 1. kőbánya, kőfejtő; ~ stone terméskő 2. átv tárháza, lelőhelye [adatoknak stb.] II. vt/vi (pt/pp quarried 'kwɔrɪd, US -ɔ:-] 1. fejt, bányászik [követ] 2. átv kutat [régi adatanyagban]
quarryman ['kwɔrɪmən; US -ɔ:-] n (pl men -mən) kőbányász, kőfejtő
quart¹ [kwɔ:t] n ⟨a gallon negyedrésze GB: 1,136 l, US: 0,946 l⟩; put a ~ into a pint pot a lehetetlenre vállalkozik
quart² [kɑ:t] n kvart [vívásban]
quarter ['kwɔ:tə*] I. n 1. negyed(rész); US ~ note negyed (hangjegy) 2. negyed(óra); negyedév, évnegyed; ~ past six negyed 7; ~ to six háromnegyed 6 3. (város)negyed 4. (világ)táj; from every ~ mindenhonnan, minden irányból; in high ~s felsőbb körökben; in responsible ~s illetékes/felelős helyen 5. quarters pl szállás(hely), lakás; close ~s szűkös elhelyezés; at close ~s közel (egymáshoz), közvetlen közel-(ről); change one's ~s máshová költözik; living ~s lakóhely, szállás; take up one's ~s szállását felüti vhol 6. (különféle egységek:) (1) ⟨súlymérték: GB 12,7 kg, US 11,34 kg⟩ (2) ⟨űrmérték: 2,9 hl⟩ (3) US 25 cent, negyed dollár(os) 7. kegyelem; cry ~, ask for ~ kegyelmet kér; no ~ given nincs irgalom II. vt 1. négy részre oszt, négyfelé oszt/vág, felnégyel 2. elszállásol; ~ oneself on/with sy beszállásolja magát vhová
quarter-back n US hátvéd [amerikai futballban]
quarter-day n negyedévi bérfizetési nap
quarter-deck n 1. tatfedélzet 2. tisztikar [hadihajóé]
quarter-finals n pl negyeddöntő; [vívásban] elődöntő
quarterly ['kwɔ:təlɪ] I. a negyedév(en-ként)i II. adv negyedévenként III. n negyedévenként megjelenő folyóirat
quarter-master n 1. [katonai] szállás-

mester; ~ *general* vezérlő hadbiztos;
~ *officer* hadbiztos; ~ *sergeant* számvevő tiszthelyettes 2. kormányos(mester)
quartern ['kwɔ:tən] *n* 1. ~ *(loaf)* négyfontos kenyér 2. negyed pint [0,14 l]
3. negyed „stone" [1,59 kg]
quarter-sessions *n pl* negyedév(enként)i bírósági ülésszak
quarter-staff *n (pl* -staves) kétméteres bot [mint fegyver]
quartet(te) [kwɔ:'tet] *n* [zenei] négyes, kvartett
quarto ['kwɔ:toʊ] *a/n* negyedrét (alakú könyv), kvartó
quartz [kwɔ:ts] *n* kvarc; ~ *clock/watch* kvarcóra
quash [kwɔʃ; *US* -ɑ-] *vt* 1. hatálytalanít, semmisnek nyilvánít 2. elnyom, elfojt
quasi- ['kweɪzaɪ-; *US* -saɪ] *pref* látszólagos, félig(-meddig); ... jellegű
quassia ['kwɔʃə; *US* -ɑ-] *n* kvasszia(fa)
quatercentenary [kwætəsen'ti:nərɪ; *US* kweɪtər'sentənerɪ] *n* négyszázéves évforduló
quaternary [kwə'tə:nərɪ] *a* 1. négyes 2. négy elemből álló, négytagú; négyértékű
quatrain ['kwɔtreɪn; *US* -ɑ-] *n* négysoros vers(szak)
quatrefoil ['kætrəfɔɪl; *US* -tər-] *n* négylevelű lóhere alakú ablak v. díszítés
quaver ['kweɪvə*] I. *n* 1. reszketés, remegés [hangé] 2. hangrezgés 3. trilla 4. nyolcad (hangjegy) II. A. *vi* 1. rezeg, remeg, reszket [hang] 2. trilláz B. *vt* reszkető hangon mond/(el)énekel vmt
quavering ['kweɪv(ə)rɪŋ] *a* reszkető, remegő
quaveringly ['kweɪv(ə)rɪŋlɪ] *adv* reszkető/elcsukló hangon
quay [ki:] *n* rak(odó)part
quayage ['ki:ɪdʒ] *n* 1. rakodótér [rakparton] 2. rakparti illeték/díj
quean [kwi:n] *n* † nőszemély, lotyó
queasy ['kwi.zɪ] *a* 1. émelygő 2. émelyítő, undorító 3. finnyás, kényes
Quebec [kwɪ'bek] *prop*
queen [kwi:n] I. *n* 1. királynő; királyné; ~ *consort* a király hitvese, a királyné;

~ *dowager* özvegy királyné; ~ *mother* anyakirályné 2. [sakkban] vezér; [kártyában] dáma II. *vt* 1. ~ *it* királynői módon (v. fölényesen) viselkedik 2. vezérnek bevisz [sakkban gyalogot]
queen-bee *n* méhkirálynő
queenly ['kwi:nlɪ] *a* királynői
queen-post *n* feszítőmű oszlopa, császárfa
Queensland ['kwi:nzlənd] *prop*
queer [kwɪə*] I. *a* 1. furcsa, különös; *a* ~ *fish* különös (v. furcsa egy) alak; *go* ~ megzavarodik, meghibban; *biz I feel very* ~ nem jól (v. vacakul) érzem magam; *be in Q~ Street* bajban/pácban/pénzzavarban van 2. kétes jellemű, gyanús 3. □ hamis [pénz] 4. □ részeg 5. □ homokos II. *vt* nevetségessé tesz, elront(ja a hatást)
queerness ['kwɪənɪs] *n* furcsaság
quell [kwel] *vt* 1. elnyom, elfojt [lázadást] 2. lecsillapít, megnyugtat
quench [kwentʃ] *vt* 1. elolt [tüzet] 2. csillapít, elolt [szomjúságot] 3. lecsendesít [szenvedélyt], elnyom, elfojt [vágyat]; lehűt [lelkesedést] 4. hirtelen lehűt [izzó acélt], edz [fémet]
quern [kwə:n] *n* kéziőrlő
querulous ['kwerʊləs; *US* -rə-] *a* panaszkodó; nyafogó, siránkozó
query ['kwɪərɪ] I. *n* 1. kérdés; *list of queries* kérdőív 2. kétség, aggály 3. kérdőjel II. *vt* 1. (meg)kérdez; ~ *if/whether* ... megkérdezi/kérdezősködik, vajon ... 2. megkérdőjelez
quest [kwest] *n* keresés, (fel)kutatás; *go in* ~ *of sg* vmnek a keresésére/(fel)kutatására indul
question ['kwestʃ(ə)n] I. *n* 1. kérdés; *ask sy a* ~ kérdez vktől vmt; *put a* ~ *to sy* kérdést intéz vkhez, kérdést tesz fel vknek 2. kétség; *beyond (all)* ~, *without* ~ kétségtelenül, vitathatatlanul; *call in* ~ kétségbe von 3. (vitás) kérdés, probléma; vita tárgya; *there's no* ~ *about it* nem vitás; *that's not/beside the* ~ nem erről van szó; *be out of the* ~ szóba sem jöhet, szó sem lehet róla; *(sy, sg) in* ~ a kérdéses (vk, vm), a szóban forgó (vk, vm); *a* ~ *of time* idő kérdése; *there was no* ~ *of my coming* nem volt szó arról, hogy én

jövök; *come into* ~ szóba jön; *beg the* ~ kérdést bizonyítottnak tekint; *put the* ~ szavazásra bocsátja a kérdést; ~ *time* interpellációs idő [parlamentben] 4. † kínvallatás II. *vt* 1. (meg-) kérdez, kérdezősködik, kérdéseket tesz fel (vknek), kikérdez, kihallgat 2. kétségbe von 3. kifogásol
questionable ['kwestʃənəbl] *a* 1. kérdéses, vitatható, problematikus 2. bizonytalan; kétes
questioner ['kwestʃənə*] *n* 1. kérdező 2. vallató
questioning ['kwestʃənɪŋ] I. *a* kérdő II. *n* kikérdezés, kihallgatás
question-mark *n* kérdőjel
question-master *n* = *quizmaster*
questionnaire [kwestʃə'neə*] *n* kérdőív
queue [kjuː] I. *n* 1. sor [embereké, kocsiké]; *form a* ~ sorba áll; *GB biz jump the* ~ előre tolakszik (sorban állók elé); *stand in a* ~ sorban/sort áll (vmért) 2. copf, varkocs II. *vi* ~ *up* sort/sorba áll (*for sg* vmért)
quibble ['kwɪbl] I. *n* 1. szójáték 2. kibúvó, csűrés-csavarás II. *vi* szőrszálat hasogat, csűri-csavarja a dolgot
quick [kwɪk] I. *a* 1. gyors; *be* ~ *about sg* gyorsan végez (v. siet) vmvel; ~ *march/time* gyors(ított) menet [katonai] 2. hirtelen [természet] 3. eleven, élénk; ~ *mind* eleven ész; ~ *to understand* gyors felfogású II. *adv* gyorsan, fürgén III. *n* 1. vknek az elevenje; *cut/touch sy to the* ~ az elevenére tapint vknek 2. † *the* ~ *and the dead* az elevenek és holtak
quick-change artist átváltozó művész, fregoli artista
quicken ['kwɪk(ə)n] A. *vt* 1. meggyorsít, élénkít 2. serkent; megmozgat [képzeletet] B. *vi* 1. meggyorsul, -élénkül 2. megmozdul [magzat]
quick-firing *a* gyorstüzelő
quick-freeze [-friːz] *vt* (*pt* -**froze** -froʊz, *pp* -**frozen** -froʊzn) gyorsfagyasztással hűt/tartósít, mélyhűt
quick-freezing *n* gyorsfagyasztás
quick-frozen *a* gyorsfagyasztott
quickie ['kwɪkɪ] *n biz* sebtében összeütött mű; fércmű

quick-lime *n* oltatlan mész
quick-lunch bar/counter gyorsbüfé
quickly ['kwɪklɪ] *adv* gyorsan, élénken
quickness ['kwɪknɪs] *n* gyorsaság, élénkség; ~ *of temper* lobbanékonyság [emberi]
quicksand *n* fosóhomok, folyós homok [amiben ember, állat elsüllyed]
quickset *n* (galagonya) élősövény
quick-setting *a* gyorsan kötő [cement]
quicksilver I. *n* 1. higany 2. élénk/mozgékony ember II. *vt* foncsoroz
quickstep *n* 1. gyorsított lépés/menet [katonai] 2. gyors (ütemű) tánc/foxtrott
quick-tempered *a* hirtelen haragú, lobbanékony
quick-witted *a* eleven eszű, éles elméjű/eszű, gyorsan kapcsoló
quid¹ [kwɪd] *n* (*pl* ~) □ font [pénz]
quid² [kwɪd] *n* bagó
quid pro quo [kwɪdproʊ'kwoʊ] *n* ellenszolgáltatás, ellenérték
quiescence [kwaɪ'esns] *n* 1. nyugalom, tétlenség 2. téli álom [állaté]
quiescent [kwaɪ'esnt] *a* 1. nyugalmas, nyugodt, higgadt 2. tétlen 3. néma [hangzó]
quiet ['kwaɪət] I. *a* 1. csendes; *be* ~! maradj csöndben!, hagyj békén!; *keep* ~! maradj csöndben!, hallgass!; *keep sg* ~ hallgat vmről, elhallgat vmt 2. nyugodt, békés; halk, szelíd 3. egyszerű, nem feltűnő, diszkrét II. *n* 1. nyugalom, béke 2. csend; *on the* ~, □ *on the q.t.* [kjuː'tiː] szép csendben, (a legnagyobb) titokban, suba alatt III. A. *vt* ~ (*down*) megnyugtat; lecsendesít B. *vi* ~ *down* megnyugszik; lecsendesül
quieten ['kwaɪətn] *v* = *quiet III*.
quietism ['kwaɪətɪzm] *n* kvietizmus
quietly ['kwaɪətlɪ] *adv* nyugodtan, csendesen
quietness ['kwaɪətnɪs] *n* nyugalom, csendesség
quietude ['kwaɪtjuːd; *US* -tuːd] *n* (lelki) nyugalom, béke(sség), csend
quietus [kwaɪ'iːtəs] *n* † 1. búcsú, vég, halál 2. végkielégítés
quill [kwɪl] I. *n* 1. tollszár [madáré];

44*

~(-*feather*) evezőtoll, farktoll 2. = *quill-pen* 3. tüske [süné] 4. (vetülék-) cséve II. *vt* 1. fodorít 2. felcsévéz 3. megmelleszt [libát]
quill-pen *n* lúdtoll, penna
quilt [kwɪlt] I. *n* (vatta)paplan II. *vt* tűzdel, steppel; vattáz
quilted ['kwɪltɪd] *a* 1. tűzdelt, tűzött, steppelt 2. vattázott
quince [kwɪns] *n* birsalma; ~ *jelly* birsalmasajt
quincunx ['kwɪnkʌŋks] *n* ötpontos elrendezés (:·:), ötös kötés; ~ *planting* keresztültetés
quinine [kwɪ'niːn; *US* 'kwaɪnaɪn] *n* kinin; ~ *wine* kínabor
quinquagenarian [kwɪŋkwədʒɪ'neərɪən] *a/n* ötvenéves, ötvenes
quinquennial [kwɪŋ'kwenɪəl] *a* ötévenkénti, ötéves
quinsy ['kwɪnzɪ] *n* tüszős mandulagyulladás
quintal ['kwɪntl] *n* 1. ⟨súlymérték: *GB* 112, *US* 100 font⟩ 2. (méter)mázsa [100 kg]
quintessence [kwɪn'tesns] *n* vmnek a legjava/lényege/veleje, kvintesszencia
quintet(te) [kwɪn'tet] *n* [zenei] ötös, kvintett
quintillion [kwɪn'tɪljən] *GB* kvintillió (10^{30}), *US* trillió (10^{18})
quintuple ['kwɪntjʊpl; *US* -tʊ-] *a/n* ötszörös(e vmnek)
quintuplet ['kwɪntjʊplɪt; *US* -tʊ-] *n* 1. ötös csoport 2. **quintuplets** *pl* ötös ikrek
quip [kwɪp] I. *n* 1. csípős megjegyzés, bemondás, gúnyos visszavágás 2. = *quibble I.* II. *vi* -pp- 1. gúnyolódik 2. bemondást csinál
quire[1] ['kwaɪə*] *n* 1. egy konc papír; *in* ~*s* krúdában 2. 24 (db.) ívpapír
quire[2] ['kwaɪə*] *n* = *choir*
quirk [kwəːk] *n* 1. = *quip I. 1.* 2. hirtelen fordulat 3. cikornya 4. ékítmény [zenében]
quisling ['kwɪzlɪŋ] *n* hazaáruló, quisling
quit [kwɪt] I. *a* szabad, mentes; *be ~ of sy/sg* megszabadul vktől/vmtől, leráz vkt/vmt (a nyakáról); *be ~s with sy* nem tartozik vknek; *now we are ~s*, *we'll cry ~s* (most) kvittek vagyunk;

I'll be ~s with him egyszer még számolunk; *call it ~s* elintézettnek tekintik (a dolgot) II. *v* (*pt/pp ~ted* 'kwɪtɪd, *US* **quit**) A. *vt* 1. otthagy, elhagy [állást, házat, vkt]; abbahagy [munkát]; ~ *one's job* otthagyja állását, felmond 2. megszabadít, felment 3. kiegyenlít, letörleszt [tartozást] 4. † ~ *you like men* legyenek férfiak! B. *vi* 1. távozik, elmegy 2. munkát abbahagy, leáll; felmond; *notice to ~* felmondás [lakásbérlőnek, alkalmazottnak stb.]
quite [kwaɪt] *adv* 1. egész(en), teljesen; ~ (*so*)! úgy van!, helyes!, igaza(d) van!; *I ~ agree* egyetértek (veled)!; ~ *enough* épp(en) elég; ~ *right* nagyon helyes; *he isn't* ~ ~ nem egészen kifogástalan 2. meglehetősen, elég; ~ *a bit* nagyon (is); ~ *a few* jó egynéhány
quits [kwɪts] →*quit*
quittance ['kwɪt(ə)ns] *n* † nyugta
quitted →*quit II.*
quitter ['kwɪtə*] *n biz* 1. ⟨aki félénkségből abbahagyja, amibe kezdett⟩ 2. húzódó, bujkáló, magát vmből kihúzó 3. (front)lógós
quiver[1] ['kwɪvə*] *n* tegez [nyilaknak]
quiver[2] ['kwɪvə*] I. *n* reszketés, remegés; rebbenés II. *vi* remeg, rezeg, reszket; megrebben
quixotic [kwɪk'sɔtɪk; *US* -'sɑ-] *a* fantasztikus; gyakorlatiatlan; fellegekben járó, ábrándokat kergető
quixotism ['kwɪksətɪzm] *n* ábrándkergetés, képtelen vállalkozás
quiz [kwɪz] I. *n* 1. vetélkedő [tévében, rádióban stb.]; játék 2. *US biz* szóbeli (vizsga); teszt 3. furcsa figura II. *vt* -zz- 1. kérdéseket tesz fel [osztálynak stb.], kérdez [vizsgázót, vetélkedőn részt vevőt]; vizsgáztat 2. megtréfál, ugrat [vkt]
quizmaster *n* aki kérdez, játékmester, játékvezető [vetélkedőkben]
quizzical ['kwɪzɪkl] *a* 1. incselkedő, kötekedő 2. furcsa, különös
quod [kwɔd; *US* -ɑ-] *n* □ börtön, siti
quoin [kɔɪn] I. *n* 1. sarokkő, szegletkő 2. falkiszögellés 3. ék II. *vt* beékel, aláékel

quoit [kɔıt; US kwɔıt] n 1. lapos vas-
karika 2. quoits pl karikadobó játék
quondam ['kwɔndæm; US -ɑn-] a † haj-
dani, azelőtti, egykori
quorum ['kwɔːrəm] n határozatképes-
ség(hez szükséges legkisebb létszám),
kvórum
quota ['kwoʊtə] n 1. hányad, arányos
rész, kvóta 2. kontingens; ~ system
kontingentálás
quotable ['kwoʊtəbl] a 1. idézhető [szö-
veg] 2. (tőzsdén) jegyezhető
quotation [kwoʊ'teıʃn] n 1. idézet; idé-
zés [szövegé]; ~ marks idézőjel 2.
árfolyam(jegyzés), tőzsdei/piaci ár;
official ~ hivatalos árfolyam 3. ár-
ajánlat

quote [kwoʊt] vt 1. idéz [könyvből]
2. hivatkozik (vkre, vmre); in reply
please ~ válaszában szíveskedjék
hivatkozni (vm számra/jelre) 3. meg-
állapít, megmond, közöl [árat], áraján-
latot tesz; be ~d be van vezetve, jegy-
zik [a tőzsdén]
quoth [kwoʊθ] vt mondottam én, mon-
dotta ő, szólt . . . [csak e 2 személyben
használatos]
quotidian [kwɔ'tɪdɪən; US kwoʊ-] a 1.
mindennapi, naponta ismétlődő 2.
köznapi, elkoptatott
quotient ['kwoʊʃnt] n hányados
q.v. [kjuː'viː; wɪtʃ'siː] quod vide (=
which see) lásd, l., l . . . alatt

R

R¹, r [ɑ:*] *n* R, r (betű); *the three R's*
a tudás (alap)elemei [reading-writing-arithmetic]
R²., R 1. *Railway* 2. Réaumur 3. Regina (= *Queen*) királynő 4. Rex (= *King*) király 5. *River* 6. *Royal*
r³., r 1. *radius* 2. *right* jobb(ra)
R.A., RA [ɑ:'reɪ] 1. *Royal Academician* →*academician* 2. *Royal Academy* → *academy* 3. *Royal Artillery* (angol) királyi tüzérség
rabbet ['ræbɪt] I. *n* 1. horony, vájat; ~ *plane* horonygyalu, völgyelőgyalu 2. csapos/hornyos illesztés II. *vt* 1. hornyol; csapol 2. összeilleszt
rabbi ['ræbaɪ] *n* rabbi
rabbinical [ræ'bɪnɪkl] *a* rabbinikus; rabbinusi
rabbit ['ræbɪt] I. *n* 1. üregi nyúl; *pet/tame* ~ házinyúl 2. *biz* gyenge/rossz játékos [tenisz stb.] II. *vi* -t- v. -tt- nyúlra vadászik; *go* ~ (*t*)*ing* nyulászni megy
rabbit-farm *n* nyúltenyészet
rabbit-hole *n* nyúl vacka
rabbit-hutch *n* nyúlketrec
rabbit-punch *n* nyakszirtütés, tarkóütés [bokszban]
rabbit-warren *n* 1. (kiterjedt) föld alatti nyúltanya 2. épület bonyolult folyosórendszerrel; ⟨szűk s tekergős utcahálózatú labirintusszerű városnegyed⟩; túlzsúfolt bérház
rabbity ['ræbɪtɪ] *a* 1. nyúlszerű 2. *biz* félénk, nyúlszívű
rabble ['ræbl] *n* csőcselék
rabble-rouser [-raʊzə*] *n* demagóg népvezér
rabid ['ræbɪd] *a* 1.‾ veszett [kutya] 2. vad 3. fanatikus, elvakult

rabies ['reɪbi:z] *n* veszettség
RAC [ɑ:reɪ'si:] *Royal Automobile Club* Királyi Automobil Klub
raccoon [rə'ku:n; *US* ræ-] *n* = *racoon*
race¹ [reɪs] I. *n* 1. verseny; ~ *against time* versenyfutás az idővel 2. *races pl* lóverseny; *go to the* ~*s* lóversenyezik, lóversenyre jár 3. életpálya; *his* ~ *is run* ideje lejárt 4. zuhatag, zúgó; vízvezető csatorna, üzemvízcsatorna II. A. *vi* 1. versenyez (*with*/*against* vkvel) 2. gyorsan fut, siet, rohan, száguld 3. lóversenyez B. *vt* 1. versenyt fut, versenyez (vkvel) 2. futtat [lovat]; ~ *the engine* túráztatja a motort
race along *vi* gyorsan fut, vele rohan
race through *vt* keresztülhajszol
race² [reɪs] *n* faj; fajta; ~ *riot* összetűzés színes bőrűek és fehérek között
race-card *n* lóversenyprogram
race-course *n* lóversenytér, -pálya
race-goer *n* lóversenyjáró, -látogató
racehorse *n* versenyló
raceme ['ræsi:m; *US* reɪ'si:m] *n* fürt(virágzat)
race-meeting *n* lóverseny(nap), galopp
racer ['reɪsə*] *n* 1. versenyző, futó 2. versenyló 3. versenygép, -autó, -hajó
race-track *n* (ló)versenypálya
Rachel ['reɪtʃ(ə)l] *prop* Ráhel
rachitic [ræ'kɪtɪk] *a* angolkóros
rachitis [ræ'kaɪtɪs] *n* angolkór
racial ['reɪʃl] *a* faji; ~ *discrimination* faji megkülönböztetés
racialism ['reɪʃəlɪzm] *n* 1. fajvédő politika, fajkultusz 2. faji előítélet/gyűlölet
racialist ['reɪʃəlɪst] *a/n* fajüldöző
racially ['reɪʃəlɪ] *adv* fajilag, faji szempontból

racily ['reɪsɪlɪ] *adv* **1.** ízesen, zamatosan **2.** pikánsan

raciness ['reɪsɪnɪs] *n* zamatosság, tősgyökeresség

racing ['reɪsɪŋ] **I.** *a* verseny-; ~ *car* versenyautó; ~ *stable* versenyistálló **II.** *n* (ló)versenyzés

rack¹ [ræk] *n* felhőfoszlány

rack² [ræk] *n* romlás, pusztulás; *go to* ~ *and ruin* tönkremegy, (el)pusztul

rack³ [ræk] *n* **1.** állvány, tartó(keret); (ruha)fogas **2.** jászolrács **3.** poggyásztartó, -háló; saroglya **4.** fogazott rúd, fogasrúd, fogasléc

rack⁴ [ræk] **I.** *n* kínpad; *átv be on the* ~ a pokol kínjait állja ki **II.** *vt* **1.** kínpadra von **2.** kínoz, gyötör [betegség, fájdalom stb.]; ~*ed with pain* a fájdalomtól meggyötörve **3.** túlerőltet **4.** uzsorabérrel sanyargat [bérlőt]

racket¹ ['rækɪt] *n* **1.** (tenisz)ütő **2.** **rackets** *pl* ⟨a teniszjáték egy fajtája⟩

racket² ['rækɪt] **I.** *n* **1.** lárma, zsivaj, zenebona; *kick up a* ~ nagy hűhót/lármát/botrányt csap **2.** tivornyázás **3.** *US biz* panama, csalás; zsarolás; *be in on a* ~ benne van a buliban **4.** megpróbáltatás **II.** *vi* mulatozik; zajosan él; lármát csap

racketeer [rækəˈtɪə*] *n US biz* gengszter, zsaroló

racketeering [rækəˈtɪərɪŋ] *n US biz* gengszterség, (meg)zsarolás [üzletemberek]; panamázás

racking ['rækɪŋ] *a* **1.** gyötrő, kínzó; ~ *headache* kínzó fejfájás **2.** túlzott

rack-rail *n* fogazott sín

rack-railway *n* fogaskerekű vasút

rack-rent *n* túl magas bér, uzsorabér

racoon [rəˈkuːn; *US* ræ-] *n* mosómedve

racquet ['rækɪt] *n* = *racket¹*

racy ['reɪsɪ] *a* **1.** ízes, zamatos; tősgyökeres **2.** csípős, borsos, pikáns **3.** eleven, élénk, lendületes

radar ['reɪdɑː*] *n* (rádió)lokátor, radar(készülék); ~ *homing* radarvezérlés; ~ *screen* radarernyő

raddle ['rædl] *n* vörös (vas)okker [festék]

radial ['reɪdjəl] **I.** *a* **1.** sugárirányú, sugaras; ~ *cut* sugárirányú átvágás; ~ *drill* radiálfúró; ~ *engine* csillag-

motor; ~ *force* centrifugális erő **2.** orsócsonti; ~ *artery* alkari verőér; ~ *bone* orsócsont **II.** *n* ~ *(tyre)* radiálgumi

radially ['reɪdjəlɪ] *adv* sugár irányban/alakban, sugarasan

radian ['reɪdjən] *n* radián [ívegység]

radiance ['reɪdjəns] *n* fényesség, ragyogás; sugárzás

radiant ['reɪdjənt] *a* ragyogó; sugárzó *(átv is)*; sugárzási

radiate ['reɪdɪeɪt] **A.** *vi* sugárzik *(átv is)* **B.** *vt* (ki)sugároz *(átv is)*

radiation [reɪdɪˈeɪʃn] *n* sugárzás; ~ *danger* sugárveszély; ~ *injury* sugárártalom; ~ *therapy/treatment* sugárkezelés, -terápia

radiator ['reɪdɪeɪtə*] *n* **1.** fűtőtest, radiátor **2.** (autó)hűtő; ~ *cap* hűtősapka

radical ['rædɪkl] **I.** *a* **1.** gyökeres, radikális, mélyreható, alapvető **2.** ~ *sign* gyökjel (√) **II.** *n* **1.** radikális (politikus) **2.** gyök(jel) **3.** gyök

radicalism ['rædɪkəlɪzm] *n* radikalizmus

radically ['rædɪk(ə)lɪ] *adv* gyökeresen, alaposan, radikálisan

radices →*radix*

radicle ['rædɪkl] *n* **1.** gyököcske **2.** hajszálgyökér

radii →*radius*

radio ['reɪdɪoʊ] **I.** *n* *(pl* ~*s -z)* **1.** rádió; ~ *play* rádiójáték; *on the* ~ a rádióban **2.** ~ *(set)* rádió(készülék) **3.** rádióüzenet, -híradás **4.** ~ *beacon* rádió-irányjeladó; ~ *car* URH-kocsi; ~ *frequency* rádiófrekvencia; ~ *link* rádió-összeköttetés; ~ *station* rádióállomás; ~ *telescope* rádióteleszkóp **II.** *vt* rádión közvetít/lead

radio- ['reɪdɪoʊ-] **1.** rádió- **2.** radio-; radioktív

radioactive [reɪdɪoʊˈæktɪv] *a* radioaktív

radioactivity [reɪdɪoʊækˈtɪvətɪ] *n* radioaktivitás

radiobiology [reɪdɪoʊbaɪˈɒlədʒɪ; *US* -ˈɑ-] *n* sugárbiológia

radiogram ['reɪdɪoʊɡræm] *n* **1.** rádiótávirat **2.** zenegép **3.** röntgenfelvétel

radiograph ['reɪdɪoʊɡrɑːf; *US* -æf] **I.** *n* röntgenfelvétel **II.** *vt* röntgenfelvételt készít (vkről)

radiography [reɪdɪ'ɔgrəfɪ; US -'ɑ-] n röntgenográfia
radioisotope [reɪdɪoʊ'aɪsətoʊp] n radioaktív izotóp
radiolocation [reɪdɪoʊloʊ'keɪʃn] n rádiólokáció, radar
radiology [reɪdɪ'ɔlədʒɪ; US -'ɑ-] n radiológia
radioscopy [reɪdɪ'ɔskəpɪ; US -'ɑ-] n radioszkópia [átvilágítás röntgensugarakkal]
radiotherapy [reɪdɪoʊ'θerəpɪ] n radioterápia, sugárkezelés, -terápia
radish ['rædɪʃ] n retek
radium ['reɪdjəm] n rádium
radius ['reɪdjəs] n (pl -dii -dɪaɪ) 1. sugár, rádiusz; ~ of action hatótávolság; within a ~ of egy bizonyos távolságon/körzeten belül 2. orsócsont
radix ['reɪdɪks] n (pl radices 'reɪdɪsi:z) 1. gyök; alapszám 2. átv tő, gyökér; forrás
R.A.F. [ɑ:reɪ'ef; biz ræf] Royal Air Force (Angol) Királyi Légierő
raffia ['ræfɪə] n rafia, kötözőháncs
raffish ['ræfɪʃ] a rossz hírű, mulatozó, léha, züllött; ordináré
raffle ['ræfl] n tombola, sorsjáték
raft [rɑ:ft; US -æ-] I. n 1. tutaj 2. ~ (wood) úsztatott fa 3. hajóhíd [kikötőnél] II. A. vt tutajon szállít B. vi tutajoz
rafter ['rɑ:ftə*; US -æ-] n szarufa, tetőgerenda
raftsman ['rɑ:ftsmən; US 'ræ-] n (pl -men -mən) tutajos
rag¹ [ræg] n 1. rongy, cafat; feel like a ~ olyan, mint a mosogatórongy; in ~s rongyokban, rongyos ruhában 2. [felhő- stb.] foszlány 3. biz szennylap [újság]
rag² [ræg] biz I. n 1. ugratás, heccelés, kitolás 2. zenebona, ricsaj, felfordulás II. vt -gg- 1. ugrat, bosszant, heccel, kitol (vkvel) 2. lehord, leszid
ragamuffin ['rægəmʌfɪn] n 1. rongyos/mezítlábas ember 2. utcagyerek
rag-and-bone man [rægən'boʊn] rongyszedő, hulladékgyűjtő
rag-bag n 1. rongyzsák 2. biz vegyes limlom

rag-doll n rongybaba
rage [reɪdʒ] I. n 1. düh(öngés), őrjöngés; fly into a ~ dühbe gurul 2. divat(hóbort); szenvedély, mánia; it is all the ~ now mindenki ezért bolondul; have a ~ for music majd „megőrül" a zenéért II. vi dühöng, tombol (átv is); ~ at/against sy/sg hevesen kikel/kirohan vk/vm ellen
ragged ['rægɪd] a 1. egyenetlen, érdes, durva; szakadozott (átv is) 2. bozontos, rendetlen [haj, szőr] 3. rongyos, kopott; ~ school szegényiskola [régen] 4. ~ robin kakukkszegfű, -mécsvirág || →rag² II.
raggedness ['rægɪdnɪs] n 1. egyenetlenség, érdesség 2. rongyosság
raging ['reɪdʒɪŋ] a dühöngő, tomboló
raglan ['ræglən] n raglán (felöltő)
ragout ['rægu:] n ragu
ragpaper n rongypapír, merített papír
rag-picker n rongyszedő, guberáló
ragtag n ~ (and bobtail) csőcselék, söpredék
ragtime n ragtime ⟨erősen szinkopált néger tánczene⟩
ragwort ['rægwə:t] n aggófű
raid [reɪd] I. n 1. (váratlan) támadás, rajtaütés, (fegyveres) betörés; portyázó rablóhadjárat 2. (police) ~ razzia II. vi/vt 1. megtámad, rajtaüt, rátör 2. fosztogat; kifoszt 3. razziázik
raider ['reɪdə*] n 1. támadó 2. fosztogató
rail¹ [reɪl] I. n 1. sín; by ~ vasúton; leave the ~s kisiklik (vonat); be off the ~s (1) kisiklott [vasúti kocsi] (2) átv letér(t) a helyes útról (3) biz kissé dilis 2. tartó [pl. törülköző-] 3. korlát; karfa 4. rács(ozat) II. A. vt 1. bekerít; ~ off elkerít; ~ed off space elkerített terület; ~ round körülkerít 2. korláttal/karfával ellát B. vi vasúton utazik
rail² [reɪl] vi szitkozódik; ~ against/at hevesen kikel/kirohan vk/vm ellen
railage ['reɪlɪdʒ] n 1. vasúti szállítás 2. vasúti fuvardíj
railcar n motorkocsi; sínautó
railer ['reɪlə*] n kötekedő ember
rail-head n 1. vasúti vonal vége; vég-

pont [épülő vasútvonalé] 2. átrakóállomás [katonai]
railing¹ ['reɪlɪŋ] *n rendsz pl* karfa, korlát
railing² ['reɪlɪŋ] *n* **1.** csúfolódás, kötekedés **2.** *rendsz pl* keserves panaszkodás
rail-joint *n* sínillesztés
raillery ['reɪlərɪ] *n* gúnyolódás, kötődés, ugratás, csipkelődés
railman ['reɪlmən] *n* (*pl* -men -mən) vasuta s
railroad *US* I. *n* = *railway* II. *vt* **1.** vasúton küld **2.** *biz* keresztülhajszol [törvényjavaslatot] **3.** □ hamis váddal bebörtönöztet (, hogy megszabaduljon tőle)
railsplitter [-splɪtə*] *n US* ⟨kerítésnek való karókat hasító ember; A. Lincoln *biz* jelölése⟩
railway *n* vasút; *light* ~ keskeny vágányú vasút; ~ *carriage* vasúti kocsi; ~ *cutting* bevágás [vasútvonal átvezetésére]; ~ *embankment* vasúti töltés; ~ *guide* vasúti menetrend; ~ *station* vasútállomás, pályaudvar; ~ *transport* vasúti szállítás
railwayman ['reɪlweɪmən] *n* (*pl* -men -mən) vasutas
raiment ['reɪmənt] *n* † ruházat, öltözet
rain [reɪn] I. *n* **1.** eső; ~ *forest* (trópusi) őserdő; *the* ~*s* esős időszak; ~ *or shine* akár esik akár fúj; *as right as* ~ kitűnő állapotban; □ *get out of the* ~ meglép, ellóg **2.** *átv* zápor; özön II. A. *vi* **1.** esik [az eső]; *it was* ~*ing heavily* (csak úgy) zuhogott; *it never* ~*s but it pours* a baj soha sem jár egyedül **2.** záporoz [ütések, jókívánság stb.] B. *vt* **1.** ~ *cats and dogs* úgy esik, mintha dézsából öntenék **2.** eláraszt; elhalmoz; ~ *blows* (*up*)*on sy* elagyabugyál vkt
rain-bird *n* zöld harkály
rainbow ['reɪnbou] *n* szivárvány; *chase* ~*s* ábrándokat kerget
raincoat *n* esőköpeny, esőkabát
raindrop *n* esőcsepp
rainfall *n* eső(zés), csapadék
rain-gauge *n* esőmérő, csapadékmérő
rainless ['reɪnlɪs] *n* esőtlen, száraz
rain-maker *n* esőcsináló [varázsló vad népeknél]

rain-pipe *n* esőcsatorna
rainproof *a* esőálló, vízhatlan
rainstorm *n* felhőszakadás, zivatar
rainwater *n* esővíz
rainy ['reɪnɪ] *a* **1.** esős **2.** ~ *day* (1) esős nap (2) nehéz idők, nélkülözés, szorult helyzet; *for/against a* ~ *day* rossz(abb) napokra, nehéz időkre
raise [reɪz] I. *n* **1.** *US* (fizetés)emelés **2.** emelkedés II. *vt* **1.** (fel)emel; megemel; magasra emel; ~ *one's glass to sy* emeli poharát vk egészségére; ~*s its head* felüti fejét **2.** épít, emel, felhúz [épületet stb.] **3.** (fel)ébreszt, (fel)kelt, felver; előidéz; ~ *from the dead* halottaiból feltámaszt; ~ *the people* fellázítja a népet (*against* ellen); ~ *hope* reményt ébreszt; ~ *a laugh* megnevettet [társaságot]; ~ *Cain/hell* pokoli zajt csap, őrült felfordulást csinál **4.** (fel)emel, (meg)növel, fokoz; ~ *the dough* megkeleszti a tésztát; ~ *to the second power* második hatványra emel **5.** kiemel, előléptet (vkt) **6.** felvet, felhoz; ~ *a question* felvet egy kérdést **7.** tenyészt [állatot]; termeszt [növényt]; (fel)nevel (vkt); *biz where was he* ~*d?* hová valósi?; *be* ~*d in the country* vidéken nőtt fel **8.** összegyűjt, előteremt; ~ *an army* sereget gyűjt; ~ *money*, *biz* ~ *the wind* pénzt szerez/felhajt **9.** felold, megszüntet [blokádot, embargót stb.]; ~ *a siege* abbahagyja az ostromot **10.** ~ *land* megpillantja a szárazföldet
raised [reɪzd] *a* **1.** emelt **2.** domborművű, dombornyomású, dombor- **3.** kelt [tészta] →*raise II.*
raiser ['reɪzə*] *n* (-)tenyésztő, (-)termelő
raisin ['reɪzn] *n* mazsola
raj [rɑːdʒ] *n* uralom; *the British* ~ a brit uralom Indiában [1947-ig]
rajah ['rɑːdʒə] *n* [indiai] fejedelem
rake¹ [reɪk] I. *n* **1.** gereblye **2.** bontófésű **3.** piszkavas, szénvonó, kuruglya II. A. *vt* **1.** gereblyéz [talajt] **2.** átkutat, átfésül **3.** végigpásztáz [géppuskatűzzel] B. *vi* **1.** gereblyéz **2.** kutat, fürkész
rake in *vt* besöpör [pénzt]

rake off *vt* 1. félregereblyéz 2.
[nagyobb összegből kisebbet] lecsap
rake out *vt* ~ *o. the fire* kioltja/
szétkotorja a tüzet
rake over *vt* 1. (meg)gereblyéz 2.
átkutat, átfésül
rake together *vt* összegereblyéz
rake up *vt* 1. összegereblyéz 2.
összegyűjt, -szed 3. felújít; felpiszkál;
előkotor, előás
rake² [reɪk] I. *n* 1. dőlés [árbocé, hajó-
kéményé] 2. lejtés [színpadé, néző-
téré] II. *vi* hajlik, dől; lejt
rake³ [reɪk] *n* korhely, élvhajhász
rake-off *n biz* illetéktelen jutalék/jöve-
delem, sáp
raking ['reɪkɪŋ] *n* 1. gereblyézés 2.
összegereblyézett holmi/gaz stb.
rakish¹ ['reɪkɪʃ] *a* kicsapongó
rakish² ['reɪkɪʃ] *a* kackiás
Rale(i)gh ['rɔːlɪ] *prop*
rally¹ ['rælɪ] I. *n* 1. gyülekezés 2. nagy-
gyűlés 3. erőre kapás 4. labdamenet
[teniszben] 5. túraverseny, rallye
[gépkocsiké] II. A. *vt* 1. összegyűjt,
összevon [csapatokat], összeszed [em-
bereket] 2. életre kelt (vkt), magához
térít (vkt); ~ *one's strength* össze-
szedi minden erejét B. *vi* 1. össze-
gyűlik, gyülekezik; ~ *round sy* vk
köré sereglik 2. magához tér, erőre
kap; felgyógyul [*from* betegségből]
rally² ['rælɪ] *vt* ugrat, heccel
Ralph [reɪf v. rælf] *prop* ⟨angol férfinév⟩
ram [ræm] I. *n* 1. kos 2. cölöpverő
(kos), sulyok II. *vt* -mm- 1. üt, dön-
göl, csömöszöl 2. (bele)töm, belegyö-
möszöl (*átv* is) 3. nekiüt, nekivág
(és megrongálja)
ram down *vt* 1. ledöngöl [földet]
2. bever [cölöpöt] 3. ráerőszakol vkre
vmt
ram into A. *vt* bever B. *vi* (teljes
erőből) belehajt [másik kocsiba]
ram through *vt* keresztülerőszakol
(vmt)
ramble ['ræmbl] I. *n* 1. kószálás, séta
2. elkalandozás [beszédben] II. *vi*
1. kószál, sétál, kóborol 2. fecseg,
elkalandozik (a tárgytól)
rambler ['ræmblə*] *n* 1. kószáló, ván-

dorló (személy) 2. fecsegő, összevissza
beszélő ember 3. futórózsa
rambling ['ræmblɪŋ] I. *a* 1. kószáló,
bolyongó 2. összefüggéstelen; szét-
folyó; elkalandozó 3. kúszó [növény]
4. tervszerűtlenül épített II. *n* ~*s*
kószálás, kalandozás
rambunctious [ræm'bʌŋkʃəs] *a US biz*
vad, izgága, féktelen, lármás
ramification [ræmɪfɪ'keɪʃn] *n* elágazás
ramify ['ræmɪfaɪ] *vi* elágazik
rammed [ræmd] →*ram II.*
ramp¹ [ræmp] I. *n* felhajtó, rámpa, fel-
járó; lejtő [pl. kórházban lépcső
helyett] II. *vi* 1. dühöng, őrjöng,
tombol 2. burjánzik [növényzet] 3. lejt
ramp² [ræmp] *GB* □ *n* csalás, panama,
átverés
rampage [ræm'peɪdʒ] I. *n* dühöngés,
tombolás, őrjöngés II. *vi* tombol,
dühöng, őrjöng
rampageous [ræm'peɪdʒəs] *a* vad, za-
bolátlan, féktelen
rampant ['ræmpənt] *a* 1. hátsó lábain
álló [oroszlán címertanban] 2. =
= *rampageous* 3. uralkodó, domináló
[kedvezőtlen értelemben] 4. buja,
burjánzó [növényzet]
rampart ['ræmpɑːt] *n* 1. (föld)sánc,
bástya 2. töltés, gát 3. védelem
rampion ['ræmpjən] *n* raponc(a) [nö-
vény]
ramrod *n* puskavessző; *as stiff as a* ~
olyan, mintha nyársat nyelt volna
ramshackle ['ræmʃækl] *a* rozoga, roz-
zant, düledező
ran →*run III.*
ranch [rɑːntʃ; *US* -æ-] *US* I. *n* farm
[főleg állattenyésztésre]; ~ *wagon*
kombi II. *vi* farmerkodik
rancher ['rɑːntʃə*; *US* -æ-] *n US* far-
mer, állattenyésztő
rancid ['rænsɪd] *a* avas
rancidity [ræn'sɪdətɪ] *n* avasság
rancor →*rancour*
rancorous ['ræŋkərəs] *a* rosszakaratú,
gonosz, gyűlölködő
rancour, *US* -cor ['ræŋkə*] *n* rossz-
akarat, gyűlölet, gyűlölködés
rand [rænd] *n* 1. (föld)szegély, mezsgye
2. sarokráma [cipőn]

random ['rændəm] I. *a* 1. találomra tett, vaktában mondott, véletlen; ~ *sampling* reprezentatív/véletlen mintavétel [statisztikában] 2. ~ *work* szabálytalan terméskövekből rakott falazat II. *n at* ~ találomra, vaktában, véletlenül

randy ['rændɪ] *a* 1. lármázó, erőszakos 2. *biz* kéjvágyó; begerjedt [szexuálisan]

ranee [rɑː'niː] *n* 1. hindu királyné 2. hindu királynő/hercegnő

rang →*ring II.*

range [reɪndʒ] I. *n* 1. sor, láncolat, sorozat; ~ *of mountains* hegylánc 2. lőtáv(olság); hallótávolság; (ható-)távolság; *at short* ~ közelről 3. tér(ség), kiterjedés, terjedelem; kör, hatáskör, körzet, terület; ~ *of action* működési terület; ~ *of interests* érdeklődési kör; *a wide* ~ *of knowledge* széles körű tudás; *beyond one's* ~ hatáskörén (v. érdeklődési körén) kívül 4. (változási) tartomány; ingadozás; választék; ~ *of colours* színskála; ~ *of prices* árskála, ártartomány; ~ *of speeds* sebességhatárok; ~ *of voice* hangterjedelem, -tartomány 5. *US* (szabad) legelő; vadászterület 6. elterjedtségi terület [állaté, növényé] 7. lőtér 8. [konyhai] tűzhely II. A. *vt* 1. sorba állít, sorakoztat 2. (el-)rendez, osztályoz, besorol; ~ *oneself* rendezett életet kezd, megnősül; ~ *oneself with sy átv* vk mellé áll 3. ráirányít, rászegez [puskát, távcsövet] 4. bebarangol, bejár [vidéket stb.] B. *vi* 1. fekszik, terjed, nyúlik; ~ *with sg átv* megegyezik/egyenrangú vmvel 2. kóborol, vándorol, barangol; ~ *in* lakik, tanyázik, található [vhol állat]; ~ *over/through* bebarangol [országot stb.] 3. *átv* terjed, kiterjed; *ranging over a wide field* nagy területet felölelő [kutatómunka] 4. *sg* ~*es from . . . to* váltakozik/mozog vm között, terjed vmtől vmeddig

range-finder *n* táv(olság)mérő

ranger ['reɪndʒə*] *n* 1. *US* erdőőr 2. *US R*~ (1) lovas csendőr (2) katonai rohamcsapat tagja 3. *GB* királyi parkok/erdők őre

rank[1] [ræŋk] I. *n* 1. sor [emberekből v. tárgyakból]; *break* ~ kilép a sorból; *keep* ~ benn marad a sorban 2. *the* ~*s,* ~ *and file* (1) legénység, közkatonák [tizedesig bezárólag] (2) népség, katonaság; a köznép; *reduce to the* ~*s* lefokoz 3. rang, (társadalmi) osztály, rend; *of the first* ~ elsőrendű; *biz pull* ~ visszaél magasabb rangjával II. A. *vi* 1. sorban következik 2. ~ *among/with . . . . . .* közé számítják/sorolják/tartozik; ~ *among the best* a legjobbak közé számítják; ~ *above sy* (1) magasabb rangban van vknél (2) jobb vknél [pl. költő, író stb.] B. *vt* 1. sorba állít, elrendez 2. besorol, osztályoz, minősít, rangsorol; ~ *high* nagyra tart; *be* ~*ed with* egy sorba állítják (v. egyenrangú) (vkvel/vmvel) 3. *US* rangban megelőz (vkt)

rank[2] [ræŋk] *a* 1. sűrű, buja [növényzet] 2. dúsan termő [föld] 3. orrfacsaró; avas 4. visszataszító, undorító 5. ~ *poison* tiszta/erős méreg; ~ *treason* égbekiáltó árulás

ranker ['ræŋkə*] *n* közlegényből lett tiszt

ranking ['ræŋkɪŋ] *a US* rangidős

rankle ['ræŋkl] *vi* vm nyomja a szívét

rankling ['ræŋklɪŋ] *a* elkeserítő

rankness ['ræŋknɪs] *n* 1. bujaság [növényzeté] 2. büdösség; romlottság

ransack ['rænsæk] *vt* 1. átkutat, tűvé tesz 2. kifosztat

ransom ['ræns(ə)m] I. *n* váltságdíj II. *vt* kivált [fogságból]; váltságdíjat fizet (vkért)

rant [rænt] I. *n* 1. dagályos/fellengzős beszéd 2. üres fecsegés, hanta II. *vi* henceg, nagy hangon beszél, lármázik

ranter ['ræntə*] *n* nagyhangú ember

ranunculus [rə'nʌŋkjʊləs; *US* -kjə-] *n* (*pl* ~*es* -ɪz v. -li -laɪ) boglárka

rap[1] [ræp] I. *n* 1. koppintás, fricska; *give sy a* ~ *on the knuckles* körmére koppint vknek; *biz take the* ~ más miatt lakol (ártatlanul) 2. kopogás II. *v* -pp- A. *vt* 1. megüt, megfricskáz; rákoppint (vmre) 2. rendreutasít

B. *vi* **1.** kopog(tat) **2.** durván beszél, éles hangot használ
rap at/on *vi* kopog
rap out *vt* **1.** kikopog(tat) **2.** kibök(kent), kimond
rap² [ræp] *n* *I don't care a ~!* fütyülök rá!, törődöm is vele!
rapacious [rə'peɪʃəs] *a* kapzsi, telhetetlen
rapacity [rə'pæsətɪ] *n* kapzsiság
rape¹ [reɪp] **I.** *n* **1.** elrablás; nőrablás **2.** nemi erőszak, megerőszakolás **II.** *vt* **1.** elrabol [nőt] **2.** megerőszakol, erőszakot követ el (vkn)
rape² [reɪp] *n* repce
rape³ [reɪp] *n* törköly
rape-oil *n* repceolaj
rapid ['ræpɪd] **I.** *a* **1.** sebes, gyors **2.** hirtelen **II.** *n* zúgó, zuhatag; *run/shoot the ~s* átkel a zúgón
rapid-fire *a* gyorstüzelő
rapidity [rə'pɪdətɪ] *n* **1.** sebesség, gyorsaság **2.** hirtelenség
rapier ['reɪpjə*] *n* vívótőr, hosszú tőr
rapine ['ræpaɪn; *US* -ɪn] *n* rablás
rapist ['reɪpɪst] *n* nemi erőszakot elkövető
rapped [ræpt] →*rap¹ II.*
rapping ['ræpɪŋ] **I.** *a* kopogó **II.** *n* kopogás
rapscallion [ræp'skæljən] *n* † semmiházi, gézengúz
rapt [ræpt] *a* elmerült, belemélyedt; feszült [figyelem]
rapture ['ræptʃə*] *n* elragadtatás; gyönyör; *go into ~s over sg* áradozik vmről, dicshimnuszokat zeng vmről
rapturous ['ræptʃ(ə)rəs] *a* elragadtatott, elbűvölt, lelkes
rare¹ [reə*] *a* **1.** ritka, kivételes **2.** ritka [légréteg] **3.** *biz* pompás, kiváló
rare² [reə*] *a* félig sült, angolos [hús]
rarebit ['reəbɪt] *biz* = *Welsh rabbit*
rarefaction [reərɪ'fækʃn] *n* ritkítás
rarefy ['reərɪfaɪ] **A.** *vt* **1.** ritkít [levegőt] **2.** kifinomít **B.** *vi* ritkul
rarely ['reəlɪ] *adv* **1.** ritkán, kivételesen **2.** *biz* rendkívül (jól)
rareness ['reənɪs] *n* ritkaság
rarity ['reərətɪ] *n* ritkaság
rascal ['rɑːsk(ə)l; *US* -æ-] *n* gazember, hitvány ember; csirkefogó

rascality [rɑː'skælətɪ; *US* ræ-] *n* **1.** alávalóság, hitványság **2.** gaz csíny
rascally ['rɑːskəlɪ; *US* 'ræ-] *a* gaz, hitvány, csibész, betyár, alávaló, cudar
rash¹ [ræʃ] *n* kiütés, pörsenés
rash² [ræʃ] *a* elhamarkodott, gyors, meggondolatlan, hirtelen
rasher ['ræʃə*] *n* (húsos) szalonnaszelet [pirításra]
rashness ['ræʃnɪs] *n* elhamarkodottság, meggondolatlanság
rasp [rɑːsp; *US* -æ-] **I.** *n* **1.** ráspoly, reszelő **2.** reszelés hangja; csikorgás **II. A.** *vt* **1.** reszel, ráspolyoz; kapar **2.** sért [fület]; *~ sy's feelings* idegesít/ ingerel vkt **3.** recsegő hangon mond **B.** *vi* csikorog, nyikorog; *biz ~ on his violin* cincog a hegedűjén
raspberry ['rɑːzb(ə)rɪ; *US* 'ræzberɪ] *n* **1.** málna **2.** □ ⟨megvetést kifejező hang/mozdulat⟩; *get the ~* vkre ráordítanak, jól lehordják
rasping ['rɑːspɪŋ; *US* -æ-] *a* ráspolyozó **2.** recsegő, érdes
raspy ['rɑːspɪ; *US* -æ-] *a* recsegő, érdes
rat [ræt] **I.** *n* **1.** patkány; *die like a ~ in a hole* elhagyottan hal meg; *smell a ~* valami gyanúsat sejt; *biz the ~ race* „patkányok versenyfutása" [= kisszerű mindennapos létharc]; □ *~s!* marhaság!, buta beszéd! **2.** áruló, rongy ember **II.** *vi* **-tt- 1.** patkányokra vadászik, patkányt fog **2.** (gyávaságból) elpártol, áruló lesz; *~ on sy* fakénél hagy vkt
ratable ['reɪtəbl] *a* = *rateable*
rat-catcher *n* patkányfogó [ember]
ratchet ['rætʃɪt] *n* **1.** kilincsmű; *~ wheel* kilincskerék **2.** zárópecek, zárókilincs
rate¹ [reɪt] **I.** *n* **1.** arány(szám), mérték, fok, mérv; ár(folyam); szint; *at high ~* magas áron; *~ of interest* kamatláb; *at the ~ of six per cent* hatszázalékos kamatra; *~ of wages* bérszint **2.** sebesség, gyorsaság; *at the ~ of ...* ... sebességgel; *biz at this/that ~* ilyen tempóban, ha ez így megy tovább; *at any ~* mindenesetre, bármi történjék **3.** díj(tétel), díjszabás, tarifa; árszabás **4.** községi/helyi adó,

pótadó; ~s and taxes községi és állami
adók; come upon the ~s községélyből él
5. osztály, rang; first-~ elsőrendű,
első osztályú II. A. vt 1. becsül, értékel
2. megadóztat, adót vet ki 3. vhová
sorol, vmnek tekint 4. ~ up magas
biztosítási összeget vet ki B. vi
vmnek számít, vmlyen osztályba
tartozik/sorolják
rate² [reɪt] vt megdorgál, lehord, leszid
rateable ['reɪtəbl] a 1. adó alá eső,
adóköteles; ~ value adóköteles érték,
adóalap [ingatlané] 2. felbecsülhető
rate-aided [-'eɪdɪd] a GB községileg tá-
mogatott, államsegélyes
rate-collector n GB (pót)adószedő
rate-payer n adófizető
-rater [-'reɪtə*] vmlyen osztályú
rather ['rɑːðə*; US -æ-] adv 1. inkább;
~ than inkább/szívesebben mint,
hogysem; or ~ helyesebben, illetőleg;
I would ~ not inkább nem; you should
~ go jobb lenne (v. jobban tennéd),
ha mennél 2. meglehetősen, elég(gé);
~ too meglehetősen, it's ~ cold
elég/egész hideg van; I ~ think . . .
az az érzésem . . .; it was ~ a failure
elég gyengén sikerült 3. GB biz sőt,
hogyne, de mennyire!
ratification [rætɪfɪ'keɪʃn] n jóváhagyás,
megerősítés, becikkelyezés, ratifi-
kálás
ratify ['rætɪfaɪ] vt jóváhagy, megerősít,
becikkelyez, ratifikál
rating¹ ['reɪtɪŋ] n 1. osztály(o)zás;
rangsorolás; minősítés, értékelés; be-
sorolás 2. osztály, kategória [autóé,
jachté stb.] 3. adókivetés 4. GB naval
~ tengerészközlegény, matróz 5. US
nézettségi fok [tévéműsoroké]
rating² ['reɪtɪŋ] n dorgálás, szidás
ratio ['reɪʃɪoʊ] a arány(szám), viszony-
(szám); hányados; in the ~ of arányá-
ban; in direct ~ egyenes arányban
ratiocinate [rætɪ'ɔsɪneɪt; US -'ɑ-] vi
következtet, érvel
ration ['ræʃn] I. n 1. élelmiszeradag;
(fej)adag; ~ book (élelmiszer- stb.)
jegyfüzet; ~ card élelmiszerjegy; draw
~s vételez [fejadagot]; put on ~s
jegyre ad [élelmiszert]; be on short ~s

csökkentett fejadagot kap, szűk koszt-
on van 2. rations pl élelmiszer(ek)
II. vt 1. jegyre ad/adagol 2. élelmez
rational ['ræʃənl] a 1. ésszerű, józan,
racionális; értelmes 2. ~ number raci-
onális szám
rationalize ['ræʃnəlaɪz] vt ésszerűsít,
racionalizál
rationing ['ræʃ(ə)nɪŋ] n adagolás; jegy-
re adás [élelmiszereké]
ratlin(e) ['rætlɪn] n kötélhágcsó
rat-tail n 1. patkányfarok 2. ~ file
gömbölyű reszelő
rat-tailed a 1. hosszú és elvékonyodó;
vékony farkú 2. szőrtelen farkú
rattan [rə'tæn] n rotangpálma, nádpál-
ma
rat-tat [ræt'tæt] n kop-kop, kip-kop
ratted ['rætɪd] →rat II.
ratter ['rætə*] n patkányfogó (kutya)
rattle ['rætl] I. n 1. kereplő; csörgő 2.
zörgés, csörgés; kopogás 3. (halál-)
hörgés 4. fecsegés 5. fecsegő személy
II. A. vi 1. zörög, csörög 2. hörög
3. zörögve megy, zötyög [vonat]
4. fecseg, kerepel, karattyol B. vt
1. csörget, zörget 2. biz ledarál, el-
hadar [leckét stb.] 3. kerget [rókát];
„zavar" [kocsit] 4. biz felizgat, idege-
sít; get ~d ideges lesz, zavarba jön;
he never gets ~d semmi sem hozza
ki a sodrából
rattle along vi zötyög, végigzörög
[jármű]
rattle off vt gyorsan felsorol, elha-
dar, eldarál, ledarál
rattle on vi tovább karattyol/fe-
cseg
rattle out vt = rattle off
rattle-box n csörgő [kisgyermeké]
rattlebrained a szeles; üresfejű
rattler ['rætlə*] n 1. csörgő, kereplő
2. US csörgőkígyó 3. biz remek pél-
dány
rattlesnake n csörgőkígyó
rattletrap n 1. ócska tragacs 2. **rattle-
traps** pl limlom, kacat, kramanc
rattling ['rætlɪŋ] a 1. csörgő, zörgő 2.
biz élénk, erőteljes 3. □ stramm,
klassz; állati [jó stb.]
rat-trap n patkányfogó [eszköz]

ratty ['rætɪ] *a* **1.** patkánnyal teli; patkányszerű, patkány- **2.** *biz* dühös
raucous ['rɔːkəs] *a* rekedt, érdes [hang]
ravage ['rævɪdʒ] **I.** *n* **1.** pusztítás, rombolás **2. ravages** *pl* pusztító hatás/következmény **II. A.** *vt* (el)pusztít, tönkretesz, feldúl (és kifoszt) **B.** *vi* pusztít, rombol
rave [reɪv] **I.** *n biz* lelkesedés; *a ~ review* lelkes könyvismertetés **II.** *vi* **1.** félrebeszél **2.** *biz ~ about sg/sy* rajongva beszél vmről/vkről, extázisban van vm/vk miatt **3.** tombol, dühöng [tenger, szél stb.]
ravel ['rævl] **I.** *n* **1.** összebonyolódás, gubanc **2.** kibogozás **3.** bonyodalom **II.** *v* -**ll**- (*US* -**l**-) **A.** *vt* **1.** *~ (out)* felfejt, felbont, kibogoz **2.** összekuszál, -gubancol (*átv is*) **B.** *vi* foszlik, szálakra bomlik
raven ['reɪvn] **I.** *a* hollófekete **II.** *n* holló
ravening ['ræv(ə)nɪŋ] *a* falánk, ragadozó
ravenous ['rævənəs] *a* **1.** falánk, kiéhezett; *~ appetite* farkasétvágy **2.** kapzsi, mohó
ravine [rə'viːn] *n* (vízmosásos) szakadék
raving ['reɪvɪŋ] **I.** *a a ~ lunatic* dühöngő őrült **II.** *n rendsz pl* **1.** félrebeszélés, összefüggéstelen beszéd **2.** ömlengés
ravish ['rævɪʃ] *vt* **1.** elragadtat, elbűvöl **2.** † elragad, elrabol; megerőszakol [nőt]
ravishing ['rævɪʃɪŋ] *a* elragadó, bűbájos
ravishment ['rævɪʃmənt] *n* **1.** elragadtatás, elbűvölés, extázis **2.** † elrablás; megerőszakolás
raw [rɔː] **I.** *a* **1.** nyers; feldolgozatlan, kikészítetlen, megmunkálatlan; *~ material* nyersanyag; *~ spirit* tömény szesz **2.** tapasztalatlan, zöldfülű; *~ hand* kezdő **3.** be nem hegedt **4.** nyirkos, zord **5.** *biz a ~ deal* komisz elbánás **II.** *n* **1.** *touch sy on the ~* az eleven(j)ére tapint vknek **2.** *in the ~* természetes állapotban
raw-boned *a* kiálló csontú, girhes
rawhide *n* **1.** nyersbőr **2.** szíjostor
rawness ['rɔːnɪs] *n* **1.** nyerseség **2.** tapasztalatlanság, éretlenség **3.** nyirkos hideg

ray[1] [reɪ] *n* (fény)sugár (*átv is*)
ray[2] [reɪ] *n* rája [hal]
Raymond ['reɪmənd] *prop* Rajmund
rayon ['reɪɔn] *n* műselyem
raze [reɪz] *vt* **1.** *~ to the ground* földig lerombol, a földdel tesz egyenlővé **2.** *átv* kitöröl [emlékezetből]
razor ['reɪzə*] *n* borotva
razor-back *n* **1.** hosszú szárnyú bálna **2.** amerikai vaddisznó
razor-backed *a* sovány, girhes
razor-bill *n* pingvin
razor-edge *n* **1.** borotvaél; *be on a ~* borotvaélen táncol/jár **2.** éles hegygerinc
razor-strop *n* borotvaszíj, fenőszíj
razz [ræz] *vt/vi US* □ ugrat, heccel
razzle ['ræzl] *n* □ mulatás, muri; *be/go on the ~* mulat
R.C. [ɑː'siː] **1.** *Red Cross* **2.** *Roman Catholic* római katolikus, r. kat., r. k.
Rd. *Road*
re[1] [riː] *prep in ~ vm* ügyben; *~ sg vm* dolgában/tárgyában, vmt illetőleg
re[2] [reɪ] *n* re [zenében]
'**re** = *are* →*be*
re- [riː-] *pref* újra-, újból, ismét, vissza-
reach [riːtʃ] **I.** *n* **1.** kinyújtás [kéze] **2.** elérés (*átv is*); *it's beyond my ~* nem érem el, elérhetetlen számomra (*átv is*); *(be) within one's ~* hozzáférhető, elérhető (vk számára), keze ügyében (van); *within easy ~ (of sg)* (vmhez) egészen közel, (vhonnan) könnyen elérhető **3.** kiterjedés **4.** hatótávolság; hatáskör **5.** felfogóképesség **6.** folyószakasz; *the upper ~es of the Thames* a Temze felső szakasza **II. A.** *vt* **1.** elér (vmt); megfog; levesz (vmt) **2.** átad, átnyújt (*sg to sy* vknek vmt) **3.** elér (vmt), eljut, megérkezik (vhová); *when matters ~ed this stage* mikor a dolgok idáig fejlődtek; *no agreement was ~ed* nem jött létre megegyezés **4.** (ki)terjed (vhová); ér, nyúlik (vhová) **B.** *vi* **1.** elér (vmeddig); *~ for sg* vm után nyúl **2.** (el)terjed, nyúlik (vmeddig)
reach down *vt* lead, levesz [vmt polcról]

reach out A. *vt* kinyújt [kezet]
B. *vi* ~ *o. for sg* kinyújtja a kezét
(v. kinyúl) vm után
reach up *vi* ~ *up to the skies* égig
ér
reach-me-down *n GB biz rendsz pl*
1. készruha 2. használt ruha
react [rɪ'ækt] *vi* visszahat, hatással
van (*on* vmre); reagál
reaction [rɪ'ækʃn] *n* 1. ellenhatás, visz-
szahatás, reakció; ~ *wheel* forgó
vízikerék, reakciókerék [turbinában]
2. válasz, reagálás, érzelmi visszhang;
what was his ~ *to the news?* hogyan
fogadta a hírt?, hogyan reagált a
hírre? 3. [politikai] reakció
reactionary [rɪ'ækʃ(ə)nərɪ; *US* -erɪ]
a/n reakciós
reactive [rɪ'æktɪv] *a* visszaható, reagens
reactor [rɪ'æktə*] *n* (atom)reaktor
read I. *a* [red] olvasott [ember] II.
v [riːd] (*pt/pp* read red) A. *vt* 1. (el-)
olvas; ~ *a paper* (1) újságot olvas
(2) (tudományos) előadást/felolvasást
tart; ~ [red] *and approved* átnézve
és jóváhagyva; *be widely* ~ [red]
nagy az olvasottsága, sokan olvassák
2. (vmlyen) tanulmányokat folytat;
~ *law* jogi tanulmányokat folytat,
jogot végez 3. (meg)magyaráz, meg-
fejt [álmot stb.]; értelmez [szöveget];
~ *sy's hand* tenyérből olvas/jósol;
~ *the signs of the times* megérti az idők
szavát 4. leolvas [műszert] 5. jelez,
mutat [műszer vmlyen értéket, fokot
stb.] B. *vi* 1. olvas; ~ *between the
lines* a sorok között olvas 2. vmlyen
benyomást kelt, (vhogyan) hat; *it
~s like a translation* úgy hat, mintha
fordítás volna; *it ~s well* jól olvas-
ható, olvasmányos, (jól) olvastatja
magát [könyv]; *this play ~s better
than it acts* ez a darab olvasva jobb,
mint előadva 3. hangzik [szöveg]
read for *vi* ~ *f. an exam* vizsgára
tanul/készül; ~ *f. a degree in* . . .
vmnek készül, vmt tanul [egyete-
men]
read into *vt* ~ *sg i. sg* beleolvas/
belemagyaráz vmt vmbe
read out *vt* hangosan felolvas

read over *vt* újra elolvas
read through *vt* végigolvas, kiolvas
read to *vt* felolvas vknek
read up *vt* ~ *up a subject* egy tárgy-
körből mindent elolvas, alaposan/
behatóan tanulmányoz egy tárgykört
readable ['riːdəbl] *a* 1. olvasható 2.
érdekes, olvasmányos
re-address [riːə'dres] *vt* újra/másként
címez, átcímez [levelet]
reader ['riːdə*] *n* 1. olvasó 2. felolvasó
3. *publisher's* ~ könyvkiadói lektor
4. = *proof-reader* 5. (egyetemi) docens
6. olvasókönyv
readied ['redɪd] →*ready IV.*
readily ['redɪlɪ] *adv* 1. készségesen,
szívesen 2. könnyen, könnyedén
readiness ['redɪnɪs] *n* 1. készenlét, ké-
szültség 2. gyorsaság, könnyedség;
~ *of speech* szóbőség; ~ *of thought*
gyors észjárás 3. készség(esség)
reading¹ ['riːdɪŋ] I. *a* olvasó II. *n* 1.
olvasás 2. olvasottság 3. olvasmány;
~ (*matter*) olvasnivaló 4. felolvasás
5. leolvasás [mérőműszeré] 6. állás
[mérőműszeré] 7. olvasásmód, olva-
sat; szövegváltozat 8. korrektúra-
olvasás, korrektúrázás 9. (szöveg-)
értelmezés; (helyzet)kiértékelés
Reading² ['redɪŋ] *prop*
reading-desk *n* olvasóállvány
reading-glass *n* 1. olvasószemüveg 2.
kézi nagyítóüveg
reading-lamp *n* olvasólámpa
reading-room *n* [könyvtári] olvasóterem
readjust [riːə'dʒʌst] *vt* 1. rendbe hoz
2. újra hozzáigazít
readjustment [riːə'dʒʌstmənt] *n* újra
hozzáigazítás/hozzáalkalmazás; (újra-)
alkalmazkodás [megváltozott körül-
ményekhez]
ready ['redɪ] I. *a* 1. kész; ~ *for the trip*
útra készen; *be* ~ készen van/áll,
elkészült (*with* vmvel, *for* vmre);
get ~ felkészül, előkészül (*for* vmre);
make ~ (1) előkészít (2) elkészít 2.
hajlandó, kész(séges) (*to* vmre) 3.
gyors; *have a* ~ *wit* gyorsan kapcsol,
gyors észjárású 4. kéznél levő, hozzá-
férhető; ~ *money* készpénz; *be* ~ *at
hand* kéznél van II. *adv* készen; telje-

sen; ~(,) steady(,) go! elkészülni, vigyázz, rajt! III. n 1. at the ~ tüzelésre kész [puskaállás] 2. □ készpénz, kápé IV. vt előkészít, rendbe tesz
ready-cooked [-'kʊkt] a teljesen elkészített [étel]
ready-made a 1. kész-; ~ clothes készruha, konfekció(s ruha) 2. másoktól átvett, nem eredeti [vélemény stb.]
ready-reckoner n gyorsszámoló(-könyv)
ready-to-wear a = ready-made
ready-witted a gyorsan kapcsoló, éles eszű
reaffirm [ri:ə'fə:m] vt újra megerősít/állít
reafforestation ['ri:əfɔrɪ'steɪʃn; US -fɔ:-] n újra/újbóli fásítás/erdősítés
Reagen ['reɪgən] prop
reagent [ri:'eɪdʒ(ə)nt] n reagens
real [rɪəl] I. a 1. igazi, valódi, tényleges, való(ságos), valós, reális, valószerű 2. ~ estate/property ingatlan(tulajdon) II. adv US biz nagyon, igazán; have a ~ good time remekül érzi magát
realignment [ri:ə'laɪnmənt] n átrendez(őd)és, átszervez(őd)és
realism ['rɪəlɪzm] n valószerűség, realizmus
realist ['rɪəlɪst] I. a 1. valószerű 2. gyakorlatias, realista II. n gyakorlatias/realista ember
realistic [rɪə'lɪstɪk] a 1. valószerű, élethű, realisztikus 2. gyakorlatias, realista
reality [rɪ'ælətɪ] n 1. valóság, realitás; tény(ek); in ~ valóban, tényleg(esen) 2. élethűség, valószerűség
realizable ['rɪəlaɪzəbl] a 1. megvalósítható 2. értékesíthető 3. felfogható
realization [rɪəlaɪ'zeɪʃn; US -lɪ'z-] n 1. megvalósítás 2. értékesítés, pénzzé tétel 3. vmnek elképzelése/felfogása, ráeszmélés
realize ['rɪəlaɪz] vt 1. felfog, megért, tudatában van (vmnek), tisztában van (vmvel), ráébred (vmre) 2. megvalósít, végrehajt 3. pénzzé tesz, értékesít 4. [vmlyen összegért] elkel, [vmlyen árat] elér 5. szerez, gyűjt [vagyont]
really ['rɪəlɪ] adv 1. igazán, valóban 2. ~? igazán?, tényleg?, valóban?,

komolyan?; not ~! lehetetlen!, csak nem!
realm [relm] n birodalom, királyság
realtor ['rɪəltə*] n US ingatlanügynök
realty ['rɪəltɪ] n US ingatlan (vagyon)
ream [ri:m] n rizsma [480 ív papír]
reanimate [ri:'ænɪmeɪt] vt újra életre kelt, felpezsdít, új életet önt (vkbe)
reap [ri:p] vt/vi (le)arat, (le)kaszál; we ~ as we sow ki mint vet, úgy arat; ~ one's reward elnyeri jutalmát
reaper ['ri:pə*] n 1. kaszáló, arató (munkás) 2. kaszálógép, aratógép
reaping ['ri:pɪŋ] n kaszálás, aratás
reaping-hook n sarló
reaping-machine n (marokrakó) aratógép, kaszálógép
reappear [ri:ə'pɪə*] vi újra megjelenik/feltűnik/felbukkan
reappearance [ri:ə'pɪər(ə)ns] n újra/újbóli megjelenés; újrafellépés [színésze]
reappoint [ri:ə'pɔɪnt] vt újra kinevez/alkalmaz, állásába visszahelyez
reappraisal [ri:ə'preɪzl] n újraértékelés
rear¹ [rɪə*] I. a hátsó; ~ lamp(s)/light hátsó lámpa [járműn] II. n 1. vmnek hátsó része/vége 2. hátvéd; bring up the ~ bezárja a sort, leghátul kullog 3. vulg fenék, ülep 4. □ klozett, árnyékszék
rear² [rɪə*] A. vt 1. ~ its head vm felüti a fejét 2. emel, felépít, (fel)állít 3. tenyészt; termel 4. (fel)nevel B. vi ágaskodik [ló]
rear-admiral n ellentengernagy
rear-drive n hátsókerék-meghajtás
rear-guard n utóvéd, hátvéd; ~ action utóvédharc
rearm [ri:'ɑ:m] vt újra felfegyverez
rearmament [ri'ɑ:məmənt] n újrafelfegyver(ke)zés
rearmost ['rɪəmoʊst] a leghátulsó
rearrange [ri:ə'reɪndʒ] vt újra (el)rendez, átrendez; átcsoportosít
rearrangement [ri:ə'reɪndʒmənt] n átrendezés; átcsoportosítás
rear-view mirror visszapillantó tükör
rearward ['rɪəwəd] I. a hát(ul)só II. n hátvéd, utóvéd; in the ~ (leg)hátul
rearwards ['rɪəwədz] adv hátrafelé; hátul

reason ['ri:zn] I. *n* 1. ok, indíték, indok, alap; ~s indokolás [ítéleté]; *by ~ of* miatt; *for no ~* ok nélkül; *for that very ~* éppen ezért; *give ~s for doing sg* meg(ind)okolja tettét; *see ~* belát vmt; *the ~ why* az oka; *with (good) ~* (teljes) joggal 2. ész, értelem; *lose one's ~* eszét veszti, megbolondul 3. józan ész, ésszerű magatartás/viselkedés; *bring to ~* észre térít; *listen to ~* hallgat a józan észre; *(with)in ~* ésszerűen, mértékkel; *it stands to ~* nyilvánvaló, magától értetődik II. A. *vi* 1. gondolkodik, okoskodik, következtet, ítél 2. érvel; ~ *with sy* vitatkozik vkvel B. *vt* 1. átgondol, megindokol; *closely ~ed* logikus okfejtésű, világosan kifejtett [érvelés] 2. megvitat, fejteget; ~ *sg out* kikövetkeztet vmt 3. ~ *sy into sg* rábeszél vkt vmre; ~ *sy out of sg* lebeszél vkt valamiről
reasonable ['ri:znəbl] *a* 1. gondolkodó 2. ésszerű; *do be ~!* légy belátással!, legyen eszed! 3. indokolt; méltányos, elfogadható, mérsékelt; ~ *price* jutányos ár
reasonableness ['ri:znəblnɪs] *n* 1. ésszerűség 2. indokoltság, méltányosság
reasonably ['ri:znəblɪ] *adv* meglehetősen
reasoning ['ri:z(ə)nɪŋ] I. *a* eszes; gondolkodó II. *n* 1. gondolkodás; okfejtés, érvelés, okoskodás; *power of ~* gondolkodóképesség; *there is no ~ with her* nem hallgat az okos szóra 2. vita
reassemble [ri:ə'sembl] A. *vt* 1. újra összegyűjt 2. újra összeállít/összeszerel B. *vi* újra összegyűlik/gyülekezik
reassurance [ri:ə'ʃʊər(ə)ns] *n* 1. megnyugtatás; felbátorítás 2. megújult önbizalom 3. viszontbiztosítás
reassure [ri:ə'ʃʊə*] *vt* 1. megnyugtat *(about* vm felől); biztat, felbátorít; *feel ~d* megnyugszik 2. viszontbiztosít
reassuring [ri:ə'ʃʊərɪŋ] *a* biztató
Réaumur ['reɪəmjʊə*] *prop*
rebate ['ri:beɪt] *n* engedmény, rabatt
Rebecca [rɪ'bekə] *prop* Rebeka
rebel I. *n* ['rebl] lázadó, felkelő, zendülő II. *vi* [rɪ'bel] -ll- fellázad *(agains* vk/vm ellen)

rebellion [rɪ'beljən] *n* 1. (fel)lázadás, felkelés, zendülés 2. ellenállás
rebellious [rɪ'beljəs] *a* 1. lázadó, zendülő 2. ellenszegülő, engedetlen
rebelliousness [rɪ'beljəsnɪs] *n* 1. lázadó szellem 2. engedetlenség
rebind [ri:'baɪnd] *vt (pt/pp* -bound -'baʊnd) újra beköt, újraköt
rebirth [ri:'bə:θ] *n* újjászületés, megújhodás
reborn [ri:'bɔ:n] *a* újjászületett
rebound[1] I. *n* ['ri:baʊnd] 1. visszaugrás, -pattanás 2. *take sy on the ~* a kellő lélektani pillanatban vesz rá vkt vmre II. *vi* [rɪ'baʊnd] 1. visszapattan, -ugrik 2. visszaháramlik [rossz cselekedet stb. *on, upon* vkre] 3. feléled, új erőre kap
rebound[2] [ri:'baʊnd] →*rebind*
rebuff [rɪ'bʌf] I. *n* visszautasítás II. *vt* visszautasít, elutasít
rebuild [ri:'bɪld] *vt (pt/pp* -built -'bɪlt) újjáépít
rebuke [rɪ'bju:k] I. *n* rendreutasítás; *without ~* kifogástalan(ul) II. *vt* megdorgál, megszid, rendreutasít
rebus ['ri:bəs] *n* rejtvény
rebut [rɪ'bʌt] *vi* -tt- 1. megcáfol 2. keményen visszautasít
rebuttal [rɪ'bʌtl] *n* cáfolat
recalcitrance [rɪ'kælsɪtrəns] *n* nyakasság, makacsság, akaratosság, önfejűség
recalcitrant [rɪ'kælsɪtrənt] *a* ellenszegülő, makacs, akaratos, önfejű
recall [rɪ'kɔ:l] I. *n* 1. visszahívás, felmondás 2. visszavonás; *beyond/past ~* visszavonhatatlan(ul) 3. emlékezőtehetség; *total ~* kitűnő memória 4. kitapsolás [színész függöny elé] II. *vt* 1. visszahív 2. visszavon 3. emlékeztet [köţelességre] 4. (vissza-) emlékszik (vmre), felidéz (vmt), feleleveníti [emléket]
recant [rɪ'kænt] A. *vt* visszavon, megtagad [állítást] B. *vi* visszavonja állítását/stb.
recantation [ri:kæn'teɪʃn] *n* visszavonás, esküvel való ünnepélyes megtagadás
recapitulate [ri:kə'pɪtjuleɪt; *US* -tʃə-] *vt* ismétel, röviden összefoglal/összegez
recapitulation ['ri:kəpɪtjʊ'leɪʃn; *US*

45

-tʃə-] *n* (ismétlő) összefoglalás, összegezés
recapture [riː'kæptʃə*] I. *n* visszafoglalás II. *vt* 1. visszafoglal 2. visszaidéz
recast [riː'kɑːst; *US* -'kæ-] *vt* (*pt/pp* ~) 1. újraönt 2. újra kiszámít 3. átdolgoz [könyvet stb.] 4. új szereposztásban ad elő
recce ['rekɪ] *n biz* = reconnaissance
recd. *received* átvéve
recede [riː'siːd] *vi* 1. hátrál, visszavonul, -húzódik 2. hátrafelé hajlik [homlok] 3. visszalép, eláll (*from* vmtől) 4. csökken [ár, érték, befolyás]; veszít értékéből
receding [riː'siːdɪŋ] *a* 1. hátráló, elvonuló 2. csapott [homlok, áll]
receipt [riː'siːt] I. *n* 1. átvétel; *be in* ~ *of* átvesz, kézhez vesz; *on* ~ *of* átvételekor; *I am in* ~ *of your favour* szíves sorait megkaptam 2. **receipts** *pl* bevétel 3. nyugta, (átvételi) elismervény; ~ *book* nyugtakönyv II. *vt* nyugtáz
receipt-stamp *n* nyugtabélyeg
receivable [riː'siːvəbl] *a* 1. átvehető 2. esedékes, kinnlevő
receive [riː'siːv] *vt* 1. (meg)kap, átvesz, kézhez vesz; ~*d with thanks* köszönettel átvett(em) 2. elfogad 3. fogad, vendégül lát (vkt); fogadtatásban részesít 4. befogad 5. vesz, fog [rádió- stb. adást]
received [riː'siːvd] *a* elfogadott, bevett, elismert, általános, irányadó; ~ *pronunciation* a köznyelvi kiejtés, a helyes (angol) kiejtés
receiver [riː'siːvə*] *n* 1. csődtömeggondnok 2. orgazda 3. telefonkagyló 4. vevő(készülék) 5. tartály
receiving [riː'siːvɪŋ] I. *a* 1. felfogó 2. ~ *set* vevőkészülék II. *n* 1. (át)vétel 2. orgazdaság
recent ['riːsnt] *a* új(abb) keletű, új, legújabb; friss; mai
recently ['riːsntlɪ] *adv* mostanában, az utóbbi időben, a minap/napokban, nemrég, múltkor; *until quite* ~ egészen a legutóbbi időkig
receptacle [riː'septəkl] *n* 1. tartály 2. magbuga

reception [riː'sepʃn] *n* 1. felvétel, befogadás, átvétel (*átv is*); ~ *area* befogadó terület; ~ *camp/centre* gyűjtőtábor [menekülteknek] 2. fogadás [pl. vendégeké]; *US* ~ *clerk* = receptionist 1.; ~ *desk* (szálloda)porta, recepció; ~ *room* fogadószoba; *hold a* ~ fogadást tart/rendez 3. fogadtatás 4. [rádió- stb.] vétel
receptionist [riː'sepʃənɪst] *n* 1. [szállodai] fogadóportás 2. asszisztensnő [rendelőben]
receptive [riː'septɪv] *a* fogékony
recess [riː'ses; *US* 'riːses] *n* 1. szünet [törvényhozó testületnél stb.] 2. *US* szünet, szünidő, vakáció 3. zug, eldugott hely 4. (fal)fülke, alkóv, beugrás
recessed [riː'sest] *a* mélyített, süllyesztett, befelé lejtő, bemélyedő
recession [riː'seʃn] *n* 1. hátrálás, visszavonulás 2. (gazdasági) pangás, visszaesés
recessional [riː'seʃənl] I. *a* visszavonulási II. *n* visszavonulási ének [templomban]
recessive [riː'sesɪv] *a* 1. hátrafelé haladó 2. lappangó, látens [jelleg, biológiában]
recharge [riː'tʃɑːdʒ] *vt* 1. újra tölt [telepet, puskát] 2. újra megtámad [ellenséget] 3. újra megvádol
rechargeable [riː'tʃɑːdʒəbl] *a* utántölthető, újra tölthető
recidivist [riː'sɪdɪvɪst] *n* visszaeső bűnöző
recipe ['resɪpɪ] *n* recept, (rendel)vény
recipient [riː'sɪpɪənt] I. *a* fogékony II. *n* átvevő, elfogadó (személy), címzett
reciprocal [riː'sɪprəkl] *a* 1. kölcsönös, viszonos 2. reciprok, (meg)fordított
reciprocate [riː'sɪprəkeɪt] A. *vt* 1. előrehátra mozgat 2. viszonoz B. *vi* váltakozó mozgást végez, előre és hátra hat/működik, ide-oda leng
reciprocity [resɪ'prɒsətɪ; *US* -as-] *n* kölcsönösség, viszonosság, reciprocitás
recital [riː'saɪtl] *n* 1. elmondás; elbeszélés 2. beszámoló 3. (szóló)hangverseny, szólóest; *piano* ~ zongoraest

recitation [resɪ'teɪʃn] *n* 1. szavalat, előadás 2. *US* felelés, felelet [iskolában]
recite [rɪ'saɪt] **A.** *vt* 1. elmond, elszaval, előad [verset stb.]; *US* felel (vmből) [iskolában] 2. felsorol, elmond **B.** *vi* 1. szaval 2. *US* felel [iskolában]
reck [rek] *vt/vi* † törődik (vmvel); *it* ~*s me not* mi közöm hozzá; *what* ~*s it?* nem baj!, mit bánod!
reckless ['reklɪs] *a* 1. vakmerő, meggondolatlan 2. vmvel nem törődő; vigyázatlan [vezetés]
reckon ['rek(ə)n] *vt/vi* 1. (ki)számít; számol 2. ~ *sy/sg as* (v. *to be*) vmnek/vmlyennek tekint/tart vkt/vmt 3. *US* gondol, vél; becsül; *I* ~ úgy gondolom/vélem
  reckon among *vt* . . . közé számít/sorol
  reckon in *vt* hozzászámít, beleszámol, -kalkulál, -ért
  reckon (up)on *vi* számít vkre/vmre
  reckon up *vt* összeszámol, -ad
  reckon with *vi* 1. elszámol/leszámol vkvel 2. figyelemmel van vkre/vmre, tekintetbe/számításba vesz vkt/vmt, számol vmvel
reckoner ['rek(ə)nə*] *n* 1. számoló; számláló 2. számolókönyv
reckoning ['rek(ə)nɪŋ] *n* 1. számolás; (ki)számítás; hajó helyének megállapítása; *be out in one's* ~ elszámítja magát 2. † *átv* fizetség, leszámolás; *day of* ~ (1) a leszámolás napja (2) az utolsó ítélet
reclaim [rɪ'kleɪm] *vt* 1. visszahódít, termővé tesz, művelésre alkalmassá tesz [földet lecsapolással stb.] 2. kigyógyít [bűnözésből, káros szenvedélyből], (erkölcsileg) megjavít 3. [ri:'kleɪm] visszakövetel
reclamation [reklə'meɪʃn] *n* 1. termővé tétel [földé]; telkesítés; (*land*) ~ talajjavítás 2. kigyógyítás, megjavítás
recline [rɪ'klaɪn] **A.** *vi* 1. fekszik, támaszkodik; ~ *against* nekitámaszkodik, odadől 2. ~ *upon sy* támaszkodik/hagyatkozik vkre **B.** *vt* hátratámaszt; nekitámaszt; fektet
reclining [rɪ'klaɪnɪŋ] *a* ~ *chair/seat* állítható támlájú szék/ülés

recluse [rɪ'kluːs; *US* 'rekluːs] *a/n* remete
recognition [rekəg'nɪʃn] *n* 1. megismerés; felismerés; ~ *signal* ismertetőjel; ~ *vocabulary* passzív szókincs; *past* ~ felismerhetetlen(ül) 2. elismerés; *in* ~ *of* vm elismeréséül
recognizable ['rekəgnaɪzəbl] *a* felismerhető
recognizance [rɪ'kɔgnɪz(ə)ns; *US* -'kɑ-] *n* 1. kötelezettségvállalás; kötelezvény 2. biztosíték
recognize ['rekəgnaɪz] *vt* 1. felismer, megismer 2. elismer, beismer 3. elismer, megbecsül, méltányol
recognized ['rekəgnaɪzd] *a* elismert, bevett
recoil **I.** *n* ['riːkɔɪl] 1. visszarúgás [lőfegyveré]; visszaugrás [rugóé] 2. viszszaborzadás, hátrahőkölés 3. következmény; *feel the* ~ *of one's own folly* saját meggondolatlanságának/ostobaságának következményeit viseli **II.** *vi* [rɪ'kɔɪl] 1. visszarúg, -ugrik, -pattan 2. visszavonul, meghátrál 3. visszaszáll [*on, upon* vkre rossz cselekedet stb.] 4. visszahőköl, megdöbben
recollect[1] [rekə'lekt] *vt/vi* 1. (vissza)emlékezik, -gondol (vmre) 2. ~ *oneself* összeszedi magát
re-collect[2] [riːkə'lekt] *vt* újra összeszed/összegyűjt
recollection [rekə'lekʃn] *n* 1. emlékezés; emlékezet; *keep a good* ~ *of me* tartson meg jó emlékezetében 2. emlék
recommend [rekə'mend] *vt* 1. ajánl; javasol, tanácsol (*sg to sy* v. *sy sg* vmt vknek) 2. rábíz, (figyelmébe/gondjaiba) ajánl 3. mellette szól, (jó) ajánlólevél (vk részére)
recommendation [rekəmen'deɪʃn] *n* 1. ajánlás 2. ajánlólevél; javaslat 3. előírás
recompense ['rekəmpens] **I.** *n* 1. viszonzás 2. kárpótlás, kártalanítás; elégtétel **II.** *vt* 1. megjutalmaz (*for* vmért); kárpótol, kártalanít (*for* vmért) 2. viszonoz
reconcilable ['rekənsaɪləbl] *a* összeegyeztethető, kibékíthető
reconcile ['rekənsaɪl] *vt* 1. kibékít 2. elsimít [vitát, ellentétet] 3. össze-

egyeztet (*with* vmvel) 4. ~ *oneself to sg, be* ~*d to sg* belenyugszik vmbe
reconciliation [rekənsılı'eıʃn] *n* 1. kibékülés 2. kibékítés 3. összeegyeztetés
recondite ['rekəndaıt] *a* rejtélyes, mély, homályos, rejtett (értelmű)
recondition [ri:kən'dıʃn] *vt* kijavít, helyreállít, helyrehoz, rendbe hoz, renovál
reconnaissance [rı'kɔnıs(ə)ns; *US* -'kɑ-] *n* felderítés
reconnoitre, *US* -ter [rekə'nɔıtə*] *vt/vi* felderít(ést végez)
reconsider [ri:kən'sıdə*] *vt* újra megfontol/-gondol/-vizsgál/elbírál
reconsideration ['rikənsıdə'reıʃn] *n* ismételt meggondolás/megfontolás/elbírálás
reconstruct [ri:kən'strʌkt] *vt* 1. újjáépít, helyreállít; újjászervez 2. eredeti alakjában helyreállít, rekonstruál
reconstruction [ri:kən'strʌkʃn] *n* 1. újjáépítés, helyreállítás, újjászervezés 2. (eredeti alakjában való) helyreállítás, rekonstrukció
record I. *n* ['rekɔ:d; *US* -kərd] 1. feljegyzés; jegyzőkönyv; okmány, okirat; *be on* ~ fel van jegyezve; *go on* ~ (1) feljegyzik róla (hogy) (2) *US* vm mellett foglal állást; *keep a* ~ *of sg* feljegyez vmt; feljegyzést/nyilvántartást vezet vmről; *GB the* (*Public*) *R*~ *Office* állami levéltár; *US off the* ~ nem hivatalos(an), bizalmas(an) 2. **records** *pl* (1) [történelmi stb.] emlékanyag (2) hiteles feljegyzések 3. előélet, priusz; [szolgálati] minősítés; *have a bad* ~ rossz hír(nev)e/priusza van; *have a clean* ~ büntetlen előéletű; *bear* ~ *to sg* bizonyít/igazol vmt 4. (hang)lemez 5. csúcs, rekord; *beat/ break the* ~ megdönti/megjavítja a csúcsot/rekordot **II.** *vt* [rı'kɔ:d] 1. feljegyez; megörökít, regisztrál 2. jelez, mutat [műszer] 3. hangfelvételt készít (vmről), felvesz (vmt); rögzít [műsort]
recorded [rı'kɔ:dıd] *a* ~ *delivery* kb. térti vevénnyel kézbesítés
recorder [rı'kɔ:də*] *n* 1. jegyző; jegyzőkönyvvezető; irattáros 2. (hang)felvevő, felvevőkészülék; regisztráló ké-

szülék; *radio/cassette* ~ rádió-magnó 3. egyenesfuvola, cölöpflóta
recording [rı'kɔ:dıŋ] *n* 1. feljegyzés 2. felvétel [hang, kép]; ~ *head* felvevőfej
record-player *n* lemezjátszó
recount¹ [rı'kaʊnt] *vt* elmond, elbeszél
re-count² **I.** *n* ['ri:kaʊnt] újraszámlálás **II.** *vt* [ri:'kaʊnt] újra (meg)számol/ számlál
recoup [rı'ku:p] *vt* 1. levon, visszatart [követelt összeg részét] 2. (ki)pótol [veszteséget], kárpótol, kártalanít; ~ *oneself* kárpótolja/kártalanítja magát
recourse [rı'kɔ:s] *n/* 1. *have* ~ *to sg* vmhez folyamodik/fordul (segítségért) 2. menedék, kisegítő megoldás
recover¹ [rı'kʌvə*] **A.** *vt* 1. visszanyer, visszaszerez, visszakap; ~ *sg from sy* visszaszerez vmt vktől; ~ *consciousness* visszanyeri eszméletét; ~ *oneself* (1) magához tér (2) összeszedi magát 2. (ki)pótol, behoz, bepótol [veszteséget, mulasztást stb.]; ~ *damages from sy* kártérítést kap vktől **B.** *vi* ~ (*from*) meggyógyul, felépül [betegségből], kihever (vmt), talpra áll
re-cover² [ri:'kʌvə*] *vt* újra befed/behúz, áthúz [bútort, esernyőt stb.]
recoverable [rı'kʌvərəbl] *a* visszaszerezhető
recovery [rı'kʌvərı] *n* 1. visszaszerzés, -nyerés 2. (fel)gyógyulás, felépülés; *make a good* ~ szépen gyógyul 3. talpraállás, fellendülés
recreant ['rekrıənt] *a/n* gyáva; hitszegő
re-create [ri:krı'eıt] *vt* újjáteremt; újjáalkot, újra előállít
recreation¹ [rekrı'eıʃn] *n* (fel)üdülés, kikapcsolódás, pihenés; ~ *ground* játszótér
re-creation² [ri:krı'eıʃn] *n* újjáteremtés, -alkotás
recreational [rekrı'eıʃ(ə)nəl] *a* szórakozási, pihenési; ~ *facilities* sportolási/szórakozási lehetőségek
recrimination [rıkrımı'neıʃn] *n* viszonvád, visszavágás; tiltakozás
recriminatory [rı'krımınət(ə)rı; *US* -ɔ:rı] *a/n* viszonvádló; tiltakozó
recrudesce [ri:kru:'des] *vi* 1. újra kifa-

kad [seb], kiújul [betegség] 2. újra
fellángol [elégedetlenség stb.]
recrudescence [ri:kru:'desns] n kiújulás;
átv fellángolás
recrudescent [ri:krú:'desnt] a kiújuló
recruit [rɪ'kru:t] I. n 1. újonc, regruta
2. új tag II. A. vt 1. toboroz, verbuvál
2. felújít, felfrissít, megerősít 3. hely-
reállít [egészséget] B. vi 1. újoncoz;
új párthíveket szerez/verbuvál 2. meg-
erősödik, felépül
recruiting [rɪ'kru:tɪŋ] n toborzás
recruitment [rɪ'kru:tmənt] n 1. tobor-
zás, újoncozás 2. felgyógyulás, felé-
pülés, megerősödés
recta →rectum
rectal ['rektəl] a végbélen át történő,
végbél-; ~ injection allövet, beöntés
rectangle ['rektæŋgl] n derékszögű négy-
szög, téglalap
rectangular [rek'tæŋgjʊlə*; US -gjə-] a
derékszögű
rectification [rektɪfɪ'keɪʃn] n 1. helyre-
igazítás, helyesbítés, (ki)javítás, kiiga-
zítás 2. többszörös önműködő lepár-
lás, rektifikálás 3. görbe vonal/felület
kifejtése síkba, kiegyenesítés 4. egyen-
irányítás
rectifier ['rektɪfaɪə*] n 1. gáztisztító
(készülék) 2. desztilláló/lepárló beren-
dezés, rektifikátor 3. egyenirányító
rectify ['rektɪfaɪ] vt 1. helyesbít, kiiga-
zít; helyrehoz, orvosol 2. síkba fejt
[görbét], kiegyenesít 3. lepárol, rekti-
fikál 4. egyenirányít
rectilinear [rektɪ'lɪnɪə*] a 1. egyenes
vonalú 2. egyenesek által határolt
rectitude ['rektɪtju:d; US -tu:d] n egye-
nesség, becsületesség
recto ['rektoʊ] n 1. jobb oldali lap 2.
első lap, rektó
rector ['rektə*] n 1. (anglikán) plébá-
nos, pap 2. rektor; igazgató
rectory ['rekt(ə)rɪ] n parókia
rectum ['rektəm] n (pl ~s -z v. recta
'rektə) végbél
recumbent [rɪ'kʌmbənt] a fekvő, hátra-
támaszkodó
recuperate [rɪ'kju:p(ə)reɪt] A. vt 1.
visszanyer, -szerez [erőt]; helyrehoz
[egészséget] 2. meggyógyít B. vi 1.

meggyógyul, felépül, összeszedi magát
2. rendbe jön [anyagilag]
recuperation [rɪkju:pə'reɪʃn] n 1. vissza-
szerzés 2. felépülés 3. energia-vissza-
nyerés
recur [rɪ'kə:*] vi -rr- 1. [gondolatban,
beszédben] visszatér (to vmre) 2. új-
ból/ismét eszébe jut (v. felmerül) 3.
visszatér, ismétlődik, újból jelentkezik
recurrence [rɪ'kʌr(ə)ns; US -'kə:-] n 1.
visszatérés, ismétlődés 2 visszaesés
[betegségbe]; kiújulás [betegségé]
recurrent [rɪ'kʌr(ə)nt; US -'kə:-] a is-
métlődő, visszatérő, felújuló
reccurring [rɪ'kə:rɪŋ] a visszatérő, ismét-
lődő; ~ decimal szakaszos tizedes tört
recusant ['rekjʊz(ə)nt] I. a (egyházzal)
szembehelyezkedő II. n ⟨protestan-
tizmusra át nem térő katolikus (GB
16—17. sz.)⟩
recut [ri:'kʌt] vt (pt/pp ~) újra vág/metsz
[reszelőt, csavarmenetet]
recycle [ri:'saɪkl] vt újra feldolgoz/hasz-
nosít [hulladék-, selejt- v. elhasznált
anyagot]
red [red] I. a (comp ~der 'redə*, sup
~dest 'redɪst) 1. vörös, piros; grow ~
elvörösödik; see ~ dühbe gurul; paint
the town ~ részeg ricsajjal felveri a
várost, randalíroz 2. (összetételekben:)
R~ Cross Vöröskereszt; ~ deer rőtvad,
szarvas; ~ eyes véraláfutásos (v.
vörösre kisírt) szem; ~ hat bíbornoki
kalap; ~ heat vörösizzás; R~ Indian
rézbőrű indián; ~ lane nyelőcső
[gyermeknyelven]; ~ lead vörös
ólomoxid, mínium(festék); ~ light
piros fény [jelzőlámpában]; vörös
fény/lámpa; ~ meat marhahús; ~ pep-
per pirospaprika; ~ tape bürokrácia,
aktatologatás 3. „vörös", kommunis-
ta II. n 1. piros/vörös szín 2. „vörös",
kommunista, forradalmár 3. biz be in
the ~ deficitje van, veszteséggel dolgo-
zik
red-baiting [-beɪtɪŋ] n kommunistaüldö-
zés
red-blooded a férfias, erőszakos, rámenős
redbreast n vörösbegy
redbrick a GB újabb alapítású, állami
[egyetem]

redcap n 1. GB tábori csendőr 2. US hordár
red-coat n † brit katona
red-currant n ribizli, ribiszke
redden ['redn] A. vi elvörösödik, elpirul B. vt bevörösít
redder, reddest →red I.
reddish ['redıʃ] a vöröses
redecorate [ri:'dekəreıt] vt újra fest és berendez [lakást]
redeem [rı'di:m] vt 1. visszavásárol, kivált, visszaszerez 2. bevált [pénzt], törleszt [adósságot] 3. bevált [ígéretet] 4. jóvátesz, helyrehoz 5. (pénzzel) kivált [foglyot], felszabadít [rabszolgát] 6. megvált [kárhozattól]
redeemable [rı'di:məbl] a 1. helyrehozható 2. beváltható 3. törleszthető 4. megváltható [kárhozattól]
Redeemer [rı'di:mə*] n a Megváltó
redefine [rı:d'faın] vt újra fogalmaz, másként határoz meg
redemption [rı'dempʃn] n 1. visszavásárlás; -szerzés; -fizetés; kiváltás, törlesztés; ~ fund törlesztési/amortizációs alap 2. beváltás [pénzé, ígéreté] 3. jóvátétel, helyrehozás 4. kiváltás, kiszabadítás [rabszolgáé] 5. megváltás [kárhozattól]
redeploy [ri:dı'plɔı] vt átcsoportosít, átrendez [erőket]
redeployment [ri:dı'plɔımənt] n átcsoportosítás, átrendezés [erőké]; másutt való bevetés
red-eyed a vörös/gyulladásos szemű
red-handed a véres kezű; catch ~ tetten ér, rajtakap
red-hot a 1. vörösen izzó 2. izgatott; izzó, lángoló
redirect [ri:dı'rekt] vt utána küld [levelet]
rediscover [ri:dı'skʌvə*] vt újra felfedez
redistribute [ri:dı'strıbju:t] vt 1. újra szétoszt 2. átrendez
redistribution ['ri:dıstrı'bju:ʃn] n 1. újra kiosztás/szétosztás 2. átrendezés
red-letter a ~ day piros betűs ünnep(nap), munkaszüneti nap
redness ['rednıs] n vörösség
redo [ri:'du:] vt (pt -did -'dıd, pp -done -'dʌn] átalakít; rendbe hoz; újra kifest

redolence ['redəl(ə)ns] n kellemes illat/szag; illatosság
redolent ['redəl(ə)nt] a 1. illatos; ~ of vmlyen illatú 2. ~ of vmre emlékeztető
redouble [rı:'dʌbl] A. vt 1. megkettőz, növel, rádupláz 2. (meg)rekontráz [kártyában] 3. még egyszer összehajt B. vi megkettőződik, fokozódik, növekszik
redoubt [rı'daʊt] n különálló zárt sáncerőd, redut
redoubtable [rı'daʊtəbl] a félelmetes [ellenfél]; impozáns
redound [rı'daʊnd] vi 1. hozzájárul (to vmhez); ~ to one's honour becsületére válik, öregbíti becsületét 2. viszszaszáll, visszahárul (upon vkre)
redpoll n 1. kenderike 2. 〈szarvatlan vörös angol marha〉
redraft [ri:'drɑ:ft; US -æft] vt újra fogalmaz
redraw [ri:'drɔ:] vt (pt -drew -'dru:, pp -drawn -'drɔ:n) 1. visszaintézvényez 2. újra rajzol; kihúz [rajzot]
redress¹ [rı'dres] I. n helyrehozás, orvoslás; legal ~ jogorvoslat II. vt jóvátesz; helyrehoz, orvosol
re-dress² [ri:'dres] vt 1. másképp/újra öltöztet/öltözködik 2. újrakötöz [sebet]
redressable [rı'dresəbl] a orvosolható
red-short a vöröstörékeny
redskin n (rézbőrű) indián
redstart n rozsdás farkú gébics
reduce [rı'dju:s; US -'du:s] A. vt 1. csökkent, leszállít, mérsékel, apaszt; ~ one's weight (le)fogyasztja magát 2. 〈vmlyen állapotba hoz〉; ~ to ashes elhamvaszt; ~ to nothing megsemmisít; ~ to writing írásba foglal 3. kényszerít [vm rosszabra]; he was ~d to sell his car kénytelen volt eladni a kocsiját 4. lefokoz [tisztet] 5. helyretesz, helyreigazít [ficamot], összeilleszt [törött csontvégeket] 6. átszámít [to más mértékegységre] 7. egyszerűsít, közös nevezőre hoz [törtet]; ~ an equation egyenletet rendez 8. redukál, dezoxidál [oxigéntől megfoszt] 9. felbont [vegyületet elemeire] 10.

színít [fémet] 11. hígít; gyengít [fényképfürdőt] B. *vi* (le)fogy, (le)soványodik

reduced [rɪ'dju:st; *US* -'du:-] *a* 1. csökkentett; ~ *prices* leszállított árak; ~ *rate(s)* kedvezményes/mérsékelt díjszabás 2. *in* ~ *circumstances* szűkös körülmények között

reducer [rɪ'dju:sə*; *US* -'du:-] *n* 1. redukáló szer 2. gyengítő szer [fényképé]

reducible [rɪ'dju:səbl; *US* -'du:-] *a* csökkenthető, egyszerűsíthető

reducing [rɪ'dju:sɪŋ; *US* -'du:-] *a* 1. csökkentő 2. redukáló 3. soványító

reduction [rɪ'dʌkʃn] *n* 1. leszállítás, redukálás, csökken(t)és; ~(s) *in prices* árleszállítás; *grant a* ~ árengedményt ad 2. átszámítás [kisebb mértékegységre] 3. színítés

edundancy [rɪ'dʌndənsɪ] *n* 1. bőség 2. fölösleg(esség), létszámon felüli mennyiség 3. terjengősség 4. redundancia

redundant [rɪ'dʌndənt] *a* 1. bőséges 2. szükségtelen, fölösleges, létszám fölötti, redundáns 3. bőbeszédű

reduplicate [rɪ'dju:plɪkeɪt; *US* -'du:-] *vt* (meg)kettőz(tet), megdupláz, megismétel

reduplication [rɪdju:plɪ'keɪʃn; *US* -du:-] *n* (meg)kettőzés

redwing *n* szőlőrigó

redwood *n US* kaliforniai szikvójafenyő

re-echo [ri:'ekoʊ] A. *vt* visszhangoz B. *vi* visszhangzik

reed [ri:d] *n* 1. nád 2. nádas 3. nádsíp; nádnyelv [oboáé stb.]; *the* ~s a fafúvósok [nádnyelves hangszerek] 4. nyíl

re-edit [ri:'edɪt] *vt* 1. újból kiad [könyvet] 2. átstilizál [szöveget]

reed-mace *n* buzogánysás, gyékény

reed-stop *n* nyelvsíp [orgonában]

re-educate [ri:'edjʊkeɪt; *US* -dʒə-] *vt* átnevel

reed-warbler *n* nádi poszáta

reedy ['ri:dɪ] *a* 1. náddal benőtt, nádas, nádi 2. gyenge; karcsú, sudár 3. éles, sipító [hang]

reef¹ [ri:f]I. *n take in a* ~ (1) bereffeli/kurtítja a vitorlát, (be)reffel (2) *biz* óvatosabban jár el; *let out the* ~ (1)

kireffel (2) *biz* megereszti a nadrágszíjat [ebéd után] II. *vt* ~ *in* bereffel, kurtít [vitorlát]

reef² [ri:f] *n* 1. zátony 2. aranytartalmú (tel)ér

reefer¹ ['ri:fə*] *n* tengerészkabát

reefer² ['ri:fə*] *n* marihuánás cigaretta

reek [ri:k] I. *n* 1. füst, kigőzölgés 2. bűz, rossz/áporodott szag II. *vi* 1. füstöl, (ki)gőzölög 2. bűzlik (*of* vmtől)

reeky ['ri:kɪ] *a* füstös; *Auld Reekie* ⟨Edinburgh skót beceneve⟩

reel [ri:l] I. *n* 1. tekercs, henger, cséve; orsó, motolla; *off the* ~ gyorsan peregve, gyors egymásutánban 2. tekercselő(dob) 3. filmtekercs 4. tántorgás 5. ⟨gyors skót tánc⟩ II. A. *vt* gombolyít, teker(csel) B. *vi* tántorog; forog (vk körül vm); szédül; *my brain* ~s forog velem a világ, szédülök

reel in *vt* feltekercsel

reel off *vt* 1. letekercsel, legombolyít 2. ~ *off a verse* elhadar/ledarál egy verset

reel up *vt* feltekercsel; felgombolyít

re-elect [ri:ɪ'lekt] *vt* újra megválaszt

re-election [ri:ɪ'lekʃn] *n* újraválasztás

re-embark [ri:ɪm'bɑ:k] A. *vi* újra hajóra száll B. *vt* újra behajóz

re-enter [ri:'entə*] A. *vt* újra bejegyez B. *vi* újra belép/bemegy; visszatér

re-entry [ri:'entrɪ] *n* újra belépés; visszatérés [űrhajóé]

re-establish [ri:ɪ'stæblɪʃ] *vt* 1. visszahelyez |hivatalába| 2. helyreállít

reeve [ri:v] *n* † ispán, felügyelő, elöljáró

re-examination ['ri:ɪgzæmɪ'neɪʃn] *n* 1. felülvizsgálat 2. másodszori tanúkihallgatás

re-examine [ri:ɪg'zæmɪn] *vt* 1. újra megvizsgál 2. újból kihallgat

re-export I. *n* [ri:'ekspɔ:t] újrakivitel, reexportálás II. *vt* [ri:ek'spɔ:t] újraexportál, reexportál

ref [ref] *n biz* bíró, játékvezető

ref. *reference* hivatkozás

reface [rɪ'feɪs] *vt* újravakol

refashion [ri:'fæʃn] *vt* átalakít, -formál

refection [rɪ'fekʃn] *n* 1. felfrissülés [ételtől, italtól] 2. könnyű étkezés

refectory [rɪ'fekt(ə)rɪ] *n* ebédlő

refer [rɪ'fə:*] v -rr- A. vi ~ to sy/sg
(1) céloz/utal/hivatkozik vkre/vmre
(2) folyamodik/fordul vkhez/vmhez
(3) vonatkozik vkre/vmre, illet vkt/vmt
B. vt 1. ~ sy to sy vkt vkhez küld/uta-
sít/utal; I was ~red to ... ... -hoz
küldtek, azt mondták, forduljak ...
-hoz; the reader is ~red to ... lásd
még ... 2. ~ sg to sy vk elé terjeszt
vmt [döntésre stb.]; ~ back vissza-
küld, elutasít 3. be ~red to as ... úgy
nevezik/hívják (,hogy ...)
referee [refə'ri:] I. n 1. döntőbíró 2. já-
tékvezető, bíró II. vt vezet [mérkőzést]
reference ['refr(ə)ns] n 1. utalás, hivat-
kozás; célzás; ~ mark utalójel; ~
number hivatkozási szám; ~ O/L vá-
laszában kérjük O/L jelre hivatkozni;
with ~ to your letter hivatkozással
levelére; make ~ to a book hivatkozik/
utal egy könyvre 2. tájékoztatás,
felvilágosítás; ~ book/work kézikönyv,
segédkönyv; ~ library kézikönyvtár
3. felvilágosítás (vkről); referencia;
ajánlólevél 4. kapcsolat, vonatkozás;
have ~ to sg vonatkozik vmre; in/with
~ to sg vmre vonatkozóan, vmvel kap-
csolatban; without ~ to sg figyelmen
kívül hagyva vmt, függetlenül vmtől
5. terms of ~ hatáskör [szervé]
referendum [refə'rendəm] n népszavazás
referent ['refrənt] n 1. téma, tárgy
2. a szóval megjelölt dolog
referential [refə'renʃl] a 1. vonatkozó;
utaló 2. tájékoztató (jellegű)
referral [rɪ'fə:rəl] n 1. irányítás, utasí-
tás, utalás, küldés 2. beutalás [orvosi]
referred [rɪ'fə:d] → refer
referring [rɪ'fə:rɪŋ] adv ~ to vmre vonat-
kozólag/hivatkozással || → refer
refill I. n ['ri:fɪl] utántöltés; betét [go-
lyóstollba] II. vt [ri:'fɪl] újra tölt,
feltölt, utánatölt
refine [rɪ'faɪn] A. vt 1. finomít, (meg-)
tisztít 2. csiszol, palléroz [nyelvet],
javít, finomabbá tesz [ízlést, erkölcsöt
stb.] B. vi 1. tisztul; finomodik 2. ~
on/upon nemesít, csiszol
refined [rɪ'faɪnd] a 1. finom(ított) 2. ki-
finomult, csiszolt, választékos
refinement [rɪ'faɪnmənt] n 1. finomítás

2. kifinomultság; lack of ~ közönsé-
gesség 3. finom modor
refiner [rɪ'faɪnə*] n 1. finomítómunkás
2. tisztító-, rafináló-, finomítókészülék
refinery [rɪ'faɪnərɪ] n finomító [üzem]
refit I. n ['ri:fɪt] kijavítás, rendbe hozás
II. vt [ri:'fɪt] -tt- 1. újra felszerel 2. ki-
javít, megjavít, helyreállít, rendbe hoz
reflect [rɪ'flekt] A. vt 1. visszaver,
-sugároz, -tükröz; be ~ed visszaverő-
dik, (vissza)tükröződik 2. átv (vissza-)
tükröz, kifejez 3. ~ credit (up)on sy
becsületére válik vknek; ~ discredit on
sy rossz fényt vet vkre B. vi 1. vissza-
verődik, -tükröződik 2. ~ (up)on sy
(1) vkre rossz fényt vet (2) (meg)kri-
tizál vkt 3. töpreng, elmélkedik, gon-
dolkodik (on, upon vmn)
reflection [rɪ'flekʃn] n 1. visszatükrözés
2. visszaverődés, -tükröződés, -vert
fény/hő; tükörkép 3. elmélkedés; on ~
jobban meggondolva 4. gáncs, hely-
telenítés 5. megjegyzés, észrevétel
reflective [rɪ'flektɪv] a 1. visszatükröző
2. gondolkodó, töprengő, elmélkedő
reflector [rɪ'flektə*] n fényszóró, reflek-
tor; ~ studs [úttestbe ágyazott] macs-
kaszemek
reflex ['ri:fleks] I. a 1. ~ action reflex-
mozdulat 2. ~ camera tükörreflexes
(fényképező)gép II. n reflex
reflexive [rɪ'fleksɪv] a visszaható
refloat [ri:'fləʊt] vt [zátonyról] kiszaba-
dít, úszóképessé tesz [hajót]
reflux ['ri:flʌks] n 1. visszafolyás 2.
apály
refoot [ri:'fʊt] vt megfejel [harisnyát]
reforestation [ri:fɔrɪ'steɪʃn; US -fɔ:-] n
= re-afforestation
reform[1] [rɪ'fɔ:m] I. n reform, megújulás
II. A. vt megújít, megjavít, (meg-)
reformál B. vi megújul, megjavul
re-form[2] [ri:'fɔ:m] A. vt újra megalakít,
újra csatasorba állít B. vi (újra) sora-
kozik
reformation [refə'meɪʃn] n 1. megújítás,
megjavítás, megreformálás 2. meg-
újulás, megjavulás 3. the R~ a hit-
újítás/reformáció
reformatory [rɪ'fɔ:mət(ə)rɪ; US -ɔ:rɪ] I.
a megújító; reform- II. n javítóintézet

reformed [ri:'fɔ:md] a református
reformer [rɪ'fɔ:mə*] n 1. újító (személy)
2. reformátor
refract [rɪ'frækt] vt megtör [fényt]
refraction [rɪ'frækʃn] n fénytörés
refractive [rɪ'fræktɪv] a fénytörő; doubly
~ kettős törésű
refractory [rɪ'frækt(ə)rɪ] a 1. makacs
[személy, betegség] 2. tűzálló, hőálló
refrain¹ [rɪ'freɪn] n refrén
refrain² [rɪ'freɪn] vi ~ from (sg) tartóz-
kodik (vmtől), visszatartja magát
(vmtől)
refresh [rɪ'freʃ] vt 1. felüdít, (fel)frissít;
~ oneself (1) felfrissül, (2) frissítőt iszik
2. felfrissít [emlékezetet]
refresher [rɪ'freʃə*] n 1. üdítő ital 2. ~
course továbbképző tanfolyam, fejtá-
gító
refreshment [rɪ'freʃmənt] n 1. felüdítés
2. felüdülés 3. frissítő [ital]; (light) ~s
frissítők, büféáru, (mint felirat:) büfé;
have some ~s eszik vmt (v. vm hide-
get); ~ car büfékocsi; ~ room büfé,
bisztró, falatozó
refrigerate [rɪ'frɪdʒəreɪt] vt (le)hűt, be-
hűt, fagyaszt; ~d meat fagyasztott hús
refrigeration [rɪfrɪdʒə'reɪʃn] n (le)hűtés
refrigerator [rɪ'frɪdʒəreɪtə*] n hűtő-
szekrény, -készülék, frizsider; ~ van
hűtőkocsi
refuel [ri:'fjʊəl] vi -ll- (US -l-) üzem-
anyagot vesz fel, tankol
refuel(l)ing [ri:'fjʊəlɪŋ] n üzemanyag-
-felvétel
refuge ['refju:dʒ] n 1. menedék; haven
of ~ vészkikötő; night ~ éjjeli mene-
dékhely 2. járdasziget 3. óvóhely 4.
végső segítség, mentsvár
refugee [refjʊ'dʒi:] n menekült
refulgence [rɪ'fʌldʒ(ə)ns] n fény(esség),
ragyogás
refulgent [rɪ'fʌldʒ(ə)nt] a ragyogó, fé-
nyes, fénylő
refund I. n ['ri:fʌnd] visszatérítés II. vt
[ri:'fʌnd] megtérít, visszatérít, -fizet
refurbish [ri:'fə:bɪʃ] vt felfrissít, újra
rendbe hoz, újrafényez
refusal [rɪ'fju:zl] n 1. visszautasítás
elutasítás; megtagadás 2. the first ~
elővételi jog, opció

refuse I. n ['refju:s] hulladék, szemét;
~ bin szemétláda; ~ dump szemét-
domb, -lerakodó; ~ water szennyvíz
II. vt [rɪ'fju:z] visszautasít, elutasít;
megtagad; be ~d admittance nem en-
gedik be
refutation [refju:'teɪʃn] n 1. megcáfolás
2. cáfolat
refute [rɪ'fju:t] vt megcáfol
regain [rɪ'geɪn] vt 1. visszanyer, -szerez
2. újra elér [földrajzi helyet], újra el-
jut vhová
regal ['ri:gl] a királyi, fejedelmi
regale [rɪ'geɪl] vt (bőségesen) megvendé-
gel; ~ oneself jóllakik, lakomázik
regalia [rɪ'geɪljə] n pl 1. koronázási
jelvények, koronaékszerek 2. felség-
jogok
Regan ['ri:gən] prop
regard [rɪ'gɑ:d] I. n 1. tekintet, szem-
pont, vonatkozás; figyelem; in this ~
ebben a tekintetben/vonatkozásban;
in/with ~ to ... tekintettel ... -ra/-re;
pay ~ to sg tekintettel/figyelemmel
van vmre; pay no ~ to ügyet sem vet
vmre, nincs tekintettel vmre 2. tisz-
telet(adás), megbecsülés, elismerés;
have a great ~ for sy nagy elismeréssel/
tisztelettel van vk iránt 3. regards pl
üdvözlet; kind ~s szívélyes üdvözlet
II. vt 1. † néz, figyel, szemlél 2. ~ sg
as sg vmnek tart/tekint vmt 3. figye-
lembe vesz, mérlegel, megfontol, meg-
vizsgál 4. vonatkozik (vmre, vkre);
as ~s ..., ~ing ... ami ... -tilleti,
-ra/-re vonatkozólag, -t illetőleg
regardful [rɪ'gɑ:dfʊl] a 1. figyelmes
2. tiszteletteljes
regardless [rɪ'gɑ:dlɪs] a 1. figyelmetlen
2. ~ of sg vmre való tekintet nélkül(i);
~ (of expense) tekintet nélkül a költsé-
gekre; kerül, amibe kerül; biz he was
got up ~ kicsípte magát (és nem nézte
a költségeket)
regatta [rɪ'gætə] n evezősverseny, vitor-
lásverseny, regatta
regency ['ri:dʒ(ə)nsɪ] n kormányzóság,
régensség
regenerate [rɪ'dʒenəreɪt] A. vt megifjít,
megújít, újjászül, felújít B. vi újra
képződik, regenerálódik

regeneration [rɪdʒenə'reɪʃn] *n* 1. újjászületés, megújhodás; regenerálódás 2. újjáteremtés, regenerálás
regent ['ri:dʒ(ə)nt] *n* kormányzó, régens
regentship ['ri:dʒ(ə)nt-ʃɪp] *n* kormányzóság
Reggie ['redʒɪ] *prop* ⟨*Reginald* becézett alakja⟩
regicide ['redʒɪsaɪd] *n* 1. királygyilkos 2. királygyilkosság
régime, regime [reɪ'ʒi:m] *n* uralom, (kormány)rendszer, rezsim
regimen ['redʒɪmen] *n* étrend, diéta; életrend
regiment I. *n* ['redʒɪmənt] 1. ezred 2. tömeg 3. uralom II. *vt* ['redʒɪment] 1. ezredet alakít 2. (katonai) fegyelmet gyakorol, parancsolgat (vknek)
regimental [redʒɪ'mentl] I. *a* ezred-; ~ *colours* ezredlobogó II. **regimentals** *n pl* ezredegyenruha
regimentation [redʒɪmen'teɪʃn] *n* 1. ezredbeosztás 2. parancsolgatás
Regina [rɪ'dʒaɪnə] I. *prop* Regina II. *n* az angol királynő
Reginald ['redʒɪnld] *prop* Reginald
region ['ri:dʒ(ə)n] *n* 1. táj(ék), vidék, környék, körzet, régió 2. terület, birodalom [tudományé stb.]
regional ['ri:dʒənl] *a* 1. területi, táji, regionális 2. kerületi, helyi, körzeti
register ['redʒɪstə*] I. *n* 1. jegyzék, nyilvántartás, nyilvántartó könyv/ napló, névjegyzék; anyakönyv; katalógus; ~ *of voters* választói névjegyzék 2. hangterjedelem 3. regiszter [orgonán] 4. jelzőkészülék, számláló II. **A**. *vt* 1. beiktat, jegyzékbe/nyilvántartásba vesz, bejegyez 2. mutat, jelez [műszer] 3. kifejez [arcjátékkal érzelmet stb.] 4. ajánlva ad fel [levelet]; felad [poggyászt] **B**. *vi* 1. ~ *at a hotel* bejelenti magát, bejelentkezik [szállodában] 2. *it doesn't* ~ *(with me)* ez nem mond nekem semmit ‖→ *ton 2.*
registered ['redʒɪstəd] *a* 1. ajánlott [küldemény]; feladott [poggyász]; ~ *letter* ajánlott levél; ~ *parcel* értékcsomag; ~ *post* ajánlott (postai) küldemény 2. bejegyzett, nyilvántartott

registrar [redʒɪ'strɑ:*] *n* anyakönyvvezető; irattáros; egyetemi irodavezető
registration [redʒɪ'streɪʃn] *n* 1. beírás, bejegyzés, (be)iktatás; nyilvántartás(ba vétel); bejelentkezés [szállodába stb.]; jelentkezés [részvételre]; ~ *book* forgalmi engedély [gépkocsié]; ~ *form* bejelentőlap; jelentkezési lap; ~ *number* (forgalmi) rendszám; ~ *plate* rendszámtábla; ~ *of marriage* házassági anyakönyvezés 2. ajánlottként való feladás [levélé]; feladás [csomagé]; ~ *fee* (1) ajánlási díj [postai] (2) beirat(koz)ási díj 3. beiratkozás [egyetemre stb.]
registry ['redʒɪstrɪ] *n* 1. iktató(hivatal), nyilvántartó (hivatal); ~ *(office)* anyakönyvi hivatal; *be married at a* ~ *office* polgári házasságot köt; ~ *court* cégbíróság 2. = *registration 1.*; *port of* ~ illetőségi kikötő 3. ~ *(office)* munkaközvetítő (hivatal)
Regius ['ri:dʒjəs] *a* ~ *professor GB* (állami tanszéken működő) egyetemi tanár
regress I. *n* ['ri:gres] 1. hátrafelé haladás, visszatérés 2. visszafejlődés II. *vi* [rɪ'gres] 1. visszafelé halad 2. visszafejlődik
regression [rɪ'greʃn] *n* 1. visszatérés, visszafelé haladás/menés 2. visszafejlődés, -esés
regressive [rɪ'gresɪv] *a* 1. visszafelé haladó 2. visszafejlődő, -eső, csökkenő; hátraható, regresszív
regret [rɪ'gret] I. *n* 1. sajnálat; sajnálkozás; *much to my* ~ legnagyobb sajnálatomra 2. **regrets** *pl* lemondás, visszamondás [meghívásé]; ~*s only* ⟨választ csak akkor kérünk, ha a meghívásnak nem tud eleget tenni⟩ 3. megbánás II. *vt* -**tt**- 1. sajnál (vmt), sajnálkozik (vm miatt); ~ *doing sg*, ~ *that . . .* sajnálja/bánja, hogy vmt tett; *it is to be* ~*ted that . . .* sajnos . . ., sajnálatos, hogy . . . 2. megbán vmt
regretful [rɪ'gretfʊl] *a* sajnálkozó
regrettable [rɪ'gretəbl] *a* sajnálatos
regroup [ri:'gru:p] *vt* átcsoportosít, átrendez, újraosztályoz
Regt. *regiment*

regular ['regjʋlə*; *US* -jə-] I. *a* 1. szabályos, szabályszerű, rendszeres, pontos 2. rendes, szokásos, állandó, megszokott; ~ *customer* állandó vevő; ~ *staff* állandó alkalmazottak; ~ *visitor* rendszeres/sűrű látogató 3. tényleges; ~ *army* állandó hadsereg; ~ *officer* tényleges tiszt 4. *biz* teljes, tökéletes; *US a* ~ *guy* rendes fickó II. *n* 1. tényleges/hivatásos katona 2. szerzetes 3. *biz* állandó/rendszeres vevő/látogató; törzsvendég
regularity [regjʋ'lærətɪ; *US* -jə-] *n* rendszeresség, szabályszerűség, szabályosság
regularize ['regjʋləraɪz; *US* -jə-] *vt* 1. rendez, szabályoz 2. törvényessé tesz
regularly ['regjʋləlɪ; *US* -jə-] *adv* 1. szabályosan, pontosan ,rendesen 2. rendszeresen 3. *biz* teljesen, alaposan
regulate ['regjʋleɪt; *US* -jə-] *vt* 1. szabályoz, beállít, (be)igazít [órát, gépet stb.]; rendbe hoz 2. irányít, szabályoz [ügyeket, forgalmat stb.]
regulation [regjʋ'leɪʃn; *US* -jə-] *n* 1. szabályozás, beállítás, beigazítás 2. szabályzat; ~s (rend)szabályok; előírások, rendelkezések; *traffic* ~s közlekedési szabályok 3. szabvány; *of* ~ *size* előírásos méretű/nagyságú
regulator ['regjʋleɪtə*; *US* -jə-] *n* szabályozó (készülék), regulátor
regurgitate [rɪ'gɔːdʒɪteɪt] A. *vt* felöklendez; kiokád B. *vi* visszafolyik
rehabilitate [riːə'bɪlɪteɪt; *US* riːhə-] *vt* rehabilitál
rehabilitation ['riːəbɪlɪ'teɪʃn; *US* 'riːhə-] *n* rehabilitáció; ~ *centre* rehabilitációs intézet/központ
rehash [riː'hæʃ] *vt* [régi anyagot] újra feldolgoz
rehear [riː'hɪə*] *vt* (*pt/pp* ~d -'hɔːd] újra tárgyal/megvizsgál
rehearsal [rɪ'hɔːsl] *n* 1. ismétlés 2. [színházi] próba; *dress* ~ (jelmezes) főróba
rehearse [rɪ'hɔːs] *vt* 1. próbát tart, (el)próbál [jelenetet stb.] 2. ismétel, újra elmond 3. felsorol
reheat [riː'hiːt] *vt* újra hevít/melegít
rehouse [riː'haʋz] *vt* átköltöztet, új házakban/lakásokban helyez el

reign [reɪn] I. *n* uralkodás, uralom II. *vi* uralkodik
reimburse [riːɪm'bɔːs] *vt* visszafizet, -térít, megtérít
reimbursement [riːɪm'bɔːsmənt] *n* visszafizetés, -térítés, megtérítés
reimport [riːɪm'pɔːt] *vt* újra behoz [kivitt árut], reimportál
reimportation ['riːɪmpɔ:'teɪʃn] *n* újrabehozatal
rein [reɪn] I. *n* gyeplő, kantárszár; *give the* ~ *to* szabadjára enged, szabad folyást enged; *keep a tight* ~ *on sy* szorosra fog vkt; *take the* ~*s* kezébe veszi a gyeplőt [a dolgok irányítását] II. *vt* megzaboláz, megfékez, féken tart; ~ *in* megállít, lépésre fog [lovat], megzaboláz (vkt); ~ *up* (1) megállít (2) megfékez ‖ →*reins*
reincarnation [riːɪnkɑ:'neɪʃn] *n* újra megtestesülés, reinkarnáció
reindeer ['reɪndɪə*] *n* (*pl* ~) rénszarvas
reinforce [riːɪn'fɔːs] *vt* megerősít; ~*d concrete* vasbeton
reinforcement [riːɪn'fɔːsmənt] *n* 1. (meg)erősítés 2. (meg)erősödés, fokozódás 3. reinforcements *pl* [katonai] utánpótlás
reins [reɪnz] *n pl* † 1. a vesék [bibliai értelemben is] 2. lágyéktájék ‖ →*rein*
reinstall [riːɪn'stɔːl] *vt* visszahelyez, újra behelyez
reinstate [riːɪn'steɪt] *vt* visszahelyez; újból beiktat
reinsurance [riːɪn'ʃʋər(ə)ns] *n* viszontbiztosítás
reinsure [riːɪn'ʃʋə*] *vt* viszontbiztosít
reinvest [riːɪn'vest] *vt* újból befektet
reinvestment [riːɪn'vestmənt] *n* újbóli befektetés
reinvigorate [riːɪn'vɪgəreɪt] *vt* felüdít; újra megerősít, új erőt ad
reissue [riː'ɪʃuː] I. *n* új(ra) kibocsátás; új kiadás II. *vt* újra kibocsát/kiad
reiterate [riː'ɪtəreɪt] *vt* ismétel, hajtogat
reiteration [riːɪtə'reɪʃn] *n* 1. ismételgetés 2. ismétlés 3. ismételt elkövetés
reject I. *n* ['riːdʒekt] 1. visszautasított/elutasított személy/dolog 2. selejt; *export* ~*s* exportból visszamaradt áru; ~ *shop* kb. alkalmi áruk háza 3.

szervezetből kivetett/kilökődött átültetett szövet/szerv II. vt [rɪ'dʒekt] 1. visszautasít, elutasít, elvet, nem fogad el 2. kiselejtez 3. felöklendez; kihány 4. kivet [átültetett szövetet/szervet szervezet] rejection [rɪ'dʒekʃn] n 1. visszautasítás, elutasítás, elvetés 2. rejections pl selejt(es holmi) 3. kilökődés [átültetett szöveté/szervé szervezetből] rejig [ri:'dʒɪg] vt -gg- biz új gépekkel szerel fel, új fajta munkára állít át [üzemet] rejoice [rɪ'dʒɔɪs] A. vi ~ at/in/over sg örül/örvend(ezik) vmnek, élvez vmt B. vt megörvendeztet rejoicing [rɪ'dʒɔɪsɪŋ] I. a 1. örvendetes 2. vidám, örvendő II. n 1. boldogság, öröm 2. rejoicings pl ünneplés, mulatság, vidámság rejoin¹ [ri:'dʒɔɪn] vt 1. újra egyesít, újból egymásba illeszt 2. (újból) csatlakozik (vkhez, vmhez) rejoin² [rɪ'dʒɔɪn] vi válaszol, felel rejoinder [rɪ'dʒɔɪndə*] n (viszon)válasz rejuvenate [rɪ'dʒu:vɪneɪt] A. vt megfiatalít B. vi megfiatalodik, megifjul rejuvenation [rɪdʒu:vɪ'neɪʃn] n 1. megfiatalítás 2. megfiatalodás rekindle [ri:'kɪndl] A. vt újra meggyújt B. vi újból lángra lobban relaid → relay² relapse [rɪ'læps] I. n visszaesés, rosszabbodás II. vi visszaesik, hanyatlik, rosszabbodik relate [rɪ'leɪt] A. vt 1. elmond, elbeszél 2. összekapcsol, vonatkozásba/összefüggésbe hoz (sg to sg vmt vmvel); be ~d to sg összefüggésben/kapcsolatban van/áll vmvel 3. be ~d to sy rokonságban van vkvel, rokona vknek; be ~d by marriage sógorsági viszonyban van(nak) B. vi 1. kapcsolatban van, összefügg 2. vonatkozik, utal (to vmre) related [rɪ'leɪtɪd] a összefüggő, kapcsolatban levő; rokon relating [rɪ'leɪtɪŋ] a ~ to ... ... -ra/-re vonatkozó/utaló relation [rɪ'leɪʃn] n 1. elmondás, elbeszélés 2. vonatkozás, kapcsolat, vi-

szony; arány; bear a ~ to sg kapcsolatban/összefüggésben van vmvel, vonatkozik vmre; in ~ to (vmre/vkre) vonatkozólag, vmt illetőleg; out of all ~ to sg semmiképp sem arányos (v. áll arányban) vmvel; break off all ~s with sy minden összeköttetést/kapcsolatot megszakít vkvel 3. rokon; near ~ közeli rokon relationship [rɪ'leɪʃnʃɪp] n 1. rokonság 2. kapcsolat, összefüggés, viszony relative ['relətɪv] I. a 1. viszonylagos, relatív 2. vonatkozó [névmás stb.] 3. ~ to vmre vonatkozó(lag), vmt illetőleg/illetően II. n rokon relatively ['relətɪvlɪ] adv aránylag, viszonylag relativity [relə'tɪvətɪ] n viszonylagosság, relativitás relax [rɪ'læks] A. vt megereszt, (meg-)lazít, elernyeszt; enyhít; pihentet; ~ the bowels hasmenést csinál, meghajt B. vi gyengül, elernyed, ellankad, alábbhagy; kipiheni magát; lazít relaxation [ri:læk'seɪʃn] n 1. meglazítás 2. elernyedés, (meg)lazulás 3. pihenés, kikapcsolódás; lazítás 4. büntetés egy részének elengedése relaxing [rɪ'læksɪŋ] a 1. bágyasztó 2. (has)hajtó relay¹ I. n ['ri:leɪ] 1. váltás, váltott lovak; ~ race váltó(futás), staféta 2. relé, jelfogó 3. sugárzás, továbbítás; ~ station közvetítőállomás 4. szabályozó (motor), szervomotor II. vt [ri:'leɪ v. 'ri:leɪ] (pt/pp ~ed -'leɪd v. -leɪd) [rádió- v. tévéadást] továbbít, közvetít, sugároz relay² [ri:'leɪ] vt (pt/pp relaid ri:'leɪd) újra lerak/fektet release¹ [rɪ'li:s] I. n 1. szabadon bocsátás, eleresztés, elengedés; felmentés 2. felszabadulás [pl. energiáé] 3. forgalomba hozatal [filmé] 4. (jog)átruházás, tulajdonátruházás 5. kioldás, ledobás [bombáé repgépről] 6. kikapcsolás; kiakasztás [rugóé]; kiengedés [féké]; ~ gear kioldószerkezet 7. ütőrugó, csappantó 8. árammegszakító; kapcsoló II. vt 1. elereszt, elenged; kiold, ledob [bombát]; kienged [féket]

2. szabadon bocsát [foglyot] 3. enyhít, csökkent; megszabadít [fájdalomtól, szenvedéstől] 4. forgalomba hoz, bemutat [filmet] 5. felment, mentesít [kötelezettség alól] 6. közzétesz [híranyagot] 7. átruház
re-lease² [ri:'li:s] *vt* újra bérbe ad
relegate ['relɪgeɪt] *vt* 1. száműz 2. alacsonyabb sorba süllyeszt, eltávolít; leminősít, lejjebb sorol 3. ~ *to* vhová utal, döntésre átküld
relegation [relɪ'geɪʃn] *n* 1. száműzés 2. lejjebb sorol(tat)ás
relent [rɪ'lent] *vi* enged; meglágyul; megengesztelődik; megkönyörül
relentless [rɪ'lentlɪs] *a* könyörtelen
relevance ['reləvəns] *n* 1. fontosság 2. tárgyhoz tartozás
relevancy ['reləvənsɪ] *n* = *relevance*
relevant ['reləvənt] *a* 1. fontos, lényeges, idevágó, tárgyhoz tartozó, tárgyra vonatkozó; ~ *to* vkre/vmre vonatkozó 2. jelentőségteljes, mondanivalóval bíró, releváns
reliability [rɪlaɪə'bɪlətɪ] *n* megbízhatóság
reliable [rɪ'laɪəbl] *a* megbízható
reliance [rɪ'laɪəns] *n* bizalom, bizodalom
reliant [rɪ'laɪənt] *a be ~ on* bízik vkben/vmben
relic ['relɪk] *n* 1. ereklye 2. **relics** *pl* földi maradványok 3. emlék
relict ['relɪkt] *n* † özvegy
relied → *rely*
relief¹ [rɪ'li:f] *n* 1. megkönnyebbülés; enyhülés; *heave a sigh of* ~ megkönnyebbülten sóhajt fel 2. enyhítés, könnyítés 3. segítség, segély(ezés); *GB* † községély; ~ *work* szükségmunka; *be on the* ~ *roll* községélyben részesül 4. felszabadítás, felmentés [ostromlott városé]; felmentő sereg; ~ *party* felváltó osztag 5. tehermentesítés; *engine* kisegítő mozdony, vontatómozdony; ~ *road* terelőút; ~ *train* mentesítő vonat
relief² [rɪ'li:f] *n (high)* ~ dombormű; *low* ~ síkdombormű; *bring/throw into* ~ kihangsúlyoz, kidomborít, kiemel; ~ *map* domborzati térkép
relieve [rɪ'li:v] *vt* 1. könnyít, enyhít; ~ *oneself/nature* szükségét elvégzi 2.

segít; *relieving officer* jótékonysági biztos 3. felment 4. felvált [őrséget] 5. tehermentesít; ~ *sy of sg* (1) levesz vkről vmt [terhet]; felment vkt vm alól [kötelezettség alól] (2) *biz* „megszabadít" vkt vmtől [= ellopja] (3) felment [állásából]; *relieving arch* teherelosztó boltív 6. kiemel, domborít
relight [ri:'laɪt] *vt (pt/pp* **relit** -'lɪt] újra meggyújt
religion [rɪ'lɪdʒ(ə)n] *n* vallás
religious [rɪ'lɪdʒəs] *a* 1. vallásos 2. vallási
reline [ri:'laɪn] *vt* újra bélel/behúz
relinquish [rɪ'lɪŋkwɪʃ] *vt* lemond (vmről), felad, abbahagy
reliquary ['relɪkwərɪ; *US* -erɪ] *n* ereklyetartó
relish ['relɪʃ] **I.** *n* 1. íz, ízletesség, zamat 2. fűszer 3. étvágy, gusztus *(átv is); eat sg with* ~ jó étvággyal eszik vmt; *have a* ~ *for sg* szeret/kíván vmt, ínyére van vm **II.** *vt* 1. ízesít 2. étvággyal eszik 3. ínyére van, tetszik, élvez, szeret (vmt)
relit → *relight*
relive [ri:'lɪv] *vt/vi* újra (át)él
reload [ri:'loʊd] *vt* újra megtölt/megrak
relocate [ri:loʊ'keɪt: *US* -'loʊ-] *vt* áthelyez, áttelepít
reluctance [rɪ'lʌktəns] *n* 1. idegenkedés, vonakodás 2. reluktancia
reluctant [rɪ'lʌktənt] *a* vonakodó; kelletlen; *be ~ to . . .* vonakodik (vmt tenni), vonakodva (tesz vmt)
reluctantly [rɪ'lʌktəntlɪ] *adv* nem szívesen, vonakodva, kelletlenül
rely [rɪ'laɪ] *vi (pt/pp* **relied** -'laɪd] ~ *(up)on sy/sg* (meg)bízik vkben/vmben, épít/számít vkre/vmre
remade → *remake*
remain [rɪ'meɪn] **I.** *n* **remains** *pl* (1) maradék(ok); maradvány(ok) (2) emlékek; [írói] hagyaték (3) *(mortal)* ~*s* földi maradványok, hamvak **II.** *vi* 1. (meg)marad; *it* ~*s to be seen* majd elválik; ~ *on hand* nyakán/eladatlan marad; ~ *silent* nem szól, hallgat 2. tartózkodik, marad
remainder [rɪ'meɪndə*] *n* 1. maradék, maradvány 2. eladatlan/visszamaradt

példányok [könyvből] 3. fennmaradó
összeg
remaining [rı'meınıŋ] *a* megmaradó
remake [ri:'meık] *vt* (*pt/pp* -made
-'meıd) újra (meg)csinál; átalakít
remand [rı'mɑ:nd; *US* -'mænd] I. *n* vizs-
gálati fogságban tartás; *GB* ~ *home*
kb. nevelőintézet [fiatalkorú bűnözők
számára] II. *vt* vizsgálati fogságban
tart
remark [rı'mɑ:k] I. *n* megjegyzés, észre-
vétel II. A. *vt* 1. észrevesz 2. meg-
jegyez B. *vi* megjegyzést tesz (*on, upon*
vmre)
remarkable [rı'mɑ:kəbl] *a* figyelemre
méltó, nevezetes; ~ *for sg* híres/neve-
zetes vmről
remarkably [rı'mɑ:kəblı] *adv* rendkívül
remarry [ri:'mærı] *vi* újból megházaso-
dik/megnősül (ill. férjhez megy)
remediable [rı'mi:djəbl] *a* orvosolható
remedial [rı'mi:djəl] *a* 1. gyógyító,
gyógy- 2. *átv* javító; ~ *instruction*
korrepetálás; ~ *reading* megtanítás
helyes/gyors olvasásra
remedy ['remıdı] I. *n* 1. orvosság, gyógy-
szer, ellenszer (*for* vmre, vm ellen)
2. orvoslás; jogorvoslat II. *vt* orvosol,
helyrehoz
remember [rı'membə*] *vt/vi* 1. emlék-
szik, emlékezik (vkre, vmre); nem fe-
lejt el (vkt, vmt v. *doing sg* vmt meg-
tenni) 2. eszébe jut (vk, vm); gondol
(vkre valahogy) 3. megemlékezik [vk-
ről adománnyal] 4. *please ~ me to* . . .
adja át szíves üdvözletemet . . . -nak/
-nek, üdvözölje . . . -t a nevemben
remembrance [rı'membr(ə)ns] *n* 1. em-
lékezés, emlék; *in ~ of* emlékére 2. em-
lékezet 3. emlék(tárgy) 4. **remem-
brances** *pl* üdvözlet, jókívánság
remilitarize [rı:'mılıtəraız] *vt* újra fel-
fegyverez
remind [rı'maınd] *vt* ~ *sy of sg* vkt vmre
emlékeztet, vknek (az) eszébe juttat
vmt; ~ *sy to do sg* emlékeztet/figyel-
meztet vkt, hogy vmt meg kell tennie;
that ~s me! erről jut eszembe !, ap-
ropó !
reminder [rı'maındə*] *n* 1. emlékeztető
2. figyelmeztetés, felszólítás

reminisce [remı'nıs] *vi* emlékeiről beszél
reminiscence [remı'nısns] *n* 1. vissza-
emlékezés, reminiszcencia 2. emlék
reminiscent [remı'nısnt] *a be ~ of* emlé-
kezik/emlékeztet . . . -ra/-re
remiss [rı'mıs] *a* hanyag, pontatlan,
lusta
remission [rı'mıʃn] *n* 1. megbocsátás
2. elengedés [adósságé] 3. csökkenés
[lázé, izgalomé], enyhülés
remit [rı'mıt] *v* -tt- A. *vt* 1. megbocsát
2. elenged [büntetést, adósságot] 3.
átutal, utalványoz, elküld [összeget];
kiegyenlít [tartozást]; *kindly ~ by*
cheque szíveskedjék az összeget csek-
ken befizetni 4. átküld [döntésre],
áttesz [más bírósághoz] 5. csökkent,
mérsékel 6. elhalaszt B. *vi* csökken,
alábbhagy
remittal [rı'mıtl] *n* 1. elengedés [bün-
tetésé] 2. átküldés, visszaküldés
remittance [rı'mıt(ə)ns] *n* 1. átutalás,
utalványozás [pénzé] 2. átutalt ösz-
szeg; ~ *man* ⟨aki külföldön otthonról
küldött pénzből él⟩
remittent [rı'mıtənt] *a* váltakozó, átme-
netileg csökkenő [láz]
remitter [rı'mıtə*] *n* feladó, küldő
remnant ['remnənt] *n* maradvány, ma-
radék; ~ *shop* maradékbolt
remodel [ri:'mɔdl; *US* -ɑ-] *vt* -ll- (*US* -l-)
újra mintáz; újjáalakít, átdolgoz
remold →*remould*
remonstrance [rı'mɔnstr(ə)ns; *US* -ɑn-]
n 1. (heves) tiltakozás, kifogás(olás)
2. tiltakozó felirat; intelem
remonstrate ['remənstreıt] *vi* tiltakozik,
kifogásol, óvást emel (*against* vm
ellen), panaszt tesz (*about* vm miatt)
remorse [rı'mɔ:s] *n* lelki(ismeret-)fur-
dalás, bűntudat, bűnbánat
remorseful [rı'mɔ:sfʊl] *a* bűnbánó
remorseless [rı'mɔ:slıs] *a* könyörtelen
remote [rı'moʊt] *a* 1. távoli; ~ *control*
távirányítás; *I haven't the ~st idea*
halvány sejtelmem sincs (róla) 2. ma-
gányos, zárkózott
remoteness [rı'moʊtnıs] *n* távoliság
remould, *US* -**mold** [ri:'moʊld] *vt* újra
formáz, átformál
remount I. *n* ['ri:maʊnt] pótló, remonda

II. vt/vi [ri:'maʊnt] 1. újra lóra száll; újra felül [kerékpárra] 2. újra felmászik 3. újból felragaszt
removable [rɪ'mu:vəbl] a 1. elmozdítható, eltávolítható 2. levehető, leszerelhető 3. szállítható
removal [rɪ'mu:vl] n 1. eltávolítás, elvitel, elszállítás 2. elköltözés, költözködés, hurcolkodás; ~ van bútorszállító kocsi 3. elbocsátás [állásból]
remove [rɪ'mu:v] I. n 1. távolság; közbeeső fokozat; only one ~ from csak egy ugrás(nyi)ra (vmtől); at one ~ egy fokkal odább; közvetve és másodfokon 2. GB osztály [iskolában]; get one's ~ felsőbb osztályba léphet II. A. vt 1. eltávolít, elmozdít; eltesz; elvisz, levesz, leszed, leszerel; áthelyez 2. kitöröl, eltávolít, eltüntet [bűnjelet, nyomot, foltot] 3. megszüntet, kiküszöböl 4. elmozdít [állásból], eltávolít [iskolából]; be far ~d from sg távol áll vmtől B. vi elköltözik
remover [rɪ'mu:və*] n 1. (összetételekben:) hair-~ szőrtelenítő; stain-~ folttisztító szer 2. bútorszállító
remunerate [rɪ'mju:nəreɪt] vt díjaz, (meg)jutalmaz, honorál
remuneration [rɪmju:nə'reɪʃn] n 1. díjazás, ellenszolgáltatás; megtérítés 2. díj, jutalom, fizetség
remunerative [rɪ'mju:n(ə)rətɪv; US -reɪ-] a kifizetődő, előnyös, hasznos
renaissance, R~ [rə'neɪs(ə)ns; US 're- nəsɑ:ns] n reneszánsz
renal ['ri:nl] a vese-; ~ calculus vesekő
renascence [rɪ'næsns] n 1. újjászületés, megújhodás 2. reneszánsz
renascent [rɪ'næsnt] a újjászülető
rend [rend] vt (pt/pp rent rent) hasít, szakít, szaggat
render ['rendə*] vt 1. nyújt, ad; viszonoz; ~ thanks köszönetet mond 2. benyújt, bemutat [számlát] 3. (le)fordít [into más nyelvre] 4. tolmácsol, előad [művet előadó] 5. tesz vmilyenné 6. kiolvaszt, kisüt [zsírt] 7. vakol
rendering ['rend(ə)rɪŋ] n 1. tolmácsolás, interpretálás, előadás [zeneműé] 2. fordítás 3. adás, nyújtás [segítségé] 4. kiolvasztás [zsíré] 5. vakolás

rendezvous ['rɔndɪvu:; US 'rɑ:n-] n találka, légyott, randevú
rendition [ren'dɪʃn] n 1. fordítás 2. = rendering 1.
renegade ['renɪgeɪd] n hitehagyott, renegát
reneg(u)e [rɪ'ni:g; US -'nɪg] vi biz ~ (on sg) megszegi a szavát, visszakozik, visszatáncol
renew [rɪ'nju:; US -'nu:] A. vt 1. megújít, felújít; megismétel; be ~ed megújul 2. felfrissít, kicserél B. vi megújul, felújul
renewable [rɪ'nju:əbl; US -'nu:-] a megújítható
renewal [rɪ'nju:əl; US -'nu:-] n 1. megújítás 2. meghosszabbítás 3. megújulás
rennet[1] ['renɪt] n ranett [alma]
rennet[2] ['renɪt] n tejoltó
renounce [rɪ'naʊns] I. n renonsz [kártyában] II. A. vt 1. lemond (vmről), felad [jogot, elvet stb.] 2. megtagad B. vi renonszot csinál
renouncement [rɪ'naʊnsmənt] n 1. megtagadás 2. lemondás
renovate ['renəveɪt] vt megújít, helyreállít, renovál, restaurál
renovation [renə'veɪʃn] n megújítás, helyreállítás, renoválás, restaurálás
renown [rɪ'naʊn] n hírnév, renomé; win ~ hírnévre tesz szert
renowned [rɪ'naʊnd] a híres, neves
rent[1] [rent] n szakadás (átv is), hasadás, repedés
rent[2] [rent] I. n 1. bér(leti díj); lakbér; US for ~ kiadó, (ki)bérelhető 2. járadék II. A. vt 1. (ki)bérel, bérbe vesz; ~ a car kocsit bérel/kölcsönöz 2. bérbe ad B. vi the house ~s at £70 a year a ház évi bére 70 font
rent[3] →rend
rentable ['rentəbl] a (ki)bérelhető, bérbe vehető/adható
rent-a-car [rentə'kɑ:*] US „rent a car" kocsi, bérautó ‖ →rent[2] II. A. 1.
rental ['rentl] n 1. bér(összeg); bérleti/ kölcsönzési díj 2. bérjövedelem 3. bérlet, bérlemény; car ~ gépkocsikölcsönzés
rent-day n (lak)bérfizetési nap

renter['rentə*]*n* 1. bérlő 2. filmkölcsönző
rent-free *a* (lak)bérmentes
rent-roll *n* 1. bérlők jegyzéke 2. teljes bérhozam
renunciation [rɪnʌnsɪ'eɪʃn] *n* 1. megtagadás [kötelezettségé], felmondás [szerződésé] 2. lemondás [vmről]
reopen [ri:'oʊp(ə)n] A. *vt* 1. újra kinyit/megnyit 2. újrakezd B. *vi* újra megnyílik/megkezdődik
reorganization ['ri:ɔ:gənaɪ'zeɪʃn; US -nɪ'z-] *n* újjászervezés, átszervezés
reorganize [ri:'ɔ:gənaɪz] *vt* újjászervez, átszervez
rep¹ [rep] *n* ripsz
rep² [rep] *n biz* felelés [iskolában]
rep³ [rep] *n biz* = *repertory theatre*
Rep. *US* 1. *Representative* 2. *Republican*
repack [ri:'pæk] *vt* újra (be)csomagol
repaid →*repay*
repaint [ri:'peɪnt] *vt* újra (be)fest/mázol
repair¹ [rɪ'peə*] I. *n* 1. (ki-, meg)javítás, rendbehozás, tatarozás; ~*s* javítások, javítási munkák; *be under* ~ javítás alatt van; "*Road Under R*~" „Úton folyó munkák"; ~ *shop* javítóműhely, autójavító; *beyond* ~ helyrehozhatatlan(ul) 2. állapot; *in good* ~ jó állapotban/karban; *out of* ~ rossz állapotban/karban II. *vt* 1. kijavít, megjavít, rendbe hoz 2. orvosol, helyrehoz; jóvátesz [igazságtalanságot]
repair² [rɪ'peə*] *vi* vhova megy/menekül
repairer [rɪ'peərə*] *n* (autó)javító, szerelő; karbantartó
repairman [rɪ'peəmən] *n* (*pl* -men -mən) = *repairer*
reparable ['rep(ə)rəbl] *a* kijavítható
reparation [repə'reɪʃn] *n* 1. helyreállítás, (ki)javítás 2. reparations *pl* jóvátétel
repartee [repɑ:'ti:] *n* visszavágás
repast [rɪ'pɑ:st; *US* -'pæst] *n* étkezés
repatriate [ri:'pætrɪeɪt; *US* -'peɪ-] I. *vt* haz telepít, visszahonosít, repatriál II. *n* hazatelepített személy
repatriation [ri:pætrɪ'eɪʃn; *US* -peɪ-] *n* hazatelepítés, visszahonosítás, repatriálás
repay [ri:'peɪ] *vt* (*pt/pp* repaid -'peɪd] 1. visszafizet (*átv is*), megtérít, kiegyenlít 2. visszonoz (*sy for sg* vknek vmt)

repayable [ri:'peɪəbl] *a* 1. visszafizethető 2. visszafizetendő
repayment [ri:'peɪmənt] *n* visszafizetés, megtérítés
repeal [rɪ'pi:l] I. *n* hatálytalanítás, eltörlés II. *vt* hatálytalanít, megsemmisít, felfüggeszt, eltöröl, visszavon
repeat [rɪ'pi:t] I. *n* 1. (meg)ismétlés 2. ismétlődés 3. ~ (*order*) utánrendelés 4. [zenei] ismétlőjel II. A. *vt* 1. (meg-)ismétel; újra elmond 2. felmond [leckét], elismétel B. *vi* ismétel [óra] 2. (meg)ismétlődik 3. feljön [étel íze], felböfög 4. *US* többször szavaz [ugyanazon a választáson]
repeated [rɪ'pi:tɪd] *a* ismételt
repeatedly [rɪ'pi:tɪdlɪ] *adv* ismételten, többször, újra meg újra
repeater [rɪ'pi:tə*] *n* 1. ismétlő (személy/gép) 2. (osztály)ismétlő [tanuló] 3. ismétlőfegyver 4. ütőműves ismétlőóra 5. szakaszos tört 6. *US* [választáson törvényellenesen] többször szavazó (személy)
repeating [rɪ'pi:tɪŋ] *a* 1. ismétlő; ~ *rifle* ismétlőfegyver 2. ismétlődő
repel [rɪ'pel] *vt* -ll- 1. visszaűz [ellenséget], visszaver [támadást] 2. visszautasít, elutasít 3. visszataszít
repellent [rɪ'pelənt] I. *a* 1. visszataszító, undorító 2. víztaszító, -lepergető II. *n* rovarriasztó (szer)
repelling [rɪ'pelɪŋ] *a* visszataszító
repent [rɪ'pent] *vt/vi* megbán [bűnt stb.], (meg)bánja bűneit
repentance [rɪ'pentəns] *n* bűnbánat, megbánás, töredelem
repentant [rɪ'pentənt] *a* bűnbánó
repercussion [ri:pə'kʌʃn] *n* 1. visszaverődés, -pattanás. -lökés 2. utóhatás, visszahatás
repertoire ['repətwɑ:*] *n* repertoár
repertory ['repət(ə)rɪ; *US* -ɔ:rɪ] *n* 1. gyűjtemény, (adat)tár, repertórium; *átv* tárháza vmnek, kincsesház 2. repertoár; ~ *company* kb. állandó színtársulat; ~ *theatre* repertoárszínház
repetition [repɪ'tɪʃn] *n* 1. (meg)ismétlés 2. (meg)ismétlődés 3. felmondás [leckéé], felelés
repetitive [rɪ'petətɪv] *a* ismétlődő

repine [rɪ'paɪn] *vt* elégedetlenkedik, zúgolódik *(at/against* vm miatt)
replace [rɪ'pleɪs] *vt* 1. visszatesz, -helyez 2. pótol, helyettesít, kicserél, felvált *(by/with* vkvel, vmvel) 3. helyébe lép (vmnek), kiszorít (vmt)
replaceable [rɪ'pleɪsəbl] *a* pótolható, helyettesíthető, kicserélhető
replacement [rɪ'pleɪsmənt] *n* 1. visszahelyezés 2. helyettesítés; pótlás, kicserélés 3. **replacements** *pl* tartalék alkatrészek
replant [ri:'plɑ:nt; *US* -æ-] *vt* átültet
replay I. *n* ['ri:pleɪ] 1. újrajátszás 2. visszajátszás, ismétlés [tv-közvetítésben]; lejátszás [magnó] II. *vt* [ri:'pleɪ] újra játszik
replenish [rɪ'plenɪʃ] *vt* újra megtölt/feltölt, teletölt; kiegészít
replenishment [rɪ'plenɪʃmənt] *n* újramegtöltés, feltöltés
replete [rɪ'pli:t] *a* tele, teletömött *(with* vmvel), bővelkedő *(with* vmben)
repletion [rɪ'pli:ʃn] *n* 1. *filled to* ~ színültig tele 2. jóllakottság; *eat to* ~ torkig lakik (vmvel)
replica ['replɪkə] *n* másolat, kópia
reply [rɪ'plaɪ] I. *n* válasz(olás), felelet; ~ *coupon* (nemzetközi) válaszkupon; ~ *paid* válasz fizetve II. *vi/vt (pt/pp* **replied** rɪ'plaɪd) válaszol, felel *(to* vmre)
report [rɪ'pɔ:t] I. *n* 1. jelentés, beszámoló; jegyzőkönyv; tudósítás, riport 2. *(school)* ~, *US* ~ *card* (iskolai) bizonyítvány, tanulmányi értesítő 3. (kósza) hír, szóbeszéd 4. hír(név); *man of good* ~ jó hírű/nevű ember; *know sg by mere* ~ csak hírből ismer vmt 5. (puska)durranás, dördülés [ágyué] II. A. *vt* 1. beszámol, jelent(ést tesz vmről); elmond, közöl, hírül ad (vmt); tudósítást/riportot ír [eseményről]; *we are* ~*ed* arról értesülünk ...; ~ *progress* helyzetjelentést ad, tájékoztat az ügy állásáról; *move to* ~ *progress* törvényjavaslat vitájának elnapolását javasolja; ~ *a speech* beszámol beszédről; ~*ed speech* függő beszéd 2. (be)jelent [vmt illetékesnek]; ~ *himself sick* beteget jelent 3. (fel)jelent; ~ *oneself* (1) jelentkezik *(to* vknél) (2) feladja magát B. *vi* 1. jelentést tesz, beszámol, hírt ad, tudósít *(on/upon* vmről); ~ *for* (a newspaper) vmely újság tudósítója 2. jelentkezik; ~ *for work* munkára jelentkezik
reporter [rɪ'pɔ:tə*] *n* tudósító, riporter
repose¹ [rɪ'pouz] I. *n* pihenés, nyugalom II. A. *vt* pihentet, nyugtat, (le)fektet; ~ *oneself* lepihen B. *vi* fekszik, nyugszik, pihen *(on* vmn)
repose² [rɪ'pouz] *vt* helyez; ~ *confidence in sy* vkbe helyezi bizalmát
repository [rɪ'pɔzɪt(ə)rɪ; *US* -'pazɪtɔ:rɪ] *n* 1. raktár, tár(ház) *(átv is)* 2. vknek a bizalmasa
repossess [ri:pə'zes] *vt* ~ *(oneself of)* sg újra birtokba vesz
repot [ri:'pɔt; *US* -ɑt] *vt* -tt- (más cserépbe) átültet
reprehend [reprɪ'hend] *vt* megró, -fedd
reprehensible [reprɪ'hensəbl] *a* megrovást érdemlő, elítélendő
reprehension [reprɪ'henʃn] *n* megrovás
represent [reprɪ'zent] *vt* 1. ábrázol, (be)mutat; kifejez [mű, művész] 2. feltüntet, lefest (vmlyennek) 3. képvisel [személyt, intézményt stb.] 4. jelent, jelöl [tény, jel vmt] 5. előad, elmond; alakít, játszik [szerepet]
representation [reprizen'teɪʃn] *n* 1. ábrázolás(i mód); beállítás; értelmezés 2. képviselet; *proportional* ~ arányos képviseleti rendszer 3. állítás; *make false* ~*s to sy* megtéveszt vkt 4. kifogás 5. alakítás, felfogás [szerepé]
representative [reprɪ'zentətɪv] I. *a* 1. ábrázoló 2. jellegzetes, jellemző, tipikus, reprezentatív 3. képviseleti; ~ *government* népképviseleti kormányzat II. *n* 1. példány [fajtáé] 2. képviselő; *US House of R*~*s* képviselőház
repress [rɪ'pres] *vt* elnyom, elfojt
repressed [rɪ'prest] *a* elfojtott, -nyomott
repression [rɪ'preʃn] *n* elnyomás, elfojtás
repressive [rɪ'presɪv] *a* elnyomó
reprieve [rɪ'pri:v] I. *n* 1. (halál)büntetés felfüggesztése 2. haladék II. *vt* 1. (vknek) a halálbüntetését ideiglenesen felfüggeszti 2. időlegesen megkímél
reprimand ['reprɪmɑ:nd; *US* -mæ-] I. *n*

46

feddés, dorgálás II. *vt* megdorgál, -fedd, rendreutasít
reprint I. *n* ['ri:prɪnt] (változatlan) utánnyomás II. *vt* [ri:'prɪnt] újra lenyomat/kinyomtat
reprisal [rɪ'praɪzl] *n* megtorlás
reproach [rɪ'proʊtʃ] I. *n* 1. szemrehányás; *beyond* ~ kifogástalan; *look of* ~ szemrehányó tekintet; *term of* ~ (becsület)sértő kifejezés 2. szégyen II. *vt* ~ *sy for/with sg* szemére vet vknek vmt
reproachful [rɪ'proʊtʃfʊl] *a* 1. szemrehányó 2. szégyenletes
reprobate ['reprəbeɪt] I. *n* semmirekellő; elvetemült ember II. *vt* rosszall, helytelenít
reprobation [reprə'beɪʃn] *n* 1. rosszallás, helytelenítés, társadalmi elítélés, kárhoztatás 2. kárhozat
reproduce [ri:prə'dju:s; *US* -'du:s] A. *vt* 1. újra megalkot; (le)másol; reprodukál; visszaad [hangot stb.] 2. nemz 3. újra növeszt B. *vi* szaporodik
reproduction [ri:prə'dʌkʃn] *n* 1. újrateremtés, újbóli előállítás, reprodukálás; újratermelés 2. szaporodás 3. másolat, sokszorosítás, reprodukció
reproductive [ri:prə'dʌktɪv] *a* 1. újrateremtő, reproduktív 2. nemző, nemzési; szaporodási; ~ *organs* nemzőszervek 3. szapora 4. másoló, sokszorosító
reprography [re'prɒgrəfɪ; *US* -ɑg-] *n* reprodukálás, gépi másolás, reprográfia
reproof[1] [rɪ'pru:f] *n* rosszallás, feddés
re-proof[2] [ri:'pru:f] *vt* újra vízhatlanít
reprove [rɪ'pru:v] *vt* megdorgál, megró (*for* vmért)
reproving [rɪ'pru:vɪŋ] *a* rosszalló
reptile ['reptaɪl; *US* -t(ə)l] I. *a* 1. csúszómászó [állat] 2. *átv* csúszó-mászó [ember] II. *n* 1. csúszómászó [állat], hüllő 2. aljas féreg [emberről]
republic [rɪ'pʌblɪk] *n* 1. köztársaság 2. *the* ~ *of letters* az irodalmi világ
republican [rɪ'pʌblɪkən] *a/n* 1. köztársasági (érzelmű) 2. köztársaságpárti, republikánus
republicanism [rɪ'pʌblɪkənɪzm] *n* 1. köztársasági rendszer 2. köztársasági érzület, republikanizmus

republication ['ri:pʌblɪ'keɪʃn] *n* új(bóli) kiadás, új lenyomat
republish [ri:'pʌblɪʃ] *vt* újra kiad/megjelentet
repudiate [rɪ'pju:dɪeɪt] *vt* 1. eltaszít [feleséget] 2. elutasít, megtagad, visszautasít 3. fizetést megtagad [állam]
repudiation [rɪpju:dɪ'eɪʃn] *n* 1. eltaszítás 2. elutasítás, visszautasítás, megtagadás
repugnance [rɪ'pʌgnəns] *n* idegenkedés, ellenszenv (*to/against* . . .vel szemben)
repugnant [rɪ'pʌgnənt] *a* ellenszenves, visszataszító (*to* vknek)
repulse [rɪ'pʌls] I. *n* 1. visszaverés [ellenségé] 2. elutasítás, kudarc II. *vt* 1. visszaver 2. visszautasít, elutasít
repulsion [rɪ'pʌlʃn] *n* 1. irtózás, iszonyodás 2. taszítás 3. visszaverés
repulsive [rɪ'pʌlsɪv] *a* 1. undorító, visszataszító 2. taszító [erő]
reputable ['repjʊtəbl] *a* jó hírű
reputation [repjʊ'teɪʃn] *n* hír(név); jó hír; *have a good* ~ *as a doctor* jó nevű orvos; *of bad* ~ rossz hírű
repute [rɪ'pju:t] I. *n* hír(név); jó hír; *know by* ~ hírből ismer; *doctor of* (*good*) ~ jó hírű/nevű orvos II. *vt be* ~*d as* (v. *to be*) *sg* vmnek tartják, vmlyennek ismerik, vmlyen hírben áll
reputed [rɪ'pju:tɪd] *a* 1. (hír)neves, híres 2. állítólagos, feltehető
reputedly [rɪ'pju:tɪdlɪ] *adv* állítólag, amint hírlik
request [rɪ'kwest] I. *n* 1. kérés, kívánság; *at the* ~ *of* kérésére, kérelmére; *cars stop by* ~, ~ *stop* feltételes megálló; *on* ~ kívánatra 2. kereslet; *be in* ~ keresett, kelendő II. *vt* 1. kér (*sg of/from sy* vmt vktől); *as* ~*ed* kérés/kívánság szerint 2. megkér, felkér, felhív (*sy to do sg* vkt vmre)
requiem ['rekwɪəm] *n* gyászmise, rekviem
require [rɪ'kwaɪə*] *vt* 1. (meg)követel, (meg)kíván, kér, elvár; ~ *sg of sy* vmt (meg)kíván/(meg)követel vktől; ~ *sy to do sg* megkívánja/megköveteli vktől, hogy vmt megtegyen 2. igényel; megkíván; szükséges, kell; feltételez [mint szükségszerűt]; *he did not* ~ *twice telling* nem kellett neki kétszer

mondani; *if/when* ~*d* szükség esetén; *be* ~*d to* ... (vk) köteles ..., (vknek) kötelező ...

required [rɪ'kwaɪəd] *a* szükséges, (meg-) kívánt, kötelező; ~ *reading* kötelező olvasmány

requirement [rɪ'kwaɪəmənt] *n* kívánalom, követelmény; előfeltétel; kellék; *meet/suit the* ~*s* megfelel a követelményeknek

requisite ['rekwɪzɪt] I. *a* szükséges, vele járó II. *n* kívánalom, követelmény, előfeltétel, szükséglet, kellék

requisition [rekwɪ'zɪʃn] I. *n* 1. kívánalom 2. igénybevétel; rekvirálás 3. ~ *number* hivatkozási szám II. *vt* 1. követel 2. igénybe vesz, rekvirál

requital [rɪ'kwaɪtl] *n* 1. viszonzás 2. megtorlás 3. jutalom

requite [rɪ'kwaɪt] *vt* 1. viszonoz; ~*d love* kölcsönös szerelem 2. megjutalmaz 3. megtorol

reredos ['rɪədɔs; *US* -as] *n* ⟨az oltár hátsó falát alkotó faragott dísz⟩

re-route [ri:'ru:t] *vt* más útvonalra irányít/terel; átirányít

rerun [ri:'rʌn] I. *n* felújítás, repríz [filmé] II. *vt* újra játszik, felújít [filmet]

resale [ri:'seɪl] *n* viszonteladás

rescind [rɪ'sɪnd] *vt* eltöröl, érvénytelenít, hatálytalanít, visszavon

rescission [rɪ'sɪʒn] *n* eltörlés, érvénytelenítés, hatálytalanítás

rescript ['ri:skrɪpt] *n* válaszirat, leirat

rescue ['reskju:] I. *n* megmentés, kimentés, megszabadítás; kiszabadítás; *come/go to the* ~ *of sy* vk segítségére siet II. *vt* megment, kiment, kiszabadít, megszabadít (*from* vmtől, vmből)

rescuer ['reskjʊə*] *n* (meg)mentő

research [rɪ'sə:tʃ] I. *n* kutatás, búvárkodás, (tudományos) kutatómunka; ~ *centre* kutatóközpont; ~ *library* tudományos szakkönyvtár; ~ *work* kutatómunka; ~ *worker* tudományos kutató/ munkatárs; *do* ~ (*on sg*) (tudományos) kutatást végez (vmlyen területen) II. *vi* ~ *into sg* (tudományos) kutatást végez vmlyen területen

researcher [rɪ'sə:tʃə*] *n* = *research worker*

reseat [ri:'si:t] *vt* 1. újra leültet, visszaültet 2. új üléssel lát el [széket]

reseda ['resɪdə] *n* rezeda

resell [ri:'sel] *vt* (*pt/pp* -sold -'soʊld) újra elad, viszontelad

resemblance [rɪ'zembləns] *n* hasonlatosság, hasonlóság; *bear a* ~ *to sg* hasonlít vmhez/vmre

resemble [rɪ'zembl] *vt* hasonlít (vkhez/ vmhez, vkre/vmre)

resent [rɪ'zent] *vt* neheztel (vmért), zokon vesz, rossz néven vesz

resentful [rɪ'zentfʊl] *a* bosszús, neheztelő, haragtartó

resentment [rɪ'zentmənt] *n* neheztelés, megbántódás, harag

reservation [rezə'veɪʃn] *n* 1. fenntartás, kikötés; *without* ~ fenntartás nélkül 2. *US* félretétel, (előre) rendelés [jegyé], helyjegyváltás; (szoba)foglalás; *make a* ~ lefoglal egy helyet, helyjegyet vált; szobát foglal 3. *US* rezerváció; védett/természetvédelmi terület; (*central*) ~ középső elválasztó sáv [autópályán]; *Indian* ~ indián rezerváció

reserve [rɪ'zə:v] I. *n* 1. tartalék; ~ *fund* tartalékalap; ~ *price* kikötött legalacsonyabb ár; *have in* ~ készen(létben) tart, van (vmje) tartalékban 2. tartaléksereg 3. tartalék (játékos) 4. = *reservation 3.* 5. = *reservation 1.* 6. tartózkodás, óvatosság II. *vt* 1. tartalékol, félretesz; fenntart, tartogat (*sg for sy* vmt vk számára); *all rights* ~*d* minden jog fenntartva 2. (le)foglal [helyet, szobát], félretétet [jegyet]; ~ *a seat* (1) helyet/ülést fenntart (2) lefoglal egy helyet [repgépen], helyjegyet vált; *all seats* ~*d* jegyek csak elővételben

reserved [rɪ'zə:vd] *a* 1. fenntartott; fenntartva; ~ *seat* (*ticket*) helyjegy 2. tartózkodó, hallgatag

reservedly [rɪ'zə:vɪdlɪ] *adv* tartózkodóan

reservist [rɪ'zə:vɪst] *n* tartalékos

reservoir ['rezəvwɑ:*] *n* tartály, gyűjtőmedence, rezervoár

reset [ri:'set] *vt* (*pt/pp* -set -'set) 1. újonnan befoglal 2. újra kiszed [nyomda szöveget] 3. megélesít [szerszámot]

4. helyére tesz [csontot] 5. utána igazít [órát], beállít, utánállít
resettle [ri:'setl] **A.** *vt* 1. újra rendbe hoz, újra elintéz [ügyet] 2. újra benépesít/betelepít **B.** *vi* áttelepül, újra letelepedik
reshape [ri:'ʃeɪp] *vt* átalakít, átformál; átdolgoz [irod. művet]
resharpen [ri:'ʃɑ:pn] *vt* újra (ki)élesít/kihegyez
reship [ri:'ʃɪp] *v* -pp- **A.** *vt* 1. ismét hajóra rak, hajóra visszarak 2. más hajóra átrak **B.** *vi* újra hajóra száll
reshuffle [ri:'ʃʌfl] **I.** *n biz* átszervezés, átalakítás **II.** *vt* 1. újra kever [kártyát] 2. *biz* átszervez [személyzetet stb.]; átalakít [kormányt]
reside [rɪ'zaɪd] *vi* 1. lakik, tartózkodik (*at, in* vhol); *permission to* ~ lakhatási engedély 2. ~ *in* lakozik, rejlik, jelen van [vkben tulajdonság]
residence ['rezɪd(ə)ns] *n* 1. tartózkodás; *take up one's* ~ letelepszik [lakni] 2. tartózkodási hely, lakóhely 3. kastély; rezidencia
residency ['rezɪd(ə)nsɪ] *n* brit/USA nagykövet rezidenciája
resident ['rezɪd(ə)nt] **I.** *a* (benn)lakó; székelő; ~ *magistrate* rendőrbíró [Írországban]; ~ *doctor* bennlakó orvos [kórházban]; ~ *population* állandó/helybeli lakosság **II.** *n* 1. állandó lakos 2. brit politikai ügyvivő [gyarmaton], helytartó, rezidens
residential [rezɪ'denʃl] *a* lakó-; tartózkodási; ~ *area/district/section* lakónegyed [kertes házakból]
residual [rɪ'zɪdjʊəl; *US* -dʒ-] **I.** *a* megmaradó, visszamaradt, maradék-; (le-)ülepedő **II.** *n* 1. maradék 2. üledék
residuary [rɪ'ɪdjʊərɪ; *US* -dʒʊerɪ] *a* 1. = *residual* I. 2. megmaradó, hátralékos; ~ *legatee* általános örökös
residue ['rezɪdju:; *US* -du:] *n* 1. maradék, maradvány 2. üledék, csapadék
resign [rɪ'zaɪn] **A.** *vt* 1. lemond, leköszön [tisztségről] 2. felad [jogot, reményt] 3. átad; rábíz (vmt/vkt vkre); ~ *oneself to sg, be* ~*ed to sg* belenyugszik/beletörődik vmbe **B.** *vi* lemond (*from* vmről), benyújtja lemondását

resignation [rezɪg'neɪʃn] *n* 1. lemondás, leköszönés 2. lemondólevél; *tender* (v. *hand in*) *one's* ~ benyújtja lemondását 3. megnyugvás, beletörődés, rezignáció
resigned [rɪ'zaɪnd] *a* lemondó, beletörődő, nyugodt, elszánt, rezignált
resilience [rɪ'zɪlɪəns] *n* (*átv is*) rugalmasság
resiliency [rɪ'zɪlɪənsɪ] *n* = *resilience*
resilient [rɪ'zɪlɪənt] *a* (*átv is*) rugalmas
resin ['rezɪn; *US* -z(ə)n] *n* gyanta
resinous ['rezɪnəs] *a* gyantás
resist [rɪ'zɪst] *vt/vi* ellenáll (vmnek)
resistance [rɪ'zɪst(ə)ns] *n* 1. ellenállás; *line of least* ~ legkisebb ellenállás, legkönnyebb megoldás; ~ *moment* ellenálló nyomaték 2. ~ (*movement*) ellenállás(i mozgalom)
resistant [rɪ'zɪst(ə)nt] *a* ellenálló
resistless [rɪ'zɪstlɪs] *a* = *irresistible*
resold →*resell*
re-sole [ri:'soʊl] *vt* megtalpal [cipőt]
resolute ['rezəlu:t] *n* határozott, eltökélt
resoluteness ['rezəlu:tnɪs] *n* határozottság, eltökéltség, elszántság
resolution [rezə'lu:ʃn] *n* 1. határozat, döntés 2. elhatározás; szándék; *make a* ~ elhatároz vmt 3. elszántság, eltökéltség, határozottság 4. megoldás, megfejtés [problémáé] 5. felbontás [fizikában stb.]; felbontóképesség 6. feloldás; felbomlás [kémiában]
resolve [rɪ'zɔlv; *US* -ɑlv] **I.** *n* 1. elhatározás 2. = *resolution 3.* **II.** **A.** *vt* 1. (el)határoz, eldönt (vmt) 2. felold, felbont [alkotóelemeire]; ~ *itself into a committee* bizottsággá alakul át 3. megold, megfejt [problémát stb.]; eloszlat [kételyt] **B.** *vi* 1. határoz, dönt 2. felbomlik, feloldódik
resolved [rɪ'zɔlvd; *US* -ɑl-] *a* határozott, eltökélt, elszánt
resonance ['rezənəns] *n* 1. zengés 2. együttrezgés, együtthangzás, rezonancia
resonant ['rezənənt] *a* 1. zengő 2. ráhangzó, együtthangzó, rezonáns
resort [rɪ'zɔ:t] **I.** *n* 1. segélyforrás, eszköz; megoldás; *have* ~ *to sg* igénybe vesz vmt, folyamodik vmhez; *in the*

last ~ végül is, végső esetben/megoldásként; ha minden kötél szakad; *without* ~ *to compulsion* erőszak igénybevétele nélkül **2.** menedék(hely) **3.** (vm célból) sűrűn látogatott hely; *summer* ~ nyaralóhely **II.** *vi* ~ *to* (1) igénybe vesz (vmt), folyamodik, nyúl (vmhez) (2) ellátogat, (el)megy (vhová); gyakran látogat [egy helyet] **resound** [rı'zaʊnd] **A.** *vi* **1.** visszhangzik; zeng **2.** elterjed; ~*ing success* messzehangzó siker **B.** *vt* **1.** visszhangoz **2.** ünnepel (vkt), dicséretét zengi (vknek) **resource** [rı'sɔ:s] *n* **1.** *rendsz pl* erőforrás, segélyforrás, anyagi eszközök/források; *be at the end of one's* ~*s* elfogyott a pénze; *natural* ~*s* természeti kincsek/ erőforrások; *leave sy to his own* ~*s* magára hagy vkt **2.** végső eszköz, menedék, mentsvár; *last* ~ utolsó menedék **3.** kikapcsolódás, pihenés, szórakozás; *reading is a great* ~ az olvasás remek kikapcsolódás/szórakozás **4.** találékonyság, leleményesség; *man of* ~ leleményes ember **resourceful** [rı'sɔ:sfʊl] *a* leleményes, találékony **resourceless** [rı'sɔ:slıs] *a* gyámoltalan, ügyefogyott **resp.** *respectively* illetőleg, ill. **respect** [rı'spekt] **I.** *n* **1.** tekintet(bevétel), figyelem(bevétel); *have* ~ *for*, *pay* ~ *to sg* figyelembe/tekintetbe vesz vmt; *without* ~ *of persons* személyválogatás nélkül, senkit sem kímélve, igazságosan; *with all* ~ *for sy* vk iránt érzett minden megbecsülés ellenére **2.** tisztelet; *have* ~ *for sy* tisztel vkt; *out of* ~ *for sy* iránta való tiszteletből **3.** vonatkozás; *in* ~ *of/to sg* ami vmt illeti, vmre vonatkozólag; *with* ~ *to sg* vmre vonatkozóan, vmt illetően, tekintettel vmre; *without* ~ *to sg* . . .-ra/-re való tekintet nélkül **4.** szempont; *in every* ~ minden szempontból; *in many* ~*s* sok szempontból; *in some* ~*s* bizonyos fokig **5. respects** *pl* üdvözlet; *our* ~*s of the 5th inst.* f. hó 5-i soraink; *my* ~*s to* . . . tiszteletem!; *pay one's* ~*s to* tiszteletét teszi vknél **II.** *vt* **1.** tekintetbe vesz, méltányol **2.** tisz-

tel(etben tart), respektál **3.** érint (vmt), vonatkozik (vmre) **respectability** [rıspektə'bılətı] *n* **1.** tiszteletreméltóság, jóhírűség **2.** társadalmi formákhoz ragaszkodás **3.** *rendsz pl* előkelőségek **respectable** [rı'spektəbl] *a* **1.** tiszteletre méltó, tisztes, jó hírű, tekintélyes **2.** tisztességes; elfogadható **3.** társadalmi formákhoz túlzottan ragaszkodó **4.** meglehetősen/elég nagy/jó **respecter** [rı'spektə*] *n* vmt tisztelő v. figyelembe vevő személy; *be no* ~ *of persons* senkire sincs tekintettel **respectful** [rı'spektfʊl] *a* **1.** tiszteletteljes; tisztelettudó **2.** tisztes [távolság] **respectfully** [rı'sepktfʊlı] *adv* tiszteletteljesen; *Yours* ~ (maradtam) kiváló tisztelettel, tiszteletteljes üdvözlettel **respectfulness** [rı'spektfʊlnıs] *n* tisztelettudás **respective** [rı'spektıv] *a* viszonylagos; illető, saját, megfelelő; *they retired to their* ~ *rooms* mindegyikük visszavonult saját szobájába **respectively** [rı'spektıvlı] *adv* **1.** illetőleg; *they made the journey by car, train, and by sea,* ~ útjukat kocsival, vonattal, illetőleg hajóval tették meg **2.** külön(-külön), egyenként **respiration** [respə'reıʃn] *n* **1.** lélegzés, légzés **2.** lélegzet(vétel), belehelés **respirator** ['respəreıtə*] *n* **1.** légzőkészülék **2.** gázálarc **respiratory** [rı'spaıərət(ə)rı; *US* 'respərətɔ:rı] *a* lélegző, légző-; ~ *organs* légzőszervek **respire** [rı'spaıə*] *vi* **1.** lélegzik **2.** *biz* fellélegzik, pihen **respite** ['respaıt; *US* -ıt] **I.** *n* **1.** halasztás, haladék **2.** pihenő, (munka)szünet **II.** *vt* **1.** elhalaszt, haladékot ad **2.** félbeszakít; enyhít [fájdalmat] **resplendence** [rı'splendəns] *n* csillogás, ragyogás, fényesség **resplendent** [rı'splendənt] *a* csillogó, fénylő, ragyogó **respond** [rı'spɔnd; *US* -a-] *vi* **1.** válaszol, felel (*to* vmre) **2.** visszahat, reagál (*to* vmre); *he* ~*s to music* a zene hatással van rá

respondent [rɪ'spɔndənt; US -ɑn-] n alperes [házassági bontóperben]
response [rɪ'spɔns; US -ɑ-] n 1. válasz(olás), felelet; in ~ to (1) válaszolva vmre (2) eleget téve vmnek 2. érzelmi visszahatás, reagálás, reakció; visszhang; met with a warm ~ kedvező visszhangra talált
responsibility [rɪspɔnsə'bɪlətɪ; US -ɑn-] n 1. felelősség (for vmért); on one's own|~saját felelősségére 2. kötelezettség
responsible [rɪ'spɔnsəbl; US -ɑn-] a 1. felelős (for vmért, vkért); be ~ for sg (1) felel(ős) vmért (2) vmnek az oka; be ~ to sy for sg felelős(séggel tartozik) vknek vmért; hold sy ~ for sg felelőssé tesz vkt vmért 2. megbízható 3. felelősségteljes [állás stb.]
responsive [rɪ'spɔnsɪv; US -ɑn-] a 1. fogékony, érzékeny, rugalmasan/kedvezően reagáló (to vmre); készséges 2. felelő, válaszoló
responsiveness [rɪ'spɔnsɪvnɪs; US -ɑn-] n érzékenység, fogékonyság
rest¹ [rest] I. n 1. pihenés, nyugalom, nyugvás; alvás, nyugalmi állapot; day of ~ pihenőnap, vasárnap; had a good night's ~ jól kialudta magát; go|retire to ~ lepihen; at ~ (1) nyugalomban, nyugton, nyugalmi állapotban (2) nyugodt, pihenő (vm); set at ~ (1) megpihentet, lefektet (2) véget vet; set sy's mind at ~ megnyugtat vkt; come to ~ megáll; take a ~ megpihen; be laid to ~ eltemették 2. pihenőhely; ~ home (1) szociális otthon, szeretetotthon (2) (gyógy)üdülő, szanatórium; US ~ room nyilvános illemhely, mosdó 3. támasz(ték), támla, állvány 4. szünet(jel) [zenében] II. A. vi 1. pihen, alszik; US ~ up (jól) kipiheni magát 2. szünetet tart (from vmben) 3. ~ (up)on sg nyugszik/támaszkodik vmn/vmre; alapzik vmn B. vt 1. pihentet; God ~ his soul! Isten nyugosztalja! 2. ~ sg against sg vmt vmnek nekitámaszt
rest² [rest] I. n maradék, maradvány; the ~ a többi(ek); the ~ of us mi (többiek); and all the ~ és minden egyéb; for the ~ ami a többit illeti; különben

II. vi 1. marad; you may ~ assured nyugodt lehet(sz); it ~s with you öntől/tőled függ, önön/rajtad múlik
restart [ri:'stɑ:t] A. vi újra megindul, újrakezdődik B. vt újra megindít, újrakezd
restate [ri:'steɪt] vt újból kifejt, újra megfogalmaz
restatement [ri:'steɪtmənt] n újbóli kifejtés
restaurant ['rest(ə)rɑ:ŋ; US -tərənt] n étterem, vendéglő; ~ car étkezőkocsi
rest-cure n pihenő-, fekvőkúra
rest-day n pihenőnap, szünnap
restful ['restfʊl] a 1. pihentető 2. nyugalmas, csendes
rest-house n fogadó; menedékház
resting ['restɪŋ] a pihenő; →rest¹ II.
resting-place n pihenőhely; last ~ a sír
restitute ['restɪtju:t; US -tu:t] vt helyreállít
restitution [restɪ'tju:ʃn; US -'tu:-] n 1. helyreállítás 2. visszaadás, -térítés; megtérítés, jóvátétel, kárpótlás; ~ in kind természetbeni kárpótlás
restive ['restɪv] a 1. csökönyös [ló] 2. türelmetlen, ideges [ember]
restless ['restlɪs] a 1. nyugtalan; ideges 2. álmatlan
restlessness ['restlɪsnɪs] n nyugtalanság
restock [ri:'stɔk; US -ɑk] vt új készlettel ellát, újra feltölt [raktárakat]; újra halasít [tavat]
restoration [restə'reɪʃn] n 1. helyreállítás, újjáépítés; restaurálás 2. visszahelyezés a trónra, restaurálás; the R~ a (Stuart-)restauráció ⟨II. Károly trónra lépése 1660-ban és az ezt követő időszak⟩
restorative [rɪ'stɔrətɪv; US -ɔ:-] I. a erősítő II. n erősítő szer
restore [rɪ'stɔ:*] vt 1. visszaad (sg to sy vmt vknek) 2. helyreállít, újjáépít, eredeti formájában visszaállít, restaurál; rekonstruál [szöveget] 3. visszatesz, -helyez (to its place helyére) 4. visszaállít [királyságot stb.]; felújít [szokást] 5. meggyógyít; be ~d to health helyreállt az egészsége
restorer [rɪ'stɔ:rə*] n helyreállító, restauráló, restaurátor

restrain [rɪ'streɪn] vt 1. visszatart (from vmtől); megfékez, féken tart, korlátoz; ~ one's temper uralkodik magán 2. fogva tart
restrained [rɪ'streɪnd] a 1. mérsékelt; korlátozott 2. visszafojtott
restraint [rɪ'streɪnt] n 1. megfékezés 2. tartózkodás, mérséklet, önuralom; lack of ~ féktelenség 3. korlátozás, megszorítás, kikötés; tilalom; without ~ korlátlanul, teljesen szabadon; put ~ on sy fékez/mérsékel/korlátoz vkt 4. bezárás [börtönbe, elmegyógyintézetbe], fogva tartás 5. korlátozottság
restrict [rɪ'strɪkt] vt korlátoz (to vmre), megszorít, leszűkít
restricted [rɪ'strɪktɪd] a 1. korlátozott; ~ area útszakasz sebességkorlátozással 2. bizalmas [ügyirat]
restriction [rɪ'strɪkʃn] n korlátozás, megszorítás
restrictive [rɪ'strɪktɪv] a korlátozó
restring [riː'strɪŋ] vt (pt/pp -strung -'strʌŋ) újra húroz
result [rɪ'zʌlt] I. n eredmény, következmény, folyomány; as a ~ of sg vmnek következtében/eredményeként II. vi 1. következik, származik, ered (from vmből) 2. ~ in sg eredményez vmt, vezet vmre, végződik vmben
resultant [rɪ'zʌlt(ə)nt] a eredő [erő], származó
resume [rɪ'zjuːm; US -'zuːm] vt 1. újrakezd; folytat 2. visszavesz, -foglal, -szerez
résumé n 1. ['rezjuːmeɪ] összefoglalás, kivonat, rezümé 2. US [rezʊ'meɪ] szakmai önéletrajz, pályarajz
resumption [rɪ'zʌmpʃn] n újrakezdés; folytatás; újrafelvétel
resurface [riː'səːfɪs] A. vt újra burkol [utat] B. vi újra felszínre jön [tengeralattjáró]
resurgent [rɪ'səːdʒənt] a újjáéledő
resurrect [rezə'rekt] A. vt 1. feltámaszt 2. kihantol, exhumál 3. felújít B. vi feltámad
resurrection [rezə'rekʃn] n 1. feltámadás 2. felújítás [szokásé stb.], felélesztés 3. kihantolás, exhumálás; ~ man

hullatolvaj ⟨aki hullát kiás és boncolásra elad⟩
resuscitate [rɪ'sʌsɪteɪt] A. vt 1. feléleszt, magához térít 2. felelevenít, felújít [szokást stb.] B. vi feléled, magához tér
resuscitation [rɪsʌsɪ'teɪʃn] n 1. életre keltés, felelevenítés 2. feléledés
ret [ret] vt -tt- áztat [lent, kendert]
ret. →retd.
retail I. n ['riːteɪl] kiskereskedelem, eladás kicsi(ny)ben; ~ dealer kiskereskedő; ~ price kiskereskedelmi ár; ~ trade kiskereskedelem; sell goods (by) ~ kicsi(ny)ben árusít II. v [riː'teɪl] A. vt 1. kicsiben elad 2. hírt elmond/ elmondogat, kipletykál B. vi kicsi(ny-)ben elkel
retailer ['riːteɪlə*] n kiskereskedő
retain [rɪ'teɪn] vt 1. (vissza)tart 2. megtart, megőriz 3. felfogad (vkt); ~ a barrister ügyvédnek megbízást ad 4. emlékezetében tart/megőriz
retainer [rɪ'teɪnə*] n 1. ügyvédi díj(előleg) 2. ügyvédi meghatalmazás 3. † csatlós; alkalmazott; biz an old family ~ „öreg bútor" (a háznál)
retaining [rɪ'teɪnɪŋ] a 1. (vissza)tartó; ~ wall támfal 2. ~ fee ügyvédi díj(előleg)
retake I. n ['riːteɪk] megismételt (film-) felvétel II. vt [riː'teɪk] (pt -took -'tʊk, pp -taken -'teɪk(ə)n) 1. visszafoglal, -vesz 2. újra forgat/felvesz [filmjelenetet]
retaliate [rɪ'tælɪeɪt] vt/vi megtorol, visszafizeti a kölcsönt
retaliation [rɪtælɪ'eɪʃn] n megtorlás
retaliatory [rɪ'tælɪət(ə)rɪ; US -ɔːrɪ] a megtorló
retard [rɪ'tɑːd] vt késleltet, lassít, feltart, gátol; mentally ~ed child értelmi fogyatékos
retardation [riːtɑː'deɪʃn] n 1. késleltetés, lassítás, akadály 2. lassulás
retch [retʃ] vi öklendezik
ret(d). retired nyugalmazott, nyug.
retell [riː'tel] vt (pt/pp -told -'toʊld) újra elmond, újból elmesél
retention [rɪ'tenʃn] n 1. visszatartás, megtartás; ~ money bánatpénz, biztosíték 2. rekedés [vizeleté, váladéké]

retentive 728 **retroaction**

retentive [rı'tentıv]a 1. megőrző, visszatartó 2. a ~ memory jó emlékezőtehetség
retentiveness [rı'tentıvnıs] n megőrző képesség, visszatartó erő
rethink [ri:'θıŋk] vt (pt/pp -thought -'θɔ:t) újra átgondol
reticence ['retıs(ə)ns] n 1. elhallgatás 2. hallgatagság, szűkszavúság, tartózkodás
reticent ['retıs(ə)nt] a hallgatag, szűkszavú, tartózkodó
reticulate [rı'tıkjʊleıt] vt/vi hálószerűen bevon, hálózatot képez/készít, recéz
reticulated [rı'tıkjʊleıtıd] a hálószerű, hálós, recés
reticulation [rıtıkjʊ'leıʃn] n 1. hálózat 2. hálószövet
retina ['retınə] n (pl ~s -z v. ~e -ni:) recehártya, retina
retinue ['retınju:; US -nu:] n kíséret
retire [rı'taıə*] A. vi 1. visszavonul (from vhonnan, vmtől); ~ (to bed) nyugovóra tér 2. ~ (on a pension) nyugalomba megy 3. visszavonul [katonaság] B. vt 1. nyugdíjaz 2. visszavon [csapatokat] 3. bevon [bankjegyet]
retired [rı'taıəd] a 1. nyugalmazott, nyugdíjas; the ~ list nyugállomány(úak jegyzéke); ~ pay nyugdíj 2. visszavonult, magányos [élet] 3. félreeső, eldugott [hely]
retirement [rı'taıəmənt] n 1. nyugdíjazás; nyugalomba menés 2. visszavonultság; live in ~ (1) nyugdíjban van (2) elvonultan él 3. visszavonulás [katonai]
retiring [rı'taıərıŋ] I. a tartózkodó, félénk II. n ~ age nyugdíjkorhatár
retold →retell
retook →retake
retool [ri:'tu:l] vt átállít [gyárat más termékek gyártására]; új gépeket állít be, felújít [gépparkot]
retort¹ [rı'tɔ:t] I. n visszavágás, találó felelet II. vt visszafelel, -vág
retort² [rı'tɔ:t] n lombik, retorta
retouch [ri:'tʌtʃ] I. n javítgatás, szépítés retus(álás) II. vt retusál; átjavít
retrace [rı'treıs] vt 1. visszamegy; ~ one's steps ugyanazon az úton vissza-

megy 2. elismétel 3. átgondol, visszagondol
retract [rı'trækt] vt 1. visszahúz, behúz [futószerkezetet; állat a karmát] 2. visszavon, -szív [állítást stb.]
retractable [rı'træktəbl] a 1. behúzható, bevonható 2. visszavonható
retractile [rı'træktaıl; US -t(ə)l] a behúzható
retraction [rı'trækʃn] n 1. visszahúzás, behúzás [karomé] 2. összehúz(ód)ás 3. visszavonás, -táncolás
retrain [ri:'treın] vt átképez
retranslation [ri:træns'leıʃn] n 1. visszafordítás (eredeti nyelvre) 2. továbbfordítás (más nyelvre)
retread [ri:'tred] vt (pt/pp ~ed) újrafutóz [gumiabroncsot]
retreat [rı'tri:t] I. n 1. visszavonulás 2. takarodó; beat a ~ (1) takarodót fúj (2) átv megfutamodik, visszakozik, (meg)hátrál 3. menedékhely, csendes pihenőhely 4. magányosság, ideiglenes visszavonultság 5. lelkigyakorlat, csendes napok II. vi visszavonul, hátrál, megszalad
retrench [rı'trentʃ] A. vt csökkent, korlátoz [költséget], megszorít [kiadást] B. vi takarékoskodik
retrenchment [rı'trentʃmənt] n csökkentés; takarékosság
retrial [ri:'traı(ə)l] n perújrafelvétel; új tárgyalás
retribution [retrı'bju:ʃn] n büntetés, megtorlás
retributive [rı'trıbjʊtıv] a megtorló
retrievable [rı'tri:vəbl] a visszaszerezhető
retrieval [rı'tri:vl] n 1. visszaszerzés, -nyerés 2. visszakeresés, kinyerés [számítógépből]; information/data ~ információ-visszakeresés, információszolgáltatás 3. jóvátétel; beyond/past ~ jóvátehetetlen
retrieve [rı'tri:v] A. vt 1. elhoz [kutya vadat], apportíroz 2. visszaszerez, -nyer 3. visszakeres, kinyer [számítógépből] 4. jóvátesz, helyrehoz B. vi apportíroz [kutya]
retriever [rı'tri:və*] n vizsla
retroaction [retrʊ'ækʃn] n visszahatás

retroactive [retroʊ'æktɪv] *a* visszaható (erejű)
retrograde ['retrəgreɪd] I. *a* 1. hátrafelé haladó/irányuló; ellentétes 2. maradi, haladásellenes, retrográd II. *vi* 1. hátrafelé megy, ellentétes irányba megy; visszavonul 2. visszafejlődik, -esik, hanyatlik
retrogression [retrə'greʃn] *n* visszafejlődés, hanyatlás, visszaesés; degenerálódás, elsatnyulás
retrogressive [retrə'gresɪv] *a* visszafejlődő, hanyatló, elsatnyuló
retro-rocket ['retroʊ-] *n* fékezőrakéta
retrospect ['retrəspekt] *n in* ~ visszatekintve
retrospection [retrə'spekʃn] *n* visszatekintés, -pillantás [a múltba]
retrospective [retrə'spektɪv] *a* 1. visszatekintő, -pillantó 2. visszaható hatályú
retry [ri:'traɪ] *vt* újra tárgyal [ügyet]
retting ['retɪŋ] *n* →*ret*
return [rɪ'tə:n] I. *n* 1. visszatérés, -érkezés; ~ *address* feladó címe; ~ *journey/voyage* visszautazás; ~ *(ticket)* menettérti jegy; *by* ~ *(of post/mail)* postafordultával; *point of no* ~ kritikus pont 2. visszaadás, -szolgáltatás, -küldés, -térítés 3. visszatevés, -helyezés 4. megismétlődés, újra előfordulás; *many happy* ~*s (of the day)* gratulálok születésnapjára!, Isten éltessc(n) sokáig! 5. viszonzás; kiegyenlítés, ellenszolgáltatás, kárpótlás; *in* ~ *(for sg)* (1) vmnek fejében/ellenében (2) viszonzásul, ellenszolgáltatásképpen; ~ *match* visszavágó (mérkőzés) 6. *rendsz pl* bevétel, nyereség, haszon; jövedelem; üzleti forgalom; *small profits and quick* ~*s* nagy forgalom és kis haszon 7. ~ *of income* jövedelembevallás 8. megválasztás [képviselőé]; *election* ~*s* képviselőválasztási eredmények II. A. *vi* 1. visszatér, -jön, -érkezik.(*from* vhonnan, *to* vhová) 2. *átv* visszatér (*to* vmre) 3. újból/ismét jelentkezik, (meg)ismétlődik 4. válaszol, felel B. *vt* 1. visszaad, -küld, -juttat; ~ *a ball* labdát visszaüt 2. visszatesz, -helyez 3. viszonoz, vissza-

fizet; ~ *an answer* válaszol; ~ *a kindness* szívességet viszonoz; ~ *sy's love* vk szerelmét viszonozza; ~ *thanks for sg* megköszön vmt; ~ *the lie to sy* meghazudtol vkt 4. hoz, jövedelmez; ~ *profit* hasznot hajt/hoz 5. beszámol, (be)jelent; ~ *one's income* jövedelmet bevall; *prisoner was* ~*ed guilty* a vádlottat az esküdtszék bűnösnek találta 6. megválaszt [képviselőt]
returnable [rɪ'tə:nəbl] *a* 1. visszaküldhető 2. visszaküldendő 3. viszonozható
returned [rɪ'tə:nd] *a* 1. visszatért 2. visszaküldött 3. ~ *time* hivatalos időeredmény [sportban]
returning [rɪ'tə:nɪŋ] *a* 1. visszatérő 2. ismétlődő, újból jelentkező 3. ~ *officer* szavazatszedő bizottság elnöke
reunification [ri:ju:nɪfɪ'keɪʃn] *n* újraegyesítés
reunion [ri:'ju:njən] *n* 1. (újra)egyesülés 2. újraegyesítés 3. [családi stb.] öszszejövetel
reunite [ri:ju:'naɪt] A. *vt* újraegyesít B. *vi* újraegyesül; újra összejön
re-use I. *n* [ri:'ju:s] újbóli/ismételt használat II. *vt* [ri:'ju:z] újból felhasznál
Reuter ['rɔɪtə*] *prop*
rev [rev] *biz* I. *n* (= *revolution*) fordulat(szám) II. *vt* -vv- *biz* ~ *up the engine* felpörgeti a motort
Rev. *Reverend*
rev. *revised*
revaluation [ri:væljʊ'eɪʃn] *n* átértékelés
revamp [ri:'væmp] *vt biz* átalakít, kitataroz, újjáalakít, „kipofoz"
reveal [rɪ'vi:l] *vt* 1. láthatóvá tesz, szem elé tár, mutat 2. felfed, feltár, elárul, leleplez 3. kinyilatkoztat, kijelent
revealing [rɪ'vi:lɪŋ] *a* leleplező, jellemző
reveille [rɪ'vælɪ; *US* 'revəli:] *n* [katonai] ébresztő
revel ['revl] I. *n* mulatozás, dorbézolás, dáridó II. *vi* -ll- (*US* -l-) 1. mulat, dőzsöl 2. ~ *in sg* kedvét leli vmben
revelation [revə'leɪʃn] *n* 1. kinyilatkoztatás, kijelentés; *Book of R*~ A jelenések könyve 2. (valóságos) felfedezés, meglepetés, reveláció

revel(l)er ['revlə*] *n* tivornyázó, mulatozó

revelry ['revlrı] *n* mulatozás, dáridó, tivornya

revenge [rɪ'vendʒ] **I.** *n* **1.** megtorlás, bosszú(állás); *out of* ~ bosszúból **2.** visszavágó [mérkőzés] **II.** *vt* megboszszul; *be* ~*d on sy,* ~ *oneself on sy* bosszút áll vkn

revengeful [rɪ'vendʒfʊl] *a* bosszúvágyó

revenue ['revənju:; *US* -nu:] *n* **1.** állami jövedelem/bevétel; állami jövedék; *public* ~ állami bevétel, adójövedelem **2.** ~ *(office)* adóhivatal; ~ *officer* (1) adóhivatali tisztviselő, [ma:] pénzügyi előadó (2) pénzügyőr; ~ *stamp* adóbélyeg; ~ *tariff/tax* (1) adóbevétel (2) pénzügyi vám

reverberate [rɪ'və:b(ə)reɪt] **A.** *vi* visszhangzik, visszaverődik **B.** *vt* visszaver [hangot]

reverberation [rɪvə:bə'reɪʃn] *n* **1.** visszhangzás, visszaverődés **2.** reverberations *pl* utóhatások, visszhang

revere [rɪ'vɪə*] *vt* tisztel, nagyra becsül

reverence ['rev(ə)rəns] **I.** *n* **1.** tisztelet, nagyrabecsülés, hódolat; *hold sy in* ~ nagy tiszteletben tart vkt; *pay* ~ *to sy* tiszteletét nyilvánítja vknek; † *saving your* ~ tisztesség ne essék szólván **2.** † tisztelendőséged [pap megszólításaként] **II.** *vt* tisztel, nagyra becsül

reverend ['rev(ə)rənd] *a* **1.** tiszteletre méltó **2.** *the R~* (rövidítve: *Rev.*) nagytiszteletű [protestáns], tisztelendő [r. kat.]; *Very R~* nagytiszteletű, főtisztelendő; *Right/Most R~* főtiszteletű, főtisztelendő

reverent ['rev(ə)rənt] *a* **1.** tisztelő, tiszteletteljes **2.** áhitatos

reverential [revə'renʃl] *a* **1.** tiszteletteljes **2.** áhitatos

reverie ['revərı] *n* álmodozás, ábrándozás

revers [rɪ'vɪə*] *n* (*pl* ~ rɪ'vɪəz) kihajtás, hajtóka [kabáté]

reversal [rɪ'və:sl] *n* **1.** megfordítás, visszafordítás **2.** megfordulás, visszafordulás

reverse [rɪ'və:s] **I.** *a* (meg)fordított, ellenkező, ellentétes; hátsó [lap]; ~

curve ellenkanyar; ~ *gear* hátramenet; *the* ~ *side of* [érem] hátlapja, [szövet] visszája; *in* ~ *order* fordított sorrendben **II.** *n* **1.** vmnek a(z) ellenkezője/ellentéte/fordítottja **2.** hátlap, hátoldal, (vmnek a) visszája **3.** hátramenet [gépkocsié]; *put the car into* ~ hátramenetbe kapcsol **4.** szerencsétlenség, kudarc **III. A.** *vt* **1.** megfordít, felfordít; ~ *arms* fegyvert csővel lefelé tart/visz **2.** megcserél, felcserél [szerepet, sorrendet] **3.** megsemmisit, megmásit [ítéletet] **4.** megváltoztat [politikai irányvonalat] **5.** átkapcsol, irányt vált; ~ *one's car* kocsijával tolat **B.** *vi* tolat

reversible [rɪ'və:səbl] *a* **1.** megfordítható **2.** kifordítható [szövet, ruhadarab]

reversion [rɪ'və:ʃn; *US* -ʒn] *n* **1.** visszatérés [előbbi állapothoz]; ~ *to type* atavizmus **2.** visszaháramlás [tulajdonjogé] **3.** váromány, utódlási jog

reversionary [rɪ'və:ʃnərı; *US* -ʒ(ə)nerı] *a* háramlás alá eső; ~ *heir* utóörökös

revert [rɪ'və:t] *vi* **1.** visszaháramlik, -száll [tulajdon] **2.** visszatér *(to* vmhez, vmre); visszaüt [*to* ősi típusra]

revetment [rɪ'vetmənt] *n* **1.** (fa)burkolás, burkolat **2.** támfal

revictual [ri:'vɪtl] *vt* -ll- *(US* -l-) újra ellát élelemmel

review [rɪ'vju:] **I.** *n* **1.** áttekintés, visszapillantás; (felül)vizsgálat, számbavétel **2.** [katonai] szemle **3.** ismertetés, recenzió, bírálat; ~ *copy* recenziós példány **4.** folyóirat, szemle **II.** *vt* **1.** áttekint, átvizsgál, felülvizsgál, számba vesz, átnéz **2.** szemlét tart **3.** bírálatot/(könyv)ismertetést ír (vmről), ismertet

reviewer [rɪ'wju:ə*] *n* bíráló, ismertető; ~*'s copy* recenziós példány

revile [rɪ'vaɪl] **A.** *vt* ócsárol, gyaláz, becsmérel **B.** *vi.* szitkozódik

revise [rɪ'vaɪz] **I.** *n* második (kefe)levonat **II.** *vt* **1.** átnéz, átvizsgál, (ki)javit, korrigál **2.** módosit, megváltoztat, revideál

revised [rɪ'vaɪzd] *a* átdolgozott, javitott [kiadás]

revision [rɪ'vɪʒn] *n* **1.** átvizsgálás, átné-

zés, átjavítás, átdolgozás; revízió, felülvizsgálat **2.** javított/átdolgozott kiadás [könyvé] **3.** ismétlés [tananyagé]
revisionism [rɪ'vɪʒnɪzm] *n* revizionizmus
revisionist [rɪ'vɪʒnɪst] *n* revizionista
revisit [ri:'vɪzɪt] *vt* újra felkeres/meglátogat
revival [rɪ'vaɪvl] *a* **1.** feléledés, új életre kelés, újjászületés; ~ *of learning* reneszánsz; *(religious)* ~ vallási megújulás, ébredés(i mozgalom) **2.** felélesztés, felújítás
revive [rɪ'vaɪv] **A.** *vt* **1.** feléleszt, magához térít; felfrissít, felüdít **2.** felújít, felelevenít **3.** fellendít, felvirágoztat **B.** *vi* **1.** feléled, magához tér, új erőre kap **2.** felvirágzik, megújul **3.** felelevenedik
revivify [ri:'vɪvɪfaɪ] *vt* újra életre kelt, újjáéleszt, felelevenít
revocable ['revəkəbl] *a* visszavonható
revocation [revə'keɪʃn] *n* **1.** visszavonás **2.** visszahívás
revoke [rɪ'voʊk] **A.** *vt* visszavon [rendeletet, ígéretet], hatálytalanít, eltöröl [rendeletet], megvon [beleegyezést, támogatást], bevon [vezetői engedélyt] **B.** *vi* renonszot csinál [kártyában]
revolt [rɪ'voʊlt] **I.** *n* lázadás, felkelés; *rise in* ~ felkel, fellázad **II. A.** *vi* **1.** (fel)lázad *(against* vm ellen), zendül, forrong **2.** ~ *against/at/from sg* lázadozik vm ellen, undorodik/irtózik vmtől **B.** *vt* visszataszít, felháborít
revolting [rɪ'voʊltɪŋ] *a* felháborító, undorító, visszataszító
revolution [revə'lu:ʃn] *n* **1.** (kör)forgás; keringés **2.** fordulat **3.** szabályos ismétlődés [évszakoké] **4.** forradalom **5.** gyökeres átalakulás [gondolkodásban stb.]
revolutionary [revə'lu:ʃnərɪ; *US* -erɪ] **I.** *a* forradalmi **II.** *n* forradalmár
revolutionist [revə'lu:ʃ(ə)nɪst] *n* forradalmár
revolutionize [revə'lu:ʃ(ə)naɪz] *vt* forradalmasít, gyökeresen megváltoztat
revolve [rɪ'vɔlv; *US* -a-] **A.** *vi* **1.** kering **2.** forog **B.** *vt* **1.** forgat **2.** ~ *sg in one's mind* vmt forgat az agyában

revolver [rɪ'vɔlvə*; *US* -a-] *n* forgópisztoly, revolver
revolving [rɪ'vɔlvɪŋ; *US* -a-] *a* forgó; keringő; ~ *door* forgóajtó
revue [rɪ'vju:] *n* revü [színházi]
revulsion [rɪ'vʌlʃn] *n* ellenérzés, visszatetszés; hirtelen változás/fordulat, (hirtelen) véleményváltoztatás
revved [revd] →*rev II.*
reward [rɪ'wɔ:d] **I.** *n* jutalom, ellenszolgáltatás **II.** *vt* megjutalmaz
rewarding [rɪ'wɔ:dɪŋ] *a* **1.** jutalmazó **2.** érdemes, kifizetődő, kielégítő
rewind [ri:'waɪnd] *vt* (*pt/pp* -wound -'waʊnd) újra tekercsel, áttekercsel
rewrite [ri:'raɪt] *vt* (*pt* -wrote -'roʊt, *pp* -written -'rɪtn) átír, újra ír
Reynard ['renəd] *prop* ~ *the Fox* róka koma
Reynolds ['ren(ə)ldz] *prop*
R.F.D. [ɑ:ref'di:] *Rural Free Delivery* →*rural*
r.h., rh *right hand*
rhapsodical [ræp'sɔdɪkl; *US* -'sa-] *a* rapszodikus
rhapsodize ['ræpsədaɪz] *vi/vt* ~ *(about/over)* lelkesen beszél/ír (vmről, vkről)
rhapsody ['ræpsədɪ] *n* **1.** rapszódia **2.** eksztázis, lelkendezés, elragadtatás
Rhenish ['ri:nɪʃ] **I.** *a* rajnai **II.** *n* rajnai bor
rheostat ['rɪəstæt] *n* ellenállásszekrény, reosztát
rhetoric ['retərɪk] *n* **1.** szónoklattan, ékesszólás, retorika **2.** szónokiasság, bombasztikus stílus/beszédmodor, frázispufogtatás
rhetorical [rɪ'tɔrɪkl; *US* -'tɔ:-] *a* **1.** ékesszóló; szónoki, retorikai; ~ *question* szónoki kérdés **2.** bombasztikus, fellengzős, szónokias
rhetorician [retə'rɪʃn] *n* **1.** szónok **2.** szónokias stílusú ember
rheum [ru:m] *n* **1.** nyálka, csipa, *vulg* turha, slejm **2.** nátha, hurut
rheumatic [ru:'mætɪk] **I.** *a* reumás, reumatikus; ~ *fever* reumás láz **II.** *n* **1.** reumás beteg **2.** **rheumatics** *pl biz* reuma
rheumatism ['ru:mətɪzm] *n* reuma
rheumatoid ['ru:mətɔɪd] *a* reumaszerű; ~ *arthritis* arthritis deformans

Rhine [raɪn] *prop* Rajna; ~ *wine* rajnai bor

Rhineland ['raɪnlænd] *prop* Rajna-vidék

rhino¹ ['raɪnou] *n biz* orrszarvú

rhino² ['raɪnou] *n* □ dohány, guba

rhinoceros [raɪ'nɔs(ə)rəs; *US* -'nɑ-] *n* orrszarvú

rhinoplasty ['raɪnəplæstɪ] *n* orrplasztika

rhizome ['raɪzoum] *n* gyökértörzs, rizóma

Rhode Island [roud'aɪlənd] *prop*

Rhodes [roudz] *prop* Rodosz

Rhodesia [rou'diːzjə v. -ʒə] *prop*

Rhodesian [rou'diːzjən v. -ʒən] *a/n* rodéziai

rhododendron [roudə'dendrən] *n* havasszépe, rododendron

rhomb [rɔm; *US* -ɑ-] *n* ferde négyszög, rombusz

rhombohedron [rɔmbə'hiːdrən; *US* rɑ-] *n (pl* -hedra -'hiːdrə) romboéder

rhombus ['rɔmbəs; *US* -ɑ-] *n* ferde négyszög, rombusz

rhubarb ['ruːbɑːb] *n* rebarbara

rhumb [rʌm] *n* vonás [szögmérték]

rhumb-line *n* 1. oxodroma 2. szél iránySzöge

rhyme [raɪm] I. *n* 1. rím; *without* ~ *or reason* se füle se farka 2. vers; *in* ~ versben II. A. *vi* 1. versel 2. rímeket gyárt 3. rímel **(with** vmvel) B. *vt* (össze)rímeltet

rhymed [raɪmd] *a* rímes, verses

rhymester ['raɪmstə*] *n* versfaragó, rímkovács, fűzfapoéta

rhyming ['raɪmɪŋ] I. *a* rímelő, verses II. *n* 1. rímelés 2. verselés

rhythm ['rɪð(ə)m] *n* 1. ritmus, ütem 2. versmérték

rhythmic(al) ['rɪðmɪk(l)] *a* ritmikus, ütemes

RI Rex et Imperator (= *King and Emperor*) király és császár

R.I. *Rhode Island*

rib [rɪb] I. *n* 1. borda; *poke sy in the* ~*s* oldalba bök vkt (figyelmeztetésül); *biz smite sy under the fifth* ~ leszúr/ledöf vkt 2. *biz* feleség, „oldalborda" 3. bordázat 4. erezet [levélé] 5. bókony, borda [hajóé] II. *vt* **-bb-** 1. bordáz 2. *US biz* ugrat, heccel

RIBA [ɑːraɪbiː'eɪ] *Royal Institute of British Architects* Királyi Építészeti Társaság

ribald ['rɪb(ə)ld] *a/n* mocskos (szájú), trágár (ember)

ribaldry ['rɪb(ə)ldrɪ] *n* mocskos/trágár beszéd, malackodás, sikamlósság

ribbed [rɪbd] *a* bordázott, bordás; →*rib II.*

ribbon ['rɪbən] *n* 1. szalag, pántlika; rendjelszalag; *typewriter* ~ írógépszalag; *hang in* ~*s* rongyokban lóg [ruha stb.] 2. **ribbons** *pl* † gyeplő

ribbon-brake *n* szalagfék

ribbon-development *n* országút menti település, szalagépítkezés

ribbon-saw *n* szalagfűrész

ribbon-windows *n pl* szalagablak

riboflavin [raɪbou'fleɪvɪn; *US* 'raɪ-] *n* riboflavin, B₂ vitamin

rib-roast *n* natúr bordaszelet

rice [raɪs] *n* rizs; *husked* ~ hántolt rizs; *polished* ~ fényezett rizs

rice-flour *n* rizspor, rizsliszt

rice-paper *n* kínai papír, rizspapír

rice-pudding *n* rizsfelfújt

ricer ['raɪsə*] *n* [konyhai] burgonyaprés, krumplinyomó

rice-swamp *n* rizsföld

rice-water *n* rizsleves

rich [rɪtʃ] I. *a* 1. gazdag [ember, ország]; *grow* ~ meggazdagszik 2. gazdag, bővelkedő (*in* vmben); bő(séges); dús; termékeny [föld]; (túlságosan) tápláló [étel]; buja [növényzet] 3. finom, értékes [selymek stb.], pompás, gazdag [ruha, épület] 4. telt és élénk] meleg [szín], mély, zengő [hang] 5. *biz* mulatságos, szórakoztató; *that's* ~ ez remek !, ez már döfi ! II. *n the* ~ a gazdagok; *the newly* ~ az újgazdagok

Richard ['rɪtʃəd] *prop* Richárd

Richardson ['rɪtʃədsn] *prop*

riches ['rɪtʃɪz] *n pl* gazdagság

richly ['rɪtʃlɪ] *adv* 1. gazdagon 2. bőven, alaposan; *he* ~ *deserved it* alaposan megérdemelte, bőven rászolgált

Richmond ['rɪtʃmənd] *prop*

richness ['rɪtʃnɪs] *n* gazdagság, bőség

rick¹ [rɪk] *n* boglya, kazal, asztag

rick² [rɪk] *n* = *wrick*

rickets ['rɪkɪts] n angolkór
rickety ['rɪkətɪ] a 1. angolkóros 2. ro-
zoga, roskatag, roskadozó
rickshaw ['rɪkʃɔ:] n riksa
rick-yard n szérűskert
ricochet ['rɪkəʃeɪ; US -'ʃeɪ] I. n lepatta-
nás [lövedéké], geller II. vi -t- v. -tt-
más irányba pattan [lövedék], gellert
kap
rid [rɪd] vt (pt ~ v. † ~ded 'rɪdɪd; -dd-)
megszabadít; be/get ~ of megszabadul
(vktől, vmtől), leráz (vkt) a nyakáról
riddance ['rɪd(ə)ns] n (meg)szabadulás
vmtől; a good ~ hála Isten(nek), hogy
ettől megszabadultam
ridden ['rɪdn] a üldözött, vm által
nyomorgatott, elnyomott; →ride II.
riddle¹ ['rɪdl] n 1. rejtvény; találós
kérdés 2. rejtély, talány
riddle² ['rɪdl] I. n rosta II. vt 1. (át)rostál,
megrostál 2. biz ~ sy with bullets
szitává lő vkt; ~ an argument szét-
zúzza az érvelést
riddlings ['rɪdlɪŋz] n pl rostaalja
ride [raɪd] I. n 1. lovaglás 2. utazás
járművön [közforgalmi szállítóeszkö-
zön]; kocsikázás; kerékpározás; go for
a ~ (1) kilovagol (2) utazik [autóbu-
szon stb.]; elmegy/elviszik kocsikázni/
autózni (3) kerékpározik (egyet); steal
a ~ potyázik [járművön]; take sy for a
~ (1) biz becsap/átejt vkt (2) US □
(kocsin elvisz és) kinyír vkt 3. út
[busszal stb.]; távolság; it's a tenpenny
~ on a bus tízpennys út buszon/
busszal 4. lovaglóösvény II. v (pt
rode roʊd, pp ridden 'rɪdn) A. vi
1. lovagol; hajt [kerékpáron]; ~ hard
gyorsan lovagol/hajt; ~ for a fall
(1) vadul lovagol (2) átv kihívja a
sorsot, vesztébe rohan; ~ on a bycicle
kerékpáron megy, kerékpározik 2. ~
in a bus/etc. autóbuszon/stb. megy/
utazik 3. lebeg, úszik 4. he ~s 12 stone
76 kilót nyom a nyeregben B. vt 1. ~
a horse lovagol, lóháton ül; ~ a bicycle
kerékpározik; ~ an idea to death foly-
ton ugyanazon nyargal, unalomig
csépel egy témát; ~ a child on one's
knees térdén lovagoltat gyereket 2. ~
the waves siklik a hullámokon [hajó]

ride away vi ellovagol
ride back vi 1. visszalovagol 2.
lovas mögött ül [lóháton]; hátsó ülést
foglal el [járműben]
ride by vi arra lovagol/hajt; ellova-
gol/elhajt mellette
ride down vt 1. utolér lóval 2. (ló-
val) legázol, letipor
ride in vi belovagol
ride off vi ellovagol
ride out A. vi kilovagol B. vt ~ o. a
storm átvészel [bajt, válságot]
ride over vi ~ o. (to see sy) átlovagol
vkhez
ride up vi felcsúszik [ruhadarab]
rider ['raɪdə*] n 1. lovas 2. függelék,
(kiegészítő) záradék, toldat 3. ráépít-
mény 4. lovas [mérlegen], tolósúly
ridge [rɪdʒ] n 1. (hegy)gerinc, (hegy-)
hát, orom 2. tetőgerinc, taréj 3. bak-
hát [mezőgazdaságban]
ridge-bar/board n hossztartó, -gerenda
ridge-pole n szelemen, felső hosszgerenda
ridge-roof n oromfalas nyeregtető
ridge-tile n oromzsindely; kúpcserép
ridicule ['rɪdɪkju:l] I. n nevetség, gúny;
hold up to ~ nevetségessé tesz II. vt
kinevet, kigúnyol, kicsúfol
ridiculous [rɪ'dɪkjʊləs] a nevetséges,
képtelen
ridiculousness [rɪ'dɪkjʊləsnɪs] n nevetsé-
gesség, képtelenség
riding¹ ['raɪdɪŋ] n 1. lovaglás 2. utazás
[járművön] 3. lovaglóösvény 4. hor-
gonyzás
riding² ['raɪdɪŋ] n 1. ⟨közigazgatási te-
rületi egység Yorkshire-ben 1974-ig⟩
2. kb. járás [Új-Zélandban]
riding-boots n pl lovaglócsizma
riding-breeches n pl lovaglónadrág
riding-habit n (női) lovaglóruha
riding-hood n csuklya; Little Red R~
Piroska [a meséből]
riding-lamp/light n jelzőlámpa [lehor-
gonyzott hajóé]
riding-master n lovaglótanár
riding-school n lovarda; lovasiskola
riding-whip n lovaglóostor, -pálca
rife [raɪf] a 1. gyakori, elterjedt 2.
nagyszámú, bőséges; be ~ with sg bő-
velkedik vmben

riffle ['rɪfl] vt/vi 1. (kártyát) kever ⟨kétfelé osztott csomagot két sarkánál egymásba lapol⟩ 2. [könyv lapjait] végigpörgeti, gyorsan átlapoz
riff-raff ['rɪfræf] n csőcselék
rifle ['raɪfl] I. n 1. [vontcsövű] puska; karabély; ~ drill puskafogások; ~ practice lövészet 2. rifles pl lövészgyalogság, l övészezred II. vt 1. von, huzagol [puskacsövet] 2. ~ sy rálő vkre 3. (felforgat/átkutat és) kirabol
rifle-club n lövészegyesület
rifled ['raɪfld] a vontcsövű, huzagolt
rifle-green a/n zöldesszürke (szín)
rifleman ['raɪflmən] n (pl -men -mən) 1. puskás gyalogos [katona], vadász 2. lövész
rifle-pit n lövészgödör, -árok
rifle-range n 1. lövölde 2. hordtávolság; within ~ lőtávolságban
rifle-shot n 1. puskalövés 2. = rifle-range 2. 3. (jó) lövész
rifle-sling n puskaheveder, vállszíj
rift [rɪft] n repedés, hasadás; ~ in the lute zavaró mozzanat, törés [barátságban, boldogságban]
rig¹ [rɪg] I. n 1. kötélzet, árbocozat, csarnakzat 2. biz öltözet, ,,szerelés''; in full ~ teljes díszben 3. biz külső (megjelenés) [emberé] 4. berendezés, felszerelés; fúróállvány, -torony II. vt -gg- 1. kötélzettel ellát, felárbocoz, felcsarnakol [hajót] 2. felszerel; ~ out (1) felszerel (2) kiöltöztet; ~ up (1) kiöltöztet; feldíszít (2) felállít; összeszerel, felszerel
rig² [rɪg] I. n run a ~ mókázik, tréfát űz II. vt -gg- tisztességtelenül befolyásol; ~ the market mesterségesen felhajtja/lenyomja az árakat, tőzsdén nyerészkedik/spekulál
rigger ['rɪgə*] n 1. állványozó [ács] 2. vitorlaműmester 3. (repülőgép)szerelő
rigging ['rɪgɪŋ] n vitorlázat, kötélzet, árbocozat, csarnakzat
rigging-loft n zsinórpadlás
right [raɪt] I. a 1. helyes, megfelelő, alkalmas, igazi; in the ~ place a megfelelő helyen, a (maga) helyén; the ~ man in the ~ place a megfelelő embert a megfelelő helyre; ~ side of a fabric a szövet színe; he is on the ~ side of fifty még innen van az ötvenen; the ~ time a pontos idő; he does not do it in the ~ way nem jól csinálja/végzi, nem úgy csinálja ahogyan kellene; the ~ word helyes/találó szó/kifejezés; be sure you bring the ~ book! azt a könyvet hozd (ám), amit kértem/várok!; all ~! ['ɔːraɪt] helyes!, jó!, rendben (van)!; do you feel all ~? (1) jól érzed magad?, jól érzi magát? (2) jól/kényelmesen ül(sz)?; he's all ~ (1) rendes/megbízható ember (2) egész jól van; quite ~! nagyon helyes!; that's ~! helyes!, rendben van!, úgy van!; you are ~ igaza(d) van; ~ you are! igazad van!; am I ~ for London? ez a vonat megy L.-ba?, ez az út visz L.-ba?; get sg ~ tisztáz (v. pontosan megért) vmt; put/set ~ (1) helyrehoz, helyreigazít, megigazít, rendbe hoz/tesz, megjavít, kijavít (vmt) (2) tévedéseiről felvilágosít; kijozanít, helyes útra vezet (vkt) 2. igazságos, becsületes, helyes, helyénvaló, kívánatos, illő, rendes, jogos; not ~ helytelen, jogtalan; do the ~ thing helyesen/becsületesen jár el 3. jobb (oldali); sy's ~ hand vknek a jobb keze (átv is); ~ screw jobbmenetű/jobbos csavar; ~ wing jobboldal, jobbszárny [politikai] 4. egyenes; ~ line egyenes vonal II. adv 1. helyesen, jogosan, jól, megfelelően; do ~ by sy korrektül bánik vkvel; if I remember ~ ha jól emlékszem 2. egyenesen; egészen, azonnal, mindjárt, pont(osan), igazán; ~ at the top a legtetején; ~ at the start mindjárt az elején; ~ away, US ~ off azonnal, rögtön, máris, tüstént; US come ~ in kerüljön beljebb; go ~ on (1) egyenesen továbbmegy (2) ugyanúgy folytatja; he is coming ~ enough egész biztos, hogy eljön; US ~ here éppen itt; ~ now (1) éppen most (2) US azonnal, rögtön; ~ after dinner közvetlen ebéd után 3. jobbra; ~ and left (1) jobbról-balról; jobbra-balra (2) mindenfelé; mindenünnen; turn ~ jobbra kanyarodik; ~ turn! jobbra át! 4. na-

gyon; *I know it* ~ *well* nagyon (is) jól tudom 5. *R*~ *Honourable* méltóságos, kegyelmes; *R*~ *Reverend* főtiszteletű, főtisztelendő **III.** *n* **1.** igazság(osság), jogosság; méltányosság; *be in the* ~ *igaza* van, jogosan cselekszik 2. jog; juss; illetékesség; tulajdonjog; *he has* ~ *to* . . . joga van vmhez; *by* ~ *of* vmnél fogva, vm alapján, vm jogon/jogán; *by* ~(*s*) jogosan; jog szerint; *by what* ~? mi jogon?; ~ *of way* (1) (áthaladási) elsőbbség (2) (út)szolgalom; *have the* ~ *of way over sy* elsőbbsége van vkvel szemben; *all* ~*s reserved* minden jog fenntartva; *in one's own* ~ saját jogon/jogán; *stand on* (v. *assert*) *one's* ~*s* ragaszkodik jogaihoz 3. *the* ~*s and wrongs of sg* vmnek jó és rossz oldala(i); *put/set* (*sg*) *to* ~*s* rendbe hoz, kijavít, elrendez, helyreállít (vmt) 4. jobb oldal; *to the* ~ jobbra; *keep to the* ~! jobbra hajts!; *turn to the* ~ jobbra kanyarodik/fordul -5. *the R*~ a jobboldal [politikailag], a konzervatívok **IV.** *vt* **1.** felegyenesít, felállít; ~ *oneself* (1) felegyenesedik (2) jó hírnevét visszaszerzi 2. helyreállít, kijavít; *it will* ~ *itself* majd (magától) rendbe jön 3. igazol

right-about I. *a* ~ *turn/face* hátraarc, [mint vezényszó:] hátra arc! **II.** *n biz send sy to the* ~ vkt (röviden) elzavar

right-angled [-'æŋgld] *a* derékszögű

right-down I. *a* teljes; igazi, hamisítatlan **II.** *adv* teljesen

righteous ['raɪtʃəs] *a* **1.** becsületes, tisztességes, igaz 2. jogos, igazságos

rightful ['raɪtful] *a* **1.** törvényes, jogos 2. megillető, kijáró 3. igazságos

right-hand *a* **1.** jobb oldali, jobb kéz felőli; ~ *man* (1) vknek a jobb oldalán álló/ülő férfi (2) jobb keze (vknek); ~ *side* jobb oldal 2. jobb kézre való, jobbkezes [kesztyű]; jobbmenetes, jobbos [csavar stb.]

right-handed *a* **1.** jobbkezes [egyén, ütés] 2. jobbmenetes; óramutató forgásával egyező irányú

right-hander [-'hændə*] *n* jobbkezes ütés

rightist ['raɪtɪst] *a/n* jobboldali [politikailag]

rightly ['raɪtlɪ] *adv* helyesen, jogosan, méltán; ~ *or wrongly* joggal/jogosan vagy jogtalanul; *I cannot* ~ *say* nem tudom pontosan megmondani

right-minded *a* becsületes, derék

right-o(h) [raɪt'oʊ] *int* igenis!, értem!, helyes!, úgy van!, jól/rendben van!

rights [raɪts] →*right III. 2., 3.*

right-thinking *a* józan gondolkodású, tisztességes

rightwards ['raɪtwədz] *adv* jobb felé

rigid ['rɪdʒɪd] *a* **1.** merev, rideg 2. szigorú, hajthatatlan

rigidity [rɪ'dʒɪdətɪ] *n* **1.** merevség 2. ridegség, hajthatatlanság, szigorúság

rigmarole ['rɪgməroʊl] *n* üres fecsegés

rigor →*rigour*

rigor mortis ['raɪgɔ:'mɔ:tɪs] *n* hullamerevség

rigorous ['rɪg(ə)rəs] *a* **1.** szigorú, rideg, kérlelhetetlen 2. zord [éghajlat]

rigour, *US* -*or* ['rɪgə*] *n* **1.** szigorúság, merevség, hajthatatlanság 2. szigor, kérlelhetetlenség [törvény alkalmazásában] 3. zordság [időjárásé]

rig-out *n biz* ,,szerelés" [öltözet]

rile [raɪl] *vt biz* bosszant, idegesít, húz

rill [rɪl] *n* ér, vízfolyás

rim [rɪm] **I.** *n* **1.** szegély, karima, vmnek a széle/pereme; keret [szemüvegé] 2. (kerék)abroncs, (kerék)talp **II.** *vt* -*mm*- szegélyez; abroncsoz

rime¹ [raɪm] *n* zúzmara

rime² [raɪm] *n US* = *rhyme*

rimless ['rɪmlɪs] *a* keret/perem nélküli

rimmed [rɪmd] *a* szegélyezett, keretes, karimás, peremes

rimy ['raɪmɪ] *a* zúzmarás

rind [raɪnd] *n* héj; kéreg

rinderpest ['rɪndəpest] *n* marhavész

ring¹ [rɪŋ] **I.** *n* **1.** karika, gyűrű; *annual* ~ évgyűrű 2. kör; *sitting in a* ~ körben ülve; *make/run* ~*s round sy* leköröz/lepipál vkt 3. kör, klikk; érdekcsoport; kartell 4. porond, aréna [cirkuszé]; szorító [bokszban]; elkerített rész [bukmékereké lóversenypályán]; *the* ~ a bukmékerek 5. ökölvívás **II.** *vt* (*pt/pp* ~*ed* rɪŋd) **1.**

körülfog, bekerít; ~ *cattle* marhát terel 2. (meg)gyűrűz [madarat]; karikát tesz orrába [állatnak] 3. kört alkot [vm körül]
ring² [rɪŋ] I. *n* 1. csengetés; *there was a ~ at the door* csöngettek; *I'll give you a ~* majd felhívlak (telefonon) 2. csengés, zengés; *it lacks an honest ~* nem hangzik őszintén II. *v* (*pt* **rang** ræŋ, *pp* **rung** rʌŋ) A. *vi* 1. szól, cseng, hangzik; csendül; *my ears are ~ing* csöng a fülem; ~ *true* igaznak hangzik 2. ~ *for sy* csenget vknek 3. visszhangzik (*with* vmtől) (*átv is*); *the air rang with his cries* kiáltásai visszhangzottak B. *vt* 1. csenget 2. (harangot) húz, harangoz; ~ *the alarm* (1) félreveri a harangot (2) megszólaltatja a vészcsengőt; ~ *the praises of a deed* egy tett dicséretét zengi 3. (telefonon) felhív **ring down** *vt* ~ *d. the curtain* leereszti a függönyt [színházban]
ring in *vt* beharangoz vmt
ring off *vt/vi* lecsenget [telefonbeszélgetést]
ring out A. *vi* szól, cseng, (ki)hangzik B. *vt* búcsúztat (harangzúgással); ~ *o. the Old* (*year*) *and* ~ *in the New* szilveszterezik
ring up *vt* 1. ~ *up the curtain* felhúzza a függönyt [színházban] 2. felhív (telefonon)
ring-dove *n* örvösgalamb
ringed [rɪŋd] *a* gyűrűs, karikás
ringer ['rɪŋə*] *n* 1. harangozó 2. csengető készülék, csengő 3. *US* □ *be a dead ~ for sy* megszólalásig hasonlít vkre, kiköpött . . .
ring-fence *n* 1. kerítés 2. korlátozás, akadály, leküzdhetetlen nehézség
ring-finger *n* gyűrűsujj
ringing ['rɪŋɪŋ] I. *a* csengő, zengő II. *n* csengés
ringleader *n* főkolompos
ringlet ['rɪŋlɪt] *n* 1. gyűrűcske 2. hajfürt, lokni
ring-master *n* cirkuszigazgató
ring-road *n* autópályagyűrű
ringside *n* nézőtér első sora
ring-straked [-streɪkt] *a* örvös, csíkos
ring-worm *n* sömör

rink [rɪŋk] *n* (mű)jég(pálya), (gör)korcsolyapálya
rinse [rɪns] I. *n* 1. öblítés, öblögetés 2. bemosás [hajé] II. *vt* (ki)öblít, öblöget
riot ['raɪət] I. *n* 1. lázadás, zendülés; *biz read the R~ Act to sy* vkt erélyesen figyelmeztet rendes magaviseletre 2. zenebona, ricsaj; csendháborítás; *run* ~ (1) (meg)vadul, féktelenkedik (2) (el)burjánzik [növény]; *the play was a* ~ a darab tomboló sikert aratott 3. tobzódás, orgia [színeké, hangoké] II. *vi* 1. lázad, zendül 2. kicsapongó életet él 3. ~ *in sg* kedvét leli vmben, tobzódik vmben
rioter ['raɪətə*] *n* 1. lázadó 2. dorbézoló személy
rioting ['raɪətɪŋ] *n* lázadás, zavargás
riotous ['raɪətəs] *a* 1. lázadó, zavargó; garázda [viselkedés] 2. dőzsölő, kicsapongó
riotousness ['raɪətəsnɪs] *n* 1. zavargás, lázadás 2. vad összevisszaság
rip [rɪp] I. *n* 1. hasítás 2. hosszú hasadás/vágás II. *v* **-pp-** A. *vt* 1. felszakít, feltép (*átv is*), (fel)repeszt, (fel)hasít, széthasít; ~ *sg open* felhasít, feltép [borítékot stb.] 2. lebont [tetőt]; ~ *off* letép, leszakít B. *vi* 1. hasad 2. *biz* „repeszt", „tép"; *let her/it* ~ ereszd neki
RIP [ɑːraɪ'piː] requiescat in pace (= *may* (*s*)*he rest in peace*) nyugodjék békében
riparian [raɪ'peərɪən] *a* parti; ~ *owner* parti birtokos
rip-cord *n* oldózsinór [ejtőernyőn]
ripe [raɪp] *a*. érett; ~ *old age* bölcs öregkor
ripen ['raɪp(ə)n] A. *vt* (meg)érlel B. *vi* érik
ripeness ['raɪpnɪs] *n* érettség
ripost(e) [rɪ'pɔst; *US* -poʊst] I. *n* visszavágás, riposzt II. *vi* visszavág, -szúr
ripped [rɪpt] →*rip II.*
ripper ['rɪpə*] *n* 1. asztfaltvágó gép; szakítófűrész; *Jack the R~* Hasfelmetsző Jack 2. □ klassz alak/dolog
ripping ['rɪpɪŋ] *a* 1. hasító, szakító 2. *GB* □ irtó klassz, állati jó
ripple ['rɪpl] I. *n* 1. fodrozódás [vízen]

2. hajfodor 3. halk moraj II. A. *vi* 1.
fodrozódik, hullámzik, gyöngyöz [víz]
2. hullámzik [gabona] 3. mormol,
csobog [patak] B. *vt* 1. hullámokat
ver 2. fodroz
ripple-mark *n* ⟨hullámverés nyoma parti
fövenyen⟩
rip-roaring *a US biz* lármás, zajos
[mulatozás]
rip-saw *n* hasító (szalag)fűrész
Rip van Winkle [rɪpvæn'wɪŋkl] *prop*
rise [raɪz] I. *n* 1. (fel)emelkedés; felke-
lés; ~ *of day* pitymallat, hajnal; *be on
the* ~ emelkedőben van; *get a* ~ *out of
sy* felingerel vkt 2. emelkedés, lejtő
[úté]; magaslat, domb; ~ *of arch*
(bolt)ívmagasság 3. növekedés, na-
gyobbodás, szaporodás 4. fokozás, nö-
velés; fizetésemelés, béremelés; *ask
for a* ~ fizetésemelést kér; *a* ~ *in prices*
áremel(ked)és 5. előmenetel, (fel)e-
melkedés, magasabbra jutás [anyagi-
lag, társadalmilag]; ~ *to power* hata-
lomra emelkedés 6. forrás, eredet;
give ~ *to sg* előidéz/okoz vmt II. *vi*
(*pt* **rose** roʊz, *pp* **risen** 'rɪzn) 1. fele-
melkedik, felszáll; (fel)kel [égitest];
the sun ~*es in the East* a nap keleten
kel; ~ *to the bait* bekapja a csalétket
[hal] 2. felkel, feláll 3. ülést bezár/be-
rekeszt, elnapol [tanácskozást stb.]
4. feltámad [halottaiból] 5. emelke-
dik [út]; kiemelkedik [domb]; felbuk-
kan [vízből]; *prices are rising* emelked-
nek az árak; *be rising fifty* ötven felé
jár (vk); ~ *to view* feltűnik, láthatóvá
válik 6. nagyobbodik, növekszik, erő-
södik, fokozódik; *the sea is rising* (1)
dagály van (2) feltámad a tenger; *the
wind is rising* a szél (egyre) erősödik
7. (meg)dagad, (meg)duzzad; (meg)kel
[tészta] 8. előlép, emelkedik [társa-
dalmi ranglétrán]; ~ *in the world*
előbbre jut az életben 9. ered, szár-
mazik (*from* vmből, vhonnan) 10. fel-
lázad (*against* ellen)
riser ['raɪzə*] *n* 1. *an early* ~ korán kelő
(ember) 2. lépcsőfok magassága
risibility [rɪzɪ'bɪlətɪ] *n* nevető kedv
risible ['rɪzɪbl] *a* 1. nevetni képes 2.
nevetséges, kacagtató

rising ['raɪzɪŋ] I. *a* 1. (fel)kelő 2. emel-
kedő 3. felvirradó, felkelő 4. [befo-
lyásban, tudásban, hatalomban, rang-
ban] emelkedő; jövendő; *the* ~ *genera-
tion* a(z) új/felnöv(ekv)ő nemzedék;
~ *man* nagy jövőjű ember, a jövő
embere II. *n* 1. felkelés [napé]; emel-
kedés 2. lázadás, felkelés 3. pattanás
4. *US* élesztő
risk [rɪsk] I. *n* kockázat, rizikó, veszély;
run a ~, *take* ~*s* kockázatot vállal,
kockáztat; *run/take the* ~ *of . . .* meg-
kockáztat vmt; vállalja a kockázatát
vmnek; *at one's own* ~ saját felelőssé-
gére II. *vt* (meg)kockáztat, reszkíroz
riskiness ['rɪskɪnɪs] *n* kockázatosság
risky ['rɪskɪ] *a* kockázatos, veszélyes;
merész
rissole ['rɪsoʊl] *n* (zsírban sült) húspo-
gácsa/halpogácsa
rite [raɪt] *n* szertartás, rítus; ~ *of pas-
sage* átmeneti rítus
ritual ['rɪtʃʊəl] I. *a* szertartási, rituális
II. *n* 1. szertartás(ok), rítus 2. szer-
tartáskönyv, rituále
ritualism ['rɪtʃʊəlɪzm] *n* egyházi forma-
sághoz ragaszkodás, ritualizmus
rival ['raɪvl] I. *n* versenytárs, vetély-
társ, riválIs II. *vt* -ll- (*US* -l-) verse-
nyez, verseng, vetélkedik (vkvel,
vmvel); vetekedik, felveszi a versenyt
(vkvel, vmvel)
rivalry ['raɪvlrɪ] *n* versengés, vetélkedés
rive [raɪv] *vt* (*pt* ~**d** raɪvd, *pp* ~**n**
'rɪv(ə)n) 1. széthasít, -repeszt 2. le-
tép, leszakít
river ['rɪvə*] *n* 1. folyó; folyam (*átv
is*); *open* ~ nem befagyott folyó;
down the ~ a folyón lefelé; *biz sell sy
down the* ~ átejt, csőbe húz vkt 2.
áradat 3. *diamond of the finest* ~ tiszta
tűzű gyémánt
riverain ['rɪvəreɪn] *a* = *riverine*
river-bank *n* folyópart
river-basin *n* folyómedence; folyam víz-
gyűjtő medencéje
river-bed *n* folyóágy, -meder
river-head *n* folyó forrása/eredete
riverine ['rɪvəraɪn] *a* folyami, (folyó-)
parti
riverside I. *a* folyóparti II. *n* folyópart

47

rivet ['rɪvɪt] I. *n* szegecs, nitt(szeg) II.
vt 1. (meg)szegecsel, nittel 2. ~ *eyes
upon sg* vmre szegezi tekintetét; ~
attention (1) figyelmét vmre összpon-
tosítja (2) a figyelmet magára vonja
riveting ['rɪvɪtɪŋ] I. *n* szegecselés II. *a
biz* izgalmas, lenyűgöző
rivulet ['rɪvjʊlɪt; *US* -vjə-] *n* patak
Rly, rly *railway*
R.M., RM [ɑːr'em] 1. *resident magistrate*
2. *Royal Mail* ⟨angol postahajó⟩ 3.
Royal Marines →*marine*
R.N., RN [ɑːr'en] *Royal Navy* (angol)
királyi haditengerészet
RNR [ɑːren'ɑː*] *Royal Naval Reserve*
angol királyi haditengerészeti tarta-
lék(os)
roach¹ [rəʊtʃ] *n* veresszárnyú koncér
roach² [rəʊtʃ] *n* 1. *biz* svábbogár 2. □
marihuánás cigarettacsikk
road [rəʊd] *n* 1. (köz)út, országút;
main ~ főútvonal [elsőbbséggel];
public ~ közút; ~ *accident* közúti
baleset; *US biz* ~ *agent* útonálló
(bandita); ~ *conditions* útviszonyok;
~ *island* terelősziget; ~ *junction* út-
találkozás, csomópont; ~ *markings*
útburkolati jelek; ~ *repairs* útjavítás;
~ (*patrol*) *service* országúti segélyszol-
gálat, „sárga angyal"; ~ *sign* (közúti)
jelzőtábla; ~ *works* (*ahead*) „közúton
folyó munkák" 2. (*egyéb kifejezések-
ben:*) *be on the* ~ (1) úton van (2) járja
az országot; *by* ~ (1) tengelyen [nem
vasúton] (2) gyalog; *get in one's* ~ út-
jába kerül [mint akadály]; *take the* ~
útra kel 3. *roads pl* rév, horgonyzó-
hely, kikötő 4. *US* (vasúti) pálya-
(test)
road-atlas *n* autóatlasz, úthálózati térkép
road-bed *n* 1. (út)ágyazat 2. vasúti pá-
lyatest
road-block *n* útakadály, -torlasz
road-brick *n* kövezetkocka; keramittégla
road-hog *n* garázda vezető [autós]
road-holding *n* úttartás [gépkocsié]
road-house *n* útmenti vendéglő, autós-
csárda
roadless ['rəʊdlɪs] *a* úttalan
roadman ['rəʊdmən] *n* (*pl* -men -mən)
útőr, útjavító/útkarbantartó munkás

road-map *n* autótérkép
road-metal *n* zúzott kő
road-race *n* országúti verseny
road-sense *n* autóvezetői érzék; helyes
magatartás a közúton
roadside *n* út széle, (út)padka; (*jelző-
ként:*) útmenti, országúti; *by the* ~ az
útszélen; ~ *inn* országúti vendéglő; ~
telephone segélyhívó telefon [út men-
tén]
roadstead ['rəʊdsted] *n* = *road 3.*
roadster ['rəʊdstə*] *n* kétüléses nyitott
sportkocsi
road-system *n* úthálózat
roadway *n* úttest, útpálya
roadworthy *a* közlekedésre/túrázásra al-
kalmas
roam [rəʊm] A. *vi* barangol, kóborol,
kószál B. *vt* bebarangol, bejár
roaming ['rəʊmɪŋ] I. *a* kóborló, kószáló,
barangoló II. *n* kóborlás, kószálás, ba-
rangolás
roan¹ [rəʊn] *a/n* aranyderes (ló)
roan² [rəʊn] *n* barna birkabőr(kötés)
roar [rɔː*] I. *n* 1. üvöltés, ordítás; böm-
bölés 2. (oroszlán)bőgés 3. zúgás, mo-
raj(lás); ~*s of laughter* harsogó neve-
tés; *set the table in a* ~ az egész asztalt
megnevetteti II. *vi* 1. ordít, kiabál 2.
bőg [oroszlán]; ~ *with laughter* haho-
tázik, röhög 3. dörög; bömböl; zúg,
moraj lik; *a car* ~*ed by* egy autó zúgott
el
roaring ['rɔːrɪŋ] I. *a* 1. ordító, bőgő,
üvöltő 2. zúgó, búgó, morajló; *the* ~
forties (1) viharos zóna az Atlanti-
óceánon [40. és 50. szélességi fokok
közt] (2) *US* az eseménydús negyve-
nes évek [1840-es] 3. élénk, virágzó;
do a ~ *trade* kitűnően megy az üzlete
II. *n* = *roar I.*
roast [rəʊst] I. *a* sült; ~ *beef* marhasült,
rosztbif II. *n* (egybe)sült hús, sült
III. A. *vt* 1. (ki)süt, megsüt [húst]; *biz*
~ *oneself* majd megsül [tűz mellett] 2.
pörköl [kávét, ércet] 3. *biz* ugrat (vkt)
B. *vi* 1. sül [hús] 2. sütkérezik [na-
pon]
roaster ['rəʊstə*] *n* 1. pecsenyesütő
[készülék] 2. sütni való [állat]
roasting ['rəʊstɪŋ] *n* 1. sütés 2. pörkölés

roasting-jack *n* nyársforgató készülék
rob [rɔb; *US* -a-] *vt* -bb- elrabol, kirabol, meglop, ellop
robber ['rɔbə*; *US* -a-] *n* rabló
robbery ['rɔbərɪ; *US* -a-] *n* rablás; *murder and* ~ rablógyilkosság
robe [roʊb] I. *n* díszruha, talár, palást; köntös II. A. *vt* díszruhába öltöztet B. *vi* díszruhába öltözik
Robert ['rɔbət; *US* -a-] *prop* Róbert
robin[1] ['rɔbɪn; *US* -a-] *n* ~ *(redbreast)* vörösbegy
Robin[2] ['rɔbɪn; *US* -a-] *prop* Robi, Róbert; ~ *Goodfellow* ⟨egy vidám tündér neve⟩
Robinson ['rɔbɪns(ə)n] *prop*
robot ['roʊbɔt; *US* -at] *n* 1. robotgép, robotember; *átv biz* lélektelen ember 2. ~ *bomb* távirányított lövedék
robust [roʊ'bʌst] *a* erős, markos, egészséges, robusztus
rock[1] [rɔk; *US* -a-] *n* 1. szikla, szirt; *US* kő(darab), nagyobb kavics; *the* R~ a gibraltári szikla 2. zátony; *átv* akadály; *on the* ~s (1) zátonyra futott, zátonyon van (2) *biz* „nyomorban"/pénzzavarban/pácban van (3) *US biz* jégkockákkal [italról]; *see* ~s ahead (1) szirteket pillant meg (2) *biz* akadályokat/nehézségeket lát maga előtt 3. kőzet
rock[2] [rɔk; *US* -a-] I. *n* ~ *(and roll)*, ~-'n'-roll [rɔkn'roʊl; *US* ra-] rock- -and-roll, rock (zene) II. A. *vt* 1. ringat, himbál, hintáztat, lenget; *biz* ~ *the boat* veszélyeztet vmt, kellemetlen helyzetbe hoz [együttest] 2. (meg-) renget, megrázkódtat B. *vi* 1. ring, himbálódzik, leng 2. reng
rock-and-roll [rɔkən'roʊl; *US* ra-] *n* →*rock*[2] *I.*
rock-bottom I. *a* ~ *price* legutolsó/legalacsonyabb ár II. *n* vmnek a legfeneke/legalja
rock-bound *a* sziklákkal körülvett
rock-cake *n* ⟨cukormázas teasütemény⟩
rock-candy *n* kandiscukor
rock-climbing *n* sziklamászás
rock-crystal *n* hegyikristály, kvarc
rock-dove *n* szirti galamb
rock-drill *n* sziklafúró gép, fúrókalapács

Rockefeller ['rɔkɪfelə*; *US* 'ra-] *prop*
rocker ['rɔkə*; *US* -a-] *n* 1. saru ⟨hintaszék/hintaló görbe része⟩ 2. felhajló orrú korcsolya 3. *US* hintaszék 4. □ *off one's* ~ (1) rosszkedvű (2) bolondos, dilis
rockery ['rɔkərɪ; *US* -a-] *n* sziklakert
rocket ['rɔkɪt; *US* -a-] I. *n* 1. rakéta; ~ *engine/motor* rakétahajtómű; ~ *propulsion* rakéta(meg)hajtás 2. röppentyű [tűzijátékhoz] II. A. *vt* rakétákkal lő [célpontot] B. *vi* 1. gyorsan és egyenesen felszáll [fácán] 2. gyorsan emelkedik [vmnek az ára] 3. előreszökken [ló, lovas]
rocket-base *n* rakétatámaszpont
rocket-launcher *n* aknavető, sorozatvető
rocket-powered/propelled *a* rakétahajtású
rocket-range *n* rakétakilövő állomás
rocketry ['rɔkɪtrɪ; *US* -a-] *n* 1. rakétatechnika 2. rakétafegyverek
rock-garden *n* sziklakert
Rockies ['rɔkɪz; *US* -a-] →*rocky*[1]
rocking ['rɔkɪŋ; *US* -a-] I. *a* 1. ringó, hintázó 2. ringató, hintáztató II. *n* ringás, ingás, hintázás, egyensúlyozás
rocking-chair *n* hintaszék
rocking-horse *n* hintaló
rocking-stone *n* ringókő
rock'n'roll [rɔk(ə)n'roʊl; *US* ra-] →*rock*[2] *I.*
rock-oil *n* kőolaj
rock-salt *n* kősó
rock-wool *n* hangnyelő ásványi anyag
rocky[1] ['rɔkɪ; *US* -a-] *a* 1. sziklás, köves; R~ *Mountains* (röv. *Rockies*) Sziklás- -hegység 2. *átv* sziklaszilárd; kőszívű
rocky[2] ['rɔkɪ; *US* -a-] *a biz* bizonytalan, imbolygó, tántorgó, ingatag
rococo [rə'koʊkoʊ] *n* rokokó
rod [rɔd; *US* -a-] *n* 1. vessző, pálca; virgács; *kiss the* ~ zokszó nélkül aláveti magát büntetésnek, megalázkodik 2. horgászbot; ~ *and line* horgászbot és zsinór 3. ⟨hosszmérték: 5,03 méter⟩ 4. rúd [függönyé, ingáé stb.]; ~ *control* botkormány 5. kormánypálca; *rule with a* ~ *of iron* vaskézzel kormányoz

rode [roud] →*ride II*.
rodent ['roud(ə)nt] *n* rágcsáló
rodeo [rou'deiou; *US* 'roudiou] *n US*
1. cowboy-lovasbemutató 2. motorke-
rékpáros „rodeo"
Roderick ['rɔd(ə)rik; *US* 'rɑ-] *prop*
⟨angol férfinév⟩
rodomontade [rɔdəmɔn'teid; *US* -ɑ-
-ɑ-] *n* hencegés, (száj)hősködés
roe¹ [rou] *n* őz
roe² [rou] *n* halikra
roebuck *n* őzbak
Roentgen, Röntgen ['rɔntjən; *US* 'rent-
gən] *n* = *X-ray(s)*
rogation [rou'geiʃn] *n* ~ *week* keresztjáró
napok
Roger ['rɔdʒə*; *US* -ɑ-] I. *prop* Roge-
rius; *Jolly* ~ halálfejes kalózlobogó II.
int r~ *biz* rendben van !, értettem !,
helyes !
Roget ['rɔʒei] *prop*
rogue [roug] *n* 1. gazember, gazfickó,
szélhámos; ~*s' gallery* (arcképes) bűn-
ügyi nyilvántartó 2. † csavargó 3.
huncut fickó, kópé 4. ~ *elephant* ma-
gányos elefánt
roguery ['rougəri] *n* 1. gazság, csalás,
szélhámosság 2. huncutság
roguish ['rougiʃ] *a* 1. gaz 2. huncut
roister ['rɔistə*] *vi* hetvenkedik, hep-
ciáskodik
Roland ['roulənd] *prop* Lóránt; Loránd;
a ~ *for an Oliver* szemet szemért
role, rôle [roul] *n* szerep
roll [roul] I. *n* 1. tekercs; göngyöleg; vég
[kelme]; ~ *of fat* zsírpárna (vkn) 2.
henger; görgő; ~*s* hengersor, henger-
mű 3. ringás, himbálódzás, dülöngé-
lés [hajóé]; gördülés; *the* ~ *of the sea*
hömpölygő/viharos tenger; *biz walk
with a* ~ ringó járással megy 4. gördí-
tés, gurítás 5. (név)jegyzék, lajstrom;
call the ~ névsort olvas; ~ *of honour*
hősi halottak névsora; *GB Master of
the R*~*s* főlevéltáros; *strike sy off the*
~*s* vkt kizár egy testületből, töröl vkt
a névjegyzékből 6. zsemle 7. *US*
bankjegyköteg 8. orsó(zás) [repülő-
géppel] II. A. *vt* 1. (fel)gyöngyölít; fel-
csavar; becsavar; ~ *a cigarette/smoke*
cigarettát sodor 2. hengerel; gördít,

gurít, görget; hengerít; ~ *one's eyes*
forgatja a szemét 3. perget [dobot];
~ *one's r's* pergeti az ‚r' hangot 4. *US*
□ markecol; *get* ~*ed* részegen kirabol-
ják B. *vi* 1. gurul, gördül; forog; hem-
pereg; hömpölyög 2. dörög [ágyú,
ég]; pereg [dob] 3. dülöng [hajó];
himbálódzik, ring
roll back A. *vt* 1. visszagurít 2. visz-
szaszorít B. *vi* visszagurul, hátragurul
roll by *vi* 1. elgurul előtte/mellette
2. (el)múlik, eltelik [idő]
roll down A. *vt* 1. lehengerel 2. legu-
rít B. *vi* legurul, legördül
roll in A. *vi* 1. begurul 2. beözönlik
3. *biz be* ~*ing in money* majd felveti a
pénz B. *vt* begurít, begördít
roll into *vt he was a poet and a sculp-
tor* ~*ed i.* one költő és szobrász volt
egy személyben
roll on A. *vi* 1. továbbgurul, (to-
vább)hömpölyög 2. telik, múlik [idő]
B. *vt* magára ránt [ruhát]
roll out A. *vt* kisodor, kinyújt [tész-
tát] B. *vi* 1. kigurul 2. *biz* kibújik [az
ágyból]
roll over A. *vi* körbefordul, [ágy-
ban] megfordul, befordul B. *vt* felfor-
dít, -billent, -borít
roll up A. *vt* 1. összegöngyölít, -csa-
var, -hajt 2. becsavar, begöngyöl [pa-
pirosba]; ~ *oneself up in a blanket* ta-
karóba burkolódzik 3. feltűr [inguj-
jat]; ~ *up one's sleeves* nekigyürkőzik
4. felgöngyölít [ellenséges arcvonalat]
B. *vi* 1. összegömbölyödik 2. bebur-
kolózik 3. *biz* megérkezik, megjelenik,
befut
rollable ['rouləbl] *a* 1. gurítható 2.
nyújtható, sodorható
roll-call *n* névsorolvasás
rolled [rould] *a* 1. összecsavart, teker-
cselt, göngyölt; ~ *up* összecsavarodott
2. hengerelt; ~ *gold* dublé arany
roller ['roulə*] *n* 1. henger 2. görgő; ~
seat gurulóülés 3. tekercs; ~ *bandage*
pólyatekercs 4. hosszú hullám
roller-bearing *n* görgőscsapágy
roller-blind *n* (vászon)redőny
roller-coaster *n* hullámvasút
roller-skates *n pl* görkorcsolya

roller-towel *n* végtelen törülköző
roll-film *n* tekercsfilm; filmtekercs
rollicking ['rɔlıkıŋ; *US* 'rɑ-] *a* vidám, jókedvű; könnyelmű, mulatós
rolling ['roʊlıŋ] I. *a* 1. guruló, gördülő; ~ *kitchen* mozgókonyha; *a* ~ *stone* nyughatatlan ember; *a* ~ *stone gathers no moss* aki sokat hordozkodik meg nem mohosodik 2. hömpölygő 3. egyre mást követő [évek] 4. hirbálódzó, ringó; ~ *gait* ringó járás 5. dimbes-dombos 6. ~ *collar* lehajtott gallér II. *n* 1. gurulás 2. hengerlés 3. dörgés
rolling-load *n* mozgóterhelés, mozgóteher
rolling-mill *n* hengermű
rolling-pin *n* sodrófa, nyújtófa
rolling-stock *n* gördülőállomány, -anyag
roll-on *n* ~ (*belt*) csípőszorító [női]
Rolls-Royce [roʊlz'rɔıs] *prop*
roll-top desk amerikai (redőnyös) íróasztal
roly-poly [roʊlı'poʊlı] *n* 1. kb. kis lekváros tekercs 2. kis gömböc, dagi [gyerek, ember]
Roman ['roʊmən] I. *a* 1. római; *the* ~ *Empire* a római birodalom 2. ~ *Catholic* római katolikus 3. *r*~ *numerals* római számok 4. ~ v. *r*~ *letters/ type* antikva (betűk) II. *n* 1. római (férfi, nő) 2. római katolikus (hívő) 3. *r*~ antikva (betű)
romance [rə'mæns] I. *a* R~ *languages* román/újlatin nyelvck II. *n* 1. verstregény; lovagregény; *age of* ~ lovagkor 2. regényes történet 3. ábrándos dolog, romantikus történet/kaland; románc; *biz* szerelem, szerelmi ügy 4. romantika III. *vi* 1. regél 2. ábrándozik
Romanesque [roʊmə'nesk] I. *a* román (stílusu) II. *n* román stílus
Romania [ru:'meınjə] *prop* = Rumania
Romanian [ru:'meınjən] *a/n* = Rvmaniun
Romanic [rə'mænık] *a* 1. újlatin 2. római
Romanize ['roʊmənaız] *vt/vi* 1. elrómaiasít, romanizál 2. katolizál
romantic [rə'mæntık] *a* romantikus, regényes

romanticism [rə'mæntısızm] *n* romantika, romanticizmus
romanticize [rə'mæntısaız] *vt* romantizál, romantikussá tesz
Romany ['rɔmənı; *US* 'rɑ-] *n* 1. cigány, roma; ~ *rye* cigányrajongó 2. cigány (nyelv)
Rome [roʊm] *prop* Róma; *Church of* ~ a római ka'olikus egyház; *all roads lead to* ~ minucn út Rumába vezet
Romeo ['roʊmıoʊ] *prop* Rómeó
Romish ['roʊmıʃ] *a* római katolikus, pápista
romp [rɔmp; *US* -ɑ-] I. *n* 1. lármás gyerek, fiús/pajkos lány 2. vad játék;hancúrozás II. *vi* 1. pajkoskodik, vadul játszik, vadul 2. *biz* ~ *home* könnyen nyer, kényelmesen befut [ló versenyen]; ~ *through an exam* kitűnően vizsgázik
romper ['rɔmpə*; *US* -ɑ-] *n* ~ (*suit*), (*a pair of*) ~*s* játszóruha [kisgyermeké], kezeslábas
rondo ['rɔndoʊ; *US* -ɑ-] *n* [zenei] rondó
roneo ['roʊnıoʊ] I. *n* 1. [egy fajta] stencilgép 2. stencilezett példány II. *vt* stencilez, sokszorosít
Röntgen →Roentgen
rood [ru:d] *n* † ~(-*tree*) a kereszt(fa), feszület
rood-screen *n* szentélyrács, -rekesztő
roof [ru:f] I. *n* 1. tető, fedél; *biz lift/raise the* ~ (1) lelkesen tapsol (2) lármásan tiltakozik; ~ *rack* tetőcsomagtartó 2. mennyezet 3. ~ *of the mouth* (kemény) szájpadlás II. *vt* (be)föd, fed, tetővel fed/ellát
roofer ['ru:fə*] *n* tetőfedő (munkás)
roof-garden *n* tetőkert
roofing ['ru:fıŋ] *n* 1. tetőfedés 2. fedél(szerkezet); héjazat 3. ~ (*material*) tetőfedőanyag; ~ *felt* kátránypapír, fedlemez
roofless ['ru:flıs] *a* 1. fedetlen, tető nélküli 2. hajléktalan
roof-light *n* tetővilágítás
roof-raising ceremony bokrétaünnepély
roof-tree *n* tetőgerenda
rook[1] [rʊk] I. *n* 1. vetési varjú 2. cszló, sip'sta II. *vt* 1. becsap [kártyán] 2. pénzt kicsal (vkből)

rook² [ruk] n bástya [sakkban]
rookery ['rukərɪ] n 1. varjútanya 2. fókatelep; pingvintelep 3. túlzsúfolt szegénynegyed, nyomortanya
rookie ['rukɪ] n US □ újonc
room [ruːm] I. n 1. szoba; terem 2. rooms pl lakás, lakosztály; ~(s) to let szoba kiadó; set of ~s lakosztály; live in ~s albérletben lakik 3. tér, (férő-) hely; cramped for ~ helyszűkében van; in the ~ of helyében, helyett; make ~ for helyet csinál (vmnek), utat enged (vknek); take up much ~ sok helyet foglal el; no ~ for doubt nincs helye a kétségnek; átv there's much ~ for improvement sok kívánnivalót hagy hátra II. vi US (albérletben) lakik
-roomed [-ruːmd] -szobás
roomer ['ruːmə*] n US albérlő, lakó
roomful ['ruːmful] n szobáravaló
roominess ['ruːmɪnɪs] n tágasság
room-mate n szobatárs, lakótárs
roomy ['ruːmɪ] a tágas, téres, nagy
Roosevelt ['rouzəvelt] prop
roost [ruːst] I. n 1. ülő [tyúkólban]; rule the ~ ő az úr a háznál; come home to ~ visszaszáll fejére [bűne] 2. pihenőhely, hálóhely II. vi 1. elül [baromfi]; alszik 2. lepihen
rooster ['ruːstə*] n US kakas
root¹ [ruːt] I. n 1. gyökér; gumó; ~s gumós növények; ~ and branch mindenestül, szőröstül-bőröstül; take/strike ~ gyökeret ereszt/ver (átv is) 2. gyökér [fogé stb.]; ideggyök 3. eredet, forrás; alapja (vmnek); the ~ of the matter a dolog lényege 4. (szó)tő 5. gyök II. A. vt 1. meggyökereztet (átv is); remain ~ed to the spot földbe gyökereznek a lábai 2. ~ out/up gyökerestül kitép/kiirt B. vi 1. gyökeresedik 2. átv gyökerezik, gyökeret ver
root² [ruːt] A. vi kotorászik, turkál, túr, keresgél B. vt túr [disznó]; ~ out/up kitúr, kiás (vmt) (átv is)
root³ [ruːt] vi US biz ~ for (a team) szurkol [csapatnak], biztat [csapatot]
root-crops n pl gumós (gazdasági) növények
rooted ['ruːtɪd] a 1. gyökeres 2. meg-

rögzött [szokás stb.]; deeply ~ mélyen gyökerező
rooter ['ruːtə*] n US biz lármásan szurkoló
rootless ['ruːtlɪs] a gyökértelen
root-sign n gyökjel
root-word n gyökérszó, tőszó, alapszó
rope [roup] I. n 1. kötél; the ~s szorító; at the end of one's ~ (anyagi) ereje fogytán; give sy (plenty of) ~ szabad kezet enged vknek, tág teret biztosít vknek; know the ~s ismeri a dörgést, érti a csíziót/dolgát; ~ of sand csalóka támasz/biztosíték; worthy of the ~ kötelet érdemel 2. [hagyma-, füge-] koszorú, füzér; (gyöngy)sor 3. (hajó)kötélzet II. A. vt 1. összekötöz, odaköt(öz) (to vmhez) 2. US kötéllel/laszszóval fog [lovat] B. vi nyúlós lesz
rope in vt 1. kötéllel bekerít/elkerít/elhatárol 2. biz beszervez/beránt vkt (on vmbe)
rope off vt kötéllel elkerít
rope round vt = rope in 1.
rope-dancer n kötéltáncos
rope-ladder n kötélhágcsó, -létra
rope-maker n kötélverő
rope-moulding n zsinórdísz, füzérdísz [épületen]
rope-railway n drótkötélpálya
ropery ['roupərɪ] n kötélverő műhely
rope-walk n kötélverő műhely
rope-walker n kötéltáncos
rope-way n (drót)kötélpálya
rope-yard n kötélverő műhely
rope-yarn n vastag fonal, kötélfonal
ropiness ['roupɪnɪs] n nyúlósság [italé]
ropy ['roupɪ] a nyúlós, nyálkás [bor stb.]
Rosalie ['rouzəlɪ] prop Rozália
Rosalind ['rɔzəlɪnd; US 'rɑ-] prop Rozalinda
rosary ['rouzərɪ] n 1. rózsafüzér, olvasó 2. = rose-garden
rose¹ [rouz] n 1. rózsa; not a bed of ~s, not all ~s nem fenékig tejföl; biz under the ~ titokban; Wars of the R~s rózsák háborúja [XV. sz.-ban a fehér rózsás York és a piros rózsás Lancaster családok és híveik között] 2. rózsaszín 3. rózsa [alakú tárgy/dolog/dísz],

rozetta; (szalag)csokor; rózsa [öntözőkannáé]; koszorú [agancs karimáján]; szélrózsa [iránytűn] 4. orbánc
rose² [roʊz] →rise II.
Rose³ [roʊz] prop Róza, Rózsa
roseate ['roʊzɪət] a rózsás, rózsaszínű
rose-bay n oleánder
rose-bowl n virágtartó (tál, váza)
rosebud n rózsabimbó; ~ mouth cseresznyeajak
rose-burner n gázrózsa, körégő
rose-coloured a rózsaszínű; see things through ~ spectacles rózsaszínben látja a világot, optimista
rose-diamond n rózsaalakra köszörült gyémánt, rózsagyémánt
rose-garden n rózsakert, rózsáskert
rose-leaf n (pl -leaves) rózsalevél, -szirom
rosemary ['roʊzm(ə)rɪ] n rozmaring
roseola [rə'ziːələ] n 1. rózsahímlő, rubeola 2. roseola
rose-rash n = roseola
rose-red a rózsapiros
rosery ['roʊzərɪ] n rózsakert
rose-tree n rózsafa
rosette [rə'zet] n 1. rózsadísz, rozetta 2. kokárda, szalagcsokor
rose-water n 1. rózsavíz 2. átv limonádé
rose-window n rózsaablak
rose-wood n rózsafa [fája]
rosily ['roʊzɪlɪ] adv rózsásan, pirosan
rosin ['rɔzɪn; US 'raz(ə)n] n gyanta
rosiness ['roʊzɪnɪs] n rózsásság
Rossetti [rɔ'setɪ] prop
roster ['rɔstə*; US 'rɑ-] n 1. = rota; by ~ sorjában 2. névsor
rostrum ['rɔstrəm; US -ɑ-] n (pl ~s -z v. -tra -trə) 1. szónoki emelvény, karmesteri pult, dobogó 2. csőr 3. hajóorr
rosy ['roʊzɪ] a rózsaszínű, rózsás (átv is)
rot [rɔt; US -ɑ-] I. n 1. rothadás, korhadás 2. májmételykór [juhoké] 3. letörés, összeomlás 4. ☐ marhaság!, buta beszéd! II. v -tt- A. vt (meg)rothaszt, (el)korhaszt B. vi (el)korhad, (meg)rothad
rota ['roʊtə] n szolgálati beosztás jegyzéke, sorrendi jegyzék
rotary ['roʊtərɪ] I. a (körben) forgó; ~

motion körmozgás, körforgás; ~ printing-press rotációs gép II. n US körforgalom
rotate [roʊ'teɪt] A. vi 1. (körben) forog, pörög 2. váltakozik (sorrendben), (sorban) felváltja egymást B. vt 1. forgat 2. felvált (sorrendben); váltogat; felváltva művel
rotating [roʊ'teɪtɪŋ] a 1. forgó 2. sorrendben váltakozó/felváltó
rotation [roʊ'teɪʃn] n 1. forgás, pörgés 2. forgatás, pörgetés 3. váltakozás, felváltás; in ~ váltogatva 4. ~ (of crops) vetésforgó, váltógazdaság; three-course ~ háromnyomású vetésforgó
rotational [roʊ'teɪʃənl] a körforgó, körben forgó
rotative ['roʊtətɪv] a = rotational
rotatory ['roʊtət(ə)rɪ; US -ɔːrɪ] a 1. forgó 2. forgató 3. egymást felváltva (v. váltott sorrendben) működő
ROTC [ɑːroʊtiː'siː] Reserve Officers' Training Corps tartalékos tiszti kiképző alakulat
rote [roʊt] n ismétlés; by ~ gépiesen; kívülről; learn by ~ bemagol, bevág
rot-gut n ☐ bundapálinka
Rothermere ['rɔðəmɪə*] prop
Rothschild ['rɔθʃaɪld] prop
rotogravure [roʊtoʊgrə'vjʊə*] n rotációs fényképnyomás/nyomat
rotor ['roʊtə*] n forgórész, rotor
rot-proof a rothadásmentes
rotted ['rɔtɪd; US -ɑ-] →rot II.
rotten ['rɔtn; US -ɑ-] a 1. ro(t)hadt, korhadt; reves; záp; szúette 2. erkölcstelen, romlott; GB ~ borough "a rothadt körzetek" [Angliában 1832 előtt elnéptelenedett választókerületek] 3. ☐ rohadt, vacak, nyamvadt, pocsék; peches; ~ weather pocsék idő(járás)
rottenness ['rɔtnnɪs; US -ɑ-] n rothadtság
rotter ['rɔtə*; US -ɑ-] n ☐ rongy ember
rotting ['rɔtɪŋ; US -ɑ-] a rothadó, korhadó
rotund [roʊ'tʌnd] a 1. kerek 2. pocakos, jó húsban levő 3. öblös [hang]
rotunda [roʊ'tʌndə] n rotunda

rotundity [rou'tʌndətɪ] *n* 1. kerekség, gömbölyűség 2. pocakosság, kövérség 3. szónokiasság, dagályosság

rouble ['ru:bl] *n* rubel

rouge [ru:ʒ] I. *n* pirosító, rúzs II. *vt/vi* rúzst felken, rúzsoz

rough [rʌf] I. *a* 1. durva, egyenetlen, érdes; repedezett 2. viharos [szél, tenger], zord [időjárás]; ~ *crossing* viharos átkelés; ~ *weather* zord idő 3. nyers, goromba, durva; ~ *tongue* durva/goromba beszéd; *be* ~ *on sy* kemény vkvel szemben 4. nyers, megmunkálatlan, csiszolatlan 5. vázlatos, hevenyészett; ~ *draft* piszkozat, első fogalmazvány; ~ *sketch* skicc, hevenyészett vázlat, első terv; ~ *translation* nyersfordítás 6. hozzávetőleges, megközelítő; *at a* ~ *guess* hozzávetőleges/durva becsléssel 7. kényelmetlen, primitív [életmód] 8. fanyar [bor] II. *adv* 1. nyersen, durván, brutálisan 2. primitív körülmények között [él] III. *n* 1. durva/érdes felületű tárgy; egyenetlen/hepehupás terep 2. nyers/kezdetleges állapot; *in the* ~ kidolgozatlan(ul), nyersen; *take the* ~ *with the smooth* úgy veszi a dolgokat, ahogy jönnek (egymás után); jót rosszal vegyest 3. útonálló, vagány, huligán IV. *vt* 1. érdessé tesz, nagyol 2. ~ *it* kényelmetlenül él, kezdetleges körülmények között él, nyomorog

rough in *vt* vázlatot készít, nagy vonalakban felrajzol/(fel)vázol

rough out *vt* 1. kinagyol 2. = *rough in*

rough up *vt* felborzol [hajat]; ~ *sy up the wrong way* felizgat/felidegesít vkt, felborzolja vknek az idegeit

roughage ['rʌfɪdʒ] *n* durva táplálék/takarmány, (növényi) rostanyag

rough-and-ready [rʌfən'redɪ] *a* 1. elnagyolt, gyorsan összecsapott, hevenyészett 2. mesterkéletlen [ember]

rough-and-tumble [rʌfən'tʌmbl] I. *a* vad, durva; mozgalmas, viharos, nyugtalan II. *n* általános verekedés

rough-cast I. *n* 1. csapott/durva vakolat 2. hevenyészett terv; első fogalmaz-

vány II. *vt* (*pt/pp* ~) 1. durván (be)vakol 2. nyers vázlatot készít (vmről), kinagyol

rough-coated *a* hosszú szőrű; drótszőrű

rough-dry *vt* mángorlás/vasalás nélkül szárít

roughen ['rʌf(ə)n] A. *vt* eldurvít B. *vi* 1. eldurvul 2. viharossá válik

rough-grained *a* durva szemcséjű

rough-hewn *a* 1. kinagyolt, durván kifaragott 2. csiszolatlan, faragatlan [ember]

roughhouse *n biz* balhé, hirig

roughly ['rʌflɪ] *adv* 1. durván 2. nagyjából, hozzávetőleg

rough-neck *n US biz* durva fickó, vagány, huligán

roughness ['rʌfnɪs] *n* durvaság, nyereség, érdesség

rough-rider *n* 1. lóidomító; aki betör lovat 2. *US R~* ⟨huszárönkéntes az 1898-as spanyol—amerikai háború-ban⟩

rough-shod *a* 1. jégpatkóval patkolt 2. *ride* ~ *over* keresztülgázol (vkn), lábbal tipor (vmt)

rough-spoken *a* durva beszédű

roulette [ru:'let] *n* rulett

Roumania [ru:'meɪnjə] *prop* = *Rumania*

Roumanian [ru:'meɪnjən] *a/n* = *Rumanian*

round [raund] I. *a* 1. kerek, kör alakú, kör-; gömbölyű; *make* ~ (1) (ki)kerekít (2) (le)gömbölyít; ~ *dance* körtánc; ~ *robin* kérvény sok aláírással; ~ *shoulders* csapott váll(ak); ~ *table* kerek asztal; ~ *tour* körutazás; ~ *trip* (1) *US* oda-vissza út/utazás (2) körutazás →*round-trip* 2. kerek, egész, teljes; *a* ~ *dozen* kerek tucat; *in* ~ *figures* kerek számban; ~ *number* kerek szám; ~ *oath* cifra/nagy káromkodás; *go at a good* ~ *pace* jól kilép; ~ *sum* jókora/komoly/tekintélyes összeg 3. őszinte, nyílt; *be* ~ *with sy* kereken megmondja vknek II. *adv/prep* 1. körbe(n), körül; ~ *the clock* éjjel-nappal, állandóan →*round-the-clock*; *have a look* ~ körülnéz, hátranéz; *all the year* ~ az egész éven át; *all* ~ (1) minden

tekintetben (2) körös-körül; *taken* (v. *taking it*) *all* ~ mindent összevéve; *it's a long way* ~ nagy kerülő; *glasses* ~! poharat mindenkinek!; ~ *the corner* a sarkon túl; *come* ~ *the corner* befordul a sarkon; *go* ~ *an obstacle* körülkerüli az akadályt; *go* ~ *the world* körülutazza a világot 2. ~ (*about*) tájban; körül; ~ *midday* déltájban 3. *bring* ~ (1) feléleszt, magához térít (2) megtérít más nézetre; *come* ~ (1) magához tér (2) kibékül III. *n* 1. karika, kör; ~ *of veal* borjúcomb 2. forgás, változás; körjárat; járat, (kör)út, szemleút, őrjárat; sorozat; *stand a* ~ *of drinks* fizet egy fordulót/rundot [italból]; *the story went the* ~ a történet szájról szájra járt; *the daily* ~ a mindennapi kerékvágás 3. futam; menet; forduló 4. létrafok, hágcsó 5. egy lövés; *fire a* ~ egy lövést/sorozatot lead 6. kánon 7. körtánc IV. A. *vt* 1. (le)kerekít, kikerekít, (le)gömbölyít 2. körülzár, -vesz 3. körüljár, megkerül 4. befejez, lezár B. *vi* 1. (ki)kerekedik, gömbölyödik 2. megfordul; ~ *on one's heels* sarkon fordul, hátrafordul
  round off *vt* 1. lekerekít 2. befejez
  round on *vi* 1. váratlanul rátör; lehord 2. ellene fordul és elárul (vkt)
  round out A. *vt* kikerekít B. *vi* kigömbölyödik
  round up *vt* 1. összegyűjt, -terel; felhajt 2. felkerekít
  round upon *vi* = *round on*
roundabout I. *a* 1. kerülő [út]; *in a* ~ *way* kerülő úton 2. körüliró 3. kövér, jó húsban levő II. *n* 1. körhinta, ringlispil 2. dzseki 3. *GB* körforgalom
round-backed *a* görbe hátú, csapott vállú
rounded ['raʊndɪd] *a* 1. kerek, gömbölyű, legömbölyített, lekerekített; ~ *eyes* kerekre/tágra nyílt szem 2. ajakkerekítéssel ejtett, labiális [hang] 3. jó alakú
roundel ['raʊndl] *n* karika, korong, tárcsa; felségjel
roundelay ['raʊndɪleɪ] *n* 1. refrénes dal 2. körtánc

rounder ['raʊndə*] *n* 1. gömbölyítő 2. ⟨aki sorba/körbe jár bizonyos helyeket⟩ 3. **rounders** *pl* ⟨métaszerű játék⟩
round-eyed *a* tágra nyílt szemű
Roundhead *n GB* „kerekfejű" ⟨Cromwell híve az 1642—49-es forradalomban⟩
round-house *n* 1. őrkabin [tatfedélzet elülső részén] 2. [kör alakú] vasúti mozdonyszín 3. őrszoba
rounding ['raʊndɪŋ] *n* (le)kerekítés; (le-)gömbölyítés
round-iron *n* gömbvas, rúdvas
roundish ['raʊndɪʃ] *a* kerekded, gömbölyded
roundly ['raʊndlɪ] *adv* 1. (erő)teljesen 2. kereken, alaposan
roundness ['raʊndnɪs] *n* kerek(ded)ség, gömbölyűség; teltség
roundsman ['raʊndzmən] *n* (*pl* -men -mən) 1. körjáraton levő személy; őrjáratot tartó rendőr 2. *GB* árukihordó
round-the-clock *a* éjjel-nappal tartó, megállás nélküli; három műszakos
round-trip ticket *US* menettérti jegy
roundup *n US* razzia, összefogdosás, -terelés
rouse [raʊz] A. *bt* 1. felriaszt, felver [vadat] 2. felébreszt, felkelt (*átv is*) 3. feldühít 4. serkent, buzdít; ~ *sy to action* tettre serkent vkt; ~ *oneself* összeszedi magát B. *vi* 1. felriad, felébred 2. felbuzdul
rousing ['raʊzɪŋ] *a* 1. lelkesítő 2. harsány 3. *biz* elképesztő [hazugság]
rout[1] [raʊt] I. *n* 1. csődület 2. csőcselék 3. összejövetel 4. teljes vereség, megfutamodás; *put to* ~ megfutamít, megsemmisít [ellenséget] II. *vt* legyőz, megfutamít
rout[2] [raʊt] *vt* 1. ~ *out* (*of*) kiráncigál [ágyból], kiűz [házból] 2. kiváj
route [ruːt] I. *n* 1. útvonal, útirány; járat; *en* ~ [ɑːŋ'ruːt] úton, útban, útközben 2. menet(parancs) II. *vt* 1. irányít [vmlyen útvonalon] 2. telepít
route-map *n* útitérkép
route-march *n* menetgyakorlat
routine [ruː'tiːn] I. *a* megszokott, szokásos, rutin-; ~ *duties/work* folyó ügyek, sablonmunka; rutinmunka; ~ *medical*

examination rutinvizsgálat **II.** *n* **1.** gyakorlat, jártasság, rutin; *business ~* üzleti gyakorlat/jártasság **2.** megszokott/(minden)napi munka, szokásos munkamenet
routing ['ru:tɪŋ] *n* (szállítmány)irányítás, útvonal megállapítása
routing-plane ['raʊtɪŋ-] *n* árkoló-, völgyelő-, hornyológyalu
Routledge ['raʊtlɪdʒ] *prop*
rove [roʊv] *vi/vt* = *roam*
rover ['roʊvə*] *n* **1.** kóborló, ország--világjáró **2.** = *sea-rover 1.* **3.** öregcserkész
roving ['roʊvɪŋ] **I.** *a* kalandozó, vándorló, barangoló **II.** *n* kalandozás, vándorlás, barangolás
row¹ [roʊ] *n* sor; *~ of houses* házsor; *hard ~ to hoe* nehéz munka/feladat
row² [roʊ] **I.** *n* evezés, csónakázás; *go for a ~* evezni megy **II.** *vi/vt* evez
row³ [raʊ] *biz* **I.** *n* **1.** zenebona, lárma, ricsaj; *make* (v. *kick up*) *a ~* lármázik, hangos jelenetet rendez, balhézik; *hold your ~* fogd be a pofádat! **2.** veszekedés, összeveszés **3.** leszidás, lehordás; *get into a ~* bajba kerül, megmossák a fejét **II.** *vt/vi* **1.** lármázik **2.** veszekszik, hajbakap (*with* vkvel) **3.** megszid, lehord
rowan ['raʊən; *US* 'roʊ-] *n* (vörös)berkenye
row-boat *n* = *rowing-boat*
rowdiness ['raʊdɪnɪs] *n* lármázás, verekedés
rowdy ['raʊdɪ] **I.** *a* lármázó; verekedő, garázda **II.** *n* csirkefogó, huligán
rowdyism ['raʊdɪɪzm] *n* vagánykodás, huligánság, garázdaság
rowel ['raʊəl] *n* taraj [sarkantyún]
rower ['roʊə*] *n* evezős
rowing ['roʊɪŋ] *n* evezés
rowing-boat *n* evezős csónak/hajó
rowing-club *n* evezősklub
rowing-man *n* (*pl* -men) (sport)evezős
rowlock ['rɔlək; *US* 'roʊlak] *n GB* (evező)villa
royal ['rɔɪ(ə)l] **I.** *a* **1.** királyi; *Her/His R~ Highness* Ő Királyi Felsége/Fensége; *R~ Society* Királyi Természettudományi Akadémia **2.** felséges, fensé-

ges, nagyszerű; pompás; *~ jelly* méhpempő; *there is no ~ road to sg* nincs sima (nehézség nélküli) út vmhez; *biz have a right ~ time* remekül érzi magát **II.** *n fore ~* elő(árboc)-felsősudárvitorla; *main ~* fő(árboc)-felsősudárvitorla
royalism ['rɔɪəlɪzm] *n* királypártiság, uralkodóhűség
royalist ['rɔɪəlɪst] *n* királypárti
royalty ['rɔɪ(ə)ltɪ] *n* **1.** király(i személy), fenség, felség, királyi család tagja **2.** királyi méltóság/hatalom; fenség [viselkedésben] **3.** (szerzői) jogdíj, szerzői díj; honorárium, tiszteletdíj; szabadalmi díj
RP [ɑːˈpiː] *received pronunciation*
r.p.m., rpm [ɑːpiːˈem] *revolutions per minute* percenkénti fordulatszám
R.R. *railroad* vasút (USA)
R.S. [ɑːˈres] *Royal Society*
RSPCA [ɑːrespiːsiːˈeɪ] *Royal Society for the Prevention of Cruelty to Animals* állatvédő liga
R.S.V.P., RSVP [ɑːresviːˈpiː] *Répondez s'il vous plaît* (= *please reply*) választ kérünk
rt. *right*
Rt. Hon. *Right Honourable* →*right*
Rt. Rev(d). *Right Reverend* →*right*
rub [rʌb] **I.** *n* **1.** dörzsölés; *give sg a ~* átdörzsöl/kifényesít vmt **2.** egyenetlenség [talaj]; *there's the ~* itt a bökkenő/hiba/bibi **II.** *vt* -bb- **1.** dörgöl, dörzsöl, bedörzsöl; fényesít; *~ one's hands* (megelégedetten) dörzsöl(get)i a kezét; *~ shoulders with others* (1) gyakran összejön másokkal (2) másokhoz dörgölődzik; *~ sy the wrong way* kihoz vkt a sodrából **2.** *~ an inscription* feliratról dörzsölt másolatot készít
rub against *vi* dörzsölődik/súrlódik vmhez
rub along *vi biz* **1.** (valahogy csak) eltengődik/eléldegél/boldogul **2.** kijön vkvel
rub down *vt* ledörzsöl; lecsutakol, leápol [lovat]
rub in(to) *vt* **1.** bedörzsöl **2.** *biz ~ it in* (1) orra alá dörgöl (2) belever (vkbe leckét stb.)
rub off *vt* ledörzsöl, levakar

rub out vt 1. kitöröl, kivakar, kiradíroz 2. □ kinyír (vkt)
rub through vt átnyom, áttör, átpassziroz [szitán]
rub together vt összedörzsöl
rub up A. vt 1. feldörzsöl; felvakar; fényesre dörzsöl, kifényesít 2. felfrissít, felújít B. vi dörgölődzik
rub-a-dub [rʌbə'dʌb] n dobpergés
rubbed [rʌbd] a 1. kidörzsölt, kopott 2. biz ingerült ‖ →rub II.
rubber¹ ['rʌbə*] n 1. gumi; ~ band gumiszalag; ~ boots gumicsizma; ~ stamp gumibélyegző →rubber-stamp 2. radir(gumi) 3. rubbers pl sárcipő(k), kalocsni
rubber² ['rʌbə*] n robber [bridzsben]
rubberize ['rʌbəraɪz] vt gumival bevon, gumiz, gumíroz; impregnál
rubberneck n US biz bámészkodó turista, városnéző (turista)
rubber-stamp vt biz gépiesen hozzájárul (vmhez) →rubber¹ 1.
rubber-tree n gumifa
rubbing ['rʌbɪŋ] n 1. dörzsölés 2. fényesítés 3. dörzsöléses átpauzálás [vésett rézlapról], dörzsölt másolat
rubbish ['rʌbɪʃ] n 1. szemét, hulladék; shoot no ~ szemétlerakás tilos 2. átv szemét, vacak; limlom 3. butaság, ostobaság, szamárság
rubbish-bin n szemétláda
rubbish-cart n szemeteskocsi
rubbish-heap n szemétdomb
rubbish-shoot n szeméttelep, szemétlerakodó hely
rubbishy ['rʌbɪʃɪ] a értéktelen, selejtes
rubble ['rʌbl] n 1. kőtöremelék 2. murva, nyers bányakő 3. terméskő
rubble-work n terméskő fal(azás)
rubicund ['ru:bɪkənd] a pirospozsgás
ruble ['ru:bl] n rubel
rubric ['ru:brɪk] n 1. piros betűs (fejezet)cím [könyvben, kódexben stb.] 2. piros betűs (v. eltérő szedésű) utasítás [egyházi szertartáskönyvben, vizsgalapon stb.]
ruby ['ru:bɪ] I. a rubinvörös II. n 1. rubin 2. rubinvörös [szín]
ruck¹ [rʌk] n 1. the (common) ~ a szürke átlag/tömeg 2. nagy halom/csomó

ruck² [rʌk] I. n gyűrődés, redő, ránc II. A. vt összegyűr, ráncol, redőz B. vi ~ (up) összegyűrődik, ráncolódik
rucksack ['rʌksæk] n hátizsák
ruckus ['rʌkəs] n US biz lárma, zenebona, rumli, zrí, hűhó
ruction ['rʌkʃn] n biz kalamajka, zűr
rudder ['rʌdə*] n 1. kormány(lapát) [hajóé]; oldalkormány [repgépé] 2. irányító [személy]; vezérelv
rudderless ['rʌdəlɪs] a kormányát vesztett [hajó]
ruddiness ['rʌdɪnɪs] n vörösség, pirosság, pir
ruddle ['rʌdl] n vörösvasérc
ruddy ['rʌdɪ] I. a 1. pirospozsgás 2. piros, vörös 3. GB biz vacak, nyamvadt II. A. vt (ki)pirosít B. vi ki-, megpirosodik
rude [ru:d] a 1. nyers, kidolgozatlan; kezdetleges 2. egyszerű, műveletlen, primitív [törzs] 3. durva, faragatlan, goromba; be ~ to sy gorombáskodik vkvel 4. kicsattanó [egészség] 5. hirtelen, heves; ~ awakening keserves csalódás/felébredés
rudeness ['ru:dnɪs] n 1. kezdetlegesség 2. civilizálatlanság 3. gorombaság
rudiment ['ru:dɪmənt] n 1. kezdet, csökevény 2. átv csíra 3. rudiments pl alapismeretek, elemi dolgok
rudimentary [ru:dɪ'ment(ə)rɪ] a kezdetleges; elemi; alapvető, alap-
Rudolf ['ru:dɔlf] prop Rudolf, Rezső
Rudyard ['rʌdjəd] prop ⟨angol férfinév⟩
rue¹ [ru:] † I. n 1. bánat, megbánás, töredelem 2. sajnálat, részvét II. vt megbán
rue² [ru:] n ruta
rueful ['ru:fʊl] a bánatos, bús
ruefulness ['ru:fʊlnɪs] n 1. bánatosság, szomorúság 2. megbánás
ruff¹ [rʌf] n 1. nyaktollazat 2. (nyak-)fodor 3. pajzsos cankó [mɹdár]
ruff² [rʌf] n vágó durbincs [ɥal]
ruff³ [rʌf] I. n adu, tromf II. vt tromfol, aduval üt
ruffian ['rʌfjən] n útonálló, haramia, bandita
ruffianly ['rʌfjənlɪ] a garázda, goromba, vad, brutális

ruffle ['rʌfl] I. *n* 1. fodor [kézelőn, ingalléron] 2. fodrozódás [vízen] 3. izgatottság II. A. *vt* 1. fodroz, fodorít 2. felborzol, összeborzol, -kuszál 3. felizgat, kihoz a sodrából B. *vi* 1. (fel)borzolódik (*átv is*) 2. hétvenkedik
rug [rʌg] *n* 1. pokróc, takaró; pléd 2. kisebb szőnyeg
Rugby ['rʌgbɪ] *n* ~ (*football*) rögbi
rugged ['rʌgɪd] *a* 1. egyenetlen, göröngyös [talaj]; szaggatott [partvonal]; érdes [felület] 2. nyers, barátságtalan, kemény, darabos [ember] 3. ~ *features* kemény/markáns (arc)vonások, barázdált arc 4. életerős, robusztus 5. csiszolatlan, faragatlan; darabos [stílus] 6. viharos, hányatott, zord [élet]
rugger ['rʌgə*] *n biz* rögbi
ruin ['ruɪn; *US* -u:-] I. *n* 1. (vég)romlás, összeomlás, pusztulás, tönkremenés; *bring to* ~ tönkretesz; *go to* ~ tönkremegy; *be/prove the* ~ *of sy* vknek a vesztét/romlását okozza 2. rom, omladék; *be in* ~*s* romokban hever II. *vt* 1. lerombol, romba dönt 2. tönkretesz
ruination [ruɪ'neɪʃn; *US* ru:-] *n* 1. tönkretétel, (el)pusztítás 2. (el)pusztulás, romlás
ruined ['ruɪnd; *US* -u:-] *a* elpusztult, tönkrement, romos
ruinous ['ruɪnəs; *US* -u:-] *a* 1. anyagi bukást előidéző [költekezés] 2. veszedelmes, vészes, pusztító, káros 3. düledező, romos
rule [ru:l] I. *n* 1. szabály; ~ *of court* perrend(i szabály); ~ *of law* jogrend; ~*s of procedure* eljárási szabály; ~(*s*) *of the road* a közúti közlekedés szabályai, KRESZ; ~ *of three* hármasszabály; *make it a* ~ rendszert csinál (abból hogy), elvül tekinti (azt hogy); megfogadta (hogy) 2. szokás, szokvány; *as a* ~ rendszerint, általában 3. uralkodás, uralom 4. vonalzó II. A. *vt* 1. szabályoz 2. kormányoz, irányít, vezet, igazgat; uralkodik (vkn); *be* ~*d by sy* alá van vetve vknek, vk hatalmában van 3. dönt; ~ *sg out of order* szabálytalannak nyilvánít, elutasít [javaslatot, kérelmet] 4. (meg)vona-

laz [papírt]; ~ *out* (1) (áthúzással) kitöröl, áthúz (2) elutasít B. *vi* 1. uralkodik; fennáll, érvényben van 2. dönt
ruled [ru:ld] *a* vonalazott, vonalas
ruler ['ru:lə*] *n* 1. uralkodó 2. vonalzó
ruling ['ru:lɪŋ] I. *a* uralkodó; fő-; szokásos II. *n* 1. uralkodás, kormányzás 2. rendelkezés; döntés 3. vonalazás
rum¹ [rʌm] *n* 1. rum 2. *US* szesz(es ital)
rum² [rʌm] *a* (*comp* ~*mer* 'rʌmə*, *sup* ~*mest* 'rʌmɪst) □ fur(cs)a, különös; ~ *affair* különös ügy; *feel* ~ ideges, furcsán (v. nem jól) érzi magát
Rumania [ru:'meɪnjə] *prop* Románia
Rumanian [ru:'meɪnjən] *a/n* román, (ember, nyelv); romániai
rumba ['rʌmbə] *n* rumba [tánc]
rumble ['rʌmbl] I. *n* 1. zörömbölés, dörgés, moraj, korgás 2. = *rumble-seat* II. *vi* zörög, dörög, morajlik; korog
rumble-seat *n* hátsó pótülés (és csomagtartó) [kocsiban]
rumbling ['rʌmblɪŋ] *n* zörömbölés, dörgés, moraj, korgás
rumbustious [rʌm'bʌstɪəs; *US* -tʃəs] *a biz* duhaj, lármás, vad
rumen ['ru:mən] *n* (*pl* **rumina** ['ru:mɪnə] bendő [kérődzőé]
ruminant ['ru:mɪnənt] *a/n* kérődző
ruminate ['ru:mɪneɪt] *vi* 1. kérődzik 2. tűnődik, elmélkedik, töpreng; „kérődzik" (*over/about* vmn)
rumination [ru:mɪ'neɪʃn] *n* 1. kérődzés 2. tűnődés, elmélkedés, töprengés
ruminative ['ru:mɪnətɪv; *US* -eɪt-] *a* tűnődő, elmélkedő, töprengő
rummage ['rʌmɪdʒ] I. *n* 1. átkutatás, turkálás, kotorászás [zsebben stb.] 2. limlom; ~ *sale* ócskaságok vására [jótékony célra] II. A. *vt* átkutat, felforgat, feltúr; ~ *up/out* előkotor, előás, kihalász vmt [a többi közül] B. *vi* kotorászik, turkál, kotonoz
rummer ['rʌmə*] *rummest* →*rum²*
rummy¹ ['rʌmɪ] *n* römi
rummy² ['rʌmɪ] *a* = *rum²*
rumour, *US* -**or** ['ru:mə*] I. *n* hír, híresztelés, fáma, szóbeszéd; ~ *has it* ugy hírlik, azt beszélik/rebesgetik II. *vt* híresztel; *it is* ~*d* úgy hírlik

'umour-monger, US -or- n rémhírterjesztő

'ump [rʌmp] n 1. hátsó rész, far; (marha)fartő 2. biz maradék, töredék

umple ['rʌmpl] vt összegyűr, -ráncol; összekócol, -borzol

ump-steak n (marha)fartő, hátszínszelet, ramsztek

umpus ['rʌmpəs] n biz zűr, zrí; kavarodás; kick up (v. make) a ~ nagy zrít csinál, balhézik

um-runner n US biz alkoholcsempész

un [rʌn] I. a 1. (ki)olvasztott; ~ butter kisütött vaj; ~ steel folytacél 2. ~ honey pergetett méz 3. prices per foot ~ ára folyólábanként II. n 1. futás; be on the ~ (1) folyton(osan) rohan, mindig lót-fut (2) menekül; have a ~ for one's money (1) kap vmt a pénzéért (2) keményen megdolgozik a pénzéért; give sy a ~ for his money egy kis keresethez juttat vkt 2. út, túra, kirándulás; go for a ~ (in the car) autózni megy; a day's ~ egynapi út [hajóval stb.] 3. működés [gépé]; üzem(elés) 4. szemlefutás [harisnyán] 5. megrohanás; nagy kereslet (vmben); there was a ~ on the bank megrohanták a bankot; a ~ on rubber nagy kereslet gumiban 6. sorozat, széria; tartam; ~ of the cards lapjárás; a ~ of luck sikersorozat, jó „passz"; have a long ~ (1) hosszú ideje fut/megy/játsszák [darabról, filmről] (2) hosszú ideje tart; in the long ~ (1) végül/végtére is, végeredményben (2) hosszú távra/távon 7. folyás [eseményeké]; alakulás [tényezőké]; irány 8. biz szabad bejárás (of vhova); give free ~ of sg (szabad) rendelkezésre bocsát vmt 9. kifutó, udvar [baromfinak] 10. az átlag(os), a tipikus, a szokásos; common/ordinary ~ (of mankind) a szürke átlag/tömeg, átlagemberek; ~ of the mill átlagos 11. futam [zenében] III. v (pt ran ræn, pp run rʌn; -nn-) A. vi 1. fut, szalad, rohan; ~ home (1) hazaszalad (2) befut a célba; also ran (1) futottak még (2) (főnévként:) egy a próbálkozók közül 2. fut, megy, halad [jármű] 3. jár, működik, megy, üzemben van

[gép]; ~ hot túlhevül, hőnfut 4. közlekedik, jár [busz stb.] 5. fut, (el)terjed [futónövény, tűz]; ~ high háborog, erősen hullámzik [tenger]; feelings ran high nagy volt az izgalom 6. húzódik [hegylánc] 7. szól [szöveg]; so the story ~s így szól/hangzik a történet 8. folyik [folyó]; the tide ~s strong erős a dagály 9. folyik, csepeg [csap, edény stb.]; his nose was ~ning csepegett/ folyt az orra; her eyes were ~ning ömlött szeméből a könny 10. (el)olvad, megfolyósodik; ereszt, fog [textilfesték]; gennyedzik [seb]; the colour will ~ kimegy a színe (mosásban) 11. tart [időben valameddig], érvényben van 12. (ki)terjed; irányul; five days ~ning egymás követő öt napon, öt nap egymás után; the play ran 200 nights a darab 200-szor ment, a darabot 200-szor adták 13. felbomlik, felfeslik [kötés]; szalad a szem (harisnyán) B. vt 1. (le)fut, befut [távolságot]; ~ a mile egy mérföldet fut; ~ a race versenyt fut; ~ the streets az utcákat rója, az utcán él [gyerek] 2. üldöz, kerget; ~ sy close/hard (1) szorongat vkt, nyomában van vknek (2) komoly versenytársa vknek, megközelít vkt; be hard ~ szorongatott/szorult helyzetben van 3. futtat [lovat]; üzemben tart, járat, közlekedtet [közlekedési eszközt], működtet [gépet]; ~ a car autót/kocsit tart 4. vezet [szállodát, üzletet stb.]; irányít; igazgat; kezel [ügyeket]; the hotel is ~ by Mr Brown a szállodát B. úr vezeti 5. folyat, ereszt [vizet stb.]; ~ sy a bath fürdőt készít vknek 6. kiolvaszt; kisüt [vajat] 7. (meg)húz, megvon [vonalat, határt] 8. beszeg, végig varr

run about vi szaladgál, lót-fut

run across vi 1. átszel (vmt), végigmegy (vmn) 2. ~ a. sy összeszalad vkvel

run after vi fut/szalad (vk/vm) után

run against A. vi 1. nekiszalad; beleszalad (vmbe) 2. összetalálkozik, -fut (vkvel) 3. ellenkezik; versenyez vkvel B. vt ~ one's head a. sg belevágja fejét vmbe, fejjel nekiszalad vmnek

run along vi 1. vm mentén halad/
fut/vonul/húzódik 2. ~ a.! futás!,
fuss (el oda)!
run at vi nekiszalad, -rohan, -támad, -megy
run away vi elfut, elszalad; elmenekül; elszökik; ~ a. with sy (1) megszöktet vkt, megszökik vkvel (2) elragad vkt [ló v. indulat]; ~ a. with sg
(1) meglép vmvel (2) fölényesen nyer
[játszmát]
run by vi elfut (vk, vm) mellett
run down A. vi 1. leszalad, lefut; ~
d. sg végigfolyik/lecsordul vmn 2.
lejár [óra], leáll [gép] 3. kimerül
[akku] B. vt 1. elgázol 2. kimerít vkt;
be/feel ~ d. kimerült, le van strapálva
3. elfog, utolér 4. leszól, lehúz a sárga
földig
run for vi 1. érte szalad 2. pályázik
vmre; jelölteti magát [képviselőnek,
elnöknek]
run in A. vi beszalad B. vt 1. bejárat [új járművet] 2. biz letartóztat,
bekísér, előállít
run into A. vi 1. beleszalad, -rohan
(vmbe) 2. átv beleszalad (vkbe), öszszefut (vkvel) 3. ~ i. one another egymásba folyik/olvad 4. ~ i. trouble
bajba jut 5. (vm összegre) rúg 6. the
book ran i. five editions öt kiadás jelent meg a könyvből B. vt ~ one's car
into sg kocsijával nekiszaladt vmnek
run off A. vi elfut; elszökik; ~ o.
with sy vkt megszöktet, megszökik
vkvel; ~ o. with sg meglép vmvel B.
vt 1. kienged, kifolyat [folyadékot] 2.
teljesen elad 3. gyorsan leír 4. (ki-)
nyom [nyomda]; lehúz [sokszorosítógépen] 5. ~ sy o. his feet alaposan
megjárat vkt 6. be ~ o. lefut [ver•
senyt, futamot]
run on A. vi 1. ~ on to odaszalad,
-ér 2. csak beszél (tovább) 3. foglalkozik [vmvel elme, beszéd]; one's
thoughts ~ on sg vmn járnak a gondolatai 3. vt bekezdés nélkül folytat
[nyomtatott szöveget]
run out vi 1. kifut, kiszalad; the tide
is ~ning o. a dagály visszamegy 2.
kifolyik, kicsordul 3. elfogy, kifogy;

~ o. of sg kifogy vmje 4. lejár, letelik
5. kiszögellik
run over vi/vt 1. elgázol (vkt), átmegy [vkn jármű] 2. átfut, átszalad
(vkhez v. vmn); átfut, átnéz (vmt) 3
kifut, túlcsordul [folyadék]
run through vi/vt 1. átfut, átszalad
(vmn); végigpróbál [darabot] 2. nya-
kára hág [pénznek], elver [vagyont]
3. keresztülszúr, leszúr (vkt) 4. áthúz
[tollal]
run to vi 1. odaszalad 2. (vm ösz-
szegbe) kerül, (vm mennyiséget) ki-
tesz, rúg (vmennyire); what will tha
~ to? mibe kerül ez?, mennyi les;
ez?; biz I can't ~ to that erre nekem
nem telik
run up A. vi 1. felfut, felszalad
(vhová); nekifut [atlétikában]; ~ up
to sy (1) odaszalad vekhez (2) másodiknak fut be 2. ~ up against sy összea-
kad vkvel, belebotlik vkbe 3. fel-
nyurgul [növény]; felszökik [ár] B
vt 1. felemel; növel [számlát]; felve;
[áratt]; ~ up a (big) bill nagy számlá
csinál, adósságot csinál [üzletben] 2
gyorsan felhúz [épületet]; sebtiber
összeállít/összeüt [ruhát stb.] 3. fel-
von, felhúz [zászlót]
runabout ['rʌnəbaʊt] n kétüléses kis
autó
runaway ['rʌnəweɪ] I. a (el)szökött, meg
szökött [szerelmesek]; elszabadult,
megvadult [ló] II. n 1. szökevény 2
elszabadult ló
runcible spoon ['rʌnsɪbl] háromágú sa
látáskanál
run-down a kimerült, leromlott
rune [ru:n] n rúna
rung¹ [rʌŋ] n 1. létrafok, hágcsófok 2
széklábösszekötő 3. küllő
rung² [rʌŋ] →ring² II.
runic ['ru:nɪk] a rúnákkal rótt, rúna-
runnel ['rʌnl] n 1. patak(ocska), ér
csermely 2. lefolyó, vízlevezető
runner ['rʌnə*] n 1. futó; (versenyer
induló) ló 2. küldönc, kifutó 3. csem
pész 4. görgő; mozgó csiga 5. é
[korcsolyáé]; (szán)talp 6. csúszópá
lya, -sín 7. futószőnyeg; asztalfutó 8
(harisnyán) leszaladó szem 9. ind.

10. kúszónövény, futónövény 11.
US felhajtó [ügynök]
runner-up n (pl **runners-up**) második helyezett [versenyben]
running ['rʌnɪŋ] I. a 1. futó; ~ fight
mozgóharc; ~ jump ugrás nekifutással/rohammal 2. folyó; folyamatos;
folytatólagos; ~ accompaniment folyamatos kísérőszöveg/kíséret; ~ account
folyószámla; ~ day folyó naptári nap;
~ fire gyorstüzelés, pergőtűz (átv is);
~ hand folyóírás; ~ number folyószám; ~ title élőfej; ~ water folyó víz
3. gennye(d)ző [seb] 4. ~ gear futómű, futószerkezet; ~ knot mozgóhurok II. n 1. futás; US ~ mate alelnökjelölt; ~ track futópálya; be in the
~ van kilátása vmre, ő is fut, esélyes
2. járás, működés [gépé]; in ~ order
üzemképes; ~ in bejáratás, [mint felirat:] bejáratós
running-board n felhágó [autón, mozdonyon]
Runnymede ['rʌnɪmi:d] prop
run-off n 1. túlfolyás 2. döntő mérkőzés
[döntetlen után] 3. pótválasztás
run-of-the-mill [rʌnəvðə'mɪl] a átlagos,
középszerű
runt [rʌnt] n törpe, csenevész [ember,
állat], „tökmag"
run-up n nekifutás, roham
runway n 1. folyómeder 2. (vad)csapás
3. kifutópálya; leszállópálya [reptéren]
4. visszagurító csatorna [tekepályán]
rupee [ru:'pi:] n rupia
Rupert ['ru:pət] prop Rupert ⟨angol
férfinév⟩
rupture ['rʌptʃə*] I. n 1. törés; szakítás
2. repedés, szakadás 3. sérv II. A. vt
1. megrepeszt 2. megszakít [kapcsolatot] 3. sérvet okoz B. vi 1. megszakad, megreped 2. sérvet kap
rural ['rʊər(ə)l] a 1. vidéki, falusi; US
~ free delivery kb. tanyai postaszolgálat 2. mezőgazdasági
ruse [ru:z] n fortély, csel, trükk
rush¹ [rʌʃ] I. n rohanás, roham, tolongás,
tülekedés; ~ order sürgős rendelés; the
~(-)hour(s) a csúcsforgalmi órák,
csúcsforgalom II. A. vi rohan, siet;
tódul, tolong, tülekedik; ~ to conclu-

sions elhamarkodott következtetéseket von le B. vt 1. sürget, siettet, hajszol; don't ~ me! ne zaklass!, ne
siettess! 2. sietve végez (vmt); rohanva/sürgősen visz/szállít; sietve teljesít
[rendelést]; (please) ~! (1) sürgős! (2)
kérem küldjön sürgősen ... 3. rohammal bevesz; megrohan, megrohamoz (átv is)
rush at vi rárohan, nekiront
rush into A. vi beront (vhová) B. vt
belehajszol (vkt vmbe)
rush out vi kirohan, kitódul
rush through vt/vi 1. keresztülhajszol (vmt) 2. ledarál, elhadar (vmt)
rush² [rʌʃ] n káka, szittyó
rush-hour a ~ traffic csúcsforgalom
→rush¹ I.
rushlight n 1. ⟨kákabélből és faggyúból készült gyertya⟩ 2. pislákoló mécs(világ)
rusk [rʌsk] n pirított piskóta
Ruskin ['rʌskɪn] prop
Russell ['rʌsl] prop
russet ['rʌsɪt] a/n 1. sárgásbarna, vörösesbarna (szín) 2. ranett [alma]
Russia ['rʌʃə] prop Oroszország; ~
leather bagariabőr
Russian ['rʌʃn] I. a orosz II. n 1. orosz
[férfi, nő] 2. orosz (nyelv) 3. orosz
nyelvtudás
Russianize ['rʌʃənaɪz] vt (el)oroszosít
Russify ['rʌsɪfaɪ] vt (el)oroszosít
Russophile ['rʌsəfaɪl] a/n oroszbarát
Russophobe ['rʌsəfoʊb] a/n oroszgyűlölő
rust [rʌst] I. n 1. rozsda 2. (gabona-)
üszög II. A. vi (meg)rozsdásodik, rozsdás lesz, berozsdásodik (átv is) B. vt
megrozsdásít, berozsdásít
rustic ['rʌstɪk] I. a 1. parasztos, falusias
2. egyszerű, durván megmunkált; faragatlan (átv is) II. n paraszt
rusticate ['rʌstɪkeɪt] A. vi falun él B. vt
1. ideiglenesen kizár [egyetemről] 2.
rovátkol
rusticity [rʌ'stɪsətɪ] n falusiasság, parasztosság
rustle ['rʌsl] I. n 1. susogás, suhogás 2.
US biz rámenősség II. A. vi 1. suhog,
susog; ropog; zörög 2. US biz rámenősen lép fel B. vt US ☐ lop, elköt
[lovat, marhát]

rustler ['rʌslə*] n US biz marhatolvaj, lótolvaj
rustless ['rʌstlɪs] a rozsdamentes
rustling ['rʌslɪŋ] I. a susogó, suhogó, zörgő, ropogó II. n susogás, suhogás, zörgés, ropogás
rustproof a rozsdamentes
rusty¹ ['rʌstɪ] a 1. rozsdás; üszögös 2. rozsdaszínű 3. átv berozsdásodott 4. kopott, kifakult 5. biz cut up ~, turn ~ megmakacsolja magát, sértődékeny
rusty² ['rʌstɪ] a avas [szalonna]
rut¹ [rʌt] I. n kerékvágás (átv is); get out of the ~ kizökken a rendes kerékvágásból II. vt -tt- nyomot vág [kerék]

rut² [rʌt] I. n bőgés, rigyetés [szarvasé stb.] II. vi -tt bőg, rigyet
Rutgers ['rʌtgəz] prop
Rutherford ['rʌðəfəd] prop
ruthless ['ruːθlɪs] a könyörtelen, kegyetlen, szívtelen
rutting season ['rʌtɪŋ] párzási/üzekedési/rigyetési idő
rutty ['rʌtɪ] a kerékvágásos, szekérnyomos
Ry, ry railway
rye [raɪ] n rozs
rye-bread n rozskenyér
rye-grass n angolperje

S

S,¹ **s** [es] *n* S, s (betű)
S.,² **S** 1. *saint* 2. *society* 3. *South* dél, D
s.³, **s** 1. *second(s)* 2. *shilling(s)*
's 1. = *is, has* 2. (birtokos) →*Függelék*
$ *dollar* dollár
S.A., SA [es'eɪ] 1. *Salvation Army* 2. *South Africa* Dél-Afrika 3. *South America* Dél-Amerika
Sabbatarian [sæbə'teərɪən] *n* szombatos
Sabbath ['sæbəθ] *n* ~ (*day*) 1. szombat [zsidóknál] 2. vasárnap [némely protestánsoknál]
sabbatical [sə'bætɪkl] *a* szombati, szombat-; ~ *year* kutatóév, alkotószabadság [egyetemi tanárnak]
saber →*sabre*
sable ['seɪbl] I. *a* fekete, gyászos II. *n* coboly(prém)
sabot ['sæboʊ] *n* facipő
sabotage ['sæbətɑ:ʒ] I. *n* szabotálás, szabotázs II. *vt* szabotál
saboteur [sæbə'tə:*] *n* szabotáló
sabre, US -ber ['seɪbə*] I. *n* kard, szablya II. *vt* (le)kaszabol
sabre-rattling *n* kardcsörtetés
sac [sæk] *n* zacskó, zsák, tömlő
saccharin ['sækərɪn] *n* szaharin
saccharine ['sækəri:n] *a* cukor tartalmú, cukros; *átv* édeskés
sacerdotal [sæsə'doʊtl] *a* papi
sachet ['sæʃeɪ; US -'ʃeɪ] *n* illatszeres/illatosító zacskó [fehérnemű közé]
sack [sæk] I. *n* 1. zsák; *biz give sy the* ~ kitesz/kirúg vkt [állásából]; *biz get the* ~ kirúgják [állásából] 2. fosztogatás, (ki)rablás [győztes sereg által] II. *vt* 1. zsákol, zsákba rak 2. sarcol, fosztogat, zsákmányol 3. *biz* kirúg [állásából]

sackcloth *n* 1. zsákvászon 2. daróc; *in* ~ *and ashes* hamut hintve fejére
sackful ['sækfʊl] *n* zsáknyi
sacking ['sækɪŋ] *n* 1. zsákvászon, zsákanyag 2. zsákolás 3. kirablás, fosztogatás 4. *biz* kirúgás [állásból]
sack-race *n* zsákfutás
Sackville ['sækvɪl] *prop*
sacral ['seɪkr(ə)l] *a* keresztcsont(táj)i
sacrament ['sækrəmənt] *n* szentség, sákramentum; *receive the S~* áldozik, úrvacsorához járul
sacramental [sækrə'mentl] *a* szentségi
Sacramento [sækrə'mentoʊ] *prop*
sacred ['seɪkrɪd] *a* szentelt; szent; ~ *to the memory of* vk emlékének szentelt; ~ *music* egyházi zene
sacrifice ['sækrɪfaɪs] I. *n* 1. áldozat; áldozás; *offer up a* ~ (fel)áldoz; *make* ~*s* áldozatot hoz 2. *sell sg at a* ~ (v. *at* ~ *prices*) áron alul ad el vmt II. *vt* feláldoz
sacrificial [sækrɪ'fɪʃl] *a* áldozati
sacrilege ['sækrɪlɪdʒ] *n* szentségtörés
sacrilegious [sækrɪ'lɪdʒəs] *a* szentségtörő
sacristan ['sækrɪst(ə)n] *n* sekrestyés
sacristy ['sækrɪstɪ] *n* sekrestye
sacrosanct ['sækrəsæŋkt] *a* szent és sérthetetlen
sacrum ['seɪkrəm] *n* keresztcsont
sad [sæd] *a* (*comp* ~**der** 'sædə*, *sup* ~**dest** 'sædɪst) 1. szomorú, bús 2. sajnálatos, szánalmas szerencsétlen; *US biz* ~ *sack* élhetetlen alak, balfácán
sadden ['sædn] A. *vt* elszomorít B. *vi* elszomorodik
saddle ['sædl] I. *n* 1. nyereg 2. hegynyereg 3. gerinc, hátrész [hús]; ~ *of*

48

mutton ürügerinc II. *vt* 1. felnyergel, megnyergel 2. megterhel
saddle-back *n* 1. (hegy)nyereg 2. nyeregtető
saddle-bag *n* nyeregtáska
saddle-bow *n* nyeregfej, -kápa
saddle-cloth *n* nyeregtakaró
saddle-horse *n* hátasló
saddler ['sædlə*] *n* nyerges; szíjgyártó
saddlery ['sædlərɪ] *n* 1. nyereggyártás 2. (szíjgyártó- és) nyergesműhely 3. (nyergek és) lószerszámok, nyergesáruk
saddle-sore *a* nyeregtől feltört
saddle-tree *n* 1. nyeregfa 2. *US* tulipánfa
sadism ['seɪdɪzm] *n* szadizmus
sadist ['seɪdɪst] *n* szadista
sadistic [sə'dɪstɪk] *a* szadista
sadly ['sædlɪ] *adv* 1. szomorúan 2. siralmasan 3. *biz* szörnyen, nagyon
sadness ['sædnɪs] *n* szomorúság
safari [sə'fɑːrɪ] *n* [afrikai] vadászexpedíció, szafári; ~ *park* kb. vadaspark [ahol a vadállatok autóból tekinthetők meg]
safe [seɪf] I. *a* 1. biztos, biztonságos; ~ *load* megengedett terhelés; ~ *from sg* (1) biztonságban vmtől (2) ment vmtől; *to be on the* ~ *side* a biztonság kedvéért; ami biztos, biztos 2. megbízható, hűséges 3. ép(en), sértetlen(ül); ~ *and sound* (1) ép és egészséges (2) ép bőrrel, épségben, épkézláb [tér haza]; *he saw them* ~ *home* sértetlenül/épségben hazakísérte őket II. *n* 1. páncélszekrény, széf 2. ételszekrény
safe-breaker *n* kasszafúró
safe-conduct *n* 1. menedéklevél 2. szabad közlekedés
safe-deposit *n* páncélszekrény [magánletétek őrzésére]
safeguard I. *n* 1. biztosíték, garancia (*against* vmvel szemben) 2. biztonsági berendezés 3. védelem, oltalom 4. menedéklevél II. *vt* oltalmaz, megvéd, védelmez
safe-keeping *n* megóvás, (biztos) őrizet, megőrzés
safely ['seɪflɪ] *adv* biztosan, biztonságban; nyugodtan; szerencsésen, épségben, minden baj nélkül [érkezik stb.]

safeness ['seɪfnɪs] *n* biztonság, biztosság
safety ['seɪftɪ] *n* 1. biztonság; épség; ~ *first!* legfontosabb a biztonság !; *play for* ~ nem kockáztat; ~ *curtain* [színházi] vasfüggöny; ~ *film* éghetetlen film; ~ *glass* törhetetlen/szilánkmentes/biztonsági üveg; ~ *island* járdasziget; ~ *post* [útmenti] kerékvető cölöp; ~ *regulations* biztonsági rendszabályok/előírások 2. őrizet
safety-belt *n* biztonsági öv
safety-catch *n* biztonsági zár
safety-lamp *n* bányászlámpa
safety-match *n* gyufa
safety-pin *n* biztosítótű, dajkatű
safety-razor *n* zsilett
safety-valve *n* biztonsági szelep, biztosítószelep
saffron ['sæfr(ə)n] *n* sáfrány
sag [sæg] I. *n* megereszkedés, be-, lelógás, süllyedés II. *vi* **-gg-** 1. megereszkedik, besüpped, belóg; meghajlik; petyhüdté válik 2. esik, csökken [ár]
saga ['sɑːgə] *n* monda; ~ (*novel*) családregény
sagacious [sə'geɪʃəs] *a* eszes, okos, értelmes
sagaciousness [sə'geɪʃəsnɪs] *n* = *sagacity*
sagacity [sə'gæsətɪ] *n* okosság, eszesség, értelmesség
sage¹ [seɪdʒ] *a/n* bölcs, józan (ember)
sage² [seɪdʒ] *n* zsálya
sagebrush *n US* zsályacserje
sagged [sægd] → *sag II.*
sagging ['sægɪŋ] I. *a* 1. megereszkedett, megsüppedt, lelógó, meghajló; petyhüdt 2. csökkenő [ár]; ~ *market* gyenge piac II. *n* megereszkedés, megsüppedés, petyhüdtség ‖ → *sag II.*
sago ['seɪgoʊ] *n* szágó
Sahara [sə'hɑːrə; *US* -'heərə] *prop* Szahara
sahib [sɑːb] *n* úr [indiai megszólítás]
said [sed] *a* nevezett, mondott, (fent) említett ‖ → *say II.*
sail [seɪl] I. *n* 1. vitorla; *make* ~ vitorlát bont, felvonja a vitorlákat; *set* ~ (*for*) elhajózik, útnak indul (vhová); *in full* ~ teljes sebességgel, felvont vitorlákkal; *under* ~ úton [hajóról]; *take in* ~

(1) becsavar vitorlát (2) *átv* alább adja 2. (*pl* ~) vitorlás (hajó); *a fleet of twenty* ~ húsz hajóból álló (vitorlás)flotta 3. vitorlázás, utazás vitorlázás, utazás vitorláson; *let's go for a* ~ gyerünk vitorlázni II. A. *vi* 1. vitorlázik; hajózik, hajón megy/utazik; ~ *before the wind* hátszéllel vitorlázik; ~ *near* (v. *close to*) *the wind* (1) (élesen) a széllel szemben vitorlázik (2) *átv* kétes üzelmeket folytat, súrolja a tisztesség határát 2. (el)indul, kifut [hajó] 3. lebeg, siklik [madár levegőben] 4. *biz* tovasuhan, iramlik B. *vt* 1. vezet, kormányoz, navigál [hajót] 2. ~ *the seas* behajózza/bejárja a tengereket

sail-arm *n* szélmalomkerék karja
sailboat *n US* vitorlás (hajó)
sail-cloth *n* vitorlavászon
sailing ['seɪlɪŋ] I. *a* 1. vitorlás; ~ *barge* vitorlás-dereglye; ~ *boat* vitorlás (hajó) 2. vitorlázó II. *n* 1. vitorlázás; hajózás; hajóút; *plain/smooth* ~ egyszerű dolog, sima ügy 2. (el)indulás; *list of* ~*s* menetrendszerű hajójáratok (jegyzéke)
sailing-ship *n* (nagy) vitorlás hajó
sail-maker *n* vitorlakészítő
sailor ['seɪlə*] *n* tengerész, matróz, hajós; *be a bad* ~ nem bírja a tengeri utazást, tengeri betegségre hajlamos; *be a good* ~ jól bírja a tengeri utat; ~ *hat* (1) matrózsapka (2) kerek szalmakalap, zsirardi (kalap); ~ *suit* matrózruha [gyermeknek]; ~*'s yarn* fantasztikus/háryjánoskodó történet
sailplane I. *n* vitorlázó repülőgép II. *vi* vitorlázórepülést végez, vitorlázik
sainfoin ['sænfɔɪn] *n* baltacim
saint (*röv.* St.) [seɪnt; ha tulajdonnévvel kapcsolódik: *GB* sənt, sɪnt, snt; *US* seɪnt] I. *a/n* szent; *All S*~*'s Day* mindenszentek napja (nov. 1.) II. *vt* szentté avat
St. Albans [snt'ɔ:lbənz] *prop*
sainted ['seɪntɪd] *a* megszentelt, szent (emlékű); szentté avatott
sainthood ['seɪnthʊd] *n* szentség (vké), szent volta (vknek, vmnek)
St. James [snt'dʒeɪmz] *prop* (~*'s* [-zɪz])

saintliness ['seɪntlɪnɪs] *n* (élet)szentség
saintly ['seɪntlɪ] *a* 1. szent, tiszta, jámbor 2. szenthez illő
saint's-day *n* búcsú, védőszent névünnepe
saith →*say II.*
sake [seɪk] *n for the* ~ *of* kedvéért; miatt; *for my* ~ kedvemért; *for God's* ~ az Isten szerelmére; *art for art's* ~ öncélú művészet, l'art pour l'art
sal [sæl] *n* só; ~ *volatile* [və'lætəlɪ] repülősó
salaam [sə'lɑ:m] I. *n* ünnepélyes (keleti) köszöntés; mély meghajlás II. *vt* (keleti) ünnepélyességgel köszönt, mélyen meghajlik
salable ['seɪləbl] *a* = *saleable*
salacious [sə'leɪʃəs] *a* buja, érzéki, illetlen, pikáns
salaciousness [sə'leɪʃəsnɪs] *n* bujaság, érzékiség
salacity [sə'læsətɪ] *n* = *salaciousness*
salad ['sæləd] *n* saláta
salad-bowl *n* salátástál
salad-days *n pl* tapasztalatlan ifjúkor; *in one's* ~ kb. zöldfülű korában, éretlen fejjel
salad-dressing *n* majonézes mártás, salátaöntet
salad-oil *n* salátaolaj
salad-servers *n pl* salátáskanál és -villa
salamander ['sæləmændə*] *n* szalamandra, tűzgyík
salami [sə'lɑ:mɪ] *n* szalámi
salariat [sə'leərɪæt] *n* fix fizetésűek, tisztviselőréteg, -társadalom
salaried ['sælərɪd] *a* 1. fix fizetésű [személy]; *the* ~ *classes* a fizetésből élők, a tisztviselőtársadalom 2. fizetéssel járó [állás]
salary ['sælərɪ] I. *n* fizetés, illetmény II. *vt* fizetést ad
sale [seɪl] *n* 1. eladás, (el)árusítás; *on/for* ~ eladó; *find a good* ~ jól kel, kapós; ~*s department* eladási osztály; ~*s engineer* üzletkötő mérnök; ~*s manager* üzletvezető [áruházban]; ~*s promotion* reklámozás; ~*s resistance* vásárolni nem akarás, vásárlók érdektelensége, fogyasztói ellenállás; ~*s*

talk vásárlásra való rábeszélés, reklámbeszélgetés; ~*s tax* forgalmi adó **2.** (engedményes) vásár; kiárusítás; *winter* ~(*s*) téli vásár; ~ *price* engedményes ár **3.** ~ (*by auction*), *public* ~ árverés, aukció **4.** *rendsz pl* eladott árumennyiség/példányok; *high*~*s* nagy példányszám

saleable ['seɪləbl] *a* elad(hat)ó, kelendő, kapós

sale-goer *n* alkalmi vételt kereső, árverésre/aukcióra járó

Salem ['seɪləm] *prop*

sale-room *n* árverési terem/helyiség

salesclerk ['seɪlz-] *n US* [bolti] eladó

salesgirl ['seɪlz-] *n* elárusítólány, eladó

salesman ['seɪlzmən] *n* (*pl* -**men** -mən) **1.** elárusító, eladó, (kereskedő)segéd **2.** kereskedelmi utazó; ügynök, üzletszerző, -kötő

salesmanship ['seɪlzmənʃɪp] *n* eladási készség, az eladás művészete

salespeople ['seɪlz-] *n pl* **1.** elárusítók, eladók **2.** üzletszerzők, -kötők

salesroom ['seɪlz-] *n* **1.** *GB* = *sale-room* **2.** *US* mintaterem (árusítással)

saleswoman ['seɪlz-] *n* (*pl* -**women**) elárusítónő

salicylic [sælɪ'sɪlɪk] *a* szalicil-; ~ *acid* szalicilsav

salient ['seɪljənt] **I.** *a* kiugró, kiszögellő; kiemelkedő, szembeötlő **II.** *n* kiugrás, kiszögellés; párkány

saliferous [sə'lɪfərəs] *a* sótartalmú

salina [sə'laɪnə] *n* sós mocsár

saline I. *a* ['seɪlaɪn; *US* -li:n *is*] sós, sótartalmú **II.** *n* [sə'laɪn; *US* 'seɪ-] **1.** keserűsó, sóoldat **3.** sós mocsár/forrás/tó

salinity [sə'lɪnətɪ] *n* sósság, sótartalom

Salisbury ['sɔ:lzb(ə)rɪ] *prop*

saliva [sə'laɪvə] *n* nyál

salivary ['sælɪvərɪ; *US* -erɪ] *a* nyál-, nyáltermelő; ~ *glands* nyálmirigyek

salivate ['sælɪveɪt] *vi* nyáladzik

salivation [sælɪ'veɪʃn] *n* nyálképződés, nyáladzás, nyálfolyás

sallow¹ ['sæloʊ] *n* fűz(fa)

sallow² ['sæloʊ] **I.** *a* sárgásfakó [arcszín] **II. A.** *vt* sárgít **B.** *vi* sárgul [arcszín]

sally¹ ['sælɪ] **I.** *n* **1.** kirohanás, kitörés [ostromló seregre]; *ma ke a* ~ kirohan kitör **2.** kirándulás **3.** *átv* (érzelem-) kitörés **4.** csintalanság; szellemes ötlet; csipkelődés **II.** *vi* ~ *out* kitör, kiront; ~ *forth* kirándul, kimegy

Sally² ['sælɪ] *prop* Sári; ~ *Lunn* [sælɪ'lʌn] ⟨egy fajta édes meleg teasütemény⟩

sally-port *n* kiskapu [erőd]

salmon ['sæmən] *n* **1.** lazac; ~ *trout* tavaszi pisztráng **2.** lazac(rózsa)szín

Salome [sə'loʊmɪ] *prop* S(z)alóme

salon ['sælɔ:ŋ; *US* sə'lɑn] *n* **1.** szalon **2.** fogadás **3.** *the S*~ tárlat, kiállítás

saloon [sə'lu:n] *n* **1.** díszterem, (nagy-) terem; szalon; *dancing* ~ táncterem; ~ *bar* első osztályú söntés; ~ *deck* első osztályú (hajó)fedélzet; ~ *passenger* első osztályú utas [hajón] **2.** = *saloon-car* **3.** *US* kocsma, italbolt, italmérés, söntés

saloon-car *n* **1.** nagy személygépkocsi, luxuskocsi **2.** *US* (vasúti) termes kocsi

salsify ['sælsɪfɪ] *n* salátabakszakáll

salt [sɔ:lt] **I.** *a* **1.** sós (ízű); (be)sózott; sóban eltett **2.** tengeri, sósvízi; ~ *water* sós víz, tengervíz →*salt-water* **3.** sótartalmú **4.** *átv* csípős, pikáns **II.** *n* **1.** só; *table* ~ asztali só; *eat sy's* ~ vknek a vendége; *with a grain of* ~ fenntartással; *not worth his* ~ nem ér annyit amennyit megeszik; *sit below the* ~ az asztal vége felé ül; *I am not made of* ~ nem vagyok cukorból **2.** csípősség, íz, szellemesség; *Attic* ~ finom szellemesség; attikai só **3.** *biz old* ~ vén tengeri medve **III.** *vt* **1.** (be)sóz, megsóz; ~ *away* (1) besóz, (sóban) eltesz (2) *biz* félretesz [pénzt]; *he's got a bit* ~*ed away* van egy kis pénze dugaszban; ~ *down* besóz, ecetben eltesz **2.** beolt [lovat] **3.** *biz* vmt túlzottan és csalárdul felértékel; meghamisít [pl. számlát]

SALT [sɔ:lt] *Strategic Arms Limitation Talks* hadászati fegyverkorlátozási tárgyalások, SALT

salt-cellar *n* sótartó [emberi testen is]

salted ['sɔ:ltɪd] *a* (be)sózott; sós

salter ['sɔ:ltə*] *n* **1.** besózó **2.** sóbányász **3.** sózotthúsárus **4.** sózódézsa

saltiness ['sɔ:ltɪnɪs] *n* sósság; sós íz

salting ['sɔːltɪŋ] n 1. (be)sózás; ~ tub
sózóhordó, -dézsa 2. immunizálás
saltish ['sɔːltɪʃ] a kissé sós
saltless ['sɔːltlɪs] a sótlan
salt-lick n sózó, nyalató [nagyvadé]
saltpetre, US -peter ['sɔːltpiːtə*] n
salétrom
salt-water a sósvízi, tenger(víz)i
salt-works n pl sópárló telep, sófőző
(üzem), sófinomító
saltwort n ballagófű
salty ['sɔːltɪ] a 1. sós (ízű) 2. szellemes,
csípős, borsos, pikáns
salubrious [sə'luːbrɪəs] a egészséges
[éghajlat]
salubrity [sə'luːbrətɪ] n egészség(esség)
salutary ['sæljʊt(ə)rɪ; US -erɪ] a üdvös,
hasznos
salutation [sælju:'teɪʃn] n üdvözlés,
köszöntés; megszólítás [levélben]
salute [sə'luːt] I. n 1. üdvözlés, köszön-
tés; tisztelgés 2. díszlövés, üdvlövés;
fire a ~ díszlövést/üdvlövést lead
II. A. vt köszönt, üdvözöl, tiszteleg
(vknek); fogad B. vi tiszteleg
Salvador, El [el'sælvədɔː*] prop Salva-
dor(i köztársaság)
salvage ['sælvɪdʒ] I. n 1. (meg)mentés
[hajóé, rakományé]; ~ company ⟨el-
süllyedt hajókat kiemelő vállalat⟩;
~ truck autómentő (gépkocsi) 2. men-
tési jutalom [pénz] 3. megmentett
holmi 4. hulladék/selejt feldolgozása/
hasznosítása 5. hasznosított szemét/
hulladék/selejt II. vt 1. megment
[hajót, rakományt, árut], kiment
[tűzből ingóságot] 2. kiemel [roncsot]
salvation [sæl'veɪʃn] n 1. üdvözítés,
megmentés; S~ Army Üdvhadsereg
2. üdvözülés, üdvösség 3. megmentő
salvationist [sæl'veɪʃ(ə)nɪst] n 1. az
Üdvhadsereg tagja 2. (hivatásos) lé-
lekmentő
salve [sælv; US sæv] I. n kenőcs, (gyógy-)
ír (átv is) II. vt enyhít, csillapít, gyó-
gyít; megnyugtat [lelkiismeretet]
salver ['sælvə*] n tálca
salvo ['sælvoʊ] n (pl ~(e)s -z) üdvlövés,
sortűz
Sam [sæm] prop Samu; biz stand ~
mindenkit megvendégel; biz upon

my ~ becsszavamra !; biz ~ Browne
belt [angol] tiszti derékszíj (antant-
szíjjal)
Samaritan [sə'mærɪt(ə)n] a/n s(z)ama-
ritánus, s(z)amária(bel)i; the good ~
az irgalmas s(z)amaritánus
sambo ['sæmboʊ] n ⟨indián és néger
ivadéka⟩
same [seɪm] I. a/pron ugyanaz, azonos;
it's all/just the ~ mindegy; the same
... as ugyanaz(t), mint ...; the very
~ teljesen/pontosan ugyanaz; at the
~ time (1) ugyanakkor, egyidejűleg
(2) azonban; in the ~ way ugyanúgy;
hasonlóképpen; I did the ~ én is
azt tettem; the ~ to you hasonlókép-
pen !, viszont (kívánom) !; one and
the ~ egy és ugyanaz; biz (the) ~
here! én is !; nekem is ! II. adv ugyan-
úgy; all the ~ ennek/annak ellenére,
mégis; (the) ~ as ... ugyanúgy, mint
..., akárcsak ...
sameness ['seɪmnɪs] n azonosság
Sammy ['sæmɪ] prop Samu(ka)
Samoa [sə'moʊə] prop Szamoa
Samoan [sə'moʊən] a/n szamoai
samovar [sæmoʊ'vɑː*] n szamovár
Samoyed(e) [sæmɔɪ'ed] a/n szamojéd
sample ['sɑːmpl; US -æ-] I. n 1. minta;
take a ~ of mintát vesz (vmből) 2.
kóstoló, mutató II. vt mintát vesz
(vmből); válogat, kipróbál, kóstolgat
sampler ['sɑːmplə*; US -æ-] n minta-
szalag, -hímzés
sampling ['sɑːmplɪŋ; US -æ-] n 1. min-
tavétel 2. kóstolgatás; ~ tube lopó
Samson ['sæmsn] prop Sámson
Samuel ['sæmjʊəl] prop Sámuel, Samu
sanatorium [sænə'tɔːrɪəm] n (pl ~s
-z v. -ria -rɪə) szanatórium
sanctification [sæŋktɪfɪ'keɪʃn] n meg-
szentelés; megünneplés
sanctified ['sæŋktɪfaɪd] a 1. megszen-
telt; szentesített 2. = sanctimonious
sanctify ['sæŋktɪfaɪ] vt 1. megszentel
2. szentesít
sanctimonious [sæŋktɪ'moʊnjəs] a szen-
teskedő, képmutató, álszent
sanction ['sæŋkʃn] I. n 1. szentesítés,
belegyezés 2. jutalom 3. megtorlás,
szankció; take ~s szankciókhoz folya-

modik, megtorlást alkalmaz II. *vt*
megerősít, szentesít, törvényerőre emel
sanctity ['sæŋktətɪ] *n* szentség, sérthetet-
lenség, tisztaság
sanctuary ['sæŋktjʊərɪ; *US* -tʃʊerɪ] *n*
1. szentély 2. menedékhely 3. védett
terület
sanctum ['sæŋktəm] *n* 1. szentély 2. sa-
ját (dolgozó)szoba
sand [sænd] I. *n* 1. homok, föveny;
the ~(s) homokos/fövenyes (tenger-)
part, strand; *the* ~s *are running out*
lejár az idő; *put* ~ *in the wheels* homo-
kot szór a kerekek közé [= szabotál]
2. homokzátony 3. *US biz* mersz,
karakánság, bátorság II. A. *vt* 1.
homokkal felszór/beszór/betemet 2.
csiszolópapírral dörzsöl/csiszol, smirg-
liz B. *vi* ~ *up* elzátonyosodik
sandal ['sændl] *n* szandál, bocskor
sandalwood *n* szantálfa
sandarac ['sændəræk] *n* szandarak;
szandarakfa mézgája
sandbag *n* homokzsák
sand-bank *m* homokzátony
sand-bar *n* homokzátony
sand-blast *n* homokfúvó
sand-box *n* 1. homokszóró láda 2. por-
zótartó
sand-boy *n as happy as a* ~ madarat
lehctne vele fogatni
sand-drift *n* homokfúvás, -bucka
sand-dune *n* homokdűne
sanded ['sændɪd] *a* 1. homokos 2. ho-
mokszínű
sand-eel *n* (lándzsás) homoki angolna
sand-glass *n* homokóra
sand-hill *n* homokbucka, -domb
sandhog *n US biz* 1. homokbányász
2. keszonmunkás
Sandhurst ['sændhəːst] *prop*
sand-lot *n US* grund
sand-man *n* (*pl* -men) *biz* (mesebeli)
álomhozó ember
sand-martin *n* parti fecske
sandpaper I. *n* üvegpapír, dörzspapír,
smirgli II. *vt* smirgliz
sandpiper *n* sárjáró libuc [madár]
sand-pit *n* 1. homokgödör, -bánya 2.
homokozó
sand-shoal *n* homokzátony

sand-shoes *n pl* fürdőcipő; gumitalpú
vászoncipő
sand-spout *n* homoktölcsér [viharban]
sandstone *n* homokkő
sand-storm *n* homokvihar, számum
sandwich ['sændwɪdʒ; *US* 'sæn(d)wɪtʃ]
I. *n* szendvics II. *vt* közbeiktat; *be*
~*ed* (*between*) (köz)beékelődik, beszorul
sandwich-man *n* (*pl* -men) szendvics-
ember ⟨mellén és hátán hirdetőpla-
kátot vivő ember⟩
sandy[1] ['sændɪ] *a* 1. homokos, fövenyes
2. vöröseszőke, vörhenyes 3. bizony-
talan, ingatag
Sandy[2] ['sændɪ] *prop* 1. Sanyi 2. *biz*
skót [skót ember gúnyneve]
sane [seɪn] *a* épelméjű; józan
San Francisco [sænfr(ə)n'sɪskoʊ] *prop*
sang [sæŋ] →*sing*
sanguinary ['sæŋgwɪnərɪ; *US* -erɪ] *a*
1. vérszomjas, kegyetlen 2. véres
sanguine ['sæŋgwɪn] *a* 1. vérvörös 2.
vérmes, szangvinikus, heves 3. biza-
kodó, optimista, derűlátó
sanies ['seɪnɪːz] *n* genny, sebváladék
sanitarium [sænɪ'teərɪəm] *n* (*pl* -taria
-'teərɪə) *US* szanatórium
sanitary ['sænɪt(ə)rɪ; *US* -erɪ] *a* egész-
ség(ügy)i; ~ *conditions* egészségügyi
viszonyok, (köz)egészségügy; ~ *in-
spector* közegészségügyi felügyelő; ~
pad egészségügyi tampon, tampax; ~
towel/napkin havikötő
sanitation [sænɪ'teɪʃn] *n* 1. közegész-
ségügy, higiénia 2. egészségügyi be-
rendezések
sanitize ['sænɪtaɪz] *vt US* higiénikussá
tesz
sanity ['sænətɪ] *n* józan ész, józanság
sank →*sink II.*
sans [sænz] *adv* nélkül
Sanskrit ['sænskrɪt] *a/n* szanszkrit
Santa Claus [sæntə'klɔːz; *US* 'sæn-]
n Mikulás [angol gyerekek karácsony-
kor várják]
sap[1] [sæp] I. *n* 1. nedv [fáé, növényé],
életnedv 2. *átv* életerő II. *vt* -**pp**-
életerőt kiszív (vkből)
sap[2] [sæp] I. *n* futóárok II. *vt/vi* -**pp**-
alapjaiban meggyengít; a(z) gyöke-
reket/alapokat kezdi ki

sap³ [sæp] □ I. *n* hülye, magoló II.
vi -pp- magol, biflázik
sap-head *n* □ hülye
sapience ['seɪpjəns] *n* 1. okosság, böl-
csesség 2. álbölcsesség
sapient ['seɪpjənt] *a* 1. eszes, okos, bölcs
2. beképzelt, öntelt
sapless ['sæplɪs] *a* erőtlen; nedvetlen,
kiaszott (*átv is*)
sapling ['sæplɪŋ] *n* (fa)csemete, suháng
sapper ['sæpə*] *n* utász; műszaki (ka-
tona)
Sapphic ['sæfɪk] *a* szaffói [versforma]
sapphire ['sæfaɪə*] I. *a* zafírkék II.
n zafír
sappy ['sæpɪ] *a* 1. nedvdús 2. életerős
3. □ ütődött, gyüge
sap-wood *n* szíjács(fa)
Saracen ['særəsn] *a/n* szaracén, szere-
csen, mór
Sarah ['seərə] *prop* Sára, Sári
saratoga trunk [særə'toʊgə] *US* ⟨nagy
domború födelű utazóláda⟩, hajóbő-
rönd
sarcasm ['sɑ:kæzm] *n* 1. maró gúny,
szarkazmus 2. csípős/gúnyos megjegy-
zés
sarcastic [sɑ:'kæstɪk] *a* (bántóan) gú-
nyos, csípős, ironikus, szarkasztikus
sarcoma [sɑ:'koʊmə] *n* szarkóma
sarcophagus [sɑ:'kɔfəgəs; *US* -'kɑ-] *n*
(*pl* ~es -gəsɪz v. -gi -gaɪ) szarkofág,
díszkoporsó
sardine [sɑ:'di:n] *n* szardínia v. szardína
[haɪ]; *packed like* ~*s* mint a heringek
[annyira zsúfolva]
Sardinia [sɑ:'dɪnjə] *prop* Szardínia
Sardinian [sɑ:'dɪnjən] *a/n* szárd, szar-
díniai
sardonic [sɑ:'dɔnɪk; *US* -dɑ-] *a* kese-
rűen gúnyos, kaján, cinikus
sari ['sɑ:rɪ] *n* szári ⟨hindu női tóga⟩
sark [sɑ:k] *n sk* ing; hálóing
sarong [sə'rɔŋ] *n* (maláj) szoknya,
szarong
sarsaparilla [sɑ:s(ə)pə'rɪlə] *n* szárcsa-
gyökér, szaszzaparilla [vértisztító fő-
zet]
sartorial [sɑ:'tɔ:rɪəl] *a* szabászati, szabó-
sartorius [sɑ:'tɔ:rɪəs] *n* szabóizom

sash¹ [sæʃ] *n* selyemöv; vállszalag
sash² [sæʃ] *n* 1. tolóablak(keret) 2.
ablakszárny
sash-cord *n* súlyzsinór [tolóablakhoz]
sash-frame *n* ablakkeret
sash-line *n* = *sash-cord*
sash-window *n* (angol rendszerű) toló-
ablak
Sask. *Saskatchewan*
Saskatchewan [səs'kætʃɪwən; *US*
sæs'kætʃəwɑn] *prop*
sass [sæs] *n US biz* visszabeszélés,
pofázás
sassafras ['sæsəfræs] *n* szasszafrász-fa
Sassenach ['sæsənæk] *a/n* (*sk*, *ir*) an-
gol(szász) [rosszallóan]
Sassoon [sə'su:n] *prop*
sassy ['sæsɪ] *a US* = *saucy*
sat [sæt] → *sit*
Sat. *Saturday* szombat
Satan ['seɪt(ə)n] *n* sátán, ördög
Satanic [sə'tænɪk; *US* seɪ-] *a* sátáni,
ördögi
satchel ['sætʃ(ə)l] *n* (iskola)táska
sate [seɪt] *vt* = *satiate*
sated ['seɪtɪd] *a* jóllakott, kielégült,
eltelt
sateen [sæ'ti:n] *n* félszatén
satellite ['sætəlaɪt] *n* 1. mellékbolygó,
hold [bolygóé] 2. (*artificial*) ~ mű-
bolygó 3. csatlós; ~ *town* előváros,
peremváros
satiable ['seɪʃjəbl] *a* kielégíthető
satiate ['seɪʃɪeɪt] *vt* kielégít, jóllakat,
teletöm, eltölt; *be* ~*d with sg* megcsö-
mörlik vmtől
satiety [sə'taɪətɪ] *n* kielégültség, jólla-
kottság
satin ['sætɪn] I. *n* szatén, atlaszselyem
II. *vt* atlaszfényt ad (vmnek)
satin-stitch ferde gobelinöltés
satin-wood *n* selyemfa
satiny ['sætɪnɪ] *a* fényes, atlaszfényű
satire ['sætaɪə*] *n* szatíra, gúnyirat
satirical [sə'tɪrɪkl] *a* szatirikus, ironikus,
gúnyos
satirist ['sætərɪst] *n* szatíraíró
satirize ['sætəraɪz] *vt* kigúnyol
satisfaction [sætɪs'fækʃn] *n* 1. kielégí-
tés, elégtétel 2. kielégülés; megelége-
dés, elégedettség; megnyugvás

satisfactorily [sætɪs'fækt(ə)rəlɪ] adv kielégítően
satisfactory [sætɪs'fækt(ə)rɪ] a kielégítő, elégséges, megnyugtató, megfelelő
satisfy ['sætɪsfaɪ] vt 1. kielégít, megnyugtat; be satisfied meg van elégedve; rest satisfied megelégszik ennyivel, kielégítőnek talál (with vmt); ~ the examiners átmegy a vizsgán 2. eleget tesz [követelésnek, kívánalomnak]; megfizet 3. eloszlat [kétséget]
satisfying ['sætɪsfaɪɪŋ] a 1. kielégítő, megnyugtató 2. kiadós [étel]
satrap ['sætrəp] n 1. s(z)atrapa [ókori Perzsiában] 2. kényúr
saturate ['sætʃəreɪt] vt telít, átitat
saturated ['sætʃərɪtɪd] a telített, átitatott, átázott
saturation [sætʃə'reɪʃn] n telítés, átitatás; telítettség; ~ bombing szőnyegbombázás; ~ point telítettségi határ
Saturday ['sætədɪ v. -deɪ] n szombat
Saturn ['sætən] prop Szaturnusz
saturnine ['sætənaɪn] a 1. bús, komor, mogorva 2. ólom-; ~ red mínium
satyr ['sætə*] n szatír
sauce [sɔːs] I. n 1. mártás, szósz; what is ~ for the goose is ~ for the gander ami nekem jó, az legyen neked is jó 2. fűszer, ízesítő 3. US párolt gyümölcs 4. (garden) főzelék; köret, körítés 5. biz szemtelenség; none of your ~! ne feleselj!, fogd be a szád!; what ~! micsoda szemtelenség! II. vt 1. fűszerez, ízesít 2. biz szemtelenkedik, felesel
sauce-boat n mártásoscsésze
sauce-box n biz szemtelen alak/kölyök
saucepan ['sɔːspən; US -pæn] n (nyeles) serpenyő
saucer ['sɔːsə*] n csészealj
saucer-eyed a nagy/kerek szemű
sauciness ['sɔːsɪnɪs] n szemtelenség, pimaszság, feleselés
saucy ['sɔːsɪ] a 1. szemtelen, pimasz, feleselő; ~ baggage szemtelen srác/kölyök/fruska 2. biz elegáns, pikánsan sikkes; a ~ little hat hetyke kis kalap
Saudi Arabia [saʊdɪə'reɪbɪə] prop Szaúd-Arábia

sauerkraut ['saʊəkraʊt] n savanyú káposzta
Saul [sɔːl] prop
sauna ['sɔːnə] n szauna
saunter ['sɔːntə*] I. n séta, őgyelgés II. vi ballag, bandukol, őgyeleg
saurian ['sɔːrɪən] n gyík
sausage ['sɔsɪdʒ; US 'sɔ:-] n kolbász; Paris ~ apró kolbászka; Frankfurt ~ virsli; ~ balloon megfigyelőléggömb
sausage-dog n GB biz dakszli
sausage-meat n kolbásztöltelék
sausage-roll n zsemlében sült kolbász
sauté ['souteɪ; US -'teɪ] I. a hirtelen sült II. vt hirtelen kisüt; pirít
savage ['sævɪdʒ] I. a 1. vad, barbár, műveletlen, civilizálatlan; kegyetlen; szilaj 2. biz dühös, mérges; grow ~ dühbe gurul, „megvadul" II. n 1. vadember, vad bennszülött; ~s (a) vadak, vademberek 2. vad/durva/kegyetlen ember III. vt vadul megtámad (és megharap); megtapos
savageness ['sævɪdʒnɪs] n vadság, kegyetlenség, barbarizmus, brutalitás
savagery ['sævɪdʒ(ə)rɪ] n vadság, kegyetlenség, barbarizmus; live in ~ barbár módon él
savanna(h) [sə'vænə] n szavanna
save [seɪv] I. n védés [futballban] II. prep kivéve III. A. vt 1. megment, megóv, -véd (from vmtől); ~ sy from drowning kiment vkt a vízből 2. megkímél (sy sg vkt vmtől); ~ sy the trouble of doing sg megkímél vkt attól a fáradságtól, hogy...; ~ sy the expense of... megkímél vkt vmnek a költségétől; ~ your breath! kár a szót vesztegetni!; write hurriedly to ~ the post siess az írással, hogy elérd a postát 3. félretesz; megtakarít, megspórol; that will ~ me £50 ezzel megtakarítok 50 fontot; ~ one's strength beosztja az erejét, takarékoskodik az erejével; ~ time időt nyer 4. megvált, üdvözít B. vi 1. ~ (up) (for sg) félretesz, gyűjt, spórol (vmre), takarékoskodik 2. véd [futballban]
saveloy [sævə'lɔɪ] n szafaládé
saver ['seɪvə*] n 1. megmentő, megszabadító 2. (anyag- stb.) megtaka-

rító (készülék) B. takarékos ember, jó gazda
saving ['seɪvɪŋ] I. *a* (meg)mentő, megvédő; ~ *grace* (1) megszentelő kegyelem (2) vmnek a jó oldala (3) mentő körülmény II. *n* 1. megmentés, -szabadítás 2. megtakarítás; takarékoskodás, takarékosság 3. **savings** *pl* megtakarított pénz; ~*s account* takarékbetét-számla; ~*s bank* takarékpénztár; ~*s book* takarékbetétkönyv 4. fenntartás, kikötés, kivétel III. *prep/conj* kivéve, hacsak nem, csak éppen; † ~ *your presence* tisztesség ne essék szólván
saviour, *US* **-ior** ['seɪvjə*] *n* megmentő; *the S*~ a Megváltó, az Üdvözítő
savor(...) →*savour*(...)
savory[1] →*savoury*
savory[2] ['seɪv(ə)rɪ] *n* borsfű, csombord
savour, *US* **-vor** ['seɪvə*] I. *n* 1. íz, zamat, aroma 2. *átv* nyoma vmnek II. A. *vt* 1. ízesít 2. ízét/zamatát érzi, ízlel B. *vi* ~ *of sg* (1) vmlyen ízű (2) kiérzik belőle vm, érződik rajta vm
savouriness ['seɪv(ə)rɪnɪs] *n* 1. ízletesség 2. kellemes illata/íze vmnek
savourless ['seɪvəlɪs] *a* 1. ízetlen 2. szagtalan
savoury, *US* **-vory** ['seɪv(ə)rɪ] I. *a* 1. jóízű, íz(let)es, kellemes ízű, élvezetes 2. kellemes/jó szagú 3. sós; pikáns [ízű] II. *n* ⟨erősen fűszerezett nem édes utóétel⟩; pikáns étel, ínyencfalat
savoy[1] [sə'vɔɪ] *n* fodorkel
Savoy[2] [sə'vɔɪ] *prop* Szavoja
savvy ['sævɪ] □ I. *n* hozzáértés, ész II. *vt* ért, kapiskál; *no* ~ nem értem
saw[1] [sɔ:] I. *n* fűrész II. *vt/vi* (*pt* ~ed sɔ:d, *pp* ~n sɔ:n *US* ~ed) fűrészel; ~ *the air* kapálódzik, hadonászik
saw[2] [sɔ:] *n* szólásmondás, közmondás
saw[3] →*see*[1]
sawbones *n* □ sebész, „hentes"
saw-buck *n US* 1. fűrészbak 2. □ tízdolláros
sawder ['sɔ:də*] *n biz soft* ~ hízelgés, „olaj"
sawdust *n* fűrészpor
sawed-off ['sɔ:d-] *a* lefűrészelt; ~

shotgun rövidre vágott csövű vadászpuska
sawfish *n* fűrészhal
saw-fly *n* levéldarázs
saw-frame *n* fűrészkeret
saw-horse/jack *n* fűrészbak
sawmill *n* fűrészmalom
sawn [sɔ:n] *a* ~ *timber* fűrészáru ‖ →*saw*[1] II.
sawn-off *a* = *sawed-off*
saw-set *n* fűrészfog-hajtogató (szerszám)
saw-tooth *n* (*pl* **-teeth**) fűrészfog
saw-toothed *a* fogazott, fűrészfogú
sawyer ['sɔ:jə*] *n* fűrészelő (munkás)
sax [sæks] *n* palafedő-kalapács
saxifrage ['sæksɪfrɪdʒ] *n* kőtörőfű, kőtörőke
Saxon ['sæksn] *a/n* szász
Saxony ['sæks(ə)nɪ] *prop* Szászország
saxophone ['sæksəfoʊn] *n* szakszofon
saxophonist [sæk'sɔfənɪst; *US* 'sæksəfoʊnɪst] *n* szakszofonjátékos
saxpence ['sækspəns] *n* □ = *sixpence; bang went* ~*!* 6 penny ugrott
say [seɪ] I. *n* mondás, mondóka, mondanivaló; beleszólás; *let him have his* ~ hagyd beszélni; *have a* ~ *in the matter* van beleszólása/mondanivalója; *it's my* ~ *now* én tettem le a garast II. *vt/vi* (*pt/pp* **said** sed, jelen idő egyes szám 3. szem. **says** sez, régiesen **sayeth** 'seɪəθ v. **saith** seθ) mond, kijelent, kimond, elmond; említ; beszél, kifejez; *you don't* ~ (*so*)*!* ugyan *!*, ne mondja *!*; *biz I* ~*!* (1) mondja kérem *!*, ide hallgasson *!*, hé *!* (2) lehetetlen *!*, ejha *!*, nahát *!*; *that is to* ~ azaz; *who shall I* ~*?* kit jelenthetek be*?*; *what do you* ~*?* (1) hogy mondod*?*, tessék*?* (2) mit szólsz (hozzá); *what do you* ~ *to a drink* nem innánk egyet*?*; *what did you* ~*?* hogy mondta(d)*?*, tessék*?*; *so to* ~ hogy úgy mondjam, úgy szólván; *you might as well* ~ azt is lehetne mondani; *it goes without* ~*ing* ez magától értetődik; *I must* ~ *...* őszintén bevallva; *to* ~ *nothing of* ... nem is említve; *there is much to be said for* ... sok szól amellett, hogy; *it is said that* ..., *they* ~ *...* azt beszélik (,hogy) ...; *he*

is said to be rich azt mondják, hogy gazdag; *what I ~ is*... nekem az a véleményem, szerintem; *I should ~ not* szerintem nem; azt hiszem, hogy nem; *(let us) ~* ... mondjuk ...; *come have lunch with me one day, ~ Sunday* gyere el egy nap ebédre, mondjuk vasárnap; *so you ~* mondod te [de én kétlem]; *~ what you will* mondhat(sz) amit akar(sz); *you don't mean to ~* talán csak nem akarod (ezzel) azt mondani?; *~ when* szólj ha elég [ital töltésekor]; *when all is said and done* mindent összevéve; *what can you ~ for yourself?* mit tud(sz) felhozni mentségedre?; *~ out* nyíltan kimond; *~ over* ismétel(get) **saying** ['seɪɪŋ] *n* 1. mondás; közmondás, szólásmondás; *as the ~ goes/is* ahogy mondani szokás 2. kijelentés; *there is no ~* mit lehet tudni
S.C. [es'si:] 1. *South Carolina* 2. *Special Constable* 3. *Supreme Court*
Sc *scene* jelenet, kép
sc. scilicet (= *namely*) tudniillik, ti.
scab [skæb] I. *n* 1. var, heg, varasodás, ótvar 2. rüh(esség) 3. *biz* sztrájktörő; piszok alak II. *vi* -bb- (be)varasodik
scabbard ['skæbəd] *n* hüvely [kardé]
scabbiness ['skæbɪnɪs] *n* 1. varasság 2. rühesség 3. *biz* piszkos zsugoriság
scabby ['skæbɪ] *a* 1. varas, heges 2. rühes, koszos 3. *biz* smucig
scabies ['skeɪbɪ:z] *n* rüh(esség)
scabious ['skeɪbjəs] I. *a* rühes, koszos II. *n* ördögszem [növény]
scabrous ['skeɪbrəs] *a* 1. érdes, reszelős, dorozsmás 2. sikamlós, illetlen
scaffold ['skæf(ə)ld] I. *n* 1. (épület)állvány, állványzat 2. emelvény, tribün, lelátó 3. vesztőhely, akasztófa; *mount the ~* vérpadra lép II. *vt* állványoz
scaffolding ['skæf(ə)ldɪŋ] *n* 1. állványzat 2. állványozás
scalable ['skeɪləbl] *a* megmászható
scalawag ['skæləwæg] *n US* = *scallywag*
scald¹ [skɔ:ld] I. *n* forrázás(i seb) II. *vt* 1. (le)forráz 2. felforral [tejet]; *~ed cream* forralt tej föle
scald² [skɔ:ld] *n* s(z)kald [skandináv dalnok]

scalding ['skɔ:ldɪŋ] I. *a* forró; *~ tears* keserű könnyek II. *n* 1. leforrázás 2. (fel)forralás
scale¹ [skeɪl] I. *n* 1. pikkely; hártya; héj 2. hályog; *átv the ~s fell from his eyes* a hályog lehullott a szeméről 3. korpa [fejen]; lehámló réteg 4. fogkő; vízkő, kazánkő; fémhab; salak; pernye II. A. *vt* 1. lepikkelyez [halat] lekapar, levakar; lehántja/lehúzza a héját/kérgét (vmnek) 2. vízkőtől/kazánkőtől megtisztít B. *vi ~ (off)* lehámlik; lepattogzik, leválik
scale² [skeɪl] I. *n* mérlegserpenyő; *(pair of) ~s* mérleg; *turn the ~s* (vk javára) billenti a mérleget, eldönti a kérdést; *turn the ~ at 12 stone* 76,2 kilót nyom; *hold the ~s even* igazságosan ítél/bíráskodik II. *vt* ... súlyú, (vmennyit) nyom
scale³ [skeɪl] I. *n* 1. fokbeosztás, skála [hőmérőn, műszeren]; méretarány, lépték [térképen]; arány, méret; *a map on the ~ of 10 kilometres to the centimetre* 1:1 000 000 méretarányú térkép; *draw sg to ~* vmt arányosan kicsinyítve rajzol; *on a small ~* szerény keretek között, kicsiben 2. számrendszer 3. *átv* létra, lépcső; *social ~* társadalmi ranglétra; *sink in the ~* lecsúszik, alacsonyabb sorba/rangba kerül; *~ of wages* bérskála 4. skála, hangsor; *practise ~s* skálázik II. *vt* 1. megmászik (vmt), felmászik (vmre) 2. mérték szerint felvázol, fokozatokra oszt 3. arányosít; *~ down* arányosan kisebbít/csökkent; *~ up* arányosan felemel
scale-beam *n* mérleg karja
scaled [skeɪld] *a* 1. pikkelyes 2. lepikkelyezett
scale-drawing *n* (arányos) méretrajz
scale-insect *n* pajzstetű
scale-model *n* mérethű modell, makett
scalene ['skeɪli:n] *a* egyenlőtlen oldalú
scale-pan *n* mérlegcsésze, -serpenyő
scaliness ['skeɪlɪnɪs] *n* pikkelyesség
scaling¹ ['skeɪlɪŋ] *n* 1. lepikkelyezés, vízkőeltávolítás 2. lehámlás, rétegleválás 3. rétegképződés, vízkőképződés

scaling² ['skeɪlɪŋ] *n* megmászás; ~ *ladder* tűzoltólétra, várostromló létra
scallion ['skæljən] *n* mogyoróhagyma
scallop ['skɔləp; *US* -ɑ-] I. *n* 1. fésűkagyló; kagylóhéj 2. sütőlábas 3. *rendsz pl* csipkézés, díszítő kivágás, hornyolás II. *vt* 1. kagylóban/cocotte--ban süt 2. kb. bundáz, paníroz 3. (hullámosan) kicsipkéz, (ki)cakkoz
scallop-shell *n* kagylóhéj
scallywag ['skælɪwæg] *n* semmirekellő
scalp [skælp] I. *n* skalp [lenyúzott fejbőr és hajzat]; *biz be out for* ~*s* áldozatra/ „skalpra" vadászik; *have the* ~ *of sy* vkt legyőz; ~ *treatment* fejbőrmasszázs II. *vt* (meg)skalpol
scalpel ['skælp(ə)l] *n* sebészkés, szike
scaly ['skeɪlɪ] *a* 1. pikkelyes 2. hályogos 3. (pikkelyesen) hámló; korpás [fejbőr] 4. vízköves, kazánköves
scamp¹ [skæmp] *n* csirkefogó, betyár
scamp² [skæmp] *vt* hanyagul összecsap (vmt)
scamper¹ ['skæmpə*] I. *n* gyors szökellés II. *vi* iramodik, szalad; ~ *about* szökdécsel; ~ *away* elillan, megugrik
scamper² ['skæmpə*] *n* kontár
scan [skæn] I. *n* vizsgáló pillantás II. *v* -nn- A. *vt* 1. (meg)vizsgál, kutat, jól megnéz 2. *biz* (felületesen) átfut [újságot stb.] 3. ütemez, skandál [verset] 4. letapogat [képet elektronikusan]; (radarsugárral) átkutat [területet] B. *vi* skandálható
scandal ['skændl] *n* 1. botrány, skandalum, szégyen 2. rágalom, pletyka, megszólás
scandalize ['skændəlaɪz] *vt* 1. megbotránkoztat 2. gyaláz, rágalmaz
scandal-monger *n* pletykafészek, -hordó
scandal-mongering *n* (rosszindulatú) pletykázás
scandalous ['skændələs] *a* 1. botrányos, megbotránkoztató, felháborító 2. rágalmazó, becsületsértő; pletykás
Scandinavia [skændɪ'neɪvjə] *prop* Skandinávia
Scandinavian [skændɪ'neɪvjən] *a/n* skandináv(iai)
scanning ['skænɪŋ] *n* 1. (alapos) meg-

vizsgálás 2. képletapogatás [elektronikusan] 3. skandálás || →*scan II.*
scansion ['skænʃn] *n* 1. ütemezés, skandálás 2. versmérték
scansorial [skæn'sɔːrɪəl] *a* kúszó [madár], kapaszkodó
scant [skænt] I. *a* hiányos, szűkös, gyér, csekély, kevés; ~ *of breath* lihegő, kifulladt; ~ *of speech* szűkszavú II. *vt* szűken mér
scantily ['skæntɪlɪ] *adv* gyéren, hiányosan, szűkösen, alig
scantiness ['skæntɪnɪs] *n* hiányosság, szűkösség, szegényesség
scantling ['skæntlɪŋ] *n* 1. kis adag, szükséges mennyiség 2. rövid szerkezeti fa; négyzetfa 3. ászokfa 4. minta(darab)
scantly ['skæntlɪ] *adv* 1. gyéren, hiányosan, szűk(ös)en 2. alig
scanty ['skæntɪ] *a* hiányos, gyér, szegényes, elégtelen, szűk
scapegoat ['skeɪpgəʊt] *n* bűnbak
scapegrace ['skeɪpgreɪs] *n* semmirekellő, csirkefogó, csibész
scapula ['skæpjʊlə; *US* -pjə-] *n* (*pl* ~*e* -liː) lapocka(csont)
scapulary ['skæpjʊlərɪ; *US* -pjələrɪ] *n* skapuláré
scar [skɑː*] I. *n* forradás, heg(edés), sebhely II. *v* -rr- A. *vt* forradást/ sebhelyet hagy B. *vi* ~ (*over*) beheged
scarab ['skærəb] *n* s(z)karabeusz, ganajtúró bogár
scarce [skeəs] *a* ritka, gyér, kevés; nehezen található/kapható; *biz make oneself* ~ elillan
scarcely ['skeəslɪ] *adv* alig; bajosan; ~ *ever* szinte soha
scarcity ['skeəsətɪ] *n* hiány, vmnek szűke; ritkaság
scare [skeə*] I. *n* ijedelem, rémület, pánik II. *vt* megijeszt, megrémít; ~ *away* elriaszt
scarecrow *n* madárijesztő
scared [skeəd] *a* ijedt, begyulladt; ~ *to death* halálra rémült
scare-head(ing) *n* nagybetűs szenzációs (újságcikk)cím
scare-monger *n* rémhírterjesztő
scare-mongering *n* rémhírterjesztés

scarf¹ [skɑ:f] *n* (*pl* scarves skɑ:vz v. ~s skɑ:fs) 1. sál 2. nyakkendő
scarf² [skɑ:f] *n* (*pl* ~s -s) ferde lapolás
scarf-joint *n* lapolt illesztés, csapozás
scarf-skin *n* felhám, bőr [köröm tövén]
scarf-wise *adv* rézsútosan
scarify ['skeərɪfaɪ] *vt* 1. bemetsz, megkarcol, bevagdal [bőrt] 2. fellazít [talajt]; feltép [útburkolatot] 3. *biz* leránt, lehúz [kritikailag]
scarlet ['skɑ:lət] *a*/*n* skarlát(piros), élénkvörös; *the King's* ~ angol katonai egyenruha; ~ *fever* vörheny, skarlát; ~ *hat* bíborosi kalap; ~ *runner* törökbab; ~ *woman* (1) parázna nőszemély (2) a pogány Róma; *turn* ~ mélyen elpirul
scarp [skɑ:p] *n* meredek lejtő
scarred [skɑ:d] *a* 1. forradásos, sebhelyes 2. ráncos, redős ‖→*scar II.*
scarry ['skɑ:rɪ] *a* forradásos, sebhelyes
scarves →*scarf¹*
scary ['skeərɪ] *a biz* 1. ijesztő, rémítő 2. ijedező, (be)ijedős
scat [skæt] *int biz* sicc!, hess!
scathing ['skeɪðɪŋ] *a* maró, csípős, kegyetlen, gyilkos [kritika stb.]
scatological [skætə'lɔdʒɪkl; *US* -'lɑ-] *a* trágár [különösen ürülékkel kapcsolatban]
scatter ['skætə*] I. *n* szórás [töltényé] II. A. *vt* 1. (szét)hint, (szét)szór, elszór 2. eloszlat, szétoszlat 3. szertefoszlat, meghiúsít 4. (el)terjeszt B. *vi* eloszlik, szétoszlik, (szét)szóródik, elszéled
scatter-brain *n* szórakozott/figyelmetlen ember
scatter-brained *a* szórakozott, kelekótya, figyelmetlen
scattered ['skætəd] *a* elszórt, szétszórt; *thinly* ~ *population* elszórtan/szétszórtan élő lakosság
scattering ['skæt(ə)rɪŋ] *n* 1. (szét)szórás 2. szétszóródás 3. kis/csekély szám
scatty ['skætɪ] *a GB biz* bolondos
scavenge ['skævɪndʒ] *vt* söpör [utcát]
scavenger ['skævɪndʒə*] *a* 1. utcaseprő, köztisztasági alkalmazott 2. dögevő állat
scavenger-beetle *n* temetőbogár

scenario [sɪ'nɑ:rɪou; *US* -'neər-] *n* szövegkönyv, forgatókönyv
scenarist ['si:nərɪst; *US* sɪ'neər-] *n* szövegkönyvíró, forgatókönyvíró
scene [si:n] *n* 1. színhely; *the* ~ *is laid in London* a cselekmény L.-ban játszódik, a színhely L. 2. szín, kép, jelenet; *make a* ~ jelenet csinál 3. (színpadi) díszlet, kulissza; *behind the* ~*s* a kulisszák mögött 4. szín(pad); *come on the* ~ megjelenik a színen, színre lép 5. látvány, kép; táj
scene-painter *n* díszletfestő
scenery ['si:nərɪ] *n* 1. díszlet(ek), színfalak 2. kép, látvány, táj
scene-shifter *n* díszletező(munkás), kulisszatologató
scenic ['si:nɪk] *a* 1. színpadi(as); ~ *effects* színpadi hatások 2. festői, látványos, kies; szép/festői tájon átvezető [út stb.]; ~ *railway* kb. szellemvasút, barlangvasút
scent [sent] I. *n* 1. [kellemes] illat, [jó] szag 2. illatszer, parfüm 3. szaglás, szimat 4. szag [vad nyomában]; nyom, csapa; *follow up* ~ követi a nyomát; *lose* ~ elveszíti a nyomát; *(be) on the* ~ nyomon van; *put sy on false* ~, *put sy off the* ~ hamis nyomra vezet vkt II. *vt* 1. (be)illatosít 2. szagol, (meg)szimatol; ~ *(out)* kiszaglász, kiszimatol, kinyomoz
scent-bottle *n* illatszeres üveg(cse)
scented ['sentɪd] *a* 1. illatos(ított), szagos, jó szagú 2. jó szagú, jó szimatú
scentless ['sentlɪs] *a* szagtalan
scent-spray *n* illatszerszóró, parfüm
scepter(ed) →*sceptre, sceptred*
sceptic(al), *US* skep- ['skeptɪk(l)] *n* kételkedő, szkeptikus
scepticism, *US* skep- ['skeptɪsɪzm] *n* két(el)kedés, szkepticizmus
sceptre, *US* -ter ['septə*] *n* jogar, királyi kormánypálca/hatalom
sceptred, *US* -tered ['septəd] *a* uralkodó(i)
schedule ['ʃedju:l; *US* 'skedʒʊl] I. *n* 1. táblázat, jegyzék; toldalék, függelék; kérdőív 2. (munka)terv, ütemterv; ütemezés; *on* ~, *(according) to* ~

terv szerint, (határ)időre, pontosan; *full/heavy* ~ szoros/sűrű program **3.** *US* menetrend; órarend; *on* ~ menetrend szerint **II.** *vt* **1.** táblázatba/ jegyzékbe foglal **2.** *US* tervbe iktat; (be)tervez, beütemez; *be* ~*d* tervbe van véve, szerepel a programban; *as* ~*d* menetrend/program szerint **scheduled** ['fedju:ld; *US* 'skedʒʊld] *a* menetrendszerű
schematic [skɪ'mætɪk; *US* ski:-] *a* vázlatos, sematikus
scheme [ski:m] *n* **I.** *n* **1.** terv(ezet), vázlat; táblázat; összeállítás, elrendezés **2.** cselszövés, cselszövény **II. A.** *vt* vázol, tervez, tervbe vesz **B.** *vi* rosszban sántikál, intrikál, mesterkedik
schemer ['ski:mə*] *n* cselszövő
scheming ['ski:mɪŋ] **I.** *a* intrikus, áskálódó **II.** *n* **1.** cselszövés, intrika **2.** tervezés
schism ['sɪzm] *n* (hit)szakadás, szkizma
schismatic [sɪz'mætɪk] *a/n* szakadár
schist [ʃɪst] *n* agyagpala, kristályos pala
schizophrenia [skɪtsə'fri:njə; *US* skɪzə-] *n* tudathasadás, szkizofrénia
schizophrenic [skɪtsə'frenɪk; *US* skɪzə-] *a* tudathasadásos, szkizofrén
schnorkel ['ʃnɔ:kəl] *n* = *snorkel*
scholar ['skɔlə*; *US* -ɑ-] *n* **1.** tudós **2.** ösztöndíjas **3.** † tanuló, diák
scholarly ['skɔləlɪ; *US* -ɑ-] *a* tudós, tudományos
scholarship ['skɔləʃɪp; *US* -ɑ-] *n* **1.** tudományosság, humán tudományok **2.** ösztöndíj; ~ *holder* ösztöndíjas
scholastic [skə'læstɪk] *a* **1.** skolasztikus **2.** vaskalapos, tudós(kodó) **3.** iskolai; ~ *agency* tanárokat/pedagógusokat elhelyező iroda; ~ *profession* tanári/tanítói/pedagógusi pálya
scholasticism [skə'læstɪsɪzm] *n* skolasztika
school¹ [sku:l] **I.** *n* **1.** iskola; ~ *age* iskolaköteles/tanköteles kor; ~ *attendance* iskolalátogatás; ~ *children* iskolások; ~ *doctor* iskolaorvos; ~ *exercise* iskolai dolgozat; ~ *fee(s)* tandíj; ~ *year* tanév; *go to* ~, *be at* ~ iskolába jár; *what* ~ *were you at?* hol jártál

iskolába? **2.** tanítás, iskola(i oktatás) **3.** iskolaépület(ek); tanterem, osztály; tagozat; *upper* ~ felső tagozat **4.** kar, fakultás [egyetemen]; *medical* ~ orvosi egyetem/fakultás/kar **5.** vizsgáztató- és előadóterem [Oxfordban] **6.** iskola, irányzat; *one of the old* ~ régi vágású ember **7.** iskola [mint módszer]; *violin* ~ hegedűiskola **II.** *vt* iskoláztat, nevel, tanít, oktat; ~ *a horse* lovat iskoláz/betanít
school² [sku:l] *n* (együtt úszó) halraj
schoolbag *n* iskolatáska
school board *n US* ⟨területi iskolafelügyeleti szerv⟩
school-book *n* tankönyv
schoolboy *n* diák, iskolásfiú
school-dame *n* falusi óvoda/iskola vezetőnője, tanítónő
school-day *n* **1.** tanítási nap **2.** **school-days** *pl* diákévek; *in my* ~*s* amikor én még iskolába jártam, iskoláskoromban
school-fellow *n* iskolatárs
schoolgirl *n* iskoláslány, diáklány
school-house *n* **1.** iskolaépület **2.** igazgatói lakás
schooling ['sku:lɪŋ] *n* **1.** iskoláz(tat)ás, taní(tta)tás, nevelés **2.** tandíj
school-inspector *n* tanfelügyelő, szakfelügyelő
school-leaver *n* végzős
school-ma'am [-mæm] *n* = *school-marm*
school-marm [-mɑ:m] *n biz* tanítónő, tanítónéni
schoolmaster *n* **1.** iskolaigazgató **2.** tanár, pedagógus
schoolmastering [-mɑ:stərɪŋ] *n* tanítás, pedagógusi pálya
school-mate *n* iskolatárs
schoolmiss *n* iskoláslány, diáklány
schoolmistress *n* tanárnő, tanítónő
schoolroom *n* tanterem; tanulószoba
school-teacher *n* tanító(nő)
school-time *n* tanítási idő
schooner ['sku:nə*] *n* **1.** szkúner ⟨kétárbocos gyors járású hajó⟩ **2.** *US* söröskorsó
sciatic [saɪ'ætɪk] *a* csípő-; ~ *nerve* ülőideg
sciatica [saɪ'ætɪkə] *n* ülőidegzsába, isiász

science ['saɪəns] *n* 1. tudomány; (*natural*) ~, *the natural* ~s természettudomány; ~ *fiction* tudományos-fantasztikus regény(irodalom), sci-fi; ~ *master* természettudomány-szakos tanár 2. tudás, technika [sportolóé]
scientific [saɪən'tɪfɪk] *a* tudományos, természettudományi
scientist ['saɪəntɪst] *n* természettudós
sci-fi [saɪ'faɪ] *n biz* (= *science fiction*) → *science*
Scilly Isles ['sɪlɪ] *prop* Scilly-szigetek
scimitar ['sɪmɪtə*] *n* handzsár
scintilla [sɪn'tɪlə] *n* szikra, szemernyi
scintillate ['sɪntɪleɪt] *vi* szikrázik, sziporkázik (*átv is*), ragyog, villog
scintillation [sɪntɪ'leɪʃn] *n* ragyogás, sziporkázás
scion ['saɪən] *n* 1. sarj(adék), ivadék, leszármazott 2. oltóág, -vessző
scissor ['sɪzə*] *vt* ollóval vág, kivág
scissors ['sɪzəz] *n pl* (*pair of*) ~ olló; *cutting-out* ~ szabóolló; ~ *and paste* (össze)ollózás
sclerosed [sklɪə'roʊst] *a* elmeszesedett
sclerosis [sklɪə'roʊsɪs] *n* (*pl* -ses -si:z) (el)meszesedés
sclerotitis [sklɪərə'taɪtɪs] *n* szaruhártyagyulladás
sclerous ['sklɪərəs] *a* megkeményedett, elmeszesedett
scoff¹ [skɔf; *US* -ɔ:-] I. *n* 1. gúnyolódás, kötekedő megjegyzés 2. gúny/nevetség tárgya II. *vi* ~ *at* kigúnyol, kicsúfol, kinevet (vmt, vkt)
scoff² [skɔf; *US* -ɔ:-] □ I. *n* kaja II. *vt* megzabál, befal
scoffing ['skɔfɪŋ; *US* -ɔ:-] *n* gúnyolódás, csúfolódás, kötekedés
scold [skoʊld] I. *n* házsártos/zsémbes nő II. *vt* (meg)szid, összeszid (*for* vmért) B. *vi* veszekszik
scolding ['skoʊldɪŋ] *n* (össze)szidás; *give sy a* ~ összeszid/lehord vkt
scollop ['skɔləp; *US* -ɑ-] *n*/*v* = *scallop*
scolopendra [skɔlə'pendrə; *US* -ɑl-] *n* százlábú
scolopendrium [skɔlə'pendrɪəm; *US* -ɑl-] *n* gímharaszt
sconce¹ [skɔns; *US* -ɑ-] *n* karos/fali gyertyatartó

sconce² [skɔns; *US* -ɑ-] *n* védőbástya, kiserőd
scone [skɔn; *US* -oʊ-] *n* kb. lángos [árpalisztből]
scoop [sku:p] I. *n* 1. (hosszú nyelű) merítőkanál, -vödör; (rövid nyelű öblös) lapát; kanál [fűszeresé stb.]; kaparókanál [orvosé], lapát 2. lapátolás, merítés; *at one* ~ egy lapáttal/kanállal 3. üreg 4. *biz* elsőnek kikürtölt újságszenzáció; szerencsés/jó fogás II. *vt* 1. ~ (*out*/*up*) kimer, kilapátol 2. kikotor, kiváj 3. *biz* elsőnek közöl, elkaparint [szenzációs hírt] 4. *biz* jó fogást csinál, nagy hasznot söpör be
scooper ['sku:pə*] *n* kotró/vájó szerszám; háromélű/homorú véső
scoop-net *n* merítőháló
scoot [sku:t] *vi biz* rohan, szalad, (el)iszkol; ~ *!* szedd a lábad !, spuri !
scooter ['sku:tə*] *n* 1. roller, futóka 2. robogó
scope [skoʊp] *n* terület, tér, kör [tudományé, működésé stb.]; alkalmazási terület; érvény, hatály; ~ (*of authority*) hatáskör; ~ *of activities* munkakör, munkaterület; *give* ~ *for one's abilities* lehetőséget ad képességei kifejtésére
scorbutic [skɔ:'bju:tɪk] *a*/*n* skorbutos
scorch [skɔ:tʃ] A. *vt* 1. megperzsel, megpörköl; kiszárít 2. (maró gúnnyal) kigúnyol B. *vi* 1. megperzselődik, megpörkölődik 2. *biz* „repeszt", száguld
scorched [skɔ:tʃt] *a* megperzselt, kiégetett; ~ *earth* felperzselt föld taktikája [visszavonuláskor]
scorcher ['skɔ:tʃə*] *n* 1. forró/perzselő dolog; kánikulai nap 2. *biz* gyorshajtó [autón], „őrült köszörűs" 3. *biz* igen nagy/klassz vm
scorching ['skɔ:tʃɪŋ] I. *a* ~ (*hot*) perzselő II. *n* 1. perzselés 2. *biz* gyorshajtás
score [skɔ:*] I. *n* 1. bevágás, rovás, rovátka 2. adósság, számla; *pay off old* ~s leszámol régi sérelmekért; *run up a* ~ adósságot csinál; *quit* ~s elszámol, kárpótlást ad 3. indíték, ok; *on what* ~*?* mi okból?, milyen alapon?; *on more* ~s *than one* több okból is; *on that* ~ ezen okból; *you may be easy on*

that' ~ efelől egész nyugodt lehetsz 4.
húsz (20); *four* ~ *years and ten* 90 év;
~*s of people* rengeteg ember; ~*s of
times* számtalaŋszor 5. [sportban]pont
ponteredmény; pontarány; a játék
stb. állása; *there was no* ~ az eredmény
null(a)-null(a); *what's the* ~? (1) hogy
áll a játék/mérkőzés?, mi az eredmény?
(2) mennyi a cech?; *keep the* ~ jegyzi
a(z) pontokat/eredményt 6. partitú-
ra; *miniature* ~ zsebpartitúra 7. *biz*
talpraesett válasz II. *vt* 1. bevág, be-
metsz, vonalakkal (meg)jelöl 2. felró,
felír [adósságot] 3. megjegyez, felró
[sérelmet] 4. jegyez, számol [ponto-
kat, eredményt] 5. nyer [játékot
stb.]; szerez, elér [pontokat]; ~ *a
goal* gólt rúg/lő; ~ *no tricks* nem csinál
ütest [bridzsben]; ~ *a great success*
nagy sikere van; ~ *a victory* győzel-
met arat; *we shall* ~ *by it* nyerünk
vele 6. hangszerel 7. *US* leszid
  score off *vt biz* letromfol
  score out *vt* kihúz [egy szót]
  score up *vt* felír, feljegyez
scoreboard *n* eredményjelző tábla
score-card *n* meccsprogram
scoreless ['skɔ:lɪs] *a* gól/pont nélküli
[mérkőzés]
scorer ['skɔ:rə*] *n* 1. pontozó 2. pont-
szerző, góllövő, gólszerző
scoring ['skɔ:rɪŋ] *n* 1. karcolás, rovás 2.
pontszerzés 3. hangszerelés
scorn [skɔ:n] I. *n* megvetés, lenézés,
gúny(olódás) II. *vt* megvet, lenéz,
(megvetéssel) elutasít; ~ *to do sg* mél-
tóságán alulinak talál vmt tenni
scornful ['skɔ:nfʊl] *a* megvető, fitymáló,
gúnyos; *be* ~ *of* megvet, lenéz
scornfully ['skɔ:nfʊlɪ] *adv* megvetően,
lenézően, gőgösen
scorpion ['skɔ:pjən] *n* skorpió
scorpion-grass *n* vad nefelejcs
Scot[1] [skɔt; *US* -ɑ-] *n* skót (ember);
great ~! úristen!, szent isten!
scot[2] [skɔt; *US* -ɑ-] *n* földadó, bírság;
pay ~ *and lot* mindent kifizet
scotch[1] [skɔtʃ; *US* -ɑ-] I. *n* rovátka,
(be)vágás, hasítás II. *vt* 1. bevág, be-
metsz 2. megsebesít [de meg nem öl]
scotch[2] [skɔtʃ; *US* -ɑ-] I. *n* (támasztó)ék;

féksaru, fékpofa II. *vt* kereket köt;
fékékel
Scotch[3] [skɔtʃ; *US* -ɑ-] I. *a* skót [nyelv-
járás, szövet stb.]; ~ *broth* 〈sűrű zöld-
séges húsleves gerslivel〉; ~ *tape* cel-
lux; ~ *terrier* skót terrier II. *n* 1. skót
(nyelvjárás) 2. *the* ~ a skótok 3. skót
whisky; *double* ~ 4,7 centiliter skót
whisky
Scotchman ['skɔtʃmən; *US* -ɑ-] *n* (*pl*
-men -mən) skót (férfi)
Scotchwoman *n* (*pl* -women) skót nő
scot-free I. *a* sértetlen; büntetlen II. *adv*
1. sértetlenül, épen, biztonságban;
büntetlenül 2. költség nélkül
Scotland ['skɔtlənd; *US* -ɑt-] *prop* Skó-
cia; ~ *Yard* londoni rendőrség (köz-
ponti épülete)
Scots [skɔts; *US* -ɑ-] I. *a* skót [törvény,
nyelv, mérték, katonaság] II. *n* =
= *Scottish II.*
Scotsman ['skɔtsmən; *US* -ɑ-] *n* (*pl*-
-men -mən) skót (férfi)
Scotswoman *n* (*pl* -women) skót nő
Scott [skɔt] *prop*
Scot(t)icism ['skɔtɪsɪzm; *US* -ɑ-] *n* skót
szó(lás), skoticizmus
Scottie ['skɔtɪ; *US* -ɑ-] *n* skót [tréfásan]
Scottish ['skɔtɪʃ; *US* -ɑ-] I. *a* skót [tör-
ténelem, könyv, szokás, egyház]; ~
national dress skót nemzeti viselet II.
n 1. *the* ~ a skót nép 2. skót (nyelvjá-
rás)
scoundrel ['skaʊndr(ə)l] *n* gazember,
csirkefogó, csibész
scoundrelism ['skaʊndrəlɪzm] *n* gazság,
gazemberség, csibészség
scoundrelly ['skaʊndrəlɪ] *a* gaz, csibész
scour[1] ['skaʊə*] I. *n* súrolás, tisztítás;
give sg a good ~ jól kisúrol [edényt]
II. *vt* 1. (le)súrol, sikál, (le)dörzsöl,
tisztogat, kimos; ~ (*out*) kisúrol; ~
away/off kidörzsöl, kivesz [pecsétet
stb.] 2. kitisztít, kikotor [csatornát
stb.] 3. hashajtót ad [betegnek]; ki-
tisztít [beleket]
scour[2] ['skaʊə*] A. *vi* ~ *about* (össze-
vissza) kutat (*after* vk/vm után) B. *vt*
átkutat, átfésül [területet]
scourer ['skaʊərə*] *n* súrolókefe, -rongy
scourge [skə:dʒ] I. *n* 1. ostor, korbács

2. istencsapás(a), veszedelem; megpróbáltatás II. *vt* ostoroz, korbácsol, büntet
scout¹ [skaʊt] I. *n* 1. felderítő; járőr; ~ plane felderítő repülőgép 2. (*boy*) ~ cserkész(fiú) 3. inas [oxfordi kollégiumokban] II. *vi* felderít, megfigyel
scout² [skaʊt] *vt* (le)fitymál, elutasít
scouting ['skaʊtɪŋ] *n* felderítés
scout-master *n* cserkészparancsnok, -tiszt
scow [skaʊ] *n* dereglye, uszály
scowl [skaʊl] I. *n* haragos tekintet II. *vi* összevonja szemöldökét
scrabble ['skræbl] I. *n* 1. négykézláb való keresés 2. kb. „játék a betűkkel" [kirakós játék] II. *vi* 1. négykézláb keres 2. firkál
scrag [skræg] I. *n* 1. csenevész/sovány ember/állat 2. *biz* (sovány) nyak, tarkó 3. ~(*-end*) *of mutton* ürünyaktő II. *vt* -gg- 1. *biz* kitekeri a nyakát, fojtogat, megfojt, felakaszt (vkt) 2. nyakánál fogva elkap [rögbiben vkt]
scragginess ['skrægɪnɪs] *n* 1. soványság, elcsenevészedés 2. egyenetlenség, göröngyösség
scraggy ['skrægɪ] *a* vézna, sovány, kiaszott, csenevész
scram [skræm] *vi* □ elsiet, meglóg, ellép; ~! tűnj el!
scramble ['skræmbl] I. *n* 1. tülekedés, tolongás (vmért) 2. négykézláb mászás, kúszás II. A. *vi* 1. négykézláb mászik, kúszik; ~ *to one's feet* feltápászkodik a földről 2. ~ *for sg* tülekedik/küzd vmért B. *vt* 1. rántottát csinál; ~*d eggs* rántotta 2. összezavar
scrap¹ [skræp] I. *n* 1. darabka, törmelék; ~ *of paper* cédula, papírszelet; *not a* ~ *of sg* semmi 2. hulladék, selejtanyag; forgács, ócskavas 3. lapkivágat, kivágott kép II. *vt* -pp- szemétre dob, félredob, kiselejtez; elvet
scrap² [skræp] □ I. *n* verekedés, bunyó II. *vi* -pp- verekszik, bunyózik
scrap-book ⟨album lapkivágások v. kivágott képek beragasztására⟩
scrap-cake *n* halpogácsa [takarmány]
scrape [skreɪp] I. *n* 1. kaparás, karcolás, vakarás 2. nyekerg(et)és [hegedűé] 3. leheletnyi vajréteg [kenyéren] 4.

kellemetlenség, kellemetlen helyzet; *get into a* ~ kínos helyzetbe (v. bajba) kerül II. A. *vt* levakar, lekapar, ledörzsöl, lesimít (vmt); megkarcol [felületet], felsért [bőrt]; *biz* ~ *one's chin* borotválkozik; *biz* ~ *the barrel* nagy nehezen összekapar vm pénzt; ~ *acquaintance with sy* sikerül ismeretséget kötnie vkvel B. *vi* dörzsölő/kaparó hangot hallat/előidéz, kapar, serceg
scrape along *vi* 1. ~ *a. the wall* súrolja a falat 2. szegényesen eléldegél, eltengődik (*on* vmből, vmn)
scrape away/off *vt* levakar, ledörzsöl; lehorzsol
scrape out *vt* 1. kikapar [edényt] 2. kitágít [lyukat]
scrape through *vi* átcsúszik [vizsgán]
scrape together/up *vt* összekuporgat, -kapar
scraper ['skreɪpə*] *n* 1. vakaró, kaparó [eszköz] 2. zsugori (ember)
scrap-heap *n* ócskavasdomb, szemétdomb
scraping ['skreɪpɪŋ] *n* 1. kaparás, vakarás, dörzsölés; *bowing and* ~ hajlongás, alázatoskodás 2. **scrapings** *pl* vakarék, kaparék, hulladék, ételmaradék 3. megtakarított pénzecske
scrap-iron *n* ócskavas, vashulladék
scrapped [skræpt] →*scrap¹* és *scrap² II.*
scrapper ['skræpə*] *n* □ bokszoló, bunyós
scrappy¹ ['skræpɪ] *a* hiányos, összefüggéstelen, szedett-vedett
scrappy² ['skræpɪ] *a* □ verekedős, bunyós
scrapy ['skreɪpɪ] *a* érdes (hangú), reszelős
scratch¹ [skrætʃ] I. *a* rögtönzött [étel]; ~ *team* (1) hirtelenében összeállított csapat (2) gyenge csapat II. *n* 1. karcolás, vakarás, vakaródzás, horzsolás, firkantás 2. karcolás/vakarás hangja, sercegés 3. rajtvonal [mérkőzésen, versenyen]; *come up to* ~ kiállja a próbát, megüti a mértéket; *biz start from* ~ semmiből kezdi III. A. *vi* 1. (meg)vakar, kapar, karcol; meg-

karmol; ~ *oneself* vakaródzik 2. firkál; (le)firkant 3. töröl, visszavon **B.** *vi* 1. karmol, kapar 2. takarékoskodik
scratch along *vi biz* eléldegél, eltengődik
scratch out *vt* 1. kikapar 2. kivakar [írást]
scratch together/up *vt = scrape together/up*
Scratch² [skrætʃ] *prop Old* ~ az ördög
scratch-awl *n* rajzolótű, karcolótű
scratch-back *n* hátvakaró
scratch-brush *n* vakarókefe
scratcher ['skrætʃə*] *n* vakaró(kés), kotró(vas), vakarókefe
scratch-pad *n* jegyzetblokk
scratch-work *n* sgraffito
scratchy ['skrætʃɪ] *a* 1. vakaródzó 2. kaparó [toll]; vakaró 3. viszketős 4. felületes, összekapkodott [munka] 5. szálkás [írás]
scrawl [skrɔ:l] I. *n* firkálás, macskakaparás II. *vt* csúnyán ír; lefirkant
scrawny ['skrɔ:nɪ] *a* ványadt, vézna
scream [skri:m] I. *n* 1. visítás, üvöltés, sivítás 2. □ csuda dolog; *a perfect* ~ irtó klassz, meg kell tőle pukkadni II. *vi/vt* visít, üvölt, sivít, rikolt, sikít; ~ *with laughter* (majd) megpukkad a nevetéstől
screaming ['skri:mɪŋ] *a* 1. visító, sikító, üvöltő 2. szörnyen nevettető
scree [skri:] *n* kavics, kőtörmelék, omladék [hegyoldalon]
screech [skri:tʃ] I. *n* sikoltás, rikoltás; csikorgás; sivítás II. *vi* rikolt, visít; csikorog, sivít; kuvikol
screech-owl *n* kuvik
screed [skri:d] *n* hosszú szónoklat/levél, vég nélküli sirám
screen [skri:n] I. *n* 1. ellenző, (védő-) ernyő 2. vetítőernyő, mozivászon; képernyő; *the* ~ a mozi/film [általában], filmművészet; *on the* ~ filmen; ~ *star* filmsztár 3. védőfal; szúnyogháló [ablakon]; (*folding*) ~ spanyolfal 4. szentélyrekesztő fal 5. rosta; szűrő, rács II. **A.** *vt* 1. ernyőz; oltalmaz; fedez [vkt vm elől], elrejt; elfed, elfog [kilátást]; leplez [hibát] 2. rostál,

szitál 3. vetít 4. megfilmesit 5. árnyékol [rádiócsövet] 6. priorál, (le-) káderez **B.** *vi* ~ *well* jól mutat filmen; *he does not* ~ *well* (1) nem mutat jól filmen (2) nem jó káder
screened [skri:nd] *a* 1. árnyékolt; szűrt [fény] 2. rácsos, zsalus 3. rejtett, védett 4. (meg)rostált
screening ['skri:nɪŋ] *n* 1. oltalmazás, fedezés (vké vm elől) 2. rostálás, szitálás 3. vetítés 4. árnyékolás [rádiócsőé] 5. priorálás, káderezés, szűrés
screenings ['skri:nɪŋz] *n pl* rostaalj
screen-play *n* forgatókönyv; ~ *by*... a forgatókönyvet írta...
screw [skru:] I. *n* 1. csavar; *female* ~ anyacsavar; *male* ~ csavar; *biz have a* ~ *loose* hiányzik egy kereke; *put the* ~ *on, apply the* ~ kényszerít, erőszakot alkalmaz vkn 2. csavarás; *give it another* ~ még egyet csavar/húz rajta 3. haj(t)ócsavar, légcsavar; ~ *steamer* csavargőzös 4. *GB* egy kevés dohány/cukor stanicliban 5. □ zsugori, uzsorás 6. *GB* □ „dohány" [mint fizetés stb.] 7. □ vén gebe 8. □ smasszer 9. *vulg* kefélés II. **A.** *vt* 1. (be)csavar 2. szorongat, sanyargat 3. fordít; pörget; nyes [labdát] 4. ~ *one's face into wrinkles* elfintorítja arcát 5. *vulg* megkefél [nőt] **B.** *vi* 1. fordul, csavarodik 2. □ takarékoskodik 3. *vulg* kefél
screw down *vt* rácsavar
screw off *vt* lecsavar; kicsavar
screw on *vt* ráerősít, rácsavar; becsavar; *have one's head* ~*ed on the right way* helyén van az esze
screw out *vt* kiprésel, kifacsar; kicsal, kierőszakol (vkből vmt)
screw up *vt* 1. felcsavar; összecsavar; ráerősít; ~ *up one's courage* összeszedi a bátorságát; ~ *up one's eyes* összehúzza a szemét 2. felingerel, felhúz 3. □ elügyetlenkedik, eltol, összegabalyít
screwball *n US* □ bolond, ütődött (ember), dilis
screw-bolt *n* menetes csap(szeg)
screw-cap *n* csavaros fedél/kupak
screw-cutter *n* menetvágó

49

screw-driver *n* csavarhúzó
screwed [skru:d] *a* 1. csavart 2. csavaros 3. □ részeg, beszívott
screw-eye *n* gyűrűs csavar
screw-jack *n* csavaremelő
screw-nail *n* (közönséges) facsavar
screw-nut *n* csavaranya, mutter
screw-press *n* csavarsajtó, csigaprés
screw-tap *n* 1. menetfúró 2. csavaros vízcsap
screw-thread *n* csavarmenet
screw-top *n* = *screw-cap*
screw-topped *a* csavaros, lecsavarható
screw-wheel *n* csigakerék, csavarkerék
screw-wrench *n* csavarkulcs, -szorító
screwy ['skru:ɪ] *a* 1. csavaros 2. zsugori 3. értéktelen 4. *US* □ dilis
scribal ['skraɪbl] *a* 1. írnoki; ~ *error* tollhiba 2. írástudói
scribble ['skrɪbl] I. *n* 1. firkálás 2. levélke II. *vt* 1. firkál, irkál 2. ír, írogat [irodalmi művet stb.]
scribbler ['skrɪblə*] *n* firkáló, firkász, skribler
scribbling ['skrɪblɪŋ] *n* irkafirka, firkálás
scribbling-block/pad *n* jegyzetblokk
scribe [skraɪb] *n* 1. írnok 2. † írástudó 3. irdaló(tű)
scrimmage ['skrɪmɪdʒ] *n* 1. dulakodás, csetepaté, verekedés; kavarodás, közelharc 2. csomó [amerikai labdarúgásban] 3. edzés, edzőmérkőzés
scrimp [skrɪmp] *vt/vi* = *skimp*
scrimshank ['skrɪmʃæŋk] *vi* □ kihúzza magát a munkából/szolgálatból [mint katona], lóg
scrimshaw ['skrɪmʃɔ:] I. *n* 1. faragott elefántcsont, színesen díszített kagyló 2. gondos és aprólékos munka II. *vt* farag [elefántcsontot], fest [kagylót]
scrip¹ [skrɪp] *n* kis táska, tarisznya; batyu
scrip² [skrɪp] *n* 1. cédula 2. ideiglenes részvény/papírpénz
script [skrɪpt] *n* 1. kézírás 2. írás(rendszer); *Roman* ~ latin betűs írás 3. forgatókönyv, szövegkönyv 4. szöveg; okmány eredetije; kézirat 5. írásbeli (vizsga)dolgozat
scriptural ['skrɪptʃ(ə)rəl] *a* szentírási, bibliai

scripture ['skrɪptʃə*] *n* 1. *The* (*Holy*) *S~s* a Szentírás/Biblia 2. (*jelzőként:*) bibliai
scrivener ['skrɪvnə*] *n* □ 1. írnok, íródeák, tollnok; jegyző 2. ügynök
scrofula ['skrɔfjʊlə; *US* -əfjə-] *n* görvélykór, skrofula
scrofulous ['skrɔfjʊləs; *US* 'skrəfjə-] *a* görvélykóros
scroll [skroʊl] *n* 1. kézirattekercs 2. feliratos szalag 3. kacskaringó; indadísz, csigavonal, voluta
scroll-saw *n* kanyarító/ívelő fűrész; lombfűrész
scroll-work *n* 1. lombfűrészmunka 2. voluta(dísz)
scrotum ['skroʊtəm] *n* (*pl* ~*s* -*z* v. -*ta* -tə) herezacskó
scrounge [skraʊndʒ] *vt/vi* *biz* 1. elcsen, szerez 2. potyázik
scrounger ['skraʊndʒə*] *n* *biz* tolvaj 2. potyázó
scrub¹ [skrʌb] *n* 1. cserjés, sűrű bozót 2. kopott (v. rövid szőrű) kefe 3. többnapos szakáll 4. törpe/satnya emberke, kis „tökmag"
scrub² [skrʌb] I. *n* 1. sikálás, súrolás 2. *biz* tartalékjátékos 3. *biz* ~(-*team*) második/gyengébb csapat II. *vt/vi* -*bb*- sikál, súrol
scrubber ['skrʌbə*] *n* 1. súrolókefe; kaparóvas, vakaróvas 2. gáztisztító berendezés/eszköz
scrubbing ['skrʌbɪŋ] *n* 1. súrolás, tisztítás; ~(-)*brush* súrolókefe 2. gáztisztítás
scrubby ['skrʌbɪ] *a* 1. borotválatlan 2. bozótos 3. csenevész, jelentéktelen 4. rongyos, ócska
scruff [skrʌf] *n* tarkó(bőr)
scruffy ['skrʌfɪ] *a* 1. ápolatlan, koszos, elhanyagolt 2. csenevész
scrum [skrʌm] *n* = *scrummage*
scrum-cap *n* fejvédő [rögbiben]
scrummage ['skrʌmɪdʒ] *n* 1. = *scrimmage 1.* 2. csomó [rögbiben]
scrumptious ['skrʌmpʃəs] *a* *biz* remek, pompás, klassz
scrunch [skrʌntʃ] A. *vt* szétmorzsol, szétrág [hangosan] B. *vi* csikorog
scruple ['skru:pl] I. *n* 1. aggály, kétség,

lelkiismeretfordulás, skrupulus; *make no ~s* nincsenek (lelkiismereti) aggályai, nem habozik 2. ⟨patikamérték'. 0,6 g⟩ II. *vi* aggályai vannak (vm megtételével kapcsolatosan), habozik **scrupulous** ['skru:pjʊləs; US -pjə-] *a* (túlzottan) lelkiismeretes, aggályoskodó, kínosan pontos, skrupulózus **scrutineer** [skru:tɪ'nɪə*] *n* 1. kutató, fürkésző 2. szavazatszedő **scrutinize** ['skru:tɪnaɪz] *vt* alaposan/ tüzetesen megvizsgál **scrutiny** ['skru:tɪnɪ] *n* alapos megvizsgálás, részletekbe menő vizsgálat; *demand a ~* választási eredményt megpeticionál **scud** [skʌd] I. *n* 1. futás, száguldás, tovasiklás 2. száguldó felhő, szétszakadozó felhőfoszlányok; *showery ~s* záporfelhők 3. gyors futó II. *vi* -dd- szélsebesen fut, száguld **scuff** [skʌf] I. *n* papucs II. A. *vt* elkoptat, lekoptat B. *vi* csoszog **scuffle** ['skʌfl] *n* 1. tömegverekedés, dulakodás, hirig 2. saraboló **scull** [skʌl] I. *n* 1. pároslapát, rövid szárú evező 2. farevező 3. *single ~* egypárevezős (hajó), egyes; *double ~* kétpárevezős (hajó), kettes II. *vi/vt* 1. molnár módra (v. iklandva/csóválva) evez [csónakot] 2. (egyesben) evez **sculler** ['skʌlə*] *n* evezős; révész, csónakos **scullery** ['skʌlərɪ] *n* mosogató(helyiség) **scullery-maid** *n* mosogatólány **scullion** ['skʌljən] *n* † kis kukta, mosogatófiú, konyhalegény **sculpt** [skʌlpt] *vt/vi* = *sculpture* **sculptor** ['skʌlptə*] *n* szobrász **sculptress** ['skʌlptrɪs] *n* szobrásznő **sculptural** ['skʌlptʃ(ə)rəl] *a* szobrász(at)i; *the ~ arts* szobrászművészet **sculpture** ['skʌlptʃə*] I. *n* 1. szobor, szobormű, relief, dombormű 2. szobrászat II. *vt/vi* 1. farag [szobrot, követ]; szobrászmunkát végez 2. szoborral díszít **sculpturesque** [skʌlptʃə'resk] *a* szoborszerű, plasztikus

scum [skʌm] I. *n* 1. tajték, hab 2. salak, szemét, söpredék II. *v* -mm, A. *vt* habját leszedi B. *vi* tajtékzikhabzik **scummy** ['skʌmɪ] *a* habos, habzó, tajtékos, tajtékozó **scupper** ['skʌpə*] I. *n* 1. vízkieresztő rés 2. drenázscső II. *vt* □ 1. megfúr, elsüllyeszt 2. lemészárol 3. elront; bajban hagy **scurf** [skə:f] *n* 1. korpa [fejbőrön] 2. var **scurfy** ['skə:fɪ] *a* 1. korpás 2. koszos **scurrility** [skʌ'rɪlətɪ; US skə-] *n* trágár beszéd **scurrilous** ['skʌrɪləs; US 'skə:-] *a* 1. trágár, mocskos, obszcén 2. (durván) sértő **scurry** ['skʌrɪ; US -ə:-] I. *n* 1. sietség, rohanás (apró léptekkel) 2. hirtelen hóvihar II. *vi* rohan, siet (apró léptekkel) **scurvied** ['skə:vɪd] *a* 1. skorbutos 2. aljas, közönséges, hitvány, vacak **scurvily** ['skə:vɪlɪ] *adv* aljasul **scurvy** ['skə:vɪ] I. *a* aljas, alávaló, hitvány II. *n* skorbut **scut** [skʌt] *n* 1. (rövid) farok [nyúlé, őzé] 2. □ hitvány fráter **scutcheon** ['skʌtʃ(ə)n] *n* = *escutcheon* **scuttle**[1] ['skʌtl] *n* szenesvödör **scuttle**[2] ['skʌtl] I. *n* fedélzeti lejáró, csapóajtó II. *vt* megfúr, elsüllyeszt [hajót] **scuttle**[3] ['skʌtl] I. *n* futólépés, sietős járás; (gyors) menekülés II. *vi* ~ *away/off* elfut, elsiet, elszalad, hűtlenül elhagy, elmenekül **scuttlebutt** *n* 1. ivóvíztartó hordó [hajón] 2. □ mendemonda, pletyka **scutum** ['skju:təm] *n* (*pl* ~s -z v. -ta -tə) 1. római pajzs 2. páncél [krokodilé, teknősbékáé stb.] **scythe** [saɪð] I. *n* kasza II. *vt* kaszál **Scythian** ['sɪðɪən] *a/n* szkíta; szittya **S. Dak.** *South Dakota* **S.E., SE** *south-east* délkelet, DK **sea** [si:] *n* 1. tenger, óceán; ~ *air* tengeri levegő; *GB S~ Lord* az Admiralitás lordja; *by the ~* a tenger mellett; *by ~* tengeri úton; hajóval, hajón;

beyond/over the ~(*s*) a tengeren túl; *be (all) at* ~ zavarban van; *go to* ~ tengerésznek megy; *follow the* ~, *serve at* ~ mint tengerész szolgál; *the open/high* ~*s* a nyílt tenger; *put* (v. *stand out*) *to* ~ kifut a tengerre; *the four* ~*s* Nagy-Britanniát körülvevő tengerek, brit vizek; *the seven* ~*s* a világ minden tengere 2. hullámok, hullámzás, tengermozgás; *a short* ~ rövid/szabálytalan hullámverés 3. tengernyi vm, végtelen sok vm, sokaság; ~*s of blood* vérfürdő; ~*s of troubles* tengernyi baj

sea-anemone *n* tengeri rózsa, virágféreg
sea-animal *n* tengeri állat
sea-bank *n* tengerpart, móló
sea-bathing *n* tengeri fürdőzés
sea-bed *n* tengerfenék
sea-bird *n* tengeri madár
sea-biscuit *n* kétszersült
seaboard *n* tengerpart
sea-boat *n* tengerjáró hajó
sea-borne *a* tengeren szállított/lebonyolított, tengeri
sea-bound *a* 1. tengertől körülzárt 2. tengerre menő
sea-breeze *n* tengeri/parti szél/szellő
sea-calf *n* (*pl* -calves) (borjú)fóka
sea-captain *n* tengerészkapitány
sea-change *n* (nagyarányú) hirtelen változás/átalakulás
sea-coal *n* † kőszén
sea-coast *n* tengerpart
sea-cow *n* rozmár
sea-dog *n* 1. (borjú)fóka 2. *biz* (vén) tengeri medve
sea-eagle *n* halászsas
sea-elephant *n* ormányos fóka
seafarer ['si:feərə*] *n* tengerjáró; tengerész
seafaring ['si:feərɪŋ] *a* tengerjáró; hajós-, tengerész-; ~ *man* tengerész
sea-fight *n* tengeri csata
seafood *n* tengeri hal/rák és kagyló [mint étel]
sea-front *n* város tengerparti része
sea-girt *a* tengertől körülvett/övezett
sea-going *a* tengerjáró
sea-green *a* tengerzöld
sea-gull *n* (tengeri) sirály

sea-horse *n* 1. csikóhal 2. rozmár
sea-kale *n* tengeri káposzta
seal¹ [si:l] *n* 1. fóka 2. szilszkin, fókaprém, -bőr
seal² [si:l] I. *n* 1. pecsét; *leaden* ~ plomba, ólomzár; *set one's* ~ *to* (1) hitelesít, megerősít (2) lepecsétel 2. pecsétnyomó 3. biztosíték, zálog (vmé); *a* ~ *of love* szerelem záloga II. *vt* 1. lepecsétel, hitelesít, megerősít; ~ *up* lepecsétel [levelet stb.]; *his fate is* ~*ed* sorsa meg van pecsételve 2. (ólomzárral) lezár; elzár; leplombál; tömít; ~ *up the window* légmentesen elzárja az ablakot; ~ *a puncture* lyukat beragaszt [autótömlőn] 3. fémjelez
sealed [si:ld] *a* lepecsételt, lezárt; ~ *book* (1) csukott könyv (2) ismeretlen/érthetetlen szellemi tartalom
sea-legs *n pl* matrózjárás(mód); *find one's* ~ megszokja a hajóséletet
sealer¹ ['si:lə*] *n* fókavadász(hajó)
sealer² ['si:lə*] *n* szigetelő anyag/réteg
sealery ['si:lərɪ] *n* fókatelep
sea-level *n* tengerszint
sea-line *n* láthatár [tengeren]
sealing¹ ['si:lɪŋ] *n* fókavadászat
sealing² ['si:lɪŋ] *n* 1. pecsételés, bélyegzés 2. tömítés
sealing-wax *n* pecsétviasz
sea-lion *n* oroszlánfóka
seal-ring *n* pecsétgyűrű
sealskin *n* = *seal¹* 2.
seam [si:m] I. *n* 1. varrás, szegés; szegély [ruhán]; varrat 2. heg, forradás [bőrön] 3. (vékony) réteg, (tel)ér [bányában] II. *vt* 1. összeilleszt, összeereszt 2. beszeg 3. barázdál [arcot]
seaman ['si:mən] *n* (*pl* -mén -mən) tengerész, matróz, hajós; *ordinary* ~ matróz
seamanlike ['si:mənlaɪk] *a* 1. tengerészhez illő 2. tengeri dolgokban jártas
seamanship ['si:mənʃɪp] *n* tengeri dolgokban való jártasság
seamed [si:md] *a* 1. varrott; szegett 2. barázdált, ráncos [arc]
sea-mew *n* tengeri sirály
seamless ['si:mlɪs] *a* varrás/varrat nélküli; egy darabban szőtt

sea-monster n tengeri szörny(eteg)
seamstress ['semstrɪs] n varrónő
Seamus ['ʃeɪməs] prop Jakab [írül]
seamy ['siːmɪ] a varrásos, varratos; forradásos; the ~ side of life az élet árnyoldala
Sean [ʃɔːn] prop János [írül]
séance, seance ['seɪɑːns] n 1. ülés 2. (spiritiszta) szeánsz
sea-piece n tengeri tájkép
seaplane n hidroplán, vízi repülőgép
sea-port n tengeri kikötő
sea-power n tengeri hatalom
sear [sɪə*] I. a fonnyadt, száraz, hervadt II. vt 1. kiéget, kiszárít, elhervaszt, elfonnyaszt [növényt] 2. kiéget, kauterizál [sebet stb.] 3. átv megkeményít; eltompít; érzéketlenné tesz
search [səːtʃ] I. n kutatás, keresés, nyomozás, motozás, vizsgálat; in ~ of sg vmt kutatva/keresve; ~ for identity törekvés az önmegvalósításra; ~ warrant házkutatási engedély II. A. vt 1. keres, kutat, fürkész, nyomoz, (meg-)vizsgál 2. átkutat; (meg)motoz 3. próbára tesz B. vi keres, kutat (for vmt, vm után)
searcher ['səːtʃə*] n 1. kutató, vizsgáló; motozó, vámvizsgáló 2. kutasz, szonda, kereső berendezés
searching ['səːtʃɪŋ] a gondos, aprólékos [vizsgálat]; fürkésző, kutató, átható [pillantás]; szívhez szóló [szavak]
searchlight n fényszóró; keresőlámpa, fénykéve [fényszóróé]
search-party n mentőosztag, -expedíció
search-room n kutatóterem [levéltárban]
searing-iron ['sɪərɪŋ-] n égetővas, kauter
sea-room n mozgási tér [vízen]
sea-rover n 1. kalóz 2. kalózhajó
seascape ['siːskeɪp] n tengeri táj(kép)
sea-scout n vízicserkész
sea-serpent n (mesebeli) tengeri kígyó
sea-shell n tengeri kagyló
seashore n tengerpart
seasick a tengeribeteg
seasickness n tengeribetegség
seaside I. a tenger(part)i; ~ resort tengerparti üdülőhely/fürdő(hely) II. n tengerpart

season ['siːzn] I. n 1. évszak, időszak; évad, idény, szezon; off ~ holt szezon; in ~ kellő időben, annak idején; be in ~ most van az ideje; in due ~ kellő időben; out of ~ időszerűtlen, alkalmatlan (időben); the ~'s greetings kellemes/boldog ünnepeket (kíván) 2. biz = season-ticket II. A. vt 1. hozzászoktat, -edz, akklimatizál 2. fűszerez, ízesít 3. (ki)érlel [fát stb.]; be well ~ed jól kiszáradt [fa] B. vi 1. hozzászokik, -edződik, akklimatizálódik 2. megérik
seasonable ['siːznəbl] a 1. az évszaknak megfelelő [időjárás] 2. időszerű, jókor/kapóra jött, alkalmas
seasonal ['siːzənl] a évszaki, évszakhoz illő, időszaki, idényjellegű, idény-
seasoned ['siːznd] a 1. fűszerezett, fűszeres, pikáns (ízű); highly ~ (1) erősen fűszerezett (2) sikamlós, pikáns 2. érett, tapasztalt, viharedzett
seasoning ['siːznɪŋ] n 1. fűszer(ezés), ízesítés 2. megérés
season-ticket n bérlet(jegy)
seat [siːt] I. n 1. ülés, (ülő)hely; take a ~ helyet foglal, leül; keep one's ~ ülve marad; book a ~ megrendel/lefoglal egy helyet [repgépen, vonaton stb.]; jegyet (meg)vált [előre]; helyjegyet vált; all ~s are booked minden jegy elkelt 2. ülőke, ülés [széké] 3. nadrág/szoknya feneke 4. székhely; vidéki kastély [parkkal] 5. tartás [lóháton, kerékpáron] 6. (országgyűlési) képviselői hely, mandátum 7. perem, felfekvési felület; fészek [szelepé] 8. székhely, központ II. vt 1. leültet, elhelyez; please be ~ed tessék helyet foglalni; ~ oneself helyet foglal, letelepszik 2. üléssel/ülőhellyel ellát; the room ~s 300 az ülőhelyek száma 300
seat-belt n biztonsági öv
seat-box n kocsiláda
-seated [-siːtɪd] -ülő, -fekvő; deep-~ mélyen ülő
-seater [-siːtə*] -ülésű
seat-holder n bérlettulajdonos, bérlő [színházban stb.]
seating ['siːtɪŋ] n (le)ültetés; ~ capacity ülőhelyek száma

seating-room n ülőhelyek száma, befogadóképesség
SEATO ['si:toʊ] South-East Asia Treaty Organization Délkelet-ázsiai Szerződés Szervezete
Seattle [sɪ'ætl] prop
sea-wall n védőgát [tenger ellen]
seaward ['si:wəd] I. a tenger felé tartó II. adv tenger felé
seawards ['si:wədz] adv tenger felé
sea-water n tengervíz
sea-way n 1. hajó haladása vízen 2. (hajózható) víziút 3. viharos tenger
seaweed n hínár, tengeri moszat
seaworthy ['si:wə:ðɪ] a hajózásra alkalmas, tengerbíró, tengerálló
sea-wrack n 1. hajóroncs 2. tengeri moszat/hínár
sebaceous [sɪ'beɪʃəs] a faggyús
Sebastian [sɪ'bæstjən] prop Sebestyén
sec., sec [sek] n biz (= second) másodperc; half a ~! egy pillanat!
Sec. Secretary
secant ['si:k(ə)nt] n metszővonal, szekáns
secateurs [sekə'tə:z] n pl metszőolló
secede [sɪ'si:d] vi ~ (from) elszakad (vmtől), kiválik, kilép [testületből]
seceder [sɪ'si:də*] n szakadár, disszidens
seceding [sɪ'si:dɪŋ] a 1. elszakadt 2. különváló, elszakadó
secession [sɪ'seʃn] n kiválás, kivonulás, kilépés, elszakadás; US the War of S~ az amerikai polgárháború [1861—65]
secessionist [sɪ'seʃ(ə)nɪst] n kilépő, elszakadó, szeparatista
seclude [sɪ'klu:d] vt elkülönít, elzár; ~ oneself elzárkózik, távolmarad
secluded [sɪ'klu:dɪd] a elvonult, magányos; félreeső, elhagyatott
seclusion [sɪ'klu:ʒn] n 1. elkülönítés 2. elvonultság, magányosság; live in ~ elvonultan/magányosan él
second ['sek(ə)nd] I. a 1. második; következő; every ~ day kétnaponként, minden második napon; ~ floor GB második emelet, US első emelet; on ~ thought(s) jobban meggondolva; for the ~ time, in the ~ place másodszor; ~ to none mindenki felett áll, felülmúlhatatlan 2. másodrendű, -rangú II. n

1. (a) második; come in a good ~ jó második [versenyben]; the ~ in command parancsnokhelyettes; the ~ of June június másodika 2. segítő; párbajsegéd 3. seconds pl (1) durván őrölt liszt, derce (2) másodrendű áru 4. másodperc; biz pillanat; ~ hand másodpercmutató; ready in a ~ egy perc/pillanat alatt kész (vagyok) 5. másod, szekund [zenében] III. vt 1. támogat, mellette szólal fel 2. (párbajban) segédkezik 3. [sɪ'kɔnd] rendelkezési állományba helyez [tisztet]
secondary ['sek(ə)nd(ə)rɪ; US -erɪ] a 1. másodlagos, másodfokú; ~ education középfokú oktatás; ~ school középiskola 2. másodrendű; alárendelt, mellékes, szekunder
second-best a második legjobb, másodosztályú (minőségű); pót-; biz come off ~ a rövidebbet húzza
second-class a másodosztályú, másodrendű; US ~ mail/matter nyomtatvány
second-degree murder US emberölés
seconder ['sek(ə)ndə*] n támogató [javaslaté]
second-hand a 1. használt, uraságoktól levetett; antikvár; másodkézből vett; buy sg ~ másodkézből/használtan vesz vmt 2. hallomásból származó || →second II. 4.
secondly ['sek(ə)ndlɪ] adv másodszor
second-rate a másodosztályú; másodrendű
second-rater n közepes tehetségű (ember)
seconds ['sek(ə)ndz] n pl →second II.
second-sight n jövőbe/víziós látás, clairvoyance
secrecy ['si:krəsɪ] n titoktartás, diszkréció, titkosság
secret ['si:krɪt] I. a titkos, rejtett; titokzatos; diszkrét; ~ agent hírszerző; titkos ügynök; The S~ Service titkosszolgálat; the ~ places of the heart a szív legmélyebb rejteke II. n titok; rejtély, rejtelem; in ~ titokban; be in the ~ be van avatva a titokba; open ~ nyílt titok
secretarial [sekrə'teərɪəl] a titkári
secretariat [sekrə'teərɪət] n titkárság

secretary ['sekrətrı; US -erı] n 1. titkár; ~ *general* főtitkár; (*private*) ~ magántitkár 2. *GB* miniszter; S~ *of State* (1) *GB* miniszter (2) *US* külügyminiszter 3. íróasztalka, szekreter
secretary-bird n afrikai kígyászsas
secretaryship ['sekrətrıʃıp] n titkárság [állás]
secrete [sı'kri:t] vt 1. kiválaszt [váladékot] 2. elrejt, eldug
secretion [sı'kri:ʃn] n 1. elválasztás, kiválasztás [biológiailag] 2. váladék 3. rejtegetés
secretive ['si:krətıv; US sı'kri:tıv] a titkoló, titokzatoskodó
sect [sekt] n szekta
sectarian [sek'teərıən] a szektariánus, szektás
sectarianism [sek'teərıənızm] n szektaszellem, szektarianizmus
section ['sekʃn] I. n 1. metszés, (kereszt-)metszet; szelet 2. szelvény, profil; szakasz 3. szakasz, paragrafus, bekezdés, rész; ~ *mark* paragrafusjel (§) 4. körzet, rész, negyed; darab; *US* köztelekrész [640 *acre*] 5. osztály, részleg, szekció II. vt részekre/szakaszokra oszt
sectional ['sekʃənl] a 1. (kereszt)metszeti; ~ *iron* profilvas, szelvényvas, idomvas 2. körzeti 3. részekből álló/összeállítható, szétszedhető 4. ~ *interests* csoportérdek(ek), helyi érdekek
sectionalism ['sekʃ(ə)nəlızm] n *US* helyi érdekek túlhajtása
sector ['sektə*] n 1. körcikk 2. körzet; szektor; szakasz 3. [gazdasági] szektor, ágazat; *public* ~ állami szektor
secular ['sekjʋlə*; US -kjə-] a világi; ~ *arm* világi hatalom
secularization [sekjʋlərɑɪ'zeıʃn; US -kjələrı'z-] n államosítás [egyházi tulajdoné], szekularizácó
secularize ['sekjʋlərɑɪz; US -kjə-] vt államosít [egyházi intézményt]
secure [sı'kjʋə*] I. a biztos(ított), biztonságos; nyugodt; *be* ~ *from/against sg* biztonságban van vmtől II. vt 1. biztosít, megvéd, megóv (*from/against* vmtől, vm ellen) 2. lefoglal,

(előre) biztosít; (meg)szerez 3. lezár, bezár; ~ *a door* ajtót bereteszel
securely [sı'kjʋəlı] adv biztosan, erősen
security [sı'kjʋərətı] n 1. biztonság; S~ *Council* Biztonsági Tanács; ~ *risk* megbízhatatlan személy [nemzetvédelmi szempontból] 2. biztosíték, óvadék; fedezet; kezesség; *go/stand* ~ *for sy* jótáll vkért 4. jótálló, kezes 5. **securities** pl értékpapírok, kötvények; *foreign securities* devizák; *government securities* állampapírok
sedan [sı'dæn] n *US* = *saloon-car*
sedan-chair n gyaloghintó
sedate [sı'deıt] a nyugodt, higgadt
sedative ['sedətıv] a/n nyugtató(szer)
sedentary ['sednt(ə)rı] a ülő-; ~ *occupation* ülő foglalkozás
sedge [sedʒ] n sás
sedge-warbler n nádiposzáta
sedgy ['sedʒı] a sásos
sedilia [se'daıljə; US -'dıl-] n pl ülőfülkék [kapuszínben, szentélyben]
sediment ['sedımənt] n üledék, seprő
sedimentary [sedı'ment(ə)rı] a üledékes
sedimentation [sedımən'teıʃn] n ülepedés, lerakódás, szedimentáció; ~ *of blood* vérsejtsüllyedés
sedition [sı'dıʃn] n zendülés
seditious [sı'dıʃəs] a 1. zendülő 2. lázító
seduce [sı'dju:s; US -'du:s] vt elcsábít; bűnre visz; eltérít (*from* vmtől)
seducer [sı'dju:sə* US -'du:-] n csábító
seduction [sı'dʌkʃn] n 1. (el)csábítás 2. vonzerő, varázs
seductive [sı'dʌktıv] a 1. csábító, megnyerő, rábeszélő 2. megtévesztő
sedulous ['sedjʋləs; US -dʒə-] a szorgalmas, serény, ügybuzgó; *play the* ~ *ape to sy* majmol vkt
see¹ [si:] v (*pt* saw sɔ:, *pp* ~n si:n) A. vt 1. lát; megnéz, szemügyre vesz; *let me* ~*!* hadd lássam !, nos hát !; ~ *page 6* lásd a 6. lapot/lapon; ~ *for yourself* nézd meg magad (is); ~ *the back/last of sy* megszabadul vktől; ~ *you on Tuesday!* viszontlátásra kedden !; *biz* ~ *you soon!*, *I'll be* ~*ing you!*, ~ *you later!* viszontlátásra !, viszlát !; *this is how I* ~ *it* én úgy/így látom a dolgot 2. meglátogat; beszél (vkvel); *call to* ~

sy elmegy/eljön vkt meglátogatni; *can I ~ him?* beszélhetek vele?; *~ the doctor* orvoshoz megy; *he ~s a great deal of the Smiths* gyakran van együtt Smithékkel 3. (meg)ért, felfog, (meg-) lát, belát; *I ~!* (már) értem!, aha!; *you ~...* (mert) látja kérem...; *I don't ~ the point* nem látom az értelmét; *do you ~ what I mean?* érted, mire gondolok? (v. mit akarok mondani?); *he cannot ~ a joke* nem érti (meg) a tréfát, nincs humorérzéke 4. utánanéz (vmnek), gondoskodik (vmről); *~ that...* gondoskodj(ék) róla, hogy...; ügyelj(en) arra, hogy ...; *I saw it done* elintéz(tet)tem 5. átél; *~ life* tapasztalatokat gyűjt; *she has ~n better days* nem volt mindig ilyen szegény, jobb napokat (is) látott 6. fogad (vkt); *he ~s nobody* senkit sem fogad 7. elkísér (vhová); *~ sy home* hazakísér vkt B. *vi* lát; *he can ~ well* jól lát; *I'll ~* majd meglátom
see about A. *vi* 1. vmhez lát 2. utánanéz (vmnek), intézkedik (vm ügyben); *I'll ~ a. it* (1) majd elintézem (2) majd meglátom/meggondolom B. *vt ~ sy a. sg* felkeres vkt vm ügyben
see across *vt* átvezet [vkt úttesten stb.]
see after *vi* utánanéz (vmnek), gondoskodik (vmről); felügyel, vigyáz (vkre, vmre)
see down *vt* lekísér [vkt emeletről]
see in *vt* bekísér [belső helyiségbe]
see into *vi* 1. belelát; kifürkész, felfed (vmt) 2. megvizsgál, kivizsgál
see off *vt* kikísér [vkt állomásra stb.]
see out *vt* 1. kikísér [vkt a kapuig] 2. végig kivár/kiül, végigül, végignéz
see through A. *vi* átlát, keresztüllát (vkn, vmn) B. *vt ~ sy th.* vknek (mindvégig) támogatást nyújt, végig kitart vmben vk mellett, átsegít vkt vmn, *~ sg th.* végigcsinál/végigkísér vmt; kiáll vmt
see to *vi* gondoskodik (vmről), utánanéz (vmnek), elintéz (vmt), ügyel (vmre); *I shall ~ to it* majd gondom lesz rá

see² [si:] *n* püspökség, érsekség, egyházmegye; *the Holy S~* a Szentszék
seed [si:d] I. *n* 1. mag; csíra (*átv is*); *go/run to ~* (1) magba megy, felmagzik (2) kivénül [ember] 2. mag, sperma, ondó 3. † ivadék, leszármazott II. A. *vi* 1. megérik, szemesedik, magot hoz 2. magot hullat B. *vt* 1. elvet [magot], bevet [földet] 2. kimagoz [gyümölcsöt] 3. kiemel [játékost]
seed-bed *n* vetőágy, melegágy (*átv is*)
seed-cake *n* 1. köménymagos sütemény 2. olajpogácsa
seed-corn *n* vetőmag
seeded ['si:dɪd] *a* kiemelt [játékos]
seeder ['si:də*] *n* 1. vetőgép 2. kimagozógép
seed-hole *n* fészeklyuk [magvetéshez]
seediness ['si:dɪnɪs] *n* 1. magvasság 2. *biz* kopottasság, lecsúszottság 3. *biz* betegesség
seedling ['si:dlɪŋ] *n* magról nőtt/nevelt fiatal növény/csemete, magonc
seed-pearl *n* aprószemű gyöngy
seed-plot *n* veteményeskert, melegágy
seed-potato *n* (*pl ~es*) vetőburgonya
seed-shop *n* magkereskedés
seedsman ['si:dzmən] *n* (*pl -men -mən*) 1. magvető 2. magkereskedő
seed-time *n* vetési idő(szak)
seed-vessel *n* magburok
seedy ['si:dɪ] *a* 1. magvas, sokmagú; felmagzott 2. *biz* rongyos, kopott(as külsejű), ágrólszakadt, nyomorúságos, keshedt 3. *biz* beteges (külsejű), gyengélkedő
seeing ['si:ɪŋ] I. *a* látó II. *conj ~ (that)* tekintettel arra (,hogy)..., minthogy... III. *n* látás, látóképesség; *~ is believing* azt hiszem, amit látok
seek [si:k] *vt* (*pt/pp sought* sɔ:t) keres, kutat; *~ after sg* vm után jár, vmt hajhász; vmre törekszik; *much sought after* igen keresett, kapós; *~ out* felkeres, kikutat, megtalál
seeker ['si:kə*] *n* kereső, kutató
seem [si:m] *vi* látszik, tűnik; *it ~s, it would ~ (that...)* úgy tűnik/látszik (hogy...); *it ~s to me* nekem úgy látszik/tűnik; *it ~ed as though* úgy

látszott, mintha; *I don't ~ to like him* valahogy nem kedvelem
seeming ['si:mɪŋ] *a* látszólagos
seemingly ['si:mɪŋlɪ] *adv* látszólag
seemliness ['si:mlɪnɪs] *n* illendőség, alkalmasság, helyesség
seemly ['si:mlɪ] *a* 1. ill(end)ő, helyes, alkalomszerű 2. csinos, szemrevaló
seen →*see*[1]
seep [si:p] *vi* (át-, el-, be)szivárog, átszűrődik
seepage ['si:pɪdʒ] *n* (át-, el-, be)szivárgás
seer ['si:ə*] *n* látnok
seersucker ['sɪəsʌkə*] *n* vékony csíkos pamutszövet, (hullám)krepp, kreton
seesaw I. *n* 1. libikóka, mérleghinta 2. himbálódzás, hintázás II. *vi* 1. hintázik; himbálódzik 2. ingadozik, fluktuál
seethe [si:ð] A. *vi* forr(ong), kavarog B. *vt* † (fel)forral, főz
see-through *a* átlátszó, -tetsző
segment I. *n* ['segmənt] metszet, szelet, rész, szelvény II. *v* [seg'ment] A. *vt* lemetsz, feloszt B. *vi* feloszlik, osztódik
segmental [seg'mentl] *a* részekre osztott, szelvényes; ~ *arch* szegmensív; körszelet íve
segmentation [segmən'teɪʃn] *n* ízekre/szelvényekre osztás/oszlás
segregate ['segrɪgeɪt] A. *vt* különválaszt, elkülönít, izolál B. *vi* különválik, elkülönül, izolálódik
segregation [segrɪ'geɪʃn] *n* 1. különválasztás; (*racial*) ~ faji megkülönböztetés/különválasztás, szegregáció 2. különválás
segregationist [segrɪ'geɪʃ(ə)nɪst] *n* a faji megkülönböztetés híve, szegregációs
seigneur [se'njə:*], **seignior** ['seɪnjə*]; *US* 'si:n-] *n* hűbérúr, földesúr
seine [seɪn] *n* húzóháló, kerítőháló
seismic ['saɪzmɪk] *a* földrengési, szeizmikus
seismograph ['saɪzməgrɑ:f; *US* -æf] *n* szeizmográf
seismology [saɪz'mɔlədʒɪ; *US* -'mɑ-] *n* földrengéstan, szeizmológia
seize [si:z] A. *vt* 1. megragad, -fog; ~ *hold of sg* megragad vmt; *be ~d with*

fear elfogja a rémület 2. megszerez, birtokba vesz 3. lefoglal, zár alá vesz, elkoboz 4. (megtámad és) elfoglal 5. megért, felfog B. *vi* bemaródik, berágódik, megakad, megszorul [gép]; ~ *up* besül [géprész]
seizure ['si:ʒə*] *n* 1. megragadás 2. lefoglalás, elkobzás 3. elkobzott dolog; lefoglalt áru 4. (betegség)roham
seldom ['seldəm] *adv* ritkán; ~ *if ever* úgyszólván soha
select [sɪ'lekt] I. *a* 1. válogatott, kiszemelt 2. zárt körű II. *vt* (ki)választ, (ki)válogat
selected [sɪ'lektɪd] *a* válogatott; ~ *passages* szemelvények
selection [sɪ'lekʃn] *n* 1. kiválasztás, (ki)válogatás 2. *natural* ~ természetes kiválogatódás 3. választék 4. **selections** *pl* szemelvények
selective [sɪ'lektɪv] *a* szelektív; ~ *breeding* fajnemesítés; *US* ~ *service* kötelező katonai szolgálat
selectivity [sɪlek'tɪvətɪ] *n* szelektivitás
selectman [sɪ'lektmən] *n* (*pl* -men -mən) *US* városi tanácsos
selector [sɪ'lektə*] *n* 1. válogató, választó [személy] 2. sávátkapcsoló
selenium [sɪ'li:njəm] *n* szelén
self [self] I. *a* ~ *carnation* egyszínű szegfű II. *n* (*pl* **selves** selvz) maga, saját maga, önmaga; az énje (vknek); *one's own* ~ saját maga; *pay* ~ fizessen nekem; *your good selves* Önök; *all by one's very* ~ teljesen egyedül, minden segítség nélkül; *he is quite his old* ~ *again* már megint a régi; *one's better* ~ a jobbik énje; *for* ~ *and wife* (saját) maga(m) és felesége(m) részére; ~ *do* ~ *help* segíts magadon, s az Isten is megsegít
self-abasement *n* megalázkodás
self-absorbed [-əb'sɔ:bd] *a* önmagával elfoglalt
self-abuse *n* 1. nemi önkielégítés, onánia 2. önbecsmérlés
self-acting *a* önműködő
self-addressed [-ə'drest] *a* ~ *envelope* megcímzett válaszboríték
self-appointed [-ə'pɔɪntɪd] *a* = *self--styled*

self-assertion *n* 1. tolakodás, önmaga erőszakos előtérbe tolása 2. öntudatos fellépés (saját érdekében), magabiztosság
self-assertive *a* 1. tolakodó, erőszakos 2. öntudatos határozottsággal fellépő, magabiztos
self-assurance *n* magabiztosság
self-assured [-ə'ʃʊəd] *a* magabiztos
self-binder *n* 1. kévekötő aratógép 2. önkötő könyvtábla
self-centred [-'sentəd] *a* 1. önző, egocentrikus 2. önközéppontú
self-closing *a* önműködő(en csukódó)
self-collected *a* higgadt
self-coloured *a* 1. egyszínű 2. természetes színű
self-command *n* önuralom, önmérséklés
self-complacent *a* önelégült
self-conceit *n* önhittség, beképzeltség
self-confessed [-kən'fest] *a* nyíltan magát vmnek valló
self-confidence *n* önbizalom, magabiztosság
self-confident *a* magabízó, magabiztos
self-conscious *a* 1. öntudatos 2. zavart, félénk
self-consciousness *n* 1. öntudatosság 2. zavar, félénkség
self-consistent *a* következetes
self-contained [-kən'teɪnd] *a* 1. tartózkodó, zárkózott 2. önálló, független; ~ *flat* külön bejáratú lakás; *GB* ~ *house* családi ház
self-content *n* önelégültség
self-contradiction *n* önellentmondás
self-control *n* önuralom
self-deception *n* önbecsapás, önáltatás
self-defence, *US* -se *n* önvédelem; *in* ~ önvédelemből; *the art of* ~ bokszolás, ökölvívás
self-denial *n* 1. önmegtagadás 2. takarékosság
self-denying *a* 1. önmegtagadó 2. takarékos 3. önzetlen
self-destruction *n* 1. öngyilkosság 2. önpusztítás
self-determination *n* 1. önállóság, független elhatározás, szabad akarat 2. önrendelkezés [népé]; *the right of peoples to* ~ a népek önrendelkezési joga

self-discipline *n* önfegyelem
self-display *n* fitogtatás, hencegés, önmaga előtérbe tolása
self-drive *a* ~ *car* bérautó vezető nélkül
self-educated *a* autodidakta
self-effacing [-ɪ'feɪsɪŋ] *a* félrevonuló
self-employed [-ɪm'plɔɪd] *a* önálló [kisiparos], magán- [vállalkozó stb.], maszek
self-esteem *n* önbecsülés, önérzet
self-evident *a* magától értetődő, világos, nyilvánvaló
self-examination *n* önvizsgálat, lelkiismeretvizsgálat
self-explanatory *a* önmagát magyarázó/indokoló, nyilvánvaló
self-expression *n* (művészi) önkifejezés
self-feeder *n* önetető
self-feeding *a* [üzemanyagot] önműködően adagoló
self-fertilization *n* önbeporzás, öntermékenyítés
self-governing *a* önkormányzatú, autonóm
self-government *n* 1. önkormányzat, autonómia 2. önuralom
self-heal *n* gyíkfű
self-help *n* önsegély
selfhood ['selfhʊd] *n* 1. egyéni élet, egyéniség 2. személyiség 3. önközpontúság
self-ignition *n* 1. öngyulladás 2. automatikus gyújtás
self-importance *n* önteltség, gőg, beképzeltség
self-important *a* öntelt, gőgös, beképzelt, fontoskodó
self-imposed [-ɪm'pəʊzd] *a* önként vállalt
self-induction *n* önindukció
self-indulgence *n* saját vágyainak kielégítése, önelkényeztetés
self-indulgent *a* ⟨aki önmagától nem tagad meg semmit⟩
self-interest *n* önzés, önérdek, haszonlesés
selfish ['selfɪʃ] *a* önző, önös
selfishness ['selfɪʃnɪs] *n* önzés
self-knowledge *n* önismeret
selfless ['selflɪs] *a* önzetlen
self-locking [-'lɔkɪŋ; *US* -ɑ-] *a* ön(el)záró

self-love *n* önzés, önszeretet
self-made *a* 1. maga erejéből lett; ~ *man* önerejéből lett ember [aki felemelkedését önmagának köszönheti] 2. maga erejéből készített, maga készítette
self-mastery *n* önuralom
self-murder *n* öngyilkosság
self-opinionated *a* 1. csökönyös, véleményéből nem engedő, önfejű 2. beképzelt
self-pity *n* önszánalom
self-portrait *n* önarckép
self-possessed [-pə'zest] *a* higgadt, magán uralkodni tudó
self-possession *n* higgadtság, önuralom; *regain one's* ~ összeszedi magát, lehiggad
self-preservation *n* önfenntartás
self-propelling *a* önműködő, önjáró
self-raising [-'reizɪŋ] *a* önmagától megkelő, sütőporral kevert [liszt]
self-realization *n* önmegvalósítás, az egyéniség kiteljesítése
self-regard *n* 1. saját érdekeinek szem előtt tartása 2. önbecsülés
self-registering [-'redʒɪstərɪŋ] *a* öníró
self-reliance *n* magabízás, önmagára támaszkodás, önbizalom
self-reliant *a* magabízó, önmagában bízó, önmagára támaszkodó
self-reproach *n* önvád
self-respect *n* önbecsülés, önérzet
self-respecting [-rɪ'spektɪŋ] *a* önbecsülő, önérzetes, (ön)magára (vmt) adó
self-restraint *n* önuralom, önmérséklés
self-righteous *a* önelégült, álszent, farizeusi
self-rising *a* US = self-raising
self-rule *n* = self-government
self-sacrifice *n* önfeláldozás
self-sacrificing [-'sækrɪfaɪsɪŋ] *a* önfeláldozó
self-same *a* (pontosan) ugyanaz
self-satisfaction *n* önelégültség
self-satisfied [-'sætɪsfaɪd] *a* önelégült
self-sealing *a* 1. önelzáró; önműködően záródó; öntömítő 2. önborítékoló [levélpapír]
self-seeker *n* önző/haszonleső ember
self-seeking [-'si:kɪŋ] I. *a* önző, haszonleső II. *n* önzés, haszonlesés

self-service I. *a* önkiszolgáló II. *n* önkiszolgálás
self-sown *a* magától [nem embertől] vetett [mag], kihullott magból kelt
self-starter *n* önindító
self-styled [-'staɪld] *a* magát vmnek kikiáltó/kiadó, állítólagos, úgynevezett
self-sufficiency *n* 1. önellátás(ra törekvés) 2. önelégültség
self-sufficient *a* 1. önellátó; önálló 2. önelégült, öntelt
self-sufficing [-sə'faɪsɪŋ] *a* független, önálló
self-supporting *a* önmagát fenntartó/eltartó, önálló
self-taught *a* autodidakta
self-will *n* önfejűség, akaratosság
self-willed *a* önfejű, akaratos
self-winding *a* automata [óra]
Selkirk ['selkə:k] *prop*
sell [sel] I. *n biz* becsapás, csalás; *what a* ~! micsoda csalás/csalódás! II. *v* (*pt/pp* sold soʊld) A. *vt* 1. elad, (el-)árusít, árul, értékesít 2. *biz* elárul, becsap; *you have been sold* téged bepaliztak/átvertek B. *vi* eladható, elkel; *what are plums* ~*ing at?* hogy a szilva?; *goods that* ~ *well* kelendő áruk; ~ *like hot cakes* igen kapós
sell off felszámol, kiárusít
sell out *vt* kiárusít, mindent elad; *be sold o.* elfogyott, kifogyott; *tickets are sold o.* minden jegy elkelt
sell up *vt* be sold up elárverezték [tulajdonát]
seller ['selə*] *n* 1. eladó; ~*s' market* nagy kereslet 2. eladó áru 3. kelendő áru, jól menő cikk
selling ['selɪŋ] *n* eladás
selling-price *n* eladási ár
sellotape ['seləteɪp] *n* cellux
sell-out *n* 1. végeladás, kiárusítás 2. telt ház, ,,minden jegy elkelt"
seltzer ['seltsə*] *n* ~ *water* (1) [Seltersből származó] ásványvíz (2) szódavíz
selvage, -vedge ['selvɪdʒ] *n* szövött (textil)szél, szegély, endli
selves → self II.
semantic [sɪ'mæntɪk] *a* jelentéstani, szemantikai; ~ *variant* jelentésváltozat

semantics [sɪ'mæntɪks] n jelentéstan, szemantika

semaphore ['seməfɔ:*] I. n szemafor II. vt szemaforral továbbít

semasiology [sɪmeɪsɪ'ɔlədʒɪ; US -'ɑ-] n 1. jelentéstan 2. jelentésváltozás-tan

semblance ['semblans] n 1. hasonlóság; hasonlat 2. látszat, külszín

semen ['si:men] n ondó

semester [sɪ'mestə*] n (tanulmányi) félév, szemeszter

semi- ['semɪ-] pref félig, fél-

semi-annual a félévi, félévenkénti

semibreve ['semɪbri:v] n egész hang

semicircle n félkör

semicircular a félkör alakú

semicolon n pontosvessző (;)

semiconductor n félvezető

semi-detached house [semɪdɪ'tætʃt] ikerház

semifinal n középdöntő; elődöntő

semifinalist [-'faɪn(ə)lɪst] n középdöntős

semi-invalid a/n lábadozó (beteg)

semilunar a félhold alakú

semi-monthly I. a félhav(onként)i II. n félhavi/kéthetenkénti folyóirat

seminal ['semɪnl] a 1. mag-; ~ emission magömlés; ~ fluid magfolyadék [hímé] 2. jelentékeny fejlődést elindító, termékenyítő

seminar ['semɪnɑ:*] n szeminárium

seminary ['semɪnərɪ; US -erɪ] n 1. papnevelde, szeminárium 2.† leánynevelő intézet

semi-nude a félmeztelen

semi-official a félhivatalos

semiology [semɪ'ɔlədʒɪ; US si:mɪ'ɑ-] n szemiológia [= jeltan; jelrendszer; jelbeszéd; tünettan]

semiotics [semɪ'ɔtɪks; US si:mɪ'ɑ-] n szemiotika

semiprecious a féldrága [kő]

semiquaver n tizenhatod [hangjegy]

semiskilled a betanított [munkás]

semisolid a félkemény, félig szilárd

Semite ['si:maɪt] a/n sémi, szemita

Semitic [sɪ'mɪtɪk] a sémi, szemita

semitone n félhang; kis szekund/másod

semitrailer n nyerges vontató

semitransparent a áttetsző

semi-vowel n félhangzó

semi-weekly a hetenként kétszer megjelenő [lap]

semolina [semə'li:nə] n búzadara, gríz

sempstress ['sempstrɪs] n varrónő

Sen. 1. Senate 2. Senator 3. senior idősebb, idősb, id.

senate ['senɪt] n 1. US S~ felsőház, szenátus 2. GB (egyetemi) tanács 3. † [római] szenátus

senator ['senətə*] n 1. tanácsos, szenátor 2. US felsőházi tag, szenátor

senatorial [senə'tɔ:rɪəl] a szenátori

senatorship ['senətəʃɪp] n szenátorság

send [send] vt (pt/pp sent) 1. (el-) küld; ~ one's love szeretettel üdvözli 2. vet, hajít, repít, hajt; the blow sent him sprawling az ütés földre terítette 3. † kegyesen megad/ajándékoz, (vm dologgal/tulajdonsággal) ellát; ~ her/ him victorious tedd győztessé; God ~ it may be so Isten adja, hogy úgy legyen

send away vt elbocsát, elküld

send down vt 1. [egyetemről] eltanácsol, kitilt 2. elküld, leszállít 3. leszállít, csökkent

send for vi érte küld, hívat; hozat, kér(et); kerestet

send forth vt 1. kibocsát, kiad 2. szór 3. hajt [levelet]

send in vt beküld, benyújt

send off vt 1. elküld; elbocsát; elkerget 2. elbúcsúztat

send on vt továbbít, utánaküld

send out vt 1. kiküld, kibocsát, szétküld 2. ~ o. leaves leveleket hajt

send round vt 1. köröz, kézről-kézre ad(at), körbead 2. érte küld

send up vt 1. felküld, -ereszt, -hajít 2. felhajt [árat]; növel, emel [hőmérsékletet stb.] 3. GB biz kifiguráz (vkt)

sender ['sendə*] n küldő, feladó

sending ['sendɪŋ] n (el)küldés, feladás

send-off n 1. búcsú, búcsúztató 2. útnak indítás

send-up n GB biz kigúnyolás, paródia

Senegal [senɪ'gɔ:l] prop Szenegál

Senegalese [senɪgə'li:z] a/n szenegál(i)

senescence [sɪ'nesns] n előregedés, megöregedés, aggkor

senescent [sɪ'nesnt] a (el)öregedő

seneschal ['senɪʃl] *n* udvarmester, udvarnagy, országbíró
senile ['si:naɪl] *a* aggkori, szenilis; ~ *decay* öregkori/aggkori gyengeség
senility [sɪ'nɪlətɪ] *n* aggkori gyengeség, vénség, szenilitás
senior ['si:njə*] I. *a* **1.** idősebb, öregebb; ~ *to sy* vknél idősebb; ~ *citizen* nyugdíjas (korú állampolgár); ~ *class(es)* (v. *boys and girls*) felső tagozat, a felsősök; ~ *partner* vezető üzlettárs **2.** magasabb rangú, rangidős; ~ *master* vezető tanár; ~ *officer* rangidős tiszt; *the S~ Service* haditengerészet II. *n* **1.** *he is my* ~ *by five years* öt évvel idősebb nálam **2.** rangelső, feljebbvaló **3.** *US* negyedéves [egyetemi/főiskolai/középiskolai] hallgató; *the ~s* a felsősök
seniority [si:nɪ'ɔrətɪ; *US* si:n'jɔ:r-] *n* idősebb/magasabb rang(ú), volta vknek), rangidősség
senna ['senə] *n* szennabokor
sensation [sen'seɪʃn] *n* **1.** érzés, érzet, érzékelés **2.** feltűnés, szenzáció
sensational [sen'seɪʃənl] *a* szenzációs, feltűnést keltő, feltűnő
sensationalism [sen'seɪʃ(ə)nəlɪzm] *n* szenzációhajhászás, feltűnéskeltés
sense [sens] I. *n* **1.** érzék; *the five ~s* az öt érzék; *have a keen* ~ *of hearing* finom a hallása **2.** senses *pl* ész, értelem; tudat; *be in one's (right)* ~*s* épeszű; *come to one's* ~*s* magához tér, észre tér; *lose one's* ~*s* (1) elájul (2) meghülyül **3.** érzet, érzés; tudat; érzék; ~ *of duty* kötelességtudat; ~ *of guilt* bűntudat; ~ *of humour* humorérzék; ~ *of purpose* céltudatosság **4.** felfogás, vélemény **5.** gyakorlati tudás; ítélőképesség; józan ész; *nobody in their* ~*s* senki józan ésszel ...; *man of* ~ értelmes ember; *have the (good)* ~ *to* van (annyi) esze/belátása, hogy **6.** jelentés, értelem [szóé]; *talk* ~ okosan beszél; *make* ~ *of sg* vmt megért; *it does not make* ~ nincs (semmi) értelme, értelmetlen; *in a* ~ (egy) bizonyos értelemben II. *vt* **1.** érzékel, tapint **2.** (ösztönösen) megérez (vmt)
senseless ['senslɪs] *a* **1.** öntudatlan, eszméletlen **2.** értelmetlen, esztelen

sense-organ *n* érzékszerv
sensibility [sensɪ'bɪlətɪ] *n* **1.** érzékenység **2.** fogékonyság **3.** érzék (vmhez)
sensible ['sensəbl] *a* **1.** érezhető **2.** okos, értelmes; *be* ~ *!* legyen eszed !; ~ *man* okos ember **3.** ésszerű, helyes **4.** érzékeny; *be* ~ *of sg* vmt érez, vmnek tudatában van
sensibly ['sensəblɪ] *adv* **1.** észrevehetően **2.** okosan, értelmesen
sensitive ['sensɪtɪv] *a* (túl)érzékeny, fogékony, érző, kényes; ~ *plant* mimóza, nebáncsvirág (*átv is*)
sensitiveness ['sensɪtɪvnɪs] *n* érzékenység
sensitivity [sensɪ'tɪvətɪ] *n* érzékenység
sensitize ['sensɪtaɪz] *vt* (fény)érzékennyé tesz
sensitized ['sensɪtaɪzd] *a* fényérzékeny
sensory ['sensərɪ] *a* érzékekre vonatkozó, érzékelési, érzék-; ~ *nerve* érzőideg; ~ *organs* érzékszervek; ~ *perception* érzéki észlelet
sensual ['sensjʊəl; *US* -ʃʊ-] *a* **1.** érzéki, testi; ~ *pleasures* érzéki/testi örömök **2.** buja, kéjes **3.** bujálkodó, kéjenc
sensualism ['sensjʊəlɪzm; *US* -ʃʊ-] *n* **1.** érzékiség **2.** szenzualizmus
sensualist ['sensjʊəlɪst; *US* -ʃʊ-] *n* **1.** érzéki ember **2.** szenzualista
sensuality [sensjʊ'ælətɪ; *US* -ʃʊ-] *n* érzékiség
sensuous ['sensjʊəs; *US* -ʃʊ-] *a* **1.** érzéki [benyomás stb.] **2.** érzékeny
sent → *send*[1]
sentence ['sentəns] I. *n* **1.** ítélet; *pass* ~ ítéletet hirdet/mond (*on* vkről, vmről); (*under*) ~ elítélve **2.** mondat II. *vt* (el)ítél
sententious [sen'tenʃəs] *a* **1.** bölcs gondolatokban bővelkedő, velős **2.** nagyképű(en bölcs)
sentient ['senʃnt] *a* érző, érzékeny
sentiment ['sentɪmənt] *n* **1.** érzelem, érzés **2.** érzékenység **3.** vélemény, nézet, felfogás
sentimental [sentɪ'mentl] *a* érzelmes, érzelgős, szentimentális
sentimentalism [sentɪ'mentəlɪzm] *n* érzelmesség, érzelgősség, szentimentalizmus

sentimentality [sentɪmen'tælətɪ] n =
sentimentalism
sentinel ['sentɪnl] n őrszem, őr; stand ~
(over sg) őrt áll, őriz vmt
sentry ['sentrɪ] n őr, őrszem
sentry-box n őrbódé, faköpönyeg
sepal ['sepəl] n csészelevél
separable ['sep(ə)rəbl] a elválasztható,
leválasztható, levehető
separate I. a ['seprət] külön(álló), önálló,
független; under ~ cover külön boríték-
ban/levélben II. n ['seprət] ~s egyes
darabok [pl. blúz, szoknya stb.] III.
v ['sepəreɪt] A. vt 1. elválaszt, elkülö-
nít (from vktől, vmtől), szétválaszt,
szeparál; be ~ed külön(váltan)| él 2.
kiválaszt, félretesz 3. centrifugál, sze-
parál B. vi elválik, különválik, szepa-
rálódik (from vktől, vmtől)
separately ['seprətlɪ] adv elválasztva,
külön-külön
separation [sepə'reɪʃn] n 1. elválasztás,
elkülönítés; judicial/legal ~ ágytól
asztaltól való elválasztás, az életkö-
zösség megszüntetése 2. különélés; ~
allowance különélési pótlék 3. elválás,
elkülönülés 4. US ~ center (katonai)
leszerelő tábor
separatist ['sep(ə)rətɪst] n szeparatista
separator ['sepəreɪtə*] n 1. szeparátor,
fölözőgép 2. gabonarosta, szelektor
sepia ['siːpjə] n 1. szépia(szín); szépia-
festék 2. tintahal
sepoy ['siːpɔɪ] n szipoj ⟨indiai katona
angol szolgálatban 1947 előtt⟩
sepsis ['sepsɪs] n vérmérgezés, szepszis
Sept. September szeptember, szept.
September [sep'tembə*] n szeptember
septennial [sep'tenjəl] a 1. hétévenkénti
2. hét évig tartó
septet(te) [sep'tet] n 1. hetes (csoport)
2. szeptett
septic ['septɪk] a rothadt, fertőző, szep-
tikus; ~ tank szennyvízülepítő akna
septic(a)emia [septɪ'siːmɪə]n vérmérgezés
septuagenarian [septjuədʒɪ'neərɪən] US
-tʃuː-] a/n hetvenéves (ember)
Septuagesima [septjuə'dʒesɪmə; US
-tʃuː-] n hetvenedvasárnap
Septuagint ['septjuədʒɪnt; US -tʃuː-] n
Septuaginta

sepulchral [sɪ'pʌlkr(ə)l] a síri
sepulchre, US -cher ['sep(ə)lkə*] n
sír(emlék)
sequel ['siːkw(ə)l] n folytatás; következ-
mény, fejlemény
sequence ['siːkwəns] n 1. következés,
folytatás; sor(rend), sorozat; számsor;
~ of tenses igeidő-egyeztetés [consecu-
tio temporum] 2. (film)jelenet, kép-
sor 3. szekvencia, (egyházi) himnusz
sequester [sɪ'kwestə*] vt 1. elkülönít,
különválaszt; ~ oneself félrevonul,
elkülönül 2. = sequestrate
sequestered [sɪ'kwestəd] a magányos,
elhagyott, eldugott [falu, hely]; lead
a ~ life visszavonultan él
sequestrate [sɪ'kwestreɪt] vt elkoboz;
zár alá vesz; lefoglal
sequestration [siːkwe'streɪʃn] n 1. vissza-
vonultság, magány 2. elkobzás
sequestrator ['siːkwestreɪtə*] n zárgond-
nok
sequin ['siːkwɪn] n 1. zecchino, arany
[régi olasz aranypénz] 2. flitter [női
ruhán]
sequoia [sɪ'kwɔɪə] n (kaliforniai) óriás-
fenyő
seraglio [se'rɑːlɪoʊ] n szeráj; hárem
seraph ['serəf] n (pl ~s v. ~im 'serə-
fɪm) szeráf
seraphic [se'ræfɪk] a angyali, szeráfi;
~ smile üdvözült mosoly
Serb [səːb] a/n szerb
Serbia ['səːbjə] prop Szerbia
Serbian ['səːbjən] a/n szerb
Serbo-Croat [səːboʊ'kroʊæt] a/n =
Serbo-Croatian
Serbo-Croatian [səːboʊkroʊ'eɪʃn] a/n
szerb-horvát (nyelv)
sere [sɪə*] a/vt = sear
serenade [serə'neɪd] I. n éjjeli zene,
szerenád II. vt éjjeli zenét ad vknek
serene [sɪ'riːn] a 1. derült, nyugodt,
csendes 2. higgadt, békés 3. ⟨herceg
címe megszólításban, csak a kontinen-
sen⟩; Your S~ Highness Főmagassá-
god, Fenséged
serenity [sɪ'renətɪ] n 1. vidámság, derű,
nyugalom, higgadtság 2. derültség
[égé], békesség, nyugalom [tengeré]
3. ⟨hercegi cím/megszólítás⟩

serf [sə:f] *n* 1. jobbágy 2. rabszolga
serfdom ['sə:fdəm] *n* 1. jobbágyság 2.
rabszolgaság
serge [sə:dʒ] *n* szerzs [szövet]
sergeant ['sa:dʒ(ə)nt] *n* őrmester; sza-
kaszvezető
sergeant-major *n* törzsőrmester, tiszt-
helyettes
serial ['sɪərɪəl] I. *a* 1. sorozat-, sor-,
széria-; sorozatos; ~ *number* sorszám;
~ *story* folytatásos regény; ~ *rights*
sorozatos közlés joga [újságban, fo-
lyóiratban] 2. időszakos II. *n* füzetek-
ben megjelenő könyv, folytatásos
regény/rádiójáték/stb.; *TV* ~ tévé-
(film)sorozat
serially ['sɪərɪəlɪ] *adv* 1. sorozatosan,
szériában 2. folytatásokban [megje-
lenő]
seriatim [sɪərɪ'eɪtɪm] *adv* (sorban) egy-
más után, (sorban) egyenként
seri(ci)culture ['serɪ(sɪ)kʌltʃə*] *n* selyem-
hernyó-tenyésztés
series ['sɪəri:z] *n* (*pl* ~) 1. sor, sorozat;
new ~ új folyam 2. [számtani, mér-
tani] sor, haladvány
serio-comic [sɪərɪoʊ'kɔmɪk; *US* -'ka-]
a félig komoly félig vidám
serious ['sɪərɪəs] *a* komoly, fontos, sú-
lyos; *I am* ~ nem viccelek
seriously ['sɪərɪəslɪ] *adv* komolyan, sú-
lyosan
serious-minded *a* komoly (gondolkodású/
felfogású)
seriousness ['sɪərɪəsnɪs] *n* komolyság,
súlyosság; *in all* ~ halálos komolyan
serjeant ['sa:dʒ(ə)nt] *n* ~(-)*at*(-)*law* ⟨ma-
gas rangú ügyvéd⟩; ~(-)*at*(-)*arms* par-
lamenti ajtónálló, terembiztos
sermon ['sə:mən] I. *n* szentbeszéd, pré-
dikáció; *The S*~ *on the Mount* A hegyi
beszéd II. *vt* prédikál
sermonize ['sə:mənaɪz] *vi/vt* prédikál
sermonizer ['sə:mənaɪzə*] *n* (örökös)
erkölcsprédikáló
serology [sɪə'rɔlədʒɪ; *US* -'ra-] *n* szeroló-
gia
serous ['sɪərəs] *a* savós
serpent ['sə:p(ə)nt] *n* kígyó
serpentine ['sə:p(ə)ntaɪn; *US* -ti:n] I. *a*
kígyózó, kanyargó, szerpentin- II. *n*

szerpentin(kő) III. *vi* kígyózik, ka-
nyarog
serrate ['serɪt] *a* = serrated
serrated [se'reɪtɪd] *a* fűrészes, fűrésszе-
rű; csipkézett; fogazott; fűrészélű
serried ['serɪd] *a* tömött, sűrű, szoros
serum ['sɪərəm] *n* (*pl* ~s -z v. sera
'sɪərə) szérum, védőoltóanyag
servant ['sə:v(ə)nt] *n* szolga, szolgáló-
(lány), cseléd; inas
servant-girl *n* cselédlány, szolgálólány
serve [sə:v] I. *n* adogatás [teniszben]
II. A. *vt* 1. (ki)szolgál; felszolgál;
ellát [teendőket]; *are you being* ~*d?*
tetszett már rendelni?, tetszik már
kapni?; *how can I* ~ *you?* miben lehe-
tek szolgálatára?; ~ *one's time* (1) le-
szolgálja az idejét (2) inaséveit tölti;
~ *the time* alkalmazkodik, opportunis-
ta (módon viselkedik) 2. megfelel
[célnak], hasznára van (vknek); elég,
(ki)futja 3. tálal; *dinner is* ~*d* (a va-
csora) tálalva van 4. bánik (vkvel),
viselkedik (vkvel szemben); *he has* ~*d*
me shamefully csúnyán elbánt velem;
~ *sy a trick* megtréfál vkt, kibabrál
vkvel; *it* ~*s him jolly well right!* úgy
kellett!; megérdemelte („hogy így
járt) 5. [idézést] kézbesít 6. [tenisz-
ben] adogat, szervál B. *vi* 1. alkalma-
zásban áll; szolgál(atban áll) 2. felszol-
gál, kiszolgál 3. tálal 4. szolgál (*as/for*
vmül/vmre); *it will* ~ (1) elegendő
(2) megfelel a célnak; *it* ~*s to show*
arra szolgál/való, hogy megmutassa...
5. adogat, szervál [teniszben] 6. mi-
nistrál 7. fedez [állat]
serve on A. *vi* tagja [bizottságnak
stb.] B. *vt* ~ *a writ on sy* idézést kézbe-
sít vknek
serve out *vt* kiad, kioszt, kiszolgál
serve up *vt* felszolgál
server ['sə:və*] *n* 1. felszolgáló 2. ado-
gató [tenisz] 3. ministráns 4. tálca
service ['sə:vɪs] I. *n* 1. [állami, katonai
stb.] szolgálat; [háztartásbeli stb.]
alkalmazás; ~ *club* (1) önsegítő
(érdekszövetkezeti) társaság (2) *US*
kb. helyőrségi klub; *fit for* ~ katonai
szolgálatra alkalmas; *see* ~ katonai
szolgálatot teljesít; *go into* ~, *go out to*

~ szolgálatba megy/áll; *take* ~ *with sy* szolgálatba lép vknél 2. szolgálat, szívesség; *do/render sy a* ~ szolgálatot tesz vknek; *be at sy's* ~ rendelkezésére áll vknek; *be of* ~ *to sy* (1) szolgálatára van vknek (2) hasznos vk számára (vm) 3. [vasúti, autóbusz- stb.] forgalom, közlekedés, szolgálat; *train* ~ vasúti közlekedés; *GB on His/Her Majesty's* ~ hivatalból portómentes 4. karbantartás, szerviz; *rendsz pl* szolgáltatások; ~ *data* üzemi adatok; ~ *department* vevőszolgálat; ~ *road* bekötő út; ~ *station* töltőállomás (szervizzel); szervizállomás 5. kiszolgálás [szállodában], felszolgálás [étteremben]; ~ *included* kiszolgálással együtt; ~ *charge* kiszolgálási díj 6. kézbesítés [hivatalos iraté] 7. (asztali) készlet, szerviz 8. istentisztelet; szertartás 9. adogatás [teniszben]; ~ *court* adogatóudvar; *whose* ~ *is it?* ki adogat? II. *vt* szervizel, karbantart; *have the car* ~*d* szervizre viszi a kocsit
serviceable ['sə:vɪsəbl] *a* 1. hasznos, használható, alkalmas, tartós 2. szolgálatkész
service-book *n* szertartáskönyv
service-flat *n* ⟨főbérleti lakás kiszolgálással és étkezéssel⟩
service-hoist *n* ételfelvonó
service-line *n* adogatóvonal [teniszben]
serviceman ['sə:vɪsmən] *n* (*pl* -men -mən) 1. katona, a haderő/véderő tagja 2. szerelő
service-tree *n* berkenyefa
service-uniform *n* szolgálati egyenruha
servicing ['sə:vɪsɪŋ] *n* szerviz(elés); karbantartás
serviette [sə:vɪ'et] *n* szalvéta
servile ['sə:vaɪl; *US* -v(ə)l] *a* szolgai, alázatos, szervilis
servility [sə:'vɪlətɪ] *n* 1. (rab)szolgaság 2. szolgalelkűség, szervilizmus
serving ['sə:vɪŋ] I. *a* szolgálatot teljesítő, szolgáló II. *n* 1. szolgálat, kiszolgálás 2. adogatás, szerválás 3. adag [étel]
servitor ['sə:vɪtə*] *n* † szolga
servitude ['sə:vɪtju:d; *US* -tu:d] *n* 1. (rab)szolgaság 2. szolgalom

servo ['sə:voʊ-] szervo-
servo(-assisted) brake szervofék, rásegítő fék
servomechanism *n* szervoberendezés
servomotor *n* segédhajtómű, szervomotor
sesame ['sesəmɪ] *n* szezámfű
sesqui- [seskwɪ-] másfél
sesquicentennial [seskwɪsen'tenjəl] *a* másfél százados, 150 éves
sesquipedalian [seskwɪpɪ'deɪljən] *a* igen hosszú [szó]
session ['seʃn] *n* 1. ülés; *be in* ~ ülésezik 2. ülésszak 3. *US, sk* [egyetemi] harmadév 4. összejövetel
set [set] I. *a* 1. szilárd, állhatatos; megmerevedett; ~ *purpose* szilárd elhatározás, feltett szándék; ~ *smile* merev mosoly 2. rendes, előírásos, megállapított, kötött; ~ *figure* kötelező gyakorlat [műkorcsolyában]; ~ *phrase* klisé, frázis, közhely; ~ *price* kötött/szabott ár; ~ *speech* előre elkészített beszéd; ~ *task* kijelölt feladat; ~ *time* megállapított idő(pont) 3. ~ *square* háromszögvonalzó II. *n* 1. készlet, szerviz, sorozat, garnitúra, szet(t); ~ *of false teeth* (mű)fogsor 2. csoport, banda, társaság 3. [rádió-stb.] készülék 4. játszma [tenisz] 5. fészekalja 6. állás [ruháé]; beállítás, beigazítás 7. berakás [hajé] 8. irány-(zat); alakulás; ~ *of sy's mind* az eszejárása 9. napnyugta 10. dugvány, palánta 11. *make a* (*dead*) ~ *at sy* nekitámad/nekiugrik vknek 12. díszlet 13. kövezőkocka 14. lapos szélű véső 15. halmaz [matematikában]; ~ *theory* halmazelmélet III. *v* (*pt/pp* ~; -tt) A. *vt* 1. (le)tesz, (el-)helyez; ~ *oneself to sg* hozzáfog vmihez 2. ~ *type* betűt szed, kiszed 3. ültet [növényt]; ~ *a hen* tyúkot megültet 4. vmbe foglal [drágakövet] 5. megszab, megállapít, kitűz; ~ *a date* időpontot megállapít; ~ *a problem/paper* feladványt/leckét ad (fel), dolgozati témát tűz ki; ~ *a book* kötelező olvasmánynak ír elő (v. tűz ki) 6. ⟨vmlyen állapotba juttat⟩; ~ (*sy's mind*) *at ease* megnyugtat vkt; ~ *in*

order rendbe szed, elrendez; ~ *right*, ~ *to rights* rendbe hoz, helyreigazít, kijavít; *that* ~*s me thinking* ez gondolkodóba ejt; *US be all* ~ kész a rajtra, kész(en áll) (vmre) **7.** (meg)igazít, beállít; ~ *a bone* csontot helyre rak; ~ *the clock* órát megigazít/beállít; ~ *a scene* bedíszletez egy jelenetet **8.** ~ *the table* megterít **9.** ~ *words to music* szöveget megzenésít **10.** kirak, díszít vmvel **11.** fen, élesít **12.** (meg)erősít, (meg)szilárdít, megalvaszt, fagyaszt **13.** ~ *one's hair* berakja a haját **B.** *vi* **1.** lenyugszik [égitest] **2.** elenyészik, véget ér, végződik **3.** gyökeret ver; megköt **4.** megszilárdul, összeáll, megalvad; megkeményedik; (meg)köt [cement]; *the bone* ~*s* a csont összeforr **5.** megállapodik [ember], megszilárdul, kialakul [jellem] **6.** áll [vhogyan ruha]
set about A. *vi* **1.** hozzáfog; nekikezd **2.** *biz* megtámad, nekimegy (vknek) **B.** *vt* elterjeszt
set against *vt* **1.** ~ *sy a. sy* vk ellen uszít vkt **2.** ~ *sg a. sg* összehasonlít/szembeállít vmt vmvel
set apart *vt* **1.** = *set aside 1.* **2.** elkülönít
set aside *vt* **1.** félretesz, félrerak, elrak; tartalékol **2.** mellőz, eltekint vmtől **3.** érvénytelenít, megsemmisít [ítéletet]
set back *vt* **1.** hátratesz, -húz; visszavon **2.** visszaállít, -igazít **3.** (meg-) akadályoz, hátráltat, visszavet **4.** *biz* kerül (vknek vmbe)
set before *vt* **1.** vk elé tesz **2.** vknek előterjeszt **3.** többre tart vmnél
set by *vt* félretesz, -rak; ~ *little by sg* kevésre tart
set down *vt* **1.** letesz **2.** leír, írásba foglal **3.** vkt vmnek tart, vmnek tulajdonít vmt
set forth A. *vt* **1.** kifejt [érvet]; előad [tényeket]; közzétesz **2.** felmutat; kimutat (vmt) **B.** *vi* = *set out B.*
set in A. *vi* **1.** kezdődik, beáll **2.** part felé folyik [tengervíz] **3.** dagad [áradat]; *the tide is* ~*ting in* jön a dagály **B.** *vt* **1.** kezd **2.** bevet

set off A. *vt* **1.** felrobbant, elsüt **2.** elindít **3.** kiemel [ellentét segítségével], kihangsúlyoz, érvényre juttat [színt, szépséget stb.] **4.** kivált [hatást] **5.** ellensúlyoz **6.** elválaszt **B.** *vi* elindul, útnak indul
set on A. *vt* **1.** ráuszít (vkt/vmt vkre); *I was* ~ *on by a dog* rám támadt egy kutya **2.** *be* ~ *on sg* fáj a foga vmre **B.** *vi* **1.** hozzáfog (vmhez) **2.** rátámad
set out A. *vt* **1.** megállapít; bizonyít; kifejt; felsorol; elmond; közzétesz **2.** kiállít **3.** felszerel, ellát **4.** kitesz **5.** kiültet **6.** kiemel **B.** *vi* **1.** ~ *o.* (*to do sg*) elhatároz(za magát vmre), nekifog **2.** elindul, útnak indul
set to *vi* **1.** nekifog, hozzálát; ~ *to work* munkához lát **2.** összeverekedik, összekap
set up A. *vt* **1.** (fel)állít, felépít, emel [szobrot, épületet]; állít [jelöltet] **2.** alapít, létesít [intézményt]; felállít [csúcsot, elméletet] **3.** felszerel, ellát **4.** megkezd, elkezd, elindít, szervez **5.** helyrehoz (egészségileg) **6.** ~ *up* (*type*) (ki)szed [kéziratot] **7.** ~ *up a clamour* nagy lármát csap **8.** felsegít, megsegít **9.** *be well* ~ *up* jó alakú/felépítésű **B.** *vi* ~ *up in business*, ~ *up for oneself* önállósítja magát, (önálló) üzletet nyit; ~ (*oneself*) *up as* (1) önálló üzletet nyit (2) kiadja magát vmnek
set upon → *set on*
set-back *n* **1.** visszaesés, hanyatlás; kudarc, kedvezőtlen fordulat, sorscsapás **2.** beugrás [épületé]
set-down *n* elutasítás, letromfolás
Seth [seθ] *prop* Sét [bibliai férfinév]
setness ['setnɪs] *n* merevség, makacsság; ~ *of purpose* elhatározottság
set-off *n* **1.** beszámítás, ellenkövetelés; ellentétel **2.** ellentét, kontraszt **3.** elindulás
set-screw *n* állítócsavar
sett [set] *n* kövezőkocka, kockakő
settee [se'ti:] *n* pamlag, kanapé, szófa
setter ['setə*] *n* **1.** (betű)szedő **2.** hosszúszőrű vizsla, szetter
setter-wort *n* fekete hunyor

setting ['setɪŋ] *n* **1.** elrendezés; környezet, keret **2.** befoglalás [drágakőé], foglalat **3.** elvetés [magé] **4.** szabályozás, igazítás, (fel)állítás, illesztés, rögzítés **5.** (betű)szedés **6.** gyümölcs kezdeti alakulása **7.** élesítés **8.** megszilárdulás; kötés **9.** lenyugvás [égitesté] **10.** díszlet **11.** (zenei) átirat, letét ‖→*set III.*

settle ['setl] *A. vt* **1.** letelepít, elhelyez; betelepít; ~ *oneself* letelepedik [fotelba] **2.** megnyugtat **3.** megszilárdít, sűrít; leülepít, derít, megtisztít **4.** elintéz, kifizet, rendez [számlát, tartozást stb.] **5.** eldönt [vitát]; elintéz, rendez, lezár [ügyet]; *it's as good as ~d* elintézettnek tekinthető; *that ~s it!* ez eldönti a kérdést! **6.** megállapít; elhatároz; ~ *the day* kitűzi a napot *B. vi* **1.** letelepedik; elhelyezkedik; *átv* megállapodik; ~ *to work* komolyan munkához lát; *cannot ~ with anything* semmi mellett sem tud megmaradni, nyughatatlan természetű **2.** megtisztul, leülepedik [folyadék] **3.** lecsendesül, lecsillapodik; rendbe jön **4.** kiderül [idő] **5.** süllyed, lesüpped
   settle down *vi* **1.** letelepedik; elhelyezkedik **2.** megállapodik; lehiggad; *marry and ~ d.* megházasodik (és normális életet kezd), családot alapít **3.** ~ *d. to sg* hozzáfog/nekilát vmnek
   settle for *vi* megelégszik, beéri (vmvel); ~ *f. less* kevesebbel is beéri
   settle in *A. vi* betelepszik; berendezkedik *B. vt* hozzászoktat; *get ~d in (job etc.)* megszokik [új munkahelyet stb.]
   settle on →*settle upon*
   settle up *vt* **1.** elintéz, véghezvisz **2.** kifizet, kiegyenlít
   settle (up)on *A. vi* **1.** rárakódik; rátelepedik (vmre) **2.** elhatároz (vmt), dönt (vk/vm mellett) *B. vt* átruház, ráruház (vkre vmt)

settled ['setld] *a* **1.** változatlan, tartós; állandó; ~ *weather* kiegyensúlyozott időjárás **2.** eldöntött, elintézett; „fizetve" [számlán] **3.** rendes (életmódot folytató), házas, nős **4.** letelepedett; berendezkedett **5.** benépesített

settlement ['setlmənt] *n* **1.** rendezés, elintézés [ügyé]; kiegyenlítés [számláé], elszámolás **2.** megállapodás, egyezség **3.** letelepedés **4.** telep(ülés), gyarmat **5.** alapítvány; tartásdíj; hozomány

settler ['setlə*] *n* **1.** betelepülő, telepes **2.** *biz* döntő ütés/cspás

settling ['setlɪŋ] *n* **1.** elintézés, elrendezés; elszámolás **2.** letelepedés; letelepítés **3.** lecsillapítás; lecsillapulás **4.** leülepedés, letisztulás **5.** üledék
   settling-day *n* fizetési/elszámolási nap
set-to *n* ökölharc; verekedés
set-up *n* **1.** elrendezés, összeállítás; felépítés, rendszer, szerkezet [pl. gazdasági életé] **2.** (test)tartás; testalkat **3.** *US* □ kb „bunda"
seven ['sevn] *a/n* hét, hetes
sevenfold ['sevnfould] *I. a* hétszeres *II. adv* hétszeresen
seven-league(d) *a* hétmérföldes
seventeen [sevn'ti:n] *a/n* tizenhét
seventeenth [sevn'ti:nθ] *a/n* tizenhetedik
seventh ['sevnθ] *a/n* heted(ik)
seventieth ['sevntɪθ] *a/n* hetvenedik
seventy ['sevntɪ] *a/n* hetven; *the seventies* a hetvenes évek
sever ['sevə*] *vt* levág, elvág, elmetsz; kettévágás, elválaszt; ~ *connection (with sy)* megszünteti a kapcsolatokat (vkvel)
several ['sevr(ə)l] *a* **1.** több, számos; ~ *times* többször **2.** különböző, különféle **3.** néhány, egyes **4.** saját, egyéni, önálló
severally ['sevrəlɪ] *adv* egyenként, külön-külön, egyénileg
severance ['sev(ə)rəns] *n* **1.** elvágás, elválasztás, különválasztás **2.** kettéválás, különválás; ~ *pay* végkielégítés
severe [sɪ'vɪə*] *a* **1.** (*átv is*) szigorú, kemény, rideg, komoly **2.** dísztelen, egyszerű, sallangmentes
severely [sɪ'vɪəlɪ] *adv* **1.** szigorúan, keményen, ridegen, komolyan **2.** sallangmentesen, egyszerűen **3.** hevesen, vadul; nagyon; *was left ~ alone* senki sem törődött vele
severity [sɪ'verətɪ] *n* **1.** szigorúság,

komolyság 2. dísztelenség, egyszerűség 3. hevesség, vadság
Severn ['sevən] *prop*
sew [soʊ] *vt (pt ~ed* soʊd, *pp ~*n soʊn v.
~ed) 1. (meg)varr 2. fűz [könyvet]
sew in *vt* 1. rávarr, bevarr 2.
(össze)fűz [könyvet]
sew on *vt* rávarr, felvarr
sew up *vt* 1. bevarr, belevarr 2. *biz*
kimerít; berúgat; *be ~n/~ed up* (1) kivan (2) tökrészeg 3. *biz* sikeresen
befejez [tárgyalást]
sewage ['sjuːɪdʒ; *US* 'suː-] *n* szennyvíz;
~ disposal szennyvízelvezetés; *~(-)
farm/works* szennyvíztisztító telep; *~
system* csatornahálózat
Seward ['siːwəd] *prop*
sewer[1] ['soʊə*] *n* 1. varrónő 2. fűző(nő)
[könyvkötészetben]
sewer[2] [sjʊə*; *US* 'suː-] *n* (szennyvíz-)
csatorna, kanális
sewerage ['sjʊərɪdʒ; *US* 'suː-] *n* 1. *~
(system)* szennycsatornarendszer 2.
szennyvíz
sewing ['soʊɪŋ] I. *a* varró II. *n* varrás
sewing-machine *n* varrógép
sewn →*sew*
sex [seks] *n* 1. nem(iség), szex; *the ~* a
nők; *~ act* nemi aktus; *~ appeal* nemi
vonzóerő; *~ education/instruction* nemi
felvilágosítás; *~ instinct* nemi ösztön;
2. nemi/szexuális élet; *biz have ~* közösül
sexagenarian [seksədʒɪ'neərɪən] *a/n* hatvanéves
sexed [sekst] *a* nemiséggel bíró
sex-kitten *n biz* cicababa
sexless ['sekslɪs] *a* 1. nem nélküli 2. hideg
sexology [sek'sɒlədʒɪ; *US* -'sɑ-] *n* nemi
élet tudománya, szexológia
sextant ['sekstənt] *n* szextáns
sex-test *n* szexvizsgálat, -próba
sextet(te) [seks'tet] *n* hatos, szextett
sextillion [seks'tɪljən] *n GB* szextillió
[= 10³⁶]; *US* ezertrillió [= 10²¹]
sexton ['sekst(ə)n] *n* 1. sírásó 2. sekrestyés
sexton-beetle *n* temetőbogár
sextuple ['sekstjʊpl ; *US* -tʊ-] I. *a/n* hatszoros II. *vt* (meg)hatszoroz

sexual ['seksjʊəl; *US* -ʃʊ-] *a* nemi, szexuális; *~ intercourse* (nemi) közösülés
sexuality [seksjʊ'ælətɪ; *US* -ʃʊ-] *n* nemiség
sexually ['seksjʊəlɪ; *US* -ʃʊ-] *adv* nemileg, szexuálisan
sexy ['seksɪ] *a biz* szexi(s), szexes
Seychelles, (the) [(ðə)seɪ'ʃelz] *prop*
Seychelle-szigetek
Seymour ['siːmɔ:*; *sk* 'seɪ-] *prop*
sez-you [sez'juː] *US biz* (=*says you*)
mondod te (de én nem hiszem)
SF *Science Fiction*
sgd. *signed*
sgraffito [zgræ'fiːtoʊ] *n (pl* -fiti-'fiːtɪ)
sgraffito
Sgt. *sergeant* őrmester, őrm.
sh, shh [ʃ] *int* pszt!, csend!
shabbiness ['ʃæbɪnɪs] *n* kopottság, rongyosság
shabby ['ʃæbɪ] *a* 1. kopott, rongyos, ócska, elnyűtt 2. komisz, aljas, *átv*
piszkos; *~ excuse* gyenge kifogás;
played me a ~ trick aljasul elbánt
velem 3. fösvény, szűkmarkú
shabby-genteel *a* szegény, de tiszta;
deklasszált
shabby-looking *a* kopott külsejű, ágrólszakadt
shack [ʃæk] *a* kunyhó, kaliba
shackle ['ʃækl] I. *n* 1. bilincs, béklyó,
rögzítőbilincs, szorítókengyel 2. akadály, gát, korlát; *the ~s of convention*
a konvenciók korlátjai, a társadalmi
szokások béklyói II. *vt* megbilincsel,
(meg)béklyóz
Shackleton ['ʃækltən] *prop*
shad [ʃæd] *n (pl ~)* vándor alóza [hal]
shade [ʃeɪd] I. *n* 1. árnyék; árny, homály; *throw/put in(to) the ~* elhomályosít; túlragyog; háttérbe szorít;
The S~s (1) a túlvilág/sír (2) szálloda
bárja 2. sötét rész(ek) [képen] 3. árnyalat; hajszálnyi, csipetnyi (vmből);
a ~ better vmvel jobb(an) 4. szellem,
árny 5. (lámpa)ernyő, (fény-/nap)ellenző; *US* redőny, roló [ablakon] II. A.
vt 1. megvéd [nap ellen]; tompít
[fényt] 2. (be)árnyékol; árnyal, vonalkáz B. *vi* átmegy [egyik szín másikba]
shade-tree *n US* árnyékadó fa

shadiness ['ʃeɪdɪnɪs] n 1. árnyékosság, homályosság 2. gyanússág
shadow ['ʃædoʊ] I. n 1. árnyék (átv is); homály; cast a ~ árnyékot vet; not a ~ of suspicion a gyanú árnyéka sem 2. követője/„árnyéka" vknek 3. GB ~ cabinet árnyékkormány; ~ factory tartalék hadianyaggyár [háború esetén] 4. kísértet, árny II. vt 1. beárnyékol 2. (nyomon) követ, nyomában van, megfigyel [rendőrség]
shadow-boxing n árnyék(boksz)olás
shadowing ['ʃædoʊɪŋ] n nyomon követés, rendőri megfigyelés
shadowy ['ʃædoʊɪ] a 1. árnyékos, árnyas 2. homályos, bizonytalan
shady ['ʃeɪdɪ] a 1. árnyékos; árnyas; be on the ~ side of fifty túl van az ötvenen 2. gyanús, homályos, sötét, kétes
shaft [ʃɑ:ft; US -æ-] n 1. nyél, szár; tengely; (pair of) ~s villásrúd [kocsirúdpár] 2. törzs, derék [oszlopé] 3. tárna, akna 4. bibeszál 5. fénysugár, -nyaláb 6. nyíl(vessző)
Shaftesbury ['ʃɑ:ftsb(ə)rɪ] prop
shag [ʃæg] n 1. gubanc, bozont 2. kb. kapadohány
shaggy ['ʃægɪ] a bozontos, gubancos; ~ dog story hosszadalmas favicc
shagreen [ʃæ'gri:n] n 1. sagrén, (szemcsézett) szamárbőr 2. cápabőr
shah [ʃɑ:] n [perzsa] sah
shake [ʃeɪk] I. n 1. (meg)rázás; lökés, taszítás 2. (meg)rázkódás; hidegrázás; vibrálás 3. hasadás [fában] 4. trilla 5. turmix 6. biz pillanat; in a ~ egy pillanat alatt 7. □ no great ~s nem valami nagy ügy II. v (pt shook ʃʊk, pp shaken 'ʃeɪk(ə)n) A. vt 1. (meg-)ráz, kiráz; ~ hands with sy kezet fog/ráz vkvel; ~ the head (tagadólag, kétkedőleg) rázza a fejét; ~ one's finger at sy (ujjával) megfenyeget vkt; biz ~ a foot/leg táncol 2. megrázkódtat, (meg)remegtet; átv megrendít; be badly ~n by sg vm erősen megrendítette B. vi 1. reszket, remeg, reng, rezeg; his sides are shaking with laugther hasát fogja nevettében; ~ all over minden ízében remeg/reszket; ~ in one's shoes

be van rezelve; be shaking with cold didereg 2. tántorog 3. trillázik
shake down A. vt 1. leráz; összeráz 2. US biz megzsarol B. vi 1. ágyat vet [padlón szalmából stb.] 2. beleszokik, -rázódik; egyenesbe jön; összeszokik [csapat stb.]
shake off A. vt leráz (vkt), megszabadul (vktől, vmtől) B. vi lesoványodik
shake out vt kiráz (vmt vmből); kibont
shake together A. vt összeráz B. vi összerázódnak, -szoknak
shake up A. vt 1. (átv is) felráz, fellazít 2. biz átszervez B. vi felrázódik, összerázódik
shake-down n 1. hevenyészett fekvőhely 2. US biz razzia 3. ~ cruise próbajárat [hajóé]
shaken →shake II.
shaker ['ʃeɪkə*] n 1. keverő, rázó [személy] 2. keverő(edény), séker 3. S~ séker-szektabeli
Shakespeare ['ʃeɪkspɪə*] prop
Shakespearian [ʃeɪk'spɪərɪən] a shakespeare-i
shake-up n 1. átszervezés 2. biz zendülés, izgalom
shakiness ['ʃeɪkɪnɪs] n bizonytalanság, ingatagság
shaking ['ʃeɪkɪŋ] n 1. rázás 2. rázkódás, reszketés
shako ['ʃækoʊ] n csákó
shaky ['ʃeɪkɪ] a 1. remegő, reszkető; ingatag 2. rozoga, repedezett, düledező 3. bizonytalan, erőtlen
shale [ʃeɪl] n (agyag)pala
shall [ʃæl] gyenge ejtésű alakjai: ʃəl, ʃl] v aux; régies 2. szem. jelen időben
shalt [ʃælt]; shall not gyakran összevonva shan't [ʃɑ:nt; US ʃænt]; pt should [ʃʊd; gyenge ejtésű alakja: ʃəd]; should not gyakran összevonva shouldn't ['ʃʊdnt]; régies 2. szem. pt should(e)st [ʃʊdst] — I. 1. (1. szem.-ben a jövő idő kifejezője:) I ~ go menni fogok, (el)megyek; I ~ not (v. shan't) stay nem fogok maradni, nem maradok 2. (2. és 3. szem.-ben jövő v. feltételes állítás/kérdés amely egyben

a beszélő részéről szándékot v. akarást fejez ki:) ~ *you come tomorrow?* eljössze holnap? **3.** (kötelezettség, óhaj, parancs, tiltás, kényszer kifejezője:) *you ~ pay for it* ezért (még) fizetsz!; *he ~ come* igenis el kell jönnie (v. eljön); † *thou shalt not steal* ne lopj!; *he ~ not die* nem halhat meg (mert nem hagyom); ~ *I open the window?* kinyissam(-e) az ablakot?; ~ *the boy wait?* várjon(-e) a fiú? **II. should 1.** (feltételes mód:) *I should be glad to* ... örülnék ha ...; *I should like to* ... szeretnék ...; *should the occassion arise* ha úgy adódnék (az alkalom); *if he should* (v. *should he*) *come* (*you will*) *let me know* ha (mégis) eljönne, értesíts; *whom should I meet but Bob!* és kivel találkozom (v. találkoztam volna) mint Bobbal!; *I should have thought* ... gondolhattam volna (hogy) ... **2.** (erkölcsi kötelezettség, elvárás, szükségszerűség:) kell(ene); *we should go* el kellene mennünk; *you should have seen it* látnia/látnod kellett volna; *which is as it should be* ami így is van rendjén, ennek így is kell lennie; *they should be there by now* már ott kell(ene) lenniük; *I should think so!* meghiszem azt!

shallop ['ʃæləp] *n* † lapos fenekű bárka
shallot [ʃə'lɔt; *US* -'lɑt] *n* mogyoróhagyma
shallow ['ʃælou] **I.** *a* **1.** sekély, lapos **2.** felszínes, sekélyes; felületes **II.** *n* sekély (hely), zátony, gázló
shallowness ['ʃælounɪs] *n* sekélyesség, felszínesség
shalt → *shall*
sham [ʃæm] **I.** *a* hamis, ál-, nem valódi; ~ *fight* fegyvergyakorlat, álharc **II.** *n* **1.** csalás, ámítás, tettetés, színlelés **2.** utánzat **3.** sarlatán **III.** *vt/vi* -**mm**- színlel, tettet, ámít, csal
shamateur ['ʃæmətə:*] *n biz* álamatőr
shamble ['ʃæmbl] **I.** *n* csoszogás, cammogás **II.** *vi* csoszog, cammog
shambles ['ʃæmblz] *n* **1.** mészárszék; vágóhíd **2.** romhalmaz **3.** zűrzavar, összevisszaság, rendetlenség
shame [ʃeɪm] **I.** *n* szégyen(kezés); gya-

lázat; *put sy to* ~ megszégyenít vkt; *for* ~*!*, ~ *on you!* szégyelld magad!; (*what a*) ~*!* (milyen) szégyen!, jaj de kár!; *cry* ~ *on sy* megbotránkozik vkn **II.** *vt* megszégyenít, szégyenbe hoz; *be* ~*d into doing sg* sértett önérzetből tesz vmt
shamefaced *a* szégyenlős, szégyenkező; szemérmes
shamefacedly [-'feɪstlɪ] *adv* zavarban, félénken, szégyenlősen
shameful ['ʃeɪmful] *a* szégyenletes, becstelen, megbotránkoztató
shameless ['ʃeɪmlɪs] *a* **1.** szégyentelen, arcátlan, szemtelen **2.** szemérmetlen
shammed [ʃæmd] → *sham III.*
shammy-leather ['ʃæmɪ-] *n* zergebőr
shampoo [ʃæm'pu:] **I.** *n* **1.** hajmosás, fejmosás; ~ *and set* mosás és berakás **2.** sampon **II.** *vt* hajat mos (samponnal)
shamrock ['ʃæmrɔk; *US* -ɑk] *n* lóhere
shandy(gaff) ['ʃændɪ(gæf)] *n* ⟨sör és gyömbérsör/limonádé keveréke⟩
shanghai [ʃæn'haɪ] *vt* ☐ matróznak elrabol [leitatott embert]
shank [ʃæŋk] *n* **1.** lábszár; sípcsont; *go on* ~*s's mare/pony* az apostolok lován megy, kutyagol **2.** szár; törzs; nyél **3.** *US* (harisnya)szár
Shannon ['ʃænən] *prop*
shan't = *shall not* → *shall*
shantung [ʃæn'tʌŋ] *n* santung(selyem)
shanty¹ ['ʃæntɪ] *n* **1.** kunyhó, viskó, vityilló, kalyiba **2.** csapszék
shanty² [ʃæntɪ] *n* = *chanty*
shanty-town *n* kalyibanegyed; viskótelep
shape [ʃeɪp] **I.** *n* **1.** alak, forma; *put/get into* ~ (1) kialakít, megformál (2) megfogalmaz; *take* ~ alakot/formát ölt, kialakul **2.** *biz* erőnlét, forma; *he is in bad* ~ rossz bőrben van; *he is in good* ~ jó húsban/kondícióban/formában van **3.** féle, fajta **4.** forma, minta, sablon; váz **II.** *v* (régies *pp* ~**n** 'ʃeɪpən) **A.** *vt* alakít, (meg)formál, formáz; idomít, hozzá alkalmaz **B.** *vi* fejlődik, (ki)alakul, formát ölt; *is shaping well* jól halad/alakul/fejlődik
SHAPE [ʃeɪp] *Supreme Headquarters Allied Powers in Europe* Szövetséges

Hatalmak Európai Legfelső Főhadiszállása
shaped [ʃeɪpt] *a* alakú
shapeless ['ʃeɪplɪs] *a* alaktalan, idomtalan, formátlan
shapelessness ['ʃeɪplɪsnɪs] *a* alaktalanság, idomtalanság, formátlanság
shapeliness ['ʃeɪplɪnɪs] *n* formásság, arányosság
shapely ['ʃeɪplɪ] *a* formás, jó alakú
-shapen [-'ʃeɪpən] alakú, formájú
shaping ['ʃeɪpɪŋ] *n* formálás, alakítás, tervezés
shard [ʃɑːd] *n* 1. cserépdarab 2. kemény szárny [bogáré]
share¹ [ʃeə*] I. *n* 1. rész, osztályrész, részesedés; kvóta; *have a ~ in sg* része van vmben; érdekelt vmben; *go ~s* (*in sg*) részt/részesedést vállal (vmből); felesben csinál (vmt vkvel); *in equal ~s* egyenlő részben; *take a ~ in sg* részt vesz vmben; *fall to one's ~* osztályrészéül jut 2. részvény II. A. *vt* megoszt (*sg with sy* vkvel vmt); *~ out* feloszt, szétoszt, kioszt; *~d line* ikerállomás B. *vi* osztozik, részesedik; *~ in* részesedik vmből, részt vesz vmben; *~ and ~ alike* egyenlően/igazságosan osztoznak
share² [ʃeə*] *n* ekevas
share-beam *n* ekefej, ekegerendely
share-broker *n* tőzsdés, részvényügynök
share-certificate *n* részvényesi igazolvány, részvénybizonylat
sharecropper *n US* részes bérlő/arató
shareholder *n* részvényes; *principal ~* főrészvényes
share-list *n* tőzsdei árfolyam(jegyzék)
sharer ['ʃeərə*] *n* rész(t)vevő
sharing ['ʃeərɪŋ] *n* 1. részvétel 2. osztoz(kod)ás, részesedés
shark [ʃɑːk] *n* 1. cápa 2. □ kapzsi ember; csaló; uzsorás; üzér 3. *US* □ „fej" (vmben)
sharp [ʃɑːp] I. *a* 1. éles, hegyes 2. csípős, metsző, erős, kemény, szigorú; *~ lesson* kemény lecke 3. okos, éles eszű, agyafúrt; *be too ~ for sy* túljár vk eszén; *~ practice* (1) tisztességtelen eljárás, csalás (2) *pl* ravasz fogások 4. *C ~* cisz; *sonata in F ~* Fisz-dúr szonáta

II. *adv* 1. hirtelen, hevesen; *look ~!* siess!, mozgás! 2. pontosan; *at four o'clock ~* pontosan/pontban négykor 3. élesen 4. hamisan III. *n* 1. [zenei] kereszt; fekete billentyű [zongorán] 2. □ csaló IV. *vt/vi* □ becsap; hamisan játszik, csal
sharpen ['ʃɑːp(ə)n] A. *vt* 1. (meg)élesít, (ki)hegyez 2. fokoz [fájdalmat]; *~ one's appetite* fokozza étvágyát 3. súlyosbít [büntetést] 4. csípőssé/pikánsabbá tesz B. *vi* élesedik
sharpener ['ʃɑːpnə*] *n* hegyező, élesítő
sharper ['ʃɑːpə*] *n* hamiskártyás, szélhámos, csaló
sharp-eyed *a* éles szemű
sharp-faced/featured *a* markáns arcú, csontos képű
sharply ['ʃɑːplɪ] *adv* élesen, határozottan
sharpness ['ʃɑːpnɪs] *n* 1. élesség, hegyesség 2. éles ész, ravaszság 3. hevesség, csípősség
sharp-set *n* 1. igen éhes/mohó 2. kiéhezett, sovány [arc]
sharp-shooter *n* mesterlövész, jó lövész
sharp-sighted *a* éles szemű/látású; éles eszű
sharp-tongued *a* éles/csípős nyelvű
sharp-witted *a* éles eszű/elméjű
shat → *shit II.*
shatter ['ʃætə*] A. *vt* megrázkódtat, összetör, összezúz (*átv is*); meghiúsít B. *vi* összetörik, összedől, meghasad, megrázkódik
shatterproof *a* szilánkmentes
shave [ʃeɪv] I. *n* 1. borotválás; borotválkozás; *biz it was a close/narrow ~* épp csak hogy megúszta, (egy) hajszálon múlt (hogy megmenekült) 2. hántolókés II. *v* (régies *pp ~n* 'ʃeɪvn] A. *vt* 1. (meg)borotvál 2. érint, súrol (vmt) 3. *~ (off)* (vékony szeletet) levág, hántol 4. lefarag [költségvetést] B. *vi* borotválkozik
shaveling ['ʃeɪvlɪŋ] *n* 1. (meg)borotvált, leborotvált [személy] 2. csuhás 3. tejfölösszájú
shaven ['ʃeɪvn] *a* 1. borotvált 2. tonzúrás
shaver ['ʃeɪvə*] *n* 1. borotváló 2. (*dry-*) *~* villanyborotva 3. *biz* gyerkőc, srác
Shavian ['ʃeɪvjən] *a* shaw-i

shaving ['ʃeɪvɪŋ] n 1. borotvál(koz)ás
2. pl forgács, fahulladék
shaving-brush n borotvapamacs, -ecset
shaving-cream n borotvakrém
shaving-glass n borotválkozótükör
shaving-soap n borotvaszappan
shaving-stick n (rúd) borotvaszappan
Shaw [ʃɔ:] prop
shawl [ʃɔ:l] n (váll)kendő
shay [ʃeɪ] n US ⟨egylovas együléses két-
kerekű kocsi⟩
she [ʃi:; gyenge ejtésű alakja: ʃɪ] I. pron
ő [nőnemű] II. n asszony, nő; (össze-
tételekben:) nőstény(-)
sheaf [ʃi:f] n (pl sheaves ʃi:vz) kéve;
nyaláb, csomó, köteg, halom
shear [ʃɪə*] I. n 1. (a pair of) ~s nyesőr-
olló, nyíróolló, nagyolló 2. nyírás
3. = shearing stress II. v (pt ~ed ʃɪəd,
pp shorn ʃɔ:n) A. vt nyír, nyes, kopaszt;
be shorn of sg meg van fosztva vmtől,
elveszik/elvették vmjét B. vi elhajlik;
deformálódik
shearer ['ʃɪərə*] n birkanyíró
shearing ['ʃɪərɪŋ] n 1. nyírás, nyesés;
~ stress nyírófeszültség, nyíró igény-
bevétel 2. shearings pl nyiradék, le-
nyírt gyapjú
shear-legs n pl emelőbak
shearwater n vészmadár
she-ass n nőstény szamár, szamárkanca
sheath [ʃi:θ; pl -ðz] n 1. hüvely, tok;
~ gown zsákruha 2. (protective) ~
védőgumi [óvszer]
sheathe [ʃi:ð] vt 1. hüvely(é)be dug;
~ the sword békét köt 2. bevon, (be-)
borít, (páncél)lemezekkel vértez [ha-
jót], páncéloz
sheathing ['ʃi:ðɪŋ] n 1. borítás, burkolás
2. burkolat, bevonat 3. hüvely, tok
4. páncélzat, (lemez)borítás [hajóé]
sheath-knife n (pl -knives) tokos kés,
hüvelyes tőr
sheave [ʃi:v] vt kévébe köt, kévéz
sheaves →sheaf, sheave
Sheba ['ʃi:bə] prop Sába
shebang [ʃə'bæŋ] n US □ ügy, dolog;
the whole ~ az egész mindenség
she-bear n nőstény medve
shebeen [ʃɪ'bi:n] n zugkocsma, bögre-
csárda

shed¹ [ʃed] n fészer, pajta, (kocsi)szín,
gépszín; viskó; barakk
shed² [ʃed] I. n vízválasztó II. vt (pt/pp ~;
-dd-) 1. (el)hullat, elhány, elejt (átv is),
elveszít 2. ont, (ki)önt, hullat, vet,
áraszt; ~ light on sg fényt vet/derít
vmre
she'd [ʃi:d] = she had/should/would
shedding ['ʃedɪŋ] n 1. vedlés, hullatás
2. ontás, öntés 3. levetett bőr/páncél
[állaté]
she-devil n fúria, sárkány [nőről]
sheen [ʃi:n] n ragyogás, fényesség
sheeny ['ʃi:nɪ] a ragyogó, fényes
sheep [ʃi:p] n (pl ~) 1. juh, birka; make
~'s eyes at sy szerelmes pillantásokat
vet vkre 2. juhbőr, birkabőr 3. málé-
szájú
sheep-cote n juhakol
sheep-dip n birkaúsztató
sheep-dog n juhászkutya
sheep-farming n juhtenyésztés
sheepfold n juhakol, karám
sheep-hook n pásztorbot
sheepish ['ʃi:pɪʃ] a szégyenlős, félénk,
mafla
sheep-pen n juhakol, karám
sheep-run n birkalegelő
sheepshank n 1. birkalábszár 2. kurtító-
bog
sheep's-head n tökfilkó
sheep-shearing n birkanyírás
sheepskin n 1. birkabőr, nyers juhbőr
2. pergament, okmány, „kutyabőr",
US biz oklevél
sheep-tick n kullancs
sheep-walk n (kisebb) birkalegelő
sheep-wash n 1. birkaúsztató 2. birka-
úsztatás
sheer¹ [ʃɪə*] I. a 1. tiszta, igazi, valódi,
hamisítatlan; teljes, merő, puszta;
abszolút; by ~ force (1) puszta erőből/
erővel (2) nyers erőszakkal; for the ~
sake of sg tisztára csak vmért 2. mere-
dek, függőleges II. adv 1. teljesen,
tisztára 2. meredeken, függőlegesen
sheer² [ʃɪə*] I. n 1. hajótest vonala 2.
hajó eltérése irányától II. vi ~ away/
off irányától eltér, elfordul [hajó]; biz
~ off elhordja magát, elkotródik
sheet [ʃi:t] n 1. lepedő; lepel; get between

the ~s lefekszik (az ágyba) 2. ív; lap; lemez; *biz* ~ *music* kotta; *book in* ~s krúda(példány) [könyvé] 3. nagy kiterjedésű víz/hó/jég/tűz stb. 4. vitorlavezető szár, vezetőkötél; szarvkötél; □ *three* ~s *in the wind* tökrészeg
sheet-anchor *n* 1. segédhorgony 2. végső menedék
sheet-glass *n* ablaküveg, tábIaüveg
sheeting ['ʃiːtɪŋ] *n* 1. lepedő(vászon), lepedőanyag 2. borítás, zsaluzás, deszkázás 3. lemezhengerlés, lemezhúzás 4. szádfal, deszkabélés
sheet-iron *n* (hengerelt) vaslemez
sheet-lead *n* ólomlap
sheet-lightning *n* távoli villámlás
sheet-metal *n* fémlemez
Sheffield-plate ['ʃefiːld-] *n* kínaezüst, újezüst
she-goat *n* nősténykecske
sheik(h) [ʃeɪk; *US* ʃiːk] *n* sejk
Sheila ['ʃiːlə] *prop* Sejla
shekel ['ʃekl] *n* 1. sékel 2. □ ~s pénz, „dohány"
Sheldonian Theatre [ʃel'doʊnjən] ⟨az oxfordi egyetem díszterme⟩
sheldrake ['ʃeldreɪk] *n* 1. ásólúd 2. *US* búvárréce
shelf [ʃelf] *n* (*pl* **shelves** ʃelvz) 1. polc; párkány; *put on the* ~ félretesz, mellőz; *be on the* ~ (1) félre van állítva (2) *biz* pártában maradt 2. szél, perem [szikláé] 3. (víz alatti) homokpad, zátony; *continental* ~ kontinentális talapzat
shelfmark *n* (könyvtári) jelzet
shell [ʃel] I. *n* 1. kagyló, héj; kéreg; páncél, teknő [teknősbékáé], ház [csigáé]; (mag)burok; *retire into one's* ~ begubózik 2. váz, bordázat, héj(szerkezet), héjazat 3. gránát, lövedék; (töltény)hüvely 4. (könnyű) versenycsónak 5. külsőség, (merő) látszat II. *vt* 1. kihámoz, kihüvelyez, lehánt; fejt [borsót] 2. (ágyúval/gránátokkal) lő, ágyúz 3. □ ~ *out* kiguberál, leszurkol [összeget]
she'll [ʃiːl] = *she will*
shellac [ʃə'læk] I. *n* sellak, lakkmézga II. *vt* (*pt/pp* **-ked**) sellakoz, lakkoz
shell-auger *n* kanalas fúró
shell-back *n* □ (vén) tengeri medve

shelled [ʃeld] *a* 1. kagylós, héjas; (*összetételekben:*) héjú 2. kifejtett [borsó], tisztított [dió stb.]
Shelley ['ʃelɪ] *prop*
shell-fire *n* ágyútűz, gránáttűz
shellfish *n* 1. mészhéjú/kagylós állat(ok); kagyló(k) 2. rákfélék
shell-hole *n* gránáttölcsér
shelling ['ʃelɪŋ] *n* 1. (ki)fejtés, kihámozás 2. lövés (gránátokkal), ágyúzás
shell-jacket *n* rövid tiszti zubbony
shell-proof *a* bombabiztos
shell-shock *n* gránátnyomás, harctéri idegsokk
shell-work *n* kagylódísz
shelly ['ʃelɪ] *a* kagylós [part]
shelter ['ʃeltə*] I. *n* 1. menedék, védelem; *take* ~ menedéket keres 2. menedékhely, biztos hely; *air-raid* ~ légópince, (légoltalmi) óvóhely; *bus* ~ (autóbusz-)váróhely II. A. *vt* oltalmaz, (meg)véd, elrejt B. *vi* menedéket keres (*from* vm elől), (el)rejtőzik
shelter-belt *n* védőerdősáv
sheltered ['ʃeltəd] *a* védett; ~ *industry* védett ipar(ág); ~ *life* (küzdelmektől és kellemetlenségektől ment) csendes/nyugodt élet
shelve¹ [ʃelv] *vt* 1. félretesz, ad acta tesz, mellőz 2. elbocsát 3. polcokkal ellát
shelve² [ʃelv] *vi* ereszkedik, lejt
shelves [ʃelvz] →*shelf*, *shelve¹*, *shelve²*
shelving ['ʃelvɪŋ] *n* polcok
shenanigan [ʃə'nænəgən] *n US* □ hecc, svindli, trükk, blöff, suskus
shepherd ['ʃepəd] I. *n* pásztor, juhász; ~ *dog* juhászkutya; ~'s *crook* pásztorbot; ~'s *pie* ⟨burgonyapürével egybesütött húsvagdalék⟩; ~'s *plaid* fekete-fehér kockás gyapjúszövet/pokróc; ~'s *purse* pásztortáska [növény] II. *vt* 1. őriz, gondját viseli 2. terel, irányít, kalauzol
shepherdess ['ʃepədɪs] *n* pásztorlány
Sheraton ['ʃerət(ə)n] *prop*
sherbet ['ʃəːbət] *n* 1. sörbet 2. *US* gyümölcsfagylalt
sherd [ʃəːd] *n* = *shard*
Sheridan ['ʃerɪdn] *prop*
sheriff ['ʃerɪf] *n* 1. *GB* kb. főispán 2. *US* megyei rendőrfőnök, seriff

Sherlock ['ʃə:lɔk] *prop*
Sherman ['ʃə:mən] *prop*
sherry ['ʃerɪ] *n* sherry [spanyol bor]
Sherwood ['ʃə:wʊd] *prop*
she's [ʃi:z] = *she is/has*
Shetland ['ʃetlənd] *prop* ~ *Islands, the*
S~s a Shetland-szigetek; ~ *pony*
shetlandi póni; ~ *wool* shetland ⟨egy
fajta könnyű gyapjúszövet⟩
shew [ʃoʊ] *n/v* = *show*
shibboleth ['ʃɪbəleθ] *n* jelszó, ismertetőjel
shied → *shy*[1], *shy*[2]
shield [ʃi:ld] I. *n* 1. pajzs; védelem; *the
other side of the* ~ az érem másik oldala
2. pártfogó, védelmező 3. védőlemez,
-lap, -burok; árnyékolás II. *vt* 1. (meg-)
véd, védelmez, oltalmaz (*from/against*
vmtől) 2. árnyékol, eltakar
shield-bearer *n* pajzshordó, fegyvernök
shielding ['ʃi:ldɪŋ] *n* 1. védelem, oltalom
2. árnyékolás [villamosság]
shier, shiest → *shy*[1]
shift [ʃɪft] I. *n* 1. változtatás [helyé],
elmozdulás; eltolódás; (fel)váltás 2.
vált(ak)ozás 3. műszak, turnus, vál-
tás; *eight-hour* ~ nyolcórás műszak
4. kisegítő eszköz, félmegoldás; ürügy,
kibúvó, fortély; *make* ~ (*with sg*)
(1) módot talál (vmre), vhogyan (csak)
boldogul/megvan (vmvel) (2) beéri
(vmvel), kijön [pénzből]; *I can make* ~
without it majd csak megleszek/boldo-
gulok nélküle is 5. fekvés(váltás)
[húros hangszeren] 6. seb(esség)váltó
7. (női) ingruha; † (női) ing, alsóruha
II. A. *vt* 1. áthelyez, átrak, eltol, el-
mozdít; ~ *the responsibility* áthárítja a
felelősséget 2. változtat, vált, cserél;
~ *one's clothes* átöltözik; ~ *one's quar-
ters* lakóhelyet változtat B. *vi* 1. el-
mozdul, eltolódik; (meg)változik 2. ~
(*for oneself*) segít magán, magára van
utalva; *leave sy to* ~ *for himself* hagy-
ják, hogy boldoguljon ahogyan tud 3.
(sebességet) vált, kapcsol; ~ *into
second gear* másodikba kapcsol
   shift about A. *vt* folytonosan változ-
tat/cserél(get) B. *vi* folytonosan válto-
zik/cserélődik
   shift off *vt* leráz, másra hárít, elhárít
magától

shift round *vi* 1. helyet változtat
2. irányt változtat, megfordul [szél]
shiftiness ['ʃɪftɪnɪs] *n* állhatatlanság,
alattomosság
shifting ['ʃɪftɪŋ] *a* 1. elmozduló, változé-
kony; ~ *sand* futóhomok 2. *biz* ravasz
shift-key *n* váltó(kar) [írógépen]
shiftless ['ʃɪftlɪs] *a* gyámoltalan, ügye-
fogyott, élhetetlen; lusta
shifty ['ʃɪftɪ] *a* 1. ravasz, sunyi 2. ötle-
tes
shillelagh [ʃɪ'leɪlə] *n* bunkósbot, fütykös
[íreknél]
shilling ['ʃɪlɪŋ] *n* shilling [a font egyhu-
szad része, 1971-ig volt pénzegység];
biz take the King's/Queen's ~ beáll ka-
tonának
shilly-shally ['ʃɪlɪʃælɪ] *vi* habozik, bizony-
talankodik, vacillál
shimmer ['ʃɪmə*] I. *n* pislákolás, csillám-
lás II. *vi* pislákol, csillámlik
shin [ʃɪn] I. *n* lábszár (elülső része); síp-
csont II. *v* -nn- A. *vi* ~ *up* felmászik,
felkúszik B. *vt* sípcsonton rúg (vkt)
shin-bone *n* sípcsont
shindig ['ʃɪndɪg] *n US* □ 1. táncmulat-
ság, nagy hepaj 2. = *shindy 1.*
shindy ['ʃɪndɪ] *n* □ 1. ricsaj, hűhó;
kick up a ~ nagy lármát/zrít csap
2. *US* = *shindig 1.*
shine [ʃaɪn] I. *n* 1. ragyogás, fény(es-
ség); *take the* ~ *out of sg* (1) vmnek
frisseségét/hatását elrontja (2) felül-
múl/elhomályosít vmt 2. (cipő)fénye-
sítés 3. □ = *shindy 1.* 4. □ *take a* ~
to sy nagyon bír vkt II. *v* (*pt/pp* shone
ʃɔn; *US* ʃoʊn) A. *vi* 1. ragyog, fény-
lik, csillog; *the sun is shining* süt a nap;
her face shone with happiness arca su-
gárzott a boldogságtól 2. jeleskedik,
kiválik (*in* vmben) B. *vt* (*pt/pp* ~d)
biz (ki)tisztít, (ki)fényesít [cipőt, tűr-
helyet, rézedényt stb.]
shiner ['ʃaɪnə*] *n* 1. ami ragyog 2. apró
aranyhal 3. ezüstpénz 4. *US* □ (ütés-
től) bedagadt szem, monokli
shingle[1] ['ʃɪŋgl] *n* (tengerparti) nagysze-
mű kavics
shingle[2] ['ʃɪŋgl] I. *n* 1. zsindely 2. bubi-
frizura 3. *US* (orvosi, ügyvédi) név-
tábla; *put up one's* ~ kiteszi a névtáb-

láját, rendelőt nyit [orvos] **II.** *vt* 1.
zsindelyez 2. bubisra vág (és fodrosít)
shingles ['ʃɪŋglz] *n* övsömör
shingly ['ʃɪŋglɪ] *a* kavicsos, murvás
shin-guard *n* lábszárvédő, sípcsontvédő
shining ['ʃaɪnɪŋ] *a* ragyogó, fénylő,
fényes, csillogó
shinned [ʃɪnd] →*shin II.*
shiny ['ʃaɪnɪ] *a* 1. = *shining* 2. kifényesedett
ship [ʃɪp] **I.** *n* 1. hajó; ~'*s articles* hajószolgálati szerződés; ~'*s husband* hajógondnok; ~'*s papers* hajóokmányok;
take ~ hajóra száll; *on board* ~ hajó
fedélzetén, hajón; *when my* ~ *comes
home* ha megütöm a főnyereményt
2. *US biz* repülőgép 3. *biz* űrhajó **II.**
v **-pp- A.** *vt* 1. hajóba rak, behajóz,
hajón küld/szállít 2. (el)szállít, elküld
3. ~ *water,* ~ *a sea* becsap a víz [hajóba], felcsap a fedélzetre [hullám] 4.
beállít [árbocot] **B.** *vi* 1. hajóra száll
2. hajón szolgál [tengerésztiszt]
-ship [-ʃɪp] *suff* -ság, -ség [mint képző]
shipboard *n* hajófedélzet; *on* ~ hajón,
fedélzeten
ship-breaker *n* hajóbontó (cég)
ship-broker *n* hajóügynök
shipbuilder *n* hajóépítő, -gyáros
shipbuilding *n* hajóépítés, -gyártás
ship-canal *n* hajózható csatorna
ship-chandler *n* ⟨élelmiszert és hajófelszerelési cikkeket szállító kereskedő⟩
shipload *n* hajórakomány
shipmaster *n* hajóskapitány, hajóvezető
[kereskedelmi hajón]
shipmate *n* hajóstárs, tengerész bajtárs
shipment ['ʃɪpmənt] *n* 1. hajóba rakás,
behajózás 2. szállítás, elküldés 3. hajórakomány, szállítmány
shipped [ʃɪpt] →*ship II.*
shipper ['ʃɪpə*] *n* 1. (hajó)fuvarozó,
szállító 2. hajótulajdonos; hajóbérlő
shipping ['ʃɪpɪŋ] *n* 1. hajózás; kereskedelmi tengerészet; ~ *company* hajózási
társaság 2. szállítás; ~ *charges* (1) szállít(mányoz)ási költség(ek) (2) berakodási költségek 3. hajóba rakás,
behajózás
shipping-agent *n* szállítmányozó

shipping-bill *n* hajófuvarlevél; elszállítási értesítés
shipping-clerk *n* szállítmányozási tisztviselő
shipping-office *n* 1. hajóügynökség 2.
árufelvételi iroda
shipping-room *n* csomagoló- és expedíciós helyiség [vállalatnál]
shipping-weight *n* bruttó súly
shipshape ['ʃɪpʃeɪp] **I.** *a* rendes, kifogástalan karban levő **II.** *adv* rendesen,
kifogástalanul, tisztán
ship-way *n* sólyapálya
ship-worm *n* hajóféreg
shipwreck I. *n* 1. hajótörés; *suffer* ~
hajótörést szenved 2. hajóroncs; *make*
~ *of sg/sy* elpusztít/megsemmisít vmt/
vkt 3. tönkremenés, pusztulás, megsemmisülés **II.** *vt* 1. hajótörést okoz,
zátonyra juttat; *be* ~*ed* hajótörést
szenved 2. elpusztít, tönkretesz
shipwrecked *a* hajótörött
shipwright *n* hajóács
shipyard *n* hajógyár, hajójavító műhely
shire ['ʃaɪə*; végződésekben: -ʃə*, *sk*
-ʃɪə* is; *US* -ʃɪr v. -ʃər] *n* megye; *the*
~*s* közép-angliai megyék; ~ *horse*
angol igásló
shirk [ʃəːk] *vt* kitér (vm elől), kihúzza
magát, kibújik (vm alól)
shirker ['ʃəːkə*] *n* munkakerülő, lógós
Shirley ['ʃəːlɪ] *prop* ⟨angol női név⟩
shirr [ʃəː*] *vt US* [tojást] tálon süt
vajjal
shirt [ʃəːt] *n* 1. ing; □ *keep your* ~ *on*
ne izgulj !, nyugi !; □ *put one's* ~ *on*
a gatyáját is felteszi [lóra]; □ *get sy's*
~ *off* dühbe gurít, zabossá tesz, kiborít (vkt) 2. ~ (*blouse*) ingblúz [női]
shirt-collar *n* inggallér
shirt-front *n* ingmell, plasztron
shirting ['ʃəːtɪŋ] *n* inganyag, -vászon
shirtless ['ʃəːtlɪs] *a* 1. ing nélküli 2. igen
szegény
shirt-maker *n* ingkészítő
shirt-sleeve *n* ingujj; *in one's* ~*s* ingujjban
shirtwaist *n* (ing)blúz; ~ *dress* ingruha
shirty ['ʃəːtɪ] *a* □ ideges, morcos, ingerült, dühös
shit [ʃɪt] *vulg* **I.** *n* szar **II.** *vt/vi* (*pt/pp*
shat ʃæt; **-tt-**) szarik, kakál

shiver¹ ['ʃɪvə*] I. *n* didergés, borzongás; (*cold*) ~s hidegrázás II. *vi* didereg, borzong, reszket; *be ~ing with cold* vacog a foga a hidegtől, didereg
shiver² ['ʃɪvə*] I. *n* szilánk, forgács; *break (in)to ~s* = *shiver² II*. II. *vi/vt* összetör(ik), darabokra tör(ik)
shivering-fit ['ʃɪv(ə)rɪŋ] *n* hidegrázás
shivery ['ʃɪvərɪ] *a* reszketős, didergő(s), borzongó(s)
shoal¹ [ʃoʊl] I. *a* sekély [víz] II. *n* 1. sekély (vízű) hely; zátony, homokpad 2. *átv* rejtett veszély III. *vi* elsekélyesedik, elzátonyosodik
shoal² [ʃoʊl] I. *n* halraj II. *vi* rajzanak, vonulnak [halak]
shock¹ [ʃɔk; *US* -ɑ-] I. *n* 1. lökés, (össze-) ütközés, ütődés, rázkódás; (*electric*) ~ áramütés; *get a ~* megrázza az áram; ~ *therapy/treatment* sokk-kezelés, elektrosokk 2. megrázkódtatás, megrendülés; ijedtség; sokk II. *vt* megráz(kódtat), megdöbbent, megbotránkoztat; *be ~ed at sg* megbotránkozik/felháborodik vm miatt
shock² [ʃɔk; *US* -ɑ-] *n* kócos haj(fürt)
shock³ [ʃɔk; *US* -ɑ-] I. *n* kepe, (gabona-) kereszt; II. *vt* keresztekbe/kepékbe rak
shock-absorber *n* lengéscsillapító
shock-brigade *n* rohambrigád
shocker ['ʃɔkə*; *US* -ɑ-] *n* 1. megrázó/ megdöbbentő dolog 2. *biz* olcsó rémregény, ponyva 3. *biz* ócskaság, nagyon vacak dolog
shock-headed *a* kócos fejű, boglyas hajú
shocking ['ʃɔkɪŋ; *US* -ɑ-] *a* 1. visszataszító, megbotránkoztató, felháborító, botrányos, undorító 2. megdöbbentő, ijesztő
shock-troops *n pl* rohamcsapatok
shock-worker *n* rohammunkás, élmunkás
shod →*shoe II*.
shoddiness ['ʃɔdɪnɪs; *US* -ɑ-] *n* gyenge minőség
shoddy ['ʃɔdɪ; *US* -ɑ-] I. *a* vacak, hitvány, selejtes II. *n* 1. ógyapjú, tépett gyapjú 2. tucatáru, vásári áru, bóvli
shoe [ʃu:] I. *n* 1. (fél)cipő; ~ *polish* cipőfénymáz, cipőkenőcs; *step into sy's ~s* vknek örökébe lép; *the ~ is on the*

other foot a dolog éppen fordítva van; *that's another pair of ~s* ez már más káposzta; *in his ~s* az ő helyében/bőrében; *die in one's ~s* nem „vízszintesen" hal meg [= felakasztják] 2. patkó; *cast a ~* lerúgja a patkót 3. fékpofa; (kábel)saru II. *vt* (*pres part* ~*ing*; *pt/pp* shod [ʃɔd; *US* -ɑ-) 1. cipővel ellát 2. megpatkol, -vasal [lovat]
shoeblack *n* 1. cipőtisztító [ember] 2. cipőpaszta
shoe-buckle *n* cipőcsat
shoe-cream *n* cipőkrém
shoe-horn *n* cipőhúzó, cipőkanál
shoeing ['ʃu:ɪŋ] *n* patkolás, vasalás
shoemaker *n* cipész, suszter
shoeshine *n US* cipőtisztítás; ~ *boy* cipőtisztító [ember]
shoestring *n US* cipőfűző; *on a ~* filléres alapon; *start on a ~* semmivel kezdi; ~ *potatoes* szalmaburgonya
shoe-tree *n* sámfa
shone →*shine II*.
shoo [ʃu:] I. *int* hess!, sss!, sicc! II. *vt* elkerget, elhesseget
shook¹ [ʃʊk] *n* kepe, kereszt
shook² [ʃʊk] →*shake II*.
shoon [ʃu:n] *n pl* ⟨a *shoe* régies többesszáma⟩
shoot [ʃu:t] I. *n* 1. lövés; vadászat 2. vadásztársaság 3. vadászterület 4. új hajtás [növényé], sarjadék, sarj 5. zuhogó, zúgó 6. csúszda, surrantó 7. nyilallás 8. szemétlerakodó (hely) II. *v* (*pt/pp* shot [ʃɔt, *US* -ɑ-) A. *vt* 1. lő, tüzel [fegyverből], meglő, lelő, ráló, agyonlő; *I'll be shot if* inkább meghalok semmint 2. vadászik (vmre) 3. (ki-) lövell, kilő, kilök (magából), (ki)vet, hajít, (ki)dob; lerak [szemetet]; ~ *a glance at sy* vkre pillantást vet 4. [bimbót, rügyet] hajt 5. csónakkal átrohan/átsuhan (vm alatt/felett) 6. fényképfelvételt csinál (vkről), lekap (vkt) 7. forgat [filmet] 8. injekciót ad be (vknek), megszúr (vkt) 9. rúg [labdát]; ~ *a goal* gólt rúg/lő 10. □ kibök; ~*!* beszélj!, nyögd már ki! 11. *US biz* ~ *the works* rákapcsol, minden erejét beleadja B. *vi* 1. rohan, szökell, száguld, repül 2. lő (*at* vmre) 3. va-

dászik; *go ~ing* vadászni megy 4. hajt, sarjadzik, nő, kialakul *(into* vmvé) 5. nyilallik, szaggat [fájdalom] **shoot ahead** *vi* előreszökken, -rohan; kitör, kiválik **shoot at** *vi* rálő (vkre), (vkre) lő **shoot away** *vt* ellövöldöz, ellő **shoot down** *vt* lelő **shoot off A.** *vi* eliramodik **B.** *vt* ellő [testrészt] **shoot out A.** *vt* hirtelen kinyújt/kiölt, kilövell **B.** *vi* előtör; kiront; kicsap **shoot up** *vi* 1. felszáll, felröppen, felszökken 2. (hirtelen) felnő, felcseperedik, szárba szökik **shooter** ['ʃuːtə*]* *n* 1. vadász, lövő 2. *(összetételben:)* -lövetű fegyver **shooting** ['ʃuːtɪŋ] **I.** *a* szökellő, száguldó; ~ *star* hullócsillag **II.** *n* 1. lövés; (cél)lövészet; ~ *war* „melegháború" 2. vadászat; ~ *lodge* vadászlak 3. vadászterület 4. vadászati jog 5. átkelés [folyó zúgóján] 6. szökellés, ugrás, száguldás 7. forgatás, felvétel [filmé]; ~ *script* technikai forgatókönyv 8. kihajtás [növényé] 9. nyilallás [fájdalom] **shooting-box** *n GB* vadászlak **shooting-gallery** *n* céllövölde **shooting-party** *n* 1. vadásztársaság 2. vadászat **shooting-range** *n* [katonai] lőtér **shooting-stick** *n* botszék **shoot-out** *n US biz* tűzharc [nem katonai] **shop** [ʃɔp; *US* -ɑ-] **I.** *n* 1. üzlet, bolt, kereskedés; ~ *hours* nyitvatartás(i idő); *keep a* ~ üzlete van; *biz be all over the* ~ szanaszét hever; *biz shut up* ~ abbahagy (vmt), visszavonul 2. foglalkozás, hivatal, szakma; *sink the* ~ (1) nem beszél hivatalos dolgokról (2) eltitkolja foglalkozását; *talk* ~ szakmai dolgokról beszél(get) 3. műhely **II.** *v* -pp- **A.** *vi* (be)vásárol; *go ~ping* (be)vásárolni megy; *biz* ~ *around* körülnéz (az üzletben) **B.** *vt* □ becsuk, hűvösre tesz **shop-assistant** *n GB* (bolti) eladó, elárusító, segéd **shop-boy** *n* kifutófiú; segéd

shop-case *n* vitrin [kirakatként] **shop-committee** *n* üzemi bizottság **shop-floor** *n* a(z) műhely/üzem (dolgozói) **shop-foreman** *n (pl* -men) műhelyfőnök, üzemvezető **shop-front** *n* portál **shop-girl** *n* elárusítónő **shopkeeper** *n* boltos, kereskedő, üzlettulajdonos **shoplifter** [-lɪftə*]* *n* bolti tolvaj **shoplifting** *n* bolti lopás/betörés **shopman** ['ʃɔpmən; *US* -ɑ-] *n (pl* -men -mən) 1. boltos, kereskedő 2. elárusító, eladó, segéd 3. *US* szerelő **shopped** [ʃɔpt; *US* -ɑ-] →*shop II.* **shopper** ['ʃɔpə*;* *US* -ɑ-] *n* 1. (be)vásárló 2. anyagbeszerző [kicsiben] **shopping** ['ʃɔpɪŋ; *US* -ɑ-] *n* bevásárlás; ~ *area* üzleti negyed; ~ *bag* bevásárlószatyor; ~ *centre (US center)* (1) üzleti negyed (2) bevásárlóközpont; ~ *trolley* bevásárlókocsi; *do one's* ~ bevásárol ‖→ *shop II.* **shoppy** ['ʃɔpɪ; *US* -ɑ-] *a biz* 1. üzletekkel/boltokkal teli 2. üzleties, kalmárszellemű 3. üzleti; szakmai **shop-soiled** *a* [üzletben] agyonfogdosott, elpiszkolódott [áru] **shop-steward** *n* üzemi bizottsági tag, üzemi megbízott **shopwalker** *n US* áruházi felügyelő **shop-window** *n* kirakat **shop-worn** *a =* **shop-soiled** **shore[1]** [ʃɔː*]* *n* tengerpart, (tó)part; *in* ~ partközelben, parthoz közel; *go on* ~ partra száll; ~ *leave* eltávozás [engedély tengerésznek hajó elhagyására] **shore[2]** [ʃɔː*]* **I.** *n* gyámfa, támoszlop **II.** *vt* ~ *up* alátámaszt, (alá)dúcol **shoreless** ['ʃɔːlɪs] *a* parttalan, végtelen **shorn** [ʃɔːn] *a* 1. nyírott 2. megfosztott *(of* vmtől) ‖→*shear II.* **short** [ʃɔːt] **I.** *a* 1. rövid, kurta, tömör; alacsony; ~ *circuit* rövidzárlat →*short-circuit;* ~ *cut* útrövidítés, átv egyszerűsített megoldás ~ *drink* rövid ital; ~ *memory* rossz emlékezőtehetség; *at a* ~ *notice* rövid határidőre, rövid idő alatt; ~ *story* novella, elbeszélés; ~ *temper* lobbanékony/türelmetlen természet; ~ *wave* rövidhullám →*short-wave; a* ~ *way off* nem messze; *make* ~ *work of sg* (1) gyorsan végez vmvel, rövid úton elintéz vmt (2) gyorsan elfogyaszt/ elpusztít vmt; *be* ~ *with sy* kurtán elintéz vkt; *for* ~ röviden, egyszerűen; ~ *for*... röviden, rövidítve 2. nem teljes, hiányos, nem elegendő; kifogyva; *give sy* ~ *change* kevesebbet ad vissza →*short-change;* ~ *sight* rövidlátás; *be in* ~ *supply* kevés van belőle; *give* ~ *weight* mérésnél becsap; *be* ~ *of sg* vmnek híján/szűkében van; *go/run* ~ *of sg* vmje kifogy; *little* ~ *of it* kis híján 3. ropogós, omlós, porhanyós; ~ *pastry* omlós/porhanyós tészta, vajastészta || →*ton 1.* II. *adv* 1. röviden, kurtán; hirtelen, gyorsan; *stop* ~ hirtelen megáll; *be taken* ~ (1) váratlanul éri vm (2) *biz* rájön a hasmenés 2. *fall* ~ *of sg* alatta marad vmnek, nem üti meg a mértéket 3. ~ *of*... vmn kívül, vmtől eltekintve; *nothing* ~ *of violence would compel him* csak az erőszak ér nála célt III. *n* 1. rövidítés, rövid összefoglalás 2. rövid hangzó/szótag 3. rövidített (bece)név 4. **shorts** *pl* (1) rövidnadrág, sort (2) *US* alsónadrág 5. rövidfilm, kisfilm 6. rövidzárlat IV. *vt* rövidzárlatot okoz

shortage ['ʃɔ:tɪdʒ] *n* hiány; *there is a* ~ *at present in refrigerators* a hűtőszekrény jelenleg hiánycikk; ~ *of labour* munkaerőhiány

short-armed *a* rövid karú

shortbread *n* omlós (édes) teasütemény

short-cake *n* 1. *GB = shortbread* 2. *US kb* gyümölcstorta [omlós tésztából]

short-change *vt* kevesebbet ad vissza (vknek), becsap (vkt) →*short I. 2.*

short-circuit *vt* rövidzárlatot okoz, rövidre zár [áramkört] →*short I. 1.*

shortcoming *n* elégtelenség, tökéletlenség, hiba, hiányosság

short-dated *a* rövid lejáratú

shorten ['ʃɔ:tn] A. *vt* 1. (meg)rövidít 2. porhanyóssá tesz [tésztafélét növényi zsírral] B. *vi* (meg)rövidül

shortening ['ʃɔtnɪŋ] *n US* (növényi) zsiradék, főzőmargarin

shortfall *n* hiány, deficit

shorthand *n* gyorsírás; ~ *typist* gyorsés gépíró(nő)

short-handed *a* túl kevés munkaerővel/ személyzettel rendelkező

shorthand-writer *n* gyorsíró

shorthorn *n* rövid szarvú marha

shortish ['ʃɔ:tɪʃ] *a* meglehetősen rövid

short-lived *a* rövid/kérész életű, rövid ideig tartó, mulandó

shortly ['ʃɔ:tlɪ] *adv* rövidesen, hamarosan, nemsokára; ~ *before*... röviddel... előtt

shortness ['ʃɔ:tnɪs] *n* 1. rövidség, alacsonyság, kurtaság 2. hiány, szükség

short-order *a US* azonnal elkészíthető [ételféle]

short-sighted *a* rövidlátó (*átv is*)

short-spoken *a* szűkszavú, kimért

short-tempered *a* indulatos, hirtelen haragú, ingerlékeny

short-term *a* rövid lejáratú/határidejű

short-wave *a* rövidhullámú →*short I. 1.*

short-winded *a* gyorsan kifulladó

short-witted *a* együgyű, ostoba

shot¹ [ʃɔt; *US* -ɑ-] I. *a* színét változtató, színjátszó [selyem]; (más színnel) átszőtt [kelme] II. *n* 1. lövés [fegyverrel v. labdával]; dobás, rúgás [labdával]; hajítás; *within* ~ lövésnyire; *like a* ~ mint a villám, egy pillanat alatt; *off like a* ~ mintha puskából lőtték volna ki; *a* ~ *in the dark* kapásból való találgatás 2. lövedék, (puska-/ágyú)golyó; súly(golyó); *small* ~ sörét; *putting the* ~ súlylökés, súlydobás; □ ~ *in the locker* (némi) vastartalék, segélyforrás 3. *biz* kísérlet, próbálkozás; *make/have a* ~ *at sg* megpróbál vmt 4. lövő; lövész; *he is no* ~ rossz lövő 5. lőtávolság, dobótávolság; *not by a long* ~ távolról sem 6. felvétel [filmé] 7. injekció; *a* ~ *in the arm* felpezsdítés, egy kis dopping 8. egy korty/kupica pálinka 9. fellövés [űrhajóé] III. *vt* -tt- megtölt [fegyvert]

shot² [ʃɔt; *US* -ɑ-] *pt/pp* →*shoot II.*

shot-gun *n* (sörétes) vadászpuska

shot-proof *n* golyóálló
shot-put *n* súlydobás, -lökés
shot-putter *n* súlydobó, -lökő
should [ʃʊd] →*shall*
shoulder ['ʃoʊldə*] I. *n* 1. váll; lapocka;
~ *of mutton* ürülapocka; *straight from
the* ~ egyenesen, kereken; *put one's*
~ *to the wheel* beleadja minden erejét;
~ *to* ~ vállvetve, egyesült erővel
2. támasz, (alá)támasztás 3. (töl-
tés)padka, perem, párkány; (*hard*) ~
útpadka II. A. *vt* 1. vállal, vállára
vesz; ~ *arms!* vállra! [vezényszó]
2. (vállal) taszít, (meg)lök B. *vi*
tolakszik, furakodik
shoulder-belt *n* vállszíj
shoulder-blade *n* lapocka(csont)
-shouldered [-'ʃoʊldəd] vállú
shoulder-knot *n* vállrojt
shoulder-strap *n* 1. váll-lap 2. vállszíj
shouldn't ['ʃʊdnt] = *should not* →*shall*
should(e)st [ʃʊdst] →*shall*
shout [ʃaʊt] I. *n* kiáltás, kiabálás II.
vt/vi kiált' kiabál; ~ *at sy* rákiált/
rákiabál vᵏ re; ~ *down* lehurrog, túl-
kiabál; ~ *out* (1) felkiált (2) kikiált;
~ *with pain* ordít a fájdalomtól
shouting ['ʃaʊtɪŋ] *n* kiabálás
shove [ʃʌv] I. *n* lökés, tolás, taszítás
II. A. *vt* 1. lök, taszít, tol 2. *biz*
tesz (vmt vhova) B. *vi* lökösődik,
furakodik
shove around *vi* erőszakoskodik
vkvel
shove aside *vt* félretol, -lök
shove away *vt* továbbnyom; ellök
shove back *vt* visszalök, -tol
shove by *vt* félretol, eltol
shove off *vi* 1. (parttól) eltávolodik;
ellöki magát/csónakját 2. elmegy;
let's ~ *o.* kopjunk le
shove out A. *vi* eltávolodik B. *vt*
kinyújt, kidug
shovel ['ʃʌvl] I. *n* lapát II. *vt* -ll- (*US
-l-*) lapátol
shovel-board *n* = *shuffle-board*
shovelful ['ʃʌvlfʊl] *a* lapátnyi, egy la-
pátra való
shovel(l)ed ['ʃʌvld] →*shovel II.*
shovel(l)er ['ʃʌvlə*] *n* 1. lapátoló 2.
kanalas réce

show [ʃoʊ] I. *n* 1. felmutatás; (*by*) ~
of hands [szavazás] kézfelemeléssel
2. bemutatás; kiállítás; bemutató;
on ~ látható, megtekinthető 3. (nyil-
vános) előadás, műsor; látványos-
ság, mutatvány; felvonulás 4. *biz*
(kimagasló) teljesítmény, siker; *put
up a good* ~ szép teljesítményt ér
el; *good* ~! szép volt!, bravó!; *a poor*
~ gyenge szereplés/dolog; *steal the*
~ ő arat le minden babért 5. *biz*
intézmény, vállalkozás, üzlet; *run
the* ~ igazat/vezet vmt 6. látszat, kül-
szín; parádé, pompa; *for a* ~ a lát-
szat kedvéért; *make a* ~ *of sg* szín-
lel/fitogtat vmt; *biz make a* ~ *of
oneself* nevetségessé teszi magát; *be
putting on* ~ színészkedik, megjátssza
magát 7. *biz* alkalom, lehetőség; *give
sy a fair* ~ (méltányos) lehetőséget
ad vknek II. *v* (*pt* ~**ed** ʃoʊd, *pp* ~**n**
ʃoʊn) A. *vt* 1. (meg)mutat; felmutat,
bemutat; kiállít; ~ *oneself* mutatko-
zik, megjelenik; ~ *itself* láthatóvá
válik, mutatkozik; *I was* ~*n a house*
mutattak nekem egy házat; ~ *a
picture on the screen* képet/filmet
vetít; ~ *the way to...* útbaigazít
vhová; ~ *one's hand* felfedi kártyáit
2. kimutat, igazol, (be)bizonyít, meg-
magyaráz, kifejt; *it goes to* ~ ez azt
mutatja, (hogy...) ebből látható
(hogy...) 3. vezet; ~ *sy to his room*
szobájába vezet vkt B. *vi* 1. mutat-
kozik, (meg)látszik, látható; kilát-
szik 2. látszik vmnek
show down *vt* leterít [kártyákat]
show in(to) *vt* (vkt) bevezet (vhová)
show off *vt/vi* 1. felmutat, fitog-
tat, mutogat 2. kérkedik, henceg,
hivalkodik, felvág (vmvel)
show out *vt* kikísér vkt [kapuig,
ajtóig]
show over *vt* vkt vmn végigvezet
megmutatva neki mindent, végig-
kalauzol
show round *vt* körülvezet (és meg-
mutatja a látnivalókat) ||→ *show over*
show through *vi* átlátszik, átüt
show up A. *vt* 1. felmutat 2. le-
leplez B. *vi* 1. látható (vmlyen háttér

előtt), érvényesül, látszik 2. mutatkozik, megjelenik
show-biz [-bɪz] n biz = show-business
show-boat n US színházhajó
show-business n tömegszórakoztató ipar [film, színházak, tévé stb.]
show-case n tárló, vitrin
showdown n US 1. kártyák leterítése/felfedése 2. biz szándékok/helyzet közlése 3. leszámolás
shower ['ʃaʊə*] I. n 1. zápor, zivatar 2. záporozás, bőség, özöne (vmnek); ~ of blows ütések zápora 3. zuhany II. A. vt eláraszt; ~ sg upon sy vkt vmvel eláraszt/elhalmoz B. vi 1. zuhog, záporeső/sűrűn esik 2. átv záporoz
shower-bath n zuhany
showery ['ʃaʊərɪ] a zivataros, (zápor)esős
show-girl n (revü)görl; (női) statiszta
showily ['ʃoʊɪlɪ] adv mutatósan
showiness ['ʃoʊɪnɪs] n mutatósság, tetszetősség
showing ['ʃoʊɪŋ] n bemutatás, felmutatás; on your own ~ ahogy magad állítod
show-jumping n díjugratás
showman ['ʃoʊmən] n (pl -men -mən) 1. kiállítás/látványosság rendezője 2. átv (nagy) pózőr
showmanship ['ʃoʊmənʃɪp] n rendezői képesség, a rendezés művészete
shown [ʃoʊn] →show II.
show-off n 1. hencegés, felvágás 2. biz nagyképű/felvágós alak
show-piece n (látványos) kiállítási példány/darab
show-place n idegenforgalmi nevezetesség/látványosság, látnivaló
showroom n mintaterem, bemutatóterem, kiállítási terem
show-up n leleplezés
show-window n kirakat
showy ['ʃoʊɪ] a 1. mutatós, tetszetős 2. feltűnő, kirívó, csiricsáré, rikító
shrank →shrink
shrapnel ['ʃræpn(ə)l] n srapnel
shred [ʃred] I. n foszlány, rongy, darabka, töredék; not a ~ of egy szemernyi sem; tear to ~s cafatokra/rongyokra tép II. vt -dd- darabokra szaggat/tép/vág

shrew [ʃruː] n 1. zsémbes/házsártos asszony, hárpia; The Taming of the S~ A makrancos hölgy [Shakespeare vígjátéka] 2. ~(-mouse) cickány
shrewd [ʃruːd] a 1. éles eszű/eméjű, okos 2. ravasz, agyafúrt, rosszhiszemű
shrewdness ['ʃruːdnɪs] n 1. éleselméjűség, okosság 2. ravaszság
shrewish ['ʃruːɪʃ] a házsártos, zsémbes, pörlekedő [asszony]
Shrewsbury ['ʃroʊzb(ə)rɪ] prop
shriek [ʃriːk] I. n sikoltás, visítás, sivítás II. vt/vi sikolt, rikolt, visít, sikít
shrift [ʃrɪft] n † gyónás és feloldozás; short ~ ⟨az ítélet és kivégzés/büntetéskezdet közti idő⟩; biz get short ~ kurtán elintézik; elzavarják
shrike [ʃraɪk] n gébics
shrill [ʃrɪl] I. a 1. éles, metsző, átható, visító 2. erőszakos, tolakodó, követelődző II. vi visít, sikít, sivít
shrillness ['ʃrɪlnɪs] n 1. éleshangúság 2. követelődzés, erőszakosság
shrilly ['ʃrɪlɪ] adv éles/metsző hangon
shrimp [ʃrɪmp] I. n 1. apró tengeri rák, garnéla(rák) 2. biz kis tökmag [ember] II. vi garnélarákra halászik
shrine [ʃraɪn] I. n 1. ereklyetartó; szentély, oltár; szent hely, kegyhely 2. (díszes) síremlék II. vt = enshrine
shrink [ʃrɪŋk] v (pt shrank ʃræŋk, pp shrunk ʃrʌŋk v. shrunken 'ʃrʌŋk(ə)n) A. vi 1. összezsugorodik, -megy, -fonynyad; visszahúzódik [foghús fogról] 2. visszariad, -húzódik, meghátrál (from vmtől) B. vt (össze)zsugorít, (be)avat [kelmét]
shrinkage ['ʃrɪŋkɪdʒ] n 1. (össze)zsugorodás, összemenés [kelméé], csökkenés; apadás, fogyás 2. beavatás [kelméé]
shrinking ['ʃrɪŋkɪŋ] I. a összehúzódó, (össze)zsugorodó; csökkenő II. n = shrinkage 1.
shrinkproof a zsugorodásmentes
shrive [ʃraɪv] v (pt ~d ʃraɪvd v. shrove ʃroʊv, pp ~n 'ʃrɪvn) vt meggyóntat és feloldoz
shrivel ['ʃrɪvl] v -ll- (US -l-) A. vi összezsugorodik, -szárad, -gyűrődik, -aszik B. vt összezsugorít, -gyűr

shriven →*shrive*
Shropshire ['ʃrɔpʃə*] *prop*
shroud [ʃraʊd] I. *n* 1. halotti lepel, szemfedő 2. lepel, takaró 3. shrouds *pl* árbocmerevítő kötél(zet), csarnak II. *vt* beburkol, eltakar, árnyékol
shrove [ʃroʊv] *a* S~ *Tuesday* húshagyókedd || →*shrive*
Shrove-tide farsang utója [utolsó három napja]
shrub[1] [ʃrʌb] *n* bokor, cserje
shrub[2] [ʃrʌb] *n* rumos limonádé
shrubbery ['ʃrʌbərɪ] *n* bozót, bokrok
shrubby ['ʃrʌbɪ] *a* bozótos, bokros
shrug [ʃrʌg] I. *n* ~ (*of the shoulders*) vállvonás, -rándítás II. *vt/vi* -gg- vállat von; ~ *sg off* vállrándítással elintéz (vmt)
shrunk →*shrink*
shrunken ['ʃrʌŋk(ə)n] *a* összeaszott, -zsugorodott, -ment, -ugrott || →*shrink*
shuck [ʃʌk] I. *n* US hüvely, héj, csuhé; kagylóteknő II. *vt* US kifejt, hüvelyez, lehánt III. *int* ~s! ugyan kérlek!, eszed tokja!
shudder ['ʃʌdə*] I. *n* borzongás, borzadás, iszonyodás II. *vi* remeg, borzong, borzad, iszonyodik; ~ *with cold* didereg (a hidegtől)
shuffle ['ʃʌfl] I. *n* 1. csoszogás 2. sasszé 3. keverés [kártyáé] 4. kibúvó, kertelés 5. ~ *of the Cabinet* kormányátalakítás II. A. *vi* 1. csoszog 2. kibúvót keres, kertel B. *vt* (meg)kever [kártyát] shuffle off A. *vt* 1. lehányja magáról [ruháit] 2. leráz magáról (vmt); másra tol [*onto sy* felelősséget stb.]; ~ *o. this mortal coil* porhüvelyét leveti, meghal B. *vi* elcsoszog
shuffle-board *n* ⟨padlón játszott tologatós társasjáték⟩
shuffler ['ʃʌflə*] *n* ötölő-hatoló, hímezőhámozó, kertelő
shuffling ['ʃʌflɪŋ] *a* 1. csoszogó 2. kertelő
shun [ʃʌn] *vt* -nn- (el)kerül (vkt, vmt), menekül (vmtől)
'shun [ʃʌn] *int* (= *attention!*) vigyázz!
shunt [ʃʌnt] I. *n* 1. tolatás 2. mellékáramkör, sönt II. *vt/vi* 1. (mellékvágányra) tolat; áttol, félretol 2. söntöl
shunter ['ʃʌntə*] *n* tolatómunkás

shunting ['ʃʌntɪŋ] *n* tolatás; ~ *yard* r endező pályaudvar
shunt-line *n* tolatóvágány
shut [ʃʌt] *v* (*pt/pp* ~; -tt-) A. *vt* 1. becsuk, betesz [ajtót stb.]; ~ *the mouth* hallgat, nem szól; □ ~ *your mouth/trap!* fogd be a pofádat! 2. bezár, becsuk, összehajt [könyvet, ernyőt stb.] B. *vi* (be)csukódik, (be-)záródik
shut down A. *vt* bezár, lezár, becsuk B. *vi* 1. bezáródik, lezárul, becsukódik 2. bezár [üzem]
shut in *vt* bezár, körülzár, elzár
shut off *vt* elzár, lezár, kikapcsol
shut out *vt* kizár, kirekeszt, elzár
shut to A. *vt* bezár, betesz B. *vi* bezáródik, bezárul, becsukódik
shut up A. *vt* 1. bezár, becsuk, bebörtönöz 2. lezár, bezár [lakást, boltot]; ~ *up shop* feladja üzletét 3. elhallgattat B. *vi* biz elhallgat; ~ *up!* kuss!, fogd be a szád!
shutdown *n* (üzem)bezárás, (kényszerű) üzemszünet; zárvatartás
shutter ['ʃʌtə*] *n* 1. (ablak)redőny; *rolling* ~ eszlingeni roló, görredőny; *put up the* ~s lehúzza a redőnyt (*átv is*) 2. spaletta; zsalu 3. zár [fényképezőgépen]
shutter-release *n* zárkioldó
shuttle ['ʃʌtl] I. *n* vetélő [szövőszéken]; hajó [varrógépen] II. *vi* ide-oda jár, pendlizik; ingázik
shuttlecock *n* tollaslabda [játék]
shuttle-service/train *n* ingajárat
shy[1] [ʃaɪ] I. *a* (*comp* ~er v. shier 'ʃaɪə*, *sup* ~est v. shiest 'ʃaɪɪst) 1. félénk, bátortalan, ijedős, szemérmes, szégyenlős; tartózkodó 2. *biz I'm* ~ *three quid* három fontom bánja II. *n* megbokrosodás, kitörés [lóé], (hirtelen) félreugrás III. *vi* (*pt/pp* shied ʃaɪd) megijed, megbokrosodik, visszaretten (*at* vmtől)
shy[2] [ʃaɪ] I. *n* 1. dobás, hajítás 2. *biz* kísérlet (*at* vmre) II. *vt/vi* (*pt/pp* shied ʃaɪd) dob, vet, hajít
Shylock ['ʃaɪlɔk] *prop*
shyness ['ʃaɪnɪs] *a* félénkség, tartózkodás, visszahúzódás, szemérmesség

shyster ['ʃaɪstə*] n US biz zugprókátor
Siam [saɪ'æm] prop Sziám
Siamese [saɪə'miːz] a/n sziámi; ~ cat
sziámi macska; ~ twins sziámi ikrek
sib [sɪb] n 1. rokon 2. rokonság
Siberia [saɪ'bɪərɪə] prop Szibéria
Siberian [saɪ'bɪərɪən] a/n szibériai
sibilant ['sɪbɪlənt] I. a sziszegő II. n szi-
szegő hang(zó)
sibling ['sɪblɪŋ] n testvér
sibyl ['sɪbɪl] n szibilla, jósnő
sibylline [sɪ'bɪlaɪn] a szibillai
sic [sɪk] adv sic!, így!
siccative ['sɪkətɪv] a szárító
Sicilian [sɪ'sɪljən] a/n szicíliai
Sicily ['sɪsɪlɪ] prop Szicília
sick [sɪk] I. a 1. beteg; fall ~ megbeteg-
szik; go/report ~ beteget jelent [kato-
na] 2. be ~ hány; feel/turn ~ hány-
ingere van, émelyeg 3. biz be ~ of sg
torkig van vmvel, utál vmt 4. dü-
hös; it makes me ~ dühbe hoz 5. le-
vert; be ~ at sg bántja vm 6. be ~ for
sg vágyódik vm után II. n the ~ a
betegek
sick-allowance n táppénz
sick-bay n betegszoba, hajókórház, gyen-
gélkedő [hadihajón]
sick-bed n betegágy
sick-benefit n betegségi segély [biztosító-
tól]
sicken ['sɪkn] A. vt émelyít, undort kelt
(vkben) B. vi 1. megbetegszik; be
~ing for sg lappang benne vm [beteg-
ség gyerekben] 2. émelyedik, undoro-
dik, felfordul a gyomra (of vmtől)
sickening ['sɪknɪŋ] a undorító, émelyítő,
visszataszító, ellenszenves
sick-headache n fejgörcs, migrén
sickle ['sɪkl] n sarló
sick-leave n betegszabadság
sickle-feather n kakastoll
sickliness ['sɪklɪnɪs] n 1. betegesség;
sápadtság 2. émelyítő jelleg; túlzott
érzelmesség, szentimentalizmus
sick-list n beteglista; be on the ~ beteg-
állományban/táppénzen van
sickly ['sɪklɪ] I. a 1. beteges, gyenge;
halvány, bágyadt 2. émelyítő 3. ér-
zelgős, szentimentális II. vt sápaszt,
beteges színűvé tesz

sickness ['sɪknɪs] n 1. betegség, megbe-
tegedés; gyengélkedés; rosszullét 2.
hányás; hányinger
sick-nurse n betegápoló(nő)
sick-pay n táppénz
sick-room n betegszoba
side [saɪd] I. a oldal-; mellék-; ~ street
keresztutca, mellékutca II. n 1. oldal;
~ by ~ egymás mellett; split/burst
one's ~s majd megpukkad (a nevetés-
től); on every ~, on all ~s mindenhol,
mindenütt; from all ~s mindenfelől,
mindenünnen; this ~ up „itt fenn",
„nem állítani" [ládajelzés]; put sg
on/to one ~ félretesz, mellőz; US on
the ~ ráadásul, tetejébe(n); the weather
is on the cold ~ elég hideg van; on the
lonely ~ meglehetősen magányos 2.
széle vmnek, szegély, oldal 3. lejtő,
(hegy)oldal 4. (származási) ág, oldal;
on his mother's ~ anyai ágon 5. párt,
oldal [vknek az érdekköre]; fél [szem-
ben álló v. szerződést kötő stb.];
change ~s álláspontot változtat; take
~s állást foglal (vitában); take ~s
with sy vk pártjára/mellé áll 6. csapat;
oldal, mezőny; no ~ vége a mérkőzés-
nek [rögbiben] 7. □ hencegés; put on
~ nagyképűsködik, felvág, adja a ban-
kot III. vi ~ with sy/sg vk/vm mel-
lé/pártjára áll, vknek a pártját fogja
side-altar n mellékoltár
side-arms n pl oldalfegyver(ek)
sideboard n pohárszék, tálalóasztal,
kredenc
sideburns n pl = side-whiskers
side-car n 1. oldalkocsi 2. ⟨egy fajta
koktél⟩
side-chapel n oldalkápolna
-sided [-'saɪdɪd] -oldalú
side-dish n mellékfogás [étkezésnél]
side-effect n mellékhatás
side-guard n oldalvéd
side-issue n mellékszempont; másod-
rendű kérdés
sidekick n biz pajtás, üzlettárs
side-lamp n oldallámpa
sidelight n 1. oldalvilágítás, oldalfény 2.
átv throw a ~ on sg vmt mellesleg/
mellékesen megvilágít 2. = side-lamp
side-line n 1. szárnyvonal 2. mellék-

foglalkozás; melléküzemág 3. oldalvonal [sportpályán]
sidelong I. *a* ferde, oldalsó, oldalra irányuló, oldalról jövő; *cast a ~ glance at sy* a szeme sarkából néz vkt II. *adv* oldalra, oldalt
side-note *n* széljegyzet
side-pocket *n* oldalzseb
sidereal [saɪˈdɪərɪəl] *a* csillag-, csillagászati; *~ year* csillagászati év
side-road *n* bekötő út, mellékút
'sides [saɪdz] *biz = besides*
side-saddle *n* női nyereg
side-show *n* 1. mellékkiállítás [egy nagyobb keretében] 2. vurstli, mutatványosbódé [vásáron] 3. mellékcselekmény, -esemény
side-slip *n* oldalra csúszás, megcsúszás
sidesman [ˈsaɪdzmən] *n GB pl* -men -mən) sekrestyéshelyettes
side-splitting *a* rendkívül mulatságos; *~ laughter* éktelen hahota
sidestep I. *n* oldallépés II. *v* -pp- A. *vi* oldalt lép B. *vt* kikerül, elkerül (vmt)
side-stroke *n* oldaltempó
side-table *n* kis asztal, macskaasztal
side-track I. *n* mellékvágány II. *vt* mellékvágányra terel/juttat; kitér (a válasz elől); eltérít
side-view *n* oldalnézet
sidewalk *n US* járda, gyalogjáró
sideward [ˈsaɪdwəd] *a* oldal felőli, oldalsó
sidewards [ˈsaɪdwədz] *adv* oldal(vás)t, oldalról
sideways [ˈsaɪdweɪz] *adv = sidewards*
side-wheeler *n US* lapátkerekes hajó
side-whiskers *n pl* oldalszakáll, pofaszakáll, barkó
side-wind [-wɪnd] *n* 1. oldalszél 2. közvetett mód(szer)/út
siding [ˈsaɪdɪŋ] *n* 1. mellékvágány, kitérővágány, tolatóvágány 2. pártjára állás (*with sy* vknek) 3. *US* deszkaburkolat [külső házfalon]; zsaluzás
sidle [ˈsaɪdl] *vi* oldalazva megy, sompolyog, oldalog
Sidney [ˈsɪdnɪ] *prop*
siege [siːdʒ] *n* ostrom; *lay ~ to* megostromol ‖→ *raise II. 9.*
sienna [sɪˈenə] *n* vörös(es)barna (festék, szín)

sierra [ˈsɪərə] *n* (fűrészes gerincű) hegylánc
Sierra Leone [sɪerəlɪˈoʊn] *prop* Sierra Leone
siesta [sɪˈestə] *n* déli pihenő, szieszta
sieve [sɪv] *n* 1. szita, rosta 2. szűrő 3. *biz* titkot tartani nem tudó, fecsegő
sift [sɪft] A. *vt* 1. (meg)szitál, (át)rostál, elkülönít 2. (alaposan) megvizsgál, kivizsgál, ellenőriz B. *vi* 1. (át)szűrődik 2. (eső/dara) szitál
sifter [ˈsɪftə*]*n* 1. szitáló, rostáló, szűrő [személy] 2. (tisztító)rosta; szűrő
sifting [ˈsɪftɪŋ] *n* rostaalja
sigh [saɪ] I. *n* sóhaj(tás); *fetch/heave a ~* sóhajt H. A. *vi* sóhajt; *~ for sy/sg* (1) sóhajtozik/epekedik vk/vm után (2) sopánkodik/bánkódik vk/vm miatt; *~ with satisfaction* elégedetten sóhajt B. *vt* sóhajtozva elmond/elpanaszol
sight [saɪt] I. *n* 1. látás, tekintet, ránézés, megtekintés; *at ~* (1) látra (2) azonnal, első tekintetre; kapásból; *~ draft* látra szóló váltó; *play (music) at the ~ of* lapról játszik (el), blattol; *at the ~ of* láttára, láttán; *catch ~ of* észrevesz, megpillant; *lose ~ of sg* elveszt vmt szeme elől, szem elől téveszt vmt; *in ~ of* (1) vmt látva (2) vk szeme láttára; *know by ~* látásból ismer 2. (látható) közelség, látótávolság; *come into ~* látható lesz, feltűnik; *have in ~* szem előtt tart, szemmel tart; *out of ~* nem látható; *out of ~ out of mind* mihelyt nem látja már nem is gondol rá 3. látvány(osság) 4. **sights** *pl* látnivalók, nevezetességek [városé stb.]; *see the ~s* megnézi/megtekinti a látnivalókat, városnézésre megy 5. vélemény, nézet, szempont, szemszög 6. célzókészülék, célgömb, irányzék, nézőke; *take a ~ on sg* célba vesz vmt 7. irányítás, célzás [célzóberendezéssel] 8. *biz* nagy mennyiség; *it is a long ~ better* lényegesen jobb; *a ~ of money* nagy csomó pénz II. *vt* 1. meglát, észlel, megpillant 2. (távcsővel) néz/vizsgál 3. megcéloz, (löveget) irányít 4. irányzékkal lát el [lőfegyvert]; beirányoz [fegyvert, látcsövet]

-sighted [-'saɪtɪd] -látású, -látó
sighter ['saɪtə*] n irányzék, célgömb
sighting ['saɪtɪŋ] n 1. megfigyelés, észlelés 2. célzás; célbavétel
sightless ['saɪtlɪs] a vak, világtalan
sightliness ['saɪtlɪnɪs] n szépség, mutatósság, tetszetősség
sightly ['saɪtlɪ] a szép, látványos, tetszetős, mutatós; feltűnő; kecses
sight-reading n lapról (való) olvasás/játék, blattolás
sightseeing n a látnivalók megtekintése, városnézés; ~ tour városnéző (kör)séta
sightseer n városnéző, turista
sight-testing n látásvizsgálat
sigil ['sɪdʒɪl] n pecsét
Sigismund ['sɪgɪsmənd] prop Zsigmond
sign [saɪn] I. n 1. jel; make the ~ of the cross keresztet vet; show no ~ of life nem ad életjelt 2. jegy; tünet; nyom 3. (traffic) ~ jelzőtábla 4. cégtábla, címtábla II. A. vt 1. (meg)jelöl jeggyel/jellel ellát 2. aláír, szignál; ~ peace békét köt B. vi 1. jelt ad, jelez 2. jelel [süketnéma]
sign away vt írásban lemond (vmről); elajándékoz (vmt)
sign in vi = clock in
sign off vi befejez, abbahagy; távozik, lelép
sign on/up A. vt (le)szerződtet B. vi (le)szerződik [munkára]
sign out vi = clock out
signal ['sɪgn(ə)l] I. a feltűnő, kiemelkedő, emlékezetes II. n 1. jel, jeladás, jelzés; ~ centre híradóközpont; ~ code jelkönyv, -kulcs; ~ corps híradóalakulat; híradósok; give ~s, give a ~ jelez 2. jelzőberendezés, szemafor; ~ at danger tilosra állított jelző/szemafor 3. előjel III. vi/vt -ll- (US -l-) jelez, jelt ad (to vknek); jeladással közöl/továbbít
signal-beacon n jelzőtűz
signal-book n jelkulcsgyűjtemény
signal-box n (vasúti) jelző- és váltóállító torony, jelzőtorony
signalize ['sɪgnəlaɪz] vt 1. emlékezetessé jelentőssé tesz 2. jelt ad
signaller, US -aler ['sɪgnələ*] híradós; (fedélzeti) rádiós

signal-light n jel(ző)lámpa, jelfény
signalling, US -aling ['sɪgn(ə)lɪŋ] n jelzés, jeladás; ~ device jelzőberendezés
signalman ['sɪgn(ə)lmən] n (pl -men -mən) 1. (vasúti) váltó- és szemaforkezelő 2. jelzőőr 3. híradós [katona]
signal-rocket n jelzőrakéta
signatory ['sɪgnət(ə)rɪ; US -ɔ:rɪ] I. a aláíró, szerződő [fél] II. n aláíró/szerződő fél; the signatories to a treaty a szerződést aláíró felek, a szerződő felek
signature ['sɪgnətʃə*] n 1. aláírás 2. átv pecsét, bélyeg, jel 3. ívjelzés [nyomdai] 4. ~ tune szignál [rádió, tévé]
sign-board n cégtábla
signet ['sɪgnɪt] n pecsét; GB writer to the ~ bírósági tisztviselő [Skóciában]
signet-ring n pecsétgyűrű
significance [sɪg'nɪfɪkəns] n jelentőség, fontosság; értelem
significant [sɪg'nɪfɪkənt] a jelentős, fontos, lényeges, kiemelkedő
signification [sɪgnɪfɪ'keɪʃn] n 1. jelentés, értelem 2. jelzés
signify ['sɪgnɪfaɪ] vt jelent, jelez, kifejez
sign-language n jelbeszéd, jelelés [süketnémáké]
sign-manual n kézjegy; aláírás
sign-painter n cégtáblafestő
sign-post n útjelző/(út)irányjelző tábla
silage ['saɪlɪdʒ] n 1. besilózás 2. silózott takarmány, silótakarmány
Silas ['saɪləs] prop ⟨angol férfinév⟩
silence ['saɪləns] I. n csend, hallgatás; nyugalom; ~ gives consent a hallgatás beleegyezés; reduce sy to ~ elhallgattat vkt II. vt elhallgattat; elfojt, eltilt
silencer ['saɪlənsə*] n zajtalanító, hangtompító, hangfogó
silent ['saɪlənt] a csendes, hangtalan, hallgatag; zajtalan; néma [betű]; ~ film némafilm; US ~ partner csendestárs; keep ~ hallgat, (nem szól)
silhouette ['saɪlu:'et] n árnyalak, árnykép, sziluett; körvonal
silica ['sɪlɪkə] n kovasav, kovaföld; szilíciumdioxid
silicate ['sɪlɪkɪt] n szilikát

siliceous [sɪ'lɪʃəs] a kovás, kovasavas, szilíciumdioxidos

silicon ['sɪlɪkən] n szilícium

siliqua ['sɪlɪkwə] n (pl ~e -kwi:) becőtermés

silk [sɪlk] n 1. selyem; raw ~ nyersselyem; ~ hat cilinder; ~ stockings selyemharisnya 2. GB = Queen's/ King's Counsel →counsel; take ~ Queen's/King's counsel-i (kb. királyi tanácsosi) címet kap [mint ügyvéd]

silken ['sɪlk(ə)n] a 1. selymes 2. mézes, behízelgő, lágy [hang, szavak]

silkiness ['sɪlkɪnɪs] n 1. selymesség, lágyság, melegség, bársonyosság 2. mézesmázosság [beszédben]

silkworm n selyemhernyó

silky ['sɪlkɪ] a 1. selymes, lágy, bársonyos, gyengéd, finom 2. mézesmázos

sill [sɪl] n ablakpárkány; küszöb(fa), ászok

sillabub ['sɪləbʌb] n ⟨tejszínes bor és cukor keveréke habbá felverve⟩

silliness ['sɪlɪnɪs] n ostobaság, butaság

silly ['sɪlɪ] a ostoba, buta; say ~ things ostobaságokat/butaságokat mond; ~ season uborkaszezon

silo ['saɪloʊ] I. n siló II. vt (pt/pp ~ed 'saɪloʊd) silóz

silt [sɪlt] I. n iszap, hordalék II. A. vi ~ (up) eliszaposodik, eltömődik B. vt ~ (up) eliszaposít, eltöm

silver ['sɪlvə*] I. a ezüstös, ezüstszínű, ezüst-; ~ age ezüstkor; ~ birch közönséges nyír(fa); ~ fox ezüstróka; ~ wedding ezüstlakodalom II. n 1. ezüst; born with a ~ spoon in the mouth jólétben született, ezüstkanállal a szájában született 2. ~ (coin) ezüst(pénz) 3. ~ (plate) ezüst(nemű) →silver-plate III. A. vt beezüstöz (átv is); ezüsttel bevon; foncsoroz B. vi őszbe csavarodik, (meg)őszül

silverfish n ezüstös pikkelyke/ősrovar, ezüstmoly

silver-foil n ezüstfólia

silver-gilt a/n aranyozott ezüst

silver-headed a 1. ősz fejű, ezüsthajú 2. ezüstgombos

silver-mounted a ezüstkeretes; ezüst foglalatú/veretű

silver-plated a ezüstözött, ezüstlemezzel bevont

silver-side n kb. fartő

silversmith n ezüstműves

silver-tongued a aranyszájú

silver-ware/work n ezüstnemű

silvery ['sɪlv(ə)rɪ] a 1. ezüstös 2. ezüst csengésű

silviculture ['sɪlvɪkʌltʃə*] n erdészet, erdőgazdálkodás, erdőművelés

Simeon ['sɪmɪən] prop Simeon

simian ['sɪmɪən] a/n majom(szerű)

similar ['sɪmɪlə*] a hasonló (to vmhez/ vkhez)

similarity [sɪmɪ'lærətɪ] n hasonlóság

similarly ['sɪmɪləlɪ] adv hasonlóan, hasonlóképpen

simile ['sɪmɪlɪ] n hasonlat

similitude [sɪ'mɪlɪtjuːd; US -tuːd] n 1. hasonlóság, hasonlatosság 2. hasonlat, példázat

simmer ['sɪmə*] I. n = simmering II. A. vt lassú tűzön süt/főz, párol B. vi 1. lassú tűzön sül/fő, lassan zümmögve (fel)forr 2. magában dühöng/méltatlankodik; ~ with anger forr benne a méreg

simmering ['sɪmərɪŋ] n zümmögő csendes forrás; lassú tűzön való sütés/ főzés, párolás

Simon ['saɪmən] prop Simon; Simple ~ együgyű ember; ~ Pure a hamisítatlan, az igazi [dolog]

simony ['saɪmənɪ] n s(z)imónia, szentségárulás

simoom [sɪ'muːm] n számum

simp [sɪmp] n US biz = simpleton

simper ['sɪmpə*] I. n vigyorgás, mesterkélt mosoly II. vi vigyorog, mesterkélten mosolyog

simple ['sɪmpl] I. a 1. egyszerű; ~ fraction közönséges tört 2. mesterkéletlen 3. együgyű, bamba 4. biz valóságos; pure and ~ tiszta..., egész egyszerűen... II. n † gyógynövény(ből készült gyógyszer)

simple-hearted a mesterkéletlen, őszinte

simple-minded a 1. nyílt, egyenes 2. naiv, hiszékeny 3. butácska, együgyű

simpleness ['sɪmplnɪs] n egyszerűség

simpleton ['sɪmplt(ə)n] n együgyű/osto-

ba/hiszékeny ember, mamlasz, tökfilkó
simplicity [sɪm'plɪsətɪ] n 1. egyszerűség 2. őszinteség 3. bambaság
simplification [sɪmplɪfɪ'keɪʃn] n (le-) egyszerűsítés
simplify ['sɪmplɪfaɪ] vt (le)egyszerűsít
simplistic [sɪm'plɪstɪk] a a végletekig leegyszerűsített, primitív
simply ['sɪmplɪ] adv egyszerűen; csak, csupán; ~ and solely egész egyszerűen, csupán
simulacrum [sɪmjʊ'leɪkrəm; US -mjə-] n (pl ~s -z v. -cra -krə) 1. bálványkép 2. csalóka látszat
simulate ['sɪmjʊleɪt; US -mjə-] vt tettet, színlel, szimulál
simulation [sɪmjʊ'leɪʃn; US -mjə-] n tettetés, színlelés, szimulálás
simulator ['sɪmjʊleɪtə*; US -mjə-] n 1. alakoskodó, szimuláns 2. szimulátor
simultaneity [sɪm(ə)ltə'nɪətɪ; US saɪ-] n egyidejűség
simultaneous [sɪm(ə)l'teɪnjəs; US saɪ-] a egyidejű (with vmvel), egyszerre való/történő, szimultán
simultaneously [sɪm(ə)l'teɪnjəslɪ; US saɪ-] adv egyidejűleg, egyszerre, szimultán
sin [sɪn] I. n bűn, vétek; biz as ~ erősen, szörnyen II. vi -nn- vétkezik, bűnözik
since [sɪns] I. adv/prep óta, azóta, attól fogva, -tól, -től; long ~ régóta, régen; how long is it ~? mennyi idő telt is el azóta?; ~ when? mióta?; ~ then azóta II. conj mivel, miután, minthogy, mert; ~ there is no help mivel ezen nem lehet változtatni
sincere [sɪn'sɪə*] a őszinte, nyílt
sincerely [sɪn'sɪəlɪ] adv őszintén, nyíltan; yours ~ szívélyes üdvözlettel, őszinte tisztelettel
sincerity [sɪn'serətɪ] n őszinteség, nyíltság; in all ~ egészen nyíltan/őszintén
Sinclair ['sɪŋkleə*; US sɪn'kleər] prop
sine¹ [saɪn] n szinusz
sine² ['saɪnɪ] adv nélkül; adjourn ~ die ['daɪi:] bizonytalan időre elnapol
sinecure ['saɪnɪkjʊə*] n kényelmes állás/hivatal, szinekúra

sinew ['sɪnjuː] n 1. ín; the ~s of war (háborúhoz szükséges) pénz és hadianyag 2. ~s izomzat, (izom)erő
sinewy ['sɪnjuːɪ] a 1. inas 2. izmos, erős
sinful ['sɪnfʊl] a bűnös, vétkes
sinfulness ['sɪnfʊlnɪs] n bűnösség, vétkesség
sing [sɪŋ] v (pt sang sæŋ, pp sung sʌŋ) vi/vt 1. (el)énekel, dalol; ~ small alább adja, szó nélkül engedelmeskedik, behúzza a farkát; biz ~ another song/tune más hangon kezd beszélni, más húrokat penget; ~ out (fel)kiált; ~ up hangosan (v. teli torokkal) énekel 2. megénekel [versben] 3. zümmög, duruzsol [víz forrva], cseng [fül], fütyül, zúg [szél]
Singapore [sɪŋgə'pɔː:*] prop
singe [sɪndʒ] I. n megperzselés II. vt (pres part ~ing) megperzsel, -pörköl; hajszál végét megperzseli [nyírás után]
singeing ['sɪndʒɪŋ] n = singe I.
singer ['sɪŋə*] n énekes; dalos; költő
Singhalese [sɪŋhə'liːz] a/n szingaléz
singing ['sɪŋɪŋ] n 1. éneklés 2. fütyülés, zúgás, csengés [fülben]
singing-bird n énekesmadár
singing-buoy n fütyülő bója
singing-master n énektanár
single ['sɪŋgl] I. a 1. egyes, egyetlen, egyedüli; egyszeri; egyszerű; szimpla; magában álló; szóló; ~ (bed)room egyágyas szoba; ~ combat párbaj; every ~ day minden áldott nap; ~ fare egy(szeri) út ára; ~ journey egyszeri út/utazás; ~ ticket egy(szeri) utazásra szóló jegy; not a ~ egyetlenegy sem 2. egyedülálló, egyedül élő; ~ blessedness boldog nőtlenség; lead a ~ life (1) nőtlen (2) hajadon; remain ~ nem házasodik meg, nem megy férjhez 3. egyszerű, becsületes, őszinte II. n 1. egyes [játék]; men's ~ férfi egyes 2. = single ticket; ~ or return, please? csak oda (kéri)? III. vt 1. egyel [répát stb.] 2. ~ out kiválogat, kiválaszt, kiszemel
single-barrel(l)ed [-'bær(ə)ld] a egycsövű
single-breasted [-'brestɪd] a egysor(gomb)os

single-eyed *a* félszemű
single-handed I. *a* 1. félkezű 2. segítség nélküli 3. egy ember által (v. félkézzel) kezelhető II. *adv* egyedül, segítség nélkül
single-hearted *a* egyszerű, őszinte, egyenes, nyílt
single-line *a* egyirányú [közlekedés]
single-minded *a* 1. egyetlen célt szem előtt tartó, céltudatos 2. őszinte, nyílt
singleness ['sɪŋglnɪs] *n* 1. magányosság, nőtlenség, egyedülállás 2. egyenesség, őszinteség, tisztaszívűség
single-phase *a* egyfázisú
single-seater *n* együléses gépkocsi/repülőgép
single-span *a* egynyílású [híd]
single-stick *n* vívóbot
singlet ['sɪŋglɪt] *n* trikó, atlétaing
singleton ['sɪŋglt(ə)n] *n* 1. egy(etlen) lap egy színből, szingli [kártyában] 2. egyetlen gyermek/dolog, egyke
single-track *a* egyvágányú [vonal]
single-tree *n* hámfa, kisafa
singly ['sɪŋglɪ] *adv* 1. egyedül, magányosan 2. egyenként, egyesével
Sing-Sing ['sɪŋsɪŋ] *prop* ⟨börtön New York közelében⟩
sing-song ['sɪŋsɔŋ] I. *a* monoton, éneklő [hang] II. *n* 1. egyhangú/monoton ének, kántálás 2. ⟨rögtönzött énekhangverseny baráti társaságban⟩ III. *vt* monoton/éneklő hangon recitál/(el-)mond (vmt)
singular ['sɪŋgjʊlə*; *US* -gjə-] I. *a* 1. egyetlen, egyes 2. egyes számú 3. rendkívüli, egyedülálló; különös, furcsa II. *n* egyes szám
singularity [sɪŋgjʊ'lærətɪ; *US* -gjə-] *n* különösség, rendkívüliség, egyedülállóság
Sinhalese [sɪŋhə'li:z] *a/n* = Singhalese
sinister ['sɪnɪstə*] *a* baljós(latú), vészjósló
sink [sɪŋk] I. *n* 1. (konyhai) kiöntő, mosogató; lefolyólyuk; ~ *of iniquity* erkölcsi fertő 2. [színházi] süllyesztő II. *v* (*pt* sank sæŋk, *pp* sunk sʌŋk és sunken ['sʌŋkən] A. *vi* 1. (el)süllyed, (el)merül; lesüllyed, (le)süpped; ~ *on one's knees* térdre borul; ~ *in oneself*

magába roskad; ~ *into sg* belesüpped/-merül vmbe; *let it* ~ *into sg* hagyja be(le)ivódni vmbe; *his legs sank under him* lábai felmondták a szolgálatot, összerogyott; *my heart sank* elszorult a szívem, kétségbeestem; *the patient is* ~*ing* a beteg állapota súlyosbodik [haldoklik]; ~ *or swim* vagy boldogul, vagy elpusztul; vagy megszokik, vagy megszökik 2. leszáll, lemegy [nap stb.]; csökken; hanyatlik; apad B. *vt* 1. (el)süllyeszt, (el)merít, leereszt; csökkent; *they sank their differences* fátyolt borítottak nézeteltéréseikre 2. kiváj, kivés, bevés, kiás (vmt), (le)mélyít [kutat]; bever, beás [póznát stb. földbe]; ~ *a die* homorúan kivés bélyegzőt/mintát; ~ *a well* kutat ás 3. törleszt [adósságot]; amortizál [kölcsönt]
sinkable ['sɪŋkəbl] *a* (el)süllyeszthető
sinker ['sɪŋkə*] *n* 1. vésnök 2. kútásó 3. ólomnehezék 4. mélységmérő 5. *US* □ fánk
sink-hole *n* 1. lefolyólyuk 2. (tölcsér alakú) víznyelő [sziklában] 3. pöcegödör
sinking ['sɪŋkɪŋ] I. *a* süllyedő II. *n* 1. süllyedés; süppedés; *that* ~ *feeling* hirtelen elgyengülés 2. süllyesztés, mélyítés
sinking-fund *n* amortizációs alap
sinless ['sɪnlɪs] *a* bűntelen
sinned [sɪnd] → *sin II.*
sinner ['sɪnə*] *n* bűnös, vétkező
Sinn Fein [ʃɪn'feɪn] ⟨szeparatista nacionalista mozgalom Írországban⟩
sinology [sɪ'nɔlədʒɪ; *US* saɪ'nɑ-] *n* sinológia ⟨Kínával foglalkozó tudomány⟩
sinuosity [sɪnjʊ'ɔsətɪ; *US* -'ɑ-] *n* kanyargósság
sinuous ['sɪnjʊəs] *a* kanyargó(s), szerpentin, kígyózó
sinus ['saɪnəs] *n* üreg; öböl; *frontal* ~ homloküreg
sinusitis [saɪnə'saɪtɪs] *n frontal* ~ homloküreg-gyulladás
Sioux [su:] *a/n* (*pl* ~ su:z) sziu (indián)
sip [sɪp] I. *n* korty, hörpintés II. *vt/vi* **-pp-** kiszív, kortyol(gat), hörpint, szürcsöl(get)

siphon ['saɪfn] I. *n* 1. szívócső, szivornya, szifon 2. ~(-*bottle*) (auto)szifon, szódásüveg 3. bűzelzáró II. *vt* ~ *off/out* szívócsővel elvezet/kiszív
sipper ['sɪpə*] *n* 1. kortyol(gat)ó ember 2. szívószál [italhoz]
sippet ['sɪpɪt]*n* (tejbe/levesbe mártott/áztatott) kenyérdarabka
sipping ['sɪpɪŋ] *a* szürcsölő, kortyoló → *sip II*.
sir [sə:*; gyenge ejtésű alakja: sə*] *n* 1. [megszólításban] uram; [iskolában] tanár úr, tanító bácsi; *yes* ~*!* igenis (uram)!; *Dear S*~*s* Tisztelt Uraim! 2. *GB* ⟨lovag v. baronet címe, amelyet mindig a keresztnévvel együtt használnak, pl. *Sir Harold Wilson; Sir Harold*⟩
sire ['saɪə*] I. *n* 1. felséges úr/uram 2. † ős, apa 3. apamén, -állat II. *vt* nemz [apamén]
siren ['saɪərən] *n* 1. szirén, hableány 2. csábító 3. sziréna; gőzsíp
sirloin ['sə:lɔɪn] *n* vesepecsenye, hátszín
sirocco [sɪ'rɔkoʊ; *US* -'rɑ-] *n* forró szél, sirokkó
sirrah ['sɪrə] *n* fickó [megvetően]
sisal ['saɪsl] *n* szizál(kender)
sissy ['sɪsɪ] *n US* 1. □ nőies férfi/fiú, puhány 2. kislány
sister ['sɪstə*] *n* 1. nővér, (leány)testvér 2. apáca, nővér 3. ápolónő, nővér
sisterhood ['sɪstəhʊd] *n* 1. testvériség 2. apácarend
sister-in-law *n* (*pl* **sisters-in-law**) sógornő
sisterly ['sɪstəlɪ] *a* testvéri(es); szerető
sit [sɪt] *v* (*pt/pp* sat sæt; -tt-) A. *vi* 1. ül; *biz* ~ *tight* (1) biztosan ül (a nyeregben) (2) nem tágít (3) fenekén marad; lapít 2. ülésezik, ülést tart 3. tartózkodik, időz 4. [szél] fúj; *how* ~*s the wind?* honnan fúj a szél? 5. áll [ruha vkn] B. *vt* 1. megül [lovat] 2. ~ *oneself* leül
sit back *vi* 1. hátradől, kényelembe helyezi/teszi magát 2. ölbe tett kezekkel ül
sit down *vi* leül, letelepszik, pihen; *please* ~ *d.* kérem foglaljon/foglalja-

nak helyet!; ~ *d. under an insult* sértést zsebre vág v. lenyel; ~ *d. hard on sg* igen határozottan ellenez vmt
sit for *vi* ~ *f. a portrait* modellt ül; ~ *f. an exam* vizsgázni megy, vizsgázik; ~ *f. a constituency* választókerületet képvisel
sit in *vi* 1. [szél] fúj (vhonnan) 2. ülősztrájkot folytat 3. ~ *in on sg* megfigyelőként vesz részt
sit on *vi* 1. megpirongat, ráripakodik 2. vmt megvizsgál [mint bizottsági tag] 3. ránehezedik (vmre), megfekszi [gyomrát étel] 4. ~ *on a committee* bizottságnak tagja
sit out *vt* végigül, kivárja a végét; kihagy [egy táncot]
sit through *vt* (türelmesen) végigül
sit up *vi* 1. felül, egyenesen ül 2. (sokáig) fennmarad, virraszt, éjszakázik 3. megijed 4. hátsó lábára áll, „szolgál" [kutya] 5. *make sy* ~ *up* (1) elképeszt vkt (2) körmére koppint vknek
sit upon *vi* = *sit on*
sit with *vi* vkvel üldögél (és szórakoztatja)
sit-down strike ülősztrájk
site [saɪt] *n* 1. telek, házhely; hely; *on the* ~ a helyszínen 2. fekvés, helyzet
sit-in *n* ülősztrájk [gyár, egyetem stb. területén]
sitter ['sɪtə*] *n* 1. ülő 2. kotlós 3. modell [festőé] 4. könnyű lövés/fogás
sitting ['sɪtɪŋ] I. *a* ülő; ~ *hen* kotlós; ~ *duck/target* könnyű célpont II. *n* 1. ülés; ülésezés; *at a* (*single*) ~ egy ültő helyében 2. (neki)ülés; turnus [pl. ebédelőkből] 3. ülőhely [templomi] 4. kotlás; fészekalja tojás
sitting-room *n* nappali (szoba)
situate ['sɪtjʊeɪt; *US* -tʃʊ-] *vt* helyet kijelöl, elhelyez; *be* ~*d* fekszik, elterül (vhol)
situated ['sɪtjʊeɪtɪd; *US* -tʃʊ-] *a* 1. elhelyezett, tartózkodó, fekvő 2. vmlyen helyzetben levő; *be badly* ~ rosszak az anyagi körülményei
situation [sɪtjʊ'eɪʃn; *US* -tʃʊ-] *n* 1. helyzet, állapot 2. állás, elhelyezkedés; ~*s vacant* felveszünk . . . [hirdetés-

ben]; ~s wanted állást keres [hirdetésben] 3. fekvés

six [sɪks] a/n hat; ~ of one and half a dozen of the other az egyik tizenkilenc a másik egy híján húsz; biz at ~es and sevens a legnagyobb összevisszaságban

sixfold ['sɪksfoʊld] I. a hatszoros II. adv hatszorosan, hatszorosára

six-foot a hat lábnyi (183 cm-es)

six-footer n hat láb magas ember, colos fickó

sixpence ['sɪkspəns] n 1. hatpennys (érme) [az érme még forgalomban van, de értéke 1971 óta 2 ½ új penny] 2. hat penny [érték]

sixpenny ['sɪkspənɪ] a hat pennybe kerülő, hatpennys; ~ worth hat penny érték(ű)

six-shooter n hatlövetű revolver

sixteen [sɪks'ti:n] a/n tizenhat

sixteenth [sɪks'ti:nθ] a tizenhatodik; US ~ note = semiquaver

sixth [sɪksθ] a hatodik; GB the ~ form ⟨angol középiskola legfelső osztálya⟩; ~ sense hatodik érzék

sixtieth ['sɪkstɪɪθ] a hatvanadik

sixty ['sɪkstɪ] a/n hatvan; the sixties a hatvanas évek

sizable ['saɪzəbl] a jókora, meglehetős

sizar ['saɪzə*] n ösztöndíjas (diák) [Cambridge-ben]

size¹ [saɪz] I. n méret, nagyság, szám; alak, formátum; terjedelem; be of a ~ (with sg) egyforma nagyságú (vmvel); biz that's about the ~ of it nagyjából így áll a helyzet/dolog II. vt nagyság szerint osztályoz; ~ up felmér, felbecsül, értékel, véleményt/képet alkot (vkről, vmről)

size² [saɪz] I. n enyv; ragasztóanyag; appretúra II. vt enyvez; enyvvel kezel; csinoz; írez; appretál

sizeable ['saɪzəbl] a = sizable

-sized [-saɪzd] nagyságú, (-)méretű

sizzle ['sɪzl] biz I. n sistergés II. vi 1. sistereg 2. nagyon melege van, (majd) „megsül"

sizzling ['sɪzlɪŋ] a perzselő [forróság]

skate¹ [skeɪt] I. n korcsolya II. vi korcsolyázik

skate² [skeɪt] n rája(hal)

skateboard n gördeszka

skater ['skeɪtə*] n korcsolyázó

skating ['skeɪtɪŋ] n korcsolyázás

skating-rink n 1. korcsolyapálya, műjég(pálya) 2. görkorcsolyapálya

skedaddle [skɪ'dædl] I. n megfutamodás, szétszóródás II. vi biz meglóg, meglép, elfut; ~! tűnj(ön) el!, kopj le!

skeet [ski:t] n agyaggalamb-lövészet

skein [skeɪn] n 1. motring 2. zűrzavar 3. repülő vadkacsacsapat

skeletal ['skelɪtl] a csontváz-

skeleton ['skelɪtn] n 1. csontváz; the ~ in the cupboard, family ~ titkolt családi szégyenfolt 2. váz, keret; ~ crew keretlegénység; ~ key álkulcs; ~ staff személyzeti keret

skeptic(al) ['skeptɪk(l)] → sceptic(al)

sketch [sketʃ] I. n 1. vázlat, körvonalazás, skicc 2. karcolat, kroki II. vt (fel)vázol, vázlatot készít (vmről); körvonalaz, (meg)rajzol; ~ in felvázol, nagy vonalakban berajzol; ~ out vázlatosan ismertet [tervet]

sketch-block/book n vázlatkönyv, -tömb, -füzet

sketcher ['sketʃə*] n rajzoló, tervező

sketchiness ['sketʃɪnɪs] n vázlatosság

sketch-map n térképvázlat

sketchpad n = sketch-block

sketchy ['sketʃɪ] a vázlatos

skew [skju:] I. a ferde, rézsútos, aszimmetrikus II. n ferdeség, rézsútosság, aszimmetria; on the ~ ferdén, rézsútosan

skewbald a fehértarka [ló]

skewer [skjʊə*] I. n 1. kis nyárs, pecek 2. kard II. vt nyársra tűz/húz [húst]

ski [ski:] I. n sí(léc), sítalp; ~ stick, US ~ pole síbot II. vi (pt/pp skied v. ski'd ski:d) sízik, síel

skid [skɪd] I. n 1. kerékkötő, ék [kerék alá]; féksaru; csúszótalp [repgépen] 2. farolás, megcsúszás II. vi -dd- farol, megcsúszik

skid-chain n hólánc

skidding ['skɪdɪŋ] n farolás, (meg)csúszás

skier ['ski:ə*] n síző, sífutó

skies [skaɪz] → sky

skiff [skɪf] *n* könnyű csónak, szkiff
skiffle ['skɪfl] *n* ~ *group* balladát éneklő gitáros csoport
skiing ['ski:ɪŋ] *n* sízés, sísport
ski-jump *n* 1. síugrás 2. síugró sánc, ugrósánc
skilful, *US* skillful ['skɪlfʊl] *a* ügyes, (be)gyakorlott; szakképzett
skilfulness, *US* skillfulness ['skɪlfʊlnɪs] *n* ügyesség, (be)gyakorlottság, jártasság
ski-lift *n* sífelvonó, sílift
skill [skɪl] *n* ügyesség, jártasság, gyakorlottság
skilled [skɪld] *a* gyakorlott, jártas, ügyes (*in* vmben); szakképzett; ~ *job* szakmunka; ~ *labour* (1) szakmunkás (2) szakmunka; ~ *work* szakmunka; ~ *worker/workman* szakmunkás
skillet ['skɪlɪt] *n* 1. lábos 2. *US* tepsi, (nyeles) serpenyő
skillful →*skilful*
skilly ['skɪlɪ] *n* híg leves, zupa
skim [skɪm] *v* -mm- A. *vt* 1. lefölöz, leszed; *átv biz* ~ *the cream off sg* lefölöz vmt, leszedi vmnek a javát 2. (könnyedén) érint, súrol [felületet] 3. felületesen átfut [olvasmányon] B. *vi* 1. ~ *over sg* átsiklik vm felett, könnyedén súrol vmt 2. ~ *through sg* (felületesen/futólag) átnéz/átlapoz/átfut vmt
skimmer ['skɪmə*] *n* 1. fölözőkanál, habszedőkanál 2. fölözőgép
skim-milk *n* lefölözött tej
skimmings ['skɪmɪŋz] *n pl* föl, hab; tejszín
skimp [skɪmp] *vt/vi* 1. fukarkodik, spórol (vmvel), elspórol (vmt) 2. *biz* gyorsan összecsap [munkát]
skimpiness ['skɪmpɪnɪs] *n* szűkösség, fukarság
skimpy ['skɪmpɪ] *a* 1. hiányos, szegényes, szűken mért 2. szűk(re szabott), kicsi
skin [skɪn] I. *n* 1. bőr; *he escaped by the* ~ *of his teeth* csak egy hajszálon függött, hogy megmenekült; *save one's* ~ (ép bőrrel) megmenekül, menti a bőrét; *get under sy's* ~ vknek az idegeire megy 2. héj 3. bőrtömlő 4. „bőr"

[tejen] II. *v* -nn- A. *vt* 1. (meg)nyúz, lenyúz, lehúz [bőrt, héjat] 2. *átv biz* megkopaszt, kifoszt B. *vi* ~ *over* bőr benövi, beheged
skin-deep *a* felületes
skin-diver *n* könnyűbúvár
skin-diving *n* könnyűbúvársport
skin-dresser *n* tímár, cserzővarga
skinflint *n* zsugori, fösvény
skinful ['skɪnfʊl] *a* tömlőnyi [ital]; *biz a good* ~ jó sok [bor], amennyi csak belefér
skin-game *n biz* csalás, kíméletlen kiszipolyozás
skin-graft(ing) [-grɑːft(ɪŋ); *US* -æ-] *n* bőrátültetés
-skinned [-skɪnd] -bőrű →*skin II.*
skinner ['skɪnə*] *n* 1. nyúzó 2. tímár 3. szűcs, szőrmekereskedő 4. csaló
skinning ['skɪnɪŋ] *n* nyúzás, lehámozás
skinny ['skɪnɪ] *a* 1. sovány, ösztövér, csontos, szikár 2. fösvény 3. hártyás
skin-tight *a* testhez álló, tapadó
skip¹ [skɪp] I. *n* szökdécselés, ugrándozás (egyik lábról a másikra) II. *v* -pp- A. *vi* 1. ugrándozik, ugrik, szökdécsel 2. kihagy [emlékezet, figyelem] 3. *biz* ~ *off* meglóg, lelécel B. *vt* elhagy, kihagy, átugrik (vmt *átv* is)
skip² [skɪp] *n* billenőkocsi; szállítókas, szkip [bányában]
skipjack *n* pattanóbogár
skipper ['skɪpə*] *n* 1. (hajós)kapitány [kereskedelmi hajón] 2. csapatkapitány [sportban]
skipping ['skɪpɪŋ] *n* ugrálás, ugrándozás; ugrás, kötélugrás [gyermekjáték]
skipping-rope *n* ugrókötél [gyermeké]
skirl [skə:l] *n* visító hang [dudáé]
skirmish ['skə:mɪʃ] I. *n* csetepaté, csatározás II. *vi* csetepatézik, csatározik
skirmisher ['skə:mɪʃə*] *n* előcsatározó
skirt [skə:t] I. *n* 1. szoknya, alj 2. skirts *pl* perem, szél [városé] 3. *US* □ asszony, leány II. A. *vt* szegélyez, körülvesz, körít B. *vi* körüljár (vk); vm körül vezet [út stb.]
skirting ['skə:tɪŋ] *n* 1. szoknyaanyag 2. (padló)szegélyléc
skit [skɪt] I. *n* (rövid) tréfás jelenet, paródia, burleszk II. *vt* -tt- parodizál

skittish ['skɪtɪʃ] a 1. ijedős, ideges [ló]
2. szeszélyes, túl élénk, kokett [nő]
skittle ['skɪtl] I. n 1. tekebábu, -fa 2.
skittles tekejáték, kugli; table ~s
orosz kugli II. int □ ~s! ostobaság!,
szamárság!
skivvy ['skɪvɪ] n GB biz cselédlány
skua ['skjuːə] n rablósirály, halfarkas
skulduggery [skʌl'dʌgərɪ] n US sötét/
gyanús ügy
skulk [skʌlk] I. n 1. semmittevő, ló-
gó(s) 2. leselkedő, ólálkodó II. vi 1.
leselkedik, ólálkodik 2. lapul, lapít,
kihúzza magát vmből, lóg
skull [skʌl] n koponya; ~ and cross-
bones halálfej [halálos veszély jelzé-
seként]
skull-cap n ⟨kis papi sapka a feje búb-
ján⟩; házisipka
-skulled [-skʌld] koponyájú
skunk [skʌŋk] n 1. bűzös borz, szkunk
2. □ utolsó fráter/gazember
sky [skaɪ] I. n (pl skies skaɪz) 1. ég,
égbolt; the ~ is the limit nincs kor-
látozás/plafon/határ; praise to the
skies egekig magasztal; under the
open ~ szabad ég alatt 2. klíma, at-
moszféra, légkör II. vt (pt/pp skied
skaɪd) 1. magasba üt, felüt [labdát]
2. (túlságosan) magasra akaszt [ké-
pet]
sky-blue a égszínkék
Skye [skaɪ] prop
skyey ['skaɪɪ] a égi, levegős, éteri
sky-high I. a égig érő II. adv (fel) az
égig
skyjack vt biz eltérít, elrabol [repgépet]
skyjacking [-dʒækɪŋ] n biz géprablás,
gépeltérítés
skylab n űrlaboratórium
skylark I. n pacsirta II. vi biz mókázik,
tréfál, stiklit csinál
skylarking [-lɑːkɪŋ] n biz móka, tréfa,
stikli
skylight n tetőablak
sky-line n égvonal, távlati várossziluett
sky-marker n ejtőernyős rakéta
sky-pilot n □ lelkész, pap, tiszi
sky-rocket I. n magasra szálló rakéta
II. vi felszökik, ugrásszerűen emelke-
dik [ár]

sky-scape n az égbolt [mint látvány];
felhőtanulmány [festményen]
skyscraper [-skreɪpə*] n felhőkarcoló
sky-sign n (magasra szerelt) fényreklám
sky-trooper n biz ejtőernyős
skyward(s) ['skaɪwəd(z)] adv az ég felé
sky-writing n füstírás (repülőgéppel)
slab [slæb] n 1. lap, lemez, tábla [kő-
ből, fából, fémből stb.]; darab, szelet
[sajt] 2. széldeszka
slab-sided a US biz nyurga, cingár
slack [slæk] I. a 1. laza [kötél]; pety-
hüdt, ernyedt [izom]; keep a ~ rein/
hand on sg gyenge kézzel kormányoz/
igazgat vmt 2. gyenge, erőtlen, bá-
gyadt; feel ~ „agyonvert"(-nek érzi
magát) 3. gondatlan; lanyha; pangó;
be ~ at one's work hanyagul végzi
a munkáját; ~ season holtszezon;
business is ~ az üzlet gyengén megy
(v. pang) 4. ~ lime oltott mész II.
adv lassan, lomhán; hang ~ nincs
meghúzva, belóg [kötél] III. n 1.
pangás 2. laza/lötyögő rész [kötélé
stb.]; take up the ~ kötelet meghúz
3. slacks pl (hosszú)nadrág, pantalló
4. széntörmelék IV. A. vt 1. meglazít,
tágít, kiereszt 2. hígít, olt [meszet]
3. lassít, késleltet 4. csökkent, gyen-
gít, enyhít B. vi 1. lazul, kiereszke-
dik, tágul; lazán lóg 2. hanyag lesz,
lazít; pang; gyengül, csökken, csilla-
pul; lassul; elernyed
slack about vi lopja a napot, lazsál
slack off vi lazít; csökken; lanyhul
slack up vi lelassít [megállás előtt]
slacken ['slæk(ə)n] vt/vi = slack IV.
slackening ['slæk(ə)nɪŋ] n lazulás, tá-
gulás
slacker ['slækə*] n biz lógós, lazsáló
slackness ['slæknɪs] n pangás, ernyedt-
ség, lazaság
slag [slæg] n salak
slag-heap n salakhányó
slain [sleɪn] →slay
slake [sleɪk] vt 1. (el)olt [szomjúságot,
tüzet] 2. olt [meszet]; ~d lime oltott
mész
slalom ['slɑːləm] n műlesiklás, szlalom;
grand ~ óriásműlesiklás
slam [slæm] I. n 1. becsap(ód)ás [aj-

tóé] 2. szlem [kártyában] II. *v* -mm-
A. *vt* 1. becsap, bevág [ajtót]; le-
csap, levág (vmt vmre) 2. □ erősen
megüt, üt 3. *biz* (könnyen) legyőz
4. *biz* keményen (meg)bírál, leszól B.
vi ~ *(to)* becsapódik, bevágódik
slander ['slɑːndə*; *US* -æ-] I. *n* (szóbe-
li) rágalmazás, becsületsértés [szó-
ban] II. *vt* (meg)rágalmaz
slanderous ['slɑːnd(ə)rəs; *US* -æn-] *a*
rágalmazó, becsületsértő
slang [slæŋ] I. *n* tolvajnyelv, argó,
szleng II. *vt* szidalmaz, becsmérel,
mindennek elmond
slangy ['slæŋɪ] *a* szlenget beszélő;
jassz, szleng(es) [szó, kifejezés]
slant [slɑːnt; *US* -æ-] I. *a* ferde, dőlt
II. *n* 1. lejtő(sség), dőlés; *on the* ~
ferdén 2. *US* szemszög; vmlyen be-
állítás III. A. *vt* lejt, ferdül, dől;
ereszkedik B. *vt* 1. lejtőssé tesz;
megdönt; ferdít 2. *átv* vmlyen beállí-
tást ad vmnek
slanting ['slɑːntɪŋ; *US* -æ-] *a* ferde, dőlt,
lejtős, oldalt csapódó
slantwise ['slɑːntwaɪz; *US* -æn-] *adv*
ferdén, rézsútosan
slap [slæp] I. *adv* hirtelen, egyszerre,
egyenesen II. *n* ütés; ~ *in the face*
(1) pofon (2) váratlan visszautasítás
III. *vt*/*vi* -pp- (kézzel) üt, megüt, csap;
~ *in the face* pofon üt; ~ *on the back*
megveregeti a vállát
slap-bang *adv* 1. hangosan, nagy dérrel-
-dúrral 2. hanyatt-homlok
slap-dash I. *a* összevissza; hirtelen;
felületes; ~ *work* összecsapott munka
II. *adv* hirtelen, nemtörődöm módon
slap-happy *a* 1. tántorgó, rogyadozó
2. gondtalan, a mával nem törődő
slapjack *n US* palacsinta
slapped [slæpt] →*slap III.*
slapper ['slæpə*] *n* 1. ütő 2. □ klassz
dolog
slapping ['slæpɪŋ] *a biz* nagyon nagy/
jó/gyors
slapstick *a* ~ *comedy US* bohózat sok
ütleggel
slap-up *a* □ pazar, klassz
slash [slæʃ] I. *n* 1. vágás, hasítás 2.
hasíték; forradás II. *vt* 1. (fel)hasít,

felmetsz 2. megvág, [korbáccsal] vé-
gigvág 3. *biz* leránt, lehúz [művet
kritikus] 4. *biz* leszállít [fizetést,
árakat stb.]
slashed [slæʃt] *a* (fel)hasított, bevágá-
sos; forradásos
slashing ['slæʃɪŋ] *a* 1. éles, kemény [kri-
tika] 2. *biz* klassz
slat [slæt] *n* léc [ablakredőnyben]
slate [sleɪt] I. *n* 1. pala 2. palatábla;
clean ~ tiszta előélet/lap 3. *US*
(választási) jelölőlista II. *vt* 1. palá-
val fed 2. *US* jelöl; kiszemel *(for*
vmre) 3. *biz* lehord; leránt [kritika]
slate-blue *a* palaszürke
slate-clay *n* palás agyag
slate-club *n GB* kb. segélyegylet, KST
slate-coloured *a* palaszürke
slated ['sleɪtɪd] *a* ~ *roof* palatető
slate-grey *a* palaszürke
slate-pencil *n* palavesszõ
slate-quarry *n* palabánya
slater[1] ['sleɪtə*] *n* 1. palafedő (munkás)
2. ászka
slater[2] ['sleɪtə*] *n* támadó kritikus
slatted ['slætɪd] *a* lécezett
slattern ['slætəːn] *n* szutykos/lompos nő
slatternly ['slætəːnlɪ] *a* szutykos, ápo-
latlan, kócos, lompos
slaty ['sleɪtɪ] *a* palás
slaughter ['slɔːtə*] I. *n* (le)vágás, leölés;
(tömeg)mészárlás, öldöklés II. *vt* le-
vág, leöl, lemészárol
slaughterer ['slɔːtərə*] *n* mészáros,
mészárló
slaughter-house *n* vágóhíd
slaughterman ['slɔːtəmən] *n* (*pl* -men
-mən) mészáros, vágóhídi munkás
slaughterous ['slɔːtərəs] *a* gyilkos, öl-
döklő
Slav [slɑːv] *a*/*n* szláv
slave [sleɪv] I. *n* rabszolga; ~ *ship*
rabszolgaszállító hajó; *S*~ *States* a
rabszolgatartó/déli államok [az USA-
ban 1865 előtt]; *átv be a* ~ *to sg*
rabja vmnek II. *vi* ~ *(away)* *(at sg)*
agyondolgozza magát (vmvel), ro-
botol
slave-dealer *n* rabszolgakereskedő
slave-driver *n* 1. rabszolgafelügyelő,
-hajcsár 2. *átv* hajcsár

slave-holder *n* rabszolgatartó
slaver[1] ['sleɪvə*] *n* = *slave-trader*
slaver[2] ['slævə*] I. *n* 1. kicsorgó nyál,
nyálka 2. talpnyalás II. *vi* 1. nyáladzik, folyik a nyála 2. nyal (vknek)
slavery ['sleɪvərɪ] *n* 1. rabszolgaság 2.
átv rabszolgamunka, lélekölő munka
slave-trade *n* rabszolgakereskedelem
slave-trader *n* 1. rabszolgakereskedő 2.
rabszolgaszállító hajó
slave-traffic *n* rabszolgakereskedelem
slavey ['sleɪvɪ] *n* fiatal/kis mindenes-(lány)
Slavic ['slɑːvɪk; *US* -æ-] *a/n* szláv
slavish ['sleɪvɪʃ] *a* szolgai
Slavonia [slə'voʊnɪə] *prop* Szlavónia
Slavonian [slə'voʊnɪən] *a/n* 1. szláv
2. szlavón(iai)
Slavonic [slə'vɔnɪk; *US* -'vɑ-] *a/n* szláv
(nyelv)
slaw [slɔː] *n* káposztasaláta, gyalult/
vagdalt káposzta
slay [sleɪ] *vt* (*pt* slew sluː, *pp* slain
sleɪn) (meg)öl, meggyilkol, elpusztít
slayer ['sleɪə*] *n* gyilkos
sleazy ['sliːzɪ] *a* 1. laza, vékony, szakadós 2. lompos, elhanyagolt
sled [sled] *n* és *v* (-dd-) *US* = *sledge*
sledge [sledʒ] I. *n* szánkó, ródli; szán
II. A. *vi GB* szánkózik B. *vt US*
szánkón/szánon visz
sledge-hammer *n* pöröly, nagykalapács,
kőtörő kalapács
sleek [sliːk] I. *a* 1. sima, fényes, olajosan csillogó 2. sima (modorú), simulékony; ravasz, ügyes II. A. *vt* 1.
lesimít, simára kefél 2. megnyugtat
B. *vi* siklik, suhan, surran
sleekness ['sliːknɪs] *n* 1. olajos simaság/
csillogás 2. simulékonyság
sleep [sliːp] I. *n* alvás, álom; *get/go to* ~
elalszik; *my foot has gone to* ~ elzsibbadt a lábam; *put sy to* ~ elaltat vkt
II. *v* (*pt/pp* slept slept) A. *vi* alszik;
~ *like a top* alszik mint a bunda;
not to ~ *a wink* egy szemhunyásnyit
sem alszik B. *vt* elszállásol
sleep away *vt* alvással elmulaszt
sleep in *vi* bent alszik [munkahelyén]
sleep off *vt* kialszik vmt
sleep on *vt* ~ *on sg* alszik rá egyet

sleep out A. *vi* nem otthon alszik
B. *vt* kialszik vmt
sleep through *vt biz* elalszik [vekkert,
vonatot]
sleep with *vi* lefekszik vkvel
sleeper ['sliːpə*] *a* 1. alvó 2. [vasúti]
talpfa 3. ászokfa, párnafa 4. hálókocsi; *book a* ~ hálókocsijegyet vált
sleepily ['sliːpɪlɪ] *adv* álmosan
sleepiness ['sliːpɪnɪs] *n* álmosság
sleeping ['sliːpɪŋ] I. *a* alvó; *S*~ *Beauty*
Csipkerózsika; ~ *partner* csendestárs
II. *n* alvás
sleeping-bag *n* hálózsák
sleeping-car *n* hálókocsi
sleeping-draught/pill *n* altató(szer)
sleeping-quarters *n pl* hálóhelyiségek
sleeping-sickness *n* 1. afrikai álomkór
(trypanosomiasis) 2. encephalitis lethargica
sleeping-suit *n* hálózsák, kezeslábas
[gyermeknek alvásra]
sleepless ['sliːplɪs] *a* 1. álmatlan 2.
fáradhatatlan, éber
sleeplessness ['sliːplɪsnɪs] *n* álmatlanság
sleep-walker *n* alvajáró
sleep-walking *n* alvajárás
sleepy ['sliːpɪ] *a* 1. álmos 2. álmosító
3. kásás [gyümölcs]
sleepy-head *n* álomszuszék, hétalvó
sleet [sliːt] I. *n* dara; ólmos/havas eső
II. *vi it* ~*s* ólmos eső esik
sleeve [sliːv] *n* 1. (ruha)ujj, kabátujj,
ingujj; *have sg* (v. *a card*) *up one's* ~
van még egy ütőkártyája; *laugh up
one's* ~ markába nevet 2. hüvely,
persely, karmantyú [műszaki] 3. széllzsák 4. (hang)lemezborító, tasak
sleeve-board *n* ujjafa, ujjavasaló
-sleeved [-sliːvd] (-)ujjú, -ujjas
sleeveless ['sliːvlɪs] *a* ujjatlan [ruha]
sleeve-nut *n* hüvelyes anya, menetes
hüvely
sleeve-valve *n* tolattyú(s szelep)
sleigh [sleɪ] I. *n* szán(kó) II. A. *vi* szánkázik B. *vt* szánon/szánkón szállít/
visz
sleigh-bell *n* száncsengő
sleigh-ride *n* szánkázás
sleight [slaɪt] *n* ~ *of hand* bűvészmutatvány

slender ['slendə*] a 1. karcsú 2. gyenge, középszerű, szegényes
slept [slept] →sleep II.
sleuth [slu:θ]n 1. ~(-hound) kopó, véreb 2. US biz (rendőr)kopó, detektív
slew[1], US slue [slu:] I. n 1. csavarodás, (el)fordulás, tekeredés 2. himbál(ód-z)ás, ring(at)ás II. A. vi 1. csavarodik, (el)fordul, tekeredik; ~ round elfordul, átfordul 2. himbálódzik, ring B. vt 1. (el)fordít, elforgat, (ki)teker; ~ round megfordít 2. himbál, ringat
slew[2] [slu:] →slay
slice [slaıs] I. n 1. szelet, darab 2. lapát [szeleteléshez] 3. rész(esedés), juss 4. nyesés; nyesett labda II. vt 1. szel(etel), (le)vág; ~ off levág; ~ up felszel(etel), felvág 2. nyes [labdát]
slicer ['slaısə*] n szeletelő(gép)
slick [slık] biz I. a 1. sima, egyenletes 2. ravasz, ügyes, „dörzsölt"; gyors II. adv ügyesen, egyenesen, simán III. n 1. (oil) ~ olajréteg [tengeren stb.] 2. simító 3. sima/sík felület 4. US ⟨sima papírra nyomott elegáns folyóirat⟩
slicker ['slıkə*]n US biz 1. esőköpeny 2. „dörzsölt" fickó
slickness ['slıknıs] n ügyesség
slid [slıd] →slide II.
slide [slaıd] I. n 1. csúszás, siklás; (föld)csuszamlás 2. csúszda; csúsztató 3. dia(pozitív); ~ frame diakeret; ~ strip diafilm(csík) 4. (tárgy)lemez [mikroszkópon] 5. tolattyú, tolóka; csúszka; US ~ fastener húzózár, zip-zár II. v (pt/pp slid slıd) A. vt csúsztat; tol B. vi (meg)csúszik, csúszkál, siklik; let ~ nem törődik vmvel, békén hagy
　slide away vi elillan, eloson
　slide by vi elillan, eloson
　slide down vi lecsúszik, lesiklik
slide-projector n diavetítő
slider ['slaıdə*] n 1. csúsztató 2. csúszó (érintkező), csúszórész
slide-rule n logarléc
slide-valve n dugattyús henger
slide-way n = slide I. 2.
sliding ['slaıdıŋ] I. a csúszó, sikló; ~ door tolóajtó; ~ roof tolótető [autóé];

~ scale mozgó (bér)skála; ~ seat gurulóülés [csónakban] II. n csúszás, csúszkálás, siklás; csuszamlás
slight [slaıt] I. a 1. csekély, jelentéktelen; könnyű, kevés 2. vékony, karcsú; kicsi II. n mellőzés; megalázás, megbántás III. vt semmibe (se) vesz, mellőz, megbánt, lefitymál
slighting ['slaıtıŋ] a megvető, megalázó, becsmérlő, fitymáló
slightly ['slaıtlı] adv 1. némileg, kissé 2. ~(-)built karcsú, törékeny, vékony, apró termetű
slightness ['slaıtnıs] n 1. vékonyság, karcsúság 2. jelentéktelenség
slim [slım] I. a (comp ~mer 'slımə*, sup ~mest 'slımıst) 1. karcsú, vékony 2. csekély, kevés; ~ chance csekély/halvány eshetőség; ~ excuse gyenge kifogás; ~ income szerény jövedelem 3. biz ravasz; hitvány II. v -mm- A. vt soványít, fogyaszt B. vi fogyasztja magát, fogyókúrát tart
slime [slaım] I. n 1. iszap 2. nyálka II. vt benyálkáz
sliminess ['slaımınıs] n 1. iszaposság 2. nyálkásság
slimmed, slimmer →slim
slimming ['slımıŋ] I. a 1. fogyó 2. fogyasztó II. n 1. fogyás 2. fogyasztás; ~ cure fogyókúra
slimness ['slımnıs] n 1. karcsúság, vékonyság 2. biz ravaszság, hitványság
slimpsy ['slımpsı] a US törékeny, laza
slimsy ['slımzı] a = slimpsy
slimy ['slaımı] a 1. iszapos 2. nyálkás 3. biz hajbókoló, csúszó-mászó, (talp-)nyaló
sling[1] [slıŋ] I. n 1. parittya 2. parittyakő 3. dobás 4. hurok; karfelkötő kendő; vállszíj; hordóakasztó; carry one's arm in a ~ felkötve hordja a kezét/karját 5. (sors)csapás II. v (pt/pp slung slʌŋ) A. vt 1. (el)hajít, dob, ellódít, (el)vet; parittyából kilő; ~ oneself up gyorsan felmászik 2. felakaszt, felköt, vállára vet B. vi ringó/lendületes járással jár/megy
sling[2] [slıŋ] n US ⟨jegelt gines és limonádés ital⟩

sling-cart *n* lőszerkocsi
slinger ['slɪŋə*] *n* parittyázó, dobó
sling-shot *n* csúzli
slink¹ [slɪŋk] *vi* (*pt/pp* **slunk** slʌŋk)
ólálkodik, lopakodik; ~ *away/off* el-
somfordál, eloldalog; ~ *in* beoson,
belopakodik
slink² [slɪŋk] **I.** *n* elvetélt (állati) mag-
zat **II.** *vi/vt* elvetél [állat]
slip [slɪp] **I.** *n* 1. (el)csúszás, megcsú-
szás, csusszanás; *give sy the* ~ meg-
lóg vk elől, faképnél hagy vkt; *there
is many a* ~ *'twixt the cup and the lip*
vmnek kezdete és sikeres befejezése
között még sok minden történhetik
2. *átv* botlás, tévedés, hiba; ~ *of the
pen* elírás, tollhiba; ~ *of the tongue*
nyelvbotlás; *make a* ~ hibát ejt 3.
darabka; ~ (*of paper*) cédula, papír-
darab; *delivery* ~ árujegy 4. hasáb-
(levonat); kutyanyelv 5. női ing,
kombiné; [gyermek] kötényruha 6.
slips *pl* háromszögnadrág, „fecske"
7. (párna)huzat 8. bujtvány, oltóág,
oltószem; *biz a mere* ~ *of a boy* kö-
lyök, srác; ~ *of a girl* csitri 9. póráz
10. színes agyagkeverék [fazekasáru
festésére] 11. sólya(pálya) 12. komp-
kikötő 13. **slips** *pl* színfalak, (oldal-)
kulisszák **II.** *v* -**pp-A.** *vi* 1. (el)csúszás,
megcsúszik, kicsúszik; *let* ~ (1) el-
ereszt; elejt (2) elszalaszt [alkalmat]
(3) elkottyant [titkot] 2. *átv* (meg-)
téved, botlik 3. oson, surran, lopódz-
ik 4. megszökik 5. *biz* hanyatlik **B.**
vt 1. (be)csúsztat 2. (pórázról) el-
enged; elold, elköt [horgonyról]; ~
its chain elszabadul [megkötött állat]
3. kibújik (vmből), levet [bőrt]
4. megugrik, megszökik (vk elől) 5.
~ *one's memory* kiesik az emlékezeté-
ből; ~ *sy's notice* elkerüli vk figyelmét
6. csúsztat [tengelykapcsolót] 7. le-
emel [szemet kötésnél] 8. elvetél 9.
ojt, szemez
    slip away/by *vi* 1. angolosan távo-
zik, meglép, elillan 2. elmúlik, el-
száll
    slip down *vi* lecsúszik, lesiklik
    slip in A. *vi* becsúszik **B.** *vt* be-
csúsztat, befűz [új filmet a gépbe]

slip into A. *vi* be(le)bújik [ruhába
stb.]; ~ *i. bed* ágyba bújik **B.** *vt* vmt
vmbe becsúsztat/bedug
    slip off A. *vi* 1. lecsúszik 2. *biz*
kereket old **B.** *vt* ledob magáról [ru-
hát]
    slip on *vt* bebújik [ruhába], magára
kap [egy ruhát]
    slip out *vi* 1. kicsúszik (*of* vmből) 2.
kibújik (*of* ruhából) 3. kiszivárog,
napvilágra jut [titok] 4. *biz* kioson
    slip over *vt* föléje húz, magára vesz
[ruhát fejen át]
    slip through *vi* ~ *t. one's fingers*
kicsúszik a kezéből
    slip up *vi biz* 1. baklövést követ el,
bakizik 2. *US* megbukik, zátonyra
fut/jut [terv]
slip-carriage/coach *n* menet közben le-
kapcsolt [vasúti] kocsi
slip-cover *n* 1. védőhuzat [bútoron] 2.
könyvtok
slip-in *a* becsúsztatós [fényképalbum]
slip-knot *n* csúszócsomó [kötélen]
slip-on, slipover *a* bebújós [ruha stb.]
slippage ['slɪpɪdʒ] *n* (meg)csúszás
slipped [slɪpt] *a* ~ *disc* porckorongsérv
|| → *slip II.*
slipper ['slɪpə*] *n* 1. papucs, házicipő;
tánccipő; *take a* ~ (*to a child*) elnad-
rágol (gyereket papuccsal) 2. ágytál
3. fékpofa, -saru
slipper-wort *n* papucsvirág, kalceolária
slippery ['slɪpərɪ] *a* 1. csúszós, síkos
2. sikamlós, kényes [ügy] 3. megbíz-
hatatlan, ingadozó; nehezen megfog-
ható, minden hájjal megkent
slip-pocket *n* zseb [köpenyen, autóajtón]
slip-proof *n* hasáblevonat
slippy ['slɪpɪ] *a* fürge, mozgékony;
look/be ~! mozgás!, szedd a lábad!
slip-ring *n* csúszógyűrű
slip-road *n* bekötő út, ráhajtó út
slipshod ['slɪpʃɔd; *US* -ɑd] *a* 1. letapo-
sott cipősarkú 2. hanyag, rendetlen,
felületes
slipslop ['slɪpslɔp; *US* -ɑp] *n* 1. lötty
2. limonádé [olvasmány]
slip-stitch *n* leemelt szem [kötésnél]
slip-stream *n* légcsavarszél [repülőgép
mögött], légörvény

slip-up *n biz* baklövés; baki
slip-way *n* sólya(pálya), csúszda
slit [slɪt] I. *n* hasíték, rés, nyílás, repedés
II. *v (pt/pp ~; -tt-)* A. *vt* felvág, hasít,
(be)metsz, repeszt; ~ *sy's throat*
vknek elmetszi a torkát B. *vi* (el-)
reped, (el)hasad
slit-eyed *a* mandula vágású szemű,
ferde szemű
slither ['slɪðə*] *biz* I. *n* megcsúszás II.
vi (meg)csúszik, csúszkál, siklik
slitting ['slɪtɪŋ] *n* széthasítás, metszés
slitting-mill *n* 1. szeg(ecs)vágó gép/
üzem 2. lécvágó keretfűrész 3. sze-
letelőkorong [drágakő vágásához]
sliver ['slɪvə*] I. *n* 1. forgács, szilánk;
szelet 2. fátyolszalag, nyújtott szalag
II. A. *vt* leszakít, forgácsot lehasít,
lerepeszt (vmről) B. *vi* leszakad, le-
hasad
Sloan(e) [sloʊn] *prop*
slobber ['slɒbə*; *US* -ɑ-] I. *n* 1. csorgó
nyál 2. *biz* csöpögő/könnyes érzel-
gősség, érzelgős beszéd/csók 3. sár,
latyak II. A. *vi* nyáladzik; ~ *over sy*
vkről érzelgős rajongással beszél B.
vt benyálaz
sloe [sloʊ] *n* kökény
slog [slɒg; *US* -ɑ-] I. *n* erős ütés II. *v*
-gg- A. *vt* erősen üt, (vadul) püföl B.
vi 1. erőlködik; ~ *away at sg* elveszö-
dik/küszködik vmvel 2. ~ *along* alig
vonszolja magát
slogan ['sloʊgən] *n* 1. jelmondat [poli-
tikai v. reklám], jclszó 2. csatakiáltás
[skót harcosoké]
slogger ['slɒgə*; *US* -ɑ-] *n* 1. kitartó/
alapos munkás 2. erős ütő [játékos]
sloop [slu:p] *n* naszád
slop[1] [slɒp; *US* -ɑ-] I. *n (rendsz pl)* 1.
kiloccsant víz; piszkos mos(d)óvíz,
mosogatólé, szennyvíz; moslék, lötty
2. folyékony betegkoszt II. *v* **-pp-** A.
vt kilottyant, kiloccsant; ~ *out* (ürü-
léket) kiönt B. *vi* 1. ~ *(over)* kilottyan,
kiloccsan; túlfolyik 2. *biz* ömleng
slop[2] [slɒp; *US* -ɑ-] *n rendsz pl* 1. kész-
ruha 2. tengerészruházat és ágynemű,
kincstári holmi [tengerésze]
slop-basin *n* ⟨edény teaaljnak⟩
slope [sloʊp] I. *n* 1. lejtő(s út), emelkedő

2. lejtés, lejtősség; dőlés II. A. *vi* 1.
lejt, ereszkedik; dől 2. *biz* ~ *about*
flangál, cselleng; ~ *off* elmegy, meglóg
B. *vt* 1. lejtőssé tesz 2. ~ *arms!*
puskát vállra!
slopiness ['sloʊpɪnɪs] *n* lejtősség, lejtő
sloping ['sloʊpɪŋ] *a* 1. lejtős; ~ *shoul-
ders* csapott váll 2. ferde
slop-pail *n* szennyvízvödör
slopped [slɒpt; *US* -ɑ-] →*slop*[1] *II.*
sloppiness ['slɒpɪnɪs; *US* -ɑ-] *n* 1. lucs-
kosság, nedvesség 2. löttyedtség, pu-
haság, lazaság 3. felületesség, hanyag-
ság 4. ömlengősség
sloppy ['slɒpɪ; *US* -ɑ-] *a* 1. lucskos, ned-
ves; felázott 2. lottyadt, laza 3. felü-
letes, hanyag 4. ömlengő, érzelgős
slop-room *n* ruhatár [hadihajón]
slop-shop *n* készruha-kereskedés
slosh [slɒʃ; *US* -ɑ-] *vt* □ behúz egyet
vknek
slot[1] [slɒt; *US* -ɑ-] I. *n* 1. (keskeny)
nyílás, rés [automatán pénzbedobás-
ra] 2. horony, vájat II. *vt* **-tt-** résel,
nyílást vág (vmbe)
slot[2] [slɒt; *US* -ɑ-] *n* nyom, csapa [őzé]
sloth [sloʊθ] *n* 1. lajhár 2. tunyaság
slothful ['sloʊθfʊl] *a* tunya, lusta
slot-machine *n* (pénzbedobós) automata
slot-meter *n* pénzbedobós (gáz)mérő
slotting-machine ['slɒtɪŋ; *US* -ɑ-] *n* 1.
vésőgép, hornyológép, csapvágó gép
2. perforálógép [filmhez]
slouch [slaʊtʃ] I. *n* 1. nehézkes mozgás;
lomha csoszogó járás 2. *biz* esetlen/
lomha fickó, nagy melák II. A. *vi* 1.
lomhán/esetlenül csoszog/áll/ül; *don't
~!* húzd ki magad! 2. lekonyul, lelóg
B. *vt* lehajt [kalapkarimát]
slouch-hat *n* nagy puhakalap (lelógó
karimával)
slough[1] [slaʊ; *US* az 1. jelentésben:
slu:] *n* 1. mocsár, ingovány, pocsolya
2. kétségbeesés
slough[2] [slʌf] I. *n* 1. levedlett bőr [kí-
gyóé stb.]; elhullatott agancs [szar-
vasé stb.] 2. hámló bőr; pörk 3. leve-
tett/elhagyott szokás II. *vt/vi* (le)vedlik, hámlik; ~ *off* (1) levedlik [bőrt]
(2) levet [rossz szokást]
sloughy ['slaʊɪ; *US* 'slu:ɪ] *a* mocsaras

Slovak ['slouvæk] a/n szlovák
Slovakia [slou'vækɪə] prop Szlovákia
sloven ['slʌvn] n lompos/szurtos/ápolatlan egyén/férfi/nő
Slovene ['slouviːn] a/n szlovén
Slovenian [slou'viːnjən] a/n szlovén
slovenliness ['slʌvnlɪnɪs] n lomposság, szurtosság, ápolatlanság
slovenly ['slʌvnlɪ] a lompos, szurtos, rendetlen, ápolatlan, slampos
slow [slou] I. a 1. lassú; megfontolt; késedelmes; nehézkes; ~ goods teheráru; ~ motion lassított felvétel [filmjeleneté] →slow-motion; in ~ oven lassú tűzön [süt]; ~ poison lassan ölő méreg; ~ train személyvonat; ...is ten minutes ~ [az óra] tíz percet késik; be ~ to ... nehezen szánja rá magát vmre; he was not ~ to ... sietett (vmt tenni) 2. hanyag, ostoba; ~ child nehéz felfogású gyerek 3. unalmas, vontatott II. adv lassan; go ~ (1) lassan hajt (2) óvatosan bánik vmvel III. A. vt lassít, késleltet; ~ down/up lelassít B. vi lassul, lassít; ~ down/up lelassul, lassít
slow-burning a lassan égő
slow-coach n lassú észjárású (maradi) ember
slow-combustion stove folytonégő kályha
slow-down (strike) n munkalassítás [mint sztrájk]
slow-motion a lassított [film, felvétel, leadás] →slow I. 1.
slowness ['slounɪs] n lassúság, lustaság, szellemi tompaság
slow-witted a lassú észjárású
slow-worm n törékeny gyík
slub [slʌb] I. n laza csomó, vastagodás [fonálban] II. vt -bb- [fonalat] (meg-)sodor
sludge [slʌdʒ] n 1. iszap, híg sár, szennyvíz 2. jégdarab [tengeren] 3. (olaj-)üledék, salak
sludgy ['slʌdʒɪ] a 1. sáros 2. jeges
slue →slew¹
slug¹ [slʌg] I. n 1. házatlan/meztelen csiga 2. biz naplopó 3. (puska)golyó 4. linotype szedésű sor; [nyomdai] sorköztag, betűköztag II. vi -gg- 1. henyél, hévizál 2. csigát(gyűjt és) pusztít

slug² [slʌg] US n/vt -gg- = slog
slug-a-bed ['slʌgəbed] n hétalvó
sluggard ['slʌgəd] n rest/tunya ember
sluggish ['slʌgɪʃ] a tunya, lomha; lassú folyású; renyhe [működésű szerv]
sluggishness ['slʌgɪʃnɪs] n lomhaság, tunyaság, renyheség
sluice [sluːs] I. n zsilip; ~ chamber zsilipkamra II. vt 1. zsilippel elzár; (vízzel) eláraszt 2. leereszt [vizet zsilipeken] 3. mos [aranyat] 4. biz megmos, lemos
sluice-gate n zsilipkapu
sluice-keeper n zsilipőr
sluice-valve n zsilipkapu
sluice-way n zsilipmeder; hordaléklebocsátó zsilip, öblítőzsilip
sluing ['sluːɪŋ] →slew¹
slum [slʌm] I. n rendsz pl (nagyvárosi) szegénynegyed, nyomornegyed; ~ clearance nyomornegyedek megszüntetése II. vi -mm- go ~ming nyomornegyedeket látogat
slumber ['slʌmbə*] I. n szunnyadozás, szendergés, szundítás II. vi szendereg, szunyókál
slumming ['slʌmɪŋ] n nyomornegyedek látogatása →slum II.
slummy ['slʌmɪ] a nyomortanya jellegű, [rosszallóan:] proli [negyed]
slump [slʌmp] I. n pangás, hirtelen áresés; gazdasági válság II. vi 1. hirtelen lepottyan, leesik, belesüpped vmbe 2. (hirtelen) nagyot esnek [árak, árfolyamok]
slung [slʌŋ] →sling II.
slung-shot n ⟨szíj végére erősített kő mint fegyver⟩
slunk →slink¹
slur [sləː*] I. n 1. gyalázat, szégyenfolt, gáncs; cast a ~ on megbélyegez (vkt), csorbát ejt (vmn) 2. (kötő)ív, ligatúra [zenében] 3. nem tiszta (ki)ejtés, hadarás, összefolyó beszéd II. v -rr- A. vt 1. átsiklik (vmn), semmibe vesz, lebecsül, becsmérel 2. ~ one's words hibásan/érthetetlenül beszél B. vi 1. elmosódik, összefolyik, egybefolyik [beszéd, ének, írás] 2. hibásan/érthetetlenül/hadarva beszél 3. ~ over sg átsiklik vmn
slurred [sləːd] a elmosódott, összefolyó,

egybefolyó [beszéd, ének, írás]
‖ →*slur II.*
slurry ['slʌrɪ; *US* -ə:-] *n* 1. cementlé,
híg cementhabarcs 2. híg iszap
slush [slʌʃ] I. *n* 1. latyak, locspocs, hólé
2. kenőanyag, zsiradék 3. *biz* (émelyítő) érzelgősség; limonádé, giccs II.
vt 1. [kenőanyaggal stb.] ken, zsíroz
2. hézagol, bepucol [falat]
slush-fund *n US* □ 1. pártkassza 2.
„kenésre" félretett (pénz)alap
slushy ['slʌʃɪ] *a* 1. latyakos, kásás [jég]
2. *biz* (émelyítően) érzelgős, giccses
slut [slʌt] *n* rossz hírű (v. szutykos) nő
sluttish ['slʌtɪʃ] *a* szutykos, loncsos,
lompos, rossz hírű [nő]
sly [slaɪ] *a* ravasz, sunyi, alattomos; *on
the* ~ alattomban, titokban, stikában;
~ *dog* ravasz kutya/kópé
slyness ['slaɪnɪs] *n* ravaszság, sunyiság,
alattomosság
smack¹ [smæk] I. *n* 1. íz, mellékíz 2. *a*
~ *of*... egy kevés/csipetnyi/árnyalatnyi... II. *vi* ~ *of sg* vmilyen (mellék)íze/látszata van, vm érzik rajta
smack² [smæk] I. *adv biz* zsupsz!, pont
(bele/neki), püff neki; hirtelen II. *n* 1.
csattanás 2. cuppanós csók; csattanó
pofon/ostor; ~ *in the face* pofon (*átv
is*); (sértő) visszautasítás; *have a* ~ *at
sg* megpróbálkozik vmvel III. A. *vt* 1.
csattant, cuppant, csettint [nyelvével] 2. ráver, rácsap [tenyérrel]; ~
sy's face vkt pofon üt B. *vi* csattan;
cuppan
smack³ [smæk] *n* halászbárka
small [smɔ:l] I. *a* 1. kis, kicsi(ny), apró;
csekély, jelentéktelen; ~ *arms* kézi
fegyverek; ~ *caps* kapitälchen betűk;
~ *change* aprópénz; ~ *eater* kisevő,
kis étkű; ~ *fry* (1) apró hal (2) jelentéktelen ember; *the* ~ *hours* az éjfél
utáni első órák, kora hajnal; ~ *letter*
kisbetű; *on the* ~ *side* nem elég nagy,
meglehetősen kicsi; ~ *talk* (könnyed)
társalgás, csevegés [mindennapi témákról]; *in a* ~ *way* szerény keretek
között; *it is* ~ *wonder* nem lehet csodálni, nem csoda (ha...); *feel* ~ szégyenkezik, zavarban van; *look* ~
megszégyenültnek látszik 2. rövid;

szűk; ~ *waist* keskeny derék 3.
gyenge, halk [hang]; könnyű, gyenge
[ital]; ~ *beer* (1) gyenge sör (2) jelentéktelen ember/dolog; ~ *wine* könnyű
bor II. *adv* 1. apróra 2. szűk keretek
között, csekély mértékben 3. halkan
III. *n* 1. vmnek az apraja; ~ *of the
back* (vknek a) vék(o)nya, vese tája
2. smalls *pl biz* alsónadrág, (testi)
fehérnemű
small-clothes *n pl* † (rövid testhezálló)
térdnadrág
small-holder *n* kisgazda, kisbérlő
smallish ['smɔ:lɪʃ] *a* meglehetősen kicsi
small-minded *a* kicsinyes
smallness ['smɔ:lnɪs] *n* 1. kicsi(ny)ség,
vmnek kis volta 2. kicsinyesség
smallpox ['smɔ:lpɔks; *US* -paks] *n* himlő
small-scale *a* kisipari, kisüzemi
small-sword *n* tőr
small-time *a US biz* kisszerű, jelentéktelen, piti
small-toothed comb sűrűfésű
small-wares *n pl* rövidáru
smarm [smɑ:m] *biz* A. *vt* lesimít, lenyal
[hajat pomádéval] B. *vi* (túlzóan)
hízeleg, nyal (vknek)
smarmy ['smɑ:mɪ] *a biz* mézesmázos,
hízelgő, nyaló, undorító
smart [smɑ:t] I. *a* 1. szúró, csípős, sajgó,
éles [fájdalom] 2. fürge, eleven, élénk;
look ~! mozgás!, szedd a lábad!, szaporán! 3. ügyes, ötletes, talpraesett;
eszes, gyors felfogású; szellemes; □ ~
alec(k) beképzelt alak/fráter 4. agyafúrt, körmönfont 5. divatos, elegáns,
sikkes, jó megjelenésű; *the* ~ *set* az
elegáns/előkelő világ 6. szigorú, kemény [büntetés] II. *n* éles/szúró/metsző fájdalom, szúrás, sajgás III. *vi* 1.
fáj, sajog, ég [seb]; csíp [jód stb.] 2.
szenved 3. megszenved, bűnhődik;
you shall ~ *for this* ezt még megkeserülöd
smarten ['smɑ:tn] A. *vt* feldíszít; felélénkít; ~ *oneself up* kicsinosítja/kicsípi
magát B. *vi* felélénkül
smarting ['smɑ:tɪŋ] *a* szúró, fájó
smart-money *n* fájdalomdíj
smartness ['smɑ:tnɪs] *n* 1. csípősség 2.
eszesség; ügyesség; körmönfontság,

furfangosság 3. fürgeség, elevenség, élénkség 4. ízlésesség, divatosság, elegancia
smarty ['smɑːtɪ] *n US biz* okosnak látszani akaró ember
smash [smæʃ] I. *adv go* ~ tönkremegy, csődbe jut; *run* ~ *into sg* teljes erővel beleszalad vmbe II. *n* 1. darabokra törés; összezúzódás, összetörés 2. kemény ütés; heves összeütközés, (vasúti v. autó)szerencsétlenség 3. összeomlás, tönkremenés, krach 4. lecsapás [labdáé teniszben] 5. □ ~ (*hit*) bombasiker III. A. *vt* 1. összezúz, szétzúz, összetör; nekicsap; betör, bezúz 2. ~ *the ball* lecsapja/megöli a labdát [teniszben]; ~ *a record* megdönt csúcsot B. *vi* 1. összezúzódik, -törik; nekicsapódik 2. tönkremegy, ,,bekrachol'' 3. összeütközik; ~ *into sg* (teljes erővel) beleszalad, nekimegy vmnek
smash-and-grab [smæʃn'græb] *a biz* ~ *raid* (1) kirakatrablás (2) erőszakosság
smasher ['smæʃə*] *n* remek/pompás dolog/személy
smashing ['smæʃɪŋ] *a biz* remek, pompás
smash-up *n* 1. összeütközés, karambol, szerencsétlenség 2. összeomlás
smattering ['smæt(ə)rɪŋ] *n* felületes (nyelv)ismeret/tudás; *have a* ~ *of sg* konyít vmhez
smear [smɪə*] I. *n* 1. (zsír)folt, maszat 2. kenet II. *vt* 1. elken, beken, bemaszatol, bepiszkít 2. befeketít, rágalmaz
smear-word *n* csúfnév; rágalom
smell [smel] I. *n* 1. szag; *take a* ~ *at sg* vmt megszagol 2. szaglás II. *v* (*pt/pp* **smelt** smelt v. **smelled** smeld) A. *vt* 1. (meg)szagol, érzi a szagát (vmnek) 2. *átv* megszimatol, megszagol (vmt); ~ *out* kiszimatol, kifürkész B. *vi* 1. ~ *round* körülszaglász 2. (vm) szaga van, (vmlyen) szagú; büdös; ~ *of the lamp* érzik rajta az erőlködés, izzadságszaga van
smelling-bottle ['smelɪŋ-] *n* repülősós üvegcse
smelling-salts ['smelɪŋ-] *n pl* repülősó

smelly ['smelɪ] *a* rossz szagú, büdös
smelt[1] [smelt] *vt* (meg)olvaszt, kiolvaszt [fémet]
smelt[2] [smelt] *n* bűzöslazac, eperlánlazac
smelt[3] [smelt] → *smell II.*
smeltery ['smeltərɪ] *n* olvasztóműhely, kohó(mű), öntöde
smelting-furnace ['smeltɪŋ-] *n* olvasztókemence, -kohó
smew [smjuː] *n* bukómadár
smilax ['smaɪlæks] *n* szasszaparilla, szárcsagyökér
smile [smaɪl] I. *n* mosoly; *raise a* ~ megmosolyogtat; *be all* ~*s* (1) csupa mosoly (2) jóindulatúan mosolyog; *break into a* ~ elmosolyodik II. *vi/vt* mosolyog, vidám; ~ *welcome* mosolyogva üdvözöl; *keep smiling* légy mindig derűs/vidám, mindig mosolyogj
smile at *vi* mosolyog (vmn, vkn), megmosolyog (vmt); rámosolyog (vkre)
smile (up)on *vi* rámosolyog (vkre); kedvez (vknek)
smiling ['smaɪlɪŋ] *a* mosolygó(s)
smirch [smə:tʃ] I. *n* folt II. *vt* bemocskol (*átv is*), megrágalmaz
smirk [smə:k] I. *n* kényeskedő és önelégült mosoly(gás) II. *vi* önelégülten somolyog, vigyorog
smite [smaɪt] *vt* (*pt* **smote** smout, *pp* **smitten** 'smɪtn) 1. megüt, rásújt, lecsap 2. sújt (vmvel); *city smitten with plague* pestissel sújtott város 3. legyőz, lever, csapást mér [ellenségre] 4. *be smitten by/with sg* elbűvöli/megigézi vm [látvány stb.]; *be smitten with sy* fülig szerelmes vkbe
smith [smɪθ] *n* kovács
smithereens [smɪðə'riːnz] *n pl* apró darabok; *smash into* ~ rapityára tör
smithy ['smɪðɪ; *US* -θɪ] *n* kovácsműhely
smitten → *smite*
smock [smɔk; *US* -ɑ-] *n* 1. ~(-*frock*) (munka)köpeny, (bő ingszerű ujjas) munkaruha 2. (gyermek) kezeslábas
smog [smɔg; *US* -ɑ-] *n* füstköd
smoke [smouk] I. *n* 1. füst; □ *like* ~ (1) azonnal (2) gőzerővel; *end* (*up*) *in* ~ füstbe megy 2. dohányzás; pipázás 3. *biz* cigaretta; szivar; *have a* ~ elszív

egy cigarettát; *have a ~!* gyújts(on)
rá! II. A. *vi* 1. füstöl, gőzölög 2. do-
hányzik B. *vt* 1. (meg)füstöl [húst
stb.]; odaéget [ételt] 2. *~ out* kifüstöl
3. (el)szív [szivart, cigarettát stb.] 4.
befüstöl, bekormoz 5. † megsejt, gya-
nít
smoke-bomb *n* füstbomba
smoke-consumer *n* füstemésztő
smoke-curing *n* füstölés [húsé]
smoked [smoʊkt] *a* 1. füstölt [hús] 2.
füstös, kormozott [üveg]
smoke-dried *a* füstölt [hús]
smoke-house *n* füstölde, húsfüstölő
smoke-jack *n* nyársforgató készülék
smokeless ['smoʊklɪs] *a* füst nélküli,
füstmentes
smoker ['smoʊkə*] *n* 1. dohányzó, do-
hányos (ember) 2. dohányzó szakasz
3. dohányzó [helyiség]
smoke-screen *n* (álcázó) füstfüggöny;
átv ködösítés
smoke-stack *n* (gyár)kémény; hajóké-
mény, mozdonykémény
smoking ['smoʊkɪŋ] I. *a* füstölő; dohány-
zó II. *n* 1. füstölés 2. dohányzás; *no ~*
tilos a dohányzás
smoking-carriage *n* dohányzó szakasz/
kocsi
smoking-compartment *n* dohányzó sza-
kasz
smoking-concert *n* ⟨hangverseny, ahol
szabad dohányozni⟩
smoking-jacket *n* házikabát
smoking-room *n* dohányzó (szoba); *~
story* borsos történet
smoky ['smoʊkɪ] *a* 1. füstös, kormos,
párás; befüstölt 2. füstöl(g)ő
Smollett ['smɔlɪt] *prop*
smooth [smuːð] I. *a* 1. sima, sík, egyen-
letes; zavartalan, folyamatos; *~ cros-
sing* szélcsendes átkelés; *~ landing* si-
ma leszállás; *make things ~ for sy*
vknek útját egyengeti 2. udvarias,
sima [modor]; előzékeny; hízelg ő, mé-
zesszavú II. *n* 1. simaság 2. s imítás
III. *v* (van **smoothe** alakja is) A· *vt* 1.
(le)simít, egyenget, csiszol, legyalul 2.
lecsillapít; elsimít B. *vi* elsimul; (le-)
csillapodik
smooth away *vt* elsimít

smooth down A. *vi* lecsillapodik, el-
simul B. *vt* elsimít, lecsillapít
smooth out *vt* kisimít
smooth over *vt* 1. szépítget, palástol
2. (el)simít, egyenget; elhárít [nehéz-
ségeket]
smooth-bore *a* huzagolatlan
smooth-chinned *a* 1. sima állú, simára
borotvált 2. tejfölösszájú
smoothe [smuːð] →*smooth III.*
smooth-faced *a* 1. (simára) borotvált 2.
sima modorú; behízelgő, mézesmázos
smoothing-iron ['smuːðɪŋ-] *n* (ruha)va-
saló
smoothing-plane ['smuːðɪŋ-] *n* simító-
gyalu
smoothly ['smuːðlɪ] *adv* simán, egyenle-
tesen, szabályosan
smoothness ['smuːðnɪs] *n* 1. simaság,
egyenletesség 2. zajtalanság 3. sima
modor; mézesmázosság
smooth-running *a* egyenletes járású [mo-
tor]
smooth-spoken/tongued *a* sima szavú/be-
szédű; behízelgő, mézesmázos modorú
smote →*smite*
smother ['smʌðə*] I. *n* 1. sűrű füst/pá-
ra; porfelhő; füstgomolyag 2. izzó pa-
rázs II. A. *vt* 1. megfojt 2. elolt, lefojt
[tüzet]; elfojt [érzelmet] 3. *~ (up)* el-
rejt, eltussol 4. eláraszt, elhalmoz
(with vmvel); *~ed in fog* ködbe borult
B. *vi* 1. megfullad; fulladozik 2. füs-
tölög, parázslik
smothery ['smʌðərɪ] *a* 1. fojtó, fojto-
gató, fullasztó 2. hamvadó
smoulder, *US* smolder ['smoʊldə*] *vt* 1.
láng nélkül ég, parázslik, izzik, ham-
vad 2. *átv* lappang
smudge [smʌdʒ] I. *n* 1. piszok, folt, pa-
ca 2. *US* sűrű füst, füstölgő tűz II. A.
vt 1. bepiszkít, összeken; elmázol 2.
kifüstöl [élősdiket] B. *vi* elmaszatoló-
dik
smudgy ['smʌdʒɪ] *a* foltos, pacás, pisz-
kos; elmosódott (körvonalú)
smug [smʌg] *a* 1. önelégült 2. pedáns,
kínosan rendes
smuggle ['smʌgl] *vt* csempészik
smuggler ['smʌglə*] *n* 1. csempész 2.
csempészhajó

52*

smuggling ['smʌglɪŋ] *n* csempészés
smugness ['smʌgnɪs] *n* 1. önelégültség
2. pedánsság
smut [smʌt] I. *n* 1. korom(folt); maszat
2. gabonaüszög 3. trágárság II. *v* -tt-
A. *vt* 1. (korom)foltot ejt vmn, bekormoz; beszennyez, bemocskol (*átv is*)
2. gabonaüszöggel fertőz B. *vi* gabonaüszöggel fertőződik
smuttiness ['smʌtɪnɪs] *n* 1. kormosság
2. üszkösség 3. trágárság
smutty ['smʌtɪ] *a* 1. kormos; piszkos 2.
üszkös 3. trágár
snack [snæk] *n* könnyű/gyors étkezés,
falatozás; *have a* ~ eszik vmt
snack-bar *n* ételbár
snaffle ['snæfl] I. *n* zabla II. *vt* 1. felzabláz 2. *GB* □ elcsen, elcsór; elcsíp
snag [snæg] I. *n* 1. kiálló (hegyes)
csonk/szikla/farönk, letörött fog, kidudorodás, csomó, bütyök 2. *biz* rejtett
akadály, váratlan bökkenő; hátrány
II. *vt* -gg- 1. *be* ~ged zátonyra fut 2.
[rönköktől stb.] megtisztít
snaggy ['snægɪ] *a* csomós, görcsös [fa]
snail [sneɪl] *n* csiga; *at a* ~'s pace csigalassúsággal
snake [sneɪk] I. *n* kígyó; *biz see* ~s fehér
egereket lát, delirium tremense van
II. *vi* kígyózik [út]
snake-bite *n* kígyómarás
snake-charmer *n* kígyóbűvölő
snake-weed *n* kígyógyökér
snaky ['sneɪkɪ] *a* 1. kígyószerű, csúszómászó, alattomos 2. kígyózó
snap [snæp] I. *a* meglepetésszerű, váratlan, hirtelen; ~ *judgement* kapásból
mondott vélemény II. *n* 1. csattanás,
pattanás; pattintás; bekattanás; *make
a* ~ *at sy/sg* vk/vm után kap [kutya]
2. patent(kapocs); zár, csat 3. *US*
energia, erély; *put some* ~ *into it!* kicsit élénkebben! 4. ropogós gyömbérsütemény 5. = *snapshot* 6. hirtelen
időváltozás; *cold* ~ hirtelen hideg
(idő) 7. *biz* lopás 8. *biz* (*soft*) ~ könynyű/potya dolog/munka III. *v* -pp- A.
vt 1. eltör [csattanással]; elroppant,
elpattant 2. bekap →*snap at* 3. (be-)
csattant, pattant, bekattint; pattint;
~ *one's fingers* fittyet hány, ujjával

pattint 4. elkap, elcsíp, megfog 5. lekap, lefényképez (vkt), pillanatfelvételt készít (vkről) B. *vi* 1. (reccsenéssel) kettétörik, kettéroppan, elpattan
2. csattan, roppan, pattan 3. odakap
(foggal); harap [állat] 4. csütörtököt
mond [puska]
snap at *vi* 1. utána kap (szájával),
belekap, odakap [kutya]; ráharap
[csalétekre]; ~ *at an opportunity* két
kézzel kap az alkalmon 2. ráförmed/
rárivall vkre
snap down *vi* rákattint [tetőt
edényre]
snap into *vi* ~ *i. it* rákapcsol, belefekszik a munkába
snap off *vt* leharap, lenyisszant; ~
o. sy's head/nose dühösen nekitámad
vknek
snap out *vt* 1. türelmetlenül/keményen/kurtán odamond vmt; ~ *o. an
order* parancsot ad gyorsan és pattogó
hangon 2. ~ *o. of it* kivágja magát
vmből
snap up *vt* 1. (mohón) felkap 2. ~
sy up letorkol vkt 3. elkapkod [árut]
snapdragon *n* oroszlánszáj [virág]
snap-fastener *n* patent(kapocs), nyomókapocs [ruhán]
snap-hammer *n* zúzópöröly
snap-lock *n* 1. rugós csat/kapocs 2.
csappantyú
snapper-up ['snæpərʌp] *n* ~ (*of trifles*)
tolvaj, enyveskezű
snappily ['snæpɪlɪ] *adv* csípősen; talpraesetten
snappish ['snæpɪʃ] *a* harapós (*átv is*);
csípős (megjegyzéseket tevő)
snappy ['snæpɪ] *a* 1. = *snappish* 2. eleven, talpraesett, szellemes 3. *biz make
it* ~!, *look* ~! siess!, mozogj!
snapshot ['snæpʃɔt; *US* -ɑt] *n* (pillanat)felvétel, (amatőr) fénykép
snare [sneə*] I. *n* 1. kelepce, csapda
(*átv is*), hurok, tőr, háló 2. (polip-)
kacs [sebészi műszer] II. *vt* 1. csapdával fog 2. *átv* kelepcébe/tőrbe ejt
snare-drum *n* erős pergésű dob
snarer ['sneərə*] *n* csapdaállító
snarl[1] [snɑ:l] I. *n* (fogvicsorgató) morgás, vicsorgás II. A. *vi* fogát vicsor-

gatva morog; ~ at sy rámordul vkre
B. vt mogorván mond, agresszíven kritizál
snarl² [snɑ:l] I. n 1. bonyodalom, zavar; traffic ~ forgalmi torlódás/dugó
2. csomó, hurok II. vt összekuszál,
-zavar, -csomóz, -gubancol
snatch [snætʃ] I n 1. odakapás vm után
2. kis idő(köz); töredék; foszlány;
by/in ~es megszakításokkal II. A. vt
megkaparint, hirtelen elkap, vm után
kap, megragad, elragad, kiragad [kezéből] B. vi ~ at kap(kod) vm után,
kapva kap [alkalmon]
snatch-block n terelő csigasor; nyitható
csiga
snatching ['snætʃɪŋ] n megkaparintás;
megragadás, elragadás
sneak [sni:k] I. n biz alattomos ember;
besúgó, árulkodó, spicli II. A. vi 1.
settenkedik, oson, sompolyog 2. biz
spicliskedik, árulkodik B. vt biz elemel,
elcsen
sneaker ['sni:kə*] n 1. settenkedő 2.
sneakers pl US biz gumitalpú (torna)cipő/vászoncipő
sneaking ['sni:kɪŋ] a 1. titkos, be nem
vallott 2. sunyi
sneak-thief n (pl -thieves) besurranó tolvaj
sneer [snɪə*] I. n gúnyos mosoly II. vi ~
at gúnyosan mosolyog (vmn), fitymál
(vmt)
sneeze [sni:z] I. n tüsszentés II. vi tüsszent; that's not to be ~d at érdemes
vele foglalkozni, nem megvetendő
snick [snɪk] I. n 1. rovátka 2. gyenge
ütés II. vt 1. bevág, rovátkát metsz
(vmre) 2. gyengén (meg)üt [labdát]
snicker ['snɪkə*] I. n vihogás; kuncogás
II. vi vihog; kuncog, kacarászik
snickersnee [snɪkə'sni:] n nagy kés
snide [snaɪd] biz I. a 1. hamis(ított),
utánzott 2. ravasz 3. rosszindulatú;
aljas II. n hamis ékszer/pénz
sniff [snɪf] I. n szippantás; szimatolás;
szipákolás II. A. vi 1. szimatol 2.
szipákol B. vt 1. szippant, beszív [levegőt] 2. megszimatol
sniff about vi körülszaglász, kémkedik

sniff at vt 1. gyorsan megszagol 2.
fintorog (vm miatt); not to be ~ed at
nem megvetendő
sniff up vt felszippant
sniffle ['snɪfl] I. n 1. szipogás 2. ~s nátha; II. vi szipákol, szuszog, szipog
sniffy ['snɪfɪ] a biz 1. lenéző 2. rossz
szagú, egy kis szaga van
snift [snɪft] vi szuszog, dohog [gőzgép]
snigger ['snɪgə*] n/vi = snicker
snip [snɪp] I. n 1. lemetszett darab/szelet 2. (le)nyisszantás, (le)metszés 3.
snips pl lemezvágó olló 4. biz szabó,
„kecske" 5. □ biztos/előnyös dolog
II. vt -pp- nyisszant, [ollóval] lemetsz
snipe [snaɪp] I. n szalonka II. vi 1. szalonkázik 2. lesből lő/lövöldöz; orvlövészkedik
sniper ['snaɪpə*] n orvlövész
snippet ['snɪpɪt] n töredék, apró darabka, vagdalék
snippety ['snɪpɪtɪ] a apró-cseprő, hézagos [hírek]; szaggatott [stílus]
snivel ['snɪvl] I. n 1. nyafogás, nyavalygás; szipogás 2. (folyó, csöpögő) takony II. vi -ll- (US -l-) 1. nyafog,
nyavalyog, sír-rí 2. szipákol; taknyos,
folyik az orra
sniveller, US -eler ['snɪv(ə)lə*] n nyafogó, nyavalygó, síró-rívó
snob [snɔb; US -ɑ-] n sznob
snobbery ['snɔbərɪ; US -ɑ-] n sznobság,
sznobizmus
snobbish ['snɔbɪʃ; US -ɑ-] a sznob
snobbishness ['snɔbɪʃnɪs; US -ɑb-] n =
snobbery
snood [snu:d] n párta, homlokkötő [hajadoné]; hajpánt; hajháló
snook [snu:k; US -ʊ-] n cock a ~ at sy
szamárfület (v. hosszú orrot) mutat
vknek
snooker ['snu:kə*; US -ʊ-] I. n ⟨biliárdszerű játék⟩ II. vt □ be ~ed kellemetlen/szorult helyzetben van
snoop [snu:p] vi/vt US biz szaglász, szimatol; spicliskedik; ~ into sg beleüti
az orrát vmbe
snooty ['snu:tɪ] a biz felvágós, beképzelt, sznob
snooze [snu:z] biz I. n szundikálás II. vi
szundít

snore [snɔ:*] I. *n* horkolás II. *vi* horkol, hortyog
snoring ['snɔ:rɪŋ] *n* hortyogás, horkolás
snorkel ['snɔ:kl] *n* légzőcső [könnyűbúváré]; lélegzőperiszkóp [tengeralattjáróé]
snort [snɔ:t] I. *n* prüszkölés, horkantás, felhorkanás II. A. *vi* prüszköl, (fel-) horkan, horkant B. *vt* haragosan/boszszúsan mond/kijelent
snorter ['snɔ:tə*] *n* □ 1. rendkívüli/klassz dolog 2. közönséges fráter 3. nyers elutasítás, ledorongolás 4. viharos szél, vad szélvihar
snot [snɔt; US -ɑ-] *n* 1. *vulg* takony 2. piszkos fráter, rongy alak
snotty ['snɔtɪ; US -ɑ-] I. *a* 1. *vulg* taknyos 2. *biz* piszok, rongy, szemét [ember] II. *n GB* □ tengerészkadét
snout [snaʊt] *n* 1. orr [disznóé], ormány 2. csőszáj, kifolyónyílás
snow [snoʊ] I. *n* 1. hó 2. □ kokain II. A. *vi* havazik, esik a hó B. *vt* 1. ~ *in/up* behavaz 2. *be ~ed under (with)* el van árasztva [levelekkel stb.]; ki sem látszik [a munkából]
snowball I. *n* 1. hógolyó, hólabda 2. labdarózsa; kányabangita 3. hólabdarendszer(ű levelezés) II. A. *vt* hógolyóval (meg)dobál B. *vi* 1. hógolyózik 2. lavinaszerűen növekszik
snowball-tree *n* labdarózsafa
snow-bank *n* hóbucka, hófuvat
snow-blindness *n* hóvakság
snow-boots *n pl* hócipő, hócsizma
snow-bound *a* hóba ragadva, hóakadályos
snow-capped *a* hóborította
snow-chain *n* hólánc
Snowdon ['snoʊdn] *prop*
snow-drift *n* hófuvat, hótorlasz; hófúvás
snowdrop *n* hóvirág
snowfall *n* hóesés, havazás; hómennyiség
snow-field *n* hómező
snowflake *n* 1. hópehely 2. hósármány 3. tőzike [növény]
snow-line *n* az örök hó határa
snow-man *n* (*pl* -men) hóember
snowmobile *n US* lánctalpas motorszán
snow-plough, *US* -plow *n* hóeke
snow-shoe *n* hótalp
snow-slide/slip *n* hósuvadás, hógörgeteg

snowstorm *n* hóvihar
snow-suit *n* (téli orkán) kezeslábas [gyermeké]
snow-tyre, *US* -tire *n* téli gumi(abroncs), hóköpeny
snow-white *a* hófehér; *Snowwhite* Hófehérke
snowy ['snoʊɪ] *a* 1. havas 2. hófehér
Snr. *senior* → *Sen. 3.*
snub [snʌb] I. *n* 1. visszautasítás, letorkolás 2. hirtelen lefékezés II. *vt* -bb- 1. visszautasít, letorkol 2. megakadályoz; hirtelen lefékez
snub-nosed *a* pisze/fitos orrú
snuff[1] [snʌf] I. *n* 1. tubák, burnót 2. szippantás; *biz be up to ~* szemfüles II. A. *vi* 1. tubákol, burnótozik 2. szipog, szuszog B. *vt* felszív
snuff[2] [snʌf] I. *n* gyertya hamva II. A. *vt* elkoppant [gyertyát], hamvát levágja [gyertyának]; ~ *out* [gyertyát] elfúj B. *vi biz* ~ *out* kinyiffan, elpatkol
snuff-box *n* burnótos szelence
snuff-coloured *a* tubákszínű
snuffer(s) ['snʌfə(z)] *n (pl)* koppantó
snuffle ['snʌfl] I. *n* 1. szuszogás, szipákolás 2. nátha 3. orrhang 4. képmutatás II. *vi* 1. szuszog, szipákol 2. orrhangon beszél 3. szenteskedik
snuffler ['snʌflə*] *n* 1. orrhangon beszélő 2. képmutató
snuff-taker *n* tubákoló
snuffy ['snʌfɪ] *a* 1. tubákos, burnótos 2. rendetlen, mocskos 3. mogorva
snug [snʌg] I. *a* kényelmes, biztos, jól védett, barátságos; *biz* ~ *as a bug in a rug* kényelmesen (befészkelve) II. *n =* *snuggery*
snuggery ['snʌgərɪ] *n* kényelmes/meghitt kis (magán)szoba
snuggle ['snʌgl] A. *vi* ~ *up to sy* odabújik/odasimul/odahúzódik vkhez B. *vt* magához ölel
snugness ['snʌgnɪs] *n* kényelem
so [soʊ; gyenge ejtésű alakja: sə] *adv/conj* 1. olyan, ilyen, annyira, ennyire; ~ *far* eddig (még), ez ideig, idáig; ~ *far* ~ *good* eddig rendben van/volnánk; (*in*) ~ *far as* amennyiben; már amennyire; ~ *long as* feltéve,

hogy; mindaddig, amíg...; ~ long!
viszontlátásra!, viszlát!, szia!; ~
much/many ennyi; ever ~ little akár-
milyen kevés; be ~ good/kind as to ...
legyen/légy olyan szíves/jó és ...;
ever ~ much nagyon; not ~ ... as nem
olyan/annyira, mint; ~ much ~ that
oly annyira, hogy 2. így, úgy; akként;
or ~ körülbelül; in a week or ~ körül-
belül egy hét múlva; quite ~! úgy
van!, helyes!; ~ that (1) úgy ...
hogy, annyira ... hogy (2) azon cél-
ból ... hogy; ~ as to ... (azon célból)
hogy ...; if ~ ezen esetben; it ~ hap-
pened úgy történt, úgy alakult a hely-
zet; I think ~ azt hiszem (igen), való-
színűnek tartom; I hope ~ remélem
(hogy igen); I fear ~ attól tartok, hogy
igen; ~ be it így legyen!, hát legyen!;
not ~ he de ő nem ám; ~ I am! az is
vagyok!, bizony!; (and) ~ am I én is,
részemről szintén; ~ did I én is (így
tettem); is that ~? csakugyan? 3. no
csak!, nos hát!; ~ there! nesze ne-
ked!, nna!, hát ez a helyzet!; ~
what? na és?, hát aztán?, mi köze
ehhez? 4. tehát, úgyhogy
soak [souk] I. n 1. (be)áztatás; átitatás
2. ázás, átivódás 3. biz nagyivó, bor-
zsák 4. biz ivászat II. A. vt 1. (be)áz-
tat; átitat; átáztat; get ~ed bőrig ázik
2. pácol 3. felszív, magába szív 4. □
zsarol 5. □ „megvág" (vkt); ~ the
rich! fizessenek a gazdagok! B. vi 1.
(át)ázik, átitatódik, átivódik 2. □
iszik mint a kefekötő, vedel, „elázik"
   soak in A. vt ~ sg in sg vmit vmben
áztat B. vi beivódik; behatol [folya-
dék és átv vk tudatába]
   soak through A. vi átázik, átszivá-
rog (vmn) B. vt átáztat; átitat
   soak up vt felszív; felitat
soakage ['soukɪdʒ] n 1. átitatás, telítés
2. telítődés, átázás
soaked [soukt] a átázott, átitatott, beáz-
tatott
soaker ['soukə*] n □ 1. felhőszakadás
2. megrögzött alkoholista, nagyivó
soaking ['soukɪŋ] a ~ wet bőrig ázott/áz-
va, csuromvizes(en)
so-and-so ['souənsou] n Mr. ~ X. Y.

soap [soup] I. n 1. szappan; a cake/bar
of ~ egy darab szappan; US biz ~
opera folytatásos rádiójáték/tévéjá-
ték [nappali adásban, könnyed, szen-
timentális témájú] 2. US □ csúszó-
pénz, „kenés" 3. US □ no ~! nem
megy! kár a benzinért! II. vt (be-)
szappanoz
soap-boiler n szappanfőző
soap-box orator népszónok, demagóg
soap-bubble n szappanbuborék
soap-dish n szappantartó
soap-flakes n pl szappanpehely
soap-stone n szteatit, zsírkő
soap-suds n pl szappanos víz (habja),
szappanhab
soap-works n szappangyár
soap-wort n szappanfű
soapy ['soupɪ] a 1. szappanos 2. hízelgő,
kenetes, mézesmázos
soar [sɔ:*] vi (fel)szárnyal, felszáll (a ma-
gasba), felrepül; fenn lebeg
soaring ['sɔ:rɪŋ] a szárnyaló
sob [sɔb; US -ɑ-] I. n zokogás II. v -bb-
A. vi zokog, hangosan sír B. vt elzokog
vmt
s.o.b. [esou'bi:] son of a bitch szarházi,
gazember
sober ['soubə*] I. a józan, mértékletes,
higgadt; cold ~ színjózan; ~ fact rideg
valóság II. A. vt ~ (down/up) kijózanít
B. vi ~ (down/up) kijózanodik; lehiggad
sober-minded a józan ítéletű/gondolko-
dású, megfontolt, komoly
soberness ['soubənɪs] n józanság
sobersides [-saɪdz] n komoly ember
sobriety [sə'braɪətɪ] n = soberness
sobriquet ['soubrɪkeɪ] n gúnynév, csúf-
név, becenév, álnév
sob-story/stuff n US □ könnyzacskókra
pályázó történet/írás/film stb.
Soc. Society
socage ['sɔkɪdʒ; US -ɑ-] n robotmunka
so-called [-'kɔ:ld] a úgynevezett, állítóla-
gos
soccer ['sɔkə*; US -ɑ-] n futball [a ná-
lunk is játszott változat], foci
sociability [souʃə'bɪlətɪ] n barátkozó
természet, társas hajlam
sociable ['souʃəbl] a társaságkedvelő; ba-
rátkozó, barátságos

social ['souʃl] I. a 1. társadalmi; szociális; ~ class társadalmi osztály; ~ climber társadalmi törtető; S~ Democrat szociáldemokrata; ~ economy közgazdaságtan, nemzetgazdaságtan; ~ history társadalomtörténet; ~ insurance társadalombiztosítás; ~ realism szocialista realizmus; ~ science társadalomtudomány; ~ security társadalombiztosítás; ~ services szociális intézmények; ~ welfare közjólét, társadalmi jólét; ~ work szociális munka/ teendők; ~ (welfare) worker kb. szociális gondozó(nő), védőnő 2. társasági, társas; ~ evening (esti) baráti/társas összejövetel, estély; ~ events társadalmi események; ~ gathering társas összejövetel; ~ register előkelőségek névjegyzéke 3. társas [lény stb.] II. n = social gathering
socialism ['souʃəlɪzm] n szocializmus
socialist ['souʃəlɪst] a/n szocialista
socialistic [souʃə'lɪstɪk] a szocialisztikus
socialite ['souʃəlaɪt] n US biz társasági „előkelőség"
socialize ['souʃəlaɪz] vt társadalmi tulajdonba vesz, államosít; US ~d medicine társadalombiztosítás
societal [sə'saɪətl] a társadalmi
society [sə'saɪətɪ] n 1. társadalom 2. társaság; high ~ előkelő világ, felső tízezer; ~ news társasági hírek [újságrovat]; ~ verse könnyed csiszolt költészet; ~ woman társasági/nagyvilági hölgy 3. társaság, társulat, egylet
sociological [sousjə'lɔdʒɪkl; US -'lɑ-] a szociológiai
sociologist [sousɪ'ɔlədʒɪst; US -'ɑ-] n szociológus, társadalomkutató
sociology [sousɪ'ɔlədʒɪ; US -'ɑ-] n szociológia
sock¹ [sɔk; US -ɑ-] n 1. ~(s) zokni, rövid harisnya; knee ~s térdharisnya; ~ suspender zoknitartó, harisnyakötő; biz pull your ~s up! kösd fel a gatyád! 2. parafa talpbetét
sock² [sɔk; US -ɑ-] □ I. n ütés [ököllel] II. vt behúz egyet (vknek), pofájába vág
sockdolager [sɔk'dɔlədʒə; US -ɑ- -ɑ-] n US □ 1. elsöprő erejű ütés 2. döntő érv/csapás; kegyelemdöfés

socket ['sɔkɪt; US -ɑ-] I. n 1. üreg, gödör 2. foglalat; tok; lyuk; csaplyuk; karmantyú II. vt belehelyez, beleilleszt [üregbe stb.]
socket-wrench n csőkulcs
socle ['sɔkl; US -ɑ-] n alj(azat), láb(azat), talp(azat), szokli
Socrates ['sɔkrəti:z; US 'sɑ-] prop Szókratész
Socratic [sɔ'krætɪk; US sou-] a szokratészi
sod [sɔd; US -ɑ-] I. n rög; gyep; gyeptégla; under the ~ a sírban II. vt -dd gyeptéglával kirak, (be)gyepesít
soda ['soudə] n 1. szóda 2. szódavíz
soda-fountain n 1. nagy szódavizes tartály 2. ⟨hűsítőket kiszolgáló bár⟩
soda-jerker [-dʒə:kə*] n US □ csaposlegény (soda-fountain-ben)
soda-pop n ⟨édesített, ízesített szódavíz⟩
soda-water n szódavíz
sodden ['sɔdn; US -ɑ-] a átitatott, (f)elázott
sodium ['soudjəm] n nátrium; ~ bicarbonate szódabikarbóna; ~ chloride nátriumklorid, konyhasó; ~ hydrate nátronlúg, lúgkő
Sodom ['sɔdəm; US 'sɑ-] prop S(z)odoma
sodomite ['sɔdəmaɪt; US 'sɑ-] n szodomita
sodomy ['sɔdəmɪ; US 'sɑ-] n szodómia
soever [sou'evə*] adv bárhogyan, bármennyire, bármi
sofa ['soufə] n dívány, pamlag, kanapé; ~ bed rekamié
Sofia ['soufjə] prop Szófia
soft [sɔft; US -ɔ:-] I. a 1. lágy, puha, sima; bársonyos, finom; ~ coal bitumenes (v. hosszú lángú) szén; ~ landing sima leszállás [űrhajóé]; ~ pedal bal pedál [zongorán] →soft-pedal; ~ soap (1) kenőszappan (2) biz hízelgés →soft-soap; ~ solder lágyforrasz →soft-solder; ~ water lágy víz 2. enyhe [időjárás] 3. elmosódó (körvonalú), lágy(rajzú) 4. halk, csendes, nyugodt 5. ~ drink alkoholmentes/ üdítő ital 6. nyájas, gyenge; ernyedt, erőtlen, nőies, effeminált; ~ spot gyenge/sebezhető pont; have a ~ spot

for sy elfogult vk javára **7.** *biz be* ~ *on sy* bele van habarodva/esve vkbe **8.** ~ *currency*~„puha" (v. nem konvertibilis) valuta **9.** könnyű, kellemes; ~ *job* jó kis állás (kevés munkával); *have a* ~ *time of it* éli világát, jól él **II.** *adv* lágyan, halkan **III.** *n biz* hülye/ostoba alak **IV.** *int* (csak) lassan !, pszt !, várj csak !
soft-boiled *a* puhára főtt; ~ *egg* lágytojás
soften ['sɔfn; *US* -ɔ:-] **A.** *vi* **1.** (meg)lágyul, (meg)puhul **2.** enyhül, csillapul, engesztel(ődik) **B.** *vt* **1.** (meg)lágyít, (meg)puhít; ~ *up* „puhít" [ellenséget] **2.** (le)halkít, (le)tompít **3.** enyhít, mérsékel
softening ['sɔfnɪŋ; *US* -ɔ:-] *n* lágyulás, enyhülés; ~ *of the brain* agylágyulás
soft-headed *a* együgyű, hülye
soft-hearted *a* lágyszívű
softie ['sɔftɪ; *US* -ɔ:-] *n* = *softy*
softish ['sɔftɪʃ; *US* -ɔ:-] *a* kissé lágy/puha
softly ['sɔftlɪ; *US* -ɔ:-] *adv* = *soft II.*
softness ['sɔftnɪs; *US* -ɔ:-] *n* lágyság, puhaság, enyheség
soft-pedal *vt* -ll- (*US* -l-) *US biz* enyhít, mérsékel, tompít →*soft I. 7.*
soft-sawder *n* hízelgés, talpnyalás
soft-soap *biz* talpát nyalja, (be)nyal (vknek) →*soft I. 1.*
soft-solder *vt* lágyforrasszal forraszt →*soft I. 1.*
soft-spoken *a* barátságos, nyájas
software *n* software [számítástechnikában]; program [komputeré]
soft-witted *a* = *soft-headed*
soft-wood *n* puhafa
softy ['sɔftɪ; *US* -ɔ:-] *n* **1.** balek **2.** tökfej, mamlasz **3.** szentimentális puhány
soggy ['sɔgɪ; *US* -a-] *a* átázott, vizenyős, nyirkos, nedves
Soho ['souhou] *prop*
soil[1] [sɔɪl] *n* talaj, termőföld; *native* ~ szülőföld
soil[2] [sɔɪl] I. *n* piszokfolt **II.** *vt* **1.** bepiszkít, bemocskol; beszennyez **2.** meggyaláz **3.** megtrágyáz
soiled [sɔɪld] *a* piszkos, mocskos, szennyes; ~ *linen* szennyes fehérnemű
soil-pipe *n* (szennyvíz)ejtőcső
soirée ['swɑ:reɪ; *US* swɑ:'reɪ] *n* estély

sojourn ['sɔdʒə:n; *US* 'sou-] **I.** *n* tartózkodás, időzés **II.** *vi* tartózkodik, időzik
sola ['soulə] *n* ~ *topee* trópusi sisak
solace ['sɔləs; *US* 'sɑ-] **I.** *n* vigasz(talás), megnyugvás **II.** *vt* (meg)vigasztal, megnyugtat, (meg)enyhít
solar ['soulə*] *a* **1.** nap-, naptól eredő; ~ *battery* naptelep; ~ *cell* napelem; ~ *energy* napenergia; ~ *heating* fűtés napelemekkel; ~ *system* naprendszer **2.** ~ *plexus* gyomorszáj, hasi idegközpont
solarium [sou'leərɪəm] *n* (*pl* **-ria** -rɪə) napozó(terasz), napozóterem, szolárium
solarize ['souləraɪz] *vt* túlexponál, eléget [fényképet]
sold →*sell II.*
solder ['sɔldə*; *US* 'sɑdər] **I.** *n* forrasz(tóanyag) **II.** *vt* (össze)forraszt, megforraszt
solderer ['sɔldərə*; *US* 'sɑd-] *n* **1.** forrasztómunkás **2.** forrasztóeszköz
soldering ['sɔld(ə)rɪŋ; *US* 'sɑd-] *n* **1.** forrasztás **2.** forrasztás helye, varrat
soldering-iron *n* forrasztópáka
soldering-lamp *n* forrasztólámpa
soldier ['souldʒə*] **I.** *n* katona, közlegény; ~ *of fortune* szerencsevadász; ~ *lad* kiskatona; *fellow* ~ bajtárs; *biz come the old* ~ *over sy* háryjánoskodik, adja a bankot; *play at* ~*s* katonásdit játszik **II.** *vi* katonáskodik; ~ *on* (1) tovább szolgál (2) rendíthetetlenül tovább dolgozik
soldiering ['souldʒərɪŋ] *n* katonáskodás
soldierly ['souldʒəlɪ] *a* katonás
soldiery ['souldʒərɪ] *n* katonaság
sole[1] [soul] **I.** *n* **1.** talp **2.** nyelvhal, szól **II.** *vt* megtalpal
sole[2] [soul] *a* **1.** magányos, egyedüli, egyetlen; ~ *agent* kizárólagos képviselő; ~ *heir* általános örökös **2.** hajadon, nőtlen
solecism ['sɔlɪsɪzm; *US* 'sɑ-] *n* **1.** nyelvtani hiba, stílushiba **2.** neveletlenség, társadalmi botlás/hiba
solely ['soullɪ] *adv* kizárólag, egyedül
solemn ['sɔləm; *US* -ɑ-] *a* ünnepélyes, komoly
solemnity [sə'lemnətɪ] *n* **1.** ünnepély **2.** ünnepélyesség, komolyság

solemnize ['sɔləmnaız; *US* 'sɑ-] *vt* **1.** megünnepel, megül; megpecsétel; ~ *a marriage* házasságot megköt(öttnek jelent ki) **2.** komollyá tesz, ünnepélyességgel tölt el
solenoid ['soʊlənɔɪd] *n* szolenoid
sol-fa [sɔl'fɑ:] *n* szolmizálás
solicit [sə'lɪsɪt] *vt* **1.** (nyomatékosan) kér, vmért folyamodik **2.** csábít, (be-) csalogat, leszólít [utcanő]
solicitation [səlɪsɪ'teɪʃn] *n* **1.** kérelmezés, nyomatékos kérés **2.** leszólítás
solicitor [sə'lɪsɪtə*] *n* **1.** [angol] ügyvéd [magasabb bíróság előtti felszólalási jog nélkül]; [vállalati] jogtanácsos; ~'s fee ügyvédi tiszteletdíj; *S~-General* legfőbb államügyész-helyettes **2.** *US* városi tiszti ügyész **3.** *US* üzletszerző, ügynök
solicitous [sə'lɪsɪtəs] *a* aggályosan gondos; *be ~ about/for sg* vmt nagyon a szívén visel
solicitousness [sə'lɪsɪtəsnɪs] *n* = *solicitude*
solicitude [sə'lɪsɪtjuːd; *US* -tuːd] *n* szerető/féltő gondosság, aggály(osság)
solid ['sɔlɪd; *US* -ɑ-] I. *a* **1.** szilárd; *become ~* megszilárdul, megkeményedik; *frozen ~* fenékig befagyott **2.** tömör; homogén, áthatolhatatlan; ~ *fuel* szilárd tüzelőanyag; ~ *tyre* tömör gumi(abroncs); *sleep ten ~ hours* tíz órát alszik egyhuzamban; *man of ~ built* erős testalkatú ember **3.** megbízható, őszinte, szolid, alapos, erős, biztos **4.** egyetértő, egységes, szolidáris, egyhangú; *US* □ *be ~ with sy* kebelbarátságban van vkvel; ~ *vote* egyhangú szavazat **5.** háromdimenziójú, térbeli; köb-; ~ *angle* testszög, térszög; ~ *geometry* térmértan; ~ *measures* térfogatmérték II. *n* **1.** szilárd test **2.** (háromdimenziójú) test, téridom
solidarity [sɔlɪ'dærətɪ; *US* sɑ-] *n* összetartás, együttérzés, szolidaritás
solidification [səlɪdɪfɪ'keɪʃn] *n* megszilárdulás, -dermedés, besűrűsödés
solidify [sə'lɪdɪfaɪ] A. *vt* (meg)szilárdít, (be)sűrít B. *vi* megszilárdul
solidity [sə'lɪdətɪ] *n* **1.** szilárdság **2.** tö

mörség, masszívság **3.** megbízhatóság, valódiság, alaposság
solid-state *a* szilárdtest-; ~ *physics* szilárdtestfizika; ~ *switch* szilárdtestkapcsoló
soliloquize [sə'lɪləkwaɪz] *vi* magában beszél, monologizál
soliloquy [sə'lɪləkwɪ] *n* monológ, magánbeszéd
soling ['soʊlɪŋ] *n* talpalás
solitaire [sɔlɪ'teə*; *US* sɑ-] *n* **1.** egyedül befoglalt drágakő, szoliter **2.** egyedül játszható játék, *US* pasziánszjáték
solitary ['sɔlɪt(ə)rɪ; *US* 'sɑlɪterɪ] *a* magányos, egyedüli, elhagyatott
solitude ['sɔlɪtjuːd; *US* 'sɑlɪtuːd] *n* magány(osság), egyedüllét
solmizate ['sɔlmɪzeɪt; *US*-ɑl-]*vi* szolmizál
solo ['soʊloʊ] I. *a* egyes, egyedüli, szóló II. *adv* egyedül, magában, szólóban III. *n* **1.** (ének)szóló, szólójáték **2.** oldalkocsi nélküli (v. szóló) motorkerékpár
soloist ['soʊloʊɪst] *n* szólista; szólóénekes, magánénekes; szólótáncos
Solomon ['sɔləmən; *US* 'sɑ-] *prop* Salamon; ~'s seal (1) Salamon pecsétje [növény] (2) hatágú csillag, Dávidcsillag
solstice ['sɔlstɪs; *US* -ɑl-] *n* napforduló
solubility [sɔljʊ'bɪlətɪ; *US* saljə-] *n* **1.** oldhatóság **2.** megfejthetőség, megoldhatóság
soluble ['sɔljʊbl; *US* 'sɑljə-] *a* **1.** (fel-) oldható; oldódó; ~ *glass* vízüveg **2.** megfejthető, megoldható
solution [sə'luːʃn] *n* **1.** (fel)oldás **2.** oldat **3.** megoldás, megfejtés; *defy ~* megoldhatatlan
solvability [sɔlvə'bɪlətɪ; *US* sɑl-] *n* = *solvability*
solvable ['sɔlvəbl; *US* -ɑl-] *a* = *soluble*
solve [sɔlv; *US* -ɑ-] *vt* **1.** megfejt, megold **2.** † kibont, kibogoz
solvency ['sɔlv(ə)nsɪ; *US* -ɑl-] *n* fizetőképesség
solvent ['sɔlv(ə)nt; *US* -ɑl-] I. *a* **1.** fizetőképes, hitelképes **2.** oldható, oldóképes **3.** (fel)oldó II. *n* oldószer
solver ['sɔlvə*; *US* -ɑl-] *n* **1.** megfejtő **2.** oldó

Somalia [sə'mɑ:lɪə] *prop* Szomália
Somalian [sə'mɑ:lɪən] *a/n* szomáli
sombre, *US* -ber ['sɔmbə*; *US* -ɑ-] *a*
komor, sötét
sombrero [sɔm'breərou; *US* sɑm-] *n*
szombreró
some [sʌm; gyenge ejtésű alakjai:
səm, sm] I. *a* 1. némely, valamelyik,
valami, (egy) bizonyos; ~ *people* (1)
némely ember (2) néhány ember; *in*
~ *form or other* így vagy úgy, vmlyen
formában 2. egy kevés/kis, némi; né-
hány; ~ *water* egy kis víz; ~ *more*
még (egynéhány), még egy kis/kicsit;
at ~ *length* elég hosszasan; *for* ~ *time*
egy rövid/kis ideig; *to* ~ *extent* egy bizo-
nyos mértékben/fokig 3. *US biz* igazi,
egész, komoly, pompás; *it was~ dinner*
ez aztán ebéd volt!; ~ *guy* igazi/bele-
való fickó II. *pron* némely, néhány; ~
of them némelyikük; *have/take* ~! végy
belőle! III. *adv* 1. valami, mintegy,
körülbelül; *we were* ~ *sixty in all*
körülbelül/mintegy hatvanan voltunk
2. *biz* némileg, meglehetősen
somebody ['sʌmbədɪ; *US* -bɑ-] I. *pron*
valaki; ~ *or other* valaki (nem tudom
pontosan ki) II. *n* fontos személyiség,
„valaki"
someday ['sʌmdeɪ] *adv US* majd egy-
szer/valamikor, egy napon
somehow ['sʌmhau] *adv* valahogy(an);
~ *or other* valahogy majd csak [meg-
lesz], isten tudja hogyan [de megtör-
tént]
someone ['sʌmwʌn] *n/prop* = *some-
body*
someplace ['sʌmpleɪs] *adv US* valahol
somersault *[*'sʌməsɔ:lt] I. *n* bukfenc;
turn a ~ (1) bukfencet vet (2) felbuk-
fencezik, felfordul II. *vi* bukfencezik
Somerset ['sʌməsɪt] *prop*
something ['sʌmθɪŋ] I. *n/pron* valami,
némi; ~ *or other* valami; ~ *to live for*
vm életcél; ~ *to eat* egy kis ennivaló;
~ *of* egy kis/kevés (vmből); ~ *of a*
liar kicsit hazudós; *have* ~ *to do with*
sg kapcsolatban van vmvel, köze van
hozzá; *there's* ~ *to it* van benne vm;
or ~ vagy vm hasonló II. *adv* 1. egy
kissé, némileg; ~ *like* (1) némileg

hasonló, körülbelül (2) *biz* igen nagy,
óriási, nagyszerű; *that's* ~ *like it!* ezt
nevezem! 2. □ szörnyen, borzasztóan
sometime ['sʌmtaɪm] I. *a* egykori, haj-
dani, volt II. *adv* egykor, valamikor,
egyszer valamikor, valaha
sometimes ['sʌmtaɪmz] *adv* néha, né-
melykor, olykor
someway ['sʌmweɪ] *adv* valahogy(an)
somewhat ['sʌmwɔt; *US* -hwɑt] I. *adv*
némileg, némiképp, egy kissé II. *n*
egy kevés
somewhere ['sʌmweə*; *US* -hw-] *adv*
valahol, valahova
somnambulism [sɔm'næmbjʊlɪzm; *US*
sɑm'næmbjə-] *n* alvajárás, holdkóros-
ság
somnambulist [sɔm'næmbjʊlɪst; *US*
sɑm'næmbjə-] *n* alvajáró, holdkóros
somnolence ['sɔmnələns; *US* 'sɑ-] *n* ál-
mosság
somnolent ['sɔmnələnt; *US* 'sɑ-] *a* 1.
(kórosan) álmos, aluszékony 2. álmo-
sító
son [sʌn] *n* fiú, vknek a fia; *vulg* ~ *of*
a bitch szarházi, gazember
sonant ['sounənt] I. *a* hangzó, zengő II.
n zöngés hang
sonar ['sounɑ:*] *n* hanglokátor
sonata [sə'nɑ:tə] *n* szonáta
sonatina [sɔnə'ti:nə; *US* sɑ-] *n* szonatina
song [sɔŋ; *US* -ɔ:-] *n* 1. dal, ének; ~
hit (dal)sláger; *for a(n old)* ~ potom
pénzért; bagóért; *nothing to make a* ~
about semmi különösebb, nem vm
nagy ügy 2. költemény, dal
song-bird *n* énekesmadár
songbook *n* daloskönyv
songster ['sɔŋstə*; *US* -ɔ:-] *n* énekes,
dalnok
sonic ['sɔnɪk; *US* -ɑ-] *a* hang-; ~ *barrier*
hangsebességi határ, hanghatár; ~
boom/bang hangrobbanás; ~ *mine*
akusztikus akna
son-in-law *n* (*pl* sons-in-law) vő
sonnet ['sɔnɪt; *US* -ɑ-] *n* szonett
sonneteer [sɔnɪ'tɪə*; *US* sɑ-] *n* szonett-
író
sonny ['sʌnɪ] *n biz* fiacskám
sonority [sə'nɔrətɪ; *US* -'nɔ:-] *n* zengze-
tesség

sonorous [sə'nɔ:rəs] *a* hangzatos, zengzetes; csengő/telt hangú
sonsy ['sɔnsɪ; *US* -a-] *a* 1. szerencsés 2. kövérkés, molett 3. jóindulatú
soon [su:n] *adv* 1. nemsokára, hamar, korán; ~ *after* (1) nemsokára (2) nem sokkal (v. röviddel)... után; *as* ~ *as* (rögtön) amint, mihelyt; *how* ~ *mayI expect him?* mikorra várhatom (legkorábban)?; *none too* ~ nagyon is jókor, éppen jókor; *the* ~*er the better* minél előbb annál jobb; ~*er or later* előbb-utóbb; *no* ~*er*... *than* amint ..., mihelyt...; *no* ~*er said than done* a szót nyomban tett követte 2. inkább (mint/hogysem), semhogy; *I would* ~ *die* inkább meghalok (mint)
soot [sʊt] I. *n* korom II. *vt* (be)kormoz
soothe [su:ð] *vt* 1. csillapít, megnyugtat, enyhít 2. lecsendesít
soother ['su:ðə*] *n* cucli, cumi
soothing ['su:ðɪŋ] *a* (meg)nyugtató, enyhítő, csillapító
soothsayer ['su:θseɪə*] *n* jövendőmondó, jós(nő)
soothsaying ['su:θseɪŋ] *n* jóslás, jövendölés
sooty ['sʊtɪ] *a* 1. kormos 2. fekete
sop [sɔp; *US* -a-] I. *n* 1. levesbe/tejbe/ stb. mártott/áztatott kenyérdarab 2. *give a* ~ *to Cerberus* ['sə:bərəs] odavet egy koncot (vknek), lekenyerez II. *vt* -pp- 1. mártogat, (be)áztat; átitat; ~ *up* kimártogat 2. felszív
Sophia [sə'faɪə] *prop* Zsófia
Sophie ['soʊfɪ] *prop* Zsófi
sophism ['sɔfɪzm; *US* -a-] *n* álokoskodás, szofizma
sophist ['sɔfɪst; *US* -a-] *n* álokoskodó, szofista
sophistic(al) [sə'fɪstɪk(l)] *a* hamisan érvelő, szofista
sophisticated [sə'fɪstɪkeɪtɪd] *a* 1. (túl) kifinomult, (túl) igényes, (túlzottan) okos, tapasztalt; (túl) bonyolult 2. mesterkélt, nem természetes
sophistry ['sɔfɪstrɪ; *US* 'sa-] *n* álokoskodás
Sophocles ['sɔfəkli:z; *US* 'sa-] *prop* Szophoklész
sophomore ['sɔfəmɔ:*; *US* 'sa-] *a/n US* másodéves hallgató

Sophy ['soʊfɪ] *prop/n* 1. Zsófi 2. ⟨a perzsa sahok hajdani címe⟩
soporific [sɔpə'rɪfɪk; *US* sa-] *a/n* altató(szer)
sopped [sɔpt; *US* -a-] →*sop II.*
soppy ['sɔpɪ; *US* -a-] *a* 1. átázott, nedves 2. *biz* erőtlen; érzelgős
soprano [sə'prɑ:noʊ; *US* -'præ-] *n* szoprán (hang, szólam)
sorb [sɔ:b] *n* berkenye
sorbet ['sɔ:bət] *n* szörbet
sorcerer ['sɔ:s(ə)rə*] *n* varázsló, bűvész
sorceress ['sɔ:s(ə)rɪs] *n* boszorkány
sorcery ['sɔ:s(ə)rɪ] *n* varázslat, boszorkányság
sordid ['sɔ:dɪd] *a* 1. piszkos, mocskos 2. hitvány, aljas 3. zsugori, anyagias
sordidness ['sɔ:dɪdnɪs] *n* 1. piszkosság 2. aljasság 3. mocskos zsugoriság/ anyagiasság
sore [sɔ:*] I. *a* 1. fájó, fájdalmas, érzékeny; gyulladásos, heveny; ~ *spot* fájó/sebezhető pont; ~ *throat* torokfájás, -gyulladás; *sight for* ~ *eyes* kellemes/ szívderítő látvány 2. *be* ~ *at sy* neheztel vkre; *get* ~ megsértődik, megharagszik 3. *be in* ~ *need of sg* égető szüksége van vmre II. *adv* nagyon, mélyen III. *n* seb, sérülés; baj; fájdalom
sorely ['sɔ:lɪ] *adv* súlyosan, nagyon; ~ *needed* égetően szükséges; ~ *tried* súlyos megpróbáltatásokat átélt
soreness ['sɔ:nɪs] *n* érzékenység, fájdalom
sorghum ['sɔ:gəm] *n* cirok
sorority [sə'rɔrətɪ; *US* -'rɔ:-] *n US* egyetemi/főiskolai leányszövetség
sorrel¹ ['sɔr(ə)l; *US* -ɔ:-] I. *a* rőt, vörös(es)sárga II. *n* vörössárga ló
sorrel² ['sɔr(ə)l; *US* -ɔ:-] *n* sóska
sorrow ['sɔroʊ; *US* 'sa-] I. *n* szomorúság, bánat, bú; *to my* ~ (nagy) sajnálatomra; *feel* ~ *for sy* szán/sajnál vkt II. *vi* szomorkodik, bánkódik
sorrowful ['sɔrəfʊl; *US* 'sa-] *a* szomorú, bánatos; sajnálatos
sorry ['sɔrɪ; *US* -a-] *a* 1. szomorú, bús; (*I'm*) ~ *!* (nagyon) sajnálom!, (pardon) bocsánat!, elnézést (kérek)!; (*I'm*) ~, *but* sajnos azonban ..., sajnálom,

de...; *awfully ~!* ezer bocsánat!
→*awfully*; *I am ~ to hear that...*
sajnálattal hallom, hogy...; *~ to
have kept you waiting* elnézést kérek
amiért megvárakoztattam; *you will
be ~ for this* ezt még megkeserülöd 2.
siralmas, hitvány; *cut a ~ figure* szánalmas figura, siralmasan szerepelt
sort [sɔːt] I. *n* 1. fajta, féle; *what ~ of?*
miféle?, milyen?; *of all ~s, all ~s of*
mindenféle; *he's a real good ~* igen
rendes/derék ember; *a bad ~* nem
rendes/jó ember; *nothing of the ~* szó
sincs róla!; *sg of ~s, sg of a ~* egy
többé-kevésbé vmnek nevezhető dolog, egy valamiféle; *coffee of a ~* vm
kávéféle (folyadék); *a ~ of* afféle;
another ~ of másféle 2. *biz ~ of* valahogy; *I ~ of feel that...* az az érzésem, hogy... 3. mód; *in a/some ~*
(egy) bizonyos fokig/mértékben; *feel
out of ~s* rosszkedvű, nem jól érzi magát II. *vt* kiválaszt, válogat, szétválaszt, szortíroz, csoportosít; *~ out* (1)
kiválaszt, kiválogat (2) *biz* megold
[vm nehezet], elrendez
sorter ['sɔːtə*] *n* osztályozó, szortírozó,
válogató; levélcsoportosító
sortie ['sɔːtiː] *n* 1. kitörés [ostromlott
várból] 2. támadó repülés, bevetés
[repülőgépé]
sorting ['sɔːtɪŋ] *n* kiválogatás, osztályozás, szortírozás
SOS [esoʊ'es] *n* 1. segélykérő jel, SOS
2. segélykiáltás, vészkiáltás
so-so ['soʊsoʊ] *biz* I. *a* nem valami jó,
közepes, tűrhető II. *adv* meglehetősen,
úgy-ahogy, nem valami jól, tűrhetően
sot [sɔt; *US* -ɑ-] *n* iszákos, részeges
Sotheby ['sʌðəbɪ] *prop*
sottish ['sɔtɪʃ; *US* -ɑ-] *a* 1. iszákos, részeges 2. eszét elitta, alkoholtól elbutult
sotto voce [sɔtoʊ'voʊtʃɪ] félhangosan,
halkan
soubrette [suː'bret] *n* szubrett
souchong [suː'tʃɒŋ] *n* kínai fekete tea
sough [saʊ; *US* sʌf v. saʊ] I. *n* susogás,
sóhajtás [szélé a lombokban stb.] II.
vi [szél stb.] susog, sóhajt, zúg, fütyül
sought →*seek*

soul [soʊl] *n* 1. lélek, szellem; *~ kiss*
nyelves csók; *with all my ~* teljes szívemből, szívvel-lélekkel; *upon my ~!*
becsületemre!; *not for the ~ of me* nem
én, a világért sem!; *poor ~!* szegény
ördög!; *he's a good ~* jó lélek; *biz
make one's ~* lelkiismeretvizsgálatot
tart [gyónás előtt] 2. ember, lélek
soul-destroying [-dɪ'strɔɪŋ] *a* lélekölő
[munka]
soulful ['soʊlful] *a* lelkes, kifejezésteljes,
mélyen érző/átérzett
soulless ['soʊllɪs] *a* lélektelen, érzéketlen
soul-stirring *a* lelkesítő, felrázó
sound¹ [saʊnd] I. *a* 1. egészséges, ép,
sértetlen; *of ~ mind* épelméjű, beszámítható 2. igaz, becsületes, megbízható, józan, logikus, helytálló; *~
judgment* józan ítélet/ítélőképesség 3.
alapos; *~ sleep* mély álom; *a ~
thrashing* alapos elverés 4. fizetőképes, megbízható; egészséges, szilárd
[gazdasági helyzet] II. *adv* 1. mélyen
[alszik] 2. becsülettel, józanul, alaposan
sound² [saʊnd] I. *n* 1. hang; zaj; *~
archives* hangfelvételtár; *~ barrier*
hangsebességi határ, hanghatár; *~
effects* hanghatások, hangkulissza; *~
engineer* hangmérnök; *~ speed* hangsebesség 2. *within ~* hallótávolságon
belül II. A. *vi* 1. hangzik, hallatszik,
hangot ad; *you ~ as if* úgy beszélsz,
mintha 2. vm benyomást tesz,
vmlyennek hangzik/hallatszik B. *vt* 1.
megszólaltat [hangszert]; *~ the horn*
dudál, hangjelzést ad [autós] 2. kimond, hangoztat, (ki)hirdet; *~ the
praises of sy* magasztal vkt 3. kiejt
[hangot]
sound³ [saʊnd] *n* 1. tengerszoros 2.
úszóhólyag [halé]
sound-absorbing [-əb'sɔːbɪŋ] *a* hangelnyelő, hangszigetelő
sound-board *n* hangszekrény; szélláda
[orgonáé]
sound-box *n* hangdoboz [lemezjátszón];
rezonanciadoboz [hangszeré]
sounder¹ ['saʊndə*] *n* hangjelző; morzekopogó

sounder² ['saʊndə*] *n* mélységmérő készülék
sound-film *n* hangosfilm
sound-groove *n* hangbarázda
sound-hole *n* hanglyuk; F-lyuk [vonós hangszeren]
sounding¹ ['saʊndɪŋ] I. *a* 1. hangzó 2. hangzatos II. *n* hangzás
sounding² ['saʊndɪŋ] *n* 1. kopogtatás, hallgatózás [orvosé betegen] 2. mélységmérés; szondázás 3. **soundings** *pl* vízmélység [tengeren]; *take the ~s.* (1) mélységet mér (2) kipuhatolja a helyzetet
sounding-balloon *n* [meteorológiai] kutató/szondázó léggömb
sounding-board *n* 1. hangleverő mennyezet [szószéken] 2. rezonáns szekrény
sounding-lead/line *n* mélységmérő ón, mérőón
soundless ['saʊndlɪs] *a* 1. hangtalan, zajtalan 2. feneketlen(ül mély)
sound-locator *n* hanglokátor
soundly ['saʊndlɪ] *adv* 1. alaposan, józanul 2. mélyen 3. épen
soundness ['saʊndnɪs] *n* 1. egészségesség, józanság, épség 2. alaposság, helyesség, megbízhatóság
sound-proof *a* hangszigetelt, zajmentes, zörejmentes
sound-record *n* rögzített hang [hanglemezen, filmen]
sound-recording *n* 1. hangfelvétel 2. hangrögzítés
sound-track *n* hangsáv [hangosfilmen]; hangbarázda [hanglemezen]
sound-wave *n* hanghullám
soup [su:p] *n* leves; *thick ~* krémleves; *clear ~* erőleves, húsleves; *biz be in the ~* benne van a szószban/pácban
soup-kitchen *n* népkonyha
soup-ladle *n* levesmerő kanál, merőkanál
soup-plate *n* levesestányér, mélytányér
soup-tureen *n* levesestál
sour ['saʊə*] I. *a* 1. savanyú, fanyar; *~ cream* tejföl; *~ cherry* [egy fajta] meggy; *~ grapes* savanyú a szőlő; *go/turn ~* megsavanyodik 2. *átv* savanyú, besavanyodott, mogorva, barátságtalan; *old ~ puss* vén róka; *~ soil*

savanyú talaj II. A. *vt* 1. (meg)savanyít 2. elkeserít, megkeserít, kedvét szegi B. *vi* 1. megsavanyodik 2. *átv* megkeseredik, besavanyodik
source [sɔ:s] *n* 1. (*átv is*) forrás, eredet; *~ language* vezérnyelv, forrásnyelv [szótárban] 2. forrás(munka), kútfő, forrásmű
source-book *n* forrásmunka, kútforrás
sour-faced *a* savanyú arcú/képű
sourish ['saʊərɪʃ] *a* savanykás
sourness ['saʊənɪs] *n* 1. (*átv is*) savanyúság, fanyarság 2. mogorvaság, barátságtalanság
souse [saʊs] I. *n* 1. sós lé/pác, páclé 2. (be)sózott hús 3. átázás 4. bemártás, áztatás 5. □ „elázás" [= részegség] II. A. *vt* 1. besóz, sóban pácol; marináz 2. átáztat, vízbe márt 3. □ leitat B. *vi* 1. (át)ázik 2. □ berúg, „elázik"
soused [saʊst] *a* 1. (be)pácolt, (be)sózott, sós; *~ herrings* pácolt hering 2. □ „elázott"
soutache [su:'tɑ:ʃ] *n* sújtás, paszomány
soutane [su:'tɑ:n] *n* reverenda
south [saʊθ] I. *a* 1. déli; délszaki; *S~ Africa* Dél-Afrika; *S~ African* délafrikai; *S~ America* Dél-Amerika; *S~ American* dél-amerikai; *GB the S~ Downs* Anglia déli dombvidéke [Sussexben és Hampshireben]; *the S~ Pacific/Sea* a Csendes-óceán déli része 2. délre néző, déli fekvésű II. *adv* 1. délre, dél felé, déli irányba(n); *~ of sg* vmtől délre 2. délről, dél felől, déli irányból III. *n* 1. dél [világtáj] 2. déli rész, dél [országé stb.]; *the S~* a déli államok, a dél [az USA-ban] IV. *vi* 1. dél felé halad 2. délkörön/meridiánon áthalad, delel [égitest]
Southamptom [saʊθ'æmptən] *prop*
south-east I. *a* délkeleti II. *adv* délkelet felé, délkeletre III. *n* délkelet
southeaster *n* délkeleti szél
southeasterly I. *a* délkeleti II. *adv* délkelet felől/felé
southeastern *a* délkeleti
southerly ['sʌðəlɪ] I. *a* déli, dél felől jövő II. *adv* 1. déli irányba(n) 2. dél felől, délről

southern ['sʌðən] a déli; S~ Cross Dél Keresztje [csillagzat]
southerner ['sʌðənə*] I. a déli, délvidéki, dél- II. n délvidéki lakos, déli főleg [főleg: az USA déli államaiban]
south-paw a/n US balkezes (játékos) [sportban]
southron ['sʌðr(ə)n] n déli (lakos) [főleg: megvető skót kifejezés angolokra]
southward ['sauθwəd] I. a délen levő/fekvő, dél felé néző, déli II. adv = southwards III. n dél(vidék)
southwards ['sauθwədz] adv dél felé; déli irányba(n), délre
Southwark ['sʌðək] prop
south-west I. a délnyugati II. adv 1. délnyugatra, délnyugat felé 2. délnyugatról, délnyugat felől III. n délnyugat
southwester n 1. délnyugati szél 2. = sou'wester
southwesterly I. a délnyugati II. adv délnyugat felől/felé
southwestern a délnyugati
souvenir [suːv(ə)'nɪə*] n emlék(tárgy), ajándék(tárgy); ~ shop ajándékbolt
sou'wester [sau'westə*] n 1. délnyugati szél [hajósnyelven] 2. viharkalap [hajósoké]
sov. sovereign
sovereign ['sɔvrɪn; US 'sɑ-] I. a 1. legfőbb, legfelső 2. független, szuverén; uralkodói, felséges II. n 1. uralkodó 2. GB † ⟨egyfontsterlinges aranypénz⟩
sovereignty ['sɔvr(ə)ntɪ; US 'sɑ-] n korlátlan uralom, szuverenitás
soviet ['souvɪət] I. a S~ szovjet-; S~ Union Szovjetunió →USSR II. n szovjet, munkástanács
sow¹ [sau] n koca, anyadisznó, emse; got the wrong ~ by the ear kb. eltalálta szarva között a tőgyét
sow² [sou] vt (pt ~ed soud, pp ~n soun) vet [magot], bevet, behint
sow-bug ['sau-] n ászka; fatetű
sower ['souə*] n magvető
sowing ['souɪŋ] n 1. (mag)vetés, veteményezés 2. elvetett mag, vetemény
sowing-machine n vetőgép
sowing-time n vetési idő
soy [sɔɪ] n 1. ⟨pikáns kínai mártás szójából halételhez⟩ 2. szója(bab)

soya (bean) ['sɔɪə] n szója(bab)
soybean ['sɔɪbiːn] n szójabab
sozzled ['sɔzld; US -ɑ-] a □ tökrészeg, elázott
spa [spɑː]n 1. ásványvízforrás 2. gyógyfürdő(hely); fürdőváros
space [speɪs] I. n 1. tér, hely; (tér)köz, táv(olság); kiterjedés; take up ~ helyet vesz igénybe; lack of ~ helyszűke; ~ between közbeeső tér, köz 2. időszak, időköz 3. (világ)űr; ~ age az űrhajózás kora; ~ flight űrrepülés, űrhajózás; ~ probe űrszonda; ~ research űrkutatás; ~ shuttle űrrepülőgép; ~ station űrállomás; ~ travel űrutazás, űrrepülés; ~ traveller űrrepülő, űrhajós, űrutas; ~ vehicle űrhajó; ~ weapon kozmikus fegyver 4. betűköz, szóköz; térző II. vt 1. ~ (out) elhelyez (térközökkel), feloszt, szétoszt 2. ritkít; ~ out the type ritkítja a szedést
space-bar n hézagbillentyű [írógépen]
space-capsule n űrkabin
spacecraft n űrhajó
spaced [speɪst] a elosztott; vmlyen térközű; ritkított
spaceman n (pl -men) űrhajós
space-rocket n űrrakéta
space-saving a helykímélő, helytakarékossági
spaceship ['speɪʃɪp] n űrhajó
spacesuit n űrhajósöltözet, űrruha
space-time n téridő
spacing ['speɪsɪŋ] n ritkítás; térköz(hagyás); double ~ kettős sorköz; single ~ egyes sorköz [gépírásnál]
spacious ['speɪʃəs] a tágas, téres, kiterjedt, terjedelmes
spaciousness ['speɪʃəsnɪs] n tágasság, téresség
spade [speɪd] I. n 1. ásó; call a ~ a ~ nevén nevezi a gyermeket 2. pikk, zöld [kártyában] II. vt ás
spade-bone n lapockacsont
spadeful ['speɪdful] n egy ásónyi/lapátnyi
spade-work n (fárasztó, aprólékos) előkészítő munka
spaghetti [spə'getɪ] n spagetti
Spain [speɪn] prop Spanyolország; castles in ~ légvárak

spake →*speak*
spam [spæm] *n* löncshús
span¹ [spæn] I. *n* 1. arasz [22,86 cm] 2. rövid idő(tartam); *our mortal* ~ földi pályafutásunk 3. fesztáv; ívnyílás, ív [hídé], szárnytávolság [repülőgépé] 4. (kettős) fogat; ökörfogat [Dél-Afrikában] II. *vt* -nn- 1. átível, áthidal, átér 2. arasszal átfog/(meg)mér, araszol 3. befog [lovat, ökröt, Dél-Afrikában]
span² →*spin II.*
spandrel ['spændr(ə)l] *n* ívmező [ajtó/ablak/boltív felett]
spangle ['spæŋgl] I. *n* flitter II. *vt* csillogó díszekkel (v. flitterrel) díszít
Spaniard ['spænjəd] *n* spanyol (ember)
spaniel ['spænjəl] *n* 1. kajtászeb, spániel 2. † hízelgő, talpnyaló
Spanish ['spænɪʃ] *a/n* spanyol; ~ *fly* kőrisbogár; ~ *Main* (1) Dél-Amerika északi partvidéke (2) a Karib-tenger
spank [spæŋk] I. *n* ütés [tenyérrel, papuccsal] II. A. *vt* elnáspángol, elnadrágol, elfenekel B. *vi* ~ *along* gyorsan megy/halad/üget
spanker ['spæŋkə*] *n* 1. gyors járású ló 2. ~ *sail* farvitorla 3. *biz* nagyszerű dolog
spanking ['spæŋkɪŋ] I. *a* 1. gyors, sebes [ügetés] 2. *biz* pompás, klassz II. *n* verés
spanned [spænd] →*span¹ II.*
spanner ['spænə*] *n* csavarkulcs; *open-ended* ~ villáskulcs; *ring* ~ csillagkulcs; *throw a* ~ *into the works* felborítja a terveket
span-roof *n* nyeregtető
spar¹ [spɑ:*] *n* gerenda, szarufa; rúd, pózna; árboc(fa)
spar² [spɑ:*] *n* pát [ásvány]
spar³ [spɑ:*] I. *n* 1. barátságos bokszmérkőzés 2. szócsata II. *vi* -rr- 1. öklöz, bokszol 2. szócsatát vív, vitázik (*at* vkvel)
spar-deck *n* felső hajófedélzet
spare [speə*] I. *a* 1. fölösleges; tartalék, pót-; ~ *bed* pótágy; ~ *(bed)room* vendégszoba; ~ *parts* (pót)alkatrészek, tartalékalkatrészek; ~ *time* szabad idő; ~ *tyre/wheel* pótkerék 2. sovány,

cingár, szikár; ~ *rib* sovány sertésborda 3. szűkös II. *n* (pót)alkatrész III. A. *vt* 1. (meg)kímél; takarékoskodik vmvel; ~ *no pains* nem kíméli a fáradságot; *if we are* ~*d* ha még élünk, ha megérjük 2. nélkülözni tud (vmt), megtakarít; ~ *sy sg* ad vmt vknek; *enough and to* ~ bőven elég, jut is marad is; *no expense(s)* ~*d* kerül amibe kerül; *have no time to* ~ nincs (ráérő) ideje B. *vi* spórol (*with* vmvel)
sparing ['speərɪŋ] *a* takarékos; ~ *of words* szűkszavú
spark [spɑ:k] I. *n* 1. szikra, sziporka (*átv is*); *US* ~ *plug* = *sparking-plug* 2. aranyifjú; vidám fickó 3. udvarló 4. *biz* sparks (szikra)távírász [hajón] II. A. *vi* 1. szikrázik; gyújt 2. *biz* csapja a szelet (vknek) B. *vt* ~ *sg off* kirobbant vmt
spark-gap *n* szikraköz
sparking ['spɑ:kɪŋ] *n* 1. szikrázás 2. gyújtás (szikrával)
sparking-plug *n* GB (gyújtó)gyertya [motorban]
sparkle ['spɑ:kl] I. *n* 1. (kis) szikra 2. ragyogás, csillogás, szikrázás 3. szellemesség, sziporkázás II. *vi* 1. szikrázik, csillog, ragyog, sziporkázik (*átv is*) 2. pezseg, gyöngyözik
sparklet ['spɑ:klɪt] *n* (autoszifon)patron
sparkling ['spɑ:klɪŋ] *a* 1. ragyogó, szikrázó; sziporkázó (*átv is*) 2. gyöngyöző, habzó
sparred [spɑ:d] →*spar³*
sparring ['spɑ:rɪŋ] *n* bokszolás, öklözés
sparring-match *n* barátságos ökölvívómérkőzés
sparring-partner *n* (állandó) edzőtárs [ökölvívóé]
sparrow ['spærou] *n* veréb
sparrow-grass *n* spárga, csirág
sparrow-hawk *n* karvaly
sparse [spɑ:s] *a* ritka, szórványos, elszórt
sparsely ['spɑ:slɪ] *adv* elszórtan, szórványosan, ritkásan, gyéren
Spartan ['spɑ:t(ə)n] *a/n* spártai
spasm ['spæzm] *n* görcs; roham
spasmodic [spæz'mɔdɪk; *US* -'mɑ-] *a* 1. görcsös 2. hirtelen, szaggatott, lökésszerű

spastic ['spæstɪk] I. *a* görcsös II. *n* bénult, szélhűdéses
spat¹ [spæt] I. *n* (osztriga)ikra II. *vt/vi* -tt- ikrát (le)rak [osztriga]
spat² [spæt] *n* bokavédő, kamásli
spat³ [spæt] I. *n* US 1. (enyhe) ütés 2. veszekedés, szóváltás II. *v* -tt- A. *vi* US civakodik, veszekszik B. *vt* meglegyint
spat⁴ →*spit*² *II*.
spatchcock ['spætʃkɔk; US -ak] I. *n* frissen levágott és megsütött/megfőzött szárnyas II. *vt biz* (utólag) beszúr [vmt szövegbe]
spate [speɪt] *n* 1. árvíz, áradás [folyóé] 2. *a* ~ *of work* rengeteg munka
spatial ['speɪʃl] *a* térbeli, térspatted ['spætɪd] →*spat*¹ és *spat*³ *II*.
spatter ['spætə*] I. *n* 1. (be)fröcskölés 2. (sár)folt 3. kopogás, csöpögés II. A. *vt* 1. befröcsköl (vkt vmvel), ráfröccsent (vkre vmt) 2. megrágalmaz, bemocskol B. *vi* csöpög
spatterdash *n* (magas) lábszárvédő
spatula ['spætjʊlə; US -tʃ-] *n* simítólapát, spatula, (nyelv)lapoc
spavin ['spævɪn] *n* ínpók, himpók [lóbetegség]
spawn [spɔ:n] I. *n* 1. (hal)ikra; békaporonty 2. micélium [gombák tenyészteste] 3. *biz* vknek porontya/ivadéka II. A. *vi* 1. ívik [hal]; petéket rak [béka] 2. származik, ered B. *vt* lerak [ikrákat, petéket]
spawner ['spɔ:nə*] *n* ikrás hal
spay [speɪ] *vt* ivartalanít [nőstényállatot]
speak [spi:k] (*pt* spoke spoʊk, † spake speɪk, *pp* spoken 'spoʊk(ə)n) *vi/vt* 1. beszél; szól; *(this is)* ... ~*ing* itt ... beszél [telefonon]; *rise to* ~ szólásra emelkedik; *roughly* ~*ing* nagyjából, hozzávetőleg 2. beszél, tud [nyelvet]; *"English spoken"* itt angolul (is) beszélnek/beszélünk 3. (ki)mond, kifejez; *so to* ~ úgyszólván, hogy úgy mondjam; ~ *one's mind* őszintén beszél
speak for *vi* 1. ~ *f. sy* vk nevében/helyett beszél; ~ *f. oneself* a maga nevében beszél; ~*ing f. myself* részem-

ről ..., ami engem illet ... 2. vk mellett szól, vkt igazol [tény]; ~ *well f. sy* előnyére szolgál, javára szól, becsületére válik; *it* ~*s f. itself* önmagáért beszél (vm)
speak of *vi* beszél vkről/vmről; *nothing to* ~ *of* jelentéktelen, szóra se érdemes, semmiség (az egész); *not to* ~ *of* nem is említve; ~ *highly/well of sy* vkről elismerően beszél
speak out *vi* 1. = *speak up 1*. 2. őszintén és bátran kimondja véleményét, nyíltan beszél (vm ellen)
speak to *vi* 1. ~ *to sy* (1) beszél vkvel *(about* vmről) (2) beszél/szól vkhez, beszél a fejével (vknek) 2. hozzászól [kérdéshez] 3. tanúsít, igazol (vmt)
speak up *vi* 1. hangosan/hangosabban/érthetően beszél, felemeli a hangját 2. ~ *up for sy* vk érdekében felszólal
speakable ['spi:kəbl] *a* (ki)mondható
speak-easy *n US* □ titkos italmérés [szesztilalom idején]
speaker ['spi:kə*] *n* 1. beszélő, szónok 2. *the S*~ a képviselőház elnöke 3. hangszóró
speaking ['spi:kɪŋ] I. *a* beszélő, kifejező; ~ *likeness* a megszólalásig hű arckép; *not on* ~ *terms* nincs beszélő viszonyban II. *n public* ~ szónoklás, ékesszólás
speaking-trumpet *n* hallócső
speaking-tube *n* szócső
spear [spɪə*] I. *n* 1. lándzsa, dárda, szigony; ~ *side* (fér)fiág [származásrendben] 2. lándzsás 3. hajtás [növényé magból], sarjhajtás; (fű)szál II. A. *vt* lándzsával átdöf/átszúr, szigonnyal fog B. *vi* szárba szökken; sarjad
spear-head I. *n* 1. lándzsahegy 2. támadó él II. *vt* támadó él(e)ként szolgál [támadásnak]
spearmint ['spɪəmɪnt] *n* fodormenta
spear-shaft *n* lándzsanyél
spearwort *n* boglárka
spec [spek] *n biz on* ~ próbaképp
special ['speʃl] I. *a* 1. különleges, saját(ság)os, speciális; ~ *correspondent* különtudósító; ~ *delivery* expressz kéz-

besítés; ~ effects film trükkfilm; ~ subject szaktárgy; speciális érdeklődési kör 2. rendkívüli, alkalmi; ~ constable felesküdött polgárőr 3. kitűnő II. n 1. különkiadás 2. különvonat
specialist ['speʃəlɪst] n szakember, szakorvos, specialista; (jelzői haszn) szakspeciality [speʃɪ'ælətɪ] n 1. sajátosság, különlegesség, specialitás 2. szakterület
specialization [speʃəlaɪ'zeɪʃn; US -lɪ'z-] n 1. részletezés 2. szakosodás, specializálódás
specialize ['speʃəlaɪz] A. vt egyenként felsorol, részletez, külön kimutat 2. szakosít B. vi specializálódik, szakosodik; ~ in sg vmben/vmre specializálja magát
specialized ['speʃəlaɪzd] a szakosított; ~ knowledge szaktudás; ~ word szakszó
specially ['speʃəlɪ] adv külön(legesen), különösen
specialty ['speʃltɪ] n 1. (pecsétes) írásbeli szerződés 2. = speciality 2.
specie ['spi:ʃi:] n fémpénz; in ~ effektíve; váltópénzben, készpénzben
species ['spi:ʃi:z] n (pl ~) faj(ta)
specifiable ['spesɪfaɪəbl] a részletezhető, közelebbről meghatározandó
specific [spɪ'sɪfɪk] a 1. különleges, saját-(ság)os, jellegzetes, specifikus; fajlagos; faj-; ~ gravity fajsúly; ~ heat fajlagos hő, fajhő; ~ name rendszertani név; ~ weight fajsúly 2. közelebbről meghatározott; speciális [jelentés]
specifically [spɪ'sɪfɪk(ə)lɪ] adv különösen, kimondottan, kifejezetten, speciálisan
specification [spesɪfɪ'keɪʃn] n részletezés, felsorolás; részletes leírás; előírás; munkafeltételek; kikötés
specify ['spesɪfaɪ] vt 1. közelebbről/pontosan meghatároz; részletez, (egyenként) felsorol 2. kiköt, előír; unless otherwise specified ha más kikötés nincs 3. szabványosít
specimen ['spesɪmɪn] n 1. példány, minta(darab), mutatvány 2. biz (queer) ~ furcsa ember/példány
specious ['spi:ʃəs] a mutatós, tetszetős (de nem valódi), megtévesztő

speciousness ['spi:ʃəsnɪs] n megtévesztő látszat
speck¹ [spek] n folt, petty, csepp, szem(cse), darabka
speck² [spek] n US szalonna
specked [spekt] a pettyes
speckle ['spekl] n folt, petty
speckled ['spekld] a foltos, pettyes
specs [speks] n pl biz = spectacle 2.
spectacle ['spektəkl] n 1. látvány(osság) 2. (a pair of) ~s szemüveg, pápaszem
spectacle-case n szemüvegtok
spectacled ['spektəkld] a szemüveges
spectacular [spek'tækjʊlə*] a látványos
spectator [spek'teɪtə*; US 'sp-] n néző
specter →spectre
spectra →spectrum
spectral ['spektr(ə)l] a 1. kísérteti(es) 2. színkép-; ~ analysis színképelemzés
spectre, US -ter ['spektə*] n kísértet, szellem
spectroscope ['spektrəskoʊp] n színképelemző készülék, spektroszkóp
spectroscopy [spek'trɒskəpɪ; US -ɑs-] n színképelemzés, spektroszkópia
spectrum ['spektrəm] n (pl -tra -trə v. ~s -z) színkép, spektrum; ~ analysis színképelemzés
speculate ['spekjʊleɪt; US -jə-] vi 1. elmélkedik, töpreng, tűnődik 2. spekulál [üzletileg]; ~ on the Stock Exchange tőzsdézik
speculation [spekjʊ'leɪʃn; US -jə-] n 1. elmélkedés, töprengés; elmélet, feltevés 2. [üzleti] spekuláció
speculative ['spekjʊlətɪv; US -jəleɪ-] a 1. elméleti, elmélkedő, spekulatív 2. spekulációs
speculator ['spekjʊleɪtə*; US -jə-] n spekuláns; tőzsdés
speculum ['spekjʊləm; US -jə-] n (pl ~s -z v. -la -lə) 1. (orvosi) tükör 2. távcsőtükör 3. szem [szárnyon]
sped →speed II.
speech [spi:tʃ] n 1. beszéd; ~ defect beszédhiba; ~ disorder beszédzavar; ~ sound beszédhang; ~ therapy beszédterápia, -javítás; ~ failed him elállt a szava 2. nyelv [népé]; nyelvjárás; ~ area nyelvterület; ~ habit nyelvszokás 3. figure of ~ szólásmondás, be-

szédfordulat; *parts of* ~ szófajok; *direct* ~ egyenes beszéd; *indirect/reported* ~ függő beszéd 4. szónoklat, (szónoki) beszéd; *fair* ~*es* szép szavak; *make/deliver a* ~ beszédet mond/tart
speech-day n tanévzáró ünnepély
speechify ['spi:tʃɪfaɪ] *vi biz* beszédet/ szpícset mond, szónokol
speechless ['spi:tʃlɪs] *a* szótlan, néma, elnémult
speech-making n szónoklás
speed [spi:d] I. n 1. sebesség, gyorsaság; *at full/top* ~ legnagyobb/teljes sebességgel; *make* ~ siet; *at a* ~ *of* vmilyen sebességgel 2. *wish sy good* ~ szerencsét kíván vknek [vm előtt] 3. sebesség(fokozat) [gépkocsié] 4. (fény)érzékenység [filmé]; fényerő [lencséé] II. v (*pt/pp* ~**ed** v. **sped** sped) A. *vt* 1. siettet, gyorsít; ~ *up* felgyorsít 2. sebességet/fordulatszámot (be)szabályoz 3. † *God* ~ *you!* Isten vezéreljen!; ~ *the parting guest* távozónak szerencsés utat kíván B. *vi* 1. siet; halad; száguld; ~ *up* felgyorsul; *don't* ~ ne hajts (olyan) gyorsan 2. † boldogul, prosperál
speed-boat n gyorsasági versenycsónak, „papucs"
speed-cop n *biz* motoros rendőr, „fejvadász"
speed-hog n □ közveszélyes gyorshajtó, kilométerfaló, garázda vezető
speedily ['spi:dɪlɪ] *adv* gyorsan, sebesen, sürgősen
speed-indicator n sebességmérő
speediness ['spi:dɪnɪs] n gyorsaság, sietősség
speeding ['spi:dɪŋ] n gyorshajtás
speed-limit n megengedett legnagyobb sebesség; sebességkorlátozás
speed-merchant n □ = *speed-hog*
speedometer [spɪ'dɔmɪtə*; *US* -am-] n sebességmérő
speed-skating n gyorskorcsolyázás
speedster ['spi:dstə*] n = *speed-hog*
speed-trial n gyorsasági verseny
speed-up n 1. gyorsulás 2. gyorsítás
speedwalk n *US* mozgójárda
speedway n 1. gyorsasági (verseny)pálya 2. autópálya

speedwell n veronika(fű)
speedy ['spi:dɪ] *a* gyors, sebes; azonnali
spell[1] [spel] I. n varázslat, bűbáj; *under the* ~ *of sg* vmnek a bűvöletében/igézetében II. *vt/vi* (*pt/pp* **spelt** spelt v. *US* ~**ed**) 1. betűz, szótagol, kiír, helyesen (le)ír; ~ *it, please* betűzze, kérem; *how is it spelt?* hogyan írják?; ~ *out* (nehezen) kisilabizál; *he can't* ~ nem tudja a helyesírást, nem tud helyesen írni 2. vm értelme van, vm következménnyel jár, vmt jelent; *it* ~*s ruin to them* ez romlást jelent nekik/számukra
spell[2] [spel] I. n 1. időszak; *the hot* ~ kánikula; *a long* ~ *of cold weather* hosszan tartó hideg (idő) 2. időtartam [munkáé], műszak, turnus; *take a* ~ (v. *spells*) *at sg* felváltva végez vmt
spell-binder n *US* lenyűgöző hatású szónok
spell-bound *a* elbűvölt, lenyűgözött
speller ['spelə*] n 1. helyesírási kézikönyv 2. *a good* ~ jó helyesíró
spelling ['spelɪŋ] n 1. helyesírás; ~ *bee* helyesírási verseny [élőszóban] 2. betűzés; ~ *pronunciation* betűejtés
spelling-book n 1. helyesírási kézikönyv/ tankönyv 2. első osztályos olvasókönyv, ábécéskönyv
spelter ['speltə*] n horgany
spencer ['spensə*] n (gyapjú)zubbony, spencer
spend [spend] v (*pt/pp* **spent** spent) A. *vt* 1. kiad, (el)költ [pénzt *on* -ra, -re] 2. (el)használ, (el)fogyaszt [erőt stb.]; ~ *one's blood* vérét adja; *it has spent its force* kiadta erejét, kimerült 3. (el-) tölt [időt]; ~ (*one's*) *time doing sg* vmvel tölti idejét B. *vi* költ(ekezik)
spender ['spendə*] n 1. költekező, pazarló 2. adományozó, adó
spending ['spendɪŋ] n (el)költés; *US* ~ *money* költőpénz; ~ *power* vásárlóerő
spendthrift ['spendθrɪft] n pazarló, tékozló, pocsékoló; költekező
Spenser ['spensə*] *prop*
spent [spent] *a* fáradt, kimerült, ernyedt; elhasznált; ~ *ball/bullet* fáradt golyó; ~ *cartridge* üres/kilőtt töltény; ~ *volcano* kialudt tűzhányó ‖ →*spend*

sperm[1] [spə:m] *n* ondó, mag, sperma
sperm[2] [spə:m] *n* 1. = *sperm-whale* 2.
cetvelő
spermaceti [spə:mə'setɪ] *n* cetvelő
spermatism ['spə:mətɪzm] *n* magömlés
spermatozoon [spə:mətə'zoʊɔn; *US* -an]
n (*pl* -zoa -'zoʊə) ondósejt, spermium
sperm-whale *n* ámbrás cet
spew [spju:] *vt/vi* (ki)okád, (ki)hány;
kiköp
sp. gr. *specific gravity* fajsúly
sphagnum ['sfægnəm] *n* tőzegmoha
sphere [sfɪə*] *n* 1. gömb; golyó 2. ég-
bolt 3. (működési) kör, szféra, hatás-
kör; ~ *of activities* működési kör; ~
of influence befolyási övezet; ~ *of
interest* érdeklődési kör; érdekkör
spherical ['sferɪkl] *a* gömbölyű, gömb-,
szferikus; ~ *aberration* gömbi eltérés;
~ *joint* (1) gömbcsukló (2) csuklós
kötés; ~ *cone* gömbcikk, gömbkúp; ~
trigonometry gömbháromszögtan
spheroid ['sfɪərɔɪd] *n* gömbszerű, szfe-
roid
spherometer [sfɪə'rɔmɪtə*; *US* -am-] *n*
gömbmérő, szferometer
spherule ['sferju:l] *n* parányi gömb
sphincter ['sfɪŋktə*] *n* záróizom
sphinx [sfɪŋks] *n* (*átv is*) szfinksz
spice [spaɪs] **I.** *n* 1. fűszer 2. zamat
(*átv is*), (pikáns) íz 3. *a ~ of sg* egy
csipetnyi/csepp vm(ből) **II.** *vt* fűsze-
rez, ízesít (*átv is*)
spice-cake *n* püspökkenyér
spiciness ['spaɪsɪnɪs] *n* 1. fűszeresség,
ízesség, zamatosság 2. pikánsság
spick-and-span [spɪkən'spæn] *a* vado-
natúj, tipp-topp, mintha skatulyából
húzták volna ki
spicy ['spaɪsɪ] *a* fűszeres, zamatos, ízes,
pikáns, borsos (*átv is*)
spider ['spaɪdə*] *n* 1. pók 2. háromlá-
bú serpenyő; háromláb 3. ⟨kétkerekű
könnyű lovas kocsi nagy kerekekkel⟩
spider-crab *n* tengeri pók
spider-lines *n pl* hajszálkereszt [távcső-
ben]
spiderman *n* (*pl* -men) acélvázszerelő
[felhőkarcolóé]
spidery ['spaɪdərɪ] *a* pókszerű; ~ *hand-
writing* szarkalábas/szálkás írás

spied [spaɪd] → *spy*
spiel [spi:l] *v.* ʃpi:l] *US* **I.** *n* ☐ duma,
„szöveg", hanta **II.** *vi/vt* dumál, szöve-
gel
spier ['spaɪə*] *n* kém, fürkésző
spies [spaɪz] → *spy*
spiffy ['spɪfɪ] *a biz* elegáns
spigot ['spɪgət] *n* 1. (hordó)csap 2.
(csőkarmantyúba illő) csővég
spigot-joint *n* tokos csőkötés
spike [spaɪk] **I.** *n* 1. szeg; pecek 2. karó,
cövek 3. tüske; vashegy; vasdárda
[kerítésen]; ~ *heel* tűsarok [cipőn] 4.
kalász; füzérvirágzat **II.** *vt* 1. (be)sze-
gez; cövekel; ~ *sy's guns* meghiúsítja
vk terveit 2 szöggel/vasheggyel lát
el; szögekkel kiver
spiked [spaɪkt] *a* 1. hegyes 2. szeges,
szöges
spikelet ['spaɪklɪt] *n* kalászka
spikenard ['spaɪknɑ:d] *n* nárdus(olaj)
spike-oil *n* levendulaolaj
spiky ['spaɪkɪ] *a* 1. hegyes, szúrós 2.
karószerű 3. *átv* tüskés, szúrós, hara-
pós
spill [spɪl] **I.** *n* bukás, (le)esés [lóról,
kerékpárról]; *have a ~* (1) leesik [ló-
ról] (2) (fel)bukik [lovas, kerékpáros
stb.]; felborul [autóval] **II.** *v* (*pt/pp
~ed* spɪld *v.* **spilt** spɪlt) **A.** *vt* 1. kiönt,
kiloccsant, kilöttyent 2. ledob [ló
lovast] **B.** *vi* 1. kiömlik, kiloccsan 2.
kiesik, kizuhan
spillway *n* 1. túlfolyó [tartályból] 2.
bukógát
spilt → *spill II.*
spin [spɪn] **I.** *n* 1. pörgés, forgás; *give
a ~ to the ball* pörgetve üti a labdát 2.
dugóhúzó [műrepülésben]; *get/go in-
to a ~* (1) [repülőgép] csigavonalban
száll/zuhan le, pörögni kezd (2) bajba
jut 3. (kis) kirándulás [autóval, ke-
rékpáron, csónakkal stb.]; *go for a ~*
kiruccan, autózik egyet **II.** *v* (*pt* **spun**
spʌn *v.* régiesen **span** spæn, *pp* **spun**
spʌn; -nn-) **A.** *vt* 1. fon, sodor [szá-
lat]; sző [hálót pók] 2. pörget, (meg-)
forgat, (meg)perdít; ~ *a coin* pénzt
feldob, „fej vagy írás"-t játszik; ~ *a
top* játékcsigát hajt 3. kieszel, kitalál
[mesét]; ~ *a yarn* mesél 4. = *spin-*

-*dry* B. *vi* 1. (meg)perdül, (meg)fordul 2. forog, pörög; *my head is ~ning* forog velem a világ; *the blow sent him ~ning* az ütéstől felbukfencezett
spin along *vi* száguld [jármű]
spin out A. *vt* elhúz, elnyújt, hoszszú lére ereszt [beszélgetést stb.]; húz [időt] B. *vi make one's money ~ o.* úgy osztja be a pénzét, hogy sokáig tartson
spinach ['spɪnɪdʒ; *US* -ɪtʃ] *n* spenót, paraj
spinal ['spaɪnl] *a* gerinc-; *~ column* gerincoszlop; *~ cord* gerincagy
spindle ['spɪndl] *n* 1. orsó; *~ side* anyai/női ág 2. tengely 3. *biz* nyurga/vékony/nyakigláb ember 4. (túlfejlett) inda
spindle-berry *n* kecskerágó (bogyója)
spindle-legs *n pl* 1. pipaszárlábak 2. hosszú lábú ember
spindle-shanks *n pl* = *spindle-legs*
spindle-tree *n* kecskerágó [bokor]
spin-drier/dryer *n* [háztartási] centrifuga
spin-dry *vt* (ki)centrifugáz
spine [spaɪn] *n* 1. (hát)gerinc 2. tüske, tövis 3. gerinc [könyvé]
spineless ['spaɪnlɪs] *a* 1. gerinctelen 2. tüskétlen
spinet [spɪ'net; *US* 'spɪnɪt] *n* spinét
spinnaker ['spɪnəkə*] *n* pillangóvitorla, versenyvitorla, spinakker
spinner ['spɪnə*] *n* 1. fonó(munkás) 2. fonógép 3. pók 4. villantó [horgászáshoz]
spinneret ['spɪnəret] *n* 1. fonószemölcs- (nyílás) [póké, selyemhernyóé] 2. fonócső, -rózsa
spinney ['spɪnɪ] *n* bozót, csalit(os)
spinning ['spɪnɪŋ] *n* 1. fonás 2. pörgés, forgás → *spin II.*
spinning-jenny *n* jenny [mozgókocsis fonógép]
spinning-machine *n* fonógép
spinning-mill *n* fonoda
spinning-top *n* játékcsiga, búgócsiga
spinning-wheel *n* rokka
spin-off *n* mellékes haszon; hasznos melléktermék
spinster ['spɪnstə*] *n* 1. hajadon 2. vénkisasszony, vénlány, aggszűz

spiny ['spaɪnɪ] *a* tüskés
spiraea [spaɪ'rɪə] *n* gyöngyvessző, spirea
spiral ['spaɪər(ə)l] I. *a* csigavonalú, spirál(is); *~ staircase* csigalépcső II. *n* 1. csigavonal, spirál(is) 2. csavarmenet 3. (óra)rugó 4. szakadatlan emelkedés [áraké stb.] III. *vi* -ll- (*US* -l-) 1. csigavonalat alkot 2. csigavonalban/spirálisan mozog/emelkedik; kígyózik
spirant ['spaɪər(ə)nt] *n* réshang, spiráns
spire[1] ['spaɪə*] *n* 1. csúcsos templomtorony; toronysisak 2. vmnek csúcsa, orom
spire[2] ['spaɪə*] *n* csigavonal, spirál
spirit ['spɪrɪt] I. *n* 1. szellem, lélek; *leading ~* vmnek a lelke, fő mozgatója; *~ of the age* korszellem; *the ~ of the law* a törvény szelleme; *enter into the ~ of sg* belemegy vmbe [tréfába, játékba] 2. kísértet, szellem 3. kedv, kedély, hangulat; lelkierő; bátorság; energia; *be in low/poor ~s, be out of ~s* rosszkedvű, lehangolt, levert; *be in high ~s* jókedvű, élénk 4. szesz, alkohol; spiritusz; *raw ~s* finomítatlan szesz 5. **spirits** *pl* szesz(es ital), alkohol; rövid italok II. *vt* 1. fellelkesít 2. *~ away/off* (rejtélyesen) eltüntet, ellop
spirited ['spɪrɪtɪd] *a* élénk, szellemes, bátor, talpraesett, határozott
spiritedness ['spɪrɪtɪdnɪs] *n* élénkség, határozottság
spiritism ['spɪrɪtɪzm] *n* spiritizmus
spirit-lamp *n* spirituszlámpa, -főző
spiritless ['spɪrɪtlɪs] *a* élettelen; levert, bátortalan, egykedvű
spirit-level *n* alkoholos vízszintező, csöves libella
spirit-stove *n* spirituszfőző
spiritual ['spɪrɪtʃʊəl];]I. *a* 1. szellemi, lelki 2. egyházi; *~ court* egyházi bíróság; *GB lords ~* egyházi főrendek II. *n* (*Negro*) *~* (néger) spirituálé
spiritualism ['spɪrɪtʃʊəlɪzm] *n* 1. spiritizmus 2. spiritualizmus, idealizmus
spiritualist ['spɪrɪtʃʊəlɪst] *n* spiritiszta
spiritualize ['spɪrɪtʃʊəlaɪz] *vt* át- szellemít, felmagasztosít, (meg)tisztít

spirituous ['spɪrɪtjʊəs; US -tʃ-] a 1. szesztartalmú; ~ liquors szeszes italok 2. szellemi
spirometer [spaɪ(ə)'rɔmɪtə*; US -am-] n lélegzésmérő, spirométer
spirt [spə:t] n/v = spurt
spit¹ [spɪt] I. n 1. nyárs 2. földnyelv; (hosszú és keskeny) zátony II. vt -tt- nyársra húz/szúr; felnyársal (átv is)
spit² [spɪt] I. n 1. köpés, köpet; biz ~ and polish fényesítés, tisztogatás; előírásos tisztaság/külcsín [katonaságnál] 2. szemerkélő eső 3. nyál [rovaroké] 4. biz the dead/very ~ his father kiköpött apja II. v (pt/pp spat spæt v. ~; -tt-) A. vt (ki)köp, pök; biz ~ it out! ki vele!, nyögd ki!; ~ting image kiköpött mása B. vi 1. köp(köd); (átv is) ~ at/on sy/sg leköp vkt/vmt, köp vkre/vmre 2. (eső) szemerkél
spit³ [spɪt] n ásónyom(nyi föld)
spitball n US (összerágott) papírgalacsin [amit vkre fújnak/röpítenek]
spite [spaɪt] I. n 1. rosszakarat, rosszindulat, harag, gyűlölködés 2. in ~ of vmnek ellenére/dacára II. vt bosszant
spiteful ['spaɪtfʊl] a rosszindulatú
spitefulness ['spaɪtfʊlnɪs] n rosszakarat
spitfire n méregzsák (vkről)
Spithead [spɪt'hed] prop
spittle ['spɪtl] n köpés, köpet, nyál
spittoon [spɪ'tu:n] n köpőcsésze
spiv [spɪv] n □ 1. munka nélkül jól élő (ember) 2. jampec
splash [splæʃ] I. n 1. loccsanás 2. sár, sárfolt, folt, kifröcskölt/kiloccsantott víz 3. (színes) folt [állaton] 4. hűhó; make a ~ nagy szenzációt kelt; ~ headline szenzációs főcím [újságban] II. A. vt befröcsköl, lefröcsköl, loccsant, (rá)fröccsent B. vi 1. (fel)fröccsen, loccsan; fröcsköl, spriccel 2. ~ down in the Pacific a Csendes-óceánon száll le [űrhajó]
splash-board n sárhányó, -védő
splash-down n vízreszállás [űrhajóé]
splasher ['splæʃə*] n 1. sárvédő, sárhányó 2. (védő) ellenző
splash-guard n sárfogólap [járművön]
splashy ['splæʃɪ] a sáros, latyakos
splatter ['splætə*] n/v = spatter

splay [spleɪ] I. a ferde, rézsűs, ferdére vágott; kihajló II. n (ki)hajlás; befelé/kifelé szélesedő kiképzés [ablaké] III. A. vt lesarkít, ferdére vág; kifelé/befelé szélesedően képez ki B. vi 1. kiszélesedik 2. kificamodik, kibicsaklik
splayed [spleɪd] a ferde, kifelé szélesedő, szétálló, kihajló
splay-foot n lúdtalp
spleen [spli:n] n 1. lép [testi szerv] 2. rosszkedv, levertség, spleen, méla undor; vent one's ~ on sy kitölti vkn a haragját (v. rosszkedvét)
splendent ['splendənt] a ragyogó, csillogó
splendid ['splendɪd] a ragyogó, pompás, nagyszerű; ~ isolation elszigetelődés(i politika)
splendour, US -dor ['splendə*] n nagyszerűség, ragyogás, fény, pompa
splenetic [splɪ'netɪk] a spleenes, rosszkedvű
splenic ['splenɪk] a lép-
splenitis [splɪ'naɪtɪs] n lépgyulladás
splice [splaɪs] I. n összefonás [kötélvégeké], összekötés, -illesztés, (gerenda-) csatlakozás II. vt összeköt, -fon [kötélvégeket], összekapcsol, -illeszt; □ get ~d házasságot köt
splicer ['splaɪsə*] n ragasztóprés [filmhez]
spline [splaɪn] n bütyök, csap, pecek
splint [splɪnt] I. n 1. sín [csonttöréshez] 2. szálka, szilánk; forgács 3. csontpók II. vt sínbe tesz [törött végtagot]
splint-bone n szárkapocscsont
splinter ['splɪntə*] I. n szilánk, szálka, forgács; ~ party töredék/szakadár (politikai) párt II. vt/vi darabokra/rapityára/szilánkokra tör(ik); ~ off lepattan, lehasad
splinter-proof a szilánkbiztos, -mentes
split [splɪt] I. a (ketté)hasított, kettévágott, elrepesztett; ~ infinitive ⟨szó beékelése a to és a főnévi igenév közé⟩; ~ personality tudathasadás; ~ ring kulcskarika; in a ~ second a másodperc ezredrésze alatt II. n 1. (el)hasadás, (el)repedés, (el)szakadás 2. hasadék, rés, repedés 3. átv szakadás [pártban] 4. do the ~s spárgát csi-

nál [balettban] 5. *biz* fél üveg szóda; fél pohár ital **III.** *v* (*pt*/*pp* ~ split; -**tt**-) **A.** *vt* **1.** (el)hasít, hasogat, (el)repeszt, széthasít, -repeszt; ~ *the atom* atomot bont; ~ *hairs* szőrszálat hasogat; ~ *open* felnyit, -repeszt **2.** feloszt; megoszt, megfelez [költséget stb.]; ~ *the difference* a felében kiegyeznek **B.** *vi* **1.** (el)hasad, (el)reped, szétválik, (szét-) szakad; *my head is ~ting* hasogató fejfájásom van **2.** *átv* kettészakad, megoszlik, megbomlik az egység **split into** *vt* részekre bont/oszt; ~ *i.* *two* kettéoszt **split off A.** *vt* lehasít **B.** *vi* lehasad, leszakad **split on** *vi* □ spicliskedik vkre **split up A.** *vt* felhasogat, szétdarabol **B.** *vi* részekre hasad; szétválik **split-level** *a* osztott szintű, kétszintes [ház, lakás] **splitting** ['splɪtɪŋ] **1.** hasadó **2.** *átv* hasogató [fájdalom] **II.** *n* **1.** hasítás **2.** (mag)hasadás **splotch** [splɔtʃ; *US* -ɑ-] **I.** *n* folt, paca, maszat **II.** *vt* foltot ejt, bemaszatol, bepacáz **splurge** [splə:dʒ] **I.** *n* *biz* feltűnő/zajos viselkedés, feltűnéskeltés **II.** *vi* feltűnően viselkedik **splutter** ['splʌtə*] **I.** *n* köpködés, fröcsögés **II.** *vt*/*vi* **1.** fröcsög, köpköd; serceg **2.** összevissza beszél, hadar **spoil** [spɔɪl] **I.** *n* **1.** zsákmány, préda; haszon **2.** *US* **spoils** *pl* jövedelmező állások [szétosztva a győztes párt tagjai között] **3.** meddő(hányó); elhordott föld **II.** *v* (*pt*/*pp* ~**ed** spɔɪlt v. **spoilt** spɔɪlt) **A.** *vt* **1.** elront, tönkretesz **2.** elkényeztet, rosszul nevel **B.** *vi* **1.** megromlik, tönkremegy **2.** *biz be ~ing for sg* ég a vágytól (vmt tenni) **spoilage** ['spɔɪlɪdʒ] *n* hulladék(papír), káló, selejt **spoilsman** ['spɔɪlzmən] *n* (*pl* -**men** -mən) *US* ⟨anyagi haszon céljából politizáló ember⟩, konjunktúralovag **spoil-sport** *n* ünneprontó **spoilt** [spɔɪlt] *a* elrontott ‖→*spoil II.* **spoil-trade** *n* tisztességtelen konkurrens, üzletrontó

spoke[1] [spouk] **I.** *n* **1.** küllő **2.** kormánykerék-fogantyú **3.** (létra)fok **4.** kerékkötő; *biz put a ~ in sy's wheel* keresztezi vknek a számításait **II.** *vt* **1.** küllővel ellát **2.** (meg)akaszt [kereket], rudat dug [kerékbe] **spoke[2]** →*speak* **spoken** ['spouk(ə)n] *a* **1.** beszélt; kimondott **2.** (-)szavú, (-)beszédű; *civil ~* udvarias; *a well-~ man* nyájas szavú/modorú ember ‖→*speak* **spokeshave** ['spoukʃeɪv] *n* színlőgyalu; hántológyalu; vonókés **spokesman** ['spouksmən] *n* (*pl* -**men** -mən) szóvivő, szószóló **spokewise** *adv* sugarasan **spoliation** [spoulɪ'eɪʃn] *n* **1.** fosztogatás, zsákmányolás **2.** okmányrongálás **spondaic** [spɔn'deɪɪk; *US* -ɑn-] *a* spondeusi **spondee** ['spɔndi:; *US* -ɑn-] *n* spondeus **sponge** [spʌndʒ] **I.** *n* **1.** szivacs, spongya; *give sg a ~* vmt szivaccsal letöröl; *throw in/up the ~* bedobja a törülközőt, feladja a küzdelmet **2.** törlő, tampon **3.** piskótatészta **4.** *biz* potyázó, ingyenélő **II.** **A.** *vt* **1.** szivaccsal (le)töröl/mosogat/felitat **2.** *biz* tarhál (vmt) **B.** *vi biz* potyázik, tarhál **sponge on** *vt* élősködik (vkn), potyázik (vknél), pumpol/fej (vkt) **sponge out** *vt* szivaccsal kitöröl **sponge up** *vt*/*vi* (szivaccsal) felitat **sponge-bag** *n* szivacstartó zacskó **sponge-bath** *n* nagy mosdótál **sponge-cake** *n* piskóta(tészta) **sponge-cloth** *n* **1.** eponzszövet **2.** törlőruha **sponger** ['spʌndʒə*] *n biz* potyázó, élősdi (ember) **sponge-rubber** *n* habgumi, laticel **sponginess** ['spʌndʒɪnɪs] *n* szivacsosság **sponging** ['spʌndʒɪŋ] *n* **1.** letörlés szivaccsal **2.** *biz* élősködés, potyázás **spongy** ['spʌndʒɪ] *a* **1.** szivacsos, likacsos **2.** átázott, puha **sponsor** ['spɔnsə*; *US* -ɑn-] **I.** *n* **1.** jótálló, kezes; ajánló [új tagé egyesületben] **2.** keresztapa, -anya **3.** ⟨rádió-v. tévéreklámműsor megrendelője/finanszírozója⟩ **II.** *vt* **1.** kezeskedik, fe-

lel, jótáll (vkért); költségeit viseli, támogat, patronál 2. megrendel, fizet [rádió- v. tévéműsort reklám céljából]
spontaneity [spɔntə'neɪətɪ; US -ən-] *n* önkéntes cselekvés, spontaneitás, spontán jelleg
spontaneous [spɔn'teɪnjəs; US -ən-] *a* önként való, kényszer nélküli, saját jószántából való, spontán; ~ *combustion* öngyulladás, öngyúlás
spontaneously [spɔn'teɪnjəslɪ; US -ən-] *adv* önként, spontán (módon)
spontaneousness [spɔn'teɪnjəsnɪs; US -ən-] *n* = *spontaneity*
spontoon [spɔn'tuːn; US -ən-] *n* kb. fokos
spoof [spuːf] □ I. *n* svindli, átejtés II. *vt* becsap, bepaliz, átejt
spook [spuːk] *n* kísértet
spooky ['spuːkɪ] *a* kísérteties
spool [spuːl] I. *n* orsó, cséve, tekercs II. *vt* tekercsel, csévéz, gombolyít
spoon [spuːn] I. *n* 1. kanál 2. evező lapátja/tolla 3. kanálvillantó [horgászé] 4. *biz* mamlasz, málé, szerelmes II. A. *vt* kanalaz, mer; ~ *out/up* kikanalaz B. *vi* □ szerelmeskedik, smárol
spoonbill *n* kanalas gém
spoonerism ['spuːnərɪzm] *n* ⟨két szó kezdőbetűinek komikus hatású felcserélése, pl. karbol szappan — szarból kappan⟩
spoonfeed *vt* (*pt/pp* -fed) 1. kanállal etet 2. *biz* belediktál (vkbe vmt) 3. államilag támogat, agyontámogat [deficites üzemet]
spoonful ['spuːnful] *n* kanálnyi
spoony ['spuːnɪ] *a/n biz* szerelmeskedő
spoor [spʊə*] I. *n* nyom, csapa [vadé] II. *vt* csapáz, nyomon követ
sporadic [spə'rædɪk] *a* szórványos
sporadically [spə'rædɪk(ə)lɪ] *adv* szórványosan, elszórtan, hellyel-közzel
sporangium [spə'rændʒɪəm] *n* (*pl* -gia -dʒɪə) spóratok
spore [spɔː*] *n* spóra; csíra
sporran ['spɔr(ə)n; US -ɔː-] *n sk* kb. tüsző [erszény]
sport [spɔːt] I. *n* 1. testgyakorlás; sport(ág); *have good* ~ jó eredménnyel járt a vadászat/halászat 2. **sports** *pl* spor-

t(olás); sport-; (*athletic*) ~s atlétika; *school* ~s iskolai atlétika; ~s *results* sporteredmények; ~s *writer* sportújságíró; *go in for* ~s sportol 3. mulatság, szórakozás, időtöltés 4. játék, tréfa; *in* ~ tréfából; *make* ~ *of sy* tréfát űz vkből 5. ⟨rendellenes/atípusos módon fejlődött növény/ember/testrész⟩ 6. „fair" ember 7. *biz* jó pajtás/haver, stramm fickó; *be a* ~! ne akadékoskodjál!; *he's a real* ~ igazi jó pajtás/haver II. A. *vi* 1. mulat, szórakozik, játszik; sportol 2. tréfál, gúnyolódik 3. ⟨abnormis élettani változat alakul ki⟩ B. *vt* feltűnően visel/hord [ruhát, jelvényt], felvág (vmvel)
sporting ['spɔːtɪŋ] I. *a* 1. sportoló, sport-; játék-; ~ *man* sportember, sportkedvelő 2. tisztességes, rendes, sportszerű; ~ *spirit* sportszellem; *have a* ~ *chance* érdemes megkockáztatni II. *n* 1. sport(olás); ~ *goods* sportcikkek, sportszer(ek) 2. vadászat; horgászat; ~ *gun* vadászpuska; ~ *rights* vadászati/horgászati jog
sportive ['spɔːtɪv] *a* tréfás, játékos, mókás
sports [spɔːts] →*sport I. 2.*
sports-car *n* sportkocsi
sports-court *n* sportcsarnok
sports-ground *n* sportpálya
sports-jacket *n* sportkabát, -zakó
sportsman ['spɔːtsmən] *n* (*pl* -men -mən) 1. sportember, (amatőr) sportoló 2. sportszerű/„fair"/korrekt ember 3. vadász, horgász
sportsmanlike ['spɔːtsmənlaɪk] *a* sportszerű, korrekt
sportsmanship ['spɔːtsmənʃɪp] *n* 1. rátermettség a sportra 2. sportszerűség, korrekt gondolkodás
sportswear *n* sportöltözet
spot [spɔt; US -ɑ-] I. *n* 1. folt, paca, petty, pont; *sy's weak* ~ vknek a gyenge oldala; *biz knock* ~s *off sy* alaposan elver vkt; □ *in a* ~ bajban, pácban 2. pattanás [arcon]; anyajegy 3. (szégyen)folt, hiba 4. hely, vidék; helyszín; *on the* ~ azonnal, a helyszínen, helyben; *US biz put sy on the* ~ kinyír vkt 5. (*jelzői haszn*) azonnali;

készpénzben történő; ~ *cash* készpénzfizetés; ~ *check* villámellenőrzés; ~ *contract* készáruügylet; ~ *goods* fizetés ellenében azonnal szállítható áru **6.** *biz* egy kis/csepp ...; *a* ~ *of whisky* egy pohárka whisky **7.** (*TV/ radio*) ~ reklám(szöveg) [tévé- v. rádióműsor megszakításával/végén] **II.** *v* -tt- **A.** *vt* **1.** bepiszkít, bemocskol, foltot/pecsétet ejt (vmn) **2.** észrevesz, meglát, „kiszúr" (vkt) **3.** *biz* előre kiszemel **B.** *vi* **1.** foltossá válik **2.** *biz* csöpög [eső]

spotless ['spɔtlɪs; *US* -ɑ-] *n* szeplőtlen, tiszta, makulátlan

spotlight *n* reflektorfény, pontfény; fényszóró

spotted ['spɔtɪd; *US* -ɑ-] *a* foltos, pecsétes, tarka; pettyes; ~ *dog* (1) tarka kutya (2) □ mazsolás puding; ~ *fever* (1) nyakszirtmerevedés, (járványos) agyhártyagyulladás (2) kiütéses tífusz ‖ →*spot II*.

spotter ['spɔtə*; *US* -ɑ-] *n* **1.** felderítő **2.** *US* detektív

spotty ['spɔtɪ; *US* -ɑ-] *a* **1.** foltos, pettyes **2.** mocskos, piszkos

spouse [spauz; *US* -s] *n* † házastárs, hitves

spout [spaut] **I.** *n* **1.** kifolyó(cső), lefolyó(cső); edény szája, csőr, vízköpő **2.** (víz)sugár; víztölcsér [tengeren] **3.** *put sg up the* ~ becsap vmt a zaciba **II. A.** *vt* **1.** (ki)lövell, kiköp, fecskendez **2.** *biz* elszaval, deklamál **3.** □ zaciba csap **B.** *vi* **1.** kilövell, sugárban ömlik **2.** *biz keep on* ~*ing* árad belőle a szó

spouter ['spautə*] *n* szónok, deklamáló

spouting ['spautɪŋ] *n* **1.** kilövellés, kifecskendezés **2.** szónoklás, szavalás, deklamálás

sprag [spræg] *n* kerékkötő; fékfa; hegytámasz

sprain [spreɪn] **I.** *n* ficam, rándulás **II.** *vt* kificamít, megrándít

sprang →*spring II*.

sprat [spræt] *n* **1.** sprottni [heringfaj] **2.** nyápic gyerek

sprawl [sprɔ:l] **I.** *n* terpeszkedés **II. A.** *vi* **1.** (el)terpeszkedik; *he went*

~*ing* elvágódott (egész hosszában), elterült **2.** burjánzik, összevissza nő [kúszónövény] **B.** *vt* szétterpeszt

spray¹ [spreɪ] *n* gally, virágzó ágacska

spray² [spreɪ] **I.** *n* **1.** permetező eső/folyadék; permet(felhő) **2.** permet(ezőpalack), spray **II.** *vt* (meg)permetez; porlaszt; fecskendez; befúj; dukkóz

sprayer ['spreɪə*] *n* porlasztó, fecskendő, permetező

spray-gun *n* festékszóró, szórópisztoly

spread [spred] **I.** *n* **1.** (ki)terjesztés, elterjesztés **2.** elterjedés, terjeszkedés **3.** kiterjedés, terjedelem; szélesség, fesztávolság [szárnyaké]; nyílás [körzőé] **4.** (szét)szórás **5.** takaró, terítő **6.** *biz* lakoma **7.** ⟨kenhető ételnemű⟩ **8.** többhasábos/egészlapos (újság)cikk/hirdetés **II.** *v* (*pt/pp* ~ spred) **A.** *vt* **1.** ~ (*out*) kiterjeszt, szétterjeszt, -tár; szétterít, -hajt [térképet]; *biz* ~ *oneself* (1) terjengősen ad elő (2) kitesz magáért [anyagi áldozatban] **2.** (el)terjeszt [betegséget, hírt] **3.** (le-)terít, elterít; befed, betakar; szétszór, eloszt; (el)ken; ~ *the table* megterít(i az asztalt); ~ *butter on bread* megkeni a kenyeret vajjal **B.** *vi* **1.** (ki)terjed, elterül, húzódik, terjeszkedik **2.** (el)terjed **3.** (szét)szóródik; szétszéled

spread-eagle I. *a* **1.** békaszerűen elterpeszkedő **2.** *US biz* túlzó sovin...iszta **II.** *vt lie* ~*d* kezét-lábát szétvetve fekszik

spreader ['spredə*] *n* szórógép, földterítő gép

spreading ['spredɪŋ] *n* **1.** terjesztés **2.** szétterítés, -szórás **3.** terjedés

spree [spri:] *n biz* **1.** tréfa, hecc **2.** muri, dáridó, ivászat; *be on the* ~ kirúg a hámból, „züllik" **3.** *spending* ~ pénzszórás, költekezés

sprig [sprɪg] *n* **1.** gallyacska, ág(acska), hajtás **2.** fejetlen szög **3.** *biz* sarj(adék)

sprightliness ['spraɪtlɪnɪs] *n* élénkség, vidámság

sprightly ['spraɪtlɪ] *a* vidám, fürge, élénk

spring [sprɪŋ] **I.** *n* **1.** forrás (*átv is*);

eredet 2. tavasz; (jelzői haszn) tavaszi; in (the) ~ tavasszal; ~ chicken rántani való csirke; ~ fever tavaszi fáradtság; ~ tide szökőár, -dagály [újhold/telihold után] 3. ugrás 4. (átv is) rugó; ~ blinds vászonredőny, roletta; átv ~s of action tett rugói/ indítékai 5. rugalmasság, ruganyosság 6. megvetemedés, repedés II. v (pt sprang spræŋ, pp sprung sprʌŋ) A. vi 1. ugrik, szökken, szökell 2. fakad (átv is), ered, keletkezik, támad; származik 3. visszaugrik, visszavág [faág]; pattan [rugó]; the door ~s open az ajtó felpattan 4. megvetemedik, -hajlik; megreped B. vt 1. (váratlanul/hirtelen) előidéz, kitalál, készít; ~ a surprise on sy vkt vmvel váratlanul meglep 2. felver, felriaszt [vadat] 3. rugóz, rugóval ellát 4. ~ a well kutat ás 5. becsap [zárat]; ~ a trap csapdát lecsappant 6. hajlít; megrepeszt
  spring at vi ráugrik, nekiugrik, -támad
  spring back vi hátraugrik, visszaugrik, -pattan, -hőköl
  spring forth vi kibújik [rügy, hajtás]
  spring from vi származik (vhonnan), ered (vmből)
  spring into vi 1. ~ i. saddle nyeregbe pattan 2. ~ i. existence hirtelen létrejön, életre kel
  spring to vi 1. nekilát, -ugrik; ~ to one's feet talpra ugrik 2. becsapódik, bevágódik; the lid sprung to a fedél becsapódott/lecsapódott
  spring up vi 1. felugrik, -pattan 2. keletkezik; támad 3. kibújik [növény]
spring-balance n rugós mérleg
spring-bed n 1. sodronyos ágy 2. ruganyos matrac/ágybetét
spring-board n ugródeszka; ~ diving műugrás
springbok ['sprɪŋbɔk; US -ɑk] n dél-afrikai gazella
spring-carriage n féderes kocsi, hintó
spring-cleaning n tavaszi nagytakarítás
springe [sprɪndʒ] n madárfogó hurok/tőr

springer ['sprɪŋə*] n 1. ugró 2. gazella 3. kardszárnyú delfin 4. ívgyám, boltszék, -váll 5. rántani való csirke
Springfield ['sprɪŋfiːld] prop
spring-head n forrás
springiness ['sprɪŋɪnɪs] n ruganyosság
springing ['sprɪŋɪŋ] n 1. ugrá(lá)s, ugrándozás 2. eredet 3. kirügyezés, kikelés 4. rugózás
springlike ['sprɪŋlaɪk] a tavaszias
spring-lock n rugós zár
spring-mattress n rugózott matrac/ágybetét, epeda
springtide n tavasz, kikelet →spring I. 2.
springtime n tavasz, kikelet
spring-water n forrásvíz
springy ['sprɪŋɪ] a ruganyos, rugalmas
sprinkle ['sprɪŋkl] I. n 1. ~ of rain pár csepp eső 2. a ~ of... egy csipetnyi... II. A. vt (meg)hint, (be)szór, permetez B. vi it ~s szemerkél, permetez (eső)
sprinkler ['sprɪŋklə*] n 1. locsoló; tűzoltó készülék 2. szenteltvízhintő
sprinkling ['sprɪŋklɪŋ] n 1. hintés; szórás, permetezés 2. biz a ~ of knowledge csekélyke tudás
sprint [sprɪnt] I. n rövidtávfutás II. vi vágtázik, sprintel
sprinter ['sprɪntə*] n rövidtávfutó, vágtázó, sprinter
sprit [sprɪt] n 1. pányvafa [hajóé], vitorla-kitámasztó átlós rúd 2. rügy, csíra; (fiatal) hajtás
sprite [spraɪt] n tündér, manó
spritsail ['sprɪtsl] n átlósrudas/pányvás vitorla
sprocket ['sprɔkɪt; US -ɑ-] n fog [lánckeréken]
sprocket-wheel n lánckerék, fogazott kerék, csillagkerék
sprout [spraʊt] I. n (fiatal) hajtás, sarj, sarjadék II. vi csírázik, sarjadzik, nő, (ki)hajt
spruce[1] [spruːs] n lucfenyő
spruce[2] [spruːs] I. a takaros, csinos, elegáns II. vt ~ oneself up kicsinosítja/ kicsípi magát
spruce-beer n fenyőrügyből készült sör
sprung [sprʌŋ] a 1. rugós, rugózott 2. repedt 3. □ spicces ‖ → spring II.

spry [spraɪ] *a* virgonc, fürge
spud [spʌd] I. *n* 1. gyomirtó kapa; kéreghántó kés 2. *biz* krumpli II. *vt* -dd- gyomlál
spume [spju:m] *n* hab, tajték
spumy ['spju:mɪ] *a* habos, habzó, tajtékos
spun [spʌn] *a* fonott; sodrott; trébelt ‖→*spin II.*
spunk [spʌŋk] *n* 1. tapló, gyújtós 2. *biz* bátorság, mersz; *have plenty of ~* bátor/mokány ember 3. *vulg* geci, hímolaj
spunky ['spʌŋkɪ] *a* mokány
spur [spə:*] I. *n* 1. sarkantyú; *on the ~ of the moment* a pillanat hatása alatt; *win one's ~* (1) lovagi rangot kap (2) megbecsülést vív ki magának 2. *átv* ösztökélés, ösztönzés 3. sarkantyú [kakasé]; kiszögellés, nyúlvány; *~ gear/wheel* fogaskerék II. *v* -rr- A. *vt* (*átv is*) (meg)sarkantyúz, sarkall, ösztökél B. *vi* lóhalálában vágtat
spurge [spə:dʒ] *n* kutyatej [növény]
spurious ['spjʊərɪəs] *a* hamis, ál
spurn [spə:n] I. *n* megvetés, elutasítás II. *vt* megvet, mellőz, elkerget, elutasít
spurred [spə:d] *a* sarkantyús ‖→*spur II.*
spurt [spə:t] I. *n* 1. kilövellés, sugár [folyadéké] 2. hirtelen kitörés [indulaté] 3. hajrá(zás) II. *vi/vt* 1. *~* (*out*) kilövell, fecskendez, spriccel, sugárban kitör 2. nagy hajrát vág ki, hajrázik
sputnik ['spʊtnɪk] *n* szputnyik
sputter ['spʌtə*] I. *n* hadaró/köpködő beszéd, hadarás II. A. *vt* köpködve elhadar B. *vi* 1. köpköd; fröcsög a nyála; köpködve beszél 2. hadar(va beszél) 3. serceg; szikrát hány/vet
sputum ['spju:təm] *n* (*pl* -ta -tə) köpet
spy [spaɪ] I. *n* (*pl* spies spaɪz) kém, besúgó II. *v* (*pt/pp* spied spaɪd) A. *vt* 1. megpillant, meglát; észrevesz; *~ out* kikémlel 2. kutat, vizsgál B. *vi* 1. kémkedik (*on, upon* vk után) 2. vizsgálódik
spy-glass *n* messzelátó, távcső
spy-hole *n* kémlelőlyuk, -ablak
spying ['spaɪɪŋ] *n* kémkedés

Sq., sq *square*
squab [skwɔb; *US* -ɑ-] I. *a* köpcös, tömzsi II. *adv* bumm!, puff! III. *n* 1- csupasz galambfióka 2. köpcös ember 3. díványpárna; üléstámla (pár názata)
squabble ['skwɔbl; *US* -ɑ-] I. *n* perpatvar, pörlekedés, civakodás II. *vi* összezördül, civódik
squad [skwɔd; *US* -ɑ-] *n* 1. szakasz; *US* raj; osztag; *US ~ car* rendőrségi (riadó)autó, URH-kocsi 2. brigád, csapat [munkásoké]
squadron ['skwɔdr(ə)n; *US* -ɑd-] *n* 1. lovasszázad 2. (kis) hajóraj 3. repülőszázad
squadron-leader *n* repülőőrnagy
squalid ['skwɔlɪd; *US* -ɑ-] *a* 1. mocskos, ocsmány 2. nyomorúságos; hitvány
squall [skwɔ:l] I. *n* 1. ordítás, sikoltás 2. (pusztító erejű rövid) szélroham; *look out for ~s!* vigyázz, baj lesz! II. *vi/vt* sikolt, ordít
squally ['skwɔ:lɪ] *a* viharos [szél], szélviharos
squalor ['skwɔlə*; *US* -ɑ-] *n* szenny, mocsok; nyomor
squama ['skweɪmə] *n* (*pl ~e* -mi:) pikkely
squamose ['skweɪmoʊs] *a* pikkelyes
squamous ['skweɪməs] *a* = *squamose*
squander ['skwɔndə*; *US* -ɑn-] *vt* elpazarol, elherdál, eltékozol, elfecsérel
squanderer ['skwɔnd(ə)rə*; *US* -ɑn-] *n* pazarló, tékozló
square [skweə*] I. *a* 1. négyszögletes, négyzetes; *~ measure* területmérték; *~ metre* négyzetméter; *~ root* négyzetgyök *→mile* 2. *~ dance* francia négyes; *~ game* négyszemélyes játék 3. derékszögű 4. szögletes; *~ brackets* szögletes zárójel 5. tisztességes, korrekt, becsületes; *US ~ shooter* tisztességes/korrekt ember 6. kiegyenlített [elszámolás]; *we are now ~* kvittek vagyunk; *get ~ with sy* e_1 számol vkvel; *átv* leszámol vkvel; *make ~* kiegyenlít 7. *biz ~ meal* kiadós étkezés 8. tagbaszakadt II. *adv* 1. derékszögben 2. egyenesen, tisztességesen III.

n **1.** négyszög, négyzet; kocka [sakktáblán stb.] **2.** (négyszögletes) tér **3.** *US* háztömb **4.** ~ *(rule)* derékszögű vonalzó, „vinkli"; *on the* ~ (1) derékszögben (2) becsületesen **5.** négyzet [számé]; *bring to a* ~ négyzetre emel **6.** □ régimódi ember **IV. A.** *vt* **1.** négyszögletesre/derékszögűre alakít; ~ *one's shoulders* kihúzza magát **2.** kiegyenlít, (el)rendez [számlát], elintéz (vmt) **3.** négyzetre emel **4.** hozzáalkalmaz, összhangba hoz, összeegyeztet *(with* vmvel); ~ *it with one's conscience* összeegyezteti a lelkiismeretével **5.** □ megveszteget, megken **B.** *vi* **1.** megegyezik *(with* vmvel) **2.** derékszöget alkot *(with* vmvel), derékszögben/merőlegesen áll (vmre)
square off A. *vt* négyoldalúra kifarag, derékszögben lemunkál [gömbfát] **B.** *vi* bokszállásba helyezkedik
square up *vi* **1.** ~ *up with sy* elszámol vkvel **2.** ~ *up to sy* bokszállásba helyezkedik vkvel szemben, verekedni készül vkvel
square-built *a* **1.** szögletesen épített **2.** (széles vállú és) tagbaszakadt
squarely ['skweəlɪ] *adv* **1.** derékszögben **2.** szembe(n) **3.** nyíltan, egyértelműen, becsületesen
squareness ['skweənɪs] *n* **1.** négyszögletűség, derékszögűség **2.** tisztességesség, egyenesség, becsületesség
square-rigged [-rɪgd] *a* keresztvitorlázatú
square-shouldered *a* széles és egyenes vállú
square-toed *a* **1.** (négy)szögletes orrú [cipő] **2.** régimódi, vaskalapos
squarish ['skweərɪʃ] *a* majdnem derékszögű/négyszögletes
squash¹ [skwɔʃ; *US* -ɑ-] **I.** *n* **1.** tolongás, tolongó tömeg, tumultus **2.** pép, kása **3.** (kipréselt) gyümölcslé, -lé; *orange* ~ narancslé **4.** tottyanás **II. A.** *vt* **1.** összeprésel, -nyom, szétlapít; kiprésel; kásává/péppé zúz **2.** *biz* letorkol, ledorongol **B.** *vi* összepréselődik, tolong, tolakszik
squash² [skwɔʃ; *US* -ɑ-] *n (pl* ~) tök

squash-hat *n* **1.** puhakalap **2.** klakk
squash-rackets *n* kb. minitenisz
squashy ['skwɔʃɪ; *US* -ɑ-] *a* kásás, pépes
squat [skwɔt; *US* -ɑ-] **I.** *a* zömök; guggoló **II.** *v* -tt- **A.** *vi* **1.** guggol, kucorog **2.** engedély nélkül beköltözik vhová (v. letelepszik vhol) **3.** *biz* (csücs)ül **B.** *vt* ~ *oneself down* leguggol
squatter ['skwɔtə*; *US* -ɑ-] *n* 1. guggoló, kuporgó **2.** engedély nélkül beköltöző/letelepülő **3.** telepes [állami földön Ausztráliában]
squaw [skwɔ:] *n* [észak-amerikai] indián asszony
squawk [skwɔ:k] **I.** *n* vijjogás, rikoltás [madáré] **II.** *vi* **1.** vijjog, rikolt **2.** *biz* (hangosan) panaszkodik
squeak [skwi:k] **I.** *n* nyikkanás; nyikorgás; cincogás; *have a narrow* ~ nagy nehezen megússza **II.** *vi* **1.** nyikkan, vinnyog; nyikorog, csikordul **2.** cincog **3.** □ besúg, spicliskedik; ~ *on sy* beköp vkt
squeaker ['skwi:kə*] *n* **1.** vinnyogó/nyüszítő állat/ember **2.** kismalac **3.** madárfióka, galambfióka **4.** □ besúgó, spicli
squeal [skwi:l] **I.** *n* rikoltás, sikítás **II.** *vi* **1.** sikít, visít, rikolt(ozik) **2.** nyafog, panaszkodik (vmre) **3.** □ „köp" [bűnöző]; ~ *on his friend* (bűn)társát beköpi
squealer ['skwi:lə*] *n* **1.** sikító/rikoltó ember/állat **2.** *biz* örök siránkozó, nyafogó **3.** □ spicli
squeamish ['skwi:mɪʃ] *a* **1.** émelygős, kényes gyomrú **2.** finnyás, túl érzékeny
squeamishness ['skwi:mɪʃnɪs] *n* **1.** émelygősség; émelygés **2.** finnyásság
squeegee [skwi:'dʒi:] *n* gumibetétes ablaktörlő
squeeze [skwi:z] *n* **1.** összenyomás, szorítás, préselés; szorongatás; *biz tight* ~ szorult helyzet; *give sy a* ~ kezet szorít vkvel **2.** kipréselt gyümölcslé; *a* ~ *of lemon* néhány csepp citrom(lé) **3.** tolongás **4.** † viaszlenyomat **5.** megszorítás, korlátozás [kereskedelemben stb.] **6.** *US* □ vizsga **II. A.** *vt* **1.** (ki)sajtol, (ki)pré-

sel, (ki)nyom (*from, out of* vmt vmből);
összenyom, (össze)szorít; ~ *sy's hand*
kezet szorít vkvel; ~ *out* kifacsar,
kiprésel, kinyom; ~ *the juice from*
(v. *out of*) *a lemon* kinyomja egy cit-
rom levét; *átv* ~ *sg out of sy* kiprésel/
kicsikar vmt vkből 2. szorongat (vkt),
nyomást gyakorol (vkre) 3. ~ *into*
be(le)présel, be(le)erőltet vhova 4.
lenyomatot készít (viaszra, papírra)
B. *vi* furakodik, préselődik, bepréseli
magát (tömegbe); ~ *through* keresztül-
tör(tet), átfurakodik (tömegen)
squeezer ['skwi:zə*] *n* gyümölcsprés,
citromnyomó
squelch [skweltʃ] A. *vi* cuppog B. *vt*
1. széttapos 2. *biz* ledorongol
squib [skwɪb] I. *n* 1. kígyóröppentyű
[tűzijátékban] 2. gúnyirat II. *vt* -bb-
gúnyiratot ír (vkről)
squid [skwɪd] *n* tintahal
squiffy ['skwɪfɪ] *a* □ spicces, betintá-
zott
squill [skwɪl] *n* csillagvirág
squint [skwɪnt] I. *a* kancsal, bandzsa;
sanda II. *n* 1. kancsalság, bandzsítás
2. sandítás, ferde/futó pillantás III.
vi 1. bandzsít, kancsalít 2. ~ *at*
sy/sg rásandít (v. ferdén néz) vkre/vmre
squint-eyed *a* kancsal
squinting ['skwɪntɪŋ] *n* kancsalítás,
bandzsítás
squire ['skwaɪə*] I. *n* 1. földesúr 2. †
pajzshordó, fegyvernök, ⟨a *knight* és
és *gentleman* közé eső rang⟩ 3. *biz*
udvarló, gavallér 4. *US* békebíró
II. *vt* kísér, udvarol
squirearchy ['skwaɪərɑ:kɪ] *n* földbirto-
kos osztály (uralma)
squirely ['skwaɪəlɪ] *a* földesúri
squirm [skwə:m] I. *n* izgés-mozgás, fész-
kelődés II. *vi* izeg-mozog, tűkön ül,
fészkelődik
squirrel ['skwɪr(ə)l] *n* mókus
squirt [skwə:t] I. *n* 1. fecskendő 2.
kilövellt folyadék, sugár 3. *US biz*
szemtelen fráter II. *vt/vi* fecskendez,
spriccel; (ki)lövell; (ki)fröccsen
Sr. *Senior* →*Sen. 3.*
Sri Lanka [sri:'læŋkə] *prop* Sri Lanka
(azelőtt: *Ceylon*)

S.S. [es'es] *steamship*
S.S.E., **SSE** *south-south-east* dél-délkelet
S.S.W., **SSW** *south-south-west* dél-dél-
nyugat
St., **St** 1. *Saint* [sənt, sɪnt, snt; *US*
seɪnt] szent (l. még a *Saint* . . . kez-
detű neveket) 2. *street* utca, u.
st. *stone* (*I. 4.*)
Sta. *Station* állomás, á., pályaudvar, pu.
stab [stæb] I. *n* 1. szúrás [késsel, tőrrel];
~ *in the back* hátbatámadás; *biz have*
a ~ at sg megkísérel vmt 2. szúrt seb
3. szúró fájdalom II. *v* -bb- A. *vt*
(át)szúr, (le)döf, bök B. *vi* ~ *at sy*
vk felé bök/szúr, *átv* megtámad vkt
stabbing ['stæbɪŋ] *a* szúró
stability [stə'bɪlətɪ] *n* szilárdság; állan-
dóság, stabilitás
stabilization [steɪbɪlaɪ'zeɪʃn; *US* -lɪ'z-]
n 1. állandósítás, rögzítés, megszi-
lárdítás, stabilizáció 2. állandósulás,
megszilárdulás
stabilize ['steɪbɪlaɪz] *vt* rögzít, megszi-
lárdít, stabilizál
stabilizer ['steɪbɪlaɪzə*] *n* vízszintes
vezérsík, stabilizátor [repülőgépen]
stable[1] ['steɪbl] I. *n* 1. istálló; *lock the*
~ *door after the horse is stolen* eső után
köpönyeg 2. versenyistálló (lovai),
lóállomány II. *vt* istállóz
stable[2] ['steɪbl] *a* állandó, szilárd, tar-
tós, stabil
stable-boy *n* lovászinas, istállófiú
stable-companion *n* 1. istállótárs 2. *biz*
(iskola)társ; klubtárs, kolléga
stable-keeper *n* béristálló-tulajdonos
stableman ['steɪblmən] *n* (*pl* -men
-mən) lovász
stabling ['steɪblɪŋ] *n* 1. istálló(k) 2. is-
tállózás 3. férőhely (istállóban)
stably ['steɪblɪ] *adv* szilárdan, stabilan
staccato [stə'kɑ:toʊ] *adv* szaggatottan
stack [stæk] I. *n* 1. boglya, kazal, asz-
tag 2. rakás, halom, prizma; farakás,
öl [108 köbláb] 3. *biz* nagy mennyi-
ség, „egy rakás" 4. gúla [puskákból]
5. kémény(sor) II. *vt* halomba/boglyá-
ba/asztagba rak; ~ *up* halomba rak,
felhalmoz; ~ *the cards* (nem becsüle-
tesen) keveri a kártyát
stadium ['steɪdjəm] *n* (*pl* ~s ɾ-z v. -dia

-djə) 1. stádium, fok, szakasz 2. stadion
staff [stɑːf; US -æ-] I. *n* 1. bot, pálca; (zászló)rúd; mérőléc 2. *átv* támasz, erősség; ~ *of life* kenyér 3. személyzet; *medical* ~ orvosi kar; *school/ teaching* ~ oktatószemélyzet, tanári kar; *be on the* ~ állománybeli 4. törzs(kar), vezérkar; *general* ~ vezérkar; *chief of general* ~ vezérkari főnök; ~ *officer* törzstiszt; ~ *college* vezérkari iskola 5. (*pl* **staves** steɪvz) vonalrendszer, a kotta öt vonala II. *vt* személyzettel ellát
staff-sergeant *n* törzsőrmester
stag [stæg] *n* 1. szarvas(bika) 2. tőzsdespekuláns 3. *US biz* facér férfi [pl. estélyen]; ~ *party* kanmuri, kanzsúr
stag-beetle *n* szarvasbogár
stage [steɪdʒ] I. *n* 1. színpad; színház [mint színművészet]; ~ *direction* színpadi utasítás; ~ *door* színészbejáró; ~ *effect* színpadi hatás; ~ *fever* vágyakozás a világot jelentő deszkák után; ~ *fright* lámpaláz; ~ *lights* rivaldafény, színpadi világítás; ~ *right* előadási jog; *the* ~ *was all set* megtörtént minden előkészület; *go on the* ~ színésznek megy, színpadra lép 2. színhely, színtér 3. (munka)állvány, állvány, állványzat; munkaállás; emelvény; dobogó 4. állapot, fejlődési fokozat, szakasz, fok; *at this* ~ ezen a ponton; *at an early* ~ *of its history* történetének egyik régi/kezdeti korszakában 5. (út)szakasz; etap 6. lépcső, fokozat [rakétáé]; *3-~ rocket* háromlépcsős/háromfokozatú rakéta 7. megállóhely, állomás, pihenő II. *vt* 1. színpadra alkalmaz, színre hoz/ visz; dramatizál 2. előad [színpadon], megrendez
stage-box *n* proszcéniumpáholy
stage-coach *n* postakocsi, delizsánsz
stagecraft *n* színpadi technika, drámaírói/rendezői képesség/gyakorlat
stage-hand *n* díszletező munkás
stage-manager *n* ügyelő [színházé]
stage-name *n* színészi álnév, művésznév
stage-property *n* színpadi kellék

stager ['steɪdʒə*] *n biz old* ~ tapasztalt vén róka
stage-struck *n* színházrajongó
stage-whisper *n* félreszólás [a színpadon], hangos súgás/suttogás
stagey ['steɪdʒɪ] *a* = *stagy*
stagger ['stægə*] I. *n* 1. tántorgás, dülöngélés, támolygás 2. **staggers** *pl* kergekór, kergeség [állaté] II. A. *vi* 1. tántorog, támolyog, (meg)inog; ~ *to one's feet* feltápászkodik 2. habozik, tétovázik, ingadozik B. *vt* 1. (*átv is*) megtántorít, megingat 2. meghökkent, megdöbbent; *be* ~*ed* meghökken, megdöbben 3. lépcsősen eloszt/elrendez/visszaugrat; lépcsőz [munkaidő kezdetét/végét]
staggered ['stægəd] *a* 1. lépcsősen elosztott 2. lépcsőzetes [munkakezdés]
staggerer ['stægərə*] *n* nehéz kérdés, meghökkentő helyzet/dolog; erős ütés
staggering ['stægərɪŋ] *a* megdöbbentő, megrázó; ~ *blow* hatalmas ütés
stag-horn *n* szarvasagancs
staghound *n* vadászkutya [rőtvadra]
staging ['steɪdʒɪŋ] *n* 1. színpadi előadás, színre alkalmazás 2. (építő)állvány, állványzat; állványozás
stagnancy ['stægnənsɪ] *n* pangás, állás, tespedés, stagnálás
stagnant ['stægnənt] *a* pangó, stagnáló, mozdulatlan; ~ *water* állóvíz
stagnate [stæg'neɪt; US 'stægneɪt] *vi* tesped, (el)posványosodik, megreked, stagnál, áll
stagnation [stæg'neɪʃn] *n* = *stagnancy*
stagy ['steɪdʒɪ] *a* színpadias, megrendezétt, nem őszintén ható
staid [steɪd] *a* higgadt, megfontolt, nyugodt, komoly
staidness ['steɪdnɪs] *n* higgadtság, megfontoltság, nyugodtság, komolyság
stain [steɪn] I. *n* 1. (*átv is*) folt, pecsét, mocsok; elszíneződés 2. szégyen(folt) 3. festék, festőanyag, festeny; *take the* ~ festődik II. A. *vt* 1. bemocskol, bepiszkít, foltot ejt/csinál 2. színez, (meg)fest; pácol [fát] 3. meggyaláz, megront B. *vi* (be)piszkolódik
stained [steɪnd] *a* 1. foltos, pecsétes, piszkos 2. festett, színezett; ~ *glass*

színes/festett üveg 3. fröcskölt, pacsmagolt
stainless ['steɪnlɪs] *a* 1. mocsoktalan, szeplőtlen 2. nem foltosodó; ~ *steel* rozsdamentes acél
stain-remover *n* folttisztító szer
stair [steə*] *n* lépcső(fok); *below* ~*s* az alagsor(ban), a személyzeti helyiség(ek)ben; *go down the* ~*s* lépcsőn lemegy
staircase *n* lépcsőház; lépcső
stairhead *n* lépcsősor teteje
stair-rod *n* szőnyegrögzítő rúd [lépcsőn]
stairway *n* lépcsőház; lépcső
stake [steɪk] I. *n* 1. karó, pózna, cölöp 2. máglya(halál) 3. díj [versenyen], tét [fogadásban stb.]; *lay the* ~*s* tesz [rulettben]; *be at* ~ kockán forog 4. lóverseny 5. érdekeltség; *have a* ~ *in sg* érdekelve van vmben II. *vt* 1. karóz, karóhoz köt 2. átszúr (karóval) 3. tesz, fogad (*on* vmre); (meg)kockáztat, kockára tesz 4. ~ *out/off* határait kijelöli (vmnek)
stalactite ['stæləktaɪt; *US* stə'læk-] *n* függő cseppkő, s(z)talaktit
stalagmite ['stæləgmaɪt; *US* stə'læg-] *n* álló cseppkő, s(z)talagmit
stale [steɪl] I. *a* 1. állott, áporodott, poshadt, nem friss 2. elcsépelt, banális, lapos; ~ *joke* szakállas vicc 3. régi, elévült, lejárt 4. lanyha [piac] II. *n* húgy [lóé, szarvasmarháé] III. *vi* (meg)poshad, ízetlen lesz, megáporodik; varázsa megkopik
stalemate ['steɪlmeɪt] *n* 1. patt [sakkban] 2. holtpont [tárgyalásoké]
staleness ['steɪlnɪs] *n* áporodottság, ízetlenség, poshadtság
stalk¹ [stɔːk] *n* szár [fűé, virágé stb.], nyél [levélé]; kocsány; inda
stalk² [stɔːk] I. *n* 1. peckes/méltóságteljes lépkedés 2. cserkelés, cserkészés [vadra] II. A. *vi* 1. büszkén/méltóságteljesen/peckesen lépked/jár 2. oson, lopakodik B. *vt* cserkészik [vadra], cserkel [vadat]
stalker ['stɔːkə*] *n* cserkésző vadász
stalking ['stɔːkɪŋ] *n* osonás, lopódzás, vad becserkelése
stalking-horse *n* 1. fedezésül szolgáló ló [amely mögé a vadász elbújik] 2. *biz* ürügy
stalky ['stɔːkɪ] *a* sovány, nyakigláb
stall¹ [stɔːl] I. *n* 1. rekesz, állás, boksz [istállóban] 2. árusítóbódé 3. stalls *pl* földszint, zsöllye [színházban] 4. szentélybeli ülés, kórusülés [templomban] 5. sebességvesztés [repgépé] II. A. *vt* 1. istállóban elhelyez/tart/hizlal 2. leállít [motort] B. *vi* elakad, megreked; akadozik; (le)lassul; sebességéből veszít; leáll [motor]
stall² [stɔːl] I. A. *vt* falaz (vknek); akadályoz; halogat; ~ *off* távoltart B. *vi* ~ (*for time*) húzza az időt II. *n* zsebtolvaj falazó társa
stall-fed *a* istállóban hizlalt
stall-holder *n GB* elárusító
stallion ['stæljən] *n* (apa)mén, csődör
stalwart ['stɔːlwət] *a* 1. magas és izmos, erős, derék 2. rendíthetetlen, bátor
stamen ['steɪmen] *n* porzó(szál)
stamina ['stæmɪnə] *n* erély, kitartás, életerő; állóképesség
stammer ['stæmə*] I. *n* dadogás, hebegés II. A. *vi* dadog, hebeg B. *vt* eldadog, elhebeg; ~ *out* kinyög
stamp [stæmp] I. *n* 1. bélyegző, pecsét 2. nyomás, veret 3. (*postage*) ~ (levél)bélyeg 4. toporzékolás, dobogás 5. *átv* bélyeg, jegy 6. jellem, alak; *man of different* ~ más vágású ember 7. pöröly, döngölő II. A. *vt* 1. (le-)bélyegez, lepecsétel, bélyeget üt be/ rá, bérmentesít; megjelöl, bevés, ráüt [jelet] 2. apróra tör, őröl; döngöl; kölyűz; ~ *out* elpusztít, széttapos, kiirt B. *vi* dobbant, toporzékol
stamp-album *n* bélyegalbum
stamp-collector *n* bélyeggyűjtő
stamp-dealer *n* bélyegkereskedő
stamp-duty *n* bélyegilleték
stamped [stæmpt] *a* 1. bélyeges, lebélyegzett 2. ledöngölt
stampede [stæm'piːd] I. *n* eszeveszett menekülés, pánik II. A. *vi* fejvesztetten/pánikszerűen rohan/menekül B. *vt* ~ *sy into sg* belehajszol vkt vmbe
stamper ['stæmpə*] *n* bélyegző [ember, gép]

stamping ['stæmpɪŋ] *n* 1. lebélyegzés, bevésés, megjelölés 2. (össze)zúzás 3. dobbantás, toporzékolás; *US ~ ground* kedvenc tartózkodási hely
stamp-machine *n* bélyegautomata
stamp-mill *n* zúzómalom
stamp-office *n* állami bélyegzőhivatal
stance [stæns] *n* 1. állás, hely(zet) 2. beállítottság, hozzáállás
stanch [stɑːntʃ; *US* -ɔː-] I. *a* = *staunch I.* II. *vt* 1. elállít [vérzést] 2. tömít
stanchion ['stɑːnʃn; *US* 'stæntʃən v. -ʃən] *n* gyám(fa), támasz, oszlop, bálványfa, pillér
stand [stænd] I. *n* 1. (meg)állás; *come to a ~* megáll 2. *take a ~ on sg* állást foglal vm ügyben, vmlyen alapra helyezkedik; *take a ~ against sg* állást foglal vmvel szemben, ellenáll 3. hely; (taxi)állomás 4. lelátó, tribün; emelvény, dobogó; *take the ~* szót emel, szószékre lép 5. állvány; tartó 6. elárusítóhely, bódé, stand 7. *US* tanúk padja II. *v (pt/pp* stood stʊd) A. *vi* 1. áll; megáll; *be left ~ing* meghagyják (a helyén); *~ and deliver!* pénzt vagy életet! 2. feláll 3. van, áll; *(átv is)* fekszik (vm); *as it ~s* ahogy ma a helyzet áll; *~ convicted of sg* bűnös vmben; *~ corrected* beismeri tévedését/hibáját; *we ~ to lose* vesztésre állunk 4. fennáll, érvényben van, érvényes 5. vmlyen nagyságú; *~ 6 feet high* 6 láb magas B. *vt* 1. *~ one's ground* megállja a helyét 2. (oda)tesz, állít vhova 3. tűr, elvisel, (ki)bír, (ki)áll (vmt); *~ all demands* minden követelménynek megfelel; *I can't ~ him* ki nem állhatom 4. *biz* vállal [költséget], fizet; *~ sy a drink* fizet vknek egy pohárral
    stand about *vi* ácsorog, őgyeleg
    stand against *vi* 1. (vmnek) támaszkodik 2. ellenáll (vmnek), ellenez (vmt)
    stand aside *vi* félreáll
    stand away *vi* 1. félreáll, -vonul 2. kimarad
    stand back *vi* 1. hátramarad; hátravonul 2. hátrább áll

stand by *vi* 1. (csak) áll [és néz vmt tétlenül] 2. mellette áll (vknek), kitart (vk) mellett, (meg)véd, támogat (vkt) 3. készen(létben) áll 4. *I ~ by what I said* amit mondtam, azt állom
    stand down *vi* 1. visszalép [jelölt stb.] 2. szolgálatból lelép [katona]
    stand for *vi* 1. (vmt) képvisel; támogat, véd (vkt, vmt), híve [vm ügynek] 2. törekszik, pályázik (vmre); *~ f. Parliament* képviselőnek lép fel (v. jelölteti magát) 3. jelképez (vmt); jelent (vmt), bizonyos jelentése van 4. vhová igyekszik [hajó]
    stand in *vi* 1. vmbe kerül [pénzbe] 2. részt vesz (vmben); *~ in with sy* együttműködik vkvel, csatlakozik vkhez 3. part felé hajózik 4. helyettesít [filmszínészt]
    stand off A. *vi* 1. félreáll, távolságot tart, tartózkodik (vmtől), visszalép; kitér 2. kiáll, kimagaslik 3. nyílt tengerre kifut [hajó]; *~ o. and on* (hajóval) lavíroz B. *vt* ideiglenesen nem foglalkoztat
    stand on *vi* 1. vmn áll; *his hair ~s on end* égnek áll a haja 2. halad (az) útján, folytatja útját [hajó] 3. *~ on one's dignity* elvárja a (rangjának járó) tiszteletet
    stand out *vi* 1. kiáll, kiugrik; (háttér előtt) élesen kirajzolódik 2. *átv* kimagaslik 3. ellenáll (against vmnek), nem enged 4. *~ o. to sea* kifut a tengerre [hajó]
    stand over *vi* 1. függőben/elintézetlen marad 2. ellenőriz (vkt) 3. fenyeget
    stand to *vi* 1. kitart (vk/vm) mellett, támogat (vkt); *~ to one's word* megtartja a szavát 2. támadásra készen áll [katonaság]; *~ to!* fegyverbe! 3. *~ to the south* déli irányba fordul/ tart [hajó]
    stand up *vi* 1. feláll, egyenesen áll 2. *~ up against* szembeszáll, ellenáll; *~ up for sy* támogat vkt, kiáll vk mellett; *~ up to (sy, sg)* bátran szembeszáll (vkvel, vmvel); ellenáll (vmnek); *~ up and be counted* (vitatott ügyben) erélyesen állást foglal

stand upon *vi* ragaszkodik (vmhez); becsül (vmt)
stand with *vi* 1. vmlyen viszonyban van (vkvel); vmnek tartják; ~ *well w.* sy vk nagyra becsüli/értékeli, *biz* be van vágódva vknél 2. *how do things ~ w. you?* hogy állnak a dolgaid?
standard ['stændəd] I. *a* mértékadó, irányadó, alapvető, szabványos, szabvány-, szabályos, standard, típus-; *the ~ authors* a klasszikus szerzők; *~ book/work* alapvető (fontosságú) mű/könyv, standard könyv/mű, alapmű; *~ English* helyes/köznyelvi angolság; *~ gauge* szabványos nyomtáv; *~ time* zónaidő II. *n* 1. zászló, lobogó 2. hiteles mérték, standard, minta, szabvány 3. minőség, mérték, színvonal, nívó, kívánalom; *~ of living* életszínvonal; *of high ~* igényes, színvonalas; *up to ~* kívánt minőségű 4. [ált. iskolai] osztály 5. oszlop, (álló) gerenda 6. finomság [nemesfémé]; valuta(alap); *gold ~* aranyalap
standard-bearer *n* (*átv is*) zászlóvivő
standardization [stændədaɪ'zeɪʃn; *US* -dɪ'z-] *n* szabványosítás
standardize ['stændədaɪz] *vt* szabványosít; *~d product* szabványtermék; *~d production* szériagyártás, sorozatgyártás
standby I. *a* tartalék-; *~ passenger* üres helyre váró utas II. *n* (*pl ~s*) 1. tartalék 2. hűséges/megbízható támasz, segítség 3. *on ~* készenlétben
standee [stæn'di:] *n US biz* állóhelyes néző; álló utas
stand-in *n* 1. dublőr, dublőz [filmszínésző] 2. helyettes
standing ['stændɪŋ] I. *a* 1. álló; *~ crops* lábon álló termés; *~ jump* helyből ugrás; *~ room* állóhely 2. állandó; *~ army* állandó hadsereg; *~ joke* hagyományos tréfa; *~ locution* állandósult szókapcsolat; *~ order* állandó/folyamatos rendelés [kereskedelmi]; *~ orders* (képviselőházi) házszabályok, ügyrend; *~ rigging* állandó kötélzet [hajón] II. *n* 1. állás, rang, pozíció; *social ~* társadalmi állás; *of good ~*

jó hírű, tekintélyes; *of high ~* magas állású/rangú 2. (idő)tartam; *of long ~* régi, bevált; *of 2 months' ~* 2 hónapja fenálló
stand-off *n* 1. tartózkodás 2. döntetlen [mérkőzés] 3. *átv* zsákutca, holtpont
stand-offish [-'ɔfɪʃ; *US* -'ɔ:-] *a* tartózkodó, kimért, zárkózott
standpatter [stænd'pætə*] *n US* változásellenes (személy, politikus); párthű ember
stand-pipe *n* függőleges nyomóvezeték [víznek]; felszállócső
standpoint *n* álláspont, szempont
standstill *n* megállás, leállás, mozdulatlanság, szünetelés; *come to a ~* teljesen leáll/megáll, holtpontra jut
stand-to *n* vigyázzállás
stand-up *a* 1. *~ collar* álló gallér 2. *~ meal* állva fogyasztott étkezés 3. *~ fight* szabályszerű (boksz)mérkőzés
stank →*stink* II.
Stanley ['stænlɪ] *prop*
stannary ['stænərɪ] *n* ónbánya
stannic ['stænɪk] *a ~ acid* ónsav
stanniferous [stæ'nɪfərəs] *a* óntartalmú
stanza ['stænzə] *n* strófa, versszak
stanzaic [stæn'zeɪk] *a* strófás, szakaszos
stapes ['steɪpi:z] *n* kengyel(csont) [fülben]
staple[1] ['steɪpl] I. *a* 1. állandó, tartós 2. legfontosabb, legfőbb, fő- II. *n* 1. főtermény, legfontosabb áru(cikk) 2. nyersanyag 3. kereskedelmi központ, piac; (le)rakodóhely 4. gyapjúszál, gyapotszál [minőségmeghatározás szempontjából] III. *vt* osztályoz [gyapotot, pamutot]
staple[2] ['steɪpl] I. *n* U szeg/kapocs; fémkapocs; fűzőkapocs II. *vt* összekapcsol, összefűz [fémkapoccsal stb.]
stapler ['steɪplə*] *n* 1. fűzőgép 2. szálosztályozó 3. főtermény-kereskedő
stapling-machine ['steɪplɪŋ-] *n* fűzőgép
star [stɑː*] I. *n* 1. csillag; csillagzat; *fixed ~* állócsillag; *~s and stripes* csillagos-sávos lobogó [az USA nemzeti lobogója]; *the ~s in their courses* a végzet; *biz bless one's ~s* áldja a szerencséjét; *see ~s* szikrát hány a

54

szeme (az ütéstől) 2. sztár; ~ *turn* főszám [műsorban], sztárszerep; ~ *witness* koronatanú II. *v* -rr- A. *vt* csillagokkal díszít/tarkít; csillaggal megjelöl [nevet stb.] B. *vi* 1. főszerepet/sztárszerepet játszik; ~*ring* ... a főszerepben ... 2. remekel

starboard ['stɑ:bəd] I. *n* jobb oldal [hajóé menetirányban] II. *vt* jobbra kormányoz [hajót]

starch [stɑ:tʃ] I. *n* 1. keményítő 2. keményítőoldat, -csiriz 3. *biz* feszesség, merevség; *take the* ~ *out of sy* leszállít vkt a magas lóról II. *vt* (ki-) keményít [keményítővel]

starched [stɑ:tʃt] *a* 1. kikeményített 2. feszes, merev

starchy ['stɑ:tʃɪ] *a* 1. keményítő tartalmú 2. kikeményített 3. *átv* merev, feszes, kényszeredett, mesterkélt

star-crossed [-krɔst; *US* -ɔ:-] *a* rossz csillag(zat) alatt született, szerencsétlen

stardom ['stɑ:dəm] *n* a sztárok világa

stare [steə*] I. *n* merev tekintet, bámulás, bámészkodás; *give sy a* ~ rábámul vkre II. *vt/vi* 1. mereven néz, szemét mereszti, bámul (*at* vkre/vmre); ~ *with astonishment* megdöbbenten bámul (*at* vkre); ~ *sy in the face* vkre rábámul; fixíroz vkt; *it is staring you in the face* (1) elkerülhetetlen (2) majd kiszúrja a szemedet, valósággal „ordít" 2. kirí, rikít(ó)

starfish *n* tengeri csillag

star-gazing *n* 1. csillagvizsgálás 2. ábrándozás, szórakozottság

staring ['steərɪŋ] *a* 1. bámész, meredt szemű 2. felborzolt szőrű 3. rikító (színű) ‖ →*stare II.*

stark [stɑ:k] I. *a* merev, meredt; erős; határozott II. *adv* teljesen, egészen tisztára; ~ *mad* tiszta bolond; ~ *naked* anyaszült meztelen(ül), pucér(an)

starless ['stɑ:lɪs] *a* csillagtalan

starlet ['stɑ:lɪt] *n* sztárjelölt; fiatal sztár

starlight I. *a* csillagfényes, csillagos II. *n* csillagfény

starling[1] ['stɑ:lɪŋ] *n* seregély

starling[2] ['stɑ:lɪŋ] *n* jégtörő (cölöpgát) [hídpillérnél]

starlit *a* csillagos, csillagfényes

starred [stɑ:d] →*star II.*

starring ['stɑ:rɪŋ] →*star II.*

starry ['stɑ:rɪ] *a* csillagos; csillogó

starry-eyed *a* idealista

star-spangled [-spæŋgld] *a* csillagdíszes, csillagos; *the S~ Banner* a csillagos-sávos lobogó [az USA nemzeti lobogója]

start [stɑ:t] I. *n* 1. (el)indulás, rajt, start; kezdet; *at the very* ~ mindjárt kezdetben, a kezdet kezdetén 2. rajt(vonal), start(vonal), indulási pont/hely, rajthely 3. megriadás, hirtelen mozdulat, ugrás, összerezzenés; *give a* ~ összerezzen; *give sy a* ~ megijeszt vkt; *wake with a* ~ álmából felriad 4. előny [versenyben]; *give sy a* ~ (1) előnyt ad vknek [versenyen] (2) vkt kedvezően indít el [életpályáján]; *get the* ~ *of sy* vkt megelőz II. A. *vi* 1. (el)indul 2. (el)kezd; *it* ~*ed raining* esni kezdett; ~ *to do sg*, ~ *doing sg* belekezd vmbe 3. elugrik, megugrik [ló], felriad, megijed; ~ *from one's chair* felpattan ültéből B. *vt* 1. elindít, (meg)indít; beindít; alapít 2. elkezd, megkezd ~ *afresh* elölről kezdi; ~ *a new subject* új tárgyba kezd 3. megijeszt, felriaszt megriaszt, megugraszt, felver [vadat]

start forward *vi* előreugrik

start in *vi biz* ~ *in to do sg*, ~ *in on doing sg* nekikezd vmnek, hozzálát vmhez

start off *vi* elindul

start on *vi* 1. megkezd (vmt), hozzáfog (vmhez), belefog (vmbe) 2. ~ *on one's journey* útnak indul, elindul

start out *vi* 1. elindul (*to* vhová) 2. ~ *o. to* ... az a szándéka/terve, hogy ...

start up A. *vi* 1. felpattan 2. keletkezik, támad 3. mozgásba jön, megindul, beindul B. *vt* begyújt, beindít [motort]

start with *vi to* ~ *w.* először is ..., kezdjük azzal, hogy ...

starter ['stɑ:tə*] *n* 1. indító [versenybíró] 2. ~ (*motor*) (ön)indító [motor] 3. induló [versenyen] 4. első fogás

starting ['stɑ:tɪŋ] n 1. kezdet, (el)indulás 2. megriadás, összerezzenés
starting-block n rajtgép
starting-gate n indítókorlát [lóversenyen]
starting-lever n indítókar
starting-point n kiindulópont
starting-post n rajtpózna
startle ['stɑ:tl] vt megijeszt, felriaszt; be ~d out of one's sleep felriad(t) álmából
startling ['stɑ:tlɪŋ] a meglepő, megdöbbentő, riasztó
starvation [stɑ:'veɪʃn] n éhezés; éhínség; die of ~ éhen hal; ~ wages éhbér
starve [stɑ:v] A. vi 1. éhezik, koplal, éhen hal; biz I'm starving rettentő éhes vagyok 2. ~ for sg, be ~d of sg vágyódik vmre, sóvárog vm után B. vt (agyon)éheztet, koplaltat
starveling ['stɑ:vlɪŋ] n éhes/kiéhezett ember/állat; éhenkórász
stash [stæʃ] vt US biz biztonságba helyez, elrejt, biztos helyre tesz
state [steɪt] I. n 1. állapot, helyzet; ~ of mind lelkiállapot; ~ of affairs a tényállás, a helyzet, a dolgok állása 2. állam; (jelzői haszn) állami, állam-; affairs of ~, ~ affairs államügyek; ~ bank állami bank; US S~ Department külügyminisztérium; ~ flower ⟨az egyes észak-amerikai szövetségi államokat jelképező virág⟩; US S~ Legislature tagállam parlamentje; ~ trial politikai bűnper; S~ university állami egyetem [az USA szövetségi tagállamainak mindegyikében]; biz the S~s az (Amerikai) Egyesült Államok, az USA 3. állás; rang, méltóság, státus; the ~s a rendek; in his robes of ~ hivatali díszruhájában 4. dísz, pompa, fény; ~ apartments reprezentációs helyiségek; ~ ball udvari bál; biz ~ call udvariassági látogatás; ~ coach díszhintó; ~ dinner díszebéd; in ~ nagy pompával, állásához illő dísszel; lie in ~ felravatalozták II. vt 1. kijelent, megállapít, állít, kifejez; please ~ below kérem itt feltüntetni (hogy); as ~d above mint már (fentebb) említettük 2. kifejt, előad [jogilag]

54*

state-aided [-'eɪdɪd] a államilag támogatott, szubvencionált
statecraft n államvezetés (művészete)
stated ['steɪtɪd] a megállapított; at ~ intervals meghatározott időközökben
statehood ['steɪthʊd] n 1. államiság 2. US tagállami állapot
Statehouse n US szövetségi állam parlamentje [mint épület]
stateless ['steɪtlɪs] a hontalan
stateliness ['steɪtlɪnɪs] n méltóságteljesség, tekintélyesség
stately ['steɪtlɪ] a méltóságteljes, tekintélyes, impozáns, díszes; GB ~ homes főúri kastélyok
statement ['steɪtmənt] n 1. állítás, kijelentés, megállapítás, közlés, bejelentés, nyilatkozat; vallomás; official ~ hivatalos közlemény/nyilatkozat, kommüniké; make a ~ nyilatkozatot tesz; ~ of claim igénybejelentés, kereset; ~ of facts tényállás 2. számadás, kimutatás; monthly ~ havi mérleg; ~ of account számlakivonat; ~ of costs/expenses költségjegyzék
state-owned [-oʊnd] a állami (tulajdonban levő)
stateroom n magánlakosztály, luxuskabin [óceánjárón]; luxusfülke [vonaton]
state-run a állami vezetés alatt álló
statesman ['steɪtsmən] n (pl -men -mən) államférfi
statesmanlike ['steɪtsmənlaɪk] a államférfiúi, államférfihoz illő
statesmanship ['steɪtsmənʃɪp] n államférfiúi képesség/adottságok
static ['stætɪk] a nyugvó, szilárdsági, statikus, statikai
statics ['stætɪks] n 1. statika, szilárdságtan 2. pl légköri zavarok
station ['steɪʃn] I. n 1. állomás; pályaudvar; megálló(hely); goods ~ teherpályaudvar; US ~ wagon kombi; ~s of the Cross a kálvária stációi, keresztút 2. állomáshely [katonai] 3. hivatal, foglalkozás, állás, rang; ~ in life társadalmi állás/helyzet/pozíció II. vt odaállít, (ki)helyez; állomásoztat; be ~ed at... állomásozik vhol [katonaság]

stationary ['steɪʃnərɪ; US -erɪ] a állandó; mozdulatlan, álló
stationer ['steɪʃnə*] n 1. papírkereskedő 2. † könyvkereskedő; könyvkiadó
stationery ['steɪʃnərɪ; US -erɪ] n írószer és papíráru; levélpapír; irodaszerek; (His/Her Majesty's) S~ Office ⟨angol állami nyomda⟩
station-house n (rendőr)őrszoba
station-master n állomásfőnök
statistical [stə'tɪstɪkl] a statisztikai
statistician [stætɪ'stɪʃn] n statisztikus
statistics [stə'tɪstɪks] n statisztika
stator ['steɪtə*] n állórész [motorban]
statuary ['stætjʊərɪ; US -tʃʊerɪ] n szobrászat; szobrok
statue ['stætʃu:] n szobor
statuesque [stætjʊ'esk; US -tʃʊ-] a szoborszerű,plasztikus
statuette [stætjʊ'et; US -tʃʊ-] n kisszobor; kisplasztika
stature ['stætʃə*] n 1. termet, alak 2. szellemi kaliber, formátum
-statured [-'stætʃəd] termetű
status ['steɪtəs] n 1. állapot, helyzet; státus; social ~ társadalmi helyzet/ állás/rang; ~ symbol státusszimbólum 2. ~ quo (ante) [kwoʊ'æntɪ] régi/ korábbi állapot, status quo
statute ['stætju:t; US -tʃu:t] n törvény; rendelet; ~ law írott jog
statute-barred a elévült
statute-book n törvénykönyv, Corpus Juris
statutory ['stætjʊt(ə)rɪ; US -tʃʊtɔ:rɪ] a törvényen alapuló, törvényszerű; törvényes; ~ declaration eskü helyetti kijelentés; ~ meeting alakuló közgyűlés [részvénytársaságé]; ~ rule törvényerejű rendelet
staunch [stɔ:ntʃ] I. a 1. hűséges, megbízható, rendületlen, rendíthetetlen 2. vízálló; légmentesen záródó, légszigetelt II. vt = stanch II.
staunchness ['stɔ:ntʃnɪs] n 1. kitartó hűség, megbízhatóság 2. vízhatlanság, vízállóság; légszigeteltség
stave [steɪv] I. n 1. (hordó)donga; léc 2. létrafok 3. versszak, strófa 4. = staff I. 5. II. vt (pt/pp ~d steɪvd v. stove stoʊv) 1. dongával ellát 2. ~

(in) beüt, bever, kilyukaszt [hordót, hajót] 3. ~ off távoltart, elhárít
stay¹ [steɪ] I. n 1. tartózkodás; make a ~ tartózkodik, marad 2. tartóztatás 3. elhalasztás, felfüggesztés; ~ of execution végrehajtás felfüggesztése, kivégzés elhalasztása 4. tartó, támasz (átv is) 5. kitartás, állóképesség 6. stays pl (női) fűző II. A. vt 1. támaszt, támogat, megtámaszt 2. visszatart, (fel)tartóztat; le-, megállít; késleltet; elhalaszt, felfüggeszt; ~ one's hand tartózkodik a cselekvéstől; ~ the blow ütést feltart 3. † megvár, bevár B. vi 1. marad, időzik, tartózkodik; biz come to ~ állandósul, meghonosodik; ~ for dinner ott marad ebédre; ~ there! maradj ott!, ott maradj!; ~ in bed ágyban marad; ~ at a hotel szállodában lakik (v. száll meg); ~ with friends barátoknál száll meg (v. lakik) 2. megáll, szünetet tart 3. kitart(ó), (jól) bírja az iramot
stay away vi távol marad
stay by vi mellette marad és támogatja
stay in vi benn marad [a házban]; bezárják [diákot iskolában]
stay on vi 1. tovább marad [mint szándékozott] 2. rajta marad, megmarad (vmn)
stay out vi nem jön haza, nem jön be (a házba), kinn marad; nem alszik otthon
stay up vi fenn marad, nem fekszik le
stay² [steɪ] I. n (hosszirányú) árbocfeszítő kötél, tarcs(kötél) II. vt (ki-) merevít; kiköt, rögzít [árbocot]
stay-at-home ['steɪəthoʊm] a/n otthonülő (ember)
stay-bar n ablakkitámasztó pecek
stayer ['steɪə*] n állóképes (v. az iramot jól bíró) versenyző/versenyló; kitartó ember
staying ['steɪɪŋ] n 1. tartózkodás, maradás; ~ power állóképesség 2. félbeszakítás, felfüggesztés
stay-in strike ülősztrájk
stay-lace n fűzőzsinór [női fűzőben]
stay-maker n fűzőkészítő

stay-rod n merevítőrúd, kitámasztó
staysail ['steɪseɪl; hajósok nyelvén: 'steɪsl] n tarcsvitorla; fore topmast ~
elő(árboc)-tarcsvitorla; main ~ derék-tarcsvitorla; mizen ~ hátsó tarcsvitorla; royal ~ felsősudár-tarcsvitorla; topgallant ~ sudár-tarcsvitorla
stead [sted] n 1. in sy's ~ vk helyett; in my ~ helyettem 2. haszon, előny; stand sy in good ~ jól jön vknek, vknél jól beválik
steadfast ['stedfəst; US -fæst] a állhatatos, rendületlen, rendíthetetlen
steadfastness ['stedfəstnɪs; US -fæst-] n állhatatosság, rendületlenség; ~ of purpose céltudatos kitartás
steadily ['stedɪlɪ] adv szilárdan, állhatatosan; egyenletesen; szünet nélkül
steadiness ['stedɪnɪs] n szilárdság, határozottság, kitartás, egyenletesség
steady ['stedɪ] I. a 1. szilárd, biztos, biztosan álló, rendületlen; a ~ hand biztos kéz; be ~ on one's legs biztosan áll a lábán 2. józan, kiegyensúlyozott, megállapodott, szilárd [jellem], állhatatos, kitartó; ~! lassan és óvatosan!, csak nyugodtan!, nyugalom!, lassan a testtel! 3. állandó; egyöntetű, egyenletes; a ~ demand for sg állandó kereslet vmben; ~ pace egyenletes tempó II. adv 1. = steadily 2. biz go ~ (with) együtt jár(nak) [fiú lánnyal], jár (vkvel) III. n 1. (kéz)támasz [munkában] 2. US biz állandó barát/barátnő/partner; Bob is her ~ Robi a fiúja/lovagja, Robival jár IV. A. vt (meg)erősít, megszilárdít B. vi 1. megszilárdul 2. megnyugszik; ~ down lehiggad, megnyugszik
steak [steɪk] n 1. (hús)szelet, bifsztek 2. vagdalt (hús), húspogácsa
steak-house n ⟨frissensültek olcsó étterme⟩
steal [stiːl] v (pt stole stoʊl, pp stolen 'stoʊl(ə)n) A. vt (el)lop (sg from sy vmt vktől); ~ a glance at sy lopva vkre pillant; ~ a march on sy eléje vág vknek, ügyesen megelőz vkt B. vi 1. lop 2. lopódzik, lopakodik; ~ into belopakodik; ~ out kilopódzik

stealing ['stiːlɪŋ] n 1. lopás 2. stealings pl lopott holmi
stealth [stelθ] n by ~ = stealthily
stealthily ['stelθɪlɪ] adv lopva, titkon, titokban, suba alatt
stealthy ['stelθɪ] a titkos, rejtett, lopva tett, óvatos
steam [stiːm] I. n gőz; pára; ~ hammer gőzkalapács; ~ iron gőzölős vasaló; get up ~ (1) gőzt termel (2) összeszedi az erejét, rákapcsol; let/blow off ~ fölösleges energiáját levezeti; kiadja/kifújja a mérgét; full ~ ahead teljes gőzzel előre!; ~ is up a gép (teljes) gőz alatt áll; under one's own ~ saját erejéből II. A. vt gőzöl, párol B. vi 1. gőzölög, párolog 2. biz „gőzerővel" dolgozik; halad, fut [gőzölögve]
    steam ahead vi gőzerővel halad/dolgozik
    steam into vi bepöfög [az állomásra]
    steam up A. vi bepárásodik B. vi biz get ~ed up „felmegy benne a pumpa"
steam-boat n gőzhajó, gőzös
steam-boiler n (gőz)kazán
steam-box n gőzelosztó szekrény
steam-crane n gőzdaru
steam-driven a gőzerejű, gőzhajtású
steam-engine n 1. gőzgép 2. (gőz)mozdony
steamer ['stiːmə*] n 1. gőzös, gőzhajó 2. gőzölő (készülék/edény)
steam-gauge n gőzfeszmérő, manométer
steam-heated a gőzfűtésű, -fűtéses
steam-heating n gőzfűtés
steaminess ['stiːmɪnɪs] n gőzösség, párásság
steaming ['stiːmɪŋ] a gőzölgő, párolgó; ~ hot forró, gőzölgő
steam-navvy n = steam-shovel
steam-pipe n gőzvezeték
steam-pressure n gőznyomás
steam-roller n gőzhenger
steamship n gőzhajó; ~ line hajóstársaság
steam-shovel n gőzüzemű kotrógép/exkavátor
steam-tight n gőzálló, -biztos
steam-whistle n gőzsíp, -kürt
steamy ['stiːmɪ] a gőzös, párás, ködös, gőzölgő

stearin ['stɪərɪn] n sztearin
steed [sti:d] n (harci) paripa
steel [sti:l] I. n 1. acél; cast ~ öntött
acél; forged ~ kovácsolt acél; ~ grip
vasmarok; ~ sheet acéllemez; ~ wire
acélhuzal, acéldrót 2. kard, penge 3.
fenőacél 4. acél fűzőmerevítő 5. vas-
(tartalmú orvosság) II. vt 1. (meg)acé-
loz, erősít, (meg)edz; ~ oneself, ~
one's heart megacélozza akaratát, ösz-
szeszedi magát 2. acéllal bevon/borít
steel-clad a páncélos, páncélozott
Steele [sti:l] prop
steel-engraving n acélmetszet
steel-faced a acéllal bevont
steel-framed [-freɪmd] a acélvázas, -ke-
retű
steel-hearted a acélszívű
steeliness ['sti:lɪnɪs] n acélosság
steel-plate n 1. acélmetszet 2. acélle-
mez, páncéllemez
steel-plated a páncélos, páncélozott
steel-points n pl jancsiszegek [bakancson]
steel-wool n acélforgács, fémforgács
steelwork n 1. acéláru, épületvas 2.
acélváz
steel-works n acélmű(vek)
steely ['sti:lɪ] a acélos, kemény, hideg
steelyard ['sti:lja:d] n tolósúlyos kézi-
mérleg, mázsálórúd
steenbok ['sti:nbɔk; US -ak] n ősz antilop
steep¹ [sti:p] I. a 1. meredek 2. rendkí-
vüli; túlzott, hihetetlen; fantasztikus
[ár]; that's a bit ~ ! ez már több a sok-
nál l, ez egy kicsit erős ! II. n meredek,
meredély
steep² [sti:p] I. n 1. (be)áztatás 2. áz-
tatófolyadék II. A. vt (be)áztat, átáz-
tat, pácol, átitat (átv is); ~ed in
prejudice előítélettel telve B. vi bele-
merül (vmbe), átitatódik vmvel (átv
is)
steepen ['sti:p(ə)n] A. vi meredek lesz
B. vt felemel [árat]
steeple ['sti:pl] n toronysisak, templom-
torony
steeplechase n 1. akadályfutás, -ver-
seny 2. terepfutás
steepled ['sti:pld] a sisakos tornyú
steeple-jack n toronyállványozó; (gyár-)
kéményjavító

steepness ['sti:pnɪs] n meredekség; ~
of a curve kanyar élessége
steer¹ [stɪə*] n fiatal ökör
steer² [stɪə*] vt/vi 1. kormányoz, irányít
2. kormányozható, kormányozódik
steerable ['stɪərəbl], a kormányozható
steerage ['stɪərɪdʒ] n 1. harmadik osz-
tály [hajón], fedélköz 2. kormányzás
steering ['stɪərɪŋ] n kormányzás aut óé]
steering-column n kormányoszlo[,t -rúd
steering-gear n kormányszerkezp,e kor-
mány(mű)
steering-wheel n kormány(kerék), volán
steersman ['stɪəzmən] n (pl -men -mən)
kormányos
steeve¹ [sti:v] A. vt (vitorlarudat) le-
hajt B. vi (vitorlarúd) lehajlik
steeve² [sti:v] vt (alaposan) megrak [ha-
jót teheráruval]
stein [staɪn] n 1. söröskorsó 2. egy
korsó sör
stele ['sti:lɪ] n (pl stelae 'sti:li:) dombor-
műves sírkő
Stella ['stelə] prop Esztella, Stella
stellar ['stelə*] a csillagos; csillagsze-
rű; csillag-
stellate(d) ['stelert(ɪd)] a csillag alakú;
csillagos
stem¹ [stem] I. n 1. törzs; szár; nyél;
kocsány 2. nemzetség, (családi/nem-
zetségi) ág 3. (szó)tő 4. hajóorr; from
~ to stern hajó orrától faráig II. v
-mm- A. vt szárát eltávolítja/leveszi
[növénynek] B. vi ~ from ered/szár-
mazik vhonnan
stem² [stem] vt -mm- meggátol, meg-
akaszt; leállít, elállít
-stemmed [-stemd] a vmlyen szárú
stem-winder [-'waɪndə*] n US 1. koro-
nafelhúzású óra 2. biz remek dolog
sten [sten] n = sten-gun
stench [stentʃ] n bűz, rossz szag
stench-trap n bűzelzáró; szagfogó
stencil ['stensl] I. n 1. festősablon, betű-
rajzoló minta, patron 2. stencil II.
vt -ll- (US -l-) 1. sablonnal/patron-
nal fest/átrajzol/sokszorosít 2. stenci-
lez
sten-gun n géppisztoly
stenographer [stə'nɔgrəfə*; US -'na-]
n gyorsíró

stenography [stə'nɔgrəfɪ; US -'nɑ-] n
gyorsírás
stentorian [sten'tɔ:rɪən] a sztentori,
harsogó hangú
step [step] I. n 1. lépés; ~ by ~ lépésről
lépésre; break ~s! lépést könnyíts!;
take a ~ lép egyet; bend one's ~s
towards sg vhova megy/igyekszik,
vhova irányítja lépteit; be in ~ (v.
keep ~) with sy lépést tart vkvel;
be out of ~ (with) nem tart lépést
(vkvel, vmvel); fall into ~ with sy
vknek a lépéséhez igazodik; mind/
watch your ~! ügyelj magadra!, légy
óvatos!; nézd meg, hova lépsz! 2.
lépcsőfok; létrafok; (flight of) ~s
(1) lépcsősor (2) utaslépcső [repgép-
hez] 3. lábnyom, nyomdok 4. lépés,
eljárás; take ~s lépéseket tesz [vm
érdekében] 5. biz előléptetés; get one's
~ előléptetik 6. ~s of a key kulcs
fogazata 7. járás(mód) II. v -pp- A.
vi 1. lép, jár, lépked, kilép; ~ this
way erre tessék! 2. (táncot) lejt B.
vt 1. lépéssel kimér, kilép [távolságot]
2. beilleszt, behelyez [árbocot] 3.
lépcsőzetesen elhelyez/beoszt
  step across vi átlép, átmegy
  step aside vi félreáll, visszavonul
  step by vi előtte/mellette elmegy
  step down A. vi lelép B. vt csök-
kent
  step forward vi előáll, előlép
  step in vi 1. belép, beszáll 2. biz
közbelép
  step into vi 1. belebújik [nadrágjá-
ba stb.] 2. birtokába jut (vmnek)
3. be(le)lép
  step off A. vt lelép, kilép [távolsá-
got] B. vi 1. lelép (vhonnan) 2.
(vmlyen lábbal) elsőnek lép
  step on vi rálép; US biz ~ on the
gas, ~ on it belelép a gázba, rákapcsol
  step out vt/vi kilép; ~ it o. jól kilép;
~ o. a distance távolságot kilép
  step over vi 1. átlép 2. átnéz vhova
[látogatóba]
  step up A. vi felmegy [lépcsőn];
felmászik, fellép; ~ up to sy odalép
vkhez B. vt fokoz, növel, emel
stepbrother n mostohafivér, -testvér

stepchild n (pl -children) mostohagyer-
(m)ek
step-dance n sztepp(elés)
stepdaughter n mostohalánya vknek
stepfather n mostohaapa
Stephen ['sti:vn] prop István
Stephenson ['sti:vnsn] prop
step-in I. a bebújós [ruhadarab] II.
n ingnadrág
step-ladder n kis állólétra
stepmother n mostohaanya
steppe [step] n sztyepp, pusztaság
stepped [stept] a lépcső(zete)s, fokoza-
tos ||→step II.
stepper ['stepə*] n lépő
stepping-stone ['stepɪŋ-] n 1. felhágó-
kő [lóhátra stb.] 2. gázlókövek [pa-
takban] 3. átv lépcsőfok, ugródeszka
stepsister n mostohanővér, -testvér
stepson n mostohafia vknek
step-up n fokozás, emelés
stepwise adv 1. lépkedve 2. lépésről
lépésre
stere [strɪə*] n köbméter [tűzifából]
stereo ['sterɪoʊ] I. a térhatású [film];
sztereó [lemezjátszó stb.]; [egyéb-
ként:] stereo- II. n 1. = stereotype II.
2. sztereó lemezjátszó 3. sztereoszkóp
stereography [sterɪ'ɔgrəfɪ; US -'ɑ-] n
távlatos rajz, térmértan, sztereográ-
fia
stereophonic [sterɪə'fɔnɪk; US -'fɑ-]
a tér(hang)hatású, sztereofonikus
stereophotography [sterɪəfə'tɔgrəfɪ; US
-'tɑ-] n sztereofényképezés
stereoscope ['sterɪəskoʊp] n sztereosz-
kóp
stereoscopic [sterɪə'skɔpɪk; US -ɑp-]
a térhatású, sztereoszkopikus, három-
dimenziós; térláttató
stereotype ['strɪərɪətaɪp v. főleg US 'ster-]
I. a változatlan, s(z)tereotip II. n 1.
[nyomdai] klisé, (nyomó)dúc, sztereo-
típia; tömöntés 2. sablon, konvenció
III. vt 1. tömöntést/lemezöntést vesz
(vmről), sztereotipál, klisíroz 2. átv
megrögzít, állandósít, sablonossá tesz
stereotyped ['strɪərɪətaɪpt v. főleg US
[ster-] a változatlan, sablonos, s(z)te-
reotip; ~ phrase s(z)tereotip kifejezés,
közhely, klisé

sterile ['steraɪl; US -r(ə)l] a csíramentes, csírátlan, steril, meddő (átv is)
sterility [stə'rɪlətɪ] n sterilitás, meddőség
sterilization [sterəlaɪ'zeɪʃn; US -lɪ'z-] n csíramentesítés, csírátlanítás, fertőtlenítés, sterilizálás; pasztőrözés
sterilize ['sterəlaɪz] vt csírátlanít, fertőtlenít, sterilizál, pasztőröz
sterling ['stə:lɪŋ] I. a 1. törvényes finomságú; teljes értékű 2. kitűnő, kiváló, valódi II. n sterling; ~ area sterlingövezet, fontövezet
stern¹ [stə:n] a szigorú, kemény, zord, komoly; the ~er sex az erősebb nem
stern² [stə:n] n 1. hajófar, tat; ~ foremost hátrálva, (ügyetlenül haladva) hátrafelé 2. far, farok [kopóé]
Sterne [stə:n] prop
stern-light n tatlámpa, farlámpa
sternmost ['stə:nmoʊst] a leghátsó
sternness ['stə:nnɪs] n szigorúság
stern-post n fartőkegerenda
stern-sheets n pl leghátsó rész/ülés(ek) [csónakon, kis hajón]
sternum ['stə:nəm] n (pl ~s -z v. -na -nə) szegycsont
sternway n hátrafelé haladás, hátramenet [hajóé]
stern-wheeler n farlapátkerekes hajó
stertorous ['stə:tərəs] a hortyogó, horkoló
stet [stet] int „maradhat" [nyomdai jelzés]
stethoscope ['steθəskoʊp] n [orvosi] hallgatócső, sztetoszkóp
stetson ['stetsn] n puhakalap [széles karimával]
Steve [sti:v] prop Pista, Pisti
stevedore ['sti:vədɔ:*] n [kikötői] rakodómunkás
Stevenson ['sti:vnsn] prop
stew¹ [stju:; US stu:] I. n 1. párolt hús; kb. ragu, pörkölt 2. biz zűrzavar izgalom; be in a ~ benne van a pácban 3. † rossz hírű mulató, bordélyház II. A. vt párol; főz B. vi párolódik; fő; ~ in one's own juice saját levében fő
stew² [stju:; US stu:] n haltartó medence; osztrigapank

steward [stjʊəd; US 'stu:-] n 1. gazdasági intéző; unjust ~ hűtlen sáfár 2. gondnok [klubé, kollégiumé] 3. pincér, steward, utaskísérő [hajón, repülőgépen]; chief ~ főpincér, maître d'hôtel 4. főrendező
stewardess ['stjʊədɪs; US 'stu:-] n légi utaskísérő, légikisasszony, stewardess
stewardship ['stjʊədʃɪp; US 'stu:-] n gondnokság, intézőség; sáfárkodás
Stewart [stjʊət] prop
stewed [stju:d; US stu:d] a 1. párolt, főtt [hús] 2. ~ fruit kompót, párolt gyümölcs; ~ prunes aszalt szilva [levében] 3. biz beszívott
stew-pan/pot n (fedeles) serpenyő
stick [stɪk] I. n 1. bot, vessző, pálca; fadarab; karó; loaded ~ ólmosbot; US (dry/small) ~s rőzse; ~ of celery zellerszár; without a ~ of furniture egy szál bútor nélkül; biz cut one's ~ meglóg, meglép 2. rúd [fa, pecsétviasz, kozmetikai stb.]; a ~ of sealing wax egy rúd pecsétviasz 3. ütő [gyeplabda stb.] 4. (setting) ~ [nyomdai] sorjázó 5. biz lélektelen ember 6. the ~s US biz isten háta mögötti hely(ek) II. v (pt/pp stuck stʌk) A. vt 1. szúr, döf; ~ a pig disznót öl/leszúr; ~ pigs lóháton lándzsával vaddisznóra vadászik 2. dug, tűz 3. ragaszt; hozzáerősít; be/get stuck elakad, megreked, bennragad 4. karóz 5. biz kibír; ~ it (ki)bírja; I can't ~ him ki nem állhatom 6. □ zavarba ejt, megzavar 7. US □ megcsal, becsap B. vi 1. ragad, tapad 2. (meg)akad, elakad, megreked, bennragad 3. biz marad; ~ indoors benn/otthon kuksol 4. belesül

stick around vi biz 1. helyén marad 2. őgyeleg, cselleng
stick at vi 1. odatapad 2. megtorpan, meghátrál; ~ at nothing semmitől se riad vissza
stick by vi nem hagy cserben, híven támogat, kitart (vk) mellett
stick down vt 1. leragaszt 2. biz letesz 3. biz leír
stick in A. vt 1. be(le)szúr, beletűz,

beledug 2. beragaszt B. *vi* 1. elakad, bennragad, megreked (vmben) 2. belesül (vmbe)
stick on A. *vt* 1. ráragaszt, felragaszt 2. rátűz, odatűz 3. *biz* ~ *it on* (1) nagyképűsködik (2) borsos árat számít B. *vi* ráragad, hozzátapad
stick out A. *vi* kiugrik, kiáll, kinyúlik; *biz it* ~*s o. a mile* majd kiszúrja az ember szemét 2. *biz* ~ *o. for sg* kitartóan/makacsul követel vmt B. *vt* 1. kidug; ~ *o. one's chest* kidülleszti mellét 2. *biz* ~ *it o.* végig kibírja, győzi
stick to A. *vi* 1. (hozzá)tapad, (hozzá)ragad (vmhez) 2. ragaszkodik (vkhez, vmhez); ~ *to it!* tarts ki mellette! B. *vt* hozzáragaszt, ráragaszt
stick together *vi* összetart, együttmarad
stick up A. *vt* felállít; feltűz; ~ *your hands up!,* ~ *'em up!* fel a kezekkel! 2. ☐ feltartóztat és kirabol 3. *biz* zavarba hoz (vkt) B. *vi* 1. feláll 2. ~ *up to sy* szembeszáll vkvel 3. *biz* ~ *up for sy* vknek pártját fogja, kiáll vk mellett
sticker ['stɪkə*] *n* 1. böllér, hentes 2. henteskés 3. plakátragasztó 4. kitartó munkás 5. *biz* „kullancs" 6. nehéz/fogas kérdés (vizsgán) 7. (fel)ragasztható) címke, ragjegy, hotelcímke
stickiness ['stɪkɪnɪs] *n* ragadósság
sticking-plaster ['stɪkɪŋ-] *n* ragtapasz
stick-in-the-mud *a/n* nehézkes, maradi (ember)
stickjaw *n biz* ⟨szájpadláshoz ragadó édesség⟩ pl. karamella
stickleback ['stɪklbæk] *n* tüskés pikó [hal]
stickler ['stɪklə*] *n* 1. *be a* ~ *for sg* állandóan fennakad vmn, semmiségeken lovagol 2. nehéz probléma
stick-on *a* ~ *label* ráragasztható címke
stickpin *n* nyakkendőtű, dísztű
stick-up *n* ☐ (fegyveres) rablótámadás [„fel a kezekkel!" kiáltással]; *a* ~ *man* gengszter, bandita
sticky ['stɪkɪ] *a* 1. ragadós, nyúlós [anyag] 2. nehézkes, szőröző [em-

ber] 3. ☐ kellemetlen, kínos [helyzet]; *come to a* ~ *end* gyászos/szomorú vége lett
sties [staɪz] →*sty*[1], *sty*[2]
stiff [stɪf] I. *a* 1. merev, feszes, kemény; *feel* ~ izomláza van; *be quite* ~ minden tagja/csontja fáj; *biz bore* ~ halálra untat; ~ *joint* megmerevedett (v. nehezen hajló) ízület; *a* ~ *neck* (reumás) nyakfájás; ~ *in the back* hajthatatlan 2. *átv* merev, kimért, makacs, hűvös, feszes, nehézkes; ~ *market* szilárd piac [az árak nem változnak]; *put up a* ~ *resistance* makacsul ellenáll 3. nehéz, erős, megerőltető, kemény 4. *biz a* ~ *drink* „mellbevágó" ital; ~ *price* borsos ár 5. nyúlós, sűrű II. *n* ☐ 1. hulla [boncoláson] 2. váltó, kötelezvény 3. javíthatatlan/reménytelen alak/ember
stiffen ['stɪfn] A. *vt* (meg)merevít, (meg)keményít; ellenállóvá tesz B. *vi* 1. megmerevedik (*átv is*), megszilárdul, -keményedik; [modora] hűvösebb lesz 2. erősödik [szél]
stiffener ['stɪfnə*] *n* merevítő (anyag, lemez)
stiffish ['stɪfɪʃ] *a* meglehetősen merev
stiffly ['stɪflɪ] *adv* mereven, hűvösen
stiff-necked *a* makacs, vastagnyakú
stiffness ['stɪfnɪs] *n* merevség
stifle ['staɪfl] A. *vt* fojtogat, megfojt; elfojt, elnyom, tompít; *be* ~*d by the heat* fullad(ozik) a hőségtől B. *vi* (el)fullad
stifling ['staɪflɪŋ] *a* fojtogató, fullasztó
stigma ['stɪgmə] *n* (*pl* ~*s* -z v. ~*ta* -tə) 1. (szégyen)bélyeg 2. tünet [betegségé] 3. bibe(száj) 4. sebhely, stigma [Krisztus sebhelyeinek mintájára]
stigmatic [stɪg'mætɪk] *a* 1. anasztigmatikus 2. stigmás 3. becstelen, megbélyegzett
stigmatize ['stɪgmətaɪz] *vt* megbélyegez
stile[1] [staɪl] *n* 1. lépcsős átjáró [kerítés fölött]; *help a lame dog over a* ~ vk nehézségeken átsegít 2. [útelzáró] forgókereszt
stile[2] [staɪl] *n* ajtófélfa; ablakkeret oldalléce; kapubálvány

stiletto [stɪ'letoʊ] n 1. gyilok, rövid tőr;
~ heels tűsarok 2. ár [lyukasztásra]
still¹ [stɪl] I. a 1. csendes, halk, lágy
[hang]; ~ life (pl ~ lifes) csendélet;
the ~ small voice a lelkiismeret szava
2. nyugodt, mozdulatlan; keep ~
nyugodtan marad; ~ water állóvíz
→water I. 1. II. adv 1. még (mindig);
~ less még kevésbé; ~ more még in-
kább 2. mégis, mindazonáltal, ennek
ellenére III. n 1. nyugalom, csend
2. állókép [mozifilmből] IV. A. vt
lecsendesít, elcsendesít, megnyugtat;
enyhít B. vi lecsendesedik, megnyug-
szik
still² [stɪl] I. n lepárlókészülék, szesz-
főző készülék II. vt lepárol
still-birth n 1. halvaszül(et)és 2. halva
született magzat
still-born a 1. halva született (átv is)
2. kudarcot vallott
stillness ['stɪlnɪs] n csend, nyugalom
still-room n 1. pálinkafőző 2. kamra
[italok, befőttek stb. tárolására]
stilly ['stɪlɪ] I. a csendes, nyugodt
II. adv csendesen, halkan
stilt [stɪlt] n 1. gólyaláb [ember számá-
ra] 2. cölöp, dúc 3. partfutó (madár),
gázlómadár
stilted ['stɪltɪd] a dagályos, cicomás,
mesterkélt [stílus]
stiltedness ['stɪltɪdnɪs] n mesterkéltség
[stílusé]
Stilton ['stɪlt(ə)n] n Stilton-sajt [angol
sajtfajta]
stimulant ['stɪmjʊlənt; US -jə-] n izgató-
szer, élénkítőszer, stimuláns
stimulate ['stɪmjʊleɪt; US -jə-] vt ser-
kent, sarkall, ösztökél, stimulál (sy
to do sg vkt vmnek a megtételére)
stimulating ['stɪmjʊleɪtɪŋ; US -jə-] a
serkentő, ösztönző, stimuláló
stimulation [stɪmjʊ'leɪʃn; US -jə-] n
serkentés, ösztönzés, ösztökélés, iz-
gatás
stimulus ['stɪmjʊləs; US -jə-] n (pl
-li -laɪ) 1. inger 2. = stimulant 3.
ösztönzés; ösztönző
stimy ['staɪmɪ] v = stymie
sting [stɪŋ] I. n 1. fullánk; méreg-
fog 2. csípés, szúrás; harapás [mé-

regfoggal] 3. szúró/égető fájdalom II.
v (pt/pp stung stʌŋ) A. vt 1. (meg)csíp,
(meg)szúr; (meg)harap [méregfoggal]
2. átv mar(dos), éget [lelkiismeret
stb.] 3. □ „megvág", „levág" [vkt
bizonyos összeg erejéig]; I was stung
for a fiver megvágott egy ötössel,
levágott egy ötösre B. vi ég, szúr, csíp
[seb helye stb.]; my eyes are ~ing
ég a szemem
stinger ['stɪŋə*] n 1. szúrós/csípős nö-
vény/állat 2. fájdalmas/csípős ütés/
szúrás/megjegyzés 3. biz pohár pá-
linka, whisky szódával
stinginess ['stɪndʒɪnɪs] n fösvénység,
fukarság
stinging ['stɪŋɪŋ] a szúró, csípős, égető;
~ blow fájdalmas ütés
stinging-nettle n (apró) csalán
stingy ['stɪndʒɪ] a fösvény, fukar
stink [stɪŋk] I. n 1. bűz, büdösség;
□ raise a ~ botrányt csap 2. stinks
pl □ kémia(óra) [iskolában] II. v
(pt stank stæŋk, pp stunk stʌŋk) A.
vi (átv is) bűzlik, büdös B. vt ~ out
kifüstöl
stinkard ['stɪŋkəd] n 1. büdös ember,
„görény" 2. ronda fráter
stink-bomb n 1. bűzbomba 2. □ gáz-
bomba
stinker ['stɪŋkə*] n 1. = stinkard 1.
2. □ the maths paper was a ~ dög ne-
héz volt a matekdolgozat
stinkhorn n szemérmetlen szömörcsög
[gomba]
stinking ['stɪŋkɪŋ] a büdös (átv is); cry
~ fish leszólja/ócsárolja saját porté-
káját/munkáját
stink-pot n bűzbomba [régi hadviselés-
ben]
stink-trap n bűzelzáró
stint [stɪnt] I. n 1. korlátozás; without ~
korlátlanul, bőven 2. előírt munka-
feladat; do one's daily ~ melózik II. vt
1. fukarkodik (vmvel); megszorít 2.
~ sy of sg megtagad/megvon vmt vktől
stintless ['stɪntlɪs] a korlátlan
stipe [staɪp] n tönk [gombáé]
stipend ['staɪpend] n illetmény, fizetés
stipendiary [staɪ'pendjərɪ] a/n fizetéses;
~ magistrate rendőrbíró

stipple ['stɪpl] I. *n* 1. pontozott vonal 2. pontozótechnika II. *vt* pontozótechnikával dolgozik; árnyal
stipulate ['stɪpjʋleɪt; *US* -jə-] *vi/vt* (szerződésben) kiköt, megállapodik, meghatároz
stipulation [stɪpjʋ'leɪʃn; *US* -jə-] *n* kikötés, feltétel, megszorítás; *on the* ~ *that* . . . azzal a kikötéssel, hogy . . .
stipule ['stɪpju:l] *n* pálha(levél)
stir [stə:*] I. *n* 1. kavarás, keverés; *give the fire a* ~ megpiszkálja a tüzet 2. kavarodás, felbolydulás, izgalom, sürgölődés, szenzáció; *make a* ~ feltűnést kelt 3. □ börtön, siti II. *v* -rr- A. *vt* 1. (meg)mozdít, (meg)mozgat; *I'll not* ~ *a foot* egy tapodtat sem moccanok 2. (meg)kever, (meg)kavar; ~ *one's tea* teáját kavarja 3. izgat, uszít, felkavar, lelkesít; ~ *up* felkever, -kavar, -izgat B. *vi* mozog, (meg-) mozdul, moccan; sürgölődik, serénykedik; *he's not* ~*ring yet* még nem kelt/ébredt fel; ~ *about* jön-megy, sürgölődik
stir-about *n* 1. zabkása, zabnyákleves 2. nyughatatlan ember
Stirling ['stə:lɪŋ] *prop*
stirrer ['stə:rə*] *n* 1. keverő 2. (fel)izgató, agitátor 3. mozgékony/fürge ember; *an early* ~ korán kelő
stirring ['stə:rɪŋ] *a* 1. izgató, izgalmas, lelkesítő 2. mozgalmas
stirrup ['stɪrəp] *n* kengyel
stirrup-bone *n* kengyel(csont)
stirrup-cup *n* szentjánosáldás, búcsúpohár
stirrup-iron *n* kengyelvas
stirrup-leather *n* kengyelszíj
stir-up *n* kavarodás, izgalom
stitch [stɪtʃ] I. *n* 1. öltés [tűvel]; szem [kötésben]; *not a dry* ~ *on* (*sy*) bőrig ázott, csuromvizes; *a* ~ *in time saves nine* az idejében tett intézkedés nagy erőmegtakarítás 2. szúró fájdalom, nyilallás [az ember oldalában]; *biz in* ~*es* hasát fogja nevettében II. *vt* ölt, tűz, összevarr; fűz [könyvet]
stitched [stɪtʃt] *a* fűzött [könyv]
stitching ['stɪtʃɪŋ] *n* 1. varrás; (le)tűzés; (ki)varrás, hímzés 2. fűzés 3. varrat

stoat [stoʊt] *n* hermelin, hölgymenyét [nyári bundában]
stock [stɔk; *US* -ɑ-] I. *a* 1. raktáron levő, raktári 2. megszokott, szokványos, szabvány-; állandó; ~ *phrase* sablonos kitétel, közhely, klisé; ~ *size* szabvány(os)/szokásos méret II. *n* 1. (áru)készlet, raktár(i készlet), (raktár-) állomány; *lay in a* ~ *of sg* vmből készletet halmoz fel; *keep in* ~ raktáron tart; *be out of* ~ nincs raktáron, kifogyott; *take* ~ leltároz; *take* ~ *of sg* felmér, áttekint [helyzetet], felbecsül, szemügyre vesz vmt; ~ *in/on hand* raktári készlet; *US take no* ~ *in sy* nem sokat törődik vele 2. állatállomány; törzsállomány; *fat* ~ vágóállat 3. (fa)törzs, tuskó; cövek; nyél; ~ *of a rifle* puskatus, -agy 4. törzs; származás, eredet; fajta; *comes from good* ~ jó családból származik; *man of the good old* ~ régi vágású ember 5. alapanyag, nyersanyag 6. (alap)tőke, részvénytőke 7. részvény, értékpapír, államkötvény; ~ *exhange* értéktőzsde; *his* ~ *is going up* (1) mennek fel a papírjai (2) kezdik egyre többre becsülni/értékelni 8. **stocks** *pl* kaloda; *put sy in the* ~*s* vkt kalodába zár 9. **stocks** *pl* hajóépítő állvány, sólya; *sg is on the* ~*s* munkában van 10. (sárga) viola 11. talon [kártyában] 12. ⟨régimódi merev gallér [bőrből, textilből]⟩ 13. sűrített húsleves 14. alany [ojtáshoz] III. A. *vt* 1. raktáron tart 2. felszerel, áruval ellát; *well* ~*ed* nagy raktárral/készlettel rendelkező 3. aggyal ellát [puskát] 4. bevet [földet] 5. kalodába zár B. *vi* ~ *up* felszereli/ellátja magát [*with* készlettel]
stock-account *n* tőkeszámla
stockade [stɔ'keɪd; *US* stɑ-] *n* cölöpkerítés [erődítményé]
stock-blind *a* teljesen vak
stock-book *n* raktárkönyv
stock-breeder *n* (faj)állattenyésztő
stock-broker *n* részvényügynök, tőzsdeügynök, alkusz, tőzsdés
stock-broking *n* tőzsdei ügynökösködés
stock-cube *n* leveskocka
stocker ['stɔkə*; *US* -ɑ-] *n* készletező,

árukat/alkatrészeket raktáron tartó lerakat vezetője
stock-farm *n* (faj)állattenyészet
stockfish *n* szárított tőkehal
stockholder *n* részvényes
stockinet(te) [stɔkɪ'net; *US* -ɑk-] trikó(anyag) [alsóruhának]
stocking ['stɔkɪŋ; *US* -ɑ-] *n* 1. (hosszú) harisnya; ~ *cap* jambósapka; ~ *frame/ loom* harisnyakötő gép; *in one's* ~ *feet* harisnyában [cipő nélkül]; *he stands 6 feet in his* ~*s* cipő nélkül mérve 183 cm magas, mezítláb is megvan 183 cm 2. *horse with white* ~*s* fehér csüdű/ bokájú ló, kesely lábú ló
stock-in-trade *n* 1. raktári készlet 2. *átv biz* készlet, repertoár
stockist ['stɔkɪst; *US* -ɑ-] *n GB* kizárólagos képviselő [gyáré]; árulerakat vezetője
stock-jobber *n* 1. *GB* közvetítő alkusz [bankcégek között] 2. *US* részvényügynök
stock-list *n* árfolyamjegyzék [tőzsdén]
stockman ['stɔkmən; *US* -ɑ-] *n* (*pl* -**men** -mən) 1. *US* állattenyésztő, marhatenyésztő 2. (*Ausztráliában*) gulyás, csordás
stock-market *n* értékpiac, -tőzsde
stock-owl *n* fülesbagoly
stockpile I. *n* 1. tartalékkészlet; *US* árukészlet 2. prizma [kövekből] II. *vt* készletet felhalmoz (vmből), tárol, készletez
stockpiling [-paɪlɪŋ] *n* készletgyűjtés, készletezés
stock-pot *n* húslevesfazék
stock-raising [-reɪzɪŋ] *n* állattenyésztés
stock-still *adv* (teljesen) mozdulatlanul
stock-taking *n* leltározás
stocky ['stɔkɪ; *US* -ɑ-] *a* zömök, köpcös
stock-yard *n* 1. istállók, marhaállás, -korlát 2. *US* vágóhídi/pályaudvari istállótelep
stodge [stɔdʒ; *US* -ɑ-] *biz* I. *n* nehéz/laktató étel II. *vt* beeszik, tömi magát
stodgy ['stɔdʒɪ; *US* -ɑ-] *a* 1. nehéz, laktató, nehezen emészthető (*átv is*); vaskos, nehézkes 2. köpcös, zömök
stoic ['stoʊɪk] *a/n* sztoikus (ember)
stoical ['stoʊɪkl] *a* sztoikus

stoicism ['stoʊɪsɪzm] *n* higgadtság, sztoicizmus
stoke [stoʊk] *vt/vi* 1. fűt, tüzel, [kazánban] 2. □ ~ (*up*) tömi a fejét, zabál
stokehold *n* kazántér, tüzelőtér [hajón]
stoke-hole *n* 1. tüzelőnyílás [kazáné] 2. kazánház [hajón]
Stoke Poges [stoʊk'poʊdʒɪz] *prop*
stoker ['stoʊkə*] *n* (kazán)fűtő [mozdonyon, hajón]
stole[1] [stoʊl] *n* 1. stóla 2. boa
stole[2] →*steal*
stolen →*steal*
stolid ['stɔlɪd; *US* -ɑ-] *a* egykedvű, közönyös
stolidity [stɔ'lɪdətɪ; *US* -ɑ-] *n* egykedvűség, flegma, közöny
stolon ['stoʊlən] *n* inda
stomach ['stʌmək] I. *n* 1. gyomor; *on a full* ~ tele gyomorra(l), étkezés után; *turn sy's* ~, *make sy's* ~ *rise* felkavarja vknek a gyomrát; *have no* ~ *for sg* nem fülik a foga vmhez 2. *biz* has 3. étvágy 4. kedv, hajlam, mersz II. *vt* 1. (jó étvággyal) eszik, nyel 2. *átv* „lenyel", „zsebre vág", megemészt; *I can't* ~ *it* nem veszi be a gyomrom
stomach-ache *n* gyomorfájás; hasfájás
stomachal ['stʌməkəl] *a* gyomor-
stomacher ['stʌməkə*] *n* † mellkendő
stomachic [stoʊ'mækɪk] *a* gyomor-; ~ *ulcer* gyomorfekély
stomach-pump *n* gyomormosó készülék
stone [stoʊn] I. *n* 1. kő; *S*~ *Age* kőkorszak; *leave no* ~ *unturned* minden követ megmozgat; *turn to* ~ kővé mered; *throw/cast* ~*s at sy* (1) vkt kővel megdob(ál) (2) megvádol/megkritizál vkt; *within a* ~*'s throw* kőhajításnyira; *heart of* ~ kőszívű 2. (kocka)kő (drága)kő; (epe-, vese)kő; szem [jégesőé]; *operate for* ~ vesekő- v. epekőműtétet végez 3. (gyümölcs)mag 4. (*pl* ~) ⟨brit súlyegység = 14 pounds = 6,35 kg⟩ 5. † *biz* here, tök golyóbis II. *vt* 1. megkövez, kővel megdobál 2. kikövez, kővel burkol 3. kimagoz
stone-axe *n* 1. kőbalta 2. kőfejtő kalapács

stone-blind *a* teljesen vak
stone-break *n* kőrontófű, kőtörőke
stone-breaker *n* 1. kőfejtő, kőtörő [ember] 2. kőzúzó gép
stonechat ['stoʊntʃæt] *n* hantmadár
stone-circle *n* megalitkör
stone-coal *n* kőszén, antracit
stone-cold *a* jéghideg
stonecrop *n* varjúháj [növény]
stone-cutter *n* kőfaragó
stoned [stoʊnd] *a* kimagozott
stone-dead *a* halott
stone-deaf *a* földsüket
stone-dresser *n* kőfaragó
stone-fruit *n* csonthéjas gyümölcs, csontár
Stonehenge [stoʊn'hendʒ] *prop* ⟨a legnagyobb *stone-circle* Angliában a Salisbury síkon⟩
stone-mason *n* kőfaragó
stone-pit *n* kőbánya, kőfejtő
stonewalling *n* 1. időhúzó (v. „fal melletti") játék [sportmérkőzésen] 2. obstrukció(s politika)
stone-ware *n* kőedény
stonework *n* 1. kőfaragó munka, kőfaragás 2. kőfalazat
stonily ['stoʊnɪlɪ] *adv* érzéketlenül, hidegen
stoniness ['stoʊnɪnɪs] *n* érzéketlenség, hidegség
stony ['stoʊnɪ] *a* 1. köves, kövecses 2. *(átv is)* kőkemény; (jég)hideg 3. □ = *stony-broke*
stony-broke *a* □ teljesen tönkrement/ „leégett", egy vasa sincs
stony-hearted *a* kőszívű, szívtelen
stood → *stand II.*
stooge [stu:dʒ] □ I. *n* 1. színész partnere [rendszerint a nézőtéren] 2. stróman, cinkostárs; fullajtár 3. beépített ember, „tégla" II. *vi* ~ *about* ide-oda utazik/röpköd [repülőgépen]
stook [stʊk] I. *n* kepe, kereszt [kévékből] II. *vi* kepél, keresztekbe rak
stool [stu:l] I. *n* 1. (támlátlan) szék, zsámoly; *(kitchen)* ~ hokedli; *fall between two* ~*s* két szék közt a pad alá esik 2. *(close)* ~ szobaürszék; *go to* ~ székel, ürít 3. széklet 4. (fa)törzs [melyből új hajtás nő] 5. csalimadár

6. ablakpárkány II. *vi* 1. kihajt [növény gyökérről] 2. székel, ürít
stool-pigeon *n* 1. csalimadár 2. *US* □ [rendőrségi] besúgó, rendőrspicli
stoop¹ [stu:p] I. *n* (meg)görnyedés, lehajlás, előrehajlás, leereszkedés II. A. *vi* 1. meggörnyed, lehajol, előrehajol 2. (le)alacsonyodik *(to* vmre/vmeddig), 3. lecsap (zsákmányára) B. *vt* megdönt, előrebillent [hordót]
stoop² [stu:p] *n US* (lépcsős) tornác
stop [stɒp; *US* -ɑ-] I. *n* 1. megállás, leállás; szünet; (rövid) tartózkodás (vhol); megálló; *bring sg to a* ~ vmt megállít/leállít; *come to a (sudden)* ~ hirtelen megáll/leáll; *make a* ~ megáll; *put a* ~ *to sg* véget vet vmnek 2. megálló(hely) 3. akadály, gát 4. ütköző; zárópecek; ~ *valve* zárószelep 5. írásjel; *full* ~ pont [a mondat végén] 6. (orgona)regiszter; lyuk [fuvolán]; billentyű [klarinéton] 7. rekesz(nyílás) [fényképezőgépen] 8. zárhang II. *v* -**pp**- A. *vt* 1. megállít, leállít; elállít [vérzést]; ~ *a bullet* golyót kap (a testébe), meglövik 2. visszatart, feltartóztat; felfog [ütést]; ~ *sy('s) doing sg*, ~ *sy from doing sg* megakadályoz vkt vmnek a megtételében; *nothing will* ~ *him from going* semmi sem akadályozhatja meg, hogy el ne menjen 3. beszüntet, abbahagy (vmt), véget vet (vmnek); ~ *it!* hagyd abba!, elég volt!; ~ *a cheque* csekket letilt 4. bedug(aszol), betöm [lyukat, fogat] elzár, eláll [utat]; ~ *one's ears to sg* befogja a fülét, hallani sem akar vmről; *get* ~*ped* eldugul; *road* ~*ped* út elzárva 5. központoz [írást] 6. lefog [húrt hangszeren]; nyílását befogja [fuvolának] B. *vi* 1. megáll; ~*!* állj!; ~*! and give way* állj! elsőbbségadás kötelező; *US* ~ *look and listen* vigyázz ha jön a vonat! 2. (vhol) tartózkodik, időzik, marad; *how long do we* ~ *here* meddig állunk (v. áll a vonat) itt?; ~ *at a hotel* szállodában száll meg 3. megszűnik, abbamarad; leáll; ~ *doing sg* abbahagy vmt; *will you never* ~ *talking?* sohase áll be a szád?; *it has* ~*ped raining* elállt az eső; *the matter*

did not ~ there evvel még nem volt vége a dolognak
stop by *vi* 1. mellette marad 2. *he ~ped by at my house* (útközben) benézett hozzám
stop down *vt/vi* lerekeszel, leblendéz [rekesznyílást]
stop in *vi* benn marad (a házban)
stop out *vi biz* kimarad [éjszakára]
stop over *vi* megszakítja az útját (rövid időre)
stop up A. *vt* betöm, eldugaszol; *get ~ped up* eldugul **B.** *vi* fennmarad [este]
stop-bath *n* fixálófürdő
stop-block *n* ütközőbak
stop-cock *n* elzárócsap
stopgap I. *a* hézagpótló, kisegítő, átmeneti **II.** *n* kisegítő megoldás
stop-lamp *n* féklámpa, stoplámpa
stop-light *n* 1. piros fényjelzés/lámpa 2. = *stop-lamp*
stop-line *n* stopvonal
stopover *n* útmegszakítás, rövid tartózkodás
stoppage ['stɔpɪdʒ; *US* -a-] *n* 1. megállítás, meggátlás; elállítás [vérzésé]; leállítás; megszüntetés; *~ of pay* fizetéstiltás 2. megállás, fennakadás; leállás [munkában]; szünet 3. (el-) dugulás [csőé]; székrekedés 4. tartózkodás *vhol* [útmegszakítással]
stopped [stɔpt; *US* -a-] → *stop II.*
stopper ['stɔpə*; *US* -a-] **I.** *n* 1. dugó, dugasz(oló); elzáró 2. kötélrögzítő [hajón] **II.** *vt* bedugaszol
stopping ['stɔpɪŋ; *US* -a-] *n* 1. megállás, megszűnés 2. megállítás, beszüntetés 3. tömés, plomba [fogban] 4. akadály ‖ → *stop II.*
stopping-distance *n* féktáv(olság)
stopping-place *n* megállóhely
stopple ['stɔpl; *US* -a-] *n* 1. dugó 2. *US* füldugó
stop-press *n* ~ (*news*) lapzárta utáni hír(ek)
stop-watch *n* stopper(óra)
storable ['stɔːrəbl] *a* raktározható
storage ['stɔːrɪdʒ] *n* 1. (be)raktározás, elraktározás; tárolás; ~ *battery* akku(mulátor); ~ *tank* gyűjtőtartály, táro-

ló; ~ *unit* tárolóegység, memória(egység) 2. raktár(helyiség) 3. tárolási dísztore [stɔː*] **I.** *n* 1. készlet, tartalék; (áru)raktár; *lay in a ~ of sg* készletet gyűjt vmből; *keep sg in ~* tartalékol vmt, készenlétben tart vmt; *have sg in ~ for sy* vmt [meglepetést stb.] tartogat vk számára; *what the future has in ~* mit rejteget a jövendő; *set/lay (great) ~ by sg* nagy fontosságot tulajdonít vmnek, nagyra értékel/tart vmt 2. *US* bolt, üzlet 3. *GB department ~, the ~s* áruház **II.** *vt* 1. (jól) felszerel, készlettel ellát 2. tárol, elraktároz; ~ *sg up* felhalmoz vmt 3. beraktároz [bútort]
store-house *n* 1. raktár 2. *átv* tárház
storekeeper *n* 1. raktáros 2. *US* boltos, kereskedő
store-room *n* 1. raktár(helyiség) 2. éléskamra
storey ['stɔːrɪ] *n* emelet; szint; *third ~ GB* harmadik emelet, *US* második emelet
-storeyed [-'stɔːrɪd] -emeletes
storied[1] ['stɔːrɪd] *a* 1. díszes; illuminált 2. történelmi/mesebeli jelenetet ábrázoló, legendás (hírű)
-storied[2] [-'stɔːrɪd] *US* -emeletes
stork [stɔːk] *n* gólya
stork's-bill *n* 1. gémorr 2. muskátli
storm [stɔːm] **I.** *n* 1. vihar; (*rain-)~* zivatar; ~ *of arrows* nyílzápor; ~ *of indignation* viharos felháborodás; ~ *and stress* viszontagságos/küzdelmes időszak/korszak; ~ *in a teacup* vihar egy pohár vízben, sok hűhó semmiért; *the ~ blew over* a vihar elvonult 2. roham, megrohanás; *take by ~* rohammal vesz be, egy csapásra meghódít 3. lárma, zűrzavar **II. A.** *vi* viharzik, tombol, dühöng (*átv is*) **B.** *vt* megrohamoz, rohammal bevesz
storm-area *n* viharzóna
storm-beaten *a* viharvert
storm-bird *n* viharmadár
storm-bound *a* vihar által akadályozott; viharba keveredett
storm-centre *n* 1. vihar/ciklon magja/középpontja 2. *átv* viharsarok, tűzfészek

storm-cloud n viharfelhő
storm-cone n GB viharjelző kúp/készülék [tengerparton]
stormer ['stɔ:mə*] n rohamcsapat tagja
stormily ['stɔ:mɪlɪ] adv viharosan
storminess ['stɔ:mɪnɪs] n viharosság
storming ['stɔ:mɪŋ] n megrohamozás
storming-party n rohamosztag
storm-jib n vihar-orrvitorla
storm-lantern n GB viharlámpa
stormless ['stɔ:mlɪs] a viharmentes, zivatarmentes
storm-proof a 1. viharálló 2. bevehetetlen
storm-signal n viharjelzés
storm-tossed [-tɔst; US -ɑ-] a viharban hányódó, viharvert
storm-troops n pl rohamcsapatok
storm-water n esővíz
storm-window n külső ablak(szárny)
stormy ['stɔ:mɪ] a (átv is) viharos
story¹ ['stɔ:rɪ] n 1. történet, elbeszélés; mese; tell a ~ (1) történetet elmond (2) mesél; it's the same old ~ (ugyanaz a) régi nóta; the ~ goes that úgy beszélik; a very different ~ egészen más dolog; to make a long ~ short hogy szavamat rövidre fogjam 2. anekdota, vicc, (tréfás) történet 3. biz (újság-)cikk, tudósítás 4. „mese", füllentés; (ártatlan) hazugság; tell stories „mesél", füllent, lódít || →short I. 1.
story² ['stɔ:rɪ] n US = storey
story-book n meséskönyv
story-teller n 1. mesemondó, elbeszélő 2. füllentő, hazudozó
story-writer n 1. meseíró 2. novellista
stoup [stu:p] n 1. kancsó, kupa 2. szenteltvíztartó
Stour [Suffolk: stʊə*; Hampshire: 'staʊə*] prop
stout [staʊt] I. a 1. erős, izmos 2. bátor, szilárd; szívós; ~ resistance makacs ellenállás 3. vaskos, kövér II. n erős barna sör
stout-hearted a bátor (szívű), elszánt
stoutish ['staʊtɪʃ] a kövérkés
stoutly ['staʊtlɪ] adv határozottan, erősen; szívósan; makacsul
stoutness ['staʊtnɪs] n 1. erősség 2. határozottság 3. kövérség

stove¹ [stoʊv] I. n 1. kályha; tűzhely; kemence 2. GB (fűtött) melegház II. vt 1. éget, szárít [mázas cserepet] 2. GB melegházban nevel [növényt]
stove² [stoʊv] →stave II.
stove-pipe n kályhacső; US biz ~ hat cilinder, kürtőkalap
stove-setter n kályhás
stow [stoʊ] A. vt elrak, berak, elhelyez, eltesz; megrak [rakománnyal]; ~ sg away gondosan elrak/elrejt vmt; □ ~ it! fogd be a szád !, kuss ! B. vi elrejtőzik [hajón, hogy potyán utazhasson]
stowage ['stoʊɪdʒ] n 1. berakás, (el-)rakodás 2. rakodótér 3. rakodási díj, raktárdíj
stowaway ['stoʊəweɪ] n potyautas [hajón elrejtőzve]
stower ['stoʊə*] n rakományelrendező [hajón]
strabismus [strə'bɪzməs] n kancsalság
Strachey ['streɪtʃɪ] prop
straddle ['strædl] I. n 1. szétterpesztett lábbal ülés/állás 2. kétkulacsosság, kétértelmű viselkedés 3. stellázsügylet, kettős díjügylet II. A. vi 1. szétveti/szétterpeszti lábát, terpeszállásba(n) áll, szétvetett lábbal ül/áll/megy 2. habozik, várakozó állásponton van B. vt 1. lovaglóülésben ül (vmn), megül (vmt) 2. belövi magát célpontra [ágyú] 3. várakozó álláspontot foglal el (vmben) 4. közrefog (vmt)
straddle-legged a terpeszállásban (levő)
strafe [strɑ:f; US -eɪ-] I. n ágyútűz, géppuskázás, bombázás II. vt 1. erős ágyútűz alá vesz, bombáz; repülőgépről géppuskáz 2. megszid, lehord
Strafford ['stræfəd] prop
straggle ['strægl] vi 1. (el)csatangol, (el)kóborol 2. összevissza nő [növény]
straggler ['stræglə*] n elmaradozó, elcsatangoló, elkóborló
straggling ['stræglɪŋ] a szétszórt, ritka, szétfutó, rendetlen
straight [streɪt] I. a 1. egyenes; ~ angle egyenesszög (180°) 2. rendben levő; put sg ~ rendbe hoz, megigazít 3. átv egyenes, őszinte, becsületes; ~ look nyílt tekintet 4. közvetlen, direkt; tiszta, világos [érvelés stb.]; US ~

ticket hivatalos pártprogram **5.** *US* tiszta, tömény [nem kevert/hígított]; ~ *whisky* sima whisky **6.** □ megbízható; ~ *tip* biztos tipp **7.** *US* □ szabott árú **II.** *adv* **1.** egyenesen, egyenes vonalban; közvetlenül; *keep* ~ *on!* csak menjen egyenesen előre/tovább **!**; *three weeks* ~ három héten át folyton; *biz I have it* ~ *now* már értem; *read a book* ~ *through* (egyfolytában) végigolvassa a könyvet; ~ *from the horse's mouth* biztos/megbízható forrásból **2.** őszintén, nyíltan, tisztán; *go* ~ tisztességes marad, tisztességesen él **3.** azonnal; ~ *away/off* azonnal, rögtön, azon nyomban **III.** *n* egyenes pályaszakasz; *act on the* ~ lojálisan jár el

straightaway *US* **I.** *a* **1.** egyenes irányú **2.** *átv* nyílt, közvetlen, egyenes **II.** *adv* azonnal, rögtön, nyomban **III.** *n* = *straight III.*

straight-cut *a* hosszában vágott [dohánylevél]

straight-edge *n* szintezővonalzó, felületsimaság-vizsgáló

straight-eight *n* nyolchengeres motor

straighten ['streɪtn] **A.** *vt* **1.** kiegyenesít; kiegyenlít **2.** ~ (*up*) egyenesbe/rendbe hoz, helyrehoz **B.** *vi* kiegyenesedik; *things will* ~ *out* a dolgok majd rendbe jönnek

straight-face *n* pléhpofa

straightforward I. *a* őszinte, nyílt, egyenes, becsületes **II.** *adv* egyenesen

straightforwardness [-'fɔ:wədnɪs] *n* egyenesség, nyíltság, őszinteség

straightness ['streɪtnɪs] *n* egyenesség, őszinteség, tisztaság

straight-out I. *a US* nyílt, őszinte; meg nem alkuvó **II.** *adv* egyenesen, nyíltan

straightway *adv* = *straightaway II.*

strain [streɪn] **I.** *n* **1.** feszültség, feszülés; (túl)feszítés; terhelés, igénybevétel **2.** megerőltetés, megterhelés; erőlködés; *mental* ~ szellemi túlerőltetés/agyonhajszoltság; *the* ~ *of modern life* a modern élet hajszája **3.** húzódás, rándulás **4.** hangulat, hangnem, hang **5.** ének, költemény **6.** származás; fajta **7.** (jellem)vonás, hajlam **II. A.** *vt* **1.** (meg)feszít, meghúz **2.** megrándít

[végtagot] **3.** megerőltet, túlterhel, túlfeszít; próbára tesz [türelmet] **4.** magához ölel/szorít **5.** kiforgat, eltorzít [értelmet] **6.** megszűr, átszűr [folyadékot]; ~ *off* kiszűr, leszűr (vmt vmből) **B.** *vi* **1.** erőlködik; (meg)feszül; ~ *at sg* vmt teljes erőből húz/ránt; ~ *after* vmre törekszik; ~ *effects* hatásra vadászik **2.** átszivárog, letisztul, átszűrődik **3.** eltorzul, deformálódik

strained [streɪnd] *a* **1.** feszült; megfeszített; erőltetett; ~ *relations* feszült viszony **2.** ~ *ankle* megrándult/meghúzódott boka

strainer ['streɪnə*] *n* szűrő; szita

straining ['streɪnɪŋ] *n* **1.** (meg)feszítés, (meg)erőltetés **2.** szűrés; ~ *bag* szűrő zacskó

strait [streɪt] **I.** *a* † **1.** keskeny, szoros, szűk **2.** szigorú, pontos **3.** fukar **II.** *n* **1.** (tenger)szoros; *the S*~*s* [korábban] Gibraltári-szoros, [újabban] Malakkai-szoros **2.** nehéz helyzet; *be in great* ~*s* szorult helyzetben van

straitened ['streɪtnd] *a in* ~ *circumstances* szűkös viszonyok között

strait-jacket *n* kényszerzubbony

strait-laced [-'leɪst] *a* prűd, szigorú erkölcsű, vaskalapos

strait-waistcoat *n* = *strait-jacket*

strake [streɪk] *n* hajópalánk, palánksor

strand¹ [strænd] **I.** *n* **1.** (kötél)pászma; szál, fonal **2.** alkotóelem, (jellem)vonás **II.** *vt* [kötelet] ver

strand² [strænd] **I.** *n* part **II. A.** *vt* partra/zátonyra juttat/vet [hajót]; *be* ~*ed* (1) megfeneklett (2) vesztegel (vhol) **B.** *vi* **1.** megfeneklik, zátonyra fut **2.** kátyuba jut

stranded¹ ['strændɪd] *three-*~ *rope* három szálból sodrott kötél

stranded² ['strændɪd] *a* **1.** megfeneklett, zátonyra futott; hajótörött **2.** nehéz helyzetben hagyott, kátyuba jutott, lemaradt

strange [streɪndʒ] *a* **1.** különös, furcsa, szokatlan, meglepő; ~ *to say* bármily furcsa/különös is . . ., furcsa módon **2.** idegen(szerű), ismeretlen; *it is* ~ *to me* nem ismerem

strangely ['streɪndʒlɪ] adv különösképpen, furcsán
strangeness ['streɪndʒnɪs] n furcsaság, idegenszerűség
stranger ['streɪndʒə*] n idegen, külföldi, ismeretlen ember; be a ~ to sg járatlan vmben, nem ismer vmt; I am a ~ here nem vagyok idevalósi; you are quite a ~ ezer éve nem jártál nálunk/itt; US say, ~! pardon uram egy pillanatra!
strangle ['stræŋgl] vt megfojt, fojtogat; elfojt, visszafojt
stranglehold n have a ~ on sy markában tart vkt
strangling ['stræŋglɪŋ] n megfojtás
strangulate ['stræŋgjʋleɪt; US -jə-] vt 1. elköt, leszorít [eret]; elzár [belet] 2. megfojt; elfojt
strangulated ['stræŋgjʋleɪtɪd; US -jə-] a kizáródott [sérv]
strangulation [stræŋgjʋ'leɪʃn; US -jə-] n 1. eltömés, elzárás, lekötés, összeszorítás 2. megfojtás 3. eltömődés
strap [stræp] I. n 1. szíj; heveder; vállszíj; váll-lap; ragtapaszcsík 2. pánt; kapocs; cipőhúzó fül; bilincs [csőnek] II. vt -pp- 1. szíjjal átköt, összeszíjaz 2. szíjjal elver 3. ragtapasszal beragaszt 4. (fenő)szíjon (ki-)fen
strap-brake n szalagfék
strap-hanger n álló(helyes) utas [buszon stb.]
strap-hinge n sarokpánt
strap-oil n biz give sy a little ~ mogyorópálcával keneget vkt
strapping ['stræpɪŋ] I. a magas és izmos (termetű), jó alakú, deltás II. n 1. szíjjal megverés 2. szíjazat, (hajtó-)szíjak 3. sebkötés
strata →stratum
stratagem ['strætədʒəm] n hadicsel
strategic(al) [strə'ti:dʒɪk(l)] a hadászati, stratégiai, hadi fontosságú
strategist ['strætɪdʒɪst] n stratéga, hadvezér
strategy ['strætɪdʒɪ] n hadászat, stratégia
Stratford-(up)on-Avon [strætfəd(ʌp)ɔn-'eɪvn] prop
strath [stræθ] n sk széles folyóvölgy

strathspey [stræθ'speɪ] n ⟨élénk skót tánc⟩
strati →stratus
stratification [strætɪfɪ'keɪʃn] n réteg(e)-ződés; rétegezés
stratify ['strætɪfaɪ] A. vt rétegez B. vi réteg(e)ződik
stratocumulus [strætoʋ-] n gomolyos rétegfelhő, sztratokumulusz
stratosphere ['strætəsfɪə*] n sztratoszféra
stratum ['strɑːtəm; US 'streɪ-] n (pl strata 'strɑːtə, US 'streɪtə) réteg
stratus ['streɪtəs] n (pl strati 'streɪtaɪ) rétegfelhő
straw [strɔː] n 1. szalma; ~ man, man of ~ (1) szalmabáb (2) stróman; ~ mat gyékény- v. szalmafonat [lábtörlő]; ~ mattress szalmazsák; ~ vote próbaszavazás 2. szalmakalap 3. szalmaszál; cling to a ~ szalmaszálba kapaszkodik; ~ in the wind apró jel ami mutatja, hogy honnan fúj a szél (vagy hogy mire kell felkészülni); not worth a ~ nem ér semmit; I do not care a ~ fütyülök rá; it's the last ~! még csak ez hiányzott!
strawberry ['strɔːb(ə)rɪ; US -berɪ] (földi)eper, szamóca; wild ~ erdei szamóca; ~ mark anyajegy; ~ tree szamócafa
straw-board n durva kartonpapír
straw-bottomed a szalmafonatos ülésű
straw-coloured a szalmasárga
straw-cutter n szecskavágó
strawy ['strɔːɪ] a szalmás
straw-yard n szérűskert
stray [streɪ] I. a 1. elkóborolt, eltévedt, kóbor; ~ current kóboráram 2. elszórt, szórványos 3. alkalmi, véletlen II. n 1. bitang jószág; elhagyott kóborló gyerek 2. GB koronára visszaszálló (örökös nélküli) vagyon 3. strays pl légköri zavarok, recsegés [rádióban] III. vi elkóborol, elbitangol, elkalandozik; letér a jó útról; eltéved
streak [striːk] I. n 1. csík, sáv; réteg; ér; off like a ~ (of lightning) mint a villám 2. nyoma vmnek, egy kevés vmből; there is a yellow ~ in him van benne valami hitványság/gyávaság

II. A. *vt* csíkoz, tarkáz B. *vi biz* ~ (*off*) elhúzza a csíkot, elrohan
streaked ['stri:kt] *a* = *streaky*
streaky ['stri:kɪ] *a* csíkos, sávos; erezett
stream [stri:m] I. *n* 1. patak; folyam, folyó 2. ár(adat), áram(lás), ömlés, özön(lés); sugár [vízé stb.]; *go with the* ~ úszik az árral; *come on* ~ üzemelni/termelni kezd; *against the* ~ ár ellen; ~ *of consciousness* tudatfolyam; *in one continuous* ~ szakadatlan áradatban 3. irányzat 4. *GB* ⟨tanulók szintezett csoportja⟩ II. A. *vi* 1. özönlik, folyik, ömlik, áramlik; zuhog, szakad (az eső); potyog [könny], hull, dől, patakzik [vér]; *be ~ing with perspiration* folyik róla az izzadság 2. leng, lobog B. *vt* 1. önt, zúdít 2. *GB* szintez [tanulókat képesség/tudásszint szerint]
stream forth *vi* kibuggyan, kiömlik
stream in *vi* beözönlik, beáramlik
stream out *vi* kitódul, kiözönlik
streamer ['stri:mə*] *n* 1. (szalag)lobogó, zászló(cska); árbocszalag 2. papírszalag, szerpentin(szalag) 3. *US* ~ (*headline*) szalagcím [újságban]
streaming ['stri:mɪŋ] I. *a* folyó, patakzó, áramló, ömlő, özönlő; *have a* ~ *cold* erősen náthás, folyik az orra II. *n GB* szintezés [tanulóké képesség/tudásszint szerint]
streamlet ['stri:mlɪt] *n* patak, ér
streamline I. *n* 1. áramvonal 2. akadálytalan/sima áramlás/folyás [vízé, levegőé] II. *vt* 1. áramvonalaz 2. korszerűsít, modernizál
streamlined *a* 1. áramvonalas 2. modern, a mai ízlésnek megfelelő
streamy ['stri:mɪ] *a* 1. folyókban gazdag 2. ömlő, patakzó
street [stri:t] *n* utca, út; ~ *accident* közlekedési baleset; ~ *cries* utcai árusok (árut kínáló) kiáltásai; ~ *level* utcaszint; ~ *number* házszám; *turn sy into the* ~ vkt az utcára lök; *not in the same* ~ *with sy* nem lehet egy napon említeni vkvel; *biz not up my* ~ kb. nem az én asztalom; *live on easy* ~ könnyű életet él; *go on the* ~ prostitúcióból él, strichel; *he is* ~*s ahead of*

you messze fölötted áll, klasszisokkal különb nálad
street-arab *n* utcagyerek
streetcar *n US* villamos(kocsi)
street-crossing *n* (kijelölt) gyalogátkelőhely
street-door *n* utcai kapu/ajtó
street-island *n* járdasziget
street-lighting *n* közvilágítás
street-refuge *n* járdasziget
street-sweeper *n* utcaseprő (gép)
street-walker *n* utcalány, utcai nő
streetward ['stri:twəd] I. *a* az utcára néző, utcai [szoba] II. *adv* az utca felé
strength [streŋθ] *n* 1. erő, erősség; ellenállóerő, tartósság, szilárdság; erély, kitartás; ~ *of will* akaraterő; *by sheer/main* ~ puszta erővel; *gather* ~ magához tér; *on the* ~ *of sg* vmnek alapján 2. létszám; *in great* ~ nagy létszámban; *fighting* ~ harci/harcoló állomány 3. érvényesség
strengthen ['streŋθn] A. *vt* megerősít B. *vi* megerősödik
strengthening ['streŋθənɪŋ] I. *a* (meg-) erősítő II. *n* (meg)erősítés
strenuous ['strenjʊəs] *a* 1. fáradhatatlan, buzgó, kitartó 2. fárasztó, kimerítő
strenuously ['strenjʊəslɪ] *adv* határozottan, erélyesen, fáradhatatlanul
streptococcus [streptə'kɔkəs; *US* -'kɑ-] *n* (*pl -cocci* -'kɔkaɪ, *US* -'kɑ-) streptococcus
streptomycin [streptə'maɪsɪn] *n* sztreptomicin
stress [stres] I. *n* 1. nyomás, feszültség, erő, igénybevétel; ~ *bar* hosszanti vas [vasbetonban]; *bending* ~ hajlító igénybevétel, -feszültség 2. nyomaték, hangsúly, fontosság; *lay* ~ *on sg* hangsúlyoz vmt 3. erőfeszítés; nehézség, megpróbáltatás; s(z)tressz; *be in* ~ szorult helyzetben van II. *vt* 1. hangsúlyoz, kiemel; hangoztat 2. feszít, szorít, nyom
stress-mark *n* hangsúlyjel(zés) [betűn]
stretch [stretʃ] I. *a* ~ *nylon* kreppnylon (harisnya); ~ *pants/slacks* lasztex nadrág; ~ *tights* kreppnylon harisnyanadrág II. *n* 1. kinyújtás, kiterjesztés,

(ki)feszítés, erőltetés; *by no ~ of the imagination* a legmerészebb képzelet sem (közelíti meg); *at full ~* teljes erőbedobással 2. kiterjedés, tér, terjedelem, terület, sáv, szakasz, (idő-) tartam; *the home ~* célegyenes; *at a ~* egyhuzamban; *a great ~ of water* nagy víztükör; □ *he did a ten-year ~* tíz évet ült (a börtönben) 3. feszülés, nyúlás; rugalmasság 4. nyújtózkodás II. A. *vt* 1. (ki)nyújt, (ki)feszít, (ki-) tágít, kiterít; kiegyenesít; *~ (oneself)* nyújtózkodik; *~ one's legs* (1) kinyújtja a lábát (2) sétálni megy (sok ülés után) 2. túlfeszít, (túl)erőltet, túloz, erőszakol; *~ the law* csűri-csavarja (v. kiforgatja) a törvényt; *~ a point* liberálisan/tágan értelmez [szabályt stb.]; *~ the truth* (kissé) elferdíti az igazságot; *~ed to the breaking point* pattanásig feszült 3. □ felakaszt (embert) 4. □ kiterít [vkt ravatalon], felravataloz B. *vi* (meg)feszül, (ki)nyúlik; nyújtózik, kiterjed, terpeszkedik *stretch out* A. *vt* 1. kinyújt; *~ oneself o.* elnyúlik 2. leterít, kiüt vkt B. *vi* kinyúlik
stretcher ['stretʃə*] *n* 1. nyújtó, tágító, feszítő 2. hordágy 3. futósor [téglákból] 4. lábtámasz [csónakban]; rögzítő ék
stretcher-bearer *n* szanitéc, mentő
stretcher-party *n* mentőosztag
strew [stru:] *vt (pt ~ed* stru:d, *pp ~ed* v. *~n* stru:n) 1. (be)hint, (be)szór (*with* vmvel) 2. terjeszt
stria ['straiə] *n (pl ~e* 'straii:) rovátka, barázda, horony, csík
striated [strai'eitid; *US* 'straii-] *a* rovátkolt, barázdás, hornyolt
stricken ['strik(ə)n] *a* 1. megsebzett; vm által sújtott/meglepett; † *~ in years* koros, öreg; *~ field* véres csatatér 2. *~ measure* színig telt (v. csapott) mérték ‖ *→strike II.*
strickle ['strikl] *n* csapófa, simítófa [űrmértékhez]; ácssablon
strict [strikt] *a* szigorú, pontos, szabatos; szoros, feszes; *be ~ with sy* szigorú vkvel szemben; *in the ~ sense of the word* a szó szoros értelmében

strictly ['striktli] *adv* szigorúan, pontosan; *~ prohibited* szigorúan tilos; *~ speaking* az igazat megvallva, igazában, szigorúan véve
strictness ['striktnis] *n* szigorúság, pontosság
stricture ['striktʃə*] *n* 1. szigorú bírálat, gáncs, kifogás; *pass ~s on sg* kifogásol vmt 2. szűkület
stridden *→stride II.*
stride [straid] I. *n* (hosszú/nagy) lépés; terpesztávolság; *make great ~s* nagy haladást tesz; *take sg in one's ~* különösebb megerőltetés nélkül teszi, természetesnek találja; *get into one's ~* lendületbe jön II. *v (pt* strode stroud, *pp* stridden 'stridn) A. *vi* lépked, lépdel, nagyokat/hosszúkat lép B. *vt* 1. átlép (egy lépéssel) 2. megül, lovaglóülésben ráül
stridency ['straidnsi] *n* csikorgósság, recsegősség, élesség [hangé]
strident ['straidnt] *a* fülhasogató, metsző, csikorgó [hang]
stridulate ['stridjuleit; *US* -dʒə-] *vi* cir(i)pel
stridulation [stridju'leiʃn; *US* -dʒə-] *n* cir(i)pelés
strife [straif] *n* küzdelem, harc, viszály, verseny
strike [straik] I. *n* 1. ütés, csapás 2. sztrájk, munkabeszüntetés; *be on ~* sztrájkol; *call a ~* sztrájkot hirdet; *go on ~, come out on ~* sztrájkba lép 3. légi csapás 4. (telér)lelet II. *v (pt/pp* struck strʌk, *pp* † stricken 'strik(ə)n) A. *vt* 1. (meg)üt, csap, odavág (vknek), megver; *~ sy dead* agyonüt vkt; *a sound struck my ear* egy hang ütötte meg a fülemet; *~ a match* gyufát gyújt 2. nekiütődik (vmnek), megfeneklik (vhol); *~ the bottom* feneket ér; *~ rock* sziklára fut [hajó] 3. ver [pénzt] 4. leenged, bevon [zászlót, vitorlát]; *~ one's flag* (1) zászlót bevonja (2) meghódol, beadja a derekát 5. *~ camp/tents* tábort bont; felszedi a sátrakat 6. ráakad, rábukkan (vmre); *~ it rich* „megüti a főnyereményt" 7. hirtelen vmlyen hatással van (vkre); *how did it ~ you?*

mi volt a benyomásod (róla)?; *how did she ~ you?* milyennek tűnt (ő) neked?; *what struck me was* . . . nekem az tűnt fel, hogy . . .; *the thought ~s me that* . . . az a gondolatom támadt, hogy . . . 8. vm ellen támad 9. vmre hirtelen szert tesz 10. ~ *a balance* számlát kiegyenlít, egyenleget megállapít 11. ~ *work* beszünteti a munkát, sztrájkba lép 12. □ elcsen, megcsap (vmt) B. *vi* 1. üt; *his hour has struck* ütött az órája 2. nekiütődik (vmnek) 3. sztrájkol 4. megadja magát
   strike against A. *vt* nekiüt, hozzácsap B. *vi* nekiütődik
   strike at *vi* 1. ráüt, rácsap (vkre, vmre), nekiütődik (-nek) 2. vmre céloz
   strike down *vt* lever, leüt, lesújt, lábáról ledönt
   strike for *vi* 1. vm felé indul 2. sztrájkol vmért
   strike in A. *vt* 1. közbevet [megjegyzést] 2. bever [szöget] B. *vi* 1. közbeszól 2. befelé húzódik [betegség] 3. ~ *in with sy/sg* csatlakozik vkhez, megegyezik/összeillik vmvel
   strike into A. *vt* beleüt, -döf, -szúr; ~ *a knife i. sy's heart* kést döf vknek a szívébe; ~ *terror i. sy* vkt megrémít, vkt rémülettel tölt el B. *vi* hirtelen vmbe kezd; rázendít
   strike off A. *vt* 1. leüt [fejet], lever 2. kihúz, (ki)töröl [nevet jegyzékből] 3. kinyomtat, lehúz [bizonyos példányszámban] B. *vi* letér vmely irányból/útról
   strike on A. *vi* 1. ráüt 2. rátalál, rábukkan B. *vt biz get struck on sy* belebolondul vkbe
   strike out A. *vt* 1. kitöröl, kihúz [nevet stb.] 2. kicsihol [szikrát] 3. kitalál, kieszel (vmt), rájön (vmre) B. *vi* 1. teljes erővel üt 2. hirtelen elindul (*for* vm irányba/felé) 3. *biz* ~ *o. on one's own* a maga lábán kezd járni, önállósítja magát
   strike through *vt/vi* 1. átüt, átszúr (vmt); áthatol (vmn) 2. áthúz, kitöröl [szót]
   strike up *vt/vi* 1. rázendít, intonál

2. (vmbe) kezd; (vmbe) elegyedik; ~ *up an acquaintance with sy* megismerkedik vkvel
   strike upon *vi* (rá)bukkan (vmre)
strikebound *a* sztrájk következtében nem működő/dolgozó, sztrájktól megbénított
strike-breaker *n* sztrájktörő
strike-measure *n* (le)csapott mérce/mérték
strike-pay *n* sztrájksegély [szakszervezet részéről]
striker ['straɪkə*] *n* 1. sztrájkoló 2. ütőszerkezet 3. szigonyozó 4. fogadó [teniszben] 5. támadójátékos, csatár [labdarúgásban] 6. *US* tisztiszolga
striking ['straɪkɪŋ] *a* 1. ütő; csapó; *within ~ distance* közvetlen közelben, kéztávolságban 2. meglepő, feltűnő
strikingly ['straɪkɪŋlɪ] *adv* meglepően, feltűnően
Strine [straɪn] *a/n biz* ausztráliai (angolság)
string [strɪŋ] I. *n* 1. zsineg, zsinór, madzag, spárga; cipőfűző; *biz have sy on a ~* dróton rángat (v. pórázon vezet) vkt; *pull ~s* protekciót/összeköttetéseket vesz igénybe; *with no ~s attached* mindenféle kikötés/feltétel nélkül 2. húr [hangszeré, íjé]; *the ~s* vonósok; *touch the ~s* hárfázik, lanton játszik; *have two ~s to one's bow* kb. két vasat tart a tűzben 3. gyöngysor, sor; füzér; ~ *of onions* hagymakoszorú 4. rost, szál [növényé] II. *v* (*pt/pp* strung strʌŋ] A. *vt* 1. (zsineggel stb.) megköt 2. felfűz (zsinórral); ~ *out* sorban elhelyez; ~ *up* felköt (vmt, *biz* vkt) 3. (fel)húroz 4. felhangol (*átv is*); felajz, -izgat, -idegesít 5. megtisztít [zöldbabot] B. *vi* nyúlóssá/rostossá válik
string-bag *n* hálószatyor
string-bean *n* zöldbab
string-course *n* (egyszerű) szalagtag, övpárkány
stringed [strɪŋd] *a* ~ *instrument* vonós/húros hangszer
stringency ['strɪndʒ(ə)nsɪ] *n* 1. szigorúság; megszorítás; precízség 2. megszorultság, pénztelenség

stringent ['strınd3(ə)nt] *a* 1. szigorú, szoros, kimért 2. pénzszűkében levő, megszorult
stringer ['strıŋə*] *n* 1. (fel)húrozó 2. tartógerenda, hosszaljzat
stringiness ['strıŋınıs] *n* szálasság, inasság, rostosság; rágósság [húsé]
string-orchestra *n* vonószenekar
string-quartet *n* vonósnégyes
stringy ['strıŋı] *a* 1. rostos, szálkás, szálas, inas; rágós 2. nyúlós
strip¹ [strıp] *n* szalag, csík, sáv, hosszú darab, keskeny mező; ~ (*cartoon*) (tréfás) képregény [újságban]; ~ *floor* deszkapadló, hajópadló; ~ *iron* szalagvas; ~ *lighting* fénycsővilágítás
strip² [strıp] I. *n* ~ *mine* külfejtésű bánya II. *v* -pp- A. *vt* 1. levetkőztet; leszerel [hajót]; ~ *sy naked* meztelenre vetkőztet vkt; ~*ped to the waist* derékig meztelenül; ~ *sy of sg* vkt vmtől megfoszt 2. lenyúz, lehúz, lehámoz, lehéjaz, megkopaszt; ~ *flax* lent tilol B. *vi* levetkőzik; ~ *to the skin* teljesen (meztelenre) levetkőzik
stripe [straıp] I. *n* 1. csík, sáv, szalag, sujtás [zubbony ujján mint rangjelzés]; *lose one's* ~*s* lefokozzák; *get one's* ~*s* előlép [rangban katonaságnál] 2. † korbácsütés II. *vt* csíkoz
striped [straıpt] *a* csíkos, sávos, tarka csíkos
stripling ['strıplıŋ] *n* suhanc, fiatal fickó
stripped [strıpt] → strip²
striptease *n* sztriptíz, vetkőzőszám
strive [straıv] *vi* (*pt* strove strouv, *pp* ~n 'strıvn) 1. igyekszik, törekszik (*after/for sg* vmre) 2. küzd (*with/against* vm/vk ellen), verseng (*with* vkvel)
strobile ['stroubaıl; *US* 'strab(ə)l] *n* fenyőtoboz
stroboscope ['stroubəskoup; *US* 'strab-] *n* stroboszkóp
strode → stride II.
stroke [strouk] I. *n* 1. ütés, csapás; lökés; *at a* ~ egy csapással, azonnal 2. (kar)tempó, karcsapás [úszásban]; szárnycsapás; evezőcsapás; (óra)ütés; érverés; *on the* ~ *of 5* pontosan 5 órakor; *set the* ~ irányítja az evezést 3. löket, ütem [dugattyúé motorban]

4. (ecset)vonás; *with a* ~ *of the pen* egy(etlen) tollvonással 5. simogatás, cirógatás 6. felvillanás [gondolaté], váratlan/kedvező helyzet; ~ *of genius* zseniális/fényes tett/ötlet; ~ *of luck* hirtelen nagy szerencse; *a* ~ *of business* kitűnő üzlet 7. roham [betegségé]; (szél)hűdés 8. vezérevezős II. *vt* 1. cirógat, simogat, simít; ~ *sy the wrong way* vkt bosszant; ~ *sy down* vkt lecsendesít, megnyugtat 2. mint vezérevezős evez
stroll [stroul] I. *n* séta, kószálás; *take a* ~, *go for a* ~ sétál egyet, sétálni megy II. *vi* sétál, kóborol, kószál, csavarog
stroller ['stroulə*] *n* 1. sétáló, kószáló 2. csavargó 3. *US* = *push-chair*
strolling ['stroulıŋ] I. *a* sétáló, kóborló, kószáló, csavargó; ~ *player* vándorszínész II. *n* sétálás, kóborlás, kószálás, csavargás
strong [strɔŋ; *US* -ɔ:-] *a* 1. erős, izmos, hatalmas; szilárd, kemény; ~ *current* nagyfeszültségű áram; ~ *drink* erős/nehéz szeszes ital; ~ *features* markáns vonások; *prices are* ~ az árak emelkedőben vannak; *sy's* ~ *point* vknek erős/jó oldala; ~ *in Greek* görögben igen jó, görögül jól tud 2. heves, gyors, élénk; energikus, határozott, erélyes; ~ *measures* erélyes/drasztikus intézkedések; *with a* ~ *hand* erélyesen; *biz going* ~? megy a dolog?, halad?; *biz going* ~ egészséges, jó egészségben van, csupa életerő; *things are going* ~ minden nagyszerűen megy; *biz that is coming it rather* ~ ez kicsit sok a jóból, ezt kissé erősnek érzem 3. ~ *butter* avas vaj; ~ *cheese* erős/csípős sajt; ~ *smell* erős/kellemetlen szag 4. *200 persons* ~ 200 főnyi (v. főből álló)
strong-arm *a* erőszakot (is) igénybe vevő [eljárás], erőszakos
strong-box *n* páncélszekrény
stronghold *n* erőd(ítmény), erősség
strongly ['strɔŋlı; *US* -ɔ:-] *adv* erősen; nyomatékosan
strong-minded *a* 1. erélyes, határozott 2. férfias
strong-point *n* erőd(ítmény)
strong-room *n* páncélszoba, -terem

strong-willed *a* erős akaratú, határozott
strontium ['strɔntɪəm; *US* 'stranʃɪəm] *n*
strontium
strop [strɔp; *US* -ɑ-] I. *n* borotvaszíj,
fenőszíj II. *vt* -pp- fen, élesít [borotvát szíjon]
strophe ['stroufɪ] *n* strófa, versszak
strophic ['strɔfɪk; *US* -ɑ-] *a* strófás,
versszakokból álló
strove →strive
struck [strʌk] *a* ~ *measure* csapott mérték || →strike *II.*
structural ['strʌktʃ(ə)rəl]*a* 1. szerkezeti,
strukturális; szerkesztési; ~ *engineer*
tervezőmérnök, szerkesztő (mérnök),
statikus; ~ *erection* műtárgyépítés,
útépítés; ~ *iron* épületvas, idomvas
2. strukturális, strukturalista
structuralism ['strʌktʃ(ə)rəlɪzm] *n* strukturalizmus
structurally ['strʌktʃ(ə)rəlɪ] *adv* szerkezetileg; strukturálisan
structure ['strʌktʃə*] I. *n* 1. szerkezet,
struktúra; szervezet, felépítés; *social* ~
társadalmi szervezet/rendszer, a társadalom felépítése 2. épület, építmény; műtárgy 3. építés; szerkesztés
II. *vt* szerkeszt, rendez
struggle ['strʌgl] I. *n* küzdelem, harc;
igyekezet; ~ *for life* a létért folyó küzdelem, létharc II. *vi* küzd, harcol
(*against/with* vkvel; *for* vmért), erőlködik, igyekszik, erejét megfeszíti;
he ~*d to his feet* nagy nehezen lábra
állt
struggler ['strʌglə*] *n* küzdő, erőlködő
struggling ['strʌglɪŋ] I. *a* küzdő, küszködő II. *n* küzdés, erőlködés
strum [strʌm] *vi/vt* -mm- kalimpál [zongorán], pötyögtet [zongorát], pöcögtet [gitárt stb.], cincog [hegedűn]
struma ['struːmə] *n* (*pl* ~e -miː) strúma
strumous ['struːməs] *a* strúmás
strumpet ['strʌmpɪt] *n* † szajha
strung [strʌŋ] *a* (ki)feszített, feszült;
highly ~ ideges, túlfeszített, (túl)érzékeny (idegrendszerű) || →string *II.*
strut[1] [strʌt] I. *n* kevély járás, feszítés
II. *vi* -tt-büszkén/peckesen lépdel, feszít
strut[2] [strʌt] I. *n* támasztógerenda,
gyámfa II. *vt* -tt- alátámaszt, merevít

strychnine ['strɪkniːn; *US* -ɪn] *n* sztrichnin
Stuart [stjuət] *prop*
stub [stʌb] I. *n* 1. fatönk, törzs, tuskó
2. tompa vég(e vmnek), csonk; maradék; (cigaretta)csikk, ceruzavég; ~
axle féltengely; ~ *nail* eltört/rövid/
vastag szeg; ~ *pen* széles végű írótoll;
~ *pinion* tömpe fogazás 3. *US* (ellenőrző)szelvény [csekkfüzeté] II. *vt*
-bb- 1. kigyomlál, (fagyökereket) kiás
2. ~ *one's toe against sg* lába ujját
beleüti vmbe 3. elnyom [cigarettát,
szivart]
stubble ['stʌbl] *n* 1. tarló 2. *biz* borostás
áll, háromnapos szakáll
stubble-field *n* tarló
stubbly ['stʌblɪ] *a* 1. letarolt 2. *biz*
borostás [áll], szúrós [szakáll]
stubborn ['stʌbən] *a* makacs, konok,
akaratos, önfejű; *the* ~ *facts* a rideg
valóság; ~ *soil* rossz talaj
stubbornness ['stʌbənnɪs] *n* makacsság,
konokság, akaratosság
stubby ['stʌbɪ] *a* tömpe, zömök, köpcös
stucco ['stʌkou] *n* stukkó, díszvakolat;
műmárvány
stuccoed ['stʌkoud] *a* stukkóval díszített
stuck [stʌk] *a* 1. megragadt, megakadt
2. leszúrt [disznó]; *like a* ~ *pig* mint a
disznó, mikor ölik || →stick *II.*
stuck-up *a* elbizakodott, beképzelt, felfuvalkodott, nagyképű
stud[1] [stʌd] I. *n* 1. inggomb, kézelőgomb; díszgomb; szegecs 2. (fa)oszlop
[kerítésnek stb.] 3. *US* szobamagasság 4. pecek, csap II. *vt* -dd- díszít,
nagy (dísz)szegekkel kiver, veretez
stud[2] [stʌd] *n* (tenyész)ménes, méntelep;
versenyistálló (lovai)
stud-book *n* ménestörzskönyv
studdingsail ['stʌdɪŋseɪl; *US* 'stʌnsl] *n* hajósok nyelvén: 'stʌnsl] *n* szárnyvitorla
student ['stjuːdnt; *US* 'stuː-] *n* 1. (egyetemi/főiskolai) hallgató, főiskolás, egyetemista; *US* diák; *fellow* ~ diák-,
tanulótárs; *law* ~ joghallgató, jogász;
medical ~ orvostanhallgató 2. tudós,
vmt tanulmányozó 3. *GB* ösztöndíjas
studentship ['stjuːdnt-ʃɪp; *US* ['stuː-] *n*
1. diákság 2. *GB* ösztöndíj

stud-farm *n* méntelep

stud-horse *n* apamén, tenyészmén

studied ['stʌdɪd] *a* 1. kiszámított, szándékolt, keresett, mesterkélt 2. (sokat) tanult, tudós, olvasott || →*study II.*

studio ['stju:dɪoʊ; *US* 'stu:-] *n* 1. műterem; ~ *apartment/flat* műteremlakás; ~ *couch* rekamié 2. stúdió

studious ['stju:djəs; *US* 'stu:-] *a* 1. szorgalmas(an tanuló), tanulmányokat folytató; igyekvő 2. megfontolt; kiszámított

studiously ['stju:djəslɪ; *US* 'stu:-] *adv* 1. szorgalmasan 2. hangsúlyozottan

study ['stʌdɪ] I. *n* 1. tanulmány(ok), stúdium, tanulás; tanulmányozás; *make a* ~ *of sg* tanulmányoz vmt 2. tudományág 3. tanulmány [értekezés] 4. [zenében] etűd 5. dolgozószoba; tanulóterem II. *vt/vi (pt/pp* **studied** 'stʌdɪd) 1. tanul (vmt, vhol), tanulmányokat folytat; betanul [pl. szerepet]; ~ *for an examination* vizsgára készül 2. tanulmányoz, vizsgál (vmt)

stuff [stʌf] I. *n* 1. anyag; nyersanyag; *you'll see what* ~ *he is made of* majd meglátod milyen fából faragták; *that's the* ~! ez az!, helyes! 2. (gyapjú-)szövet, ruhaanyag 3. *(átv is)* dolog 4. vacak; ~ *and nonsense!* szamárság!, buta beszéd! 5. *biz do one's* ~ megteszi a magáét, megmutatja mit tud II. A. *vt* 1. (meg)töm, zsúfol, teletölt *(with* vmvel); ~ *oneself* két pofára zabál, fal; □ ~ *sy (up) with sg* bemesél vmt vknek, (meg)etet vkt vmvel 2. zabáltat 3. kipárnáz, kárpitoz B. *vi* zabál, (mohón) fal

stuffed [stʌft] *a* 1. megtömött, kitömött; *biz* ~ *shirt* nagyképű alak 2. töltött [húsétel]

stuffiness ['stʌfɪnɪs] *n* fülledtség, dohosság

stuffing ['stʌfɪŋ] *n* tömés; töltelék; (ki-) párnázás; *take/knock the* ~ *out of sy* vkt leszállít a magas lóról

stuffy ['stʌfɪ] *a* 1. dohos, fülledt, áporodott 2. begyöpösödött fejű 3. *GB biz* mérges, zabos

stultify ['stʌltɪfaɪ] *vt* 1. bolonddá/nevetségessé tesz 2. érvénytelenné/érték-

telenné tesz [kijelentést, intézkedést], hatálytalanít; hatástalanít; ~ *oneself* önmagának ellentmond

stum [stʌm] *n* must, murci

stumble ['stʌmbl] I. *n* botlás II. *vi* 1. megbotlik *(over* vmn), botladozik 2. botorkál *(along* vmerre) 3. véletlenül rábukkan *(across/upon* vmre)

stumbling ['stʌmblɪŋ] I. *a* (meg)botló, botladozó, botorkáló II. *n* (meg)botlás, botladozás, botorkálás

stumbling-block *n* 1. akadály, gát 2. botránykő

stumer ['stju:mə*; *US* 'stu:-] *n GB* □ 1. hamis pénz/csekk 2. értéktelen dolog

stump [stʌmp] I. *n* 1. (fa)tönk, tuskó; csonk [cigarettáé, fogé, ceruzáé stb.]; csikk; törzs; *biz stir one's* ~ szedi a lábát, siet 2. **stumps** *pl* célkapu lécei [krikettben] 3. *biz* „hordó" [mint szónoki emelvény]; ~ *orator* hordószónok, demagóg II. A. *vi* 1. nehézkesen lépked/jár 2. *US* korteskörutat tesz, kortesbeszédet tart B. *vt* 1. (farönköket) kiszed [földből]; megcsonkít; (le)csonkol, lenyes 2. *biz* zavarba ejt; nehezet kérdez vktől 3. játékból kiüt 4. eldörzsöl [szénrajzot] 5. □ ~ *up* (ki)fizet, „leszúr" [összeget]

stumper ['stʌmpə*] *n* 1. nehéz/buktató kérdés 2. csonkító, (le)nyeső

stumpy ['stʌmpɪ] *a* 1. zömök, tömzsi; ~ *umbrella* kis női ernyő 2. csonka, levágott

stun [stʌn] *vt* -nn- elkábít, elbódít, megszédít; megdöbbent

stung [stʌŋ] →*sting II.*

stunk [stʌŋk] →*stink II.*

stunner ['stʌnə*] *n biz* nagyszerű/klassz dolog/nő

stunning ['stʌnɪŋ] *a* 1. elkábító [ütés] 2. *biz* meglepő, pompás, klassz

stunt¹ [stʌnt] *vt* elsatnyít, növést akadályoz, csenevésszé tesz

stunt² [stʌnt] I. *n biz* meglepő mutatvány, attrakció, „kunszt"; ~ *flying* műrepülés; *perform* ~*s* (1) meglepő/ nyaktörő dolgokkal produkálja magát (2) műrepülést végez; ~ *man* kaszkadőr II. *vi* műrepülést végez

stunted ['stʌntɪd] *a* elsatnyult, satnya, fejlődésben visszamaradt, törpe
stupe [stju:p; *US* stu:p] *n* melegvizes borogatás
stupefaction [stju:pɪ'fækʃn; *US* stu:-] *n* 1. elképedés 2. elkábulás; kábultság
stupefy ['stju:pɪfaɪ; *US* 'stu:-] *vt* 1. elkábít 2. *biz* elképeszt, megdermeszt [meglepetéstől]
stupendous [stju:'pendəs; *US* stu:-] *a* óriási, elképesztő(en nagy méretű), fantasztikus (arányú)
stupid ['stju:pɪd; *US* 'stu:-] *a* 1. ostoba; buta, hülye; *don't be ~!* legyen eszed! 2. kábult
stupidity [stju:'pɪdətɪ; *US* stu:-] *n* butaság, hülyeség
stupor ['stju:pə*; *US* 'stu:-] *n* kábulat, bódulat, érzéketlenség
sturdily ['stə:dɪlɪ] *adv* erősen, határozottan, szilárdan
sturdiness ['stə:dɪnɪs] *n* erő, határozottság, szilárdság
sturdy ['stə:dɪ] *a* 1. (élet)erős, izmos, robusztus 2. határozott, szilárd; tartós
sturgeon ['stə:dʒ(ə)n] *n* tok [hal]
stutter ['stʌtə*] I. *n* dadogás, hebegés II. *vi/vt* dadog, hebeg
stutterer ['stʌtərə*] *n* dadogó, hebegő
stuttering ['stʌtərɪŋ] *n* dadogás, hebegés
sty¹ [staɪ] *n* (*pl* sties staɪz) disznóól, hidas
sty² [staɪ] *n* (*pl* sties staɪz) = *stye*
stye [staɪ] *n* (*pl* styes staɪz) árpa (a szemen)
Stygian ['stɪdʒɪən] *a* 1. styxi 2. *átv biz* sötét, homályos
style¹ [staɪl] I. *n* 1. stílus, írásmód; *he has ~* jól ír, jó stílusa van; *in the ~ of... ...* modorában 2. mód; ízlés; divat; elegancia, sikk, (előkelő) modor; *~ of living* életmód, -vitel; *she has ~* sikkes nő; *in ~* (1) stílusosan (2) finoman, előkelően; *live in* (*great*) *~* nagy lábon él; *in good ~* ahogy illik, finoman, jó ízléssel; *that ~ of thing* ilyesféle dolog; *that's the ~!* pompás!, így jó!, ez már teszi! 3. fajta, típus, jelleg; modell [autóé stb.] 4. karcolótű, „stílus" [ókori írószerszám] 5. (cég-)
név, cégszöveg; megszólítás [mint cím] 6. bibeszál 7. *New S~* Gergely-naptár; *Old S~* Julián-naptár II. *vt* (vkt vmnek) címez, nevez
style² [staɪl] *n* = *stile*
stylet ['staɪlɪt] *n* 1. (vékony pengéjű) tőr 2. sebtisztító pálca; szonda
stylish ['staɪlɪʃ] *a* elegáns, divatos, ízléses, sikkes
stylishly ['staɪlɪʃlɪ] *adv* elegánsan, divatosan, ízlésesen, sikkesen
stylishness ['staɪlɪʃnɪs] *n* elegancia, divatosság, ízlésesség
stylist ['staɪlɪst] *n* íróművész, stiliszta
stylistic [staɪ'lɪstɪk] *a* fogalmazási, szövegezési, stilisztikai, stiláris, stílus-
stylistically [staɪ'lɪstɪklɪ] *adv* stilisztikailag, stilárisan
stylistics [staɪ'lɪstɪks] *n* stilisztika
stylize ['staɪlaɪz] *vt* stilizál
stylus ['staɪləs] *n* (*pl ~es* sɪz v. styli 'staɪlaɪ) 1. gramofontű, tű; vágótű [hanglemezgyártásban] 2. † = *style¹* I. 4.
stymie ['staɪmɪ] A. *vt* megakaszt, megakadályoz B. *vi* megfeneklik, elakad
styptic ['stɪptɪk] *a* vérzéselállító, -csillapító; *~ pencil* (vérzéselállító) timsórudacska
suable ['sju:əbl; *US* 'su:-] *a* perelhető
suasion ['sweɪʒn] *n* rábeszélés, meggyőzés
suave [swa:v] *a* nyájas, kellemes, lágy, csiszolt, barátságos
suavity ['swa:vətɪ] *n* nyájasság, szeretetreméltóság, behízelgő modor
sub [sʌb] *biz* I. *n* 1. = *submarine* 2. (= *subaltern*) *GB* főhadnagy 3. előleg [fizetésre] 4. (= *substitute*) helyettes; csere(játékos) II. *vt/vi* -bb- 1. lemerül, alábukik [tengeralattjáró] 2. előleget kap/ad 3. *~ for sy* helyettesít vkt
sub- [sʌb] *v.* hangsúlytalanul: səb-] *pref* ⟨mint igekötő és előképző vmnél kisebb, vm alatti, vmhez közeli értelmet ad az utána következő szónak⟩
subacid [sʌb'æsɪd] *a* 1. savanykás; kesernyés 2. csípős [hang]
sub-agency [sʌb'eɪdʒ(ə)nsɪ] *n* fiókügynökség
sub-agent [sʌb'eɪdʒ(ə)nt] *n* alügynök, almegbízott

subalpine [sʌb'ælpaɪn] *a* szubalpin, havasalji
subaltern ['sʌblt(ə)n; *US* sə'bɔːltərn] *n/a* 1. ⟨százados alatti rangban levő tiszt⟩ *GB* főhadnagy, hadnagy 2. alárendelt
subaqueous [sʌb'eɪkwɪəs] *a* víz alatti
subarctic [sʌb'ɑːktɪk] *a* az északi sarkvidék és a mérsékelt égöv közötti, szubarktikus
subbed [sʌbd] →*sub II.*
subclass ['sʌbklɑːs; *US* -æs] *n* alosztály
subcommittee ['sʌbkəmɪtɪ] *n* albizottság
subconscious [sʌb'kɔnʃəs; *US* -'kɑn-] I. *a* tudat alatti II. *n* a tudatalatti
subconsciously [sʌb'kɔnʃəslɪ; *US* -'kɑn-] *adv* tudat alatt
subcontinent [sʌb'kɔntɪnənt; *US* -'kɑn-] *n* nagy kontinensrész, szubkontinens
subcontract I. *n* [sʌb'kɔntrækt; *US* -'kɑn-] alvállalkozási szerződés II. *vt* [sʌbkən'trækt] alvállalkozásba ad/ vesz
subcontractor [sʌbkən'træktə*] *n* alvállalkozó
subcutaneous [sʌbkju:'teɪnjəs] *a* bőr alá adott, szubkután
subdeacon [sʌb'diːkən] *n* alesperes
subdeb ['sʌbdeb] *n US biz* kb. bakfis; ⟨társasági életbe még be nem vezetett fiatal lány⟩
subdivide [sʌbdɪ'vaɪd] A. *vt* alosztályokra (fel)oszt, tovább feloszt B. *vi* alosztályokra (fel)oszlik
subdivision ['sʌbdɪvɪʒn; *US* -'vɪ-] *n* 1. alosztály 2. (alosztályokra) felosztás; parcellázás
subdue [səb'djuː; *US* -'duː] *vt* leigáz, legyőz; megfékez; elfojt, mérsékel, csökkent, letompít, enyhít
subdued [səb'djuːd; *US* -'duːd] *a* 1. legyőzött 2. csökkentett; letompított; halk, szelíd
sub-edit [sʌb'edɪt] *vt* előszerkeszt
sub-editor [sʌb'edɪtə*] *n* segédszerkesztő; szerkesztőségi főmunkatárs
sub-equatorial [sʌbiːkwə'tɔːrɪəl] *a* egyenlítő közelében levő
subfamily ['sʌbfæməlɪ] *n* alcsalád
subfebrile [sʌb'fiːbraɪl] *a* hőemelkedéses, kissé lázas

subfebrility [sʌbfɪ'brɪlətɪ] *n* hőemelkedés, kis láz
subfusc ['sʌbfʌsk] *a* komor, sötét(barnás)
subgenus ['sʌbdʒiːnəs] *n* (*pl* **subgenera** -dʒenərə) alnem
subgrade ['sʌbgreɪd] *n* al(ap)talaj; útágyazat
subheading ['sʌbhedɪŋ] *n* alcím
sub-human [sʌb'hjuːmən] *a* az emberi színvonalat el nem érő, félállati
subjacent [sʌb'dʒeɪs(ə)nt] *a* közvetlenül alatta fekvő
subject I. *a* ['sʌbdʒɪkt] alárendelt, alávetett; *be* ~ *to sg* (1) vm alá esik/ tartozik, vm alá van vetve, ki van téve vmnek (2) hajlamos vmre (3) köteles vmre; ~ *to dues/fees* díjköteles; ~ *to duty* vámköteles; ~ *to your approval* hozzájárulásától függően II. *n* ['sʌbdʒɪkt] 1. állampolgár, alattvaló 2. alany [mondaté] 3. tárgy, téma [beszélgetésé, elbeszélésé stb.]; *change the* ~ más tárgyra tér [beszélgetésben]; *return to one's* ~ visszatér a tárgyra; ~ *catalogue/index* szakkatalógus; ~ *picture* életkép 4. tantárgy 5. dolog, anyag III. *vt* [səb'dʒekt] 1. legyőz, leigáz 2. alávet, kitesz (*to* vmnek)
subject-heading *n* tárgyszó, vezérszó
subjection [səb'dʒekʃn] *n* 1. alávetés; leigázás; elnyomás 2. alávetettség, hódoltság, leigázottság
subjective [səb'dʒektɪv] I. *a* alanyi; egyéni, szubjektiv; ~ *case* alanyeset II. *n* alany
subjectivism [səb'dʒektɪvɪzm] *n* szubjektivizmus
subject-matter *n* tárgy, téma, tartalom [írásműé, előadásé]
subjoin [sʌb'dʒɔɪn] *vt* mellékel, hozzátesz, hozzáfűz, (hozzá)csatol
subjugate ['sʌbdʒʊgeɪt; *US* -dʒə-] *vt* alávet, legyőz, leigáz, meghódoltat
subjugation [sʌbdʒʊ'geɪʃn; *US* -dʒə-] *n* leigázás
subjunctive [səb'dʒʌŋktɪv] *n* kötőmód, konjuktívusz
sub-lease I. *n* ['sʌbliːs] al(haszon)bérlet II. *vt* [sʌb'liːs] = **sublet**
sub-lessee [sʌble'siː] *n* al(haszon)bérlő

sublet [sʌb'let] I. *n* al(haszon)bérlet II. *vt* al(haszon)bérletbe ad
sub-lieutenant *n* 1. [sʌblef'tenənt; *US* -luː-] *GB* hadnagy; *US* alhadnagy 2. [sʌble'tenənt]*GB* kb. tengerészzászlós
sublimate I. *n* ['sʌblɪmət] szublimát II. *vt* ['sʌblɪmeɪt] 1. szublimál 2. nemesít, megtisztít, kifinomít
sublimation [sʌblɪ'meɪʃn] *n* 1. szublimálás 2. nemesítés
sublime [sə'blaɪm] I. *a* fenséges, fennkölt, magasztos II. *n the* ~ a fenséges
subliminal [sʌb'lɪmɪnl] *a* tudatküszöb alatti
sublimity [sə'blɪmətɪ] *n* fenség(esség)
submachine-gun [sʌbmə'ʃiːngʌn] *n* géppisztoly
sub-manager [sʌb'mænɪdʒə*] *n* aligazgató; igazgatóhelyettes
submarine [sʌbmə'riːn] I. *a* tenger alatti II. *n* [*US* 'sʌb-] tengeralattjáró
submerge [səb'məːdʒ] A. *vt* elmerít, lesüllyeszt, lebuktat, eláraszt, lenyom (a víz alá) B. *vi* elmerül, elsüllyed, lemerül
submerged [səb'məːdʒd] *a* 1. lemerült; elárasztott; ~ *speed* víz alatti sebesség 2. *the* ~ (*tenth*) a társadalom legnagyobb nyomorban élő rétege, a nyomorgók
submergence [səb'məːdʒ(ə)ns] *n* alámerülés, elmerülés
submersible [səb'məːsəbl] *a* eláraszható; víz alá süllyeszthető
submersion [səb'məːʃn] *n* = *submergence*
submission [səb'mɪʃn] *n* meghódolás, behódolás, engedelmeskedés, engedelmesség, alázatosság; alávetés
submissive [səb'mɪsɪv] *a* engedelmes, alázatos, engedékeny
submissiveness [səb'mɪsɪvnɪs] *n* engedelmesség; *in all* ~ alázatosan, mély tisztelettel
submit [səb'mɪt] *v* -tt- A. *vt* 1. alávet; ~ *oneself to sg* aláveti magát vmnek 2. előterjeszt, javasol, állít, kijelent; *I* ~ *that* . . . úgy vélem, hogy . . ., véleményem szerint . . . 3. bemutat; benyújt [dolgozatot stb.] 4. vállalatba ad B. *vi* meghódol, enged(elmeskedik)

submultiple [sʌb'mʌltɪpl] *n* (maradék nélkül) osztó
subnormal [sʌb'nɔːml] *a* a normálisnál v. az átlagosnál csekélyebb/alacsonyabb
sub-office ['sʌbɔfɪs; *US* -ɔː-] *n* fiók(üzlet), fiókiroda, -intézet; kirendeltség
suborder [sʌb'ɔːdə*] *n* alosztály
subordinate I. *a* [sə'bɔːd(ə)nət] alsóbbrendű; alárendelt; alantas; ~ *clause* alárendelt mellékmondat II. *n* [sə'bɔː-d(ə)nət] alárendelt, beosztott III. *vt* [sə'bɔːdɪneɪt] alárendel (*to* vmnek)
subordination [səbɔːdɪ'neɪʃn] *n* 1. alárendelés 2. alárendeltség, függés; engedelmesség; fegyelem
suborn [sʌ'bɔːn] *vt* felbujt; hamis tanúvallomásra bír; megveszteget
subornation [sʌbɔː'neɪʃn] *n* felbujtás; hamis tanúvallomásra bírás; megvesztegetés
suborner [sʌ'bɔːnə*] *n* felbujtó; (meg-)vesztegető
sub-plot ['sʌbplɔt; *US* -ɑt] *n* mellékcselekmény
subpoena [səb'piːnə] I. *n* idézés (bírság terhe alatt) II. *vt* (*pt/pp* ~ed -'piːnəd) (bírság terhe alatt) megidéz [tanút]
subscribe [səb'skraɪb] *vt/vi* 1. aláír; *I do not* ~ *to it* nem azonosítom magam vele, ezt nem írom alá 2. ~ *to* előfizet [újságra], jegyez [összeget], adakozik [vmlyen célra]
sbuscriber [səb'skraɪbə*] *n* 1. aláíró 2. előfizető; (vmlyen célra) adakozó 3. részvényjegyző
subscript ['sʌbskrɪpt] *n* [alsó] index
subscription [səb'skrɪpʃn] *n* 1. aláírás 2. előfizetés; *take out a* ~ *to a paper* előfizet egy újságra 3. hozzájárulás, vm elv elfogadása 4. jegyzés [összegé]; adakozás; ~ *concert* kb. bérleti hangverseny; ~ *list* gyűjtőív; *get up a* ~ (1) gyűjtőívet bocsát ki (2) költséget közösen visel; *by public* ~ közadakozásból
subsequent ['sʌbsɪkwənt] *a* (rá)következő, azutáni, későbbi, újabb; ~ *events* az ezt követő események; ~ *to sg* vm után; ~ *upon sg* vm következményeképpen
subsequently ['sʌbsɪkwəntlɪ] *adv* azután

később, azt követően; következésképpen
subserve [səb'sə:v] *vt* elősegít, támogat
subservience [səb'sə:vjəns] *n* 1. hasznosság, célszerűség 2. szolgai engedelmesség
subservient [səb'sə:vjənt] *a* 1. szolgai(an alázatos), engedelmes 2. hasznos, használható, célszerű
subside [səb'saɪd] *vi* 1. leszáll, leülepedik; süllyed, süpped; leapad [víz]; *biz* ~ *into a chair* karosszékbe roskad 2. lecsillapul, elül, alábbhagy [szél stb.]; ~ *into silence* elhallgat, elnémul
subsidence [səb'saɪdns] *n* 1. (le)ülepedés, lerakódás 2. (le)süppedés, megereszkedés 3. lelohadás [daganaté]; lecsendesedés, csökkenés
subsidiary [səb'sɪdjərɪ; *US* -erɪ] I. *a* mellékes, kisegítő, másodlagos, járulékos; ~ *company* leányvállalat II. *n* leányvállalat
subsidize ['sʌbsɪdaɪz] *vt* segélyez, (pénzzel) támogat, szubvencionál; ~*d* szubvencionált, államilag támogatott
subsidy ['sʌbsɪdɪ] *n* (anyagi) támogatás, szubvenció, segély
subsist [səb'sɪst] *vi* fennmarad, él; megél (*on* vmből)
subsistence [səb'sɪst(ə)ns] *n* megélhetés, létezés, létfenntartás, fennmaradás; ~ *farming* naturális gazdálkodás; ~ *level* létminimum [mint színvonal]; ~ *wage* létminimum [mint fizetés/bér]
subsoil ['sʌbsɔɪl] *n* altalaj; ~ *water* talajvíz
subsonic [sʌb'sɒnɪk; *US* -'sɑ-] *a* hangsebesség alatti, szubszonikus
subspecies ['sʌbspi:ʃi:z] *n* (*pl* ~) alfaj
substance ['sʌbst(ə)ns] *n* 1. anyag; állomány; lényeg, vmnek a veleje 2. birtok, vagyon; *man of* ~ vagyonos ember 3. szilárdság
substandard [sʌb'stændəd] *a* gyenge minőségű, selejtes, kifogásolható
substantial [səb'stænʃl] *a* 1. lényeges, alapos, fontos; tekintélyes [mennyiség]; kiadós, tápláló [étel]; értékes 2. szilárd 3. valódi, létező; anyagi 4. vagyonos, tehetős; [gazdaságilag] megalapozott

substantially [səb'stænʃəlɪ] *adv* 1. lényegesen, alaposan, kiadósan 2. szilárdan 3. alapjában véve
substantiate [səb'stænʃɪeɪt] *vt* megalapoz, megokol; bizonyít; igazol
substantive ['sʌbst(ə)ntɪv] I. *a* 1. egyéni; független, önálló 2. lényegi, érdemi 3. tényleges 4. anyagi; ~ *law* anyagi jog 5. ~ *noun* főnév; ~ *verb* létige II. *n* főnév
sub-station ['sʌbsteɪʃn] *n* alállomás
substitute ['sʌbstɪtju:t; *US* -tu:t] I. *n* 1. helyettes; [sportban] cserejátékos 2. pótszer, pótlék, pótanyag; *beware of*~*s* óvakodjunk az utánzatoktól II. *vt/vi* 1. helyettesít (*for* vkt) 2. pótol (*for* vmt)
substitution [sʌbstɪ'tju:ʃn; *US* -'tu:-] *n* 1. helyettesítés 2. pótlás
substratum [sʌb'strɑ:təm; *US* -'streɪ-] *n* (*pl* -*ta* -tə) 1. altalaj, alsó réteg 2. alap; *there's a* ~ *of truth in it* van benne vm igazság 3. anyag
substructure ['sʌbstrʌktʃə*] *n* 1. alépítmény, alap 2. vasúti töltés
subsume [səb'sju:m; *US* -'su:m] *vi* magába foglal, alárendel; ~ *under* vm alá tartozónak vesz, beoszt vm alá
subtenant [sʌb'tenənt] *n* albérlő
subtend [səb'tend] *vt* 1. elnyúlik vm alatt 2. szemben áll vmvel 3. bezár [szöget]
subterfuge ['sʌbtəfju:dʒ] *n* kibúvó, ürügy, kifogás
subterranean [sʌbtə'reɪnjən] *a* föld alatti
subtilty [sʌb'tɪlətɪ] *n* = *subtlety*
subtilize ['sʌtɪlaɪz] A. *vt* kifinomít, finommá tesz B. *vi* aprólékoskodik
subtitle ['sʌbtaɪtl] I. *n* 1. alcím 2. (film)felirat; *with* ~*s* feliratos II. *vt* feliratoz
subtle ['sʌtl] *a* 1. finom, kényes, hajszálnyi 2. szövevényes, körmönfont
subtlety ['sʌtltɪ] *n* 1. finomság, bonyolultság 2. finom megkülönböztetés
subtly ['sʌtlɪ] *adv* finoman; elmésen
subtract [səb'trækt] *vt* kivon [számot]; levon, leszámít
subtraction [səb'trækʃn] *n* kivonás
subtropical [sʌb'trɒpɪkl; *US* -ɑp-] *a* szubtrópusi

suburb ['sʌbə:b] n külváros; előváros
suburban [sə'bə:b(ə)n] a 1. külvárosi
2. US elővárosi, kertvárosi 3. szűk
látókörű
suburbanite [sə'bə:bənaɪt] n külváros-
ban lakó
suburbia [sə'bə:bɪə] n a külvárosok és
elővárosok
subvention [səb'venʃn] n = subsidy
subversion [səb'və:ʃn; US -ʒn] n 1. fel-
forgatás 2. felfordulás
subversive [səb'və:sɪv] a felforgató [te-
vékenység], pusztító, romboló, bom-
lasztó
subvert [sʌb'və:t] vt felforgat
subway ['sʌbweɪ] n 1. GB aluljáró 2.
US földalatti (vasút)
succeed [sək'si:d] vt/vi 1. sikerül (vk-
nek vm); sikert ér el; boldogul; ~ in
(doing) sg sikerül vm(t megtennie) 2.
következik (vk/vm után), követ (vkt),
örökébe lép (vknek)
succeeding [sək'si:dɪŋ] a (utána) követ-
kező; egymást követő
success [sək'ses] n 1. siker, boldogulás;
meet with ~ sikert ér el (v. arat); turn
out a ~ sikeresnek bizonyul, sikerül;
make a ~ of sg vmvel jól boldogul,
sikeresen old meg (v. hajt végre) vmt,
sikerre visz vmt; be a ~ sikere van;
it was a great ~ igen jól sikerült, nagy
sikere volt 2. következmény, ered-
mény
successful [sək'sesfʊl] a sikeres
successfully [sək'sesfʊlɪ] adv sikeresen
succession [sək'seʃn] n 1. sorrend, soro-
zat, következés; in ~ egymás után 2.
követés, öröklés, utódlás; ~ duties örö-
kösödési illeték; ~ to the throne trón-
öröklés; in ~ to sy vk után/utódaként
3. örökösök, utódok
successive [sək'sesɪv] a egymás után
következő, egymást követő
successively [sək'sesɪvlɪ] a egymás után
(folyamatosan), egymást követően
successor [sək'sesə*] n (jog)utód, örökös
succinct [sək'sɪŋkt] a tömör, szűkszavú
succour, US -cor ['sʌkə*] I. n 1. segít-
ség 2. segítő II. vt segít(ségére jön)
succubus ['sʌkjʊbəs; US -kjə-] n (pl -bi
-baɪ) parázna (női) démon

succulence ['sʌkjʊləns; US -kjə-] n le-
vesesség, ízes lédússág, nedvbőség
succulent ['sʌkjʊlənt; US -kjə-] a 1. leve-
ses, nedvdús 2. zamatos, ízes, tápláló
succumb [sə'kʌm] vi megadja magát
(to vmnek); összeroskad; ~ to one's
injuries belehal sérüléseibe
such [sʌtʃ] a/pron oly(an), ily(en), olyan
fajta, hasonló; ~ a man (egy) olyan
ember; ~ a clever man egy ilyen okos
ember; did you ever see ~ a thing?
láttál már ehhez foghatót?; in ~ a
way that oly módon, hogy; no ~ thing
exists ilyesmi nem létezik; ~ as úgy-
mint; ~ as was left ami kevés meg-
maradt; until ~ time as mindaddig,
míg; all ~ as mindazok, akik; sg as ~
vm mint olyan; some ~ valami ilyes-
féle; thieves and all ~ tolvajok és ha-
sonszőrűek
such-and-such ['sʌtʃ(ə)nsʌtʃ] a ez és ez;
ilyen és ilyen
suchlike ['sʌtʃlaɪk] a ilyesféle, hasonló
suck [sʌk] I. n 1. szívás, szopás; give a ~
(meg)szoptat; have/take a ~ at sg
szop(ogat)/nyal vmt; szív egyet [pi-
pájából] 2. □ pech, csalódás 3. biz
sucks pl cukorka II. vt/vi 1. szív, fel-
szív, kiszív; magába szív; elnyel; ~
sy's brains kihasználja vknek a tudá-
sát; ~ sy dry kiszipolyoz vkt 2. szop,
szopik; szopogat
suck at vi (vmt) szopogat; szív/húz
egyet [pipából stb.]
suck in vt beszív, elnyel
suck up A. vt felszív B. vi □ ~ up
to sy nyal vknek, stréberkedik
sucker ['sʌkə*] I. n 1. szívó 2. csecse-
mő; szopós állat 3. szívóka, szívókoro-
rong [állaté] 4. tapadókorong 5. nya-
lóka 6. dugattyú 7. lopótök 8. fattyú-
hajtás 9. élősdi; tányérnyaló 10. US
□ balek, pali II. vt lefattyaz B. vi
sarjadzik
sucking ['sʌkɪŋ] I. a 1. szívó; ~ disk
tapadókorong 2. szopó(s); ~ pig szo-
pós malac II. n 1. szívás 2. szopás
suckle ['sʌkl] A. vt (meg)szoptat B. vi
szopik
suckling ['sʌklɪŋ] n 1. szoptatás 2. cse-
csemő; szopós állat

suction ['sʌkʃn] n szívás; szivattyúzás
suction-cup n vákuumos tapadókorong
suction-dredger n szívó-kotró gép
suction-fan n 1. szelelőrosta 2. szívó-
ventillátor
suction-pipe n szívócső
suction-pump n szivattyú
suction-shaft n szelelőakna [bányában]
suctorial [sʌk'tɔ:rɪəl] a szívó-, szivornyás
sud [sʌd] →suds
Sudan, (The) [(ðə)su:'dɑ:n; US -'dæn]
prop Szudán
Sudanese [su:də'ni:z] a/n szudáni
sudation [sjʊ'deɪʃn; US su:-] n 1. izza-
dás 2. izzasztás
sudatory ['sju:dət(ə)rɪ; US 'su:dətɔ:rɪ]
a izzadást okozó, izzasztó
sudden ['sʌdn] a 1. hirtelen, váratlan,
azonnali, gyors; all of a ~ hirtelen,
váratlanul 2. hirtelen haragú
suddenly ['sʌdnlɪ] adv hirtelen, egyszerre
csak
suddenness · ['sʌdnnɪs] n váratlanság,
hirtelenség
sudoriferous [sju:də'rɪfərəs; US su:-]
a ~ glands izzadságmirigyek
sudorific [sju:də'rɪfɪk; US su:-] I. a iz-
zasztó [gyógyszer] II. n izzasztószer
suds [sʌdz] n pl 1. szappanlé, szappanos
víz 2. szappanhab
sue [sju:; US su:] vt/vi 1. (be)perel,
perbe fog (vkt), keresetet/pert indít
(vk ellen); ~ sy for damages kártéríté-
sért bepöröl vkt, kártérítési pert indít
vk ellen; ~ for a divorce válópert
indít; ~ for peace békét kér 2. kér,
könyörög; ~ for sy's hand udvarol
vknek, a kezére pályázik, megkéri a
kezét
suede, suède [sweɪd] n antilopbőr,
szarvasbőr, őzbőr
suet ['sjʊɪt; US 'su:-] n (marha)faggyú,
birkafaggyú (a vese tájáról)
Suez ['sʊɪz; US 'su:ez] prop Szuez; ~
Canal Szuezi-csatorna
suffer ['sʌfə*] A. vt 1. (el)szenved; elvi-
sel; eltűr; ~ losses veszteséget szenved,
veszteség éri; ~ fools gladly (könnyen)
elviseli mások hülyeségét 2. (meg-)
enged B. vi 1. szenved (from vmtől) 2.
lakol, bűnhődik, kárt vall

sufferance ['sʌf(ə)rəns] n (el)tűrés, elvi-
selés, hallgatólagos beleegyezés
sufferer ['sʌf(ə)rə*] n szenvedő, tűrő;
áldozat; fellow ~ sorstárs, bajtárs
[nem katonai értelemben]
suffering ['sʌf(ə)rɪŋ] I. a tűrő, szenvedő,
fájó II. n szenvedés, fájdalom
suffice [sə'faɪs] vi/vt 1. elég, elegendő
(vknek); ~ it to say that elég az hozzá,
hogy; your word will ~ elég (biztosíték)
a szavad is 2. kielégít
sufficiency [sə'fɪʃnsɪ] n elegendő mennyi-
ség/jövedelem
sufficient [sə'fɪʃnt] a elegendő, elég(sé-
ges) (for vmre, vknek), megfelelő
mennyiségű; have you had ~? elég
volt?, jóllaktál?
suffix ['sʌfɪks] I. n rag, képző, toldalék
II. vt [US sə'fɪks is] hozzátold, -tesz
[ragot, képzőt]
suffocate ['sʌfəkeɪt] A. vt megfojt, meg-
fullaszt B. vi megfullad; fuldoklik;
elfullad; elfojtódik
suffocating ['sʌfəkeɪtɪŋ] a fojtó, ful-
lasztó
suffocation [sʌfə'keɪʃn] n 1. megfojtás
2. elfojtás 3. megfulladás, elfojtódás
Suffolk ['sʌfək] prop
suffragan ['sʌfrəgən] n ~ bishop segéd-
püspök, püspöki koadjutor
suffrage ['sʌfrɪdʒ] n 1. szavazat 2. vá-
lasztójog; universal ~ általános válasz-
tójog
suffragette [sʌfrə'dʒet] n szüfrazsett
suffragist ['sʌfrədʒɪst] n a női választó-
jogért harcoló (személy)
suffuse [sə'fju:z] vt elborít, elönt; eyes
~d with tears könnyes szemek
suffusion [sə'fju:ʒn] n 1. elöntés, elbo-
rítás 2. pír, pirulás
sugar ['ʃʊgə*] I. n 1. cukor; ~ of lead
ólomacetát; ~ of milk tejcukor 2. biz
hízelgés, kedveskedés, nyájas szavak
II. vt 1. megcukroz, megédesít 2. biz
hízeleg, kedveskedik
sugar-almond n cukrozott mandula
sugar-basin n cukortartó
sugar-beet n cukorrépa
sugar-candy n kandiscukor
sugar-cane n cukornád
sugar-coated a cukormázzal bevont

sugar-daddy n US □ ⟨fiatal nőt kitartó idősebb férfi⟩
sugared ['ʃʊgəd] a 1. cukros, édes 2. mézesmázos
sugariness ['ʃʊgərɪnɪs] n 1. édesség 2. mézesmázosság, édeskésség
sugar-loaf n (pl -loaves) cukorsüveg, süvegcukor
sugar-maple n (amerikai édeslevű) juharfa
sugar-pea n cukorborsó, zöldborsó
sugar-plantation n cukornádültetvény
sugar-plum n cukorka, bonbon, édesség
sugar-refinery n cukorfinomító
sugar-sifter n cukorszóró
sugar-tongs n pl cukorfogó
sugary ['ʃʊgərɪ] a 1. cukros, édes 2. édeskés, mézesmázos [szavak]
suggest [sə'dʒest; US səg'dʒ-] vt 1. javasol, ajánl, tanácsol, felvet, indítványoz, állít; he ~ed going ... (v. to go) javasolta, hogy menjünk ...; it has been ~ed felmerült az az elgondolás, felvetették azt, hogy 2. sugalmaz, sugall, szuggerál 3. vm látszatot kelt, vmre emlékeztet, vmre hasonlít; (vm) érzik (vmn)
suggestibility [sədʒestə'bɪlɪtɪ; US səgdʒ-] n befolyásolhatóság
suggestible [sə'dʒestəbl; US səg'dʒ-] a 1. befolyásolható 2. javasolható
suggestion [sə'dʒestʃ(ə)n; US səg'dʒ-] n 1. javaslat, tanács, ajánlat; gondolat 2. szuggesztió
suggestive [sə'dʒestɪv; US səg'dʒ-] a 1. ~ of vmre emlékeztető/utaló 2. szuggesztív, sokatmondó 3. kétértelmű
suicidal [sjʊɪ'saɪdl; US su:-] a 1. öngyilkos-, öngyilkossági 2. végzetes
suicide ['sjʊɪsaɪd; US 'su:-] n 1. öngyilkosság; ~ note öngyilkos búcsúlevele; commit ~ öngyilkosságot követ el 2. öngyilkos
suit [su:t] I. n 1. per, pör; kereset; bring a ~ against sy vkt beperel, pert indít vk ellen; criminal ~ büntetőper; civil ~, ~ at law polgári per 2. kérés, folyamodás; at the ~ of sy vknek a kérésére; press' one's ~ kérését sürgeti 3. leánykérés 4. öltöny; öltözet; a ~ of clothes egy rend ruha, egy öltöny

(ruha); (a woman's) ~ kosztüm; ~ of armour páncélruha, páncélzat 5. sorozat, garnitúra, készlet; ~ of sails vitorlázat 6. (kártya)szín; major ~ nemes szín [bridzsben: kőr v. pikk]; minor ~ káró v. treff; long ~ hosszú szín [négy v. több kártya ugyanazon színből a kézben]; politeness is not his long ~ az udvariasság nem a kenyere; follow ~ utánoz/követ vkt, hasonlóan cselekszik II. vt 1. alkalmas, megfelel, kedvére van; it does not ~ me (1) nem felel meg nekem, nincs kedvemre/ínyemre (2) nem áll jól nekem; ~ oneself saját feje szerint cselekszik; ~ yourself! tégy ahogy tetszik/jólesik; be ~ed for/to sg alkalmas/rátermett vmre; when it ~s me amikor majd kedvem lesz hozzá 2. (hozzá)alkalmaz, (hozzá)illeszt; ~ the action to the word megtartja a szavát; úgy cselekszik, ahogy beszél
suitability [su:tə'bɪlətɪ] n alkalmasság; rátermettség
suitable ['su:təbl] a alkalmas (for/to vmre), megfelelő; hozzáillő; ~ to the occasion alkalomszerű, a(z) alkalomhoz/helyzethez illő
suitably ['su:təblɪ] adv megfelelően, alkalmas módon
suitcase n bőrönd, koffer
suite [swi:t] n 1. kíséret [személyé] 2. sorozat, készlet, garnitúra; ~ of furniture (egy szoba) bútor, garnitúra 3. ~ (of rooms) lakosztály 4. [zenei] szvit
suitor ['su:tə*] n 1. kérő, udvarló 2. felperes
sulf ... US = sulph ...
sulk [sʌlk] I. n durcásság, duzzogás; have the ~s duzzog II. vi durcáskodik, duzzog
sulkiness ['sʌlkɪnɪs] n duzzogás, mogorvaság, barátságtalanság
sulky ['sʌlkɪ] I. a duzzogó, durcás, mogorva, rosszkedvű, barátságtalan II. n kocsi [ügetőversenyhez]
sullage ['sʌlɪdʒ] n szennyvíz
sullen ['sʌlən] a 1. mogorva, morcos, barátságtalan, komor 2. nehézkes, lassú

sullenly ['sʌlənlı] adv 1. mogorván, morcosan, barátságtalanul, komoran 2. nehézkesen, lassan
sullenness ['sʌlənnıs] n 1. mogorvaság, komorság 2. nehézkesség
Sullivan ['sʌlɪv(ə)n] prop
sully ['sʌlı] vt beszennyez
sulpha drugs ['sʌlfə] szulfonamid tartalmú gyógyszerkészítmények [deszeptil stb.]
sulphate ['sʌlfeɪt] n szulfát
sulphide ['sʌlfaɪd] n szulfid
sulphite ['sʌlfaɪt] n szulfit
sulphur ['sʌlfə*] I. n kén; flowers of ~ kénvirág; ~ match kénes gyufa; ~ spring szolfatára, kénes forrás II. vt kénez
sulphureous [sʌl'fjʊərɪəs] a kénes, kéntartalmú
sulphuretted, US -reted ['sʌlfjʊretɪd] a kénes, kén-; kénezett
sulphuric [sʌl'fjʊərɪk] a ~ acid kénsav
sulphurous ['sʌlfərəs] a 1. kénes 2. kénköves, tüzes, pokoli 3. izgatott, paprikás [hangulat]
sultan ['sʌlt(ə)n] n 1. szultán, török császár 2. sweet ~ pézsmacserje, -virág
sultana [sʌl'tɑːnə; US -ænə] n 1. szultán női hozzátartozója 2. szmirnai (magtalan) mazsola
sultanate ['sʌltənət] n szultánság
sultriness ['sʌltrınıs] n 1. tikkasztóság 2. fülledtség
sultry ['sʌltrı] a 1. tikkasztó, rekkenő, perzselő 2. fülledt
sum [sʌm] I. n 1. összeg; ~ total végösszeg; összesen ... 2. biz számtanpélda; do a ~ in his head fejben számol; good at ~s jó számtanos, jó számoló 3. biz lényeg, tartalom, összefoglalás; vmnek a netovábbja; in ~ mindent összevéve/összefoglalva II. vt -mm- ~ up összead, összegez, összefoglal; ~ sy up vkről véleményt alkot; ~ up the situation felméri a helyzetet
sumac(h) ['ʃuːmæk; US 'suː-] n szömörce(fa)
Sumatra [sʊ'mɑːtrə] prop Szumátra
Sumatran [sʊ'mɑːtrən] a/n szumátrai
summarily ['sʌmərəlı] adv sommásan, röviden

summarize ['sʌməraɪz] vt összegez, öszszefoglal
summary ['sʌmərı] I. a összefoglalt; rövidre fogott, sommás; ~ proceedings gyorsított eljárás II. n összefoglalás, foglalat, áttekintés
summed [sʌmd] →sum II.
summer¹ ['sʌmə*] I. n 1. nyár; in (the) ~ nyáron; a child of ten ~s tízéves gyermek 2. (jelzői haszn) nyári; the ~ holidays nyári vakáció/szünidő, a nagyvakáció; ~ house nyaraló →summer-house; ~ school nyári egyetem; ~ time nyári időszámítás →summer-time II. A. vi nyaral B. vt nyáron át legeltet
summer² ['sʌmə*] n födémgerenda
summer-house n lugas, filagória, szaletli →summer¹
summerly ['sʌməlı] a nyárias
summer-time n nyár(idő) →summer¹
summery ['sʌmərı] a nyárias
summing ['sʌmıŋ] a összegező, összeadó, összefoglaló, summáló
summing-up n (pl summings-up) 1. öszszegezés 2. a bizonyítás eredményeinek összefoglalása [perben]
summit ['sʌmıt] n csúcs(pont), tetőpont, orom; ~ talks/meeting csúcstalálkozó
summon ['sʌmən] vt 1. behív, beidéz, megidéz, összehív; felszólít 2. összeszed [erőt, bátorságot]
summoner ['sʌmənə*] n † törvényszolga, poroszló
summons ['sʌmənz] I. n 1. megidézés [törvény elé]; serve a ~ on sy idézést kézbesít vknek 2. felszólítás; public ~ hirdetmény, felhívás II. vt törvény elé idéz, megidéz, beidéz
sump [sʌmp] n 1. mocsár, tócsa 2. vízgyűjtő gödör, vízüreg, kút [bányában] 3. olajteknő [gépkocsin]
sumptuary ['sʌmptjʊərı; US -tʃʊerı] a költekezést/fényűzést szabályozó [törvény]
sumptuous ['sʌmptjʊəs; US -tʃʊ-] a pazar, fényűző, pompás, költséges
sumptuousness ['sʌmptjʊəsnıs; US -tʃʊ-] n pazar pompa, fényűzés
sun [sʌn] I. n 1. nap, napfény; ~ god napisten; against the ~ jobbról balra, az óramutató járásával ellenkező

irányban; *get a touch of the* ~ enyhe napszúrást kap; *shoot/take the* ~ szextánssal megállapítja a nap magasságát (és a földrajzi szélességet); ~ *drawing water* ⟨felhőkön átszűrődő függönyszerű párhuzamos napsugarak⟩ 2. dicsőség; *his* ~ *is set* neki már lealkonyult; *have a place in the* ~ (1) (előkelő) helye/rangja van a világban (2) joga van az élethez/érvényesüléshez II. *v* -nn- A. *vt* napra kitesz; ~ *oneself* napozik B. *vi* napozik, sütkérezik
Sun. *Sunday* vasárnap, vas.
sun-baked *a* napégette (és megrepedezett)
sun-bath *n* napfürdő
sun-bathe *vi* napfürdőzik, napozik
sun-bathing *n* napfürdőzés, napozás
sunbeam *n* napsugár
sun-blind *n* vászonroló, napellenző
sun-bonnet *n* ⟨nap ellen védő széles karimájú női fejfedő⟩
sunbow [-boʊ] *n* szivárvány [vízesés felett]
sunburn *n* lesülés, leégés [bőrön]
sunburnt *a* napbarnított, lesült
sundae ['sʌndeɪ] *n* ⟨fagylalt tejszínhabbal, cukrozott gyümölccsel és sziruppal⟩
Sunday ['sʌndɪ v. -deɪ] *n* vasárnap; ~ *school* vasárnapi iskola [vallásoktatás rendsz. a templomban]; *on* ~ vasárnap
sun-deck *n* sétafedélzet [hajón]
sunder ['sʌndə*] A. *vt* elválaszt; kettévág B. *vi* széjjelmegy, elválik
sundial *n* napóra
sun-disk *n* napkorong
sun-dog *n* melléknap
sundown *n* naplemente, este
sun-drenched [-drentʃt] *a* napfényes, -sugaras
sund-dried *a* napon szárított, aszalt
sundries ['sʌdrɪz] →*sundry II.*
sundry ['sʌndrɪ] I. *a* különböző, különféle, vegyes; *all and* ~ mindenki, kivétel nélkül mind II. **sundries** *n pl* különféle holmik/cikkek, vegyes tételek
sunfast *a* napálló [szín], nem fakuló
sunflower *n* napraforgó
sung →*sing*

sun-glasses *n pl* napszemüveg
sun-hat *n* széles karimájú kalap
sun-helmet *n* trópusi sisak
sunk [sʌŋk] *a* 1. mélyített, süllyesztett; ~ *fence* mélyített kerítés [pl. állatkertben] 2. elsüllyedt; ~ *in thoughts* gondolatokba merült(en) 3. *US* □ tönkrement, lecsúszott; *he's* ~ tönkrement (ember) ‖→*sink II.*
sunken ['sʌŋkən] *a* 1. elmerült, elsüllyedt 2. beesett [arc] ‖→*sink II.*
sun-lamp *n* kvarclámpa
sunless ['sʌnlɪs] *a* napfénytelen
sunlight *n* napfény, napvilág
sunlit ['sʌnlɪt] *a* napsütötte, napos
sunned [sʌnd] →*sun II.*
sunnily ['sʌnɪlɪ] *adv* napsugarasan, derűsen
sunniness ['sʌnɪnɪs] *n* naposság, derűsség
sunny ['sʌnɪ] *a* 1. napos, napfényes, napsütötte; *it is* ~ süt a nap 2. vidám, jókedvű, derűs; kellemes; *the* ~ *side of the picture* a dolognak a(z) előnyös/kellemes oldala
sun-parlor *n US* ⟨déli fekvésű üveges veranda⟩
sunproof *a* napálló, nem fakuló
sun-ray *n* napsugár; ~ *treatment* napfénykezelés
sunrise *n* napkelte
sun-roof *n* tolótető [autón]
sunset *n* naplemente, alkony
sunshade *n* 1. napernyő, napvédő (ernyő) 2. napellenző
sunshine *n* napfény, napsütés
sunshiny *a* napos, napsütötte, -fényes
sun-spot *n* 1. napfolt 2. szeplő 3. *biz* napos/napfényes hely [üdülésre]
sunstroke *n* napszúrás, hőguta
sunstruck *a* napszúrásos
suntan *n* lesülés; barna arcszín; ~ *oil* napolaj
sun-up *n US* napkelte
sunward(s) ['sʌnwəd(z)] *a/adv* a nap felé
sun-worship *n* napimádás
sup [sʌp] I. *n* korty II. *v* -pp- A. *vt* 1. hörpint, kortyol(gat); szürcsöl 2. megvacsoráztat B. *vi* falatozik, vacsorázik (*off/on* vmt)

super ['su:pə*] I. a 1. biz extra finom; extra méretű; óriási, klassz, szuper 2. ~ yard négyzetyard [0,836 négyzetméter] II. n 1. létszámfölötti [személy] 2. = supernumerary 2. 3. fölösleges/jelentéktelen személy 4. (fő)felügyelő, (fő)ellenőr; (kerületi, megyei) rendőrfőnök 5. extra finom árucikk

super- [(')su:pə(r)-] pref <mint előképző vmnél nagyobbat, felsőbbségeset, vm fölöttit, vmn túlit jelent>, (gyakran:) szuper-

superable ['su:p(ə)rəbl] a legyőzhető, áthidalható [nehézség]

superabound [su:pərə'baʊnd] vi bővelkedik (with sg vmben)

superabundance [su:p(ə)rə'bʌndəns] n bőség, bővelkedés, fölösleg

superabundant [su:p(ə)rə'bʌndənt] a bőséges, dús, túláradó, busás

superadd [su:pər'æd] vt még hozzátesz/hozzáad/ráad

superannuate [su:pə'rænjʊeɪt] A. vt nyugdíjaz, nyugdíjba küld B. vi nyugdíjba megy; kiöregszik, kiérdemesül

superannuated [su:pə'rænjʊeɪtɪd] a kiérdemesült, kiöregedett, kivénhedt; nyugalmazott

superannuation ['su:pərænjʊ'eɪʃn] n nyugdíjazás; ~ allowance nyugdíj; ~ fund nyugdíjalap; ~ tax nyugdíjjárulék

superb [sju:'pə:b; US sʊ-] a nagyszerű, pompás, remek, fenséges

supercargo ['su:pəka:goʊ] n rakományfelügyelő hajóstiszt

supercharged ['su:pətʃa:dʒd] a túltelített, -töltött; túlfeszített

supercharger ['su:pətʃa:dʒə*] n kompresszor [motoré]

supercilious [su:pə'sɪlɪəs] a fölényes, gőgös, dölyfös, önhitt

supercool [su:pə'ku:l] vt túlhűt

super-duper [su:pə'du:pə*] a US □ 1. pompás, klassz, szuper 2. óriási

superelevated [su:pər'elɪveɪtɪd] a túlemelt

supereminent [su:pər'emɪnənt] a kimagasló, egészen kiváló

supererogation [su:pərerə'geɪʃn] n kötelességen felüli teljesítés, túlbuzgóság

supererogatory [su:pəre'rɔgətərɪ; US -'rɑgətɔ:rɪ] a 1. kötelességen felül teljesített; túlbuzgó 2. felesleges

superficial [su:pə'fɪʃl] a 1. felületes, felszínes 2. felületi, felszíni; ~ foot négyzetláb; ~ wound felületi seb

superficially [su:pə'fɪʃəlɪ] adv 1. felületesen 2. felszínét tekintve

superficies [su:pə'fɪʃi:z] n (pl ~) felület, felszín

superfine [su:pə'faɪn] a 1. különlegesen/extra finom 2. túl finom

superfluity [su:pə'flʊətɪ] n 1. fölösleges dolog 2. vmnek fölösleges/nélkülözhető volta

superfluous [su:'pə:flʊəs] a fölösleges, nélkülözhető

superheat ['su:pəhi:t] vt túlhevít

superhet ['su:pəhet] n biz világvevő [rádiókészülék]

superheterodyne [su:pə'hetərədaɪn] n = superhet

superhighway [su:pə'haɪweɪ] n US autópálya

superhuman [su:pə'hju:mən] a emberfölötti

superimpose [su:p(ə)rɪm'poʊz] vt 1. = superpose 2. egymásra filmez

superimposition [su:pərɪmpə'zɪʃn] n = superposition 1.

superintend [su:p(ə)rɪn'tend] vt 1. felügyel, ellenőriz 2. igazgat

superintendent [su:p(ə)rɪn'tendənt] n 1. (fő)felügyelő, (fő)ellenőr; (police) ~ (kerületi, megyei) rendőrfőnök 2. US házfelügyelő

superior [su:'pɪərɪə*] I. a 1. felső(bb), feljebb/felette levő/álló; felettes; ~ court fellebbviteli bíróság; he is ~ to flattery felette áll a hízelgésnek 2. nagyobb, magasabb (rangú), kiválóbb (to vmnél, vknél); be ~ in numbers számbeli fölényben van 3. fölényes II. n elöljáró, feljebbvaló, felettes, főnök

superiority [su:pɪərɪ'ɔrətɪ; US -'ɔ:-] n felsőbb(rendű)ség, fölény; magasabb rendű volta vmnek

superlative [su:'pə:lətɪv] I. a felülmúlhatatlan, páratlan, felsőfokú; ~ degree felsőfok [nyelvtani] II. n felsőfok;

speak in ~s szuperlatívuszokban beszél
superlatively [su:'pə:lətɪvlɪ] *adv* abszolút mértékben, páratlanul
superman ['su:pəmæn] *n* (*pl* -men -men) felsőbbrendű ember, übermensch
supermarket ['su:pəmɑ:kɪt] *n* ABC-áruház; élelmiszer-áruház
supernatural [su:pə'nætʃr(ə)l] *a* természetfölötti
supernumerary [su:pə'nju:m(ə)rərɪ; *US* -'nu:mərərɪ] I. *a* létszám fölötti II. *n*
1. létszám fölötti [személy] 2. statiszta
superphosphate [su:pə'fɔsfeɪt; *US* -'fɑ-] *n* szuperfoszfát [műtrágya]
superpose [su:pə'pouz] *vt* egymásra rak/helyez, rátesz, rárak, fölé(je) tesz
superposition [su:pəpə'zɪʃn] *n* 1. egymásra helyezés/rakás, rárakás, fölé helyezés 2. rárakódás
superpower ['su:pəpauə*] *n* szuperhatalom
supersaturation [su:pəsætʃə'reɪʃn] *n* túltelítés; túltelítettség
superscribe [su:pə'skraɪb] *vt* 1. föléje ír, ráír 2. felirattal ellát, megcímez
superscript ['su:pəskrɪpt] *n* mutatószám, (felső) index(szám), kitevő
superscription [su:pə'skrɪpʃn] *n* felirat, cím(zés), fej [levélen]
supersede [su:pə'si:d] *vt* 1. feleslegessé tesz, kiszorít, pótol, helyettesít; helyére kerül (vknek) 2. hatálytalanít, túlhalad, tárgytalanná tesz
supersensitive [su:pə'sensɪtɪv] *a* túlérzékeny
supersensory [su:pə'sensərɪ] *a* a normális érzékelés körén kívül eső, parapszichologikus
supersession [su:pə'seʃn] *n* kiszorítás, pótlás, helyettesítés
supersonic [su:pə'sɔnɪk; *US* -'sɑ-] *a* hangsebesség feletti [óránként 1200 km-nél gyorsabb], szuperszonikus
superstition [su:pə'stɪʃn] *n* babona
superstitious [su:pə'stɪʃəs] *a* babonás
superstructure ['su:pəstrʌktʃə*] *n* 1. felépítmény 2. ⟨ nagy hajónak a felső fedélzet feletti része⟩
supertax ['su:pətæks] *n* adópótlék, többletadó, különadó

supervene [su:pə'vi:n] *vi* bekövetkezik, közbejön
supervention [su:pə'venʃn] *n* bekövetkezés, rákövetkezés, vmnek közbejötte
supervise ['su:pəvaɪz] *vt* ellenőriz, felügyel (vmre), felülvizsgál; irányít, vezet
supervision [su:pə'vɪʒn] *n* ellenőrzés, felügyelet; *under police* ~ rendőri felügyelet alatt
supervisor ['su:pəvaɪzə*] *n* ellenőr, felügyelő
supervisory ['su:pəvaɪz(ə)rɪ v. főleg *US* -'vaɪ-] *a* felügyeleti
supine I. *a* [sju:'paɪn; *US* su:-] 1. hanyatt/hátán fekvő 2. egykedvű, tétlen, indolens, lusta II. *n* ['sju:paɪn; 'su:-] [nyelvtani] supinum
supped [sʌpt] → *sup II*.
supper ['sʌpə*] *n* vacsora; *have* ~ vacsorázik
supper-time *n* vacsoraidő
supplant [sə'plɑ:nt; *US* -'plænt] *vt* helyébe lép, (helyéről) kiszorít, kitúr; pótol
supplanter [sə'plɑ:ntə*; *US* -'plæn-] *n* más helyébe lépő, mást kiszorító
supple ['sʌpl] I. *a* 1. hajlékony, rugalmas, ruganyos 2. tanulékony, kezelhető, alkalmazkodó 3. gerinctelen, simulékony II. A. *vt* 1. hajlékonnyá tesz 2. [lovat] idomít, betör 3. megtör [vknek akaratát] B. *vi* hajlékonnyá válik
supplement I. *n* ['sʌplɪmənt] 1. pótlás, kiegészítés; (újság)melléklet; pótkötet 2. (180°-ra) kiegészítő szög II. *vt* ['sʌplɪment] kiegészít, kipótol
supplementary [sʌplɪ'ment(ə)rɪ] *a* kiegészítő, pótló(lagos), pót-, mellék-; ~ *benefit* járulékos kedvezmény/juttatás
suppleness ['sʌplnɪs] *n* hajlékonyság, simulékonyság
suppliant ['sʌplɪənt] *a/n* kérő, könyörgő; folyamodó, kérvényező
supplicant ['sʌplɪk(ə)nt] *a/n* = *suppliant*
supplicate ['sʌplɪkeɪt] *vi/vt* kér, esedezik, könyörög, folyamodik
supplication [sʌplɪ'keɪʃn] *n* könyörgés, esedezés, kérés
supplier [sə'plaɪə*] *n* 1. szállító, ellátó

szállítmányozó, felszerelő 2. főnyomócső [vízé]
supply¹ [sə'plaɪ] I. *n* 1. ellátás, beszerzés, szállítás; utánpótlás; szállítmány; ellátmány, készlet; *new supplies* utánpótlás; *lay in a ~ of sg* vmből készletet gyűjt (v. halmoz fel); *~ column* hadtáposzlop; *in short ~* nehezen beszerezhető/pótolható, nem kapható [árucikk], hiánycikk 2. **supplies** *pl* (parlamenti) hitel, (pénz)ellátmány, járadék; *Bill of Supplies* póthitel-megszavazás; *cut off supplies* megszünteti a járadékot/zsebpénzt, nem gondoskodik az ellátmányról 3. kínálat; *~ and demand* kínálat és kereslet 4. helyettes; *arrange for a ~* helyettest állít II. *vt (pt/pp* **supplied** sə'plaɪd) 1. ellát, felszerel (*sy with sg* vkt vmvel), szállít (vmt), szolgáltat [gázt, adatokat stb.]; kielégít [szükségletet]; *families supplied daily* rendelések naponta házhoz szállítva 2. (be)pótol [hiányt], betölt [helyet]; *~ sy's place* (v. *vi: ~ for sy*) vkt helyettesít
supply² ['sʌplɪ] *adv* hajlékonyan, rugalmasan; simulékonyan
support [sə'pɔːt] I. *n* 1. támasz (*átv is*); támaszték, tartó, talpazat; karó, oszlop; alátámasztás; *point of ~* alátámasztási pont 2. segítség, támogatás, segély, pártfogás; *in ~ of* annak bizonyításául/megalapozására; *speak in ~ of sg/sy* vmnek/vknek érdekében szól; *get no ~* nem támogatják 3. eltartás; fenntartás; *claim ~* tartásdíjat követel [elvált férjtől] II. *vt* 1. (alá)támaszt, (meg)tart, fenntart 2. támogat; gyámolít, segít 3. eltart, fenntart [családot] 4. igazol, alátámaszt, megalapoz [elméletet stb.] 5. eltűr, elvisel
supportable [sə'pɔːtəbl] *a* 1. elviselhető, kibírható 2. alátámasztható, igazolható
supporter [sə'pɔːtə*] *n* 1. támasz (*átv is*); alátámasztás; támaszték 2. vknek párthíve, védő, támogató [ügyé, emberé]; szurkoló
supporting [sə'pɔːtɪŋ] *a* 1. támogató, segítő; *~ actor* epizódszínész; *the ~ cast* a mellékszereplők [sztár mellett]; *~*

film kísérőfilm 2. támasztó, tám-; *~ pillar* tartóoszlop; *~ wall* támfal
supportless [sə'pɔːtlɪs] *a* támasz nélküli, gyámolatlan
supposal [sə'pəʊzl] *n* feltevés, feltételezés
suppose [sə'pəʊz] *vt* feltételez, feltesz; képzel, gondol (vmt); *~ you are right* tegyük fel, hogy igazad van; *~ we change the subject* beszéljünk inkább másról; *I ~ so* azt hiszem, úgy vélem; *as you may ~* ahogy sejtheted/gondolhatod; *be ~d to ...* az ő feladata/kötelessége/dolga ... ni; *he is ~d to be ...* (1) állítólag ő ..., úgy mondják, hogy ő ..., feltételezik/mondják róla, hogy (2) elvárják tőle, hogy ... ; *I am not ~d to ...* nem vagyok köteles ... ni; *I am not ~d to know* nem volna szabad tudnom
supposed [sə'pəʊzd] *a* állítólagos, feltételezett, látszólagos
supposedly [sə'pəʊzɪdlɪ] *adv* állítólag; feltételezhetőleg, feltehetően
supposing [sə'pəʊzɪŋ] *conj* feltéve, hogy ..., (abban az esetben,) ha ...
supposition [sʌpə'zɪʃn] *n* feltevés, feltételezés, vélekedés; *on the ~ that ...* feltéve, hogy ...
suppository [sə'pɒzɪt(ə)rɪ; *US* -'pɑzɪtɔːrɪ] *n* 1. (végbél)kúp 2. fogamzásgátló hüvelylabdacs
suppress [sə'pres] *vt* 1. elnyom, elfojt 2. eltitkol, elhallgat 3. elhallgattat 4. elkoboz, lefoglal [sajtótermék példányait]
suppressed [sə'prest] *a* elfojtott, elnyomott
suppression [sə'preʃn] *n* 1. elnyomás, elfojtás 2. elhallgatás, eltussolás
suppurate ['sʌpjʊ(ə)reɪt; *US* -jə-] *vi* gennyed, gennyesedik
suppuration [sʌpjʊ(ə)'reɪʃn; *US* -jə-] *n* gennyesedés
supraliminal [suːprə'lɪmɪnl] *a* tudatküszöb fölötti
supranational [suːprə'næʃənl] *a* nemzetek feletti
suprarenal [suːprə'riːnl] *a* ~ *gland* mellékvese
supremacy [sʊ'preməsɪ] *n* főhatalom, felsőbbség, fennhatóság

supreme [su'pri:m] *a* legfőbb, legfelső, legfontosabb, páratlan, végső, döntő; *the S~ Being* Isten; ~ *commander* fővezér; *hold in ~ contempt* mélységesen megveti, le se köpi; *US S~ Court* legfelsőbb bíróság; ~ *sacrifice* az élet feláldozása; *S~ Soviet* a Szovjetunió Legfelsőbb Tanácsa
supremely [su'pri:mlɪ] *adv* legteljesebben, legjobban
Supt. *superintendent*
surcease [sə:'si:s] † I. *n* vég II. *vi* véget ér
surcharge I. *n* ['sə:tʃɑ:dʒ] 1. túlterhelés 2. pótadó; pótdíj, pótilleték 3. felülnyomás [bélyegen] II. *vt* [sə:'tʃɑ:dʒ] 1. túlterhel 2. pótdíjat fizettet (vmért), megportóz 3. felülnyom [bélyeget]
surcoat ['sə:kout] *n* † köpeny
surd [sə:d] I. *a* irracionális II. *n* 1. irracionális szám 2. zöngétlen mássalhangzó
sure [ʃuə*] I. *a* biztos, bizonyos; *be ~ of/about sg* biztos vm felől, biztos vmben; *I am ~ (that)* . . . biztos vagyok benne, hogy . . .; *I am not (so) ~ about/of it/that* ebben nem vagyok (annyira) biztos; *be ~ to write!* ne felejts(en) el írni!, feltétlenül/okvetlenül írj(on)!; *to be ~* bizony, természetesen, kétségtelenül; *well, to be ~!* ejha!, a kutyafáját!; *be ~ of oneself* magabiztos; *make ~ of sg* (1) biztosra vesz (2) megbizonyosodik/meggyőződik vmről; *make ~ that* . . . győződjék meg róla, hogy . . . , kérdezze meg . . .; *make sy ~ of sg* vkt biztosít vmről; *US □ ~ thing!* hogyne!, holtbiztos! II. *adv* biztosan, minden bizonnyal; *~ enough* (1) egészen biztosan, feltétlenül (2) hogyne!, de még mennyire!, persze!; *US ~!* hogyne!, persze!
sure-fire *a US biz* csalhatatlan, holtbiztos
sure-footed *a* 1. nem botló, biztos járású 2. céltudatosan haladó
surely ['ʃuəlɪ] *adv* kétségtelenül, biztosan, bizonyára, hogyne; *slowly but ~* lassan de biztosan
sureness ['ʃuənɪs] *n* 1. biztosság, megbízhatóság 2. bizonyosság

sure-sighted *a* éles látású/szemű
surety ['ʃuərətɪ] *n* 1. kezes, jótálló; *stand/go ~ for sy* kezességet vállal (v. jótáll) vkért 2. kezesség, jótállás 3. † biztosság, biztonság
surf [sə:f] I. *n* tajtékzó hullám [parton], (tengeri) hullámverés II. *vi* akvaplánozik, hullámlovaglást végez
surface ['sə:fɪs] I. *n* 1. felszín, felület; ~ *mail* vasúton/hajón szállított posta [légipostával ellentétben], sima posta; ~ *ship* hajó (ellentétben a tengeralattjáróval); ~ *treatment* felületi kezelés; *break the ~* (tengeralattjáró) felbukkan 2. látszat, a külső, külszín; *on the ~* látszólag, külsőleg II. A. *vt* 1. a felületét kikészíti (vmnek), simít, csiszol 2. állandó útburkolattal ellát; ~*d road* köves/betonos/aszfaltos út B. *vi* felszínre emelkedik, felmerül [tengeralattjáró]
surface-coated *a* sima/simított felületű, sima; fényezett
surface-drainage *n* nyílt vízelvezetés
surfaceman ['sə:fɪsmən] *n (pl* -men -mən) 1. vasúti pályamunkás/pályaőr 2. felszíni munkás [nyílt bányánál]
surface-plate *n* (márvány) burkolólap
surface-tension *n* felületi feszültség
surface-to-air *a* föld-levegő [rakéta]
surface-to-surface *a* föld-föld [rakéta]
surf-bathing *n* fürdés a tengeri hullámverésben
surf-board *n* hullámlovas [deszka]
surf-boarding *n* = *surf-riding*
surfeit ['sə:fɪt] I.*n* csömör, undor; émelygés; túlterheltség; *have a ~ of sg* megcsömörlik vmtől, torkig van vele, már látni se bírja II. *vt/vi* telezabálja magát, megcsömörlik (vmtől)
surfer ['sə:fə*] *n* = *surf-rider*
surfing ['sə:fɪŋ] *n* = *surf-riding*
surf-rider *n* hullámlovas
surf-riding *n* hullámlovaglás
surfy ['sə:fɪ] *a* hullámos, tajtékos
surge [sə:dʒ] I. *n* 1. nagy hullám 2. tenger 3. roham II. *vi* hullámzik; dagad; árad; nekilódul; ~ *out* kiözönlik [tömeg]
surgeon ['sə:dʒ(ə)n] *n* 1. sebész 2. katonaorvos; hajóorvos

surgery ['sə:dʒ(ə)rɪ] *n* 1. sebészet 2. műtő; (orvosi) rendelő; ~ *hours 5 p.m. to 7 p.m.* rendel: du. 5—7-ig
surgical ['sə:dʒɪkl] *a* sebész(eti)i, műtéti; ~ *intervention* műtéti beavatkozás; ~ *instruments* orvosi műszerek
surgically ['sə:dʒɪk(ə)lɪ] *adv* műtéti úton, műtétileg
surging ['sə:dʒɪŋ] *a* hullámzó, áradó, dagadó, háborgó, kavargó
surlily ['sə:lɪlɪ] *adv* mogorván, barátságtalanul, bárdolatlanul
surly ['sə:lɪ] *a* mogorva, komor, barátságtalan, goromba, zsémbes
surmise I. *n* ['sə:maɪz] feltevés, vélekedés; vélelem II. *vt* [sə:'maɪz] vél, sejt, gyanít, feltesz, feltételez
surmount [sə:'maʊnt] *vt* 1. erőt vesz, felülkerekedik (vmn), legyőz, leküzd [nehézséget] 2. felülmúl 3. vm felett van/emelkedik; *átv* uralkodik (vmn), ural (vmt) 4. vm fölé odaerősít
surmountable [sə:'maʊntəbl] *a* leküzdhető
surname ['sə:neɪm] *n* 1. vezetéknév, családnév 2. ragadványnév
surpass [sə'pɑ:s; *US* -'pæs] *vt* felülmúl (vkt), túltesz (vmn, vkn), meghalad (vmt)
surpassing [sə'pɑ:sɪŋ; *US* -'pæ-] *a* kimagasló, kiváló, páratlan
surpassingly [sə'pɑ:sɪŋlɪ; *US* -'pæ-] *adv* kiemelkedően, páratlanul
surplice ['sə:plɪs] *n* karing, miseing
surpliced ['sə:plɪst] *a* karinges
surplus ['sə:pləs] *n* fölösleg, többlet; maradvány; ~ *fund* tartaléktőke
surprise [sə'praɪz] I. *n* 1. meglepetés, váratlan dolog; ~ *visit* meglepetésszerű látogatás; *to my great* ~ nagy meglepetésemre 2. rajtaütés, rajtakapás, tettenérés II. *vt* 1. meglep, meghökkent; *I shouldn't be* ~*d if* nem lepne meg, ha; *be* ~*d at sg* meglepi/megdöbbenti vm 2. ~ *sy in the act* tetten ér vkt, rajtakap vkt vmn
surprisedly [sə'praɪzɪdlɪ] *adv* meglep(őd-)ve, meglepetten
surprising [sə'praɪzɪŋ] *a* meglepő, bámulatos; váratlan
surprisingly [sə'praɪzɪŋlɪ] *adv* meglepően

surrealism [sə'rɪəlɪzm] *n* szürrealizmus
surrealist [sə'rɪəlɪst] *a/n* szürrealista
surrender [sə'rendə*] I. *n* 1. megadás, feladás [erődítményé stb.]; átadás, kiadás [foglyoké], kiszolgáltatás 2. lemondás (vmről) 3. abbahagyás 4. átadatás, beszolgáltatás II. A. *vt* 1. megad; felad; átad; kiad; ~ *oneself* (1) megadja magát (2) átadja magát (*to* vmnek) 2. lemond (vmről); beszolgáltat (vmt) B. *vi* megadja magát
surreptitious [sʌrəp'tɪʃəs; *US* sə:r-] *a* 1. titkos, lopva tett, alattomos 2. kalózkiadású [könyv]
surreptitiously [sʌrəp'tɪʃəslɪ; *US* sə:r-] *adv* titokban, titkon, lopva, alattomban
Surrey ['sʌrɪ] *prop*
surrogate ['sʌrəgɪt; *US* 'sə:r-] *n* 1. helyettes 2. pótlék, pótanyag, pótszer, szurrogátum
surround [sə'raʊnd] I. *n* szőnyegkeretezés II. *vt* körülvesz, -fog, -zár, -kerít, bekerít
surrounding [sə'raʊndɪŋ] *a* körülvevő, környező
surroundings [sə'raʊndɪŋz] *n pl* környék, vidék, környezet
surtax ['sə:tæks] I. *n* pótadó, pótdíj II. *vt* 1. pótadót vet ki (vkre) 2. túladóztat (vkt)
surveillance [sə:'veɪləns] *n* felügyelet, őrizet
survey I. *n* ['sə:veɪ] 1. áttekintés, átnézés; áttanulmányozás; felmérés; *make a* ~ *of sg* szemrevételez, feltérképez, adatait felveszi 2. (felül)vizsgálat; szemle 3. földmérés; felmérés; *national* ~ országos földmérés, kataszter; ~ *of area* terepfelvétel 4. terv(rajz), vázlat II. *vt* [sə'veɪ] 1. áttekint, megtekint, szemrevételez 2. felmér [területet] 3. ellenőriz, felülvizsgál
surveying [sə'veɪɪŋ] *n* [mérnöki] felmérés; terepfelvétel; ~ *instruments* (épitő)mérnöki műszerek
surveyor [sə'veɪə*] *n* 1. ellenőr, felügyelő; ellenőrző mérnök 2. földmérő (mérnök), geodéta 3. *US* vámtisztviselő
survival [sə'vaɪvl] *n* életben maradás, túlélés

survive [sə'vaɪv] A. vi tovább él, fennmarad, életben marad B. vt túlél (vmt, vkt), kihever (vmt)
survivor [sə'vaɪvə*] n túlélő, életben maradt, hátramaradott
survivorship [sə'vaɪvəʃɪp] n túlélés, továbbélés
Susan ['su:zn] prop Zsuzsa(nna)
Susanna [su:'zænə] prop Zsuzsanna
susceptibility [səseptə'bɪlətɪ] n fogékonyság (vmre), érzékenység, hajlamosság
susceptible [sə'septəbl] a 1. fogékony, érzékeny, hajlamos (to vmre) 2. képes, alkalmas (of vmre); ~ of proof bizonyítható
suspect I. a ['sʌspekt] gyanús II. n ['sʌspekt] gyanúsított; gyanús személy III. vt [sə'spekt] 1. gyanúsít; be ~ed gyanúsítják; ~ sy of a crime vkt vm bűntény elkövetésével gyanúsít 2. gyanít, sejt, gyanakszik; I ~ed as much ezt sejtettem is
suspected [sə'spektɪd] a gyanúsított
suspend [sə'spend] vt 1. felfüggeszt (átv is), felakaszt 2. félbeszakít, megszakít; elhalaszt; beszüntet
suspended [sə'spendɪd] a 1. felfüggesztett (átv is), függő, lebegő 2. félbeszakított, -szakadt, elhalasztott, beszüntetett; ~ animation mély ájulás
suspender [sə'spendə*] n 1. GB (pair of) ~s harisnyakötő; ~ belt harisnyatartó [női] 2. US ~s nadrágtartó
suspense [sə'spens] n 1. bizonytalanság, izgatott várakozás, kétség 2. felfüggesztés, félbeszakítás, megszakítás, elhalasztás
suspension [sə'spenʃn] n 1. függés, lógás; felfüggesztés (átv is); ~ bridge lánchíd, függőhíd 2. félbeszakítás, megszakítás, elhalasztás, beszüntetés; to the ~ of all other business minden egyebet félretéve; ~ points kipontozás [szövegben hiányzó szavak jelzésére] 3. (kerék)felfüggesztés [autóé]
suspensory [sə'spens(ə)rɪ] n (here)felkötő, szuszpenzor
suspicion [sə'spɪʃn] n 1. gyanú; be above ~ minden gyanún felül áll; hold sy in ~ gyanakszik vkre; lay oneself open to ~ kiteszi magát a gyanúnak; not the

ghost of a ~ a gyanúnak még az árnyéka sem 2. biz sejtés, sejtelem, gyanítás 3. vmnek parányi nyoma
suspicious [sə'spɪʃəs] a 1. gyanús, kétes 2. gyanakvó, bizalmatlan; be/feel ~ about/of sy/sg gyanakszik vkre/vmre
suspiciously [sə'spɪʃəslɪ] adv 1. gyanúsan 2. gyanakodva, bizalmatlanul
suspiciousness [sə'spɪʃəsnɪs] n 1. gyanússág 2. gyanakvás, bizalmatlankodás
Sussex ['sʌsɪks] prop
sustain [sə'steɪn] vt 1. tart; fenntart 2. kibír, elvisel, (el)szenved, eltűr; ~ an injury sérülést szenved 3. életben tart, erőt ad, erősít 4. igazol; helyt ad [panasznak stb. bíróság] 5. eljátszik, alakít [szerepet] 6. kitart [egy hangot]
sustained [sə'steɪnd] a 1. kitartó 2. fenntartott; hosszan tartó 3. kitartott [hang]
sustaining [sə'steɪnɪŋ] a tápláló [étel]; fenntartó [erő]
sustenance ['sʌstɪnəns] n 1. fenntartás, ellátás, élelmezés; means of ~ létszükségleti javak, a létfenntartás eszközei 2. tápérték
Sutherland ['sʌðələnd] prop
sutler ['sʌtlə*] n † kantinos; markotányos(nő)
suture ['su:tʃə*] n varrat
suzerain ['su:zəreɪn; US -rɪn] n (fő)hűbérúr, fejedelem; főhatalom
suzerainty ['su:zəreɪntɪ; US -rɪntɪ] n hűbéruraság, hűbéri hatalom, fennhatóság
svelte [svelt] a karcsú
S.W., SW south-west délnyugat, DNy
swab [swɔb; US -ɑ-] I. n 1. feltörlőrongy, felmosórongy 2. tampon 3. kenet 4. □ esetlen fickó II. vt -bb- 1. felmos, (fel)súrol [padlót] 2. tamponoz 3. tisztogat [ágyúcsövet]
swaddle ['swɔdl; US -ɑ-] vt bepólyáz
swaddling-bands/clothes ['swɔdlɪŋ-; US -ɑ-] n pl 1. pólya 2. gátló befolyás
swag [swæg] I. n 1. batyu, cucc [Ausztráliában] 2. ingadozás, imbolygás 3. virágfüzérdísz 4. □ szajré, lopott holmi II. vi -gg- himbálódzik, fityeg, (be)lóg, ing, leng

swag-belly *n* (lelógó) pocak
swagger ['swægə*] I. *a* □ jampecos,
túlöltözött II. *n* hencegés, felvágás;
fesztelenség III. *vt* 1. parádézik, büsz-
kélkedik 2. hepciáskodik; henceg
swagger-cane *n* (könnyű) sétapálca [an-
gol katonáé kimenő alkalmából]
swaggerer ['swægərə*] *n* 1. jampec 2.
szájhős
swaggering ['swæg(ə)rɪŋ] *a* fesztelenül
fölényes
swagger-stick *n* = *swagger-cane*
swagman ['swægmən] *n* (*pl* -men -mən)
(ausztráliai) vándormunkás
Swahili [swɑ:'hi:lɪ] *a*/*n* szuahéli
swain [sweɪn] *n* 1. parasztlegény, pász-
torlegény 2. [romantikus] udvarló,
„lovag"
swallow¹ ['swɔlou; *US* -ɑ-] *n* fecske
swallow² ['swɔlou; *US* -ɑ-] I. *n* 1. (le-)
nyelés; korty 2. falat II. *vt* 1. (le)nyel
(*átv is*), elnyel, felemészt; ~ *one's
words* visszaszívja szavát; ~ *the bait*
bekapja a horgot; ~ *up* lenyel, elnyel,
felszív 2. „bevesz" vmt
swallow-hole *n* lefolyólyuk [búvópata-
ké], pataknyelő
swallow-tail *n* 1. fecskefarok 2. frakk
swallow-tailed *a* fecskefarkú; ~ *coat*
frakk
swam →*swim II.*
swami ['swɑ:mɪ] *n* 1. hindu vallások-
tató, pandit 2. hindu úr, brámin
swamp [swɔmp; *US* -ɑ-] I. *n* mocsár,
ingovány II. *vt* eláraszt, elönt, elhal-
moz
swamp-fever *n* mocsárláz
swampy ['swɔmpɪ; *US* -ɑ-] *a* mocsaras,
ingoványos
swan [swɔn; *US* -ɑ-] *n* hattyú; *the S~ of
Avon* az avonihattyú [= Shakespeare]
swank [swæŋk] *biz* I. *a* elegáns, jam-
pec(os), felvágós II. *n* 1. felvágás;
jampecság 2. jampec, felvágós alak
III. *vi* henceg, felvág, hetykélkedik
swanker ['swæŋkə*] *n* *biz* hetvenkedő
swanky ['swæŋkɪ] *a* *biz* elegáns, felvá-
gós, nagyképű, nyegle, sznob
swan-neck *n* hattyúnyak
swan's-down ['swɔnz-; *US* -ɑ-] *n* 1.
hattyútoll 2. pikébarhent

Swansea ['swɔnzɪ] *prop*
swan-song *n* hattyúdal
swap [swɔp; *US* -ɑ-] I. *n* 1. csere(bere)
2. cseretárgy II. *vt* -pp- (el)cserél,
csereberél, csencsel
swapping ['swɔpɪŋ; *US* -ɑ-] *n* cserélés,
csere(bere)
sward [swɔ:d] *n* gyep, pázsit
sware →*swear II.*
swarm¹ [swɔ:m] I. *n* raj; tömeg, sokaság
II. *vi* 1. rajzik; ~ *out* kirajzik 2. *biz*
nyüzsög, hemzseg (*with* vmtől)
swarm² [swɔ:m] *vi*/*vt* ~ (*up*) *sg* vmre
felkúszik/felmászik
swart [swɔ:t] *a* = *swarthy*
swarthiness ['swɔ:ðɪnɪs] *n* barnabőrűség
swarthy ['swɔ:ðɪ] *a* barna bőrű, füstös
képű
swash [swɔʃ; *US* -ɑ-] I. *n* 1. hepciásko-
dás, kérkedés, hetvenkedés 2. csobo-
gás, locsogás, csobbanás II. A. *vi* 1.
csobog, locsog (víz) 2. kérkedik, het-
venkedik B. *vt* önt, locsol, spriccel
swashbuckler ['swɔʃbʌklə*; *US* -ɑʃ-] *n*
hetvenkedő, kalandor, szájhős, kraké-
ler
swashbuckling ['swɔʃbʌklɪŋ; *US* -ɑʃ-] I.
a hetvenkedő, kérkedő II. *n* hetvenke-
dés, kérkedés
swastika ['swɔstɪkə; *US* -ɑs-] *n* horog-
kereszt
swat [swɔt; *US* -ɑ-] *vt* -tt- agyoncsap
[legyet stb.]
swath [swɔ:θ; *US* -ɑ-] *n* [lekaszált] rend
swathe [sweɪðʲ] *vt* beköt, beburkol, be-
bugyolál, bepólyáz
swathing ['sweɪðɪŋ] *n* pólya, kötés;
borogatás; göngyöleg
swathing-bands *n pl* pólya(kötő)
swatter ['swɔtə*; *US* -ɑ-] *n* légycsapó
sway [sweɪ] I. *n* 1. lóbálás; hintázás;
lengés, ingás; kibillenés [mérlegkaré]
2. uralom, hatalom, befolyás; *hold*/*bear*
~ *over a people* uralkodik egy nép fölött
II. A. *vi* 1. lebeg, libeg, leng; inog,
billen 2. elhajlik, lehajlik 3. uralko-
dik, hatalmat gyakorol B. *vt* 1. ingat,
himbál, lóbál, hintáztat, billent 2.
hajlít; ~ *sy from his course* vkt útjáról
kitérít 3. befolyásol, irányít
sway-backed [-'bækt] *a* csapott hátú [ló]

Swazi ['swɑːzɪ] a/n szvázi
Swaziland ['swɑːzɪlænd] prop Szváziföld
swear [sweə*] I. n káromkodás, szitkozódás II. v (pt swore swɔː*, régies pt sware sweə*, pp sworn swɔːn) A. vi 1. (meg)esküszik, esküt tesz (on/by vmre) 2. káromkodik, szitkozódik B. vt 1. megesket, esküt tétet; ~ a witness tanút feleskel 2. esküvel fogad (vmt); ~ an oath (1) esküt tesz (2) káromkodik
    swear against vi ~ a. sy eskü alatt vádol vkt
    swear at vi szid, káromol, átkoz (vkt)
    swear away vt ~ a. sy's life hamis esküvel vkt halálba juttat
    swear by vi esküszik vmre (átv is)
    swear in vt feleskel, esküt kivesz vktől
    swear off vt esküvel lemond vmről, fogadalmat tesz vm abbahagyására
    swear on vi vmre esküszik
    swear to vi eskü alatt vall/tanúsít (vmt); megesküszik vmre
swearing ['sweərɪŋ] n 1. (meg)esküvés vmre, eskütevés 2. káromkodás
swear-word n káromkodás, szitok
sweat [swet] I. n 1. izzadság, veríték; izzadás; by the ~ of one's brow orcája verítékével; cold ~ hideg verejték; be in a ~, biz be all of a ~ (1) izzad, csupa verejték (2) biz izgatott; GB biz an old ~ öreg katona, vén csont 2. biz fárasztó munka, strapa II. A. vi 1. izzad, verítékezik, kiveri a víz; gőzölög; ~ away at one's job sok vesződséggel dolgozik; ~ out a cold kiizzadja a nátháját; ~ it out türelmesen kiböjtöl/kivár vmt 2. izgul; szenved; he shall ~ for it megkeserüli 3. éhbérért dolgozik, robotol B. vt 1. (meg)izzaszt 2. forraszt 3. lecsutakol 4. kizsákmányol, kiszipolyoz, éhbérért (keményen) dolgoztat
sweat-band n izzasztó [kalapon]
sweat-cloth n izzasztó [lovon]
sweated ['swetɪd] a rosszul fizetett; kizsákmányolt; ~ labour éhbérért végzett munka
sweater ['swetə*] n 1. szvetter, (vastag)

kötött (gyapjú)mellény; pulóver [női] 2. kizsákmányoló 3. izzadó
sweat-gland n izzadságmirigy
sweating ['swetɪŋ] n 1. izzadás 2. izzasztás 3. kizsákmányolás, agyondolgoztatás [éhbérért]
sweating-room n izzasztókamra, szárazlégkamra [gőzfürdőben]
sweat-shirt n melegítőfelső
sweat-shop n munkásnyúzó (egészségtelen berendezésű) üzem
sweat-suit n melegítő, tréningruha
sweaty ['swetɪ] a 1. izzadt; izzadó; átizzadt 2. izzasztó; fülledt 3. fárasztó, strapás
Swede [swiːd] n 1. svéd (ember) 2. s~ karórépa
Sweden ['swiːdn] prop Svédország
Swedish ['swiːdɪʃ] I. a svéd [nyelv, nép]; ~ movements svédtorna II. n svéd (nyelv)
sweep [swiːp] I. n 1. söprés; make a clean ~ (of sg) (1) mindent besöpör [kártyás] (2) túlad (vmn), megszabadul (vmtől) felszámol (vmt), tabula rasat csinál 2. (nagy) kanyar, (nagy) ív, kanyarulat [folyóé] 3. hordtávolság [fegyveré]; átfogóképesség [elméé] 4. végigseprő mozdulat [szemé, karé]; suhintás [kaszával]; pásztázás [távcsővel stb.]; letapogatás [radarral] 5. gyors folyás, áradás; átv előretörés, lendületes haladás 6. kéményseprő 7. összesöprött hulladék 8. kútgém 9. nagy evező [bárkához] 10. aknakereső hajó 11. biz = sweepstake II. v (pt/pp swept swept) A. vt 1. söpör, seper, [folyómedret] kotor 2. elsodor, elsöpör 3. végigsöpör, -száguld (vmn) 4. pásztáz [látóhatárt stb.]; tekintetét végigjáratja (vmn) 5. evezővel hajt B. vi 1. söpör 2. (el)suhan, (végig)száguld, végigrohan, iramlik 3. kanyarodik 4. méltóságteljesen vonul, peckesen lépdel
    sweep along vi előresuhan; (végig-)száguld
    sweep aside/away vt félresöpör; elsöpör (átv is), halomra dönt [tervet]
    sweep by vi 1. elszáguld, elsuhan (vk mellett) 2. méltóságteljesen elvonul/elhalad (vk mellett)

sweep down A. vt lesöpör, magával sodor/ragad B. vi lecsap
sweep for vi ~f. mines aknát keres/szed [hajó]
sweep off vt lesöpör; elsodor; be swept o. one's feet by sy elragadja a lelkesedés vkért
sweep on vi ellenállhatatlanul száguld tovább
sweep out vt kisöpör [szobát]
sweep over vi 1. végigsöpör 2. átfut (szemével vmn)
sweep past vi = sweep by
sweep round vi [hajó] nagy ívben megfordul/megkerül
sweep up A. vt összesöpör B. vi odalendül; odakanyarodik
sweepback n hátranyilazás [repgép szárnyáé]
sweep-brush n korongecset
sweeper ['swi:pə*] n 1. utcaseprő (gép) 2. szőnyegseprű 3. söprögető [játékos futballban]
sweeping ['swi:pɪŋ] I. a 1. rohanó, nagy lendületű, elsöprő; átfogó; ~ changes mélyreható/gyökeres változások; ~ curtsy mély meghajlás [nőé]; ~ generalization merész általánosítás; ~ gesture széles mozdulat/gesztus; ~ statement túlzóan általánosító kijelentés 2. seprő, sepregető; ~ machine seprőgép II. sweepings n pl összesöpört szemét/hulladék
sweepstake ['swi:psteɪk] n ⟨egy fajta sorsjátékkal egybekötött lóversenyfogadás⟩
sweet [swi:t] I. a 1. (átv is) édes; biz be ~ on sy szerelmes vkbe; have a ~ tooth szereti az édességet; ~ corn tejes kukorica 2. illatos, friss; ~ breath üde lehelet 3. kellemes, kedves, nyájas; ~ temper szelíd természet; that's very ~ of you ez igen kedves tőled II. n 1. édesség, cukorka 2. kellemes dolog 3. my ~ drágám, kedvesem
sweetbread n borjúmirigy
sweeten ['swi:tn] A. vt 1. (meg)édesít, megcukroz 2. lágyit, kellemessé tesz B. vi megédesedik
sweetener ['swi:tnə*] n édesítő
sweetening ['swi:tnɪŋ] n édesítőszer

sweetheart ['swi:tha:t] I. n 1. szerető, kedves, vknek a babája 2. (my) ~! édesem!, drágám!, szívecském! II. vi go ~ing udvarol(ni megy)
sweeting ['swi:tɪŋ] n édes alma
sweetish ['swi:tɪʃ] a egy kicsit édes, édeskés
sweetly ['swi:tlɪ] adv 1. édesen, kedvesen, kellemesen 2. zökkenőmentesen, egyenletesen
sweetmeat n édesség, cukorka, bonbon
sweetness ['swi:tnɪs] n édesség, kellemesség
sweet-pea n szagosbükköny, borsókavirág
sweet-potato n batáta
sweet-root n édesgyökér
sweet-scented a illatos, jó szagú, illatozó
sweet-shop n édességbolt, cukorkabolt
sweet-tempered a kellemes modorú, szelíd
sweet-toothed a édesszájú
sweet-william n török szegfű
swell [swel] I. a biz 1. (túl) elegáns, divatos, előkelő 2. US pompás, remek, klassz II. n 1. domb(orulat), kiemelkedés, kidudorodás; dagadás, kihasasodás 2. hömpölygés; vihar előtti/utáni hullámzás, hullámverés 3. növekedés [hangterjedelemé]; crescendo/diminuendo jele 4. biz „nagyfejű", „nagykutya" 5. biz kb. dendi III. v (pt ~ed sweld, pp swollen 'swoulən, néha ~ed sweld) A. vi (meg)dagad, (meg)duzzad; (ki)emelkedik; nagyobbodik, növekszik; ~ out kidagad, (meg)dagad [vitorla]; biz ~ with pride (a keble) dagad a büszkeségtől B. vt (fel)dagaszt, (fel)duzzaszt, (fel)puffaszt; növel, szaporít; súlyosbit
swell-box n redőnyszekrény [orgonán]
swell-headed a biz beképzelt, öntelt
swelling ['swelɪŋ] I. a dagadó, duzzadó, kiböblösödő II. n 1. daganat, duzzanat 2. (meg)dagadás, (meg)duzzadás 3. áradás 4. dombocska, kidudorodás, dudor
swelter ['sweltə*] I. n 1. tikkasztó/trópusi hőség 2. bő(séges)/állandó izzadás II. vi elbágyad, eltikkad; izzad
sweltering ['swelt(ə)rɪŋ] a tikkasztó, nyomasztó [hőség]

swept →*sweep II.*
swept-back *a* hátranyilazott [szárny]
swept-wing *a* nyilazott/csapott szárnyú, deltaszárnyas [repülőgép]
swerve [swə:v] I. *n* kanyarodás, fordulat II. *vi* elkanyarodik, félrefordul, eltér, (meg)farol, oldalt kicsúszik
swift [swɪft] I. *a* gyors, sebes, fürge; ~ *of wit* gyors észjárású II. *adv* gyorsan, fürgén III. *n* 1. sarlós fecske 2. motolla (köpenye)
swiftness ['swɪftnɪs] *n* gyorsaság, fürgeség
swig [swɪg] *biz* I. *n* nagy húzás/korty [italból] II. *vt* -gg- nagyokat húz [italból], vedel, nyakal [italt]
swill [swɪl] I. *n* 1. öblítés, öblögetés; *give a pail a* ~ *out* kiöblíti a vödröt 2. moslék 3. *biz* rossz minőségű ital, lőre, lötty 4. *biz* vedelés II. *vt* 1. kiöblít, öblöget 2. *biz* vedel, nyakal
swim [swɪm] I. *n* 1. úszás; *have/take* (v. *go for*) *a* ~ úszik egyet, fürdik [a tóban/folyóban] 2. lebegés; *biz* szédülés 3. az események sodra/folyása; *biz be in the* ~ ismeri a dörgést II. *v* (*pt* swam swæm, *pp* swum swʌm; -mm-) A. *vi* 1. úszik, úszkál; lebeg, fennmarad [vízen]; ~ *with the tide* úszik az árral; *he* ~*s like a stone* úgy úszik, mint az öreg fejsze 2. lebeg [a levegőben] 3. *átv* összefolyik, zavaros/kusza lesz, szédül; *eyes* ~*ming with tears* könnyben úszó szemek; *my head* ~*s* szédülök; *everything swam before his eyes* elhomályosult szemei előtt a világ B. *vt* 1. úszik [versenyt]; átúszik [folyót] 2. úsztat [lovat]
swimmer ['swɪmə*] *n* úszó
swimming ['swɪmɪŋ] I. *a* 1. úszó 2. sima, akadálymentes 3. túláradó; könnybe lábadt II. *n* 1. úszás 2. szédülés 3. úsztatás 4. elárasztás
swimming-bath *n* (fedett) uszoda
swimming-bladder *n* úszóhólyag [halé]
swimmingly ['swɪmɪŋlɪ] *adv* könnyedén, simán, mint a karikacsapás
swimming-pool *n* (nyitott) uszoda
swim-suit *n* fürdőruha
Swinburne ['swɪnbə:n] *prop*
swindle ['swɪndl] I. *n* szélhámosság, csa-

lás, svindli II. A. *vt* rászed, megcsal, becsap; ~ *sg out of sy* vktől kicsal vmt B. *vi* szélhámoskodik, csal
swindler ['swɪndlə*] *n* csaló, szélhámos, svindler
swine [swaɪn] *n* disznó, sertés; *dirty* ~ disznó gazember, piszok disznó
swine-bread *n* szarvasgomba
swine-herd *n* kondás, kanász
swing [swɪŋ] I. *n* 1. (ki)lengés, ingás; hintázás, himbálódzás; lendület; *US biz* ~ *shift* délutáni műszak [du. 4-től éjfélig]; ~ *of the pendulum* (1) az inga lengése (2) [nézetek stb.] váltakozása, ellenkezőre fordulása; *be in full* ~ javában folyik 2. hinta 3. ritmus; *go with a* ~ (1) jó ritmusa van (2) ringó járása van (3) *biz* jól/simán megy/zajlik 4. mozgási tér, kilengés(i távolság) 5. lengő ütés 6. szving [zene, tánc] II. *v* (*pt/pp* swung swʌŋ) A. *vi* 1. leng, ing, himbálódzik; □ ~ *for a crime* lóg/felkötik vm bűntettért 2. hintázik 3. (el)fordul, forog; ~ *open* kivágódik [ajtó] 4. ringó/rugalmas léptekkel megy; ~ *past sg* ruganyos léptekkel elmegy mellette B. *vt* 1. lenget, ingat, lóbál, hintáztat, himbál, forgat, mozgat 2. *US* eredményesen elintéz; *US* □ *I can* ~ *it* valahogy meg tudom csinálni, erre (még) telik a(z) pénzemből/időmből
  swing into *vi* 1. ~ *i. the saddle* nyeregbe pattan 2. ~ *i. action* akcióba lendül
  swing round A. *vi* hirtelen megfordul/kanyarodik B. *vt* hirtelen megfordít
  swing to *vi* becsapódik, bevágódik [ajtó]
swing-boat *n* hajóhinta
swing-bridge *n* forgóhíd
swing-cot *n* függő bölcső
swing-door *n* csapóajtó, magától csukódó ajtó, lengőajtó
swinge [swɪndʒ] *vt* † erős ütést mér
swingeing ['swɪndʒɪŋ] *a biz* igen nagy, hatalmas, erős
swinging ['swɪŋɪŋ] I. *a* 1. lengő, ringó, himbálódzó, ruganyos 2. *biz* lendületes, erőteljes; ~ *majority* jelentős szó-

többség II. *n* 1. lengés, hintázás 2. hajó körmozgása horgonya körül; légcsavar forgásba rántása
swingle ['swɪŋgl] I. *n* kendertörő fa, tilolófa; cséphadaró II. *vt* [kendert] tilol
swingle-tree *n* hámfa, kisafa
swinish ['swaɪnɪʃ] *a* disznó, trágár
swinishness ['swaɪnɪʃnɪs] *n* 1. disznóság, trágárság 2. zabálás
swipe [swaɪp] I. *n* 1. nyomókar [szivattyúé]; kútgém 2. *biz* erős ütés [teljes karlendülettel] II. *vt* 1. erős lendülettel üt [labdába] 2. □ elcsen, ellop, elemel
swipes [swaɪps] *n pl GB* □ gyenge/rossz sör
swirl [swəːl] I. *n* örvény, forgatag, kavargás II. *vi* örvénylik, kavarog
swish [swɪʃ] I. *a biz* elegáns, sikkes II. *n* 1. suhogás, zizegés, sziszegés 2. suhintás, (ostor)csapás II. A. *vi* suhog, suhint B. *vt* (meg)suhint, megcsap; ~ *its tail* farkával csapkod
swishing ['swɪʃɪŋ] *n* □ *get a* ~ jól megverik/elfenekelik [gyereket]
Swiss [swɪs] *a/n* svájci; ~ *roll* lekváros szelet/tekercs/rolád
switch [swɪtʃ] I. *n* 1. (villany)kapcsoló 2. [vasúti] váltó 3. hajlékony ág; lovaglópálca 4. hamis copf 5. áttérés, átállás II. *vt/vi* 1. (át)kapcsol 2. (meg-)csap, csapkod 3. kitérőbe irányít, más vágányra terel [vonatot]; *US* tolat
  switch off *vt* 1. kikapcsol [áramot], lecsavar, elolt [villanyt], elzár [rádiót stb.] 2. abbahagy
  switch on *vt* 1. bekapcsol [rádiót, motort stb.], felcsavar, meggyújt [villanyt] 2. rákezd, rákapcsol
  switch over *vt* átkapcsol, átvált
switchback *n* 1. ~ *road* zegzugos útvonal, szerpentin út 2. *GB* ~ *(railway)* hullámvasút
switch-bar *n* [vasúti] váltórúd
switchblade *n* ~ *(knife)* rugós kés
switchboard *n* kapcsolótábla [telefonközpontban]
switch-lever *n* kapcsolókar; váltókar
switchman ['swɪtʃmən] *n* (*pl* -men -mən) [vasúti] váltókezelő

switch-panel *n* kapcsolótábla
switchyard *n US* rendező pályaudvar
Swithin ['swɪðɪn] *n* ⟨angol férfinév⟩; *St.* ~'*s day* július 15 ⟨megfelel nálunk a Medárd-napnak (június 8.)⟩
Switzerland ['swɪts(ə)lənd] *prop* Svájc
swivel ['swɪvl] I. *n* forgógyűrű, -rész, -kampó; forgattyú II. *vi* -ll- (*US* -l-) elfordul; forog
swivel-chair *n* forgószék
swivel-eyed *a* kancsal
swivel-gun *n* forgótalpas löveg
swizzle ['swɪzl] *n* 1. ⟨erős kevert alkoholos ital⟩ 2. □ becsapás, svindli
swollen ['swoulən] *a* (meg)dagadt, (meg)duzzadt →*swell III.*
swollen-headed *a* öntelt, beképzelt
swoon [swuːn] I. *n* ájulás; *go off in a* ~ elájul, elalél II. *vi* elájul
swoop [swuːp] I. *n* lecsapás [ragadozó madáré]; *at one (fell)* ~ egyetlen (végzetes) csapással II. A. *vi* ~ *down on sg* lecsap vmre B. *vt* elragad (vmt)
swop [swɔp; *US* -ɑ-] *n*/*vt* = *swap*
sword [sɔːd] *n* kard; pallos; *the* ~ háború; *at the point of the* ~ fegyverrel kényszerítve; *draw one's* ~ kardot ránt; *draw the* ~ kardot ragad, harcba lép; *cross* ~*s with sy* összeméri kardját/erejét vkvel; *put to the* ~ kardélre hány, felkoncol
sword-arm *n* jobb kar
sword-bearer *n* palloshordozó
sword-belt *n* kardöv, kardkötő
swordbill *n* kardcsőrű kolibri
sword-cut *n* kardvágás
sword-dance *n* kardtánc
sword-fish *n* kardorrú hal, kardhal
sword-guard *n* kardkosár, markolatkosár
sword-knot *n* kardbojt
sword-like *a* kardszerű
sword-play *n* kardforgatás
swordsman ['sɔːdzmən] *n* (*pl* -men -mən) kardforgató; *be a fine* ~ jól bánik a karddal
swordsmanship ['sɔːdzmənʃɪp] *n* kardforgatás művészete
sword-stick *n* tőrös bot, stilét
swore →*swear II.*
sworn [swɔːn] *a* esküt tett, hites; ~

brothers kenyeres pajtások; ~ *enemies* esküdt ellenségek || → *swear II.*
swot [swɔt; *US* -ɑ-] □ **I.** *n* 1. erős szellemi munka; magolás 2. magoló **II.** *vt*/*vi* -*tt*- 1. magol 2. erőlködik, gürcöl
'swounds [zwaʊndz] *int* a kutyafáját !, a teremtésit !
swum → *swim II.*
swung [swʌŋ] *a* ~ *dash* hullámjel, tilde || → *swing II.*
sybarite ['sɪbəraɪt] *a*/*n* szibarita, elpuhult, élvezethajhászó
sybaritic [sɪbə'rɪtɪk] *a* szibarita, elpuhult
sybil ['sɪbɪl] *n* szibilla
sicamore ['sɪkəmɔ:*] *n* 1. ~ (*maplev*) hegyi juhar 2. *US* platán(fa)
sycophancy ['sɪkəfənsɪ] *n* hízelgés, talpnyalás
sycophant ['sɪkəfænt] *n* hízelgő, talpnyaló
Sydney ['sɪdnɪ] *prop*
syllabic [sɪ'læbɪk] *a* 1. szótag- 2. szótagoló 3. szótagalkotó
syllabify [sɪ'læbɪfaɪ] *vt* szótagol
syllable ['sɪləbl] *n* szótag
-**syllabled** [-sɪləbld] -szótagú
syllabus ['sɪləbəs] *n* (*pl* ~es -sɪz v. -bi -baɪ) 1. összefoglalás, sillabusz, kivonat, vezérfonal 2. tanmenet
syllepsis [sɪ'lepsɪs] *n* (*pl* -ses -si:z) értelem szerinti egyeztetés [nyelvtanban]
syllogism ['sɪlədʒɪzm] *n* szillogizmus
sylph [sɪlf] *n* 1. karcsú magas (v. szilfid) nő 2. tündér, szilf
sylvan ['sɪlvən] *a* erdei, erdős; erdőlakó
Sylvester [sɪl'vestə*] *prop* Szilveszter
Sylvia ['sɪlvɪə] *prop* Szilvia
sylviculture ['sɪlvɪkʌltʃə*] *n* = *silviculture*
symbiosis [sɪmbɪ'oʊsɪs] *n* együttélés, szimbiózis, életközösség [biológiai]
symbol ['sɪmbl] *n* 1. jelkép, szimbólum 2. jel
symbolic(al) [sɪm'bɔlɪk(l); *US* -'bɑ-] *a* jelképes, képletes, szimbolikus
symbolically [sɪm'bɔlɪk(ə)lɪ; *US* -'bɑ-] *adv* jelképesen, szimbolikusan
symbolism ['sɪmbəlɪzm] *n* jelképes/szimbolikus ábrázolás; jelképrendszer; szimbolizmus, szimbolika
symbolize ['sɪmbəlaɪz] *vt* jelképez, szimbolizál

symmetrical [sɪ'metrɪkl] *a* részarányos, szimmetrikus
symmetry ['sɪmɪtrɪ] *n* részarányosság, szimmetria
sympathetic [sɪmpə'θetɪk] *a* 1. együttérző, rokon érzésű, rokonszenvező; ~ *words* részvétet kifejező szavak [gyászban] 2. ~ *nerve* szimpatikus ideg 3. ~ *ink* láthatatlan (írású) tinta
sympathize ['sɪmpəθaɪz] *vi* együttérez (*with* vkvel), megérti vknek az álláspontját; *the Smiths called to* ~ Smithék jöttek részvétlátogatásra
sympathizer ['sɪmpəθaɪzə*] *n* együttérző; rokonszenvező, szimpatizáns
sympathizing ['sɪmpəθaɪzɪŋ] *a* együttérző, részvevő
sympathy ['sɪmpəθɪ] *n* együttérzés, részvét, rokonszenv, szimpátia; *letter of* ~ részvétnyilvánító/kondoleáló levél; *accept my deepfelt* ~ *in your great bereavement* fogadja mély gyászában őszinte részvétemet; *strike in* ~ (1) szimpátiasztrájk (2) együttérzésből/szolidaritásból sztrájkol; *be in* ~ *with sy's ideas* osztja vknek a nézeteit
symphonic [sɪm'fɔnɪk; *US* -'fɑ-] *a* szimfonikus
symphony ['sɪmfənɪ] *n* szimfónia; ~ *orchestra* szimfonikus zenekar
symposium [sɪm'poʊzjəm] *n* (*pl* ~s -z v. -sia -zjə) 1. szimpozion [tudományos tanácskozás] 2. ⟨tanulmánygyűjtemény különböző szerzőktől ugyanazon tárgyról⟩
symptom ['sɪmptəm] *n* tünet, (elő)jel, kórjel, kórtünet, szimptóma
symptomatic [sɪmptə'mætɪk] *a* előre jelző; tüneti, szimptómás, szimptomatikus
synagogue ['sɪnəgɔg; *US* -ɔ:g] *n* 1. zsinagóga 2. zsidó egyházközség
synchromesh ['sɪŋkroʊmeʃ] *n* szinkron sebességváltó
synchronic(al) [sɪŋ'krɔnɪk(l); *US* -ɑn-] *a* egyidejű, szinkronikus, szinkrón
synchronism ['sɪŋkrənɪzm] *n* egyidejűség, időbeli egybeesés, fázisazonosság
synchronize ['sɪŋkrənaɪz] **A.** *vt* 1. egyidejűvé tesz, összehangol, -igazít [órákat] 2. szinkronizál [filmet] **B.** *vi* egyidejű, szinkronban van

synchronous ['sɪŋkrənəs] *a* egyidejű, szinkrón
synchrony ['sɪŋkrənɪ] *n* egyidejűség, szinkrónia
synchrotron ['sɪŋkrətrɔn; *US* -ɑn] *n* szinkrotron
syncopate ['sɪŋkəpeɪt] *vt* (betűt, szótagot) elhagy; szinkopál
syncopation [sɪŋkə'peɪʃn] *n* 1. szinkopálás, szinkópa [zenében] 2. hangugratás, szinkópa [nyelvben]
syncope ['sɪŋkəpɪ] *n* 1. ájulás 2. = *syncopation 2.*
syndic ['sɪndɪk] *n* vagyonkezelő
syndical ['sɪndɪkl] *a* testületi; szakszervezeti
syndicate I. *n* ['sɪndɪkɪt] 1. szindikátus, konszern 2. intézőség 3. hírügynökség, sajtóügynökség II. *vt* ['sɪndɪkeɪt] 1. szindikátust alakít 2. egyidejűleg több újságban közöl(tet) [azonos cikket]
syndrome ['sɪndroʊm] *n* tünetcsoport, szindróma
syne [saɪn] *adv sk* régen, hajdan, azóta ‖ → *auld*
synergy ['sɪnədʒɪ] *n* együttműködés [szerveké]
Synge [sɪŋ] *prop*
synod ['sɪnəd] *n* zsinat, szinódus
synonym ['sɪnənɪm] *n* rokon értelmű szó, szinonima
synonymous [sɪ'nɒnɪməs; *US* -ɑn-] *a* rokon értelmű, szinonim
synonymy [sɪ'nɒnɪmɪ; *US* -ɑn-] *n* rokonértelműség, szinonimia
synopsis [sɪ'nɒpsɪs; *US* -ɑp-] *n* (*pl* -ses -siːz) foglalat, vázlat, összegezés, áttekintés, szinopszis
synoptic(al) [sɪ'nɒptɪk(l); *US* -ɑp-] *a* egyszerre áttekinthető, átnézetes, összefoglalt, szinoptikus
synovia [sɪ'noʊvjə] *n* ízületnedv
syntactic(al) [sɪn'tæktɪk(l)] *a* mondattani
syntactically [sɪn'tæktɪk(ə)lɪ] *adv* mondattanilag, mondattani szempontból
syntax ['sɪntæks] *n* mondattan
synthesis ['sɪnθɪsɪs] *n* (*pl* -ses -siːz) 1. összefoglalás, (magasabb) egységbe foglalás 2. magasabb egység, szintézis

synthetic(al) [sɪn'θetɪk(l)] *a* 1. összefoglaló, egységbe foglaló; szintetikus 2. szintetikus, mű-; mesterséges; műszálas; ~ *fibre* műrost, műszál
synthetize ['sɪnθɪtaɪz] *vt* magasabb egységbe foglal, szintetizál
syphilis ['sɪfɪlɪs] *n* vérbaj, szifilisz
syphilitic [sɪfɪ'lɪtɪk] *a* vérbajos, szifiliszes
syphon ['saɪfn] *n* = *siphon*
Syria ['sɪrɪə] *prop* Szíria
Syriac ['sɪrɪæk] *n* szír (nyelv)
Syrian ['sɪrɪən] *a/n* szíriai, szír
syringa [sɪ'rɪŋgə] *n* 1. orgona [virág] 2. jázmin
syringe ['sɪrɪndʒ] I. *n* 1. (injekciós) fecskendő 2. tűz(oltó)fecskendő II. *vt* fecskendez, meglocsol; befecskendez ‖ → *hypodermic*
syrinx ['sɪrɪŋks] *n* (*pl* ~es -sɪz v. syringes sɪ'rɪndʒiːz) 1. nádsíp, pánsíp 2. hangképző szerv, alsó gégefő [madáré] 3. Eustach-kürt
syrup ['sɪrəp; *US* 'səːrəp *is*] *n* szörp, szirup
syrupy ['sɪrəpɪ; *US* 'səːr- *is*] *a* szirupos, túl édes
system ['sɪstəm] *n* 1. rendszer; szisztéma, módszer; ~*s analysis* rendszerelemzés; ~*s analyst* rendszerelemző 2. szerkezet, hálózat 3. szervezet [emberé]
systematic [sɪstɪ'mætɪk] *a* rendszeres, módszeres, szisztematikus
systematization [sɪstɪmətaɪ'zeɪʃn; *US* -tɪ'z-] *n* rendszerbe foglalás, rendszerezés
systematize ['sɪstɪmətaɪz] *vt* rendszerbe foglal, rendszerez, szisztematizál
system-building *n* házgyári építkezés (előregyártott elemekből)
systemic [sɪ'stemɪk] *a* 1. rendszeres, rendszerszerű, rendszer- 2. szervezeti, általános [orvosilag]
systole ['sɪstəlɪ] *n* szívösszehúzódás, szisztolé
systolic [sɪ'stɔlɪk; *US* -ɑl-] *a* szisztolés
syzygy ['sɪzɪdʒɪ] *n* [csillagászati] együttállás, szembenállás, szizigium

T

T¹, t [ti:] *n* T, t (betű); *cross one's t's biz* aprólékos(an dolgozik), igen akkurátus/pedáns; *to a t* hajszálnyi pontossággal, pontosan, tökéletesen; *model T* régi Ford autó, elavult típus **t²** *ton(s)*

ta [ta:] *int* köszönöm [gyermeknyelven], kösz!

tab [tæb] *n* 1. fül [ruhán, cipőn]; akasztó [kabáton] 2. (poggyász)címke 3. (tiszti) paroli 4. szegély 5. lovas [kartotékcédulán] 6. *biz keep ~(s) on sg* vmit figyelemmel kísér 7. =*tabulator*

tabard ['tæbəd] *n* lovagi köntös; ujjatlan rövid kabát

tabaret ['tæbərɪt] *n* sávos selyemszövet [bútorhuzatnak]

tabby ['tæbɪ] *n* 1. ~ *(cat)* (1) cirmos cica (2) nőstény macska 2. pletykázó vénasszony, öreglány

tabernacle ['tæbənækl] *n* 1. sátor [régi zsidóknál] 2. imaház; templom 3. szentségtartó 4. beugró, falmélyedés

tabes ['teɪbi:z] *n* tábesz, sorvadás

table ['teɪbl] I. *n* 1. asztal; *clear the ~* leszedi az asztalt; *keep a good ~* jó konyhája van; *átv turn the ~s on sy* visszafordítja vkre a fegyvert 2. asztaltársaság 3. tábla; *the ~ of the law* a mózesi törvénytáblák/kőtáblák 4. táblázat; jegyzék; mutató; ~ *of contents* tartalomjegyzék 5. fennsík, táblavidék, plató 6. sima lap/lemez felület II. *vt* 1. asztalra tesz; kártyát kijátszik 2. előterjeszt [törvényjavaslatot]; ~ *a bill* (1) *GB* törvényjavaslatot benyújt (2) *US* hosszú időre elnapol egy javaslatot 3. egymásba illeszt [gerendákat]

tableau ['tæbloʊ] *n* 1. csoportkép, élőkép 2. drámai helyzet

table-cloth *n* abrosz

table-cover *n* asztalterítő

table d'hôte [ta:bl'doʊt] *n* 1. közös ebédlőasztal [vendéglőben, szállodában] 2. menü

table-flap *n* felcsapható asztallap [vasúti kocsiban stb.]

table-fork *n* (nagy) villa [asztali]

table-knife *n (pl -knives)* nagy/asztali kés

table-land *n* fennsík, plató

table-leaf *n (pl -leaves)* asztaltoldat

table-linen *n* asztalnemű

table-mat *n* tálalátét, abroszvédő tányéralj, szet(t)

table-rapping *n* asztaltáncoltatás

tablespoon *n* leveseskanál

tablespoonful *n* leveseskanálnyi

tablet ['tæblɪt] *n* 1. emléktábla 2. tabletta, pirula [orvosság] 3. ~ *of soap* (egy) darab szappan

table-talk *n* étkezés közben folytatott (v. fehér asztal melletti) beszélgetés/társalgás

table-tennis *n* asztalitenisz, pingpong

table-turning *n* = *table-rapping*

table-ware *n* (étkezési) edények és evőeszközök

table-water *n* ásványvíz

tabling ['teɪblɪŋ] *n* 1. tábla, táblázat 2. táblázatkészítés, osztályozás, besorolás 3. asztalnál való elhelyezés; asztalsor 4. ~ *of a bill* (1) *GB* törvényjavaslat benyújtása (2) *US* javaslat elnapolása

tabloid ['tæblɔɪd] *n* 1. orvosságos tabletta 2. ⟨szenzációhajhászó kisalakú képes napilap⟩

taboo [tə'bu:] I. *a* tabunak/sérthetetlennek nyilvánított; ~ *words* tabu szavak II. *n* 1. tabu, tilalom 2. tiltott/tilos dolog III. *vt* megtilt, tabunak minősít tabor ['teɪbə*] *n* kis dob tabouret ['tæbərɪt] *n* kis támlátlan szék tabular ['tæbjʊlə*; *US* -bjə-] *a* 1. táblázatos 2. lemezes [szerkezet] 3. táblás [vidék] tabulate ['tæbjʊleɪt; *US* -bjə-] *vt* táblázatba foglal tabulation [tæbjʊ'leɪʃn; *US* -bjə-] *n* 1. táblázatba foglalás 2. táblázatos kimutatás tabulator ['tæbjʊleɪtə*; *US* -bjə-] *n* tabulátor [írógépen] tachometer [tæ'kɔmɪtə*; *US* -'ka-] *n* sebességmérő; fordulatszámmérő tachycardia [tækɪ'ka:dɪə] *n* kórosan gyors szívverés tacit ['tæsɪt] *a* hallgatólagos; ~ *approval* hallgatólagos beleegyezés taciturn ['tæsɪtə:n] *a* hallgatag taciturnity [tæsɪ'tə:nətɪ] *n* hallgatagság, szűkszavúság tack [tæk] I. *n* 1. kis rövid szeg; széles fejű szegecs; rajzszeg 2. hosszú öltés, fércelés 3. csücsökkötél, szélszarvkötél [vitorlán] 4. irányhelyzet [hajóé]; *on the port* ~ balról fúj a szél [hajón] 5. eljárásmód, taktika; *be on the right* ~ helyes úton van/jár; *try another* ~ más taktikát próbál, másképpen próbálkozik 6. ragadósság [olajfestéké stb.] 7. *biz* étel, *hurd* ~ kétszersült; *soft* ~ kenyér [hajón] II. **A.** *vt* 1. (szeggel) odaerősít, odaszögez 2. (össze)fércel; (össze)tűz, fűz, összefűz 3. *átv biz* ~ *sg* (*on*) *to sg* hozzátesz/hozzáfűz vmhez vmt B. *vi* 1. irányt változtat [hajó] 2. taktikát változtat, megváltoztatja magatartását tackle ['tækl] I. *n* 1. (emelő) csigasor 2. felszerelés; berendezés; készlet 3. hajókötélzet 4. megbirkózás (vmvel); megállítás, feltartóztatás [ellenfélé] 5. védő(játékos) [rögbiben] II. **A.** *vt* 1. rögzít, megerősít 2. megragad (vkt); szerel [sportban] 3. megküzd, megbirkózik [feladattal] 4. nekifog, vállal (vmt) 5. vitába száll (vkvel)

tacky ['tækɪ] *a* ragadós tact [tækt] *n* tapintat tactful ['tæktfʊl] *a* tapintatos tactfully ['tæktfʊlɪ] *adv* tapintatosan tactical ['tæktɪkl] *a* 1. taktikai 2. harcászati tactician [tæk'tɪʃn] *n* 1. taktikus 2. harcász tactics ['tæktɪks] *n* 1. harcászat 2. taktika, eljárásmód tactile ['tæktaɪl; *US* -t(ə)l] *a* 1. tapintási, tapintó-, tapintóérzékhez tartozó 2. tapintható tactless ['tæktlɪs] *a* tapintatlan tadpole ['tædpoʊl] *n* ebihal, békaporonty ta'en [teɪn] = *taken* taenia ['ti:nɪə] *n* (*pl* ~e 'ti:nɪi:) 1. pálcaszerű/szalagszerű párkány [dór frízen] 2. galandféreg 3. izomszalag taffeta ['tæfɪtə] *n* taft taffrail ['tæfreɪl] *n* hajófarkorlát taffy¹ ['tæfɪ] *n* 1. *US* karamella 2. *biz* hízelgés Taffy² ['tæfɪ] I. *prop* Dávid [welsh nyelven] II. *n biz* walesi ember Taft [tæft, ta:ft] *prop* tag [tæg] I. *n* 1. fűzőhegy, fémvég [cipőfűzőn] 2. cipőhúzó fül 3. függőcímke, cédula; *US* ~ *day* utcai gyűjtési nap [melyen kis jelvényt osztogatnak] 4. elálló/lelógó vég/csúcs; *the* ~ *end of the rope* a kötél szabadon lógó vége 5. toldalék 6. refrén 7. *question* ~ simuló kérdés 8. elcsépelt szólás 9. fogócska II. *vt* -**gg**- 1. ~ *sg on to sg* hozzáfűz/hozzátold vmt vmhez 2. fűzőheggyel ellát [zsinórvéget] 3. függőcímkét/cédulát tesz [bőröndre stb.]; (fel)címkéz (vmt); ~ *a car* helyszíni bírságolási cédulát ragaszt kocsira [tilos parkolásért] 4. *biz* nyomon követ 5. megfog [fogócskában] tag-rag *n* = *ragtag* Tahiti [ta:'hi:tɪ] *prop* Tahitian [ta:'hi:ʃn] *a/n* tahiti tail¹ [teɪl] *n* 1. farok, fark; *close on his* ~ közvetlenül mögötte; *keep one's* ~ *up* nem veszti el a bátorságát; *the sting is in the* ~ végén csattan az ostor; *turn* ~ sarkon fordul, elinal;

with his ~ between his legs behúzva
a farkát; twist the ~ of sy bosszant
vkt 2. végződés, vég; far [járműé];
~ of hair varkocs, copf 3. uszály
[ruháé]; szárny [kabáté]; biz wear
~s frakkot hord 4. kíséret, átv uszály
5. biz írás(os oldal) [érméé stb.]
II. A. vt 1. farokkal/végződéssel ellát
2. nyomon követ, megfigyel (vkt)
3. lecsutkáz [gyümölcsöt] B. vi fo-
lyásirányba fordul [hajó]
tail after vi uszályként követ
tail away vi 1. elritkul, elvékonyo-
dik 2. elhal [hang] 3. lemarad [ver-
senyző stb.]
tail in vt beereszt [gerendavéget
falba stb.]
tail off vi 1. = tail away 2. elsiet,
elinal
tail on vt hozzáerősít/hozzácsatol
a végén [függelékként stb.]
tail² [teɪl] n utóörökösödési korlátozás;
estate (in) ~ meghatározott lemenők
javára korlátozott tulajdon
tail-board n hátsó saroglya [szekéré]
tail-coat n frakk
-tailed [-teɪld] (vmlyen) farkú
tail-end n vmnek a legvége
tailing ['teɪlɪŋ] n 1. felfekvés [gerendáé],
téglakiugratás [falból] 2. egymásba
futó színek [textilnyomásnál] 3. ocsú,
tönköly 4. salak, bányászott érc alja
tail-lamp n farlámpa; hátsó lámpa/vi-
lágítás
tailless ['teɪlɪs] a farkatlan
tail-light n = tail-lamp
tailor ['teɪlə*] I. n szabó II. vt 1. szab,
készít [öltönyt, kosztümöt] 2. vmlyen
célnak megfelelően alakít
tailoress [teɪlə'res] n szabónő
tailoring ['teɪlərɪŋ] n 1. szabászat 2.
szabás
tailor-made a mérték után készült [ruha]
tail-piece n 1. húrtartó [hegedűn] 2.
záróvignetta, záródísz [fejezet végén
stb.] 3. toldalék 4. egyensúlyozó fa-
rokrész [repülőgépen]
tail-race n malomzúgó
tail-shaft n farokszerkezet [repülőbom-
báé]
ail-spin n dugóhúzó [repülésben]

tail-wind n hátszél
taint [teɪnt] I. n 1. romlottság; fertő-
zés 2. öröklött baj, hajlam betegség-
re/rosszra II. A. vt (átv is) megfertőz,
megront, bemocskol B. vi megfertőző-
dik, megromlik; szagot kap [étel]
tainted ['teɪntɪd] a (átv is) fertőzött;
szennyezett; romlott
taintless ['teɪntlɪs] a átv romlatlan,
szeplőtlen
Taj Mahal [tɑ:dʒmə'hɑ:l] prop
take [teɪk] I. n 1. (film)felvétel 2. fogás
[vadé, halé] 3. biz bevétel, nyereség
[színházi előadásé stb.] II. v (pt took
tuk, pp taken 'teɪk(ə)n) A. vt 1. (kéz-
be) vesz; fog; he took his hat vette a
kalapját; ~ one's life in one's hands
veszedelmes dologra vállalkozik 2. el-
vesz; megragad; ~ (hold of) sy/sg
megragad/megkaparint vkt/vmt; sy
has ~n my pen valaki elvette a tolla-
mat; ~ the opportunity megragadja
az alkalmat 3. elfog (vkt, vmt);
elfoglal [várost stb.]; ~ sy prisoner
foglyul ejt vkt 4. hatalmába kerít,
megragad, elfogja (vkt vm); what has
~n him? mi ütött beléje? 5. (meg-)
szerez (vmt); ~ $500 a week heti
500 dollárt keres/forgalmaz; ~ posses-
sion of sg birtokba vesz vmt, megsze-
rez vmt 6. lefoglal; (ki)bérel, bérbe
vesz; alkalmaz, szerződtet; ~ a seat
(1) helyet foglal, leül (2) helyet lefog-
lal; „taken" foglalt [asztal, ülőhely];
~ a room szobát bérel; ~ a taxi taxiba
ül, taxit fog; ~ a train vonatra száll;
what paper do you ~? milyen újságot
járat? 7. (magához) vesz [ételt, italt];
~ one's breakfast megreggelizik; ~ tea
teázik, teát iszik; "not to be ~n!" „csak
külsőleg" [orvosságosüvegen] 8. vesz
[részt, órát, lélegzetet]; kivesz [sza-
badságot]; felvesz [adatokat, fényké-
pet stb.]; tesz [lépéseket stb]; ~
breath lélegzik; ~ a holiday szabadsá-
got vesz ki, szabadságra megy; ~
a walk sétát tesz 9. igényel; ~ a horse
lóra száll/ül; that will ~ some explain-
ing ez némi magyarázatot kíván/
igényel; this verb ~s a preposition ez az
ige elöljárót vonz 10. tart (vmeddig),

igénybe vesz [időt]; *how long does it ~ to get there?* mennyi idő alatt érünk oda?; *it ~s two hours* két órát vesz igénybe, két óráig tart; *it won't ~ long* nem tart sokáig 11. választ (vmt); vállalkozik (vmre); *which will you ~?* melyiket választod? *~ an examination* vizsgázik; *~ (holy) orders* papi pályára megy; *~ pupils* (magán)órákat ad 12. elfogad [ajándékot, pénzt]; megfogad [tanácsot stb.]; *~ it or leave it!* kell vagy nem kell?; ha nem tetszik hagyd (ott)!; *how much less will you ~?* mennyit hajlandó engedni [az összegből]? 13. eltűr, elvisel; kibír; *biz ~ it* bátran elvisel/kiáll [megpróbáltatást stb.]; *biz ~ it easy!* (1) ne izgulj! (2) lassan a testtel!; *biz ~ that (and that)!* nesze (neked)! 14. *biz* felfog, megért; *do you ~ me?* értesz?, kapiskálod?; *~ a hint* elérti a célzást 15. feltételez, feltesz (vmt); *I ~ it that . . .* feltételezem, hogy . . .; *how old do you ~ him to be?* milyen idősnek tartod őt? 16. (magával) visz; elvisz; *~ home* hazavisz; hazakísér; *which way ~s us to Dover?* melyik út vezet Doverbe? **B.** *vi* 1. hat; *the vaccine has not ~n* az oltás nem eredt/fogamzott meg 2. sikere van; kelendő 3. köt [cement]
 take aback *vt* megdöbbent
 take after *vi ~ a. sy* (1) hasonlít vkre (2) vk nyomába lép
 take along *vt* magával visz
 take apart *vt* (darabjaira) szétszed
 take away *vt* 1. elvesz, eltávolít; 2. elvisz; magával visz; *~ a child a. from school* kivesz gyereket az iskolából 3. kivon, levon
 take back *vt* 1. visszavesz, -visz; *átv* (gondolatban) visszavisz [múltba, vhova] 2. visszaszív, -von
 take by *vt* vmnél megfog; *~ sy by the throat* torkon ragad vkt
 take down *vt* 1. levesz (vmt vhonnan) 2. leír, lejegyez; felvesz [hangszalagra stb.] 3. leszerel [gépet]; lebont [épületet] 4. eggyel lejjebb/hátrább ültet [iskolában]
 take for *vt* 1. vmnek hisz/néz;

vmvel összetéveszt; *do you ~ me f. a fool?* bolondnak nézel? 2. kér, megkövetel [árat stb.]; *what will you ~ f. it?* mennyit kér érte?
 take from *vt* 1. átvesz; elvesz (vhonnan, vmből) 2. elfogad (vktől vmt); *you may ~ it f. me* nekem elhiheted
 take in A. *vt* 1. bevesz; bevisz 2. bevezet [hölgyet asztalhoz] 3. befogad, magához vesz 4. elfogad, vállal [munkát otthoni elvégzésre]; *~ in washing* mosást vállal 5. felfog; *~ in the situation* áttekinti/felfogja a helyzetet 6. szűkebbre vesz [ruhát] 7. *biz* becsap, rászed (vkt) 8. előfizet, járat [újságot] **B.** *vi ~ in with sy* vk pártjára áll
 take into *vt* 1. (*átv is*) bevisz, bevesz 2. bevon vmbe, befogad
 take off A. *vt* 1. levesz; levet [ruhafélét]; *~ o. one's clothes* levetkőzik; *he cannot ~ his eyes o. sg* nem tudja a szemét levenni vmről; *~ o. the receiver* felveszi a telefonkagylót; *~ o. a train* egy vonatjáratot megszüntet 2. elvisz, eltávolít; *~ oneself o.* elkotródik 3. lenyel, felhajt [italt] 4. utánoz, utánzással nevetségessé tesz 5. leszámít; enged [árból] **B.** *vi* 1. elugrik; (el)indul, elmegy (vhonnan) 2. felszáll [repülőgép]
 take on A. *vt* 1. magára vesz; (el-)vállal 2. elfogad [kihívást], kiáll megküzdeni (vkvel) 3. felvesz; felfogad 4. továbbvisz [jármű] **B.** *vi* 1. sikere van; divatba jön 2. *biz* bánkódik; felizgatja magát
 take out *vt* 1. kivesz (*sg out of sg* vmt vmből); *have a tooth ~n out* kihúzat egy fogat; *~ o. one's pipe* előveszi a pipáját; *~ o. a stain* kivesz foltot [ruhából] 2. *biz ~ it o. of sy* kimerít/elcsigáz vkt; *the heat ~s it o. of me* a hőség elbágyaszt/kikészít; *~ it o. on sy* kitölti vkn haragját/bosszúságát 3. *~ it o. in sg* (le)törleszt vmt vmmel; *~ it o. in goods* áruval törleszti le [adósságát] 4. elvisz (vkt hazulról vhova); *he took her o. dancing* elvitte táncolni 5. megszerez [engedélyt stb.]; kivált

[szabadalmat]; ~ o. an insurance biztosítási kötvényt kivált; ~ o. American papers amerikai állampolgárságot kap/szerez take over A. vt 1. átvesz, átvállal; ~ o. a business átveszi az üzletet 2. végigvisz (vkt vhol); átszállít, átvisz; ~ sy o. a house vknek a ház minden helyiségét megmutatja, vkt végigvezet a házon B. vi ~ o. from sy felvált vkt take round vt körülhordoz; ~ r. the plate tényéroz take to A. vi 1. megszeret 2. vmre rászokik/rákap; ~ to drink(ing) ivásra adja magát 3. vhova megy/indul; vmhez folyamodik; ~ to the air felszáll; ~ to one's heels elmenekül; ~ to the road útnak indul B. vt ~ to heart szívére vesz take up A. vt 1. felvesz, felemel; ~ up a street felbontja az utca kövezetét 2. elkötöz [eret]; felszed [szemet kötésen] 3. rövidebbre vesz (vmt); felhajt [szoknyát stb.] 4. összegöngyöl, felgöngyöl 5. felvesz [jármű utasokat] 6. felfog, kiegyenlít (vmt); ~ up the humps zökkenőket kiegyenlíti [autórugózás] 7. felszív [anyag nedvességet] 8. elfogad [váltót, kihívást]; felvesz [kölcsönt] 9. hozzáfog (vmhez); ~ up the question foglalkozni kezd a kérdéssel 10. (hivatásszerűen) foglalkozik (vmvel); vmlyen pályára megy/lép 11. folytat [félbeszakított dolgot] 12. pártfogol (vkt) 13. összeszid; ~ sy up short szavába vág vknek 14. elfoglal [helyet]; leköt [időt; gondolatot]; he is quite ~n up with her fülig bele van bolondulva; be ~n up with sg (nagyon) leköti vm érdeklődését, nagyon érdekli vm B. vi 1. (időjárás) megjavul, kiderül 2. ~ up with sy (1) barátságot köt vkvel (2) összeáll vkvel take upon vt ~ u. oneself magára vállal/vesz; ~ it u. oneself to merészkedik vmt tenni take-away a hazavihető, elvihető [étel], vidd-magaddal [tárgy] take-down n biz megalázás

take-home a biz ~ wages/pay nettó bér take-in n beugratás, becsapás, megtévesztés taken ['teɪk(ə)n] →take II. take-off n 1. utánzás, karikatúra 2. felszállás 3. elugrás 4. kiindulási pont takeover n átvétel [hatalomé stb.]; átvállalás; GB állami tulajdonba vétel taker ['teɪkə*] n 1. vevő/fogó személy 2. (vmre) fogadó [személy] 3. tolvaj 4. jegyszedő take-up n 1. megfeszítés [kötélé] 2. fonalfeszítő [varrógépen stb.] 3. ~ spool felvevőtekercs [filmszalagé] taking ['teɪkɪŋ] I. a 1. megnyerő, rokonszenves 2. biz ragályos II. n 1. bevétel [váré] 2. takings pl (1) zsákmány (2) bevétel, jövedelem; nyereség talc [tælk] n 1. zsírkő; csillám 2. = talcum powder talcum ['tælkəm] n ~ powder hintőpor tale [teɪl] n 1. történet, mese, elbeszélés; I've heard that ~ before ezt a mesét már ismerem; no one was left to tell the ~ még hírmondó sem maradt; old wives' ~s mesebeszéd, fantasztikus történet; tall ~ hihetetlen/fantasztikus történet 2. pletyka; tell ~s (out of school) (1) elárul vmt, (szándékosan) eljár a szája (2) beárul vkt 3. † mennyiség, darabszám tale-bearer n 1. pletykahordó 2. besúgó talent ['tælənt] n 1. képesség, tehetség 2. tehetség(es ember); ~ contest/show kb. „ki mit tud?"; ~ scout/spotter tehetségkutató 3. talentum [ókori súlyegység, pénzegység] talented ['tæləntɪd] a tehetséges taleteller n 1. mesemondó 2. pletykálkodó talisman ['tælɪzmən] n talizmán talk [tɔːk] I. n 1. beszélgetés, társalgás; beszéd; megbeszélés; ~s tárgyalás(ok); have a ~ with sy tárgyal/beszél(get) vkvel 2. előadás [könnyed stílusban], csevegés; beszámoló; give a ~ on beszél vmről 3. fecsegés, üres beszéd 4. beszédtárgy, -téma; ~ of the town amiről az egész város beszél; there's some ~ of... azt beszélik, hogy..., szó van arról, hogy... II. vi/vt 1. beszél (vmt

about vmről/vkről) 2. beszél(get), társalog [vmlyen nyelven]; ~ *English* angolul beszél 3. fecseg; ~ *big* felvág, henceg
talk about *vi* vmről/vkről beszél
talk at *vi* ~ *at sy* burkoltan célozgat jelenlévőre
talk away *vi* beszélgetéssel tölt el [időt]; sokat fecseg
talk back *vi* felesel, visszapofázik
talk down A. *vt* 1. túlbeszél, -kiabál (vkt) 2. távirányítással lehív [repülőgépet] B. *vi* ~ *d. to one's audience* hallgatói alacsonyabb színvonalához alkalmazkodva beszél, leereszkedik hallgatóságához
talk into *vt* ~ *sy i. sg* (1) vkt vmre rábeszél (2) vknek vmt bebeszél
talk of *vi* ~ *of sg/sy* vmről/vkről beszél; elmond vmt; ~*ing of Frank* apropó Feri, Feriről jut eszembe, ha már Feriről beszélünk
talk on *vi* tovább beszél
talk out *vt* ~ *sy o. of sg* lebeszél vkt vmről, kiver vk fejéből [ötletet stb.]
talk over *vt* 1. megbeszél, megvitat 2. meggyőz (vkt vmről), rábeszél (vkt vmre)
talk round A. *vi* kerülgeti a témát B. *vt* rábeszél, meggyőz
talk to *vi* 1. vkhez beszél; vkvel beszél(get); ~ *to oneself* magában beszél 2. *biz* megleckéztet vkt; *I'll ~ to him!* majd én beszélek a fejével!
talk up A. *vt biz* (fel)magasztal (vmt) B. *vi* hangosan/tisztán beszél
talkative ['tɔ:kətɪv] *a* beszédes, bőbeszédű
talkativeness ['tɔ:kətɪvnɪs] *n* bőbeszédűség
talker ['tɔ:kə*] *n* beszélő, csevegő (ember)
talkies ['tɔ:kɪz] *biz n pl* hangosfilm
talking ['tɔkɪŋ] I. *a* 1. beszélő; ~ *picture* hangosfilm; ~ *point* (beszéd)téma 2. beszédes, kifejező II. *n* beszéd, beszélgetés; *he did all the* ~ csak ő beszélt (egész idő alatt); *no ~ please* csendet kérünk
talking-to *n* megfeddés, leszidás
tall [tɔ:l] *a* 1. magas (termetű) 2. *biz*

hihetetlen; ~ *order* nagy feladat; *a ~ story* képtelen/hihetetlen történet
tallboy *n* magas fiókos szekrény
tallness ['tɔ:lnɪs] *n* magasság, nagyság
tallow ['tælou] I. *n* faggyú II. *vt* 1. faggyúz 2. ~ *sheep* birkát hizlal
tallow-chandler *n* gyertyaöntő
tallow-faced *a* sápadt
tally ['tælɪ] I. *n* 1. rovásos pálca/fa 2. rovás; *the ~ trade* részletüzlet; *keep ~ on sg* számon tart vmt 3. folyószámla, a fél ellenszámlakönyve 4. névcédula, címke 5. vmnek ellenpárja II. A. *vt* 1. jegyzékbe vesz 2. megszámol, ellenőriz; egyeztet 3. megcímkéz, cédulával ellát B. *vi* egyezik; *his statement does not ~ with the facts* állítása nem egyezik a tényekkel
tally-clerk *n* (listát kipipáló) ellenőr
tally-ho [tælɪ'hou] *int* hajrá!, talihó! [kutyát uszító kiáltás]
tallyman ['tælɪmən] *n (pl -men -mən)* (részletüzletre felhajtókkal dolgozó) textilkereskedő
tally-shop *n GB* részletüzlet(tel foglalkozó bolt)
tally-stick *n* rováspálca
talon ['tælən] *n* 1. karom [ragadozó madáré] 2. talon [kártyában stb.] 3. szelvényutalvány
tamable ['teɪməbl] *a* megszelídíthető
tamarind ['tæmərɪnd] *n* tamarindusz-fa (gyümölcse)
tamarisk ['tæmərɪsk] *n* tamariska, tamariszkusz
tambour ['tæmbuə*] *n* 1. nagydob 2. kerek hímzőkeret 3. (gör)redőny [bútoron] 4. oszloptörzs
tambourine [tæmbə'ri:n] *n* tamburin(dob)
tame [teɪm] I. *a* 1. megszelídített, szelíd; házi [állat] 2. engedelmes, szelíd; erélytelen, passzív 3. ízetlen, unalmas II. *vt* 1. megszelídít; ~ *down* (1) megszelídít (2) *vi* megszelídül, lehiggad 2. megfékez, elfojt
tameable ['teɪməbl] *a* megszelídíthető
tameless ['teɪmlɪs] *a* 1. megszelídítetlen, vad 2. megszelídíthetetlen
tameness ['teɪmnɪs] *n* szelídség

tamer ['teɪmə*] n (állat)szelídítő
taming ['teɪmɪŋ] n 1. szelídítés 2. megfékezés, megzabolázás
Tammany ['tæmənɪ] prop US ⟨a demokrata párt New York-i szervezete⟩
tammy ['tæmɪ] = tam-o'-shanter
tam-o'-shanter [tæmə'ʃæntə*] n kerek skót sapka, barett
tamp [tæmp] vt 1. ledöngöl, sulykol 2. lefojt [fúrólyukat]
tamper ['tæmpə*] vi ~ with (1) babrál vmvel és elront (2) meghamisít [okmányt stb.] (3) megveszteget, befolyásol [tanút]
tampon ['tæmpən] n tampon
tan [tæn] I. a sárgásbarna színű, cserszínű II. n 1. cserhéj [cserzésre] 2. sárgásbarna szín, cserszín 3. lesülés, lebarnulás III. v -nn- A. vt 1. cserez, csáváz [bőrt] 2. lebarnít [nap]; get ~ned lesül 3. □ ~ sy, ~ sy's hide jól elnadrágol B. vi lesül, lebarnul [a naptól]
tan-bark n cserhéj
tandem ['tændəm] I. adv tandemben; drive ~ tandemben hajt II. n 1. ~ (bicycle) kétüléses kerékpár, tandem 2. egymás elé fogott két ló
tang¹ [tæŋ] n 1. erős/csípős íz/szag 2. csap, nyélcsap, nyak [pengén, kéziszerszámon] 3. markolattüske
tang² [tæŋ] n hínár
tang³ [tæŋ] I. n éles csengő hang II. A. vt csendít B. vi cseng
tangent ['tændʒ(ə)nt] I. a érintő; ~ scale (1) tangensskála (2) irányzékskála [fegyveren]; ~ screw finombeállító csavar II. n 1. érintővonal, tangens 2. biz fly/go off at a ~ hirtelen más tárgyra tér
tangential [tæn'dʒenʃl] a érintői
tangerine [tændʒə'riːn] n mandarin [egy fajtája]
tangibility [tændʒə'bɪlətɪ] n (meg)tapinthatóság; átv kézzelfoghatóság
tangible ['tændʒəbl] a 1. (meg)tapintható; érinthető; megfogható 2. átv kézzelfogható, igazi
tangibly ['tændʒəblɪ] adv kézzelfoghatóan
tangle¹ ['tæŋgl] I. n 1. összegabalyodás;

gubanc 2. bonyodalom, kuszaság; összevisszaság; get in a ~ bajba jut
II. A. vt 1. összegubancol 2. összekuszál, -zavar; ~d web zavaros kuszaság; get ~d up belebonyolódik B. vi 1. összegubancolódik 2. belezavarodik
tangle² ['tæŋgl] n hínár
tango ['tæŋgoʊ] n tangó [tánc]
tank [tæŋk] I. n 1. (folyadék)tartály; tank 2. ciszterna; mesterséges tó 3. harckocsi, tank; ~ point/drive páncélosék II. vt/vi ~ up (1) feltankol [járművet] (2) □ bepiál
tankard ['tæŋkəd] n fedeles fémkupa
tank-car n (vasúti) tartályvagon
tank-engine n szertartályos mozdony
tanker ['tæŋkə*] n 1. tartályhajó, olajszállító hajó 2. tartálygépkocsi
tank-trap n tankcsapda
tanned [tænd] a 1. (ki)cserzett 2. napbarnított, barna ‖ →tan III.
tanner¹ ['tænə*] n tímár, cserzővarga
tanner² ['tænə*] n GB □ † hatpennys (pénzdarab)
tannery ['tænərɪ] n cserzőműhely
tannic ['tænɪk] a ~ acid csersav
tannin ['tænɪn] n csersav
tanning ['tænɪŋ] n 1. cserzés 2. biz elnadrágolás ‖ →tan III.
tansy ['tænzɪ] n baradicskóró
tantalize ['tæntəlaɪz] vt tantaluszi kínokat okoz (vknek)
tantalizing ['tæntəlaɪzɪŋ] a tantaluszi kínokat okozó, szívfájdító
tantamount ['tæntəmaʊnt] a egyenértékű (to vmvel), annyi mint
tantivy [tæn'tɪvɪ] I. a sebes, gyors II. n 1. vadászkiáltás 2. vágta(tás)
tantrum ['tæntrəm] n biz dühroham; be in a ~ hisztizik; she went into her ~s hisztizett, hisztérikus jelenetet rendezett
tan-yard n cserzőműhely; bőrgyár
Tanzania [tænzə'nɪə] prop Tanzánia
Tanzanian [tænzə'nɪən] a/n tanzániai
tap¹ [tæp] I. n 1. (víz-, gáz- stb.) csap; on ~ csapra vert [hordó] 2. csapolt ital 3. dugó, dugasz 4. söntés 5. menetfúró 6. el-, leágazás(i pont) II. vt -pp- 1. megcsapol, csapra ver 2. be-

vág, bemetsz [fát] **3.** ~ *the wire*
(1) áramot lop (2) telefonbeszélgetést
lehallgat **4.** csavarmenetet fúr **5.** *biz*
~ *sy (for money)* „megvág" vkt
tap² [tæp] **I.** *n* **1.** könnyű ütés **2.** kopogás **3. taps** *pl US* (katonai) takarodó
II. *v* **-pp- A.** *vt* koppint; megkopogtat;
megérint **B.** *vi* kopog; ~ *on the door*
kopog az ajtón
tap-dance *n* dzsiggelés
tape [teɪp] **I.** *n* **1.** szalag; *cotton/linen*
~ pamutszalag, szegőszalag **2.** mérőszalag **3.** célszalag; *breast the* ~ átszakítja a célszalagot, elsőnek ér a
célba **4.** (magnó)szalag, hangszalag;
~ *speed/velocity* szalagsebesség **II.** *vt*
1. szalaggal összefűz/összeköt; ragasztószalaggal megerősít/leragaszt [csomagot stb.] **2.** szegélyez, szegőszalaggal eldolgoz [ruhaneműt] **3.** megmér,
felmér [mérőszalaggal]; □ *get* ~*d*
vkről véleményt alkotnak, vk „megméretik és vmlyennek találtatik"
5. (szalagra/magnóra) felvesz (vmt)
tape-machine *n* távírógép
tape-measure *n* mérőszalag, centiméterszalag
taper ['teɪpə*] **I.** *a* hosszú és vékony/
vékonyodó, csúcsosodó **II.** *n* **1.** vékony
viaszgyertya **2.** gyenge fényforrás **3.**
fokozatos (el)vékonyodás, szűkülés
III. *vt/vi* ~ *(off)* (1) fokozatosan vékonyít/szűkít (2) kúposan alakít, kihegyez (3) csökkent (4) fokozatosan szűkül/elvékonyodik, csúcsban végződik
(5) csökken; ritkul
tape-record *vt* magnetofonra/magnóra
felvesz (vmt), magnófelvételt készít
(vmről)
tape-recorder *n* magnetofon, magnó
tape-recording *n* magnetofonfelvétel,
magnófelvétel
tapering ['teɪpərɪŋ] *a* elvékonyodó, hegyes csúcsban végződő
tapering-off *a* ~ *cure* elvonókúra
tapestried ['tæpɪstrɪd] *a* fali szőnyegekkel díszített; kárpitozott
tapestry ['tæpɪstrɪ] *n* **1.** faliszőnyeg, falikárpit **2.** gobelin
tapestry-work *n* **1.** hímzett faliszőnyeg
2. kárpitosmunka

tapeworm *n* galandféreg, szalagféreg
tap-house *n* kocsma
tapioca [tæpɪ'oʊkə] *n* tapióka
tapir ['teɪpə*] *n* tapír
tapped [tæpt] ~*tap¹* és *tap² II.*
tapper ['tæpə*] *n* morzebillentyű
tappet ['tæpɪt] *n* mozgásátvivő rúd;
szelepemelő; emelőbütyök; excenter;
kamó
tapping¹ ['tæpɪŋ] *n* **1.** megcsapolás,
punkció **2.** meglékelés **3.** csavarfúrás
tapping² ['tæpɪŋ] *n* **1.** ütögetés **2.** kopogtatás || ~*tap¹* és *tap² II.*
taproom *n* söntés
tap-root *n* főgyökér
tapster ['tæpstə*] *n* csaposlegény
tap-water *n* vízvezetéki víz
tar¹ [tɑ:*] **I.** *n* kátrány; ~ *macadam*
kátránymakadám útburkolat **II.** *vt*
-rr- 1. bekátrányoz; ~*red felt/paper*
kátránypapír, fedlemez **2.** *they are all*
~*red with the same brush* egy húron
pendülnek, egyik tizenkilenc a másik
meg egy híján húsz
tar² [tɑ:*] *n* matróz, tengerész
tarantella [tær(ə)n'telə] *n* tarantella
tarantula [tə'ræntjʊlə; *US* -tʃə-] *n*
tarantulapók
tarboosh [tɑ:'bu:ʃ] *n* fez
tar-brush *n* kátránykenő kefe; *biz have a*
dash of the ~ van benne egy kis néger
vér
tardigrade ['tɑ:dɪgreɪd] **I.** *a* lassú, nehézkes **II.** *n* *(átv is)* lajhár
tardily ['tɑ:dɪlɪ] *adv* **1.** lassan, nehézkesen **2.** későn, elkésve **3.** vonakodva
tardiness ['tɑ:dɪnɪs] *n* **1.** lassúság; nehézkesség **2.** késedelmesség; pontatlanság **3.** vonakodás
tardy ['tɑ:dɪ] *a* **1.** lassú, nehézkes
2. késlekedő **3.** *US* elkésett, késedelmes
tare¹ [teə*] *n* **1.** bükköny **2.** gaznövény
tare² [teə*] **I.** *n* **1.** tára, göngyölegsúly
2. önsúly [járműveknél] **II.** *vt* táráz
targe [tɑ:dʒ] *n* † kis kerek pajzs
target ['tɑ:gɪt] *n* **1.** *(átv is)* céltábla,
-pont, -tárgy; ~ *language* célnyelv
2. † kis pajzs **3.** *US* vasúti jelzőtárcsa
4. tervelőirányzat, tervcél **5.** birkalapocka

target-practice *n* céllövészet, lőgyakorlat
tariff ['tærɪf] *n* 1. díjszabás; (vám)tarifa; ~ *reform* behozatali vámok megváltoztatása; ~ *walls* vámsorompók 2. árszabás, árlista
tarmac ['tɑ:mæk] *n* 1. = *tar*[1] *macadam* 2. [repülőtéri] fel- és leszállópálya
tarn [tɑ:n] *n* tengerszem
tarnish ['tɑ:nɪʃ] I. *n* 1. homályosság, folt [tüköré] 2. patina, bevonat, hártya II. A. *vt (átv is)* elfakít, elhomályosít B. *vi* fényét veszti, elhomályosul
taroc ['tærɔk] *n* tarokk
tarot ['tærou; *US* -ət] *n* = *taroc*
tarpaulin [tɑ:'pɔ:lɪn] *n* 1. kátrányos/vízhatlan ponyva 2. † vízhatlan tengerészsapka 3. *biz* † tengerész
tarpon ['tɑ:pɔn; *US* -ɑn] *n* (közép-amerikai) tarponhal
tarragon ['tærəgən] *n* tárkony
tarred [tɑ:d] →*tar*[1] *II.*
tarry[1] ['tærɪ] A. *vi* 1. késik, késlekedik 2. tartózkodik, marad B. *vt* vár (vkre, vkt)
tarry[2] ['tɑ:rɪ] *a* kátrányos
tarsus ['tɑ:səs] *n* (*pl* -si -saɪ) lábtő
tart[1] [tɑ:t] *n* 1. gyümölcslepény; torta 2. *GB* □ utcalány, ringyó
tart[2] [tɑ:t] *a* 1. fanyar, kesernyés, csípős (ízű); ~ *cherry* meggy 2. *átv* maró, csípős [válasz stb.]
tartan ['tɑ:t(ə)n] *n* skót kockás mintájú gyapjúszövet, tartán
tartar[1] ['tɑ:tə*] *n* 1. borkő; ~ *emetic* hánytató borkő; *cream of* ~ tisztított borkő 2. fogkő
Tartar[2] ['tɑ:tə*] I. *a* tatár II. *n* 1. tatár férfi/nő; *catch a* ~ törököt fog 2. *t*~ dühös/goromba ember 3. *t*~ *sauce* tartármártás
tartaric [tɑ:'tærɪk] *a* borkő-; ~ *acid* borkősav
Tartary ['tɑ:tərɪ] *prop* † Tatárország
tartlet ['tɑ:tlɪt] *n* kis gyümölcslepény, tortácska
tartness ['tɑ:tnɪs] *n* 1. fanyarság; csípősség; kesernyésség 2. udvariatlanság, mogorvaság
task [tɑ:sk; *US* -æ-] I. *n* 1. feladat; lecke; *complete a* ~ feladatot teljesít;

he was up to his ~ megfelelt feladatának 2. (önkéntesen vállalt) munka; vállalkozás 3. *take sy to* ~ *about/for sg* elővesz/megleckéztet vkt vmért II. *vt* 1. feladattal megbíz 2. *átv* megterhel
task-force *n* különítmény
task-master *n* 1. munkafelügyelő 2. ⟨vknek nehéz munkát kiadó/kiszabó személy, aki sokat követel [tanulóktól stb.]⟩
taskwork *n* darab(bér)munka
Tasmania [tæz'meɪnjə] *prop*
tassel ['tæsl] *n* 1. bojt, rojt 2. könyvjelző(szalag) 3. kukoricahaj 4. pompon [sapkán]
tassel(l)ed ['tæsld] *a* bojtos, rojtos
taste [teɪst] I. *n* 1. íz 2. (*sense of*) ~ ízlelés [érzékszerv]; megízlelés, ízlés; *add sugar to* ~ tégy hozzá cukrot ízlés szerint; *find sg to one's* ~ vmt kedvére valónak talál 3. (*átv is*) ízlés; *it is bad* ~ (*to . . .*) ízléstelen dolog (vmt tenni); *people of* ~ jó ízlésű emberek 4. érzék, hajlam (*for sg* vmhez/vmre); *it is not to my* ~ nincs ínyemre; *have a* ~ *for sg* kedve/hajlama van vmre 5. (*átv is*) *a* ~ *of sg* ízelítő vmből II. A. *vt* 1. (meg)ízlel, (meg)kóstol; ~ *one's tongue* csettint a nyelvével [jó ételt méltányolva] 2. érzi (vmnek) az ízét 3. csipeget (vmből) B. *vi* ~ *of sg* (1) vmlyen ízű (2) vmbe belekóstolt (3) vmben részesült
taste-bud *n* ízlelőszemölcs [nyelven]
tasteful ['teɪstfʊl] *a* 1. ízletes 2. ízléses
tasteless ['teɪstlɪs] *a* 1. ízetlen 2. ízléstelen
tastelessness ['teɪstlɪsnɪs] *n* 1. ízetlenség 2. ízléstelenség
taster ['teɪstə*] *n* kóstoló [személy]
tasty ['teɪstɪ] *a* *biz* 1. jóízű, ízletes 2. *biz* ízléses [ruha stb.]
tat [tæt] *n* indiai durva vászon
ta-ta [tæ'tɑ:] I. *n* go ~s pápá megy [gyermeknyelven] II. *int* pápá!, szia! [gyermeknyelven]
Tate [teɪt] *prop*
tatter ['tætə*] *n* rongy, cafat
tatterdemalion [tætədə'meɪljən] *n* toprongyos ember

tattered ['tætəd] *a* rongyos, cafatos
Tattersall ['tætəsɔ:l] *prop*
tattle ['tætl] I. *n* fecsegés; pletyka II.
vi fecseg, pletykál
tattler ['tætlə*] *n* pletykázó/fecsegő
személy
tattoo¹ [tə'tu:] I. *n* 1. (katonai) takarodó
[dobszóval] 2. *GB (torchlight)* ~ zenés
éjszakai katonai parádé 3. kopogás;
dörömbölés; *beat the devil's* ~ ujjaival
idegesen dobol [az asztalon] II. *vi*
(pt/pp ~ed -'tu:d) 1. *biz* takarodót
dobol 2. ujjaival idegesen dobol
tattoo² [tə'tu:] I. *n* tetoválás II. *vt*
(pt/pp ~ed -'tu:d) tetovál
tatty ['tætɪ] *a GB biz* rongyos, topis
taught [tɔ:t] →*teach*
taunt [tɔ:nt] I. *n* gúnyos megjegyzés,
gúny(olódás) II. *vt* kigúnyol
tauntingly ['tɔ:ntɪŋlɪ] *adv* gúnyosan
taut [tɔ:t] *a* 1. feszes, szoros [kötél
stb.]; kifeszített [vitorla stb.]; *biz*
~ *situation* kiélezett helyzet 2. ~
and trim (1) jó karban levő (2) *biz*
elegáns
tauten ['tɔ:tn] A. *vt* megfeszít, szorosra
húz B. *vi* megfeszül
tautness ['tɔ:tnɪs] *n* szorosság
tautology [tɔ:'tɔlədʒɪ; *US* -'ta-] *n*
tautológia, (fölösleges) szószaporítás
tavern ['tæv(ə)n] *n* kocsma
tavern-keeper *n* kocsmáros
taw¹ [tɔ:] *n* golyózás [gyerekjáték]
taw² [tɔ:] *vt* timsóval cserez [bőrt]
tawdriness ['tɔ:drɪnɪs] *a* cifraság; mu-
tatós értéktelen holmi
tawdry ['tɔ:drɪ] *a* cifra, csiricsáré, ízlés-
telen, csicsás
tawer ['tɔ:ə*] *n* fehértímár, cserző(mes-
ter)
tawery ['tɔ:ərɪ] *n* cserzőműhely
tawny ['tɔ:nɪ] *a* homokszínű; (világos)
sárgásbarna
taws(e) [tɔ:z] *n sk* korbács
tax [tæks] I. *n* 1. adó; *assessed/direct* ~es
egyenes adók; *free of* ~ adómentes;
lay/levy a ~ *on sg* adót kivet vmre
2. teher; *be a* ~ *on sy* terhére van (vk-
nek) II. *vt* 1. (meg)adóztat; adót ki-
vet; kiszab [illetéket]; megállapít
[perköltséget] 2. *biz* igénybe vesz,

próbára tesz; ~ *sy's patience* próbára
teszi vk türelmét 3. ~ *sy with* megvá-
dol (vkt vmvel); szemére vet (vknek
vmt)
taxable ['tæksəbl] *a* 1. adóköteles, adó
alá eső 2. megadóztatható; felszámít-
ható
taxation [tæk'seɪʃn] *n* 1. adózás; meg-
adóztatás, adókivetés 2. adórendszer
3. felbecsülés; ~ *of costs* (per)költségek
megállapítása
tax-collector *n* adószedő
tax-free *a* adómentes; ~ *shop* vámmentes
üzlet [reptéren stb.]
tax-gatherer *n* adószedő
taxi ['tæksɪ] I. *n* (autó)taxi; *take a* ~
taxit fogad, taxiba ül II. *vi (pt/pp*
~ed 'tæksɪd) 1. taxizik 2. gurul [rep-
gép földön]
taxi-cab *n* taxi
taxi-dancer *n* bértáncos(nő) [mulató-
helyen]
taxidermist ['tæksɪdə:mɪst] *n* állatkitömő
taxidermy ['tæksɪdə:mɪ] *n* állatkitömés
taxi-driver *n* taxisofőr
taximeter ['tæksɪmi:tə*] *n* viteldíjmérő,
taxaméter
taxi-plane *n* légi taxi
taxi-rank *n* taxiállomás
taxpayer *n* adózó, adófizető
Taylor ['teɪlə*] *prop*
T.B., TB [ti:'bi:] *tuberculosis* tuberkuló-
zis, tbc
tea [ti:] *n* 1. tea; *have/take (a cup of)*
~ teát iszik, teázik 2. tea [teázás];
afternoon/plain ~ délutáni tea [hús-
étel nélkül]
tea-bag *n* zacskós tea, garzontea
tea-ball *n* teatojás
tea-basket *n* elemózsiás táska/kosár
tea-biscuit *n* teasütemény
tea-break *n* teaszünet [munkahelyen]
tea-caddy *n* teásdoboz
tea-cake *n* ⟨lapos édes mazsolás pék-
sütemény, rendsz. pirítva és vajjal⟩
teach [ti:tʃ] *vt (pt/pp* taught tɔ:t)
tanít, oktat; ~ *oneself sg* megtanul
vmt (egészen egyedül); ~ *sy a thing
or two* vkt kitanít vmre; *biz* ~ *sy a
lesson* móresre tanít; *US* ~ *school*
tanítóskodik, tanárkodik

teachable ['ti:tʃəbl] a (könnyen) tanítható; tanulékony
teacher ['ti:tʃə*] n tanító(nő); tanár(nő); mester; oktató; ~s' (training) college tanárképző; tanítóképző (intézet)
teachership ['ti:tʃəʃɪp] n tanári/tanítói állás
tea-chest n (fémbélésű) teásláda [szállításra]
teach-in n (közérdekű) előadássorozat (nyilvános vitával)
teaching ['ti:tʃɪŋ] n 1. tanítás; take up ~, go in for ~ tanári/tanítói pályára lép; ~ hospital kb. egyetemi klinika; ~ post tanári állás 2. vknek a tanításai/tanai
tea-cloth n 1. teásabrosz 2. törlőruha
tea-cosy n teababa
teacup n teáscsésze
teacupful a teáscsészényi
tea-fight n biz = tea-party
tea-garden n 1. kávéház kerthelyisége 2. teaültetvény
tea-gown n fogadópongyola
teahouse n (japán) teaház
tea-infuser n teatojás
teak [ti:k] n indiai tölgyfa, tikfa
tea-kettle n teáskanna [víz forralására]
teal [ti:l] n böjti réce
tea-leaf n (pl -leaves) tealevél
team [ti:m] I. n 1. (ló- vagy ökör)fogat 2. (összetanult) csapat, csoport, team, munkaközösség; brigád; legénység; sportcsapat; ~ games csapatjáték, -sport; ~ spirit csapatszellem II. A. vt befog [állatokat] B. vi biz ~ up with sy (1) (többedmagával) összeáll vkvel [munka elvégzésére] (2) összeadja magát vkvel
teamster ['ti:mstə*] n 1. (teher)kocsis; fuvaros 2. US gépkocsivezető [teherautó]
team-work n együttműködés, összjáték; összmunka; brigádmunka, csoportmunka
tea-party n tea [délután]
tea-plant n teacserje
tea-pot n teáskanna [melyben a teát leforrázzák/beadják]
tear¹ [tɪə*] n 1. könny(csepp); be in

~s sír; move sy to ~s vkt könnyekig megindít; shed ~s könnyeket ont 2. (folyadék)csepp
tear² [teə*] I. n 1. szakadás, repedés, hasadás 2. biz go full ~ rohan, száguld, „repeszt" II. v (pt tore tɔ:*, pp torn tɔ:n) A. vt 1. (el)szakít, szétszakít, (f)eltép; elszaggat; szétszaggat; megszaggat; ~ one's hair haját tépi; ~ sg open vmt feltép 2. felsebez 3. leszakít, letép; kitép 4. torn between két dolog között őrlődve 5. felizgat, feldúl B. vi 1. szakad, hasad; stuff that ~s easily könnyen szakadó anyag 2. biz száguld, rohan
tear about vi fel-alá szaladgál, összevissza rohangál
tear across vt 1. kettészakít (vmt) 2. átrohan (vmn)
tear along vi biz (végig)rohan; (végig)száguld
tear at vi ~ at sg elszakít/felszakít vmt, tépdes vmt
tear away vt letép; I couldn't ~ myself a. nem tudtam otthagyni
tear down A. vt 1. leszakít 2. lerombol B. vi lerohan [hegyről]; végigszáguld [utcán stb.]
tear off A. vt letép B. vi elrohan, elsiet
tear out A. vt kitép B. vi kirohan
tear up vt 1. kettészakít, összetép 2. felszaggat, kitép
tear-drop ['tɪə-] n könnycsepp
tear-duct ['tɪə-] n könnycsatorna
tearful ['tɪəful] a könnyes, könnyező
tear-gas ['tɪə-] n 1. könnygáz 2. ~ bomb könnygázbomba
tearing ['teərɪŋ] I. a 1. kínzó hasogató [fájdalom] 2. rohanó; be in a ~ hurry borzasztóan siet 3. biz heves, dühöngő, őrjöngő II. n szakítás, tépés
tearless ['tɪəlɪs] a nem könnyező; könnytelen [szemek]
tea-room n teázó(helyiség)
tea-rose n tearózsa
tear-stained ['tɪə-] a könnyfoltos
tease [ti:z] I. n kötekedő/ugrató/kínzó személy II. vt 1. kötekedik, ingerel, ugrat, bosszant; gyötör, kínoz 2. kártol, gyaratol, bolyhoz

teasel ['ti:zl] I. *n* 1. takácsmácsonya 2. kártológép II. *vt* kártol
teaser ['ti:zə*] *n* 1. kötekedő/ugrató ember 2. *biz* fejtörő, fogas/nehéz kérdés
tea-service/set *n* teáskészlet
tea-shop *n* teázó; cukrászda
teasing ['ti:zɪŋ] *n* 1. ugratás, bosszantás; kötekedés, kínzás 2. kártolás
teaspoon *n* teáskanál, kávéskanál, kiskanál
teaspoonful *a* kávéskanálnyi
tea-strainer *n* teaszűrő
teat [ti:t] *n* mellbimbó, csecs, csöcs; rubber ~ cucli, cumi
tea-table *n* teázóasztal
tea-things *n pl* = *tea-service/set*
tea-time *n* uzsonnaidő [délután 4 óra]
tea-trolley *n* zsúrkocsi
tea-urn *n* szamovár
tea-wagon *n* zsúrkocsi
teazle ['ti:zl] *n/vt* = *teasel*
tec [tek] *n* □ zsaru, hekus
tech [tek] *n biz* = *technical college*
technical ['teknɪkl] *a* 1. műszaki, technikai; ~ *institute* ipariskola 2. szakmai, szak-; ~ *college* (1) kb. szakközépiskola (2) műszaki főiskola; ~ *terms* szakkifejezések 3. kezelési, gyakorlati 4. alaki; ~ *difficulty* alaki/eljárásjogi nehézség
technicality [teknɪ'kælətɪ] *n* szakmai sajátosság; alakiság [jogban]; szakkérdésbeli szempont
technically ['teknɪk(ə)lɪ] *adv* ~ *speaking* a szó szoros értelmében
technician [tek'nɪʃn] *n* műszaki (szakember); szakember
technics ['teknɪks] *n* 1. technika, műszaki tudományok; technológia 2. *pl* szaknyelv, -terminológia 3. *pl* = *technique 1*.
technique [tek'ni:k] *n* 1. (műszaki) eljárás, módszer, technika, technológia 2. képesség, készség, gyakorlat, szakmai készség/jártasság 3. technika [művészet, sportoloé stb.]; *ball* ~ labdakezelés
technocracy [tek'nɔkrəsɪ; *US* -ak-] *n* szakemberek/mérnökök uralma, technokrácia

technocrat ['teknəkræt] *n* technokrata
technologic(al) [teknə'lɔdʒɪk(l); *US* -'la-] *a* 1. technológiai 2. műszaki, technikai
technology [tek'nɔlədʒɪ; *US* -al-] *n* 1. technológia 2. technika, műszaki tudományok
tectonic [tek'tɔnɪk; *US* -an-] *a* 1. tektonikus 2. szerkezet(tan)i
Ted¹ [ted] *prop* ⟨Edward, Edmund* és *Theodore* beceneve⟩
ted² [ted] *vt* -dd- forgat, kiterít [szénát]
tedder ['tedə*] *n* szénaforgató (gép)
Teddy ['tedɪ] *prop* = *Ted¹*; ~ *bear* játékmackó; ~ *boy* jampec, jampi
tedious ['ti:djəs] *a* unalmas, fárasztó
tediousness ['ti:djəsnɪs] *n* unalmasság
tedium ['ti:djəm] *n* unalom, unalmasság; ~ *vitae* ['vaɪti:] életuntság
tee¹ [ti:] *n* 1. T-betű, té 2. T alakú cső, T idom
tee² [ti:] I. *n* 1. elütési hely [golflabdáé] 2. ⟨kúpocska melyről induláskor a golflabdát elütik⟩ 3. cél [dobókorong játékban] II. A. *vt tee*-re tesz [golflabdát] B. *vi* 1. ⟨labdát *tee*-ről elüt⟩ 2. ~ *(off)* elkezdődik
teem¹ [ti:m] *vt* 1. hemzseg (*with* vmtől), nyüzsög 2. bővelkedik (*with* vmben)
teem² [ti:m] *vi biz* ömlik [eső]
teeming ['ti:mɪŋ] *a* színültig tele, bővelkedő; nyüzsgő, hemzsegő
teenage ['ti:neɪdʒ] *a biz* serdülőkorú, tizenéves [13-tól 19 éves korig]
teenager ['ti:neɪdʒə*] *n* serdülő(korú), tinédzser, tizenéves [13 és 19 év közötti fiú/lány]
teens [ti:nz] *n pl* ⟨a 13-tól 19-ig terjedő évek⟩; *still in his* ~ még nincs 20 éves; tizenéves
teeny-bopper [-bɔpə*; *US* -ba-] *n biz* tizenéves kis csaj [aki él-hal a popzenéért]
teeny(-weeny) ['ti:nɪ('wi:nɪ)] *a biz* icipici, parányi
teeth → *tooth I.*
teethe [ti:ð] *vi* fogzik
teething ['ti:ðɪŋ] *n* fogzás; *átv* ~ *troubles* gyermekbetegség
teetotal [ti:'təʊtl] *a* 1. antialkoholista 2. *biz* teljes, abszolút

teetotalism [ti:'toʊtlɪzm] n antialkoholizmus
teetotaller [ti:'toʊtlə*] n bornemissza, antialkoholista (személy)
tegument ['tegjʊmənt; US -gjə-] n burok, hártya; (test)takaró
tehee [ti:'hi:] vi vihog
Teheran [tɪə'rɑːn] prop Teherán
Tel., tel. 1. telegraph 2. telephone
tele(-) ['telɪ] I. a 1. táv- 2. televíziós, tévé- II. n biz 1. tévé 2. teleobjektív
telecast ['telɪkɑːst] I. n televíziós adás/ közvetítés, tévéadás, -közvetítés II. vt televízión/tévén ad/közvetít
telecommunications ['telɪkəmjuːnɪ-'keɪʃnz] n pl távközlés, híradástechnika
telefilm ['telɪfɪlm] n televíziós film, tévéfilm
telegenic [telɪ'dʒenɪk] a televízióra (különösen) alkalmas
telegram ['telɪgræm] n távirat, sürgöny
telegraph ['telɪgrɑːf; US -æf] I. n távíró(készülék); ~ office távírda, távíróhivatal; ~ boy/messenger táviratkézbesítő; ~ operator távírdász II. vi/vt táviratozik, megtáviratoz, (meg-) sürgönyöz
telegraphese [telɪgrɑː'fiːz; US -græ-] n sürgönystílus, távirati stílus
telegraphic [telɪ'græfɪk] a távirati
telegraphist [tɪ'legrəfɪst] n távírdász
telegraph-pole/post n sürgönypózna, távíróoszlop
telegraphy [tɪ'legrəfɪ] n távírás, táviratozás
telelens ['telɪlenz] n teleobjektív
telemeter ['telɪmiːtə*] n távolságmérő (készülék)
teleological [telɪə'lɒdʒɪkl; US -'lɑ-] a teleológiai
teleology [telɪ'ɒlədʒɪ; US -'ɑ-] n teleológia
telepathic [telɪ'pæθɪk] a telepatikus
telepathy [tɪ'lepəθɪ] n telepátia, távolbaérzés
telephone ['telɪfoʊn] I. n távbeszélő, telefon; you are wanted on the ~ (önt) a telefonhoz kérik; are you on the ~? van önnek telefonja?; ~ book/ directory telefonkönyv; ~ booth/box/ kiosk telefonfülke; ~ exchange táv-

beszélő-központ; ~ number telefonszám; ~ operator telefonos, távbeszélő-kezelő; ~ receiver telefonkagyló II. A. vi telefonál (to vknek) B. vt 1. telefonon közöl, (meg)telefonál 2. ~ sy telefonon felhív vkt, telefonál vknek
telephonic [telɪ'fɒnɪk; US -ɑn-] a telefonon-
telephonist [tɪ'lefənɪst] n telefonkezelő, telefonos
telephony [tɪ'lefənɪ] n telefonálás, távbeszélés
telephoto [telɪ'foʊtoʊ] n 1. ~ (lens) teleobjektív 2. = telephotograph
telephotograph [telɪ'foʊtəgrɑːf; US -æf] n 1. távfénykép, -felvétel 2. képtávírón továbbított kép, képtávirat
telephotography [telɪfə'tɒgrəfɪ; US -ɑg-] n 1. távfényképezés 2. képtávírás
teleplay ['telɪpleɪ] n tévéjáték
teleprinter ['telɪprɪntə*] n telex(gép), távgépíró
teleprompter ['telɪprɒmptə*; US -ɑm-] n súgógép [tévéadáshoz]
telerecord ['telɪrɪkɔːd] vt képmagnóra felvesz
telerecorder ['telɪrɪkɔːdə*] n képmagnó, videomagnó
telescope ['telɪskoʊp] I. n távcső, messzelátó II. A. vt egymásba tol B. vi 1. (teleszkópszerűen) összetolódik 2. egymásba szalad/fúródik [két jármű balesetnél]
telescopic [telɪ'skɒpɪk; US -ɑp-] a 1. messzelátós, teleszkópos; ~ lens teleobjektív 2. összetolható; kihúzható [antenna stb.]
teletype ['telɪtaɪp] n = teleprinter
teletypewriter [telɪ'taɪpraɪtə*] n US = teleprinter
teleview ['telɪvjuː] I. n televízión közvetített adás/kép II. vt televízión/tévén (meg)néz
televiewer ['telɪvjuːə*] n tévénéző
televise ['telɪvaɪz] vt/vi televízión közvetít/ad
television ['telɪvɪʒn] n televízió; ~ set televízió(s készülék), tévé(készülék); ~ tube képcső; on ~ a televízióban/ tévében [szerepel stb.]

telex ['teleks] I. *n* telex(gép), távgépíró; ~ *message* telexüzenet II. *vt/vi* telexezik

tell [tel] *v* (*pt/pp* **told** tould) A. *vt* 1. mond; elmond; megmond; kijelent; ~ *a lie* hazudik; ~ *the time* (1) megmondja, hogy hány óra (van) (2) jelzi/ mutatja az időt [óra]; ~ *sy sg* elmond vknek vmt; közöl vmt vkvel; *let me* ~ *you* ... biztosíthatom róla, hogy ...; *I told you so!* lám/ugye megmondtam!; *biz you are* ~*ing me!* nekem mondod?!; *don't* ~ *me!* ne mondd!; *biz* ~ *me another!* mesélje ezt másnak!; *I was told* ... úgy hallottam ..., azt mondták (nekem), hogy ... 2. elbeszél, elmesél, elmond [történetet, viccet stb.] 3. utasít; ~ *sy to do sg* megmondja vknek, hogy vmt tegyen; *do as you are told* tégy ahogy parancsolták; *I told him not to* ... mondtam (neki hogy) ne tegye 4. megkülönböztet; ~ *apart,* ~ *from* megkülönböztet (vmtől); *can you* ~ *which is which?* meg tudod állapítani, hogy melyik az egyik és melyik a másik?; *one can* ~ *him by his voice* meg lehet ismerni a hangjáról 5. tud; kitalál, megfejt; *I cannot* ~ nem tudom; *you never can* ~ sohasem lehet tudni; *who can* ~*?* ki tudja? 6. † ~ (*over*) (meg)számlál, (meg)olvas [pénzt stb.] B. *vi* 1. beszél, szól; *everything told against him* minden ellene szólt 2. hat, hatása/eredménye van; *every shot* ~*s* minden lövés talál
tell about *vi* vmről beszél/beszámol
tell off *vt* 1. (embereket) leszámol, kijelöl [vm munkára/feladatra] 2. *biz* ~ *sy o.* lehord vkt, jól megmondja vknek a magáét
tell on *vi* 1. = *tell upon* 2. *biz* beárul, beköp
tell upon *vi it* ~*s* (*up*)*on him* nyomai meglátszanak rajta; *his years are beginning to* ~ *u. him* kezdenek meglátszani rajta az évek
teller ['telə*] *n* 1. elbeszélő 2. bankpénztáros 3. (parlamenti) szavazatszámláló
telling ['telıŋ] I. *a* hatásos II. *n* 1. el-

beszélés; *there's no* ~ nem lehet megmondani, mit lehet tudni 2. kifecsegés [titoké] 3. ~ (*over*) megszámolás, megolvasás [szavazatoké stb.]
telltale ['telteıl] I. *a* áruló, árulkodó [pirulás stb.] II. *n* 1. pletykafészek 2. besúgó, árulkodó 3. jelzőkészülék, -berendezés
telly ['telı] *n biz* tévé
telpher ['telfə*] *n* 1. (drót)kötélpálya 2. kötélpályakocsi, csille
Telstar ['telstɑː*] ⟨amerikai híradástechnikai mesterséges hold⟩
temerity [tı'merətı] *n* vakmerőség
temp. *temperature* hőmérséklet, hőm.
temper ['tempə*] I. *n* 1. összetétel, keverék, vegyülék, kellő elegy 2. keménységi fok [acélé, fémé] 3. [lelki, szellemi] alkat; természet, beállítottság; →*temperament 1.* 4. kedély-(állapot); hangulat; *be out of* ~ mogorva, rosszkedvű; *keep one's* ~ megőrzi nyugalmát/hidegvérét; *lose one's* ~ dühbe jön, kijön a sodrából; *try sy's* ~ vknek az idegeire megy 5. rosszkedv, ingerültség; *fly into a* ~ dühbe gurul; *get sy's* ~ *up* vkt méregbe hoz; *out of* ~ *with sy* rosszindulatú/ türelmetlen vkvel II. *vt* 1. gyúr, kever [agyagot, habarcsot] 2. temperál [fémet] 3. elegyít 4. mérsékel, csökkent, enyhít 5. temperál [hangot stb.]
tempera ['tempərə] *n* tempera(festék)
temperament ['temp(ə)rəmənt] *n* 1. vérmérséklet, kedély, alkat, temperamentum 2. szenvedélyes/heves/tüzes vérmérséklet, temperamentum
temperamental [temp(ə)rə'mentl] *a* 1. heves, temperamentumos 2. szeszélyes
temperance ['temp(ə)rəns] *n* 1. mértékletesség, mértéktartás 2. alkoholtól tartózkodás, antialkoholizmus; ~ *society* antialkoholista egyesület
temperate ['temp(ə)rət] *a* 1. mértékletes; meggondolt, józan, higgadt [személy, nézetek] 2. mérsékelt; ~ *zone* mérsékelt égöv
temperately ['temp(ə)rətlı] *adv* mérsékelten, higgadtan

temperateness ['temp(ə)rətnıs] n 1. mértékletesség; higgadtság 2. enyheség [éghajlaté]
temperature ['temprətʃə*] n hőmérséklet; ~ chart láztábla; a fall in ~ lehűlés; have/run a ~ láza/hőemelkedése van; take sy's ~ megméri vknek a lázát
tempered ['tempəd] a 1. temperált [skála, hangsor] 2. vmlyen kedélyű/természetű; good ~ barátságos természetű
tempest ['tempıst] n (átv is) vihar, förgeteg
tempestuous [tem'pestjuəs; US -tʃu-] a (átv is) viharos; szilaj, háborgó
Templar ['templə*] n 1. GB londoni jogász 2. Knight ~ templomos (lovag)
template ['templıt] n = templet
temple¹ ['templ] n 1. templom [nem keresztény] 2. The T~ ⟨két londoni jogásztestület neve⟩
temple² ['templ] n halánték
templet ['templıt] n 1. mintadeszka, mintaléc, (minta)sablon 2. teherelosztó alátét
tempo ['tempou] n (pl ~s -z v. -pi -pi:) tempó
temporal¹ ['temp(ə)rəl] a 1. világi 2. időbeli 3. időleges, mul(and)ó
temporal² ['temp(ə)rəl] I. a halánték- II. n halántékcsont
temporarily ['temp(ə)rərəlı; US -rer-] adv egyelőre, ideiglenesen
temporary ['temp(ə)rərı; US -erı] a ideiglenes, átmeneti
temporization [tempəraı'zeıʃn] n időhúzás
temporize ['tempəraız] vi igyekszik időt nyerni, húzza az időt
tempt [tempt] vt 1. csábít, (meg)kísért; ~ God istent kísért 2. rábeszél, rávesz, rábír
temptation [temp'teıʃn] n csábítás, kísértés
tempter ['temptə*] n kísértő, csábító; the T~ a sátán/kísértő
temptress ['temptrıs] n csábító (nő)
ten [ten] a/n tíz; I'd ~ times rather sokkal/százszor inkább; ~ to one tízet egy ellen (hogy ...)

tenable ['tenəbl] a 1. tartható, megvédhető [erődítmény, nézet stb.] 2. post ~ for four years négy évre szóló állá s
tenacious [tı'neıʃəs] a 1. állhatatos, kitartó, szívós; makacs; be ~ of one's opinion szilárdan kitart véleménye mellett 2. ellenálló 3. megbízható, jó [emlékezőtehetség]
tenacity [tı'næsətı] n 1. állhatatosság, szívósság, kitartás; makacsság 2. megbízhatóság [emlékezőtehetségé]
tenancy ['tenənsı] n 1. bérlemény, birtok 2. bérleti viszony 3. a bérlés ideje
tenant ['tenənt] n bérlő; lakó II. vt bérel, bérlőként lakik (vmben, vhol)
tenant-farmer n bérlő [nagybirtokhoz tartozó kisebb tanyán]
tenantry ['tenəntrı] n 1. (kis)bérlők (összessége) [nagybirtokon] 2. lakók [bérházban]
tench [tenʃ] n compó, cigányhal
tend¹ [tend] vt/vi 1. ellát [beteget, állatot]; felügyel, gondját viseli 2. ~ (up)on sy vkt kiszolgál [mint pincér]
tend² [tend] vi 1. tart, halad (towards felé) 2. átv irányul, tart (vmerre); hajlik (vmre) 3. ~ to do sg (1) hajlamos vm megtételére (2) igyekszik vmt megtenni
tendency ['tendənsı] n 1. irányzat, tendencia; célzatosság 2. hajlam, hajlandóság (to vmre)
tendentious [ten'denʃəs] a irányzatos, tendenciózus, célzatos
tender¹ ['tendə*] n 1. gondozó, kezelő, US felügyelő 2. szerkocsi [mozdonyé] 3. kirakóhajó, (kis) üzemanyagellátó hajó
tender² ['tendə*] I. n 1. (ár)ajánlat; invite ~s, ask for ~s versenytárgyalást hirdet 2. legal ~ törvényes fizetési eszköz II. A. vt (fel)ajánl, felkínál; ~ one's apologies (ünnepélyesen) bocsánatot kér B. vi (üzleti) ajánlatot tesz
tender³ ['tendə*] a 1. lágy, puha [bőr], porhanyós [étel, hús] 2. (átv is) gyenge 3. érzékeny, kényes; a ~ spot érzékeny/kényes pont 4. (átv is) fiatal, éretlen; zsenge 5. gyengéd, szerető, gondos 6. tapintatos

tenderer ['tend(ə)rə*] n ajánlattevő
tenderfoot ['tendəfʊt] (pl ~s v. -feet)
n zöldfülű, újonc
tender-hearted a lágy szívű, vajszívű
tenderloin ['tendəlɔɪn] n US vesepecse-
nye(-szelet), bélszínjava
tenderness ['tendənɪs] n 1. zsengeség,
puhaság; lágyság, finomság 2. nyo-
másérzékenység [orvosilag] 3. sze-
rető gondoskodás, gyengédség
tendon ['tendən] n ín
tendril ['tendrɪl] n inda, kacs
tenebrous ['tenɪbrəs] a † sötét, homá-
lyos; komor
tenement ['tenɪmənt] n 1. ingatlan
2. bérlet 3. GB (bérelt) lakás 4.
~(-house) bérház, -kaszárnya
tenet ['ti:net; US 'tenɪt] n elv, tan(tétel),
dogma; biz vélemény
tenfold ['tenfoʊld] I. a tízszeres II. adv
tízszeresen
Tenn. Tennessee
tenner ['tenə*] n biz tízes, GB tízfontos,
US tízdolláros [bankjegy]
Tennessee [tenə'si:] prop
tennis ['tenɪs] n tenisz; play ~ tenisze-
zik
tennis-ball n teniszlabda
tennis-court n teniszpálya
Tennyson ['tenɪsn] prop
tenon ['tenən] I. n ereszték, csap [ge-
rendakötésre]; beeresztés, fakötés II.
vt csapoz [gerendát]
tenor ['tenə*] n 1. irány(zat), törekvés,
szándék, tendencia 2. jelleg, lényeg;
of the same ~ azonos tartalmú 3.
hang(nem), tónus [levélé stb.] 4.
tenor (hang); tenorista
tense¹ [tens] n (ige)idő
tense² [tens] I. a 1. feszes, szoros, me-
rev 2. feszült [figyelem, hangulat];
megfeszített [idegek] 3. merev, mes-
terkélt [magatartás] II. A. vt megfe-
szít [izmot], kifeszít B. vi (meg)fe-
szül, kifeszül
tensely ['tenslɪ] adv 1. feszesen 2. fe-
szülten [figyel stb.]
tenseness ['tensnɪs] n 1. (átv is) fe-
szültség 2. merevség
tensile ['tensaɪl; US -s(ə)l] a 1. nyújtó,
húzó; ~ strength húzószilárdság; ~

stress húzófeszültség 2. nyújtható,
húzható
tension ['tenʃn] n 1. húzóerő; feszítés
2. feszülés 3. (villamos) feszültség
4. átv feszültség, izgalom
tent¹ [tent] I. n sátor; pitch (v. put up) a
~ sátrat ver/felállít II. A. vt 1. sá-
torban helyez el 2. sátorral borít; ~ed
field sátrakkal borított mező B. vi
sátoroz
tent² [tent] I. n kutasz, tampon II. vt
tamponál
tentacle ['tentəkl] n csáp, kacs, tapoga-
tószerv, szívókar
tentacular [ten'tækjʊlə*] a tapogatós,
szívókaros
tentative ['tentətɪv] ı. a kísérleti, pró-
baképpen tett II. n kísérlet, próba;
puhatolódzás
tent-bed n mennyezetes ágy
tenter ['tentə*] n feszítőkeret
tenterhook n biz (be) on ~s tűkön ül,
kínban van
tenth [tenθ] I. a tizedik II. n 1. a tizedik
2. tized(rész) 3. tized, dézsma
tenthly ['tenθlɪ] adv tizedszer(re)
tent-peg n sátorcövek
tenuity [te'nju:ətɪ] n 1. vékonyság,
finomság [fonalé] 2. ritkásság [le-
vegőé, folyadéké] 3. erőtlenség [stí-
lusé]
tenuous ['tenjʊəs] a 1. vékony, finom
2. ritka, híg 3. túlságosan finom
[megkülönböztetés stb.]
tenuousness ['tenjʊəsnɪs] n = tenuity
tenure ['tenjʊə*; US -njər] n 1. (hűbéri)
birtok 2. hűbéri szolgálat 3. birtok-
lás/haszonélvezet időtartama; during
his ~ of office hivatali/szolgálati ideje
alatt
tepee ['ti:pi:] n indián sátor, wigwam
tepid ['tepɪd] a 1. langyos 2. átv lagy-
matag, lanyha
tercel ['tə:sl] n hím sólyom
tercentenary [tə:sen'ti:nərɪ; US -erɪ]
I. a háromszáz éves II. n háromszáz
éves évforduló
tercet ['tə:sɪt] n háromsoros versszak,
terzina
Terence ['ter(ə)ns] prop ⟨férfinév⟩
Teresa [tə'ri:zə] prop Teréz

tergiversation [tə:dʒɪvə:'seɪʃn] *n* kertelés, köntörfalazás
term [tə:m] I. *n* 1. időszak, időtartam; *during his ~ of office* szolgálati ideje alatt 2. határidő; határnap, nap 3. [egyetemi, iskolai] félév, szemeszter; *during ~* a tanév folyamán 4. ülésszak [bíróságé stb.] 5. szó, (pontos) kifejezés; szakszó, szakkifejezés 6. **terms** *pl* kifejezésmód; nyelv; *in ~s of* vmben kifejezve/megadva; *in set ~s* kifejezetten, határozottan; *in these ~s* a következő szöveggel; *he spoke in flattering ~s* elismerőleg/dicsérőleg nyilatkozott; *think in ~s of sg* vmnek jegyében gondolkodik 7. **terms** *pl* feltétel(ek), kikötés(ek) [szerződésé stb.]; *~s of delivery* szállítási feltételek; *~s of payment* fizetési feltételek; *bring to ~s* vmnek elfogadására kényszerít; *come to ~s, make ~s* kiegyezik; *name your own ~s* nevezze meg feltételeit; *~s inclusive* minden mellékköltséget beleértve 8. tag, kifejezés (egyenleté) 9. *be on good ~s with sy* jó viszonyban van vkvel 10. havibaj, menstruáció II. *vt* nevez, mond (vmnek)
termagant ['tə:məgənt] *n* házsártos nő, hárpia
terminable ['tə:mɪnəbl] *a* befejezhető, korlátozható; felmondható [szerződés]
terminal ['tə:mɪnl] I. *a* 1. szegélyező, végső, végén levő, szélső, határ-; *~ disease* halállal végződő betegség 2. időszaki 3. [iskolai] félévi; *~ examinations* félévi/negyedévi vizsgák II. *n* 1. vmt befejező dolog; végződés, vég 2. záródísz 3. végállomás, fejpályaudvar [vasút], (autóbusz-)pályaudvar; városi iroda [légitársaságé] 4. huzalvégződés; (villamos) csatlakozóvég 5. terminál [számítógépé] 6. záróvizsga
terminally ['tə:mɪnəlɪ] *adv* 1. végül, a végén 2. [iskolai] félévenként, negyedévenként; minden félév/negyedév végén
terminate ['tə:mɪneɪt] A. *vt* 1. határol, körülvesz 2. megszüntet, befejez; fel-

mond B. *vi* 1. véget ér; befejeződik 2. végződik [szó] (*in* vmre)
termination [tə:mɪ'neɪʃn] *n* 1. befejezés, bevégzés; vég 2. befejeződés, (be)végződés, végetérés; megszűnés 3. határ 4. rag, végződés
terminator ['tə:mɪneɪtə*] *n* 1. (vmt) befejező [személy, dolog] 2. határvonal [égitesten]
terminological [tə:mɪnə'lɔdʒɪkl; *US* -'lɑ-] *a* szaknyelvi; *~ inexactitude* (1) pontatlan szóhasználat (2) az igazság eltorzítása, hazugság
terminology [tə:mɪ'nɔlədʒɪ; *US* -ɑl-] *n* szaknyelv, szakmai nyelv, terminológia
terminus ['tə:mɪnəs] *n* (*pl ~es -ɪz* v. *-ni -naɪ*) 1. végállomás, fejpályaudvar 2. végpont, végcél
termite ['tə:maɪt] *n* termesz
term-time *n* oktatási időszak; (főiskolai, iskolai) szorgalmi idő
tern¹ [tə:n] *n* halászkamadár, csér
tern² [tə:n] *n* ternó [lottóban]
ternary ['tə:nərɪ] *a* hármas
terrace ['terəs] I. *n* 1. terasz, lépcsőzet 2. (tengerparti, tóparti) fennsík 3. tetőterasz 4. *GB* ⟨utca magas házsorral és előkertekkel⟩; *~d house* sorház 5. *US* lombos sétány (széles főútvonalon) II. *vt* lépcsőzetesen/teraszosan kiképez
terraced ['terəst] *a* teraszos, lépcsőzetes; *~ garden* függőkert
terra-cotta [terə'kɔtə; *US* -'kɑ-] *n* terrakotta
terrain [te'reɪn] *n* terep
terrapin ['terəpɪn] *n* ehető amerikai teknősbéka
terrene [te'ri:n] *a* (száraz)földi
terrestrial [tɪ'restrɪəl] *a* 1. földi; (e-)világi 2. szárazföldi
terrible ['terəbl] *a* 1. iszonyú, irtózatos, rettenetes, félelmetes 2. *biz* borzasztó, szörnyű
terribly ['terəblɪ] *adv* 1. szörnyen, rettenetesen, iszonyúan 2. *biz* borzasztóan, rémesen
terrier¹ ['terɪə*] *n* terrier [kutya]
terrier² ['terɪə*] *n* telekkönyv
terrific [tə'rɪfɪk] *a* 1. félelmetes, iszonyú 2. szörnyű 3. *biz* óriási, csuda klassz

terrify ['terɪfaɪ] vt megijeszt, megfélemlít; ~ sy out of his wits vkt halálra rémít
terrifying ['terɪfaɪɪŋ] a rémítő, borzasztó
territorial [terɪ'tɔ:rɪəl] I. a 1. földi 2. területi, territoriális; ~ waters felségvizek 3. országos; the ~ army kb. népfölkelő hadsereg II. n GB népfölkelő
territory ['terɪt(ə)rɪ; US -ɔ:rɪ] n 1. terület, kerület, körzet, vidék 2. felségterület 3. tartomány, territórium; The Northern T~ Észak-Ausztrália 4. rajon [kereskedelmi utazóé]; körzet, élettér [állaté]
terror ['terə*] n 1. rémület, rettegés; be in ~ of one's life élete veszélyben van/forog; go in ~ of sy rettenetesen fél vktől; have a holy ~ of sy fél vktől mint a tűztől; to the ~ of sy vk rémületére 2. rémkép; king of ~s a halál 3. rémuralom, terror 4. biz nehezen kezelhető személy/gyermek
terrorism ['terərɪzm] n rémuralom, terrorizmus
terrorist ['terərɪst] n terrorista
terrorize ['terəraɪz] vt rettegésben tart, megfélemlít, terrorizál
terror-stricken/struck a megrémült, rémülettől dermedt
Terry¹ ['terɪ] prop 1. Teri, Terus, Terka 2. ⟨Terence férfinév becealakja⟩
terry² ['terɪ] n 1. bolyhozás 2. = terrycloth
terrycloth n frottíranyag
terse [tə:s] a tömör, velős, rövidre fogott
tersely ['tə:slɪ] adv velősen, röviden, tömören
terseness ['tə:snɪs] n tömörség, velősség
tertiary ['tə:ʃərɪ; US -ʃɪerɪ] a 1. harmadik; harmadfokú; harmadlagos 2. harmadkori
tertius ['tə:ʃjəs] a ⟨ugyanazon családból v. névből harmadik gyermek az iskolában (Smith ~)⟩
terylene ['terəli:n] n terilén
TESL [ti:i:es'el] teaching English as a second language az angol nyelv tanítása nem angol ajkúaknak
Tess [tes] prop Teri

tessellated ['tesɪleɪtɪd] a ~ pavement mozaikpadló
tessellation [tesɪ'leɪʃn] n mozaik
test¹ [test] I. n 1. próba, kipróbálás; ~ case próbaper; put to the ~ próbára tesz, kipróbál; it has stood the ~ of time régóta bevált 2. (anyag)vizsgálat, próba; ~ drive/run próbaút; ~ flight próbarepülés; ~ pilot berepülő pilóta 3. ismérv, mérték 4. kísérlet, analízis 5. (kémiai) reagens 6. vizsga, teszt; weekly ~ (iskolai) heti dolgozat; ~ paper (1) (írásbeli iskolai) dolgozat, teszt (2) kémlőpapír, lakmuszpapír 7. T~ Act ⟨angol törvény (1672—1828), mely a közalkalmazottaktól az anglikán államvallás gyakorlását kívánta⟩ II. vt 1. (ki-) próbál, próbára tesz 2. megvizsgál; ellenőriz 3. (vegyileg) vizsgál, analizál 4. vizsgáztat
test² [test] n teknősbékapáncél; héj [állaté]
testaceous [te'steɪʃəs] a teknős; páncélos
testament ['testəmənt] n 1. (last will and) ~ végrendelet 2. [a Bibliában:] Old T~ Ószövetség; New T~ Újszövetség
testamentary [testə'ment(ə)rɪ] a végrendeleti
testate ['testeɪt] a/n érvényes végrendeletet hátrahagyott (személy)
testator [te'steɪtə*; US 'tes-] n végrendelkező, örökhagyó [férfi]
testatrix [te'steɪtrɪks] n (pl -trices -trɪsi:z) végrendelkező, örökhagyó [nő]
test-ban treaty atomcsendegyezmény
tester ['testə*] n 1. anyagvizsgáló, -ellenőr 2. (anyag)vizsgáló műszer/készülék
testicle ['testɪkl] n here(golyó)
testifier ['testɪfaɪə*] n tanú(ságtevő)
testify ['testɪfaɪ] vi/vt 1. bizonyít, tanúsít 2. kifejez, jelez (vmt) 3. tanúvallomást tesz (vmről)
testily ['testɪlɪ] adv ingerlékenyen
testimonial [testɪ'moʊnjəl] n 1. (szolgálati, működési) bizonyítvány; ajánlólevél 2. (szolgálat elismeréseként ünnepélyesen átadott) ajándék
testimony ['testɪmənɪ; US -moʊnɪ] n

1. (tanú)vallomás; *bear ~ to sg* igazol/
tanúsít vmt 2. tanúság, bizonyság,
bizonyíték; *in ~ whereof* ... aminek
bizonyságául/bizonyítékául ...
testiness ['testɪnɪs] *n* ingerlékenység,
zsémbesség, mogorvaság
test-match *n GB* nemzetközi krikett-
mérkőzés
test-piece *n* próbadarab
test-tube *n* kémcső; ~ *baby* mesterséges
megtermékenyítésből született gyer-
mek, „lombikbébi"
testudo [te'stjuːdoʊ; *US* -tuː-] *n* pajzs-
fedezék
testy ['testɪ] *a* ingerlékeny, zsémbes,
mogorva; haragos
tetanus ['tetənəs] *n* tetanusz, merev-
görcs
tetchy ['tetʃɪ] *a* ingerlékeny
tête-à-tête [teɪtɑ'teɪt] **I.** *adv* négyszem-
közt **II.** *n* négyszemközti megbeszélés
tether ['teðə*] **I.** *n* pányva, kötél;
at the end of one's ~ (1) végére ért
anyagi/szellemi erőinek (2) már nem
bírja tovább [idegekkel, türelemmel
stb.] **II.** *vt* kipányváz
tetragon ['tetrəgən] *n* négyszög
tetragonal [te'trægənəl] *a* négyszögű,
négyszögletes
tetrahedron [tetrə'hedr(ə)n; *US* -'hiː-]
n tetraéder, négylapú test
tetralogy [te'trælədʒɪ] *n* tetralógia
tetrameter [te'træmɪtə*] *n* négyütemű
verssor
tetter ['tetə*] *n* sömör
Teuton ['tjuːt(ə)n; *US* 'tuː-] *n* 1. teu-
ton/germán férfi/nő 2. *biz* német férfi/nő
Teutonic [tjuː'tɒnɪk; *US* tuː'tɑ-] *a*
teuton, germán; ~ *Order* német lo-
vagrend
Tewkesbury ['tjuːksb(ə)rɪ] *prop*
Tex. *Texas*
Texas ['teksəs] *prop*
text [tekst] *n* 1. szöveg, textus 2. =
textbook
textbook *n* tankönyv, kézikönyv
textile ['tekstaɪl; *US* -t(ə)l] **I.** *a* textil-
(ipari) **II.** *n* 1. szövet 2. textil(anyag)
textual ['tekstjʊəl; *US* -tʃ-] *a* szöveg
szerinti, szövegbeli; ~ *criticism* szö-
vegkritika; ~ *error* szöveghiba

texture ['tekstʃə*] *n* 1. szövet 2. szer-
kezet, alkat, struktúra
Thackeray ['θækərɪ] *prop*
Thaddeus [θæ'diːəs] *prop* Tádé
Thailand ['taɪlænd] *prop* Thaiföld
Thames [temz] *prop* Temze ‖ →*fire*
than [ðæn; gyenge ejtésű alakjai:
ðən, ðn] **I.** *conj* (középfok után)
mint, -nál, -nél; *I have more ~ you*
nekem több van, mint neked; *I know
you better ~ he (does)* én jobban ismer-
lek téged (mint ő); *I know you better
~ him* téged jobban ismerlek, mint őt
II. *prep ~ whom* akinél jobban/inkább
thane [θeɪn] *n* lovag, főúr
thank [θæŋk] **I.** *n* (csak többes számban
használatos) ~*s* (1) köszönet (2)
hála (3) köszönöm; *no,* ~*s* köszö-
nöm, nem (kérek); *give* ~*s to sy for sg*
vknek vmt megköszön; ~*s be to God*
hála Isten(nek)!; ~*s to his courage* ...
bátorságának volt köszönhető/tulaj-
donítható, hogy ... **II.** *vt* 1. megkö-
szön (*sy for sg* vknek vmt), hálát ad;
~ *God/heaven/goodness!* hála Isten!;
have oneself to ~ for sg saját magának
köszönheti, hogy ... 2. ~ *you!* kö-
szönöm!; *no,* ~ *you* köszönöm,
nem (kérek) 3. *I will* ~ *you to* ...
⟨udvarias de ironikus és erélyes fel-
szólítás bevezetése⟩
thankful ['θæŋkfʊl] *a* hálás
thankfulness ['θæŋkfʊlnɪs] *n* hála
thankless ['θæŋklɪs] *a* hálátlan
thanks [θæŋks] →*thank I.*
thanksgiving *n* hálaadás; *US T~ (Day)*
hálaadó ünnep(nap) [USA-ban nov.
negyedik csütörtöke]
thar [ðɑː] *adv GB biz* = *there 1.*
that [ðæt; gyenge kiejtésű alakja:
ðət] **I.** *pron* (*pl* those ðoʊz) 1. az,
amaz; ~ *is* ... azaz; *and a poor one
at* ~ és ráadásul gyenge/szegény(es)
is; ~*'s right!*, ~*'s it!* & az!, így van
jól; *and* ~ *is that!* ez a helyzet (nem
lehet rajta változtatni); *have things
come to* ~? hát idáig jutottak a dol-
gok? 2. aki(t); ami(t); *wretch* ~
I am! ó én szerencsétlen!; *no one
has come* ~ *I know of* tudtommal senki
sem jött **II.** *a pl* those 1. ez/az a(z);

~ *one* (1) az ott, amaz (2) az (a darab stb.) 2. *biz how is ~ leg of yours* hogy van az a (híres) lábad? 3. *biz I have not ~ confidence in him* . . . hát annyira azért nem bízom benne (hogy . . .) III. *adv* ennyire, annyira; ~ *high* ilyen magas IV. *conj* 1. hogy; *not ~* nem mintha; *now ~* most hogy 2. evégből/azért, hogy; *I am telling you (so) ~ you should know* közlöm veled, hogy tudd 3. (felkiáltó mondatokban:) *would that!* bárcsak!, óh bár . . .

thatch [θætʃ]I. *n* zsúptető, -fedél, nádtető II. *vt* zsúppal fed [tetőt], zsúpol

thatched [θætʃt] *a* zsúpfedelű

thatcher ['θætʃə*] *n* zsúpoló

thaw [θɔ:] I. *n* olvadás; enyhébb idő II. A. *vi* 1. (hideg) felenged; enyhül 2. (meg)olvad [jég stb.] 3. *átv* megenyhül; felenged (vkvel szemben) B. *vt* (fel)olvaszt

the [magánhangzóval kezdődő szó előtt: ði:, gyengén ejtve: ðɪ; mássalhangzóval kezdődő szó előtt v. hangsúlytalanul: ðə, ð] I. (mint határozott névelő:) 1. a, az; *George ~ Sixth* VI. György 2. (melléknévből főnevet képző:) *words borrowed from ~ French* franciából kölcsönzött szavak 3. (gyűjtőfogalom megjelölésekor:) ~ *poor* a szegények 4. (elosztóan:) *ten pence ~ pound* fontonként/fontja 10 penny 5. (nyomatékos hangsúllyal vmből a legjobbat jelenti:) *Heffer is* **the** *bookshop for Cambridge* H. a legjobb könyvkereskedés C.-ben II. *adv* (két középfok előtt) minél . . . annál; ~ *more ~ better* minél több, annál jobb(an)

theatre, *US* **-ter** ['θɪətə*] *n* 1. színház 2. *the ~* (1) a színművészet (2) drámairodalom 3. filmszínház, mozi 4. előadóterem (emelkedő padsorokkal); *(operating-) ~* demonstrációs műtő; ~ *nurse* műtős nővér 5. ~ *of war/ operations* hadszíntér

theatre-goer *n* színházjáró

theatrical [θɪ'ætrɪkl] *a* 1. színházi; ~ *company* színtársulat 2. színészi(es), színpadi(as), mesterkélt

theatrically [θɪ'ætrɪk(ə)lɪ] *adv* 1. színházi szempontból 2. színészkedve, pózolva

theatricals [θɪ'ætrɪklz] *n pl* (műkedvelő) színjátszás

thee [ði:] *pron* † téged; *to ~* neked; *of ~* rólad

theeing ['ði:ɪŋ] *n* tegezés

theft [θeft] *n* lopás, tolvajlás

thegn [θeɪn] *n = thane*

their [ðeə*] *pron* (az ő . . .) -uk, -ük, -juk, -jük, -aik, -eik, -jaik, -jeik; ~ *house* (az ő) házuk; ~ *houses* házaik

theirs [ðeəz] *pron* övék, övéik

theist ['θi:ɪst] *n* istenhivő

them [ðem; gyenge ejtésű alakjai: ðəm, ðm] *pron* 1. őket, azokat; *to ~* (1) nekik, azoknak (2) hozzájuk 2. *of ~* (1) tőlük (2) róluk; *both of ~* mindkettőjük; *neither of ~* egyikük sem 3. *biz it's ~!* ők azok!

thematic [θɪ'mætɪk] *a* 1. zenei témákat tartalmazó, tematikus 2. kötőhangzós

theme [θi:m] *n* 1. tárgy, téma, anyag 2. *US* irodalmi dolgozat [megadott tárgyról]; tétel 3. (zenei) téma, motívum 4. szótő

themselves [ð(ə)m'selvz] *pron* 1. (ők) maguk, saját maguk; *by ~* egyedül 2. (ön)magukat, (őket) magukat 3. (nekik) maguknak

then [ðen] I. *a* akkori; *the ~ director* az akkori igazgató II. *adv/conj* akkor, az(u)tán, majd; ~ *and there* azon nyomban; ~ *again* másfelől (viszont); *what ~?* és aztán? III. *n by ~* akkorra, akkorára; *from ~ on* akkortól kezdve; *since ~* azóta; *till ~* addig (is)

thence [ðens] *adv* 1. onnét 2. azóta 3. azért, amiatt

thenceforth [ðens'fɔ:θ] *adv* attól fogva, attól az időtől kezdve

thenceforward [ðens'fɔ:wəd] *adv = thenceforth*

theocracy [θɪ'ɔkrəsɪ; *US* -'ɑ-] *n* papi uralom

theocratic [θɪə'krætɪk] *a* teokratikus, papi uralmon alapuló

theodolite [θɪ'ɔdəlaɪt; *US* -'ɑ-] *n* teodolit

Theodore ['θɪədɔ:*] prop Tivadar, Tódor
theologian [θɪə'loʊdʒjən] n hittudós,
teológus
theological [θɪə'lɔdʒɪkl; US -'la-] a hittudományi, teológiai
theology [θɪ'ɔlədʒɪ; US -'a-] n hittudomány, teológia
Theophilus [θɪ'ɔfɪləs; US -'a-] prop,
Teofil
theorem ['θɪərəm] n (elméleti) tétel
theoretical [θɪə'retɪkl] a elméleti
theoretically [θɪə'retɪk(ə)lɪ] adv elméletileg
theoretician [θɪərə'tɪʃn] n elméleti szakember, teoretikus
theorist ['θɪərɪst] n = theoretician
theorize ['θɪəraɪz] vi elméletbe foglal, elméleteket alkot/farag
theory ['θɪərɪ] n 1. elmélet, teória; in ~ elméletben 2. biz elképzelés, nézet
theosophist [θɪ'ɔsəfɪst; US -'a-] n teozófus
theosophy [θɪ'ɔsəfɪ; US -'a-] n teozófia
therapeutic(al) [θerə'pju:tɪk(l)] a gyógyászati, terápiai
therapeutics [θerə'pju:tɪks] n terapeutika, a gyógyászat tudománya
therapeutist [θerə'pju:tɪst] n gyógyászati szakember
therapy ['θerəpɪ] n terápia, gyógymód, gyógyászat
there [ðeə*; gyenge ejtésű alakja: ðə*]
I. adv 1. ott, amott; ~ and then, then and ~ azon nyomban; he is all ~ ravasz/agyafúrt ember; is ~ anybody ~? van-e itt/ott valaki?; he is not at all ~ nincs ott az esze; he left ~ at five ötkor ment el onnan; we are ~ helyben vagyunk, megérkeztünk; US right ~ éppen ott 2. oda; ~ and back oda-vissza; biz get ~ (1) odaér (2) eléri a célját 3. azon a ponton; ~ you are mistaken ebben tévedsz; ~ you have me! itt most megfogtál 4. (nyelvtani alanyként:) ~ is van; ~ are vannak; ~ is a book on the table az asztalon egy könyv van/fekszik; ~ you are! íme!, nem megmondtam!, na ugye!; ~ comes a time when eljön egyszer az idő amikor...; ~ was once a king volt egyszer egy király...; ~'s a good boy légy

jó kisfiú; that was all ~ was to it ez volt a helyzet (nem lehetett rajta változtatni) II. int ~! ~! ugyan-ugyan [megnyugtatásképp mondva]; ~ now! na ugye?!, na gyerünk! III. (főnévi használatban:) we go to Paris and from ~ to Rome Párizsba megyünk és onnan Rómába; on ~ (ott) rajta; up ~ ott fenn
thereabout(s) ['ðeərəbaʊt(s)] adv 1. közel, arrafelé 2. körül(belül), annyi, ilyen tájon; six pounds or ~ hat font körül van
thereafter [ðeər'a:ftə*; US -'æf-] adv azután; attól kezdve
thereat [ðeər'æt] adv 1. ott, azon 2. amiatt 3. azután
thereby [ðeə'baɪ] adv 1. azáltal 2. attól 3. ott a közelben
therefor [ðeə'fɔ:*] adv † ezért, ezen célból, ennek okán/következtében
therefore ['ðeəfɔ:*] adv azért, ezért, amiatt, a végett, tehát; I think ~ I am gondolkodom, tehát vagyok
therefrom [ðeə'frɔm; US -'fram] adv abból, attól, onnét
therein [ðeər'ɪn] adv abban (a dologban)
thereinafter [ðeərɪn'a:ftə*; US -'æf-] adv a következőkben, alant
thereof [ðeər'ɔv; US -'ʌv] adv abból; arról
thereon [ðeər'ɔn; US -'an] adv azon, attól [függ]
there's [ðeəz; gyenge ejtésű alakja: ðəz] = there is/has
Theresa [tɪ'ri:zə] prop Teréz
thereto [ðeə'tu:] adv 1. ahhoz 2. azonkívül
thereunto [ðeər'ʌntu:] adv ahhoz, ehhez
thereupon [ðeərə'pɔn; US -'pan] adv 1. azért, annak következtében, „arra föl" 2. azonnal 3. arra, mire
therewith [ðeə'wɪð] adv 1. azzal 2. azonnal
therewithal [ðeəwɪ'ðɔ:l] adv † 1. ráadásul 2. = therewith
therm [θə:m] n ⟨a hivatalos brit hőegység⟩
thermal ['θə:ml] I. a 1. termál, meleg, hő- [forrás]; ~ spring(s) hőforrás, hévíz, meleg forrás 2. hő-; ~ power

station hőerőmű; ~ unit hőegység II. n
hőlég, termik
thermic ['θə:mɪk] a termikus, hő-
thermionic [θə:mɪ'ɔnɪk; US -'ɑ-] a ~
emission termikus emisszió, termo-
emisszió; ~ tube (1) izzókatódos cső
(2) US = ~ valve ; ~ valve elektroncső,
vákuumcső
thermo- ['θə:moʊ-, 'θə:mə-] pref hő-,
hővel kapcsolatos, termo-
thermochemistry n termokémia
thermodynamics n termodinamika
thermoelectric a hőelektromos, termo-
elektromos
thermoelectricity n hőelektromosság
thermometer [θə'mɔmɪtə*; US -'mɑ-] n
hőmérő
thermonuclear a termonukleáris
thermoplastic a hőre lágyuló [műanyag]
thermos ['θə:mɔs; US -əs] n ~ (flask/
bottle) hőpalack, termosz
thermosetting a hőre keményedő [mű-
anyag]
thermostat ['θə:məstæt] n hő(fok)sza-
bályozó, termosztát
thermostatic [θə:mə'stætɪk] a termoszta-
tikus, hőszabályozó
thesaurus [θɪ'sɔ:rəs] n (pl ~ri -raɪ v.
~es -əsɪz] 1. kincsestár; átv tárház
2. anyaggyűjtemény; nagyszótár; the-
saurus 3. fogalomköri szótár
these →this
thesis ['θi:sɪs] n (pl theses 'θi:si:z) 1.
(tan)tétel 2. értekezés, disszertáció
thews [θju:z; US θu:z] n pl izmok, inak
they [ðeɪ] pron 1. ők, azok; it is ~ ők
azok 2. az emberek; ~ say that ...
azt beszélik, hogy ...
they'd [ðeɪd] = they had/would
they'll [ðeɪl] = they will/shall
they're [ðeə*; gyenge ejtésű alakja: ðə*]
= they are/were
they've [ðeɪv] = they have
thick [θɪk] I. a 1. vastag; an inch ~
egy hüvelyk vastag 2. sűrű 3. ~ with
tömött, tele, vmtől nyüzsgő 4. ostoba,
buta 5. biz bizalmas, közeli, meghitt;
they are very ~ igen bizalmas barátok;
they are ~ as thieves egy húron pendül-
nek 6. biz that's a bit ~ ez már mégis
sok !; □ lay it on ~ (1) (otrombán)

hízeleg (2) erősen túloz II. adv 1. vas-
tagon 2. sűrűn; the blows fell ~ and
fast az ökölcsapások záporként hullot-
tak III. n vmnek a legvastagabb része,
vmnek a közepe; the ~ of sg vmnek a
java; in the ~ of the fight a küzdelem
kellős közepén; through ~ and thin tű-
zön-vízen át, jóban-rosszban
thicken ['θɪk(ə)n] A. vt 1. besűrít, be-
habar [ételt] 2. vastagít 3. bonyolult-
tá tesz B. vi 1. sűrűsödik, alvad, ko-
csonyásodik 2. vastagszik 3. bonyo-
lódik; the plot ~s a regény/dráma cse-
lekménye bonyolódik
thicket ['θɪkɪt] n sűrű (bozót)
thick-head n biz fajankó
thick-headed a biz tompa eszű, nehéz
felfogású
thickly ['θɪklɪ] adv 1. vastagon 2. sűrűn;
gyors egymásutánban
thickness ['θɪknɪs] n 1. vastagság 2. sű-
rűség 3. réteg
thick-set a 1. sűrűn ültetett/nőtt 2. zö-
mök
thick-skinned a (átv is) vastagbőrű; ér-
zéketlen
thief [θi:f] n (pl thieves θi:vz) tolvaj;
set a ~ to catch a ~ betyárból lesz a
legjobb pandúr; stop ~! tolvaj ! fog-
ják meg !; thieves' kitchen rablótanya
thieve [θi:v] vi/vt (el)lop
thieves [θi:vz] →thief, thieve
thieving ['θi:vɪŋ] n lopás, tolvajlás
thievish ['θi:vɪʃ] a lopó, tolvajkodó
thigh [θaɪ] n comb
thigh-bone n combcsont
thigh-boots n pl térden felül érő csizma
thill [θɪl] n villás rúd [szekéren, kocsin]
thimble ['θɪmbl] n gyűszű
thimbleful ['θɪmblfʊl] a gyűszűnyi
thimblerigger [-rɪgə*] n szemfényvesztő,
csaló
thimblerigging [-rɪgɪŋ] n szemfényvesz-
tés, csalás
thin [θɪn] I. a (comp ~ner 'θɪnə*, sup
~nest 'θɪnɪst) 1. vékony; have a ~
skin érzékeny, sértődékeny 2. híg 3.
ritka, gyér [haj, népesség stb.] 4. so-
vány; grow ~ner lefogy, (le)soványo-
dik 5. ~ excuse átlátszó/gyenge kifo-
gás II. adv = thinly III. v -nn- A. vt 1.

vékonyít 2. hígít 3. (ki)ritkít B. *vi* 1.
soványodik 2. gyérül
thine [ðaın] *pron/a* † 1. tied, tiéid; *for
thee and* ~ neked és hozzátartozóidnak
2. = *thy*
thing [θıŋ] *n* 1. dolog; *for one* ~ először
is . . .; *taking one* ~ *with another* min-
dent figyelembe véve; *he is all* ~*s to all
men* mindenkinek kedvére tud tenni;
and of all ~*s!* és éppen ennek (kellett
megtörténnie)!; *it is (just) one of those*
~*s* ahogy ez már lenni szokott, előfor-
dul néha ez is; *he knows a* ~ *or two* (1)
tud egyet-mást (2) nem esett a feje
lágyára, „dörzsölt fickó"; *I don't know
a* ~ *about it* egy szót se tudok róla 2.
tárgy; ~*s personal* ingó javak; ~*s real*
ingatlan javak 3. ügy; *the* ~ *is* . . . (1)
arról van szó . . . (2) a legfontosabb
szempont az, hogy . . .; *the* ~ *to do* a
helyes eljárás, amit tenni illik; *biz how
are* ~*s?* hogy megy neked? 4. **things**
pl holmi, ruhanemű; *take off one's* ~*s*
(1) leszedi/elviszi a cuccát (2) levetkő-
zik 5. *the (very)* ~ az ami éppen szük-
séges, ami alkalomszerű/illő; *biz it's
quite the* ~ ez a helyes eljárás; ez így
szokás; *the real* ~, *just the* ~ az igazi
vm amire szükség van; *the play is the* ~
a játék a fontos; *too much of a good* ~
túl sok a jóból; *not look/feel quite the* ~
nem érzi magát egészen jól 6. *biz* sze-
mély, teremtés; *I say old* ~*!* nézd
öreg fiú!; *poor little* ~ szegényke;
pretty little ~ csinos kis teremtés
thingamy, thingummy ['θıŋəmı] *n* izé,
hogyishívják
thingum(a)bob ['θıŋəm(ı)bɔb] *n* = *thing-
amy*
think [θıŋk] I. *n* gondolkodás, megfonto-
lás; *have another* ~ alszik rá egyet,
(még egyszer) meggondolja, gondolko-
zik rajta; *biz* ~ *tank* kb. agytröszt
II. *v* (*pt/pp* thought θɔ:t) *vi/vt* 1. gon-
dolkodik; töpreng (vmn); *let me* ~
lássuk csak; *only* ~*!* képzeld csak!,
gondold (csak) el! 2. gondol (vmre,
vmt); képzel, vél(ekedik); *to* ~ . . .
ha arra gondolunk; *don't you* ~*?* nem
gondolod/gondolja?; *I don't* ~*!* (1)
nem/alig hiszem (2) *biz* nem igen,

soha de soha!; *I* ~ *so* azt hiszem,
igen; *I little thought to see him* nem is
gondoltam, hogy látni fogom; *I
(really) can't* ~ *why* fogalmam sincs
róla, (hogy) miért . . .; *I thought as
much* ezt sejtettem/gondoltam is;
I should ~ *so!* meghiszem azt!; *who'd
have thought it!* ki hitte/gondolta
volna!? 3. vmlyennek gondol/hisz/
ítél/tart; *I* ~ *her pretty* szerintem csi-
nos
   think about *vi* = *think of*
   think of *vi* 1. meggondol, megfontol
2. gondol (vmre, vkre); ~ *of doing sg*
szándékozik vmt tenni, tervez vmt;
~ *of that* gondold csak!, na de ilyet!;
I did not ~ *of it* nem jutott eszembe,
megfeledkeztem róla; *it is not to be
thought of* szóba se jöhet 3. (vissza-)
emlékezik vmre; *I can't* ~ *of his name*
nem jut eszembe a neve 4. vmlyen
véleménye van vkről/vmről; ~ *light
of sg* kevésre becsül; ~ *much of sy*
sokra tart vkt; ~ *well/highly of sy*
becsül vkt
   think out *vt* kigondol, -eszel, -tervel
   think over *vt* megfontol, átgondol;
~ *it o.!* gondolkodjék a dolgon!
   think to *vi* ~ *to oneself* gondol ma-
gában
   think up *vt biz* kiagyal, kigondol,
kisüt (vmt)
thinkable ['θıŋkəbl] *a* elgondolható,
elképzelhető
thinker ['θıŋkə*] *n* gondolkodó, filozófus
thinking ['θıŋkıŋ] I. *a* gondolkodó, gon-
dolkodásra képes II. *n* gondolkodás;
to my ~ véleményem szerint
thinking-cap *n biz put on one's* ~ meg-
fontol vmt
think-piece *n* kommentár, hírmagyarázat
thinly ['θınlı] *adv* 1. vékonyan 2. sová-
nyan 3. ritkán, gyéren; ~ *clad* hiá-
nyosan/vékonyan öltözve
thinned [θınd] →*thin III.*
thinner ['θınə*] *n* hígító ‖ → *thin I.*
thinness ['θınnıs] *n* 1. vékonyság 2. híg-
ság 3. soványság 4. ritkásság
thinnest ['θınıst] ‖ → *thin I.*
thinning ['θınıŋ] *n* 1. elvékonyítás 2.
(fel)hígítás 3. ritkítás ‖ → *thin III.*

thinnish ['θɪnɪʃ] *a* elég híg/vékony/sovány/ritka/gyér
thin-skinned *a* érzékeny, sértődékeny
third [θəːd] I. *a* 1. harmadik; *US* ~ *degree* rendőri kínvallatás, harmadfokú vallatás; ~ *gear* harmadik sebesség; ~ *person/party* harmadik/kívülálló személy →*third-party*; ~ *power* harmadik hatvány; ~ *rail* harmadik/áramvezető sín; *travel* ~ harmadik osztályon utazik 2. harmad II. *n* 1. harmad(rész) 2. hármas [osztályzat] 3. terc
third-class *a* harmadosztályú, harmadrangú
third-hand *a* harmadkézből származó
thirdly ['θəːdlɪ] *adv* harmadszor, harmadsorban
third-party *a* ~ *insurance/liability* kötelező (gépjármű-)felelősségbiztosítás; ~ *risk* szavatossági kockázat
third-rate *a* harmadrangú
thirst [θəːst] I. *n* 1. szomjúság 2. vágy (*for/after* vm után); ~ *for knowledge* tudásvágy, -szomj; II. *vi* ~ *for* szomjazik vmre 2. ~ *for/after* (hevesen) vágyódik vm után, eped vm után
thirsting ['θəːstɪŋ] *a* 1. szomjas 2. epedő
thirsty ['θəːstɪ] *a* 1. (*átv is*) szomjas 2. kiszáradt, kiszikkadt [föld]
thirteen [θəː'tiːn] I. *a* tizenhárom II. *n* a tizenhármas szám(jegy)
thirteenth [θəː'tiːnθ] I. *a* tizenharmadik II. *n* 1. a tizenharmadik 2. tizenharmad(rész)
thirtieth ['θəːtɪɪθ] I. *a* harmincadik II. *n* 1. a harmincadik 2. harmincad(rész)
thirty ['θəːtɪ] *a/n* harminc; *T~ Years' War* harmincéves háború; *the thirties* a harmincas évek
this [ðɪs] *a/pron* (*pl* these ðiːz) 1. ez; ~ *day last year* ma egy éve; ~ *evening* ma este; ~ *far* mindezideig; ~ *much* ennyi (se több se kevesebb); *by* ~ *time* ekkorra, ekkor már; *in these days* manapság, mostanság; *it was like* ~ így történt (ahogy most elmondom); *I've been watching you these ten minutes* már tíz perce figyellek; *the thing is* ~ a következőről van szó 2. *what's* ~? mi ez?; *who is* ~? ki ez?; ~ *is Mr. Smith!* bemutatom Smith urat!

Thisbe ['θɪzbɪ] *prop*
thistle ['θɪsl] *n* bogáncs; *land of the* ~ Skócia
thistle-down *n* bogáncspihe
thither ['ðɪðə*] I. *a* túlsó II. *adv* oda, addig
tho' [ðoʊ] *conj/adv* = *though*
thole [θoʊl] *n* evezőszeg, evezővilla(csap)
Thomas ['tɔməs; *US* -ɑ-] *prop* Tamás
Thompson ['tɔmpsn] *prop*
Thompson gun géppisztoly
Thomson ['tɔmsn] *prop*
thong [θɒŋ; *US* -ɔː-] *n* szíj
thoracic [θɔː'ræsɪk] *a* mellkasi, mellüregi
thorax ['θɔːræks] (*pl* ~es -sɪz v. thoraces 'θɔːrəsiːz) *n* 1. mellkas 2. tor [rovaré]
Thoreau ['θɔːroʊ] *prop*
thorn [θɔːn] *n* 1. tüske, tövis; ~ *in one's side/flesh* szálka a szemében; bosszantó körülmény 2. csipkebokor; galagonyabokor 3. ⟨a runikus *th* betű az óangolban⟩
thorn-bush *n* = *thorn* 2.
thornless ['θɔːnlɪs] *a* tüskétlen
Thornton ['θɔːntən] *prop*
thorny ['θɔːnɪ] *a* 1. tüskés, tövises 2. bonyolult, nehéz [kérdés, ügy]
thorough ['θʌrə; *US* 'θəːroʊ] *a* 1. alapos, mélyreható 2. teljes, tökéletes
thoroughbred I. *a* 1. faj(ta)tiszta, telivér 2. arisztokratikus, jól nevelt; alaposan képzett II. *n* telivér ló
thoroughfare ['θʌrəfeə*; *US* 'θəːroʊ-] *n* főútvonal; *no* ~*!* (1) „(mindkét irányból) behajtani tilos" [jelzőtábla] (2) tilos az átjárás
thoroughgoing *a* alapos, teljes, százszázalékos
thoroughly ['θʌrəlɪ; *US* 'θəːroʊlɪ] *adv* teljesen, alaposan, százszázalékosan
thoroughness ['θʌrənɪs; *US* 'θəːroʊnɪs] *n* alaposság
thorough-paced *a* 1. tökéletesen idomított [ló] 2. = *thoroughgoing*; *a* ~ *rascal* minden hájjal megkent gazember
Thos. *Thomas*
those →*that I.*
thou [ðaʊ] *pron* † te
though [ðoʊ] *conj/adv* 1. habár, (ám)bár,

noha; *strange ~ it may appear* bármily
különösnek tűnik is 2. *as ~* mintha
3. mégis, mindazonáltal
thought¹ [θɔ:t] *n* 1. gondolkodás 2.
gondolat; *I did not give it another ~*
nem is gondoltam rá többet; *lost in ~*
gondolatban elmerülve; *his ~s were
elsewhere* máshol járt az esze 3. meg-
gondolás; *after much ~* hosszas meg-
fontolás után 4. szándék, gondolat;
have ~s of doing sg vmt tenni szándé-
kozik; *his one ~ (is . . .)* egyetlen célja,
másra sem gondol 5. gondoskodás,
törődés 6. *biz* valami kevés; *a ~ better*
valamicskével jobb, egy gondolatnyi-
val több
thought² → *think II.*
thoughtful ['θɔ:tful] *a* 1. (el)gondolkodó,
elmélkedő 2. komoly, meggondolt;
gondos 3. gondolatokkal teli, mély
[könyv stb.] 4. előzékeny, figyelmes;
be ~ of others tekintettel van másokra
thoughtfully ['θɔ:tfulɪ] *adv* 1. elmélke-
dőn, mélyen; elgondolkozva 2. meg-
gondoltan, komolyan 3. előzékenyen,
figyelmesen
thoughtfulness ['θɔ:tfulnɪs] *n* 1. gondos-
ság, komolyság 2. előzékenység
thougthless ['θɔ:tlɪs] *a* 1. meggondolat-
lan 2. figyelmetlen, tapintatlan
thought-provoking *a* elgondolkoztató,
gondolatébresztő
thought-reader *n* gondolatolvasó
thought-reading *n* gondolatolvasás
thouing ['ðauɪŋ] *n* tegezés [lefelé]
thousand ['θauznd] I. *a* ezer II. *n* az ezres
szám(jegy); *many ~s of times* ezerszer
is, számtalanszor; *one in a ~* ezer
közül ha egy (is); *~s upon ~s* ezer és
ezer, tízezerszám
thousandfold ['θauzndfould] I. *a* ezer-
szeres II. *adv* ezerszeresen
thousandth ['θauzn(t)θ] I. *a* ezredik;
I told him for the ~ time ezerszer meg-
mondtam neki II. *n* 1. az ezredik 2.
vmnek az ezredrésze
thraldom ['θrɔ:ldəm] *n* (rab)szolgaság
thrall [θrɔ:l] *n* 1. (rab)szolga; jobbágy
2. vmnek a rabja 3. (rab)szolgaság
thrash [θræʃ] A. *vt* 1. üt, elpáhol, elver;
megkorbácsol 2. csépel 3. *biz* legyőz;

tönkrever [ellenfelet] 4. *~ out* (1) ki-
csépel (2) *átv* alaposan/részletesen
megvitat/kitárgyal B. *vi* 1. csépel 2.
~ about dobálja magát, csapkod
thrasher ['θræʃə*] *n = thresher 1., 2.*
thrashing ['θræʃɪŋ] *n* 1. elverés, (meg-)
verés; *give sy a good ~* jól elver/elfene-
kel vkt 2. cséplés 3. legyőzés
thread [θred] I. *n* 1. fonal, cérna; *hang
by a ~* hajszálon függ 2. csavarmenet
II. *vt* 1. befűz [tűbe fonalat] 2. felfűz
[fonalra gyöngyöket] 3. csavarmene-
tet vág 4. *~ one's way through a crowd*
átfurakszik a tömegen 5. *~ed with*
átszőve (vmvel)
threadbare ['θredbeə*] *a* 1. kopott,
foszlott 2. *biz* elcsépelt [téma stb.]
thread-cutter *n* menetvágó
threadlike *a* fonalszerű
thread-mark *n* azonosító jel [bankjegy-
papírosban]
threadworm *n* orsógiliszta
thready ['θredɪ] *a* 1. fonalas 2. igen
vékony/finom
threat [θret] *n* 1. fenyegetés 2. fenye-
gető veszedelem
threaten ['θretn] *vt/vi* fenyeget
threatening ['θretnɪŋ] *a* fenyegető, vészt-
jósló
three [θri:] I. *a* három, hármas II. *n* hár-
mas szám/számjegy
three-act *a* háromfelvonásos
three-colour *a* háromszínű; *~ process*
háromszínnyomás
three-cornered [-'kɔ:nəd] *a* 1. három-
szögletű 2. *biz* három személy között
folyó [vita stb.]
three-day *a ~ event* háromnapos verseny,
military [olimpiai lovasszám]
three-decker [-'dekə*] *n* 1. háromfedél-
zetű hajó 2. háromemeletes szendvics
3. háromkötetes regény
three-dimensional *a* háromdimenziós,
-dimenziójú, térhatású
threefold ['θri:fould] I. *a* háromszoros
II. *adv* háromszorosan
three-footed *a* háromlábú
three-halfpence [θri:'heɪpns] *n* másfél
penny [1971 előtt]
three-handed *a* háromkezű, háromsze-
mélyes [kártyajáték]

three-lane a ~ road három (forgalmi) sávú út
three-legged a 1. háromlábú [asztal stb.] 2. ~ race ⟨versenyfutás melynél 2–2 futó 1–1 lába egymáshoz van kötve⟩
three-master n árbocos (vitorlás-) hajó
threepence ['θrep(ə)ns] n három penny (érték) [rövidítése 1971 előtt: 3d, azóta: 3p]
threepenny ['θrepənɪ] a hárompenny értékű, hárompennys
three-piece a három darabból/részből álló, háromrészes
three-ply a 1. háromrétegű [furnér] 2. háromszálú [fonal, kötél]
three-quarter a háromnegyed(es)
threescore [θri:'skɔ:*] a hatvan
threesome ['θri:səm] n háromszemélyes golfjáték
three-square a háromszögletű
three-storey(ed)/storied a háromszintes, kétemeletes [ház]
three-way a háromirányú
three-wheeled a háromkerekű
threnody ['θrenədɪ] n gyászdal
thresh [θreʃ] A. vt 1. (ki)csépel 2. ~ out = thrash A. 4.
thresher ['θreʃə*] n 1. cséplő 2. cséplőgép 3. farkascápa
threshing ['θreʃɪŋ] n cséplés
threshing-floor n szérűskert
threshing-machine n cséplőgép
threshold ['θreʃ(h)ould] n 1. (átv is) küszöb; ~ of consciousness tudatküszöb; cross the ~ átlépi a küszöböt 2. kezdet, kiindulópont
threw → throw II.
thrice [θraɪs] adv háromszor
thrift [θrɪft] n 1. takarékosság, gazdaságosság 2. istác [vadnövény]
thriftily ['θrɪftɪlɪ] adv takarékosan
thriftiness ['θrɪftɪnɪs] n takarékosság
thriftless ['θrɪftlɪs] a pazarló
thrifty ['θrɪftɪ] a 1. takarékos; gazdaságos 2. US virágzó
thrill [θrɪl] I. n izgalom, borzongás; ~ of joy örömmámor II. A. vt felvillanyoz, megborzongat B. vi izgalmat érez; megremeg, -borzong

thriller ['θrɪlə*] n izgalmas olvasmány; rémregény; detektívregény, krimi
thrilling ['θrɪlɪŋ] a izgató, izgalmas, szenzációs
thrive [θraɪv] vi (pt throve θrouv, pp thriven 'θrɪvn) 1. növekszik, gyarapszik [gyermek, növény, állat] (on sg vmin) 2. boldogul, prosperál
thriving ['θraɪvɪŋ] a jól menő, virágzó
thro' [θru:] prop = through
throat [θrout] n 1. torok; átv force/thrust sg down sy's ~ ráerőszakol/ráoktrojál vmt vkre; stick in one's ~ (1) torkán akad (2) nem szívesen mondja/teszi 2. nyílás, torok
throaty ['θroutɪ] a torokhangú; rekedt
throb [θrɔb; US -a-] I. n lüktetés, dobogás, pulzálás II. vi -bb- lüktet, dobog, ver; pulzál; ~ with sg (1) vmtől lüktet (2) izgalom lázában ég
throbbing ['θrɔbɪŋ; US -a-] n lüktetés, dobogás; lüktető fájdalom
throes [θrouz] n pl fájdalom, agónia; vajúdás
thrombosis [θrɔm'bousɪs; US -am-] n trombózis
thrombus ['θrɔmbəs] n (pl -bi -baɪ) vérrög
throne [θroun] n trón; come to the ~ trónra lép
throng [θrɔŋ; US -ɔ:-] I. n tömeg, csődület II. A. vi (össze)csődül, (oda)tódul B. vt megtölt [vmlyen helyet a tömeg]
thronged [θrɔŋd; US -ɔ:-] a zsúfolt
throttling ['θrɔŋɪŋ; US -ɔ:-] a szorongó, zsúfolódó, tolongó
throstle ['θrɔsl; US -a-] n 1. énekes rigó 2. fonógép
throttle ['θrɔtl; US -a-] I. n 1. biz torok, gége; légcső 2. ~ (valve) fojtószelep; open out the ~ gázt ad [autómotornak] II. vt 1. megfojt; fojtogat 2. elfojt, elnyom, gátol [kereskedelmet, véleménynyilvánítást] 3. elfojt [motort]; ~ down lelassít [autót stb.]; leveszi a gázt/gőzt
through [θru:] I. prep/adv 1. keresztül, át; he is ~ his examination túl van a vizsgán; biz be ~ with sg (1) végez/elkészül vmvel (2) elege van vmből; biz they are ~ végeztek egymással;

I'm half ~ *this book* félig elolvastam már a könyvet 2. *(időjelőléssel:)* alatt, folyamán; *all* ~ mindvégig, egész idő alatt; *all* ~ *his life* egész életében, egész életén át; *US Monday* ~ *Friday* hétfőtől péntekig bezárólag 3. ~ *(and* ~*)* keresztül-kasul; ~ *the house* az egész házban; *be wet* ~ *(and* ~*)* teljesen átnedvesedett/átázott 4. egyenesen, direkt, átszállás nélkül; *this train goes* ~ *to Vienna* ez a közvetlen vonat Bécsbe 5. *you are* ~ (1) *GB* kapcsoltuk, tessék beszélni [telefonon] (2) *US* bontok [beszélgetés befejezve] 6. által, útján; miatt, következtében; ~ *an advertisement* hirdetés útján; ~ *no fault of mine* nem az én hibámból; *absent* ~ *illness* távol van betegség miatt; ~ *ignorance* tudatlanság következtében II. *a* átmenő, közvetlen [vonat, út]; ~ *carriage for . . .* közvetlen kocsi ...*-ba*; ~ *passanger* átutazó (utas); ~ *route* főútvonal; ~ *traffic* átmenő forgalom; ~ *train* közvetlen vonat (v. vasúti összeköttetés)
through-communication *n* vasúti kocsik közötti átjáró
throughout [θru:'aʊt] *prep/adv* 1. egészen, teljesen, minden részében; mindenütt 2. véges-végig, egész idő alatt
through-portion *n* közvetlen szerelvényrész
throughput *n* teljesítmény; eredmény
throughway *n* = *thruway*
throve →*thrive*
throw [θroʊ] I. *n* 1. dobás, vetés; hajítás; *within a stone's* ~ kődobásnyira 2. ~ *(of dice)* kockavetés 3. erőfeszítés 4. kimozdulás; csuszamlás [geológiai rétegé] 5. alternáló/váltakozó mozgás [dugattyúé stb.] II. *v (pt* **threw** θru:, *pp* **thrown** θroʊn) A. *vt* 1. dob, vet, hajít; levet [ló lovast] 2. hány [rudat, földet, töltést] 3. ont 4. földhöz vág/csap; *US biz this* ~*s me* elképeszt/megdöbbent engem; *biz* ~ *a fit* (ideg-) rohamot kap 5. hullat [madár tollat[; ~ *its skin* vedlik [kígyó] 6. vet [fényt] 7. megfon [selymet] 8. kiformál [edényt korongon] 9. kölykezik, ellik 10. ~ *a switch* kapcsolót állít 11. *US*

biz elad [mérkőzést] 12. ~ *a party* estélyt ad B. *vi* kockázik
throw about *vt* széthány, -dobál; ~ *one's arms a.* kézzel-lábbal hadonászik; ~ *one's money a.* szórja a pénzét; ~ *oneself a.* csapkod maga körül; *be* ~*n a.* hányja-veti a sors
throw at *vt* nekidob, megdob, feléje dob; ~ *a glance at sy* (1) pillantást vet vkre (2) rákacsint vkre
throw away *vt* 1. eldob, elvet 2. kidob, eltékozol [pénzt]; *she threw herself a.* férjhez ment vkhez, aki nem tudja megbecsülni 3. elszalaszt [alkalmat, szerencsét]
throw back A. *vt* 1. visszadob; visszaüt; visszaver [fényt] 2. visszautasít 3. *be* ~*n b. (up)on sg* rá van utalva vmre B. *vi* visszaüt [vmely ősre]
throw down *vt* ledob; ~ *oneself d.* leveti magát a földre
throw in *vt* 1. *biz* bedob [labdát stb.] 2. hozzájárul (vmhez vmvel) 3. ráadásul ad 4. közbevet [szót, megjegyzést] 5. ~ *in his hand* megadja magát
throw into *vt* 1. bedob 2. ~ *two rooms i. one* két szobából egyet csinál; ~ *the family i. mourning* a családot gyászba borítja 3. ~ *oneself i. sg* beleveti magát vmbe
throw off *vt* 1. *(átv is)* eldob; ledob; kidob; ~ *a train o. the rails* vonatot kisiklat 2. megszabadul (vktől, vmtől); leráz (vkt) 3. rögtönöz, kiráz a kabátja ujjából [verset stb.]
throw on *vt* 1. rádob; ~ *oneself (up-) on sg* (1) rádől vmre; nekiesik vmnek (2) rábízza magát vmre 2. magára kap/hány [ruhát] 3. ráönt
throw out *vt* 1. kidob; ~ *o. one's chest* kidülleszti a mellét 2. kibocsát, sugároz [hőt, fényt]; ~ *o. light* fényt ad/vet 3. elvet, elutasít, leszavaz [kormányt, törvényjavaslatot] 4. (épületszárnyat) épít 5. elejt, odavet [megjegyzést, célzást] 6. megzavar, kivet a kerékvágásból
throw over *vt* cserbenhagy, elhagy
throw together *vt* gyorsan összetákol, *átv* összepofoz

throw up *vt* 1. feldob 2. gyorsan felhúz [épületet] 3. kihány, kiokád 4. lemond (vmről), felad (vmt)
throw-away *n US* 1. (utcán osztogatott) reklámcédula, szórólap 2. (*jelzői haszn*) eldobható [papírzsebkendő stb.] 3. (*jelzői haszn*) *átv* mellékesen odavetett
throw-back *n* 1. atavisztikus visszaütés 2. akadály, visszaesés
thrower ['θrouə*] *n* 1. dobó 2. selyemfonó 3. gölöncsér
throw-in *n* bedobás [labdarúgásban]
throwing ['θrouɪŋ] *n* hajítás, dobás
throwing-wheel *n* fazekaskorong
thrown [θroun] *a* ~ silk sodrott selyem ‖ →throw II.
throw-off *n* a vadászat kezdete
throw-outs *n pl* hulladék, selejtes áru
throwster ['θroustə*] *n* selyemfonó
thru [θru:] *US* = through
thrum¹ [θrʌm] I. *n* szegély; fonalcsomó; rojt II. *vt* -mm- rojtoz
thrum² [θrʌm] *vi/vt* -mm- 1. = strum 2. ujjaival dobol
thrush¹ [θrʌʃ] *n* rigó
thrush² [θrʌʃ] *n* 1. szájpenész 2. nyírrothadás [lópatán]
thrust [θrʌst] I. *n* 1. (hirtelen heves) lökés 2. döfés, szúrás [karddal] 3. támadás 4. csípős megjegyzés 5. vízszintes ívnyomás [boltívé] 6. vonóerő [légcsavaré]; tolóerő [sugárhajtóműé] II. *v* (*pt/pp* ~) A. *vt* 1. lök, taszít, tol 2. szúr, döf B. *vi* tolakodik
  thrust at *vi* ~ at sy odavág vknek [bottal stb.]
  thrust away *vt* ellök
  thrust back *vt* ~ b. the door belöki az ajtót
  thrust forward *vt* előrelök, -nyom, -taszít; ~ oneself f. (1) tolakodik (2) stréberkedik, törtet
  thrust into *vt* belelök, -taszít; -nyom; ~ one's nose i. beleüti az orrát (más dolgaiba); ~ one's hands i. one's pockets zsebre vágja a kezeit/kezét
  thrust out *vt* kidug
  thrust through *vt* ~ oneself t. keresztültolakszik, -furakodik
  thrust upon *vt* ~ oneself u. sy vkre rávarrja magát, ráakaszkodik

thruster ['θrʌstə*] *n* törtető, karrierista
thruway ['θru:weɪ] *n US* autópálya
thud [θʌd] I. *n* tompa puffanás II. *vi* -dd- puffan, huppan, zuppan; zöttyen
thug [θʌg] *n* orgyilkos, gengszter
thuggery ['θʌgərɪ] *n* orgyilkosi tett, gengszterség
thumb [θʌm] I. *n* hüvelykujj; rule of ~ (1) hozzávetőleges számítás (2) (durva) ökölszabály; under the ~ of sy vknek az uralma alatt; ~s up! remek! II. *vt* 1. lapozgat [könyvben] 2. ujjnyomokat hagy [könyvben] 3. ~ his nose at sy/sg fittyet hány vkre/vmre, hosszú orrot mutat vknek 4. ~ a lift, US ~ a ride autóstopot kér
thumb-index *n* élregiszter [szótárakban]
thumb-mark *n* ujjnyom
thumb-nail *n* hüvelykujj körme; ~ sketch tömör rögtönzött (arckép)vázlat
thumb-screw *n* 1. hüvelykszorító 2. pillangócsavar, szárnyas csavar
thumb-stall *n* hüvelykvédő
thumbtack *n US* rajzszeg
thump [θʌmp] I. *n* 1. (erős) ütés [ököllel, furkósbottal stb.] 2. tompa puffanás [ütés/esés következtében] II. *vi/vt* 1. (ököllel) üt, ver 2. dörömböl; kalapál [szív]
thumper ['θʌmpə*] *n* 1. erős ütés 2. biz „óriási" dolog
thumping ['θʌmpɪŋ] *a* biz 1. óriási [ebéd stb.] 2. fantasztikus, elképesztő [hazugság]
thunder ['θʌndə*] I. *n* 1. mennydörgés 2. dörgés, dörgő hang [tapsé stb.] 3. biz steal sy's ~ kifogja vk vitorláiból a szelet, megelőz vkt (vmben) II. A. *vi* 1. (menny)dörög 2. dörömböl B. *vt* dörögve mond
thunderbolt *n* 1. (átv is) mennykő(csapás) 2. meteor(kő)
thunder-clap *n* (átv is) mennykőcsapás
thunder-cloud *n* viharfelhő
thundering ['θʌnd(ə)rɪŋ] I. *a* 1. (menny-) dörgő 2. biz óriási II. adv biz rendkívüli módon, nagyon
thunderous ['θʌnd(ə)rəs] *a* 1. mennydörgő, viharos 2. dörgedelmes
thunder-shower *n* felhőszakadás, zivatar
thunderstorm *n* égzengés, égiháború

thunderstruck *a* meghökkent, megdöbbent, megkövült
thundery ['θʌndərɪ] *a* viharos, viharra hajló
thurible ['θjʊərɪbl; *US* 'θʊ-] *n* tömjénfüstölő
thurifer ['θjʊərɪfə*; *US* 'θʊ-] *n* füstölőt tartó pap, tömjénező
Thur(s). *Thursday* csütörtök, csüt.
Thursday ['θə:zdɪ v. -deɪ] *n* csütörtök
thus [ðʌs] *adv* 1. így, eképpen; ~ *far* (1) idáig, eddig (2) mindeddig 2. ezért, ennek következtében, ilyenformán, tehát
thusness ['ðʌsnɪs] *n biz* ilyenség
thwack [θwæk] *n/int/vt* = *whack*
thwart [θwɔ:t] I. *a* keresztező, rézsútos II. *n* evezőspad III. *vt* keresztez, meghiúsít [tervet], (meg)akadályoz
thy [ðaɪ] *pron/a* † (magánhangzóval kezdődő szó előtt: thine ðaɪn] (a te . . .) -d, -od, -ad, -ed, -öd, -aid, -jaid, -eid, -jeid
thyme [taɪm] *n* kakukkfű
thymol ['θaɪmɔl; *US* -oʊl] *a* kakukkfűolaj
thymus ['θaɪməs] *n* (*pl* thymi 'θaɪmaɪ) ~ (*gland*) csecsemőmirigy
thyroid ['θaɪrɔɪd] *n* ~ (*gland*) pajzsmirigy
thyself [ðaɪ'self] *pron* † tenmagad(at)
tiara [tɪ'ɑ:rə] *n* 1. tiara, (pápai) fejdísz 2. diadém, fejdísz
Tiberius [taɪ'bɪərɪəs] *prop* Tiberius; Tibériusz; Tibor
Tibet [tɪ'bet] *prop*
Tibetan [tɪ'bet(ə)n] *a* tibeti
tibia ['tɪbɪə] *n* (*pl* ~e 'tɪbiː: v. ~s -ɪəz) 1. sípcsont 2. comb, végtag negyedik íze [rovaroknál]
tic [tɪk] *n* arcrángás
tick[1] [tɪk] I. *n* 1. ketyegés; *on the* ~ hajszálpontosan 2. *biz* pillanat; *half a* ~ *l* egy pillanatra l 3. kipipálás, pipa [jegyzékben] 4. gondolatjel, vonás II. A. *vi* ketyeg; *biz what makes him* ~ mitől jár, mi tartja üzemben, mi a mozgatója B. *vt* megjelöl; ~ *off* (1) kipipál [nevet névsorban] (2) *biz* megszid, lehord; ~ *out* kikopog(ja a szalagra) [távírógép szöveget]
tick[2] [tɪk] *n* ciha, párnahuzat

tick[3] [tɪk] *n* kullancs, atka
tick[4] [tɪk] *n GB biz* hitel; *buy on* ~ hitelbe vesz
ticker ['tɪkə*] *n biz* 1. óra 2. szív 3. távírógép 4. *US* (önműködő tőzsdei) árjegyzőkészülék; ~ *tape* (1) távírószalag (2) szerpentin [papírcsík[
ticket ['tɪkɪt] I. *n* 1. jegy; *single* ~ egyszeri utazásra szóló jegy; ~ *clerk* jegypénztáros 2. (ármegjelölő) cédula, címke; igazolvány; *get one's pilot's* ~ pilótaigazolványt kap; *biz get one's* ~ véglegesen leszerelik [katonát] 3. *GB* ~ *of leave* feltételes szabadság(ra bocsátás) [elítélté] → *ticket-of-leave* 4. *US* egy párt képviselőjelöltjeinek névsora 5. *US biz* pártprogram 6. *US* (helyszíni) bírságcédula 7. *biz that's the* ~ *!* helyes !, jól van !, megfelel !, ez az igazi ! II. *vt* címkét felragaszt, árjelzővel/címkével ellát
ticket-collector *n* jegyszedő
ticket-holder *n* (bérlet)jegytulajdonos
ticket-inspector *n* kalauz, ellenőr
ticket-office *n* jegypénztár
ticket-of-leave *a* ~ *man* feltételes szabadságra bocsátott elítélt → *ticket I. 3.*
ticket-punch *n* jegylyukasztó
ticking[1] ['tɪkɪŋ] *n* 1. ketyegés 2. kipipálás 3. *biz* szidás, letolás
ticking[2] ['tɪkɪŋ] *n* angin [párnahuzatnak]
tickle ['tɪkl] I. *n* csiklandozás II. A. *vt* 1. (meg)csiklandoz; kellemesen izgat 2. *biz* (meg)nevettet, szórakoztat, mulattat; *be* ~ *d to death* halálra neveti magát; ~ *up* felizgat, felbirizgál 3. (kézzel) halat fog B. *vi* viszket, csiklandik, viszketést érez
tickler ['tɪklə*] *n* 1. csiklandozó személy 2. nehéz kérdés, kényes ügy, csiklandós dolog 3. határidő(napló)
tickling ['tɪklɪŋ] *n* 1. csiklandozás 2. halfogás [kézzel]
ticklish ['tɪklɪʃ] *a* 1. csiklandós 2. nehezen kezelhető, sértődékeny [ember] 3. kényes, nehéz [ügy]
tick-tack ['tɪktæk] *n* tiktak, óra
tidal ['taɪdl] *a* árapály-; ~ *basin* folyammedence; ~ *dock* úszódokk; ~ *water level* árapályszint; ~ *wave* (1) szökőár (2) *biz* nagy érzelmi hullám

tidbit ['tɪdbɪt] n US = titbit
tiddler ['tɪdlə*] n biz 1. apró hal 2. GB
félpennys (érme)
tiddley ['tɪdlɪ] a biz 1. pici(ke) 2. pityó-
kás
tiddly-winks ['tɪdlɪwɪŋks] n pl bolha-
játék [zsetonokkal]
tide [taɪd] I. n 1. árapály, tengerjárás;
high/rising ~ dagály, ár; low ~ (1)
apály (2) mélypont 2. átv irány(zat),
menet [eseményeké, ügyeké stb.]; go
with the ~ úszik az árral; take the ~ at
the flood üstökön ragadja a szerencsét;
turn of the ~ a szerencse fordulása
3. † időszak II. A. vi az árral úszik B.
~ vt over sg átvergődik vmn, átvészel
vmt; ~ sy over sg átsegít vkt vmn
tide-bound a dagálytól akadályozott
tideland n árapályos terület
tideless ['taɪdlɪs] a apály és dagály
nélküli
tide-mark n dagály nyoma
tide-race n szökőár
tide-waiter n † kikötői vámtiszt
tideway n ⟨vízi út, melynek árapálya
van⟩; dagály medre
tidied →tidy III.
tidily ['taɪdɪlɪ] adv rendesen, takarosan
tidiness ['taɪdɪnɪs] n csinosság, rendesség
takarosság
tidings ['taɪdɪŋz] n pl hír, újság, tudósítás
tidy ['taɪdɪ] I. a 1. rendes, takaros;
gondos 2. biz tekintélyes, „csinos"
[összeg, jövedelem stb.] II. n 1. bútor-
védő 2. kosárka [a zsebbeli holmik
kirakására] III. v (pt/pp tidied 'taɪdɪd)
A. vt ~ (up) rendbe tesz, helyére rak,
kitakarít B. vi ~ (up) rendet csinál,
takarít
tie [taɪ] I. n 1. kötelék, kötél; zsineg
2. kötés, csomó 3. nyakkendő; black ~
(1) fekete csokornyakkendő (2) szmo-
king; white ~ (1) fehér csokornyak-
kendő (2) frakk 4. kötővas, kötőgge-
renda 5. átv kötelék, kapcsolat; (er-
kölcsi) kötelezettség 6. döntetlen
[mérkőzés]; holtverseny 7. kupamér-
kőzés 8. kötőjel, ív [kottán] 9. US
(vasúti) talpfa II. v (pt/pp ~d taɪd,
pres part tying 'taɪɪŋ) A. vt 1. (meg-)
köt; átköt; odaköt; rögzít; összefűz

-kötöz 2. csomóra köt 3. átv leköt
[időt, figyelmet stb.]; megköt; aka-
dályoz B. vi 1. csomóba kötődik/köt-
hető 2. döntetlenül mérkőzik; dön-
tetlenre játszik; the score is ~d az ered-
mény döntetlen
tie down vt 1. leköt, leszorít 2. fel-
tételekhez köt; kötelez [szerződéssel
stb.] 3. átv leköt (vkt)
tie up A. vt 1. felköt; összekötöz
[csomagot stb.]; ~ oneself up in(to)
knots lehetetlen helyzetbe hozza magát
2. beköt, bebugyolál [fejet stb.] 3.
korlátoz [cselekvési szabadságban
vkt]; feltételeket szab (vknek); I'm
~d up next week jövő héten el vagyok
foglalva 4. befektet [pénzt vmbe];
leköt [tőkét] 5. megköt [elidegenítési
tilalommal] 6. US biz megbénít [for-
galmat stb.] B. vi ~ up with sy/sg
(szoros) kapcsolatban van vkvel/vmvel
tie-beam n kötőgerenda
tie-break n rövidített játék [teniszben]
tie-clip n nyakkendőcsíptető
tied [taɪd] a 1. megkötött, átkötött 2.
átv lekötött [idő stb.]; (szerződésileg)
kikötött; ~ cottage ⟨szerződéses gyári
munkás bérlakása üzemi lakótelepen⟩;
~ (public) house ⟨csak egy bizonyos
cég italainak árusítására jogosított
kocsma⟩ || →tie II.
tie-in n kapcsolt áru; ~ sale árukapcsolás
tie-on a ~ label függőcímke
tie-pin n nyakkendőtű
tier[1] ⌊tɪə*] n 1. üléssor; first ~ box első
emeleti páholy 2. polcsor
tier[2] ['taɪə*] n kötő, megkötő
tierce [tɪəs] n 1. terc, harmad 2. har-
madik hora canonica [reggel 9-kor]
3. † ⟨űrmérték: 42 gallon⟩ 4. terc-
vágás [vívásban] 5. harmadik nyom-
dai korrektúra 6. [tə:s] terc [kártyá-
ban]
tiercel ['tə:sl] n = tercel
tiered [tɪəd] a emeletes
tie-rod n kormányösszekötő (rúd)
tie-up n 1. szünetelés [munkáé, közle-
kedésé]; fennakadás; holtpont 2. tár-
sulás [vállalatoké stb.] 3. árukapcso-
lás
tiff [tɪf] n összezördülés, -tűzés

tiffany ['tɪfənɪ] n fátyolszövet
tiffin ['tɪfɪn] n délebéd, lunch [Indiában]
tig [tɪg] I. n fogócska II. vt -gg- (fogócskában) megérint
tiger ['taɪgə*] n 1. tigris 2. vérszomjas ember 3. GB kisinas 4. US (még egy) utolsó üdvrivalgás
tiger-cat n ocelot, párducmacska
tiger-eye n macskaszem [kvarcféleség]
tigerish ['taɪgərɪʃ] a tigrisszerű; ragadozó, vérszomjas, kegyetlen
tiger-lily n tigrisliliom
tigged [tɪgd] → tig II.
tight [taɪt] I. a 1. szoros, feszes; szűk, testhezálló; keep a ~ hand/hold over sy vkt kurta pórázon tart, vkt rövid pórázra fog 2. tömör(ített); légmentes; vízhatlan 3. csinos, takaros 4. fukar, fösvény 5. nehezen megszerezhető [pl. áru, pénzösszeg]; szűkös [anyagi helyzet]; money is ~ pénzszűke van 6. nehéz, szorult [helyzet]; szoros [határidő]; a ~ corner/spot nehéz/szorult helyzet 7. □ spicces; get ~ becsíp II. adv 1. szorosan; feszesen; hold sg ~ erősen/szorosan fog/markol; draw a cord ~ kötelet kifeszít 2. légmentesen; vízmentesen || → sit, tights
tighten ['taɪtn] A. vt megszűkít, -szorít, -húz, feszesebbé/szorosabbá tesz; ~ one's belt (1) szorosabbra húzza az övét (2) átv összébb húzza a nadrágszíjat B. vi (meg)feszül, feszesebbé/szorosabbá válik
tight-fisted a szűkmarkú, fösvény
tight-fitting a testhezálló; szorosan záródó
tight-laced a 1. erősen befűzött 2. zárkózott 3. prűd; pedáns
tight-lipped a 1. összeszorított ajkú 2. szófukar, hallgatag
tightly ['taɪtlɪ] adv 1. szűken, szorosan; feszesen 2. szilárdan, keményen
tightness ['taɪtnɪs] n 1. feszülés [kötélé] 2. szorosság 3. vízhatlanság 4. pénzszűke 5. nyomásérzés [mellben]
tight-rope n kifeszített kötél; ~ walker/dancer kötéltáncos
tights [taɪts] n pl 1. harisnyanadrág 2. (feszes) trikó(ruha) [táncosoké], balett-trikó
tightwad ['taɪtwɔd] n □ zsugori, fösvény

tigress ['taɪgrɪs] n nőstény tigris
tike [taɪk] n = tyke
Tilda ['tɪldə] prop Tilda, Matild
tilde [tɪld v. 'tɪldə] n tilde [hullámjel spanyolban, ill. szótárakban]
tile [taɪl] I. n 1. zsindely; (tető)cserép; csempe, padlóburkoló lap; □ have a ~ loose hibbant, egy kerékkel többje van 2. biz cilinder II. vt zsindelyez; (csempével) burkol; csempéz, befed
tiled [taɪld] a cserepes; zsindelyezett; csempézett; burkolt (út)felületű
tiler ['taɪlə*] n zsindelyező; csempéző
tiling ['taɪlɪŋ] n 1. zsindelyezés, csempézés, burkolás 2. zsindelyfedél 3. csempeburkolat
till¹ [tɪl] prep/conj 1. -ig [időben]; (a-)míg, ameddig; ~ then addig; from morning ~ night reggeltől estig; good-bye ~ Tuesday viszontlátásra kedden 2. not ~ mindaddig nem (amíg)
till² [tɪl] n bolti pénztár, kassza
till³ [tɪl] vt felszánt, (meg)művel
tillable ['tɪləbl] a művelhető [föld]
tillage ['tɪlɪdʒ] n 1. földművelés 2. művelt föld; szántóföld
tiller¹ ['tɪlə*] n szántóvető, földműves
tiller² ['tɪlə*] n nyél, kormányrúd [hajóé]
tiller³ ['tɪlə*] I. n tőhajtás [növényen] II. vi tőhajtásokat ereszt [növény]
Tillotson ['tɪlətsn] prop
tilt¹ [tɪlt] I. n 1. billenés, hajlás, dőlés, lejtés; rézsű 2. döfés [lándzsával]; bajvívás 3. at full ~ teljes sebességgel, lóhalálában II. A. vi 1. dől, lejt, hajlik 2. billen, inog 3. lándzsával vív; ~ at (1) tiltakozik vm ellen (2) átv nekimegy vknek B. vt 1. (meg)billent; (fel)dönt, felborít 2. nekiront (vknek)
tilt² [tɪlt] n ponyva(fedél)
tilt-hammer n gőzkalapács
tilting ['tɪltɪŋ] I. a 1. lejtő(s), dőlő, hajló 2. billenő; billenthető; (meg-)dönthető; ~ seat csapószék, felhajtható ülés II. n 1. billen(t)és; buktatás; kiborítás 2. lejtés, hajlás, dőlés 3. lándzsás lovagi torna, bajvívás
tilting-lance n bajvívólándzsa
tilt-yard n bajvívótér
timber ['tɪmbə*] n 1. fa(anyag), épületfa; fűrészáru; gerenda 2. erdő [kiter-

melésre] 3. hajógerendázat, (hajó-) törzsborda 4. □ **timbers** pl faláb [művégtag]; *shiver my ~s!* teringettét!
timber-cart n gerendaszállító kocsi
timbered ['tɪmbəd] a 1. gerendával épített; dúcolt; fából levő, fa- 2. befásított [terület]
timber-hitch n ácscsomó, hurok
timbering ['tɪmbərɪŋ] n dúcolás, állványozás; ácsmunka, famunka
timber-toes n biz falábú ember
timber-tree n szálfa
timber-work n ácsmunka, ácsozat
timber-yard n épületfatelep
timbre ['tæmbə*] n hangszín
timbrel ['tɪmbr(ə)l] n kézi dob
time [taɪm] I. n 1. idő(tartam); ~ *will show* majd meglátjuk/elválik; *all the ~* mindvégig, az egész idő alatt; *a short ~ after* rövidesen azután; *some ~ ago* valamikor, nem is olyan régen; *in no ~* pillanatok alatt, rögtön; *biz do ~* kitölti/leüli (börtön)büntetését; *serve one's ~* (1) tanoncidejét tölti (2) = *do ~*; *lose no ~ in doing sg* haladéktalanul megtesz vmt; *play for ~* húzza az időt; *take one's ~ over sg* lassan/kényelmesen csinál vmt; *take your ~!* ne siesd el a dolgot!; *work against ~* versenyt fut az idővel 2. idő(pont); *what ~ is it?, what is the ~?* hány óra van?, mennyi az idő?; *look at the ~* megnézi az órát; *his ~ has come* elérkezett/lejárt az ideje; *~'s up!* az idő lejárt!; *she is near her ~* rövidesen szülni fog, mindenórás; *some ~ or other* egyszer/valamikor majd; *this ~ next year* jövő ilyenkor; *next ~* legközelebb; *another ~* máskor, más alkalommal; *biz and about ~ too!* legfőbb ideje is!; *at ~s* néha, időnként, olykor; *at all ~s* mindig, mindenkor; *at no ~* soha, semmikor; *by that ~* addigra; *for the ~ being* ez idő szerint, jelenleg; egyelőre; *from that ~* attól (az időtől) kezdve/fogva; *from ~ to ~* időről-időre, időnként; *in due/good ~* kellő időben; *all in due/good ~* minden(t) a maga idején; *be before (one's) ~* korán (érkezik); *be behind (one's) ~* (el)késik; *in ~* (1) jókor, időben, ide-

jében (2) idővel; *just in ~* éppen jókor; *US on ~* pontosan, jókor; időben 3. (megfelelő) idő; alkalom; *now is the ~ to* ... most van itt az ideje annak, hogy ...; *this ~* ez alkalommal, ezúttal; most; *for the first ~* először; *one at a ~* egyszerre csak egy(et); egyenként; *two at a ~* kettesével; *many a ~* sokszor, gyakran 4. (szabad) idő; időtöltés; *have no ~ for sg* nem ér rá vmre; *biz have a good ~ (of it)* (1) jól szórakozik/mulat, kellemesen tölti az időt (2) jó dolga van; *have a good ~!* jó mulatást!; *have the ~ of one's life* ragyogóan érzi magát; *~ hangs heavy on his hands* unatkozik 5. időszámítás; időmérés; *Greenwich mean ~* (1) nyugat-európai idő (2) *GB* pontos időjelzés; *my watch keeps good ~* az órám pontos(an jár)* 6. időszak; korszak; idény; *hard ~s* nehéz idők; *~ was when* ... volt idő, amikor ...; *as~s go* amilyen időket élünk; *at the ~* akkor; *at one ~* valamikor, hajdan; *at my ~ of life/day* az én koromban, mikor az ember már ennyi idős; *ahead of one's ~(s)* megelőzi korát; *behind the ~s* elmaradt, maradi [ember]; *in former ~s* régen(te), hajdan(ában); *in ~s to come* a jövőben, az eljövendő időkben; *once upon a ~* egyszer volt, hol nem volt 7. **times** [taɪmz] -szor, -szer, -ször; *three ~s* háromszor; *three ~s five is/are fifteen* háromszor öt az tizenöt; *many ~s* sokszor 8. (zenei) ütem, taktus; *beat ~* üti a taktust, ütemez; *keep ~, be in ~* tartja az ütemet; *march in quick ~* gyorsított ütemben menetel II. vt 1. időt kiszámít 2. időt megállapít; idejít; (be-)ütemez 3. beállít [órát, gyújtást stb.]; időzít 4. idejét méri (vmnek) [stopperral]
time-ball n órajelző (lehulló) gömb
time-bargain n határidőüzlet
time-bomb n időzített bomba
time-card n bélyegzőkártya [blokkolóóránál]
time-clause n időhatározói mellékmondat
time-clock n bélyegzőóra
timed [taɪmd] a időzített

time-expired [-ɪk'spaɪəd] *a* kiszolgált [katona]
time-exposure *n* időfelvétel [fényképezésnél]
time-fuse *n* időzített gyújtó(készülék)
time-honoured [-ɔnəd; *US* -a-] *a* hagyományos, igen régi
time-keeper *n* 1. kronométer, pontos óra [zseb vagy fali] 2. pontos ember 3. munkafelügyelő
time-lag *n* 1. késés, lemaradás 2. fáziskülönbség, időhátrány, időhézag
timeless ['taɪmlɪs] *a* 1. időtlen, végtelen 2. időszerűtlen
time-limit *n* (kiszabott) időhatár
timeliness ['taɪmlɪnɪs] *n* alkalomszerűség, időszerűség
timely ['taɪmlɪ] I. *a* időszerű, alkalmas időben történő II. *adv* † jókor, alkalmas időben
timepiece *n* óra [fali vagy zseb], időjelző
timer ['taɪmə*] *n* 1. időmérő, homokóra 2. időzítő (szerkezet)
time-saving *a* időt megtakarító
time-server *n* köpönyegforgató, minden rendszerhez alkalmazkodó
time-serving *n* köpönyegforgatás
time-sheet *n* munkaidő-kimutatás
time-signal *n* pontos időjelzés
timetable *n* 1. menetrend 2. napi időbeosztás 3. órarend
time-work *n* órabéres munka
time-worker *n* órabéres
time-worn *a* időmarta; tiszteletre méltó régiségű
time-zone *n* időzóna, óraövezet
timid ['tɪmɪd] *a* félénk; szégyenlős
timidity [tɪ'mɪdətɪ] *n* félénkség
timidly ['tɪmɪdlɪ] *adv* félénken; szégyenlősen
timing ['taɪmɪŋ] *n* 1. időzítés, időmegállapítás; (be)ütemezés 2. (pontos) időmérés [sportban stb.]
Timon ['taɪm(ə)n] *prop*
timorous ['tɪmərəs] *a* félénk, nyúlszívű
timothy ['tɪməθɪ] I. *n* réti komócsin II. *prop T~* Timót, [bibliában] Timóteus
timpanist ['tɪmpənɪst] *n* üstdobos
timpano ['tɪmpənoʊ] *n* (*pl* -ni -nɪ) üstdob
tin [tɪn] I. *n* 1. ón, cin 2. (fehér)bádog;

□ ~ *hat* rohamsisak; (*little*) ~ *god* (beképzelt) kisisten; ~ *soldier* ólomkatona 3. bádogdoboz, -edény; konzervdoboz; *a* ~ *of tomatoes* (egy doboz) paradicsomkonzerv 4. □ pénz, „dohány" II. *vt* -nn- 1. ónoz; bádoggal bevon 2. óndobozba/bádogdobozba tesz, konzervál
tin-bearing *a* óntartalmú
tinct [tɪŋkt] *a* † színű, színárnyalatú
tinctorial [tɪŋk'tɔ:rɪəl] *a* festő, színező
tincture ['tɪŋktʃə*] I. *n* 1. színárnyalat 2. oldat, tinktúra 3. mellékíz, színezet II. *vt* 1. színez, árnyal 2. kissé befolyásol/érint
tinder ['tɪndə*] *n* tapló, gyújtós
tinder-box *n* 1. tűzszerszám 2. gyúlékony tárgy 3. lobbanékony személy
tine [taɪn] *n* 1. ág, fog [villáé] 2. ág [agancson]
tinfoil *n* sztaniol, ezüstpapír, alufólia
ting [tɪŋ] I. *n* csengés II. *vi* cseng, bong
ting-a-ling [tɪŋə'lɪŋ] *n* csingilingi
tinge [tɪndʒ] I. *n* 1. (halvány) árnyalat 2. mellékíz, színezet III. *vt* 1. árnyal, színez 2. kissé befolyásol/érint
tingle ['tɪŋgl] I. *n* bizsergés II. *vi* 1. (*átv is*) bizsereg; csiklandik; csípős fájdalmat érez; viszket 2. cseng [fül]
tinhorn *a/n* □ hamis/csekély érték(ű)
tinker ['tɪŋkə*] I. *n* 1. (vándorló) üstfoltozó, kolompár, bádogos 2. kontár II. A. *vt* megfoltoz, kijavít; összeeszkábál, helyrepofoz (vmt); barkácsol; ~ *up* felületesen kijavít/összetákol B. *vi* 1. üstfoltozó munkát végez 2. bütyköl; ~ *away at sg* piszmog/szöszmötöl vmvel
tinkle ['tɪŋkl] I. *n* csengés, csilingelés II. A. *vi* csilingel, megcsendül B. *vt* csilingeltet, megcsendít
tinkling ['tɪŋklɪŋ] *n* csilingelés
tinman ['tɪnmən] *n* (*pl* -men -mən) bádogos
tinned [tɪnd] *a* 1. ónozott, bádoggal bevont 2. dobozolt, dobozos, konzervált, konzerv-; ~ *food* konzerv (élelmiszer); ~ *fruit* gyümölcskonzerv; ~ *meat* húskonzerv; □ *US* ~ *music* gramofonzene; →*tin II.*
tinner ['tɪnə*] *n* bádogos, ónozó

tinniness ['tınınıs] n pléhcsörgés
tinning ['tınıŋ] n 1. beónozás, bádogozás
2. bádogbélés
tinny ['tını] a 1. óntartalmú 2. ónízű
3. bádoghangú
tin-opener n konzervnyitó
tin-plate I. n ónozott lemez, fehérbádog
II. vt bádoggal borít, beónoz, ónnal
bevon
tin-pot a biz vacak, rossz minőségű
tinsel ['tınsl] I. n 1. aranyfüst; flitter
2. aranylamé 3. értéktelen dísz; csillogó látszat II. vt -ll- (US -l-) csillogó
dolgokkal (ki)díszít
tinsmith n bádogos
tint [tınt] I. n 1. szín 2. színárnyalat
II. vt árnyal, színez
tin-tack n rajzszeg, kárpitosszeg
tint-drawing n egyszínű festmény; tusrajz
Tintern ['tıntən] prop
tintinnabulation ['tıntınæbjʊ'leıʃn] n harangzúgás; csilingelés
tin-ware n bádogosáru; ónedények
tin-work n bádog(os)áru
tiny ['taını] a apró, pici
tip[1] [tıp] I. n vmnek a csúcsa/hegye/vége;
on the ~ of one's tongue a nyelve hegyén; from ~ to toe tetőtől talpig II. vt
-pp- csúccsal ellát; megvasal
tip[2] [tıp] I. n 1. gyenge (meg)érintés,
meglegyintés 2. tanács, tipp, figyelmeztetés; take my ~ fogadd meg a tanácsom 3. borravaló 4. szemétdomb,
törmelék-lerakóhely II. v -pp- A. vt
1. borravalót ad (vknek) 2. (meg-)
billent; felborít; kibillent, kiönt; ~
one's hat megbillenti a kalapját; he
~s the scale at 12 stone 76 kilót nyom
3. meglegyint, megérint 4. figyelmeztet (vkt); tippet ad vknek B. vi feldől,
-billen, -borul
   tip off vt 1. kiönt 2. lehajt [italt]
   3. borravalót ad 4. bizalmasan figyelmeztet/értesít (vkt)
   tip out A. vt kiborít, kibillent
   (vmből) B. vi kiborul, kibillen (vmből)
   tip over/up A. vt felbillent, -borít B.
   vi felbillen, -borul
tip-and-run [tıpən'rʌn] a ~ attack gyors
támadás és azonnali visszavonulás

tip-cart n billenőkocsi; csille
tip-cat n pilinckázás, bigézés [játék]
tip-off n figyelmeztetés, tipp
tipped [tıpt] a vmlyen végű/hegyű
|| ~tip[1] és tip[2] II.
tipper ['tıpə*] n 1. billenőszerkezet 2.
billenőkocsi; csille 3. borravalót adó
Tipperary [tıpə'reərı] prop
tipper-truck n önürítő tehergépkocsi
tippet ['tıpıt] n körgallér, prémgallér;
szőrmegallér, boa
tipping ['tıpıŋ] n 1. billenés, felborulás
2. billentés, felborítás 3. borravalózás;
borravalórendszer 4. tippadás
tipple ['tıpl] vi/vt biz iszik, italozik
tippler ['tıplə*] n biz iszákos ember
tippling ['tıplıŋ] n biz iddogálás, iszákosság
tipsily ['tıpsılı] adv becsípve, részegen
tipsiness ['tıpsınıs] n részegség, ittasság
tipstaff ['tıpstɑːf] n törvényszéki szolga;
porkoláb
tipster ['tıpstə*] n tippadó [lóversenyen]
tipsy ['tıpsı] a becsípett, részeg, ittas
tiptoe ['tıptoʊ] I. n on ~ (1) lábujjhegyen (2) idegesen, izgatottan II. biz vi
lábujjhegyen jár
tiptop [tıp'tɔp; US -'tɑp] a legjobb,
tipp-topp
tip-truck n billenőplatós/önürítő tehergépkocsi, dömper
tip-up a ~ seat felcsapható ülés
tirade [taı'reıd] n szóáradat, nagy beszéd,
tiráda
tire[1] ['taıə*] n/vt = tyre
tire[2] ['taıə*] A. vt 1. (ki)fáraszt; ~ out
kimerít, kifáraszt B. vi 1. elfárad,
kifárad 2. ~ of sg beleun(t) vmbe,
(meg)un vmt || ~tired
tired ['taıəd] a 1. fáradt, kimerült; dead
~ holtfáradt 2. be ~ of sg un vmt,
vmbe beleunt; make sy ~ (1) kifáraszt/kimerít vkt (2) untat vkt
tiredness ['taıədnıs] n fáradtság
tireless ['taıəlıs] n fáradhatatlan
tiresome ['taıəsəm] n 1. fárasztó 2. unalmas, idegesítő
tire-woman n (pl -women) (színházi) öltöztetőnő
tiring ['taıərıŋ] a 1. fárasztó 2. unalmas
tiring-room n (színházi) öltöző

tiro ['taɪərou] n kezdő, újonc
'tis [tɪz] = it is
tissue ['tɪʃu:] n 1. (finom vékony) szövet; fátyol 2. szövet [biológiában]; ~ culture szövettenyészet 3. selyempapír 4. (paper) ~ papírzsebkendő, -törülköző; (facial) ~ arctörlő [papírból] 5. szövedék, szövevény [hazugságoké stb.]
tissue-paper n selyempapír
tit¹ [tɪt] n cinege, cinke
tit² [tɪt] n ~ for tat szemet szemért, fogat fogért
tit² [tɪt] n biz mellbimbó; ~s cici(k)
titan ['taɪt(ə)n] n titán; óriás
Titania [tɪ'tɑ:njə] prop Titánia
titanic [taɪ'tænɪk] a óriási, titáni
titbit ['tɪtbɪt] n (átv is) ínyencfalat, csemege; kóstoló
tithe [taɪð] I. n 1. [papi] dézsma; [egyházi] tized 2. not a ~ egy szemernyit/tapodtat sem II. vt tizedet kivet; dézsmát kiró
tithing ['taɪðɪŋ] n dézsmafizetés; dézsmaszedés, -kivetés
Titian ['tɪʃn] prop Tiziano
titillate ['tɪtɪleɪt] vt csiklandoz; kellemesen izgat/ingerel
titillation [tɪtɪ'leɪʃn] n 1. (meg)csiklandozás 2. kellemes izgalom
titivate ['tɪtɪveɪt] biz A. vt (ki)díszít, kicicomáz, felpiperéz B. vi kidíszíti/kicicomázza/kicsípi magát
titlark n parlagi pipiske
title ['taɪtl] I. n 1. cím [könyvé stb.]; felirat [filmen]; elnevezés, név [újságé stb.] 2. (társadalmi, nemesi) cím; persons of ~ előkelőségek 3. bajnoki cím [sportban] 4. jog(cím), jogosultság II. vt címez (vkt vmnek), címet ad [könyvnek]; feliratokkal ellát [filmet]
titled ['taɪtld] a nemes(i ranggal bíró)
title-deed n birtoklevél, ingatlan tulajdonjogát igazoló okirat
title-page n címlap
title-part/role n címszerep
titmouse n (pl -mice) cinege, cinke; coal ~ fenyvescinege, -cinke; great ~ széncinege, -cinke
titter ['tɪtə*] I. n kuncogás, vihogás II. vi kuncog, vihog

tittle ['tɪtl] n parány, darabka; not a ~ of evidence against him szemernyi bizonyíték sincs ellene
tittle-tattle ['tɪtltætl] I. n locsogás, fecsegés, szóbeszéd, pletyka II. vi pletykál
tittup ['tɪtʌp] vi -pp- ugrándozik, táncol [ló], szökdel
titular ['tɪtjʊlə*; US -tʃə-] a 1. címzetes 2. névleges
Titus ['taɪtəs] prop Titus; Titusz
tizzy ['tɪzɪ] n biz izgalom, nyugtalanság
T-junction n T csatlakozás
TLS [ti:el'es] Times Literary Supplement
TNT [ti:en'ti:] trinitrotoluene
to [tu:; gyenge ejtésű alakjai: tʊ, tə, t] I. prep 1. -hoz, -hez, -höz, irányába(n), felé; -ba, -be, -ra, -re; ambassador ~ the Court of St. James's nagykövet az angol királyi udvarnál; secretary ~ the manager az igazgató titkára; the road ~ London a Londonba vezető út; he went ~ France Franciaországba ment; ~ horse! lóra!; ~ my despair kétségbeesésemre 2. -ig; a year ~ the day pontosan egy éve; ~ this day a mai napig; ten minutes ~ six 10 perc múlva 6; generous ~ a fault túlságosan jószívű; killed ~ a man egy szálig megölték/elestek 3. vmhez képest, -hoz, -hez, -höz; three goals ~ nil három-null (a gólarány); three is ~ six as six is ~ twelve 3 aránylik a 6-hoz mint 6 a 12-höz; that's nothing ~ what I've seen ez semmi ahhoz képest amit én láttam 4. -nak, -nek; hail ~ thee! üdvöz légy!; ~ my knowledge tudtommal; what is that ~ you? mi ez neked!? 5. what did he say ~ my suggestion? mit szólt a javaslatomhoz? 6. ~ repairing boiler kazánjavításért [számlatételek felsorolásakor] II. (a főnévi igenév jele:) -ni; ~ go menni; so ~ speak úgyszólván; good ~ eat ehető, jó enni, jóízű; ~ be found található; ~ be or not ~ be lenni vagy nem lenni; I meant ~ write but forgot ~ akartam írni de elfelejtettem III. adv 1. put the horses ~ lovakat befog; she came ~ magához tért 2. ~ and fro ide-oda
toad [toud] n 1. varangy(os béka) 2. ellenszenves alak, „varangy"

toad-eater *n* hízelgő, talpnyaló
toad-flax *n* gyújtoványfű
toad-in-the-hole *n* ⟨tésztába sütött hús/virsli⟩
toadstool *n* mérges (kalapos) gomba
toady ['toʊdɪ] I. *n* hízelgő, talpnyaló II. *vt/vi* (*pt/pp* toadied 'toʊdɪd] hízeleg/nyal vknek
toadyism ['toʊdɪɪzm] *n* hizelgés, nyalás
to-and-fro [tu:ən'froʊ] *adv* ide-oda
toast [toʊst] I. *n* 1. pirított kenyér, pirítós; □ *have sy on* ~ hatalmában tart vkt 2. pohárköszöntő, tószt; *give/propose a* ~ (1) pohárköszöntőt mond (2) iszik vk egészségére 3. † ünnepelt társasági szépség II. A. *vt* 1. pirít [kenyeret]; átmelegít (vmt) 2. (fel)köszönt (vkt), iszik (vk) egészségére B. *vi* 1. átmelegszik 2. megpirul
toaster ['toʊstə*] *n* kenyérpirító (készülék)
toasting ['toʊstɪŋ] I. *a* pirító II. *n* 1. pirítás, melegítés 2. felköszöntés, egészségére ivás
toast-master *n* áldomásmester
toast-rack *n* pirítóstartó rács [asztalon]
tobacco [tə'bækoʊ] *n* dohány; ~ *heart* „dohányosszív"
tobacco-jar *n* dohányosdoboz,-szelence
tobacconist [tə'bækənɪst] *n* dohányárus, trafikos; ~'s (*shop*) trafik, dohánybolt
tobacco-pouch *n* dohányzacskó, kostök
tobacco-shop *n* trafik, dohánybolt
tobacco-stopper *n* pipatömő
to-be [tə'bi:] I. *a* jövendő(beli), leendő II. *n the* ~ a jövendőbeli
Tobias [tə'baɪəs] *prop* Tóbiás
toboggan [tə'bɔg(ə)n; *US* -'bɑ-] I. *n* tobogán II. *vi* tobogánozik
tobogganer [tə'bɔgənə*; *US* -'bɑ-] *n* szánkózó, tobogánozó
toboggan-run/shoot *n* tobogánpálya, ródlipálya
toby¹ ['toʊbɪ] *n* ~ (*jug*) ember alakú söröskorsó
Toby² ['toʊbɪ] *prop* 1. Tóbiás 2. ⟨angol bábszínház élő kutyaszereplője⟩
to-come [tə'kʌm] I. *a* eljövendő, jövőbeli II. *n* a jövő
tocsin ['tɔksɪn; *US* -ɑ-] *n* 1. vészharang 2. vészjel

tod [tɔd; *US* -ɑ-] *n* róka
to-day, today [tə'deɪ] I. *adv* 1. ma; ~ *week* mához egy hétre 2. manapság II. *n* jelen(kor), a ma; ~'s *paper* a mai újság; *the writers of* ~ a ma/jelenkor írói, a mai írók
toddle ['tɔdl; *US* -ɑ-] I. *n* 1. totyogás [kisgyermeké] 2. egy kis séta II. *vi* 1. tipeg, totyog [mint a kisgyermek] 2. *biz* kényelmesen sétál; ~ *off* elballag
toddler ['tɔdlə*; *US* -ɑ-] *n* (járni tanuló v. totyogó) kisgyer(m)ek
toddy ['tɔdɪ; *US* -ɑ-] *n* puncs
to-do [tə'du:] *n biz* zűrzavar, kavarodás, hűhó; rendetlenség; *it was a rare* ~ nem mindennapos felfordulás volt
toe [toʊ] I. *n* 1. lábujj; *biz keep sy on his* ~s (1) állandó készenlétben tart vkt (2) vkt serénységre ösztönöz; □ *turn up one's* ~s feldobja a talpát, elpatkol 2. cipő/harisnya orra 3. éles vasalás [lópatkón] II. *vt* 1. megfejel [cipőt, harisnyát] 2. ~ *the line* (1) starthoz áll (2) engedelmeskedik, alkalmazkodik (3) *biz* követi a pártvonalat 3. ~ *a person out of the room* kirúg vkt a szobából
toe-cap *n* cipőorr, kapli
-toed [-toʊd] lábujjú
toe-dancer *n* balett-táncos(nő)
toehold *n* megkapaszkodási lehetőség, talpalatnyi hely
toe-nail *n* lábujjköröm
toff [tɔf; *US* -ɑ-] I. *n GB* □ ficsúr; pasas, muki II. *vt* ~ *oneself up* kicsípi magát
toffee ['tɔfɪ; *US* -ɑ-] *n* tejkaramella
toft [tɔft; *US* -ɔ:-] *n* † 1. dombocska 2. tanya, birtok
tog [tɔg; *US* -ɑ-] □ *vt* -gg- ~ *oneself out/up* kiöltözik || →*togs*
toga ['toʊgə] *n* tóga
together [tə'geðə*] *adv* 1. együtt 2. egymás irányába/felé 3. szakadatlanul, megszakítás nélkül; *for hours* ~ órák hosszat 4. egyidejűleg, egyszerre 5. ~ *with* vmvel együtt, úgymint, azonfelül
togetherness [tə'geðənɪs] *n* 1. összetartozás; együttlét 2. összetartás
toggle ['tɔgl; *US* -ɑ-] *n* pecek

Togo ['tougou] prop Togo
Togolese [touga'li:z] a/n togói
togs ['tɔgz; US -a-] n pl □ ruha, szerelés
toil¹ [tɔil] I. n nehéz munka, erőfeszítés,
gürcölés II. vi keményen dolgozik,
gürcöl, erőlködik, vesződik, bajlódik
toil² [tɔil] n in the ~s (1) hálóban, csap-
dában, kelepcébe csalva (2) lenyűgöz-
ve, elbűvölve
toiler ['tɔilə*] n nehéz testi munkás,
dolgozó
toilet ['tɔilɪt] n 1. öltözködés 2. öltözék,
(női) ruha 3. illemhely, toalett, mos-
dó, vécé; ~ training bilire szoktatás
toilet-case n piperetáska, neszesszer
toilet-paper vécépapír
toilet-powder n hintőpor; púder
toiletries ['tɔilɪtrɪz] n pl piperecikkek
toilet-roll n vécépapírtekercs
toilet-service/set n piperekészlet, öltözkö-
dőkészlet
toilet-soap n pipereszappan
toilet-table n öltözőasztal
toils [tɔilz] n pl →toil²
toilsome ['tɔilsəm] a fárasztó, vesződséges
Tokay, tokay [tou'kei] n tokaji (bor)
token ['touk(ə)n] I. a jelképes; figyel-
meztető; részleges; ~ money tantusz;
zseton, játékpénz; ~ payment jelképes
fizetség II. n 1. jel(zés), jelölés; jelkép;
zálog; emlék(tárgy); by the same ~
(1) azonfelül, továbbá, tetejébe (2)
ugyanezen az alapon; in ~ of sg, as a
~ of sg vm jeléül/zálogául 2. játék-
pénz, zseton; tantusz 3. gift ~ aján-
dékutalvány
Tokyo ['toukjou] prop Tokió
told →tell
Toledo [tə'li:dou] prop Toledo; ~ blade
toledói penge
tolerable ['tɔlərəbl; US 'ta-] a 1. tűrhető,
elviselhető 2. meglehetős, elég jó
tolerably ['tɔlərəblɪ; US 'ta-] adv 1. tűr-
hetően 2. meglehetősen
tolerance ['tɔlər(ə)ns; US 'ta-] n 1. tü-
relem, elnézés, kímélet 2. tűrés, tole-
rancia
tolerant ['tɔlər(ə)nt; US 'ta-] a türel-
mes, elnéző; béketűrő; kíméletes
tolerate ['tɔləreit; US 'ta-] vt elvisel,
eltűr; (meg)tűr

toleration [tɔlə'reiʃn; US ta-] n 1. eltű-
rés, megtűrés 2. [vallási stb.] türel-
messég, türelem
toll¹ [toul] n 1. vám; hídvám, kövezet-
vám; helypénz; take ~ (of sy) (1) vktől
vámot szed (2) átv áldozatot követel;
the ~ of the roads (halálos) közlekedési
balesetek (száma) 2. (őrlési) gabona-
vám 3. vámszedési jog
toll² [toul] I. n harangszó II. A. vt haran-
goz B. vi megkondul, szól [harang]
toll-bar n vámsorompó
toll-bridge n vámhíd
toll-call n távolsági (telefon)beszélgetés
toll-collector n vámszedő
toll-gate n vámsorompó
toll-house n vámbódé, vámház
tolling ['toulıŋ] n 1. harangozás 2. ha-
rangszó
toll-keeper n vámos, vámszedő
toll-road n vámköteles út
Tom [tɔm; US -a-] prop 1. Tamás;
Tomi; ~ Dick and Harry akárki, min-
denki, boldog-boldogtalan; ~ Thumb
Hüvelyk Matyi 2. biz t~ (1) kandúr
(2) hím (állat)
tomahawk ['tɔməhɔ:k; US 'ta-] I. n
[indián] csatabárd II. vt csatabárddal
leüt
tomato [tə'ma:tou; US -'mei-] n (pl ~es
-z) paradicsom
tomb [tu:m] n síremlék, sírkő; sírbolt
tombola [tɔm'boulə; US tam-] n tom-
bola
tomboy ['tɔmbɔi; US -'tam-] n fiús(an
viselkedő pajkos) lány]
tombstone n sírkő
tom-cat n biz kandúr
tome [toum] n (vastag) kötet
tomfool [tɔm'fu:l; US tam-] I. n mam-
lasz, bamba, hülye II. vi bohóckodik,
hülyéskedik
tomfoolery [tɔm'fu:ləri; US tam-] n
ostobaság, hülyéskedés; bolond dolog
Tommy ['tɔmi; US -a-] I. prop 1. Tomi
2. GB biz ~ Atkins ⟨az angol közka-
tona tréfás neve⟩ II. n t~ biz 1.
(angol) közkatona, kiskatona 2. ter-
mészetbeni juttatás [munkabér he-
lyett] 3. csavarkulcs
tommy-bar n (lapos végű) emelővas

tommy-gun *n biz* géppisztoly
tommy-rot *n biz* szamárság; hülyeség
to-morrow, tomorrow [tə'mɔrou; *US* -'mɔ:-] *adv/n* holnap; ~ *week* holnaphoz egy hétre
tom-tit ['tɔmtɪt; *US* -ɑ-] *n* (kék) cinege
tom-tom ['tɔmtɔm; *US* -ɑ- -ɑ-] *n* tamtam
ton [tʌn] *n* 1. tonna; *long/gross* ~ = 2240 font = 1016 kg; *metric* ~ metrikus tonna [= 2204,6 font = 1000 kg]; *short/net* ~ = 2000 font = 907,18 kg 2. *(hajózásban:)* displacement ~ = 35 köbláb víz = 0,99 m³; *freight* ~ = 40 köbláb = 1,13 m³; *register* ~ regisztertonna [= 100 köbláb = 2,83 m³] 3. *biz* nagy mennyiség
tonal ['tounl] *a* hangszínezeti; tonális
tonality [tou'nælətɪ] *n* tonalitás
tone [toun] I. *n* 1. hangszín(ezet), tónus 2. (egész) hang [zenei] 3. hangnem, hang(hordozás), tónus; *biz alter one's* ~ más húrokat penget 4. (szó)hangsúly; hanglejtés 5. hangulat, kedély; *the prevailing* ~ általános irányzat/jelleg/színvonal; *a healthy* ~ egészséges szellem/légkör 6. (szín)árnyalat, tónus 7. tónus [izmoké stb.] II. A. *vt* 1. hangsúlyt/hangszínt ad vmnek 2. színez, árnyal B. *vi* 1. hangsúlyt/hangszínt kap 2. színárnyalatot kap, színeződik 3. színben összeillik/harmonizál tone down A. *vt (átv is)* letompít, mérsékel, csökkent B. *vi* letompul, mérséklődik, csökken tone in with A. *vt* összeegyeztet (vmvel) B. *vi* harmonizál, összeillik (vmvel) tone up A. *vt* 1. erősebb színárnyalatot ad (vmnek) 2. felélénkít, felhangol [idegrendszert stb.] B. *vi* felfrissül
tone-arm *n* (hangszedő) kar [lemezjátszóé]
toned [tound] *a* 1. vmlyen hangú/hangszínezetű 2. színes; színezett
tone-deaf *a* botfülű, rossz (zenei) hallású
toneless ['tounlɪs] *a* 1. hangtalan 2. színtelen 3. lélektelen, kifejezéstelen [hang]
tone-poem *n* szimfonikus költemény

tonga ['tɔŋgə; *US* -ɑ-] *n* könnyű kétkerekű kocsi [Indiában]
tongs [tɔŋz; *US* -ɑ-] *n pl (pair of)* ~*s* fogó; laposfogó; csipesz
tongue [tʌŋ] *n* 1. nyelv [testrész]; *find one's* ~ megoldódik/megered a nyelve; *give* ~ (1) hangosan szól; kifejezést ad *(to* vmnek) (2) ugat, csahol; *have a ready* ~ nyelves, fel van vágva a nyelve; *put out one's* ~ kiölti a nyelvét; *with the* ~ *in his cheek* rejtett gúnnyal/szándékkal; *hold your* ~*!* fogd be a szád!, hallgass! 2. nyelv [népé, nemzeté]; *gift of* ~*s* nyelvkészség 3. beszéd 4. nyelv [cipőé, mérlegé] 5. földnyelv 6. csap, ereszték
tongue-and-groove joint árokeresztékes kötés, horonykötés
-tongued [-tʌŋd] -nyelvű, -szavú, hangú
tongue-lashing *n* □ letolás
tongue-tied *a* 1. nyelvhibás, beszédhibás 2. zavara miatt nem beszélő 3. szótlan, hallgatag
tongue-twister *n biz* nyelvtörő
tonic ['tɔnɪk; *US* -ɑ-] I. *a* 1. erősítő, (fel)frissítő, felpezsdítő 2. ~ *accent* szótaghangsúly 3. ~ *solfa* relatív szolmizáció II. *n* 1. erősítő (szer), frissítő, üdítő ital; ~ *(water)* tonik 2. alap(hang), tonika
tonicity [tou'nɪsətɪ] *n* tónus [idegeké, izmoké]
to-night, tonight [tə'naɪt] *adv/n* ma este/éjjel
toning ['tounɪŋ] *n* színezés [fényképészetben]
tonnage ['tʌnɪdʒ] *n* 1. tonnatartalom, űrtartalom, raksúly 2. (tonnánkénti) fuvardíj
tonne [tʌn] *n* = *metric ton* →*ton 1.*
tonsil ['tɔnsl; *US* -ɑ-] *n* mandula [szerv]
tonsillectomy [tɔnsɪ'lektəmɪ; *US* tɑn-] *n* mandulakivétel, mandulaműtét
tonsil(l)itis [tɔnsɪ'laɪtɪs; *US* tɑn-] *n* mandulagyulladás
tonsorial [tɔn'sɔ:rɪəl; *US* tɑn-] *a biz* fodrász(at)i
tonsure ['tɔnʃə*; *US* -ɑ-] I. *n* tonzúra II. *vt* tonzúrát vág
ton-up *n biz* (közveszélyes) gyorshajtó
tony¹ ['tounɪ]*a biz* elegáns, sikkes, divatos

Tony² ['toʊnɪ] *prop* Tóni
too [tu:] *adv* 1. túl(ságosan), nagyon
(is); *all ~ well* nagyon is jól; *none ~*
nem nagyon/túl 2. szintén, is; amellett, azonkívül; *I, ~, have been in
Vienna* én is voltam Bécsben; *I have
been in Vienna,* ~ Bécsben is voltam
(már)
tool [tu:l] I. *n* 1. szerszám, eszköz 2.
[foglalkozási] segédeszköz; ~ *subject*
formális képzés célját szolgáló tantárgy 3. *biz átv* eszköz, báb; *make a ~
of sy* vkt vak eszközként használ 4.
vulg „szerszám" [férfié] II. *vt* 1.
(szerszámmal) alakít, megmunkál,
megcsinál; ~ *up* felszerel [gyárat] 2.
présel, bordáz [könyvkötést] 3. (*vi
is*) □ kényelmes tempóban hajt/vezet
[autót], furikázik
tool-bag *n* szerszámtáska
tool-box/chest *n* szerszámláda
tooling ['tu:lɪŋ] *n* 1. megmunkálás szerszámmal 2. préselt díszítés [könyv
bőrkötésén]
tool-outfit *n* szerszámkészlet
tool-shed *n* szerszámkamra
toot [tu:t] I. *n* kürtszó, dudálás [autókürttel]; hajósziréna [hangja] II. A.
vi kürtöl, dudál, tutul B. *vt* kürtöt/szirénát/dudát megszólaltat
tooth [tu:θ] I. *n* (*pl* teeth ti:θ) 1. fog; *be
long in the ~* már elhullatta a csikófogát; *cast sg in sy's teeth* vknek a szemére hány (v. arcába vág) vmt; *cut
one's teeth* fogzik, jönnek a fogai;
draw sy's teeth kihúzza vknek a méregfogát; *fight ~ and nail* foggal, körömmel harcol; *in the teeth of sg* vmnek
ellenére; *set one's teeth* összeszorítja a
fogát; *set sy's teeth on edge* (1) megvacogtatja vknek a fogát (2) (fel-)
borzolja/őrli vk idegeit 2. pecek, bütyök, fog, cakk III. A. *vt* fogaz; csipkéz,
cakkoz B. *vi* egymásba illik/kapcsolódik [fogaskerekek]
toothache *n* fogfájás
tooth-brush *n* fogkefe
tooth-comb *n* GB sűrűfésű; *átv* go over
with a ~ aprólékosan átfésül
toothed [tu:θt] *a* fogas, csipkés, fogazott, csipkézett, ágas

toothful ['tu:θfʊl] *n biz* egy korty [szeszes ital]
toothing ['tu:θɪŋ] *n* 1. fogazás; fogazat;
csorbázat 2. fogas vésőszemcsézés [kövön]
toothless ['tu:θlɪs] *a* fogatlan
tooth-paste *n* fogkrém, fogpaszta
tooth-pick *n* fogpiszkáló
tooth-powder *n* fogpor
toothsome ['tu:θsəm] *a* ízletes
tootle¹ ['tu:tl] *vi* fújdolgál [hangszert]
tootle² ['tu:tl] *vi* ~ *along* furikázik
[autóval]; autózgat
top¹ [tɔp; *US* -ɑ-] I. *a* 1. (leg)felső, legmagasabb; ~ *dog* (1) győztes (2) nagykutya, fejes; ~ *drawer* (1) legfelső
fiók (2) a legjobb/legelőkelőbb (társadalmi) kör →*top-drawer;* ~ *floor/
story* legfelső emelet; ~ *hat* cilinder 2.
legnagyobb mértékű/fokú, maximális;
~ *priority* különleges elsőbbség; ~
secret hétpecsétes titok, legszigorúbban bizalmas 3. (leg)első, legjobb, legkülönb; ~ *boy* osztályelső II. *n* 1.
tető; legmagasabb pont; orom; fa
koronája; *blow one's* ~ éktelen dühbe
gurul, majd felrobban mérgében;
come out on ~ győztes lesz; *from* ~ *to
toe* tetőtől talpig; *on* ~ *of it all* mindennek tetejében; □ *go over the* ~
rohamra indul; *at the* ~ *of one's voice*
torka szakadtából; *to the* ~ *of one's*
bent egész kedve szerint 2. vezér,
vezető személyiség; legmagasabb
rang/hely; *he is at the* ~ *of the form* ő
az osztályelső, ő a legjobb tanuló az
osztályban 3. árbockosár 4. tető
[asztalé, járműé]; felszín [vízé, földé]
5. felső (rész) [ruháé, cipőé]; fedő III.
vt -pp- 1. befed, tetővel ellát; *cake
~ped with icing* cukormázzal bevont
torta 2. koronáját levágja [fának];
fejel [répát] 3. tetejére hág (vmnek);
betetőz (vmt); *and to* ~ *it all* mindennek a tetejébe, s ráadásul 4. túltesz
(vkn, vmn), felülmúl, túlszárnyal
(vkt, vmt); kitűnően végez (vmt); ~
sy in height magasabb vknél 5. élen
jár; ~ *the list* első a névsorban/listán
top off *vt* betetőz (vmt); felteszi a
koronát (vmre)

top up vt 1. betetőz (vmt) 2. feltölt [italt, tartályt stb.]
top² [tɔp; US -a-] n játékcsiga,pörgetytyű; *spin a* ~ csigát pörget, csigázik; *sleep like a* ~ alszik mint a bunda
topaz ['toʊpæz] n topáz
top-boots n pl csizma
top-coat n felöltő
top-drawer a biz elsőrendű, remek ‖→*top¹* I. 1.
top-dressing n fejtrágyázás
tope [toʊp] vi/vt iszik [szeszes italt]
topee,topi ['toʊpɪ; US-'pi:]n trópusi sisak
Topeka [tə'pi:kə] prop
toper ['toʊpə*] n iszákos (ember)
top-flight a biz első osztályú, igen kiváló
topgallant [tɔp'gælənt; US tap-] a/n ~ *mast* árbocsudár; *fore* ~ elő(árboc)-sudárvitorla; *main* ~ fő(árboc-)sudárvitorla ‖→ *staysail*
top-heavy a (átv is) fejnehéz
top-hole a □ remek, klassz
topi → *topee*
topiary ['toʊpjərɪ; US -ɪerɪ] a műkertészi; nyesett fájú/bokrú
topic ['tɔpɪk; US -a-] n tárgy, (beszéd-) téma
topical ['tɔpɪkl; US 'ta-] a 1. helyi, alkalmi 2. aktuális, időszerű, tárgyhoz tartozó; ~ *song* aktuális dal
topicalities [tɔpɪ'kælətɪz; US ta-] n pl 1. aktuális hírek 2. filmhíradó
topknot n fejdísz, bóbita, szalagcsokor [vk hajában/fején]
topless ['tɔplɪs; US -a-] a 1. tető nélküli 2. égbe nyúló, mérhetetlen 3. mezítelen felsőtestű
top-level a ~ *talks* legmagasabb szintű tárgyalások
topman ['tɔpmən; US -a-] n (pl -men -mən) 1. árbocőr 2. főnök, vezér
topmast n árbocsudár →*staysail*
topmost ['tɔpmoʊst; US 'ta-] a 1. legmagasabb, legfelső(bb) 2. legfontosabb, legfőbb, fő-
top-notch a US biz remek, pompás
topographer [tə'pɔgrəfə*; US -'pa-] n térképész, topográfus, helyleíró
topographic(al) [tɔpə'græfɪk(l); US ta-] a térképészeti, helyrajzi, helyleíró, topográfiai

topography [tə'pɔgrəfɪ; US -'pa-] n tereprajz, helyrajz, helyleírás, topográfia
toponym ['tɔpənɪm; US 'ta-] n helynév
topped [tɔpt; US -a-] a fedett, betetőzött ‖→*top¹* III.
topper ['tɔpə*; US -a-] n 1. fedő 2. biz cilinder 3. biz rendes fickó
topping ['tɔpɪŋ; US -a-] a 1. magasabb (vmnél) 2. biz remek, pompás, klassz
topple ['tɔpl; US -a-] A. vi ledől; előreesik; felbukik B. vt feldönt; ledönt; letaszít
top-ranking [-ræŋkɪŋ] a legmagasabb rangú
topsail ['tɔpsl; US 'tapseɪl] n derékvitorla; *fore upper* ~ elő(árboc)-felsőderékvitorla; *main upper* ~ fő(árboc)-felsőderékvitorla; *fore (lower)* ~ elő-(árboc)-derékvitorla; *main (lower)* ~ fő(árboc)-derékvitorla
topside n 1. lágyhús 2. felső rész, ⟨hajóoldal víz fölötti része⟩
topsoil n felső földréteg, talajtakaró, termőtalajréteg
topsy-turvy [tɔpsɪ'tə:vɪ; US ta-] I. a felfordított; összevissza II. adv feje tetejére állítva; összevissza III. n = *topsy-turvydom* IV. vt felforgat, felfordulást csinál, fejtetőre állít
topsy-turvydom [tɔpsɪ'tə:vɪdəm; US ta-] n felfordulás, zűrzavar, felfordult világ
toque [toʊk] n tok [karimátlan női kalap]
tor [tɔ:*] n sziklacsúcs
torch [tɔ:tʃ] n 1. (átv is) fáklya; *hand on the* ~ továbbadja (a tudás stb.) fáklyáját 2. *electric* ~ (rúd alakú) zseblámpa, rúdlámpa 3. US hegesztőpisztoly
torch-bearer n fáklyavivő
torch-light n fáklyavilág, -fény
tore →*tear²* II.
toreador ['tɔrɪədɔ:*; US 'tɔ:-] n torreádor
tori →*torus*
torment I. n ['tɔ:ment] kín, gyötrelem; fájdalom II. vt [tɔ:'ment] 1. (meg)kínoz, gyötör 2. zaklat
tormenter [tɔ:'mentə*] n = *tormentor*
tormentil ['tɔ:mentɪl] n pimpófű

tormentor [tɔ:'mentə*] n kínzó, gyötrő (személy/dolog)
tormentress [tɔ:'mentrɪs] n (vkt) kínzó nő
torn →tear² II.
tornado [tɔ:'neɪdoʊ] n (pl ~es -z) forgószél, tornádó, szélvész
tornado-lamp/lantern n viharlámpa
Toronto [tə'rɔntoʊ; US -'rɑ-] prop
torpedo [tɔ:'pi:doʊ] I. n (pl ~es -z) 1. torpedó; aerial ~ légitorpedó 2. zsibbasztó rája [hal] II. vt megtorpedóz (átv is)
torpedo-boat n torpedónaszád; ~ destroyer torpedóromboló
torpedo-net n torpedóelhárító drótháló
torpedo-plane n torpedóvető repülőgép
torpedo-tube n torpedókilövő cső
torpid ['tɔ:pɪd] I. a 1. tunya, lomha, renyhe, tétlen; apatikus 2. (el)zsibbadt, (el)tompult II. n GB the ~s ⟨oxfordi másodcsapatok tavaszi evezősversenye⟩
torpidity [tɔ:'pɪdətɪ] n 1. renyheség, tétlenség, tunyaság 2. tompultság, zsibbadás
torpidness ['tɔ:pɪdnɪs] n = torpidity
torpor ['tɔ:pə*] n kábulat, tompultság, zsibbadtság
torps [tɔ:ps] n □ torpedóstiszt
torque [tɔ:k] n 1. csavart fém nyaklánc 2. forgatónyomaték
torrefaction [tɔrɪ'fækʃn; US tɔ:-] n pörkölés; aszalás, szárítás
torrefy ['tɔrɪfaɪ; US -ɔ:-] vt pörköl; aszal, szárít
torrent ['tɔr(ə)nt; US -ɔ:-] n 1. özön; zuhatag, ár(adat) 2. hegyi patak
torrential [tə'renʃl; US tɔ:-] a zuhogó, áradó, szakadó, ömlő
torrid ['tɔrɪd; US -ɔ:-] a forró, perzselő; ~ zone forró égöv
torridity [tɔ'rɪdətɪ; US tɔ:-] n forróság
torsion ['tɔ:ʃn] n 1. csavarás, tekerés 2. csavarodás, tekeredés 3. torzió; ~ balance torziós mérleg
torso ['tɔ:soʊ] n 1. (emberi) felsőtest 2. torzó
tort [tɔ:t] n magánjogi vétkes cselekmény; sérelem, kár
torticollis [tɔ:tɪ'kɔlɪs; US -'kɑ-] n merev nyak, reumás nyakmerevség

tortilla [tɔ:'tɪlə] n kb. kukoricalepény
tortoise ['tɔ:təs] n (szárazföldi) teknősbéka
tortoiseshell ['tɔ:təʃel; US -təʃel] n 1. teknősbékapáncél, teknőc 2. ~ cat cirmos macska
tortuous ['tɔ:tjʊəs; US -tʃʊ-] a tekervényes, görbe; (átv is) nem egyenes
torture ['tɔ:tʃə*] I. n 1. kínvallatás, kínzás, sanyargatás; put sy to the ~ megkínoz vkt 2. kín(lódás), kínszenvedés, gyötrelem II. vt 1. kínpadra von 2. kínoz, gyötör, sanyargat
torturer ['tɔ:tʃ(ə)rə*] n kínzó, kínvallató
torus ['tɔ:rəs] n (pl tori 'tɔ:raɪ) 1. izomcsomó 2. domborléc 3. magház
Tory ['tɔ:rɪ] a/n GB konzervatív (párti), tory
Toryism ['tɔ:rɪɪzm] n GB (politikai) konzervativizmus, tory-politika/elvek
tosh [tɔʃ; US -ɑ-] n □ buta beszéd, szamárság
toss [tɔs; US -ɔ:-] I. n 1. lökés, taszítás, hajítás, dobás 2. (pénz)feldobás, fej vagy írás; win the ~ „fej vagy írás" dobást megnyeri 3. take a ~ leesik a lóról 4. ~ (of the head) türelmetlen/ megvető fejmozdulat II. A. vt 1. lök, dob, vet, taszít, hajít; ~ sy in a blanket vkt pokrócról levegőbe dobál; ~ a coin pénzfeldobással sorsot húz 2. ledob B. vi 1. hánykolódik; ~ and tumble in bed ágyban hánykolódik 2. hányódik
toss about A. vi ~ a. in bed hánykolódik az ágyban B. vt összevissza dobál
toss aside/away vt félrelök, félredob
toss for vi ~ f. sg pénzfeldobással sorsot húz
toss off vt 1. ledob [ló lovast] 2. lehajt, felhajt [italt] 3. gyorsan (és könnyedén) elvégez (vmt); összecsap 4. vulg gecizik, kiveri a farkát
toss up A. vt ~ up a coin fej vagy írást játszik B. vi let's ~ up! fej vagy írás!
tossing ['tɔsɪŋ; US -ɔ:-] n 1. hányódás 2. dobálás, levegőbe dobás
tosspot n † borissza, borzsák

toss-up n 1. fej vagy írás [pénzfeldobás] 2. nyílt kérdés, egyenlő esély tot¹ [tɔt; US -ɑ-] n 1. tiny ~ apróság, csöppség [gyerekről] 2. biz kis pohár (ital) tot² [tɔt; US -ɑ-] I. n hosszú számoszlop összege II. v -tt- A. vt ~ up összead B. vi ~ up (összeget) kitesz total ['toʊtl] I. a 1. összes, teljes, egész; ~ value összérték 2. teljes, abszolút, totális; ~ war totális háború II. n (vég)összeg; grand ~ végösszeg, teljes összeg III. v -ll- (US -l-) A. vt 1. összegez, összead 2. US biz rapityára tör [járművet] B. vi ~ up to . . . valamennyit kitesz, rúg valamennyire totalitarian [toʊtælɪ'teərɪən] a totalitárius; diktatórikus, parancsuralmi totality [toʊ'tælɪtɪ] n az egész összeg/ mennyiség; összesség, a teljes egész, minden együtt totalizator ['toʊtəlaɪzeɪtə*] n totalizatőr totalize ['toʊtəlaɪz] vt összead, összesít totally ['toʊtlɪ] adv teljesen, egészen tote¹ [toʊt] n biz 1. totalizatőr 2. antialkoholista 3. az egész (összeg, súly) tote² [toʊt] biz vt cipel, visz, hord totem ['toʊtəm] n totem, törzsjelvény [indiánoknál] totem-pole/post n totemoszlop t'other, tother ['tʌθə*] a/adv (= the other) a másik; ~ day a minap totted ['tɔtɪd; US -ɑ-] →tot² II. Tottenham ['tɔtnəm] prop totter ['tɔtə*; US -ɑ-] I. n támolygás II. vi 1. tántorog, támolyog 2. inog, düledezik tottery ['tɔtərɪ; US -ɑ-] a 1. támolygó, tántorgó 2. düledező totting ['tɔtɪŋ; US -ɑ-] →tot² II. toucan ['tuːkən] n tukánmadár touch [tʌtʃ] I. n 1. tapintás; tapintóérzék 2. (meg)tapintás; it is cold to the ~ hideg érzést kelt, megtapintva/tapintásra hideg 3. érintés; at a ~ érintésre; be in ~ with sy összeköttetésben/érintkezésben/kapcsolatban van vkvel; lose ~ with sy elveszti a kapcsolatot vkvel; be out of ~ with sy nincs kapcsolatban vkvel, nem érintkezik vkvel; keep in ~ kapcsolatban marad,

tartja a kapcsolatot (with vkvel); put sy in ~ with sy vkt vkvel összeismertet/összehoz 4. jellemző vonás/eljárásmód; a personal ~ egyéni vonás 5. ecsetkezelés; ecsetvonás, 6. (zongora-) billentés 7. próbakő; put sg to the ~ kipróbál vmt, próbára tesz vmt; biz had a near ~ egy hajszálon múlt a megmenekülése 8. egy csöpp(nyi), egy kevés (vmből); a ~ of flu egy kis meghűlés; a ~ of garlic leheletnyi fokhagymaíz 9. partvonal [labdarúgásban] II. A. vt 1. (meg)érint, (meg)tapint (vmt); hozzányúl (vmhez); don't ~! ne nyúlj hozzá !; he has not ~ed his dinner hozzá sem nyúlt a vacsorájához; ~ one's hat megbillenti a kalapját; ~ the spot rátapint a dolog gyökerére; ~ wood! lekopogni! 2. megérint [billentyűket], megpenget [húrt] 3. ~ bottom (1) feneket ér (2) átv mélypontot ér el; ~ land partot ér 4. felvázol; előrajzol; könnyedén befest (vmt) 5. futólag érint [témát] 6. vonatkozik (vkre, vmre); érint (vkt, vmt) 7. meghat, megindít; he was ~ed meg volt hatva, elérzékenyült 8. nobody can ~ him in sg utolérhetetlen vmben 9. □ ~ sy for ten dollars tíz dollár erejéig megvág vkt B. vi érintkezik touch at vi ~ at a port érint egy kikötőt [hajó] touch down vi 1. leszáll, földet ér [repgép] 2. gólt ér el [rögbiben] touch off vt 1. (gyorsan) lerajzol, leskiccel (vmt) 2. elsüt [ágyút]; felrobbant [lövedéket] 3. átv kirobbant (vmt) touch on vt/vi = touch upon touch up vt 1. (átv is) retusál [rajzot stb.]; kiszínez [elbeszélést] 2. sarkall, ösztönöz touch upon vt/vi (felületesen) érint (vmt), kitér (vmre) touchable ['tʌtʃəbl] a érinthető, megfogható; kézzelfogható touch-and-go [tʌtʃən'goʊ] a a ~ business kockázatos/veszélyes dolog/ügy touch-down n 1. gól [rögbiben] 2. földetérés [repgépé] touched [tʌtʃt] a 1. meghatott, megindult 2. biz kissé bolondos, dilis

touchily ['tʌtʃɪlɪ] adv érzékenykedve
touchiness ['tʌtʃɪnɪs] n érzékenység, sértődékenység
touching ['tʌtʃɪŋ] I. a megható, megindító II. prep vmre vonatkozólag, vmt illetőleg
touchingly ['tʌtʃɪŋlɪ] adv meghatóan
touch-line n partvonal [labdarúgásban]
touch-me-not n nebáncsvirág
touchstone n (átv is) próbakő
touch-typing n vakírás [írógépen]
touchwood n gyújtós, tapló
touchy ['tʌtʃɪ] a 1. érzékeny, ingerlékeny, sértődős 2. kényes [ügy]
tough [tʌf] I. a 1. szívós, kemény, rágós [hús]; ~ nut to crack kemény dió 2. kitartó, szívós, edzett, erős 3. makacs 4. nehéz, fáradságos [munka, feladat] 5. ~ luck balszerencse; that's ~! ez igen kellemetlen! 6. US fenyegető, erőszakos; ~ customer nehéz pasas II. n US vagány, huligán
toughen ['tʌfn] A. vt 1. megkeményít 2. szívóssá/edzetté/kitartóvá/erőssé tesz B. vi (átv is) megkeményedik
toughish ['tʌfɪʃ] a 1. meglehetősen szívós/kemény 2. meglehetősen nehéz [feladat]
toughness ['tʌfnɪs] n 1. szívósság, keménység, rágósság [húsé] 2. kitartás, ellenállás, szívósság; edzettség 3. makacsság 4. nehézség, keménység [feladaté] 5. US erőszakosság, fenyegető/rámenős magatartás
toupee ['tu:peɪ; US -'peɪ] n 1. hajcsomó, üstök 2. kis paróka
tour [tʊə*] I. n 1. utazás; (külföldi) út; körút, körutazás; társasutazás; a ~ of/round Europe európai (kör)út 2. túra 3. (kör)séta [rendsz. vezetéssel, a látnivalók megtekintésére] 4. ~ of inspection ellenőrző út, szemleút 5. vendégszereplés, turné; be on ~ turnézik, vendégszerepel 6. ~ de force [tʊədə'fɔ:s] (1) bűvészmutatvány (2) ügyes teljesítmény II. vi/vt körutat/körutazást tesz; utazik; körülutaz, beutaz, bejár [országot]; be ~ing (round) Europe körutazást tesz E.-ban, beutazza Európát

touring ['tʊərɪŋ] I. a körutazó; ~ car túraautó, túrakocsi; ~ company vándor színtársulat II. n 1. utazás 2. turistáskodás, természetjárás, túrázás
tourism ['tʊərɪzm] n 1. turisztika, természetjárás 2. turizmus, idegenforgalom
tourist ['tʊərɪst] n 1. turista, természetjáró 2. turista, külföldi utas/vendég; ~ agency idegenforgalmi hivatal; ~ class turistaosztály [hajón, repgépen]; ~ ticket kedvezményes körutazási jegy
touristic [tʊə'rɪstɪk] a turista
tournament ['tʊənəmənt; US 'tə:r-] n 1. lovagi torna, harcjáték 2. verseny, mérkőzés, torna [sportban]
tourney ['tʊənɪ; US 'tə:r-] n lovagi torna
tourniquet ['tʊənɪkeɪ; US 'tʊrnɪket] n ércsíptető, érleszorító
tousle ['taʊzl] vt összekócol, szétzilál
tout [taʊt] I. n 1. felhajtó; ticket ~ jegyüzér 2. lóversenytippek közvetítője II. vi 1. ~ for customers vevőket hajt fel 2. lóversenytippeket szerez
tow¹ [toʊ] n kóc, csepű
tow² [toʊ] I. n 1. vontatás; take in ~, have in ~ (1) vontat (2) felügyelete alatt tart (vkt, vmt) (3) kíséretében van (vk) 2. uszály, vontatmány 3. vontatókötél II. vt vontat [kocsit, csónakot stb.]
towage ['toʊɪdʒ] n 1. (hajó)vontatás 2. (hajó)vontatási díj
toward¹ [tə'wɔ:d; US tɔ:rd] prep 1. (átv is) felé, irányába(n) 2. közel, körül, tájban, tájt [időben]; ~ noon dél felé 3. vmnek céljára/elérésére/érdekében
toward² ['toʊəd; US tɔ:rd] a 1. közeledő, küszöbönálló, imminens 2. † készséges, tanulékony; engedelmes
towardly ['toʊədlɪ; US 'tɔ:rd-] a † jóindulatú, kedvező
towards [tə'wɔ:dz; US tɔ:rdz] prep = toward¹
tow-boat n vontatóhajó
towel ['taʊəl] I. n törülköző; biz throw in the ~ megadja magát, bedobja a törülközőt II. vt -ll- (US -l-) 1. törül-

közővel (le)töröl 2. □ jól elver, elagyabugyál
towel-horse/rail n törülközőtartó
towel(l)ing ['tauəlıŋ] n törülközőanyag
tower ['tauə*] I. n torony, bástya; ~ block toronyház; ~ of strength átv oszlop, pillér, megbízható támasz II. vi 1. felszáll, (magasba) emelkedik 2. tornyosul; uralkodik (over vm fölött) 3. ~ above sg (1) magasabb vmnél (2) átv vm fölé emelkedik, túlszárnyal vmt
towered ['tauəd] a tornyos, tornyú
towering ['tauərıŋ] a 1. toronymagasságú 2. heves [szenvedély, düh]
towery ['tauərı] a 1. tornyos 2. magas
tow-headed a (kócos) hirtelenszőke (hajú)
towing ['touıŋ] n vontatás
towing-net n vonóháló
tow-line n vontatókötél
town [taun] n 1. város; go (up) to ~ a városba megy; man about ~ világfi, társasági ember; ~ and gown a városi lakosság és az egyetemiek [Oxfordban és Cambridge-ben] 2. (jelzői haszn) ~ clerk városi főjegyző; ~ council városi tanács; ~ councillor városi tanácstag, tanácsnok, városatya; ~ crier kisbíró, kikiáltó; ~ hall városháza, tanácsháza; ~ house (fő)városi lakóház [vidéki családé]
town-planning n városépítés, várostervezés
townscape ['taunskeıp] n városkép
townsfolk ['taunzfouk] n pl városiak
township ['taunʃıp] n 1. városi közigazgatási terület 2. US vidéki kerület [járásé] 3. kis település [Ausztráliában]
townsman ['taunzmən] n (pl -men -mən) városi ember
townspeople ['taunz-] n pl városiak, városi lakosság
tow-path n vontatóút [a folyó szélén vontató lovak számára]
tow-rope n vontatókötél
toxic ['tɔksık; US -ɑ-] a mérges, mérgező, toxikus
toxicology [tɔksı'kɔləʒı; US -ɑ- -ɑ-] n méregtan, toxikológia

toxin ['tɔksın; US -ɑ-] n méreganyag, toxin
toy [tɔı] I. a 1. játék-; gyermek-; ~ trumpet játéktrombita 2. apró, pici; ~ dog (1) öleb (2) játékkutya II. n játék-(szer) III. vi ~ with sg játszik vmvel; ~ with an idea foglalkozik/eljátszadozik egy gondolattal
toy-book n képeskönyv
toy-box n játék(os)doboz
Toynbee ['tɔınbı] prop
toy-railway n játékvasút
toyshop n játékbolt, -üzlet
trace[1] [treıs] I. n 1. (láb)nyom; nyomdok; nyomvonal; (kerék)csapás 2. nyom; maradvány; there's no ~ of it nyoma sincs 3. kis/elenyésző mennyiség; ~ element nyomelem II. vt 1. felrajzol, felvázol, előrajzol, megjelöl, kijelöl 2. (át)másol, átrajzol; tussal kihúz 3. (gondosan) (le)ír 4. kinyomoz, kiszimatol 5. megtalálja nyomait [épületnek, kultúrának stb.]
trace back vt visszavezet
trace out vt kijelöl, kirajzol
trace[2] [treıs] n istráng, hám; biz kick over the ~s kirúg a hámból
traceable ['treısəbl] a 1. kinyomozható, kipuhatolható; kimutatható 2. (nyomon) követhető
trace-horse n előfogat [ló]
tracer ['treısə*] n 1. előrajzoló, (szabó-) rádli 2. ⟨elvesztett tárgyakat kinyomozó személy⟩ 3. keresőlap 4. ~ (bullet) nyomjelző lövedék 5. jelzett atom
tracery ['treısə)rı] n áttört (gótikus) kőcsipkézet, mérmű
trachea [trə'ki:ə] n (pl ~e trə'ki:i: v. ~s -z) légcső
trachoma [trə'koumə] n trachoma
tracing ['treısıŋ] n 1. (rajz)másolat 2. (át)rajzolás, átmásolás, pauzálás 3. nyomozás (vm után)
tracing-cloth n rajzvászon
tracing-paper n pauszpapír
tracing-wheel n = tracer 1.
track [træk] I. n 1. (láb)nyom, keréknyom; nyomdok; be on sy's ~ vknek nyomában van; cover up one's ~s eltünteti maga után az áruló nyomokat; follow in sy's ~ ~ vknek nyomdokaiba

lép; *keep ~ of sy* nyomon követ vkt, nem veszít szem elől vkt; *lose ~ of sy* nyomát veszti vknek, vk eltűnik a szeme elől; *biz make ~s* meglép, ellóg; put *sy on the right ~* helyes nyomra vezet vkt; *be on the wrong ~* rossz nyomon jár 2. csapás, ösvény; (út-) sáv; út(vonal), útirány; *be off the ~* letér az útról; *be on the right ~* jó úton jár 3. (verseny)pálya; *~ events* futószámok; *~ suit* tréningruha, melegítő 4. (vasúti) vágány, pálya(test); *the train left the ~* a vonat kisiklott; *US the wrong side of the ~s* a szegénynegyed 5. hernyótalp [traktoré]; futófelület [gumiabroncsé] 6. nyomtáv; keréktávolság 7. (hang)barázda **II. A.** *vt* 1. (nyomon) követ; *~ down* lenyomoz, nyomon követ és elfog 2. kinyomoz, kikövetkeztet 3. vontat [partról hajót] 4. *US* nyomokat hagy **B.** *vi* követőfelvételt készít [kamerával]
trackage ['trækɪdʒ] *n* 1. (hajó)vontatás [partról] 2. *US* vágányrendszer, vágányzat
track(-)and(-)field events futó-, ugró- és dobószámok, atlétika
tracker ['trækə*] *n* 1. (ki)nyomozó személy; vadász 2. [hajót partról] vontató (személy)
tracking ['trækɪŋ] *n* követés [filmfelvevőgépé]
trackless ['træklɪs] *a* 1. úttalan 2. sín nélküli, vágánytalan 3. nyomot nem hagyó
trackman ['trækmən] *n* (*pl* -men -mən) (vasúti) pályafelvigyázó
track-racing *n* salakpályaverseny
tract[1] [trækt] *n* 1. terület; pászta, földsáv; vidék, tájék 2. *~ (of time)* időtartam, időszak 3. szerv; pálya; *the digestive ~* az emésztőszervek
tract[2] [trækt] *n* 1. értekezés 2. (politikai, vallási) röpirat, traktátus
tractability [træktə'bɪlətɪ] *n* kezelhetőség; engedékenység; hajlékonyság
tractable ['træktəbl] *a* 1. engedékeny; hajlékony, könnyen kezelhető [személy] 2. jól megmunkálható
tractableness ['træktəblnɪs] *n* = *tractability*

Tractarian [træk'teərɪən] *a/n* ⟨az Oxford-mozgalom tagja s a High Church híve a XIX. században⟩, traktáriánus
tractate ['trækteɪt] *n* = *tract*[2]
traction ['trækʃn] *n* 1. vontatás, húzás; vonás; *~ wheel* vonókerék [mozdonyé] 2. (izom)összehúzódás
traction-engine *n* vontatógép, lokomobil
tractive ['træktɪv] *a* vonó, vontató; húzó
tractor ['træktə*] *n* vontató, traktor
Tracy ['treɪsɪ] *prop*
trade [treɪd] **I.** *n* 1. mesterség, foglalkozás, szakma; ipar; *by ~* foglalkozására nézve; *~ card* névkártya, cégkártya; *~ register* cégjegyzék; *~ school* ipariskola; szak(közép)iskola; *~ secret* gyártási titok; *put sy to a ~* vkt vmlyen szakmára/iparra kitanít-(tat) 2. kereskedelem; *~ agreement* kereskedelmi megállapodás; *be in ~* kereskedő, boltos 3. *the ~* a szakma; *the book ~* a könyvkereskedők (összessége), a könyvszakma 4. *~(s)* union szakszervezet; *GB T~s Union Congress* (*T.U.C.*) Szakszervezeti Szövetség 5. **trades** *pl* passzátszelek **II. A.** *vi* 1. kereskedik, üzletet köt 2. rendszeresen vásárol [egy bizonyos boltban] 3. *~ with sy* érintkezik vkvel 4. *~ on* tisztességtelen módon kihasznál/felhasznál/kiaknáz **B.** *vt* 1. *~ sg for sg* vmt vmre becserél 2. □ *~ sy down the river* átejt vkt
trade-mark *n* védjegy
trade-name *n* márkanév
trade-price *n* nagybani ár
trader ['treɪdə*] *n* 1. kereskedő 2. kereskedelmi hajó
tradescantia [trædəs'kænʃɪə] *n* fancsika, pletyka [szobanövény]
tradesman ['treɪdzmən] *n* (*pl* -men -mən) 1. kereskedő, boltos 2. (kis)iparos
tradespeople *n pl* kereskedők, kereskedőtársadalom
trade-unionism [-'ju:njənɪzm] *n* szakszervezeti rendszer
trade-unionist *n* 1. szakszervezeti tag 2. szakszervezeti rendszer híve
trade-wind *n* passzátszél
trading ['treɪdɪŋ] *a* kereskedelmi; *~*

capital forgótőke; ~ company (kül)kereskedelmi vállalat; ~ concern kereskedelmi vállalkozás; ~ post kereskedelmi ügynökség [bennszülöttekkel cserélő állomás gyarmaton]
tradition [trə'dɪʃn] n hagyomány, tradíció; régi szokás
traditional [trə'dɪʃənl] a hagyományos, tradicionális
traditionalist [trə'dɪʃnəlɪst] n 1. hagyományokhoz ragaszkodó (személy) 2. ⟨a Szentírást szó szerint értelmező személy⟩, fundamentalista
traduce [trə'dju:s; US -'du:s] vt (meg-) rágalmaz; becsmérel, befeketít
traducer [trə'dju:sə*; US -'du:-] n rágalmazó
Trafalgar [trə'fælgə*] prop
traffic ['træfɪk] I. n 1. adásvétel, kereskedés; ~ return forgalomkimutatás 2. titkos kereskedés; üzérkedés 3. forgalom, közlekedés; ~ accident közlekedési baleset; US ~ circle körforgalom; ~ count forgalomszámlálás; ~ indicator irányjelző; ~ jam forgalmi akadály/dugó; ~ lights/signal forgalmi jelzőlámpa, villanyrendőr; ~ manager forgalmista; ~ sign közúti jelzőtábla; ~ warden kb. parkolási ellenőr II. vi/vt (pt/pp ~ked 'træfɪkt) kereskedik, kalmárkodik, csereberél
trafficator ['træfɪkeɪtə*] irányjelző, index [autón]
trafficker ['træfɪkə*] n kalmár, üzér(kedő)
trafficking ['træfɪkɪŋ] n üzérkedés; ~ in votes szavazatok megvásárlása
tragedian [trə'dʒi:djən] n 1. tragédiaíró 2. tragikus színész
tragedienne [trədʒi:dɪ'en] n tragika
tragedy ['trædʒɪdɪ] n tragédia
tragic(al) ['trædʒɪk(l)] a 1. tragédiával kapcsolatos 2. tragikus, végzetes, szomorú kimenetelű/végű
tragically ['trædʒɪk(ə)lɪ] adv szomorúan, gyászosan, tragikusan
tragicomedy [trædʒɪ'kɒmɪdɪ; US -'kɑ-] n tragikomédia
tragicomical [trædʒɪ'kɒmɪkl; US -'kɑ-] a tragikomikus
rail [treɪl] I. n 1. nyom 2. ösvény, csa-

pás; blaze a ~ (1) utat vág (2) átv úttörő munkát végez 3. uszály 4. ágyútalp II. A. vt 1. ~ sg (along) maga után húz/hurcol/vonszol/vontat vmt; ~ one's coat(-tails) keresi, hogy kibe köthessen bele, provokatív kijelentéseket tesz 2. nyomoz, nyomon követ; csapáz B. vi 1. (lelóg és) a földet sepri (miközben viszik) 2. nehézkesen/fáradtan jár/cammog 3. vonul (vm után), nyomot hagy maga után 4. hosszúra nyúlik, kúszik [növény]
trail-blazer n úttörő
trailer ['treɪlə*] n 1. pótkocsi; utánfutó; lakókocsi 2. kúszónövény 3. hosszú inda/kacs/futó 4. előzetes [filmből]
trailing ['treɪlɪŋ] a 1. vm után húzódó, földet seprő 2. vontatott, pót-
trail-net n húzóháló [halászé]
trail-rope n kikötőkötél [léghajóé]
train [treɪn] I. n 1. vonat; get into/on the ~ beszáll a vonatba; get off (v. out of) the ~ leszáll a vonatról; go by ~ vonattal megy; workmen's ~ munkásvonat 2. uszály [női ruhán stb.] 3. kíséret 4. vonatosztály, trén 5. sor, sorozat; ~ of thought gondolatmenet, -sor; bring in its ~ magával hoz, maga után von; put things in ~ dolgokat előkészít II. A. vt 1. tanít, oktat; ~ for sg vmre nevel/előkészít 2. edz, treníroz 3. gyakorlatoztat, kiképez [katonát] 4. felfuttat, irányít [növényt]; nevel [bokrot] 5. irányít [on sg vmre fegyvert, látcsövet] B. vi gyakorlatozik; tréningezik, edz; ~ down ledolgozza súlyfeleslegét
trainband n GB polgárőrség, népfelkelők
train-bearer n uszályhordozó
trained [treɪnd] a gyakorlott; szakképzett; ~ nurse okleveles ápolónő
trainee [treɪ'ni:] n 1. gyakornok 2. (szakmunkás)tanuló 3. (kiképzésben levő) újonc
trainer ['treɪnə*] n edző, oktató 2. idomító
train-ferry n vasúti komp(hajó)
training ['treɪnɪŋ] n 1. nevelés, oktatás, (ki)képzés; begyakoroltatás, trenírozás; character ~ jellemformálás 2- military ~ katonai kiképzés 3. gya-

korlat; edzés, tréning; *be in* ~ tréningben van, jó formában van; *be out of* ~ nincs formában; kijött a gyakorlatból
training-college/school *n* 1. tanítóképző; tanárképző (főiskola) 2. gyakorlóiskola
training-ship *n* (tengerészkadét-)iskolahajó
trainload *n* vonatrakomány, vonatterhelés
trainman ['treɪnmən] *n pl* (-men -mən) (vasúti) fékező, vonatkísérő
train-oil *n* bálnaolaj
train-spotting *n* mozdonyok számának gyűjtése/figyelése [mint szórakozás]
traipse [treɪps] *vi* = *trapes*
trait [treɪ v. *főleg US* treɪt] *n* jellemző vonás, jellegzetesség
traitor ['treɪtə*] *n* áruló, hitszegő; *turn* ~ árulóvá lesz
traitorous ['treɪt(ə)rəs] *a* áruló, hitszegő
traitorously ['treɪt(ə)rəslɪ] *adv* áruló módon, hűtlenül
traitress ['treɪtrɪs] *n* áruló/hitszegő nő
trajectory ['trædʒɪkt(ə)rɪ] *n* röppálya; pályagörbe
tram [træm] I. *n* 1. villamos 2. (bánya-) csille II. *vi* -mm- villamossal utazik, villamosozik
tram-car *n* villamos(kocsi)
tram-line *n* 1. villamosvonal 2. villamossín 3. *biz the* ~*s* folyosó [teniszpályán]
trammel ['træml] I. *n* 1. (*átv is*) akadály, gát; nyűg 2. húzóháló 3. rúdkörző 4. S alakú akasztóhorog, kampó II. *vt* -ll- (*US* -l-) (meg)akadályoz, gátol; béklyóba ver
tramp [træmp] I. *n* 1. csavargó 2. ~ *steamer* alkalmi teherhajó 3. (fárasztó) gyaloglás 4. lábdübörgés 5. vasalás [cipő talpán] II. A. *vi* 1. csavarog, kóborol, gyalogol 2. dübörög [lépések]; dübörögve lép B. *vt* bebarangol, bekóborol, bejár
trample [træmpl] A. *vt* ~ *sg down* eltapos/elnyom vmt; ~ *to death* agyontapos B. *vi* ~ *on sg* rátapos vmre
trampoline ['træmpəli:n; *US* -'li:n] *n* ugrószőnyeg [akrobatáké stb.]
tramway *n* villamos(vasút); villamossín(ek)

trance [trɑ:ns; *US* -æ-] *n* révület; elragadtatás; transz
tranquil ['træŋkwɪl] *a* nyugodt, csendes, békés; zavartalan
tranquillity [træŋ'kwɪlətɪ] *n* nyugalom; csendesség
tranquillize ['træŋkwɪlaɪz] *vt* megnyugtat, lecsendesít; lecsillapít
tranquillizer ['træŋkwɪlaɪzə*] *n* nyugtató(szer)
trans. *translation*
transact [træn'zækt] *vt* lebonyolít; végrehajt; ~ *business* üzletet köt/lebonyolít
transaction [træn'zækʃn] *n* 1. lebonyolítás, elintézés, megkötés [üzleté] 2. ügylet, üzlet, tranzakció 3. **transactions** *pl* tudományos társaság aktái és előadásai
transalpine [trænz'ælpaɪn] I. *a* havasokon/Alpokon túli II. *n* havasokon/Alpokon túl élő személy
transatlantic [trænzət'læntɪk] *a* 1. az Atlanti-óceánon túli, tengerentúli 2. az Atlanti-óceánt átszelő; ~ *flight* óceánrepülés
transcend [træn'send] *vt* 1. meghalad (vmt); túllépi a határait (vmnek) 2. felülmúl (vkt, vmt)
transcendence [træn'sendəns] *n* 1. transzcendencia 2. felsőbbrendűség, kitűnőség
transcendency [træn'sendənsɪ] *n* = *transcendence*
transcendent [træn'sendənt] *a* 1. tapasztalattól független, transzcendens 2. páratlan, kitűnő
transcendental [trænsen'dentl] *a* 1. tapasztalattól független(ül létező), transzcendentális 2. *biz* bizonytalan, határozatlan, homályos, nehezen érthető
transcontinental ['trænzkɒntɪ'nentl; *US* -kɑn-] *a* a kontinensen áthaladó, transzkontinentális
transcribe [træn'skraɪb] *vt* 1. leír, lemásol 2. átír [más jelrendszerbe/hangszerre]; áttesz 3. felvesz [műsort]
transcriber [træn'skraɪbə*] *n* átíró (személy)
transcript ['trænskrɪpt] *n* 1. másolat 2. átírás

transcription [træn'skrɪpʃn] *n* 1. leírás, lemásolás 2. átírás [más jelrendszerbe]; áttétel [gyorsírásé] 3. (hang)felvétel
transept ['trænsept] *n* kereszthajó [templomban]
transfer I. *n* ['trænsfɔ:*] 1. átvitel, átszállítás, átrakás 2. áthelyezés [tisztviselőé stb.]; átigazolás [sportolóé] 3. átruházás, átengedés 4. átutalás [pénzösszegé] 5. átszállás [másik járműre]; ~ *ticket* átszálló(jegy) 6. átmásolás [rajzé stb.]; előnyomás; lehúzóképes/matricás képátvitel; ~ *picture* lehúzókép, matrica II. *v* [træns'fɔ:*] -rr- A. *vt* 1. átvisz, átszállít 2. áthelyez [alkalmazottat]; átigazol *(to* vhova); (el)vezényel 3. átruház, átenged 4. utalványoz, átutal 5. átvisz, átmásol [képet/rajzot kőre/fémlapra] B. *vi* 1. átköltözik; átmegy [más munkahelyre stb.] 2. átszáll [járműről járműre]
transferable [træns'fɔ:rəbl] *a* 1. átruházható, engedményezhető; *not* ~ másra át nem ruházható 2. áthelyezhető
transferee [trænsfɔ:'ri:] *n* engedményes, kedvezményezett
transference ['trænsf(ə)rəns; *US* -'fɔ:r-] *n* 1. átvitel 2. áthelyezés 3. átköltözés 4. átruházás, átengedés
transferor [træns'fɔ:rə*] *n* átruházó, engedményező
transfiguration [trænsfɪgju'reɪʃn; *US* -gjə-] *n* átváltozás; megdicsőülés, Jézus színeváltozása
transfigure [træns'fɪgə*; *US* -gjər] *vt* átváltoztat; átszellemít
transfix [træns'fɪks] *vt* 1. átdöf 2. áthat; *he stood* ~*ed with horror* kővé dermedt a rémülettől
transform I. *n* ['trænsfɔ:m] transzform II. *v* [træns'fɔ:m] A. *vt* 1. átalakít *[into* vmvé] 2. átalakit, transzformál [áramot] B. *vi* átváltozik, átalakul *(into* vmvé)
transformable [træns'fɔ:məbl] *a* átváltoztatható, átalakítható
transformation [trænsfə'meɪʃn] *n* 1. átalakítás *(into* vmvé) 2. átalakulás, át-

változás ~ *scene* nyíltszíni változás; *undergo a* ~ átalakul(áson esik át) 3. átalakítás, transzformálás, transzformáció [szaknyelvekben]
transformational [trænsfə'meɪʃənl] *a* transzformációs
transformer [træns'fɔ:mə*] *n* áramátalakító, transzformátor, trafó
transfuse [træns'fju:z] *vt* 1. *(átv is)* átönt 2. átömleszt [vért]
transfusion [træns'fju:ʒn] *n* átöntés; ~ *(of blood)* vérátömlesztés
transgress [træns'gres] A. *vt* áthág; túllép; megszeg B. *vi* bűnt követ el
transgression [træns'greʃn] *n* 1. áthágás; megszegés; túllépés 2. bűn, vétek
transgressor [træns'gresə*] *n* vétkes, bűnös
tranship [træn'ʃɪp] *vt* -pp- átrak, átszállít [egyik hajóról a másikra]
transhipment [træn'ʃɪpmənt] *n* átrakodás/átszállítás másik járműre
transience ['trænzɪəns; *US* -ʃ(ə)ns] *n* mulandóság
transiency ['trænzɪənsɪ; *US* -ʃ(ə)nsɪ] *n* = *transience*
transient ['trænzɪənt; *US* -ʃ(ə)nt] I. *a* = *transitory* II. *n biz* futóvendég
transistor [træn'sɪstə*; *US* -'z-] I. *a* tranzisztoros II. *n* 1. tranzisztor 2. ~ *(radio)* tranzisztoros rádió
transistorize [træn'sɪstəraɪz; *US* -'z-] *vt* tranzisztorizál
transit ['trænsɪt; *US* -z-] *n* 1. átjárás, átmenés, áthaladás, átutazás; *(jelzői haszn)* átmenő, átutazó, tranzit-; ~ *visa* átutazóvízum; *in* ~ úton, útközben; átutazóban 2. (áru)szállítás; *in* ~ szállítás alatt; *goods in* ~ tranzitáruk
transit-duty *n* tranzitvám
transition [træn'sɪʒn; *US* -'zɪʃn] *n* átmenet; ~ *period, period of* ~ átmeneti időszak
transitional [træn'sɪʒənl; *US* 'zɪʃənəl] *a* átmeneti
transitive ['trænsɪtɪv] *a* tárgyas [ige]
transitory ['trænsɪt(ə)rɪ; *US* -ɔ:rɪ] *a* mulandó, tünékeny, ideiglenes, átmeneti
translatable [træns'leɪtəbl] *a* lefordítható
translate [træns'leɪt] *vt* 1. (le)fordít; ~

a book from English into Hungarian egy könyvet angolról magyarra fordít **2.** átültet [gondolatot, elvet] **3.** értelmez **translation** [træns'leɪʃn] *n* (le)fordítás **translator** [træns'leɪtə*] *n* fordító **transliterate** [trænz'lɪtəreɪt; *US* -ns-] *vt* (más/idegen ábécé betűivel) átír **transliteration** [trænzlɪtə'reɪʃn; *US* -ns-] *n* (betű szerinti) átírás **translucence** [trænz'luːsns; *US* -ns-] *n* **1.** átlátszóság **2.** áttetszőség **translucent** [trænz'luːsnt; *US* -ns-] *a* **1.** átlátszó **2.** áttetsző **transmigration** [trænzmaɪ'greɪʃn; *US* -ns-] *n* **1.** kivándorlás **2.** ~ (*of souls*) lélekvándorlás **transmissible** [trænz'mɪsəbl; *US* -ns-] *a* **1.** átvihető, átengedhető, átküldhető **2.** örökölhető; örökbe hagyható **transmission** [trænz'mɪʃn; *US* -ns-] *n* **1.** átadás; továbbítás **2.** áttétel, erőátvitel **3.** sebességváltó; ~ *shaft* közlő(mű)tengely **4.** átvitel; ~ *line* (villamos) távvezeték **5.** adás [távközlésben] **transmit** [trænz'mɪt; *US* -ns-] *vt* -tt- **1.** átad, közöl; közvetít; továbbad [hírt, hagyományt] **2.** átvisz, átörökít **3.** továbbít, vezet [áramot, fényt, hőt stb.] **4.** (le)ad, sugároz, továbbít [adást] **transmitter** [trænz'mɪtə*; *US* -ns-] *n* **1.** átadó, terjesztő, közvetítő [betegségé] **2.** telefonkagyló **3.** adó(állomás) **4.** távíró-adókészülék **transmitting** [trænz'mɪtɪŋ; *US* -ns-] *a* **1.** (le)adó, sugárzó; ~ *station* adóállomás **2.** átvivő, közlő **transmogrify** [trænz'mɔgrɪfaɪ; *US* -ns-'mɑ-] *vt* (teljesen/meglepően) átalakít, átvarázsol [tréfás értelemben] **transmutation** [trænzmjuː'teɪʃn;*US* -ns-] *n* **1.** átváltoztatás, átalakítás **2.** átváltozás, átalakulás **transmute** [trænz'mjuːt; *US* -ns-] *vt* átalakít, átváltoztat **transoceanic** ['trænzəʊʃɪ'ænɪk; *US* -ns-] *a* **1.** tengerentúli **2.** óceánt átszelő, óceánon átmenő [hajó stb.] **transom** ['trænsəm] *n* szemöldökfa, ke-

resztfa, keresztgerenda, osztófa [ajtón, ablakon] **transom-window** *n* **1.** keresztes/osztásos ablak **2.** felülvilágító ablak [ajtó fölött] **3.** *US* kémlőablak **transpacific** [trænspə'sɪfɪk] *a* Csendes--óceánon túli/átmenő **transparency** [træns'pær(ə)nsɪ; *US* -'peər-] *n* **1.** áttetszőség; átlátszóság **2.** dia(pozitív) **transparent** [træns'pær(ə)nt; *US* -'peər-] *n* **1.** (*átv is*) átlátszó; áttetsző **2.** tiszta, világos [stílus] **3.** őszinte, nyílt **transpierce** [træns'pɪəs] *vt* **1.** átszúr; átfúr, átdöf **2.** áthat **transpiration** [trænspɪ'reɪʃn] *n* kipárolgás, kigőzölgés **transpire** [træn'spaɪə*] **A.** *vt* kipárologtat, kiizzad **B.** *vi* **1.** kipárolog, kigőzölög **2.** kitudódik, kiszivárog **3.** *biz* (meg)történik, megesik **transplant I.** *n* ['trænsplɑːnt; *US* -plænt] **1.** átültetett növény **2.** ~ (*operation/ surgery*)(szerv)átültetés; *heart*~szívátültetés **3.** átültetendő/átültetett szerv **II.** *vt* [træns'plɑːnt; *US* -'plænt] **1.** átültet [növényt, szervet, szövetet] **2.** áttelepít [lakosságot, üzemet] **transplantation** [trænsplɑːn'teɪʃn; *US* -plæn-] *n* **1.** átültetés; *kidney* ~ veseátültetés **2.** áttelepítés **transport I.** *n* ['trænspɔːt] **1.** szállítás, fuvarozás, szállítmányozás; utasszállítás; *road* ~ közúti szállítás; *Ministry of T*~ közlekedésügyi minisztérium; *T*~ *House* ⟨az angol munkáspárt központi hivatala⟩; ~ *worker* szállítómunkás; *vehicle of* ~ közlekedési eszköz, szállítóeszköz; *public* ~ tömegszállítás, -közlekedés **2.** szállítóhajó, csapatszállító hajó **3.** elragadtatás, extázis **II.** *vt* [træn'spɔːt] **1.** szállít, fuvaroz; szállítmányoz **2.** † deportál [fegyencet] **3.** elragad, hatalmába▸kerít [érzés] **transportable** [træn'spɔːtəbl] *a* szállítható **transportation** [trænspɔː'teɪʃn;*US* -spə-] *n* **1.** *US* (vasúti) szállítás, fuvarozás **2.** † deportálás **3.** *US* szállítóeszközök **4.** *US* villamosjegy, autóbuszjegy **5.** *US* fuvardíj, viteldíj

transporter [træn'spɔ:tə*] n 1. szállítmányozó 2. szállítóberendezés; szállítószalag; ~ bridge szállítóhíd, rakodóhíd
transposal [træns'pouzl] n 1. kicserélés 2. áttevés, áttétel
transpose [træns'pouz] vt 1. áttesz, áthelyez 2. felcserél 3. más hangnembe áttesz, transzponál
transposing [træns'pouzɪŋ] I. a transzponáló II. n transzponálás
transposition [trænspə'zɪʃn] n 1. átvitel, felcserélés 2. átírás más hangnembe, transzponálás
trans-ship [træns'ʃɪp] vt -pp- = tranship
transubstantiation ['trænsəbstænʃɪ'eɪʃn] n 1. átváltozás, átlényegülés 2. átváltoztatás
Transvaal ['trænzvɑ:l] prop
transvalue [træns'vælju:] vt átértékel
transversal [trænz'və:sl; US -ns-] a = transverse I.
transverse ['trænzvə:s; US -ns-] I. a átlós, haránt húzódó, rézsútos, transzverzális; ~ bracing keresztkötés; ~ girder kereszttartó; ~ section keresztmetszet II. n harántizom
Transylvania [trænsɪl'veɪnjə] prop Erdély
Transylvanian [trænsɪl'veɪnjən] a erdélyi
trap¹ [træp] I. n 1. (átv is) csapda, kelepce, tőr; lay/set a ~ csapdát állít 2. csapóajtó 3. szagfogó (akna), (bűz)elzáró 4. agyaggalambdobó gép 5. kordé 6. □ pofa, száj II. vt -pp- 1. (átv is) kelepcébe/csapdába ejt, tőrbe csal; csapdával fog 2. szagfogóval ellát 3. leállít [labdát labdarúgó]
trap² [træp] vt -pp- 1. felszerszámoz [lovat] 2. kidíszít
trap-door n 1. csapóajtó 2. kimászóablak [tetőn] 3. [színházi] süllyesztő
trapes [treɪps] vi biz jön-megy, csavarog, cselleng, csatangol
trapeze [trə'pi:z] n| trapéz [tornaszer]
trapezium [trə'pi:zjəm] n 1. GB trapéz 2. US = trapezoid 2.
trapezoid ['træpɪzɔɪd] n 1. US trapéz 2. GB általános négyszög, trapezoid
trapped [træpt] a tőrbeesett, elfogott →trap¹ II. és trap²

trapper ['træpə*] n észak-amerikai (csapdaállító) prémvadász
trappings ['træpɪŋz] n pl 1. díszes lószerszám 2. ünnepi díszruha
Trappist ['træpɪst] n trappista (szerzetes)
traps [træps] n pl biz 1. holmi, cókmók 2. poggyász, cucc
trap-shooting n agyaggalamb-lövészet
trash [træʃ] n 1. vacak, limlom; szemét, hulladék 2. US söpredék, alja nép; white ~ fehér proletár [néger államokban] 3. ponyva(irodalom), giccs 4. ostoba beszéd
trashy ['træʃɪ] a (átv is) hitvány, értéktelen
trauma ['trɔ:mə] n (pl ~ta -mətə v. ~s -z) sérülés, trauma
traumatic [trɔ:'mætɪk] a 1. sérüléses, traumás 2. nyomasztó emlékű
travail ['træveɪl] n vajúdás
travel ['trævl] I. n 1. utazás; ~ agency/bureau utazási iroda; ~ books, books of ~(s) útleírások 2. járás, menet [gépalkatrészé] II. v -ll- (US -l-) A. vi 1. utazik; ~ by air repülőgéppel utazik/megy 2. utazik [kereskedelmi utazó]; ~ in soap szappanban utazik 3. jár, megy 4. terjed [hang, hír] B. vt 1. beutazik, bejár [területet] 2. megtesz [távolságot]
travel(l)ed ['trævəld] a sokat utazott, világlátott
travel(l)er ['trævlə*] n 1. utazó; ~'s cheque, US traveler's check utazási csekk 2. (commercial) ~ kereskedelmi utazó, ügynök 3. csúszógyűrű 4. mozgódaru, futódaru
travel(l)er's-joy n iszalag
travel(l)ing ['trævlɪŋ] I. a 1. utazó; ~ bag útitáska; ~ expenses útiköltség; ~ salesman kereskedelmi utazó, ügynök 2. mozgó, futó; ~ post-office mozgóposta; ~ staircase mozgólépcső; ~ speed utazósebesség, menetsebesség II. n utazás
travelogue, US -log ['trævəlɔg; US -ɑg] n útirajz, útleírás
traverse ['trævəs] I. n 1. átlós vonal 2. keresztgerenda 3. áthaladás, átkelés 4. visszautasítás [vádé, állításé] II. vt

1. **keresztez** (vmt), **átkel** (vmn); **be-utazik** [területet] 2. *átv* **áttekint** [témát] 3. **ellenez, kifogásol; tagad** [állítást]
travesty ['trævɪstɪ] I. *n* **travesztia, paródia;** ~ *of justice* az igazságszolgáltatás megcsúfolása II. *vt* 1. **nevetségessé tesz, kifiguráz, travesztál** 2. **rosszul ad elő** [szerepet], **eredeti jellegéből kiforgat**
trawl [trɔ:l] I. *n* **húzóháló** II. A. *vi* **húzóhálóval halászik** B. *vt* **vontat**
trawler ['trɔ:lə*] *n* 1. **húzóhálóval halászó halász** 2. **fenékhálós halászhajó**
tray [treɪ] *n* 1. **tálca** 2. (bőrönd)betét
tray-cloth *n* **tálcakendő**
treacherous ['tretʃ(ə)rəs] *a* **áruló, hűtlen**
treachery ['tretʃ(ə)rɪ] *n* **árulás; hűtlenség**
treacle ['tri:kl] *n GB* **melasz**
treacly ['tri:klɪ] *a GB átv* **szirupos, édeskés**
tread [tred] I. *n* 1. **lépés** (zaja) 2. **járás**(mód) 3. **belépő** [lépcsőfok lapja] 4. **járófelület** [lábbelié], **cipőtalp; futófelület** [gumiabroncsé] II. *v* (*pt* **trod** trɔd, *US* -a-, *pp* **trodden** 'trɔdn, *US* -ɑ-) A. *vi* 1. **megy, jár, lépked** 2. **tapos, tipor** B. *vt* 1. **tapos;** ~ *a path* **ösvényt** (ki)tapos; ~ *water* **a vizet tapossa** 2. **jár, ró** [utat] 3. **megbúbol** [kakas tyúkot]
tread down *vt* 1. **letapos** 2. (*átv is*) **elnyom, eltipor**
tread in *vt* **betapos** [a földbe]
tread on *vi* ~ *on sg* (1) **rálép vmre** [véletlenül] (2) **eltapos vmt;** ~ *on sy's heels* vk **nyomdokain halad**
tread out *vt* 1. **tapos** [szőlőt] 2. **eltapos** [tüzet] 3. **eltipor** [felkelést]
tread under *vt* (*átv is*) **eltipor;** ~ *sg u. foot* vmt **lábbal tipor**
tread upon *vi* = *tread on*
treadle ['tredl] *n* **pedál, lábító**
treadmill *n* (*átv is*) **taposómalom**
treason ['tri:zn] *n* 1. **árulás, hitszegés** 2. (haza)árulás; *high* ~ **felségárulás; felségsértés**
treasonable ['tri:znəbl] *a* **hazaáruló; hitszegő**
treasonably ['tri:znəblɪ] *adv* **áruló módra/módon**

treasonous ['tri:znəs] *a* = *treasonable*
treasure ['treʒə*] I. *n* **kincs** II. *vt* 1. ~ (*up*) **felhalmoz** 2. **kincsként őriz** 3. **megőriz** [emlékezetében] 4. **nagyra becsül**
treasure-house *n* **kincstár**
treasurer ['treʒ(ə)rə*] *n* 1. **kincstáros** 2. **pénztáros**
treasure-trove *n* (gazdátlan) **kincslelet**
treasury ['treʒ(ə)rɪ] *n* 1. **kincstár** 2. *the* T~ (1) *GB* **államkincstár** (2) *US* **pénzügyminisztérium;** *GB* T~ *bench* **miniszteri padsor** [parlamentben]; ~ *bill* **kincstári váltó/jegy;** ~ *note* (1) *US* **kincstári jegy** (2) *GB* † (egyfontos v. tízshillinges) **bankjegy;** *First Lord of the* T~ *a* **kincstár első lordja** [többnyire az angol miniszterelnök] 3. *átv* **tárház,** (irodalmi) **kincsesház**
treat [tri:t] I. *n* (ritka) **élvezet** 2. **vendégség; mulatság; megvendégelés;** *stand sy a* ~ vkt **megvendégel** II. A. *vt* 1. **bánik** (vkvel, vmvel) 2. **kezel, tekint** (vmt vhogy); ~ *sg as a joke* **tréfának tekint vmt** 3. **kezel** [orvosilag, vegyileg], **orvosi/vegyi kezelésnek alávet** 4. **foglalkozik** [egy tárggyal]; **értekezik** (vmről); **tárgyal** [témát] B. *vi* 1. ~ *of sg* **szól vmről** [mű] 2. **tárgyal** (*with sy* vkvel)
treatise ['tri:tɪz] *n* **értekezés, tanulmány**
treatment ['tri:tmənt] *n* 1. **bánásmód** 2. (gyógy)kezelés, gyógymód 3. (*átv is*) **kezelés; feldolgozás, tárgyalás** [témáé]
treaty ['tri:tɪ] *n* 1. (államközi) **szerződés;** (nemzetközi) **egyezmény** 2. (magán-) **szerződés, megállapodás;** *sell by private* ~ **magánegyezséggel elad** 3. **tárgyalás;** *be in* ~ *with sy for sg* **tárgyal(ásokat) folytat) vkvel vmről**
treble ['trebl] I. *a* 1. **háromszoros** 2. **szoprán;** ~ *clef* **violinkulcs,** G **kulcs** II. *n* 1. **háromszorosa** (vmnek) 2. **szoprán** (hang), **szoprán/felső szólam** III. A. *vt* (meg)**háromszoroz** B. *vi* (meg-)**háromszorozódik**
trebly ['treblɪ] *adv* **háromszorosan**
tree [tri:] I. *n* 1. [élő] **fa;** *be up a* ~ **szorult helyzetben van** II. *vt* 1. **fára felkerget** 2. **felsámfáz** 3. **nehéz helyzetbe hoz;** *be* ~*d* **benne van a csávában**

tree-fern *n* trópusi páfrányfa
tree-frog *n* levelibéka
treeless ['tri:lıs] *a* fátlan, kopár
tree-nail *n* faszeg
tree-trunk *n* fatörzs
trefoil ['trefɔıl; *US* 'tri:-] *n* 1. (ló)here
2. lóhere dísz(ítés)
trek [trek] I. *n* utazás/költözés ökörfogaton [új hazába Dél-Afrikában]; nagy út II. *vi* -kk- 1. ökörszekéren utazik 2. vándorol, költözik; nagy utat tesz
trellis ['trelıs] I. *n* lugas, rácsozat [felfutó növénynek, kordonfának] II. *vt* 1. ráccsal/léckerítéssel elkerít 2. rácsra/lugasra felfuttat
trellis-work *n* = *trellis I.*
tremble ['trembl] I. *n* reszketés, remegés; *all of a* ~ minden ízében reszketve II. *vi* 1. reszket, remeg; *his fate* ~*s in the balance* a sorsa függ ettől, ezen múlik a sorsa; ~ *with fear* reszket a félelemtől 2. borzong, didereg 3. (nagyon) fél
trembling ['tremblıŋ] I. *a* reszkető, remegő; ~ *poplar* rezgő nyár(fa) II. *n* reszketés, remegés
tremendous [trı'mendəs] *a* 1. félelmetes, borzasztó 2. *biz* óriási, irtó(zatosan) nagy
tremor ['tremə*] *n* remegés
tremulous ['tremjʊləs; *US* -mjə-] *a* 1. reszkető, remegő 2. félénk, félős
tremulously ['tremjʊləslı; *US* -mjə-] *adv* 1. remegve 2. félve
trench [trentʃ] I. *n* (futó)árok; lövészárok II. **A.** *vt* 1. árkot húz/ás 2. művel, felás [földet], barázdákat von 3. lövészárkot/futóárkot ás; sáncol B. *vi* ~ *on/upon sg* (1) bitorol vmt (2) *átv* közel jár vmhez
trenchant ['trentʃ(ə)nt] *a* 1. éles [kard, penge] 2. metsző, éles [humor, stílus], határozott, erőteljes [politika]
trench-coat *n* (katonai) trencskó(t)
trencher ['trentʃə*] *n* 1. húsvágó deszka; fatányér 2. ~ (*cap*) angol/amerikai egyetemi sapka
trencherman ['trentʃəmən] *n* (*pl* -men -mən) (jó) evő; *good* ~ nagyevő
trench-fever *n* volhiniai láz

trench-foot *n* (*pl* -feet) fagyott láb, lábfagyás
trend [trend] I. *n* irány; irányzat, irányvonal; áramlat, tendencia, trend II. *vi* *átv* irányul, tart (*to/towards* vm felé)
trend-setter *n* irányzatot elindító/meghatározó [személy]
trendy ['trendı] *a* *GB* irányzattá váló, divatba jövő
Trenton ['trent(ə)n] *prop*
trepan [trı'pæn] I. *n* 1. koponyalékelő fűrész/eszköz 2. földfúró, magfúró II. *vt* -nn- (meg)lékel [koponyát]
trepang [trı'pæŋ] *n* tengeri uborka
trephine [trı'fi:n; *US* -'faın] *n/vt* = *trepan*
trepidation [trepı'deıʃn] *n* 1. izgalom; felindulás 2. remegés, reszketés
trespass ['trespəs] I. *n* 1. birtokháborítás 2. törvényszegés, -sértés, jogsértés 3. bűn; vétek; *forgive us our* ~*es* bocsásd meg a mi vétkeinket 4. túlkapás II. *vi* 1. vk területén engedély nélkül átjár; ~ (*up*)*on sy's rights* vknek a jogait sérti/bitorolja; tilosban jár 2. visszaél [vk türelmével stb.] 3. † vétkezik (*against* vm ellen)
trespasser ['trespəsə*] *n* 1. tilosban járó személy; birtokháborító; ~*s will be prosecuted* átjárás büntetés terhe alatt tilos 2. vétkes, bűnös (személy)
tress [tres] *n* 1. (haj)fürt 2. **tresses** *pl* hajzat [nőé]
tressy ['tresı] *a* (haj)fürtös
trestle ['tresl] *n* állvány, bak; kecskeláb
trestle-bed *n* tábori ágy
trestle-bridge *n* állványhíd [fából]
trestle-table *n* kecskelábú asztal
trestle-work *n* állványzat
Trevelyan [trı'vıljən] *prop*
trews [tru:z] *n* *pl* hosszúnadrág [skót mintás gyapjúszövetből]
trey [treı] *n* hármas [kártyában vagy kockán]
triable ['traıəbl] *a* 1. megvizsgálható 2. perelhető
triad ['traıəd] *n* 1. hármas (csoport), triász 2. hármashangzat
trial ['traı(ə)l] *n* 1. próba, kipróbálás, kísérlet; vizsgálat; ~ *balloon* kísérleti

léggömb; ~ *boring* próbafúrás; ~ *by combat* istenítélet [párbaj]; ~ *and error* fokozatos megközelítés (módszere); próbálgatás(os módszer); ~ *game* válogató mérkőzés; ~ *flight* próbarepülés; ~ *order* próbarendelés; ~ *run* próbamenet; *give sg a* ~ kipróbál vmt; *on* ~ próbaképpen, kipróbálás alatt 2. megpróbáltatás 3. (bírósági) tárgyalás; ~ *by jury* esküdtszéki tárgyalás; *bring sy up for* ~, *put sy on* ~ bíróság elé állít vkt 4. per, bírói eljárás; *US* ~ *judge* büntetőbíró
triangle ['traɪæŋgl] *n* 1. háromszög; *the eternal* ~ szerelmi háromszög 2. triangulum [hangszer]
triangular [traɪ'æŋgjʊlə*; *US* -gjə-] *a* háromszögű
triangulation [traɪæŋgjʊ'leɪʃn; *US* -gjə-] *n* háromszögelés
tribal ['traɪbl] *a* törzsi
tribalism ['traɪbəlɪzm] *n* törzsi rendszer
tribe [traɪb] *n* 1. (nép)törzs 2. faj(ta); nem [állati, növényi] 3. pereputty, társaság
tribesman ['traɪbzmən] *n* (*pl* -men -mən) törzstag
tribulation [trɪbjʊ'leɪʃn; *US* -bjə-] *n* 1. lelki kín; szomorúság, bánat 2. csapás, megpróbáltatás
tribunal [traɪ'bju:nl] *n* 1. bírói szék 2. bíróság; *people's* ~ népbíróság
tribune ['trɪbju:n] *n* 1. néptribun; népvezér 2. szónoki emelvény
tributary ['trɪbjʊt(ə)rɪ; *US* -bjəterɪ] I. *a* 1. alárendelt, hűbéres 2. ~ *stream* mellékfolyó II. *n* 1. hűbéres; adófizető 2. mellékfolyó
tribute ['trɪbju:t] *n* 1. sarc; hűbér; adó; fizetség 2. *átv* köteles tartozás/tisztelet; ~ *of respect* (1) megillető tisztelet, elismerés (2) kegyelet adója; *pay* ~ *to sy* elismeréssel/kegyelettel adózik vk iránt; *floral* ~ koszorú, virág [temetésen]
trice[1] [traɪs] *n* pillanat; *in a* ~ azonnal
trice[2] [traɪs] *vt* ~ *up* kötéllel felhúz (és megköt) [vitorlát]
triceps ['traɪseps] *n* deltaizom, triceps
trick [trɪk] I. *n* 1. (ügyes) fogás, fortély, trükk; *a dirty* ~ aljas kitolás; *he knows*

a ~ *or two* minden hájjal megkent fickó, ravasz/„dörzsölt" fickó; *play a* ~ *on sy* (1) megtréfál vkt (2) becsap/rászed vkt; *know the* ~*s of the trade* ismeri a szakma fortélyait 2. egyéni sajátosság, jellegzetes szokás; *he has a* ~ *of* . . . szokott vmt tenni 3. ütés [kártyában], trikk 4. bűvészmutatvány, trükk; *that will just do the* ~ ennek majd meglesz a kellő hatása II. A. *vt* 1. becsap, rászed; ~ *sy into doing sg* ravaszul beugrat vkt vmbe; ~ *sy out of sg* kicsal vktől vmt 2. *biz* ~ *sy/sg out/up* feldíszít/kicicomáz vkt/vmt B. *vi* csal
trickery ['trɪkərɪ] *n* csalás, trükk
trick-flying *n* műrepülés
trickiness ['trɪkɪnɪs] *n* 1. ravaszság, furfangosság 2. bonyolultság
trickish ['trɪkɪʃ] *a* = *tricky*
trickle ['trɪkl] I. *n* 1. szivárgás; vékony erecske II. A. *vi* szivárog, csörgedez; pereg [könny] B. *vt* csepegtet
trickster ['trɪkstə*] *n* szélhámos; csaló
tricky ['trɪkɪ] *a* 1. ravasz, furfangos, agyafúrt 2. elmés, bonyolult [szerkezet]
tricolour, *US* -color ['trɪkələ*; *US* 'traɪkʌlər] I. *a* háromszínű II. *n* háromszínű zászló, trikolór
tricot ['tri:koʊ] *n* trikó
tric-trac ['trɪktræk] *n* ostábla(játék)
tricycle ['traɪsɪkl] *n* tricikli
trident ['traɪdnt] *n* háromágú szigony
tried [traɪd] *a* kipróbált, megvizsgált; megbízható →*try II.*
triennial [traɪ'enjəl] *a* 1. három évig tartó, három évig élő [növény] 2. háromévenként ismétlődő
trier ['traɪə*] *n* megvizsgáló/kipróbáló személy
trier-on *n* próbakisasszony
trifle ['traɪfl] I. *n* 1. (jelentéktelen) apróság/csekélység 2. kb. somlói galuska 3. kis/elenyésző mennyiség; *a* ~ egy kissé, parányit, valamicskét II. A. *vt* ~ *away* elfecsérel, elpazarol [pénzt, időt] B. *vi* 1. tréfálkozik; enyeleg 2. ~ *with sg* babrál/játszik vmvel; ~ *over/with one's food* piszkál az ételben 3. lebzsel, haszontalansággal tölti idejét

trrifler ['traɪflə*] *n* 1. frivol személy 2. piszmogó, pepecselő
trifling ['traɪflɪŋ] I. *a* jelentéktelen, csekély II. *n* könnyelműség; felületesség, komolytalanság
triforium [traɪ'fɔ:rɪəm] *n* (*pl* -ria -rɪə) oldalkarzat [templomban]
trigger ['trɪgə*] I. *n* ravasz [lőfegyveré]; kioldó(gomb) II. *vt* ~ *sg off* (1) elsüt [fegyvert] (2) *átv* kivált [hatást]; előidéz [jelenséget]
trigger-finger *n* mutatóujj
trigger-guard *n* ravaszvédő kengyel
trigger-happy *a US biz* lövöldözést kedvelő
trigonal ['trɪgənl] *a* háromszögű (keresztmetszetű)
trigonometric(al) [trɪgənə'metrɪk(l)] *a* háromszögtani, trigonometrikus
trigonometry [trɪgə'nɒmɪtrɪ; *US* -am-] *n* háromszögtan, trigonometria
trilateral [traɪ'læt(ə)rəl] *a* háromoldalú
trilby ['trɪlbɪ] *n* ~ (*hat*) puhakalap
trilingual [traɪ'lɪŋgw(ə)l] *a* háromnyelvű
trill [trɪl] I. *n* trilla, pergés II. A. *vi* trillázik B. *vt* perget [hangot]
trillion ['trɪljən] *n* 1. *GB* trillió [10¹⁸] 2. *US* billió [10¹²]
trilobate ['traɪləbeɪt] *a* háromkaréjú
trilogy ['trɪlədʒɪ] *n* trilógia
trim [trɪm] I. *n* 1. állapot, rend; *in good* ~ jó karban/formában/kondícióban van 2. ruházat 3. belső kárpitozás [autóé] 4. egyensúlyi helyzet [hajóé] II. *a* takaros, rendes, jó karban levő, karban/rendben tartott III. *v* -mm- A. *vt* 1. rendbe hoz/tesz 2. (le)nyes, (le-)nyír, rövidre vág; ~ *a lamp* lámpabelet tisztít; ~ *meat* húst sütésre előkészít [inakat, zsírt stb. kiszed] 3. farag [követ]; gyalul [deszkát stb.] 4. (fel-) díszít, kicicomáz; szegélyez; ~ *sg with fur* prémmel szeg(élyez) 5. kiegyensúlyoz [hajót, repgépet]; előkészít [vitorlát] 6. *biz* leszid, lehord 7. *biz* ~ *sy's jacket* jól elpáhol vkt 8. *biz* anyagilag becsap/megrövidít B. *vi* alkalmazkodik [politikai helyzethez]; köpönyeget forgat
trimester [traɪ'mestə*] *n* (iskolai) harmadév

trimeter ['trɪmɪtə*] *n* háromlábú vers- (sor)
trimly ['trɪmlɪ] *adv* csinosan, rendesen, takarosan
trimmed [trɪmd] *a* 1. rendbe hozott; lenyírt 2. díszített, szegélyezett ∥→*trim III*.
trimmer ['trɪmə*] *n* 1. nyeső-, egyengető olló; vágógép 2. fiókgerenda 3. köpönyegforgató, opportunista
trimming ['trɪmɪŋ] *n* 1. körülvágás; nyesés; nyírás, trimmelés 2. dísz; szegély [ruhán, kalapon]; sujtás 3. **trimmings** *pl* (1) levágott darabok; forgács (2) szegély(dísz), paszomány, sujtás (3) körítés [húshoz] 4. szóvirág →*trim III*.
trimness ['trɪmnɪs] *n* 1. jó állapot 2. takarosság; rendes külső
tringle ['trɪŋgl] *n* függönyrúd
trinitrotoluene [traɪnaɪtrou'tɒljuːi:n; *US* -'tɑ-] *n* trinitro-toluol, trotil, TNT
trinity ['trɪnɪtɪ] *n* 1. háromság, három személy/dolog 2. *the T~* a Szentháromság
trinket ['trɪŋkɪt] *n* csecsebecse, bizsu
trio ['tri:ou] *n* trió, hármas
trip [trɪp] I. *n* 1. kirándulás, [kisebb] utazás, út; *field* ~ tanulmányi kirándulás 2. (*átv is*) (meg)botlás; *biz* ballépés, baklövés 3. *biz take a* ~ kábítószeres mámort élvez 4. ~ (*mechanism*) kioldó/kikapcsoló szerkezet II. *v* -pp- A. *vt* 1. elgáncsol (vkt), gáncsot vet (vknek) 2. rajtakap vkt [hibán, tévedésen] B. *vi* 1. ~ *along* könnyedén lépked 2. (*átv is*) megbotlik, hibát követ el
  trip out *vi* 1. könnyed léptekkel kitipeg/kilejt 2. *biz* hallucinációs mámort élvez
  trip over *vi* ~ *o. sg* megbotlik vmben
  trip up A. *vt* 1. (*átv is*) elgáncsol (vkt), gáncsot vet (vknek) 2. *biz* rajtakap [vkt hibán stb.] B. *vi* (*átv is*) megbotlik, elbotlik
tripartite [traɪ'pɑ:taɪt] *a* 1. háromrészű 2. háromoldalú [szerződés]
tripe [traɪp] *n* 1. pacal 2. *vulg* **tripes** *pl* belek 3. □ ócskaság, vacakság 4. □ szennyirodalom

tripeman *n* belsőrészárus, pacalos
trip-hammer *n* emelős (gőz)kalapács
triphase ['traɪfeɪz] *a* háromfázisú [áram]
triphibious [traɪ'fɪbɪəs] *a* szárazföldi, légi és tengeri harcban egyaránt közlekedni tudó [jármű]
triple ['trɪpl] I. *a* hármas, háromszoros; ~ *time* hármas ütem [zenében] II. A. *vt* (meg)háromszoroz B. *vi* (meg)háromszorozódik
triplet ['trɪplɪt] *n* 1. hármas, trió 2. hármas iker 3. háromsoros rím
triplex ['trɪpleks] *a* háromszoros
triplicate I. *a* ['trɪplɪkət] háromszoros; három példányban készült II. *n* ['trɪplɪkət] harmadpéldány; *in* ~ három példányban, két másolattal III. *vt* ['trɪplɪkeɪt] (meg)háromszoroz; három példányban készít
triply ['trɪplɪ] *adv* háromszorosan, triplán
tripod ['traɪpɔd; *US* -ɑd] *n* háromlábú állvány, fotoállvány
tripos ['traɪpɔs; *US* -ɑs] *n GB* kitüntetéses egyetemi vizsga [Cambridge-ben]
tripped [trɪpt] →*trip II.*
tripper ['trɪpə*] *n* kiránduló, turista
triptych ['trɪptɪk] *n* szárnyas oltárkép
triptyque [trɪp'ti:k] *n* triptik, gépkocsi--vámigazolvány, -útlevél
trireme ['traɪri:m] *n* háromsorevezős görög gálya
trisect [traɪ'sekt] *vt* három részre oszt
trisection [traɪ'sekʃn] *n* három részre osztás/szelés
Tristram ['trɪstrəm] *prop* Trisztán
trisyllabic [traɪsɪ'læbɪk] *a* háromszótagú
trisyllable [traɪ'sɪləbl] *n* háromszótagú szó
trite [traɪt] *a* elcsépelt, banális, közhelyszerű
triteness ['traɪtnɪs] *n* közhely, banalitás, elcsépeltség
triton ['traɪtn] *n* 1. T~ triton [tengeri félisten]; *T*~ *among minnows* nagy ember jelentéktelen környezetben 2. kürtös csiga
trituration [trɪtjʊ'reɪʃn; *US* -tʃə-] *n* péppé/porrá zúzás/morzsolás
triumph ['traɪəmf] I. *n* 1. győzelem, diadal 2. diadalmámor; (öröm)ujjongás

3. diadalmenet II. *vi* 1. ~ (*over sy/sg*) diadalmaskodik, győz(edelmeskedik); diadalt ül (vkn, vmn) 2. diadalmenetet tart
triumphal [traɪ'ʌmfl] *a* diadalmi, győzedelmi; ~ *arch* diadalív
triumphant [traɪ'ʌmfənt] *a* 1. diadalmaskodó, győzelmes 2. diadalmas [mosoly stb.]
triumvir [trɪ'ʌmvə*] *n* (*pl* ~s -z v. ~i trɪ'ʊmvɪri:) triumvir, hármas kormány tagja [ókori Rómában]
triumvirate [traɪ'ʌmvɪrət] *n* triumvirátus
trivet ['trɪvɪt] *n* háromlábú állvány; *as right as a* ~ a legnagyobb rendben van
trivial ['trɪvɪəl] *a* 1. jelentéktelen, csekély fontosságú 2. hétköznapias, elcsépelt, unalmas, egyhangú
triviality [trɪvɪ'ælətɪ] *n* 1. jelentéktelenség 2. köznapiság, banalitás
triweekly [traɪ'wi:klɪ] *a* 1. háromhetenkénti 2. hetenként háromszori
troat [troʊt] I. *n* szarvasbőgés II. *vt* bőg [szarvas]
trochaic [troʊ'keɪɪk] I. *a* trocheusi II. *n* trocheus (— u)
trochee ['troʊki:] *n* trocheus
trod →*tread II.*
trodden ['trɔdn; *US* -ɑ-] *a* kitaposott [út] →*tread II.*
troglodyte ['trɔglədaɪt; *US* -ɑg-] *n* barlanglakó, troglodita
Troilus ['troʊɪləs] *prop*
Trojan ['troʊdʒ(ə)n] I. *a* trójai; ~ *horse* a trójai faló II. *n* trójai férfi/nő; *work like a* ~ serényen dolgozik
troll[1] [troʊl] *n* törpe, manó; óriás
troll[2] [troʊl] I. *n* 1. kánon [ének], kórének 2. forgatás, forgás 3. villantó(kanál) [horgászáshoz] II. A. *vt* 1. kánont énekel 2. hangosan/vidáman énekel B. *vi* 1. jókedvűen énekel 2. mozgó csónakról horgászik
trolley ['trɔlɪ; *US* -ɑ-] *n* 1. targonca, tolókocsi [utcai árusé]; kézikocsi [pályaudvaron], kofferkuli 2. (vasúti) pályakocsi, kézihajtány 3. zsúrkocsi 4. áramszedő 5. *US* villamos(kocsi)
trolley-bus *n* trolibusz
trolley-car *n US* (felső vezetékes) villamos(kocsi)

trolley-wire *n* felső vezeték
trollop ['trɔləp; *US* -ɑ-] *n* 1. szuty-
kos/lompos nőszemély 2. prostituált
Trollope ['trɔləp] *prop*
trombone [trɔm'boʊn; *US* -ɑm-] *n* har-
sona, puzon
troop [tru:p] I. *n* csoport; csapat, sereg;
falka; ~ s csapatok, katonaság; *call
out the* ~s kivezényli(k) a katonaságot;
raise ~s sereget állít II. A. *vi* 1. cso-
portosul 2. menetel 3. ~ *in* betódul
[tömeg]; ~ *out* kicsődül, kitódul [tö-
meg] B. *vt GB* ~ *the colour(s)* zászlós
díszszemlét tart
troop-carrier *n* csapatszállító hajó/repü-
lőgép
trooper ['tru:pə*] *n* 1. lovas katona;
swear like a ~ káromkodik mint a
záporeső 2. lovassági ló 3. csapatszál-
lító hajó 4. lovas/motoros rendőr
trooping ['tru:pɪŋ] *n* 1. csapatgyülekt-
zés; összesereglés 2. *GB* ~ *the colour*
zászlós díszszemle
troop-ship *n* csapatszállító hajó
trope [troʊp] *n* 1. szókép 2. képes be-
széd
trophy ['troʊfɪ] *n* 1. hadizsákmány, dia-
dalemlék 2. (vadász)trófea 3. (tisz-
telet)díj [sportban]
tropic ['trɔpɪk; *US* -ɑ-] I. *a* forró égövi,
délszaki, tropikus II. *n* 1. *T*~ *of
Cancer* Ráktérítő; *T*~ *of Capricorn*
Baktérítő 2. *the* ~s a trópusok, a for-
ró égöv
tropical ['trɔpɪkl; *US* -ɑp-] *a* 1. tropi-
kus; forró égövi; ~ *fruits* déligyümöl-
cs(ök) 2. *átv* tüzes, szenvedélyes 3.
képes/átvitt értelmű
trot [trɔt; *US* -ɑ-] I. *n* 1. ügetés; *full* ~
sebes ügetés 2. *biz* sietős járás; *be
(always) on the* ~ mindig serénykedik
(v. sürög-forog) 3. *biz* kisgyerek II.
v -tt- A. *vt* 1. ügetésre fog [lovat] 2.
megfuttat (vkt) B. *vi* 1. üget 2. siet;
~ *short* szaporán lépdel, tipeg
trot along *vi biz* elsiet
trot out *vt* előhoz (vmt); büszkélke-
dik (vkvel, vmvel), fitogtat (vmt)
trot round *vt* végigmutogatja a lát-
nivalókat (vknek)
troth [troʊθ; *US* -ɔ:-] *n* † *by my* ~*!*

hitemre!, szavamra!, becsületemre!;
plight one's ~ (1) szavát adja (2) elje-
gyez vkt
trotter ['trɔtə*; *US* -ɑ-] *n* 1. ügetőló 2.
trotters *pl* (1) disznóláb, csülök (2) bir-
kaláb [mint étel]
trotting-race ['trɔtɪŋ; *US* -ɑ-] *n* ügető-
(verseny)
troubadour ['tru:bədʊə*] *n* trubadúr
trouble ['trʌbl] I. *n* 1. baj, gond, aggo-
dalom; *ask/look for* ~ keresi a bajt,
kellemetlenségnek teszi ki magát; *be
in* ~ bajban van; *get into* ~ bajba
keveredik; *biz get a girl into* ~ bajba
hoz egy lányt; *be in for* ~ kellemetlen-
ség/baj vár rá; *what's the* ~? mi a baj?,
mi baj van?; mi fáj? 2. zavar, nehéz-
ség; *money* ~s pénzügyi nehézségek;
have ~ *in doing sg* baja van vmvel,
bajosan boldogul vmvel; *put sy to* ~
vknek gondot okoz 3. fáradság, fára-
dozás; *it is not worth the* ~ nem éri
meg a fáradságot; *save* ~ fáradságot
megtakarít; *spare no* ~ nem sajnálja
a fáradságot 4. betegség, baj; *heart* ~
szívbetegség, -panasz 5. politikai za-
var(gás) 6. hiba, üzemzavar; *engine* ~
~ motorhiba II. A. *vt* 1. aggaszt, nyug-
talanít 2. zaklat; fáraszt; zavar; *may
I* ~ *you to* ...? szabad (lesz) kérnem,
hogy ..., megengedi, hogy ... 3. kí-
noz, fájdalmat okoz [betegség] B. *vi*
1. aggódik; ~ *about sg* aggódik vm
miatt 2. veszi magának a fáradságot;
don't ~ *to* ... (igazán) ne fáradjon
(azzal, hogy ...)
troubled ['trʌbld] *a* 1. (*átv is*) zavaros 2.
nyugtalan; zaklatott
trouble-maker *n* bajkeverő; felforgató
[személy]
trouble-shooter *n* 1. hibakereső [szerelő]
2. nehéz ügyek elintézője/megoldója
3. (politikai) közvetítő
troublesome ['trʌblsəm] *a* 1. fáradságos,
nehéz [munka] 2. zavaró, kínzó [kö-
högés] 3. kellemetlen [ügy] 4. neve-
letlen [gyerek]
trough [trɔf; *US* -ɔ:-] *n* 1. vályú 2. eső-
vízcsatorna, ereszcsatorna 3. ~ *of
the sea* hullámvölgy
trounce [traʊns] *vt* 1. ·elver; megkorbá-

csol 2. megbírál; lehord, leszid 3. megver, legyőz [ellenfelet]
trouncing ['traʊnsɪŋ] *n* megverés
troupe [tru:p] *n* színtársulat
trouper ['tru:pə*] *n* színész
trouser ['traʊzə*] *n* (*pair of*) ~s nadrág, pantalló
trouser-clip *n* nadrágcsíptető [kerékpárosnak]
trousered ['traʊzəd] *a* nadrágos, pantallós
trousering ['traʊzərɪŋ] *n* nadráganyag
trouser-press *n* éltartósító nadrágakasztó
trouser-stretcher *n* nadrágakasztó, -feszítő
trouser-suit *n* nadrágkosztüm
trousseau ['tru:soʊ; *US* tru:'soʊ] *n* kelengye
trout [traʊt] *n* pisztráng
trout-coloured *a* pettyes, tarka [ló]
trove [troʊv] *n* = *treasure-trove*
trowel ['traʊ(ə)l] *n* 1. vakolókanál; *biz* *lay it on with a* ~ otrombán hízeleg 2. ültetőkanál
trowelful ['traʊ(ə)lfʊl] *a* vakolókanálnyi
troy [trɔɪ] *n* ~ (*weight*) ⟨mérték nemesfémek mérésére: *1 pound* ~ *weight* v. *1* ~ *pound = 12 oz* (uncia) *= 373,24 gramm*⟩ ‖→ *ounce*
truant ['tru:ənt] *a/n* iskolakerülő; munkakerülő, lógós; *play* ~ iskolát/munkát kerül, bliccel, lóg
truce [tru:s] *n* 1. fegyverszünet; ~ *of God* Isten békéje, treuga dei 2. ~ *to jesting* elég volt a tréfából!
truce-breaker *n* hitszegő, békebontó
truck¹ [trʌk] *n* 1. taliga, targonca; fuvaroskocsi 2. *GB* (nyitott vasúti) teherkocsi 3. *US* teherautó, kamion 4. forgóalváz [vasúti kocsié]
truck² [trʌk] *n* 1. cereüzlet 2. áruban fizetés [alkalmazottaknak]; *T~ Act* alkalmazottak természetbeni fizetését eltiltó törvény(ek); ~ *system* természetbeni fizetés rendszere 3. *biz* érintkezés, kapcsolat; *have no* ~ *with sy* semmi köze/dolga nincs vele 4. vegyes holmi 5. *US* piacra termelt zöldség(féle); ~ *farm* piacra termelő (konyha)kertészet
truckage¹ ['trʌkɪdʒ] *n* 1. teherszállítás 2. fuvardíj

truckage² ['trʌkɪdʒ] *n* cereüzlet; cserebere
truckdriver *n* teherautóvezető
trucking¹ ['trʌkɪŋ] *n* teherszállítás, fuvarozás (teherautóval)
trucking² ['trʌkɪŋ] *n* = *truckage²*
truckle ['trʌkl] *vi* alázatoskodik, megalázkodik
truckle-bed *n* (alacsony kerekes) pótágy, tuliágy
truckler ['trʌklə*] *n* hízelgő, talpnyaló
truck-load *n* teherkocsi-rakomány
truculence ['trʌkjʊləns; *US* -kjə-] *n* garázdaság, vadság
truculency ['trʌkjʊlənsɪ; *US* -kjə-] *n* = *truculence*
truculent ['trʌkjʊlənt; *US* -kjə-] *a* vad, garázda
trudge [trʌdʒ] I. *n* hosszú és fárasztó gyaloglás II. *vi* 1. vánszorog, cammog 2. hosszú és fárasztó gyalogutat tesz meg
trudgen ['trʌdʒ(ə)n] *n* gyorsúszótempó
true [tru:] I. *a* 1. igaz, igazságnak/valóságnak megfelelő; *a* ~ *story* igaz történet; *come* ~ (1) megvalósul (2) igaznak bizonyul; *it holds* ~ *of sg* áll/érvényes vmre 2. igazi, eredeti; valódi 3. pontos, hiteles; *a* ~ *copy* hiteles másolat; ~ *to type* (1) szabályos (2) fajtaazonos 4. hű(séges), állhatatos, lojális II. *adv* 1. igazán, valóban; őszintén; *tell me* ~ mondd meg őszintén 2. helyesen; szabályosan III. *n* *out of (the)* ~ nem egyenes; megvetemedett IV. *vt* ~ *up* hozzáigazít, hozzáilleszt; beállít; beszabályoz
true-blue I. *a* 1. színtartó kék színű 2. tántoríthatatlan, állhatatos, elvhű II. *n* 1. színtartó kék szín 2. állhatatos/elvhű ember; jó ügy kitartó harcosa
true-born *a* született, igazi
true-bred *a* 1. faj(ta)tiszta, telivér 2. jól nevelt
true-hearted *a* 1. őszinte, nyíltszívű 2. hűséges, lojális
true-love *n* 1. őszintén szeretett személy, igaz szerelme vknek 2. igaz/hű szerető
truffle ['trʌfl] *n* szarvasgomba
truism ['tru:ɪzm] *n* elcsépelt közhely

trull [trʌl] n szajha
truly ['tru:lɪ] adv 1. hűségesen; yours ~ őszinte tisztelettel, tisztelő híve [levél végén] 2. őszintén, valóságnak megfelelően 3. valóban, igazán, ténylegesen, tényleg
Truman ['tru:mən] prop
trump¹ [trʌmp] I. n 1. ütőkártya, adu; biz turn up ~s várakozáson felül sikerül 2. biz remek ember/fickó II. vt 1. ütőkártyát kijátssza, aduval üt 2. ~ up sg kohol [vádat], kieszel [csalást]
trump² [trʌmp] n harsona; the last ~ a végítélet harsonája
trump-card n ütőkártya, adu
trumpery ['trʌmpərɪ] a/n 1. tetszetős de értéktelen/vacak (holmi), bóvli 2. ostoba beszéd
trumpet ['trʌmpɪt] I. n 1. trombita; blow one's own ~ önmaga dicséretét zengi; flourish of ~s fanfár, trombitaharsogás 2. szócső, hallócső 3. trombitaszó II. A. vi trombitál B. vt kikürtöl, (el)híresztel
trumpet-call n 1. kürtjel, trombitajel 2. jeladás/felszólítás cselekvésre
trumpeter ['trʌmpɪtə*] n trombitás, kürtös
trumpeting ['trʌmpɪtɪŋ] n trombitálás
trumpet-major n ezredtrombitás
trumpet-shell n kürtös csiga
trumpet-tongued a harsona szavú
truncate [trʌŋ'keɪt] vt megcsonkít
truncated [trʌŋ'keɪtɪd] a megcsonkított; ~ cone csonka kúp
truncheon ['trʌntʃ(ə)n] n gumibot [rendőré]
trundle ['trʌndl] I. n 1. görgő(kerék) [bútor lábán] 2. alacsony targonca II. A. vt görget, gurít B. vi gurul
trundle-bed n = truckle-bed
trunk [trʌŋk] n 1. (fa)törzs, tuskó 2. törzs [testrész] 3. főútvonal, fő közlekedési út; GB biz give me ~s kérem a távolsági bejelentőt 4. bőrönd, útiláda; US csomagtartó [gépkocsiban] 5. ormány [elefánté] 6. trunks pl alsónadrág; (bathing) ~s fürdőnadrág
trunk-call n GB távolsági telefonbeszélgetés/hívás

trunk-drawers [-drɔ:z] n pl rövid alsónadrág
trunkful ['trʌŋkful] a bőröndnyi
trunk-hose n térdnadrág, rövid bugyogó
trunk-line n 1. (vasúti) fővonal 2. főútvonal 3. távolsági távbeszélő-vezeték
trunk-maker n bőröndös, bőröndkészítő
trunk-road n főútvonal, fő közlekedési út
trunnion ['trʌnjən] n 1. forgattyúcsap 2. kettős csap
truss [trʌs] I. n 1. nyaláb, [széna, virág] csomó 2. váz(szerkezet), rácsos tartó/ szerkezet 3. sérvkötő II. vt 1. csomóba/bálába köt 2. összekötöz [szárnyast sütés előtt]; ~ up (1) † felakaszt [bűnözőt] (2) megkötöz, összekötöz [személyt] 3. merevít, bordákkal feszít, kitámaszt; rácsoz
truss-bridge n rácsos szerkezetű híd
truss-girder n rácsos tartó
trussing ['trʌsɪŋ] n 1. összekötés 2. rácsos tartószerkezet
trust [trʌst] I. n 1. bizalom; breach of ~ hitszegés; position of ~ bizalmi állás; put one's ~ in sy vkbe veti bizalmát; take sg on ~ vakon elhisz vmt 2. remény(ség) 3. erkölcsi kötelesség; felelősség 4. őrizet, megőrzés; letét; on ~ (1) letétbe helyezett, megőrzésre átadott/átvett (2) hitelbe adott; hold sg in ~ for sy vk részére kezel/gondoz vmt; ~ territory gyámsági terület 5. (kereskedelmi) hitel; supply sg on ~ vmt hitelben szállít 6. célvagyonrendelés, bizalmi tulajdonátruházás 7. érdekszövetkezet, tröszt II. A. vt 1. bizalommal viseltetik; hisz (vknek v. vmnek); megbízik (vkben v. vmben); he is not to be ~ed nem lehet benne megbízni 2. megbíz (vkt vmvel), rábíz (vmt vkre) 3. letétbe helyez, megőrzésre (és kezelésre) átad 4. (kereskedelmi) hitelt ad 5. meg van győződve (vmről); hisz (vmt); I ~ to hear from you soon remélem, nemsokára hírt kapok Öntől B. vi 1. ~ in sy (meg)bízik vkben 2. ~ to sg bízik, reménykedik (vmben); don't ~ to luck ne bízzál a szerencsében

trust-deed *n* bizalmi meghatalmazás
trusted ['trʌstɪd] *a* 1. megbízható 2. bizalmas
trustee [trʌs'ti:] *n* 1. meghatalmazott; gondnok; *board of* ~s gondnokság; *public* ~ közgyám; ~ *in bankruptcy* csődtömeggondnok 2. célvagyon kezelője 3. kurátor
trusteeship [trʌs'ti:ʃɪp] *n* 1. meghatalmazotti tisztség/működés 2. gyámság
trust-estate *n* alapítványi vagyon
trustful ['trʌstf(ʊ)l] *a* bizalomteljes
trustfulness ['trʌstf(ʊ)lnɪs] *n* bizalom
trustiness ['trʌstɪnɪs] *n* megbízhatóság
trusting ['trʌstɪŋ] *a* 1. bízó 2. remélő
trustingly ['trʌstɪŋlɪ] *adv* bizalommal, bízva; reménykedve
trustless ['trʌstlɪs] *a* 1. megbízhatatlan 2. gyanakvó
trustworthy ['trʌstwə:ðɪ] *a* 1. megbízható 2. hitelt érdemlő, szavahihető
trusty ['trʌstɪ] *a* megbízható, becsületes
truth [tru:θ; *pl* -ðz] *n* igazság, valóság; *in* ~ valójában, igazán; ~ *to tell/say* az igazat megvallva; ~ *will out* az igazság napfényre jön
truthful ['tru:θf(ʊ)l] *a* 1. igaz(mondó), szavahihető, őszinte 2. igaz
truthfully ['tru:θfʊlɪ] *adv* őszintén, az igazságnak megfelelően
truthfulness ['tru:θf(ʊ)lnɪs] *n* 1. igazmondás 2. hitelesség [vallomásé stb.]
truthless ['tru:θlɪs] *a* 1. nem igaz, valótlan 2. szószegő; hamis
try [traɪ] I. *n* 1. kísérlet; *have a* ~ *at (doing)* sg megkísérel/megpróbál vmt 2. hárompontos gól [rögbiben] II. *v* (*pt/pp* tried traɪd) A. *vt* 1. ki-, megpróbál, megkísérel; megvizsgál, ellenőriz [gépet stb.]; ~ *one's strength against sy* összeméri az erejét vkvel 2. próbára tesz; megerőltet 3. bíróság elé állít, kihallgat; *which judge will* ~ *the case?* melyik bíró fogja tárgyalni az ügyet?; *he was tried for murder* emberölés vádjával állították bíróság elé B. *vi* 1. próbál(kozik); kísérletet tesz 2. igyekszik
try after/for *vi* vmt elnyerni/elérni igyekszik, törekszik vmre

try on *vt* felpróbál [ruhadarabot]
try out *vt* kipróbál
trying ['traɪɪŋ] *a* fárasztó; *he's* ~ idegeire megy az embernek
trying-plane *n* simítógyalu
try-on *n* „kísérleti léggömb", beugratási kísérlet
try-out *n* kipróbálás; próba
trysail ['traɪsl] *n* csonka csúcsvitorla
try-square *n* szögletmérő, „vinkli"
tryst [trɪst *v.* traɪst] *n* † találka, randevú
trysting-place ['trɪstɪŋ- *v.* 'traɪstɪŋ-] *n* † randevúhely
tsar [zɑ:*] *n* cár
tsetse ['tsetsɪ] *n* cecelégy
T-shirt ['ti:-] *n* (rövid ujjú) trikó, póló(ing)
T-square ['ti:-] *n* fejes vonalzó
T.U. [ti:'ju:] *Trade Union* szakszervezet(i), szaksz.
tub [tʌb] I. *n* 1. kád; dézsa, teknő 2. fürdőkád 3. fürdés [kádban]; *have a* ~ kádban fürdik; *tale of a* ~ dajkamese, zagyva beszéd 4. *biz* tanulóhajó II. *v* -bb- A. *vt* 1. kádban fürdet 2. ládába ültet [növényt] B. *vi* kádban fürdik
tuba ['tju:bə; *US* 'tu:-] *n* tuba
tubbed [tʌbd] →*tub II*.
tubby ['tʌbɪ] *a* 1. *biz* köpcös 2. tompa hangú [hangszer]
tube [tju:b; *US* tu:b] I. *n* 1. cső, (cső-)vezeték; *bronchial* ~s hörgők `2. tubus 3. földalatti (vasút) [Londonban] 4. *US* (elektron)cső 5. (gumi-)tömlő [autóé, kerékpáré] II. *vt* csővel bélel/ellát; csőben vezet
tuber ['tju:bə*; *US* 'tu:-] *n* 1. gumó 2. dudor, bütyök 3. *biz* krumpli
tube-railway *n* földalatti vasút
tubercular [tju:'bə:kjʊlə*; *US* tu:'bə:rkjə-] *a* 1. gümős, gumós 2. gümőkóros, tüdővészes
tuberculosis [tju:bə:kjʊ'loʊsɪs; *US* tu:-bə:rkjə-] *n* gümőkór, tuberkulózis, tébécé; *pulmonary* ~ tüdővész
tuberculous [tju:'bə:kjʊləs; *US* tu:-'bə:rkjə-] *a* gümőkóros, tuberkukózisos, tébécés
tuberous ['tju:bərəs; *US* 'tu:-] *a* gumós, bütykös

tube-station *n* földalatti-állomás
tubing ['tju:bɪŋ; *US* 'tu:-] *n* 1. cső(darab) 2. csőrendszer
tub-thumper *n* demagóg
tubular ['tju:bjʊlə*; *US* 'tu:bjə-] *a* cső alakú, csöves, cső-; ~ *scaffolding* csőállványzat; ~ *furniture* csőbútor
T.U.C. [ti:ju:'si:] *Trades Union Congress* Szakszervezeti Szövetség
tuck [tʌk] I. *n* 1. behajtás [ruhán]; felhajtás, szegély 2. *GB* □ nyalánkság II. A. *vt* 1. redőz; felhajtást csinál 2. behajt; begyűr B. *vi* ráncol, redőz
tuck away *vt* 1. elrak, eltesz 2. eldug
tuck in A. *vt* 1. behajt, begyűr, bedug; alátűr 2. ~ *sy in* vkt jól betakar/bebugyolál [ágyban] B. *vi biz* „bepakol", „burkol" [ételből]
tuck into *vt* 1. bedug, begyűr, begyömöszöl 2. elrejt 3. *biz* ~ *i. a pie* jól nekilát a piténak
tuck up *vt* 1. feltűr, felhajt 2. betakar, bebugyolál
tucker[1] ['tʌkə*] →bib *I. 2.*
tucker[2] ['tʌkə*] *vt US biz* ~ (*out*) agyonfáraszt, kimerít
tuck-in *n biz* nagy evészet, „bepakolás", „burkolás"
tuck-shop *n* iskolai cukrosbolt
Tucson [tu:'sɒn; *US* -'sɑn] *prop*
Tudor ['tju:də*] *prop*
Tues. *Tuesday* kedd
Tuesday ['tju:zdɪ v. -deɪ; *US* 'tu:-] *n* kedd
tufa ['tju:fə; *US* 'tu:-] *n* lávakő, tufa
tuff [tʌf] *n* = *tufa*
tuft [tʌft] *n* 1. bojt, rojt 2. bóbita; hajcsomó, üstök, tincs 3. (fű)csomó; cserjés 4. *biz* † főnemesi rangú diák [Oxfordban és Cambridge-ben]
tufted ['tʌftɪd] *a* 1. rojtos, bojtos 2. bóbitás
tuft-hunting *n* nyalás az előkelőknek
tug [tʌg] I. *n* 1. (meg)rántás, (meg)húzás 2. vontató(hajó) II. *v* -gg- A. *vi* ránt, húz; húzgál, rángat B. *vt* 1. (meg)ránt; húz 2. vontat [hajót]
tugboat *n* vontatóhajó
tug-of-war [tʌgəv'wɔ:*] *n* 1. kötélhúzás 2. huzakodás

tuition [tju:'ɪʃn; *US* tu:-] *n* 1. oktatás, tanítás; *private* ~ magánórák, instruálás 2. tandíj
tulip ['tju:lɪp; *US* 'tu:-] *n* tulipán; ~ *tree* tulipánfa
tulle [tju:l; *US* tu:l] *n* tüll
tumble ['tʌmbl] I. *n* 1. (le)esés, (fel-)bukás 2. bukfenc(ezés) 3. felfordulás, rendetlenség II. A. *vi* 1. (le)esik, bukik, dől; 2. hánykolódik 3. bukfencez, bukfencet *vt* B. *vt* 1. felborít, ledönt 2. szétzilál, összevissza hány/dobál
tumble down A. *vi* elesik; ledől B. *vt* feldönt, felborít; ledob
tumble into *vi* ~ *i. a room* beront/beesik a szobába
tumble on *vi biz* véletlenül (rá)bukkan (vmre)
tumble out *vi* 1. kiesik (vhonnan) 2. *biz* kiugrik (az ágyból); kiront
tumble over A. *vi* felbukik, átbukik (vmn) B. *vt* feldönt, felbuktat (vkt, vmt)
tumble to *vi biz* megért, felfog (vmt), (hirtelen) rájön (vmre), kapcsol
tumble-down *a biz* düledező, rozoga
tumbler ['tʌmblə*] *n* 1. † akrobata 2. ivópohár, vizespohár 3. bukógalamb 4. retesz; rugózat; pecek [záré] 5. buktató(szerkezet) 6. dob [kotrógépé] 7. ~ (*switch*) billenőkapcsoló 8. ~(-*drier*) tumbler-szárítógép
tumbleweed *n US* ördögszekér
tumbrel ['tʌmbr(ə)l] *n* kordé
tumbril ['tʌmbrɪl] *n* = *tumbrel*
tumefy ['tju:mɪfaɪ; *US* 'tu:-] A. *vi* megdagad, megduzzad B. *vt* daganatot okoz, felduzzaszt
tumescence [tju:'mesns; *US* tu:-] *n* 1. (meg)dagadás 2. daganat, duzzanat
tumescent [tju:'mesnt; *US* tu:-] *a* dagadó, dagadt; duzzadt
tumid ['tju:mɪd; *US* 'tu:-] *a* 1. dagadt 2. dagályos, bombasztikus [stílus]
tummy ['tʌmɪ] *n biz* haskó, poci
tumour, *US* -mor ['tju:mə*; *US* 'tu:-] *n* daganat, tumor
tumult ['tju:mʌlt; *US* 'tu:-] *n* 1. fel-

fordulás, csődület, tumultus 2. izgalom
tumultuous [tju:'mʌltjʊəs; US tu:'mʌltʃʊ-] a 1. viharos, lármás 2. izgatott
tumulus ['tju:mjʊləs; US 'tu:mjə-] n (pl ~es-ɪz v. -lai-laɪ) (őskori) sírdomb
tun [tʌn] n (erjesztő)hordó
tuna ['tu:nə] n tonhal
tunable ['tju:nəbl; US 'tu:-] a 1. hangolható 2. dallamos
tun-bellied a biz potrohos, pocakos
tundra ['tʌndrə] n tundra
tune [tju:n; US tu:n] I. n 1. dallam; átv hang(nem); change one's ~ más hangon beszél 2. összehangzás; be out of ~ (1) el van hangolva [zongora] (2) hamisan énekel/játszik (3) rosszkedvű [ember]; put in ~ (1) felhangol [hangszert] (2) jókedvre hangol (vkt); be in ~ with sg vmvel összhangban van; be not in ~ for sg nincs kedve vmhez 3. biz to the ~ of . . . . . . erejéig; he was fined to the ~ of 20 dollars 20 dollár bírságot szóztak rá II. vt 1. (fel)hangol 2. zenével kifejez/ünnepel 3. összhangba hoz 4. (be)hangol; beállít [rádiót, tévét stb.]
tune in vt beállít, vesz [adást rádión/tévében]
tune up A. vt 1. (fel)hangol 2. beállít [rádiót, repgépet stb.] B. vi 1. hangol [zenekar] 2. biz énekelni/zenélni kezd, rázendít
tuneful ['tju:nf(ʊ)l; US 'tu:-] a dallamos, melodikus
tunefully ['tju:nfʊlɪ; US 'tu:-] adv dallamosan; összhangban
tuneless ['tju:nlɪs; US 'tu:-] a dallamtalan
tuner ['tju:nə*; US 'tu:-] n [hangszer-] hangoló
tungsten ['tʌŋstən] n wolfram
tunic ['tju:nɪk; US 'tu:-] n 1. tunika 2. (katona)zubbony
tuning ['tju:nɪŋ; US 'tu:-] n 1. hangolás 2. ~ in behangolás; beállítás
tuning-fork n hangvilla
tuning-hammer n hangolókalapács
Tunis ['tju:nɪs; US 'tu:-] prop Tunisz
Tunisia [tju:'nɪzɪə; US tu:'nɪʃə] prop Tunézia

Tunisian [tju:'nɪzɪən; US tu:'nɪʃən] a/n tunéziai
tunnel ['tʌnl] I. n alagút; drive a ~ alagutat épít II. vt/vi -ll- (US -l-) alagutat fúr
tunny ['tʌnɪ] n tonhal
tup [tʌp] I. n kos II. vt -pp- befedez, meghág [kos]
tuppence ['tʌpəns] n biz két penny
tuppeny ['tʌpnɪ] a biz kétpennys; ~ ha'penny affair piszlicsáré ügy
Turanian [tjʊə'reɪnjən; US tʊ-] a turáni
turban ['tə:bən] n turbán
turbid ['tə:bɪd] a (átv is) zavaros, homályos
turbidity [tə:'bɪdətɪ] n (átv is) zavarosság
turbidness ['tə:bɪdnɪs] n = turbidity
turbine ['tə:baɪn; US -bɪn v. -baɪn] n turbina
turbine-chamber n vízkamra [turbináé]
turbine-driven a turbinahajtású
turbine-pit n turbinaház
turbo- [tə:bəʊ-] turbó-; turbinás
turbo-compressor n turbinás légsűrítő, turbókompresszor
turbo-dynamo n turbinás dinamó
turbo-generator n turbógenerátor
turbojet n 1. ~ (engine) turbó-sugárhajtómű, gázturbinás sugárhajtómű, hőlégsugár-motor 2. turbó-sugárhatású repülőgép
turbo-motor n (gőz)turbina
turbo-prop [-prɔp; US -ɑp] n 1. ~ (engine) turbólégcsavaros hajtómű 2. turbólégcsavaros repülőgép
turbot ['tə:bət] n nagy rombuszhal
turbulence ['tə:bjʊləns; US -bjə-] n 1. féktelenkedés, duhajság, zajongás 2. zűrzavar; zavargás
turbulent ['tə:bjʊlənt; US -bjə-] a szilaj, féktelen, zajongó, duhaj(kodó); turbulens
turd [tə:d] n vulg szar
tureen [tə:'ri:n; US tʊ-] n levesestál
turf [tə:f] I. n 1. gyep, pázsit; gyeptégla 2. tőzeg 3. the ~ a turf (1) lóversenypálya (2) lóversenyezés II. vt begyepesít
turgid ['tə:dʒɪd] a 1. duzzadt, dagadt

2. dagályos, nagyhangú, bombasztikus
turgidity [tə:'dʒɪdətɪ] *n* 1. duzzadtság, daganat 2. dagályosság
Turk [tə:k] *n* 1. török (ember, nyelv); *turn* ~ elfajul, renegát lesz 2. *a regular young* ~ vásott/rossz kölyök
turkey¹ ['tə:kɪ] *n* 1. pulyka 2. *US biz talk* ~ nyítan beszél, a tárgyra tér
Turkey² ['tə:kɪ] *prop* Törökország; ~ *carpet* keleti szőnyeg, perzsaszőnyeg; ~ *red* buzérvörös; ~ *towel* dörzstörülköző, frottírtörülköző
turkey-cock *n* 1. pulykakakas 2. beképzelt személy
Turkish ['tə:kɪʃ] I. *a* török; ~ *bath* gőzfürdő; ~ *delight* szultánkenyér, rahát; ~ *towel* dörzstörülköző, frottírtörülköző II. *n* a török nyelv
turmeric ['tə:mərɪk] *n* kurkuma
turmoil ['tə:mɔɪl] *n* nyugtalanság, izgalom; (zűr)zavar
turn [tə:n] I. *n* 1. megfordítás, megfordulás; *meat done to a* ~ tökéletesen elkészített hús 2. forgás, keringés 3. fordulat; forduló; ~ *of the century* századforduló; *a* ~ *in his fortune* fordulópont sorsában; *a* ~ *for the better* kedvező fordulat; *take a* ~ *to the right* jobbra fordul 4. irány, hajlam, tehetség; ~ *of mind* beállítottság, észjárás, gondolkodásmód; *have a* ~ *for languages* nyelvtehetség 5. (fel-)váltás, turnus; *at every* ~ minduntalan, minden alkalommal; *by* ~s felváltva; *in* ~ (1) sorjában, felváltva (2) pedig, viszont; *each in* ~ sorjában mindegyik; *it is your* ~ rajtad a sor; ~ *and* ~ *about* mindenki sorjában; *out of* ~ soron kívül, nem várva be a sorát; *take* ~s (*at doing sg*) felváltva végeznek vmt 6. ijedtség; *biz you gave me quite a* ~! ugyancsak rám ijesztettél! 7. *do sy a good* ~ vkvel jót tesz 8. **turns** *pl* havibaj, menstruáció II. A. *vt* 1. (meg)fordít; (meg)forgat; *he didn't* ~ *a hair* a szempillája sem rezdült; ~ *a page* lapoz; *success has* ~*ed his head* a siker elkapatta 2. fordít, irányít [figyelmet] 3. alakít, formál; ~ *a compliment*

kivág egy bókot; ~ *a somersault* bukfencet vet 4. esztergályoz 5. meghajlít; ~ *the edge* eltompít 6. *it has just* ~*ed one* egy óra múlt; *he is* ~*ed fifty* elmúlt ötvenéves B. *vi* 1. forog; forgolódik; *enough to make him* ~ *in his grave* ettől megfordul a sírjában; *my head* ~s szédülök 2. (meg-) fordul; kanyarodik; ~ *short* hirtelen megfordul 3. fordul (vhova, vkhez); *I don't know where to* ~ nem tudom hova forduljak 4. lesz, válik (vmvé); ~ *red* elvörösödik; *the milk had* ~*ed* (*sour*) a tej megsavanyodott; *it* ~*ed to dust* porrá vált/omlott 5. esztergályoz
turn about A. *vt* megfordít B. *vi* megfordul; forgolódik
turn against *vi* szembefordul
turn aside A. *vt* 1. félrefordít 2. elhárít B. *vi* 1. félrefordul 2. félremegy
turn away A. *vt* 1. elfordít, félrefordít 2. elhárít, elutasít 3. elküld, elbocsát (vkt) B. *vi* 1. elfordul 2. elmegy
turn back A. *vt* visszafordít; visszaküld B. *vi* visszafordul
turn down A. *vt* 1. lefelé fordít, lehajt 2. lecsavar [lángot]; tompít [fényt]; lehalkít [rádiót] 3. elutasít, kikosaraz 4. ~ *sg upside d.* teljesen felfordít vmt B. *vi* ~ *upside d.* felfordul
turn from A. *vt* elfordít, eltérít B. *vi* elfordul vktől/vmtől
turn in A. *vt* 1. behajt; begörbít 2. átad, bead; beszolgáltat B. *vi* 1. befordul, behajlik 2. betér (vhová) 3. *biz* lefekszik (aludni)
turn into A. *vt* 1. átváltoztat (vmvé) 2. lefordít [más nyelvre] B. *vi* 1. vmvé válik; ~ *i. vinegar* megecetesedik 2. befordul, betér (vhova)
turn off A. *vt* 1. elzár [vizet, gázt stb.], elolt, lecsavar [villanyt], kikapcsol [rádiót, tévét] 2. elbocsát; elküld (vkt) B. *vi* eltér, letér; elkanyarodik [út]
turn on A. *vt* 1. megereszt [vizet]; kinyit [csapot] 2. felcsavar, -gyújt [villanyt]; bekapcsol [rádiót] 3. □ ~ *sy on* felizgat vkt [nemileg] B. *vi*

1. ~ *on sy* nekitámad vknek 2. függ
(vmtől)
turn out A. *vt* 1. kifordít 2. kirak,
kiürít; ~ *the room o.* kitakarítja a
szobát 3. kikerget, kidob 4. előállít,
gyárt 5. felszerel 6. elolt [lámpát,
elzár [gázt] 7. kicsap legelni [házi-
állatot] **B.** *vi* 1. kifordul, kificamodik
2. kivonul; sztrájkba lép 3. kikel,
felkel [ágyból] 4. kiderül, vmnek bi-
zonyul; *as it ~ed o.* ahogy kiderült;
he ~ed o. to ... kiderült róla,
hogy ...; ~ *o. well,* ~ *o. a success*
jól sikerül/végződik
turn over A. *vt* 1. felborít, felfordít
2. elméjében forgat, meghány-vet
[gondolatot] 3. felfordít; felhány 4.
forgat [könyvlapokat]; lapoz(gat);
please ~ *o.!* (röv. *P.T.O.*) fordíts! 5.
~ *sg o. to sy* vmt átad vknek 6. for-
galmaz [pénzt] **B.** *vi* 1. megfordul;
felfordul 2. átpártol
turn round A. *vt* megfordít **B.** *vi*
megfordul; ~ *r. and r.* forog, pörög
turn to A. *vt* 1. fordít (vhova, vmre)
2. változtat (vmvé) **B.** *vi* 1. nekilát;
nekifog (vmnek) 2. fordul (vkhez,
vhová) 3. változik (vmvé)
turn up A. *vt* 1. felfelé fordít;
~ *up one's eyes* szemeit az ég felé for-
dítja 2. felhajt, feltűr [ruhát] 3. ki-
fordít vmt (földből) 4. ~ *up a word
in the dictionary* egy szót megkeres a
szótárban 5. *biz* émelyít **B.** *vi* 1. fel-
felé fordul, felhajlik 2. megjelenik,
beállít (vhova); előkerül, adódik;
sg will ~ *up* vm majd csak adódik
turn upon *vi* 1. nekitámad 2. függ
(vmtől)
turnabout *n* 1. megfordulás 2. *US* kör-
hinta, ringlispil
turn-bench *n* esztergapad
turn-buckle *n* feszítőcsavar
turn-coat *n biz* köpönyegforgató
turncock *n* szerelő [a vízművektől]
turn-down *a* ~ *collar* kihajtós gallér;
duplagallér
turned [tə:nd] *a* 1. (meg)fordított 2.
esztergályozott
turner ['tə:nə*] *n* esztergályos
turnery ['tə:nərı] *n* 1. esztergályozás

2. esztergályozott munkadarab 3. esz-
tergályosműhely
turning ['tə:nıŋ] *n* 1. forgás; fordulat
2. (meg)fordítás 3. forduló; kanyar,
kanyarodás 4. útelágazás 5. eszter-
gályozás
turning-chisel *n* völgyelő véső
turning-lathe *n* esztergapad
turning-moment *n* forgatónyomaték
turning-point *n* (*átv is*) fordulópont
turnip ['tə:nıp] *n* (tarló)répa, fehérrépa;
Swedish ~ karórépa
turnip-tops *n pl* répalevél
turnkey I. *a* ~ *contract* kulcsátadásos
szerződés **II.** *n* börtönőr
turn-out *n* 1. megjelenés, jelentkezés
[pl. szolgálattételre] 2. *GB* sztrájk 3.
gyülekezet, összejövetel, nagy tömeg;
nézőközönség 4. (dísz)fogat 5. ter-
melés [mennyisége adott időpontban]
6. felszerelés 7. (vasúti) kitérő 8. *give
sg a good* ~ alaposan kitakarít vmt
turnover *n* 1. (üzleti) forgalom; ~
tax forgalmi adó 2. felborítás 3. fel-
borulás 4. másik oldalon folytatódó
újságcikk 5. kb. összehajtott pala-
csinta
turnpike *n* 1. forgókorlát 2. vámsorom-
pó; útelzáró sorompó 3. *US* ~ (*road*)
fizető-autópálya
turn-screw *n* csavarhúzó
turnsole ['tə:nsoʊl] *n* napraforgó
turnspit *n* nyársforgató
turnstile *n* (útelzáró) forgókereszt, for-
gósorompó
turntable *n* 1. mozdonyfordító korong
2. lemeztányér [lemezjátszóé]
turn-up *n GB* felhajtás [nadrágon]
turpentine ['tə:p(ə)ntaın] *n* terpentin
turpitude ['tə:pıtju:d; *US* -tu:d] *n*
aljasság, gyalázatosság
turquoise ['tə:kwɔız; *US* -kɔız] *a/n*
türkiz(kék), égszínkék
turret ['tʌrıt] *n* 1. tornyocska 2. (for-
gatható) páncéltorony
turreted ['tʌrıtıd] *a* tornyos
turtle ['tə:tl] *n* 1. (vízi) teknősbéka 2.
biz turn ~ felborul [hajó, csónak]
turtle-dove *n* gerle, vadgalamb
turtleneck *n* garbónyak [pulóveren]
turtle-soup *n* teknősbékaleves

Tuscany ['tʌskənɪ] *prop* Toscana
tush¹ [tʌʃ] *n* szemfog [lóé]
tush² [tʌʃ] *int* ugyan !, hagyd !
tusk [tʌsk] *n* agyar
tusked [tʌskt] *a* agyaros
tusker ['tʌskə*] *n* *biz* 1. elefánt 2. vaddisznó
Tussaud's [tə'sɔ:dz] *prop* Madame ~ ⟨londoni panoptikum⟩
tussle ['tʌsl] I. *n* birkózás, küzdelem II. *vi* tusakodik, birkózik, viaskodik
tussock ['tʌsək] *n* fűcsomó, hajcsomó
tut [tʌt] *int* ugyan !, hagyd már !, semmi; ~ . . . ~! ugyan . . . ugyan!
tutelage ['tju:tɪlɪdʒ; *US* 'tu:-] *n* 1. gyámkodás 2. gyámság
tutelar ['tju:tɪlə*; *US* 'tu:-] *a* = tutelary
tutelary ['tju:tɪlərɪ; *US* 'tu:-] *a* 1. oltalmazó, gondviselő 2. gyámi, gyám-
tutor ['tju:tə*; *US* 'tu:-] I. *n* 1. tanulmányvezető/konzultáló tanár [egyes brit egyetemeken] 2. oktató 3. házitanító II. *vt* magánórákat ad; instruál; előkészít [tanulót vmre]
tutorial [tju:'tɔ:rɪəl; *US* tu:-] I. *a* nevelői, oktatói II. *n* oktatói óra; különóra; óra a „tutor"-ral [brit egyetemeken]
tu-whit [tʊ'wɪt; *US* -'hw-] I. *n* (bagoly-) huhogás II. *vi* huhog
tu-whoo [tʊ'wu:] *n*/*vi* = tu-whit
tuxedo [tʌk'si:doʊ] *n* *US* szmoking
TV [ti:'vi:] television televízió, TV, tv, tévé
TVA, T.V.A. [ti:vi:'eɪ] Tennessee Valley Authority ⟨egy amerikai állami erőműhatóság a T. völgyében⟩
twaddle ['twɔdl; *US* -ɑ-] I. *n* fecsegés, locsogás II. *vi* fecseg
twain [tweɪn] *a*/*n* kettő; in ~ ketté
twang [twæŋ] I. *n* 1. pengés, pengő hang [húré] 2. (nasal) ~ orrhang(ú beszéd) II. A. *vi* peng, dong; vibrál, rezonál B. *vt* penget; ~ a guitar gitárt penget
'twas [twɔz; gyenge ejtésű alakja: twəz] = it was
tweak [twi:k] *vt* csíp és csavar
tweed [twi:d] *n* 1. gyapjúszövet, tweed 2. tweeds *pl* tweedöltöny
tweedledum and tweedledee [twi:dl-

'dʌmən twi:dl'di:] *n* ⟨két egészen egyforma jellemű és küllemű ember⟩; ⟨két egyforma dolog⟩
'tween [twi:n] = between
'tween-decks *n* fedélköz
tweet [twi:t] I. *n* csipogás II. *vi* csipog, csiripel
tweezers ['twi:zəz] *n* *pl* csipesz, kis csíptető
twelfth [twelfθ] I. *a* tizenkettedik II. *n* 1. a tizenkettedik 2. tizenkettedrész
Twelfth-night *n* vízkereszt (előestéje); Twelfth Night; or, what You Will Vízkereszt, vagy amit akartok
twelve [twelv] I. *a* tizenkettő, tizenkét II. *n* tizenkettő
twelvemo, 12mo ['twelvmoʊ] *a*/*n* tizenkettedrét [alak, könyv]
twelvemonth I. *n* (egy) év II. adv this day ~ (1) mához egy évre (2) ma egy éve
twentieth ['twentɪɪθ] I. *a* huszadik II. *n* huszad(rész)
twenty ['twentɪ] *a*/*n* húsz; the twenties a húszas évek
'twere [twə:*] = it were
twerp [twə:p] *n* ☐ hitvány fráter
twice [twaɪs] adv kétszer, kétszeresen; ~ as much/many kétszer annyi; ~ over még kétszer; ~ his age kétszer olyan idős; think ~ before . . . kétszer is meggondolja, mielőtt . . .
twice-told *a* 1. már egyszer elmondott 2. elcsépelt
Twickenham ['twɪknəm] *prop*
twiddle ['twɪdl] A. *vt* ujjával pödör/forgat; ~ one's thumbs (1) malmozik (2) ölbe tett kézzel vár B. *vi* babrál, játszik (with vmvel)
twig¹ [twɪg] *n* gally, ág(acska); vessző; biz hop the ~ beadja a kulcsot
twig² [twɪg] *vt* -gg- biz 1. megért, felfog 2. észrevesz; meglát
twilight ['twaɪlaɪt] *n* 1. szürkület, alkony 2. homály
twilit ['twaɪlɪt] *a* 1. alkonyi, szürkületi 2. homályos
twill [twɪl] *n* köpper
'twill [twɪl] = it will
twin [twɪn] I. *a* 1. iker-; *US* T~ Cities Minneapolis és St. Paul [a

Mississippi két partján] 2. kettős, páros II. *n* ikergyermek; iker(testvér)
twin-cylinder *a* kéthengeres [motor]
twine [twaɪn] I. *n* 1. zsinór, spárga, zsineg 2. fonadék II. A. *vt* 1. (össze)teker, (össze)sodor [zsinórt]; ~ *about/ round sg* vm köré csavar 2. átkarol, átölel B. *vi* 1. csavarodik (vmre) 2. kanyarog [út]
twin-engine(d) *a* kétmotoros
twiner ['twaɪnə*] *n* futó-, kúszónövény
twinge [twɪndʒ] I. *n* 1. szúró/hasító fájdalom 2. ~ *of conscience* lelkiismeretfurdalás II. *vt* szúr, lüktetve fáj
twinkle ['twɪŋkl] I. *n* 1. pislogás, hunyorgás 2. szemvillanás 3. csillogás; csillámlás II. *vi* 1. pislog, hunyorog 2. csillog, villog, ragyog, szikrázik
twinkling ['twɪŋklɪŋ] *n* pillantás, hunyorítás; *in the* ~ *of an eye* egy szemvillanásnyi idő alatt
twin-screw *a* ikercsavaros
twirl [twə:l] I. *n* 1. forgatás, pörgetés; pödrés 2. forgás, pörgés 3. tekeredés, csavarodás 4. cifrázás, cikornya II. A. *vt* forgat, pörget; pödör; ~ *the thumbs* (ujjaival) malmozik; ölbe tett kézzel vár B. *vi* forog, pörög
twirp [twə:p] *n* □ = *twerp*
twist [twɪst] I. *n* 1. sodrat; sodrott fonal/kötél 2. ~ *(of tobacco)* dohánytekercs 3. sodrás, pörgetés, csavarás [labdáé] 4. elferdítés; kiforgatás [jelentésé] 5. csavarodás, tekeredés 6. elkanyarodás; kanyar 7. *átv* váratlan fordulat 8. különös hajlam; fonákság 9. *GB biz* farkasétvágy 10. □ csaj 11. tviszt [tánc] II. A. *vt* 1. (össze)fon 2. csavar, sodor, teker 3. (*átv is*) kiforgat, elferdít B. *vi* 1. kanyarog, kígyózik; gyűrűzik 2. elgörbül, vetemedik 3. tvisztel
twisted ['twɪstɪd] *a* 1. sodrott 2. meggörbült 3. (*átv is*) elferdült
twister ['twɪstə*] *n* 1. sodró(gép) 2. pörgetett/csavart labda 3. *biz* megbízhatatlan/fortélyos ember 4. *biz* nehéz/fogas kérdés 5. nehezen kiejthető szó; nyelvtörő
twisting ['twɪstɪŋ] *n* 1. fonás 2. sodrás; csavarás; ~ *force* csavaróerő

twisty ['twɪstɪ] *a* 1. tekeredő, kígyózó; csavarodó, csavaros 2. tisztességtelen; megbízhatatlan
twit [twɪt] *vt* -*tt*- *biz* bosszant, szekál (vkt vmvel)
twitch [twɪtʃ] I. *n* 1. hirtelen (meg)rántás 2. rángatódzás; *facial* ~ arcrángás 3. pipa [lónak] II. A. *vt* (meg)ránt; rángat B. *vi* rángatódzik
twitter ['twɪtə*] I. *n* 1. csicsergés, csiripelés 2. *biz* izgatottság, reszketés II. *vi* csicsereg, csiripel
'**twixt** [twɪkst] = *betwixt*
two [tu:] *a/n* 1. kettő, két; kettes; *cut in* ~ kettévág; *in* ~*s*, ~ *by* ~ kettesével, kettenként; *one or* ~, ~ *or three* egypár, néhány 2. *biz do number* ~ nagydolgozik
two-edged *a* (*átv is*) kétélű
two-faced *a* kétarcú; kétszínű, hamis
two-fisted *a US biz* energikus, rámenős
twofold ['tu:fould] I. *a* kétszeres, dupla, kettős II. *adv* kétszeresen
two-footed *a* kétlábú
two-handed *a* 1. kétkezű 2. nagy és erős 3. két kézzel használandó 4. kétszemélyes [kártyajáték]
two-legged *a* kétlábú
twopence ['tʌp(ə)ns] *n* két penny
twopenny ['tʌpnɪ] *a* két penny értékű, kétpennys
twopenny-halfpenny [tʌpnɪ'heɪpnɪ] *a* 1. két és fél pennys 2. *biz* vacak, jelentéktelen
two-phase *a* kétfázisú
two-piece *a* kétrészes
two-ply *a* 1. duplaszálas, két szálból font 2. kétrétegű
two-pole *a* kétsarkú
two-pronged *a* ~ *fork* kétágú villa
two-seater *n* kétüléses gépkocsi/repülőgép
two-sided *a* (*átv is*) kétoldalú
twosome ['tu:səm] *n* kétszemélyes játék [kártya, golf stb.]
two-speed *a* kétsebességű
two-step *n* polka
two-storey(ed)/storied *a GB* egyemeletes, kétszintes [ház]; *US* kétemeletes
two-stroke *a* kétütemű [motor]
two-time *vt* □ megcsal (vkt vkvel)

'twould [twʊd] = *it would*
two-tongued *a* hazug, álnok, hamis
two-way *a* kétirányú [út stb.]
two-yearly *a* kétévenkénti
Tybalt ['tɪbəlt] *prop*
Tyburn ['taɪbə:n] *prop* ⟨a kivégzések egykori helye Londonban⟩; ~ *tree* akasztófa
tycoon [taɪ'ku:n] *n US* iparmágnás
tying ['taɪɪŋ] →*tie II.*
tyke [taɪk] *n* 1. kuvasz 2. bugris
Tyler ['taɪlə*] *prop*
tympanum ['tɪmpənəm] *n* (*pl* ~s -z v. -na -nə) 1. háromszögű oromfal, timpanon 2. középfül (ürege) 3. dobhártya
Tyndale ['tɪndl] *prop*
type [taɪp] I. *n* 1. jelleg, fajta, típus 2. mintakép 3. (nyomda)betű, betűtest; (betű)típus 4. (nyomdai) szedés; *set* ~ (betűt) szed; *in* ~ ki van szedve; *in bold(face)* ~ félkövér/fett szedés II. A. *vt* 1. írógépen (le)ír, legépel 2. tipizál B. *vi* (író)gépel
type-area *n* laptükör, szedéstükör
type-caster [-kɑ:stə*], -founder *n* betűöntő
type-metal *n* betűfém
typescript *n* gépírott/gépelt kézirat
typeset *vt* (*pt/pp* ~; -tt-) (ki)szed [szöveget]
typesetter *n* betűszedő
typesetting *n* (betű)szedés
typewriter *n* írógép
typewritten ['taɪprɪtn] *a* géppel írt, gépelt, gépírt
typhoid ['taɪfɔɪd] *a/n* ~ (*fever*) (has)tífusz
typhoon [taɪ'fu:n] *n* tájfun, forgószél
typhus ['taɪfəs] *n* (has)tífusz
typical ['tɪpɪkl] *a* jellemző, jellegzetes, tipikus; típusos; mintaképül szolgáló

typify ['tɪpɪfaɪ] *vt* 1. jellemez, ábrázol, jelképez (vmt) 2. jellemző (vmre) 3. típusa, jellegzetes alakja (vmnek)
typist ['taɪpɪst] *n* gépíró(nő); ~'s *error* gépelési hiba
typographer [taɪ'pɔgrəfə*; *US* -'pɑ-] *n* nyomdász; (betű)szedő
typographic(al) [taɪpə'græfɪk(l)] *a* nyomdászati, nyomdai; szedési; tipográfiai; ~ *error* sajtóhiba
typography [taɪ'pɔgrəfɪ; *US* -'pɑ-] *n* nyomdászat, könyvnyomtatás, tipográfia
tyrannical [tɪ'rænɪkl] *a* zsarnoki; kegyetlen
tyrannicide [tɪ'rænɪsaɪd] *n* 1. zsarnokölő [személy] 2. zsarnokölés
tyrannize ['tɪrənaɪz] A. *vt* kegyetlenül elnyom B. *vi* zsarnokoskodik, elnyom (*over sy* vkt)
tyrannous ['tɪrənəs] *a* zsarnoki; kegyetlen
tyranny ['tɪrənɪ] *n* 1. zsarnokság; önkényuralom 2. erőszak; basáskodás
tyrant ['taɪər(ə)nt] *n* zsarnok, kényúr, tirannus
tyre, *US* tire ['taɪə*] I. *n* 1. kerékabroncs, keréksín 2. gumiabroncs, autógumi, köpeny; kerékpárgumi II. *vt* 1. megvasal [kereket] 2. gumiabroncsot felszerel [autóra stb.]
tyred ['taɪəd] *a* gumiabroncsos (kerekű)
tyre-gauge *n* levegőnyomás-mérő, nyomásmérő [gumiabroncshoz]
tyreless ['taɪəlɪs] *a* abroncsozás nélküli
tyre-lever *n* gumiabroncs-szerelő vas, pájszer
tyre-pump *n* kerékpárpumpa; autópumpa
tyro ['taɪərɪʊ] *n* = *tiro*
tzar [zɑ:*] *n* cár
tzigane [tsɪ'gɑ:n] *a/n* (magyar) cigány

U

U¹, u [ju:] *n* U, u (betű)
U² [ju:] 1. *universal* korhatár nélkül (megtekinthető) [film] 2. *upper-class, fashionable, polite*
ubiquitous [ju:'bɪkwɪtəs] *a* mindenütt jelenlevő/előforduló/található
ubiquity [ju:'bɪkwətɪ] *n* mindenütt jelenvalóság
U-boat ['ju:-] *n* [német] tengeralattjáró
U-bolt ['ju:-] *n* U alakú csapszeg, U vas
udder ['ʌdə*] *n* tőgy
udderless ['ʌdelɪs] *a* anyátlan
udometer [ju:'dɔmɪtə*; *US* -'dɑ-] *n* esőmérő
UFO [ju:ef'oʊ v. 'ju:foʊ] *unidentified flying object* „repülő csészealj"
Uganda [ju:'gændə] *prop* Uganda
Ugandan [ju:'gændən] *a/n* ugandai
ugh [ʌx, ə:h] *int* jaj!, au!, ó!, brr!, pfuj!
ugliness ['ʌglɪnɪs] *n* csúnyaság, rondaság, rútság
ugly ['ʌglɪ] *a* 1. csúnya, csúf, rút, ronda, undorító; ~ *duckling* csúf kiskacsa ⟨csúnya/jelentéktelen gyerek, akiből szépség/híresség lesz felnőtt korára⟩ 2. kellemetlen, mogorva; *biz* ~ *customer* kellemetlen fráter; □ *cut up* ~ mérgelődik, nagyon „pipa"
Ugrian ['u:grɪən] *a/n* ugor
Ugric ['u:grɪk] *n* ugor (nyelv)
UHF [ju:eɪtʃ'ef] *ultra-high frequency* ultrarövid hullám, URH
U.K., UK [ju:'keɪ] *United Kingdom* → *united* 2.
Ukraine [ju:'kreɪn] *prop* Ukrajna
Ukrainian [ju:'kreɪnjən] *a/n* ukrajnai
ukulele [ju:kə'leɪlɪ] *n* ukulele ⟨hawaii gitárszerű hangszer⟩

ulcer ['ʌlsə*] *n* fekély
ulcerate ['ʌsəreɪt] A. *vi* elfekélyesedik B. *vt* kifekélyesít
ulceration [ʌlsə'reɪʃn] *n* (el)fekélyesedés
ulcerous ['ʌls(ə)rəs] *a* fekélyes
ulex ['ju:leks] *n* sülzanót, sülbige
ullage ['ʌlɪdʒ] *n* apadás [folyadéktartályé]; hiány
ulna ['ʌlnə] *n* (*pl* ~e 'ʌlni:) singcsont
ulnar ['ʌlnə*] *a* singcsonti, singcsont-
Ulster ['ʌlstə*] I. *prop* Ulster II. *n* u~ ⟨hosszú nehéz bő felöltő övvel⟩
ult. [ʌlt] *ultimo* múlt hó/havi
ulterior [ʌl'tɪərɪə*] *a* 1. túlsó 2. későbbi, utóbbi, következő, távolabbi 3. rejtett; ~ *motive* hátsó gondolat
ultimate ['ʌltɪmət] *a* végső, utolsó; alapvető, alap-
ultimately ['ʌltɪmətlɪ] *adv* végül (is), végtére
ultimatum [ʌltɪ'meɪtəm] *n* (*pl* ~s -z v. -mata -'meɪtə) végső felszólítás, ultimátum
ultimo ['ʌltɪmoʊ] *adv* múlt hó/havi
ultra ['ʌltrə] I. *a* szélsőséges, végső, túlzó II. *n* túlzó, ultra [politikai értelemben]
ultra- [(')ʌltrə-] ultra-, túl
ultra-high *a* ~ *frequency* ultranagy frekvencia ‖ → *UHF*
ultramarine [ʌltrəmə'ri:n] *a/n* ultramarin(kék)
ultramontane [ʌltrə'mɔnteɪn; *US* -an-] *a* pápapárti, ultramontán; túlzottan klerikális
ultrasonic *a* ultraszonikus; ultrahang-; hangsebességen túli
ultra-violet *a* ibolyántúli, ultraibolya
ululate ['ju:ljʊleɪt] *vi* üvölt; huhog

ululation [juːljʊ'leɪʃn] *n* üvöltés; huhogás
Ulysses [juː'lɪsiːz] *prop*
umbel ['ʌmbəl] *n* ernyő(s virágzat)
umbellate ['ʌmbəlɪt] *a* = *umbelliferous*
umbelliferous [ʌmbə'lɪfərəs] *a* ernyős virág(zat)ú
umber ['ʌmbə*] *n* umbrabarna [szín, festék]
umbilical [ʌmbɪ'laɪkl; *US* ʌm'bɪlɪkl] *a* köldöki, köldök-; ~ *cord* köldökzsinór
umbilicus [ʌm'bɪlɪkəs] *n* (*pl* -bilici -'bɪlɪsaɪ) köldök
umbrage ['ʌmbrɪdʒ] *n* 1. árnyék 2. *take* ~ *at sg* neheztel vm miatt, zokon vesz vmt
umbrella [ʌm'brelə] *n* 1. (es)ernyő; napernyő 2. védelem; *under the* ~ *of the UNO* az ENSZ oltalma/védelme alatt 3. légi védelem [hadműveleti terület felett]
umbrella-frame *n* ernyőváz
umbrella-stand *n* ernyőtartó
umbrella-stick *n* ernyőrúd
umph [ʌmf] *int* hmm!
umpire ['ʌmpaɪə*] I. *n* 1. bíró, játékvezető [sportmérkőzésen] 2. döntőbíró II. *vt/vi* bíráskodik, vezet [mérkőzést]
umpteen [ʌmp'tiːn] *a* □ ezer és egy, kismillió
umpteenth [ʌmp'tiːnθ] *a* □ sokadik, ikszedik
'un [(ə)n] *pron biz* (= *one*); *the little 'un* a kicsi, a gyerek
un- [ʌn-] *pref* ⟨mint fosztóképző vmnek az ellenkezőjét/hiányát, vm nélküliséget jelent⟩ -tlan, -tlen, -atlan, -etlen, -talan, -telen stb.
U.N., UN- [juː'en] *United Nations* Egyesült Nemzetek (Szervezete), ENSZ
unabashed [ʌnə'bæʃt] *a* pofátlan, szégyentelen; anélkül, hogy zavarba jönne
unabated [ʌnə'beɪtɪd] *a* nem csökkent
unabating [ʌnə'beɪtɪŋ] *a* nem csökkenő, változatlanul heves
unable [ʌn'eɪbl] *a* képtelen, nem képes; *be* ~ *to do sg* nem képes/tud vmt megtenni

unabridged [ʌnə'brɪdʒd] *a* eredeti terjedelmű, csonkítatlan, teljes egész
unaccented [ʌnæk'sentɪd] *a* hangsúlytalan, hangsúly nélküli
unacceptable [ʌnək'septəbl] *a* el nem fogadható, elfogadhatatlan
unaccommodating [ʌnə'kɔmədeɪtɪŋ; *US* -'kɑ-] *a* alkalmazkodni nem tudó/képes, nem szívélyes
unaccompanied [ʌnə'kʌmp(ə)nɪd] *a* kíséret/őrizet nélkül(i), egyedül(i)
unaccomplished [ʌnə'kɔmplɪʃt; *US* -'kɑ-] *a* 1. befejezetlen 2. hozzá nem értő
unaccountable [ʌnə'kaʊntəbl] *a* megmagyarázhatatlan; különös, rejtélyes
unaccountably [ʌnə'kaʊntəblɪ] *adv* rejtélyesen
unaccounted [ʌnə'kaʊntɪd] *a* ~ *for* megmagyarázatlan, rejtélyesen hiányzó
unaccustomed [ʌnə'kʌstəmd] *a* 1. szokatlan 2. ~ *to sg* vmhez nem szokott, vmt meg nem szokott, vmben járatlan; ~ *as I am (to sg)* mivel nem vagyok szokva (vmhez)
unacknowledged [ʌnək'nɔlɪdʒd; *US* -ɑl-] *a* 1. el nem ismert, be nem vallott 2. nem viszonzott, válaszolatlan; vissza nem igazolt
unacquainted [ʌnə'kweɪntɪd] *a* *be* ~ *with* nem ismer (vkt, vmt), nem ismerős (vmvel), járatlan (vmben)
unadaptable [ʌnə'dæptəbl] *a* 1. alkalmazkodásra képtelen 2. nem alkalmazható
unadapted [ʌnə'dæptɪd] *a* alkalmatlan (*to* vmre)
unaddressed [ʌnə'drest] *a* címzetlen
unadmitted [ʌnəd'mɪtɪd] *a* *be* nem vallott; meg nem engedett
unadopted [ʌnə'dɔptɪd; *US* -ɑp-] *a* el nem fogadott; hatóságilag fenn nem tartott [út]
unadorned [ʌnə'dɔːnd] *a* díszítetlen, mesterkéletlen, egyszerű
unadulterated [ʌnə'dʌltəreɪtɪd] *a* hamisítatlan, természetes; tiszta
unadvisable [ʌnəd'vaɪzəbl] *a* 1. tanácsot el nem fogadó 2. nem ajánlatos
unadvised [ʌnəd'vaɪzd] *a* meggondolatlan, elővigyázatlan; önfejű

unadvisedly [ʌnəd'vaɪzɪdlɪ] adv meggondolatlanul

unaffected [ʌnə'fektɪd] a 1. ~ by sg vmtől nem befolyásolt, érzéketlen vmre 2. természetes, nem affektáló

unafraid [ʌnə'freɪd] a be ~ of sg nem fél vmtől

unaided [ʌn'eɪdɪd] a 1. segítség nélkül(i), maga erejéből 2. ~ eye puszta/szabad szem

unalienable [ʌn'eɪljənəbl] a elidegeníthetetlen, át nem ruházható

unallotted [ʌnə'lɔtɪd; US -at-] a rendelkezésre álló, kiosztatlan

unalloyed [ʌnə'lɔɪd] a vegyítetlen, tiszta

unalterable [ʌn'ɔ:lt(ə)rəbl] a változatlan, (meg)változtathatatlan

unalterably [ʌn'ɔ:lt(ə)rəblɪ] adv (meg-)változ(tat)hatatlanul

unaltered [ʌn'ɔ:ltəd] a változatlan(ul)

unambiguous [ʌnæm'bɪgjʊəs] a egyértelmű, félreérthetetlen

unambitious [ʌnæm'bɪʃəs] a igénytelen, szerény, becsvágy nélküli

unamended [ʌnə'mendɪd] a nem módosított, változatlan, ugyanaz

un-American [ʌnə'merɪkən] a 1. nem amerikai szellemű, nem amerikaias 2. US amerikaellenes

unanchor [ʌn'æŋkə*] vi/vt horgonyt felhúz/felszed

unanimity [ju:nə'nɪmətɪ] n egyhangúság

unanimous [ju:'nænɪməs] a egyhangú, azonos nézetű

unanimously [ju:'nænɪməslɪ] adv egyhangúlag, egyhangúan

unannounced [ʌnə'naʊnst] a be nem jelentett, bejelentés nélkül(i)

unanswerable [ʌn'ɑ:ns(ə)rəbl; US -'æn-] a 1. megválaszolhatatlan 2. megdönthetetlen, megcáfolhatatlan, elvitathatatlan

unanswered [ʌn'ɑ:nsəd; US -'æn-] n 1. megválaszolatlan 2. meg nem döntött/cáfolt 3. viszonzatlan, nem viszonzott

unanticipated [ʌnæn'tɪsɪpeɪtɪd] a előre nem várt/látott, váratlan

unappealable [ʌnə'pi:ləbl] a megfellebbezhetetlen

unappeased [ʌnə'pi:zd] a kielégítetlen, kiengeszteletlen

unappetizing [ʌn'æpɪtaɪzɪŋ] a nem étvágygerjesztő, gusztustalan

unappreciated [ʌnə'pri:ʃɪeɪtɪd] a nem méltányolt/értékelt

unapproachable [ʌnə'proʊtʃəbl] a megközelíthetetlen

unappropriated [ʌnə'proʊprɪeɪtɪd] a gazdátlan, felhasználatlan, rendelkezésre álló

unapt [ʌn'æpt] a alkalmatlan, nem alkalmas, ügyetlen, nem fogékony (for vmre)

unarmed [ʌn'ɑ:md] a fegyvertelen(ül)

unascertainable [ʌnæsə'teɪnəbl] a meg nem állapítható, megállapíthatatlan

unascertained [ʌnæsə'teɪnd] a ki nem derített, meg nem állapított

unashamed [ʌnə'ʃeɪmd] a nem szégyenlős, pofátlan, szemérmetlen

unasked [ʌn'ɑ:skt; US -'æ-] a kéretlen(ül); do sg ~ kéretlenül/magától megtesz vmt; ~ for önként(es), a maga jószántából (való), spontán

unassailable [ʌnə'seɪləbl] a megtámadhatatlan

unassertive [ʌnə'sə:tɪv] a szerény, viszszahúzódó

unassimilated [ʌnə'sɪməleɪtɪd] a megemésztetlen, nem asszimilált

unassisted [ʌnə'sɪstɪd] a = unaided

unassuming [ʌnə'sju:mɪŋ; US -'su:-] a igénytelen, szerény

unattached [ʌnə'tætʃt] a szabad, független; nem tartozó (to vkhez/vmhez/vhová)

unattainable [ʌnə'teɪnəbl] a elérhetetlen

unattended [ʌnə'tendɪd] a 1. kíséret nélkül(i); gazdátlan; leave ~ őrizetlenül hagy 2. nem kezelt/ápolt, ellátás/gondozás nélküli

unattested [ʌnə'testɪd] a nem igazolt/hitelesített

unattractive [ʌnə'træktɪv] a nem vonzó/szép, báj nélküli, bájtalan

unauthentic [ʌnɔ:'θentɪk] a nem hiteles/eredeti

unauthorized [ʌn'ɔ:θəraɪzd] a jogosulatlan, jogosítatlan, jogtalan, illetéktelen

unavailable [ʌnə'veɪləbl] a rendelkezésre nem álló, nem kapható
unavailing [ʌnə'veɪlɪŋ] a hiábavaló, haszontalan, eredménytelen
unavoidable [ʌnə'vɔɪdəbl] a elkerülhetetlen
unaware [ʌnə'weə*] a be ~ of sg nem tud (v. nincs tudomása) vmről, nincs tudatában vmnek
unawares [ʌnə'weəz] adv 1. váratlanul, észrevétlenül, rajtaütésszerűen; take sy ~ (hirtelen) meglep vkt 2. akaratlanul
unbacked [ʌn'bækt] a 1. támogatás nélküli, magára hagyott 2. hátirattal el nem látott
unbaked [ʌn'beɪkt] a (ki)égetetlen; sületlen
unbalanced [ʌn'bælənst] a 1. kiegyensúlyozatlan, ingadozó 2. ki nem egyenlített [számla] 3. tébolyodott
unbar [ʌn'bɑ:*] vt -rr- kinyít, kitár, kireteszel
unbearable [ʌn'beərəbl] a kibírhatatlan, elviselhetetlen, tűrhetetlen
unbeatable [ʌn'bi:təbl] a verhetetlen
unbeaten [ʌn'bi:tn] a 1. veretlen; meg nem döntött 2. járatlan [út]
unbecoming [ʌnbɪ'kʌmɪŋ] a 1. nem jól álló, előnytelen [ruha]; ~ to/for sy nem illő vkhez/vkre 2. illetlen, nem helyénvaló
unbefriended [ʌnbɪ'frendɪd] a baráttalan, társtalan
unbeknown [ʌnbɪ'noʊn] a biz ismcrctlen, nem ismeretes
unbeknownst [ʌnbɪ'noʊnst] adv biz nem tudva vmről; he did it ~ to me tudtomon kívül tette
unbelief [ʌnbɪ'li:f] n hitetlenség, kétkedés
unbelievable [ʌnbɪ'li:vəbl] a hihetetlen
unbeliever [ʌnbɪ'li:və*] n hitetlen
unbelieving [ʌnbɪ'li:vɪŋ] a hitetlen, kétkedő
unbend [ʌn'bend] v (pt/pp -bent -'bent) A. vt 1. kiegyenesít 2. ~ oneself, ~ one's mind kipiheni magát, könnyít magán/lelkén B. vi 1. kiegyenesedik; enged 2. felenged
unbending [ʌn'bendɪŋ] a merev, hajlíthatatlan, makacs

unbias(s)ed [ʌn'baɪəst] a elfogulatlan, nem részrehajló
unbidden [ʌn'bɪdn] a 1. hívatlan(ul) 2. önként(elen), spontán
unbind [ʌn'baɪnd] vt (pt/pp -bound -'baʊnd) 1. kiold, megold, kibont 2. feloldoz, kiszabadít, megszabadít
unbleached [ʌn'bli:tʃt] a fehérítetlen
unblemished [ʌn'blemɪʃt] a szeplőtlen, feddhetetlen
unblock [ʌn'blɔk; US -ɑk] vt akadályt eltávolít (vmből), szabaddá tesz [utat]
unblushing [ʌn'blʌʃɪŋ] a szemtelen, arcátlan, szemérmetlen
unblushingly [ʌn'blʌʃɪŋlɪ] adv arcátlanul
unboiled [ʌn'bɔɪld] a főtlen, forralatlan
unbolt [ʌn'boʊlt] vt kireteszel, kinyit
unbolted [ʌn'boʊltɪd] a kinyitott
unbone [ʌn'boʊn] vt kicsontoz, csontot/szálkát kiszed, szálkátlanít
unborn [ʌn'bɔ:n] a meg nem született; generations yet ~ az eljövendő nemzedékek
unbosom [ʌn'bʊzəm] vt 1. ~ oneself (to sy) szívét kiönti/kitárja (vknek) 2. bizalmasan közöl, felfed
unbound [ʌn'baʊnd] a 1. kötetlen [fűzött könyv] 2. eloldozott, kioldozott; come ~ kibomlik, eloldódik || →unbind
unbounded [ʌn'baʊndɪd] a határtalan, korlátlan, féktelen
unbowed [ʌn'baʊd] a 1. nem ívelt, meg nem hajlított/hajlott 2. legyőzetlen, veretlen
unbrace [ʌn'breɪs] vt 1. kicsatol 2. megereszt, (meg)lazít
unbreakable [ʌn'breɪkəbl] a törhetetlen
unbribable [ʌn'braɪbəbl] a megvesztegethetetlen
unbridled [ʌn'braɪdld] a zabolátlan, féktelen, szabadjára engedett
unbroken [ʌn'broʊk(ə)n] a 1. töretlen, ép, egész 2. be nem tört, betöretlen [ló] 3. megdöntetlen [csúcs] 4. megszakítatlan, folytatólagos; zavartalan 5. meg nem szegett [eskü] 6. szűz [talaj]
unbuckle [ʌn'bʌkl] vt lecsatol, levesz
unbuilt [ʌn'bɪlt] a 1. megépítetlen 2. beépítetlen

unburden [ʌn'bə:dn] vt 1. terhétől megszabadít, megkönnyít; ~ one's heart/mind, ~ oneself (to sy) könnyít a lelkén, kiönti a szívét (vknek) 2. lerak, levesz (terhet)

unbutton [ʌn'bʌtn] vt kigombol; come ~ed kigombolódik

uncalled [ʌn'kɔ:ld] a hívatlan, be nem hívott; ~-for szükségtelen, fölösleges

uncanny [ʌn'kænɪ] a hátborzongató, rejtélyes

uncared-for [ʌn'keədfɔ:*] a gondozatlan, elhanyagolt

unceasing [ʌn'si:sɪŋ] a szakadatlan, szüntelen

unceremonious ['ʌnserɪ'mounjəs] a fesztelen (modorú), teketória nélküli

uncertain [ʌn'sə:tn] a 1. bizonytalan; habozó; ingadozó 2. kétes, vitás; in no ~ terms félreérthetetlen formában

uncertainly [ʌn'sə:tnlɪ] adv bizonytalanul

uncertainty [ʌn'sə:tntɪ] n bizonytalanság, kétség

uncertificated [ʌnsə'tɪfɪkeɪtɪd] a képesítés nélküli

uncertified [ʌn'sə:tɪfaɪd] a nem bizonyított/igazolt/garantált/hiteles(ített)

unchain [ʌn'tʃeɪn] vt bilincseitől megszabadít, szabadjára enged

unchallenged [ʌn'tʃæləndʒd] a nem vitatott; let go/pass ~ megjegyzés nélkül hagy, nem vitatja

unchangeable [ʌn'tʃeɪndʒəbl] a (meg-)változtathatatlan, meg nem változtatható

unchanged [ʌn'tʃeɪndʒd] a változatlan, ugyanolyan

unchanging [ʌn'tʃeɪndʒɪŋ] a nem változó

uncharitable [ʌn'tʃærɪtəbl] a könyörtelen, kíméletlen

uncharted [ʌn'tʃɑ:tɪd] a térképezetlen, fel nem kutatott

unchaste [ʌn'tʃeɪst] a tisztátalan, erkölcstelen, szemérmetlen

unchecked [ʌn'tʃekt] a 1. akadálytalan(ul) 2. ellenőrizetlen(ül)

unchivalrous [ʌn'ʃɪvəlrəs] a lovagiatlan

unchristian [ʌn'krɪstjən v. -tʃ-] a 1. nem keresztényi (v. prot. haszn. nem keresztyéni), keresztényietlen 2. pogány, hitetlen 3. biz alkalmatlan [idő]

uncial ['ʌnsɪəl] a/n unciális (betű)

unciform ['ʌnsɪfɔ:m] a horgos, horgas

uncircumcised [ʌn'sə:kəmsaɪzd] a körülmetéletlen

uncivil [ʌn'sɪvl] a barátságtalan, udvariatlan, modortalan

uncivilized [ʌn'sɪv(ə)laɪzd] a civilizálatlan, barbár, műveletlen

unclad [ʌn'klæd] a = unclothed

unclaimed [ʌn'kleɪmd] a 1. nem igényelt/követelt 2. gazdátlan [állat]

unclassified [ʌn'klæsɪfaɪd] a 1. osztályozatlan, vegyes 2. nem titkos

uncle ['ʌŋkl] n 1. nagybácsi; bácsi; ~ John János bácsi; biz U~ Sam ⟨az Egyesült Államok⟩; biz say ~ beadja a derekát 2. □ zálogházas

unclean [ʌn'kli:n] a tisztát(a)lan, nem tiszta, piszkos, mocskos

uncleanness [ʌn'kli:nnɪs] n tisztátalanság

uncleared [ʌn'klɪəd] a 1. leszedetlen [asztal] 2. lerovatlan [adósság] 3. tisztázatlan [vád]

unclose [ʌn'klouz] vt kinyit, felnyit

unclothed [ʌn'klouðd] a meztelen

unclouded [ʌn'klaudɪd] a (átv is) felhőtlen, derült, tiszta [égbolt]

unco ['ʌŋkou] sk I. a rendkívüli, csodálatos, különös II. adv nagyon, rendkívül(ien); the ~ guid [gyd] szenteskedő emberek, a sok „szent fazék"

uncoil [ʌn'kɔɪl] A. vt lemombolyít, letekercsel B. vi legombolyodik, letekeredik

uncollected [ʌnkə'lektɪd] a 1. beszedetlen, behajtatlan 2. össze nem gyűjtött, kötetben ki nem adott

uncoloured, US -colored [ʌn'kʌləd] a 1. színezetlen 2. átv színtelen, szürke, egyszerű

uncomely [ʌn'kʌmlɪ] a csúnya, illetlen, tisztességtelen

uncomfortable [ʌn'kʌmf(ə)təbl] a kényelmetlen, kellemetlen, nyugtalan(ító), kínos; be/feel ~ (1) kényelmetlenül/rosszul érzi magát (2) aggódik

uncommitted [ʌnkə'mɪtɪd] a 1. el nem követett/határozott 2. állást nem fog-

laló, magát le nem kötő (*to* vmhez)
3. el nem kötelezett [ország]
uncommon [ʌn'kɔmən; *US* -'ka-] I.
a rendkívüli, szokatlan, ritka II.
adv biz = *uncommonly;* ~ *good* rend-
kívül jó, kitűnő
uncommonly [ʌn'kɔmənlɪ; *US* -'ka-]
adv rendkívül(ien); *not* ~ elég gyakran
uncommunicative [ʌnkə'mju:nɪkətɪv;
US -ker- v. -kə-] *a* nem közlékeny,
hallgatag, szófukar, zárkózott
uncompanionable [ʌnkəm'pænjəbl] *a*
nem barátkozó, emberkerülő
uncomplaining [ʌnkəm'pleɪnɪŋ] *a* nem
panaszkodó, türelmes
uncompleted [ʌnkəm'pli:tɪd] *a* befeje-
zetlen, nem teljes
uncomplimentary ['ʌnkɔmplɪ'ment(ə)rɪ;
US -am-] *a* nem (valami) hízelgő,
udvariatlan
uncompromising [ʌn'kɔmprəmaɪzɪŋ;
US -am-] *a* meg nem alkuvó, hajt-
hatatlan, tántoríthatatlan, rendíthe-
tetlen
unconcealed [ʌnkən'si:ld] *a* nem titkolt,
nyílt
unconcern [ʌnkən'sə:n] *n* közöny, ér-
dektelenség
unconcerned [ʌnkən'sə:nd] *a* közönyös;
közömbös; semleges; *be* ~ *in/with sg*
nincs érdekelve vmben
unconcernedly [ʌnkən'sə:nɪdlɪ] *adv* kö-
zömbösen
unconditional [ʌnkən'dɪʃənl] *a* feltétlen,
feltétel nélküli
unconfirmed [ʌnkən'fə:md] *a* meg nem
erősített, megerősítetlen
uncongenial [ʌnkən'dʒi:njəl] *a* nem
rokon érzelmű, nem azonos beállí-
tottságú, nem egyéniségéhez illő
unconnected [ʌnkə'nektɪd] *a* összefüg-
géstelen, kapcsolat nélküli
unconquerable [ʌn'kɔŋk(ə)rəbl; *US*
-əŋ-] *a* legyőzhetetlen
unconscionable [ʌn'kɔnʃnəbl; *US* -'kan-]
a 1. lelkiismeretlen 2. *take an* ~ *time
doing sg* túlzottan sok időt tölt vmvel
unconscious [ʌn'kɔnʃəs; *US* -'kan-]
I. *a* 1. öntudatlan, tudattalan; nem
tudatos; *be* ~ *of sg* nincs tudatában
vmnek, nincs tudomása vmről, nem

tud vmről 2. eszméletlen; *become* ~
elájul, eszméletét veszti 3. tudat alatti
II. *n the* ~ a tudatalatti
unconsciousness [ʌn'kɔnʃəsnɪs; *US*
-'kan-] *n* 1. eszméletlenség 2. tudat-
talanság
unconsidered [ʌnkən'sɪdəd] *a* 1. meg-
gondolatlan, meg nem fontolt 2. je-
lentéktelen, elhanyagolható
unconstitutional ['ʌnkɔnstɪ'tju:ʃənl; *US*
-kanstɪ'tu:-] *a* alkotmányellenes, al-
kotmányba ütköző
unconstrained [ʌnkən'streɪnd] *a* 1. nem
kényszerített 2. mesterkéletlen
uncontaminated [ʌnkən'tæmɪneɪtɪd] *a*
szennyezetlen, nem fertőzött
uncontested [ʌnkən'testɪd] *a* 1. két-
ségtelen 2. egyhangú [választás]
uncontradicted ['ʌnkɔntrə'dɪktɪd; *US*
-ka-] *a* ellentmondás nélküli; meg
nem cáfolt
uncontrollable [ʌnkən'troʊləbl] *a* 1. kor-
mányozhatatlan 2. féktelen
uncontrolled [ʌnkən'troʊld] *a* szabadjá-
ra engedett, féktelen, fékevesztett
unconventional [ʌnkən'venʃənl] *a* kon-
venciókhoz/formákhoz nem ragasz-
kodó, mesterkéletlen, nem a megszo-
kott/bevett
unconvincing [ʌnkən'vɪnsɪŋ] *a* nem
meggyőző
uncooked [ʌn'kʊkt] *a* nyers, főtlen
uncooperative [ʌnkoʊ'ɔp(ə)rətɪv; *US*
-'a-] *a* együttműködni nem akaró,
nem segítőkész
uncoordinated [ʌnkoʊ'ɔ:dɪneɪtɪd] *a* ko-
ordinálatlan, összefüggéstelen, rend-
szertelen
uncork [ʌn'kɔ:k] *vt* dugót kihúz (vmből)
uncouple [ʌn'kʌpl] *vt* szétkapcsol, ki-
kapcsol; elereszt
uncourtly [ʌn'kɔ:tlɪ] *a* 1. nem udvarké-
pes 2. udvariatlan, faragatlan
uncouth [ʌn'ku:θ] *a* faragatlan, durva
uncover [ʌn'kʌvə*] *vt* 1. kitakar (vmt);
ponyvát/fedőt levesz (vmről); ~ *one-
self* leveszi a kalapját 2. leleplez;
elárul
uncovered [ʌn'kʌvəd] *a* 1. fedetlen;
remain ~ nem teszi fel a kalapját
2. fedezetlen

uncritical [ʌn'krɪtɪkl] a kritikátlan
uncrossed [ʌn'krɔst; US -ɔ:-] a nem keresztezett
uncrowned [ʌn'kraʊnd] a koronázatlan
uncrushable [ʌn'krʌʃəbl] a gyűrhetetlen
unction ['ʌŋkʃn] n 1. kenet 2. felkenés
unctuous ['ʌŋktjʊəs; US -tʃʊ-] a kenetes, kenetteljes
unctuousness ['ʌŋktjʊəsnɪs; US -tʃʊ-] n kenetesség
uncurbed [ʌn'kə:bd] a féktelen, korlátozatlan
uncut [ʌn'kʌt] a 1. lábon álló [termés] 2. felvágatlan [könyv] 3. csiszolatlan [gyémánt]
undamaged [ʌn'dæmɪdʒd] a sértetlen, ép
undamped [ʌn'dæmpt] a 1. nem elfojtott; csillapítatlan [rezgések] 2. lankadatlan
undated [ʌn'deɪtɪd] a keltezetlen
undaunted [ʌn'dɔ:ntɪd] a rettenthetetlen, félelmet nem ismerő
undealt [ʌn'delt] a problem still ~ with még nem tárgyalt kérdés
undeceive [ʌndɪ'si:v] vt kiábrándít, kijózanít, felvilágosít
undecided [ʌndɪ'saɪdɪd] a 1. határozatlan, bizonytalan 2. eldöntetlen
undecipherable [ʌndɪ'saɪf(ə)rəbl] a kibetűzhetetlen, kivehetetlen
undeclared [ʌndɪ'kleəd] a 1. ki nem jelentett; ~ war hadüzenet nélküli háború 2. be nem vallott
undefended [ʌndɪ'fendɪd] a védtelen, védelem nélküli
undefiled [ʌndɪ'faɪld] a tiszta, szeplőtlen
undefinable [ʌndɪ'faɪnəbl] a meghatározhatatlan
undefined [ʌndɪ'faɪnd] a meg nem határozott, meghatározatlan
undelivered [ʌndɪ'lɪvəd] a 1. kézbesítetlen 2. el nem mondott [beszéd]
undemanding [ʌndɪ'mɑ:ndɪŋ] a nem igényes, igénytelen
undemocratic [ʌndemə'krætɪk] a nem demokratikus, antidemokratikus
undemonstrative [ʌndɪ'mɒnstrətɪv; US -'mɑ-] a tartózkodó, kimért, zárkózott
undeniable [ʌndɪ'naɪəbl] a tagadhatatlan, cáfolhatatlan, kétségtelen

undeniably [ʌndɪ'naɪəblɪ] adv tagadhatatlanul
undependable [ʌndɪ'pendəbl] a megbízhatatlan
under ['ʌndə*] prep/adv 1. alatt(a), alá, alul, lenn; from ~ alól, alulról; see ~ ... lásd ... alatt; ~ the circumstances az adott körülmények között; be ~ sy alárendeltje vknek, vknek alá van rendelve; study ~ sy vk irányítása alatt végzi tanulmányait; field ~ corn búzával bevetett föld; be ~ age kiskorú; ~ conditions bizonyos feltételek mellett; question ~ discussion a szóban forgó kérdés; (be) ~ repair javítás alatt (van) 2. ⟨mint előtag, igekötő és egyéb egybeírt szóelem: lent, alul, lejjebb, nem kellően s hasonló jelentésekben⟩
underage [ʌndər'eɪdʒ] a kiskorú
underbelly ['ʌndəbelɪ] n hastáj, hasalj
underbid [ʌndə'bɪd] vt (pt/pp ~; -dd-) olcsóbban kínál, alákínál, kevesebbet kínál
under-body ['ʌndəbɒdɪ; US -bɑ-] n alváz [járműé]
underbred [ʌndə'bred] a neveletlen, modortalan
underbrush ['ʌndəbrʌʃ] n US bozót
under-carriage ['ʌndəkærɪdʒ] n 1. futószerkezet [repgépé] 2. alváz [járműé]
undercharge [ʌndə'tʃɑ:dʒ] vt kevesebbet számít fel (vknek)
underclothes ['ʌndəkloʊðz; US -kloʊz] n pl fehérnemű, alsóruha
underclothing ['ʌndəkloʊðɪŋ] n = underclothes
undercover [ʌndə'kʌvə*] a titkos; ~ man kém, besúgó, beépített ügynök
undercroft ['ʌndəkrɒft; US -ɔ:ft] n kripta, altemplom
undercurrent ['ʌndəkʌr(ə)nt] n rejtett/ellentétes áramlat/áramlás
undercut I. n ['ʌndəkʌt] pecsenyeszelet II. vt [ʌndə'kʌt] (pt/pp ~; -tt-) 1. aláás; alámetsz 2. olcsóbb áron ad (másnál); alákínál (vknek)
underdeveloped [ʌndədɪ'veləpt] a 1. fejletlen, (fejlődésben/gazdaságilag) elmaradt 2. alulhívott, gyengén előhívott [negatív]

underdog ['ʌndədɔg; US -dɔ:g] n hátrányos/elnyomott helyzetben levő, gyengébb/estélytelenebb fél, az alul maradó fél [küzdelemben]
underdone [ʌndə'dʌn v. 'ʌn-] a nem eléggé átsütött, félig nyers, véres, angolos [hús]
underemployed [ʌndərɪm'plɔɪd] a nem kielégítően foglalkoztatott [dolgozó]
underestimate [ʌndər'estɪmeɪt] vt alábecsül
underexposure [ʌnd(ə)rɪk'spouʒə*] n al(ul)exponálás
underfeed [ʌndə'fi:d] v (pt/pp -fed -fed) vt hiányosan táplál, alultáplál
underfoot [ʌndə'fut] adv 1. lent, alul, láb alatt 2. elnyomva
undergarment ['ʌndəgɑ:mənt] a alsóruha, fehérnemű
undergo [ʌndə'gou] vt (pt -went -'went, pp -gone -'gɔn, US -'gɔ:n) keresztülmegy, átmegy, átesik (vmn); aláveti magát (vmnek); eltűr, elvisel, kiáll (vmt)
undergrad [ʌndə'græd] n biz = undergraduate
undergraduate [ʌndə'grædjuət; US -dʒ-] n (egyetemi) hallgató, egyetemista
underground I. a ['ʌndəgraʊnd] 1. föld alatti; ~ water talajvíz 2. illegális II. adv [ʌndə'graʊnd] föld alatt, titokban III. ['ʌndəgraʊnd] n 1. földalatti (vasút) 2. illegalitás, földalatti (titkos) szervezet
undergrowth ['ʌndəgrouθ] n bozót, aljnövényzet
underhand I. a ['ʌndəhænd] 1. alattomos 2. alulról adogatott/ütött [labda] II. adv [ʌndə'hænd] 1. alattomban 2. alulról
underhanded [ʌndə'hændɪd] a = undermanned
underhung [ʌndə'hʌŋ] a előreálló/előreugró állú
underlay ['ʌndəleɪ] n 1. süppedés 2. aljzat; (nemez)alátét [pl. szőnyeg alá] ‖ →underlie
underlease ['ʌndəli:s] n albérlet
underlet [ʌndə'let] vt (pt/pp ~; -tt-) 1. albérletbe ad 2. értéken alul kiad

underlie [ʌndə'laɪ] vt (pres part -lying -'laɪɪŋ; pt -lay -'leɪ, pp -lain -'leɪn) vmnek az alapja, alapjául szolgál (vmnek), alapját alkotja (vmnek), vmnek a mélyén van
underline I. n ['ʌndəlaɪn] 1. aláhúzás 2. képszöveg II. vt [ʌndə'laɪn] aláhúz (átv is)
underlinen ['ʌndəlɪnɪn] n = underlothes
underling ['ʌndəlɪŋ] n alárendeltje vknek [megvető értelemben], alantas
underlining [ʌndə'laɪnɪŋ] n belső bélés, vásznazás
underlying [ʌndə'laɪŋ] a alapját alkotó, vmnek alapjául szolgáló; ~ principles alapelvek, elvi alap(ok) ‖ →underlie
undermanned [ʌndə'mænd] a elegendő személyzettel/munkaerővel nem rendelkező, munkaerőhiánnyal küzdő; be badly ~ túlságosan kicsi a személyzete
undermentioned [ʌndə'menʃnd] a alant említett, alábbi, alanti
undermine [ʌndə'maɪn] vt aláaknáz; aláás; alámos
undermost ['ʌndəmoust] a legalsó
underneath [ʌndə'ni:θ] prep/adv alatt, alá, alul, lenn; from ~ vm alól, alulról
undernourished [ʌndə'nʌrɪʃt; US -'nə:-] a hiányosan/rosszul táplált
underpaid [ʌndə'peɪd] a rosszul fizetett
underpants ['ʌndəpænts] n pl (rövid) alsónadrág
underpass ['ʌndəpu:s; US -æs] n (vasúti) aluljáró
underpin [ʌndə'pɪn] vt -nn- aládúcol, -falaz, -támaszt, megerősít
underplot ['ʌndəplɔt; US -at] n mellékcselekmény
underpopulated [ʌndə'pɔpjuleɪtɪd; US -'papjə-] a gyér népességű, gyéren lakott
underprivileged [ʌndə'prɪvɪlɪdʒd] a társadalmilag/gazdaságilag/anyagilag hátrányos helyzetben levő, elnyomott, kisemmizett
underproduction [ʌndəprə'dʌkʃn] n elégtelen termelés
underprop [ʌndə'prɔp; US -ap] vt -pp- kitámaszt, alátámaszt, -dúcol

underquote [ʌndə'kwoʊt] vt olcsóbb árajánlatot tesz (sy vknél)
underrate [ʌndə'reɪt] vt alábecsül
underscore [ʌndə'skɔ:*] vt aláhúz
undersea ['ʌndəsi:] a tenger alatti
undersecretary [ʌndə'sekrət(ə)rɪ] n 1. miniszterhelyettes, államtitkár; *parliamentary* ~ politikai államtitkár; *permanent* ~ adminisztratív államtitkár 2. helyettes titkár
undersell [ʌndə'sel] vt (pt/pp -sold -'soʊld; -ll-) (vknél) olcsóbban ad el, áron alul ad el [vkhez képest]
under-sexed [ʌndə'sekst] a hideg, halvérű, frigid
undershirt ['ʌndəʃə:t] n alsóing
undershot ['ʌndəʃɔt; US -ɑt-] a alulcsapott [vízikerék]
under-side ['ʌndəsaɪd] n alsó oldal/lap/rész; alapzat
undersigned ['ʌndəsaɪnd] a/n alulírott
undersized [ʌndə'saɪzd] a rendesnél kisebb, méreten aluli; kis növésű
underskirt ['ʌndəskə:t] n alsószoknya
underslung [ʌndə'slʌŋ] a mély építésű [karosszéria], alul felfüggesztett
undersoil ['ʌndəsɔɪl] n altalaj
undersold → undersell
understaffed [ʌndə'stɑ:ft; US -æft] a = undermanned
understand [ʌndə'stænd] vt (pt/pp -stood -'stʊd) 1. (meg)ért, felfog; *I am at a loss to* ~ képtelen vagyok megérteni, nem megy a fejembe; *make oneself understood* megérteti magát 2. értesül (vmről); *I* ~ *he is in England* úgy értesültem/tudom, hogy Angliában van; *am I to* ~ *that* ...? ez azt jelentse, hogy ...?, ezt úgy vegyem, hogy ...?; *give sy to* ~ értésére adja vknek 3. hozzáért, hozzágondol [szót] ‖ → understood
understandable [ʌndə'stændəbl] a érthető
understanding [ʌndə'stændɪŋ] n 1. megértés; értelmi képesség; *man of* ~ értelmes/okos ember 2. megállapodás, megegyezés; egyetértés; *come to an* ~ megegyezik/megállapodik vkvel 3. feltétel; *on the* ~ *that* azon az alapon, hogy; azzal a föltétellel, hogy 4. értelem

understate [ʌndə'steɪt] vt ⟨a valósághoz képest kevesebbnek/kisebbnek tüntet fel v. mond⟩; (el)bagatellizál
understatement [ʌndə'steɪtmənt] n kevesebbet mondás/állítás (mint a valóság); *that would be an* ~ ez kevesebbet mond a valóságnál
understood [ʌndə'stʊd] a *it is an* ~ *thing that* közismert/tudott (v. magától értetődő) dolog, hogy ... ‖ → understand
understrapper ['ʌndəstræpə*] n = underling
understudy ['ʌdəstʌdɪ] I. n helyettesítő/beugró színész(nő) II. vt helyettesítésre/beugrásra betanul [szerepet]
undertake [ʌndə'teɪk] vt (pt -took -'tʊk, pp -taken -'teɪk(ə)n) 1. (magára) vállal, elvállal, válalkozik [to do sg vmre, vm megtételére] 2. belekezd, -fog (vmbe), nekilát (vmnek)
undertaker ['ʌndəteɪkə*] n temetkezési vállalkozó
undertaking [ʌndə'teɪkɪŋ] n 1. vállalkozás 2. vállalat 3. kötelezettség-(vállalás); ígéret 4. ['ʌndəteɪkɪŋ] temetkezési vállalat
undertenant [ʌndə'tenənt] n albérlő
under-the-counter [ʌndəðə'kaʊntə*] a pult alatti [áru]
undertone ['ʌndətoʊn] n 1. (alig hallható) halk hang 2. *there was an* ~ *of discontent in his words* elégedetlenség csendült ki szavából
undertook → undertake
undertow ['ʌndətoʊ] n hullámtörés, hullámvisszaözönlés
undervaluation ['ʌndəvæljʊ'eɪʃn] n alábecslés, aláértékelés
undervalue [ʌndə'vælju:] vt alábecsül, aláértékel
underwater [ʌndə'wɔ:tə* v. 'ʌn-] a víz alatti
underwear ['ʌndəweə*] n = underclothes
underwent → undergo
underwood ['ʌndəwʊd] n bozót, aljnövényzet [erdőben]
underworld ['ʌndəwə:ld] n alvilág
underwrite ['ʌndəraɪt] vt (pt -wrote -roʊt, pp -written -rɪtn) 1. aláír 2. jegyez [részvényt], hajóbiztosítást vállal; ~ *a policy* biztosítást köt

underwriter ['ʌndərɑɪtə*] n 1. aláíró 2. jótállást vállaló 3. hajóbiztosító; a biztosító (fél)
undescribable [ʌndɪ'skrɑɪbəbl] a leírhatatlan
undeserved [ʌndɪ'zə:vd] a meg nem érdemelt, érdemtelen
undeservedly [ʌndɪ'zə:vɪdlɪ] adv érdemtelenül, igazságtalanul
undeserving [ʌndɪ'zə:vɪŋ] a méltatlan, érdemtelen
undesigned [ʌndɪ'zaɪnd] a szándéktalan, nem szándékos, akaratlan
undesigning [ʌndɪ'zaɪnɪŋ] a ártatlan, egyenes lelkű, hátsó gondolattól ment
undesirable [ʌndɪ'zaɪərəbl] a nem kívánatos
undesired [ʌndɪ'zaɪəd] a nem kívánt
undetected [ʌndɪ'tektɪd] a észrevétlen; pass ~ nem veszik észre
undetermined [ʌndɪ'tə:mɪnd] a meghatározatlan, eldöntetlen
undeterred [ʌndɪ'tə:d] a el nem tántorított/rettentett
undeveloped [ʌndɪ'veləpt] a 1. fejletlen 2. kiaknázatlan, kellően még nem kihasznált [terület] 3. előhívatlan [film]
undeviating [ʌn'di:vɪeɪtɪŋ] a 1. el nem térő/hajló, egyenes 2. állhatatos
undid →undo
undies ['ʌndɪz] n pl biz női alsóruha/ fehérnemű
undigested [ʌndɪ'dʒestɪd] a 1. emésztetlen, nem (teljesen) megemésztett 2. nem kivonatolt
undignified [ʌn'dɪgnɪfaɪd] a rangjához/ méltóságához nem illő; nevetséges
undiluted [ʌndaɪ'lju:tɪd; US -dɪ'lu:-] a hígítatlan, nem vizezett, tömény
undiminished [ʌndɪ'mɪnɪʃt] a nem csökkent(ett); töretlen; teljes
undimmed [ʌn'dɪmd] a elhomályosítatlan ragyogású; tiszta [látás]
undine ['ʌndi:n] n vízitündér, sellő
undiplomatic [ʌndɪplə'mætɪk] a nem diplomatikus, tapintatlan
undiscernible [ʌndɪ'sə:nəbl] a [szabad szemmel] kivehetetlen
undiscerning [ʌndɪ'sə:nɪŋ] a nem éles eszű, kritikátlan, judícium nélküli

undischarged [ʌndɪs'tʃɑ:dʒd] a 1. ki nem egyenlített [adósság] 2. fel nem mentett 3. nem teljesített 4. el nem sütött, ki nem lőtt
undisciplined [ʌn'dɪsɪplɪnd] a fegyelmezetlen
undiscovered [ʌndɪ'skʌvəd] a felfedezetlen, fel nem fedezett, rejtett
undiscriminating [ʌndɪ'skrɪmɪneɪtɪŋ] a válogatás nélküli; disztingválni nem tudó; kritikátlan
undisguised [ʌndɪs'gaɪzd] a leplezetlen, nyílt, őszinte
undismayed [ʌndɪs'meɪd] a csüggedetlen; rettenthetetlen
undisputed [ʌndɪ'spju:tɪd] a kétségbe nem vont, vitathatatlan
undistinguishable [ʌndɪ'stɪŋgwɪʃəbl] a megkülönböztethetetlen, kivehetetlen
undistinguished [ʌndɪ'stɪŋgwɪʃt] a középszerű, nem kiváló
undisturbed [ʌndɪ'stə:bd] a zavartalan, nyugodt, fel/meg nem zavart
undivided [ʌndɪ'vaɪdɪd] a 1. osztatlan, teljes, egész 2. egyhangú [vélemény]
undo [ʌn'du:] vt (pt -did -'dɪd, pp -done -'dʌn) 1. kibont, felbont, meglazít, feloldoz; felfejt, kinyit, kigombol, kikapcsol; come undone kibomlik, -gombolódik, kinyílik, felfeslik 2. megsemmisít, tönkretesz 3. meg nem történtté tesz, visszacsinál; what is done cannot be undone ami történt, megtörtént
undoing [ʌn'du:ɪŋ] n 1. felbontás, kibontás 2. romlás, veszte vknek
undone [ʌn'dʌn] a 1. kibontott, kibomlott 2. meg nem tett; leave ~ nem végez el, befejezetlenül hagy 3. tönkretett, romlásba döntött; I am ~! végem van! || →undo
undoubted [ʌn'daʊtɪd] a kétségtelen
undoubtedly [ʌn'daʊtɪdlɪ] adv kétségtelenül, tagadhatatlanul, biztosan
undraped [ʌn'dreɪpt] a meztelen, ruhátlan; burkolatlan
undreamed-of [ʌn'dremtɔv v. (főleg US:) ʌn'dri:mdɔv v. -ɑv]a amiről(még csak) nem is álmodtak
undress [ʌn'dres] I. n (könnyű) háziruha, pongyola; utcai ruha; ~ (uniform)

szolgálati egyenruha II. A. *vi* levet-
kőzik B. *vt* levetkőztet
undressed [ʌn'drest] *a* 1. öltözetlen
2. dísztelen 3. kicserzetlen, nyers
[bőr]
undrinkable [ʌn'drɪŋkəbl] *a* ihatatlan
undue [ʌn'dju:; *US* -'du:] *a* 1. aránytalan, túlságos, túlzott 2. helytelen,
nem megfelelő 3. jogtalan, illetéktelen, indokolatlan; ~ *influence* jogtalan/illetéktelen befolyásolás
undulate ['ʌndjʊleɪt; *US* -dʒə-] A. *vi*
hullámzik B. *vt* hullámossá tesz
undulating ['ʌndjʊleɪtɪŋ; *US* -dʒə-]
a 1. hullámzó 2. (dimbes-)dombos
undulation [ʌndjʊ'leɪʃn; *US* -dʒə-] *n*
1. hullámzás, hullámmozgás; rengés
2. hullámosság
undulatory ['ʌndjʊlətrɪ; *US* -dʒələtɔ:rɪ]
a hullámos, hullámzó; hullám-
unduly [ʌn'dju:lɪ; *US* -'du:-] *adv* 1. indokolatlanul, helytelenül 2. túlságosan
undutiful [ʌn'dju:tɪfʊl; *US* -'du:-] *a*
kötelességéről megfeledkező, hálátlan, tiszteletlen
undying [ʌn'daɪɪŋ] *a* halhatatlan
unearned [ʌn'ə:nd] *a* 1. meg nem érdemelt 2. nem munkával szerzett; ~
income befektetésekből (nem munkából) származó jövedelem
unearth [ʌn'ə:θ] *vt* kiás, felfedez, napvilágra hoz
unearthly [ʌn'ə:θlɪ] *a* 1. nem földi,
mennyei, földöntúli, misztikus 2.
ijesztő 3. *biz at an* ~ *hour* lehetetlen
időben
uneasily [ʌn'i:zɪlɪ] *adv* kényelmetlenül,
kellemetlenül; szorongva
uneasiness [ʌn'i:zɪnɪs] *a* nyugtalanság,
zavar
uneasy [ʌn'i:zɪ] *a* 1. nyugtalan, aggodalmaskodó, aggódó, zavarban levő,
zavart; *be/feel* ~ *about sg* aggódik/
nyugtalan(kodik) vm miatt 2. kényelmetlen, kellemetlen, kínos 3. nehézkes, esetlen, ügyetlen
uneatable [ʌn'i:təbl] *a* ehetetlen
uneconomic(al) ['ʌni:kə'nɔmɪk(l); *US*
-ɑm-] *a* nem gazdaságos; pazarló;
ráfizetéses

uneducated [ʌn'edjʊkeɪtɪd; *US* -dʒʊ-]
a kellő nevelésben nem részesült;
tanulatlan
unembarrassed [ʌnɪm'bærəst] *a* 1.
könnyed, fesztelen 2. = *unencumbered*
unemotional [ʌnɪ'moʊʃənl] *a* szenvedélymentes, nem érzelgős
unemployed [ʌnɪm'plɔɪd] *a* 1. munkanélküli, foglalkozás nélküli; *the* ~
a munkanélküliek 2. fel nem használt;
~ *capital* holt tőke
unemployment [ʌnɪm'plɔɪmənt] *n* munkanélküliség; ~ *benefit* munkanélküli-segély
unencumbered [ʌnɪn'kʌmbəd] *a* tehermentes, adósságmentes, meg nem
terhelt (*by/with* vmvel)
unending [ʌn'endɪŋ] *a* véget nem érő,
szűnni nem akaró, végtelen, örökös
unendurable [ʌnɪn'djʊərəbl; *US* -'dʊ-]
a kibírhatatlan, elviselhetetlen
unengaged [ʌnɪŋ'geɪdʒd] *a* nem elfoglalt, szabad
un-English [ʌn'ɪŋglɪʃ] *a* nem angolos,
angol felfogással ellenkező
unenterprising [ʌn'entəpraɪzɪŋ] *a* nem
vállalkozó szellemű
unenviable [ʌn'envɪəbl] *a* nem irigylendő, nem valami irigylésre méltó
unequal [ʌn'i:kw(ə)l] *a* 1. nem egyenlő,
egyenlőtlen; nem összeillő 2. *be* ~
to sg nem tud megfelelni vmnek, nem
bír vmvel, nem tud megbirkózni vmvel
unequalled, *US* -**equaled** [ʌn'i:kw(ə)ld]
a páratlan, hasonlíthatatlan, egyedülálló
unequivocal [ʌnɪ'kwɪvəkl] *a* egyértelmű,
kétségtelen, világos
unerring [ʌn'ə:rɪŋ] *a* csalhatatlan, tévedhetetlen, biztos
unescapable ¡ [ʌnɪ'skeɪpəbl] *a* = *inescapable*
UNESCO, Unesco [ju:'neskoʊ] *United
Nations Educational, Scientific, and
Cultural Organization* az ENSZ Nevelésügyi, Tudományos és Kulturális Szervezete
unessential [ʌnɪ'senʃl] *a* 1. lényegtelen
2. nélkülözhető, mellőzhető
uneven [ʌn'i:vn] *a* 1. egyenetlen, egyenlőtlen 2. páratlan [szám]

unevenness [ʌn'iːvnnɪs] n egyenetlenség
uneventful [ʌnɪ'ventfʊl] a eseménytelen, csendes
unexamined [ʌnɪg'zæmɪnd] a át/meg nem vizsgált
unexampled [ʌnɪg'zɑːmpld; US -'zæ-] a példátlan, páratlan, egyedülálló
unexcelled [ʌnɪk'seld] a felül nem múlt, hasonlíthatatlan, párját ritkító
unexceptionable [ʌnɪk'sepʃnəbl] a feddhetetlen, kifogástalan
unexciting [ʌnɪk'saɪtɪŋ] a nem izgalmas, egyhangú, unalmas
unexhausted [ʌnɪg'zɔːstɪd] a ki nem merített, kimerít(het)etlen
unexhaustible [ʌnɪg'zɔːstəbl] a kimeríthetetlen
unexpected [ʌnɪk'spektɪd] a váratlan, meglepetésszerű, nem várt
unexpectedly [ʌnɪk'spektɪdlɪ] adv váratlanul, hirtelen
unexpired [ʌnɪk'spaɪəd] a le nem járt, még érvényes
unexplained [ʌnɪk'spleɪnd] a meg nem magyarázott, rejtélyes, tisztázatlan
unexplored [ʌnɪk'splɔːd] a ki/fel nem derített, (még) ismeretlen
unexposed [ʌnɪk'spoʊzd] a 1. megvilágítatlan 2. fel nem fedett, leleplezetlen 3. ~ to sg vm ellen védett, vmnek ki nem tett
unexpressed [ʌnɪk'sprest] a ki nem mondott/fejezett
unexpurgated [ʌn'ekspəgeɪtɪd] a kihagyás nélküli, teljes (terjedelmű,) csonkítatlan [szöveg]
unfading [ʌn'feɪdɪŋ] a hervadhatatlan
unfailing [ʌn'feɪlɪŋ] a 1. kifogyhatatlan, kiapadhatatlan 2. hűséges [barát]; csalhatatlan, biztos [szer]
unfair [ʌn'feə*] a 1. igazságtalan, méltánytalan 2. nem korrekt, tisztességtelen
unfairly [ʌn'feəlɪ] adv tisztességtelenül, igazságtalanul, méltánytalanul
unfairness [ʌn'feənɪs] n igazságtalanság, méltánytalanság
unfaithful [ʌn'feɪθfʊl] a 1. hűtlen, (házastársát) megcsaló, csalfa; be ~ to ... (meg)csalja [férjét, feleségét] 2. nem pontos, megbízhatatlan

unfaltering [ʌn'fɔːlt(ə)rɪŋ] a határozott, biztos, habozás nélküli
unfamiliar [ʌnfə'mɪljə*] a 1. nem ismerős, ismeretlen, kevéssé/alig ismert (to vk előtt/számára); be ~ with sg/sy nem ismer vmt/vkt 2. szokatlan
unfamiliarity ['ʌnfəmɪlɪ'ærətɪ] n 1. ismeretlen/szokatlan/újszerű jelleg 2. járatosság/tapasztalat hiánya (vmben)
unfashionable [ʌn'fæʃnəbl] a nem divatos, divatjamúlt
unfasten [ʌn'fɑːsn; US -'fæ-] vt kiold, kioldoz, felbont, kinyit, kikapcsol, meglazít
unfathomable [ʌn'fæð(ə)məbl] a 1. mérhetetlenül mély 2. kifürkészhetetlen
unfathomed [ʌn'fæð(ə)md] a kifürkészetlen, megméretlen
unfavourable, US -favorable [ʌn'feɪv(ə)rəbl] a kedvezőtlen
unfeasible [ʌn'fiːzəbl] a alkalmatlan, célszerűtlen; kivihetetlen
unfed [ʌn'fed] a táplálatlan
unfeeling [ʌn'fiːlɪŋ] a 1. érzéketlen 2. kegyetlen, lelketlen
unfeigned [ʌn'feɪnd] a őszinte, nyílt, nem színlelt, palástolatlan
unfelt [ʌn'felt] a 1. nem érzett/tapasztalt 2. nem érezhető/érzékelhető
unfertile [ʌn'fəːtaɪl; US -t(ə)l] a terméketlen
unfettered [ʌn'fetəd] a bilincstelen, szabad(jára engedett)
unfilial [ʌn'fɪljəl] a hálátlan(ul viselkedő) [szülővel szemben)
unfilled [ʌn'fɪld] a ki/meg nem töltött; betöltetlen
unfinished [ʌn'fɪnɪʃt] a befejezetlen, kidolgozatlan, kikészítés nélküli
unfit [ʌn'fɪt] I. a 1. alkalmatlan, nem alkalmas; ~ to drink ihatatlan, nem ivóvíz 2. feel ~ nem jól érzi magát II. vt -tt- alkalmatlanná tesz
unfitness [ʌn'fɪtnɪs] n 1. alkalmatlanság 2. gyengélkedés
unfitting [ʌn'fɪtɪŋ] a nem odavaló/-illő
unfix [ʌn'fɪks] vt leszerel, levesz, kikapcsol, lekapcsol
unflagging [ʌn'flægɪŋ] a fáradhatatlan, lankadatlan, ernyedetlen

unflappable [ʌn'flæpəbl] a biz rendíthetetlen nyugalmú
unflattering [ʌn'flæt(ə)rɪŋ] a nem hízelgő, kedvezőtlen
unfledged [ʌn'fledʒd] a 1. tollatlan 2. biz tapasztalatlan, éretlen
unflinching [ʌn'flɪntʃɪŋ] a rendíthetetlen, megingathatatlan
unfold [ʌn'fould] A. vt 1. szétbont, -nyit, felbont, kibont, kinyit; kiterít, kitár 2. kifejt, megmagyaráz, feltár; elmond, előad B. vi kitárul, kinyílik
unforced [ʌn'fɔ:st] a természetes, mesterkéletlen, nem erőszakolt
unforeseen [ʌnfɔ:'si:n] a előre nem látott, váratlan
unforgettable [ʌnfə'getəbl] a felejthetetlen
unforgivable [ʌnfə'gɪvəbl] a megbocsáthatatlan
unforgiving [ʌnfə'gɪvɪŋ] a meg nem bocsátó, engesztelhetetlen
unforgotten [ʌnfə'gɔtn; US -'gɑ-] a el nem felejtett
unfortified [ʌn'fɔ:tɪfaɪd] a megerősítetlen, védtelen, nyílt [város]
unfortunate [ʌn'fɔ:tʃnət] I. a szerencsétlen, nem szerencsés, sajnálatos; it is ~ that ... sajnálatos/kár, hogy ... II. n the ~ a nyomorultak, a társadalom kitaszítottjai
unfortunately [ʌn'fɔ:tʃnətlɪ] adv sajnos, sajnálatosan, sajnálatos módon
unfounded [ʌn'faundɪd] a alaptalan, megalapozatlan, meg nem alapozott
unfreeze [ʌn'fri:z] v (pt -froze -'frouz, pp -frozen -'frouzn) A. vt megolvaszt, felolvaszt B. vi megolvad, felolvad
unfrequented [ʌnfrɪ'kwentɪd] a nem látogatott, kis forgalmú; magányos
unfriended [ʌn'frendɪd] a baráttalan, barátok nélküli, társtalan
unfriendly [ʌn'frendlɪ] a 1. barátságtalan, ellenséges 2. kedvezőtlen
unfrock [ʌn'frɔk; US -ak] vt egyházi rendből kitaszít
unfruitful [ʌn'fru:tful] a terméketlen, nem termő/gyümölcsöző, meddő
unfulfilled [ʌnful'fɪld] a beteljesületlen, meg nem valósult

unfunded [ʌn'fʌndɪd] a függő, nem fundált [adósság]
unfurl [ʌn'fə:l] vt kibont [zászlót, vitorlát], szétnyit [ernyőt]
unfurnished [ʌn'fə:nɪʃt] a bútorozatlan
ungainly [ʌn'geɪnlɪ] a idomtalan, esetlen, félszeg, idétlen, suta
ungallant [ʌn'gælənt] a udvariatlan, lovagiatlan
ungenerous [ʌn'dʒen(ə)rəs] a 1. szűkkeblű, fukar 2. igazságtalan
ungentlemanly [ʌn'dʒentlmənlɪ] a úriemberhez nem méltó, neveletlen
un-get-at-able [ʌnget'ætəbl] a hozzáférhetetlen, megközelíthetetlen
unglazed [ʌn'gleɪzd] a 1. (be)üvegezetlen 2. fényezetlen, matt
ungodly [ʌn'gɔdlɪ; US -'gɑ-] a istentelen, bűnös
ungovernable [ʌn'gʌv(ə)nəbl] a féktelen, nem irányítható
ungraceful [ʌn'greɪsful] a esetlen, félszeg, bájtalan, báj nélküli
ungracious [ʌn'greɪʃəs] a barátságtalan, nem szíves, udvariatlan
ungrammatical [ʌngrə'mætɪkl] a nyelvtanilag helytelen
ungrateful [ʌn'greɪtful] a 1. hálátlan 2. kellemetlen
ungrudging [ʌn'grʌdʒɪŋ] a bőkezű, szíves
ungrudgingly [ʌn'grʌdʒɪŋlɪ] adv szívesen, örömest, bőven
unguarded [ʌn'gɑ:dɪd] a 1. őrizetlen, védtelen 2. óvatlan, vigyázatlan
unguent ['ʌŋgwənt] n kenőcs, ír
ungulate ['ʌŋgjulert; US -gjəlrt] a patás
unhallowed [ʌn'hæloud] a 1. meg nem szentelt 2. istentelen, elvetemült
unhand [ʌn'hænd] vt † elereszt
unhandy [ʌn'hændɪ] a ügyetlen; kézre nem eső
unhanged [ʌn'hæŋd] a fel nem akasztott
unhappily [ʌn'hæpɪlɪ] adv 1. sajnálatosan, sajnos 2. szerencsétlenül, boldogtalanul
unhappiness [ʌn'hæpɪnɪs] n 1. boldogtalanság 2. sajnálatosság
unhappy [ʌn'hæpɪ] a 1. boldogtalan, szerencsétlen 2. sajnálatos 3. nem helyénvaló/szerencsés [megjegyzés]

unharmed [ʌn'hɑ:md] *a* ép, sértetlen
unharness [ʌn'hɑ:nɪs] *vt* kifog [lovat]
unhealthy [ʌn'helθɪ] *a* egészségtelen, nem egészséges, egészségre ártalmas; beteg(es)
unheard [ʌn'hə:d] *a* 1. nem hallott 2. meg nem hallgatott; *condemn sy ~* vkt meghallgatás nélkül elítél
unheard-of [ʌn'hə:dɔv; *US* -ɑv] *a* 1. hallatlan, hihetetlen 2. soha nem hallott; precedens nélküli
unheeded [ʌn'hi:dɪd] *a* figyelembe nem vett, mellőzött; *he was ~* rá sem hederítettek
unheeding [ʌn'hi:dɪŋ] *a* figyelmetlen, nemtörődöm, hanyag, gondatlan
unhelped [ʌn'helpt] *a* segítség nélkül(i), egyedül
unhelpful [ʌn'helpfʊl] *a* 1. haszontalan, keveset érő/mondó, értéktelen 2. nem készséges 3. gyámoltalan
unhesitating [ʌn'hezɪteɪtɪŋ] *a* habozás nélküli, határozott
unhindered [ʌn'hɪndəd] *a* akadályozatlan, akadálytalan
unhinge [ʌn'hɪndʒ] *vt* 1. kiakaszt, kiemel [ajtót, ablakot] 2. *~d mind* tébolyodott/megzavarodott elme
unhistoric(al) [ʌnhɪ'stɔrɪk(l); *US* -ɔ:r-] *a* nem történelmi (szemléletű/hitelű)
unholy [ʌn'hoʊlɪ] *a* 1. istentelen, gonosz 2. szörnyű
unhook [ʌn'hʊk] *vt* kikapcsol, horogról levesz, kiakaszt
unhoped-for [ʌn'hoʊptfɔ:*] *a* nem remélt/várt
unhorse [ʌn'hɔ:s] *vt* lóról leszállít, nyeregből letaszít/ledob; *be ~d* leesik a lóról
unhouse [ʌn'haʊz] *vt* kitesz az utcára; kisemmiz
unhurt [ʌn'hə:t] *a* ép(en), sértetlen(ül)
Uniat ['ju:nɪæt] *a/n* görög szertartású katolikus
UNICEF ['ju:nɪsef] *United Nations (International) Children's (Emergency) Fund* az ENSZ Gyermeksegélyezési Alapja
unicellular [ju:nɪ'seljʊlə*; *US* -jə-] *a* egysejtű
unicolour(ed) ['ju:nɪkʌlə(d)] *a* egyszínű

unicorn ['ju:nɪkɔ:n] *n* egyszarvú, unikornis
unidentified [ʌnaɪ'dentɪfaɪd] *a* fel nem ismert, ismeretlen
unidirectional [ju:nɪdɪ'rekʃənl] *a* egyirányú
unification [ju:nɪfɪ'keɪʃn] *n* egyesítés, egységesítés
uniform ['ju:nɪfɔ:m] I. *a* 1. egyöntetű, egyforma, egynemű, egységes 2. állandó, egyenletes, változatlan II. *n* egyenruha, formaruha III. *vt* egyenruhába öltöztet
uniformity [ju:nɪ'fɔ:mətɪ] *n* 1. egyöntetűség, egyformaság, egységesség 2. egyenletesség, változatlanság
unify ['ju:nɪfaɪ] *vt* 1. egyesít, egybefoglal 2. egységessé/egyöntetűvé tesz
unilateral [ju:nɪ'læt(ə)rəl] *a* egyoldalú
unilingual [ju:nɪ'lɪŋgw(ə)l] *a* egynyelvű
unimaginable [ʌnɪ'mædʒɪnəbl] *a* elképzelhetetlen
unimaginative [ʌnɪ'mædʒɪnətɪv] *a* fantáziátlan, földhöz tapadt
unimpaired [ʌnɪm'peəd] *a* ép, sértetlen
unimpeachable [ʌnɪm'pi:tʃəbl] *a* kifogástalan, megtámadhatatlan
unimpeded [ʌnɪm'pi:dɪd] *a* akadálytalan, szabad
unimportance [ʌnɪm'pɔ:t(ə)ns] *n* jelentéktelenség, érdektelenség
unimportant [ʌnɪm'pɔ:t(ə)nt] *a* jelentéktelen, nem fontos
unimpressed [ʌnɪm'prest] *a* nem meghatott, hatás/benyomás nélkül maradt
unimpressive [ʌnɪm'presɪv] *a* hatástalan, nem figyelemre méltó
uninflected [ʌnɪn'flektɪd] *a* nem ragozó/ragozott
uninfluenced [ʌn'ɪnflʊənst] *a* nem befolyásolt, befolyásolatlan
uninfluential [ʌnɪnflʊ'enʃl] *a* befolyás nélküli, befolyással nem rendelkező
uninformed [ʌnɪn'fɔ:md] *a* tájékozatlan; *be ~ of sg* nincs tudomása vmről
uninhabitable [ʌnɪn'hæbɪtəbl] *a* lakhatatlan
uninhabited [ʌnɪn'hæbɪtɪd] *a* lakatlan
uninhibited [ʌnɪn'hɪbɪtɪd] *a* gátlásoktól mentes, gátlás nélküli

uninitiated [ʌnɪ'nɪʃɪeɪtɪd] *a* be nem avatott, avatatlan [személy]
uninjured [ʌn'ɪndʒəd] *a* sértetlen, meg nem sebesült/sérült
uninspired [ʌnɪn'spaɪəd] *a* lélek nélküli, ihlettelen; lapos
unintelligent [ʌnɪn'telɪdʒ(ə)nt] *a* nem értelmes/intelligens, unintelligens
unintelligible [ʌnɪn'telɪdʒəbl] *a* érthetetlen; értelmetlen
unintentional [ʌnɪn'tenʃənl] *a* nem szándékos/szándékolt, akaratlan
uninterested [ʌn'ɪntrɪstɪd] *a* 1. érdeklődést nem mutató 2. nem érdekelt/részes; önzetlen
uninteresting [ʌn'ɪntrɪstɪŋ] *a* nem érdekes, unalmas, érdektelen
uninterrupted ['ʌnɪntə'rʌptɪd] *a* félbe nem szakított, folyamatos, zavartalan
uninvited [ʌnɪn'vaɪtɪd] *a* (meg)hívatlan, kéretlen
uninviting [ʌnɪn'vaɪtɪŋ] *a* 1. nem/kevéssé vonzó/bizalomgerjesztő 2. nem étvágygerjesztő
union ['juːnjən] *n* 1. egyesítés; ~ *catalogue* központi címjegyzék/katalógus 2. egyesülés, egybeolvadás 3. szövetség, unió; *the U~* (1) az Egyesült Államok (2) az Egyesült Királyság; *U~ flag/Jack* a brit zászló/lobogó 4. egybekelés, házasság 5. egyetértés, összhang 6. szegényház 7. szakszervezet; ~ *card* szakszervezeti tagkönyv; ~ *shop* ⟨olyan üzem melyben csak szervezett munkások dolgoznak⟩ 8. összeforradás, -hegedés [sebszéleké] 9. összeillesztés [csöveké], csőkötés 10. *US* ~ *suit* kezeslábas [alsóruha]
unionist ['juːnjənɪst] *n* 1. a(z) szövetkezés/egyesülés/unió híve 2. szakszervezeti tag
uniparous [juː'nɪpərəs] *a* egyszerre egyet szülő/ellő
unipolar [juː'nɪpoʊlə*] *a* egysarkú
unique [juː'niːk] *a* egyedülálló, páratlan (a maga nemében), kivételes
uniquely [juː'niːklɪ] *adv* egyedülálló módon, páratlanul
unisex ['juːnɪseks] *a* uniszex, ⟨mindkét nem által viselhető⟩

unison ['juːnɪzn] *n* 1. [zenei] összhang, harmónia; együtthangzás 2. egyszólamú éneklés, uniszónó; *sing in* ~ egy szólamban v. uniszónó énekel 3. egyetértés, összhang; *act in* ~ *with sy* vkvel egyetértésben cselekszik
unissued [ʌn'ɪʃuːd] *a* kibocsátatlan, ki nem bocsátott [részvény]
unit ['juːnɪt] *n* 1. egység; ~ *price* egységár 2. (mérték)egység 3. az egyes szám 4. [géptanban stb.] elem, gépegység; ~ *furniture* elemes/varia bútor
Unitarian [juːnɪ'teərɪən] *a/n* unitárius
unite [juː'naɪt] *vt* 1. egyesít, összekapcsol; ~ *a wound* sebet összevarr 2. összeházasít 3. magába foglal, [tulajdonságokat] magában egyesít; összeegyeztet, -hangol B. *vi* 1. egyesül, egybeolvad 2. megegyezik, egyetért [elvekben stb.]
united [juː'naɪtɪd] *a* 1. egyesített; *make a* ~ *effort* egységbe tömörülnek, egyesítik erőiket 2. egyesült; *the U~ Kingdom* az Egyesült Királyság; *U~ Kingdom of Great Britain and Northern Ireland* Nagy-Britannia és Észak-Írország Egyesült királysága; *the U~ Nations* az Egyesült Nemzetek (ENSZ); *the U~ States (of America)* az (Amerikai) Egyesült Államok
unity ['juːnətɪ] *n* 1. egység; ~ *is strength* egységben az erő; *the dramatic unities* a (színpadi) hármas egység 2. egyetértés 3. közös birtoklás
Univ. *University*
univalent [juːnɪ'veɪlənt] *a* egy(vegy-)értékű
universal [juːnɪ'vəːsl] *a* 1. egyetemes, általános; ~ *language* világnyelv 2. mindenre használható, univerzális
universe ['juːnɪvəːs] *n* világegyetem, mindenség
university [juːnɪ'vəːsɪtɪ] *n* egyetem; *he has had a* ~ *education* egyetemet végzett; ~ *student* egyetemi hallgató
unjust [ʌn'dʒʌst] *a* 1. igazságtalan, méltánytalan 2. hamis, hibás [mérleg]
unjustifiable [ʌn'dʒʌstɪfaɪəbl] *a* nem igazolható, meg nem okolható
unjustified [ʌn'dʒʌstɪfaɪd] *a* igazolatlan, indokolatlan, nem menthető

unkempt [ʌn'kempt] a 1. borzas, fésületlen 2. rendetlen, ápolatlan
unkind [ʌn'kaɪnd] a 1. nem szíves; that's very ~ of him ez nem szép tőle 2. kegyetlen, rosszindulatú
unkindly [ʌn'kaɪndlɪ] I. a barátságtalan, kellemetlen, nyers II. adv rosszindulatúan; barátságtalanul; don't take it ~ if... ne vegye rossz néven, ha...
unkindness [ʌn'kaɪndnɪs] n 1. barátságtalanság, nyerseség 2. rosszindulat, kegyetlenség, kíméletlenség
unknowing [ʌn'noʊɪŋ] a 1. vmt nem ismerő 2. tudatlan
unknown [ʌn'noʊn] a ismeretlen; he did it ~ to me tudtom nélkül tette
unlace [ʌn'leɪs] vt kifűz
unladen [ʌn'leɪdn] a 1. kirakott 2. meg nem rakott, terheletlen; ~ weight önsúly
unladylike [ʌn'leɪdɪlaɪk] a úrinőhöz nem méltó
unlaid [ʌn'leɪd] a 1. megterítetlen 2. le nem csendesített; ~ ghost hazajáró lélek, visszajáró kísértet
unlatch [ʌn'lætʃ] vt kinyit [ajtót]
unlawful [ʌn'lɔ:fʊl] a törvénytelen, törvényellenes, meg nem engedett
unlearn [ʌn'lɜ:n] vt (pt/pp -learned -'lɜ:nt v. -learnt -'lɜ:nt) elfelejt [vm megtanultat], kitanul (vmből)
unlearned a 1. [ʌn'lɜ:nɪd] tudatlan, tanulatlan 2. [ʌn'lɜ:nt] meg nem tanult
unleash [ʌn'li:ʃ] vt 1. pórázról elenged 2. kirobbant [háborút]
unleavened [ʌn'levnd] a kovásztalan; feast of ~ bread a kovásztalan kenyér ünnepe, pészach
unless [ən'les] conj ha(csak) nem, kivéve (hogy)ha; ~ I am mistaken ha nem tévedek
unlettered [ʌn'letəd] a írástudatlan; műveletlen, nem olvasott [személy]
unlicensed [ʌn'laɪs(ə)nst] a engedély nélküli; szabadalmazatlan
unlicked [ʌn'lɪkt] a 1. faragatlan; an ~ cub tapasztalatlan ifjonc, faragatlan/neveletlen fickó 2. el nem páholt
unlike [ʌn'laɪk] a/prep nem hasonló; eltérő, más; be ~ (to) sy/sg nem hasonló/hasonlít vkhez/vmhez

unlikelihood [ʌn'laɪklɪhʊd] n valószínűtlenség
unlikeliness [ʌn'laɪklɪnɪs] n = unlikelihood
unlikely [ʌn'laɪklɪ] a 1. valószínűtlen; most ~ felettébb kétséges/valószínűtlen, egyáltalán nem valószínű; he is ~ to come nem valószínű, hogy eljön 2. nem sok jót ígérő, sikerrel nem kecsegtető
unlimited [ʌn'lɪmɪtɪd] a korlátlan, határtalan
unlisted [ʌn'lɪstɪd] a ~ telephone number titkos telefonszám
unlit [ʌn'lɪt] a (ki)világítatlan, sötét
unload [ʌn'loʊd] A. vt 1. kirak, lerak [terhet, rakományt] 2. ürít [fegyvert] 3. megszabadul [árukészlettől] B. vi lerakodik, kirakodik
unloaded [ʌn'loʊdɪd] a rakomány/terhelés nélküli, terheletlen, üres
unlock [ʌn'lɔk; US -ak] vt 1. kinyit [zárat] 2. ~ one's heart kiönti szívét
unlocked [ʌn'lɔkt; US -a-] a (kulccsal) be nem zárt
unlooked-for [ʌn'lʊktfɔ:*] a váratlan, nem várt/remélt
unloose(n) [ʌn'lu:s(n)] vt 1. kibont, megoldoz 2. megszabadít, kiszabadít
unlovable [ʌn'lʌvəbl] a nem szeretetreméltó, nem rokonszenves
unlovely [ʌn'lʌvlɪ] a nem szép, csúnya, kellemetlen, ellenszenves
unlucky [ʌn'lʌkɪ] a 1. szerencsétlen, peches 2. baljóslatú 3. rosszul választott, időszerűtlen
unmake [ʌn'meɪk] vt (pt/pp -made -'meɪd) 1. elront, tönkretesz 2. visszacsinál; megszüntet
unman [ʌn'mæn] vt -nn- 1. férfiatlanná tesz, elbátortalanít, lehangol 2. kiherél
unmanageable [ʌn'mænɪdʒəbl] a kezelhetetlen, nehezen kezelhető, zabolátlan
unmanly [ʌn'mænlɪ] a 1. férfiatlan, gyáva 2. nőies, elpuhult
unmanned [ʌn'mænd] a pilóta nélküli, távirányítású [űrhajó stb.]; műszeres [repülés]
unmannerly [ʌn'mænəlɪ] a rossz modorú, modortalan, neveletlen

unmarked [ʌn'mɑːkt] a 1. jelöletlen
2. észre nem vett; pass ~ nem vesz
észre/tudomásul (vmt)
unmarketable [ʌn'mɑːkɪtəbl] a eladhatatlan, nem kelendő
unmarriageable [ʌn'mærɪdʒəbl] a (még)
nem férjhez adható korú
unmarried [ʌn'mærɪd] a nőtlen, hajadon; ~ mother leányanya; ~ state
nőtlenség
unmask [ʌn'mɑːsk; US -æ-] A. vt 1.
álarcot levesz (vkről) 2. leleplez B.
vi 1. leveszi álarcát 2. leleplezi magát
unmatched [ʌn'mætʃt] a 1. páratlan,
egyedülálló 2. nem összeillő, felemás
unmeaning [ʌn'miːnɪŋ] a értelmetlen
unmeant [ʌn'ment] a nem szándékos
unmeasured [ʌn'meʒəd] a 1. megméretlen, leméretlen 2. mérhetetlen 3. bőséges 4. mértéktelen
unmentionable [ʌn'menʃnəbl] I. a kimondhatatlan II. n biz ~s intim ruhadarabok
unmerciful [ʌn'məːsɪfʊl] a könyörtelen,
kegyetlen
unmerited [ʌn'merɪtɪd] a meg nem érdemelt, érdemtelen
unmethodical [ʌnmɪ'θɔdɪkl; US -'θɑ-]
a 1. rendszertelen, nem módszeres
2. zavaros, fejű, kapkodó [ember]
unmindful [ʌn'maɪndfʊl] a 1. megfeledkező (of vmről), feledékeny 2. hanyag, nemtörődöm 3. kíméletlen
unmistakable [ʌnmɪ'steɪkəbl] a félreérthetetlen, félreismerhetetlen
unmitigated [ʌn'mɪtɪgeɪtɪd] a 1. nem
enyhített 2. biz legteljesebb, abszolút;
an ~ scoundrel hétpróbás gazember
unmixed [ʌn'mɪkst] a 1. vegyítetlen,
nem kevert 2. zavartalan, tiszta,
fenntartás nélküli; not an ~ blessing
nem fenékig tejföl
unmolested [ʌnmoʊ'lestɪd] a zavartalan, háborítatlan, nem háborgatott
unmoor [ʌn'mʊə*] vt horgonyát felszedi [hajónak]
unmotherly [ʌn'mʌðəlɪ] a nem anyához
illő
unmounted [ʌn'maʊntɪd] a 1. gyalogos
[katona] 2. foglalatlan [drágakő]; keretezetlen [kép]

unmoved [ʌn'muːvd] a 1. mozdulatlan
2. remain ~ nem hajtja meg (vm)
3. el nem téríthető [elhatározástól]
unmoving [ʌn'muːvɪŋ] a 1. mozdulatlan 2. érzelmeket nem keltő
unmusical [ʌn'mjuːzɪkl] a 1. nem dallamos 2. botfülű; nem muzikális
unmuzzle [ʌn'mʌzl] vt 1. szájkosarat
levesz [kutyáról] 2. cenzúrát megszüntet (vhol)
unnameable [ʌn'neɪməbl] a megnevezhetetlen, meg nem nevezhető
unnamed [ʌn'neɪmd] a 1. névtelen, ismeretlen 2. meg nem említett
unnatural [ʌn'nætʃr(ə)l] a 1. nem természetes, természetellenes; erőltetett
2. szeretetlen, gonosz [szülő]
unnaturalized [ʌn'nætʃrəlaɪzd] a honosítatlan
unnavigable [ʌn'nævɪgəbl] a hajózhatatlan
unnecessarily [ʌn'nesəs(ə)rəlɪ; US -erɪ-]
adv fölöslegesen, szükségtelenül; értelmetlenül
unnecessary [ʌn'nesəs(ə)rɪ; US -erɪ]
a fölösleges, szükségtelen, nem szükséges
unneeded [ʌn'niːdɪd] a szükségtelen,
fölösleges, nem kívánt
unneighbourly [ʌn'neɪbəlɪ] a jó szomszédhoz nem illő
unnerve [ʌn'nəːv] vt elbátortalanít
unnoticed [ʌn'noʊtɪst] a 1. észrevétlen
2. mellőzött
unnumbered [ʌn'nʌmbəd] a 1. számozatlan 2. (meg)számlálatlan 3. számtalan, megszámlálhatatlan, rengeteg
U.N.O., UNO ['juːnoʊ] United Nations
Organization Egyesült Nemzetek Szervezete, ENSZ
unobjectionable [ʌnəb'dʒekʃnəbl] a kifogástalan, nem kifogásolható
unobservant [ʌnəb'zəːv(ə)nt] a nem
jó megfigyelő, figyelmetlen
unobserved [ʌnəb'zəːvd] a észrevétlen;
be ~ nem veszik észre
unobstructed [ʌnəb'strʌktɪd] a akadálytalan, korlátozatlan, szabad
unobtainable [ʌnəb'teɪnəbl] a beszerezhetetlen, megszerezhetetlen, nem
kapható

unobtrusive [ʌnəb'truːsɪv] a 1. szerény, nem tolakodó, tartózkodó, diszkrét 2. nem feltűnő

unoccupied [ʌn'ɔkjupaɪd; US -'akjə-] a el/le nem foglalt; szabad; lakatlan

unoffending [ʌnə'fendɪŋ] a ártalmatlan, nem sértő/bántó

unofficial [ʌnə'fɪʃl] a nem hivatalos, félhivatalos, meg nem erősített; magán-

unopened [ʌn'oup(ə)nd] a felbontatlan, ki nem nyitott, zárt

unopposed [ʌnə'pouzd] a nem ellenzett, egyetlen [jelölt]

unorganized [ʌn'ɔːgənaɪzd] a szervezetlen

unorthodox [ʌn'ɔːθədɔks; US -aks] a nem hithű/ortodox, nem a bevett felfogás szerinti, liberális szellemű

unostentatious ['ʌnɔsten'teɪʃəs; US -əs-] a nem kérkedő/hivalkodó, egyszerű, feltűnés nélküli, feltűnést kerülő

unpack [ʌn'pæk] vt kicsomagol

unpaged [ʌn'peɪdʒd] a lapszámozatlan

unpaid [ʌn'peɪd] a 1. kifizetetlen, meg/ki nem fizetett 2. fizetéstelen; nem díjazott 3. felbélyegezetlen

unpalatable [ʌn'pælətəbl] a 1. rossz ízű 2. élvezhetetlen, kellemetlen

unparalleled [ʌn'pærəleld] a példátlan, (össze)hasonlíthatatlan, párját ritkító

unpardonable [ʌn'pɑːdnəbl] a megbocsáthatatlan

unparliamentary ['ʌnpɑːlə'ment(ə)rɪ] a 1. nem parlamentáris 2. biz durva (nyelvezetű)

unpatriotic ['ʌnpætrɪ'ɔtɪk; US -'ɑ-] a hazafiatlan, nem hazafihoz illő/méltó

unpaved [ʌn'peɪvd] a kövezetlen, kőburkolat nélküli

unperceivable [ʌnpə'siːvəbl] a észrevehetetlen

unperceived [ʌnpə'siːvd] I. a észrevétlen II. adv észrevétlenül

unperforated [ʌn'pə:fəreɪtɪd] a kilyukasztatlan, perforálatlan

unperturbed [ʌnpə'tə:bd] a higgadt, nyugodt, zavartalan, háborítatlan

unpick [ʌn'pɪk] vt felfejt, felbont [varrást]

unpin [ʌn'pɪn] vt -nn- tűket kiveszi (vmből), kibont [ruhát]

unpitying [ʌn'pɪtɪŋ] a könyörtelen

unplaced [ʌn'pleɪst] a 1. helyezetlen 2. nem a helyén levő

unpleasant [ʌn'pleznt] a kellemetlen

unpleasantness [ʌn'plezntnɪs] n 1. kellemetlenség 2. visszataszító volta vmnek 3. egyenetlenség, ellentét, veszekedés, viszálykodás

unpleasing [ʌn'pliːzɪŋ] a 1. kellemetlen 2. nem tetszetős

unplug [ʌn'plʌg] vt -gg- dugót kivesz (vmből), kihúz [falidugót], kikapcsol [készüléket]

unplumbed [ʌn'plʌmd] a megmér(het)etlen, feneketlen [mélység]; ~ depths of ignorance a tudatlanság feneketlen mélységei

unpoetic(al) [ʌnpou'etɪk(l)] a nem költőies, költőietlen, prózai

unpointed [ʌn'pɔɪntɪd] a hegyezetlen; életlen, tompa

unpolished [ʌn'pɔlɪʃt; US -'pɑ-] a 1. csiszolatlan, fényezetlen 2. durva, faragatlan [viselkedés], csiszolatlan [stílus]

unpolluted [ʌnpə'luːtɪd] a mocsoktalan, szennyezetlen, tiszta

unpopular [ʌn'pɔpjulə*; US -'pɑpjə-] a népszerűtlen

unpopularity ['ʌnpɔpju'lærətɪ; US -pɑpjə-] n népszerűtlenség

unpractical [ʌn'præktɪkl] a nem gyakorlatias, unpraktikus

unpractised, US -ticed [ʌn'præktɪst] a gyakorlatlan, járatlan

unprecedented [ʌn'presɪd(ə)ntɪd] a példa nélkül álló, még elő nem fordult

unpredictable [ʌnprɪ'dɪktəbl] a előre meg nem mondható, kiszámíthatatlan

unprejudiced [ʌn'predʒudɪst] a előítéletmentes, elfogulatlan, nem részrehajló

unpremeditated [ʌnprɪ'medɪteɪtɪd] a előre meg nem fontolt, nem szándékos

unprepared [ʌnprɪ'peəd] a 1. készületlen; be ~ for sg nincs felkészülve vmre 2. rögtönzött

unprepossessing ['ʌnpriːpə'zesɪŋ] a nem megnyerő, ellenszenves unpresuming [ʌnprɪ'zju:mɪŋ; US -'zu:-] a öntelség nélküli, nem gőgös, szerény

unpretending [ʌnprɪ'tendɪŋ] a = unpretentious

unpretentious [ʌnprɪ'tenʃəs] a igénytelen, szerény

unprincipled [ʌn'prɪnsəpld] a elvtelen; lelkiismeretlen, aljas

unprintable [ʌn'prɪntəbl] a nyomdafestéket (el) nem tűrő

unprinted [ʌn'prɪntɪd] a kiadatlan

unprocurable [ʌnprə'kjʊərəbl] a megszerezhetetlen, beszerezhetetlen

unproductive [ʌnprə'dʌktɪv] a 1. nem termelő/jövedelmező 2. terméketlen

unprofessional [ʌnprə'feʃənl] a 1. nem hivatásos/diplomás, szakképzettség nélküli 2. nem szakszerű 3. magán-(jellegű) [látogatás]

unprofitable [ʌn'prɔfɪtəbl; US -əf-] a 1. hasznot nem hajtó, nem jövedelmező 2. haszontalan, eredménytelen

unpromising [ʌn'prɔmɪsɪŋ; US -əm-] a nem sokat (v. keveset) ígérő, nem biztató

unprompted [ʌn'prɔmptɪd; US -əm-] a spontán, felszólítás nélkül(i), magától tett

unpronounceable [ʌnprə'naʊnsəbl] a ki nem ejthető, kiejthetetlen

unprotected [ʌnprə'tektɪd] a védtelen, szabadon levő [alkatrész]

unproved [ʌn'pru:vd] a 1. ki nem próbált 2. be nem bizonyított

unprovided [ʌnprə'vaɪdɪd] a 1. el nem látott, ellátatlan (with vmvel); be left ~ for minden nélkül marad 2. felkészületlen

unprovoked [ʌnprə'vəʊkt] a ok nélküli, indokolatlan, ki nem provokált

unpublished [ʌn'pʌblɪʃt] a kiadatlan, közzé nem tett

unpunctuality ['ʌnpʌŋktjʊ'ælətɪ; US -tʃʊ-] n pontatlanság

unpunished [ʌn'pʌnɪʃt] a büntetlen

unqualified [ʌn'kwɔlɪfaɪd; US -ɑl-] a 1. képesítetlen; képesítéssel nem rendelkező; ~ to vote szavazójoggal nem rendelkező 2. feltétlen, fenntartás/kikötés nélküli

unquenchable [ʌn'kwentʃəbl] a olthatatlan (átv is)

unquenched [ʌn'kwentʃt] a 1. oltatlan 2. kielégítetlen

unquestionable [ʌn'kwestʃənəbl] a kétségbevonhatatlan, kétségtelen

unquestioned [ʌn'kwestʃ(ə)nd] a 1. kétségbe nem vont, nem vitatott 2. ki nem hallgatott/kérdezett

unquestioning [ʌn'kwestʃənɪŋ] a feltétlen, vak [engedelmesség]

unquiet [ʌn'kwaɪət] a nyugtalan, zavaros

unquote [ʌn'kwəʊt] vt „idézőjel bezárva!" [diktálás közben]

unquoted [ʌn'kwəʊtɪd] a 1. nem idézett 2. nem jegyzett [tőzsdén]

unratified [ʌn'rætɪfaɪd] a ratifikálatlan

unravel [ʌn'rævl] vt -ll- (US -l-) 1. kigöngyölít, kibont, kibogoz; felfejt [kötést] 2. megfejt, megold

unread [ʌn'red] a 1. olvasatlan [könyv] 2. nem olvasott, műveletlen [személy]

unreadable [ʌn'ri:dəbl] a 1. olvashatatlan 2. nem olvasmányos

unready [ʌn'redɪ] a 1. készületlen 2. habozó

unreal [ʌn'rɪəl] a nem valódi, irreális

unreasonable [ʌn'ri:znəbl] a 1. ésszerűtlen, esztelen 2. túlságos, túlzott

unreasoning [ʌn'ri:znɪŋ] a oktalan, ésszerűtlen, irreális

unrecognizable [ʌn'rekəgnaɪzəbl] a felismerhetetlen

unrecognized [ʌn'rekəgnaɪzd] a 1. fel nem ismert 2. el nem ismert

unrecorded [ʌnrɪ'kɔ:dɪd] a feljegyzetlen, meg nem említett

unredeemed [ʌnrɪ'di:md] a 1. be nem váltott [ígéret] 2. be nem hajtott [kinnlevőség], ki nem váltott [zálogtárgy] 3. jóvá nem tett

unreel [ʌn'ri:l] vt legombolyít, letekercsel

unrefined [ʌnrɪ'faɪnd] a 1. finomítatlan 2. faragatlan

unregarded [ʌnrɪ'gɑ:dɪd] a 1. figyelemre nem méltatott 2. észrevétlen

unregistered [ʌn'redʒɪstəd] a 1. bejegyzetlen 2. nem ajánlott [levél]

unregretted [ʌnrɪ'gretɪd] a nem sajnált, meg nem siratott/bánt

unrehearsed [ʌnrɪ'hə:st] *a* próba nélküli, előkészületlen, rögtönzött
unrelated [ʌnrɪ'leɪtɪd] *a* nem rokon, kapcsolattal/vonatkozással nem rendelkező, össze nem függő
unrelaxing [ʌnrɪ'læksɪŋ] *a* ernyedetlen
unrelenting [ʌnrɪ'lentɪŋ] *a* kérlelhetetlen, hajthatatlan, könyörtelen
unreliable [ʌnrɪ'laɪəbl] *a* megbízhatatlan
unrelieved [ʌnrɪ'li:vd] *a* 1. fel/meg nem szabadított, nem enyhített 2. egyhangú
unremitting [ʌnrɪ'mɪtɪŋ] *a* szüntelen, lankadatlan
unrepentant [ʌnrɪ'pentənt] *a* bűnbánat nélkül(i), dacos, megátalkodott
unrequited [ʌnrɪ'kwaɪtɪd] *a* viszonzatlan
unreserved [ʌnrɪ'zə:vd] *a* 1. nyílt, őszinte, fesztelen 2. feltétel/fenntartás nélküli 3. fenn nem tartott, le nem foglalt, számozatlan [ülés]
unreservedly [ʌnrɪ'zə:vɪdlɪ] *adv* fenntartás nélkül, őszintén, nyíltan
unresisting [ʌnrɪ'zɪstɪŋ] *a* ellen nem álló, engedékeny
unresponsive [ʌnrɪ'spɔnsɪv; *US* -ɑn-] *a* 1. hűvös, tartózkodó 2. nem reagáló/fogékony [*to* vmely behatásra]
unrest [ʌn'rest] *n* nyugtalanság
unrestful [ʌn'restfʊl] *a* nyugtalan
unrestrained [ʌnrɪ'streɪnd] *a* korlátozatlan, féktelen
unrestricted [ʌnrɪ'strɪktɪd] *a* korlát(o-zat)lan, feltételhez nem kötött
unretentive [ʌnrɪ'tentɪv] *a* megbízhatatlan, gyenge [emlékezet]
unrevenged [ʌnrɪ'vendʒd] *a* (meg)boszszulatlan, megtorolatlan
unrewarded [ʌnrɪ'wɔ:dɪd] *a* jutalomban/elismerésben nem részesült
unrighteous [ʌn'raɪtʃəs] *a* 1. gonosz, istentelen 2. igazságtalan
unripe [ʌn'raɪp] *a* éretlen
unrivalled, *US* -rivaled [ʌn'raɪvld] *a* páratlan, versenytárs nélküli
unroll [ʌn'roʊl] **A.** *vt* kigöngyöl; leteker **B.** *vi* letekeredik
unromantic [ʌnrə'mæntɪk] *a* hétköznapias, sivár, prózai
unruffled [ʌn'rʌfld] *a* 1. sima, csendes 2. higgadt, nyugodt

unruly [ʌn'ru:lɪ] *a* engedetlen, rakoncátlan, nyakas
unsaddle [ʌn'sædl] *vt* 1. lenyergel 2. nyeregből kivet, hátáról levet
unsafe [ʌn'seɪf] *a* nem biztonságos, veszélyes
unsaid [ʌn'sed] *a* ki/el nem mondott; *leave sg* ~ elhallgat vmt →*unsay*
unsalaried [ʌn'sælərɪd] *a* fizetéstelen, nem fix fizetéses
unsaleable [ʌn'seɪləbl] *a* eladhatatlan
unsanitary [ʌn'sænɪt(ə)rɪ; *US* -erɪ] *a* egészségtelen
unsatisfactory ['ʌnsætɪs'fækt(ə)rɪ] *a* elégtelen, nem kielégítő
unsatisfied [ʌn'sætɪsfaɪd] *a* kielégítetlen, elégedetlen; kielégületlen
unsatisfying [ʌn'sætɪsfaɪɪŋ] *a* nem kielégítő, elégtelen
unsaturated [ʌn'sætʃəreɪtɪd] *a* telítetlen
unsavoury, *US* -vory [ʌn'seɪv(ə)rɪ] *a* 1. gusztustalan, rossz ízű 2. kellemetlen [ügy]
unsay [ʌn'seɪ] *vt* (*pt/pp* -said -'sed) viszszaszív, -von
unscathed [ʌn'skeɪðd] *a* ép, sértetlen
unscheduled [ʌn'ʃedju:ld; *US* -'skedʒ-] *a* nem betervezett, tervbe nem vett
unscholarly [ʌn'skɔləlɪ; *US* -ɑl-] *a* nem tudományos/tudósi, tudománytalan
unschooled [ʌn'sku:ld] *a* iskolázatlan
unscientific ['ʌnsaɪən'tɪfɪk] *a* tudománytalan
unscramble [ʌn'skræmbl] *vt*¦ kirejtjelez, megfejt, kihüvelyez [szöveget]
unscreened [ʌn'skri:nd] *a* 1. (spanyolfallal/függönnyel) nem takart 2. szitálatlan, rostálatlan 3. nem priorált/káderezett
unscrew [ʌn'skru:] **A.** *vt* lecsavar, kicsavar; kinyit **B.** *vi* lecsavarodik, kicsavarodik, „lejön"
unscrupulous [ʌn'skru:pjʊləs; *US* -pjə-] *a* lelkiismeretlen, gátlástalan
unseal [ʌn'si:l] *vt* pecsétjét felbontja/feltöri (vmnek), felnyit [levelet]
unseasonable [ʌn'si:znəbl] *a* nem az időszakhoz illő; időszerűtlen
unseasoned [ʌn'si:znd] *a* 1. fűszerezetlen 2. éretlen, tapasztalatlan
unseat [ʌn'si:t] *vt* 1. ledob a nyeregből

[lovast]; *be* ~*ed* bukik [lovas] 2. kibuktat [képviselőt]
unseaworthy [ʌn'si:wə:ðɪ] *a* nem tengerbíró, hajózásra alkalmatlan
unsecured [ʌnsɪ'kjʊəd] *a* 1. nem biztosított 2. fedezetlen
unseeing [ʌn'si:ɪŋ] *a* 1. világtalan, vak 2. gyanútlan
unseemly [ʌn'si:mlɪ] *a* helytelen, illetlen, nem illő/helyénvaló
unseen [ʌn'si:n] *a* 1. láthatatlan, látatlan 2. ex-abrupto, kapásból való [fordítás]
unselfconscious [ʌnself'kɔnʃəs; *US* -ɑn-] *a* vmnek tudatában nem levő; fesztelen
unselfish [ʌn'selfɪʃ] *a* önzetlen, altruista
unserviceable [ʌn'sə:vɪsəbl] *a* hasznavehetetlen, alkalmatlan
unsettle [ʌn'setl] *vt* megzavar, felizgat, összezavar, felkavar
unsettled [ʌn'setld] *a* 1. változékony [időjárás] 2. nyugtalan 3. rendezetlen, elintézetlen [tartozás] 4. bizonytalan, határozatlan 5. állandó lakhellyel nem rendelkező 6. lakatlan 7. zavaros, le nem ülepedett
unshakeable [ʌn'ʃeɪkəbl] *a* rendíthetetlen
unshaken [ʌn'ʃeɪk(ə)n] *a* rendületlen, szilárd
unshapely [ʌn'ʃeɪplɪ] *a* alaktalan, idomtalan, formátlan
unshaven [ʌn'ʃeɪvn] *a* borotválatlan
unsheathe [ʌn'ʃi:ð] *vt* hüvelyéből kiránt/kihúz [kardot]
unsheltered [ʌn'ʃeltəd] *a* védtelen
unship [ʌn'ʃɪp] *vt* -**pp**- 1. hajóból kirak, kirakodik 2. *biz* elküld, elzavar
unshod [ʌn'ʃɔd; *US* -ɑd] *a* 1. mezítlábas 2. patkolatlan; vasalatlan
unshrinkable [ʌn'ʃrɪŋkəbl] *a* össze nem menő, zsugorodásmentes
unshrinking [ʌn'ʃrɪŋkɪŋ] *a* vissza nem riadó, rendíthetetlen
unsightly [ʌn'saɪtlɪ] *a* csúnya, idétlen
unsigned [ʌn'saɪnd] *a* alá nem írt
unskilful, *US* -**skill**- [ʌn'skɪlfʊl] *a* ügyetlen
unskilled [ʌn'skɪld] *a* 1. gyakorlatlan, nem szakértő, szakképzetlen 2. szakértelmet/szakképzettséget nem igény-

lő; ~ *labour* (1) szakképzettséget nem igénylő munka (2) szakképzetlen munkaerő, segédmunkás(ok)
unslaked [ʌn'sleɪkt] *a* oltatlan
unsleeping [ʌn'sli:pɪŋ] *a* éber, ernyedetlen
unsling [ʌn'slɪŋ] *vt* (*pt/pp* -**slung** -slʌŋ) lecsatol, levesz
unsociable [ʌn'soʊʃəbl] *a* emberkerülö, barátságtalan, nem barátkozó
unsocial [ʌn'soʊʃl] *a* antiszociális
unsoiled [ʌn'sɔɪld] *a* tiszta
unsold [ʌn'soʊld] *a* eladatlan
unsoldierly [ʌn'soʊldʒəlɪ] *a* nem katonás, katonához nem illő/méltó
unsolicited [ʌnsə'lɪsɪtɪd] *a* kéretlen, önként adott
unsolved [ʌn'sɔlvd; *US* -ɑ-] *a* megoldatlan
unsophisticated [ʌnsə'fɪstɪkeɪtɪd] *a* 1. egyszerű, naiv, őszinte, természetes 2. keresetlen, mesterkéletlen [szavak]
unsought [ʌn'sɔ:t] *a* nem kívánt; kéretlen(ül)
unsound [ʌn'saʊnd] *a* 1. nem egészséges, beteg; *of* ~ *mind* elmebajos 2. romlott [étel], hibás [áru] 3. téves, hibás [okoskodás] 4. bizonytalan, ingatag
unsparing [ʌn'speərɪŋ] *a* 1. nem takarékoskodó, bőkezű 2. szigorú, könyörtelen
unspeakable [ʌn'spi:kəbl] *a* 1. kimondhatatlan 2. kimondhatatlanul rossz
unspecified [ʌn'spesɪfaɪd] *a* nem részletezett, közelebbről meg nem határozott
unspent [ʌn'spent] *a* el nem költött/fogyasztott, fel nem használt
unspoiled, -spoilt [ʌn'spɔɪlt] *a* 1. romlatlan 2. el nem kényeztetett/rontott 3. el nem csúfított [táj]
unspoken [ʌn'spoʊk(ə)n] *a* ki nem mondott, hallgatólagos
unsportsmanlike [ʌn'spɔ:tsmənlaɪk] *a* sportszerűtlen
unsprung [ʌn'sprʌŋ] *a* rugózatlan
unstable [ʌn'steɪbl] *a* 1. bizonytalan, ingadozó, változékony, labilis 2. megbízhatatlan, ingatag
unstamped [ʌn'stæmpt] *a* felbélyegezetlen; lepecsételetlen

unsteadiness [ʌn'stedɪnɪs] n 1. bizonytalanság, változékonyság, ingadozás 2. állhatatlanság, megbízhatatlanság, ingatagság 3. kicsapongásra való hajlam
unsteady [ʌn'stedɪ] a 1. bizonytalan, ingatag, tántorgó [járás] 2. változékony [idő] 3. állhatatlan, megbízhatatlan
unstick [ʌn'stɪk] vt (pt/pp -stuck -'stʌk) leválaszt; come unstuck leválik, leesik
unstinted [ʌn'stɪntɪd] a korlátlan, bőséges
unstitch [ʌn'stɪtʃ] vt felfejt; come ~ed felfeslik, kibomlik
unstop [ʌn'stɔp; US -ap] vt -pp- 1. dugót kivesz (vmből) 2. dugulást megszüntet (vmben)
unstressed [ʌn'strest] a 1. hangsúlyozatlan 2. hangsúlytalan
unstring [ʌn'strɪŋ] vt (pt/pp -strung -'strʌŋ) 1. megereszt, tágít; meglazít 2. zsinórról lefejt 3. húrt levesz [hangszerről] 4. = unnerve
unstrung [ʌn'strʌŋ] a 1. meglazult [húrozat] 2. feldúlt [idegek]; ideges ‖ →unstring
unstuck →unstick
unstudied [ʌn'stʌdɪd] a 1. mesterkéletlen, természetes, nem betanult, keresetlen, közvetlen 2. járatlan (in vmben) 3. nem tanulmányozott/tanult
unsubdued [ʌnsəb'dju:d; US -'du:d] a le nem győzött, csüggedetlen
unsubstantial [ʌnsəb'stænʃl] a lényegtelen, üres, nem kézzelfogható
unsubstantiated [ʌnsəb'stænʃɪeɪtɪd] a bizonytalan, megalapozatlan
unsuccesful [ʌnsək'sesfʊl] a 1. sikertelen 2. hasztalan, hiábavaló
unsuitable [ʌn'su:təbl] a alkalmatlan, célszerűtlen, helytelen
unsuited [ʌn'su:tɪd] a alkalmatlan, nem való (to/for vmre)
unsullied [ʌn'sʌlɪd] a mocsoktalan, tiszta
unsung [ʌn'sʌŋ] a el nem dalolt, meg nem énekelt
unsupported [ʌnsə'pɔ:tɪd] a alá nem támasztott, meg nem erősített

unsurpassable [ʌnsə'pɑ:səbl; US -'pæ-] a felülmúlhatatlan
unsurpassed [ʌnsə'pɑ:st; US -'pæ-] a felül nem múlt
unsuspected [ʌnsə'spektɪd] a nem gyanított/gyanús/gyanúsított
unsuspecting [ʌnsə'spektɪŋ] a gyanútlan
unsuspicious [ʌnsə'spɪʃəs] a 1. gyanútlan 2. nem gyanús
unsweetened [ʌn'swi:tnd] a édesítetlen
unswerving [ʌn'swə:vɪŋ] a határozott, tántoríthatatlan, nyílegyenes
unsymmetrical [ʌnsɪ'metrɪkl] a aszimmetrikus
unsympathetic ['ʌnsɪmpə'θetɪk] a részvétlen, közönyös
unsystematic [ʌnsɪstɪ'mætɪk] a nem rendszeres/szisztematikus, rendszertelen
untalented [ʌn'tæləntɪd] a tehetségtelen
untameable [ʌn'teɪməbl] a megszelídíthetetlen, fékezhetetlen
untamed [ʌn'teɪmd] a meg nem szelídített, vad
untapped [ʌn'tæpt] a 1. meg nem csapolt 2. kiaknázatlan
untaught [ʌn'tɔ:t] a 1. nem tanított, tudatlan; tanulatlan 2. vele született [és nem tanult képesség]
unteachable [ʌn'ti:tʃəbl] a taníthatatlan, nem tanulékony, nehézfejű
untearable [ʌn'teərəbl] a elszakíthatatlan
untenable [ʌn'tenəbl] a tarthatatlan
untenanted [ʌn'tenəntɪd] a lakatlan, ki/bérbe nem adott
untested [ʌn'testɪd] a kipróbálatlan, megvizsgálatlan, meg nem vizsgált
unthankful [ʌn'θæŋkfʊl] a hálátlan, nem hálás
unthinkable [ʌn'θɪŋkəbl] a elképzelhetetlen, elgondolhatatlan, hihetetlen
unthinking [ʌn'θɪŋkɪŋ] a 1. nem gondolkodó, meggondolatlan 2. át nem gondolt
unthought [ʌn'θɔ:t] a nem gondolt/várt/sejtett
unthought-of [ʌn'θɔ:tɔv; US -av] a el sem képzelt, nem is sejtett, nem várt
unthread [ʌn'θred] vt 1. kifűz [tűt] 2. kihüvelyez, megold, kibogoz [rejtélyt]

untidy [ʌn'taɪdɪ] *a* rendetlen, piszkos, gondozatlan, ápolatlan
untie [ʌn'taɪ] *vt* (*pres part* -tying -'taɪɪŋ) kibont, kibogoz [csomót], megold [köteléket], szabadjára ereszt [lovat]; *come* ~*d* kibomlik, kioldódik, szétfeslik [kötés]
until [ən'tɪl] *prep/conj* = *till*¹
untilled [ʌn'tɪld] *a* (fel)szántatlan, (meg-) műveletlen [föld]
untimely [ʌn'taɪmlɪ] I. *a* 1. korai, időelőtti 2. időszerűtlen II. *adv* idő előtt, rosszkor
untinged [ʌn'tɪndʒd] *a* ment(es) vmtől
untiring [ʌn'taɪərɪŋ] *a* fáradhatatlan
untitled [ʌn'taɪtld] *a* (főnemesi) címmel nem rendelkező
unto ['ʌntʊ] *prep* 1. -ig; -hoz, -hez, -höz; ~ *this day* (1) (mind) a mai napig (2) addig az időig 2. -nak, -nek
untold [ʌn'toʊld] *a* 1. el nem mondott, elmondatlan 2. számtalan, tömérdek, elmondhatatlan [gazdagság stb.]
untouchable [ʌn'tʌtʃəbl] *a* érinthetetlen; kaszton kívüli [Indiában]
untouched [ʌn'tʌtʃt] *a* érintetlen
untoward [ʌntə'wɔːd; *US* ʌn'tɔːrd] *a* 1. kellemetlen, kínos [eset], szerencsétlen [időpont] 2. † önfejű, makacs
untraceable [ʌn'treɪsəbl] *a* kinyomozhatatlan; ~ *person* eltűnt személy
untrained [ʌn'treɪnd] *a* 1. képzetlen, gyakorlatlan 2. idomítatlan
untrammelled [ʌn'træm(ə)ld] *a* akadálytalan
untransferable [ʌntræns'fəːrəbl] *a* átruházhatatlan, át nem ruházható
untranslatable [ʌntræns'leɪtəbl] *a* lefordíthatatlan
untravelled, *US* -veled [ʌn'trævld] *a* 1. keveset utazott [ember] 2. be nem járt, kevéssé ismert [terület]
untried [ʌn'traɪd] *a* 1. kipróbálatlan; ~ *on* fel nem próbált 2. [bíróság által] még nem tárgyalt
untrodden [ʌn'trɔdn; *US* -ɑ-] *a* járatlan, töretlen [út], le nem taposott, szűz [hó], nem látogatott, szűz [terület]
untroubled [ʌn'trʌbld] *a* 1. nyugodt, háborítatlan, nem aggódó 2. nem zavaros, csendes, sima [vízfelület]

untrue [ʌn'truː] *a* 1. nem igaz, valótlan, hamis, hazug 2. hűtlen (*to* vkhez) 3. pontatlan, nem pontos
untrustworthy [ʌn'trʌstwəːðɪ] *a* megbízhatatlan, bizalomra nem méltó
untruth [ʌn'truːθ] *n* hazugság, valótlanság
untruthful [ʌn'truːθfʊl] *a* 1. hazug, hazudozó 2. valótlan, nem igaz
untuned [ʌn'tjuːnd; *US* -'tuː-] *a* 1. elhangolt, fel nem hangolt [hangszer] 2. nincs kedve (*to* vmre)
untuneful [ʌn'tjuːnfʊl; *US* -tu-:] *a* dallamtalan
unturned [ʌn'təːnd] *a* meg/fel nem forgatott
untutored [ʌn'tjuːtəd; *US* -'tuː-] *a* tanulatlan, kiműveletlen, pallérozatlan
untwist [ʌn'twɪst] A. *vt* kibont, kicsavar B. *vi* kibomlik, kicsavarodik
untying → *untie*
unusable [ʌn'juːzəbl] *a* használhatatlan
unused *a* 1. [ʌn'juːzd] használatlan, új, alig használt 2. [ʌn'juːst] *be* ~ *to sg* nincs hozzászokva vmhez; *get* ~ *to sg* elszokik vmtől
unusual [ʌn'juːʒʊəl] *a* szokatlan, rendkívüli, különös, furcsa
unusually [ʌn'juːʒʊəlɪ] *adv* 1. szokatlanul 2. *biz* nagyon, rendkívül
unutilized [ʌn'juːtɪlaɪzd] *a* ki/fel nem használt, felhasználatlan
unutterable [ʌn'ʌt(ə)rəbl] *a* kimondhatatlan
unvaried [ʌn'veərɪd] *a* állandó, változatlan, egyforma, egyhangú
unvarnished [ʌn'vɑːnɪʃt] *a* 1. fényezetlen, matt 2. egyszerű, cicomátlan; kendőzetlen, leplezetlen [igazság]
unvarying [ʌn'veərɪŋ] *a* = *unvaried*
unveil [ʌn'veɪl] A. *vt* leleplez (*átv is*) B. *vi* lelepleződik
unverifiable [ʌn'verɪfaɪəbl] *a* (be) nem igazolható/bizonyítható
unverified [ʌn'verɪfaɪd] *a* (be) nem igazolt
unversed [ʌn'vəːst] *a* járatlan (vmben)
unvoiced [ʌn'vɔɪst] *a* 1. kifejezetlen, ki nem mondott 2. zöngétlen
unwanted [ʌn'wɔntɪd] *a* 1. felesleges, nem kívánt/kívánatos 2. akaratlan

unwarped [ʌn'wɔ:pt] a 1. meg nem vetemedett 2. elfogulatlan
unwarrantable [ʌn'wɔr(ə)ntəbl] a nem igazolható, jogtalan, helytelen
unwarranted [ʌn'wɔr(ə)ntɪd] a 1. jótállás nélküli 2. jogtalan, felhatalmazás nélküli, illetéktelen
unwary [ʌn'weərɪ] a (elő)vigyázatlan, nem óvatos, könnyelmű
unwashed [ʌn'wɔʃt] a 1. mosdatlan, piszkos; † the great ~ a plebsz 2. mosatlan
unwatered [ʌn'wɔ:təd] a 1. öntözetlen 2. víztelen, vízszegény
unwavering [ʌn'weɪv(ə)rɪŋ] a rendületlen, kitartó, megingathatatlan
unwearied [ʌn'wɪərɪd] a 1. (el) nem fáradt, friss 2. fáradhatatlan
unwearying [ʌn'wɪərɪɪŋ] a fáradhatatlan, lankadatlan
unwelcome [ʌn'welkəm] a nem szívesen látott, alkalmatlan, kellemetlen
unwell [ʌn'wel] a be ~ gyengélkedik, betegeskedik, nem jól érzi magát
unwholesome [ʌn'houlsəm] a 1. egészségtelen, egészségre káros 2. nem egészséges, beteges(kedő) 3. káros, ártalmas
unwieldy [ʌn'wi:ldɪ] a esetlen, nehezen kezelhető, ormótlan [tárgy]
unwilling [ʌn'wɪlɪŋ] a vonakodó; be ~ to do sg nem hajlandó/akar vmt megtenni
unwillingness [ʌn'wɪlɪŋnɪs] n nem akarás, vonakodás, húzódozás
unwind [ʌn'waɪnd] v (pt/pp -wound -'waʊnd] A. vt lecsavar, legombolyít, letekercsel B. vi 1. lecsavarodik, letekeredik 2. átv lazít
unwise [ʌn'waɪz] a nem okos, esztelen, oktalan
unwittingly [ʌn'wɪtɪŋlɪ] adv akaratlanul, nem tudva, tudtán kívül
unwomanly [ʌn'wʊmənlɪ] a nem nőies
unwonted [ʌn'woʊntɪd] a szokatlan, ritka, rendkívüli
unworkable [ʌn'wə:kəbl] a 1. kivihetetlen 2. meg nem munkálható
unworked [ʌn'wə:kt] a 1. üzemben nem tartott [bánya] 2. fel nem dolgozott, megmunkálatlan

unworkmanlike [ʌn'wə:kmənlaɪk] a szakszerűtlen, kontár
unworldly [ʌn'wə:ldlɪ] a nem evilági, túlvilági(as), átszellemült
unworthy [ʌn'wə:ðɪ] a 1. méltatlan, érdemtelen (of vmre) 2. értéktelen, gyarló, hitvány
unwound →unwind
unwounded [ʌn'wu:ndɪd] a meg nem sebesült/sérült, sértetlen, ép
unwrap [ʌn'ræp] vt -pp- kibont, kicsomagol, kigöngyöl
unwrinkled [ʌn'rɪŋkld] a ránctalan, redőtlen, sima
unwritten [ʌn'rɪtn] a íratlan; ~ law (1) szokásjog (2) íratlan törvény
unwrought [ʌn'rɔ:t] a meg nem munkált, megmunkálatlan, nyers
unyielding [ʌn'ji:ldɪŋ] a 1. nem hajlékony, merev 2. ellenszegülő, makacs
unyoke [ʌn'joʊk] vt 1. igából kifog [ökröt] 2. szétkapcsol, szétválaszt
unzip [ʌn'zɪp] vt -pp- cipzárját/zipzárját kinyitja/lehúzza
up [ʌp] I. a felfelé menő/haladó; the ~ line a fővárosba vezető vágány, GB a londoni vágány; the ~ train a főváros felé menő vonat; on the ~ grade emelkedő/javuló irányzat(ú) II. adv 1. fel, felfelé; walk ~ and down fel s alá járkál; be ~ for (1) jelölik [vm tisztségre] (2) műsoron van, előyvették [vm okból]; go ~ for an examination vizsgára megy; go ~ to town (1) bemegy a városba (2) felmegy (vidékről) Londonba; go ~ to university egyetemre megy 2. fent, fenn; ~ there ott fenn, odafenn; be ~ fent/fenn/ ébren van, (már) felkelt; be ~ all night egész éjjel fenn van/marad; be ~ and about (már) fenn van, felkelt, már kijár [beteg]; be ~ and doing tevékenykedik, sürgölődik; the moon is ~ a hold (már) feljött/felkelt; prices are ~ az árak magasak/felszöktek; "road ~" „vigyázat! útépítés"; Star with Black ~ Star, nyergében Blackkel, Star, lovagolja Black; be (well) ~ in sg alaposan ismer vmt, (igen) jártas vmben; one goal ~ egy góllal vezet; one ~ to you (1) egy null(a) a javadra

(2) ez becsületedre válik; ~ *and at
'em!* rajta !; üsd, vágd, nem apád !
3. oda; közel(be) **4.** -ig [időben, értékben]; ~ *to now* (mind)eddig, mostanáig, ezideig; ~ *to this day* (mind) a mai
napig; *from my youth* ~ ifjúkoromtól
kezdve; ~ *to £200* 200 font erejéig
5. *be* ~ *against sg* (1) vmvel szemközt
találja magát (2) szembenáll, küzd
[nehézséggel] **6.** *biz there is sg* ~ itt
valami készül; *what's* ~? na mi az?,
mi baj (van)?; *what's* ~ *with him?*
mi van vele?, mi (baj) történt vele?;
it's all ~ *with him* végét járja, neki
már vége; *time is* ~ az idő lejárt;
zárás ! **7.** *be* ~ *to sg* (1) felér vmvel,
felveszi a versenyt vmvel (2) vmben
sántikál/mesterkedik, vmben töri a
fejét; *be* ~ *to anything* mindenre képes,
minden kitelik tőle; *be* ~ *to a job* jól
megfelel feladatának; *I don't feel* ~ *to
it* (1) nem érzem magam képesnek rá
(2) nem érzem magam egészen jól; *be
not* ~ *to much* nem valami jó, nem sokat ér **8.** *biz it's* ~ *to him . . .* tőle
függ . . ., rajta múlik . . . **III.** *prep* **1.**
fenn *vmn;* fel *vmre; go* ~ *the stairs*
felmegy a lépcsőn; *climb* ~ *a tree* felmászik a fára; *travel* ~ *the country*
az ország belsejébe utazik; ~ *and down
the land* keresztül-kasul az egész országban **2.** vmvel szemben; ~ *the
river* a folyón felfelé; ~ *the stream*
szemben az árral **IV.** *n* ~*s and downs*
(1) hepehupák (2) a szerencse forgandósága; viszontagságok **V.** *v* **-pp- A.**
vt **1.** megjelöl [hattyút] **2.** *biz* emel,
fokoz **B.** *vi biz* **1.** feláll, felemelkedik
2. ~ *with sg* felemel/felkap vmt
UP [ju:'pi:] *United Press* ⟨egy nagy
amerikai hírügynökség és lapvállalat⟩
up-and-coming [ʌpən'kʌmiŋ] *a* nagy
jövőjű
up-and-up [ʌpən'ʌp] *n biz on the* ~ (1)
javulóban, emelkedőben (2) rendes(en),
becsületes(en)
upas ['ju:pəs] *n* **1.** upászfa **2.** méreg
upbear [ʌp'beə*] *vt* (*pt* **-bore** -'bɔ:,* *pp*
-borne -'bɔ:n) felemel, támogat
upbeat ['ʌpbi:t] *n* ütemelőző; felütés;
beintés

upbraid [ʌp'breid] *vt* ~ *sy with/for sg*
megszid vkt vm miatt
upbringing ['ʌpbriŋiŋ] *n* (fel)nevelés
[gyereké]
upcast ['ʌpkɑ:st] **I.** *a* **1.** felfelé fordított,
felemelt **2.** feldobott **II.** *n* (kihúzó)
szellőzőakna [bányában]
up-country [ʌp'kʌntri] *a* az ország belsejében levő, várostól távol eső
update [ʌp'deit] *vt* korszerűsít, modernizál
up-end [ʌp'end] **A.** *vt* **1.** fenekével felfelé fordít **2.** fenekére állít, felállít
[hordót] **B.** *vi* feláll, felül
upgrade I. *n* ['ʌpgreid] emelkedő, lejtő;
be on the ~ (1) javul (2) emelkedik **II.**
vt [ʌp'greid] (minőségben) feljavít;
felosztályoz, felminősít
upheaval [ʌp'hi:vl] *n* felfordulás
upheld →*uphold*
uphill [ʌp'hil] **I.** *a* **1.** emelkedő, felfelé
haladó **2.** nehéz, fárasztó, fáradságos
II. *adv* dombra fel, hegynek (fel), hegymenetben
uphold [ʌp'hould] *vt* (*pt/pp* **-held** -'held)
fenntart, támogat, megerősít (*átv is*);
jóváhagy
upholder [ʌp'houldə*] *n* támogató, híve
vmnek
upholster [ʌp'houlstə*] *vt* **1.** kárpitoz,
behúz [bútort], kipárnáz **2.** berendez
[lakást függönnyel, szőnyeggel stb.]
upholsterer [ʌp'houlst(ə)rə*] *n* kárpitos
upholstery [ʌp'houlst(ə)ri] *n* kárpitosmunka, kárpitozás, párnázat [ülőbútoré, autóé]
upkeep ['ʌpki:p] *n* **1.** üzemben tartás,
karbantartás **2.** fenntartási/üzemeltetési/karbantartási költség
upland ['ʌplənd] **I.** *a* felföldi, vidéki,
hegyvidéki **II.** *n* felföld; ~*s* felvidék
uplander ['ʌpləndə*] *n* felföldi lakos
uplift I. *n* ['ʌplift] **1.** fölemelkedés; földkéreg gyűrődése **2.** (lelkileg/erkölcsileg) felemelő/lelkesítő hatás **II.** *vt*
[ʌp'lift] **1.** felemel **2.** (fel)lelkesít
upon [ə'pɔn; *US* -'pɑn] *prep* = *on*
upper ['ʌpə*] **I.** *a* felső, felülső, felsőbb;
~ *classes* felsőbb osztályok [társadalomban]; *get/gain the* ~ *hand of sy* fölbe kerekedik vknek; *the U*~ *House*

ítlsőház, főrendiház; *biz the ~ ten/crust*
a felső tízezer/körök II. **uppers** *n pl*
(cipő)felsőrész; *biz be (down) on one's
~s* toprongyos, kilóg a lába a cipőjé-
ből
upper-class *a* felsőbb osztályokbeli, a
felsőbb osztályokra jellemző; elit
upper-cut *n* felütés [bokszban]
uppermost ['ʌpəmoʊst] I. *a* 1. legfelső,
legmagasabb 2. legelső II. *adv* leg-
felül, legelöl, legelsőnek
upping ['ʌpɪŋ] →*up V*.
uppish ['ʌpɪʃ] *a biz* beképzelt, fölényes-
kedő, öntelt, rátarti
uppity ['ʌpɪtɪ] *a US biz* = *uppish*
upright I. *a* 1. [ʌp'raɪt] egyenes(en álló),
függőleges, álló 2. ['ʌpraɪt] egyenes,
becsületes II. *adv* [ʌp'raɪt] egyenesen
III. *n* ['ʌpraɪt] álló tag/oszlop, támasz-
tógerenda, gyámfa, pillér
uprightness ['ʌpraɪtnɪs] *n* egyenesség,
becsületesség
uprising ['ʌpraɪzɪŋ] *n* felkelés, (fel)láza-
dás
up-river I. *a* ['ʌprɪvə*] folyón felfelé
haladó II. *adv* [ʌp'rɪvə*] folyón felfelé
uproar ['ʌprɔ:*] *n* zajongás, nagy zsivaj,
zenebona
uproarious [ʌp'rɔ:rɪəs] *a* 1. zajos, lármás
2. harsány [nevetés]
uproot [ʌp'ru:t] *vt* 1. gyökerestül kitép
2. kiszakít [környezetéből]
uprush ['ʌprʌʃ] *n* feltörés [vízé], fel-
buggyanás [forrásé]
upset [ʌp'set] I. *a ~ price* kikiáltási ár
II. *n* 1. felfordulás *(átv is)* 2. izgalom
3. gyengélkedés; *mental ~* lelki zavar
III. *v (pt/pp ~; -tt-)* A. *vt* 1. felborít,
felfordít, feldönt 2. megbuktat, meg-
dönt [kormányt] 3. meghiúsít, fel-
borít [terveket] 4. megzavar, kihoz a
sodrából, kiborít, kizökkent; *she was
very much ~* nagyon izgatott volt;
be easily ~ könnyen „kiborul" 5.
megárt (vknek vm); *~ one's stomach*
elrontja a gyomrát B. *vi* felfordul, fel-
borul
upshot ['ʌpʃɔt; *US* -ɑt] *n* következmény,
(vég)eredmény, kimenetel
upside ['ʌpsaɪd] *n* vmnek a teteje
upside-down [ʌpsaɪd'daʊn] *adv* felfor-

dítva, fejjel lefelé; a feje tetején/tete-
jére; *turn sg ~* tűvé tesz vmt vmért
upstage [ʌp'steɪdʒ] *adv* a színpad mé-
lyén/hátterében, a háttérben
upstairs [ʌp'steəz] I. *a* emeleti, fenti
II. *adv* (lépcsőn) föl/fel, az emeletre;
az emeleten, fent; *go ~* felmegy (az
emeletre)
upstanding [ʌp'stændɪŋ] *a* 1. (egyenesen)
álló; jó tartású/alakú, szálas 2. derék,
becsületes
upstart ['ʌpstɑ:t] *n* újgazdag, uborka-
fára felkapaszkodott, parvenü
upstate ['ʌp'steɪt] *a US* az állam északi/
távoli részében levő
up-stream [ʌp'stri:m] *a/adv* ár/folyás-
irány ellen (haladó), folyón felfelé
upstroke ['ʌpstroʊk] *n* 1. felfelé húzott
(toll)vonás 2. felfelé haladó löket 3.
vonóhúzás felfelé [vonós hangszeren]
upsurge [ʌp'sə:dʒ] *n* nekilendülés, fel-
törés
upsweep ['ʌpswi:p] *n* felfelé ívelés
upswing ['ʌpswɪŋ] *n* fellendülés
uptake ['ʌpteɪk] *n* 1. értelem, felfogás;
quick in the ~ gyors felfogású/észjárású
2. füstcső, szellőzőakna
uptight ['ʌptaɪt] *a US* □ 1. ideges 2.
ókonzervatív
up-to-date [ʌptə'deɪt] *a* modern, kor-
szerű
uptown I. *a* [ʌp'taʊn v. 'ʌp-] 1. felső-
városi 2. *US* külső, lakónegyedbeli
II. *adv* [ʌp'taʊn] *US* kifelé
upturned [ʌp'tə:nd] *a* 1. felfelé fordított
2. feltűrt, felhajtott
upward ['ʌpwəd] I. *a* emelkedő, felfelé
menő/irányuló II. *adv* = *upwards*
upwards ['ʌpwədz] *adv* 1. felfelé 2. (bi-
zonyos éven) felül; *~ of* több mint,
-nél/-nál több, vmin felül/túl
uraemia [jʊə'ri:mjə] *n* urémia
Ural ['jʊər(ə)l] *prop* Urál
Ural-Altaic ['jʊər(ə)læl'teɪk] *a* urál-
-altaji
uranium [jʊ'reɪnjəm] *n* urán(ium)
urban ['ə:bən] *a* városi
urbane [ə:'beɪn] *a* udvarias, finom mo-
dorú, előzékeny
urbanity [ə:'bænɪtɪ] *n* udvariasság
urbanization [ə:bənaɪ'zeɪʃn; *US* -nɪ'z-] *n*

urbanizálás; urbanizáció; (el)városiasodás
urbanize ['ə:bənaɪz] *vt* városiassá tesz, urbanizál
urchin ['ə:tʃɪn] *n* lurkó, csibész, srác
Urdu ['ʊədu:] *n* urdu [nyelv]
ureter [jʊə'ri:tə*] *n* húgyvezeték, uréter
urethra [jʊə'ri:θrə] *n* húgycső
urge [ə:dʒ] I. *n* (belső) ösztönzés, belső kényszer, leküzdhetetlen vágy [vmt tenni] II. *vt* 1. unszol, siettet; ~ *sy to do sg* vkt vmnek a megtételére ösztökél/buzdít 2. serkent, ösztönöz (*on vmre*) 3. sürget, szorgalmaz
urgency ['ə:dʒ(ə)nsɪ] *n* sürgősség; *of great* ~ igen sürgős
urgent ['ə:dʒ(ə)nt] *a* 1. sürgős 2. sürgető; nyomatékos
uric ['jʊərɪk] *a* ~ *acid* húgysav
urinal ['jʊərɪnl] *n* 1. (*bed*) ~ vizelőedény, kacsa 2. vizelde
urinate ['jʊərɪneɪt] *vi* vizel
urination [jʊərɪ'neɪʃn] *n* vizelés
urine ['jʊərɪn] *n* húgy, vizelet
urn [ə:n] *n* 1. urna, hamvveder 2. szamovár
Ursula ['ə:sjʊlə] *prop* Orsolya
urticaria [ə:tɪ'keərɪə] *n* csalánkiütés
Uruguay ['jʊərʊgwaɪ] *prop* Uruguay
Uruguayan [jʊərʊ'gwaɪən] *a/n* uruguayi
us [ʌs] *pron* 1. minket, bennünket; *let* ~ *go* menjünk; *of* ~ rólunk, ránk [mondott vmt]; *three of* ~ mi hárman, közülünk három, hármunk 2. nekünk
US [ju:'es] *United States* →*U.S.A.*
U.S.A., USA [ju:es'eɪ] 1. *United States of America* Amerikai Egyesült Államok, USA 2. *United States Army* az USA hadserege
usable ['ju:zəbl] *a* (fel)használható
USAF [ju:eser'ef] *United States Air Force* az USA légiereje
usage ['ju:zɪdʒ] *n* 1. használat, bánásmód, kezelés; *his* ~ *of me* velem való bánásmódja 2. (szó)használat, nyelvszokás, nyelvhasználat; ~ *label/note* (szótári) stílusminősítés 3. szokás, gyakorlat
usance ['ju:zns] *n* üzleti/kereskedelmi szokás, „üzansz"
use I. *n* [ju:s] 1. használat, (fel)haszná-

lás, alkalmazás; *directions for* ~ használati utasítás; *in* ~ használatos; *go/fall out of* ~ kimegy a használatból/divatból; *not in* ~ nem használatos/szokásos; *put sg to* ~, *make* ~ *of sg* felhasznál vmt, hasznát veszi vmnek 2. használat joga; haszonélvezet; ~ *of the bathroom* fürdőszoba-használat 3. haszon, hasznosság; *be of* ~ *for sg* hasznos/jó vmre (v. *to sy* vk számára); *it's no* ~ (1) hasznavehetetlen (2) céltalan, értelmetlen; *what's the* ~ *of/to* ...? mi haszna/értelme ...? 4. szokás, gyakorlat; *as was his* ~ ahogy szokta volt 5. egyházi rítus II. *v* [ju:z] A. *vt* 1. (fel)használ; alkalmaz; ~ *one's influence* protekcióval él; ~ *every means* minden eszközt felhasznál; *you may* ~ *my name* hivatkozhatsz rám; ~ *force* erőszakot alkalmaz 2. ~ (*up*) (1) (f)elhasznál, (el)fogyaszt [üzemanyagot, nyersanyagot stb.] (2) kimerít 3. bánik (vkvel); ~ *sy well* jól bánik vkvel B. *vi* (múlt időben használva segédigei értelmű és kiejtése: [ju:st]) *we* ~*d to play bridge* azelőtt sokat bridzseztünk; *there* ~*d to be a house here* itt valaha/azelőtt egy ház állt; *I* ~*d to like it* azelőtt szerettem; *he* ~*d not* v. *he use(d)n't* ['ju:snt] v. *he didn't* ~ [ju:s] *to do sg* azelőtt/régebben vmt nem csinált ‖ →*used*
used *a* 1. [ju:zd] használt; *hardly* ~ alig használt 2. [ju:st] hozzászokott; *be* ~ *to sg* hozzászokott vmhez, szokva van vmhez; *get* ~ *to sg* hozzászokik vmhez, vmt megszokik ‖ →*use II.*
usedn't ['ju:snt] →*use II. B.*
useful ['ju:sf(ʊ)l] *a* hasznos, hasznavehető; *make oneself* ~ hasznosítja magát
usefulness ['ju:sf(ʊ)lnɪs] *n* hasznosság, hasznavehetőség
useless ['ju:slɪs] *a* 1. hasznavehetetlen 2. hiábavaló, hasztalan
usen't ['ju:snt] →*use II. B.*
user ['ju:zə*] *n* 1. használó 2. haszonélvező
usher ['ʌʃə*] I. *n* 1. jegyszedő [színházban stb.] 2. (bírósági) teremszolga 3.

szertartásmester 4. † segédtanár [fiú-iskolában] II. *vt* 1. bevezet 2. bejelent
usherette [ʌʃə'ret] *n* jegyszedőnő
USN, U.S.N. [ju:es'en] *United States Navy* az USA haditengerészete
USS [ju:es'es] *United States Ship* az USA hadihajója
USSR [ju:eses'a:*] *Union of Soviet Socialist Republics* Szovjet Szocialista Köztársaságok Szövetsége, SZSZKSZ
usual ['ju:ʒʊəl] *a* szokásos, szokott, rendes; *as ~* mint máskor/rendesen
usually ['ju:ʒʊəlɪ] *adv* rendszerint, többnyire, általában, rendesen
usufruct ['ju:sju:frʌkt] *n* haszonélvezet
usurer ['ju:ʒ(ə)rə*] *n* uzsorás
usurious [ju:'zjʊərɪəs; *US* -'ʒʊ-] *a* uzsorás; uzsora-
usurp [ju:'zə:p] *vt* bitorol
usurpation [ju:zə:'peɪʃn] *n* bitorlás
usurper [ju:'zə:pə*] *n* bitorló (személy)
usurping [ju:'zə:pɪŋ] *a* bitorló
usury ['ju:ʒʊrɪ; *US* -ʒə-] *n* 1. uzsora; uzsoráskodás 2. uzsorakamat; *his service was repaid with ~* szívességét kamatostul/búsásan visszafizette
Ut. *Utah*
Utah ['ju:ta:; *US* 'ju:tɔ: v. -ta:] *prop*
utensil [ju:'tensl] *n* 1. szerszám, eszköz, felszerelés 2. konyhaedény; *household ~s* konyhaedény(ek), háztartási eszközök
uterine ['ju:təraɪn; *US* -ɪn] *a* méh-
uterus ['ju:tərəs] *n* (*pl* -ri -raɪ v. ~es -əɪz] (anya)méh
utilitarian [ju:tɪlɪ'teərɪən] *a* 1. haszonelvű, utilitarista 2. haszonleső
utilitarianism [ju:tɪlɪ'teərɪənɪzm] *n* haszonelvűség, utilitarizmus
utility [ju:'tɪlətɪ] I. *a* típus-; *~ furniture* típusbútor II. *n* 1. hasznosság, használhatóság; *of public ~* közhasznú,

közérdekű; *~ man* mindenre használható ember, mindenes, tótumfaktum 2. *public ~* közmű; *the public utilities* (1) közművek (2) (köz)szolgáltatások
utilizable ['ju:tɪlaɪzəbl] *a* felhasználható
utilization [ju:tɪlaɪ'zeɪʃn; *US* -lɪ'z-] *n* hasznosítás, felhasználás, kiaknázás
utilize ['ju:tɪlaɪz] *vt* hasznosít, felhasznál, kihasznál, kiaknáz
utmost ['ʌtmoust] I. *a* 1. legtávolabbi; legvégső [térben] 2. (a lehető) legnagyobb, legtöbb; *of the ~ importance* rendkívül fontos II. *n* a lehető legtöbb, a legvégső; *do one's ~* minden tőle telhetőt megtesz; *he is fifty at the ~* legföljebb ötven (éves); *to the ~* a végsőkig
Utopia [ju:'toupjə] *n* utópia
Utopian [ju:'toupjən] *a* utópisztikus, utópista, délibábos
utricle ['ju:trɪkl] *n* léghólyag
utter¹ ['ʌtə*] *a* teljes, legteljesebb, tökéletes, abszolút, végleges
utter² ['ʌtə*] *vt* 1. kimond, kiejt 2. írásban/szóban kifejez 3. forgalomba hoz [hamisítványt]
utterance ['ʌt(ə)rəns] *n* 1. vmnek a kifejezése/kimondása; *give ~ to sg* kifejezést/hangot ad vmnek 2. beszédmód, kiejtés, hangképzés 3. kijelentés; megnyilatkozás 4. kibocsátás [hamisítványoké]
utterly ['ʌtəlɪ] *adv* teljesen
U-turn ['ju:tə:n] *n* 1. U forduló 2. megfordulás; (*átv is*) teljes fordulat; *no ~!* megfordulni tilos!
uvula ['ju:vjʊlə; *US* -vjə-] *n* (*pl* ~e -li:) nyelvcsap, uvula
uvular ['ju:vjʊlə*; *US* -vjə-] *a* nyelvcsappal képzett, nyelvcsapi, veláris
uxorious [ʌk'sɔ:rɪəs] *a* 1. feleségimádó [férj] 2. papucs alatt tartott, papucs-

V

V,[1] **v** [viː] *n* V, v (betű)
V[2] **1.** (= *victory*) győzelem; ~(-)*sign* a
győzelem jele **2.** *volt*(s) volt, V
v.[3], **v 1.** *verse* **2.** = *vs.* **3.** vide (=*see*)
lásd, l.
V.A. [viːˈeɪ] *Vice-Admiral*
vac [væk] *n biz* vakáció
vacancy [ˈveɪk(ə)nsɪ] *n* **1.** üresség; űr,
semmi **2.** (meg)üresedés; állás **3.** **va-
cancies** *pl* kiadó szobák
vacant [ˈveɪk(ə)nt] *a* **1.** üres, szabad
[hely, idő]; ~ *possession* azonnal be-
költözhető ingatlan **2.** kifejezéstelen,
üres [tekintet], gondolat nélküli,
(szellemileg) tunya
vacate [vəˈkeɪt; *US* ˈveɪ-] *vt* **1.** kiürít,
szabaddá tesz [helyet], kiköltözik
[szobából] **2.** lemond [állásról] **3.** ér-
vénytelenít, hatálytalanít
vacating [vəˈkeɪtɪŋ; *US* ˈveɪ-] *n* **1.** ki-
ürítés [lakásé] **2.** ~ *of office* lemondás;
letétel [hivatalé]
vacation [vəˈkeɪʃn; *US* veɪ-] I. *n* **1.** szün-
idő, vakáció, szünet; *the long* ~ a
nyári szünidő/vakáció **2.** kiürítés **3.**
megüresedés **II.** *vi US* szabadságra
megy; vakációzik, nyaral (*at/in* vhol)
vacationist [vəˈkeɪʃnɪst; *US* veɪ-] *n* nya-
raló, üdülő, vakációzó [személy]
vaccinate [ˈvæksɪneɪt] *vt* beolt (*against*)
vm ellen
vaccination [væksɪˈneɪʃn] *n* (himlő)ol-
tás
vaccine [ˈvæksiːn] *n* oltóanyag, vakcina;
~ *point* oltótű
vacillate [ˈvæsɪleɪt] *vi* **1.** habozik, inga-
dozik, tétovázik **2.** ing, rezeg, reszket,
oszcillál
vacillating [ˈvæsɪleɪtɪŋ] *a* **1.** habozó,

vacillation [væsɪˈleɪʃn] *n* **1.** habozás,
ingadozás, tétovázás **2.** rezgés, resz-
ketés, remegés
vacuity [væˈkjuːətɪ] *n* űr, üresség
vacuole [ˈvækjʊoʊl] *n* víztér, vakuóla
vacuous [ˈvækjʊəs] *a* **1.** üres, kifejezés-
telen [nézés]; ostoba [megjegyzés];
bárgyú [nevetés] **2.** értelmetlen [élet
stb.]
vacuum [ˈvækjʊəm] **I.** *n* (*pl* ~s -z v.
-cua -kjʊə) légűr, légüres tér, vákuum;
~ *bottle/flask* hőpalack, termosz; ~
brake légfék; ~ *cleaner* porszívó; ~
pump légszivattyú; ~ *tube/valve* vá-
kuumcső, elektroncső **II.** *vt/vi biz*
(ki)porszívóz
vacuum-clean *vt/vi* (ki)porszívóz
vade-mecum [veɪdɪˈmiːkəm] *n* zseb-
könyv; útikalauz
vagabond [ˈvægəbɒnd; *US* -ɑnd] *a/n*
csavargó
vagabondage [ˈvægəbɒndɪdʒ; *US* -ɑn-]
n csavargás, kóborlás
vagary [ˈveɪgərɪ] *n* szeszély, hóbort
vagina [vəˈdʒaɪnə] *n* hüvely, vagina
vagrancy [ˈveɪgr(ə)nsɪ] *n* csavargás,
kóborlás
vagrant [ˈveɪgr(ə)nt] *a/n* csavargó, kó-
borló
vague [veɪg] *a* bizonytalan, tétova,
határozatlan; *I haven't the* ~*st idea*
halvány sejtelmem sincs (róla)
vaguely [ˈveɪglɪ] *adv* határozatlanul,
bizonytalanul
vagueness [ˈveɪgnɪs] *n* bizonytalanság,
határozatlanság
vain [veɪn] *a* **1.** hiú, csalóka **2.** hiába-

való; *in* ~ hiába; *take God's name in* ~ Istent káromol
vainglorious [veɪn'glɔ:rɪəs] *a* dicsekedő, kérkedő, hencegő; öntelt, beképzelt
vainglory [veɪn'glɔ:rɪ] *n* **1.** elbizakodott gőg **2.** beképzeltség, önteltség
vainly ['veɪnlɪ] *adv* **1.** hiún **2.** hiába- (valóan)
vainness ['veɪnnɪs] *n* **1.** hiúság **2.** hiába-valóság
valance ['vælǝns] *n* **1.** rövid kárpit/függöny **2.** *US* = *pelmet*
vale[1] [veɪl] *n* völgy; *this* ~ *of tears* e földi siralomvölgy
vale[2] ['veɪlɪ] *int* isten veled!
valediction [vælɪ'dɪkʃn] *n* búcsúbeszéd
valedictory [vælɪ'dɪktǝrɪ] I. *a* búcsúztató II. *n* búcsúbeszéd, búcsúztató
valence ['veɪlǝns] *n US* vegyérték
valency ['veɪlǝnsɪ] *n GB* vegyérték; valencia
Valentine ['vælǝntaɪn] I. *prop* Bálint; *St.* ~*'s day* Bálint napja [febr. 14-e] II. *n* v~ **1.** ⟨Szt. Bálint napján, febr. 14-én képeslapon küldött nyomtatott tréfás v. kedveskedő szerelmi üzenet⟩ **2.** (Bálint-napkor) választott szerető, kedves
valerian [vǝ'lɪǝrɪǝn] *n* macskagyökérfű, valerián
valet ['vælɪt] I. *n* (urasági) inas II. *vt* kiszolgál [vkt inas]
valetudinarian [vælɪtju:dɪ'neǝrɪǝn; *US* -tu:-] *a/n* gyengélkedő, betegeskedő (ember)
valiant ['væljǝnt] *a* bátor, vitéz, derék
valid ['vælɪd] *a* **1.** érvényes; ~ *until recalled* visszavonásig érvényes **2.** alapos, megalapozott, indokolt
validate ['vælɪdeɪt] *vt* **1.** érvényesít **2.** megerősít; jóváhagy
validity [vǝ'lɪdǝtɪ] *n* érvényesség
valise [vǝ'li:z; *US* -s] *n US* **1.** (katonai) poggyászzsák **2.** kézitáska, útitáska
valley ['vælɪ] *n* völgy
valor, *US* → *valour*
valorize ['vælǝraɪz] *vt* **1.** árat megállapít **2.** felértékel, valorizál
valorous ['vælǝrǝs] *a* bátor, derék, vitéz
valour, *US* -or ['vælǝ*] *n* bátorság, hősiesség, vitézség

valse [vɑ:ls; *US* -æ-] *n* keringő
valuable ['væljuǝbl] I. *a* értékes, becses, drága II. **valuables** *n pl* értéktárgyak
valuation [vælju'eɪʃn] *n* **1.** becslés, értékelés; *conservative* ~ óvatos becslés; *make a* ~ *of sg* megbecsül vmt **2.** becsérték; *set high* ~ *on sg* sokra becsül vmt
valuator ['væljueɪtǝ*] *n* becsüs
value ['vælju:] I. *n* **1.** érték; *be of* ~ értékes; *of great* ~ nagy értékű; *of no* ~ értéktelen; *set a low* ~ *on sg* vmt leértékel, kevésre becsül; *set great* ~ *by sg* nagyra értékel vmt, nagyon értékesnek tart vmt; *actual* ~ tényleges érték **2.** **values** *pl* (szellemi, erkölcsi) értékrend II. *vt* **1.** értékel, (meg)becsül (vmt) **2.** tisztel, (meg)becsül [személyt]
value-added tax (*VAT*) közvetett forgalmi adó
valued ['vælju:d] *a* értékes, becses
valueless ['væljulɪs] *a* értéktelen
valuer ['væljuǝ*] *n* becsüs
valve [vælv] *n* **1.** szelep, tolózár, billentyű(s zár) **2.** ventil **3.** billentyű [szívé] **4.** rádiócső, elektroncső, cső; *four*-~ *set* négycsöves rádiókészülék **5.** kagylóhéj **6.** [növényi] maghártya
valve-box *n* szelepszekrény, dugattyússzekrény
valve-cap *n* szelepfej, -sapka
valve-gear *n* szelepvezérlés
valve-head *n* szelepfej
valvular ['vælvjulǝ*; *US* -vjǝ-] *a* szelepes; billentyűs
vamoose [vǝ'mu:s] *vi US* □ meglóg, ellép
vamp[1] [væmp] I. *n* **1.** felsőbőr [cipőé] **2.** cipőfej; csizmafej **3.** foltozás **4.** rögtönzött zenekíséret II. *vt* **1.** javít, foltoz [cipőt]; ~ *up* összetákol **2.** zenekíséretet rögtönöz
vamp[2] [væmp] *biz n* kalandornő, démon, vamp
vampire ['væmpaɪǝ*] *n* **1.** vámpír, vérszopó (kísértet) **2.** *biz* vérszopó, szipolyozó [ember]
van[1] [væn] I. *n* **1.** (zárt) tehergépkocsi, (zárt) teherautó; *delivery* ~ árukihordó tehergépkocsi/-autó, áruszállító kocsi

2. (fedett vasúti) teherkocsi II. *vt* -nn- teherautón (házhoz) szállít [árut] van² [væn] *n* = *vanguard; be in the ~ of progress* a haladás előharcosa van³ [væn] *n* szelelőrosta, -lapát van⁴ [væn] *n biz ~ in* előny az adogató- nál [teniszben]; *~ out* előny a fogadó- nál

Vanbrugh ['vænbrə] *prop*
Van Buren [væn'bjuərən] *prop*
Vancouver [væn'ku:və*] *prop*
V & A [vi:ən'eɪ] *Victoria and Albert Museum*
Vandal ['vændl] *n* 1. vandál [néptörzs] 2. *v~* vandál, barbár, romboló
vandalism ['vændəlɪzm] *n* vandalizmus; rombolás, értelmetlen pusztítás; *piece of ~* vandál tett
van-dwellers *n pl* cigányosan élők
Vanderbilt ['vændəbɪlt] *prop*
vane [veɪn] *n* 1. (*átv* is) szélkakas 2. szárny [szélmalomé, légcsavaré]
vanguard ['vænga:d] *n* 1. élcsapat, elő- őrs 2. *átv* élgárda; élharcos || → *van²*
vanilla [və'nɪlə] *n* vanília
vanish ['vænɪʃ] *vi* eltűnik, elenyészik; elveszik
vanishing ['vænɪʃɪŋ]⁻I. *a* eltűnő, elenyé- sző; *~ cream* nappali arckrém; *~ point* távlatpont II. *n* eltűnés, elenyészés
vanity ['vænətɪ] *n* 1. hiúság 2. hiába- valóság; *V~ Fair* Hiúság vására [= az előkelő társaság élete]; *all is ~* hiúságok hiúsága 3. *~ bag/case* pipere- táska
vanman ['vænmən] *n* (*pl* -men -mən) árukihordó [áruszállító teherkocsin]
vanned [vænd] → *van¹ II.*
vanquish ['væŋkwɪʃ] *vt* 1. legyőz (vkt); leküzd [szenvedélyt] 2. győz(edelmes- kedik)
vanquisher ['væŋkwɪʃə*] *n* győztes, hó- dító
vantage ['va:ntɪdʒ; *US* 'væn-] *n* előny; *coign of ~, ~(-)point/ground* (1) jó ki- látást nyújtó pont (2) előnyös helyzet; helyzeti előny
vapid ['væpɪd] *a* 1. ízetlen 2. sületlen 3. *átv* lapos, unalmas
vapidity [væ'pɪdətɪ] *n* 1. ízetlenség 2. *átv* laposság, üresség, unalmasság

vapidness ['væpɪdnɪs] *n* = *vapidity*
vaporization [veɪpəraɪ'zeɪʃn] *n* 1. páro- logtatás, elgőzölögtetés; porlasztás, permetszerű szórás
vaporize ['veɪpəraɪz] A. *vi* 1. (el)párolog, elgőzölög 2. elporlik B. *vt* 1. (el)páro- logtat, elgőzölögtet 2. elporlaszt
vaporizer ['veɪpəraɪzə*] *n* 1. elgőzölögte- tő, párologtató (edény) 2. porlasztó; permetező
vaporous ['veɪpərəs] *a* 1. párás; pára- szerű; páratelt 2. hóbortos; beképzelt
vapour, *US* -por ['veɪpə*] I. *n* 1. pára; kigőzölgés; gőz; *~ trail* kondenzcsík 2. **vapours** *pl* idegesség; szeszély; deprimáltság II. *vi* 1. párolog, gőzölög 2. *biz* henceg 3. fecseg, dumál
vapour-bath *n* gőzfürdő
vapouring ['veɪpərɪŋ] *n* üres beszéd
variability [veərɪə'bɪlətɪ] *n* változékony- ság
variable ['veərɪəbl] I. *a* 1. változó, vál- tozékony 2. változtatható, variálha- tó, módosítható 3. állhatatlan, inga- tag II. *n* változó [mennyiség, tényező]
variableness ['veərɪəblnɪs] *n* = *varia- bility*
variably ['veərɪəblɪ] *adv* 1. változóan; változékonyan 2. változtathatóan 3. állhatatlanul
variance ['veərɪəns] *n* 1. ellentét; vi- szály; diszharmónia; *be at ~ with sy* nézeteltérése van vkvel, eltér a véle- ménye vkétől; *be at ~ with sg* ellentét- ben áll vmvel; *set two people at ~* összeveszít két embert 2. eltérés, ellentmondás [tanúvallomásé stb.]
variant ['veərɪənt] I. *a* eltérő, különböző (*from* vmtől); *~ spelling* írásváltozat [szóé] II. *n* változat, variáns; eltérő olvasat
variation [veərɪ'eɪʃn] *n* 1. változat, variáció; *theme with ~s* változatok egy témára 2. változás
varicella [værɪ'selə] *n* bárányhimlő
varicoloured, *US* -ored ['veərɪkʌləd] *a* sokszínű; tarka
varicose ['værɪkoʊs] *a* visszeres; *~ vein* visszértágulás
varied ['veərɪd] *a* 1. változatos; változó; sokféle 2. tarka, sokszínű || → *vary*

variegated ['veərɪgeɪtɪd] a 1. változatos
2. tarka
variegation [veərɪ'geɪʃn] n 1. tarkázás
2. tarkaság, sokszínűség
variety [və'raɪətɪ] n 1. változatosság;
választék; lend ~ to sg változatossá
tesz vmt 2. változat, fajta 3. ~
entertainment (szórakoztató) műsor
[étteremben stb.]; ~ show revü;
~ theatre varieté, revüszínház
variola [və'raɪələ] n himlő
variole ['veərɪoʊl] n himlőhely
variorum [veərɪ'ɔ:rəm] n ~ (edition)
(1) szövegváltozatokat (is) tartalmazó
kiadás (2) több kommentátor jegyze-
teit tartalmazó kiadás
various ['veərɪəs] a különféle; változa-
tos; for ~ reasons többféle okból
varlet ['vɑ:lɪt] n 1. biz fickó, gézengúz
2. † cseléd 3. apród [középkorban]
varletry ['vɑ:lɪtrɪ] n † cselédnépség
varmint ['vɑ:mɪnt] n 1. fickó, gézengúz
2. róka
varnish ['vɑ:nɪʃ] I. n 1. fénymáz, lakk,
politúr 2. fényezés, politúr(ozás) [mint
felület] 3. átv külső máz II. vt 1. fé-
nyez, lakkoz, politúroz 2. biz ~ (over)
szépítget [tényeket]
varnishing-day ['vɑ:nɪʃɪŋ-] n vernisszázs,
megnyitónap [kiállításé]
varsity ['vɑ:sətɪ] n 1. biz (= university)
egyetem 2. egyetemi válogatott
[sportcsapat]
vary ['veərɪ] v (pt/pp varied 'veərɪd) A.
vt 1. változtat; váltogat; módosít;
változatossá tesz; tarkít 2. variál
[zenei témát] B. vi 1. (meg)változik;
váltakozik 2. ~ from ... eltér/elüt/
különbözik vmtől; ~ in sg különbözik
vmben
varying ['veərɪɪŋ] a változó, változékony
vascular ['væskjʊlə; US -kjə-] a 1.
(vér)edény-; ér-; ~ system érrendszer
2. ~ plants edényes növények
vase [vɑ:z; US veɪs v. veɪz] n 1. váza,
virágtartó 2. urna
vasectomy [væ'sektəmɪ] n vasectomia
vaseline ['væsɪli:n] I. n vazelin II. vt
bevazelinez
vaso-motor [veɪzoʊ'moʊtə*] a vazomo-
torikus, érbeidegző

vassal ['væsl] n hűbéres, vazallus; ~ state
hűbéri állam
vassalage ['væsəlɪdʒ] n 1. hűbéresség,
hűbéri függőség 2. szolgaság
vast [vɑ:st; US -æ-] a óriási, hatalmas
(nagy), mérhetetlen; rengeteg
vastly ['vɑ:stlɪ; US -æ-] adv mérhetet-
lenül, szertelenül
vastness ['vɑ:stnɪs; US -æ-] n mérhetet-
lenség, óriási nagyság
vat [væt] I. n kád [erjesztéshez, cserzés-
hez], üst, dézsa II. vt -tt- kádba tesz,
kádban erjeszt
VAT [væt] value-added tax
Vatican ['vætɪkən] prop Vatikán
vaudeville ['voʊdəvɪl] n 1. GB énekes-
-zenés vígjáték; vidám operett 2. US
varieté(műsor); kabaré; revü
Vaughan [vɔ:n] prop
vault¹ [vɔ:lt] I. n 1. boltozat, bolthajtás,
boltív 2. (boltozatos) pince; (safety) ~
páncélterem [banké] 3. égbolt II. vt
beboltoz
vault² [vɔ:lt] I. n ugrás, rúdugrás II.
A. vi ugrik B. vt átugrik vmt
vaulted ['vɔ:ltɪd] a boltozatos, bolthaj-
tásos
vaulting¹ ['vɔ:ltɪŋ] n boltozat
vaulting² ['vɔ:ltɪŋ] I. a szökellő, ugró;
~ ambition nagyra törő vágy II. n
szökellés; ugrás
vaulting-horse n ló [tornaszer]
vaunt [vɔ:nt] I. n hencegés, kérkedés
II. A. vt magasztal, feldicsér B. vi
dicsekszik (of sg vmvel)
Vauxhall [vɔks'hɔ:l] prop
V-belt n ékszíj
V.C. [vi:'si:] Victoria Cross →Victoria²
VD [vi:'di:] venereal disease
V-Day ['vi:deɪ] n (= Victory Day) a győ-
zelem napja, az első békenap [II.
világháború után]
've = have
veal [vi:l] n borjúhús
vector ['vektə*] n 1. vektor 2. betegség-
hordozó, vírushordozó
vectorial [vek'tɔ:rɪəl] a vektoriális
VE-day [vi:i:deɪ] (= Victory in Europe
day) a német kapituláció napja [1945.
máj. 8.]
veep [vi:p] n = V.I.P.

veer [vɪə*] I. n irányváltozás [szélé, hajóé, véleményé] II. A. vi megfordul, irányt változtat; biz ~ round (1) megfordul [szél] (2) ellenkező végletbe csap B. vt kienged, lazít; ~ out kiereszt [kötelet]

vegetable ['vedʒtəbl] I. a növényi (eredetű); ~ butter növényi zsiradék; ~ garden konyhakert; ~ kingdom a növényvilág; ~ marrow tök; ~ matter növényi/szerves anyag; ~ oil növényi olaj II. n 1. növény 2. főzelék(féle), zöldség(féle)

vegetable-dish n főzelék

vegetal ['vedʒɪtl] a növényi [funkciók]

vegetarian [vedʒɪ'teərɪən] a növényevő, vegetáriánus

vegetate ['vedʒɪteɪt] vi 1. tenyészik 2. vegetál, tengődik; tesped

vegetation [vedʒɪ'teɪʃn] n növényzet, vegetáció

vegetative ['vedʒɪtətɪv; US -teɪ-] a vegetatív, nem akaratlagos

vehemence ['viːɪməns] n hevesség; hév

vehement ['viːɪmənt] a heves, erős; szilaj, vehemens

vehicle ['viːɪkl] n 1. jármű, közlekedési eszköz; public ~ közhasználati/közforgalmi jármű/szállítóeszköz, tömegközlekedési eszköz 2. hordozó/közvetítő közeg; eszköz 3. vivőanyag

vehicular [vɪ'hɪkjʊlə*; US -kjə-] a közlekedési; járművel kapcsolatos; közúti; ~ traffic járműforgalom, közúti forgalom

veil [veɪl] I. n fátyol; függöny; lepel; take the ~ fátyolt ölt [= apácának megy]; cast/throw a ~ over sg fátyolt borít vmre II. vt 1. (le)fátyoloz; fátyollal borít 2. leplez

veiled [veɪld] a 1. elfátyolozott 2. leplezett

veiling ['veɪlɪŋ] n 1. fátyol(szövet) 2. elfátyolozás 3. leplezés

vein [veɪn] I. n 1. ér, véredény; vivőér, véna 2. erezet, erezés 3. tehetség, hajlam; kedv; be in the ~ of doing sg kedvet érez vmhez, kedve van vmt tenni II. vt erez

veined [veɪnd] a erezett; eres

velar ['viːlə*] I. a veláris II. n veláris hang, ínyhang

veld(t) [velt] n dél-afrikai préri

vellum ['veləm] n pergamen [borjúbőrből]

velocipede [vɪ'lɔsɪpiːd; US -lɑ-] n 1. (régimódi) kerékpár, velocipéd 2. háromkerekű (gyerek)bicikli, hajtóka

velocity [vɪ'lɔsətɪ; US -lɑ-] n sebesség, gyorsaság; ~ of light fénysebesség

velour(s) [və'lʊə*] n velúr

velvet ['velvɪt] I. a 1. bársony(ból való) 2. bársonyos(an sima) II. n 1. bársony 2. □ fölösleg, nem remélt haszon; on ~ előnyös/nyerő helyzetben; be/play on ~ könnyű munkája/sora van

velveteen [velvɪ'tiːn] n parnutbársony

velvety ['velvɪtɪ] a bársonyos

Ven. Venerable

venal ['viːnl] a 1. megvásárolható, megvesztegethető 2. haszonleső

venality [viː'nælətɪ] n megvásárolhatóság, megvesztegethetőség

vend [vend] vt 1. elad 2. kereskedik (vmvel); árul [újságot stb.]

vender ['vendə*] n = vendor

vendetta [ven'detə] n vérbosszú

vendible ['vendəbl] a eladható

vending ['vendɪŋ] a ~ machine (árusító) automata

vendition [ven'dɪʃn] n eladás

vendor ['vendɔ:*; US -dər] n eladó, árus

veneer [və'nɪə*] I. n 1. borítólemez; furnér(lemez) 2. borítás, burkolat 3. felszín, látszat; átv máz II. vt 1. furnéroz, lemezel, burkol 2. takargat, leplez

venerable ['ven(ə)rəbl] a 1. tiszteletre méltó 2. nagytiszteletű [anglikán főesperes címe]

venerate ['venəreɪt] vt tisztel; hódol vk előtt

veneration [venə'reɪʃn] n (mélységes) tisztelet; tisztelés; hódolat; hold sy in ~ igen tisztel vkt

venereal [və'nɪərɪəl] a nemi; ~ disease nemi baj/betegség

venery ['venərɪ] n bujálkodás

Venetian [və'niːʃn] a velencei; ~ blind lécroletta, kb. reluxa; ~ window háromosztású ablak

Venezuela [vene'zweɪlə] prop Venezuela

Venezuelan [vene'zweɪlən] a/n venezuelai
vengeance ['vendʒ(ə)ns] n bosszú; take
~ on sy bosszút áll vkn; biz with a ~
(1) nagyon is (2) vadul, hevesen (3) a
javából
vengeful ['vendʒfʊl] a 1. bosszúálló
2. bosszúvágyó, -szomjas
venial ['viːnjəl] a jelentéktelen; bocsá-
natos [bűn]
veniality [viːnɪ'ælətɪ] n megbocsátható-
ság
Venice ['venɪs] prop Velence
venison ['venzn] n szarvashús, őzhús
venom ['venəm] n méreg [kígyóé, stb.]
venomous ['venəməs] a 1. mérges 2.
biz epés, dühös
venous ['viːnəs] a eres, vénás
vent [vent] I. n 1. nyílás, rés; szelelő-
lyuk 2. kibúvó, kifolyó 3. hasíték,
slicc [ruhadarabon] 4. give ~ to one's
anger szabad folyást enged haragjá-
nak, haragra lobban II. vt 1. kiereszt
[levegőt] 2. szellőztet 3. kitölt [ha-
ragot] (on sy/sg vkn, vmn)
vent-hole n 1. szelelőlyuk 2. hordószáj
ventilate ['ventɪleɪt] vt 1. szellőztet
[helyiséget stb.] 2. rostál [gabonát]
3. biz nyilvánosság előtt tárgyal,
szellőztet
ventilation [ventɪ'leɪʃn] n 1. szellőzés
2. szellőztetés 3. gabonarostálás
ventilator ['ventɪleɪtə*] n szellőztető-
készülék, ventillátor
ventricle ['ventrɪkl] n 1. kamra [agy-
ban, szívben] 2. gyomor; gyomrocs
ventriloquism [ven'trɪləkwɪzm] n has-
beszélés, hasbeszéd
ventriloquist [ven'trɪləkwɪst] n hasbe-
szélő
venture ['ventʃə*] I. n 1. kockázat;
(kockázatos) vállalkozás; vakmerőség;
spekuláció; put to the ~ kockára tesz
2. at a ~ véletlenül, találomra, kapás-
ból II. A. vt (meg)kockáztat, mer(é-
szel); (meg)kísérel B. vi merészkedik;
~ upon sg megkísérel vmt
venturesome ['ventʃəsəm] a 1. merész,
kockázatos 2. vállalkozó szellemű
venue ['venjuː] n 1. illetékes bíróság;
fix the ~ kijelöli a tárgyalás helyét
2. találkozóhely

Venus ['viːnəs] prop Vénusz
veracious [və'reɪʃəs] a igazmondó; meg-
bízható
veraciousness [və'reɪʃəsnɪs] n 1. igaz-
mondás 2. igazság (vmé), igaz volta
vmnek
veracity [və'ræsətɪ] n = veraciousness
veranda(h) [və'rændə] n veranda, tornác
verb [vəːb] n ige ||→ pattern I. 2.
verbal ['vəːbl] I. a 1. igei; ~ noun igenév
2. szóbeli; ~ mistake szóhiba 3. szó/
betű szerinti [fordítás] II. n igenév
verbalism ['vəːbəlɪzm] n 1. szóbeliség
2. szavakon nyargalás, verbalizmus
verbalize ['vəːbəlaɪz] A. vt 1. szavakba
foglal 2. igévé alakít B. vi bőbeszédű,
fecseg
verbally ['vəːbəlɪ] adv 1. élőszóban 2.
szó szerint
verbatim [və'beɪtɪm] I. a szó/betű
szerinti II. adv szó/betű szerint
verbena [və'biːnə] n verbéna
verbiage ['vəːbɪdʒ] n szószaporítás;
szóáradat
verbose [və'bous] a bőbeszédű, szó-
szátyár, fecsegő
verboseness [və'bousnɪs] n = verbosity
verbosity [və'bɔsətɪ; US -'bɑ-] n bő-
beszédűség, szószátyárság
verdant ['vəːd(ə)nt] a 1. zöld(ellő) 2.
kezdő, tapasztalatlan, éretlen
verderer ['vəːdərə*] n GB királyi erdész
verdict ['vəːdɪkt] n 1. ítélet; döntés,
verdikt [esküdteké]; bring in a ~ of
guilty a vádlottat bűnösnek mondja
ki; return a ~ döntést/verdiktet hoz
2. vélemény
verdigris ['vəːdɪgrɪs] n patina
verdure ['vəːdʒə*] n 1. zöldellés; zöld(el-
lő) természet 2. üdeség, életerős ifjú-
ság
verge [vəːdʒ] I. n széle (vmnek), szegély;
határ; perem; be on the ~ of sg vmnek
a szélén/határán van II. vi ~ (up)on sg
határos vmvel
verger ['vəːdʒə*] n 1. templomszolga
2. pálcavívő
veriest ['verɪɪst] →very
verifiable ['verɪfaɪəbl] a ellenőrizhető;
igazolható
verification [verɪfɪ'keɪʃn] n 1. (be)bizo-

nyítás, (be)igazolás, okirati bizonyítás/igazolás, megerősítés 2. beigazolódás, igaznak bizonyulás, bebizonyosodás 3. felülvizsgálat
verify ['verɪfaɪ] *vt* 1. igazol, megerősít 2. ellenőriz, átvizsgál
verily ['verəlɪ] *adv* valóban, bizony
verisimilitude [verɪsɪ'mɪlɪtjuːd; *US* -tuːd] *n* valószínűség, valószerűség
veritable ['verɪtəbl] *a* valóságos; igazi
veritably ['verɪtəblɪ] *adv* valósággal, igazán, csakugyan
verity ['verətɪ] *n* igazság; való dolog; *the eternal verities* az örök igazságok
vermeil ['vəːmeɪl] *n* 1. aranyozott ezüst 2. cinóberpiros
vermicelli [vəːmɪ'selɪ] *n* cérnametélt
vermicide ['vəːmɪsaɪd] *n* féregirtó (szer)
vermicular [vəː'mɪkjʊlə*] *a* féregszerű
vermiform ['vəːmɪfɔːm] *a* féreg alakú; ~ *appendix* féregnyúlvány
vermifuge ['vəːmɪfjuːdʒ] *a/n* féregűző (szer), gilisztahajtó
vermilion [və'mɪljən] *a/n* cinóbervörös (szín)
vermin ['vəːmɪn] *n* 1. férgek, élősdiek, (kis) kártékony állatok 2. csőcselék
verminiferous [vəːmɪ'nɪfərəs] *a* tetves, férges
verminous ['vəːmɪnəs] *a* férgektől hemzsegő
Vermont [vəː'mɔnt; *US* -ant] *prop*
vermouth ['vəːməθ; *US* -'muːθ] *n* ürmös, vermut
vernacular [və'nækjʊlə*] I. *a* népi, népnyelvi, nemzeti [kultúra stb.] II. *n* nemzeti nyelv, anyanyelv
vernal ['vəːnl] *a* tavaszi; ~ *equinox* tavaszi napéjegyenlőség
Vernon ['vəːnən] *prop* ⟨angol férfinév⟩
veronal ['verənl] *n* veronál [altatószer]
veronica [vɪ'rɔnɪkə; *US* -'rɑ-] *n* veronikafű
versatile ['vəːsətaɪl] *a* 1. sokoldalú 2. ügyes, járatos 3. változékony, ingatag
versatility [vəːsə'tɪlətɪ] *n* 1. sokoldalúság 2. változékonyság, ingatagság
verse [vəːs] I. *n* 1. vers, költemény 2. versszak, strófa 3. verssor II. A. *vt* versbe szed B. *vi* versel

versed [vəːst] *a* jártas, tapasztalt, verzátus (*in sg* vmben)
versification [vəːsɪfɪ'keɪʃn] *n* 1. verselés(i technika) 2. versmérték
versifier ['vəːsɪfaɪə*] *n* versíró
versify ['veːsɪfaɪ] A. *vt* (meg)versel; megversesít [prózát] B. *vi* verset farag/ír, költ
version ['vəːʃn; *US* -ʒn] *n* 1. változat, verzió 2. (le)fordítás
verso ['vəːsoʊ] *n* 1. hátoldal [lapé, éremé] 2. bal/páros oldal [könyvé]
versus ['vəːsəs] *prep* ellen
vert [vəːt] *n* 1. zöld szín 2. erdő/növényzet zöldje
vertebra ['vəːtɪbrə] *n* (*pl* ~e -briː) 1. (hát)csigolya 2. *the vertebrae* a hátgerinc
vertebral ['vəːtɪbr(ə)l] *a* gerinc-; ~ *column* gerincoszlop
vertebrate ['vəːtɪbrət] *a/n* gerinces
vertex ['vəːteks] *n* (*pl* ~es -eksɪz v. -tices -tɪsiːz) 1. tetőpont, csúcs; orom 2. koponyatető
vertical ['vəːtɪkl] I. *a* függőleges; ~ *take-off* (*and landing*) függőleges fel- (és le)szállás(ú) II. *n* függőleges vonal
vertices → *vertex*
vertiginous [vəː'tɪdʒɪnəs] *a* 1. örvénylő, kavargó 2. szédülő 3. szédítő
vertigo ['vəːtɪɡoʊ] *n* szédülés
vertu [vəː'tuː] *n* = *virtu*
vervain ['vəːveɪn] *n* verbéna
verve [vəːv] *n* lendület, hév, lelkesedés
very[1] ['verɪ] I. *a* 1. igazi, valóságos 2. maga a ..., maguk a ..., éppen az a ... [azonosságot hangsúlyozó szó]; *the veriest fool* kötözni való bolond, a legnagyobb bolond; *the ~ devil* a megtestesült ördög; *he is the ~ man* (1) ő az igazi ember (2) pont(osan)/éppen ő az (az ember) [akire szükség van stb.]; *in this ~ place* pontosan azon/ezen a helyen; *at that ~ moment* ugyanabban a pillanatban; *at the ~ beginning* a legelején; *the ~ centre* a keilős közepe; *the ~ same* pontosan ugyanaz II. *adv* 1. nagyon, igen; *not ~* nem nagyon; ~ *good* (1) igen jó (2) igenis, jól van; ~ *interesting* nagyon érdekes; ~ *much* (1) igen sok(at) (2) nagyon

2. *the ~ best* a legeslegjobb; *the ~ first* a legelső; *at the ~ latest* legkésőbb 3. *~ well!* (1) jó!, nagyon helyes!, rendben van! (2) nagyszerű! → *well²*
Very² ['vɪərɪ; *US* 'verɪ] *prop ~ light* [pisztolyból kilőtt] világítórakéta
vesica ['vesɪkə; *US* və'saɪkə] *n* (húgy-) hólyag
vesical ['vesɪkl] *a* hólyag-
vesicant ['vesɪkənt] *a/n* hólyaghúzó
vesicle ['vesɪkl] *n* 1. hólyag(ocska); vízhólyag 2. ciszta 3. üreg
vesper ['vespə*] *n* 1. este 2. *V~* esthajnalcsillag 3. **vespers** *pl* vecsernye
vespiary ['vespɪərɪ] *n* darázsfészek
vessel ['vesl] *n* 1. edény 2. hajó; nagy csónak 3. [bibliában] eszköz; *chosen ~* Isten kiválasztott edénye; *weaker ~* a gyengébb/női nem
vest [vest] I. *n* 1. (trikó) alsóing, atlétatrikó 2. mellény II. A. *vt* 1. felöltöztet 2. felruház *(sy with sg* vkt vmvel), ráruház, rábíz *(sg in sy* vmt vkre); *~ sy with authority* hatalommal ruház fel vkt B. *vi ~ in sy* átszáll vkre [birtok stb.]
vestal ['vestl] *a/n ~ (virgin)* Vesta-szűz
vested ['vestɪd] *a* háramlott, rászállott; *~ interest/rights* (1) szerzett jogok (2) (anyagi) érdekeltség (vmben)
vestiary ['vestɪərɪ; *US* -erɪ] *n* öltöző- (szoba)
vestibule ['vestɪbjuːl] *n* 1. előszoba; előcsarnok, hall 2. *US* zárt peron [vasúti kocsiban]
vestibule-car *n US* átjárókocsi [vasúton]
vestige ['vestɪdʒ] *n* 1. nyom, nyomdok; maradvány 2. csökevény
vestigial [ve'stɪdʒɪəl] *a* csökevényes [szerv]
vestment ['vestmənt] *n* 1. díszruha, (hivatali) formaruha 2. miseruha
vest-pocket *a* miniatűr (méretű), mini-
vestry ['vestrɪ] *n* 1. sekrestye 2. egyházközségi tanács
vestryman ['vestrɪmən] *n (pl* -men -mən) egyházközségi tanácstag
vesture ['vestʃə*] *n* köntös; öltözék, ruha
vet¹ [vet] *biz* I. *n* állatorvos II. *vt* -tt- 1. megvizsgál [embert] 2. lektorál

[kéziratot] 3. felülvizsgál, ellenőriz; lekáderez
vet² [vet] *n US biz* veterán, kiszolgált/ leszerelt katona
vetch [vetʃ] *n* bükköny
vetchling ['vetʃlɪŋ] *n* réti lednek
veteran ['vet(ə)rən] I. *a* öreg, tapasztalt, gyakorlott II. *n* kiszolgált/volt katona, veterán
veterinarian [vetərɪ'neərɪən] *n US* állatorvos
veterinary ['vet(ə)rɪn(ə)rɪ; *US* -erɪ] I. *a* állatorvosi; *~ medicine* állatorvostan; *~ surgeon* állatorvos II. *n* állatorvos
veto ['viːtoʊ] I. *n (pl ~es* -z) 1. vétó, tiltakozás; *put a ~ on sg* vétót emel vm ellen 2. vétójog II. *vt (pt/pp ~ed* -toʊd) vétót mond (vmre), megvétóz, megtilt (vmt)
vetted ['vetɪd] →*vet¹ II.*
vex [veks] *vt* 1. zaklat, nyaggat, bosz- szant; *be ~ed with sy* mérges vkre 2. felkavar, felzavar [tengert]
vexation [vek'seɪʃn] *n* 1. bosszantás, zaklatás, nyugtalanítás 2. aggodalom 3. bosszúság
vexatious [vek'seɪʃəs] *a* bosszantó, kellemetlen; terhes; zaklató
vexed [vekst] *a* 1. bosszankodó, ideges, mérgelődő 2. vitás, vitatott [kérdés]; kérdéses [ügy]
vexing ['veksɪŋ] *a* bosszantó; nyugtalanító
VHF [viːeɪtʃ'ef] *very high frequency* igen magas frekvencia, VHF [30–300 MHz]
via ['vaɪə] *prep* át, keresztül; *~ Dover* Doveren át
viability [vaɪə'bɪlətɪ] *n* 1. életképesség 2. *átv* járhatóság [úté]; megvalósíthatóság
viable ['vaɪəbl] *a* 1. életképes 2. *(átv is)* járható [út]
viaduct ['vaɪədʌkt] *n* völgyhíd, viadukt
vial ['vaɪəl] *n* üvegcse, fiola, ampulla
viands ['vaɪəndz] *n pl* élelmiszer, élelem
vibrant ['vaɪbr(ə)nt] *a* rezgő, vibráló; rezonáló
vibrate [vaɪ'breɪt; *US* 'vaɪ-] A. *vi* rezeg; leng; remeg, vibrál B. *vt* rezget, ráz; (meg)reszkettet

vibrating [vaɪ'breɪtɪŋ; US 'vaɪ-] a rezgő, remegő, vibráló

vibration [vaɪ'breɪʃn] n rezgés; lengés; remegés, vibrálás

vibrator [vaɪ'breɪtə*; US 'vaɪ-] n 1. rázókészülék, vibrátor 2. (elektromos) masszírozógép 3. búgó, zümmögő, berregő

vibratory ['vaɪbrət(ə)rɪ; US -ɔːrɪ] a rezgő; lengő

viburnum [vaɪ'bəːnəm] n kányafa, labdarózsa

Vic. Victoria

vicar ['vɪkə*] n 1. [anglikán] lelkész; plébános; biz ~ of Bray köpönyegforgató, opportunista 2. helynök, helyettes; ~ apostolic apostoli vikárius

vicarage ['vɪkərɪdʒ] n 1. plébánia 2. parókia, paplak

vicar-general n általános érseki helynök

vicarious [vɪ'keərɪəs; US vaɪ-] a 1. helyettes(ítő); ~ pleasure más öröméből vknek jutó kis rész 2. más helyett végzett/tűrt

vicariously [vɪ'keərɪəslɪ; US vaɪ-] adv helyettesként, másodkézből

vice¹ [vaɪs] n 1. bűn, vétek; ~ squad erkölcsrendészet(i járőr) 2. hiba, hiányosság 3. idegesség [ló]

vice² [vaɪs] I. n satu II. vt satuba (be)fog

vice³ ['vaɪsɪ] I. prep helyett, helyébe II. adv ~ versa [vaɪsɪ'vəːsə] fordítva, kölcsönösen, és viszont

vice- [vaɪs-] pref al-

vice-admiral n altengernagy

vice-chairman n (pl -men) alelnök, másodelnök

vice-chancellor n [egyetemi] rektor ⟨a tényleges egyetemi rektor, aki a felette levő névleges rektor helyett az ügyeket intézi⟩

vice-consul n alkonzul

vicegerent [vaɪs'dʒer(ə)nt] I. a helyettes(ítő) II. n helyettes, helytartő, kormányzó

vice-governor n alkormányzó, kormányzóhelyettes

vice-marshal n hadosztályparancsnok

vicennial [vaɪ'senjəl] n 1. húsz évig tartó 2. húszévenkénti

vice-presidency n alelnökség

vice-president n alelnök

vice-principal n aligazgató, igazgatóhelyettes [iskolában]

viceregal [vaɪs'riːgl] a alkirályi

vicereine [vaɪs'reɪn] n alkirályné

viceroy ['vaɪsrɔɪ] n alkirály

viceroyalty [vaɪs'rɔɪəltɪ] n alkirályság

vicinity [vɪ'sɪnətɪ] n 1. szomszédság, környék 2. közelség; in the ~ of (1) vmnek táján/vidékén (2) körülbelül ... [mennyiségről]

vicious ['vɪʃəs] a 1. gonosz, rosszindulatú 2. romlott; erkölcstelen 3. hibás, helytelen; ~ circle körben forgó okoskodás, circulus vitiosus 4. harapós [ló]

viciously ['vɪʃəslɪ] adv 1. gonoszul, rosszakaratúan 2. erősen

viciousness ['vɪʃəsnɪs] n gonoszság, rosszakarat(úság), rosszindulat; rossz természet

vicissitude [vɪ'sɪsɪtjuːd; US -tuːd] n viszontagság, forgandóság, hányattatás

Vickers ['vɪkəz] prop

victim ['vɪktɪm] n áldozat; make a ~ of oneself megjátssza a mártírt

victimization [vɪktɪmaɪ'zeɪʃn; US -mɪ'z-] n 1. elnyomás; there shall be no ~ nem lesz megtorlás 2. becsapás, rászedés

victimize ['vɪktɪmaɪz] vt 1. feláldoz 2. megtorlást gyakorol, elnyom 3. becsap, rászed

Victor¹ ['vɪktə*] prop Viktor, Győző

victor² ['vɪktə*] n győztes, győző

victoria¹ [vɪk'tɔːrɪə] n ⟨nyitott félfedeles hintó⟩

Victoria² [vɪk'tɔːrɪə] prop Viktória; ~ Cross (V.C.) Viktória-kereszt [a legnagyobb brit hadi kitüntetés]

Victorian [vɪk'tɔːrɪən] a viktoriánus, Viktória korabeli

victorious [vɪk'tɔːrɪəs] a győztes, győzelmes; diadalmas; send him ~ tedd győztessé

victory ['vɪkt(ə)rɪ] n győzelem, diadal

victual ['vɪtl] v -ll- (US -l-) A. vt 1. élelmez 2. élelmiszert beraktároz B. vi biz táplálkozik || →victuals

victualler, US -aler ['vɪtlə*] n élelmiszer-szállító || →licensed

victualling, *US* **-aling** ['vɪtlɪŋ] *n* élelmiszer-ellátás
victuals ['vɪtlz] *n pl* élelmiszer(ek); eleség; élelem, ennivaló || →*victual*
vide ['vaɪdi:] *int* lásd; ~ *infra* ['ɪnfrə] lásd alább; ~ *supra* ['su:prə] lásd fentebb
videlicet [vɪ'di:lɪset] *adv* = *viz.*
video ['vɪdɪoʊ] I. *a* televíziós; televízió-, video-, kép-; ~ *recorder* képmagnó; ~ *recording* képfelvétel; ~ *signal* videojel, képjel II. *n US* televízió
videotape I. *n* képszalag; ~ *recorder* képmagnó II. *vt* képmagnóra felvesz
vie [vaɪ] *vi (pres part* **vying** 'vaɪɪŋ) versenyez, verseng (*with sy* vkvel)
Vienna [vɪ'enə] *n* Bécs
Viennese [vɪə'ni:z] *a/n* bécsi
Vietnam [vjet'næm] *prop* Vietnam
Vietnamese [vjetnə'mi:z] *a/n* vietnami
view [vju:] I. *n* 1. (meg)látás, (meg)nézés; *at first* ~ első látásra; *be on* ~ megtekinthető, ki van állítva 2. láthatóság; *be in* ~ (1) látható (2) kilátásban van; *come into* ~ láthatóvá válik, feltűnik 3. kilátás; látvány; (lát)kép; *take some* ~*s of Tihany* néhány képet/ felvételt készít Tihanyról 4. nézet, vélemény; *point of* ~ szempont; *hold the* ~*that* . . . az a véleménye, hogy . . ., azt a nézetet vallja, hogy . . .; *hold extreme* ~*s* szélsőséges nézeteket vall; *take a dim/poor* ~ *of sg* nem sokra tart vmt, nem helyesel vmt 5. szándék, cél, *in* ~ *of* . . . (1) vmre tekintettel (2) vm miatt/következtében; *have sg in* ~ tervez/szándékol vmt; *with a* ~ *to sg* azon szándékkal, azzal a céllal, hogy . . . II. *vt* 1. (meg)néz, megtekint, megszemlél (vmt) 2. *biz* néz [tévéadást] 3. megfontol, fontolóra vesz 4. vmlyennek tekint
viewer ['vju:ə*] *n* 1. szemlélő, néző 2. (tévé)néző 3. dianéző [eszköz]
view-finder *n* kereső [fényképezőgépen]
view-halloo *n* hallali [kiáltás falkavadászaton a róka megpillantásakor]
viewing ['vju:ɪŋ] *n* megtekintés, megnézés; szemrevétel
view-point *n* szempont

vigil ['vɪdʒɪl] *n* 1. virrasztás; *keep* ~ virraszt 2. ünnep előestje, vigília
vigilance ['vɪdʒɪləns] *n* éberség, vigyázat; ~ *committee US* önkéntes erkölcsrendészeti felügyelőség, polgárőrség
vigilant ['vɪdʒɪlənt] *a* 1. éber, szemfüles 2. őrködő, vigyázó
vignette [vɪ'njet] I. *n* 1. fejléc, záródísz; címrajz 2. háttérbe olvadó arckép 3. jellemkép II. *vt* mellképet készít (elmosódó háttérrel)
vigor →*vigour*
vigorous ['vɪg(ə)rəs] *a* 1. (élet)erős; erőteljes 2. élénk; nyomatékos
vigour, *US* **-or** ['vɪgə*] *n* 1. (élet)erő, energia 2. nyomaték; erély
Viking ['vaɪkɪŋ] *n* viking
vile [vaɪl] *a* 1. hitvány; gyarló; értéktelen 2. aljas, gonosz 3. *biz* ócska, vacak
vilely ['vaɪllɪ] *adv* aljasul, hitvány módra
vileness ['vaɪlnɪs] *n* hitványság, aljasság
vilification [vɪlɪfɪ'keɪʃn] *n* becsmérlés, rágalmazás
vilifier ['vɪlɪfaɪə*] *n* becsmérlő, rágalmazó
vilify ['vɪlɪfaɪ] *vt* becsmérel, rágalmaz
villa ['vɪlə] *n* 1. villa, nyaraló 2. családi ház; (vidéki) rezidencia
village ['vɪlɪdʒ] *n* falu; község; ~ *green* ⟨a falu közös és középponti zöld területe⟩
villager ['vɪlɪdʒə*] *n* falusi (ember/asszony), falubeli
villain ['vɪlən] *n* 1. gazember 2. cselszövő, intrikus [színműben]
villainous ['vɪlənəs] *a* 1. hitvány, aljas 2. *biz* ócska, komisz [minőségű]
villainy ['vɪlənɪ] *n* 1. gazság, alávalóság 2. gaztett
villein ['vɪlɪn] *n* jobbágy
villeinage ['vɪlɪnɪdʒ] *n* jobbágyság
vim [vɪm] *n biz* energia, életerő, tetterő
Vincent ['vɪns(ə)nt] *prop* Vince
vincible ['vɪnsəbl] *a* legyőzhető
vindicate ['vɪndɪkeɪt] *vt* 1. igényt tart (vmre), magáénak követel, vindikál; ~ *one's rights* érvényesíti jogait 2. megvéd, igazol
vindication [vɪndɪ'keɪʃn] *n* 1. (meg)védelmezés, fenntartás 2. (vissza)követelés; érvényesítés [jogé]

vindicative ['vɪndɪkətɪv; US vɪn'dɪ-] a
1. védelmező, igazoló 2. = vindictive 1.
vindicator ['vɪndɪkeɪtə*] n védelmező
vindictive [vɪn'dɪktɪv] a 1. bosszúálló,
bosszúszomjas 2. haragtartó, gyűlölködő
vindictiveness [vɪn'dɪktɪvnɪs] n bosszúállás, bosszúszomj
vine [vaɪn] n 1. szőlő(tő) 2. US kúszónövény (ágai)
vine-arbour n szőlőlugas
vine-dresser n 1. szőlőtermelő 2. vincellér
vinegar ['vɪnɪgə*] n ecet
vinegar-cruet n (asztali) ecettartó
vinegary ['vɪnɪgərɪ] a 1. ecetes, ecet-
2. átv savanyú; barátságtalan; csípős
vine-grower n szőlősgazda
vine-growing I. a szőlőtermelő II. n
szőlészet, szőlőtermelés
vine-pest n filoxéra
vinery ['vaɪnərɪ] n 1. † szőlő(kert) 2.
üvegház [szőlőtermelésre]
vine-stock n szőlőtő(ke)
vineyard ['vɪnjəd] n 1. szőlő(skert),
szőlőhegy 2. átv munkaterület
viniculture ['vɪnɪkʌltʃə*] n szőlőművelés; bortermelés
vinous ['vaɪnəs] a 1. borízű; borszagú;
borszínű 2. ittas, boros
vintage ['vɪntɪdʒ] n 1. szüret 2. évi
bortermés; wine of 1928 ~ 1928-as
évjáratú bor; ~ year (minőségileg) jó
borterméső év; ~ wine márkás bor,
fajbor 3. ⟨régi klasszikus márkájú
tárgy/dolog⟩
vintager ['vɪntɪdʒə*] n szüretelő
vintner '[vɪntnə*] n borkereskedő
viola¹ [vɪ'oʊlə] n brácsa, mélyhegedű
viola² ['vaɪələ] n 1. árvácska 2. tavaszi
ibolya
violable ['vaɪələbl] a megsérthető, áthágható [szabály]
violate ['vaɪəleɪt] vt 1. megsért, áthág,
megszeg [szabályt] 2. megszentségtelenít [szentélyt] 3. erőszakot követ
el [nőn]
violation [vaɪə'leɪʃn] n 1. megsértés,
megszegés, áthágás; ~ of contract
szerződésszegés 2. megbecstelenítés,
nemi erőszak 3. háborgatás, erőszak

violator ['vaɪəleɪtə*] n 1. törvénysértő,
(szabály)sértő 2. zavaró
violence ['vaɪələns] n 1. erőszak, bántalmazás; do ~ on sy (1) vkt meggyilkol
(2) erőszakot követ el vkn, meggyaláz
vkt; do ~ to sg sért, megszeg [jogot
stb.]; ellenkezik [igazsággal stb.];
resort to ~ erőszakhoz folyamodik;
robbery with ~ rablótámadás 2. hevesség, hév, tűz
violent ['vaɪələnt] a 1. erőszakos; ~
death erőszakos halál 2. heves; erő],
erőteljes; ~ colours rikító színek
violently ['vaɪələntlɪ] adv 1. erőszakosan
2. hevesen
violet ['vaɪələt] n ibolya [szín és virág]
violet-coloured a lila, ibolyaszínű
violin [vaɪə'lɪn] n hegedű; ~ concerto
hegedűverseny
violinist ['vaɪəlɪnɪst] n hegedűs, hegedűművész
violoncellist [vaɪələn'tʃelɪst] n gordonkás, csellista, gordonkaművész
violoncello [vaɪələn'tʃeloʊ] n gordonka,
cselló
V.I.P., VIP [vi:aɪ'pi:] very important
person fontos ember/személyiség, nagyfejű, fejes
viper ['vaɪpə*] n vipera
virago [vɪ'rɑ:goʊ] n durva/csörfös asszony, sárkány
Virgil ['və:dʒɪl] prop Vergilius
virgin ['və:dʒɪn] I. a szűz, érintetlen;
~ forest őserdő II. n szűz, hajadon
virginal ['və:dʒɪnl] I. a szűzi, szűz-; ~
membrane szűzhártya II. n (pair of) ~s
virginál
Virginia¹ [və'dʒɪnjə] prop Virginia [állam az USA-ban]; ~ creeper vadszőlő
virginia² [və'dʒɪnjə] n virzsínia(dohány)
virginity [və'dʒɪnətɪ] n szüzesség
virgule ['və:gju:l] n ferde vonal, virgula
viridity [vɪ'rɪdətɪ] n 1. zöldellőség, zöldellés 2. frissesség
virile ['vɪraɪl; US -r(ə)l] a férfias
virility [vɪ'rɪlətɪ] n férfiasság
virology [vaɪə'rɒlədʒɪ; US -'rɑ-] n virológia, víruskutatás
virtu [və:'tu:] n művészetek kedvelése,
művészi ízlés; articles/objects of ~
műtárgyak

virtual ['vǝ:tʃʊǝl] a 1. tényleges, tulajdonképpeni, lényegbeni 2. látszólagos, virtuális; ~ image virtuális kép 3. benne lappangó/rejlő
virtually ['vǝ:tʃʊǝlı] adv gyakorlatilag, úgyszólván, jóformán, tulajdonképpen
virtue ['vǝ:tju: v. (főleg US) -tʃu:] n 1. erény, erkölcsi tisztaság; make a ~ of necessity szükségből erényt csinál 2. érték, előny 3. in/by ~ of vmnek folytán, vmnél fogva, vmnek az alapján
virtuosity [vǝ:tjʊ'ɔsǝtı v. -tʃʊ-; US -tʃʊ'a-] n virtuozitás
virtuoso [vǝ:tjʊ'oʊzoʊ; US -tʃʊ'oʊsoʊ] n (pl ~s -z v. -si zi:, US -si:) mester, virtuóz
virtuous ['vǝ:tʃʊǝs] a erényes, erkölcsös
virulence ['vırʊlǝns; US 'vır(j)ǝ-] n 1. ártalmasság; fertőzőképesség; heveny jelleg, hevesség, virulencia 2. keserűség, epésség [bírálaté]
virulent ['vırʊlǝnt; US 'vır(j)ǝ-] a 1. heveny; rosszindulatú; heves 2. fertőző, virulens 3. epés, maró [szavak stb.]
virus ['vaırǝs] n vírus
visa ['vi:zǝ] I. n vízum II. vt (pt/pp ~ed v. ~'d 'vi:zǝd) láttamoz [útlevelet], vízumot ad (vknek), vízumot beüt [útlevélbe]
visage ['vızıdʒ] n arc, tekintet, ábrázat
vis-à-vis ['vi:za:vi:] I. a szemben (álló), szemközti II. adv szemben, szemközt
Visc. viscount
viscera ['vısǝrǝ] n pl belső részek, zsigerek
visceral ['vısǝrǝl] a zsigeri
viscid ['vısıd] a ragadós, nyúlós, viszkózus
viscidity [vı'sıdǝtı] n ragadósság, nyúlósság, viszkozitás
viscose ['vıskoʊs] n viszkóza; ~ silk viszkóz műselyem
viscosity [vı'skɔsǝtı; US -'ka-] n nyúlósság, viszkozitás
viscount ['vaıkaʊnt] n vicomte [a báró és a gróf közötti rang]
viscountcy ['vaıkaʊntsı] n vicomte-i rang
viscountess ['vaıkaʊntıs] n vicomte felesége

viscous ['vıskǝs] a nyúlós, ragadós, viszkózus
vise [vaıs] n US = vice²
visibility [vızı'bılǝtı] n láthatóság; látási viszonyok
visible ['vızǝbl] a látható; feltűnő; be ~ látszik
visibly ['vızǝblı] adv szemmel láthatólag
vision ['vıʒn] n 1. látomás, vízió 2. látás, látóképesség 3. látvány 4. előrelátás; éleslátás; man of ~ látnoki szellemű ember; nagy koncepciójú ember
visionary ['vıʒ(ǝ)nǝrı; US -erı] I. a 1. képzeletbeli; képzelt 2. látomásokat látó [ember] II. n látnok; képzelgő
visioned ['vıʒnd] a ihletett
visionless ['vıʒnlıs] a világtalan, vak
visit ['vızıt] I. n 1. látogatás, vizit; pay a ~ to sy, pay sy a ~ meglátogat vkt; return a ~ látogatást viszonoz 2. (orvosi) látogatás, vizit 3. szemle(út), kiszállás II. A. vt 1. meglátogat (vkt), látogatást tesz, vizitel (vknél) 2. ellátogat (vhova); megtekint, megnéz (vmt) 3. (rendszeresen) látogat (vmt); jár (vhova) 4. megtámad (vkt), lesújt (vkre) [betegség stb.] 5. meglátogat, megpróbáltatásokkal sújt B. vi 1. látogatást tesz (vknél, vhol); US ~ with sy (1) látogatóban van vknél (2) (el)beszélget vkvel 2. ~ (up)on sy megbüntet vkt
visitant ['vızıt(ǝ)nt] n 1. látogató 2. költözőmadár
visitation [vızı'teıʃn] n 1. (hivatalos) látogatás, szemle 2. megfenyítés, ítélet; ~ of God Isten csapása 3. biz túl hosszú (udvariassági) látogatás
visiting ['vızıtıŋ] I. a látogató, vendég-; ~ hours (beteg)látogatási idő; US ~ professor kb. meghívott előadó, vendégelőadó [egyetemen]; be on ~ terms látogató viszonyban van(nak) II. n látogatás
visiting-card n névjegy
visitor ['vızıtǝ*] n 1. látogató, vendég; ~s' book vendégkönyv 2. felügyelő, ellenőr
visor ['vaızǝ*] n 1. sisakrostély; † álarc 2. (sapka)ellenző 3. napellenző [autón]

vista ['vɪstə] n 1. (átv is) kilátás, látkép; távlat; open up new ~s új lehetőségekre mutat 2. fasor, allé

visual ['vɪzjʊəl] v. (főleg US) -ʒʊ-] a látási, látó-; vizuális; ~ aid szemléltető eszköz; ~ nerve látóideg

visualization [vɪzjʊəlaɪ'zeɪʃn v. -ʒʊ-; US vɪʒʊəlɪ'z-] n 1. elképzelés, felidézés 2. láthatóvá tevés

visualize ['vɪzjʊəlaɪz v. (főleg US) -ʒʊ-] vt 1. megjelenít, láthatóvá tesz 2. elképzel, képet felidéz (maga előtt)

visually ['vɪzjʊəlɪ v. (főleg US) -ʒʊ-] adv vizuálisan

vital ['vaɪtl] a 1. élethez szükséges; ~ force életerő 2. alapvető, életbevágó; létfontosságú; of ~ importance létfontosságú; ~ error helyrehozhatatlan hiba 3. ~ statistics (1) népmozgalmi statisztika (2) biz (női) testméretek [mell, derék, csípő] 4. élettel teli

vitality [vaɪ'tælətɪ] n életerő, vitalitás

vitalize ['vaɪtəlaɪz] vt 1. életre pezsdít, éltet 2. (fel)frissít; elevenné tesz

vitally ['vaɪtəlɪ] adv életbevágóan

vitals ['vaɪtlz] n pl 1. nemes (belső) szervek 2. lényeg

vitamin ['vɪtəmɪn; US 'vaɪ-] n vitamin

vitellus [vɪ'teləs] n tojássárgája

vitiate ['vɪʃɪeɪt] vt 1. megront, elront, (be)szennyez; ~d air rossz (szoba)levegő 2. érvénytelenít, hatálytalanít

vitiation [vɪʃɪ'eɪʃn] n 1. elrontás, megrontás, (be)szennyezés 2. hatályon kívül helyezés, érvénytelenítés

viticultural [vɪtɪ'kʌltʃ(ə)rəl] a szőlészeti

viticulture ['vɪtɪkʌltʃə*] n szőlőművelés, szőlészet

vitreous ['vɪtrɪəs] a üvegszerű; ~ body üvegtest [a szemben]

vitrify ['vɪtrɪfaɪ] A. vt megüvegesít B. vi megüvegesedik

vitriol ['vɪtrɪəl] n 1. (tömény) kénsav, vitriol; blue ~ rézszulfát; ~ throwing vitriolos merénylet 2. átv merő gúny

vitriolic [vɪtrɪ'ɔlɪk; US -'ɑ-] a (átv is) vitriolos, maró

vituperate [vɪ'tju:pəreɪt; US vaɪ'tu:-] vt összeszid, lehord

vituperation [vɪtju:pə'reɪʃn; US vaɪtu:-] n szidalom, szidás

vituperative [vɪ'tju:p(ə)rətɪv; US vaɪ'tu:pəreɪtɪv] a szidalmazó, gáncsoló

viva ['vaɪvə] n biz szóbeli (vizsga)

vivacious [vɪ'veɪʃəs; US rendsz. vaɪ-] a élénk, eleven; vidám

vivaciousness [vɪ'veɪʃəsnɪs; US rendsz. vaɪ-] n élénkség, elevenség, vidámság, jókedv

vivacity [vɪ'væsətɪ; US rendsz. vaɪ-] n = vivaciousness

viva voce [vaɪvə'vousɪ] I. a élőszóval való, szóbeli II. adv szóbelileg III. n biz szóbeli (vizsga)

Vivian ['vɪvɪən] prop ⟨angol férfinév⟩

vivid ['vɪvɪd] a 1. élénk [szín] 2. eleven [képzelet stb.] 3. eleven, színes [stílus stb.]

vividly ['vɪvɪdlɪ] adv élénken, színesen

vividness ['vɪvɪdnɪs] n elevenség; élénkség; frisseség

Vivien ['vɪvɪən] prop Viviána, Vivien

vivify ['vɪvɪfaɪ] vt élénkít, feléleszt, életre kelt

viviparous [vɪ'vɪpərəs] a elevenszülő

vivisect [vɪvɪ'sekt; US 'vɪvɪsekt] vt élveboncol

vivisection [vɪvɪ'sekʃn] n élveboncolás, viviszekció

vixen ['vɪksn] n 1. nőstény róka 2. biz komisz asszony, (női) sárkány

vixenish ['vɪks(ə)nɪʃ] a házsártos, sárkánytermészetű

viz. [vɪ'di:lɪset v. viz; kimondva rendsz: 'nemlɪ] videlicet (= namely) azaz, úgymint, úm., tudniillik, ti.

vizier [vɪ'zɪə*] n török miniszter, vezír

vizor ['vaɪzə*] n = visor

V-neck ['vi:-] hegyes kivágás [ruha nyakán]

vocable ['voukəbl] n szó

vocabulary [və'kæbjʊlərɪ; US -bjəlerɪ] n 1. szókincs 2. szótár, szójegyzék; ~ entry címszó

vocal ['voukl] I. a 1. hanggal bíró, hang-; ~ cords hangszálak 2. vokális; énekelt 3. magánhangzói 4. hangzó, zengő; ~ hills visszhangzó hegyek 5. lármás, zajos; become ~ beszélni/lármázni kezd II. n magánhangzó

vocalic [vou'kælɪk] a 1. zengő, dallamos 2. magánhangzókban bővelkedő

vocalist ['voʊkəlıst] n énekes(nő)
vocalization [voʊkəlaı'zeıʃn; US -lı'-] n zengzetessé tétel; vokalizálás
vocalize ['voʊkəlaız] A. vt vokalizál; megszólaltat, kifejez, kiejt B. vi énekel; beszél; hangosan mond
vocally ['voʊkəlı] adv 1. élőszóval 2. dallamosan
vocation [voʊ'keıʃn] n 1. hivatás, foglalkozás; what is your ~? mi a foglalkozása/mestersége/szakmája?; miss one's ~ pályát téveszt 2. elhivatottság, hajlam
vocational [voʊ'keıʃənl] a 1. hivatásszerű; 2. szakmai, szak-; ~ guidance pályaválasztási tanácsadás; ~ school szakiskola; ~ training szakmai képzés, szakképzés, szakmai gyakorlat(i képzés)
vocative ['vɔkətıv; US 'vɑ-] a/n megszólító (eset), vocativus
vociferate [və'sıfəreıt] vt/vi kiabál; lármáz
vociferation [vəsıfə'reıʃn] n kiabálás, lármázás
vociferous [və'sıf(ə)rəs] a lármás, zajos, handabandázó
vogue [voʊg] n divat; in ~ divatos, felkapott; all the ~ a legutolsó divat
voice [vɔıs] I. n 1. hang; zönge; give ~ to kifejezést/hangot ad vmnek; lift up one's ~ felemeli hangját, szót emel 2. vélemény, szavazat; have no ~ in sg nincs beleszólása vmbe; with one ~ egyhangúlag 3. igealak; active ~ cselekvő igealak; passive ~ szenvedő igealak II. vt 1. kifejez, kimond (vmt) 2. zöngésít, zöngésen ejt
voiced [vɔıst] a 1. zöngés 2. hangú, szavú
voiceless ['vɔıslıs] a 1. hangtalan 2. zöngétlen
void [vɔıd] I. a 1. üres; mentes (vmtől); be ~ of sg nincs/hiányzik vmje, nélkülöz vmt; ~ of sense értelmetlen 2. érvénytelen, semmis; become ~ érvénytelenné válik II. n űr, üresség III. vt érvénytelenít, felbont [szerződést stb.] || → null
voidable ['vɔıdəbl] a megtámadható, felbontható [szerződés stb.]

voile [vɔıl] n fátyol(szövet)
vol. volume kötet, k.
volatile ['vɔlətaıl; US 'valət(ə)l] a 1. elpárolgó, illó, illékony; ~ oil illó olaj 2. állhatatlan, ingatag
volatility [vɔlə'tılətı; US va-] n illékonyság
vol-au-vent ['vɔloʊvɑ:ŋ] n vajaspástétom
volcanic [vɔl'kænık; US val-] a vulkáni, vulkanikus; ~ glass obszidián, vulkánüveg
volcano [vɔl'keınoʊ; US val-] n (pl ~es -z) tűzhányó, vulkán
vole[1] [voʊl] n mezei egér
vole[2] [voʊl] n összes ütések [kártyában]
volition [və'lıʃn] n akarás, akarat
volitional [və'lıʃənl] a akarati
volley ['vɔlı; US -ɑ-] I. n 1. sortűz 2. zápor [ütéseké, köveké stb.] 3. biz (szó)áradat, özön 4. levegőből ütés, röpte, volé; kick the ball on the ~ levegőből/kapásból rúgja a labdát II. A. vt 1. zúdít [sértéseket vkre] 2. levegőből üt; levegőből/kapásból lő [labdát] B. vi 1. (sortűz) (el)dördül, sortüzet ad le 2. röptézik, röptét üt
volley-ball n röplabda; play ~ röplabdázik
volley-firing n sortűz
Volpone [vɔl'poʊnı] prop
vols. volumes kötetek
volt [voʊlt] n volt [villamosságban]
voltage ['voʊltıdʒ] n (villamos) feszültség
volte-face [vɔlt'fɑ:s] n pálfordulás
voltmeter ['voʊltmi:tə*] n voltméter, feszültségmérő
volubility [vɔlju'bılətı; US 'valjə-] pergő beszéd; szóbőség
voluble ['vɔljubl; US 'valjə-] a 1. bőbeszédű, szóbő, beszédes 2. pergő, szapora [beszéd]
volume ['vɔlju:m; US 'valjəm] n 1. kötet; könyv; speak ~s (for) sokatmondó, sok fényt vet (vmre) 2. tömeg; (nagy)mennyiség; volumen; ~s of smoke füstfelhők 3. térfogat, űrtartalom 4. hangerő; a voice of great ~ nagy terjedelmű (ének)hang
volume-control n hangerő-szabályozó

volumed ['vɔljuːmd; *US* 'vɑljəmd] *a* kötetes

voluminous [vəˈljuːmɪnəs; *US* -ˈluː-] *a* terjedelmes; sokkötetes

voluntarily ['vɔlənt(ə)rəlɪ; *US* 'vɑlənter-] *adv* **1.** önként **2.** akaratlagosan

voluntary ['vɔlənt(ə)rɪ; *US* 'vɑlənterɪ] **I.** *a* **1.** önkéntes **2.** önkéntes adományokból fenntartott; ~ *hospital* magánkórház; ~ *school* magániskola **3.** akaratlagos **II.** *n* orgonaszóló [istentisztelet előtt v. után]

volunteer [vɔlənˈtɪə*; *US* vɑ-] **I.** *n* **1.** önkéntes, önként jelentkező **2.** gyakornok **II. A.** *vt* önként felajánl **B.** *vi* önként jelentkezik; *no one* ~*s* senki sem jelentkezett önként

voluptuary [vəˈlʌptjʊərɪ; *US* -tʃʊerɪ] *n* kéjenc, élv(ezet)hajhászó

voluptuous [vəˈlʌptʃʊəs] *a* kéjes, érzéki; kéjsóvár

volute [vəˈljuːt; *US* -ˈluːt] *n* csiga(vonal) [oszlopfőn], voluta

voluted [vəˈljuːtɪd; *US* -ˈluː-] *a* csigavonalas, volutás

vomit ['vɔmɪt; *US* -ɑ-] **I.** *n* **1.** hányás **2.** hányadék, okádék **II. A.** *vt* (ki)hány, (ki)okád **2.** ont, okád [füstöt stb.] **B.** *vi* hány, okádik

voodoo ['vuːduː] *n* **1.** néger varázslás/boszorkányság **2.** fekete varázsló

voracious [vəˈreɪʃəs] *a* falánk, telhetetlen; mohó

voraciousness [vəˈreɪʃəsnɪs] *n* falánkság, mohóság

voracity [vɔˈræsətɪ] *n* = *voraciousness*

vortex ['vɔːteks] *n* (*pl* ~*es* -ɪz v. -*tices* -tɪsiːz) **1.** örvény **2.** (*átv is*) örvénylés, forgatag

vortical ['vɔːtɪkl] *a* örvényszerű; örvénylő

vortiginous [vɔːˈtɪdʒɪnəs] *a* örvénylő

votable ['vəʊtəbl] *a* **1.** megszavazható **2.** szavazóképes

votary ['vəʊtərɪ] *n* **1.** szerzetes **2.** híve/tisztelője vknek/vmnek

vote [vəʊt] **I.** *n* **1.** szavazás; *put to the* ~ szavazás alá bocsát; *take a* ~ szavazást rendez; ~ *of confidence* bizalom megszavazása **2.** szavazat; *cast a* ~ szavaz; *give one's* ~ *to/for sy* vkre szavaz

3. szavazólap **4.** szavazati jog, választójog **5.** határozat, indítvány **6.** hitel **II. A.** *vi* szavaz; ~ *for sg* vmre szavaz, vmt megszavaz; ~ *against sy* vk ellen szavaz, vkt leszavaz **B.** *vt* **1.** ~ *down* leszavaz (vkt, vmt); ~ *in* beválaszt (vhova) **2.** megszavaz (vmt) **3.** (vmnek) nyilvánít **4.** *biz* javasol, indítványoz

voteless ['vəʊtlɪs] *a* szavazati joggal nem rendelkező

voter ['vəʊtə*] *n* **1.** választó **2.** szavazó

voting ['vəʊtɪŋ] *n* szavazás, választás

voting-machine *n* szavazógép

voting-paper *n* szavazólap

votive ['vəʊtɪv] *a* fogadalmi

vouch [vaʊtʃ] **A.** *vi* tanúskodik; ~ *for sy/sg* kezeskedik/jótáll vmért/vkért **B.** *vt* tanúsít; állít

voucher ['vaʊtʃə*] *n* **1.** bizonyíték **2.** nyugta, elismervény; bizonylat **3.** utalvány; *hotel* ~ szállodai szobautalvány; *luncheon* ~ ebédjegy **4.** jótálló

vouchsafe [vaʊtʃˈseɪf] *vt* **1.** megenged (*sy sg* vknek vmt); teljesít [kérést] **2.** kegyeskedik, méltóztatik [vmt tenni]

vow [vaʊ] **I.** *n* fogadalom, eskü; *take* ~*s* szerzetesnek megy, szerzetesi fogadalmat tesz **II.** *vt* **1.** megfogad, fogadalmat tesz **2.** szentül ígér

vowel ['vaʊ(ə)l] *n* magánhangzó; ~ *harmony* hangrendi illeszkedés

voyage ['vɔɪɪdʒ] **I.** *n* utazás, hajóút; ~ *out* elutazás otthonról [hajóval] **II.** *vi* utazik, hajózik [tengeren, vízen]

voyager ['vɔɪədʒə*] *n* hajóutas

voyaging ['vɔɪɪdʒɪŋ] *n* tengeri utazás, hajóút

V.P. [viːˈpiː] *Vice-President*

V.R. Victoria Regina (= *Queen Victoria*) Viktória királynő

V.S. [viːˈes] *Veterinary Surgeon*

vs. ['vəːsəs] versus (= *against*) ellen

V-shaped *a* V alakú, hegyes, ék alakú

Vt. *Vermont*

VTO [viːtiːˈəʊ], **VTOL** [viːtiːˈəʊel, 'viːtɔl; *US* -ɑl] *vertical take-off (and landing)* →*vertical*

vulcanite ['vʌlkənaɪt] *n* (vulkanizált) kaucsuk, ebonit

vulcanization [vʌlkənaɪ'zeɪʃn; US -nɪ'z-] n vulkanizálás
vulcanize ['vʌlkənaɪz] vt vulkanizál
vulgar ['vʌlgə*] a 1. közönséges, útszéli, otromba, durva 2. közkeletű, általánosan/közönségesen használt; vulgáris; ~ errors elterjedt tévhit; ~ fraction közönséges tört; the ~ tongue a köznyelv
vulgarian [vʌl'geərɪən] n felkapaszkodott ember, újgazdag
vulgarism ['vʌlgərɪzm] n 1. közönséges/durva kifejezés, vulgarizmus 2. közönségesség
vulgarity [vʌl'gærətɪ] n 1. közönségesség, otromba viselkedés 2. útszéli megjegyzés, durva kifejezés

vulgarization [vʌlgəraɪ'zeɪʃn; US -rɪ'z-] n eldurvítás, vulgarizálás
vulgarize ['vʌlgəraɪz] vt 1. eldurvít, vulgarizál 2. népszerűsít [tudományt]
vulnerability 'vʌln(ə)rə'bɪlətɪ] n sebezhetőség
vulnerable ['vʌln(ə)rəbl] a 1. sebezhető, gyenge, (meg)támadható (átv is) 2. be ~ bellben van [bridzsben]
vulpine ['vʌlpaɪn] a 1. rókaszerű 2. ravasz
vulture ['vʌltʃə*] n keselyű
vulturine ['vʌltʃʊraɪn; US -tʃə-] a keselyűszerű
vulva ['vʌlvə] n (külső) szeméremtest
vying ['vaɪɪŋ] a versengő →vie

W

W¹, w ['dʌblju:] *n* W, w (betű), dupla vé **W.,² w** 1. *watt(s)* watt, W 2. *west* nyugat, Ny. 3. *western* nyugati, ny. **w.,³ w** 1. *wide* 2. *width* **W.A.** 1. *West Africa* Nyugat-Afrika 2. *Western Australia* Nyugat-Ausztrália **WAC** [wæk] *Women's Army Corps* ⟨egy amerikai női kisegítő katonai alakulat a második világháborúban⟩

wacky ['wækɪ] *a* □ bolond, ütődött

wad [wɔd; *US* -ɑ-] I. *n* 1. fojtás, tömítőanyag, tampon 2. vatta; vatelin 3. *US biz* bankjegyköteg II. *vt* -dd- 1. (fojtással) tömít; töm, tamponoz 2. vattáz, vatelinoz [ruhát]

wadding ['wɔdɪŋ; *US* -ɑ-] *n* 1. vattabélés, vatelin 2. fojtás 3. vattacsomó, tampon

waddle ['wɔdl; *US* -ɑ-] I. *n* kacsázás II. *vi* kacsázik, döcög, totyog

wade [weɪd] A. *vi* gázol [vízben] B. *vt* átgázol, átvergődik (vmn)

wader ['weɪdə*] *n* gázlómadár

waders ['weɪdəz] *n pl* derékig érő gumicsizma [sporthorgászoknak]

wadi ['wɔdɪ; *US* -ɑ:-] *n* vádi ⟨csak eső után nedves folyómeder⟩

wading ['weɪdɪŋ] *a* gázló

wafer ['weɪfə*] *n* 1. ostya, vafli 2. papírpecsét

waffle ['wɔfl; *US* -ɑ-] *a* ⟨ropogósra sütött recés palacsinta⟩

waffle-iron *n* „waffle"-sütő

waft [wɑ:ft; *US* -æ-] I. *n* 1. fuvallat, szellő 2. (illat)foszlány 3. lebegés II. *vt* fúj, sodor [szellő]; lebegtet

wag¹ [wæg] I. *n* 1. (fark)csóválás 2. (fej)biccentés, fejcsóválás II. *v* -gg- A. *vt* csóvál [fejet, farkat], ide-oda mozgat; ~ *one's finger at sy* mutatóujjával megfenyeget vkt B. *vi* ide-oda mozog [farok]; *her tongue* ~s jár a szája

wag² [wæg] *n* 1. kópé, vidám fickó 2. *biz* iskolakerülő; *play the* ~ iskolát kerül, lóg az iskolából

wage [weɪdʒ] I. *n* (munka)bér, munkadíj; ~s munkabér, kereset; ~(s) *scale* bérskála; ~(s) *stop* bérrögzítés II. *vt* ~ *war against/on* hadat visel vk/vm ellen

wage-cut *n* bérleszállítás, -csökkentés

wage-earner [-ə:nə*] *n* 1. kenyérkereső 2. bérből és fizetésből élő

wage-freeze *n* bérbefagyasztás, bérrögzítés

wage-packet *n* a „boríték" [a bérrel]

wager ['weɪdʒə*] I. *n* fogadás; *lay a* ~ fogad(ást köt) II. *vt* fogad (*on* vmbe)

wage-sheet *n* bérlista, fizetési jegyzék

wage-worker *n* bérmunkás

wagged [wægd], **wagging** ['wægɪŋ] →*wag¹* II.

waggish ['wægɪʃ] *a* huncut

waggle ['wægl] A. *vi* 1. mozog, jár 2. inog, lötyög, billeg 3. kacsázik B. *vt* 1. billeget 2. csóvál

waggon, *US* **wagon** ['wægən] *n* 1. szekér, kocsi; *covered* ~ ekhós szekér; *US be on the* (*water-*)~ nem iszik szeszes italt 2. [nyitott vasúti] teherkocsi, vagon; *flat* ~ (1) pőrekocsi (2) stráfkocsi; teherkocsi; *refrigerator/insulated* ~ hűtőkocsi 3. *US* árukihordó autó/(gép)kocsi [fedett]

wag(g)oner ['wægənə*] *n* szekeres, kocsis; fuvarozó

wag(g)onette [wægə'net] *n* † négykerekű társaskocsi [hosszpadokkal], vadászkocsi

wag(g)on-load *n* (tár)szekérrakomány, kocsirakomány
wagtail *n* barázdabillegető
waif [weif] *n* 1. bitang jószág 2. lelenc, elhagyott gyerek
wail [weil] I. *n* jajgatás, jajveszékelés; sírás II. *vi* üvölt, jajgat, sír
wailing ['weiliŋ] I. *a* jajgató, siránkozó; W~ *Wall* [jeruzsálemi] siratófal II. *n* jajgatás, siránkozás
wain [wein] *n* szekér; *Charles's* ~ Göncölszekér
wainscot ['weinskət; *US* -at] I. *n* fa falburkolat, falborítás, lambéria II. *vt* fával/falapokkal burkol [szobafalat]
wainscoting ['weinskətiŋ; *US* -at-] *n* 1. faburkolat 2. burkolás, borítás [fával]
wainwright ['weinrait] *n* kocsigyártó, bognár
waist [weist] *n* derék [emberé, ruháé]; ~ *measurement* derékbőség
waistband *n* öv
waist-belt *n* derékszíj, nadrágszíj
waistcoat ['weiskout; *US* 'weistkout v. 'weskət] *n* mellény
waist-deep *a* derékig érő
-waisted [-weistid] (-)derekú
waist-high *a* derékig érő
waistline *n* 1. derékbőség 2. derékvonal
waist-lock *n* derékfogás [birkózásban]
wait [weit] I. *n* 1. várakozás; *lie in* ~ *for sg* les(ben áll) vmre 2. felvonásköz 3. waits *pl* ⟨karácsonyesti/szilveszteri utcai énekes/zenész⟩ II. *vi* 1. vár(akozik) (*for* vkre, vmre); ~ *a minute!* vár(jon) egy percig/kicsit!; ~ *and see!* majd meglátjuk!, majd elválik!; ~ *up for sy* vkt vár és nem fekszik le, fenn vár vkt; *keep sy* ~*ing* megvárakoztat vkt 2. felszolgál; ~ *at* (*US on*) *table* asztalnál felszolgál; ~ (*up*)*on sy* (1) kiszolgál vkt, felszolgál vknek, rendelkezésére áll vknek (2) kísér vkt
wait-and-see ['weitən'si:] *a* ~ *policy* várakozó/halogató politika || → *wait II.*
waiter ['weitə*] *n* pincér
waiting ['weitiŋ] I. *a* 1. váró, várakozó 2. felszolgáló, kiszolgáló; ~ *woman/maid* szobalány, komorna II. *n* 1. várakozás, várás; *no* ~*!* várakozni tilos! 2. felszolgálás, kiszolgálás

waiting-list *n* várólista, előjegyzési ív
waiting-room *n* váróterem, -szoba
waitress ['weitris] *n* pincérnő
waive [weiv] *vt* lemond (vmről); ~ *a right* jogot felad; ~ *a rule* szabályt/előírást (ideiglenesen) felfüggeszt
waiver ['weivə*] *n* jogfeladás
wake¹ [weik] I. *n* 1. halottvirrasztás 2. templombúcsú II. *v* (*pt* woke wouk v. ~d weikt, *pp* woken 'wouk(ə)n v. ~d) A. *vi* 1. (fel)ébred; ~ *up* (1) felébred (2) felocsúdik; ~ *up to sg* ráébred/rádöbben vmre 2. ébren van B. *vt* 1. ~ *sy* (*up*) felébreszt/felkelt vkt 2. feléleszt 3. serkent, sarkall
wake² [weik] *n* nyomdokvíz [hajóé], (hajó)sodor; *in the* ~ *of* nyomában
Wakefield ['weikfi:ld] *prop*
wakeful ['weikful] *a* 1. éber 2. ébren levő, álmatlan, nem álmos
wakefulness ['weikfulnis] *n* 1. éberség, óvatosság 2. álmatlanság; ébrenlét
waken ['weik(ə)n] A. *vt* felébreszt B. *vi* felébred; felocsúdik
waker ['weikə*] *n* ébredő
waking ['weikiŋ] I. *a* éber, fenn levő; ~ *or sleeping* ébren vagy álmában II. *n* ébredés
wale [weil] I. *n* 1. hurka [vesszőütés helye], csík 2. bordázat [textilianyagban] II. *vt* 1. csíkosra ver 2. bordásra sző
Wales [weilz] *prop* Wales
walk [wɔ:k] I. *n* 1. séta; járás, gyaloglás; *go for a* ~, *take a* ~ sétálni megy; *it is an hour's* ~ egy óra járásra van 2. járásmód 3. sétány 4. ~ *of life* (1) társadalmi helyzet/állás (2) életkörülmények (3) életpálya, -hivatás II. A. *vi* 1. jár, megy, gyalog megy, gyalogol; sétál; ~ *home* gyalog hazamegy; *"*~*!"* indulj!; ~ *in one's sleep* holdkóros; ~ *with God* istenfélően él 2. viszszajár, hazajár [mint kísértet] B. *vt* 1. (be)jár (vmt); ~ *a mile* egy mérföldet jár/gyalogol; ~ *the boards* színészi pályán van; ~ *the hospitals/wards* kórházi gyakorlatot folytat [szigorló orvos]; ~ *the streets* (1) járja az utcákat (2) utcai nőként él, strichel 2. sétáltat, jár(t)at

walk about vi fel-alá jár, járkál
walk away A. vi elmegy, elsétál;
biz ~ a. with sg meglép vmvel **2.** ~ a.
from sy elhúz vktől v. vk mellett [versenyben] **B.** vt elvezet (vkt)
walk in vi belép; please ~ in tessék
besétálni, fáradjon be (kopogás nélkül)
walk into vi **1.** belép; besétál [csapdába] **2.** □ nekiesik (az ételnek) **3.**
□ lehord (vkt)
walk off A. vi elmegy, elsétál; ~ o.
with sg vmvel meglép; ~ o. a job (1)
állást otthagy (2) munkát beszüntet,
sztrájkba lép **B.** vt **1.** elvezet (vkt) **2.**
lejár [bő ebédet] **3.** kifáraszt [sétával]
walk out A. vi **1.** kisétál, kimegy;
biz ~ o. with sy jár vkvel **2.** sztrájkba
lép **3.** biz ~ o. on sy vkt cserbenhagy
B. vt **1.** kivezet (vkt) **2.** sétálni visz
walk over vi **1.** átsétál, bejár **2.** versenytárs nélkül indul, könnyen győz
walk round vi **1.** körbejár, körüljár
2. megkerül
walk up vi **1.** fel-alá jár **2.** végigmegy [úton] **3.** ~ up to sy odalép/odamegy vkhez
walkaway n US biz = walkover
walker ['wɔːkə*] n **1.** gyalogló, sétáló,
gyalogos **2.** járóka, járóváz
walkie-talkie [wɔːkɪ'tɔːkɪ] n biz kézi
adó-vevő (készülék), hasábrádió
walking ['wɔːkɪŋ] **I.** a sétáló, járó; ~
gentleman némaszereplő, statiszta; biz
~ papers elbocsátó levél **II.** n sétálás,
séta; gyaloglás; be within ~ distance
csak pár percnyire van gyalog
walking-boots n pl turistacipő
walking-pace n gyalogtempó
walking-race n távgyalogló verseny
walking-stick n sétabot, sétapálca
walking-tour n (gyalog)túra, (turista)kirándulás
walk-on n ~ part némaszerep
walk-out n munkabeszüntetés, sztrájk
walkover n biz könnyű győzelem [ellenfél nélkül]
walk-up a/n US lift nélküli (ház)
wall [wɔːl] **I.** n fal, közfal; within the ~s
a városban, a városfalakon belül; drive
to the ~ sarokba szorít; biz go to the ~

(1) félreállítják (2) engedni kénytelen,
alulmarad, „elvérzik" **II.** vt fallal
körülvesz/megerősít/elválaszt; ~ off
elfalaz; ~ up befalaz
wallaby ['wɔləbɪ; US -ɑ-] n kis kenguru
Wallace ['wɔlɪs] prop
walla(h) ['wɔlə; US -ɑ-] n biz ember;
alkalmazott, segéd, szolga [Indiában]
wall-board n falburkoló lap, farostlemez
walled [wɔːld] a fallal körülvett; (-)falú
wallet ['wɔlɪt; US -ɑ-] n **1.** (levél)tárca
2. szerszámtáska **3.** (koldus)tarisznya
wall-eyed a **1.** fehérsávos szemű [ló stb.]
2. széttartóan kancsalító
wallflower n **1.** sárgaviola **2.** biz petrezselymet áruló nő [bálban]
wall-fruit n kordonfa/lugasfa gyümölcse
wall-hook n **1.** falihorog **2.** csatornabilincs
walling ['wɔːlɪŋ] n **1.** falazás; falazat **2.**
falépítő anyag
wall-map n falitérkép
Walloon [wɔ'luːn; US wɑ-] a/n vallon
wallop ['wɔləp; US -ɑ-] biz **I.** n súlyos
ütés; puffanás **II.** vt **1.** elnáspángol,
elver **2.** fölényesen legyőz, lehengerel
walloping ['wɔləpɪŋ; US 'wɑ-] biz **I.** a
nagy, hatalmas **II.** n **1.** elverés **2.**
fölényes győzelem, legyőzés, lehengerlés
wallow ['wɔloʊ; US -ɑ-] **I.** n **1.** fetrengés **2.** fetrengőhely sárban [disznóknak stb.], dagonya **II.** vi **1.** fetreng,
hentereg **2.** gázol; ~ in money felveti
a pénz
wall-painting n falfestmény
wallpaper I. n tapéta **II.** vt tapétáz
wall-plote n gerendafészek [falban], alátét
wall-plug n **1.** tipli **2.** fali csatlakozódugó, villásdugó
wall-seat n padka [falfülkében]
wall-socket n fali csatlakozó(aljzat), (fali) konnektor
Wall Street ['wɔːl] ⟨New York pénznegyede⟩
wall-to-wall carpet faltól falig szőnyeg,
szőnyegpadló, feszített szőnyeg
walnut ['wɔːlnʌt] n **1.** dió; ~ (tree) diófa
2. diófa [mint anyag]

Walpole ['wɔːlpoʊl] *prop*
walrus ['wɔːlrəs] *n* rozmár; *biz* ~ *moustache* harcsabajusz
Walt [wɔːlt] *prop* Valter
Walter ['wɔːltə*] *prop* = *Walt*
waltz [wɔːls; *US* wɔːlts] I. *n* keringő, valcer II. *vi* keringőzik
wampum ['wɔmpəm; *US* -ɑ-] *n* 1. felfűzött (indián) kagylópénz 2. □ pénz, „dohány", „guba"
wan [wɔn; *US* -ɑ-] *a* hal(o)vány, sápadt
wand [wɔnd; *US* -ɑ-] *n* pálca, vessző
wander ['wɔndə*; *US* -ɑn-] A. *vi* 1. vándorol, barangol, kóborol, kószál 2. letér [*from* útról]; eltér, elkalandozik (*from* vmtől); ~ *from the point/subject* eltér a tárgytól 3. félrebeszél; *his mind* ~*s* félrebeszél B. *vt* bebarangol, bejár
wanderer ['wɔndərə*; *US* -ɑn-] *n* vándor(ló)
wandering ['wɔnd(ə)rɪŋ; *US* -ɑn-] I. *a* vándorló; ~ *Jew* bolygó zsidó II. *n* 1. vándorlás, kóborlás 2. félrebeszélés
wanderlust ['wɔndəlʌst; *US* -ɑn-] *n* mehetnék, kóborlási hajlam/kedv
wane [weɪn] I. *n* csökkenés, apadás, fogyatkozás; *be on the* ~ hanyatlóban/csökkenőben van II. *vi* csökken, hanyatlik, fogy(atkozik), megcsappan
wangle ['wæŋgl] □ I. *n* vmnek kiügyeskedése, kb. umbulda II. *vt* kiügyeskedik, kibulizik (vmt)
waning ['weɪnɪŋ] *a* fogyó, csökkenő
want [wɔnt; *US* -ɑ-] I. *n* 1. hiány, szükség; szükséglet; igény; *a long-felt* ~ régóta érzett hiány; *for* ~ *of sg* vmnek hiányában/híján; *for* ~ *of sg better* jobb híján; *be in* ~ *of sg* vmre nagy szüksége van; *US* ~ *ad* apróhirdetés [főleg állás- v. lakáskeresőé] 2. szűkölködés, nélkülözés, nyomor II. A. *vt* 1. akar, kíván, óhajt; *what does he* ~ *with me?* mit akar velem?; *you are* ~*ed* önt keresik/kérik; ~*ed, a good cook* jó szakács(nő) kerestetik, jó szakácsot felveszünk 2. igényel (vmt), szüksége van (vmre), kell neki (vm); *your hair* ~*s cutting* meg kellene már nyiratkoznod 3. hiányzik, nincs (neki) (vmje), nélkülöz (vmt); *he* ~*s*

patience nincs türelme, türelmetlen B. *vi* 1. *be* ~*ing* hiányzik, nincs neki/meg 2. szűkölködik, nélkülöz; *he* ~*s for nothing* semmiben sem szenved hiányt 3. *the dog* ~*s out* ki akar menni a kutya
wanted ['wɔntɪd; *US* -ɑn-] *a* 1. kívánatos, kívánt, keresett 2. körözött [bűnöző]
wanting ['wɔntɪŋ; *US* -ɑn-] I. *a* 1. hiányzó, hiányos 2. (vmben) szűkölködő II. *prep* nélkül, híján
wanton ['wɔntən; *US* -ɑn-] I. *a* 1. könnyelmű, felelőtlen, játékos, szeszélyes 2. buja [növényzet]; ledér 3. indokolatlan, önkényes II. *n* 1. ledér nő 2. kéjenc III. *vi* hancúrozik, enyeleg, csapong
wantonly ['wɔntənlɪ; *US* -ɑn-] *adv* 1. féktelenül; vidáman 2. önkényesen, szeszélyesen, indokolatlanul 3. buján
wantonness ['wɔntənnɪs; *US* -ɑn-] *n* 1. bujaság 2. felelőtlenség
wapiti ['wɔpɪtɪ; *US* -ɑ-] *n* vapiti
war [wɔː*] I. *n* háború; ~ *correspondent* haditudósító; ~ *criminal* háborús bűnös; *on a* ~ *footing* hadilétszámon, hadra kelve; *W*~ *Department/Office* honvédelmi minisztérium, hadügyminisztérium; ~ *loan* hadikölcsön; ~ *machine* hadigépezet; ~ *material* hadianyag; ~ *memorial* háborús emlékmű; ~ *of independence* szabadságharc; ~ *of resources* ⟨háború mint anyagcsata⟩; *seat of* ~ hadszíntér; *be at* ~ *with sy* hadiállapotban van vkvel; *powers at* ~ hadviselő felek; *declare* ~ *on sy* hadat üzen vknek; *make/wage* ~ *on sy*, *go to* ~ *against sy* vk ellen hadba száll, háborút indít (v. hadat visel) vk ellen; *US W*~ *between the States* amerikai polgárháború [1861—65] II. *vi* -*rr*- harcol, küzd; hadat visel, háborúzik
warble ['wɔːbl] I. *n* trillázás, éneklés II. *vi/vt* 1. énekel, trillázik 2. csicsereg
warbler ['wɔːblə*] *n* 1. énekesmadár 2. poszáta 3. énekes, költő
warbling ['wɔːblɪŋ] *n* éneklés, trillázás
war-bonnet *n* ⟨tollas indián fejdísz⟩
war-chest *n* hadipénztár
war-cloud(s) *n* (*pl*) háborús veszély

war-cry n csatakiáltás
ward [wɔ:d] I. n 1. gyámság 2. gyámolt
3. őrség; őrszem 4. (kórházi) osztály;
kórterem; ~ sister osztályos nővér 5.
börtönosztály 6. (városi) kerület; US
biz ~ heeler (kisebb) pártmunkás, he-
lyi agitátor II. vt véd; ~ off elhárít,
kivéd, felfog [ütést]
-ward [-wəd] suff -felé
war-dance n harci tánc [vad népeké]
war-debt n háborús adósság
warden¹ ['wɔ:dn] n 1. felügyelő, gond-
nok 2. (börtön)igazgató 3. igazgató
[iskoláé, kollégiumé stb.]
warden² ['wɔ:dn] n GB téli körte
warder ['wɔ:də*] n börtönőr
Wardour Street ['wɔ:də*] prop 1. ⟨a
régiségkereskedők utcája London-
ban⟩ 2. ~ English nyelvi régieskedés
3. ⟨ az angol filmipar központja⟩
wardress ['wɔ:drɪs] n női börtönőr
wardrobe ['wɔ:droʊb] n 1. ruhatár,
gardrób 2. (ruha-)szekrény; ~ trunk
szekrénykoffer
ward-room n tiszti étkezde [hadihajón]
-wards [-wədz] suff -felé
wardship ['wɔ:dʃɪp] n 1. gyámság, gond-
nokság 2. kiskorúság
ware¹ [weə*] n áru
ware² [weə*] vt ~! vigyázat!, vigyázz!
warehouse I. n ['weəhaʊs] 1. raktár,
közraktár; ex ~ ab raktár; ~ receipt
közraktári jegy 2. GB áruház 3. GB
nagykereskedés II. vt ['weəhaʊz] be-
raktároz, raktárban elhelyez
warehouseman ['weəhaʊsmən] n (pl
-men -mən) 1. raktártulajdonos 2.
raktáros
warfare ['wɔ:feə*] n hadviselés, háború
war-fever n háborús őrület/pszichózis
war-game n harcjáték
warhead ['wɔ:hed] n robbanófej, gyújtófej
war-horse n csataló, harci mén; biz old
~ vén csataló [személy]
warily ['weərəlɪ] adv óvatosan, körül-
tekintően
wariness ['weərɪnɪs] n óvatosság, körül-
tekintés
warlike ['wɔ:laɪk] a 1. harcias 2. hábo-
rús, hadi
war-lord n fővezér, hadúr

warm [wɔ:m] I. a 1. meleg; be ~ (1)
meleg (van) (2) melege van; in ~ blood
indulatosan; I'll make things ~ for you
majd én megtáncoltatlak, majd én
befűtök neked 2. heves; élénk; me-
leg, lelkes, szívélyes II. n felmelegedés
III. A. vt 1. melegít; ~ up felmelegít
2. biz ~ sy, ~ sy's jacket elnadrágol
vkt B. vi 1. melegszik; ~ up felme-
legszik, bemelegszik 2. biz megélén-
kül; lelkesedni kezd (to vm iránt); ~
to the subject belemelegszik a tárgyba
warm-blooded [-'blʌdɪd] a 1. meleg-
vérű 2. forróvérű
warm-hearted a melegszívű, szívélyes,
jóságos
warming ['wɔ:mɪŋ] n (fel)melegítés
warming-pan n ágymelegítő
warmish ['wɔ:mɪʃ] a meglehetősen meleg
warmly ['wɔ:mlɪ] adv melegen, szívé-
lyesen, lelkesen
warmonger n háborús uszító
warmongering n háborús uszítás
warmth [wɔ:mθ] n 1. meleg(ség), hő 2.
hevesség, lelkesedés, hév
warn [wɔ:n] vt 1. figyelmeztet, óva int
2. felszólít 3. ~ off kitilt/elriaszt
vhonnan, távozásra szólít fel
warning ['wɔ:nɪŋ] I. a figyelmeztető,
riasztó; ~ device jelzőkészülék; ~
triangle elakadásjelző háromszög II.
n 1. figyelmeztetés, jelzés; let this be
a ~ to you szolgáljon ez neked figyel-
meztetésül 2. felszólítás; előzetes érte-
sítés; give sy a month's ~ egyhónapi
felmondási idővel felmond vknek 3.
megintés
warp [wɔ:p] I. n 1. láncfonal [szövet-
ben], nyüst(fonal) 2. vontatókötél 3.
vászonbetét [gumiabroncsé] 4. leüle-
pedett iszap 5. vetemedés [deszká-
ban] 6. lelki elferdülés II. A. vt 1. el-
görbít, meghajlít 2. vontat [hajót] 3.
befolyásol [ítélőképességet]; megront
[lelkileg] 4. feliszapol [földet] 5. kife-
szít [fonalat szövéskor] B. vi 1. elgör-
bül, meghajlik 2. megvetemedik, tü-
remlik
war-paint n 1. harcra kifestés, harci
színek [vad népeknél] 2. biz teljes
dísz/felszerelés, kiöltözöttség

war-path n on the ~ harcra készülve/készen, dühösen
warped [wɔːpt] a 1. megvetemedett 2. meghibbant 3. betegesen egyoldalú/elfogult [gondolkodású]
war-plane n harci repülőgép
warrant ['wɔr(ə)nt; US -ɔː-] I. n 1. jogosultság; meghatalmazás 2. végrehajtási parancs, végzés; ~ to arrest elfogatási parancs; ~ to appear idézés; ~ for payment fizetési meghagyás 3. biztosíték; jótállás, kezesség 4. igazolvány, bizonylat II. vt 1. biztosít, garantál (vmt), szavatol, kezeskedik (vmért) 2. igazol, indokol
warranted ['wɔr(ə)ntɪd; US -ɔː-] a 1. szavatolt, garantált 2. jogosult
warrant-officer n kb. tiszthelyettes
warrantor ['wɔr(ə)ntɔː*; US 'wɔːrəntər] n jótálló, kezes
warranty ['wɔr(ə)ntɪ; US -ɔː-] n 1. meg-, felhatalmazás 2. jótállás, szavatosság, garancia; biztosíték 3. megbízólevél
warred [wɔːd] →war II.
warren ['wɔr(ə)n; US -ɔː-] n 1. kotorék [üreginyúlé] 2. vadaskert 3. (túl)zsúfolt bérkaszárnya/lakótelep
warring ['wɔːrɪŋ] a hadban/harcban álló, háborút viselő, szemben álló
warrior ['wɔrɪə*; US -ɔː-] n harcos, katona
Warsaw ['wɔːsɔː] prop Varsó; ~ Pact Varsói Szerződés
warship n hadihajó
wart [wɔːt] n szemölcs, bibircsók
wart-hog n varacskos disznó
wartime a háborús, hadi
war-weary a háborúba belefáradt
Warwick ['wɔrɪk] prop
wary ['weərɪ] a óvatos, körültekintő; be ~ of sg nem bízik vmben
was →be
wash [wɔʃ; US -ɑ-] I. n 1. mosás; lemosás; mosakodás; have a ~ (meg)mosakszik, megmosdik; have a ~ and brush up rendbe hozza magát; biz it will all come out in the ~ a végén majd minden kiderül, végén csattan az ostor 2. szennyes; kimosott fehérnemű 3. hullámzás, hullámverés; hajósodor 4. (szem-/száj-/haj)víz 5. (ki)meszelés 6.

tussal/vízfestékkel festés, lavírozás 7. moslék 8. üledék; (folyami) hordalék 9. mocsár 10. folyótorkolat (sekély része) II. A. vt 1. (meg)mos, lemos; kimos; ~ one's hands of sg átv mossa a kezét (vm ügyben) 2. (be)mázol, bevon, beken 3. mos, áztat [partot tenger]; ~ sy ashore partra vet vkt [víz]; ~ sy overboard a fedélzeten átcsapó hullám lesodor vkt 4. iszapol B. vi 1. mosdik, mosakszik 2. mos 3. színtartó, mosható, mosódik; this material won't ~ ez az anyag nem mosható 4. kiállja a próbát; biz that story won't ~ ezt a mesét nem lehet beadni
wash away vt kimos; elmos, lemos
wash down vt lemos, leöblít
wash off vt lemos, kimos
wash out vt 1. kimos; be/look/feel ~ed o. halálra fáradt, teljesen kivan 2. elmos [terveket]
wash up vt 1. felmos 2. (el)mosogat, elmos [edényt] 3. partra vet/sodor [hullám]
Wash. Washington
washable ['wɔʃəbl; US -ɑ-] a mosható, mosó, színtartó
wash-and-wear [wɔʃən'weə*; US wɑ-] a „mosd-és-hordd" [ruhanemű]
wash-basin n mosdókagyló
wash-board n 1. hullámos mosólap, rumpli 2. pl szegélyléc, hullámléc [csónakon]
wash-bowl n mosdótál
wash-cloth n 1. mosogatórongy 2. mosdókesztyű
wash-day n mosási nap
wash-down n lemosás, felsőmosás [kocsié]
washed-out [wɔʃt'aut; US wɑ-] a 1. elszíntelenedett, fakó; ~ complexion (halál)sápadt arc 2. biz legyengült, (tökéletesen) kimerült, „hulla"
washer ['wɔʃə*; US -ɑ-] n 1. mosó [személy] 2. mosógép 3. plate/print ~ előhívótál 4. csavaralátét, ajlemez, alátétgyűrű, tömítőgyűrű
washer-up n mosogatólány, mosogatófiú
washerwoman n (pl -women) mosónő
washfast a mosásálló, színtartó

wash-hand stand mosdóállvány
wash-house n mosókonyha
washily ['wɔʃɪlɪ; US -a-] adv 1. hígan,
vizenyősen 2. erőtlenül
washing ['wɔʃɪŋ; US -a-] I. a 1. mosható 2. ~ bear mosómedve II. n 1.
mosás; mosdás; she takes in ~ mosást
vállal 2. szennyes; kimosott ruha 3.
moslék 4. befestés, kimeszelés [falé]
washing-day n mosási nap
washing-glove n mosdókesztyű
washing-machine n mosógép
washing-soda n mosószóda
Washington ['wɔʃɪŋtən; US 'wa-] prop
washing-up n (el)mosogatás
wash-leather n szarvasbőr, zergebőr
wash-line n ruhaszárító kötél
wash-out n 1. kimosás, (ki)öblítés 2.
(árvíz/felhőszakadás által) kimosott
hely 3. □ it is a complete ~ teljes
kudarc
wash-room n US illemhely (mosdóval),
mosdó(helyiség)
wash-stand n mosdóállvány
wash-tint n vízfesték; tus
wash-tub n mosóteknő
washup n 1. (el)mosogatás 2. US biz
mosdás 3. bemosakodás [orvosé]
washy ['wɔʃɪ; US -a-] a 1. híg; vizenyős,
nedves 2. erőtlen, akarat nélküli, állhatatlan 3. fakó, vízszínű, elmosódott
wasn't ['wɔznt; US -a-] = was not →be
wasp [wɔsp; US -a-] n darázs; ~s' nest
darázsfészek
WASP [wɔsp; US -a-] n biz rosszalló
fehér bőrű angolszász származású protestáns
waspish ['wɔspɪʃ; US -a-] a 1. darázsszerű 2. tüskés természetű
wasp-waisted a darázsderekú
wassail ['wɔseɪl; US 'was(ə)l] n 1. dáridó 2. ⟨ital fűszeres sörből és borból⟩
wast →be
wastage ['weɪstɪdʒ] n 1. hulladék, veszteség 2. pazarlás, tékozlás
waste [weɪst] I. a 1. puszta, parlag; ~
land terméketlen/kopár és lakatlan
föld; lie ~ parlagon hever 2. felesleges, eldobott, értéktelen; hulladék(-),
selejt(es); ~ matter hulladék; ~ oil
fáradt olaj; ~ paper papírhulladék; ~

product selejt; ~ steam fáradt gőz II.
n 1. pazarlás; ~ of money kidobott
pénz; ~ of time időpocsékolás 2. túlcsorduló fölösleg; hulladék; atomic/
nuclear ~ atomhulladék 3. szennyvíz
4. pusztaság, sivatag, parlag 5. rongál(ód)ás III. A. vt 1. elpazarol, elveszteget [időt, pénzt stb.]; ~ breath/words
hiába beszél, falra borsót hány 2. elpusztít; elkoptat B. vi 1. pazarol; ~
not want not aki nyáron nem gyűjt,
télen keveset fűt 2. fogy, csökken; ~
away elsorvad, lesoványodik
waste-basket n papírkosár
waste-bin n szemétvödör
wasted ['weɪstɪd] a 1. elpusztított 2. elpazarolt 3. lesoványodott, csont és bőr
wasteful ['weɪstfʊl] a 1. pazarló, költekező, könnyelmű 2. pusztító
waste-paper basket papírkosár
waste-pile n anyagtároló, depónia
waste-pipe n lefolyócső
waster ['weɪstə*] n 1. pazarló 2. =
wastrel 4. 3. selejt
wasteway n szennyvízelfolyás; folyóka
wasting ['weɪstɪŋ] I. a 1. tékozló 2.
pusztító 3. sorvasztó II. n 1. pazarlás
2. ~ (away) (el)sorvadás
wastrel ['weɪstr(ə)l] n 1. pazarló 2. selejt 3. utcagyerek, otthontalan gyerek
4. semmirevaló, senkiházi
watch [wɔtʃ; US -a-] I. n 1. őr; őrség;
őrködés, őrszolgálat; átv éberség, figyelem; be on the ~ lesben áll, résen van;
vigyáz; be on ~, keep ~ őrségen van,
őrt áll; keep a close ~ on sg éberen
őriz/figyel vmt 2. négyórás szolgálat(i
időszak) [hajón] 3. zsebóra, karóra;
~ strap (kar)óraszíj; set the ~ (1) beigazítja/beállítja az órát (2) őrszolgálatot
beoszt II. A. vi 1. őrködik, virraszt 2.
vigyáz, figyel, ügyel; ~ out! figyelj!,
légy óvatos!; vigyázz! 3. ~ for sg
les/vár vmt/vmre; ~ over sg őriz vmt,
vigyáz vmre B. vt 1. megfigyel, szemmel tart; néz, szemlél; we are being
~ed figyelnek minket; ~ the television
nézi a tévét, tévézik 2. őriz
watch-case n óratok [zsebóráé]
watch-chain n óralánc
watch-dog n 1. házőrző kutya 2. éber őrző

watcher ['wɔtʃə*; US -a-] n 1. őr(ző) 2. virrasztó [beteg/halott mellett]
watch-fire n őrtűz
watchful ['wɔtʃfʊl; US -a-] a 1. éber, szem(fül)es 2. körültekintő, óvatos
watchfulness ['wɔtʃfʊlnɪs; US -a-] n éberség
watch-glass n óraüveg
watch-guard n óralánc
watch-keeper n őr(szem) [hajón]
watch-key n órakulcs
watch-maker n órás
watchman ['wɔtʃmən; US -a-] n (pl -men -mən) őr(szem)
watch-night n szilveszteresti ájtatosság
watch-pocket n órazseb
watch-spring n hajszálrugó [órában]
watch-tower n őrtorony
watchword n jelszó, jelmondat
water ['wɔ:tə*] I. n 1. víz; by ~ vízen, vízi úton; on land and ~ szárazon és vízen; have the ~ laid on bevezetteti a vízvezetéket; have ~ on the brain vízfejű; keep one's head above ~ nehezen bár, de tartja magát; make ~ (1) (léken) vizet enged be (2) vizel; pass ~ vizel; take the ~ vízre száll, úszni kezd; what ~ does the ship draw? mennyi a hajó vízkiszorítása?; it won't hold ~ (1) nem vízálló (2) tarthatatlan [elmélet stb.]; still ~s run deep lassú víz partot mos 2. rendsz pl ásványvíz, gyógyvíz; take the ~s (1) gyógyfürdőket vesz (2) gyógyvizet iszik 3. víz(tisztaság) [drágakőé]; of the first ~ elsőrendű, hamisítatlan 4. (jelzői haszn) vízi, víz-; ~ bus vízibusz II. A. vt 1. (meg)öntöz, meglocsol, nedvesít, (vízzel) eláraszt 2. (meg)itat, vízzel ellát 3. felönt, (fel)hígít; ~ down (1) felvizez (2) enyhít B. vi 1. nedvesedik 2. könnyezik 3. vizet vesz fel [hajó, mozdony] ‖→ mouth I. 1.
waterbag n víztömlő
water-bailiff n 1. halászati felügyelő 2. vámtiszt [kikötőben]
water-bath n vízfürdő
water-bed n vízágy [betegnek]
water-blister n vízhólyag
water-borne a vízen úsztatott, vízi úton szállított [áru]

water-bottle n 1. vizespalack 2. [katonai] kulacs
water-butt n esővízgyűjtő hordó
water-can n vizeskanna
water-cannon n vízágyú
water-carriage n vízi (úton való) szállítás
water-carrier n 1. vízhordó 2. W~ víz-öntő [csillagkép]
water-cart n öntözőkocsi, lajt
water-chute n vízi csúszda [vurstliban]
water-closet n (angol) vécé
water-colour, US -color n 1. vízfesték 2. vízfestmény, akvarell
water-cooled [-ku:ld] a vízhűtésű, vízhűtéses
water-course n 1. vízfolyás, áramló/folyó víz 2. (folyó)meder 3. folyóka, csatorna 4. patak, kis folyó
watercress n vízitorma
water-cure n vízgyógymód, vízkúra
watered ['wɔ:təd] a 1. vízdús, folyók által öntözött 2. moaré (mintás)
waterfall n vízesés
water-finder n (varázsvesszős) forráskutató
waterfowl n vízimadár
water-front n vízpart, városi tengerpart/folyampart
water-gate n zsilipkapu, vízikapu
water-gauge n 1. vízállásmérő [kazánban stb.] 2. víznyomásmérő
water-glass n 1. vízüveg 2. vizespohár 3. távcső [víz alatti dolgok vizsgálatára]
water-heater n vízmelegítő; electric ~ villanybojler
waterhen n vízityúk
water-hole n víztócsa [száraz folyammederben]
water-ice n gyümölcsfagylalt
wateriness ['wɔ:tərɪnɪs] n 1. vizesség, nedvessgé 2. híg állapot 3. ízetlenség
watering ['wɔ:t(ə)rɪŋ] n 1. (meg)locsolás, (meg)öntözés 2. (fel)vizezés, (fel-) hígítás 3. itatás 4. könnyezés
watering-can n öntözőkanna
watering-cart n öntözőkocsi
watering-place n 1. GB fürdőhely 2. ivóhely [vadon élő állaté]
watering-pot n öntözőkanna

water-jacket *n* vízhűtő köpeny [motor-
hengeré]
water-jet *n* vízsugár
water-jug *n* vizeskancsó
water-jump *n* vizesárok [akadályverse-
nyen]
waterless ['wɔ:təlıs] *a* víztelen
water-level *n* 1. vízszint, vízállás 2.
vízszintező 3. vízállásmérő
water-lily *n* vízililiom
water-line *n* 1. vízvonal, merülési vonal
[hajón] 2. vízjel
waterlogged [-lɔgd; *US* -a-] *a* 1. vízzel
teleivódott 2. túl sok vizet beeresztett
(és nehezen kezelhető) [hajó]
Waterloo [wɔ:tə'lu:] *prop*
water-main *n* vízvezetéki fő nyomócső
waterman ['wɔ:təmən] *n* (*pl* -men -mən)
1. csónakos, révész 2. evezős
watermark *n* 1. vízjel [papírban] 2. víz-
állás jele
water-meadow *n* vizes rét
water-melon *n* görögdinnye
water-meter *n* vízóra
water-mill *n* vízimalom
water-nymph *n* vízisellő
water-pipe *n* vízvezetéki cső
water-polo *n* vízilabda, vízipóló
water-pot *n* öntözőkanna
water-power *n* vízierő
waterproof I. *a* vízhatlan, vízálló, impreg-
nált II. *n* 1. vízhatlan szövet 2. eső-
kabát III. *vt* vízhatlanít, impregnál
water-rat *n* vízipatkány
water-rate *n* vízdíj
water-repellent *a* víztaszító, vízhatlan
water-shed *n* 1. vízválasztó 2. vízgyűjtő
medence [folyóé]
water-shoot *n* levezető ereszcsatorna
waterside I. *a* (víz)parti, vízmelléki II.
n (víz)part, folyópart, tengerpart
water-skiing *n* vízisí(zés)
water-snake *n* vízisikló
water-softener *n* vízlágyító (szer)
water-soluble *a* vízben oldódó
water-spout *n* 1. vízoszlop, víztölcsér
[tengeren] 2. vízköpő [háztetőn]
water-sprite *n* sellő
water-supply *n* 1. vízellátás, vízszolgál-
tatás 2. vízvezeték
water-table *n* 1. vízelvezető 2. talajvízszint

watertight *a* 1. vízhatlan, vízálló 2.
helytálló, kifogástalan [érvelés]
water-tower *n* víztorony
water-vole *n* vízipatkány
water-wag(g)on *n* lajt ‖ →*wag(g)on*
water-wave *n* vízhullám [hajban]
water-way *n* vízi út
water-wheel *n* vízikerék
water-wings *n pl* karúszó [úszóöv a két
karra erősítve]
waterworks *n pl* vízművek; □ *turn on the*
~ bőgni/pityeregni kezd; □ *are your*
~ *all right?* tud pisilni?
watery ['wɔ:tərı] *a* 1. vízi, tengeri; *find*
a ~ *grave* elmerül a hullámsírban 2.
vizes, nedves; ~ *clouds* esőfelhők; ~
sky esős ég 3. könnyes 4. híg, ízetlen,
víz ízű; erőtlen, vizenyős [stílus]
watt [wɔt; *US* -a-] *n* watt
wattage ['wɔtıdʒ- *US* -a-] *n* wattfo-
gyasztás; watt-teljesítmény
watt-hour *n* wattóra
wattle[1] ['wɔtl; *US* -a-] I. *n* 1. vesszőfo-
nat; vesszősövény; ~ *and daub* patics-
fal 2. cserény II. *vt* vesszőből fon [ke-
rítést]
wattle[2] ['wɔtl; *US* -a-] *n* bőrlebernyeg
[pulyka stb. nyakán]
wattmeter *n* wattméter, wattóra
Waugh [wɔ:] *prop*
waul [wɔ:l] *vi* nyávog, jajgat
wave [weıv] I. *n* 1. hullám; *have a* ~
berakatja a haját 2. lengetés, lebeg-
tetés, intés; ~ *of the hand* kézlegyin-
tés II. A. *vi* 1. hullámzik 2. leng, lo-
bog 3. hullámos [a haja] B. *vt* 1.
int; ~ *one's hand* integet; ~ *sy aside*
vkt intéssel félrehív, vkt félreint; ~
sy away int vknek, hogy menjen el;
~ *down* megállást int 2. lenget, lobog-
tat 3. berak [hajat]
waveband *n* hullámsáv; ~ *switch* hullám-
váltó, csatornaválasztó
waved [weıvd] *a* hullámos
wave-length *n* hullámhossz
waveless ['weıvlıs] *a* hullámtalan, sima
wavelet ['weıvlıt] *n* hullámocska
waver ['weıvə*] *vi* 1. libeg-lobog, remeg
[fény stb.] 2. ingadozik, meginog,
habozik
waverer ['weıvərə*] *n* habozó (ember)

wavering ['weɪv(ə)rɪŋ] I. *a* ingadozó, habozó II. *n* ingadozás, habozás
waveringly ['weɪv(ə)rɪŋlɪ] *adv* habozva
Waverley ['weɪvəlɪ] *prop*
wave-set *n* berakás [hajé]
waviness ['weɪvɪnɪs] *n* hullámosság
waving ['weɪvɪŋ] I. *a* 1. hullámzó; lobogó, lengő 2. hullámos 3. intő II. *n* 1. hullámzás 2. int(eget)és
wavy ['weɪvɪ] *a* 1. hullámos; hullámzó; fodros 2. lengő, lebegő
wax¹ [wæks] I. *n* viasz; ~ *candle* viaszgyertya II. *vt* viaszol, viasszal beken
wax² [wæks] *vi* 1. nő, növekszik 2. lesz/válik vmvé; ~ *merry* felvidul; ~ *old* megöregszik
wax³ [wæks] *n* □ dühroham; *get into a* ~ dühbe jön
wax-bean *n* vajbab
wax-chandler *n* gyertyöntő, -mártó
waxen ['wæks(ə)n] *a* 1. viaszos, viaszból való 2. viasszerű
wax-light *n* viaszgyertya
wax-sheet *n* stencil(lap)
waxwing *n* csonttollú madár
waxwork *n* viaszbáb, -figura; ~*s* panoptikum
waxy¹ ['wæksɪ] *a* 1. viasszerű, viaszos; ~ *potatoes* szappanos krumpli 2. puha, lágy
waxy² ['wæksɪ] *a* □ dühös, zabos, pipás
way [weɪ] I. *n* 1. út; *(igékkel alkotott kapcsolatok:) ask one's* ~ megkérdezi, merre kell menni; *find one's* ~ *back* visszatalál, visszaér; *give* ~ (1) enged, hátrál (2) lesüllyed, beszakad; *give* ~ *(to sy)* (1) utat enged (vknek) (2) elsőbbséget ad (vknek); *go one's own* ~ (1) a maga útját járja (2) a saját/maga feje után megy; *know one's* ~ *about/around* kiismeri magát, jól eligazodik; *make one's* ~ *back* visszatér; *make one's* ~ *in life* boldogul (az életben); *make* ~ *for sy/sg* utat enged/csinál vknek/vmnek, alkalmat szolgáltat vmnek; *it is making* ~ megy, halad, terjed, előrejut; *show sy the* ~ (meg-) mutatja vknek az utat; *work one's* ~ *up* felküzdi magát; *(elöljárókkal alkotott kapcsolatok:)* ~ *in* bejárat; ~ *out*

kijárat; ~ *through* átjáró; *along the* ~ útközben; *by* ~ *of sg* (1) vmn át/keresztül, vm útvonalon (2) vmként, vm gyanánt, vmképpen; *by* ~ *of introduction* bevezetésképpen, elöljáróban; *by the* ~ (1) mellesleg (2) erről jut eszembe!, igaz is!, apropó!; *be in sy's* ~ út(já)ban van vknek; *on the* ~ útban, útközben; *on one's* ~ *home* útban/úton hazafelé; *over/across the* ~ az út másik oldalán; *get out of the* ~ félreáll az útból; *go out of one's* ~ *to* ... mindent elkövet, hogy . . .; *keep out of sy's* ~ félreáll vk útjából, kitér vk elől; *be under* ~ (1) úton/útközben van (2) folyamatban van; *get under* ~ mozgásba/lendületbe jön 2. távolság, út; *all the* ~ (végig) az egész úton, végig; *a short* ~ *off* nem messz(ir)e; *not by a long* ~ távolról/cseppet sem; *go a long* ~ *towards sg* vmt jelentékenyen megközelít; *it will go a long* ~ (1) sokáig elég lesz (2) futja vmből 3. irány; *that* ~ arra, erre; *this* ~ *out* a kijárat erre van, erre tessék kifáradni; *this* ~, *please* erre tessék; *look the other* ~ elfordítja a fejét, másfelé néz 4. mód; eljárás; módszer; ~*s and means* utak és módok, módozatok és lehetőségek; ~ *of living* életmód; *that's his* ~ ez az ő módszere; *the* ~ *things are (going)* ahogy ma a dolgok állnak; *in this* ~ így, ily módon; *either* ~ akár így, akár úgy; *in no* ~ semmiképpen, sehogy; *in some* ~ *or other* így vagy úgy, valahogyan; *in a small* ~ szerény keretek között; *he always has his* ~ mindig keresztülviszi az akaratát; *where there's a will there's a* ~ az erős akarat diadalt arat 5. szokás; *be in the* ~ *of doing sg* szokása vmt megtenni 6. szempont, tekintet; *in a* ~ bizonyos tekintetben/fokig; *in many* ~*s* (1) sok tekintetben/szempontból (2) sokféleképpen; *in some* ~*s* bizonyos tekintetben II. *adv US* el, messze, távol; ~ *back in 1907* még valamikor 1907-ben
waybill *n* fuvarlevél
wayfarer ['weɪfeərə*] *n* 1. utas(ember) 2. vándor(ló)

wayfaring ['weɪfeərɪŋ] a gyalogos, (gyalogszerrel) utazó
waylay [weɪ'leɪ] vt (pt/pp -laid -'leɪd)
1. (az úton) megles és orvul megtámad
2. úton feltartóztat
way-leave n 1. útjog, (út)szolgalom 2. átrepülési jog
wayside I. a útszéli, útmenti II. n út széle
wayward ['weɪwəd] a akaratos, önfejű, csökönyös; bogaras —
W.C., WC [dʌblju:'si:] 1. water-closet vécé 2. West Central ⟨London egyik postai kerülete⟩
WCC [dʌblju:si:'si:] World Council of Churches Egyházak Világtanácsa
W/Cdr. Wing-Commander
W.D. [dʌblju:'di:] War Department hadügyminisztérium
we [wi:; gyenge ejtésű alakja: wɪ] pron mi; ~ both mindketten; as ~ say ahogy mondani szokás
weak [wi:k] a 1. gyenge, gyönge; ~ form gyenge (ki)ejtésű alak 2. híg 3. gyarló 4. hatástalan 5. ~ in the head ostoba
weaken ['wi:k(ə)n] A. vt 1. (le)gyengít 2. hígít B. vi (el)gyengül, legyengül
weakening ['wi:kənɪŋ] I. a gyengülő II. n 1. gyengítés 2. gyengülés
weak-eyed a gyenge szemű, vaksi
weak-headed a butus, nehéz felfogású
weak-hearted a gyáva
weakish ['wi:kɪʃ] a gyengécske, gyengus
weak-kneed a biz határozatlan; gyenge jellemű; ijedős
weakling ['wi:klɪŋ] n 1. nyápic/vékonydongájú ember 2. puhány
weakly ['wi:klɪ] I. a gyenge, beteges II. adv gyengén, betegesen
weak-minded a 1. gyengeelméjű 2. határozatlan
weakness ['wi:knɪs] n 1. gyengeség 2. gyengéje (v. a gyenge oldala/pontja) vknek/vmnek
weal [wi:l] n jólét, közjó, boldogulás
Weald [wi:ld] n the ~ ⟨erdős-dombos vidék Dél-Angliában⟩
wealth [welθ] n gazdagság, jólét, vagyon, bőség; be rolling in ~ majd felveti a pénz
wealthy ['welθɪ] a gazdag, vagyonos

wean [wi:n] vt 1. elválaszt [csecsemőt, borjút stb.] 2. leszoktat (from vmről)
weaning ['wi:nɪŋ] n elválasztás [csecsemőé, borjúé stb.]
weanling ['wi:nlɪŋ] n elválasztott csecsemő/borjú stb., választási malac
weapon ['wepən] n fegyver
weaponless ['wepənlɪs] a fegyvertelen
weaponry ['wepənrɪ] n fegyverzet
wear [weə*] I. n 1. használat; kop(tat)ás; ~ and tear elhasználódás, kopás (okozta értékcsökkenés); for hard ~ strapabíró 2. viselet; ladies' ~ női ruhák/divatáru II. v (pt wore wɔ:*, pp worn wɔ:n) A. vt 1. visel, hord; what shall I ~? mit vegyek föl?; ~ a smile mosoly ül az arcán, mosolyog 2. elhord, (el)koptat, elnyű, elhasznál; ~ holes in sg lyukasra koptat, kilyukaszt [harisnyát stb.] 3. kimerít, kifáraszt B. vi 1. ~ well (1) tartós, strapabíró (2) „jól tartja magát" [öregedő ember] 2. (le)kopik 3. (el)múlik
wear away A. vt 1. elkoptat, elnyű 2. eltölt [időt] B. vi 1. elkopik, elhasználódik 2. elmúlik [idő]
wear down A. vt 1. lekoptat 2. zaklatással kifáraszt B. vi lekopik
wear off A. vt 1. elhord [ruhát] 2. lekoptat B. vi 1. lekopik; elmosódik 2. megszokottá válik 3. elenyészik
wear on vi lassan elmúlik; time wore on telt-múlt az idő
wear out A. vt 1. elkoptat, elhasznál; kifáraszt; he wore himself o. agyondolgozta magát (és korán megöregedett); be worn o. (1) agyonhasznált (2) (halálosan) kimerült 2. eltölt [időt] B. vi elhasználódik, elkopik
wear through vt 1. kilyukaszt [koptatással] 2. ~ t. the day átvergődik vmin vhogyan
wearable ['weərəbl] a viselhető, hordható
wearer ['weərə*] n aki vmt hord/visel, viselő
wearied ['wɪərɪd] a fáradt, lankadt
wearily ['wɪərəlɪ] adv fáradtan, ernyedten
weariness ['wɪərɪnɪs] n 1. fáradtság, kimerültség 2. unalom 3. türelmetlenség

wearing ['weərɪŋ] **I.** *a* **1.** koptató **2.** kopásnak kitett; ~ *surface* koptató réteg, kopási felület **3.** fárasztó **II.** *n* **1.** viselés, hordás **2.** koptatás
wearing-apparel *n* ruházat, ruhanemű
wearisome ['wɪərɪs(ə)m] *a* **1.** fárasztó **2.** unalmas, hosszadalmas
weary ['wɪərɪ] **I.** *a* **1.** fáradt, kimerült; *be* ~ *of sg* vmbe beleunt/belefáradt **2.** fárasztó, kimerítő, unalmas **II.** *v* (*pt/pp* **wearied** 'wɪərɪd) **A.** *vt* **1.** kifáraszt, kimerít **2.** untat **B.** *vi* ~ *of sg* beleun/belefárad vmbe
weasel ['wi:zl] *n* menyét
weasel-faced *a* sunyi arcú
weather ['weðə*] **I.** *n* **1.** idő(járás); (*jelzői haszn*) időjárási, meteorológiai; *US the W*~ *Bureau* Meteorológiai Intézet; ~ *conditions* időjárási viszonyok; ~ *report* időjárásjelentés; ~ *permitting* ha az időjárás (meg)engedi; *be under the* ~ nem érzi jól magát, roszszul érzi magát; *make heavy* ~ (1) (nehezen) küzd a hullámokkal (2) nehéznek talál vmt **2.** (*jelzői haszn*) széloldali, szél irányába néző **II. A.** *vt* **1.** időjárásnak kitesz; elmállaszt **2.** kiáll, átvészel (vmt); ~ *a storm* vihart kiáll **3.** edz **4.** elmegy vm mellett baj nélkül **B.** *vi* **1.** elmállik, széporlad **2.** patinát kap
weather-beaten *a* **1.** viharvert(e), viharedzett **2.** cserzett arcbőrű
weather-board *n* vízvető deszka, viharléc
weather-boarding *n*, **weather-boards** *n pl* külső védődeszkázat, vízvető deszkázat, vihardeszka
weather-bound *a* (rossz idő miatt) veszteglő
weather-chart *n* időjárási térkép
weathercock *n* (*átv is*) szélkakas
weather-deck *n* viharfedélzet
weathered ['weðəd] *a* levegőn szétmállott/megpatinásodott, mállott
weather-eye *n biz keep one's* ~ *open* jól nyitva tartja a szemét
weather-forecast *n* várható időjárás
weather-glass *n* barométer
weatherman ['weðəmən] *n* (*pl* -men -mən) *biz* meteorológus, időjós

weather-proof *a* **1.** időálló, viharálló **2.** szélmentes; hézagzáró; vízhatlan
weather-side *n* **1.** szeles oldal **2.** széloldal [hajóé]
weather-strip *n* tömítőfilc [ajtón, ablakon], windfix; légszigetelő szalag
weather-station *n* meteorológiai állomás
weather-vane *n* szélkakas
weather-wise *a* időjárást megjósolni tudó
weather-worn *a* viharvert
weave [wi:v] **I.** *n* **1.** szövés(mód) **2.** szövet **II.** *v* (*pt* **wove** woʊv, *pp* **woven** 'woʊv(ə)n) **A.** *vt* **1.** sző **2.** (össze)fon **3.** kieszel; ~ *a plot* összeesküvést sző **B.** *vi* **1.** szövődik **2.** kígyózik, kanyarog **3.** (ki)leng
weaver ['wi:və*] *n* **1.** takács **2.** szövő- (madár)
weaving ['wi:vɪŋ] *n* szövés
web [web] *n* **1.** szövet, szövedék, háló **2.** úszóhártya [madarak lábán] **3.** penge [kardé, fűrészé] **4.** toll [kulcsé] **5.** vég [szövet] **6.** rotációs henger [papír]
webbed [webd] *a* úszóhártyás
webbing ['webɪŋ] *n* **1.** nádfonás [ülőbútoron] **2.** heveder
web-footed *a* úszóhártyás lábú
webster ['webstə*] *n* † takács
wed [wed] *v* -**dd**- **A.** *vt* **1.** feleségül vesz (vkt); férjhez megy (vkhez) **2.** összead, összeesket **B.** *vi* egybekel, (öszsze)házasodik
Wed. *Wednesday* szerda
we'd [wi:d] = *we had/should/would*
wedded ['wedɪd] *a* **1.** házas; hitvesi; ~ *life* házasélet; *my* ~ *wife* hites feleségem **2.** *be* ~ *to an opinion* makacsul ragaszkodik egy véleményhez
wedding ['wedɪŋ] *n* esküvő; menyegző, lakodalom; ~ *breakfast* lagzi, lakodalmi/esküvői ebéd
wedding-cake *n* lakodalmi torta
wedding-day *n* **1.** esküvő napja **2.** házassági évforduló
wedding-march *n* nászinduló
wedding-party *n* **1.** násznép **2.** lakodalmi/esküvői ebéd/vacsora, lagzi
wedding-present *n* nászajándék
wedding-ring *n* jegygyűrű
wedge [wedʒ] **I.** *n* ék; *the thin edge of the* ~ ⟨későbbi nagy változások v. bajok

jelentéktelennek látszó kezdete〉 II. *vt*
1. ~ (*in*) beékel; beszorít; ~ *oneself in*
bepréseli magát 2. széthasít [ékkel]
wedged [wedʒd], **wedge-shaped** *a* ék alakú
wedgie ['wedʒɪ] *n* telitalpú cipő
Wedgwood ware ['wedʒwʊd] 〈egy angol
porcelánfajta〉
wedlock ['wedlɔk] *n* házasság
Wednesday ['wenzdɪ] *v.* -deɪ] *n* szerda
wee [wi:] *a sk* pici, parányi; *a* ~ *bit* egy
kissé, (ici)picit
weed [wi:d] I. *n* 1. gyom, gaz, dudva; *ill*
~*s grow apace* a dudva gyorsan nő 2.
biz cingár ember 3. † dohány 4. □
marihuána II. *vt* ~ (*out*) (ki)gyomlál
(*átv is*); ~ *out* kiselejtez, kihajígál
weed-grown *a* elgazosodott
weeding ['wi:dɪŋ] *n* gyomlálás, sarabolás
weed-killer *n* gyomirtó(szer)
weeds [wi:dz] *n pl* özvegyi gyászruha
weedy ['wi:dɪ] *a* 1. gazos, gyomos 2.
biz cingár, beteges külsejű
week [wi:k] *n* hét; *last* ~ múlt héten;
next ~ jövő héten; *this* ~ ezen a héten;
~ *in* ~ *out* hétről-hétre; *this day* ~ (1)
mához egy hétre (2) ma egy hete; *once*
a ~ hetenkint egyszer; *Tuesday* ~
keddhez egy hétre; *a* ~ *of Sundays* (1)
egy örökkévalóság (2) hét hét; *what*
day of the ~ *is it today?* milyen nap
van ma?; □ *knock sy into the middle*
of next ~ behúz vknek
weekday *n* hétköznap
weekend I. *n* hétvég, hét vége, víkend; ~
trip hétvégi kirándulás II. *vi* a hét
végét vhol tölti, víkendezik
weekender [-endə*] *n* hétvégi turista/
kiránduló, víkendező
weekly ['wi:klɪ] I. *a* heti, hetenkénti II.
adv hetenkint III. *n* hetilap
weeny ['wi:nɪ] *a biz* icipici
weep [wi:p] I. *n have a good* ~ jól kisírja
magát II. *v* (*pt/pp* **wept** wept) A. *vi* 1.
sír; ~ *for/over* megsirat 2. folyik, csö-
pög, (át)szivárog 3. könnyezik, gyön-
gyözik B. *vt* (meg)sirat; ~ *tears* köny-
nyeket ont
weeper ['wi:pə*] *n* 1. síró 2. sirató
weep-hole *n* szivárgónyílás [támfal-
ban]
weeping ['wi:pɪŋ] I. *a* 1. síró 2. csö

pögő, gyöngyöző 3. lecsüngő II. *n* 1.
sírás 2. csöpögés, gyöngyözés
weepy ['wi:pɪ] *a* sírós, siránkozó
weevil ['wi:vɪl] *n* zsizsik
weft [weft] *n* 1. vetülék(fonal) 2. szövet
weigh [weɪ] A. *vt* 1. (meg)mér, (meg-)
mázsál 2. mérlegel, latolgat, megfon-
tol; ~ *one's words* megfontolja szavait
B. *vi* 1. nyom (vmennyit), (vm) súlya
van; *how much does it* ~ mennyit
nyom?, mi a súlya? 2. súlya/befo-
lyása van 3. nehezedik
  weigh down *vt* 1. lenyom 2. nyo-
masztólag hat (vkre)
  weigh in *vi* 1. súlyát ellenőrzi, le-
mér(et)i magát [verseny előtt] 2. ~ *in*
with an argument nyomós érvvel hoza-
kodik elő
  weigh on *vi it* ~*s on my mind* nyo-
maszt, lehangol
  weigh out *vt* kimér
  weigh upon *vi* = **weigh on**
  weigh with *vi* ~ *w. sy* befolyásol
vkt, (nagy) tekintélye van vk előtt
weigh-beam *n* tolósúlyos mérleg
weigh-bridge *n* hídmérleg
weighing ['weɪɪŋ] I. *a* 1. mérő; ~
enclosure mázsáló [lóversenytéren] 2.
vmennyit nyomó II. *n* 1. mérés 2.
horgonyfelszedés
weighing-machine *n* mázsáló, mázsa,
mérleg
weighman ['weɪmən] *n* (*pl* -men -mən)
mázsáló
weight [weɪt] I. *n* 1. súly; ~ *bath* súly-
fürdő; *a* ~ *off my mind* egy kő a szí-
vemről; *pull one's* ~ nekifeszül
(vmnek); *gain* ~, *put on* ~ (meg)hí-
zik; *biz throw one's* ~ *about* hatalmát
feltűnően mutogatja, nagyzol 2. *átv*
súly, nyomaték, fontosság; *of no* ~
jelentéktelen, súlytalan; *his word car-
ries* ~ szavának súlya van; *have great*
~ *with sy* nagy befolyása van vkre II.
vt megrak, megterhel, súlyosabbá tesz
weightiness ['weɪtɪnɪs] *n* 1. súlyosság 2.
nyomósság
weightlessness ['weɪtlɪsnɪs] *n* súlytalan-
ság
weight-lifter [-lɪftə*] *n* súlyemelő
weight-lifting *n* súlyemelés

weighty ['weɪtɪ] a 1. súlyos 2. nyomós, nyomatékos, fontos

weir [wɪə*] n bukógát, vízduzzasztó

weird [wɪəd] I. a 1. természetfölötti, furcsa, hátborzongató 2. the ~ sisters a végzet istennői, a boszorkányok II. n sors, végzet

weirdly ['wɪədlɪ] adv különösen, furcsán, hátborzongatóan

welcome ['welkəm] I. a 1. szívesen látott, kellemes; it was ~ news örvendetes hír volt 2. you are ~ to it rendelkezésedre áll; you are ~! [köszönetre válaszolva] szívesen! II. int Isten hozta/hozott III. n fogadtatás, üdvözlés; bid sy ~ örömmel üdvözöl vkt; give sy warm ~ meleg fogadtatásban részesít vkt IV. vt 1. üdvözöl 2. fogad 3. szívesen lát/vesz

weld [weld] I. n hegesztés (helye) II. A. vt (meg)hegeszt B. vi összeforr(ad)

welded ['weldɪd] a hegesztett

welding ['weldɪŋ] I. a hegesztő; ~ torch hegesztőpisztoly II. n hegesztés

welfare ['welfeə*] n jólét, jóllét, boldogulás; ~ centre (beteg)gondozó; ~ officer kb. szociálpolitikai előadó; ~ state (köz)jóléti állam; ~ work szociális gondozási munka; ~ worker szociális gondozó

welkin ['welkɪn] n † égbolt

well¹ [wel] I. n 1. kút; sink a ~ kutat ás/fúr 2. forrás 3. üreg, akna II. vi ömlik, bugyog; ~ forth/up kiárad, kiömlik, kibuggyan. dől

well² [wel] I. a a jó, szerencsés; egészséges; be ~ jól érzi magát, jól van; get ~ javul; it is ~ that szerencse, hogy; all's ~ minden rendben van; all's ~ that ends ~ minden jó ha jó a vége; that's all very ~ but ... ez mind szép és jó, de ... ; ~ enough elég jó(l) II. adv (comp better 'betə*, sup best best) 1. jól, helyesen, szerencsésen; very ~ nagyon jól, kitűnően →very¹ II.; ~ met! isten hozott/hozta!; be ~ off jómódban él; you don't know you are ~ nem tudod mikor van jó dolgod; you'd do ~ to ... jól tennéd, ha ...; stand ~ with sy be van vágódva vknél 2. nagyon; ~ on in years már nem fiatal,

koros; ~ up in a subject egy tárgyban igen tájékozott; be ~ worth seeing nagyon érdemes megnézni 3. as ~ szintén, is, azonkívül; you might as ~ ... legjobb lesz, ha ..., nem marad más hátra, mint hogy ...; you/one might as ~ say azt is lehetne mondani ...; you may as ~ stay akár maradhatsz is; we may as ~ begin at once akár azonnal (el is) kezdhetjük; it's just as ~ (ami) nem is baj, jobb is (ha); as ~ as (1) valamint, és (2) éppúgy mint 4. nos, szóval; hát; ~, ~! (1) ejha!, mit akarsz? (2) ugyan-ugyan!; ~ then nos hát!, rajta!, hát akkor; ~ I never! ejha!, no de ilyet! III. n wish sy ~ jóakarója vknek, jóindulatú vkvel szemben ‖ →do¹

we'll [wiːl; gyenge ejtésű alakja: wɪl] = we shall/will

well-advised [-əd'vaɪzd] a megfontolt, bölcs

well-appointed [-ə'pɔɪntɪd] a jól felszerelt/berendezett

well-balanced a 1. kiegyensúlyozott 2. értelmes, okos

well-behaved [-bɪ'heɪvd] a jó modorú, illedelmes

well-being n jólét, kényelem

well-beloved a igen szeretett

well-born a előkelő származású

well-bred a 1. jól nevelt, jó családból való 2. pedigrés [háziállat]

well-chosen a választékos

well-conditioned a jó karban lévő, ép

well-conducted [-kən'dʌktɪd] a 1. illedelmes 2. jól vezetett

well-connected a jó összeköttetésekkel rendelkező

well-content a (meg)elégedett

well-defined [-dɪ'faɪnd] a 1. helyesen értelmezett 2. élesen kirajzolódó; jól körülhatárolt

well-directed [-dɪ'rektɪd] a jól irányzott

well-dish n húsostál (végén kis mélyedéssel lének)

well-disposed a jóindulatú

well-doing I. a jótevő II. n jótett

well-done a 1. jól elvégzett 2. jól átsütött [hús] ‖ →do¹ I. A. 1.

well-earned [-'ə:nd] *a* jól megérdemelt
well-educated *a* jól nevelt; képzett
well-favoured, *US* -favored *a* csinos, jóképű, jó megjelenésű
well-fed *a* jól táplált
well-found *a* jól felszerelt
well-founded [-'faʊndɪd] *a* jól megalapozott, alapos, indokolt
well-groomed [-'gru:md] *a* ápolt (külsejű), jól öltözött
well-grounded *a* 1. = *well-founded* 2. jó alapismeretekkel bíró
well-head *n* 1. forrás (foglalata/eredete) 2. kútfő, kútforrás
well-heeled *a biz* jómódú, pénzes
well-informed [-ɪn'fɔ:md] *a* jól értesült
wellington ['welɪŋtən] *n* ~ (*boot*), ~*s* magasszárú csizma; (női) gumicsizma
well-intentioned [-ɪn'tenʃnd] *a* jó szándékú
well-kept *a* jól ápolt/gondozott
well-knit *a* 1. erős, markos, keménykötésű 2. biztos, szilárd
well-known *a* jól ismert, közismert, ismeretes; híres; *as is* ~ ahogy köztudomású
well-lined *a* jól bélelt; ~ *purse* jól megtömött pénztárca
well-made *a* 1. szép termetű/szál, jó alakú/kötésű 2. jól elkészített/megszerkesztett
well-mannered *a* jó modorú, jól nevelt
well-marked *a* jól látható, feltűnő
well-matched [-'mætʃt] *a* jól összeillő/összeválogatott
well-meaning/meant *a* jó szándékú, jóhiszemű
wellnigh ['welnaɪ] *adv* majdnem
well-off *a* jómódú →*well*[2] *II*.
well-ordered *a* jól szervezett
well-posted [-'poʊstɪd] *a* jól tájékozott/értesült
well-read *a* olvasott
well-room *n* ivócsarnok [gyógyforrásnál]
Wells [welz] *prop*
well-set *a* = *well-knit 1*.
well-sinker *n* kútásó, kútfúró
well-spent *a* jól töltött/felhasznált
well-spoken *a* 1. finom beszédű, nyájas modorú 2. szép kiejtésű

well-spring *n* = *well-head*
well-stored [-'stɔ:d] *a* ~ *mind* (széleskörűen) művelt koponya/elme
well-thought-of *a* jó hírű, megbecsült
well-thought-out *a* (logikailag) jól felépített, jól átgondolt
well-timed *a* jól időzített
well-to-do [weltə'du:] *a* jómódú, gazdag, tehetős
well-tried *a* kipróbált, bevált
well-turned *a* szépen kifejezett
well-wisher [-wɪʃə*] *n* jóakaró, pártfogó
well-worn *a* 1. elhordott [ruha] 2. elkoptatott, elcsépelt
Welsh[1] [welʃ] *a*/*n* walesi; ~ *rabbit*/*rarebit* (meleg) sajtos pirítós
welsh[2] [welʃ] *vi* megszökik [bukméker a tétekkel]
Welshman ['welʃmən] *n* (*pl* -men -mən) walesi (ember)
Welshwoman *n* (*pl* -women) walesi nő
welt [welt] I. *n* 1. *biz* hurka [bőrön ütéstől], csík 2. recés szárrész [zoknié] 3. varróráma [cipészé] II. *vt* 1. *biz* elnáspángol, elagyabugyál 2. beszeg; rámán varr
welted ['weltɪd] *a* rámán varrott
welter ['weltə*] I. *n* 1. zűrzavar 2. hömpölygés, háborgás II. *vi* 1. hullámzik, zajlik 2. fetreng, hentereg
welter-weight *n* váltósúly; *light* ~ kisváltósúly
Wembley ['wemblɪ] *prop*
wen [wen] *n* kelevény [tarkón]
wench [wentʃ] *n* fiatal (paraszt)lány, szolgáló
wenching ['wentʃɪŋ] *n* nők után járás, nőzés
wend [wend] *vt* ~ *one's way* lépteit (vhová) irányítja
went →*go II*.
wept →*weep II*.
were →*be*
we're [wɪə*] = *we are*
weren't [wə:nt] = *were not*
werewolf ['wɪəwʊlf] *n* (*pl* -wolves) farkasember
wert →*be*
Wesley ['wezlɪ; *US* -slɪ] *prop*
Wesleyan ['wezlɪən; *US* -sl-] *a*/*n* wesleyánus, metodista

Wessex ['wesıks] prop
west [west] I. a nyugati; W~ Central ⟨London egyik postai kerülete⟩; W~ End ⟨London előkelő nyugati negyede⟩ →west-end; the W~ Indies Nyugat-India; US W~ Side ⟨Manhattan nyugati része⟩ II. adv nyugat felé, nyugatra; go ~ (1) nyugatra megy (2) biz beadja a kulcsot [= meghal] III. n 1. nyugat 2. nyugati terület(ek); the W~ a Nyugat [az USA-nak a Mississippi és a Csendes-óceán közé eső része]
west-end a az előkelő/elegáns (város)negyedből való, „előkelő", West End-i
westering ['westərıŋ] a nyugatra irányuló, nyugati; ~ sun lenyugvó nap
westerly ['westəlı] I. a nyugati II. adv nyugatra, nyugat felé
western ['westən] I. a nyugati; W~ Empire Nyugat-Római Birodalom; W~ Europe Nyugat-Európa II. n biz vadnyugati film, western
westerner ['westənə*] n nyugati ember [különösen az USA nyugati részén lakó]
westernize ['westənaız] vt nyugati kultúrával átitat
westernmost ['westənmoʊst] a legnyugatibb
westing ['westıŋ] n haladás nyugat felé
Westinghouse ['westıŋhaʊs] prop
Westminster ['westmınstə*] prop
westward ['westwəd] I. a nyugat felé eső II. adv (~s 'westwədz is) nyugatra, nyugat felé III. n nyugat felé levő táj ‖ →ho
wet [wet] I. a (comp ~ter 'wetə*, sup ~test 'wetıst) 1. nedves, vizes, (át-)ázott; ~ pack vizes borogatás; ~ paint! vigyázat mázolva !; ~ through, ~ to the skin bőrig ázott; get ~ megázik; biz ~ blanket savanyú alak, ünneprontó 2. esős 3. US biz szabad alkoholfogyasztást engedő, prohibícióellenes [állam] II. n 1. nedvesség; csapadék, eső 2. □ ivás 3. US biz alkoholtilalom-ellenes III. vt -tt- megnedvesít, benedvesít; beáztat
wether ['weðə*] n ürü
wetness ['wetnıs] n nedvesség

wet-nurse n szoptatós dajka
wetted ['wetıd], wetting ['wetıŋ] →wet
we've [wi:v] = we have
wh ... kezdetű szavak kezdő hangjának GB ejtése: [w ...]. Az USA-ban elterjedtebb (de nem kizárólagos) ejtés: [hw ..]
whack [wæk; US hw-] I. n 1. ütés 2. □ megillető rész; nagy adag 3. biz have a ~ at sg megpróbálkozik vmvel II. int puff!, durr! III. vt elnadrágol, jól elver
whacker ['wækə; US 'hw-] n □ 1. irtó nagy dolog/ember 2. oltári hazugság
whacking ['wækıŋ; US 'hw-] a □ irtó nagy
whale [weıl; US hw-] I. n 1. bálna, cet(hal) 2. biz a ~ of ... rengeteg ...; a ~ of difference óriási különbség; be a ~ for work kitűnő munkás II. vi bálnára vadászik
whale-boat n bálnavadászhajó
whalebone n halcsont, (bálna)szila
whale-oil n cetzsír, bálnazsír
whaler ['weılə*; US 'hw-] n 1. cetvadász 2. bálnavadász(hajó)
whaling ['weılıŋ; US 'hw-] n bálnavadászat; ~ ground cetvadászatra alkalmas terület
whaling-gun n szigonyágyú
whang [wæŋ; US hw-] I. n puffanás II. A. vt elpüföl B. vi puffan
wharf [wɔ:f; US hw-] I. n (pl ~s -fs v. -ves -vz) rak(odó)part II. vt rakparton kiköt/kirak (hajót)
wharfage ['wɔ:fıdʒ; US 'hw-] n 1. rakpartilleték 2. rakparthasználat
wharfinger ['wɔ:fındʒə*; US 'hw-] n rakpartőr
wharves →wharf
what [wɔt; US hwɑt] I. a/pron 1. mi?, mit?; ~ is it? (1) mi az? (2) mi van?; ~'s on? (1) mi az?, mi történik? (2) mit adnak?, mi megy ma? [moziban stb.]; ~ did you say? mit mondott/ mondtál?; ~ is to be done? (most) mit csináljunk?; ~ is that to you? mi közöd hozzá?; ~ on earth are you doing here? hát te mi a csudát keresel itt?; ~ for? miért?, mi célból?; ~ do you take me for? minek nézel?; so ~? hát aztán?,

na és (aztán)?_2. milyen?, micsoda?;
mennyi?, hány?; ~ colour is it? milyen színű?; ~ is it like? (mondd el,
hogy) milyen?, hogy néz ki?; ~ good
is it? mi értelme van ennek?, mire
jó ez?; ~ news? mi újság/hír?; ~ time
is it? hány óra van?; ~ day of the
month is it? hányadika van?; ~ an
idea! micsoda ötlet! 3. ami(t), amely(et), az ami, azt amit; ~ I like is
music a zene az, amit szeretek; and
~ is more sőt mi több; ~ with one
thing and another egy és más okból;
részben ennek, részben annak következtében II. n biz know ~'s ~ ismeri
a dörgést, tudja mitől döglik a légy;
I'll tell you ~ mondok neked valamit;
biz give sy ~ for jól lehord vkt, lekap
vkt a tíz körméről
what-d'you-call-it ['wɔtdjʊkɔ:lɪt; US
'hwɑtdjə-] n hogyishívják, izé
whate'er [wɔt'eə*; US hwɑt-] = whatever
whatever [wɔt'evə*; US hwɑt-] pron 1.
akármi(t), bármi(t) (is), ami(t) csak 2.
akármilyen(t), bármilyen(t); at ~ cost
bármi áron (is); no chance ~ egyáltalán
semmi esély
whatnot n 1. állvány, polc, stelázsi 2.
amit akarsz, apróság, holmi
whatsoever [wɔtsoʊ'evə*; US hwɑt-]
pron = whatever
wheat [wi:t; US hw-] n búza
wheaten ['wi:tn; US hw-] a búzából való,
búza-
wheat-grass n tarackbúza
wheatmeal n búzaliszt, búzadara
Wheatstone ['wi:tstən] prop
wheedle ['wi:dl; US 'hw-] vt hízeleg
(vknek); ~ into hízelgéssel rábír vmre;
~ out of kikunyerál, kicsikar [pénzt]
wheedling ['wi:dlɪŋ; US 'hw-] n mézesmázos rábeszélés
wheel [wi:l; US hw-] I. n 1. kerék; ~s
within ~s bonyolult összefüggések;
break sy on the ~ vkt kerékbe tör 2.
kormány(kerék); at the ~ a kormánynál/volánnál 3. US kerékpár 4.
forgás II. A. vt 1. gördít, gurít 2. tol
[kerekeken járó dolgot], tolókocsin
tol (vkt) B. vi 1. gördül, gurul 2.

kering, kígyózik 3. kanyarodik 4. ~
round körbefordul, megfordul 5. US
biz kerekezik, bringázik
wheelbarrow n talicska, taliga
wheel-base n tengelytáv(olság)
wheel-chair n tolókocsi [betegnek]
wheeled [wi:ld; US hw-] a kerekes; kerekű
wheeler ['wi:lə*; US 'hw-] n 1. three-~
háromkerekű jármű 2. kerékgyártó 3.
rudas [ló]
wheel-horse n 1. = wheeler 3. 2. megbízható munakerő (aki húz mint egy
ló)
wheel-house n kormányosfülke
wheeling ['wi:lɪŋ; US 'hw-] n 1. gurítás
2. kanyarodás 3. US biz kerekezés
wheel-lock n † kovás puska
wheel-window n kerékablak, (mérműves) rózsaablak
wheel-wright n kerékgyártó, bognár
wheeze [wi:z; US hw-] I. n 1. zihálás,
asztmás légzés 2. □ bemondás, tréfa II. vi liheg, zihál
wheezy ['wi:zɪ; US 'hw-] a lihegő,
ziháló
whelk [welk; US hw-] n kürtcsiga
whelp [welp; US hw-] I. n kölyök II.
vi/vt (meg)kölykezik
when [wen; US hw-] I. adv 1. mikor? 2.
amikor; ~ at school iskolás korában;
say ~ mondd (meg) mikor elég; since
~ (a)mióta; till ~ meddig? II. conj 1.
amikor, midőn 2. noha; pedig
whence [wens; US hw-] adv 1. honnan?,
honnét? 2. ahonnan, ahonnét; amiből
whencesoever [wenssoʊ'evə*; US hw-]
adv ahonnan csak, bárhonnan is
whene'er [wen'eə*; US hw-] = whenever
whenever [wen'evə*; US hw-] adv akármikor, bármikor, valahányszor
whensoever [wensoʊ'evə*; US hw-]
adv = whenever
where [weə*; US hw-] I. adv/pron/conj 1.
hol?, hová?, merre?; ~ are you going
to? hová mész?; ~ do you come from?
honnan jössz?; ~ does it concern us?
mennyiben érint bennünket? 2. ahol,
ahova; ott ahol, oda ahova; from ~
ahonnan; from ~ I stand onnan ahol

állok; *to* ~ ahova; *this is* ~ *I live* itt lakom én; *that is* ~ *you are mistaken* ez az amiben tévedsz II. *n the* ~ *and when* a helye és ideje vmnek
whereabouts I. *adv* [weərə'bauts; *US* hw-] 1. hol?, merre? 2. ahol II. *n* ['weərəbauts; *US* 'hw-] hollét
whereafter [weər'ɑːftə*; *US* hweər'æ-] *adv* ami után
whereas [weər'æz; *US* hw-] *conj* 1. miután, minthogy, mivel; tekintettel arra, hogy 2. habár, jóllehet, noha 3. (míg) ellenben/viszont, míg
whereat [weər'æt; *US* hw-] *adv* 1. amire, amin, amiért 2. min?
whereby [weə'baɪ; *US* hw-] *adv* 1. miből?; mi által?, hogyan? 2. amiből, ami által, amitől, amivel
where'er [weər'eə*; *US* hw-] = *wherever*
wherefore ['weəfɔː*; *US* 'hw-] I. *adv* 1. miért? 2. azért, amiért, miért is II. *n* ok
wherefrom [weə'frɔm; *US* hweər'frɑm] *adv* 1. † honnan? 2. ahonnan, amiből
wherein [weər'ɪn; *US* hw-] *adv* 1. miben?, mennyiben?2. amiben, amelyben
whereof [weər'ɔv; *US* hweər'ɑv] *adv* 1. miből?, mire?, kitől?, miről? 2. amiből, amire, amiről, aki(k)ről
whereon [weər'ɔn; *US* hweər'ɑn] *adv* 1. min?, mire? 2. amin, amire
wheresoever [weəsou'evə*; *US* hw-] *adv* = *wherever*
whereto [weə'tuː; *US* hw-] *adv* 1. hova?, mire? 2. ahova, amire
whereupon [weərə'pɔn; *US* hweərə-'pɑn] *adv* (a)mire, ami után
wherever [weər'evə*; *US* hw-] *adv* akárhol, bárhol, ahol/ahova csak, akárhova, bárhova
wherewith [weə'wɪθ; *US* hw-] *adv* 1. mivel? 2. amivel
wherewithal ['weəwɪðɔːl; *US* 'hw-] *n the* ~ a szükséges összeg, az anyagiak
wherry ['werɪ; *US* 'hw-] *n* ladik
whet [wet; *US* hw-] I. *n* 1. élesítés, köszörülés 2. *biz* étvágygerjesztő II. *v* -tt- 1. (meg)köszörül, (ki)élesít, fen 2. ~ *sy's appetite* étvágyat csinál vknek
whether ['weðə*; *US* 'hw-] *conj* 1. vajon

2. ~ ... *or* ... akár ... akár; ~ *or no* minden körülmények között, akár igen akár nem
whetstone ['wetstoun; *US* 'hw-] *n* köszörűkő
whetting ['wetɪŋ; *US* 'hw-] I. *n* élesítés, köszörülés, fenés
whew [hjuː] *int* tyű(ha)!, ejha!, hű!
whey [weɪ; *US* hw-] *n* savó
whey-faced *a* sápadt, hal(a)vány
which [wɪtʃ; *US* hw-] *a/pron* 1. melyik(et)?, mely(et)?; ~ *one?* melyik(et)?; ~ *ones?* melyek(et)?; ~ *is* ~? melyik másik (a kettő közül)?; ~ *way* merre(felé)?, milyen irányba(n)?; ~ *way is the wind?* honnan fúj a szél? 2. amelyik(et), amely(et), az(t) ami(t)
whichever [wɪtʃ'evə*; *US* hw-] *pron* akármelyik(et), bármelyik(et), amelyik(et) csak
whiff [wɪf; *US* hw-] I. *n* 1. fuvallat 2. szag 3. kis szivar II. A. *vi* pöfékel B. *vt* elfúj, lefúj
Whig [wɪg; *US* hw-] *a/n* liberális párti, _whig
Whiggery ['wɪgərɪ; *US* 'hw-] *n* GB (politikai) szabadelvűség
Whiggish ['wɪgɪʃ; *US* 'hw-] *a* whigekre jellemző
while [waɪl; *US* hw-] I. *conj* 1. míg, mialatt, amíg (csak); ~ *reading* olvasás közben 2. noha, bár II. *n* 1. (rövid) idő; *a good* ~ jó ideig/ideje; *for a* ~ rövid időre; *for a long* ~ jó ideje, régóta; *in a little* ~ rövidesen, nemsokára; *once in a* ~ néha, időnként, hébe-hóba, egyszer-egyszer; *all the* ~ az egész idő alatt, mindvégig; *stay a* ~ marad(j) egy kicsit 2. fáradozás; *worth (one's)* ~ megéri a fáradságot, érdemes III. A. *vi* időz(ik) B. *vt* ~ *away* eltölt, agyonüt [időt]
whilom ['waɪləm; *US* 'hw-] *a* † hajdani, néhai
whilst [waɪlst; *US* hw-] *conj* = *while I.*
whim [wɪm; *US* hw-] *n* szeszély, hóbort
whimper ['wɪmpə*; *US* 'hw-] I. *n* nyöszörgés, nyafogás II. *vi/vt* nyafog, nyöszörög
whimsical ['wɪmzɪkl; *US* 'hw-] *a* szeszélyes, fur(cs)a, rigolyás, hóbortos

whimsicality [wɪmzɪ'kælətɪ; US hw-] n szeszélyesség, bogarasság, furcsaság

whimsy ['wɪmzɪ; US 'hw-] n szeszély, hóbort

whin¹ [wɪn; US hw-] n tövises rekettye

whin² [wɪn; US hw-] n 1. bazalt 2. kemény homokkő

whinchat ['wɪntʃæt; US 'hw-] n rozsdás csaláncsúcs [madár]

whine [waɪn; US hw-] I. n 1. nyafogás, szűkölés 2. biz siránkozás II. vt/vi 1. nyafog, jajong, szűköl, nyüszít 2. biz siránkozik

whinny ['wɪnɪ; US 'hw-] I. n nyerítés II. vi nyerít, röhög [ló]

whip [wɪp; US hw-] I. n 1. ostor, korbács 2. kocsis 3. szárny [szélmalomé] 4. vadászinas [falkavadászaton] 5. GB ⟨politikai párt parlamenti fegyelmi és szervezési vezetője⟩; take the ~ aláveti magát a pártfegyelemnek 6. GB felszólítás parlamenti párttagokhoz; three-line ~ sürgős felszólítás (képviselőhöz szavazáson való megjelenésre) 7. felhúzókötél [hajón] 8. (tojás)hab II. v -pp- A. vt 1. ostoroz, korbácsol 2. felver [habot] 3. csapkod, ver [eső ablakot, hal farka vizet] 4. biz legyőz 5. összevarr [két posztószélt], beszeg 6. felhúz (csigával) B. vi 1. csapkod, ver 2. fürgén mozog, suhan 3. felverődik [tejszín]
whip back vi visszacsapódik
whip in vt 1. ráterel [falkát vad nyomára] 2. GB szavazásra berendel [parlamenti párttagot]
whip into vt ~ i. shape gatyába ráz, formába pofoz
whip off vt 1. leránt, lekap; felkap 2. elver (vhonnan)
whip out vt kiránt, előránt
whip round A. vt körülteker, beteker B. vi hirtelen megfordul/befordul
whip up vt 1. fölélénkít 2. fölkap 3. összecsap [vm munkát stb.]

whipcord n ostorszíj, ostorzsinór

whip-hand n biz have the ~ (of sy) ő tartja a kezében a gyeplőt, felülkerekedik vkn

whip-lash n ostorszíj

whipped [wɪpt; US hw-] a ~ cream tejszínhab ‖ →whip II.

whipper ['wɪpə*; US 'hw-] n ostoros whipper-in n 1. vadászinas 2. = whip I. 5.

whipper-snapper [-snæpə*] n szemtelen kis alak

whippet ['wɪpɪt; US 'hw-] n szalonagár

whipping ['wɪpɪŋ; US 'hw-] n 1. (meg-)verés, (meg)korbácsolás 2. vereség ‖ →whip II.

whipping-post n szégyenfa [amihez a megkorbácsolandót kötötték]

whipping-top n (ostorral hajtott) játékcsiga

whippoorwill ['wɪppʊəwɪl; US 'hw-] n amerikai kecskefejő

whip-saw n szalagfűrész

whip-stitch n beszegő öltés

whip-stock n ostornyél

whir →whirr

whirl [wə:l; US hw-] I. n 1. forgás, pörgés 2. forgó, örvény II. A. vi 1. forog 2. örvénylik 3. siet B. vt 1. (meg)pörget 2. magával ragad/sodor

whirligig ['wə:lɪgɪg; US 'hw-] n 1. forgatag, örvény 2. körhinta, ringlispíl 3. búgócsiga

whirlpool n örvény

whirlwind n forgószél; sow the wind and reap the ~ ki szelet vet vihart arat

whirr, US whir [wə:*; US hw-] I. n suhogás [pergő mozgáskor] II. vi zümmög, búg [teljes sebességgel forgó vm]

whisht [wɪʃt; US hw-] int pszt!

whisk [wɪsk; US hw-] I. n 1. suhintás, legyintés 2. habverő 3. kis söprű 4. (légy)csapó II. A. vi 1. suhint 2. surran B. vt 1. (meg)suhint 2. felver [habot] 3. ~ away/off (1) elhessent (2) gyorsan elröppent/elvisz

whiskered ['wɪskəd; US 'hw-] a pofaszakállas

whiskers ['wɪskəz; US 'hw-] n pl 1. pofaszakáll 2. szakáll, bajusz [macskáé stb.]

whisk(e)y ['wɪskɪ; US 'hw-] n whisky

whisper ['wɪspə*; US 'hw-] I. n 1. suttogás, súgás, halk hang 2. súgás-búgás, sugdosás, pletyka II. vi/vt suttog, susog, súg, halkan beszél/mond; ~ a word to sy fülébe súg egy szót vknek

whisperer ['wɪspərə*; US 'hw-] n suttogó, súgó
whispering ['wɪspərɪŋ; US 'hw-] I. a suttogó II. n 1. suttogás 2. = whisper I. 2.; ~ campaign suttogó propaganda
whispering-gallery n 1. suttogókupola 2. pletykaközpont
whist [wɪst; US hw-] n whist [játék]; ~ drive whistverseny [jótékony célú]
whistle ['wɪsl; US 'hw-] I. n 1. fütty, fütyülés 2. fütyülő, síp; biz wet one's ~ megöntözi a torkát [iszik]; pay for one's ~ sokba kerül ez még neki II. vi/vt (el)fütyül, sípol, sivít; ~ for the road (mozdony tilos szemafor előtt) fütyül; you'll have to ~ for it keresztet vethetsz rá, ugrott (a pénzed stb.)
whistler ['wɪslə*; US 'hw-] n 1. fütyülő személy 2. kehes ló 3. fütyülőruca 4. havasi mormota
whit[1] [wɪt; US hw-] n darabka; not a ~ egy cseppet sem
Whit[2] [wɪt; US hw-] n ~ Sunday pünkösdvasárnap; ~ Monday pünkösdhétfő
Whitaker ['wɪtəkə*] prop
Whitby ['wɪtbɪ] prop
white [waɪt; US hw-] I. a 1. fehér; ~ ant termesz; ~ bear jegesmedve; ~ birch nyírfa; ~ blood cell, ~ corpuscule fehér vérsejt; ~ clover fehér lóhere; ~ coffee tejeskávé; ~ flag [megadást jelző] fehér zászló; ~ heat fehér izzás; ~ horses tajtékos (gerincű) hullámok; US W~ House a Fehér Ház [az elnöki rezidencia Washingtonban]; ~ lead (1) ólomfehér [porfesték] (2) fehér ólomérc, cerusszit; ~ man (1) fehér ember (2) US becsületes (v. jól nevelt) ember; ~ matter fehér agyállomány; ~ meat fehér hús [borjúhús, csirkemell, házinyúlhús]; ~ metal fehér fém; W~ Paper „fehér könyv"; ~ pudding májashurka; ~ sauce besamelmártás; ~ slave prostituáltnak eladott nő →white-slave; ~ tie (1) fehér nyakkendő (2) frakk [mint előírt viselet] 2. sápadt, halvány; ~ hope halvány/végső remény 3. ősz (hajú) 4. tiszta, ártatlan; ~ lie ártatlan füllentés II. n 1. fehér (szín, öltözet); ~s (1) fehér

flanellnadrág (2) fehérfolyás 2. ~ of egg, egg ~ tojásfehérje 3. fehér bőrű emberek
whitebait n apróhal
white-caps n pl tajtékos gerincű hullámok
white-collar a értelmiségi, szellemi [dolgozó, munka]
whitefish n fehérhasú hal
white-haired a fehér/ősz hajú
Whitehall [waɪt'hɔːl; US hw-] n GB 1. ⟨minisztériumok és kormányhivatalok utcája Londonban⟩ 2. a brit kormány
white-headed a 1. ősz fejű 2. elkényeztetett, kedvenc [gyerek]
white-hot a 1. fehéren izzó 2. (nagyon) forró
white-lipped a 1. vértelen ajkú 2. (ijedtségtől) halálsápadt
white-livered [-lɪvəd] a félénk, gyáva
whiten ['waɪtn; US 'hw-] A. vt fehérít, (ki)meszel B. vi (el)fehéredik, kifehéredik
whiteness ['waɪtnɪs; US 'hw-] n 1. fehérség 2. sápadtság
whitening ['waɪtnɪŋ; US 'hw-] I. a 1. fehérítő 2. meszelő II. n 1. fehérítés 2. (fehérre) meszelés 3. mész
white-slave traffic leánykereskedelem
whitethorn n galagonya
whitethroat n mezei poszáta
whitewash ['waɪtwɔʃ; US 'hw-] I. n 1. meszelés 2. mész(festék) 3. szerecsenmosdatás II. vt 1. bemeszel, kimeszel 2. erkölcsileg tisztáz, tisztára mos
Whitey ['waɪtɪ; US 'hw-] n US fehér ember [gúnyos megjelölés színes bőrűek részéről]
whither ['wɪðə*; US 'hw-] adv 1. hova?, merre(felé)? 2. ahova, amerre
whithersoever [wɪðəsou'evə*; US hw-] adv ahova csak, akárhova, akármerre
whiting ['waɪtɪŋ; US 'hw-] n 1. mészfesték, mész(por) 2. sárga tőkehal
whitish ['waɪtɪʃ; US 'hw-] a fehéres
whitlow ['wɪtlou; US 'hw-] n körömméreg, ujjgyulladás
Whitman ['wɪtmən; US 'hw-] prop
Whitsun(tide) ['wɪtsn(taɪd); US 'hw-] n pünkösd

whittle ['wɪtl; US 'hw-] vt faragcsál; ~
down lefarag
whiz(z) [wɪz; US 'hw-] I. n zúgás [repü-
lő teste] II. vi zúgva/sivítva repül,
süvít
who [hu:] pron 1. ki?, kicsoda?, kik?;
~ on earth? ki a csuda?; ~ does he
think he is? kinek képzeli magát?;
~ ever told you that? ugyan ki mondta
ezt neked?; who's who ki kicsoda?
2. biz ~ are you waiting for? kit/kire
vár(sz)? 3. aki(k), az(ok) aki(k)
W.H.O., WHO [dʌblju:eɪtʃ'oʊ; biz hu:]
World Health Organization Egészség-
ügyi Világszervezet
whoa [woʊ] int hő(he)!, hó(ha)!; hé!
who'd [hu:d] = who had/would
whodunit [hu:'dʌnɪt] n US □ detektív-
regény, krimi
whoever [hu:'evə*] pron akárki, bárki,
aki csak
whole [hoʊl] I. a 1. egész, teljes; ~
coffee szemes kávé; ~ meal korpás
liszt; ~ milk teljes tej; US ~ note =
semibreve; ~ number egész szám
2. ép, sértetlen 3. (be)gyógyult II.
n 1. az egész; as a ~ teljes egészében;
on the ~ egész(é)ben véve, nagyjából
2. egység
whole-coloured a egyszínű
whole-hearted a szívből jövő, lelkes,
őszinte; teljes mértékű [támogatás
stb.]
whole-length a teljes hosszúságú, élet-
nagyságú [kép]
whole-meal a ~ bread korpás lisztből
készült kenyér
wholesale ['hoʊlseɪl] I. a 1. nagybani,
nagykereskedelmi; ~ dealer nagyke-
reskedő; ~ price nagykereskedői ár
2. általános; ~ slaughter tömegmé-
szárlás II. adv nagyban III. n nagy-
bani eladás; by ~ nagyban
wholesaler ['hoʊlseɪlə*] n nagykereskedő
wholesome ['hoʊls(ə)m] a 1. egészséges
2. üdvös, hatékony
whole-time a teljes munkaidejű
who'll [hu:l] = who will/shall
wholly ['hoʊllɪ] adv teljesen, egészen
whom [hu:m] pron 1. kit?, kicsodát?,
kiket?; to ~ ki(k)nek?; ~ did you

give the money (to) kinek adtad a
pénzt? 2. akit, akiket; to ~ aki(k-)
nek
whomsoever [hu:msoʊ'evə*] pron akit
csak, bárkit, akárkit; to ~ akinek
csak, bárkinek, akárkinek
whoop [hu:p] I. n 1. kiáltás 2. „húzás"
[szamárköhögésben] II. vi 1. kiált,
ujjong, rivalg 2. „húz" [szamárkö-
högős]
whoopee I. int [wʊ'pi:] ihaj-csuhaj! II.
n ['wʊpi:] biz make ~ nagy dáridót
csap, zajosan mulat
whooping-cough ['hu:pɪŋ-] n szamárkö-
högés
whop [wɔp; US hwɑp] □ I. n puffanó
ütés II. vt -pp- 1. jól elver, megbu-
nyóz 2. legyőz, megver
whopper ['wɔpə*; US 'hwɒ-] n □ irtó
nagy dolog/hazugság
whopping ['wɔpɪŋ; US 'hwɒ-] □ I. a
óriási II. n 1. elpüfölés 2. legyőzés
who're ['hu:ə*] = who are
whore [hɔ:*] n kurva, szajha
whoremonger n kurvahajcsár
whoreson ['hɔ:sn] n † kurafi
whoring ['hɔ:rɪŋ] n kurválkodás
whorl [wə:l] n 1. örv [növényen leve-
lekből] 2. (egy) csigafordulat [ember-
ri ujj begyén is]
whorled [wə:ld] a 1. örvös 2. spirális,
csigavonalú
whortleberry ['wə:tlberɪ] n feketeáfonya
who's [hu:z] = who is/has
whose [hu:z] pron 1. ki(k)é?, ki(k)nek
a...? 2. aki(k)é, aki(k)nek a...
3. amelynek a..., aminek a...
whosoever [hu:soʊ'evə*] pron akárki,
bárki, aki csak
who've [hu:v] = who have
why [waɪ; US hw-] I. adv miért, mi
okból?; ~ so? miért?; ~ not? miért
ne(m)?; that is ~... ezért, emiatt
II. int 1. no de, nocsak, no 2. nini,
nézd csak 3. hát, nos 4. hiszen III.
n the ~s and wherefores az okok
wick [wɪk] n gyertyabél, kanóc
wicked ['wɪkɪd] a 1. bűnös, gonosz,
rossz, komisz 2. csintalan, haszontalan
wickedly ['wɪkɪdlɪ] adv 1. gonoszul
2. roppantul

wickedness ['wɪkɪdnɪs] *n* **1.** gonoszság, bűn **2.** csintalanság
wicker ['wɪkə*] I. *a* vesszőből font, fonott II. *n* vesszőfonás
wickerwork *n* fonott áru, kosáráru
wicket ['wɪkɪt] *n* **1.** (nagykapuba vágott) kis ajtó/kapu; rácsajtó **2.** pénztárablak **3.** (krikett)kapu; krokettkapu
wicket-keeper *n* kapus [krikettben]
Wickliffe →*Wyclif(fe)*
wick-trimmer *n* gyertyakoppantó
widdershins ['wɪdəʃɪnz] *adv* † óramutató járásával ellenkező irányba(n), jobbról balra
wide [waɪd] I. *a* **1.** széles; nagy kiterjedésű; ~ *screen* széles vászon; *the* ~ *world* a nagyvilág **2.** tág, bő, széles körű; ~ *knowledge* széles körű tudás; *in a* ~*r sense* tágabb értelemben II. *adv* **1.** messze, messzire, távol; ~ *apart* távol egymástól **2.** szélesen, szélesre [kitár stb.]; ~ *open* (1) szélesre kitárva, tárva-nyitva (2) tágra nyílt [szem] (3) félre
wide-angle *a* nagy látószögű
wide-awake *n* széles karimájú puha kalap ‖ →*awake*
widely ['waɪdlɪ] *adv* **1.** széles kör(ök)ben; nagy távolságokban; ~ *read* (igen) olvasott **2.** *biz* erősen, nagyon; ~ *different* merőben más
wide-meshed *a* nagyszemű [háló]
widen ['waɪdn] A. *vt* (ki)tágít, (ki)szélesít B. *vi* (ki)tágul, kibővül
wide-ranging [-reɪndʒɪŋ] *a* kiterjedt, sokrétű, széles körű
widespread *a* széles körben elterjedt, kiterjedt, általános
widgeon ['wɪdʒən] *n* fütyülő réce
widow ['wɪdoʊ] *n* özvegy(asszony)
widowed ['wɪdoʊd] *a* özvegységre jutott, megözvegyült
widower ['wɪdoʊə*] *n* özvegyember
widowhood ['wɪdoʊhʊd] *n* özvegység
width [wɪdθ] *n* **1.** szélesség; bőség; *of double* ~ dupla széles **2.** ~ *of mind* liberalizmus [gondolkodásban]
wield [wi:ld] *vt* **1.** kezel [eszközt], forgat [kardot] **2.** kormányoz [országot]; gyakorol [hatalmat]

wiener ['wi:hə*] *n US* bécsi virsli
wife [waɪf] *n* (*pl* **wives** waɪvz) **1.** feleség; hitves; *take a* ~ megnősül; *take sy to* ~ feleségül vesz vkt **2.** asszony
wifely ['waɪflɪ] *a* asszonyhoz illő
wig [wɪg] I. *n* **1.** paróka **2.** *biz* szidás, „fejmosás" II. *vt biz* leszid, megmossa a fejét
wigged [wɪgd] *a* parókás
wigging ['wɪgɪŋ] *n biz* összeszidás, „fejmosás"
wiggle ['wɪgl] *n/v* = *wriggle II.*
wight [waɪt] *n* † ember, fickó
wig-maker *n* parókakészítő
wigwag ['wɪgwæg] *vi* **1.** ide-oda mozog; farkát csóválja **2.** zászlójeleket ad [tengerész]
wigwam ['wɪgwæm] *n* ⟨indián sátor⟩
Wilberforce ['wɪlbəfɔ:s] *prop*
Wilbur ['wɪlbə*] *prop* ⟨angol férfinév⟩
wild [waɪld] I. *a* **1.** vad; ~ *beast* vadállat; ~ *cat* vadmacska →*wildcat;* *W*~ *West* vadnyugat; *run* ~ elvadul, elburjánzik **2.** vad, tomboló; kegyetlen; féktelen; *lead a* ~ *life* kicsapongó életet él; ~ *talk* felelőtlen/összevissza beszéd; ~ *with joy* odavan az örömtől; *be* ~ *about sy* bele van bolondulva vkbe; *drive sy* ~ felbőszít/megőrjít vkt II. *n* vadon, pusztaság
wild-boar *n* vaddisznó
wildcat *a* megbízhatatlan, fantasztikus, kockázatos [vállalkozás stb.]; ~ *strike* nem hivatalos sztrájk ‖ →*wild*
Wilde [waɪld] *prop*
wildebeest ['wɪldɪbi:st] *n* gnú
Wilder ['waɪldə*] *prop*
wilderness ['wɪldənɪs] *n* vadon, pusztaság
wild-eyed *a* vad tekintetű
wildfire *n* **1.** futótűz **2.** görögtűz **3.** lidércfény
wild-fowl *n* szárnyas/vízi vad
wild-goose *n* (*pl* **-geese**) vadliba, vadlúd; ~ *chase* hiábavaló vállalkozás, ábrándkergetés
wilding ['waɪldɪŋ] *n* vadon termő gyümölcsfa
wildlife *n* vadvilág
wildly ['waɪldlɪ] *adv* vadul, féktelenül
wildness ['waɪldnɪs] *n* vadság, zabolátlanság

wile [waɪl] I. *n* fortély, ravaszság II.
vt 1. csábít, ámít 2. ~ *away* eltölt
[időt]
Wilfred ['wɪlfrɪd] *prop* ⟨angol férfinév⟩
wilful, *US* willful ['wɪlfʊl] *a* 1. szándé-
kos; ~ *desertion* hűtlen elhagyás;
~ *murder* előre kitervelt módon elkö-
vetett emberölés 2. akaratos, makacs,
önfejű
wilfully, *US* will- ['wɪlfʊlɪ] *adv* 1. szán-
dékosan 2. makacsul
wilfulness, *US* will- ['wɪlfʊlnɪs] *n* 1.
szándékosság 2. makacsság
wilily ['waɪlɪlɪ] *adv* ravaszul
wiliness ['waɪlɪnɪs] *n* ravaszság
will¹ [wɪl] I. *n* 1. akarat; akarás; kíván-
ság; szándék; *at* ~ (1) tetszés szerint
(2) rendelkezésre; *freedom of the* ~
szabad akarat; *with a* ~ szívvel-lé-
lekkel; *have one's* ~ keresztülviszi az
akaratát; *thy* ~ *be done* legyen meg a
te akaratod 2. rendelkezés 3. vég-
rendelet II. *vt* (*pt/pp* ~ed wɪld) 1.
akar, óhajt 2. parancsol, meghagy,
kényszerít; ~ *sy into doing sg* vkt
vmnek megtételére kényszerít 3. vég-
rendeletileg ráhagy, testál (*sg to sy*
v. *sy sg* vkre vmt); ~ *one's property
away from sy* végrendeletileg kitagad
vkt (az örökségből) III. *v aux* (régies
2. szem. wilt [wɪlt]; will not gyakran
összevonva won't [woʊnt]; *pt* would
[wʊd; gyenge ejtésű alakjai: wəd, d];
would not, többnyire így: wouldn't
['wʊdnt]; régies 2. személyű *pt*
would(e)st [wʊdst]; a will az élő be-
szédben rendszerint 'll-re rövidül,
pl. he'll [hi:l], you'll [ju:l]) 1. (a
2. és 3. személyben leggyakrabban
jövő időt fejez ki:) ~ *call* (1) érte
fog jönni [levélért stb.] (2) hívni fog
[telefonon], látogatóba jön (v. fog
jönni); *he* ~ (v. *he'll*) *come* el fog
jönni, (majd) eljön; ~ *you come?*
eljössz?, el fogsz jönni?; *what* ~ *you
do next?* és aztán mit csinálsz?, mit
fogsz azután tenni?; *he* ~ *not* (v.
won't) *return for lunch* nem jön haza
(v. nem fog hazajönni) ebédre; *I
said* (*that*) *he would do it* megmond-
tam, hogy megcsinálja (v. meg

fogja csinálni); *he thought that it would
rain* azt hitte, (hogy) esni fog 2. (az
1. személyben szándékot v. akaratot
fejez ki:) *I* ~ *be obeyed* megkívánom
az engedelmességet; *I'll try it* majd
megpróbálom, meg fogom próbálni;
I said that I would help him mond-
tam, hogy segítek (v. fogok segíte-
ni) neki; *I won't see him again* nem
akarom újra látni; *do as you* ~ tégy
ahogy akarsz; *say what you* ~ mond-
hatsz amit akarsz; *he* ~ *have none of
it* hallani sem akar róla; *he would not
go home* nem akart/akaródzott haza-
menni; *this window won't open* nem
akar kinyílni ez az ablak 3. (udvarias
kérésekben:) ~ *you come in?* lesz szí-
ves bejönni!; ~ *you help me?* nem
segítenél/segítene nekem (egy kicsit)?;
would you (*please*) ... , *would you
kindly* ... , *if you* ~/*would kindly* ...
lenne olyan kedves ..., legyen (olyan)
szíves ...; *won't you sit down* kérem
foglaljon helyet!; *wait a moment*,
~ *you?* légy/legyen szíves várj/vár-
jon egy pillanatig! 4. (az „ugye"
kifejezésére:) *you* ~ *go, won't you?*
ugye elmész majd (oda)?; *you won't
forget,* ~ *you?* ugye nem feledkezel
meg róla? 5. (kívánság, óhaj kifeje-
zésére:) *I would like to* ... szeret-
ném ... , szeretnék ...; *if only he
would drive more slowly* bárcsak las-
sabban vezetne; *would there were no* ..
bár ne lenne ... 6. (feltételes monda-
tokban:) *if I dropped this it would
explode* ha leejteném, felrobbanna;
he could if he would megtenné, ha
akarná; *they would have come, if
you had given them longer notice* el-
jöttek volna, ha korábban szóltá-
tok volna nekik 7. (elkerülhetetlenül
ismétlődő v. szokásszerű cselekvés
kifejezésére:) *accidents* ~ *happen* bal-
esetek mindig lesznek; *boys* ~ *be boys*
a fiúk mindig csak fiúk maradnak,
a fiúk már csak ilyenek; *sometimes
he* ~ *go out for the whole day* néha
egész nap nem jön haza
Will² [wɪl] *prop* Vili, Vilmos
willed [wɪld] *a* akaratú

willful →*wilful*
William ['wɪljəm] *prop* Vilmos
willies ['wɪlɪz] *n pl* □ félelem, félsz, idegesség
willing ['wɪlɪŋ] *a* 1. hajlandó, kész (*to* vmre) 2. készséges; önkéntes
willingly ['wɪlɪŋlɪ] *adv* szívesen, önként
willingness ['wɪlɪŋnɪs] *n* hajlandóság, (szolgálat)készség, jóakarat
will-o'-the-wisp [wɪlədə'wɪsp] *n* lidércfény
Willoughby ['wɪləbɪ] *prop*
willow ['wɪloʊ] *n* 1. fűz(fa); *weeping* ~ szomorúfűz 2. *biz* (krikett)ütő 3. farkasoló (gép)
willow-bed *n* füzes
willow-pattern *n* ⟨kék szomorúfűzfás és pagodás díszítés kínai porcelánon⟩
willow-warbler *n* fitiszfüzike
willowy ['wɪloʊɪ] *a* 1. füzes 2. karcsú, hajlékony, nyúlánk
will-power *n* akaraterő
willy-nilly [wɪlɪ'nɪlɪ] *adv* kénytelenkelletlen, akarva nem akarva
Wilson ['wɪlsn] *prop*
wilt[1] [wɪlt] **A.** *vi* 1. (el)hervad 2. *biz* elszontyolodik **B.** *vt* elhervaszt
wilt[2] →*will*[1] *III.*
Wilts. [wɪlts] *Wiltshire*
Wiltshire ['wɪlt-ʃə*] *prop*
wily ['waɪlɪ] *a* ravasz, fortélyos, minden hájjal megkent
Wimbledon ['wɪmbld(ə)n] *prop*
wimple ['wɪmpl] *n* apácafátyol
win [wɪn] *v* (*pt/pp* won wʌn; -nn-) **A.** *vt* 1. (meg)nyer; ~ *back* visszanyer, -szerez; ~ *over* maga oldalára hódít, megnyer magának 2. szerez, elnyer **B.** *vi* győz, nyer; ~ *by a head* fejhosszal győz; ~ *home* eléri a célját (nehézségek ellenére); ~ *upon* növekvő befolyást gyakorol (vkre); *US* ~ *out* győz; ~ *through* diadalmaskodik, legyőz [nehézségeket]
wince [wɪns] **I.** *n* megrezzenés, arcrándulás **II.** *vi* megrándul/megvonaglik az arca [fájdalmában], összerezzen
winch [wɪntʃ] **I.** *n* 1. forgattyú, hajtókar 2. csörlő; emelődob 3. orsó [horgászboton] **II.** *vt* csörlővel felemel
Winchester ['wɪntʃɪstə*] *prop*

wind[1] [wɪnd] **I.** *n* 1. szél; fuvallat *before/down the* ~ szél irányában, (hát)széllel; *take the* ~ *out of sy's sails* kifogja a szelet vk vitorláiból; *there's sg in the* ~ vm van/lóg a levegőben; *see how the* ~ *blows/lies* megvárja honnan fúj a szél; *throw caution to the* ~ elővigyázatossággal nem törődik; *between* ~ *and water* sebezhető/ érzékeny ponton; gyomorszájon [üt] 2. lélegzet; *get* ~ lélegzethez jut 3. *biz get* ~ *of sg* megszimatol/,,megszagol" vmt 4. szél, gázok [belekben]; *break* ~ (szelet) ereszt, szellent; □ *get/have the* ~ *up* be van gyulladva/ tojva 5. ~ *instrument* fúvós hangszer; *the* ~ a fúvósok **II.** *vt* (*pt/pp* ~ed 'wɪndɪd) 1. megszimatol (vmt), szagot kap (vmről) [kutya] 2. kifullaszt; agyonhajszol [lovat]; *be* ~ed elállt a lélegzete, kifullad(t) 3. hagyja, hogy kifújja magát 4. szellőztet, szélnek kitesz 5. [waɪnd] (*pt/pp* ~ed 'waɪndɪd, néha **wound** waʊnd) fúj [kürtöt]
wind[2] [waɪnd] *v* (*pt/pp* **wound** waʊnd) **A.** *vi* kígyózik, kanyarog, kanyarodik **B.** *vt* 1. csavar, (fel)teker; felcsével; gombolyít; ~ *sy round one's finger* az ujja köré csavar vkt 2. felhúz [órát]
  wind into *vt* ~ *oneself i.* észrevétlenül behatol/befurakodik vhova; ~ *one's way i. her heart* belopta magát a szívébe
  wind off *vt* leteker, lecsavar
  wind out *vi* kisiklik (vknek a keze közül), elszökik
  wind up A. *vt* 1. feltekercsel, -gombolyít, -csavar 2. felhúz [órát] 3. felszámol [vállalatot]; befejez [beszédet, vitát], véget vet [összejövetelnek] 4. felizgat, végsőkig feszít; ~ *oneself up* (*for an effort*) nekigyürkőzik (feladatnak) **B.** *vi* 1. befejeződik, véget ér 2. felszámol [vállalat]
windbag ['wɪndbæg] *n* 1. fújtató 2. □ szószátyár, üres fecsegő, szófosó
wind-bound ['wɪnd-] *a* (ellen)szél által akadályozott
windbreak ['wɪnd-] *a* szélfogó [erdősáv stb.]

windcheater ['wɪndtʃi:tə*], US -breaker n viharkabát
wind-chest ['wɪnd-] n szélláda [orgonában]
wind-colic ['wɪnd-] n szélgörcs (belekben), puffadás
winded ['wɪndɪd] a kifulladt
wind-egg ['wɪnd-] n csírátlan tojás, szűztojás
winder ['waɪndə*] n 1. csévélő(gép), gombolyítókészülék 2. csörlő 3. órafelhúzó kulcs 4. íves lépcső, csigalépcső(fok) 5. kúszónövény
Windermere ['wɪndəmɪə*] prop
windfall ['wɪndfɔ:l] n 1. hullott gyümölcs 2. váratlan szerencse/haszon/ajándék, ,,talált pénz"
wind-flower ['wɪnd-] n szellőrózsa, anemóna
wind-force ['wɪnd-] n szélerősség (foka)
wind-gauge ['wɪnd-] n szélerősségmérő
windhover ['wɪndhɔvə*; US -hʌ-] n vörös vércse
windiness ['wɪndɪnɪs] n szelesség
winding ['waɪndɪŋ] I. a kanyargó(s), kanyarodó; ~ staircase/stairs csigalépcső II. n 1. kanyargás, kanyarodás; ~s (1) kanyarulatok (2) tekercselés 2. felhúzás [óráé]
winding-drum n csörlődob
winding-sheet n szemfedő
winding-up n felszámolás
wind-jammer ['wɪnddʒæmə*] n kereskedelmi vitorláshajó
windlass ['wɪndləs] n csörlő, motolla
windless ['wɪndlɪs] a szélmentes
windmill ['wɪnd-] n 1. szélmalom; tilt at ~s szélmalomharcot vív 2. forgó [színes papírból]
window ['wɪndou] n 1. ablak 2. kirakat
window-box n virágláda ablakban
window-display n kirakat(i tárgyak)
window-dresser n kirakatrendező
window-dressing n 1. kirakatrendezés 2. tetszetős csoportosítás [tényeké, adatoké], szemfényvesztés
window-envelope n ablakos levélboríték
window-frame n ablakkeret
window-ledge n ablakpárkány
window-pane n ablaküveg, -tábla

window-raiser n ablakemelő (szerkezet)
window-sash n ablakkeret
window-screen n szúnyogháló
window-seat n ülőhely ablakmélyedésben
window-shade n roló, roletta
window-shopping n kirakatnézegetés (vásárlás nélkül)
window-sill n ablakpárkány, könyöklő
windpipe ['wɪnd-] n légcső
windrow ['wɪndrou] n rend [széna stb.]
wind-sail ['wɪnd-] n szelelő [hajón]
windscreen ['wɪndskri:n] n szélvédő [autón]
windscreen-wiper n ablaktörlő [autón]
windshield ['wɪnd-] n US = windscreen; ~ wiper = windscreen-wiper
wind-sleeve/sock ['wɪnd-] n szélzsák
Windsor ['wɪnzə*] prop
wind-storm ['wɪnd-] n szélvihar
wind-sucker ['wɪnd-] n kehes ló
windsurf ['wɪndsə:f] n szörf, szélsikló
windsurfing ['wɪndsə:fɪŋ] n szörfözés
wind-swept ['wɪnd-] a szeles, széljárta [terület]
wind-tight ['wɪnd-] a szélmentes, légmentes
windup ['waɪndʌp] n befejezés, felszámolás, lezárás
wind-vane ['wɪnd-] n szélkakas
windward ['wɪndwəd] I. a széloldali, szél felé eső; ~ side széloldal II. adv szél irányában, szélnek III. n ⟨vidék ahonnan a szél fúj⟩
windy ['wɪndɪ] a 1. szeles, széljárta; viharos 2. szeleket okozó, felpuffasztó 3. bőbeszédű, semmitmondó
wine [waɪn] I. n bor; ~ list borlap; be in ~ borközi állapotban van; good ~ needs no bush jó bornak nem kell cégér II. vt ~ and dine sy vkt jól tart (étellel-itallal)
wine-bibber [-bɪbə*] n borissza, iszákos
wine-bin n rekeszes palacksláda
wine-cellar n bor(os)pince
wine-coloured a borszínű, borvörös
wine-glass n borospohár
wine-grower n bortermelő
wine-growing I. a bortermlő II. n bortermelés, szőlészet
wine-merchant n bornagykereskedő
wine-press n szőlőprés

wine-vault *n* 1. borospince 2. borpince [vendéglő]
wing [wɪŋ] I. *n* 1. szárny; *be on the* ~ repül, szárnyal; *take sy under one's* ~*s* pártfogásába (v. szárnyai alá) vesz vkt; *take* ~ szárnyra kel; *his* ~*s are sprouting* (olyan jó, hogy) nem erre a világra való 2. hordfelület, szárny [repülőgépé] 3. repülőosztály [három század] 4. repülés 5. pilótajelvény; *get one's* ~*s* leteszi a pilótavizsgát 6. szélső [futballban] 7. *the* ~*s* kulisszák II. A. *vt* 1. szárnyat ad 2. röpít 3. megszárnyaz [madarat] B. *vi* röpül, szárnyal
wing-beat *n* szárnycsapás
wing-case *n* szárnyfedél [bogaraké]
wing-chair *n* füles karosszék
wing-commander *n* repülőalezredes
winged [wɪŋd] *a* 1. szárnyas; szárnyú 2. megszárnyazott, megsebesített [madár] 3. gyors 4. magas röptű, szárnyaló
winger ['wɪŋə*] *n* (futball)szélső
wing-flap *n* csűrőlap [repgépen], segédszárny, fékszárny
wing-game *n* szárnyas vad
wingless ['wɪŋlɪs] *a* szárnyatlan
wing-nut *n* szárnyas anya(csavar)
wing-rib *n* hátszínszelet
wing-screw *n* fülescsavar
wing-span/spread *n* szárnyszélesség; fesztávolság
Winifred ['wɪnɪfrɪd] *prop* ⟨angol női név⟩
wink [wɪŋk] I. *n* szempillantás, hunyorítás, pislantás, kacsintás; *in a* ~ egy pillanat alatt/múlva; *without a* ~ *of the eyelid* szemrebbenés nélkül; *have forty* ~*s* szundít egyet, kicsit ledől (aludni); *not a* ~ egy szemhunyásnyit sem [aludt]; *biz tip sy the* ~ hunyorítással jelez vknek II. A. *vi* 1. pislog, pislant, hunyorít, kacsint; ~ *at sy* rákacsint vkre, szemével int vknek 2. ~ *at sg* szemet huny vm fölött B. *vt* 1. ~ *one's eye(s)* pislant, pislog, hunyorít, kacsint 2. ~ *a hint* szemével figyelmeztet
winkers ['wɪŋkəz] *n pl* 1. szemellenző [lóé] 2. villogó [autón]
winking ['wɪŋkɪŋ] *n* pislogás, hunyorítás, kacsintás

winkle ['wɪŋkl] I. *n* = *periwinkle*[2] II. *vt* ~ *out* kipiszkál
winner ['wɪnə*] *n* 1. nyertes, győztes 2. *biz* nagy siker, bombasiker [pl. regény]
Winnie ['wɪnɪ] *prop* ⟨angol női név⟩
winning ['wɪnɪŋ] I. *a* (meg)nyerő, nyertes, győztes II. *n* 1. győzelem, (meg-)nyerés 2. winnings *pl* nyereség [játékban]
winningly ['wɪnɪŋlɪ] *adv* megnyerően, kedvesen
winning-post *n* céloszlop
Winnipeg ['wɪnɪpeg] *prop*
winnow ['wɪnoʊ] *vt* 1. szelel, rostál [gabonát] 2. kiválogat
winnower ['wɪnoʊə*] *n* gabonarosta
winsome ['wɪnsəm] *a* kedves, megnyerő
Winston ['wɪnst(ə)n] *prop*
winter ['wɪntə*] I. *n* tél; *(jelzői haszn)* téli; ~ *garden* télikert; ~ *sports* télisportok II. *vi* telel
wintering ['wɪnt(ə)rɪŋ] *n* telelés
winter-kill *vt be* ~*ed* (télen) elfagy
winterly ['wɪntəlɪ] *a* télies
winter-time *n* télidő, télvíz ideje
wintry ['wɪntrɪ] *a* télies, fagyos
wipe [waɪp] I. *n* 1. (le)törlés, feltörlés II. *vt* (le)töröl, megtöröl; ~ *one's eyes* letörli a könnyeit, abbahagyja a sírást; □ ~ *sy's eye* vkt durván letorkol; □ ~ *the floor with* sy tönkrever, laposra ver vkt
wipe away/off *vt* letöröl
wipe out *vt* 1. kitöröl 2. eltöröl a föld színéről
wipe up *vt* feltöröl
wiper ['waɪpə*] *n* (ablak)törlő
wire ['waɪə*] I. *n* 1. drót, huzal; sodrony; ~ *mattress* sodrony(betét); ~ *netting* dróthálló; *pull (the)* ~*s* (1) a háttérből irányít (2) összeköttetéseit felhasználja 2. távirat; *send sy a* ~ táviratot/sürgönyt küld vknek, táviratoz/sürgönyöz vknek; *reply by* ~ drótválasz II. A. *vt* 1. (össze)drótoz, bedrótoz, sodronnyal odaerősít; ~ *in* dróttal körülkerít; ~ *off* drótkerítéssel elkerít 2. vezetéket szerel, villanyt bevezet (vhova) 3. megtávira-

toz, megsürgönyöz (vmt) **B.** *vi* távira-
toz *(to* vknek)
wire-brush *n* drótkefe
wire-cloth *n* drótszövet, -fonat
wire-cutter(s) *n pl* drótvágó (olló)
wired ['waɪəd] *a* **1.** (meg)drótozott **2.**
drótkerítéssel elkerített
wiredrawn *a* **1.** sodronnyá kihúzott
2. szőrszálhasogató [érvelés]
wire-haired *a* drótszőrű
wireless ['waɪəlɪs] *n* **1.** rádió; ~ *officer/*
operator rádiós; ~ *telegraphy* rádiótáv-
írás; *talk on the* ~ rádióelőadást tart
2. ~ *(set)* rádió(készülék)
wirephoto *n* képtávirat
wire-puller *n* protekcióval élő
wire-pulling *n* **1.** intrika **2.** protekció
(igénybevétele)
wire-rope *n* drótkötél, kábel
wire-tapping *n* (illetéktelen) lehallgatás
[távbeszélőé, táviraté]
wirework *n* dróthálló, sodronyáru
wireworm *n* drótféreg
wiriness ['waɪərɪnɪs] *n* **1.** drótszerűség
2. szívósság
wiring ['waɪərɪŋ] *n* **1.** (elektromos)
vezeték (építése), huzalozás; ~ *dia-*
gram huzalozási rajz **2.** huzal, drót(há-
ló)
wiry ['waɪərɪ] *a* **1.** drótszerű, drót- **2.**
szívós és izmos (de sovány)
Wis. *Wisconsin*
wisdom ['wɪzd(ə)m] *n* bölcsesség
wisdom-tooth *n (pl* **-teeth)** bölcsességfog
wise¹ [waɪz] *a* bölcs, okos; *The W~*
Men of the East a napkeleti bölcsek;
US biz get ~ *to a fact* felismer egy hely-
zetet; *US biz put sy* ~ *to sy* előre fi-
gyelmeztet (v. kitanít) vkt vk más-
nak különlegességeire; *he is none the*
~r for it semmivel sem lett okosabb
(tőle)
wise² [waɪz] *n* † *in no* ~ semmiképp, se-
hogy(an); *in this* ~ ilyenképpen,
ily módon
-wise [-waɪz] -szerűen, -módon, -képpen
wiseacre ['waɪzeɪkə*] *n* tudálékos em-
ber, álbölcs
wisecrack *n biz* jó bemondás, aranykö-
pés
wisely ['waɪzlɪ] *adv* bölcsen, okosan

wish [wɪʃ] **I.** *n* kívánság, óhaj; vágy;
best ~es jókívánságok **II. A.** *vt* kíván;
óhajt; vágyik (vmre); akar; ~ *sy*
further vkt pokolba kíván; *I* ~ *I were*
in your place szeretnék a helyedben
lenni; *I* ~ *I could do it* bár(csak)
megtehetném; *it is to be ~ed that*
kívánatos, hogy **B.** *vi* ~ *for sg* vmt
kíván
wish-bone *n* villacsont, sarkantyú(csont)
[szárnyasé]
wishful ['wɪʃfʊl] *a* kívánó, sóvár(gó); ~
thinking vágyálom, ábrándozás
wishy-washy ['wɪʃɪwɔʃɪ; *US* -ɑʃɪ] *a*
híg [lötty], ízetlen, se íze se bűze
[ételről]
wisp [wɪsp] *n* **1.** csutak, szalmacsomó
2. ~ *of hair* hajfürt **3.** seprűcske **4.**
~ *(of smoke)* füstgomolyag **5.** emberke
wispy ['wɪspɪ] *a* vékony, könnyed, lehe-
letszerű
wist →*wit²*
wistaria [wɪ'steərɪə] *n* glicínia
wistful ['wɪstfʊl] *a* (reménytelenül) vm
után vágyakozó, szomorkásan sóvárgó
wit¹ [wɪt] *n* **1.** szellemesség, elmésség;
ész, gyors felfogás, intelligencia; *keep*
one's ~s about one minden eszét össze-
szedi, ésszel él; *live by one's ~s* máról-
holnapra él (ötleteiből); *be out of*
one's ~s elment az esze; *I am at my*
~'s end megáll az eszem **2.** szellemes
ember
wit² [wɪt] *vt* (jelen idejű 1. és 3. szem
wot [wɔt]; 2. szem **wottest** ['wɔtɪst];
pt **wist** [wɪst]) † tud; *God wot* Isten a
megmondhatója; *to* ~ azaz
witch [wɪtʃ] **I.** *n* **1.** boszorkány **2.** vén
banya **3.** elbűvölő nő **4.** ~*es' broom*
funguszos sarjhajtások [fákon] **II.**
vt **1.** elbűvöl **2.** boszorkányságot mű-
vel/tesz (vkvel)
witchcraft ['wɪtʃkrɑːft; *US* -æft] *n*
boszorkányság
witch-doctor *n* ördögűző, vajákos ember
witchery ['wɪtʃərɪ] *n* boszorkánymes-
terség; elbűvölés
witch-hunt *n* (politikai) boszorkányüldö-
zés
witching ['wɪtʃɪŋ] *a* elbűvölő, boszorká-
nyos

with [wɪð] prep 1. -val, -vel; ~ all speed teljes sebességgel, azonnal; I am ~ you there ebben egyetértek veled; ~ this/that ezzel, ezután 2. -nál, -nél; stay ~ a friend egy barátjánál száll meg; I have no money ~ me nincs nálam pénz; it's a habit ~ me (ez nekem) szokásom, megszoktam 3. -tól, -től, miatt; stiff ~ cold hidegtől megmeredve/meggémberedve 4. ~ child állapotos, terhes; ~ young vemhes 5. ellenére; ~ all his faults minden hibája ellenére 6. biz be ~ it benne van a dologban, nincs lemaradva, korszerű

withal [wɪ'ðɔːl] I. adv azonkívül, amellett II. prep -val, -vel; vele

withdraw [wɪð'drɔː] v (pt -drew -'druː, pp ~n -'drɔːn) A. vt 1. visszahúz (vmt vmből); kivon [csapatot]; visszavon; kivesz [gyereket iskolából] 2. kiold [kuplungot] 3. bevon [forgalomból] 4. felvesz, kivesz [összeget számláról] B. vi visszahúzódik, -vonul

withdrawal [wɪð'drɔː(ə)l] n 1. kivonás [csapaté] 2. visszavonás [rendeleté stb.]; visszaszívás [ígéreté] 3. kivét [pénzé] 4. visszalépés; visszavonulás

wither ['wɪðə*] A. vi 1. elhervad, elszárad; elsorvad 2. eltűnik B. vt 1. elhervaszt, elszárít 2. ~ sy with a look vkt gyilkos pillantással elhallgattat

withered ['wɪðəd] a 1. hervadt, fonynyadt, elhalt, aszott; ráncos 2. meghiúsult [remény]

withering ['wɪð(ə)rɪŋ] a 1. (el)hervadó 2. lesújtó [pillantás]

withers ['wɪðəz] n pl [ló] marja

withershins ['wɪðəʃɪnz] adv = widdershins

withhold [wɪð'hoʊld] vt (pt/pp -held -'held) 1. visszatart 2. nem ad meg, megtagad [beleegyezést stb.]; elhallgat (sg from sy vmt vk előtt) 3. megakadályoz

within [wɪ'ðɪn] I. adv benn, bent, belül; go ~ bemegy (a házba) II. prep (vmn) belül, (vmnek) belsejében; ~ doors házon belül, bent (a házban); ~ an inch of death egy hajszálnyira a halál-

tól; ~ the law a törvény szabta határokon belül; ~ named az itt/alábbiakban megnevezett; ~ a radius of 10 miles 10 mérföld körzeten belül; ~ sight látótávolban, látható; ~ a short time rövid idő alatt

with-it ['wɪðɪt] a biz divatos, korszerű

without [wɪ'ðaʊt] I. adv † kívül, kinn, künn; seen from ~ kívülről nézve, külsőleg II. prep 1. nélkül; ~ end vég nélkül, végtelen(ül); ~ whom aki nélkül; not ~ difficulty nem könnyen, nem minden nehézség nélkül; ~ so much as anélkül, hogy; it goes ~ saying mondanom sem kell, ez magától értetődik; a week never passes ~ his writing egy hét el nem múlik, hogy ne írna 2. † (vmn) kívül; ~ doors házon kívül, szabadban

withstand [wɪð'stænd] vt (pt/pp -stood -'stʊd) ellenáll (vknek, vmnek)

withy ['wɪðɪ] n fűzfakötés, fűzfavessző (vmnek átkötésére)

witless ['wɪtlɪs] a ostoba, szellemtelen

witness ['wɪtnɪs] I. n 1. tanú; szemtanú; be a ~ to szemtanúja vmnek; produce a ~ tanút állít 2. tanúságtétel, (tanú)bizonyság; call sy to ~ tanúvallomástételre szólít fel vkt; bear ~ to sg vmt tanúsít, vm mellett tanúskodik, tanúbizonyságot tesz vmről; bear false ~ hamis tanúvallomást tesz; in ~ thereof aminek bizonyságául/hiteléül; ~ for the crown a vád tanúja II. A. vt 1. tanúsít, tanúként aláír/igazol 2. szemtanúja (vmnek), jelen van (vmnél) B. vi 1. tanúvallomást tesz, tanúskodik (for vk mellett, against vk ellen, to vm mellett) 2. bizonyságot tesz

witness-box/stand n tanúk padja

-witted [-'wɪtɪd] vmlyen észjárású

witticism ['wɪtɪsɪzm] n szellemes megjegyzés, szellemeskedés

wittily ['wɪtɪlɪ] adv szellemesen

wittingly ['wɪtɪŋlɪ] adv tudatosan, szándékosan

witty ['wɪtɪ] a szellemes

wives →wife

wizard ['wɪzəd] n varázsló

wizardry ['wɪzədrɪ] n varázslás

wizened ['wɪznd] *a* aszott, töpörödött, ráncos
wk. *week* hét
Wm. *William* Vilmos
W.N.W., **WNW** *west-north-west* nyugat--északnyugat
wo [woʊ] *int* hőhe!, hó!
woad [woʊd] *n* 1. festő csülleng, festőfű 2. kék festék
wobble ['wɔbl; *US* -ɑ-] **I.** *n* 1. ingadozás 2. kalimpálás 3. lötyögés **II.** *vi* 1. inog 2. kalimpál 3. lötyög 4. ingadozik, tétovázik, habozik
wobbler ['wɔblə*; *US* -ɑ-] *n* bizonytalan/határozatlan/tétovázó ember
wobbly ['wɔblɪ; *US* -ɑ-] *a* ingó, bizonytalan lábon álló
Wodehouse ['wʊdhaʊs] *prop*
woe [woʊ] *n* 1. szomorúság, bánat; ~ *is me!* jaj nekem! 2. **woes** *pl* bajok, csapások
woebegone ['woʊbɪgɔn; *US* -ɔ:n] *a* szomorú, levert, bánatos
woeful ['woʊfʊl] *a* búbánatos, szerencsétlen
woefully ['woʊfʊlɪ] *adv* szomorúan
wog [wɔg; *US* -ɑ-] *n GB* □ ázsiai bennszülött [megvető szóhasználat]
woke [woʊk] →*wake II.*
wold [woʊld] *n* dombvidék
wolf [wʊlf] **I.** *n* (*pl* **wolves** wʊlvz) 1. farkas; *cry* ~ vaklármát csap; *have/hold a* ~ *by the ears* törököt fogott; *keep the* ~ *from the door* távol tartja a nyomort; *a* ~ *in sheep's clothing* báránybőrbe bújtatott farkas 2. □ nagy kan **II.** *vt* befal [ételt]
wolf-dog *n* farkaskutya
Wolfe [wʊlf] *prop*
wolf-hound *n* farkaskuvasz, ír óriáskutya
wolfish ['wʊlfɪʃ] *a* 1. farkasszerű 2. kapzsi 3. kegyetlen
wolfram ['wʊlfrəm] *n* volfrám
wolfsbane ['wʊlfsbeɪn] *n* sisakvirág
wolf-tooth *n* (*pl* **-teeth**) farkasfog
wolf-whistle *n* füttyentés (csinos nő láttán) [férfiúi elismerés]
Wolsey ['wʊlzɪ] *prop*
wolverine ['wʊlvəri:n] *n* rozsomák, torkosborz

wolves →*wolf I.*
woman ['wʊmən] *n* (*pl* **women** 'wɪmɪn) asszony, nő; *the new* ~ a modern nő; *single* ~ hajadon, egyedülálló nő; *there's a* ~ *in it* nő van a dologban; ~*'s*, *women's* női [ruha stb.]
woman-hater [-heɪtə*] *n* nőgyűlölő
womanhood ['wʊmənhʊd] *n* 1. asszonyiság, asszonnyá érés 2. a nők
womanish ['wʊmənɪʃ] *a* nőies, elnőiesedett, asszonyos [férfi]
womanize ['wʊmənaɪz] *vi* nőzik [férfi]
womankind [wʊmən'kaɪnd] *n* a nők, az asszonyok, asszonynép(ség)
womanlike ['wʊmənlaɪk] *a* nőies
womanliness ['wʊmənlɪnɪs] *n* nőiesség
womanly ['wʊmənlɪ] *a* női(es), gyengéd
womb [wu:m] *n* (anya)méh
women →*woman*
womenfolk ['wɪmɪnfoʊk] *n* = *womankind*
won →*win*
wonder ['wʌndə*] **I.** *n* 1. csoda; *work* ~*s* csodát tesz; *nine-days'* ~ három napig tartó csoda; *for a* ~ csodálatosképpen; *the* ~ *is that* az a csodálatos, hogy; *no/little* ~ *that* nem csoda, hogy 2. csodálkozás; csodálat **II.** *vi/vt* 1. csodálkozik, meglepődik (*at* vmn); *biz I shouldn't* ~ *if . . .* egyáltalán nem lepődnék meg, ha . . . 2. szeretné tudni, kíváncsi vajon, azon tűnődik, hogy; *I* ~*!* (1) erre aztán kíváncsi vagyok! (2) kétlem!, nem tartom valószínűnek!; *I* ~ *who she is* vajon ki ő?
wonderful ['wʌndəf(ʊ)l] *a* csodálatos, csodás, bámulatos
wonderfully ['wʌndəflɪ] *adv* csodá(la)to)san, remekül
wondering ['wʌnd(ə)rɪŋ] **I.** *a* csodálkozó, kíváncsi **II.** *n* csodálkozás, tűnődés
wonderland *n* csodák világa, csodaország, tündérország
wonderment ['wʌndəmənt] *n* csodálkozás
wonder-struck *a* elcsodálkozott, (b)ámuló
wonder-worker *n* csodatevő
wondrous ['wʌndrəs] *a* = *wonderful*

wonky ['wɔŋkɪ; *US* -ɑ-] *a* □ **1.** bizonytalan járású, rozoga **2.** beteg, nyavalyás
wont [woʊnt] **I.** *a* (meg)szokott; *as he was* ~ *to do* ahogy szokta tenni **II.** *n* szokás **III.** *v aux* (*pt* ~, *pp* ~ v. ~**ed** 'woʊntɪd] *as he* ~s *to do* ahogy szokott/szokta tenni
won't [woʊnt] = *will not* →*will*[1]
wonted ['woʊntɪd] *a* (meg)szokott, szokásos
woo [wu:] *vt* **1.** udvarol (vknek) **2.** megkéri a kezét (vknek) **3.** megnyerni igyekszik
wood [wʊd] *n* **1.** (*gyakran pl*) erdő; *can't see the* ~ *for the trees* nem látja a fától az erdőt; *take to the* ~s erdőbe menekül; *we are not yet out of the* ~ még nem vagyunk túl a veszélyen; *don't halloo till you are out of the* ~ ne igyál előre a medve bőrére **2.** fa-(anyag); (*jelzői haszn*) fa-; *small* ~ aprófa; ~ *alcohol* faszesz; ~ *tar* kátrány, *facement*; ~ *turning* faesztergályozás; ~ *vinegar* faecet; *touch* ~, *US knock* (*on*) ~ kopogd le !, lekopogni ! **3.** hordó **4.** tekebábu, fa
woodbin *n* fásláda
woodbine ['wʊdbaɪn] *n* **1.** lonc **2.** *US* vadszőlő
wood-block *n* **1.** fakocka **2.** (fa) nyomódúc
wood-carving *n* fafaragás, -faragvány
woodchuck *n* amerikai mormota
woodcock *n* erdei szalonka
woodcraft *n* az erdei életmód ismerete; erdőismeret
woodcut *n* fametszet
wood-cutter *n* **1.** favágó **2.** fametsző
wood-cutting *n* favágás
wooded ['wʊdɪd] *a* erdős, fás
wooden ['wʊdn] *a* **1.** fából való, fa-; ~ *horse* trójai faló; ~ *shoes* facipő, klumpa **2.** ügyetlen, esetlen, merev [mozdulat]
wood-engraver *n* fametsző
wood-engraving *n* **1.** fametszés **2.** fametszet
wooden-headed *a* fafejű
wood-fibre *n* farost
woodland ['wʊdlənd] *n* erdős vidék, erdőség

woodlander ['wʊdləndə*] *n* erdőlakó
wood-louse *n* (*pl* -lice) fatetű; pinceászka
woodman ['wʊdmən] *n* (*pl* -men -mən) **1.** erdész **2.** favágó
wood-notes *n pl* erdei zsongás/hangok, madárdal
wood-nymph *n* erdei tündér, driád
wood-paper *n* fapapír
woodpecker ['wʊdpekə*] *n* harkály, fakopáncs
wood-pigeon *n* vadgalamb
wood-pile *n* farakás
wood-pulp *n* fapép; cellulóz
wood-ruff *n* szagos müge
wood-shed *n* fáskamra
woodsman ['wʊdzmən] *n* (*pl* -men -mən) **1.** erdőlakó **2.** erdei vadász **3.** erdei favágó
wood-spirit *n* faszesz
wood-stack *n* farakás
wood-wind [-wɪnd] *n* fafúvósok
wood-wool *n* fagyapot
woodwork *n* famunka
woody ['wʊdɪ] *a* fás, erdős
wooer ['wu:ə*] *n* udvarló, (leány)kérő
woof [wu:f] *n* = *weft*
wooing ['wu:ɪŋ] *n* udvarlás
wool [wʊl] *n* **1.** gyapjú; *all/pure* ~ tiszta gyapjú; *pull the* ~ *over sy's eyes* port hint vknek a szemébe **2.** (gyapjas) haj [négeré]; □ *lose one's* ~ dühbe gurul, begurul
wool-bearing *a* gyapjútermő
woolen →*woollen*
wool-fat *n* gyapjúzsír; lanolin
wool-fell *n* birkabőr
wool-gathering *n* ábrándozás, szórakozottság
wool-hall *n* gyapjútőzsde
woollen, *US* **woolen** ['wʊlən] **I.** *a* gyapjú- **II.** *n* gyapjúszövet, -anyag; ~s gyapjúáru, -holmi
woolliness ['wʊlɪnɪs] *n* **1.** gyapjasság **2.** ködösség [stílusé]
woolly ['wʊlɪ] **I.** *a* **1.** gyapjas **2.** ködös, elmosódott [stílus] **II.** *n* gyapjú alsóruha; **woollies** gyapjúholmi
woolsack *n* gyapjúzsák ⟨a lordkancellár ülőhelye az angol felsőházban⟩
wool-stapler *n* gyapjúkereskedő
wool-waste *n* hulladékgyapjú

Woolwich ['wulɪdʒ] *prop*
woolwork *n* (gyapjú)hímzés
Woolworth ['wulwəθ] *prop*
wop [wɔp; *US* -ɑ-] *n US* □ olasz bevándorolt, digó
Worcester(shire) ['wustə(ʃə)*] *prop* ~ *sauce* Worcester-mártás
word [wə:d] **I.** *n* **1.** szó; ~ *order* szórend; ~ *for* ~ szó szerint, szóról-szóra; *in a* ~ egyszóval; *in so many* ~s részletesen kifejtve; *get a* ~ *in, put one's* ~ *in* közbeszól; *in other* ~s más szóval; *have a* ~ *with sy* beszél vkvel; *have* ~s *with sy* szóváltása van vkvel; *put in a* ~ *for sy* jó szót szól (v. felszólal) vk érdekében; *by* ~ *of mouth* élőszóval; *a* ~ *in season* jókor adott tanács, jókor elejtett szó; *the last* ~ (*in sg*) a legmodernebb vm, a legutolsó divat (vmben) **2.** üzenet; *send* ~ üzen **3.** ígéret, adott szó; ~ *of honour* becsületszó; *upon my* ~ (becsület)szavamra; *be a man of his* ~ ura a szavának; *be as good as one's* ~ állja a szavát; *give sy one's* ~ *for sg* szavát adja vknek vmre; *take my* ~ *for it* szavamra mondom; *take sy at his* ~ szaván fog vkt; *he was better than his* ~ többet tett mint amennyit ígért **4.** *the W*~ (*of God*) az Isten igéje, az Ige **5.** *words pl* szöveg [dalé stb.] **II.** *vt* megfogalmaz, szavakba foglal
word-book *n* szótár, szószedet
word-division *n* (szó)elválasztás
worded ['wə:dɪd] *a* fogalmazott, kifejezett
word-formation *n* szóképzés
wordiness ['wə:dɪnɪs] *n* **1.** terjengősség **2.** szóbeliség
wording ['wə:dɪŋ] *n* **1.** szövegezés **2.** szóhasználat, kifejezés
wordless ['wə:dlɪs] *a* **1.** szótlan **2.** ki nem fejezett
word-perfect *a* szerepét/leckéjét tökéletesen tudó
word-picture *n* szemléletes leírás, szókép
word-play *n* szójáték
word-splitting *n* szőrszálhasogatás
Wordsworth ['wə:dzwəθ] *prop*
wordy ['wə:dɪ] *a* **1.** terjengős, szóbő,

bőbeszédű **2.** szóbeli, szavakba foglalt
wore →*wear II.*
work [wə:k] **I.** *n* **1.** munka, dolog, elfoglaltság; *be at* ~ (1) munkában van, dolgozik (2) működik; *be out of* ~ (1) munka nélkül van (2) nem működik; *set to* ~ munkához kezd/lát **2.** mű, alkotás; ~ *of art* műalkotás, műremek; ~ *in progress* készülő mű **3.** *works pl* (1) műtárgyak (2) erődök, erődítmények **4.** (-)**works** gyár(telep); üzem; -művek; ~s *council* üzemi bizottság; ~s *manager* műszaki igazgató **5.** *the* ~s *of the watch* az óra szerkezete **6.** *good* ~s jó cselekedetek **II.** *v* (*pt/pp* ~ed wə:kt, régies **wrought** rɔ:t) **A.** *vi* **1.** dolgozik; ~ *hard* keményen dolgozik; ~ *like a nigger/horse* rogyásig dolgozik, kulizik; ~ *to rule* szándékosan lassítja a munkát [bérharcként] →*work-to--rule* **2.** működik, jár [gép stb.] **3.** hat [gyógyszer], bevállik [rendszer] **4.** kézimunkázik, hímez **5.** kotyog [gépalkatrész]; ~ *loose* meglazul [csavar] **6.** forr, dolgozik [bor]; erjed [sör stb.] **B.** *vt* **1.** megdolgoztat vkt; ledolgoz [munkaidőt]; ~ *one's passage* ledolgozza az útiköltség árát; ~ *one's way* (1) utat tör (vhová) (2) maga keresi meg tanulmányainak költségeit **2.** működtet, járat, kezel [gépet stb.]; üzemeltet, művel [bányát] **3.** (meg)művel [földet] **4.** megmunkál [fémet], feldolgoz [anyagot]; (meg)dagaszt, kidolgoz [tésztamaszszát] **5.** ~ *itself loose* eloldódik [kötél vége]; ~ *one's hands free* kiszabadítja kezeit **6.** tesz, véghezvisz [csodát]; előidéz, létrehoz [változást] **7.** kiszámít, megold [számtanpéldát] **8.** (ki)hímez, kivarr; kézimunkával készít, köt [ruhadarabot] **9.** működik [területen], megdolgoz [rábeszéléssel vkt]; ~ *a district* bejárja/beutazza a körzetet [ügynök]

work at *vi* vmn dolgozik, vmt tanulmányoz

work away *vi* állandóan dolgozik (*at* vmn)

work for *vi* (vkért, vmért, vknél) dolgozik
work in A. *vt* be(le)dolgoz, belesző B. *vi* 1. beleillik 2. behatol, beveszi magát
work into *vt* 1. belecsúsztat; belekényszerít; ~ *himself i. sg* befurakodik 2. belehajszol vkt vmbe; ~ *oneself i.* a rage (fokozatosan) feldühösíti magát work off A. *vt* 1. feldolgoz, ledolgoz, eldolgoz 2. leráz magáról [terhes, kellemetlen dolgot] 3. elsüt [árut, gyenge viccet] B. *vi* (lassanként) leválik, lecsavarodik; eltűnik, felszívódik
work on A. *vi* 1. vmn dolgozik 2. hatása van vmre, hat vmre B. *vt* ráhímez vmt
work out A. *vt* 1. ledolgoz [adósságot, időt], kitölt [időt]; ~ *o. one's time* (tanuló)idejét leszolgálja 2. kidolgoz [tervet stb.] 3. (gyakorlatban) megvalósít; véghezvisz, (fáradsággal) kivív 4. kiszámít, megfejt, megold [példát] 5. kimerít [bányát, személyt] B. *vi* 1. megoldódik 2. (ki)alakul, fordul [dolog, helyzet] 3. (végeredményként) kitesz; kijön [számtanpélda]
work up A. *vt* 1. feldolgoz 2. kiépít, kialakít, kidolgoz 3. (fokozatosan) felizgat 4. ~ *one's way up* felküzdi magát B. *vi* 1. feljebb jut; feltornássza/felküzdi magát; *what are you ~ing up to?* hová akarsz kulyukadni? 2. felcsúszik [ruha]
work upon *vi/vt* = *work on*
workable ['wə:kəbl] *a* 1. megmunkálható, feldolgozható 2. megvalósítható; *átv* járható [út]
workaday ['wə:kədeɪ] *a* hétköznapias, prózai; praktikus
workaholic [wə:kə'hɒlɪk; *US* -'hɔ:-] *n US* munkamániás
work-bag *n* 1. szerszámtáska, -zsák 2. varródoboz, kézimunkatáska
work-basket *n* kézimunkakosár
work-bench *n* munkapad, -asztal, gyalupad
workbook *n* 1. munkafüzet 2. kezelési útmutató

work-box *n* 1. szerszámláda 2. kézimunkadoboz
work-day *n* munkanap, hétköznap
work-dog *n* munkakutya
worker ['wə:kə*] *n* 1. munkás, dolgozó; *fellow* ~ (1) munkatárs (2) munkástárs, -testvér; *the ~s are out* a munkások sztrájkolnak 2. ~ (*bee*) dolgozó(méh)
work-force *n* munkáslétszám; munkaerő
workhouse *n* 1. *GB* † szegényház 2. *US* dologház
working ['wə:kɪŋ] I. *a* 1. dolgozó, munkás-; *the ~ class(es)* a munkásosztály, a munkásság; ~ *man* munkás, dolgozó; ~ *party* munkabrigád 2. működő [gép stb.] II. *n* 1. dolgozás; működés; üzemeltetés; munka; ~ *capital* forgótőke; ~ *conditions* munkafeltételek; ~ *day* = work-day; ~ *dinner/lunch(eon)* munkaebéd; ~ *drawing* műhelyrajz, kiviteli terv; ~ *expenses* üzemi költségek; ~ *hours* munkaidő; ~ *hypothesis/theory* munkahipotézis; ~ *knowledge* gyakorlati ismeret; *in* ~ *order* üzemképes (állapotban); ~ *paper(s)* a [konferencia] írásos anyaga, munkaanyag; ~ *plan* kiviteli terv, munkaterv
working-class *a* munkásosztályból való, munkásszármazású, munkás-
working-out *n* kidolgozás
workless ['wə:klɪs] *a* munka nélküli, tétlen
work-load *n* munkaterhelés
workman ['wə:kmən] *n* (*pl* -men -mən] munkás; kézműves; *workmen's dwellings* munkáslakások
workmanlike ['wə:kmənlaɪk] *a* szakszerű, ügyes
workmanship ['wə:kmənʃɪp] *n* 1. kivitelezés (módja), kidolgozás, szakszerűség 2. (kézi) munka 3. vknek a műve
workout *n US biz* edzés [verseny előtt]
workpeople *n* munkásság
workpiece *n* munkadarab
workroom *n* 1. műhely 2. dolgozószoba
worksheet *n* 1. munkalap 2. feladatlap
workshop *n* műhely

work-shy *a* dolgozni nem akaródzó, lusta, lógós
work-table *n* kézimunkaasztal, varróasztal
worktop *n* munkaasztal, -felület
work-to-rule *n* szándékos munkalassítás, túlbuzgósági sztrájk
workwoman *n* (*pl* -women) 1. munkásnő, -asszony; dolgozó nő 2. varrónő
world [wə:ld] *n* 1. világ, föld; *W~ Cup* (labdarúgó-)világbajnokság; világkupa; ~ *fair* világkiállítás; ~ *language* világnyelv; ~ *record* világcsúcs; ~ *war* világháború; *the next* ~, *the* ~ *to come* a másvilág/túlvilág; ~ *without end* az idők végezetéig, mindörökké; *for all the* ~ (1) a világért sem (2) minden tekintetben; *all the* ~ *over*, *all over the* ~ az egész világon; *it's the way of the* ~, *such is the* ~ ilyen az élet; *in the* ~ (1) a világon/földön (2) egyáltalán, valaha; *W~ Series* ⟨az USA hivatásos baseball-csapatainak országos bajonksága⟩ 2. *a* ~ *of* tömérdek, rengeteg
world-famous *a* világhíres, -hírű
worldliness ['wə:ldlɪnɪs] *n* világiasság
worldling ['wə:ldlɪŋ] *n* világias/anyagias ember
worldly ['wə:ldlɪ] *a* 1. világi(as) 2. anyagias; ~ *wisdom* gyakorlatias/anyagias életbölcsesség 3. evilági, földi
worldly-minded *a* anyagias gondolkodású
world-politics *n* világpolitika
world-power *n* nagyhatalom, világhatalom
world-weary *a* életunt
world-wide *a* az egész világon elterjedt, világméretű, világ-; ~ *fame* világhír
worm [wə:m] I. *n* 1. féreg, hernyó, kukac, nyű, giliszta; *even a* ~ *will turn* a féreg is megtekeri magát, ha reáhágnak [= a legelnyomottabb embernek is elfogy egyszer a türelme] 2. csavarmenet 3. csigafúró 4. kígyócső [lepárlókészülékben] II. *vt* 1. ~ *oneself* (v. *one's way*) (1) ... *into* beférkőzik/befurakodik vhova (2) ... *through* átfurakodik vmn 2. ~ *sg out of sy* vmt kicsal/kipiszkál vkből
worm-bit *n* vágóél [fúrón]

worm-cast *n* gilisztatúrás
worm-drive *n* csigakerékhajtás
worm-eaten *a* 1. szúette, férges, féregrágta, hernyórágta 2. idejétmúlt
worm-gear *n* csigakerék(hajtás)
worm-hole *n* szújárat; kukacrágás
worm-like *a* féregszerű, hernyószerű
worm-powder *n* féregirtó (szer)
worm's-eye view ['wə:mzaɪ] békaperspektíva, alulnézet
worm-wheel *n* csigakerék, csavarkerék
wormwood *n* 1. üröm 2. keserűség
wormy ['wə:mɪ] *a* 1. kukacos, férges 2. féregrágta 3. alázatoskodó, csúszómászó
worn [wɔ:n] *a* kopott, elnyűtt, viseltes; →*wear II.*
worn-out *a* 1. elfáradt, kimerült, lerobbant 2. agyonhasznált, elnyűtt
worried ['wʌrɪd; *US* 'wə:-] *a* gondterhelt, aggódó, nyugtalan →*worry II.*
worry ['wʌrɪ; *US* 'wə:-] I. *n* aggodalom, nyugtalankodás, gond II. *v* (*pt/pp* **worried** 'wʌrɪd, *US* 'wə:-) A. *vi* aggódik, nyugtalankodik (*about/over* vm miatt); *don't* ~*!* ne aggódj/aggodalmaskodj!, ne izgasd magad!; *what's the use of* ~*ing?* kár ezen gyötrődni! B. *vt* 1. gyötör, zaklat 2. aggaszt, izgat
worse [wə:s] I. *a* 1. rosszabb; *so much the* ~ annál rosszabb; *the* ~ *for wear* erősen viseltes 2. betegebb II. *adv* rosszabbul; *none the* ~ semmivel sem kevésbé, még inkább; *none the* ~ *for* ... nem ártott neki ...; *you might do* ~ *than* ... okosan tennéd, ha; még mindig jobb az, ha ... III. *n* 1. rosszabb dolog 2. rosszabb állapot; *a change for the* ~ rosszra fordulás 3. vereség; *have the* ~ vereséget szenved || →*bad*
worsen ['wə:sn] A. *vt* rosszabbít, (el-)ront B. *vi* rosszabbodik
worship ['wə:ʃɪp] I. *n* 1. imádás; istentisztelet; *place of* ~ templom 2. méltóság; *Your W~* méltóságod II. *v* **-pp-** A. *vt* imád B. *vi* imádkozik; istentiszteleten vesz részt
worshipful ['wə:ʃɪpfʊl] *a* tiszteletre méltó; kb. nagy tekintetű [tanács stb.]

worshipper ['wə:ʃɪpə*] *n* 1. imádó 2. *the ~s* a hívek

worst [wə:st] I. *a* legrosszabb II. *adv* legrosszabbul III. *n* a legrosszabb dolog; *at (the)* ~ a legrosszabb esetben; *get the* ~ *of it* alulmarad [küzdelemben]; *if the* ~ *comes to the* ~ ha a legrosszabbra kerül(ne) a sor IV. *vt* legyőz, fölébe kerekedik (vknek); ‖→*bad*

worsted ['wʊstɪd] *n* fésűsgyapjú fonal/ szövet, kamgarn (szövet) -wort [-wə:t] -fű, -növény

worth [wə:θ] I. *a* 1. értékű; *be* ~ *sg* ér vmt; *be little* ~, *be* ~ *little* keveset ér; *be* ~ *thousands* ezreket ér; *for all one is* ~. teljes erejéből; *. . . for what it is* ~ nem állok jót érte (hogy így van), nem tulajdonítva neki túl nagy értéket; *he is* ~ *a million* milliomos 2. érdemes; *is it* ~ *it/while?* érdemese?, megéri-e?; *be well* ~ *seeing* nagyon érdemes megnézni; *it isn't* ~ *. . .-ing* nem éri meg . . ., nem érdemes . . . II. *n* érték; *a pound's* ~ *of . . .* egy font értékű . . .

worthily ['wə:ðɪlɪ] *adv* 1. méltóképpen 2. érdemlegesen, érdemesen

worthiness ['wə:ðɪnɪs] *n* érdem(esség)

worthless ['wə:θlɪs] *a* 1. értéktelen, hitvány 2. érdemtelen

worthwhile [wə:θ'waɪl; *US* -'hw-] *a* érdem(leg)es, a fáradságot megérő, valamirevaló

worthy ['wə:ðɪ] I. *a* érdemes, méltó *(of* vmre) II. *n* kiválóság, kiváló ember

wot →*wit²*

would →*will¹ III.*

would-be ['wʊdbi:] *a* 1. leendő, jövendőbeli, ⟨olyan aki vm szeretne lenni, de még nem az⟩ 2. állítólagos

wouldn't ['wʊdnt] = *would not* →*will¹*

wouldst [wʊdst] →*will¹ III.*

wound¹ [wu:nd] I. *n* 1. seb; sebesülés 2. sértés, sérelem II. *vt* 1. megsebesít; *be ~ed* megsebesül; *the ~ed* a sebesültek 2. megsért

wound² →*wind¹ II. 5.* és *wind²*

wove(n) ['woʊv(n)] *a* szövött; →*weave II.*

wow [waʊ] *n* ☐ nagy siker, remek dolog; *it's a* ~! remek!, pompás dolog!

wrack [ræk] *n* 1. † pusztulás 2. † = *wreck* 3. partra vetett hínár

wraith [reɪθ] *n* kísértet, alakmás [élő emberé halála előtt]

wrangle ['ræŋgl] I. *n* pörlekedés II. *vi* 1. pörlekedik, veszekedik 2. *US* lovászkodik, csikósként működik

wrangler ['ræŋglə*] *n* 1. veszekedő 2. mennyiségtani vizsga kitüntetettje [cambridge-i egyetemen] 3. *US* csikós, csordás

wrap [ræp] I. *n* 1. burkolat; *~s* útitakarók, pokrócok, sálak 2. felöltő; belépő [ruhadarab] II. *vt* -pp- 1. betakar, beburkol; (be)csomagol *(in* vmbe); ~ *up sg* vmt becsomagol; ~ *oneself up* beburkolózik, bebugyolálja magát; *be ~ped up in his work* belemerül munkájába; *be ~ped up in sy* teljesen vknek él 2. palástol, elrejt

wrapper ['ræpə*] *n* 1. burkolat, borítás, csomagolás; csomagolóanyag, göngyöleg 2. keresztkötés [újságé]; borítólap, burkoló [könyvé] 3. pongyola

wrapping ['ræpɪŋ] *n* ~(s) csomagolás; göngyöleg

wrapping-paper *n* csomagolópapír

wrath [rɔθ; *US* -æ-] *n* harag

wrathful ['rɔθfʊl; *US* -æ-] *a* haragos

wreak [ri:k] *vt* kitölt [bosszút/haragot *upon* vkn]

wreath [ri:θ; *pl* -ðz] *n* 1. koszorú 2. füstcsiga

wreathe [ri:ð] A. *vt* 1. (meg)koszorúz 2. koszorúba köt 3. ~ *one's arms round sy* vk köré fonja karjait, átölel vkt 4. ~*d column* csavart oszlop B. *vi* gombolyog

wreck [rek] I. *n* 1. roncs [hajóé stb.]; *a nervous* ~ idegroncs 2. hajótörés 3. (el)pusztulás, összetörés, tönkremenés 4. partra vetett (vagyon-)tárgy II. A. *vt* összeroncsol, tönkretesz; *be ~ed* hajótörést szenved; összetörik [jármű] B. *vi* zátonyra fut, hajótörést szenved

wreckage ['rekɪdʒ] *n* 1. (hajó)roncs 2. összeomlás

wrecked [rekt] *a* hajótörött, tönkrejutott

wrecker ['rekə*] *n* 1. zátonyra juttató 2. hajóroncsrabló 3. bontási vállalkozó 4. *US* autómentő
wrecking ['rekɪŋ] *n* 1. zátonyra futás 2. tönkretétel
wren [ren] *n* ökörszem [madár]
wrench [rentʃ] I. *n* 1. csavarkulcs, villáskulcs; franciakulcs 2. ficam; *gave a ~ to his ankle* kificamította a bokáját 3. elválás okozta fájdalom II. *vt* 1. kiránt 2. elcsavar, elgörbít 3. kificamít
wrest [rest] I. *n* 1. elcsavarás 2. hangolókulcs II. *vt* 1. elcsavar 2. kiforgat 3. kiránt vknek a kezéből, elragad
wrestle ['resl] I. *n* birkózás II. *vi* birkózik, küzd
wrestler ['reslə*] *n* birkózó
wrestling ['reslɪŋ] *n* birkózás
wrest-pin *n* hangolószeg [zongorahúré]
wretch [retʃ] *n* 1. nyomorult, hitvány ember 2. szegény ördög, szerencsétlen alak
wretched ['retʃɪd] *a* 1. szerencsétlen, boldogtalan, nyomorult [ember] 2. nyamvadt, vacak, silány [dolog]
wrick [rɪk] I. *n* rándulás II. *vt* megrándít
wriggle ['rɪgl] I. *n* 1. izgés-mozgás 2. tekergőzés II. A. *vi* 1. izeg-mozog; tekergőzik, csúszik-mászik, kígyózik; *~ out of* kibújik [felelősség alól], kikecmereg [bajból] 2. hímez-hámoz, köntörfalaz B. *vt* 1. ide-oda mozgat 2. teker, csavargat
-wright [-raɪt] -műves
Wrigley ['rɪglɪ] *prop*
wring [rɪŋ] I. *n* facsarás; szorítás II. *vt* (*pt/pp* **wrung** rʌŋ) 1. kicsavar, (ki)facsar; *~ing wet* csuromvizes; *~ the neck of* kitekeri a nyakát; *~ sg from sy* kicsikar vkből vmt 2. *~ one's hands* kezét tördeli 3. gyötör 4. elferdít [értelmet]
wringer ['rɪŋə*] *n* facsarógép
wrinkle¹ ['rɪŋkl] I. *n* ránc, redő II. A. *vt* ráncol, redőz B. *vi* ráncolódik, redőződik
wrinkle² ['rɪŋkl] *n biz* 1. ötlet 2. bizalmas értesülés, tipp
wrist [rɪst] *n* csukló

wristband *n* kézelő
wrist-bone *n* kézfejcsont
wristlet ['rɪstlɪt] *n* 1. karperec; *woollen ~* érmelegítő 2. *biz* bilincs
wrist-pin *n* dugattyúcsap(szeg), csuklócsapszeg
wrist-watch *n* karóra
writ [rɪt] *n* 1. bírói parancs/megkeresés/idézés; *~ of summons* perbeidézés; *serve a ~ on sy* bíróság elé idéz vkt 2. *Holy W~* Szentírás ‖ →*write*
write [raɪt] *vt* (*pt* **wrote** roʊt, *pp* **written** 'rɪtn, régies **writ** rɪt) (meg)ír, leír; *~ in ink* tintával ír; *~ in Greek letters* görög betűkkel ír; *writ large* (*on it*) nagy betűkkel olvasható rajta, szinte kiabál róla; *nothing to ~ home about* semmi különös, nem nagy szenzáció
   write down *vt* 1. leír [szöveget], követelést] 2. ábrázol, leír 3. *biz* (le-)becsmérel 4. vmnek tart
   write off *vt* 1. megír és elküld; lefirkant; letud [munkát] 2. leír, storníroz [követelést] 3. lemond (vmről)
   write out *vt* 1. lemásol, letisztáz 2. teljesen kiír 3. kiállít, kitölt [csekket] 4. (meg)ír [receptet] 5. *~ oneself o.* kiírja magát [író]
   write up *vt* 1. feldolgoz, kidolgoz, megír [témát] 2. feldicsér, előnyösnek igyekezik feltüntetni 3. naprakész állapotba hoz
write-off *n* leírás [veszteségé]
writer ['raɪtə*] *n* 1. író, szerző; *the* (*present*) *~* e sorok írója, a szerző 2. írnok; *~'s cramp* írógörcs
write-up *n biz* 1. sajtóbeszámoló, újságcikk 2. feldicsérő cikk
writhe [raɪð] *vi* 1. vonaglik, gyötrődik 2. lelki kínokat áll ki
writing ['raɪtɪŋ] *n* 1. írás; *in ~* írásban; *put* (*down*) *in ~* leír 2. irat, (írás)mű
writing-book *n* füzet, irka
writing-case *n* írómappa [írófelszereléssel], írókészlet
writing-desk *n* íróasztal, írópolc
writing-materials *n pl* írószerek
writing-pad *n* írómappa, blokk, jegyzettömb
writing-paper *n* írópapír, levélpapír

writing-table *n* íróasztal
written ['rɪtn] *a* írott; ~ *examination* írásbeli (vizsga) ‖ →*write*
wrong [rɔŋ; *US* -ɔ:-] **I.** *a* helytelen, rossz, hibás, nem (a) jó, téves; *what's* ~ *with him?* mi történt vele?, mi a baja?; *be* ~ téved; *go (down) the* ~ *way* cigányútra megy/téved [falat]; *take the* ~ *turning* eltéved; *he brought me the* ~ *book* nem azt a könyvet hozta, amit kellett volna; ~ *number* téves kapcsolás; *be on the* ~ *side of forty* túl van már a negyvenen **II.** *adv* helytelenül, nem jól, hibásan, tévesen; rosszul; *get it* ~ [számolásnál] elhibáz; félreért; *go* ~ (1) baj éri (2) hibázik, téved, hibát követ el, letér a helyes útról (erkölcsileg is) (3) rosszul jár/működik/sikerül (4) elromlik [készülék stb.]; *you took me up* ~ félreértettél **III.** *n* **1.** igazságtalanság, méltatlanság; *do* ~ *to sy* méltatlanul bánik vkvel **2.** jogsértő cselekedet **3.** sérelem **4.** hiba, tévedés; *be in the* ~ nincs igaza; *put sy in the* ~ vkt vmben hibásnak tüntet fel (v. elmarasztal) **IV.** *vt* **1.** igazságtalanul bánik (vkvel) **2.** megkárosít, megrövidít (vkt), árt (vknek) **3.** megsért
wrongdoer [rɔŋ'dʊə*; *US* 'rɔ:ŋduːər] *n* bajszerző; bajkeverő; jogsértő, bűnös
wrongdoing [-'duːɪŋ] *n* **1.** igazságtalanság, méltánytalanság **2.** gaztett, bűn
wrongful ['rɔŋfʊl; *US* -ɔ:-] *a* jogtalan, igazságtalan, törvénytelen
wrong-headed *a* **1.** (téveszméihez) csö-

könyösen ragaszkodó, fonák gondolkodású, önfejű **2.** elhibázott
wrongly ['rɔŋlɪ; *US* -ɔ:-] *adv* **1.** helytelenül, tévesen; ártatlanul [vádolják]; *rightly or* ~ joggal vagy jogtalanul **2.** gonoszul
wrote →*write*
wroth [roʊθ] *a* haragos, dühös
wrought [rɔ:t] *a* feldolgozott, kidolgozott; ~ *iron* kovácsolt vas ‖ →*work*
wrought-up *a* izgatott
wrung [rʌŋ] →*wring II.*
wry [raɪ] *a* ferde, elfintorított; kényszeredett [mosoly]; *make a* ~ *face* savanyú képet vág
wryneck *n* **1.** nyaktekercs [madár] **2.** nyakferdülés
W.S.W., WSW *west-south-west* nyugat--délnyugat
wt. *weigth*
wuther ['wʌðə*] *vi* zúg, (s)üvölt [szél]
W.Va. *West Virginia*
wych-elm [wɪtʃ'elm] *n* hegyi szil
Wycherley ['wɪtʃəlɪ] *prop*
Wyclif(fe), Wickliffe ['wɪklɪf] *prop*
Wyclif(f)ite ['wɪklɪfaɪt] *a/n* Wyclif követője
wye [waɪ] *n* Y (betű); ipszilon alakú dolog
Wykehamist ['wɪkəmɪst] **I.** *a* winchesteri kollégiummal kapcsolatos **II.** *n* ⟨winchesteri kollégium jelenlegi v. volt növendéke⟩
Wyo. *Wyoming*
Wyoming [waɪ'oʊmɪŋ] *prop*
wyvern ['waɪvən] *n* sárkány

X

X,¹ x [eks] *n* X, x (betű)
X.,² x 1. *Cross* kereszt 2. csak 18 éven felülieknek [filmről]
Xanadu ['zænədu:] *prop*
Xanthippe [zæn'θɪpɪ] *n* házsártos feleség
xebec ['zi:bek] *n* ⟨háromárbocos kis hajó⟩
xenon ['zenɔn; *US* 'zi:nɑn] *n* xenon [nemesgáz]
xenophobe ['zenəfoʊb] *a/n* idegengyűlölő
xenophobia [zenə'foʊbjə] *n* idegengyűlölet
xeranthemum [zɪ'rænθɪməm] *n* szalmavirág, vasvirág
xerography [zɪə'rɔgrəfɪ; *US* -'rɑ-] *n* xerográfia
xerophilous [zɪ'rɔfɪləs; *US* -'rɑ-] *a* száraz éghajlatot kedvelő, szárazságkedvelő
xerophyte ['zɪrəfaɪt] *n* száraz éghajlatot kedvelő növény

xerox ['zɪərɔks; *US* -ɑks] I. *n* xerox II. *vt* xeroxoz(tat), xerox másolatot készít(tet)
Xerxes ['zə:ksi:z] *prop* Xerxész
xiphoid ['zɪfɔɪd] *a* kard alakú
Xmas ['krɪsməs] *n* (= *Christmas*) karácsony
X-ray [eks'reɪ] I. *a* röntgen-; ~ *examination* röntgenvizsgálat, -átvilágítás; ~ *photograph/picture* röntgenfelvétel II. *n* 1. *X-rays pl* röntgensugarak 2. röntgenfelvétel III. *vt* (meg)röntgenez, átvilágít
Xt *Christ* Krisztus
xylograph ['zaɪləgrɑ:f; *US* -æf] *n* fametszet
xylographer [zaɪ'lɔgrəfə*; *US* -'lɑ-] *n* fametsző
xylography [zaɪ'lɔgrəfɪ; *US* -'lɑ-] *n* fametszés, fametszetkészítés
xylophone ['zaɪləfoʊn] *n* xilofon

Y

Y, y [waɪ] *n* Y, y, ipszilon
y.² 1. *yard* 2. *year* év
yacht [jɔt; *US* -ɑ-] I. *n* jacht, verseny-vitorlás II. *vi* jachtozik, vitorlázik
yacht-club *n* jachktklub
yachting ['jɔtɪŋ; *US* -ɑ-] *n* vitorlázás, jachtozás, vitorlássport
yachtsman ['jɔtsmən; *US* -ɑ-] *n* (*pl* -men -mən) vitorlázó, jachtozó
yah [jɑ:] *int* ugyan-ugyan!, na, ne mondd!
yahoo [jə'hu:; *US* 'jɑ:hu:] *n* jehu ⟨gulli-veri félállatias undorító ember⟩
yak [jæk] *n* jak
Yale [jeɪl] *prop*
yam [jæm] *n* yamgyökér
yammer ['jæmə*] *vi* nyafog, óbégat, sopánkodik, jammerol
yank¹ [jæŋk] *biz* I. *n* rántás, tépés II. *vt* (meg)ránt, rángat; ~ *out* kiránt
Yank² [jæŋk] *n US biz* jenki
Yankee ['jæŋkɪ] *n* jenki; ~ *Doodle* ⟨ame-rikai hazafias dal (nem himnusz)⟩
Yankeedom ['jæŋkɪdəm] *n* jenkik, jenki-világ
yankeefied ['jæŋkɪfaɪd] *a* elamerikaiaso-dott
yap [jæp] I. *n* csaholás II. *vi* -pp- 1. csa-hol, ugat 2. *biz* jár a szája
yard¹ [jɑ:d] *n* 1. yard [mértékegység = 3 láb, 36 inch, 0,914 méter] 2. (ke-reszt)vitorlarúd
yard² [jɑ:d] *n* 1. udvar; műhely, telep 2. rendező pályaudvar 3. *biz the* Y~ a (Scotland Yard)
yardage ['jɑ:dɪdʒ] *n* yardmennyiség
yard-arm *n* vitorlarúdvég
yard-man ['jɑ:dmən] *n* (*pl* -men -mən) = *yardsman*

yard-master *n* tolatásmester
yardsman ['jɑ:dzmən] (*pl* -men -mən) *n* 1. tolatómunkás 2. vitorlakezelő
yard-stick *n* egy yardos mérőrúd
Yarmouth ['jɑ:məθ] *prop*
yarn [jɑ:n] I. *n* 1. fonal, fonál 2. *biz* történet, mese II. *vi* mesél ‖→*spin II*.
yarn-beam *n* lánchenger
yarn-dyed *a* fonálban festett
yarrow ['jærəʊ] *n* cicfarkkóró
yashmak ['jæʃmæk] *n* arcfátyol [moha-medán nőé]
yataghan ['jætəgən] *n* jatagán
yaw [jɔ:] I. *n* hirtelen irányváltoztatás, oldalirányú lengés/kitérés II. *vi* hirte-len eltér [eredeti irányától], farol [hajó]
yawl [jɔ:l] *n* 1. kétárbocos kis vitorlás 2. kis csónak [hajóé]
yawn [jɔ:n] I. *n* ásítás II. *vi* 1. ásít 2. tátong
yawning ['jɔ:nɪŋ] *a* 1. ásítozó 2. tátongó
yaws [jɔ:z] *n pl* framboesia [fertőző bőr-betegség]
yclad [ɪ'klæd] *a* † öltözve, öltözött [a *clothe* ige régies *pp*-je]
yclept [ɪ'klept] *a* † nevezett, nevezve
yd(s). *yard(s)*
ye¹ [ji:] *pron* † te, ti; *hark* ~ ['hɑ:kɪ] ide figyelj(etek), hallga; *how d'*~ *do*? [haʊ-dɪ'du:] hogy vagy(tok)?; *thank* ~ ['θæŋkɪ] köszönöm
ye² [ji: v. helyesebben ðə, ill. magán-hangzó előtt: ði:] † = *the*
yea [jeɪ] *adv* 1. igen, bizonnyal 2. sőt
yeah [jeə] *int US biz* 1. igen 2. = *yah*
yean [ji:n] *vt/vi* ellik [juh, kecske]
year [jə:* v. *főleg US* jɪə(r)] *n* 1. év, esztendő; *last* ~ tavaly, a(z el)múlt

66

év(ben); ~ by ~, ~ in ~ out, from ~ to ~ évről évre; in a ~'s time egy év alatt/múlva; biz in the ~ one réges--rég; all the~ round az egész éven át; see the old ~ out szilveszterezik; he does not look his ~s fiatalabbnak látszik koránál; he is young for his ~s korához képest fiatal; he is in ~s benne van a korban; it is ~s since we met ezer éve nem láttalak 2. évfolyam [iskolai]
year-book n évkönyv
yearling ['jə:lɪŋ; US 'jɪər-] n egyéves állat
year-long a egy évig tartó, egyéves
yearly ['jə:lɪ v. főleg US 'jɪə(r)lɪ] I. a évenkénti II. adv 1. évenként, minden évben 2. egyszer egy évben; évente egyszer
yearn [jə:n] vi sóvárog, vágyódik, áhítozik (after/for vm után)
yearning ['jə:nɪŋ] I. a sóvárgó, epe(ke)dő II. n sóvárgás, epekedés
yeast [ji:st] n 1. élesztő 2. (hullám)tajték
yeast-powder n sütőpor
yeasty ['ji:stɪ] a 1. erjedő 2. tajtékos, habos 3. nyugtalan, forrongó
Yeats [jeɪts] prop
yegg(man) [jeg(mən)] n (pl -men -mən) US □ kasszafúró, mackós
yell [jel] I. n 1. ordítás, sikoltás 2. US ütemes csapatbuzdító kiáltás, a szurkolók kórusa II. vi/vt sikolt, ordít, üvölt, kiált
yellow ['jeloʊ] I. a 1. sárga; ~ cake élesztős kelt tészta; ~ dough nyers élesztős tészta (masszája); ~ fever sárgaláz; ~ flag = ~ Jack (1); ~ Jack (1) [egészségügyi zárlatot jelző] sárga zászló (2) biz sárgaláz; US ~ pages szaknévsor [telefonkönyvben]; ~ peril sárga veszedelem; biz the ~ press (szenzációhajhászó) (bulvár)sajtó; ~ spot sárga folt 2. biz gyáva, berezelt 3. biz irigy, féltékeny II. n 1. sárga (szín) 2. the ~s sárgaság III. A. vt (meg)sárgít; be ~ed megsárgul(t), elsárgul(t) B. vi (meg)sárgul
yellow-hammer n citromsármány
yellowish ['jeloʊɪʃ] a sárgás

yellowness ['jeloʊnɪs] n 1. sárgaság 2. biz gyávaság
Yellowstone ['jeloʊstoʊn; US 'jelə-is]prop
yellowy ['jeloʊɪ] a sárgás
yelp [jelp] I. n csaholás, ugatás II. vi csahol, ugat
Yemen ['jemən] prop Jemen
Yemeni ['jemənɪ] a jemeni
yen¹ [jen] n jen [japán pénzegység]
yen² [jen] n US biz vágy(ódás)
yeoman ['joʊmən] n (pl -men -mən) 1. szabad kisbirtokos, kisgazda; do ~('s) service értékes segítséget nyújt 2. önkéntes lovaskatona 3. Y~ of the Guard testőr (a Tower-ban)
yeomanry ['joʊmənrɪ] n 1. önkéntes lovasság 2. szabad kisbirtokosság
yep [jep] int □ igen
Yerkes ['jə:ki:z; US 'jə:r-] prop
yes [jes] I. adv 1. igen, igenis 2. sőt II. n igen [felelet, szavazat]
yes-man ['jesmæn] n (pl -men -men) biz fejbólintó János, csacsener
yesterday ['jestədɪ v. -deɪ] adv/n tegnap; the day before ~ tegnapelőtt
yet [jet] adv/conj 1. még; eddig; már; has Judy come home ~? No, not ~. Hazajött már Jutka? Még nem.; as ~ még eddig, eddig még, mostanáig, a mai napig, ezideig, mindeddig; nor ~ (sőt) még... sem; he won't listen to me nor ~ to her nem hallgat rám sőt még rá sem 2. mégis, de azért
yew [ju:] n tiszafa
YHA [waɪeɪtʃ'eɪ] Youth Hostels Association
yid [jɪd] a/n □ zsidó
Yiddish ['jɪdɪʃ] a/n jiddis
yield¹ [ji:ld] I. n (termés)hozam II. A. vt 1. hoz, ad, terem, jövedelmez; nyújt, szolgáltat; ~ profit hasznot hajt 2. átad, átenged [elsőbbséget]; felad [területet stb.]; ~ oneself megadja magát; ~ the place to sy vknek helyet (át)enged/átad 3. beismer, megenged B. vi 1. terem 2. megadja magát, meghódol, behódol, enged (to vknek, vmnek); beletörődik (to vmbe) 3. elsőbbséget ad; ~! elsőbbségadás kötelező 4. lazul, megereszkedik, meghajol, beszakad

yielding ['ji:ldɪŋ] a 1. hajlékony 2. engedékeny, könnyen befolyásolható
Y.M.C.A. [waɪemsi:'eɪ] *Young Men's Christian Association* Keresztyén Ifjak Egyesülete, KIE
yodel ['joʊdl] vi/vt -ll- (US -l-) jódlizik
yodelling ['joʊd(ə)lɪŋ] n jódlizás
yoga ['joʊgə] n jóga
yogh(o)urt, yogurt ['jɔgət; US 'joʊgə:rt] n joghurt
yogi ['joʊgɪ] n jógi
yogurt →yogh(o)urt
yo-heave-ho ['joʊhi:v'hoʊ] int hó-rukk!
yo-ho [joʊ'hoʊ] int hó-rukk!
yoicks [jɔɪks] int hajrá!, halihó! [kutyauszító kiáltás]
yoke [joʊk] I. n 1. iga, járom; a ~ of oxen egy pár (igás)ökör 2. rabszolgaság, rabiga 3. szemöldökfa 4. tejhordó iga [vállra] 5. vállrész [ruhán] II. vt 1. járomba fog, igába hajt 2. összeköt, -házasít
yoke-bone n járomcsont
yoke-fellow n 1. munkatárs 2. házastárs
yokel ['joʊkl] n paraszt, falusi (ember)
yolk [joʊk] n 1. tojássárgája 2. gyapjúzsír
yolk-bag/sac n peteburok, -hártya
Yolland ['jɔlənd] prop
yon(der) ['jɔn(də*); US -ɑ-] I. a amaz, ottani II. adv amott
yore [jɔ:*] n hajdankor; of ~ (1) hajdanán (2) hajdani, hajdan való
Yorick ['jɔrɪk] prop
York [jɔ:k] prop
Yorks. [jɔ:ks] = Yorkshire
Yorkshire ['jɔ:kʃə*] prop
Yosemite [joʊ'semɪtɪ] prop
you [ju:; gyenge ejtésű alakjai: jʊ, jə] pron 1. te, téged, ti, titeket, maga, maguk, magát, magukat, ön, önt, önök, önöket; to ~ (1) neked, nektek, magának, maguknak, önnek, önöknek (2) hozzád, hozzátok, magához, magukhoz, önhöz, önökhöz; here's to ~! [koccintáskor:] egészségére!, egészségükre! stb.; all of ~ ti/maguk/önök mind 2. (az általános alanyt is kifejezi:) az ember ...; ~ never can tell nem lehet tudni
you'd [ju:d] = you had/should/would

you'll [ju:l] = you shall/will
young [jʌŋ] I. a 1. fiatal, ifjú; old and ~ mindenki 2. új 3. tapasztalatlan, kezdő II. n 1. fióka, kölyök; (be) with ~ vemhes, hasas 2. the ~ a fiatalok/fiatalság
youngish ['jʌŋɪʃ] a elég fiatal, fiatalos
youngster ['jʌŋstə*] n ifjú, gyerkőc, ifjonc
your [jɔ:*] pron/a -a, -e, -ja, -je, -uk, -ük, -atok, -etek; ~ children gyermekeid, gyermekeitek
you're [jʊə*] = you are
yours [jɔ:z] pron a tied/tietek, az öné/önöké(i), a magáé/maguké(i); a friend of ~ egyik barátod; you and ~s te és tiéid/hozzátartozóid; what's ~? mit parancsol (inni)?; ~ truly (1) őszinte tisztelettel [levélzáró formula] (2) biz én, engem, csekélységem(et)
yourself [jɔ:'self] pron (pl -selves -'selvz) (te) magad(at), saját magad, önmaga, önmagát; (all) by ~ egyedül (segítség nélkül), egymaga(d), magad(tól); US be ~! szedd össze magad!; you can be proud of yourselves büszkék lehettek magatokra
youth [ju:θ; pl -ðz] n 1. ifjúság, ifjúkor, fiatalság; fiatalok; (jelzői hasz) ifjúsági; ~ hostel ifjúsági (turista)szálló/ház, turistaház 2. ifjú, fiatal
youthful ['ju:θfʊl] a 1. ifjú(i), fiatalos, életerős 2. fiatalkori, ifjúkori
youthfully ['ju:θfʊlɪ] adv fiatalosan
you've [ju:v] = you have
yowl [jaʊl] I. n csaholás, nyivákolás, vonítás II. vi csahol, nyivákol, vonít
yr. 1. year év 2. your
yucca ['jʌkə] n jukka [növény]
Yugoslav [ju:goʊ'slɑ:v] a/n jugoszláv
Yugoslavia [ju:goʊ'slɑ:vjə] prop Jugoszlávia
Yugoslavian [ju:goʊ'slɑ:vjən] a/n jugoszláv(iai)
yule [ju:l] n † karácsony
yule-log n ⟨régente karácsonykor gyújtott nagy fahasáb⟩
yule-tide n karácsony (ideje)
Y.W.C.A. [waɪdʌbljʊsi:'eɪ] *Young Women's Christian Association* Keresztyén Leányok Egyesülete

Z

Z, z [zed; US zi:] n Z, z (betű)
Zachariah [zækə'raɪə] prop Zakariás
Zaïre [zɑ:'ɪə*] prop Zaire
Zaïrean [zɑ:'ɪərɪən] a/n zaire-i
Zambezi [zæm'bi:zɪ] prop
Zambia ['zæmbɪə] prop Zambia
Zambian ['zæmbɪən] a/n zambiai
zany ['zeɪnɪ] I. a bolondos, bohóckodó
II. n bohóc
Zanzibar [zænzɪ'bɑ:*] prop
zeal [zi:l] n buzgalom, buzgóság, lelkesedés, hév
zealot ['zelət] n fanatikus/(vak)buzgó ember
zealous ['zeləs] a buzgó, lelkes, fanatikus
zebra ['zi:brə] n zebra; GB ~ (crossing) zebra, (kijelölt) gyalogátkelőhely
zebu ['zi:bu:] n zebu
zed [zed] n a z betű, z
zee [zi:] n US = zed
zenith ['zenɪθ; US 'zi:-] n csúcspont, tetőpont, zenit
Zeno ['zi:noʊ] prop Zénó
zephyr ['zefə*] n 1. enyhe szellő, zefir 2. zefír [szövetanyag]
zepp [zep] n biz = zeppelin
zeppelin ['zepəlɪn] n kormányozható léghajó, zeppelin
zero ['zɪəroʊ] I. n zéró, zérus, nulla, semmi; ~ adjustment nullapont-beállítás; ~ hour támadás kezdete/ideje, „Cs" idő; ~ point kezdőpont, null(a)pont II. vt/vi ~ in belövi magát, rááll vmre
zest [zest] n 1. lelkesedés, kedv, lendület, friss tempó; ~ for life életöröm, életkedv; with ~ szívvel-lélekkel 2. étvágygerjesztő/pikáns íz, zamat; add ~ to sg vmnek sajátos színt ad

Zeus [zju:s] prop Zeusz
ziggurat ['zɪgʊræt] n (babiloni) lépcsős templom-piramis
zigzag ['zɪgzæg] I. n zegzug, cikcakk, szerpentin II. vi -gg- zegzugos(an halad)
Zimbabwe [zɪm'bɑ:bwɪ] prop Zimbabwe
Zimbabwean [zɪm'bɑ:bwɪən] a/n zimbabwei
zinc [zɪŋk] n horgany, cink; ~ plate horganylemez, cinklemez; horgany nyomólemez
zincograph ['zɪŋkəgrɑ:f; US -æf] n cinkográfiai klisé, cink nyomólemez
zincographer [zɪn'kɔgrəfə; US -'kɑ-] n cinkográfus
zincography [zɪŋ'kɔgrəfɪ; US -'kɑ-] n cinkográfia
zinc-ware n cinkedény, horganyáru
zinc-works n horgany(áru)gyár
Zion ['zaɪən] prop/n 1. Sion (hegye) 2. Jeruzsálem 3. mennyország 4. a keresztény egyház 5. nem anglikán imaház
Zionism ['zaɪənɪzm] n cionizmus
Zionist ['zaɪənɪst] n/a cionista
zip¹ [zɪp] I. n 1. fütyülés [golyóé] 2. lendület, energia; full of ~ energikus, lendületes, rámenős II. A. vi -pp- fütyül, süvít [golyó] B. vt villámzárat/cipzárat behúz/felhúz
ZIP,² Zip [zɪp] (= zone improvement plan) US ~ code (postai) irányítószám
zip-fastener n húzózár, villámzár, cipzár [helyesebben: zip-]
zipper ['zɪpə*] n = zip-fastener
zirconium [zə'koʊnjəm] n cirkónium
zither ['zɪðə*] n citera
zodiac ['zoʊdɪæk] n állatöv

zodiacal [zoʊˈdaɪəkl] *a* állatövi
zombie [ˈzɔmbɪ; *US* -ɑ-] *n* **1.** boszorkánysággal életrekeltett hulla **2.** *biz* reaktivált ember **3.** *biz* buta/unalmas ember
zonal [ˈzoʊnl] *a* övezeti, zonális, zónai, zóna-
zone [zoʊn] *n* öv(ezet), zóna; földöv, égöv, éghajlati öv; sáv; körzet; *torrid* ~ forró (éghajlati) öv (v. égöv)
zoning [ˈzoʊnɪŋ] *n* sávokra/övezetekre osztás, övezeti rendszer
zoo [zuː] *n biz* állatkert
zoolite [ˈzoʊəlaɪt] *n* állati (eredetű) kövület
zoological [zoʊəˈlɔdʒɪkl; *US* -ˈlɑ-] *a* állattani; ~ *garden(s)* állatkert
zoologist [zoʊˈɔlədʒɪst; *US* -ˈɑ-] *n* zoológus
zoology [zoʊˈɔlədʒɪ; *US* -ˈɑ-] *n* állattan, zoológia

zoom [zuːm] I. *n* **1.** függőleges felrántás/emelkedés [repülőgépé] **2.** zúgás **3.** ~ *lens* gumilencse, -objektív II. *vi* **1.** meredeken emelkedik, „gyertyát" repül [repgép] **2.** zümmög, búg **3.** ~ *in (on)* gumilencsével „behoz" (vmt)
zoophyte [ˈzoʊəfaɪt] *n* növényállat, zoofita
zootomy [zoʊˈɔtəmɪ; *US* -ˈɑ-] *n* állatboncolás
zounds [zaʊndz] *int* † a kutyfáját!
Zulu [ˈzuːluː] *n/a* zulu
Zurich [ˈzjʊərɪk] *prop* Zürich
zygoma [zaɪˈɡoʊmə] *n* (*pl* ~**ta** -tə) járomcsont; járomív
zygomatic [zaɪɡəˈmætɪk] *a* járomcsonti
zymase [ˈzaɪmeɪs] *n* zimáz
zymosis [zaɪˈmoʊsɪs] *n* erjedés
zymotic [zaɪˈmɔtɪk; *US* -ˈmɑ-] *a* **1.** erjedési **2.** fertőző [betegség]

FÜGGELÉK

I.

A legfontosabb képzők, jelek, végződések

(Utótagok, mint *-fold*, *-like*, *-ward* stb. a szótárban találhatók)

-able, -ible [-əbl]	melléknévképző	⟨vmre alkalmas⟩ -as, -es, -os, -ös; -ható, -hető
-age [-ɪdʒ; *néha:* -ɑːʒ]	főnévképző	-ás, -és; -ság, -ség
-al [-l, -əl]	1. melléknévképző	-as, -es, -os, -ös; -i
	2. főnévképző	-ás, -és
-an [-n, -ən]	melléknévképző	-i; -ánus
-ance, -ence [-(ə)ns]	főnévképző	-ás, -és; -ság, -ség
-ant, -ent [-(ə)nt]	1. melléknévképző	-as, -es, -os, -ös, -ó, -ő
	2. főnévképző	⟨vmt végző⟩
-ary [-(ə)rɪ; *US* többnyire: -erɪ]	főnévképző	⟨aki/ami vmt teljesít⟩
-ate	1. [-ət] melléknévképző	-as, -es, -os, -ös
	2. [-ət] főnévképző	-ság, -ség
	[-eɪt] kémiai nevekben	pl. *nitrate*
	3. [-eɪt] igeképző	⟨vmvé lesz/tesz⟩
-ation →**-ion**		
-ative [-ətɪv; *US* többnyire: -eɪtɪv]	melléknévképző	-i; -atív
-cy [-sɪ]	főnévképző	-ság, -ség
-d →**-ed**		
-dom [-dəm]	főnévképző	-ság, -ség
-ed [t és d után: -ɪd; egyéb zöngétlen mássalhangzó után: -t, zöngés után: -d]	1. múlt idő és múlt idejű melléknévi igenév képzője	
-d [zöngétlen mássalhangzó + e után -t; zöngés mássalh. + e után: -d]	2. melléknévképző	-ú, -ű
-ee [-iː]	főnévképző	⟨aki vmt tesz v. kap⟩
-eer [-ɪə*]	főnévképző	⟨aki vmt űz, vmvel foglalkozik⟩
-en [-n, -ən]	1. melléknévképző	⟨vmlyen⟩; -ból/-ből való
	2. igeképző	⟨vmlyenné tesz/lesz⟩
-ence →**-ance**		
-ent →**-ant**		
-er, -r [-ə*]	1. főnévképző	⟨aki vmt tesz⟩, -ó, -ő
	2. a középfok képzője	-bb, -abb, -ebb
-ery [-ərɪ]	főnévképző	⟨vmlyen hely/foglalkozás/tulajdonság⟩

-es → **-s**

-ess [-ɪs] nőnemű főnévképző -nő, női . . .

-est [-ɪst] a felsőfok képzője a leg . . . -bb

-fied → **-fy**

-ful [-fʊl, -fl] 1. melléknévképző -teli, -as, -es, -os, -ös
2. főnévképző -nyi, -rɑ/-re való

-fy [-faɪ] múlt ideje: **-fied** igeképző ⟨vmvé tesz⟩
[-faɪd]

-hood [-hʊd] főnévképző -ság-, -ség

-ible → **-able**

-ic(al) [-ɪk(l)] melléknévképző -i; -ikus

-ie [-ɪ] kicsinyítőképző -ka, -ke, -cska, -cske

-ier, -ies, -iest → **-y**

-ily → **-y**

-ing [-ɪŋ] 1. jelen idejű melléknévi
igenévképző -ó, -ő, ⟨vmt tevő⟩
2. igei főnévképző -ás, -és

-ion [-n], **-sion, -tion** [-ʃn] főnévképző -ság, -ség; -mány, -mény

-isation → **-ization**

-ise → **-ize**

-ish [-ɪʃ] melléknévképző -s, -as, -es, -os, -ös, -szerű

-ism [-ɪzm] főnévképző -ság, -ség, -izmus

-ist [-ɪst] főnévképző ⟨vmt tevő⟩; ⟨vmnek hí-
ve⟩, -ista

-ity [-ətɪ] főnévképző -ság, -ség, -itás

-ive [-ɪv] melléknévképző -ó, -ő, -s, -ív

-ization, -isation [-aɪˈzeɪʃn; főnévképző -ás, -és, -álás, -élés, -álódás,
US -ɪˈzeɪʃn] (Lásd a -(iz)áció stb.
megjegyzést **-ize, -ise**
alatt)

-ize, -ise [-aɪz] (Megjegy- igeképző ⟨vmvé tesz⟩, -izál
zés: a brit angol szóhasz-
nálat ingadozik; az ame-
rikaira szinte kizárólag
az **-ize** végződés a jel-
lemző; szótárunk általá-
ban ezt tünteti fel.)

-less [-lɪs, de terjed a -ləs fosztóképző -talan, -telen, -atlan, -etlen
ejtés]

-let [-lɪt, de terjed a -lət kicsinyítőképző -ka, -ke, -cska, -cske
ejtés]

-ly [-lɪ] 1. határozószóképző -an, -en, -lag, -leg
2. (ritkábban:) melléknév-
képző -i, -ias, -ies

-ment [-mənt] főnévképző -ság, -ség, -ás, -és

-ness [-nɪs, de terjed a főnévképző -ság, -ség
-nəs ejtés]

-or [-ə*] főnévképző ⟨aki vmt tesz⟩

-ory [-(ə)rɪ; US -ɔːrɪ v. 1. melléknévképző -ó, -ő
-ərɪ] 2. főnévképző -órium

-ous [-əs] melléknévképző -s, -as, -es, -os, -ös

-r →-er
-ry [-rɪ]
-s [zöngétlen mássalhang-
zó után: -s; zöngés más-
salh. után: -z], -es [-ɪz]
-'s [zöngés mássalhangzó
után: -z; /p/, /t/, /k/, /f/,
/θ/ után: -s; /s,/ /z/, /ʃ/,
/ʒ/, /tʃ/, /dʒ/ után: -ɪz]
-ship [-ʃɪp]
-sion →-ion
-some [-səm]
-th [-θ]
-tion →-ion
-y [-ɪ]

főnévképző -ság, -ség
1. a főnévi többes szám jele -k
2. igék jelen idejű egyes
sz. 3. személyének ragja
főnévi egyes számú birto-
kosjel

főnévképző -ság, -ség

melléknévképző -s, -as, -es, -ös, -ős, -szerű
sorszámnévképző -ik

1. melléknév- és kicsinyítő- -s, -as, -es, -ös, -os, -ka,
képző -ke, -cska, -cske
határozószóképzés: -ily
[-ɪlɪ]
középfok: -ier [-ɪə*]
felsőfok: -iest [-ɪɪst]
2. főnévképző -ság, -ség
1. még -ary, -ery, -ity,
-ory, -ry
többes szám jele: -ies.[-ɪz]
3. igevégződés:
1. még -fy
jelen idejű egyes szám 3.
személy: -ies [-ɪz]
múlt idő és múlt idejű
melléknévi igenév: -ied
[-ɪd]

II.

Mértékegységek

Súlyok — Weights

1 dram			=	1,77 g
1 ounce (oz.)	=	16 *drams*	=	28,35 g
1 pound (lb.)	=	16 *ounces*	=	45,36 dkg
1 stone	=	14 *pounds*	=	6,35 kg
1 quarter	=	2 *stone*	=	12,70 kg
1 (GB) hundredweight (cwt.)	=	4 *quarters*	=	50,80 kg
1 (US) hundredweight	=	100 *pounds*	=	45,36 kg
1 ton	=	20 cwt.	=	1016,05 kg

Az *ounce* súlyt kiszámíthatjuk, ha a *gramm* súlyt megszorozzuk 0,035-tel.

Űrmértékek — Measures of Capacity

1 gill				=	0,142 l.
1 pint	=	4 gills	= GB		0,568 l.
			US		0,473 l.
1 quart	=	2 pints	= GB		1,136 l.
			US		0,946 l.
1 gallon	=	4 quarts	=		4,543 l.
1 peck	=	2 gallons	=		9,097 l.
1 bushel	=	4 pecks	=		36,348 l.
1 quarter	=	8 bushels	=		290,789 l.
1 barrel (kőolaj)			= US		158,987 l.

Hosszmértékek — Linear Measures

1 line			=	2,54 mm
1 inch	=	10 lines	=	2,54 cm
1 foot	=	12 inches	=	30,48 cm
1 yard	=	3 feet	=	91,44 cm
1 fathom	=	2 yards	=	1,83 m
1 pole/perch/rod	=	5 ½ yards	=	5,03 m
1 furlong	=	40 poles	=	201,16 m
1 statute mile	=	8 furlongs		
	=	1760 yards	=	1609,33 m
1 nautical mile	=	2026 yards	=	1853,18 m
1 league	=	3 stat. miles	=	4,828 km
	=	3 naut. miles	=	5,565 km

Átszámítási táblázat: lábról méterre — Conversion Table: Feet to Meters

	0	1	2	3	4	5	6	7	8	9
0		3,2528	3,6576	3,9624	4,2672	4,5720	4,8768	5,1816	5,4864	2,7432
10	3,0480	0,30480	0,60960	0,91440	1,2192	1,5240	1,8288	2,1336	2,4384	5,7912
20	6,0960	6,4008	6,7056	7,0104	7,3152	7,6200	7,9248	8,2296	8,5344	8,8392
30	9,1440	9,4488	9,7536	10,058	10,363	10,668	10,973	11,278	11,582	11,887
40	12,192	12,497	12,802	13,106	13,411	13,716	14,021	14,326	14,630	14,935
50	15,240	15,545	15,850	16,154	16,459	16,764	17,069	17,374	17,678	17,983
60	18,288	18,593	18,898	19,202	19,507	19,812	20,117	20,422	20,726	21,031
70	21,336	21,641	21,946	22,250	22,555	22,860	23,165	23,470	23,774	24,079
80	24,384	24,689	24,994	24,298	25,603	25,908	26,213	26,518	26,822	27,127
90	27,432	27,737	28,042	28,346	28,651	28,956	29,261	29,566	29,870	30,175
100	30,480	30,785	31,090	31,394	31,699	32,004	32,309	32,614	32,918	33,223

Területmértékek — Square Measures

1 square inch			=	6,45 cm²
1 square foot	=	144 sq. inches	=	929,01 cm²
1 square yard	=	9 sq. feet	=	0,836 m²
1 square	=	100 sq. feet	=	9,290 m²

1 acre	= 4840 sq. yards	=	0,405 ha
		=	0,703 kat. hold
		=	4046,78 m²
		=	1125 négyszögöl
1 square mile	= 640 acres	=	258,99 ha
		=	2,59 km²
		=	450 kat. hold

Köbmértékek — Cubic Measures

1 cubic inch		=	16,38 cm³
1 cubic foot	= 1728 c. inches	=	28 316,08 cm³
1 cubic yard		=	0,764 m³
1 register ton	= 100 c. feet	=	2,831 m³

Metrikus mértékek angol megfelelői

1 méter	= 39,371 inches	=	1,094 yard
1 kilométer	= 1093,6 yards	=	0,621 mile
1 négyzetméter	= 1550 sq. inches	=	1,196 sq. yards
	= 10,764 sq. feet		
1 kilogramm	= 2,205 lb	=	2 lb 3¹/₄oz
1 liter		=	1,76 pints
1 hektoliter		=	22 gallons

Könyvformák — Book Sizes

(4to = quarto = negyedrét; 8vo = octavo = nyolcadrét)

foolscap 8vo	= 17 x 12 cm
crown 8vo	= 19 x 12,7 cm
demy 8vo	= 21,3 x 13,6 cm
royal 8vo	= 25,4 x 15,8 cm
crown 4to	= 25,4 x 19 cm
demy 4to	= 28,6 x 22,2 cm
royal 4to	= 31,7 x 25,4 cm
crown folio	= 38,1 x 25,4 cm
royal folio	= 50,8 x 31,7 cm

Hőmérőrendszer — Thermometer Comparisons

212° Fahrenheit	= + 100° Celsius	= + 80° Réaumur
32° Fahrenheit	= 0° Celsius	= 0° Réaumur
0° Fahrenheit	= − 18° Celsius	= 14° Réaumur

Átszámítási képletek:

$$+ X° \text{ Fahrenheit} = \frac{(X-32)5}{9} \text{ Celsius}$$

$$- X° \text{ Fahrenheit} = \frac{(X+32)5}{9} \text{ Celsius}$$

$$X° \text{ Celsius} = \frac{9X}{5} + 32 \text{ Fahrenheit}$$

Pénzrendszer

Anglia

(1971. február 15-ig)

1 *guinea*	= 21 *shillings*
1 **pound** *sovereign* (£1)	= 20 *shillings*
1 *crown*	= 5 *shillings*
1 *half crown*	= 2 *shillings* 6 *pence*
1 *florin*	= 2 *shillings*
1 **shilling** (1s)	= 12 *pence*
1 **penny** (1d)	= 4 *farthings*

(1971. február 15-től)

1 **pound** (£1)	= 100 *pence* (100p)

Amerika

1 **dollar** ($1)	= 100 *cents* (ø)
1 *quarter*	= 25 *cents*
1 *dime*	= 10 *cents*
1 *nickel*	= 5 *cents*

FORRÁSMUNKÁK

A Kéziszótár szerkesztősége elsősorban ugyanezen szerzőnek Angol—magyar nagyszótára 1976-ban megjelent ötödik, teljesen átdolgozott, bővített kiadására támaszkodott.

Az angol nyelvterületen megjelent művek közül a következőket vette igénybe:

A Supplement to the Oxford English Dictionary, edited by R. W. Burchfield. Oxford, Clarendon Press, Vol. I A—G (1972), Vol. II H—N (1976).

The Concise Oxford Dictionary of Current English. Sixth edition, ed. by J. B. Sykes. Oxford, Clarendon Press, 1976.

Oxford Advanced Learner's Dictionary of Current English, ed. by A. S. Hornby. London, Oxford University Press, 1974.

Longman Dictionary of Contemporary English, Ed.-in-Chief Paul Procter, Longman, 1978.

Chambers Twentieth Century Dictionary, ed. by A. M. Macdonald, Chambers, 1977.

Oxford Dictionary of Current Idiomatic English, Vol. 1: Verbs with Prepositions & Particles, by A. P. Cowie and R. Mackin. London, Oxford University Press, 1975.

Webster's Third New International Dictionary of the English Language, Unabridged. Ed. by Ph. B. Gove, Springfield, Mass., G. & C. Merriam, 1961.

The World Book Dictionary, ed. by C. L. and R. K. Barnhart. Chicago, 1976.

The Barnhart Dictionary of New English since 1963, ed. by C. L. Barnhart, S. Steinmetz, R. K. Barnhart. New York, 1973.

The American Heritage Dictionary of the English Language, ed. by W. Morris, Boston, Houghton Mifflin, 1969.

Computational Analysis of Present-Day American English, by H. Kučera & W. N. Francis. Brown U. Press, Providence, R. I., 1967.

A magyar kiadású szaknyelvi szótárak közül Véges István *Angol—magyar külkereskedelmi szótára* második kiadását használtuk (Budpaest 1974).

Az angol kiejtési szótárakat lásd A KIEJTÉS JELÖLÉSE c. fejezetben.

JEGYZETEK

JEGYZETEK

JEGYZETEK